康普顿百科全书

社会与社会科学 卷

〔美〕戴尔·古德 主编
徐奕春 等编译

中国商务印书馆
美国康普顿知识出版社
2006年·北京

Director   Dale Good

COMPTON'S ENCYCLOPEDIA

COPYRIGHT © 1994 by *COMPTON'S LEARNING COMPANY*
本书由美国康普顿知识出版社授权出版

康普顿百科全书

社会与社会科学卷

曹予通题

1. 各国国旗

* 图示为州旗，国旗上无纹章

* 图示为州旗，国旗上无纹章

* 图示为州旗，国旗上无纹章

* 图示为州旗，国旗上无纹章

* 图示为州旗，国旗上无纹章

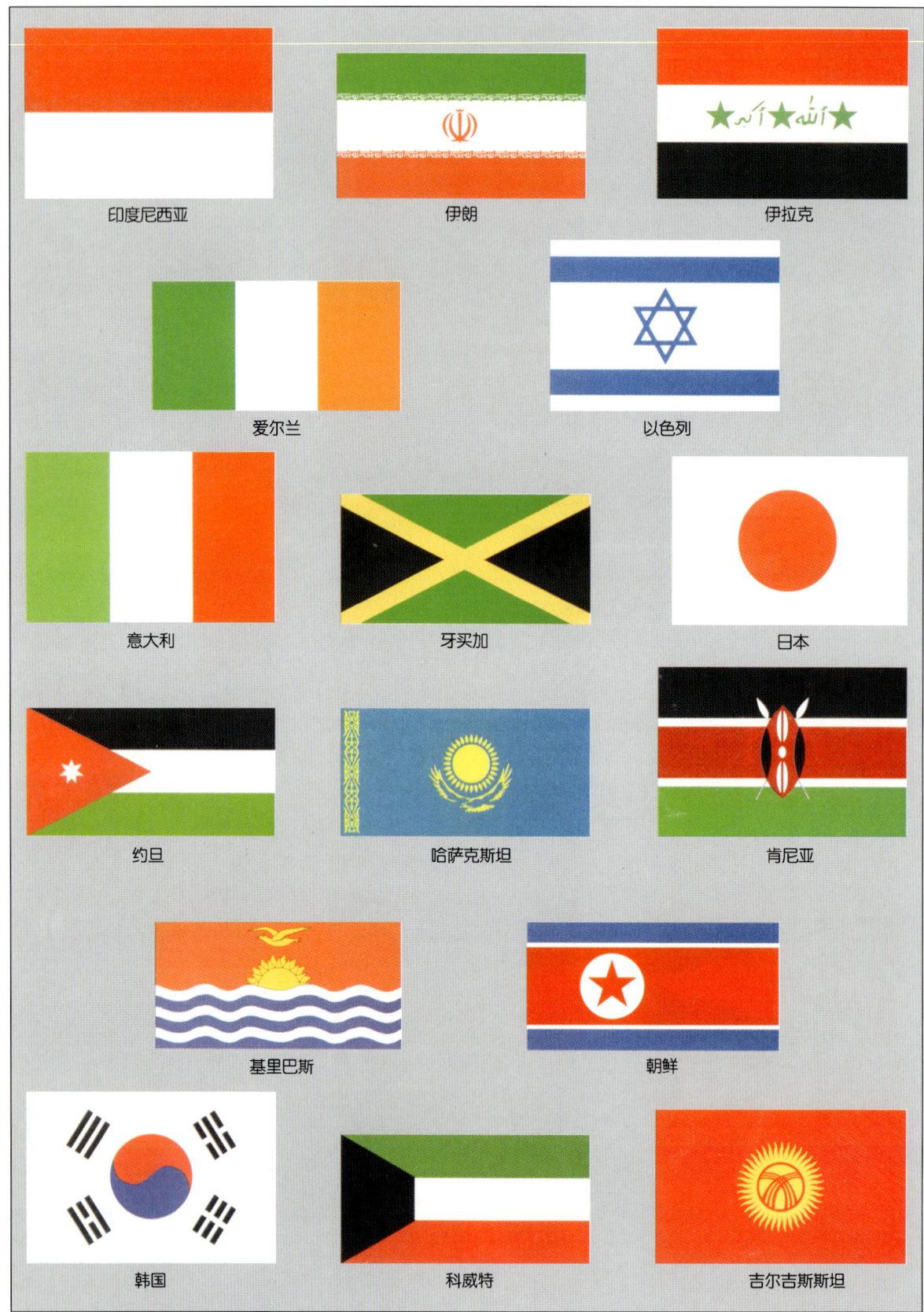

* 图示为州旗，国旗上无纹章

* 图示为州旗，国旗上无纹章

* 图示为州旗,国旗上无纹章

*图示为州旗,国旗上无纹章

2. 美国历史上的著名旗帜

3. 美国的标志

4. 美国的州旗

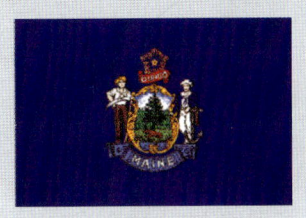
缅因

马里兰

马萨诸塞

密歇根

明尼苏达

密西西比

密苏里

蒙大拿

内布拉斯加

内华达

新罕布什尔

新泽西

新墨西哥

纽约

北卡罗来纳

北达科他

俄亥俄

俄克拉何马

5. 美国的一些勋章与奖章

荣誉勋章
（陆军）

荣誉勋章
（海军）

荣誉勋章
（空军）

杰出服役勋章
（陆军）

海军十字勋章

银星勋章

总统自由勋章

紫心勋章

其他国家的一些勋章与奖章

澳大利亚勋章
（澳大利亚）

维多利亚十字勋章
（英国）

乔治十字勋章
（英国）

英勇十字勋章
（加拿大）

荣誉军团勋章
（法国）

战争十字勋章*
（法国）

铁十字勋章*
（德国）

列宁勋章
（前苏联）

*二战时期奖章

6. 大不列颠帝国地图

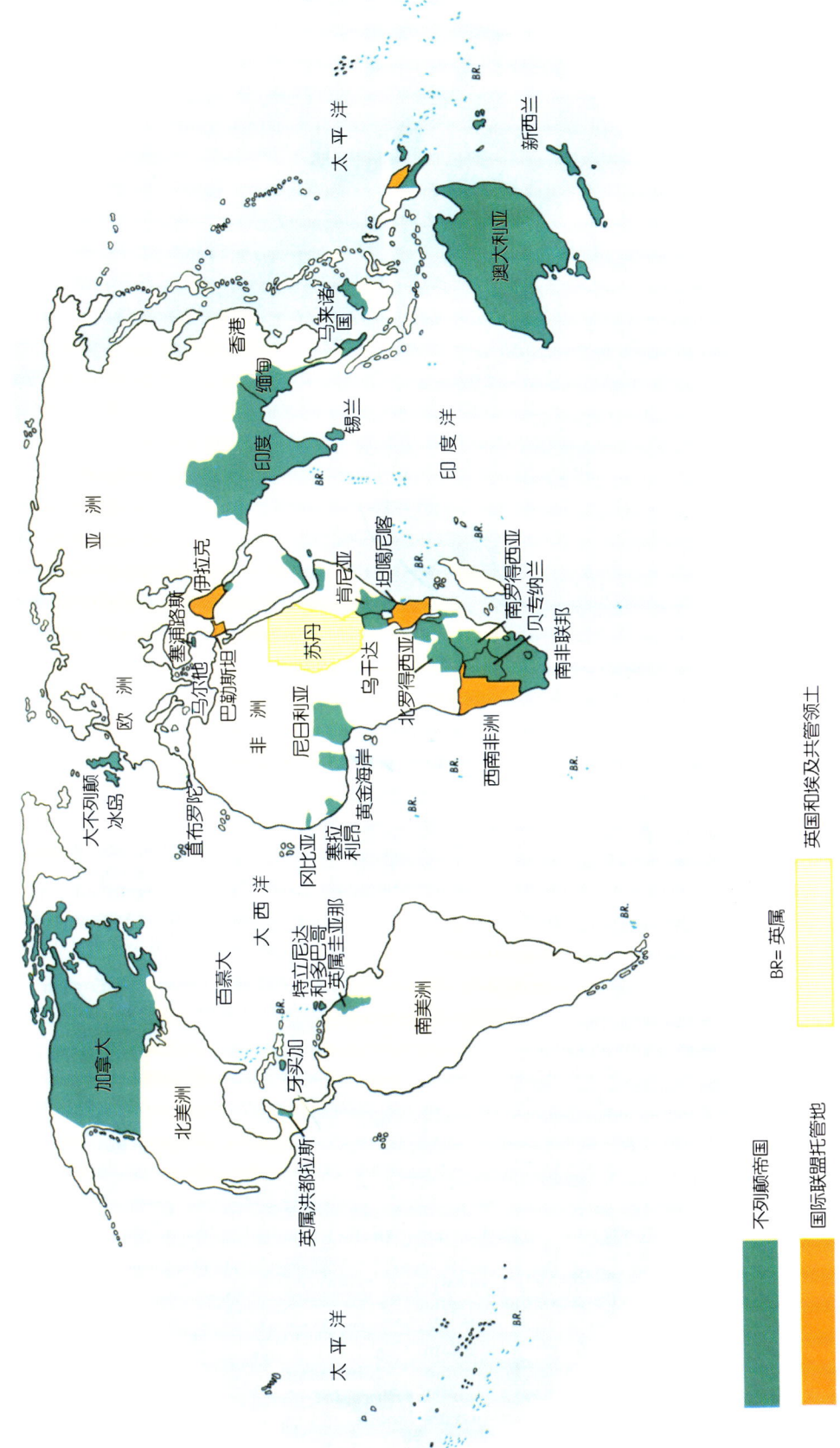

不列颠帝国

国际联盟托管地

BR＝英属

英国和埃及共管领土

这幅 20 世纪 20 年代初的帝国地图表明了为什么有人说"在大不列颠帝国太阳永远不落"的原因。当英国伦敦正是午夜之时，中午的太阳正照射在太平洋的斐济群岛上。如今，上图所示的大多数英属国家已经独立成为主权国家和英联邦的成员国。

7. 非裔美国人在美国的分布状况

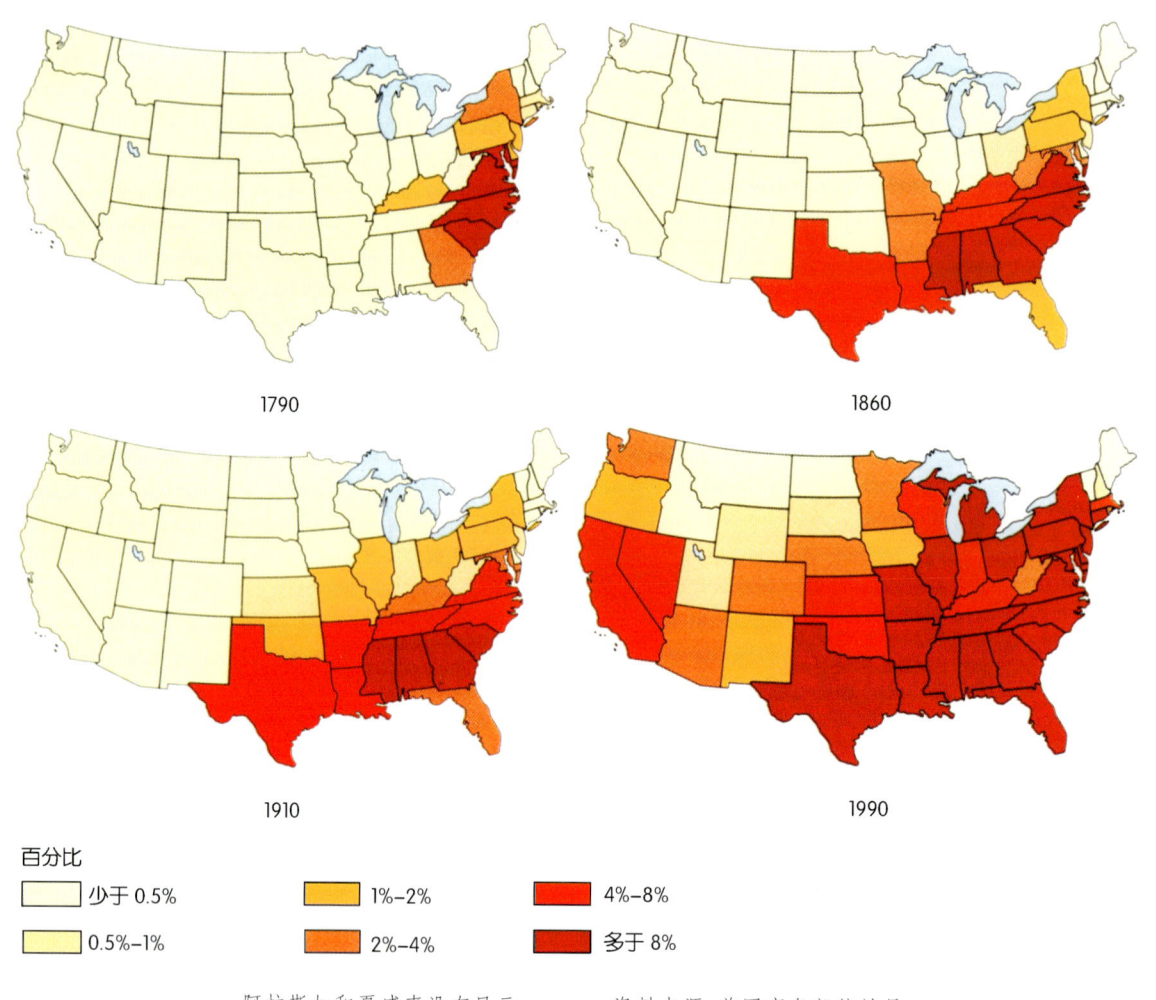

1790

1860

1910

1990

百分比
- 少于 0.5%
- 0.5%–1%
- 1%–2%
- 2%–4%
- 4%–8%
- 多于 8%

阿拉斯加和夏威夷没有显示　　资料来源：美国商务部统计局

8. 美国黑人与白人就职状况

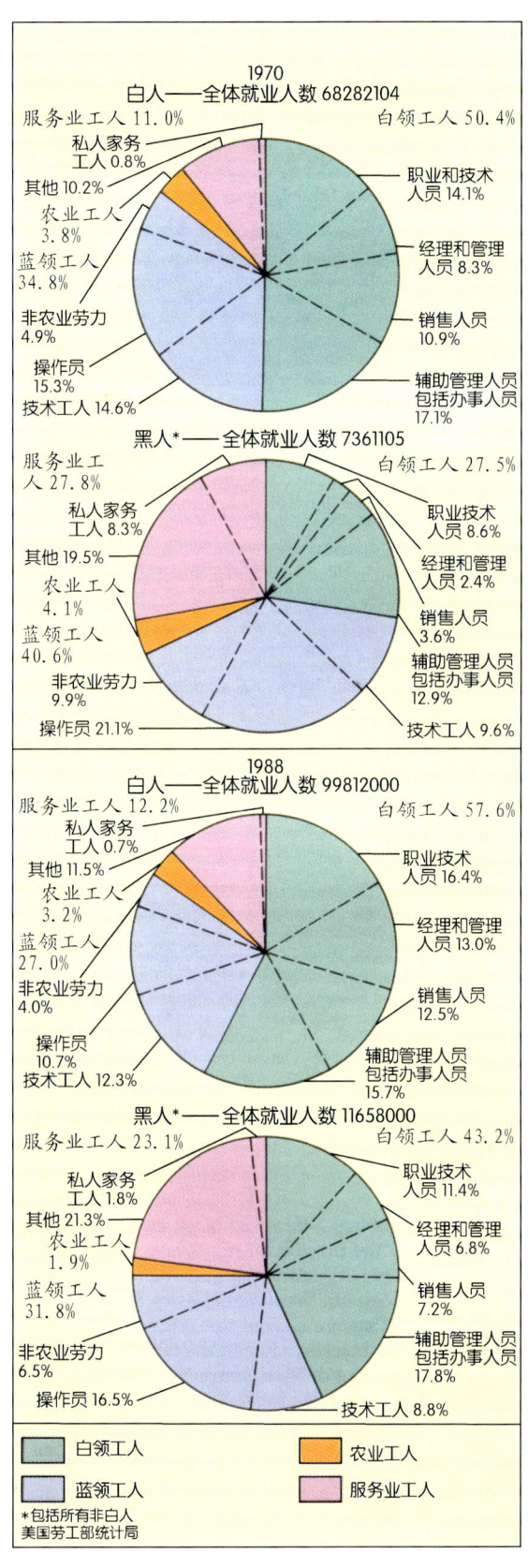

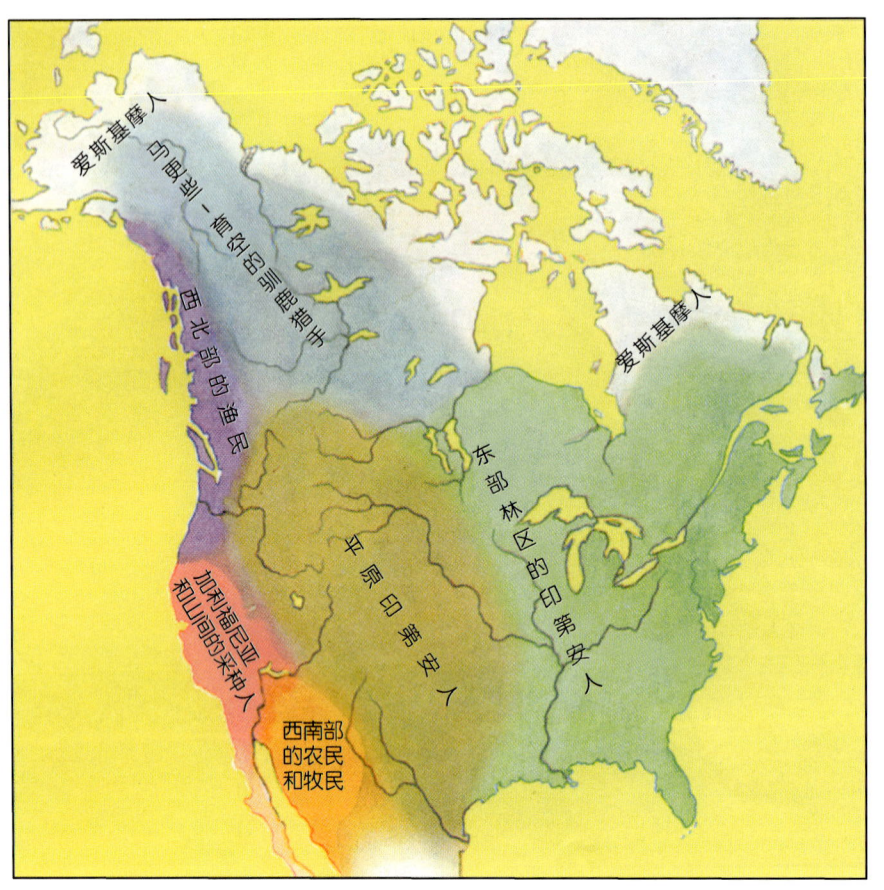

9. 在本图所示墨西哥以北七大文化区中的每一个文化区内,印第安人制定出适合于本地土地和气候的生活方式。他们用植物、动物、石块以及本地区其他材料来满足自己衣、食、住、工具、武器和器皿等方面的需要。

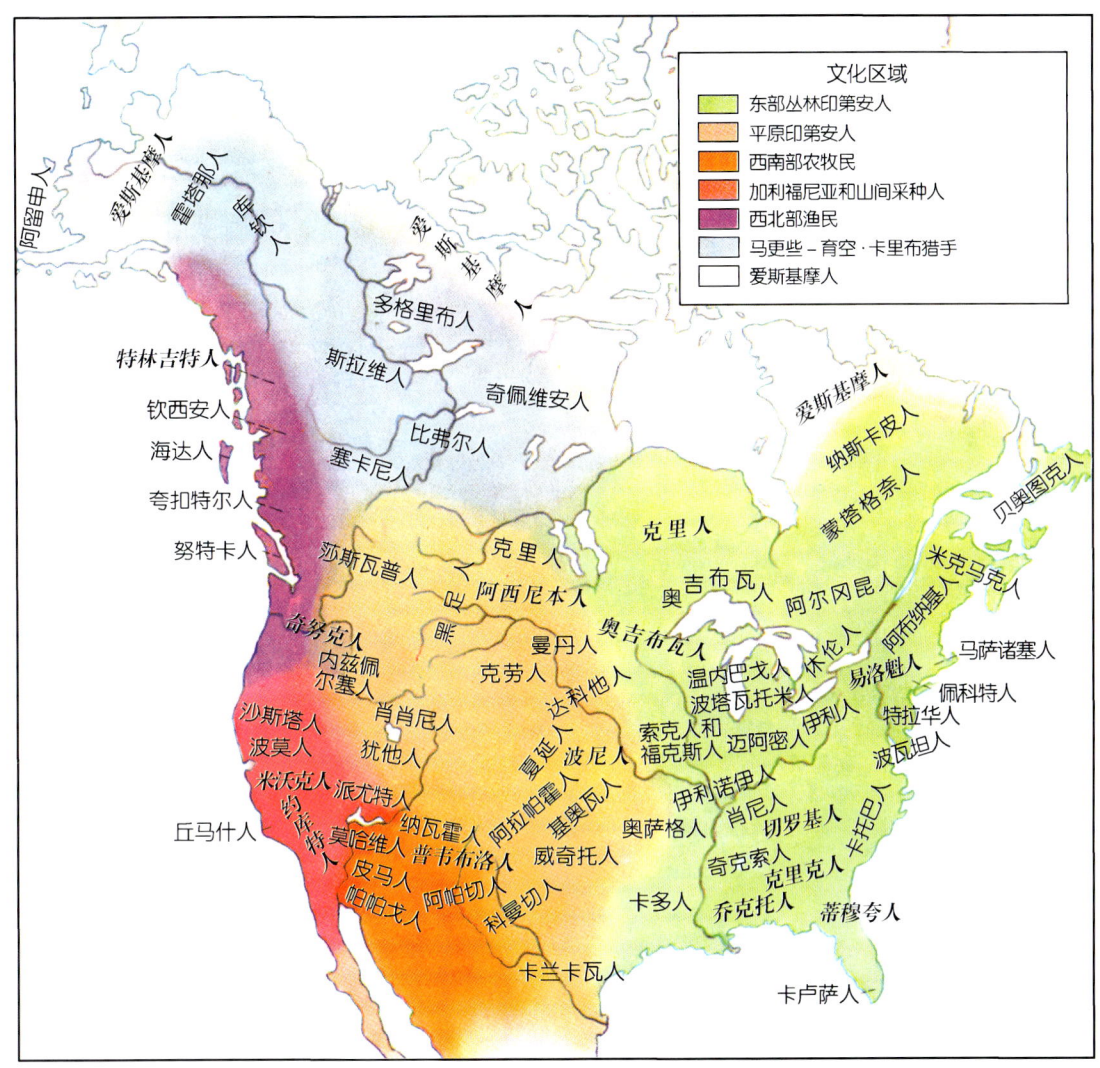

10. 这张地图中所标的部落是根据其大小和在美洲历史上的重要性而选定的。用小标宋斜体标出的那些部落的人口在早期都超过10000人。地图中各部落的定位是依据讲英语的殖民者最初抵达该地区时该部落所居住的位置，而不是依据其始终所在的位置。地图上密西西比河以东的那些部落的定位是依据其在1600年至1800年所居住的位置。西部部落的定位是依据其在19世纪时所居住的位置。地图上的各种颜色标示北美洲的一些文化区，它们可以作为每一地区部落文化或生活方式的指南。

11. 在这张美洲地图周围是印第安人馈赠给世界的礼物。地图上的人物速写表示各地区印第安人的生活方式或文化。北美洲有猎手和从事种植与编织的妇女；中美洲有阿兹特克祭司和玛雅人雕刻家。南美洲有安第斯山脉的印加官员；北部热带有吹矢枪猎手、压榨木薯汁的妇女、刀耕火种的农夫；南部有美洲驼猎手和独木舟中的渔民。

《康普顿百科全书》中文版编译出版委员会

主　任　　徐式谷
顾　问　　金常政　徐慰曾
委　员　　（以姓氏笔画为序）
　　　　　江　远　杨枕旦　李　平　吴延佳　吴衡康　张二国
　　　　　张曼真　陈成谱　周志成　赵景纯　徐奕春　常绍民

康普顿百科全书

社会与社会科学卷

中 译 本

分卷编译委员会

主编　徐奕春

编委　王　路　吕德本　汝　信
　　　黄鸿森　韩慧强

译　校　者

王美秀	王韵华	方小良	方　生	石廷克
吕德本	朱　泱	刘冷眉	刘鸿辉	米瑞恒
李光升	吴　清	何世鲁	张胜纪	陆志明
武维琴	侯　充	贺金社	徐大建	徐奕春
啜京中	阎慕超	韩慧强	韩　震	程孟辉

前　　言

《康普顿百科全书》是美国最畅销、最著名的几套百科全书之一。1922年初版问世后，经不断增订，该书深受广大读者的青睐，被誉为一部文字浅显易懂、生动有趣的家用阅读百科和教学参考全书。1994年版全书26卷，分正篇和事实索引两部分，内附精美插图10000余幅，约合中译文1700万字。正篇部分25卷，收词条5700条，均由各科专家精选、撰写，再由作家和编辑共同加工而成。其中重要词条，数千或上万字不等，实际上就是一篇全面扼要地介绍某项事物或某种知识的文章或小册子。事实索引部分为全书最后一卷，收资料性词条28500条，以极简练语言介绍各项资料性内容，我馆拟待全书正篇部分出齐后另行编译，读者若将其与正篇部分词条内容相互参照，可进一步获取相关信息。

《康普顿百科全书》以青少年和中等文化程度的社会各界人士为主要读者对象。其行文力求将知识性、科学性和趣味性融为一体，极易将读者引入知识的殿堂。我馆与康普顿知识出版社签约，在购得该书1994年版中文翻译版权后，旋即将其列为馆内重点出版项目，并成功地将其申报为国家重点图书，进而纳入九五出版规划。为确保全书的编译质量，便利读者进行系统阅读或检索，培养读者对某些学科或专业的兴趣，迅速增长科学知识，提高自身综合素质，我们先后邀请中国社会科学院、中国科学院、北京大学、中国大百科全书出版社等科研、教学和出版单位数百位专家、学者和编辑参加编译工作，在编译过程中，删除全书有关中国内容的词条83条，适当压缩部分篇幅较长的有关美国、加拿大内容的词条，将原书正篇部分原来按英语字母次序排列的词条打乱，重新按各大学科组合分类编排，分为自然科学、生命科学、社会与社会科学、技术与经济、文化与体育等5卷。各卷独立成册，以便读者根据各自需要，单卷或成套购买。

需要说明的是，我们在编译《康普顿百科全书》时，对原文只译不改，因此，原书中某些词条所反映的观点，仅代表原著者的看法。由于编译工作工程量浩大，科目繁多，编辑与审订人员的学识、能力有限，部分词条的分类可能不够准确，译文质量亦难免参差不一。我们虽始终注意各种译名、术语的统一等问题，但终究难免会有一些缺憾。我们热忱期待读者的批评和建议，以便今后予以修正。

商务印书馆编辑部

2003年12月·北京

词条分类目录

社会与社会活动家 1

社会阶级 1
系谱学 2
氏族 3
文明 3
封建主义 5
资本主义 7
产业革命 9
社会主义 13
共产主义 15
公民学 17
民意测验 17
就业 18
失业 19
职业 21
职业培训 28
职业介绍所 28
过渡训练所 28
退休 29
退休金 29
童工 31
劳工运动 31
罢工 36
莫利社 36
流动劳工 36
社会保障 36
安全 37
消防 42
儿童保育 49
人口 49
人口普查 52
无家可归 54
优生学 55
饥饿与饥荒 55
贫困 56
难民 57
公用事业 58
公社生活 59
少数群体 60
家庭 62
养父母 * 66
家政学 66
婚姻 69

离婚 * 70
女权 70
女权运动 * 76
妇女组织 76
妇女选举人联盟 * 77
青年组织 77
公共关系 79
交流技巧 81
交谈 81
辩论 83
礼节 83
传播 88
报纸 96
基金会和慈善事业 102
社会工作 108
社会服务所 108
国际雄狮协会 * 109
临终关怀院 109
青年招待所 109
美国格兰其 109
大学生联谊会和大学女生联谊会 110
爱国社团 111
红十字会 112
志愿活动局 113
安乐死 113
自杀 113
保健机构 114
国家公墓 115
戒酒运动 116
卖淫 116
帮伙 117
庆典和游行 118
元旦 118
圣瓦伦廷节 119
感恩节 119
文身 120
圣西门 120
欧文父子 120
弗赖 120
格里姆凯姐妹 121
莫特 121
迪克斯 121

蒲鲁东 121
赫尔岑 122
斯坦顿夫人 122
巴顿 122
琼斯夫人 122
纳辛夫人 123
龚帕斯 123
卡特 123
韦布夫妇 123
亚当斯 124
刘易斯 124
桑格夫人 124
盖洛普 125
德肋撒 125
马尔科姆·艾克斯 125
马丁·路德·金 126

政治与政治家 128

政治学 128
国家与民族主义 129
隔离政策 129
种族隔离政策 130
国歌 131
国旗 134
美国的旗帜 135
旗帜 140
勋章与奖章 140
殖民主义和帝国主义 142
布尔什维主义 * 143
保守主义 143
行政系统 143
自由主义 144
无政府主义 144
犹太复国主义 145
爱国主义 * 146
极权主义 146
法西斯主义 146
集中营 147
纳粹大屠杀 148
种族灭绝 149
三K党 149
暗杀 150
革命 152
地下运动 153

非暴力反抗	153	塞登	216	本-古里安	233
开放与改革	153	贝尔福	217	梅西,文森特	233
公民身份	154	马萨里克	217	贾维	233
民主	158	博登	217	肯尼迪家族	234
民权	160	考克西	217	希特勒	234
宣传	161	拉福莱特	217	萨拉查	236
书刊检查制度	162	德布兹	218	塔夫脱	236
政党	163	梅西,威廉·弗格森	218	尼赫鲁	236
费边社	165	饶勒斯	218	胡志明	236
人权	166	穆尼奥斯·里维拉	218	戴高乐	237
美国众议院非美活动调查委员会	167	卡兰萨	219	莫洛托夫	238
选举	167	赫茨尔	219	特鲁希略	238
选举权	169	布赖恩	219	海尔·塞拉西	238
投票*	169	普恩加来	219	佛朗哥	239
初选*	169	劳合·乔治	220	铁托	239
选举团	170	麦克唐纳	220	朗	239
不公正划分选区	170	毕苏斯基	220	乌布利希	239
议会	170	鲍德温	221	赫鲁晓夫	240
游说	173	布拉萨	221	孟席斯	240
美国总统*	174	张伯伦,内维尔	221	肯雅塔	241
白宫	174	阿奎纳多	221	麦克米伦	241
政府	182	甘地	222	胡佛	241
美国政府	183	列宁	222	迪芬贝克	241
《联邦党人文集》	191	斯穆茨	223	庇隆	242
内阁制政府	191	卢森堡	223	艾希科尔	242
政府机构	193	拉斯普廷	223	皮尔逊	242
警察	194	金	224	艾登	243
伦敦警察厅(苏格兰场)	199	魏茨曼	224	艾哈德	243
州政府	200	米恩	224	穆尼奥斯·马林	243
州权	204	丘吉尔	225	梅厄	244
市政府	205	李承晚	226	卢图利	244
公务员	207	真纳	226	斯巴克	244
福利国家	208	阿登纳	226	索布扎二世	244
和平运动	209	罗斯夫人	227	蒙巴顿	245
梭伦	212	吉田茂	227	吉科宁	245
博丹	212	奎松	227	利奥波德国王	245
马克思	212	萨帕塔	227	巴蒂斯塔	245
安东尼	213	托洛茨基	227	裕仁	246
塔珀	213	斯大林	228	苏加诺	246
克留格尔	214	兰金	229	戴利	246
戴维斯夫人	214	伊本·沙特	229	霍梅尼	246
索尔兹伯里侯爵	214	拉加第亚	230	奥拉夫五世	247
迪亚斯	214	圣劳伦特	230	布尔吉巴	247
张伯伦,约瑟夫	214	德·瓦勒拉	230	道格拉斯-霍姆	247
布赖斯	215	墨索里尼	231	柯西金	247
洛里埃	215	赖伐尔	231	基辛格,库尔特·乔治	248
克列孟梭	215	瓦加斯	231	哥穆尔卡	248
克鲁泡特金	215	弗雷泽,彼得	232	桑戈尔	248
多尔	216	罗斯福夫人	232	勃列日涅夫	248
汤普森	216	托马斯	232	费萨尔	249
		斯维尔德洛夫	233	杜瓦利埃	249

阿尤布·汗 …… 249	博杜安一世 …… 264	第三世界 …… 298
贝坦科尔特 …… 249	蒙博托 …… 264	巴勒斯坦解放组织 …… 299
麦卡锡 …… 250	科尔 …… 264	冷战 …… 299
维森塔尔 …… 250	弗雷泽,马尔科姆 …… 265	禁运 …… 299
恩克鲁玛 …… 250	叶利钦 …… 265	本奇 …… 300
葛罗米柯 …… 251	戈尔巴乔夫 …… 265	吴丹 …… 300
蓬皮杜 …… 251	扬,安德鲁 …… 266	瓦伦贝里 …… 300
契尔年科 …… 251	卢泰愚 …… 266	瓦尔德海姆 …… 301
卡拉汉 …… 251	阿基诺 …… 266	
金日成 …… 252	明仁 …… 266	**战争与军队** …… 302
勃兰特 …… 252	费拉罗 …… 266	战争 …… 302
贝京 …… 252	侯赛因 …… 267	封锁 …… 314
安德罗波夫 …… 252	德克勒克 …… 267	游击战 …… 314
达扬 …… 253	萨达姆·侯赛因 …… 267	细菌战* …… 315
沃斯特 …… 253	胡安·卡洛斯一世 …… 267	化学战和生物战 …… 315
班达拉奈克夫人 …… 253	贝娅特丽克丝 …… 268	战争犯罪 …… 316
威尔逊 …… 253	马尔罗尼 …… 268	战俘 …… 316
希思 …… 254	克拉克 …… 268	POW* …… 316
密特朗 …… 254	杰克逊 …… 268	陆军 …… 316
朴正熙 …… 254	卡扎菲 …… 269	海军 …… 327
甘地夫人 …… 254	梅杰 …… 269	空军 …… 336
马科斯 …… 255	瓦文萨 …… 269	海军陆战队 …… 343
恩科莫 …… 255	基廷 …… 269	海岸警卫队 …… 346
纳赛尔 …… 255	克林顿 …… 270	情报机构 …… 347
萨达特 …… 256	查尔斯 …… 272	间谍活动 …… 349
本贝拉 …… 256	布托 …… 272	间谍* …… 351
施密特 …… 256		征兵 …… 351
曼德拉 …… 257	**国际关系、外交** …… 273	军事教育 …… 352
冲伯 …… 257	国际关系 …… 273	裁军 …… 356
特鲁多 …… 257	联合国 …… 276	退伍军人事务 …… 356
扬,惠特尼 …… 258	外交 …… 283	退伍军人组织 …… 357
苏哈托 …… 258	护照 …… 285	艾伦比 …… 358
马尔登 …… 258	国际联盟 …… 285	
杜尔 …… 258	北大西洋公约组织 …… 286	**法律** …… 359
尼雷尔 …… 258	NATO* …… 286	法律 …… 359
索韦 …… 259	英联邦 …… 286	国际法 …… 364
基辛格,亨利 …… 259	非洲统一组织 …… 289	宪法性法律 …… 366
卡翁达 …… 259	美洲国家组织 …… 290	宪法 …… 368
奥博特 …… 259	OAS* …… 290	邦联条例 …… 369
穆加贝 …… 260	欧洲共同体 …… 290	美国宪法 …… 371
奇泽姆 …… 260	独联体 …… 291	权利法案 …… 382
卢蒙巴 …… 260	条约 …… 292	投票* …… 384
撒切尔夫人 …… 260	华沙条约 …… 296	创制权、复决权和罢免权 …… 384
伊丽莎白二世 …… 261	东南亚条约组织 …… 296	弹劾 …… 385
吉斯卡尔·德斯坦 …… 262	澳新美条约 …… 296	议会法 …… 385
卡斯特罗 …… 262	巴格达条约 …… 296	阻挠议事 …… 386
布迈丁 …… 262	华盛顿条约 …… 296	人身保护状 …… 387
格瓦拉 …… 263	和平队 …… 297	蓝色法规 …… 387
穆巴拉克 …… 263	外援 …… 297	大赦 …… 387
阿拉法特 …… 263	石油输出国组织 …… 297	否决权 …… 388
霍克 …… 264	OPEC* …… 298	

行政法	388	达罗	426	涂尔干	494
劳动和工业法	389	休斯	426	韦伯	494
食品和药物法	390	卡多佐	426	杜波伊斯	494
家庭法	391	道格拉斯	427	心理学	495
收养	392	奥康纳	427	人格	498
虐待儿童	393	纳德	427	记忆	499
财产	393	**人类学、民族、民族领袖**	428	情绪	500
遗产和继承法	396			传心术 *	501
遗嘱	397	人类学	428	冯特	501
入籍	397	民族学 *	432	艾宾豪斯	501
合同	397	土著	432	比奈	501
专利	398	种与族	432	弗洛伊德	502
仲裁	399	美国黑人（或非裔美国人）	434	阿德勒	502
版权	400	美洲印第安人（或美洲土著）	445	荣格	502
刑法	400	黄刀印第安人	469	皮亚杰	503
犯罪学	402	西班牙裔美国人	469	弗罗姆	503
犯罪	402	亚裔美国人	473	贝特尔海姆	503
伪造与仿冒	405	非裔美国人 *	477	斯金纳	504
海盗和海盗行径	406	杨基	477	**哲学**	505
少年犯罪	408	阿拉伯人	477		
教养院	410	库尔德人	478	哲学	505
恐怖主义	410	巴斯克人	478	唯物主义	511
绑架	411	犹太人 *	479	斯多葛哲学	511
匪徒	411	克尔特人	479	伊壁鸠鲁主义	511
扬格兄弟	411	因努伊特人	479	人文主义	512
肢解者杰克	412	爱斯基摩人 *	481	存在主义	513
卡彭	412	吉卜赛人	481	实在论	513
迪林杰	412	哥萨克人	481	超验主义	513
失职	412	赫梯人	482	逻辑	514
搭线窃听	413	流动民	482	伦理学和道德	514
法院	413	俾格米人	483	瑜伽	516
最高法院	415	食人俗	483	神智学	516
少年法院	417	弗雷泽,詹姆斯	484	唯灵论	516
陪审团制	417	博厄斯	484	泛灵论	517
监狱和惩罚	419	马林诺夫斯基	484	心灵学 *	518
德雷德·斯科特裁决	422	洛克,阿兰	484	超感知觉	518
凯利	422	本尼迪克特	485	ESP *	518
斯科茨伯勒案	422	米德	485	测不准原理	518
利库尔戈斯	423	列维-斯特劳斯	485	毕达哥拉斯	518
格劳秀斯	423	海华沙	485	苏格拉底	518
布莱克斯通	423	黑鹰	486	柏拉图	519
霍华德	423	奥西奥拉	486	第欧根尼	520
贝卡里亚	423	戈宾诺	486	亚里士多德	520
马歇尔	424	红云	486	斐洛	520
肯特	424	杰罗尼莫	486	塞内加(小)	521
坦尼	424	约瑟夫酋长	487	爱比克泰德	521
斯托里	424	**社会学和心理学**	488	萨阿迪亚·本·约瑟	521
艾博特	425			安塞姆(坎特伯雷的)	521
梅恩	425	社会学	488	阿伯拉尔	522
霍姆斯	425	社会科学课程	490	阿威罗伊	522
布兰代斯	426			培根,罗杰	522

奥康姆 …… 522	上帝 …… 548	基督教科学派 …… 582
培根，弗朗西斯 …… 522	耶稣基督 …… 549	基督复临派 …… 582
霍布斯 …… 523	圣母马利亚 …… 550	第七日复临派* …… 583
笛卡尔 …… 523	亚伯拉罕 …… 551	震颤派 …… 583
拉罗什富科 …… 524	摩西 …… 551	摩拉维亚弟兄会 …… 583
斯宾诺莎 …… 524	使徒 …… 552	一位普救会协进会 …… 583
洛克，约翰 …… 524	先知 …… 552	基督教青年会 …… 584
莱布尼茨 …… 525	圣徒 …… 553	基督教女青年会 …… 584
维科 …… 525	彼得 …… 554	东正教会 …… 585
贝克莱 …… 526	保罗 …… 554	东仪教会 …… 586
斯维登堡 …… 526	教父 …… 554	圣诞节 …… 587
孟德斯鸠 …… 526	教皇制 …… 555	复活节 …… 588
休谟 …… 526	教皇* …… 556	万圣节前夕 …… 589
卢梭 …… 527	枢机团 …… 556	朝圣 …… 589
狄德罗 …… 527	教会法规 …… 557	圣杯 …… 590
康德 …… 528	教会公会议 …… 557	天使长* …… 590
门德尔松 …… 528	梵蒂冈公会议 …… 558	天使和魔鬼 …… 590
边沁 …… 528	主教座堂 …… 558	斋戒 …… 591
黑格尔 …… 529	教堂* …… 558	宗教教育 …… 592
谢林 …… 529	威斯敏斯特教堂 …… 558	庇护教皇 …… 593
叔本华 …… 529	街面教堂 …… 559	乌尔班教皇 …… 594
孔德 …… 529	宗教改革运动 …… 559	乌尔斐拉斯 …… 595
穆勒 …… 530	胡格诺派 …… 561	奥古斯丁（希波的） …… 595
克尔恺郭尔 …… 530	反宗教改革 …… 561	利奥教皇 …… 595
斯宾塞 …… 530	异端裁判所 …… 562	本尼狄克（努尔西亚的） …… 597
皮尔斯 …… 531	殉道者 …… 562	巴特里克 …… 597
詹姆斯 …… 531	新教 …… 562	格列高利教皇 …… 598
尼采 …… 531	路德主义 …… 563	圣诞老人 …… 598
杜威 …… 532	浸礼宗 …… 564	奥古斯丁（坎特伯雷的） …… 598
桑塔亚那 …… 532	安立甘宗 …… 566	卜尼法斯 …… 599
乌纳穆诺 …… 532	循道宗 …… 568	凯德蒙 …… 599
克罗齐 …… 532	长老宗 …… 569	若安 …… 599
罗素 …… 533	门诺派 …… 571	英诺森三世教皇 …… 599
科日布斯基 …… 533	归正会 …… 571	多明我 …… 600
施本格勒 …… 533	贵格会 …… 572	方济各（阿西西的） …… 600
维特根斯坦 …… 533	基督会 …… 573	托马斯·阿奎那 …… 600
海德格尔 …… 534	耶稣会 …… 574	卜尼法斯八世 …… 601
波普尔 …… 534	五旬节派 …… 574	威克里夫 …… 601
萨特 …… 534	普世主义 …… 574	胡斯 …… 601
宗教 …… 535	奋兴运动 …… 575	吉麦内兹·德·西斯内罗斯 …… 601
宗教 …… 535	圣洁运动 …… 576	尤里乌斯二世 …… 602
教会与国家 …… 536	兄弟会 …… 576	萨伏那洛拉 …… 602
图腾崇拜与禁忌 …… 537	哥伦布骑士团* …… 577	伊拉斯谟 …… 602
塔布* …… 538	共济会* …… 577	拉斯·卡萨斯 …… 603
祖先崇拜 …… 538	耶和华见证会 …… 577	博尔吉亚家族 …… 603
巴力 …… 538	统一教团 …… 578	沃尔西 …… 603
埃赫那吞 …… 538	修士与修行 …… 578	马丁·路德 …… 604
基督教 …… 538	清教徒 …… 581	茨温利 …… 605
《圣经》 …… 541	救世军 …… 581	拉蒂默 …… 605
罗马天主教 …… 544	福音传道 …… 582	克兰麦 …… 605
		圣依纳爵（罗耀拉的） …… 605

方济各·沙勿略	606	沃伏卡	617	加扎利	634
加尔文	606	穆德	617	马赫迪	634
诺克斯	606	瑟德布洛姆	617	佛教	635
科利尼	607	贝克	617	禅宗	638
利玛窦	607	施韦策	618	佛陀	638
哈钦森	607	布贝尔	618	弘法大师（或空海）	639
马瑟家族	608	约翰二十三世	618	日莲	639
马萨林	609	蒂利希	619	耆那教	639
福克斯	609	巴特	619	大雄	640
亨内平	609	保罗六世	619	诺斯替教	640
班扬	609	格雷厄姆	621	印度教	640
基诺	610	约翰·保罗教皇	621	超觉静坐	644
爱德华兹	610	摩门教	622	国际黑天觉悟会	644
卫斯理	610	后期圣徒教会*	623	罗摩奴阇	644
穆伦贝尔格家族	611	犹太教	623	罗易	645
塞拉	611	会幕	626	锡克教	645
怀特菲尔德	612	大卫	626	琐罗亚斯德教	645
卡罗尔	612	《塔木德》	626	伏都教	646
艾伦	612	托拉	627	神道教	646
塞顿	612	逾越节	627	巫术	647
比彻家族	613	耶利米	628	迷信	647
贾德森	613	阿吉巴·本·约瑟夫	628	命运	648
特鲁思	614	拉希	628	地狱和冥府	648
扬	614	迈蒙尼德	628	冥府*	648
纽曼	615	伊斯兰教	629	素食主义	648
史密斯	615	《古兰经》	631	其他	650
利文斯敦	615	德鲁兹派	632	奥林波斯山	650
艾娣	616	巴哈教	633	诺贝尔奖	650
穆迪	616	黑人穆斯林*	633		
卡布里尼	616	穆罕默德	633		
拉塞尔	616				

附注：词条右上角*符号表示该词条仅列词条名，具体内容参见相关词条。

附：汉语拼音索引 ··· 651
汉语笔画索引 ··· 657
英汉词目对照表 ··· 663

社会与社会活动家

社会阶级　SOCIAL CLASS

儿童们玩山大王游戏,强壮的儿童试图占有小山的山顶来阻止弱小儿童。社会在做与此相同的事情,但是他们用更为复杂的方法去做。他们依据人与人之间的差别将自身划分成部分或群体,称之为阶级。阶级系统的出现是因为人类有一种将差别看作不平等象征的倾向。

17世纪的法国和1917年以前的俄国都有阶级体系,在这些体系中,社会界线非常分明。那些最上层的人们被认为其身份或地位比其他任何人都高。在当今的社会,地位可能依据其拥有的财富,依据在一个特殊种族群体中的成员资格,依据受教育程度,依据家庭关系,依据在权力机构中的职位、职业或其他种种因素。

阶级差别的本质各国大不相同。例如在美国,对家庭关系就没有英国那么重视。种族特征在美国与巴西相比是一个比较决定性的因素,而在南非就是决定性的因素。教育作为区别的基础,在美国就没有在德国、瑞典或荷兰那么重要。在美国,职业在形成阶级差别中所起的极其重要的作用,也不如欧洲的许多国家,虽然某些职业如医生或科学家,在他们的社会名声方面高低不一。

阶级差别几乎像有组织的人类社会一样古老。在古代世界,主要差别是在少数人和许多人之间。为数很少的人是社会的统治者:国王和贵族、神父和军事首领。多数人是广大的平民,他们从事绝大多数的社会劳动。在这两个社会组成部分之间,没有可同今天中产阶级相比的群体。

在古罗马共和国,社会被划分为两个基本阶级:贵族和平民。在共和国初期,贵族垄断政治职务和教会。平民是众多的公民。最初不让他们担任几乎所有的公职。到了帝国时期,两个阶级之间的差别已经大大缩小,虽然贵族一词继续被用作一种荣誉头衔。

在中世纪,欧洲社会逐渐强化为一种相当严格的等级结构,称为封建制度。在这个社会里,每个人,从最高的贵族到最低下的农奴,都有一个明确的地位和一定的责任。当欧洲经济复兴创造出不依赖封建义务的新的公民阶级的时候,封建社会开始解体。

世界上最古老和最严格的阶级分类是印度的种姓制度。它是一种复杂的社会和职业等级制度,已经存在了两千多年。

最初形成阶级差别是由于社会上少数成员行使权力和财富的积累。社会体系通过继承和法律而固定下来。罗马帝国晚期通过了法律,试图将个人永久固定在他们的职业上。这些法律起了创造工人阶级的作用,他们的行业代代相传。

关于阶级的理论

从古代世界到中世纪结束,多数作者赞成相当严格的社会阶级划分。一个人在社会上的作用趋向于地位的永久固定。在柏拉图的《理想国》一书中,这位哲学家提出社会划分成三个等级:护卫者、辅助者和生产者。亚里士多德也认为最好的社会包括三个阶级:富人、穷人和比二者都多的中等阶级。这样一个社会,他认为通过缩小贫富冲突形成最稳定的政治体系。

关于社会阶级和不平等的讨论与指责开始于17世纪和18世纪,因为欧洲的贵族传统受到新的、富有的商人和制造业主阶级的挑战。新的富有阶级的成员能够享有像有头衔的贵族那样的奢侈,他们同样想要分享政治权力。英国政治理论家托姆斯·霍布斯认为,社会平等会导致经济竞争。约翰·洛克赞成一种在财产所有者和劳动者之间进行划分的社会。法国哲学家让-雅克·卢梭区分自然的不平等和长期人为强加的不平等。

19世纪初,两位美国前总统,托马斯·杰斐逊和约翰·亚当斯,在通信中争论是否有一种天生的天才贵族。亚当斯指出:"在所有时代,出生和财富已经在品德和才能上占了优势。"杰斐逊回答说:"科学已经解放了那些读书和思考的人们的思想……一次起义的结果就是科学、才能和反对被人看不起的等级和出身的开始。"

在社会阶级方面最有影响的理论家是对社会主义有所著述的卡尔·马克思。按照马克思的理论,在所有社会里基本区别是在生产手段的所有者(资本家)和做实际工作的人们(工资劳动者)之间。他认为还有其他中间阶级,但是这两个阶级是最基本的。根据这两个主要阶级的划分,马克思的结论是,历史是阶级斗争的展开,其结果,通过暴力革命,将是一个无阶级的社会。(参见:**共产主义**;**社会主义**)

20世纪初,德国社会学家马克斯·韦伯在阶级、地位和权力之间作了区分。他争辩说,这三种类别代表未必相等的不同社会等级形态。韦伯同意马克思的观点,认为阶级主要是由有无财产所有权决定的。然而地位是以社会荣誉、威望和生活方式为基础的。许多现代名人,例如职业运动员和演员应归入这一类。在马克思主义的意义上他们不是资本家,但是他们赢得大众的赞同,并拥有财富支持他们过度夸张的生活方式。韦伯讲的第三类——权力,属于那些拥有支配手段的人——政治和军事方面。

韦伯有在产业革命完成之后进行写作的便利。欧洲旧的阶级结构正在崩溃。社会的真实权力落到商人手里。向资本家的权力发起挑战的工会已经出现。财富正在向全社会扩散,给更大比例的人口带来更多的繁荣。马克思所发现的资本家和工人之间的那条明确的界线在慢慢消失。

现代社会阶级

英国的议会划分为上议院和下议院,这显然使社会等级保存下来(见:议会)。不过,在英国人口普查局分析它的统计时,并不使用传统的等级,而是依据职业用5种广泛的社会等级分类。这些分类是:(1)专业人员;(2)中间职业(经理、艺术家、白领工人);(3)技能职业(领班、管理人、有技术的手工工人);(4)有部分技能的职业;(5)非技能职业。这个分类可以同通常划分的上层阶级、下层阶级和中产阶级进行对比。

上层阶级 在西方工业化的社会里,主要是根据它拥有大量财富——要么是继承,要么是赚来的——来划分的。例如在美国大约35%的私人财富为不到1%的人口所拥有。这样的财富能够使那些拥有者享受特殊个人的和文化的消遣,大多数人口则被排除在外。这也使他们对公共政策具有强有力的影响。在共产主义国家,上等阶级是由政治权力而不是由财富决定的。然而,权力带给他们的特殊利益,不是大多数人所能享受的。

工人阶级 是一个使人产生误解的名词,因为所有阶级的大多数成员都从事某种工作。这个名词通常是指被称为蓝领工人的那些人和他们的家庭。他们是矿业和制造业工人,包括各种类型的熟练和半熟练手工劳动者。作为一个阶级,传统上他们是根据依赖工资为生并缺少相当数量的财产来划分的。自从第二次世界大战以来,收入的提高已经使许多这样的家庭进入中产阶级。

中产阶级 在非社会主义现代工业社会里,人口比例最大,也最多样化。它的许多成员一度被看作蓝领工人。有些人可称为上层中产阶级,他们的收入和生活方式接近上层阶级。总体上,中产阶级的成员包括专业人员(律师、牧师和医生)、中层管理人员、教师、农场主、个体商人、店员、计算机程序编制员和其他人。中产阶级的出现,破坏了欧洲旧的贵族统治,使民主政府的发展成为可能。

下层阶级 是20世纪60年代初开始在美国使用的一个名词。它指的是社会学家奥斯卡·刘易斯所说的"贫穷的文化"。构成这个阶级的人们,遭遇不寻常的高失业率,代代相传。

下层阶级的成员一般依靠国家维持他们的基本生活需要。因为受教育程度低,他们要想自我改善似乎不大可能。这样的下层阶级在美国、英国,某种程度上在其他西欧国家都存在。种族主义和歧视在下层阶级的形成中起了作用。
(参见:贫困)

系谱学 GENEALOGY

每一个活着的人都是从前许多代人——父母、祖父母,以及由此上溯至久远的历史年代而形成的祖先世系——的产物。作家亚历克斯·哈利在他于1976年发表的作品中将这种祖先世系称之为"根"。如今,有许多业余和职业人员花时间来追溯他们的家世。这种研究叫作"genealogy"(系谱学),该词源出自希腊语,意思是"家族"和"研究"。

对于许多热衷于追溯家世的人们来说,目的仅仅是为了满足好奇心。有些人致力于此种研究是出于种族的忠诚或自豪。另一些人则希望在自己的血统中找出皇族或贵族的例证。系谱学也曾用于表明世袭权和土地所有权。欧洲的王室和贵族很久以来一直运用系谱学证明王位或产业的继承人是否真实和合理。

许多美国人都喜欢自称是1620年乘"五月花号"来美国的那批乘客的后裔。欧洲的王室和贵族经常宣称,他们是古代英雄——甚至是神——的后裔,以便增添其家族的威望和特权。

历史

系谱学的历史可以划分为3个阶段:古代的口头传说;将口头传说记录下来,用来证明某些人物和家族的世系;公元1500年以后将这一研究扩展到如此程度,以至于当今西欧的大多数人都能追溯到各自的祖先。

在古代世界,尤其是在文字未发明以前,口头传说具有不可或缺的重要意义。这类传说往往讲述一个民族的全部历史,及其最著名的人物的祖先世系。《旧约》中出现了大量的这类系谱,其目的是要显示亚当、挪亚、亚伯拉罕,以及古代以色列的其他英雄人物的血统。这些系谱当初是作为口头传说而产生的,在很久以后才用文字记录下来。在《新约·马太福音》中也有一个系谱,由耶稣基督的祖先一直上溯到亚伯拉罕。

在古希腊和罗马,人们把英雄和帝王当作神的后裔来颂扬。例如,希腊神话中的阿喀琉斯相传为女神忒提斯所生;朱利叶斯·凯撒将其祖先追溯到特洛亚的伊尼亚斯,乃至更向前追溯到女神阿佛洛狄忒或维纳斯。埃塞俄比亚皇帝的家世在当代世界上可算作最古老的系谱之一,他将其祖先上溯至《旧约》中所载的所罗门王与示巴女王的联姻。

中世纪早期,在野蛮的部族皈依基督教之后,系谱学发展的第二个阶段,即用文字记述祖先世系,在欧洲变得重要了。编年史家——他们大多是僧侣——记载下许多多统治者以及贵族的家族世系。从那以后,各类记载——土地交易、洗礼证书、婚姻证书以及其他文件——的范围有了相当大的扩展,包括的人数也大大增加。

系谱学家的工具

那些追溯家族世系的人是在从事一项复杂的研究,需要专门的才能和工具。研究者必须了解本国的宗族世系,有时可能还要了解邻国的宗族世系。他们应该能够辨认非常古老和字体十分罕见的手稿。他们必须找到专门的能够提供信息的记载。这些记载——可能是用不同的语言记录下来的——包括出生与死亡证书、结婚证书、土地出售文件、遗嘱、税收档案、家庭用圣经以及墓碑。在大多数国家中,这类证据材料并未收集到一个集中的地点,但在那些先辈原来生活过的地方还能找到。

对于美国人来说,这种研究的困难在于要找到当年轮船的乘客名单,名单上记录着这些移民投奔这片新土地而离开旧大陆的时间。他们不仅要了解这些轮船的出发地点,还必须搞清这些移民原来的居住地。还有一些轮船抵达美国的记载,然而在许多情况下,移民的名字更换了或被记录人拼写错了。美国首都华盛顿的国家档案馆保存着许多这类有益的资料。

为了帮助系谱学家的工作,大多数西方国家都收集各种各样的政府记载。自1837年以来,英国法律规定,人们出生、结婚和死亡要实行登记。英国的教区档案可以上溯至1538年。在其他大多数国家,此类政府记载开始得晚一些。人口普查资料十分有用。这类普查在美国自1790年始,在英国自1801年始,而在加拿大的法裔居住区则开始于17世纪中期。

自1945年以来,业余研究系谱的活动大量增加。在美国,对此种研究的兴趣由来已久。在这类团体中,保存了很有价值的历史资料的组织有:新英格兰历史系谱学会、加利福尼亚州的奥古斯都学会和犹他州的耶稣基督后期圣徒教会(摩门教徒)。英国有系谱学家协会,其他国家也有类似的组织。自从1948年以色列建国以来,该国学者做了很大努力,搜集有关犹太人在欧洲大陆的资料。这项工作是在位于耶路撒冷的犹太种族研究中央档案馆的指导下进行的。

氏族　CLAN

核心家庭——由父母和子女组成——在许多国家是最基本的社会单位。在某些社会里,扩大的家庭——祖父母、父母、子女、叔叔、婶婶和堂兄弟、堂姐妹等——扮演了重要角色(见:**家庭**)。在很多文化中,常见的另一种家族关系形式是氏族,实质上是一种大大扩展的家庭。一个氏族的成员是根据属于共同祖先的后裔来界定的,不是通过称为父系氏族的男性家系,就是通过称为母系氏族的女性家系。在一个氏族内部通常禁止通婚,因此,一个氏族由于它的成员与外部氏族结婚而增多。在工业化前的社会中,氏族的所有类型已经被发现:在中国、印度、澳大利亚的土著中间,在非洲的部落和美洲印第安人部落中间。在某些情况下,氏族的祖先可能非常遥远,几乎已变成一个神秘的偶像——一位古代英雄或国王。

氏族成员身份可以保证互相支持和共同防御,以及解决遗产权转交的争议。通过迫使成员与外部氏族通婚,一个氏族可以增加它的成员,并且通过婚姻结合来巩固联盟。

一些氏族通过拥有共同的标志、象征性植物或动物来表达他们的团结。众所周知的是三角帆船或苏格兰氏族的方格呢披肩的纺织图案。在18世纪某一时期,当英国人企图破坏氏族的忠诚时,三角帆船按照氏族开始分类。今天他们仍保留着流行的衣着和群体的种种象征。

文明　CIVILIZATION

文明是精神对物质、理性对本能、显然是人的特性的那种东西对人的兽性的一次胜利。这些东西使文明及其忠实而又必要的伴侣,即文化,成为了可能。要想彻底弄清楚文明和文化是什么,就得知道构成人性的所有特性,并充分了解所有的历史发展。由于这是不可能的,所以必须用一些定义和描述来阐明这些词。

一些基本的意思

文明和文化都是相当现代的词,19世纪开始为人类学家、历史学家和文学家大量使用。一直有一种这两个词可以互换使用的强烈倾向,好像它们指的是相同的东西,但其实它们是不同的。

虽然这两个词在现代才为人们广泛使用,但它们都源自古拉丁语。"文明"一词源自拉丁词 *civis*,意为"一个城市的居民"。因此,"文明"最基本的意思是指在城市里、在社会集团中人们和睦地生活在一起的能力。按照这一定义,某些昆虫,例如蚂蚁或蜜蜂,似乎也有文明。它们在社会集团中一起生活和工作。某些微生物也是如此。但文明还有另外的东西,那就是文化给它带来的东西。所以,文明与文化是不可分的。

"文化"一词源自拉丁动词 *colere*,意为"耕地"(它的过去分词是 *cultus*,与培养有关)。但 *colere* 还有一种范围更广的含义。它像 *civis* 一样,也可意指居住于城镇或乡村。但它的大多数定义则暗示一种引起或促进生长和发展的过程。一个人可以耕种(cultivate)一个园子;一个人也可以培养(cultivate)自己的兴趣、智力和能力。"文化"一词,按照其现代的用法,是指使人类有别于动物界其余动物的人性的所有积极方面和成就。文化产生于创造性,即一种似乎是人类独有的特性。

文明和文化的基本而且最著名的特征之一是工具的存在。但比其简单的存在更重要的是,这些工具是在改进和扩大,此乃创造性的结果。从第一个车轮到最新式、最先进的汽车,花费了几千年时间。

正是作为工具制造者和改进者的人的概念,使他们有别于其他动物。一个猴子可以用根棍子从树上敲下香蕉,但那根棍子绝不会通过猴子的才智被改造成整枝钩刀或梯子。猴子从来没有发明过一种口语,写过一本书,作过一支曲,建过一所房,铺过一条路,或画过一幅肖像。说鸟筑巢,河狸做窝,是没有抓住问题的实质。人类曾住在岩洞里,但是他们的才智、想像力和创造性使他们告别岩洞进而建房。

因此,文明是人类在某个发展阶段的、有下述所有那些成就的"城市":它的艺术、技术、科学、宗教和政治。"城市"一词看起来可能有些怪,但它是经过周密考虑后使用的,因为文明的出现和它的文化发展总是发生在特定的地区——实际上是在特定的城市。用比较概括性的词——例如,现代西方文明——来表述,是掩盖下述事实:在这一类概念可以使用之前,先有耶路撒冷、古亚历山大城、雅典、罗马和君士坦丁堡的文明。随之而来的依次是佛罗伦萨、米兰、威尼斯、巴黎、伦敦、阿姆斯特丹、维也纳、日内瓦、慕尼黑、纽约市、费城、波士顿、芝加哥、旧金山、洛杉矶,以及其他许多城市的文明。如果说存在着一个西方文明,那么它也是由所有这些最初的城市文明的要素构成的。

经济与文明

虽然人们没有普遍地认识到经济在文化形成中所起的作用,但它却是至关重要的。每个人都有食物、衣服和蔽身之处方面的需要。提供这些需要的东西是经济的功能,因为这些需要是通过生产和分配的体系得到满足的。除了各种需要之外,大多数人还有其他的欲求——他们想要得到能使他们的生活更加舒适、更加愉快的东西。在整个人类历史上,需要一直都是相同的:在古代世界,人们需要食物、衣服和蔽身之处,而今天人们仍然需要这些东西。事实上,在历史上的大部分时期,大多数人只好满足于获得必需的东西,希求得到更多的东西是不现实的。只有非常富有、非常有权的人才有能力购买额外物品——豪宅、美味、优越的医疗条件、艺术享受,以及昂贵的衣服和珠宝。

20世纪,对于世界上的许多人来说,这种情况发生了变化。诚然,迄今还有许多人,他们的基本需要仍难以或甚至不可能得到满足——特别是在非洲、中东、拉丁美洲和亚洲的部分地区。但在北美洲、欧洲、日本、台湾、澳大利亚、香港和新加坡等工业化社会中,这些需要基本上得到了满足。技术的进步使生产大量的、只能叫作必需品的商品成为可能。实际上,没有一个人是为了活命而需要一台电视机、一辆汽车、一个立体声装置、一盒糖果,或者甚至是一条肥皂。但是,因为现代经济体系——主要是产业革命的结果——已使这种商品可以买到,所以几乎谁都愿意拥有它们。这个体系对现代文明发展的方式作出了巨大的贡献。

这种发展并不是有计划的。它是随意的和偶然的。亨利·福特开始制造汽车时并没想到要影响美国的文化;但他和其他汽车制造商们还是影响了美国的文化。美国这个国家要是没有汽车,它的情况就会大不一样。关于快餐连锁店的创始人,我们也能说同样的话。虽然他们是利用了某些机会的商人,但他们在很大程度上改变了世界的饮食习惯。

带有生产和分配网络的经济体系已成为现代文明进步和发展的最强有力的力量。在资本主义社会里是这样,在社会主义和共产主义国家中也是这样。哪里没有先进的经济体系——如在非洲的许多地区——哪里的文明就往往会停滞不前。哪里人民的基本需要不能得到满足,哪里的人民就很少有(如果说还有的话)机会享受文化的其他方面。

起源

17世纪英国哲学家托马斯·霍布斯曾断言,原始人的生活是"孤寂、清贫、邋遢、野蛮和短暂的"。从人们所知道的关于残存至20世纪的那些原始部落的情况来看,他的说法似乎是对的。但是,在有文字记载的历史之前的某个时期,人们就已经开始聚集在一起组成村落,并通过共同努力,使他们自己的生活过得更好些。

就考古学家已经发现的来说,这些最初的村落都位于古代的中国、印度、美索不达米亚和埃及的大河流域。这些古人通过反复试验(这是一个缓慢而又曲折的过程),制造出各种工具。但是随着这些工具的出现,产生了一种真正的文化。人们发明出用于种地、挖灌溉渠、建房以及制造日常用具的各种工具。为了帮助他们从事各种活动,他们必须学会使用被叫作语言的这种工具,最初是说,后来是写。他们还必须学会初等数学:如何丈量地亩和清点诸如牲畜和财产之类的物品。

在某个很早的时期,人们还研制出用于装饰艺术、音乐艺术和文学艺术的工具。装饰艺术可能是最早出现的,甚至可能出现在技术上的任何重大进展之前。例如,大家知道,法国南部和西班牙北部著名的石窟画大概已有3万年的历史。文学艺术——诗和歌——只能出现在口语产生之前。在人们相互之间用文字进行交流以前,他们似乎很可能用图画或诸如古埃及人所使用的象形文字之类的绘画文字,来表达自己的意思。

通俗文化

许多人,当他们使用文化一词时,是指某种程度的高雅。他们认为,那些有文化的人对艺术——对好的文学、绘画、雕塑和音乐——具有鉴赏力。这虽说不上是对该词的错误使用,但它则是一个范围狭窄的定义。如果文化和文明实际上是不可分的,那么它们则意味着一个社会的全部成就。

所以,文明应被看作是包括人类在某一特定社会中的所有活动和表现。例如,在美国,经济体系、政治制度、教育体制、宗教团体、法律制度、电视节目的编排、电影、体育、大众文学、摇滚乐、步行街、汽车的普及、一个庞大的中产阶级的存在、种族背景的多样化,以及其他许多因素,应当被认为是合在一起构成现今的美国文明。

美国文明的其他方面也已遍及世界各地。摇滚乐起源于20世纪50年代的美国南部,其最著名的表演者有埃尔维斯·普雷斯利、比尔·哈利和彗星乐队,以及查克·贝里等人。今天,摇滚乐几乎存在于每一个国家,甚至存在于一贯谴责美国人价值观的共产主义社会。蓝色牛仔裤是已传播到世界各地的美国文明的一个很小方面的另一实例。它们非常流行,甚至连其他国家也有人仿造这种牛仔裤,并在裤子上钉上美国商标。

20世纪文化的传递并不是一条单行道。其他社会对美国的生活方式也有影响。一个很明显的影响是对于饮食习惯的影响。美国有许许多多意大利、中国、法国、希腊和日本餐馆,这表明美国人非常喜欢吃外国饭食。另一个例子是外国汽车。第二次世界大战后,许多美国人开始喜欢开德国、日本、英国、意大利和瑞典制造的汽车,而不是底特律汽车制造商生产的汽车。这种喜欢,部分与拥有一辆昂贵的进口汽车就会脸上有光有关,尽管这种喜欢在很大程度上是一种想拥有造得更好的汽车的欲望。

体育运动提供了文化交互影响的另一个例子。起源于挪威的滑雪,为许多美国人所酷爱,并已支撑起科罗拉多、佛蒙特、犹他以及其他州重要的旅游业。英式足球是世界上长期以来始终最为人们所喜爱、最能吸引观众的运动,它最终也在美国受到了欢迎,以致出现了职业的足球联合会,并且中学和大学中都开展这项运动。同时,棒球走了另一条路——从美国到日本、西印度群岛和拉丁美洲的许多地方。

整体与差异

早在美国这个国家被大众传播和快速运输连结在一起以前很久,美国的地区差异就已出现。它们以一种缓和的方式留存到20世纪后期。英语方言一直存在,尤其是在东北部和南部。南加利福尼亚人的生活方式与纽约人或中西部人的生活方式多少有些不同。但是这些差异并不代表不同的文明。确切地说,它们是整个美国文明的各个部分。美国人,不管他们住在何处,往往都具有某些相同的价值观和态度,而这些价值观和态度与意大利、德国、中国、俄国,或甚至像加拿大和墨西哥这样的近邻的那些价值观和态度,则不完全相同。

其他国家的情况也是如此。例如,在法国,有些明显的差异使巴黎有别于南部的普罗旺斯,或西北部的诺曼底。不过,尽管有这些差异,毫无疑问有一种法国文明,它完全不同于莱茵河对岸德国的那种文明——而且也明显不同于埃及或印度的文明。

除了一个社会中流行的价值观和态度的差异之外,对工作、宗教、政治、经济以及其他问题的态度,也使各国相互有别。甚至这些价值观和态度的差异,也是一个国家的文明的组成部分。

进步与变化

"进步"和"变化"这两个词常常被互换使用,但实际上它们并不相同。所有的进步都意味着变化,但并不是所有的变化都是进步。一个穷人可以变富;他也可以因遭遇不幸而再次变穷。他的境况变了两次,但他并没有进步。真正的进步乃技术所致,是一种不会倒退的前进。当火药、步枪和大炮可以使用后,没有任何军队会再用弓箭作战。由于袖珍计算器非常便宜,非常容易得到,所以学生们不再使用计算尺。

导致进步的技术长进乃人类才智所致。但有些方面的人类创造性并不促成进步,尽管它们可以引起变化——永久的或暂时的。这些方面的人类创造性有艺术、政治和宗教。例如,政治制度可以由君主专制政体变为民主政体;但它也可能再变回来。

参观博物馆就能看到进步与变化之间的这种差别。例如,在首都华盛顿的国家航空航天博物馆,人们就能追溯飞行技术的发展——从最早飞机到空间探测飞船。相反,人们也可以参观德国科隆的一个罗马古物博物馆,察看由早已去世的金匠和银匠精心制作的精美的古代珠宝饰物。这些古代工匠的手艺绝不亚于现代工匠,尽管式样和材料已经变了。

技术的进步不断地前进;一旦一项发现被作出,它就没有必要再被作出。但是在人类活动的其他领域,总是有可能作出变化,然后又将它取消。或者,可能根本就没有什么真正的变化——例如在文学、音乐、绘画和其他艺术中只是人类创造性的延伸。

关于文明的理论

关于文明和文化的大多数现代理论非常强调进步。但是在古代世界,哲学家们考究历史事件,并把它们与自然过程加以比较。在这样做的过程中,他们推断出文明是循环运行的。亚里士多德在其《修辞学》中特别提到:"在大多数方面,未来将像过去一样。"古罗马皇帝马尔库斯·奥勒利乌斯在其《沉思录》中说:"一直在想,为什么一切事物,它们现在是这样,过去曾经也是这样。"这种循环的观点是古代世界典型的观点,但也有明显的例外:最伟大的基督教神学家之一,希波的圣奥古斯丁,是第一个阐释进步理论的人,但这种理论与现代的进步理论完全不同。他所说的进步并不是技术的进步,而是一种历程,即从世人之城到历史的终结,再到上帝之城。

法国哲学家让-雅各·卢梭是惟一的一个例外,他把文明看作是从自然人状态的一种衰退;除此以外,大多数现代文化理论则强调了进步。这里再次强调的未必是技术的进步。18世纪的启蒙运动认为,人类由理性动物所组成,他们能控制自己的命运,能以自己的方式把世界改造得非常完美。19世纪,特别是在生物学家查尔斯·达尔文的进化论著作出版后,有关于通过自然选择的方法而达到的、自然而且必然的进步的论题。伟大的社会主义作家卡尔·马克思提出一种提倡起因于阶级冲突的革命的进步理论。(参见:马克思;社会主义)

20世纪,在两位著名作者的著作中出现了对于进化论的一种反动:《西方的没落》(2卷,1918年,1922年)的作者奥斯瓦德·斯本格勒,和《历史研究》(12卷,出版于1934—1961年间)的作者阿诺德·托因比。这两个人都赞成循环理论而拒斥永久进步的思想。斯本格勒把文明看作是会诞生、成熟和衰亡的有机体。他相信,现代西方文明已到了不可逆转的衰亡阶段,很快会被另一文明所取代。在托因比看来,文化的兴起是由于人类对环境所提出的挑战的反应,文化的衰落则是由于因对付挑战的能力日渐衰弱而出现的衰竭。美国考古学家亨利·弗兰克福特提出一个更有趣的文化观点。他认为,所有综合性理论很可能都是没用的,因为推动文明发展的力量可能永远无人知晓。

封建主义 FEUDALISM

在欧洲西方民族国家兴起之前人们生活在一种被称作封建主义的制度之下。这是一种以土地所有制类型为基础的权利和义务的社会体制。

每个小地区都由一个公爵、伯爵或其他贵族统治。贵族的权力是建立在他所拥有的封地的基础上的。这种土地所有的特殊体制决定了政府的形式,也产生了设防的城堡、穿戴盔甲的骑士和骑士制度。因而"封建主义"一词描绘了一种完整的生活方式。

封建主义制度是在8至11世纪逐渐确立起来的。法兰西是封建主义制度发展得最早和最完善的国家,但它以某种形式存在于所有西欧国家中。它在11世纪至13世纪末尤其繁荣。现代欧洲诸国在法律和社会习俗上仍有封建主义的残余。

混乱的年代

封建主义是在中央政府无力保护人民的混乱年代逐渐产生的。它的起源可追溯到古罗马帝国崩溃时期。从4世纪末起,蛮族开始入侵,这个时期社会极其混乱。410年,罗马被西哥特人首领阿拉里克攻克。476年,西罗马帝国灭亡。这一年份或500年普遍被认为是古代时期的结束和中世纪的开端。

在罗马帝国的废墟上出现了一些小的蛮族王国。国王们一直持续不断地相互进行战争。法兰克国王查理曼试图仿照罗马帝国建立一个基督教帝国。800年他被加冕为神圣罗马帝国皇帝,可是他去世后却没有一个强有力的统治者来接替他的王位。

罗马人修建的道路和桥梁最终坍塌了。货币几乎消失,国王们无法付给官员和士兵们报酬。蛮族不断地入侵。北方有来自斯堪的纳维亚的海盗——北欧海盗。南方,穆斯林使意大利和法兰西沿海地区处于恐怖之中。

人们任凭入侵者和劫匪摆布。由于缺少一个强有力的中央政府,每个地区只好自我保护。人们自然寻求离他们最近的强大的邻居的保护。遇到麻烦时,他的木堡或石堡可作为村民及其畜群的避难所。

土地所有权——封建主义的基础

人们得为他们受到的保护付出代价。货币缺乏,但贵族非常愿意用土地代替。土地原来的所有者被允许在其一生中继续使用这块土地。他死后这块土地就转到他的保护人手中。

许多贵族得到的土地太多,以至于无法管理。于是,他们开始把土地租给佃户。据说这种土地保存在采邑里,每块租借地都是一个领地。佃户成了领主的封臣,并宣誓在战争中追随于他和服其他劳役。如果封臣没能履行他的诺言,他就会失去土地。经过一段时间后,领地就成为世袭的了,它通常传给封臣的长子。

在理论上,所有的土地都属于国王或皇帝。他是从他那里直接租地的封臣的封建主或大领主。这些租地人每人又把他大部分租借地分租给租户。于是,他就成了那些从他那里租得领地的租户的封建主,但他仍是国王的封臣。那些转租租户再进一步把土地分成小块。一个领地,除了耕种它的那个人外,可能还有6个人对它拥有权利。

封建束缚与封建权力

封建时代早期,当一个自由人放弃了他的土地所有权后,他就变成了领主的"仆人"并许诺对他忠诚。这就是所谓的付托。由此产生所谓效忠(homage,源自拉丁词 homo,意为"仆人")的仪式。封臣宣誓为其领主服务,为他而战,按他的领地的大小提供骑士,并在特殊时刻予以金钱援助。如果封建主沦为阶下囚,或者他出发去参加圣战,其长子被封为骑士,其长女结婚,一般说来封臣都要帮助赎救或提供资助。

在蛮族入侵的混乱期间,某些封建领主变得非常独立,他们养兵、收税、开庭、铸币。这些权力源自古老的风俗和惯例。其中之一叫作豁免权。由于维持一个强有力的中央政府越来越难,因此国王和皇帝们依靠他们的封臣来维持秩序。他们常常给予这些封臣免受中央集权控制的自由,或授予他们豁免权。有时豁免权则是买来的。

严格地说,封建制度涉及的仅仅是贵族阶层。但这一制度是以赡养领主及其骑士的农奴或隶农的劳动为基础的。正式来讲,农奴是"没有自由的"。然而,他们不是其他人的财产,有别于奴隶。他们被束缚在土地上但又不依附于在领地中拥有土地的某个领主。他们不能离开出生地;但领主也不能把他们撵走。

农奴们在叫作采邑的大庄园里劳动。领主的邸宅是庄园内一座坚固的房屋或带有防御工事的城堡建筑物。农奴们住在附近的村庄里。每户都有自己的茅舍。村里的教堂是宗教和社会活动的中心。

农田被分成三大块,每一块又被分成一些狭窄的长条。每个农奴在每块田里都有若干长条,这样谁都不会拥有最好的田或最差的田。领主的土地叫作领地。农奴们既耕种领主的土地也耕种他们自己的土地。他们还向领主交纳他们自己土地上收获的一部分农产品。领主为自己保留狩猎用的森林和钓鱼用的池塘、小河。农奴们可以在公共草地上放牧牛羊和其他家畜。

庄园几乎是自给自足的。磨坊主磨粮食,铁匠焊接和铸造铁器工具。妇女们纺亚麻和羊毛线,编织织物,缝制衣物,烤面包和酿酒。必须从外面输入的主要物品是盐和铁。

领主和他的骑士们主要从事战争。他的儿子们要接受马术、使用各种武器方面的训练,还要学习各种社会技能。他们的行为准则被叫作骑士品质。

决斗裁判、神意裁判和据誓断讼

封臣的职责之一就是出席他领主的法庭以帮助表现正义。法庭并不打算向证人询问真正的事实。一般的程序是让原告和被告面对面地进行一次正式决斗。人们相信上帝会站在无罪者一边。这就是用决斗或格斗来裁判。

神意裁判是要被告把手伸进滚热的水或油里,或者拿起一块烧红的热铁。如果伤口三天后完全愈合,那么他就会被认为是正确的一方。

据誓断讼就是根据证人宣誓进行审判的一种方法。它要求原告或被告推荐出若干位名声好的骑士,他们必须宣誓:他们相信他所说的是事实。

封建制度的衰落

一个封臣可以向许多大领主宣誓效忠,而这些大领主则无须相互效忠。因此这种制度导致无休止的冲突。虽然骚乱不断,但商业和工业还是有进步,货币也使用得更加广泛。随着城市财富的增长,以及它们的地位变得越来越重要,封建制度越来越使人难以忍受。新的中产阶级和教会都需要法律和秩序并支持国王。更多的税收使国王们能够维持国家常备军。

百年战争(1337—1453)开始时,身穿铠甲骑在马背上的骑士们向拿着长矛和大弓的步兵投降。随后火药得到广泛使用,致使宏大的石头城堡不再不可征服。14世纪,在中世纪结束前,民族国家开始取代封建政府。

资本主义　CAPITALISM

经济学这个词来自希腊文,意思是"治家"——即履行能使一个家庭生存和兴旺的任务和服务。因此,经济的功能就是为满足衣食住基本需要——全人类的共同需要——而进行的活动。经济的功能还要满足这样一种对物质和服务的要求:这类物质和服务并非是真正的需要,但却是发达国家的人们所向往的。此类物质和服务常被视为奢侈。但是,现在的某些奢侈,例如:汽车、电视、车载电话和看牙医,已被许多人认为是必需的了。

提供物质和服务的方法之一,是通过资本主义的经济制度。这种制度也叫自由市场经济和自由企业。所有这三个词都是在19世纪末和20世纪初创造出来、用以描述几个世纪之前在欧洲开始出现的经济的格局的。

资本这个词指的是生产的要素,包括开设工厂或农场所需要的钱、土地、建筑物和机器。资本家是提供资金使企业运转的个人——或一批人。

另外两个词,自由市场经济和自由企业,对资本主义略有一点不同的侧重。两个词中都有自由这个词,其含义是,人们都有个人自由和拥有财产的权利。而且,只要不妨害他人,有权对自己的财产任意处置。这些自由是资本主义与所有其他种类的经济制度不同的地方。所有其他的经济制度都是从上到下的命令和控制的政治制度,个人自由和拥有财产的权利,都要为国家的利益做出牺牲。

在资本主义的条件下,私人财产这个词具有特定的含义。它意味着生产资料。一个农场作为财产,就是生产食品的生产资料。一个工厂作为财产,就是用来生产耐久用品的生产资料。关于服务,可以举这样一个例子:医生的诊所和设备就是医生用来为病人治病的财产。资本主义的核心就是生产者有权生产他要生产的东西,消费者有权决定他所要买的东西。

货物和服务

货物和服务是有区别的。货物是生产出来的东西:食品、衣服、汽车、房屋……等等。货物也叫产品或商品(虽然有时商品是自然资源)。服务则不是产品,尽管服务要使用很多产品。例如:电影是一种服务。放映电影需要有影片、放映机和影院。顾客去看电影,但是,除了对这种娱乐留下记忆外,不能把任何东西带回家。

还有另外一个区别。产品为社会提供基本财富。财富必须是有形的物品,而不是钱。钱是买者与卖者之间进行交换的惟一工具。服务也不能算是财富,因为服务完结之后便不复存在了。生产大量财富的社会,如美国、德国和日本,也会有很多的服务机会。贫困的社会,如孟加拉、毛里塔尼亚和埃塞俄比亚,服务工作也很少。在这样贫穷的国家中,人们只能买得起必需品,更谈不到奢侈的服务了——甚至像医疗这样重要的服务。

一个社会的兴旺和生存,依赖于不断地创造财富。服务是没有这个功能的。实际上,服务是靠创造财富而不断改进的。在过去几个世纪中,之所以能出现爆炸性的财富生产,是因为资本主义是在自由,或是近乎自由的社会中成长起来的。在这样的社会中,个人可以自己去谋求改善自己的条件,不必由上级当局下达命令。

第一位近代经济学家亚当·斯密在1776年说过,个人都自然地为其本人谋求利益。如果不去管他们,他们就会设法去改善他们的生活条件。改善生活条件可以采取两种方法:自己奋斗,或损害他人。但很明显,任何人都不能靠损害他人来生活。因此,大多数人都要找些工作做,或制作一些东西,由别人付些代价,或是为制造产品或提供服务的组织工作。

人们在自由的社会中,为了寻求自己的利益,就会发挥想像力,就会创新。他们会寻找新方法去完成老任务。他们会发现新的任务和新的资源。革新是不断创造财富的基础。有线通讯是从发明了电报开始的,以后才有了电话和有线声音通讯。其后又有了无线电和无线通讯。再后来便是把视觉信号传送给电视机。现在,使用环绕地球运行的人造卫星传播全球通讯。革新一项接着一项,自由市场经济中的自由人们,有着不断地向较高的生活水平攀登的动力。

这种动力的一个方面表现在产业革命这个词上。一直在进行的产业革命,真正地彻底革新了生产商品的方法,并且给千百万人提供了就业机会。其结果是大大提高了整个社会的生活水平,而不是少数的统治者提高了生活水平。(参见:产业革命)

自由企业的特点

除了个人自由、私有财产权和革新之外,资本主义的特点还有:分工、价格制度、利润和公认的规则。所有这些,都不是起源于资本主义,自从人类进行经济活动时便已存在了,其不同之处在于,这些特点在自由市场经济中,人们使它们发挥出了各自独特的作用。

资本主义是把社会组织成一个市场,这与把社会组织成政府和国民不同。资金、土地、机器、劳力、分配渠道以及买和卖,一起组成这个市场。有些机构,主要是政府和宗教机构,不在这个市场之内,但是它们的幸福也依赖于这个社会所创造的财富。例如,税收就是从社会中拿出来付给政府机构的那部分财富。

分工　有一个时期,几乎所有的工作都是农业方面的。(在贫穷的国家,现在仍是这样。)当城市出现,文明进步时,农业作为人们雇主的作用,开始越来越小。人们有了新的工作:开矿、手工业、贸易、织布……等等。这种简单的分工,为社会创造更多的财富准备了条件。为商业和贸易生产出种类更多的商品。

在当今社会中,由于产品和服务的种类繁多,分工是极为复杂的。每一个大型的购物中心都可以证明。从生产厂家本身来看也很明显。在一家汽车工厂中,制成一辆汽车要经过一系列工序,在装配线上每一个工人都做着自己的一份工作。

价格 在市场经济中,价格是一个控制因素。价格机制使全部经济活动井然有序。诚然,从货物和服务开始买卖时起,价格就存在了。但只是在资本主义制度下,土地、劳力、金钱和资源,才都受到价格机制的控制。几乎所有事物都受价格控制,因为价格是使生产诸要素得到最充分使用的最公平的手段。从本质上说,价格是一切生产要素的分配制度。

在资本主义之前,土地、劳工、资源和货币主要由政府控制,或是由与政府关系密切的富有的名流控制。例如,欧洲在中世纪,土地必须世世代代属于一个家族所有。另一方面,一般民众则被死钉在一种特定的工作上,由他们的后代代代相传。如果是一位农民或工匠,也是父传子,母传女。生产劳作是为了供养国家和教会,余下的很少一点要设法维持广大民众的生活(见:**封建主义**)。

在小块的自由土地在欧洲出现之后,中世纪的制度便被打破了。国王和贵族因为急需钱用,将土地卖掉,工人和工匠被赶出来,成了无地可种的穷苦阶级。但是,由于市场经济开始萌芽,这些穷人可以被人雇佣为劳动力,挣他们所值的工资。(工资也是一种价格。)

货币也有价格,即借钱的价格。这个价格称为利息。其他的生产要素,也和货币一样,不是能无限供给的。一旦从政府的控制下解脱出来,价格机制是最有用的手段,它能最有效地支配经济中的一切因素。一个地方的劳动力很多,自然就会压低工资,劳动者便会到其他地方去。一种资源,如铜,发生短缺,价格便会提高,但是,发现了新铜矿,又会使价格降下来。(发现代用的资源,如玻璃纤维,也会使价格下降。)利率随着向一个企业投资的钱数多少有所不同。

在一个完全自由的市场中(几乎从来没有过),价格应该是稳定的,资源会分配给在当时能最有效使用的那些人。就业水平也应该是稳定和高的,因为工人会到最需要他们的地方去。如果由于有了汽车,使马车过了时,生产马车的工厂倒闭了,劳动力便会转移到新的产业中去。

在马车卖不出去,一文不值的时候,汽车便会涨价。在办公用品中,计算机取代了打字机,打字机便没有市场了,但是,计算机的市场便兴旺了。价格与供求关系一起发挥作用,来区分经济中的要素。因此,规定价格有些像拍卖,买者为他们需要的特定因素出价,可能是为了货币、工人、原材料,或是土地。如果每样东西都可以满足每个人的需要,就不需要有价格了,当然也就不需要有经济制度了。

利润 这是资本主义最有争议的一个方面,因为它完全被误解了。长期以来,人们一直认为利润是贪婪的资本主义的惟一目的,而利润应该是工人有权获得,但被老板们窃取了。或是认为,利润是东家们在真正价值以外拿到的额外数额。利润之所以名声很坏,其中一个原因是,人们普遍有一个错误的看法,认为公司的利润大得不得了。实际上,在全部收入中,利润占的比例很小——一般在5%—6%左右,常常比这还要少。

实际上,利润不过是在当前的开支之外经营企业所需的费用。因此,利润也是一种价格。一个赚钱的企业,可以继续经营、革新、开辟新市场、增添新机器和厂房。没有利润,只能支付当前的生产费用,如原材料和工资。如果发生亏损,连这些费用也付不出。利润和任何价格一样,是一个信号。它对公司的健康情况提出信号。亏损是有严重问题的信号。一家公司只能支付成本费用,没有利润,则是不景气,没有改进的余地。

举例说明一下:如果一个靴匠做鞋卖鞋只能收回材料钱,他这样做似乎只是自愿为他的主顾做好事。他得不到购买他自己生活必需品的收入。一个公司也是如此:必须盈利才能为企业的未来增添力量。

规则 经济秩序是靠价格制度和大家都同意的规则来维护的。有些规则是社会共有的:如不准偷窃和欺骗。其他规则,如合同规则,更复杂些。合同是由两个或更多的人自愿签订的协议,一般是具体规定在某一时间完成某些工作或运送某些货物。因此,一项合同是由签约各方作出的一系列许诺。所以,合同具有法律效力,法律中有一部分是专门有关合同的。建立和承认财产所有权,对维护经济秩序也有重要作用。例如,版权和商标也是一种财产,因为二者都是所有权的标志。产权也可能因假冒或伪造,以及版权和商标的侵犯而受到侵犯。

非计划的秩序 上面提到的四个特点(分工、价格、利润和规则)合在一起建立起一个由错综复杂的市场关系网络联结在一起的社会(甚至在全球的范围内)。这个市场系统不是预先计划的。它和它的运作所遵循的规则一样,是慢慢形成的。市场是人类自发行为的产物,而不是由人类设计的。人们受天性的驱使,要尽量使自己生活得幸福,因而创造了能使个人更加幸福,社会更加繁荣的、可行的安排。市场制度并不依赖价值观念相同、属于同一种族或宗教信仰相同的人群,甚至不依靠人们彼此之间的和睦。市场制度只是植根于改善人们生活物质条件这一共同愿望。

消费者和价值

生产者出售货物和服务,顾客为他们自己购买其价值。因此,在真正的自由经济中,消费者是这种关系中的处于支配地位的伙伴,因为被购买的物品的价值是由消费者决定的——否则他就不会买它。消费者不需要的产品和服务没有市场价值,不管生产者把产品看得多么重要。

过去有一个错误的想法,认为生产者用投入劳动、材料和时间生产商品的方法创造价值。但是,投入到一件产品中的时间和劳动是不能马上定出数量的。当然,是有生产成本的,但是生产成本要受生产者认为他出售产品能收回的价格的影响。换言之,即生产者必须猜测消费者将对他的产品赋予什么价值,然后他必须依此来调整他的全部生产成本。

由消费者起决定价值的作用,表明市场制度是真正的民主制度。消费者用他们所支付的货币来表示对产品和服务的欢迎或反对。如果一种产品不能满足购买者的要求,他就会去买别的产品,这个生产者便会没有生意做了。工人们也可以用腿进行投票,他们可以从给钱少的地方到工资高的地方去。

批评意见

资本主义的拥护者宣称,经济自由是人类最基本的自由。但是,市场制度遭到反对者的严厉批评,他们说,这个制度没有把所有人的生活提到同样高的水平。这一说法是对的,在资本主义制度下,财富是不平等的,尽管比起其他制度来,不平等的程度要小得多。在自由市场中,成功主要靠个人的努力和能力,而努力和能力在人类中是不平均的。

要达到财富平等的目的,只能依靠武力,武力必须由政府行使。经济本身不具有行使强迫手段的机制。但是,在20世纪中,依靠武力的制度,除了给少数人以外,没有给任何人创造出高的生活水平。与此相反,市场经济并不向所有的人保证结果都是平等的,而是试图在法律下维护所有参与者的自由和平等。(参见:**共产主义**;**法西斯主义**)

人们谴责资本主义有商业周期,即"大繁荣和不景气"的周期。但是,自由市场制度本身并不会发生商业周期或高失业现象。这些东西是政府干预的结果,特别是政府垄断货币供应的结果。

另外一条批评意见,是说资本主义总是在变,这是比较有道理的。个人和社会都愿意安全和稳定。但是,经济是一个永远没有完结的变化过程。市场经济是有活力、灵活和处于不断的变化之中的,因为它在很大程度上依靠技术的改变、新的信息和革新。正如在美国的人口中农民已经下降到3%左右,现在在全世界范围内,制造业的蓝领工人人数也在缩减。在经济不断进行自身改正和调节时,这种混乱是不可避免的。想要阻止这种变化或使其逆转,如果能办到的话,必定会导致停滞和生活水平的下降。

审订:S.J. Hall

产业革命 INDUSTRIAL REVOLUTION

今天工业化国家的居民使用的大多数产品,是用成批生产的方法,由流水线上使用动力机器的人(有时是机器人)迅速地制造出来的。古代和中世纪的人没有这样的产品。即使简单的物品,他们也得花费很长的、单调的手工劳动时间。他们在工作中使用的能量和动力,几乎全部来自他们自己和牲畜的体力。产业革命是一场运动的名称,在这场运动中,机器不仅改变了人们的生产方式,而且还改变了人们的生活方式。

大约在美国独立战争时期,英国人就开始用机器生产布,用蒸汽机推动机器了。稍后,他们发明了机车。生产率开始以惊人的速度提高。到1850年,大多数英国人都在工业城市中劳动,英国已经变成世界工厂。从英国发生的产业革命逐渐传播到整个欧洲和美国。

导致这场革命的变革

导致产业革命的最重要变革是:(1)发明了机器来做手工工具所做的工作;(2)使用蒸汽以及后来使用其他动力代替了人力和畜力;(3)采用了工厂制度。

简直不可想像,如果把产业革命的成果一扫而光,世界将会变成什么样子。电灯将熄灭,汽车和飞机将消失,电话、收音机和电视将不复存在,商店货架上摆得满满的大多数商品也都会消失,穷人的孩子将几乎或根本不能入学,只能从早到晚在农场或者家里干活。发明机器以前,不仅成年人必须劳动,而且儿童也必须劳动,这样才能为大家提供足够的食物、衣服和蔽身之处。

产业革命是逐渐来临的。但是,若与人们完全靠双手劳动的千百年相比,这场革命则是在很短的时期内发生的。直到1733年J.凯发明了飞梭和31年后J.哈格里夫斯发明了詹尼纺纱机、纺纱和织布的方法,几千年来基本没有变化。到1800年,许多新的和更快速的方法在工业和运输方面得到应用。

人们生活方式上的这种较为突然的变革应该叫作革命。它不同于政治革命,因为它对居民生活的影响更大,因为它与诸如法国大革命那种革命不一样,它没有结束。

相反,随着新发明和新生产方法不断提高机器的效率和生产率,产业革命的势头一年比一年强大。自第一次世界大战以后,工业机械化的程度已有非常大的提高,实际上生产方面正在发生另一场革命。

不断发展的商业对工业的影响

商业和工业总是紧密相关的。有时一个在前,有时是另一个在前,但是在后面的一个总是要努力赶上去。从大约1400年开始,世界商业的发展和变化非常之大,作家们有时用"商业革命"一词来概述以后三个半世纪的经济进步。

许多因素促成了这场商业革命。十字军为西欧打开了东方财富的大门。发现了美洲以后,欧洲各国开始在那里和别的地方占有富庶的殖民地。新的贸易路线开辟出来。取代了封建制度的强有力的中央政府,开始保护和帮助本国的商人。一些贸易公司(如英国的东印度公司)得到政府的特许。造出了更大的船舶,繁华的城市也不断扩大。

随着贸易的扩展,需要更多的货币。大规模的商业活动不可能像大部分早期贸易那样在易货的基础上进行,得自新大陆的金银帮助满足了这种需要。银行和信用制度不断发展。到17世纪末,欧洲积累了大量资本。先得有货币,然后机器和蒸汽机才会得到广泛使用,因为制造和安装它们的费用是很大的。

到1750年,大量的商品已在欧洲各国之间交换,商品供不应求。英国是主要的贸易国家,纺织业是它的主要工业。

组织生产

到产业革命时期,已有若干种生产商品的制度发展起来。在农村,由各个家庭生产大多数食品、衣物和供使用的其他物品,就像千百年来它们所做的那样。在城市,商品在作坊里生产,这种作坊同中世纪工匠的作坊几乎没有什么两样,但生产受到行会和政府的严格管制。这些作坊生产的商品,虽然优质,但数量有限,价格昂贵。

商人需要数量更多、价格更便宜的商品,来满足贸易日益发展的需要。早在15世纪,他们就已开始走出城市,摆脱行会和政府起阻碍作用的管制,开始建立另一种生产商品的制度。

从农舍手工业到工厂

比如,纺织品商人从牧场主那里购得原毛,让农民的妻子们纺成线,交给乡村织工织成织物。这些乡村织工的产品比城市织工的便宜,因为他们还可以从园子或小块农田中得到部分生活品来维护生计。

然后商人们把纺织品收集上来,再分发给修整工和印染工。这样他们便将纺织品生产从开始到完成全部控制在手中。类似的组织和控制生产过程的方法,也开始在其他产业中盛行起来,如制钉业、刀具业和皮革业。

有些作者称其为外加工制度。另一些作者称其为家庭工业制度,因为工作都是在家庭中完成的。另一个术语是农舍手工业,因为大多数工人属于称为佃农的农业劳动者阶层,他们在农舍里干活。

这种产业制度有几个方面胜过旧制度。它提供商人大量廉价的制造品,还使商人能够根据市场需求订购特殊种类的商品。它向手工业者家庭每一个成员提供就业机会,也为没有资本经商的熟练工人提供一份工作。少数拥有足够资本的商人更进一步将工人们聚集在同一房屋里,给他们配备纺纱机、织布机等工具,这就是工厂,虽然只是有点像今天的工厂。

为什么产业革命首先发生在英格兰

英格兰商人最先发展了商业,增加了对商品的需求。贸易的扩展使商人得以积累资本用于工业。在此之前,一种较廉价的基本不受管制的生产制度已经发展起来。

在英格兰还有一些推动这场运动的新思想。其中之一是对科学研究和发明的兴趣日益增长,再就是自由放任的思想,即听任工商企业自由发展的学说,在整个18世纪愈来愈受到人们欢迎。英国经济学家A.斯密在他的伟大著作《国富论》(1776)中有力地论证了这一学说以后,这个思想就更加流行了。

几个世纪以来,行会和政府对商业和工业的控制细而又细。此时许多英国人已逐渐认为,最好是让工商企业受供求关系的控制,而不要用法规控制它们。于是英国政府通常采取不干涉态度,听任工商企业自由采用新发明和最适合它们的生产方法。

预示产业革命来临的最重要的机器是在18世纪最后几十年发明的。不过,在18世纪早些时候,已有三项发明为后来机器的发明开辟了道路。第一项是T.纽科门制造的简陋的低速蒸汽机(1705),用于把水抽出矿井。第二项是J.凯发明的飞梭(1733),使用这种飞梭,一个人能比从前两个人更有效地操作一台宽幅织布机。第三项是用辊子纺棉纱的机器,是由L.保罗和J.怀亚特首先制造出来的(1741)。他们的发明在商业上并不可行,但却是朝着解决机器纺纱问题迈出的第一步。

纺织工业中的发明

飞梭加快了织布速度,于是对棉纱的需求增加。许多发明家着手改进纺车。J.哈格里夫斯是个织工,也是一个木工,他发明的詹尼纺纱机1770年取得专利。这种纺纱机使一个工人能照管8个纱锭而不是一个纱锭。

大约与此同时,R.阿克赖特发明了水力纺纱机,一种用辊子纺纱、用水力推动的机器。1779年,纺工S.克朗普顿把哈格里夫斯的詹尼纺纱机和阿克赖特的辊式纺纱机结合在一起,制造出一种新纺纱机,叫作走锭精纺机。它生产出的纱线比詹尼纺纱机或辊式纺纱机生产的更细、更结实。辊式纺纱机和走锭精纺机既大又重,通常安装在工厂里,由水力来推动,由妇女和儿童来照管。

纺纱机的这些改进要求进一步改进织布技术。1785年,E.卡特赖特的动力织机获得专利。尽管社会需要这种织机,但实际使用却很缓慢。首先,要作许多改进,这种织机才能令人满意。其次,这种织机受到手工织工的强烈反对,因为采用它会使许多手工织工陷入失业。工厂里的织工,被迫拿与非熟练工人同样的报酬。于是他们发动暴乱、捣毁机器,试图以此来阻止使用织机。到1813年,动力织机还仅仅在棉织业中开始广泛运用。到1850年,在棉织业中动力织机还未能完全取代手工织机。当时织机还不太适于织造某些毛织物。到1880年,仍在使用许多手工织机织呢子。

许多其他机器也推动了纺织业的发展。1785年,格拉斯哥的T.贝尔发明了棉织品的圆压印花工艺。这种工艺对木版印花是一个很大的改进,可使图案的压印连续进行,而且速度快,价格便宜。1793年,E.惠特尼发明了轧棉机,增加了可利用的棉花供应量。1804年,法国人J.M.雅卡尔改进了织机,用机械方法在织物上织出花样来。后来这种织机经进一步改进,能够制作花边,使花边成了大众消费品。

瓦特的蒸汽机

当纺织机械正在发展的时候,其他方面也在进步。1763年,苏格兰技工J.瓦特被约请修理一台纽科门蒸汽机模型,他发现这台机器非常简陋,效率极低,于是通过一系列改进,使其成为一种能推动机器运转的实用装置。

靠流动的水转动轮子一直是早期工厂的主要动力来源,这些工厂必须建在水流湍急的小河边。蒸汽机的效率提高后,便可把工厂建在较为方便的地方。

煤和铁

蒸汽机的最初用户是煤炭业和炼铁业。它们注定是新机器时代的基础产业。早在1720年就已使用许多蒸汽机。在煤矿中,它们抽出经常淹没深矿井的水。在炼铁业中,它们给高炉鼓风。

炼铁业还得益于18世纪另外一些较早的发明。当时铁供不应求,价格昂贵,但产量不断下降,因为英格兰的森林不能提供足够的木炭来熔炼铁矿石。炼铁业者早已在试验用煤作为熔炼的燃料。达比家族经过三代人的努力之后,终于用煤炼成了焦炭成功地做到这一点。这就创造了对煤的新需求,为英国煤炭工业奠定了基础。接着,18世纪80年代向前迈出了巨大的步伐:H.科特发明了搅炼法和轧制法。搅炼法生产出近乎纯的锻铁。与采用这些新发明携手并进的是,制造业中工厂制度迅速发展。

英国国内情况的变化

新的方法增加了商品的产量,降低了商品的成本。一个工人看管一台带有100个纱锭的机器,可纺100根棉纱,而且速度要比100个在旧式纺车上纺线的工人还快。美国南方的种植园主能够满足社会对原棉增长的需求,因为他们使用了轧棉机。一台这种机器能做50个人清除棉籽的工作。类似的改进也正在其他行业进行。英国商人发现生产足够的商品来供应市场已不成问题。相反,有时市场反而被售不出去的过多商品所充斥,于是工厂倒闭,工人失业。

英国的工厂需要得到各种原料,如美国的棉花等,还要把商品运送世界各地,因而必须改善运输条件。英格兰的道路破旧不堪,无法通行。驮马和四轮运货马车载着少量货物沿着这些道路缓慢地行进。如此缓慢满足不了运输的需要,因此商品成本居高不下。此时需要创新。T.特尔福德和J.麦克亚当各自发明了筑路方法,它们比从古罗马人修筑他们的著名道路以来所知道的任何方法都好。

开凿运河和修筑铁路

当时开凿了许多运河,这些运河把主要河流连接起来,为运输煤炭和其他重货物提供了一个水路网。一条运载船比一辆四轮货运马车装载的货物多得多。运河船在水上行走平稳,但较缓慢,需用一匹马来拉纤绳。一些地方不能开凿运河,但有大量的煤需要运出,矿主就建造木枕或铁轨道路。在早期铁路上,一匹马能运送的煤相当于在普通道路上20匹马能运送的数量。

19世纪初,G.斯蒂芬森发明了机车,R.富尔顿发明了汽船,后者是美国人。这两项发明标志着现代化陆路和水路运输的开始。铁路能运载更多的商品,能把工厂的产品以人们付得起的价格送到更多人的手中。

劳动条件

随着工业情况的变化,社会和政治情况也发生了变化。农业劳动者和手工业者聚集到制造业中心,成了产业工人。城市迅速扩大,在总人口中农民所占的比例日益下降。

18世纪中叶以后,整个英国的人口开始迅速增加。由于医学知识增加和卫生条件得到改善,婴幼儿死亡人数不断减少,人的平均寿命延长。

产业工人的生活也逐渐发生了意义深远的变化。首先,机器为人的体力解除了艰苦劳动的重负。可另外一些变化则不那么受人欢迎。

从家庭手工业到工厂制的转变,意味着工人丧失独立地位。家庭劳动者可以任意安排工作时间,虽然对钱的需要常迫使他长时间辛苦劳动,但他可在自己的小园圃中锄地、种东西,来变换单调的工作。当他变成工厂的雇工后,他不仅必须长时间地工作,而且还必须离开自己的小农场,住到工厂附近,常常是住在拥挤的贫民区。他被迫按照机器运行的速度连续不断地工作。当时妇女和儿童工作时间特别长,特别单调和艰苦。1816年以前,绝大部分艰苦工作都是由妇女和儿童承担的。

这种转变尤其使织工和其他有技能的工人感到难以忍受,他们降到了工厂工人的地位。他们曾经是独立的雇主、小资本家和自己企业的管理者。他们对自己的技能感到自豪。当他们不得不进入工厂,听命于别人,拿着与非熟练工人同样的工资时,他们就发动暴乱并捣毁织机,这就不足为奇了。

资本与劳动问题

一个人必须拥有大量的资本才能购买机器和开办工厂。一些人成功了,赚取了巨额利润,用这些利润购买更多的机器,建起更大的厂房,以极低的价格买进更多的原料。于是,资本以前所未有的高速度增加。大量资本被用于开凿运河、修建道路、建造轮船和发展对外贸易。控制这些企业的人在英国形成了一个强大的新阶级——工业资本家阶级。

这些资本家为获得在政府中的发言权而进行斗争。他们需要更好的银行、货币和信贷制度。他们必须为其产品寻找和占有市场。他们在组织自己的工厂使之有效运行方面有许多困难。他们要面对激烈的竞争,还必须获得投资的利润。

自由放任主义盛行于当时的英国。这意味着,政府已经接受了不干预工商业的信条,因而厂主可以随意安排工作条件,由此给工人带来一些严重的问题——包括工作时间、工资、失业、工伤、雇用妇女和儿童以及住房等问题。

儿童可像成年人一样照管大多数机器,而支付给他们的工资却很少。当时大量儿童在极其恶劣的条件下每天工作12—14小时。许多都是厂主的徒工,住在简陋的宿舍中。他们吃不饱、穿不暖,有时还受工头的鞭打。这些儿童奴隶的高死亡率,最终使议会通过了限制徒工工作时间的法令。

工会的兴起

工人们试图通过工会来改善工作条件和工资待遇。工会最初常常称作"互助会",向工人收取会费,在工人生病或失业期间提供帮助。然而,不久之后,工会就变成通过集体谈判和罢工来改善工作条件的组织。

产业工人也力图通过政治活动来谋求他们自己的利益。他们曾与诸如英国1799年、1800年的禁止劳工组织法这样的法令作斗争。他们曾开展运动,促使议会通过对他们有利的法律。工人们为赢得选举权和扩大政治力量所进行的斗争,是19世纪传播民主的主要因素之一。

革命传播到美国

直到1815年,法国仍然忙于拿破仑战争,它几乎没有机会引进机器。当和平来临时,法国开始追赶英国,但行动缓慢,从未像英国那样专心致力于制造业。在采用新方法方面,比利时走在法国的前面。到19世纪后半叶,其他欧洲国家才取得一些进展。

美国在采用机器制造方面行动也很缓慢。南北战争前,农业和商业还是美国的主要行业。这个新国家几乎没有资本购买机器和建造所需的厂房,所拥有的资本大都用在海运和商业上。劳动力匮乏,因为人们仍在向西推进,砍伐森林,建立居住地。

然而,1790年,S.斯莱特将制造业引入新英格兰。斯莱特曾是阿克莱特纺织厂的雇员,1789年来到美国,受雇于罗得岛州普罗维登斯的M.布朗,在波塔基特河畔建立了一座棉纺厂。英国的法令严禁出口新机器或设计图纸。斯莱特凭记忆设计出机器,建立的工厂于1790年开始运转。当拿破仑战争和1812年战争搅乱了商业活动,因而美国很难得到英国产品时,更多的美国投资者开始建立自己的工厂。

最早的工业和发明

新英格兰很快就建立起庞大的纺织工业。它有湍急的河流,可提供动力;有湿润的气候,棉花和羊毛纤维总是处于适合纺织的状态。在宾夕法尼亚,人们用石炉冶炼出制造机器、工具和枪械所需的铁。石炉烧的是木炭,而木炭在这一森林茂密的地区供应很充足。1810年,纽约用蒸汽推动的纺纱机开始运转。1814年,第一台实用的动力织机由F.洛厄尔安装在马萨诸塞州的沃尔瑟姆。19世纪初,马萨诸塞的制鞋业采用了工厂生产制度。新英格兰是美国的第一个工业化地区。

美国发明家制造出许多新机器,不但供工业使用,同时也供农业使用。O.埃文斯设计出一种蒸汽机,比J.瓦特的蒸汽机功率大。工程师们很快采用这种新发动机,并把它使用在火车机车和轮船上。

C.麦考密克发明了几种机器用于农业机械化。他的机械收割机在1834年获得专利,彻底改变了收割工作,因此收割变得更快更简易。E.豪的缝纫机减轻家庭主妇的负担,降低了制作衣服的成本。

生产技术在美国的工厂中得到完善。E.惠特尼领导了制造业中的零件标准化运动,零件变得可以互换,从而非熟练工人也可以很快地把分散的零件组装起来。美国的工厂用机床生产零件。为了提高生产效率,机床被有次序地安放在一起。这被称作"美国工业制度",受到所有其他工业国家的称赞。先是用来生产火器,后来扩展到其他产业如钟表和锁的生产。

第二次产业革命

18世纪和19世纪初产业革命时使用的机器与后来的工业技术相比,只不过是一些简单的机械装置。以后许多新产品被设计出来,在大规模生产方面取得了重大的进步。工业的变化非常巨大,以致1860年以后的时期被称为第二次产业革命。由于科学家和工程师揭开了物理学和化学的许多秘密,新的科学知识被应用于工业。庞大的新工业建立在科学进步的基础上:钢、化学制品和石油得益于化学的新理解;电学和磁学研究方面的突破为建立庞大的电力工业奠定了基础。这些新兴产业比以前存在的任何产业都规模更大,生产能力更高。德国和美国成为先驱者,到19世纪末,在世界工业品市场上,它们正在向英国挑战。

电气时代开始于1882年,这一年T.爱迪生在纽约市建立起电照明系统。稍后使用电驱动各种机器,而且用电为机车和有轨电车提供动力。电照明很快遍及美国各地,不久也被欧洲采用。电力工业被大公司所控制,它们开发出新产品,然后生产和销售。这些公司的总部设在德国和美国,但是在全世界销售它们的产品。它们是第一批跨国公司。威斯汀豪斯和通用电气等公司帮助欧洲、非洲和南美洲的城市实现电气化。

钢铁和化工工业采用新技术,极大地增加了产量。工厂迅速扩大,雇用更多的工人,使用更多的机器。这些工业把各个生产阶段结合为一个整体,置于单一的公司控制之下,它们买下竞争的全部股份并占有原料供应和零售渠道,例如美国钢铁公司和美孚石油公司就控制了从开采到向客户供货的所有生产和销售阶段,因而它们拥有巨大的经济力量,于是美国政府采取措施限制它们在钢铁和石油工业中的垄断。

企业的巨大规模向经理们提出严重挑战,他们控制着拥有许多分公司和子公司的庞大组织。通讯和运输的进步帮助了决策者控制企业。1844年,S.莫尔斯发明了电报机,用来传送有关价格和市场商业信息。它还被用在证券交易所和铁路系统上。1876年,A.贝尔得到了电话的专利权,遍布美国的电话网很快建立起来。

电话成了企业经理的有用工具,他们可用电话与非常分散的下属机构保持联系。新的管理方法被设计出来,强调中央控制和有计划运行,采用高效率的生产方法。"科学管理"的主要提倡者之一是F.泰罗。

第二次产业革命在大规模生产的方法上取得了很大进步。越来越多的工业使用可互换的零件和机床。在工厂中,电力代替了蒸汽动力;电力价格更便宜,传输速度更快、更富有灵活性,可把机床排列得更有效率。人力被机器动力所代替。1913年,H.福特在他的T型汽车生产中使用装配线。零部件在移动的传送带上装配,T型汽车在从一个工段到下一个工段的移动中被组装成形。装配线大大地加快了产品的制造速度,不久就在许多产业中得到应用。

到1914年第一次世界大战爆发时,世界上大多数工业化国家中,只有少数产业采用了先进的生产方法和组织形式。世界上多数国家还没有开始第一次产业革命。俄国、加拿大、意大利和日本刚刚开始工业化。

只有英国、美国、德国、法国和斯堪的纳维亚的一些国家已经成功地完成了产业革命。世界上大多数人仍工作在原始农业经济中。中国、印度和西班牙直到20世纪过了许多年以后才开始工业化。

撰文:Andre Millard

社会主义　SOCIALISM

人类的所有物质需要和欲望都是由两种生产方式满足的——农业和制造业。在北美、西欧和日本，这两种生产手段大部分是私有的。在共产主义统治了东欧和苏联后，这些国家的大部分生产手段由国家所有和管理。主张生产手段归国家所有的学说，以及根据这一学说建立的制度，称为社会主义。

历史背景

由国家控制或管理经济活动，从有人类社会时便开始了。从古代直到19世纪很晚的时候，大多数人还都是各国的臣民，而不是国民。他们本人和财产可以在任何时候被用来为政府服务。财富也可以从生产者转移到非生产者——政府、军队和宗教领袖的手中。

有文字记录的社会主义思想，从柏拉图的时代便有了。近代的社会主义的学说和实践，目的在于为所有的人谋求经济、政治和社会公正。能够达到这些目的的可能性是在18世纪的最后25年看到的，当时正是社会和政治上大动荡时期。法国大革命及其激起的智力的活跃和权利平等、绝对民主以及重新分配财产的要求，孕育了社会主义。

要了解社会主义，必须首先了解资本主义对欧洲社会的革命性的冲击。资本主义（或称市场经济）自从中世纪末期经过工业革命出现以后，冲破了中世纪形成的一切社会禁锢。每个人都有一个固定的位置和自己的职责的阶级结构被推翻（见：**封建主义**）。一个人数众多的、依靠工资生活的工厂工人阶级第一次出现了。除工资外，他们是没有财产的，他们没有生产资料。他们劳动的价值被资本家用来创造利润，同时尽量把工资压低。（参见：**资本主义；产业革命**）

社会主义者看出了在这个新的经济结构中发生阶级冲突的可能性——即被称为无产阶级的广大被剥削工人和资本家剥削者们之间的冲突。社会主义者预言，私有财产——生产资料——的所有权最终要从所有者转到工人。

社会主义的类型

社会主义大约是同时在法国和英国产生的，但是在两国的发展是不相同的。在法国，发展是极复杂的，有几个不同的学派。这些学说从法国传到德国，被卡尔·马克思吸收。他最终在整个社会主义运动中占据了优势。在他之后，社会主义一直被界定为马克思主义的或非马克思主义的。（参见：**共产主义；马克思**）

人们认为，首先使用社会主义这个词的是1826年的激进的英国刊物《合作社杂志》。这个学说的起源则是在18世纪90年代。作为经济公正的思想开始传播时，发展为不同的路线。大部分社会主义的形式可以划分为改良社会主义和革命社会主义。主要的改良运动是空想社会主义、基督教社会主义和民主社会主义。这些运动主张，通过经济的逐渐变化，从资本主义生产变为工人或国家所有的经济制度。但革命的社会主义则是不妥协的。它预言并要求使用暴力推翻资本主义制度。

空想社会主义　空想这个词来自希腊文，意思是"不存在的地方"。但是后来就引申为理想的人类社会。空想社会主义者认为，创造一个和谐、合作、每个人都有私人财产——即创造财富的生产资料的人类社会是可能的。

法国的空想社会主义是亨利·圣西门和夏尔·傅立叶创始的。在英国，空想社会主义的创始人是罗伯特·欧文。

圣西门认为，工业主义和技术是走向更好世界的手段。他预言，能够最大限度地发挥每个成员潜力的社会是存在的。阶级冲突的根源将消失，政府最终将没有必要。社会将变成一个庞大的车间，在这个车间中，管理将取代政治统治。（参见：**圣西门**）

傅立叶设计了一个典型的社区制度，称为法郎吉，将来的社会将以此为基础。在这些合作社区中，每个人将根据自己的能力和兴趣进行工作，没有人会受到强迫。

欧文在他的纺织厂中，有着模范雇主的美名。他根据他自己的实验建设进行合作管理，并建立团结和合作村社。（参见：**欧文父子**）

很少人试图在欧洲实行空想社会主义，但是美国在19世纪却进行过多种实验。这些实验都是在小社区中进行的，例如印第安那州的欧文新和谐社区，试图在农业和传统手艺的基础上实现自给自足。几乎所有的实验都失败了。（参见：**公社生活**）

基督教社会主义　在19世纪英国改革政治的传统中，弗雷德里克·丹尼森·莫里斯、约翰·马尔科姆·拉德洛和查尔斯·金斯利——都是英国国教的牧师——提出了基督教社会主义，作为医治社会弊病的药方。这几个人声称，基督教要求关心穷人，所以提倡在工业中合伙生产和分享利润。他们鼓励成立工人和消费者合作社，并于1854年在伦敦建立工人学院，实施对工人的教育。

在欧洲大陆，特别是在德国，基督教社会主义也在发展。在美国，欧洲式的社会主义一直也没有大的发展，一些开明的新教牧师们在社会福音运动中，提出改良计划。最有名的领袖是沃尔特·劳兴布施。他坚决主张"在基督教权利平等和民主分配经济权力的原则上建立新秩序"。

民主的社会主义　民主的社会主义者希望由资本主义社会逐渐演变为工人国家。这一目标要通过对公众进行教育和和平的政治改革来完成。这一形式的社会主义，在19世纪的英国取得了最大的进展。在19世纪80年代，一批年轻的激进派——包括西德尼和比阿特丽斯·韦布、乔治·萧伯纳、西德尼·奥利弗和格雷厄姆·华莱斯——建立了费边社。该社的《费边社文集》曾出版多年，其中载有详细的社会立法和改革计划，曾在几十年中对英国社会产生影响。（参见：**费边社；韦布夫妇**）

在美国，自由主义的观点也以社会立法为中心。西奥多·罗斯福进步党1912年的政纲中，已经包括了20世纪30年代新政纲领中许多类似的内容。

在法国，路易·勃朗是改良社会主义的主要倡导者。他认为，国家应该建立由工人管理的"社会车间"，并由社会车间将商品生产逐步完全接管过来，直到建成一个社会主义国家。

革命的社会主义　在20世纪中，从1917年俄国革命开始，革命的社会主义由共产主义占据了领导地位。在18

世纪90年代法国大革命的大动荡年代中,第一次提出了用暴力推翻政府以实现经济公正的要求。提出这一要求的是弗朗索瓦-诺埃尔·巴贝夫。他主张平均分配土地和收入。他在1795年短暂被监禁后,成为一个职业革命者。他因为策划一起军事起义被捕,并在1797年被处死。巴贝夫的具有煽动性的学说,由他的追随者菲利普·波纳罗蒂继承下来。把法国大革命和马克思革命学说联系起来的是波纳罗蒂。

并非所有的革命的社会主义者都赞成生产资料国有化。皮埃尔-约瑟夫·普鲁东是无政府主义的创始人,他主张没有政府的社会。他对法国工人阶级的激进派影响很大。普鲁东设想,工人组织将从资本家手中夺取生产资料。这种行动称为工团主义,或工联主义。1900年以后,这个运动在费尔南德·佩路提埃和作家乔治·索列尔的领导下产生了更大的影响。(参见:**无政府主义;蒲鲁东**)

1848年的危机及其后果

尽管在19世纪社会主义激情在欧洲高涨,但是,没有一个国家实行这种经济制度。社会主义政党处于少数派地位,但被政府和资本家看作是严重的威胁。1848年这一年是社会主义历史的危急关头。反对欧洲君主国的一系列的起义爆发了,从西西里开始,蔓延到法国、德国和奥地利帝国。起义都失败了,这次失败使所有的自由主义者和社会主义者都感到失望。从1848年以后,到俄国革命,社会主义没有取得进展。

社会主义这一主张,在一些国家的政党中仍在坚持。在20世纪初的几年中,社会主义在全欧洲成为一股强大的议会势力。就是这股势力最终破坏了各地的革命的社会主义。各国政府——感到社会主义者、共产主义者和无政府主义者的威胁——开始采取社会改革计划,其后,在全欧洲和北美都创建了福利国家(见:**福利国家**)。

但是,社会主义被坚持下来。马克思和弗里德里希·恩格斯在1848年出版了他们的《共产党宣言》,从此以后,共产主义运动由马克思占据主导地位。1864年,国际工人协会成立,目的是联合各国的社会主义组织,并造成各地的工人都是团结在一起的感觉。虽然马克思并不是一个组织者,但他不久就成了该协会的领导者。这个组织,通常称为第一国际,由于内部意见分歧,于1876年解散。第二国际于1889年成立,目的是在工人中间建立团结的阶级感情,并以这种团结防止战争。如果出现敌对行动的威胁,工人们可以拒绝当兵以防止斗争。

这一论点,在第一次世界大战爆发而进行考验时完全失败了。社会主义远比民族主义微弱,工人们积极参加他们各自国家的军队,出发去战斗。这次战争也造成了马克思主义者与其他社会主义者之间的分裂。在马克思主义者内部,还有进一步的分歧,列宁领导其中的一派。他反对民族主义和和平主义,主张把这次战争转变为世界范围的阶级战争。在俄国变成马克思主义的国家之后,马上建立了第三国际,总部设在莫斯科。它声称要代表所有的社会主义者说话,但是,它不妥协地主张在所有地方进行革命,脱离了其他的社会主义者。(参见:**列宁**)

第一次世界大战以后

除苏联外,在其他国家社会主义也取得了重要的但是和平的进展,主要是在斯堪的纳维亚国家。但是,由于在几个国家中共产主义对工人产生了吸引力,社会主义的继续进展受阻。在意大利和德国,由于法西斯主义和纳粹的兴起,社会主义也停止了进展。(参见:**法西斯主义;希特勒**)

第二次世界大战以后,社会主义在全世界主要以革命的形式稳步发展。整个东欧都实行了共产主义。意大利和法国建立了社会主义者与其他政党的联合政府。1949年,中国共产主义革命取得胜利。许多新独立的非洲国家选择了社会主义,作为发展经济的一种手段。古巴和印度支那的民族解放战争,使那里的人们成了共产主义信徒。

在英国,工党在1945年取得胜利后,建立起非马克思主义类型的社会主义。政府将煤炭、铁路、公路运输和钢铁等几种产业收归国有,并通过了包括全国卫生计划在内的一些立法。在第二次世界大战后的前30年中,社会主义似乎在向前发展。甚至非社会主义国家——如西德、日本和美国——也制定了广泛的社会规划。

在此以后,情况很快起了变化,社会主义在一切地方都处于守势。三个互无联系的事件说明了这种变化。1976年毛泽东去世;1979年玛格丽特·撒切尔出任英国首相;1985年米哈伊尔·戈尔巴乔夫担任苏联领袖。

大逆转

到20世纪70年代中叶,对社会主义下了定论:它没能实现它的诺言;各国情况欠佳。苏联原应成为工人们的天堂,但是经济远远落后于西方国家。中国在毛泽东的领导下,经济陷于混乱,它的生产率水平,使它停留在不发达国家的行列中。东欧的生活水平远在西欧以下。在实行社会主义的非洲国家,经济停滞不前算是最好的。英国的经济严重萧条。20世纪80年代在弗朗索瓦·密特朗领导下的法国社会主义实验,证明是行不通的,而且失业在增加。在生活水平方面将以市场为导向的经济与社会主义经济进行比较,市场经济虽然有周期性的危机,但是持续地取得好得多的成果。这一情况引起了对社会主义某些做法的抨击,这些抨击不只是来自对这些做法一直表示反对的人,而且也来自社会主义者们自己。

在毛泽东去世以后,首先由中国发出主要的攻击。在邓小平的领导下,鼓励私有企业,结果大大提高了中国的生产力。欧洲的新一代社会主义者,如意大利的贝蒂诺·克拉克西和西班牙的菲利普·冈萨雷斯,不同意工业收归国有和中央计划的陈旧学说,他们想通过传统的以市场为导向的方法活跃经济。

最令人吃惊的是戈尔巴乔夫对苏联社会主义的削弱。他的大刀阔斧的经济改革和社会开放计划——俄文称为glasnost和perestroika——开始将70年的严格的国家计划一笔勾销。1988年1月,由各公司自负盈亏的法律生效。这使公司摆脱了中央计划人员每天每日的监督。(参见:**戈尔巴乔夫**)

尽管社会主义世界发生了重大变化,英国的玛格丽特·撒切尔还是对社会主义进行了最严厉的攻击。她于1979年出任保守党首相,并于1983年和1987年连任。在她的任期内,政府将包括英国航空公司、罗尔斯-罗伊斯公司和英国石油公司在内的主要产业非国有化,同时削弱了工会的力量。但是,撒切尔保留了并支持以前工党和保守党政府通过的社会福利计划的立法。撒切尔的计划产生了不同的结果。失业依然是个问题,收入的分配更加不平等。然而,原来萎靡不振的产业变了样,英国的生产力急剧增长。(参见:**撒切尔夫人**)

在远东,社会主义经济学的弱点与大大成功的中国台湾、中国香港、新加坡和韩国的市场经济相比,是极其鲜明的。越南、柬埔寨、缅甸(现称 Myanmar)和北朝鲜正在为繁荣进行奋斗。

社会主义遭受挫折有几方面的原因。首先,马克思关于工人阶级将继续陷入更深的贫困和苦难之中的预言,是不真实的。由于对社会主义的恐惧而通过的许多社会立法,逐步改善了工业化国家工人的命运。市场经济持续地提高工人的生活水平,繁荣缓解了他们要推倒政府的想法。失败的另一个原因是,相互依存的世界经济是市场经济。社会主义国家要在市场的基础上从事贸易——买和卖都要看商品能赚多少钱。在国际上不存在中央计划。

社会主义虽然一直在呼吁经济公正,但它并没有达到这一目的的经济手段。正如奥地利经济学家路德维希·冯·米泽斯在1920年所论证的,国家所有制和中央计划,使经济核算成为不可能。没有价格机制表明劳力、资源、机器和其他生产要素的相对价格,一切都要在猜测的基础上拟订计划。个人的选择起不起任何作用。所有货物的价格都简单地由政府规定,并且冻结在那里。不可能合理地对资源进行分配。然而,却是因为有了社会主义,才在欧洲和北美出现了福利国家。但即使是在大肆宣传的福利国家那里——瑞典、英国、德国和北美,虽然还没能够通过重新分配达到经济平等的目标,但已使社会感到是沉重的财政负担了。有助于了解社会主义的书籍有:马克思和恩格斯合著的《共产党宣言》(有许多版本),和沃伦·勒纳著的《现代社会主义和共产主义历史:理论家、活动家和人文主义者》(普伦蒂斯出版社,1982)。

共产主义　COMMUNISM

马克思、恩格斯、列宁和其他的共产主义理论家们,从来没有详细地、具体地说明过他们要建立什么样的制度。他们的目的是建立一个工人而不是资本家拥有一切生产资料——特别是土地、工厂和机器——的社会。为了达到这样一个理想的社会,需要有一个过渡阶段,在这个阶段中由政府控制经济。1917年,列宁在俄国掌权之时,对组织和管理经济没有经验,不得不进行实验。他进行的所有试验都失败了。在这个过程中,俄国的切实可行的经济几乎被废除了。在列宁于1924年去世的时候,还没有建立起一种可行的经济制度。建立一个共产主义国家的任务留给了他的继承者约瑟夫·斯大林。在斯大林的领导下,过渡阶段变成永久性的了(见:**斯大林**)。

斯大林把苏联建成了一个由政府控制一切的国家——所有的农业、所有的工业、艺术和科学、体育、娱乐、媒体和宗教。社会的各个方面都归一个政府的行政机构管理。应该生产什么,生产多少,定什么价格,都由政府决定。所有的工资和物价都由政府控制。作为回报,民众享受一个福利国家的待遇:从摇篮到坟墓的保障。如同就业一样,住院、教育、住房和养老计划,都由国家予以保证。为了保证他的指令得到执行,没有一个人有不同意见,斯大林建立了一个庞大的秘密警察系统。他还建立了庞大的监狱系统,以容纳所有被指控为颠覆国家的人。

早期阶段

1789年法国大革命的年代,孕育着各种新思想和新的政治纲领,是现代各种主义的源泉。这些学说中最重要的是民族主义、爱国主义、自由主义、浪漫主义、社会主义和共产主义。一位名叫弗朗索瓦-诺埃尔·巴贝夫的鼓动家的学说,今天几乎被人们遗忘了。1795年,他在狱中创立了平均分配土地和收入的学说。1796年,他参与了一起密谋起义事件,被人出卖,被逮捕、审讯、判罪,于1797年5月27日被处决。

在法国和其他地方出现的各式各样的关于经济公正的要求,是最初的社会主义的低沉呼声。根据这派政治学说,社会公正的关键是取消私有财产。换言之,工农业的生产资料,应该从个人所有者手中拿过来,分配给民众公共所有。这样,每个人都能平等地分享生产的利益,每个人都能平等地分享生产出来的物品。(参见:**社会主义**)

共产主义的起源

公社是一个小的社会。公社中的每个人都可以分享物品和服务的生产和使用。希腊哲学家柏拉图早在2300年前就在他所著的《理想国》中,提出过一种公社式国家的主张。因为大部分早期的基督徒都很贫穷,为了分享物品而建立了公社。社区式的生活实验,在其他许多地方都进行过——例如,19世纪时就在美国进行过。几乎所有的这类公社都失败了。(参见:**公社生活**)

共产主义作为现代的词语,第一次出现在1785年在巴黎出版的、由小说家尼古拉斯-埃德姆·雷斯蒂夫·德拉勃勒东所写的一篇书评中。此书的作者是约瑟夫-亚历山大-维克多·于佩·德富埃瓦,他说他自己是一个"共产主义作家"。他的《哲学社区计划》,是第一本提出现代共产主义社会的书。(法文中的"共产主义"这个词,来自原意为"共有财产"或"公共"的一个词。)

在19世纪30年代巴贝夫的思想重新活跃起来以前,没有任何一个革命团体自称为共产主义的。1840年,德国的一家报纸谴责共产主义是犯罪的阴谋。共产主义的思想作为革命工人运动的一部分,开始生根。但是,使共产主义成为一种革命的思想意识的是那些理论家。最著名的理论家当属卡尔·马克思。

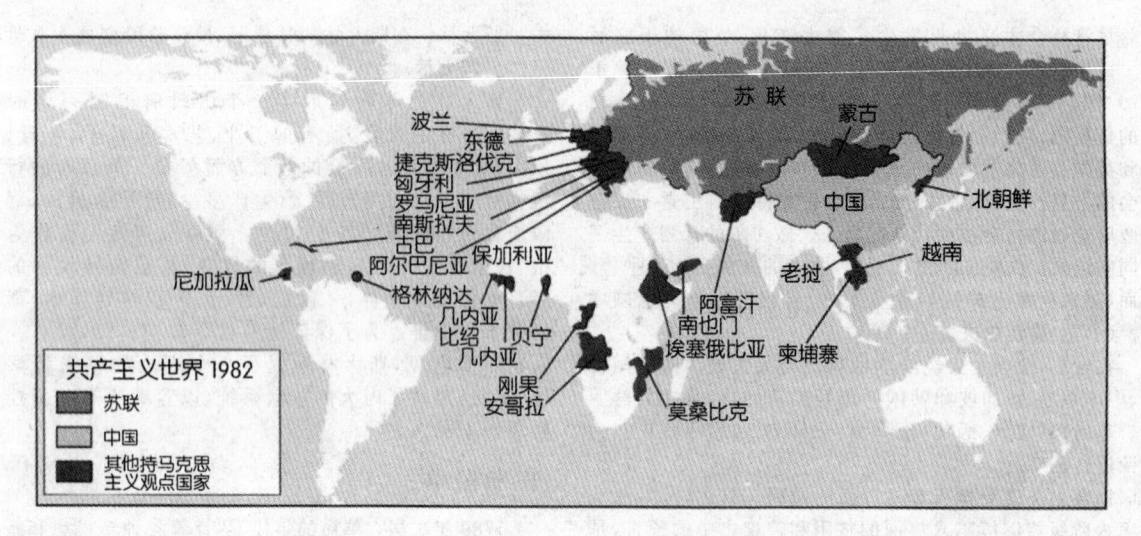

《共产党宣言》

1848年,两位年轻的社会主义者卡尔·马克思和弗里德里希·恩格斯,出版了一本名为《共产党宣言》的小册子。他们称这个党为"共产党",而不叫"社会党",是为了同与他们意见相左的空想社会主义者区别开来。

《宣言》说,共产主义的根据是历史唯物主义:即相信历史的进程主要是由经济力量的作用决定的。因此,马克思宣称,全部历史都可以用统治集团与被压迫者之间的阶级斗争进行解释。他相信,这一模式能使他对很远的未来进行预言。他说,资本主义(私有企业)必定不可避免地要让位给社会主义。这要通过现代工薪阶级的无产者与拥有工厂和机器的资产阶级之间的斗争来实现。

这个《宣言》给共产主义下的定义是废除私有财产。《宣言》最后号召用武力推翻一切现有的社会制度。"让统治阶级在共产主义革命面前发抖吧。无产者在这个革命中失去的只是锁链。他们获得的将是整个世界。全世界无产者,联合起来!"(参见:**马克思**)

第一个真正的共产党是1864年组建的国际工人协会(现在一般称为第一国际)。由于其内部各派之间的激烈争论,该党不久即行分裂。第二国际于1889年在巴黎成立。这是一个权力不太集中的组织,但它是马克思主义的。到1912年,它成为所有工业化国家社会主义政党的代表,但是第一次世界大战毁掉了它。所有的社会主义政党都反对社会主义的团结。第三国际是第一次世界大战后由列宁建立的。

列宁的影响

马克思的社会主义在俄国迅速站稳脚跟。俄国最激进的社会主义者之一列宁,是在19世纪末流亡于国外的一位革命家。他在他所著的小册子《怎么办?》(1902)中,反对认为普通工人能够懂得什么是他们最高利益的观点:工人们需要有一个由受过训练的职业密谋者和革命者组成的、封闭的、秘密的党。(参见:**列宁**)

列宁的观点使俄国社会民主党分裂为两派。在一次党的代表大会上,他的激进的左翼占有多数选票后,取名为布尔什维克,俄文原文的意思是"较多的"意思。较为温和的马克思主义者,被称为孟什维克,俄文原文的意思是"较少的"。利昂·托洛茨基先是和孟什维克少数派站在一起,但是后来又站到了列宁一边(见:**托洛茨基**)。列宁的1917年俄国革命的成功,确定了马克思社会主义的胜利。

列宁的继承人约瑟夫·斯大林巩固了党对苏联的控制,并试图在其他国家促进共产主义(见:**斯大林**)。但直到第二次世界大战之后,苏联是惟一的共产主义国家。

第二次世界大战以后的几年之内,东欧各国都成了共产主义国家,它们的政府都由苏联支撑。1949年的中国革命和1959年的古巴革命也都成功了。在几个非州国家、东南亚、格林纳达和尼加拉瓜,自称的马克思主义政府掌握了政权。1950年以后,民族主义开始超越国际联合。南斯拉夫和苏联之间,苏联和中国之间,阿尔巴尼亚和大部分其他共产党国家之间,开始出现分裂。

对第三世界的大部分不发达国家来说,共产主义的许诺是有吸引力的。某种形式的、由政府控制的制度,似乎是惟一能使各国的经济发展到贫困线以上的办法(见:**第三世界**)。

东欧共产主义制度的崩溃

即使在1989年年中,以下这种情景还是令人无法想像的:美国国务卿詹姆斯·贝克于1991年6月访问阿尔巴尼亚的地拉那时,成千上万的阿尔巴尼亚人,挥动着美国国旗向他欢呼表示欢迎。他的讲话很简短:"自由奏效了。"

阿尔巴尼亚是东欧最拥护斯大林主义的社会。随着共产主义在整个东欧的崩溃,它于1991年迅速摆脱了极权主义。这种分崩离析开始于1985年米哈伊尔·戈尔巴乔夫出任苏联领袖的时候,当时苏联的经济完全陷于紊乱。他宣布以改革和开放作为振兴经济的政策。这些迈向自由的权宜措施,很快导致了共产主义的意识形态在1989年在整个东欧的崩溃,当时戈尔巴乔夫清楚地表明,他不会再使用苏联军队去支持那些政权(见:**开放与改革**)。

1989年11月,柏林墙被拆除,不到一年之后东西德重新结合在一起。冷战宣布结束,华沙条约在1991年被解除。

1991年8月,共产主义制度在它开始的地方——苏联瓦解了。由共产党强硬派领导的政变,遭遇到大规模的反抗,很快便失败了,过去把苏联维系在一起的中央权力机构瓦解了。共产党停止了一切活动,12月,苏联正式解散。

公民学　CIVICS

关于一个人作为公民所具有的权利和义务的课程,通常被称作公民学。它涉及多门学科,其中包括历史学、政治学和社会科学课程。(参见:**公民身份;政治学;社会科学课程**)

在第一次世界大战以前,民主政治的原则是在历史和政治学的课堂上讲授的。这些课程把重点放在地方政府、州政府和联邦政府的机构和职能上。公民身份问题在这类课程中往往被忽视。

20世纪初,许多教育工作者开始要求为中学生开设一门讲授实际公民身份的新课程。为了使学生有机会实际运用民主政治的原则,增添了一些被称作公民学(源于拉丁语"公民"一词)的课程。人们开始重视公民身份所包含的人的那方面的内容。作为公民学课程的组成部分,学校鼓励学生参加像学生会、校报和辩论队这样的组织。

譬如,学生会的会员们获得了关于选举这一类民主政治原则的直接知识。他们学会了怎样评价、选择并提出领导机构的候选人;学会了怎样使候选人当选而开展竞选活动;学会了怎样选举最合适的候选人担任领导职务。

校报成员得到的是对言论自由和出版自由原则的体验。参加辩论比赛的人则学会了如何全面阐述问题。

民意测验　PUBLIC OPINION POLL

在民意调查的历史上,1936年由《文学文摘》杂志主办的民意测验是最令其主办者声名狼藉的。1000多万张选票被分送到读者手中以了解他们在即将来临的富兰克林·D.罗斯福与艾尔弗雷德·M.兰登的总统竞选中的倾向性。调查结果表明,共和党候选人兰登稳操胜券。这与由乔治·盖洛普和埃尔莫·罗珀运用统计学方法进行抽样调查所得出的结果正好相反。后者表明罗斯福将获胜。最后罗斯福取得了20世纪第一次压倒多数的竞选胜利。除缅因州和佛蒙特州以外他在所有的州都获得了多数票。

这次由杂志社主办的民意测验失败的原因不在于缺乏经验——《文摘》已有近25年从事民意抽样调查的历史。问题在于它所采用的方法。《文摘》民意测验是一种被称为模拟投票的调查——一种完全非科学的抽样调查。模拟投票方法已被报刊杂志使用了大约一个世纪之久。相比之下,由盖洛普和罗珀所使用的那种民意测验方法则刚刚问世,然而却是计算精确的统计学抽样调查。

民意测验的目的是,对于在一个特定的人口范围内存在的对某一问题的不同意见的分布情况提出相当精确的分析。由于人们的意见改变得很快——甚至在同一个问题上——民意测验举办得十分频繁。某项意见是某人在某天就某一问题发表的看法。这一定义并不确切,因为人们经常不直截了当地回答采访者。有些人回答的是他们自认为采访者想听的话。任何一项意见都取决于个人的情绪、性格、受教育程度,以及其他种种因素。

可以作为调查对象的公众的规模大小不等。最大可能的公众规模是一个国家的全部人口。也有一些规模较小的公众。它们由全国人口的某些部分组成——例如律师、家庭主妇、工厂工人或民主党人。有些公众是按地理范围划分的——诸如洛杉矶县的选民。

民意的形成

在一个民主社会里,公民们被鼓励对公职候选人、纳税、修改宪法、环境保护、对外政策及其他问题形成自己的看法。某一群人所持有的意见是在以下诸因素的影响下形成并被操纵的:个人经济状况、大众传播媒介、特殊利益集团和民意领袖。

富有者对社会问题的想法往往与贫困者不同。工厂工人很可能不会与白领、不参加工会的劳动者持相同观点。走出家门参加工作的妇女看问题的角度有时会与终日操持家务的妇女有所不同。在这些以及其他的方面,个人地位影响他对时事的看法。

大众传媒,尤其是电视,对人们的思想和行为有很大影响。政府官员注意到,公众来信是怎样倾向于"紧跟重要新闻"的。无论什么消息,只要以显著位置上了报纸、杂志和电视,就会引起人们的足够重视,以至于开始去了解情况并发表意见。

大众传媒还使更多的人倾听政府的声音并扩大了公众共同关心的问题的领域。在电视和全国性报纸传播之前,一些问题和候选人往往停留在地方性的层次上。例如,在英国和西德,国家议会的选举过去往往被选民视为地方性的竞争。今天人们把选举看作不同的党派领袖和施政纲领之间的斗争。在美国,广播和电视一直是有利于总统的。自富兰克林·D.罗斯福时代和他的"炉边谈话"以来,总统们为了维护他们提出的方案,总是比国会领导人更多地直接求助于全国的听众。

特殊利益集团每年花费巨资以图影响民意。例如,一些公用事业单位试图使民意倾向于赞同建立核动力工厂。一些公民组织则与之对立,四处游说以制止使用核动力。20世纪60年代,美国医学会曾开展过一次不成功的宣传活动,为的是阻止国会批准建立老年保健医疗制度。

民意领袖通常是诸如政治家、演艺界名人、著名运动员这样声名显赫的社会名流。这些人的意见,不论其明智与否,都会影响到人口中的某些阶层。某些个人,例如诺贝尔奖金获得者,会被新闻媒介突然推到公众面前。由于迅速获得人数众多的听众,他们的观点受到公众的注意并有可能在公众形成对复杂问题的看法时产生影响。

民意测验的程序

以统计学方法对舆论作出精确的分析,与模拟投票的方法是截然不同的,它要解决两个基本问题:设计一份适当的调查问卷并知道如何获取一个典型的人口样本。这些问题的解决在某种程度上得力于 20 世纪最初几十年市场研究的逐步完善。美国是最早开展民意测验的国家，其最早的民意测验经办人是乔治·盖洛普、埃尔莫·罗珀、保罗·T.切林顿和阿奇博尔德·克罗斯利。罗珀的一位名叫路易斯·哈里斯的雇员于 1956 年建立了他自己的机构。这些人大多数最初都从事过市场研究。

除了商业性的民意测验经办人，大学的研究机构、报社和政府行政部门也主办民意测验。民意测验专家经常受雇于通过选举任职的官员和竞选公职的候选人。

由于民意测验的方法力求具有统计学上的精确性，它使用了诸如总体、人口和样本这样一些统计学术语。在进行民意测验前必须对总体作出限定。总体这个术语是指被调查的那个特定的人口或那部分公众。例如，如果这个人口是指走出家门工作的妇女，那就必须决定是包括所有这类妇女，还是限于一个较小的总体——专业人员或工厂工人，专职雇员或兼职雇员。

下一步是决定怎样选择样本。对于一个像军队那样有组织的人口——可以给其中的每一个人指定一个号码——有可能按照数学方法进行随机抽样。还有一种不大可靠的方法是在人口中每隔相同的数目选一个人——例如每隔九人选一人。

这两种方法在处理一个已知其总数的明确而有限的人口时都是相当有效的。但是在调查总人口时它们就不那么有效了，因此需要用一种定额抽样法来代替它们。这种方法力图找到一个其多样性足以体现整个人口的种种特征的样本，这些特征涉及总人口的方方面面，诸如男女数量之比，少数民族代表，富人与穷人，农村人口与城市人口，青年人与老年人，等等。

定额抽样可以防止由于选择了非代表性的样本而使调查问卷的结果发生这样或那样的偏差。人们发现，对于最一般的调查来说，一个大约 1500 人的样本是适宜的。不管人们怎样仔细地选择样本，在解释民意测验结果方面总会存在一定误差。

制作一份适宜的调查问卷需要技巧。提出的问题必须使文化程度不同的各种人都能看懂，而且必须符合逻辑。有些问卷设计成以"是"或"否"的方式回答。另一些问卷则仿效多选法测验的做法。还有一种问卷是让答卷人用自己的话陈述其看法。

问题的措辞应尽可能不带倾向性，否则可能会影响答案。"你赞成为发展高等教育而多交税吗？"这样提出问题要比"你赞成总统关于增加联邦政府对高等教育拨款的建议吗？"这样提问更容易得到否定的回答。如果人们对一个问题的看法已根深蒂固，那么问题的措辞就不大可能影响他们的答案。

对民意测验的批评

民意测验似乎是一种行之有效的重要的民主形式。然而，它由于要求人们就他们难以说明的问题发表看法而遭到批评。有一种更严厉的批评是针对政府官员的——指责他们过分重视民意测验的结果以至放弃原则去迎合大众的偏爱。其结果是，在作出决定时不是根据问题的是非曲直而是根据一部分人口在特定的一天的想法。

还有人指责民意测验造成一种"赶浪头效应"——人们为站在得胜者一方而改变自己的观点和投票。民意测验同样可以依靠候选人的名声影响竞选捐款。在投票站出口举办的民意测验让选民回答他们刚才是如何投票的，人们指责它们会影响选举的结果。因为有人在听到一个这样的民意测验的预测后，也许会断定某些候选人绝无获胜的可能，于是就不再费心去投票了。

就业　EMPLOYMENT

在有文字记载的历史进程中，工业和技术的时代大约只占五十分之一，先进的工业发展时期不过开始于 19 世纪第二个 25 年。在此之前大多数人都从事农业生产。晚至 1820 年美国仍有 73% 的人口务农。今天这个比例已降到 3% 以下。在欠发达和不发达国家中，很大一部分人仍然没有脱离农业生产。在埃及，这个比例刚刚低于 50%，而在非洲大部分贫穷国家中，这比例是 70%—80%。在印度，这个数字大约为 60%。人口众多的中国有 50%—60% 的人务农。

就业的种类

人们所从事的工作可按两种方法分类：看其是制造商品还是提供服务；或者，看其属于经济的哪个部门或部分。这些部门包括农业生产、工业生产和服务部门三大类。

生产部门和服务部门　古典经济学家亚当·斯密在其 1776 年发表的《国富论》一书中把劳动区分为生产的和非生产的两种。他使用非生产劳动一词绝不含有任何消极意义。这只是基于他对财富的理解之上的一种看问题的方法。对斯密来说，和对任何经济学家来说一样，货币并不是财富。财富是土地和工业的全部产品。因此，那些从事各种商品生产的人创造着国家的财富（生产劳动）。货币，作为交换手段，是财富的经济等价物，因为它能随时通过购买产品而转变成真正的财富。

任何社会，为了发展强大的经济，都不仅仅需要有形的产品。它还需要诸如由医生、教师、政府工作人员、神职人员、律师、街道清洁工、旅游代理商以及军队提供的服务。这些人不生产任何商品或货物（非生产劳动）。然而这些服务人员的存在依靠国家的财富——依靠其农业商品和工业商品的生产。

就业的部门　无论在古代社会还是在现代社会，要是那里的农业生产率低下，那么几乎全部人口就必须从事农业劳动，以便供养每一个人。当生产率提高到使短缺不再成为问题时，就可以用较少的人口务农了。与对诸如住房和工业产品这类物品的需求和非农业就业的增长趋势相比，对农业商品（或农产品）的需求减少了。

随着对工业商品的需求的增长和居高不下，就业的第三个部门得到发展，出现了各种服务行业。这些行业包括公共行政、军人、医生、教师、艺术家、专业演员、职业运动员、科研人员和其他许多行业。在高生活水平国家——诸如美国、加拿大、西欧国家和日本——对服务部门的需求与农业和工业部门相比增长显著。

这种在产业革命以后就业由农业部门向工业部门和服务部门转移的引人注目的现象可以从一些国家编制的统计资料中得到印证。法国在1800年有80%的人口从事农业，10%的人口从事工业，10%的人口从事服务业。到20世纪90年代初只有8%的人口从事农业，而工业有16%，服务业有76%的人口。在美国，到20世纪90年代初，服务部门占有大约79%的受雇人数，工业占有18%，而农业只有3%。在英国，这个比例在服务业为82%，工业为17%，农业只有1%。

技术的作用 在先进国家里从事农业的人数减少在很大程度上是由于农业技术的改进。与此同时，技术的全面改进为许多不再依靠农场谋生的人创造了就业机会。不言而喻，各种技术的许多改进发端于产业革命的早期阶段。例如，工厂制度就恰好出现在有更多的离开农场的劳动力可以被用于工业生产的时期(见：产业革命)。相反，在那些工业尚不够发达而农业生产已改进的国家里，成群结队的脱离农业生产的人无处可去。他们去城市寻找机会，只能给已经负担过重的城市地区雪上加霜，增加对有限的超负荷的城市服务业的需求。因此，如果想让技术造福于一个国家，整个经济就必须同步发展。只有这样，一个社会才能达到适宜的就业率。

经济增长的实现有赖于两种类型的技术进步：内涵的和外延的。内涵的进步通过改进完成一项任务——不管它是制造汽车还是生产棉花——的方法而发生。而外延的进步则通过创造新的就业种类来扩展经济。曾经只制造收音机的一些公司如今也制造电视机、录像机和电视摄像机了。一种产品——例如汽车——的复杂程度的增加也会因创造新的就业机会而使经济得到扩展。

内涵的进步使人们能以较少的劳动满足现存的需要。使用机器人制造汽车就是一例。而外延的进步则引发迅速变为需要的新的欲望，并由此而造成新的就业机会。如果没有对外延技术进步的需求，人们对农业和工业商品的需求就会稳定不变，经济就会停滞不前。

分类 由美国政府出版的《标准工业分类手册》把美国经济分为10个部门和一些零散的类型。这10个部门是：农、林、渔业；矿业；建筑业；制造业；运输、通信、电力、燃气和公共卫生等公用事业；批发业；零售业；金融、保险和房地产业；服务行业(包括旅店、娱乐、保健、教育等行业)；以及公共行政(所有的政府工作)。这些部门又进一步分为大约1000个主要的职业类别，这些类别包含人们日常在美国所从事的15000多种不同的工作。这代表了一个建立在内涵和外延技术进步以及其他许多因素基础之上的错综复杂的经济结构。

变化着的经济中的就业

正像在19世纪曾出现过就业从农业部门向工业部门大规模转移一样，20世纪末又一次出现重大的变化。传统的制造业，例如钢铁工业和汽车工业，已经变成劳动密集程度较低的行业。其部分原因在于自动化。其次，许多较新的行业是以知识为基础和资本密集型的。这些行业中有计算机软件、电信、制药、科学仪器，以及正在扩展的服务部门。

在工业化国家里对蓝领工人的需求一直在减少，而对技术更熟练、受教育程度更高的工人和专家的需求则急剧增长。蓝领工人眼看着他们的工作机会流向发展中国家，因为那里有大量可供使用的廉价劳动力和一个经常焦躁不安地寻找工作的群体。工业社会发现自己必须重新培训老工人，或者说必须正视严重的失业问题。(参见：失业)

失业　UNEMPLOYMENT

就其最为明显的意义来看，失业意味着没有工作。然而作为一个经济学定义，这是不够的。失业一词是对一个社会在某一段时间内的经济状况的一种描述。低度失业意味着大多数劳动力有稳定的工作。高度失业是经济衰退或更为糟糕的一种迹象。它意味着在相当长的时期里有相当大比例的劳动力失业。

美国的失业数字由劳工部劳工统计局和政府的其他类似机构每月公布。数字涵盖每一个能很容易衡量的经济部门。失业的某些方面是很难衡量的，例如：未充分就业、部分时间工作、地下的或实物交换的经济等。

未充分就业是一种类型，它包括种类繁多的工人，如某些农民、建筑工人、房屋油漆工，以及其他可能因天气缘故而从事季节性的或零星的工作的人。它也可能适用一个制造公司的雇员们，他们的工厂因为经济衰落而开工不足。

部分时间工作有时是个选择问题，有时是一种需要。许多有家庭的妇女，特别是幼儿的母亲，选择部分时间工作，以增加家庭收入。这些妇女中的某些人喜欢全部时间工作，但是她们必须划分一天里在工作地点和在家里的责任。有些其他人，男人和妇女，喜欢全部时间工作，但是不能找到这样的职业，大概也是因为经济状况不好。在经济状况好的时候，有相当大比例的劳动力将通过从事第二职业部分时间工作来增加自己的收入。这种做法通常称为"兼差"，因为传统上这种工作是在其他工作岗位上工作一整天以后在夜间干的部分时间工作。中学教师和警官常常是做这种类型的兼职工作的人。

地下的或实物交换的经济几乎是不可能衡量的。政府的统计只能提供一个估计数字。地下经济包括所有那些在正式的、看得见的劳动力市场以外工作的人们。他们支付现金、货物或服务来逃避申报要求的所得税。例如，一个失业的木工可以为朋友或亲戚做工，而且由他们直接付钱。他的干活儿能力会在镇上传开，不久别人也同他联系。同那些要衡量其劳动力的、竞争的木工相比，他的收费较少，于是他有很多的活儿可干。赋税越重，政府的规定就越繁多，地下经济的规模就越大。例如在秘鲁，50%以上的劳动力属于地下经济；如果政府试图取消这种情况，经济就会崩溃。

原因

失业的基本原因有三个：经济结构的变化，工资差别和政府政策。只要有经济存在，经济结构的变化就会持续存在。新技术和革新的多样性是导致这些变化的因素。国际间工资的差别可以使高工资国家的公司没有竞争性。只要有国家经济，就有政府政策存在。政府政策通常是企图促进已经改善的经济状况，但是它们并不总是收到意想的效果。

结构性失业

说过去6000年里经济已经发生的戏剧性变化，就是强调变化的明显性。但是经济发展史上的变化总是造成工人们从一种工作转到另一种工作，因此，失业是暂时的。从最早文明的出现到19世纪末，大多数职业是农业。在不发达国家里大多数职业仍然是农业——多达80%。欧洲和后来的北美是第一批农业人口少于其余劳动力的地方——而农业生产并未衰落，实际上在继续增长。

在欧洲，占用土地政策的改变造成大量农田不用于生产，使成千上万的人失去工作。这些人中的大多数终于在产业革命的工厂里找到了工作。其他许多人，有数百万移民来到新大陆。随着工业的发展，农业工作急剧减少。机械化在很大程度上要对这种状况负责。现在非常少的人能够生产数量更多的粮食。

20世纪末，一个相似的趋势在产业工人中出现。在20世纪20年代，蓝领制造业工人的数量占劳动力的1/3，这个比例到50年代下降到1/4，80年代中期下降到1/6。经济学家预期在今后数十年里这种下降的趋势将继续下去，直到蓝领工人的人数比例不再大于现在农民人数的比例——在美国农民人数不到3%。

这种趋势并不意味着制造业在衰退。事实相反，其性质正在改变。因为农业生产已由少数工人完成，部分地解释了农业工人大量减少的原因。产品的劳动价值已经下降，部分原因是自动化。制造业正在迅速地由知识密集型取代劳动密集型。由于这种情况出现，旧的"烟囱工业"例如钢铁厂和汽车制造业正在转变。需要更少的工人当然就意味着许多人失去工作。随着蓝领工作的消失，工人们为了新工作将不得不重新接受培训；那些希望成为蓝领工人的工人将无可选择。没有适当的培训和足够的学校系统，一种社会失调将造成这样的后果：许多白领工作没有足够的合格工人，许多技术低的工人没有足够的蓝领工作。

工资差别

主要是因为工会，欧洲、北美和日本的工资相比之下大大高于中国、印度、中国台湾地区和墨西哥的工资。然而投放市场的产品差别是微小的。具有全球市场的公司发现，他们不能同那些在低工资国家完成产品制造的公司进行竞争。在美国，解决这个问题就是将制造设备转到海外，或越过边境到墨西哥去。这样有助于公司的竞争，但是使得高工资国家的工人进入失业行列。当然，在那些接受新设备的国家里就业就增加。

政府政策

结构性变化对于一种经济来说是刺激，但是变化意味着经济正在朝着新的状况进行调整。当调整完成时，经济将再次顺利运转。政府对经济的干预旨在减缓变化的冲击。政府的干预也经常为了解决前一时期政策失败造成的问题。这两种情况常常造成较高的失业率。很多经济学家争论说，某些促成或延长失业的政策，就是福利支付、失业补偿、最低工资、税收立法和贸易管理。

福利支付 旨在对付贫困问题。然而，当钱以税收的形式从就业者手里拿来转给一部分并不工作的人们时，失业必然增加。福利支付也会对工作产生消极作用。为了反击对福利的许多批评，当选官员们实行了工作福利计划，使福利的接受者为了自己得到的钱而做些工作。

失业补偿 在它还不完全是一种福利计划时，也能延长失业。这在欧洲长期以来确实如此，在欧洲，支付给那些没有工作的人补偿可能没有时间限制或者发放的范围很广。在美国，期限是26周。但是，在1990至1992年的衰退期间，国会投票延长支付期限，这样就为将来长期受益树立一个先例。（参见：福利国家）

最低工资 是在一个固定水平上由法律确定的。已经证明这是政府采取的一种最有害的经济政策。因为它能对非熟练工人产生消极影响。如果一个新的劳动力愿意干一小时要3美元，但是政府规定为4美元，公司可能不情愿雇用他。公司有劳动价格，它们要把自己的钱花在起最好作用的地方。最低工资在熟练和不熟练工人之间画了一条线。如果一个公司迫于法律给不熟练工人支付较高的工资，它的开支就会增加。在这种情况下，它将对雇用真正非熟练工人不再感兴趣。它将用较高的工资寻找比较合格的雇员。虽然工会坚决支持最低工资法，但是这些法律对工会工资没有直接影响，工会的工资总是高得多。但是最低工资政策成功地把受教育少的和没有技术的人留在劳动力市场以外，因此使他们不去竞争由工会工人占据的工作岗位。

税收政策 1990年美国国会通过一项新税法，在其他项目中，增加一项汽艇奢侈税。这项规定的结果是，在一年内造船业大约丧失1.9万人的工作。所有税收政策给企业经营上带来直接负担，通常是增加成本，潜在地造成解雇。引起争论的资本增值税，通过税收以高水平返还投资来提高资本形成的价格。没有资本投资就不能创造新的工作，而且旧的工作也会丧失。在日本，资本增值税是5%，1992年在美国是28%。储蓄税也妨碍投资，因为私人储蓄给金融机构提供借贷基金。

贸易政策 在工作职位和贸易政策之间通常有一种很密切的联系。保护主义立法，不论是通过关税还是通过进口限额，提高了进口货物的价格。如果这些货物是美国公司需要的原料或者成品，这些公司的生产竞争能力就会降低。立法由于寻找保护一种工业，却无意中损害了其他工业和它们的雇员。例如政府保护美国的制糖工业，迫使糖业的顾客——如糖果生产者——支付比世界水平高许多倍的价格。这降低了竞争并促成失业，极端保护主义的立法，如30年代初采取的立法，抑制了国际贸易并导致大量失业。

充分就业政策

美国国会在1946年通过《就业法》，由联邦政府承诺设计实现充分就业的政策。这种政策的根据是约翰·梅纳德·凯恩斯在他的《就业、利息与货币通论》(1936)中阐发的经济理论。凯恩斯坚持认为,政府通过控制货币供应和支出政策,能够实现稳定的就业水平。

凯恩斯的建议证明是有缺陷的,只有通过对经济注入大量的货币,政府才能促进就业。这样做了一个时期,但是造成了通货膨胀。当经济试图排除由于政府开支造成的畸形时,通货膨胀终于带来经济衰退和高失业。对比之下,一种摆脱政府过分干预的经济,通常会出现一种高度稳定的就业水平。

审订:Murray N. Rothbard

职业　VOCATION

对许多人来说,他们毕生从事的工作——或曰职业——是一个机遇而非选择的问题。然而,工作的领域十分广阔。完成从成千上万个可供选择的机遇中挑选出恰当的工作这一任务,需要有个职业计划。人们要对自己和工作领域有充分的了解。掌握了这方面的信息后,人们就能将工作的要求与每个人目前的和潜在的条件进行比较,就能作选择。这一过程需要时间、努力与研究,但报偿是丰厚的。

选择与机遇

任何一个按时工作的人都有一个职业。然而,若作一下选择,就能够有机会得到一个令人满意的和值得去从事的职业。为了省时省钱,人们还可以对较适合于这一职业的教育与培训作出抉择。与此相反的另一种情况是,职业只是一种机遇,而且仅仅取决于很容易就能找到的那份工作。当人们对自己的能力与欲望很少或根本不加以考虑时,就会出现这种情况。有些人碰到什么工作就接受什么工作,而不考虑该工作究竟在多大程度上适合于自己的需要与能力。将选择交给机遇,一般来讲是不会令人满意的,而且会对工作产生厌倦,因而很难做好该项工作。

如果一位工人选择某个职业,而不是靠机遇接受这个职业,那么,这对每个相关的人来说都有好处。由此而得到最大好处的是这位工人,他在工作中能得到快乐与满足。这对雇主也是有利的,因为,选择了某个职业的工人可能会把工作干得更好,更有效率,而且从事这一工作的时间可能也会更长。如果一个工人每天工作8小时,一年工作50周,20年中他花在工作上的时间大约会有40000小时。所有的工人在工作上都会花这样多的时间,但是,如果人们能够在工作中找到乐趣,实现抱负,那么时间就会好过得多。

选择职业的因素

在选择职业时,有几个因素应当加以考虑。要做好职业选择,每一个因素都是必不可少的。

才能　一个人具有哪几种才能?他能够做好并且乐于做什么工作?例如,与动植物打交道快乐呢,还是与人打交道快乐?有些人喜欢单独工作。对某人来说似乎很容易的工作,对其他人来说却可能很难。才能评定有助于确定哪一类职业是合适的。有几种不同的可资利用的才能鉴定记录——即有助于识别特殊天赋与能力的测试。通常,这些测试可以在学校辅导员或就业服务机构的指导下进行。

兴趣　另一个应当考虑的因素是个人的兴趣。一个人喜欢哪些课程?他有什么业余爱好?是特别喜欢运动呢,还是特别喜欢政治、历史或自然科学?对集邮、绘图、使用电脑或烹饪是否有兴趣?这些因素是知道应当考虑的职业类型的线索。

教育与培训　第三个因素是教育与培训。一个人受过多少教育?他愿意或能够再学习多少东西?例如,要做一名医生,仅有大学学历是不够的,还要继续接受数年的教育与培训才能开业。但是,做一名助理医师,可能只需要上两年大专或接受两年技术培训就行了。许多职业只需要中学文凭。

工资与薪金　某些职业比其他职业收入高。一个职位所需要的培训越多,这一职位越有可能获得较高的薪金。劳动力短缺的职业,一般比那些拥有许多有能力的求职者的职业待遇优厚。

身体要求　选择职业还应依据自己的身体特征,对某一职业在身体方面的要求采取现实的态度。一个人是喜欢户外活动还是喜欢室内活动?那些劳动强度很大的工作并非每个人都能胜任。谋求一个职业,不应当一相情愿地考虑问题,或试图去做远远超出自己的天赋、经验和能力范围以外的事情。不过,选择职业是一个成长、自我完善和为社会作贡献的机会。

职业信息

作恰当的职业抉择所需要的主要资料是最近职业信息——职业的性质、它对于身体和学历的要求、薪金额度和工作前景。这类资料还能使人们获得相关职业的信息,并提示到哪儿去做进一步的了解。虽然这种信息能使人们有个总的了解,但它随一个组织或公司对各个具体职位的规定的变化而变化。

获得职业信息可以有许多途径。与从事某种职业的人进行交谈,这会是有帮助的。例如,同一位护士探讨护理工作,就能获得有关这一行当的许多知识。观察某人工作也是很有用的。

另一个途径是阅读有关职业的书籍或其他资料。有些书籍很好,它们对大多数主要职业都有介绍,另外还有介绍各种职业的录像带以及其他宣传资料。大城市报纸上的招聘栏,是提供当前和未来职业市场上最有用和最新的信息来源之一。

同学校辅导员交谈,也是获取有关职业信息的途径之一。辅导员们有大量的资料和许多有助于选择职业的信息来源。他们常常有机会见到用电脑编程的职业表,上面开列着各种职业所需要的特长和才能。有些电脑化系统将一个社区、州或区域内的雇主以及可能获得的职位列成表格。利用此项技术,我们可以设计出一种假定的职业生涯,由接受教育和培训开始,然后获得一个职业,而最终成为雇主。

一位教员正在教制图学员如何画线条和符号。

伯利恒钢铁公司的一位学徒正在有经验的教员的指导下学习焊接。

制订一项职业计划，并非意味着计划好的事情将会按部就班地发生。雇主的需求常常会发生变化。某一种职业可能会过时。学校可能会改变学习的课程。由于经济发生了变化，个别职业的工作前景也会发生变化。不过，职业计划能对下述情况作生动的描述：培训、教育与职业选择相互配合，以提供一种令人满意、报酬丰厚的职业。

《职业前景手册》是最广为人知的职业信息来源之一。此书由美国劳动部劳动统计局编纂，书中提供了有关"同类职业"——具有相似特征，并需要一些相同技能的职业族——的信息。《职业称谓辞典》所涉及的范围更广，书中开列的职业名称达10000余种。但是，《职业前景手册》则提供了一系列有关由于工作类型相似而组合在一起的同类职业族的信息。以下所列的是一些职业族及其中具有代表性的职业。

董事、管理人员和经理

每一个组织中都需要经理和管理人员。他们负责计划、组织、指导，并掌握组织的主要职能。

银行官员和经理 协调金融机构的各部门或各地区营业所的活动。几乎每一个金融机构——无论是商业银行、储蓄与信贷社，还是个人信贷机构——都有一名或多名副总裁，担任总经理之职。财政经理监督各支行的工作。

卫生服务机构经理 负责设施、机构、计划、员工、预算，以及与其他组织的关系。他们也许担任许多不同的职务，但都是有助于计划、组织，以及协调管理。

宾馆经理和助手 负责企业有效益地运营。他们主管行政、总务、餐饮服务和娱乐活动，并监督财务、采购与销售、人事、安全和维修等部门。他们还要满足顾客的需要，处理各种问题。

校长和副校长 领导和管理一所学校，使之正常运转。校长安排并组织、协调、指导和评价学校员工的活动。

支持管理职业

支持管理工作者收集、整理和分析材料，提供使管理人员能制定政策、改进工作方法、监督日常运营和达到组织的目标的信息。

会计师和审计师 起草、分析、核实财政报告，以便向管理人员提供最新的财政信息。这一行业有4个主要领域——公众会计、管理会计、政府会计和内部审计。

建筑工程督察员 确保公路、街道、下水道与供水系统、水坝、桥梁、楼房及其他建筑物的建造、改动和维修遵守法规、法令、分区规章和合同条款。

督察员和法令监督官员 实施保护公众的健康与安全免受危害的法律和规章，禁止不正当的贸易与雇佣行为，控制移民，防止禁运货物进口，对商业活动进行管理，以及收税。

人事、培训和劳资关系专家 协助招收雇员，并尽力使这些雇员符合他们的职业要求。

代购人 一定要使一个组织为内部使用所采购的货物、材料、补给品和各种设施质量合格，数量足够，价格合理，并在需要时能及时提供。

核保人 对投保单、损失控制顾问的报告、体检报告和精算研究报告（叙述投保损失的概率的报告）中的信息进行分析，以便确定保险金额。

批发和零售采购员 为了转卖，以尽可能低的价格购买所能得到的最好的商品；并敦促生产者向消费者发货。

工程师、勘测员和建筑师

工程师、勘测员和建筑师从事计划和设计工作。工程师设计机器、程序、系统和构造。勘测员测量土地，划定建筑范围。建筑师设计楼房、其他建筑物，以及户外空地。

航空航天工程师 设计、研制并测试商用和军用飞机、导弹和宇宙飞船。他们开发商业航空、防御系统和太空探测等领域的新技术。

化学工程师 在生产化学药品和化学产品的许多部门里工作。他们设计设备和工厂,确定和测试生产方式。他们也在诸如电子器件生产和生物技术等领域工作。

土木工程师 设计并监督道路、机场、隧道、桥梁、供水与排水系统、房屋的建造。

电气和电子工程师 设计、研制、测试并监督电气与电子设备的生产。

产业工程师 综合考虑一个组织内的各种生产因素——人员、机器、材料和能源,以确定其最有效的生产方案。和其他的专业工程师相比,他们与人员以及组织方式的联系更为密切。

机械工程师 关心机械力与热的使用、产生和传递。他们设计、研制诸如内燃机、汽轮机、喷气火箭发动机等动力产生机。他们也设计和研制动力使用机。

冶金、陶瓷和金属工程师 研制新型金属以及其他满足特殊需求的材料——例如,耐高温、强度大而重量轻的,或有高度延展性的材料。

采矿工程师 寻找、开采和制备制造业中所用的矿物。他们设计露天和地下矿,监督矿井和石巷的建造,发明将矿物运至加工厂的方法。

核工程师 设计、建造、监控和经营用来发电和给船只提供动力的核电站。他们也对核能和核辐射进行研究。

石油工程师 勘测和钻探石油和天然气。他们通过确定和改进最有效的生产方法,力图最大限度且有利可图地从石油储集层中回收石油和天然气。

自然科学家和数学家

自然科学家和数学家通过观察、研究和实验,探求有关物质世界的知识。他们的研究被用来开发新产品,提高生产率,增强防御能力,保护环境,以及改进保健工作。

精算师 制订保险和退休金计划,并确保它们维持在稳固的财政基础之上。他们计算死亡、生病、受伤、致残、失业、退休,以及因意外事故、盗窃、火灾和其他危险而造成的财产损失的概率。他们根据这种信息来测定预期损失。

计算机系统分析员 制定并提出使商业活动和科研工作计算机化,或改进已经投入使用的计算机系统的各种方法。

数学家 所从事的活动门类繁多,从阐发新的理论到将科学与管理的问题转化为数学语言,范围很广。

统计学家 设计并进行调查和实验,解释数字结果,将统计法知识应用于各个学科领域。

化学家 探求有关物质的新知识,并使其投入实际应用。大多数化学家都从事研究和开发工作。

地质学家和地球物理学家 研究地球的物理方面问题和历史。他们还识别各种岩石、矿物、化石,进行地质勘测,绘制地图,测量地球的引力和磁场。

气象学家 研究大气层的物理特征、运动过程,以及大气层影响环境的方式。他们的研究范围包括空气污染控制、防火、农业、空运与海运,以及气候。

农业科学家 研究农作物和牲畜,设法增加它们的数量和提高它们的质量。他们寻求比较轻松地增加产量、更有效地控制害虫和杂草,以及保持水土的方法。

生物学家 研究生物的一切方面,以及动植物与环境的关系。

林务和资源保护科学家 管理、开发并保护森林、放牧地,以及其他自然资源。这些区域为野生动物提供了栖息地,可作娱乐活动的场所用,并且还能提供木材、家畜草料、矿产和水。

社会科学家、社会工作者、宗教工作者和律师

从事社会和宗教工作的人必须圆通机敏,有同情心,对他人的需求感觉灵敏。他们的举止必须能唤起他人的信任。这一领域的其他工作人员则从事社会科学的基础和应用研究。他们主要是与数据和事物打交道,而不是与人打交道。

律师 是法律制度与社会之间的纽带。他们必须了解他们周围的世界,并对法律所触及的社会诸多方面很敏感。他们不仅要了解具体法令的词句,而且还要通晓法令所针对的人类环境。

经济学家 研究社会使用诸如土地、劳动、原料和机器那种珍贵的资源以提供商品和服务的方式。他们测定制造、分配和使用各种资源的成本和收益。

心理学家 研究人类的行为与心理过程,以便理解和解释人们的活动。有些心理学家探讨有关人类行为的身体、情绪或社会方面的问题;另一些心理学家则可能提议并实施培训计划,做市场调查,或者在医院或诊所里提供心理健康服务。

社会学家 通过对群体和社会机构进行调查,研究人类社会和社会行为。他们研究群体的行为和相互作用,追寻其根源与发展,并分析群体活动对个体成员的影响。

城市和区域规划人 常常被称作"城市规划者",他们为城市、郊区、乡村的社区及其区域未来的发展与复兴制订方案。他们协助地方官员在有关社会、经济以及环境等问题上做出决定。

社会工作者 通过直接劝告、向其他服务机构推荐,或通过制定政策和辩护等手段,帮助个人、家庭或团体处理各种问题。他们还帮助人们了解各种社会制度是如何运行的,并对诸如医疗、住房、教育等方面急需得到改善的问题提出建议。

娱乐工作者 安排、组织并指导有助于人们在休闲中得到乐趣和益处的各项活动。广泛的职业范围使这类工作者有机会接触到各种年龄层次、各种社会经济水平、各种情绪和身体健康程度的人们。

教士 带领他们会众做礼拜,并主持诸如洗礼、坚信礼、婚礼和圣餐等仪式。他们在做礼拜时进行布道,给予人们宗教方面的教诲,并劝诫教区居民。

教师、顾问、图书馆管理员、档案保管员和博物馆馆长

教师、图书馆管理员和顾问帮助他人获得信息。档案保管员和博物馆馆长负责保管文化制品。

幼儿园和小学教师 向儿童传授数学、语言艺术、自然科学和社会科学课程的基础知识。

中学教师 向学生讲授特定的科目。他们可以教各门有关的课程。

成人教育和职业教育教师 通常教与他们的专业领域相关的课程。教学方法因科目而异,但教师们通常都努力促使学生积极参与学习过程。

大专院校教员 在特殊的研究领域里提供高水平的指导。他们通常教同一领域里的几门不同的课程。他们常常向各个学生分别提供意见,并指导他们专业领域里的研究。

顾问 帮助人们处理个人的、社会的、教育的、职业的问题和事务。

图书馆管理员 使资料成为可用的。他们通过对资料的挑选和整理,使之易于查找,而将公众与许许多多的信息源联系在一起。

开业医生

开业医生诊断、治疗并努力预防疾病。他们的治疗方法和专业领域各不相同。医疗领域是世界上各种职业中发展最快的行当之一。随着平均预期寿命的不断增加,人们需要各种不同形式的医疗服务。

按摩技士 运用以下原理进行治疗:人的健康主要是由神经系统决定的,对这一系统的干扰损害正常功能,削弱对疾病的抵抗力。

牙科医生 检查牙齿及口腔组织,从而进行诊断,并治疗疾患或矫正畸形。

验光师 检查眼睛,诊断视力,发现其疾病症候以及其他不正常情况。

内科医生 进行医疗检查,诊断疾病,为身受病痛折磨的患者进行治疗。他们还就其他保健问题向病人提出建议。

足病医生 诊断和治疗足部的疾病。

外科医生 专门实施外科手术。

兽医 为病伤牲畜诊断其健康状况,实施外科手术,开处方和喂药。

注册护士、药剂师、营养师、治疗师和医生助理

职业医务人员照料患者,帮助残疾人,向个人或社区提出有关保健和改善健康状况的建议。

膳食学家和营养师 为公共机构提供饮食服务系统方面的建议,建立、监督这种饮食服务系统,通过教育、研究来提倡健康的饮食习惯。

职业治疗师 对那些在智力、身体、发育或感情上有残疾者进行治疗。他们向病人提供帮助其掌握日常生活技能的各种专门的活动。

药剂师 根据内科医生、足病医生和牙科医生开具的处方配药发药。

理疗师 为那些遭受外伤或患有疾病的人提出治疗方案和实施治疗,从而恢复其运动机能,解除其病痛,并防止或限制永久性残疾。

医生助理 做诸如体格检查、术后护理等普通工作,并协助医生实施复杂的医疗措施。

娱乐治疗师 向那些在智力、身体或感情方面有残疾者提供服务。他们把娱乐或休闲活动用于治疗。

注册护士 观察、评论、记录病人的症候、反应和病情进展;喂药;帮助病人康复;指导病人及其家属进行正确的护理;并帮助人们增加或保持身体健康。

呼吸系统治疗师 对患有心肺疾病的患者进行治疗。

言语病理学家和听力学家 通过评价人们的言语、语言或听力,和通过提供治疗,来帮助他们。

医疗技术专家和技师

医疗领域的许多职业都是由于新的实验室工作程序、诊断技术和治疗方法的发展而产生的。为了跟上医疗事业的发展,出现了各种医疗技术专家和技师。

临床实验室技术专家和技师 提供从常规化验到非常复杂的分析的实验室服务。

牙科洁治员 提供直接而耐心的治疗,清除牙齿上的沉积物和污垢,冲洗和察看X光片。

配镜师 根据验光师的处方配制镜片。

心电图技师 操作描绘心律轨迹的设备,以便协助医生检查。

脑电图专家和技师 实施脑电图检查,以便协助诊断。

急救医疗技师 对需要立即救护的事故和紧急情况作出反应。

持有许可证的有实际经验的护士 协助护理身体或智力方面的病患者和体弱者。

医疗记录技师 管理医疗信息系统,以便满足医疗、管理、道德和法律方面的需求。

放射学专家 操作放射设备,提供有助于医生进行诊断和治疗的信息。

作家、艺术家和专业演员

创造力、想像力和天赋是从事作家、艺术家和专业演员的职业的先决条件。在这些领域中工作的人们用各种方法来表达思想和情感,描述和阐释人类的经验。

公共关系专家 帮助商行、政府和其他组织与公众建立起积极有益的关系。

广播和电视播音员与新闻广播员

记者和通讯员

作家和编辑
设计师
书法家与画家
摄影师和摄像师
演员、导演和制作人
舞蹈演员和舞蹈编导
音乐家

技术专家和技师

技术专家和技师从事工程、科学、计算机、图书馆、法律、广播以及其他专业活动中所必需的许多分工明细的技术工作。他们注重实践，操作和维修技术设备与系统，或者在最终产品的研究、设计、试验和制造方面提供技术帮助。

绘图员 根据科学家、工程师、建筑师和设计者所提供的草图、规格和计算结果绘制详细的图纸。

电气和电子技师 发明、制造和维修设备与系统。

工程技师 将其科学、工程学、数学、机械和技术程序等方面的知识，运用于研究、开发、制造、销售和为用户服务。

科研技师 运用其科学、数学和技术程序等方面的知识，来帮助科学家们进行研究与开发。

空中交通管理员 首先关心的是安全，但他们还必须有效地调度飞机以便最大限度地缩短航班延误的时间。他们有些人指挥机场内的交通，另一些人则指挥飞行于两机场之间的飞机。

广播技师 操作和维修用于录制和播送广播和电视节目的电子设备。

计算机程序员 编写详细指令，即根据某种逻辑顺序列出计算机在整理数据、解决问题或执行其他任务时所必须遵循的步骤。

法律助理 直接配合律师工作。除了接待当事人、确定法律费用、给予法律劝告或当庭陈案之外，他们履行律师的其他一切职能。

图书馆技师 协助获取和整理资料，并使这些资料易于为使用者查找。

市场营销职业

销售工作所提供的就业机会十分广泛。在某些营销职业中，人们自己当自己的老板，自己制订计划，他们的收益完全取决于他们的业绩。其他一些职业则更多地属于日常性的工作，从业人员执行所安排的工作计划，领取有保证的计时工资。

出纳员 记录商行内的现金交易、收入和支出。

保险推销员 推销能够防止财产损失的保单。

制造商的推销员 主要向其他商行和机构进行推销。他们向顾客介绍他们出售的产品。

房地产经纪人 非常了解他们社区房地产市场的情况，帮助个人购买或出售房屋以及其他不动产。

零售店售货员 除了售货以外，还要填写销货单、收钱、找零钱和开发票。

证券和商情服务社推销员 帮助投资者购买证券、进行销售、买卖股票、购买债券、投资互助基金的股份，以及购买其他金融产品。

旅游代办人 为旅行者安排交通工具和住宿。

行政助理职业

这类工作人员整理和保管档案资料；操作办公设备；安排日程和预订车票；领取、分发和解释钱、材料、邮件和电报；或者从事类似的管理工作。

银行出纳员 通过接收存款、支付提款并记入客户账户的贷方或借方，来为银行客户服务。他们记录每日的交易及收付差额账目。

簿记员和记账员 登录日记账与分类账，以便随时提供最近的账目及商业交易记录。

计算机和外围设备操作员 监视计算机的控制器和输出设备。

资料录入员 录入文件资料。
邮递员和邮局职员
接待员和问讯处工作人员
预订客房及车船机票代理人和旅行社职员
秘书
统计员
速记员
教师助手
电话接线员
运务员、理货员和收货员
打字员

服务行业

警卫和打扫房屋、烹调和端送饭菜、理发美发、照看儿童和老人等，都是服务行业人员所从事的各种职业。

罪犯管教员
消防职业
警卫
警察和侦探
酒吧间侍者
厨师和炊事员
男女服务员
看门人和清洁工
儿童保育员
美容师和相关的工作人员
航空服务员

农林渔职业

从事于农业、林业和渔业的工人与大宗食物、衣服、寓所和工业产品的采集、研制、生产和销售有关。农业工人种植庄稼和饲养禽畜,为人们提供食品和衣服原料。林业工人采伐林木,提供建筑木材和纸张原料。渔业工人捕捞江海湖泊中的水生动植物,提供食品、肥料及其他产品。

机械师和维修工

在高技术的社会中,机械几乎影响到生活的各个方面。机械师和维修工负责保养和维修这些机械。

飞机机械师和引擎专家
汽车和摩托车机械师
汽车车身维修工
柴油机机械师
农场设备机械师
重型机动车辆机械师
商业和工业电子设备维修工
通讯设备机械师
计算机维修技师
家用电子娱乐设备维修工
家庭设备和电动工具维修工
线路安装工和电缆接线工
电话安装工和维修工
一般保养机械师
供暖、装空调和制冷机械师
工业机械维修工
机器安装工
乐器维修工和调琴师
投币式自动售货机保养工和维修工

建筑和耗取自然资源的职业

建筑和耗取自然资源行业的工人使用节省体力的机械和工具,但是,这类工作一般有体格方面的要求。

砌砖工和石匠
木匠
地毯铺装工
水泥工和水磨石工
清水墙工和钉板条工
电工
装玻璃工
隔绝工
油漆工和裱糊匠
抹灰工
水暖工和管道安装工
屋面工
金属薄板制造工
建筑用加强型金属件制造工
瓷砖铺贴工
非技术工

助手、搬运工、设备清洗工和壮工

这些工人协助技术工人,从事完成某项任务所需的普通工作。建筑行业的小工即是一例。

生产行业

虽说大多数生产工人受雇于制造厂,然而,另一些人的工作环境则迥然不同,如鞋店、珠宝店和肉食市场。生产行业有成千上万种职业。

蓝领工人的领班
装订工
屠宰工和切肉工
排字工
牙科实验室技师
宝石匠
平版印刷工和照像凸版印刷工
机工
照相制版工
工具和模具制造工
室内装潢师
固定发动机操作工
水处理厂和污水处理厂操作员
金属加工和塑料加工机械操作员
印刷机操作员
精密装配工
运输设备油漆工
焊工和切割工

运输和货物搬运行业

从事运输行业的人们操作诸如卡车、公共汽车、出租汽车、火车、轮船和飞机等设备。从事货物搬运行业的人们则操作诸如起重机、挖土机、推土机和工业卡车等设备。这些职业集结于运输业。

飞行员
公共汽车驾驶员
建筑机械操作员
卡车和拖拉机驾驶员

军事职业

兵役构成了美国独一无二的、最大的雇主。兵役在经营与管理行业、专业技术职业、办公室工作、有技能的建筑行业、电器电子行业、汽车维修以及其他数百个专业,提供了广泛的就业和培训机会。由于实行完全自愿的兵役制度,人们可以在一定年限服役,退役时便保证能得到一笔钱用于深造。

未来的职业

根据《职业前景手册》,美国的某些职业,预计将来可能会发展,而另一些职业则可能会急剧衰落。这类变化与美国的经济有关。

发展最快的职业

人们预计需要量将会很大的那些职业领域,将与未来数年中美国社会所预示的变迁相呼应。例如,医疗行业将需要雇员。大多数人将做理疗师、职业治疗师、医生助理和医疗技师。

此项预测是依据社会上两个重大变化做出的:即医疗技术在发生不断的变革,这种变革需要掌握最新技能的工作人员;人口正趋向老龄化。1946—1956年间出生的人们——通称为"生育爆炸时代的人们"——构成了美国人口中数量最大的年龄组。随着这一代人的年龄增大,以及此后生育数量的下降,其直接后果便是美国的人口总体上变老了。随着年龄的增长,人们对医疗方面的需求也相应增长,由此便产生了对医疗行业从业人员的更大需求。下列职业是人们预期发展最快的职业:

会计师和审计师
精算师
计算机程序员、操作员和技师
罪犯管教员
电气和电子工程师和技师
律师和法律助理
开业医生和医疗管理人员
公共关系专家
证券和商情分析员
工具程序员
旅游代办人

衰落的职业

人们预计将要衰落的职业领域包括那些只需手工技能、而不依赖于计算机或其他技术的行业,以及那些不能顺应社会变革的行业。这并不意味着在这些领域完全找不到职业,只是就业机会与从业人员将会减少。这些职业包括:

屠宰工和切肉工
工业卡车和拖车驾驶员
邮递员和邮局职员
统计员
速记员
电话安装工和维修工

工作场所的变化

变化不仅仅发生在技术领域以及完成工作的方式,工作的场所也将发生变化。工作人员将不必每天聚集在同一场所。人们在家中通过计算机和电话进行工作的可能性日益增加。在一个地区、一个国家乃至世界上的不同地点来完成一项工作的不同方面,也将成为可能。

另一个变化涉及到劳动力的构成。由于法律与习惯的改变,曾被认为仅仅属于男人的许多职业——如警官、公司经理——如今则被认为对男女两性一样适合。同样,文秘及办公室工作、护理行业和其他被认为是"女人的工作"的职业,如今也越来越多地为男人所从事。在未来的岁月中,随着就业机会的增加,将会有越来越多的妇女加入到劳动大军的行列。

与此类似,社会变革排除了少数民族和残疾人就业的障碍。如今,一位雇主若由于工人的种族、残疾、民族、年龄以及性别等因素而对其有所歧视,那是触犯美国法律的,因而,美国人的工作场所将会日益反映出美国社会真正的多样性与丰富性。

就业与经济

就业机会也取决于国家经济方面的转变,并且日益依赖于世界范围的经济发展。衡量这类影响力的尺度有几种,它们包括失业率、国际贸易差额以及美国工人的生产率。

失业率是衡量一个社区、一个州或整个国家内职工失业的标准尺度。这一测定是在某一地区随意抽取一些家庭作为样品,依照美国劳动部规定的标准用计算机计算出来的。这是对那些没有工作但却在寻找工作的人所占百分比的估算。

人们已指出,失业率并非完全代表实际的失业比率,因为,我们并未计算其中有多少人已停止寻找工作。不过,这仍然是各州之间可以相互比较的统计数字,因为计算方式是相同的。从传统上讲,失业率在4%就被看作是充分就业了,因为,人们放弃、变更职业,或被老板炒鱿鱼,与经济相对健康的发展无关。与此相比,在30年代的大萧条期,美国全国的失业率竟高达25%。

当失业率较低时,人们干活取酬。他们反过来又购买商品和服务,从而保持了劳动力的就业和增长。这是一个发展的经济。而当失业率较高时,由于从事工作的人数减少了,人们购买商品和服务的钱也相应减少。货物卖出的少了,经营受到损失,于是便削减工人的数量。这是一种萎缩的经济。

美国政府有许多保障经济的措施。然而,由于技术的变革,原来的经济秩序被打乱是在所难免。当一项新的技术产生时,一种制造程序就可能突然变得过时了。即使仍然在生产同样的商品,某一地区也可能发生经济困难。20世纪80年代初工业发达的中西部即是一例。当时,国内与国外的制造商越来越多地用外国钢材制造产品。同时,又有更多的成品进口到美国,取代了美国货。许多工人被解雇,正常的经济活动遭到破坏。

与此同时,高科技的制造程序正在其他地区发展起来。位于加利福尼亚州旧金山南部的硅谷,因其与计算机有关的商品、计算机辅助设计程序和计算机辅助制造程序而著称于世。这对那些因传统制造业的废弃而失业的工人来说十分不利。由于他们缺乏可以转换行业的技能,许多人无法改行。有些工人被无限期地停职,他们只好去做收入较低的工作,或者基本上处于永久性的失业状态。

美国商业和教育界的领导人对这些问题很敏感。实业家和教育工作者日益关注工人个人的生产能力;为了改善劳动力，重新设计学校和鼓励发展实用技能的培训中心的课程，以保留各种局部工作，实业家和教育工作者建立了联盟。

撰文：Ray D. Ryan

职业培训　VOCATIONAL TRAINING

学院和大学为它们的文科和理科院系的学生提供了内容广泛的课程设置。与此相比，职业培训则集中在较为有限的范围之内。职业培训的目标是特定的工作和职业。这种培训相当于某一行业学徒的培训，比如砖瓦匠的培训。学生专门学习他所选定领域内所需学习的内容。

职业培训的课程范围从会计学到X光技术，包括汽车修理、法庭记录、计算机编程、整容术、牙齿保健、食品服务管理、林业管理、酒店经营、墙面粉刷、文秘技巧、电视修理、旅游代理以及焊接技术等等。这些领域不同于航空航天工程、化学、法律、教育、护理和药理学，后者有大量的课程要求，通常还要求拥有学院学位，并且常常要求高于学院（比如法学院）的学历。

因此，职业培训与较为普遍的学校教育的差异就在于最后结果不同。如果有学生想致力于某种特定的工作，通过职业培训就可打开通向这种职业的门径。但是如果他还没有确定未来工作的去向，那么，接受综合教育从而拥有更多的选择，也许更加明智。

职业培训适合于高中学生，适合于想进入就业市场的高中退学学生，适合于跟大学生相仿年龄的年轻人，也适合于那些因为结构性失业而需要新职业或需要再培训的成年人。（这种类型的失业根源在于经济混乱，从20世纪70年代初期以来这种混乱就不断造成工厂倒闭和农场破产。）

学徒训练是职业培训可采取的一种方式，某些行业至今仍然需要这种方式。在职培训是由公司提供给新雇用的员工的。这种在职培训常常面向学院毕业生和学历低于学院毕业生的人员。许多公司不愿提供这种在职培训，因为新的员工一旦受训，他就有可能为追求更高的薪水而为自己公司的竞争对手工作。这样一来，公司承担了培训某人的费用，却没有任何利润回报。还有一种专门的在职培训是由军队提供的，这种在职培训具有退伍后赚钱上学的额外诱惑。

有些学校只限于教授某种行业技能，例如：美发学校、文秘学校、美容学校、旅游学校。某些职业学校教授与本行业相关领域的一些课程。例如，一所商学院会教授会计、图书管理和文秘技巧。技术学院则提供有关收音机、电视机和计算机方面的教学项目。

社区学院（正式名称是初级学院）是两年制学院，它们过去曾专门致力于大学文科教学——为使它们的毕业生做好准备，以进入四年制学院进行最后两年的学习。现在它们已经拓宽了课程设置，教授各种课程，诸如汽车技术、儿童护理、数据处理、牙齿保健、饮食营养、制图、电子学、食品服务管理、书画艺术、供热与制冷、法律秘书学、机床培训、医学实验技术、核医学技术、实用护理、房地产、印刷技术、焊接技术，等等。

职业培训是产业革命和工厂系统所要求的专业分工的产物。在19世纪之前，这种培训几乎只限于学徒训练这种方式，而且某些行业为防止技术外传还严格限制受训者的人数。随着工业化的飞速发展，有些欧洲国家——特别是德国——在中小学教育中引入职业培训。而英国直至第一次世界大战之后还顽固地反对这种职业培训。

直到20世纪初期，美国的职业教育仍只限于男孩的手工训练课和女孩的家政课。1917年，美国国会通过了史密斯–休斯（Smith-Hughs）法案。其他的法案有：1956年通过的乔治-巴登（George-Barden）法案、退伍军人福利法案、1956年的康复法案、1958年的全民国防教育法案、1962年人力资源发展及培训法案，以及所有法案中意义最为重大的1963年的职业教育法案。1963年的职业教育法案给职业培训下了明确的定义，并列举了所拨的联邦基金的各种用途。这一法案已被1968年的职业教育修正案和更新的法规所取代。

职业介绍所　EMPLOYMENT AGENCY

某人要找一份工作，他可以直接去一个公司，拜访公司的人事部门，或者他可以找一个职业介绍所。几乎每一个工业化国家都有政府主办的或私人开设的介绍所，用来帮助工人们找工作，或者帮助雇主找工人。政府办的介绍所服务是免费的，但私人办的介绍所通常向雇主或雇员收取费用，或者对两者均收费。

在美国，19世纪，当经济迅速增长并且常常找不到足够的劳动力时，政府办的职业介绍服务开始出现。最早由公共财政出资的介绍所是由城市建立的。第一家于1834年设在纽约。私人介绍所大约在同时出现。直到1890年俄亥俄州才建立了一家职业介绍服务机构。如今每一个州都设有一个就业部门。

首次联邦公共就业工作始于1907年，当时移民和归化局开始在各州之间分配移民劳工。美国就业局在第一次世界大战期间常常分配人力，它重建于1933年。它现在的职能包括劳工调查、证明培训需要、提供测验和咨询、为培训人员扩大就业场所、提供职业需要的指导等。

过渡训练所　HALFWAY HOUSE

给从监狱、戒毒中心、戒酒诊所或精神病院等管制机构放出来的那些人居住的寓所，被称为过渡训练所。它们是过渡性寓所，人们生活在这种寓所中可以为自己重返社会、工作岗位和家庭做准备。也为受到虐待的儿童和妻子设立了类似的寓所。有些过渡训练所是私人投资经营的，而其余的则由州政府资助。

从20世纪70年代中期以来，监狱的过分拥挤和监狱系统的高额花费，致使有人提议为那些犯有轻罪的犯人开设过渡训练所。加利福尼亚大约有290个这样的寓所，但大多数的州不愿意设立这类寓所。这种寓所类似于豁免时间监狱：允许犯人离开监狱去做工或上学，但是他们必须在每天晚上和周末返回。不过，豁免时间监狱的管理费用要比过渡训练所多得多。

在外观上，过渡训练所与私人住宅或公寓楼类似。正常情况下，在同一时间，它们只有为数不多的居住者，那儿的气氛更像在家里，而不像是在管制机构中。居住者是些需要帮助以及——在酗酒者和嗜毒者的例子中——需要照料和保护但不需要医治的人。训练所配备的是非专业人员。专门为戒酒者开设的过渡训练所，在北美大约有 400 处，一般是由嗜酒者互戒协会协办。

虽然过渡训练所这个术语只是在 20 世纪 60 年代中期才开始普遍使用，但这是一个非常古老的概念。早在 1788 年，英国伦敦的慈善组织，就为那些因偷窃或其他轻罪而被逮捕的儿童开办了教养所。现在，英国有 40 多处过渡训练所。它们由私人经营，但它们接受某些来自政府财政的资助。

从 1900 年左右直到 20 世纪 30 年代的大萧条，在美国有几所由私人开办的过渡训练所。其中最早的一所被称为希望之家，它是在美国义勇军的帮助下开办的。当各州开始用假释作为从监狱释放囚犯的手段时，官方宣布，已不再需要过渡训练所。20 世纪 30 年代的经济危机迫使它们关闭。直到第二次世界大战后，州监狱官员才对使从监狱到社会的过渡变得顺利的过渡训练所表现出兴趣。

由于过渡训练所提供的益处，对它们的支持在 1970 年后多了起来。不必建设新的设施。使用的是现存的建筑——包括小旅馆、公寓楼和住宅。不过，不利的条件是许多社区不愿意接受过渡训练所，因为他们觉得这些机构和它们的居住者会对正确的价值观形成威胁。

退休　RETIREMENT

在以前的几个世纪里，大多数人的寿命太短，谈不上退休。大多数成年人与当今的情况相比，在他们还很年轻的时候就死了——通常是 30 来岁或 40 来岁。现在大多数走出家门工作的成年人经历各种职业，到了能够离开工作岗位的年龄时，期望在其他方面度过自己的晚年。退休的标准年龄是 65 岁，但是很多人能提早退休——在 60 岁甚至 55 岁。另一些人喜欢一直工作到 70 岁或更老一些。在不同的国家里，规定退休的年龄的法律各不相同。

当今的预期寿命表明，人们在离开工作后将活很多年。因此，退休已经成为一个包括年龄问题的课题。退休者面临的其他问题是：多少收入够用，住在什么地方，怎样支配自己的时间，如何找到一个新的就业方式。

退休有一套手续。除非工人是个体户，否则他们必须通知自己的雇主，如果有养老金计划的，就要作出支付养老金安排，并通知负责支付退休津贴的政府机构。在美国这种机构是社会保障局。他们必须作出安排，将个人健康保险转为退休人员的健康保险，申请必须存入政府健康保险档案。(参见：**社会保障**)

退休对于人们情绪上的影响是不同的。对有些人来说，退休是一段迫切盼望的时间，因为它提供了已被推迟的享受活动的机会。对另一些人来说，退休是一种严重的失落。多少年的习惯突然改变了，同以前的伙伴也很少联系。如果没有安排计划，时间可能变成退休者的最坏的敌人。以前一直有业余兴趣和爱好的人，现在有时间去做了。

很多退休的人发现退休有利，甚至认为需要改变住处。一对有成年子女的夫妇可能卖掉自己的房子，搬迁进一套公寓。一对住在城市郊区的夫妇，可能需要城市生活的便利。或者他们可以选择在一个气候温暖的地方重新定居，搬进一个特别为退休人员设计的社区——例如亚利桑那州的森城。一些退休者，特别是单身，不能维持以前的生活标准，因此必须搬迁到开销少的地方。

长寿的愿望已经使退休计划成为需要，特别是关于收入方面。工人们必须在实际离开工作队伍以前就开始计划。在某些国家里，生活单纯依靠政府津贴几乎是不可能的。社会保障收入应当用从养老金、分红、投资——例如个人退休积金——或其他方法所得的钱来补充。很多退休者为了挣额外的收入必须找一份工作。

职业责任的减轻使得人们有更多的时间用于社会生活。这常常意味着有更多的时间用于家庭，特别是用于照看孙子、孙女。对于退休夫妻们来说，婚姻关系成了中心。退休者也继续起父母的作用，同自己的子女发展新的联系。成年子女对自己的父母会发展新的责任，尽管他们对自己的孩子的感情比对退休父母的感情更深一些。

退休者与同龄人的联系通常是加强了。在业余爱好和旅行中，他们有更多的时间与同辈人联络，包括兄弟、姐妹。在那些已经多年生活在同一社区的人当中，他们的友谊一直很好地保持到晚年，这种情况是比较普遍的。

很多退休者往往变得很关心政治，特别是关心对他们的福利有影响的问题。他们比年轻人更喜欢投票，关于候选人和争论的问题他们有更多的信息。例如像美国退休者联合会这样的组织，利用院外游说者向当选官员提出对老年人至关重要的问题。它们还告诉退休者关于公共政策的细节。

退休金　PENSION

大多数人从企业、政府部门或军队退休后，为维持一定的生活标准而领取规定的收入。这种收入通常按月领取，但也可能按季度、半年或每年一次领取。这种定期支付的款项称为退休金，退休金通常一直发到一个人去世。在某些情况下，在退休者死后，退休金继续付给受益人。

退休金计划可以用三种方式来建立：由劳动者个人、雇主或政府。大多数工业化社会已经建立了政府退休收入计划，在美国称之为社会保险，这些计划对几乎所有工人来说都是强制性的。军事人员适用其他退休金计划。（关于政府资助的计划，见：**社会保障**；**退伍军人事务**；**福利国家**）本文论述的是个人和群体的退休计划。

个人年金

年金的字面意思是每年从存储基金里支付。事实上，年金一般是按月或季度支付的。一种年金很像一种保险政策。签订一份合同，把钱付给一个保险公司，不是一次性支付就是在数年里定期支付。而一种人寿保险政策是在投保人死时支付，年金是在退休年间支付。

年金与保险政策相似，两者都是以冒险分担的原则为基础。保险公司用死亡率统计表估计预期寿命。支付一定数量的年金的价格是以领年金者（受益人）退休时的预期寿命为基础的。领年金者是真正加入一个庞大的建立一种基金会的群体,该基金的巨大数额足以支付每个成员一生的收入。一些人活得长久,得到更多的支付,而其他人不能活到领取那么多支付的时候。

年金与保险政策之间的主要区别在于功能。人寿保险是用来建立一笔在投保人死后支付给受益人的资产。年金是设立一种收入,由仍然活着的年金领取者来领取。一种新式的保险形式被称为通用人生保险,它兼有年金和人寿保险两者功能的优点。

大多数的年金仅付给一个人,但是丈夫和妻子获得一种联结寿命年金是可能的。这种类型是在涉及一人以上需要退休金收入时产生的。因此,如果配偶一方死亡,全部支付款继续付给活着的配偶。

在美国,有两种其他类型的个人年金可以被用作减免所得税合法手段:基奥计划和个人退休账户。之所以称它们为减免所得税合法手段,是因为投资给它们的钱——有明确的限额——可以从在个人挣钱的年代已经纳税的收入中扣除。

1962年众议员尤金·基奥对赢得《个体经营者负担退休法》的通过起了帮助作用。这项法律允许个体经营者建立他们自己的养老金计划,因为群体计划对他们不适用。基奥计划的规定由1974年的《雇员退休收入保障法》而得到完善。

1974年的这项同一法令创立了个人退休账户。因为最初设计个人退休账户是为了没有包括在群体养老金计划中的工人(个体经营者除外)。它允许个人在个人退休账户中投资并且从应纳税的收入中扣除每年不超过2000美元的一笔钱。1981年的税收立法,使无论是否包括在一家公司养老金计划之内的任何人建立个人退休账户成为可能。然而,1986年税收法的修改,对参加群体养老金计划的那些人来说,使个人退休账户减免个人所得税的额度减少了。

个人退休账户是作为一种退休养老金运作的,因为没有特殊困难是不能从中提款的——直到59岁半。个人退休账户由保险公司、商业银行、代理机构和其他金融机构掌管。在某些情况下,公司通过定期从工资单上扣除工资来帮助雇员开户和维持账户。

群体退休金计划

有些公司的退休金计划从公司基金中直接支付给退休人员。另一些公司或全行业退休金计划叫作群体退休金。它们通过为退休个人提供终身收入力求实现与个人退休金相同的功能。由于这种计划的群体性质,对于公司和雇员来说其主要优点是费用较少。

一些退休金计划是非捐赠性质的:公司代表雇员把全部捐赠转入基金。其他计划是捐赠性质的:公司和雇员双方都对计划赠款,有时数量相等。

雇主最为关注的是为长期雇员和全日制雇员提供收入,而不是临时雇员或兼职雇员。为此通常在一个工人有资格参加养老金计划之前,要有一个等待时期——通常是一年。

群体计划也经常有雇工保留退休金权利的要求。这就意味着一个工人在雇用期间对公司捐赠的所有权得到承认以前,参加这个计划必有一定的年限,通常是10年。例如,如果一个工人在保留退休金权利以前离开公司,他仅享有他对计划贡献的那部分的权利。如果他在保留退休金计划权利之后但在退休之前离开公司,他有资格得到全部金额。

群体退休金计划有好几种类型。有一种称为"你走时就支付"的计划,它没有特殊的基金支持。公司只是从公司当时收入中支付给退休者。因为它不是基金,它是一种无保障的计划,其优点是经常视公司财政运营情况而定。在经济萧条时期,公司可以削减或者取消这项支付。如果公司完全倒闭,退休金的支付就到此为止。

有些退休金是通过叫工人和公司将钱交付给一个中央信托基金(有些欧洲国家称为退休基金)的办法建立起来的。基金转交给某个受委托机构,如一家银行或信托公司去管理。信托基金为自我管理基金,因为公司监督它的使用。退休款可以直接从基金中提取,或受委托机构可为雇员购买年金。因为信托基金能够由公司自行处理,由于投资不当或错误挪用,这种基金不一定有保障。

公司提供基金的退休金计划要冒公司需要钱时将基金抽回的风险。这种策略称为资产复归,就是说,为了公司扩展或其他目的而重新安排退休金基金。为了控制这些资产,退休金计划必须终止。资产复归并不必然使雇员没有退休金,但它可以减少支付的数额。

1974年,美国政府成立了退休金保障局,力图防止公司在退休金计划上违约,和弥补退休者的损失。这是一个财政自筹的政府机构,它为规定的退休金计划提供保险。这些计划按照群体计划的一种公式能够计算出明确无误的退休金数量。这类公式考虑到在公司服务时间的长短、年龄和所挣的最高工资。该机构根据工人的人数,从雇主那里收集款项作为保险金。

其他群体计划在管理上与个人年金相似。它们通过指导如何对基金进行投资的保险公司进行控制。有些群体的年金是延期的。这意味着一个公司每年为每个雇员购买一份全部付清的年金。退休时,雇员从这些年金的总和中得到收入。

另一种类型的群体计划是存储管理群体年金。在一个雇员退休时,雇主用钱从一种基金中给他买一份年金。基金的一部分包括雇员的贡献。退休金来自年金,但它取决于公司在好年景和坏年景期间对基金捐赠的数量。

除了群体年金计划以外,还有一种免税投资储蓄计划,它与个人退休账户相似,是公司与雇员合作进行的。这种计划在美国税收服务法进行解释的章节中简称401(K)。它允许雇员在一个投资户头里减免计算所得税时扣除他工资的14%的投资。公司可以相应扣除4%。雇员退休时拿到全部数量,然后这笔钱可以投资——推迟纳税再投资——于个人退休账户这类的退休年金中。如果它没有用于投资,从它收到这笔钱的那一年算起就必须纳税。

历史背景

第一个现代社会保险方案于1883年出现在德国。在欧洲以外,最早的退休金计划之一,1898年始于新西兰。

私人和政府主办的退休金计划在美国和英国有着相似的发展。直到20世纪20年代,美国非正式的私人或群体退休金的习惯做法开始发展为正式的退休金计划。实际上30年代初仅有几百个退休金计划,到80年代这个数字增加到几万个。只是在私人和群体计划已经开始取得支配地位以后,英美两国政府才建立自己的现代社会保险计划——美国于1935年,英国于1946年。

在欧洲其他国家,如挪威、瑞典和意大利,都有非常慷慨的政府主办的退休保险金,很少倾向于赞助私人计划。西德是个例外,虽然它有一个非常完善的政府退休金计划,但也广泛采用私人计划。西德也有众多的职业退休金计划,它们与政府的体系合为一体。这些计划一般是非捐赠性的,是通过购买年金或由大型的退休基金筹措资金。

童工　CHILD LABOR

在任何需要童工的社会里,就有儿童劳动。在不需要童工的社会,儿童的劳动受到严格的控制或定为非法。在西欧、北美、澳大利亚和日本等现代工业化国家,因为有足够的成人劳工,童工不是经济上的必需。在不发达国家或发展中国家,那里大量的工作仍然是农业和工业化以前的劳动,儿童之所以工作,是因为所有的人都需要劳动。

在人类历史最初的几千年里,几乎全部劳动不是农业就是手工业,绝大多数人生活在贫困中。一个家庭的孩子越多,就有更多的人手完成工作。只有有钱有势的家庭的儿童才能免除体力劳动。

19世纪初产业革命开始。这个世纪的大多数儿童都在矿山、工厂和商店里干活,他们在很不卫生的条件下长时间地劳动。企业主需要儿童工作是因为付给儿童的工资比成年人低,而且并非总是有足够的成年劳动力来填补全部工作岗位。但是逐渐有越来越多的人开始认识到这些儿童生活的悲惨,童工开始被看作是像奴隶制一样不可取。

虽然并不那么明显,在常规工作中也不再真正需要儿童去做。由于欧洲和北美社会日益工业化,工厂、矿山的成人劳动力超过了正常的供应,他们的工资雇主是支付得起的。在美国的大城市,情况尤其如此,每年有数千移民来到那里。

规定　从19世纪初,关于童工已有规定——首先在英国,更晚些时候在北美。但是从没有把童工定为非法。最初的英国法律于1802年和1819年通过,因为没有执行均告失败。第一部有效的法律——1833年的工厂法,限制12—18岁的人一天工作12小时。它还规定,政府要检查劳动条件。1847年儿童的劳动时间限定为一天10小时。

在美国,在1938年的平等劳动标准法出台之前,并未采取真正有效的行动。这项法律规定,在非制造业雇用课余时间的儿童的最低年龄为14岁。在州际贸易行业,雇用在校学生的最低年龄为16岁,从事危险职业的人最低年龄为18岁。这项法律于1949年作了修改,允许雇主在办公室或销售工作中雇用16岁以下的儿童。

义务教育监护　在义务教育监护的要求增多的同时,出现了管理童工的运动。由于这项运动在20世纪初就获得支持,确定离开学校的最低年龄的法律被通过。英国1947年一项法令规定最低年龄为15岁。美国的大部分地区规定为16岁。这些法律有助于减少童工的数量。

劳工运动　LABOR MOVEMENTS

劳工运动这个术语,往往用来指所有为了改善他们的共同利益而联合起来的工薪阶层的组织和团体。不过,更广泛地是用来指任何由地理区域、职业或产业及任何其他因素建立起来的工人协会。工会几乎是现代美国劳工运动的惟一中心,然而,在西欧以及许多其他国家,劳工运动这个术语已既包括工会,也包括倾向劳工的政党,它们通常结合成一个松散的联盟。

工会的早期阶段

对诸如罢工这类集体劳工行动的零星事例的记录,可以追溯到古代世界,中世纪工人从事某些保护性的集体劳工活动。但是,在由工薪阶层为改善他们的生活标准而进行的有组织和持续的努力的意义上,劳工运动是人类历史上相对近期的事情。用劳工史学家西德尼·韦布和比阿特丽斯·韦布的话说,只有当工人"进入了终身以挣工资为生,既不拥有生产工具也不拥有作为成品的商品的这种状况的时候",牢固的和持久的雇工协会才会出现(见:**韦布夫妇**)。

这种经济状况是伴随着市场文明和产业革命的发展和胜利而出现的。首先是在18和19世纪的英国,建立了持久的工会;在美国这种工会则出现得稍晚一些。

美国最初的工会

与流行的观点相反,这种持久的工薪阶层的团体并非出现在产业革命的早期工厂的雇工中,而是出现在像印刷工、木匠、鞋匠和金属制造工那种熟练的行业工人中。熟练的工匠——在师傅的监督下工作并希望自己能成为师傅的已出徒的行业工人——当他们转变为永久的工薪阶层而不是获得独立时,感到这首先是损失。这些工匠发现自己日益受到权力不断增大的商业资本家的支配,这些商业资本家侵入地方社区市场,通过提供在别处生产的廉价产品,威胁行业工人的生活水准。

城市行业工会　这些熟练的行业工人工会仅限于像费城、波士顿、纽约、匹兹堡、巴尔的摩和普罗维登斯这样的特殊城市。只是到后来,当市场得到更大的发展时,才建立了持久的联系,才建立了印刷工、金属制造工等等全国性工会。这些早期的工会试图限定工作日的长度,为它们的成员制定统一的工资标准。

19世纪30年代是这些美国早期工会迅速发展的时期,到30年代中期一些城市的工会联合体结合在一起,形成主要的、全市性的工会组织。建立全国性机构的早期努力,一般说来并不成功。

衰落　1837年的大萧条严重打击了这一早期运动。在法院的帮助下,雇主们削减工资,发起反对工会的运动,因而削弱了已经有可能成为一个重要的经济和政治力量的那股势力的基础。

在整个19世纪和20世纪,经济周期的繁荣与萧条影响了美国的劳工运动。经济活动的扩张——带动了对劳工需求的增长——创造了有利于工会组织和工薪阶层要求提高生活水准的条件。相应地,严重的经济衰退削弱了工人和工会的地位,并且往往导致对政府解决劳工问题的强调。

全国性工会的出现　19世纪40年代末和50年代初,工业繁荣的新浪潮助长了劳工运动的复活。当时以及南北战争时期美国市场的大扩张,为工联主义创造了新的经济环境。为了成功地与雇主打交道,许多工会活动分子发现他们必须用全国性的工会来"适应"这种新的全国性的市场。例如,全美印刷业工会于1850年成立,随后分别成立了铸造业工人、机械师与锻工、石工及制帽业工人的全国性工会。南北战争期间又有一些全国性工会成立,其中包括木工、建筑工人和雪茄烟制造者的工会。

在全国性工会存在的同时,仍存在许多地方性工会,它们的活动仅限于某一个城市。到南北战争结束时,实际上每个大城市都有代表所有行业工会的全市性联合机构。

全美劳工同盟　在这些地方性联合组织和某些全国性工会的基础上,全美劳工同盟(NLU)于1866年成立。这一组织主要是对广泛的社会改革和各种政治目标感兴趣。它致力于推动消费者与生产者的合作和消灭工资制度本身。它支持限制移民,限制现有移民占用公有土地,在联邦政府中建立劳动部,以及每天8小时工作制。

在南北战争中获得解放后,黑人工人表现出日益增长的重要性。全美劳工同盟向黑人工人作出抚慰的姿态,建议他们成立自己的工会,与白人劳工合作。全美劳工同盟建立合作的大部分努力未获成功。这一组织也陷入了赞成政治和金融改革的运动以及工会并不直接关心的其他问题中。全美劳工同盟于1872年停止运转。1873年的大萧条再次给有组织的劳工以打击,在短短的几年中有许多全国性工会相继消亡。

劳动骑士团　萧条过去之后,有几个全国性工会逐渐重建,并出现了一个较普遍的组织:高贵劳动骑士团。作为一个秘密组织,它于1869年成立于费城。骑士团不但吸收熟练工人,而且也吸收非熟练工人,以支持广泛的改革计划。这个计划的内容包括:一天8小时工作制、禁止使用童工、公用事业和铁路实行公有制,和支持商品生产和分配合作社。骑士团逐渐从费城的地方性团体发展成全国性组织,它在19世纪70年代末和80年代初迅速壮大。尽管骑士团试图使非熟练工人和熟练工人联合起来,但他们有关政治和社会改革的努力还是遭到那些全国性熟练的行业工人工会的怀疑,后者对实际的、日常的经济目标更感兴趣。

进入全国范围后,骑士团赢得了一系列的胜利,其高峰是1885年反对金融家杰伊·古尔德控制的沃巴什铁路公司的成功的大罢工。骑士团把工联主义和激进的社会改革结合在一起的努力开始遇到日益增长的抵抗。而且,日益高涨的迁入这个国家的移民浪潮,使得把熟练工人和非熟练工人组织起来的努力更加困难。

美国劳工联合会　繁荣的回复加强了熟练工人的全国性工会。1881年,他们建立了美国与加拿大有组织的工会联合会,1886年它成了美国劳工联合会(AFL)。虽然美国劳工联合会在它的纲领中包括政治要求,但它很大程度上为熟练工人的全国性工会所控制,并致力于实际的工联目标。一个基本的原则是,维护它成员的个人人身自由和权益。

美国劳工联合会属下的工会非常强调成文的集体协议,包括只允许雇用工会会员的排外性雇佣协议。美国劳工联合会属下的工会还坚持让会员交相对较高的会费,其中大部分用于建立保险和罢工救济基金。与阶级意识相对照,它们开始以职业意识为特征。尽管美国劳工联合会发展得很缓慢,但它于19世纪90年代从劳动骑士团那里夺取了美国劳工的领导权。

世界产业工人联盟　美国劳工联合会击退了世界产业工人联盟的挑战,后者试图把主要的产业工人组织到一个大的产业工会中,它的革命性目标是推翻资本主义并以工人自我管理取而代之。世界产业工人联盟嘲笑成文的集体协议是屈服于资本主义,它把会员的会费和入会费固定在较低的水平上,以避免产生官僚主义的机构。虽然在第一次世界大战前后世界产业工人联盟有所壮大,并领导了一些引人注目的罢工,但它的激进纲领和策略未能在美国工人中获得持久的响应,它于20世纪20年代走向衰落。

西欧

在美国劳工联合会形成的那几十年间,欧洲大陆的劳工正在掀起极为不同的劳工运动。很大程度上,作为封建传统和制度的结果,欧洲工人缺少基本的政治和社会的自由——选举权、法律面前的平等和变换工作的权利。另外,欧洲许多工人和他们的孩子无权享受免费的公共教育。

劳工政党　当欧洲劳工在19世纪末成立自己的组织时,他们也支持劳工政党或社会主义政党从事社会的和政治的解放。几乎在所有的欧洲国家,实际上都有使工会与社会主义政党结合在一起的联合的劳工运动。

正是因为有了欧洲劳工运动,在第一次世界大战前,工人获得了投票权,建立了免费的公共教育,基本的公民权利也有了保障。这些成功使欧洲工人对他们的工会和社会主义政党更加忠诚。改善工资、工作时间和工作条件的立法行动也有效地展开。当工人们更多地融入他们自己的社会时,作为具有指导意义的哲学的马克思主义就变得不太重要了。(参见:劳动和工业法)

第一次世界大战后的美国

在美国劳工联合会的领导下,尽管按煤矿、酿酒、服装和造纸等产业组织起来的工会也被纳入美国劳工联合会,但美国工联主义在很大程度上仍限制在熟练的行业工人中。第一次世界大战之后不久,美国劳工联合会在一些大规模的产业中,特别在钢铁和大规模的肉类食品业中,把工人组织起来的努力未获成功。雇主的强烈对抗,常常得到政府的帮助,致使工会会员从战后初期400万的高峰下降到20世纪20年代末的200万。雇主们采用签订"反对工会的雇佣契约"之类的手段,根据这种契约,找工作的人除非保证不加入工会,否则不予录用。雇主还使用报告工会活动情况的工人密探,同情工会的雇员常常被解雇。有些公司建立了它们自己的由雇主控制的工会,以排斥外来工会的活动。雇主还经常要求法院发布停止罢工的命令,理由是它们威胁财产权。

大萧条和新政 爆发于1929年末的大萧条,进一步削弱了工会。但是,这次萧条所引发的权力变化,也有助于工联主义的蓬勃兴起。关于雇主及其经济财产权神圣不可侵犯的传统的社会和经济观念,显然值得重新考虑。在富兰克林·D.罗斯福总统的领导下,作为新政的一部分,国会进行了许多意义深远的经济和社会的改革。这些改革中引人注目的是在规范工会的法律方面所进行的彻底变革。

国家劳工政策的出台 在20世纪30年代之前,美国缺乏综合的劳工政策。19世纪上半叶,雇主经常求助于法院——依据习惯法的程序——制止包括罢工在内的工会活动。法院常常认为工会是限制贸易的阴谋集团,因而制止它们采取任何有效行动。虽然阴谋集团的说法在本世纪中期为法院所推翻,但雇主仍运用像谢尔曼反托拉斯法这样的法律去说服法院制止工会的活动。有时,法院甚至强迫工会领导赔偿雇主的损失。在某些劳工争端中,州长,偶然还有联邦政府,也调动国民警卫队去镇压罢工。到19世纪末,雇主制止工会行动的最有效的策略是请求发布禁令;通常法官甚至不听工会方面的辩解。

公众舆论开始转向更同情工会,1932年通过了诺里斯-拉加第亚法案。法案严格限制在劳资争端中使用法院禁令,并宣布以受雇工人不加入工会为条件的雇佣契约为非法。最后,于1935年通过作为新政法规组成部分的国家劳工关系法,该法明确认可了工人在不受雇主干涉的情况下组织工会的权利。

产业工会联合会 由于工会利用了改变了的舆论氛围和新法规,工会发展出现了一个高潮。处于这一组织高潮中心的是新组成的、由约翰·L.刘易斯(见:**刘易斯**)领导的产业工会联合会(CIO)。

20世纪20年代,美国劳工联合会很大程度上忽视了从事大规模生产的工人。刘易斯和其他劳工领袖提议掀起新的、声势浩大的、建立产业工会的组织运动,这些工会将吸收钢铁、汽车、橡胶和其他主要产业中所有熟练的和非熟练的雇员。当他的提议被由美国劳工联合会控制的传统的行业工人工会否决后,刘易斯于1936年成立了一个特别委员会来完成这一任务。由于采取这一行动,他的工会,即美国矿工联合会,以及他的那些合作者,被赶出美国劳工联合会。产业工会联合会于1938年正式成立。

钢铁、汽车、橡胶以及成千上万从事其他大规模生产的工人的组织以惊人的速度发展壮大。一般说来,在20世纪30年代中期,产业工会联合会新注册的工会使那些从事大规模生产的工人成立了联合组织。尽管仍存在某些歧视,这些新的产业组织首次向千百万黑人敞开了工会大门。涌现出一大批新的工会领袖,包括少数共产主义者。许多隶属于美国劳工联合会的工会也利用新的组织工会的机会,大大增加了它们的会员数量。曾在1933年降到270万人的会员数,到20世纪30年代末增加到850多万——从不到工人总数的12%增加到近30%。

第二次世界大战期间,工会发展的浪潮仍在继续,到1945年会员人数高达1400万。全部工薪阶层中近35%的人是工会会员。不过,二战期间公众舆论的潮流开始疏远工会。威胁着战时生产的罢工,还有二战刚结束时发生的几次大罢工——最著名的罢工是由约翰·L.刘易斯和煤矿工会所领导的,后者在美国参战不久退出了产业工会联合会——激怒了广大公众。雇主也重新获得了他们在大萧条期间丧失的某些权力和威信,他们逐步开展反对工会的活动。最后,国会超越哈里·S.杜鲁门总统的否决权而通过塔夫脱-哈特莱法案。这一法律,通过提出对工会活动的新限制及对工会财务更严格的控制和报告制度,从根本上修正了国家劳资关系法案。国会调查人员披露的有关某些工会官员财务上的不检点及工会官员与黑帮之间有联系的迹象,导致进一步的立法。例如,1959年的兰德勒姆-格里芬法案就是为了规范工会的行政管理,保障会员的权利,和为广大公众提供财务报告。

七国工会发展情况

国家	1948 工会会员*	1948 占雇佣劳动力百分比†	1970 工会会员	1970 占雇佣劳动力百分比	1985 工会会员	1985 占雇佣劳动力百分比
澳大利亚	1456	54.5	2315	50.5	3154	51.2
加拿大	—	—	2550	35.9	3493	30.5
日本	—	—	11605	35.4	12418	28.9
瑞典	1549	66.5	3110	80.4	3762	96.3
英国	9363	45.2	11187	48.5	10716	43.3
美国	14319	29.7	21248	27.2	16996	15.7
西德	5076	33.5	8098	37.0	9251	37.0

* 工会会员单位为千人。† 百分比指工会会员占每个国家工薪劳动力的百分比比率。材料来源:R.比恩编:《国际劳工统计》(罗特莱奇出版社,1989),乔治·贝恩和罗伯特·普赖斯:《工会发展简介》(巴西尔·布莱克维尔出版社,1980),其他资料由作者来信提供。

美国劳工联合会和产业工会联合会的合并 20世纪50年代对工会不太有利的社会和政治环境、领导过美国劳工联合会与产业工会联合会之间的斗争的那些领导人的去世,以及其他的因素,导致了1955年这两个联合会的联合。美国劳工联合会的主席乔治·米尼和产业工会联合会及联合汽车工人工会(UAW)的主席沃尔特·鲁瑟,是发起人。新组织,美国劳工联合会—产业工会联合会,接受了行业工会和产业工会可以并存的原则,因为所有美国劳工联合会和产业工会联合会的会员组织都被完整地纳入新组织。这一联合组织的会员有1500万,在美国劳工联合会—产业工会联合会之外的独立工会中还有另外200万。在短短的几年中,有大约200万会员的国际卡车司机兄弟会和几个较小的工会,以其腐败及与诈骗者的联系为理由,被开除出美国劳工联合会—产业工会联合会,原因是腐败及与诈骗者有联系。卡车司机工会一直保持独立。

在第二次世界大战之后的10年里,经济的大发展促进了工会会员的增加,尽管这要比1933年到1945年的速度慢得多。虽然会员的数量在增长,但其增长的速度却赶不上总劳动力增长的速度。到1980年,劳工组织的成员稍多于2200万,但不到工人总数的25%。

一般说来,美国工会在蓝领工人,或体力劳动者中,特别是在进行大规模商品生产的经济部门,取得了最大的成功。在最近几十年,出现了从商品生产向服务性生产的转移。工会还未能在服务业中把工人成功地组织起来,这个领域的就业者大多数是妇女,其中许多是干零活的雇工。

独立工会 这一趋势的一个引人注目的例外是政府工联主义。在政府较友善的态度帮助下,劳工组织在从联邦、州和地方政府的雇员中吸收会员方面,进展颇大。在因交涉而得到承认方面,独立的职业团体也取得了重大的进展。

力量的衰退 虽然20世纪50年代和60年代会员的发展有点缓慢,但美国工会还是获得了好处。有好几十年,美国劳工联合会-产业工会联合会的最主要工会是联合汽车工人工会和联合钢铁工人工会——这两个工会中每一个都有一百多万会员,他们大多是主要制造业中的体力劳动者。经济的停滞和衰退——再加上国外竞争的加剧——使得这些产业中的工人失去了工作,结果导致工会会员的减少。

失业的工人停缴他们的会费,工会也不可能把失业者组织起来。许多会员开始怀疑加入工会的好处。因此,工会的发展不得不在很大程度上依赖于工会在发展着的服务部门和扩展着的高技术产业中的组织能力。吸收会员的工作开始集中在南部和西南部的白领工人身上(主要是妇女)。

立法扩大了政府在诸如保护少数民族和妇女的就业与挣钱的权利(1963年的工资平等法案和1972年的就业机会平等法案)控制退休金计划(1974年的雇员退休收入保障法案)、保护职业安全与健康(1970年的职业安全与健康法案)那种领域里,对工会和资方的制约权。工会变得更关注工作保障,而不是高工资。例如,1988年的工人调整和再培训法案要求雇主,若要大批解雇工人、关闭工厂或削减工作时间,应提前60天通知工人。

20世纪80年代,由于在工作时间使用消遣性毒品的消极后果变得更加引人注目,要求对工作岗位上的毒品进行检查的呼声也就增多起来了。当发现某些火车、飞机和高速公路的事故与毒品有关后,政府下令对交通业工人进行不公开的随机检查。雇用前的嗜毒审查也成了必要的措施。1989年,最高法院支持联邦关于对涉及公共安全和健康的工作岗位上的工人进行毒品检查的计划。全国劳工关系局裁定,可在不与工会谈判的情况下对求职者进行毒品和酒精检查,尽管对现职雇员进行这种检查应经过集体磋商。

第二次世界大战后的欧洲

第二次世界大战后的几十年,对大多数西欧劳工运动来说,是前所未有的发展时期。欧洲工会会员的发展速度比美国更快,工会会员在工薪阶层中所占的百分比也更高。欧洲雇主对承认工会的抵制,一般说来,未达到美国雇主曾达到的程度。

截然不同的意识形态 虽然西欧劳工联合会的大多数工会会员被普遍地认为倾向于社会主义,并且与工党或社会党有联系,但有些国家也有一些有势力的基督教和(或)天主教工会联合会。尽管基督教工会在第二次世界大战前就已存在,但它们中的大多数却是从战后开始发展的。

在意大利和法国,从第二次世界大战结束以来,主要的劳工联合会一般都是在共产党的领导下。不过,在这两个国家中都有相互竞争的社会主义者联合会、基督教徒联合会,或比较中立的哲学联合会。

广泛的产业工会 与主要是行业(一种个体职业,如电工和木匠)工会和产业(诸如汽车工业或石油工业那类产业中的所有工人)工会的美国工会不同,欧洲工会往往是更广泛的产业工会。例如,大多数欧洲国家都有很大的金属制造工会(它们把各种制造业中的所有金属制造工人组织起来)和很大的化工工会(它们包括诸如橡胶和石油等多种产业)。另外,有些欧洲国家还有很大的综合性工会(其成员包括多种混杂产业中的各种半熟练和非熟练工人)。

欧洲工会在战后的几十年里实际上得到了时常执政的社会党或工党的帮助,许多工会与这些政党结成松散的联盟。劳工运动争取到了一些东西,如广泛的社会保障和健康保险体系、防止工厂关闭和解雇的法案和所有的工人都享有的四、五或六周的年度假。欧洲工会还就工资收入与资方进行集体谈判。对大部分西欧国家来说,甚至连解决日常的不平之事也都更多地依赖于国家的立法,建立工作理事会或委员会和劳工法院。在有些国家,立法还保证工人代表有权列席大公司的董事会。

1989年5月17日,欧洲共同体委员会发表《基本社会权利宪章》草案,它会影响整个西欧。这一提案涉及一系列工作条件和社会权利,其中包括结社自由和集体商定有争议问题。

某些美国劳工领袖

某些重要人物未在下面列出,因为他们已在本条目的正文或在《康普顿百科全书》的其他条目中被论及。

艾贝尔,I. W.(1908—1987)   战斗的工联主义的鼓吹者,1965年成为联合钢铁工人工会主席,还当选为美国劳工联合会——产业工会联合会的副主席。他设立了一个8500多万美元的罢工基金,签订了具有历史意义的不罢工协议,以结束储备。

博伊尔,托尼(1904—1985)   被约翰·L.刘易斯推荐为他的继承人,1962年成为联合矿工工人工会代理主席。1969年,他的职位受到约瑟夫·A.雅布隆斯基的挑战。雅布隆斯基失败,他指控有人操纵选举,不到一个月后人们发现他已被杀害。1973年博伊尔被判犯有非法使用工会资金罪,1974年被判参与谋杀阴谋罪。

布里奇斯,哈里(1901—1990)   他是一个商船水手,1920年从澳大利亚移居美国,翌年成为世界产业工人联盟的组织者。曾领导过西海岸码头装卸工人的许多长期而成功的罢工。作为最激进的劳工领袖之一,1939年到1953年他不得不设法不被放逐。

查维斯,塞萨尔(1927—1993)   美籍墨西哥移民工人,他于1962年成立了全国农场工人协会。1966年,他那主要讲西班牙语的团体与美国劳工联合会——产业工会联合会的一个团体合并,组成联合农场工人(UFW)组织委员会。1965年,因领导葡萄采摘工人罢工,他成为全国知名人物。他组织了1967年的联合抵制葡萄业活动,最终赢得了三年的合同和新的法定最低限度工资。后来他支持联合农场工人工会反对莴苣种植园主和其他农业资本家的斗争,但不太成功。由于他拥护"交心"治疗会、信仰疗法和整体医学,对他的支持减少了。

格林,威廉(1873—1952)   他从1913年到1924年担任联合矿工工会国际司库。从1924年起直到去世,他一直是美国劳工联合会的主席。1936年,因为与约翰·L.刘易斯的激烈争论,他把产业工会联合会从美国劳工联合会开除出去。

希尔,乔(1879—1915)   瑞典出生的劳工鼓动家,有关工会的文章和歌曲的作者。他于1910年加入世界产业工人联盟,并因参加圣佩德罗(加利福尼亚州)码头装卸工人的罢工而于1912年被捕。1914年,他被控谋杀。被处决后,他成了一个英雄。

霍法,詹姆斯·R.(1913—1975?)   先是任卡车司机联合会国际部副主席,从1952年起任主席,尽管入狱,但在1971年之前,毫不动摇地拒绝退职。1957年,他因试图贿赂美国参议院委员会的一个调查人员被审讯(但被判无罪)。1964年,被判犯有贿赂陪审团、邮件欺诈和滥用工会资金等罪,坐牢直到1971年。他于1975年7月失踪。官方于1982年宣布他死亡。

皮特里洛,詹姆斯·C.(1892—1984)   1940年到1958年美国音乐家联合会的主席——这一时期的一个标志是娱乐业中发生了巨大的技术性变化。他(通常叫作"沙皇"皮特里洛)试图把第一流的演奏家排斥在广播电台和录制唱片之外,除非他们加入他的工会。1943年初,他在竞争永久性工会版税中没有中标,因而他在那一年禁止所有乐器录制唱片。

伦道夫,A.菲利普(1889—1979)   民权领袖,1925年组织并领导了卧车列车员兄弟会。第二次世界大战后,他成立了非暴力反抗军队种族隔离联盟。为了同美国劳工联合会——产业工会联合会中的歧视进行斗争,他于1960年帮助成立了黑人美国劳工理事会。

鲁瑟,沃尔特(1907—1970)   由于未能找到工作,他成了联合汽车工人工会的组织者。1946年,他当选为联合汽车工人工会主席和产业工会联合会副主席。1952年,他成为产业工会联合会的主席,并促成美国劳工联合会与产业工会联合会于1955年合并。

发展中国家

亚洲和非洲   亚洲和非洲的那些持久的工会组织,绝大部分是第二次世界大战后开始出现的,尽管在这之前像印度这样的国家早已有了重大的尝试。工会运动往往是摆脱外国统治的解放斗争的组成部分。伴随着外国统治的结束,工会与新独立的政府和政党之间的关系出现了值得注意的变化,工会的权力缩小了。

不过,新独立国家的工会并未遇到以美国和欧洲早期工联主义为特征的那种极度的敌视。包括许多跨国公司在内的一些大雇主,对这些新国家的工会采取了更老练的人事政策。这些政策,再加上跨国公司不稳定的政治地位,往往易于使它们成为工联主义的攻击目标。联合国国际劳工组织和各种国际工会组织的力量的增强,可以说也是对许多新国家工会运动的一种保护。

另一方面,大多数新国家的政治制度的极其不稳定,以及诸如部落制度的传统或严格隔离的种姓制度的存在这种破坏安定的社会力量,致使许多新政府扩大其对任何潜在的独立力量的控制范围。

拉丁美洲   在拉丁美洲,大多数国家在19世纪就已获得政治上的独立,因此,那个地区的经济比较发达,工会组织也比较多样化。在阿根廷和巴西,政府实际上把工会运动与政府本身结合在一起,赋予它们某些有限的谈判功能和对其个社会保障管理部门的控制权。

共产主义国家

1989年之前,在苏联和其他共产主义集团国家,工会只被视为政府的延伸;作为工薪阶层为改善他们的共同利益而工作的独立组织的工会,根本就不存在。不过,1989年末和1990年初,由于某些前共产主义国家获得独立,也由于米哈伊尔·戈尔巴乔夫放松苏联的经济限制,工会代表被选入苏联新的人民代表大会,全国各地发生多次有关工资、工作条件和供应短缺的罢工和抗议。在波兰,早已被取缔的团结工会变为合法。在匈牙利,工会中央理事会考虑了激进的改组政策,1989年4月匈牙利国会也承认雇员有因社会的和经济的(但不是政治的)原因而罢工的权利。

撰文:Everett M. Kassalow

罢工 STRIKE

1919年9月9日波士顿警察罢工时,卡尔文·柯立芝是马萨诸塞州的州长,他召来国民警卫队制止了罢工。他的解释是:"任何人在任何地点、任何时间都没有权利进行反对公共安全的罢工。"柯立芝的行动帮助他获得1920年共和党副总统的提名。

罢工是工人们停止某种劳动,用它作为一种策略向雇主要求增加工资或其他好处。罢工只有在自由社会是可能的,那里允许工会存在,允许工人同雇主进行集体谈判。1981年,波兰团结工会受到政府压制以前,在获得值得注意的权力方面其经验非同寻常(见:瓦文萨)。

1920年以来,政府和公众对待罢工的态度已经明显地改变。在北美、西欧和日本,现在有和私人企业工人相同的政府雇员工会——在所有这些地区,罢工经常出现。仅在一个世纪以前,工会被认为是反对公众福利的阴谋组织。在英国,1871年以前工会并不合法。在美国,1935年的国家劳动关系法产生以前,工人组织和进行集体谈判的权利并未得到充分保障(见:劳工运动)。

罢工通常是工人们认为没有其他方式能达到自己目的时所采取的最后的行动手段。他们的目的包括增加工资、缩短工时、劳工福利、工作安全,甚至组织工会的权利。

纵观劳工运动的历史,罢工是用暴力制止的。公司求助警察和"破坏罢工者"使罢工停止。他们也雇用被称为"破坏罢工者"的非工会工人,取代罢工的工人。在美国,有好几个州用劳工就业权保障法来削弱工会。这些法律规定关闭工厂为非法。一个关闭的工厂是其雇主根据协议只雇用工会会员的公司。

罢工有不同形式。一种是工人们走出去,离开他们的工作岗位。另一种是静坐罢工,工人们控制工作场所,而且拒绝工作,或不允许别人这样做。怠工与罢工相比不那么激烈:工人们的劳动效率低于最大效率,直至要求得到满足。当罢工可能发生时,公司有时关闭工厂,让工人出去,这样做通常是为了防止财产被破坏。

20世纪50年代以来,当政府雇员工会的势力很大时,出现了学校教师、警察和消防队以及其他政府工作人员的罢工。在某些国家,有总罢工,它几乎能使所有企业和政府机构停止运转。这种罢工通常时间短,持续一两天。

莫利社 MOLLY MAGUIRES

莫利社是于1865年在美国宾夕法尼亚和西弗吉尼亚矿区出现的有暴力倾向的劳工组织,后来发展为从事犯罪活动的恐怖组织。莫利社最初是1843年在爱尔兰灾难性土豆饥荒期间成立的秘密组织。其目的是吓唬压迫贫困人民的收租人和地主。莫利社这一名称据说取自一寡妇的名字,她因无力还债被杀死。

莫利社由爱尔兰移民传到美国。该组织成员袭击矿主,并且从事破坏活动。在美国,矿工从事最危险的工作,且收入微薄。煤矿安全性差,而矿主根本不关心矿工及其家人的死活。矿工常常欠矿主公司的商店许多钱。

为了制止暴乱,矿主雇用了芝加哥平克顿侦探事务所的侦探詹姆斯·麦克柏兰。他成功地渗透到莫利社,并且收集到足够的证据使其中一名杀手被确认有罪。麦克柏兰的进一步证词导致了1875—1877年间一系列引起轰动的审判。这些审判导致十多名恐怖分子承认有罪并被绞死。对恐怖分子的处决和极为不利的宣传,最终导致了莫利社的死亡。几年之后,英国作家亚瑟·柯南道尔以莫利社为基础创作了小说《恐怖谷》,描写了虚构的侦探舍洛克·福尔摩斯。

流动劳工 MIGRANT LABOR

依季节外出,到处找工作的工人就是流动劳工。这些工人不在他们工作地点附近建立永久的住所。流动劳工主要从事农业包括收获庄稼的劳动。然而,在北半球,迁移的常规格局是从南到北。例如,在美国,大批的流动劳工在佛罗里达州开始他们每年的工作,收割柑橘属作物。然后,他们沿着东海岸向北移,最后在秋天到达缅因州收获土豆。其他大批的工人在得克萨斯州开始一年的工作,然后向北部和西部随着季节分散前进。

流动劳工经常穿越边境。每年都有几千名墨西哥流动劳工北移进入美国。在欧洲,一些工人从比较穷的国家,如意大利和葡萄牙进入北欧,从事季节性工作。在非洲,流动劳工常常离开农村去城市找工作。

流动劳工的产生在很大程度上是对工业化的反应。因为,随着工厂工作增加,城市不断扩大,人们便离开农场,去找高收入的工作。但庄稼也必须收获,因此,高收入吸引着那些在家乡看不到改善机会的人,使他们向北进入更繁荣的地区。先是由于机械化增加了农作物产量,因此对工人的需求增多。然而,又由于研制出了收获庄稼的机具,对流动劳工的需求也减少了。

社会保障 SOCIAL SECURITY

在美国,社会保障一词是指根据1935年社会保障法及其修正条款执行的具体计划。这个词在国际上的用法比较广泛,尽管其含义可能各国都不相同。在美国,它涉及为了维持个人或家庭有一定水平的收入,为了保证失业有收入,并且提供其他计划包括的大量救济金而由立法建立的所有措施。这些救济金可以包括:产妇补助、医疗用款、法律援助、谷物无收补偿和丧葬费用。

在美国,这些救济金和其他几种类型的救济金一起,通常归入福利(见:**福利国家**)。社会保障相比之下,是几种社会保险计划之一。其他几种计划——根据颁布日期是:工人的补偿(1908 年)、退伍军人的残疾补偿(1917 年)、失业保险(1935 年)、铁路人员退休补偿(1937 年)、医疗补助(1965 年)和黑肺病受害者救济金(1969 年)。(参见:**退伍军人事务**;**退伍军人组织**)

在美国,社会保险不同于福利支付,有几个特征:(1)参加是强制性的。每个人包括 5 岁以上儿童,都要求成为社会保障的成员。(2)保险金领取资格和保险金水平依据挣工资者过去做出的贡献。(3)保险金的支付从规定的时间开始,例如从退休时、暂时失业或有残疾时起。(4)不同于福利项目,社会保险救济金不是根据经济状况调查确定补助——一个人的贫富并不决定是否获得救济金。

OASDI 它的正式名称为老龄人、幸存者和残疾人保险,此项社会保障计划是大萧条期间为了给工人提供退休收入于 1935 年制定的。大多数类型的工人都适用于老龄人、幸存者和残疾人保险计划。然而该计划不适用于那些联邦文职工作者,他们包括在联邦退休系统之内。

社会保障初期打算作为一种保险制度运转——人们要拿出工资的一小部分交到一种能够积蓄利息的基金里。工人退休时,本金和增加的利息被用于支付每月退休金。

4 年后,保险基金的概念被放弃,实行目前的所得税预扣的办法。付给今日退休者的保险金来自今日工作者缴纳的份额。这些支付金额是用收入达到一定水平的工资总额税为基础的形式。1937 年这个水平是 3000 美元;50 年后,它已经上升到 42000 美元。1937 年工资总额税是雇主和雇员各付 1%。1987 年这种税上升到双方各付 5.7%。

自 1935 年以来,社会保障计划已经大为扩大。最初打算只为达到 65 岁的工作者提供收入。1939 年的修正计划包括退休工作者的受抚养的家属和幸存者的保险金。这些保险金严格地说就是福利支付,因为它们不依据以前的工作经历。1972 年增加了另一个福利计划,叫作保障收入补充计划,它为残疾人和老年人提供最低的收入。

给退休者的社会保障金主要依据他们工作的经历。政府计算出一个工人每月收入的平均指数,这个指数代表一个工人职业生涯的大部分时期所付的平均工资。有一种最高限度的工资,超出这个限度的平均数不计算在内。每月所得平均指数后用一个公式来计算一位退休者的主要保险金额,或者每个月个人收入多少。1987 年允许每月最高保险金是 788 美元 20 美分。

工人可以在 62 岁退休并得到保险金,但是总金额中有 20%的折扣。对那些推迟退休到 66 岁或更晚些的人来说,保险金有微小的增加。那些退休并得到保险金的人,还可以工作,但是挣钱的数额视收入检验标准而定。如果收入太高,保险金就减少。

1983 年通过的社会保障修正法,规定退休年龄每年增加两个月,从 2005 年开始,直到 2009 年达到 66 岁。从 2022 年到 2027 年,退休年龄逐渐增加到 67 岁。到那时,那些 62 岁退休人员的保险金将减少 30%。

几年来保险金已经增加,反映了生活费用的增加。1983 年初,年度生活费的调整从 7 月推迟到 1 月,以节省数十亿美元。根据消费价格指数,1977 年和 1983 年降低了年度生活费的调整,因为计算增加的方法有了变化。

其他计划 失业保险也是 1935 年建立的。虽然大部分资金由联邦政府提供,但是每一个失业计划由不同的州来操作。多数州的保险金期限为 26 周。雇主通过工资总额税支付全部失业费用。1965 年制定了(以穷人和伤残者为对象的)医疗补助计划,而且几乎适用于 65 岁以上的全部人口。因为这个计划由联邦政府管理,所以资格标准在各州都一样。该计划有两部分:医院保险和医疗补充保险。医院保险适用于每年住医院 90 天和家庭护理达到 100 天的病人。如果出现长期生病的情况,医疗补助计划没有什么帮助。医疗补充保险支付医生的费用和医院以外的其他医疗服务费。

医疗补助计划中的医院保险根据当今工作者工资总额税提供资金。医疗补充保险资金来自一般税收。获得保险金的人们也必须为每次住医院支付一笔折扣,同时支付高于这一折扣的一部分费用。1988 年为医疗补助保险接受者制定一项大病健康保险计划,并由增加的保险费提供资金。因为医疗补助计划并不支付全部医疗费用,因此大部分接受者还要携带私人集体保险的金额。

黑肺病,是肺尘症的一种形式,是一种主要侵害煤矿工人的疾病。开始,黑肺病残疾保险金 1969 年由国会发起。这个计划早先由社会保障署管理,但是在 1973 年转给了劳工部。保险金由地方用煤消费税和一般税收提供。

安全 SAFETY

每年,美国人在家、工作单位、学校或旅途中伤亡的人数都高于朝鲜战争或越南战争中的伤亡人数。20 世纪 80 年代中期到后期,这些事故死亡人数约一半来自机动车事故。其他事故死亡的原因主要是坠落、溺死以及火灾引起的受伤、中毒和窒息。

大多数死亡事故发生在高度工业化的国家,因为这些国家拥有较多的机器、交通运输系统以及其他现代化设备。因此,他们比起较小的、以农业为主的国家存在的危险多。家中节省劳力的器械,用于体育运动的船、枪以及其他数不清的发明——尤其是汽车——夺去人们的生命,造成四肢残疾。20 世纪的挑战是使安全措施的发展与快速的工业发展同步。

在世界范围内,机动车事故成为排在工业事故和家庭事故之前导致死亡的主要原因。20 世纪 80 年代中期,一项对某些国家的调查表明,每 100000 人的最高死亡人数法国为 67 人,瑞士为 49 人,美国为 39 人,西德为 39 人,加拿大为 37 人,瑞典为 33 人,英格兰和威尔士为大约 26 人,日本为 25 人。

为减少或消除事故危险而进行的努力,称安全措施。安全问题正引起全世界的关注,同时,当今安全措施也比以往更加严格。人们已经认识到,可以学到安全知识,同时许多安全专家也认为能够预测、防范大多数事故。事故很少只简单"发生"。大多数情况是因无知、粗心、疏忽或不懂技术而引发。

安全

安全预防适用于两个有关主要领域:公共安全和职业安全。职业安全与人们工作地点的危险有关,如办公室、工厂、农场、工地以及商业零售设施。公共安全包括家中、旅途和娱乐时遇到的危险,以及其他不属于安全范围内的情况。

公共安全

任何地方都存在危险——它甚至会发生在如过马路,吃三明治或打篮球这样的普通活动中。而对许多人而言,最容易发生危险的地方是在家里——人们度过最多时间的地方。知道这个问题之后,就常有必要决定是否值得冒明显的危险。把安全作为生活的一部分,是对自己负责的方法。在家里、学校或工作单位以及所有的户外活动中,安全主要是个人的问题。安全地活着,意味着一个人了解了一项活动,发现与这项活动有关的危险,以及应采取哪些步骤来减少或避免产生这些危险,然后胸有成竹地开始活动。安全措施有效,那是因为人们了解了有关知识,小心并且能够按照根据具体情况和常识所制定的规则办事。

家庭安全

1986年,美国的300万人受伤和20500人死亡都因家中的事故引起。家应该是最安全的地方,但由于疏忽,它成了最危险的地方。当人们把桌子和椅子当梯子,不当使用厨房用具,将容易使人绊倒的物品放在楼梯上时,就有可能发生事故。

坠落、烧伤和火灾 坠落是产生家庭事故最大的单一原因。楼梯顶部坚固的窗户和门可以防止小孩从窗户和楼梯坠落。因此,每个扶梯必须安装结实的扶手,而且应该具备良好的采光。上光地板上的小地毯应该配备一个橡胶衬垫或加以固定,以防止滑倒。放置橡胶垫或铺设防滑瓷砖、安装把手,有助于防止在浴缸内滑倒。弄平翘起的油地毡,擦净溢出的水和油渍,可防止许多在厨房摔倒的事情发生。

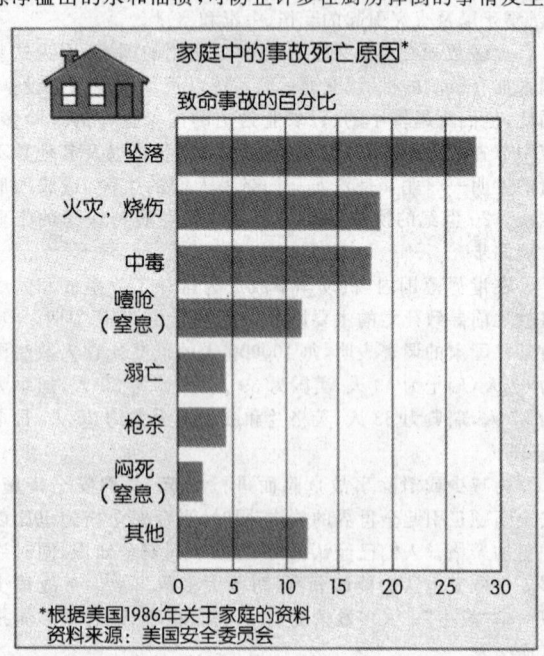

氡通常的进入点

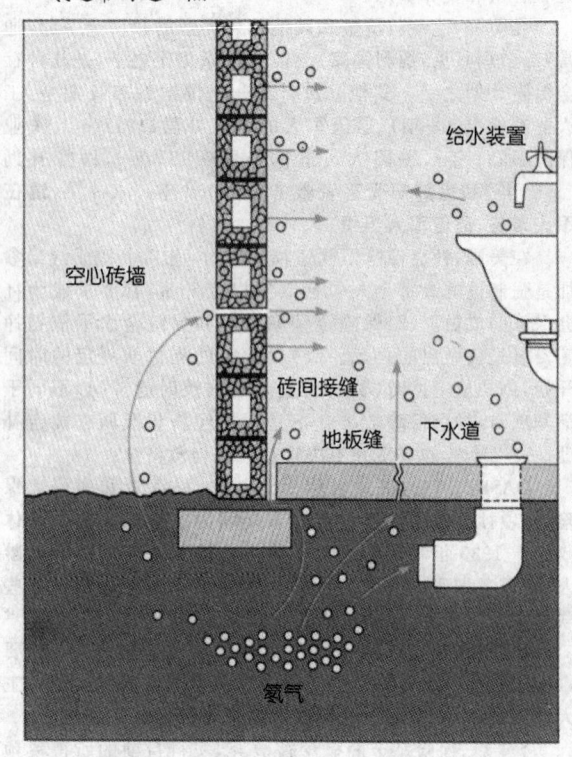

空心砖墙
给水装置
砖间接缝
地板缝
下水道
氡气

氡是一种无色无嗅的放射性气体,能通过一些常常未被料到的途径进入家庭。它经常从地板或墙壁上的小裂缝中渗出。

多数烧伤事故发生在家里,烧伤和烫伤是孩子们最容易受到的伤害。而许多烧伤事故是因使用厨房用具不小心造成的。应该把锅把儿从炉边推开,特别是有小孩在场时。做很油腻的饭菜,要站得离炉子远些,避免油脂溅出。

由于吸烟不小心发生的火灾,占发生在单双户住宅中火灾的25%,占公寓火灾的30%。为尽早查知火情,应该在建筑物内安装防火灾探测器。20世纪80年代早期,据估计有3/4的家庭安装了感烟探测器,死于火灾的人已明显减少。美国制定防火规范的"国家消防协会"(NFPA)敦促安装感烟火灾探测器的人们要及时更换电池,保证火灾探测器处于正常的工作状态。"国家消防协会"还提出其他的忠告。如果发现有烟,那么在烟雾弥漫的屋内不要走,而要爬行到最近的出口。如果衣服着火了,停下来,迅速低下身子,就地打滚以便熄灭衣服上的火。要了解每个屋子两个通向外面的出口,并且确保每个家庭成员、保姆和客人都了解这两个出口。应进行家庭消防训练,这样,如果发生火灾,家人知道如何处理。

中毒、窒息、溺亡 根据处方或不按处方用药,以及使用其他毒品,是引起青年人中毒死亡的主要原因。酒精是主要的液体毒药。按处方或不按处方用药,都应听从专业保健人员的建议。禁止使用违法的毒品。应将白酒限制在那些已到合法饮酒年龄的人有节制地饮用。

咀嚼食物要小心、彻底,同时要知道如果有人呛着,应如何救助,防止因窒息死亡。溺死的主要对象是婴儿及老

家庭中的事故死亡原因
致命事故的百分比

- 坠落
- 火灾,烧伤
- 中毒
- 噎呛(窒息)
- 溺亡
- 枪杀
- 闷死(窒息)
- 其他

0 5 10 15 20 25 30

*根据美国1986年关于家庭的资料
资料来源:美国安全委员会

年人，这些人不能单独待在游泳池或浴缸内。

空气和水中毒 周边环境对家庭构成最严重的威胁是氡，一种由铀的自然衰变而生成的无嗅、无色、无味的放射性气体。自然界中被认为无害的氡，当从地下渗出或渗入家中的供水系统时就会出问题。氡一旦进入供水系统，就会继续衰变并且形成微粒，可能被吸入肺部，还会停留在肺组织内。在美国，每年不吸烟者因氡造成的肺癌占5000到20000例。使用小型探测器对家中的氡进行检测，是有可能做到的，然后将探测结果送到实验室进行分析。

被铅污染的饮用水中毒是另外一个来自环境的威胁。这个问题在建成不到5年和有铅焊接的铜管的高层建筑中，在老房子中，或在使用铅管的供水系统中，最为普遍。而危险最大的是婴儿、儿童以及孕妇体内的胎儿，因为，过度接触铅会不可避免地阻碍大脑和身体的正常发育。测试家中的饮用水，以确保水质符合美国联邦政府饮用水净化标准是有可能做到的，当地供水部门应当推荐能够进行这种测试的实验室。如果怀疑家中饮用水含铅，应当只用冷水做饭、饮用、为婴儿冲奶。使用时让水先流一会儿——两分钟或更长时间——把集在水管中的铅冲走。

公共场所的安全

尽管发生在公共场所事故中的伤亡人数比较少，但此类事故趋于比家中事故更频繁地被报道。涉及许多人的严重事故会增加公众的安全意识，引起有关法律条文的变更，同时也有助于减少类似事故再次发生的机会。使用灯光显示的出口标志、提示物品坠落危险的警告，以及机场的保安措施，都为公共场所的安全作出了贡献。

公共场所——饭馆、小酒店、剧院、礼堂、医院、展览馆、地铁以及机场，对大多数顾客来说都不熟悉。此外，因为公共场所一般都很大，并且常常很拥挤，因此发生灾难的潜在因素远大于家中，人们务必警惕小心。

在学校，大多数事故发生在体育活动时，发生在教学楼内，特别是礼堂和教室、走廊、室内楼梯，以及无人看管时的学校操场。大多数此类事故如果多加注意并运用常识，就可以避免。在大厅内和楼梯上，应该走而不要跑。在体操馆和操场，要服从命令，穿系紧带的防滑鞋，以防止滑倒。各种器材应根据说明小心使用。

运输和交通安全

从1899年到1986年底，已有近265万美国人死于机动车事故。虽然这个数字很大，但在20世纪80年代中期，美国因交通事故引发的行驶每英里死亡人数低于其他许多国家。

驾驶安全 在美国，大多数交通死亡事故发生在乡村的州际公路上。不规范或粗心大意驾驶，包括违章超速行驶，经常受到责备。合格的司机应遵守每项道路交通法规。汽车启动前，司机和所有乘客都要系好安全带。养成给其他车辆让路的习惯，可以防止汽车相撞。在乡间道路行驶，一定要注意突然来自边道和农用道路的车辆。

中速行驶在任何时候都是最好的。1974年，美国政府把国家安全行驶速度限制在每小时88.5公里。据估计，每年有2000到4000人因减速的结果得救。到1988年，许多州已开始将在农村联接州与州之间公路上的行驶速度恢复为每小时105公里。对机动车人们应注意的最重要的一件事是，机动车在处于运行状态时几乎比道路上其他物体的威力都强。而驾车时任何精力不集中的结果都将是致命的。

饮用含酒精饮料后千万不要驾驶。虽然20世纪80年代中期酒后驾车现象已有所下降，但它仍然是与交通有关的死亡事故的主要原因。一些安全组织，如"母亲反对酒后驾车"组织，在大多数州已将法定的最低饮酒年龄提高到21岁。

汽车设计 汽车制造商要负责生产安全的汽车。当发现有任何缺陷时，制造商有责任向车主寄出收回通知，以便车主可不花代价将问题解决。"美国公路交通安全管理局"的研究表明，安装在现代汽车中的安全带能减少50%到65%的伤亡事故。此外，一项有关在汽车后窗安装刹车灯效果的初始研究表明，安装这种装置的汽车被其他车辆从后面撞击的可能性会减少22%。一些生产商正在试验安装气袋。

街道的安全 每年有成千上万的行人被机动车撞死。其中大多数受害者是14岁以下的儿童和64岁以上的老年人，20世纪80年代中期，以上两个年龄组的行人在街道的死亡人数呈下降趋势。因此，需要驾驶员和行人两方面努力，共同防止机动车事故发生。当行人行动鲁莽，即使是最优秀的司机也不可能避免事故发生。行人被撞最普遍的情况是：行人未听从交通信号指挥，穿越马路不注意是否有车，或从停放着的车后突然走出。在不断增加的年轻受害者中，因饮酒和服用毒品而导致的判断失常，也是导致事故发生的普遍原因。

另外，还有成千上万的人在骑摩托、自行车或滑旱冰时遇难。骑摩托和自行车戴头盔，可以减少死亡和受重伤人数。再则，技术、常识、机警和礼貌对安全非常重要。骑摩

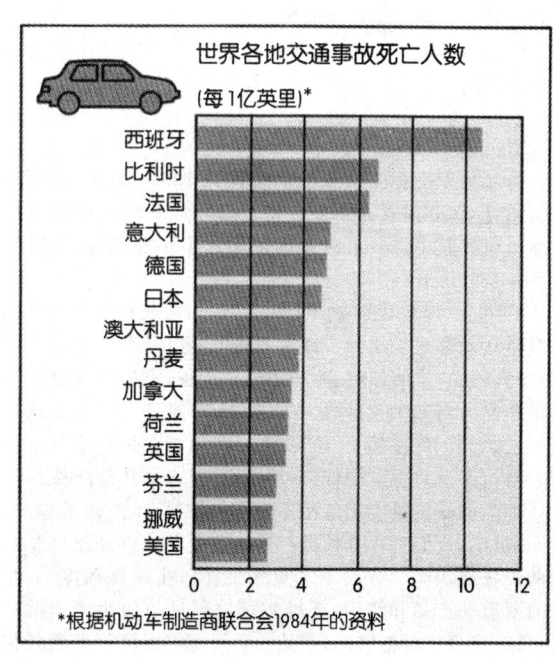

世界各地交通事故死亡人数
(每1亿英里)*

国家	
西班牙	~10.5
比利时	~6.5
法国	~6
意大利	~5
德国	~4.5
日本	~4.5
澳大利亚	~4
丹麦	~3.5
加拿大	~3
荷兰	~3
英国	~3
芬兰	~3
挪威	~2.5
美国	~2

*根据机动车制造商联合会1984年的资料

托和自行车的人应遵守交通规则。自行车要安装车铃或喇叭、前灯、尾灯或红色反光镜。骑车人穿发亮、反光的衣服，有助于晚上使汽车驾驶员看到。滑旱冰的人要练习快停和转弯技巧，给行人让路，并要单行鱼贯穿行。

户外体育运动和娱乐的安全

许多人喜欢掌握像爬山以及悬挂式滑翔这样有潜在风险的体育活动。而更多的人，尽管没有冒险的愿望，也领教到即使是普通的活动和体育运动也能引起事故，甚至死亡。

水上运动夺去了许多人的生命。很多年轻人在水中嬉戏或游泳时淹死，多数老年受害者是在钓鱼时或酒后的事故中淹死。跳水受伤也属于最严重的非致命伤害。当跳水者头先着地击中池塘或湖泊的底部时，会引起全身瘫痪或四肢瘫痪。此类伤害能靠遵守基本预防措施来避免。不要跳入浅于你身高两倍的水中。不要跳入不熟悉的水中，要了解水深并且确信水中没有沉积物。不要臆断水有足够深度——熟悉的河流、湖泊、海湾和游泳场的水位也会发生变化。

橄榄球 橄榄球比赛中最严重的受伤处是头和颈部。60年代和70年代早期研制出改进了的头盔和面罩，以提供更好的保护。但在比赛中，戴着这种改进了的头盔的运动员更可能把头作为武器。1971到1975年记录的大多数伤亡发生在运动员试图擒抱并将对方摔倒时——多数情况戴着头盔(通常称为用头盔撞人的动作)。结果从1976年赛季开始，"美国大学运动协会"(NCAA)改变了橄榄球比赛规则，禁止利用头部或头盔作为武器。头和颈部严重受伤的数字由此下降。"美国大学运动协会"建议，运动员在比赛中把头抬起，用肩膀遮挡、冲撞。

开设体育项目的各所学校都应该配备合格的体育运动教练，与其他教练和球队一起工作，以防止伤害发生，并且懂得受伤后如何处理。自20世纪70年代以来，运动器械的安全由"美国运动器械标准管理委员会"(NOCSAE)负责监测。符合比赛安全规范的橄榄球头盔标有顾客同意采用的球队标饰图案。NOCSAE制定了垒球和棒球保护设备的标准，包括"少年棒球联合会"和其他体育项目。

产品安全

每年与产品有关的事故引起估计29000美国人死亡，伤害估计3300多万人。多数伤亡牵涉居家环境中常见的产品。虽然其中许多事故是因使用者不小心引起，但有时产品本身就不合格。

20世纪80年代中期，涉及最多的事故死亡人数的产品种类是运动和娱乐器械。继这个种类之后是家具及固定用品；个人用品；空间加热、冷却和通风设备；家庭施工材料及其他产品。对最大数目的事故伤害负有责任的产品依次为扶梯、扶梯把手的弯子、楼梯平台和地板(坠落时产生伤害)；自行车及自行车配件；运动器械，刀剪及其他产品。

产品的缺陷可能还包括不合格的材料、生产以及包装。在20世纪，人们对所有种类产品的安全设计以及增加生产商的责任或法律义务给予了更多关注。在某种程度上，生产商对有关产品和使用，或确实可以预见的使用错误的危险，负有责任。根据法律，产品必须用标签提醒消费者任何可能的危险。如，电器的标签要警告用户电器应该远离水。如发现产品导致人身伤害，其生产商会被起诉，并被要求巨额赔偿。由于这种诉讼，一个公司如果产品与灾难性疾病或死亡有牵连，就可能被迫宣布破产。但法院也规定，产品的使用者必须对产品安全至少负部分责任。

公共安全教育

教育公众有关潜在的危险和需要负责地、安全地行事，是非常重要的。与公众沟通最有效的方法是通过新闻媒介，如报纸、杂志、电台和电视台。常常有些私营团体，如"国家安全会议"接近新闻媒介，并要求借此告知人们有关的事故统计、潜在的危险以及应该采取的安全措施。有些政府机构也发表报告教育公众，有时学校和社区负责人还会一起工作，共同努力来改变或增加公众的安全意识。

在美国，政府每年都要在特殊纪念日向公众发放安全材料，目的是告诫人们注意某些危险，以及采取怎样的防御措施。这些纪念日期包括：

美国少儿乘客安全意识周——二月
美国建筑安全周——四月
美国自行车月——五月
美国老年人月——五月
美国儿童安全周——五月
美国安全划船周——六月
美国校车安全周——九月
美国农场安全周——九月
美国消防周——十月
美国街道安全周——诸圣日前夕一周
美国饮酒、吸毒后驾驶觉悟周——十二月

职业安全

工作地点也存在许多危险——如工厂、办公室、商店、农场、工地。机器、环境污染物、设计不规范的工作站以及电和射线危险，都能使工作地点发生事故。随着安全运动的发展，企业也要对受伤工人负责。雇主要向受伤工人从离开工作岗位起提供抚恤金，支付医疗和外科手术费用；如果工人因公死亡，还要向其受扶养的家属提供抚恤金。如今，保险公司帮助雇主开拓评估风险的方法并采取措施，防止事故发生。

普通风险

20世纪80年代中期，在美国工作的约一亿人口中从事制造业的占33%，与整体的每100名工人中7.7人受伤相比，制造业中平均每年每100名全日制工人有近11人受伤。雇用了占整个劳动力68%的服务行业，每年每100名全日制工人，大约平均有6人受伤。其他行业内的比率，从执法人员0.6%到货车运输和仓储的13.8%不等。因公死亡的原因包括有关公路机动车、工业用车或机械设备、心脏病、坠落和触电死亡事故。

18世纪后期和19世纪早期，观察家开始把某种疾病与特殊的职业联系起来。这些疾病有时称为职业病。20世纪，随着生产的变革与使用新型的、含毒更高的原材料和化学制品,又增加了新的职业病。特殊危险与接触放射性材料,接触用于生产油漆、塑料、除草剂以及建筑材料的大量化学制品有关;与接触电磁辐射,值得注意的是与X光、紫外光、微波和红外线射线的形式的电磁辐射有关。工作场所的物理条件,如过冷或过热,持续喧闹或尖声的噪音及工具和机器引起的震动,都被认为加剧了特殊疾病或慢性病的发展。最后,与工作有关的情绪和心理压力以及这种压力的医疗后果,使列在表格上的职业病不断增加。

工作安全

自从引进自动化设备搬运和装卸材料以来,工人受到机械装置和装卸时产生的危险已大为减少。然而在许多工业操作中,基本的安全保护原则仍具有重要性。当宽松的衣服和松散的头发被转动的机械设备卡住时,当手指或手被卷轴、啮合齿轮、传送带和链条传动设备夹住时,当运动的机件提供切割、剪切或压碎力时,就会导致伤害发生。被称为机器防护的装置是为了能够防止上述伤害。这些装置可以是固定的防护,也可以是用来阻止机器运转的自动连锁防护,除非在危险处有一防护装置。其他类型的防护装置如通过一隔板,通过把手推开的装置,或通过使用当手放在危险区域就使机器停下的传感器,来防止操作人员接触危险的部件。

许多情况下,使用与其他安全装置同一类型的机器防护装置——如隔板和盒罩——能够减少触电危险。如果机器没有正确接地,也可使用现代化断路器和能够切断电流的装置。不向空气中释放火花的密封及防爆开关设备,已研制出来,它可用于存在易燃气体和蒸气的地方。

防护装置和化学变化过程中的自动控制可提供保护,防止化学用品的伤害。排气罩、空气过滤及空气监测系统、个人呼吸装置、保护服以及安全指示器和洗眼剂,都是用来防止或减少伤害的装置。在放射线光源周围工作的人也易受伤害。已经研制出许多装置用来监测个人和工作区域接触射线的情况。工人在装卸和储存放射性材料,处理残渣和废水时,必须有保护。新设备必须受到适当保护。有关这些活动已作了综合的规定。

在不能依赖工程和设备装置保护工人的情况下,可以使用个人保护设备。例如,在施工中,起保护作用的安全帽对于减小来自坠落物体的伤害非常必要。带面部保护屏的焊工头盔,使工人不会受到灼热、飞溅的熔化金属颗粒、电击及电弧的紫外线灼伤眼睛的综合伤害。使用各种类型的手套,可防止手指和手臂受伤。这些手套可以由皮革、以金属缝纫加固的皮革、石棉、橡胶或羊毛制成。以钢制部件加固的安全鞋保护脚不受伤害。绝缘鞋提供给电工。一些最复杂的个人保护设备已被研制出来,用于消防、急救人员以及宇航员。

确保做某项工作所用的机器、工具和设备适合于做该项工作的人员,是一个被称之为人类工程学的工程领域。设计得当的工作场所能够减少工人在工作中的疲劳,并增加安全系数。

虽然许多方面的物资搬运工作已由机器代替,但在工农业生产中还有许多必须用手提举和搬运的工作。在这种情况下避免不安全的操作,如不正确提举、搬过重负荷或错误挟带,是十分关键的。工人也必须对自己的安全负责。

安全工程

三种专业技术——安全工程、工业卫生和工业用药——已成为为防止工人受伤和减少雇主损失而开发的手段。前两项旨在通过消除产生伤害的根源来减少有关工伤和因公伤残的人数。工业用药用来减少受伤和疾病造成的后果,并设法使残疾工人再就业。

安全工程师研究事故死伤的原因,并策划预防措施。20世纪后期,安全工程趋向于进一步强调通过预先考虑潜在的危险防止事故和伤害,强调对产品责任和保护消费者的更明确的法律意识,强调制定国家与国际的法律和管理措施,不仅在运输安全、产品安全以及消费者保护领域,而且在职业健康和环境管理领域。

安全工程师的工作范围很广,从测量道路以确定设置停止标志的位置,到检查销售的产品是否会伤害消费者。安全工程师越来越多地把注意力从改正现有的问题转向避免潜在问题的发生;他们正尽最大可能在产品的设计阶段查出并改正其不足。

安全立法和机构

当今,人们对安全的关心是世界性的,也是在地方、国家和国际的层次上许多政府和私人机构的职责。安全领域面临的最大挑战,是保持立法和公共意识与技术的快速发展和不断产生的新危险同步。

历史

在古代,事故被认为是不可避免或是上帝的旨意。现代安全观念只是在19世纪作为工业革命的产物发展起来的,当时骇人的工厂事故的伤亡人数引起人道主义的关注。19世纪,雇员的安全一般被认为是个人的责任。雇主对事故伤害的责任只依据一般针对雇员使用的某些普通法条文。(参见:**产业革命**)

对工业安全运动最初的刺激来自大型工业,在这些大工业中重伤和死亡经常发生。虽然它在欧洲和美国引起公众关注,但直到管理层完全意识到事故会中断生产、提高经营成本,并为未来的伤害和设备损失埋下祸根时,安全运动才有了重大进展。

约从1867年开始,欧洲的许多雇主组成防止事故协会,并且安装了有关设备使机器更安全。不久以后,从1880年英格兰的"雇主责任法案"开始,通过了允许残疾工人起诉要求赔偿的法律。接着出台了"工人赔偿法案",强迫雇主为雇员伤害承担保险。20世纪早期,美国也通了类似的赔偿法。

在美国,下一个重大举措出现在1907年和1913年:1907年钢铁电力工程师协会开始宣传安全;1913年美国国家安全协会成立。美国国家安全协会是世界上最大的安全机构,它是一个分析事故原因并开展促进安全教育的合作协会。隶属于这个协会的组织中有:地方安全协会、机动车俱乐部、学校和工业协会。其他成员组织包括:商会;联邦、州和市政府部门；个体制造业、公共事业、保险和运输公司。

从19世纪40年代起，美国各州制定了保护工人的个人法。1936年的沃尔什-希利法案要求所有的联邦政府承包商（这些承包商经常负责如公路、桥梁和联邦政府大楼这样的大型工程）遵守承包合同所在州的健康和安全法律。

第二次世界大战后，安全法趋向于成为联邦政府的职责。但到1988年，有关安全的联邦法律又一次处于消费者和各州的监督之下。现在，当联邦、州和地方之间合作时，就像环境和职业安全法的情况一样，各州有权颁布比联邦政府更加严厉的法律。（参见：**劳动和工业法**）

市政府、州和联邦机构

各城市都保护其居民日常生活中几乎各项活动的安全。消防和警察部门挽救了许多人的生命，并协助防止事故发生。建筑部门检查电梯、扶梯、锅炉和其他建筑物，以找出危险。其他市政机构负责维修总水管、排污管道、人行道和街道。

每个国家都有自己的安全法律。当联邦、州和地方政府合作时，各州有权颁布比联邦政府更严厉的法律。1988年加利福尼亚州颁布的"65号提案"，即安全饮用水和有毒物实施法案，就是其中一项。

联邦政府做了许多安全工作。美国环境保护局就是根据国家环境保护法案于1970年组建的。1973年成立的消费者产品安全委员会根据1972年消费者产品安全法案执行安全标准，并收集与产品有关的伤亡数据。

食品和药品管理局负责实施联邦食品、药品和化妆品法案，规定批准新药品，监督已在市场上销售的几百万种产品，包括化妆品的纯度。1970年，美国劳工部设立了职业安全和卫生管理会。

联邦紧急情况管理局（FEMA）成立于1979年，负责在洪水、飓风、爆炸和其他灾害或紧急情况发生后给予援助。保卫公民战备状态署和美国消防管理局都合并到联邦紧急情况管理局。美国三个主要的独立安全机构是：建于1896年的美国消防协会，负责制定和宣传约275条国家消防法规，这些法规大多为地方或州一级采纳通过；建于1966年的国家运输安全理事会，负责调查空中和铁路碰撞事故，确定起因，并建议如何避免将来的事故；建于1984年的国家公共工程委员会，用以评估国家公路老化的情况，评估大量的公共交通运输系统、污水处理设备和其他设备。

国际组织

一些国际组织为国家安全组织能够交流信息和传播新观念提供了便利。设在瑞士日内瓦的国际劳工组织（ILO）是历史最悠久的国际安全组织，成立于1919年。它代表40个国家处理有关政府、雇员以及工人的事务。作为联合国的一个特殊机构，它定期举行年会，并出版和保存有关职业安全和健康的材料。1969年，国际劳工组织获得诺贝尔和平奖。

设在日内瓦的联合国卫生机构，即世界卫生组织（WHO），成立于1948年。它所收集的死亡和疾病数据为比较各国的安全统计奠定了基础。总部位于日内瓦的国际职业安全和卫生情报中心（CIS）成立于1959年。它是由国际劳工组织与世界卫生组织、国际社会安全管理委员会、欧洲煤炭和钢铁共同体以及其他与职业安全和健康问题有关的机构建立的，并在近50个国家设有中心站。

消防　FIRE FIGHTING

在大多数国家中，人们每天都在灭火。世界上每年发生几百万起火灾，并带来巨大的财产损失以及人员伤亡。仅在美国，1981年一年就有6800人死于近3百万起火灾之中，而火灾造成的财产损失估计有近70亿美元。

如果条件适宜，火灾几乎每时每地都有可能发生。发生火灾所要求的条件只是空气中的氧气、燃料、火花或其他点燃方式。火可以引燃易燃的液体、气体及固体材料；火可以缓慢地燃烧，即文火闷烧，也可以迅速地蔓延至很大面积。火可以导致燃烧的物体发生威力巨大的爆炸，使门窗破裂，墙壁坍塌；或者以威猛之势烧毁建筑物、森林，直至燃料耗尽为止。因而，消防有时是一种危险的职业，必须小心、安全、高效地去做。例如，消防员在灭火时必须穿戴全套的防护服。消防员在进入被大火吞没的建筑物时，必须戴自给式呼吸器。因吸入浓烟而导致消防员伤亡的人数最多。

幸运的是，绝大多数火灾都在火势很小、容易控制或扑灭时就被人发现了。灭火的三种方式是冷却、闷熄和将燃料与火分开。用洒水喷头或水枪喷水是一种冷却的手段，

一张国家安全委员会的海报用一群鱼来教育公众防范独自游泳的危险。

因为水可以吸收火的热能。在燃烧的油上面覆盖一层泡沫,这是一种闷熄,或者说隔绝氧气的方式。将草地、灌木丛或森林耙开或掘出一条防火线,则是将燃料与火分开的例子。

每个人都应学会怎样安全地扑灭小型火灾,和如何应付较严重的火灾。所有的家庭都应进行逃生训练,以便使每个人都懂得火灾发生时该做什么。

通常,在相似的条件下,材料燃烧的方式十分近似。如果将干燥的木柴适当地摆放在壁炉里,燃烧时就会腾起黄色或橘黄色的火苗,冒出灰色或白色的烟,并将火星送入烟道。在试验室,将少量的燃料油放入试验锅,点燃后就会产生浓烈的黑烟、高温的橘黄色向上翻卷的火舌。燃气灶上的常燃小火,若煤气压力正常,就会产生一定温度的、稳定的蓝色火焰。

这类正常用火很容易灭掉。然而,一旦条件变了,火的"行为"也就有所不同。若将一堆木柴放在田野上、茂密的灌木丛或树林中,一旦点燃,就可能迅速蔓延,以至于无法控制。若将试验室中少量的燃料油换成容量庞大的油罐车,一旦车子与其他车辆或树木相撞起火,熊熊火焰就会沿着街道蔓延开来。如果燃气灶的管道内压力增大,原来安全的小火苗就可能腾起烈焰,将人烧伤或点燃附近的易燃物品。

家庭应备的最简单的灭火装置,便是一根浇花用的软管、一只或几只便携式灭火器。家庭中的每个成员都应练习使用这些灭火器材,以便知晓当水柱或灭火剂喷向火焰时会发生怎样的情形。天气暖和时,水管可接在屋外的水龙头上,天气冷时就要通过一个接头,把水管接到室内的水龙头上。水不能用于厨房炉灶起火,或电器设备起火,但对于废纸篓、家具、锯末刨花和外表上的起火却是很有效的。便携式灭火器则可用于各种油类及电器起火。

消防行动

世界上每年发生几百万起火灾,它们大都火势较小。然而,也有情势严峻到足以使所有消防员在对警报作出反应时作最坏打算的火灾。对于每一场火灾所潜在的危险,消防员必须在身体和心理两方面做好充分准备,并能有效地使用消防车及其他设备。

在一个典型的年份中,美国的消防署参与了2百余万次灭火行动,其中有36%的火灾殃及建筑物及室内财产;22%发生于丛林、草场或荒野;17%发生于各种机动车辆;8%是由于燃烧垃圾而引起的;其他则属于混合型。每一起火灾的严重性以及对人类安全的威胁可能有所不同,但都需采取恰当的消防措施。

消防署署长及消防署其他官员的职责,就是确定怎样才能安全有效地扑灭每一场火灾。常规的战术决策部分地是根据对第一次、第二次乃至更多次的警报的自动反应作出的,这些警报要求设备和人员到达某些位置,从而保证足够的供水、水龙带水流的应用、营救,以及其他云梯作业等,而且必要时还要布置特殊的任务。

更为重要的是作出以下指令性决定:派遣消防员进入建筑物、对到达火灾现场的设备和人员作出部署、根据简短的通讯联络作出战术决断,以及对即将发生的火势蔓延或完成灭火任务等情况作出估计。这类决定并不是轻而易举地作出的,因为过去曾发生过数以百计的意外事故,在这些事故中一些消防员和其他的人就是因火情发生某种异常的变化而被烧伤或丧生。

消防设备

在那些昼夜有消防员值班的城市中,通常对第一次警报的反应是,派出2辆消防车、1辆云梯车、1辆升降平台车或1辆营救车。如需要,还可调用其他许多设备。小的社区有兼职的、随叫随到的或志愿的消防署,那里或许只有1辆消防车可以即刻奔赴火警现场;当其他消防员到达消防站时,便可出动更多的灭火设备。对于大多数小型火灾来说,消防车因其灵活的性能而成为首选的灭火设备。

消防车的水箱可装500多加仑(1900升)的水,但这些水仅够扑灭小型火灾。要扑灭建筑物失火或其他大型火灾,消防车就得用消防栓、水槽车、小溪、池塘或湖泊里的水。消防车上装备有直径10厘米或更粗的吸水软管,这种水龙带与消火栓的大出水口相连。有时是两条6厘米的软管与其他出水口相连。大多数社区的供水系统都为各消防栓提供足够的水量,以便消防车能够有效地工作,但有时如果同时使用消防栓的消防车太多,供水系统的压力就可能下降而无法使用。

如果无供水系统可利用,司机兼操作员可将消防车停在池塘或其他水源附近。这种大的吸水软管一端连接水泵的入水口,另一端放入水源。操作员即可用水泵汲水来灭火。

现代消防车的喷水能力为每分钟750—1500多加仑(1加仑=3.7853升)不等,它们能向各种水龙带提供足以使其全力喷水的水流量。例如,大多数消防车都配有1卷直径3厘米的增压水龙带,其位置就在驾驶室后面的水柜隔层上。这根水龙带与水泵相连;车上的水柜总是装满了水,所以,若消防车到达火灾现场时发现火势不大,一个消防员便可取出这卷增压水龙带,司机就能迅速启动水泵。根据水枪的大小与水泵的压力不同,增压水龙带可喷出每分钟约10—100加仑的水柱或散状水雾。

消防车上可能还有1至数根直径4厘米的水龙带,它们与消防车相连并盘在支架上。在灭火时,一个消防员便可操作1根这种水龙带;但是,水龙带若全力喷水,操作时还要有辅助人员。根据水枪大小及喷水时的水压不同,这种水龙带每分钟可喷水75—200多加仑。这种水龙带有时被称作"第一次进攻"水管,因为,车上的消防员在正常情况下首先使用这种水龙带。

如果在消防车到达时,一座庞大的建筑物正在熊熊燃烧,消防员可能就不用这种水龙带了。消防员会拿下直径6厘米的软管,即灭火用标准软管。这种粗大的软管很重,需连接到消防车上,然后拖至灭火岗位。当这种软管上的水枪打开时,根据水枪大小及水压,它每分钟可喷水170—250多加仑。这个射流量会产生很强的后坐力;在全力喷水时,水枪至少要两位消防员才能握住,在后面一两米处还需有1人握住软管。还有一种直径10厘米的软管。这种软管每根每分钟能喷水 250 加仑。1 辆喷水能力为每分钟 750 加仑的消防车能供 3 根这样的软管喷水；1 辆喷水能力为每分钟 1000 加仑的消防车能供 4 根；1 辆喷水能力为每分钟 1250 加仑的消防车能供 5 根；1 辆喷水能力为 1500 加仑的消防车能供 6 根。

消防车还携带地面用的梯子、各种工具和器械。有些消防车配有大型水枪，它们通过短粗的软管与水泵相连。这种水枪可喷射出每分钟 500—1000 多加仑的大水柱。

在正常情况下，1 辆消防车配备一名司机兼操作员、一名组长和两名消防员。组长负责指挥，操作员要按要求保持水泵运转，消防员运用水龙带实施灭火以及做相关的工作。有时，消防员在灭火前可能还要做营救工作。

云梯车 上有一部由两三段梯子组成的、装在旋转盘上的云梯，而旋转盘则永久性地安装在汽车底座上。云梯车上还备有普通梯子、便携式发电机、水枪以及其他许多在灭火和营救工作中可能用到的设备。云梯车上至少配备 5 人：一位组长、一位司机兼操作员和三名消防员。当云梯车到达火灾现场时，组长和消防员的首要任务是实施营救，寻找晕倒或受伤的人员。营救工作完毕后，他们就给建筑物通风换气，以及做一些协助灭火的其他工作。操作员操纵控制系统，以便放下千斤顶使汽车底盘稳固地支撑在地面上，使云梯从云梯座上升起来，以及为使云梯能运用自如而转动旋转盘。云梯的有效伸展长度有 20、23、26 和 30 米等不同规格，旋转盘则可以 360°旋转。云梯在特定的操作角度内能够支承某些沉重的物件。当消防员实施营救，把灾民从燃烧着的建筑物中背出来或搀扶出来时，这些物件就在他们所要求的范围之内。

升降平台车 上的升降平台，像云梯一样，能升起来和旋转。它们有效的提升高度范围是 26—46 米。升降平台由两三段吊杆组成，吊杆通过"关节"（折叠和展开）、套叠可动装置或二者兼有的方式伸展与收缩。每一种类型的升降平台的基部都固定在汽车底座的能够旋转 360°的旋转台上。最上面一段吊杆的顶部是一个有围栏的平台。平台上通常配备有一支水枪和其他设备，供消防员在围栏内使用。平台和吊杆按设计至少能承重 310 公斤。其全部机械装置既可由消防员在围栏内控制，也可由操作员在地面上控制。

其他重要设备 包括液压高喷水塔车。像升降平台一样，它也有关节连接或套叠装置。它将一支每分钟喷水 300—1000 加仑的水枪升至 15—23 米有效高度。它由操作员在地面上控制。水塔车可自备水柜和水泵（喷水量至少每分钟 750 加仑），也可由其他消防车供水。

水槽车用来运水，以供应其他消防设备。水槽车的容量通常为 750—1500 加仑，可以将车中的水注入移动式蓄水池或消防车。水槽车往往用于乡村或林区灭火，一个司机就能操作。

其他重要的消防设备还包括：救火车，有时车上装备有救援工作用的器具；泛光照明卡车或拖车；为呼吸器或水下设备提供压缩空气的勤务车；维修车；以及通讯轻型汽车或卡车。许多消防署还有救护车，并配有训练有素的急救医师。

警报的次数

无线通讯已大大改善了消防署的派遣及管理工作。当接到火警时，不同的社区所派遣的消防人员和消防设备的数量各有不同。在城市中，第一次接到警报，正常情况下是派出 2 辆消防车、1 辆云梯车或 1 辆升降平台车。第二次接到警报派出同样数目的车辆，再加一名主要指挥员。第三次接到警报，通常再派出 2 辆消防车、1 辆营救车或救火车、若干辆勤务车，可能还有 1 辆或 1 辆以上的救护车。当火灾现场的主要指挥员发出第四次或第五次警报时，就要向其他社区的消防署请求援助。在一些较小的消防署，从第一次到第三次接到警报，派出的消防设备的数量可能只有较大的消防署的一半，但投入使用的设备种类却是相似的。

特殊的火灾问题

某些种类的火灾会带来特殊的问题。这类火灾需要特殊的消防技术，有时还需要经过专门培训的消防人员。

燃料罐火灾

在最难扑灭、最危险的火灾中，有涉及燃料罐车、盛有易燃液体或可燃气体的固定储藏罐的那些火灾。消防署署长和其他官员必须小心谨慎地对这些火情作出估计，决定是否能够和怎样才能用水柱直接冷却罐体，而不致给消防员带来危险。如果一个盛有易燃液体或液化气的储藏罐发生破裂，燃料就会流到地上，而且几乎立刻就会形成一片熊熊烈火。然而，如果罐体并无渗漏或破裂，而且正确地开有排放口，火产生的高温会使气体从罐中释放出来，并只在罐体的排放口燃烧。如果发生这种情况，用水龙去灭火是安全的。

卡车或地面支撑物上的储藏罐若受地表火的熏烤，其接缝或某些损坏处的强度就会减弱。当出现这种情况时，罐体或罐车就可能猛然跃起百把米高，将其燃烧的储藏物泼溅出来，危及附近所有的人。

这种燃料罐可能发生的那种最严重的爆炸称作 BLEVE，这是"沸腾液体膨胀汽化爆炸"的字头缩写。BLEVE 事故很少见，但的确发生过。当一罐易燃液体被加热至该液体的沸腾温度的时候，就会发生这种爆炸。若外部的火焰接触到燃料罐内液体平面以上蒸汽所占部分的罐壁，这部分罐壁的强度就会减弱，随之而来的爆炸就会使罐壁碎片向四面八方飞出约 1200 米远。若有可能出现这种事故，公众就必须至少同燃料罐保持这一距离。

机场火灾

美国联邦航空局和其他国家的类似机构，都要求有一定规模和飞行架次的机场配备随时可以调用的、专门的消防队。这种消防队可以是属于地方消防署的，也可以是机场经营者雇用的私人消防队。无论属于哪种情况，消防队都必须拥有训练有素的队员，由他们来使用达到一定性能标准的消防设备及其他防火器材。在许多机场，飞机型号大小不等，从单引擎的航空器到多引擎的运输机，乃至运载数百人的客机都有。跑道向几个方向延伸，每条可能都有 1

英里多长;每分钟内都可能有好几次飞机的起飞和降落。

20世纪80年代早期,世界上最繁忙的10个机场每年飞机的起飞和降落次数达41万至64万5千多次。由于如此频繁的起飞和降落,发生事故的可能性是显而易见的。

飞机使用的各种燃料皆属于易燃液体,其中包括含铅和无铅汽油,以及喷气涡轮机使用的各种燃料。直升机和小型飞机所携带的燃料可能不超过100加仑(380升),但大型飞机则可装数千加仑的燃料。这些燃料都是易燃的。要是它们被引燃,而且飞机的燃料箱发生破裂,火势将会很大、很猛,非常危险。营救人员都受过训练,消防车一靠近正在燃烧的飞机,他们便用大量的泡沫和水来灭火。

在一些很大的机场,营救人员通常就站在跑道边的某处,消防车与全体人员都处于戒备状态。一旦接到飞机失事的警报,他们立即被派往出事地点。在消防车到达出事地点时,消防员们已经穿戴好防护服,水龙带及其他设备也已处于随时启用状态。研究表明,营救及消防人员应当能在2分钟内到达那些可以使用的跑道上的任何一点,应当能在3分钟内到达"危急营救与灭火区域"内的任何一点。

实施飞机失事营救与灭火的设备主要有三种:轻型营救车、主力消防车和综合灭火剂车。轻型营救车是为了使消防员对警报作出快速反应,这些消防员都受过训练,既能实施营救,又能迅速有效地使用1种以上的灭火剂。这种车辆在满载人员和设备时重量不超过4吨,在干燥、平整的路面上能在25秒内从每小时零公里加速到每小时80公里。其设计最高时速为97公里,并能爬45度斜坡。车辆上的压缩容器中装有干性化学制品和二氧化碳。这些车辆通过直径10厘米的软管、强力地面扫射喷枪,或伸展的吊杆施放这些灭火剂。

机场主力消防车上备有水箱,容量为1800—11500余升,载物后总重量为7—34吨以上。尽管这种车辆体积庞大,根据总重量的多少,其设计速度仍然可以在30—50秒内从每小时零公里加速到每小时80公里。车上载有水和泡沫液体浓缩物,由1台或几台水泵喷施。水或泡沫通过直径10厘米的软管、升降塔、地面扫射喷枪和车下喷枪呈柱状或雾状施放出来。如果飞机要迫降,这种消防车能够在跑道上喷上一层像毯子一样的泡沫,以防止因摩擦或其他热源而引发火星的可能性。

综合灭火剂车在装载人员、消防设备、燃料和灭火剂时总重量为4—7吨。这种车辆的加速能力和时速与轻型营救车相同,其所载灭火剂通过直径10厘米的软管或升降塔喷枪施放。根据火性,综合灭火剂车既可同时喷放泡沫、干性化学制品和水,也可只喷放一种。

空间探测领域的火灾

自20世纪60年代以来,美国宇航局出于科学目的向太空发射了许多(未公布数字)火箭。火箭升入太空和继续飞行所需要的动力,是通过使燃料在极其高的温度并有爆炸危险的情况下燃烧而取得的。

这种发射要使用液态氧与氢。由于这类燃料的灵敏性——甚至极微小的火花或摩擦产生的热都可以引燃——在发射场以及附近的一切活动都必须极其小心。

燃料不是惟一的问题。1967年,3名在宇航密闭舱中练习的宇航员因为一个火花点燃了舱内氧气而被烧死。这是实施太空计划以来最惨重的一次事故,它使得本来已很严格的防火措施进一步得到加强。

美国宇航局的特别消防队员们都受过训练,既能扑灭基地上的普通火灾,又能应付发射中的紧急事故。此外,基地上还安装有能在瞬间喷放灭火剂的自动防火装置。

军队火灾

美国的陆军、海军和空军必须对特殊的火灾问题有所防范。和平时期,在陆上基地,陆海空三军的人员、营房、库房、车辆和设备往往比较集中,这就有可能产生通常的那种火灾危险。此外,还要同纵火和蓄意破坏的潜在危险进行斗争。这些火灾一般由基地的消防署处理,有时也可能需要地方消防署的协助。

在野外训练中,陆军常常必须防止因炮火演习或枪火而引燃丛林的户外火灾。在军事要塞或营地,库房与军需品易发生火灾。

海军在基地营房内和出航时皆须备有消防队。舰船在海上——尤其在战斗中——极易因事故或蓄意攻击引起火灾。船上必须配备训练有素的防火队员,以应付各种事故。海军舰艇上的隔离舱遇到紧急情况会自动关闭,但是,即使每天都进行灭火训练,火灾也很难防止。因为飞机的起飞和降落,航空母舰上曾发生过最严重的火灾,有时人员伤亡还相当惨重。

空军主要训练消防员应付飞机失事火灾,但也必须对建筑物火灾和涉及高度易燃易爆的燃料的火灾有所防范。若火灾波及装有弹药或炸弹的战斗机或轰炸机,情况就会变得更加危急,因为它的弹药或炸弹有可能爆炸。如果飞行员或机组人员陷于大火包围之中,消防指挥官必须对消防员能否冒险前去营救作出决断。

工业火灾

全世界的公司与商行都培训消防队,以保护生命和财产。它们常常面临工业所特有的那些危险,工业的各个部门都需要进行专门的训练,以应付在某一工业行当的特殊环境中所共有的火灾问题。

一支工业消防队可能只有两三个人昼夜值班,但通常都有若干受过训练能应付紧急情况的后备人员。火灾问题根据危险类型、生产程序、建筑物和工厂防火安全状况的不同而不同,但需要安装大范围自动防火设备和监测警报系统的工厂通常都有火灾问题。此外,严重的火灾事故会使一个或几个地方消防署作出反应。

这些工厂中的自动灭火设备包括:水和泡沫喷射系统、干性化学制品和二氧化碳、高膨胀泡沫、卤素化合灭火剂、能形成膜状覆盖物的水状泡沫、惰性气体和防爆系统。工厂中可能有水枪、防火门和防火栅、隔离间,以及其他当火灾发生时会自动起作用的装置。有些工厂采用色彩编码和其他标识系统来表示那些生产、处理和贮藏灵敏材料的危险区。

森林火灾

在美国,森林防火由联邦、州和地方组织负责。就联邦政府一级来说,美国农业部的林务局与内政部的土地管理局共同保护国家森林和联邦的土地。土地管理局主要保护西部各州,包括阿拉斯加;林务局则保护国家森林。

火灾问题的发生率和严重程度因地理位置、气候和植物种类的不同而不同。当阿拉斯加冰冻的苔原解冻后,雷电就能将它点燃,而且可能无法扑灭。在加拿大西部和美国,森林火灾可能会延续数周之久。在加利福尼亚,晚秋的灌木丛火灾最为酷烈,此时植物干枯了,大风席卷山岙。在佛罗里达,火灾殃及棕榈树、柏树,以及南部沼泽地上的克拉莎草。在东部、中西部和南部,有许多森林易遭火灾。

每个州都有一个掌管自然资源或林业的机构,它负责本州森林防火,和协助地方消防署。那些邻近森林、林地或大面积丛林地带的社区的消防署署长,通常被认为为本地林区防火监察员。各州的主管机构组织消防培训,并制订有关公众防火安全教育的年度计划。

人们对于森林火灾和灌木丛火灾采用两种灭火法——直接的和间接的。直接的灭火法包括喷放各种灭火剂、将燃料挪走,以及隔绝火源直至其熄灭等一切方法。间接的灭火法用于火灾边缘以外地区。它的目的是要在蔓延的大火到来之前将燃料挪走、将它弄湿,或者要不然使它不太容易燃烧。

直接灭火法包括:使用水龙喷射、人工降雨或空降其他阻燃剂,在燃烧的植物上投掷泥土或沙子,砍去树枝、灌木丛和树木以使火的蔓延减慢到最低限度。对于地面消防队员来说,这种工作可能又热又累,每个消防员都必须训练有素,而且还要有非常好的身体。其他直接的灭火行动包括:运送水龙带、工具和设备;在灭火现场安装水泵和移动式蓄水池;使用用手操作的工具和有动力装置的设备。

间接灭火的一个主要措施是,在火前缘之前有相当一段距离的地方建防火线。防火线至少要开出一条3米宽的空间地带,至于防火线的走向、长度和宽度,要由消防队领导决定。如果时间和条件允许,防火线以内的植物都要清除掉,直到露出矿质土。有时,消防员靠用锯子、斧头砍伐树木和灌木丛,用铁锹挖出矿质土来完成这项任务。不过,如果时间与地形许可的话,使用推土机、平土机和铧犁要容易得多。

对于大型火灾来说,空降灭火可能是延缓或制止火势蔓延的惟一措施。通常空降的是水与阻燃剂的混合物。在加拿大,由于它有成千上万个湖泊和池塘,人工降雨十分成功。

灭火使用的是直升飞机和各种不同型号的固定翼飞机。每架飞机都配备有一个可以在航空基地或从开放的水源加灌水或混合剂的水箱。水箱灌满后,飞行员驾驶飞机飞至目标区,将水或混合剂浇在大火上。

用于森林灭火的化学阻燃剂经过多年的研究和野外试验后已投入生产。有些阻燃剂是短效的,有些则是长效的,但它们不可以对环境造成危害。短效阻燃剂像泥浆或黏稠的液体一样,用于直接的灭火。阻燃剂在植物表面形成一种湿性覆盖物,以增强其对高温和火焰的抵御能力。长效阻燃剂在植物表面形成膜状物。它们在水分蒸发之后仍能长期保持效力。

空降灭火的另一部分是用降落伞空降森林灭火员,或消防员从直升机上绕绳下降。这些训练有素的消防员空降后赶至选定设置防火障的区域,以及其他间接灭火的岗位。

大多数社区的消防署都备有应付森林和灌木丛火灾的消防车。这种车上配备有一个水泵和若干条可以连结在一起的直径10厘米的软管,并携带铁锹、耙子、背负式水泵、工具、急救包及其他设备。由于这些火灾多发生于崎岖不平的地区,因而四轮驱动车很有用。各州的林业局都有这类车,而且可能还有能装3700多升水的水槽车、铧犁、推土机,以及补给与维修车。

联邦林务局与土地管理局使用配备有小型水箱和水泵的巡逻车、大型消防车、拖拉机、推土机、泥沙投掷机、平土机和开沟机。对于持续时间较长的火灾来说,补给与维修车、急救车和送餐车是必不可少的。

在加拿大,森林防火由各省份负责,加拿大林务局从事调查研究和管理工作。各省份用飞机进行消防巡逻、勘察和空降灭火,并且用红外线摄像监视器对森林进行扫描,以识别其他手段无法探测到的火灾。

美国和加拿大的林业局在地面观测站用仪器测定燃烧指数——这是对天气及燃料状况检测报告的综合分析。两国在林区皆有数百个这类检测站,检测到的仪表读数自动输入计算机系统,以便能够不断取得这类信息。

就靠近林地的州和省份来说,由于存在发生火灾的潜在危险,这类检测对公众通常是十分必要的。发生在威斯康星州佩什蒂戈附近的森林火灾是美国历史上最严重的森林火灾之一,它与著名的芝加哥大火发生在同一日——1871年10月8日。这一天,由于大火在佩什蒂戈的街道迅速蔓延,有1152人丧生,小城内几乎每一座房屋都遭到破坏。

许多生态学家认为,火在通过清除下层灌丛、摧毁最不茁壮的植物,从而使林木再生的过程中起着至关重要的作用。从1972年起,美国国家公园管理局奉行一项自由燃烧政策,即对于那些因自然原因引起的大火——例如,因雷电引起的大火——允许其自行燃烧,只要不危及人的生命或私有财产。然而,1988年夏,黄石国家公园因雷电一连引起了13场大火,这项自由燃烧政策受到人们的怀疑。当时黄石国家公园正遭受炎热天气、强风和一个多世纪以来最严重的干旱的联合袭击。在9月份的降雪遏止住火势蔓延之前,差不多有405000公顷的林地被烧毁。

美国和加拿大在有关燃料、火灾形态、车辆及消防过程中使用的其他设备的效率方面一直在实施各种研究和试验计划。美国的林务局在佐治亚、蒙大拿和加利福尼亚等州设有实验室,而加拿大林务局的主要实验室则设在安大略省的渥太华。

轮船火灾

航行于江海上的轮船失火,对于乘客与船员来说都是十分可怕的经历,而且也是很难——如果说并非不可能——扑灭的。20世纪二三十年代曾发生过不少起轮船失火,致使人员伤亡惨重——例如,1934年9月莫洛·卡斯号邮轮在新泽西沿海失火,导致近1/4乘客丧生。自此之后,许多国家共同合作,制订出轮船安全标准。

根据惯例,船上要依照正规标准进行防火训练,以便使所有的乘客与船员都懂得怎样逃生。轮船在设计上必须把点火源火势蔓延的可能性减少或降低到最小程度。船上对于吸烟、贮藏、垃圾的处理、设备维修等都有严格的规定。易燃物品与易燃液体必须小心存放,没用的东西则不允许堆积在船上。自动灭火系统、防火门、警报及监测系统,对于防火是绝对必要的。

美国海岸警卫队这类机构负责管理航行于内陆水域的船只和远洋商船的防火安全;同时负责巡视港口设施和外国船只。游船与小型商船上一般要求配备便携式灭火器。

货船运送液体、气体和固体产品,其中有些是易燃或易爆的。总吨位在1000吨以上的船只和那些从事国际航行的船只,必须使防火方案得到永久性的展示。这些方案确定:消防站的位置;用耐火隔围起来的舱室;警报、检测和灭火系统;便携式灭火器和其他器具的位置;以及去到甲板和进入水密舱的方法。港口当局必须注意卸危险货物——尤其是易燃的液体与气体——的操作规程。在这类货物卸完之后,必须将货舱内留存的易燃蒸气清除掉,要不然就采取中和的方法,以防止其点燃的可能性。

夜总会火灾

亲切的氛围与精美的装饰使夜总会显得很舒适惬意,然而当发生火灾时,它们也是能使夜总会变成死者卧室的因素。夜总会的出口通常是有限的,惊恐的主顾们很容易被困在旋转门中。1942年11月,在波士顿,为赶时髦而将灯火搞得非常昏暗的"椰林"夜总会发生了一场极其惨重的火灾:一位服务员助手的火柴点燃了薄纱帷幔,致使492人在火灾中丧生。

1977年,在肯塔基州的南盖特,庞大的贝弗利希尔斯晚宴夜总会,因缺乏足够的安全措施,一场大火在各式各样的娱乐间内蔓延,致使165人丧生。1990年,在纽约市,非法的福地社交夜总会,一场迅疾的大火烧死87人——主要是南美移民——他们在不到一分钟内即被浓烟呛死;纽约市1979年中最严重的一场火灾发生在三角女衫厂的周年纪念日,在那场火灾中有146名工人丧生。

多层高楼火灾

在消防术语中,"多层高楼"一词用来描述这样一种建筑物:这种建筑物太高,以致以地面为基础的云梯车、升降平台车或水塔车不能充分发挥其消防能力。由于这类消防设备的有效高度通常在30米左右,任何高于30米——即8层以上——的建筑皆属于多层高楼。这类建筑物需要有自动防火装置,和有关人们从火中逃生的特殊安排。

多层高楼中曾发生过一些惨重的火灾。1972年2月,巴西圣保罗市26层的安德鲁斯大厦起火,死亡16人,伤375人;直升飞机从楼顶营救出数百人。两年后,在该城市的另一幢多层高楼的火灾中再一次动用了直升机,而那些未获营救的人便被困在灌满浓烟的内部楼梯中。里约热内卢曾有一幢13层的办公楼起火,死亡23人,其中包括从窗台上跳下来而摔死的那些人。

在内华达州与波多黎各度假旅馆的火灾中幸存下来的人们抱怨说,他们没有听到警报,喷洒灭火系统也不管用。1980年,拉斯韦加斯大街上最庞大最豪华的宾馆之一——MGM大饭店被大火烧毁,84人丧生。1986年,在圣胡安22层的杜邦广场饭店火灾中,有97人丧生。

1970年,纽约广场一号大厦第33至34层起火,两名楼房警卫被烧死。芝加哥市110层的西尔斯塔和100层的约翰·汉考克中心都曾发生过火灾。多层高楼火灾在其他许多城市也曾发生过,不过,大多数火灾都被现代技术遏止了。人们通过自动关闭风冷或通风系统,或者通过一个自动系统中的压缩空气来控制烟。消防法规要求具有或做到:使用防火材料;对房间、门、走廊以及其他逃生手段作某些安排;封闭式楼梯通道;消防员使电梯的自动控制失效的工具;火灾自动检测、报警和灭火装置;以及安装在较低的楼层上能够监测全楼每个楼层和每个房间的计算机化控制台。并非所有的多层高楼都有这样的防火设施,尽管经验已经表明,一旦起火,楼内的人们就可能被困在楼中。如果消防署不能及时前来营救,没有防火设施的多层高楼火灾所造成的人员伤亡可能十分惨重。

医院火灾

20世纪四五十年代,美国、加拿大曾发生过一些伤亡严重的医院火灾;自此之后,两国的大多数医院都改善了防火设施。在20世纪四五十年代,许多医院的房子都是木结构的,天花板和墙壁上所用的材料都是易燃的,楼梯和走廊是开放性的,电器设备缺乏,在有点火源的手术室里(或附近)有易燃气体。

如今,许多医院有了现代的消防系统与培训计划;通过培训,如果发生火灾,所有的雇员都知道各自的职责。通过改变气体麻醉剂,以及撤换可能产生火花的设备与材料,手术室里的火灾隐患已有所减少。天花板与墙壁上的易燃材料已减少到最小程度;走廊用防火门分割为几个部分;火灾自动检测设备监测着所有楼层的房间和区域;各出口都有清楚的指示标记和箭头;危险区域有自动灭火系统作保护。禁止使用发烟材料,或将其限制于某些区域;医院职员要接受使用便携式灭火器和将病人和探视者从楼内撤出来的方法的训练。

尽管有了这些进步,许多医院仍然易于发生火灾;一旦发生火灾,医务人员的首要任务是要保证那些卧床病人和新生儿的安全。如果地方消防署未能立即接到自动报警器的警报,那就必须有人去拉动手拉消防报警器,以便使消防员作出反应。

在医院的防火安全中,烟是一个尤其值得注意的重要因素。用合成材料制成的地毯、帐幔和家具装饰物燃烧时会产生黑烟和有毒气体,这对任何未戴防护面具的人来说都是一种威胁。如果医院火灾产生烟雾,但火灾只局限于某一区域,并且很快就能扑灭,那么,关闭病房的门窗,用通风系统来消除烟雾也许是可行的。

纵火

有史以来，从最小的部落到最大的现代都市，几乎每个社会中都发生过纵火事件。在不同的国家和地区，纵火在法律上的定义亦有所不同；但用简单的话来说，纵火可以定义为故意烧毁财产，以便造成破坏或伤害。纵火这一罪行可以发生在所有类型的社区、乡村和林区；纵火最严重的后果，就是造成人员死亡和那些被困在火中的人所遭受的痛苦。

在美国，每天都要发生近500起蓄意纵火事件，每年在这类火灾中丧生的有600余人。在美国全国同一罪行报告体系中，纵火被联邦调查局列在第一部分。从20世纪50年代至20世纪70年代，美国每年发生纵火和可疑的火灾由约5600起上升至170000多起，由纵火造成的经济损失亦相应地大大增长。

这类蓄意纵火往往选择仓库、公寓大楼、工厂、学校、森林和灌木丛地带为其目标。加利福尼亚州的几起最严重的灌木丛火灾与澳大利亚在1983年发生的破坏性极大的火灾，均属纵火事件，造成许多人员伤亡。

人们纵火的原因很多，不过，纵然我们知晓这些原因，要预防或减少这类罪行也并非易事。在大多数国家，执法部门与消防机构相互合作以查明火灾的原因，逮捕与起诉纵火犯。另一种向纵火进行斗争的手段是安装现代的防火安全设施。在美国，有几个联邦机构和全国性组织参与收集数据和交换信息，为消除这一罪行而进行着连续不断的斗争。

较大的消防署通常有自己的纵火缉捕队或办公署，其成员负责调查起因可疑的火灾事件。较小的消防署则往往要求助于县或州里的消防指挥办公室来进行这项工作。火灾调查人员必须懂得各种材料怎样燃烧，懂得火势怎样或为什么以某种方式蔓延。他们中的许多人既有一些实际的消防经验，又有化学或物理学的学位，摄影术、光谱化学、材料的鉴定与化验、烟尘微粒的检测等，是在确定火灾起因时所要用到的一些技术。

世界各国的消防部门

美国每年发生的火灾、由火灾造成的伤亡和财产损失远多于其他任何国家。这主要是由于美国的大多数建筑物都是用易燃材料建造的，在广泛使用易燃材料的地方有大量的工业资产，而且还有大面积的森林、灌木丛以及其他易于遭受季节性火灾的植物。

在其他大多数国家，建筑物是用石头、泥土或其他耐火材料建造的；工业不甚发达，森林面积也相对较少；或者因气候的原因，火灾不太容易发生和蔓延。不过，任何国家若建筑物、工厂或森林发生火灾，它一定会采取某些有效的消防措施。

在不同的国家中，消防部门的组织形式也有很大差别。在美国，许多有关防火事宜皆由州法律规定下来；各消防署的类型和规模，则由社区、消防区、防火区或县来规定。大多数消防署的组织形式类似军事单位，有指挥官、下级官员及非官职成员。指挥官通常就是消防站的头目，尽管在大城市中这一头衔可能被称作消防专员、消防主任，或其他诸如此类的称谓。在大都市中——有时在较小的社区中也是如此——低于这一级别的官员可能是副长官或代理长官。下一个级别的官员是大队长，他管辖几个消防队。队长可能主管一个或几个消防队，但副队长或班长通常仅管辖一个消防队。不过，所有这些官员的职责可能并不是指挥消防行动。

在美国的消防署中，非官职成员通常叫作"消防员"（隶属于支薪金的消防署）和"消防人员"（隶属于自愿消防署）。他们可以有专门的头衔，如工程师、水泵操作员、机械工、调度员或助手，因为他们被指派去做那种固定的工作。由于所有的消防官员和消防员必须经常接受有关新技术方面的训练与指导，因而必须任命一名教练官或教练员。另外，必须有人使消防器材和设备保持良好状态，所以需要一名维修官员或机修工，或者需要一个比较大的维修班子。常常还有制订和贯彻消防方案的官员和职员，以及其他在有关纵火事件中与司法部门协作的人员。

在加拿大，每个省或地区都有一名消防专员或最高消防指挥官，负责实施有关防火、纵火、火灾调查、消防、消防部门职员的培训等方面的法令以及相关事宜。这一官职的职责在不同省份亦有所不同。在较大的社区里，消防部门受市长或市政委员会的管辖。在大城市，消防员主要是专职人员；但较小的社区则可能使用随叫随到的或志愿的工作人员。加拿大两个最大的消防部门设在魁北克省的蒙特利尔（面积151平方公里，人口约1百万，有消防站42个，职员2380人，消防设备199部）和安大略省的多伦多（面积98平方公里，人口599217，消防站27个，职员1300人，消防设备52部）。

在英格兰、苏格兰、威尔士及北爱尔兰，消防部门由消防机构监察主任监督，由国家、自治城市、特区当局管理。各消防部门使用的设备都有统一的标准，消防人员的录用和提升都要经过统一的考试。英国最大的消防部门在大伦敦（面积1579.9平方公里，人口6.7百万，消防站114个，职员7000人，消防设备572部）。

在法国，全国的消防部门隶属公共治安主任与内务部长的管辖；其设备、培训及考试都有统一标准。法国大多数城市中的消防部门都雇用专职消防人员，尽管在1981年，拥有500000人口的里昂曾雇用900名专职人员与600名志愿人员。巴黎是最大的城市，其消防大队管辖面积1225平方公里，该消防大队有消防站80个，职员6300人，消防设备1267部，救护车15辆。

在德国，最大的消防部门在西柏林，有消防站34个，职员3100人，消防设备581部。联邦机构负责制定消防标准。

日本的消防工作由国家消防协会与消防处统辖，这两个机构负责消防技术及教材方面的研究与开发。东京都消防部门规模最大。东京有人口8.3百万，消防站74个，职员18115人，消防设备576部，救护车151辆。横滨、大阪、神户也有规模很大的消防部门。

意大利有一个全国性的消防机构，它由一位总监管辖。它叫作"国家消防总队"，其成员由专职、兼职和志愿消防员组成。在古罗马军团时期，警察就是履行消防官员职责的警戒员。

澳大利亚是一个拥有 800 万平方公里国土、15 百万人口的联邦。全国划分为州和地区,在州和地区内设有由地方委员会统辖的区消防队和市消防队。各地方委员会制定高效率的消防机构的标准。澳大利亚设有较大消防部门的地区有:澳大利亚首都地区(面积 2408 平方公里,人口 230500,消防站 4 个,职员 170 人,消防设备 16 部);新南威尔士(面积 700605 平方公里,人口 5.3 百万,消防站 303 个,专职人员 2000 人,志愿人员 3000 人,消防设备 384 部);北方地区(面积 1346000 平方公里,人口 127400,消防站 10 个,专职人员 125 人,志愿人员 30 人,消防设备 35 部);以及昆士兰(面积近 1813000 平方公里,人口 2 百多万),在布里斯班设有大都市消防队委员会(管辖面积 1217 平方公里,人口 1028900,消防站 19 个,职员 675 人,消防设备 39 部)。

消防职业

有许多从事灭火与防火的专家,他们的工作如同商业和工业中的工作一样,各不相同。这一行业所运用的技术与设备,也和其他领域一样,在迅速地发生着变化。例如,在许多地区电脑与移动式电传打印机已应用于消防调度。为减少火灾发生的可能性,人们已经制定出建筑设计标准;然而,火灾仍然在向人们提出严峻的问题。因此,社会将始终需要能有资格从事消防工作的人才。

在美国,人们可在社区消防署、工业消防队、陆海空三军,以及按合同为政府机构服务的私人商行中供职。驾驶飞机和直升机进行森林灭火以及勘察、照像的飞行员,就是从事这种签有劳务合同的工作。就大多数消防工作来说,需要具有中学或相当于中学的文化程度,而受过更高的教育自然是个有利条件。某些消防署和消防队要求消防官员具有大学或大学以上的学历;州和联邦的消防机构也是如此。

在社区消防署,职员的录用和提升必须通过考试。考试可由文职人员委员会或其他考试委员会来进行。投考人还必须符合身体方面的要求。州议员可以提供有关如何与考试委员会接触的信息。有关消防署各种职业方面的信息,人们可以从国际消防署长协会(地址:美国首都华盛顿西北区第 18 大街 1329 号,邮政编码 20036)与国际消防员协会(地址:美国首都华盛顿西北区纽约大街 1750 号,邮政编码 20006)两处获取。州林业局和联邦林业局中的职位,通常要经过文职人员考试或任命才能获得。州议员和国会议员可以提供有关要求方面的信息。

工业消防队和林业企业中的职位,通常要求受过专门的培训和教育。有志者可以与具体的公司或社团联系。服务公司的每个分支机构都可提供有关它的消防署和消防职业方面的信息。

近年来,消防工程方面的就业机会越来越多。这类工作通常要有由国家认可的学院或大学授予的工程学学士学位,此外还要求取得正式的专业工程师职称,但取得职称不但要有学历,而且通常还要有数年的实际经验。

马里兰大学科利奇帕克分校和加利福尼亚州立大学洛杉矶分校设有攻读消防专业学士学位的课程。许多社区学院也设有攻读准学士学位的课程。

除了活跃在火灾现场的那种消防员的职位之外,消防署还有其他不那么紧张、危险性较小,而且也可以提供令人满意的职业(比如消防技师、急救医师、消防视察员和调度员等)的工作。

信息来源

有几个组织提供有关救火、防火以及相关问题的信息。全国消防协会(地址:马萨诸塞州昆西市巴特利马奇公园,邮政编码 02279)制定有关消防的技术标准、法规、公共教育计划,编写指南、手册、培训教材,拍摄电影,制作其他直观教具。联邦紧急事务管理局美国消防管理处(地址:美国首都华盛顿西南区 C 大街 500 号,邮政编码 20472)制定消防教育和培训计划;该机构在马里兰州的埃米茨堡有一个全国消防研究会,另外还有一个全国消防数据中心,通过这个数据中心,研究会进行有关消防与住宅安全方面的研究。消防工程师协会(地址:马萨诸塞州波士顿巴特利马奇大街 60 号,邮政编码 02110)是一个行业协会,在美国、加拿大、欧洲和澳大利亚都有分会。它起一种信息交流中心的作用。

撰文:Paul Robert Lyons

儿童保育　CHILD CARE

截止至 20 世纪 90 年代初,妇女在美国的劳动力中已经占到 45% 以上。在东亚,60% 以上的妇女从事工作;在西欧,妇女工作人数也在 50% 以上。在美国的就业妇女中,几乎 2/3 的人有 14 岁以下的孩子。若没有儿童保育机构,这类妇女就会常常只好在工作与待在家里二者之间进行选择。

在欧洲,儿童保育由政府来承担,或由政府批准并给予津贴的机构来承担。美国是少数几个未能实施一项全面的儿童保育政策的工业国之一。例如,匈牙利有 3000 余所由政府开办的日托机构;在瑞典,几乎 60% 的学前儿童被招收到由政府经营的儿童保育机构中。

在美国,联邦政府有关儿童保育方面的立法并非没有先例:在二战期间,"拉纳姆法令"曾向那些在与战争有关的工业中工作的母亲们提供托儿费。然而,直至 1990 年,美国仍没有一项全国统一的政策,而由此产生的结果便是,大多数的儿童保育经费皆由私人赞助。1990 年,美国除了像"金德托儿"和"儿童世界"之类商业性日托机构的几个联号外,还有 3300 余由公司赞助的儿童保育方案。在大多数社区,宗教机构与市民团体也开办日托和学前教育设施。

虽然美国未能实施一项全面的儿童保育政策,但联邦政府通过了几项有助于提供儿童保育的立法。"国内税收法令"第 125 款规定,职工收入中交儿童保育费的部分收入免征所得税。美国国内税局也允许对儿童保育费和家属扶养费实行减税。社会福利事业固定拨款和社区发展固定拨款,向各州提供了可用于日托设施的资金。

人口　POPULATION

1987 年当世界人口超过 50 亿这个里程碑时,联合国估计这个记录在 21 世纪末增加一倍以前不会稳定下来。世界人口达到第一个 10 亿所需要的时间,是从史前有人类开始一直延续到 19 世纪初叶。世界人口的第二个 10 亿用了一个世纪多一点的时间。1960年达到30亿，是不到50年的时间。此后多增加的几十亿人口是在每10亿大约用12年时间积累起来的。但是达到第六个10亿可能只需10年以内——到1977年。

尽管世界人口出生率在逐渐下降，但是人口仍继续以每年超过9000万人记录的比率在增长。这个增长数的90%是在非洲、拉美和亚洲(日本除外)的发展中国家——主要是中国和印度。

人口的这种惊人的增长的基本原因，是死亡率的下降。19世纪，由于工业化带动在健康和生活条件等方面的改善，新发展的农业和交通工具帮助增加了食物的供应，欧洲、加拿大和美国的死亡率开始下降。19世纪末，这些地区出生率也开始下降，人口的增长放慢了。

第二次世界大战后，由于医学和公共卫生的技术普及，发展中国家死亡率的降低与发达国家相比在时间上大为缩短。除非洲外，发展中国家的出生率已经同时下降，虽然与死亡率相比要缓慢得多。世界上人口增长最快的地区是非洲，增长率估计是28‰，或每年2.8%。增长最慢的地区是欧洲，仅为0.3%，全世界的平均数字大约为1.7%。

当世界的平均出生率下降到与死亡率相等时，世界人口将停止增长。人口统计学家——研究人口趋势的社会科学家——计划，当人口达到100亿时，将会出现这种情况。在21世纪结束之前，很多今天的发达国家人口将会减少，仅仅因为他们的出生率会比死亡率低，正如一些欧洲国家现在的情况那样——例如意大利。大多数发展中国家的人口无论如何将大大超过今天的数量。例如，印度的人口预期增加一倍，将从1990年的8.53亿增到2100年的17亿。肯尼亚的人口是世界上增长最快的国家，在同一时期内，几乎能增加5倍——从近2500万增到1.16亿——如果说它的增长率不降低到每年4%以下和它的生育率不继续下降。如此大量增加的人口给许多贫穷的发展中国家造成了极大的压力。这对它们的现有人民来说，在吃饭、教育、提供医疗和工作等等方面都有困难。

美国的趋势

在南北战争之前，美国的人口大约每10年增加1/3。在1860年到1940年之间，增长的趋势逐渐放慢，原因是出生率降低和1921年以后对移民的限制。在20世纪30年代的经济萧条时期，人口增长率是7.2%。战后婴儿出生数大增，在1957年达到高峰，促使人口增长率从1940年到1950年间的14.5%增加到1950年到1960年间的18.5%。然后在20世纪60年代增长率下降到13.4%，70年代下降到11.4%。在1970年到1980年间人数增加2300万。这个数字比50年代(2800万)和60年代(2400万)增加的数量少，但是比自1790年以来的任何其他的10年期间增加的要多。1790年，第一次人口普查时，美国人口为390万。到1990年，人口已增加到2.5亿。

虽然移民算作这种增长的某种原因，但是增长(在1989—1990年间就将近190万)主要是由于死亡率稳定下降。例如，从1910年到1989年，每1000人死亡率下降约60%——从14.7到5.2‰。一般说来，80年代出生率从1910年的30.1‰的水平下降，但是1989年由于出生率开始增加，被认为是一个多生育年，出生率为16.2‰。

然而，在20世纪出生率的增减不定状况已大大超过死亡率。30年代它下降到19‰以下，在50年代婴儿出生高峰时期，上升到25‰，在70年代中期再次下降到14.6‰的最低纪录。此后出生率就在15‰上下起伏。到80年代，美国人口增加的25‰是来自移民。由于难以预料的出生率的增长，在90年代这个比例下降到15%以下。但是，这个比例并不包括无法确定的非法外国居民的人数。

1750—2100年世界发展中和发达地区的人口增长

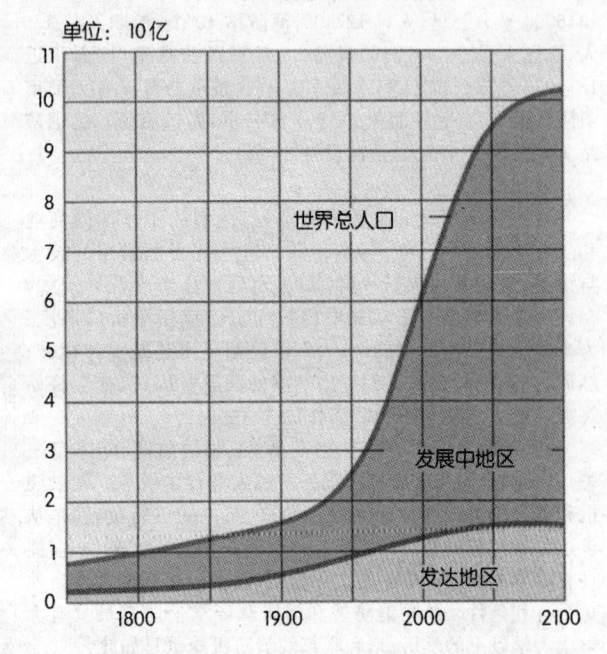

单位：10亿

发展中地区＝非洲、亚洲(日本除外)、拉丁美洲
发达地区＝欧洲、北美(加拿大和美国)、日本、澳大利亚、新西兰

尽管出生率暂时增加，由于中年和老年阶层人口比率增加，美国正在变成一个成年人国家。20世纪初，30%人口的年龄在15岁以下。到90年代初，15岁以下的儿童人数不到20%。其他工业国家，如日本、德国和俄国也有出生率降低和成年人比例增加的经历。

退休人数的增长率比所谓有生产力的工人(年龄在18至64岁)的人数的增长率快，当生育高峰时期出生的一代——1946年至1964年间出生的人——在2010年达到正常退休年龄时，这个增长率仍将以较快速度增长。这意味着工人们将不得不增加生产，为老年人提供食品和服务。与此同时，他们不得不相对多纳税款，为退休者准备养老金，为有病的老年人提供医疗照顾。

除了人口的老化以外，在国内移民和安置方面已经出现重大变化。60年代以来，美国人已不断迁移到气候温暖的地区，并且从农村迁到城市。1980年至1990年期间，内华达州、阿拉斯加州、亚利桑那州、佛罗里达州和加利福尼亚州都增加了大量人口。1790年仅5%的人口住在市区；200年以后，这个数字已增长到超过75%。虽然在20世纪70年代乡村地区和小城镇的人口增加很快，但是在以后的

10年里乡村人口增长速度仍低于城市人口增长。20年代起,在大多数大城市里,市郊周围社区人口增加的比率已经大大高于市内人口增加的比率。

各大洲的人口、年龄和城市化

20世纪90年代,世界人口有近60%生活在亚洲。欧洲,不包括俄国,有10%,北美、中南美共有13%。人口最稠密的大陆是亚洲,每平方公里114人,欧洲,包括俄国在内,每平方公里71人,北美每平方公里15人,孟加拉的人口最稠密——每平方公里755人。其他人口稠密的领先国家和地区是中国台湾、韩国、荷兰、比利时和日本。

人口的年龄结构主要同人口的生活状况和资源的分配状况有关。由于高出生率,发展中国家年龄在15岁以下的儿童比例大大高于发达国家。在大多数非洲国家,15岁以下的儿童占人口45%以上——相比之下,例如在瑞典是18%。很多发展中国家的资源必须用于成长中儿童的教育和儿童保育,用于在他们长大成人时为他们提供工作的经济发展就比较少了。在人口老龄化的发达国家——像瑞典,23%的人年龄在60岁和60岁以上——支持老年人的资金份额不断增多。

45%的世界人口居住在城市地区。在发展中国家这个比例仅占37%,相比之下,发达国家是73%。然而,与发达国家过去城市人口增加的速度相比,发展中国家的城市人口的增加要快得多,尤其是在大城市。为迅速增加的城市居民提供足够的工作和服务,给发展中国家增加了压力。到2000年,预期有将近50%的发展中国家的人口生活在城市地区。到2000年有7个城市的人口将超过1500万,其中有5个在发展中国家(墨西哥城、上海、巴西的圣保罗、印度的加尔各答和孟买)。其他两个人口这样众多的城市可能将是东京和纽约。

世界人口分布图

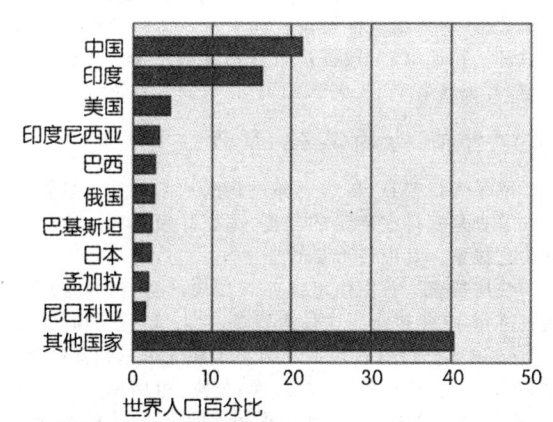

1992年,世界人口总数为5436358000。

50多亿世界人口的大部分——总人口的3/5——生活在亚洲。世界上这个地区也有一些国家的出生率最高。

婴儿死亡率和寿命预测

一个国家的健康状况的良好指标是婴儿死亡率——一年中每1000个一岁以下婴儿的死亡数。发展中国家的平均数是90——几乎是发达国家平均数16的6倍。非洲儿童的死亡率最高,领先的是西非,比率为111。南非的比率也高,平均数为96。阿富汗的比率是154,在世界主要国家中是最高的。

在发展中国家,婴儿死亡率趋于降低,这些国家的妇女受过一些教育,尽管收入很低。例如,斯里兰卡的比率是33,低于沙特阿拉伯的109比率的1/3,尽管沙特阿拉伯的人均收入是斯里兰卡的24倍多。在斯里兰卡,无论如何,几乎全部女孩都上小学;在沙特阿拉伯仅有半数多一点的女童上小学。

出生率与死亡率比较*

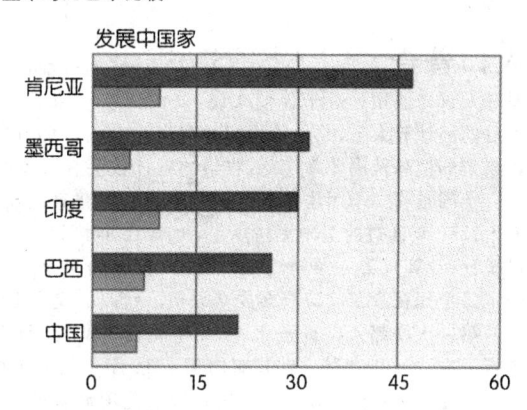

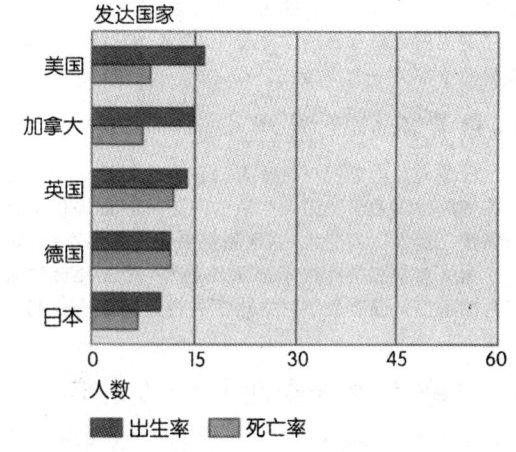

*每1000人

1990年冰岛的婴儿死亡率是世界最低的,每1000个新生儿有4个死亡,接下来是日本,死亡率为4.7,美国的比率为9.1,高于其他28个国家,主要是因为贫困地区的比率很高。

婴儿死亡率与出生的生命预测有很重要的关系,或者说,如果新生婴儿的生活条件不变,就能够预期他们活下来的平均年龄。在中世纪,婴儿死亡率在每1000个出生婴儿中超过200个,生命预期是30岁或者更低。到20世纪90

年代初,全世界人口的平均预期寿命是63岁。在发展中国家,平均预期寿命是59岁,从拉丁美洲的67岁到非洲的仅有53岁。发达国家的平均预期寿命在西欧和北美现在是75岁,日本、冰岛和瑞典是世界上预期寿命最高的国家——77岁,美国的平均寿命大约是75岁。

几乎所有国家的妇女预期寿命都比男人高,随着整体预期寿命的增加,这个差距也在不断加大。1989年美国一个出生女孩的预期寿命是76.5岁,几乎比男孩的预期寿命69.6岁多7岁。在非洲和亚洲的许多发展中国家,这个差距较小。例如在埃及,妇女和男人的预期寿命分别是62.1岁和59岁,相差3岁。在南亚的印度、尼泊尔和巴基斯坦,妇女的预期寿命实际上比男人少一两年。在许多发展中国家,对男孩的宠爱超过女孩,因为男孩对于家庭来说被认为有更大的经济价值。因此,女婴受到的照顾和注意比男婴少,她们的死亡率较高。

人口普查　CENSUS

拉丁词"人口普查"由古罗马人首先使用。对于他们来说,该词仅仅意味着为了征税目的而计算人数,并估价他们的财产。今天,由人口普查者收集的信息范围非常广泛,收集的统计数字有很多用途。

美国是第一个用法律规定进行定期人口普查的现代国家。1789年通过的美国宪法规定,每隔10年应进行一次人口统计(计算)(第一条第二项)。人口普查的主要目的是,确定每个州在众议院应有多少众议员。(参见:**美国宪法**)

第一次联邦人口普查于1790年进行。此后,每10年进行一次。1976年的立法规定增加了10年中间的普查,此项普查于1985年开始;然而,只有采取此项调查的年份的尾数为零时才用于众议院席位的分配。

美国的人口普查局建立于1902年,自1913年起,它已成为商务部的一个机构。

人口普查的多种用途

议员人数的分配仅仅是人口普查的用途之一。普查者现在询问很多关于美国人生活的问题。答案提供了可以用于衡量已经发生的变化,并预测将来变化的基本统计数字。

由人口普查统计数字显示的趋势,对于社会学研究有很大的价值。普查数字对立法者和企业界人士也起到指导作用。

1990年人口普查所包括的内容

第21次人口普查(10年1次)于1990年4月1日进行。实际上,它是这一天全国人民和他们的住房情况的快速报道。

问题表格按照具体地址寄给美国的每一个家庭,并要求收信人寄回填好的表格。在一些地区,主要是乡村,表格寄给每一个家庭,要求收信人填写这些表格并保存起来,直到普查者将表格收走。像所有普查那样,对问题的回答都是根据法律的要求。

信息的收集根据每个人的年龄、性别、民族或祖先、婚姻状况、与户主的关系等。此外,还要询问关于每个住所的情况。这些问题涉及建筑物的种类(房屋、公寓套间)、房间的数量、占有情况(拥有者、出租者)和价值或租金。

15%的城镇住户和不足5000人的地方住户的50%都收到一份比较详细的调查表。它包括每人的出生地、公民身份、母语和英语的熟练程度、祖先、前5年期间的活动和居住地等问题。其他一些问题涉及婚姻、子女、教育、服役情况、职业、丧失能力状况、上下班的交通、工作经历和1989年的收入。

更详细的调查表还包括关于住房的类型、居住的年数、给水和排污设施、取暖和空调设备、燃料的种类和费用、公用事业费用、电话服务、厨房设施,以及浴室及卧室的间数等附加问题。它收集有关车库的收费和拥有汽车的有关资料。

1990年的人口普查是如何实施的

为1990年人口普查作准备,在1988—1989年间,人口调查局雇用了3.5万名临时雇员,挨门挨户收集大约4300万住户单位的地址。该局从商业通讯录中也获得大约5500万在大都市地区居住的人们的地址。人口普查和邮局服务人员核对并更新了通讯录;然后人口普查局为邮寄调查表使用的信封制作了标签。

1990年3月23日,人口普查局将调查表寄给乡村的大多数住户;在一些乡村地区,调查表由普查员送交。要求回答者填写表格并且在普查日——4月1日将表格寄回,寄到450多个地区普查办公室中的某个办公室或者寄到7个处理中心中的某一中心。随后人口普查局通过电话或个人访问对那些没有回答问题的住户进行调查。通过2.2万个过夜的应急帐篷和资助的临时住处,使无家可归者首次被正式包括在人口普查里。然而仍有许多无家可归者仍然没有统计在内。

处理中心收集、分类并将调查表微缩成胶片;为自动编码制作回答卡;将微缩胶片变换为计算机可以阅读的表格;编辑数据;将数据电传给设在马里兰州休特兰的人口普查局总部。在那里,对数据进行处理并制作报表。按照法律规定,普查结果于1990年12月31日送交总统。

人口普查局的其他活动

除了人口普查,普查局还进行附加的普查。虽然这些附加普查是安排在确定的年度,国会必须批准每个项目并且为它拨款。其中最重要的是:

住房普查　首次住房普查于1940年进行。1949年,国会批准每10年进行一次住房普查,与人口普查同时进行。

1980年住房普查包括几项关于住宅单位的新的调查。这些调查包括住房的类型(房屋、公寓、租用单元);住所大小;1979年的抵押金、房地产税和保险金;住户的运货车和卡车的数量。

农业普查　1840年进行了首次农业普查。从1920年开始,每隔5年进行一次。现在普查安排在尾数是2和7的年头。这项普查报告农场的存货和产品数字。1980年,在联合国粮食与农业组织的指导下,有100多个国家进行了农业普查。

制造业普查 对制造业企业的普查是普查局每隔5年通过邮政进行的。第一次普查是在1809年,此后各次普查定期进行。由于第二次世界大战,1939和1946年之间没有进行普查。现在的普查法规定每隔5年进行的普查包括以2和7结尾的年份。因此,1988年进行的制造业普查,包括1987年的工业活动。

制造业普查收集关于就业、发放工资总额、制造业增殖、(工厂)装运货物值、原料费、资本支出和有关成品的资料等。将得到的资料作为一个整体编入国家的统计,同时编入各州、各大都市地区、各州的县和市的统计。这些数字合在一起也表明每种工业的产量。

普查局不能公布由私人公司填报的透露情报的统计资料。如果某个公司是一个州仅有的一个行业,该行业的数字就从这个州的资料中略去。这些数字包含在那些大到不能识别出该公司的地区或其他单位的报表里。

"由制造而增加的价值"提供衡量不同行业和不同地区的制造业的经济上的相对重要性的最好尺度。这个数字只是提供在制造过程中创造的价值。它是由扣除运输、原材料、日常用品、容器、燃料以及承包工作的全部费用而计算出来的。

另一种比较方法是由"产品的运出价值"提供的。这种数字包括复制,因为一些产品要经过一个以上的制造阶段。例如,面包房的产品价值也包括以前面粉厂加工谷物的增值。

经济普查 第一次商业普查于1930年(含1929年)进行。单一商业普查被几种分开的普查所代替,直到1967年作为一个共同进行的整体计划,才建立了经济普查。这些普查包括批发业的普查、零售业的普查和服务业的普查。这些普查每5年进行一次,在以2和7结尾的年头进行。它们的目的是收集关于商业布局和销售数字、雇员数量、发放工资额的大小等方面的信息。少数民族拥有商业的调查作为一个特殊项目于1969年开始,并且和妇女拥有商业的调查一起于1972年编入经济普查。

康普顿百科全书中的人口数字

美国的人口数字 本版康普顿百科全书包括1990年普查的人口数字。人口特征以最新的可以得到的普查数据为依据。这些特征可以在有关人口和其他科目的条目中找到。

加拿大的人口数字 官方普查人口数字每5年提供一次。详细的10年一次的普查在结尾数字为1的年份进行。较少的综合普查在以6结尾的年份进行。

其他国家的人口数字 最新可用的普查数字一般是为其他国家提供的。对于那些最近没有进行普查的国家来说,可以使用最好的官方估计数字。

建筑业的普查 作为商业普查的一部分,1930年首次收集建筑业的有关资料。建筑业的普查在定期的基础上于1967年开始。收集的资料包括:建筑物的数量、熟练工人和非熟练工人的数量、工作日和工作周的长度、使用的设备、所用建筑材料和安装设备的价值。

矿产业的普查 1840年进行了第一次单独的矿产业普查。这项定期普查已进行了100多年。现在的立法要求在以2和7结尾的年头要有一份关于矿产业的报告。

运输业的普查 第一次运输业的调查于1963年进行。运输业的普查在以2和7结尾的年份进行。在4个方面收集资料——全国的旅行、卡车及其使用、产品的运输、不定期的汽车运送的人和物和公共仓储。

关于政府的报告 普查局每年收集并公布关于国家各级政府——联邦、州和地方的基本事实。所包含的项目有税收和其他收入、支出、债务和政府雇员的数目。有关州和地方政府的更多资料由对政府的普查提供,此项普查在以2和7结尾的年份进行。

普查之间的调查和报告 普查局发布关于进出口的周报、月报和年报。它也列出进入美国港口并且卸货的船只名单、运送货物的数量和种类,以及同各国的贸易规模。

普查局也用"抽样法"对人口和其他项目进行最新的调查,询问许多各类国民。然后普查局根据这种抽样对全国作出估计。随后的程序是取得每月的就业和失业数字,这是为劳工部收集的。普查局在获得这个数据时,收集了有关教育、移民、收入和关于人口的其他事实数据。普查局也为其他政府机构公布许多特别报告。

加拿大的人口普查

加拿大每10年进行一次全面、深入的人口普查。这个10年一次的普查根据法律要求用以确定加拿大的每个省份在国会下院中议员的席位。联邦政府也用人口数字确定给各省拨款的数量,例如用于学校和共同出资的保险款项。

10年普查在以1结尾的年份的6月进行。这项国家的详细调查是加拿大统计局人口调查处(以前统称自治领统计局)的工作。农业的普查在同一时间进行。

1981年的普查

加拿大1981年的普查是1867年建立联邦以来国家的第12次10年普查。加拿大统计局雇用了3.4万名统计员将调查表分发给全国的住户和农场。

1981年的普查保持了1971年采用的改革。主要是在每个住户完成一份必要的调查表的自我统计的基础上进行的。这次调查广泛使用了抽样技术。

初步的试验已经证明"自己去做"的人口统计技术对以前使用的程序来说更为可取,而以前的程序必须询问、解释并且记录对复杂问题的迅速回答。但是人口中的一部分——不足5%——不能适用这些自我统计技术。特别是在广阔的北方地区、沿海外港、研究机构和军事部门的人们,提出了需要应用传统调查方法解决的特殊问题。

1971年和1981年的普查广泛使用了抽样法,减轻了公众回答的负担,并且减少了处理费用。它也有助于改进取得数据的时间界线。两次普查使用两种格式的调查表。

1981年的普查,调查表包括6个基本的人口问题,由加拿大全体居民回答;6个关于住房问题,由每个户主回答。这种所谓简要调查表由加拿大的4/5住户来完成。

一种比较长的调查表包含12个基本问题,加上10个附加住房项目和24个社会经济问题,这种表由其余1/5的加拿大住户回答。

人口普查之间的测算和5年普查

为了补充从定期普查中得到的资料,加拿大统计局于每个季度公布一份全国和各省的人口估计。其他估计,如加拿大人口的年龄和婚姻状况之类的估计,在年度的基础上可以找到。这些人口普查之间的测算是以最新的调查数字为基础的。记录在案的出生总数和移民总数,加在减去死亡人数和从加拿大移出人数以后的数字中。

加拿大人口资料的第三个来源产生于1956年。这是每5年进行一次不怎么详细的人口调查。

20世纪交替之初,普雷里诸省(马尼托巴、萨斯喀彻温和艾伯塔)迅速发展使进行比每10年普查更为经常的普查成为需要。这些省份建立了5年人口普查。随后,在1951年的全国普查之后,各次普查间的测算显示,全加拿大的人口正在迅速增加。

农业也在发生重大的变化。结果,1956年的5年普查扩展到包括全国人口和农业。1966年再次进行了这种"用长工作台工作"的人口普查,现在按照新的统计法,它带有永久性的特点,在每个以6结尾的年份都要重复进行一次。5年普查是全国范围的,但是询问的问题在数量上比10年普查要少。

人口普查的历史

远在巴比伦王国就进行过农业普查。古代中国计算本国人口以确定不同省份的税收和军事力量。罗马定期进行人口和财产普查。这种普查被用于确定公民的政治地位,评估他们对国家应负的军事和纳税义务。中世纪很少进行普查。最著名的英格兰普查是根据威廉一世的命令进行的,并于1086年载入《英格兰土地勘查记录》。

新大陆的早期普查于1666年发生在加拿大。新法兰西行政长官让·塔隆下令进行一次殖民地官方人口普查,统计自从1608年建立魁北克以来人口增加的数量。这次统计,共有3215人记录在案,包括每人的姓名、年龄、性别、婚姻状况和职业。

现代方式的人口普查与民主的增长有密切联系,因为定期的人口普查对于一个真正的代议制政府来说是必不可少的。总的来说,美国人民乐于接受这一制度。从开始执行起,个人报告就是保密的,资料仅仅用于表格。

1790年的美国人口普查将全部人口划分为白人(男性和女性)和黑人(奴隶和自由人)。白人男性进而划分为16岁以上和16岁以下。这个首次普查,由联邦官员收集。大约花费4.4万美元。1990年的普查大约花费26亿美元。

第一次美国人口普查数为392.9216万人。普查数据公布在一本56页的小册子里。对比起来,1990年普查的人口为2.49632692亿人。它的数据可以在印刷的报告中,也可在微缩胶片中和计算机磁盘中查到。1990年的普查包括特殊的群体,例如在海外的部队和海外的政府雇员、旅店和汽车旅馆的客人,以及海上商船的船员。

在美国,像其他国家一样,家庭是最早的人口普查单位。但是1850年的普查有了革命性的变化。它以个人为基本单位,并且增加了许多新问题,例如年龄、出生地和职业。在这一时期,有相当数量的国家也已经开始进行普查。

在加拿大,为了分配下议院中的席位,1867年的不列颠北美法授权联邦政府进行一次全国普查。三年后通过了人口普查法。按照这个法的规定,联邦成立之后的第一次普查于1871年进行。1897年此法的修正案规定,10年普查一次。

据估计,世界人口的2/3已经进行过官方统计。然而,一些刚成立的国家只是最近才进行第一次普查。联合国通过建立培训机构和介绍标准方法来援助他们,以便获得能同其他国家进行比较的数据。

无家可归　HOMELESSNESS

几乎没有什么社会问题能够像20世纪80和90年代无家可归者的困境那样迅猛地增加,或如此富有戏剧性的了。无家可归者曾经是容易被人忽略的"看不见的人",如今,在大城市的街道上和公共场所中,随处可见。"提包夫人"在大街上徘徊,身边仅有的一些财物装在购物包内或杂物车上。流离失所的男人蜷缩在长凳上,楼梯井里或墙根下。还有一些孩子——他们有些是离家出走的,有些则是被抛弃的——在东张西望地寻找食物和栖息处。

据联合国估计,20世纪80年代中期,在经济不发达的社会中无家可归者的人数有1亿多。人们称之为"新型的"无家可归者则生活在欧洲、北美和东亚发达的工业化国家中。我们迄今没有准确的可被证实的统计数字,部分的原因是由于人们对于"无家可归"这个问题持有针锋相对的看法。那些为无家可归者进行辩护的政治家、法学家等人认为,仅在美国就有2至3百万无家可归者。而另外一些从不太有同情心的观点来研究这一问题的人则提出,这一人数接近于30万。

统计数字不确定性的另一个原因在于无家可归人口的成分。有些家庭由于失业而遭受暂时的贫困。由于无力负担租金或抵押款,他们可能在几天或数周的时间内加入无家可归者的行列(或者投靠亲属)。一旦找到了工作,这个家庭往往又付得起房租了。

真正无家可归者的人数,在非常穷困的人们中间可能只占3%,或更少。他们最为普遍的特征就是贫穷,尽管他们中间有些人至少做些零活,另一些人还能领到各种福利款项。根据美国市长联合会于1987年做的一项研究表明,无家可归人口的构成比例如下:56%为单身男性,15%为单身女性,28%有家庭——通常为单亲家庭。总的来看,无家可归者趋向年轻,大多数在40岁以下。

美国国家心理健康研究所估计,20世纪80年代无家可归者中有1/3是从前的精神病人,他们是因实施"让住院的精神病患者出院方案"而流入社会的。许多无家可归者还吸毒或酗酒,或二者兼嗜。他们中间的有些人是结构性失业——暂时性的,但却是巨大的,经济变革——的牺牲品。其他的人无家可归则是因为关于救济的条件的规定改变了,或租金低廉的住房租完了。无家可归人口中的有些成员从下面这种意义上说则是自愿的:他们逃离他们从前的家庭内无法忍受的处境。遭受殴打的妻子和受虐待或遭冷落的孩子,离家出走,在街上游荡,或住在由慈善机构开办的收容所里。据报道,日本的许多男人由于诸如压力、年迈、对什么都没有兴趣或为逃避家庭问题等原因而自愿退出经济舞台。

各国政府对这一问题的反应也各不相同。加拿大和美国并未就无家可归问题制定有关法律;不过,政府机构为开办收容院与施粥所提供了资金。英国于 1977 年颁布"流浪者法",要求地方当局安置无家可归者。为改善贫民的居住状况,联合国曾宣布,1987 年为国际安置无家可归者年。

优生学　EUGENICS

为了使人免于身体和智力方面的缺陷,人们能够控制自己的进化吗? 100 多年以来,支持优生学的人们通过优生手段研究人类的改变,他们的回答是:可以。

优生学的支持者通过人工选择,有控制地养育有一定体质或智力的人们来寻求人类的改变。优生学以遗传学为基础,是研究基因怎样构成,又是怎样代代相传的科学。优生学也包括应用从其他知识领域获得的信息。心理学研究个性,医学同某些疾病与身体状况的遗传因素有关,社会学研究群体的相互作用,人口统计学研究人口的统计,这些都是优生学理论所依据的一些基础学科。

优生学的历史

关于改进动物和植物原种的思想自古代起就已存在。许多动物,特别是狗和马的饲养,是为了增进特殊的品性。为了得到更耐寒和更有生产性能的品种,对树木和其他植物也要进行培育。用这样的方法改进人类的思想,在古代就存在。这些思想可以在《旧约》中找到。著名的希腊哲学家柏拉图在他的《理想国》一书中论述了这些可能性。

直到 1833 年,英国科学家弗朗西斯·高尔顿才创造了优生学这个词。高尔顿是查尔斯·达尔文的一个表兄,进化论的主要支持者。达尔文的著作影响了高尔顿,他开始写关于人类指导自身进化的可能性的书。在 1869 年出版的一本书中,高尔顿利用对重要人物家庭的研究表明:连续几代期间,通过明智的婚姻产生有很高天赋的人种,是完全可行的。

高尔顿在人类改善的探索中不是孤立的。在 17 和 18 世纪,开展了称为启蒙运动的知识运动。启蒙是依据这样的思想:人类可以通过对理性的称赞和应用来改进自身状况。美国女权运动领袖维多利亚·伍德哈尔——她是 1872 年由一个政党提名为总统候选人的第一位妇女——说:如果想要得到卓越的人,那就应当对他们进行培养;如果低能者、罪犯、穷人和在其他方面不健全的人是不良公民,那就不应当对他们进行培养。

从 19 世纪末到 1945 年第二次世界大战结束,优生学成了"改良"人种的一种广泛的、常常有破坏性的社会运动的一部分。这一点在 19 世纪 20 年代初和整个第二次世界大战期间的德国尤为明显。阿道夫·希特勒和他控制的纳粹党所采取的行动,曾受到优生学理论的激励。有 1800 万—2600 万人,其中约有一半是犹太人,在集中营里被屠杀,因为纳粹认为"劣等"人应该由日尔曼国"优秀"人种来控制。

相同时间在美国,许多优生学者支持剥夺被认为有缺陷的人的出生权。剥夺出生是一个能够防止男人和女人生育的医学程序。到 1931 年,剥夺出生的法律已在美国 27 个州实施。1935 年其他 5 个国家也通过相同的法律。

大多数支持优生学的人不是科学家,但是有一些人,像英国数学家卡尔·皮尔森和高尔顿的追随者,都是著名人物。在 20 世纪初,皮尔森是个有争议的公众人物,他强调这样的信念:某些社会阶级和种族优于其他阶级和种族。这个理论极大地影响了纳粹主义(见:**希特勒**)。他和他的支持者常常忽视这样的可能性:糟糕的社会环境能够对人类行为有相反的影响。优生学作为一种科学学说,后来在美国失去威信,皮尔逊是其原因的一部分。

人类学家研究世界上不同的人种,他们和其他科学家的工作改变了优生学的强调内容。20 世纪初在美国,一个德国出生的人类学家弗朗兹·博厄斯对于了解种族作出了重要贡献(见:**博厄斯**)。研究者为了解释人类的行为,开始更多地集中研究如社会和经济条件这样一些因素。如果说优先学已恢复了科学的受人尊重的地位,它是通过对细胞结构和遗传本质的不断研究而恢复这种地位的。

当今的问题

优生学当今关注的方面包括基因缺陷的性质和原因、决定心理特征的方法,以及环境因素和遗传之间的关系。

科学家们认为,今天带有缺陷基因的人数在不断增多。这种看法的部分解释是,有更多的人暴露于有损害的辐射、化学物质和其他环境方面的危险之中。另一个原因可能在于几代人营养不良。然而,医学的进步使那些有遗传疾病和其他缺陷的人有可能活得更久些,结婚并生儿育女。

每年基因缺陷增多的数量正在予以界定,对它们的遗传方式有更好的了解,鉴定带有这些缺陷的方法正在改进。人们对基因外科这个有争议的领域也在研究,这种外科通过直接控制来改变有害的基因。一项国际性的努力是定位和绘制人类染色体组,即组成一个人的全部基因。这个项目一旦完成,对于了解基因的组成和控制基因缺陷所做的努力会有很大的帮助。

饥饿与饥荒　HUNGER AND FAMINE

从最浅显的意义上讲,饥饿仅为一种欲望。如孩子放学回家直奔电冰箱寻找食物的现象。其实,他已经吃过早、中餐,而晚饭也很快就要准备好了,因此他并不是急需食物。然而,对地球上成千上万的人而言,饥饿表示真正需要大量短缺的食物。这种短缺可能是部分的:有一些食物,但总是不够。食物的短缺也可能是完全的。全体人口的食物的完全短缺称为饥荒——它显然与"挨饿"一词有关。"挨饿"一词源于拉丁文词"fames",意为"饥饿"。饥荒的结果是大批人饥饿,人类历史上就曾出现过这样的事情。

饥荒被定义为极端和长期缺少食物。饥荒能影响整个国家,如20世纪90年代初发生在索马里的饥荒。它也可以是区域性的,如20世纪80年代发生在埃塞俄比亚的饥荒。第二次世界大战刚刚结束后的德国也有过区域性的饥荒,因为农村因战争破坏而严重荒芜,但是有些地方受到比其他地方更加沉重的打击。因此,战争是产生饥荒最普遍的历史原因;它不仅摧毁食物的供给,而且还摧毁食物的分配系统。

产生饥荒的主要原因有二:自然和人为。自然原因包括诸如干旱、瘟疫、过量降雨和洪水、不合时令的寒冷天气之类的灾害。在像美国这样的大国,这些因素可以促成物资短缺和高物价。但它们从未引起过饥荒,因为可以进口食物,或将食物从国家的一个地方运到另外一个地方。而在经济比较单一的小国,自然灾害就可能造成严重困难。19世纪40年代的爱尔兰,土豆的欠收导致了至少100万人的死亡以及成千上万人的迁移。在古代社会,洪水或干旱就能够轻易地引发饥荒,因为那时没有食物援助的外部来源。人口过剩也是一种自然原因。自1700年以来,它在中国和印度导致了好几次饥荒。例如,1876—1879年,中国就有将近900万到1300万人死于饥饿。20世纪农业的显著进步——绿色革命——在很大程度上缓解了这个问题。

20世纪,人为因素引起的饥荒,至少和由自然因素引起的饥荒一样普遍,特别是在亚洲和非洲。除战争之外,以共产主义和社会主义名义实施的错误的经济改革在苏联(特别是20世纪30年代的乌克兰)、20世纪80年代的埃塞俄比亚和莫桑比克,导致了千百万人的死亡。农业家庭被迫离开村庄或部落土地,被赶入集体农庄。个人积极性被剥夺,农业生产遭到严重破坏。农业由政府官僚管理,生产者和消费者没有一点儿选择的自由。到20世纪90年代,俄罗斯已经纠正了这些错误,可在非洲饥荒仍然存在。

贫困 POVERTY

1985年,在美国年收入低于10989美元(纳税前)的任何四口之家被认为贫困。这个美元数额叫作贫困线,这是1964年发明的一种经济衡量标杆。这条线是以提供最便宜的营养平衡食物的3倍需求量而定的。贫困线按照每年的通货膨胀进行调整。

在美国贫困线超过1万美元的同时,孟加拉的每年人均收入为120美元,不丹为100美元,海地是330美元,马里是130美元。在那些国家中任何收入1万美元的人会被视为富有。在美国大萧条期间,一半人口被视为贫困时,一个有1985年贫困线收入的家庭,有能力购买一所房子、一辆汽车、衣服和食物。

贫困的真实性随地点和社会政治条件的变化而变化。贫困基本上意味着三种基本物质需要——食物、衣服和住所——的缺乏或不足。但必须承认,贫困肯定是与富足并存的。在新世界发现以前,美国印第安人不会认为自己贫困,尽管他们只靠少得可怜的必需品和一些手工制品生活。

贫困的严重性也是变化的,它取决于出现贫困的国家的经济活力。在西欧、北美和日本的现代工业化社会,有许多政府为缓解贫困而提供的帮助——包括免费医疗和住房补贴。纽约市和洛杉矶的无家可归者通常可以找到一些临时收容所和提供免费膳食的慈善机构。印度加尔各答的无家可归者生死在街头,几乎没有人为他们提供帮助。

在贫困线以下的美国家庭
家庭贫困线以下的百分比(%)

年	贫困线*	所有种族	白人	黑人
1959	$2973	18.5	15.2	48.1
1966	3317	11.8	9.3	35.5
1969	3743	9.7	7.7	27.9
1970	3968	10.1	8.0	29.5
1975	5500	9.7	7.7	27.1
1976	5815	9.4	7.1	27.9
1977	6191	9.3	7.0	28.2
1978	6662	9.1	6.9	27.5
1979	7412	9.1	6.8	27.6
1980	8414	10.3	8.0	28.9
1981	9287	11.2	8.8	30.8
1982	9862	12.2	9.6	33.0
1983	10178	12.4	9.7	32.3
1984	10609	11.6	9.1	30.9
1985	10989	11.4	9.1	28.7

* 四口之家平均收入截止线;1959—1980年,非农业家庭

资料来源:美国人口调查局

贫困的类型

对穷人来说,贫困似乎没有差别。但是贫困可以描述为四种类型:阶级、区域性、周期性和实际的贫困。每一种类型都是对不同社会或经济环境的一种反应。

阶级贫困 在许多国家有一些同人口中其余部分有关的、地位低下的社会阶层。有时这些阶层是根据法律被贬到一种低下的地位,有时是由于习惯或歧视(见:**隔离**;**社会阶级**)。在印度,种姓制度制造了许多阶层,它们的成员经常陷入生活困境。日本的部落民是另一个实例。在许多国家,一些少数民族占据经济阶梯的最低级。在美国,许多黑人和拉丁美洲人的情况的确如此。北欧"外来打工者"的情况,也是如此——第二次世界大战后,一些个人为寻找工作从贫穷国家向北移民。

因为阶级贫困常常是偏见和歧视造成的,所以它往往是一代一代地延续下去。当这种情况出现时,就发展出了一种"贫困的文化"。社会学家奥斯卡·刘易斯在他的著作《桑切斯的儿童》(1961)中创造了这个术语,这是一本关于墨西哥城贫民窟家庭的论著。在美国黑人中类似的贫困的文化,已由冈纳·米尔戴尔的《美国人的难题》(1944)一书予以证明。揭露美国贫困程度的划时代著作《另一个美国》(1962)由迈克尔·哈林顿撰写,此书促使林登·约翰逊总统在1964年发布反贫困计划。

区域性贫困 区域性贫困这一术语是指在一些具体地理区域里的持续贫困。在一个国家内经常有一些广大的、持续几代贫困的地区。这样的地区包括美国东部的阿巴拉契亚、英国北部、北爱尔兰北部和意大利南部。然而比较经常的是,全世界的国家和地区可以归入贫困一类的有:中美洲、南美洲、中东、非洲的次撒哈拉大沙漠和中亚的大部分区域。这些地区通常被称作是第三世界,经济上不发达的或者是发展中的国家(见:**第三世界**)。

有时候,区域性贫困可以转变。当工业化国家为寻找廉价劳动力而把工厂迁到海外的穷国经营时,就造成本国人的失业。国际竞争在某些行业中有这种后果。

1985 年人均国民生产总值 *

美国	$ 16400
加拿大	13670
日本	11330
法国	9550
英国	8390
以色列	4920
波兰	2120
南非	2010
巴西	1640
萨尔瓦多	710
印度尼西亚	530
中国	310
肯尼亚	290
印度	250
孟加拉	150

* 单位:美元
资料来源:世界银行 1987 年图表集

周期性贫困 工业化国家的经济所经历的繁荣和衰退的周期,通常是指"经济繁荣与萧条的交替循环"(见:**商业周期**)。在出现一次经济衰退时,如 20 世纪 80 年代初发生的情况——和最严重的大萧条——许多工人失去了自己的工作。例如 1935 年,美国大约有 2000 万人失业。当经济复苏时,周期性贫困趋于消失。

工业经济的重大变化导致所谓结构性的失业。这样的失业没有因自动化之类的技术改革造成的经济衰退那样严重,经济衰退使许多工人丢掉了工作。因此许多工人发现自己有技术却没有合适的工作,同时因为找不到有合适技术的工人而使许多工作职位空着。在工人们能够重新培训或转移到新的劳动力市场之前,结构性失业会持续许多年。一些国家的整个地区——特别是采煤、钢铁生产和造船的地区——由于劳动力市场的变化而受到损害。

实际贫困 实际贫困局限于由于某些原因不能维持生存,以及没有帮助就不能得到基本需要的个人。老年人、没有父亲的儿童、残疾人、长期酗酒者、吸毒者和精神病患者都包括在实际贫困的受害者行列。即使当社会中的其他人都很富足时,这些人仍然过着最低限度的生活。

医治贫困

简·雅各布在她的《城市经济》(1969)一书中说:"贫困没有原因。只有富足有原因。"在作出这个论断时,她指出了惟一消除贫困的永久性方法——通过经济发展。这意味着个人能够成为劳动力的一部分,而且挣得足够的钱买必需品——以及超过必需的奢侈品。

替代发展的方法是慈善和福利。二者都不能消除贫困。这些替代方法由于没有提供工作的机会起了使人们继续保持贫困的作用。给穷人钱,花完就没了。因此,慈善机构或政府机构就得不断地发放(见:**福利国家**)。读者如有兴趣了解这个题目的更多信息,应当参阅格特鲁德·希梅尔法布的《贫困的观念》一书(蓝登书屋,1984)。

难民 REFUGEES

一些历史学家称 20 世纪为"总体战时代"。由于难民是战争的副产品之一而给这个世纪贴上另一个标签——难民时代。难民是无家可归的人,他们离开自己的祖国,被迫穿越国境,进入别的国家,这些国家未必会向他们提供他们曾舍弃的舒适的生活用品或他们曾经享有的保障。必须将他们与移民区分开来,移民是为了到经济机遇比较好的其他地方去,而离开自己的家乡。自从 1901 年以来(1900 年属于 19 世纪)沦为难民的人数已达数千万。

难民问题有几个原因。人们可能被一个不友好的政府强制逐出自己的国家。15 世纪末,大多数犹太人被西班牙驱逐。1598 年以后宗教宽容法结束,南特敕令在 1685 年被法国废止,被称为胡格诺教派的法国新教徒被迫离开自己的家乡。

西班牙驱逐犹太人和法国驱逐新教徒都是由于宗教的原因。经济原因也造成人们失去他们的家乡。19 世纪 80 年代,一些非洲国家驱逐某些部落,因为不想让这些人去竞争原本就不多的工作。种族主义也是把人们赶出自己家园的一个常用的借口。南非的种族隔离政策已经使许多人背井离乡(见:**种族隔离政策**)。美国在 19 世纪仿效了相似的政策对待美国印第安人。(参见:**美洲印第安人**)

20 世纪的难民问题可以分成三个时期:第二次世界大战以前、战争期间和战争结束后的年代。

第二次世界大战以前

第一次世界大战期间逃出被侵略的比利时、法国、意大利和罗马尼亚等地区的难民,仅仅造成暂时的问题。他们并没有因离开祖国而开辟新生活,战后他们重返家园。俄国革命发生在战争将要结束时,后来的内战造成了更为严重的问题。大约 150 万布尔什维克政权的敌人逃离俄国,定居在欧洲的其他地方。有些人来到美国,当时美国正在实施严格的移民法。

1915 年土耳其试图将它的全部 175 万亚美尼亚人驱逐到叙利亚和巴基斯坦。在 19 世纪 20 年代期间,大约 20 万亚美尼亚人和50万希腊人为了逃避迫害离开土耳其。10多万保加利亚人被迫离开他们的家园,因为第一次世界大战后他们国家的领土被割让给其他巴尔干国家。

1920年新国际联盟委派挪威的弗里特约夫·南森为难民问题专员。直到1930年去世,南森勇敢地试图解决难民问题。他的办公室将大约1/3的难民安排到20多个欧洲国家里。

第二次世界大战

20世纪30年代末,日本和德国发动的战争使难民问题变成规模空前的一场灾难。在战争开始以前,先是犹太人缓慢地从受迫害的德国和奥地利开始逃离。在1939年入侵波兰后,大约30万波兰人向东逃到苏联避难。500多万难民为逃避纳粹从欧洲其他地区蜂拥进入法国南部。纳粹入侵后,巴尔干又有30万人无家可归。德国的侵略,总共使大约1200万人流离失所。

在世界的另一边,日本军队制造了规模更大的难民情景。3000多万中国人逃避进攻的日本军队,战争打到菲律宾时,又有数百万人成为难民。到1943年德国和日本的进攻处于鼎盛时,大约有6000万难民离乡背井。

远东的难民问题比欧洲更容易解决。大多数中国人没有走远——大多为逃避日军而躲进山里。在战争结束时他们简单地返回家乡。在欧洲问题远为严重得多。欧洲大陆被分为亲共产主义力量和亲西方两部分。数百万逃避纳粹的人当时正在逃避苏联军队的进攻和东欧建立的傀儡政府。难民不得不被安置在西欧或者被送到海外。美国接收了一些,其他一些人去到他们能够去的地方。战后和平会议制造了更多的难民;例如,作为1945年波茨坦协议的结果,大约800万德国人被迫离开他们祖国的东部。

为了应付难民危机,联合国善后救济署(UNRRA)于1943年建立。除了100多万人拒绝遣返东欧之外,它的工作大部分是成功的。因为这种特殊情况,建立了国际难民组织。该组织从1947年开始工作到1952年,并成功地完成了一项大规模海外安置计划。美国根据1948年"无家可归者法"接受了39.5万难民。100多万难民由国际难民组织安置在其他80个国家。

第二次世界大战后

第二次世界大战难民的重新安置没有结束20世纪的危机。革命、民族解放战争、边境改变、殖民主义的结束和其他问题使难民状况继续存在。1947年印度次大陆划分为印度和巴基斯坦,在印度教和伊斯兰教之间引发了一场流血冲突。结果是大量移民越过边境去到新建的国家。1948年创建的以色列国制造了将近75万巴勒斯坦难民。1950年开始的朝鲜战争又使900万人成为难民。

在随后的10年,1956年的匈牙利革命使20万人逃离他们的国家。古巴菲德尔·卡斯特罗的革命在西半球制造了难民危机,美国终于接受了大约66万古巴人。在非洲由于内战造成的难民数量无法计算。在东南亚,到1966年越南战争已经把100多万人变成难民,1975年战争结束后,又有100万人沦为难民,很多人来自邻国老挝和柬埔寨。

20世纪80年代制造的一次数量最大的难民是1979年苏联入侵阿富汗的结果。至少600万人逃离阿富汗住进邻国,主要是巴基斯坦和伊朗。

其他因战争造成难民的地区是:中美洲、黎巴嫩、伊朗、伊拉克、埃塞俄比亚、莫桑比克、安哥拉、津巴布韦、乍得、苏丹、乌干达、西撒哈拉和斯里兰卡。20世纪到80年代末,估计有1170万难民需要救助,大多数是由于当地冲突和迫害造成的。到1991年,大约有1600万难民——仅在非洲就占1/4还多。从以色列向东到东南亚,在这个广阔地带有930万难民。

避难问题

难民问题的继续存在,已使为所有无家可归的人找到安身之地变得日益困难。常常是他们去到的国家由于太穷而不能照顾他们,或者是那里已经是过度拥挤——例如巴基斯坦。

比较富裕的工业化国家已经成了难民传统的避难地。加拿大、澳大利亚和美国已经接收了大量移民。自从第二次世界大战结束以来,加拿大已经迎接了46万多移民。1975年至1984年间,澳大利亚接收并安置了11.4万人,美国给予94.95万人避难。欧洲接收了31.75万人。由于1980年"移民和国籍法"的修改,根据该法的规定,仅1985年美国给予近7万难民避难。

难民不断地流入造成了经济紧张。在世界范围的经济衰退之后,接受难民国家的公民怨恨新来的人争夺他们的工作。1987年瑞士规定避难为非法。挪威、法国、西德和其他国家的反对移民的政党在选举中有重大收获。1989年香港地区对于住在难民营的几千名越南人开始执行一项强制遣返的政策。

到20世纪90年代,难民问题由于大量增加的经济移民而复杂化了。真正的难民已经逃离战争、暴政或政治迫害,而经济移民却是离开他们的家乡去别的地方找工作。难民们常常无望地期待着返回家乡,然而经济移民却没有这种愿望。数千名同一种族的德国人为了提高自己的生活标准从东德逃到西德。1989年末东欧共产主义瓦解之后,移迁到西方的人几乎都不能被划为难民。

在世界范围内,经济移民数量的增长创造了一种迁移模式的变化。按过去的传统,难民是从东向西(或去澳大利亚)迁移。然而经济移民是从比较贫穷的南半球(非洲、南亚和拉丁美洲)迁往比较繁荣的北半球(西欧和北美)。比较起来,日本很少接收任何类型的移民。

为了帮助难民的安置,联合国于1950年成立了难民事务高级专员办事处。其他机构包括红十字会、美国救济世界各地合作社、美国难民事务委员会、教会世界服务部、大赦国际、国际天主教移民委员会、犹太移民援助会、路德教移民和难民服务与世界幻想组织。

公用事业　PUBLIC UTILITY

为了提供动力、供暖、供电,以及提供电话和电报服务等,通常,一个社区内每项服务要有一个独家公司来经营。这种公司就叫作公用事业公司；只要客户能够遵守规定和缴纳费用，公司就要为社区内的每一个人服务。

公用事业公司通常还提供其他各种服务，其中包括公共交通运输——如公共汽车、航空、铁路、汽车货运、各种输送管道——以及提供用水、卫生等类似服务的社区设施。几乎在所有的国家中，这类事业属国家所有，并由政府来经营。然而在美国，这些机构主要由私人所有，并在政府的严格管理下运营。

自然的垄断集团

公用事业公司不同于其他行业。它们的服务是整个社区的福利所必需的。它们必须得到政府的特许才能经营。这些特许可能包括使用街道或铺设煤气总管道的权力。公用事业公司有时被人们视为"自然的垄断集团"，因为，这些行业本身所特有的性质和技术水平以及生产、运输、配给所需的开销，几乎不可避免地导致部分的或完全的垄断。

通常，某项公用事业如果是一家垄断集团，公众就会得到最佳服务。这类行业设备的成本往往如此高昂，以致两家或更多相互竞争的公司无法将他们的服务费用保持在较低的水平上。许多实例表明，在一个社区内有两家公用事业公司经营同一行业，既浪费，用户又感到不便。独家垄断企业可以获得规模经济的优势。这就是说，独家公司为数量巨大的客户生产某项产品，其平均成本要低于两家或更多相互竞争的公司各自为其数量较小的客户进行生产所耗费的成本。而且，独家公司更可能拥有必要的过剩供应能力，以满足客户的需求高峰。

管理

由于公用事业公司一般为垄断集团，因而，一定要对它们进行严格管理，以保证维持优良的服务和公平合理的价格。在美国，诸如供水、照明、市内有轨电车等地方公用事业，最初是由这些公司为其服务的社区进行管理的。这种管理是通过予以特许来实现的。覆盖面积较大的公用事业公司，由州立法机构通过公司特许状上的条款来进行管理。

随着此类行业的发展，这种管理看来是不够的。公用事业管理最初的对象是铁路和谷物仓库；19世纪60年代，这两个行业所采取的价格歧视政策在中西部各州遭致抨击。在1877年芒恩对伊利诺斯的诉讼案中，美国最高法院将一类特殊的行业确定为"关系到公共利益"的行业，并确认各州法律有权管理这些公司。从此以后，虽然"公用事业"一词的法律定义经过了许多巧妙的发挥，但是，人们在法律上一直坚持公共管理这一原则。

实际上，管理的目的在于保证公用事业为所有提出申请、愿意并能够缴纳费用的人服务，保证其在安全和满足供应的状况下运营，保证其平等对待一切顾客，以及收费公平合理。各州都有管理委员会，联邦政府也有几个这类组织，包括州际商贸委员会、民航董事会、联邦电力委员会、联邦通讯委员会和证券交易委员会。至于那些向一个州以上的居民提供服务的公用事业公司，它们由联邦机构进行管理。

尽管对于公用事业的管理有了数十年的经验，某些评论者仍然感到，这类管理尚缺乏指导性原则与理论。而另一些人则强调说，管理委员会深受繁文缛节的拖累，以至于他们的工作落后数年之久。还有些人感到管理太多，为了保持服务质量和合理的定价，应该依靠竞争的压力。

在其他国家，许多公用事业属于国有，还有一些由公众与私人共同出资的合营公司进行管理。不管其所有权如何，一般说来，公用事业公司在某种程度上对公众负有责任，他们的服务标准和价格应当受到法令的约束。

公社生活　COMMUNAL LIVING

"communal"（公社的）、"commune"（公社）两个词与"common"（公共）一词在共同分享某物的意义上显然是有联系的。它们又与"communism"（共产主义）一词相联系，许多有关公社生活的实验都自称为共产主义社会。然而，对公社生活进行实验的共产主义，与所谓20世纪的共产主义之间有着很大的差异。当今的共产主义是一种与社会主义相联系的经济体制的名称，其定义的依据是，生产资料的所有权掌握在政府手中。

公社是由那些在某种理想的基础上追求共同目标的人群所组成的。诗人威廉·华兹华斯的一句怨言道出了大多数公社生活者的心声："这个世界我们实在受不了。"大多数传统的公社意在试图寻找理想的生活方式，并认为，进行这种尝试时一定要将自己与大社会的污浊影响隔绝开来。

这种信念被人称作乌托邦主义，它源出于托马斯·莫尔在1516年以拉丁文发表的《乌托邦》一书。这部书讲述了一个假想的王国，王国中的人们过着幸福而和谐的生活。"Utopia"（乌托邦）源于希腊语，意即"无此处"；这一词语还使人想到，尽管理想的社会是不存在的，具有共同志趣的人们可以通过做出决定和努力创造出一个这样的社会。

远在莫尔的《乌托邦》出现之前，传说中古代斯巴达的利库尔戈斯就曾进行过公社生活方面的实验。普卢塔克记载道："他决心要消除骄横、嫉妒、罪行、奢侈以及那更加根深蒂固地折磨着国家的弊病：贫与富。他说服了同胞将所有的土地变成了一整块，然后重新加以分配；劝说他们彼此在划一的、生计上完全平等的基础上生活在一起。"（参见：利库尔戈斯）

然而，有关公社的实验只是在美国确实曾繁盛一时。自1663年荷兰的门诺派信徒在今天的特拉华州刘易斯建立起一个公社制的殖民地开始，直至1858年，人们创建了约130个不同的拓居地。除少数例外，这些拓居地大都破产了。有些拓居地是由于宗教的原因而创建的，另一些则是作为乌托邦式社会主义的实验而创建的。20世纪后期，尤其是在60年代，许多反正统文化的青年人逃离社会，组织起城市公社和乡村公社。最近以来，欧洲和美洲出现了一些建立以"替换技术"为基础的社区的尝试，此种尝试部分地是对能源危机以及环境问题的反应。以色列有一种叫作"基布兹"的公社——一种由公社成员所有（或租赁）并进行管理的农业和工业拓居地。

宗教性公社

美国宗教性公社非常多，我们在此只能略举其要。第一个生存了相当长时间的宗教性公社是埃弗拉塔,它由德国移民约翰·康拉德·拜塞尔1732年创建于宾夕法尼亚州。公社成员有两类:未婚者,生活在相对隔离的环境中,身着白袍,每天做4次礼拜;已婚者,分担公社的工作——耕作,经营面粉厂、纸厂、制革厂及面包房——但不必宣立整套宗教誓言。1768年拜塞尔死后,这一拓居地便逐渐走向衰落,至1905年在法律上宣告解散。

乔治·拉普与其子于1803年从德国移居美国,在宾夕法尼亚州西部建立了"平等社团"。1815年,他们又在印第安纳州建立一个新的村落,取名为"和谐"。10年后,拉普将和谐村卖给英国的改良主义者罗伯特·欧文;欧文将其改造成一个非宗教性的公社,更名为"新和谐"。拉普返回宾夕法尼亚州,建立了一个名叫"经济"的村子。1847年拉普死后,村庄开始衰落;和埃弗拉塔一样,这一村庄也在1905年宣告解散。

衣阿华州中东部的阿马纳殖民地,是生存时间最长的拓居地之一。这一团体由一群德国的新教徒于1859年在其目前的地点组成。它当初是作为基督教的共产主义实验而创立的,但在南北战争之后便衰落了。这一拓居地一直延续到20世纪30年代,当时公社遇到严重的财政困难,从而导致公社成员解除其公有制的纽带,分掉财产,恢复为私有企业。这个公社变成了生产与销售合作社,在这个分红制的社团中,每个成员都配给股本。从此以后公社繁荣起来,并成了一处颇受青睐的旅游胜地。

其他拓居地

罗伯特·欧文在印第安纳州创立的"新和谐"是最早的非宗教性公社之一。它在经济上是一个合作社,而并非是一个共产主义的村落。尽管这个公社最终未能成功,它却创办了美国第一所幼儿园、第一家商业学校、第一个免费图书馆和第一所由社会资助的公立学校。

法国改良主义者查尔斯·傅立叶的思想对于19世纪40年代美国的改革家们具有很大的影响。傅立叶认为,社会和谐可以通过下述方法来达到:将能够和谐共处的人们配搭在被称作"法郎吉"的社会单位中,——每个"法郎吉"约1620人,在一块5000英亩的土地上自给自足。在1841—1859年间,美国大约出现了28个具有傅立叶主义性质的"法郎吉"。马萨诸塞州的布鲁克农场——它最初是作为通过教育与讨论达到高尚而文雅的生活的一种实验——于1845年改组为"法郎吉"。

这个农场存在的时间不长;1847年,农场在经历了两年的困苦之后便解散了。然而,它却是诸多"法郎吉"中最著名的一个,这主要是由于它和以下这些人的名字联系在一起:拉尔夫·沃尔多·爱默生、玛格丽特·富勒、查尔斯·A.达纳、纳撒尼尔·霍桑、布朗森·奥尔科特、詹姆斯·拉塞尔·洛威尔、约翰·格林利夫·惠蒂埃和霍勒斯·格里利。霍桑的《福谷传奇》是对布鲁克农场的某些方面的一种虚构的处理。

非宗教性公社中以"奥奈达"最为声名狼藉,这个公社由约翰·汉弗莱·诺伊斯创立于1841年,1848年定居在纽约州的奥奈达。公社中实行"群婚制",即公社内的丈夫与妻子都是公有的。由于外部的敌视,诺伊斯于1879年离开这个组织,公社遂被改造为一个从事制造业的联合股份公司。

20世纪

当代最大的宗教性公社组织当属哈特弟兄会。他们于1874—1877年来到北美,如今居住在加拿大西部、美国南达科他州和蒙大拿州的大约155个村落中。他们依靠农耕、饲养禽畜和做其他工作来维持生计。

20世纪60年代,一些年轻人曾复兴公社生活——大多数为嬉皮士——他们主要是由于对工业社会的反感与不信任而结合在一起的。由于追求高度的自给自足,他们的公社很少能够长时间留存。

1973年,一些人在威尔士创立了一个叫作"生物技术研究与发展"的公社。公社希望依靠某些成员的技能在用水、食物和能源等方面达到自给自足。欧洲与美洲也成立了一些类似的团体。它们试图使用一些既不耗费无法再生的燃料,又不损害环境的简单技术。

近年来另一种颇受人们欢迎的公社生活与乌托邦式的社会实验毫无关系。退休人员与年老公民的人口自20世纪50年代以来有了显著的增长。他们中的许多人感到,与同辈人居住在一起既方便又志趣相投。就许多这样的实例来说,由于这类居住区所提供的饮食与娱乐设施大家分享,并且居住于其中的人们有许多相似之处,因而,这些居住区倒很像真正的公社。亚利桑那州的太阳城也许是最著名的拥有这种老人居住区的退休城,不过,在佛罗里达、得克萨斯、加利福尼亚以及其他州内,还有许多这类退休城。

少数群体　MINORITY GROUPS

"少数"和"多数"这两个词似乎主要涉及的是数量。少数群体可以被定义为不到社会人口一半的群体。因此,非裔美国人、美国印第安人和西班牙裔美国人可以被认为是美国的少数群体。但是在现实生活中,少数并不总是能用数量来定义的。一个集团是不是一个少数群体,这常常可能与其社会地位有较大的关系。黑人在南非人口中占有绝对优势。但在1992年以前,他们一直被视为少数群体,因为他们受少数白人的法律的管辖,并且几乎被剥夺了所有的公民权。女性在美国人口中占一半以上,但是,即使是在旨在维护她们的公民权的立法中,她们也常常被当作少数群体。

"少数群体"一词最普通的意思是指在种族、宗教、语言或国籍上与众不同的一群人。这样的少数群体与社会的其余部分形成鲜明的对照,因而是可见的。例如,亚裔美国人就被认为是与大多数美国白人形成鲜明对照的一个与众不同的群体。在印度,锡克人在服饰、一般长相和宗教活动等方面与印度的大多数人迥然有别,因而也是可见的。

每个有相当人口的国家都有少数群体。最明显的例子是有许多移民群体的美国。中国、印度和拉丁美洲国家也有许多少数民族。第二次世界大战以后,西北欧国家吸引了大批来自较穷的南欧和非洲国家的移民。

美国白人也可以划分为许多具有不同背景的群体——爱尔兰人、德国人、法国人等，但他们似乎并不被看作少数群体。他们这种少数群体的身份一度曾是可辨认的：当他们在19世纪作为移民刚刚来到美国时，他们在语言上或口音上仍可被别人区别出来，但如今，他们的子孙已经融入了其他白人中间。

虽然种族特征极其经常地足以使少数群体显得与众不同，但也有其他各种少数群体，其中包括宗教的、性别的、经济的和政治的少数群体。在埃及，科普特基督教徒是一个少数群体。在一个穆斯林占绝对多数的国家中，他们以普遍低下的经济和社会地位而出名。在伊朗，巴哈派教徒是一个少数群体，并受到残酷的迫害。当印度次大陆从英国人手中获得独立时，穆斯林少数群体退出印度，建立了一个他们自己的国家——巴基斯坦。在许多国家，公开的同性恋者也属于少数群体，他们受到其他人的回避。

纵观历史，所有社会都有经济上的少数群体。在古希腊和古罗马，绝大部分工作都由奴隶来做，而奴隶往往也有种族差异。在中世纪晚期，行会是经济上的少数群体，但他们也是垄断集团。行会成员的手艺代代相传，他们为他们生产的产品质量设立标准，阻止别人进入本行。在现代工业社会中，工会也可能被视为经济上的少数群体。工会成员团结在一起，以求达到某些具体的目的——如更好的工作条件、加薪和各种福利等，而且，他们也常常成为一种政治力量。

政治上的少数群体常常被称为宗派或利益集团。任何一个旨在达到某种政治目的小团体都可被看作少数群体。有时，少数群体通过控制其他社会力量，也可以使自己成为多数群体并取得政权。例如，1917年在俄国，布尔什维克取得了革命的控制权，从而建立起苏联。许多国家的少数群体只是抱着有限的政治和经济目的，并非一定要取得政权。例如，美国农民要求政府制定的政策考虑到他们的经济需求。为了达到这一目的，他们通过投票选举他们在政府中的代表；组成社团，对当选的官员施加压力。

同一群人可能同时属于几种类型的少数群体。19世纪到20世纪，大批东印度人移民到非洲、加勒比海诸岛和英国。他们出于经济原因背井离乡，在新的环境中成功地立住脚。他们自认为是经济上的少数群体，但当地大多数人却把他们看作少数民族。

等级制度

传统上，社会可分为各个阶层或种姓，有的处于社会上层，占有权力，有的处于社会下层，用劳动来支撑整个社会。各阶级依据它们不同的行为准则以及它们各自的经济、政治作用而相互区别。下层阶级可以被认为具有少数群体的身份，因为它们屈从于上层阶级。

中世纪，欧洲的大部分地区存在一种封建主义制度。社会中的每一成员生来就属于某一阶层。统治阶级包括国王和贵族，它还组成军人政权。宗教领袖即使不能和国王贵族相比，他们也拥有相当大的权力。社会底层是那些为社会提供食品和其他物资的人。中世纪后期，除国王、贵族、教士和农民外，又出现了商人阶层。商人阶层就是现在所说的中产阶级的雏形（见：**封建主义**）。

具有等级制度的社会既可以是开放的，也可以是封闭的。如果一个人的地位生来就是固定的和不可更改的，那么这个社会就是封闭的；反之，就是开放的。英国在产业革命时期出现了商人阶层和工人阶级，这打开了等级制度。新贵族被接纳到上流社会，并授予贵族头衔。在印度，古老的种姓制度仍然得到严格的遵守，但情况也已逐渐改变。

美国的社会阶层划分主要以经济为基础。上层阶级由那些继承大宗财产或通过个人奋斗而致富的人组成。演员和职业运动员由于他们的丰厚收入，也跻身于上层社会。从前的下层阶级现在常常被称作"工人阶级"。因为社会各阶层的人都从事工作，"工人阶级"这个词容易使人产生误解。用"蓝领阶层"指称那些工厂工人、卡车司机、矿工以及其他体力劳动者，可能更为合适。用"下层"一词来指称这些人也不合适，因为，他们的收入可能比某些中产阶级的人的收入还高。

处于上层和下层之间的那群人，被称作"中产阶级"。他们往往教育程度较高，工作条件较好。他们通常是专业人员，或管理人员、销售人员、教师，或办公室职员。通常用"白领工人"来指称美国中产阶级。

少数群体的作用

纵观历史，少数群体在社会中起着各种各样的作用。他们具有各种不同的职业——如银行家、商人或工匠。但他们更多的是手工劳动者。革命的少数群体，比如中国共产党，一直在指导着他们社会的政治思想。许多少数群体都受着剥削。南北战争前，美国黑人大部分都是奴隶，而俄国农民在19世纪中叶之前也是农奴。20世纪以来，受压迫的少数群体纷纷要求社会对他们的不公正遭遇给予注意。20世纪60年代，美国黑人在人权运动中就是这样做的；而南非的黑人在实行种族隔离的年月中，也为自己的权利而不懈地斗争。

少数群体所受的对待

多数群体对付少数群体，尤其是某些少数民族，主要是采用两种不同的方法：同化和压迫。同化是一个长期的文化过程，在这一过程中，少数群体与多数群体对各种价值观和思维方式进行交流和共享。

压迫则可以采取各种不同的形式。纵观历史，奴役是一种很常见的压迫形式。与多数群体相隔离，是另一种形式的压迫。在俄国和其他一些东欧国家，犹太人因被迫居住在某些地区而遭受社会隔离。城市中的犹太人居住区被称为"隔都"。

在美国，从大约1877年直到20世纪中叶，黑人被与多数白人群体的生活隔离开来。不许他们和白人住在同一个街区。他们的孩子只能上种族隔离学校。他们不能使用白人的公共设施。有时，他们还被剥夺选举权（见：**美国黑人**）。

驱逐是另一种压迫形式。这是指将少数群体逐出某一国家。17世纪，法国的新教徒（或称胡格诺派教徒）常常遭到放逐，或被迫隐居，除非他们改变宗教信仰。

最极端的压迫形式是消灭。20世纪发生过多次对少数民族的种族灭绝。其中最为臭名昭著的是发生于1933到1945年之间的德国对犹太人和其他欧洲少数群体的屠杀。据估算，大概有1500万人死于纳粹的集中营中或被特别的军事行刑队杀害。在斯大林执政的苏联，这种大规模屠杀也仍有发生。更近一些，1975年后，有多达200万柬埔寨人遭到杀害。(参见：种族灭绝；纳粹大屠杀)

家庭 FAMILY

家庭以某种形式存在于世界上的每一社会中，每个人都是，或者曾经是某个家庭的一个成员。关于家庭的各种各样定义中包含各种特定的生物学上的、心理学上的和社会上的关系。从生物学上说，每个人都有父母。从心理学上说，大多数人都和他们称之为父亲、母亲、祖父(外祖父)、祖母(外祖母)、兄弟、姐妹、叔父(伯父、舅父、姑父、姨父等)、堂兄弟(表兄弟)或堂姐妹(表姐妹)的某个人认同。从社会上说，大多数人都是他们视之为"家庭"的那一种群体的成员——在这种群体中，各种关系在一种接受、亲密、支持和信赖的氛围中运作。大多数社会学家和人类学家认为，家庭这个词是指由血缘、婚姻或收养联系在一起，并同住于一个居所的若干人。

家庭的类型

家庭有许多类型。最小的家庭是由两人组成的家庭，譬如说一个丈夫和一个妻子，一个父亲(或母亲)和一个子女，或一个哥哥和一个妹妹。这些单位就是核心家庭的各种类型。核心家庭包含由血缘、婚姻或收养相互联系在一起，并同住于一个居所的任何两个或两个以上的人。当这种单位包含一个丈夫和一个妻子时，它还被认为是一种夫妇家庭。美国人口调查局把家庭定义成一种核心家庭。1980年，美国有5840万个家庭。其中，4810万个是夫妇家庭，170万个是由无妇之夫主事的家庭，850万个是由无夫之妇主事的家庭。

差不多每一个人都出生并受抚养于一个由本人、父母亲，有时还有兄弟姐妹所组成的核心家庭单位。这种特殊类型的核心家庭叫作定向家庭，幼年时代最基本的经验和知识就产生于这种家庭。一个人一结婚，就形成一个新的核心(和夫妇)家庭，即生育家庭。这种家庭由本人、配偶和孩子所组成。

作为与世隔绝而又独立自治的单位的核心家庭和夫妇家庭，在世界上是很罕见的。在大多数社会中，扩大家庭乃是标准家庭。这类家庭超出了由父母亲和孩子组成的核心家庭单位的范围，它还包括亲属，比如祖父母(外祖父母)、姑母(姨母、伯母、婶母、舅母等)、叔父(伯父、舅父、姑父、姨父等)、堂兄弟(表兄弟)或堂姐妹(表姐妹)等。

扩大家庭只是任何一种超出定向家庭或生育家庭的范围的家庭。例如，当一对夫妇与丈夫的父母亲生活在一起，或一个(外)祖父(或祖母)为家庭一员时，这个家庭就由核心家庭变成了扩大家庭。加上些核心单位以外的人，就会使家庭扩大。

美国家庭通常具有一种所谓变形的扩大家庭结构。当一对对男女结婚时，他们很可能会建立一个与双方父母分开单过的家庭。不过，他们仍然同他们的定向家庭保持密切的联系。虽然新组建的核心家庭单位不住在一个扩大家庭里，但他们却互相打电话、写信、互致节日或生日的问候，并且还互相求助。在这个意义上，核心家庭成了一种变形的扩大家庭，尽管从住所方面来说它并不是一种扩大家庭。

与除了核心家庭或变形的扩大家庭以外的亲戚的相互作用叫作亲属，或亲属关系，亲戚关系。一切社会都有规定亲属群体和建立这些亲戚关系的各种规则——谁住在一起；谁是家长；谁同谁结婚；怎样选择配偶；最重要的是哪些亲戚，哪些家庭，哪些亲属群体；孩子应当如何抚养，由谁抚养。虽然这些规则和系统相去甚远，某些总的规则则确定地位和作用。

1991年美国人口中各性别和年龄段的婚姻状况每百人中的分布

性别和年龄	总数(000)	单身	已婚	丧偶	离异
男性	87762	26.1	63.6	2.7	7.5
18～19岁	3436	96.6	3.4	—	—
20～24岁	8839	79.7	19.2	—	1.1
25～29岁	10331	46.7	48.4	0.1	4.8
30～34岁	10988	27.3	64.2	0.1	8.4
35～44岁	19032	13.8	74.4	0.4	11.5
45～54岁	12428	7.4	80.1	1.0	11.5
55～64岁	10161	5.9	81.9	3.2	8.9
65～74岁	8156	4.7	80.8	9.2	5.3
75岁以上	4391	3.7	68.3	24.8	3.2
女性	95833	19.3	59.3	11.8	9.6
18—19岁	3479	90.4	9.1	—	0.4
20～24岁	9148	64.1	33.2	0.1	2.7
25～29岁	10436	32.3	60.0	0.4	7.3
30～34岁	11150	18.7	70.5	0.7	10.0
35～44岁	19633	10.3	73.9	1.6	14.4
45～54岁	13258	5.6	73.4	5.1	15.8
55～64岁	11184	3.7	70.3	15.2	10.7
65～74岁	10081	4.8	53.4	35.3	6.6
75岁以上	7464	5.5	25.3	65.7	3.6

—表示零，或四舍五入为零。资料来源：美国人口调查局。

亲属关系的模式

没有规定婚姻、家庭和亲属关系的某些模式是正确和适当的，亦被称之为准则的那些总的规则，社会就不可能存在或继续存在。存在着许多家庭和亲属关系的模式，这些模式被认为在其特定的情形下是适当的和可操作的。

配偶人数 各种家庭的一个基本差别是规定配偶人数的准则。每个社会都允许某种婚姻形式。婚姻最普通的形式是两个人之间具有一种排他的关系的那种形式。这种形式叫作一夫一妻制,是为人们普遍所承认的惟一准则——也就是说,被视为一种在一切社会中都可接受的形式。它甚至在准则允许其他形式存在的社会中也是主要的形式。这是真实的,尽管世界上大约只有20%的社会严格实行一夫一妻制,认为一夫一妻制是惟一可接受的婚姻形式,结婚是一个人一生中只有一次的事情。甚至在一夫一妻制既是准则又是法律的美国,有一个以上的配偶也是合法的,只要任何时候只有一个配偶就行。这种模式叫作连续的一夫一妻制。

除一夫一妻制以外,在世界各地还能看到其他几种婚姻形式。与一个以上的人结婚叫作多偶婚,它包括一个男人与一个以上的妻子的婚姻(一夫多妻)和一个女人与一个以上的丈夫的婚姻(一妻多夫)。一夫多妻很普通,而一妻多夫则很罕见。群婚也很罕见,这种婚姻形式是若干男子与若干妇女结婚。群婚主要存在于亚文化群中。

除群婚以外,只有当一个社会的性别比失衡时,才可能大规模地出现多偶婚。当实行多偶婚制时,它为社会的准则所支配。即使规则允许多偶婚,能有几个妻子的可能主要也是那些享有声望、身居高位的人。富翁、领袖和最优秀的猎人,所有这些人较有可能养得起一个以上的妻子,所以可以娶第二个或第三个妻子。一夫多妻制在非洲、中东和亚洲的穆斯林群体中,以及在全世界的许多部落群体中很普遍。

居住 当人们结婚时,他们就得决定住在哪里。这类决定通常是根据社会准则作出的,并且与三种模式中的某一种模式相一致。在西方社会中,最常见的居住形式是另安新家。这种居住形式允许夫妇离开双方父母另择住处。这种模式在西方很普通,但在世界的其他地方却很罕见。人类学家所研究的将近四分之三的社会是住在男方的——即,新婚夫妇住在新郎父母的家或院子里。这种居住类型在整个亚洲、非洲和拉丁美洲的多配偶的狩猎和采集社会里极其普通。在美国,阿曼派社区是住在男方的。住在女方的那种居住模式是,新婚夫妇与新娘的父母住在一起。这种居住规则不太常见。

世系和继承 孩子一出生就继承了两个各别的血统——母亲的血统和父亲的血统。大多数社会都比较看重这个或者那个世系。在西方世界的许多地方,特别是在美国,世系却不太重要。它除了决定姓氏以外,其他没有什么用处。继承和世系的规则包括四种可能性:通过家庭的男性成员(父系规则);通过家庭的女性成员(母系规则);既通过家庭的男性成员又通过家庭的女性成员(双系规则);或者通过家庭的男性成员,或者通过家庭的女性成员(双重单系规则)。

世系最常见的规则是父系规则。在这种类型的世系制度中,子女对父亲及其亲属怀有一种特殊的忠顺之情。反过来,父亲及其亲属也保护孩子,使其适应社会生活,并且最后通过儿子把他们的权威、财富和产业传下去。在这种制度下,主要纽带是父亲、儿子和孙子之间的那种纽带。妻子可以同她的亲属保持联系,但是她和她的孩子被认为是她丈夫家庭的成员。母系制度正好相反。在母系制度中,母亲的亲属在子女中具有重要的作用。母系世系规则非常罕见,但它们却确实存在——例如,在美拉尼西亚的特罗布里恩德岛民中。

美国的制度是双系的。在这里,规则把影响、财富和权力分配给双方家庭。平等地追溯父母双方的亲属关系。所有的孩子,不管性别,都按相等的比例继承遗产。

婚姻配偶的选择 一切社会都有关于某种类型的婚姻配偶的合适性或不可接受性的规则。这些规则可以分为两种类型:族外婚和族内婚。按照前者,人们必须同他们群体以外的人结婚;后者要求登记结婚的人应当共同具有某个群体的特性。

最普遍的族外婚规则之一是关于乱伦的规则,乱伦在每个社会都是不容许的。人们只能同除自己的母亲、父亲、兄弟、姐妹、儿子或女儿以外的其他人结婚和有性关系。在许多社会中,这种关于乱伦的禁忌还扩大到嫡堂(或嫡表)兄弟姐妹。据说一些孤立的例外存在于埃及和印加王族中。第二个族外婚的规则是,在相反性别的成员之间进行婚配。

族内婚规则广为流行,但它们在不同的社会里却相去甚远。虽然族内通婚也许不是个要求,大多数社会还是给予那些在他们自己种族的、民族的、教育的、宗教的、经济的、年龄的和亚文化的集团内通婚的人以最大的社会认可。这些族内婚规则被这样一种信念证明为是有道理的,这种信念认为:相似群体的成员最有可能共同具有相似的价值、角色期望和态度,较少产生家庭或亲属关系的冲突。特定的族内婚群体还有独特的好处。例如,在一个相仿年龄的群体内婚配,常常意味着共同具有类似的发展任务和兴趣。在相似的社会经济层次内婚配,有助于将财富和权力保留在同一个阶级的集团内。在同一个宗教集团内婚配,可能会使得在抚养孩子的习俗和家庭礼仪方面意见更加一致。

权威 像大多数其他的家庭组织规则一样,权威的规则也与性一致。大多数社会是父权制社会,男人具有权力和权威。例如,在伊朗、泰国和日本,男性的统治地位甚至反映在法律中。在有些社会,例如在美国,主要是试图通过立法(这种努力不一定成功),用法律来消除男性的统治。虽然取得了某些法律上的胜利,社会准则还是继续优待并授权予男性。

妇女具有权力和权威并且占统治地位的社会——即母权制社会——是非常罕见的。甚至在像特罗布里恩德岛民社会那样的母系社会中,妻子也没有支配丈夫的权力。

权威的第三种不常见的模式是平权或平等的规则,按照这种规则,丈夫和妻子平等地分享各种决定权。美国常常被认为是平权的社会,因为丈夫和妻子共同作决定,或承担不同范围的责任。但是,有人却认为,美国的家庭体系与其说是平权的,不如说是父权的,因为男性多半都掌管收入和其他家庭来源。

家庭组织的其他规则 有许多其他的家庭规则。有关于谁选择结婚或加入一个家庭体系的人的规则。有关于一个家庭中的性关系及其对婚姻配偶的限制的规则。有关于不仅在权威的形式上,而且还在大多数工作、态度和表达方式上的性别角色区别的规则。有关于家庭规模和家庭计划的规则,例如,中国的家庭只能生一个孩子。关于家庭计划和各种节育方式的可接受性的规则,涉及从完全避免性交到杀害婴儿的各种做法,其中包括许许多多男性和女性的避孕措施。

有关于一个社会里老年人的待遇和角色(从一种受人尊敬、被人重视和承认的地位到一种无用与和社会隔绝的地位不等)的规则。有关于家庭破裂的规则,是否离婚是鉴别家庭是否破裂最普通的标志。美国大部分州的离婚法都无责任条款,这与像西班牙、巴西或菲律宾之类的国家形成鲜明的对照,在那里离婚是不允许的。如何组织家庭,某种家庭体系中的成员如何为人处事,是受许多规则和准则支配的。虽然在一定的范围内对这些规则作些变通也许是可以允许的,但作大的改动则被认为是离经叛道的行为。

家庭功能

家庭的组织方式和附带规则影响家庭的功能。当人类学家和社会学家讲到家庭时,他们使用一种结构—功能的,或功能主义的参照系。这种参照包含一种断定,即:各种机构存在是为了从事某种对于一个社会或其中的各种系统的延续是必不可少的活动。有些功能通常被认为是家庭单位的基本功能,其中有:社会化、爱和感情上的支持、性管理、生育和社会定位。虽然其他的机构——宗教的、教育的、政治的和经济的——可以帮助履行这些功能,但家庭却负有主要的责任。

社会化 也许是家庭最基本、最重要的功能,因为家庭把某一个社会中关于行为的规则和期望传授给它的成员。虽然家庭发挥许多功能,养育的社会化则是普遍的。这包括对婴儿的照顾、保护和养育。婴儿在家庭的亲密网之外能否存活——更不用说发展成心智上、身体上和社交上健康的人了——这是无法肯定的。

家庭不仅比其他社会机构更持久,而且通常还提供最适合于教导孩子技能、价值、社会和亚文化群的准则的关爱。不管医院、儿童保育中心、幼儿园和小学办得有多好,它们都不可能像调整得很好的家庭那样令人满意地发挥社会化和教育的功能。

爱和感情上的支持 是极其重要的,大多数成年的家庭成员都为他们的孩子提供这种爱和支持,但是在与其他成年人的关系上却常常忽略这种爱和支持。虽然有些人喜欢独自一人做事,但大多数人却需要其他人关心、示爱、分享苦乐,而且必要时给予支持。朋友、邻居、同事或政府部门也可以提供这种分享和支持,但他们似乎都没有像家庭那样有效或持久。

性管理 虽然并不是家庭体系独有的功能,但却与它有最直接的联系。有一种几乎是很普遍的反对乱伦的禁忌,而乱伦的定义在各种文化中是不一样的。婚姻几乎普遍地被认为是性行为的正当途径。各社会通过一些不同的途径对性活动加以管理。主要手段是通过那些可以被称之为性别化——亦即,性社会化——的过程。主要通过社会化,家庭可以使孩子们认识到,贞洁对于婚姻来说是最重要的。它可以使他们认识到,某些人、某些情形比其他人、其他情形更适合于性亲热。它还可以规定生育周期中的某些时期,例如行经期、怀孕期或分娩期禁止交合。

对性行为的管理不仅仅限于性交。它还包括诸如拥抱、接吻和触摸之类的行为,以及各种看法和价值观念。这些看法和价值观念决定家庭对于婚前关系和婚外关系这类事情的反应。

生育 是一种因家庭在性管理方面的责任而产生的、逻辑上的家庭功能。家庭是最广泛地为人们所认可的生育

1925—1991年美国的结婚率和离婚率

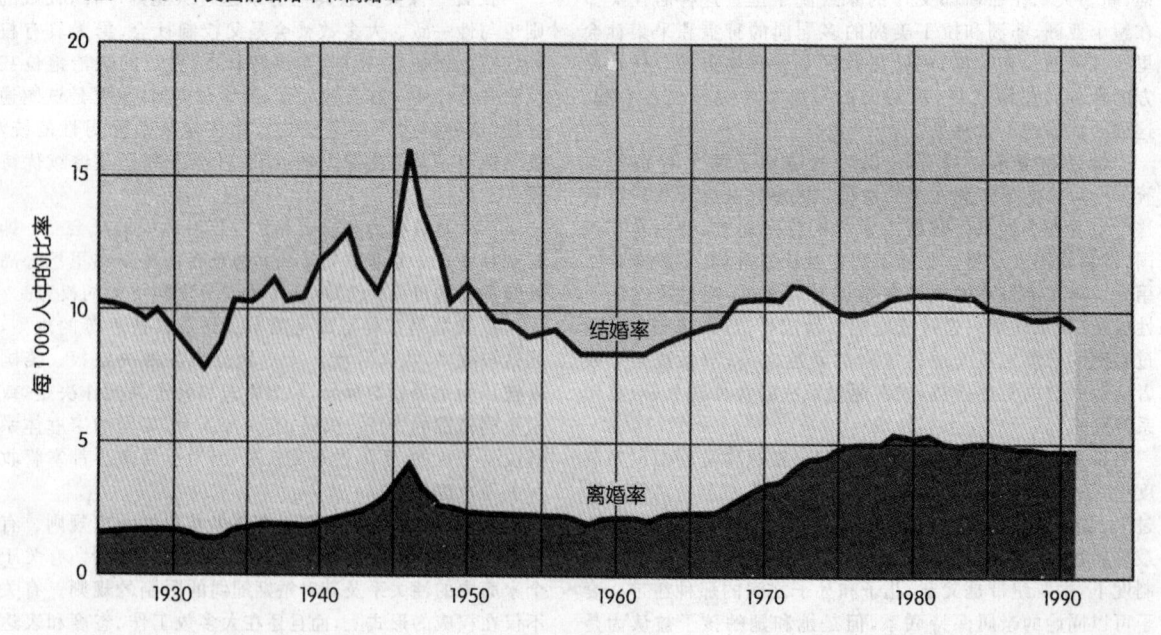

孩子的社会关联域。孩子常常出生在这种传统的关联域之外,但这种做法有时被看作是一个社会问题。

许多社会的一个主要原则(通常叫作合法性原则)是,每个孩子都应当有一个合法的父亲来担任保护者、监护人和社会上的代理人。这条规则似乎表明,出生在夫妇家庭单位之外的孩子是不体面的——他们被认为是没有合法地位的。一个家庭和婚姻关联域内部的生育赋予孩子以合法的地位。虽然出生在家庭之外的孩子确实可以发展成有用的社会成员,但履行给予合法地位并使父母身份和生育得到社会认可的功能的,则是家庭。

社会定位与生育功能和社会化功能有密切联系。这一功能包括决定孩子将来在社会中处于什么角色和地位,或者说,处于什么位置。有些地位是出生时就被武断地确定了的,例如年龄、性别和社会等级。孩子一般还接受其家庭法律的、宗教的和政治的地位。甚至各种所获得的地位——例如婚姻、职业和教育——也大大地受一个人在一个特定的家庭或亲属网中的成员身份的影响。尽管它常常不被人们看作是家庭的一个基本功能,一个人的社会定位、所处的位置和人生的机遇却大大地受个人的家庭和亲属网的影响。

各种家庭功能还扩展到基本的经济功能、保护功能、教育功能、娱乐功能和宗教功能。但是,这些功能主要是由企业、学校、警察局、教会和棒球联合这类机构和组织来履行。

美国的家庭体系

在体制方面,美国的家庭体系强调一夫一妻制、离开配偶(即夫或妻任何一方)的家庭另安新家、一种限制在一定范围内的亲属间的关系、双系的世系和继承、夫妻享有平等的决定权、内婚制,以及一种相对自由的择偶权。美国的家庭倾向于小型,而且,与其他国家相比,有点孤立;男人的婚姻和家庭的角色与妇女的婚姻和家庭的角色正在越来越多地重合;在择偶方面强调爱情;婚前和婚外的性行为常常得到宽恕;离婚很容易得到批准。

结婚率 据估计,在现存的人口中有百分之九十五以上的人或者已经结婚,或者将会结婚。那些还是单身的人大部分很可能在他们一生中的某一时候结婚,大部分离了婚的人也很可能再婚。

结婚率受各种因素的影响。其特征是,经济衰退时期结婚率下降,繁荣时期结婚率就上升。战争开始时结婚率也往往上升,而且当战争结束后结婚率又会上升。人口年龄的变化也是有影响的。

大多数人都是与同自己年龄大致相仿的人结婚,尽管人们可以在每个州所规定的法律范围内与相当年迈或年轻的某个人结婚。1900 年,初婚的平均年龄是:男子 25.9 岁,妇女 21.9 岁。1988 年,男女初婚的平均年龄分别是 25.5 岁和 23.7 岁。近来,人们的结婚年龄一直在延迟,他们直到老了才结婚,这反映了年轻人在追求高等教育或寻求工作机会的同时要求过独立生活的一种决心。在 20 世纪 70 年代的这 10 年中,不结婚的人数迅速增长。1970 年,每 10 个 25 至 29 岁的女中有一个不结婚。到 1980 年,这个比例翻了一倍,每 5 个中有一个不结婚。至于男子,1970 年是每 5 个中有一个不结婚,1980 年是每 3 个中有一个不结婚。

家庭规模 大多数已婚夫妇都有或者想要有孩子。自愿的无孩婚姻虽不常见,但却在增加。1990 年有 4200000 个婴儿出生,比率是每 1000 人口 16.7 个。像结婚率一样,出生率也随着战争、社会经济状况和其他的可变因素而升降,这一点在第二次世界大战后的"生育高峰"中是很明显的。本世纪初,出生率是每 1000 人口超过 30 个,1940 年减少到 19.4 个,50 年代中期增加到 25 个。

离婚 美国是世界上离婚率最高的国家。1988 年,美国的离婚率是每 1000 人 4.8 对,而苏联是 3.3 对,加拿大是 3.1 对,联合王国是 2.9 对,澳大利亚是 2.4 对,瑞典是 2.1 对,以色列和日本是 1.3 对,中国是 0.6 对。像结婚率一样,离婚率也往往是经济萧条时下降,繁荣时期上升。在所有的离婚者中将近一半是二十多岁的人,十几岁少年的离婚率特别高。此外,离婚绝大多数都发生在婚后头三年,而且社会经济层次较低的人离婚发生率也比较高。

新近出现的家庭趋势

对诸如中国、希腊、印度、中东诸国、北美和拉丁美洲中的那种社会的研究表明,各种家庭体系正朝着美国的模式发展。许多社会在制定各种旨在改善社会及其内部家庭的福利的家庭政策方面领先于美国。例如,在中国,制定了一对夫妇只能生一个孩子的家庭政策。在一些西欧国家,为处理家庭或婚姻问题,立法提供财政方面的援助。在许多发展中国家,政府已参与计划生育活动,以限制或缩小家庭规模。某种迹象表明,全世界有这样一种趋势,那就是,妇女越来越多地参与决策过程,年轻人越来越多地参与自己婚配的选择,离婚率越来越高,各种扩大家庭的模式发生种种变化。20 世纪下半叶在美国国内似乎出现三种新的婚姻生活方式或家庭生活方式:未婚伴侣同居、无孩婚姻、双职业婚姻。

同居比较正式的名称叫作非婚异性同居,是一种新近出现的生活方式。20 世纪 80 年代初期,有 150 多万对未婚夫妻同居,这个数字是 1970 年的三倍。它不仅仅是一种大学生现象,也不只是限于 25 岁以下的那一代人。实际上,在 20 世纪 80 年代初期所有同居的未婚夫妻中四分之一以上是 25 岁至 34 岁的人,另外 19% 是 45 岁以上的人。它看来好像不是一种婚姻的代替物,一种处理婚姻问题的万应灵药,或一种解决屡次离婚问题的办法。大多数的同居关系是短期的,但未婚夫妻同居时间越长,他们最终越有可能结婚。未婚夫妻碰到的问题与已婚夫妻的问题相似。

无孩婚姻,或至少延迟生第一个孩子,似乎是另一种新近出现的家庭生活方式。20 世纪 80 年代初期,在所有已婚或以前结过婚的 40 至 44 岁的妇女中,有将近 7% 是没有孩子的。这个数字随着已婚妇女年龄的降低戏剧性地增长。例如,在 25 至 29 岁的已婚妇女中它增大到 26.2%,在 20 至 24 岁的已婚妇女中增大到 40.5%,在 15 至 19 岁的已婚妇女中增大到 48.5%。但是,这些比较年轻的群体还没有过生育年龄,大多数人希望在自己一生中的某个时候生孩子。未婚或只是同居的夫妻多半没有孩子。在这些夫妻中,希求孩子、怀孕或生育的欲望常常导致结婚。

双职业婚姻是新近出现的第三种模式。第二次世界大战以后出现的一个重大的社会变化是劳动力中妇女的增加。1940年,尽管30年代大萧条时期劳动妇女的人数急剧增长,在所有与丈夫住在一起的已婚妇女中只有15%有工作。到1960年这个比例上升到32%,到1980年上升到大约50%。今天,在所有35岁或更年轻的已婚妇女中,一半以上都有工作。已婚妇女在劳动力中所占的比例最高的是那些没有小孩的已婚妇女——80%。这些就业妇女大多数是当办事员或从事服务性工作,她们的工资大大低于干同样工作的男性。这种类型的安排与其称之为双职业婚姻,可能还不如称之为双就业婚姻。

"职业"一词常常被用来指一种含有比主要是为了增加家庭收入而作的更高层次的承诺的工作。但是有些女经理在她们职业生涯的初期却遇到种种挫折,那时她们需要较多的时间在家照顾孩子。在20世纪80年代后期的一个不断扩大的——被称之为"妈妈路线"的——潮流中,她们被确认为是兼顾职业和家庭的工作者(与那些当时正在以职业为主的层次上接受培训的工作者形成对照)。各种弹性工作日的实施方案允许她们一面培养自己的才能(尽管进步的速度比较慢),一面哺育自己年幼的子女。

撰文:J. Ross Eshleman

养父母 FOSTER PARENTS 见:家庭

家政学 HOME ECONOMICS
在学校的课程表上,家政学的学习有时称为生活教育。由于一个人的生活在传统上都是以家和家庭成员为中心,所以家政学所学习的内容大部分是有关如何解决治家的问题和需求。掌握家政学的基础知识,可以帮助一个人做出实际可行的家庭预算、筹划和制作有营养的膳食、挑选制作服装等的纺织品,和照管小孩。

近些年来,家政学的范围已大大拓宽,把国家和国际的内容也包括进去了。例如,今天的家政学家可以研制航天食品,为不发达国家解决营养问题,或是规定全国性的纺织品分类。

家政学的研究内容极为广泛,包括:食品和营养,衣着和纺织品、住房、家庭设备和持家,家庭经济,儿童教养,以及家庭关系。家政学家常常需要有有关化学、物理学、社会学、心理学和设计等方面的学术知识。

家政学教育

家政学的课程,因教育程度的不同,所要达到的目的也不相同。在小学和初中,学家政学的学生,学习在日常生活中对治家有用的知识和本领。在高中,向学生们传授家政学的全面知识和与家政学有关的职业。在社区学院中,家政学的学生集中技术培训,或是集中在两年内为谋职做准备。在学院或大学一级,主修家政学的学生为选择家政学的职业做准备。

在中等专科学校,家政学的课程常常包括食品和营养、服装和纺织品、儿童抚育、住房和室内装饰、家庭和消费经济学,以及治家。经常使用的培训方法是教学生解决一个一个问题,和围绕一个项目向他们传授技术。例如,一个学生可能需要和一个室内装饰单位一起,为社区的一个部门重新装饰娱乐室。

1963年通过的职业教育法,对普及家政学教育起了重要作用。它为中等学校、地区性的职业学校和社区学院,为培训学生谋求与家政学有关的职业的计划,提供了联邦经费。受过职业培训的人,可以做食品行业的工作人员、儿童保育员、时装设计师等。

想要从事家政学职业的学生,一般都在一个家政学院或学校中主修一门专业,如营养学或纺织化学。主修家政学教育,可以成为以后准备教授家政学学生必要的学历。做某些工作的家政学家,需要有实习的学历和研究生学位。

家政学的专业

一个学生进入家政学院或学校之后,必须做出的一个重要决定,就是选择主修课,因为这将决定在毕业后这个学生所从事的专业应该具备的资格。这类学院或学校中家政学主修科目通常有:食品和营养、艺术和设计、住房和设备、服装、纺织品、推销、家庭经济、治家、儿童成长、家庭关系和教育。这些专业的每一种都可以提供多种不同的就职机会。

饮食学和营养

主修食品和营养专业的家政学专业人员,可以选择几种职业。家政学家最普遍的职业是饮食学、营养学、饮食服务和试验性厨艺研究。这些专业要求有食品和烹调原理、大量食品制作、管理培训和诸如化学及细菌学等有关科学课程的学历。

饮食学家为医院、学校、餐馆、航空公司和其他为众多的人提供食品的组织配餐。医院的配餐人员,可能要做治疗性的配餐工作,与医院中的医务人员一起配合,配制特殊饮食。医院的配餐人员也可能要为病人讲课,以使病人们了解他们在饮食方面的特殊需要与限制。一位饮食学家,除了要有家政学的理学士学位外,还要在美国饮食协会批准的餐馆或医院实习一年。

营养学家是教导人们为了保持健康应该吃什么食物的饮食学家。营养学家可以在公共卫生机构,或在食品或医药公司工作。在食品或医药公司工作的营养学家,能随时了解营养学的进展,向销售人员说明该公司的产品,怎样才能达到营养方面的要求。

食品供应的经理们,对大规模的食品供应进行监督。他们也可能被汽车旅馆、饭店或餐馆连锁店雇用。还可能要负责学校的午餐计划,或武装部队一个支队或一个师的食品供应。食品供应经理通常要领导一批助手,监督食品和设备的采购,以及清查存货。

从事试验性厨艺研究的家政学专业人员,可能要负责研制新食品,或是改进现有的食品。他们也可能创造和试验烹饪法,并提供制做食品的方法。试验厨艺是由杂志社和报社、广告社和公关部、加工食品的公司和联邦政府的部门主办的。

服装和纺织品

家政学的许多专业都是和服装及纺织品有关系的。具有美术学历的服装和纺织品专业学生,可以从事服装或纺织品设计。服装设计师一般由服装或纸样制造商雇用。纺织品设计师通常去纺织厂工作。

主修服装和纺织品专业、又学过经济学或商业组织工作的学生,可以去做生产纺织品、纸样或缝纫用小件用品,如缝线、拉锁、装饰物和纱线等公司的推销员。另外,可去百货或服装商店做采购员、商品部经理和式样协调员。

到服装、纺织品和时装部门工作的家政学专业人员,必须懂得纺织化学、时装史、纸样设计及其他有关知识。对式样的敏感和销售能力也是重要的条件。

住房

和服装与纺织品行业一样,具有设计和商业眼光的家政学专业人员,在住房这方面也有许多机会。室内设计人员可以为顾客布置房间,解决如何利用生活空间和家具的问题。他们也可以向顾主提供哪些家具和附属品可以买到,和其中哪些是货真价实的消息。室内设计人员,可以自己开业,也可以为专业的室内设计或建筑公司工作。室内设计人员也可以受雇于零售商店、家具和纺织品制造商或贸易协会。

有些家政专业人员负责内务管理。他们负责管理医院、饭店和宿舍等机构。他们的责任是保持这些机构清洁、整齐、美观和安全。为此,内务管理负责人要领导一批助手,做预算,写报告和订购、接受供应品。

家庭设备专业人员,常受雇于公用事业部门和家用器具如洗衣机和衣服干燥机制造商。他们向公众宣传他们公司的产品,并为公司赢得良好印象。为了回答使用家用器具和有意购买这类用具者提出的问题,他们需要知道哪些用具可以买到和如何使用。

家用设备专业人员,要接受家庭物理、食品制作、营养、批量烹饪、示范方法、厨房设计和向公众宣讲等方面的培训。还要有广告、推销、商业组织和劳工问题等方面的基本知识。

科研

家政学的各个领域内都有科研工作在进行。例如,从事科研的家政学专业人员,可能要研究冻干鸡的组织、鲜嫩程度和汁液方面的变化,或是洗涤剂荧光增白剂的功效。家政学专业的研究人员,可以在学院、大学、私人公司、独立的研究和试验组织,或政府部门工作。美国农业部雇用家庭经济、营养和纺织专业的家政学研究人员。家政学研究人员,要求在工作中做到精确、细致,并富有想像力。大多数家政学研究人员都具有博士学位。

北卡罗来纳州立大学纺织学院的一个纺织设计专业学生,在一台电脑控制的多臂织机——一种工厂中使用的织机——上,演示织设计样。

福利工作和儿童成长

家政学专业人员,无论学历高低,都可以到为不能完全自理的人提供帮助的机构从事社会工作或福利工作。这些家政学专业人员可以帮助社会工作者提出改进措施,提高理财、饮食或管理家务的水平。他们也可以帮助个案工作者,制定确定各类家庭问题的标准和原则。

儿童福利工作者的工作对象是有问题的儿童——特别是那些需要把他们和父母分开,送进收容所的儿童,和犯了法的儿童。儿童福利工作者协助解决这类儿童问题的办法是:调查家庭记录、面谈、家访和提供信息。

儿童成长是与家政学有关的另一领域。儿童成长工作一般是做日托、托儿所、社区中心、提前教育班和幼儿园的儿童群体工作。学龄前老师的职责是:读故事、在游戏和创造性表述时进行辅导和准备午餐。由于学龄前教育的重点是情感和社会适应,而不是正式学习,老师们必须注意孩子们能彼此和睦相处。儿童成长的环境或家庭关系至关重要(见:**儿童发育**)。

教学

家政学教师需要有渊博的家政学知识,要熟悉家政学范围内的各个领域,包括:家庭关系和儿童成长、室内设计、家庭经济和管理、服装和纺织品,以及食品和营养。未来的教师,除要学习教育科目和教学法外,还要学习科学、人文和社会科学课程。在某些州中,在家政学教师初始培训阶段,由一批教帅辅导他们成为合格的老师。

联邦延伸服务署中的家政学专业人员,也做家政学教育工作。这项工作的目的是,向美国全国民众传播新的信息和研究成果。美国大多数的县,都有一位延伸家政学专业人员为之服务。他们持续不断地接到由国家赠予的土地兴办的学院提供的和由联邦政府的许多部门提供的信息。

这些信息通过多种渠道传给社区的居民。延伸家政学专业人员为专业人员进行工作安排,为报纸撰写专栏文章,制作广播和电视节目,并和当地的延伸俱乐部配合工作。这些家政学专业人员,从事营养教育、照料儿童和老人、家庭财务管理、增进家庭团结、宣传不要酒后开车,以及根据国家政策培养领导人才等工作。虽然延伸计划原来是为农村家庭制定的,但是现在也适用于较大的城市社区。

另外一种延伸家政学专业人员是青年顾问。他们和四健会(4-H Club)和其他的青年组织的领导人一起合作。青年顾问将儿童成长方面的最新研究成果提供给所有做儿童工作的人(见:**青年组织**)。

消费者推销员也做延伸工作。他们一视同仁地为生产者、零售商和消费者服务,定期了解超级市场的物价。他们取得资料后进行分析,然后告诉大家——一般通过传播媒介——哪些食品供应最充足,哪些最合算。

延伸工作者的家政学学历各式各样。有些具有像家政学教师那样的一般的家政学学历;有些是主修家政学某一专业的。

信息传播

具有家政学某一专业学历又主修新闻学的家政学专业人员,常常供职于信息传播部门。他们可以在报社、杂志社、公关部、广告社、贸易协会、电视台和广播电台任职。

报纸常有专门的版面登载食品或改善家庭方面的文章,担任这些版面的编辑和撰稿人,都具有食品、服装、式样和家具方面的广泛知识。一般地说,杂志要比报纸的专业性更强,而且很多杂志都是更加直接地讨论持家的话题。从事编辑工作的家政学专业人员,必须能把论题组织得有条有理,文章要写得清楚、有意思。

公共关系部和广告社也可以为家政学专业人员提供各种就业机会。具有家政学学历,在公关部、贸易协会,或为制造商做公关工作的人,主要是能将产品的优点介绍给公众。做公关工作的家政学专业人员,还可以向新闻传媒提供文字介绍、照片、影片,以及其他有关产品的资料。这些资料必须制作得尽可能吸引人,才能被采用。从事广告工作的家政学专业人员,其工作性质和做公关工作的相似,只有一点不同,从事广告工作的家政学专业人员,是为已经向传媒购买了宣传其产品的版面或时间的顾主工作。

食品设计师是在信息传播领域中工作的家政学专业人员,他们为可能在广告或文章中使用的食品照片,预先对食品进行设计。照片上的食品,要让人看上去就觉得好吃,而且食品能在炽热的摄影灯的照射下不变形。

贸易协会是在一个行业中由制造商或生产者主办的,宗旨是促进该行业的发展,宣传其产品。大部分食品和纺织品协会,如全国乳业委员会和全国棉花委员会,都雇用家政学专业人员做宣传、教育和公关工作。

家政学教育的历史

在美国,家政学的研究工作是在独立战争以后开始的。像东半球一样,在殖民地美洲,青年妇女主要是在家里接受持家和儿童护理教育的。到了19世纪,一些人为使家政学列为学校中学习的一个科目,创造了有益的气氛。其中最重要的是人道主义精神、对教育的信任,和妇女享有平等的权利的信念。

早年的美国人相信,一个人受了教育便能够自己塑造自己的环境,因此就建立了学院,教授职业技能。当妇女也开始受高等教育时,持家的艺术也列进了课程表,它既是一个文化科目,也是个职业科目。

最早为家政学教育的发展奠定基础的机构,是用政府赠予的土地兴办的一些学院和大学。这些机构是根据1862年通过的莫里尔法建立的。这些院校的目的是要"促进工业阶级的自由而实用的教育"。这些院校开设的技术课程都是与在校学生们的生活有关的。其中,有些课程是特别为女生的需要而设计的。

到1890年,在美国的公立中学,也和学院和大学一样,广泛地开设了家庭科学课程。这些课程教授:烹饪、缝纫、妇女帽饰、衣服洗烫、家庭装饰、家庭环境卫生、家庭个人卫生,以及家庭护理。由于在中学教授家庭科学,就要求在学院中培养家政学教师。但是,一直到20世纪初仍是以持家为主要重点。

1899年,麻省理工学院的卫生化学讲师埃伦·H.理查兹参与组织了一次会议,与会者都是对用科学解决家庭中的问题有兴趣的人。这次会议是在纽约州的普拉西德湖市召开的,参加的都是化学、生物学、经济学、心理学、社会学专家。在那次会议及后来在普拉西德湖市召开的几次会议之后,于1909年成立了美国家政学协会。

美国家政学协会的会员们,致力于改善家庭和社区的生活条件,并争取家政学教育能被人们接受。1917年通过的职业教育法,对他们的努力是极大的帮助。该法案像为农业、贸易和工业科目的教员一样,也拨出了联邦经费,为家政学教员支付薪水。到1920年,有6000所美国中学开设了家政学课程。随着社会科学的进展,有些社会科学的内容也列入了家政学的课程表。原来以食品、服装和住房为重点,后来也扩大了范围,把人际关系等内容也包括进去了。到1935年,人们要求从事家政学教育的人,把"知识所有的领域中,所有行业的活动中"一切能改善家庭和家庭生活的内容,都收罗进来。

随着家政学培训范围的扩大,家政学的专业也多起来了。在大学一级,家政学的培训越来越专业化了。在中等学校一级,家政学教育的重点从"怎样做"转到了"为什么要这样做"。总之,家政学的研究受到了现代生活质量改变的影响。今天,家政学的学生们,不只是学习怎样做饭和缝纫,还要学习怎样采购他们要做的食品和要做的衣服的衣料。实际上,家政学的很多课程更加注重消费教育,而不是持家的本领。另外,家政学似乎是在从只关心个人和家庭这个领域,向关心国家和国际问题的方向转变,例如,人口过剩、城市贫困和新兴国家的发展等。

撰文:Anna M. Gorman

婚姻　MARRIAGE

以各种形式存在的婚姻的历史几乎和人类文明史一样久远。婚姻是一种普遍的组织;在这里,男人与女人为建立和维系家庭而组成一种特殊的依赖关系。这种结合是由社会所规范的;社会的法律、法规、习惯、信仰及看法,限定了男人与女人的权利与义务。

婚姻存在于各种不同的社会,它满足了社会和个人的很多基本需要。例如,它提供了被社会认可的性行为构架。它也给孩子提供身份、抚养、教育及使他们为社会所接受;它规范了家谱,提供了性别分工;显而易见,它也满足了个人对爱、地位和伙伴关系的需要。

婚姻最重要的功能之一是为家庭奠定基础。成功地抚养孩子,需要父母双方大量的精力与合作。

婚姻提供了使这种合作成为可能的构架。所以,婚姻在人类的繁衍和社会的延续中起着极其重要的作用。(参见:**家庭**)

从人类复杂多样的婚姻习俗与仪式中,我们可以看出婚姻的重要性。这些习俗与仪式种类繁多,随社会及文化的不同而不同,但它们也有很多相同之处。

在每个社会中,婚姻的主要法律功能,在于对夫妻所生子女的认定。婚姻保证了孩子的权利,赋予他们传统的公共特权,其中包括继承权。婚姻也确定了孩子在一个社群中的位置,甚至可能决定了将来什么样的配偶才能被接受。

婚姻制度也受其他多种习俗的控制。例如,直至现代社会,婚姻自主才成为可能。在当代西方文明中,爱情与婚姻联系在一起。然而,在以前大多数社会里,婚姻被包办,受严格的条律限制。

大多数社会都有关于家庭成员之间的婚姻以及社会集团成员与集团内部或外部成员之间的婚姻的规定。乱伦,即亲近家庭成员之间的性关系,被普遍禁止。对"近亲"的定义可能在不同社会中有所不同。但除了极少数例外,母亲与儿子及父亲与女儿的性关系或婚姻被普遍禁止。

内部通婚,即在同一部族或某一群体中的通婚,是一种最久远的婚姻法则。今天,促使一个人在他所处的社会、经济和种族群体内通婚的文化压力依旧很强。外部通婚,即与社会群体外部通婚,常见于具有复杂血统的社会中,其作用是防止通婚双方有共同的祖先。这种通婚方式今日仍以一种变通后的形式存在。例如在英国,离了婚的人不能与原配偶的兄弟或姊妹结婚。

结婚典礼上的仪式最初与生育相联系,表现了婚姻对氏族、种族或社会的延续的重要性。结婚典礼的仪式表达了家庭或社会的约束力,同时也表达了在多数情况下婚姻双方终其一生对配偶和孩子所承担的义务的理解。

结婚典礼包括通常为宗教性质的象征性的仪式,给新婚夫妇带去好运。由于成功地抚养孩子必须考虑经济问题,所以,给新郎新娘赠送真实的或象征性的礼物是仪式的重要组成部分。盼望多生子女的有关生育的仪式以某种形式存在于典礼中。一些历史久远的仪式仍然能在现代结婚典礼中找到,其中包括摆放水果、向新婚夫妇或婚床上撒谷物、让一个小孩陪伴新娘,以及打碎物品,或打破食物,以求婚姻美满,生子顺利。

最普遍的是象征神圣结合的仪式。它可能是拉手,交换戒指或项链,或者将新婚夫妇的外衣系在一起。然而,婚姻仪式常由传统与习惯决定,在不同的社会中,仪式亦有很大的不同。

婚姻法

婚姻是男人与女人之间的合法结合,因此被看作是一种具有法律意义的约定。婚姻法是确定婚姻的开始、延续及其有效性的法律条文。婚姻在很大程度上改变了新婚夫妇的法律地位,从此,他们互相之间增加了一定的权利与义务。在许多社会中,新婚夫妇共同住在原来或附近的居住区,妻子主持像照养孩子、做饭、做家务等事务,丈夫提供食物、房屋、衣服等养家财物,这些就是婚姻双方要承担的义务。婚姻的权利可能包括对财产的共有与继承;在一夫一妻制度下,还包括排他性的夫妻同房的权利。

与婚姻习俗和仪式一样,婚姻法也随着文化的不同而不同。每个过去的及现在的社会对婚姻观念都有自己的理解,其中很多根据自己的理解制定了婚姻法。古罗马的法律承认三种形式的婚姻。正式婚姻,以很多人参加并摆放祭品的极其庄严的典礼为特点,一般仅限于贵族家庭;买卖婚姻,平民用买卖构成的有效婚姻;事实婚姻,这是最不正式的一种,它只是以双方同意、长期同居为标志的婚姻。罗马法规定,妇女在家庭中的地位与孩子一样,受丈夫"权力"的支配。

西欧在宗教改革之前,天主教会的教规是管理基督徒内部婚姻的惟一法律。这些教规在当今一些天主教国家仍然有很大的权威性。教会历来认为,婚姻是神圣的,只有在夫妻一方死去的情况下才能结束。教会认为上帝通过婚姻使夫妻"合二为一"。因此,婚姻由一种可以根据罗马法解除的民事约束变为一种神圣的、不可分离的灵魂及肉体的神秘结合。教规认为,婚姻应以自由选择、双方同意为基础,双方同意并完婚后,婚姻关系形成。教规同时认为,近亲婚姻无效。

英国的婚姻法对婚姻作了很多规定。这些规定包括:双方须达到法定年龄;双方须有性能力,心理健康;须双方同意,自由婚配;双方须在法定血亲以外;以及婚姻仪式须符合法定的程序。

大多数西方国家的婚姻法是被现代生活的改变了的文化和社会环境大大地改造过的罗马天主教教规的产物。现代婚姻法把婚姻看成一种民事约束,只允许一夫一妻制。在西方,对一个人结婚的权利的规定基本相同,此权利仅受近亲和一些精神缺限的限制。法定结婚年龄以前通常为12岁,甚至更小,现在大多数国家的法定结婚年龄在15至21岁之间。

在中东、亚洲及北非的穆斯林国家,伊斯兰法律认为,婚姻是"使性行为和生育合法化"的法定方式。婚姻被当成纯粹的民事约束,可在没有任何仪式的情况下形成。婚姻的必要程序是双方在一个会议上提出和接受。伊斯兰法律在历史上一直允许一夫多妻,但近年来实行一夫多妻的人事实上在逐渐减少。

很多非洲国家仍旧允许一夫多妻制,但有向一夫一妻制转化的趋势。很多非洲及其他地方的发展中国家与西方绝然不同,根本没有统一的婚姻法,婚姻只受各个地区的宗教或习惯约束。这造成了一个地区内法律的差异,使在不同部落、种族及信仰的人通婚时产生许多复杂的问题。

在日本,一夫多妻被禁止,结婚法定年龄男人为18岁,女人为16岁,近亲结婚被禁止。结婚必须按法律规定登记。中国也禁止一夫多妻制。

在中国,婚礼上的繁文缛节已被免去;然而,结婚必须按正当手续登记,方可生效。

分居及离婚

在法律上,分居就是丈夫与妻子同意停止同居。法定的分居不解除婚约,而只是根据双方分居的意愿,对其权利与义务进行调整。但分居常常为离婚的前奏。

夫妻一方可因被另一方遗弃或有暴力行为而从法庭得到分居的判决。但是,提出分居的理由通常要十分充分,特别是在有孩子的情况下,更是如此。

在双方同意的情况下,夫妻可以在任何时候结束分居,无需到法庭上解决。法律在两人重新同居的情况下认定分居结束。

结束合法婚姻为离婚。婚姻解除后,双方通常可再婚。

离婚被普遍允许,罗马天主教国家对离婚的限制也有所松动。在古代宗教的影响依然强烈的地区,特别是当宗教传统(如印度教)把婚姻视为永久的情况下,离婚可能会很困难和少见。而另一方面,有些风俗习惯把离婚当成小事一桩。对于美国西南部以及墨西哥印第安部落的妇女来说,离婚只需把她丈夫的鹿皮鞋留在门前的石阶上。在世界各地工业化的国家中,建立在双方同意基础上的离婚在日益被人们接受。(参见:**家庭法**)

根据传统的犹太教信仰,丈夫若想与妻子离婚,必须从拉比法庭得到按一定格式用阿拉姆语写成的离婚文件。在两名证人与三名法庭成员的监督下,妻子若同意,可把双手窝成杯状,丈夫把离婚文件放在她手中,宗教性质的离婚手续就开始生效。法庭官员在场监督是为了保证离婚按宗教律法进行,然后再做一下记录,发给离婚双方各一份文件。虽然严格地说,犹太教律法允许男人在任何时候以任何理由与妻子离婚,但实际上妇女与男人有平等的权利。实际上,离婚需要双方同意。从传统角度讲,离婚是一个悲剧,不正当的离婚被看成是违背上帝意愿的行为。(参见:**犹太教**)

为了降低离婚率,当今很多公共与宗教部门都教育年轻人要对婚姻负责。一些机构及婚姻顾问也给结了婚的人提供帮助,协助他们解决问题。另外,很多中学、大学及学院也开设了关于婚姻的课程。

离婚 DIVORCE 见:婚姻

女权 WOMEN'S RIGHTS

就全部历史而言,妇女的法定权利和就业机会一般要少于男子。为人之妻和为人之母被看作是妇女最重要的职业。然而,在20世纪,大多数国家的妇女已经争得了选举权并增加了受教育和就业的机会。也许最重要的是,为了改变对她们的社会角色的传统看法,她们已经开展斗争,并在很大程度上达到了目的。

早期对妇女的态度

从人类早期开始,妇女一直被单独地看作人类生命的创造源泉。然而在历史上她们不仅一直被认为在智力上低于男子,而且被认为是诱惑和灾难的一个重要来源。例如,在希腊神话中,打开那个禁盒把瘟疫和不幸带给人类的正是一个女人——潘多拉。早期的罗马法把妇女称为孩子,她们的地位永远低于男子。

早期基督教神学使这些观点根深蒂固。圣哲罗姆(公元4世纪的一位基督教拉丁教父)说:"妇女是魔鬼之门,罪恶之路,撒旦设下的圈套,总之是危险之物。"13世纪基督教神学家托马斯·阿奎那说,妇女是"作为男人的助手而创造的,但是她惟一的作用是观念中的……因为就其他目的而言,男人由其他男人帮助会更好些。"

在东方对妇女的态度起初要好一些。例如,在古印度,妇女并不因为结婚而丧失财产权或个人自由。

但是,在公元前500年以后逐步形成的印度教要求妇女服从男人。妇女必须走在她们的丈夫身后。妇女不能拥有财产,寡妇不能再婚。无论在东方还是西方,男孩子都比女孩子更招人喜欢。

不过,当妇女获得人身自由和智力上的自由发展时,她们曾取得重大的成就。在中世纪,修女们曾在欧洲的宗教生活中起过极其重要的作用。贵族妇女享有权力和声望。有的女统治者曾经影响过整个时代——例如16世纪英国的伊丽莎白女王、18世纪俄国的叶卡捷琳娜二世(大帝),以及19世纪英国的维多利亚女王。

较软弱的性别?

妇女曾长期被自然而然地看作比男人较软弱、较拘谨,因而不能从事需要肌肉发达或智力较强的工作。例如,在大多数前工业化社会中,家庭杂务由妇女操持,而把像狩猎和农耕这样"较重的"活儿留给男人去干。这种做法忽视了这样一个事实:照料孩子以及完成像挤牛奶和洗衣服这样的工作同样需要付出长时间的繁重劳动。但是生理测试现在已经表明:妇女对疼痛有更大的忍耐力;而且统计资料显示:妇女的寿命更长,她们对许多疾病更有抵抗力。

母亲身份是妇女天然的生物角色,它也被传统地看作妇女的主要社会角色。由此而形成的根深蒂固的看法,即"妇女的地位在家里",在很大程度上决定了妇女表现自己的方式。避孕,以及在一些地区已经得到法律认可的堕胎,使妇女有较大的能力控制她们生育子女的数量。虽然这些发展变化已使妇女能够担任母亲以外的其他角色,但是那种认为妇女就是要成为妻子和母亲的文化方面的压力仍然迫使许多有才干的妇女不能完成大学学业或在事业上有所追求。

依照传统,在西方文化中,一个中产阶级的女孩子往往从她母亲的榜样中了解到:做饭、洗衣、照料小孩是她长大后人们期待她去做的事情。20世纪60年代搞的一些测试表明:女孩子在低年级时的学习成绩要好于她们上中学时的学习成绩。作为假定提出的主要原因是,这些女孩子自己的期望值下降,因为无论是她们的家庭还是她们的老师,都没有期望她们准备将来在结婚和做母亲之外再干些什么。这种倾向在近几十年内正在逐步改变。

对女孩子的正规教育在历史上一直不如对男孩子的正规教育那么受人重视。在殖民地时期的北美洲,女孩子是在由年长妇女开办的家庭小学里学习读和写的。在为男孩子开办的正规学校有空位子时她们可以去那里学习,通常是在大多数男孩子正在干活儿的夏季。然而,到19世纪末,女学生的数量大增。由于女子学院的增加以及允许女子上普通大学,高等教育的规模显著扩大。1870年估计有五分之一的住校大学生是女子。到1900年,这个比例上升到超过三分之一。

大约在20世纪初,女子获得19%的大学本科学位。到1984年这个数字已跃至49%。攻读研究生学位的女子人数也有所增加。到20世纪80年代中期,女子获得49%的硕士学位和大约33%的博士学位。1985年有大约53%的大学生是女子,她们中有四分之一以上的人年龄超过29岁。

妇女的法定地位

关于妇女天生就比男人低一等的神话在很大程度上受到妇女在法律上的地位的影响。根据英国的普遍法,一个未婚女子可以拥有财产,签订合同,起诉或被起诉。但是,一个已婚女子,即明确地与其夫相结合的女子,要放弃自己的姓氏,而且她的全部财产实际上要由其丈夫控制。

在美国的早期历史上,一个男人实际上像拥有他的物质财富一样拥有他的妻子和子女。如果一个贫穷的男子打算把他的子女送进济贫院,孩子的母亲要反对也得不到法律的支持。然而,有些社会修改了普通法,以使妇女可以作为律师出现在法庭上,可以为财产提起诉讼,可以在丈夫同意的情况下以她们自己的名义拥有财产。

产生于英国的衡平法强调平等权利的原则而不是传统。衡平法在美国妇女的法定权利问题上起到打破传统的作用。例如,一个女子可以控告她的丈夫。密西西比州在1839年——随后是纽约州在1848年和马萨诸塞州在1854年——通过法律,允许已婚妇女拥有不受其丈夫管辖的财产。然而,根据离婚法,在一般情况下离婚的丈夫保有对子女和财产的法定支配权。

在19世纪,大量的妇女开始走出家庭参加工作,主要集中在纺织厂和服装商店。在通风条件很差、拥挤不堪的房间里妇女(以及儿童)每天工作达12小时之久。1847年英国为妇女和儿童通过了10小时工作日法,而在美国,直到20世纪10年代各州才开始批准限制妇女和儿童工作时间和改善工作条件的法律。

然而,有些劳动法最终被认为限制了劳动妇女的权利。例如,那些禁止妇女一天工作8小时以上或在夜间工作的法律,实际上使妇女不能从事许多工作,特别是担任那些也许需要加班的管理职位。有些州的法律禁止妇女搬运超过一定分量的物品——标准不一,最低的为15磅(7公斤),这也使妇女与许多工作无缘。

20世纪60年代通过了一些改善妇女经济地位的联邦法律。1963年的平等付酬法要求实行男女同工同酬。1964年的公民权利法禁止任何拥有25名以上雇员的公司歧视妇女。1967年的一项总统行政法令禁止联邦政府承包商在雇人时歧视妇女。

但是歧视在其他领域依然存在。许多零售商店不愿把独立的信用卡发给已婚妇女。离婚或单身的女人经常感到很难得到购买房屋或汽车的信用贷款。有关福利救济、犯罪、卖淫和堕胎的法律也表现出对妇女的偏见。例如,一个领取政府福利救济款的母亲往往频繁地接受调查以核实她提出的福利救济要求,这有可能侵犯一个女人的隐私权。美国某些地区在确定犯罪的界限方面存在性别歧视。一个开枪射杀或杀死其夫的妇女会被指控为杀人,而一个妇女被其夫射杀却可以被称为"感情冲动下的枪杀"。另一个例子是,只是在1968年,宾夕法尼亚州的法院才废除了一项州法,这项州法要求对任何被宣判犯有重罪的妇女都处以法律所规定的最高刑罚。常见的情况是,妓女受到法办,而她们的男性顾客却被无罪释放。在大多数州,只有在母亲的生命被判定真正有危险时堕胎才是合法的。然而1973年美国联邦最高法院裁定,各州不得限制妇女在她怀孕最初三个月内堕胎的权利。

直到完全进入20世纪以后,西欧的妇女还和美国妇女一样生活在许多同样的法律限制之下。例如,直到1935

年,英国的已婚妇女还不能与未婚妇女一样,享有充分的权利去拥有财产和签订合同。只是在1920年以后,才通过了有关法律,规定劳动妇女享有与男人平等的就业机会和报酬。直到20世纪60年代初期,才通过一项法律,规定在英国文职雇员中实行男女平等的工资标准。

参加工作的妇女

在殖民地时期的北美洲,那些自食其力的妇女通常是做裁缝或经营供膳食的寄宿舍。但是也有一些妇女从事那些大部分为男人所占据的职业和工作。这样就有了女医生、女律师、女牧师、女教师、女作家和女歌手。然而到19世纪初,对劳动妇女来说,可被人接受的职业还局限于在工厂做工或从事家务劳动。妇女被排斥在除写作和教书以外的那些需要专门知识或特殊训练的职业之外。

医生这项职业可以作为一个实例来说明在19至20世纪这段时期内,人们对妇女适合做什么工作的看法是如何改变的。在19世纪之前,几乎没有一所医学院校,实际上任何有胆量的人都可以开业行医。那时的接生术实际上是妇女的活动领域。

从19世纪开始,规定必须进行的教育准备——特别对行医而言——日益增多。这种趋势把许多早婚、多子女的年轻妇女拒于职业生涯之外。虽然家庭护理被认为是一项适合于女性的工作,但是医院里的护理工作几乎为男人所垄断。明确针对妇女的歧视也开始出现。例如,成立于1846年的美国医学联合会不准妇女入会。妇女还被禁止进入"男子的"医学院,因此她们只能进入自己的医学院——例如建于1850年的宾夕法尼亚州的女子医学院。然而,到20世纪10年代时,妇女进入了许多主要的医学院校;1915年美国医学联合会开始接纳女会员。

1890年妇女在美国的医生总人数中约占5%。在20世纪80年代,这个比例约为17%。与此同时,女医生所占的百分比在西德约为19%,在法国约为20%。而在以色列,在医生和牙医总人数中大约有32%是妇女。

妇女在其他一些专业性职业里也尚未显著改善她们的地位。1930年在美国律师和法官总数中大约2%是妇女——1989年大约是22%。1930年美国几乎没有女工程师。1989年女工程师所占比例只有7.5%。

相比之下,教师职业是妇女就业的广阔天地。20世纪80年代末,在中小学中任教的妇女是男人的两倍多。然而,在高等教育中,妇女只占据大约三分之一的教师职位,而且主要集中在像教育学、社会服务、家政学、护理专业和图书馆学这样的领域。一小部分大学女教师从事自然科学、工程学、农业和法律方面的教学工作。

绝大多数参加工作的妇女仍然从事办公室工作、工厂工作、零售和服务性工作。秘书、簿记员和打字员占了女办事员的一个很大部分。在工厂工作的妇女通常是机器操作工、装配工和检查员。许多从事服务性工作的妇女是服务员、厨师、医院护理员、清洁工和理发师。

妇女们在战时已到武装部队中去服役。在第二次世界大战期间,美国几乎有300000名妇女在陆海军中服役,从事像秘书、打字员和护士这样非战斗性的工作。许多欧洲妇女在二战期间参加了地下抵抗运动的战斗。在以色列,妇女和男人一起应征入伍并接受作战训练。

1989年妇女占美国受雇总人数的45%以上,但是她们在决策性工作中只占一个小份额。虽然担任经理、官员和其他管理人员的妇女人数与日俱增,但在1989年她们还是被男人以1.5比1在人数上超过。尽管有1963年的平等付酬法,妇女在1970年从事同样工作得到的报酬比男人大约低45%;1988年则大约低32%。从事专业工作的妇女得不到其男性同僚得到的那些重要的任命和晋升。1970年提交就业机会均等委员会审理的许多案件都是由在工作中遭受性别歧视的妇女提出的。

劳动妇女经常面临的歧视基于以下错误看法:由于她们已经结婚或很可能结婚,她们不会成为固定的工作者。但是已婚妇女一般会连续工作许多年,她们不是临时的、短暂的或靠不住的劳动人口。从1960年到70年代初期,已婚女工作者几乎占新增劳动力总数的一半。而且正在工作的已婚妇女早在开始家庭生活以前就参加工作了。过了中年仍在工作的人数也显著增加。

自1960年以来,越来越多有孩子的妇女加入了劳动大军。这种变化在有6岁以下孩子的已婚妇女身上表现得格外引人注目:1950年有12%的人参加工作,1980年是45%,1987年则为57%。1987年有刚好超过一半的有3岁以下孩子的母亲就业。有孩子的黑人妇女比有孩子的白人或西班牙裔妇女更有可能出来工作。一半以上有孩子的黑人家庭靠母亲一个人维持,相比之下,这种情况在有孩子的白人家庭中只占18%。

尽管她们在劳动力中所占的比重日益增加,大多数妇女仍然对家务劳动和家庭护理负有主要责任。20世纪70年代末,其妻子在外工作的男人用于家务的时间每周仅比其妻子纯粹是家庭主妇的男人多1.4小时。

对许多妇女来说至关重要的问题是产假,或分娩后离岗休息的时间。根据联邦法律,一个全日的工作者有资格休假并在返回时仍有一份工作,但是到20世纪90年代初只有很少几个州要求雇主在假期付酬。许多国家,包括墨西哥、印度、德国、巴西和澳大利亚,要求公司准许女雇员休12周的付全薪的产假。

参与政治活动的妇女

美国妇女自1920年起就享有了选举权,但她们的政治作用一直微乎其微。直到1984年才有一个主要政党选择一名妇女——纽约州的杰拉尔丁·费拉罗——去竞选副总统(见:**费拉罗**)。

蒙大拿州的珍妮特·兰金于1917年当选为美国众议院的第一位女议员。1968年纽约州的雪莉·奇泽姆成为被选入众议院的第一位黑人妇女(见:**奇泽姆**)。阿肯色州的海蒂·卡拉韦——1932年第一次被委派——1933年成为被选入美国参议院的第一位妇女。参议员玛格丽特·蔡斯·史密斯代表缅因州达24年之久(1949—1973)。其他女参议员有俄勒冈州的毛林·诺伊贝格尔、堪萨斯州的南希·兰登·卡斯鲍姆、佛罗里达州的保拉·霍金斯,以及马里兰州的巴巴拉·米库尔斯基。

一些著名的女权主义者

某些重要人物未在下面列出，因为她们已在本条目的正文或在《康普顿百科全书》的其他条目中被论及。

波伏瓦，西蒙娜·德(1908—1986) 哲学家和作家。出生于法国巴黎。由于她的小说、论说文和自传而成为享有国际声誉的左翼知识分子。她于1949年发表的具有里程碑意义的论文《第二性》(英文本于1953年出版)成为第二次世界大战以后女权主义的经典著作。

布莱克，克莱门蒂娜(1855?—1923) 社会改革家和作家。生于英国布赖顿。曾在伦敦东区活动，凭借激进的工联主义改善妇女和女孩子的社会状况和劳动状况。积极投身于争取妇女选举权运动。著有《血汗劳工与低工资》(1907)和《已婚妇女的工作》(1915)，也写过小说和儿童剧。

布卢默，阿米莉亚·詹克斯(1818—1894) 社会改革家。出生于纽约州的荷马。以演说家和作家的身份积极为禁酒和妇女权利而斗争。主编《百合花》——据说这是第一份完全由一位妇女主编的报纸。她通过对女式灯笼裤的辩护参与了服装改革，这种灯笼裤后来被称作"布卢默"。

布思，凯瑟琳(1829—1890) 福音传道者和作家。生于英国的阿什本。与其夫威廉同为救世军的创始人(见：**救世军**)。她的布道和为《战斗口号》而进行的写作促使妇女在传统活动领域之外参与并获得领导地位。她坚决支持妇女获得选举权。

芝加哥，朱迪(1939—) 艺术家。生于芝加哥的朱迪科恩。在卷入女权主义艺术运动之后，她协助创办了设在洛杉矶的女权主义创作室。她公开攻击关于女性性行为和女子气质的种种禁忌。最著名的是20世纪70年代末举办的称之为"宴会"的异乎寻常的大型展览。

肖邦，凯特(1851—1904) 作家。生于密苏里州的圣路易斯。通过《河湾人》(1894)和《阿卡迪亚之夜》(1897)生动、逼真地描写了克里奥尔人和阿卡迪亚人的生活。定期为一些文学期刊和儿童杂志撰写宣扬男女平等的短篇故事。她的富于勇气的小说《觉醒》(1899)因其真实地描写了一位年轻女子对性和艺术的渴望而使许多人大惊失色。

弗里德曼，马西娅(1938—) 政治家。生于新泽西州的纽瓦克。1972年在海法成为现代以色列妇女运动的创始人；次年被选入以色列的议会。为民法中的男女平等、改革堕胎法以及其他妇女问题而奔走呼号。

何香凝(1879—1972) 革命的女权主义者。生于中国广东南海。1905年加入由孙中山领导的组织；1923年成为国民党代表大会的三位女代表之一。她在20年代积极参与女权主义政治活动，曾是最早剪短发以示独立自主的妇女之一。1960年成为中华全国妇女联合会名誉主席。

墨菲，埃米莉(1886—1933) 律师和作家。生于安大略省的库克斯维尔。为反对酗酒和农村的贫困，为支持妇女参加选举而斗争。1916年协助建立妇女法院以听取妇女在诸如离婚或性攻击这样的案件中的证词。她成为英帝国中第一位妇女执法官。曾为妇女取得进入加拿大参议院的资格而开展活动。

帕尔默，伯莎(1849—1918) 社团领袖。生于肯塔基州的路易斯维尔。作为富有的芝加哥慈善家和市民领袖，她被任命为1893年世界哥伦布博览会的女经理委员会主席。她从47个国家征集品，以使妇女馆集中展现女性历史、艺术和文学的精华。

潘克赫斯特，埃米林(1858—1928) 妇女参政权的坚定鼓吹者。生于英国的曼彻斯特。与其夫及几个女儿在曼彻斯特和伦敦为争取妇女的选举权而积极开展工作。1903年她和她的女儿克里斯塔贝尔建立了妇女社会与政治联盟，她的另外两个女儿西尔维亚和阿德拉也热心于该组织的活动。

拉芬，约瑟芬(1842—1924) 社团领袖。生于波士顿。为争取黑人权利，推进福利运动，以及争取妇女选举权而积极开展工作。她于1894年组织了妇女时代俱乐部，1895年协助建立美国黑人妇女全国联合会。当1896年经合并形成有色人种妇女俱乐部全国协会时，她任第一副会长。

斯泰纳姆，格洛里亚(1934—) 作家和编辑。生于俄亥俄州的托莱多。20世纪60年代她作为美国妇女运动的一位领导人脱颖而出。1970年与人共同创办《女士》杂志，该刊物后来成为一份主要的女权主义杂志。

沃斯通克拉夫特，玛丽(1759—1797) 激进分子和作家。生于英国的霍克斯顿。她为妇女的政治、经济和法律平等地位所作的辩护是这方面最早的持之以恒的辩护之一。其著作有《论妇女教育》(1787)、《女读者》(1789)和《从历史的和道德的观点看法国革命的起源和发展》(1794)。《女权辩护》(1792)是一部自由主义的主张男女平等的经典著作，它向卢梭的妇女低劣论提出挑战。

有些前州长的夫人成为第一批女州长——得克萨斯州的米里亚姆·A.弗格森(1925—1927和1933—1935)与怀俄明州的内利·泰洛·罗斯(1925—1927)(见：**罗斯夫人**)。1974年康涅狄格州的埃拉·T.格拉索完全凭借其自身的优势赢得了州长职位。

1971年佩兴斯·休厄尔·拉丁当选为俄克拉何马城的市长——当时这是由妇女任市长的美国最大的一个城市。到1979年妇女担任了两个主要城市的市长：简·伯恩任芝加哥市市长，黛安·范斯坦任旧金山市市长。1990年沙伦·普拉特·狄克逊当选为首都华盛顿市的市长。

弗朗西丝·珀金斯是第一位女阁员,当时她在富兰克林·D.罗斯福总统手下任劳工部长。奥维塔·卡尔普·霍比在德怀特·D.艾森豪威尔内阁任卫生、教育和福利部长。卡拉·A.希尔斯在杰拉尔德·R.福特内阁任住房和城市发展部长。吉米·卡特为他的新内阁挑选了两位妇女——朱厄妮塔·M.克雷普斯任商务部长,帕特里夏·罗伯茨·哈里斯任住房和城市发展部长。哈里斯是进入总统内阁班子的第一个美国黑人妇女。当创设独立的教育部时,卡特任命雪莉·蒙特·赫夫斯特德勒领导该部。罗纳德·里根的内阁里包括任卫生和医务部长的玛格丽特·赫克勒和任运输部长的伊丽莎白·多尔。在乔治·布什手下,多尔成为劳工部长;接替她的是众议员林恩·马丁。布什于1990年挑选西班牙裔美国人安东尼娅·诺维洛任公共卫生局局长。

里根开创了一个先例:由于他的任命,1981年桑德拉·戴·奥康纳成为担任美国联邦最高法院大法官的第一位妇女(见:**奥康纳**)。次年,伯莎·威尔逊被任命为加拿大最高法院大法官。1984年让娜·索韦成为加拿大第一位女总督(见:**索韦**)。

在国际事务中,埃莉诺·罗斯福于1945年被任命为驻联合国代表,后来又出任联合国人权委员会主席(见:**罗斯福夫人**)。尤金尼娅·安德森于1949年作为美国第一位女大使被派往丹麦。珍妮·柯克帕特里克于1981年被任命为驻联合国大使。

到1970年,有三位妇女担任她们国家的最高选任职务。西丽玛沃·班达拉奈克于1960至1965年和1970至1977年任锡兰(今斯里兰卡)总理(见:**班达拉奈克夫人**)。英迪拉·甘地于1966至1977年和1980至1984年她遭暗杀时止任印度总理(见:**甘地夫人**)。果尔达·梅厄于1969至1974年任以色列总理(见:**梅厄**)。美洲的第一位女国家元首是胡安·庇隆的遗孀伊莎贝尔,她于1974—1976年任阿根廷总统(见:**庇隆**)。伊丽莎白·多米蒂安于1975—1976年任中非共和国总理。玛格丽特·撒切尔于1979年成为英国首相,她是20世纪连续三次当选该职的惟一者(见:**撒切尔夫人**)。也是在1979年,法国的西蒙娜·韦伊成为欧洲议会的第一任议长。

20世纪80年代初,维格迪丝·芬博阿多蒂尔当选为冰岛总统;格罗·哈莱姆·布伦特兰当选为挪威首相;米尔卡·普拉宁茨当选为南斯拉夫总理。1986年科拉松·阿基诺成为菲律宾总统(见:**阿基诺**)。1988至1990年贝娜齐亚·布托任巴基斯坦总理——领导一个穆斯林国家的第一位妇女(见:**布托**)。

1990年玛丽·鲁宾逊当选为爱尔兰总统,比奥莱塔·查莫罗当选为尼加拉瓜总统。澳大利亚的第一位女总理是西澳大利亚州的卡门·劳伦斯(1990),加拿大的第一位女总理是不列颠哥伦比亚省的丽塔·约翰斯顿(1991)。1991年卡莉亚·齐亚成为孟加拉国的总理,社会党的埃迪特·克雷松被任命为法国的第一位女总理。波兰的第一位女总理汉娜·苏霍茨卡于1992年当选。

各种女权主义哲学

在18世纪行将结束时,个人自由成为热烈争论的问题。1789年,正值法国大革命时期,奥兰普·德古热发表了一篇《妇女权利宣言》,以抗议那些革命者在他们的《人权宣言》中没有提及妇女。在《女权辩护》(1792)中,玛丽·沃斯通克拉夫特呼吁启迪女性的智力。

最早的一位女记者玛格丽特·富勒于1845年撰写了《19世纪的妇女》一文。她认为,个人具有无限的能力,如果根据性别规定人的作用,人的发展就受到严格限制。

伊丽莎白·卡迪·斯坦顿是女权运动的主要理论家。她于1895和1898年分两次发表的《妇女圣经》一书,抨击了她所说的圣经中那些男性的偏见。与她的大多数笃信宗教的女性同事相反,她进一步认为,必须彻底废除有组织的宗教,真正的妇女解放才能实现。(参见:**斯坦顿夫人**)

夏洛特·珀金斯·吉尔曼认为家庭与现代工厂的批量生产方法相比是无效率的。她在像《妇女与经济学》(1898)这样的著作里主张,妇女应分工合作搞家务:由最适于烹调、做清洁工作和照料婴儿的妇女分别去做各项工作。

在政治上,许多女权主义者坚信,一个根据社会主义经济原则建立起来的合作社会将会尊重妇女的权利。1892年建立的社会工党是美国最早把妇女选举权作为党纲要点的全国性政党之一。

在20世纪初叶,新女性一词开始在通俗读物上使用。比以往任何时候都多的年轻妇女走入学堂,从事蓝领和白领工作,独身住在城市公寓里。一些社会评论家为女权主义正取得节节胜利而担忧,因为在他们看来,女权主义意味着家和家庭的终结。实际上,美国妇女的习俗变化甚微。尽管年轻女子与人约会的次数多于她们的父母,并利用汽车以躲避父母的监督,但大多数年轻女子仍然结婚并成为传统的家庭主妇和母亲。

美国女性与男性的就业状况——1985年

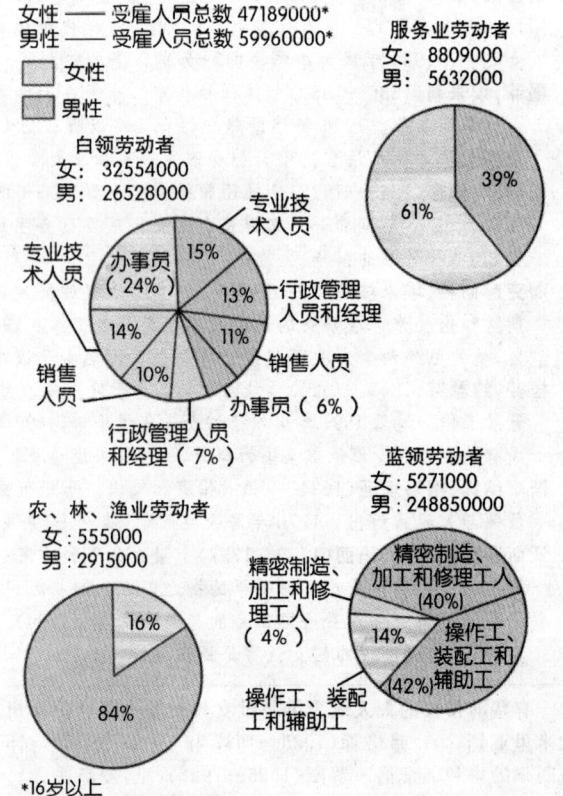

女性 —— 受雇人员总数 47189000*
男性 —— 受雇人员总数 59960000*

☐ 女性
▨ 男性

服务业劳动者
女:8809000
男:5632000
39% / 61%

白领劳动者
女:32554000
男:26528000
专业技术人员(24%)、办事员 15%、行政管理人员和经理 13%、销售人员 11%、办事员 10%、行政管理人员和经理(7%)、专业技术 14%

蓝领劳动者
女:5271000
男:248850000
精密制造、加工和修理工人(40%)、操作工、装配工和辅助工(42%)、精密制造、加工和修理工人(4%)、操作工、装配工和辅助工 14%

农、林、渔业劳动者
女:555000
男:2915000
16% / 84%

*16岁以上
资料来源:美国劳动者统计局

改革运动中的妇女

美国妇女在 19 世纪组织起来并参与了各种各样的改革运动——改进教育、发起监狱改革、禁酒,以及在南北战争前的解放奴隶。

早在妇女在男女共同在场的情况下发言尚被认为有失体面时,南卡罗来纳州的废奴主义者萨拉·格里姆凯和安吉利娜·格里姆凯姐妹就在公众集会上勇敢地大声疾呼反对奴隶制(见:**格里姆凯姐妹**)。一些男性废奴主义者——包括威廉·劳埃德·加里森、温德尔·菲利普斯和弗雷德里克·道格拉斯——支持妇女在反对奴隶的活动中拥有与男人平等的发言权和参与权。例如,前去参加 1840 年在伦敦召开的世界反奴隶制会议的妇女代表被拒绝给予正式席位。加里森因此拒绝接受给予他的席位,而同妇女们一起以旁观者的身份坐在楼厅里。

一些妇女意识到妇女地位与奴隶地位的相似之处。在她们看来,二者都被要求做到顺从、合作并服从他们的主人或丈夫。像斯坦顿、露西·斯通、卢克丽霞·莫特、哈里特·塔布曼和索琼纳·特鲁斯这样的妇女既是女权主义者也是废奴主义者,她们对妇女的权利和黑人的权利同样坚信不移。

许多妇女支持禁酒运动,因为她们认为酗酒的丈夫把家庭拖入贫困境况。1872 年禁酒党成为第一个在其党纲中承认妇女选举权的全国性政党。弗朗西丝·威拉德协助创建了基督教妇女禁酒联盟。

在 19 世纪中期,多萝西娅·迪克斯成为监狱改革和为穷人提供精神病院监护等运动的领导人。街坊文教馆运动是由简·亚当斯和莉莲·沃尔德促成的,前者于 1889 年在芝加哥创办了赫尔大厦,后者于 1895 年在纽约市建立了亨利街街坊文教馆。两位妇女都是为了帮助移民适应城市生活。(参见:**亚当斯;迪克斯**)

妇女还积极参与了土地和劳工改革运动以及节制生育运动。玛丽·伊丽莎白·利斯是 19 世纪 80 和 90 年代堪萨斯州的一位主要的平民党女发言人,她使下面这句话永垂史册:"农民所要做的就是种植更少的谷物和提出更多的抗议。"玛格丽特·罗宾斯在 20 世纪初领导了全国妇女工会联盟。在 20 世纪 10 年代玛格丽特·桑格为使所有的妇女都能获得节制生育的信息而奋斗(见:**桑格夫人**)。

为争取选举权而斗争

1848 年 7 月第一次女权会议在纽约州的塞尼卡福尔斯召开。会议发表的宣言仿照独立宣言。这篇由伊丽莎白·卡迪·斯坦顿起草的宣言声称:"所有的男人和女人生而平等",而"人类历史就是一部男人不断伤害和侵犯女人的历史"。它在大量列举妇女的冤情后,提出了制定公正的法律,实行教育和就业机会平等,以及给予妇女选举权等项决议。

由于在南北战争中联邦政府取得了胜利,女性禁奴主义者们希望她们的勤奋工作将促使妇女和黑人一样获得选举权。但是,分别于 1868 和 1870 年批准生效的宪法第 14 和第 15 条修正案把公民身份和选举权授予黑人却没有授予妇女。

关于下一步应采取什么行动的争论于 1869 年导致女权运动分裂。伊丽莎白·卡迪·斯坦顿和苏珊·B.安东尼——一个禁酒和反对奴隶制的提倡者——在纽约建立了全国妇女选举权协会(NWSA)。露西·斯通在波士顿组建了美国妇女选举权协会(AWSA)。NWSA 鼓动把一项关于妇女选举权的修正案写入联邦宪法,而 AWSA 则致力于把选举权修正案写入每个州的宪法。最终,两个组织于 1890 年合并为全美妇女选举权协会(NAWSA)。露西·斯通任执行委员会主席,伊丽莎白·卡迪·斯坦顿担任第一任会长。后来,苏珊·B.安东尼、卡里·查普曼·卡特和安娜·霍华德·肖曾先后任会长。

争取选举权的斗争进展缓慢且屡屡受挫。怀俄明准州于 1869 年,犹他准州于 1870 年,以及科罗拉多州于 1893 年,爱达荷州于 1896 年先后授予妇女选举权,但是东部各州仍予以抵制。一项有关妇女选举权的联邦宪法修正案,自 1878 年起提交历届国会讨论,但均未获通过。

当美国于 1917 年 4 月参加第一次世界大战时,全美妇女选举权协会保证给予支持。成千上万的该会会员在她们的地方总部里缠绷带,自愿去医院和政府机关工作。该会的领导人希望,战后美国妇女将因她们的爱国举动而得到选举权的奖励。

美国女性与男性的收入状况

受教育程度比较*

	女	男	
所有的人	$8154	$19684	
小学毕业生	$4891	$8996	
中学毕业生	$7372	$17261	
大学毕业生	$13731	$27563	

职业比较**

	女	男	
所有的人	$15624	$24195	
行政管理人员和经理	$20565	$33530	
专业人员	$21781	$32812	
技术人员	$18177	$26266	
销售人员	$12682	$25445	
办事员	$15157	$22997	
精密制造、加工和修理工人	$15093	$23269	
操作工、装配工和检查员	$12232	$20786	
服务业劳动者	$10204	$16824	
农、林、渔业劳动者	$10460	$16836	

*1985 年的中位数货币收入,统计对象为 1986 年 3 月年龄在 15 岁以上的全年专职工作者。

**1985 年的中位数货币收入,统计对象为 1986 年 3 月年龄在 25 岁以上的全年专职工作者。

资料来源:美国商务部人口调查局

一些女权运动领袖因全美妇女选举权协会支持战争而与它绝交。艾丽斯·保尔领导国会女权联盟(后改称全国妇女党)在战时开展争取选举权的斗争。另一个团体，即由克里斯特尔·伊ești门领导的妇女和平党的纽约分部，拒绝在美国妇女没有民主权利的时候支持"保卫世界民主"的战争。以简·亚当斯为首的全国妇女和平党支持一项和平协议，但并不公开反对这场战争。

国会终于在1919年6月通过了妇女选举权议案，第19条宪法修正案于1920年8月26日成为法律。大约有2500万妇女得到了选举权。在取得选举斗争的胜利之后，全美妇女选举权协会的成员转而忠诚于新成立的妇女选民同盟——这是一个致力于对妇女进行政治教育的超党派的组织。而全国妇女党则力争通过一项赋予妇女完全平等权利的宪法修正案。妇女和平党加入了另一个和平主义组织——和平与自由国际妇女同盟。

在英国和在美国一样，女权活动者分裂为两派——温和的女权协会全国联盟和激进的妇女社会和政治联盟，后者是由埃米林·潘克赫斯特与她的两个女儿克里斯塔贝尔和西尔维亚领导的。1918年英国议会通过了一项关于30岁以上的妇女享有选举权的议案。10年后年龄限制下降为21岁。与此同时，新西兰于1893年，澳大利亚于1902年授予妇女完全的选举权。

芬兰妇女于1906年，挪威妇女于1913年分别获得选举权，到第二次世界大战爆发时，大多数国家的妇女都参加了选举。1945年日本妇女得到选举权。法国妇女于1945年参加第一次选举。意大利妇女于1946年赢得选举权。

妇女解放运动的兴起

美国1920年争取妇女选举权的胜利导致在追求妇女完全平等权利方面的一个长时期的相对平静局面。直到20世纪60年代，女权主义哲学才再次拥有一些重要的女发言人和一批听众。

1963年贝蒂·弗里丹的著作《女性奥秘》揭示：许多受过大学教育的妇女没有利用她们所受过的训练，而是待在家里甘为主妇。1966年她组建了全国妇女组织(NOW)。该组织鼓动实行一些改进，例如为希望重新工作的职业妇女设立托儿所。其成员在国会发表演讲，开展游说活动，并对性别歧视行为提出控告。

1967年前后，全国妇女组织中那些急切要看到决定性的显著变化的工作者，和大学里的年轻妇女以及激进的行动主义分子一起，组成了各种新团体，诸如姐妹共学会(SALT)、国际妇女地狱恐怖阴谋会(WITCH)、面包与玫瑰会，以及妇女解放运动联盟。有些组织仅限于开会讨论她们所面临的问题和恐惧。其他一些组织则致力于提高觉悟，制定更宽松的堕胎法，通过有关平等权利的宪法修正案。还有一些组织支持马克思主义者和黑人革命运动。有些妇女解放论者公开敌视男人，认为他们是妇女的压迫者，谴责他们把妇女仅看作性对象。但是大多数人向往的是建立在相互尊重基础上的男女关系。

人们开始普遍关注妇女解放运动。电视访谈节目和通俗杂志组织专题讨论，由能言善辩的女权主义者大谈特谈美国社会深入进行改革的必要性。1970年，一篇由凯特·米利特撰写的博士论文成为一本畅销书——《性政治》。

无论在19世纪还是在20世纪，女权主义者都认为，应该像评价男人那样，把妇女作为个人进行评价；应该根据个人的成就对个人予以奖励。她们希望妇女除作为妻子和母亲之外还担任其他角色——正如男子除作为丈夫和父亲之外还担任其他角色一样。例如，许多人力争授予妇女神父、本堂牧师和拉比神职。

20世纪60和70年代的女权主义观点有了一些新的内容。人们对节育的更多和更精确的认识——包括使用避孕药具和堕胎——使妇女能更有力地掌握自己的命运。

1975至1985年是一个"妇女十年"，它以1975年庆祝国际妇女年(IWY)为开端。来自123个国家的大约10000名代表参加了在墨西哥城召开的国际妇女年会议。在80年代，许多妇女组织将其注意力转向诸如"贫困的女性化"这样的经济问题，因为它们看到，由妇女维持的家庭几乎占全部贫困家庭的一半。1991年由电视转播的安妮塔·希尔和克拉伦斯·托马斯就性骚扰的指控而出席的参议院听证会有助于使公众关注工作场所的权势问题。许多妇女和少数民族成员发现，尽管他们有所获益，但所谓的玻璃天花板——歧视的另一名称——阻碍他们得到提升。

1968年全国妇女名人纪念堂在纽约州的塞尼卡福尔斯落成。1980年在它的旁边建立了一座女权国家历史公园。

撰文：June Sochen

女权运动　FEMINISM　见：女权

妇女组织　WOMEN'S ORGANAZATIONS

工商业、政治、各种需要专门知识和技能的职业以及宗教，传统上历来都由男人把持着。19世纪前，除一个领域外，妇女在以上任何领域内都极少有升迁的机会。这一个例外的领域是宗教，许多世纪以来妇女已经组成了她们自己的宗教团体。天主教会以其各种修女会而闻名。其他教派，包括圣公会和路德宗教会，也都有妇女团体，其工作主要是教育和慈善事业。20世纪，所有主要的犹太教和基督教团体都设立了地方和全国一级的妇女社团。

19世纪，妇女从事教育和各种需要专门知识和技能的职业的机会逐渐多了起来，但妇女的参政权却迟迟不能获得，因此，首批有影响的妇女组织都由社会改革者组成，其目标之一是争取选举权(见：女权)。

有利于妇女更积极地参与社会各方面活动的变化，主要是由两个因素造成的：日益增加的社会的民主化和产业革命。民主高扬所有人机会均等的理想，虽然这种理想迟迟才被人们所认识。产业革命使更多的人过上了更富裕的生活，使富裕家庭和中产阶级家庭的妇女有时间通过成立各种社团来追求她们共同的利益。

20世纪，由于妇女大量加入到政府、各种职业和军队中去，各种妇女组织的数量也相应增多，有为争取各种可以想到的利益而成立的团体，从园艺组织或读书俱乐部，到促由于妇女已成为劳动力并从事各种职业,她们建立了各种团体,如:美国职业妇女和女经理联谊会、女美容师协会、国际女律师联合会、女管理人员协会、9点至5点全国劳动妇女联盟、女数据处理人员协会、国际女企业家和女专业人员联合会、女图书管理员协会、全国女出版业人员联合会、国际女警察协会以及女销售人员协会。

还有许多宣传民族主义和爱国主义理想的妇女团体。其中,最古老的一个团体是建于1890年的美国革命女儿会。其他的团体有:美国对外战争退伍军人妇女服务团、海军陆战队女兵协会、美国殖民地妇女会、陆军女兵退伍军人协会以及参加过世界大战的女退伍军人协会。从性质上说,一些妇女组织只是地方性的或地区性的组织。例如,南部邦联女子联合会只关心南北战争史。黄金西部本土女儿会旨在增进对加利福尼亚历史的兴趣。美国的妇女选民联盟是一个促进公民参政的超党派组织。中东的阿拉伯妇女联合总会除了促进阿拉伯的团结外,还设法促进伊斯兰妇女之间的团结一致。

在争取妇女的一般利益和文化利益的团体中,最著名的可能是成立于1890年的妇女俱乐部总会,它在30多个国家设立了俱乐部,声称拥有1000多万名会员。在13个国家拥有会员的国际吕克昂俱乐部协会鼓励妇女积极参与艺术、科学和公共事务。成立于1881年的美国大学妇女协会通过继续学习计划为妇女的进步而努力。

除了为数众多的宣传女权的组织如全国妇女组织外,还有许多同其他社会问题有关的协会。在美国,一个历史最悠久和最著名的协会,是成立于1874年的全国基督教妇女禁酒会。连续不断的滥饮酒精饮料导致另一个直言不讳的组织的诞生,它就是建于1980年的反醉鬼司机母亲联盟。侧重于专门问题的其他妇女组织还有:反色情妇女组织、妇女争取和平罢工运动组织、妇女核裁军行动组织、全国堕胎权行动联盟、争取美国生命男女平等主义者组织(一个反堕胎团体)、妇女授圣职会以及国际妇女争取和平与自由联盟。

妇女日益增多地参与体育活动,已使每一项运动至少有一个协会。全国性的和国际性的组织有:成立于1950年的女子职业高尔夫运动员协会、成立于1981年的女子职业巡回地滚球运动员协会、成立于1916年的国际女子地滚球协会、成立于1955年的旋转女孩协会(女直升机驾驶员组织)、成立于1979年的女子跑步者北美网、成立于1899年的全国女少年运动员和女运动员协会、成立于1955年的国际女垂钓者协会、成立于1929年的全国校际女子击剑协会、成立于1948年的女子职业竞技表演协会、成立于1962年的全国女子划船协会以及成立于1958年的国际女子板球联合会。

妇女还积极参与宗教组织以外的社会福利工作。其中最大的一个协会是成立于1964年的社区妇女服务协会,这是个反贫困团体。此外,还有几个妇女服务俱乐部。其中历史最悠久和最大的一个是成立于1921年的青年女子联盟协会。另外还有成立于1945年并隶属于基瓦尼斯俱乐部的家庭妇女国际、成立于1941年的青年助手全国联盟、成立于1919年的配额国际、成立于1921年的职业妇女福利互助会国际协会美国分会、成立于1934年的美国冒险者俱乐部以及成立于1919年的国际诚信服务社。

妇女选举人联盟　LEAGUE OF WOMEN VOTERS

见:女权

青年组织　YOUTH ORGANIZATIONS

结社自由——根据个人的选择,组织和参与社团的权利——是自由社会的标志之一。早在殖民地时期,美国就已出现了由具有共同志趣的人们组成的志愿社团。19世纪,这类社团在英国中下阶层中间十分普遍,并且后来已扩展到了世界上大多数地区。在大量的这类社团中,有许多是青年人致力于学习、服务、宗教、政治以及其他事业的团体和俱乐部。

像男童子军、女童子军、营火会等青年组织是独立的团体;还有一些团体则是某个更大的机构的——通常是宗教的或政府的——一部分。例如,大多数宗教团体都有自己的青年组织。本文所谈到的是一些较著名的青年团体,不包括诸如少年棒球联盟等体育协会。

童子军　男童子军与女童子军均属世界上最庞大、最著名的青年团体。20世纪的童子军运动,开始于帮助人们——最初是军人——学习在野外艰苦环境中生存下来的一系列活动和训练。这项计划首先是由罗伯特·巴登-鲍威尔在南非的布尔战争中开始实施的,后来他将这一方案运用于训练儿童。美国的男童子军组建于1910年;在英国,男童子军正式创建于1908年。

第一批男童子军创建不久,罗伯特·巴登-鲍威尔的妹妹艾格尼丝便开始着手组建女童子军。在美国,朱丽叶·戈登·洛于1912年创建女童子军;3年后,加拿大也组建了第一个女童子军连。

营火会　这一组织是由卢瑟·哈尔西·古利克医生和他的妻子夏洛特于1910年创建的,当时叫作女子营火会。这是此类团体中第一个与宗教机构无关的全国性的组织。协会的名称更改于20世纪70年代,此时男孩也被接纳为其会员。选择这一名称是因为,火既代表家(壁炉边),也代表户外(篝火)。

它的基层组织是地区俱乐部,一个俱乐部既可以由女孩组成,又可以由男孩组成,或二者兼有。活动计划是针对从幼儿园至高中5个年龄组的。最小的一个年龄组是"火花",成员为幼儿园孩子;然后依次是"蓝鸟"、"冒险家"、"中级营火会"和"地平线俱乐部"。

除了俱乐部的集会之外,营火会还开展学习自立课程、野营和照看幼儿等活动。自立课程着重讲授当今社会具体的生活技能。在野营活动中,会员们研究美国民间传说,学习手工艺劳动,徒步旅行,参加诸如射箭、划独木舟等野外运动项目和进行野餐。

作为一个服务性的组织,营火会因其在照看幼儿方面的工作而受到人们的赞誉。营火会各分支机构利用上学之前和放学之后的时间，在教室或附近设施内开展照看幼儿的活动。这项服务对于双职工家庭来说已经变得越来越重要。

4H俱乐部 这些组织发端于20世纪最初10年间美国的乡村青年中。如今，这些俱乐部的会员已不再只是乡村的年轻人，其会员成分的比例大约是：农场青年占50%，农村的非农业青年占30%，城市青年占20%。

虽然4H俱乐部是志愿社团，但它们受到州立土地赠与大学、州政府、地方政府和国家农业部的资助。所有这些机构根据1914年的史密斯-利弗法令和此后国会议案的有关条款互相协作，鼓励和协助俱乐部开展活动。4H俱乐部的徽章是一枝四叶苜蓿，每片叶子上都有一个字母"H"，这4个"H"代表头脑（Head）、心灵（Heart）、双手（Hands）和健康（Health）。

4H俱乐部的会员是9至19岁的青年人，男女青年均可入会。地区俱乐部——截止到20世纪80年代末，这种地区俱乐部已逾83000个——的规模大小为平均20名会员。会员们自己选举干事，并自行开展活动。

与俱乐部会员大多数来自农场相适应，4H俱乐部实施许多与农业有关的学习计划，其中包括牲畜的管理与饲养、植物科学以及与农业机械有关的各方面技术。俱乐部的工作范围在最近几十年中有了很大拓展，学习内容包括：环境、生态学与自然资源的保护；经济学与商业；公民自修课程；健康与身体保健；书画艺术；公众演说；家庭与个人管理；消费者教育、食品与营养；服装与纺织品；以及许多其他课程。

维尔京群岛、关岛、美属萨摩亚和密克罗尼西亚等地，也都和美国一样开展了4H俱乐部活动。目前有80余个国家实施了类似的计划。美国4H俱乐部每年的一个主要活动就是召开4H俱乐部全国代表大会，在各地俱乐部的工作中有成绩的青年人被推举为大会代表，以资鼓励。

20世纪初，4H俱乐部运动发祥于美国的几个地区，有相当数量的人和组织在它的发展初期起过重要作用。W.B.奥特韦尔于1900年将一包玉米种子赠送给了伊利诺斯州马库平县的500个男孩。这些男孩将用这些种子培育出来的玉米送到了某个农业研究所的展览会上。1902年，一位叫作A.B.格雷厄姆的校长在俄亥俄州斯普林菲尔德区为男女学生创建了一个农业俱乐部。同年，O.J.克恩在伊利诺斯州温纳贝戈县为农场里的男孩组织了一个俱乐部。1903年，得克萨斯州创立了一个农场男女青年联盟。农业俱乐部则于1904—1905年成立于衣阿华州基奥卡克县与赖特县。

密西西比州的玉米俱乐部是第一个接受联邦资助的农场青年组织。它是由W.H.史密斯于1907年在霍姆斯县创办的。他与密西西比州立学院和农业部共同扶持这个俱乐部。农业部派人组建新的俱乐部，以便使得所有这些活动全都归一个资助者领导。1914年的史密斯-利弗法令规定：每一个州都要拨专款设立一个俱乐部管理局。4H俱乐部这一名称启用于1924年。

美国未来农场主协会 （FFA）鉴于4H俱乐部已经把他们的活动范围扩展得相当大了，美国未来农场主协会仍然专门致力于假期农业职业培训。美国未来农场主协会肇始于1917年的史密斯-休斯法令，这项法令规定在公立中学中开设由政府资助的职业农业课程。1928年，美国未来农场主协会在密苏里州堪萨斯城正式成立，将州协会和地方协会合并为一个组织。这一组织于1950年取得国会颁发的特许状。美国未来农场主协会在国内50个州以及波多黎各、维尔京群岛拥有分会逾7700个。目前，该组织的全国活动中心设在弗吉尼亚州的亚历山德里亚。

美国未来农场主协会会员必须报名参加学校里的一项职业农业培训活动。成员在毕业后仍然可以留在协会内，直至21岁。协会的培训方案范围极其广泛，从农业生产到销售，从经营家庭农场到管理农业综合企业的各个方面，应有尽有。协会的职业培训课程有：粮仓管理、农业机械维修、肉食切割、质量管理、美化环境、土壤保护、林业、兽医学、养蜂、计算机操作、驯马、养狗、买牛、酿酒厂管理、电器维修、装饰马匹、纤维技术、野生动物管理等等。

宗教社团 几乎每一个宗教机构都有自己的青年团体，大多数独立自治的教堂会众都有地方组织。例如，有总部设在泰国曼谷的世界佛教青年联谊会。国际伊斯兰教学生联合会的总部设在科威特。在美国，改革派犹太教资助北美圣殿青年联合会；保守派犹太教有它的犹太教堂青年联盟。正统派犹太教的社团是伯奈阿吉伐会（B'nai Akiva）。在许多学院和大学校园中都能成立伯奈伯里斯会（B'nai B'rith，亦译作圣约之子会）希勒尔基金会分会。罗马天主教会有天主教青年协会和校园新人中心。信义宗有信义会联盟或沃尔特联盟。

在基督教徒中有一些跨教派的青年组织。成立于1895年的世界基督教学生联合会是历史最悠久的组织之一。在英国，男孩旅（成立于1883年）和女孩旅（成立于1893年）所组织的团体，隶属于各地区新教会众。

成立于1941年的"青年生活"是一个以青少年为对象的传教组织。它在学年中除了组织俱乐部集会之外，还举办夏令营和冬令营。它在美国西部和加拿大拥有几处专为青少年设立的游览活动胜地。类似的青少年团体还有：成立于1950年的阿瓦纳青年协会，成立于1937年的基督教服务旅，和成立于1939年的先锋俱乐部。

国际青年救世军是一个跨教派的组织，于1944年在美国成立。它的总部设在美国科罗拉多州的恩格尔伍德，其国际办事机构设在新加坡。在美国，中学生的"校园生活"俱乐部是国际青年救世军运动的中心。这个国际组织已在62个国家开展活动。

政治社团 青年人出于政治和经济的目的而组成的社团至少自19世纪上半叶以后就已存在。1845年由埃德温·德·利昂和乔治·亨利·埃文斯正式创建的"青年美国运动"，是诸如青年德意志、青年意大利和青年爱尔兰那种欧洲运动的产物，青年德意志等欧洲组织在19世纪30年代是十分著名的。"青年美国"的宗旨是促进自由贸易、开拓国外市场、使美国兼并更多的领土，以及鼓励海外的青年共和运动。

20世纪30年代，德国成立了以纳粹党的原则来训练青少年的希特勒青年团。它是由阿道夫·希特勒于1933年创建的，其头目是巴尔杜·冯·希拉赫。1936年，这一组织变为国家机构，要求所有的男青年都要加入。男孩长至10

岁即要登记加入德国少年党,13 岁正式成为希特勒青年团员。至 18 岁,他们就加入纳粹党,开始为国家效劳(或服劳役,或应征入伍),直至 21 岁。与男青年组织相并列的是德国女子青年团。

如今大多数国家都有由那些政治观点相同的青年人组成的社团。在美国的主要政治党派中,有青年共和党和青年民主党,这些组织虽说大都由年轻的成年人组成,但在大学校园里也不乏其组织成员。虽说欧洲的政局比北美远为动荡多变,但欧洲的各政治派别仍有大批青年追随者。德国绿色党因其仅对核武器和保护生态环境的立场而吸引众多的青年人。有些国家中的某些最极端的组织,为了企图达到他们的目的,转而采取恐怖手段。

苏联共青团是 20 世纪最著名的青年组织之一。这一名称是"全苏联列宁主义共产主义青年团"的俄文缩写。它由 14 至 28 岁的青少年组成。苏联共青团创建于 1918 年,它将许多在 1917 年十月革命中十分活跃的青年社团联合在一起。苏联共青团的宗旨,正如它在 1922 年所宣告的那样,意在促进体育活动、教育、出版活动和工业建设。直至开放与改革时期,这个社团一直是共产党的得力助手。团员资格被视为在教育及工作中受到重点培养所必需的条件,而且也是成为正式的共产党员的一个台阶。

然而,到 20 世纪 80 年代后期,苏联许多共青团员纷纷要求摆脱政府的控制,以及对基层组织和这个全国性团体进行其他的改革。1988 年末,来自全国各地的 50 名团员组成"民主派"。截止至 1990 年,苏联全境出现了 80000 余个新的替代共青团的青年社团。苏联还有两个少年组织:少先队和小十月革命者(以 1917 年十月革命命名)。苏联共青团于 1991 年 9 月正式被解散。

东欧其他国家中也有类似的不同年龄组的青少年团体。这些团体在 20 世纪 80 年代席卷这一地区的民主变革中起过重要作用。在匈牙利,民主变革的前兆之一就是解散共青团。1988 年成立了青年民主派联盟,它吸收大、中学生以及青年知识分子为其成员。这个组织主张维护个人的权利和青年的利益,提倡将市场经济与广泛的社会福利措施结合起来。1989 年 11 月柏林墙被打开后不久,自由德国青年党便大胆地断绝了其与共产党的联系。

其他社团 在北美洲,在培养十几岁的孩子经商方面最为著名的社团是青年商业社。它是由马萨诸塞州斯普林菲尔德的霍勒斯·A. 摩西于 1919 年创建的,1926 年结为社团。社团的基层组织是青年商业公司,公司的理事会、劳动力和售货员皆由青年男女担任。公司自行决定每个年度将要开展的业务。为了取得业务资本,公司向家长、教师和朋友出售股票。在学年中,公司都要和正规的商社一样运转。

为了满足城市中儿童及青少年的需要,美国男孩俱乐部于 1906 年成立。这一吸收 6 至 18 岁男孩参加的俱乐部遍布美国的 50 个州及波多黎各和维尔京群岛。有一百多万男孩在俱乐部活动和体育运动中促进了身体健康,并在社交、教育、职业以及性格成长等方面获得益处。女孩俱乐部最初创建于 1945 年,并开展了类似的活动。在 20 世纪 80 年代末,这两个团体合并为美国男孩女孩俱乐部。1991 年,它的 200 多个基层组织为其 250000 多名成员提供了服务。

1917 年成立于美国的红十字青年会,是一个服务性组织。政府曾资助和管理过各种青年组织。例如,青年环保公司雇用 15 至 18 岁的青少年从事诸如疏浚河道、修筑道路和露营园、栽树等工作,以利于保护自然资源。20 世纪 80 年代中期,这个公司每年夏季雇用青少年达 1 900 人。
(参见:红十字会;基督教青年会;基督教女青年会)

公共关系　PUBLIC RELATIONS

得到和保持一个好的名声是公共关系的根本目的。公共关系(通常简称 PR)作为一种专业是 20 世纪的一种发展。但是许多世纪以来赞成公关的理由已经得到充分的理解。《圣经箴言》的一位作家说:"一个好名誉比巨大的财富更令人向往。"希腊哲学家苏格拉底的理解对当今公共关系比较接近,他说:"通往良好名誉的道路,就是努力成为你渴望出现的事情。"

公共关系以人们相互之间,政府和其他机构之间有些看法这个简单事实为基础。因此,个人、公司、政府官员、学校、宗教组织以及其他类型的机构,都期望被公众以尽可能好的关系所接受。

公共关系是受到注意和形成舆论的一种手段。它通过宣传、广告、利用新闻代理人、公众事务论坛、游说政府官员,以及可以先于公众得到一种信息的任何其他的方法来达到目的。大部分公共关系是针对外面的一般公众或者公众当中的特殊部分,同时,有些公共关系也针对一个组织内部的人们。公司使用各种公关手段取得和保持雇员的良好品行和承诺。有些公司使用定期法人交流代替公共关系。

公共关系经常被比作市场交易,有时也同市场交易混淆。尽管它们使用相似的技巧,但是它们的目的却不同。市场交易包括广告和促销,它是为了销售产品和服务。公共关系是试图推销个人、政府政策、公司和其他机构的一种创造印象的业务。乔·麦金尼斯撰写的论理查德·尼克松和休伯特·汉弗莱竞选总统的著作名叫《推销 1968 年总统》,因为此书是用于宣传两个总统候选人的公关策略。

公共关系中最好的公关是在两个方向进行工作。先试图使一个人或组织对公众和公众的期望作出响应。同时努力说服公众以一种赞同的方式作出回答。公关成功时,良好的公关呈现一种与现实一致的形象。

一个公共关系专家最难的工作就是可能出现管理危机。1982 年 9 月至 10 月,在芝加哥地区有几个人服用一种含有氰化物的普通止疼胶囊后死亡。这种药品的制造商作出了高明的公关决定,告诫人们这种药物危险并且发起在全国范围收回这种产品。然后厂商通过它的公关公司作出一系列服务通知,以恢复公司及其产品的信誉。

随着世界股票市场暴跌,1987 年 10 月出现了另一种危机形势。著名投资银行家迅速在主要报纸上刊登整版广告,企图支持公众在经济和证券投资方面的信心。

公共关系的工具和手法

自 1900 年第一家公共关系公司开业以来,已有多次试图对公共关系给以明确的定义。因为公共关系可以由个人、专业公关公司、公司的部门或政府机构来处理。要找到一个适合所有情况和所有从业者的定义是困难的。贸易通讯《公共关系新闻》发表了一条有用的定义:"公共关系是管理功能,它评估公众的态度,使一个人或一个组织的政策和程序同公众的利益相一致,并且计划和执行一项得到公众理解和接受的行动计划。"虽然这个定义特别适用于公司的公关部门,但是它对公关的目的和功能提供一个总的说明。为了实现它的功能,公关专家利用宣传和其他方式将信息传达给公众。

宣传等于不付钱的广告。它是在报纸上发表的或者在电视新闻节目中提到的信息。宣传的消息提供者并不为发表的新闻付钱,正如在促销和产品广告中的情况那样。最突出的宣传形式就是政府官员的新闻发布。总统的记者招待会也可以看作是宣传。有时公司在介绍新产品时也从宣传中受益。80年代末,一家商用机的主要生产商展示一条新的个人电脑生产线。与此同时出现了为这些机器做的付费广告,几家报纸的商业版刊登了一系列公布产品的宣传文章。

公司通过对公众福利作出贡献达到宣传的目的。对一所学院或大学的大笔捐赠得到了新闻报道。公司资助大众电视上的文化节目以及像波士顿马拉松和奥林匹克运动会这样的体育比赛项目。公司也向慈善机构捐赠大量钱物。

由于公共关系是经过处理的新闻,宣传要作具体的筹划:它是信息提供者想要公布的信息。当出现另一个信息提供者的与之矛盾的宣传时,就会发生公共关系危机。1986—1987年罗纳德·里根总统政府就陷入了这样的危机。在宣布永远不同国际恐怖分子打交道好几年以后,政府被迫承认,在黎巴嫩扣押的人质获释无望时把武器卖给了伊朗。反宣传的破坏作用很大,任何公关活动都无法战胜它。

广告是有报酬的宣传。它在公共关系中的目的类似于销售产品的广告。广告出现于报刊、广播、电视、广告牌、传单以及其他任何人们可以看到或听到的媒介。政治竞选运动因候选人和争论的问题招来大量广告。

公司为自身也为自己的产品和服务做广告。例如,一家大的石油公司为了就当时话题提出自己的观点,在报纸上发表一系列公共关系文章。当一个公司为一场职业球赛出钱免费发放垒球帽、T恤衫、照相机或其他物品时,这就是自我宣传和寻求大众的善意。全国足球协会所做的谴责毒品的电视商业广告,叫作公益广告。这些广告也是这个协会的公共关系广告。

新闻广告员是这样一些人,他们的任务是在公众面前维护委托人的名声——不论是一个人还是一个机构。众所周知的类型就是娱乐业新闻广告员,他的业务就是宣传一个演员的生涯。其他的新闻广告员推销电影、诱人的旅游景点、音乐会和其他娱乐活动。有许多为个人和公司服务的大型组织。新闻广告员力图激起兴趣,并且创造一种公众形象而不是提供信息。

公职候选人雇用新闻广告员,如果候选人当选,他们往往成为工作班子成员。安德鲁·杰克逊可能是第一位认识到在白宫有一位新闻广告员的好处的美国总统。他把他的朋友前新闻记者阿莫斯·肯德尔作为他的代笔人和宣传员。在20世纪,总统新闻秘书已经成为大多数政府的一个不可缺少的部分。

公共事务管理被当选官员、政府机构以及与他们的选民或社团直接有关的公司所使用。例如国会议员在自己家乡地区召开会议听取问题和选举人的抱怨。大公司支持文化项目和大众电视广播的预算。小公司捐款改善自己家乡的社区。有些企业为少年提供夏季工作。学院和大学发起像演讲、音乐会和演出这样的团体活动。

筹集资金是公共关系的不太明显的一种形式,但它是非常有用的一种形式。学院、大学、医院、宗教和互助组织以及其他协会都参加筹集资金的活动。这样做也宣传了他们的机构。每年一度的美国统一募捐活动是使一些公司参与为慈善目的募捐的一种方法。

其他公关活动由议院外的游说者、消费事务局、社会关系专家、媒体顾问以及更多方面的人员实施。除了许多专门保护消费者利益的组织外,大公司通常也有处理投诉的消费事务部门和解决产品缺陷之类其他问题的部门。(参见:游说)

历 史

如果没有美国大公司,19世纪宣传和新闻广告员的使用也许会逐渐消失在公共关系中。大多数企业领导人对获得公众信誉毫无兴趣,对公众不是冷淡就是轻视。公司的首脑们认为保守自己生活和企务经营秘密是他们的权利。

在公众对大企业形成敌对的时代,这些态度是危险的。20世纪头几年进行调查的记者——西奥多·罗斯福总统称他们为揭发丑闻的人——开始就企业和政府的腐败写出令人震惊的揭露文章。这些文章中的许多篇被仔细予以证实并于1902—1904年间在杂志上首次发表。最著名的揭露文章后来以书的形式出版的有:艾达·M.塔比尔的《标准石油公司的历史》、托马斯·W.劳森的《疯狂的财政》以及林肯·斯蒂芬斯的《城市的羞耻》。厄普顿·辛克莱抨击屠宰加工业的著作《难解的事》于1906年出版,不久就制定了《联邦食品和药物法》。1906年大卫·格雷厄姆·菲利普发表了他的《参议院的背叛》,该文用文件证实了美国参议院和企业领导人勾结在一起损害公众利益的事实。这些文章和其他的揭露,结合罗斯福的谴责,使企业和政府处于守势。

在这种社会气候中,公司决定以积极的方法推销自己。寻求有利宣传的首批企业当中有铁路公司。由于害怕即将到来的管理,他们雇用了宣传局,这是1900年创建的一个波士顿的组织。以后几年间,还有几个组织成立,仅仅是为公司创造良好的名声。许多组织是由毕生搞宣传的新闻记者创办的。

在公共关系作为一种职业的发展中,其领导人之一是艾维·L.李,他是《纽约世界报》的商业记者。1903年,他辞去记者工作,掌管塞思·洛竞选纽约市长的活动。第二年他受雇于民主党全国委员会,成为该委员会的一名新闻宣传员。在以后几年里,他在组建了一家公关公司后,当了宾夕法尼亚铁路公司和其雇员正在罢工的宾夕法尼亚矿主的宣传主任。李不是企图封锁消息,而是对记者开诚布公。

他认识到:如果他努力创造的企业形象与公司的表现不相称,他的工作就没有希望。

由于政府威胁到管理和公众的敌对情绪具体化,公司逐渐转变为像李先生这样的公关员。其他机构也看到了公共关系的价值。1900 年哈佛大学雇用了宣传局,1904 年宾夕法尼亚大学成立了自己的宣传办公室。1909 年纽约市的一个实行主教制的教会雇用了一位公共关系专家。1907 年美国海军陆战队成立了宣传局。

第一次世界大战迫使政府开展公共关系业务。1917 年伍德罗·威尔逊总统授权建立以乔治·格里尔为首的公众信息委员会。当时在没有无线电广播和电视的情况下,委员会指挥了一场动员民众支持战争的全国性运动,鼓励参军并且促进自由债券的销售。委员会主持了在主要城市的民众集会,利用像查利·查普林和玛丽·皮克福德这样的电影名人来鼓励爱国心。

战后时期,作为和广告及市场研究的相关领域,公共关系行业有了迅速的发展。1922 年新闻记者沃尔特·李普曼出版了他的著作《舆论》。一年后爱德华·L.伯纳尔出版了《使舆论具体化》,这是第一本把公共关系作为一种职业的著作。当今许多大的公共关系公司都是在第一次世界大战后的几年间建立的。

第二次世界大战再一次使联邦政府开展公共关系业务。以广播新闻评论员埃尔默·戴维斯为首的战时情报局,于 1942 年建立。战后,战时情报局变为美国新闻处。该机构的任务之一是美国之音的无线电广播,向世界各地播送有关美国的新闻和特写。

二次世界大战后,公共关系这个行业发展繁荣。到了 20 世纪 80 年代末,在美国有 2000 多家公关公司,在其他国家有更多的这种公司。1948 年通过全国公共关系协会顾问会(1936 年成立)和美国公共关系理事会(1939)的合并,建立了美国公共关系协会,专业化受到鼓励。美国公共关系联合会(1944)在 1961 年成为美国公共关系协会的一部分。其他组织包括国际公共关系联合会(1955)、国际企业通讯者联合会(1970)以及各种宗教的和国家的组织。

早期教授公关课程大多是在大学的新闻系。1923 年爱德华·伯奈在纽约大学教授一门公关课,3 年后这个科目又包括在伊利诺伊大学的课程中。第一所公共关系学院于 1947 年在波士顿大学建立。

交流技巧　COMMUNICATION SKILLS

小学生要学习的最重要的功课是交流技巧。他们无论是做事情或做游戏的时候,每时每刻都要运用听、说、读、写的技巧。这些技巧是学习每一门新课的基本技能,掌握这些技能,可以为青年人将来解决成年人生活中遇到的问题打下基础。他们无论从事何种职业,都必须交流,以便能和别人一起工作,使自己的意见和知识产生效用。人格的发展也有赖于良好的交流技巧。

细心的父母为他们的孩子创造各种机会练习听和说。这种锻炼,使孩子们在学校中的交流技巧提高得很快。婴儿们从很早就开始听别人讲话。在他们开始说第一句话以前很久,便懂得了许多词语和其他声音的含义了。随着他们的成长,家庭成员教给他们要用的词语,并教他们发音和告诉他们词的含义。要鼓励孩子们提问题。精心挑选的书籍和图画,可以提供听和说的题目。

儿童们在上学后用口语交流(说和听)时,是以自我为中心的。家庭成员事前已经在孩子们能够理解的条件下,对他们所谈的内容、词语和句子进行了校正。上学的孩子必须学会和别人相处,并照顾别人的兴趣。这样,交流便是一种社会经验了。

人们把交流时间的 45% 用在听上,30% 用在说上,只有 25% 用在读和写上。在发明印刷术以后,各种书籍大量出版之前,听是主要的学习方法。随着收音机、电视、录音和电影的普及,听又重新变得重要起来。但是,当人们听烦了的时候,他们往往是听而不闻。听的技巧是,即要听,又要想。

在学校里,练习和提高语言能力的活动有:会话、讨论、做报告、做计划和评估、讲故事、背诵诗歌。学校里的表演和集会,为学生们提供了显示他们讲话技巧的机会。

交谈　CONVERSATION

早在 4 千年以前,埃及的孩子们就从一本名叫《普塔-霍台普箴言录》的书中抄录有关交谈的规则。此书现存于巴黎国家图书馆。人们把它称作"世界上最古老的书",因为它是由古代埃及政府中的一位高级官员约于公元前 3000—2500 年之间写成的。显然,研究交谈的技巧殊非晚近之事。

谈话很早以来即是人类的一项主要的职业,而且还是

> 一句话说得合宜,就如金苹果在银网子里。——所罗门的箴言
>
> 对于我们的心智来说,最有益最自然的锻炼就是交谈。对我来说,交谈比生活中其他任何事务都更惬意。——米歇尔·蒙田
>
> 聪明、优雅、亲切的交谈,是文明的奇葩。——拉尔夫·沃尔多·爱默森
>
> 谈话,即两三个人之间融洽的晤谈,是最容易获得快乐的。它不花分文;它十分有益;它使我们所受教育臻于完善,它奠定和滋养我们的友谊,并且,我们在任何年龄和任何健康状况下都可享有这一乐趣。——罗伯特·路易斯·史蒂文森
>
> 经常谈话,但从不冗长;假如那样的话,即使你未讨得他人的欢心,你至少肯定不会招致听者的厌烦。——切斯特菲尔德勋爵
>
> 与聪明人的一席话,胜读十年书。——亨利·沃兹沃思·朗费罗
>
> "埃利奥特先生,我对好伙伴的看法是,他应当聪明、见多识广、喜欢交谈。那就是我所说的好伙伴。""你错了,"他轻声说,"那不是好伙伴,那是最好的伙伴。"——简·奥斯汀
>
> 若交谈中没有争强好胜,没有虚荣,有的只是平心静气的思想感情的交流,那样的交谈是最愉快的交谈。——塞缪尔·约翰逊

人们最有意义的活动之一。历史在会谈中被创造出来；终生的友谊可能开始于偶然的交谈；而某些伟大的成就也往往从交谈中获取灵感。交谈是人们彼此接近，产生共鸣，同享快乐的一种手段；它是社会活动的基础。那些娴于辞令的人在生活中常常获益匪浅。

交谈艺术的大师

古代的希腊人娴于辞令，哲学家苏格拉底是他们中间的佼佼者，他通过与信徒们的交谈来教他们思考。他的最著名的学生柏拉图记录下他的一些假想的对话，我们在柏拉图的《对话集》中可以读到这些对话。今天，在许多课堂里还在采用苏格拉底的教学法，即就书本、场所或事件进行交谈，以此来代替讲课。

在17世纪的伦敦，咖啡馆是人们进行机智而又妙趣横生的交谈的场所，尤其是科文特加登广场的威尔斯咖啡馆，诗人约翰·德莱顿及其朋友常聚会于此。伦敦咖啡馆中的这一传统在此后的年代中由塞缪尔·约翰逊博士和他的朋友们继承了下来，其中杰出的人物有诗人及小说《威克菲尔德的牧师》的作者奥利弗·哥尔德斯密斯、政治家埃德蒙·伯克、肖像画家乔舒亚·雷诺兹爵士、演员戴维·加里克、剧作家理查德·布林斯利·谢里登。在那些今日仍然以其卓越的口才著称于世的人中间，约翰逊博士是最广为人知的一个。约翰逊的著述如今已很少有人读了，但是，许多人对于詹姆斯·鲍斯韦尔在《约翰逊的一生》中所记述的他那非凡的口才都十分熟悉。

然而，人们一般认为，交谈在18世纪的法国达到了其最高的顶点。那时，艺术、科学、哲学、政治和文学等各方面的领袖人物定期会聚在巴黎博学多才的女士们家中进餐或参加宴会，高谈阔论。这样一些被称作"沙龙"的聚会，对当时的政治和文学的历史产生了极大的影响。

"谈话"与交谈

有关交谈艺术的论著很多，有意思的是，许多世纪以来，人们对这个问题的看法何等相近。几乎所有著书的人都强调伟大的谈话者与伟大的交谈者之间的差别。那些一发而不可收的谈话者扼杀交谈，把谈话的伙伴弄得疲惫不堪。历史学家托马斯·巴宾顿·麦考利就经常被当作从不学习那门重要的听的艺术的那种人的典型，而听在真正的谈话中则是一个重要的组成部分。诗人塞缪尔·泰勒·柯尔律治是另一种垄断谈话者。相传，有一次，他抓住一位朋友的衣扣，闭着眼睛，像往常一样打开了话匣子，长谈起来。这位朋友因为有事必须离开，他就用刀子悄悄地割掉了衣扣。待他数小时后回来时，他发现柯尔律治还在谈个不休。

除了像麦考利那种演讲者和像柯尔律治那种垄断谈话者之外，另外还有一种滔滔不绝者——漫谈者，这种人博学强记，无所不谈，只是忘了本意。这种滔滔不绝者的最好的例子是简·奥斯汀小说《爱玛》中的贝茨小姐。查尔斯·狄更斯小说《尼古拉斯·尼克尔贝》中的人物尼克尔贝夫人是另一个实例，她的思绪像蚱蜢一样毫无目的地跳跃。"鹦鹉似的谈话者"有一些在任何场合都能使用的套话。乔纳森·斯威夫特在18世纪编写过一本讽刺话荟萃，它由一些保证已经使用了百余多的讽刺话所组成。其中有许多现在还在使用，例如："正如亲吻其母牛的良妇所言，人各有所爱"；"一见到你，我疼痛发炎的眼睛就好了"；"我喜欢茶，可茶并不喜欢我"。格莱特·伯吉斯编写的《你讨人嫌吗？》搜集了较为现代的谚语，如："世界毕竟是这么一个小地方"；"既然你已找到了路，你就常来吧"。

有些人走到了另一个极端。他们说话时过于追新求异，以至叫人听起来有点别扭。拉迪亚德·吉卜林的小说《斯托基公司》中就有这样一些学童：麦克特克说："我可不相(想)给他那股叫人眼花缭乱的热乎劲儿泼冷水。"斯托凯则劝道："别着慌！咱可不必为这码肆(事儿)大惊小怪。"这样的年轻人必然随着年龄的增长而不再追求新奇。

还有些人在讲故事或谈话中一定要超过别人。这样的孩子开始时吹嘘自己家的房子比别人家的房子大，自己的父亲比朋友的父亲更了不起。他们动不动就说："那没什么嘛。我能跳20英尺。"或者说："我看过5次马戏。"当他们长大了一些，他们或许变得不那么莽撞了，可能不再说"那没什么嘛"。当别人讲完一个故事后，他们会马上说："是的，我相信那很有意思。"然后就加上一句："不过，你也该听听我在假期里遇到了什么事。"如果别人讲了一个笑话，他们就一定要讲出一个比这更可笑的。

要素

所有时代最优秀的交谈者似乎都具有以下品质：对人类既怀有强烈的爱心，又不乏浓厚的兴趣；对世界具有普遍的好奇心(并不是对人事的偏狭的好奇心)；具有某种观察与反映能力；既尊重他们自己的意见，又能容忍他人的意见；还有圆通，它来自爽快的赞同和敏捷的思维。他们是为获得谈话的乐趣而谈话，并非有意炫耀自己的知识。

当然，一个交谈者需要储备大量的信息，不过，有趣的话题既可能来自读书看报，也可能来自观察蚂蚁或倾听正在戏耍的儿童的对话。对某一事物知道得多一些，无疑对谈话是有帮助的，因为人们通常对他们所熟悉的题目谈得比较好。

从日常小事中发现幽默的东西，并以一种引人发噱的方式讲出来，这种能力是愉快交谈的基本成分。引人发噱的事情经常会出现，复述一遍从书本或其他读物中看到的趣闻逸事也可以使交谈富于生气。但是，笑话大王常常使人生厌。笑料可以使交谈生色，不过，正像任何调料一样，吃多了自然要倒胃口。

和蔼是最令人愉悦的幽默的基础。正是温和的性情，使威廉·梅克皮斯·萨克雷在一次选举中对他的政敌说一句妙语。他的政敌说："但愿最优秀的人获胜！"萨克雷则回答说："噢，我倒希望不是这样。"说到机智，最聪慧的要算是法国著名的旅馆女老板莱斯皮纳斯小姐，人们之所以记住她就因为她的那种机智——她同每一位客人的应对都恰如其分。

优秀的交谈者的秘诀是，真正关心倾听者。讨论的话题应当能够使得在参与者中间架起一座友谊的桥梁。掌握了这一秘诀的人也许因缺乏卓异的才华而不能著称于世，

但是,他们在任何一个圈子里都有可能受到欢迎。(参见:**传播**)

撰文:ELeanor Boykin

辩论　DEBATE

自1960年起,当总统候选人约翰·F.肯尼迪和理查德·M.尼克松在一个系列电视辩论中相遇时,政治辩论甚至在州和地方职务的候选人竞选中已经司空见惯。但是,这些辩论不是正式意义上的真正辩论。它们更像是记者招待会或小组讨论。候选人只是偶然回答对方的发言,这种回答才是真正辩论的关键成分。

这种真正的辩论是在讲演人或讲演小组之间的一场交锋并且遵循正式的规则。它是一种辩论的演习,也称辩论术。演说人必须遵守程序,竞赛一般在两个层次上进行。第一个是两组之间具体竞争,决定哪一方陈述的论据更为有力。第二个是在各组之间的全面辩论,所有的人就同一问题进行辩论。

组织安排

辩论的主题被称为正面的决议,例如:"决议:联邦政府应当为所有美国公民保证综合医疗保健。"辩论人分成两组,每组2至3人。正方支持决议;而反方反对这一决议。每一方有相等的时间阐明自己的观点。

一场辩论的展开分为两个部分:建设性发言和反驳发言。一场典型的辩论,每一方有两个人讲演,遵守以下顺序:建设性发言——正方,反方,正方,反方;和反驳发言——反方,正方,反方,正方。发言长短不一。主持人保持中立,宣读决议并依次介绍讲演者。

一个题目确定下来后,各队制订论辩方案。每一方仔细分析决议。常常对决议提出一种以上的解释。正方决定要使用哪一种解释。反方必须准备本方论据,以便同正方提出的任何解释进行辩论。

根据证据,每一方选择三四个主要论点支持自己的论辩。论点是对能够用证据和充足理由予以证明的信念的阐述。次要论点支持主要论点。证据的选择和提出的方式取决于辩论者面对的听众。辩论者绝不应当忘记,辩论的主要目的是说服听众赞成自己一方的观点。一份阐述双方有可能提出的所有论点的辩论概要,对制订论辩方案是非常有帮助的。

没有预先确定的规则规定每个辩论者可以提出多少论点。不过,第一位发言者会尽可能多地阐述自己的观点。这就给第二位发言者一个反驳对方的开场论点的机会。

反驳在辩论中的重要性怎么强调也不过分。一场辩论常常因有效的反驳而获胜。在反驳发言中辩论者必须克制自己,不要轻易地去回答对手的攻击。发言者可以不提出新的论点。但是,他可以提出新的证据来反驳或支持对方提出的论点。

历史

大学辩论在英国和美国有很长的历史。早在18世纪初,哈佛和其他大学就有辩论俱乐部。然而,大学之间和中学之间的辩论赛直到19世纪末才开始。今天有数千所中学和数百所大学组织了辩论队参加地方和全国的辩论赛。

一些最著名的和最享盛名的大学辩论赛是在这些大学举行的:哈佛大学、达特茅斯学院、韦克福里斯特大学、怀俄明州大学、南加利福尼亚大学、乔治敦大学、西北大学和洛杉矶加利福尼亚大学。还有一个全国性的辩论赛每年4月在纽约西点举行。这些辩论由美国辩论协会主办,该协会隶属于演说交流协会。

此外还有地区性中学辩论赛。例如在南达科他州的苏福尔斯,奥古斯塔大学主办年度中西部竞赛,聚集有500至600名讲演者,这些讲演者来自明尼苏达州、北达科他州和南达科他州、威斯康星州、衣阿华州、内布拉斯加州、怀俄明州、密歇根州和伊利诺伊州。

礼节　ETIQUETTE

"您真好相处!"这句话无论对谁都是一句很好的恭维话。文明礼貌——它有助于人们变得"很好相处"——是礼节所要表达的全部内容。"etiquette"是一个法语词,原义为标签,票据。后来"etiquette"又增加了一种新的含义,即印有合乎体统的举止规范的一览表。它被提供给入宫觐见国王的人,免得他们在国王面前举止失态。于是这个词便开始意指文明礼貌的规范,而它在此含义上为英语所采用则是在18世纪。

现代有关礼节的书籍,其编写意图与古代法国宫廷的举止规范一览表十分相近。这些书阐释历代以来约定俗成的良好举止的各种规则,以便帮助人们在各种社交场合中都充满自信。

日常生活中的礼貌和礼节

文明礼貌和礼节并不复杂。任何人都能在对礼节的具体规则一无所知的情况下,对他人表现出谦恭和体贴——而这正是构成文明礼貌的要素。

而且,谁也不是一生下来就知道这些规则的。人们是在家里、在学校里、在工作岗位上、在日常与朋友和陌生人的交往中逐渐学会这些规则的。为了扩充良好举止方面的知识,许多成年人还要继续阅读有关礼节的书籍。

人们要求学习文明礼貌和礼节规则的理由有许多。文明礼貌可以帮助人们赢得朋友。那些对他人仁慈和蔼和充满同情心的人,自然最有可能受到人们的欢迎,因为,人们会把他们看作是好伙伴。

文明礼貌还有助于赢得家庭成员、挚友、老师、雇主,以及诸如售货员和司法官等陌生人的好感。文明礼貌有助于使人们情绪放松,使他们相互合作和充满快乐。

那些有礼貌并通晓各种礼节规则的人,还能使自己心情愉快。无论是在熟悉的还是在陌生的环境中,知道怎样做才算得体,这能使人建立起自信。对他们来说,遇到生人或来到新的环境是令人愉快的,而不会感到恐惧。

文明礼貌始于家庭。如果家庭中父母和兄弟姐妹都能以礼相待,那么,即使幼小的儿童也很快能学会说"请"和"谢谢你"。对家庭成员表示尊敬的方式有很多。如准时就餐、在处理零用钱问题上表现出责任感,以及关心亲属,都是家庭礼貌的组成部分。这样的组成部分还有尊重隐私、分担家务,和轮流使用电话、电视以及家庭小汽车等。

官员的称谓

说话和书写中使用的各种称谓,通常列在现代有关礼节的书籍中。下面表格中所列的各种称谓,用于向重要官员的致函,包括怎样写信封和书信的抬头。

美国空军 格式与致陆军官员的信函相同。参见本表中美国陆军。

美国大使 信封:"尊敬的美国大使＿＿＿"。书信抬头:"亲爱的＿＿＿大使"。

外国大使 信封:"＿＿＿(姓名与头衔)大使阁下"。书信抬头:"亲爱的＿＿＿大使"。

罗马天主教大主教 信封:"＿＿＿大主教阁下(或大人)","最尊敬的＿＿＿"或"＿＿＿大主教"。书信抬头:"阁下";"最尊敬的大主教"或"亲爱的＿＿＿大主教"。

东正教修道院院长 信封:"十分尊敬的＿＿＿"。书信抬头:"尊敬的先生"。

美国陆军 信封:军官及服役人员应呼他们的头衔,如"＿＿＿将军","＿＿＿上校","＿＿＿下士"(头衔多用缩写)。书信抬头:对各军阶及级别的正式信函用"亲爱的＿＿＿将军(等)"。非正式书信可只称头衔,如"我亲爱的将军";"我亲爱的中尉";"我亲爱的下士"。对低于少尉的各军阶可称呼"＿＿＿先生","＿＿＿小姐"。

最高法院大法官 信封:"尊敬的最高法院＿＿＿法官"。书信抬头:"亲爱的＿＿＿法官"。

美国司法部长 信封:"尊敬的司法部长＿＿＿"或"司法部长＿＿＿"。书信抬头:"亲爱的司法部长＿＿＿"。

卫理公会主教 信封:"尊敬的卫理公会主教＿＿＿"。书信抬头:"亲爱的＿＿＿主教"。

新教主教 信封:"非常尊敬的＿＿＿"。书信抬头:"亲爱的＿＿＿主教"。

罗马天主教主教 信封:"最(或非常)尊敬的＿＿＿","＿＿＿主教"。书信抬头:"最(或非常)尊敬的先生","阁下"或"亲爱的＿＿＿主教"。

内阁成员 信封:"尊敬的＿＿＿部长","尊敬的＿＿＿"或"＿＿＿部长"。书信抬头:"我亲爱的部长先生(或夫人)"或"亲爱的＿＿＿部长"。

大教堂牧师会成员 信封:"尊敬的＿＿＿"或"大教堂牧师会成员＿＿＿"。书信抬头:"亲爱的大教堂牧师会成员＿＿＿"。

教堂歌咏班领唱 信封:"领唱＿＿＿"。书信抬头:"亲爱的领唱＿＿＿"。

天主教红衣主教 信封:"＿＿＿红衣主教阁下"。书信抬头:"阁下"或"亲爱的＿＿＿红衣主教"。

美国最高法院院长 信封:"美国法院院长","法院院长"或"非常尊敬的＿＿＿"。书信抬头:"亲爱的法院院长"。

新教牧师 信封:"尊敬的＿＿＿",如果有博士衔,可用"尊敬的＿＿＿博士"。书信抬头:"亲爱的＿＿＿博士"或"亲爱而尊敬的＿＿＿"。

新教教长 信封:"十分尊敬的＿＿＿"。书信抬头:"亲爱的＿＿＿教长"。

美国中央情报局局长 信封:"尊敬的中央情报局局长"。书信抬头:"亲爱的局长"。

美国州长 信封:"尊敬的＿＿＿州长","尊敬的＿＿＿"或"＿＿＿州长"。书信抬头:"亲爱的＿＿＿州长"。

众议院议员 信封:"尊敬的众议院议员＿＿＿"。书信抬头:"亲爱的＿＿＿"。

法官 信封:"尊敬的受理科法官＿＿＿"或"尊敬的最高法院法官＿＿＿"。书信抬头:"亲爱的＿＿＿法官"。

国王 信封:"国王陛下"。书信抬头:"先生"或"陛下"。

美国国会图书馆管理员 信封:"尊敬的国会图书馆管理员＿＿＿"。书信抬头:"亲爱的博士(或先生、小姐)"。

市长 信封:"尊敬的＿＿＿","＿＿＿市长"或"＿＿＿市市长"。书信抬头:"亲爱的＿＿＿市长"。

国会议员 信封:"尊敬的＿＿＿议员"。书信抬头:"亲爱的先生"或"亲爱的夫人"。

天主教修道院院长 信封:"非常尊敬的修道院院长＿＿＿"或"十分尊敬的修道院院长＿＿＿"。书信抬头:"非常尊敬的修道院院长＿＿＿"或"亲爱的修道院院长＿＿＿"。

美国海军 信封:军官及服役人员应称呼他们的头衔,如"海军上将＿＿＿","海军中校＿＿＿","海军少尉＿＿＿"(头衔可用缩写)。对于级别较低的官员,在姓名的后面可写上头衔,如:"＿＿＿炮手一号助手"。公事信函中对于所有军阶、级别和军衔的称呼语是"亲爱的海军上将(等)＿＿＿"。对于高级军官,在称呼语中可用头衔,如"我亲爱的海军上将","我亲爱的舰长"。对于中校以下所有军阶、级别和军衔,在称呼语中可用"先生"或"小姐"。

东正教牧首 信封:"君士坦丁堡普世牧首陛下"。书信抬头:"陛下"。

教皇 信封:"＿＿＿教皇陛下"或"教皇陛下"。书信抬头:"陛下"或"至圣的神父"。

总统 信封:"华盛顿白宫总统"。书信抬头:"亲爱的总统","总统先生"或"女总统阁下"。

罗马天主教神父 信封:"尊敬的神父＿＿＿"或"尊敬的＿＿＿"。书信抬头:"亲爱而尊敬的神父","亲爱的神父＿＿＿"或"亲爱而尊敬的＿＿＿"。

女王 信封:"女王陛下"。书信抬头:"陛下"。

犹太教拉比 信封:"＿＿＿拉比"。书信抬头:"亲爱的＿＿＿拉比"或"我亲爱的拉比"(若获博士学位,可称"我亲爱的博士")。

联合国秘书长 信封:"联合国秘书长＿＿＿阁下"。书信抬头:"亲爱的联合国秘书长先生(或女秘书长阁下)"。

参议员	信封:"尊敬的美国参议院____参议员"。书信抬头:"亲爱的____参议员"。
众议院议长	信封:"尊敬的众议院议长____"或"众议院议长____"。书信抬头:"亲爱的议长先生"或"亲爱的女议长阁下"。
州司库、审计员或查账员	信封:"尊敬的州(市)司库(审计员、查账员)____"。书信抬头:"亲爱的____先生(或小姐)"。
副总统	信封:"副总统"或"尊敬的美国副总统____"。书信抬头:"亲爱的副总统","亲爱的副总统先生"或"亲爱的女副总统阁下"。

文明礼貌在学校中也同样重要。上课认真听讲,作业整洁,这是对老师表示尊重。同学们可以通过以下方式表示相互之间的关心体贴:每人都尊重他人的所有权;不"炫耀"自己的博学或富有;让新同学感到受欢迎。

在工作上,文明礼貌意味着上班准时、可信赖,以及注意在工作和个人穿戴两方面干净利索。对其他雇员的关心体贴,有助于改善工作环境。雇主喜欢那种工作积极肯干、乐于接受批评,并能够保守秘密的雇员。

社会生活中的许多场合都需要礼节方面的知识。例如,懂得怎样做得体的介绍,有助于避免在聚会中认错人或出现尴尬局面。知道怎样点菜、给谁付小费和付多少小费,可以有助于使约会顺利体面地进行。在出国旅行变得十分普遍的今天,一个人若能在游历某国之前了解一下这个国家的风俗习惯,这将有助于增加其旅途的乐趣,同时又能给东道国留下良好的印象。

有时,一个人学到的礼节规则可能似乎不适用于某个特定的场合。这时便要靠他本人的常识和正确的判断来确定哪种举止是适当的。自然与真诚,能帮助他在最复杂的情况下应付裕如。

礼貌、等级制度与法律

在大多数社会中,为了使人们能够愉快相处,形成了各种一般的礼貌形式。大多数人都会遵守社会中为公众所接受的行为规则,因为违反这些规则就有可能受人奚落。

然而,在有些社会中,行为规则已超出了单纯的礼貌的范围,在上层社会与下层社会之间作出区分。例如在印度,被人们称之为"种姓制度"的社会等级的区分,严格控制着日常的行为举止。高级种姓允许穿戴漂亮的衣服和精美的首饰,低级种姓则是禁止穿戴。高级种姓不可以接受低级种姓的熟食和水。甚至走在街上,最高级种姓的人和最低级种姓的人之间都要保持一定的距离。不过,在现代城市中,所有种姓的人亲密地工作和生活在一起,这些规则中有许多已变得不那么严格了。

有时,有关礼貌的问题也可能写入法律条文。例如,在驾车行驶时将泥浆溅到路旁的行人身上完全是无礼行为。然而,堵塞行车道,或紧随行驶(与前面的车辆距离太近)就不仅仅是不礼貌,而且还可能触犯法律,并被处以罚金。

现代礼貌的起源

我们今天所使用的各种礼节,大多是从古代演化而来的。人们在见面时互相致意的礼节便是一例。古时候,人们以伸出右手——握武器的这只手——作为友好与和平的表示,这也许就是握手习俗的发端。握手的方式又各有不同。19世纪初,美国曾一度流行过"高握手"——将手举到几乎与鼻子同样的高度。

将帽子举起来作为表示尊敬的手势,也是一种在中世纪就已形成的古老习俗。可能这种习俗当时在身着盔甲的骑士中更为流行,他们在见面时举起自己的头盔面甲,表示认识。当一名骑士参加朋友的聚会时,他摘掉头盔,表示他感到安全。

我们今天所使用的尊称的起源也颇为久远。"Mister"(先生)这一称呼是"master"(主人)一词的另一书写形式,它起源于拉丁文"magister",意思是统治者和立法者。在18世纪的美国,许多妇女通常用"姓+先生"称呼她们的丈夫,如"琼斯先生"等,而不是直呼其名。如今,"先生"成为普遍采用的尊称,可以用于所有的男人。"Sir"(先生)是另一个普遍采用的尊称,它是由中世纪法语"seigneur"一词演化而来,本义为封建领主的头衔。对妇女的尊称"Madam"(夫人)是从古代法语借用来的,本义为"夫人",这是下层社会的人对于宫廷贵妇的称谓。

世界各地的礼节

在不同的历史时期,世界各地的礼节规则也各有不同。有关殷勤好客的习俗就为我们提供了很好的例证。

送请柬的习俗很久以来一直在有关殷勤好客的礼节中起着重要的作用。北美洲的印第安人属于最早使用请柬的民族。他们送请柬的方式之一就是将邀请信烫烙在鹿皮上,再差遣送信人将鹿皮传递给每一位要请的客人。在莎士比亚时代的英国,邀请信是写在有彩色装饰的大张白纸上的,由侍从或使者送给要请的客人,而且通常要求回信。用其他方式发出邀请便被视作一种侮辱。然而在今天,邀集客人既可以写信,也可以采用打电话的方式。

对古人来说,殷勤好客就意味着与朋友或客人分享食物或房舍。今天,这一习俗仍然是表达友谊的主要方式之一。例如,在贝都因的阿拉伯人那里,如果你骑着马走到某人的帐篷跟前,而没有停下来与他一起吃饭,你就会被视作对他的失礼和侮辱。煮咖啡是贝都因人表示好客的一种仪式。主人通常要新煮一罐咖啡,所使用的器具则是做工精细、父子相传的杯盏。此类仪式的另一个实例是日本的茶道。

在日本做客,主人通常会送上一些衬垫着纸片的小巧的糖果和糕饼。如果客人没能吃完,为了表示礼貌,他必须把吃剩的食物用纸包好随身带走。在美国也是如此,女主人常常会送给客人一些食物带回家,比如说生日宴会上的一块蛋糕。

为了使客人感到受欢迎,人们还采用过其他许多仪式。古希腊人在迎接客人时要赠送一点盐,作为殷勤好客的象征。古代阿拉伯人为了使客人心神爽快,将熔化了的黄油倒在他们的手中。在如今的阿拉伯人居住区,客人一定要注意不要称赞主人的财物,因为,如果他称赞了主人的某些财物,主人就会将这些东西送给他。在北美洲的印第安人那里,"吸旱烟袋"是表示殷勤的主要仪式。将旱烟袋在人群中依次传递,成了部落间言归于好或缔结联盟的集会上的一个特征。

餐桌规矩是和有关殷勤好客的礼节的发展一同演化的。古希腊人在进餐时不用刀、叉或汤匙。他们用手将固体食物送到嘴里,而这些食物在端上餐桌之前就已分割成小块。他们直接从容器中啜饮汤汁,或用面包蘸起汤汁。罗马人并不是每人使用各自的盘子,而是用手直接从大浅盘中拿取食物。古埃及人也是共用一个食盘。

中国人自古以来就用筷子夹取固体食物,这些食物也是在事先即被切割成小块。筷子除了用来进餐外,客人还可以用它来向主人发出信号:如果客人将筷子放在碗上,这表明客人要离开餐桌。

直至17世纪,餐刀与叉子在欧洲还不普及。人们通常自带刀子,遇有较大的食物端上桌时,他们就拿出刀来切割。今天,餐刀和叉子的使用方式在不同的国家也有所区别。在美国,人们用右手拿餐刀,用左手拿叉子;当切完食物后,餐刀就放在桌子上,将叉子换到右手。而在欧洲的大多数国家,叉子始终握在左手中。

正像世界上不同国家的礼节规则有所不同一样,这些规则也随着时间的变化而变化。有些习俗由于废弃不用而消失了;随着新形势的出现,又有一些习俗在产生。例如,随着汽车的发展,人们便需要为司机与乘客制定一些礼貌规则。习俗也可能通过政治手段来改变。1925年,土耳其总统凯末尔曾试图废除妇女佩戴面纱的传统。城市中大多数妇女摘去了面纱,然而,生活于乡村的许多妇女仍戴着面纱。

除了个人之外,国家也遵循礼节规则。在国与国的相互交往中,世界各国建立了一个通常叫作外交礼节的国际礼貌体系。排定各国外交代表的先后次序是外交礼节中最重要的事务之一。例如,今天,人们根据外交官在东道国首都任职时间的长短来排列他们的先后次序。不过,在美国,各国代表都是平等的,他们的座次是根据他们所代表的国家按字母表的顺序排列的。

由于外交官代表着他们的国家,因而,对他们显得无礼也就会被看作是对他们国家的无礼。所以,违反外交礼节有可能危及国际关系,甚至会成为宣战的起因。

早期的礼仪规范

自古以来,人们在交往中形成了有关理想行为方式的形式准则。这些成文或不成文的准则被称为礼节规范。

人类最古老的一条行为准则即是:"你想人家怎样待你,你也要怎样待人。"这一规则有助于人们和睦相处,被人们视作"金箴"。它是由《圣经·旧约》中的一条戒命"爱人如己"(《利未记》,19章18节)演化来的。这条金箴还以各种不同的形式出现在《圣经·新约》和孔夫子、柏拉图这一类早期哲学家的著作中。

在中国古代,有关上流社会的行为规则在《仪礼》等文献中有所描述,此书旨在教导政府官员在各种典礼仪式中如何行事。《仪礼》中所载的行为规则包括诸如合乎体统的服饰与发式、人脸面对的方向以及鞠多少个躬等等。对于中国人来说,讲究礼节的行为是达到条理性与自律的一条途径。

日本中古时代的武士受一种不成文的、通常叫作"武士道"的行为规范的约束。这种行为规范强调的是尊严、诚实和勇气,以及对他的领主或幕府主人的绝对忠诚。人们要求武士表现出钟爱之情,但如果他在家宅之外公开表示热爱自己的家庭,那就会被认为有损尊严。为了成名和获得荣誉,武士会忍受巨大的痛苦,甚至愿意丧失自己的生命。一旦受辱,他惟有举行通常叫作"切腹"的自杀仪式才能挽回名誉。

对于古代的雅典人来说,理想的完人应该兼具美与善两种品质。他应该睿智、公正、勇敢,同时还应该慷慨大度、真诚可靠并和蔼可亲。然而,人们并不要求他谦逊,对于他人的关心体贴也并不被认为是重要的。这种美善之人还要相貌超群出众,因为,一个被视为相貌丑陋的人是不会被奉为完人的。

古罗马的公民被要求在行为上遵循传统的"庄严"的准则。粗俗鄙陋与自我吹嘘被认为是不礼貌的。罗马人必须对所有的人都表示尊敬,尤其是对官员和老人,甚至对穷人及奴隶也是如此。至于个人的外表,罗马人不及雅典人那么看重。

欧洲的礼仪规范

骑士制度于11世纪在法国兴起。后来风靡其他欧洲国家。贵族出身的青年男子要接受他们日后作为骑士所必须知晓的礼仪方面的训练。人们教导青年人要尊重天主教会,敬重女性,并终生为某位夫人效力。人们认为,这类服务能够增加他们作为骑士的才智。骑士往往崇拜远在异地的某位夫人,他从未与她说过话,甚至也许从未见过她。这种中世纪的骑士行为被称作典雅爱情。典雅爱情的礼节甚至被载入文艺复兴时期的行为手册。这些如今被称作礼貌书籍的手册讲的是对生活在宫廷中的男人和妇女的训练以及他们的职责。这类书籍中最有影响的一部是《廷臣》,1528年在意大利出版,后被译成英文。英语中最早的一部论述礼貌的书《官吏之书》出版于1531年。

有关礼节的书籍对普通公民也有用。英国第一位印刷业者威廉·卡克斯顿大约在1479年出版了《礼貌之书》。意大利教士乔万尼·德拉·卡萨大约在16世纪中叶写了

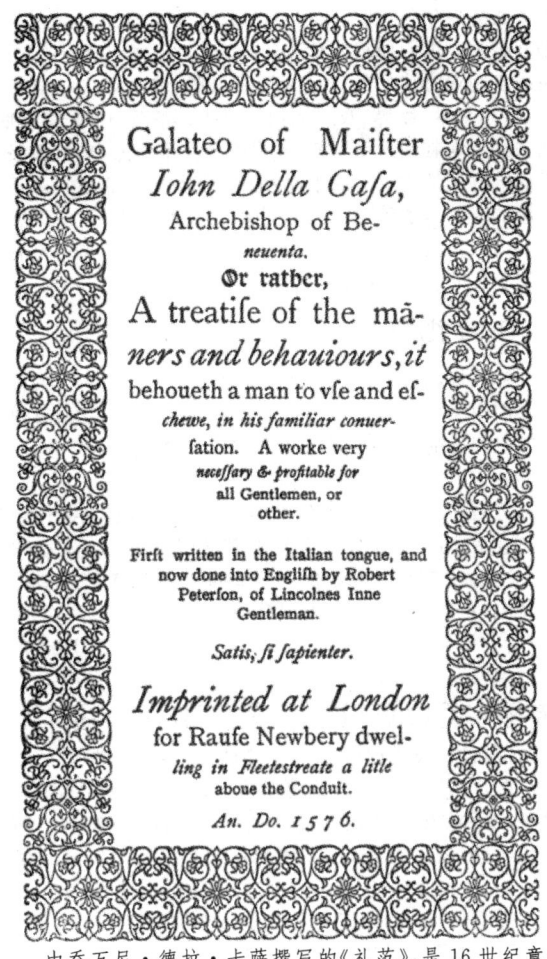

由乔万尼·德拉·卡萨撰写的《礼范》,是 16 世纪意大利的一部很有影响的礼貌之书(左),曾被译为好几种文字。这部书在英国的首次出版是在 1576 年,并在许多礼节书籍中都曾译介。切斯特菲尔德伯爵给儿子的《书信集》于 1774 年首次在英国出版(右),并在英国和美国成为一部著名的礼貌指南。这部书直至 19 世纪仍很流行。

《礼范》一书。他在书中批评了当时粗鄙的习俗与无礼的谈吐。1526 年,伟大的学者伊拉斯谟出版了《礼貌》——一部为青年人写的论述文雅行为的书。他在这部书中指出,文明礼貌应以对他人的关心体贴为基础,而不应建立在有意要给他人留下印象的欲念上。

15 至 16 世纪的许多有关礼节的书是专为培养儿童和仆人而写的。其中流传最广的一部书是《婴儿之书》,它大约出现于 1475 年。对于在朝臣之家长大的男孩,应该教育他们懂得,当有人和他们说话时不能心不在焉地乱动,不能将食物弄洒了,在吃饭时不能睡觉。他们应当侍候老爷洗澡;老爷吃饭时,他们应当为老爷举蜡烛。至于女孩,要教导她们怎样举止端庄,如何服侍她们未来的丈夫。仆人则要学会恰当地摆放餐具和安排客人座位的规矩。

在 17 世纪的法国,社交生活的中心在凡尔赛法王路易十四的宫廷。国王亲自撰写了一本谈宫廷中各种典礼仪式的规则的书,要求所有出入宫廷的人都来遵循。普通公民也尽可能地效仿这类宫廷礼貌。在这一时期,睿智而才华横溢的口才受到高度赞扬。

在 17 至 18 世纪的英国,宫廷礼貌有些受冷落。英国绅士们除了要彬彬有礼之外,还应当谦逊、孝顺和有同情心,在乡村家里度过的时间应当比他在宫廷内生活的时间更长。这一时期人们对绅士有了新的劝戒:绅士们不应浪掷时光,他们应该为谋生而从事某项工作。

然而,在英国的一部著名的礼节手册中,作者仍然倡导繁文缛节的法国宫廷礼貌,贬抑英国乡村绅士的礼貌。切斯特菲尔德伯爵(第四)菲利普·多默·斯坦厄普致儿子菲利普·斯坦厄普书信集出版于 1774 年。切斯特菲尔德勋爵再三指出,文雅的举止有助于获得有权势的人们的宠爱。尽管许多读者对这种利己的处世观持批评态度,这部书仍很受欢迎,截止到 1800 年,此书已印行至 11 版。

英国的产业革命使得中产阶级在人数和地位上迅速发展。不久,他们即超过了贵族,而成为对行为举止最有影响的阶级。在维多利亚时代,人们尊崇的理想是体面。家庭里在就餐时要做感恩祷告,并且每日要与仆人一起举行祷告会。人们在穿着与举止上要讲求端庄。妇女只穿朴素的衣服,不用化妆品,而且要避免大声或过多地讲话。她们尤其要留心不去读任何被认为是不道德的文学作品。理想的年轻小姐应该吃得很少,时常动不动便会昏厥,而且每当有人看她时就脸红。

美国的礼仪规范

当英国人初到美洲落户时,他们遇到了具有慷慨而热情好客的传统的印第安人部落。印第安人常常会拿出他们最后一点食物,与这些早期的殖民者分享。

这些定居于新英格兰的清教徒具有一套严格的行为准则。他们制定法律,禁止酒宴、玩滚木球戏和跳舞。他们对许多单纯的娱乐活动表示不满,因为,这些活动会转移人们对宗教事务的关注。他们认为,那些沉湎于此类娱乐的轻薄之徒是受了魔鬼的引诱。

美国第一部有关礼节的书籍《文明礼貌学校》出版于1715年。此书作者可能是埃利埃泽·穆迪——一位波士顿的写作大师。许多18世纪的教师都讲授行为举止,并鼓励学生从他们所读的那些书中有关得体行为的格言抄录下来。1747年,乔治·华盛顿15岁,他从自己的学习笔记中集录了一套箴言,编成《交友与交谈中的礼貌和得体行为之准则》一书,其中包括"不要不请自来地向人家提什么忠告;即使人家问到你,亦应说得简短中肯","探望病人时,如果自己不懂行,就不要假充医生"等。

至18世纪末,切斯特菲尔德勋爵的《书信集》在美国已十分流行。不过,和在英国一样,切斯特菲尔德勋爵似乎将文明礼貌与良好的道德割裂开来这一点也令许多美国人感到不安。独立战争后,许多爱国者希冀能与英国的行为举止决裂,正像他们在政治上脱离英国人的统治一样。但是,直至19世纪,英国人的礼节手册对美国人仍很有影响。

19世纪上叶,人们常常采用决斗这一传统方式来维护个人荣誉。决斗的起因往往是某句冒犯个人尊严的话。1804年,阿伦·伯尔在一次公开进行的决斗中杀死了亚历山大·汉密尔顿,因为汉密尔顿曾申斥伯尔为"危险分子"。南北战争前,许多决斗都是由于对奴隶制是否应继续存在这一问题的争议而引发的。决斗的礼节包括关于怎样对待受辱与怎样礼貌地射击等规则。南北战争后,人们不再认为决斗是不可避免的,但有关礼节的书籍却建议:拳击可以成为一种有用的替代物。

维多利亚时代的行为举止也从英国传至美国。这种行为举止尤为看重端庄。如果男女一同坐在草地上,这会被人看作是趣味低下。有时,到美术馆参观裸体雕像,男女亦要分别入内。

南北战争后,出现了一个富裕的产业中产阶级。许多在非移民居住区长大的人需要在礼貌举止方面给予指导,以使其粗鄙的举止变得优雅。此时美国出现了好几百种礼节手册,以及登载有关得体行为的文章的杂志,如《戈迪妇女指南》。这类手册涉及诸如在葬礼上的举止、定期洗浴、招待客人、厨房管理等话题。

直至第一次世界大战,19世纪的行为准则仍很有影响力。在战后年代,礼貌和道德渐趋废弛。妇女开始在公共场合吸烟。电影使得不检点的行为似乎平添了魅力。为了使维多利亚时代的优雅举止再领风骚,埃米莉·波斯特撰写了《社交界、商界、政界和家庭礼节》,它于1922年出版。此书是专为有钱人而写的,其中包括使用仆人、参加高级俱乐部等方面的建议。后来此书的修订版对于那些收入不甚丰厚的人的需求给予了较多的注意。1931年,此书更名为《礼节:社交惯例蓝皮书》。如今,人们仍认为它是一本有关文明礼貌的权威性指南。

今日的礼节

礼节规则总是富有生气且变动不居的。每一代人都会对它们作某些修改。青年人更感兴趣的往往是,弄清他们的朋友到底赞许什么样的行为,而不是接受前人已经认可的那种行为。

然而即使在今天,尽管青年人对于是否有正确的行为方式表示怀疑,但是文明礼貌的基础仍未改变。关心体谅他人、理解、忠诚和正义感,这些品质有助于人们生活得和谐愉快,并且在任何时代都是值得倡导的。

审订:Joan Beck

传播 COMMUNICATION

写日记、看电视、和朋友谈话、打电话、看菜单,这些活动有什么共同点?它们都是传播的方式。据估计,人们在传播上所花的时间,比用在生活中任何其他复杂活动的时间都多。即使如此,对传播这个词,很多人都难于给它下个定义和谈论它。

传播这个词可以用来指没有人参加的活动——例如,这个词可以用来描述动物之间彼此传递信息的方式。与此相似,人们常说电子装置彼此互通信息。但是,传播一般是指有人参与的活动。因此,可以给传播下个这样的定义,即:传播是人们互相交流感情和思想的方法。这个定义虽然简明,但是,还须做很多解释。

与传播有关的文章

传播这个题目,包括的内容很广泛。读者可以从以下列出的有关项目中获得更多的信息。

广告	声学
字母表	留声机
动物的传播	邮政
艺术	宣传
书籍及编书	民意测验
盲文	公共关系
电缆	演说
密码和代码	出版
表达技能	无线电
光盘	阅读
计算机	修辞学
会话	语义学
控制论	速记

耳聋	信号
辩论	俚语
复印机	言语
礼节	符号
传真	电信
修辞手段	电报
语法	遥测
图表	电话
信息理论	电视
语言	排字
写信	打字机
图书馆	浊音
语言学	文字
电影	文字传播
报纸	创作

符号的使用

感情和思想与事物不同，是很难进行交流的。人们要交换有形的东西，只是彼此把东西交给对方就行了。但是，感情和思想不是有形的物质，不能直接交给另外一个人。更确切地说，它们必须通过使用符号——代表或代替另一种事物的事物——进行交流。

在用口语，或称通过说话，进行交流时，要用声音的固定组合来代替其他的事物。学习口语的秘诀，就是发现哪些声音的固定组合与哪些意思有联系。很小的孩子常常指着东西问"那个？""那个"就是他们要说的"那是什么？"他们已经懂得，一说"那个"，大孩子和大人们就会帮助他们学会代表他所指的那个东西的声音固定组合。在儿童们开始把声音和意思联系起来时，他们就是在学习语言了。

但是，口语交流不只是单纯的语言问题。在上面的例子中，小孩子在"那个"的声音后用升调，表示这个声音是一个问题。当人们用这种声音的特点来表明所用的声音固定组合的意思时，人们常常说他们是在使用副语言。因为副这个字代表另外或外加的意思。副语言的定义是，伴随声音固定组合、辅助表达意思的声音的特点——速度、音高、高声等。例如，如果一个孩子叫喊"那个"，但不用升调，意思有什么改变呢？这个"那个"就是用来代表"把那个给我"的意思了。

声音模式也可能伴随有非口语符号。面部表情、手势和眼神可以帮助讲话人把他们的意思表达清楚。例如，在一个孩子说"那个"（意思是"把那个给我"）时，他或她很可能看着或指着那件东西。如果孩子的请求没得到回应，孩子的脸上的表情便会表现出失望，直到把"那个"拿到手。

非口语符号通常是附加在声音模式或语言之外的，但也可以单独使用。当橄榄球队或篮球队的队员们高高举起手臂，伸出食指的时候，观众们就会明白，运动员们是为他们的胜利感到自豪，认为他们是最好的队——在联赛中属第一。他们还用许多其他的手势表示意思。有严重听力问题的人，不能用声音模式交流，一般会熟练地用手势表达意思。他们除用手势外，同时还会熟练地使用眼神和面部表情。非口语传播还有一种特殊的形式，那就是使用物体或设计，而不使用手势、面部表情或动作。交通指示灯和公路上的路标就属于这一种。宗教的标志、国旗、州旗及公司的旗帜，也属于此类。

文字传播也使用符号。但是，重要的一点是，应该知道，个人和社会都是首先使用口语的。儿童在学习读和写之前的几年内，先是用语言通过说和听进行交谈。全世界15岁以上的人口中，有近三分之一的人是文盲——不会读和写。但是，他们也能用语言、副语言和非口语信号与别人进行交谈。

同样，社会也是从口语开始的，后来才试图用文字符号来代表它们的语言。有许多社会并没有书面语言。在全世界大概2800种语言中，只有不到半数有文字符号。这些社会的文化传统由部落中的长者通过口头传播，传给后代。在北美，曾一度有过200种印第安语言，其中有许多种已经永远失传，因为在部落中的长者去世之前，没有把这些语言记录下来。

一种书面语言主要是用印刷的符号代表声音模式。在英文中，字母表中的26个字母是用来代表声音的主要符号。但是，因为英语中大约有47个声音，只是用字母表不能代表所有这些声音。因此，就用不同的字母组合来代表一些声音。例如，t和h就是用来代表思想（thinking）这个字的第一个声音的。有些字母和字母的组合，可以代表一个以上的声音，例如，所有的元音（A、E、I、O、U）在英语中都代表一个以上的声音。

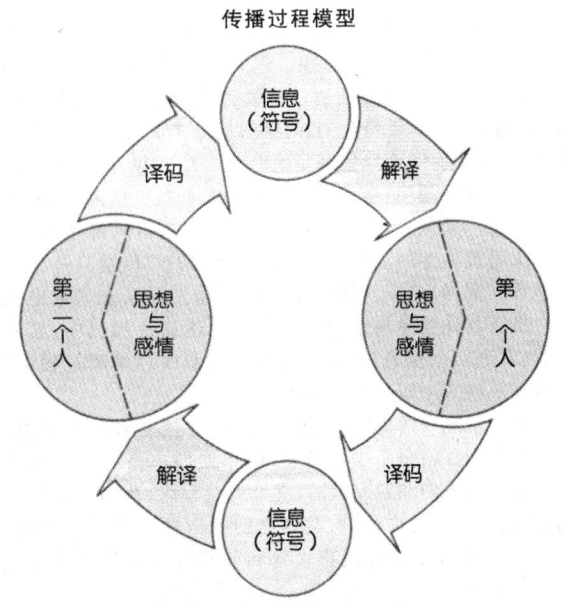

传播过程模型

除了用字母代表声音外，书面语言还有标点符号，它们用来代表副语言。例如，句号和逗号代表停顿，问号代表变音或变调，惊叹号代表增加音量和强度。

口语传播中不使用语言的部分，在书面语言中没有完全对等的成分。但是可以用图表、图解、图片和图画帮助读者了解印刷文字的内容。图片和其他的图解形式可以使说不同语言和来自不同文化的人了解其中的意义。例如，一张快要饿死小孩的图片，全世界的人都会看明白的。

但是，人类传播的方式大部分都需要有一个大家都能懂的同一个符号系统。语言也好，副语言、非语言符号也好，必须大家都能懂。另外，人们对一种语言在不同的社会环境中应该怎样正确使用，也必须有同样的认识。这在每种文化中都是不同的。因此，在学习第二种语言时，也要学习使用那种语言的人们的有关情况，这一点是很重要的。

传播的过程

人们有时会忘记传播是一个过程——一系列在进行的活动，而是常常认为传播是一件东西。一本书、一部百科全书、一张留声机唱片、一本杂志，确实是东西。但是，这些东西的每一种，其本身都不能算是传播，而只是一种信息，是整个传播过程中的一部分。这个过程从一个人感到需要进行传播开始，例如，一个学生在上完体育课后，可能觉得自己的头发很乱。为了验证一下，这个学生就译码，也就是把"我的头发乱吗？"这个信息转变成声音模式。第二个人听到这个声音后就翻译，也就是把意思加到"克里斯又在担心头发乱了"这个信息上去。然后，这位朋友就把作答译码变成声音模式："你的头发蛮好，克里斯，别嘀咕了。"克里斯听到这个声音后，就解释它的意思："噢，太好了。帕特认为我的头发不乱。"这个例子表明了一个单一的意思或感觉在一次人与人之间交谈的传播发生的过程。在一般的谈话中，传播过程不大可能在一问一答之后就结束。

在上述的例子中，传播过程是相互进行的——第一个人和第二个人直接交流思想。但并非都是如此。例如，本文是一份印刷的信息，是由一位读者永远不会见到的人撰写的。就《康普顿百科全书》的编辑们对本文作过一些修改来说，本文中有一部分信息是他们的。在某些方面，本百科全书的业务经理们、排印人员、一两名秘书和其他人员，也都是信息的来源。读者想给作者送达一个信息的情况，也是不大可能发生的。因此，在这一种情况下，传播只是单向的过程。同样，广播、电视节目、报纸、电影和杂志通常也是由一批人制作的单向信息。在所有上述这些情况中，给人们读、看和听的信息，在做计划、译码、修改和编辑过程中，已经在一些人中间进行了传播。

单向信息中的内容很少仅仅存留在接受者的头脑中。学生们使用百科全书中的信息，创作他们自己的口头和文字信息。当人们和别人谈话，或给别人写信，谈到他们所见到、读到或听到的事情时，常常把别的信息译成信息代码。结果，一个单个的传播过程常常和其他的一些传播过程连结在一起。

在学校里，有时分别留出一些时间，进行读、写和口头传播的辅导。在这种安排中，语言辅导是围绕着传播的方式或方法——读、写、听和说——组织的。但是，人们在实际生活中进行传播时，很少孤立地使用这些语言方式。人们在写的时候，也和别人谈论自己的思想，阅读印刷资料以获得更多的信息，还要听取有益的解释和反应。实际上，通常传播在一开始时总是有个目的，而不是先定一个方式。

目的

传播有5个主要目的：传递消息、表达情感、发挥想像、散布影响和满足社会期望。每一个目的都要以一种传播方式反映出来。

信息传播

信息性的传播，是人们传递有关他们共同居住的这个世界的知识的过程。信息性的传播要求对所涉及的主题持客观的——真实的、不偏不倚的——观点。例如，如果一个球迷看两种不同的报纸上登载的关于一场棒球比赛的报道，那么，他希望这两篇报道对于这场比赛的所有重要细节，如最后比分、赢队、击球、得分、错打及其他情况等的说法都是一致的，这是合理的。

信息传播是生活中的一个重要部分。青年人在上学的年代里，一直在接受知识信息，这是所有教育程度的主要传播方式。随着学生日渐成熟，他们的理解力也应日益提高，并能创作知识性的信息。在学生们阅读和聆听这类信息的时候，就应该理解其主题或目的，找出其中要点，摘出重要细节，对信息加以总结，提出某些假设，并得出另外的结论。

知识性的传播，对成年人的工作也是很重要的。像美国这样的国家，曾一度被称为工业社会，因为大部分人都在制造产品的行业中工作。但到今天，这些国家常被称为信息社会，因为越来越多的职业与处理信息而不是与加工产品有关。但是，和物件而不是和思想打交道的人，也必须使用与工作有关的知识信息，如零件手册、工种介绍、目录、须知、保单、合同和发票等。

青年人和成年人，在学校和工作以外，也要利用信息。他们要了解天气情况、体育比赛、娱乐项目的信息，和本地、全国以及国际性的新闻。人们需要掌握信息，以便明智地安排他们的生活。

幸运的是，现在是能获得信息最多的时代。在世界大部分地区都有免费的图书馆。图书馆的工具书阅览室，有大量的参考资料：百科全书、字典、地图、地名字典、人名字典、《读者期刊指南》一类的索引、历书、各种便览和如何制作物件的手册。

印刷的资料多种多样。杂志的内容有以一般读者为对象的，也有以有特别爱好的人为对象的。简装的书籍可以在书店、药店、报摊和超级市场买到。报纸仍旧是普通的信息来源。

在美国，电视已成为新闻信息的重要来源了。在1960年，报纸是主要的新闻来源，到1963年，报纸已被电视落在后边。现在，人们想了解州内、国内和国际新闻时，最喜欢看电视。只是在想了解当地新闻时，人们才看报纸，才觉得报纸是最可靠的消息来源。

由于技术的进步，消息的传播更快了。个人电脑、文字处理机、有线电视、影碟和录录设备正在越来越多地进入家庭、教室和商业。计算机已经大大改变了商业和政府机构信息的存储、分析和检索。

情感传播

情感传播是人们对事物、对自己和对别人表达感情的过程。对地方、东西、事件、政策和思想表示肯定和否定的情感叫作意见。对自己表达感情叫作自我表露。对别人表达肯定与否定两方面的感情，对保持亲密的关系是非常重要的。对朋友和亲爱的人表达肯定的情感，可以使他们知道，他们是受到珍视的。表达否定的情感，可以充作关系中的安全阀。

情感传播对自我概念——自己对自己的看法——的形成，是非常重要的。儿童们可以通过情感交流形成对他们自己的看法。学生们在上学的时候，和教师及同学的相互影响，继续对他们的自我概念产生影响。从大的方面说，人们说一个人是个什么样的人，他或她就是那样一个人。受到家长、教师和同学们夸奖的学生，大概都有较高的自我概念。受到贬低和批评的学生，大概都有较低的自我概念。自我概念不但就其本身来说是重要的，而且对学生的良好学习成绩会产生更加重要的影响。

情感传播在一生中都极为重要。雇主对与人和睦相处、虚心接受批评、坦诚待人的雇员，是会重视的。对和睦的家庭生活来说，情感传播也是重要的。心理学家和家庭治疗员强调在家里开展坦诚交流的重要性。和睦家庭里家人可以自由地谈论喜、爱、感谢使人高兴的情感，和愤怒、惧怕、失望令人不愉快的情感。

情感传播的主要内容是感情移入。感情移入就是用他人的观点观察世界——理解他人感受的喜悦和失望——的能力。感情移入可分为两部分。感情移入的人，对别人的感情上的需要和感觉很敏感；他们善于从语言、副语言和非语言的线索中察觉他人的感觉。例如，他们能感觉到一位朋友很悲伤，希望他们能分担忧愁。此外，感情移入的人，能以另一个人认为适宜和有益的方式对此人的感情上的需要和感觉作出反应。

对某些职业来说，情感传播的能力是最为重要的。心理学家、精神病学家、治疗家、医生和护士，都需要从他们病人的观点观察世界。其实，情感传播的能力对所有其他职业来说，也是重要的。教师、法官、警官和校长，如果他们能对别人感情移入，工作会做得更好。

想像的传播

想像的传播可以解释为创造一种虚构的情景的过程，它在大多数情况下，是要传播给别人。人们在编造笑话、讲故事、推测、幻想或佯装做什么事时，就是在进行想像传播。当人们欣赏书籍、杂志、报纸、电影、电视剧、戏剧和谈话中的虚构信息时，也是在进行想像传播。

想像传播在所有人的生活中起着重要的作用。学龄前儿童看电视卡通片，"读"图画书。他们爱听大孩子或成年人给他们读的故事。他们用"房子"、"商店"和"学校"做游戏，并在沙箱里建造想像中的城堡和山路。

在小学，当孩子们能够读书和看文学作品时，他们就会接触到更多的想像信息。孩子们通过写作活动，创作他们自己的文学。学生们用别人的作品做榜样，创作他们自己的诗歌、故事、戏剧和卡通画，以发挥他们个人的创作才能。创造性的演剧活动和扮演角色，能使学生重现历史或了解当今的大事。中小学生在课余时间仍旧喜欢看电视卡通片和话剧节目，而且也可能对体育节目发生兴趣。

在中等学校中，老师向学生们讲授重要的文学作品，在某些学校中还讲授好的电影和传媒内容。但是，在许多中学中，并不鼓励学生们自己创作想像信息。有天才的学生，可以在辩论、话剧、新闻、文学创作和传媒活动中，找到发挥创作的机会。但是，大多数学生，只是通过文学，了解他人的想像活动。中等学校的学生，在课余时间看电视中的体育、戏剧和卡通节目。他们对音乐和电影的兴趣一般都是在他们一生中的这个阶段迅速地变得浓厚起来。

成年人是想像信息最热心的爱好者。据估计，成年人把他们闲暇时间的40%花在看电视的娱乐节目上。不幸的是，极少数的成年人为消遣去看书、看戏、听音乐会，或是去选看好的电视节目。至于想用创作信息的方法表达自己想像的成年人就更少了。令人沮丧的是，大部分正式的、想像信息的创作人员，一般都是在儿童时期达到高峰的。

劝导性传播

劝导性传播的意思是，人们企图影响他人的信仰和行动的行为。在许多情况下，劝导性传播都是在亲密者之间进行的——父母影响孩子、孩子影响父母、朋友之间互相影响。劝导性传播也可以涉及到陌生人。当顾客对他们购买的产品不满意时，他们可以给公司负责人写信，要求退款。同样，陌生人在广告公司制作的电视广告，也是以顾客为对象的。

人们从很小的时候就开始影响别人。学龄前儿童就懂得可以用哭、笑、哀叫、用手指、用手拉，最后用说话影响其他的孩子和大人。到了上学的时候，孩子们能用很多种办法来影响别人。

在小学时期，孩子们就具有了对他们想施加影响的人使用适宜的劝导信息的本领。研究表明，幼儿园的儿童和一年级的孩子们，在他们想影响不同的人的时候所使用的方法是一样的。二、三年级的孩子使用适宜的劝导信息，加上如"我可以"和"请"这类的词语。四、五年级的儿童开始对什么人说什么话。例如，当他们想讨好老师时，他们开始使用一种方法，这种方法与他们讨好朋友的方法是不同的。

大部分学生在上到六年级的时候，就能对具体对象的特点使用不同的劝导信息了。例如，一项研究发现，大多数12岁的孩子想把他们的球从别人的院子里取回来的时候，他们对面有怒色的主人和对面带笑容的主人的态度是不一样的。

高中学生使用的劝导方法，花样越来越多，运用得越来越精。例如，一般的中学高年级学生，能够预见到与他们自己不同的观点，并作出反应。但是，中学高年级学生在影响别人，和对别人企图影响他们时做出反驳方面，还差得很多。劝导性传播是很复杂的，要一直学到老。

劝导传播在一些职业中起着关键性作用。律师、推销员、广告专家、公关专家和政治家，必须使用劝导性传播。对许多职业来说，劝导性传播虽然不起关键性作用，但大多数人都必须能在与工作有关的环境中影响别人。

在当代生活中，人们谈论得最多的劝导性传播是广告。在资本主义社会中，消费者受到广告四面八方的轰击。虽然人们认为报纸是消息的来源，但是，地方性的、全国性的和分类的广告却平均占去了全部版面的 45%。许多杂志用 45% 到 50% 的版面刊登广告。在人们驾车上下班的时候，广播广告与他们同行。即使车里不装收音机的少数人也躲不开广告，广告牌、霓虹灯和商店橱窗里的招牌，在交通要道争奇斗艳，吸引人们的注意力。当回到家里，从当天的邮件中拣出广告之后，人们常常还得在黄金时刻去看数不清的电视商业广告。

礼仪性传播

礼仪性传播是人们适应社会的要求而采用的一种方式。礼仪这个词来源于拉丁文的 RITUALIS，意思是"有关礼仪"。礼仪曾一度被视为宗教或公共典礼的活动。人们要用某种方式实行礼仪。至今，在许多社会场合中，人们对他人的举止，仍有严格的要求。

礼仪性传播是很重要的，因为违反了社交准则和习俗的人，很难和别人处好关系。一个儿童，如果看不出别的孩子是在"戏弄他"，或是在别的孩子和他"开玩笑"时，作出过火的反应，都很难适应学校生活。十几岁的孩子，如果不会开个小玩笑，或是对别人的轻蔑不能作出反应，同伴们就会觉得有些奇怪。成年人，如果太死板和一本正经，或是太散漫随便，也很难和别的成年人相处。

由于文化的不同，社会的要求差异很大。有些文化，男人要彼此拥抱并互吻彼此的面颊。而在另一种文化中，则认为这种行为是怪诞的。在美国的文化中，大多数人可以随便地、公开地表达各种感情。在东方文化中，公开表达感情是难为情的。

社会礼仪有各种各样。在现代生活中，人们每天都要说话，如彼此打招呼、聊天、告别、取笑和开玩笑。此外，人们在彼此接触的时候，还要以社交礼节，即礼貌用语待人。应该用这样的客气话，如"我可以……吗？"，"可以，您请……"，"不客气"，"对不起"，"请您再说一遍"。

人们在介绍别人时应该很有礼貌，打电话时要客气，用餐时要懂礼节，还要给别人写表示感谢的便条。在谈话时，大家应该轮流发言，巧妙地改变话题，对别人讲的话要表示出兴趣。在集体讨论时，参加者应该轮流主持会议，应该照顾到其他参加者的情绪，应该按日程进行，应该灵活。

人们在使用文字传播时，也要合乎社会要求。个人信件、商业书信、给编辑的信、五行打油诗、十四行诗、民歌、俳句诗、请柬、对邀请的答复、故事、小说和社论，都是有一定的规则和要求的。

与传播有关联的情况

与传播有关联的情况，包括传播对象和传播发生时的社会环境。传播对象和传播环境可以分别讨论，但也可以放在一起讨论。

自我传播

自我传播是自己向自己传播。人们一般是在独处或半独处的情况下进行自我传播的。如果人们在公共场所的人群中自言自语，别人就会觉得这种行为很奇怪。

人们进行自我传播有各种不同的目的。人们开列采购食品杂货清单、在日历上记下要办的事情，以提醒自己。在撰写文章之前，要列出提纲，以便安排如何进行。人们也向自己表达感情。例如，记日记就是来源于人们有向自己表达感情的需要。人们也向自己表达想像的信息。人们妄想、空想以自娱。学生们坐在教室里乱写乱画。有些人作诗写文章从来不想给别人看。人们还自己进行礼仪性传播。默默的祷告和祈祷常常可以被看作是记于心中的仪式。许多运动员在准备进行比赛之前，都要做一个动作。例如，棒球的投球手和击球手在准备投球和击球时，常常先做一个习惯性的动作。

两人间的传播

两人间的传播，是一人对一人的传播。这是最重要和最常见的传播环境。其所以重要，是因为它对于形成和保持个人间的重要关系来说是必不可少的。

两人间的传播有两种情况。一种是非个人性质的。当人们以自己的身份彼此打交道时，这种关系就是非个人的关系。例如，顾客和店员之间的关系，顾客可能说"我喜欢这个"，店员则说"那个七角九分"。最重要的两人之间的传播环境是个人性质的。当人们作为有着特殊的需要和兴趣的、独特的人彼此打交道时，这种关系就具有个人性质，就可能发展成亲近的关系。在建立和维护长期的社会关系中，互相吸引、自我表露和信任似乎起着重要的作用。

大部分两人间的传播是面对面的交谈形式，但是，打电话和通信也是两人间传播的形式。尽管朋友和亲人不在一起，他们仍需要彼此互通消息。为了弥补不能亲自见面的不足，人们在写信或通电话时，就用体己话或副语言的暗示来表露爱慕和友好情感。

小组传播

小组传播是比较少的若干人之间有来有往的交流。一个小组至少要有三个人，但是没有精确的上限。重要的不是多少人参加，而是作为个人是否彼此都了解，并且觉得自己可以参与这种讨论。

大部分人最早在其中参与交流的小组是家庭。家庭传播经常发生在餐桌上、起居室和汽车中。在孩子们长大以后，他们便参加到其他小组中去：玩伴小组、教会或犹太教学习班、日托所或学龄前小组。孩子们上学之后，就是班中的一员了。随着他们在学校中一年一年地升级，他们在越来越多的小组中进行交流：童子军、舞蹈班、音乐小组、运动队和学校俱乐部。

长大成人以后，人们开始自己组织家庭，成为由在一起工作的人们所组成的小组的成员，建立朋友小组，参加娱乐和运动队，并且积极参加社区小组的活动。人们在一生中都要不断地参加小组活动。

学者们常按小组的功能进行分类。已被明确分类的功能小组有：学习小组、社会小组、治疗小组、解决问题小组、政治行动小组和崇拜小组。功能小组很多，但能切实参与其活动，还需要有各种技能。譬如，参加家庭和治疗小组，必须对他人怀有深切的同情心。在学习小组中，必须具有渊博的传授和接纳知识信息的能力。

作为一个成员，人们必须学会帮助小组达到它的目的或发挥它的作用。人们为此目的的所作所为称为任务作用。但是，人们还得互相帮助，使大家觉得成为小组成员及参加小组活动是件愉快的事。人们为此目的的所作所为称为集体维护或社会作用。此外，小组成员必须了解妨碍小组有效运作的个人行为。优秀的小组成员具有协作的精神——他们能为小组的利益而牺牲自己的利益。

机构传播

有许多小组也是被称为组织的一个较大的组的一部分。简单地说，一个组织就是为某种特殊目的组织起来的一批人。社会上的主要组织有教会、学校、学院和大学、商行、公司、图书馆、军队，和市、县、州及国家政府。

因为组织是很复杂的，所以建立通讯网是很重要的事。一个商行或公共机构的通讯网，常常是画出一个组织图，标明在这一组织中担任职务的人的头衔，和谁向谁负责。通讯网可以使人们进行正式的和非正式的意见交流。

一个组织中的通讯网必须能进行有来有往的信息交流，这一点是很重要。信息必须能从公司总裁的办公室传达到所有需要此信息的个人和小组。但是，也需要向另一个方向传送信息。如果工人们知道，他们的意见能传送到组织图上职位较高的人那里，他们会更为高兴。

由于个人和小组之间会发生冲突，所以组织传播也显得重要。例如，一个公司的工程师做出的产品设计，车间的工头可能觉得很难制造。在发生这种矛盾的时候，通讯网就应该能解决这类矛盾——它应该是一个能解决工作人员之间矛盾的系统。

公众传播

公众传播，是在说话者和聆听者的作用相对固定的情况下进行的面对面的传播。讲课、剧院演出、音乐会、宗教仪式、法院审判、立法听证会，都是公众传播的例子。

由于公众传播主要是单向传播，所以担任说话者角色的人负有特殊责任。说话者必须为此种场合做好充分的准备，信息必须组织得清晰。公众传播的听众，有权要求说话者能胜任其职责。

群众传播

群众传播的简单定义是，以群众或大批人群为对象发出的信息。群众传播具有的一些特点，可以和其他传播区分开来。群众传播信息是由某些机构或团体组织的。例如，一个地方的晚间电视新闻节目，在新闻台上只见到三四个人，但是，还有许多人从来是不上镜头的——摄影师、工程师、事务经理，以及许多其他人员。群众传播也是以较多的无名观众——"一切有关的人"——为对象的。传播的信息必须对大多数人有吸引力，否则，从事这种传播的人就会干不下去。最后，如果信息的来源很遥远——在时间和空间上和观众距离很远，那么，观众们就不会感到像消息来源地方的人那样需要加以密切注意。例如，电视观众通常就会随便交谈，走出房间去吃东西，改换频道，或睡大觉。

在美国，群众传播是商业性的，这具有重要的意义。大众传媒都为销售或广告收入，或两方面都盈利而进行竞争。随着技术的进步，选择的余地就更大了。人们可以从很多的传播方式中加以选择。例如，有线电视、录像带、付费电视系统，给电视观众提供了越来越多的选择。如果人们不需固定的电视节目和地方台的节目，登广告的人可能就不愿意花钱登电视广告了。过去，杂志出版商、电影制片人和广播电台都认为必须到处去找特定的读者或观众。现在的情况表明，广大的一般观众正在消失，而参加到人数较少的、范围更小的观众的行列中去了。

传媒

各种传媒是人们之间将信息变成代码或互相传递的工具。信息只能通过五种途径才能使人感觉到，这五种途径是：声音、形象、触摸、气味和味觉。

原始方法

古时候，原始人也和现在的人一样通过这五种感官和外界进行接触。他们能听见动物的声音，看见东西，感觉到脸上的雨滴，闻到野花的香味，尝到浆果和其他食物的味道。即使没有其他的人在一起，单个的山洞人也能做这些事。

但是，原始人并不是独居的。他们总是一群一群地在一起，以避免寂寞，彼此互助从事打猎和采集食物，并保护他们自己不受时时刻刻存在的危险的危害。为了在一起生活和干活，他们需要想办法彼此进行沟通。他们主要局限于所能听到、看到和感觉到的事物。他们用声音、手势和触摸作为信号。咕哝声可能表示一块石头太重一个人搬不动，一个手势可能表示"过来"或"回去"。过了一段时间，代表在一个狩猎社会中生存所必需的事物和行动的语言，便逐步形成了。

原始人还用艺术和舞蹈表达他们的感觉。法国拉斯科地方的山洞画，画的是当时的动物，这些画已有27000年的历史。现在还不清楚，画这些画是否有魔法或宗教的目的，但是，可以看出，原始人既有需要，也有才能表现自己。

随着社会的发展，人们学会了种庄稼、饲养牲畜、钓鱼和打猎。因此，他们需要用符号来代表这些活动中的新的事物和行动。另外，由于人们从事不同的工作，彼此需要进行产品交换。为了给这种交易做记录，他们在木棍上刻记痕或在石头和贝壳上画记号。印加印第安人结绳记事——在一组绳子上打结。这种原始的办法代表了人类最初的以视觉记事的尝试。

原始人没有进行远距离传播的能力。他们用烟柱、鼓声和火光延伸人类的视觉和听觉界限。古时候，在夜里用篝火给海上的船只作指路灯。后来，筑起了灯塔，延伸了篝火信号的范围。埃及亚历山大港的灯塔遗迹，代表了早期人们想使海上远处的船只都能看到的尝试。在陆地上，比视觉或听觉限度更远距离的传播的最高速度，也只是跑得最快的人的速度。

书写

口语虽然是人类的重要成就，但是有局限性。它作为远距离或长时间传递信息的工具，是有缺陷的。向远处或向后代人传递信息，信息的准确性只能依靠跑步送口信者或部落中老人的记忆。发明了书写以后，人们就可以把思想记录、抄录下来，由几个跑步送信者送给远处的人们。同时，传给后代人的思想也不会发生曲解。

最初的书写形式，只是一些粗糙的、用象形文字书写的、串在一起的信息画。每一幅画代表一个简单的意思。随着时间的推移，这些画便合在一起代表更为复杂的意思。这种结合称为表意字，扩大了所能代表的意义的范围。例如，代表妻子的中国汉字，是一个女人和一把扫帚的图画。更晚一些的表意字能代表声音，于是，现代字母表的雏形便诞生了。

字母表的发明，使人们能够用火炬传送信号信息。例如，希腊人把他们的字母表分成五行，每行有五个字母。点燃一个架子上的火炬代表行，点燃第二个架子上的火炬代表那一行中的一个字母，他们便可拼出信息的意思了。海军的信号员用旗语和灯光的明暗代表字母。

发明了书写之后，人们开始寻觅能书写符号的材料。在古时候，符号是记在石片、树皮和兽皮上的。随着符号的改进，记录符号的材料也改进了。巴比伦人写在泥板上和大块的石头平面上，埃及人写在用纸莎草制成的织物上，希腊人写在用经过处理的绵羊和山羊皮制成的羊皮纸上。最后，整个文明世界都用中国发明的纸张记录符号。

虽然书写在把信息变成译码的方法上是一次突破，但是，还没有解决传递信息的问题。文字信息仍须用传统的方法传送。波斯的居鲁士大帝用骑马接力的方法在全国传送信息，很像美国西部用小马快递到处传递信息的方法。

罗马帝国的伟大贡献之一，是建造了从罗马到边远地区的道路网。这些道路，除了运兵之外，还用来骑马或用马拉的战车传送信息。有时人们认为，因为有了罗马的道路网，才在教会的早年使基督教得以很快传播开来。罗马运兵的道路，也是保罗和他的使者们给科林斯、帖撒罗尼迦和菲力皮教会送信的道路。但是，人们在各地之间传送信息，还是要花几周，有时要几个月的时间的。

印刷

虽然书写能使人们把思想记录在一个物件的外表上，但它并没有为制作各种材料的许多廉价的抄本提供根据。另加的书写抄本，需要由抄写员，即用手抄写文件的人，进行长时间的、乏味的劳作。因此，古时候的作品大多数人是见不到的。

最早的印刷术可以追溯到公元 100 年。中国人在经过雕刻的大理石的表面上涂墨，上面放纸，能够"印刷"出图样和符号。公元 500 年，在东方的一些地方用木版复制符号。但是，现代的印刷术是从约翰尼斯·谷登堡开始的。他是个德国发明家，可能是个金匠，他创造了可以组成词语的活动字母。这项发明使得印刷工能用比一个抄写员抄写一个副本还少的时间，复制出几千份副本。廉价的文字材料变得普及了。在雕刻艺术出现之后，图画可以像文字一样印

古代和原始的传播形式

山洞画

泥板

烟柱信号

灯塔

跑步送信者

刷出来。发明了印刷术,便鼓励人们学习认字,认了字又可以学习。

传播的重要发明

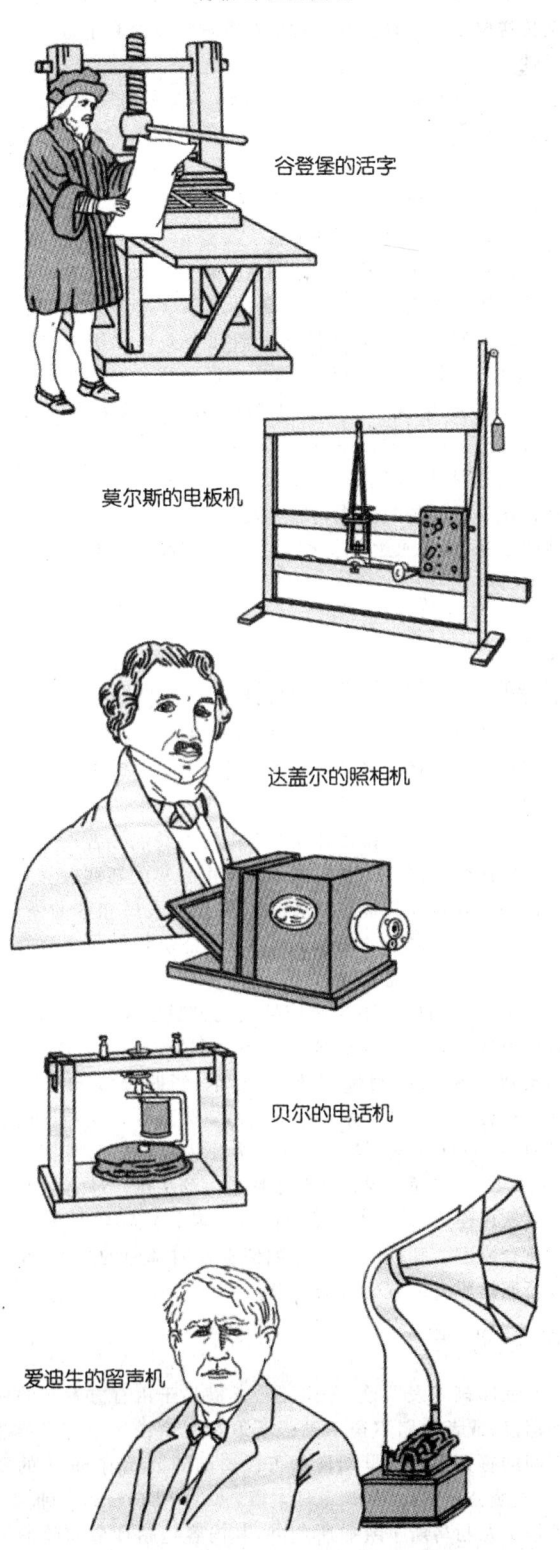

谷登堡的活字

莫尔斯的电板机

达盖尔的照相机

贝尔的电话机

爱迪生的留声机

虽然印刷术能使更多的人获得文字材料,但是它并没有改善传递信息的系统,依旧需要用传统的传送办法传递印刷的信息。在将近长达 300 年之久的时间里,传递印刷信息的速度,只是跑得最快的人、兽和帆船的速度。

18 世纪,蒸汽的动力被利用起来。由蒸汽驱动的印刷机,使得印刷工能以从未有过的速度廉价地印刷大量的材料。报纸和杂志的数量和发行量都增多了。同样重要的是,蒸汽机对运输也产生了重要的影响。印刷品可以用蒸汽火车和汽船快速运往各大陆和跨过大洋。

电传媒

19 世纪初,发明家们在用电脉冲经电线传送符号方面取得了很大进展。1832 年,塞缪尔·F. B. 莫尔斯发明了电报机。在随后的几年里,他圆满地完成了为电文译码和解码的点划系统。1844 年,莫尔斯的电报可以从华盛顿传到巴尔的摩 60 公里远的距离。1856 年,西部联合电报公司成立。不久,在美国到处拉起了电线,并且在大西洋海底铺设了电缆。电报终于取代了长途传递的传播。信息可以立即传送到很远的地方去。世界另一端发生的新闻,当天就可以见报。

1876 年,亚历山大·格雷厄姆·贝尔的电话获得了专利。电话这个装置可以通过电线用电流把声音传出去。到 1880 年,美国约有 30000 部电话。传播中的电化革命方兴未艾。

广播传媒

20 世纪初,电子学的进步使不必用电线就可传送信息成为可能。在广播中,信息被转译成电磁波,从空中传送出去。1901 年,无线电报(早期的无线电)将译成电码的信息传过了大西洋。1906 年,李·德福雷斯特获得真空管专利,音乐和声音就可以用电磁波传送了。我们今天所看到的无线电也有了。到 1920 年,无线电接收机开始进入美国家庭并出现在全世界。

电视广播和无线电广播是相似的,只是电视广播需要更多的信号空间——称为带宽——来传送复杂的视频信号和音频信号。虽然电视早在 1926 年就做过演示,并在 20 世纪 30 年代试用过,但是,由于第二次世界大战的影响,直到 20 世纪 40 年代末期才开始普及。彩色电视是 20 世纪 50 年代中期才有的,到 20 世纪 60 年代末超过了黑白电视。从那时起,电子革命有了长足进展。

被遗忘的传媒

当人们按时间顺序用图画来表示传媒的发展时,常常是从书写到印刷、电报、电话、无线电、电视,再到航天时代。电和电子的各种发明非常激动人心,因而使记录影像和声音传媒的进展显得暗淡无光了。摄影术作为记录视觉形象的工具,是在 19 世纪初出现的。到 20 世纪初,一种实用的电影系统已经发明出来。1927 年,有声电影取代了默片。1934 年有了彩色电影。现在,电影、摄影和录音-录像是重要的传媒手段。如果这些传媒还不那样受重视的话,那可能是因为它们还要靠用传统的方式传递。与那些可以瞬息传遍全世界的传播相比,是很难争得公认的地位的。

现代的传播方法

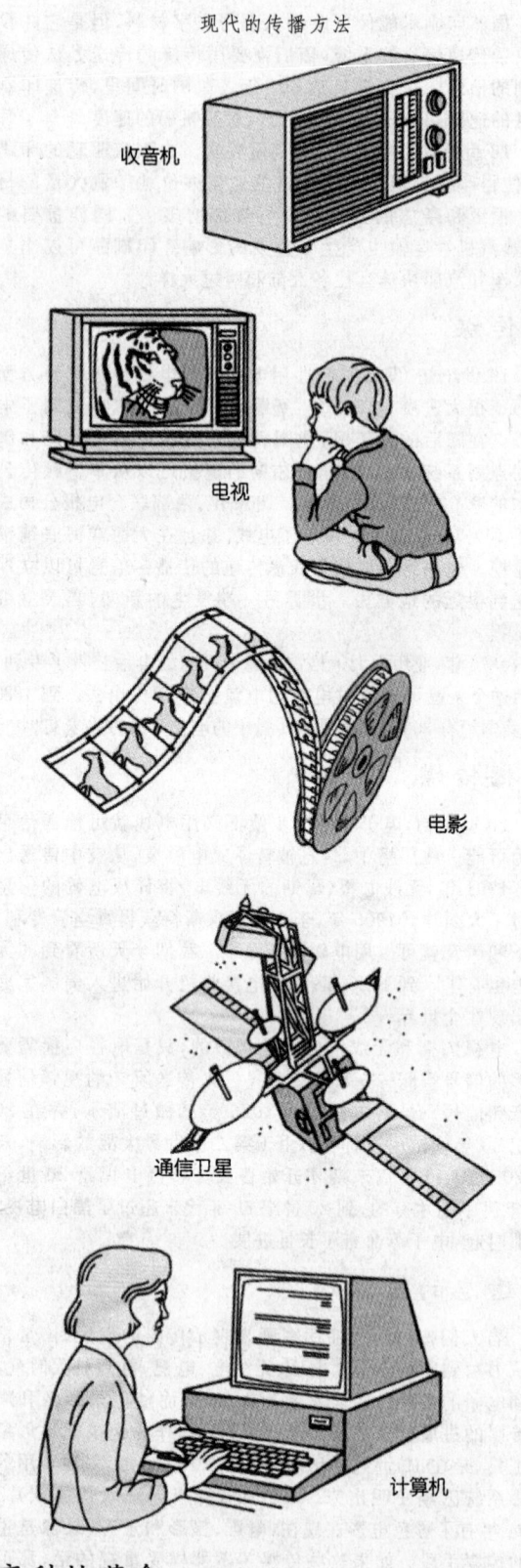

收音机

电视

电影

通信卫星

计算机

高科技革命

外层空间探索所要求的新技术,对办公室和家庭的通讯都发生了极大的影响。这种技术使得商人能够与相距很远城市中的人开电信会议。许多办公室中都装有计算机和文字处理机。电子邮件加快了洲际间的商业信息传递,资金传送电子系统使商业经理们在管理财务上有了极大的灵活性。

这一新技术也进入了家庭。许多人家都看有线电视,这是一种能同时传送许多电视信号的尖端的有线系统。有些人家观看从悬在地球上空的卫星传送下来的电视节目。录像机可以将电视节目录下来,等以后再放,这可以使他们在家里能看到多种多样的节目。

计算机越来越成为传播的重要辅助工具。设在中心地区的大型计算机,能够贮存大量的信息,其他计算机可任意使用。人们只要把电视机与电话和个人计算机连接在一起,就能看到图书馆和其他信息来源的资料。如果进一步与有线电视、电视文字广播和视传系统连结起来,更多家庭就可以把全世界的知识引到家里来。

无论科技将来还会发展到什么地步,但是思想仍将只是存在于人们的头脑中,技术只是帮助人们传播思想和感情的工具,但是永远代替不了人类要彼此发生联系的基本需要。

撰文:R. R. Allen

报纸　NEWSPAPER　"如果要我决定,我们应该有政府而没有报纸,还是应该有报纸而没有政府,我会毫不犹豫地选择后者。"以上是托马斯·杰斐逊于1787年1月写给他朋友信中的话。

《独立宣言》的作者和人类自由的终身倡导者杰斐逊完全了解两种新闻——受控制的和自由采集的新闻——之间的区别。政府和其他机构发表它们想要人民知道的新闻。另一方面自由采集的新闻的传播,使公众获得明智地管理自己及其事务所需要的信息。

从个人第一次不受政府控制地出版报纸起,新闻出版自由就成为人民与他们政府间的一个争论点。在美国,新闻出版自由的原则确立于1735年,当时报纸发行人约翰·彼得·曾格在一宗诽谤案中被宣告无罪。这项原则被1791年《权利法案》第一条确定为公民权利。瑞典早于美国,于1766年通过保证新闻出版自由的法律。丹麦在1849年宪法中使人民获得同样的自由。瑞士于1848年取消新闻检查制度。其他欧洲国家始终存在对革命的恐惧,在允许新闻出版自由方面行动较慢。

历史背景

在印刷术发明前,公众不得不满足于由官方发布的任何消息,或者他们不得不勉强听取道听途说的谣言。传播新闻的官方手段的早期证据可以追溯到公元前59年的罗马,该城公开发行叫作《每日大事》(*Acta Diurna*)的报纸。该报由尤利乌斯·凯撒所创办,其内容包括社会和政治大事:选举、公职任命、政府法令、条约协定、审判与执行、军事新闻、出生、结婚和死亡。《每日大事》用手抄写,张贴在罗马显眼的地方。中国在6—20世纪运用同样办法发布新闻。

中世纪时期,手写的包含政治和商业消息的新闻信件在少数能阅读的人们中流传。偶尔还有详细叙述像战争那种不寻常之事的新闻书籍或小册子出现。单是英国,1590—1610年中就出版了约450册新闻书籍。

最早的真正报纸起源于17世纪初期的商业公告。这些公告在像安特卫普和威尼斯的那种港口城市的商人中间流传,它刊载由船长和水手从遥远地方带回的新闻。这些早期的报纸叫作"科兰托"(coranto),意为报纸或"新闻流"。它们最早出现在荷兰,不久后出现在英国和法国。其他国家也很快有了它们早期的报纸:瑞士在1610年,奥地利在1620年,丹麦在1634年,瑞典在1645年,波兰在1661年。这些报纸是不正规的出版物,有新闻需要发表时才出版。

最早的科兰托一刊登国内外新闻,马上就出现了新闻审查制度。第一个英国出版人托马斯·阿切尔很快被捕入狱。政府立即建立起对新闻的控制。国内新闻报道范围仅限于细碎小事。严厉的政治评论或报道被禁止。外国新闻同样受检查,以有利于政府政策为准则。新闻审查制度在欧洲大陆延续的时间更长,还把它扩大到美洲殖民地。(参见:**书刊检查制度**)

英属北美洲的第一份报纸《国内外大事》(1690)立即被马萨诸塞州总督取缔。官方消息用发布告和小册子的办法,或者用从伦敦运来的新闻信札和报纸的办法散布。直到1704年殖民地才出现第一份正规报纸,由政府当局出版,它就是由邮政局长约翰·坎贝尔出版的周报《波士顿新闻信札》。1719年另一份报纸取代了它,那就是本杰明·富兰克林的哥哥——邮政局长詹姆斯·富兰克林出版的《波士顿报》。两年后詹姆斯·富兰克林创办他自己的《新英格兰报》。这是美国独立新闻业的开始。

批评政府的权利是由1735年曾格审判案确立的,到美国独立战争时期大多数城市办起日报,较小的市镇也有了周报。每家报纸毫不畏惧地对公共问题进行富有理智和常常是热烈的争论。

1787年宪法通过后,政党处于形成的过程中,美国的报纸变得极具党派性。它们采取的立场不是倾向约翰·亚当斯的联邦党人就是倾向杰斐逊的民主党人。因为报纸拥护政府政策,所以政府很愿意利用报纸作为宣传工具。有一个时期,安德鲁·杰克逊总统有60个由白宫支付工资的专职新闻工作者。

今天,每个政府中心都是一大批新闻工作者的总部。白宫记者团及其每天的新闻发布会人人皆知。其他各国首都也举行同样的集会。在中国和其他共产党国家,那里的报纸为政府所有,由政府经营,除了外国记者能够知道和转发给他们国内新闻单位的消息外,所有新闻全受控制。

在法国,报刊无党派情绪的趋势是从1836年埃米尔·德吉拉尔丹创办的《新闻报》开始的。他引入新的特色——如小说连载——以增加发行量和降低报纸的售价。

在美国,厌恶报纸党派色彩的詹姆斯·戈登·贝内特于1835年创办了《纽约先驱报》。该报标志着美国现代新闻业的开始。贝内特还创造了迅速收集新闻和有效编报的方法。1841年霍勒斯·格里利创办了《纽约论坛报》;南北战争前后的几十年间另外还创办了好几家美国大报。到1850年,美国已有约400家日报和更多的周报。在1880年约有850家日报,在1900年超过1950家。由于合并和倒闭,现日报数略有减少——约1780家。全世界共有约9180家日报。

在美国,报纸曾是几百万移民学习美国生活方式的工具。知道有这么庞大的读者群,报纸就增添了新的特色,并利用轰动效应来吸引读者。约瑟夫·普利策使《圣路易邮报》成为锐意改革的报纸。《旧金山记事报》的业主威廉·伦道夫·赫斯特购入纽约市的《晨报》。普利策购入《纽约世界报》。不久,这两家报纸便展开了疯狂的竞争。它们用耸人听闻的大标题、许多插画、周日增刊和连环漫画来吸引读者。它们的策略获得了黄色新闻的称号,这个称号源自在竞争中起一定作用的叫作《黄色青年人》的连环漫画。

黄色新闻学的技巧遍布整个报业。为了抵制这个倾向,阿道夫·S.奥克斯于1896年接管了《纽约时报》,并提出著名的口号:"刊登值得排印的新闻",把它重建为严肃的报纸。这标志着60年前威廉·戈登·贝内特首创的那种新闻工作作风的恢复。

在像《田纳西人》这样的报纸中,新闻条目、特写文章和分类广告在送去制版之前在计算机终端编辑。在全自动系统中,显示在制版屏幕上的版面经校正后就能产生制作印刷板所需要的胶片。

今日的报纸

《纽约时报》的周日版约重4磅(2千克)。与其他大城市日报一样,它远远不只是一份报纸。它是高度多样化的为公众服务的出版物,为读者提供几乎包括全部有兴趣领域的文章和特写。

最明显的是,大量的新闻报道记录了国际、国内和当地的大事。还有编者对当前大事的评论以及专栏作家从各种角度对新闻所进行的讨论。

大部分报纸的特写有许多栏目,如娱乐、金融与工业、

把印刷文字和图表贴好，制成版面图像（左），把贴成的版面拍成照片（左中），使用胶片制作印刷板（右中），把印刷板安放在印刷机上（右）。

田纳西《纳什维尔日报》的一位印刷工人正在检查印刷机所印出的报纸的质量。

科学、家庭改善、计算机技术和旅游观光。另外还有对书刊、音乐会、戏剧、电影和芭蕾的评论；详尽的体育运动报道；关于占星学、时装、摄影、个人忠告、桥牌及象棋的专栏；讣告；订婚和结婚通告；电视节目（常常刊登于专门副刊中）；连环漫画（除《纽约时报》外）；纵横填字游戏；杂志性副刊；以及大量的广告，包括分类广告。

新闻采集

滑铁卢战役发生在 1815 年的比利时。该地离伦敦只有 240 英里（386 千米）。消息由骑马的信使传送，经过 4 天才到达伦敦。1851 年英吉利海峡和 1866 年大西洋海底铺设电缆后，传送消息的时滞大大缩短。今天，全球新闻由卫星传送，几乎即刻可到。

记者 在早期的新闻业中，新闻是由撰稿人、代理人、传送者和其他多半是匿名的个人组成的。随着 19 世纪报纸兴起，全体专职记者外出采访新闻。19 世纪的战争促进了这一职业的发展，因为这些战争需要战地记者。威廉·霍华德·拉塞尔是最早和最杰出的记者之一，他为伦敦的《泰晤士报》报道克里米亚战争（1853—1856）。

拉塞尔是从美国南北战争时期到波斯湾战争的一长列战地记者中的第一人。第二次世界大战期间，报纸记者，例如众所周知的欧尼·派尔，对战争现场进行报道（欧尼·派尔在太平洋的一次战役中被炸死）。详细的报道到达大后方往往要几天时间。但是到越南战争时，全世界的电视观众就能够几乎在战争发生的同时看到战争场面，并在第二天的报纸上看到第一手报道。

新闻通讯社 甚至在拉塞尔从克里米亚作报道之前，大规模新闻采集的费用与困难就已成为许多报社开展工作的阻碍。这个问题导致新闻通讯社的建立。最早的这种机构是夏尔·阿瓦在巴黎创办的。他购买了一家叫作"加尼耶通讯"的翻译社，把它造成一个从欧洲的主要报纸中为巴黎报刊摘录新闻的机构。不久他便将他的服务范围扩大到其他订户。哈瓦斯的雇员伯恩哈德·沃尔夫在柏林创办了一家用电报传送新闻的分社。

规模最大、经营得最成功的一家新闻通讯社是由哈瓦斯的另一个雇员保罗·朱利叶斯·路透于 1851 年在伦敦创办的。1858 年他开始为报刊提供外国电讯。他的通讯社以海底电报传送新闻来扩展业务，直到其通讯报道覆盖世界上的大部分地区。

在美国，采访墨西哥战争的高昂费用促使纽约市 6 家报社于 1848 年组成一个合作的新闻采集组织——纽约联合通讯社。经过 1900 年和 1922 年的重大改组后，它成了联合通讯社（美联社，AP）。它是报社自己经营的第一家新闻通讯社。

另一家美国新闻通讯社——合众国际社（UPI）成立于 1958 年，它由合众社与国际新闻社合并而成。合众社本身又是斯克里普斯-麦克雷报业联合会（创建于 1897 年）和出版者通讯社合并的产物，两者于 1907 年合并为合众社。国际新闻社是 1909 年由赫斯特创办的。1985 年合众国际社由于费用上升和订户减少而申请破产。后来它被墨西哥的一位报业主收购。

1870 年签订了几个代理合约，它们把世界划分为各新闻通讯社独占的区域。联合通讯社于 1893 年同意这些合约。路透社得到的地盘最大,有好几十年国际新闻流主要把握在欧洲人手中。第一次世界大战后美国势力膨胀,便向这种垄断权提出挑战。1934 年签订的新协定结束了这种独占状态。这个协定代表新闻采访事业的巨大进步,因为人们可以从不止一个来源获得国际新闻。

大多数国家都有新闻通讯社,其中许多为政府所有。1991 年前苏联经营塔斯社,其全称是苏联通讯社。此外每一个苏维埃共和国都有其自己的新闻社,它们与塔斯社联成一体。中国有新华通讯社,它成立于 1929 年,是共产党发布新闻的机构。

除了像路透社和美联社这类大通讯社外,还有许多较小的通讯社,其中有一些是专门性的。在美国,科普利新闻社和甘尼特通讯社是两家较大的国内通讯社。

道-琼斯新闻社专门发布金融方面的消息,而宗教新闻社收集和发布关于教会和其他宗教组织的新闻。"特色大王"(King Features)供应连环漫画和其他图文资料。有些较大的报社也有它们自己的采集机构。其中有《纽约时报》、《洛杉矶时报》和《芝加哥论坛报》。

除了专门采集新闻的通讯社之外,还有提供不同服务的公司。它们供应连环漫画、照片、周日增刊杂志、现成的艺术品、广告专刊和其他特写。

报纸的组织

不论是小市镇的周报还是大城市的日报,报纸全是商业企业。正因为如此,它们在行政上划分为几个由出版人主管的部门。这些部门中包括营业部,它办理报纸的征订、发行、分类广告和广告业务。

大多数报纸都设有几个编辑部,每个编辑部负责报纸的不同版面。总编辑及其助手负责撰写社论和制定总的政策。编辑负责诸如体育运动、财政金融、社会、通讯、科学和教育这样的专栏。

新闻编辑对外勤记者和文字加工人员布置采访对象和事件。图片编辑有一批摄影记者。所有从不同来源流入报社的大量信息必须加以评估核实,而且可能还得加工编写。

要在报纸上发表的每一篇稿件,不管是从新闻通讯社电传过来的还是在报社内部人员写的,都得经过文字编辑或审稿员之手。他们对准备付印的稿件进行编辑加工;根据具体的体例标记文字改正拼写、语法和惯用法上的错误;修改增删稿件使之适合分派给它的版面空间;并加上标题。

许多文章都有作者署名:即在文章下面署有撰写该文的记者的名字。另外一些文章则没有作者署名,或者是由新闻通讯社供稿。这代表了一种背离查尔斯·麦克阿瑟和本·赫克特在他们的戏剧《头版》(1928)中所颂扬的那个时代的趋势。

在那个时候,出版人和总编辑往往是著名的和有争议的人物。诸如赫斯特、堪萨斯州《恩波里亚报》的威廉·艾伦·怀特和《芝加哥论坛报》的罗伯特·R.麦考密克这些人都是举国闻名的、富有特色的人物,他们对新闻业和政治有广泛的影响。今天,大多数出版人和总编辑都不大为一般公众所知晓,而某些记者却成了名人。

调查性记者和驻外记者主要是因其工作而获得名声。爱德华·R.默罗因其在第二次世界大战初期从伦敦播送的新闻而在美国获得全国性的声誉。威廉·夏勒因其在纳粹时代初期发自柏林的报道而赢得一定程度的名望。《华盛顿邮报》记者罗伯特·伍德沃德和卡尔·伯恩斯坦,由于他们无情地追踪报道水门丑闻,因而对于迫使理查德·M.尼克松总统于 1974 年辞职有部分功劳。

付印

自从计算机发明后,报纸的印刷经历了戏剧性的变化。新技术使得印刷机印刷的速度能够比以前快得多,印刷的次数也能够比以前多得多,而且还能更广泛地使用色彩。

排版 过去报纸是按照 19 世纪发明的一套办法生产的。记者和其他的作者把他们想要报道的事情用打字机打出文字稿,然后把打字稿交给编辑,编辑根据版面设计所规定的篇幅对它进行修改和编辑加工。标题写在另一张纸上。操纵莱诺铸排机的排字工对稿件进行排字。这种像大型打字机模样的机器用字铅铸排出成行的铅字。1884 年奥托·默根特勒取得莱诺铸排机的专利。这种机器铸出薄薄的铅字条,它的一条边缘的表面上印有字符。铅条使用后可以熔化重新浇铸。每根铅条都是一行用由键盘操作工选择排成的一排铜模铸成的字。1885 年获得专利的莫诺铸排机只能铸排单个铅字。

按照版面设计把铅字排列在金属框内。标题由从字符盘里拣字的印刷工人来排列。标题同广告、照片印板以及其他特写一道被加到版面上,排成完整的版面。纸型由版面制成,它涂上油墨后,就成了报纸的版型。

当版面排成活字版时,它是可读的。纸型将它逆转过来,当它被印在纸上时它又被逆转过来,以便使它成为买主可读的东西。这种制作方法虽然已经过时,但在 20 世纪 80 年代仍有一些报纸在使用,其中包括伦敦的享有盛名的《金融时报》。

许多报纸已经用照相排版机取代莱诺铸排机。与莱诺铸排机一样,新机器的运作也是由像打字机一样的键盘控制的。报道和其他特写先由版面设计艺术家作出版面编排。再对版面进行拍照,用胶片制作印刷板。

然后把胶片放在用光敏化学品处理过的金属板上。当爆光时,胶片上的图文就能印到金属板上。然后把金属板放置在印刷机上。照相排版由于使用计算机,速度已大大加快。

现在有可能在计算机终端完成整个版面的排版工作。报道、标题、插画和广告出现在大屏幕上,编排成印刷后将出现的那样版面。记者在任何地方都能把报道打入计算机终端,通过调制解调器用电话线路把它们传送到编辑部。

在报纸编辑部,编辑使传来的报道重现在计算机终端,对它们进行编辑加工,并加上标题。计算机允许编辑对报道进行增删以得到准确的长度,并对左右页边的空白进行调整(使左右页边的空白一样宽)。然后,编好的报道就能通过电话线路从主机传到一个更大的计算机终端上进行排版。

一些著名的报纸出版人

某些重要人物未在下面列出,因为他们已在本条目的正文或在《康普顿百科全书》的其他条目中被论及。

比弗布鲁克男爵(1879—1964)。原名威廉·马克斯韦尔·艾特肯,生于安大略。金融家,1910 年移居英国。曾当选下院议员。在两次世界大战中入内阁任职。1916 年购入伦敦《每日快报》。创办《星期日快报》。后又拥有伦敦《标准晚报》、《蓓尔美尔报》和格拉斯哥《市民晚报》。1917 年受封比弗布鲁克男爵。

贝内特,詹姆斯·戈登(1795—1872)。生于苏格兰,1819 年移居美国。先当记者,后任《早晨信使和纽约问询者报》副编辑。1832 年创办《环球报》。该报倒闭后,于 1835 年创办《纽约先驱报》,它是一份独立的报纸。1835 年,最早在报空间其他上开辟华尔街金融专栏。该报最早使用欧洲记者。

格雷厄姆,凯瑟琳(1917—)。《华盛顿邮报》和《新闻周刊》的老板和发行人。出版家兼金融家尤金·迈耶之女。曾求学于瓦瑟学院,1938 年毕业于芝加哥大学。丈夫菲利普·格雷厄姆担任《华盛顿邮报》发行人直到 1963 年去世。她长期担任"华盛顿邮报公司"董事会主席(1973—1991)。

梅迪尔,约瑟夫(1823—1899)。从 1855 年起任《芝加哥论坛报》编辑和发行人直到去世。他的孙辈罗伯特·R.麦考密克、约瑟夫·M.帕特森和埃莉诺·帕特森都是报纸发行人。自 1849 年至 1855 年在俄亥俄州出版几家报纸,后与人合伙购入《芝加哥论坛报》,使该报被公认为共和党的坚定的支持者。芝加哥大火后,于 1871 年当选为该市市长。西北大学梅迪尔新闻学院是由他的家族捐资创办的。

默多克,鲁珀特(1931—)。澳大利亚出版家。组成国内报刊辛迪加后,他开始收购外国报纸。1969 年购入伦敦的《世界新闻》。1981 年得到伦敦的《泰晤士报》。他拥有数份美国报纸,其中包括波士顿的《美国先驱者》、《芝加哥太阳时报》和《乡村之声》(拥有后两者的时间短暂)。他还是《纽约》杂志的业主。1985 年购入"20 世纪福克斯电影公司"连同几家电视台。1985 年成为美国公民。

奥克斯,阿道夫·西蒙(1858—1935)。1872 年在田纳西州诺克斯维尔的《记事报》当印刷所学徒。1877 年帮助他人创办查塔努加的《快讯报》。1878 年购入《查塔努加时报》的控制股权,使其成为南部的主要报纸之一。他是南方联合通讯社的创始人。1896 年购入《纽约时报》。1896 年 10 月 25 日首先采用著名的口号:"刊登值得排印的新闻"。1913 年开始发行《纽约时报索引》。

奥蒂斯,哈里森·格雷(1837—1917)。出生在俄亥俄州玛丽埃塔附近。美国南北战争时在军队服役。1876 年移居加利福尼亚州前从事过许多职业。有几年时间担任《圣巴巴拉报》编辑。1882 年购入 1881 年创办的《洛杉矶时报》的股权。1886 年完全控制该报。利用该报促进加利福尼亚州南部的发展。

斯克里普斯,爱德华·怀利斯(1854—1926)。美国第一个主要报业集团的组织者。1907 年创立"合众社"。在底特律的报馆为同父异母兄弟詹姆斯·埃德蒙·斯克里普斯工作。1878 年出版他自己的《克利夫兰—便士报》。10 年之内他控制了圣路易斯、底特律和辛辛那提的报纸。1894 年与人合伙组织斯克里普斯—麦克雷报业联合公司。1902 年创立报业联合会。1909 年建立斯克里普斯海岸联合公司。最后,他在 15 个州里拥有 34 家报纸。1903 年与人共同创建现在在圣迭戈的斯克里普斯海洋研究所。他的儿子罗伯特·佩因·斯克里普斯与罗伊·W.霍华德一起于 1922 年创立斯克里普斯-霍华德报系。

印刷机 现代轮转印刷机的原型是由于 1866 年《泰晤士报》引进沃尔特印刷机而得到的。那种印刷机的名字是根据该报发行人约翰·沃尔特第三的名字命名的。它对卷筒纸的正反两面同时进行印刷,速度为每小时压印 25000 次。

轮转印刷机对在装有印刷板的两个滚筒之间通过的纸进行印刷。卷筒纸以每小时约 20 英里(32 千米)的速度通过印刷机。虽然这个速度看来似乎很快,但还是在一定程度上受到纸的抗拉强度的限制。这种纸叫作新闻纸,通常用木浆制成。

油墨 大多数报纸印刷油墨用悬浮在液体(通常是水)中的碳素颜料制成。当印刷机转动时,油墨被转移到纸的表面,但是它不能为纸的纤维所完全吸收。所以,谁要是触摸印刷过的纸,油墨就会沾附在他的手上。

现已研制出用染料制作的油墨,它使纸的纤维染上颜色,并且不会被擦掉。苯胺黑染料证明是不受欢迎的,因为它散发出难闻的气味。这种染料溶解于乙二醇,后者产生臭气并容易渗入皮肤。美国已研制出一种无污迹的油墨。它使用一种可溶解于油的染料,这种染料一碰到纸就会迅速凝固。

地方性和全国性报纸

1959 年,发行很大的日本报纸采用在相距数百英里的几个城市同时出版同样报纸的办法。做到这一点,靠的是传真传输和电传排字。这些借助于电话线、电缆、无线电和卫星的传输方法解决了长距离的通讯问题,提供了惊人的运作速度。

新技术使发行地方性和全国性报纸成为可能。20 世纪 70 年代后期,《纽约时报》首创美国全国版。版面通过卫星传送给几个地方性印刷中心。另一家美国报纸《华尔街日报》以 4 个地方版的形式出版。报纸内容和版面编排全通过卫星传输。《华尔街日报》是一家着重商业的报纸,在美国全国性报纸中发行量最大。

1982 年,一家新的全国性报纸开始在美国出版——

10家著名大报

《芝加哥论坛报》 1847年创办的日报,1855年由约瑟夫·梅迪尔购入。1914—1955年罗伯特·R.麦考密克是它的业主兼编辑。以前十分保守,自麦考密克去世后,政治上变得温和。

《基督教科学箴言报》 由基督教科学派主办在波士顿出版的日报。1908年创办,旨在抗议流行报刊追求轰动效应的作风。以富有思想内容和对新闻作深入分析著称。

《信使晚报》 1876年创办于米兰的日报。意大利主要报纸之一。以国外新闻报道和政治上的不偏不倚闻名。

《法兰克福汇报》 德国美因河畔法兰克福出版的日报。第二次世界大战后由原来在1943年被希特勒查禁的《法兰克福报》工作过的一批新闻工作者创办。它是第一家真正全国性的德国报纸。读者中有10%以上是德国境外读者。

《国际先驱论坛报》 在巴黎出版的英语日报。其前身是1887年詹姆斯·戈登·贝内特(小)创办的《巴黎先驱报》。1920年代出售给《纽约论坛报》,易名《巴黎先驱报》。20世纪60年代,它成为《纽约时报》和《华盛顿邮报》联合投资企业,改为今名。

《世界报》 巴黎出版的法文日报。1944年第二次世界大战行将结束时创办。版面与小报一样大小,它是世界上读者最多影响最广的报纸之一。

《洛杉矶时报》 1881年创办的日报,一年后由哈里森·格雷·奥蒂斯购入。1917年所有权虽转至女婿哈里·钱德勒,但仍留在他的家族内。以均衡和全面的新闻报道著称。

《纽约时报》 也许是美国最受尊敬的日报。创办于1851年。1896年由阿道夫·西蒙·奥克斯购入,他把它发展成国际著名的报纸。它刊登重要而全面的世界新闻报道。

《泰晤士报》(伦敦) 出版于英国伦敦的日报。1785年由约翰·沃尔特创办,当时名为《每日环球记事报》。1788年1月1日更名为《泰晤士报》。约翰·沃尔特第三于1848年接管该报,使它被公认为英国最杰出的全国性报纸。1981年被澳大利亚出版家鲁珀特·默多克收购。

《华盛顿邮报》 在美国首都华盛顿出版的日报。创办于1877年,当时是民主党的报纸。1889年转为私人所有。经历几十年动荡岁月后,1933年由金融家尤金·迈耶收购。他制定了独立的编辑方针,确立了文字优雅的新闻报道风格。1946年迈耶将报纸所有权转给女婿菲利普·L.格雷厄姆。菲利普·L.格雷厄姆的遗孀凯瑟琳·格雷厄姆于1963年继承他成为该报的业主。

《美国今日报》。它由以美国首都华盛顿为基地的甘尼特公司出版,有它自己的新闻通讯社。该报获得广大的读者群,部分是由于它广泛使用彩色图片。一家类似的报纸——《今日报》于1986年3月在英国出版。英国其他的全国性报纸还有《每日邮报》、《金融时报》和《卫报》。世界上,日本的报纸发行量最大。日本有好几家日报。东京的《朝日新闻》在1980年代中期日发行量超过750万份。

倒闭、合并和垄断

1960年纽约市有8家较大的日报。到1980年该市只有4家较大的日报:《每日新闻》、《纽约时报》、《纽约邮报》和《华尔街日报》。其他城市的情况也是如此。芝加哥过去曾有4家日报。今天那里只有2家:《芝加哥论坛报》和《芝加哥太阳时报》。不断增长的生产成本的压力,包括劳动者的工资要求和落后的经营方式,使许多日报不得不停业,并迫使幸存者进行联合。到1980年,美国大约有60%的日报为报业集团所有,10家中有8家是垄断报纸——某个城市中惟一报纸。1989年,打算出版几十年的第一家大城市报纸《圣路易斯太阳报》只经过7个月就倒闭了。

美国有约170个报业集团。最大的是甘内特公司。其他报业集团有:科普利报系、考尔斯报系、唐雷报业集团、道-琼斯公司、自由报系、赫斯特报系、骑士报系、麦克拉奇报系、纽约时报公司、纽豪斯报系、帕克通讯、斯克里普斯-霍华德报系、汤姆森报系、时报—镜报公司,以及沃尔斯报系。自由报纸出版社是加拿大最大的报业集团之一。

在英国,接近三分之二的日报由6个集团控制:联合报业集团、快报报系、镜报集团、新闻报业集团、汤姆森地区报系和共同报业出版社。在欧洲的其他地方也出现了同样的趋势。1968年以前西德的斯普林格集团控制了约40%的日报发行量,1968年对一个报系能控制多少报纸发行量规定了限额。斯普林格的份额被减到11%。这个比例包括两家德国影响最大的全国性日报《世界报》和《画片新闻》,以及两家全国性周报《星期日画报》和《星期日世界》。

澳大利亚是趋向于由股份公司来掌握报纸的所有权。到20世纪70年代初,澳大利亚已没有一家报纸属个人所有。3个主要报系是约翰·费尔法克斯集团、先驱报与时代周报有限公司集团、新闻有限公司。

专门的报纸

并不是所有报纸都是普遍发行的日报和周报。许多报纸刊载特定种类的新闻,另一些旨在供有限的读者阅读。美国的外语报纸长期为大城市外来移民和大量国外出生的人群提供一般新闻。20世纪80年代初在美国就有180多家外语报纸出版。还有许多由黑人和为黑人出版的英语日报和周报。加拿大有80多家非英语和非法语的外语日报。

几乎每一个北美经济部门都有一家或几家报纸。《万花筒》报道娱乐性行业所有方面的消息。《告示牌》涉及音乐、广播和电视，而《滚石》报道音乐和时事。《妇女服装日报》是一家时装日报。《石油日报》是为石油工业出版的。跑马迷看《每日赛马成绩》。以上这些都是全国性出版物，其中一些以地方版的形式出版。

凡是当一个国家内出现对政府政策的强烈不同意见时，地下报纸就会出现。在美国，越南战争时期，许多地下报纸（有些在大学校园内出版）都声嘶力竭地反对战争和当局。在波兰，1981年12月团结工会被宣布为非法后，许多地下报纸使自由工会运动保持活力。当1989年共产党政权垮台时，前团结工会报纸编辑塔迪乌什·马佐维茨基当了总理。

在苏联存在的大多数年份里有严格的书刊检查制度。但1953年斯大林去世后，一家地下报纸（叫作"萨密兹达"，意为"自行出版"）间歇性地活跃着。随着1985年后政府给予日益增多的自由，很快地就出现了一家实际上自由的报纸。由于1991年苏联的解体和共产党的被取缔，原党报《真理报》被禁止出版。后来曾允许其再度出版，但它很快就破产了。

小报

小报是这样一种报纸，其特征是：它版面的大小只有普通标准版报纸的一半，有许多插图，文章相当简短。"小报"（tabloid）这个术语是出版家艾尔弗雷德·哈姆斯沃思在1900年杜撰的，第一家这样的报纸就是他于1903年在纽约市创办的《每日镜报》。现今出版的小报有《纽约每日新闻》和《芝加哥太阳时报》。

20世纪70年代，美国销量最大的小报是主要陈列在超级市场的全国性周报。它们通常放在收款台旁边，人们在那里排队时，可以随意翻阅它们。这些周报中最早的是《国民问询》，它在20世纪60年代出现在超级市场。它的竞争对手有《星报》、《环球报》、《国民审查者》和《世界新闻周报》，《世界新闻周报》也是《国民问询》报社出版的。这些小报并不是传统意义上的报纸：它们几乎不报道当地、国内或国际的大事。更确切地说，它们专门刊登人们感兴趣的故事——关于名人的闲聊漫谈、饮食风尚、占星术预言和怪诞的事情，这些是正规报纸所不刊登的。

作为一种生涯的新闻业

直到19世纪的最后几十年，编辑和记者才学习他们的职业技能。最早的大学新闻学课程是1879年密苏里大学开设的。1912年，纽约市的哥伦比亚大学设立最早的新闻学研究生课程。

到那时人们才认识到，报道和办报非常复杂，需要专门训练。反过来，编辑也知道，对政治、经济和科学方面的新闻作理智的报道，要求记者掌握这些领域的广泛的背景材料。除了新闻工作的专门技巧之外，编辑和记者都还要有许多学科的丰富的一般性知识。

为了准备从事新闻业生涯，学生应当在高中和大学时代得到艺术与科学方面的一般性教育。这包括从社会科学到自然科学的所有学科，以及语言、文学和写作等。这将为以后在新闻学院学习新闻业技巧打下良好的基础。

基金会和慈善事业　FOUNDATIONS AND CHARITIES

古代文献中记载着这样一些人的事迹，他们拿出自己的部分财产，用于帮助他人。在埃及，托勒密一世父子在亚历山大捐献了一座图书馆。古罗马的小普林尼也曾资助过故乡的一座学校。世界各大宗教皆鼓励施舍，而在许多世纪中，慈善事业主要是由宗教团体主持开展的。后来，被人称作"基尔特"的组织替它们自己的成员做了许多慈善工作。

19至20世纪初，人们认为，那些非常富有的人有责任行善赈济。"Philanthropy"（慈善）一词由两个希腊语词"Philos"（爱）与"Anthropos"（人）组合而成，意即"爱人类"。诸如安德鲁·卡内基、约翰·D.洛克菲勒及其儿子和孙子、亨利·福特等人，都曾通过他们为了慈善的目的而建立的基金会捐献大笔钱财。

当代的捐资趋势

自1940年以来，慈善事业已变得更加平民化了。基金会的数量在迅速增加，但它们的规模比以前的基金会小了。工业公司和个体劳动者每年向慈善事业捐献好几亿美元。这些钱经由有组织的募集与发放机构运用于各项慈善事业。地方性社区基金便是主要的募集与发放机构。美国红十字会和救世军是两个最大的全国性慈善组织（见：**红十字会；救世军**）。据估计，在美国，人们每年向慈善事业捐资总额达500亿美元。

在美国，慈善事业的性质也和捐资的来源一样在发生着变化。由于联邦政府建立了社会保障体系，很少有人仍处于饥饿与无房的境地（见：**社会保障**）。私人慈善机构继续向穷人提供直接的帮助。不过，他们也转向了新的领域。这些领域包括医学研究、向有才能的青年人提供研究员基金和奖学金、残疾人康复、青年福利、精神病治疗以及家庭调解等项目。

为向某些特殊疾病的研究提供基金而建立全国性的募捐组织，这是慈善事业的一个新的发展。这一方面的全国性组织有：美国心脏病协会、向先天性缺陷进军——角钱基金会、美国肺病协会（圣诞节誓约会）、美国复活节誓约会及美国癌症学会。

社区基金与联合基金会

美国最著名的和最大的单项慈善事业便是社区基金，或者说联合基金。全国有数以万计的城市展开每年一度的捐款运动，并将所得款项分配给地方慈善事业。1887年第一个社区基金成立于科罗拉多州的丹佛。这一募捐方式目前已为其他国家所采用，其中包括日本和南非。

社区福利委员会负责估算本地的需要、撤除重复的服务设施和开拓新的收入来源。为了取得社区基金会的成员资格，地方性慈善机构必须向委员会呈交预算，并约定不再另行开展募捐活动。然而，有些慈善机构仍有其他收入来源，如女童子军出售小甜饼的赢利等。

美国的许多城市都有联合基金会。这一组织将所有为地方、全美和国际性的慈善事业而进行的募捐汇集成一个运动。许多团体都拒绝成为联合基金会的一部分；它们认为，

孩子们正在利用由芝加哥男孩女孩俱乐部提供的计算机中心。在慈善性捐资的赞助下，这类俱乐部为孩子们提供活动与学习的机会。

它们通过单独的捐款运动能募集到更多的钱。

联合基金会每年募集到的钱逾 30 亿美元。在一个有代表性的年份中，他们的基金支出比例如下：家庭服务占 21.7%；健康占 20.2%；青年与社会发展占 17.5%；食品、衣物与住房占 9.1%；幼儿日托占 6.8%；公共安全占 6.1%；社区发展占 5.9%；收入与职业占 5.0%；教育占 3.2%；还有其他方面占 4.5%。美国全国有 2 300 个联合基金会。

社区信托机构与社区基金会

1914 年当克利夫兰基金会成立时，社区信托机构即开始在克利夫兰出现。这是一种联合托管的方式，即银行与居民共同管理捐献基金。社区信托机构与社区基金会基本上相同。社区信托机构与社区基金会所关注的赞助范围比社区基金要广，通常包括社区教育与社区文化等。

国际援助

美国志愿者国际行动委员会——通常称为"国际行动"——负责协调那些实施海外救济、康复、自助以及技术援助等项目的非政府机构的工作。向该委员会注册的组织达 125 个之多，其中包括美国援外合作署（CARE），这一组织向经济不发达地区和遭受战争蹂躏地区输送救济品。此外，美国援朝基金会（ARK）和特许援亚办公室（LARA）两个组织亦在该委员会注册。

社会工作与社会福利

现代慈善事业不仅试图帮助那些不幸的人，而且还试图防治社会弊病。怎样更好地帮助人们，成了大学和学院中普遍研究的问题。从事社会工作者那种职业的人越来越多。大城市贫民区里的社会服务所为居民们提供许多服务项目，其中包括开办英语班、公民的权利和义务学习班、日托站，以及向年轻人提供不在街面上的娱乐活动。（参见：**亚当斯；社会服务所**）

社会福利组织的服务范围极为广泛，其中有许多团体是为满足青少年的需要而成立的。美国男孩女孩俱乐部是一个俱乐部联合会，拥有 6—18 岁青少年成员逾百万人。俱乐部在每个周日的下午和晚上开展活动。

有的协会研究儿童的发展、童工、在情感上受过伤害的儿童、弱智儿童、残疾儿童和流浪儿的教育；有的协会研究酗酒、公民权、家庭生活和养父养母等问题；还有的协会则关注成年残疾人、种族之间的关系、美国印第安人的权利、住房与城市的再发展、昔日的服刑人员、业余活动和收益分成的佃农。

全国健康与社会福利志愿者组织代表会议，是一个由 70 个这类社会福利组织的领导人组成的联合会。它是全国社会福利工作的规划机构。它有专门负责青年服务性活动、野营、教育和娱乐、青壮年，以及国际社会福利的委员会；有专门负责社会问题与政策、电视教育、各团体之间的关系，以及连环漫画杂志的委员会；还有一个专门负责老年人的委员会和一个专门负责全国预算的委员会。

慈善与宗教

世界上各大宗教都将向贫困者提供帮助当作自己的一项主要教旨。"charity"（慈善）一词来源于拉丁文"caritas"，意即"爱"。在宗教团体所实施的众多的社会服务中，有募集食品和衣物；援救难民；开办医院、孤儿院、养老院；提供医疗服务与劝诫；提供救灾物资；在第三世界的国家开始实

两个女孩(左)在参加由美国男孩女孩俱乐部主办的课后阅读活动。另外两个小孩在开始认识小家畜(右),这一机会也是由男孩女孩俱乐部组织提供的。这些俱乐部为美国大多数城市中的贫困儿童提供教育与娱乐活动。

施自助计划等。

宗教机构的数目十分庞大;在美国开展工作的较大的宗教机构有:美国公谊会服务委员会、基督教世界服务团、浸礼宗世界同盟、天主教救济服务团—美国天主教联合会、世界教士联合董事会、犹太人联盟与福利基金委员会、纽约/新泽西基督教海员协会(主教派)、全国犹太人福利董事会、路德教世界救济团、循道宗社会行动联盟、天主教慈善事业全国委员会、全国犹太人公共服务联合会、美国圣文森特·德·保罗会高级委员会、一位普救会服务委员会。

基金会的出现

全世界有数万个被称作基金会的慈善组织。由于每一个基金会都必须在它的总部所在国的法律框架内运行,因而,要给基金会下一个适合于一切情况的定义是十分困难的。广义地说,基金会是一种民间的非营利性协会,它受托维持一笔相当数量的资金,用以赞助各种各样的慈善事业。基金会由受托人和董事会进行管理,并根据基金会各自优先考虑的慈善事项安排发放资金。

在中世纪的欧洲,慈善工作大都由教会主办;然而,在16世纪宗教改革与民族运动兴起以后,许多宗教团体提供的救济款削减了;民间慈善事业逐渐代替了教会的地位。在英国,王室充当了穷苦无助者的保护人的角色。所有私人的信托皆被视为与王室签订的私人契约;而王室作为第三方,得履行诺言保护一切可能的受益人。

自17世纪至19世纪末,大多数信托机构和基金会都是小规模的地方性慈善机构。例如,本杰明·富兰克林于1790年建立了一个慈善信托机构,具体的做法是:向波士顿与费城各遗赠5000美元,让其积累100年的复利。然后以此项基金向手工业艺徒提供贷款。但是,艺徒制度实际上已消亡,因而,这两个城市的富兰克林学会便从这笔自然积累的财产中得到了好处。

在1800至1850年的50年间还有其他许多私人服务性捐赠,然而,现今的那种大型基金会的创立则开始于19世纪后期。由安德鲁·卡内基、约翰·D.洛克菲勒和亨利·福特等一些美国实业家所积累的巨额财产,为一些大型的信托基金奠定了基础,而这些信托基金则构成了当今几个最大的基金会的资产。

在20世纪最初的10年里,美国只创立了16个基金会,其中有拉塞尔·塞奇基金会和由安德鲁·卡内基创立的几项大型基金会。此后的10年间,每年出现七八个基金会,其中包括3个拥有资产逾一亿美元的基金会。这3个基金会是:纽约卡内基公司、洛克菲勒基金会和联邦基金。截至1930年,美国已有270个基金会。1936年,美国创立了最大的基金会——福特基金会。此后又出现了成千上万个新的基金。到20世纪80年代初,美国已有26000个基金会。

老年公民在一所日间成人健康中心进行锻炼。随着年老公民的数量的增加,为退休人员提供活动就成了地方性社会机构的一项主要任务。

外国基金会选录
(按国名的字母先后顺序排列)

名称、地点与创立时间	捐赠人	资产数额 (以百万当地 货币为单位)	目的
詹姆斯·N.柯比尔基金会,澳大利亚,1967年	未登录	2.5(澳元)	用于广泛的慈善事业,包括教育、医学、社会福利、科学和自然资源的开发。
兰·波特有限基金会,澳大利亚,1964年	兰·波特	14.5(澳元)	向教育协会、实验室、研究与实验站、图书馆、统计局和慈善协会提供拨款。
R.E.罗斯信托机构,澳大利亚,1970年	R.E.罗斯	14(澳元)	用于促进自然保护方面的研究。
教父达米安"向麻风病开战"基金会,比利时,1939年	费利西昂·卡蒂尔	15(比利时法郎)	向在中非进行医学研究的个人和协会提供资金,并向海外研究人员提供奖学金。
大学基金会,比利时,1920年	未登录	235(比利时法郎)	向个人、协会和科研机构提供拨款,以发展高等教育。
马克斯·贝尔基金会,加拿大,1965年	马克斯·贝尔	36(加拿大元)	为健康教育、体育与身体健康、兽医学提供资金。促进加拿大与亚洲太平洋沿岸各国之间的关系。
格拉迪斯-梅里尔·穆塔特基金会,加拿大,1953年	未登录	7(加拿大元)	向处于贫困状态的人们,尤其是第三世界的人们,提供拨款,以促进其农业、教育及健康领域的发展。
孙中山文化基金会,台湾,1965年	王云五博士及其他人	110.5(台币)	为永远纪念孙中山先生,向致力于传统文化和国学研究的个人和机构提供拨款和奖学金。
卡尔斯贝格基金会,丹麦,1876年	雅各布·克里斯蒂安·雅各布森,卡尔·雅各布森	3053(丹麦克朗)	促进各种自然科学、数学、哲学、历史和语言学的研究。
于尔约·扬松基金会,芬兰,1954年	希尔马·扬松夫人	150(芬兰马克)	倡导经济学研究,支持芬兰教育与研究机构。
法兰西基金会,法国,1969年	法国财政协会	105.5(法郎)	向从事教育、社会福利、科学、医学、艺术和自然保护等工作的个人和协会发放资金,也向不发达国家的建设项目提供资金。
国家政治科学基金会,法国,1945年	未登录	110(法郎)	促进政治、社会、经济等科学及国际关系的研究。
阿尔弗雷德·克虏伯·冯·波伦与哈尔巴赫基金会,西德,1967年	阿尔弗雷德·克虏伯·冯·波伦博士与哈尔巴赫	570(德国马克)	用于赞助科学研究及教学、教育、公共卫生、文学、体育、音乐和造型艺术等领域的项目。
多拉布吉·塔塔爵士信托机构,印度,1932年	多拉布吉·詹姆塞特吉·塔塔	41(卢比)	赞助教育机构和医院,提供救灾物资,并促进各学术分支的发展。
美国-以色列文化基金会,巴勒斯坦(今以色列),1939年	未登录	28(美元)	促进以色列的文化和教育活动,并为以色列与美国之间的文化交流提供资金。
莱昂内·卡埃塔尼基金会,意大利,1924年	莱昂内·卡埃塔尼·迪塞尔莫内塔	20(意大利里拉)	促进人们对古代和当代穆斯林世界的了解。

本田基金会,日本,1977年	本田宗一郎	4080(日元)	促进技术进步,并使之与环境保持协调。
三菱基金会,日本,1969年	三菱集团	6154(日元)	赞助基础科学研究和有关社会福利的事业。
丰田基金会,日本,1974年	丰田汽车公司,丰田汽车销售公司	11658(日元)	向有关人类与自然环境、社会福利、教育和文化等研究项目提供拨款。
托德基金会,新西兰,1972年	托德汽车公司	3(新西兰元)	通过拨款来促进教育、社会福利、科学、艺术和人文科学。
胡安·马奇基金会,西班牙,1955年	胡安·马奇·奥迪纳斯	5500(比塞塔)	促进一切地区的西班牙文化、科学和社会研究。
卡内基联合王国信托机构,英国,1913年	安德鲁·卡内基	7059(英镑)	通过教育和社区服务,促进大不列颠及北爱尔兰联合王国的一切民众的福利。

美国的主要基金会

名称、地点与创立时间	捐赠人	资产数额(以百万美元为单位)	目的
12个最大基金会(以资产总额大小为序)			
福特基金会,密执安,1936年	亨利·福特,埃德塞尔·福特	4759	通过向有关环境,教育,社会科学,人文科学,艺术及地区、国家和国际事务的研究拨款,来促进公共福利。援助发展中国家。
J.保罗·格蒂信托机构,加利福尼亚,1953年	J.保罗·格蒂	3691	向视觉艺术和有关人文科学领域的研究提供拨款。
W.K.凯洛格基金会,密执安,1930年	W.K.凯洛格	3108	向有关健康、教育和农业的项目提供资金。援助许多国家的协会。
约翰·D.与凯瑟琳·T.麦克阿瑟基金会,伊利诺伊,1970年	约翰·D.麦克阿瑟	2271	为许多领域有才华的个人提供拨款。促进心理健康、公正与生活质量,以及对公共事务和传媒人员培训的兴趣。
利利捐赠公司,印第安纳,1937年	老J.K.利利,伊莱·利利,小J.K.利利	1914	为印第安纳州的教育和宗教项目及社区服务提供拨款。
罗伯特·伍德·约翰逊基金会,新泽西,1936年	罗伯特·伍德·约翰逊将军	1804	为保健项目提供资金——尤其强调职业教育与有关保健服务的讲座。
洛克菲勒基金会,纽约,1913年	老约翰·D.洛克菲勒	1606	通过为消灭饥饿而进行的调查来促进全人类的健康,解决人口问题,援助发展中国家的教育,提供平等的机会,并改善环境。设置协会基金,实施研究计划。
皮尤纪念信托机构,宾夕法尼亚,1957年	玛丽·埃塞尔·皮尤,梅布尔·皮尤·迈林夫人,J.霍华德·皮尤,小约瑟夫·N.皮尤	1550	向医院、学校、宗教机构、医学研究及社区项目提供援助。
安德鲁·W.梅隆基金会,特拉华,1940年	艾丽莎·梅隆·布鲁斯,保罗·梅隆	1477	为广泛的公益事业提供拨款,包括教育、自然保护项目、医学与公共卫生教育、人口调查和文化事务。
克雷斯吉基金会,密歇根,1924年	塞巴斯蒂安·S.克雷斯吉	1047	为楼房建筑与维修、学校、健康服务、关心少年与老人、自然保护和艺术提供资金。

杜克捐赠基金,新泽西,1924年	詹姆斯·B.杜克	798	向位于北卡罗来纳州达勒姆市的杜克大学以及其他一些大学、学院捐款。向北卡罗来纳州医院、学校、孤儿院、乡村卫理公会教堂及牧师养老金提供资金。
查尔斯·斯图尔特·莫特基金会,密执安,1926年	查尔斯·斯图尔特·莫特一家	733	为本地健康、教育和娱乐项目提供资金。设立社区教育研究员基金。

其他主要基金会

名称、地点与创立时间	捐赠人	资产数额（以百万美元为单位）	目的
纽约卡内基公司,纽约,1911年	安德鲁·卡内基	715	促进美国人民与大多数英国自治领和殖民地人们之间的相互认识和了解。在美国的学院、大学、职业与教育机构设置有关公共事务的教育及培训计划方面的研究基金。
麦克奈特基金会,明尼苏达,1953年	威廉·L.麦克奈特,莫德·L.麦克奈特,弗吉尼亚·M.宾格,詹姆斯·H.宾格	711	在人类与社会服务与艺术领域向明尼苏达州的有关机构提供拨款。开展神经科学与植物生物学研究。
W.M.凯克基金会,特拉华,1954年	威廉·M.凯克	647	加强地球科学、工程学、综合科学、医学以及加利福尼亚州南部的教育机构中文科方面的研究。
甘尼特基金公司,纽约,1935年	弗兰克·E.甘尼特	577	为发展美国与加拿大的新闻业及成人扫盲事业提供拨款。
威廉-弗洛拉·休利特基金会,加利福尼亚,1966年	威廉·R.休利特先生及夫人	565.2	促进冲突和解、环境及表演艺术的研究,促进旧金山海湾地区的高等教育。
理查德·金·梅隆基金,宾夕法尼亚,1947年	理查德·K.梅隆	564.8	为促进宾夕法尼亚州未开垦地区和野生动植物的保护,和为支持宾夕法尼亚州文化与民众事务、社会服务和医学研究提供拨款。
纽约社区信托管机构,纽约,1923年	纽约各社区组织	527	为对纽约市区具有特殊意义的活动和事业提供混合慈善基金。同时也为商业信贷提供贷款担保。

就资产与规模来说,美国的基金会在世界上处于领导地位。像荷兰这样的小国大约拥有30000个注册的基金会,但在资产上没有一个能够与像福特、卡内基和洛克菲勒等美国巨人式的基金会相比。欧洲的其他国家,以及亚洲、拉丁美洲,情况也是如此;在那里,大多数基金会都出现得比较晚。

基金会如何运作

通常,人们将创立一个基金会的本金用于投资,而且只花费其投资所得的收益。基金会也可以动用一些本金。在某些情况下,基金会必须在指定的一段时间内花掉它全部的资金。例如,朱丽叶斯·罗森沃德基金会必须在朱丽叶斯·罗森沃德死后的25年内将其全部捐款2千万美元用完。此项捐款用于改善黑人与白人之间的关系,以及南方的教育和卫生设施。朱丽叶斯·罗森沃德基金会于1947年完成其使命。

大多数基金会都向其他组织提供拨款。只有少数基金会自行实施研究计划。洛克菲勒基金会便是一个靠自己的职员开展研究的大型基金会的杰出范例。过去,它曾探究黄热病、疟疾、钩虫病的原因和寻求消除的办法。如今,各国政府和国际组织已将这些疾病的防治工作承担了过去。它还曾资助过发展高产小麦和稻谷品种,此项工作对许多不发达国家都产生了重大影响。

大多数基金会都很关注发现与培养有才能的人,以期造福于社会。为了这一目的,它们设置研究员基金、奖学金,并为进一步的考察研究提供旅行津贴。

福特基金会是世界上最大的基金会。根据其证券的市场价值来估算,它的全部资产有 20 至 40 亿美元。它每年提供 1 亿多美元的拨款。

福特基金会还创立了其他三个基金会:1951 年创立了成人教育基金会和教育发展基金会,1952 年创立了共和国基金会。共和国基金会资助那些旨在消除对于美国在思想、探索以及言论等方面的自由的禁锢的活动。福特基金会的活动范围十分广泛,从资助美国的教育、社会福利以及对自然资源的保护,到对不发达国家的直接援助。

法律地位

在英国和美国,基金会必须向政府申报其收入、支出、资产、负债和净值。在其他方面,基金会不受政府控制。除了基金会的钱不能使某个私人受益、不能用于干预立法或支持政治候选人之外,基金会可以依据自己优先考虑的项目分配资金。

在欧洲——荷兰除外,荷兰依照英国的模式——基金会的成立受到了民众与政府的态度的约束。如在意大利、法国、比利时等国家中,人们传统上对教会、君主制、贵族以及一般特权的敌视,孕育了他们对私人协会和基金会的敌视。法律的发展在很大程度上受到下面这一原则的影响,即在人民与政府之间,不应由任何民间的非正式的机构代行政府之职。因而,欧洲基金会的创立比英美远为迟缓,并且各国政府对于基金会的运作又在法律上施加种种限制。

欧洲的标准模式是,基金会只有在法律准许的情况下才能产生。在奥地利、比利时、西班牙、芬兰、意大利、法国、希腊、卢森堡和葡萄牙等国,成立基金会必须获得政府的许可;而在丹麦、瑞典、挪威、爱尔兰、瑞士与土耳其,则无须获得政府的许可。

社会工作 SOCIAL WORK

也叫作个人社会服务或社会福利服务,社会工作包括同帮助遭受穷苦或家庭困苦的人们有关的各种工作。这些困苦当中有:身体不健康、失业、嗜用麻醉毒品、虐待配偶、少年犯罪和不想要的怀孕。

20 世纪以前,现在由社会工作者提供的服务大多由有关的个人、教堂或私人慈善事业承担。确实存在的非常之少的政府计划只对赤贫者提供帮助,因为它们认为贫穷是穷人自身的缺点造成的结果。在 20 世纪,对穷人和其他贫困者的帮助已经纳入一大批由国家政府和各级地方政府实施的福利计划(见:福利国家)。

社会工作者经常是以个人、家庭、社团为对象的社会工作者。这就意味着在一定的时期内一个工作人员被指派与特定的家庭或个人打交道——很像监护官对待释放的违法者一样。现代社会工作者的起源可以追溯到 19 世纪 80 年代英国对叫作医院社会服务员的医疗社会服务工作者的指派。这些人审查贫穷病人的经济条件,对有病人的家庭提供咨询服务,并且对从医院回来的病人给予家庭护理。医疗社会服务员的使用很快传到美国。1890 至 1910 年间,伦敦、纽约市和阿姆斯特丹出现了第一批社会工作学校。

社会工作者关注的主要领域是家庭、儿童、青年和群体福利;帮助老年人;关心病人、残疾人;精神病患者的幸福。家庭计划试图通过经济援助和各种服务,如结婚咨询、计划生育和家庭餐饮服务等,来加强家庭单位。儿童福利包括帮助未婚母亲,此外还有儿童保健计划和帮助家庭生活瓦解的儿童。

大部分青年计划提供由成年人指导的业余时间活动(见:青年组织)。这些计划也包括处理私奔和制止少年犯罪问题。集体福利工作者帮助移民适应新的生活环境,帮助难民定居(见:难民)。对上了年纪的人的帮助包括运输、老年人中心、送餐、护士探访和减价医药供应。对病人和残疾人的服务包括提供药物治疗、康复、适应障碍和营养补助。帮助治疗精神病的社会工作者与从诊断直到住院治疗和康复的精神病患者打交道。康复措施可以包括利用过渡疗养地、收养照顾、福利工厂和正常就业。

社会服务所 SOCIAL SETTLEMENTS

在许多城市的贫民区,我们可以看到被称作"社会服务所"的机构。居住在附近经济公寓中的成人和儿童到服务所来参加学习班和娱乐活动。常驻服务所的工作人员经过培训,知道怎样解决居民的困难。

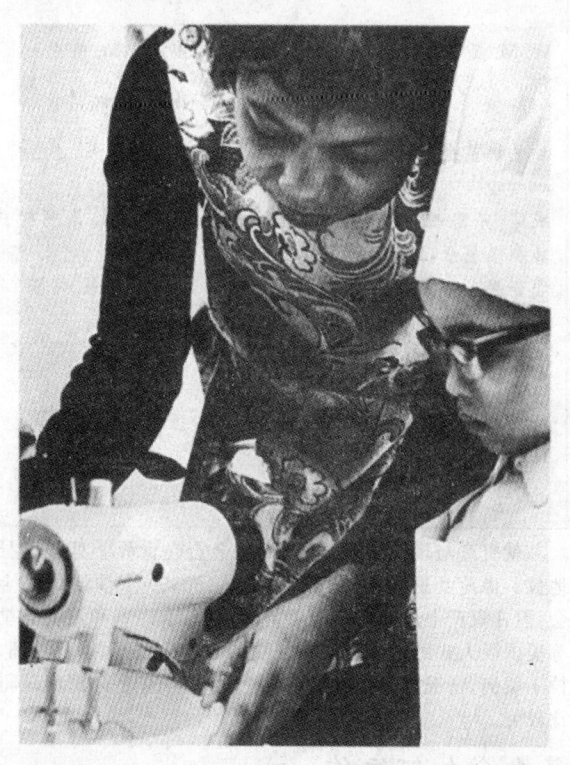

一个学龄前儿童正在社会服务所为双职工家庭开办的日托机构中学习烹饪课。大多数社会服务所都开展各种社区活动。

从 19 世纪 80 年代开始,这些服务所帮助外来的移民适应美国的生活。服务所开设英语课,同时协助移民寻找工作和安置亲属。在英国,服务所的宗旨是帮助贫民。如今,哪里还有贫民,服务所便是那个居住区内主要的慈善机构。服务所的工作人员给住户们提出建议。他们举办学习班,组建俱乐部、运动队以及业余活动小组。有些服务所还聘请职业顾问、家庭经济师和心理学家。在美国,由于外国移民持续不断地涌入,这类机构迄今仍在帮助他们顺利地向新生活过渡。

人们最初创建社会服务所的目的是为了改善那些居住于工业中心的人的生活质量。随着工厂的发展,人们大批涌入城市。他们生活在犯罪与疾病肆虐的贫民窟中。在英国,牧师塞缪尔·奥古斯塔斯·巴尼特曾邀请牛津与剑桥两大学的一些毕业生到伦敦东区,与贫民生活在一起。1884年,他们创建了第一个社会服务所。它被以社会改革家阿诺德·汤因比的名字命名为汤因比服务所。汤因比服务所在20世纪80年代还在运作。

美国的第一个社会服务所是1886年创立于纽约的邻里协会。后来它更名为大学服务所。1889年,简·亚当斯与埃伦·盖茨·斯塔尔在芝加哥创办了赫尔大厦(见:**亚当斯**)。这类机构还有纽约市的亨利大街服务所和马萨诸塞州波士顿的南区大厦。

国际雄狮协会 LIONS INTERNATIONAL 见:兄弟会

临终关怀院 HOSPICE

旨在为生命垂危的病人减轻其身心痛苦的机构,称为临终关怀院。"Hospice"一词来自拉丁语的同形词,由这一词还派生出"hospital"(医院)和"hospitality"(好客)两词。在中世纪,hospices指为旅行者提供休息和食物的处所,与一般的酒店或客栈没有什么不同。如今的临终关怀院则是为晚期病人提供另一种形式的护理。同时,临终关怀院还向病人的亲属提供感情上的支持。

临终关怀,作为医院治疗的替代物,它的出现有几个原因。其中一个主要的原因可能是,无限期地使用呼吸器和其他手段来维持垂危病人的生命费用很高。

其次,过分地使用延续生命的手段——这类手段往往要由严密的监护小组来实施——通常除了增加垂危病人的不适与孤独外,没有任何益处。临终关怀院也配备有医生、护士和其他医务人员;同时,它还创造一种像家庭一样的充满同情的气氛,以使生命垂危的病人在最后时日里尽量过得快活。临终关怀在费用方面也比住院便宜得多。在美国,老年保健医疗制度为临终关怀提供一些财政上的支持;在英国,临终关怀则得到国民保健署的资助。

临终关怀收容的病人90%以上是癌症患者。因而,临终关怀的首要任务就是通过使用止痛药、镇静剂以及各种物理疗法来减轻病人的痛苦。临终关怀院强调,通过密切监视与谨慎地发放止痛药来防止患者受病痛的折磨。美国已有专门收容艾滋病(后天获得性免疫缺陷综合症)患者的临终关怀院,这类患者通常都是处于晚期;而在20世纪80年代的美国,艾滋病患者已经达到一般流行病的比例。

现代的临终关怀运动开始于英国。1967年,西塞莉·桑德斯在伦敦附近的锡德纳姆创建了圣克里斯托弗临终关怀院。这一运动于1975年桑德斯在康涅狄克州的耶鲁大学讲学之后传至美国。至20世纪80年代中期,美国约有1400个临终关怀院。由保罗·托伦斯编辑的《临终关怀计划及民众方针》(美国医院出版公司,1985年版)是一本有关这个问题的很有用的书。

青年招待所 HOSTEL

青年招待所和饭店这两个词都来源于古法语,意为"饭馆",而这两个词又源于拉丁语"客人"一词。当今该词通称为青年招待所,指为旅行的年轻人提供便宜的过夜住宿,受监督的类似宿舍的地方。许多青年招待所也提供膳食,或设有厨房,客人可以自己做饭。

青年招待所主要的优势是费用:住一晚上的费用要比大多数商业性饭店便宜得多。客人一般自己整理床铺,也可以做其他轻活儿,抵作部分费用。

在许多国家都可以找到青年招待所,特别是在欧洲。它们一般建在城市和农村地区。农村的青年招待所一般是隔一定的距离就有一个,以便客人在一天时间内可以从一个地方徒步或骑车到另外一个地方。事实上,最早的青年招待所就是为徒步旅行者设立的休息场所。一些招待所还有停留时间的限制规定。

青年招待所运动是20世纪早期德国代沟的副产品。1896年,柏林大学21岁的学生赫尔曼·霍夫曼发起成立小型的自我改进小组。这个学习小组经常穿越附近的树林徒步旅行。1901年,小组的几个成员制定了章程,将该组织变为徒步旅行协会,取名为"候鸟"。

这个组织很快吸引了来自德国各地的数千名青年——这些青年对老一代的价值观和行为准则已不再着迷,而要为自己安排新的途径。虽然"候鸟"不是政治运动,但它把一切都贡献给德国——民俗、民间音乐以及民族的颂扬。起初,这些青年人徒步在德国旅行,一般睡在户外。1910年,开设了第一个青年招待所,为他们提供食宿,其后又出现了许多。这个想法很快传到瑞士、荷兰,然后传到欧洲其他国家。

第一次世界大战期间,青年招待所运动的发展中断,但不久,当许多其他青年组织组成后又得以恢复。1930年,英国青年招待所协会成立。1932年,国际会议导致国际青年招待所联盟建立。这个组织的总部设在英格兰哈特福德郡的韦林花园城。有58个成员国,包括1934年在美国建立的青年招待所。

联盟出版手册和指南,各成员国组织也有自己的出版物。在美国《在青年招待所投宿,美国》一书由美国青年招待所人员于1985年发行。像"福多尔指南"或"米什兰指南"这样普通的旅行书,也列出了青年招待所的位置。

美国格兰其 GRANGE, NATIONAL

在19世纪70年代的10年间,美国农民所遇到的问题与20世纪80年代的问题十分相似——高成本、债务与低收益。在1873年的美国独立纪念日,如此众多的农民利用节日聚在一起,发泄他们的不满,以至人们一般将这一天看作是"农民的 7 月 4 日"。农民们向世人述说心中不平的渠道,就是美国格兰其,或更具体地说,是美国农业保护者协会。

这一组织原是由一个名叫奥利弗·赫德森·凯利的政府邮政工作人员成立的社团。他曾在联邦政府的农业机构内供职,他在工作中开始意识到美国农民的问题。在建立之初,格兰其主要是个教育组织,在后来的 10 年中渐渐变成了一个全国性的从事政治活动的社团。

为使这一组织发展壮大,凯利回到他的家乡明尼苏达州,开始联络他所熟识的农民。至 1869 年,全州至少有 37 个格兰其分会。到 1873 年,当时全国的经济状况已呈现明显的下降趋势,国内几乎每个州都有格兰其。20 世纪 70 年代中期,格兰其成员数量达到最高峰,在全国 20000 个分会中,约有成员 800000 人。最大的一次格兰其成员集会是在中西部举行的。

引起农民不满的原因很多。其中主要的一条即是南北战争后的数年间,农产品价格大幅度下降。农民还受到他们所不能控制的那些组织——索要过高运输费的铁道部门和拥有谷仓的公司——的侵害。

对于价格问题,农民们可以说是无能为力。在那个时代盛行的"大企业"氛围中,要与公司和铁道部门打交道是十分困难的。有些州曾通过运输费率法,但这些法令均被法院废除了。只是到了 1877 年,联邦最高法院才作出裁决,各州有权管理具有公众性质的企业。

为了反抗不公正的商业惯例,农民迫切要求创办诸如谷仓、乳品加工厂、商店等合作社。然而,许多这类合作社无法与私人企业相竞争。尽管格兰其组织一直延续到 20 世纪,但它的全盛期至 1880 年已经过去了。

大学生联谊会和大学女生联谊会
FRATERNITIES AND SORORITIES

在美国的大多数学院和大学的校园,以及加拿大的某些学院和大学的校园中,我们可以看到许多被称作大学生联谊会(取自拉丁语词 frater,意为兄弟)和大学女生联谊会(取自拉丁语词 soror,意为姐妹)的社会性、专业性或名誉性的组织。联谊会的会员叫作兄弟或姐妹。这些组织的成员一般由在校学生组成,尽管在某些协会中毕业生也可以入选。

大多数大学生联谊会和大学女生联谊会都被叫作希腊字母协会,因为,这些团体的名称多用三个希腊字母组合而成。例如,美国最老的大学生联谊会便叫作 ΦBK。这些字母组合通常都代表一句格言,表明协会的目的或精神,如希腊字母 ΦBK 意即"热爱智慧,生活指南"。

社会性大学生联谊会和大学女生联谊会 这类组织意在成为会员们的校园之家,而联谊会中的兄弟或姐妹们便构成一种家庭。在许多学校中,大学生联谊会和大学女生联谊会便是社会与政治生活的基础;希腊字母协会的会员身份,实际上是在校园中获取任何重要地位所必不可少的条件。

许多大学生联谊会和大学女生联谊会都是全国性的组织,但是,其基层单位则是地区性分会,它由某所学校中它的所有大学生会员所组成。某些学院的大学生联谊会和大学女生联谊会则完全是地区性的,与外部组织毫无联系。每个分会都有它自己的校友会;在许多地方,有其成员来自不同学校的校友分会。

协会会员一般在一年级新生中招收,其方法是举行招待会,让新生与协会会员相互认识。如果某些新生为协会所看中,他们便会接到入会的邀请。如果他们接受邀请,他们就成为立誓加入协会的人。数月之后,如果他们达到了协会与学校共同制订的会员要求,他们就会被接纳为正式成员。

许多校园内都有大学生联谊会或大学女生联谊会提供给会员上学期间居住的宿舍。每个协会还有它自己独特的标志:盾形纹章、徽章或别针、旗子,以及仪式、口令和握手的方式。有些协会在非正式场合穿戴与众不同的衣物。

第一个社会性大学生联谊会 ΦBK,如今已成为大学优秀生的荣誉协会。它于 1776 年 12 月 5 日成立于在弗吉尼亚州威廉斯堡的威廉和玛丽学院。KA 是现在仍然是社会性大学生联谊会的一个最老的社会性大学生联谊会,它于 1825 年成立于纽约州斯克内克塔迪市联合学院。关于大学生联谊会的思想在 19 世纪 30 年代传播到美国中西部,南北战争后又传至远西地区。

BθΠ 是中西部最早的大学生联谊会,它于 1839 年成立于俄亥俄州牛津的迈阿密大学。1847 年成立于纽约大学的 ZΨ 联谊会,1870 年在加利福尼亚大学建立分会;1879 年又在加拿大的多伦多大学建立分会。

直至 1851 年 5 月 15 日,第一个大学女生联谊会才在佐治亚州梅肯市的韦斯利安妇女学院成立,即 Adelphean(今为 AΔΠ)。随着州立大学开始招收女生,大学女生联谊会也就发展起来了。

专业性大学生联谊会 此类协会属于专门的组织,成员只限于从事某类专科研究的学生和教师。这种协会肇始于肯塔基州列克星敦市特兰西瓦尼亚大学,在那里医学的大学生于 1819 年成立了 KΛ 协会。ΦΔΦ(法律)成立于 1869 年;NΣN(医学)成立于 1882 年;ΔΣΔ(牙科学)成立于 1882 年。其他专业性大学生联谊会还有 AXΣ(化学)、KΦK(教育)、KΨ(药学)、AHP(航空)、ATΔ(护理)、MΦE(音乐)、EHΦ(商业管理)、θΣΦ(新闻)、BAΨ(会计)和 AAΓ(建筑)。

荣誉协会 此类大学生联谊会只吸收有学术成就的学生。例如,ΦBK 的会员资格只授予那些在艺术与自然科学领域成绩优异的学生。许多致力于某一特殊研究领域的大学生联谊会从在校学生中遴选其成员;在某些情况下,成绩优异的校友也可被选为会员。成立于 1885 年的 TBΠ(工程学)就是最早的名誉性大学生联谊会之一(在 ΦBK 之后)。几乎每一个研究领域都有一个荣誉协会,其中包括 BKX(数学与自然科学)、XE(土木工程)、ΔΦΔ(艺术)、KTA(新闻)、ΦAθ(历史)、ΦΣ(生物)、ΦΣT(哲学)、ΠKΛ(音乐)、ΣT(工程学)和 ΣθT(护理)。

跨大学生联谊会组织 有些组织负责协调处理全国大学生联谊会与大学女生联谊会之间的关系,其中最大的要算组建于 1941 年的全国大学生联谊会与大学女生联谊会代表大会。其他曾合作筹建代表大会的全国性组织还有:作为第一个合作性团体创建于 1902 年的全国泛希腊字母

一些社会性希腊字母协会（以及成立的地点与时间）

某些协会未在下面列出，因为它们已在本条目的正文或在《康普顿百科全书》的其他条目中被提及。

大学女生联谊会

AXΩ 1885年10月15日成立于印第安纳州格林卡斯尔的迪波夫大学。

AΦ 1872年成立于纽约州锡拉丘兹市锡拉丘兹大学。

AΞΔ 1893年4月17日成立于伊利诺伊州盖尔斯堡隆巴德学院（今诺克斯学院）。

XΩ 1895年4月5日成立于阿肯色州费耶特维尔市阿肯色大学。

ΔΔΔ 1888年成立于马萨诸塞州波士顿市波士顿大学。

ΔΓ 1873年12月成立于密西西比州牛津的刘易斯学院（今密西西比大学）。

ΔZ 1902年成立于俄亥俄州牛津的迈阿密大学。

ΔΣθ 1913年2月18日成立于哥伦比亚特区华盛顿的霍华德大学。

ΓΦB 1874年11月11日成立于纽约州锡拉丘兹市锡拉丘兹大学。

KAθ 1870年1月27日成立于印第安纳州格林卡斯尔的印第安纳阿斯伯里大学（今迪波夫大学）。

KΔ 1897年10月23日成立于弗吉尼亚州法姆维尔的弗吉尼亚州立师范学校（今朗伍德学院）。

KKΓ 1870年3月成立于伊利诺伊州蒙茅斯的蒙茅斯学院。

ΦM 1852年3月4日成立于佐治亚州梅肯市韦斯利安妇女学院（今韦斯利安学院）。

ΠBΦ 1867年4月28日成立于伊利诺伊州蒙茅斯的蒙茅斯学院。

ΣK 1874年11月9日成立于缅因州沃特维尔的科尔比学院。

ΣΣΣ 1898年4月20日成立于弗吉尼亚州法姆维尔的弗吉尼亚州立师范学校（今朗伍德学院）。

ZTA 1898年4月20日成立于弗吉尼亚州法姆维尔的弗吉尼亚州立师范学校（今朗伍德学院）。

大学生联谊会

AΔΦ 1832年成立于纽约州克林顿市汉密尔顿学院。

AΣΦ 1845年12月6日成立于康涅狄格州纽黑文市耶鲁学院。

XΨ 1841年5月20日成立于纽约州斯克内克塔迪市联合学院。

ΔX 1890年成立于纽约州伊萨卡市康内尔大学。

ΔKE 1844年6月22日成立于康涅狄格州纽黑文市耶鲁学院。

ΔΦ 1827年11月17日成立于纽约州斯克内克塔迪市联合学院。

ΔΣΦ 1899年12月10日成立于纽约市学院。

ΔTΔ 1858年成立于弗吉尼亚州（今西弗吉尼亚州）贝瑟尼市贝瑟尼学院。

ΔE 1834年11月4日成立于马萨诸塞州威廉斯敦市威廉斯学院。

KΣ 1869年12月10日成立于弗吉尼亚州夏洛茨维尔市弗吉尼亚大学。

ΦBΣ 1914年1月9日成立于哥伦比亚特区华盛顿的霍华德大学。

ΦΔθ 1848年12月26日成立于俄亥俄州牛津的迈阿密大学。

ΦEΠ 1904年11月23日成立于纽约市学院。

ΦΓΔ 1848年4月22日成立于宾夕法尼亚州卡农斯堡的杰斐逊学院（今华盛顿和杰斐逊学院）。

ΦΣK 1873年3月18日成立于马萨诸塞州阿默斯特的马萨诸塞大学。

ΠKA 1868年3月1日成立于弗吉尼亚州夏洛茨维尔市弗吉尼亚大学。

ΣAE 1856年3月9日成立于亚拉巴马州塔斯卡卢萨市亚拉巴马大学。

ΣX 1855年6月28日成立于俄亥俄州牛津的迈阿密大学。

ΣN 1869年1月1日成立于弗吉尼亚州列克星敦市弗吉尼亚军事学院。

TKE 1899年1月10日成立于伊利诺伊州布卢明顿市伊利诺伊韦斯利安大学。

大学联谊会代表大会；全国跨大学生联谊会代表大会；大学生荣誉协会联合会；专业性大学生联谊会代表大会；专业性泛希腊字母大学联谊会联合会。跨大学生联谊会研究与顾问委员会成立于1946年。除了这些全国性的团体外，大多数校园内都有大学肄业生跨大学生联谊会和跨大学女生联谊会委员会。

爱国社团　PATRIOTIC SOCIETIES

旨在维护、保卫一个国家的传统和价值观念，并使之流传下去的组织，被称为爱国社团。"爱国"一词适用于许多各种类型的社团。有些的确是全国性的组织，而许多则是地方性的、州的或地区范围内的。美国最著名的爱国团体是像美国军团、海外退伍军人协会这样的退伍军人组织（见：退伍军人组织）。

知名度最小的爱国社团，恐怕要数那些历史社团，此类社团每个州乃至许多地方上的社区都有。它们保存历史记录、大事记和各类遗址，修缮博物馆和设法培养人们的爱国心。除已明确表明的那种爱国社团之外，像互助会、服务性组织、青年组织这样的社团，在其活动计划中也都有宣扬爱国主义的内容。

除了退伍军人组织外，世袭性社团在爱国社团中占了很大比例。这些社团的成员宣称,他们是那些曾经参加过某项重大历史事件或最早在美国某地定居的人们的后裔。成立于1897年的"五月花号"后裔联会的成员宣称,他们的祖先是1620年乘"五月花号"来到美洲的英国清教徒。革命之子(1876)和美国革命女儿(1890)这两个联谊会,是美国独立战争时期的爱国者的后裔。

其他全国性的世袭性社团还有:美国殖民地夫人(1890)、殖民地战争联合会(1892)、美国海外战争军人会(1894)、南部邦联退伍军人之子(1896)、独立宣言签名者后裔(1907)、华盛顿福吉谷大陆军后裔联谊会(1976)、南部邦联之子(1954)、南部邦联女子联合会(1894)、詹姆斯敦联谊会(1936)、全国老普利茅斯殖民地后裔联谊会(1910),和由参加过墨西哥战争的退伍军人后裔组成的阿兹台克俱乐部(1847)。

有些世袭性社团是州的或地区范围内的。这类组织中最著名的可能是:纽约市圣尼古拉斯联谊会(1835)、弗吉尼亚首批殖民家庭会(1912)和金西部土子(1875)。其他此类协会还有:金西部土生女(1886)、纽约荷兰人同乡会(1885)、宾夕法尼亚州1812年战争联谊会(1854),和由南北战争时期一个南部邦联旅的后裔组成的胡德得克萨斯旅联谊会(1966)。

还有许多社团,它们的基本宗旨是宣扬爱国主义。其中有:美国人上帝与国家联合会(1977)、联合美国委员会(1971)、哥伦比亚之盾军人会(1980);和全国促进爱国主义委员会(1967)。有个称作"美国之路民众团"(1980)的组织,尤其关注各种公民自由。美国最古老的爱国社团是辛辛那提联谊会(1783),它当初是由曾参加过独立战争的官员们组成的退伍军人组织,但后来成了世袭性社团。辛辛那提女儿(1894)是由这些官员的女性后裔组成的联谊组织。另一个较老的社团是美国爱国者之子(1847)。

红十字会　RED CROSS

在意大利争取独立的战争期间,1859年打响了索费林诺战役。一名年轻的瑞士商人让-亨利·杜南特目击了大约死伤29000人的后果。为了帮助许多受伤的和奄奄一息的士兵,他组织了一个志愿者团体。杜南特从来没有忘记这次经历。1862年他出版了《索费林诺记事》一书,书中提议建立一个国际志愿者协会,帮助照顾在战争期间受伤和被监禁的人们。

1863年杜南特同其他5人一起组织了一个委员会,建议瑞士政府召开国际会议,成立这样一个组织。作为他们建议的结果,1864年举行了一次外交会议。会议成员起草了第一个《日内瓦公约》,明确规定了战争期间对士兵和平民的处置。不到3年,这个公约就得到了欧洲所有主要大国的签字认可。当今的国际红十字会运动就是1864年会议的成果。在更近的《1949年日内瓦公约》里,这个运动有了它的运作的根据。

1864年会议建议,在战争期间每一个国家都建立志愿者援助团体。在和平时期,它们准备医药用品并培训志愿护士。为了纪念杜南特,新会旗的图案改为白底上的一个红十字——和瑞士国旗的图案正好相反。在穆斯林国家这个组织叫红新月会。1901年杜南特因他的成就而获得第一届诺贝尔和平奖。

日内瓦会议的有些代表不赞成让平民进入军事区域的主张。他们害怕平民会被用作间谍。在克里米亚战争中帮助看护英国受伤士兵的弗洛伦斯·南丁格尔也遇到这种反对。但是,在美国内战期间,有一个平民组织——志愿卫生委员会——帮助护理联邦军队。卫生委员会的经历平息了反对让平民进入战斗区域的议论。

国际委员会　国际红十字会包括各国红十字会、红十字国际委员会和红十字会协会。每个国家的红十字会是独立的,并提供它认为是对自己国家最好的服务项目。各国红十字会之间通过设在日内瓦的红十字会协会进行联系。到20世纪80年代后期,有137个国家红十字会,拥有约2.5亿会员。

红十字国际委员会大约在1875年开始工作,它完全是一个瑞士组织。由于瑞士是一个完全中立的国家,该组织认为,在所有国际争端中它也必须被认为是中立的。

该委员会的一贯中立和公正赢得了所有政府对它的信任,并且使它能够在其他组织都不受到欢迎或不安全的麻烦地区进行工作。设在日内瓦的红十字国际委员会大约有500名职员,在野外作业中至少维持这样多的人员。

红十字国际委员会的工作不同于各国的红十字会的工作。一个国家的红十字会在这个国家境内发生自然灾害期间进行援助——如地震、洪水、龙卷风和飓风这样一些事件。在战争期间,红十字会成为一个国家医疗服务的辅助单位。它也指导献血运动并教授急救术。在另一方面,红十字国际委员会在全世界任何有战争或其他灾害的地方,都开展工作。例如:该委员会对埃塞俄比亚的饥荒救济就投入巨大的援助;在伊朗和伊拉克的边界战争中,以及在中美洲的各种冲突中,它探访并鉴别俘房;它在黎巴嫩的活动是成功的,在那里没有其他外界组织的成员能够安全地工作。红十字国际委员会通过它的中心跟踪局找到在国际冲突中失踪或被自己的政府监禁的人们的下落。

美国红十字会　美国派代表出席了1864年日内瓦会议,但是它直到18年以后才签署《红十字公约》。克拉拉·巴顿在1881年组织了美国(红十字)分会,她在美国内战期间曾作为一名护士在接近前线的地方服务。她是第一任分会会长(见:巴顿)。第二年切斯特·A.阿瑟总统签署了《日内瓦公约》。第一个地方分会设在纽约州丹斯维尔。

1905年,这个组织经美国国会批准被重组为国家红十字会,美国总统任名誉会长。该会的大门对任何美国公民或在美国居住的人都是敞开的。美国红十字会为筹集活动资金,发起全国性基金筹集运动。在战争时期红十字会援助难民。它发放食品、衣服和药品给全世界无家可归的人们。

救助灾民是红十字会工作的一个重要方面。例如,1889年当宾夕法尼亚州约翰斯敦上方的一个水坝决口,23米高的水墙倾泻该城时,红十字会救助了幸存者。1906年,当旧金山的1/3地区被烧毁时,红十字会给无家可归者紧急运送食品和衣服。美国红十字会有一个常设的班子,它可以在任何紧急情况下指挥它的志愿大军。公共事业、报纸、广播、电视、铁路、飞机和轮船总是受它指挥。

1910年,红十字会开始实行一项对老百姓进行急救方面的训练的计划。1914年建立了救生和水上安全救助中心(见:**安全**)。1909年成立了红十字会护理站。今天医院和休养所是该机构的补充。家庭卫生和护理病人方面的指导是早期护理计划的附加项目。

1912年,创建红十字会城乡护理站。这个机构后来成了红十字会公共卫生护理站。志愿者的特殊服务还包括缝纫、编织和制作外科服装;为盲人将图书译制成盲文;主办营养方面的讲座;在灾害期间开办食堂。志愿汽车队将红十字会的物资和志愿人员送到指定的救灾地点。1940年开始,志愿的护士助手在医院里接受协助护士工作方面的训练。

1937年开始献血服务。这项服务在二次世界大战和后来的军事冲突中得到扩大。它已经继续成为和平时期向医院提供血液的一项全国性献血计划。

战争结束时,红十字会协助将战俘遣返回国。它通过提供贷款和免费培训技能来帮助残疾人,并且帮助平民重新建设自己的社区。

在越南战争期间,国内机构的工作人员和战地指挥人员根据这个传统对军队进行服务。红十字会流动俱乐部活动在越南很活跃,那里互不相连的部队缺乏进入城市娱乐设施的通路。美国红十字会专家同南越红十字会一起工作,照顾难民。

红十字青年会 1917年伍德罗·威尔逊总统发表一个公告,邀请美国的青年人组织一个类似澳大利亚和加拿大已有的那种红十字青年组织。一些著名的教育家在创建这个组织时进行了合作。

美国红十字青年会的成员计划在医院及有关机构为患者、儿童和老年人演出节目。在缝纫和手工艺班里,美国红十字青年会的成员制作各种物品,如食品推车、膝板、宴会装饰品,和医院、私人疗养院的小礼品等。在灾害期间,他们和其他志愿者一起在献血中心帮忙,在赈灾处和分会办公室工作。在游泳和水上安全方面,他们作为学生和教练的助手积极参与活动。

志愿活动局　ACTION

志愿活动局是由几个志愿者计划组成的美国机构,为国内外年轻人和老年人提供服务机会。这个独立的机构成立于1971年,目的是协调各联邦部门所管理的有组织的计划。1973年通过国内志愿者服务法案赋予该组织立法权。

志愿活动局的主要计划包括:为美国服务志愿队(VISTA)、福斯特祖父母计划(FGP)、退役的高级志愿者计划(RSVP)、老年伴侣计划(SCP)和志愿者管理资助计划(VMSP)。到1982年,和平队也成为志愿活动局的一部分(见:**和平队**)。

志愿活动局总部设在首都华盛顿,通过9个区域办事处、45个州立办事处以及一个设在波多黎各的办事处管理它的计划。它管理的国家服务学习中心(WCSL)成为给中小学、大学、社区机构提供情报来源的交流中心。美国总统指定了为期一星期的国家志愿者周(4月),这表示承认美国志愿者取得的成就。志愿活动局还开发示范项目,作为

未来机构编排、私人组织、国家和地方政府采用的测试模型。主要涉及的范围是滥用毒品、出走的青年和文盲。

安乐死　EUTHANASIA

在古希腊文中,eu thanatos这个词的意思是"平静的死亡"。现在,安乐死一般的意思是仁慈地使一个人死去,即一个病到晚期,或没有希望治愈的人自愿地结束自己的生命。安乐死和堕胎一样,已经成为一个意见分歧的法律、医学和道德问题。

安乐死可以是主动的,也可以是被动的。主动的安乐死,是由一位医生或其他医务人员,有意地采取一种措施,使病人死亡,例如,对病人使用过量的吗啡、胰岛素或巴比妥类药物,然后再注射箭毒。被动的安乐死,是指不进行治疗而让病人死去,或是中止已经开始的治疗。被动的安乐死的做法,包括撤掉病人的呼吸器(一种帮助呼吸的器械),或是取掉其他支持生命的系统。有时也用停止提供食物——一般是给昏迷病人提供的静脉营养——的方法。

关于安乐死的许多争论,都集中在如何作出决定的问题上。一个病人该不该死,由谁作决定?这个问题在法律上还没有规定。在美国,这件事根据州的法律去解决。州的法律一般允许主管医生向病人的亲属提出选择结束生命的建议,特别是在病人大脑死亡的情况下。20世纪90年代初期,有几位晚期病人,想对他们何时结束自己的生命作出决定,使用了杰克·凯沃基安医生设计的、引起争论的自杀方法来结束生命。(参见:**自杀**)

在欧洲一些地方,作出决定是很灵活的。即使不到晚期,只要病人的亲属要求或医生坚持,未经病人同意,也可以结束病人的生命。很多非自愿的安乐死,都是老人。身患不治之症的新生儿,按常规也可允许结束他们的生命。采取这种做法的基本原则是,这些人"不值得活下去"。这一概念是德国纳粹统治时期(1933—1945)发明的,当时国家授权杀死了无数的老人、精神病人、残疾人和其他人。

在一些认为非自愿安乐死不合法的国家中,法院对实行安乐死医生的处理,也是很宽宏的。对协助晚期病人死亡,或是在某种情况下直接杀死病人的朋友和亲属,法院也是多少有些宽大的。

最近几十年来,医学的进展已经能使晚期病人的生命维持到远远超过任何康复或好转的希望。因此,在美国"活的意愿",作为死亡权利原则的一部分,已经开始被普遍使用。现在,多数的州在法律上都允许留下遗嘱,请医院和医生在没有希望的情况下终止治疗,或是不存在恢复的可能时,医院和医生可以拒绝采取毫无意义的维持生命的措施。

在20世纪,安乐死运动是1935年在英国发轫的,那一年成立了自愿安乐死立法协会。美国的死亡权利协会成立于1938年。

自杀　SUICIDE

死亡是每个人生命的自然终结。有些人,由于某些至今还没有完全被了解的原因,决定自己结束自己的生命。这种行动叫作自杀,字面的意思是"自己杀死自己"。英国医生和作家托马斯·布朗爵士有一次谈道:"那些自己毁掉自己的人的不满意状态,是对生活

感到不满意"。尽管自杀这一现象仍然有许多不确定的因素,他对这一问题的估计,可能是最准确的了。一个处在与这个世界似乎是绝望的冲突中的人,在对社会的积怨达到了极点,无法再忍受下去时,就会决定结束他(她)的生命。这个人这样做,是象征性地对引起这种沮丧情绪的所有事物和人们做出的最后报复。

有时自杀也是一种死刑。最有名的是哲学家苏格拉底的案例。公元前399年,在他被认为犯有腐蚀雅典青年的罪(见:**苏格拉底**)之后,被命令服毒芹自杀。20世纪,德国将军欧文·隆美尔,由于参与罢黜阿道夫·希特勒的秘密计划,以服毒代替了死刑(见:**隆美尔**)。

在一些社会中,自杀还具有社会性。例如,在日本,一个人所属阶级的习俗和规定,要求一个人在某种情况下自杀。这个称为切腹——通常称为剖腹——的词,意思是"自己切开肚子"。长久以来,这已被人们看作是一种光荣的自尽方法。武士们打了败仗,为了避免被俘的耻辱,就自己剖腹。切腹也被用作一种死刑的方法,以使武士免受死刑的耻辱。在印度,寡妇情愿在她们丈夫的火葬柴堆上烧死,这被称为殉夫自焚。

至少自18世纪以来,有些人视自杀为一种具有浪漫色彩的死亡。这种想法使人们认为,某些艺术界人士——作家、画家和诗人——美化自杀,认为自杀可以提高他们的声望。德国作家约翰·沃尔夫刚·冯·歌德的小说《少年维特之烦恼》(1774),增强了这一信念。人们认为这本书在欧洲掀起了一股近乎流行的浪漫主义自杀浪潮。自杀的著名艺术家有文森特·凡高、弗吉尼亚·吴尔夫、安妮·塞克斯顿、马克·罗恩科、杰兹、科辛斯基、欧内斯特·海明威和西尔维亚·普拉斯。

到了20世纪,大部分自杀是由于个人和社会之间的关系变得紧张或破裂所致。某些事件,或是多种事件加在一起,把一个人逼到绝望的境地。失业或是一位朋友或亲属去世,都可以使人突然产生自杀的念头。例如,在大萧条一开始的时候,很多人由于突然失去了大量财产而自杀了。

由于发生不幸事件而产生的情绪有敌对、失望、羞耻、内疚、沮丧和疏远。长时间处在这类情绪的折磨环境中,就可能导致人们自杀。20世纪80年代期间,青少年自杀的增多,可能是由于浪漫主义的幻想和对眼前世界的敌意所致。许多人自杀,是由于断绝了与别人的关系,或是感到寂寞。与这些情绪紧密相联系的是,自己认为过去的快乐时光永远不会再有了。有时,晚期病人选定自杀,是不愿意忍受长期痛苦的消耗。20世纪90年代初,引起争论的助人自杀——由医生、亲人或其他相识者协助晚期病人自杀——问题,曾作为一个法律问题加以研究。但是,华盛顿州的投票人在1991年,否决了由医生协助自杀合法化的建议。然而,德里克·汉弗莱的《最后的出路》——一本为想自杀的晚期病人写的书——在当年成了畅销书。

在战时,自杀的比率急剧下降。这可能与把敌对行为都转向了共同敌人有关系,这也提示在自杀行动的背后,可能存在未被人们认识到的强烈敌对情绪。

犹太教、基督教和伊斯兰教都把自杀谴责为违反上帝的戒律。在欧洲,从中世纪初到19世纪,人们就用宗教法和民法来反对自杀。法国大革命(1789)以后,欧洲国家废除了对自杀未遂的刑事处罚。英国是最后一个到1961年才废除这一刑罚的国家。

除非一个人显示出预兆,否则,自杀是很难预防的。早期发现和治疗精神病,是一种可以避免自杀的办法。从20世纪50年代起,许多国家都成立了自杀预防中心。这些中心都设有电话热线,绝望的人或寂寞的人,可以通过热线寻求帮助。(参见:**安乐死**)

保健机构 HEALTH AGENCIES

个人的健康问题通过访问医生的办公室或住医院解决。人类社会对健康有更广泛的要求,必须由政府机构或志愿机构来监督。由保健机构完成的种类繁多的服务至少分成四种类型:流行病的控制、公共卫生、预防医学和社会医学。

社会的努力

在一个有限的地理区域内一种高发率的疾病叫作流行病。如果突发传染病,当地政府机构为了控制疾病的蔓延可以对这种疾病的患者实施隔离。还要采取措施追踪突发的病源,无论是来自疾病的携带者、糟糕的卫生、不知名的病毒、缺少免疫,还是其他一些原因。这些措施涉及各种卫生专家,包括医生、护士和实验室技师的合作。

公共卫生服务对每个社区的幸福都是至关重要的。垃圾的收集除非收集者罢工,通常不被看作是一种卫生措施,但是,它是为保持个人卫生提供的最基本的服务之一。其他机构监督供水,保持街道清洁,检查饭馆和食品供应,以及测试大气污染或放射物的危害。

当发生像洪水或地震这样的自然灾害时,有必要告诫人民预防饮用水的污染,清除废弃物,并且照顾那些受伤的人或无家可归者。像1985年印度博帕尔发生的害死数千人这样罕见的灾害——毒气泄漏,就需要国家机构和红十字会这样的志愿组织的大量援助。

预防医学方面的工作通常是由地方一级承担的。它的最普通的特征之一就是学龄儿童免疫,以防止像麻疹、猩红热、水痘和小儿麻痹症之类的那种常见但有时却威胁生命的疾病。地方卫生机构也向公众提供关于营养和威胁健康的信息,进行公共健康问题调查和负责健康教育计划。

社会医学包含多种任务,有一些由地方医院完成。有一些关于事故受害者、未婚母亲、有问题的家庭以及滥用酒精和毒品者康复的计划。社区护士为记录和更新免疫记录、实行听力和视力测试、提供其他服务而访问学校。他们也对一般居民进行糖尿病、心脏病和高血压的检查,为关心老年人和残疾人而访问家庭。

城市和市镇为了帮助老年人和突然患病的受害者通常有运送服务。救护车能够迅速到达出事家庭和现场,在去医院的途中能够提供一些初步的照顾。退休老年人中心有时也为需要看病的老年人提供交通服务。这些服务中的很多项目是由税收支持的。

全国性机构和国际机构

美国与许多其他国家相比,很少介入直接对个人提供的健康服务——除非通过退伍军人管理局和军队医院。在英国、德国和其他有全国健康计划的国家,政府与医生和医院的工作紧密地结合在一起。在中国,所有的保健工作由国家管理。

美国没有全国性的健康计划,但是那些超过65岁的人有资格享受医疗补助。虽然联邦政府制定了允许开支的方针,但是这个计划只付给医院和医生开支的一部分。医疗补助计划为各州的贫困者健康服务提供补助金。

美国联邦政府的主要卫生机构是公共卫生署,是卫生和公共服务部的一个部门。为了对美国商船的船员提供医疗保健,根据1798年7月16日国会的一个法案建立了公共卫生署。此后它的活动范围大大拓宽。公共卫生署由一名负责美国卫生和军医处的助理部长领导。

公共卫生署的6个主要部门是:酒精、滥用药物和精神保健局;疾病控制中心;有毒物品和疾病登记局;食品和药品管理局;卫生资源和服务局;国家卫生研究所。公共卫生署的其他两个重要的中心是:国家健康统计中心;国家健康服务研究和保健技术评估中心。

酒精、滥用药物和精神保健局的功能是提供信息和制定有效战略以应付由于酗酒、滥用药物和精神病引起的健康问题。它主要由国家酗酒和酒精中毒研究所、国家滥用药物研究所和国家精神健康研究所等单位组成。

疾病控制中心设在佐治亚州亚特兰大。公共卫生署的这个分支机构细分为9个单位:流行病学计划办公室;国际卫生计划办公室;实验室计划办公室;预防服务中心;环境卫生中心;国家职业安全和健康研究所;健康促进和教育中心;职业发展和培训中心以及传染病中心。

有毒物品和疾病控制局也设在亚特兰大。它制定并帮助实施各种计划,以保护公众和劳动力免遭有毒物品储存地或者在火灾、爆炸或交通事故中释放的有害后果。

食品和药品管理局致力于保护全国人民的健康,反对不安全的食品和药品。它也对新老产品的开发、制造和检验进行调查。它的分支单位有:药物和生物学中心;食品安全和应用营养中心;兽医药品中心;放射学健康和装置中心;以及国家毒物学研究中心。

在全国各个州,卫生资源和服务局直接参与改善健康服务和提供充分的保健供给系统的各种计划。它的分支单位有:保健供给和援助处;健康职业处;资源开发处和印第安人健康服务处。

国家卫生研究所管理和支持疾病起因的研究,并且支持培训研究。它的分支单位是:国家癌病研究所、国家心肺和血液研究所;国家医学图书馆;国家糖尿病、消化和肾脏病研究所;国家过敏症和传染病研究所;国家儿童健康和人的发展研究所;国家老龄问题研究所;国家关节炎、肌肉、骨骼和皮肤病研究所。

政府的其他部门也有处理具体健康问题的机构。例如劳工部,就有职业安全与健康署,和矿山安全与健康署。

1948年7月5日英国建立了国家健康服务局,它作为一项综合性的计划,向所有国民提供适当的保健品。它的分支机构是家庭医生服务处、牙齿服务处、药剂服务处、一般眼科服务处(眼睛保健)、社区儿童健康服务处、医院和其他服务处。还有一个分支机构叫作初级保健服务处,它包括以上列举的所有服务部门,另外还为地方健康中心、计划生育、预防医学和地区护理提供服务。

国家健康服务局通过14个区域卫生当局进行工作,每一个区域内至少有一所医学院。每个区域内,地方当局负责评估本地区的健康需要。英国也有一个公共卫生实验室服务局,它相当于美国的疾病控制中心。

在西半球,泛美卫生组织总部设在美国首都华盛顿,它是在各国之间进行协作以便同疾病作斗争的一个国际机构。这个组织1902年建立时叫作国际卫生局。1958年改为现在的名称。它的功能由1924年的泛美卫生条例和该组织的1947年章程决定。

总部设在瑞士日内瓦的世界卫生组织是最大的国际卫生机构。它是1946年联合国在纽约市召开的国际卫生会议创立的。1948年4月7日世界卫生组织开始运转。它在三个广阔领域里起作用。第一,是一个信息和研究的情报交流中心。世界任何地方出现流行病都要通过国际广播网向国家的卫生当局、海港、机场和海上船只广播。世界卫生组织也使会员国了解在医学和疫苗、控制吸毒以及核辐射危害等方面的新发展。第二,它采取措施,通过群众运动来控制传染性疾病的流行。第三,它试图加强和扩大会员国的卫生部门,特别是在第三世界。

国家公墓　NATIONAL CEMETERIES

美国用四种通常类型的公墓安葬阵亡军人,以表示对他们的纪念。这四种公墓是:临时军人公墓、永久性军人公墓、国家公墓,以及驻军防区公墓和其他公墓。临时军人公墓是交战期间建在战区或战区附近的公墓。它们由战区指挥官管理。永久性军人公墓是战争结束后留在外国的公墓。它们由美国战争遗址委员会负责管理。有8座纪念第一次世界大战阵亡美国军人公墓和14座纪念第二次世界大战阵亡军人公墓。纪念第一次世界大战阵亡军人公墓有6座在法国。它们是:贝洛附近的埃纳-马恩公墓;在罗马涅的默兹-阿尔贡公墓;在费尔昂塔德努瓦附近的瓦兹-埃纳公墓;位于蒂欧库尔的圣米歇公墓;在伯尼的索姆公墓和在叙雷讷的叙雷讷公墓。比利时的瓦勒海姆有一座法兰德斯费尔德公墓。第8座是布鲁克伍德公墓,在英格兰的萨里。

第二次世界大战军人公墓

在法国有5座纪念第二次世界大战的永久性公墓。这些公墓是圣劳洛朗附近的诺曼底公墓、圣詹姆斯附近的布列塔尼公墓、圣阿沃尔的洛林公墓、埃皮纳勒附近的埃皮纳勒公墓和德拉古尼昂的罗讷公墓。在意大利有两座:佛罗伦萨附近的佛罗伦萨公墓和在内图诺的西西里-罗马公墓。在比利时有两座:恩里-夏佩勒附近的恩里-夏佩勒公墓和位于讷维尔-昂孔德罗附近的阿登公墓。

仍然存在的军人公墓有:英格兰剑桥附近的剑桥公墓;荷兰马赫拉滕的荷兰公墓;卢森堡市附近的卢森堡公墓;突尼斯的突尼斯市附近的迦太基公墓;以及在菲律宾马尼拉的马尼拉公墓。美国战争遗址委员会还在墨西哥城管理一座在墨西哥战争中阵亡的美国军人公墓。

国家公墓是在美国领土上的永久性公墓。像这样的墓地将近有100个,在阿拉斯加州锡特卡、夏威夷州火奴鲁鲁、波多黎各的圣胡安各有一个。火奴鲁鲁的太平洋国家纪念公墓是第二次世界大战和朝鲜战争中许多阵亡者的墓地。马里兰州安蒂特姆的公墓分为许多区,每一个区代表一个州。这里埋葬着内战中——大部分是在南山和安蒂特姆战役中——牺牲的4773位联邦军士兵(1836名不知姓名)。大部分国家公墓由陆军部监管。其余的公墓由国家公园管理处管辖。

著名军人安息地

最著名的墓地是与华盛顿(哥伦比亚特区)隔河(波托马克河)相望的阿灵顿国家公墓。它建于1864年,第一批葬人的有一位联邦军军人和一位南部同盟军人,他们并排埋葬。这里还有陆军上将菲利普·谢里登、海军上将乔治·杜威、海军少将罗伯特·E.皮尔里、陆军上将约翰·J.珀欣和勾画华盛顿城市图案的陆军少校皮埃尔·查尔斯·朗方的墓。两位总统,威廉·霍华德·塔夫脱和约翰·F.肯尼迪,葬在阿灵顿。肯尼迪总统的两个幼儿葬于他们父亲的墓旁。1968年肯尼迪的兄弟罗伯特·F.肯尼迪葬在阿灵顿。(参见:**肯尼迪家族**)

自1967年起,葬于该公墓的仅限于死于现役岗位者、退役人员、功绩勋章获得者和担任高级政府职务的军人。他们的家属也可以葬在阿灵顿。1981年因前重量级拳击冠军乔·路易斯葬丁该地而取消了这些限制。1986年航天飞机"挑战者号"的两名宇航员的遗骸葬在阿灵顿。

这个公墓中有20多万个墓。几乎所有的墓都用简易的石块作为标记。纪念碑竖立在著名人墓上方。特别纪念碑是为纪念在美国战争中战死的人们。葬礼在一个大理石砌成的半圆形场地举行。

无名军人的大理石墓是为纪念在战争中牺牲的无法辨认的美国军人。它是为了接纳第一次世界大战的一个无名军人的遗体。此人的遗骨于1921年11月11日停战纪念日安放在墓中。1958年5月30日阵亡将士纪念日,在地下室安葬了一名第二次世界大战的无名军人的遗骨和一名朝鲜战争的无名军人的遗骨。1984年的阵亡将士纪念日安葬了一位越南战争的无名军人的遗体。

陆军部和内政部管理国家公墓,它们包括像宾夕法尼亚州葛底斯堡、马里兰州安蒂特姆、华盛顿(哥伦比亚特区)巴特尔格朗德、田纳西州多纳尔森堡、夏洛和斯通斯河,弗吉尼亚州弗雷德里克斯堡、波普勒格罗夫和约克敦,以及密西西比州维克斯堡等这样一些具有历史意义的地区。

在田纳西州安德鲁·杰克逊国家纪念馆和蒙大拿州卡斯特·巴特尔菲尔德国家纪念馆都有公墓区。在路易斯安那州沙尔梅特国家名胜公园也有一个公墓区。

戒酒运动 TEMPERANCE MOVEMENT

戒酒这个词的原意是"适度",对于一个人的爱好,既要避免沉溺,也要避免缺乏兴趣——要采取适度的、自我约束的态度。但是,从19世纪初以来,这个词是指绝对禁饮含酒精饮料。绝对禁酒是惟一公认的对付酗酒的方法。

在中国、印度、巴勒斯坦、埃及和希腊的古代文明的记录中,都有尝试控制醉酒的记载。酷爱饮酒并不被看作是严重的社会问题,因为当时的饮料,只有啤酒和葡萄酒,酒精含量相当低。

蒸馏酒——一般称为烈性酒——直到13世纪才出现,大概从那时起便逐渐被人们饮用了。到18世纪,无节制饮酒在欧洲的许多地方已经成为一个问题。据历史记载,在18世纪的最初几十年中,美国过量饮酒的现象相当常见。

到19世纪初期,纵酒已经构成一个社会问题,因而欧洲和美国都成立了戒酒协会。第一个戒酒协会于1808年在纽约州的萨拉托加成立,其后又成立了一些其他协会。到1833年,在美国共建立了6000个地方戒酒协会。起初,戒酒运动只是反对蒸馏的烈酒,但是,从1836年以后,所有含酒精饮料都在禁饮之列。

欧洲的第一个戒酒协会,是1818年在爱尔兰的斯基伯利恩建立的。到1829年,戒酒运动向前发展,成立了阿尔斯特戒酒协会。苏格兰和英格兰不久也成立了自己的组织。1831年,英国及外国戒酒协会在伦敦建立。英国国教会戒酒协会于1862年开始工作,到20世纪仍然是最大的戒酒协会。联合王国联盟是1853年建立的一个政治组织,它的目的是以法律禁酒。其他一些早期的戒酒协会,是19世纪30年代在挪威和瑞典建立的。

第一个国际戒酒组织叫戒酒好友会(Order of Good Templars),是1851年在纽约州的尤蒂卡成立的。其后,扩展到全美国、加拿大,并于1868年传到英国。以后,在欧洲大陆、印度、南非、西非、南美和澳大拉西亚也成立了这一组织。1847年,国际基督教妇女戒酒联盟在俄亥俄州克利夫兰成立。1909年,第一届世界戒酒大会在伦敦举行,来自世界各地戒酒协会的代表参加了大会。在大会上成立了国际戒酒联合会。

完全靠用法律戒酒,在美国已证明是完全行不通的,而且从那时起,戒酒协会的作用也不大。但是,对酗酒问题的严重性不能低估。1985年,苏联总理米哈依尔·戈尔巴乔夫对酒的消费采取了严格的限制措施。美国的一些组织,如反对酒醉驾车母亲协会(MADD),已经成功地在几个州中通过了许多禁酒法律。

卖淫 PROSTITUTION

为了换取以金钱或其他贵重物品的形式支付的即时报酬,从事相对而言不加选择的性活动的职业,称为卖淫。卖淫者男性女性都有;卖淫可以是从事异性之间的性活动,也可以是从事同性之间的性活动。但大部分卖淫的都是女性,男性做嫖客。对卖淫者的惩罚,从不许见人到处死不等。而嫖客们则很少受到法办。

在中世纪的欧洲,不但容忍卖淫,而且还受到法律的保护和许可,并依法管理。卖淫是一笔很大的国家岁入来源。在全欧洲的大城市中,都建立了大规模的公共妓院或卖淫场所。

在16世纪,由于性病的流行和基督教改革运动带来的性道德新思想的出现,对卖淫加强了管理。全欧洲的妓院都关闭了。在性病继续蔓延的时候,管理更加严格了。有些城市通过法律,要求定期进行卫生检查,但都没有什么效果。

1899年,为杜绝以卖淫为目的的买卖妇女的交易,开始进行国际间的合作。1921年,国际联盟设立了禁止买卖妇女与儿童委员会。1949年,联合国大会通过了一项查禁卖淫的公约。

美国在1910年通过曼恩法案(该法案禁止为了不道德的目的在各州之间运送妇女)之前,在大部分城市中,卖淫猖獗,实际上到了无法控制的地步。到1915年,几乎所有的州都通过了取缔妓院和控制卖淫利润的法律。

大多数西方的大城市都容许卖淫,那里的警察更为关心的是控制与卖淫有关的犯罪问题,因为犯罪常常是由有组织的罪犯辛迪加操纵的。

在亚洲各地,卖淫继续公然兴旺。在多数东方国家,卖淫是城市中的问题。但在印度大部分妓女在农村。

娼妓一般是经济地位低、未婚和没有谋生技能的人。很多人在幼年时期就被拖入了卖淫的亚文化群和犯罪团伙。危害娼妓健康的有获得性免疫缺损综合症(艾滋病)、性病,在某些亚文化群中还有吸毒。

男性卖淫,在多数文化中没有引起公众那样大的注意。异性男妓——为女性雇用,或为女性服务的男性——是不常见的。但是,在20世纪,特别是在大城市,同性男妓越来越常见了。

帮伙　GANGS

20世纪30年代电影中所反映的"贫民区的孩子"即属于帮伙,这主要是因为他们喜欢在一起闲荡。在一些影片中,他们被描绘成一群喜欢打打闹闹的少年违法者。20年后,在百老汇大街的音乐片《西区故事》中,"喷气式飞机"和"鲨鱼"代表了纽约市真正具有对抗性的、组织良好的街区帮伙,他们统治着各自的贫民区,并使自己的地盘不受外人进犯。1988年,电影《颜色》因其描述了洛杉矶的暴力帮伙而引起一场争论。

真正的街区帮伙具有所谓的帮伙文化。这些帮伙一般产生在贫穷的街区内,这里,运用合法手段取得生活上成功的机会似乎是不可企及的。帮伙成员一般是由来自同一个种族的人们构成。从历史上讲,如果一个爱尔兰人居住的街区组成了帮伙,那么,附近意大利人居住的街区不久也会组成自己的帮伙。这是——目前仍然如此——一个自卫、街区防护和自尊的问题。由于帮伙不断吸收年轻成员,它们大都转化为永久性的组织。帮伙并非只是大都市的问题。由于新的帮伙经常会与邻近城市中的据点发生直接联系,帮伙的活动已经蔓延到郊区和较小的城镇。

在美国的历史上,帮伙通常是由男人和那些刚刚迁入美国的移民家庭中的男孩组成的,这种模式依然保持着。到了20世纪90年代,妇女帮伙的数量有所增加,同时,那些敌对性的帮伙也越来越多地使用特殊的图案标记、颜色与众不同的服装、旅游鞋及服装品牌。加拿大、英国和许多欧洲国家也有相当数量的以城市为基地的帮伙。温哥华、多伦多、温尼伯、蒙特利尔以及加拿大其他城市中的帮伙很可能是具有种族性质的组织。

自19世纪早期以来,美国街区帮伙的犯罪活动各式各样。只要有某个种族集团或街区依然贫困,帮伙就仍会使用暴力。这些犯罪大都发生在各街区内。一旦某一街区或街区内相当多的居民开始富庶,帮伙活动通常就会有所收敛。主要的例外是在黑人和拉丁美洲人居住的街区,那里往往不会有正常的生活好转的机遇。青年人的街区帮伙有时会成为有组织的犯罪帮伙,芝加哥的卢克恩帮伙就是一个显著的例子。

帮伙地盘内的居民首先成为他们盘剥的对象——用敲诈、抢掠或其他犯罪手段。一旦帮伙拥有了足够的钱财和势力,它就有可能到更大的社会范围内去活动。但是,这种情况通常不会发生。种族居住的街区在与他们相同种族的警察和政治组织的帮助下设法控制帮伙所进行的破坏活动。有成立较早的犯罪帮伙的存在,常常有助于使年轻的违法者受到控制,以维持街区内的秩序。

在美国历史上,偶然也出现这样一种情况,即帮伙有组织的犯罪活动达到这样的程度,以至于成为全国性的执法问题。这方面最著名的例子是1920—1933年的禁酒运动和从20世纪60年代末至70年代初出现的毒品种植。

在禁酒期间,一些老帮伙成员迅速开始从事有组织的犯罪活动。有时,为了乘机占据经营私酒的巨大市场,某些新的联盟应运而生。例如,在芝加哥,卡彭迅速成立了一个强有力的从事犯罪活动的辛迪加,它与全美国各大城市中的同类组织进行合作(见:**卡彭**)。在纽约市区,私酒经营控制在5个组织或"家族"手中。这一时期的罪犯一般年龄较大,经验比较丰富,他们对受控制的组织实行严格的管理。

吸毒在社会各阶层中相当普遍——毒品包括大麻、海洛因、致幻剂、苯环己哌啶(或称"天使粉")、可卡因和强效纯可卡因——这有效地促使了美国城市中青年人帮伙从事此项自禁酒以来获利最丰的非法行当。随着帮伙因经营毒品而致富,它们便取得了早期的青年人帮伙所不具备的持久性与组织机构。帮伙的成员往往完全过了青年时期仍留在帮伙中,因为,帮伙大体上已经成了经营性组织。因而,与禁酒时期形成鲜明的对比,今天帮伙中成员的年龄差距更大——从小孩到成人。例如,洛杉矶的帮伙成员至20世纪90年代估计已达70000人,其中有数以百计的学龄儿童。毒品生意的获利如此丰厚,以至于那些年龄极小的孩子都被利用来当作提防警察的密探,甚而被派去销售。

禁酒时期的暴力行为——常看电影的人对此十分熟悉——与自20世纪80年代初以来在迈阿密、洛杉矶、纽约、芝加哥、华盛顿等城市中各帮伙为争夺毒品市场每日发生的不计后果的冲突相比,其残忍程度远逊于后者。后者使用的武器更具杀伤力——包括冲锋枪、狙击步枪和穿甲弹——而且它们很容易弄到。最凶暴的帮伙是那些由新近从牙买加和亚洲迁移来的青年人组成的帮伙。在有唐人街的城市——例如,旧金山、纽约市和不列颠哥伦比亚省的温哥华——中,华人帮伙再次大批涌现。然而,对

其他帮伙或对社会使用暴力的并非只是毒品贩子。遍布于加拿大、欧洲和亚洲的帮伙,普遍都使用暴力。(参见:少年犯罪)

庆典和游行 PAGEAT AND PARADE

节日、体育竞赛、宗教仪式以及其他欢庆活动,通常都要举行庆典或游行。美国在每年新年举行的大学足球杯赛前都有游行活动。佛罗里达州迈阿密的柑橘杯赛前的游行是在12月31日晚举行;而得克萨斯州达拉斯的棉花杯游行、加利福尼亚州帕萨迪纳的玫瑰锦标赛游行则都是在1月1日举行。

"游行"很容易定义。它是指一群人从某处行进到另一处——行进的队伍中或许还有活动模型、乐队、彩车和动物等。然而,"庆典"的含义则不太明确。它可以指一组舞台上戏剧的演出——如再现美国内战期间的战争场面等;也可以指围绕某一主题组织的有活动模型的五彩缤纷的游行。1953年英国女皇伊丽莎白二世的加冕礼即在盛大的庆典中举行,20世纪80年代威尔士王子查尔斯及其兄弟安德鲁的皇家婚礼亦是如此。1986年,为庆祝自由女神像落成100周年而举行的为期4天的狂欢是有史以来最盛大的庆典之一。德国上阿默高的耶稣受难复活剧主要是戏剧,但人们也常常称之为庆典。

在中世纪,骑士们常在锦标赛上进行比武。在奥地利维也纳的西班牙骑术学校举行的骑术表演与此类比武有密切关系。西班牙的斗牛起源于一种丰富多彩的典礼仪式,所有的参加者都进到一个圆形场地内,他们中的许多人骑在马背上。马戏表演也是一种庆典形式。

庆典与游行皆起源于古老民族的宗教仪式。各部落举行舞会或游行,意在吓跑恶魔或显示孔武有力。生殖崇拜仪式一般也是举行游行。古代的中国人舞动用纸和木头扎成的龙王爷穿过街道,祈求下雨。耍龙现在仍是中国人庆贺新年的活动之一。

每年一度的四旬斋前的狂欢节是最负盛名的起源于宗教的庆典之一。在信奉罗马天主教的国家中,大斋期前很长一段时间都是民众的节庆日。在美国的庆祝活动中,路易斯安那州新奥尔良独具特色的假面舞会和假面游行成了吸引游客的一大景观。庆典活动在忏悔日即圣灰星期三的前一天结束——圣灰星期三即是大斋期的第一日。在德国的部分地区,尤其是科隆附近,大斋期前的庆祝活动从11月就开始了。那里的狂欢节开始于11月11日上午11时,但直到大斋期前的星期二,欢庆才达到高潮。

在信奉罗马天主教的国家中,许多城市都有圣周游行(圣周开始于复活节前的星期日,由此后的7天时间组成)。此项庆祝活动意在纪念耶稣基督在世的最后时日,并通常以短小的耶稣受难复活剧结束——剧中包括模拟的审判和把耶稣钉在十字架上。

国家事务很久以来就为庆典提供了机会。这方面最早的实例之一即是古罗马人的凯旋式——这是一种带有宗教性质的为庆贺庞培和朱利叶·恺撒等得胜将军而举行的游行仪式。此仪式是从战神广场至卡匹托尔山的游行,官员为其先导,随后是乐师、献祭的牲畜和战利品,再次是乘着战车的将军,最后是士兵。

帕萨迪纳玫瑰锦标赛游行中彩车上的饰物全部用鲜花和其他植物材料装点成。

第二次世界大战结束时,欧洲和美洲的城市中举行的胜利游行令人回想起古代的凯旋式。抒发爱国热忱的节日也举行游行,如美国的阵亡将士纪念日、独立纪念日和退伍军人节。苏联曾有许多年为庆祝1917年十月革命的胜利在莫斯科举行盛大的阅兵式。英国伦敦每年11月举行游行,新一任伦敦市长即在此时就职。

历史事件提供了许多游行的机会。为纪念克里斯托弗·哥伦布登上美洲大陆,拉丁美洲各国和西班牙、意大利于10月12日举行庆祝活动。美国的一些有相当数量的意大利人居住的城市也庆祝这一节日。3月17日圣帕特里克节,纽约和芝加哥都要举行大规模的游行。在加拿大卡尔加里城的庆祝会上,除去有游行和竞赛外,以再现牛仔和印第安人之间的战争场面的表演尤具特色。

某些体育竞赛要举行大规模的庆典仪式。电视里经常播放奥林匹克冬季、夏季运动会开幕式上运动员的入场式。在世界职业棒球赛和足球超级杯赛中,当各队运动员和教练员入场时,也要举行气氛较和缓的庆典。

在意大利的某些城市,如锡耶纳,每年夏季都会出现两次五彩缤纷的场面。在7月2日外省的圣母节和8月16日圣母升天节都要举行赛马,参赛者身着色彩艳丽的中世纪服装。每个城市卫队都要选送一匹马参赛,颁给得胜者的奖品是一面饰有宗教图案的旗帜。其他具有庆典性质的赛马还有英国皇家一年一度在阿斯科特赛马场举行的赛马会和美国在肯塔基举行的赛马会。

每年6月在香港举行的中国人的赛龙舟是世界上最为奢华的竞赛之一。船体装饰为龙形,长度24—30米,每组划桨的船员多至50人。赛龙舟据说发端于向龙王爷祈雨的传统。

元旦 NEW YEAR'S DAY

庆祝一年的终了和新的一年开始,是世界各地古老的宗教、社会和文化的习俗。西方国家的新年节日是12月31日,但是因文化不同,节日日期各异。

已知的最早新年节日的记录,可追溯到公元前2000年的美索不达米亚。巴比伦的新年,从最靠近春分的新月——一般在3月中旬——开始。亚述的新年则靠近秋分,在9月份开始。埃及、腓尼基和波斯在秋分这一天,即现在的9月23日前后,庆祝新年。希腊的新年定在冬至,即现在的12月21或22日前后。在罗马共和国的早期,新的一年从3月1日开始,但是,从公元前153年以后,新年改在了1月1日。后来的公元前46年的儒略历沿用这一制度。

中世纪初期,3月25日(圣母领报节)是作为元旦庆祝的。1582年,罗马天主教会采用了格雷果里历,恢复1月1日为元旦。此后的350年中,其他国家也随之仿效,俄国是在1918年最后一个采用这一历法的主要国家。在使用儒略历的国家中,元旦是格雷果里历的1月14日。

犹太历的新年叫岁首节,有时也叫"号角节"。新年从提市黎月的初一开始。提市黎月可以从9月6日到10月5日之间任何一天开始。新年庆祝48小时,但紧接着就是10天的悔罪节。凡是有很多中国人居住的地方,就会庆祝中国新年。正式的庆祝从一月底或二月初开始,持续一个月。过年时还在街上游行和放焰火。

日本在1月1日至3日过新年。在某些农村地区,过年的时间更接近中国的新年,日期在1月20日至2月19日之间。门口挂上稻草绳避邪。用蕨类植物、酸橙和龙虾做成的饰物,预兆好运、兴旺和长寿。在印度南方,泰米尔人的新年里在冬至这一天,是个宗教节日。他们以朝圣和用新米煮粥庆祝节日。

美国是在圣诞节假期终了时庆贺新年。很多人在除夕去教堂,很多人参加聚会。电视转播大城市中的大街上的庆祝活动。元旦这一天一般是在家里接待客人的日子。

圣瓦伦廷节 SAINT VALENTINE'S DAY

人们曾一度相信,鸟类,特别是情鸟,在2月14日开始交配。古罗马在2月15日庆祝牧神节,这一天,要举行有关生殖的仪式,并祭祀罗马的二神朱诺和潘神。现代的习俗是,情人、好朋友和家人之间在2月14日这天交换贺卡或其他礼物。这一天叫圣瓦伦廷节。这个节日,与第三世纪罗马的两名圣瓦伦廷殉教者没有关系,只是两个节日都是在2月14日。

现在庆祝圣瓦伦廷节,可能是起源于大概在14世纪开始的传统。在许多年中,法国和英国的青年都在圣瓦伦廷节的前夕举行聚会,一个人的名字从瓦伦廷盒子中被抓出来之后,所有的人便成了这个人的"瓦伦廷"。

感恩节 THANKSGIVING

在全美国和加拿大,感恩节是每年的法定节日。美国是在11月的第4个星期四,加拿大是在10月的第2个星期一庆祝这个节日。日本、韩国、菲律宾、老挝、利比里亚、波多黎各、关岛、格林纳达和维尔京群岛每年也庆祝感恩节。

在美国,感恩节最初本是一个收获节,是最古老和最广泛的庆祝活动之一。美国的这个节日,是纪念1621年普利茅斯殖民地的最初移居者为庆祝收获而举行的庆祝活动的。

1620年12月21日,最初的移民乘"五月花号"上岸。当年的冬季是令人心碎的。最初到达的一批人只有约一半存活下来。幸运的是收成很好。当时种有8公顷人们不熟悉的玉米,种子是印第安人提供的。另外,还有大麦和大量的肉。威廉·布拉德福州长派4名男子去猎捕飞禽。这些人返回时带着够一星期食用的水禽和野火鸡。渔民则带回鳕鱼和鲈鱼。印第安猎人送来5只鹿。90名印第安人和他们的首领马萨索伊特与移居者欢宴了3天。

欢宴的日期没人知晓。布拉德福在他的《普利茅斯开发史》中写道,9月18日几名男子乘一条小船出发去马萨诸塞湾与印第安人交换物品。庄稼是在他们回来以后收获的。宴会一定是在12月11日之前举行的。爱德华·温斯洛在那天写的一封信中作了描述。

没有记载说那次欢宴称为"感恩节"。指定某几天表示特殊的感谢是清教徒的习惯,但最早的记载这样一天的记录是在两年以后的1623年。那时移居者因为下了雨解除了一场大旱,而"留出了一天感恩"。

丰收后庆祝感恩节活动,后来遍及新英格兰殖民地区,但庆祝日期和天数是不同的。后来这个习俗由州长宣布流传下来。

萨拉·约瑟法·黑尔认为,感恩节应该是一个全国的爱国主义节日。她是一家有名的妇女杂志(《戈迪妇女杂志》)的总编。她从1846年开始开展她的运动。她年复一年地撰写社论并给总统、州长和其他有影响的人发信。

她选择的日期是11月最后一个星期四,因为1789年那个月的最后一个星期四(11月26日)是乔治·华盛顿宣布为全国感恩节以庆祝新的美国宪法的日子。

萨拉·黑尔最终赢得了亚伯拉罕·林肯总统的支持。1863年10月3日,南北战争期间,林肯宣布11月26日星期四为全国庆祝感恩节的日子。他还指定每年11月的最后一个星期四为庆祝日。

林肯和他之后的每位总统每年都宣布这个节日。选择的日期,几乎没有例外,都是11月的最后一个星期四。富兰克林·D.罗斯福总统认为感恩节距圣诞节太近。1939年他宣布第3个星期四为感恩节。然而不是所有的州都同意这个日期。1941年12月,国会的一项联合决议规定感恩节为11月第4个星期四(这一天不总是最后一个星期四)。

多丽丝·李1935年创作的油画《感恩节》生动地描绘了美国人过传统节日的喜庆气氛。

加拿大的第一个感恩节是1710年在新斯科舍省的罗亚尔港庆祝的,当时这个城镇和要塞是最后一次掌握在英国人手中的时候。1760年在哈利法克斯庆祝感恩节,是祝贺杰弗里·阿默斯特将军的部队在蒙特利尔的胜利。

早期的感恩节是在不同的时间庆祝的,通常是庆祝军事胜利或皇室儿童的出生。新斯科舍的苏格兰定居者则着重于感恩节的宗教方面。1762年,哈利法克斯是第一个感谢获得大丰收的社区。

加拿大在1879年第一次宣布感恩节为全国性节日。第一次世界大战之后曾一度与停战纪念日合并为一个节日。1931年分为2个节日,10月的第2个星期一被宣布为感恩节。

文身 TATTOO

文身既可以用来表明一个人的高等地位,也可以用来作为被社会排斥的人的标记。但是,最普遍的目的可能只是为了用针刺的永久性花纹来美化人的身体。

文身是割破或刺破皮肤后将颜料或色素渗入伤痕在身上做出的花纹。因为颜色是在皮肤下面,文身一般是永久性的。用来刺破皮肤的工具有削尖的骨头、植物的刺、刀和针。现代的电针把文身做得更为精细了。

有些爱斯基摩人和西伯利亚人,用针在皮肤下面缝上一条带颜色的线。割瘢痕,即割破皮肤造成永久性的瘢痕,与文身相似。

在大约葬于公元前2000年的埃及木乃伊身上就有文身。古希腊人、古日耳曼人、古布立吞人、日本人,以及美洲、新西兰和许多太平洋岛屿上的部落民都文身。他们的目的各异。许多人认为,文身的花纹可以魔术般地免灾。现在有些阿拉伯人就是用文身来避邪的。有时,文身可以用来显示勇敢,或是给人以勇敢的幻觉。新西兰的毛利人在脸上刺上精细的花纹,用来掩饰恐惧表情。早期的日本人,以文身表明他们的社会地位。在19世纪,文身被用来给罪犯作标记。在20世纪,又被用来作纳粹集中营中被囚禁人的记号。

文身一向主要用来做装饰和化装之用。几个世纪以前,日本的男人们,如木匠,在工作时袒胸露怀,就是用文身美化自己。过去,在美洲和欧洲水手中,文身是很流行的。虽然文身的人已愈来愈少了,但在20世纪80年代,它被用作妇女的永久性眼线,重新流行起来。但是,医生们提出警告,这样做可能发生不良的副作用。文身与癌症有联系,被污染的文身用具会传播疾病,包括艾滋病。

圣西门 SAINT-SIMON, Henri de (1760—1825)

法国社会改革家亨利·德·圣西门,是他的朋友们使他出了名的。他是现代社会主义的创始人之一。在他死后,他的追随者们把他的理论和影响,在欧洲和北美进行了传播。(参见:**社会主义**)

圣西门伯爵,即克劳德-亨利·德·鲁卢阿,于1760年10月17日生于巴黎。幼时受过不正规的教育,以后参加军队,在美国独立战争中任炮兵上尉,参加过约克敦的战斗。

他在法国大革命期间,做地产投机赚了很多钱,但在很短几年之内把钱花光,穷困落魄。于是转学科学。他在早期的《一个日内瓦居民给当代人的信》(1803年出版)一书中提出,在现代,应由科学家取代传教士的地位。但是,拿破仑战争的暴力,使他皈依了基督教,并在基督教中看到了社会主义社会的基础。他预见到即将到来的欧洲工业化,并提出各国应该联合起来制止战争。

圣西门的主要著作是《新基督教》(1825)。他在这本书中说,宗教的目的是"尽快地改善最贫困阶级的境况"。这本书在5月19日他逝世的当天出版。他的追随者们在三年之内,按照他们对他的著作的解释,发挥到了几近宗教的个人崇拜的程度。在全法国都开会对他的社会主义理论进行讨论。

欧文父子 OWEN, Robert (1771—1858) and OWEN Robert Dale (1801—1877)

罗伯特·欧文和他的儿子罗伯特·戴尔·欧文,是19世纪最富有想像力和最有影响的两位社会改革者。罗伯特·欧文1771年5月14日生于威尔士的牛顿。他上了几年学之后,给一个布商做学徒,到19岁时当上了英国曼彻斯特一家大棉纺厂的经理。他的成功使他说服他的朋友们买下了苏格兰的新拉纳克纱厂。他打算经营这家纱厂改善雇员们的生活,并帮助他们教育他们的子女。他还在1816年在新拉纳克开办了英国第一所幼儿学校。他在1813年出版了《新社会观》,阐述他的理论。

为了消灭贫困,欧文提倡建立"团结合作"村。他于1825年在印第安纳州买下了新和谐宗教社区作为实验,并到美国去管理这个社区。但是试验失败了,欧文于1829年返回英国。当时,人们把他当作工人运动的领袖看待。不幸的是,由于雇主和政府的坚决反对,工会运动停顿了两代人的时间。但是,欧文的思想在建立消费者合作社方面是有影响的。他于1858年11月17日在牛顿去世。

罗伯特·戴尔·欧文1801年11月9日生于苏格兰的格拉斯哥,在新拉纳克社区长大。在他父亲到美国去的时候,他也跟去了。他曾主编《新协和报》,直到1827年。这一年,他结识了美国改革家弗朗西丝·赖特。他们定居在纽约市,在那里他主编了《自由问询报》,谴责有组织的宗教活动,支持自由离婚法、更加公平的财富分配和工业教育。

罗伯特·戴尔在印第安纳州的立法机关任职三届(1836年至1838年),在国会中任职两届(1843—1847)。他在众议院时,提出了在华盛顿组织史密森学会的提案。19世纪50年代,他大部分时间都是在欧洲做代办,和在意大利做公使。他在1877年6月24日在纽约州的乔治湖去世。

弗赖 FRY, Elizabeth (1780—1845)

伊丽莎白·弗赖是英国的一位慈善家,是19世纪欧洲倡导监狱改革的主要人物之一。她还为改善英国的医院制度和对精神病人的治疗做了大量的重要工作。

她原名伊丽莎白·柯内,1780年5月21日生于英国诺里奇。她是一位富翁和银行家的女儿。她父亲是一个公谊会(或称贵格教)的信徒。她从小就从贵格教徒们的身上学到了她日后施与社会上贫苦和下层人物的同情。1800 年,她和一位名叫约瑟夫·弗赖的伦敦商人结了婚,她一边工作,一边照料一个大家庭。

她 1813 年参观了伦敦的新门监狱后,第一次激起了她改革监狱的念头。1817 年,她创立了一个帮助女犯人的协会。该协会的目的是:男女分监、犯人分类、提供教育和宗教指导、女犯人由女看守监管,并为她们谋求有益的工作。她在以后的 25 年中提出的关于英伦诸岛和大部分欧洲国家监狱的报告,使人们增加了对监狱悲惨境况的了解。她提出的建议起的作用越来越大,最终实现了重要的改革。她于 1845 年 10 月 12 日在拉姆斯盖特去世。

格里姆凯姐妹　GRIMKÉ SISTERS

萨拉·格里姆凯和安吉利娜·格里姆凯姐妹是 19 世纪上半叶美国奴隶制的强烈反对者和女权的支持者。虽然她们来自美国南部,然而她们从小就憎恨奴隶制。后来,她们迁居北部,参加了旨在消灭奴隶制的废奴运动。

萨拉·格里姆凯生于 1792 年 11 月 26 日,安吉利娜·格里姆凯生于 1805 年 2 月 20 日,姐妹俩出生地相同,都在南卡罗来纳州的查尔斯顿。父亲是一位拥有奴隶的法官。去费城时,萨拉了解了公谊会即贵格会,这是一个强烈反对奴隶制的宗教团体。1821 年,她离开南部,移居费城,加入了贵格会,从此再也没有回过南部。1829 年,安吉利娜也跟着来到北部。1835 年,安吉利娜给威廉·劳埃德·加里森写了一封赞成废除奴隶制的信,此信在威廉·劳埃德·加里森主办的《解放者》报上发表。翌年,她就奴隶制问题写了一封长达 36 页的《致南方基督教妇女呼吁书》。同年,萨拉在《致南方各州教士书》中也发出了类似的呼吁。这两个呼吁和其他呼吁受到了北方废奴运动活动家的热烈欢迎,但也招致南方的许多敌意。在南卡罗来纳州,官员们焚烧了呼吁书信件的副本,并以如果她们回到自己的家乡就要对这姐妹俩进行关押相威胁。

当安吉利娜出现于费城私人家里,在小群妇女前讲演时,这对姐妹的演说生涯也就开始了。1836 年,姐妹俩移居纽约市,并且开始在教堂和公共会堂向广大听众演说。这些演说在一些认为妇女无权布道的人中引起了敌意。这样,萨拉和安吉利娜就自然而然地成为美国早期女权运动的先驱。

1837 年,安吉利娜发表了《向有名无实自由州妇女的呼吁》。1838 年,萨拉发表了《关于妇女处境和两性平等的书简》。

1838 年,安吉利娜与著名的废奴主义者西奥多·德怀特·韦尔德结婚。健康状况不佳迫使她放弃演说。此后不久,萨拉也随之告退。她们定居于现在的马萨诸塞州波士顿海德公园,萨拉和安吉利娜分别于 1873 年 12 月 23 日和 1879 年 10 月 26 日在那里去世。

莫特　MOTT,Lucretia(1793—1880)

卢克丽霞·莫特一生的大部分时间从事反对奴隶制度,同时为争取女权而斗争。卢克丽霞·科芬于 1793 年 1 月 3 日生于麻省南塔克特,父母都是公谊会信徒。13 岁时进入纽约州波基普夏的一所公谊会寄宿学校。她在该校与一位教员莫特相识,两人在 1811 年结婚,生有 6 个孩子。

有一个时期,她在费城开办了一所规模很小的学校。她在教会的活动越来越多,并开始在公谊会的集会上讲话。1821 年,她成为公谊会的正式牧师。当公谊会在 1827 年因为奴隶制度问题发生分裂时,她和她的丈夫参加了希克斯派。这是由伊莱亚斯·希克斯领导的反对奴隶制度的一派。

1833 年,莫特参与了创建美国反对奴隶制度会。1840 年,她去伦敦。在那里,她作为美国反对奴隶制度会的代表参加世界反对奴隶制度大会。但大会拒绝妇女与会,她开始了争取女权的运动。她在伦敦结识了伊丽莎白·卡迪·斯坦顿,她们一起筹划召开一次女权大会。这次会议于 1848 年在纽约州塞尼卡瀑布城举行。这次会议在美国第一次掀起了妇女选举权的运动。

1850 年《逃亡奴隶法》通过以后,她在费城的家成了地下交通网的停留站。但是,在南北战争期间,她退休在家。她痛恨奴隶制度,但是,由于她信仰和平主义,她不能同意这场战争。莫特于 1880 年 11 月 11 日死于宾夕法尼亚州的阿宾顿附近。

迪克斯　DIX,Dorothea(1802—1887)

多萝西娅·迪克斯,是一位社会改革家和人道主义者,致力于精神病患者和残疾人的福利。由于她的努力,在美国的 15 个以上的州、加拿大、欧洲和日本为精神病患者建立了专门医院。

多萝西娅·林德·迪克斯于 1802 年 4 月 4 日生于缅因州的汉普登。她在十几岁的时候,就在麻省的伍斯特开办了一所学校。以后又在波士顿开设了一所学校,但因为健康原因,不得不在 1835 年关闭。1841 年,她开始在麻省东剑桥监狱的主日学校教课,在那里看到精神病患者不加区分地和犯人一起关在牢房里,深感痛心。她在参观了麻省各地的一些类似的监狱之后,在一份公开的报告中揭露了她所看到的令人震惊的情景。她的报告使精神病人的待遇得到了很大的改善。多萝西娅·迪克斯于 1887 年 7 月 17 日在新泽西州的特伦顿去世。

蒲鲁东　PROUDHON,Pierre-Joseph(1809—1865)

皮埃尔-约瑟夫·蒲鲁东是法国新闻工作者和社会主义者,被认为是无政府主义之父。无政府主义是一个政治运动,它的信仰是:如果废除一切形式的政府,人们将在一种自然和谐的环境中生活。1840 年蒲鲁东的观点第一次出现在《什么是财产》一书中,该书还指出财产私有制的弊端。(参见:**无政府主义**)

蒲鲁东 1809 年 1 月 15 日出生于法国的贝桑松。他家境贫困,小时候就给人家放牛,以补家用。他获得了一笔奖学金才得以上学。上学后,他学会了印刷和排字。1838 年,他到了巴黎,开始写作。当局对把政府描绘成没用的和罪恶的文章表示反对,不久蒲鲁东与检查员发生了矛盾。1843年到1848年他住在里昂。1849年到1852年他因批评路易-拿破仑,即后来的拿破仑三世皇帝,被关进监狱。他被释放后,继续写作,1858年他不得不逃亡到比利时。

蒲鲁东的哲学被称为互助论,它试图通过工人互助协会的经济活动达到它的目的。这个观点遭到卡尔·马克思和他的追随者们的反对,他们认为只能靠一个强有力的中央权力机构才能实现改革。1862年蒲鲁东回到巴黎。他住在那里继续写作,直到1865年1月19日去世。

赫尔岑 HERZEN, Aleksandr(1812—1870)

1825年反对俄国沙皇尼古拉一世的十二月党人起义鼓舞了新闻记者亚历山大·赫尔岑为推翻旧制度贡献自己的一生。他的目标是在农民村社的基础上建立俄国特有的一种社会主义。他的努力最终未获成功。但在大抵自1861至1867年出版的自传《往事与沉思》中,他创作了一部最优秀的俄罗斯散文作品。

亚历山大·伊万诺维奇·赫尔岑1812年4月6日生于莫斯科,是个富有的贵族的私生子。1829至1833年就读于莫斯科大学。他的政治学说导致了他于1834年被捕,流放8年,在地方政府工作。

1846年,父亲去世,赫尔岑继承了一大笔财产,他便离开俄国旅居欧洲。1846至1852年住在巴黎,1852至1862年住在伦敦,1865至1870年住在日内瓦。从这些地方他发表了他的学说,希望在俄国掀起一场革命。他一方面希望政府自身进行改革,另一方面又希望实行激进的社会主义,在这两者之间摇摆不定,最终失去了大多数支持者。历时10年他出版了报刊《钟声》,试图影响俄国政府的政策。到1865年,日内瓦的年轻一代革命流亡者已经不再对他的思想感兴趣,于是,他致力于撰写自传。1870年1月21日在巴黎去世。

斯坦顿夫人 STANTON, Elizabeth Cady(1815—1902)

现代争取妇女权利的先驱,曾帮助组织一场要求妇女选举权的政治运动。是争取国会通过后来所谓美国宪法第19条修正案运动的杰出领袖。

伊丽莎白·卡迪1815年11月12日生于纽约州约翰斯敦。受过比其大多数女性同辈更良好的教育。她是在与后来成为纽约州最高法院法官的父亲一起研读法律时,意识到法律对妇女的歧视并开始致力于女权事业的。卡迪还积极鼓吹废除奴隶制度,反对饮酒。

卡迪于1840年与亨利·本鲁斯特·斯坦顿结婚,并于同年伴随他到伦敦,参加世界反奴隶制大会,在那里,她遇到了卢克丽霞·莫特。到会的妇女代表被拒绝享有发言权,于是这两位妇女便在争取妇女权利的斗争中成了盟友。

伊丽莎白·斯坦顿发起了一次请愿,导致纽约州通过一项法令,承认已婚妇女享有财产权。1848年,她与莫特在纽约州塞尼卡福尔斯组织召开了第一次女权会议。斯坦顿宣读了一份由她仿照《独立宣言》起草的《意见声明》。这次会议通过了许多提案,其中包括争取妇女选举权的提案。莫特反对这一提案,会议受到新闻界的嘲讽。

1869年,斯坦顿创立了全国妇女选举权协会,并任该会会长21年。斯坦顿与苏珊·B.安东尼一起合作编辑和撰写女权刊物《革命》周刊。她们两人又与马蒂尔达·乔斯林·盖奇合编六卷本《妇女选举权史》中的前三卷。斯坦顿的写作和讲演所涉领域广泛。1920年,宪法第19条修正案获得通过,使斯坦顿让妇女享有选举权的梦想变成了现实。1902年10月26日斯坦顿在纽约市去世。

巴顿 BARTON, Clara(1821—1912)

美国红十字会创始人,原为护士,被誉为"战场天使"。
(参见:红十字会)

克拉拉·巴顿1821年12月25日生于马萨诸塞州的牛津。父母斯蒂芬·巴顿和萨拉·巴顿洗礼时给她取名为克拉丽莎·哈洛。克拉拉是七个孩子中最小的,与老六相差10岁。她虽然腼腆和弱小,却不乏英勇和坚毅。11岁时就开始照料有病的哥哥。

为了改掉克拉拉的腼腆的毛病,母亲交给她许多任务。靠母亲的帮助,克拉拉15岁当了一名教师,教了18年的书。在新泽西州博登敦,她说服官员建立一所免费公立学校,由她来领导。但这所学校试验成功后,一位男校长被派来取代她领导全体员工。于是克拉拉辞去了教师工作。

紧张的工作致使她于1854年得了频发性神经衰弱症。那年末,她在华盛顿专利局当办事员。南北战争爆发,她听说前线的许多苦难都是由供给不足引起的。她独自组建供给站。后来,当了护士。1864年,被任命为护士主管。她经常在火线附近分发救济品。在战后四年中,她率队协助政府寻找下落不明的兵士。

在欧洲休养期间,克拉拉·巴顿研究红十字在普法战争中的作用。1872年回国,她立即着手创建美国红十字会。1881年美国红十字会正式成立。历时23年,她在每一场大的灾祸中指导红十字会的工作。她于1904年辞职。1912年4月12日在马里兰州格伦埃科去世。

琼斯夫人 JONES, Mother(1830—1930)

她是一位劳工组织者,人称琼斯妈妈。在她50多岁的时候,成为一名广为人知的、为争取美国煤矿工人工会权利的激进的鼓动者。她在80多岁的时候因领导矿工的罢工曾几次入狱。

琼斯妈妈原名玛丽·哈里斯,1830年5月1日出生在爱尔兰的科克郡。她童年时代移居美国,后来与一位钢铁工人结了婚。1867年,她的丈夫和孩子在田纳西州的孟菲斯死于一场流行病。

琼斯在芝加哥开了一家制作女服的裁缝店,但在1871年芝加哥的大火中她失去了她拥有的一切。她向劳工骑士团求援,被该团因为改善工人工作条件的活动所吸引。1880年后,琼斯本人已成为美国劳工运动中十分重要的人物。她在国内各地奔走,组织联合矿工工会和其他劳工工会,并独立发表演说。她的口号是"伙计们,加入工会吧!"1886年她是芝加哥的海马克暴动中一位杰出的人物。

琼斯妈妈还是一位要求立法禁止童工的积极支持者。她是1898年成立的社会民主党和1905年成立的世界产业工人组织的创始人之一。她的自传于1925年出版。

琼斯妈妈1930年11月30日死于马里兰州的银泉,终年100岁。由戴尔·费瑟林撰写的传记《琼斯妈妈,矿工的天使》于1974年出版。

纳辛夫人　NATION, Carry (1846—1911)

卡里·纳辛是一位酒精饮料的激烈反对者。她常常在酒馆中出现,责备顾客,然后用她的小斧头尽力对酒馆进行破坏。她不但是堪萨斯州还是其他许多州酒馆业主和顾客的克星。

卡里·阿米莉亚·穆尔1846年11月25日生于肯塔基州盖拉德县。她在密苏里州师范学校获得了教学证书,并教了不长时间的书。她的第一个丈夫,查尔斯·格洛伊德,是一个嗜酒者。在她使他戒酒的努力失败后,他死了。她从此反对酒精饮料和酒馆。后来她与大卫·纳辛结婚,1901年离婚。

在她居住的肯塔基州,酒精饮料是非法的。因此,她相信所有卖酒的地方均不受法律保护。19世纪90年代,她开始上砸酒馆——首先在堪萨斯州,然后是全国。她是一个身材高大的女人,约1.82米高,体重79.5公斤,在她闯进一间酒吧时,是一个令人生畏的对手。人们也十分需要她这样一个戒酒演说家。她出版了名为《捣毁者的通讯》、《小斧头》和《家庭护卫者》的通讯,1911年6月9日在堪萨斯的利文沃思去世。

龚帕斯　GOMPERS, Samuel (1850—1924)

塞缪尔·龚帕斯是美国第一位伟大的劳工领袖。他帮助建立了美国劳工联合会。他把该联合会从一个由25个行业工会组成的团体发展成一个有将近150个工会的组织。

塞缪尔·龚帕斯1850年1月27日生于伦敦,他是一位贫穷的犹太雪茄烟生产者的儿子。他13岁时,随父母到纽约市,他在那里进了一家雪茄烟厂工作。1877年,雪茄烟生产者工会由于一次长期罢工失败几乎解散。龚帕斯成了当地工会的领导人。他和其他几名工人按照他们的想法,重新组建了当地的和全国的工会。他们认为,应该把同一行业的所有地方工会组织成一个强大的、全国性工会。

不久,他把他们的全国性工会建成为其他工会的典范。1881年,他帮助组织了一个各全国性工会联合会。1886年,该联合会取名为美国劳工联合会。除1895年外,龚帕斯一直是该联合会的主席,直到他1924年12月13日在得克萨斯的圣安东尼奥去世。

卡特　CATT, Carrie Chapman (1859—1947)

卡里·莱恩在13岁时对一次选举发生了兴趣,当时她第一次注意到母亲没有去参加选举投票。就是在那时,这位未来的妇女选举权的领导人知道了妇女是不许参加选举的。

卡里·查普曼·卡特原名卡里·克林顿·莱恩,1859年1月9日生于威斯康星州的里蓬附近。她是在衣阿华州她家的农场长大的,那时,她为了消遣读了历史。她在学校教书以挣得大学学费。1880年,她获得了衣阿华州立学院的理学士学位。1881年,她任衣阿华州梅森城中学校长。几年之后,她被选为各学校的学监——最早担任这一职务的女性之一。她在1885年离开这个职位,与《梅森城共和党人》报的老板兼编辑利奥·查普曼结婚。第二年利奥死于伤寒。

这位年轻的寡妇发挥出她的演讲和组织才能,为衣阿华妇女选举权协会工作。1890年,她与一位大学时期的朋友、工程师乔治·W.卡特结婚。她精力充沛地为壮大美国全国妇女选举权协会而工作。1920年,在给予妇女投票权的第19号宪法修正案通过之前不久,卡特把她的有200万会员的选举权协会改组为妇女选民联盟。

1902年,她建立了国际妇女选举权联盟,她担任领导人直到1923年。1925年,卡特争取到战争起因与对策全国委员会对主要妇女组织的支持。第二次世界大战之后,她为妇女在联合国各委员会中占有席位而工作。1947年3月9日她在纽约州的新罗谢尔去世。

韦布夫妇　WEBB, Sidney (1859—1947) and Bearice (1858—1943)

西德尼和比阿特丽斯·韦布夫妇,是20世纪前半叶对英国激进思想产生深刻影响的社会主义经济学家。他们是费边社社员,同是伦敦经济学校的创办人,是教育改革的先驱。西德尼把伦敦大学改建为一个教学机构联合会。他还为1902—1903年的教育法拟定了内容,这项教育法为英国几代人的公共教育规定了模式。1945年后他们的许多社会主义原则被英国工党政府所采纳。

西德尼·韦布1859年7月13日生于伦敦。他16岁前辍学,但在夜校的学习使他得以进入文职部门工作,并通过了律师考试。1885年,他的朋友肖伯纳(见:**费边社**)说服他加入了费边社。他的文章和演讲引起了社会对费边社的注意。1890年他认识了比阿特丽斯·波特,她是一位富有的利物浦商人的女儿,当时在伦敦从事社会工作。1892年他们结了婚。从1892年至1910年,他在伦敦郡议会工作,并在教育方面取得了显著的成绩。

比阿特丽斯1858年1月22日生于格洛斯特。对工人阶级合作运动的了解,促使她倾向于社会主义理论。1891年,她出版了《英国的合作运动》。她就是在收集穷人的经济状况资料时与韦布相识的。他们两人一起出版了2本有影响的书《工联主义史》(1894)和《工业民主主义》(1897),及许多短文和小册子。

1914年他们加入了工党,该党对他们影响很大。1918年,他发表了该党第一篇重要的政策声明《劳工与社会新秩序》。大约在那时,他们创办了《新政治家》杂志作为发表他们观点的论坛。1922年,西德尼被选入议会。20世纪20年代,他在二届工党政府内阁中任职。1924年到1928年,他担任贸易委员会主席。1929年他任殖民地事务大臣。那时他已作为帕斯菲尔德男爵进入了上议院。1932年,韦布夫妇访问了苏联,并在他们回到英国后,写了赞扬苏联共产主义的文章。

比阿特丽斯和西德尼退休后住在汉普郡。她1943年4月30日在利普胡克去世,他于1947年10月13日去世。

亚当斯 ADDAMS, Jane (1860—1935)

早年对19世纪工人生活条件的关心使简·亚当斯在社会福利工作领域承担起开创者的角色。她把文化和日托计划带给穷人,要求公平对待移民和黑人,主张劳动改革,支持妇女选举权,帮助培养其他的社会福利工作者。

简·亚当斯1860年9月6日生于伊利诺斯州锡达维尔。父亲约翰·休·亚当斯是一位富有的磨坊主,州参议员,亚伯拉罕·林肯的朋友。简在五个孩子中排行最小。从小就得了轻度的脊柱弯曲。从伊利诺斯州罗克福德神学院(现在的罗克福德学院)毕业后,她的健康衰退,病了两年。

1883年她去国外旅游和学习。在欧洲各大城市所见到的饥饿和贫困给她留下的印象,超过了著名博物馆或历史遗迹给她留下的印象。在伦敦托因比大厦(这是全世界第一个**社会服务所**)的逗留,坚定了她从小就下定的与穷人生活在一起的决心(见:**社会服务所**)。

1889年秋,她与校友埃伦·盖茨·斯塔尔一起,住进了芝加哥西区附近一所年久失修的旧宅,四周是低级公寓和血汗工厂。他们的邻居——十来个民族的人——根据这座旧宅建造者查尔斯·赫尔的名字,将其称作"老赫尔大厦"。于是人们就把这个后来发展成为美国最著名的社会服务所的建筑物叫作"赫尔大厦"。

刚开始时,邻居们疑心重重,不太友好,但他们不久就发现,亚当斯的友善是真诚实在的。幼儿园和日间托儿所开办起来了,富人、大学教授、大学生、企业经理也抽出时间到赫尔大厦做事情并捐款。

赫尔大厦向饥饿者提供食物,护理病人,指导迷惘无措的移民及任性的孩子。亚当斯成了垃圾检查员,把杂乱不洁的街道清扫得干干净净。她发起了反对血汗工厂和腐败政客的运动。她和赫尔大厦的志同道合者在伊利诺斯州帮助通过了第一部工厂法,在芝加哥建立起世界上第一个青少年法庭。

亚当斯成了她那个时代最受人们深深爱戴的著名美国人之一。一些大学授予她名誉学位。世界各地的参观者前来赫尔大厦看望她。许多国家的听众听她讲述其工作情况。

第一次世界大战期间,亚当斯极力主张解决争端应诉诸谈判而不应诉诸流血,因而受到一些人的激烈批评。这次大战结束以后,作为"国际妇女争取和平与自由联盟"主席,亚当斯继续传播她的思想。1931年,她与尼古拉斯·默里·巴特勒博士共同获得诺贝尔和平奖。

亚当斯管理这个服务所长达46年,斯塔尔由于身体不好,在亚当斯于1935年5月21日去世前6年退休。在她去世时,赫尔大厦已大大扩展,占了一整个街区,许多建筑物环绕着一个大院落。为了给伊利诺斯大学的芝加哥校园腾出空地,1961年制订了赫尔大厦拆除方案。

尽管这个拆除方案遭到了世界范围的强烈反对,但产权还是于1963年被出卖。不过,原建筑还是作为对简·亚当斯的纪念而保留了下来。赫尔大厦服务所的工作在芝加哥的新址继续开展。

亚当斯最有名的著作是:《民主与社会伦理学》(1902)、《和平的新观念》(1907)、《年轻人的精神和城市街道》(1909)、《赫尔大厦二十年》(1910)、《新的良心和古代邪恶》(1911)、《赫尔大厦的第二个二十年》(1930)。

刘易斯 LEWIS, John L. (1880—1969)

1920至1960年的美国联合矿工工会主席。他还组织钢铁、汽车和其他大工业的工人加入各产业工会,并建立了产业工会联合会(简称产联)。他总是提出各种要求,并且有百折不挠的坚定意志,常以其嗓音洪亮的演说唤起人们的激情,他整个漫长而充满活力的一生,始终使资方处于尴尬境地。

约翰·卢埃林·刘易斯1880年2月12日生于衣阿华州卢卡斯。其父是来自威尔士的煤矿工,是劳动骑士团的积极成员。刘易斯12岁辍学,17岁当了一名煤矿工。他在一位老师的帮助下自学,并于1907年与这位老师结婚。他还领导一个辩论俱乐部,并参加业余戏剧表演。

26岁,刘易斯作为代表参加美国联合矿工工会会议。1920年当选为该工会主席。美国劳工联合会(简称劳联)中的这个最大工会当时大约有70万名会员。

在刘易斯的领导下,"劳联"中的八个工会发起了以产业为基础组织工会的运动。1935年的劳联会议否定了这个计划,于是刘易斯建立了产业工会委员会,这个委员会后来成为产业工会联合会。它被视为对立的组织,1936年被"劳联"开除。刘易斯任新产联主席,一直到1940年。后来,他将美国联合矿工工会从产联中拉了出来,遭到很多批评,但他却得到了矿工的支持。刘易斯1960年退休时,美国联合矿工工会只有20万名会员,但他们的工资很高,且享有非常好的保险。刘易斯1969年6月11日在华盛顿去世。(参见:**劳工运动**)

桑格夫人 SANGER, Margaret (1883—1966)

玛格丽特·桑格是美国节制生育运动的创始人,一位在纽约市下东区穷人当中工作的护士。在那里,她亲眼目睹了生育失控、人工流产、婴儿和母亲的高死亡率所带来的后果。

桑格1883年9月14日生于纽约州的科宁,取名为玛格丽特·希金斯。她接受过怀特普莱恩斯医院和曼哈顿眼耳诊所的护士培训。1900年与威廉·桑格结婚。虽然后来同他离了婚,但她保留了为人们所熟知的丈夫的姓,甚至在她1922年再次结婚以后仍保留了这个姓氏。

桑格认为,每个妇女都有权计划其家庭人口的多少。1912年,她放弃护士工作,全身心地致力于节制生育事业。1914年创立了全国节制生育联盟,同年因邮寄鼓吹节制生育的杂志《女反抗者》而受到指控。当时联邦政府1873年的康斯托克法令把这种印刷材料归为淫秽品一类。该案于1916年撤销。同年末在纽约州的布鲁克林城开设了美国第一家节制生育诊所。1917年因有伤风化而被逮捕,判服劳役20天。政府接连不断的干涉引起了公众对其工作的同情,1936年,联邦政府1873年的康斯托克法令得到了修改。

1921年桑格创建美国节制生育联盟,并任该联盟主席,直到1928年。这个联盟和后来的一些组织于1942年合并成美国计划生育联合会。桑格于1927年组织了在瑞士日内瓦召开的第一次世界人口会议。她还担任过国际计划生育联合会(1953年建立)的首任主席。她帮助促进了印度和日本的计划生育。她写了几部书,其中包括《我为节制生育而战斗》(1931)。桑格于1966年9月6日在亚利桑那州去世。

盖洛普 GALLUP,George(1901—1984)

自20世纪30年代以来,盖洛普民意测验一词的含义就是公众舆论的调查。在将近50年的时间里,乔治·盖洛普对当时的每一个重大问题,都做了社会舆论倾向的调查。

盖洛普1901年11月18日生于衣阿华州的杰斐逊城。他在衣阿华州立大学获得新闻学博士学位,并在伊利诺伊州得梅因的德雷克大学和埃文斯顿的西北大学教授新闻学。1932年,纽约市一家广告公司雇用他进行公众舆论的调查,当时那只是市场调查的一种形式。

盖洛普在1935年创办了美国舆论研究所,1936年创办了英国舆论研究所,1939年创办了听众调查会。公众对舆论测验的信心是1936年建立起来的,当时盖洛普、埃尔默·罗珀和阿奇博尔德·克罗斯利——各自进行测验——准确地预言了富兰克林·D.罗斯福总统将击败艾尔弗·兰登。

盖洛普热衷于统计学,他设计了一种可适用于广大各种不同答卷者的抽样调查方法。这种测验方法,具有混合代表性的特点:它可代表人群中所有种族和从富人到穷人、从专业人员到工厂工人范围内成比例的人数。

1958年,他创办了盖洛普组织,从事包括市场调查在内的广泛活动。1984年7月26日,盖洛普在瑞士欣格尔宁去世。

德肋撒 TERESA,Mother(1910—1997)

德肋撒院长是全世界最受人尊敬的妇女之一,她因为从事帮助贫困者和无人照料者——特别是对印度加尔各答贫民窟——的慈善工作而享誉国际。1979年她因从事慈善工作被授予诺贝尔和平奖。

艾格尼丝·冈克哈·博加克胡伊1910年8月27日出生于马其顿的斯科普里。她是阿尔巴尼亚人的后裔。1928年她入爱尔兰的圣母马利亚学院。刚过6个星期,她便动身去印度做了教师。她学习了护理,并搬进加尔各答贫民窟,那是世界上一些最贫穷的人居住的地方。1950年,她在那里创办了一个帮助穷人的妇女教会组织——仁爱传教会。该组织创办学校和建立治疗盲人、老年人、麻风病人、残疾人和濒临死亡的人的中心。在她的指导下,在阿散索尔附近建立了一个叫作和平镇的麻风村。

1968年,教皇保罗六世召德肋撒到罗马,要她在那里创办一所疗养院。1971年,教皇授予她教皇约翰二十三世最高和平奖。1989年德肋撒院长心脏病发作后,她安装了起搏器。出于健康的原因,她于1990年4月辞去该传教会主持人的职务,但她因传教会成员önd选她出山,因而放弃了退休,并于当年9月重任原职。那时仁爱传教会的修女已超过3千人。

马尔科姆·艾克斯 MALCOLM X(1925—1965)

黑人斗士。马尔科姆·艾克斯捍卫黑人权利,并鼓励黑人发展种族统一。他先是因领导"伊斯兰国"(有时称作"黑人穆斯林")而知名,后来成为他自己创立的"美国黑人统一组织"的首脑。(参见:黑人穆斯林)

马尔科姆·利特尔1925年5月19日生于内布拉斯加州的奥马哈,在十一个孩子中排行第七。全家不久就迁居密执安州的兰辛。在那里,一些白人忿恨其父厄尔·利特尔(一位马库斯·贾维的"回归非洲"运动的组织者)的黑人民族主义观点,经常侵扰他们。

马尔科姆6岁那年,其父被杀。母亲后来患了神经病,家庭成员为一些福利机构所收容。马尔科姆后来认为是白人毁了他的家。

他被安置在寄宿制学校就读,成了一名优秀学生,并梦想成为一名律师。可是,老师告诉他,他是黑人,应该学习木工。他感到沮丧失望,念完八年级后便离开了学校,住在马萨诸塞州波士顿的一个亲戚家里。

马尔科姆给人擦过皮鞋,也在冷饮小卖部、餐馆和铁路餐车上干过活儿。1942年移居纽约市的哈莱姆黑人居住区,过着一种诈骗钱财的骗子生活,时时提防警察。作为毒品贩子,他销售毒品,自己也染上了毒瘾。他还为在哈莱姆区溜达的白人提供娼妓。由于受到骗子同行的追踪,他回到了波士顿,并在那里组织了一个盗窃团伙。1946年,因盗窃而入狱。在狱中服刑期间,马尔科姆皈依了后来叫作"伊斯兰国"的组织信奉的伊斯兰教。他们强调要对其他黑人讲道德,但却告知人们:白人是"魔鬼"。1952年,马尔科姆获释,与密执安州底特律的弟弟联合。在那里,按穆斯林方式,他用艾克斯(X)取代了他的奴隶姓,这个X象征着他失去了的"真正的非洲姓"。

马尔科姆·艾克斯协助全国穆斯林领袖伊莱贾·穆罕默德开展工作,在全美范围内创立了许多新的穆斯林团体。他发表演说,向黑人听众灌输民族自豪感,细述黑人在白人统治下遭受的苦难。1954年,他回到纽约,主持哈莱姆清真寺。1957年创办了穆斯林的报纸——《穆罕默德之声》。

到了20世纪60年代的初期,"伊斯兰国"组织已名扬全国。马尔科姆·艾克斯是该组织最有影响的主持和得到最广泛公认的代言人。可是,他渐渐遭到了漠视,一些穆斯林指控他追求个人荣誉。1963年,马尔科姆·艾克斯因说约翰·F.肯尼迪总统被暗杀是"自作自受"而被革职。

1964年,马尔科姆·艾克斯与"伊斯兰国"彻底决裂,着手建立自己的"美国黑人统一组织"。为了学到"真正的伊斯兰教",他去沙特阿拉伯的麦加朝圣。马尔科姆在各种肤色的朝圣者中观察到的那种友谊使他深受感动,最终认为白人和黑人一样,都是种族主义社会的牺牲品,并认为总有一天伊斯兰教能将各种族的人们团结起来。那次朝圣后,他更名为哈吉·马利克·沙巴兹。

在后来去非洲各国的旅行期间,他受到了这些国家政治家们的礼遇,开始鼓吹泛非主义。他认为,全世界所有的黑人都应该联合起来反对种族主义。

1964年冬至1965年,马尔科姆·艾克斯遭到了几次死亡威胁,他的家被炸。1965年2月21日,他在哈莱姆区举行的一次"美国非洲人统一组织"集会上作演讲时遭枪杀。他的死,令白人和黑人一样悲痛。他们赞美他为了使黑人建立自尊心而不倦地努力,他们也分享他的希望:各种族总有一天会兄弟般地团结起来。马尔科姆·艾克斯死在他的妻子贝蒂·沙巴兹的前头。他们于1958年结婚,生有6个女儿。1965年他的自传在死后出版。

马丁·路德·金 KING, Martin Luther, Jr.(1929—1968)

马丁·路德·金受博爱与和平的抗议能够清除社会不公正的信念的鼓舞,成为美国一位杰出的黑人领袖。他唤起白人和黑人共同反对种族歧视、贫穷和战争。他是一名非暴力反抗压迫的战士,1964年获得诺贝尔和平奖。

马丁·路德·金1929年1月15日生于佐治亚州的亚特兰大。他的父亲老马丁是一个黑人教会埃比尼泽浸礼会的牧师。他的母亲艾伯塔·威廉斯·金是一位教师。马丁有一个姐姐和一个弟弟,姐姐叫克里斯廷,弟弟叫艾尔弗雷德·丹尼尔。

马丁·路德·金在他小的时候就遭遇过种族主义的歧视。在他6岁时,他与两个白人伙伴的友谊受到他们父母的阻止。他11岁时,一个白人妇女打了他,并叫他"黑鬼"。

他是一个聪明的学生,在他15岁时,中学还没有读完便进入了莫雷豪斯学院。他决定做一名牧师,在18岁时被委任为他父亲本堂的牧师。1948年从莫雷豪斯学院毕业后,进入宾夕法尼亚州切斯特的克罗泽神学院。1951年他是他们班里致告别辞的毕业生代表,并获得了研究生奖学金。1955年,他在波士顿大学获得神学博士学位。

在波士顿马丁·路德·金结识了科雷塔·斯科特,他们1953年结婚,有两个儿子(马丁·路德第三和德克斯特·斯科特)和两个女儿(龙兰达·丹尼斯和伯尼斯·艾伯丁)。

争取民权

亨利·大卫·梭罗和马哈特马·甘地的非暴力反抗学说给马丁·路德·金留下了印象。马丁·路德·金写道:"我开始感到这是被压迫人民在争取自由的斗争中惟一可取的合乎道义和实际的正确方法。"1954年,他成为亚拉巴马州蒙哥马利市得克斯特路浸礼会的牧师。

1955年12月,马丁·路德·金被选为蒙哥马利市改进协会领导人,该协会是由黑人居民为领导抵制该市公共汽车实行种族隔离而组织的。在抵制运动期间马丁·路德·金的家被炸,但他劝说他的追随者,尽管这威胁到他们的生命和财产,仍要采用非暴力形式。1956年末,美国最高法院强制取消公共汽车上的种族隔离。马丁·路德·金认为,抵制运动证明"在南方有一位新黑人,他对尊严和命运有新的理解"。1957年,马丁·路德·金成为最年轻的斯平加恩奖章获得者,这是一项由全国有色人种促进协会每年颁发给一位杰出黑人的奖项。

1958年,马丁·路德·金成为后来称为南方基督教领袖大会(SCLC)的组织的主席,该组织是为在南方继续进行民权活动而设立的。马丁·路德·金鼓励整个南方的黑人举行和平静坐和自由乘坐公共汽车来抗议种族隔离。

1959年对印度的访问,给了马丁·路德·金一个长期渴望的学习甘地非暴力抗议方法的机会。1960年,马丁·路德·金成为亚特兰大他父亲本堂的两位牧师之一。第二年,他领导一支"非暴力大军",抗议佐治亚州奥尔巴尼的种族歧视。1963年,在亚拉巴马的伯明翰,许多公共设施内取消种族隔离的运动取得了胜利,马丁·路德·金在此期间被捕。在一次称为"来自伯明翰监狱"的令人感动的呼吁中,他回答了几位认为他的行动时机不对的白人牧师。马丁·路德·金指出,在亚洲和非洲国家正迅速取得政治上独立的时候,"我们却仍在以老牛破车的步伐,为争得便餐柜台上的一杯咖啡向前爬行"。

1964年,马丁·路德·金成为最年轻的诺贝尔和平奖获得者。他不仅把这看作是他个人的荣誉,而且是国际上对非暴力民权运动的赞赏。1965年,马丁·路德·金领导了在亚拉巴马州塞尔马登记黑人选民的运动。这次运动遭到了强烈的反对。为抗议这种对待,万名示威者举行了一次5天的从塞尔马向蒙哥马利议会大厦的进军。

马丁·路德·金对北方黑人生活的改善赶不上南方民权运动的进展感到失望。1965年,为响应城市贫困黑人居民的暴乱,他决心使全国的注意力集中到北方城市黑人的生活状况上。1966年,他在伊利诺伊州的芝加哥的贫民窟建立了一个总部,以此为基地组织抗议活动,反对该市在住房和就业上的种族歧视。

马丁·路德·金把他的民权运动与反对越南战争的坚定立场结合起来。他认为,用于战争上的财力和精力可以用来消灭贫穷和反对种族歧视。他感到,如果他反对种族暴力而不谴责战争暴力,那他将是一个伪君子。激进的黑人领袖开始攻击他的非暴力的呼吁。他们谴责他受白人的影响太深。政府官员批评他站在越南的立场上。有些黑人领导人认为,马丁·路德·金反对战争的言论转移了社会对民权问题的注意力。

1968年,马丁·路德·金倡导并筹划了穷人运动,这是一次向美国首都华盛顿的进军,以表现贫穷与城市暴力之间的关系。但是他没能活着参加这次活动。1968年初,他到田纳西州的孟菲斯,去支持环卫工人因收入过低而举行的罢工。4月4日,他在那里被一名狙击手詹姆斯·厄尔·雷暗杀。马丁·路德·金的去世震惊了全国,并在许多城市引发了黑人暴乱事件。他被安葬在亚特兰大一块刻有他的著名的演讲"我有一个梦"的结束语的纪念碑下。碑上刻着摘自一首古老的奴隶歌曲的歌词:"终于自由,/终于自由,/感谢万能的上帝,/我终于自由了。"

马丁·路德·金的短暂的历程,大大地促进了美国民权运动的发展。他的努力促使1964年民权法案和1965年选举权法案得以通过。他的充满活力的性格和有说服力的演讲在团结许多黑人寻求和平解决种族压迫问题上起了作用。尽管一些对非暴力失去信心的人对马丁·路德·金的观点提出异议,但他的采用非暴力抗议的信念仍然是强有力的。他的著作包括《阔步走向自由:蒙哥马利城的故事》(1958)、《加深爱心》(1963)、《为什么我们不能等待》(1964)和《从这里我们向何处去:混乱还是共享?》(1967)。

1977年,马丁·路德·金因他反对偏见的斗争被追授总统自由奖。1986年,美国国会通过1月份的第3个星期一为纪念马丁·路德·金的全国假日。(参见:**美国黑人**)

政治与政治家

政治学　POLITICAL SCIENCE

希腊语 politeia 一词的一个意思是"政府"。这个词在古希腊是作为描述治理城邦的方法的一个一般性词汇使用的,它来源于 polis 这个词,该词的意思是"城邦"。今天政治学一词关涉到政府的各个方面和各种类型。它意味着运用可以获得的最科学的方法对政府作系统研究。就其作为社会科学的一门学科而言,它与文化人类学、经济学、地理学和社会学相联系。政治学还同法学有密切关系,因为立法是政府的主要功能之一。

政治学的研究范围像政府的性质一样广泛。它研究政府的不同类型;政府的结构、功能和机构;公民的作用;决策程序;特殊利益集团和游说活动;精英在社会中的影响力;选举方式;政党的活动和作用;舆论的形成及其对政府的影响;传播媒介及其他社会公共机构与政府的关系。一些组织——诸如设在密歇根大学的调查研究中心——收集有关选举和投票人行为的大量资料。

现代政治学产生于 19 世纪,当时人们认为,几乎任何研究内容都可以转变为一门科学的学科。然而政治学的研究内容本身却是古老的。政府是最基本的人类制度之一,因此有关它的论著的出现已有许多世纪了。大量著作是哲学的或纯理论的。当它讨论政府是什么的问题时,它的主要兴趣是确定政府应该是个什么样子。大量的文献往往是空想的,因为它们根据推测描述的理想国几乎没有实现的可能性。

柏拉图的《理想国》是政治哲学的一个杰出范例,因为在这部著作中他描述了理想国家及其功能。其他政治哲学家有:《论共和国》的作者、罗马雄辩家西塞罗;《论上帝之城》的作者、希波的圣奥古斯丁;分别撰文论述君主政体的托马斯·阿奎那和但丁;《君主论》的作者尼科洛·马基雅维里;在《利维坦》总结了他的国家观的托马斯·霍布斯;《论法的精神》的作者孟德斯鸠;撰写《政府论两篇》的约翰·洛克;《对法国革命的反思》的作者埃德蒙·伯克。

政治学关心的是政府的实际运作情况,而不是理想的国家。这个学科的奠基人是公元前 4 世纪的亚里士多德。他论述政府的最著名的著作是《政治学》,但是他还有一部关于雅典法律的论著。《政治学》考察不同类型的城邦,比较各种政体,提出革命的原因,最后提出一项教育公民以提高他们的责任感的周密计划。

虽然亚里士多德开辟了政治学的研究领域,但是该学科直到 19 世纪仍保留在哲学的范围内。那时自然科学和物理科学已经脱离了哲学。社会科学是最后才这样做的,这也许是因为人们在这样一些学科能否被看作真正的科学的问题上意见不一。

现代政治学发展的起始点之一是以法国社会主义者克洛德-亨利·德·鲁弗鲁瓦·德·圣西门伯爵的著作为标志。他于 1813 年提出,政治学和伦理学都应该成为他所说的实证科学,它们的说服力将建立在客观证据的基础上而不是仅靠冥思苦索。在这一观点上追随他的是哲学家奥古斯特·孔德——《重组社会所必需的科学工作计划》(1822)的作者。另一个积极建议对政府作科学研究的人是路德维希·贡普洛维奇——奥地利格拉茨的一位波兰裔社会学教授。他研究了群体的性质并得出结论说:社会运动是社会相互作用的结果,而不是个人行动的结果。

政治学在美国这个具有政治实验历史的国家大受欢迎。一些最著名的论述政府的著作写的就是美国的制度。关于正式批准宪法的辩论导致由约翰·杰伊、詹姆斯·麦迪逊和亚历山大·汉密尔顿于 1787 年撰写的联邦党人文集的问世。19 世纪 30 年代阿列克西·德·托克维尔发表了《论美国的民主》,这也许是迄今为止已写出的对美国政治制度的最好的分析。相隔两代人之后,英国作家詹姆斯·布赖斯发表了《美利坚共和国》一书。

从殖民地时期起,政治学在美国人的意识中一直起着十分重要的作用。早在 1642 年,当时政治学(political science)一词尚未被创造出来,哈佛学院院长亨利·邓斯特就增设了一门关于伦理学和政治学的课程。19 世纪中叶耶鲁学院院长西奥多·德怀特·伍尔西把一门关于政治哲学的课程引入该校。

第一个永久性的政治学教授职位 1857 年在哥伦比亚

关于政治学的参考条目

政治学这个论题是个内容广泛的论题。读者可以从下列有关的条目中得到更多的信息。

行政法	政府
无政府主义	政府机构
权利法案	人权
行政系统	市政府
内阁制政府	国家与民族主义
公民身份	议会
城邦	政党
公民学	民意测验
文务员	革命
共产主义	社会主义
宪法	州政府
宪法性法律	选举权
民主	极权主义
选举	美国联邦政府
法西斯主义	福利国家

大学创设。第一个教这门课的人是弗朗西斯·利伯——一位德国移民和《论公民自由与自治政府》(1853)的作者。曾就读于巴黎的政治学私立专科学校的约翰·W. 伯吉斯1880年在哥伦比亚大学建立了一所政治学专科学校。同年,政治学研究院成立。另一个职业性组织——美国政治学协会于1903年成立。

从1880年起,政治学系开始在更多的大专院校出现。在英国,把政治学作为一门学科加以承认是随着1895年伦敦经济学与政治学专科学校的创办而实现的。1912年牛津大学设立了一个政治学教授职位。

除了英国和其他几个欧洲国家,政治学在美国境外发展缓慢。1903年日本作家小野塚喜平次发表《政治学原理》一书,但直到第二次世界大战之后该学科在日本也没有取得重大进展。对政治制度的系统研究在丹麦直到1959年才起步,当时在奥尔胡斯大学创办了一个政治研究所。总部设在巴黎的国际政治学协会成立于1949年。

在世界各地的共产党国家里,直到20世纪80年代末为止,研究政治学几乎没有可能。由于这些国家的政府自认为已经拥有向理想的社会主义社会转变的政府的过渡形式,其他所有的政治安排都被看作有缺陷的。然而,1989年东欧的共产主义制度崩溃,苏联进入一个政治不稳定时期。

对政治学的发展产生过影响的一些20世纪的作家是:《政府的程序》(1908)的作者阿瑟·F. 本特利;《政治中的人性》(1908)的作者格雷厄姆·沃拉斯;《舆论》(1922)的作者沃尔特·李普曼;《政治学的新领域》(1925)的作者查尔斯·梅里亚姆;《政治学:谁得到什么?何时和如何得到?》(1936)的作者哈罗德·D. 拉斯韦尔;《政治体系》(1953)的作者戴维·伊斯顿;以及《人及其政府》(1963)的作者卡尔·弗里德里希。新近出版的著作有马克·R. 阿姆斯特茨的《政治学导论》(1982);约翰·H. 哈洛韦尔的《现代政治思想主要趋向》(1984);J. R. 卢卡斯的《政治学原理》(1985);C. 贝克与H. B. 圭亚那合著的《政治学、经济学与社会》(1986);杰西卡·库珀的《政治学与政治理论》(1987);以及艾伦·R. 鲍尔的《现代政治与政府》(1988)。

国家与民族主义 NATION AND NATIONALISM

一个国家是有一种治理全社会的政治制度、具有统一领土的政府。一个国家可以很大,包括一些下属行政区——例如美国、中国、加拿大或澳大利亚——也可能小到像新加坡那样的城市国家。组成一个国家的全部领土不需要只是一个单一的、接连不断的地理单位。例如,特立尼达和多巴哥是组成一个国家的两个岛屿。菲律宾和印度尼西亚都是由几千个岛屿组成的。

有些国家几乎全部是由单一种族组成的:例如丹麦、挪威、瑞典和冰岛。其他国家——如美国和加拿大——则有大量的不同种族。在非洲和印度大部分地区,有很多部落或种族,并且讲不同的语言或方言。

正如中学生和大学生有学校精神一样,公民们同样也有自己所依附的情感、忠诚和对自己国家的承诺。对许多人来说,民族主义是最高的忠诚。即使国家是由一个或许多种族组成的,它也没有什么不同。这种依附叫作民族主义或爱国主义,它能够具有同样的热情。在这种依附之下,人的自然愿望是要属于一个社会。

在现代社会里,由于国家是最普遍的政治机构,所以民族主义是最为有效的政治力量。20世纪,它已证明比宗教约束或诸如共产主义或社会主义之类的意识形态有力得多。在对一种思想或宗教信仰与对一个国家的忠诚之间作出选择时,后者常常得胜。今天,作为一个国家的公民活着,这被视为理所当然,以致我们很难想像这中间有何取舍;但是事实上,国家和民族主义是相当新近才发展出来的。二者都大约出现于18世纪末,虽然使它们成为可能的成长有一个很长的过程。美国革命和法国大革命是民族主义最早的显著表现,这两次革命都是在短时间内发生的。以前,人们并不对单一民族国家表示自己的忠诚,而是对其他的政治组织形式(部落、城邦、宗教团体、国王或者贵族)表示忠诚。

在古代的大部分时期里,罗马帝国是无所不包的政治体系。在它衰落以后,西方世界变成由笃信罗马天主教或东正教而联系在一起的一种文明。在中东和北非,伊斯兰教要求绝大多数人效忠。(参见:**伊斯兰教**)

民族感情的出现受到了现代社会最初年代(公元1500年左右)建立的绝对君主制的鼓舞,这种君主制抛开了中世纪的宗教和社会忠诚。改革破坏了欧洲的宗教统一,国家逐渐与宗教分离。为了使经济以一种充满活力的方式发展,商业和工业的增长要求有强有力的管理的较大的领土单位(见:**资本主义**)。随着政治权力的集中,出现了关于个人权利和人民主权的新理论。(参见:**权利法案**)

19世纪,民族主义风行欧洲和拉丁美洲。在欧洲,德国和意大利成为统一国家。在拉丁美洲,反殖民主义革命打破了同西班牙和葡萄牙的联系。20世纪,反殖民主义是亚洲和非洲的民族主义运动背后的推动力。第二次世界大战后,争取自决运动比较容易地取得了成功。到20世纪90年代,全世界至少有185个独立的国家。

隔离政策 SEGREGATION

它的基本意思是"从人群中分离出来"。当它应用于人类时,意思是把一个社会里的一些人同其他人分离开来。隔离也许是传统的:某些宗教,在作礼拜时,男人和妇女在一所寺庙或清真寺里,占居不同的地方。隔离也会是自愿的:有相似利益、价值观或社会地位的人们,往往结合在一起——经常把其他人排除在外。很多在19世纪和20世纪来到美国的移民群体,自愿在有相同背景的人们住的社区里安家落户。例如在纽约市和芝加哥,都有一个小意大利,同时旧金山发展出了一个唐人街。相反,社会的富有成员常常聚居于像加利福尼亚州的贝弗利希尔斯、伊利诺伊州的凯尼尔沃思,或纽约州的拉奇蒙特这样一些富人居住区。

当今在使用隔离一词时,它通常是指一种强制隔离的制度。它本身是保护多数人相对于少数人的经济和社会特权的一种手段,这种手段既可以是合法的,也可以是非法的。最为经常的是,这种隔离是以种族的不同为依据的。隔离可以是地理上的,也可以根据社会地位(见:**少数民族**;**社会阶级**)。

自然界的或地理上的隔离的例子发生在俄国和南非。在俄国,当波兰在18世纪末被瓜分时,由于大批犹太人并入俄国,就出现了特别划定的移民区。要求犹太人居住在这个区域里,这个移民区到19世纪中叶已经包括俄国的波兰、立陶宛、白俄罗斯、克里米亚、比萨拉比亚和乌克兰的大部分。

在第一次世界大战期间,当俄国受到德国攻击时,这个特别划定的移民区停止存在,1917年4月被正式取消。

在城市中实行强制隔离的区域叫作贫民区。这个词于1516年首先在意大利的威尼斯使用,但是实际上早在1280年已经开始,当时摩洛哥的犹太人被投入叫作米拉阿斯的城区。在西欧,贫民区于19世纪开始逐渐被废除。

在南非,种族隔离或"分隔"的制度包括反对非白人的社会隔离和经济及政治歧视,在这种情况下,非白人构成了人口的绝大多数。隔离在南非已经实行很长时间,但是自1948年——当种族隔离这个词开始使用——以来,它已经上升为一套合法的政策(见:**种族隔离政策**)。

印度的种姓制度大概是世界上最古老的隔离制度。它肯定是最复杂的隔离,因为把社会划分为各种阶层时将种族、宗教和职业都考虑在内。它强调根据社会地位而不是地理区域实行隔离。种姓制度是世袭的,要求人们在种姓内部通婚。

在美国,种族隔离已经影响好几个种族群体。土生的美国印第安人一部分已被限制在保留地内。19世纪中叶以来,在西海岸有一些中国人和日本人的隔离区。在第二次世界大战期间,一个最极端的隔离实例强加于日本移民和他们在美国出生的子女。1941年12月袭击珍珠港后,西海岸的日本人被从人口集中地撤出并且拘留在基本上是集中营的地方。10个这样的集中营建造起来,居住了11万多日本人。被投入集中营的人丧失了自己的家园、工作和财产。由于某种原因,在夏威夷——一个军事上极为敏感的地区——的日本人并未拘禁在类似的集中营里。

美国黑人经历了长期的普遍合法化的隔离。不像印第安人的地理上的隔离,黑人的隔离大多是社会、经济和政治上的隔离。自然的隔离大多限制在居住地区。

在重建运动结束之后,南方各州通过法律限制黑人利用公立学校和公共设备——旅店、餐馆和交通设施。这些法律1896年在普莱西诉费格森一案中,由美国最高法院宣布为符合宪法。直到1954年布朗诉教育委员会的划时代的学校非种族隔离案之后,取消这种隔离才得以实现(见:**美国黑人**)。

尽管通过民权运动黑人在工作和教育方面有所收获,但是住宅隔离的模式仍在美国的城市存在。1968年国会通过的公平住房法使住宅隔离成为联邦的一种罪过。但是只有在地方法律被用于建造和维持实行隔离的社区时这项法律才能应用。在美国的大多数城市,隔离是由于地方法律的因素造成的,因此,明确实行隔离的住房模式继续存在。

黑人社区的规模在底特律、克利夫兰和芝加哥这样一些城市里显著地扩大。由于这种扩大的发生,其他居民迁走了,经常迁往郊区,城市社区继续按种族划分。这种种族集中居住的持续状况称为事实上的隔离,或者说单纯的事实隔离。这些居住模式并非依据法律,因此反对它是十分困难的。

在美国,保存居住隔离所采用的两种策略是:"勾掉"和"操纵"。勾掉是银行采用的一种办法,意即拒绝向低收入的居民提供住房贷款和保险。后者是房地产机构的一种策略。想要买房的黑人常常被从白人社区支走,去黑人或杂居社区寻求住所。这种操纵虽然是非法的,但是却难以证明。

种族隔离政策　APARTHEID

种族隔离是南非白人政府用于它的反对该国多数非白人的——种族的、政治的和经济的——歧视政策的名称。自20世纪60年代起,影响白人与所有非欧洲人群体关系的种族隔离,常常被认为同"隔离发展"有关。

在1948年国民党赢得政府的控制权以前,由法律批准的种族隔离在南非广泛实施。国民党人通过新的立法实施这项政策。

1950年的种族区域法把南非人划分为3个主要群体——白人、本地人(后来的班图人或非洲人)和有色人(那些混合的后裔)。本地人和有色人群体根据种族、语言或文化界限又进一步作了细分,这个法律也适用于居民中的亚洲人部分。政府为每一个种族建立了居住区和商业区,并且通过在指定的群体区外求生或做生意需要通行证或许可证的办法来强化现存的"通行"法。

根据1950年的人口登记法,发放了将登记人划分为白人、班图人或有色人的身份证。其他法律禁止大多数不同种族间的社会接触,授权实行隔离的公共设施,建立隔离的教育标准,限制每一种族的某些类型的工作,甚至间接拒绝非白人参加全国性政府。

1951年的班图人权力法重新建立了部落组织,1959年的促进班图人自治法为他们建立了10个黑人家园。1970年的班图人(黑人)家园公民身份法使每一个非洲黑人,不论其实际住地,都成为这些(黑人)家园的一个公民,这样就把黑人排斥在南非国家之外。这些(黑人)家园中只有4个作为共和国给以独立,其他就称为黑人国家,有不同程度的自治。所有这些(黑人)家园在某种程度上仍然依赖于南非。

在南非内部和外部,人们都坚持反对种族隔离。在一些白人的支持下,非洲黑人群体——特别是非洲国民大会——举行示威和罢工。1961年当其他成员国不接受它的种族隔离政策时,南非被迫退出英联邦。由于20世纪80年代中期对南非实行经济制裁,它随后进行了细小的改革——最明显的是废除通行法。

1989年的新政府以废除一些公共设施的种族隔离放

宽了被称为"次要的"种族隔离。改变的主要象征是非洲国民大会的合法化和从监狱中释放其领袖纳尔逊·曼德拉（见：**曼德拉**）。在同政府达成的一项具有里程碑意义的协议中，非洲国民大会暂停它反对少数白人统治的武装斗争，用以交换释放政治犯。非洲国民大会和政府开始进行谈判，目的是起草一部授予黑人政治权利的新宪法。1991年初开始在有限的学校里取消种族隔离。到这年中，种族隔离的最后法律支柱——1950年的要求所有新生儿按种族分类法被废除。

国歌 NATIONAL SONGS

所有的国家都有表达人民对国家的热爱的爱国歌曲。有些国歌源于古代的民歌。许多是写于战争或革命时期。大多数国家选择其中一首爱国歌曲作为国歌在庆典时演奏或歌唱。一首国歌通常除了表达一种对自己国家的自豪感外还表达宗教情感。作为尊敬的一个标志，人们在演奏或唱国歌时通常是站着的。

《星条旗》

1931年，美国国会正式承认《星条旗》为美国国歌。激动人心的歌词是弗朗西斯·斯科特·基在国家危急的时候写下的。

1814年8月，英国军队对国会和美国首都华盛顿的其他建筑物开火。当英军返回船上时，带了一名俘虏，他是基的朋友威廉·比恩斯——一位著名的医生。基是个年轻的律师，他同意去与英方交涉，要求释放他的朋友。经麦迪逊总统许可，他乘坐明登号从巴尔的摩启程，船上挂着停战旗。同他一道去的还有一位政府代表——约翰·S.斯金纳。

英国军舰停泊在波托马克河口，准备进攻巴尔的摩。英国军官答应释放比恩斯，但是他们在明登号上部署了一队卫兵看守，在战斗结束以前不让美国人离开。9月13日他们开始炮击麦克亨利堡，它是保卫巴尔的摩的一个要塞。白天，基和斯金纳能看见在要塞上空飘扬的美国国旗。在夜里，他们只能看见炮弹"在空中爆炸"。他们焦急地在甲板上踱步，等待天亮。当黎明终于来临时，基看到"星条旗"仍在微风中飘扬，他为此激动不已。

当炮击仍在继续时，基从口袋里拿出一封信，在它背面开始写一首歌的歌词。在快上岸时，他完成了所有的诗句，不过，有些诗行只是记在他的脑子里。

他一到达旅店房间，就写出了人们现在所见到的全部歌词。至于曲调，他选用一首英国歌曲——《献给天国里的阿那克里翁》的曲子。这支曲子（由约翰·斯塔福德·史密斯改编）在美国已经很有名了，因为其他美国人也为它填写过歌词。

《星条旗》在巴尔的摩受到广泛好评，可是它只是在后来才被人们逐渐收入到歌曲集中。它直到美国南北战争时期才真正成为国歌，流传于世。

星 条 旗

哦，你可看见，透过一线曙光，
我们对着什么，发出欢呼的声浪？
谁的阔条明星，冒着一夜炮火
依然迎风招展，在我军碉堡上？
火炮闪闪发光，炸弹轰轰作响。
它们都是见证，国旗安然无恙。
你看星条旗，不是高高飘扬
在这自由国家，勇士的家乡？

透过稠密的雾，隐约望见对岸，
顽敌正在酣睡，四周沉寂夜阑珊。
微风断断续续，吹过峻崖之巅，
你是说那是什么，风中半隐又半现？
现在它的身上，映着朝霞烂漫，
凌空照在水面，霎时红光一片。
这是星条旗，但愿它永远飘扬
在自由国家，勇士的家乡！

他到哪里去了，信誓旦旦的人？
他们想望的是能在战争中幸存，
家乡和祖国，不要抛弃他们。
他们自己用血，洗清肮脏的脚印。
这些奴才佣兵，没有地方藏身，
逃脱不了失败和死亡的命运。
但是星条旗却将要永远飘扬
在这自由国家，勇士的家乡！

玉碎还是瓦全，摆在我们面前，
自由人将奋起保卫国旗长招展。
祖国自有天相，胜利和平在望！
建国家，保家乡，感谢上帝的力量。
我们一定得胜，正义属于我方，
"我们信赖上帝"此语永志不忘。
你看星条旗将永远高高飘扬
在这自由国家，勇士的家乡！

某些国家的国歌	
阿富汗	《啊，和煦的阳光》
阿尔巴尼亚	《国旗颂》
阿根廷	《大地的生民》
澳大利亚	《前进吧！美丽的澳大利亚》

国家	国歌
奥地利	《群山巍峨，江河浩荡》
比利时	《布拉班人之歌》C. 罗杰尔词
贝宁	《明天的曙光》
玻利维亚	《玻利维亚人，前程似锦》
巴西	《在伊匹兰加平静的河岸上》
保加利亚	《巴尔干山峰傲然屹立》
布基纳法索	《绝不任人奴役》
柬埔寨	《四月十七日，伟大的胜利》
加拿大	《啊，加拿大！》
中非共和国	《复活》
智利	《亲爱的祖国，请接受我们的誓言》
中国	《起来！》（《义勇军进行曲》）田汉词
哥伦比亚	《啊，永恒的荣耀》
刚果	《三大荣光》
哥斯达黎加	《伟大的祖国》
古巴	《巴雅莫人之歌》
捷克共和国	《我的家乡在哪里？》
丹麦	《克里斯蒂安国王挺立桅杆旁》
多米尼加共和国	《基斯开雅勇敢的儿子》
厄瓜多尔	《祖国，万岁！》
埃及	《我的祖国》
萨尔瓦多	《祖国，向你致敬》
埃塞俄比亚	《欢呼埃塞俄比亚》
斐济	《赞美你啊，一切国家共同的上帝》M. F. A. 普累斯科特词
芬兰	《祖国》J. L. 卢内堡词　F. 帕修斯曲
法国	《马赛曲》鲁日·德·李尔词曲
加蓬	《团结》
德国	《德意志之歌》
加纳	《高举加纳旗帜》
希腊	《自由颂》
危地马拉	《快乐的危地马拉》
海地	《德萨利讷之歌》（让·雅克·德萨利讷1804—1806 年为海地皇帝）
洪都拉斯	《啊，你的旗帜》
匈牙利	《神佑马扎尔人的国土》
冰岛	《千年颂》
印度	《人民的意志》R. 泰戈尔词曲
印度尼西亚	《伟大的印度尼西亚》
爱尔兰	《战士之歌》
以色列	《希望》
意大利	《马梅利之歌》G. 马梅利词
日本	《君王的朝代》
肯尼亚	《让大家起来》
老挝	《永远是老挝人》
黎巴嫩	《一切为了祖国》
利比里亚	《万岁，万岁，利比里亚！》
列支敦士登	《年轻的莱茵河上》
卢森堡	《我们的祖国》
马达加斯加	《亲爱的国土》
墨西哥	《墨西哥，战争在呼唤》
缅甸	《我们更热爱缅甸》
尼泊尔	《光荣啊，我们勇敢的君主》
荷兰	《拿骚的威廉》大约在 1626 年首次演唱
新西兰	《上帝保佑新西兰》通常接着唱《神佑女王》
尼加拉瓜	《向您致敬，尼加拉瓜》
挪威	《对，我们热爱祖国》
巴拿马	《地峡赞歌》
巴拉圭	《巴拉圭人，要共和国或死亡！》
秘鲁	《我们自由》
菲律宾	《可爱而神圣的土地》
波兰	《波兰没有死亡》
葡萄牙	《海上英雄》
罗马尼亚	《三色旗》
沙特阿拉伯	《沙特王家礼》
新加坡	《愿新加坡进步》
斯洛伐克	《塔特洛山上电光闪闪》
索马里	《索马里万岁》
南非	《南非的呼唤》
西班牙	《皇家进行曲》
斯里兰卡	《斯里兰卡母亲》
苏丹	《主的战士》
瑞典	《你古老的、光荣的北国山乡》
瑞士	《瑞士诗篇》
叙利亚	《王国卫士》
泰国	《国歌》
突尼斯	《为了可爱的祖国》
土耳其	《独立进行曲》
英国	《神佑女王（国王）》
美国	《星条旗》弗朗西斯·斯科特·基词　J. S. 史密斯改编曲
乌拉圭	《乌拉圭人，要国家还是坟墓》
委内瑞拉	《光荣啊，勇敢的人民》
越南	《进军歌》

美国爱国歌曲

爱国赞歌《亚美利加》曾长期被认为是美国国歌。歌词由一位浸礼宗教士塞缪尔·弗朗西斯·史密斯所写。至于曲调，他采用英国国歌《神佑国王》的乐曲。史密斯说他是在 1832 年写下这首歌词的，但实际上它在前一年波士顿庆祝美国独立纪念日（7 月 4 日）时就已发表。

亚美利加

我的祖国,也是你的祖国,
　自由可爱的土地,
　　我为你歌唱;
我们父辈长眠的土地,
清教徒骄傲的土地,
在每座山腰间
　　让自由回响。

我们的祖国,
尊贵的自由人的土地,——
　　我热爱你的名字;
我爱你的岩礁和溪流,
我爱你的森林和圣山;
我的心激动万分,
　　热爱你的一切。

让音乐在微风中飘扬,
在树丛中回荡
　　甜蜜自由的歌;
让垂死的苏醒,
让大家分享呼吸,
让岩礁打破寂静,
　　将这歌声传扬。

为你,我们父辈的上帝,
自由的创造者,
　　我们为你歌唱;
愿我们的土地永世光明,
因为有你自由神圣的光辉,
用你的力量保护我们吧,
　　伟大的上帝,我们的君主。

《扬基歌》是今天还在唱的、惟一的一首殖民时期的战士歌曲。其幽默的歌词嘲笑粗笨的美国军队(英国人称之为"扬基")。每四行歌词以以下副歌结束:

　　扬基·杜德尔,别泄气。
　　和姑娘跳舞有乐趣,
　　音乐、脚步要注意,
　　要跳得使她满意。

《哥伦比亚万岁》几乎和哥伦比亚这个国家一样古老。约瑟夫·霍普金森于1798年写下了这首歌词。《哥伦比亚,大洋中的宝石》最初发表于1843年。英国演员托马斯·贝克特(他当时住在宾夕法尼亚州的费城)声称他写了这首歌词并谱了曲。

美国南北战争时期产生了一些非常优秀的美国爱国歌曲。《迪克西》成了南方联盟军战士的战斗歌曲。1859年丹尼尔·D.埃米特为一个黑人剧团的演出写了这首歌。《马里兰,我的马里兰》是一个名叫詹姆斯·赖德·兰德尔的巴尔的摩本人写的。

在联邦军队中最受欢迎的歌是朱莉娅·沃德·豪的《共和国战歌》。豪女士1862年访问一个联邦军营地时写下了这首歌词。晚上,她在黑洞洞的帐篷里草草地给这首歌词配上《约翰·布朗的遗体》的曲子。

《美丽的亚美利加》是凯瑟琳·李·贝茨(韦尔斯利学院的英国文学教授)写的。她于1893年在派克斯峰的山顶写下了这首歌的第一个版本。《神佑美国》是欧文·伯林于1918年,正好在第一次世界大战结束之前写的。

陆海空三军的军歌

尽管人们普遍以为《起锚》是美国海军军歌,但它从来没有被正式采用。该歌的最初版本(于1906年首演)由安纳波利斯的音乐指挥查尔斯·A.齐默尔曼作曲,海军学校学员艾尔弗雷德·H.迈尔斯作词。没有人知道《海军陆战队赞歌》(《从蒙特苏马音乐厅到的黎波里海岸》)是谁写的。它以奥芬巴赫的一部歌剧的音乐配曲。空军唱《我们飞向浩茫的蓝天》。1956年,陆军采用《陆军滚滚向前》,该歌以老歌《那些弹药车滚滚向前》配曲。

《马赛曲》

这首著名的法国国歌写于法国大革命时期。1792年4月,斯特拉斯堡市长在一次宴会上说,法国士兵没有精神饱满的进行曲。年轻的工兵上尉克洛德·约瑟夫·鲁热·德·利勒也参加了那次宴会。当晚,他拿起小提琴,创作了一首振奋人心的歌曲的词和曲。北方军全军官兵都学唱这首歌曲。6月,马赛的志愿军唱着这首歌挺进巴黎,冲进了杜伊勒利宫。巴黎人不知道这歌的由来,把它称作《马赛曲》。很快,这首歌便传遍法国,全国上下广为传唱。

第一节歌词的第一句是:"前进,祖国儿女! 众同胞,光荣的日子来到了!"

副歌是:
武装起来,同胞! 把队伍组织好!
前进,前进,用肮脏的血做肥田的粪料!

英语的副歌是:
　　To arms! to arms, ye brave!
　　The avenging sword unsheathe;

> March on! march on! all hearts resolved
> On victory or death.

《神佑国王》(或《神佑女王》)

《神佑国王》是世界上最经常唱的一首国歌。该歌一直是英国和英联邦国家的国歌。其他许多国家也都采用该歌的曲调来填词。在美国,歌词为:"我的祖国,她也是你的祖国"。

当 1745 年伦敦人第一次听到这首歌时,它像是危难时的祈祷。当时,"快乐的查理王子"(小王位觊觎者)已在苏格兰登陆,正在入侵英格兰。9月 28 日,在特鲁里街剧院演出完《炼丹术士》后,幕布再次升起。舞台上,全体演员高声齐唱《神佑吾王乔治》。人们通常认为亨利·凯里于 1740 年写过该歌的词和曲,但它们的来源并不确知。早期的两个版本几乎没有相似之处。后来它们又有许多改动。下面是于 1946 年所采用的第二段歌词:

> 神佑女王陛下,
> 祝她万寿无疆,
> 神佑女王!
> 常胜利,沐荣光;
> 孚民望,心欢畅;
> 治国家,王运长;
> 神佑女王!

> 众齐心,
> 扬主恩,
> 万世流长。
> 各国家,
> 似弟兄,
> 团结一致,
> 天下无敌。

《德意志之歌》

德意志人民的国歌唱起来旋律很优美。1797 年,拿破仑战争期间,弗朗茨·约瑟夫·海顿为奥地利皇帝写了一首乐曲。这首名为《神佑弗朗西斯皇》的歌曲后来成了奥地利国歌。1841 年,德国诗人奥古斯特·海因里希·霍夫曼(通常叫作霍夫曼·冯·法勒斯莱本)重新填写了歌词。1922 年,他的《德意志之歌》取代《守卫在莱茵河上》(Die Wacht am Rhein)而正式成为德国国歌。这首歌当时叫作《德国,德国至上》。纳粹党执政后,其他一些歌曲,如《霍尔斯特·韦塞尔之歌》与它并列为国歌。

阿道夫·希特勒垮台后,直到 1950 年德国才有国歌,当时西德政府再次采用了《德意志之歌》。1990 年,这首有时称为《统一、主权和自由》的歌曲成为重新统一的德国的国歌。在正式场合只唱第三段歌词:

> 统一、主权和自由,
> 为我祖国披肝胆!
> 我们为此努力不懈,
> 兄弟一般心相连!
> 统一、独立和主权,
> 这是幸福的保证。
> 三色光辉照亮祖国,
> 繁荣富强永向前!

《啊,加拿大》

《啊,加拿大,我们的父母邦》是一首法语加拿大歌曲。卡利格兹·拉瓦莱作曲,阿道夫·B.鲁蒂埃作词。罗伯特·斯坦利·韦尔英译歌词的第一句是:"啊,加拿大!我们的父母邦"。英文合唱句是:

> 愿上帝保佑我们的国土繁荣、自由!

法文合唱句是:

> 你烈如火,你坚如钢……

国旗 FLAGS OF THE WORLD

每个国家都用一面专门的旗子表示它的统一和独立。一个国家的旗子代表国民的利益、希望和理想。人们希望,在自己的国土上,一面旗子会令国民肃然起敬;在国外,它将作为一个自治民族的象征而受到尊重。(参见:**旗帜;美国国旗**)

许多旗子的设计显示了对该国民众有重要意义的历史事件或传统。例如,乌拉圭国旗上的太阳是唤醒人们的独立意识;英国国旗上的 3 个十字代表 1801 年英格兰、苏格兰和爱尔兰的联合;巴基斯坦国旗上的伊斯兰教的新月是穆斯林信仰的象征;印度国旗上的阿育王法轮是这个国家古代文化的象征。

国旗使用多种不同的颜色。每个国家使用的颜色通常都有它们特殊的含义。例如,比利时国旗,黑色代表力量,而一些非洲国家的国旗上的黑色则代表人民。埃塞俄比亚国旗上的黄色表示爱国,而圭亚那国旗上的黄色表示农业资源。在许多情况下,白色象征和平。印度国旗上的绿色表示信仰;加蓬国旗上的绿色代表热带雨林;在孟加拉,绿色代表富饶的土地。

几种旗可以代表一个国家

一个国家可以有一种以上的旗子。除了代表一个国家的人民的国旗外,还可以有其他的旗子。政府旗或州旗代表政府,这种旗可以在国旗的旗面上加上一个盾形纹章或其他的图案。它通常悬挂在政府大楼和驻外使馆的建筑物上。军旗悬挂在军舰上,商船旗悬挂在商船上。在美国和某些其他国家,国旗也用作政府旗、军旗和商船旗。本文中所列代表一个国家的旗,除另有注明者外,均为国旗(见插页 1)。

美国的旗帜 FLAGS OF THE UNITED STATES

美国的基本旗帜是世界上最古老的国旗之一。此外,只有奥地利、丹麦、英国、荷兰、瑞典和瑞士的基本国旗历史比较悠久。

在当今的美国大陆被发现和殖民地开拓时期,这块土地上曾飘扬着各式各样的欧洲国旗,成为殖民地的象征。后来在殖民时期和独立战争时期,反映名人、地点和历史事件的旗帜飘扬在美国殖民地。这些最有趣和最重要的历史性旗帜参见插页。

美国最早的官方旗帜是在1777年6月14日的大陆会议上确定的。旗帜包括红白相间的13道条纹和蓝底上的13颗白色五角星,象征着1776年宣布独立的13个州。1795年国会改用了由15颗星和15道条纹组成的新国旗,表示承认佛蒙特州和肯塔基州加入联邦。

到1817年,联邦中已达到20个州,显然对每一个加入的州增加一道条纹,将破坏国旗的原有形式。为此,1818年,国会又恢复了13道条纹的最初设计形式,并且确定每一个州由一颗星代表。

1912年,威廉·H.塔夫脱总统对白星的排列方式做出了最早的正式规定。他指出,白星应按八排六列均匀布置。出于设计者的喜好,星群布置在左上角。

星条旗的诸多变化

星条旗的演变反映了美国的成长史。1959年接纳夏威夷加入联邦后,国旗经历了自确定以来的第26次正式修改。

在美国,除国旗外还有许多政府旗帜,其中有总统旗、副总统旗,以及联邦部门、联邦机构的旗帜。联邦中各州有自己的官方旗帜。美国海军使用特殊的信号旗。

国旗传统

关于美国国旗的悬挂和使用,逐渐形成许多传统。这些传统含有尊敬的象征,一直被广泛遵守。陆军、海军和空军都有自己的规则,但这些规则不适用于军队以外。为了指导如何正确使用和悬挂国旗,1923年6月14—15日在首都华盛顿召开的国旗大会上制定了国旗法典。这一法典在1924年5月15日举行的第二届国旗大会上进行了修订。最后于1942年6月,国会通过一项议案(在1942、1945、1953和1954年予以修订),使国旗法典成为一项法律。

国旗法典

1. 升挂国旗应从日出始,日落止。但在特殊场合,为产生爱国影响应在夜间悬挂国旗。(根据总统公告和国会授权,以下地点日夜升挂国旗:马里兰州巴尔的摩的麦克亨利堡国家纪念碑和国旗大厦广场;弗吉尼亚州阿灵顿的海军陆战队纪念馆;马萨诸塞州列克星敦的城镇草坪。)在其他地点,按当地习惯可日夜升挂国旗。直至1968年,硫黄岛折钵山上还日夜飘扬着第二次世界大战期间由美国海军陆战队升起的美国国旗。在该岛归还日本政府时,布旗更换为铜制复制品。

2. 在天气允许时国旗应当全天悬挂,特别在国家、州、节日和历史性特定场合。

3. 在选举日,国旗应当悬挂在或靠近每一个投票地点。

4. 在非假日期间,国旗应当悬挂在或靠近校舍。

5. 国旗应当总是欢快地升起,缓慢而庄严地降下。

6. 当国旗处于其他旗帜队列之中时,美国国旗或者位于行进队列的右侧(即美国国旗自己的右侧),或者位于旗帜队列中心的前面。

7. 当国旗与其他旗帜依墙交叉陈列时,美国国旗应当处于右侧并且旗杆在其他旗杆的前端。

8. 当许多旗帜组合在一起并由旗杆悬挂时,美国国旗应当位于最高点,或者位于中心,或者位于中心右侧的首旗位置。

9. 当州旗、市旗或社团锦旗与美国国旗悬挂于同一升降索时,国旗应始终处于最高位置。当旗帜分挂于相邻旗杆时,国旗应当最早升起和最晚降落。禁止其他旗帜或锦旗高于国旗或位于国旗右侧。

10. 当同时悬挂两国或多国国旗时,应当悬挂在相同高度的不同旗杆上,国旗的尺寸应大致相等。(在和平年代,国际上禁止某国国旗悬挂于另一国国旗之上。)

11. 当国旗用旗杆平伸垂挂,或以一定的角度从建筑物的窗台、阳台或正面伸展出悬挂时,除国旗降半旗时以外,国旗的图案或白星区应当位于旗杆的顶端。当国旗由绳索悬挂,从一座房子跨过人行道移至人行道另一端的杆柱时,国旗的图案一端应首先离开建筑物。

12. 当国旗按某种方式悬挂而不是悬挂在旗杆上时,无论在室内还是在室外,国旗应当悬挂平展,或自由折叠垂放如同在旗杆上一样。当倚墙悬挂时,国旗图案应当至高无上且位于国旗自身右端(观看者左侧)。当悬挂在窗户上时,国旗图案应当位于街道上观看者的左侧。

13. 当国旗悬挂在建筑物之间的街道中心上方时,国旗应当垂直悬挂,东西向街道的旗帜图案指向北,南北向街道的旗帜图案指向东。

14. 若演讲台上使用国旗,国旗应当位于演讲者的后上方。禁止将国旗覆盖在演讲桌上或装饰在讲台之前。若国旗悬挂在旗杆上,应当位于演讲者右侧。

15. 在塑像或纪念碑的揭幕典礼上应当悬挂国旗,但不能用作覆盖物。可将蓝色、白色和红色旗布用作帷布。

16. 当需降半旗时,先直接升至顶端再降至半旗位置(位于旗杆顶和旗杆底的一半距离)。当天降旗之前应当再次升至顶端。一些地方根据当地情况国旗可悬挂在大致半旗位置。在阵亡将士纪念日(5月30日),中午前国旗应当降半旗悬挂,中午至日落期间全旗悬挂。降半旗是向死亡英雄致敬,恢复全旗显示出国家的生命力,因为国旗是民族兴旺的象征。

总统宣言制定了关于何时使用降半旗以及使用时间的规定:美国总统或前总统自逝世之日起30天内;副总统、美国联邦最高法院首席法官或退休首席法官、众议院发言人逝世期间内10天;联邦最高法院副法官、内阁成员、前副总统、参议院临时主席、参议院多数派和少数派领导人、众议院多数派和少数派领导人自逝世之日起至举行葬礼止;参议员、众议员、三州议员(弗吉尼亚、西弗吉尼亚、马里兰)及常驻政府代表在哥伦比亚特区内为逝世之日和次日,在涉及的有关州内至举行葬礼止。

17. 表示哀悼的国旗固定在旗杆上降半旗。只有经总统发布命令才允许将黑绉纱横幅粘贴在旗杆或游行队员身上。

18. 当用国旗覆盖棺材时,国旗图案应位于头部并覆盖左肩。国旗不允许进入墓穴,也不允许触地。棺材应当先抬起尾部。

19. 当国旗在教堂或公共礼堂用旗杆悬挂时,美国国旗在演讲者面对会众或听众时应当占据演讲者右侧的荣誉位置。其他这样悬挂的旗帜应该放在演讲者左侧或听众的右侧。

20. 当国旗不适于继续悬挂时应以尊严的方式予以销毁,最好采用焚烧方式。国旗可以水洗或干洗。

列入国旗法典中的注意事项

1. 禁止表现出对美国国旗的失敬。
2. 禁止用国旗对任何人或事施浸礼。推荐使用团旗、州旗和社团机构旗用于此项荣誉。
3. 除表示悲惨灾难象征外,禁止将国旗倒挂。
4. 禁止将其他旗帜或锦旗置于国旗之上或国旗右侧。(仅有的例外:在纽约联合国总部,联合国旗位于所有其他国旗之上;在教堂礼拜期间,海军教堂锦旗位于国旗之上。)
5. 禁止国旗与其下方的任何东西相接触。
6. 禁止将任何物品或象征物或任何标识、徽章、文字、书信、图案、设计、图片或图画放在国旗上或国旗上方或国旗的某一部分上,或系缚于国旗上。
7. 禁止将国旗用作任何形式的饰布,但允许国旗自由垂落。
8. 国旗的悬挂和存放方式应不易于被撕裂或玷污。
9. 禁止将国旗悬挂在车辆、火车或轮船的上檐、顶部、侧面或背面。
10. 禁止在游行彩车上悬挂国旗,除非置于旗杆上或平台上或采用自由折叠垂落方式。
11. 禁止把国旗用作天花板的覆盖物。
12. 禁止平伸或肩扛国旗,而要像在游行中那样,国旗应向上高举,自然飘展。
13. 禁止把国旗用作服装或运动制服的任何一部分。禁止在任何物品上刺绣或印制国旗,否则视为有意抛弃国旗。
14. 禁止将国旗用于任何形式的广告。
15. 禁止用国旗包裹或搬运物品。

关于国旗的使用和悬挂,总统有权变更任何规则或惯例。

旗布的正确使用

国旗旗布通常可用于覆盖演讲桌、悬挂在平台前面或作装饰。旗布的摆列应蓝布在上,白布居中,红布在下。

向国旗敬礼

当国旗在游行队伍或检阅中通过,或在升降过程中,所有行人应当面对国旗站立,行注目礼。穿军服的人应行军礼。没有穿军服的男人应用右手摘帽,持帽至左肩,手应位于心脏部位。妇女和未戴帽子的男人应把右手放在心脏部位。外国人应站立行注目礼。观众要在游行队伍通过时向国旗敬礼。

当演奏国歌时若没有悬挂国旗,所有在场人员应面向音乐方向站立。穿制服人员应自第一个音符始至最后一个音符止在原地敬礼。其他人员应当行注目礼,男人摘下帽子。演奏国歌时若悬挂有国旗,所有人员应面对国旗敬礼。

向国旗宣誓

对国旗的效忠誓词最早于1892年在马萨诸塞州波士顿公布。詹姆斯·B.阿普汗姆和弗朗西斯·贝拉米均声称是创作者。1939年,美国国旗协会确定贝拉米为最初誓词的作者。

在对国旗效忠宣誓时,应将右手放在心脏部位或注目站立。男人摘下头饰。穿军服的人行军礼。全部誓词如下:我忠诚地对美利坚合众国国旗宣誓,对国旗代表的共和国宣誓,上帝赐予的这个国家不可分割,永远自由和公正。

早期著名的星条旗

美国最早的官方旗帜是在1777年6月14日的大陆会议上确定的。关于这一旗帜的首次悬挂有许多矛盾的说法。以下是关于国会确定的国旗最普遍为人们所接受的首次悬挂一览表。

在一艘海船上 1777年11月1日。由约翰·保罗·琼斯驾驶的"突击队"号船从新罕布什尔的朴茨茅斯航海归来。

在海战中 1777年12月。由约翰·保罗·琼斯驾驶的"突击队"号船在去往南特的途中,抓获两艘双桅帆船,并将它们作为赠品送回法国口岸。

在陆战中 1777年8月16日。在贝宁顿(佛蒙特州)的战斗中。该旗就是所谓的贝宁顿旗。1781年1月17日,马里兰第三骑军团在考彭斯(南卡罗来纳州)的战斗中使用的旗帜更准确地反映了1777年6年14日旗帜法中的条款。

环绕世界 1787年9月30日至1790年8月10日。由从波士顿出发航行的"哥伦比亚"号携带。

在校舍 1812年5月。在马萨诸塞州的科尔瑞恩。

在月球上 1969年7月20日。由阿波罗号11位宇航员放置在月球的静海。

国外的最早承认

1778年2月14日 当约翰·保罗·琼斯进入靠近法国布雷斯特的基伯龙湾时鸣礼炮13响致礼,法国舰队鸣礼炮9响表示回礼。

1778年4月24日 约翰·保罗·琼斯强迫一艘英国军舰向美国国旗降旗致敬。

最早的国旗日

1863年6月14日 在康涅狄格州的哈特福德最早实行。

1893年6月14日 费城公立学校首次进行庆祝。

1949年8月3日 杜鲁门总统批准把每年6月14日定为国旗日的提案。

美国历史上的著名旗帜(见插页2)

发现美国大陆和殖民地开拓时期的旗帜

西班牙旗 当哥伦布于1492年发现美洲大陆时,他带着卡斯蒂尔和莱昂的旗帜。这一旗帜代表西班牙的费迪南德和伊莎贝拉。把西班牙国旗带到美国的其他探险者有来自莱昂的胡安·庞塞和来自索托的埃尔南多。1785年后,西班牙历史性的红黄条纹旗曾在佛罗里达州和路易斯安那州短暂飘扬。

法国旗 白底上饰有法国王室纹章的旗帜是早期法国探险者和拓居者带到美国的许多种旗帜之一。其他的旗帜有单纯的白色旗帜和饰有3个金色法国王室纹章的蓝色旗帜。在购买路易斯安那州时,由3种颜色组成的第四种法国旗帜飘扬在密西西比河谷。这就是法国当今的国旗。

英国旗 英联邦(1606—1801)由詹姆斯敦的拓居者(1607)和"五月花号"的清教徒(1620)带入。这一古老的英联邦旗到独立战争前一直在美国这块殖民地上飘扬。到这个新世界的许多早期英国探险者和拓居者还带来了白底的圣乔治红十字旗帜。

荷兰旗 当亨利·哈得孙于1609年从半月湾航行到纽约港时,他带来了荷兰的橙色、白色和蓝色组成的旗。字母"V.O.C."就是东印度联合公司的首字母。到1621年字母改成"G.W.C.",是荷兰西印度公司的首字母。大约在1650年,旗帜顶部的橙色条纹换成红色。1664年,英国人取代荷兰人接管新荷兰殖民地,荷兰旗在新大陆上消失了。

瑞典旗 1638年,瑞典的殖民地开拓者沿着特拉华河带进了蓝底黄十字旗帜。1655年,荷兰人接管其殖民地,瑞典旗被降下。

殖民时期和独立战争时期的旗帜

殖民时期和独立战争时期出现过各式各样的旗帜,但很少被保存下来,而且大多都没有正式官方文件的记载。在有关历史事件的绘画作品中,画家是凭想像来描画当时的一些旗帜的。传统的欧洲大陆旗和邦克希尔旗就是例子。某些旗帜的知识来自据称曾见过该旗的有关人员的描述。以下介绍的是被保存下来的或有正式官方文件进行描述的历史性旗帜。

安德罗斯旗 制作于1686年,用作新英格兰的军旗。埃德蒙·安德罗斯是当时整个新英格兰的总督。旗帜上有带金色皇冠的紫色十字和交织字母JR,代表拉丁文的雅各布·雷克斯(詹姆斯国王)。

新英格兰旗 使用于1686至1707年。旗帜上带有圣乔治红十字,左上角有新英格兰的松树。

贝德福德旗 制作于1660年。1775年4月19日来自马萨诸塞州贝德福德的民兵在康科德的战斗中就举着这种2.5平方英尺的旗帜,但未在列克星敦使用。一朵云中伸出一只手臂和一把剑。3个灰色圆点代表炮弹。旗帜上写着"征服或死亡"。

汉诺威联盟者旗 最早于1774年悬挂。这一旗帜在1774年6月4日由宾夕法尼亚州汉诺威联盟者的志愿人员使用。红色图案中饰有准备射击的步兵纹章和"自由或死亡"字样,象征着他们对大不列颠不公正法律的挑战。

汤顿旗 最早于1774年10月21日在马萨诸塞州的汤顿升挂。在当时,这种旗帜是英国的红色旗,并附有美国人的口号"自由和团结"。

库尔佩珀旗 使用于1775年。弗吉尼亚州的库尔佩珀县是独立战争的中心,那里的民兵曾举过这种旗帜。响尾蛇图案出现在一些独立战争时期的旗帜上。响尾蛇的眼睛比其他任何动物的眼睛更明亮并且没有眼睑,是警惕性的象征。蛇从不主动攻击,而一旦奋起就绝不屈服。很可能还考虑到了响尾蛇的致命叮咬特点。蛇还被描绘成带有13只响环,象征着美国的13个殖民地。

马可旗 最早用于1775年。这一旗帜是由亚伯拉罕·马可上尉为费城轻骑兵军(后来被称为费城第一骑兵军)设计的。可以确信,这是最早含有象征殖民地的13个条纹的美国旗帜。旗帜由带银白边缘的黄色丝带组成。旗帜图案是由13条蓝色和银白色相间的条纹组成,旗帜中心是一对精致的衣服袖子。

霍普金斯旗 使用于1776—1778年。这是最早的海军总司令、海军准将埃塞克·霍普金斯的私人军旗,也是当时许多眼镜蛇旗中的一种。南卡罗来纳州的克里斯托弗·加兹登上校使用这种旗帜,他把一面复制旗送给他的州立法机关。从那时起,经常有人不正确地称之为加兹登旗。

最早的海军旗 最早使用于1775年。这一旗帜在1776年用在由埃塞克·霍普金斯准将指挥的巴哈马战斗中的一条船上。同时大陆旗也变成海军旗。

华盛顿巡洋舰旗 使用于1775—1776年。乔治·华盛顿将军指挥的独立战争海军的6艘巡洋舰升挂这种旗帜。当船于1775年11月29日捕获英国双桅横帆船"南希"号及船上装载的珍贵弹药时,旗帜就飘扬在背风处。当"华盛顿夫人"号船于1775年12月7日被"福威"号捕获时,交出了松树图案旗。这种旗帜于1776年4月被马萨诸塞州采纳为海军旗。

莫尔特里城堡旗 使用于1776年。这一旗帜在1776年6月28日查尔斯顿港的著名战斗中飘扬在莫尔特里城堡(当时的萨利文城堡)上。进攻一开始,旗帜就倒在胸墙之外。威廉·贾斯珀中士在枪林弹雨中一跃而起,呼喊着:"我们的战斗不能没有旗帜。"他在众声呐喊中扶起了旗帜。经过10个小时的攻击,英军撤退了。为了向守卫者威廉·莫尔特里上校表示敬意,城堡更名为莫尔特里。最早的莫尔特里旗(设计于1775年)蓝底上有一个月牙和"自由"字样。早期的莫尔特里旗十分普遍,后来成为南卡罗来纳州州旗的基础。旗帜由棕榈树替代了"自由"一词。

罗得岛旗 使用于1776年。殖民者在特伦顿、布兰迪万和约克敦的战斗中携带这种旗帜。旗帜被普罗维登斯的州议院保存了下来。13颗星组成了圣乔治和圣安德鲁十字。

绿山男孩旗 最早使用于1777年。安塞恩·艾伦和他的那帮佛蒙特州的绿山爱国者在战斗中携带这种旗,这次战斗收复了纽约的泰孔德罗加城堡。

尤托旗 制作于 1780 年。这种深红色旗帜飘扬在考彭斯和 1781 年在尤托·斯普林斯进行的独立战争决战中。它是乔治·华盛顿的远亲威廉·华盛顿上校的骑兵部队军旗。旗是他的来自南卡罗来纳州的未婚妻简·埃利奥托小姐送给他的,她从客厅的椅背中取下了图案。

吉尔福德旗 最早使用于 1781 年。1777 年大陆会议授权设计的美国国旗缺乏特定的规则,导致形成各种形式。据说,北卡罗来纳州民兵于 1781 年 3 月 15 日在吉尔福德·库尔斯战斗中携带这种旗。旗帜长度约为宽度的 3 倍。旗帜有 7 条蓝色条纹和 6 条红色条纹。在图案的白色底子上有 13 颗 8 角星。

十九世纪的旗帜

阿拉斯加俄-美公司旗 阿拉斯加的俄-美公司成立于 1799 年。这种旗帜一直悬挂在贸易站,至 1861 年阿拉斯加恢复由俄罗斯政府直接管辖时止。

1861 年 3 月 5 日采用的星条旗,红白条相间,左上方为蓝色。七颗星代表当时南部邦联的州。

因为与美国国旗相似,1863 年 5 月 1 日,这面旗取代了星条旗。

1865 年 3 月 4 日采用第三面南部邦联国旗,其上增加红条,避免与停战旗相混,因为 1863 年的那面旗帜看上去就像一面停战旗。

奥利弗·佩里旗 在 1813 年 9 月 10 日的伊利湖战斗中,由奥利弗·哈泽德·佩里指挥的新型舰队展示了这种旗帜。旗帜上写着激动人心的口号"不要放弃舰船",这句话是由詹姆斯·劳伦斯船长 1813 年 6 月 1 日在"切萨皮克"号与"香农"号之间的战斗中受致命伤时所说的。

阿拉莫旗 当得克萨斯为从墨西哥获得独立而战时,这种旗帜飘扬在圣安东尼奥的著名要塞阿拉莫。在 1836 年 3 月 6 日墨西哥人占领了这一要塞。"记住阿拉莫"成为得克萨斯人振奋精神的口号。旗帜上的日期表示 1824 年墨西哥宪法规定采用这种旗帜。

得克萨斯海军旗 得克萨斯州戴维·伯内特州长于 1836 年 4 月 9 日采用这种海军旗,在 1836 年 12 月 10 日举行的第一届得克萨斯州议会上通过。1836 年 12 月 10 日得克萨斯州议会还采用蓝色旗底中心带有金星的旗为共和国国旗。1839 年 1 月 25 日,这两种旗均被后来成为州旗

的一种新图案所取代。

加利福尼亚共和国旗 当加利福尼亚的美国拓荒者于 1846 年 6 月 14 日组织成立加利福尼亚共和国时,他们采用这种旗。该旗 1846 年 7 月 9 日被星条旗所取代。现在的加利福尼亚州旗就采用了当时的加利福尼亚共和国旗。

美丽的蓝色旗 一位名叫哈里·麦卡锡的爱尔兰喜剧演员于 1861 年在新奥尔良演唱他的歌曲《美丽的蓝色旗》。他的姐姐举着一面带有一颗白星的蓝色旗帜向在场的得克萨斯人表示敬意。这首歌曲被热情地传唱,在南部十分流行。这种旗帜在南部邦联拥有自己的旗帜之前一直被使用。

南部邦联战旗 1861 年 7 月 21 日在布尔兰(马纳萨斯)进行的战斗中,士兵很难区别南部邦联旗和英国国旗。结果南部士兵开始携带这种战旗。尽管这种旗从未被正式采用,但许多南部邦联士兵从未看到过其他旗帜。正式制作的这种旗帜四周均为白边。南部邦联还使用过上述其他三种旗帜。

星条旗的演变

大陆旗 使用于 1775 年。1776 年 7 月 4 日这种旗成为美国最早的国旗。约翰·保罗·琼斯被认为于 1775 年升起这种作为海军军旗的旗帜,当时埃塞克·霍普金斯准将担任新海军的指挥。一位英国间谍曾报告说,一艘霍普金斯准将的船悬挂着"英国旗,但条纹较多"。这种旗还于 1776 年 1 月 1 日作为大陆军旗在靠近马萨诸塞州剑桥的普罗斯佩克特山升起。旗帜的设计基础不确知。这种旗帜从未被正式采用,1777 年 6 月 14 日被大陆会议决议案中描述的图案所取代。

1777 年 6 月 14 日旗 这是最早的正式星条旗。尽管大陆会议于 1777 年 6 月 14 日采用前也曾有过星条旗的设计,但没有表明其更早使用的正式记录,如在伊曼纽尔·洛伊策在事件发生 75 年后于 1851 所作的著名的"穿越特拉华的华盛顿"的绘画中所表明的那样。国会没有明确 13 颗星的特定排列方式。可以确信国旗法提案产生于海事委员会,但无从考证这第一个国旗法为何人所倡议。这种旗一直用到 1795 年 5 月 1 日。

贝宁顿旗 这种旗可能于 1777 年 8 月 16 日在贝宁顿战斗中使用,当时 1600 名绿山男孩在约翰·斯塔克将军的指挥下消灭了英国军队,导致后来的约翰·伯戈恩将军在纽约州萨拉托斯加的失败。

马里兰第三团团旗 使用于 1781 年。在 1781 年 1 月 17 日南卡罗来纳州考彭斯的战斗中,马里兰第三团携带这种旗。旗帜有 1777 年国会所规定的 13 颗星和条纹。但马里兰人把 12 颗星围成一个圆圈,中心有一颗星。可以确信,这是墨西哥战争以前地面部队所使用的少数星条旗之一。

麦克亨利堡旗 1814年飘扬在麦克亨利堡的旗帜启发弗朗西斯·斯科特·基撰写了《星条旗》。1795年该旗经国会授权一直使用,尽管当时联邦已有18个州。至1818年旗帜仍未改动。除恶劣天气外,美国国旗日夜飘扬在马里兰州弗雷德里克的芒特奥利韦特公墓美国国歌歌词作者基的墓旁和他的出生地马里兰的基马尔。

1818年7月4日旗 1818年4月4日通过一项法律,才使得旗帜成为现在的形式。有些人喜欢为每一个新加入的州增加一道条纹,但国会恢复了13道条纹这种形式,命令为每一个新加入的州增加一颗星。这一法律经各州认可后于7月4日生效。

1859—1861年旗 在美国南北战争初期,33颗星的旗帜代表美国。1861年7月4日开始正式使用带有34颗星的旗帜,象征承认堪萨斯州加入联邦。在战争结束前又增加两个州(西弗吉尼亚和内华达),使联邦中总州数达到36个。在南北战争期间,美国国旗从来没有任何变化以反映有些州脱离联邦。自1867至1896年,联邦中又接受9个州,国旗中又增加了9颗星。

1908—1912年旗 1908年7月4日,国旗成为46颗星的旗帜,反映了1907年对俄克拉何马州的承认。

1912—1959年旗 当新墨西哥州和亚利桑那州于1912年加入联邦时,美国国旗设计成含有48颗星的旗帜。这一旗帜反映了国家所经历的最长的47年历程。

1959—1960年旗 带49颗星的旗帜反映了承认阿拉斯加州加入联邦。这一官方正式旗帜从1959年7月4日至1960年7月4日仅经历了一年时间。1959年8月21日,夏威夷成为第50个州。同一天颁布命令使用带50颗星的旗帜,并于1960年7月4日正式生效。

美国的标志(见插页3)

星条旗——"古老的荣耀" 1777年6月14日,大陆会议批准将星条旗图案作为美国国旗。贝特西·罗斯是否推荐过大陆会议批准的这个图案,却无人知晓。在1777年国旗委员会开始其工作之前的一些独立战争的旗帜中,就出现过13道条纹。没有人知道由谁建议在这些早期的旗帜中采用条纹形式,但国旗的条纹和总体设计与当时英国使用的国旗类似。

1777年通过的国旗有13道条纹和13颗星,但1795年成为15道条纹和15颗星,以表示承认佛蒙特州和肯塔基州加入联邦。到1817年,又需要增加5道条纹和5颗星。但直到1818年7月4日,当国会授权恢复13道条纹形式并采用20颗星,并且命令为每一个被承认新加入联邦的州在国旗上增加一颗星时,才进行了修改。可以确信,"古老的荣耀"是威廉·德里沃船长1824年指挥"查尔斯·多格特"号双桅横帆船时授予国旗的。

关于国旗合适的法律尺寸,由威廉·H.塔夫脱总统于1912年10月29日所发布的命令中规定:旗帜高为1(单位),长为1.9,靠旗杆一边上方的长方形部位(蓝底)高度为7/13,其长度为0.76,条纹宽1/13,星直径为0.0616。

总统旗 采用于1945年10月25日,于1960年7月4日修改。在1916年以前,有各种代表总统的旗帜。1916年5月29日,伍德罗·威尔逊总统批准采用了一种设计方案,包括旗帜蓝色底面上四角各设一颗白星的总统服袖子图案。这一图案由哈里·S.杜鲁门总统于1945年10月25日签发命令改为现在的设计形式。蓝底上的总统个人印章为代表各州的一圈白星(最后一颗于1960年加入)所围绕。圆圈内有一只美洲鹰,鹰嘴朝向衔有和平橄榄枝的右爪(印章右边)。左爪(印章左边)抓着13支战箭。在鹰嘴上写着白色的文字"出类拔萃"。

副总统旗 采用于1975年10月7日。由副总统纳尔逊·A.洛克菲勒提出,它有一只高展双翅的比所取代的1948年旗更为庄严的鸟。第一个副总统旗设计于1936年,但仅是更改了总统旗的颜色。

美国国玺 1782年6月20日,大陆会议采用了由会议秘书查尔斯·汤姆森和顾问威廉·巴顿综合各种设计方案于一体的国玺形式。1789年国会授权将它作为美国国玺。它用在正式的宣言、缔结约约和颁发委任状的场合。一美元钞票上有国玺正反两面图案。鹰背着一个没有支撑的盾牌,象征美国应遵循自己的美德。鹰爪中的橄榄枝和箭代表着国会掌握的和平与战争的权力。饰带上写着"出类拔萃",6道红色条纹和7道白色条纹(由盾牌上方的蓝色图记连在一起)以及13颗灿烂的星的格局代表着13个州组成的新国家。对国玺的最早描述暗含如下颜色象征:白色象征纯洁与清白;红色象征刚强与勇猛;蓝色象征警惕、忍耐与公正。背面为象征力量的金字塔。箴言"时代新秩序"和日期MDCCLXXVI(1776)代表独立宣言。一只眼睛和文字"他支持我们的事业"表示上帝的庇护。

陆军旗 采用于1956年。蓝色图案是陆军部(和原作战部)的印章。日期"1775"表示建军的年份。

陆军部长旗 采用于1897年。这种旗是为作战部长设计的,1947年由陆军部长接管。

海军旗 采用于1959年。在深蓝色旗帜中心是经过修改的、海军部印章的一部分,由一圈黄绳围绕。

海军部长旗 采用于1866年。这种旗在1870年废除,但于1876年又予以恢复。在此期间使用美国船首旗。

空军旗 采用于1951年。这种旗以空军印章(一只褐色秃鹰)为基础,13颗星象征原先的殖民地,一只盾牌上绘有雷电。

空军部长旗 采用于1951年。旗帜中心有空军旗所采用的鹰和盾牌,四角各有一颗白星。

海军陆战队旗 这种旗1938年被用作"团旗"采用,1940年被重新定名为陆战队旗。

海岸警卫队旗 现在的形式是1954年采用的。这是自1799年制定图案以来的第三次修改。图案中的16道条纹代表了1799年的16个州。在第七道红色条纹上不加徽章,该旗就成为美国海关旗。

(美国的州旗见插页4)

旗帜 FLAG

从古代起,人们就展示旗帜和其他各种东西来表示他们的国籍或隶属。今天,除了表示国家和其他政治实体以外,旗帜还用来代表青年组织,如男童子军和女童子军;政治联盟,如北大西洋公约组织;体育竞赛,如奥林匹克运动会;国际组织,如联合国和红十字会。(参见:美国国旗;国旗)

第一面真正的旗帜,大概是埃及人早在公元前 5000 年使用的布质长旗。阿兹台克人打着用大咬鹃的绿色羽毛做的扇形物;亚述人举着顶端装有盘状物的旗杆,盘上画有一个奔跑的公牛的图像。

旗帜的历史

最早的真正的旗帜之一,是罗马骑兵打的军旗。这是一块正方形边缘带穗的布,挂在长矛顶端的横杆上。这种旗帜可用来表示战斗中人们集合的地点。欧洲人直到中世纪一直使用这样的旗帜,那时他们把旗帜系在旗杆旁边。把战旗悬挂在寺院中的习俗,是从罗马人开始的。这个习俗,在基督教的教堂一直沿用到现代。

在中世纪时期和十字军之后,出现了最早的国旗。那个时代的许多领袖,用他们守护神的旗帜来代表他们的国家。例如英国,在 13 世纪用的是圣乔治的白底红十字旗。到中世纪末期,旗帜已成为公认的国家、国王、团体、城市和行会的象征。行会的旗帜带有明显的图案。例如,一面有 3 支白蜡烛的黑色旗帜,代表法国拜约的蜡烛生产者。

最初,旗帜是正方形的。有一段时间,旗帜的大小表示旗帜所有者的地位。后来,旗帜长了一些,窄了一些,类似现在美国国旗的比例。

早期欧洲的旗帜,通常遵循纹章学的规定。从 18 世纪末开始,特别是在美洲,旗帜可自由设计,不再遵循纹章学的规定。特别设计的旗帜,被用作进行联络的一种方法。

审订:Whitney Smith

勋章与奖章 MEDALS AND DECORATIONS

"为在生命危急时刻,高于并超出职责召唤所表现的非凡勇敢和坚韧不拔",国会荣誉勋章授予所有参战的美国武装部队成员。荣誉勋章可能是美国最著名的奖章,但在几百个这样的荣誉勋章中,国会荣誉勋章是惟一由美国政府以及它的许多部门和机构颁发的。几乎每个国家都有类似的荣誉勋章授予军队或民间有功绩的人员。

各种形状的旗帜

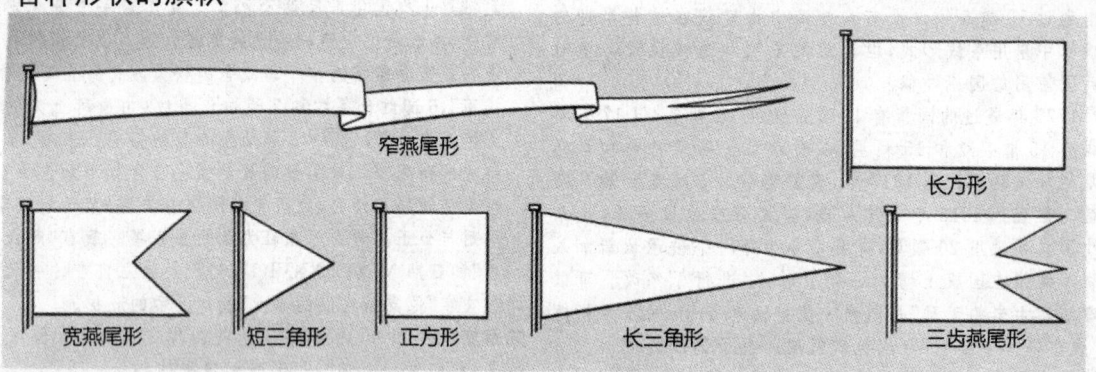

窄燕尾形 · 长方形 · 宽燕尾形 · 短三角形 · 正方形 · 长三角形 · 三齿燕尾形

旗帜各部分名称

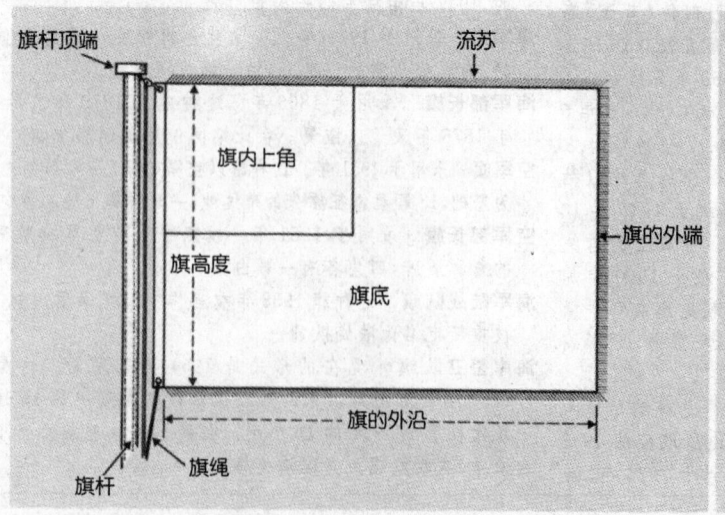

旗杆顶端 · 流苏 · 旗内上角 · 旗的外端 · 旗高度 · 旗底 · 旗杆 · 旗绳 · 旗的外沿

旗杆装饰物

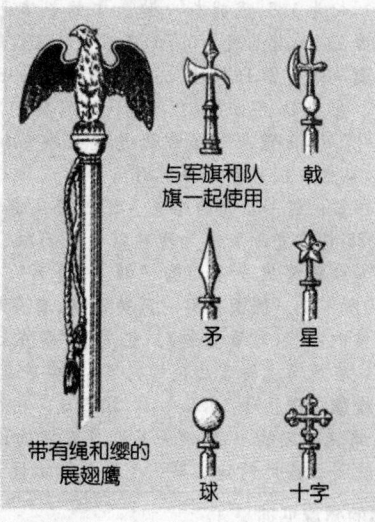

带有绳和缨的展翅鹰 · 与军旗和队旗一起使用 · 戟 · 矛 · 星 · 球 · 十字

旗帜术语

徽章	旗帜上的一个标志或设计，如美国一些州旗上的州徽。	**队旗**	军事分队用以引导队伍行进的小旗。
旗内上角	距旗杆最近的上角。这是一面旗上的荣誉部位。旗内上角在美国国旗中称为联邦。	**旗绳**	用于升降旗子的绳子。
		高度	旗子从顶边到底边的高度；或距旗杆最近的部分。
降旗	这是在商船上尤为习用的做法，商船在与海军舰只相遇时，降低旗子作为敬礼。	**船首旗**	悬挂于船头的小旗，常是正方形的。
		商船旗	作为国家的标志，悬挂在商船上的旗子。
军舰旗	由军舰悬挂的作为国家象征的旗帜（美国的国旗与军舰旗是相同的）。	**国家的军旗**	由步兵部队和最高指挥官使用的美国旗。
		国旗	由一个国家的公民悬挂的作为国家象征的旗子。
旗面	旗中除旗内上角外的其余部分；或一面旗上每一分区的背景色区。	**国家的队旗**	由机械化和摩托化部队悬挂的美国国旗；通常尺寸为3英尺×4英尺。
顶饰	通常置于旗杆顶端的一个装饰物（样例，见上面旗杆装饰物的插图）。	**三角旗**	向外沿方向愈来愈变窄的旗。
		升旗	升起一面旗。
旗杆	可展示旗子的杆子。	**降旗**	降下一面旗。
外沿	一面旗从旗杆到另一端的长度；或外端，即离旗杆最远的一端（常称作外端）。	**燕尾**	一面旗的外沿分为2个或3个明显的尾端。
		顶端	带有穿旗绳孔的旗杆顶端的帽。
政府旗	在政府建筑物、驻外国使馆的建筑物上，作为国家的象征由政府官员悬挂的旗子。	**联邦**	一个象征数个政治地区联合的徽章；它可以置于旗子的任何位置或构成整个旗子。
底面	同旗面。	**旗帜学**	对旗帜的历史和象征性进行科学研究的学问。

一些国家也把勋章赠送给其他国家的市民。以勋章、授带、徽章和其他图案形式表现的奖章，早已用来授予军事和民间具有卓越品质的英雄，或具有杰出成就的个人。勋章和奖章应该区别于佩戴在军服上表示军衔或军阶的识别符号。

古希腊奥林匹克运动会比赛项目的获胜者被授予桂冠。今天，奥林匹克比赛项目的获胜者获得金、银、铜奖牌。许多国家的儿童因在童子军团和其他青年组织取得成就而被授予奖章和其他奖状。诺贝尔奖得主在得到金钱奖赏的同时，还获得大奖章。职业橄榄球年度超级杯赛的选手获得专门雕刻的戒指来纪念这个时刻。学院和大学认可的学术成就授予菲·贝特·卡伯（拉丁语，意为哲学，生活的向导）协会的钥匙以及其他形式的珠宝。

勋章作为奖励使用起源于中世纪。首先，它是作为圣殿骑士勋章和马耳他勋章这样的宗教骑士制度勋章设计的。随着中世纪教会权力的衰弱和国王权力的不断强大，各个国家的君主都设立了骑士制度勋章。其中最著名的是国王爱德华三世于1348年设立的英国嘉德勋章。这个勋章开始于国王和25位骑士组成的兄弟会。后来，会员人数增加了。今天，嘉德勋章和欧洲其他类似的勋章已不再是什么组织；他们只是政府授予的奖章。每个欧洲国家都有这样的勋章，并且其中许多都有追溯到中世纪的悠久历史。

军队和民间的奖章通常为系着绶带的勋章。根据奖级，勋章设计不同，并且每枚勋章都有不同颜色的绶带。同一奖章的附加奖由饰带上的金属横条或橡叶、星、棕榈叶以及其他图案表示。一些国家只简单复制原来的奖章。

在许多国家，勋章只在正式的礼仪场合佩戴。平时佩戴大约1½英寸长、差不多1/2英寸宽的小勋表——戴在左胸上。勋表的排列有严格规定的先后次序，代表最高等级的奖章的勋表戴在最高一排的最右边。

英国

英国有14种骑士勋章，每种都有勋章和勋带奖。最古老的是嘉德勋章（1348）。其次是蓟勋章，第三是巴思勋章。最近设立的勋章是英帝国勋章和荣誉勋位者勋章，这两种勋章都于1917年设立。

主要的英勇勋章是维多利亚十字勋章。它于1856年1月29日由维多利亚女王设立，这可追溯至1854年的克里米亚战争期间。第一枚维多利亚十字勋章颁于1857年6月26日。最早的维多利亚十字勋章是用克里米亚战争中缴获的俄国枪支铸造，开始时用于奖励所有作战部队中有军衔的人员。1911年，获得维多利亚十字勋章的资格扩大到印度士兵。1920年，皇家法令允许在军队的监督下，该勋章可以授予妇女和平民。它也可以由其他英联邦国家的市民获得。

第二个最高勋章是乔治十字勋章，于1940年9月24日由国王乔治六世设立。它是一个带有圣·乔治和龙图案的纯银十字勋章，授予"在极端危险的情况下表现出最伟大的英雄主义或最无畏的勇气"。乔治十字勋章主要授予平民，但有时也授予通常不宜授予军事行动奖的军事人员。该勋章男女均可获得。

英国其他军事勋章及其设立日期为：杰出领导勋章（1854）；杰出服役十字勋章，杰出服役勋章和军事十字勋章（1914）；军事勋章（1916）；杰出飞行十字勋章和空军十字勋章（1918）。还有服役时间的长度和参加特殊战斗、战役或某一战区的战斗的奖励。为纪念1815年著名战役的滑铁卢勋章，是授予所有士兵的第一个现代战争勋章。

美国

在美国，奖励军队和民间有成就者的勋章数量可能位于世界前列。最高军事奖是国会荣誉勋章，于1861年为海军设立，1862年为陆军设立。各兵种勋章设计相似——系在用13颗白星装饰的蓝色佩带上的金属星。现代的荣誉空军勋章于1965年设计。以前，空军官兵获得陆军勋章，海军陆战队获得海军勋章。

其他军事奖有杰出服役十字勋章、杰出服役勋章、铜星勋章、空军勋章、陆军嘉状勋章。紫心勋章是美国最著名的勋章。它的独特在于只授予那些为国家服役期间负伤或牺牲的人。紫心勋章最初由乔治·华盛顿于1782年为勇敢者设立。1932年2月22日,在他诞生200周年之际又恢复使用。紫心勋章刻有小型华盛顿肖像。

军功章是惟一有不同级别的美国奖章。它由国会于1942年7月10日设立,是惟一在美国授予的高于欧洲勋章的奖章。它有四个级别:总司令、司令、军官和军团成员。前三个级别的勋章授予外国官员和外国军事人员。只有最低级别可以授予美国军事人员。

美国最高的平民奖章是总统自由勋章。这个奖由杜鲁门总统于1945年7月6日设立。起初是代表美国国家,特别为战争期间有功绩的人设立的奖章。1963年2月22日,这个勋章又由肯尼迪总统重新设立。奖励的范围也有所扩大。获得肯尼迪总统颁发此奖章的有歌唱家玛丽·安德森、教育家詹姆斯·布赖斯特·科南特、发明家埃德温·兰德、作家桑顿·怀尔德以及艺术家安德鲁·韦恩。

其他国家

澳大利亚勋章于1975年2月14日设立。澳大利亚还有军功奖——英勇十字勋章、勇敢星形勋章和勇敢勋章。国家勋章可以授予规定服役期后的军事、警察、消防和救护人员。

加拿大也用"勋章"一词指称本国某些最高的荣誉。其中有加拿大勋章、功绩勋章、英帝国勋章及巴斯勋章。加拿大的有些勋章,如英帝国勋章,设立于英国;有两个最高英勇军事奖,维多利亚十字勋章和乔治十字勋章,也起源于英国。加拿大本国的最高奖是英勇十字勋章。

苏联最高平民勋章是1930年4月6日设立的列宁勋章。它授予个人和组织,也授予外国人。平民和军事人员的最高奖是1939年8月1日设立的金星勋章。它本身带有设立于1936年的"苏联英雄"头衔。最高军事奖章为胜利勋章,设立于1943年11月8日,它只授予最高级别的军官。荣誉勋章只授予军士和未授军衔的人。

法国的两个最高奖章是:荣誉军团勋章和战争十字勋章。荣誉军团勋章于1802年5月19日由拿破仑设立,取代了以前的骑士勋章。它授予作战勇士或取得成就的平民,同时也可以授予外国人。战争十字勋章于1915年设立,可授予具有英勇业绩的有军衔的人员。(见插页5)

殖民主义和帝国主义 COLONIALISM AND IMPERIALISM
殖民主义和帝国主义这两个词是连在一起的。帝国主义是指进行政治势力的扩张,特别是通过取得被征服的土地的方法。获取的土地称为殖民地。例如,罗马帝国起初只是一个小城邦,但它使用武力,逐渐扩张,控制了整个地中海地区。中世纪结束之后出现的欧洲诸帝国,也是这样进行扩张的。

一个殖民地可能有人居住,也可能是一块无人居住的土地。北美在英、法、西班牙人探察之初,被认为是一大片需要开拓的荒野。居住在那里的印第安人被看作是应该赶走的讨厌的人。印度则不同,在并入英帝国时,已经是一个人口众多的国家。

殖民的历史

人们要建立殖民地的趋向,对历史发生了很大的影响。它传播了知识和文化,并导致了新土地的发现和发展。但是,开辟殖民地也引起了血腥的征服战争,和对阻止帝国扩张的民族的毁灭。

腓尼基人是最早的殖民者之一,他们是以叙利亚海岸上的西顿和提尔为基地的航海商人,他们所建立的殖民地是贸易驿站。希腊早期向小亚细亚和爱琴海岛屿的殖民行动则不同。殖民者都是穷苦的希腊人或难民。他们建立城市,大部分城市在政治上是独立的。

罗马人建立附属的殖民地。他们开始是以政府的城市兵营的形式定居下来,有地方行政官执行法律,有军队保护他们。很多这种殖民地发展成为庞大的财富和文化中心。在叙利亚、非洲、西班牙、高卢和英国境内的殖民地,变成了他们统治被征服民族的基地。被征服民族的土地变成了罗马的行省。

罗马帝国灭亡之后,欧洲没有一个国家有力量建立殖民地。在7世纪和13世纪之间,阿拉伯人是世界上主要的殖民者。以后到了探险时期。北美、南美以及绕过非洲通往东印度航线的发现,开创了殖民扩张的重要时期。葡萄牙、西班牙、法国、英国和荷兰,要求占有新世界、亚洲、非洲和太平洋的土地和贸易。其后,德国、比利时和日本也提出要求。在18和19世纪期间,几乎新世界的所有殖民地都独立了。

建立或获取殖民地的主要动机,是对一个地区和世界其他地方业已存在的贸易进行控制,占有贵重金属、宝石或原料,占据殖民地市场,在殖民地中为过剩的人口寻找出路,利用土著居民的廉价劳动力,以及建立海军和军事基地。

建立殖民地的和平方法

殖民地并不都是用武力建立的。有时一个国家是逐步将一个地区拿到手的。首先,是和土著的统治者签订一个排他性的贸易条约,或是为了商业目的取得一小块租界。下一步是建立这个国家的保护国。这样,便要允许该国保卫这个土著国家,该国也就能控制这个土著国家的对外关系了。最后,该国把土著国家的内部事务也置于自己的控制之下。

另一方面,在殖民地建立之后,也会给予它相当大的自治权。英国的自治领就是这样。每个自治领几乎是完全独立的,只是通过一个称为"忠于王国政府"的协议,与英帝国的其他部分结合在一起。但是,英国的大部分殖民地都是受到严密的控制的。最高权力掌握在只向英国本土政府负责的官员手中。从第二次世界大战之后,英国已越来越多地帮助它的殖民地自治。(参见:**英联邦**)

殖民地和属地

殖民地是从母国外迁移民定居的地方。如果一个领地的内部生活仍由土著居民管理,就称为属地。波多黎各可以算是美国的属地。

在第二次世界大战之前,全世界陆地面积的2/5和人口的1/3属于殖民地、属地或自治领。其后,意大利和日本在第二次世界大战后失去了殖民地。东南亚和非洲的殖民地一个接着一个地独立。到了 20 世纪 80 年代,全世界共有 150 多个独立国家。

在第二次世界大战后获得独立的殖民地,大多数是最贫困的国家。许多属于被称为第三世界的不发达国家一类。殖民主义是否在某些方面负有责任还不清楚,但是具体情况确实表明,帝国主义对开拓比对经济发展更为关心。
(参见:国际关系)

布尔什维主义　BOLSHEVISM　见:共产主义

保守主义　CONSERVATISM

人们都有一种保持事物现状以保证社会稳定和井然有序的强烈愿望。这种在所有人类社会中都属正常的愿望,在 1789 年法国大革命之后,作为一个社会和政治观点表现出来,并被称为保守主义。法国大革命不仅推翻了君主制度,而且导致了猛烈的暴民统治,使欧洲所有传统的价值和制度的存在受到威胁。在法国,对事态所引起的广泛的反对,给英国和大陆上的保守主义的思想家们提供了呼吁恢复传统的价值和方式的机会。当时出现了两种不同的保守主义思想,一种是英国埃德蒙·伯克的思想,另一种是法国约瑟夫·德迈斯特尔的思想。

伯克认为,社会"不仅是活着的人之间的合伙关系,而且是活着的人、死去的人和以后出生的人之间的合伙关系"。这就是社会传统的继续性。因为他是在一个具有建立民主制度经历——民权、由陪审团进行的审讯和代议制政府——的国家中成长起来的,他认为应该保留这种传统。要做到这一点,就要维护诸如国王、贵族、教会和议会等这种社会等级。保持这样一个稳定的框架,就可以在这个框架之内,为公众的利益逐步地进行变革。

德迈斯特尔是在一个没有自由制度的环境中长大的,他主张社会要有严格的等级。国王和教皇要有绝对的权利。伯克是为了保持传统的自由而提倡保守主义,德迈斯特尔则是为了维护传统的权威而提倡保守主义。社会要由上到下排好次序,每个人都有一个位置,每个人都各就其位。用他的话说就是,"我们从一开始就假设,我们上面有一个主人,我们必须绝对地为他服务"。这话现在听起来很刺耳,但是,德迈斯特尔的目的却是要防止完全混乱和无法无天的现象。

保守主义思想的根子,是对人的本性的不信任,和对未经过考验的思想和行动不确定性的顾虑。保守主义者认为,人的本性既不自由,也不善良,很容易受到邪恶、无政府主义和自我毁灭的影响。为了对社会进行控制,必须要有法律规定、传统的延续和有秩序的社会框架。保守主义的主要弱点,是它相信掌权的人能够为了所有人的利益,公正地做到这一点。保守主义者也经常受制于过去,使他们很难用新的、富有想像力的办法处理当前的问题。

伯克和德迈斯特尔的保守主义,一直延续到 20 世纪。伯克派的保守主义,通过他们提出的具体纲领所造成的影响较小,而他们拖慢改革进程的能力却较强。那些和德迈斯特尔有同样想法的人,则仍旧坚持绝对主义的观点。他们认为,社会应该由一批杰出人物来统治,并且为了维持秩序,要维持良好的治安。

行政系统　BUREAUCRACY

从地方到全国各级政府的行政机关统称为行政系统——这个词是由法文的名词 bureau(意思是"办公室"或"部")和希腊文的动词 kratos(意思是"统治")结合而成。行政系统包含两个具有细微差别的意思。一个意思是指由一些特定的负责人,例如管理部门,对一个公司或公共机构的管理,另一个意思是通过社、局、委员会和部对整个国家的管理。在这个意义上说,行政系统即是指国家政府行政部门中的一切机构和部门。

各种形式的政府都要建立行政系统来管理政府和解决公众的福利问题。各种机构,有的负责收税,有的负责国防、警察、福利和社会保障、学校和公共交通的行政和管理。

私人机构也需要有行政系统。宗教团体、公司、银行、医院和慈善基金会,都必须建立某种形式的管理机构,其中有付酬的理事,并雇用其他人员。

行政系统的特点是分工细,有一个权威机构,某种任务要分配给某些特定的个人去完成,而且还有为了管理这一组织而制定的规章制度。行政系统的成员称为官员,他们是根据他们的资格被招募来担任某项工作的,例如,他们所受的教育和经验证明他们有能力完成特定的任务。一般是根据一个人在一个组织中的地位或级别,而不是根据他的表现或生产率给他支付工资。

一个行政机构的效能在于做它所要做的工作的高效率。要做好工作,各机构需要献身于公众服务工作的、训练有素的专业人员。

任何一个行政机构都有可能出现两个主要的缺点。第一个是,一个机构可能会忘记它的目的是为公众服务,在行动和政策上可能做得过分,可能会损害公众和其他机构的利益,谋求扩大机构、权限和权力。第二,一个机构可能会陷入日常琐事中,忘记了自己的作用和任务。它可能会设法逃避责任,把工作推给其他的机构。它也可能会不敢创新和迎接挑战,只求混日子。

为了防止行政机构越权或失职,现代的国家——特别是民主国家——都责成政府机构要对被选出的官员负责。行政机构还要服从法律和一种叫做司法审查的程序,根据这一程序,法院或法庭可以对一个机构的决定进行判决(见:**行政法**)。

行政机构在保持社会的延续性方面在文明史中起了重要作用。国王、皇帝、总统和独裁者们都死去了,或被赶下了台,但是,行政机构持续的时间更长,并继续管理着政府。

行政机构起源于埃及、巴比伦、亚述、印度和中国的古代社会的王室。国王需要有官员收税、管理农业、治理外省和领导军队。中国的行政机构是最全面的。这种文官制度建立于公元前 3 世纪,并在其后的几个世纪中大大发展。专门设有文官学校,并制定了录取和晋升的考试制度。在 960 年至 1279 年的宋朝,全国各地都建立了培训有天才但是贫穷的人的学校。由于皇上的坚持,行政机构几乎管到了中国公共生活的各个方面。因为行政机构谋求遵循和保持古时候的传统,所以到了欧洲中世纪结束的时候,中国并没有什么创新和发明。

直到近代之前,西方世界的行政机构大部分仍在国王的控制之下。欧洲的统治者一般都把文职人员的位置留给贵族,但是,必要的培训和专长,常常要把平民放到掌权的地位上去。1799 年结束的法国大革命,大大促进了法国文官制度的民主化。录取考试和正式的任职资格成为选择的方法。从 1855 年以后,英国文职人员是在竞争性的考试的基础上选定的。

美国在 19 世纪大部分时间中,政府各机构实行的是恩赐官职制度,或称政党分赃制,也就是说,官职是由当选官员们的朋友充任的。为结束这一情况,国会在 1883 年通过了公务员法。大部分的州和大城市都实行了公务员制度。(参见:**公务员**)

自由主义　LIBERALISM

自由主义一词的字根是拉丁文 liber,意思是"自由"。自由主义是一种政治观点,它反对任何威胁个人自由、阻止个人完全发挥人的潜力的制度。从 18 世纪起,自由主义在西方世界兴盛起来,但是它的历史可以划分为两个界限非常分明的阶段——古典自由主义和现代自由主义。

古典自由主义起源于日益成长的中产阶级对政府控制经济的反抗。在中世纪后期和近代的初期,政府在发展和控制商业和工业方面,起着决定性的作用。这种做法通常称为重商主义,它使许多人感到,它是抑制而不是促进经济增长的。哲学家和经济学家亚当·斯密在他所著的《国富论》中,表达了对重商主义的强烈反对。这本书提倡没有政府干预的、自由市场经济的思想。托马斯·杰斐逊的观点是:管的越少,政府越好。这一观点成了自由主义理论的基础。自由主义者的目的,是控制政府过分的权力,把政府限制在它的基本目的之上,即:提供公共防卫,维护国内稳定,保证私有财产权和合同义务。

在 18 世纪晚期和 19 世纪,自由主义者通过各种办法,确实成功地限制了政府的权力。(如美国宪法所规定的那样,权力分开,就是运用古典自由主义的明显的例子。)自由主义者未能预见到的是,政府不能控制经济,也就无法防止经济大权集中在少数几个人手中,这些人为所欲为地专横起来,也不亚于独裁的政府。情况不久便发生了令人担忧的逆转:以前是政府控制经济,但是到了 19 世纪末期,经济力量便开始控制政府了。

在 19 世纪末和 20 世纪初的几十年中,由亚当·斯密和其他社会理论家们,如约翰·洛克、杰里米·边沁和约翰·斯图尔特·穆勒所提出的自由主义理论,开始逐步地转向这样的观点:政府应该为了全体国民的总的利益,运用它的权力干预经济。(参见:**边沁;洛克;穆勒**)

因此,现代自由主义的目的远远脱离了古典自由主义的目的。简而言之,就是应该用政府的权力来完成社会上政治和经济权力的重新分配。在美国,自由主义的目的是在进步党的党纲中首先详细阐明的,其中很多已经在 20 世纪 30 年代写进了富兰克林·D. 罗斯福的新政纲领中去了。新政纲领涉及旨在使几乎人口的每一部分都受益的各种社会和劳工立法。这样的纲领已被大部分西方国家和日本所采用;自第二次世界大战以来,许多脱离了殖民主义的国家也都效仿它们。前苏联政权和几个东欧国家,也以社会主义的名义,采用了广泛的社会福利计划。(参见:**劳动和工业法;社会保障**)

无政府主义　ANARCHISM

无政府主义这个词来源于一个希腊字,它的意思是"没有首领或头目"。无政府主义是 19 世纪在欧洲发展起来的主要政治思想之一。无政府主义的主要信条是,政府和私有财产应该取消。无政府主义的另一个观点是,应该允许人们生活在自由组合中,共同分享工作与产品。

虽然无政府主义是在 19 世纪兴起的运动,但是,它的理论根源早在前两个世纪的两位英国社会改革家的著作中就提出了。他们是杰勒德·温斯坦利和威廉·戈德温。温斯坦利是 17 世纪的一位农业改革家,他认为应该把土地分给所有的人。戈德温在他所著的一本名为《政治公正》(1793)一书中说,权威是违反自然的,社会邪恶之所以能够滋生和存在,是由于人们不能顺从理智自由地生活。

创造无政府主义这个词并且奠定了这一运动理论基础的,是法国政治作家皮埃尔-约瑟夫·蒲鲁东。蒲鲁东的思想在许多方面与社会主义相似(见:**社会主义**)。他主张消灭

一些著名的无政府主义者

某些重要人物未在下面列出,因为他们已在本条目或在《康普顿百科全书》的其他条目中被论及。

戈德曼,埃玛(1869—1940)　生于立陶宛科夫诺(现考纳斯)。1885 年移居美国。与俄国无政府主义者亚历山大·伯克曼有交往。1917 年以前进行无政府主义的宣传和活动。1917 年因妨碍战争罪被捕,监禁两年后被驱逐到苏联。两年后离开苏联,以后定居英国和加拿大。死于安大略省多伦多。

古德曼,保罗(1911—1972)　生于纽约市。是一位作家和讲师,20 世纪 30 年代拥护无政府主义。在他所著《成长为荒谬的人》一书中主张教育分散。20 世纪 60 年代,人们对此书提出抗议,使他出了名。他也写诗、剧本和散文。

马拉泰斯塔,恩里科(1853—1932)　生于圣玛丽亚卡普阿维特尔,在现意大利境内。这位无政府主义者提倡"起义行动",这是一种为了改变社会而采取的恐怖行为。在国外流亡 35 年,主要在伦敦。1919 年大赦后返回意大利。

莫斯特,约翰(1846—1906)　生于巴伐利亚奥格斯堡(现属德国)。社会主义和无政府主义报纸的出版者。由于他的观点,曾在德、法两国被监禁。19 世纪 80 年代初期移居美国。在美国被监禁数次后,放弃了无政府主义的思想。

索列尔,日奥尔热(1847—1922)　生于法国瑟堡。社会哲学家和作家。1893 年改信马克思主义,但到 1902 年彻底反对政府,甚至是共产主义政府。认为革命的工团主义是改变社会的手段。著有《暴力论》。死于法国塞纳河畔布洛涅。

施蒂纳,马克斯(1806—1856)　他的笔名叫约翰·卡斯帕·施米特。生于巴伐利亚拜罗伊特(现在德国境内)。1845 年以施蒂纳的笔名出版《惟一者及其所有物》。这本书对所有的哲学体系进行攻击,同时对绝对个人进行赞扬。他宣称,一个人除非对于自己以外,没有任何义务。他把国家视为民众的仇敌,并建议所有的人都起来造反,以取代只能建立另一个国家的政治革命。

私有财产,并由工人控制生产资料。蒲鲁东希望由一个农业和工业协会的联合系统取代政府。(参见:**蒲鲁东**)

蒲鲁东的理论吸引了许多追随者,其中有俄国的米哈伊尔·巴枯宁、彼得·克鲁泡特金和埃玛·戈尔德曼;意大利的恩里科·马拉泰斯塔;法国的日奥尔热·索列尔;和美国的保罗·古德曼。这些人都根据蒲鲁东的著作阐述无政府主义的理论。(参见:**克鲁泡特金**)

无政府主义有几种不同的倾向。有些人认为,要改变社会只能使用恐怖主义的办法。例如,马拉泰斯塔主张"用行动做宣传"。这一观点导致了若干起政治暗杀(见:**暗杀**)。其他人,包括索列尔,则发起一个被称为工团主义的运动,试图把无政府主义的目的和工会的目的结合在一起。这个运动的主要手段就是总罢工,工团主义者企图用这个办法达到消灭资本主义和国家,建立有组织的工人生产队的目的。

工业革命所引起的经济和社会变化导致了无政府主义、共产主义和社会主义等政治理论的兴起。这三个运动的追随者,由于他们的基本目的都是推翻现行的政治秩序,起初是联合在一起的,但是不久,无政府主义者们就与其他的人分道扬镳了。共产主义者想要控制国家,而无政府主义者则要把国家完全消灭掉。在第二次世界大战结束以前,无政府主义一直是一个群众运动,在西班牙尤为强大,因为在西班牙内战中,无政府主义者起过积极作用。由于俄国革命中共产主义的胜利,由20世纪20年代意大利法西斯政府和20世纪30年代德国对无政府主义者的镇压,这个运动最后衰落下去了。

虽然在20世纪50年代和60年代在民权和反战运动中,人们对无政府主义的兴趣有过短暂的恢复,但无政府主义一直主要是一个理想,它唤起人们对权力集中在政府或经济机构手中危险的警惕。(参见:**共产主义**)

犹太复国主义　ZIONISM

1948年作为全世界犹太人祖国建立的以色列国,是犹太复国主义运动几十年来努力达到的最高峰。近代犹太复国主义,于19世纪晚期起源于东欧,主要是由于俄国及其西边的邻国对犹太人不断进行严酷迫害的结果。然而,从许多方面来说,犹太复国主义作为一个民族运动,在历史上,从古以色列时起,犹太人就曾居住在耶路撒冷和加利利、撒马利亚和犹迪亚,希腊人称这一地区为巴勒斯坦(现在都叫这个名字)。犹太复国主义也具有很大的宗教意义。

从大约1500年直到18世纪初,就有一些散在的、像是先知的犹太知名人士鼓励人们去巴勒斯坦定居。由于欧洲启蒙运动的开始和自由思想的传播,以及在宗教上对犹太人的容忍,这一运动消沉下去了。大多数犹太人决定成为他们所在国家的参与一切活动的公民。很多人被同化了,放弃了他们先人的信仰。在被同化的人中,最杰出的是哲学家摩西·门德尔松(1729—1786),他想说服犹太人赞同现代西方文明。19世纪初,重新定居巴勒斯坦的兴趣又活跃起来,主要是在基督教原教旨主义者中间,他们把恢复以色列看成是世界末日的征兆。

19世纪晚期,建立一个犹太国的情绪又恢复起来,这是由俄国、波兰和其他东欧国家对犹太人残酷迫害激发出来的。近代政治性的犹太复国主义,就是在这个时候由奥地利记者西奥多·赫茨尔(见:**赫茨尔**)发动起来的。除东欧之外,其他地方反犹太人的情绪都没有奥地利,特别是赫茨尔居住的维也纳那样强烈。他认为,犹太人是被迫违背自己意愿去建立一个国家的。他在所著的1902年出版的小说《古老的新国家》中,把犹太人在巴勒斯坦的生活,描写成一个现代的世俗国家,它在宗教上是中立的,并和阿拉伯巴勒斯坦人合作。赫茨尔使犹太复国主义形成为一个具有世界重要性的政治运动。1897年,他在瑞士巴塞尔召开了第一届犹太复国主义大会。犹太复国主义的中心建立在维也纳,他在那里出版了名为《世界》的正式周刊。

1904年赫茨尔去世后,这个运动的中心迁移到德国,犹太复国主义由奥地利和德国的犹太人领导,但是绝大多数成员来自俄国。当时,只有少数犹太人拥护犹太复国主义,即使在这一小部分人中也存在着分歧。有些人希望有一个严格的正统的宗教祖国。赫茨尔的追随者则希望它是一个现代政治的国度。

在这期间,犹太定居者不停地向巴勒斯坦迁移。在1905年革命失败之后及接踵而来的迫害中,许多人离开了俄国。到1914年,巴勒斯坦已有90000犹太人,有43个农业定居点,共13000人,其中有许多人是由法国的罗思柴尔德家族支持的。

第一次世界大战使定居停顿下来,犹太复国主义的中心也由德国转移到英国,由俄国犹太人的后裔领导,主要的人物是哈伊姆·魏茨曼(见:**魏茨曼**)。他在敦请英国外交大臣阿瑟·詹姆斯·贝尔福于1917年11月2日写信给英国的罗思柴尔德爵士,英国同意建立犹太国一事上,是起了作用的。贝尔福宣言由于没有提出把巴勒斯坦变为犹太国,使犹太复国主义者感到失望,但它还是因为实现了赫茨尔的希望而受到犹太复国主义者的欢迎。贝尔福宣言受到第一次世界大战协约国的支持,被作为英国的一项政策,并成为国际联盟英国托管巴勒斯坦委员会的一个文件。

在1920年以后的若干年中,犹太复国主义者集中精力在巴勒斯坦建立城乡定居点,同时提高犹太人的文化生活和教育。这样,便为现代的以色列国奠定了基础。到1925年,巴勒斯坦的犹太人已达到约108000人,10年之后达到300000人。到1935年,始建于1909年的现代城市特拉维夫已有人口100000余人。在耶路撒冷还建立了希伯来大学。

尽管有这些发展,直到第二次世界大战及在欧洲死亡营中对犹太人的迫害和大批杀害之前,向巴勒斯坦的移民一直是比较少的。纳粹大屠杀使世界舆论转向犹太复国主义一边。

第二次世界大战以后,犹太复国主义的领导权转移到美国。1942年在纽约市举行的一次大会,要求在巴勒斯坦全境内建立犹太国,和无限制移民。1947年11月29日,联合国建议巴勒斯坦由阿拉伯人和犹太人分治。这个问题实际上已通过阿拉伯人和犹太复国主义者之间的武装冲突得到了解决。以色列国于1948年5月14日宣告成立,并立即得到美国的承认。

爱国主义　PATRIOTISM

见：国家与民族主义

极权主义　TOTALITARIANISM

"极权主义"一词中的"TOTAL"（总体），是对这个词含义的最好说明。这个词指的是试图对国民的生活实行总体控制的那种政府。这种形式的暴政是在20世纪中发展起来的，它是为根据社会主义的原则改造社会的目的服务的。极权主义政府最早是在第一次世界大战后不久出现的。它们在不同的地方存在了约70年，后来证明在政治上和经济上都是失败的。

意大利1922—1943年的独裁者贝尼托·墨索里尼造出了totalitario这个词，来说明他的法西斯政府的目的（见：**法西斯主义**）。他在解释这个词的时候说，他的目的"全在国内，不在国外，也不是反对国家"。墨索里尼在活着的时候没能把他的理想变为现实。虽然其他的政党都被宣布为非法，但是，意大利生活的传统制度，如宗教，仍保持着不受国家控制的相对自由。

传统的独裁

有必要把现代的极权主义国家与较为传统的独裁区别开来。一人统治可能与政府本身同样古老。实例是很多的：从古埃及的法老、亚述和巴比伦的国王、早期的中国皇帝、希腊的暴君、罗马的独裁者和现代早期的欧洲专制君主，直到20世纪西班牙的弗朗西斯科·佛朗哥、葡萄牙的安东尼奥·德奥利维拉·萨拉查、菲律宾的费迪南德·马科斯和智利的奥古斯托·皮诺切特的独裁。撒哈拉沙漠以南的大部分非洲国家也是一党专政。在中东和拉丁美洲还有更多的例子。南非的情况是很特殊的，对白人公民来说，是立宪民主制，但是，对2200多万的黑人来说，则是一种接近极权统治的独裁。

传统的独裁——特别是20世纪的独裁——与极权主义的区别，在于控制的范围。独裁一般是满足于控制一个国家的政治机器。这种控制是通过广泛的警察网络或是通过军队来维持的。警察或军队的作用是保持平静，清除反对派。但是，只要政府能在没人反对的情况下运转，社会上的其他机构，如果不起来反对独裁者，就可以自行其是。

在极权主义政府中，所有以前的政治机构和宪法，都被清除掉，而代之以新的。在纳粹德国，传统的制度由个人即希特勒取代了。他把宪法、法律和政府集于一身。

除政治统治之外，一切事物和所有的人，都要为国家服务。政府管理和控制经济，并监督一切生产和消费。所有的作家和艺术家，如果他们想工作的话，必须属于政府管理的一个组织。所有的科学研究都是为政府服务的。学校的教学工作，除了教授常规的课程外，都要为政府的目的服务。戏剧、歌剧、芭蕾舞和体育运动由政府控制和支持。宗教，如果不是完全被宣布为非法的话，也受到政府的严密监视，而且宗教的一些作用，也由政府拿了过去。

维持控制

现代的极权主义国家之所以能够存在，至少一部分原因是由于20世纪发生了通讯和交通革命。无线电、电影和电视，作为宣传和传播政府推崇的真理的手段，让国民了解政府想让他们知道的关于本国及敌人的消息，是无比重要的。电子设备，对于监视公众和监听所有电话通话，是很有效的。

运输系统由国家所有和运营，因此能够控制人口的流动，和迅速地把军队调遣到可能需要他们的地方。例如，德国的现代高速公路，正是希特勒的工程师们在20世纪30年代为了加快军事运输的目的设计的。

在极权主义国家中，一般不将国内的警察任务交付给军队。如果军队人数太多，它们就可能变得非常强大，如果政府不能加以严密的控制，它们就可能将政治机器推翻。因此，国内的安全问题由非军事的警察力量负责（见：**情报机构**）。

政府的目的：思想意识

思想意识问题是一个很复杂的问题。这个词的基本意思是作为指导政治、社会、宗教或经济行为的信仰或理论体系。对某些意识形态来说，可以就某些想法进行试验，如果发现它们行不通，就可以把它们替换掉。极权主义的意识形态则不同。它们假定某些看法是绝对正确的，并根据这些事实创造出一整套思想体系，企图用来解释一切。一旦掌握政权的统治者们制定出这种思想体系，只要能达到他们的目的，什么手段都可以使用。

希特勒的目标是很明确的。他的目标主要有两个。第一，随着德国人口的增长，德国人必然不可避免地要向东方迁移，去征服将来他们要占用的土地。第二，是通过除掉希特勒所认为的不受欢迎的分子，"纯化"人口——"纯化"雅利安种族。为了达到这两个目的，他向苏联宣战，以取得东面的土地，另一方面，消灭了千百万民众——大部分是犹太人和斯拉夫人——以达到民族的一致性。

法西斯主义　FASCISM

法西斯主义是20世纪的主要政体形式之一。这个词来自拉丁文的fasces这个词，是古罗马权威的象征。fasces是绑扎在一把斧头周围的枝条，象征国家坚不可摧的权力。法西斯主义认为，对个人来说，国家是至高无上的，因此，为国家的发展共同努力，是每个人的责任。意大利的贝尼托·墨索里尼，在描述他于20世纪20年代在该国建立的政府体制时，第一次使用了法西斯主义这个词。其后，在德国、日本、南非、阿根廷和其他一些国家，也建立了同一类的政府，尽管它们并不都叫法西斯主义。它最臭名昭著的翻版是在阿道夫·希特勒领导下的德国出现的那种法西斯主义，它叫作国家社会主义。（参见：**希特勒**；**墨索里尼**）

法西斯主义的最终结果，是走向独裁和剥夺人权。法西斯主义的目的是和资本主义结成联盟，和控制生产的人合作，以改善国家经济的运转。法西斯主义把国家（或像德国，把国家和种族）提高到至高无上的地位，并且用国家的警察和军队的力量来推行这种政策。

起源

法西斯主义把国家推崇为至高无上的,并且要求人们遵守纪律,克尽职守,个人的一切活动都要服从于国家的利益。墨索里尼的口号是:"信任、服从、战斗。"

法西斯主义一开始并不是一种学说,而是一种取得政权和行使政权的手段。从这一点来说,它比较灵活,因为它可以在试验和失误的基础上实施它设计的政策。这种灵活性使它在意大利、德国、西班牙和日本在经济方面获得暂时的较大成功。

法西斯主义在开始时,虽然没有坚实的政治信仰作为基础,但是,它最终还是以尼科洛·马基雅弗利、托马斯·霍布斯和 C.F.W. 黑格尔等作家的著作中所阐述的政治和国家的思想作为它实践的基础。在德国,一般认为,主张国家强大的主要哲学家是弗里德里克·尼采,至少在国家社会党人的眼中是如此。实际上,尼采是鄙视国家的。但是,他更鄙视民主。他赞扬"权力意志"和超级英雄。在意大利,维尔弗雷多·帕累托声称,从来都有一个掌权的统治阶级凌驾于社会之上,因此,社会应该按等级制度组织,最上层是处于统治地位的贵族。

法西斯主义的出现

第一次世界大战后法西斯主义的出现有几个原因。首先出现法西斯主义的国家,在政治上和社会方面还没有现代化。与法国、英国和美国相比,它们对管理民主机构还没有什么经验。德国、意大利和日本参加战争,是渴望获得土地和提高国际地位。这几个国家发觉自己的希望破灭了,自己国家的人民也很不满意。

德国并不认为自己是打了败仗。它认为战场上的失败,是国内不争气的结果。1923 年德国因通货膨胀失去控制而造成的财政灾难,和几年之后出现的大萧条,似乎给问题出在国内的观点提供了证据。所有这些情况,加上政治持续混乱,中央政府软弱无力,就给自称能将德国再次治理成一个伟大国家的人,创造了一个成熟的时机,这个人就是国家社会党的领袖阿道夫·希特勒。

虽然意大利算是战争中的胜利者,但在工业方面是一个远远落后于德、英、法的国家。有些政治家,特别是墨索里尼,想把民众的愤懑引向战后兴起的、强大而繁荣的民主国家。有产阶级、教会和大实业家担心社会上民众骚动,想物色一个能够控制国家软弱政治机构的强有力的领袖。

日本,在 19 世纪刚摆脱了封建主义,决心使自己现代化和成为一个强国。它原想在第一次世界大战中把中国变成它的保护国,以扩大它的势力范围。由于美国阻挠,日本的目的没有达到。民众不满,要求加强工业基地的建设,和重建军队。

以上这些情况,都要求有一个强有力的中央权威和一致的目的,而且公众都愿意服从国家的利益。另一方面,握有经济和政治权力的人,强烈反对任何民主改革的想法。这种对改革的担忧,由于 1917 年俄国共产主义革命的成功而大大加剧了。苏联这个强大的新国家,变成了世界共产主义的中心和其他国家进行革命的源泉。

德国、意大利和日本的愤懑和恐惧,以及民众的希望和奢望,都被渴望掌权的、并且成功地掌握了政府机器的人煽动起来。墨索里尼在 1922 年上台,一直统治到第二次世界大战期间的 1943 年垮台。在日本,军人掌握了政府,并进行动员,使该国参加了第二次世界大战。

在德国,由希特勒领导的国家社会党,在 20 世纪 20 年代不遗余力地进行煽动,斥责第一次世界大战的"背叛者",谴责民主的魏玛政府的经济政策。到 1933 年 1 月,他的党获得了足以使他被任命为总理的选票,在其后的 12 年中,他是德国政府的惟一掌权人。

法西斯主义运动在其他欧洲国家也有发展,获得最大成功的是匈牙利、西班牙和葡萄牙。阿根廷的法西斯主义运动,是由军队领导的,在胡安·庇隆的领导下,开始于 20 世纪 40 年代,以后由不同的领袖领导,持续到 20 世纪 80 年代。在智利,在马克思主义者萨尔瓦多·阿连德于 1973 年被赶下台之后,该国政府由军队接管,并且建立起一个法西斯主义的牢固的独裁政权。民主国家中的法西斯主义政党则没有多大作为。到了 20 世纪末期,法西斯主义这个词很少用来描述一个政治运动——主要是由于希特勒和墨索里尼给这个意识形态造成的坏名声。

集 中 营　　CONCENTRATION CAMP

一个俄国作家讲了关于约瑟夫·斯大林统治时期在苏联一个被允许进入强迫劳动集中营的犯人的趣闻。一个官员问这个犯人:"你在这儿待了多久?"他回答说:"25 年。"这个官员又问:"你做过什么事情?"犯人说:"什么也没做。"官员说:"这是撒谎;什么也没做,再给你加 10 年。"这个具有讽刺意义的小故事很好地说明了集中营是怎么回事。20 世纪,数百万人被监禁于集中营,这些集中营主要在德国和苏联,不是因为他们做了什么事而仅仅因为他们是什么人。集中营不是监狱,监狱是关押由于犯有某些罪行而被判刑的那些人的地方。集中营是为了国家安全,以想像的或指控的罪行为理由而拘禁持不同政见者和全国性的或少数民族的集团成员的地方。

战时,平民经常被投进这样的集中营,以阻止他们帮助敌人或从事游击战,或者作为恐吓人民屈从的手段。在 1899 至 1902 年进行的布尔战争期间,英国把南非的德兰士瓦和开普殖民地共和国的民众赶进了这样的集中营。1941 年 12 月,日本袭击珍珠港后不久,西海岸的日裔美国人被赶进俘房集中营,仅仅因为他们是一个特殊种族群体的成员。整个战争期间他们被迫留在那里。

德国人的经历

为了监禁纳粹党的反对派,1933 年建立了第一批集中营。不久,想像中的反对派包括所有的犹太人、吉卜赛人和某些其他群体。到 1939 年有 6 个集中营:达豪、萨克森豪森、布痕瓦尔德、茅特豪森、弗洛森比格和拉文斯布里克。战争的爆发引起了对劳工的大量需求,并且增加了其他一些集中营。最为臭名昭著的是在被征服的波兰的奥斯维辛集中营。收容者被迫去干活,吃饭就是工资。然而给的食品非常少,使许多人饿死。其他人由于暴晒或超负荷劳动而死。尸体在集中营内或附近的巨大焚尸炉里烧掉。

1940年后,集中营系统最为恐怖的扩展就是建立灭绝中心。建立灭绝中心主要是屠杀犹太人。这种残杀以大屠杀闻名。据信,在这些中心有1800万至2600万人被杀害,其中包括600万犹太人和40万吉卜赛人。这些集中营里的囚犯也被用来进行野蛮的医学实验。

这些囚犯尽管骨瘦如柴,但还是没有死在奥地利埃本塞纳粹集中营里。

苏维埃的经历

在苏维埃政权初期,契卡(秘密警察)被授权不经审判把人们送进集中营。到1922年,在不同地点已有23个集中营。在斯大林统治初期,从1924到1953年,集中营和囚犯的数量大为增加。特别是在第一个五年计划期间——从1928到1932年,在俄国北部和西伯利亚建立了许多所谓的劳改集中营,当时把成千上万的富裕农民赶出了他们的农庄。1936到1938年的大清洗,使这种本质上是奴役的机构增加了更多的囚犯。

1922年管理集中营的机构契卡被统一的国家政治管理局取代。1934年这个机构又被NKVD(苏联内务人民委员会)取代,经过几次进一步的改组后,1954年NKVD又被克格勃(苏联国家安全委员会)取代(见:**情报机构**)。

由于1939年占领波兰和1940年波罗的海各国并入苏联,这些国家的许多公民被送进集中营。1941年与德国的战争开始后,又增加了许多战争囚犯,后来再也没有听到他们的消息。

1953年斯大林死后,许多囚犯被释放并关闭了一些集中营。在斯大林之后政治气候宽松时期,据信,一些集中营转变为比较温和的劳改营地。但是在20世纪60年代开始,在列昂尼德·勃列日涅夫的统治下,政治气候再度变得严峻,而且增加了更多的囚犯。

1962年苏联作家亚历山大·索尔仁尼琴出版了一本小说《伊万·丹尼索维奇生活的一天》,详述了一个苏联集中营的生活。此后又出版了《第一圈》(1968)以及三卷本纪实作品《古拉格群岛》(1974—1978)。所有这些著作都是关于苏联集中营生活的极好资料。1970年索尔仁尼琴获得诺贝尔文学奖,1974年他被驱逐出苏联。

纳粹大屠杀　HOLOCAUST

"死亡好像把守着所有的出口。"这一警句阐明了1941到1945年间数百万欧洲人的命运。第二次世界大战期间,由于纳粹德国控制了一个又一个国家,发生了可以列为战争罪行的大量屠杀平民和虐待士兵的事情。然而这些罪行同大规模的、蓄意的和周密计划的称为大屠杀的灭绝1500多万人相比,显得黯然失色。这个比例大得出奇的种族灭绝是由一个协调得很好的德国官僚机构用严格的效率实施的,它不放过任何机会。

纳粹大屠杀的首要目的是灭绝在欧洲的所有犹太人。这个目的差不多实现了。1939年后,在被德国占领的欧洲居住的犹太人,估计有830多万,大约有600万人被屠杀。虽然犹太人是首要目标,但是他们不是惟一的目标。吉卜赛人、斯拉夫人和同性恋者也被挑出来作了特殊处置。据认为,在这5年疯狂的屠杀中还有160万波兰和俄国人被杀害。(参见:**种族灭绝**)

大屠杀作为一个术语通常用于描述欧洲犹太人的命运。当纳粹处置他们认为是劣等人的那些人没有什么困难时,针对犹太人的政策是预谋的和充分策划的。这个政策在其他欧洲国家也找到了热心的支持,在那里,多少世纪根深蒂固的基督教排犹主义在战争的掩盖下爆发成暴力。只有丹麦不顾德国人的占领做出英勇的、全国性的努力去拯救犹太居民。大多数丹麦籍犹太人被送到中立国瑞典生活,离开这场战争。其他拯救犹太人的努力是由个人和机构做出的,例如瑞典商人托乌尔·瓦伦贝里(见:**瓦伦贝里**)。

阿道夫·希特勒迫害犹太人在1933年纳粹一上台就开始了。一个刺耳的排犹主义叫嚣已经成为纳粹党纲的一部分(见:**希特勒**)。犹太人的企业遭到抵制和破坏。犹太人被赶出他们在政府里和大学里的工作岗位。到1935年纽伦堡法律出台后,他们失去了公民资格,并且被禁止与其他德国人通婚。他们在自己的国家里成为没有任何权利要求的人。许多人逃往欧洲其他国家或者美国。然而多数人留了下来,他们相信作为完全融合的德国公民,他们是安全的。他们这样做是没有意识到他们所处险境的严峻性。

1938年11月9至10日,所谓"砸碎玻璃窗之夜",纳粹的意图已经清楚了。当时德国的几乎每一座犹太人教堂连同许多其他犹太人机构遭到破坏。接着把数千名犹太人监禁在集中营里。他们的财产被没收。

这些暴行虽然在全世界报道出来,但是对这些暴行的反应一般相当温和。意大利、罗马尼亚、匈牙利和欧洲其他国家开始步德国的后尘,迫害自己国家的犹太少数民族。对正在发生的事情甚至在大多数教会方面几乎没有有组织的反对。对希特勒来说,这种沉默意味着对他的政策的默认。

到了1941年末,在入侵苏联以后,绝大多数的欧洲犹太群众处于德国的管辖之下。在战争中,就是在这一点上,纳粹领袖们开始"最终解决了"他们所说的犹太人问题。一项要把所有犹太人用船运到马达加斯加岛的早期计划,由于难以实现而被放弃。

1942年1月20日在柏林郊外召开了万湖会议,以莱因哈德·海德里希为首的15名纳粹党人制订了最终解决的方案。所有的犹太人撤到东欧的集中营。许多人将被公开杀害,另一些人将忍受奴役和很少的食物配给直到死亡。在被杀害前后,他们被夺走可能有价值的每一种物品——衣服、眼镜、宝石、金牙和头发。

实施这样一种大规模的计划,严重分散了德国的战争努力。它需要政府官僚机构、军队、工业和铁路等方面的配合。由于成千上万的人被往东运往集中营,运送军队的火车经常短缺。到1945年,德国显然在输掉这场战争时,这个目标比战争本身变得重要。

在奥斯维辛、特雷布林卡、贝乌泽茨和马伊达内克这样一些集中营,屠杀是由流动行刑队干的。纳粹最有效的消灭人的方法是在特别建造的毒气室里实施,那里挤满了被害者。施放毒气以后,尸体被移到附近的炉子里焚烧。纳粹从被占领国的公民当中招募集中营的工作人员没有什么困难。

尽管盟国领袖和美国犹太人领袖了解这种灭绝人的情况,犹太人要盟军轰炸死亡集中营的努力还是没有成功。战争结束,盟军部队进入德国和东欧时,大屠杀的新闻对全世界产生了令人震惊的影响,对于因战败而已经沮丧的德国公众尤其如此。集中营的照片有时因太可怕而不能发表。欧洲犹太人所遭受的损害永远不可弥补。然而一桩好事应运而生——1948年建立了以色列国作为犹太人的家园。关于大屠杀最有用的著作之一,是1975年出版的露西·达维多维茨的《反对犹太人的战争》。

种族灭绝　GENOCIDE

可以恰当地给20世纪一个"大规模屠杀时代"的名称。在世界历史上,从来没有数百万之多的人像1900年以后被杀害那样遭到故意的灭绝。这数百万人绝大部分不是战争造成的死亡。他们是种族灭绝的受害者:故意地和有组织地毁灭种族、宗教、民族或政治群体。一种暴力较少的种族灭绝形式,是有计划地毁灭一种人群的文化。

种族灭绝这个词大约是1944年由一名叫拉斐尔·莱姆金的法官创造的。

莱姆金创造这个词的起因,是1933—1945年纳粹统治下的德国所发生的那些事件。阿道夫·希特勒政权制定了一种政策,先是迫害,然后是彻底屠杀在它统治下的部分居民。

最为臭名昭著的,当然是屠杀几乎来自欧洲各地的600万犹太人。这种大屠杀,正如它通常被叫做的那样,已经成为纳粹种族灭绝的最值得记住的部分。在那个时期,纳粹总共屠杀了至少1200万人。被屠杀的具体群体包括吉卜赛人、同性恋者和斯拉夫人。

特点

种族灭绝,无论是实际屠杀大量的人,还是暴力较少地毁灭他们的文化,通常都是由政府执行的一种政策。在1933—1945年间的德国,在约瑟夫·斯大林统治时期的苏联,以及历史上大多数其他种族灭绝,情况就是如此。

公然实行种族灭绝的社会,至少有一个值得注意的少数人群体,同多数人相比,他们通常在某些方面处于不利地位。少数人群体通常根据外貌、核查政府记录或其他记录很容易辨认。

少数人群体可以是种族、少数民族、宗教或政治群体。有时,一个特殊的少数人群体被认为已经取得为多数人群体所妒忌的经济和政治地位。这种情况发生在中世纪末的西班牙犹太人和后来欧洲的其他地区的没有那么明显的犹太人身上。

种族灭绝总是对一个群体而不是对个人的犯罪。个人之所以是受害者,仅仅是因为他们属于一个群体。这样,这些个人已非人化,变为数字。因为他们是如此地非人化,在那些毁灭者看来,仅仅成了统计数字。所有正常的从道义上约束杀害人类的行为,均被置若罔闻。

那些干出种族灭绝的人很少承认其目的即是屠杀。通常有一个改善社会经济或政治之类的"较崇高"的目的。在希特勒的实例中,目标就是德国人的"种族净化"。

在欧洲国家对美洲、非洲、澳大利亚和新西兰的殖民化时期,当地人民的死亡率很高,在西班牙殖民下的拉丁美洲和加勒比海地区尤其如此。这里由于疾病和战争,难以统计的数百万印第安人在被认为是由欧洲基督教徒领导的进步与文明的进程中死亡。支持强者取代弱者。这样一种"进步的进程",在巴西和其他拉丁美洲国家持续到20世纪。

20世纪主要种族灭绝

20世纪第一次著名的种族灭绝是土耳其政府针对小亚细亚的亚美尼亚居民。这次预谋的大屠杀在第一次世界大战的掩盖下开始于1915年4月24日。4月24日仍然是全世界亚美尼亚人纪念的殉难者日。被屠杀的人数难以确定。最低估计是80万,最高数字是超过200万。土耳其政府一向否认曾经发生过这个事件,但是发生的事件已经被局外人详细记录下来。

其他主要的种族灭绝的报道是来自印度-巴基斯坦、尼日利亚、卢旺达-布隆迪、乌干达、柬埔寨和伊朗。在印度和巴基斯坦,屠杀不是政府制定的政策。它的发生倒是因为两个国家从英国统治下独立后形成的分治。大量的穆斯林被印度人和锡克人屠杀,而且大量的印度人和锡克人转而在实质上的宗教战争中被穆斯林所屠杀。类似的战争在印度继续到今天。在前巴基斯坦所属孟加拉,1971年在导致建立孟加拉国的冲突中,大约300万人被杀害。

1975年印度支那战争结束后,柬埔寨被波尔布特和他的红色高棉军队接管。在后来四年多的时间里,在一场叫作经济复兴运动中,这个国家有大约一至三百万人被新政府有目的地处死。

90年代初南斯拉夫解体后,塞尔维亚军队采取"种族清洗"政策,企图兼并波斯尼亚和黑塞哥维那。暴力的主要目标是对穆斯林,数千穆斯林逃出该国,而留下来的不可胜数的成千上万穆斯林被折磨、强奸和杀害。克罗地亚军队也强迫穆斯林离开波黑的某些地方。

三K党　KU KLUX KLAN

三K党是一个秘密的恐怖组织。在美国南北战争之后的重建时期,曾领导地下的反抗运动,反对给予刚被解放的奴隶以民权和政治权力。三 K 党的目的,是恢复内战以前的种植园主的寡头统治。在 20 世纪,三 K 党以改头换面的形式复活。

三 K 党是 1866 年在田纳西州珀拉斯凯由南方联盟退伍军人作为社交俱乐部组织起来的。一年以后,在田纳西州的纳什维尔改建为政治和种族的组织。有时被称为南方无形帝国的三 K 党,由一个大龙头领导,以下逐级分为大龙、大头目和独眼龙。该组织的名字取自希腊文字 kyklos (意思是"圆圈")和英文字 clan (部族)。三 K 党员身穿长袍,头戴面罩,以恐吓迷信的受害者,同时也避免被联邦军队认出。他们在夜里出来打杀获得自由的奴隶。他们用恫吓和威胁的手段,把黑人和他们的白人同情者赶出他们的社区,毁掉他们的庄稼,烧掉他们的房子和粮仓。

由于绑架和谋杀案的增多,三 K 党的大龙头在 1869 年下令解散这个组织,但是地方上的组织仍旧在活动。美国其他地方对南方暴力的增多反应强烈,国会在 1870 年通过强制法案,又在 1871 年通过了三 K 党法案,授权总统停止执行人身保护法令,用武力镇压骚乱,并对恐怖主义组织加重处罚。然而,联邦政府对三 K 党员的起诉,在南方引起了广泛的对三 K 党员的同情。到 19 世纪 70 年代,当南方的政治势力逐渐转为传统的白人民主党控制的时候,反共和党和反黑人的组织,就不需要像以前那样保守秘密了。

1915 年三 K 党在佐治亚州的亚特兰大附近重新建立起来。20 世纪 20 年代最为兴旺,全国党员超过 4 百万,南方和中西部的组织较强。新三 K 党开始迫害天主教徒、犹太人、外国人、共产党和有组织的劳工。强烈主张白人新教至上的三 K 党,在 1928 年人数突然增多,这是对天主教徒艾尔弗雷德·E.史密斯被提名为民主党总统候选人的反应。在 20 世纪 30 年代大萧条时期,三 K 党人数急剧下降。1944 年,在联邦政府控告拖欠所得税款之后,三 K 党遭致破产。在 20 世纪 60 年代中期,在民权工作者提出要执行 1964 年民权法案时,三 K 党再一次短暂恢复。1965 年,在林登·约翰逊总统对该党进行谴责之后,迅速衰落。

20 世纪 70 年代,三 K 党又以新的活力复苏。它分成几个分离的、相互竞争的小股,有些和新纳粹党以及其他极端右翼组织结合在一起。到 20 世纪 90 年代初期,在三 K 党由于进行非法活动而受到控告之后,估计三 K 党的活动分子人数约有 6000 至 10000 人,大部分在美国的最南部。

暗杀 ASSASSINATION

20 世纪的社会生活中,最令人关注的事情之一,就是通常由于政治原因杀害知名人士。这种谋杀称为暗杀。1900 年以来,许多世界领袖成为暗杀的受害者。1970 年以后,普通公民和军人也成为暗杀的目标。中东和其他第三世界地区的恐怖分子组织专门选择美国公民作为暗杀对象。

全世界在各历史阶段都曾发生过这种谋杀。古希腊人和罗马人有时为了另立君主,起而弑君,即谋杀暴君或独裁者。在公元前 44 年 3 月 15 日,朱利乌斯·凯撒被刺杀,凶手自认为是从未来国王的手中拯救罗马共和国的爱国主义行动。这次谋杀仅发生在凯撒的劲敌在埃及被暗杀 4 年后。

暗杀作为一种政治武器起源于 11 世纪的伊斯兰教世界。大约 1090 年,在波斯一个名叫哈桑·本·萨巴的人,创立了一个穆斯林秘密社团。哈桑在控制了一个山中要塞后,建立了一个以暗杀手段与他的政敌作斗争的教派。哈桑和他的追随者们被称为"艾萨辛派"(暗杀派),它属于伊斯兰教伊斯玛仪派的一个支派。两个世纪以来,该组织在中东进行恐怖活动。

哈桑以占据要塞作隐蔽,被称为"山中老人"。据说,他给他的追随者们一种由印度大麻制成的叫"海希思"的可致幻的药品。由这种药品产生的伊斯兰教的天堂美景,使他的教徒们确信,如果他们听从哈桑的训令并杀死他的敌人,他们会获得荣耀的来世。杀手们被称为"吸海希思的人"。这个名称最终被讹用成它目前的形式——暗杀。

直到 1256 年,蒙古的可汗·旭烈兀攻下他们的要塞,并屠杀了他们 12000 人,在这以前暗杀一直是对中东地区稳定的一种威胁。几年以后,埃及的苏丹·拜伯尔一世在叙利亚又摧毁了这个组织的一个分支。此后,暗杀教派的人数比其他穆斯林教派多不了多少,不再有什么政治影响。目前,这个教派的追随者在中亚地区仍可见到。(参见:伊斯兰教)

政治领袖和其他知名人士仍是职业杀手的牺牲品。1610 年 5 月 14 日,法国的亨利四世遇刺身亡,凶手法兰克·雷维拉克是宗教狂。1793 年,激进的法国革命政治家吉恩·保罗·马拉在浴室被夏洛特·科戴刺死。1980 年 12 月 8 日,原甲壳虫乐队成员约翰·伦农在纽约他家的外面,被曾患精神病的马克·戴维·查普曼射击身亡。

自 1900 年以来,暗杀已经成为文明社会可怕的屡见不鲜的弊病。暗杀的原因多种多样。但是,除了部分凶手纯属非理性的行为以外,有三种基本的动机:个人报复,宣传目的或政治革命的希望。

个人报复 凶手由于私人原因杀害政要,通常是由于凶手决定为真实的或想像的过失进行个人或社会的复仇行动。杀害美国总统通常是属于复仇范畴。1881 年杀害詹姆斯·加菲尔德总统的凶手,就是典型的报复性杀害的例子。1881 年 7 月 2 日,加菲尔德总统被对仕途不满的查尔斯·吉托枪杀。吉托认为应归于他的政治奖赏被无理剥夺。

1865 年 4 月 14 日,亚伯拉罕·林肯总统遇刺而死,是一个不很明白的报复案例。人们普遍认为约翰·威尔克斯·布斯可能是为美国南北战争中南方失败而报复。但是一些历史学家认为,布斯可能是涉及林肯内阁成员阴谋的一部分。

1963 年 11 月 22 日,在得克萨斯州达拉斯,刺杀约翰·F.肯尼迪总统也是一个谜。普遍认为哈维·奥斯瓦德是独行的枪手,出于隐蔽的私人动机行刺。但也不断有人指出,奥斯瓦德是未揭露的阴谋的一部分。

一些出于隐蔽动机的暗杀,可能产生于理想主义。之所以选择这些牺牲品,是因为凶手相信,这些人的死会有益于人类或为了特殊的需要。最著名的所谓理想主义事件,是 1944 年夏对阿道夫·希特勒的刺杀未遂事件。

宣传目的 另一类暗杀通常称为"行动的宣传"。这是一种为了宣传某些特别的观点而预先设计好的引人注意的计谋。与 20 世纪前叶相比,19 世纪的无政府主义者可能是这种罪行最突出的鼓吹者。无政府主义者认为,暴力和暗杀是对不道德的政府机构的一种道德反应。从 1881 到

1914年间,有几位国家元首被无政府主义者暗杀:沙皇亚历山大二世(1881)、法国总统萨德·卡诺(1894)、西班牙首相安东尼奥·卡诺瓦斯·德尔·卡斯蒂洛(1897)、奥匈帝国女皇伊利莎白(1898)、意大利国王洪伯尔特(1900)、美国总统威廉·麦金利(1901)、西班牙首相乔斯·卡纳莱贾斯(1912)。(参见:无政府主义)

20世纪影响极大、出于舆论目的并最具有毁灭性后果的暗杀,是奥匈帝国弗朗茨·斐迪南大公遇刺事件。1914年6月28日,他和妻子在波斯尼亚的萨拉热窝城被塞尔维亚民族主义者加夫里洛·普林西波击毙。这一暗杀事件在欧洲掀起的狂澜,引发了具有潜在爆发性的国际紧张局势,5周后爆发了第一次世界大战。

20世纪后期,发生过几起宣传目的的谋杀。其中最臭名昭著的事件之一,就是对意大利前总理奥尔多·莫罗的暗杀。1978年3月16日,意大利恐怖组织红色旅的成员绑架了莫罗。这个恐怖组织对许多绑架、爆炸、暗杀都负有责任。差不多两个月后,在罗马的一个停车场发现了莫罗的尸体。

政治革命 政治暗杀的目的是更换领导人或政府。这类暗杀通常发生在军事政变期间。1980年4月12日,利比里亚总统威廉·R.托尔伯特被利比里亚军队处决,并建立了新的政府。1979年10月26日,韩国总统朴正熙被其同僚暗杀,但是,并没有改变政体。1918年杀害俄罗斯沙皇查尔·尼古拉二世及其家族,是为了保证俄罗斯废除君主政体。

1948年,印度民族主义分子刺杀圣雄甘地,企图改变印度的内政方针。出于政治原因的暗杀也不一定总能达到目的。

20世纪的记录

除了前文提到的20世纪以来的暗杀,在1918至1968年

20世纪以来的重大暗杀事件

某些暗杀事件在本条目或其他条目中已有论及,此表兹不赘述。

阿卜杜拉·伊本·侯赛因 约旦国王。1951年7月20日在耶路撒冷被一个年轻的巴勒斯坦阿拉伯人暗杀。

贝尼尼奥·阿基诺 菲律宾反对党领导人。1983年8月21日,在马尼拉被一个有前科的罪犯罗兰多·高尔曼暗杀。

安东·塞尔马克 芝加哥市长。1933年2月15日,在佛罗里达州迈阿密被吉斯佩·赞加拉暗杀。他被认为是新当选总统富兰克林·D.罗斯福的牺牲品。

恩格尔伯特·多尔富斯 奥地利总理。1934年7月25日,一小撮纳粹分子袭击总理官邸时被杀害。

梅德加·埃弗斯 美国民权领袖。1963年6月12日,在密西西比州杰克逊,被不知名的歹徒暗杀。

费萨尔 沙特阿拉伯国王。1975年3月25日,被他的侄子费萨尔·伊本·穆萨德王子在利雅德枪杀。

英迪拉·甘地 印度总理。1984年10月31日,在新德里被两名锡克族卫兵杀害。

圣雄甘地 印度民族主义者和宗教领袖。1948年1月30日,在德里被印度狂热分子纳苏拉姆·戈德赛暗杀。

拉吉夫·甘地 前印度总理。1991年5月21日,在马德拉斯附近,被斯里兰卡泰米尔族人赛瓦拉桑暗杀,凶手在被捕前开枪自杀。

巴希尔·杰马耶勒 新当选的黎巴嫩总统。1982年9月14日,在贝鲁特被不知名的歹徒暗杀。

约翰·F.肯尼迪 美国总统。1963年11月22日,在得克萨斯州达拉斯市可能是被李·哈维·奥斯瓦德暗杀。

罗伯特·F.肯尼迪 美国参议员和总统候选人。1968年6月5日,在加利福尼亚州洛杉矶被约旦出生的阿拉伯移民西尔汗·西尔汗暗杀。

马丁·路德·金 美国民权领袖。1968年4月4日,在田纳西州孟菲斯市被詹姆斯·厄尔·雷暗杀。

休伊·P.朗 美国参议员。1935年9月8日,在路易斯安那州巴吞鲁日被卡尔·奥斯汀·韦斯博士暗杀。

帕特里斯·卢蒙巴 前刚果总统(现扎伊尔)。1961年1月17日,在加丹加省可能被总统约瑟夫·卡萨武巴的随从暗杀。

威廉·麦金利 美国总统。1901年9月6日,在纽约布法罗被无政府主义者利昂·乔尔戈什暗杀。

马尔科姆·X 美国民权领袖。1965年2月21日,在纽约被黑人民族主义分子暗杀。

雷内·莫韦德 新当选的黎巴嫩总统。1989年11月22日,在贝鲁特被不知名的歹徒暗杀。

路易斯·蒙巴顿 英国皇室成员。1979年8月27日,在爱尔兰海面的一艘渔船上被爱尔兰共和军暗杀。

吴庭艳 南越总统。1963年11月2日,在西贡军事政变中被杀。

奥洛夫·帕姆 瑞典总理。1986年2月28日,在斯德哥尔摩被不知名的歹徒暗杀。

拉斯普廷 政治上有权威的沙俄僧侣。1916年12月31日,被一小撮贵族暗杀。

安沃·萨达特 埃及总统。1981年10月6日,在开罗被穆斯林原教旨主义者暗杀。

安纳斯塔西奥·索摩查·德瓦伊莱 前尼加拉瓜总统。1980年9月17日,在巴拉圭亚松森中埋伏身亡。

安纳斯塔西奥·索摩查·加西亚 尼加拉瓜总统。1956年9月21日,在巴拿马运河地区被里戈伯托·洛佩兹·佩雷兹暗杀。

斐拉尔·特鲁吉洛·莫利纳 多米尼加共和国独裁者。1961年5月30日,在特鲁希略城附近(多米尼加,圣多明各)被不知名的歹徒暗杀。

间,有 150 多起企图杀害国家领导人的阴谋。其中有近 70 起成功。那些被害者中有美国、葡萄牙、日本、爱尔兰、巴西、伊朗和德国的高级行政长官。

在这一时期,有 25 位与政治有牵连但非政府官员的人被暗杀。他们之中有墨西哥的潘乔·维拉(1923)、苏联的利昂·特罗兹凯(1940)和美国民权领袖马丁·路德·金(1968)。

暗杀和暗杀企图依然在发生。当今的一些恐怖组织把绑架和暗杀作为政治和经济斗争的武器。这些组织中人们比较了解的有德国所谓的巴德尔-迈因霍夫帮、意大利的红色旅、北爱尔兰的临时爱尔兰共和军和西班牙的巴斯克人组织。

20 世纪 80 年代,尤其在哥伦比亚,贩毒分子进行的暗杀屡屡发生。哥伦比亚的毒枭把法官、法庭工作人员和记者作为暗杀目标,以表示他们对国家的控制。1989 年 8 月 18 日,参议员卢斯·卡洛斯·加兰在波哥大附近被杀害。同一天,哥伦比亚总统弗吉莱·巴科·瓦尔加斯宣布严厉打击贩毒分子,同时恢复允许将贩毒分子引渡到美国。作为报复,实力强大的麦德林贩毒联盟成员又发誓要进行一场全面战争,而一个被称为"引渡者"的组织威胁说每引渡一名哥伦比亚人,就杀死十名法官。

革命 REVOLUTION

从来不进行改革,就是为革命铺平了道路。法国大革命的主要原因是法国无法养活它众多的农业人口。美国独立战争的原因,正如独立宣言中指出的,是由于英国议会和皇室没有解决滥用权力的问题。

革命这个词的意思是"翻转过来"。从政治意义上说,革命是迅速改变社会。它与法语政变一词的意义不同,政变是指突然把政府推翻,一般是使用军事方法。政变可以是真正革命的一部分,也可能是防止革命的一种方法。1973 年智利的军人政变,组成了军人政府,阻止了社会主义和民主革命。叛乱可以是一次尚未成功的革命,也可以是一次已经失败的革命。所有成功的革命,其根本原因是广大民众决心把权力从一个只是为它自己的利益而使用权威的政府手中夺过来。

革命可以当作一种比喻来使用,例如产业革命这个词。产业革命带来了社会的根本改变,但这是个相当缓慢的过程,持续了一个多世纪。从 20 世纪 70 年代开始的、全世界范围内发生的急剧的经济变化,也可以说是革命性的。

从古代世界直至中世纪结束时,人们把革命视为一种破坏力量,认为它只能把社会的结构打乱,而不能改进它。产生这种看法的首要原因,是由于在统治者与被统治者之间有着一条严格的界限。因为在古代,革命不是由广大国民进行的,而是由统治阶级的一部分将政权转给统治阶级的另一部分。例如,朱利乌斯·凯撒是被罗马元老院的成员暗杀的,而不是被罗马的暴民刺杀的。

在中世纪,政府的首要任务是维护已有的社会秩序和信仰方式(见:**封建主义**)。宗教的正统性和社会秩序被视为最重要的事,因此,忍受极度的不平等被认为是付出的很小代价。

启蒙运动 由于 17 世纪的启蒙运动及其关于人权的学说,才产生了真正的关于革命的现代概念。新的思想,和清教主义的基督教一起,使英国发生了惟一的一次暴力革命——推翻查理一世的内战。在此以后的一次英国动乱,即 1688 年的光荣革命,是一次较为平和的事件,但这次革命是走向君主立宪的一步。

在 18 世纪,关于革命的学说,由于文学和艺术的浪漫主义而大大得到加强。如让-雅克·卢梭这一类作家相信社会和人性是可以改变的。他的著作在革命即将发生的前几年在法国是很有影响的。(参见:**卢梭**)

美国独立战争和法国大革命 从 18 世纪末以来,发生过无数次革命。所有的革命都是在为广大民众争取更多的自由的名义下进行的,但是,并非所有的革命都获得了所期望的结果。两次主要的革命——美国独立战争和法国大革命——发生的时间相隔几年。开始于 1775 年的美国独立战争分为两个阶段:保证脱离英国而独立的革命战争和通过宪法以后进行的真正的美国独立战争。这部宪法把 13 个半独立的州组成一个国家,从而首创了一种政府形式,这对许多其他国家来说,都是具有革命性的鼓舞——最直接的是 1800 年以后对西班牙的拉丁美洲殖民地的鼓舞。

法国大革命则很不一样。为了建立一个民主国家,它以自由、平等、博爱的名义,用强大的暴力推翻了旧政权。革命变成了政治和经济变革的最时髦的、激进的学说的源泉。例如,社会主义便是它的直接产物(见:**社会主义**)。社会主义学说要求经济公正,表明了 1789 年的法国大革命与 1917 年俄国革命之间,有着直接的联系。

其他革命 19 世纪发生了若干次革命。拉丁美洲的大部分脱离了西班牙宣布独立。希腊脱离了奥斯曼帝国获得独立。意大利逐步统一起来。

20 世纪非洲、拉丁美洲和亚洲的革命——常常被称为民族解放战争——与法国大革命和俄国革命更为相似,而不大像美国独立战争,其中包括中国、古巴、越南、尼加拉瓜、安哥拉和埃塞俄比亚的战争。墨西哥革命(1910—1920)是个例外。它推翻了独裁政府,建立了一个立宪政府。除了这些战争之外,在拉丁美洲、非洲和中东,还发生过多次军事政变。

19 世纪中最引人注意的两次革命,都失败了。欧洲 1830 年和 1848 年的革命,没有达到推翻专制政府、开创一个大众民主和经济平等新纪元的目的。这两次革命原来都是想达到法国革命的目的。革命虽然失败了,但是,西欧各国政府都逐步地更加倾听民众的呼声。

这两次革命中的 1848 年革命,影响较为深远。它开始于西西里,迅速蔓延到法国、德国、意大利和奥地利帝国。法国的君主被推翻,成立了第二共和国。在其他国家,军队镇压了起义。不久,法国的共和国也被拿破仑三世皇帝所取代。虽然革命失败了,但是,1848 年的精神存留了下来。两次革命的大部分社会和政治目的,都在 20 世纪实现了。

地 下 运 动　UNDERGROUND MOVEMENTS

1953 年约瑟夫·斯大林死后,对苏联政府的文学形式的批评就开始了。这种文学被称作私自出版物。它是由苏联的持不同政见者秘密写作、印刷和发行的。私自出版物仅仅是地下运动的一个例子。这场运动没有得到官方批准,这种致力于推翻政府的秘密组织存在了很长一段时间。20 世纪下半叶,最臭名昭著的组织是欧洲的恐怖主义团体。他们使用抢劫、绑架和谋杀等手段破坏意大利、德国和西班牙等国民主政府的工作。中东的伊斯兰恐怖主义者出于政治目的劫持人质,并进行其他一些暴力活动。在美国,气象派地下组织在 20 世纪 60 年代末 70 年代初变得声名狼藉。(参见:恐怖主义)

作为另一种地下组织的犯罪团伙并不想推翻政府。它仅仅是想从非法行为中获取钱财。这类组织中最著名的有历时长达几十年的美国犯罪家族、日本的地痞、中国的帮会、西西里的黑手党以及意大利南部的卡莫拉秘密组织。最近,美国城市中大型的青少年团伙已经成了地下运动的一部分。(参见:犯罪;帮伙)

非暴力反抗 CIVIL DISOBEDIENCE

从表面上看,非暴力反抗针对的是些无关紧要的事情。1846 年,美国随笔作家和诗人亨利·戴维·梭罗由于拒付人头税而在狱中度过了一夜。第二天,他的姑母去纳了税,他才被释放。1955 年 12 月 1 日,亚拉巴马州蒙哥马利市的一位名叫罗莎·帕克斯的黑人妇女坐在一辆公共汽车里,当时,她没有把她的座位让给一位白人男子,她因此而被捕。几天以后,这个城市的黑人进行联合抵制,不乘坐公共汽车。

梭罗对他的那次经历进行了思索,两年以后就这一问题作了一次讲演。1849 年该讲演以《非暴力反抗》的题目发表,为反抗政府的不公平的法律和行为提供了一个有别于革命或反叛的恰当名字。罗莎·帕克斯事件同黑人非暴力抵抗的其他事件一起成为 20 世纪 60 年代的民权运动。(参见:美国黑人)

非暴力抗议

非暴力反抗不是厌弃整个法律制度和政府,而是对被认为是不公正的法律的一种象征性的、但仍然是实实在在的违反。这类反抗的拥护者们认为,变革的合法渠道被堵塞了,而且,他们认为他们自己在更崇高的原则或信念的驱使下是要破坏某一特定的法律。正因为非暴力反抗是一种公认的犯罪活动,它才可以起到抗议的作用。通过被惩罚,违法者希望树立一种道德上的榜样,促使多数派或政府通过改变法律和公共政策进行有针对性的改革。这里,最重要的先决条件是,反抗是非暴力的。

从历史上看,大多数政治改革的拥护者都是决心推翻政府的革命者。而非暴力反抗则一直是一股微弱的潜流。只要人民群众仍受国王、暴君和独裁者的统治,通常的看法——或许德国哲学家伊曼纽尔·康德的表述最为出色——就是,"对任何滥用最高权力的行为加以忍受,是人民的本分,即使这种滥用行为被认为是不能容忍的。"

在康德看来,区别反抗与革命的那条界线是很细的。有权威的有序比没权威的无序要好。但美国提供了一种不同的环境。在梭罗的时代,政府尚不享有崇高的威望,不能轻而易举地控制人民的生命和财产。人民当中很早就有一种强烈的倾向,即怀着敌意态度来看待政府的某些行动。乔治·华盛顿当政时,宾夕法尼亚州就曾发生过反对联邦税收政策的威士忌酒反抗。

几十年以后,约翰·C.卡尔霍恩支持拒绝执行主义,他宣布,州可以否决联邦政府的法令。当然,奴隶制问题为许多人反抗支持奴隶制的政府提供了充分的正当理由。

20 世纪

梭罗的"非暴力反抗"在他那个时代并没有受到多大欢迎,但在 20 世纪,却成了印度、非洲和拉丁美洲民族主义运动反抗不公正行为的教科书。印度的圣雄甘地阅读了这部教科书,并详细阐述了他的非暴力反抗英国殖民统治当局的教诲(见:甘地)。

非暴力反抗能够使反对变革的政府和人们的最坏本质暴露出来。他们用暴力作出反应,力图维持现状。美国非暴力反抗的主要倡导者、民权领导人小马丁·路德·金于 1968 年被暗杀,甘地则在 1948 年被暗杀(见:马丁·路德·金)。但正如滴水穿石一样,非暴力反抗经常会达到目的。英国人离开了印度,公民权利法案在美国获得通过。

除了甘地和金以外,20 世纪还出现过许多非暴力反抗的事例。20 世纪 60 年代发生在美国的反对越南战争的抗议活动就是一个很好的例子:焚烧兵役应征卡、符合征兵条件的男子逃往加拿大或瑞典、向五角大楼进军是这些抗议活动采用的一些方法。20 世纪 70 年代的妇女解放运动是另一个例子。1968 年,巴黎青年抗议活动的爆发几乎使法国政府垮台。南非黑人的抗议活动逼迫政府开始废除种族隔离制度——针对非白人的、系统的歧视政策。20 世纪 80 年代末,美国的男女同性恋者抗议政府在艾滋病研究上的所谓迟迟不动。同样,由于反堕胎和主张人工流产为合法的两方相互指责对立,有关堕胎的争论导致了许多对等的抗议活动,以寻求获得政治支持。国际绿色和平组织经常举行抗议活动反对核动力和核武器试验。欧洲和美国的环境保护主义者和动物权利保护主义者也在许多问题上制造了许多社会骚乱。

开 放 与 改 革　GLASNOST AND PERESTROIKA

苏联在米哈依尔·戈尔巴乔夫领导下所发生的重大变革,人们往往用两个俄语词来表述:"glasnost"(开放)与"perestroika"(改革)。glasnost 是指在东欧的政治和社会生活方面个人的言论自由戏剧性地扩大。perestroika 在有关经济复兴的文章中通常译作"重建",它是由"stroika"(建筑)一词派生而来,意即古老建筑的修复。

虽说改革和开放与戈尔巴乔夫密切地联系在一起,他的前任乌里·安德罗波夫已经意识到经济方面重大改革的必要性——安德罗波夫于 1982 年就任为最高领导。当时,尽管苏联是个军事强国,但经济上已日渐衰落到第三世界的地步。安德罗波夫向他的最优秀的经济学家和社会学家讨教,其结果便是 1983 年后期发表的《新西伯利亚报告》,该报告表明,整个中央经济计划体制已经过时了,并指出有必要进行经济调整。安德罗波夫于 1984 年 2 月突然去世。他的继任者康斯坦丁·契尔年科年纪太大,无力实施任何重大的改革。当他于次年去世之后,戈尔巴乔夫就成了共产党总书记。(参见:**安德罗波夫;戈尔巴乔夫**)

改革的挑战

自斯大林以后苏联政府最年轻的领导人米哈依·戈尔巴乔夫,给克里姆林宫带来了一种清新的、比较开朗的风格。戈尔巴乔夫明确表示支持安德罗波夫发起的对经济的整顿,并于 1985 年 4 月引进了改革这一概念。他想使这种改革成为能够使经济获得新生、同时又能够保留中央计划和共产党的领导作用的一项温和而又可以控制的改良方案。

在此后的几年中,严重阻碍改革的势力变得明朗化。全体国民几十年来接受极权统治,他们既无工作上的创见,又不愿相信政府新的许诺。庞大的苏联官僚机构激烈地反对放弃其特权地位。共产党的保守派不希望有任何变革,因为变革会削弱或损害他们已有的地位、特权和财富。为了削弱这股反对改革的势力,戈尔巴乔夫于 1986 年年底提出了一项叫作"开放"的新政策。这些政策的始料未及的后果之一是,引发了那场导致东欧共产主义体制的崩溃的运动。

开放剧变

就像对于改革一样,本来也想对开放的初期阶段在规模上加以限制。苏联社会愿意接受其知识分子——艺术家、科学家、作家以及其他人——的批评。戈尔巴乔夫相信,通过使苏联人民了解到他们社会的真实情况以及社会经济的衰退,他将会赢得人民对改革的支持。

开放的清新和风于 1989 年——现代史上变化最大的年份之一——转变为一场飓风。斯大林统治下数十年间的错误与苦难受到人们的公开评论。社会体制方面的各种弊端都受到人们的审视和公开批判。没有谁能够逃脱这场批判——苏联共产党不能,甚至戈尔巴乔夫本人也未能幸免。

苏联的经济衰退促使戈尔巴乔夫改变其前任者们的冷战政策。开放与改革在国内引起了一场混乱;然而,在对外政策上,这两项措施则带来了明显的益处。苏联与美国的关系迅速得到改善。自 1985 年年底开始,戈尔巴乔夫与美国总统罗纳德·里根举行了一系列每年一度的首脑级会晤。此项会晤又延续至里根的继任者乔治·布什。他们签订了裁军协议,并开始讨论削减常规军备和核武器储备。苏联于 1988—1989 年从阿富汗撤军,从而结束了其对阿富汗长达 10 年的军事干涉。戈尔巴乔夫作为一位精悍的领导人受到举世欢呼,他的大胆的首创精神迅速缓解了核战争的威胁。

在苏联的东欧附属国中,戈尔巴乔夫也得到了各国人民的高度评价,这些国民已忍受了 40 年的匮乏与压制。开放与改革的概念迅速地传播到了这些国家。

早在 1989 年,波兰共产党首脑沃依切赫·雅鲁泽尔斯基总书记,为挽救经济,要求实施根本的变革。团结工会在几个月内就取得了合法地位。在 6 月的选举中,团结工会在议会中取得大多数席位。7 月,雅鲁泽尔斯基就任新设置的总统职位。至 8 月,团结工会成员塔德乌什·马佐维耶茨基任总理。共产党在波兰的统治结束了。

至 1989 年,匈牙利也变成了一个多党制国家。在匈牙利拆除了它与奥地利的边境上的有刺铁丝网("铁幕"的一部分)之后,成千上万的东德人开始将匈牙利作为逃往西德的通道。

至 10 月,东德也开始进行革命。莱比锡爆发了规模盛大的反政府游行,并迅速传播开来。自 1971 年以来的国家领导人埃里希·昂纳克被迫离职。他的继任者埃贡·克伦茨于 11 月 9 日命令打开柏林墙,允许东德人自由进入西德。这一事件标志了铁幕与冷战的结束。

在 1989 年完结之前,捷克斯洛伐克、保加利亚和罗马尼亚都建立了新的政府。只有罗马尼亚发生了暴力革命,并以处决受人痛恨的独裁者尼古拉·齐奥赛斯库及其妻子而告结束。两德于 1990 年 10 月实现统一。在整个欧洲,共产主义作为一种经济体制受到摒弃。

东欧其他国家的剧变又在苏联本土产生了回响。爱沙尼亚、拉脱维亚、立陶宛等波罗的海国家——二战时为斯大林所占领——要求独立;其他加盟国也爆发了脱离运动。1991 年 8 月,苏联发生了一起倒退的图谋,共产党强硬派罢免了戈尔巴乔夫的职务。强大的反政变力量使戈尔巴乔夫恢复了权力,但也导致了曾维持苏联统一的中央集权的崩溃。共产党被停止活动,其财产及资金被各共和国所接管。波罗的海各国被准予独立。苏联自身也瓦解了,政权被移交到各共和国的领导人手中。除格鲁吉亚以外,其余 11 个前苏联共和国组成了独联体。

公民身份 CITIZENSHIP

公民身份一词与城市(city)一词相似绝非偶然的巧合。它们都来源于拉丁语中"城市"一词。在古希腊和古罗马,公民是城市——更准确地说是城邦——的自由民。城邦是在民族国家形成的许多世纪之前出现的自治团体。

公民身份的概念

公元前 4 世纪的哲学家亚里士多德在他的《政治学》一书中指出,"一个公民不是由于他的住处所在而成为公民

选举点的官员在选民进入隔离投票所前检查他的选举登记证。

的,因为侨民和奴隶与他的住地相同。"他进一步指出,更确切地说,公民的特征在于他"参与司法事务并担任公职"。

亚里士多德的定义导致这样的推论:立宪政体与公民身份是共存亡的。被称作共和政体或民主政体的立宪政体是自治的(见:**宪法**)。这意味着人民直接或通过代表参与政府的决策。

在立宪政体产生之前,人们是作为政府的臣民而生活的。他们对政府应该掌握多少权力或如何运用这些权力毫无发言权。他们能行使的权利仅仅是由政府授予的那些权利。

18世纪末德国哲学家伊曼纽尔·康德特别提出三项"不可分割地属于[公民]的权利"。按照他的规定,它们是:(1)宪法自由权,或每个公民只须服从他已表示赞同的法律的权利;(2)公民平等权,或公民拒绝承认任何人作为他的上级的权利,除非他人通过选举担任公职后可能具有要求他服从的道德力量;(3)政治自主权,或者说公民有权把他在社会上的生存发展归因于他自己作为社会成员所具有的权利和能力,而不归因于另一个人专横的意志。康德还认为,选举权是作为国家成员的公民的最重要的政治资格。1863年亚伯拉罕·林肯在结束他的葛底斯堡演说时对一个由公民组成的共和国的本质作了概括,当时他谈到一个"民有、民治、民享的政府"。

在公民身份上的种种排斥状况

在亚里士多德所描述的雅典城邦里并非每个人都是公民。女人、奴隶、外国人,以及那些几乎没有财产的人不能行使公民的权利。在罗马共和国内,这些群体也是被排斥的。此外,那些身为公民的人被分为两个阶级:贵族与平民,或上层阶级与下层阶级。上层阶级参加选举并担任公职。下层阶级只享有一些私人权利:拥有财产、供养家庭和经营商业。以后,在罗马帝国时期,公民身份的概念大大扩展,直至包括不是奴隶的每一个人。然而,所谓的公民在政府内没有发言权。他们实际上是帝国的臣民。就世界人口的大多数而言,这一状况延续了许多世纪。确切地说,直到18世纪末叶美国独立战争和法国大革命爆发时,这一状况才有所改变。

在美国和法国,共和国的诞生并没有自然而然地确保它们的所有居民取得公民身份。1787年的美国宪法使成千上万的黑奴无法享有公民权利和人权。在1920年第19条宪法修正案通过并正式颁布以前,妇女是没有选举权的。在英国,直到1928年妇女才获得完全的选举权。在瑞士共和国,妇女在1971年才获准在全国性选举中投票。在南非,黑人和其他非白种人曾被拒绝给予白人公民所享有的权利和自由。

在19世纪的美国、英国和其他一些国家,甚至连男性白人也不是人人都可以参加选举的。这是因为富人——主要是财产所有者——害怕让所有的人都参加选举会削弱他们对政府和社会的影响与控制。因此在选举上有财产限制。

这种限制在美国持续的时间并不很长。一些州的公民先后提出了普选权的问题(仅对男性白人而言),在1800至1830年间大多数的州已经通过了允许更多的男人参加选举的法律。在南北战争之后颁布的宪法第15条修正案在理论上给了男性黑人选举权。但事实上由于一些州的法律规定设立了人头税、选举资格文化水平测验以及其他一些淘汰手段,大多数男性黑人在数十年内被剥夺了选举权。有时他们不能参加选举仅仅是因为受到恐吓或威胁。直到1965年的联邦选举权法通过后,美国黑人的这项公民权——选举权才有了保障。(参见:**美国黑人**)

在英国,事态的发展要缓慢得多。到19世纪中叶只有不足15%的男性白人能够参加选举,尽管当时要求扩大选举权的运动声势浩大。这种排斥的目的在于使劳动者不能参加选举。但是1867年改革法案把选举权扩大到了城市技术工人,虽然它继续把小城镇和乡村的劳动者排除在外。直到1884年的改革法案通过后,这些人(也只是仅限于男性)才获得选举权。

所有这些基于种族、社会等级、性别或某些其他因素的排斥状况,限制了那些事实上的公民参与管理他们的政府。它们是对这些人的公民权(见:**民权**)的限制。一个政府可以对居住在其境内的那些人施加某些合理的限制。比如,外籍居民可以合法地在某个国家居住但不具有公民的身份。他们受该国法律的保护,但不能参加选举或担任公职,也得不到只确保公民获得的某些其他利益。身为移民的外国人在经过一个通常叫作入籍的过程后最终会成为公民。那时他们就可以充分享有公民的一切权利了。

未成年人不具有完全的公民身份,他们受到州和国家的法律的保护并要服从法律。已经审判的罪犯通常会失去公民权:他们不能参加选举或担任公职。从事某些职业的人,譬如神职人员、医生或律师,如果违法会被禁止从事那些职业。

公民身份与经济状况

当一个国家正在发展、有许多工作需要人去做时,它欢迎移民并乐于授予他们公民身份。美国在19世纪时就是这样,在某种程度上澳大利亚、加拿大和新西兰现在仍然如此。所有这些国家在某一时期都曾热切地鼓励和帮助移民。它们到处做广告征求新移民,帮助他们支付迁移等项费用,提供价格低廉的生活用地。

在当今世界的大多数国家中,这种机会是没有的。最显著的是有着庞大人口的中国、印度和印度尼西亚。它们无力接纳外来人员,因为这些人会占据原已缺乏的职位并使用有限的消费品和服务设施。在欧洲、非洲和中东也存在类似情况。你也许可以作为居民去这样的一个国家生活,但可能得不到就业所必需的证件。

西欧的许多国家已经感到自己由于境内的移民而陷入了困境。第二次世界大战结束时百废待兴,像法国、德国、英国和斯堪的纳维亚诸国这样的一些国家鼓励来自意大利、希腊、西班牙、北非和中东的外来人员。当20世纪70年代初经济衰退开始时,这些国家出现了它们无力继续养活的大量人口。于是作出种种努力(大多数是不成功的),以使那些人返回自己的祖国。

成为公民

在许多国家,成为公民的四条基本途径是:在该国境内出生;父母中有一人是该国公民;与该国公民通婚;入籍。入籍是指授予一个外侨或外国人公民身份的行为。关于入籍的法律因国而异。在大多数情况下,入籍者必须已在该国生活了一定的时间,打算永久住在那里,达到了规定的年龄,能自食其力,掌握了该国语言,身体健康,品行端正,并能证明原有的国籍已失去或放弃。(参见:入籍)

权利与责任

一个共和国中的公民享有天赋人权和公民权。天赋人权是一个人凭借他的人性而获得的那些权利。它们已经被写入《美国独立宣言》,即"生存、自由和追求幸福"的权利。它们不是政府授予的,而是一个人生来就有的。

公民权是在宪法、人权法案或特定的法律条文中具体规定的那些权利。参加选举是一项公民权,担任公职也是一项公民权。其实在一个民主国家里也并非每个人都享有这些权利:未成年人就不在其列。

选举也是一项责任。为了确保政府为公民谋福利,一切有选举权的人也有责任参加选举。其他一些责任包括:纳税、支持国家防务、遵守法律,以及自食其力和养活家人。(参见:权利法案)

宪法无权威的问题

宪法提供了政府应在其中运作的法律框架。制定一部宪法意味着该国的所有公民都必须遵守该国的法律,即使是政府官员、警察、法官也不例外。如果政府将自己置于法律之上并且不依法行事,那就损害了宪法。宪法也许实质上已不存在。在一党制国家里这种情况经常出现。一旦出现这种情况,公民就只是臣民。他们得到的权利仅仅是政府的赐与,而责任则是强加于他们的,并不是他们自愿去履行的。

美国

美国公民身份的法律依据是在第14条宪法修正案中规定的。它表述如下:"凡在合众国出生或入籍而受其管辖的人,均为合众国及其居住州的公民。"当一个美国公民由一州迁往另一州时,他必须在那里住够该州所规定的时间才能取得该州的公民身份。

所有生活在美国的外国人都有权受到法律的保护,并享有公民的大部分基本权利。他们在入籍前不能参加选举或担任公职,但可以为政府工作。在许多州,外国人不得从事某些职业。

美国政府保护它的正在外国旅行的公民,但住在美国的外国人不在此列。外国人如果犯了某些损害美国利益的罪行,会被驱逐出境,遣送回原所在国。

美国对所有在其境内出生的人都给予公民身份。惟一的例外是那些不受美国政府管辖的人——例如外国的外交官——的子女。在国外出生,其父母中有一人或双方是美国公民的孩子也是美国公民。在某些情况下,这些孩子被要求在14至28岁这段时期内在美国或其领地至少生活五年。提出这个要求的理由之一是:为使这些孩子胜任他们的公民身份,必须为他们提供受教育和学习语言的机会。

通过入籍获得的公民身份

凡具有合法资格的外国人都可以通过入籍得到公民身份。许多外国人是根据国会的特别法取得公民身份的。维尔京群岛和波多黎各的全体居民都具有美国的公民身份。许多在美国武装部队服役的外国人被授予公民身份而无须等待通常所需要的那段时间。

放弃或失去公民身份

美国的公民身份一旦获得,除法律规定的情况外是不能被剥夺的。但可以自愿放弃或失去。如果该身份是通过入籍取得的,作为对某种罪行的惩罚可以取消它。国会于1868年明确承认公民有权放弃自己的国籍。1940年的国籍法使这种放弃甚至在战时也有可能做到。

根据1952年通过的法律以及后来的修正案,一个本国出生的公民或入籍公民在几种情况下会失去公民身份。这些情况包括:自愿加入外国国籍;宣誓效忠外国政府;未经美国官方准许在外国军队中服役;在外国政府中任职,而这一职业又要求任职者是该国国民;参加外国的选举;按照规定的方式正式声明放弃美国公民身份;被判犯有叛国罪;企图或鼓吹以武力颠覆政府。一个生来就具有美国和另一国的双重公民身份的人,如果在那另一国连续生活三年就会失去美国的公民身份。

规定战时从军队开小差者失去其公民身份的法律在1958年被宣布为违宪;关于取消为逃避服兵役而在战时离开祖国的人的国籍的法律在1963年被宣布为违宪。关于入籍美国人如在其原来的国家连续居住三年则失去其公民身份的法律在1964年被宣布为违宪。

英国和英联邦

英国曾经统治过一个历史上著名的庞大帝国。它曾在美洲、非洲、中亚和东亚,以及澳大利亚和新西兰拥有许多殖民地。这些殖民地的公民被承认享有共同的英国国籍。20世纪上半叶这些殖民地中的许多国家开始获得独立。

但是这些新生的主权国家通过所谓的英联邦（见：英联邦）保持了与英国的关系。这是一个由49国组成的联合体，其中的17国承认英国女王为国家元首。女王也被认为是英联邦的元首。

自第二次世界大战以来，大多数前英国殖民地都获得了独立。在承认这一事实的情况下，英国议会于1948年重新拟定有关英国公民身份的法律条文，最后形成了于1949年1月1日生效的英国国籍法。此法废除了以前承认过的普通英国国籍的法律地位。它宣布，凡1949年1月1日或此后生于联合王国或某一英殖民属地的人，或者他们的父亲生于该时该地的人，皆为英国公民。

1948年的这项法律已被1981年的英国国籍法所取代，后者于1983年1月1日生效。这项新法摈弃了原有的联合王国和殖民地的公民的概念。作为替代，它规定了三种不同的公民身份：英国公民身份，适用于属于联合王国、海峡群岛和马恩岛的人；英属地公民身份，适用于属于英属地的人；英国海外公民身份，适用于任何原为联合王国或殖民地公民而在新法生效时未成为英国公民或英属地公民的人。这最后一种公民身份被认为是根本性的转变，并且不能自动传给子女。

根据1981年国籍法，一切有权在联合王国居住的原联合王国和殖民地的公民在该法生效时都自动成为英国公民。此外，可以通过以下几种途径取得公民身份：出生、血统、入籍和登记。登记手续适用于英属地公民、英国海外公民和某些其他在联合王国居住满五年的人。入籍也需要住满五年，它适用于前外国侨民和前英联邦公民。

1981年英国国籍法还摈弃了用英联邦臣民这个词去指称英联邦的公民，代替它的是英联邦公民一词。由于英联邦不是一个主权实体，所以它的公民身份不会带来某一特定国家的公民身份本身原不具备的任何权利。

譬如，一个印度公民不会仅仅因为他是英联邦公民而成为加拿大公民。假如他想要取得加拿大公民身份，他就必须迁居加拿大并遵守加拿大公民身份法关于定居的规定和其他一些规定。英联邦公民身份所确实给予的是在成员国之间无须签证旅行的权利。

公民权

英联邦的成员国继承了英国的公民权的概念。在英联邦国家，在联合王国及其殖民地和附属地，所有的人——公民和外侨——都确保享有公民自由。而诸如纳税和在战时服兵役这样的义务则被赋予全体永久居民。

英国的公民权是历经若干世纪才赢得的。有些权利是经过长期斗争才得到的。英国不像美国那样有一部单一的宪法文件。但是英国人民仍然明确地知道他们的公民权利。这些权利有些在议会制定的法律中作了明确规定，而其他的则根据普通法的发展。

在有关公民权的意义重大的成文法中有1679年的人身保护法和1689年的权利法案。根据这些及其他由议会通过的法律，联合王国的人民保证有权凭借人身保护令交保获释，有权向立法者请愿，有权自由参加选举，有权免受残酷异常的刑罚和未经定罪被罚没财产。在那些主要依据普通法条文享有的自由权中有言论、出版、结社、集会和宗教信仰自由。

加拿大

加拿大公民身份的含义是随着加拿大变成独立国家的进程而逐渐发展的。它起源于它的殖民地经历和远离英国的地理位置。在1867年四省结盟之后，新生的加拿大自治领逐渐向英联邦内部的完全的主权国家转变。

加拿大在两次世界大战中的参与激发了强烈的民族意识。第二次世界大战以后，事情已变得很明显：大多数加拿大人愿意把自己看作自己国家的公民而不是英国的臣民或公民。这个愿望由于1946年那部必要的法律获得通过而变成现实。1947年1月1日生效的加拿大公民身份法确立了加拿大公民身份的法律地位。

虽然加拿大人凭借1946年的那部法律得到了被世人称为加拿大公民的权利，可是他们当时并没有失去其英国臣民的身份。1950年通过的对该法的修正案使用了英联邦公民一词，并宣布它与英国臣民一词具有同等意义。与此同时，英国也正以同样的方式修改它自己的公民身份法，以使那些前殖民地的公民不再具有英国公民身份。

1946年的法律被1976年7月16日通过的公民身份法取代，后者于1977年2月15日生效。自那一天起，公民一词仅指加拿大公民身份。加拿大继续承认英联邦公民身份的法律地位，但它所带来的权利只有一项：不用签证即可进入加拿大。

取得公民身份的资格

根据1976年的法律，凡出生于加拿大或其父母是加拿大人者皆为加拿大公民。这包括出生在加拿大境外、其父母至少有一人为加拿大人的那些儿童。除了出生和血统，一个人也可以通过入籍成为加拿大公民。要想入籍，他必须年满18岁；合法地获准入境并得到获准永久居留的外国移民的身份；已累计在加拿大至少居住了三年；对加拿大的各种制度、公民的义务以及两种官方语言（英语和法语）中的一种已有足够的知识。申请人还必须同意进行宣誓，保证效忠英国女王，尊重国家法律，履行公民义务。

在每个城市和许多农村地区都办有公民学习班。这些学习班是由公立学校系统和私人机构主办的。那些既不懂英语也不懂法语的移民第一年要学习语言。第二年学习加拿大的地理、历史、政治体制和公民学。

加拿大的人权

在1982年宪法法案制定以前，加拿大宪法中没有可与美国宪法中的权利法案相比的有关权利的论述。1960年的加拿大权利法案曾对人权详加说明。1976年和1977年议会通过的另一项名为加拿大人权法案的法律对1960年权利法案作了补充。它禁止在就业方面根据以下情况采取歧视性做法：血统、民族或种族出身、肤色、宗教信仰、年龄、性别、婚姻状况、家庭状况、残疾或某项已被赦免的罪行。

在新宪法讨论过程中，人们认识到，某些权利如果不在宪法自身中予以明确规定，它们就有可能被议会以立法手段废除。因此1982年的宪法有一个题为"加拿大权利和自由宪章"的很长的开头部分。它包括33条,阐述权利的篇幅远远超过美国宪法。它的主要内容包括:基本自由、民主权利、流动权利、合法权利、平等权利、加拿大官方语言,以及接受少数民族语言教育的权利。

民主 DEMOCRACY

亚伯拉罕·林肯总统在1863年11月葛底斯堡的演说中界定他所希望美国保持的社会性质是:"民有、民治、民享。"他在给民主下定义,但是还不是当时在世界任何地方存在的民主。他在描述一种在20世纪逐渐成为现实的理想。这种理想以《独立宣言》的基本观念为基础——一切人生而平等,拥有一定的不可剥夺的权利,包括生存、自由和对幸福的追求。

民主的含义

民主是一种全体公民负责自己事务的管理方式。作为镇、城市、县、州或省和国家的公民,人民是至高无上的,是权力的来源。民主意味着他们可以就自己最有利的事情自由地作出决定:采取什么政策和交付什么样的税款。正像林肯界定的那样,一种真正的民主意味着这样一个社会:所有的人民都是具有同样权利参与自己政府的公民。

直接民主 作为一种政体类型的用语,民主在公元前5世纪在希腊开始使用。从那时起,民主得到了很多不同的含义,大部分含义都有共同的要素。最基本的和最原始的意义是直接民主——一种全体公民直接作出政治决定和由多数裁定原则决定政策的政体。

直接民主是古希腊一些城邦采用的政体。许多世纪后,在北美殖民地时代,新英格兰市镇采用直接民主作为它们的政体形式。全体市镇人民在同一时间同一地点聚集,决定公共政策。

具有真正民主的既不是古希腊也不是殖民的新英格兰,因为居民中的某些部分没有公民的权利。希腊社会的某些成员被认为不是非公民就是二等公民。例如,妇女和奴隶被拒绝参加政府。在新英格兰,只有有财产的男性白人活跃在政府。妇女、贫穷的白人和奴隶不是参与者。

到了居民的任何部分都被故意排除在公民参与以外的程度时,政体就不能是一种真正的民主政体。这是一种真正的寡头政治,或者是少数人的政府。例如在美国,多数非洲黑人直到美国内战以后还没有选举权(投票的权利)。早在19世纪80年代之前,甚至大多数男性白人也没有投票权。妇女在20世纪第一次世界大战之后才获得投票权。在英国,大多数男人和所有的妇女在20世纪前都不准投票。虽然美国在18世纪80年代——继英国成为君主立宪制以后大约一个世纪——成为一个立宪共和国,但是直到1900年以后两者都不是真正的民主制。南非虽然是一个共和国,但是在它开始废除种族隔离政策以前未能成为一个真正的民主国。(参见:**种族隔离政策;选举权;女权**)

代议制民主 第二种民主是:公民通过选出的代表间接行使自己的政治权利。在多数情况下这样的民主是在宪法硬性规定的法律限制下运转的,虽然说没有宪法形成一种代议制民主是可能的。在它们有了宪法时,这些政体叫作共和制或立宪君主制(见:**宪法**)。例如,希腊是共和制,而丹麦和挪威是立宪君主制,因为它们有女王或国王。

在古希腊的一个小城邦或殖民地新英格兰市镇,直接民主是可能的。对于所有投票的公民来说,聚集在一个地方辩论公共问题没有什么不方便。在大的民族国家,例如加拿大或美国,直接民主是不可能的。对所有的公民来说无法为了决策目的而聚集在同一地方。因此代议制民主或直接民主已成为必需。

20世纪政体的最常见类型——代议制民主,在西欧、北美和南美、澳大利亚、新西兰、埃及和日本等地盛行。1989—1990年苏联及其卫星国多数的和平革命为真正民主的发展开辟了道路。(参见:**内阁制政府;选举;议会;政党;美国政府**)

在国家内部,也许只有一个级别的代表,或者可以有好几个级别。美国公民把代表选到全国政府、州政府、一些县政府,以及城市和市镇的地方政府。

代表本身的性质可以各不相同。美国总统被认为是全体人民的代表。参议院议员代表本州的人民,众议院议员代表各自国会选区的人民,各个选区的人口大致相等。选举官方代表的人被称为选民。

20世纪的一个定义 19世纪社会主义的意识形态使一个新的用语——经济民主,在20世纪初处于显著地位。正如民主正常的做法那样,它代替有关选择官员的程序,含有社会上财富均等的意思。这要通过政府制定的再分配政策来实现——主要通过税收。目的是保证每个人有与就业未必有关的适当的生活标准。其他的目标,例如适当的住房、医疗保健、就学和老年人照顾等都包括在这种民主的定义中。经济民主为共产党国家所信奉,像瑞典、大不列颠、加拿大和美国这样一些自由民主的福利国家也同样信奉经济民主。

民主的条件

一个与民主紧密相联的词是平等。对于一个要成为真正民主的政府来说,社会必须具有某些种类的平等。最突出的四种是权利、选举权、受教育和司法的平等。全体公民也应当参与政府的工作,但这不能成为平等问题。

权利 美国《独立宣言》说:"一切人生而平等。"这并不意味着所有的人在每一方面都是平等的。它只阐明所有的个人都是平等的人。诚然,所有的人都有同样的生存、自由和追求幸福的天赋权利。

在一个真正的民主国家中,这些真理——一般人道和天赋权利——都被承认。此外,社会的所有成员都被认为是公民(除了常驻的外国人)并被赋予同样的公民权。这些权利是由法律规定的。

选举权 选举权是最基本的公民权,因为它是民主的主要保障。所有公民(除了儿童、精神失常者和判刑的罪犯)都应当有投票权。不能有以种族或人种、性别、宗教或经济地位为基础而被排除的情况。

教育 19世纪英国哲学家约翰·斯图尔特·穆勒在他的《代议制政府》一书中坚持说"国家应当要求并强迫每

一个生来就是它的公民的人，接受达到某种标准的教育"。不论个人的能力怎样不平等，国家应当促进学校教育，使每个公民达到最好的能力。这意味着对所有的人进行同样的义务教育，而不是对不同的经济阶层实行种类不同的学校教育。民主国家需要非常了解情况的公民在分析复杂问题后作出恰当的政治判断。19世纪的美国教育家霍勒斯·曼同意穆勒的观点，他说："造就共和主义者是一件非常费力的事情；可悲的是共和国简直是建立在无知、自私和激情的基础之上！"

公正 按照《独立宣言》，政府的正当权力来自被治理者的许可。专制的或极权的政府不公正地利用它们的权力，它们的法律没有平等地执行。在一个真正的民主国家中，所有法律在同一时间以同一方式适用于所有的个人。司法公平的基础是法律。立宪政府是受制于法律的政府，不是当选官员的心血来潮。所有公民，从总统到无家可归者都要服从法律。因此，一个民主国家的质量可以由它的法律实施方针的公平性来衡量。

公民参与 代议制民主需要公民参与，但是参与只能用这样一种方法才能平等：所有的人能够行使投票权。否则平等的参与就不可能。参与只有在村镇这样的直接民主中才能平等。在大的共和国，所有人可以是有权竞选公职的公民；但是并非每个人都能真正竞选公职。不是所有的人都能当总统、众议员或参议员。任职的权利和任职的机会并不平等。

经济民主问题

民主国家为了实现真正的民主必须克服的最大障碍之一，就是对经济上不平等的个人是否应当给予政治平等。换句话说，投票的财产资格应当废除吗？美国宪法通过时，在各州就有关于投票的财产限制。到1837年安德鲁·杰克逊离开白宫时，这些只适用于男性白人关于投票权的限制，已全部废止。妇女和奴隶仍然不能投票，但是废除投票权的限制在使民主名实相符方面迈进了一大步。

19世纪期间，主要由于法国革命的结果，反对的质询是由许多政治作家提出的。难道那些政治上平等的人应当由政府的力量使其在经济上平等吗？社会主义和共产主义作家，最为著名的是卡尔·马克思，都这样认为。他们提出，社会不论是和平地还是通过革命，必须变革，这样，经济条件的真正平等将会普及（见：**社会主义**）。

为了实现这种社会，在20世纪作过种种尝试。最著名的试验涉及一些革命——俄国、中国、古巴、尼加拉瓜、印度支那和其他国家或地区的革命。在英国、瑞典、挪威和其他福利国家使用了比较温和的手段。美国虽然不是一个广泛的福利国家，但是它使用了和平方法实现被认为是经济公平的某些措施。在那些和平实现福利国家结构的地方的前几十年里，经常有劳资冲突（见：**劳工运动**）。但是避免了革命，并且通过了试图重新分配财富的法律（见：**福利国家**）。

无论是通过革命还是立法，历史似乎表明，创造经济民主的尝试注定要失败。经济力量绝对蔑视目的在于平等的政治立法。设置经济平等的努力愈大，经济自身的失败就愈惨重。总的结果已经成为贫困的平等。

然而，如果经济民主界定为为所有人提供的均等机会——而不是为了所有的人经济地位的平等——那么，这种类型的民主至少已由那些并不要求每人都有同等幸运的社会部分地予以实现（以美国、英国和日本为例）。

自由与平等相对

美国宪法的序言中说，它的目的之一是为了"确保自由的幸福"。因为宪法的制定者没有想像到一种20世纪类型的大众化民主，所以宪法到处提到平等。他们在建立一个只有某些公民有充分政治权利的立宪共和国。

对于制定宪法的那一代人来说，自由比民主的地位更加显著。在美国独立战争中战斗过的那些人为了要使自己从英国统治下解放出来，是这样做的。他们要追求在新世界可以利用的机会，没有由议会和国王设定的法律、要求和税收的限制。在他们制定一部新宪法时，他们第一次建立一个并不自动要求监管社会各方面权利的政府，包括它的经济追求。

因为在一个大部分尚不稳定的大国里，对所有人来说显然有足够的机会，宪法是为保证所有美国人追求自身生计自由的幸福而设计的。为了帮助他们做这件事，国会第一次通过了权利法案——宪法的第一个10条修正案。在政府保证个人追求幸福权利的同时，个人在得到幸福方面成功情况如何，不是政府关注的事情。如果一个人失败了，政府不提供什么援助。自由只是去除前进的障碍。

大西洋的另一面，在法兰西王国，于1789年开始了另一场革命。虽然法国农民的革命口号是："自由、平等、博爱"，但是，为了平等这一基本目标，他们甘愿冒失去公民自由与兄弟般情谊的危险。从法国大革命出现骚动起，第一次要求在各方面平等——政治、社会和经济。法国大革命鼓舞了最终导致20世纪革命的社会主义和共产主义运动。

美国独立战争和法国大革命在某一点上的对比是有重要意义的。美国人提高自由的地位并乐意使平等满足自我的需要。法国人不惜任何代价支持平等。假如对两者的任何一方的支持到了极端，在自由和平等之间就会出现真正的冲突。在被迫平等时，个人的自由经常让路。在一个给予无限自由的社会里，不平等是不可避免的。现代民主国家还不能解决这种冲突。

历史背景

真正的民主没有很长的历史：它是19世纪和20世纪的一个产物。虽然古希腊发明了这个词汇和这种观念，但是他们的政府系统按照它们自己树立的标准还不是真正的民主国家。例如伯利克利统治下的雅典是一个共和国——立宪政府。但是在现代意义上它不是一个民主国家，因为没有承认大多数人是公民。

第一批希腊城邦由国王统治。此后它们是君主国，或者由一人统治。君主国及时让位于最主要的家族。这些都是寡头政治，或由很少几个人统治。随着一般繁荣的增长，越来越多的人民要求在政府里占有一份。到公元前大约500年，雅典人——至少他们当中的少数人是公民——实行自治。

像希腊一样,公元5世纪古罗马发展成一个类似的民主国。但是公民身份受到严格限制。最初只有武士能够投票选举管理政府日常事务的执政官。真正的统治者是贵族阶级或富有阶级的全体成员。随着时间的推移,庶民或下等阶层的成员获得了某些政治权利。但是在1世纪,随着有权势的军事司令官的崛起——其中有苏拉、庞培和凯撒——政治权力集中在很少几个人手中。奥古斯都统治下的罗马共和国成了一个君主国。到中世纪末,民主实际上从欧洲和世界其他地方消失了。

当民主(或它的类似物)重新出现时,首先出现在城市。这些城市在文艺复兴时期是欧洲最繁荣的地方。制造业、银行业和商业都设在城市里。城市居民希望和平贸易,不希望战争,还向国王要求特许状以保证他们的经商权利。在这一时期,全欧洲的市镇日益摆脱外界的干预。

虽然是自治,但这些城市并不是真正的民主制。政治权利限于那些拥有大量财富的人。个别工人无足轻重。在这种特点的自由城市,政府实际上由行会管理。

民主在英国的发展最有活力。长期以来,从1215年的大宪章到20世纪的投票权法,有政治权利的人数大大增加。在大宪章时期,只有贵族和一些自由城市的居民有政治权利。到13世纪,议会仅仅由领主、主教和骑士组成。到1295年模范议会时期,由国王爱德华一世首创的召集骑士代表和自由民参加议会的这种做法已经成为一种正式的做法。到14世纪中叶,议会由两部分组成:上议院和下议院。下议院证明是民主的主力,由于有政治要求的中产阶级日益增多而得到加强。

英国君主制势力到17世纪内战时已经削弱。内战期间国王查理一世作为叛国者被处死。战争初期,由一个叫作平均派的激进集团成员制定一项要求扩大政治和经济权利的强硬建议。开展这个运动的人,得到内战的清教徒领袖奥利弗·克伦威尔的支持,要求所有的政治权力转交给下议院,把上议院和任何未来的国王排除在外。所有的男性都应当被给予投票的权利,而管理则应当分散在地方社区。他们还作出了一系列经济改革,包括废除一切垄断。平均派运动缺少广泛的支持,1649年中期遭到暴力镇压。过了将近3个世纪,平均派运动的改革才非常合乎时宜。

受制于宪法的美国早期政府,实际上是一个贵族政府或者是由有影响的家族统治的政府,因为州政府要求投票人应是财产拥有者。在1800到1840年之间,投票的财产资格对男性白人已经废除。根据1870年的宪法第15条修正案,男性黑人被给予政治权利。1920年第19条修正案给予妇女投票权。1964年第24条修正案废除了作为投票要求的人头税。因此,直到1964年,美国才成为一个成熟的民主国家。

民主不能保证成功或持久。许多民主国家被推翻。古希腊的民主屈服于暴君,最后于公元前4世纪屈服于马其顿国王。罗马成为帝国。德国魏玛共和国于1933年瓦解,变成独裁政权。

民主可以因各种各样的原因而崩溃。经济或政治上的灾难可以导致普遍要求补救。渴望得到权力的政治家提出补救办法,然而他们一旦攫取了权力,领导人物就变为暴君。20世纪20年代的意大利就发生过这种事情。美国经济大萧条期间,有许多平民领袖通过提供解决危机的办法为自己寻求不受限制的权力。

当代表们不再代表选举他们的人们时,代议制民主可能失败。当选官员为了留任,经常服务于特殊利益集团或外国政府而不为选民服务。然而代议制的这种失败都是公民的过失。由于缺乏教育,没有兴趣和不愿意对复杂的问题有所了解,公民们放弃了自己的责任,将其交给官员和政党领袖。因此,在政府和公民之间出现了分歧;民主因而受损。

民权 CIVIL RIGHTS

人是生而自由的,却无往而不在枷锁中。这是法国哲学家让-雅克·卢梭的话。他说"枷锁",指的是人在行使权利和自由时由政府或其他机构强加的一切限制。个人有属于自己、不受政府干预的权利,这是一种现代的理论。1762年,卢梭发表了他的评论。14年后美国《独立宣言》清楚地阐明所有的人都有一些永远不应剥夺的权利。民权一词同美国黑人为获得平等和依法享有与白人一样的权利所作的努力牢牢地联系在一起。

人权传统上被列入两个范畴:天赋权利和民权。天赋权利是由于个人的人性而属于他们的那些权利,即活下去的权利、用衣食维持生命的权利以及遵循自身良心支配的权利。

民权是以明确的法律为基础;它们源于法律和司法判决。例如,如果它是拥有财产的天赋权利,民法会规定一个人如何对待这种财产。民法也决定这样一些事情:如谁可以投票,谁可以被允许驾驶汽车,消费酒类的法定年龄和是否允许商店在星期天营业。

这两种权利如此互相牵连,以至于在许多方面实际上是同一的。假如一个政府有权废除民权,它也有权破坏天赋权利。一个不承认平等(民权)的人,得到的自由(生存权)也非常少。没有自由的人很少感受到平等的愉快。

两个先决条件

对于要取得自身民权的人来说,两个条件是必需的:公平和平等。早期基督教哲学家希波的奥古斯丁在他的《上帝之城》一书中说:"哪里没有真正的公正,哪里就不可能有权利。"公平就是不偏不倚和公平合理,因此在相同的条件下没有平等对待,公正就不能存在。

例如,每个公民在一次选举中有一张选票。富人不因为他们富有而有两张或更多的选票,穷人也不因为他们贫穷而没有选票。

平等的原则经常被误解。正如美国教育家、哲学家约翰·杜威指出的那样:"它从不主张天赋平等。它是一个道德的、政治的和法律的原则。"人们在身体、智力、能力、才能、口味和偏爱等方面天生不同。政治平等所要求的是,必须以同样的体贴和尊重依法对待每一个人。这就基本上意味着机会平等。机会平等存在于一个自由以及没有法律和社会歧视的环境内。

如果平等不是指天赋的相同,它也并不暗示社会条件的相同。一个自由的社会为了发展,允许社会条件的不同,只要达到任何水平的机会是平等的。

在某些情况下,民法允许有差别。对国家来说在战时募征男人参加战斗早已成为普遍的事情。妇女在传统上被排除在这一角色之外。同样,甚至在一种公平的税收制度中,那些富人经常交纳他们收入的很大比例的税。

虽说没有平等公平就不能存在,但是没有公平,平等却能存在。例如,当政府规定社会条件对所有的人来说是相同的时——比如,对所有的人付给同样的工资,不论他们干什么工作——这就是平均主义。这是企图使每个人分享同等的地位。这样就使平等否定了公平,因而也否定了权利和自由。

长期、缓慢的斗争

直到1776年美国脱离英国统治,在人类历史上以前从未组成一个其目的是保护自己人民的自由和民权的政府。为了保护公民,防止政府的专横权威,防止教会、大富豪和大多数意见的专横统治,精心制定了宪法和后来的权利法案。

从古代世界到中世纪末,种种法典和宪法都缺少对个人自由和权利的任何保证。公民权利和义务的观念是罕见的。除了雅典、罗马和很少几个其他城邦的有限民主的短暂时期以外,大多数人都是国王和皇帝之下的政府的臣民(见:公民)。

甚至最早设法获得对民权承认的企图,与人民大众并没有什么关系。它们是贵族阶层和国王之间的冲突,冲突中,贵族要求并且得到了一定的权利。例如1188年在西班牙,利昂的阿方索九世授予贵族会议一些权利,包括生存权、荣誉权、家庭和财产权,以及公平审判的权利。

由国王赐予贵族的最有名的权利保证是1215年由英国国王约翰签署的大宪章。尽管并没有打算给所有人民以权利和自由,但是它的一些条款表达了个人自由的理想。

争取人类自由和民权的斗争是同西方世界缓慢发展的民主思想并行发展的。权利在得到时通常写入被认为是在法律上约束政府的文件中。但是,只是由于美国独立战争和法国大革命的成功,争取所有公民的自由和权利的思想才得以普及。这些革命建立了政府是由人民创建的而不是强加于他们的原理。(参见:权利法案;宪法)

宣传　PROPAGANDA
一种信息,其主要意图是为传播人的利益服务——这就是宣传的基本定义。也可以界定为:以影响舆论和利用他人信念为目的的信息传播。信息可以用许多方法传递。学校教师力图给他们的学生以准确的信息,电视新闻广播企图为自己的观众提供信息。宣传与这些信息的区别在于信息的质量和使用的方法。

宣传的性质

所有的宣传都是进行说服的有系统的努力。因此,问题不在于所说的东西是真是假。宣传家提供单方面的信息,强调一种立场的优点和另一种立场的坏处。20世纪使用最广泛的一种宣传形式,就是政治演说。政客们为竞选公职力图设计自己尽可能好的形象,同时指出他们的对手的所有缺陷。

宣传利用大众传播媒介——无线电广播、电视、报纸和杂志——传给大量听众。这样的听众无法反驳;他们只能简单地表示赞成或不赞成。假如宣传只对一个人,这个人就能够表示不同意见和提出其他看法。小团体的情况也是如此。宣传者对合理的回答不感兴趣,而只对使一种观点的改变感兴趣。

宣传作为一种说服的技能已经使用了数千年。公元前5世纪,当伯里克利就雅典人的城市功绩与斯巴达的暴政对比向他的雅典人同胞发表演说时,他在作宣传——虽然在他的讲话中有大量的真实性。许多世纪以后,当托马斯·杰斐逊和其他一些人起草《独立宣言》时,他们的主要目的之一就是宣传。美国殖民地同英国分离的原因被写进了宣言,因为"出于对人类舆论应有的尊重,他们必须宣布迫使他们分离的原因"。

作为一种术语,宣传在17世纪初开始使用。它来源于1622年罗马天主教会内建立的一个组织——教义宣传圣会。这是一个传道的协会。

宣传可以同其他说服大批听众的企图进行比较。这些企图当中有广告、公共关系、说教和讲授。前两种是付酬的宣传形式。广告是为销售产品、服务和娱乐而设计的。公共关系的任务是为公众创造一种个人或机构的形象。这种形象未必虚假,但是它略去了一切缺陷和瑕疵。许多商业公司有全日制工作的公共关系部,为公司创造在大众眼里的美好形象。政治候选人雇用公共关系公司创造他们自己求助于大多数投票人的形象。

传道——在布道中传递宗教信息——通常被不信教者看作宣传,信教者看作真理。讲授如果变成信仰灌输也会成为宣传。宗教学校经常讲授教义和传统。

政府宣传

政府始终是宣传的主要施行者,因为它们无论何时都需要自己的臣民或公民的支持。在战争时期,当政府要求表现爱国主义、自我牺牲和团结一致时,尤其如此。由政府所作的最古老的关于现存宣传的研究,是一些在危险时期关于国家安全的指南。它们一般建议宣传面向两个方面——公民和敌人。必须使公民相信他们的事业是正确的,他们能够打败反对者。指责敌人是邪恶的,并且使敌人害怕公民的军事力量。宣传的意图在于使敌方居民或军队陷入涣散和混乱,这种宣传叫作心理战。

极权国家在利用宣传方面具有超过民主国家的优势,因为它们在较大的程度上控制了大众传播的手段。它们可以给公众提供首尾一致、始终如一的信息,不怕出现矛盾。

然而,即使一个具有所有警察权的极权国家,也需要本国居民的支持。苏联在共产党政权建立后要战胜很多反对力量。旧的做事方式的束缚和对新方法的不满,必须予以克服。1921年以后，苏联为了扫盲和宣扬社会主义的功绩，利用标语、海报、讲课和无线电广播发动了一场大规模的运动。

1933年到1945年，德国纳粹政府非常精通宣传。为了获得权力，阿道夫·希特勒利用他的才能告诉每一个听众想要听的事情。在同商人谈话时，他煽起对共产主义的恐惧。在对工人讲话时，他宣讲社会主义。他的党执政以后，他任命约瑟夫·戈培尔为大众启蒙和宣传部部长。戈培尔以这个资格控制了报纸、电台、剧院、电影、音乐、文学和美术。他通过描述类似的历史事件和强调德国命运和种族优越的纳粹观念，建立了对战争的支持。

民主国家没有这样完全控制媒体。它们的政府很大程度上被迫应付开放市场的思想，在那里官方的宣传能够很快地被非政府的信息所反驳。不论怎样，这种缺乏控制未必是一种不利。一个共和国的公民更加支持他们的政府，因为他们不必害怕自己的政府。不受约束的信息传播最终使最好的思想占上风成为可能。

在危机时期，例如战争，民主政府在进行宣传方面可以和警察国家一样有效。这在二次世界大战期间得到证实。美国总统伍德罗·威尔逊从积极的一面宣布第一次世界大战是一场"结束战争的战争"，是一场使"世界民主国家安全"的战争。这两个目标结果都是幻想，但是在这个时期战争提高了爱国主义的水平和大众支持战争的努力。作为消极的一面，政府提倡反对德国人的种族宣传，称他们为匈奴人——因此暗示他们是野蛮人。

20世纪的战争努力已经证实，所有大众传播的手段能有效地用于宣传。标语、战争债券募集会、歌曲、戏剧作品、广播节目和电影都用来帮助增强大众的士气。美国电影业在电影中提倡战争努力，这些电影描写了同盟国针对敌人的怯懦和背叛伎俩所作的英勇而崇高的努力。第二次世界大战最成功的电影有：《英国空军中的一个美国佬》(1941)、《威克岛》(1942)、《一个名叫乔的人》(1943)、《目的地东京》(1943)、《在亚特兰大的行动》(1943)、《东京上空的30秒》(1944)和《美国兵乔的故事》(1945)。尽管这些电影不是政府资助拍摄的，但是制片人经常与美国陆军部合作。

假情报一词在70年代开始使用。它意味着政府散布事实与谎言混合的情报，蓄意进行欺骗。这个词大约是1959年在苏联创造的，当时建立了一个在其他国家散布假情报的部门。制造假情报的手法很多。它可以简单到把一条假新闻印在报纸上或者通过口述散布谣言。它可以意指在正式的杂志上发表产生错误思想的科学和技术论文。假情报专家还曾运用有伪造签名的信件以及其他官方文书。这些信件和文书被允许落入一个国家的政府官员的手中，以便使他们相信另一个国家正在策划反对这个国家。有时，假情报由一些组织散布，它们是政党、特殊利益集团或情报机构的真正掩护者。

书刊检查制度 CENSORSHIP 哲学家苏格拉底于公元前339年被雅典法庭判处死刑（见：**苏格拉底**）。他被指控犯了两条罪：不虔敬，或者说动摇人们对神

祇的信仰，和败坏青少年的道德品质。法庭认为，他传播知识的方法容易导致怀疑论或不信神，而且他能使用诡辩术，将根本就不充分的论据变成有力的论据。这可能看来好像很奇怪，但他受控的真正原因是，新的观念可能会削弱宗教或政府的权威性，这即可以被认作是非法的。

苏格拉底就是早期书刊检查制度——这一做法，无论是官方的还是非官方的，都是试图限制人们接近某些观念、书籍、音乐，或由于某种原因而被认为是有伤风化的那些美术作品——的牺牲品。现在，建立书刊检查制度的理由仍然是当年指控苏格拉底时提出的那些理由，或它们的某种改头换面的说法。"监察官"(censor)一词本身是古罗马共和国地方行政官的头衔。监察官的职责是普查人口，他们在统计人口的同时也考察公民的道德品行。

书刊检查制度主要是试图控制观念的流传和新的未经检验的见解的流传。新知识、新科学、新的政治观点、新的宗教信仰，以及对性的新态度——所有这些，在一切历史时期和一切国家中都会受到监察官的严密注视。英国作家大卫·休谟指出："我们这个可怜的物种生来如此，那些走老路的人总要向指新路的人扔石头。"这些石头大多数是扔向书写或印刷的文字的。不过，其他的传播形式——包括戏剧、电影、广播和电视——也深受其苦。

印刷的文字出现在书籍、报纸、杂志、宣传手册、传单和广告招贴中。政府、宗教团体和视维护公共道德为己任的卫道士们可能会作出决定，限制这些印刷品中任何一种印刷品的传播。他们采取的手段有四种：禁止、销毁、发给许可证和事先约束。

禁止一部书籍，就是禁止该书籍的公开销售与传播。纵观历史，宗教组织比其他任何社会机构都更热心于禁书。例如，早期的基督教领导人认为，禁止那些可能有害于教会所规定的信仰或道德的书籍，是教会的权力与职责。此外他们还认为，执行教士们有关禁书的决定是政府的职责。

宗教方面有关禁书的最为著名的实例，大约就是罗马天主教会于1559年颁布的《禁书目录》。截至1948年该目录的最后一个版本，上面登录的各类书籍已逾4000种。1966年，在教皇保罗六世任期内，教廷宣布，该目录不再发行新版本。取代这一做法的是成立一个委员会，不时地颁布不推荐阅读的图书目录。

销毁书籍的含义不用多作解释。早在公元前3世纪，中国万里长城的建造者秦始皇即明令焚书，以便在他的帝国内剪除异端。20世纪最著名的焚书事件发生于阿道夫·希特勒统治德国的最初几年间。任何未能得到官方同意的出版物，都被丢进柏林的熊熊烈火中化为灰烬。

在中世纪，教会和大学承担着评价书籍的职责。15世纪，随着印刷术传入西方，图书数量日益增加，人们迫切需要建立一种书刊出版前的检查制度。对书刊出版的管理也就成了政府的一项职能，政府所采取的方法即是发给许可证。没有官方的许可，书刊就不能出版。

"事先约束"也是一种禁止出版的形式。在美国以及其他准许舆论自由的国家内，没有官方许可制度。除了学校使用的教材以外，没有任何形式的委员会来批准哪些出版物是可以阅读的。因而，阻止一部书籍出版的惟一途径即

是通过打官司,或称诉讼。个人——更经常的是政府——为阻止某一书籍的出版,可以向法院起诉,这就是"事先约束"。1971年,在《五角大楼秘密档案》——有关美国参与越南战争的文件汇编——一书出版前,美国政府曾运用这一做法。政府力图阻止那些关系到国家安全的图书的出版。但是,联邦最高法院作出裁决,这类事先约束的做法违背了美国宪法第一条修正案中对出版自由的保障。

反对书刊检查制度

在西方社会中,对于书刊检查制度的抨击逐渐取得人们的普遍赞同,他们认为,个人的权利不应受到政府的干涉(见:**民权**)。这种共识体现了人们对以往宗教和政府的专制的反抗。1644年,英国诗人约翰·弥尔顿在《论出版自由》一文中,对书刊检查制度进行了最早和最有力的抨击。他在文章中直截了当地要求政府给予人民"认识、表达和根据良知进行论辩的自由"。

18世纪有一大批作家追随弥尔顿,他们要求政府在个人生活的各个方面予以宽容。然而,对于书刊检查制度以及其他对自由的限制的最有力的抨击并非来自传单或宣传手册;它出现在那种维护个人权利的革命运动中。例如,美国独立战争和法国大革命,以及它们的个人自由的后果,在世界各地皆有反响。

除了受到直接的抨击外,书刊检查制度还因通讯技术的改进而暗中受到破坏。15世纪印刷机的发明,使得政府对出版与阅读图书的控制变得日益困难了。20世纪广播和电视的发明,使得用各种新闻和信息赢得全世界的观众或听众成了可能。人们获取信息与交流思想的机会越多,官方或非官方的书刊检查制度也就越难奏效。

坚持书刊检查制度

20世纪末叶,几乎所有国家的政府仍在以某种形式实行书刊检查制度。这方面最极端的例子恐怕要算斯大林时代以及此后30年间在苏联实行的那种书刊检查制度。文学作品和一切艺术作品都需经过政府的审查(尽管地下出版物十分昌盛)。苏联领导人米哈依·戈尔巴乔夫的政策导致了20世纪80年代中期书刊检查制度的放宽。1987年,苏联官方首次批准鲍里斯·帕斯捷尔纳克写于1956年的小说《日瓦戈医生》在国内出版,此书在西方已出版了30年。1988年,苏联停止了对自由欧洲电台和自由电台广播的干扰。在中国这个最大的共产主义社会里,批评政府的自由随着政策的变化而每年都在变化。在伊朗、伊拉克等非共产主义的专制国家中,书籍的出版也受到严格的限制,尤其是那些批评政府的读物的出版。

在美国、英国、西欧、加拿大、日本、澳大利亚和新西兰,对于读物的限制远为宽松,立法只针对某些特殊类型的读物,如淫秽、色情描写、诽谤、有关罪犯的审判程序以及损害国家安全的出版物。美国的某些州设有审查教科书的委员会,但事实证明,甚至对这类书籍进行有效的检查也是很困难的。

政党　POLITICAL PARTIES

政府的政策,是由政党成员中选出的官员们制定的。在美国,虽然偶尔也有较小政党的成员当选,但当选的大多数官员,不是民主党便是共和党。

政党是期望能控制政府活动的组织。政党与利益集团不同,利益集团只是想通过游说,或对公众进行宣传,从而对政府施加影响(见:**游说**)。一个党通过使该党候选人当选的人数超过与之对立的党来控制政府。例如,在英国1992年4月的选举中,保守党候选人在议会中当选的人数超过了工党候选人当选的人数。因而,保守党才能使他们的领袖约翰·梅杰继续留任首相。他们也可以决定政府应该采取什么计划,他们在议会中有足够的票数通过他们的立法。(参见:**内阁制政府**;**议会**)

政党是代议制民主的产物。在国王和他们的顾问们制定法律的许多世纪中,因为没有被选举的官员,党派也就不可能存在。在18世纪末和19世纪初,当由选举产生的立法机关在政府中占据优势时,欧洲和北美才出现了党派。

在政党存在的最初几十年中,党员人数是很少的。例如,在美国和英国,大部分公民都不准许投票。因此,党员主要是土地所有者、贵族、工厂主、商人和其他有钱人(见:**选举权**)。到了19世纪30年代,在美国,更晚一些在欧洲,选举权扩大到大部分男性白人。当越来越多的人有选举权时,党派成员的人数也就越来越多了。到20世纪中叶,在大部分国家中妇女有了选举权之后,政党就更要依靠大众的支持了。

在20世纪,政党已遍及全世界,大部分是仿效欧洲和北美。非洲各地都有很大的政党,其中有很多由民族或部族作为支持的基础。在中东,隶属何党派常常取决于隶属何宗教组织。以色列和伊斯兰国家都是如此。

党派制度

一个国家的政党数目,是由历史情况决定的。有些国家有几个党派,可能所有的党派在政府中都有代表。另外一些国家只有两个主要政党,但情况也很好。有些国家,主要是中国、古巴以及几个非洲国家,是一党制。

两党政府　美国、加拿大和英国实行两党政治制度,而大部分其他民主国家实行多党制。这并不意味着加拿大、美国和英国就只有两个政党——每个国家都有好几个政党——而是说,只有两个强有力的政党一直在为控制政府而进行有效的竞争。

多党制度　在德国、比利时、意大利以及其他一些国家,有几个可以参与竞争公职的大党。但是,由于政党很多,一般不大可能由其中任何一个政党取得决定性的胜利。因此,常常要由其中几个最大的当选政党联合起来,管理国家。

有些多党制国家,采取在立法机关中按比例分配代表的办法。其办法是,根据选区中各党派获得选票的多少,给各该党的成员分配立法机关的席位。分配代表的数学公式各式各样,但结果都一样:少数党派的成员总会有一个或更多候选人选入立法机关。比利时、挪威、丹麦、瑞典、希腊、意大利、瑞士、德国、以色列和少数其他国家,都采用按比例分配代表的办法。

困扰大部分多党制国家的问题,在墨西哥却是个例外。它以前曾有几个政党,但自1938年以来,政府一直牢牢地控制在革命制度党手中。围绕要选举的职位的竞争,大部分在该党内,而不是在党派之间进行。

意识形态——信守固定的经济和政治学说,是一个国家内存在很多政党的主要原因,如马克思主义或社会主义。牢固的信仰,也是美国小党和其他两党制国家的基础。但是,这些政党永远也争取不到足以使它们赢得选举的广泛支持。另外,加拿大、美国和英国的主要政党,是真正的基础广泛的联合,已经能够代表多种不同的观点。主要政党欢迎多种不同的见解,避免使自己变为以狭隘意识形态为基础的派系。在美国,两党制的成功,根本原因是没有意识形态的矛盾。

一党制政府 在20世纪中,出现了三种一党制政府:共产党、法西斯和第三世界。随着列宁的社会民主工人党布尔什维克派的胜利,共产党在1917年的十月革命中在俄国掌握了政权。第二次世界大战之后,东欧大部分国家都建立了共产党政权。1949年,以毛泽东为首的中国共产党执政。党和党的第一书记握有一切政治实权,是这种政权的主要特点。大部分共产党政府是极权主义的,但这并不是说人民和政府之间的矛盾要永远存在下去(见:**共产主义**)。1989年,东欧的政治情况完全改观。共产党在东德、捷克斯洛伐克、保加利亚、匈牙利、波兰、罗马尼亚和南斯拉夫失去了政治垄断。甚至阿尔巴尼亚也在1992年推翻了新斯大林主义制度。1990年,许多东欧国家都实行了多党选举。1991年,共产党在苏联失去了控制,这个国家已不复存在。

在俄国革命5年之后,由贝尼托·墨索里尼领导的法西斯党,在意大利掌握了政权。共产党争辩说,他们是为工人说话的,而法西斯党认为,精英有权统治民众(见:**法西斯主义**)。结果,在意大利——其后在西班牙和葡萄牙——法西斯党从来没有起到共产党在苏联所起的统治作用。工业家、银行家和其他权势人物都想要控制政策,该党的作用集中在控制国家的治安,消灭政治上的反对派和控制军队。

在德国,阿道夫·希特勒的国家社会党(纳粹),虽然持法西斯主义观点,但该党对国家的控制,远比意大利的法西斯党人和西班牙的长枪党要严。在纳粹党人统治下的德国,与其他法西斯国家不同之处在于,希特勒本人,而不是党,就是政府。他并不以法治自命。

第三世界的朝鲜、越南和柬埔寨的共产党政府和当时存在于苏联范围内的各国政府相似。其他一些发展中国家的一党制政府,有的自称社会主义,有的自称改良主义,但是,他们很少表现出对共产主义的强烈倾向。宣布一党制常常是为了使某个人能够终身掌权。总的来说,第三世界的一党制政府已证实效率低而且腐败。由于它们的主要目的是垄断政治权力,所以很少对经济方面的发展进行有效的监督。

两党制的比较

大体上说,英国和美国都是两党制政府。但两国的做法并不相同。英国的选举是选议员,选举后,获胜党的领袖就被任命为首相。此人既在议会中做议员,又在内阁中充任行政官和决策人。

这在美国是不行的,因为宪法规定权力要分开。总统在任时,不能在国会中任职。这样,就使总统和国会由不同的政党控制成为可能。这种情况在英国是不可能发生的。一般地说,自从第二次世界大战以来,这种由一个党控制国会,另一个党控制总统职位,已经成了一个规律,而不是例外了。美国制度的缺点是,当总统和国会各由一个党控制时,二者在政策上可能产生僵局。

美国的两党制

历史背景 自乔治·华盛顿政府以后,美国的选举政治,一直由两个政党控制,但并不总是由相同的两个政党控制。第一次对立发生在联邦党人和反联邦党人——支持强大的联邦政府的人与反对者——之间(见:**州权**)。联邦党的领袖是亚历山大·汉密尔顿和约翰·亚当斯,两人都来自联邦主义情绪最为强烈的东北部。托马斯·杰斐逊成了公认的反联邦主义情绪的带头人。到1800年他当选总统的时候,他的党叫民主共和党。联邦党作为一种政治力量,在1816年选举之后已经消亡,主要是因为它反对1812年战争。

联邦党消亡之后,美国只剩下一个大党——但只是很短的时间。在19世纪20年代,民主共和党分裂成两部分。该党的东部保守分子主张强烈的民族主义、保护性关税和建立一个国家银行。他们自称为国家共和党。另一派代表南部和西部。这一派维护各州的权利,主张只为国家岁入缴纳关税和财政独立。该党取名为民主党,并在1828年和1832年将其领袖安德鲁·杰克逊选为总统:杰克逊的党就是今天的民主党。

到1836年选举时,国家共和党和其他反杰克逊的各派合并起来,组成了一个新党,即辉格党。该党在当年的选举中,败给了民主党。但在1840年,他们成功地使威廉·亨利·哈里逊当选为总统。1844年,辉格党候选人亨利·克莱败给了詹姆斯·波尔克,但是4年之后,扎卡里·泰勒为辉格党赢得了胜利。

在这期间,一股比忠诚于党派更强大的社会力量,开始改变美国的政治面貌。蓄奴问题,在北部和南部引发起激情,迫使党派逐渐重新组合。辉格党在1852年在蓄奴问题上采取了妥协立场,因而注定了自己的命运。其后四年中,大部分南部的辉格党人都参加了民主党。北部的辉格党人则参加了北部反对蓄奴的民主党,组成了现在的共和党。

1854年,一小部分人在威斯康星州的里蓬、密歇根州的杰克逊及其他地方集会,敦促建立新党,反对延长奴隶制。1856年,新组成的共和党选出约翰·弗里蒙特为该党总统候选人。但他输给了民主党的提名人詹姆斯·布坎南。到1860年,民主党在蓄奴问题上又分裂了。有四个候选人竞选总统,亚伯拉罕·林肯——共和党的提名人——当选。

从南北战争中涌现出来的共和党,具有强大的政治实力。而民主党则被打上了蓄奴党和脱离联邦党的印记。除去格罗弗·克利夫兰和伍德罗·威尔逊在白宫16年以外,共和党控制国家政府达72年之久。

20世纪30年代的大萧条对美国政治产生了巨大影响。经济灾难为民主党人富兰克林·罗斯福在1932年当选总统助了一臂之力。他的第一任期,加强了人们称之为新政的联合。新政的社会计划,把千百万美国人吸引到民主党的队伍中来。从林肯时代起,黑人一直是忠于共和党的,现在也转到民主党的行列中来。在罗斯福死后的7年中,新政联合依然是总统的主要政策。而且——除了1947—1948和1953—1954两届以外——一直在国会起着支配作用,直到1980年罗纳德·里根当选总统。

虽然经历了蓄奴问题、南北战争和大萧条的大动荡,民主党和共和党仍然是两个主要政党。新政联合削弱了,但并没有摧毁共和党的力量。从1952年德怀特·D.艾森豪威尔当选起,共和党在很大程度上重新获得了新政年代失掉的公众的拥护。

政党组织 和世界其他地方的党派不同,美国的民主党和共和党,在组织上是很分散的,而且没有严格的纪律和等级制度。如果说美国不是两个党,而是有100个党——每个州两个,这只不过是稍微有点夸张而已。

每个党都可以被看成是一座金字塔。底层是公民,他们总是为政党的候选人投票。上面一层是地方党的负责人,他们选举党的州政府官员。每个州的组织再提名全国委员会的代表。从全国委员会中选出执行委员会。全国委员会由全国委员会主席领导。全国委员会主席,由该党被提名的总统候选人推选,但必须由全国委员会批准。从地方到全国一级被选出的负责人,对地方、州和全国各级党组织的工作都产生极大的影响。

地方组织的基层单位是区,或称选区。其主要负责人是委员,或称选区负责人。他的任务是为该党争取朋友,并让他们在选举日前去投票。此人还拟订社会活动计划,推荐党员担任政治(或赞助)工作,并在选举日提供去投票处的交通工具。

城市中的上一级领导是行政区委员,在农村是县主席。再上面是城市组织、国会选区、州和国家各级。

全国代表大会 对大多数国民来说,一个政党最让人能看得见的一面,是每四年召开一次的全国提名大会。大会的目的是选举总统和副总统候选人,通过党的纲领。提名代表大会,最初是由一个名为反共济会的分裂出来的小党于1831年在马里兰州巴尔的摩召开的。1832年,由杰克逊领导的民主党援此先例,也在巴尔的摩召开了第一次全国代表大会。此后,党的全国代表大会,总是在总统选举的同一年——在可以用4除尽的一年里举行。

在全国代表大会召开的当年春季,选出参加本党全国大会的代表。代表由州的党代会选出,或在总统初选中选出。每个州的代表名额由全国委员会决定。每个党根据州内人口数、对党的支持和投票数所定的公式,分配代表名额。

民主党和共和党,都在仲夏在一个大城市中召开大会。一般是由没有控制白宫的那个政党首先举行大会。会议大厅的席位是留给代表、候补代表、大会负责人和传媒人员的。在两廊和楼上也为公众留出了地方。每次大会会期4至5天。现在,大会的许多会议事项都用电视播放。

第三党 虽然民主党和共和党占有政治上的支配地位,但是还有其他的党派在活动。其中,没有一个党曾经竞选到总统职位或控制过国会,但是,它们的主张常在以后为大党所采纳。这对1912年西奥多·罗斯福的进步党来说,尤为明显。从那时以来,该党的大部分纲领都被采纳为政府政策。

第一个突出的第三党是反共济会——反对共济会及其他秘密组织。拒绝联邦法令党和反杰克逊党,是南卡罗来纳州反对联邦权威的两个党。1856年的美国人党,或称无所知党,是反对移民和罗马天主教的。自由党和自由土壤党是南北战争以前反对蓄奴制的组织。1860年的宪法联盟党想回避蓄奴问题。

1876年的绿背党和1890年的平民党,提倡放松贷款。1920年,农民工人党进入了美国政治。它就是明尼苏达州民主农工党的前身。还出现过几个社会主义和共产主义政党。禁酒党曾活跃于1869年。进步党在1924年提出了一个以罗伯特·拉福莱特为首的全国候选人名单。另一个进步党成立于1948年,选出亨利·华莱士为总统候选人。

南方民主党人在1948年反对该党的民权政策,成立了州权民主党,或称南方民主党,推选出斯特罗姆·瑟蒙德为该党总统候选人。1968年,美国独立党候选人乔治·华莱士,获得民众给予第三党候选人历史上最多的选票。从1976年大选起,自由党一直在竞选国家级职位。

费边社 FABIAN SOCIETY

在1883和1884年,一个献身于宣传社会主义学说的组织在英国伦敦建立。这个组织以公元前3世纪罗马将军昆塔斯·费比乌斯·马克西莫斯·昆克塔托的名字命名为费边社,其目的是在英国建立民主的社会主义国家。社会主义是19世纪主要的经济和政治方面的新学说。它的目的是经济民主——通过一切商业和工业的公有制将财富在社会所有阶级中进行再分配(见:**社会主义**)。

社会主义者在使用何种方法以达到他们的目的问题上,存在着严重的分歧。有些人,如卡尔·马克思的追随者,主张用革命的方法推翻政府,建立一个没有阶级的社会。而费边派则反对革命,他们主张通过对民众的逐步教育和和平的政治改革,实行渐进的社会主义。(参见:**共产主义;马克思**)

早期的费边社社员有评论家和剧作家乔治·萧伯纳、历史学家和改革家比阿特丽斯和西德尼·韦布、作家爱德华·皮斯、社会改革家安妮·贝赞特和教育家、社会学家格雷厄姆·华莱斯。1889年,费边社出版了由萧伯纳主编的《费边社社会主义文集》,清楚地阐明了该社的经济和政治目的。

费边派曾企图把社会主义思想渗透到当时的自由党和保守党中去,由于没有达到目的,才建立了"劳工代表委员会",这个委员会在1906年改建为工党。在20世纪晚些时候,工党成为英国两个主要政党之一。

为了对公众进行宣传,该社举办会议、讲座、讨论会、暑期学校和大会。成立于1931年的、独立的"新费边研究局"在1938年和该社合并。费边派主要是通过他们对教师、政府官员、工会领袖和文职人员的逐步教育扩大其影响的。

人权　HUMAN RIGHTS

权利可以界定为一个人对其有正当要求的某种东西。美国《独立宣言》中说:"所有的人……由造物主赋予一些不可让与的权利,其中有生存、自由和追求幸福的权利。"这是关于人权与民权对比的一种简短的说明。人权是个人作为人由于存在而具有的权利。自身生存权和吃饭穿衣的基本需要的权利,可以认为是基本的人权。

民权或法定的权利是由政府给与的权利。18岁投票的权利是民权,不是人权(见:民权)。在19世纪和20世纪,人权的观念有了扩大,包括以前认为是民权的许多权利。

历史背景

人权一词的普遍使用只是在第二次世界大战以后。1948年发表的《联合国世界人权宣言》使这个词流行于世。作为一个词,人权代替了一个非常陈旧的观念——天赋权利和并不一定包括妇女权利的人的权利的有关用语。

大多数学者把天赋权利观念的起源追溯到古希腊和罗马的思想。在希腊和罗马的文学和哲学里,有大量的说明承认神和自然的规律,这些规律被理解为先于国家制定的法律。

然而人权的概念实际上可以追溯到更早的时期。希伯来《圣经》(基督教称为《旧约全书》)讲述古以色列的故事,其中有大量的推论。在这个问题上没有充分展开的论述,但是有重要的分散的章节,提出至少在观点上与希腊和罗马哲学同样先进的明显论据。圣经十诫,由于禁止凶杀和盗窃,默认了生命权和财产权。这种承认经过后来法律的说明和阿摩司这样的预言者关于公正的热情说教,而大为扩展。

如果说人权的概念非常陈旧,那么对它们的有效性的普遍承认并非如此。综观大部分历史,政府没有接受人民有独立于国家的权利这一观念。这叫作国家主义,它意味着在关于臣民生活的所有问题上,国家是至高无上的。在20世纪国家主义仍然是一个有效力的概念。在阿道夫·希特勒统治下的德国是最好的例证,还有其他同等有效的例子仍然存在。

在中世纪末被称为文艺复兴的时期,开始了人权观念的现代发展,当时欧洲出现反抗政治和经济专制的情况。(为了概览历史的发展,参见:权利法案)这是在17和18世纪期间,一个叫作启蒙运动的时期,科学发现对自然规律的作用引起了特殊的注意。反过来这似乎就意味着不应允许国家干涉天赋权利。

到美国独立战争和法国大革命时期,政府同人权的关系发生了根本性的转变。由美国开国元勋和法国革命者阐述的论点是,政府的目的是保护和守卫这些权利,而不是免除或剥夺它们。詹姆斯·麦迪逊走得如此之远,竟然断言:"当说一个人拥有财产权的时候,同样也可以说他在自己的权利中有一种财产。"再者,"建立政府是为保护每一种财产。"《人权与公民的权利宣言》(法国,1789年)说:"人们生来自由而且权利平等","每一政治联合的目的就是保护人的天赋权利和没有取得的权利。"

这样先进的人权观不是没有批评者的。从18世纪末到20世纪的第3个10年间,直言不讳和有影响的理论家们抨击这种人权概念。英国埃德蒙·伯克谴责他称之为人类平等的"荒谬的虚构"的那种思想。哲学家杰里米·边沁说,只有想像的权利才能从自然规律中得到。在一百年中,这些思想家通过边沁的弟子约翰·斯图尔特·穆勒、法国政治理论家约瑟夫·德·梅斯特、德国法学家弗里德里希·卡尔·冯·斯威格尼、奥地利哲学家路德维希·维特根斯坦和其他一些人联系在一起了。到1894年,英国作家F.H.布雷德利就能用下面的说法极力赞美国家主义概念,他说:"当今个人的权利不值得考虑……社会的福利是终点,是最终的标准。"

无论如何,批评家们是在逆历史潮流。在美国和欧洲的许多地方,人权的发展方面有明显的进步。如果没有纳粹德国提供给全世界看的那种滥用人权的实验,这些实例也许不会那么充分。骇人听闻的反对人类的罪行,最明显的是在集中营里消灭几百万人,它使文明世界感到恐怖而且帮助人权达到现在接受的水平(见:种族灭绝;纳粹大屠杀)。

权利的定义

普遍接受人权导致关于人权的某些根本假定取得广泛的一致。(1)如果一种权利肯定作为人权而不是民权,那么它就被理解为普遍的,是适用于所有地方所有人的某种东西。(2)权利可以理解为代表个人和群体分享政治和经济权力的要求。(3)人们一致认为,人权始终不是绝对的:人权可以为了公益的理由或为了保证他人的权利而受限制或约束。(4)人权不是覆盖一切个人愿望的一个无所不包的词语。(5)权利的观念常常含有有关的义务。托马斯·杰斐逊指出:"永恒的警惕就是自由的价格。所以,如果个人要维护自己的自由,他们的责任就是防止那些可能限制自己权利的政治、宗教和社会的活动。

接受这些基本假定并不减少关于可以列为人权的种种权利的分歧。历史上进行的这种辩论大致分为三类:个人的、社会的和集体的。个人的权利是指生活的基本权利和《独立宣言》中提到的自由。社会的权利把这个概念扩大到包括经济、社会和文化的权利。第二次世界大战结束以来,旧式殖民王国的崩溃和许多新的民族国家的出现,使集体的或一致的权利突出起来。这些特殊形式的权利由《世界人权宣言》作了最好的描述。

个人的权利　这些权利由17和18世纪的政治理论家——如英国的约翰·洛克、法国的孟德斯鸠、美国的杰斐逊和其他一些人——作了最充分的描述。它们是生存权、自由权、隐私权、个人安全权、言论和出版自由权、崇拜自由权、拥有财产权、奴隶自由权、不受酷刑和不人道的惩罚权,以及类似美国宪法第一个十条修正案中详细解释的权利。

个人权利的基础是这样的概念:政府是作为保护个人不受侵害的屏障。除了要得到人权外,人们对政府一无所求;除了保障它的公民权益不受侵害外,政府也别无他责。

社会的权利 权利这个概念出自社会主义者和共产主义者对资本主义的批评以及它自己认识到的经济上的不公:工资低、工作时间长、不安全的工作条件和童工。社会的权利要求政府做这样一些事情,如有质量的教育、工作、充分的医疗保健、社会保险计划、住房和其他好处。基本上这些权利要求可以满足个人与家庭的健康和福利需要的生活标准。

集体的权利 20世纪末世界是一个各国相互依赖的社会。集体的权利,正如1948年《世界人权宣言》中所说那样,极力主张政治、经济、社会和文化自决权;和平权;在健康和平衡的环境中的生活权;分享地球资源的权利。还有一些第三世界国家要求对财富和政治权力进行全球再分配的要求。(见:第三世界)。

美国众议院非美活动调查委员会
UN-AMERICAN ACTIVITIES, HOUSE COMMITTEE ON

20世纪30年代的大萧条,是欧洲和美国政治上不稳定时期。1938年,美国众议院设立了一个委员会,调查对国家安全的威胁和潜在的颠覆活动。委员会的名字叫调查美国非美活动和宣传特别委员会。因为这个委员会的主席名叫马丁·戴斯,所以人们常常叫它戴斯委员会。戴斯是个极端保守的得克萨斯州民主党人。

1945年,戴斯委员会为众议院非美活动调查委员会所取代。在战后最初几年,苏联由一个战时同盟国变为一种国际威胁时,该委员会开始对共产党的颠覆活动进行严密的调查。这个委员会的做法如此过分,以致常常无视证人的权利。1947年,该委员会由于要在电影业中揭露共产党,而在国际上变得臭名昭著。许多好莱坞的名人作了证,很多人的名誉被毁。有些电影界名人被列入黑名单——多年不能工作,有时只是因为他们拒绝"提供人名"。对国务院官员、富兰克林·罗斯福总统前顾问阿尔杰·希斯的迫害,也引起了国际上对该委员会的注意。在1948年希斯的听证会期间,一位新当选的共和党众议员理查德·M.尼克松起了突出的作用。这使他1950年在参议院中获得一个席位,并在1952年被提名为副总统。

20世纪50年代初期,威斯康星州参议员约瑟夫·R.麦卡锡更为耸人听闻的业绩使该委员会的工作蒙上一层阴影。他发动的不断的、不分青红皂白地控告共产党在政府中占据高位的运动,一直到1954年受到参议院的指责才停下来。该委员会虽然还在继续工作,但是,由于受麦卡锡主义的牵连,它的名誉受到了玷污。1975年,该委员会被撤销。(参见:麦卡锡)

选举 ELECTIONS

多中择一是选举的全部内容。如果要有一种真正的选择,就必须在数个当中进行抉择。如果挑选公共官员,至少必须有两名候选人。如果决定一个问题,投票人必须是自由地说出是或否。

选举和代议制政府

世界上有两种类型的国家:一类是由创造政府去管理自己公共事务的人民所组成的国家;一类是政府管理人民的事务而不经人民的同意的国家。这两种类型的国家通常都有选举,都声称当选官员代表人民。

两种选举类型的区别是存在或者缺乏选择。在立宪民主国家——例如英国、加拿大、澳大利亚、新西兰、日本、印度、美国和西欧诸国——有两个或多个政党,每个政党都提出公职候选人名单。人民被允许选出他们认为能把工作做得最好的人。

在那些自称共和制或民主的国家,反对党不是不合法就是受到严格的限制。在苏联直到1989年每个职位的候选人名单上仅有一名候选人。因此,一次选举不能在几个人当中选择其一。它仅仅是赞同政府已经作出的选择的一种标志。这种程序中选出的人们,在政府中并不代表人民;对人民来说,他们代表政府。

真正的代表

一个国家的每一位公民应当允许投票选举公共官员,是一种完全现代的思想。这种思想开始于18世纪,当时像约翰·洛克、让-雅克·卢梭和托马斯·杰斐逊这样一些作家说出了给予全体公民以公民权的思想。美国独立战争和法国大革命事件使这种思想付诸实践。(参见:宪法;民主)

最初从古代世界到现代早期,政府代表的是某些富有的和授予权力的利益集团。他们包括土地占有者、贵族、公司和教会。老百姓在政府的立法机构中无足轻重。他们在选择统治自己的人物时没有发言权,而且他们的利益也不占什么分量。他们只是干活和提供兵源。

19世纪,选举权或投票权逐渐扩大。它首先扩大到欧洲和美国的劳动阶级——但是只限于男性。1920年以前,妇女在美国的许多州赢得了投票权,但是在总统选举中没有投票权。大约在同一时期,妇女在比利时、荷兰、德国、波兰和加拿大赢得了投票权。到1928年,英国妇女才赢得投票权。法国、意大利、日本和其他一些国家直到第二次世界大战之后才有所改观。在阿拉伯国家,妇女的投票权仍然受到法律限制。共产主义国家的全体成年人一般有投票权。

在一些国家——美国和英国——投票权已经扩大到18岁的年轻人。这样决定是因为他们当中的很多人在军队服役并且受到过高等教育,不能否认他们在社会秩序中的作用。(参见:选举权;女权)

选举的类型

选举可以分为几种方法。它们包括投票选什么,举行投票选举的政府级别,和举行的选举是选出候选人还是选出公共官员。

公务员和问题 当一位投票人进入投票间时,可在候选人名单上看到寻求公职的个人的名字。也可能是有一些公共问题要投票表示赞成或反对;为了学校而增加地方税属于最普通的问题之列。(关于以问题为主的选举范围,参见:创制权、复决权和罢免权)

关于公务员,选举给他们制定公共政策的决定权。因此,投票人要求知道候选人对公共问题的看法。每一个社会是由有很大利益差异的人们组成的——例如农民、银行职员、蓝领工人、教师、律师、公司经理、小商人——每一个这样的群体形成所谓的选民。每位竞选公职的候选人必须在他的地区里、州里、省里或国内取得选民的好感。

例如,一个试图成为美国总统的人,为了赢得选举必须取得国内所有的利益集团或者至少是它们中的大多数人的好感。但是,英国首相和德国总理是从地方选区选到他们各自的立法机构的,并且,在选举后如果他们的党派获胜,他们就被选为政府的首脑。因此党的计划必须吸引大多数选民或投票公众(见:内阁制政府)。

在很多国家,各种利益集团和选民由政党代表。美国只有两个主要政党:民主党和共和党;但是在大多数国家,有好几个党为争取选民的拥戴而竞争。政党提供从中挑选候选人的人才库。属于某一个政党的那些人相信,如果党的候选人当选,就能最好地为公共利益服务。当然一旦当选,任职官员会感受到很多压力,有些人最终会违背竞选时的诺言(见:政党;游说)。

选举的等级 在每一个大的民主国家,选举在不同的级别上进行:地方、州和全国。一次地方选举可以是一个城市范围内的事情,也可以仅包括一个城市的一部分。例如一个特殊的市参议员的选举,仅发生在一个市内行政区或一个选区里。在一些国家,一个省或一个州可以有一种选举而不影响国家的其余部分。

美国的选举

在美国,几乎每一个政治单位都有选举——从小镇、城市、县和州到本身。但是每4年只有一次全国的选举,它是争取总统和副总统职位的选举。其余的大选,每两年举行一次,实际上是同时进行的州的选举。从候选人中选出众议院的全部议员、1/3的参议院议员、各种州和地方官职。

地理上的选区 大多数竞选公职的候选人是在具体的地理区域内进行的。例如每一位众议院议员是从一个州里的一个选区中选出的。选区的大小依据人口而定。当各州的人口增加或减少时,选区要重新划分,议员人数有增有减。在多数大城市同样如此。它们被划分为若干选区,每个选区有权选出一名代表议员——通常叫市参议员。

代表全市或全州的选区 然而有时,候选人是在代表全市或全州的选区选出的。在一次代表全市的市参议员选举中,赢得选举的候选人并不代表一个选区,而是代表全体市民。一名代表全州的州议员代表该州的全体人民,不仅仅代表一个立法选区。这样的选举并不普遍,但是它们偶然用于在一个立法机构里避免代表地区或地理上的选区。

初选 将成为公职候选人的人们,可由政党代表大会选出——州代表大会和全国代表大会;他们可以由党的领导人会议选出;或者可以由选举产生。选出候选人的选举叫作初选。初选的意思是"第一次",或"最初的"选举。初选的出现是作为一种方法让人们选择他们自己的候选人,而不是由党魁将候选人强加给他们。

一个政党的全体成员有资格选举候选人的选举,叫作直接初选。第一次初选是1842年由民主党在宾夕法尼亚州克劳福德县举行的。由于19世纪末贿赂在政府里滋长,对初选的要求增加了。在州长罗伯特·拉福莱特的领导下,威斯康星州于1903年通过一项直接初选的法律。在后来的一些事例中提出了间接初选——投票人选代表参加一个州的党代表大会,由代表大会推举候选人。

各州有不同的方法进行初选。有些州采用叫作公开初选的方法,投票人可以投任何政党的票。他们可以在一次初选中投一个政党的票,而在下一次初选中投另一个政党的票。其他的州实行由选民直接投票的初选;这里投票人只能在他们登记的政党的初选中投票。

一个人要成为初选选票上的候选人,必须同一名市、县或州政府官员一起提出一项意图和党派关系声明。通常提出申请必须付费,在某些情况下,必然变成由赞同这位候选人的投票人签署的申请书,签名者的数目由法律规定。

加利福尼亚州是这种做法的例外。从1913年直到1959年,它允许所谓交叉申请。交叉申请允许候选人在所有政党的初选名单上申请职位。如果他们在每个党里都赢得选举,他们就自然当任职。

在总统选举中,初选已经起到了非常重要的作用。可能当选的候选人在一次大选以前的两三年就开始到进行初选的州旅行,寻求说服全体选民赞同他们的观点。一些初选仅仅是声望的竞争——并不选出向候选人、向全国代表大会作出保证的代表或人士。在其他初选中,投票人选择一个党的候选人名单,并从所列的名字中选择他们的候选人,或向他们的候选人作出保证的党代表大会代表。在选举年最早进行初选的是新罕布什尔州的初选。可能当选的候选人急切地等待该州的初选结果,因为——如1984年的初选——从来没有一名在新罕布什尔州初选中失败的人赢得过总统大选。

选举实践

从19世纪中叶以来,在大的民主国家里选举程序已经相当标准化,相当正规了。投票人按照他们的居住地进行登记;他们有权秘密投票;候选人名单的使用使秘密投票成为可能;有些社会的法律规定公民必须投票。

秘密投票的成功取决于大多数人民能够阅读并且愿意私下作出自己的决定。那些不能阅读的人,必须有人帮助在选票上作出标记,帮助者可以投任何人的票——文盲投票者从不知道这种不同。秘密投票也要求公民停止执行来自社会上层关于投票的指示。他们必须为自己考虑怎样才能最好地为自己的利益服务。秘密投票也给承担义务的党的工作人员"分发"选票或者使大批人去投他们推荐的候选人的票带来更大的困难。

选举是在投票处完成的。在验明投票人身份之后,他们得到一张印有全部候选人姓名的选票,还有一张印有需要作出决定的各种问题的单子。或者投票的个人可以简单地进入一个临时投票站，那里所有姓名和问题都显示在一台投票机上。而名单上的姓名旁边有一个用 X 标出有待填空的方框框，投票机在每个姓名前有一个小扳手。投票人要投某一位候选人的票，简单地推下扳手。在完成全部选择之后，投票人拉动投票机前的大扳手，打开投票站的特制门帘。这个行动也在投票机里记下了各种选择。还有一种打卡投票系统，在投票站里有一本里面有好几页列有候选人姓名的小册子。册子里插了一张卡片，投票人用一根针穿透所选择的姓名旁边的小孔。卡片的适当位置上被打上小孔，这张卡片就成了已完成投票程序的选票。

在澳大利亚、比利时和其他一些国家，对于达到投票年龄的全体公民来说，投票是强迫的，或者说是法律所要求的。投票的目的是保证全体公民享有平等的投票权利。

选举参与

个人投票率取决于不同的环境：选举的重要性，投票人对问题感受强度的大小，投票人所属的社会团体，以及投票人的个性和信仰。选举的投票人数在全国选举中比州的竞选要多，通常在州的选举中要比地方选举多。这大概是因为更多的戏剧性事件同大的选举相联系，并且由于电视和报纸的报道，候选人和问题更多地为人所了解。

教育、收入水平和职业地位也影响投票人参与。新近得到投票权的社会团体往往参与较少。因此，妇女投票经常少于男子，黑人少于白人，工人阶级成员少于中产阶级公民，青年人少于老年人。不参加选举自然对选举的结果有影响。假如每个人都参加投票，一个社会里的权力平衡将会转向最新给予公民权的人和特权较少的公民。

在那些对一个政党承担义务的投票人当中，投票参与率往往较高。这些人通常感到政府的政策对他们的生活有直接的影响。

独立的投票人也许是、也许不是缺少信息或者是对政治相对不感兴趣。虽然独立常常以坚强的信念为基础，但是有时是不情愿承担义务引起的，除非他们看到某个问题或候选人对他们有直接影响。

选举权　SUFFRAGE

投票的权利被叫作选举权。选举权——也称投票权——是一个民主国家的公民享有的公民权。（参见：**公民身份**；**民权**）

选举权的历史是从特权小群体控制社会到越来越多的人不断增强作用的一种发展。那些掌握权力的人通常决心保住权力，不愿意让许多人在这个问题上有发言权。这个理论是，那些凭借自己的财富在社会上至关重要的人，应当控制政策。

19 世纪以前，投票选举公共官员的权利比较少见。古代雅典要求所有公民参加公共生活。这包括担任公职，也包括投票权。但是城邦的许多居民并不被认为是公民。在斯巴达，公民的权利受到严格限制，这些不是公民的人——从事实际生产工作的大多数人——如果说有什么权利的话，也是少得可怜。

在君主制政府里，人民是臣民，不是公民。但是在某些君主国地方官员是选举产生的。罗马天主教的教皇经常是由罗马人民的口头表决选出，但是全欧洲其他的教会成员在教皇的选举中没有发言权。从 13 世纪起，教皇由红衣主教团选举（见：**教皇制**）。

美国独立战争和法国大革命大大地推动了政治民主化，并且由启蒙运动的政治作家为之建立了理论基础。在 1776 年的美国，仅有一些财产拥有者能够投票，但是在《独立宣言》中阐述的理想为选举权的逐渐扩大指明了道路。法国大革命的急风暴雨实际上立即给予全体居民以法国公民的身份，而且参与政府的传统障碍被迅速排除——但是后来法国转向了君主制，直到 1870 年。美国独立战争和法国大革命提倡的理想及其后果，导致以后几十年里选举权的扩大。

在美国，朝着普遍选举权前进的进程经历了好几个阶段。在宪法批准后的几十年间，各州相继给予白人男性公民以投票权。肯塔基州和田纳西州分别在 1792 年和 1796 年授予白人男性公民权。1826 年，纽约州成为最后一个废除白人男性选举的财产资格的州。

在内战以前，仅有 4 个州允许黑人投票：佛蒙特州、新罕布什尔州、缅因州和马萨诸塞州。1870 年批准的第 15 条宪法修正案，给予所有成年黑人男性以选举权，但是很多州找到避开修正案的方法，例如设置人头税和识字要求。根据宪法第 24 条修正案(1964)和 1966 年最高法院的一项裁定，在联邦选举和州选举中是禁止人头税的。1965 年的选举权利法中止了在南方大部分地区曾经用来阻止黑人投票的州文化测验和其他投票人资格测验。

在内战后的年代，有些州通过了妇女选举权法。一些州允许妇女在地方选举中投票，但是怀俄明准州是 1869 年第一个给予妇女在全州范围竞选中选举权的州。

20 年后，这项规定被写进怀俄明州宪法，并且第一次给予妇女在全国选举以及州和地方选举中的选举权。其他州，多数在西部，也步其后尘。在 1920 年批准宪法第 19 条修正案以前，在联邦选举中并没有在所有的州里给予投票权。（参见：**女权**）

当宪法第 26 条修正案在 1971 年批准时，它确定所有联邦、州和地方选举的选举人年龄为 18 岁。这样美国的所有公民除了那些根据法律明确禁止的人们以外，都允许投票。排除在外的是 18 岁以下的公民、智力不健全者和被判刑的罪犯。

到 20 世纪末，普遍的选举权已经在全世界，甚至像在苏联和它的东欧集团邻国这样一些极权主义国家，都被普遍接受。一些新独立的国家要求文化测试。但是，在南非，大多数黑人仍然不允许投票。（参见：**选举**）

投票　VOTING
见：**选举**；**选举权**

初选　PRIMARY ELECTION
见：**选举**

选举团　ELECTORAL COLLEGE

美国1876年的总统选举,民主党候选人塞缪尔·J.蒂尔登得到4284020张选票;共和党人拉瑟福德·B.海斯得到4036572张选票;但是海斯当选总统。同样,在1888年的总统选举中,本杰明·哈里森得到的公众选票比格罗弗·克利夫兰的选票少,但是却赢得了这次大选。怎么会是这样呢?答案是:美国总统不是由全体选民选举的,而是通过一个叫作选举团的机构选出的。

1787年美国宪法的起草人为共和国政府设计了一个文件,将权力分给三个部门——行政、立法、司法。这是为了防止任何一个部门滥用权力。但是宪法的起草人更担心政府滥用权力。他们也警惕通过直接选举让人民控制政府。他们允许直接选举公共官员的一个实例就是选举众议院议员。参议员的选举虽然现在是通过全体选民投票,但是在1913年批准第17条宪法修正案以前,是由州立法机构选出的。

按宪法第二条第一项规定,总统和副总统的选举出自居民之手,而且授权予一个选举团。每个州被允许的选举人的人数和代表该州的国会议员总数相等:有一名众议员就有一名选举人,有两名参议员就有两名选举人。选举人不能是任何在联邦政府中任职的人。在某些州,选举人是在政党代表会议上选出的。

个人在总统大选中投票时,他们实际上是在投票产生一个候选人名单。在一州内得到多数选票的党派由此推选该党的候选人名单。失败的候选人当然也就不能赢得选举团成员。

获胜的选举团成员于12月的第2个星期三以后的星期一在各自所在州的首府开会,投票选举总统和副总统。虽然选举团成员有宪法规定的权利选举他们挑选的任何人,而不管大选的结果如何,但是他们很少投他已作出保证投其票的那个人以外的人的票。选票被送到国会,当国会在翌年1月6日计算选票时,候选人才正式当选。获得超过半数的多数选票的候选人,当选为总统和副总统。如果没有候选人获得多数选票,选举则交给众议院。(第一次发生这种情况是1800年的选举。)

按照现行做法,在一个州赢得大多数选票的政党,得到该州选举团的全部选票。投给被击败的候选人的票数不再进行计算。因此,对一位候选人来说,得到的选票少于全体选民选票的多数而赢得大选仍然是可能的。

不公正划分选区　GERRYMANDER

1812年民主共和党在马萨诸塞州虽然执政,但是在临近的选举中它没有多少希望维持其控制。为了给党减少一些损失,埃尔布里奇·格里州长签署一项重新分配议员席位法案,设立巩固联邦党人选票总数的新的参议员选区。一名被激怒的编辑挂出一张显示某一选区的地图。画家吉尔伯特·斯图尔特沿地图的框线加上头、翅膀和脚爪,并指出:"那样干是为了一个怪物。"这位编辑应答说:"最好说是为一党利益擅自改划选区。"这个因这次政治骗局出现的名词,逐渐成为常用名词。

不公正划分选区可能是一个城市选区、一个立法选区或者是一个国会选区。其目的是将敌对的多数挤到两三个选区里,留下其余拥护执政党的人,这样做使该党获得比总票数保证的更多的代表席位。美国最高法院在1964年对不公正划分选区给以打击。它坚持,一个州立法机构的全体成员必须从实际上包含同等人口的选区中选出。

议会　PARLIAMENT

英国、加拿大、澳大利亚,以及大部分其他英联邦国家的立法机关,或称制定法律的机构,叫作议会。许多欧洲国家和日本,虽然叫别的名称,但它们的立法机关也是议会型的。例如,日本的立法机关叫国会,瑞典叫皇家国会。

大多数议会,像美国国会,是两院制——有两个议院。最古老最有名的议会之一,是英国的议会,由上院和下院组成。最老的、现在仍在行使职责的议会,是马恩岛议会,其历史可以追溯到中世纪初斯堪的纳维亚人占领时期。它是由称为立法委员会的上院和称为控制院的下院组成的。澳大利亚叫参议院和众议院;加拿大也叫参议院和众议院;瑞典、芬兰和其他几个国家的立法机关是单院制——一个议院。

议会是立法机关,是民众选出的代表们开会、讲话、辩论和对提出的法律及其他国家事务进行讨论的地方。

美国联邦政府,以权力分立著称。它分成三个界限分明的部门——总统、国会和联邦法院(见:**美国政府**)。任何人都不能既在一个部门工作,同时又是另一个部门的成员。在大部分议会中,都不存在这样明确的权力分立。在英国,首相永远是议员,某些部长和部门的领导也是议员。首相永远是多数党的领袖。如果该党落选,就由当选党的领袖任新首相。在美国,总统任期的长短不受国会选举结果的影响,因为总统不是,也不可能是国会议员。在英国,国家的最高法院是上院。因此,美国最高法院担负的某些职责,在英国是由议会上院行使的。

典型的现代国会,不只是个立法机构。它在财务问题——所谓的财务法案——上,花费很多时间。这些财务法案,就是为诸如国防、公共工程建设和各部门雇员工薪等政府需要拨款的问题。通过对钱的控制,国会可以在很大程度上控制政府的政策。然而,就政策而言,还是由首相和内阁决定的(见:**内阁制政府**)。

英国议会

大不列颠及北爱尔兰联合王国(即英国)政府,是三级结构。最上层是君主,现在是伊丽莎白二世女王,她有权召开和解散议会。她为议会会议揭幕并致辞,略述首相政府的目的。从法律上说,她属于政府的立法部门,又是行政和司法部门的首脑,同时也是武装部队的总司令和英国国教的首脑。她批准议会通过的法案,不过现在她的批准主要是一种仪式。

从最狭义上说,政府即寓于首相和约有20名成员的内阁之中。这些人负责管理一切国家事务,制定政策和在议会中制定法律。大部分阁员都是下院议员,但上院议员也可以作为部门首脑参加政府。首相一向是下院议员。

澳大利亚议会在堪培拉开会,由总督代表英国君主主持会议。中央就座的为内阁成员。

议会的组成

上议院,又称贵族院,在议会两院中议员年岁较大,因为其成员原来都是担任君主最亲近顾问的贵族和高级教士。在两院中,上院曾一度权力较大,但在随后的几个世纪,它的权力被削弱了。它虽然在某些方面相当于美国的参议院,但是权力要小得多。

上院由王国有爵位的贵族——贵族阶层的成员——和英国国教最高教士组成。在1170多位成员中有一大半人是世袭贵族。这些人有公、侯、伯、子、男等爵位,或同等的女爵位的称号。从1958年起,妇女可以当上院议员。此外,还有几百名终身贵族,即那些没有世袭爵位,而因功绩卓著,由君主授给爵位的个人。教士成员有:坎特伯雷和约克郡的大主教,以及英国国教的其他24个主教。

虽然人数很多,但上院平均出席的人数只有320人左右。由于会议内容较轻松,所以上院议员比下院议员有更多的时间讨论问题。会议由英国大法官主持,他是政府的成员,可以参加辩论和表决。

在20世纪初以前,上院的权力很大。它可以否决下院通过的法案,从而左右政府政策,并牢牢地控制自由主义和社会主义倾向。这项权力被1911年和1949年的议会法案剥夺了。这两个法案使得法案可以在一定时期后成为法律,即使上院不采取行动或加以否决。这样,下院便超越了上院。

下院是真正的立法权威。国家的主要行政官是首相。几乎所有的立法都是由多数党首次提出来的。下院可以完全控制财政法案——一切税收政策和支出。法律规定,所有立法者都要以完全一样的形式,由下、上两院通过,并由君主批准。上院很少阻拦下院通过的立法,而国王几乎是自动地同意所通过的任何法案。国王否决权,自18世纪初安妮女王统治时期以来,从未使用过。

下院有650名议员:英格兰523名,苏格兰72名,威尔士38名,北爱尔兰17名。议员是从议会边界委员会划定的选区中选出的。21岁及21岁以上的英国臣民,只要不属于不符合竞选资格之一的人,都可以竞选下院议员。除了被判刑的犯人外,没有竞选资格的人包括:英国国教会、苏格兰国教会、罗马公教会和苏格兰主教制教会的教士;政府雇员;武装部队成员;警察;大部分法官;某些国营公司成员;王国的英格兰和苏格兰贵族。

议会会议

根据1911年通过的一项法律,下院所有议员,必须每5年重选一次。但选举可在5年内的任何时候举行。反对党可迫使议会解散,或进行重新选举。例如,如果执政党在一个关键问题上,在议会的信任表决中失败,就可以进行大选。或是,如果执政党认为其声望正处于最高峰的时候,也可以进行大选。1987年6月,玛格丽特·撒切尔首相就举行过一次这样的选举,她的党稳操胜券。如果下院出现空缺,就用补缺选举填补空缺。

在大选之后,下院中议员占过半数的党,其领袖由君主任命为首相。如果没有一个党超过半数,人数最多的党必须和另一个或更多的党协议,组成联合政府。在国家危急时期,即使一个党超过半数,也可以组成联合政府。在第二次世界大战期间,温斯顿·丘吉尔首相的政府,就是这样一个联合政府。

选举之后不久,新议会揭幕。议会的会议一般从10月末或11月初开始。每次开会都要举行正式的仪式。由君主向两院宣读开幕词,概述政府在该次会议中所要达到的目的。没有君主和政府所有其他人出席,不能合法地组成议会。

下院的主要官员有：议长，筹款委员会主席，两位副主席，秘书，警卫官，和图书馆、行政及正式记录等部门的首脑。下院议长不是政府的成员。因此，在对法案进行辩论和表决时，他不发言。每个党都有一名组织秘书，其责任是保证其党员在表决时到会。另外，还有一名被正式承认的反对派领袖，即最大的少数党的成员。

立法建议一般由内阁首先提出。每个议案都要当众宣读，这主要是使议案得以付印的一个程序。二读时开始辩论。然后将议案送到下院的有关委员会，逐条进行分析。按照内阁部门——国防、外交政策、农业、能源、环境……等等——成立各种委员会。有时，整个下院可以是一个委员会。

在委员会研究之后，将议案报到下院进行终读、辩论和表决。下院的表决称为分组表决，即一般是按党派将赞成和反对该项立法的议员分开。由上院提出的议案，大致采取同样的程序，不过在委员会阶段，总是由全体委员会进行审议。

由议会通过的议案载入政府档案。与美国立法不同的是，议会法案的有效性，不容置疑。没有高于议会的法院，可以就是否合乎宪法的问题提出上诉，因为任何时候都是由议会决定宪法的含义。

起源于英国的议会

大多数过去曾是英国殖民地的国家——现在统称英联邦——的立法机构，都采用议会的模式。英国议会与其他议会的不同之处在于，后者是以成文宪法为准则的。议会制度中另外的不同之处，是立法机构的法律形式不同。在英国，议会的完全法律含义，包括君主、上院和下院全体在内。加拿大的议会，包括君主（由总督代表）、参议院和众议院。

澳大利亚议会，包括君主（由总督代表）、参议院和众议院。澳大利亚各州也有议会；加拿大各省制定法律的机构叫立法机关。新西兰的议会，包括总督和众议院。过去作为上院的立法委员会，已在1951年撤销。

澳大利亚

澳大利亚的民众，从1901年以来就由他们自己的议会进行管理。1900年，英国议会通过了英联邦法案，它于1901年1月1日起生效。这个法案规定，澳大利亚为联邦议会政体，全国分为6个州2个区。

参议院有64名议员。每个州10名，澳大利亚首都直辖区和北部地方区各2名。州参议员的任期为6年，其中有一半参议员每3年改选一次。区参议员的任期在众议院大选前一天届满。

众议院的议员人数，大约为参议员人数的两倍。他们是按人口的比例选出的，但每个州不少于5人，每个区为2至3人。众议院除提前解散外，每3年为一届。所有的财务法案都由众议院提出。议案必须由两院通过，并经总督同意，才能成为法律。

和其他议会制一样，总督只是名义上的政府首脑，执政党领袖充任首相，并有行政权。政策是由首相和内阁制定的。

联邦法案的一个重要特点，是关于终止参议院与众议院僵局的规定。如果在两届任内，众议院通过的议案两次被参议院否决，总督可以同时解散两院，重新选举众议院。

如果新选的众议院再次通过同一议案，并再度为参议院否决，总督可以召开两院联席会议。如果在联席会议上该议案由两院议员以绝对多数通过，则视为为两院通过。

加拿大

加拿大议会的框架是由1867年不列颠北美法案规定的。该法案说："加拿大只设一个议会，由女王、称为参议院的上院和众议院组成。"行政权授予女王，由总督和枢密院以她的名义行使。1867年法案于1982年被加拿大法案取代。后者是英国议会通过的关于加拿大宪法的最后一个议案。此后，加拿大对其宪法的规定有了完全的权力。但是，1982年法案并没有改变该国的立法结构。

第一届加拿大国家议会于1867年11月6日在安大略省渥太华举行会议。代表当时组成加拿大的4个省的众议员，几乎都是在政府工作多年的人。他们过去就在殖民地议会中任职，其中有几个人是曾为争取成立国家政府而奋斗的联盟之父。约翰·A.麦克唐纳被选为第一任首相。

加拿大参议院有104个议员，都是由总督任命的。在1965年6月2日及以前就是议员的，为终身议员。代表各省的参议员的名额分配如下：安大略和魁北克两省各24名；新斯科舍和新不伦瑞克两省各10名；纽芬兰、马尼托巴、不列颠哥伦比亚、艾伯塔和萨斯喀彻温省各6名；爱德华王子岛4名；育空地区和西北地区各1名。参议员年龄至少应为30岁，是加拿大公民，在其所代表的省内居住，并有符合规定数额的财产。

众议院通过的议案，由参议院进行表决。除了与财务有关的议案外，参议院也可以提出议案。参议院偶尔也修改议案，因为参议员比众议员有更多的时间进行研究和辩论。

加拿大的实际管理权大部分在众议院。众议员由民选举，除非议会由于某种原因被提前解散，任期为5年。根据加拿大各省按比例分配代表的原则，20世纪80年代末期，众议员人数增至295人。所有的财务议案，和大多数其他立法，都由众议院提出。首相是众议院多数党的领袖。

和英国一样，除非议会被提前解散，加拿大议会议员每5年必须重选一次。几乎任何时候都可以进行新的选举。如果投票结果表明对众议院不信任，则需要重新选举。总督可以解散立法机关，由总督发布文告，议会即正式终止。在1977年以前，总督是以君主的名义采取行动的。1977年，女王将她的职责交给了总督。

所有的议案必须以完全相同的形式，经议会的三个方面同意，才能成为法律。（第三方面是总督。总督在一届议会开幕时必须出席，才合法律手续。）实际上，众议院通过的议案，参议院几乎都会通过。议案由两院通过之后，由总督签署。这种三权分立的形式，在大多数情况下运作都是很顺利的。为了适应实际情况，众议院权力最大，另外两个方面进行检查和平衡。

其他议会

欧洲大陆议会立法的历史是一部发展不平衡的历史。没有一个国家可与不曾间断发展的英国议会相比。许多欧洲国家曾是绝对的君主国，不需要有独立的立法机关。意大利和德国分别到1870年和1871年，才成为统一国家，才能建立国家立法机关。法国的议会在1789年大革命时被废除，为国民议会所取代。

大多数欧洲国家的立法机关是在19世纪出现的，多数为两院制。然而，人民权力至上论和议会政体的潮流，使得传统上保守的上院的构成成了一个问题。它们必须改变，否则，就要不断地抗拒全体选民的意志。上院究竟该起什么作用，还没有找到令人满意的答案。有些国家——其中有荷兰、法国、意大利和比利时——把它们的上院变成了当地政府机构的论坛。在意大利，虽然参议员一般都年纪大一些，人数也少一些，但参议院实际上已经变成了下议院的翻版。

主要的政治权力，迅速为下院掌握。瑞典在1971年干脆取消了上议院。在挪威，议会先是作为一个单位集合在一起，然后分开到两院去办公。如果两部分人的意见不一致，就作为一个议案，由整个立法机关进行考虑。法律以这种程序通过后，必须交全体选民讨论。（关于欧洲议会，参见：欧洲共同体）

历史背景

议会的起源，可以追溯到似乎在早期欧洲部落中就存在的民众集会。以后，这种集会发展为顾问委员会，与部落酋长们分享权力。日耳曼部落中盎格鲁-撒克逊时代的议会，或称"智者会议"，和建立于930年的冰岛审议机构，是现代议会的雏形。在中世纪初，商讨重大事情的正式会议，通常是国王和他的顾问班子的会议，同时也把法官召来，考虑各种请求和请愿。这样的机构是把政府的行政（国王）、立法和司法功能结合在一起了。

"议会"这个名词，在拉丁文中是指由国王召集贵族（教士和贵胄）和平民代表（骑士和城镇首脑）一起开的讨论会。开讨论会，可以讨论一个特定的问题，例如，举兵进攻的问题。更多的情况是，国王用此办法取得同意，以便筹集钱财。

这样的议会，是在13世纪英国爱德华一世统治时期开始举行会议的。从1278年起，就保留有议员名册和规章。政府功能的划分，始于13世纪初民事法院开始独立工作的时候。国王顾问班子（现在的内阁）在14世纪开始分开。在理查德二世统治时期，顾问班子成员宣誓就职，顾问班子变成了固定的合法机构。在1422年亨利五世统治末期，顾问班子和议会便分为两个不同的政府机构了。

随着功能的分开，议会开始发展成为纯粹的立法机构。要求修改法律的请求，都归国王的顾问班子管。对法律的修改，即便是很小的改进，也被看作是很严重的事，因为那是一个结构僵化、固守传统和习俗的社会。虽然国王和顾问班子可以合法地宣布新法律，但通常都是先将提出的法律交给议会。

到了14世纪，议会的法令和国王与顾问班子发布的指令截然不同。法令是根据个人或团体的请求制定的法律，是经过国王和议会同意的。因为议会制定的法律都载入法令记录册，不久便具有了很高的权威性。议会渐渐对以指令形式通过的法律表示不满，开始提出所有的立法都须征求其意见的权利。到15世纪中叶，亨利六世的时候，法案不必根据私人请求提出，可以由一位议员作为公众议案提出。

对议案和请求进行讨论时，国王一般都不在场。通常是贵族和高级教士们在一个会议室内或房子里开会，骑士和市镇首脑们（自由民）在另一个会议室或房子内开会。这种分别举行的会议，就是议会两院——贵族院和众议院——的由来。严格地说，一共有三个院，国王和顾问班子也算是议会的一部分。

在贵族院和众议院的分离固定下来之后，国王被迫要从两院的议员中挑选他的大部分顾问。这样，当国王致完开幕词（现在仍是君主的特权）后，国王和不是议员的顾问们便退席了。此后，众议院单独在威斯敏斯特教堂的牧师会礼堂开会，贵族院则在威斯敏斯特宫（即现在大伦敦威斯敏斯特市议会大厦的正式名称）开会。

在都铎王朝统治时期——从亨利七世到伊丽莎白一世——议会的地位大大加强了。亨利八世所完成的英国社会的改革，都是通过议会的法案实施的。当时仍可以以国王指令作为法律，但是亨利是一位极为精明的政治家，不会不利用议会来表明民众的批准。在他统治时期的1547年，开始公布众议院每日的会议事项。贵族院日志从1509年就开始公布了。亨利八世实行了新办法：让议会不停地开几年的会，只是偶而在休会的时候，让议员们回家。这样做，他就不必解散议会了。否则，就要重新选举骑士和代表自治市的议员——贵族们是世袭的。亨利只是用暂停会议的办法，就可以把原班议员继续留下很多年。这对他是有利的，因为他了解这些议员，并且能得到他们的支持。

17世纪末，出现了拥护和反对詹姆斯二世的两派，慢慢形成了政党制度。这两派叫托利党和辉格党，就是后来在议会中代表保守政策和自由政策的两个政党的名称（见：政党）。

游说　LOBBYING

企图影响政府的决定叫作游说。这个词来对议员施加压力的企图，经常发生在议会的门厅或邻近立法机构议事厅的休息室这样一种事实。这种活动通常是同私人利益集团有联系，例如公司或工会的代表，但也可能由个人来实施。当立法者自己在其他官员制定公共政策时试图施加影响，他们自身就是游说者。

政府由竞争的利益团体和派别组成。詹姆斯·麦迪逊在《联邦党人文集》第10篇中说："我理解，党争就是一些公民，无论是全体公民中的多数或少数，团结在一起，被某种共同的感情或利益所驱使……"麦迪逊认识到，党派的作用不能阻止，但是他认为，通过在宪法中建立制衡，它们是能够予以控制的。

美国的经历　美国像其他有名的民主国家一样，代议制政府的主张提示当选官员要为他们居住的地区和州的人民服务。然而贯穿19世纪和20世纪的大部分时间，当选官员常常被私人利益集团所控制，在很多方面，它们的势力和金钱能够帮助一个政治竞选活动。于是，在 19 世纪后半叶，在一个迅速工业化时期，众议员和参议员们通过了大量有利于铁路公司、钢铁公司、石油公司和其他产业的立法。这些法律经常是违背公共利益的。

产业对当选官员的影响力变得如此之大，以至在 1906 年一个名叫戴维格拉哈姆·菲利普的、爱探听的记者在《参议院的背叛》的总标题下发表了一系列的文章。他用一些生动逼真的细节，揭露大企业和最有影响的参议员的联盟。他的这些文章与普通公众对政府丑闻的义愤联系在一起，导致了一场改革竞选经费的运动。1907 年开始，通过了一系列的法律，最后在 1925 年通过了联邦行贿法。不幸的是，这些法律是这样一种写法，以致其意图很容易被避开。

1913 年第 17 条宪法修正案规定美国直接选举参议员。在此以前，他们由州的立法机构选出，因此他们对公众应负的责任就少于使他们当选的利益集团的责任。这个修正案有助于使参议院的工作更高地转向公众注意的中心，并且削弱了企业利益集团同参议员之间牢固的结合。

要求抑制压力集团的过分影响，导致 1946 年的联邦游说管理法的出台。这个法律要求游说者登记并且报告捐赠情况和开支。他们代表的团体必须作出同样的报告。支持这项法律的假定是，游说者的活动如果公开，不可能造成很大的危害。

游说活动 在美国最有影响的游说活动是由大的联合会完成的，这些联合会代表单一的产业、行业、职业或其他利益集团。典型的全国性联合会有能在各级政府活动的联邦、州和地方的单位。这类联合会有代表性的实例是美国商会、美国皮革业联合会、美国医药联合会、全国制造商联合会、全国房地产经纪人联合会、美国石油协会、西部棉花种植者联合会。

游说活动也由公司、劳工集团和公民集团直接进行。公民集团是最近才出现的，它们代表许多组织作出努力，以某些普通公众的名义影响立法。大多数公民集团都处理一些特殊问题，例如自然保护协会就和环境问题有关；公民／劳动者能源联合会试图在控制石油和煤气的价格方面影响立法。最著名的两个公民集团是公共事业联合会和公共事务公民联合会。公共事业联合会的工作是一般政治的和社会的改革，目标是使政府对人民更为负责。公共事业公民联合会由消费倡导者拉尔夫·纳德创立，它也提出一些范围广泛的问题，但是针对公司和其他私人企业的势力，它强调消费问题。

可以用几种方法进行游说。可以向立法机构的委员会或行政法庭公开陈述利害关系。公共官员也可以同游说者私下会晤。一些游说组织通过媒体进行基层游说活动，以建立对它们事业的支持。

1983 年出现过这样一种基层游说活动的例子。银行、储蓄和借贷联合会为了废除一项要求这些机构为联邦政府扣缴利息税的法律，发动人们给参议员和众议员写信。

间接游说 这个词的意思是指团体活动打算通过新闻媒体和广告形成公共舆论，影响政府。从 20 世纪 70 年代初已经使用的这些最著名的方法之一，是通过通常称为 PACs 的政治行动委员会。1974 年的综合性竞选资助法对总统竞选的公共资助作了规定，但是没有对国会竞选作出同样的规定。商业和劳工组织成功地将一个条款写进允许组织独立的政治行动委员会的法律，这种委员会可以筹措基金，支持或击败某些候选人。到 1983 年有 3500 多个这样的政治行动委员会存在。它们为竞选而筹集的数亿美元带来的指责是，它们利用捐赠试图不正当地影响立法进程。

美国总统　PRESIDENT　见：美国政府

白宫　WHITE HOUSE

美利坚合众国总统的官邸，位于华盛顿哥伦比亚特区西北宾夕法尼亚大街 1600 号。白宫也称作行政大厦。庄重的白色沙岩住宅几乎同合众国一样悠久。美国人崇敬白宫，因为把它作为国家的历史和统一的象征。

1948 年，建筑师们发现这座建筑有倒塌的危险。一些专家说，建造一座全新的行政大厦比修复白宫要远为省钱；但是全国人民的意见是使白宫原来的形式保持不变。为了修缮，国会拨款 540 万美元。1952 年修复完成，耗资 576.1 万美元。

乔治·华盛顿想要"惬意"

1792 年，特区行政委员为这座"总统之家"或"总统宫"举行一次最佳设计比赛。乔治·华盛顿要求"宫殿的豪华、住宅的方便和县城的惬意"。爱尔兰出生的建筑师詹姆斯·霍本赢得了头奖。据说他的设计是受了爱尔兰都柏林伦斯特公爵府第的启示。这座官邸预计要花 20 万美元，但最后数字是 40 万美元。

白宫于 1792 年奠基。地点——位于国会大厦的西西北方向大约一英里半的地方——是该市规划者 P.C. 朗方少校选定的。乔治·华盛顿奠基的传说没有根据，因为当时他在费城。

首先住进这座大厦的是合众国第二位总统约翰·亚当斯和他的妻子艾比盖尔。1800 年 11 月他们进来时，只有 6 个房间完工。艾比盖尔写道："这座房子规模宏大，大约需要 30 个仆人……我们得〔生〕炉子以免每日冻得发抖……如果他们让我有足够多的木柴用来烧炉子的话。……没有家具设备的接见大厅（东厅），我就把它当作晾衣服的房间。"

大厦变成"白宫"

行政大厦的墙壁在建筑过程中被涂上灰白色砂岩。这就导致使用"白宫"这个名字，尽管许多人继续把这座建筑叫作"总统住宅"和"总统宫"。早在 1811 年，英国驻华盛顿公使弗朗西斯·詹姆斯·杰克逊就把这座建筑叫作白宫。将近一个世纪以后，西奥多·罗斯福总统使它成为正式的名称。1814 年 8 月 24 日英国人烧毁了白宫，残留的石头墙受到烟火的严重熏烤。霍本于 1815 年重新修建这座建筑物，并给墙壁披上了崭新的白色外衣。

白宫

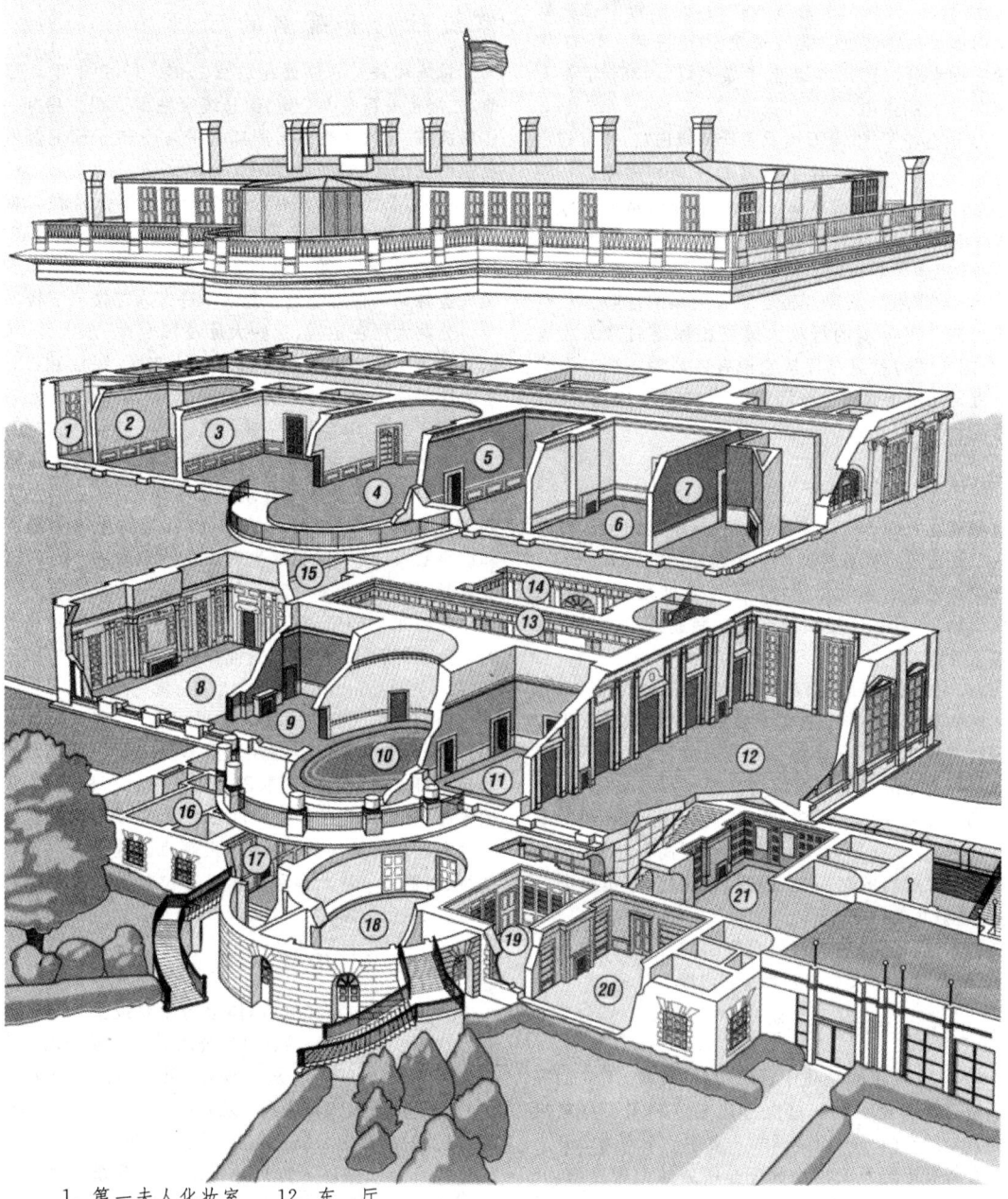

1. 第一夫人化妆室
2. 总统卧室
3. 家庭起居室
4. 黄色椭圆厅
5. 谈判厅
6. 林肯卧室
7. 林肯起居室
8. 国宴厅
9. 红厅
10. 蓝厅
11. 绿厅
12. 东厅
13. 过厅
14. 入口厅
15. 家庭午宴厅
16. 图书馆
17. 衣帽间
18. 外交接待厅
19. 中国厅
20. 朱红色厅
21. 图书馆

詹姆斯·门罗总统和他的家庭于1817年12月搬进这座大厦,他是第一位住进这座重建的大厦的人。1824年白宫修建了南门廊。自从门罗总统入住后,几乎每位总统都在白宫里面作了一些改变。北门廊建于1829年。1833年安装了第一批水管。1848年装上了煤气灯。1881年装上电梯。1891年开始供电。

1902年国会花了42.5万美元重新装修白宫,并且建造了行政办公楼。1927年改建了白宫的屋顶和屋檐。1933年,在西露台修建了一个游泳池,它是用自愿向富兰克林·D.罗斯福总统所捐的钱修建的。1935年修整了地板和厨房,1948年哈里·S.杜鲁门总统给南门廊加了一个阳台。

1948年,建筑家们发现这座建筑有倒塌的危险。一些专家认为建造一座全新的行政大厦要比修缮白宫大为省钱;但是全国人民的意见是保持它原有的风貌不变。国会拨款540万美元用于修缮。修缮工作于1952年完成,耗资近580万美元。

今日白宫

白宫坐落在大约6.5公顷像公园一样的地面上。白宫的主要入口是通过排列着爱奥尼亚式圆柱的北门廊。入口处面对宾夕法尼亚大街和拉裴特广场。从北边看,白宫似乎只有两层楼高;但是顶楼被顶部矮护墙遮掩了。只有从南边斜坡上才能看见第一层。

南边,有半圆形门廊,可以俯瞰一座开阔的草坪、花园和小树林的美丽的公园。这就是被认为总统及其家人的私人公园。它只在复活节星期一对外开放,此时孩子们聚在一起在草坪上玩滚鸡蛋游戏。

白宫的主楼宽52米,进深26米,高18米。长而低的走廊自东向西,顶上有平台,和主楼第一层高低相同,提供了散步场所。东露台的尽头是三层的东侧楼,里边是办公室,第一层是公共入口处。

包括游泳池和健身房的西露台侧面,是三层行政办公楼,内有总统及其工作人员的办公室和内阁会议室。

1948—1952年的重建

在1948—1952年的重建中,除了白宫外墙,工人们完全拆除了白宫这座建筑物。这次重建充分利用了白宫近3.54万立方米的空间——而美国的6室住宅平均为280立方米。所有具有历史意义的房间完全按原始面貌重建,并且增加了许多现代的房间。

改建以前和改建后的白宫房间数有官方数字。将所有隔离的空间都计算在内,改建前,有62个房间,26个厅和走廊,14个洗澡间;改建后,有107个房间,40个厅和走廊,19个洗澡间。新的数字包括储藏室。用一般的方法把房间分类,改建前生活区包括48个房间和14个洗澡间;改建后有54个房间,16个洗澡间。

新增加的房间中有一套医生的套房和一个牙医办公室,南门廊上面的扩大的日光浴室、广播及电视室,是由旧厨房改造的。还建了一个原子弹防护所,足够白宫全部工作人员使用。白宫的地基有两层楼深,因而增加了结构强度,并提供了更多的储藏和服务用的房间。

家庭住处和著名的厅

总统和家人的住处在白宫二楼。1902年重新修建以前,二楼也有行政办公室,给总统家庭留下很少房间。因为住房拥挤,据说西奥多·罗斯福的4个孩子横七竖八地睡在亚伯拉罕·林肯的长床上。

今天,总统和家人有好几个套间。客人住在二楼和三楼,女贵宾住在玫瑰厅,男贵宾住在林肯厅。1948年至1952年改建以后,第一批贵宾是荷兰朱莉安娜女王和她的丈夫普林斯·伯恩哈特。公众不许进入二楼或三楼。

公共大厅在主楼,这些大厅是国宴厅、东大厅,和三个以其显著颜色命名的接待大厅——蓝厅、绿厅和红厅。这些大厅每周星期二到星期六上午10点至中午12点接待公众。每年约有100万人参观白宫。

金色帷帘和古色古香的白色墙壁使国宴大厅增辉生色,厅内的大宴会桌可容纳102位客人就座。大厅中央的镀金枝形吊灯、墙壁上的烛台,以及使用镶金边的瓷器和镀金餐具,使大厅更加生辉。总统为内阁、最高法院、众院议长、副总统和外交官一年至少举行5次国宴。其他国宴是招待来访的贵宾。这些宴会的座次是按照礼节排定的;每一位客人的座位依照他在政府里或外交使团的级别来定。

白宫中最大的房间是东厅,面积是27米×14米。国家招待会、舞会和音乐会都在这里举行。在一个样式别致的舞台上可以演出戏剧和歌剧。尽管它的面积很大,由于有橡木镶花地板,金色和象牙色的帷帘,以及涂有白瓷漆的木构件和枝形水晶吊灯,它显得很高雅。这个大厅曾经是格兰特、西奥多·罗斯福和威尔逊三位总统的女儿举行婚礼的地方。

20世纪60年代的重新修建计划

为了维修白宫和庭院,国会每年要拨款大约400万美元。这笔款项包括补给、维修、公用设施和雇员的工资。白宫雇用了大约110人,从工程师、园丁、司机,到餐具管理员、厨师、女佣人和看房人。还有保卫大厦和庭院的白宫警察,以及时刻保护总统及其家人安全的秘密保安人员。

1961年杰奎琳·肯尼迪提出一项重修白宫的一些大厅的计划。她任命一个艺术委员会协助她,具有历史意义的绿厅和红厅就是首要要重新装修和重新布置的大厅。

绿厅由于墙布是绿色丝锦缎和长窗配以绿色窗帘而得名。美国总统的印章被织入浅绿色地毯的中心位置。红厅恢复了美利坚帝国客厅的风貌,使用这个名称是由于墙上覆有猩红色丝锦缎,上端镶有金边。

连接绿厅和红厅的是蓝厅。这是一个椭圆形的大厅,墙壁下部镶有涂有白瓷漆的护壁板,上部覆有带有金色精美图案的蓝色丝锦缎。帷帘和家具套布也有相同的蓝色和金色的基本色彩。顶部的主要装饰物是窗框之上的三只金鹰。

绿厅、蓝厅和红厅用于下午茶会和招待会,以及在国宴之前举行的招待会。每年一次的招待会被邀请的客人多达2700人之多,这些招待会包括为法院、参议院、众议院和军队举行的那些招待会。外交接见在一层的椭圆厅内,它由国家室内设计社重新设计和装修。它给人印象最深的特色是19世纪30年代在法国印制的印有波士顿港、纽约港、西点、尼亚加拉瀑布和弗吉尼亚天然桥等景观的壁纸。

椭圆形办公室

总统工作的办公室并不在白宫楼里,而是在通常叫作西侧楼的行政办公楼里。它建于西奥多·罗斯福执政期间。1909年,当威廉·塔夫脱任总统时,椭圆形办公室在西侧楼的中心建成。1934年,富兰克林·罗斯福总统扩建了西侧楼,把椭圆形办公室重新安排在西侧楼的东南角。总统在电视上对全国发表讲话,通常是在这间办公室。这个办公室是椭圆形的,面对白宫的南草坪。天花板上雕刻着总统印章。壁炉上方悬挂着查尔斯·威尔逊·皮尔画的乔治·华盛顿肖像。

第一夫人

虽然自19世纪50年代以来,已经使用第一夫人这个词,然而是罗斯福夫人赋予这个词以现代含义——一个坚强、有明确主张和愿意为之奋斗的理想妇女。当美国成为20世纪一个全球性强国时,有些总统的夫人在公共生活中成为活跃人物。她们为自己的丈夫奔走游说。她们选定具体的事业——例如,南希·里根向毒品宣战。就希拉里·罗德姆·克林顿来说,总统给了他的夫人一个在政策方面的活跃角色。

马撒·丹德里奇·卡斯蒂斯·华盛顿(1731—1802) 第一个第一夫人从未住在白宫,因为在1800年以前联邦政府还没有从费城迁到华盛顿哥伦比亚特区。马撒·丹德里奇于1731年6月21日出生在弗吉尼亚州威廉斯堡附近。她受的教育主要包括学习如何经营家庭的种植园。1749年她同丹尼尔·帕克·卡斯蒂斯结婚,1757年丈夫去世,给她留下两个小孩。

1759年她同乔治·华盛顿结婚,此时正值他作为军人和政治家生涯的开始。战争后,她和丈夫回到家乡芒特弗农。1789年,华盛顿按照新宪法被选为总统。她又一次离开家乡,第一次在纽约市——国家的第一个首都——生活,后来在费城生活。在她的新角色中,她作为女主人为总统的许多接见和其他社会庆典开创了第一夫人的先例。1797年,华盛顿终于退出公务生活,最后一次返回芒特弗农。马撒·华盛顿于1802年5月22日在那里去世。

艾比盖尔·史密斯·亚当斯(1744—1818) 艾比盖尔·亚当斯是美国第一批女权主义者之一。关于应当允许妇女在社会上起什么作用,她有自己独到的看法。幸运的是,她是一位写起文章来废寝忘食的读者来信专栏作家,人们从这些来信中了解到她对各种社会问题的看法。1744年11月22日(根据当时使用的历法是11月11日)艾比盖尔出生在马萨诸塞州韦茅斯市。她几乎没有受过正规的学校教育,但是她通过大量阅读进行自学。1764年她同约翰·亚当斯结婚,他们分别在马萨诸塞州布伦特里(后来的昆西)和波士顿两地居住。

1789年,亚当斯当选为美国第一位副总统。1796年他当选为总统时,艾比盖尔与他在费城会合。在1800年11月(那时总统的任期只剩下几个月)以前,她和这位总统并未搬进完成一半的白宫。1801年3月他们回到昆西(当时该城已叫昆西)。艾比盖尔于1818年10月28日在昆西去世。

马撒·韦尔斯·斯克尔顿·杰斐逊(1748—1782) 杰斐逊夫人既不是第一夫人,也不是居住在白宫的人。在托马斯·杰斐逊宣誓就职前19年,妻子就已去世。马撒1748年10月30日(10月19日)在弗吉尼亚州查尔斯城县出生,1772年1月1日与杰斐逊结婚,他们有6个孩子,只有两个女儿活到成年。马撒·杰斐逊1782年9月6日去世。

杰斐逊经常邀请他的国务卿的妻子多利·麦迪逊处理白宫内的社交事务。在其他场合,他的两个女儿充当女主人。她们是小托马斯·曼·伦道夫夫人和约翰·韦伦斯·埃珀兹夫人。她们的教名分别是马撒和玛丽,但是昵称是帕齐和波利。马撒在父亲的第二任内,在白宫生了一男孩——这是第一个出生在这著名宅第的婴儿。

多利·佩恩·托德·麦迪逊(1768—1849) 多利·麦迪逊于1801年在托马斯·杰斐逊第一任期间进入华盛顿哥伦比亚特区的社交生活。48年后在詹姆斯·波尔克任期内离开社交生活。她是华盛顿市历史上最著名的社交家之一。

多利·佩恩于1768年5月20日生于北卡罗来纳州吉尔福德县,次年举家迁往弗吉尼亚。1783年全家在费城定居。1790年多利与小约翰·托德结婚,但是3年后他因黄热病死去。1794年她与詹姆斯·麦迪逊相识,当时麦迪逊是众议院议员,他们于同年结婚。在白宫,多利成为华盛顿市第一女主人。1809年她丈夫成为总统时,她负责举办这个国家的第一次就职舞会。1812年战争期间,当英军焚烧白宫时,多利逃离华盛顿。当她返回时,在八角楼的临时住处继续负责文娱活动。1817年麦迪逊在第二个任期届满时回到弗吉尼亚蒙彼利埃家园。1836年麦迪逊去世时,她又迁回华盛顿,重新进入社交生活。1849年7月12日她在华盛顿去世。

伊丽莎白·科特莱特·门罗(1768—1830) 詹姆斯·门罗总统的妻子伊丽莎白·科特莱特,是一个在美国独立战争后留在美国的前英国陆军上尉的女儿。1768年6月30日伊丽莎白出生于纽约市。1786年她与门罗结婚,并且把他们的家临时安在弗吉尼亚州弗雷德里克斯堡。她和丈夫把他们的时间分别用于外交事务和他在弗吉尼亚所担任的政治职务长达17年之久。1811年门罗成为麦迪逊总统的国务卿,1817年成为总统。作为白宫的女主人,门罗夫人试图效仿欧洲宫廷生活的奢华。在丈夫卸任后,他们回到弗吉尼亚州奥克希尔的住宅。1830年9月23日伊丽莎白在住所去世。

路易莎·凯瑟琳·约翰·亚当斯(1775—1852) 约翰·昆西·亚当斯的妻子1775年2月12日生于英国伦敦,她是惟一不是美国出生的第一夫人。她的父亲乔舒亚·约翰逊是美国人,1794年亚当斯和她相识时,她父亲正出任美国驻英国领事。1797 年他们结婚而且很快去了柏林,亚当斯在那里任普鲁士宫廷公使。1801 年他们回到美国。

1809 年至 1817 年,他们又去欧洲。亚当斯任驻俄国公使,后来又任驻大不列颠公使。在他成为门罗总统的国务卿时,他们又回到华盛顿。在亚当斯从 1825 年至 1829 年在白宫的一届任期中,他们一直住在白宫。1831 年亚当斯当选众议员,他们回到华盛顿又度过了 17 年时光。路易莎·亚当斯 1852 年 5 月 15 日在华盛顿去世。

雷切尔·丹纳尔逊·杰克逊(1767—1828) 像杰斐逊夫人一样,安德鲁·杰克逊的妻子从未成为第一夫人。她于 1828 年——丈夫当选总统那年去世。1767 年 6 月她生于弗吉尼亚州皮特西尔韦尼亚县。早先,她于 1785 年嫁给肯塔基州默瑟县的刘易斯·罗巴兹;几年后离婚。1791 年她与安德鲁·杰克逊结婚,但是由于她的离婚情况不明,对她和杰克逊来说有必要于 1794 年举行第二次婚礼。重婚的谣言伴随她的余年。

汉娜·霍斯·范布伦(1783—1819) 马丁·范布伦就像他的前任杰斐逊和杰克逊一样,在 1837 年成为总统时没有妻子。汉娜·范布伦因患肺结核病于 1819 年 2 月 5 日去世,给她丈夫留下四个儿子。汉娜生于 1783 年 3 月 8 日;她和马丁在纽约州金德胡克一起长大,1807 年在马丁开业做律师之际,他们结了婚。马丁·范布伦选择有魅力的安吉莉卡·辛格尔顿·范布伦——长子亚伯拉罕的妻子作为白宫的女主人。安吉莉卡 1878 年 12 月 29 日死于纽约市。

安娜·塔锡尔·西姆森·哈里森(1775—1864) 虽然她比丈夫威廉·亨利·哈里森多活 23 年,但是她从未进入白宫。1841 年 3 月哈里森就职时,她由于身患重病不能去白宫。就职典礼过后一个月,到她能够成行时,丈夫已经去世,在美国历史上哈里森的总统任期是最短的,他的职位由副总统约翰·泰勒继任。

安娜·塔锡尔·西姆森 1775 年 7 月 25 日生于新泽西州弗拉特布鲁克。她与哈里森在 1795 年结婚。他们婚后生活的大部分时间是在边远地区度过的。1864 年 2 月 25 日她在俄亥俄州北本德去世。

利蒂希亚·克里斯琴·泰勒(1790—1842) 约翰·泰勒是美国第一位"偶然性总统",在总统 1841 年 4 月死后,他由副总统进入总统职位。泰勒的妻子利蒂希亚 1790 年 11 月 12 日生于弗吉尼亚州锡达格罗夫。虽然她没有受过正规教育,她却成为一名出色的种植园管理人。她和泰勒于 1813 年 3 月 29 日结婚,在她丈夫致力于政治生涯时,她接替他经营种植园。病魔突然侵袭了她,到 1839 年她成了病残之人。在泰勒任期第一年,她住在白宫二楼,当时她的儿媳普里西拉·库珀是社交庆典的女主人。利蒂希亚 1842 年 9 月 10 日死于白宫。两年后,泰勒在离任前再次结婚。

朱莉亚·加德纳·泰勒(1820—1889) 泰勒的第二夫人比他年轻 30 岁。朱莉亚·加德纳 1820 年 5 月 4 日生于纽约州加德纳斯岛。1842 年末,因华盛顿冬季社交节她与泰勒相识。1844 年 6 月 26 日他们在纽约结婚。泰勒是在任期期内结婚的第一位总统。在泰勒任期的最后 8 个月,朱莉亚主管白宫。1845 年他们搬回泰勒的弗吉尼亚种植园。1862 年泰勒去世。南部在美国内战中失败,使朱莉亚陷于贫困,但是一些年后,国会投票表决给朱莉亚一笔养老金。1889 年 7 月 10 日她在弗吉尼亚州里士满去世。

萨拉·奇尔德雷斯·波尔克(1803—1891) 波尔克夫人是第一个在政治上显著活跃的第一夫人。她担任丈夫的机要秘书,而这个职位以前从未有妇女担任过。1803 年 9 月 4 日她出生于田纳西州默夫里斯伯勒附近。她在北卡罗来纳州纳什维尔上中学,并就读于塞勒姆的摩拉维亚女子学院。1824 年 1 月 1 日在波尔克任第一任州议员时,她和波尔克结婚。

萨拉是一位虔诚的基督教徒,因此白宫的社交活动比以前各届政府都更加严格。1849 年波尔克任期届满后,他们回到纳什维尔。波尔克三个月后去世,而萨拉·波尔克一直生活在家乡,直到 1891 年 8 月 14 日去世。

玛格丽特·麦克尔·史密斯·泰勒(1788—1852) 1850 年 7 月 9 日,扎卡里·泰勒担任总统不到一年半时去世。因此他的妻子作为第一夫人的时间是短暂的。她于 1852 年 8 月 14 日在密西西比州东帕斯卡古拉去世。

1788 年 9 月 21 日,玛格丽特(佩吉)·麦克尔·史密斯生于马里兰州卡尔弗特县。1810 年她与泰勒相识后,他们于当年结婚。她成为一名士兵的妻子,同丈夫一起从一个边陲营地到另一个边陲营地。作为第一夫人她并不参加白宫的社交活动,把女主人的工作交给她的女儿玛丽·伊丽莎白,玛丽与陆军中校威廉·W. S. 布利斯结婚。

艾比盖尔·鲍尔斯·菲尔莫尔(1798—1853) 艾比盖尔 1798 年 3 月 17 日生于纽约州斯蒂尔沃特。1819 年她与米勒德·菲尔莫尔相识并于 1826 年结婚。他们住在纽约州东奥罗拉,后来又住在布法罗,菲尔莫尔在那里从事政治活动。

泰勒任总统时菲尔莫尔是副总统,他于 1850 年 7 月接任总统职位。长期身体多病使第一夫人缺乏生气。菲尔莫尔夫人把白宫女主人的许多职责交给她的女儿玛丽·艾比盖尔。1853 年 3 月 30 日,她在华盛顿威拉德饭店死于肺炎。

简·米恩斯·阿普尔顿·皮尔斯(1806—1863) 1806 年 3 月 12 日简·米恩斯生于新罕布什尔州汉普顿。后来家庭搬迁到该州阿默斯特,她在那里与富兰克林·皮尔斯相识。1834 年 11 月 19 日他们结婚。她极力反对丈夫当总统。1853 年,全家准备迁往华盛顿,在去密西西比州康科德的途中,他们的儿子因火车脱轨丧命。她从此一蹶不振,于 1863 年 12 月 2 日在马萨诸塞州安多弗去世。

哈里特·莱恩·约翰斯顿(1830—1903) 詹姆斯·布坎南是惟一的独身总统。他在任时,白宫的女主人是他的侄女哈里特·莱恩,她生于 1830 年。尽管她叔叔任总统时,她只有 20 来岁,但是已证明她是一个非常干练的女主人。她款待的客人中有艾伯特·威尔士亲王——未来的英王爱德华七世。几年后,哈里特离开白宫,同银行家亨利·埃利奥特·约翰斯顿结婚。她在华盛顿度过余年,收集一大批艺术藏品。她把这批艺术品留给了史密斯学会。

玛丽·托德·林肯(1818—1882) 像亚伯拉罕·林肯一样,玛丽·托德 1818 年 12 月 13 日生于肯塔基州列克星顿,后来迁居伊利诺伊。在斯普林菲尔德她结识未来总统,他们于 1842 年结婚。他们有 4 个儿子,其中一个叫威廉——11 岁时死在白宫。由于对丈夫怀有很高的期望,她对自己作为第一夫人的岁月感到失望。美国内战的苦难历程抑制了白宫的社交活动。她儿子的死给她带来了极大的悲伤,1865 年她丈夫被暗杀使她精神失常。在感情极大的痛苦中她度过了余年。1871 年失去儿子泰德,更使她神志不清。1882 年 7 月 16 日她死于斯普林菲尔德。

伊莱扎·麦卡尔德·约翰逊(1810—1876) 安德鲁·约翰逊是另一个偶然性的总统,在美国内战结束时,他接替林肯的职位。他的妻子伊莱扎于 1810 年 10 月 4 日生于田纳西州格林维尔。她和约翰逊于 1826 年相识,于 1827 年 5 月 17 日结婚。

到美国内战结束时,她疾病缠身。在白宫二楼度日,她的长女马撒·约翰逊·帕特森代行女主人的职责。约翰逊任期终结后,他们回到田纳西州,在那里她比丈夫多活 6 个月。1876 年 1 月 15 日她在田纳西州卡特车站去世。

朱莉娅·登特·格兰特(1826—1902) 格兰特夫人是 19 世纪第二个在白宫度过两任总统任期的第一夫人。朱莉娅·博格斯·登特 1826 年 2 月 16 日出生于密苏里州圣路易斯。在格兰特学生时代参观她家的种植园时,她结识了这位未来的将军和总统。1844 年他们订婚,但是因墨西哥战争阻止,他们到 1848 年才结婚。他们从一个边陲营地到另一个边陲营地。1854 年到 1860 年他们住在圣路易斯,短时间住在伊利诺伊州加利纳。

艰难的几年过后,她愉快地迎来了白宫的生活。1877 至 1879 年间,他们作了一次环球旅行。到 1884 年,一次商业的失败使他们损失殆尽。此后格兰特在行将死于癌病之际,撰写回忆录为妻子挣得收入。朱莉娅·格兰特于 1902 年 12 月 14 日在华盛顿哥伦比亚特区去世。

露西·韦尔·韦布·海斯(1831—1889) 拉瑟福特·B.海斯总统的妻子 1831 年 8 月 28 日生于俄亥俄州奇利科西。1849 年她毕业于辛辛那提州韦斯利安女子学院,于 1852 年与海斯结婚。美国内战期间,她经常访问丈夫所在的俄亥俄第 23 志愿步兵队,照顾生病和濒于死亡的军人。战争结束后,丈夫当选为州长时,她成了俄亥俄州的第一夫人。露西·海斯是一个禁酒倡导者,作为白宫的女主人,她禁止在社交活动中饮酒。总统一届任期之后,她和丈夫回到他们的俄亥俄州弗里蒙特的庄园。1889 年 6 月 25 日,她在那里去世。

柳克丽霞·鲁道夫·加菲尔德(1832—1918) 由于加菲尔德总统在任职的第一年遇刺,柳克丽霞·加菲尔德做第一夫人还不足 7 个月。1881 年 5 月她患病;1882 年 7 月 2 日在她康复时获悉丈夫遭到枪击。总统 9 月 19 日死去,妻子一直照顾到他去世。

柳克丽霞·鲁道夫 1832 年 4 月 19 日生于俄亥俄州加勒茨维尔。她在学生时代就与加菲尔德相识。1858 年他们结婚,内战后,他们把他们的时间分别用在俄亥俄州和华盛顿两地。她比加菲尔德总统多活 36 年,于 1918 年 3 月 14 日在加利福尼亚州南帕萨迪纳去世。

埃伦·刘易斯·赫恩登·阿瑟(1837—1880) 阿瑟夫人从未在白宫住过。1880 年 1 月 11 日她患急性肺炎在纽约市去世,这一年她的丈夫被提名为副总统。1837 年 8 月 30 日她出生在弗吉尼亚州库尔佩珀,她是亚马孙河的探险者、海军军官威廉·刘易斯·赫恩登的女儿。她在华盛顿哥伦比亚特区长大成人,1856 年认识了切斯特·A.阿瑟并于 1859 年与他结婚。阿瑟成为总统后,他请求妹妹玛丽·阿瑟·麦克尔罗伊在白宫主持社交活动。

弗朗西斯·福尔索姆·克利夫兰(1864—1947) 格罗弗·克利夫兰 1885 年 3 月当选总统时还未结婚。他选择妹妹罗斯·伊丽莎白·克利夫兰作为白宫的女主人。在任期的第二年——1886 年 6 月 2 日,他与弗朗西斯·福尔索姆结婚。当时她 21 岁,而克利夫兰是 49 岁。她成为美国历史上最年轻的第一夫人。

1864 年 7 月 21 日弗朗西斯·福尔索姆生于纽约州布法罗。她从韦尔斯学院毕业后不久,就在白宫举行了他们的婚礼。然后她承担起与白宫有关的社会职责,在离开白宫 4 年之后克利夫兰第二次任总统时——不是连任——她再次充任这一职位。他们的第一个小孩是女儿鲁思。著名的鲁思婴儿棒糖就是以这个婴儿的名字命名的。克利夫兰 1908 年去世。弗朗西斯·克利夫兰于 1913 年与普林斯顿大学的教授小托马斯·J.普雷斯顿结婚。1947 年 10 月 29 日她死于巴尔的摩。

卡罗琳·拉维尼亚·斯科特·哈里森(1832—1892) 本杰明·哈里森的妻子当白宫女主人一直到 1892 年 10 月 25 日死于肺结核,这时总统任期第 4 年行将结束。除了她作为第一夫人的角色外,人们还记得她是 1890 年美国革命女儿会的创始人。她死后,她的女儿玛丽·哈里森·麦基处理白宫的社交事务。

卡罗琳·拉维尼娅·斯科特 1832 年 10 月 1 日出生在俄亥俄州牛津。她在哈里森是她父亲的学生时与哈里森相识,他们于 1853 年结婚。

艾达·萨克斯顿·麦金利(1847—1907) 麦金利夫人是白宫第 5 位成为寡妇的第一夫人。在威廉·麦金利第一届任期和第二届任期不满一年于 1901 年被暗杀以前,她一直是白宫社交活动的女主人。她比丈夫多活 6 年,于 1907 年 5 月 26 日在俄亥俄州坎顿去世。

艾达·萨克斯顿于 1847 年 6 月 8 日生于坎顿。她受过良好的教育并在她父亲的银行里工作。她在坎顿与麦金利相识并于 1871 年结婚。在后来的 10 年里她患了重病,她作为一个病残人度过了余年。

伊迪丝·克米特·卡罗·罗斯福(1861—1948) 虽然他们在童年时就相互了解,但是伊迪丝·卡罗并不是西奥多·罗斯福的第一个夫人。他曾于 1880 年与艾丽斯·哈撒韦·李结婚,四年后妻子去世。1886 年他和伊迪丝结婚,并且在长岛奥伊斯特湾萨加莫尔希尔安了家。他们有 5 个孩子:西奥多、克米特、埃塞尔、阿奇博尔德和昆廷。他同第一位夫人还有一个女儿艾丽丝。

伊迪丝·克米特·卡罗 1861 年 8 月 6 日生于康涅狄格州诺威奇,并在纽约市长大成人。1901 年 9 月罗斯福总统和夫人搬进白宫后,白宫里到处都是成长中的孩子。总统的女儿艾丽丝在白宫同尼古拉斯·朗沃思结婚。罗斯福 1919 年死后,她把家安在萨加莫尔希尔,1948 年 9 月 30

日在那里去世。

海伦·赫伦·塔夫脱（1861—1943） 威廉·霍华德·塔夫脱和他的妻子海伦（内利）都出生在俄亥俄州辛辛那提。1879年他们相识，1886年结婚。塔夫脱有三个孩子，其中最有名的是罗伯特，后来成为美国参议员（见：**塔夫脱**）。塔夫脱是一位职业政治家，他的许多职务使他远离家乡。塔夫脱在菲律宾时任行政长官，1909年他入主白宫以前还去日本、古巴、巴拿马和意大利等地旅行。在他卸任后，他们继续住在华盛顿，1921年他被提名为最高法院首席法官。内利·塔夫脱在丈夫死后，仍在该市居住，1943年5月22日在家中去世。

埃伦·路易丝·阿克森·威尔逊（1860—1914） 伍德罗·威尔逊总统的第一位妻子埃伦在他第一个任期内大约做了一年半的第一夫人。1914年8月6日她因患布赖特氏疾病死于白宫。作为第一夫人她并不喜欢这个角色，但是她很好地履行了自己的责任。1860年5月15日她生于佐治亚州萨凡纳。1883年她结识了伍德罗·威尔逊，两年后他们结了婚。

伊迪丝·博林·高尔特·威尔逊（1872—1961） 如果1919—1921年新闻界比较敏锐的话，美国人民就会了解到，为了一切实际的目的一个妇女正在操纵着总统的职务。1919年10月，伍德罗·威尔逊患了严重的中风。他的第二位妻子伊迪丝·博林·高尔特·威尔逊决定什么问题应当引起他的注意，除了最信任的知己外，不允许任何人去看他。

1872年10月15日伊迪丝·博林生于弗吉尼亚州威斯维尔。她的第一个丈夫诺曼·高尔特1908年去世。威尔逊总统在他第一个妻子去世一年后与她结婚。1921年他们离开白宫后，她一直照顾他，直到他1924年去世。她很长寿，活到参加1961年1月约翰·F.肯尼迪总统的就职游行。1961年12月28日她在华盛顿逝世。

弗洛伦斯·克林·哈定（1860—1924） 华伦·哈定未来的妻子弗洛伦斯·梅布尔·克林，于1860年8月15日生于俄亥俄州马里恩。她在辛辛那提音乐学校学习音乐。1880年她与亨利·德·沃尔夫结婚，不久丈夫抛弃了她，给她留下一个婴儿。哈定16岁时已经来到马里恩，他们相识时，他正在经营当地一家报纸。她比哈定大5岁。他们于1891年结婚。在白宫她证明是一位精力非常充沛的第一夫人，她的社交活动非常繁忙。

到1923年夏季已经出现了损害哈定名誉的丑闻。1923年8月他在旧金山突然死去。她返回华盛顿，在出席国葬仪式之前销毁了总统的文稿。1924年11月21日她在马里恩去世。

格雷斯·安娜·古德林·柯立芝（1879—1957） 1879年1月3日格雷斯·古德林生于佛蒙特州伯灵顿。1902年她从佛蒙特大学毕业后去马萨诸塞州北安普敦的克拉克聋人学校执教。在北安普敦她认识了卡尔文·柯立芝，他们于1905年结婚。同丈夫不会从容与人相处相反，她是好交际的人。作为副总统的夫人，在华盛顿她远比第一夫人——哈定夫人更受人爱戴。成为第一夫人后，她也没有因失去儿子卡尔文的悲伤而减少自己的职责。1957年7月8日格雷斯·柯立芝在马萨诸塞州北安普敦的家中去世。

卢·亨利·胡佛（1874—1944） 1874年3月29日卢·亨利生于衣阿华州滑铁卢。她进入斯坦福大学主修地质矿产专业时，在那里与赫伯特·胡佛相识。1899年他们结婚，而且立即动身去中国，胡佛在那里当矿业工程师。20年代，由于胡佛在哈定和柯立芝两届政府里任内阁部长，他们居住在华盛顿。

1929年3月他们搬进白宫。由于大萧条，总统和他夫人经常用自己的钱招待客人。1933年胡佛卸任后，他们把时间用在纽约市和加利福尼亚州帕洛阿托两地。1944年1月7日她死于纽约市。

安娜·埃莉诺·罗斯福（1884—1962） 罗斯福夫人作为第一夫人比其他任何总统夫人享有更长时间的殊荣——12年多。在政治上，她是20世纪最有影响的第一夫人。（关于她的生活经历，参见：**罗斯福夫人**）

伊丽莎白·弗吉尼亚·华莱士·杜鲁门（1885—1982） 贝斯·杜鲁门是最长寿的第一夫人。她的丈夫哈里·S.杜鲁门活了88岁，她比丈夫又多活了10年。1885年2月13日她生于密苏里州的独立城。杜鲁门家5年后搬到该城，因此两人在一起长大成人。在杜鲁门参加第一次世界大战以前，他们订了婚。1919年6月28日他们结婚并且把家安在独立城。1934年杜鲁门被选入美国参议院后，举家迁到华盛顿。

1945年1月到4月她作为副总统的妻子，几乎没有时间为第一夫人的角色作准备。在华盛顿的岁月里她依然是一个性格孤僻的人，抚养他们的女儿玛格丽特。她觉得住在白宫很不舒服，因为缺少私生活。她还遭受因人们经常拿她与她的前任罗斯福夫人进行比较而带来的痛苦。1948年白宫开始修建，杜鲁门一家住在白宫对面的布莱尔大厦。1953年杜鲁门一家回到独立城，1982年10月18日贝斯·杜鲁门在该地去世。

玛米·吉纳瓦·杜德·艾森豪威尔（1896—1979） 1896年11月14日玛米·杜德生于衣阿华州博恩，8年后，举家迁到科罗拉多州丹佛。他们家在得克萨斯州圣安东尼奥度过几个冬季，1915年她在该地认识了德怀特·艾森豪威尔。1916年7月1日他们结婚。她成为一个士兵的妻子，在丈夫接受命令去全国和世界各地时，她也从一个地方迁移到另一个地方。第二次世界大战期间艾森豪威尔在欧洲任同盟国远征军最高司令官，那时她住在华盛顿哥伦比亚特区。当他担任哥伦比亚大学校长时，他们在宾夕法尼亚州葛底斯堡买了住所。玛米是两届总统的第一夫人，她喜欢这个角色而且很随和。在艾森豪威尔总统的任期结束时，两人回到葛底斯堡。1969年丈夫去世，她比丈夫多活了10年，死于1979年11月1日。

杰奎琳·布维尔·肯尼迪（1929— ） 在美国政客中，对肯尼迪家庭的盲目崇拜在很大程度上是由于约翰·F.肯尼迪总统的有魅力和迷人的妻子。他们是20世纪出生的第一对总统夫妇。她给白宫带来了优雅、风格和美的天赋，依仗她的头衔很快成了名人。与她的任何前任相比，她受过更好的教育，曾就读于瓦瑟学院、史密斯学院、乔治·华盛顿大学和巴黎大学。1952年当约翰·肯尼迪与她相识时，她在《华盛顿时代先驱报》工作。

杰奎琳·李·布维尔 1929 年 7 月 28 日生于长岛南安普敦。她的父亲约翰·V.布维尔三世是富有的股票经纪人。父母离异后，她的母亲同休·奥金克洛斯结了婚。在约翰·肯尼迪任参议员的第一年里，他们于 1953 年 9 月 12 日结婚，并把他们的家安在华盛顿哥伦比亚特区。他们有两个孩子：卡罗琳 1957 年出生，小约翰 1960 年出生。作为总统夫人，她是一个很有修养的女主人和艺术品的保护者。她监督白宫几个大厅的修缮工作。

1963 年 11 月肯尼迪总统被谋杀后，肯尼迪夫人迁到纽约市居住。1968 年她与希腊船王阿里斯托蒂尔·奥纳斯结婚。1975 年他去世。1978 年她开始在道布尔戴出版公司做编辑。她和她的孩子很少摆脱媒体的关注。

克劳迪娅·阿尔塔·泰勒·约翰逊（伯德夫人）（1912— ） 克劳迪娅·泰勒 1912 年 12 月 22 日出生在得克萨斯州卡纳克一个富有的家庭。很早她就得到了伯德夫人的绰号，此后她因此出名。她毕业于得克萨斯大学，获新闻学学位。1934 年她与林登·约翰逊相识，同年结婚。因为约翰逊已经在华盛顿哥伦比亚特区工作，所以他们就在那里安了家。后来他们在得克萨斯得到一个牧场。

1961 年约翰逊任副总统时，她作为友好使节周游世界。在肯尼迪总统被谋杀后，她成为第一夫人。她主要关心环境问题。她创立了使首都更美丽委员会，后来该委员会扩展为国家美化计划。她还提倡对先天不足或贫困的学龄前儿童实行"抢步教育计划"。1969 年 1 月约翰逊离任后，他们回到得克萨斯。1973 年林登·约翰逊去世。1982 年约翰逊伯德夫人创立了国家野生花卉研究中心。

帕特里夏·瑞安·尼克松（1912—1993） 理查德·尼克松的夫人 1912 年 3 月 16 日生于内华达州伊利。她父亲几乎是立即给她起名帕特，因为她出生在圣派特瑞克节前夕。她在洛杉矶附近的一个农场长大。帕特 13 岁那年母亲去世，5 年后父亲去世。她下定决心在南加州大学边工作边学习，于 1937 年毕业。她在惠蒂尔中学教书时认识了理查德·尼克松。1940 年 6 月 21 日他们结婚。第二次世界大战期间，她作为一个经济学家为政府工作。尼克松从海军退役并且竞选国会议员时，她和他一起进行竞选活动。他们抚养了两个女儿：特里西娅和朱莉娅。尼克松任副总统时她经常同他一起到国外旅行。

丈夫在 1960 年竞选总统和 1968 年再次竞选总统时，她大力支持他竞选。1969 年 1 月 20 日以后，她作为第一夫人，经常作为总统的亲善大使出访。1974 年 8 月尼克松辞职后，他们又恢复普通人的生活。

伊丽莎白·布卢默·福特（1918— ） 由于她的丈夫杰拉尔德·R.福特在众议院有一个稳定的职业，贝蒂·福特并不认为第一夫人的角色是适合于她自己的角色。但是在 1973 年尼克松总统选择福特填补副总统的空缺。后来尼克松于 1974 年 8 月辞职，福特宣誓就任总统。

福特一家进入白宫时带着 4 个已长大的孩子：迈克尔、杰克、史蒂文和苏珊。贝蒂·福特在 1974 年做了乳房彻底切除手术以后，便把乳腺癌的问题公布于众，以此帮助其他许多妇女对付这种疾病。作为第一夫人，她同样乐意表达她对政治问题的看法。她离开白宫后，创立医治嗜用麻醉毒品和酗酒的贝蒂·福特中心。

贝蒂·布卢默 1918 年 4 月 8 日生于伊利诺伊州芝加哥，在密执安州的大急流城长大。她在本宁顿学院学习，后在马撒·格雷厄姆剧团跳舞。她 24 岁时结婚，5 年后离婚。1947 年她与杰拉尔德·福特相识，1948 年结婚。

罗莎琳·史密斯·卡特（1927— ） 罗莎琳·史密斯和她的未来丈夫吉米·卡特都在佐治亚州普莱恩斯长大。1927 年 8 月 18 日她在那里出生。1945 年在她认识卡特以前，在佐治亚西南学院学习一年。那时卡特是马里兰州安娜波里斯美国海军学院的一名学生。1946 年他们结婚。随后卡特的军事生涯一直到 1953 年。他父亲去世后他们回到普莱恩斯居住。在丈夫竞选佐治亚州州长和总统时，罗莎琳是他竞选班子的成员。作为第一夫人，她经常作为丈夫的私人使节出国访问。她的特殊兴趣是表演艺术。她曾任精神健康总统委员会名誉主席。退休后她出版了自传《来自普莱恩斯的第一夫人》(1984)。

南希·戴维斯·里根（1923— ） 南希·戴维斯 1923 年（或 1921 年）7 月 6 日生于纽约市，取名安妮·弗朗西丝·罗宾斯，但作为婴儿时的昵称是南希。她父母离异，母亲同神经外科医生洛易尔·戴维斯结婚。他收养了南希并且把她的姓改为戴维斯。他们家居住在芝加哥，她在那里就读于拉丁学校。后来进入史密斯学院读书，并且步她母亲的后尘，成了一名演员。1949 年她同好莱坞的麦托-戈尔德温-迈耶公司签订了合同，接着参加了 11 部电影的拍摄演出。1951 年她与罗纳德·里根相识并于 1952 年结婚。

1981—1989 年她作为第一夫人，参加了反对嗜用麻醉毒品和酗酒的运动。里根一家也把白宫用作有才华的青年表演家展示才能之地。1981 年她主管行政大厦二楼和三楼的整修工作。退休后，他们居住在洛杉矶县贝莱尔。

巴巴拉·皮尔斯·布什（1925— ） 布什夫人是作为总统夫人、母亲和外祖母三者的身份进入白宫的。由于她的直率和谦虚，也因为她政治上的老练，美国人民非常喜爱她身兼的这三个角色。作为第一夫人的四年间，她赞助儿童识字事业。她也是一位不知疲倦地为乔治·布什竞选总统奔走游说的人，是他的政策的捍卫者。

1925 年 6 月 8 日巴巴拉·皮尔斯生于纽约州拉伊。16 岁时，她从北卡罗来纳州阿什利霍尔来到康涅狄格州度圣诞节假期时，结识了乔治·布什。第二次世界大战期间布什在海军服役，她在史密斯学院读书。1945 年 1 月 6 日他回来与巴巴拉结婚。布什从耶鲁大学毕业后，他们把家搬到得克萨斯，他在那里做石油生意。他一进入政界，家庭就频繁搬迁：巴巴拉说，已经搬了 29 次。离开白宫后，他们搬到休斯敦。

希拉里·罗德姆·克林顿（1947— ） 克林顿总统指派他的夫人希拉里·罗德姆·克林顿领导一个设计国家保健政策的特别工作组。她把做律师的技能和处理阿肯色州政治问题的 12 年经验带到这项工作中。1992 年竞选中，她和克林顿总统清楚地表明，她将会做的事情远不止是当主持白宫社交会的女主人。

1947 年 10 月 26 日希拉里·罗德姆生于伊利诺伊州帕克里奇。1969 年她毕业于韦尔斯利学院，然后进入耶鲁法学院学习,她在那里结识了同学威廉·克林顿。毕业后,她在阿肯色法学院任教以前,在儿童保护基金会工作一年。1975年11月11日她和克林顿结婚。1977年她是罗斯法律公司的一个合伙人并在法律服务公司董事会任职。克林顿家庭有一个女儿:切尔西。

政府　GOVERNMENT

政府这个词,源于希腊文的一个动词,本意是"给船导航"。这个词原来的意思很适当,因为用隐喻的语言来说,政府的职责就是给"国家之船"掌舵。政府是几千年人类历史的一部分。

政府的种类

亚伯拉罕·林肯在他的葛底斯堡演说中,曾谈到"民有、民治、民享的政府"。这几个词合在一起的含义是,政府是经被管理者的同意建立的,而且是为了所有公民的利益工作的。这些含义已如此广泛地为北美、西欧、日本、澳大利亚、新西兰,以及其他几个社会的居民所接受,以致很难认识到它们是很现代的思想。

亨利·戴维·梭罗在1849年所阐述的,是更早存在于人们头脑中的关于政府的传统想法:"管理最少的政府是最好的政府。"他和其他一些19世纪的美国人清楚地认识到,在他们之前的几千年中,政府不是人民的朋友和恩人,而更多的是他们的敌人。

在18世纪末美国独立战争和法国大革命以前,大部分政府主要是为了它们本身的利益而进行统治的。统治者与被统治者之间,存在着显著的差别。统治者是由于阶级和所起的作用不同,与被统治者分隔开的。国王和贵族掌握国家的权力,控制军队和收税,而被统治者——民众——则从事劳动,缴税,供养统治者。

古希腊作家希罗多德、柏拉图、亚里士多德和其他一些人,提出过很多有关政府性质和作用的理论。他们的结论是,有三种可能的类型:一人统治、少数人统治和许多人统治。其中每一种都会产生腐败现象。善良国王的统治是君主制,但是坏国王的统治就是暴政(现在一般叫独裁)。少数善良人的统治是贵族统治(精英统治),但如果这少数人是坏人,它就简单地被叫作寡头政治(少数人的统治)。如果由民众进行管理,这些人又是善良的,它就被叫作荣誉至上政治(在希腊文中,"荣誉至上"的意思是"优秀的")。但是,如果这多数人并非善良,它就被叫作民主政治。希腊人一般对民主政治评价很低,把它与暴民统治等量齐观。

亚里士多德在谈到政治秩序时,已经接近经被管理者同意的政府的现代概念。他对立宪政体有明确的看法——法治。法律不但适用于被统治者,而且也适用于统治者。但是由于他只是把国民的概念局限于少数人,而不是指城邦所有居民,他不能理解为所有人谋福利的现代的民众代议制政体。

立宪政体的概念,是了解各种政体的关键。君主制、贵族统治和荣誉至上政治,可以是立宪政体。它们可以依赖被管理者的同意,并为所有国民谋福利。但是暴政不可能是立宪政体,因为管理者认为他们高居于法律之上,而民众则必须守法。

政府一览表

政府这个论题是个内容广泛的论题。读者可以从下列有关的条目中得到更多的信息。

无政府主义	政府机构
人权法案	人权
官僚政治	弹劾
内阁制政府	创制权,复决权和罢免权
人口普查	情报机构
教会与国家	国际关系
国民	市政府
城市	国家与民族主义
城邦	议会
公民学	政党
民权	政治学
公务员	革命
共产主义	社会主义
保守主义	州政府
宪法	选举权
民主	税收
外交	极权主义
选举	条约
选举团	否决权
法西斯主义	福利国家
封建主义	

同意与强制

所有的政府,即使是最独裁的政府,也要在某种程度上得到被管理者的同意。而且,所有自由与开放的民主政治,都有强制的成分。在有高度自由的美国,政府有权强行收税,惩罚罪犯和为共同防御作准备。反过来说,如果在阿道夫·希特勒的统治时期,全体德国人都拒绝做任何工作,他不久也会下台。即使是最坏的暴君,也要在某种程度上依赖其国民的同意。这说明,政体可以根据强制或同意的程度进行分类。

目的

经常被引用的美国宪法的序言,把政府的目的总结为"确立公正,保证国内安宁,为共同防御作准备,提高公众福利和确保自由的幸福。"一般地说,这些一直是政府的目的和作用。当然,独裁政府就不大关心自由的事,它们只是在对政府有好处的时候,才考虑公众的福利。

政府的根本作用,可以概括为:使一个社会能够自卫,不受攻击;能维护社会内部的秩序,使所有的公民能和平地生活和从事个人的事业。"公众福利"这个词含义广泛,很难定个界限。在丹麦、挪威和瑞典,人们认为,政府对国民生活福利的许许多多方面都负有很大的责任。因此,在那些地方,福利包括从摇篮到坟墓的经济保证、住房、工作、医疗卫生、教育和老年照料。

但在美国,公众福利的概念并没有这样广泛的含义。政策的形成,总是那些包罗公益项目繁多庞大计划的反对者与支持者之间的妥协。个人应该关心自己的财务安全,这在美国人的性格中已是如此根深蒂固,以至只是在大萧条时期的经济灾难出现后,财政福利计划才被采纳。有关诸如失业保险、社会保险、食品券和其他一些援助计划的功过的辩论,仍在进行。

在某些共产主义国家,公众福利的概念被理解为包括斯堪的纳维亚各国所实行的全套社会计划和对整个经济的全面管理。从理论上说,所有的生产资料——土地和制造设备——都属于人民。实际上它们是政府的财产;政府决定如何使用,生产什么和规定所有商品的价格。把这样的制度叫作国家资本主义,可能比叫共产主义或社会主义更确切些,因为所有资本都由政府控制,而不是由私人经营者和企业家控制。(参见:**资本主义**)

政府在经济活动中的作用问题,恐怕永远也解决不了。林肯大约在 1854 年,把保守的美国观点表述得极其明确:"政府的合乎情理的目的应是,为社区民众办理他们早就需要办,但是完全无力办,或是自己办不太好的事……总之,民众在自己能同样办好自己的事的情况下,政府就不应该去干预。"林肯的话,虽然说得很笼统,但似乎排除了政府参与大部分经济活动的可能性。

卡尔·马克思和列宁则主张,政府要像全面参与政治活动那样参与经济活动。在林肯和马克思列宁主义两个极端之间,还有许多从这两个论点引申出来的观点。

要解决这些观点之间的矛盾,从根本上说,可能要看哪一种观点的实际效果最好。在这方面,中国在 20 世纪末进行了经济实验。中国已显示出走向市场经济的迹象,但仍继续保持着高度的中央计划。

美国政府　UNITED STATES GOVERNMENT

美国联邦政府是根据宪法建立的,1789 年当第一届国会召开和乔治·华盛顿宣誓就任总统时,它就开始运行。该政府之所以称作联邦政府,是因为它是在 13 个政治单位(州)之间根据一项契约(宪法)组成的。这些州为形成一个中央权威同意放弃自己的部分独立或主权,并且服从中央权威。这样,按照《邦联条例》实质上是 13 个分离的国家集团根据宪法形成一个国家(见:**邦联条例**;**美国宪法**)。

当《独立宣言》于 1776 年发表时,它使用了美利坚合众国这个词。然而,13 个州在宪法被通过和批准以前,并没有真正形成一个国家。它们各自掌握很多的权力,包括处理对外政策和贸易谈判,这些都是各州允许大陆会议仅仅能做的事情。《邦联条例》从来不是达到宪法程度的国家法律。实质上,美国作为一个国家,在宪法作为政府的框架开始运行之前并不存在。

当宪法处于适当的地位时,各州和联邦政府之间的紧张关系并没有自动消失。许多政治思想家认为州是真正的至高无上的权威。

按照这种观点,州能宣布与它们不一致的联邦政府的法令无效。这种观点最坚定的支持者之一是南卡罗来纳州参议员约翰·C. 卡尔霍恩。他的主要反对者是首席法官约翰·马歇尔(见:**马歇尔**)。卡尔霍恩的主张叫作州权,它一直坚持至今。然而由于美国内战,这种主张曾受到严重削弱。内战以后,联邦政府以损害州权为代价获得了更多的权力。

政府的目标

约翰·亚当斯在 1818 年发表的一篇论文中对美国独立战争作了重新界说:"真正的美国独立战争,就是人民在原则上、看法上、感情上和爱好上的根本改变。"他将在以前殖民地居民想要制定一部宪法的决心方面所进行的这场独立战争,看作是对其权威有所限制的自由特许状。

宪法的序言列出了建立新的美利坚合众国政府的六个目的。总的来说,这些目的是:形成一个更完美的联邦、确立正义、保证国内安宁、为共同防御作准备、提高公众福利和确保自由的幸福。

在写作宪法序言的过程中,宪法的制定者们发表了一项在政府的历史上没有先例的声明。在过去,除了英国之外,政府不习惯于发布要达到的各项目的——它们只是管理。政府过去通常是对臣民而不是公民行使权力。序言的措辞宣称:人民——不是州——创造政府,而且为了确定的目的而授予政府一些权力。

这些目的中的两个对所有政府来说是共同的:警察力量(国内安宁)和对外部敌人的防御。其他目的的起因于启蒙运动的政治思想和美国在其与英国交往方面的经验。

形成联邦的目的部分地起因于《邦联条例》的失败。坚持公正和自由部分地是对美国独立战争以前国王和议会所干的不义行为的一种反动。

"公众福利"一词是个新词,并且提供了一个争论的根源。像其他目的一样,它的目的是服务于共同利益,但是它的含义总是争论的主题。

对于序言和第一条第八项中"公众福利"一词的含义,宪法刚一批准,詹姆斯·麦迪逊和托马斯·杰斐逊与亚历山大·汉密尔顿就开始出现意见分歧。麦迪逊和杰斐逊认为,参照第八项列出的所有权力,该词的含义十分空洞。对汉密尔顿来说,该词似乎是公开地鼓励对政府的权威不加限制,因为政府想做的任何事情几乎都能够列入公众福利的范围。

"提高公众福利"这个短语绝不可能被用来指政府的有限权力或无限权力。如果这个短语要讲得通,它就必须和其他五个目的一样,要有它自己的意义。亚伯拉罕·林肯在他 1854 年的《政府片论》一文中大概对这个短语的含义作了最好的说明:"政府的合法目的就是为民众去做他们需要请人做的事情,但是不能什么事都做,或者说不能分别为他们各个人把事情做得很好。"有很多事情政府去做要比个人或集体去做更为容易。这些事情当中有修建道路、公路、运河、机场和港口设施。另一件事情就是为公立学校提供资金。

虽然序言以它所说的内容而引人注目,但是它没有说出的东西更是如此。序言没有涉及政府的经济管理。作为政府功能把它排除在序言之外,这在历史上是第一次。政府避开直接提供人对衣、食、住的基本需要以及所有其他形式的生产。到了20世纪末,随着福利国家的建立和联邦政府在经济职能方面大规模卷入,这种状况已经有了显著的变化(见:福利国家)。

权力的划分

政府要取得尽可能多的权力的自然趋势,历史已经证明的确如此。为了防止这种情况在合众国发生,制宪者们将联邦政府的职能划分为三个部门:立法部门、行政部门和司法部门。这种权力的分立正好与英国政府形成对照。在英国,议会是单一的管理机构。行政部门的成员——内阁和首相——都是议会的议员。最高上诉法院是贵族院(见:内阁制政府;议会)。

权力的分立也与受《邦联条例》约束的政府形成对照。《邦联条例》没有规定要设立独立的行政部门。总统是主持国会的官员。根本没有全国性的法院系统。

宪法的制定者们决定一个其中三种主要职能由三个独立的部门掌握的政府。国会被授权制定法律。总统被授权通过行政部门的各种机构实施法律。总统因此就是官僚机构——政府的非选举官员——的首脑。最高法院被公认为是最高司法权威。这三个部分的安排被约翰·亚当斯称作是制衡体系。

除了在联邦政府的三个部门之间分配权力之外,宪法还在州和人民之间分配权力。第十条修正案明确地把所有"未授予合众国的权力"全都留给"各州或人民"。在每一个州里有很多其他的政府单位。每一个地方政府,从最小的乡村到最大的城市,都有它自己必需的权力。有些征税机关,如学区,都有为了运行而需要的权威。(参见:市政府)

国会:立法部门

在1787年的制宪会议上最难达成协议的争论之一,集中在代表名额问题上。大州要求在拟议中的全国立法机关里按人口的比例分配代表名额。这当然会使得它们控制立法,因为它们会比小州有更多的立法者。相反,小州要求代表名额相等。1787年6月11日,康涅狄格州的代表罗杰·谢尔曼提出的方案终于被采纳。这个方案要求设立两院制的立法机构,其中一院是按比例分配代表名额,另一个院是平均分配代表名额。这样,小州由于平均分配代表名额而得到安抚,而大州由于按比例分配代表名额而得到安抚。在代表之间进行许多争辩之后,此方案于7月6日被通过。

根据宪法第一条第1款创立了国会:"全部立法权将授予包括参议院和众议院的合众国国会。"第一届国会于1789年3月4日在纽约市召开,但是坏天气和更糟糕的道路耽搁了议员们的与会。到4月6日,已聚集了足够的议员开始进行初步工作。参议院仅有20名议员,因为有两个州还没有批准宪法,纽约直到次年7月才选出参议员。众议员人数也不够——仅有59名。

在1933年第二十条修正案通过以前,国会议员在他们当选后的次年3月4日就职。但是在次年12月——选举后的一年多——以前他们并不开会,除非总统召集特别会议。这样从偶数年份的12月3日到下一年3月4日的会议,就可能被"跛鸭"(在上次选举中已落选的议员)所控制。为了消除这种状况,通过了第二十条修正案。现在,国会议员于选举后的次年1月3日就职。国会的任期从每一奇数年份到下一奇数年份,因为选举是在偶数年份的11月份举行。闭会日期由议员投票决定。

在例会开始时,总统向国会联席会议发表一份国情咨文。在有一位离任总统和一位等待宣誓就职的当选总统的年份,可能就有两份这样的国情咨文。每四年国会也必须在12月召集特别会议,计算提名新总统的选票(见:选举团)。当总统或外国要人向两院发表演说时,也得举行联席会议。联席会议不是立法会议。

制定法律并不耗费国会成员的大部分时间。两院的大部分工作都由委员会来做。参议院有16个常设委员会,众议院有22个常设委员会。还有小组委员会、特别委员会、国会委员会和国会联合委员会。每个议院可以任命特别调查委员会,如1973—1974年举行关于水门丑闻听证会和1987年举行关于伊-尼事件听证会的调查委员会。

国会的委员会系统主要由于偶发事件而发展起来,由一些特殊目的而设立的很多委员会,其存在比它们的用途还要长久。1921年参议院重新组建了它的委员会机构并且大大减少委员会的数量。1927年众议院也做了同样的事情。每个议院的委员会都由在该院占多数议员的政党所控制。委员会的任命多半是依据资历。地位最高或资历最深者通常担任主席。

除了委员会和立法的活动外,国会也对所有的政府雇员实行法律上的全面控制。国会也可以通过参议院的批准总统人选提名的权力来实行政治上的控制。国会除非使用弹劾权,不能撤销官员的职务。在一起弹劾行动中,众议院起大陪审团的作用,收集证据并且促成起诉。然后参议院成为审判该案的法院。在美国的历史上只有一次完整的弹劾总统行动——对安德鲁·约翰逊的弹劾——他被宣告无罪。一项反对理查德·M.尼克松的弹劾法案已投票通过,但是他在参议院审判开始之前就辞职了。(参见:弹劾)

国会的非立法权当中有提出宪法修正案的权力,虽然各州也有这种权力。国会可以决定各州是否应该通过特别会议(宪法就是通过这种特别会议而得到批准的)或者通过它们的立法机关对修正案投票表决。

在立法问题上,所有议案和联合决议必须以同样方式由两院通过,并且由总统签字。宪法的修正案是个例外,它不由总统签字。如果总统否决一项议案,两院可以2/3票数推翻总统的否决,通过这项议案。这项议案在两院的任何一院未能重新通过,议案就被否决。如果一项议案总统不签署或未予退回,10个工作日之后它就成为法律。一项议案如果总统没有退回,但是国会此时已经休会,此项议案不能成为法律。这种程序就叫作"搁置否决"(见:否决权)。

两院的任何一院提出的议案首先送到对议案有管辖权委员会。一个委员会可以否决议案,掩埋议案或修正议案。如果议案被委员会顺利交回,它就被送到各院的议员手里,以便进行辩论并通过——附有或不附修正案。一院通过的

美国政府

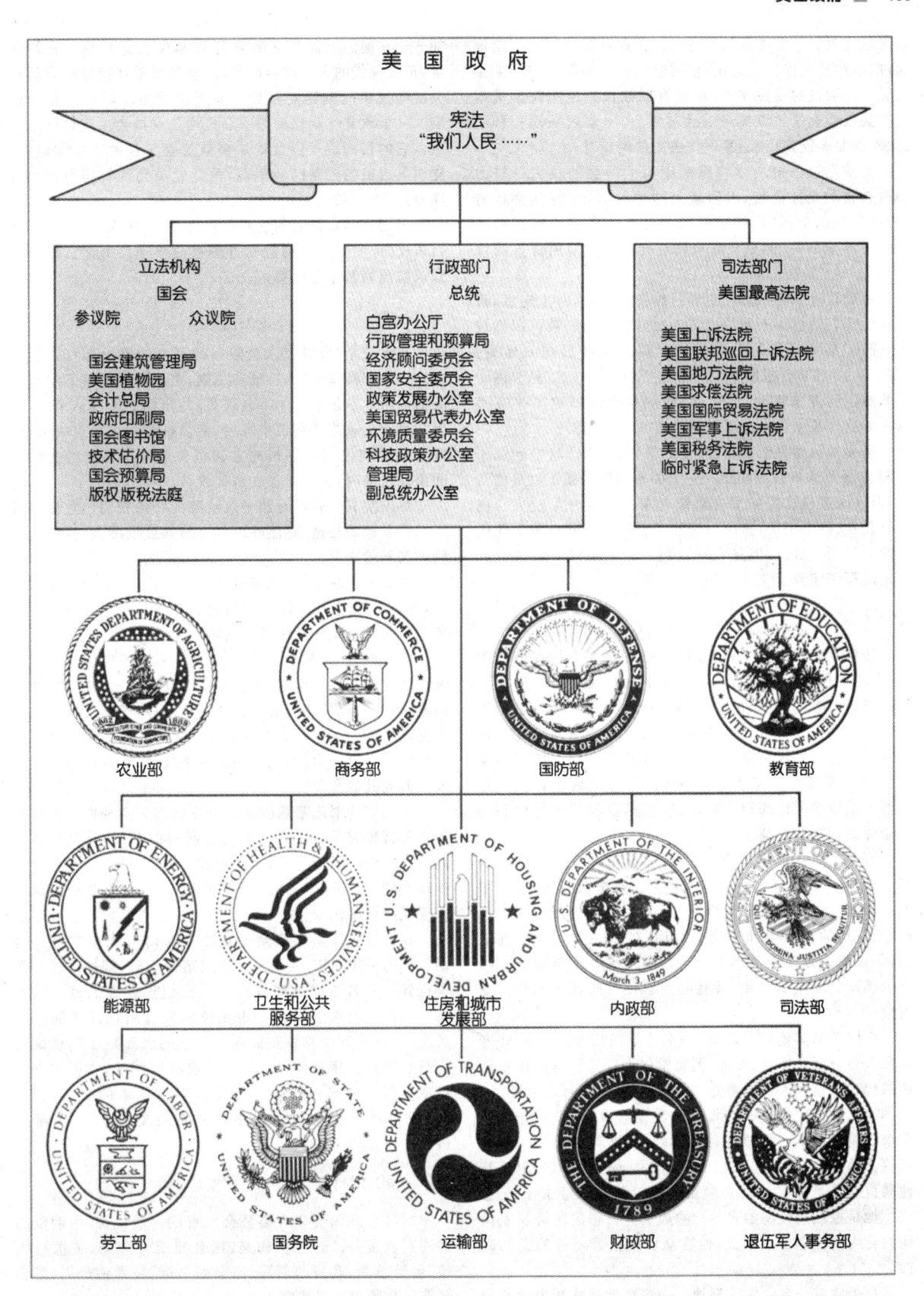

宪法
"我们人民……"

立法机构
国会
参议院　众议院

- 国会建筑管理局
- 美国植物园
- 会计总局
- 政府印刷局
- 国会图书馆
- 技术估价局
- 国会预算局
- 版权版税法庭

行政部门
总统

- 白宫办公厅
- 行政管理和预算局
- 经济顾问委员会
- 国家安全委员会
- 政策发展办公室
- 美国贸易代表办公室
- 环境质量委员会
- 科技政策办公室
- 管理局
- 副总统办公室

司法部门
美国最高法院

- 美国上诉法院
- 美国联邦巡回上诉法院
- 美国地方法院
- 美国求偿法院
- 美国国际贸易法院
- 美国军事上诉法院
- 美国税务法院
- 临时紧急上诉法院

农业部　商务部　国防部　教育部

能源部　卫生和公共服务部　住房和城市发展部　内政部　司法部

劳工部　国务院　运输部　财政部　退伍军人事务部

议案被送到另一院去被加以考虑。它有可能被原封不动地通过，也可能被修正后通过，或可能废止。如果一院不能接受另一院通过的议案文本，该议案就被送交由两院议员组成的委员会会议。议案最后通过以后，由众议院议长和副总统（他是参议院议长）签署并送交总统签署。

宪法第一条第八项详细地阐明了国会的权力。权力中占首位的是征税权，因为就是这种权力，才使整个政府（包括其他两个部门）的运转成为可能。决定如何花钱的权力在参众两院，但是只有众议院有权提出增加税收的议案。

每个议院，因为它是"它自己成员的资格"的审定者，都可以惩罚它的行为不轨的成员。根据2/3的票数可以将议员开除。某些议员的行动偶然受到过某种形式的斥责。1954年12月2日威斯康星州参议员约瑟夫·R.麦卡锡受到非难（见：麦卡锡）。1967年，纽约州众议员亚当·克莱顿·鲍威尔被众议院投票开除出第90届国会。

国会的活动每天都在《国会记录》上发表。这个刊物于1873年3月4日开始出版。它全面准确地记载了每日的活动，但是编进议员们的发言对读者来说可能分量过大。偶尔登载在《国会记录》里的一些发言实际上从未在两院任何一院的议席上讲过，但是刊登它们是为了给家乡地区的选民造成深刻印象。

众议院

按照制宪者们的想法，众议院要反映大众的意愿。因此，它的成员由人民直接选举。每个州众议院议员的人数按该州人口数的比例确定。无论如何，没有一个州是少于一名议员的。每次人口普查之后，议员名额重新分配。各州在接受各自的议员席位定额后，自己决定国会选区的范围。1964年最高法院裁定每个地区的人口数量必须大致相等。众议院的特殊权力有两种：提出税收议案的权利和开始弹劾行动的权利。

到第一届众议院休会时有65名议员。今天众议院有435名议员，1912年已达到这个数目。这个数目在1941年的一项法律中成为法定人数。当阿拉斯加和夏威夷成为州时，众议员的人数增加了两名，但是在下一次人口普查之后，众议员人数又恢复到435人。众议员必须年满25岁，成为美国公民至少7年，并且必须居住在所代表的州。众议院每两年选举一次。

众议院的其他成员还有：一名来自波多黎各的常驻专员和来自美属萨摩亚、关岛、美属维尔京群岛和哥伦比亚特区的代表。这些人可以参加议会辩论，但是没有表决权。

宪法除规定挑选一名议长和其他官员外，没有详细说明众议院的组织。按照现在的编制，众议院保留了一些老式议会的职位，其中包括议长、书记官、警卫官和门卫。其他两位官员是邮政局长和牧师。众议院议长主持各次会议。他是控制众议院的多数党的成员并在指定的会议上由他的党内同僚选出。因此，他在众议院里就是他的党的领袖。

每个党有一名众议院领袖——多数党领袖和少数党领袖——在他们下面是多数党督导和少数党督导。党的督导，正像他们的名字暗示的那样，就是尽量保持党的成员在关键的投票时刻同党一致。委员会的主席们也有党的影响。一个政党在众议院的中心机构是议员会议或称核心小组。它的目的是发展负责从事众议院工作的基层党组织。党对其成员的控制已经削弱，两党党员允许有相当多的行动自由。

书记官是众议院的主要行政官员，负责保管议事录、进行表决、证明议案的通过和办理立法事项。书记官还制定众议院预算和分配经费。

参议院

对于这个"世界上入会限制最严格的俱乐部"（人们常常这样称呼参议院）的构成和总则，宪法第一条第三项有详细的说明。参议院有100名议员，每州两名。自从1913年宪法第十七条修正案被批准后，参议员就由人民直接选举。1913年之前他们由各州的立法机关选举。当两次选举之间出现空缺时，由州长任命替补议员。

参议院有一些没有给予众议院的特殊权力。它批准或不批准总统的任命；它能够以2/3的票数批准条约；它是审判弹劾案的法院。

要成为参议员，个人必须至少30岁，成为美国公民9年，并且在当选时是该州的居民。参议员的整个任期是6年。每两年有1/3的议员任期届满。

参议院议长是美国副总统，这是宪法正式给他规定的惟一职责。在他缺席时，议长由临时议长代理，"临时"的意思是，他是由议员选出的。和众议院一样，参议院有一名多数党领袖和一名少数党领袖。参议院的多数党领袖常常是政府中一个有势力的人物，特别是在总统是另外一个党的成员时尤其如此。

参议院的书记官职能同众议院的书记官相同。参议院的主要行政官是警卫官。他监督所有的部门，并且是首席执法官。他的职责包括，当不够法定人数和进行投票时集拢缺席的参议员，以及执行许多礼仪职能，包括护送总统去国会联席会议作演说。

在参议院议员席上辩论比在众议院有更多的行动自由。作为一项规定，当就某一项议案辩论时，辩论可以持续进行到每一名参议员都有机会说出他想要说的每一件事情。辩论自由偶然被某个用冗长的发言阻挠议事的议员所滥用，这是某个参议员能用无休止的讲演阻止一项议案进行表决所使用的一种方法。参议院规则规定，用结束辩论或提付表决来停止用冗长发言阻挠议事的做法，需要2/3的议员出席和投票。提付表决的规定于1917年通过。

国会的机构

对国会或国会联合委员会负责的一些机构，为两院的共同利益服务。这些机构是：国会建筑管理局、美国植物园、会计总局、政府印刷局、国会图书馆、技术估价局、国会预算局和版权版税法庭。

国会建筑管理局是一个创建于1793年、负责监管国会大厦这座建筑的机构。今天,这个机构负责照管和维修国会大厦和包括84.5公顷的自然景观、公园、街道和停车场地。除了各种其他职责外,该机构还负责照管国会图书馆和最高法院大厦这两座建筑。

美国植物园创建于1820年,但是没有继续经营下去。1842年,当政府不得不找块空地存放由查尔斯·威尔克斯船长率领的美国探险队从南海带到华盛顿特区的采集物时,植物园又重新开办。植物园由图书馆联合委员会领导。它的每年拨款由国会提供。

会计总局创建于1921年,它为政府机构提供独立的审计。会计总局也通过对所有未定的立法问题提供有关信息来协助国会。在调查研究方面它协助国会议员。在总审计长的领导下,会计总局有权为国会查证同能源有关的资料。它对政府的所有部门行使审计权。会计总局提供法律服务并对联邦基金的使用行为的合法性作出最终裁定。它也处理对美国的索赔和收债等事宜。

政府印刷局是世界上最大的出版部门之一,建立于1860年6月,为国会和联邦政府的所有部门印刷文件。它也向公众出售数千种出版物。

国会图书馆,作为国会的研究设施,建立于1800年,是现今世界上最大的图书馆之一。除了它的大量藏书外,图书馆也负责版权问题。图书馆通过它的馆际借阅系统和大量的其他服务进行广泛的服务。1976年创建的美国民间生活中心是图书馆的一部分。

技术估价局,作为另一个国会服务的研究机构,创建于1972年。这个局的基本任务是验证技术对社会产生的效果。

国会预算局建立于1974年,是作为帮助国会监督联邦预算过程,帮助制定财政政策,审查税收政策和研究联邦经费分配的机构。它通过研究联邦在国民经济上开支的效果和规划国会通过的立法的价值估计来进行经济分析。

版权版税法庭建立于1976年,规定版权转让和使用其他版权资料的版税率。这些资料包括图书、录音磁带和有线电视节目。

行政部门

正如参加制宪会议的代表对国会的性质有不同意见一样,在行政部门的性质上,也有尖锐的分歧。应当有一位总统还是三位总统?他是终身制还是任期有限定?他有资格再次当选吗?他应当由人民选举、由各州的州长选举,还是由国会选举?

辩论的结果是概述总统职责的宪法第二条。总统的职权包括一个人任期四年,但有资格重新当选。因为代表们不敢让人民直接选举总统,他们制定了一种间接方法。由州立法机构选出的选举人(通过投票)选举总统候选人(见:**选举团**)。有资格担任总统职务的人,必须是本国出生的公民,年龄35岁以上,在美国至少居住14年。

根据乔治·华盛顿确立的范例,总统连任不得超过两届,直到富兰克林·罗斯福在1932年开始竞选总统并且四次当选才出现破例。1951年批准的宪法第二十二条修正案限制了总统的任期。

宪法赋予总统许多明确的权力。通过由国会通过的法律,通过法院对法律的解释,通过总统的作为其党的领袖的地位,给这个职位增加了其他权力。

总统负责实施所有联邦法律并管理所有联邦行政机构。实际上这些权力被授予下属单位。总统的主要助手包括白宫幕僚、总统办公室的特别机构、各执行部门的首脑和它们的各个机构及司局。除了白宫幕僚以外,各机构和部门的负责人都由总统任命,并需要参议院批准。总统提名不属于公务员的所有行政或司法官员。

宪法赋予总统对被判有危害美国罪的人给以缓刑和赦免的权力。这项权力只是在根据弹劾宣判一个人有罪的情况下不予承认。

总统在执行外交政策中行使广泛的权力。在大多数情况下他通过国务卿和国务院来行事。总统大都是通过下属议订条约。条约需得到参议院2/3票数的批准。他任命在国外代表美国的大使、公使和领事(见:**外交**)。他率先承认新政权或拒绝正式承认。

与他的外交政策权威密切相关的,是总统的作为全部武装力量的统帅的角色。他任命陆军、海军、空军和海军陆战队的所有军官。在战争期间,他可能参与制订战略。

政府正常的功能在很大程度上取决于总统与国会的关系。使国会了解需要新的立法,是总统的职责。他还必须提交一份政府全部开支的年度预算。各个部门和机构需要向国会定期送交各自活动报告,它们的成员在未定的立法或其他问题上经常需要在国会的委员会作证。

在战争或国家的其他危机时期,国会通常授予总统处理紧急情况的权力。这些权力包括:发布制约国家生活的大多数方面和战争努力的命令的权力,组织政府特别机构的权力,以及不经批准任命官员的权力。

在正常时期,像在紧急时期一样,国会可以通过制定政策但把细则交给行政机构去拟定的法律。然后总统颁布具有法律效力的行政命令。

副总统惟一的官方职责是主持参议院,虽然他不参加参议院的审议。在表决出现票数相等的情况下,他的投票是决定性的一票。在总统缺席时,他主持内阁会议(见:**内阁制政府**)。最初这个职位没有候选人。在选举总统时,第二位得票最多的人成为副总统。1801年托马斯·杰斐逊和艾伦·伯尔各得73张选举团票,众议院不得不在这两个候选人之间作出抉择。在36次投票之后,杰斐逊成为总统,伯尔成为副总统。随着政党制的发展,在同样的选票上,各政党分别提出每一职务的候选人。

20世纪的政党政治已经明确要求副总统是总统政策的坚定的支持者,无论他个人是什么观点。一个世纪以前,情况并不总是如此。北方和南方之间政治上的紧张关系,常常使政党分裂。约翰·卡尔霍恩是安德鲁·杰克逊的副总统,由于与杰克逊发生争执于1832年辞职。

自从哈里·杜鲁门任总统以来,已经进行尝试,给予副总统国家安全委员会和执行其他任务方面的成员资格,使副总统参与行政机构的活动。宪法第2条规定,在总统亡故、辞职或免职等情况下,由副总统继任总统职务。1967年批准的第25条宪法修正案规定,如果总统暂时无能力时副总统也可以行使代总统职权。

行政部门的划分

国会主要在华盛顿哥伦比亚特区行使职能。政府的行政分支机构在全美国和美国的领地以及所有同美国有外交关系的外国进行工作。直接隶属于总统的是白宫办公厅。与总统联系密切的是总统的执行机构,包括根据1939年的整编法和随后的立法而移交给总统执行机构的几个机构。下面是14个部:农业部、商务部、国防部、教育部、能源部、卫生和公共服务部、住房和城市发展部、内政部、司法部、劳工部、国务院、运输部、财政部和退伍军人事务部。以下是数量众多的独立委员会、局、协会和署。其中有证券交易委员会、联邦贸易委员会和联邦国内贷款银行董事会。(参见:**政府机构**)

白宫办公厅 80年代后期大约有85人。这些人由办公厅主任领导,是总统在所有政策问题上的私人顾问,这些问题包括与国会和媒体的关系。这些顾问由行政部门聘用,无须参议院批准。

执行机构 包括为总统处理对外和国内政策的机构。这些机构的首脑由总统提名,参议院批准。这些机构是行政管理和预算局、经济顾问委员会、国家安全委员会、政策发展办公室、美国贸易代表办公室、环境质量委员会、科技政策办公室、管理局和副总统办公室。总统的内阁由各部部长组成。

各部

每个联邦部由一名部长主持,他有几名对他负责的有专长的副部长。这些官员由总统提名,参议院批准。

国务院 成立于1789年,因此是成立最久和等级最高的内阁单位。它由国务卿主管,国务卿在处理美国与外国政府的关系方面代表总统行事。由于国务院的驻外机构有许多方面的代表,所以它是美国和其他国家之间一个至关重要的环节。它也是总统对外决策的一个有价值的情报来源。国务院通过美国驻联合国代表团在联合国为美国说话。

副国务卿和负责政治事务、经济事务、安全事务和行政事务的助理国务卿协助国务卿工作。国务院有5个地区司:非洲事务司;欧洲和加拿大事务司;东亚和太平洋地区事务司;美洲事务司;近东和南亚事务司。其他11个司是:经济和企业事务司;情报与研究司;国际组织司;法律顾问司;公共事务司;领事司;政治-军事事务司;海洋、国际环境及科学事务司;礼宾司;人权和人道事务司;难民事务司。

财政部 建立于1789年,是等级第二高的行政部门。财政部是公共钱袋的保管者和管理者。它征收各种税。它以短期票据和长期债券为政府借款。它负责债务管理。它支付联邦基金。它控制铸造硬币和印制纸币,实施税收法律并报告国家财政情况。

财政部的机构有:酒烟和火器局、通货检察局、美国海关总署、印刷局、联邦执法培训中心、金融管理局、国内收入署、美国铸造局、公债局、美国储蓄债券司和美国特工处。特工处成员的任务是负责保护总统和他的家庭、前总统及其家庭和副总统及其家庭。

国防部 建立于1949年,目的是为了使有关国防的所有机构的政策和程序成为一体。它的三个组成部分是陆军部、海军部和空军部。

美国早期的军事力量由1789年建立的陆军部和1798年创立的海军部所代表。每个部均由一位内阁级的部长领导。现在的国防部由一位文职国防部长领导。他指挥和控制着各个军种。每个军种有一名非内阁级的部长。下一级指挥机构是代表武装力量的参谋长联席会议。按人员来说,国防部是最大的政府机构,因为它包括武装力量的所有成员。

武装部队政策委员会在政策问题上向国防部长提供建议。委员会由下列人员组成:国防部副部长;陆军部、海军部和空军部的部长;负责政策、研究和工程方面的国防部副部长;参谋长联席会议主席;陆军和空军的首长;海军首长;海军陆战队司令。(参见:**空军;陆军;海军陆战队;海军;战争**)

司法部 成立于1870年。它提供联邦法律的实施手段,在联邦的案件中提供法律顾问,为总统和各部部长提供法律意见,管理联邦监狱。自1789年以来,该部首长,即司法部长,就是内阁成员。

司法部副部长协调本部的活动并且监督联邦地方检察官和法院执行官。总统任命联邦法官、检察官和法院执行官都经过司法部副部长审批。

如果司法部长认为适宜,在某些情况下,司法部副部长在最高法院和其他任何法院审理案件的过程中代表政府。各种类型的问题都由司法部长助理领导的一个部门处理。这些部门有:反托拉斯司、民事司、民权司、刑事司、土地和自然资源司和税务司。负责立法事务的司法部长助理是同国会联络的主要官员。

司法部下属的局有:联邦调查局、监狱管理局、美国执法官服务局、国际刑警组织美国国家中心局、移民归化局、药品管理局和司法援助法各种执行机构。1984年的司法援助法制定了对各州和地方政府实行财政和技术援助的计划。根据这项法律建立的新机构有:司法规划局、司法援助局、国家司法研究所、司法统计局、少年司法和不良行为预防办公室。司法部下属的机构有:移民审查执行局、美国假释委员会、美国国外所有权转让委员会和国家药品政策局。

内政部 成立于1849年。自成立时起,内政部就有两种明显不同的目的。在边界向西推进期间,为了加速美国的发展,它无偿地将国家的资源给予个人和群体。当时,闲置的土地、矿藏、木材和野生生物异常丰富,并且被认为是可以消耗的。

如今,内政部的职能完全相反。它是政府的主要保护机构。为了美国人民的利益,矿山、公共土地、水力、鱼类、野生动物、自然景观和休养胜地都被置于该部的监管之下。

内政部由部长领导。有一名副部长和几名部长助理,这几名部长助理分别负责:渔业、野生动物和公园;水及科学;土地和矿产管理;印第安人事务;政策、预算和管理;领土和国际事务。

内政部的下属单位有:美国鱼类和野生动物局、国家公园管理处、矿产地质勘探局、地面矿产开发及实施办公室、印第安人事务局(原为陆军部的一部分,1824—1849)、矿产管理局、土地管理局和开垦局。

农业部成立于1862年。直到1889年,农业部由一名农业专员管理。该部的下属部门有:小社区与农村发展局、市场与检查局、食品与消费局、国际事务与商品计划局、科学与教育局、自然资源与环境局、经济局。

小社区与农村发展局包括农民居住区管理处、农村电气化管理处和联邦农作物保险公司。市场与检查局包括农业合作管理处、农业市场办、动植物健康检查处、联邦谷物检查处、食品安全与检查处、运输管理办公室和包装与仓贮管理处。

食品与消费局分为食品与营养处、人类营养信息处和消费顾问办公室。国际事务与商品计划局包括农业稳定与保护处、商品信贷公司、对外农业服务处和国际合作与发展办公室。

科学与教育局包括农业研究所、州合作研究所、扩展处、国家农业图书馆、授予与计划系统办公室。自然资源与环境局包括林业处与水土保持处。经济局包括经济研究所、国家农业统计所、经济分析人员处、能源办公室、世界农业展望处和经济管理人员处。

商务部,由古维恩尔·莫里斯提议,建立于1787年,当时正在讨论宪法。直到1903年商务与劳工部建立以前,商务部并未成为一个实体。1913年劳工部成为一个独立的部。

商务部促进国家的商业、贸易和工业。它授予专利权,指导环境研究,提供天气预报,进行普查,维护计量标准,并且执行大量与其基本职能有关的其他任务。商务部的下属机构有:国家技术情报局、普查局、经济分析局、经济发展局、国际贸易局、少数民族商业发展局、国家标准局、全国海洋和大气层管理署、国家电信和信息署、专利和商标局、美国旅游局。

劳工部,作为一个单独部门,建立于1913年。劳工部因为有第一位女部长弗朗西斯·珀金斯进入内阁而获盛名。1933年到1945年她主持劳工部工作。劳工部最大的部门是就业与培训署。该署下设就业保障办公室、失业保险计划局、就业局、贸易调整协助办公室、职业培训计划办公室、老龄社区服务就业计划局、实习和培训计划局、战略规划与政策发展办公室、财政和行政管理办公室和地区管理办公室。其他部门有:劳动管理标准办公室、养老金与福利管理办公室、劳资关系与合作计划局、就业标准署、职业安全与健康署、矿山安全与健康署、劳动统计局和退伍军人就业与培训局。

卫生和公共服务部在1953年以前是联邦安全署。之后改名为卫生、教育和福利部并且升为内阁级。1980年当教育职能转交给一个新建部的时候,它采用现在这个名称。这个部促进社会和经济保障、国家卫生和儿童福利。它下属的社会保障总署所管理的各种计划有:退休及养老保险计划;残疾人保险计划;老年人、盲人和残疾人增补保障收入计划。

卫生公共服务部的其他机构有:人类发展服务办公室;公共卫生署;医疗保健财政管理局和家庭扶养局,该局

工人们正准备涂饰一所房子。他们的薪金可能由联邦政府提供的贷款支付。旧建筑物的修缮是住房和城市发展部的许多规划之一。

帮助执行联邦和州"对有受扶养子女的家庭的援助"计划。(参见:社会保障;福利国家)

住房和城市发展部建立于1965年,目的是监督提供联邦基金的住房援助计划。这个部的计划领域有:社区规划与发展;公平住房与机会均等;住房;公众和印第安人住房;政府全国抵押联盟和政策发展与研究办公室。

运输部创立于1966年,目的是提高运输安全,发展国家的运输政策,并且为联邦用于设施的开支准备指导方针。其下属部门有:联邦航空局、联邦公路局、联邦铁路局、国家公路交通安全局、城市公共交通运输局、海运局、圣劳伦斯海运发展公司、研究与特别计划局和美国海岸警卫队。

能源部成立于1977年,目的是为一个综合的、平衡的国家能源政策提供框架。它的下属部门包括:能源信息署、经济调节委员会和联邦能源调节委员会。

教育部建立于1980年,它协调从大学贷款到长途电信共150多项联邦计划。该部吸收了过去属于卫生、教育和福利部的几项职能。它辖有双语教育办公室、少数民族语言办公室、民权办公室、初级和中级教育办公室、教学研究与改进办公室、职业教育与成人教育办公室、特殊教育和康复服务办公室和岗位中等教育办公室。教育部也为设在肯塔基州路易斯维尔的美国盲人印刷所、华盛顿哥伦比亚特区的加洛特大学和霍华德大学、纽约州罗切斯特的国家聋人技术学院和罗切斯特技术学院提供资金。

退伍军人事务部1989年承担退伍军人管理的职责。这个1930年成立的独立机构,成为第14个内阁级部。在对退伍军人有利的各项事务中,该部掌管抚恤金、贷款、恢复就业与教育、保险和全国最大的医疗系统。(参见:退伍军人事务)

联邦法院系统

宪法第三条规定设立最高法院和"国会随时可以决定设立的那种低级法院"。由于1787年写下上述说明,国会

已经建立了一种多等级的国家法院系统。

最高法院之下是美国上诉法院。再下一级是美国地方法院。由国会设立的特别法院有：临时紧急上诉法院、美国索赔法院、美国国际贸易法院、美国军事上诉法院和美国税务法院。联邦司法中心是一个研究机构。

最高法院

"我们受制于宪法，但是宪法是由法官解释的。"美国最高法院前首席法官休斯·查尔斯·埃文斯所说的这句虽然新奇但却很正确的话，突出了最高法院在美国人生活中所扮演的最具重要意义的角色（见：休斯）。司法审查权——判定联邦和州的法律是否符合宪法的权力——在使美国的法律和公共政策的发展具体化方面起了极其重要的作用。（参见：**宪法性法律；最高法院**）

最高法院是美国的最高司法法院，而且可能是世界上最有权力的法院。它是最后的上诉法院，它的裁决对总统、国会、政府以及公民个人来说都是法律。

1789年9月24日国会通过司法条例，规定最高法院有1名首席法官和5名副法官。法院自身在1790年2月2日组成并由约翰·杰伊任首任首席法官。1807年法院的成员增加到7名，1837年增加到9名。1863年的一项法令使法官增加到10名，但是1869年又改为9名——现在的人数。1937年富兰克林·罗斯福总统提出的关于改组最高法院并增加6名最高法院法官的建议——所谓的"填塞法院"方案——被国会挫败。所有法官由总统任命，交参议院批准。最高法院和所有联邦法院的法官"行为端正"即可终身"任职"。只有一名法官——塞缪尔·蔡斯于1805年——曾被弹劾，但是他被宣告无罪。1969年最高法院大法官阿贝·福塔斯在一次利益冲突中受到指控后被迫辞职。

最高法院有两种司法审判权——原始的和上诉的。原始审判权是指在案件没有卷入初级法院之前就直接递交最高法院审判。在州与州之间、州与联邦政府之间、一个州与另一州的公民之间的争议方面，以及涉及大使、政府部长和领事们的案件中，宪法授予最高法院原始审判权。最高法院也审理罕见的海事和海洋管辖权案件。最高法院的开庭期是10月的第一个星期一开始，6月或7月结束。

根据它的上诉审判权——对联邦或州的初级法院的裁定进行复审的权力——大多数案件送到最高法院。这些案件不是通过上诉就是通过诉讼案卷调取令来到最高法院。

上诉案件是那些对州或联邦的法律提出异议，认为其不符合宪法的案件。如果初级法院的案件中败诉一方认为对他的判决依据的是一种不符合宪法的法律，他可以向最高法院上诉。最高法院有责任进行初步审讯。如果某一法官发现上诉有法律依据，即可进行全面审判。如果认为涉及的问题无实质意义，最高法院可以撤销这个上诉。

向下级法院下令调取诉讼记录的案件，就是按照最高法院的意思进行的对初级法院判决的复审。最高法院每年接受成千上万件没有资格作为上诉案件的请求书。选择哪些将给予以考虑的案件，是不受限制的。通过调取诉讼案件记录程序的复审，只有在异乎寻常的案件中才予准许——例如，涉及宪法的解释、由初级法院对法律的相互抵触的解释，或者由州法院依据联邦法律的某一点作出的判决的那些案件。一宗调取诉讼记录的案件如果4名法官认为值得复审，此案就被接受。但是，诉讼的争点被以案件的形式提交最高法院，否则不管联邦或州的法律看起来是多么不符合宪法，最高法院都不会对它作出裁决。最高法院不以顾问身份行事。

请求最高法院对裁决进行复审的人，首先必须在自己州的最高法院或者在一个联邦上诉法院用尽了复审程序。除非案件有资格作为一宗最高法院有责任对其进行审理的上诉案件，否则，然后向最高法院提出要求通过调取诉讼案件记录进行复审的申请。如果申请得到批准，就为此案指派已取得特殊资格的律师。呈交辩护状以后，允许每一方用一小时时间口头提出论据。如果联邦政府与案件有利害关系，那么它的代表就是司法部副部长或另一位政府律师。任何案件进行辩论时，最少要有6名法官出庭。

最高法院审理一系列案件之后，便休庭研究和考虑。裁决是在秘密会议上作出的。判决必须得到审理此案的大多数法官的同意。如果作不出裁定，可以进行再审理。

如果首席法官赞同大多数法官的意见，他委派一名法官起草最高法院意见。如果他不同意，资深审判官就委派一名法官写出意见。意见中要提出裁决和支持裁决的论据，在随后的最高法院开庭时宣读该意见。不同意裁决的法官可以写出不同意的意见。在最高法院的历史上，小奥利弗·温德尔·霍姆斯以"伟大的持不同意见者"著名。他的许多不同意见后来都成了多数裁决。

其他联邦法院

最高法院居于一个三结构的顶层。在它下面是联邦上诉法院和地方法院。对于联邦的案件，地方法院有最初审判权。国会也建立其他特别法院。

上诉法院 根据1891年3月3日国会通过的巡回上诉法院法，创建了中级法院以减轻最高法院繁重的上诉案件负担。美国划分为12个司法巡回区，外加哥伦比亚特区。使用"巡回"一词是因为最高法院的法官们除了出席最高法院本身的审判会外，曾一度骑马或乘马车巡回审判，履行他们的法院职责。1891年的法令使法官们免去了这项工作。

每个巡回区有一个联邦上诉法院。50个州中的每一州都被分到一个巡回区。准州被分到第1、第3和第9巡回区。每一上诉法院有6至28名法官，法官的人数取决于巡回区上诉案件的数量。国会可以改变法官的人数。每个上诉法院通常都由由3名法官组成的小组审理案件，但是法院也可以安排全部法官出庭。案件被从一个联邦地方法院或州法院送到上诉法院。

联邦巡回上诉法院 根据1982年的联邦法院改进法，建立了作为海关与专利权上诉法院和申诉法院的后继者的联邦巡回上诉法院。它有全国的管辖权，并且接受在专利、商标和版权方面案件的上诉和来自美国求偿法院和美国国际贸易法院的上诉。它也复审专利和商标局、国际贸易委员会、功绩制保护委员会以及商务部长所作出的行政裁决。巡回上诉法院有12名法官，一个案件开庭通常有3名法官出庭。

地方法院是对涉及联邦法律的案件具有初审权的联邦审判法院。每个州至少有一个地方法院，大州多至4个地方法院。在属地也有地方法院。一个地方法院的法官人数从2到27名不等。通常一个法官审理一个案件，但是有时一个案件需要3名法官。

临时紧急上诉法院 根据1971年的经济稳定法修正案，创建了临时紧急上诉法院，它对在因经济稳定和能源保护法引起的案件中地方法院的上诉有审判权。法院设在哥伦比亚特区，从1972年2月开始履行职能。

求偿法院 国会于1982年10月1日建立求偿法院，接替申诉法院。它受理的案子涉及诸如取得财产、合同义务、政府雇员要求得到拖欠的工资和要求返还所得税等等对美国不利的关于钱财方面的判决。法院也可以审判控告政府侵犯专利权或版权的案件。

国际贸易法院在1890年成立时通称美国关税审定局。现在的法院建立于1980年。顾名思义，这个法院在进口交易，包括反倾销指控和关税方面对向政府提出的索赔要求有审判权。

军事上诉法院成立于1950年，它是复查军队的军事法庭诉讼案件的上诉法院。它有3名文职法官。它的裁决须经最高法院的通过调取诉讼记录的复审。

税务法院，作为一个独立的行政分支机构，成立于1924年。它现在的名称最早启用于1942年。它由19名法官组成，负责审理关于收入、赠予和财产税的案件。

《联邦党人文集》 FEDERALIST PAPERS

1787年夏天，一群政治家在宾夕法尼亚州费城聚会，并为合众国起草了一部宪法（见：**美国宪法**）。亚历山大·汉密尔顿、詹姆斯·麦迪逊和约翰·杰伊三人为了抵消对拟议中的宪法强烈的反对力量，就代议制政府问题写了一系列论文，以说服选民们支持批准这部宪法。这些论文共有85篇，合称《联邦党人文集》。

联邦党人的这些论文巧妙地阐述了联邦政府的体制，全面分析了公正、一般福利和个人权利赖以实现的种种方法：它们首先在纽约的报纸上连续发表，后来才收集成书。有些论文的作者究竟是谁不能确定，但是人们一致认为，大部分是汉密尔顿写的。只有5篇论文署有杰伊的名字，麦迪逊单独写了26篇。汉密尔顿和麦迪逊联合写了几篇。

内阁制政府 CABINET GOVERNMENT

当今世界上实行立宪民主制的两种主要类型的国家是美国和英国。美国实行的是称为总统制的政体：其行政部门，即总统的行政部门，是与立法机关，即国会，分开的。国会由众议院和参议院组成。行政部门的成员不能同时又是国会议员。

英国实行的是议会制政体。它不像美国政府那样权力分立。其行政部门，即内阁，由议员组成。议会由上议院和下议院组成。这种制度也被称为内阁制政体。

多数立宪民主政体国家都仿效英国模式，但常做些改变。例如，意大利、西德、瑞典、日本、加拿大、澳大利亚、以色列和荷兰。

根据1958年的宪法，法国政府形式上更像美国政府。例如，法国的总统和部长会议成员不是立法机关议会的成员。议会由国民议会和参议院组成。总统和部长会议对议会负责。国民议会可以投票通过一项谴责政府的动议而迫使政府辞职。如果这样的话，就得重新选举总统和立法机关成员。

英国的制度

在英国，内阁政体的出现可追溯到中世纪。早期的国王拥有"国王法庭"。这种法庭由各种王室官员和国王认为可以为他出谋划策的人组成。这种法庭最后演变成国王的枢密院。这些顾问主要履行政府的职能。

随着枢密院规模的扩大，国王又从其中挑选出一些特别顾问组成一个核心集团。1688年的光荣革命之后，国王被迫从议会中选出他的顾问。1714年，乔治一世即位。由于他只讲德语，他放弃出席枢密院会议。他把会议交给罗伯特·沃波尔负责，沃波尔成为国王的第一大臣，即首要大臣。沃波尔因此成为现代意义上的第一位首相——第一任主持内阁会议的众议院领袖。

在整个18世纪，内阁的地位始终介于国王和议会之间。内阁握有实权，但不能做国王或立法机构不同意的任何事情。1832年的改革法案，改变了内阁的地位。从那时起，除非内阁能得到众议院多数的支持，或用解散众议院诉诸民众公断的办法取得多数，否则，内阁不能保持它的权力。获得并保持所需多数支持的最成功的办法，是得到一个政党的支持。此后，英国的内阁政府和政党便同时发展起来。阁员们必须在议会中占有席位，以便在立法机构中的其他人面前，为他们的政治行动进行辩护，并使内阁其他成员——尤其是反对党成员——能够申明他们的行动的理由。

从理论上讲，英国内阁是为君主——国王或女王——做顾问的。但实际上，内阁是政府的核心。就每个人来说，阁员都是主管国家的各个部门的。在所有重大问题上，他们一起制定政策，并提出法律建议。由于他们的党在下院占有多数席位，因此他们提出的法律通常是容易被通过的。

首相，有些国家称为总理，领导政府事务的方式与美国总统领导行政部门的方式大致相同。他（或她——1979年撒切尔夫人成为第一位女首相）由国王正式任命。实际上，他是在全国选举中由民众选举产生的，而国王必须在下院中指定一位能够获得多数票的政党领袖。然后，首相从下院或上院中选出50位部长。其中有20位成为内阁成员。

实际上，首相在内阁中掌握着全部大权。他可以任免内阁成员。他还可以给某位部长两个或更多的职位。他本人可以有一个或更多的职位——首相差不多都是第一财政大臣。首相之下的主要职位有：外交和联邦事务大臣；负责国家财政的财政大臣；内政大臣；负责司法的大法官。

只有在获得议会支持的情况下，政府才能连任。如果政府在某一重大问题上失去议会的支持，或议会对政府投了不信任票，内阁就得辞职。在这种情况下，可以要求反对党领袖组成新政府，或通过选举来决定哪一个政党会获得多数。

第一任首相罗伯特·沃波尔住在伦敦威斯敏斯特区唐宁街10号。他去世后，把住宅留给了政府。现在那里依然是首相居住地和内阁举行会议的地方。

美国

在美国的宪法中，没有一处提到"内阁"这个词。当然，宪法的制定者们确实希望总统能任命一些官员来帮助他工作。宪法第二条第二项规定："总统……可以要求各行政部门主管长官以书面发表有关其职责的任何事项的意见。"但如果总统需要征求意见，他应当去参议院征询。

然而，乔治·华盛顿初期直接向他的部门负责人征求意见。开始时，他找他们单独交谈。不久，他开始邀请其中一部分或全体参加较正式的会议。到1793年，举行会议的时间相当固定。他的顾问不久也就被称为总统的内阁。在1789年的第一次国会会议上决定设立国务院、财政部和陆军部。这些部门的负责人和司法部长组成第一届内阁。1798年，设立海军部。1829年，邮政局长升格为部长。1849年，内政部成立。1870年，成立了司法部，由司法部长领导。农业部成立于1862年，1889年该部部长进入内阁。1903年，成立了商务和劳工部。该部于1913年又分为两个部。

1949年，内阁设置了国防部长新职位，以取代陆军部长和海军部长。陆军部的名称由 War Department 改为 Department of the Army，海军部的名称由 Navy Department 改为 Department of the Navy。并新组建了空军部。这三个部的部长由非内阁成员担任。1953年，卫生、教育和福利部成立。1965年和1966年成立了住房和城市发展部、运输部。1971年，邮政部改建为美国邮政管理局，邮政局长失去了内阁职位。1977年成立了能源部。1980年，卫生、教育和福利部又改名为卫生和公共服务部，单独设立了教育部。1989年，又成立了退伍军人事务部。

美国政府这14个行政部门的负责人加上美国驻联合国代表，组成总统内阁。13个部门的负责人都称 secretary（部长）——例如，secretary of state（国务卿）。内阁的第14位成员是 the attorney general（司法部长）。其他的官员也给予内阁级别的待遇。

部门负责人由总统挑选。然后请参议院批准任命。参议院很少不批准。总统可以解除任何阁员的职务，只须要求他辞职就行了。

丘吉尔的战时内阁——1945年5月

首相	温斯顿·丘吉尔
副首相	克莱门特·艾德礼
外交	安东尼·艾登
内政	赫伯特·斯坦利·莫里森
财政	约翰·安德森
殖民地	奥利弗·斯坦利
最高民事法庭庭长	克莱门特·艾德礼
印度与缅甸事务	L.S.艾默礼
劳工和兵役	欧内斯特·贝文
重建	弗雷德里克·詹姆斯·马奎斯巴伦·伍尔顿
中东常驻公使	爱德华·格里格
驻美大使	爱德华·弗雷德里克·林德利·伍德哈利法克斯伯爵

总统常常从国内不同地区或他们的政治支持者中挑选内阁成员。最近尝试吸收主要少数党和妇女进入内阁。总统因没有在内阁各部门中任命专家而一直受到批评。可是，这种批评没有考虑到美国政府的意图。例如，通常多数人希望国防部长是一位文职人员，可以在军事问题上代表他们的观点。而这个职位所应具备的任何军事专业方面的知识，都可以由副部长和助理部长提供。

内阁定期在白宫举行会议，日期由总统决定。在紧急情况下召开特别会议。国务卿坐在总统的右边，财政部长在左边，一直排下去，最后是新成立的部门。会议是非正式的，不做记录。问题很少用投票方式表决，因为总统可以作最后决定。据说，亚伯拉罕·林肯曾向他的内阁提出一项政策，但每个阁员都投票反对。林肯平静地宣布，"7票反对，1票赞成。通过。"哈里·杜鲁门桌子上的座右铭，表达了同样的想法。他的座右铭很简单："责任止于此。"在讨论和交换意见结束之后，总统必须自己作出决定，而责任总是由他自己承担。

美国政府是建立在权力分散的基础上的。这就是为什么内阁成员不能同时又是国会议员或司法人员的原因。不过，他们可以在国会委员会会议上提供信息或意见。

稳定性问题

除了英国，大部分欧洲国家都有许多政党，它们都有各自的主张。经常有这种情况，在选举之后，没有一个政党能在立法机关中牢牢地控制大多数。一旦出现这样的局面，必须组成一个联合政府：内阁由来自两个或更多的政党的部长组成，首相通常是由获得选票最多的政党成员担任。

在多数欧洲国家，联合内阁已经成为一个规律，但这种多党内阁总是不如英国的一党内阁稳定。在法国，从1870年到1940年的第三共和国期间，一共组成了不下110届政府。在意大利，从1848年至1922年贝尼托·墨索里尼掌权时止的74年间，经历了67届内阁。然而，法国却在1958年开始的第五共和国时期，使其政府稳定了下来。意大利政府却在重复它过去的情况。第二次世界大战结束以来，共组成近50届政府，尽管在其中许多届中有些人一而再地进入内阁。

由于政党之间的差异，甚至组成一个联合政府也很花费时间。1972年荷兰在选举之后用了165天才组成一届政府。以色列有27个政党，1988年11月1日选举之后用了7周多的时间才组成一个联合政府。然而，如果政党因某些问题重新组合，联合政府即使组成，也很容易垮台。

政府机构 GOVERNMENT AGENCIES

政府的行政部门，由于它执行或实施立法部门制定的法律和政策，故此得名。在美国，总统是政府的首要行政官员。在英国、加拿大、澳大利亚、新西兰和其他议会制政府中，首相是首要行政官员。

美国

目前，政府的行政部门非常庞大，因为现代的政府比过去政府承担的责任多得多。在1789年组织美国政府的行政部门时，仅有三个部门：陆军部、国务院和财政部。而到了1989年，就有14个部：农业部、商务部、国防部（取代以前的陆军部）、卫生和公共服务部、住房和城市发展部、内政部、司法部、劳工部、国务院、运输部、财政部和退伍军人事务部。大部分的部，都由一位称为部长的官员主持工作，如国务卿（国务院长官）。司法部由司法部长领导。这些官员组成总统的内阁。

部以下分局，或办公室，分担部里的工作。例如，司法部有13个单位。其中有反托拉斯司、监狱管理局、民权司、联邦调查局和禁毒署。这14个部中，大约一共有100个这样的司。将来若有需要，这个数目还会增加。

在这些部门之外，还有许多由总统直接管辖的机构。总统有一位办公厅主任，主任有自己的助手。总部设在弗吉尼亚州兰利的中央情报局，也向总统汇报工作。总统还有一个经济顾问委员会、改善环境质量委员会、情报监督委员会、立法事务局、一位美国贸易代表，以及其他一些协助他履行日常职责的官员。

专门机构和委员会 除了日常和总统一起工作的部门和办事机构之外，还有70多个由国会特许设立的、执行政府多种政策的专门机构和委员会。其中有些是众所周知的，如：联邦通讯委员会、联邦住房贷款银行系统、联邦储备系统、联邦贸易委员会和州际商业委员会。其他一些，公众不大熟悉，如：联邦调解和解局、行政服务总局、法律服务公司、国家工程学院和巴拿马运河委员会等。

专门机构的种类 在行政部门中，各专门机构之间是有区别的。有些是经营和管理性质的，它们为行政部门管理方面的需要服务：文官委员会从事政府雇员的招募和分类工作；行政服务总局负责建筑、购置办公用地、办公用品和档案的处理。

还有一类机构，是代表政府经营企业的政府公司。在这些企业中，最知名的是美国邮政局，它是世界上最大的邮政系统。有一个时期，邮政局曾经是一个行政部门。但是，1970年的邮政改组法案，把邮政局改成了政府经营的公司。作为公司，邮政局就有权规定邮政收费标准、雇用人员、集资和使其设备现代化。

其他专门机构-公司有：国际重建和开发银行（也称世界银行）、海外私人投资公司、国家铁路客运公司、进出口银行、退休金福利保证公司和田纳西流域管理局。

另外一类具有代表性的，是那些完全像个行政部门，只是名称不同的机构。其中有核管制委员会、行政服务总局、国家科学基金会和退伍军人局。

独立的管理委员会 有一些机构的业务，是总统和国会都无权管辖的。这类机构的权力，一部分属立法性质，一部分属司法性质。第一个独立的管理委员会，是州际商业委员会，1887年由国会设立。另外几个是：联邦储备委员会、联邦贸易委员会、证券交易委员会、商品期货交易委员会、联邦储备保险公司、联邦海事委员会、行政服务总局、国家劳工关系委员会等。

在过去的几十年中，独立的管理委员会的工作引发出一个宪法问题。这些机构的人员，是由国会批准、总统任命的。但是，委员们一旦任职，他们的工作便不受国会和总统——二者都是制定和执行政策的——的干预了。而宪法在特别授予国会制定政策和通过法律权力的同时，又赋予行政机构执行政策和法律的权力。

当富兰克林·罗斯福总统对这些委员会的独立性提出异议时，最高法院在1935年维护了它们存在的权利。最高法院还裁决，总统没有权力出于政策或政治党派的原因，开除委员会的委员。

支持委员会独立性观点的人宣称，如果总统和国会经常干预它们的决定，这些委员会便无法有效地行使其职能了。例如，联邦储备委员会有权控制款项的提供和规定利率。如果该委员会要屈从于立法者或总统班子一时的心血来潮，那么，大部分管理经济的权力，就要落到国会或行政机构之手了。

立法机构 由于大部分政府机构都是执行政府政策和实施法律的，所以都被看作是行政机构的一部分。然而，国会也设立了一些机构——称为国会辅助组织——协助国会、国会的各委员会和议员个人工作。最广为人知的，是国会图书馆和它的立法查询服务。该图书馆也为公众提供各种服务。

国会预算局，是一个超党派机构，它为众议院和参议院提供有关预算的资料和对财政政策的分析。会计总局进行法律、会计、审计和账目结算的工作。它也为提高联邦工作的效率提出建议。

技术估价局，向国会提供关于技术的采用可能产生的影响的信息。修改法律委员会，发展和更新美国法律的正式分类。

英国

美国的法律规定，行政机构的人事和职责，要与立法和司法部门分开。但在英国，就不是这样分得一清二楚的。中央政府有关法律和宪法一切事务的执行权，都掌握在部长们的手中，而部长们都是议员、立法机关和最高上诉法院政府的行政首脑是首相。首相同时担任第一财政大臣兼文官大臣的职务。其他的内阁部长是：内政大臣、大法官（最高司法官员）、外交和联邦事务大臣、财政大臣（财政官员）、贸易工业大臣、国防大臣、掌玺大臣兼下院领袖、就业大臣、枢密院长兼上议院议长、农业渔业粮食大臣、环境事务大臣、苏格兰事务大臣、威尔士事务大臣、北爱尔兰事务大臣、社会事务大臣、能源大臣、教育和科学大臣、财政部首席大臣、运输大臣、兰开斯特公爵郡大臣和不管大臣（不是任何部的首脑）。

所有这些大臣，都领导着由一班官员组成的单独的部。有些大臣也负责另外一些在组织上独立、多是自成法律实体的专门机构。所有这些官方机构都称为政府部门。政府的专门机构繁多，职责各异，不可能对它们作出一个概括的评价。但这些机构的确也有三个共同的特点：每个部门都对某个部长（大臣）负责；每个部门的经费，至少是其中的一部分，都是由议会直接拨款的；此外，每个部门的人员，都是经过中央文官部招募的。

一个部门之内的各种专门机构，可以用内政部下属的一些单位的名单来说明。内政部负责处理不属于特别分派给其他部门的所有内政事务。隶属于内政部的一部分专门机构有：广播司、社区计划与机会均等司、刑事司、消防司、虐待动物检查司、移民和国籍司、警察司、监狱管理委员会。

英国和美国一样，也有一些作为公司经营的专门机构，其中有英格兰银行、英国航空航天公司、英国航空公司和英国广播公司。但是，英国没有独立的管理委员会。

加拿大的省级机构

加拿大实行议会制，其机构与英国较为相似。加拿大的大部分省称他们的主要政府机构为部。除部之外，各省还设有一个调查员办公室。调查员的工作，主要是调查对政府的意见。调查员办公室1809年创始于瑞典，以后许多国家以各种形式仿效。

根据当地的需要，加拿大各省的部，名称不同，但都很类似。安大略省的部是：农业与粮食、总检查长、公民与文化、社区与社会服务、消费者与商业关系、教养所、学院与大学教育、能源、环境、政府服务、卫生、工业与贸易、政府间事务、劳工、内阁管理委员会（处理文官事务）、市政事务与住房、自然资源、北方事务、税务、副检查长、旅游与娱乐、运输与通讯、财政与经济。另外，还设有省审计署、司法秘书处、资源开发部和社会发展部。

大部分的部，下面还设有辅助机构或委员会。例如，农业与粮食部还领导安大略省的农业研究所、作物保险仲裁委员会、农业机械委员会、农产品销售委员会等。

各省政府还设立了一些公司、各种独立的委员会和专门机构。安大略省设有城市交通发展公司。

除了采用先进技术和传统的铁路运输系统之外，安大略省还经营交通开发中心。该中心是北美惟一的致力于运输系统开发与试验的机构。

艾伯塔省的独立专门机构有：酗酒与滥用毒品委员会、救灾委员会、教育通讯公司、公众事务局、妇女秘书处、研究委员会，以及工人保健安全和补偿委员会。

警察　POLICE

美国的宪法序言中说，政府的目的之一"是保证国内的安定"。这就是说，执行法律和维持秩序，以便使国民可以平安地进行日常活动，使他们的生活、财产和权利有保障，乃是政府的责任。要达到这些目的，多数国家建立警察的组织以维护秩序、调查犯罪和拘捕罪犯。警察是包括法院、检察、辩护律师及监狱在内的刑事司法系统的一部分。

在政府的行政管理权力中，有许多都在某种程度上涉及警察方面的行动。例如，美国的移民和归化局有权逮捕非法外侨。海关总署可以检查任何进口物品并搜查违禁品。国内收入署有权使用它可以使用的任何方法征集税收和指控那些未报缴所得税者。但是，本文所涉及的是地方、州和国家的执法机构，人们通常都把这些机构说成是警察部队。

警察与政治这两个词是有联系的。这两个词都是来自希腊语的城邦一词，并和对民众的社区进行管理和监督有关。警察的工作在各国是不同的。有些国家的警察军事化程度很高，几乎与武装部队无异。

在多数讲英语的国家中，警察机构是仿效英国的警察模式，属于非军事组织，它有几种基本功能。他们步行或车在街道上巡逻，以巡视的方法维护社会秩序和阻止违法活动。他们负责维护交通秩序，保证道路畅通，并拘留违反交通规则的司机。警察部门承担控制如卖淫、赌博、贩毒等商业犯罪的任务。他们有侦察部门，调查如抢劫、袭击他人、强奸、谋杀、绑架和盗窃等严重犯罪活动。警察机构也可能负责制定酒精类饮料的销售和消费的规定。在一些社会紧急事件中，警察负责控制人群和防止暴乱。

从20世纪70年代初以来，因劫机、扣押人质等严重犯罪行为的增多，一些警察组织中也增加了专门的准军事队伍。这类队伍，有时称为SWAT队，是用来对付普通的警察战术对付不了的围攻情况的（SWAT的意思是特殊的武器和战术）。有些国家使用武装部队中经过特殊训练的突击队来执行同样的任务。

世界各国警察部队的组织情况是不相同的。许多国家有中央的或国家的警察部队。如法国、意大利、挪威、瑞典、芬兰、葡萄牙、中国和土耳其。在某些有中央警察部队的国

警察到当地学校讲解安全和防止犯罪问题。

家，还可能有用于不同目的的不同的警察部队。如意大利有三种国家警察部队。国家警察负责执行最普通的警察任务，包括维护社会秩序，刑事侦察和公路巡逻。卡宾枪队（Carabinieri）是军事部队的一个兵种。它负责维持社会秩序，控制暴乱，边界巡逻和反恐怖活动。经济警察执行税收法和从事反走私工作。除这些国家警察外，大多数城市和城镇还有地方警察（城市守卫者），负责交通管理和执行地方法律。

在澳大利亚、加拿大、英国、瑞士和美国，警察部队分别由地方、地区和国家的主管部门管理。美国的警察部队是最分散的：有约2000个独立的警察组织。几乎每一地方政府，无论大小，至少有一名警官。另外还有县警察，他们通常由县行政司法长官领导。每个州都有警察部队。在国家一级有联邦调查局（FBI）、美国联邦司法区执法局和其他的警察部队。著名的中央情报局（CIA）没有警察，也没有执法的权力（见：情报机构）。

警察工作

自1829年伦敦市警察建立以来，警察部队的具体职责没有很大的改变。但他们执行任务的方式，主要由于技术的进步而发生了很大变化。自19世纪末以来，在交通、武器、调查和识别技术、通讯、监视技术、记录保存和实验室设备方面有了很多革新。

组织

一个大城市的警察局有一个总部大楼和若干个辖区或地区警察局。市警察局由一位局长领导，局长通常由市长任命。较小的城市和城镇有一位警长而不是局长。助理和副局长的级别低于局长。警察局中的每一个处，如交通或侦察处，由一位处长或巡官领导。队长领导一个辖区或地区的派出所。队长下面有少尉、军士和若干名巡警或侦察员。

装备

从古代社会到19世纪，除了发明了枪支以外，警察在技术方面几乎没有重大改进。直到1849年，在伦敦的各区警察局与伦敦警察厅之间才安装了电话。1878年，美国首都华盛顿的一个警察局首次安装了电话。1880年芝加哥巡警的巡逻路线上安装了电话箱。1899年，俄亥俄州的阿克伦警察第一次在执行公务中使用了汽车。

对警察工作有帮助的其他发明有电动打字机、传真机、便携式收发报机。20世纪20年代，开始使用用比较枪弹上来复线痕来识别火器种类（弹道学试验）的方法。新的调查技术要求建立警察部门实验室，最早的实验室之一是在法国里昂建立的。

到20世纪60年代，警察规定使用的武器是警棍和火器，虽然这种情况也是各地不同的。伦敦警察只携带一根小警棍（叫法不同，有的叫棒，有的叫棍，有的叫警棍、警棒）。美国城市的警察传统上既携带警棍也带一支大口径左轮手枪和一副手铐。滑膛枪、步枪和自动武器一般是存放在警察的武器库内以备紧急情况下使用。

开枪被称为使用致命的武力，因为这样可能导致重伤

一名警察骑着马在芝加哥一个很大的湖滨公园一角巡逻。

或死亡。警察也可使用一些非杀伤性武器。化学武器是那些可以引起流泪、极度不适或呕吐的化合物。它们可以用霰弹筒、喷雾器或枪支发射。还有手持催泪毒气，或称梅斯催泪毒气，和霰弹。它们可放在枪套内携带并容易击中目标。使用范围约4.6米。

眩晕枪是非化学武器，能造成暂时性无力。它发出一股瞬间的电荷使对方失去知觉。这些枪支通常不放在警察的武器库中。为控制聚众人群偶尔也使用塑料或橡皮子弹，不过这种子弹可能造成重伤甚至死亡。为制止暴乱有时也使用水枪。

防弹背心是最广为人知的身体防护服。防弹背心也叫织物防护服，是由好几层尼龙布做成的，子弹不能穿透背心而是被夹在尼龙布层中间。其他防护工具有：用来挡住投掷过来的石块和其他东西的透明塑料防护牌，和用尼龙和陶瓷制成的防弹牌。

以前警察在街区执勤时是步行巡逻。今天，警察更多的是两人乘坐装备通讯系统的警备车巡逻，有时车的后车箱内还带着警犬。（狗，通常是德国牧羊狗，1900年左右，在比利时的根特首先训练了这种狗用于警察工作。）有些警察则骑马或骑摩托车进行街区或交通巡逻。有些国家的警察骑自行车执勤。辅助车辆有：医疗车、流动手术车和囚车——把罪犯送进监狱或警察局的运输车。反恐怖准军事部队使用军事车辆，如装甲车和人员运输车。

在一些较大的警察部门，为监测交通情况，执行营救或搜寻任务，也动用飞机，特别是直升飞机。但不用于日常巡逻任务，因为费用昂贵且受天气变化的限制。有些国家在营救和巡逻工作中使用短距离起落飞机（STOL）。

监视技术

监视的两种主要方法，一种需要有监听装置，一种需要有监视设备。电子窃听可以被定义为：在不被谈话人发觉或不经谈话人许可的情况下截取他人的谈话。最常用的方

法是从线路上截取电话或电报情报。19世纪90年代开始，警察部门就开始从电话线路上窃取情报了。今天，已经不需要在电话线上搭线了。很小的微型电路无线发射机，可以安装在电话听筒内。这种称为窃听器的发射机，除可以装在话筒里外，还可以隐藏在房间内。有些窃听装置灵敏度很高，可在距被窃听者一段距离以外窃听他们的谈话。

双筒望远镜、望远镜、带摄远镜头的照相机、闭路电视和录像机是监视工作的主要工具。闭路电视已被广泛用于警察和私人保安系统。这些工具只需要有很暗的光线，大大加强了夜间监视。还有低亮度电视系统和夜视望远镜，它们实际上能在黑暗中工作。

警察偶尔也使用其他的监视方法，如物体标记和追踪信号。可发出清晰信号的微型电子装置，可附在车辆或其他目标物上。保险杠遥控呼叫装置，是一种可以附着在汽车上的微型无线发射器。

识别和调查过程

在进行一项刑事调查时，必须将所有取得的材料集中、报告、记录、分类、分析、处理及保存。所有证据必须作出标记以便查找并保护性地加以包装保存。与犯罪有关的每一件证据及位置必须作出记录。法律凭的是"一系列的证据"，证据必须保存完整，防止篡改。从在犯罪现场发现证据起到证据在法庭上出示，警察对每一件证据都要负责。

较大的警察局内有一个很大的保存记录的部门，包括计算机储存。还有保存在犯罪现场取得的物质证据的设备。犯罪实验室及专业人员，通过分析在调查期间取得的证据来协助警察的工作。在确定死亡原因和识别被害人方面，法医学是很重要的。

指纹，自19世纪90年代采集指纹用于破案工作以来，已证明这是一种确实可靠的查找犯人的手段。1891年柯南道尔在他的小说《查证》中曾提及指纹。马克·吐温在他的小说《傻瓜威尔逊》（1894）中，描写用指纹技术区分双胞胎的故事。由于每个人的每个手指上的纹理排列都是独一无二的，所以指纹是最有效的识别方法。

采集指纹的方法是：将几个手指和拇指指端沾上墨水，印在卡片上，然后卡片上标明各手指的名称。指纹分类的根据是：基本形状或轮廓；相对的大小——它由计算箕的纹线数目和观察斗的纹线走向决定；及指纹在各手指上的图形和类型。

一种专门的指印处理技术叫潜指印处理——保存和识别罪犯作案时留在现场的指纹。潜指印是手指上的汗液、皮肤油脂或其他物质留下的指印。潜在印是肉眼几乎看不到的，必须经实验室加工后才能使用。先把粉末洒在印迹上或用柔软的刷子刷在印迹上。有时，也使用碘、硝酸银、茚三酮等化学物质代替粉末。可以把印迹拍摄下来或用胶带从一个表面上粘下来。即使只获得印迹的片段也足以作出肯定的识别。潜掌印、脚印和脚趾印也已作为识别之用，并可在审判罪犯时作为证据提供。警察的实验室和联邦调查局已建立单一印迹分类系统以识别孤立的印迹。

现代社会对指纹识别的兴趣起源于1880年，当时《自然》杂志发表了英国人亨利·福尔兹和威廉·J.赫谢尔两人关于指纹的来信。这两个人各自进行工作，他们都证实了每个人指纹的独特性和永久性。不久，他们的论点被弗朗西斯·高尔顿爵士所证实，高尔顿的工作结果被爱德华·R.亨利爵士作为分类的根据。后者于1900年6月出版了他的分类系统。今天，亨利的分类方法得到最广泛的使用。另外一种分类系统是由阿根廷布宜诺斯艾利斯的胡安·布塞蒂奈发明的，于1904年发表。

联邦调查局率先建立了自动指纹档案，但没有综合计算机化的检索系统，该系统是日本国家警察署于20世纪80年代初建立的。日本系统已作为计算机化系统的模型在美国的好几个部门中使用。加利福尼亚犯罪鉴定局有一个交互系统与其他大的警察局相通。

DNA（脱氧核糖核酸）"指纹" 是一种新的侦察和鉴定方法，是英国遗传学家亚历克·杰弗里斯在1985年发表的。DNA是一种遗传物质，存在于所有人体细胞中。除了同卵双胞胎外，像指纹一样，每个个体的DNA密码均为特异性的。对在犯罪现场取到的血液、精液或其他体液进行化学检验，与嫌疑犯的DNA分子比较，可作出明确的识别。此种方法已在强奸案中使用，并得到很好的效果。用此技术收集的证据已在英国法庭上得到认可，但到20世纪80年代末，这一方法在美国的法庭中并没有被一致采用。

犯罪实验室既可以因所分析证据的类别不同而分成不同专业的实验室，也可以是一个分析各类证据的综合实验室。实验室的工作人员都是经过培训的专业人员。

供实验室分析用的所收集的各种证据有笔迹、打字机字体、指纹、脚印（穿鞋或不穿鞋的）、车胎痕迹、油漆、子弹上的痕迹、工具标记、血液和其他体液、毛发、纤维、土壤、墨迹、麻醉品和毒品。有些证据可追踪到某个人身上，而其他一些只能进行分型或分类。

犯罪实验室不但有各种照相设备，还有科学仪器。有些摄影技术极为一般——如拍摄一车祸现场或一个犯罪现场的照片。较为复杂的任务则需要使用紫外线或红外线拍摄技术查寻污迹、文件改变情况或隐形字迹。显微照相技术用来检验子弹。实验室的光学仪器有全套的放大镜和显微镜。

声谱仪是用来鉴定声音的。这种仪器把讲话声波的时间、频率和强度用图形描绘出来。与指纹相比，它在确切鉴定的准确性上仍有疑问，但声音图谱已作为证据得到法庭的认可。

法医学是用医学知识解决法律和犯罪问题的科学。它的主要工作是进行尸体解剖以确定死亡的原因和时间。法医学还用于识别坠机事件、火灾或其他灾难中的遇难者。法医精神病学用以确定个体在精神上有无接受审判的能力。法医毒理学是用来解决使用毒药和毒品问题的。

讯问嫌疑犯和证人

一切警察工作中判定事实的主要方法之一是讯问那些有关人员，无论他们是被指控的罪犯、受害者、证人，还是旁观者。由于要确定被询问者所说的是否真实，是否在回避或记忆有误，所以不能完全依赖讯问过程。在美国，对犯罪嫌疑人必须宣读米兰达警告，告诉他们有权保持缄默，有权聘请律师,他们所说的任何事情都可以在法庭上用作不利于他们的证据。这一警告名称来自美国最高法院在米兰达诉亚利桑那州案(1966)中关于警方讯问程序的裁定。

谎言监测器或称测谎仪,监视并记录在讯问期间一个人的情绪所反映出来的人体变化。第一台现代测谎仪是由加利福尼亚大学一名医学系学生约翰·A.拉尔森在1921年制造的。这台仪器可以同时记录血压、脉搏和呼吸次数。后来改进的仪器可以同时记录人体2个不同部位间的电流(称为精神电皮肤反射)。自1924年以来,警方已开始使用谎言监测器,但对它的可靠性意见还不一致。此仪器已证明在某些讯问中,对警方工作是很有用的,并可以对讯问起引导作用,但测试结果很少被法庭认可。

20世纪70年代,警察部门开始试验把催眠术作为向证人进行调查的方法。结果证明,催眠术能使证人对罪犯、紧接案件之前发生的事件进行正确的叙述,也能提供采用暴力手段的性攻击事件的细节。

有时与犯罪嫌疑人打交道需要进行药物或麻醉品试验。尤其对那些怀疑受酒精影响的司机应该做这种试验。

呼吸分析器的发明,使警方有了一种可以立即测定血液酒精含量的重要工具,而不用再进行耗费时间的实验室检验。嫌疑人呼出的气体,通过重铬酸钾和硫酸配制的溶液后,使溶液颜色发生改变,然后与样品中相同比例的酒精含量进行比较。从这个百分率中可以计算出血液中酒精的含量。另外还有一些便携式户外用试剂盒,警察可用以检测麻醉品和危险药品。但是,这类的药品检测只是初步的,还须在犯罪实验室中进行定性检测,予以证实。

历史背景

最早的文明就已经有了执行法律和维持秩序的方法。像埃及的法老、巴比伦人和希腊的城邦一样,古代的苏美尔人已有警察。有时执行法律并不是由政治统治者负责的,而是由宗教权威机构或军队进行的。有些国家早期的警察是从统治者或军阀的私人保镖演变来的。偶尔也有因为没有更好的防止犯罪的手段,由社区的居民联合起来进行互相防卫的。

在罗马,奥古斯都皇帝为该市建立了一支纪律严明的警察队伍。公元前7世纪,他把城市划分为14个行政区,每个行政区再分为若干个管辖区。管辖区由负责行政和防火的地方行政官进行监督。次年,消防队扩大成一个大队,下有7个分队,每个分队1000人。分队负责2个行政区的防火工作和夜晚的巡逻。除了消防队员外,奥古斯都还成立了3个警察分队,它们由城市执政官指挥。如遇到情况严重时,警察可以请求皇帝的私人卫队罗马禁卫军给予支援。如果以名称而不是以职责来说,今天意大利的城市警察与古罗马的警察分队很相似。今天意大利的城市警察称为Corpo Vigili Urbani(城市警察部队);在奥古斯都时期,他们只简单地被称为Vigiles,即城市守卫(vigil)者。

在中世纪的欧洲,警察的职责是由国王或贵族的仆人来履行的。当城市因当地的商业和制造业的发展而开始扩大时,居民们有了组织他们自己警察队伍的能力。因为这些队伍还要保卫城市免受攻击,所以一般都具有军事组织的性质。大多数这样的城市警察队伍,是从当地居民中招募,并由商人提供经费的。因此,它们常常被用来保护商业的利益不受侵犯。

1221年,奥地利也成立了警察组织。不过在成立的最初几年,它们主要是由市民自己组织起来的守卫队。法国巴黎从6世纪开始出现某种形式的警察护卫组织。到14世纪,巴黎警察的作用已发展成类似现代警察的作用了。大约从1590年开始,丹麦的哥本哈根建立了一支专职的警察队伍;挪威的特隆赫姆在1686年有了第一任警察局长。

在远东,日本有一个完整的警察系统,它通常具有军事性质,由幕府首领,即军事独裁者指挥。每一个城堡有一名武士充任市长、警察局长和法官。他指派其他的佩带武器的武士担任警察。

早期的英国警察体系

在1066年诺曼征服之前,撒克逊人有一个称为十户联保制的共同防卫组织。这是一个要求所有成年男子保证所有其他人具有良好行为的社会义务体制。

如果发生犯罪事件,一个市民应当召集其他人一起追赶罪犯。如果没有证人看到犯罪事件,受害人则有责任找出罪犯。

1066年诺曼征服之后,新的统治者在司法系统中增加了警察机构,警察原本是皇家法庭的一名成员。他是管理国王马匹的"马厩伯爵"。这个头衔至少从5世纪便开始使用了。到了11世纪,警察已成为有权指挥国王骑兵的国家主要官员之一,他还掌握了司法权。由于当时主要的作战力量是骑士,所以他还指挥军队。地方的警官则作为行政司法长官的助手,还被赋予执行法律的权力。警察的职责是平息暴乱或武装暴动。因为他们有权武装民兵,所以能够履行这些职责。

行政司法长官是执行一些行政管理任务的地方官员。"行政司法长官"一词来源于郡和地方官两个词。一个郡是一个像县那样的政治分区,而地方官是该区域的行政管理官员。1066年以后,教会法庭从国家法庭中分离出去,行政司法长官就成为县的主要官员和法庭的首脑。他们是民事和刑事案件的审判官。现在的行政司法长官一般相当于警员,没有司法的权力。

在诺曼征服之后,十户联保制并没有被废除。市民仍要负责夜间在城内巡逻和追捕已知的罪犯。

1285年,这些执法措施在威斯敏斯特条例中被定为法律。这个法令规定,维护治安是市民的责任,每个市民都可以进行逮捕。如果罪犯没有被当场抓住,市民应召集邻居们去追捕他们。如果需要,所有市民都要拥有武器并参加追捕。一个由市民组成的从事追捕罪犯的队伍被称为地方武装团队。(几个世纪之后,在美国西部边境,一种类似的、被称为地方保安队的市民的队伍,经常协助当地执法官员的工作。)罪犯被抓获后,就被警官带上法庭。这个制度一直沿用到19世纪。

英国警察的产生

沿用了几个世纪的、由自由市民协助警员的制度在工业化和都市化的双重影响下结束了。到18世纪后期,城市中犯罪的增加和社会秩序严重混乱,几乎到了令人不能容忍的程度。

伦敦人早期的、也是非官方的一项试图自己维持治安的尝试发生在 1749 年。1748 年,被任命为威斯敏斯特和米德尔塞克斯行政长官的小说家亨利·菲尔丁建立了伦敦警察。他的住所位于博街,他从这条街上派出他的窃贼追捕队。1762 年又增加了骑兵巡逻队与在通往城市的路上作案的公路匪帮进行战斗。

另一种不同类型的警察队伍是 1798 年由西印度贸易公司在伦敦建立的。(大约是在那时,"警察"一词开始在英国使用。)伦敦当时是世界上最大的港口,偷窃装运的货物已到了无法控制的地步。当时有一个被称为泰晤士河警察的组织,其目的是制止这种偷窃行为。这个组织有 80 名专职人员和 1120 名在需要时可召集来的志愿人员。泰晤士河警察沿河岸巡逻,想以他们的出现防止犯罪活动。他们领取固定的薪水,不允许因他们的工作而接受小费或赏金。这个尝试非常成功,因而议会把泰晤士河警察列为政府雇佣人员。

尽管伦敦警察和泰晤士河警察的工作很成功,社会舆论仍然反对建立长设的警察队伍。直到 1829 年议会才通过首都警察法。这项法律是由罗伯特·皮尔提出的,他后来当了首相。因为皮尔被认为是这支队伍的创建者,所以人们把警察员叫博比(博比是罗伯特·皮尔的浑名。——译注)。这些警察被派到除伦敦市区——这块面积约 2.59 平方公里的地区位于大伦敦地区内,即现在的金融区——以外的伦敦其他地方工作。1829 年的法令规定,所有警察必须身着制服。他们有固定的薪水,不允许接受任何因为服务而付给的其他报酬或追回的被盗财产。早期的警察还兼有如防火和报时等其他任务。

伦敦警察很快就证明了他们是一支有能力与犯罪现象进行斗争的队伍。他们越来越受到社会的欢迎。1835 年议会通过城市社团法,要求每个自治城市建立一支警察队伍,由当地的保卫委员会管理。1839 年伦敦市区建立了警察部门。1856 年,议会命令所有的省都要建立警察部门。1842 年,伦敦市警察局创建了侦缉处。1883 年,今天特别行动部的前身成立,以对付非法的政治活动。伦敦市警察局的总部设在苏格兰场。一座称为新苏格兰场的新楼于 1967 年交付使用。

大陆体制:法国警察

从中世纪初起,法国就建立了一个比英国更强、更有效率的警察体系。这个体系是由政府组建、提供经费和控制的,其主要目的是执行国王和他的大臣的旨意。实际上警察是属于国王个人的。法国警察体系的益处之一是保护普通市民的安全。在 18 世纪时巴黎比伦敦更安全。从 1667 年开始,巴黎的警察部队由一名国王任命的警察中将指挥。巴黎被分为 20 个区,由 48 名警察局长负责警备工作。这些官员有行政和司法权。有 20 名警察巡查员调查和收集 20 个区内有关犯罪和其他活动的信息。负责维持秩序的警察队长在市内巡逻时,可得到步兵、弓箭队、骑兵和其他人员的协助。还有警方密探对所有市民进行暗中监视。

1789 年法国大革命之后,巴黎的警察系统重新组建。它仍然担负着政治上的任务,主要是防止一切威胁革命的活动。1796 年设立了一个警察部。1799 年约瑟夫·富歇被任命为警务部长。他大大地加强了警察的实力,几年之后他就成为法国仅次于拿破仑一世的最有权势的人物。1810 年,弗朗索瓦-欧仁·维多克建立了警务署。他本人过去曾是囚犯,他认为可以用犯过罪的人来捉拿罪犯。他是第一个近代侦探,退休后成立了第一家私人侦探所。他的功绩和著作促成一种新的体裁的小说——侦探小说的问世。

澳大利亚和加拿大

在澳大利亚,最初执行法律的任务是由市民自己作为守己队或作为警察来完成的。但这种情况产生了严重的社会问题,原因是许多被委托执行法律的人,是从那些由英国遣送到殖民地的移民罪犯中抽出来的。1833 年,通过了悉尼警察法后,成立了城市警察部队,该法令是以伦敦市警察法为蓝本的。1838 年,6 个州都成立了各自的警察部门。

由于加拿大是法国和英国两国的殖民地,所以在 18 世纪的一段时期内,两国的警察体系在加拿大并存。魁北克市模仿巴黎的警察模式,而上加拿大(后称为安大略)则实行英国的警察制度。1759 年(和 7 年战争胜利)之后,英国人强迫在法国的地区内实行他们的警察制度。1835 年在多伦多建立了第一个城市警察局,1838 年在魁北克市,1840 年在蒙特利尔也相继成立了警察局。第一个省警察部队是 1867 年建立的。

加拿大最著名的警察机构,加拿大皇家骑警队(RCMP),是 1873 年成立的,当时叫西北骑警队。它的主要任务是控制西面人烟稀少的平原地区。与加拿大其他警察部队不同,它更像一支军队。自 1920 年这支部队改名以来,它一直是加拿大联邦的执法机构。

美国

从殖民地时代到美国独立战争以后很长时间,警察工作主要是由民众来完成的。当时有打更的查看是否有火灾隐患和可疑活动。有些城市也按照英国的模式,选举行政司法长官或警员。19 世纪中期之前,人们一直反对由政府出资建立一支正规的警察部队。1844 年纽约市设立了美国第一支常设的城市警察队伍,到 19 世纪 50 年代中期,多数大城市都有了警察。第一支州的警察部队,得克萨斯别动队,是 1835 年建立的。到第一次世界大战结束时,几乎没有其他州建立州警察局。

从美国城市警察局建立伊始,就有很大的独立性。他们对雇用他们和任命他们职务的当地政治机构负责。独立性具有使警察可以与附近居民保持密切联系的优点,使警察可以发现潜在的有问题的地方。这个优点在 19 世纪后期尤为明显,当时来自欧洲的移民迅速涌进城市。警察认识当地的居民,所以经常从居民中招募警察。因为存在歧视,早期爱尔兰移民很难有机会找到其他工作,于是在许多大城市就流传着"爱尔兰警察"的说法了。从事警察工作和从事政治活动是通向成功的道路。

独立性也有它的弊端。腐败现象开始腐蚀所有城市,警察也处于同样程度的腐蚀之下。它还妨碍了法律的实施，因为罪犯是不管界线的。他们很容易逃脱某一警察部门的制裁，因为各部门的警察之间没有合作关系。由于在19世纪末期犯罪率上升，一些州允许各公司建立它们自己的警察部门。在许多情况下，公司用警察对付罢工。扩大警察职权范围的需要，还导致私人侦探机构的建立。美国第一个私人侦探机构是由阿伦·平克顿创建的。

1842年，平克顿从苏格兰移民到美国，定居在伊利伊州的芝加哥。在担任过凯恩县和库克县的副行政司法长官后，他于1850年辞掉职务，创办了自己的机构。这个机构最初专门保护火车防止盗窃和从事反对工会的活动。在美国南北战争期间，平克顿从事反对南方的谍报工作。内战结束后，他的一名侦探詹姆斯·麦克帕兰在粉碎在宾夕法尼亚煤矿区进行犯罪活动的恐怖主义组织莫利社一事中出了力（见：莫利社）。

波士顿于1846年，纽约于1857年，芝加哥于1861年建立了最早的官方侦探机构。这几个机构都是以1842年英国的刑事侦缉处作为蓝本的。这些机构的人员多为前警察或其他过去主要为赏金而缉拿窃贼的人——他们捕到罪犯就领取报酬。这种做法，在侦探机构中继续使用时，很快滋生腐败。在一些大城市中发生了警察方面的重大丑闻之后，几处调查机构不得不解散并重新组建。约瑟夫·林肯·斯蒂芬斯在他的著作《城市的耻辱》（1904）中描写了城市中的腐败现象及腐败产生的问题。

由于警察系统的独立性，美国建立了一些联邦警察组织以对付那些触犯联邦法律的罪犯和协助地方警察应付如绑架和抢劫银行等一些严重犯罪事件。

美国的特工机关是最早的联邦机构。它作为财政部的一个部门于1865年成立，以打击制造伪钞者、走私者和逃税酒类（通常称为私酒）制造者。当亚伯拉罕·林肯总统在1865年遇刺后，该部门又增加了保护总统的任务。当威廉·麦金利总统于1901年遇刺后，这个职责变得更加重要。财政部中另一个执行法律的部门是1972年成立的酒类、烟草和火器部。财政部于1970年成立了联邦法律执行培训中心，以培训警察和调查人员。

联邦调查局（**FBI**）是司法部的一个分支机构，是联邦警察部门中最为著名的一个部门。它作为调查局是由美国司法部长查尔斯·南帕特于1908年建立的。该局是由西奥多·罗斯福总统的行政命令，而不是由国会的法令授权的。它初期的任务是调查反垄断案件、涉及政府财产的案件和涉及政府官员的犯罪案件。

1924年，J.埃德加·胡佛被司法部长哈兰·弗斯克·斯通任命为该局的局长。胡佛将该局彻底改组，使之成为世界上效率最高的警察和调查队伍。他在1924年成立了联邦调查局身份鉴定处，保存了大量的指纹记录。联邦调查局的犯罪实验室成立于1932年，它装备了刑事侦查用的科学仪器。该实验室还供州和地方的执法机构使用。它的技术人员是化学、物理和工程方面的专家，进行有关弹道学和火器的识别、血清学、冶金术、摄谱仪、炸药、毛发和纤维的分析，以及笔迹辨别方面的检验。

1935年，联邦调查局学院在弗吉尼亚州的匡蒂科成立，它是一所培训执法官员的学校。它不仅培训新的特工人员，还为州和地方开设短期课程。1967年成立的国家犯罪信息中心，可能是世界上最全面的、计算机化的犯罪和罪犯信息库。该中心为全国各州的警察部门和加拿大皇家骑警提供支援。

对于不自动属于另一个联邦机构如特工处或国内收入署管辖的联邦罪行，联邦调查局有当然调查权。联邦调查局的职责范围涉及到刑法约180个方面，包括劫机、恐怖活动、绑架、侵犯民权、诈骗、有组织犯罪、间谍活动、阴谋破坏和煽动叛乱。

国际组织

国际刑警组织是国际刑事警察组织常用的名称，到20世纪80年代末期，它共有142个会员国。第一届国际刑警大会于1914年在摩洛哥召开。会议向代表们提出的建议之一，是建立一个国际刑事档案局。但在第一次世界大战之前，该决议没有落实。第二届会议是1923年在奥地利的维也纳召开的，并成立了国际刑警委员会。1946年该委员会改组，1956年再次改组，并改用现在的名称。总部设在法国巴黎附近的圣克卢。

国际刑警组织主要是一个收集资料的机构，它把信息传输给需要信息的国家。在成员国内进行工作的国际刑警组织所属部门，应另一国家的请求，可以进行犯罪调查和追捕罪犯，但该组织的行动必须符合国际刑警机构所在国的法律。只有在有效的引渡条约，并且罪犯是要求引渡的国家的国民的情况下，罪犯才可以被送回另一个国家。1977年，根据一项允许参与镇压国际恐怖主义的协议，国际刑警组织得到了加强。该机构还协助打击贩毒活动。

伦敦警察厅（苏格兰场） SCOTLAND YARD

英国伦敦大都会警察的总部位于维多利亚街，大门在一条小街即百老汇街10号，入口处有一个旋转的标志——人们常常可以从电视和电影上看到——上面写着新伦敦警察厅。这是世界上最为著名的警察组织的行政机关所在地的第三座建筑物。

伦敦的警察部队是1829年根据罗伯特·皮尔爵士提出的一项议会法案成立的（见：**警察**）。第一个总部位于白厅街4号，白厅街是威斯敏斯特区内一条主要为政府部门的建筑物所占据的街道。一个与公众打交道的警察局设在大楼的背后，面对一块被称为大苏格兰场的空地。该地名的由来不详。一种说法是，这块地是留出来为苏格兰国王建造在伦敦的住所的，但住所从未建起来；另一种说法是，这块地属于一个名叫亚当·斯科特的人。到17世纪初詹姆斯一世统治时期，这一地区四周建起了政府办公楼。在这个地方建造的一幢房子为一个又一个王室建筑师所居住，其中有建筑师伊尼戈·琼斯和克里斯托弗·雷恩。在奥利弗·克伦威尔共和国时期，诗人约翰·弥尔顿曾于1649—1651年间住在此处。

警察部队建立以后，1829年9月29日这座建筑物成为警察总部。警察部队仅有2名警察厅长（查尔斯·罗恩上校和理查德·梅恩上校)、8名警官、20名巡官、88名警察小队长和895名警察。伦敦警察厅最初大约有50个房间,主要作为行政总部。它从来也不是通常意义上的警察局,这支部队的每一个部分都有自己的局。老的伦敦警察厅像新伦敦警察厅一样配备有负责保卫这座建筑物、同公众打交道、收发信件以及为部队招募求职者的警察。随着警察部队规模的扩大,总部工作人员的职责也不断增加。

到1887年,警察部队人数已增加到约13000人。为履行警察总部的新增职责,1890年建成了位于泰晤士河堤岸上的新大楼。1907年在附近建造了一个附加建筑物,1940年又加建了一座建筑物。尽管增加了这些附属建筑,但迫于现代技术和警察职责多样化的压力,伦敦警察厅租了一幢20层的办公楼,它位于维多利亚街和百老汇街之间。该办公楼被重新命名为新伦敦警察厅,1967年启用。

新伦敦警察厅没有一个警察局,仍是一个完完全全的行政总部。但它在维多利亚街上有一个市民信息处。负责对这座大楼本身进行管理的人员由一位巡官指挥,他听命于警察厅长。

州政府　STATE GOVERNMENT

一国领土内在地理上和政治上的划分通常称为州或省。在前苏联,称为共和国;德国和瑞士叫州。有时——例如法国,这种区划叫省——这些地区可以完全受中央政府管辖。英国尽管是一个中央集权(或一元制)体制,但实际上在很大程度上权力是分散的——其分散程度很像一个联邦政府。中国是权力最为集中的国家。其他中央集权制的国家有比利时、卡麦隆、利比亚、荷兰、波兰、西班牙、坦桑尼亚和斯堪的纳维亚各国。

在联邦制中,有宪法所规定的中央政府与各州之间权力的划分。全国政府在全国境内行使权力。每个州或省政府都有它自己的行政部门、立法机关、法院系统、课税权、警察部队、教育系统和其他政府机构。世界最大国家中有6个是联邦制国家:阿根廷、澳大利亚、巴西、加拿大、印度和美国。俄罗斯也是联邦制国家,但划分更为复杂,有5种形式。其他联邦制国家有奥地利、马来西亚、瑞士、委内瑞拉和德国。

美国

州的形式从13个英属殖民地时期就开始了。在美国独立战争和制定宪法期间,13个殖民地已成为州,而且已经按照各州自己制定的宪法行事。全国政府的形式在许多方面是利用殖民地时期组建的州政府经验的产物。

政府结构 当今行使的州权,主要是以对联邦宪法的第十条修正案为根据的:"凡本宪法所未授予合众国也未禁止各州行使的权力,由各州或人民保留之。"宪法还保证每个州为共和制(或代议制)政府,并坚持每个州都要以给予本州居民同样的"特权和豁免权",给予其他州的居民。

每个州都有一部成文宪法。几乎每一部宪法都有权利法案,上面列出一个州不得剥夺的、本州居民所有的权利。各州的宪法都规定,将政府分为行政、立法和司法部分。另外还有关于宪法修改和修订的规定。

州政府的结构与全国政府的结构十分相似。行政长官是州长,由民众投票选举,任期2年或4年。在有些州,州长不能连任。除北卡罗来纳州外,其余各州均给予州长否决权,类似美国总统的否决权。有些州还允许对拨款法案使用项目否决权。这种否决权可使州长不批准某些支出,但同意其余的支出(见:**否决权**)。

州长负责实施州法律。然而,那些执行法律的官员,通常是由民众选举出来的,而不直接对州长负责。他们甚至可能是反对党的成员。与总统相比,州长们的任命权要小得多。在联邦政府中,行政官员是由总统任命的。州的其他行政人员有副州长、州秘书长、司库、公众教育总监、司法长官、审计、高等教育委员会委员和其他官员。在有些州,负责法律的官员是任命的。

一个州中负责制定法律的机构一般称为立法机关,在有些州也使用其他名称:如最高法院,代表大会或立法会议。除一个州外,其余各州的立法机关均分为两个议院,参议院和众议院。内布拉斯加州是个例外,它是一院制或一个议院的立法机关。立法人员是从按人口划定的州内各选区中由民众选举产生的,任期各州不同。

联邦以下的所有法院都被看作是州级法院,虽然其中很多只是地区性的,可以称之为县或城市法院。联邦法官都是任命的,但有3/4的州法官是公民选举产生的。有些州的司法候选人,是通过超党派竞选产生的。在由州长任命法官的州中,在法官任职一段时间之后,需要对其任命进行一次公民复决。

取得州的地位 除了原来的13州外,其余各州均是根据宪法第四条第三项规定的条件,由国会批准加入合众国的。在原13州之后最早加入合众国的州是18世纪90年代的佛蒙特州、肯塔基州和田纳西州。最后的是1959年加入的阿拉斯加州和夏威夷州。由于只有国会才有权批准一个州加入合众国,所以,它也有权提出加入合众国的条件。

如果一个地区想成为一个州,这个地区的立法机关要请求国会通过国会授权法令。这项法令要求该地区召开大会并制定州的宪法。如果这个拟定的宪法经该地区公民投票认可,便将宪法提请国会批准。在某些情况下——阿拉斯加和夏威夷就属于这种情况——地区在没有通过授权法令的情况下制定了宪法。如果国会批准了宪法,它就通过了一个州地位议案。这个议案必须送交总统签署。该议案要求该地区负责人宣布对联邦和州的官员进行选举。这个州地位议案与一般的法律相似,只是不能废除。一个州一旦被批准加入合众国,便不能把它排除出去。

宪法中有关授权国会批准某些州加入合众国的条款,规定了两条限制。任何州均不得在其他州的疆界之内建立一个州,除非经后者的立法机关同意。未经所有有关立法机关和国会的批准前,任何两个或两个以上的州或几个州的部分地区均不得合并建立新州。5个新州从其他州中分离出来:佛蒙特州从纽约州、肯塔基州从弗吉尼亚州、田纳西州从北卡罗来纳州、缅因州从马萨诸塞州、西弗吉尼亚州从弗吉尼亚州。

最高法院裁决,国会或总统可以增加其他的限制,作为

50 个州的首府

州	首府	州	首府	州	首府
亚拉巴马	蒙哥马利	路易斯安那	巴吞鲁日	俄亥俄	哥伦布
阿拉斯加	朱诺	缅因	奥古斯塔	俄克拉何马	俄克拉何马城
亚利桑那	菲尼克斯	马里兰	安纳波利斯	俄勒冈	塞勒姆
阿肯色	小石城	马萨诸塞	波士顿	宾夕法尼亚	哈里斯堡
加利福尼亚	萨克拉门托	密歇根	兰辛	罗得岛	普罗维登斯
科罗拉多	丹佛	明尼苏达	圣保罗	南卡罗来纳	哥伦比亚
康涅狄格	哈特福德	密西西比	杰克逊	南达科他	皮尔
特拉华	多佛	密苏里	杰斐逊城	田纳西	纳什维尔
佛罗里达	塔拉哈西	蒙大拿	海伦娜	得克萨斯	奥斯汀
佐治亚	亚特兰大	内布拉斯加	林肯	犹他	盐湖城
夏威夷	火奴鲁鲁	内华达	卡森城	佛蒙特	蒙彼利埃
爱达荷	博伊西	新罕布什尔	康科德	弗吉尼亚	里士满
伊利诺伊	斯普林菲尔德	新泽西	特伦顿	华盛顿	奥林匹亚
印第安纳	印第安纳波利斯	新墨西哥	圣菲	西弗吉尼亚	查尔斯顿
艾奥瓦	得梅因	纽约	奥尔巴尼	威斯康星	麦迪逊
堪萨斯	托皮卡	北卡罗来纳	罗利	怀俄明	夏延
肯塔基	法兰克福	北达科他	俾斯麦		

批准州地位的条件。然而,一旦一个州被批准加入合众国,就无法施加这些限制了。

加拿大

加拿大最大的政治区划是 10 个省和两个地区——育空地区和西北地区。虽然,这两个地区是由设在渥太华的联邦政府直接管理的,但这些地区也选有代表进入众议院,并有一定程度上的自治。育空地区有一个地方政府,由一名联邦政府任命的专员和一个经过选举产生的 16 人立法议会组成。西北地区的政府与此相似,但它的地区委员会有 24 名由选举产生的委员。

省政府有权处理主要是属于本省内的问题。它们可以通过本地区内的有关民权、教育、省公司章程、市政府、医院、自然资源、监狱、婚姻、公有土地销售、许可证和省内直接税收的法律。各省不能限制选举权,也不能将立法会议延长到宪法所规定的期限之外。全国政府的法律与省政府的法律在农业、养老金、移民和国家资源的权力上有某些重叠之处。在某些方面适用国家法律,在另外一些方面适用省的法律。加拿大宪法赋予了议会建立新省的权力。议会还可以经省同意后改变省界。

加拿大是英联邦的一个联邦议会民主制国家,这可以从省政府中看出来。每个省的政府机构和宪法都是以联邦宪法为蓝本的。每个省的省督代表英国君主作为国家的首脑。省督是由加拿大总督任命的,通常他们的任期为 5 年。他们的权力主要是礼仪性的。

每个省有一个一院制的立法机关。除非进行特别选举,议员的任期为 5 年。省政府的模式是英国和英联邦其他国家普遍采用的议会——内阁制(见:**内阁制政府;议会**)。

每个省的最高行政长官是省总理,他也是立法议会的议员。当某一政党赢得立法机构的控制权,该党的领袖就成为省总理。省总理还是省内阁的首脑。其他内阁成员有:副总理,司法部长,以及负责经济发展和贸易、能源、劳工、农业、文化、教育等部的部长们。

每个省有一个负责调查民众对政府意见的官员——调查员,但在美国鲜为人知。这个机构最初是瑞典在 1809—1810 年设立的,但一直到 20 世纪中期才较为普遍。调查员由省立法机关任命,但任命之后,立法机关不得干涉其工作。调查员调查民众对政府机关的意见,在政府与民众之间起着调解人的作用。每个省还有一个法院系统,最高一层是省最高法院。法院审理各种民事和刑事案件。

澳大利亚

在 1900 年年终之前,澳大利亚有 6 个自治的英属殖民地。1901 年 1 月 1 日,这些殖民地——新南威尔士、维多利亚、昆士兰、南澳大利亚、西澳大利亚和塔斯马尼亚——成为澳大利亚联邦的 6 个州。除这 6 个州外,澳大利亚还有 2 个地区——北部地区和面积很小的澳大利亚首都直辖区。北部地区享有高度的自治,而首都地区是由国家政府管理的。

像加拿大一样,澳大利亚也是英联邦的一个联邦议会民主制国家,但它的联邦体制采用的是美国和英国两种政体的混合体。联邦宪法对全国政府和州政府均授予权力。一旦出现国家与州法律相冲突时,以国家法律为准。

各州的宪法出现于 19 世纪中叶,为适合联邦体制的需要,对这些法律进行了修改。除昆士兰外,其余各州均为两院制议会。昆士兰的上议院是在 1922 年解散的。州议会的议员大部分是由普选产生的。在有些州,选举下院议员可能是强制性的。

每一个州有一位州总理作为主要行政官员。州总理还是州政府的首脑和州议会议员。所有的州政府均为内阁制,州总督是英国君主的正式代表,是州的首脑。

州政府

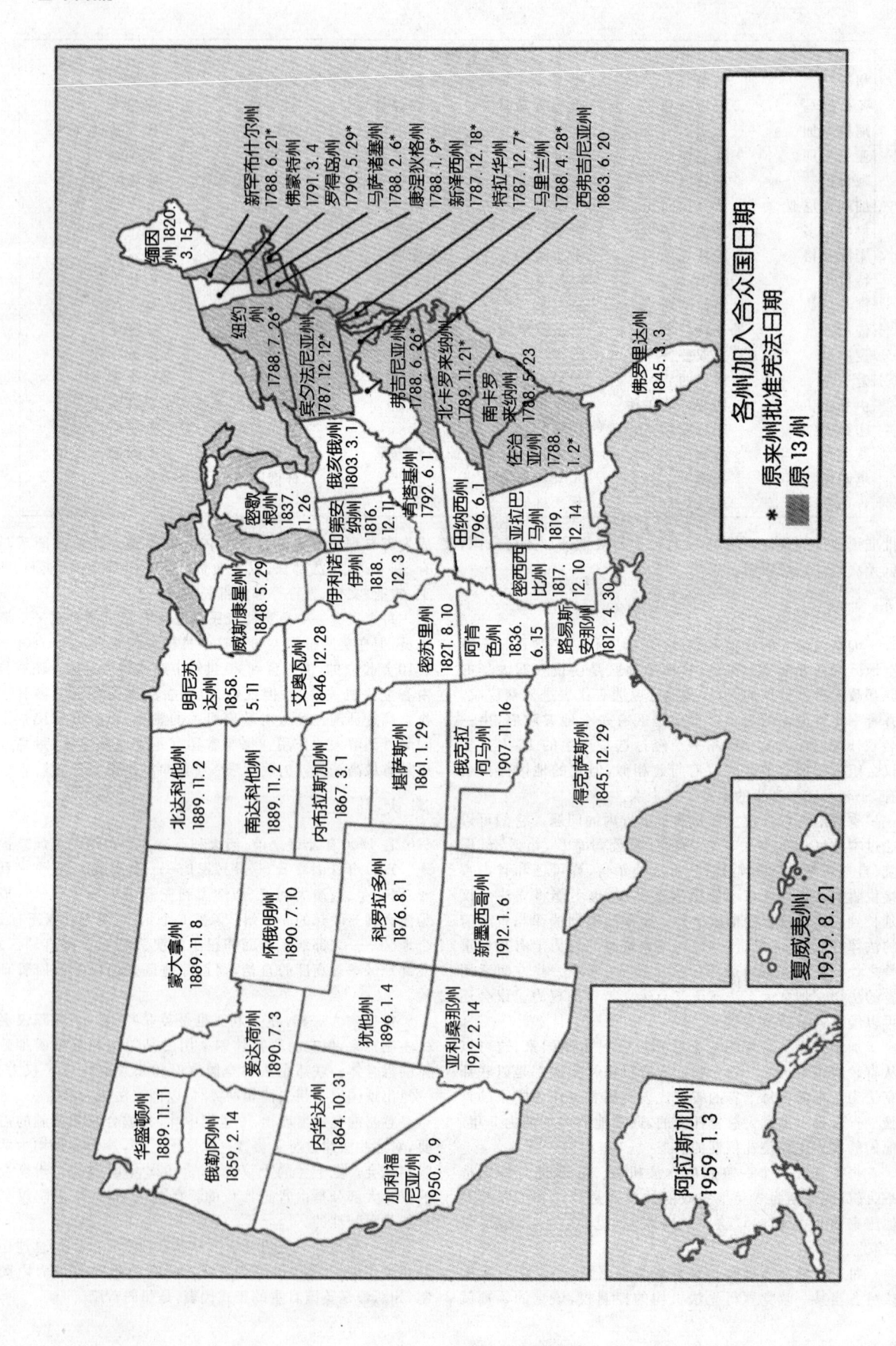

各州加入合众国日期

* 原来州批准宪法日期
▨ 原13州

缅因州 1820. 3. 15
新罕布什尔州 1788. 6. 21*
佛蒙特州 1791. 3. 4
罗得岛州 1790. 5. 29*
马萨诸塞州 1788. 2. 6*
康涅狄格州 1788. 1. 9*
新泽西州 1787. 12. 18*
特拉华州 1787. 12. 7*
马里兰州 1788. 4. 28*
西弗吉尼亚州 1863. 6. 20
纽约州 1788. 7. 26*
宾夕法尼亚州 1787. 12. 12*
弗吉尼亚州 1788. 6. 26*
北卡罗来纳州 1789. 11. 21*
南卡罗来纳州 1788. 5. 23
佐治亚州 1788. 1. 2*
佛罗里达州 1845. 3. 3
密歇根州 1837. 1. 26
俄亥俄州 1803. 3. 1
印第安纳州 1816. 12. 11
肯塔基州 1792. 6. 1
田纳西州 1796. 6. 1
亚拉巴马州 1819. 12. 14
威斯康星州 1848. 5. 29
伊利诺伊州 1818. 12. 3
密西西比州 1817. 12. 10
路易斯安那州 1812. 4. 30
明尼苏达州 1858. 5. 11
艾奥瓦州 1846. 12. 28
密苏里州 1821. 8. 10
阿肯色州 1836. 6. 15
北达科他州 1889. 11. 2
南达科他州 1889. 11. 2
内布拉斯加州 1867. 3. 1
堪萨斯州 1861. 1. 29
俄克拉何马州 1907. 11. 16
得克萨斯州 1845. 12. 29
蒙大拿州 1889. 11. 8
怀俄明州 1890. 7. 10
科罗拉多州 1876. 8. 1
新墨西哥州 1912. 1. 6
华盛顿州 1889. 11. 11
俄勒冈州 1859. 2. 14
爱达荷州 1890. 7. 3
犹他州 1896. 1. 4
亚利桑那州 1912. 2. 14
内华达州 1864. 10. 31
加利福尼亚州 1950. 9. 9

夏威夷州 1959. 8. 21

阿拉斯加州 1959. 1. 3

州政府

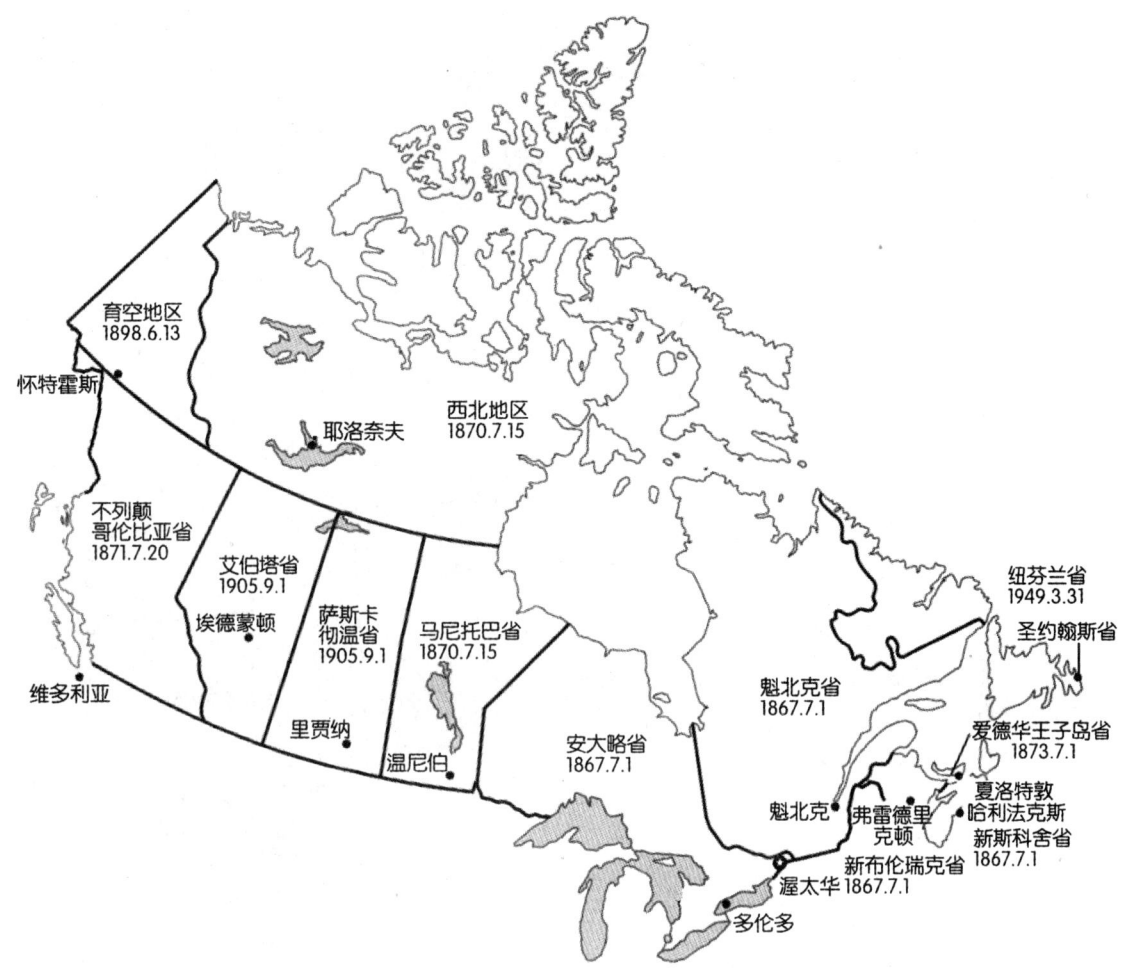

育空地区 1898.6.13
怀特霍斯
西北地区 1870.7.15
耶洛奈夫
不列颠哥伦比亚省 1871.7.20
艾伯塔省 1905.9.1
埃德蒙顿
萨斯卡彻温省 1905.9.1
马尼托巴省 1870.7.15
纽芬兰省 1949.3.31
圣约翰斯省
维多利亚
里贾纳
温尼伯
魁北克省 1867.7.1
爱德华王子岛省 1873.7.1
安大略省 1867.7.1
夏洛特敦
哈利法克斯
新斯科舍省 1867.7.1
魁北克
弗雷德里克顿
新布伦瑞克省 1867.7.1
渥太华
多伦多

州政府负责其本州的学校教育,这是它的主要任务。州政府还要负责本州的医疗卫生工作、交通、公民福利、公用事业、农业服务、工业管理和发放许可证。在第二次世界大战期间的1942年,联邦政府决定征收所有的所得税,并按照协议的方案偿付各州。因此,州政府的权力大为削弱。原来这只是作为一种战时的措施,但这个税收计划后来成为永久性的了。因此,各州的财政收入在很大程度上依赖于全国政府。从而,继续实施其工作计划也有赖于此。

北部地方是1978年成为自治区的。地区政府的权力与各州的权力相似,但它不设总督而叫行政长官,不设总理而叫首席部长。它的立法会议成员是选举产生的,任期4年。

印度

印度是一个议会民主制国家。作为一个联邦制国家,它由25个邦和7个中央直辖区组成。中央直辖区由全国政府管理。各邦大部分是按地理位置和根据使用的语言划分的。有时,政府也会根据人口流动情况重新划定邦界。

每个邦设一位由总统任命的邦长。邦长的作用主要是礼仪性的。邦政府的首脑是首席部长,与内阁或部长会议同时由邦长任命。每个邦有立法会议,其成员直接由公民选举产生。虽然,宪法规定在9个邦内设两院制的立法机关,但其中有5个邦是一院制立法机关。每个邦都有其自己的法院系统。

虽然在紧急情况下,总理可以暂停邦政府的工作,直接进行管理,但印度宪法把政府作用中国家与邦的权力作了详细的划分。邦政府有责任在本邦境内维护法律和秩序,对地方政府工作进行监督,提供公共卫生服务,制定农业政策和征收地方税款。在教育、经济发展、实施刑法、劳工政策、社会福利和其他服务事业方面,州政府的权力与全国政府的权力有互相重叠之处。

德国

德意志联邦共和国由16个州组成。各州一般是以19世纪时形成的历史、地理区划为根据的。(德国是1870年统一的。在1990年重新统一时,德国东部5个州加入了共和国。)在联邦制度下,德国各州享有比澳大利亚、美国或加拿大各州、省更大的权力。

每个州有一位相当于联邦总理的最高行政长官,每个州还有自己的立法机关和内阁。各州在教育、财政和实施法律方面有很大的权力。全国政府的第二个议院是联邦参议院,由各州派出的代表团组成。各代表团的成员在制定国家政策时得代表本州的利益。

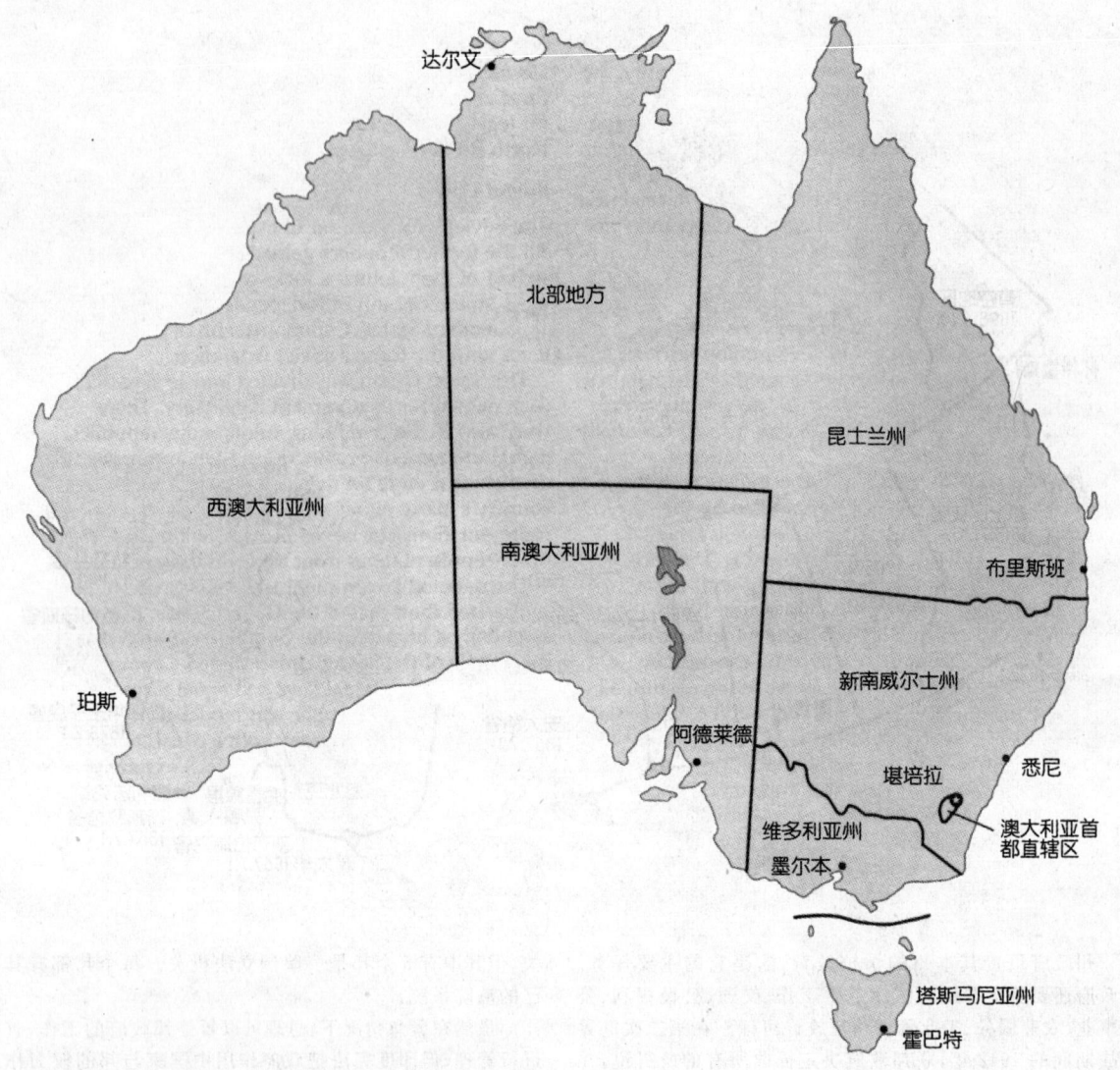

德国实行的是议会体制。因此,各州政府都很相似。每个州的最高行政长官是总理,由州议会选举产生。除巴伐利亚外,州立法机关都是一院制。除萨尔和北莱因-威斯特伐利亚两州立法委员任期为5年外,其余各州均为4年。

苏联

到1991年12月,苏联已不复存在。所有前共和国获得了独立,其中11个加入了一个叫作独立国家联合体的松散联盟(见:独联体)。本节论述的是前苏维埃联盟。

苏联分为15个共和国,每个共和国以其主要的民族命名。另外,还建立了20个下属的自治共和国,8个自治州,10个自治区,以使该国许多少数民族可以有本民族的政治代表。民族院就是由来自这些地区的代表组成的。

全国政府中央集权的程度远远超过美国。它基本上是共产党的一个分支机构。所有苏联人都有同样的公民身份。国家的各种法律在所有地区均有同等效力。每个共和国都以全国政府为政治模式,有宪法、最高苏维埃、主席团、部长会议和法院系统。全国政府控制地方政府官员的任命。

1936年的宪法和取代它的1977年宪法均保证各共和国有退出的权利——这一权利在1991年秋天被充分地行使。波罗的海地区各共和国是最先要求独立的。随后,在1991年夏天,由于共产主义的失败,其他共和国也要求独立。到同年9月,波罗的海各州获得完全独立,同年12月,它们拒绝加入独联体。

州权 STATES' RIGHTS

1985年2月19日,美国最高法院裁定,联邦最低工资法适用于州和地方政府的雇员。这一场加西亚与圣安东尼奥市交通局之间的官司,是关于州权问题一系列争论之一。宪法第六条规定:"本宪法和在实施本宪法时所制定的合众国法律……均为国家的最高法律。"但是,第十条修正案改为:"凡本宪法所未授予合众国也未禁止各州行使的权力,由各州或人民保留之。"

从乔治·华盛顿政府以来,对这两条规定的解释,就引发了联邦政府的权力与各州权力之间的矛盾。在宪法批准之前,大部分反对者是出于担心赋予中央政府的权力太大。根据《邦联条例》,各州的权利只是在纸上受到限制,实际上,它们可以自由地执行它们自己的外交政策,签订国际贸易协定,甚至宣战。它们也可以阻止全国政府提高税收,因为大陆会议没有采取措施的权力。

对联邦权力的担心,其根源在很大程度上是由于美国独立战争前英国国王和议会所采取的高压政策。因此,许多美国人把新宪法看作是各州之间的一个契约。任何一个州在感到受威胁时,都有权将这种契约废止。即使是根据人权法案写入宪法的保证,也未能足以消除关于国家权力太大的担心。因此,从1790年起,到南北战争结束,几乎不停地发生矛盾——州和地区为一方,联邦政府为另一方。

南北战争前的论战　第一次分歧是短暂的,发生在约翰·亚当斯政府末期。1798年,大陆会议预见到可能会和法国发生战争,通过了4项国内安全法。这几项法律合称为客籍法和镇压叛乱法。其中的3项法律对移民的自由加以限制。第4项法律限制了新闻自由。虽然这几项法案受到了广泛的拥护,但是,托马斯·杰斐逊和他的追随者表示强烈的反对。

他和詹姆斯·麦迪逊起草了抗议文件,它们分别为肯塔基州和弗吉尼亚州的立法机关所通过。这些文件一般被称为肯塔基和弗吉尼亚决议。这两项决议肯定了各州有权决定联邦立法的有效性。这场争论不久即告平息。与法国发生战争的威胁不存在了,亚当斯失去总统职位,杰斐逊当选总统。客籍法和镇压叛乱法既未失效,也未废除。

第二次严重的冲突,发生在1812年的战争期间。新英格兰诸州的代表,因为反对战争和羡慕南方在联邦政府中的势力,在1814—1815年在康涅狄格州的哈特福德举行秘密会议。会议的目的是提出修改宪法,使南北方平起平坐,取消限制,自由贸易,并限制在西部的定居。战争结束后,哈特福德会议的内容便无人提及了。

南北方的地区冲突开始露头——1820年的密苏里妥协案即是证明——关于州权的争论,不久就只局限在南方了。南北方最大的分歧,是关税和蓄奴的问题。关税问题,导致了1832年拒绝执行联邦法律的危机。蓄奴问题,则在南北战争之后才得到解决。

南方人认为,保护性关税会危害他们的经济。在国会于1828年通过南方称之为"令人厌恶的关税"的时候,约翰·卡尔霍恩以他经过缜密分析的"南卡罗来纳的说明"作出了反应。当国会在1832年通过另一项关税法时,南卡罗来纳立法机关在1832年11月24日通过了拒绝执行法案,宣布关税法对南卡罗来纳州没有约束力。安德鲁·杰克逊总统作出的反应,是以使用武力相威胁。他后来成功地使国会修改了关税。

在此期间,北方各州开始反对联邦推行的保护蓄奴制的法律。北方开始通过人身自由法,使南方人难于追回逃亡的奴隶。印第安纳州在1824年通过了第一个这样的法律。这些法律,是为了取消写入宪法和1793年逃亡奴隶法的对蓄奴制的保护而进行的审慎的尝试。威斯康星州的立法机关在通过人身自由法两年后,于1859年发布了拒绝执行的决议。

脱离联邦,因而导致南北战争,是对州权理论的最后和最严峻的考验。1865年,北方的胜利永远解决了拒绝执行的问题,并建立起联邦政府的权力。

当今的问题　南北战争以后,州权原则又被抬了出来,以期达到取消美国黑人的民权,和阻止通过童工法和反私刑法的目的。南方各州试图阻止民权法的实施,西部各州则抓住这一主张,以达到控制自然资源的目的。从第二次世界大战以后,联邦政府有能力控制对各州的补贴,并对州际的商业进行管理,因而,在许多问题上有效地消除了州权的主张。

政府的补贴计划扩大了范围,涉及公众住房、筑路、学校系统、机场建设、职业教育、渔类及狩猎保护区、公共土地的使用、刑事审判制度,以及其他一些传统上认为属于各州特权的领域。加拿大和澳大利亚也有类似的经历。两国的中央政府通过补贴计划,也深入到了应属于省或州采取措施的领域。

市政府　MUNICIPAL GOVERNMENT

世界上的发达国家里,通常有三个等级的政府——国家的,州的(或省的)和地方的。地方政府的另一个名称是自治市(municipality),该词源于拉丁语,意思是有城墙的城市。一个自治市被认为是实行自治的任何城市或市镇。在某些情况下一个县就可以是一个自治市。"自治"一词不应理解为完全独立,因为在某种程度上所有地方政府在基金方面都依靠州政府或全国政府。而且它们在能够通过的法律种类方面有时受到限制。例如,在伊利诺伊州,不经州立法机关的允许,城市不能征收所得税。

生活在限定的区域——例如城市、市镇或乡村——内的众多人口,需要一些为他们所做的事情,这些事情他们作为个人是不易做到的。法律和秩序必须维护。因此必须有警察部队、审理民事和刑事案件的法院,以及关押犯人的监狱。必须有:消防部门;供水和排水系统;小学、中学和大学;医院和其他卫生设施;垃圾收集;公路照明;大街和人行道的建设及维护;公园和游艺场;公共交通系统。城市也颁发经商许可证、通过安全法规、为各种目的划批土地,并且提供福利服务和公共住房。比较大的城市有自己的图书馆、博物馆、动物园、历史社团和其他文化名胜。为了吸引和留住商家,它们常常建设展览馆和会议中心。自治市越大,要求它提供的服务就越多。

有些城市为了提供水、煤气和电力而经营公用事业。美国的许多地方,这些公用事业为私人所有,但是由政府调控。在某些国家,公用事业由全国政府经营。

起源和类型

自治市政府比全国政府更为久远,因为早在有国家以前很久就有城市和城邦。中东和希腊的古代城邦是很著名的,雅典大概最为著名。西班牙、德国、法国、英国和意大利,在有全国政府以前,就已经有强大的自治市政府。意大利直到19世纪后半叶才统一。佛罗伦萨、比萨、米兰和其

市长-市议会制的政府形式

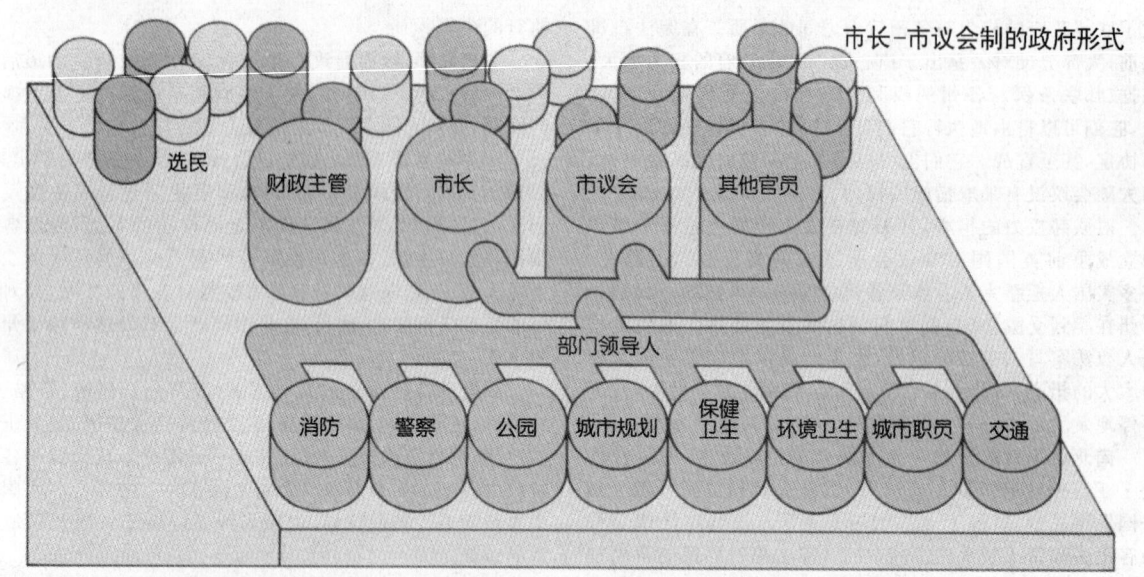

他一些城市到中世纪末都有相当健全的地方政府。缔结汉萨同盟的那些贸易城市在1870年德国统一以前的若干世纪,就已经完善地建立起来。

自治市政府几乎总是具有全国政府的特点。在西欧、北美和日本,有一种全国水平上的高度民主。因此,它们的城市享有大量的自主权。专制的全国政府倾向于削弱地方政府的自由。这一点在20世纪30年代的德国和意大利得到证明。高度中央集权的政府,如20世纪90年代初以前在苏联和东欧存在的那种政府,倾向于将所有下级政府单位合并成为一个单一的全国决策的机构。

自治市政府在自身的组成方面也倾向于模仿全国政府。因此,在美国,城市经常有类似总统职位的市长或城市经理。市议会在功能方面类似国家的立法机关。但是它们不同于国会,市议会不是两院制立法机关。在英国,相比之下,自治市像全国政府那样有内阁政府(见:**内阁制政府**)。在前苏联,地方政府单位叫作苏维埃(委员会),莫斯科的中央政府也使用相同的名字。它们的组织是相似的,但是它们总是隶属于上一级政府。

美国

市长和市议会的形式是美国传统的和起支配地位的城市政府类型。其他两种类型是委员会政府和城市经理制。

美国地方政府的单位是以在英国存在好几个世纪的形式为基础的。早期殖民者将小镇、采邑和堂区引进北美。市长、警官、验尸官和其他公共官员都起源于英国的相对应的官员。像费城和纽约这样的大城市由国王授予特许权。这些特许权允许它们成为城市自治体,在17世纪,英国的一些城镇曾获得过这种特权。市长和其他官员由数量相当少的、拥有财产的公民选举产生。

直到美国独立战争,殖民地市长的权力同市议会行使的权力相比,小得可怜。这种情况在美国独立战争之后有了改

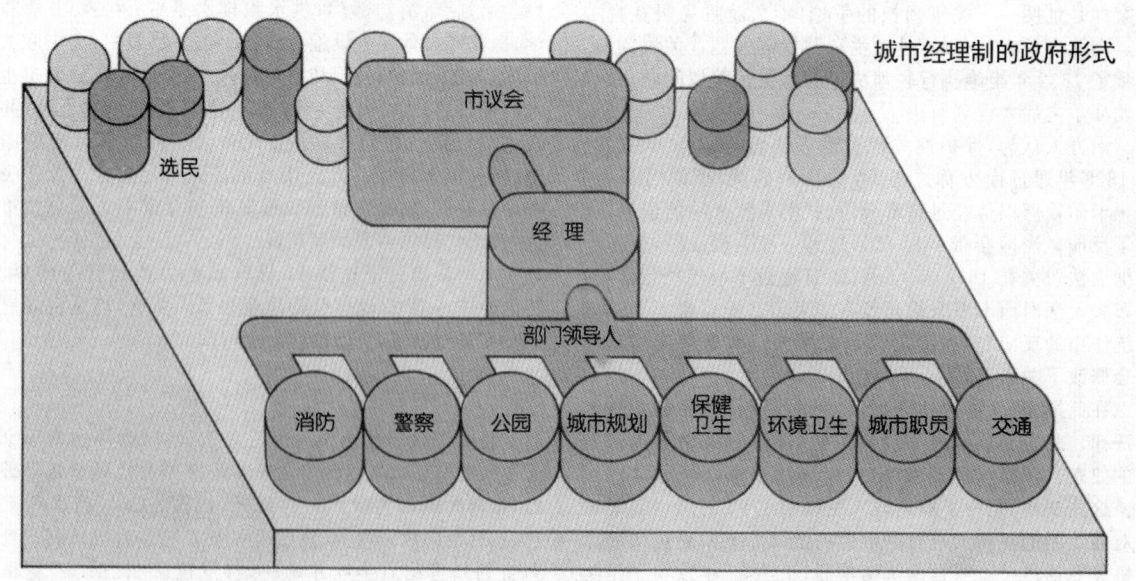

城市经理制的政府形式

变,当时分权和制衡的概念被引进国家一级的政府里。市长被看作是最高行政长官,市议会被看作立法机关。通过给市长更大的权限,使市议会的权力得到平衡。1797年,马里兰州巴尔的摩市市长被授予否决市议会立法的权力。到1822年,马萨诸塞州波士顿市市长由人民直接选举产生。这样,市长的职位在职能上近似总统职位。市长制定本市预算、召集市议会成员开会、任命和罢免各部门的领导人,而且他们是恩赐官职的根源——为忠实的党徒安排政治工作。

强而有力的市长制有很大的优势,因为它使市长成为对城市的福利负责的一位非常显著的领导者。1865年以后,由于政治上的腐败在大多数大城市蔓延,这种体制也就成为一种有缺陷的体制。到19世纪末,腐败非常流行,以至新闻记者林肯·斯蒂芬斯在他的《城市的耻辱》(1906年)一书中对腐败作了详细的揭露。

这本书并未结束腐败——迟至20世纪90年代末,几个大城市仍然以它们的阴暗政治而闻名——但是它的确引起了反应。政府委员会形式的出现,在某种程度上是对强有力的市长制的失败的一种补偿。1900年以后不久,委员会形式在得克萨斯州的加尔维斯顿市被采用。

在这种体制里,市议会为一个经选举产生的专门委员的小型机构所代替,委员们确定城市政策。他们也履行部门领导人的职能。实际上,委员们将立法权和行政权结合在一起。委员们也任命各部门的领导人。如果委员会中的一名成员被选为市长,他的地位同其他委员是同等的。

委员会的计划从未使市长-市议会制受到明显损害。不到10%的美国城市采用了这种体制。它缺少普及性大概是造成它不能集中行政权力与责任于一人的原因。另一种体制,即城市经理制,解决了这个问题,并且正在比较广泛地被采用。

在美国,城市经理制最初是由全国短票选举协会设计和提倡的。该组织的目的是要通过减少被选官员的人数来改进城市管理。1913年俄亥俄州的代顿成为第一个采用这个体制的城市。

按照城市经理制,投票人选举市议会,市议会再任命一名在它监督下管理城市的经理。经理制定预算、任命人员、指导城市各部门的工作并参加市议会的会议。

在这种安排下可以有一个市长,但是仅仅作为一位礼节性的首脑。经理制的优点在于它有能力选出在工作上是专家的个人。市长虽然常常是出色的政治家时,但并不总是具备有效地管理一个城市的管理技能。

英国

几个世纪以来,英国的市镇和城市以它们自己认为合适的方法进行管理,中央政府很少干预。国王或贵族将特许权授与市镇——有权选择自己的官员。这种自由导致滥用权力,同样也导致政府形式的多样化。

1835年议会通过城市政府法,在全英国建立了统一的城市政府体制。随着这项法规的通过,所有地方政府在它们的财政、政策和实施方面都对全国政府负责。市长仍然是礼仪性的人物,而真正的地方权力则属于市议会或内阁。没有独立的执行官。

1888年根据地方政府法成立了郡政府。这项法律提议选举产生的郡议会对某些主要职能负责,将更多的地方责任留给市镇或城市的政务会议。一些人口众多的自治市被授予自治郡资格,因此有效地把地方政府置于一个单一的政务会议管辖之下。没有自治郡资格的城市和市镇,其权力已经逐渐蜕变为对于警察部队、消防部门、教育、健康服务的责任,而且还有一些权力转交给了郡。

1972年的《地方政府法》废除了这整个安排,用一种郡和地区的体系取代它。这些实体各自独立运行。郡对大规模的服务负责。地区则处理纯粹地方性的事务。郡和地区政府在财政、市镇计划、教育方针、主要官员的任命和其他许多事项方面仍然需要得到全国政府的批准。地方政府的经费主要来自国库。

加拿大

像英国一样,加拿大也有议会制政府形式,但是国家划分为省。因此省立法机关,而不是渥太华的全国政府,建立了大约5000个自治市政府。郡、大都市地区、城市、镇和乡村仅有立法机关授予它们的权力。地方官员称作市长、政务会委员和议会议长(参议会会长)。

公务员　CIVIL SERVICE

在1831年的一次国会辩论中,纽约州参议员威廉·L.马西说了"敌人赃物自然归胜者所有"这句话。这句话准确地描述了任命政府工作人员的政党分肥制。每一届新政府掌权后,数千名公务员被免职,获胜的政党成员接管他们的工作。这些大批的更换同雇员的能力或工作经验几乎无关或根本无关。结果,政府的服务普遍效率低下。

1881年詹姆斯·A.加菲尔德总统被一名失望的求职者枪杀以后,公众要求结束这种政党分肥制。政治行动主义分子卡尔·舒尔茨和其他人组织了全国公务员改革联盟。纽约通过了第一部州公务员法,它要求其雇员参加竞争性考试。国会曾用扣留必要的资金的方法,废除过一项早期改革法案。国会于1883年通过了公务员法,终于采取了纠偏行动。这个法律就是现代公务员制的基础。

这个法创立了由总统任命、经参议院同意的三人公务员委员会。它的主要工作是建立任命某些公职的考绩制——也就是以表明称职为基础而不考虑政治、种族或宗教。

在分肥制被有效地废除的同时,代替它的制度倾向于奖励服务时间的长度而不是工作的表现。1937年初,国会进行了20多次企图重新改组公务员制的尝试。最后是吉米·卡特总统提议"恢复考绩原则"的立法。根据1978年的《公务员改革法》,该委员会的主要职能转交给一个新的人员管理办公室,它掌管招聘、考试、培训、晋升和鼓励性奖励。为了听取被解雇、停职或降级的联邦雇员的申诉,建立了另一个机构:考绩制保护委员会。独立的特别评议委员会调查和起诉像工作歧视这样的行为。还创立了一个道德规范办公室。

1883年法案为1.3万名政府职员提供了竞争性考试。此后公务员所占的职位的数量稳步增加。现在全部联邦雇员中有90%以上的人在公务员体制下得到并从事他们的工作(所有制定政策的职位除外)。许多州和大部分大城市都有公务员制。加拿大1908年创立了一种政府就业的考绩制。

公务员制雇员可以加入专业群体,成为工会会员,但是他们不能罢工。他们的政治活动受到1939年和1940年的哈奇法的限制(见:政党)。他们在华盛顿哥伦比亚特区,以及国内外的驻外机构工作。考试在全州和准州各地定期举行。

福利国家　　WELFARE STATE

为了清楚起见,必须对福利国家和社会主义进行区别,因为二者常常混淆。社会主义是一种政治制度,在这种制度下,国家占有全部或大多数的经济生产手段,特别是工厂和农田。但是,福利国家则是这样一种国家,在这种国家中,政府答应提供保护公民使之在其一生的某些或所有阶段免于经济上的风险和不测事件的规划。例如前苏联是一个社会主义国家,它也向公民提供自出生至死亡、范围广泛的福利。美国、德国和日本都有市场经济,不过他们也有精心筹划的福利计划,对那些需要的人提供财政援助和服务。(参见:**资本主义**)

由政府提供给公民的全部财政和服务的援助,必然来自公民和公司所交的税金。政府没有其他收入来源。由于这个原因,福利常常称为一种支付转移制度。这意味着钱从一部分居民那里拿出来,给了另一部分居民。

历史背景

今天存在的福利制度是19世纪和20世纪的一个发展。产业革命以前福利是地方社区或宗教组织的责任。当然有些例外。在罗马帝国,政府总是向城市居民提供小麦。在中世纪,称为封建的制度经常既救济穷人也救济富人。土地拥有者保护他们的农民,农民向土地拥有者提供粮食和劳动。

第一个救济贫困的综合性立法是英国1601年的伊丽莎白贫困法。这个法律为"值得帮助的穷人"提供帮助,这些人有能力工作,但却是他们无法控制的经济环境的受害者。1795年一项叫作斯品汉姆兰制度的新计划试图帮助那些其工资不能提供最低生活标准的工人。这项计划是通过用公共基金对他们进行补助的方法实施的。1834年《济贫法修正案》回到了1601年立法的基本观点:个人对自己的福利负责。只给贫穷者最少的现金,否则,救济院就是那些不愿意工作的人的选择。

现代社会福利的基础是通过政府计划对经济上没有保障者提供帮助。这个现代制度的基础是奥托·冯·俾斯麦宰相在德国奠定的。他1883年颁布生病和产妇法,1884年颁布工伤法,1889年颁布老年援助法。其他欧洲国家步其后尘,到1910年,一个综合性福利制度已经出现。在美国由西奥多·罗斯福的进步党在1912年的党纲中提议建立一种精细的福利制度。

第一次世界大战放慢了在福利方面立法的进程,直到经济大萧条袭击以后,美国没有采取任何步骤。1935年通过了社会保障法。第二次世界大战使这项工作停止发展,但是自1950年以来,综合性福利制度已经在很多国家颁布。挪威和瑞典有一些最精细的规划,但是其他欧洲国家和它们相似。在美国,最显著的变化随着20世纪60年代林顿·约翰逊总统的"伟大社会"一揽子立法而出现。

第一批福利规划重视工作。它们倾向于保护那些在工作岗位上的人,对无论什么原因不工作的人很少帮助。20世纪50年代以来,焦点已经有点转移。今天,人们认为政府的责任是扩大到那些无自助能力的人。原因可以是幼年贫困、身体残疾、缺少适当的教育以及在就业或住房方面的歧视等。人们认为,政府有责任为社会上每一个人提供最低限度的经济保障——亦即常说的安全网。

福利规划的范围

人们有几种具体的风险要靠福利制度来防范。这些福利制度中有:失业、工伤、生病和老年生活费用等项目的保险金,给生存者的死亡保险金和产妇补助。此外,还帮助那些可能完全无劳动能力的人,如帮助有需要扶养的子女的家庭。政府也帮助那些收入在规定的最低标准以下的人们。

一个规划所涉及的个人不一定有获得救济的资格。这种资格要求被防范的风险已经发生:例如年老、工伤或失业。有些规划有时间因素。对于失业的人们来说要获得补偿必须工作过一个规定的星期数并有一定的工资。对于退休工人来说,要获得社会保障金,必须工作过一段最低限度的时间并且交纳了工资税。

失业规划常有取消补偿资格的规定:接受补偿的个人必须愿意工作,并且必须提供寻找工作的证据。社会保障金经常在某个人再婚之后终止,根据的理论是,结婚消除对国家的经济依赖。(这项规定通常对妇女的不利超过男子。)继续工作的退休人员,也可能没有资格得到保险金,或者可能会减少保险金额。

老年、残疾及生存者规划

老年可以被看作人已老到丧失通过自己有偿劳动挣钱谋生的能力。必须提供一种替代的收入,在老年养老金中已经找到答案,这通常叫作社会保障。除了对退休人员提供财政援助外,社会保障还有其他两个方面。如果工人在退休之前去世,保险金给生存者:给寡妇或鳏夫和子女(直到他们达到规定的年龄,通常是18岁)。如果一个工人成为残疾人,维持收入不变。然而,暂时受伤通常按工人赔偿规划处理。

在美国,社会保障是一个贡献系统。工人和他们的雇主都以工资税的形式做出贡献。少数几个国家继续实行用总收入来支付的全体养老金计划。其他一些国家则援助那些没有享受社会保障的人或者那些保险金不足的人。

社会保障的范围有些例外。政府工作人员,包括军人,常常有他们自己的养老金计划。个体户和那些为非赢利性

组织工作的人,被排除在外,但是在美国,这个政策已经在改变。(参见:社会保障)

医疗保健规划

作为政府的一种服务,提供医疗保健的范围各不相同。德国、英国和其他国家有从生到死的医疗服务规划。在美国,在1965年作为社会保障法的修正案的医疗保健和医疗补助计划通过以前,没有全面的、政府支持的医疗计划。(通过退伍军人管理局医院提供的医疗服务是例外。)然而医疗保健法不是一种适用于全部人口的全面医疗计划。它的保险金是给已经成为社会保障制度一部分的退休者。医疗补助计划不包括全部住院费和其他服务费。因此,大多数退休人员还有补充保险。

医疗补助计划是一项通过各州运作、面向低收入个人的联邦规划。补助款给各州,而且数额不同,这是由每个州的人均收入决定的。平衡基金由州和地方政府支付。

医疗保健,不论它包括的范围如何,可以用3种方式处理。有些国家采用直接服务方式。国家实际上拥有全部医疗设施并雇用所有医生。病人除了付保险费外,不付任何费用。在其他制度里,病人付费,然后由政府偿还。偿还可能是全部费用,也可能是账单上大部分费用。

第三种制度是国家将费用直接付给医疗保健的供应者,但是它不拥有或运用设施。病人不支付任何费用,英国和日本采用这种制度。

病人和医生的关系,形形色色,各不相同,这是由国家政策的性质决定的。一个极端是病人选择自己的医生和专家并且直接付费给他们的私人医疗业务。然后由政府或私人保险规划再偿还给病人。另一个极端是这样一种制度:医生是政府雇员,病人对于提供的医疗质量和范围没有什么选择余地。在英国,每一名病人都隶属于一名医生,这名医生收取就医名单上每一名病人支付的基本费用。找专家治疗只能通过全科医生。病人可以改换医生,不过要有规定的间隔时间。

按病例付费法,医生根据在某个时期内诊治病人的数量得到报酬。按照付费服务法,病人有选择医生和专家的自由,但是病人并不参与付费过程。由政府直接付款给医生和医院。这种方法的好处是,只为实际提供的服务付酬。偿还法和付费服务法相似,但是病人必须首先支付提供服务的费用。

失业补偿

失业保护和其他的福利规划相比不太普遍。它主要出现在有比较成熟的劳动力市场和强大工会的高度工业化国家。失业补偿是给那些自己没有过失而离开工作的人。支付这种补偿一般只是在一个明确的时段,通常不超过一年。这类规划要求失业者必须乐于接受一份工作,并且规定失业者必须是在不自愿的情况下失业的。那些放弃自己工作的人通常是没有资格得到失业补偿的。

救济金并不足以抵补全部工资。它们平均为工资的50%至70%。有一种倾向,那就是使救济金对低工资收入者有利。失业补偿的财政来源主要是雇员和雇主的贡献。失业补偿就是保险规划。在瑞典、芬兰和丹麦,这类规划由工会来实施,它们是靠自愿捐助维持的。

工人的补偿

为因工作关系造成的伤害提供保护,是所有社会福利规划中最古老和最普遍的社会福利规划。获得这种资格无需考虑就业时间的长短或挣钱多少。但是,在工作场所以外受到的损伤通常不给补偿——例如在家里或在上下班的路上——如果一个工人在岗位上犯了心脏病或者中风,也不总是给予补偿的,因为这些病不被认为是同工作有关的伤害。

补偿包括医疗;在治疗期间照发工资;对永久性伤残予以特殊补偿,例如失去一只手臂或一条腿;给活着的家人发死亡救济金。在大多数国家里按照雇主对岗位上受伤工人负责的原则,救济金完全由雇主支付。在某些国家里,有一种统一雇主的支付率,它考虑到了风险统筹,就像参加一个大型团体保险规划。其他国家使工人的补偿成为综合性社会保险规划的一部分,并且补偿的开支由工人、雇主和政府分担。

家庭援助

多数的社会福利规划限于劳动力成员。家庭援助计划旨在为那些可能完全不属于劳动力的人提供有保证的最低收入。给予家庭的补助通常是以一个月为基础,给每个低于最低年龄的儿童一种具体的补助。在某些国家,补助金随着子女的增多而增加。1988年的家庭抚养法是美国数十年来第一次综合性福利改革,它计划取代对有未成年子女家庭的援助。它的目的是通过教育和工作援助使人们从享受福利向工作转移。

救济的数量常常视家里的成年人是否工作和他们挣钱多少而定。收入增加到一定程度,救济金就会停止。反对家庭救济的主要论据是,它常阻止人们去工作,并且会导致家庭后代成为永久性失业的最低阶层成员。

政府援助

对于那些没有资格享受其他社会福利规划的人来说,政府援助是防御贫困的最后一道防线。鉴于其他规划被认为是一个权利问题,政府援助要求对需要的论证。由于接受者不能作出贡献,该援助规划的资金通常来自政府的总收入。

在大多数国家,政府援助由地方管理,并且一部分基金可能来自地方政府。美国的政府援助包括老年援助、盲人援助、永久性残疾者援助和一般性援助。至于一般性援助,联邦政府不出钱;基金完全来自州或地方政府。

除了财政援助外,从1962年起,一种强调服务的新方法开始采用。它包括康复训练和工作培训,目的是减少依赖和鼓励自助和自主。

和平运动 PEACE MOVEMENTS

世界从来没有太平过。某个地方——常常同时在许多地方——总是发生战争。一些与世隔绝的部落生活在和平中,但没有任何一个国家始终处于和平中。可是大多数人以这种或那种方式,通过这种手段或那种手段谋求和平——包括那些为了和平而发动战争的人。渴望和平是全人类的共同愿望,和平运动存在于这种愿望之中,存在于各国政府把这种愿望制度化的努力之中,存在于和平主义者对一切战争的拒斥中。

任何人都不会承认自己是侵略者。20世纪,几乎每一个国家都把其战争部更名为国防部;巧妙运用语言已成为斗争的一部分。甚至在核武器时代,在核武器困扰着世界的20世纪中期,战争也没有被放弃——仅仅保持在低于相互毁灭的水平。与此同时,面对暴力,和平运动已开始高涨起来。

和平主义

和平主义作为一个词汇为人们广泛使用,是20世纪初的事情。但和平主义作为一个运动,却像佛教一样古老。在基督诞生之前500多年,被称为"佛陀"或"觉悟者"的悉达多·乔答摩就告诫人们,伤害任何生物都是错误的。古希腊的苏格拉底认为,好人决不会伤害别人。

公元前的某个时期,作为巴勒斯坦犹太教一个派别的艾赛尼派教徒曾竭力鼓吹非暴力。恺撒的罗马帝国统治下的短暂的和从未是十全十美的和平时期建立了一种和平,但这种和平是靠军事机构维持的,并只适用于罗马"世界"。

基督在其一生的最后时期告诫说,挑起战争的人将毁于战争。基督教的兴起对和平主义是一个推动;不过,和平主义在中世纪几乎不复存在,这主要是由于当时统治日益衰落的罗马帝国的那些信仰基督的君主不得不抵御野蛮人的攻击。因此,抵抗侵略的"防御性"战争就被广泛认为是"正义的"战争。5世纪,圣奥古斯丁在阐述正义战争的基督教教义时说,基督教徒只能遵照合法当权者的命令为随之而来的和平而战。在任何情况下,他都为战争的必要性感到悲哀。

中世纪之后,和平主义重又出现。再洗礼派教徒、门诺派教徒和贵格会教徒公开谴责因任何理由而发动的战争。20世纪,印度领导人默罕达斯·甘地用领导其国家从英国统治下获得独立的非暴力主义信念鼓舞了和平主义者。

甚至那些接受战争的人也总是谴责战争。古希腊历史学家修昔底德在其记述伯罗奔尼撒战争的著作中,援引了一位政治家的话:"作为一种罪恶的那场战争,是每一个人都非常熟悉,提到它就会使人生厌的事儿。"佛罗伦萨外交家、王子的私人教师尼科洛·马基雅弗利说:"有两种竞争的方法,一种是通过法律竞争,另一种是通过强力竞争;第一种方法适合于人,第二种方法适合于野兽。"

和平团体

有组织的、非政府的和平运动1815年始于纽约市。1843年,第一次国际和平会议在英国的伦敦召开。截至1914年,全世界约有160个和平团体。某些团体,如卡内基国际和平基金会,一直得到大量资助,并为国际友好而积极工作;但大多数和平团体同政府或国际列强集团保持着紧密联系,并在受到战争威胁或战争爆发时,同它们合作。

一般说来,世界各国社会党的情况就是如此,这种政党建立在国际兄弟关系和"世界议会"的基础之上。美国社会党领袖尤金·V.德布斯在第一次世界大战期间因妨碍军队募兵而被投入监狱。他在牢房中参加总统竞选,得到了100万张选票。不过,这是真正国际性的社会主义运动的鼎盛时期——或已超过了鼎盛时期。

第一次世界大战爆发时,法国反战的社会党领导人让·饶勒斯被暗杀,法、德两国议会的社会党议员对其各自政府的参战投了赞成票。今天的社会党人——或如他们自己称呼自己的,社会民主党人——几乎一致放弃了和平主义。他们时不时地在英国、法国、斯堪的纳维亚诸国以及纳粹之后的德国当政。

仲裁努力

19世纪末,战争阴云开始笼罩古老的欧洲帝国世界,并向美国逼近。战争阴云导致军备增加,军备增加反过来又使战争阴云愈来愈浓。泛美联盟在美国的支持下于1888年到1890年被组织起来,以促进西半球的和平,欧洲怀着同一目的也召开了1899年和1907年的海牙和会。但不管怎样,有关的各国政府都拒绝服从强制性的争端仲裁;因而军备竞赛继续进行,终于导致了第一次世界大战。

第一次世界大战产生了国际联盟。保留国家主权被写入其宪章;因而当国际联盟宣布德国、意大利和日本无侵略主权时,这些国家不得不退出了该联盟。国际联盟于1920年在荷兰的海牙建立了常设国际法庭。法庭对各方向它提出的争端进行裁定,但法庭无权传唤争议各方或强制执行其裁决。

1928—1929年,各大国签署了凯洛格-白里安公约,以求维持和平;但军备竞赛并没有停止,最终导致了第二次世界大战。那场战争的惨状,促进了对切实可行的和平计划的研究。第二次世界大战结束前,50个国家的代表在加利福尼亚的旧金山聚会,为新的世界和平组织——联合国——制定宪章。联合国像国际联盟一样,只能在其成员国愿意交托给它的事情上有效地发挥作用——这都是些无争议的或极少争议的事情,如捕鱼权、海上航道和空中航线、流行病的预防。联合国的否决权使得在联合国安理会占有永久席位的常任理事国能够否定针对它们中一国或另一国的任何行动;联合国的各大成员国拒绝将其内部事物交由联合国裁决。(参见:**仲裁**;**国际关系**;**国际联盟**;**联合国**)

为减少军备而努力

第一次海牙和会未能就减少军备达成协议。20世纪初,英国向德国提议,两国就限制其海军的规模达成协议,但德国拒绝了。对军备进行强制性的限制始于1919年的巴黎和会。协约国强迫德国、奥地利、匈牙利和保加利亚同意遵守和平条约强加给它们的对其陆军和海军的限制。协约国宣布,这些限制只是"着手实施对所有国家的军备进行总限制"的第一步。国际联盟理事会负责制定联盟各成员国的裁减计划。经过十年的准备,1932年,在瑞士的日内瓦举行了一次裁减军备的会议。由于担心受到入侵或经济扼杀,有关各国都坚持武装防卫。结果,各国间的怀疑压倒了亲善。这次裁军会议以失败告终。

对海军的限制

对海军的限制一度较为成功。1922年,美国总统沃伦·G.哈定召开了华盛顿会议。美国、英国、日本、意大利和法国在华盛顿就"海军节"达成共识。在1936年召开,以及1937年再度召开的伦敦海军军备会议上,由各大国签署的条约除限制德国的海军外,没有对各国海军的规模进行任何限制。一场世界性的海军军备竞赛旋即开始。

更多地呼吁和平

20世纪发生了最早的世界战争和首次世界范围的和平运动。世界战争之后必然是世界范围的和平运动。两次世界大战既改变了战争的性质,也改变了世界的性质。在第一次世界大战中,人们用胜过所有武器的武器即机关枪相互对峙。"阵地战"的传统观念,并没有因将原始的双翼飞机引入作战过程而受到影响。

但是,过了不到25年,飞机便用"运动战"取代了"阵地战"。整个世界——连同城镇和村庄——成了一个大战场。战争成为全面的战争,地球上没有任何一个地方得以幸免。

在两次世界大战之间,贵格会的和平主义者及其团体对青年人产生了巨大影响。经常应邀到大学校园作讲演的人中,有多次参加美国总统竞选的社会党候选人诺曼·托马斯、全国防止战争委员会的弗雷德里克·J.利比以及国际和解组织的A.J.马斯特。许多宗教组织的领导人也成为和平主义者;一些非宗教团体,如反战者同盟和反暴力行动委员会,也在青年和老年社会激进分子中宣传和平主义。

日本人轰炸珍珠港之前,民意测验表明,多数美国人反对卷入第二次世界大战。实际上,美国国会正就在宣战之前需要举行全民公决的宪法修正案进行辩论。珍珠港,就像第一次世界大战中被击沉的卢西塔尼亚号轮船一样使人想到,仅仅靠公众舆论是不能制止战争的——虽然公众被认为帮助结束了美国在越南的卷入。

越南战争的影响

普遍存在于全世界年轻人中的抗议活动是20世纪60年代的特征。这种抗议活动的形式多种多样。它使和平主义一下子成了蓬勃发展的"事业"之一。1964年诺贝尔和平奖得主马丁·路德·金牧师,不仅是美国废除种族隔离斗争中的一位重要人物,而且也是在种族歧视和战争问题上强调非暴力主义的一位重要人物。和平主义在这些年丧失了其明确规定的特征,而且,和平运动除了包括非暴力主义的拥护者外,也开始包括暴力主义的拥护者——除合法行动的拥护者外,还包括非法行动的拥护者。尤其是从前只进行要求免除兵役这种法律允许的反战活动,现在则转而从事更为广泛的反对战争的斗争——特别是反对特定的战争而不是反对一般的战争。

和平运动在日本这个最直接了解原子弹爆炸后果的国家一直十分活跃。根据战后的宪法,日本奉行永久的和平主义。但到1950年,变化了的世界形势向日本的和平主义概念提出了挑战;开始出现了要求为自卫而有限地重整军备的运动。许多日本人对这种意见持反对态度。1966年,争取越南和平日本委员会在东京举行了一次日美代表之间的会议。

越南战争期间,数十万美国人参加了和平进军、和平示威和和平祈祷。许多人,像金、有影响的儿科医师本杰明·斯波克博士以及阿默斯特学院院长约翰·W.沃德那样声名显赫的人,也由于参加反示威游行的非暴力反抗而被捕。许多参议员、众议员、神职人员和教育工作者提出"现在就要和平"。珍妮特·兰金,这位被第一个选入美国国会(1916)和投票反对美国参加两次世界大战的妇女,于1968年1月率领10000名妇女向华盛顿市进军,反对越南战争。

1968年金以及参议员罗伯特·F.肯尼迪被暗杀,使美国失去了对和平运动抱同情态度的两位重要人物。随着越南战争的继续和美国国内紧张局势的加剧,"反战"团体和"和平"运动之间的分歧不断加深。

在激烈批评美国对越南的军事干涉的同时,传统的和平团体力促人们在教育和选举方面采取行动。这些团体包括争取采用稳健核政策全国委员会、世界联邦主义者联合会、消灭战争世界理事会以及和解组织。

到1970年,美国的军事机构在其内部也出现了和平运动。1971年,大约1000名越南老兵在华盛顿市露营,对议员进行游说,争取立即结束战争。陆、海、空军的兵营中出现了地下报纸,还成立了如参战军官运动这种团体。

拒服兵役者

两次世界大战之间,美国已正式承认,可出于宗教理由拒服兵役。对于此类应征入伍者(尤其是基督会的成员)一般提供非战斗勤务,通常是卫生部队中的工作,对于不愿从事军事勤务的人,则提供民事工作。不愿从事军事勤务的人主要是门诺派教徒、贵格会教徒以及基督教友爱会的成员。一些欧洲国家也在法律上承认了拒服兵役的权利。

1970年6月15日,美国最高法院确认,不仅可依据宗教理由拒服兵役,而且还可依据道德或哲学理由拒服兵役。越南战争期间,被承认享有拒服兵役者地位的应征入伍者的人数急剧增加。颁布于1948年的美国和平时期征兵法,于1973年7月被暂停实施。但依据选兵役法、和平时期征兵法仍随时可能实施。

到1973年1月越南停战协定签订时为止,估计有6万到10万名流亡的逃避兵役者和逃兵,这些人大部分在加拿大和瑞典;普通监狱或军事监狱中有1万名逃避兵役者或逃兵在服缓刑,或面临法院的判决;8万名逃避兵役者和逃兵在美国秘密隐藏着;有30万越南退伍军人没有领到荣誉退役证;另有数目不详的美国平民被指控有反战行为。这些数字真是使从事替代工作的1万名拒服兵役者的估计数字小巫见大巫了。

大赦

越南战争宣告结束后,便提出了大赦问题。大赦就是赦免违反法律的人。政府的大赦公告最经常地用于赦免那些因国内冲突或对外战争而违反法律的人。

在美国历史上,在许多重大冲突之后,就以这种或那种形式进行大赦。但越南战争和早期的那些战争不同,它是一场未经宣战的战争,而且在一段时期内,未得到许多美国人的支持。战后,许多人赞成有条件的大赦。一些人反对大赦,主要理由是那些服兵役的人作出了个人牺牲。

1977年1月,吉米·卡特总统向越南战争时期逃避兵役者颁布赦免状。赦免状适用于那些在1964年8月4日到1973年3月28日之间逃避兵役的人,不适用于逃兵,不适用于那些使用武力或暴力的人,也不适用于选征兵役制的受雇者。

恐怖均势

20世纪60年代和70年代初的东南亚战争推动了世界和平运动。和平运动的发言人鼓动人们支持改善东西方之间的关系——这种关系由于第二次世界大战之后世界进入冷战时代和军备竞赛而恶化了。美苏已有能力相互毁灭对方,不能指望依靠采取立即报复的手段保卫它们自己。因此,被英国的温斯顿·丘吉尔称之为"恐怖均势"的东西仍然在维持着和平。

1963年,英国、苏联和美国在莫斯科签署了禁止核试验条约。这个条约禁止在空中、外层空间或水下爆炸核装置。100多个国家后来也签署了这个条约。

1968年,联合国大会批准了不扩散核武器条约。这个条约规定,拥有核武器的国家不得帮助其他国家研制或获得核武器,并规定,非核国家不得接受或制造这类武器。1969年,美苏正式批准这个条约,并开始了限制战略武器的会谈(SALT)。到1972年,这些谈判达成限制反弹道导弹系统的条约,并就限制进攻性战略武器达成了一个临时协议。1972年5月,美国总统理查德·M.尼克松和苏联领导人列昂尼德·勃列日涅夫在莫斯科最高级会议上达成了最后妥协。临时协议期间,两国保证在继续进行谈判的5年内冻结洲际导弹的数量。但两国可以不受限制地改善武器系统。

控制进攻性战略武器会谈,即第二次限制战略武器会谈,导致产生了限制进攻性战略武器条约,1979年6月,卡特总统和勃列日涅夫总书记在奥地利的维也纳签署了这一条约。约条款包括减少核武器的数量和限制研制新的武器。但美国参议院没有批准这个条约,军备竞赛又继续进行。1987年12月,罗纳德·里根总统和苏联领导人米哈伊尔·戈尔巴乔夫签署了中程核武器(INF)条约,这个条约要求消除,而不仅仅是限制一切种类的核武器运载系统。1988年,两国正式批准了这个条约。1988年开始进行远程武器的谈判。(参见:裁军)

撰文:Milton Mayer

梭伦 SOLON (公元前630?—前560?)
古希腊政治家和诗人,在发展雅典的民主政治过程中起了决定性的作用。他是雅典世袭贵族之子。在梭伦生活的那个时期,这些贵族统治着雅典城邦,他们的统治给普通百姓的生活增加了困难。一些被迫借高利贷的小农失去了他们抵押的土地。

正当人民就要进行革命的时候,梭伦大约在公元前594年当选为雅典的执政官(政府的最高官职),被授权起草避免内乱的新法律。

梭伦采取的第一个步骤是释放那些因负债而被奴役的人,并取消各种有可能导致奴役债务人的债务和抵押。他禁止以后订立此种借贷契约。

梭伦还修改了宪法。他根据财产把公民分成四个等级。包括平民在内的第一、第二等级的公民可以担任高级官职,所有的公民都有资格参加公民大会和有权参加官员选举。

梭伦的改革并没有保证国内的和平。大约在公元前561年,一个权势很大的世袭贵族——庇西特拉图,篡夺了政权。作为一个专制统治者,他统治了后来的近30年,但是,梭伦法律中所体现的那些民主原则后来在雅典重新确立。古代作家将梭伦誉为希腊的"七贤"之一,他的诗歌至今仅存一些零星片断,这些片断折射出梭伦个人的政治观点。

博丹 BODIN, Jean (1530—1596)
"就上帝和自然的法则而论,世间的所有君王都受制于它们。他们没有权力违犯这些法则。"这些话表明博丹是个自由主义的法国政治哲学家,他远远地走在时代的前头。他还认为,公民没有权利反抗统治者。他宣称财产和家庭构成了社会的基础,同时赞美君主宪制是最好的政体形式。与大多数他的同时代人一样,他也相信巫术。

人们认为,博丹创立了以法治为基础的国家学说。他1566年发表的《简单理解历史的方法》被认为是对历史哲学的值得注意的补充。

他还写了《七贤哲对话》(1587),在这部书中,博丹描述了七位具有不同宗教观的人,他们试图得到一种普遍的宗教。最终这七个人同意放弃有关宗教的争论,和睦共处。博丹的巫术观体现在《男巫们的守护神迷狂》(1580)一书中。

博丹生于法国昂热。曾在法国图卢兹学习法律,后来在该城市讲授法学。1576年受命去拉昂当国王的律师。同年,他的《共和六书》出版。他是三级会议(法国议会,在布卢瓦)的议员。因患腺鼠疫在拉昂去世。

马克思 MARX, Karl (1818—1883)
卡尔·马克思生前只为一小部分社会主义者和革命者所知,但在当今他的著作被全世界共产主义者看作是关于经济学、哲学和政治学问题的绝对真理的源泉。当代大多数社会主义者也或多或少地将马克思的理论作为自己理论学说的基础。

1818年5月5日,卡尔·马克思出生在德国莱茵河畔的特里尔。他的祖父是一名拉比。他的父亲是一名出色的律师,他出于商业和社会原因使全家都接受了洗礼。马克思曾在波恩攻读法律,在柏林大学攻读哲学。在柏林期间,他研究了乔治·威廉·弗里德里希·黑格尔的哲学。

24岁时,他成了德国科隆一家报纸的编辑。他激进的思想不久使他陷入了受到审查的麻烦之中。他前往巴黎,部分原因是为了躲避逮捕。他的年轻美丽的妻子燕妮·冯·威斯特法伦随他一同前往。尽管双方家庭都忧虑重重,马克思还是娶了燕妮。

1845年被驱逐出巴黎后,马克思曾有一段时间生活在比利时的布鲁塞尔。不久他返回巴黎,但在1849年再次被驱逐。随后马克思前往英国。他在伦敦安家,并在此度过了其后的34年。他居住在破旧的贫民区,日复一日地在大英博物馆图书馆学习。他挚爱他的妻子和孩子,但他不妥协的性格使得他几乎没有朋友。

然而,有一个朋友一直忠实于他,并给他以资助。他就是弗里德里希·恩格斯。恩格斯是一个纺织厂厂主,他的思想和马克思完全一致,并与他共同著书立说。

1883年3月14日,马克思在伦敦逝世。在此之前,他的妻子和6个孩子中的4个都已去世。只有8个人参加了在海格特公墓举行的葬礼,恩格斯致悼词。

在布鲁塞尔期间,马克思和恩格斯共同起草了《共产党宣言》,并于1848年出版。它极简明地阐述了马克思的学说。其中的思想后来在马克思的主要著作,即长达3卷的《资本论》中得到了发展。这部著作也是与恩格斯合著的。马克思死后,恩格斯出版了《资本论》最后两卷。第一卷已于1867年出版。

马克思的理论基础是他所相信的科学史实。他研究历史,证明存在着中产阶级剥削者(资产阶级)和被压迫的工人(无产阶级)之间不断的斗争。他预言道,斗争的最后结果将导致资本主义及其支持者的灭亡。

他声称没有阶级的社会将会出现,因此革命将不复存在。每个人都遵循"各尽所能,按需分配"的原则。不再需要国家或有组织的政府,它们将会"消失"。马克思不太关心现实问题,而只是热衷于革命本身。(参见:**共产主义;社会主义**)

安东尼 ANTHONY, Susan B. (1820—1906)

苏珊·B. 安东尼为妇女选举权进行了半个多世纪的斗争。许多人取笑她,有些人还污辱她。她到纽约州和其他州的各个县为争取妇女权利发表演说,组织俱乐部。她为这一事业曾向每一位总统(从亚伯拉罕·林肯到西奥多·罗斯福)进行申辩。

苏珊·B. 安东尼还积极参加禁酒运动和废奴运动。在黑人根据宪法第15号修正案获得了选举权之后,她发动了一场争取给予妇女同样权利的运动。1869年,她参加了组建全国妇女选举权协会的工作。

1890年,全国妇女选举权协会参加了美国妇女选举权协会,组成了全美妇女选举权协会。她从1892年起担任这个新组织的主席,直到80岁时卸任。1872年,在总统选举中她前去投票,以证实她的公民地位。她因此受审,并被罚款100美元,但她拒付罚金。她说,"只纳税而没代表权是暴政"。

在安东尼开始工作的时候,妇女还没有什么合法权利。今天,主要是由于她和她的同事们的努力,妇女才有了受高等教育的机会,从事几乎任何一种职业的权利,管理她们自己的财产和子女的权利,在政府中工作的权利,和选举权。她亲眼见到了这些改革中的许多项目付诸实施。在她于1906年逝世后,美国的两大政党都赞同妇女享有选举权。美国宪法关于选举权的修正案于1920年获得批准。

塔珀 TUPPER, Charles (1821—1915)

加拿大政治家查尔斯·塔珀是四省联盟创始人之一。他于1867年将英属北美的各独立省合并成加拿大自治领。在跨越将近一个世纪的漫长一生中,他亲眼看到了加拿大由一些殖民地转变为国家的过程。

查尔斯·塔珀1821年7月2日生于新斯科舍省的阿默斯特。其父是一位浸礼教牧师和农场主。塔珀曾就读于新斯科舍省沃尔夫维尔的霍顿中学。

然后他在苏格兰的爱丁堡大学学习医学,1843年毕业。回到阿默斯特后,旋即开业行医。1846年塔珀与阿默斯特的弗朗西丝·阿米利亚·莫尔斯结婚。生有三个儿子三个女儿。女儿中有两个幼年早夭。

1855年,朋友们劝塔珀参加省议员竞选。塔珀以保守党代表的身份参加竞选,并在与自由党领袖约瑟夫·豪的激烈竞选中获胜。

这位年轻的医生不久就成了保守党议员的公认领袖。1857年,保守党控制了省政府,塔珀作为立法会议主席被任命为内阁成员。1864年当选为新斯科舍省总理,此职一直担任到1867年。

作为总理,塔珀最伟大的成就是建立了该省的公立学校制度,使新斯科舍省加入了四省联盟。他是新斯科舍省派往1864年10月召开的魁北克会议的代表。这次会议通过了1867年英属北美法令,该法令创立了加拿大自治领。

塔珀当选为以总理约翰·A. 麦克唐纳为首的渥太华自治领政府众议院坎伯兰郡议会议员。1870年进入麦克唐纳内阁,任枢密院院长。1873年保守党竞选失败,他丢失了官职。

1878年保守党重掌政权。麦克唐纳再度任总理,1879年任命塔珀为铁路运河部长,此职一直任到1884年。在这些年中,塔珀的最大成就是有力地支持加拿大的太平洋铁路工程。正是由于他的帮助,这条铁路于1885年竣工,比原计划提前了五年。

后来,在1883年,加拿大自治领的高级专员职位空缺,于是,麦克唐纳选塔珀任此职。1884年,因加拿大与英国政府交往的需要,塔珀代表加拿大前往伦敦。

1895年,保守党领袖们看出了政治上严重不稳的征兆。他们意识到,要赢得1896年选举的胜利是极其困难的。他们将塔珀从伦敦召回,并给他一个众议院议员的席位。根据保守党的计划,1896年4月27日立法会议一结束,麦肯齐·鲍厄尔便辞去了总理职务。在7月选举之前,塔珀出任总理。他为保守党而积极地竞选,但他的所有努力均告徒劳。保守党党员们被免除官职。

其后的四年,塔珀为使该党团结一致而不懈努力。可是,该党在1900年的选举中再次失败。塔珀未能重新当选。此后不久,他辞去保守党领袖的职务,过退休生活。1879年被封为爵士,1888年被封为准男爵。塔珀于1915年10月30日在英国贝克斯利希思去世。

克留格尔 KRUGER, Paul (1825—1904)

作为南非历史上的伟大爱国者和政治家之一,保罗·克留格尔被人们铭记的一点是,在英帝国主义在该地区横行猖獗时,他坚决捍卫了德兰士瓦即南非共和国的独立,被誉为南非布尔人国家的缔造者之一。虽然他那摆脱英国统治的梦想生前未能实现,但1961年南非成为独立的共和国时,他的梦想终于变成了现实。

1825年10月10日,斯蒂芬努斯·约翰尼斯·保罗斯·克留格尔出生在非洲英属开普殖民地的克拉多克区。他虽然未受什么正规教育,但却得到了其笃信荷兰加尔文主义的父母的精心培养。10岁时,他与家人参加了边疆农民的大迁徙,边疆农民想要逃避英国人的统治,在瓦尔河以北的地区即德兰士瓦建立一个独立的荷兰人社会。对年少的克留格尔产生了深刻影响的事情是:一,与非洲各敌对部落作斗争;二,英国人反对德兰士瓦独立。

1877年英国吞并了德兰士瓦,在争取重新独立的斗争中,克留格尔很快成为一名领导者和谈判者。1883年达到了这一目标,他当选为总统——这一职位他一直保持到1902年,这一年,作为布尔战争的结果,英国人重新占领了该地区。

在德兰士瓦问题上,克留格尔的主要对手是塞西尔·罗得斯,此人系英国开普殖民地的总理,是个决心要在整个南非增进英国利益的人。1886年在德兰士瓦的沃特瓦特斯兰德地区发现了金矿,致使克留格尔的处境更加困难,因为大批"外地人"——主要是英国人——蜂拥而至,威胁了布尔人的民族独立性。结果爆发了布尔战争,从1899年一直打到1902年。战争初期,克留格尔便迁居到了欧洲。1904年7月14日他在瑞士的克拉伦斯去世。

戴维斯夫人 DAVIS, Varina (1826—1906)

瓦里纳·戴维斯是美国南北战争期间南方的第一夫人,是杰斐逊·戴维斯的妻子。在他的政治浮沉中,她和他同甘共苦。在战后的一段时期,她和他一起坐牢。在他进入国会时,她和他结婚,当时19岁。在他离家去参加墨西哥战争后,她证明自己是有能力管理好他们在布莱尔菲尔德的密西西比种植园的。

瓦里纳·豪奈尔1826年5月7日生于密西西比州的纳奇兹附近。她先在家里接受家庭教师的教导,后来到费城的一所女子学校上学。1845年她与戴维斯结婚。她积极支持她丈夫的事业,给他当参谋,还常常充任他的私人秘书。她丈夫死后,她撰写了两卷本她丈夫的传记。她于1906年10月16日去世,比她6个孩子中的5个都活得长。

索尔兹伯里侯爵 SALISBURY, Marquess of (1830—1903)

英国政治领袖、保守党人索尔兹伯里侯爵,三次出任英国首相(1885—1886,1886—1892,1895—1902),四次出任外相(1878,1885—1886,1886—1892,1895—1900)。他在任职期间,主持英殖民帝国的扩张政策。

罗伯特·阿瑟·塔珀博特·盖斯科因-塞西尔,1830年2月3日生于英国赫特福德郡哈特菲尔德。他是索尔兹伯里伯爵第二的第二个儿子,但他在他哥哥1865年死后成了继承人。

他曾在伊顿公学和牛津大学读书,但因为健康原因不得不辍学。1853年,他选择政治作为自己的职业,当时他在议会中获得一个席位。

从1866年到1867年,他曾担任过一个短时期的印度事务大臣的职务。在本杰明·迪斯雷利任首相时,索尔兹伯里在他的领导之下,再次出任印度事务大臣。1878年,他出任外相,并获得外交能手的美誉。由于他参加1878年的柏林会议有功,被授予嘉德勋章。

在迪斯雷利死后,索尔兹伯里就任上院保守党反对派领袖。他在担任首相职务的年代里,同时也任外相。他执行的外交政策的目的是,既要保卫英帝国,又要向外扩张,特别是向非洲扩张。他因为健康原因于1902年退休。他1903年8月22日在哈特菲尔德去世。

迪亚斯 DÍAZ, Porfirio (1830—1915)

波菲利奥·迪亚斯是一位军人政治家,他把墨西哥从一个弱国建成一个大有前途的国家。他的独裁统治,使他获得了"墨西哥铁人"的称号。

迪亚斯1830年9月15日生于瓦哈卡州,家境贫寒。他为了提高自己,先在教会中学习,后去攻读法律。17岁时辍学,参加抗美战争。1853年通过法律考试以后从政。

那时,墨西哥各种武装力量争霸,国家因内战四分五裂。迪亚斯利用了国内动乱的机会,无所畏惧地领导了反对政府的叛乱,直到1877年当选为总统。他于1884年根据特别法再度当选总统,一直任职到1911年。他的政权致力于发展国家经济。但是,由于他无视墨西哥的社会需要,引起了公众不满。1911年的叛乱迫使他流亡欧洲。他于1915年7月2日死于巴黎。

张伯伦,约瑟夫 CHAMBERLAIN, Joseph (1836—1914)

英国政治家约瑟夫·张伯伦宁可牺牲当首相的机会,也不改变自己激进的思想。在其30年的从政生涯中,这位充满激情的政治家是个在英国最受人爱戴,也最招人恨的人。

约瑟夫·张伯伦1836年7月8日生于伦敦。父亲是个生意兴隆的制鞋商。张伯伦在伦敦的大学学院附中上过一段学,16岁就退学,进入其父开设的制鞋厂工作。到38岁时,他已经积攒了足够的退休资金。一股社会改革的热情驱使他进入了政界。

1873年他任伯明翰市市长。1876年以自由党党员的身份进入议会。1880年成为威廉·格拉德斯通内阁成员和贸易大臣。他支持有利于工人阶级的立法。1886年因与政府的爱尔兰自治政策发生分歧而退出内阁。他后来组建了自由统一党。

作为1895至1903年的殖民大臣,张伯伦因未能避免布尔战争而遭到非难。他试图在英国、德国和美国之间建立一种联盟,但未能成功。他如此强烈地信奉帝国主义,以至在1903年提议进行关税改革,主张违背英国的传统自由贸易学说,给予殖民地特惠。当这项政策遭到拒绝时,他便辞去了殖民大臣职务。张伯伦这样做,使其失去了成为首相的机会。这致使自由统一党分裂。该党在1906年遭到惨败,尽管张伯伦在伯明翰重新当选。此后不久因中风而瘫痪。1914年7月2日张伯伦在伦敦去世。

张伯伦的儿子奥斯汀和内维尔获得了比他们的父亲更高的官职。奥斯汀·张伯伦爵士从小受到从政的培养。像其父一样,他也信奉帝国主义和社会改革。他入选国会,当过几届内阁成员,曾是保守党的领袖。1924至1929年任外交部长期间,通过裁军寻求和平。由于签订了1925年的洛迦诺公约,他与美国的查尔斯·G.道威斯共获诺贝尔和平奖。奥斯汀的同父异母之弟内维尔1937年任英国首相(见:张伯伦,内维尔)。

布赖斯 BRYCE, James (1838—1922)

詹姆斯·布赖斯以他的优秀著作,即论述美国政府运作的三卷本《美利坚共和国》,为其以后英国驻美大使的职务奠定了基础。他在1907至1913年任驻美大使期间,显示出他政治家和外交家的才能。他为改善加拿大和美国之间的关系做了大量的工作。

布赖斯1838年5月10日出生在爱尔兰的贝尔法斯特。1862年从英国牛津三一学院毕业后,继续攻读并获得民法博士学位。他在牛津大学任法学教授时,在1885年参加了创办《英国历史评论》的工作。从1870年到1907年,他是下院自由党议员。他任议员时,反对引起了南非布尔战争的英国政策。1914年,他被封为子爵,并成为国际法庭成员。在第一次世界大战期间,他任一个委员会的主席,该委员会发现德国在入侵比利时和法国期间,犯有战时暴行。布赖斯于1922年1月22日在英国的西德默思去世。

洛里埃 LAURIER, Wilfrid (1841—1919)

第一个任加拿大总理的法裔加拿大人。虽然法语是他的母语,但他却成了一名英语演讲大师。这一点以及他的独特的个性,使他深受全加拿大的欢迎。他领导这个年轻的国家15年,其间该国获得了巨大的发展。

威尔弗里德·洛里埃生于魁北克的圣林,在麦吉尔大学学习法律。在魁北克省议会待了三年之后,1874年选入加拿大众议院,很快升为领导人物。虽然他是法裔加拿大人和罗马天主教徒,但是,1887年当选为自由党领袖。9年后他出任总理,1897年被封为爵士。

洛里埃政府的口号是"振兴加拿大"。洛里埃忠于英国。他派加拿大志愿兵支援布尔战争,制定有利于英国商品的关税制度,努力加强两国间的联系。但是,他把英帝国视为一个由自由和平等国家组成的世界性联盟,反对任何限制加拿大自由的图谋。

洛里埃的自由迁徙政策致使几十万移民迁居到西部省份。他降低邮费,促进为国家发展所必需的铁路建设,并委派一个委员会管理铁路运费。当了15年总理之后,可能是与美国的互惠贸易问题致使他的政府下台。不过,洛里埃认为,他政治上的失败主要是安大略省的那些反对者造成的,他们认为洛里埃过分偏向魁北克罗马天主教徒的利益。

在第一次世界大战之前,洛里埃积极支持组建加拿大海军,可是,他的自由党推翻了这一议案。加拿大在自己没有舰队的情况下参战。在第一次世界大战初期,洛里埃支持罗伯特·博登爵士的保守党政府的战争政策。1917年,他拒绝加入为了支持征兵而组成的联合政府。洛里埃认为,他不可能支持一个为魁北克省所如此不欢迎的议案。1919年2月17日,洛里埃在渥太华去世。

克列孟梭 CLEMENCEAU, Georges (1841—1929)

乔治·克列孟梭在1917年第一次世界大战接近尾声的时候,就任法国总理。当时,法国几乎处在战败的边缘,但是,这位77岁的总理领导法国人民取得了胜利。战后,他主持了和平会议。

为了支援因为向德国出卖法国军事机密而被判刑的阿尔弗雷德·德雷福斯上尉事件,他创办了《曙光日报》。埃米尔·佐拉为德雷福斯辩护的著名文章《我控诉》,就是在1898年在这个报纸上发表的。1913年,克列孟梭创办了《自由人报》,他在这家报纸上警告与德国发生战争的危险性。这家报纸于1914年受到短时的查禁,但在以后又以《戴着镣铐的人》的报名出版。

1919年,在克列孟梭主持和平会议时,受到一名无政府主义者的伤害。1922年,他到美国去访问,敦促美国与欧洲进行合作。他在1929年11月24日逝世之前,一直在写文章。

克鲁泡特金 KROPOTKIN, Peter (1842—1921)

虽然彼得·克鲁泡特金本来可以成为一位出色的地理学家和动物学家,但他还是舍弃了其他的事业,选择了革命生涯。在40多年中,他是欧洲无政府主义运动的主要理论家。他的"无政府主义的共产主义"的观点是,私有财产和财富的不平等分配,应该为物资和服务的免费分配所取代。社会应该成为一个合作社,每个人应该既从事体力劳动,也从事脑力劳动。(参见:无政府主义;共产主义)

克鲁泡特金1842年12月9日出生在俄国莫斯科的一个贵族家庭。他曾在圣彼得堡受教育,并一度任亚历山大二世沙皇的侍从。1862年到1867年,他在西伯利亚任军官,在那里,他开始研究当地的动物和地理。这项工作为他开启了科研生涯的大门,但是他在1871年拒绝出任俄国地理学会秘书的职位,而献身于社会正义事业和倡导无政府主义哲学。

1874年,克鲁泡特金因为从事革命活动被捕入狱。两年后越狱,逃往西欧。1881年被瑞士驱逐出境,在法国坐牢三年。1886年移居英国,一直住到1917年。俄国革命给他提供了回国的机会。他在流亡期间,完成了他主要的政治论著:《造反者的话》,1885年出版;《在俄国和法国监狱中》(1887);《田野、工厂和工场》(1899);《一个革命者的回忆录》(1899);《互助》(1902)。

克鲁泡特金抱着极大的希望在1917年6月回到圣彼得堡(当时叫彼得格勒)。但是,他说,布尔什维克掌权是"埋葬了革命"。然而,他还是留在了俄国,直到1921年2月8日在莫斯科去世。在他的葬礼上,无政府主义的黑旗最后一次在莫斯科市内巡游。

多尔 DOLE, Sanford Ballard (1844—1926)

桑福德·巴拉德·多尔是前夏威夷王国最高法院法官,他帮助建立了夏威夷共和国,并是该共和国的惟一的总统。他帮助美国吞并了夏威夷群岛,并任夏威夷准州的第一任州长。

桑福德·巴拉德·多尔1844年4月23日生于夏威夷檀香山附近,是缅因新教传教士埃米利·巴拉德和雷弗伦德·丹尼·多尔的儿子。1866至1868年在马萨诸塞州威廉斯城的威廉斯学院学习,和在波士顿学习法律。1869年在檀香山成为律师。

多尔分别于1884年和1886年两度选入夏威夷国家立法机关。他和其他新英格兰出身的立法者不满意于国王卡拉卡乌阿反对美国工商势力控制该岛经济。1887年,他们迫使国王接受新的宪法。这部宪法规定:只有财产所有者才拥有选举权,而财产所有者大多数是美国人和欧洲人,这就保证了外国对该岛政府的控制。那一年,多尔被任命为夏威夷最高法院法官。

多尔希望夏威夷为美国所吞并,以便夏威夷的糖业种植者能在美国市场上有利地竞争。1891年,女王利留卡拉尼接替其兄卡拉卡乌阿的王位,并试图恢复王室权力,多尔很气愤。1893年,多尔参加了一个商人团体,该团体在美国海军陆战队的支援下,推翻了该国的君主制。1894年,他当上了新的夏威夷共和国总统。

多尔力主归并,但迟迟未果,直到1898年,夏威夷在西班牙与美国交战期间成了美国的战略性海军基地,归并才得以实现。1900年,多尔被任命为这个新准州的州长。1903年成为联邦地方法院主审法官。

多尔与安娜·普伦蒂斯·卡特结婚,安娜于1918年去世。他们没有孩子。1926年6月9日,多尔在檀香山去世。他是詹姆斯·德拉蒙德·多尔(此人于1901年开创了夏威夷的罐装菠萝业)的堂兄弟。

汤普森 THOMPSON, John Sparrow David (1844—1894)

1892年,杰出的法学家和政治家约翰·斯帕罗·戴维·汤普森出任加拿大总理。他是从1891年至1896年之间急速更换的四位总理中能力最强的总理之一,任职二年。在约翰·A.麦克唐纳爵士领导的内阁中担任司法部长时,两人就关系密切。麦克唐纳有一次这样说:"汤普森是我的一个重大发现。"人们都把他们称为"两个约翰"。

汤普森1844年11月10日生于新斯科舍省哈利法克斯,父亲是爱尔兰移民。他在哈利法克斯的公立小学和自由教会中学读书。15岁时,给一位律师干活。他学会了速记,在新斯科舍的省议会中担任记录员。六年以后,他开始从事律师职业。

1877年,汤普森作为安蒂戈尼什市的议员进入新斯科舍省的议会。1878年任检察长,1882年任新斯科舍省总理。但在同年辞职,被任命为新斯科舍省最高法院法官。1885年,进入麦克唐纳内阁。此后不久,被选入众议院。

汤普森是一位机敏的辩论家,他在议会中负责在各种问题上为政府辩护。他为维护对路易斯·里尔处以绞刑一事所作的辩论,最为出色。里尔是两次叛乱的领导者,他被处死曾引起广泛的不满。

汤普森在1892年年底,接替约翰·艾博特爵士为总理。1893年,他在一个国际仲裁法庭上,代表英国,解决白令海问题。这个法庭拒绝了美国对白令海有管辖权的要求,宣布在一定的范围以外为公海。该法庭还对捕捉海豹作了管理和保护的规定。

1888年,汤普森被授予圣迈克尔和圣乔治高级爵士头衔。他于1871年与安妮·阿弗莱克结婚,他们有五个孩子。他于1894年12月12日在英国伦敦附近的温莎城堡去世。

塞登 SEDDON, Richard John (1845—1906)

在1893至1906年理查德·约翰·塞登任首相期间,新西兰议会颁布了一些世界上最进步的社会法令。1894年,通过了劳资调解仲裁法(一项有助于工会保护工人的法令)和扶助贫苦农民法。最进步的法令乃是1896年的养老金法。

塞登1845年6月22日生于英格兰兰开夏郡埃克尔斯顿。青年时期,他受训成为一个技师,然而在18岁那年移居澳大利亚,在本迪戈金矿谋求发迹,结果未能如愿。于是到墨尔本附近的威廉斯顿铁路车间工作了一段时间。此后为了再次寻找金矿,于1866年移居新西兰,赚足了钱开了一家商店。这个大大咧咧的粗直之人,很快在地方政界享有名望,并于1879年选入议会。此后,他一直留在新西兰,直到去世。1891年,约翰·巴兰斯领导的自由党赢得选举的胜利,塞登任矿业和公共工程部长。

1893年4月,巴兰斯去世,塞登出任党的领袖和总理。那年,通过了妇女选举权法。他还促进通过了有利于贫苦农民和工人阶级的法律。在对外政策方面,塞登是一个狂热的帝国主义者。尽管他吞并斐济未成,但终于在1901年夺得库克群岛。在1899—1902年的南非布尔战争中,塞登派兵帮助英格兰。塞登的最后一次选举胜利是在 1905 年 12 月。1906 年 6 月 10 日,塞登死于从澳大利亚的悉尼返回新西兰的海上归途中。

贝尔福 BALFOUR, Arthur James (1848—1930)

阿瑟·詹姆斯·贝尔福在他 50 年的事业中在英国保守党中掌握实权,是由于他的家庭传统在知识上和政治上对他的影响。但是,他本人的哲学、政治和善辩的才能,保证了他的成功。他 1874 年作为赫特福德的议员进入议会,但是从 1874 年到 1929 年的大部分时间中,他在英国政府中仍很活跃。他在 1902 年至 1905 年任英国首相,1916 年至 1919 年任外交大臣。他在任外交大臣期间,写了贝尔福宣言(1917),表明英国正式赞同犹太复国主义,这个宣言间接地导致了以色列在 1948 年建成一个独立的国家。他作为首相支持并使改组英国中等学校的 1902 年教育法得以通过。他还使爱尔兰土地购买法得以通过,这个法律使爱尔兰佃户有权购买他们耕种的土地。在贝尔福任上,英国还和法国签订了协约(1904)。该协约承认英国对埃及和法国对摩洛哥的统治。

贝尔福 1848 年 7 月 25 日生于苏格兰的惠廷海姆,曾在伊顿公学和剑桥大学三一学院上学。他 1887 年至 1891 年曾在他叔父罗伯特·塞西尔手下任爱尔兰事务首席大臣,以后出任首相。由于他对爱尔兰骚乱的严厉镇压,使他获得了"血腥的贝尔福"的浑名。他于 1922 年被封为伯爵。贝尔福于 1930 年 3 月 19 日在萨里的沃金去世。他的《自传摘要》在死后出版。

马萨里克 MASARYK, Tomáš (1850—1937)

捷克斯洛伐克共和国的奠基人和第一任总统托马斯·加里格·马萨里克,是一位政治家,也是一位教授和哲学家。他为建立捷克斯洛伐克共和国不知疲倦地工作,并从 1918 年至 1935 年担任总统。

马萨里克 1850 年 3 月 7 日生于靠近摩拉维亚边境的霍多宁。他在维也纳读完中学后,在 1872 年进入维也纳大学。他在莱比锡读研究生时,与美国人夏洛特·加里格相识。他们于 1878 年结婚,马萨里克把她的姓加在自己的名字上。

1882 年,马萨里克任布拉格捷克大学哲学教授。他也写文章,并通过写作和教学进一步推动将捷克和斯洛伐克联合成一个国家。从政以后,他从 1891 年至 1893 年和 1907 年至 1914 年当选为奥地利议会议员。1903 年至 1904 年,他曾任芝加哥大学客座教授。

第一次世界大战爆发后,马萨里克利用这一时机,团结捷克人争取独立。他到各协约国去访问,把逃离祖国的捷克人和捷克战俘组织起来。1918 年,他被捷克国民议会选为捷克总统,并在 1920 年上任。

马萨里克一直任职到 1935 年。这一年,他退休,让位给爱德华·贝奈斯。他 1937 年 9 月 14 日在拉尼逝世。

博登 BORDEN, Robert Laird (1854—1937)

罗伯特·莱尔德·博登爵士,是第一次世界大战期间的加拿大总理,他是促使加拿大从殖民地变为一个国家的政治家。博登在加拿大的国际作用方面的作为,主要是采取了积极的支援战争的措施,包括在第一次世界大战期间实行的征兵政策。他还是在英国的帝国战争内阁中担任阁员的英国海外领地的第一位部长(1917—1919)。

博登 1854 年 6 月 26 日出生在新斯科舍省的格朗普雷。他 15 岁时辍学去教书。1878 年,取得律师资格,在政界结交了许多朋友。1896 年,他当选为哈利法克斯议员,进入众议院。5 年之内,被选为保守党反对派领袖。1911 年,他出任总理,并担任这一职务直到 1920 年因健康原因辞职。1914 年被封为爵士。

1919 年,博登作为加拿大的代表,参加了巴黎和会。1921 年至 1922 年,他代表加拿大参加了华盛顿会议。1930 年,他是加拿大驻国际联盟的代表。1937 年 6 月 10 日,他在安大略省渥太华去世。

考克西 COXEY, Jacob S. (1854—1951)

1893 年,美国经济出现衰退。雅各布·S.考克西是俄亥俄州马西隆地方硅沙岩石场的一位成功的经营者,但他不得不解雇 40 名工人。他对政府无能力解决衰退问题表示愤慨,于是组织了一次抗议进军。1894 年 3 月 25 日,"考克西大军"向华盛顿进发。进军共 500 人,在 5 月 1 日抵达华盛顿,但因为践踏草地被捕。考克西设法通过一项公共工程计划向众议院表达他的意见,但无结果。

雅各布·塞克勒·考克西 1854 年 4 月 16 日生于宾夕法尼亚州塞林斯格罗夫。从 1881 年到 1929 年,他经营他的马西隆石场。1931 年至 1934 年,出任马西隆市长。他在 1894 年、1916 年和 1942 年竞选国会议员,1932 年和 1936 年竞选总统,都没有成功。在他进军 50 周年的时候,终于在华盛顿发表了他原计划在 1894 年发表的讲演。《考克西的故事》在 1914 年出版。考克西 1951 年 5 月 18 日在马西隆去世。

拉福莱特 LA FOLLETTE, Robert M. (1855—1925)

威斯康星州罗伯特·M.拉福莱特的名字将永远和"美国政治的进步时代"联系在一起。在 20 世纪的前 25 年中,他作为州长和共和党的美国参议员,主宰了威斯康星州的政治,他所倡导的主张和政策一直持续到今天。

拉福莱特 1855 年 6 月 14 日生于威斯康星州的普里洛斯,1879 年毕业于威斯康星大学,1880 年取得律师资格。他的政治生涯是在 19 世纪 80 年代初任区的律师时开始的。他从 1885 年至 1891 年任美国众议院议员。1900 年当选州长,1902 年和 1904 年两次连任。1906 年他辞去州长职务,被选入参议院。他在参议院为了反对保守主义,在

1911年创建了"全国进步联盟"。次年,该联盟改名为进步党。他于1925年6月18日在华盛顿去世之前,一直是参议员。

在当时人们为维护大众民主、反对特殊利益者控制政府的大声疾呼中,拉福莱特的声音是最有力的声音之一。他作为州长,提出了"威斯康星主张",请大学教授起草改革立法法案和执行政策。他还成功地建立了直接初选制度、州的文职人员制度,并整顿了铁路系统。

他在全国最突出的表现是公开地强烈反对美国参加第一次世界大战,认为那是一场保护海外商业投资的战争。1924年,他作为进步党候选人竞选总统,但是输给了卡尔文·柯立芝。

德布兹 DEBS, Eugene V. (1855—1926)

尤金·V.德布兹是惟一在牢房里竞选美国总统的候选人。这位劳工组织者因为批评政府起诉被控违反1917年间谍法的人们而被判入狱。这是他第五次作为社会党候选人竞选总统。

尤金·维克托·德布兹1855年11月5日生于印第安纳州特雷霍特。他14岁时离家到铁路上工作,不久就对工会活动产生了兴趣。他参加了组织火车司炉兄弟会的工作。他作为美国铁路联盟的主席,成功地领导了1894年大北铁路公司工人的罢工。两个月以后,他因为领导芝加哥普尔曼宫车辆公司工人罢工而入狱。

几年之内,他成为一个社会主义者和美国社会党的创建者。他是1900年、1904年、1908年、1912年和1920年的总统候选人。他在1920年获得的民众选票最多——大约915000张。他在1921年出狱。1905年,他参加建立世界产业工人联盟,但是不久就因该联盟的激进主义而退出(见:**劳工运动**)。他于1926年10月20日在伊利诺伊州埃尔姆赫斯特去世。

梅西,威廉·弗格森 MASSEY, William Ferguson (1856—1925)

威廉·弗格森·梅西从1912年到他1925年去世,一直担任新西兰总理。他在第一次世界大战期间,曾参加帝国战时内阁,并签署凡尔赛条约,使新西兰成为国际联盟的发起国之一。梅西是个保守党人,他对罢工工人的残酷镇压,导致了1916年新西兰工党的成立。他还坚决反对英联邦内各国享有独立地位。但在农业方面,他却是一个自由主义者,甚至用政府政策来支持农产品的价格。

梅西1856年3月26日生于爱尔兰伦敦德里郡。14岁时,由于爱尔兰的经济陷入绝望的境地,他移民到新西兰。他在奥克兰附近种田,后来成为农民的发言人。1894年当选为保守党议员。在保守党1912年掌权之前,他一直是自由党内阁的反对派。他上台后的第一项措施,就是签署一项法律,使农民能比较容易地购得土地。他改进了政府行政制度,把文官的工作置于非政治的委员会领导之下。

1915年,梅西由于和自由党组成联合政府,故能继续掌权。他以微弱的多数保持他的职位到1925年。在最后几年,由于物价上涨,农村骚动,使他处境艰难。他1925年5月10日死于惠灵顿。

饶勒斯 JAURÈS, Jean (1859—1914)

让·饶勒斯是法国社会主义运动最得力的领导人,于1914年被暗杀。他是一位伟大的学者、雄辩的演说家和能干的政治组织者。

让-约瑟夫-玛丽-奥古斯特·饶勒斯1859年9月3日生于法国卡斯特尔。曾在巴黎上大学,并在1881年至1885年间在巴黎和图卢兹教书。他在1885年以无党派身份当选法国下院议员。1889年落选,1893年再次当选。当时他已是一个社会主义者,但属于法国社会主义五派中革命性最温和的一派。他和他的同道们认为,他们应该为逐步地实行民主的社会主义做准备。1905年,当时仅存的两个社会主义政党,在他的领导下联合到一起,组成了工人国际法国支部。

19世纪90年代,饶勒斯受到阿尔弗雷德·德雷福斯上尉悲剧事件的牵连。根据伪造的证据,德雷福斯在1894年被判叛国罪。这是近代法国政治中最具爆炸性的事件之一。在这次事件中,饶勒斯坚信德雷福斯是无辜的。他的这一立场使他在1898年的选举中落选。他在1902年再次当选。

他的另外一个不得人心的立场使他丧失了性命,这就是在第一次世界大战前几年,希望与德国和好。在大多数法国人都急于和德国开战的时候,他却极想达成法德和解,因此在1914年7月31日,战争爆发前三天,遭到狂热反德分子的暗杀。

穆尼奥斯·里维拉 MUÑOZ RIVERA, Luis (1859—1916)

卢斯·穆尼奥斯·里维拉是一位政治家和出版家。他孜孜不倦地为争取他的祖国波多黎各获得自治而奋斗。1897年,西班牙给予波多黎各地方自治权,他的工作似乎已经完成,但只过了两年,又由美国统治,他的工作又重新开始。

穆尼奥斯·里维拉1859年7月17日生于波多黎各巴兰基塔斯。1889年,穆尼奥斯·里维拉创办了《民主报》,倡导波多黎各自治。不久,即成为争取自治的各政党的公认领袖。1897年,主要由于他的奋斗,西班牙同意给予波多黎各地方自治的特许权。不久,穆尼奥斯·里维拉成为国务秘书,继而出任波多黎各第一届独立政府的内阁首脑。

但是,这个岛国只享受到了短时的自治。1898年12月10日,西班牙根据西美战争条约,把波多黎各割给了美国。穆尼奥斯·里维拉辞去了内阁职务,余年主要在美国度过,致力于使美国公众了解波多黎各独立的必要性。他为此在纽约出版了一种刊物。1910年,他被任命为波多黎各常驻华盛顿特区专员。他于1916年11月16日在波多黎各的桑特斯逝世。一年以后,给予波多黎各更大自治权的琼斯议案获得通过。他的儿子卢斯·穆尼奥斯·马林于1948年出任波多黎各总督(见:**穆尼奥斯·马林**)。

卡兰萨 CARRANZA, Venustiano (1859—1920)

在20世纪的前20年中,墨西哥处在持续的政治动乱之中。由弗朗西斯科·马德罗领导的军队,推翻了波菲里欧·迪亚斯的独裁统治,并试图实行政治和社会改革。维努斯蒂亚诺·卡兰萨是马德罗的同道,他支持这种改革,但是反对改革以后的许多变化。

卡兰萨1859年12月29日生于科阿韦拉州的库阿特罗谢内阁内斯,父亲是个富有的土地所有者。他作为州长,在1910年和马德罗联合起来,计划把迪亚斯赶下台。另一个革命者维克托连诺·韦尔塔背叛了马德罗,做了总统。卡兰萨、埃米利阿诺·萨帕塔和潘乔·维拉立即起来反对他,韦尔塔逃亡国外。

1914年,卡兰萨出任临时总统,1917年成为法定总统。在理论上他接受1917年宪法中规定的进行广泛改革的条款,但他并未加以实施。要求实行更广泛的民主和重新分配土地的革命者对此表示愤慨,并发生了骚乱。不想进行任何改革的、富有的土地所有者也反对他。他决心将石油工业置于墨西哥的控制之下激怒了美国。在第一次世界大战中,他成功地使墨西哥保持了中立。他知道自己的任期将在1920年12月届满,于是开始试图强行让自己选定的继承人当选。1920年4月,阿尔瓦罗·奥夫雷贡将军领导武装叛乱,卡兰萨在逃往韦拉克鲁斯的途中,他乘坐的火车受到袭击,5月20日夜里,在他试图逃走时遭到杀害。

赫茨尔 HERZL, Theodor (1860—1904)

西奥多·赫茨尔是现代犹太复国主义政治运动的创始人。他的努力推动了进行50年的一项运动。这项运动以1948年成立以色列国达到高潮。他1894年做维也纳一家报纸驻巴黎记者时,报道了对法国军队中犹太军官阿尔弗雷德·德雷福斯叛国罪的审讯。他亲眼看到的反犹的表现,使他改变了原来认为犹太人可以同化到他们所选择的国家中去,以消灭反犹主义的想法。他转而认为,惟一的解决办法是把大部分犹太人迁移到他们自己建立的国家中去。

西奥多·赫茨尔 (1904)

西奥多·赫茨尔1860年5月2日生于匈牙利布达佩斯一个富裕的中产阶级家庭。他小时候在上中等技术学校的时候就喜爱写作。

1884年,他获得维也纳大学法学博士学位。不久,他放弃了法律职业,从事评论、剧本和小品文写作,并获得成功。他还当过好几年记者。

赫茨尔由于受到对德雷福斯的审判一事的激发,在1896年写了一本名为《犹太人的国家》的小册子。他在这本书中呼吁为犹太人建立一个新国家。为了促进这一目的的实现,他召开了一系列国际犹太复国主义大会,第一次大会于1897年在瑞士的巴塞尔举行。在这些大会之后,成立了"世界犹太复国主义组织"。

赫茨尔为了建立一个犹太人的国家,会见了世界上许多领导人。他和土耳其的苏丹进行了长时间的谈判,要求后者同意把大批犹太人移入巴勒斯坦,但未能成功。1903年召开的犹太复国主义大会,拒绝英国提出的让犹太人到东北乌干达土地上去定居的建议。对这一问题的意见分歧,使赫茨尔感到沮丧。他鞠躬尽瘁,于1904年7月3日死于奥地利的埃德拉西。1949年,他的遗体被送到以色列,在耶路撒冷附近建立了"赫茨尔山"来纪念他。(参见:**犹太复国主义**)

布赖恩 BRYAN, William Jennings (1860—1925)

威廉·詹宁斯·布赖恩虽然三次竞选美国总统都遭失败,但对舆论所产生的影响,却只有少数总统能比得上他。他做了多年的民主党领袖,由于他的影响,伍德罗·威尔逊才得以在1912年获民主党总统提名。

布赖恩出生在伊利诺伊州的塞勒姆,1887年以前在伊利诺伊州读书和做律师,1887年迁居内布拉斯加州。他在该州获得大演说家的美誉,并被选为国会议员。

六年以后,即1896年,他36岁时,在全国出了名——他第一次被提名为总统候选人。他由于在民主党全国代表大会上极力主张自由地、无限量地铸造银币,而获得胜利。他对那些主张只实行金本位的人喊叫道:"你们不能把这个带刺的皇冠强加在工人头上。你们不能把人类钉在这个黄金十字架上。"

虽然布赖恩在那一次和1900年及1908年的选举中都没能当选,但仍被人们看作是民主党的领袖。他通过他办的报纸《平民》,和在肖托夸讲台上发表的演说,促进了禁酒、宗教和道德风尚的发展。

布赖恩被威尔逊总统任命为国务卿。在战争爆发之前,为调查争端,他和代表世界3/4人口的30个国家议订了条约。因为他反对战争,他在1915年6月辞职,以抗议总统关于"卢西坦尼亚号"被击沉一事所持的坚决立场。

战后他迁居佛罗里达州,从事促进道德和宗教的活动。他1925年7月在田纳西州的代顿去世,当时他正在参与一起"反进化"法的审判案。

普恩加来 POINCARÉ, Raymond

（1860—1934） 在 20 世纪初期，制订法国政策的所有政治家中，没有比雷蒙德·普恩加来更加相信和德国的战争是无法避免的了。为了使法国为第一次世界大战的冲突做好准备，他比任何人都更勤奋地工作。

普恩加来 1860 年 8 月 20 日出生在法国的巴勒迪克，曾在工业学校及巴黎大学上学。1887 年当选议员，以后曾在内阁中担任过数种职务，1912 年出任总理。他遵循反德政策，加强了法国和英国及俄国的友好关系。他在 1913 年当选总统，在第一次世界大战期间他一直担任总统职务。在巴黎和会上，他极力主张对德国提出严苛条件。

1920 年，在普恩加来任期届满时，再次当选参议员，并两度再次出任总理。在 1923 年法国进军德国鲁尔河地区，迫使德国交付赔款时，他任总理。1926 年至 1928 年，他稳定了法郎，使法国摆脱了危机。普恩加来于 1934 年 10 月 15 日在巴黎逝世。

劳合·乔治 LLOYD GEORGE, David（1863—1945）

一个瘦小的威尔士人在 17 岁时访问了英国下院。后来，他在日记中写下了想从政的愿望。这个威尔士人就是大卫·劳合·乔治，他最终成了英国首相，领导英国在第一次世界大战中战胜了德国。

大卫·乔治 1863 年 1 月 17 日生于英国曼彻斯特，他的威尔士父亲威廉·乔治在曼彻斯特教小学。1864 年 6 月，其父去世。此后不久，全家就搬回威尔士。大卫受教于他的叔父理查德·劳合（一位乡村鞋匠）。为纪念他，便取了"劳合"这个名字。14 岁，他开始学习法律，21 岁，获准开业当律师。1890 年，作为威尔士卡那封自治市的自由党代表入选议会。"这位伟大的威尔士小个子"保持下院议席达 55 年。他一贯坚持自己认为公正合理的事情，丝毫不为公众舆论所左右。1905 年，劳合·乔治接受了内阁中一个不那么重要的职位——贸易大臣。任贸易大臣期间，他使议会通过了一项救助海员的运输法案，并解决了一次严重的铁路罢工。1908 年，由于财政大臣赫伯特·亨利·阿斯奎斯继任首相，他被提升到内阁的第二把交椅，接替阿斯奎斯任财政大臣。作为英国财政总管，劳合·乔治决定减轻穷人的税收负担。他还制订了养老金法，为了给养老金法提供资金，他制订国民预算，对富人加征新税。这种税有瓦解以往地产的危险。

保守的上院否决了劳合·乔治的预算，但是大选结果表明：大部分英国人赞成这个预算。公众的支持是如此的强烈，以至 1911 年的国会法取消了上院有否决诸如预算之类财政法案的权力。劳合·乔治立刻提出一项范围更广的社会改革方案。

1914 年，第一次世界大战爆发，由于他长期被人看作是绥靖主义者，故许多人希望他辞职。可是，在德国人侵比利时后，劳合谴责了德国的侵略。1915 年，被任命为新组建的军火部大臣，1916 年任国防大臣。

这时自由党发生分裂，1916 年 12 月，劳合·乔治迫使阿斯奎斯辞职，自己出任首相，领导联合政府。由于赢得了 1918 年 11 月选举的胜利，劳合·乔治巩固了他的地位，此后，出席法国凡尔赛和会。在和会上，他显得很暧昧。他有时站在法国一边，支持彻底打败德国，有时又站在美国一边，支持建立在各国和各民族和解和权利基础上的和平。

1919 年后，主要是由于经济萧条而导致了罢工和失业，劳合·乔治的领导权受到削弱，1921 年，爱尔兰自由邦的成立进一步削弱了他的领导权。1922 年，保守党退出联盟，劳合·乔治立即辞职。后来，他一直留在下院，但分裂的自由党的影响渐渐变弱。为了再度当首相，他最后以极大的努力参加了 1929 年的大选，那时，他作出了"征服失业"的堂皇许诺。但这个许诺未能打动人心，选民都转向了呈上升势头的工党。劳合·乔治晚年致力于他的《战争回忆录》的撰述。1945 年 3 月 26 日，他在威尔士去世。

麦克唐纳 MacDONALD, Ramsay（1866—1937）

英国第一位工党首相。1924 年短暂任首相。后来又于 1929 至 1931 年任首相，1931 至 1935 年领导联合政府。

詹姆斯·拉姆齐·麦克唐纳是未婚女仆的私生子。1866 年 10 月 12 日生于苏格兰莫里郡洛西默思。18 岁离开学校去布里斯托尔做工。在那里，由于与社会民主联盟的成员接触，对社会主义发生了兴趣。第二年赴伦敦，参加了社会主义团体——费边社。1894 年参加新成立的独立工党。1900 年任工人代表委员会书记。1906 年工人代表委员会成为现代英国的工党。那年，麦克唐纳选入下院。早期反对第一次世界大战致使他在 1918 年的选举中失败，但在 1922 年又选入下院。不久，他任工党领袖。1924 年 1 月，自由党和工党的联合得票数使麦克唐纳出任首相。在下院对一小问题投了不信任票之后，麦克唐纳于同年 11 月辞职。

1929 年工党赢得了大选的胜利，麦克唐纳重新任首相。不久，大萧条便给他带来了灾难，他的谨慎的经济政策更加恶化了经济状况。1931 年 8 月他辞去首相职务。辞职后的第二天他就重新任联合政府首脑。由于他领导政府的能力下降，故于 1935 年 6 月由前保守党首相斯坦利·鲍德温取而代之，1937 年 11 月 9 日麦克唐纳在乘船去南美的途中去世。

毕苏斯基 PIŁSUDSKI, Józef（1867—1935）

革命者和政治家约瑟夫·毕苏斯基活着看到了他的梦想——一个独立的波兰。他自 1918 年至 1922 年任这个独立国家的首任总统，并且直到他去世。在此期间他一直影响着政府的政策。

约瑟夫·克莱门斯·毕苏斯基 1867 年 12 月 5 日生于波兰祖洛夫，这个地方当时是俄罗斯帝国的一部分。俄罗斯政权对波兰人很严酷。年轻时，毕苏斯基就已产生了争取国家独立的强烈愿望，蔑视俄罗斯统治者。自 1885 年开始，他一度学医，然而 1887 年被诬告阴谋行刺沙皇亚历山大三世，并被逮捕，判处流放西伯利亚五年。毕苏斯基 1892 年回国，成了新波兰社会主义党领袖，并创办了一种叫作

《工人》的地下报刊。

1904年日俄战争期间,毕苏斯基去日本东京,寻求外部援助。然而,他求援未果。回到波兰后不久,社会党出现分裂。毕苏斯基一派着手组建秘密军队。第一次世界大战期间,毕苏斯基指挥受奥地利人支持的波兰军团与俄作战。后因拒绝宣誓效忠德国和奥地利军队,被监禁于德国马格德堡。德国战败后,毕苏斯基获释,作为英雄回到波兰。

1918年毕苏斯基被推举为国家首脑和波兰军队总司令。1922年,新宪法限制了总统的权力,他便辞去总统职务,但继而担任参谋总长。1926年再次当选总统,但他拒绝担任此职。他担任国防部长,直到去世,实行独裁统治,逮捕那些反对他的人。毕苏斯基于1935年5月12日在华沙去世,被葬于周围安卧着波兰历代国王的克拉科夫教堂。

鲍德温 BALDWIN, Stanley (1867—1947)

斯坦利·鲍德温在1923至1937年之间三次任英国首相。他在1926年的大罢工、1935年的埃塞俄比亚危机和1936年的(英王)逊位危机期间,担任政府首脑。在那次大罢工(1926年5月4—12日)中,保守党人鲍德温宣布国家处于紧急状态。他组织志愿人员维持一些基本的服务性事业,并拒绝在罢工结束前与工会领导人谈判。1935年12月,英法签订协定,允许意大利征服埃塞俄比亚,这一即招致了公众对鲍德温政府的批评。第二年,鲍德温巧妙地处理了宪法危机,这场危机以国王爱德华八世退位而告终。

斯坦利·鲍德温1867年8月3日生于比尤德利。1908至1937年任下院议员。1916年开始飞黄腾达,该年他成了财政大臣安德鲁·博纳·劳的议会私人秘书。

1923年鲍德温赴美国首都华盛顿商讨英国在第一次世界大战中欠美国的债务问题,议定了被许多人认为不利于英国的条款。然而,国王乔治五世于1923年5月22日命鲍德温组阁。他任职到1924年1月22日。他的另外两届首相任期分别是从1924年11月4日至1929年6月4日和1935年6月7日至1937年5月28日。1937年他被封为伯爵。1947年12月14日去世。

布拉萨 BOURASSA, Henri (1868—1952)

加拿大政治家和新闻记者亨利·布拉萨,是一位热情的民族主义者,他希望看到加拿大成为英王领导下的独立国家。这个目标在他死后30年才得以实现,1982年加拿大颁布了自己的宪法。

约瑟夫-拿破仑-亨利·布拉萨1868年9月1日生于魁北克省蒙特利尔。他22岁进入政界,那年,他当选为魁北克省蒙贝洛市市长。1896至1907年,他在加拿大众议院任职。他是作为自由党党员而当选的。他反对加拿大支持南非的布尔战争(1899—1902),因此转而加入国民党并开始鼓吹加拿大独立。

1910年,布拉萨创办了蒙特利尔报纸《义务报》,以此宣传他的政治观点。他的民族主义致使他反对他所认为的美国公司对加拿大的剥削。他还反对任何有可能导致对外冒险主义或战争的军事政策。在第一次世界大战之前的几年中,布拉萨反对自由党的建立海军计划。这次大战爆发后,他谴责保守党提出的军事草案。

1925年,布拉萨再度当选为议员。他与总理W.L.麦肯齐·金一起要求改变总督(英国驻加拿大的代表)的作用。可是,布拉萨不愿在金的政府中任职。1935年再度竞选失败,并对几个主要的政党大失所望,他鼓吹支持推行民族主义的"民众加拿大集团"或"合作联邦联盟"。1952年8月31日,布拉萨在魁北克省的奥特里蒙特去世。

张伯伦,内维尔 CHAMBERLAIN, Neville (1869—1940)

如果有人问英国政治家约瑟夫·张伯伦,他的两个儿子中谁更可能成为首相,他一定会说是奥斯汀。然而,却是内维尔这个商人登上了他杰出的父亲和异母哥哥似乎命中注定却又与之无缘的宝座。

内维尔被选中经营家族生意。他在拉格比公学和伯明翰的梅森大学受过教育后,父亲送他去了巴哈马群岛,他在那里当了7年西沙尔麻种植园经理。1897年,他回到伯明翰。

像家中7位年长的成员一样,内维尔步入政坛,当上伯明翰市市长。他于1918年从伯明翰选区被选入议会,并很快在保守党内举足轻重。1924年他任卫生大臣,在1929年之前只有一次中断此职。1931年,他成为财政大臣。1937年,斯坦利·鲍德温辞职,年近古稀的张伯伦出任首相。

阿道夫·希特勒已使德国军事化,并要为它的人民索取"生存空间"。他的第一个目标是将住在奥地利和捷克斯洛伐克西部(苏台德)的德国人并入德国。1938年9月,张伯伦在德国开会,试图和平解决希特勒对捷克斯洛伐克的要求。9月29日,英国、法国、德国和意大利签署了《慕尼黑协定》,把捷克斯洛伐克的苏台德地区割让给德国。张伯伦宣称,这个协定意味着"我们这个时代的和平"。然而,希特勒于1939年3月占领了整个捷克斯洛伐克。

1939年4月,张伯伦为争取和平,放弃绥靖政策,与法国共同宣誓保卫波兰、罗马尼亚、希腊及土耳其的独立。9月3日,德国入侵波兰后,张伯伦宣布他的国家进入战争状态。作为战时领袖,他受到猛烈抨击。非议如此强烈,以至他于1940年5月10日辞职。他曾一度在温斯顿·丘吉尔的内阁中任职,但他的健康情况迅速恶化,于1940年11月9日去世。

阿奎纳多 AGUINALDO, Emilio (1869—1964)

埃米里奥·阿奎纳多是菲律宾的第一位总统,他是一位革命将军和英雄。1895年,他参加了反对西班牙对菲律宾进行统治的秘密团体"卡蒂普南"。1896年,在战斗开始后,他任革命军队的将军。1897年,宣布成立革命政府,他出任总统。

阿奎纳多1869年3月22日生于甲米地市。他是特里尼达德·法米·伊·瓦莱罗和卡洛斯·阿奎纳多的八个孩子之一。父亲是该市市长。他在马尼拉上大学,但没有毕业便辍学去养家了。

在1897年阿奎纳多被任命为菲律宾的首脑时,"卡蒂普南"的领袖安德烈斯·博尼法西奥想成立一个反叛政府,阿奎纳多控告他背叛,并将他处死。

作为和西班牙人签订和平协议的一个条件,阿奎纳多在1897年12月定居香港,但1898年西美战争爆发后,他又回到国内。为反对美国对菲律宾的统治,1899年建立了菲律宾共和国,由阿奎纳多任总统。他和美国军队进行战斗,于1901年被俘。他后来退隐,从事革命退伍人员工作。1935年竞选总统,败给了曼纽尔·奎松。

1896年,阿奎纳多和希拉里娅·德尔·罗萨里奥结婚。他们育有6个孩子,罗萨里奥在1921年去世。1930年他又与玛丽亚·阿贡西约结婚。阿奎纳多于1964年2月6日在奎松城去世。

甘地 GANDHI, Mahatma (1869—1948)

在整个历史上,大多数民族英雄都是主张战争的,但是,甘地却不发一枪一弹,结束了英国在印度的统治。一个体格瘦弱的人,为了获得社会和政治的进步,他把毕生献给了和平和同胞。然而,就在他反对英国统治的非暴力抵抗运动为印度赢得了独立不到6个月,他就被一个宗教狂热分子暗杀了。

甘地是个极为温和的人,一个虔诚的并且几乎带有神秘主义色彩的印度教徒,但具有钢铁般的意志。他的信念十分坚定。这些性格特点的结合使他成为印度民族主义运动的领袖。有些观察者将他称之为老练的政治家。另一些人则认为他是一位圣人。对于无数印度教徒来说,甘地就是被他们所热爱的"圣雄",即"伟大的灵魂"。

莫汉达斯·卡拉姆昌德·甘地1869年10月2日生于孟买附近的博尔本德尔。他的家庭属于印度教商人等级——吠舍种姓。父亲曾是几个小土邦的总理。甘地在年仅13岁那年就已完婚。

19岁那年,冲破习俗的束缚去国外学习。他在伦敦大学学院学习法律。由于他是印度人,同学们冷落他。他一度在冷寂孤独中研究哲学。在阅读过程中,他发现了亨利·大卫·梭罗在《论公民的不服从》中阐述的"非暴力原则",并深受约翰·罗斯金的影响,罗斯金呼吁放弃工业主义而保护农业生活和传统手工业——一种类似于许多印度教徒的宗教观念的理想。

1891年,甘地回到印度。在孟买未获成功,1893年他又去了南非。在纳塔尔,他成了最高法院所承认的第一位所谓"有色人种的"律师,有许多人请他办案。

不久,他的兴趣转移到了来南非当劳工的印度同胞问题上。他看到,在印度,在英国,继之在南非,印度人被视为下等人。1894年,他创建了纳塔尔印度国大党,为争取印度人的平等权利而斗争。然而,他同时又对英帝国保持着忠诚。1899年,在布尔战争期间,他建立起一支野战救护队,为南非政府服务。1906年他支持南非政府镇压祖鲁人的起义。

不过,1906年晚些时候,甘地开始了他的和平革命。他宣布宁愿坐牢甚或一死,也不愿服从歧视亚洲人的法律。成千上万的印度人与他一起参加了这场非暴力反抗运动。他曾被两度囚禁。然而,在第一次世界大战中,他再次为英国组建了一支野战救护队,随后于1914年返回印度。

甘地的著作和虔诚的人生使他赢得了众多的印度追随者。他们在甘地领导的独立运动中几乎是盲目地追随他。他力图使各阶级和各宗教派别(尤其是印度教派和穆斯林教派)和解。1919年,他成为新建立的印度国民大会党的领袖。1920年,他发起了一场反对英国的不合作运动,呼吁印度人自己纺棉花,抵制英国货、英国法院和英国政府。这次不合作运动致使他自1922至1924年被囚禁。1930年,甘地在抗议盐税斗争中,领导成千上万的印度人徒步行进320公里到海边自己生产盐。他因此而再度入狱。

1934年,他辞去了党的首脑职务,但仍然保持着对该党的实际领导。他逐渐深信:印度只要留在英帝国内,就不会获得真正的自由。第二次世界大战初期,他要求印度立即获得独立,以此作为印度在这场战争中帮助英国所得到的报偿。于是1942至1944年,他第三次被囚禁。

1947年,印度赢得独立,甘地获得了胜利。次大陆分裂成两个国家(印度和巴基斯坦),导致了印度教徒-穆斯林教徒的骚乱。甘地再次求助于非暴力,一直绝食到德里的骚乱分子向他作出和平保证为止。1948年1月30日,甘地在德里去祷告的路上,被一名印度教徒所杀,圣雄为使印度教徒和穆斯林教徒和解所作的努力激怒了这个教徒。1983年,一部反映甘地一生的巨片获得了几项奥斯卡金像奖。

列宁 LENIN (1870—1924)

使共产党于1917年在俄国夺取政权的那场革命被称为是20世纪最重大的政治事件。它的领导者是马克思社会主义者列宁。他曾花了许多年的时间研究革命的策略,扩大追随者的队伍。在恰当的时候,他非常巧妙地实现了自己的计划。

列宁的真名是弗拉基米尔·伊里奇·乌里扬诺夫。1870年4月22日出生于俄国的辛比尔斯克(伏尔加河边上的一个城镇)。他的父亲原是个教师,后升为省国民教育视察员。弗拉基米尔16岁那年,他的父亲去世。第二年,他的哥哥亚历山大因参与谋刺沙皇亚历山大三世被处以死刑。从那时起,列宁就憎恨统治阶级和有产阶级。

他的哥哥被处死后没几个月,列宁因参加一次政治示威活动而被学校开除。有几年,他寄住在亲戚家里,研究法律、语言和卡尔·马克思的著作(见:**马克思**)。1891年他通过法律考试。不久他便放弃律师业,专职从事于圣彼得堡(当时俄国的首都)的革命地下运动。

列宁于1895年被捕入狱,后被流放西伯利亚。在那里他与娜杰日达·克鲁普斯卡娅结婚,他是在圣彼得堡搞地下运动时认识她的。

他最早使用 N. 列宁这个笔名是在西伯利亚。据说,"N"是代表尼古拉,但人们从未听说他签署过全名。现在,人们通常把他名字的首字母附在他的笔名前,称他为 V. I.

列宁。1900年列宁服刑期满后出国。第二年他的妻子与他会合。在1917年以前,这对夫妇大部分时间都过着像流亡者一样的生活,常常用假护照从一个国家跑到另一个国家。他们与俄国其他马克思主义者一起出版《火星报》,该报被偷偷地运到俄国。

1903年,大约60个俄国革命者在布鲁塞尔召开代表大会。比利时警察当局命令他们离开,于是代表大会继续在伦敦举行。列宁的狂热使他不受那些比较温和的、保守的社会主义者的欢迎;他主张建立一个人数不多的、秘密的党,其成员都是能带领普通工人进行革命的职业革命家。他的意见使俄国社会民主工党分裂成两派:列宁的激进派,布尔什维克(多数派),和温和派,孟什维克(少数派)。

这个党在俄国也发生了分裂。布尔什维克实际上是个比较小的团体,他们绝对遵从列宁关于进行恐怖主义活动的指示。他告诉他们怎样冲银行,怎样搞到和使用炸弹,怎样放火,怎样破坏卡车。这个党在工会、运输工人、陆军和海军中都建立了基层组织。(参见:**共产主义**)

第一次世界大战时,列宁家在瑞士。在这场战争中,大多数社会主义者都支持自己的政府。列宁号召所有国家的工人都起来造反,从而结束这场战争。这一号召引起德国政府的兴趣,因为它想要同俄国言和。

俄国在这场战争中损失惨重。1917年3月爆发革命。沙皇被新的临时政府废黜,但是战争仍在继续。德国政府希望改变革命的进程,因此同意让列宁和其他30个革命者返回俄国。这伙人于4月16日到达俄国首都的芬兰车站。第二天,列昂·托洛茨基也从纽约市回到圣彼得堡。列宁和托洛茨基配成了可怕的一对。7月,布尔什维克参加了一次未遂的暴动。临时政府指控列宁是德国间谍,他便逃到芬兰。10月22日他秘密潜回。在给布尔什维克下了一番指示之后,他又躲了起来。

11月6日列宁又出来指导革命。11月7日(旧俄历10月25日)拂晓前,布尔什维克控制了火车站、国家银行、发电站和电话局。晚上,他们逮捕了正在冬宫开会的内阁成员。11月9日,列宁建立了世界上第一个共产党政府。

列宁1922年两次患中风,1923年又患第三次。1924年1月21日,在一次致命的中风后,约瑟夫·斯大林接替了他。苏联人曾一直把列宁看作是他们最伟大的民族英雄。他的著作——尤其是他对共产党所作的指示——与马克思的著作并列。莫斯科红场上的列宁墓是一个民族圣地。1924年,为纪念他,圣彼得堡改名为列宁格勒。但是,1991年共产主义失败和苏联解体以后,俄国人民开始转而反对列宁和他所代表的一切。1991年,列宁格勒的公民通过投票表决又把该城市的名字改回圣彼得堡。(参见:**斯大林**;**托洛茨基**)

斯穆茨　SMUTS, Jan(1870—1950)

在1899—1902年的布尔战争中,简·斯穆茨是反抗英国统治南非的游击队战士。其后不到20年,他成了最杰出的英国政治家,1919年,他做了英国南非联邦首相。

简·斯穆茨1870年5月24日生于开普殖民地的博文普拉茨。他先在南非的维多利亚学院读书,后在英国剑桥大学学法律,后来又在伦敦的律师学院进修。他28岁回到南非,成了德兰士瓦省的律师。在布尔战争期间,他是共和军司令,受到极高的赞誉。

布尔战争结束后,他在重组的德兰士瓦省协助人民党领袖路易斯·博塔。1906年,他和博塔去伦敦,争取到德兰士瓦省的自治。在1910年成立南非联邦前后,斯穆茨也起了很大作用。博塔出任联邦首相后,任命斯穆茨为国内防务部长和矿业部长。

第一次世界大战爆发后,许多布尔人都要求摆脱英国的统治,但是斯穆茨和博塔把他们的叛乱镇压下去了。其后,斯穆茨又率领军队远征德属西南非和德属东非。1917年,斯穆茨应召去英国代表南非参加帝国战时会议。第一次世界大战结束后,他作为南非代表参加和平会议,并参加拟定国际联盟盟约。

1919年博塔去世,斯穆茨继任首相。1924年,国民党领袖 J.B.M. 赫尔佐格取代了他的职务。1939年第二次世界大战爆发后,议会投票决定恢复斯穆茨的首相职务。

1941年,斯穆茨被授予陆军元帅头衔。他出现在战争前线,参加同盟国的各种理事会和组织联合国的工作。1948年,国民党再次控制了政府,迫使斯穆茨辞职。他于1950年9月11日在比勒陀利亚附近的艾琳去世。

卢森堡　LUXEMBURG, Rosa(1871—1919)

罗莎·卢森堡是20世纪初最重要的社会主义和共产主义运动理论家之一。她和列宁一样,认为要用暴力推翻资本主义制度。她和列宁不同的是,她反对民族主义,强调国际主义。她还反对列宁的"民主集中制",认为那将形成极权主义国家(见:**列宁**)。她则重视革命的群众行动,相信最终会产生更为民主的组织。

罗莎·卢森堡于1871年3月5日出生在俄国波兰(现波兰)的扎莫希奇。当她还在中学的时候,就参加了地下的革命活动,这在当时俄国的知识阶层中是相当普遍的现象。1889年,她移居瑞士苏黎世,在那里学习政治经济学和法律。她在苏黎世期间,是波兰社会民主党的创始人之一,以后该党更名为波兰共产党。

1898年,她和德国人古斯塔夫·吕贝克结婚。他们在社会主义活动的中心柏林定居。她在那里逐渐形成自己的明确观点,并参与了党内的冲突,酿成分裂。(参见:**社会主义**)

她一生中主要的经历是俄国1905年的革命和第一次世界大战。俄国革命使她相信,世界革命将从俄国开始。她反对第一次世界大战,因为它损害了社会主义的国际主义。

卢森堡和她的同事卡尔·李卜克内西组织斯巴达克联盟,致力于通过工人革命结束战争。1918年,他们建立了德国共产党。卢森堡1919年1月15日在柏林遭暗杀。

拉斯普廷　RASPUTIN(1872?—

1916) 拉斯普廷是近代俄国历史上臭名昭著的一个角色,是个宗教骗子和机会主义者。他在10多年的时间里,控制了沙皇尼古拉二世和他的妻子,因为他缓解了他们的儿子阿列克谢的血友病的痛苦。血友病是一种痛苦而且常常能致命的血液病。

拉斯普廷的真名叫格利戈里·耶菲莫维奇·诺维克。他大约在1872年生于西伯利亚的波克洛夫斯科耶。他一生都是一个文盲农民。他因为生活浪荡而出名,得了个拉斯普廷的浑名,意思是"淫棍"。他在一个寺院里学习的时候,学到了一条教义,即:拯救灵魂的最好办法就是尽情满足自己的欲望。他把这条教义融合到他自己的信条中去。他没有去做僧侣,而是结了婚,并且有了4个孩子。他丢下了妻子,自称为圣洁之人到希腊和耶路撒冷去漫游。1903年,他回到俄国首都圣彼得堡,并设法钻进了皇族圈中。尼古拉二世的妻子亚历山德拉特别喜欢他和他那神秘的能力。

在第一次世界大战期间,尼古拉去了前线指挥军队,这给了拉斯普廷一个机会,使他成为宫廷中最有权势的人。教会的负责人和内阁部长们都由他任命,他还过问军事。最后,一批谋者把他诱骗到一个私人家中。1916年12月29—30日,在这人家中他们给他下了毒并向他开枪,但是他没有死,于是他们把他捆起来,抛进涅瓦河中溺死。几个星期以后,俄国革命结束了罗曼诺夫王朝的统治。

金　KING, Mackenzie(1874—1950)

麦肯齐·金从1921年至1948年退休,担任加拿大总理达21年之久。在英国议会制度下,还没有哪位政治家领导一国政府这么多年。

1874年12月17日,威廉·莱昂·麦肯齐·金出生在安大略省的柏林(即现在的基奇纳)。母亲是1837年起义领袖威廉·莱昂·麦肯齐之女。

金早年求学于多伦多大学、芝加哥大学和哈佛大学。在芝加哥时他住在简·亚当斯创建的"赫尔大厦"(一邻里服务所),正是在那里,他首次研究了社会和劳工问题,这些问题在许多年中是他的最大兴趣。作为哈佛大学享受出国奖学金的学生,他还研究了欧洲的劳工状况。

一年暑假,金在报纸上发表一系列文章,揭露了加拿大邮政局所属血汗工厂的恶劣工作条件,随后进行了一项政府调查,帮助纠正了这种状况。1900年政府请他组建劳工局,并担任劳工局副局长。

金的才干给自由党总理威尔弗里德·洛里埃留下了深刻印象(见:洛里埃)。在他的敦促下,金在1908年竞选众议院议席并取得了胜利。1909年,洛里埃任命他为加拿大内阁的首任劳工部长。1919洛里埃去世,金被推举为自由党领袖。1921年12月29日,金就任总理,领导加拿大摆脱英联邦自治领的地位,获得了完全的自主权。1926年,发生关税丑闻后不久,金失掉了总理职位,但他巧妙地促成了一次新的选举,推翻了保守党人阿瑟·米恩的统治(见:米恩)。1930年,在大萧条期间,他的政党再次被击败。

1935年重新执政后不久,他便面临着领导国家度过第二次世界大战的任务。作为外交部长,金与美国通过谈判签署了防务和经济条约。在国内,他运用杰出的调解才能维护了讲法语和讲英语的加拿大人之间的团结。金积极参与了1945年联合国的创建工作,并参加了战后召开的一系列原子能和防务会议。1950年7月22日,金在渥太华附近他的家乡金斯麦尔去世。

魏茨曼　WEIZMANN, Chaim(1874—1952)

现代以色列国的第一任总统,是出生于俄国的国际知名化学家哈伊姆·魏茨曼。1917—1931年和1935—1946年,他还担任过世界犹太复国主义组织的领导人。

魏茨曼1874年11月27日生于俄国西部的莫托尔。他早年在俄国上学,后去德国和瑞士学化学,1900年获弗里堡大学博士学位。1904年在英国定居,在曼彻斯特大学担任科学方面职务。在第一次世界大战期间,他发明了从玉米中提取丙酮的方法,为英国的军火工业作出了宝贵的贡献。丙酮是制造无烟线状火药粉末的原料。这一贡献对他在以后和英国政府进行犹太复国主义的政治谈判,很有益处。

他在读书和做教师时,就已经是一个积极的犹太复国主义者。大战后,参加了导致1917年11月的贝尔福宣言的谈判,这个宣言赞同在巴勒斯坦建立犹太人的家园。同年任犹太复国主义组织主席。他从1921年起,不顾疲劳,周游世界,宣传犹太复国主义,并筹集资金。

在以后的20年中,魏茨曼在谈判中的做法受到严厉的指责,犹太复国主义运动中的极端主义分子批评他对英国政策和阿拉伯国家的态度过于温和。他从1931年至1935年离职,于1934年在巴勒斯坦的雷霍沃特建立了西夫研究所。在20世纪30年代,他试图拯救在纳粹政权统治下受迫害的德国犹太人的生命和他们的财产。他在1948年和哈里·S.杜鲁门总统的会谈,促成了以色列国在同年5月14日的建立。1949年2月,他当选为第一任总统。他虽然健康欠佳,但一直任职到1952年11月9日在雷霍沃特逝世。

米恩　MEIGHEN, Arthur(1874—1960)

阿瑟·米恩曾两度任加拿大总理,还担任过该国的副检察长和国务秘书等职。在其整个政治生涯中,他是一位富有辩才的保守党领袖。

米恩1874年6月16日生于安大略省安德森附近的一个农场。1896年毕业于多伦多大学。先是当教师,后又学习法律。曾在马尼托巴省波蒂奇拉普赖里操律师业。1908年初试身手,便被选入众议院,以后又几次连选连任。

1913年,保守党总理罗伯特·L.博登任命米恩为副检察长。1917年被任命为国务秘书和内政部长。在组建加拿大国家铁路公司的过程中,他指导进行了与之有关的复杂的法律谈判。他还是第一次世界大战期间政府征兵议案的主要起草人。

1920年博登退休,米恩接替他任保守党领袖和总理,执政14个月,直到自由党在威廉·莱昂·麦肯齐·金领导下重新掌权。在以后的五年中,米恩作为反对党领袖供职于众议院。1926年金领导的自由党政府垮台,米恩再度出任总理。可是三个月后,金迫使米恩举行新的选举,结果,金和自由党重新掌权。

随后米恩退出政界,直至1932年,该年他进入参议院。1941年当了一年众议院保守党领袖。余生主要从事金融业。1960年8月5日去世。

丘吉尔　CHURCHILL, Winston
(1874—1965)

曾一度被称为"没有判断能力的天才"的温斯顿·丘吉尔爵士,闯过疾风骤雨,在第二次世界大战期间,一跃成为在国际上受人尊敬的政治家。他是英国最伟大的首相之一。

温斯顿·丘吉尔于1874年11月30日出生在有21000英亩土地的莫尔伯勒公爵庄园里的布莱尼姆宫。他父亲伦道夫·丘吉尔勋爵,是第七世公爵的第三个儿子。他母亲珍妮·杰罗姆,过去曾是纽约社会中的美女。在温斯顿·丘吉尔出生时,他父亲任维多利亚女王的财政大臣。在温斯顿的儿童时代,他的祖父是爱尔兰总督,他父亲任总督秘书,所以,他小的时候是在都柏林度过的。后来,他在英国上了两个私立学校。

在他12岁时,他父亲把他送进哈罗公学。温斯顿粗壮、矮个子、火暴脾气、一头红发,他读低年级的时间"比别人长三倍"。他长大以后说:"在低年级蹲那么久,我比那些聪明的孩子得到的益处大得多。他们都去学拉丁文、希腊文之类的高级功课去了,我却仍在学英文。于是我把普通的英文句子结构记得烂熟——这是件大好事。"他16岁时进入历史悠久的英国军校桑赫斯特陆军军官学校。他在军校中战术和防御工事两门功课学得最好,毕业时,150人中名列第八。

1895年3月,他在(女王自己的)轻骑兵第四团任少尉,这是一个优秀的骑兵团。这时他也开始写文章。他利用他的第一个三个月的假期给《伦敦每日画报》做驻古巴记者,同时担任西班牙军队的军事观察员。

1897年,他在印度进入旁遮普步兵团。他在不值勤的时候阅读吉本、达尔文、柏拉图、亚里士多德、叔本华和麦考利的著作。尤其是吉本的著作,使他受益匪浅,学到了他有声有色多彩的文风,使丘吉尔以后成为当时杰出的演说家。1898年,他在苏丹参加英军,正赶上喀土穆战役。他被授予勇士勋章后,写了两本文字生动的书:《马拉根德野战部队》(1898)和《河上的战争》(1899)。

丘吉尔在1899年回到英国后,改换了职业。他认为军队的薪饷太少,决心进入政界。但他"竞选"议员时,却没有选上。丘吉尔是个大无畏的人。

1899年,南非布尔战争爆发时,他被《晨邮报》委派为战时记者。当时还没有作出禁止记者在战争中携带武器或参加战斗的规定,所以丘吉尔一直进入到斯皮昂科普、瓦尔克兰茨以及后来各次战役中战斗最激烈的前沿阵地。他在一次战斗中,和其他军官一起被博塔俘掳,并被监禁在比勒陀利亚一所学校的房子里。他以非凡的勇气逃了出来,最后到达约300英里以外的英军阵地。

他回到英国之后,就对上一次的落选做出了补偿。在此以后,也经常发生同样的情况。那些在1899年拒绝投丘吉尔票的工人,到了1900年,仍旧是这些人,把他作为英雄选进了议会。他在上任之前,去加拿大和美国讲述他在布尔战争中的经历。

丘吉尔进入政界

丘吉尔在做议员的第一任期间,不久就显示出他是一个高度自主的政治家。他虽然是作为保守党当选的,但他对党的任何领导人都不存在畏惧心理。他的朋友们说,他的政治态度随着他的认识而变化。他的敌人则反驳说,他的政治态度随着选票的势头而变化。不久,他就从保守党变为自由党,以致保守党的领导人说他"曾是一个前途光明的青年,现在成了一个随便作出承诺的青年"。1906年,他作为曼彻斯特的自由党候选人,再次当选为议员。

即使是丘吉尔的对手们也不能否认他是个工作勤奋的人。旺盛的精力使他能连续地担任职务。他32岁做殖民副大臣(1906—1908),两年以后作为贸易委员会主席进入内阁(1908—1910)。他还做过内政大臣(1910—1911)。

准备好海军以应付第一次世界大战

1911年7月的阿加迪尔事件之后,英国担心要和德国打仗。丘吉尔被任命为海军大臣,并命令舰队做好准备,随时应战。丘吉尔立即投入紧张工作,重组海军。他建立了一个得力的参谋部,装备了口径15英寸的大炮和快速战舰,还建立了皇家海军航空兵,它是皇家空军的前身。当三年以后第一次世界大战爆发时,丘吉尔有效的海军成了英国抗击德军最具威力的武器。

然而,1915年,丘吉尔再次遭遇失利。他作为战事顾问,带领一些人主张攻打加利波利半岛。原计划通过这次战役,将土耳其在这次战争中消灭掉,但却遭到惨重的失败。

丘吉尔受到严厉的批评,辞去职务。之后,以中校身份到法国去。但是,他的解决问题的能力是非常需要的。因此,1917年他被任命为战时英国的军需大臣。

"游荡的年代"

在第一次和第二次世界大战之间的年代里,丘吉尔逐渐失去了权力。当然,他还是议员,并担任几个职务——国防大臣和空军大臣(1918—1921)、殖民副大臣(1921—1922)、财政大臣(1924—1929)和爱丁堡大学校长(1929—1932)。在这些年中,也没有发生激起他的热情和发挥他的天才的重大危机。

他利用这个时期旅行、用"查尔斯·马林"的笔名作画,和去美国讲学。他完成了6卷集的作品《马尔巴勒的一生》。他每年的稿费多达100000美元。

在1932年洛桑裁军会议之后,丘吉尔在议会大声疾呼:"英国软弱之日,就是欧洲陷入危险之时。"但是,被战争拖得筋疲力竭的英国,却说他是战争贩子。政治对手则不予理睬,说这是"温斯顿提出的又一警句"。然而,从1933年希特勒在德国掌权之后,当时又成为保守党的丘吉尔,看到了这一挑战。他搜集德国重新武装的资料,用以唤醒英国人。1938年,内维尔·张伯伦出卖了捷克斯洛伐克去安抚希特勒,丘吉尔宣称:"你做了丢脸的事,你将引来战争!"(参见:内维尔·张伯伦)

首相和战时领袖

1939年9月3日战争爆发。张伯伦立即任命丘吉尔担任他以前海军大臣的职务。8个月以后,1940年5月10日,张伯伦被迫辞职,丘吉尔继任首相。

丘吉尔上任时,正值德国武装力量横扫欧洲。但丘吉尔在英国民众面前表现镇静,他说:"我做不出其他贡献,只能献出我的鲜血、辛苦、眼泪和汗水。"他保证"向邪恶、可悲的人类罪行记录中无与伦比的恶魔暴虐政权开战"。他的洪亮的大无畏的声音与胆量激励了英国人,他伸出"代表胜利的V字"的两个手指,成了国际上表示决心和希望的手势。

在美国参战之前,丘吉尔就有了美国驱逐舰,并得到了美国的租借支援。他在1941年和富兰克林·罗斯福总统会晤,草拟了大西洋宪章。后来,他参与制订同盟国的全面战略计划。虽然丘吉尔认为国际共产主义是对和平的威胁,但他为了战胜共同敌人——纳粹德国,与苏联总理约瑟夫·斯大林进行了合作。

欧洲的战争结束不久,工党和保守党联合政府就解散了。工党在1945年大选中获得胜利,丘吉尔被迫辞去首相职务。于是他进了众议院,成为"陛下忠实的反对派领袖"。

丘吉尔妙语连珠,流传久远。1946年3月5日,他在密苏里州的富尔顿说:"从波罗的海的斯德丁(现称什切青)到亚得里亚海的的里雅斯特,在欧洲大陆上落下了一张铁幕。"于是,"铁幕"就被用来指阻隔西方与苏联控制下的地区的一个词了。

1951年,丘吉尔又被任命为首相,1955年辞职。1953年被伊丽莎白女王封为爵士,并获得诺贝尔文学奖。1963年,美国国会通过一条法案,授予丘吉尔美国荣誉公民称号。

丘吉尔在1908年与克莱门廷·奥格尔维·霍齐尔结婚。他们有一子,伦道夫,和三女,黛安娜、萨拉和玛丽。1965年1月24日丘吉尔在伦敦逝世,享受国葬,这是自1898年以来第一个享受国葬的人。他被埋葬在布莱尼姆宫附近布莱顿他父母的墓旁。

李承晚　RHEE, Syngman (1875—1965)

李承晚是韩国的第一任总统。他刚一成年就为朝鲜的独立而奋斗。他亲眼见到,他的祖国先是被中国占领,以后又被日本占领,第二次世界大战以后,又被苏联和美国军队占领。1948年,这个国家又被正式地分为两部分。

李承晚1875年4月26日生于朝鲜黄海道。先是受传统的旧式教育,后进入卫理公会的学校学习英文。1896年,他参加了一个为争取朝鲜自主和民权而组织起来的政治团体。1898年至1904年被捕入狱。出狱后去美国。李承晚是获得美国大学——普林斯顿大学,1910年——博士学位的第一位朝鲜人。他曾回国小住,但由于他对日本统治的反感,在1912年又返回美国。

李承晚曾在1919年至1941年做过流亡的临时政府总统,继续为朝鲜的独立而奋斗。他于1945年回到朝鲜,建立了一个由打手和警察支持的政治组织。温和派的领袖们遭到暗杀。他的党在1948年选举中在韩国获胜。李承晚做了总统后,掌握了独裁的权力,清洗了国民议会,宣布反对派进步党为非法,并以叛国罪将其党魁处死。他在1952、1956和1960年连任。但是在最后一次大选后一个月,被控在选举中作弊,激起由学生领头的示威。这次4月革命造成重大伤亡,李承晚被迫辞职,逃亡到夏威夷。1965年7月19日死于檀香山。

真纳　JINNAH, Mohammed Ali (1876—1948)

穆罕默德·阿里·真纳是巴基斯坦的缔造者。1947年,在巴基斯坦形成一个单独的伊斯兰国家的时候,他已无法使印度人和穆斯林一起合作,他是支持印度分治的主要力量。

真纳1876年12月25日生于卡拉奇(现在巴基斯坦境内)。他先在信德省上学,1892年至1896年在英国伦敦学法律。他在进入政界之前,做了10年律师。由于他相信穆斯林和印度人可以联合起来争取印度独立,所以,在1913年以前,他一直疏远全印穆斯林联盟。当他认为该联盟确实想与印度人的政党国大党一起合作后,才担任起该联盟主席的职务。

圣雄甘地的出现,和一连串印度教复兴运动,在20世纪20年代和30年代,给两种宗教之间加进了一个楔子(见:甘地)。真纳感到沮丧,于1930年移居伦敦,一直住到1935年人们劝他回国帮助国内的人民才回去。20世纪30年代末期,占多数的印度人和占少数的穆斯林之间的关系急剧恶化。1940年3月,穆斯林联盟通过了一项决议,呼吁建立一个单独的伊斯兰国。1947年,英国政府和印度国大党表示同意。1947年8月15日,在印度脱离英国独立时,巴基斯坦诞生了。真纳出任巴基斯坦的第一任国家元首,直到1948年9月11日在卡拉奇去世。

阿登纳　ADENAUER, Konrad (1876—1967)

第二次世界大战之后,德国已成废墟。把西德发展到经济繁荣的程度,并把它变成一个在自由世界中受到尊重的盟国,康拉德·阿登纳是有很大功劳的。

康拉德·阿登纳1876年1月5日生于德国科隆。他是4个孩子中的一个。他父亲康拉德是一个法律职员。阿登纳一家是虔诚的天主教信徒。他年轻时曾在科隆的圣阿波斯泰恩高中读书,后来上过弗赖堡大学、慕尼黑大学和波恩大学,获得法学学位。他曾结过两次婚,有 4 个儿子和 3 个女儿。

阿登纳在 1906 年当选科隆市副市长,1911 年当选资深副市长,1917 年当选为市长,这后一职务他担任了 16 年。1917 年至 1933 年,他是省议员,并担任普鲁士州议会代表,1928 年为该议会议长。

1933 年纳粹上台以后,阿登纳被剥夺了一切政治职务,1934 年被投入监狱。1944 年被送进集中营。第二次世界大战后,他参与组织一个新政党——基督教民主联盟。1948 年,他任联邦议会议长,为西德起草宪法。1949 年任西德第一任总理,1961 年连任第四届,1963 年 10 月退休。1967 年 4 月 19 日在波恩附近逝世。

罗斯夫人　ROSS, Nellie Tayloe（1876—1977）

美国第一位女州长是怀俄明州州长内利·泰勒·罗斯。在富兰克林·罗斯福做第一任总统期间,她也是第一位美国造币局局长。

内利·泰勒·温斯 1876 年 11 月 29 日生于密苏里州圣约瑟夫。她大约在 1900 年与律师威廉·布雷德福·罗斯结婚,并和他一起定居怀俄明州的夏廷。他在做了 20 年律师之后,在 1922 年当选为怀俄明州州长。他在任届期满前一个月零两天去世。他的妻子被选定接替他的职务。1924 年 11 月 4 日选举时,她以自己的权利当选为州长。得克萨斯州的米里亚姆(马)·弗格森,在同一天当选为州长,但是,因为罗斯夫人比她早上任 16 天,所以她算是美国历史上的第二位女州长。在 1926 年的选举中,罗斯夫人败给了一位共和党人,她转到怀俄明州的立法机关任职。

罗斯夫人任民主党全国委员会副主席 6 年,因为她对罗斯福 1933 年竞选总统有功,被任命为造币局局长。在她任局长的 20 年中（1933—1953）,造币厂铸制了杰斐逊镍币、罗斯福角币和林肯钢质一便士币（战时节约铜材的措施）。她退休后住在哥伦比亚特区华盛顿。1977 年 12 月 20 日去世。

吉田茂　YOSHIDA, Shigeru（1878—1967）

在第二次世界大战后关键性的年代里,吉田茂作为首相,在美国的占领下,帮助完成了使日本从军事统治到民主制度的艰难过渡。在使现代日本经济跻身于世界上生产力最高的经济行列之中,他也是起了作用的。

吉田茂 1878 年 9 月 22 日生于东京。1906 年在东京帝国大学取得法学学位后,进入外务省工作。他多年在国外任职,其中包括中国沈阳（1907—1908）、伦敦（1908—1909）和罗马（1909—1912）。他曾参加 1919 年的巴黎和会,并在驻伦敦大使馆任一等秘书（1920—1922）。1936 年至 1939 年任驻英大使。

1945 年 8 月日本投降后,他任外务大臣,后在 1946 年任首相。在 1954 年之前,大部分时间都担任首相职务。1951 年,他在美日正式结束第二次世界大战的条约和美日安全条约上签字。吉田茂 1955 年退出政界,1967 年 10 月 20 日在日本大矶去世。

奎松　QUEZON, Manuel（1878—1944）

曼纽尔·奎松为菲律宾的独立奋斗了一生,但是,他没有活到 1946 年 7 月 4 日菲律宾共和国诞生的时候。在他去世的时候,他和菲律宾政府还在美国流亡,菲律宾的武装部队还没有从日本人手中把所有岛屿解放出来。

曼纽尔·路易斯·奎松·伊·莫利纳,1878 年 8 月 19 日生于吕宋岛的巴莱尔。他曾在马尼拉圣胡安-德拉特兰专科学校和圣托马斯大学读书。他曾一度辍学,参加埃米里奥·阿奎纳多领导的反美斗争。在阿奎纳多失败后,奎松复学,并在大学获得法律学位。后来他又回到政界,他的机敏、吸引力和天赋的口才,很快使他获得成功。

从 1909 年至 1916 年,奎松任菲律宾常驻华盛顿专员,后在 1916 年至 1935 年间任菲律宾参议院议长。1935 年,任菲律宾自治领第一任总统。他的务实外交政策促使美国国会通过了加速菲律宾独立的法律。奎松于 1944 年 8 月 1 日在纽约州的萨拉纳克莱克逝世。

萨帕塔　ZAPATA, Emiliano（1879—1919）

1952 年由马龙·布兰多主演的《萨帕塔万岁》,是第一次向许多美国人介绍墨西哥革命家埃米利亚诺·萨帕塔的事迹的影片。在 1911 年至 1917 年墨西哥革命及其以后的一段时期,他是穷人的斗士、土地改革者和游击战士。

萨帕塔 1879 年 8 月 8 日生于墨西哥安内内库尔科一个农民的家里。他 17 岁成为孤儿,还要照管弟弟妹妹。1897 年,由于参加农民抗议一个大种植园拿走他们的土地的示威而被捕。1911 年,弗朗西斯科·马德罗把独裁者波菲里奥·迪亚斯赶下台,萨帕塔和他在墨西哥城会晤,拟订土地改革计划,但是没有成功。他于是自己拟订了《阿亚拉计划》,把大种植园主的土地交给印第安农民作为公有土地耕种。

1913 年,维克托里亚诺·韦尔塔把马德罗赶下了台并暗杀了他,韦尔塔成了独裁者。1914 年,韦尔塔又被贝努斯蒂亚诺·卡兰萨赶下台。卡兰萨的立宪军内部分裂,导致内战。萨帕塔的 25000 人的南部解放军在 11 月占领了墨西哥城。两周以后,萨帕塔和潘乔·比利亚联合起来,共同计划选出一位文职总统。萨帕塔建立了一个土地分配委员会和墨西哥第一个农业信贷组织——农业贷款银行。

在此期间,战争仍在继续。1917 年,卡兰萨的军队击败了比亚拉,使萨帕塔陷于孤立。卡兰萨召开制宪会议,他当选为共和国总统。1919 年 4 月 10 日,由于叛徒出卖,萨帕塔遭伏击被杀害。他以行动使墨西哥革命成为 20 世纪最早的土地改革革命。

托洛茨基　TROTSKY, Leon（1879—1940）

列昂·托洛茨基,就其一生中大部分时间来说,是一个从一个国家流放到另一个国家的"没有祖国的人"。他生于乌克兰,父母名叫布隆施泰因,都是犹太人。1900年,他因从事革命活动被流放西伯利亚,但是后来他用署名为托洛茨基的假护照逃到国外。1905年回到俄国后又一次被流放,并再一次逃跑。

1917年初,托洛茨基到纽约市,任俄文社会主义《新世界》报的编辑。革命后,他回到俄国,与布尔什维克运动的领袖列宁联手(见:**列宁**)。

布尔什维克推翻临时政府后,托洛茨基任外交人民委员,后任陆海军人民委员。他曾组建著名的红军。

列宁去世后,托洛茨基和约瑟夫·斯大林为争夺领导权展开斗争(见:**斯大林**)。结果,托洛茨基失败,1928年他又被流放。在国外,他继续写文章反对斯大林政权。1937年他避难于墨西哥。1940年,他在墨西哥城郊一所设防的别墅里被暗杀。

在1937年出版的《被出卖的革命》一书——他的若干英译本著作之一——中,托洛茨基控诉了斯大林。其他英译本著作包括:《恐怖主义的辩护》(1921)、《列宁》(1925)、《我的一生》(1930)和《俄国革命史》(1932)。

斯大林　　STALIN, Joseph（1879—1953）

斯大林的真名是约瑟夫·维萨里昂诺维奇·朱加施维里。1912年他根据俄文 stal(意为"钢")一词,取了"斯大林"这个别名。

约瑟夫·斯大林 1879年12月21日生于南高加索格鲁吉亚的哥里村。他的父亲叫维萨里昂·朱加施维里,是个经常酗酒和野蛮殴打孩子的穷鞋匠。他的母亲是个农民的女儿,在家替人缝洗衣服以帮助维持家计。斯大林大约在7岁时染上了天花,此病使他终身成了麻子。

斯大林9岁时进入一所教会学校。14岁时父亲去世,斯大林被送到梯弗里斯正教俄罗斯神学院学当司祭。但是,他对共产主义比对神学更感兴趣,1899年神学院将他作为鼓动分子予以开除。

他仍留在梯弗里斯,接连不断地从事各种短期的工作。他不久加入了俄国社会民主工党梯弗里斯支部。

斯大林后来成了一个拿薪水的鼓动家,试图煽动人们起来造沙皇的反。他编辑非法的小册子,并秘密地帮助散发这些小册子。他组织梯弗里斯的工厂工人罢工。他的能力赢得了党的领导人的青睐,他们派他到巴统(黑海的一个大港口)去建立一个共产党组织。

1902年,他的革命活动致使他第一次被捕。1903年他被流放西伯利亚,但不久就逃走了。从1902年到1913年斯大林曾6次被捕和流放。他5次逃脱,1次被释放。像他的一些革命同事一样,为了免遭逮捕,他也不断地采用化名。他最初沿用一个传说中的格鲁吉亚英雄的名字,自称为"科巴"。后来他又改名为"达维德"、"索索"、"奇吉科夫"、"尼切拉泽",最后改为"斯大林"。

斯大林加入布尔什维克

1903年,俄国社会民主工党分裂成两派。以列宁为首的一派,自称为布尔什维克(见:**列宁**)。反对列宁暴力学说的另一派是孟什维克。斯大林相信列宁的策略,所以加入布尔什维克。他成了他的故乡南高加索的党的领导人。1905年他参加了在芬兰召开的布尔什维克秘密会议;1906年参加了在斯德哥尔摩召开的布尔什维克秘密会议;次年参加了在伦敦召开的布尔什维克秘密会议。

在这几次会议上,斯大林的刚强热情和组织才能赢得了列宁的赏识。精明的列宁与斯大林紧密合作。1912年列宁让他当了中央委员。在此期间,斯大林为布尔什维克的《真理报》撰稿,据说该报是他创办的。1912年他又一次被捕,没几个月又逃走了。斯大林逃到圣彼得堡,在杜马(沙皇俄国时代的议会)中组织了一个布尔什维克小组。

1913年斯大林第6次被捕,被流放到离北极圈不远的、荒凉的图鲁汉斯克地区。他第一次无法逃跑了。但是,由亚历山大·克伦斯基领导的革命使所有的政治犯都获得了自由,斯大林回到了圣彼得堡。

在那里他帮助列宁制订那次永垂史册的布尔什维克革命的最终方案。斯大林的名字很少见诸那次革命的记载,因为他是一个幕后操纵者。他的工作对于1917年那次流血的十月革命的成功起了很大的作用。

在那次革命之后的国内战争时期,斯大林任布尔什维克军队几条战线的政委。那时政委被委以军事上的职责,斯大林显示出了作为一个战略家和战术家的卓越才能。1918年,斯大林指挥红军打退了白军的进攻,成功地保卫了军事要地察里津。为了纪念他的这一战功,该城市于1925年改名为斯大林格勒,但是后来,作为五六十年代企图降低斯大林之重要性的努力的一部分,这个城市的名字又被改为伏尔加格勒。1921年,斯大林率领共产党人(当时布尔什维克就自称为共产党人)入侵并占领他的家乡格鲁吉亚。第二年,斯大林担任共产党中央委员会的总书记。作为列宁信任的助手,斯大林有条不紊地僭取越来越大的权力。

斯大林的某些不计后果的做法甚至使列宁也很担心,他曾写道:"斯大林太粗糙。"但是斯大林并未因为批评而有所触动。他用阴狠的手段陷害他的对手、苏联革命军事委员会主席、列宁从前的亲密伙伴列昂·托洛茨基。1925年,也就是列宁去世后一年,斯大林迫使托洛茨基辞去革命军事委员会主席的职务,1927年将他开除出党。斯大林决心消除少数托洛茨基分子的影响,于1929年将托洛茨基逐出苏联,1940年派人到墨西哥将他暗杀。(参见:**托洛茨基**)

惩处了反对派之后,斯大林于是便成了至高无上的统治者。为了加快苏联工业化和现代化的进程,他于1928年发布了一系列五年计划中的第一个五年计划。他声称,"我们落后先进国家50至100年。我们一定要用10年时间走完这段距离。"

斯大林下令实行农庄集体化。当农民反抗时,他命令国家没收他们的土地和财产。被称为"富农"的富裕农民尤其憎恨集体化。斯大林决心肃清一切反对派,因而决不怜悯造反的富农。1932—1933年,他在乌克兰制造了一场饥荒,用饿死的方法消灭了大约三百万富农。

1936年,斯大林残忍的做法再次引起世界的注意。为了巩固其作为最高独裁者的地位,他进行了一系列清洗。斯大林声称许多红军军官和一大批老布尔什维克正在"策划颠覆国家",便叫人将他们处死。他们当中有许多人曾在斯大林为攫夺权力而进行的斗争中帮助过斯大林。

与德国签订条约

1939年8月,当斯大林使苏联与纳粹德国签订互不侵犯条约时,他再一次使世界感到吃惊。一个月后,德国入侵波兰,发动了第二次世界大战。这个互不侵犯条约允许苏联人占领波兰东部,进攻芬兰,并吞罗马尼亚的比萨拉比亚和布科维纳地区,对此德国将不加干涉。斯大林把苏联的疆域扩展到了边远的缓冲地区。

1941年5月,斯大林接替维亚切斯拉夫·莫洛托夫(见:**莫洛托夫**),自任部长会议主席。6月,德国侵犯苏联。斯大林指挥军队,改组工业。

1943年在德黑兰,1945年初在雅尔塔,他向他的同盟者——英国首相温斯顿·丘吉尔和美国总统富兰克林·罗斯福——提出种种不容变更的条件。1945年下半年,在波茨坦,他与哈里·杜鲁门总统签订了一个关于重建战败后的德国的条约。他后来挑衅性地违反该协议的条款。

战争结束后,斯大林似乎决心要使苏联成为欧洲的头号强国,把共产主义强加于世界。他通过清洗和其他残酷的方法,强迫东欧接受共产党的政府,并且试图控制意大利和法国。在联合国中和在同盟国会议上,他的蓄意妨碍议事的政策使建立一种持久和平的种种努力受阻(见:**联合国**)。他于1948—1949年对柏林的封锁差一点引起第三次世界大战。

斯大林神话的终结

关于斯大林个人生活的许多日期和事实迄今仍是不确定的。1903年,他24岁,与格鲁吉亚人叶卡捷琳娜·斯瓦尼泽结婚。她于1907年因患肺结核而去世。他们的儿子亚沙在第二次世界大战中死于纳粹的战俘集中营。1919年,斯大林与娜佳·阿莉卢耶娃结婚,阿莉卢耶娃于1932年去世,死因不明。他们有一个女儿和一个儿子,女儿叫斯韦特兰娜,儿子叫瓦西里,是个苏联空军军官。瓦西里死于1962年。1967年,斯韦特兰娜使用她母亲的婚前姓,逃到美国。(后来她回到苏联住了两年,即1984—1986年。)

斯大林于1953年3月5日去世。他死后四天,他那经过防腐处理的遗体被安葬在莫斯科红场的列宁墓旁边。

1956年2月,当时任苏联共产党第一书记的尼基塔·赫鲁晓夫在苏联共产党第二十次代表大会的秘密会议上发表讲话。他用三个小时系统地摧毁了约瑟夫·斯大林作为一个共和国英雄的形象。

除了其他指责以外,斯大林当时还被指控:在战前的清洗审判中肆意屠杀无辜;以变态的心理怀疑同事;在第二次世界大战中,由于他对红军作战不适当的干涉,造成成千上万人不必要的伤亡;不亲自与地方保持联系。他尤其受到谴责的是把自己标榜为救星。

1957年,摧毁斯大林形象的种种努力一度中止,当时,斯大林特有的那种强暴的做法被残酷无情地用来镇压匈牙利叛乱。1961年,在苏联共产党第二十二次代表大会上又开始恢复对斯大林的谴责。在这次会议休会前,斯大林的遗体被移出红场,重新埋在克里姆林墙内苏联次等英雄的墓群中间。他的名字被从公共建筑物、街道和工厂上撤去。斯大林格勒本身被改名为伏尔加格勒。

兰金　RANKIN, Jeannette (1880—1973)

蒙大拿州米苏拉的珍妮特·兰金是美国第一位女众议员。她曾在众议院任职两届,其中相隔的时间很长——1917年到1919年和1941年到1943年——但是她在两届任职期内,投票反对美国参加两次世界大战,使她更显突出。

兰金1880年6月11日生于米苏拉附近。她1902年毕业于蒙大拿大学,以后又在纽约慈善学校继续上学。后来在华盛顿州的西雅图做社会工作。不久,就被卷入了为妇女争取选举权的运动。1914年,她成为全美妇女选举权协会的立法秘书。同年,她在蒙大拿州成功地领导了使妇女获得选举权的运动。

1916年,兰金当选为共和党议员。由于她投票反对参加第一次世界大战而在下一届选举中落选。在1940年以前她从事院外活动和社会工作。在1940年的选举中,她再次被选入众议员。1941年12月8日,即日本攻击珍珠港的次日,她以惟一的一票反对参加第二次世界大战而造成轰动。1942年,她没有寻求连任。兰金以她的余生从事妇女工作。1968年,她以87岁高龄率领5000名妇女奔赴哥伦比亚特区华盛顿示威游行,抗议越南战争。她于1973年5月18日在加利福尼亚州的卡梅尔去世。

伊本·沙特　IBN SAUD (1880? —1953)

伊本·沙特是现代沙特阿拉伯国家的缔造者,也是在阿拉伯半岛开始开采石油的人。他是一个王朝的后裔,这个王朝在他出生之前的一个世纪中,就已统治了大部分阿拉伯半岛。他大约在1880年生于沙特首都利雅得。在他小的时候,他的家族被一个敌对的王朝拉希德人赶下台。他在流亡科威特的穷困环境中长大。

1901年,伊本·沙特21岁时便开始了近30年的征服和巩固王国的斗争。他在1902年1月对利雅得英勇的袭击,振奋了他的王朝的以前的支持者。在两年之内,他征服了阿拉伯半岛中部大部分地区。拉希德人召来了土耳其军队与他对抗,但到1912年也未能奏效,由于缺少供给,基地只好撤走了。

伊本·沙特是一个虔诚的穆斯林,他支持瓦哈比教派。这是一个复兴的极端主义的穆斯林清教徒教派。为了实现他的抱负,他建立了一个军事宗教的兄弟会组织,取名"易赫旺",与敌对的阿拉伯人进行战斗,并将更多的部落置于他的控制之下。到1922年,他完全废除了拉希德家族的统治。1924年,他从谢里夫·侯赛因手中夺取了包括麦加市在内的汉志地区。20世纪20年代末期,由于他禁止易赫旺为他们自己的利益继续进行进攻,易赫旺背叛了他。1929

年3月,他在西比拉战役中打败了易赫旺。3年以后,他把版图统一起来成为沙特阿拉伯国。

伊本·沙特做了20年的专制君主,但与其征战时期比较起来,在很多方面并不顺利。他在1933年签订了第一个石油勘探租约。5年以后发现了石油,但是在第二次世界大战期间,油井停产,国家和政府陷入困境。

当开始有了石油收入之后,这位国王不得不眼睁睁地看着西方的习俗和不负责任的财政投机的逐步侵蚀。政府和社会上的急剧腐化,人民中道德的改变,对他的清教徒式的穆斯林信仰都是一种冒犯。他的暮年是在沮丧、愁闷和病痛中度过的。他于1953年11月9日在塔伊夫去世,由他的儿子沙特继位。

拉加第亚 LA GUARDIA, Fiorello (1882—1947)

拉加第亚是20世纪最受人爱戴和最引人注目的美国政治家之一。他曾做过美国国会议员,三次出任纽约市长。他在政治上总是和进步力量联合在一起,曾为纽约市和美国的穷人和社会地位低下的人进行斗争,并多次取得胜利。

菲奥雷洛·亨利·拉加第亚1882年12月11日生于纽约市。他曾在亚利桑那州普雷斯科特上中学。1910年从纽约大学法学院毕业之前,曾在美国和国外做过几种工作。他在纽约向移民提供免费的法律援助,因而建立了一支忠实的追随者队伍,这对他在1916年当选为议员是有帮助的。在第一次世界大战期间,他曾在部队中服役,后回到家乡,曾在纽约市的市参议会担任过短时间的主席。他是一个自由的共和党人,1922年再次被选进国会,任议员至1933年。这一年他出任纽约市长。

他做议员时,就以主张通过保护有组织劳工法而闻名。此外,他还为童工法和妇女权利而奋斗。他做市长时,进行了广泛的改革和改善市政的工作,包括低价住房和清除贫民窟。他为美化纽约市和改进各部门的运作做了很多工作,而且一直在进行着反对政治腐败和有组织犯罪的斗争。他主持建造了公共诊所、娱乐设施和以他的名字命名的机场。人们都亲切地叫他"小花"(他的名字菲奥雷洛的意思是"小花")。在一次报社的罢工中,他在广播电台给孩子们读星期日连环画,因而更加受人爱戴。

拉加第亚不做市长之后,曾短暂地担任联合国善后救济总署署长职务。他于1947年9月20日在纽约市去世。

圣劳伦特 SAINT LAURENT, Louis (1882—1973)

圣劳伦特在仅七年的时间内,就从政治上的无名之辈一跃成为加拿大的领导。他在1941年前从未担任过公职,却于1948年11月15日成了总理——成了领导加拿大政府的第二个法裔加拿大人。

路易·斯蒂芬·圣劳伦特1882年2月1日生于魁北克省康普顿,父亲是法裔加拿大人,母亲则是爱尔兰人。父亲是仓库管理员。孩提时期,他跟父亲只说法语,跟母亲只说英语。曾在拉瓦尔大学学习法律,后留校任教,同时也是一位杰出的公司法律顾问。

1941年,欧内斯特·拉普安特去世,加拿大内阁和自由党中便没有了来自魁北克省的法裔加拿大人领导者。当时的总理麦克齐·金请圣劳伦特出任司法部长和总检察长。由于所有的内阁部长都必须是议会议员,圣劳伦特便从魁北克省东部竞选众议院议席,结果以很大的多数票当选。

担任司法部长期间,圣劳伦特因1945年调查共产党间谍集团而赢得了声誉。1945至1946年,金把自己的外交部长职位让给圣劳伦特,1946至1947年圣劳伦特率团参加联合国大会,为巩固该组织作出了贡献。他深信北美和西欧各国的军事联盟是确保和平的惟一途径。于是加拿大在1949年加入了北大西洋公约组织。

1948年8月,圣劳伦特被自由党选为该党领袖,三个月后接替金成为总理。他主张经济上与美国协作,完成圣劳伦斯航道。他支持联合国1950年对朝鲜的干涉。在1957年的大选中,虽然他领导的自由党获得的选票比其他任何政党都要多,但在议会中将多数党的地位输给了进步保守党。1958年1月,这位前总理从自由党领导岗位上引退,并重操其律师旧业。1973年7月25日圣劳伦特在魁北克市去世。

德·瓦勒拉 DE VALERA, Eamon (1882—1975)

埃蒙·德·瓦勒拉,生于美国,原是中学教师,后来在争取爱尔兰独立的斗争中成为爱尔兰最伟大的领导者之一。1922年爱尔兰摆脱了英国的统治之后,1932至1948年先是任爱尔兰执行委员会主席,后任总理。宣布成立爱尔兰共和国后,他担任过两届总理,后又分别于1959年和1966年当选为总统。

爱德华·德·瓦勒拉1882年10月14日生于纽约市。父亲是西班牙人,母亲是爱尔兰人。他两岁时丧父,与爱尔兰利默利克郡的外祖母一起生活。在学校,他是个好学生,是个出色的运动员,尤其是在田径方面。16岁获得黑岩学院奖学金。1904年获得皇家大学(现在的爱尔兰国立大学)数学学位。

德·瓦勒拉在好些年中几乎不关心政治。他在几所学校教授语言和数学。他还加入了盖尔语协会,该协会旨在振兴爱尔兰文化和古盖尔语。1910年与盖尔语教师简·奥弗拉纳根结婚。后来,他们用盖尔语给自己更名为埃蒙和辛尼德。夫妇俩有五个儿子,两个女儿。

1913年德·瓦勒拉加入爱尔兰志愿团,这是一支反抗英国统治的地下军队。在1916年复活节周起义中,他率领50人参加。后来所有起义领导者,除德·瓦勒拉外,均被处决。他之所以没有被处决是因为他出生于美国,但他被判处终生监禁。在狱中,他研究数学并广泛地阅读。1917年英国释放了所有的政治犯。德·瓦勒拉即被选入爱尔兰国会,升任爱尔兰革命党——新芬党主席。

由于从事革命活动,他再次遭监禁,1919年逃往美国,为爱尔兰的事业募集到数百万美元。1921年的英国-爱尔兰条约与德·瓦勒拉的关于独立的爱尔兰的理想相去甚远。德·瓦勒拉拒绝接受这个条约。他的共和主义团体反对爱尔兰自由邦政府,1923年德·瓦勒拉再度被监禁。

1924年,新芬党选举他为议员,但该党在宣誓效忠国王问题上发生了分裂。1926年他组织了一个新党,名曰"命运士兵"。1932年该党控制了国会,他任执行委员会主席。

1933年和1938至1939年,德·瓦勒拉任国民代表大会联盟主席,1938年任爱尔兰总理。1948年竞选公职受挫。1951至1954年、1957至1959年两度再任总理。1959年辞去总理职务,谋求当选为总统,结果如愿以偿,并于1966年再次当选。1973年退休。1975年8月29日在都柏林去世。

墨索里尼　MUSSOLINI, Benito (1883—1945)

受争斗精神的驱迫,贝尼托·墨索里尼在他动荡不定的一生中干过许多行当——教师、工人、编辑、士兵、政治家和革命者。争斗、野心和权力欲驱使他于1922年10月末创立了法西斯主义,并成为意大利的独裁者。这种驱动力最后同样也致使他惨死于其国人的手里。

墨索里尼1883年7月29日生于意大利普雷达皮奥的多维亚。为纪念墨西哥革命者胡亚雷斯,取名贝尼托。墨索里尼自幼顽皮,桀骜不驯,长大后成了一个恶棍。他十几岁时就加入了社会党,并经常以教员的身份,为传布该党的教义而工作。他创办了《阶级斗争》报,该报赢得如此高的评价,以至1912年米兰的社会党官方日报《前进》聘他为编辑。

第一次世界大战改变了墨索里尼。他由从前的改革者变成了权力的崇拜者。和大多数社会党人不同,他主张意大利以协约国的身份参战。他被社会党开除后,创办了自己的报纸《意大利人民》,号召意大利人拿起武器。1916年入伍,提升为中士后负伤。1917年回到他报社。

在战后意大利的混乱期间,墨索里尼的影响迅速扩大。他招纳那些心怀不满的社会党人、退伍老兵、失业人员,他们身穿黑衫(无政府主义者的标志服),成了一大群支持者——所有这些持不同政见者认为,只有冷酷无情的独裁者才能使意大利获得新生。1922年,成群的农民被他的个人魅力和演讲所倾倒。法西斯主义者为了夺取政权而向罗马进军,墨索里尼的支持者借此向国王维克托·伊曼纽尔三世施加强大压力,迫使其屈服。国王任命墨索里尼为首相(意大利历史上最年轻的首相)。于是,他成了独裁者,被称为"领袖"。

作为独裁者,墨索里尼有权决定一切。他修建道路,治理河流,增加生产,使火车准点运行。他试图在厄立特里亚和利比亚大规模地建立殖民地。他将国际联盟置于不顾,1935年入侵埃塞俄比亚,1939年攻占了阿尔巴尼亚。他自夸正在恢复古罗马的荣耀和显赫。

墨索里尼的表面成功鼓励阿道夫·希特勒按照法西斯模式组建德国。他们建立了罗马-柏林极权主义轴心,但是墨索里尼成了希特勒的工具。同时,他的严酷统治使他在国内树敌甚多,他在国际上的不可一世为第二次世界大战铺平了道路。他的军队其实是不灵的,因而,德军占领了意大利。在1943年同盟国入侵西西里后,墨索里尼被迫辞职。德军将其从囚禁中解救出来,于是他在仍受德国人控制的意大利北部建立了一个傀儡政府。他通过化装,试图逃离同盟国的先头部队,但是,他和他的情妇克拉拉·佩塔奇于1945年4月28日在科莫附近被意大利的游击队员击毙。他们暴尸于米兰街头,受到众人耻笑。(参见:**法西斯主义;希特勒**)

赖伐尔　LAVAL, Pierre (1883—1945)

皮埃尔·赖伐尔是曾两次被选为法国总理的政治家。他曾领导建立在维希的政府,在第二次世界大战中与德国合作。他最后以叛国罪被处决。

皮埃尔·赖伐尔1883年6月28日生于法国沙泰尔顿。他20岁时参加社会党,1909年在巴黎做律师,开始为工会和左派人士辩护。他从1941年起,担任过不同的公职,1931年第一次出任总理。一年后落选,1935年重新当选,但他的内阁在1936年倒台。1940年他在亨利·贝当元帅领导下任副总理。

在巴黎被德军占领后,贝当在维希成立了一个法西斯政府。赖伐尔向贝当说,第三共和国应该解散,但贝当最后对赖伐尔所主张的法德密切合作表示反对,1940年12月贝当把他撤职。

在德国的压力之下,贝当恢复了赖伐尔的权力。赖伐尔在1940年4月成为维希政府的元首。赖伐尔同时为德国工业提供法国劳工。他在1942年6月发表的臭名昭著的征求志愿者的演说中,公开宣称他希望德国打胜。由于反对德国占领的抵抗运动的高涨,他对法国越来越不能控制。维希政府在1944年8月垮台后,赖伐尔逃往西班牙。1945年7月他回到法国,因叛国罪受到审判。他曾企图服毒自杀。1945年10月15日在巴黎被处决。

瓦加斯　VARGAS, Getúlio (1883—1954)

从1930年至1954年,格图利奥·瓦加斯在巴西在政治上占有优势地位。虽然他是通过革命夺得政权的,但他在担任总统的早期(1930—1945),政绩是好的。在这个时期,他改革了土地所有制,调整了税收结构,并使国家工业化。在第二次世界大战期间,巴西向同盟国提供了大量的原料。

格图利奥·多内雷斯·瓦加斯1883年4月19日生于巴西南里奥格兰德州圣博尔雅。16岁参军,离开军队后到阿里格里港大学读书。1908年毕业后做律师和在州政府中工作。1922年被选为国会议员。瓦加斯曾任财政部长两年(1926—1928)。1928年被选为南里奥格兰德州州长。

他1930年以州长身份竞选总统失败。落选后,他和他的追随者发动革命,夺取了政权。1937年11月,他彻底推翻了立宪政府。1945年10月29日,军人政变推翻了他的政府。他虽已半退休,但仍很受工人拥护,1950年再次当选总统。由于军队以压倒的力量加以反对,迫使他在 1954 年 8 月 24 日在里约热内卢自杀。

弗雷泽,彼得　FRASER,Peter(1884—1950)

彼得·弗雷泽 1940 年至 1949 年任新西兰总理,他领导新西兰渡过了第二次世界大战的危急时期,并参加了 1945 年至 1948 年期间为联合国组织奠定基础的工作。

彼得·弗雷泽 1884 年 8 月 28 日生于苏格兰。小学毕业后做木工学徒,并继续自学。他对论述经济、社会主义和劳工斗争的书籍特别感兴趣。他 1908 年在伦敦工作时,参加了独立工党。1910 年由于失业移居新西兰,先在奥克兰和惠灵顿做码头装卸工,不久成为劳资谈判和组织工会的积极分子。1913 年他是社会民主党的组建者之一,1916 年该党改名为工党。在第一次世界大战期间,他由于反对征兵坐牢数月,但在 1918 年被选为议员。1919 年至 1935 年任议会工党书记,1933 年至 1940 年任该党副主席。1935 年工党掌权后,他任警察、海运、卫生和教育部长。由于他的努力,从 1938 年实行了新的教育制度,并通过了社会保障法。

弗雷泽在 1940 年任总理。不久即担当起调遣新西兰的军队与日本和德国作战的任务。第二次世界大战之后,他参加了建立联合国的工作,并参加联合国大会会议。1949 年工党竞选失败后,他返回新西兰,在议会中任反对派领袖,直至 1950 年 12 月 12 日在惠灵顿去世。

罗斯福夫人　ROOSEVELT,(Anna) Eleanor(1884—1962)

埃莉诺·罗斯福是一位伟大的改革家和人道主义者,她为改善全世界人民的生活而奋斗。她作为富兰克林·罗斯福总统的夫人,极力鼓动改善美国穷人、黑人、印第安人和妇女及青年的境遇。罗斯福总统逝世后,她任美国驻联合国代表,曾参与起草世界人权宣言的工作。

埃莉诺·罗斯福 1884 年 10 月 11 日出生于纽约市,是埃利奥特和安娜·霍尔·罗斯福的女儿。父母都出身于富有的名门望族。她的叔父就是后来做了总统的亚奥多·罗斯福。她有两个弟弟:埃利奥特和霍尔。

在埃莉诺 10 岁之前,她的父母和弟弟埃利奥特就去世了。她由她的外祖母玛丽·霍尔抚养大,由一位家庭女教师对她进行教育。由于她的长相一般,所以长大以后性格孤独,也不快活。她 15 岁时到英国去上学。在那里,一位同情她的教师帮助她建立起自信心。

1905 年,她与远房堂兄富兰克林·德拉诺·罗斯福结婚。他们有 6 个孩子:安娜、詹姆斯、小富兰克林(婴儿时期死去)、埃利奥特、小富兰克林和约翰。因为她经常感到受她的丈夫和婆母萨拉·德拉诺·罗斯福的压制,所以努力争取过独立的生活。

在第一次世界大战期间,她丈夫任助理海军部长时,罗斯福夫人在华盛顿积极参加红十字会的救济工作。富兰克林·罗斯福在 1921 年患脊髓灰质炎症后,她鼓励他恢复政治生活。在他 1929—1933 年任纽约州州长期间,她做他的耳目,在州内旅行,会见在后来作为总统夫人要与之打交道的官员。她曾在纽约民主州委员会工作,1928 年帮助艾尔弗雷德·E. 史密斯竞选总统,1932 年又帮助她丈夫竞选总统。

她在大萧条期间进入白宫,参与筹划女童工作营,1935 年设立全国青年管理局,和实施雇用作家、艺术家、音乐家和演员的计划。她坚决主张妇女的工资要和男人平等。她在整个 20 世纪 30 年代一直支持为西弗吉尼亚州贫困的矿工家庭建立实验性家园社区的亚瑟代尔计划。

埃莉诺·罗斯福是一位坦率的民权拥护者,她反对在救济工作中持有种族偏见。她帮助黑人领袖得到政府部门的重视,她曾极力主张通过一项反对私刑的联邦法案,但未成功。她很关心印第安人居留地卫生和教育的改善,并致力于保护印第安文化的工作。

在第二次世界大战期间,罗斯福夫人飞行几千英里,访问海外部队。为了在军事工业中反对种族偏见,她敦促罗斯福总统在 1941 年设立了公平就业实施委员会。

富兰克林·罗斯福在 1945 年去世后,罗斯福夫人被哈里·S. 杜鲁门总统任命为驻联合国代表。她积极地支持欧洲的战后救济工作。她作为人权委员会的主席,参与制订了 1948 年通过的世界人权宣言。1952 年,她离开联合国,到一个志愿组织中为联合国工作。20 世纪 50 年代,她访问了印度、巴基斯坦、中东和苏联,调查社会情况和讨论世界和平问题。

在美国国内,罗斯福夫人在战后支持工人的罢工,并支持关于社会福利的立法。她到处演说,支持民主党的总统候选人。1961 年,她再次被委派到联合国工作。她在患病一段时间以后,于 1962 年 11 月 7 日在纽约市逝世。

对于罗斯福夫人的一生,有人严厉批评,有人高度赞扬。许多人说她浪费政府资金,不照顾她的家庭,是不理智的和天真的。由于她致力于自由主义的事业,致使有人谴责她支持共产主义。尽管有这些评论,她对公众舆论和官方政策还是产生了影响。在联合国,她所承担的社会福利任务,覆盖了全世界。她为一家报纸撰写专栏文章《我的一天》。

托马斯　THOMAS,Norman(1884—1968)

诺曼·托马斯是一位牧师、社会改革家和多次参加竞选的政治职务候选人,常被人们称为"美国的良心"。他用了 40 年来确立美国社会党的观点,并使该党不受共产党的影响。他从 1928 年起 6 次竞选总统,虽然一次也没当选,但是成功地向公众展示了他的进步思想。

托马斯 1884 年 11 月 20 日生于俄亥俄州的马里恩。他在 1911 年从纽约的联合神学院毕业后,任长老会牧师。他在东哈莱姆教堂和美国教区街坊文教馆时,贫穷问题促使他支持当时很受人欢迎的社会福音。到 1918 年他已经成为一个社会主义者。那一年,他辞去了东哈莱姆教堂牧师的职务而去从政。他一度担任有影响的《民族》周刊的编辑。1920 年，他是美国公民自由联合会的创始人之一。1924 年他竞选纽约州州长，1925 年和 1929 年竞选纽约市市长，但两次都失败了。

他的著作有:《自由的试验》，1954 年出版，和《社会主义再探讨》(1963)。托马斯 1968 年 12 月 19 日在纽约州的亨廷顿去世。他毕生是一位个人权利的忠诚捍卫者。

斯维尔德洛夫　SVERDLOV, Yakov M. (1885—1919)

在 1917 年的俄国革命后,沙皇尼古拉二世及其家人被带到莫斯科以东 1600 多公里的叶卡捷琳堡去监禁。1918 年 7 月，他们在那里全部被杀。几年之后，在 1924 年，为了纪念雅可夫·斯维尔德洛夫这位苏联共产党领导人，也是下令处死沙皇及其一家的负责人之一，这个城市的名字改为斯维尔德洛夫斯克。苏维埃时代在 1991 年终结之后，这个城市又恢复了原来的名字。

雅可夫·米哈依洛维奇·斯维尔德洛夫 1885 年 6 月 3 日生于俄国下诺夫哥罗德。他 15 岁时参加全俄社会民主工人党，这个党是旨在推翻沙皇政府、建立社会主义政权的几个组织之一。他从 1902 年成为职业革命者。当共产党在 1903 年分裂时，斯维尔德洛夫参加了列宁领导的布尔什维克派，当时列宁流亡于国外(见**列宁**)。

斯维尔德洛夫主要是做党的组织工作，他的大部分时间是在西乌拉尔地区度过的。他常常到叶卡捷琳堡去，1905—1906 年他曾在那里工作。从 1907 年到 1917 年，他常常被逮捕。有的时候，例如在 1907—1909 年，他被投入监狱。更多的情况是，他被流放到俄国的偏远地区，如西伯利亚或极北的地方。但他总能逃回来。有一次，他逃出来后，到首都圣彼得堡去，参加了《真理报》社的工作，并领导杜马(俄国立法机关)中的布尔什维克派。他再一次被捕和流放，这一次是流放到图鲁汉省。在沙皇尼古拉于 1917 年 2 月退位后，斯维尔德洛夫回到了圣彼得堡。党马上把他派到乌拉尔去主持党的工作。他在东部工作了一个短暂时期后，又回到了圣彼得堡。他在圣彼得堡被选入共产党的中央委员会，在那里他可能第一次见到了列宁。斯维尔德洛夫作为党的书记，是党的主要组织者。到了 10 月，他积极地准备第二阶段革命。在这个时期，布尔什维克掌了权。他被提名为全俄中央执行委员会主席，实际上就是国家元首。他从乌克兰参加党的一次会议回来后，于 1919 年 3 月 16 日在莫斯科突然去世。

本-古里安　BEN-GURION, David (1886—1973)

戴维·本-古里安是一位政治家和政治领袖，是以色列的首任总理和主要缔造者，被尊为"国父"。

本-古里安原名戴维·格伦，1886 年 10 月 16 日生于波兰普翁斯克。他父亲是要求收回巴勒斯坦作为东欧被压迫犹太人家园运动的领导人之一。建立一个独立的以色列这一思想，是支配本-古里安一生的主要动力。他 20 岁时移居巴勒斯坦，当了几年农民。他起了一个希伯来名字叫本-古里安，并参加了犹太复国社会主义运动。在 1907 年的社会主义大会上，他确保在党纲上写明:"本党渴望犹太人民在这片土地上取得政治独立。"

在第一次世界大战期间，本-古里安被当时控制着巴勒斯坦的土耳其人驱逐出该地区。战后，土耳其的奥斯曼帝国不复存在，本-古里安返回巴勒斯坦。他在 1920 年创建了犹太工人总联合会。10 年以后，他任以色列工人党主席。

第二次世界大战期间，本-古里安继续为建立一个独立的犹太国家而奋斗。1948 年，他的努力得到了回报，以色列国成立了。他的抵御以色列的阿拉伯邻国的坚定政策，使英国和美国这两个需要石油的国家感到忧虑。1953 年，较为温和的查伊姆·魏茨曼接任总理职务。两年以后，本-古里安再任总理，直至 1963 年。退休以后，仍任以色列议员至 1970 年。1973 年 12 月 1 日在特拉维夫逝世。

梅西, 文森特　MASSEY, Vincent (1887—1967)

文森特·梅西是出任加拿大总督的第一位加拿大出生的公民。他是实业家切斯特·D. 梅西的儿子，演员雷蒙德·梅西的兄弟。他任总督的时间是 1952 年至 1959 年。

查尔斯·文森特·梅西 1887 年 2 月 20 日生于安大略省多伦多市。1910 年毕业于多伦多大学，并在牛津大学的贝利奥尔学院取得其他学位。他先在多伦多大学教授历史两年，从 1915 年至 1918 年任政府内阁国防委员会秘书。第一次世界大战后，他经营家里的梅西-哈里斯农具公司，直到 1925 年。1925 年，他任麦肯齐·金总理内阁的不管部部长数月。1926 年至 1930 年他任加拿大第一任驻美国公使。

1932 年至 1935 年，梅西任全国自由联盟主席。后来任加拿大驻英国高级专员至 1946 年。然后任多伦多大学校长(1946—1953)和皇家全国艺术文学及科学发展委员会主席(1949—1952)。该委员会的 1951 年报告主张发展不同于美国的加拿大文化。他在总督任期届满后退出公共生活，1967 年 12 月 30 日在英国伦敦逝世。

贾维　GARVEY, Marcus (1887—1940)

马库斯·贾维是一个富有热情的黑人民族主义领袖。他在全世界黑人中唤起了他们非洲传统的自豪感。但是，他的种族纯洁和种族隔离的理论却引起了其他著名黑人代言人的反感。

马库斯·莫吉亚·贾维 1887 年 8 月 17 日生于牙买加圣安娜湾，是萨拉和马库斯·贾维 11 个孩子中最小的一个。他在当地上学，14 岁时做印刷学徒。

贾维专心致力于改善黑人工人的工作条件。1907 年，他在牙买加的金斯顿领导印刷工人罢工。后来，他到中美和南美把种植园工人们组织起来。他 1912 年去英国伦敦，在那里会见了许多国家的黑人，并对非洲的历史和文化产生了浓厚的兴趣。

他 1914 年回到牙买加,成立了"全球黑人促进和保留协会与非洲社区联盟",它通常被称为"全球黑人促进协会"(UNIA)。其宗旨是促进黑人团结,特别是关切非洲黑人的福利问题。但是,黑人工人对该协会表现冷淡,不愿承认自己是黑人的、肤色略浅的中产阶级则表示坚决反对。贾维期望在美国得到支持,1917 年在纽约建立了该协会的分会。他认为,黑人只有具有经济实力才能受到人们的尊重。为此,他办起了报纸《黑人世界》和其他一些为黑人所有的企业,如"黑星轮船公司"。贾维发誓要在非洲建立一个由黑人治理的国家。

他的振奋人心的呼声——"起来,伟大的种族,没有做不成的事!"——吸引了成千上万的黑人支持者。他树立了一个"作为一个黑人感到自豪,感到光荣;上帝创造了黑人,黑人就是黑人"的热情感人的榜样。但是,1920 年以后,他作为一位公众领袖,渐渐失色了。人们批评他是夸夸其谈的煽动者,或至少是个幼稚的幻想家。非洲国家利比里亚拒绝贾维的追随者在该国定居。"黑星轮船公司"由于经营不善而倒闭,贾维也因邮件诈骗案被宣判有罪,1925 年被监禁。

贾维于 1927 年被释放出狱,并被驱逐到牙买加。他在牙买加和伦敦两地工作,在重新燃起人们对"全球黑人促进协会"的兴趣方面,获得了一定程度的成功。他是决心使黑人获得尊敬和承认的一面旗帜。他谈到他自己时说:"我只是觉醒了的非洲的一个先行者,非洲永远不会再走回头路去睡觉了。"

马库斯·贾维于 1940 年 6 月 10 日在伦敦去世。1964 年,他被授予牙买加第一位民族英雄的称号,并重新埋葬于牙买加。他结过两次婚——1919 年和艾米·艾什伍德,1922 年离婚,同年和艾米·雅克结婚。

肯尼迪家族　KENNEDY FAMILY

在 20 世纪的美国政治生活中,除了纽约州的罗斯福家族外,没有一个家族比马萨诸塞州的肯尼迪家族起的作用更为显赫。肯尼迪的一个儿子约翰(1917—1963),曾任总统。另一个儿子罗伯特·弗朗西斯(1925—1968),曾任美国司法部长和纽约州参议员。最小的儿子爱德华·穆尔(1932—　),曾任马萨诸塞州参议员。

他们的父亲约瑟夫·P.肯尼迪(1888—1969)是一位爱尔兰移民的孙子,生于波士顿,1912 年毕业于哈佛大学。他于 1914 年和波士顿的市长约翰·F.菲茨杰拉德的女儿罗斯·菲茨杰拉德(1890—　)结婚。肯尼迪深谙赚钱的诀窍。他 25 岁时做了银行总裁,30 岁时就成了百万富翁。20 世纪 20 年代,他精明地用股票投资的方法,赚够了钱便退休了,并为他的孩子们设立了一项百万美元的信托基金。1934—1935 年,在富兰克林·D.罗斯福政府中,肯尼迪曾任证券和交易委员会主席,并在 1937—1940 年任驻英大使。后来退休,住在马萨诸塞州的海恩尼斯港,1969 年在该地去世。

罗斯和约瑟夫·肯尼迪有 9 个子女:小约瑟夫·P、约翰·菲茨杰拉德、罗斯玛丽、凯思林、尤妮斯、帕特里夏、罗伯特·弗朗西斯、琼和一般被称为"特德"的爱德华·穆尔。小约瑟夫·P,他父亲本来想要他从政,但在第二次世界大战中战死。罗斯玛丽因为智力迟钝,被送进私人疗养所。凯思林于 1948 年因飞机失事死于欧洲。尤妮斯和 R.萨金特·施赖弗结婚,施赖弗是肯尼迪总统领导下的和平队队长。帕特里夏(离婚之后)嫁给了演员彼得·劳福德。琼嫁给了商人斯蒂芬·史密斯。

罗伯特·F.肯尼迪 1925 年 11 月 20 日生于马萨诸塞州布鲁克莱恩。曾在哈佛大学和弗吉尼亚大学法学院上学。以后在司法部工作,曾任几个参议院委员会的委员,1961 年被他哥哥约翰任命为司法部长。1964 年,在他哥哥遇刺差不多一年后辞职。1964 年在纽约州被选为美国参议员。1968 年,他竞选总统,反对越南战争。6 月 5 日在庆祝加利福尼亚初选胜利时,被阿拉伯移民塞汉·塞汉刺死。遗下他的妻子埃塞尔和 11 个孩子,最小的孩子是在罗伯特死后出生的。

爱德华·M."特德"·肯尼迪 1932 年 2 月 22 日生于布鲁克莱恩。他 1950—1956 年在哈佛上大学,其中有两年服兵役。1959 年毕业于弗吉尼亚法学院,1960 年参加他哥哥约翰竞选总统的工作。1962 年在马萨诸塞州当选美国参议员。从他做参议员的经历来看,人们认为他是一位潜在的总统候选人。1969 年夏,他的事业受到了挫折,在马萨诸塞州的查帕奎迪克岛上发生了车祸。事故中一位青年妇女死亡。有关这次车祸的可疑情况,引起人们的非议,但是 1970 年他仍得以连任参议员。1972 年他拒绝做总统或副总统的候选人,1976 年吉米·卡特被提名为总统候选人。

由于肯尼迪不同意卡特的经济政策和领导方式,所以他在 1980 年发起了竞选总统的运动。但是,卡特成功地抵挡住了肯尼迪的竞争。然而,民主党的分裂可能对秋季选举中罗纳德·里根击败卡特,助了一臂之力。肯尼迪继续担任参议员,人们认为他是继承罗斯福、哈里·杜鲁门、约翰·肯尼迪和林登·约翰逊自由政策传统的斗士之一。

希特勒　HITLER, Adolf (1889—1945)

希特勒的历史是一个疯狂的野心家爬升到德国独裁者地位的故事,他的野心把整个世界拖入历史上最残酷的战争之中。第一次世界大战期间,希特勒还只是一名陆军下士,但 15 年后他竟成了德国总理。

希特勒是日耳曼人,1889 年 4 月 20 日出生于奥地利的莱茵河畔布劳瑙。他的父亲阿洛伊斯是玛丽·安娜·席克尔格鲁贝尔的私生子。中年时,他开始使用祖父的姓希特勒。阿洛伊斯的两个妻子去世后,他娶了自己的养女、比他小 23 岁的巴伐利亚人克拉拉·波尔策尔为妻。她就是阿道夫的母亲。

希特勒的自传《我的奋斗》是一本漫谈式的情绪化的作品,其中叙述了他的不安定的童年生活。那时,他的父亲,海关的一个小官员,希望自己的儿子努力学习,长大后在政府部门任职。但是正如小希特勒后来所写的那样:"在办公室里劳作受苦的念头,真让我感到不舒服,……那将使我无法自由地支配自己的时间。"这个任性的孩子消极地反抗着父亲,在学校的大部分时间总是梦想着要成为一个画家。他学习中惟一感兴趣的科目是历史,特别是日耳曼民族史。当老师称赞德意志的作用时,"我们坐在那里高兴极了,常常激动得热泪盈眶"。从少年时代起,希特勒就喜欢瓦格纳颂扬条顿族的忧郁、狂暴的神话的歌剧。

失败总是追随着他。阿道夫13岁时,父亲死了,他从此开始学习水彩画,但毫无建树。他19岁那年,母亲也去世了,他接着去了维也纳。那里的艺术学院觉得他没有天分,将他拒之门外。希特勒不懂得如何做生意,只好靠在建筑行业做工和画廉价的明信片为生。他经常露宿公园,在免费供穷人吃饭的地方填饱肚子。

这些卑微的经历激起了他的不满情绪。他痛恨奥地利,说它是个"拼凑起来的国家",并怀着向往之情注视着边境那边充满活力的强大的德国。他写道,"我相信,这个国家(奥地利)一定会阻碍每一个真正伟大的日耳曼人的成功之路,支持每一样非日耳曼的东西……。我恨捷克人、鲁塞尼亚人、波兰人、匈牙利人、塞尔维亚人和克罗地亚人(在奥地利)杂居在一起的情形,而且最恨一直就存在的、像真菌一样生长的犹太人,……我已经成为一个狂热的反闪族主义分子。"

希特勒对贫困的痛恨、对日耳曼民族传统的狂热以及对犹太民族的憎恨,一起构成了他以后政治信条的基础。他研究维也纳市长的政治手腕,特别注意到他"运用一切现有的有力工具,赢得有影响的组织的支持……以便从这些早已确立的、悠久的权力资源中为自己的运动吸取最大可能的好处"的做法。后来希特勒在德国也使用了这一技巧。

1912年,希特勒离开"可恶的"维也纳,来到"真正的日耳曼人的城市"慕尼黑。他在这里过着漂浮不定的日子,工作总在变换,当过木匠和建筑设计绘图员,还画过水彩画。他总是怒喊一般地向人们诉说着他的政治主张和抱负。

1914年第一次世界大战爆发后,他放弃了自己的奥地利国籍,报名参加了巴伐利亚步兵第16军团。他绝不会为奥地利而战,"但我时刻准备为我的人民(日耳曼民族)献身"。1914年,希特勒在他参加的第一次战斗——伊普雷保卫战中,大声吼唱着"德意志,德意志,至高无上"。在1916年的索姆河战役中,他是抵挡英国坦克的"前线勇士",被提升为一等兵,并作为传令兵获得铁十字奖章,而且还负了伤。1917年,他又参加了第三次伊普雷战役。

第一次世界大战停战时,他已住进了医院,由于芥子气中毒,他暂时失明,并患有脑震荡。德国战败的消息使他极度痛苦。他坚信,失败是"内部的敌人"——主要是犹太人和共产党人造成的。

战争结束时,希特勒既不是奥地利公民,也不是德国公民,变成一个没有祖国的人了。他继续留在当时驻扎在慕尼黑的军队里,陷入困惑迷茫之中。在遍及战败的德国的政治经济骚乱中,慕尼黑成了风暴的中心。战败的德军军官密谋要控制德国。他们拥有一些"情报员",阿道夫·希特勒就是其中的一位。他的任务是报告慕尼黑的政党的"颠覆活动"。

这项政治密探工作成为希特勒一生的转折点。1919年的一个夜晚,他穿过黑伦街来到一家昏暗的小餐馆,当时一些青年正围坐在那里的一个破损的煤气灯旁边。这伙人就是德国工人党。希特勒凭"直觉"指引,加入到他们中间,成为第七名党员。不久,他成了该党的党魁。当时,德国军队中的一名上尉欧内斯特·罗姆把这个党视为推翻自由的巴伐利亚共和国的潜在的工具。与其他军官一样,罗姆也建立了一支秘密的"志愿"军,它逐渐成为对抗凡尔赛和约的德国国防军。罗姆指派傲慢强硬的棕衣队支援工人党。在这些武装的恶棍的保护下,希特勒成了这伙人的演说家。

创立纳粹党

1920年,希特勒把工人党改名为德国国家社会主义工人党,简称纳粹党。希特勒嘲笑各种各样的资产阶级政党的自由原则,仇视共产党人,谴责犹太人,呼吁德意志人组成强大的民族国家。因为芥子气中毒后造成他的声带破裂,嗓音嘶哑,所以他叫喊的声音就像催眠声一样,令人昏昏欲睡。他的演说激起对手尤其是共产党人的愤怒,他们尽力驱散他组织的集会。可他们的行动总是被野蛮的纳粹分子所阻止。

成长中的纳粹党华而不实的气势,开始对形形色色的不安分的人产生吸引力,这些人最终成为该党的核心力量。他们主要是俄国出生的工程师、"哲学家"、反犹太族和反基督徒分子阿尔弗雷德·罗森贝格,埃及出生的数学家和地理学家鲁道夫·赫斯,巴伐利亚的战斗机飞行员赫尔曼·戈林,战斗英雄埃里希·冯·鲁登道夫将军,以及巴伐利亚的步兵指挥官弗兰茨·冯·埃普大将。所有这些人都帮助说服害怕共产党的德国实业家资助纳粹党,因为希特勒向他们保证"我们只向犹太人的国际资本开战"。

为了扩大纳粹的影响,他们收买了慕尼黑的一家有一定声望的杂志——《民族观察家》。希特勒还把古代反方向的万字卐(带钩的十字)确定为纳粹党的党徽,并设计了带有黑色卐的红色党旗。他总是把右臂直直地抬起来向他的同伙致敬,他的同伙也总是用"嗨"向他表示敬意。

从"啤酒馆暴动"到入狱

到1923年,纳粹已在慕尼黑发展成为一个大党,有足够的力量企图夺取政权。于是他们发动了"啤酒馆暴动"。之所以叫这个名称,是因为希特勒及其心腹试图在一个啤酒馆举行的集会上夺取政权。他们的阴谋失败后,希特勒被定为犯有谋反罪,判处5年徒刑。巴伐利亚政府后来将刑期减为8个月。在忠实的鲁道夫·赫斯的帮助下,希特勒在狱中开始撰写《我的奋斗》。

1924年出狱后,希特勒好像又一次注定要失败。当时,纳粹党已经被政府取缔,只剩下小部分人仍纠集在一起。出狱后最初几个月,希特勒对他们已失去兴趣。最后,在罗姆、赫斯和一个新党徒(一个名叫约瑟夫·保罗·戈培尔的、矮小而又跛脚的狂热分子)的驱动和鼓励下,希特勒才又回来担任领导。在接受领导职位时,希特勒说,"我要用7年的时间才能使这个组织再次达到高峰。"

实业家帮助重建纳粹党

他的话是对的。1924年至1928年,是德国繁荣发展的年代,革命不会在繁荣时代发生。1925年至1927年,希特勒甚至不得在巴伐利亚和萨克森公开演说。接着,全球性的经济大萧条把德国又一次推入贫困和失业的境地,纳粹党开始赢得选票。到1930年,希特勒已得到许多实业家和军界的支持。1933年,总统保罗·冯·兴登堡任命他为国家总理。本书介绍德国的那篇文章的历史部分,对希特勒一步步发展最终变成独裁者和第二次世界大战的发动者作了详细的叙述。

希特勒相信,他已经踏上征服世界的旅途,1941年他自我任命为武装部队总司令,1942年自任战时最高指挥。但是,1944年7月20日,一伙军官因对他的"直觉式"的指挥造成的军事失败感到惊慌害怕,在他的办公室放置了炸弹。结果他幸免于难,只是神经受了一些惊吓。

"超人希特勒"的传说

纳粹的宣传把希特勒塑造成为力量和民族美德的象征。1930年,他才获得德国国籍,而且是通过纳粹心腹的计谋才得到的,可是他却被称颂为理想的德意志的领袖。他的优柔寡断被遮掩说成是"直觉"。尽管他经常长时间地,甚至数日像母鸡孵蛋一样地发呆不动,但他却被描绘成为一个热情好动的人。那时,他成为德国青年崇拜的偶像,但他却以自己的信条背叛了他们,这个信条就是,"教育的全部工作是要把种族感情印刻到青年的心灵和脑海里。"

为了掩盖他那令人厌恶的、残酷的性格,宣传材料编造出他有苦行僧一般的习惯和无私地为德国奉献的传说。当他和爱娃·布劳恩长期秘密的关系被披露之后,关于他的一些传说不攻自灭。1945年4月,他和爱娃结婚,随后他在破毁不堪的总理府自尽而亡。他的骨灰经鉴定无误后,1956年10月25日他被正式宣布死亡。

萨拉查 SALAZAR, António de Oliveira(1889—1970)

差不多与弗朗西斯科·佛朗哥在西班牙实行独裁同时,它的邻国葡萄牙也处在其总理安托尼奥·德奥里维拉·萨拉查同样的暴虐统治之下。萨拉查从1932年至1968年掌权。

萨拉查1889年4月28日生于葡萄牙的维米埃罗。他在进入科英布拉大学法学院之前,曾学过8年教士的课程。他在1914年以优异成绩大学毕业。1917—1928年,他在母校教授经济学。他的教学因1926年5月26日的军事反叛而中断,政府变成了军人独裁。他做了几天的财政部长,内阁便改组了。1928年4月27日,他重新进入内阁,仍任财政部长。1932年7月5日,他被任命为总理,第二年他颁布了新宪法。

萨拉查稳定了葡萄牙的财政,使铁路现代化,发展了商船,完成了许多公共工程项目。但是,经济的增长缓慢,生活水平仍旧很低,教育落后。没有政治上的反对派,新闻受到检查。

萨拉查本人生活很简朴,不愿抛头露面,很少接见记者。1968年9月患严重中风,不能工作,将权力移交给马塞罗·卡埃塔诺。萨拉查1970年7月27日死于里斯本。

塔夫脱 TAFT, Robert A.(1889—1953)

罗伯特·A.塔夫脱,人称"保守先生",是美国总统威廉·霍华德·塔夫脱的长子。罗伯特于1889年9月8日生于俄亥俄州的辛辛那提。他于1910年毕业于耶鲁大学,于1913年毕业于哈佛法学院。从1938年直至1953年7月31日去世为止,他在参议院内担任代表俄亥俄州的共和党参议员。

作为参议员,塔夫脱直言不讳地反对民主党的经济政策,视之为社会主义的政策。他也反对干预始于1939年的欧洲战争。他最著名的立法是1947年的《塔夫脱-哈特莱劳资关系法案》,这项法案限制了劳工组织的团体谈判权。

尼赫鲁 NEHRU, Jawaharlal(1889—1964)

为使印度摆脱英国的统治,尼赫鲁和马哈特马·甘地一起奋斗了20余年。这两位伟大的领袖在1947年达到了他们的目的,印度成为英联邦中的独立国家。尼赫鲁出任新印度的第一任总理。

贾瓦哈拉尔·尼赫鲁1889年11月14日生于印度阿拉哈巴德。他的先辈是克什米尔人,在19世纪初迁离他们的家乡。尼赫鲁15岁时到英国的哈罗和剑桥读书,1912年回到印度,在阿拉哈巴德当律师。

尼赫鲁在1916年的印度国大党的年会上与甘地相识。他不久即被甘地争取印度独立的运动所吸引(见:甘地)。他参加了国大党,并在1929年担任该党主席。从1921年到1945年,他因进行政治活动9次入狱。在一次被监禁期间,他写了一本自传(1936),后来被称为《走向自由》。他每次出狱后便在印度周游,争取人们对甘地非武力反对英国统治纲领的支持。他被人们称为潘迪特,意思是"圣人"。

潘迪特对印度和西方的文化同样熟悉。他从西方的经济和政治思想中,吸取他认为对印度最有益的东西。他并不喜欢甘地对于简朴生活的理想化。他的目的是把印度变成一个民主的社会主义国家,兼容一切宗教信仰。尼赫鲁在1952年、1957年和1962年连选连任,1964年5月27日在新德里去世。

尼赫鲁的妻子卡玛拉,1916年和他结婚,于1936年去世。他们的女儿英迪拉,是她父亲公务上的女主人,在他任总理时,是印度的第一夫人。这使她开创了她本人的政治生涯(见:甘地夫人)。

贾瓦哈拉尔·尼赫鲁的著作有演说和小品文集,和几本历史书籍,其中有:《世界历史一瞥》(1934—1935)、《印度与世界》(1936)、《在印度的十八个月》(1938)、《印度的统一》(1942)和《印度的发现》(1946)。

胡志明 HO CHI MINH(1890—1969)

作为1930年印度支那共产党的缔造者和1945年至1969年北越的总统,胡志明指挥了那场时间最久、代价最高的20世纪反殖民主义战争。他的整个成年期都致力于结束法国,后来是美国对越南的统治。1975年,也就是他死后六年,他的目的达到了,那一年最后一批美国人撤离了南越。

胡志明1890年5月19日出生于越南(当时西方人称之为法属印度支那)黄稠村,原名阮必成。他少年时代在顺化上学,曾一度当过小学校长,后来上了西贡技术学校。1911年,他去远洋货轮上工作,随那些远洋货轮到过非洲的许多重要港口,最远的还到过波士顿和纽约市。他在伦敦住了两年(1915—1917)后,迁居巴黎,在那里一直待到1923年。在巴黎时,他成了一个社会主义者,并且为抗议法国的殖民政策,组织了一个居住在那里的越南人的团体。

受成功的俄国共产主义革命的感召,他于1924年去莫斯科参加了共产国际第五次代表大会。他的反殖民主义的观点使他在第二次世界大战结束前回到越南。他一生的大部分时间都是在中国度过的,在中国他于1930年2月3日建立了印度支那共产党。大约在1940年,他开始用胡志明这个名字,其意思是"赐予光明者"。

1941年,胡志明和他的同志们建立了越南独立同盟。到1945年,日本人侵略越南,打败了法国人,但后来在那一年日本人又为美国所打败。胡志明为了防止回到殖民统治,立刻寻求与美国合作,并于1945年9月2日宣布越南独立。

这一宣布为时过早:在越南成为独立之前还发生过两次印度支那战争。他在这两次战争中的主要贡献是,既没有使苏联也没有使中国在越南得到太大的权力。虽然曾报道说,他于1969年9月3日死于河内,但1989年越南共产党透露,胡志明实际上死于9月2日,即越南国庆节那天。

戴高乐　　DE GAULLE, Charles
(1890—1970)　法国在20年中有两次在困难的时候寄希望于夏尔·戴高乐的领导。戴高乐将军在第二次世界大战的黑暗日子里,领导了自由法国政府。1958年他重掌权力,以使法国避免内战。戴高乐作为军事领袖和政治家,在他整个一生中,都胸怀一个信念,即法国是伟大的。

教育和早期军旅生涯

夏尔·戴高乐1890年11月22日生于法国北部的里尔。他父亲是一位哲学教授,母亲是随斯图亚特家族逃到法国的苏格兰和爱尔兰难民的后裔。1911年,戴高乐以接近于班级第一名的成绩毕业于法国的"西点"——圣西尔军事学院。

他在第一次世界大战中负伤三次。在1916年的凡尔登战役中被德军俘掳。戴高乐五次试图逃出,未能成功。1918年停战后获释。

在战争间隙中教学和写作

1921年,戴高乐与加来的饼干制造商的女儿伊冯·凡德鲁结婚。他们有3个孩子。惟一的儿子名叫菲利普,取自戴高乐老上司亨利·菲利普·贝当元帅的名字。

在第一次和第二次世界大战之间,戴高乐在圣西尔军事学院教授军事史。他曾在驻波兰军事代表团工作,后来任贝当的副官。他写了几本军事题材的书。最重要的大概是《未来的军队》,在这本书中他是第一个提出使用机械化步兵的人。

在第二次世界大战中领导法国进行战斗

在1940年德国人入侵法国时,戴高乐被任命为将军,指挥一个装甲师。法国未能阻挡住德国的进攻,贝当和希特勒签订了一个停战协定。

戴高乐飞往伦敦,和温斯顿·丘吉尔举行了一系列会谈。丘吉尔同意由戴高乐指挥自由法国抵抗运动,戴高乐向全世界广播说:"法国输掉了一次战役,但是没有输掉整个战争。"

戴高乐和法国的地下组织保持着经常的联系。在美国进军北非后,戴高乐和亨利·吉罗将军在阿尔及尔一起担任法国民族解放委员会主席。后来,由戴高乐一人担任该委员会主席和武装部队司令。他在1944年紧随着撤退的德军返回巴黎。

临时政府主席

戴高乐被任命为新成立的法国临时政府主席以后,设法把法国的许多政党团结在一起,组成一个强大的全国性政权。他反对共产党和反动派的极端主义政策,倡导各政治组织间的合作,试图建立一个温和的自由政府。

戴高乐一直反对法国历史上留传下来的立法机关权力至高无上的制度。他主张由一个能力强的总统来制约国民议会。戴高乐提议的宪法改革,遭到国民议会愈来愈强烈的反对。1946年初,他辞去主席职务。

1947年,他仍在致力于建立一个强有力的中央政府。他组织了一个新政党——法国人民联盟。但是他的影响下降了,1953年该党解散。在以后的年代中,戴高乐关于政府不稳定的警告证明是正确的。没有一届法国政府掌权超过几个月,政治争吵的主要原因是由于法国要保留北非的殖民地而在阿尔及利亚打的内战。

1958年危机时重新出山

戴高乐在法国军队中是很有威望的。1958年,在阿尔及利亚的一些军官吁请他恢复法国政府的秩序。戴高乐到巴黎去和雷内·科蒂总统会晤。科蒂请他组织新政府。戴高乐表示同意,但是国民议会必须同意给予他所一直谋求的行政权。12月,法国的第五共和国组成,1959年1月8日,戴高乐出任第一任总统。

戴高乐促进了阿尔及利亚的和平谈判,在一次全国性的公民投票中,法国投票人以压倒多数支持他在1962年3月宣布的停火协议。戴高乐认为这次能获致和平,是由于他握有广泛的总统权力。他在7月3日宣布阿尔及利亚独立。

为了巩固他为法国总统增加的权力,戴高乐提议,以后要由民众选举总统。他的这一计划已经全民投票批准。20世纪60年代,戴高乐更加努力奋斗,以使法国成为世界主要强国之一。由于他的倡导,法国发展了核力和空间计划。在国际事务中,戴高乐拒绝签署禁止核试验条约,阻止英国加入欧洲经济共同体或共同市场,并正式承认共产党中国。

在一次决胜选举之后,戴高乐在 1966 年 1 月就任第二届任期 7 年的总统职务。在这一年的晚些时候,他决定法国不再参加北大西洋公约组织(NATO)的军事活动。

在 1967 年的议会选举中,戴高乐对国民议会的控制削弱了。学生和工人 1968 年的动乱进一步造成了威胁。6 月 23 日,他解散了国民议会,举行新的选举。他的党在国民议会中以压倒多数获胜。但是,人们的不满继续增长。1969 年戴高乐在提出一些宪法修改案交付全民表决时,再一次要求对他投信任票。

4 月 27 日,法国民众投票拒绝了他的建议。戴高乐在第二天提出辞职,回到家乡科隆贝双教堂村。他在 1970 年 11 月 9 日逝世。1972 年在他的坟墓附近树起了一个纪念性的洛林十字架。

莫洛托夫　MOLOTOV, Vyacheslav Mikhailovich (1890—1986)

维亚契斯拉夫·米哈伊洛维奇·莫洛托夫,是苏联最有权势的人物之一。列宁曾说他是"苏联最好的档案管理员"。这位"档案管理员"后来当了总理和外交部长。他是约瑟夫·斯大林多年的亲密顾问和知己。

莫洛托夫 1890 年 3 月 9 日生于莫斯科以东 800 公里的库卡卡(现名苏维埃茨克)村。他原姓斯克里亚宾。他在 1906 年参加布尔什维克党(现名共产党),改姓莫洛托夫,该姓取自 molot,这个字在俄文中是"锤子"的意思。在沙皇时期,俄国的革命者常使用假名,以避免警察查明自己的身份。他 21 岁时,就已是一个有经验的党的工作者了。他给布尔什维克杂志投稿,并在 1911 年创办共产党的报纸《真理报》。他在 1915 年被捕,被流放到西伯利亚,但在第二年逃了出来。1917 年参加了十月革命的战斗。

莫洛托夫在 1930 年被斯大林任命为总理,直至 1941 年斯大林本人担任这一职务。他还从 1939 年至 1949 年,后又从 1953 年至 1956 年,当过外交人民委员,后来称为外交部长。莫洛托夫和希特勒曾在 1939 年签订俄德互不侵犯条约。在第二次世界大战期间,希特勒进攻苏联后,莫洛托夫参加了同盟国召开的所有高级会议。他参与了 1945 年联合国的建立。从 1946 年至 1948 年,他任苏联驻联合国代表团团长。

莫洛托夫反对尼基塔·赫鲁晓夫否定斯大林的政策。1957 年,莫洛托夫参与了反对赫鲁晓夫的秘密计划,被解除了中央委员会主席团成员的职务。后他又被进一步降职,担任驻蒙古人民共和国大使(1957—1960),和驻维也纳国际原子能机构代表(1960—1961)。1961 年末,莫洛托夫从公共生活中消失了,1962 年被赫鲁晓夫开除出党。1984 年 7 月,在康斯坦丁·契尔年科的领导下恢复了党籍,这是给他的不寻常的荣誉。莫洛托夫死于 1986 年 11 月 8 日。

特鲁希略　TRUJILLO MOLINA, Rafael (1891—1961)

特鲁希略在多米尼加共和国独裁专政达 30 年。从 1930 年通过军事叛乱夺取了对该国的控制到被暗杀,特鲁希略将军一直是这个警察国家的绝对统治者。

拉斐尔·利奥尼达斯·特鲁希略 1891 年 10 月 24 日生于多米尼加共和国圣克里斯托瓦尔。他的父母乔斯·特鲁希略·瓦尔德斯和阿尔塔格拉夏·朱莉娅·莫利纳共生有 11 个孩子。尽管乔斯是邮政局长,但这个家庭仍然是贫穷的。

在美国海军陆战队占领多米尼加共和国后两年,即 1918 年,特鲁希略开始了他的军事生涯,在美国海军陆战队受训。到了 1927 年,他成了多米尼加国家近卫军的一名将军。在其整个统治时期,他控制了军队。1952 年,他任联合国巡回大使。接下来他的兄弟赫克托当了 8 年总统。

特鲁希略政权允诺带来和平与繁荣,进行了土地改革,并改善了教育。可是,公民权受到了严格的限制。其间,特鲁希略积累了巨额财富。

1961 年 5 月 30 日,在圣多明各附近驾车时,这位"恩人"被人开枪打死。特鲁希略曾三次结婚,生有两个女儿和两个儿子,两个儿子都是军官。大儿子,与其同名,在其父被刺后,控制了多米尼加军队,但是——在驱逐出境的威胁下——这个家庭不久就逃离了该国。

海尔·塞拉西　HAILE SELASSIE (1892—1975)

海尔·塞拉西在埃塞俄比亚即位时,是一位进步的统治者,是希望国家实现现代化的年轻温和派的众望所归。但是到他的统治结束的时候,他实际上已变成一个独裁者,他推翻了老宪法,把一切权力掌握在自己手中。

海尔·塞拉西原名塔法里·马康南,1892 年 7 月 23 日生于埃塞俄比亚的哈拉尔附近。因为他父亲是曼涅里克二世皇帝的得力助手,所以很快便被委任了一位年轻的贵族应负的职责。1910 年,他就当了本省的省长。当皇帝的女儿扎乌迪图在 1916 年继位为女王时,塔法里被任命为摄政和王位继承人。1923 年,他使埃塞俄比亚进入国际联盟。1924 年,他访问了欧洲——这是埃塞俄比亚的统治者首次出国旅行。

1928 年,他获得帝王的称号。1930 年扎乌迪图死后,他宣布自己为海尔·塞拉西皇帝。这个名字的意思是"三位一体的威力"。埃塞俄比亚是一个基督教国家,据说皇帝是古以色列国所罗门国王的后裔。他有无数的称号,其中之一是犹大的狮子。1931 年通过的新宪法,大大限制了议会的权力,几年之后,根本不起作用了。

1935 年意大利入侵埃塞俄比亚,中断了他的统治,迫使他流亡国外。1941 年英国和埃塞俄比亚军队收复首都后,他回到国内。他虽然恢复了皇位,但还须重新建立他往日的权威。1955 年,他颁布了一部新宪法,赋予自己最高统治权。在 1974 年海尔·塞拉西被临时军事政府废黜以前,除了 1960 年 12 月发生过一次军队叛乱外,他的统治没有遇到什么反抗。他被俘后,于 1975 年 8 月 27 日不明不白地死于他自己的皇宫中。

佛朗哥　FRANCO, Francisco (1892—1975)

与其他许多现代独裁者不同,弗朗西斯科·佛朗哥说话温柔且信奉宗教。他作为西班牙独裁者的长期统治开始于 1939 年。

佛朗哥 1892 年 12 月 4 日生于西班牙最西北的省份加利西亚的埃尔费罗尔。父亲尼古拉斯是个海军军官。母亲是皮拉尔·巴哈蒙德。佛朗哥 1907 年进入托莱多军事学院,1910 年 7 月毕业后任少尉军官。17 岁赴西属摩洛哥,与里夫人作战。随后军阶迅速提升,23 岁升为少校,30 岁升为西班牙外国军团司令,34 岁升为上将,成为当时欧洲最年轻的将军。此后,佛朗哥的官运便随着政府的更迭而沉浮。

1936 年 7 月,西班牙爆发了一场精心策划的反政府暴乱。这场暴乱后来演变成了西班牙内战。反对共和制的首领何塞·圣胡罗将军在叛乱爆发后不久突然去世,佛朗哥旋即成为反叛者的领袖。10 月,他被任命为国家元首和三军总司令。1937 年,除反叛的长枪党外,佛朗哥取缔了所有政党,自任长枪党主席,自命为"领袖"。1938 年组阁,任总理。1939 年 3 月 28 日,佛朗哥的军队占领马德里,内战宣告结束。

第二次世界大战期间,佛朗哥看风使舵,在轴心国同盟国之间摇摆。但 1946 年公布的秘密文件表明,他与轴心国关系密切,曾打算参战。

1947 年西班牙成为君主国。佛朗哥被任命为国家元首,享有挑选继承人的权利。罗马天主教被尊为国教。1973 年佛朗哥辞去了西班牙政府总理的职务,但仍是国家元首、三军总司令和长枪党的领袖。1974 年 7 月,佛朗哥患病,1975 年 10 月再次患病,于是权力移交给了胡安·卡洛斯王子。1975 年 11 月 20 日,佛朗哥在马德里去世。

铁托　TITO (1892—1980)

在第二次世界大战中有效地打击了希特勒军队的南斯拉夫游击队,是由自由战士组成的军队,这支游击队是由铁托领导的。战后,他成了新南斯拉夫社会主义国家的领导者。铁托在 1953 年 1 月 13 日正式当选总统后,直到他去世,一直是南斯拉夫的统治者,他所领导的南斯拉夫 30 多年一直很稳定。他和苏联领导人约瑟夫·斯大林决裂,宣布每个社会主义国家都有走自己道路的权利。他还实行和提倡在政治上他的国家不承担支持苏联或美国的义务的政策。这一中立政策,使南斯拉夫和其他中立的领导人之间的关系变得密切了,如埃及总统加马尔·阿卜德尔·纳赛尔,和印度总理贾瓦哈拉尔·尼赫鲁,并导致在 1961 年召开不结盟国家会议(见:**国际关系**,"**第三世界**")。他和他们一起谴责了殖民主义,并宣布大小国家一律平等。

约瑟普·布罗兹 1892 年 5 月 7 日生于克罗地亚和斯洛文尼亚交界处的孔罗维茨。因为他经常因为从事政治活动被起诉,所以他 1934 年改名铁托。他没有受过正规教育。13 岁时学做锁匠,后来做金属制造工。他在第一次世界大战中打过仗,受过重伤,并被俄军俘虏。

他 1920 年从俄国回国。随后几年,他积极参加南斯拉夫共产党的活动。他因为从事政治活动,数次被捕。最长的入狱时间是 1928—1934 年。铁托在 1940 年任南斯拉夫共产党总书记。

1941 年 4 月 6 日德国进攻南斯拉夫后,铁托成为抗德游击队的领袖。抗德活动遍及全国,其后几年,游击队与德国人打了几次大仗,但没有被打垮。1941 年,铁托被授予元帅军衔,从那时起,一般都称他为铁托元帅。

战后,铁托在南斯拉夫建立起一个共产党政府,因而疏远了美国和其他西方国家。这些国家也反对他支持希腊的共产党起义,和想夺取意大利城市的里雅斯特。他一方面与西方的关系恶化了,另一方面因为他决心保持南斯拉夫的独立,也与斯大林结下了仇。斯大林于 1948 年 6 月 28 日把南共开除出共产主义情报局而与铁托决裂。

斯大林在 1953 年死后,新的苏联领导人同意铁托的独立路线。于是铁托放松了南斯拉夫政府行政权的集中程度。他在工厂中建立了工人委员会,并在当时来说,给予公民以较其他共产党国家更大的自由。他无论对美国还是苏联仍继续执行他的不结盟政策。1970 年,他提出集体领导制。在他 1980 年 5 月 4 日在卢布尔雅那去世后,南斯拉夫就是以集体领导进行管理的。

朗　LONG, Huey (1893—1935)

辉·朗曾任路易斯安那州州长和美国参议员,他锋芒毕露,他的社会改革和激进的福利建议,被他哗众取宠的行为遮掩得暗淡无光。他提出的"人人都是国王"口号,使他获得了"国王鱼"的绰号。

辉·皮尔斯·朗 1893 年 8 月 30 日生于路易斯安那州温菲尔德附近。他是一个乡下孩子,没受过正规教育。但他还是通过了州里的法律考试,在 1915 年做了律师。他在政治上怀有雄心壮志,25 岁时被选入州铁路委员会,35 岁时得到农村地区的大力支持当选州长。他在公共工程、福利立法、改善公路和增加教育设施方面的宏伟计划,使路易斯安那州受益。他反对富人享有过多的特权,上述这些计划都是用增加遗产税和所得税资助的。

朗的平易近人的作风和对穷苦白人的同情,掩盖了他不择手段谋求权力的野心。他身边有一群像匪徒似的保镖,对议员进行恫吓。他又是州长和参议员,所以对州里的运作能进行绝对的控制。1930 年他当选美国参议员后,到 1932 年他精心挑选出继承人之前,他并没有辞去州长的职务。1934 年,他提出分享财富计划,以谋取全国的权力。朗在 1935 年 9 月 10 日在路易斯安那州的巴吞鲁日被政敌的儿子卡尔·A. 韦斯医生暗杀。

乌布利希　ULBRICHT, Walter (1893—1973)

沃尔特·乌布利希从 1949 年到 1971 年退休为止,一直是德意志民主共和国(即东德)的统治者。他 1893 年 6 月 30 日生于莱比锡。他小学毕业后去做木匠学徒,15 岁时参加社会民主党的青年工人组织,1912年参加该党。在第一次世界大战中,乌布利希在东线服役。他是1919年德国共产党的创始人之一,担任党的组织工作。20世纪20年代中期,他去莫斯科接受党务工作训练。1928年回国后,乌布利希当选民议会议员。

1933年希特勒上台后,乌布利希逃往巴黎,1935年又到了莫斯科。在西班牙内战期间(1936—1939),他在反弗朗西斯科·佛朗哥军队的国际纵队中工作。在第二次世界大战中,他在苏联。1945年返回德国,参加重建共产党的工作。

1949年10月,德意志民主共和国成立后,乌布利希任副总理和统一社会党总书记。1960年,国务委员会成立,以取代总统制,乌布利希任主席。柏林墙就是在他执政期间建起的。东德虽然远远落后于西德,但乌布利希促使东德成为苏联集团国家中最为兴盛的国家之一。他于1973年8月1日在东柏林去世。

赫鲁晓夫　KHRUSHCHEV, Nikita
（1894—1971）

在苏联实行独裁29年的约瑟夫·斯大林1953年3月5日去世。政府广播电台在第二天宣布,为了"避免惊慌不安",已经建立了集体领导,管理苏联。通告中没有提到尼基塔·赫鲁晓夫的名字。但是,不出几年,他战胜了他的对手,一举成为苏联惟一的独裁者。

在斯大林的葬礼上,赫鲁晓夫和苏联的最高领导人一起站在台上,但他只不过是一个负责介绍治丧委员会成员的主席。担负最重要责任的是格奥尔基·M.马林科夫。集体领导的其他成员是:秘密警察头子拉夫伦奇·P.贝利亚和斯大林的最能干的外交部长维亚契斯拉夫·M.莫洛托夫(见:莫洛托夫)。

尼基塔·谢尔盖耶维奇·赫鲁晓夫,1894年4月17日生于俄国南部加里诺夫斯卡穷苦村庄的一个农民的草舍里。他和他父亲一样,是一个煤矿工人。1918年在内战期间加入共产党,是一个不知疲倦的组织者。人们对与他在1920年结婚的第一个妻子所知不多,他们有两个孩子:利奥尼德和尤利亚。利奥尼德在第二次世界大战中牺牲。据说,赫鲁晓夫在1938年与他的第二个妻子尼娜·佩特罗夫娜结婚,但她坚持说是在1924年结婚的。他们有一个儿子,谢尔盖,和两个女儿,耶琳娜和拉达。

赫鲁晓夫在1929年进入莫斯科一所工业学校读书。在20世纪30年代中期,他在斯大林的清洗活动中,起了主要作用。1938年,斯大林把他派回乌克兰,去清除党内的反斯大林分子。在政府把农民手中的土地几乎完全收去之后,赫鲁晓夫还要把留在他们手中的小块私人土地收去。

在斯大林统治的最后14年中,赫鲁晓夫是莫斯科地区党的书记和党的最高机关政治局(以后称主席团)的委员。在斯大林去世的时候,赫鲁晓夫的许多支持者都登上了重要职位。

掌权

在斯大林死后的一周,赫鲁晓夫便从马林科夫手中把控制党的机器的权力夺了过来。然后就转向秘密警察头子贝利亚。在格奥尔基·K.朱可夫元帅的帮助下,在1953年6月将贝利亚逮捕。12月,贝利亚和他的许多助手都被处决。这期间,赫鲁晓夫被任命为第一书记。这是共产党的公认的首脑。

1955年,赫鲁晓夫以"缺乏经验"为理由,迫使马林科夫辞去部长会议主席职务。这一头衔给予了尼古拉·布尔加宁元帅。当时,朱可夫元帅取代布尔加宁做了国防部长。

反赫鲁晓夫的秘密计划

作为第一书记,赫鲁晓夫不仅是苏联最有权势的人物,而且是世界共产主义运动的领袖。1956年2月,他在第20届共产党代表大会上,用两天时间发表了有名的"秘密"演说(以后被发表了)。赫鲁晓夫在演说中谴责了斯大林的统治,控诉这位已故独裁者的臭名昭著的罪行。这次揭露震动了一直盲目听从斯大林指令的全世界共产党。

卫星国受到他的演说的激励,采取更为独立的路线。波兰发生了暴乱,匈牙利人公开造反。苏联政府中的斯大林主义者谴责赫鲁晓夫。赫鲁晓夫用斯大林的恐怖主义方法把匈牙利的反叛镇压下去了,并且缓和了他对斯大林主义的立场。

1957年6月,赫鲁晓夫的反对者,在11人的主席团中占了上风,秘密投票撤销赫鲁晓夫党的书记职务。赫鲁晓夫拒绝服从这一决定,并把这一争执拿到党的中央委员会上去解决。在中央委员会辩论了两天之后,对他的领导给予了肯定。主席团的四名成员——包括莫洛托夫和马林科夫——被清除出去,被迫承认他们的"错误"。到了10月,曾经帮助赫鲁晓夫击败这一密谋的朱可夫,也被撤掉了主席团委员的职务。这样,在政府和军队中就都是强有力的斯大林主义的反对者了。1958年3月,赫鲁晓夫取代了布尔加宁部长会议主席的职务,"集体领导"便告结束。

性格和政策

西方国家的记者说,赫鲁晓夫这个人精力极为充沛、干劲大、能说、好交际、粗俗、倔强和机敏。他在对外和对内政策上,都以很强的自信,进行巨大的冒险。作为一个独裁者,他不必担心议会的反对和新闻界的批评。但是,他不能完全不理会苏联人民的不满。他宣布的目标是,生产率要超过美国,并把共产主义传播到全世界。

在国内,赫鲁晓夫继续扩充军备和振兴重工业,同时向人民许诺:将大大增加消费品的生产。在外交事务中,他很大胆且无法预测,常常突然改变立场而使其他国家处于不利的境地。在谈论和平时,除了1962年他被迫从古巴撤出导弹,和1963年他同意禁止核试验条约外,从不让步。20世纪60年代初,赫鲁晓夫的反斯大林主义的政策,造成了和中国的分裂,因而使共产主义世界分成两个对立的阵营。1964年,赫鲁晓夫被撤职。在他的有生之年,生活得很平静。1971年9月11日,在一次心力衰竭后死在莫斯科一家医院中。

孟席斯　MENZIES, Robert G.

(1894—1978) 澳大利亚的律师和政治家罗伯特·G.孟席斯,曾当过两任总理——1930—1941年和1949—1966年。他在第二任期间,于1951年建立了澳大利亚、新西兰和美国联盟(ANZUS),从而促进了与美国的相互安全关系。他还主持了20世纪50年代快速发展的澳大利亚经济。

罗伯特·戈登·孟席斯1894年12月20日生于维多利亚州杰帕里特。他曾在韦斯莱学院和墨尔本大学上学。1918年毕业后做律师。1928年被选入州立法议会,第二年当选州议员。1934年选入澳大利亚议会,并任司法部长至1939年。1939年以澳大利亚统一党领袖身份出任总理。1941年,可能是由于他动员全国准备参加第二次世界大战而被迫辞职。

三年以后,他组建了自由党,并在1949年执政。通过促进工业增长、鼓励外国投资和移民,以及其他一些措施,大大开拓了澳大利亚经济的前景。他在外交政策上坚决反共。1956年苏伊士危机期间,他支持英国干涉埃及,并且支持美国在越南的战争。孟席斯在澳大利亚历史上连续担任总理的任期最长。他于1978年5月16日在墨尔本逝世。

肯雅塔 KENYATTA,Jomo (1894?—1978)

1963年,在东非国家肯尼亚脱离英国独立时,乔莫·肯雅塔出任第一任总理。从1922年起,他成年时代的生涯,跨越了肯尼亚谋求独立运动的整个时期。他担任这个运动的主要发言人达30年。

肯雅塔大约于1894年生于东非高原的伊查威利。他的父母都是吉库尤部落人,给他起名卡莫。他小时候羡慕欧洲定居者的生活,所以从家里逃出去,到一个基督教会学校去上学。他年轻的时候住在首都内罗毕,在殖民政府中工作。1922年加入东非协会。该协会解散后,他在1925年参加组建吉库尤中央协会。这些组织都是要争取肯尼亚独立,反对英国想把东非殖民地合并成一个国家的企图。

从1930年到1946年,肯雅塔大部分时间在英国学习和会晤其他反对殖民主义的领导人。他在1946年回到东非,领导新成立的肯尼亚非洲人同盟,并鼓动反殖民主义情绪。他1953至1961年被英国人监禁。被释后去英国谈判肯尼亚的独立问题。他的党在1963年5月独立前的选举中获胜,他在12月出任总理。1964年任肯尼亚总统,直至1978年8月22日在蒙巴萨去世。

麦克米伦 MACMILLAN,Harold (1894—1986)

1957年1月,在哈罗德·麦克米伦继任生病的安东尼·艾登为首相和保守党领袖时,英国的国际威望正处于低潮。两个月以前,英国和法国人侵埃及,企图重新掌握苏伊士运河的控制权。世界舆论谴责了这场战争,英美的同盟关系变得极为紧张,英国民众意见严重分歧。

麦克米伦作为首相,要使英国能正视苏伊士入侵造成的后果。他还过问了准许一些前殖民地,其中有加纳、马来亚、尼日利亚、乌干达、肯尼亚和塞浦路斯独立的问题。

莫里斯·哈罗德·麦克米伦1894年2月10日生于伦敦。祖父是麦克米伦出版公司的创始人。他从伊顿公学毕业后,进入牛津大学巴利奥尔学院读书。他在第一次世界大战时到英国近卫步兵第一团服役,因而辍学,后因臀部重伤退役。经长时间恢复之后,于1919年去加拿大做总督德文希尔公爵第九的助手。他在1920年回到英国后,与公爵的二女儿多萝西·卡文迪什小姐结婚,并加入麦克米伦公司,任该公司理事,直至1940年。

1924年,麦克米伦作为保守党候选人当选众议员。他和丘吉尔一样,是对保守党的严厉批评者。在丘吉尔1940年出任首相之前,他没有担任过责任重大的职务。1942年同盟国军队在北非登陆时,丘吉尔把他派到德怀特·D.艾森豪威尔将军在阿尔及尔的总部去做常驻公使。1945年7月,他暂时失去了议员资格,但几个月之后又恢复了。1951年,麦克米伦出任住房和地方政府事务大臣。他在艾登时期任外交大臣,后又任财政大臣。

麦克米伦任首相时,恢复了和美国的良好关系,刹住了英国的通货膨胀。他在任期间,英国加入了欧洲自由贸易协会,并和美国及苏联在1963年签订了禁止核试验条约。他经受了因为失业、未能使英国进入共同市场和他内阁中的一个成员的丑闻而引起的政治危机。他在做了外科手术后,于1963年10月辞职,回到他在麦克米伦出版公司的管理职位。他90岁生日时受封为斯托克顿伯爵,并进入贵族院。他1986年12月29日在苏塞克斯郡的家中逝世。

胡佛 HOOVER,J.Edgar (1895—1972)

在近半个世纪中,J.埃德加·胡佛是美国联邦政府中最有权威的官员之一。他从1924年至他1972年去世,一直担任联邦调查局局长,是美国主要的执法官员。他对政治家和政府的运作有深刻的了解,所以当选的官员都惧怕他,就是曾领导过他的八位总统,也没有一位敢辞掉他。

约翰·埃德加·胡佛1895年1月1日生于华盛顿特区。1916年从乔治·华盛顿大学毕业,1917年获法学硕士学位。1919年他在司法部任部长A.米歇尔·帕尔默的助理。第一次世界大战后,就是这个帕尔默,煽起反共的歇斯底里——"红色恐慌",致使许多外国人被驱逐出境。胡佛受命负责驱逐外国人出境之事。1921年,胡佛任司法部调查局(联邦调查局1935年以前的名称)助理局长,1924年任该局局长。

胡佛把联邦调查局建成为世界上效率最高的执法机构。他建立了庞大的指纹档案库、犯罪实验室和训练学院。他逮捕了许多匪徒、银行抢劫犯和其他罪犯,因而使联邦调查局名声大振。第二次世界大战后,他对内部颠覆活动进行了无情的打击。20世纪70年代,胡佛的独裁方法常受到非议。他1972年5月2日在华盛顿特区去世。

迪芬贝克 DIEFENBAKER,John

(1895—1979) 加拿大的自由党由两位总理连续控制政府达 22 年之久。其后，在 1957 年 6 月，由约翰·迪芬贝克领导的进步保守党获得胜利，但只以微弱多数当选。9 个月以后，他以总理身份，要求再次举行选举。这一次他的党在加拿大历史上以空前的压倒优势获胜。

约翰·乔治·迪芬贝克 1895 年 9 月 18 日生于安大略省的纽斯塔特。父亲是教员。在他 8 岁的时候，他家搬到萨斯喀彻温一处分得的宅地。在上中学之前，由他父亲辅导他学习。以后，他家卖掉了麦田，搬到萨斯卡通。

1916 年，约翰·迪芬贝克在萨斯卡通获得萨斯喀彻温大学的政治学硕士学位。在第一次世界大战中服役后，他回大学读书，在 1919 年获得法学学位。1922 年以后，他在萨斯喀彻温省的艾伯特王子城安了家，那时，他已是一位杰出的刑事辩护律师。1929 年，他和埃德娜·梅·布劳尔结婚。她于 1951 年去世。1953 年，他又和奥利夫·弗里曼·帕尔默结婚。

这位"草原律师"在 5 次选举中都失败了。最后在 1940 年，才当选众议员。他 1956 年成为反对党领袖。1957 年选举时，他指责自由党的权力过大，因而取代路易斯·圣劳伦特，做了总理（见：**圣劳伦特**）。

1958 年 3 月，迪芬贝克与新的自由党领袖、前外交部长、诺贝尔和平奖获得者莱斯特·B.皮尔逊竞选。当时在加拿大已振奋起一股民族主义精神。迪芬贝克觉察到了这一点，因而给民众提供了一个"新的和更加伟大的加拿大的远景"，在经济上较少地依赖美国。在 12 个省和地区中，他在 10 个省和地区中获胜。

1962 年，他以微弱的多数得以连任，成立了一个联合政府。1963 年，因为他拒绝接受美国的核武器，政府垮台。4 月选举后，皮尔逊任总理。迪芬贝克一直任反对党领袖到 1967 年。这一年，由新斯科舍省的罗伯特·L.斯坦菲尔德接替他。1979 年 5 月，他当选第 13 任议员，这是最高的记录。他 1979 年 8 月 16 日在渥太华去世。

庇隆　PERÓN, Juan（1895—1974）

虽然阿根廷的胡安·庇隆是 20 世纪拉丁美洲较为卓越和具有魅力的政治家之一，但他最后可能是因为与能干、精明的爱娃·杜亚尔特的婚姻而留在人们的记忆中。就是她成了强烈的个人崇拜的中心，并且一直持续到死后。她的一生被编成了电视剧，她是很长时间在舞台上上演的乐曲《埃维塔》的主题人物。

胡安·多明戈·庇隆 1895 年 10 月 8 日生于布宜诺斯艾利斯省一个中低等家庭。他 16 岁时入军校，并以军人为职业。20 世纪 30 年代，他在阿根廷驻意大利外交使团中任军事专家，这一职务使他有机会观察贝托·墨索里尼的法西斯政府。1943 年回阿根廷后，他参加了一个密谋推翻文官政府的组织。他曾担任过几个政府职务，但在 1945 年被撤职，并被监禁。在爱娃重新争取到支持使他获释后，他在 10 月 17 日宣布做总统候选人。

她原名玛丽亚·爱娃·杜亚尔特，1919 年 5 月 7 日生于布宜诺斯艾利斯附近的洛斯托尔多斯。她在与庇隆相识之前，已经是一个有名的广播剧和电影演员。他们在 1945 年 10 月末结婚。

1946 年，庇隆以 56%的票数当选。在他的第一任期间，由于底层阶级对她的尊重，爱娃已成为有强烈的、但是非官方的影响的人物。她把女工组织起来，使妇女获得了选举权，促进了福利工作，并引入了义务宗教教育。庇隆将铁路及其他公用事业收归国有，并对公共工程给予资助。他用军队镇压持不同政见者。

1951 年，他以大多数的票数重新当选。1952 年 7 月 26 日，爱娃·庇隆患癌症去世。1955 年 9 月 19 日，他被一批反对在他统治下发生的贪污和镇压的军官赶下台。他定居于西班牙的马德里。1961 年，他和一位名叫伊莎贝尔·马丁内斯的舞蹈演员结婚。她原名玛丽亚·埃斯特拉·马丁内斯·卡尔塔斯，1931 年 2 月 4 日生于阿根廷拉里奥哈。

庇隆的追随者叫庇隆主义者，他们在阿根廷的政治中仍有很强大的势力。在庇隆之后，没有一个政权能解决这个国家的经济问题。1973 年 3 月，庇隆主义候选人当选总统，庇隆回国受到热烈的欢迎。他当选总统，他的夫人任副总统。他于 1974 年 7 月 1 日去世，他的妻子继任总统。但她没有获得爱娃曾得到过的那种支持，因而在 1976 年 3 月 24 日被军队赶下了台。

艾希科尔　ESHKOL, Levi（1895—1969）

戴维·本-古里安于 1963 年 6 月 16 日辞去以色列总理职务后，就由列维·艾希科尔接任，艾希科尔从 1952 年起一直担任财政部长。在任期内，艾希科尔将三个主要工人政治派别合并起来，组成了以色列工党。他在任期间爆发了 1967 年阿以战争，这场战争中，以色列占领了西岸（包括东耶路撒冷）、加沙地带以及戈兰高地。

1895 年 10 月 25 日，艾希科尔生于乌克兰的奥拉托夫，原名列维·什科利尼克。他在阿曼和敖德萨上学，后来又到立陶宛的维尔纽斯上中学。1914 年，他移民巴勒斯坦，在农庄里工作。第一次世界大战后，他发动欧洲犹太人在巴勒斯坦定居。30 年代初纳粹掌权后，他甚至在德国柏林设立了一个犹太人重新安置办公室。他在第二次世界大战中以及结束后继续进行安置工作。第二次世界大战后，他在军事安全组织"哈伽拿"卫军的参谋机构任职。1948 年，以色列被承认为国家后，艾希科尔被任命担任他的第一个政府职务。他曾在国防部供职（1948—1951），当过农业与发展部部长（1951—1952），还当过财政部长（1952—1963）。他于 1969 年 2 月 26 日在耶路撒冷去世。

皮尔逊　PEARSON, Lester B.（1897—1972）

莱斯特·B.皮尔逊是一位政治家、自由党领袖和诺贝尔和平奖获得者，从 1963 年至 1968 年任加拿大总理。他积累了多年的国际外交方面的经验。

莱斯特·鲍尔斯·皮尔逊 1897 年 4 月 23 日生于安大略省纽敦布鲁克（现属多伦多）。他父亲和祖父都是卫理公会牧师。第一次世界大战期间，他在医疗队和皇家航空队服役。在一次飞机失事中受伤后，回多伦多大学读书，以后又去英国牛津大学上学。1924年到1928年，他在多伦多大学教授历史。

皮尔逊1928年进入政府工作，在新成立的外交部中任一等秘书。1945—1946年任驻美大使，1948—1957年在路易斯·圣劳伦特总理的自由党政府中任外交部长。

皮尔逊曾敦促大国同意在1947年把巴勒斯坦分成犹太和阿拉伯两个国家。他是北大西洋公约组织（北约）的缔造者之一。朝鲜战争时，皮尔逊是北约理事会的主席（1951—1952），曾参加商议朝鲜停火的联合国三人委员会。1952—1953年，他是联合国大会主席。他获得1957年诺贝尔和平奖，主要是因为他创建了联合国紧急部队，帮助解决了1956年的苏伊士运河危机。

1957年，在约翰·迪芬贝克领导的进步保守党击败了自由党后，皮尔逊在将近30年中第一次脱离公职。1958年，他取代圣劳伦特任自由党主席，并在众议院中任反对党领袖。他主张加拿大和美国密切合作。

1963年，由于迪芬贝克拒绝接受美国的核弹头而导致政府垮台。自由党赢得了下一届的选举，皮尔逊做了总理。1968年他辞职，退出政坛，由皮埃尔·特鲁多接替他在党内的职务。在皮尔逊执政期间，加拿大同美国和英国的关系大大改善。他于1972年12月27日在安大略省的渥太华去世。

艾登　EDEN，Anthony（1897—1977）

安东尼·艾登虽然任英国首相不到两年，但是，在他漫长的政治生涯中，人们认为他是一位能力极强的政治家和卓越的外交家。

罗伯特·安东尼·艾登1897年6月12日生于达勒姆郡的温德莱斯通霍尔。曾在伊顿公学读书，第一次世界大战期间任步兵军官。战后入牛津大学，获得东方语言荣誉学位。1923年进入议会，直到1957年辞职。1926—1929年，艾登任外交大臣奥斯汀·张伯伦爵士的私人秘书。他在担任一些其他职务后，于1935年12月在内维尔·张伯伦首相内阁中任外交大臣。这时，纳粹德国正在扩充军备。艾登主张英国迅速重新武装。张伯伦对阿道夫·希特勒过分乐观的态度激怒了艾登，他在1938年2月20日辞职（见：**内维尔·张伯伦**）。

第二次世界大战爆发时，艾登又进入张伯伦的政府。1940年，在丘吉尔任首相时，他又做了外交大臣。保守党从1945年到1951年在野，但是在丘吉尔重任首相时，艾登又再次出任外交大臣。他在试图解决印度支那半岛战争和建立欧洲防务集团方面做得很出色。1955年4月，他继丘吉尔为首相。几周之后，他领导保守党在选举中取得胜利。

艾登曾在1953年患重病，做过三次手术。他一直没有完全恢复健康。这也是他任首相时间很短的原因之一。1956年的苏伊士危机占去他很多的时间。埃及把运河收归国有，以色列进攻埃及，处理这些复杂的问题，损害了艾登的健康。1957年1月9日他辞去职务。他退休后，出版了三卷本的回忆录和一本文集《印度支那走向和平》，1966年出版。1961年7月受封艾冯伯爵。他1977年1月14日在威尔特郡的阿尔维迪斯通去世。

艾哈德　ERHARD，Ludwig（1897—1977）

路德维希·艾哈德由于在第二次世界大战后将西德被破坏的经济重新振兴起来有功，而被称为"经济奇迹之父"。他1963年出任西德总理。

路德维希·艾哈德1897年2月4日生于巴伐利亚纽伦堡附近的菲尔特。他在第一次世界大战期间被征入德国军队前，是商业学徒。1917年受伤，在康复期间学习经济学。他在法兰克福大学获得博士学位。1923年，他和路易丝·洛特结婚。

艾哈德曾任由政府支持的、设在纽伦堡的市场研究所所长。由于他一再拒绝参加第三帝国工人战线，纳粹在1942年强行将他解雇。

1944年，艾哈德预见到德国在第二次世界大战中将战败，他根据自由贸易原则构思了一项德国经济复苏计划。1945年5月，同盟国当局委派他重新组织纽伦堡地区的工业。10月，他出任战后第一届巴伐利亚州政府经济部长。

1949年，在西德战后第一次大选中，艾哈德作为乌尔姆基督教民主联盟党的成员选入联邦议院。在康拉德·阿登纳总理的内阁中，他任经济部长，一直在任14年。在他宽松的自由贸易政策的扶持下，西德的经济繁荣起来。1957年，他出任副总理。

1963年，联邦议院选举艾哈德继任阿登纳的总理职务。在一次经济衰退后，艾哈德于1966年11月30日辞职。他1977年5月5日在波恩去世。

穆尼奥斯·马林　MUÑOZ MARÍN，Luis（1898—1980）

第一个选举产生的波多黎各总督诗人和政治家。当路易斯·穆尼奥斯·马林为社会和经济的进步努力工作时，他便由作家成了改革家。

穆尼奥斯·马林1898年2月18日生于波多黎各的圣胡安。其父是路易斯·穆尼奥斯·里维拉（见：**穆尼奥斯·里维拉**）。穆尼奥斯·马林在美国受教育，20世纪20年代在美国当新闻记者，并结交了像罗伯特·弗罗斯特和卡尔·桑德伯格这样一些著名诗人为朋友。1926年回到波多黎各，任其父创办的《民主报》编辑。1932年当选为参议员。

穆尼奥斯·马林坚信波多黎各应摆脱美国而独立，这种观点使他与波多黎各自由党发生了意见分歧。1938年，他创建了人民民主党，1940年，该党控制了参议院。随后穆尼奥斯·马林任参议院议长，直至1948年。考虑到其祖国的极度贫困的不发达状况，穆尼奥斯·马林改变了他有关波多黎各独立的思想，并制订出自力更生的行动计划，鼓励美国公司在这个岛上开设工厂。波多黎各获得了迅速的发展。1948年，美国允许该岛人选举总督。穆尼奥斯·马林当选。1952年波多黎各获得联邦地位。1963年穆尼奥斯·马林获得美国总统授予的自由勋章。1964年他放弃了总督职位。1980年4月30日穆尼奥斯·马林在圣胡安去世。

梅厄　MEIR, Golda (1898—1978)

戈尔达·梅厄是以色列国的缔造者之一,曾在以色列政府中担任过多种职务。她在1969年至1974年曾出任总理。

她于1898年5月3日生于俄国基辅,原名戈尔迪·马博维奇。她和她的全家于1906年移居美国威斯康星州密尔沃基,17岁时参加犹太复国主义运动。该运动的目的是在巴勒斯坦建立一个犹太人的国家。1917年,她与莫里斯·迈尔森结婚,他们有两个孩子。他们在1921年在英国统治下的巴勒斯坦参加一个集体农庄。在以色列建国之前,她曾率领世界犹太复国主义组织和巴勒斯坦犹太代办处代表团访问欧洲和美国。她领导反抗英国的运动,但也作为全国理事会的代表和英国人合作。全国理事会是在英国托管下以色列自治的主要机构。

在第二次世界大战期间,梅厄在英国战时经济顾问委员会工作。她是1948年新以色列国独立宣言的签署者之一。1948年梅厄出任第一任以色列驻苏联大使,1949年任劳动部长,1956年任外交部长。这时,她开始使用希伯来文的名字梅厄。

梅厄于1965年退休,但在1969年又被召去做总理。1969年和1973年她当选为总理。在以色列为取得安全、承认和中东和平的斗争受到挫折,引起政治危机之后,她在1974年辞职。她于1978年12月8日在耶路撒冷去世。

卢图利　LUTHULI, Albert (1898—1967)

艾伯特·卢图利由于在南非进行非暴力反对种族歧视运动,在1960年成为第一位获得诺贝尔和平奖的非洲人。具有讽刺意味的是,在他于1961年接受和平奖后的一个月内,有些南非人却放弃了非暴力政策。

艾伯特·约翰·姆沃姆比·卢图利是纳塔尔省祖鲁族人,1898年生于罗德西亚(现在的津巴布韦)。他父亲在罗德西亚为一个教会做翻译。他10岁时死了父亲,后迁居南非,学习祖鲁族的传统。他曾在德班附近的一所师范学院上学,毕业后留校,是该校最早的三个非洲籍教员之一。1936年,卢图利被选为格劳特维尔的祖鲁族酋长后,便离开教职。虽然他所统治的地区,人们贫穷没有饭吃,但他当时还没有认识到需要用政治手段来解决人民的问题。

直到1945年,卢图利才加入非洲人国民大会这个活跃的政治组织。一年以后,他被选入土著代表大会。军队和警察以暴力对待罢工的非洲矿工,促使他第一次提出政治抗议。1948年,南非国民党(Afrikaner Nationalist Party)掌权,决定实行种族隔离政策(见:**种族隔离政策**)。

当时,卢图利当选为纳塔尔省非洲人国民大会主席。由于他反对种族隔离政策,他被要求辞去这个职务,或是不做祖鲁族酋长。他拒绝了这个要求。1952年,他被罢黜酋长职务。同年,他当选为非洲人国民大会主席。由于他积极活动,他和许多人在1956年被捕,并以叛国罪受审。他没有被判刑,但政府禁止他进行活动,并不许他离开住所附近。他接受了诺贝尔奖之后,不再进行政治活动,被迫过隔离生活。他于1967年7月21日被火车撞死。

斯巴克　SPAAK, Paul-Henri (1899—1972)

第二次世界大战后最初25年中欧洲最重要的政治家之一,就是比利时政治家保罗-亨利·斯巴克。作为一名国际合作的积极鼓吹者,他对欧洲经济共同体(共同市场)、北大西洋公约组织和比荷卢关税同盟的建立起了主要作用。

斯巴克1899年1月25日生于比利时的沙尔比克。第一次世界大战后,他在布鲁塞尔学习法律,并当了大约10年的律师。1932年被选为国会议员。1935至1936年任运输、邮政和电报大臣,1936至1938年任外交大臣,后来他又数次担任这一职务。1938年出任比利时第一任社会党人首相,但于次年2月辞去此职。1939年9月再度出任外交大臣。1940年5月德国占领这个国家,斯巴克与比利时政府的其他官员一起流亡国外。

作为1947年3月至1949年8月的比利时首相,斯巴克建立了比荷卢关税同盟(1948),并于1949年签署了欧洲经济共同体条约。1950年,他参与了导致1951年国王利奥波德三世退位的政治动乱。1951年成为欧洲顾问会议主席,1952年成为欧洲煤钢共同体主席,欧洲煤钢共同体为共同市场的前身(见:**欧洲共同体**)。1957年领导制订了罗马条约,根据这个条约,创建了共同市场和欧洲原子能共同体。1957至1961年任北大西洋公约组织秘书长。1966年退出政界,1972年7月31日在布鲁塞尔去世。

索布扎二世　SOBHUZA II (1899—1982)

索布扎二世不到一岁就当了非洲斯威士人的国王,当他于1982年8月21日寿终正寝的时候,他就成了世界历史上统治时间最长的君主。他于1899年7月22日生于姆巴巴内(今斯威士兰首都),是国王恩格瓦内五世之子。在索布扎的童年时期,他的祖母代其摄政,年轻的国王在斯威士兰和南非的洛夫戴尔学院学习。

1921年12月21日,索布扎正式就任王位。他统治的这块土地当时由英国高级专员管辖。这个国家于1967年成为半独立的王国,1968年获得完全独立。此时斯威士兰实行君主立宪制。索布扎在这种制度下统治了五年,然后于1973年4月废除了宪法,解散议会,宣布各政党为非法,独揽最高统治权。1979年成立了新的立法机关,然而它只是个咨询机关。

据说,索布扎至少有70个妻子(也有人估计有一百多个),而孩子则恐怕有六百个之多。作为一个专制统治者,索布扎可以把他的儿子们和其他众多的亲属安插在各个政府部门,他千方百计使斯威士兰保持繁荣昌盛,并与其邻国(特别是莫桑比克和南非)保持良好的关系。(在他统治期间,70多万斯威士兰公民在南非工作。)他经常生活在人民中间,参加一些部落的节庆活动,人民很喜欢他,把他誉为"斯威士兰雄狮"。

蒙巴顿　MOUNTBATTEN，Louis（1900—1979）
孩提时代，蒙巴顿曾把令人钦羡的曾祖母维多利亚女王鼻子上的眼镜打落在地。成人后，英国海军官员和政治家路易斯·蒙巴顿有时同样也表现出对权威的不尊重，但是，他的战功和外交上的业绩为他赢得了声望和公认。

巴滕贝格亲王路易斯·弗朗西斯·艾伯特·维克托·尼古拉斯1900年6月25日生于英国温莎。1917年，这个家族改名为蒙巴顿。蒙巴顿于1913年加入皇家海军，1921年成为威尔士亲王的副官。1922年与埃德温娜·阿什利结婚，这对讨人喜欢的夫妇被称为"传奇般的蒙巴顿一家"。

1932年蒙巴顿晋升为海军上校。第二次世界大战爆发时指挥"凯利"号驱逐舰，该舰几次遭鱼雷袭击。1943至1946年任东南亚盟军最高统帅。虽然许多人把他赞颂为英雄，但反对者们则认为他使部下遭受了不必要的危险。

战后蒙巴顿被任命为印度总督（1947年3月至8月）。他监督了统治权由英国向印度的移交。此项工作使他在英国不受欢迎，一些政治家认为他帮助分解了大英帝国。蒙巴顿任驻印度第一任总督至1948年，之后回到英国。1946年封为子爵。1947年封为伯爵，1950年任第四海务大臣。1952年任地中海舰队总司令，1955年任第一海务大臣。1956年任联合王国国防参谋长，1959至1965年任参谋长委员会主席。1965年任怀特岛总督，后于1974年任怀特岛地方长官。1979年8月27日，他在爱尔兰的多尼戈尔湾被爱尔兰共和国军在他的游艇上安置的一枚炸弹炸死，他的同胞们对此深表气愤。

吉科宁　KEKKONEN，Urho（1900—　）
当吉科宁1981年从芬兰总统职位上退下来时，他是芬兰最受人拥戴的政治人物。吉科宁执政期间最引人注目的是该国奉行"积极的中立"政策。这一政策使芬兰能够与其强大的邻国苏联和平共处。吉科宁的目标是使他的外交政策与苏联的外交政策相契合，从而让芬兰在不受过大外部影响的情况下处理自己的事务。他的一项主要成就是安排了1975年8月的欧洲安全和合作会议，这次会议产生了赫尔辛基协议（见：**权利法案**）。

乌尔霍·卡莱瓦·吉科宁生于1900年9月3日。曾在赫尔辛基大学学习法律，担任过许多当选和任命的职务，其中包括议员（1936至1956年）、五任总理、内政部长和司法部长等，1956年，吉科宁当选为总统，他曾三次连任每届任期为6年的总统职务。他的第三个总统任期被一项议会法案延长了4年。1981年，由于健康状况衰退而辞去总统职务。

利奥波德国王　LEOPOLD，Kings of Belgium
比利时三个国王的名字都叫利奥波德。

利奥波德一世（1790—　，在位时间1831—1865）是比利时独立后的第一代国王。这个德国公爵的儿子与英国王位的女继承人夏洛特公主结婚，但是，一年后她去世。利奥波德40岁那年，比利时全国代表大会选举他为该国国王。

利奥波德的统治卓有成效。通过贤明的管理，他帮助这个国家顶住了早期的重压，并为国家的经济发展作出了贡献。虽然1848年在许多欧洲国家爆发了革命，但他的帝位仍是安然无恙。利奥波德还通过灵活的外交手腕来强固比利时的地位。1832年，他与法国国王路易·菲利普的女儿路易丝公主结婚。他们的长子就是利奥波德二世。

利奥波德二世（1835—　，在位时间1865—1909）热衷于获得非洲殖民地。1876年，他创建了国际非洲协会，鼓励查勘该大陆。1877年，探险家亨利·M.斯坦利从远征探险回来讲述了广大的刚果地区情况。利奥波德急切地委派斯坦利对该地区进行调查，并与当地部落签订条约。随后，他要求得到该领土的所有权，于是他便成了该地区的最高统治者。在他的管理下对土著滥用权力的情况愈演愈烈，最终引起了社会的注意。结果，这个地区被政府没收，并于1908年成为比利时的殖民地。

利奥波德对刚果的开发，使他不得人心。他惟一的儿子幼年早夭，侄子艾伯特一世继承其王位。

利奥波德三世（1901—　，在位时间1934—1940年，1950.7.22—1950.8.11）是艾伯特一世的儿子。他与瑞典的阿斯特丽德公主结婚，阿斯特丽德公主1935年在一次车祸中丧生。

1940年，德国人入侵比利时，利奥波德命令他的军队投降，并拒绝与官员一起逃往英国，在那里成立流亡政府。他的行为在比利时引起了广泛的憎恨。由于他在1941年与一位据说是亲纳粹的平民女子结婚而引起了更进一步的批评。他被德国人监禁，直至战争结束。战后他旅居瑞士。1950年，公民投票表明，微弱多数的比利时人赞成他复位。可是，他复位后，立即引起了种种抗议，于是在1950年8月11日将权力移交给了他的儿子鲍德温。1951年7月16日，他正式宣布退位。（参见：**博杜安一世**）

巴蒂斯塔　BATISTA，Fulgencio（1901—1973）
巴蒂斯塔原是一位普通军人，后来成为古巴的独裁者，1933至1944年和1952至1959年两度统治这个岛国。1959年被革命领袖菲德尔·卡斯特罗推翻，在流亡中度过余生。

Y·萨尔迪瓦·富尔亨西奥·巴蒂斯塔1901年1月16日生于古巴巴内斯，他的父母是贫苦的农民。1921年以速记员的身份参军，后升为士官，并集结了一大批党羽。1933年9月组织"士官起义"，推翻了临时政权。巴蒂斯塔成了古巴最有权势的人物，起初通过同僚来统治这个国家，后来在军队、行政机构和有组织的劳工的支持下于1940年当选为总统。他创建了一个强有力的高效政府，扩大教育规模，大兴公共工程，促进经济增长。由于法律不准连任，1944年巴蒂斯塔辞职，自愿流放，旅居国外四年。

于是腐败政府又一次统治古巴，这帮助巴蒂斯塔再次通过军事政变重新执政。不过这一次，巴蒂斯塔关押那些反对他的人，控制新闻舆论，实行恐怖统治，为自己和他所喜欢的人攫取财富，成了一个残酷无情的统治者，声名狼藉。1959年1月1日巴蒂斯塔逃往多米尼加共和国。后来长期流亡葡萄牙。1973年8月6日死于西班牙的瓜达尔梅纳。

裕仁　HIROHITO（1901—1989）

在位时间最长的现代君主。裕仁于1926年12月25日成为日本天皇。他统治的时代称为"昭和"，意为"被照亮的和平"。1986年为他登基60周年举行了庆祝活动。据说，裕仁是传说中的首代天皇神武的第124代直系后裔。因此，他也是世界上最古老皇族的一位成员。在日本，人们认为他是神圣的，把他称为天皇陛下，意为"天上的太阳"。天皇在日本社会中的作用是如此重要，以至日本在第二次世界大战中投降时，允许裕仁保留其天皇之位和名号。

裕仁1901年4月9日生于东京青山宫。先是在贵族学校接受早期教育，后又上了皇储学院。他学习海洋生物学，后来在相模湾所作的研究的基础上，写了几部有关海洋生物学方面的专著。1921年出访欧洲，这是第一位日本皇储出国访问。回国后，任摄政，代替因精神病而退位的父亲执政。

裕仁在位的最初二十年是动乱不定的。到了他当天皇的时候，军队已经牢牢地控制了政治，并把日本推入了一场大战。这位天皇对与美国交战深感疑虑，并徒劳地试图约束陆军和海军首领。1945年，当日本节节败退时，形成了两种意见：一种是赞成投降，一种则是主张血战到底。裕仁站在主和派一边。1945年8月15日，他通过无线电广播宣布日本投降。

战后，裕仁的地位发生了变化。他宣布放弃其神性地位。赋予天皇至高无上权力的宪法得到了修改。新宪法规定：统治权属于人民，天皇只是"国家和人民团结的象征"。人们可以较容易地接近裕仁了，他常在公共场合露面，并允许发表有关他私人及其家庭的照片和文章。1959年，裕仁允许他的儿子明仁皇储与平民结婚。裕仁在长期患病之后，于1989年1月7日去世。他死后，皇储明仁自动继位。新的统治时代称为平成，意即"获得和平"。（参见：**明仁**）

苏加诺　SUKARNO（1901—1970）

苏加诺（单名在印度尼西亚十分常见）是印度尼西亚独立运动的领袖和这个国家的第一任总统。作为总统，他领导了一个腐败无能的政府，这个政府几乎毁了印度尼西亚的政治和经济。然而，他凭借其个人魅力和演说技巧却赢得了民众的忠诚，直到1966年在一次未遂的共产党政变后他被苏哈托推翻（见：**苏哈托**）。

苏加诺1901年6月6日生于荷属东印度群岛的爪哇泗水（即苏腊巴亚）。他由图隆阿贡的祖父母抚养长大。在苏腊巴亚念完高中后，就读于万隆工学院。1925年毕业获得土木工程学位，但他不久发现，政治对他更有吸引力。他那雄辩的演说才能不久就使他成为爪哇独立的主要鼓吹者。由于这种观点，他被囚禁（1929—1931）和流放（1933—1942）。

1942年，日本人入侵爪哇，他把日本人当作解放者来欢迎并与其合作。第二次世界大战结束时，苏加诺宣布印度尼西亚独立。1949年，荷兰放弃重新收复这些岛屿的企图。于是，苏加诺定居于首都雅加达，过着奢侈的生活。1956年，他解散了国会，并着手摧毁自由企业制度。

1965年，他仍然受到人民的欢迎，但牵连进了共产党阴谋分子谋杀六名军官的案件。雅加达卫戍部队司令苏哈托将军一举粉碎了这次共产党的政变。公众要求结束苏加诺的统治。1966年3月11日，他被迫将其大部分权力交给苏哈托。1968年3月退出政府，后患病，显得有点老态龙钟。1970年6月21日在雅加达死于慢性肾病。

戴利　DALEY, Richard J.（1902—1976）

作为1955至1976年（他于那年去世）的芝加哥市长和1953至1976年的芝加哥库克县民主党中央委员会主席，理查德·约瑟夫·戴利是美国最有影响的政治家之一。在1959至1975年的连续五次竞选中，他轻而易举地赢得了连选连任。在他任市长期间，芝加哥的城市建设空前繁荣，公共设施得以改善，城区环境焕然一新。

戴利1902年5月15日生于芝加哥布里奇波特地区。1918年毕业于德拉萨勒学院。在堆料场干过几年，之后学习法律。学习期间在库克县审计局当办事员。1936年与埃利诺·吉福伊尔结婚，生有三个女儿和四个儿子。儿子理查德·M.戴利曾在伊利诺斯州参议院供职，1989年当选为芝加哥市市长，在此之前是库克县政府的辩护律师。

戴利在当市长之前，曾当选过下述几种职位：州议员（1936—1938）、州参议员（1934—1946）、县副审计官（1946—1949）和县办事员（1950—1955）。他曾在艾德莱·史蒂文森州长治下被委任为税务署署长。

虽然戴利在其几任市长期间保持了声望和影响，但他的政府还是因一些政治丑闻、侵犯公民权和1968年民主党代表大会上的骚乱而受到损害。1976年12月20日戴利因心脏病发作而死于芝加哥。

霍梅尼　KHOMEINI, Ayatollah Ruhollah（1902—1989）

1979年1月，一场革命推翻了伊朗国王（或曰君主）穆罕默德·雷扎·沙阿·巴列维。伊朗当时是中东地区最富有和军队装备最精良的国家之一。这场革命的动力来自由阿亚图拉·鲁霍拉·霍梅尼领导的伊斯兰教十叶派，目标是以《古兰经》（伊斯兰教的圣书）教义为依据（见：**古兰经**）建立一个伊斯兰教国家。

霍梅尼1902年生于伊朗的霍姆恩。父亲（也是一位阿亚图拉）是当地十叶派领袖。父亲被杀后，鲁霍拉由其哥哥抚养。他的全部教育都是在伊斯兰学校接受的。成人后，他发表了许多有关伊斯兰教法律、哲学和伦理学的著作。后被公认为阿亚图拉（这是个宗教上的荣誉称号，意为"神的象征"）。1962年他定居于库姆（伊朗十叶派的主要中心之一）。

霍梅尼是对国王的强有力的批评者。他反对国王的土地改革政策以及他的按照西方社会的模式把伊朗建设成为富强的现代化国家的目标。为此他被短暂监禁,1964年11月被逐出伊朗。

他定居于伊拉克的纳杰夫,1978年由于他在穆斯林社会内部引起一些问题以及他对毗邻的伊朗持反对立场而被要求离开。于是,霍梅尼移居法国。他在法国继续鼓动推翻国王。他通过巴黎的新闻媒介,得到了全世界的关注。他将录在磁带上的指示寄到伊朗,这些指示通过该国清真寺的短波无线电发送出去。1979年1月16日,人民日益高涨的反政府情绪迫使国王离国。霍梅尼于2月1日抵达德黑兰,接管政府。12月,一部新宪法缔造了一个伊斯兰共和国。霍梅尼被指定为伊朗的终身政治和宗教领袖。

霍梅尼运用手中的大权,在全国实行广泛的变革。这场革命没有给伊朗带来和平。这个国家为内讧、经济衰退、与伊拉克长达8年之久的战争以及别国的反对所困扰。1989年6月3日霍梅尼在德黑兰去世。数百万哀悼者参加了他的葬礼。随后,在政府内部就他的接班人问题展开了权力斗争。

奥拉夫五世　OLAV,或 OLAF,V（1903—1991）

1957年,挪威国王哈康去世,其独生子奥拉夫·亚历山大·爱德华·克里斯琴·弗雷德里克继位,取名为奥拉夫五世。这位新国王是英国国王爱德华七世的孙子,维多利亚女王的曾孙。

奥拉夫1903年7月2日生于英国桑德灵厄姆附近的阿普尔顿宅邸。他的父亲卡麦查尔斯王子当时还没有成为挪威国王。他的母亲是莫德公主。奥拉夫曾就读于挪威军事学院和牛津巴利奥尔学院。作为一名滑雪能手,他在奥斯陆市郊举行的比赛中声名鹊起。他又是一位杰出的游艇驾驶者,曾在1928年阿姆斯特丹的奥林匹克运动会上荣获金牌。1929年3月21日,他与瑞典的马撒公主结婚。马撒公主死于1954年。他们生有两个女儿和一个儿子。这些子女都与平民结婚。

1940年,德国军队占领挪威,当王室逃往英国时,奥拉夫则主动留下来抵抗纳粹。1944年,奥拉夫任挪威武装部队司令。1945年5月回国。奥拉夫任挪威国王长达33年,他的儿子哈拉尔德在他1991年1月17日去世后继承王位。

布尔吉巴　BOURGUIBA,Habib（1903?—　　）

哈比卜·布尔吉巴领导了长达20多年的突尼斯独立斗争。这场斗争终于在1956年赢得了胜利,布尔吉巴于1957年任突尼斯第一任总统。

哈比卜·布尔吉巴生于突尼斯阿尔莫纳斯提尔村,受教于突尼斯和巴黎的巴黎大学。在巴黎大学,他学习政治和法学。30年代初回国。不久就参加了结束法国统治突尼斯的运动。1934年帮助创建为独立而奋斗的新宪党。

任总统期间,他力图通过社会改革和经济发展来使国家实现现代化。他用现代行政法将国家划分成14个省。虽然伊斯兰教仍然是国教,但一夫多妻制被废除,穆斯林宗教法庭的权力被大大削弱。由于1959年的宪法规定,总统连选连任不能超过三届,因此,国民大会于1975年宣布:布尔吉巴总统为终身总统。

1978年10月,健康欠佳使布尔吉巴不得不减少活动,传闻他要退位。可是,1979年初,他恢复了满负荷工作。他想方设法坚定地维护突尼斯在温和的阿拉伯国家行列中的地位。在当了31年的总统之后,布尔吉巴于1987年11月被他的总理以年迈多病为由取而代之。

道格拉斯-霍姆　DOUGLAS-HOME,Alec（1903—　　）

英国第四十四任首相。1963年亚历克·道格拉斯-霍姆放弃贵族称号而成为首相。在此之前,健康状况欠佳迫使哈罗德·麦克米伦辞去了首相职务。

亚历山大·弗雷德里克·道格拉斯-霍姆1903年7月2日生于英国伦敦。人们总是叫他亚历克,他是查尔斯·C.A.道格拉斯-霍姆和莉莲（第四代德拉姆伯爵的女儿）的长子。

亚历克受教于伊顿和牛津。当其父1918年继承霍姆伯爵爵位时,亚历成了道格拉斯勋爵。1931年当选为下院议员。1936年与伊丽莎白·赫丝特结婚,生有一男三女。

第二次世界大战期间,道格拉斯勋爵服役于拉纳克郡义勇骑兵队,后来突患脊髓结核。1943年,他重返议会。1945年工党在选举中获胜,他丧失了议席,然而,1950年又重新获得议席。

1951年其父去世,他成为第十四代霍姆伯爵。为了在上院获得其世袭地位,他放弃了下院的席位。1963年10月出任首相。为了领导下院的保守党,他放弃了贵族称号,成了道格拉斯-霍姆爵士。他的政府维持到1964年10月,接替他的是工党领袖哈罗德·威尔逊。1970至1974年道格拉斯-霍姆在爱德华·希思的保守党内阁中任外交大臣。威尔逊重新掌权后,道格拉斯-霍姆退出政界。

柯西金　KOSYGIN,Aleksei（1904—1980）

老牌共产主义政治家。1964年成为苏联总理,推行与西方和平共处的政策。

阿列克塞·尼古拉耶维奇·柯西金1904年2月20日生于圣彼得堡（当时的俄国首都）。15岁加入红军,参加苏联的国内战争。1921年进入列宁格勒合作技术学校。后来在西伯利亚合作社工作。1929至1935年就读于列宁格勒基洛夫纺织学院,与此同时开始在共产党中崭露头角,他是于1927年加入共产党的。1939年被选入党中央委员会,任纺织工业人民委员。

1940年柯西金当选为苏联副主席。在约瑟夫·斯大林统治时期,他先后任财政部和轻工业部部长,后又受命进入党的决策机构——政治局。

1953年尼基塔·赫鲁晓夫接替斯大林之后,柯西金任国家计划委员会主席。1960年任第一副主席,到了1964

年,其地位仅次于赫鲁晓夫。1964 年 10 月 14 日赫鲁晓夫下台,柯西金当选为部长会议主席。1980 年柯西金由于健康原因而辞职。1980 年 12 月 18 日在莫斯科去世。

基辛格,库尔特·乔治　KIESINGER, Kurt Georg（1904—1988）

虽然基辛格在 30 年代曾是德国纳粹党党员,但他在政治上并没有死亡,1966 年他当选为西德总理。尽管他寻求改善同苏联的关系未获成功,但却加强了西德与西方,尤其是与美国的结盟关系。

库尔特·乔治·基辛格 1904 年 4 月 6 日生于德国埃宾根。完成柏林大学和蒂宾根大学的学业后,当了律师。1933 年阿道夫·希特勒上台后,他参加了纳粹党,但多数时间不积极活动。第二次世界大战期间,在外交部广播宣传局供职,大战后,他和其他党员一起被短时拘留。

1949 年,基辛格作为康拉德·阿登纳领导的基督教民主联盟成员选入联邦议院（下院）（见:**阿登纳**）。作为一个议员,他赞成采用保守的经济政策来重建战后的德国。1958 年离开联邦议院,出任巴登-符腾堡州的首席部长。他任此职到 1966 年,期间,1962 至 1963 年也在联邦参议院（上院）任过职。

1965 至 1966 年,路德维希·艾哈德政府因暂时的经济衰退而陷入困境。1966 年 11 月 30 日艾哈德辞职（见:**艾哈德**）。基辛格在他的政党和社会民主党之间建立了一种联盟,并于次日当选为总理。他任总理到 1969 年 10 月 20 日,后被维利·勃兰特所取代（见:**勃兰特**）。1988 年 3 月 9 日,基辛格在西德蒂宾根去世。

哥穆尔卡　GOMUŁKA, Władysław（1905—1982）

瓦迪斯瓦夫·哥穆尔卡是第二次世界大战后波兰重建的中心人物。他酷爱政治,政治帮助他在斯大林主义的镇压和想要彻底改革波兰的自由主义者之间走一条中间道路。

哥穆尔卡 1905 年 2 月 6 日生于波兰比亚沃布热吉,16 岁就成了社会主义者,五年后加入波兰共产党。1926 年因从事革命活动被捕后,哥穆尔卡成为一名工会组织者。1936 年再次被捕和被囚禁。在第二次世界大战爆发前,他一直在狱中。

战后,他成为新政府的成员,残酷地消灭所有反对共产党统治的异己力量。然而,可能是因为批评了斯大林恐怖统治的暴行,他于 1949 年被斯大林免职,1951 年下狱。1953 年斯大林死后,哥穆尔卡获释,1956 年恢复党的领导职务,任第一书记,并当选为国务委员会成员。可是,由于他缺乏改善经济的能力,声望日益下降。1970 年末,食品价格上涨,他被赶下台。1982 年 9 月 1 日哥穆尔卡在华沙去世。

桑戈尔　SENGHOR, Léopold（1906—　）

利奥波德·桑戈尔成人后的大部分时间都用于进行政治活动。他当了长达 20 年的塞内加尔总统,成为 20 世纪后期最有影响的非洲国家总统之一。桑戈尔同时也是著名的非洲一流作家。人们称他是用欧洲语言（法语）写作的非洲最伟大的诗人。他的诗和政治哲学表达了他的"黑人性"概念,这种"黑人性"是一种文学运动,桑戈尔将其定义为"黑非洲世界的文化价值的总和"。他的诗集有:《阴影之歌》（1945）、《夜歌集》（1961）和《成年的哀歌》（1979）。两部散文作品是:《民族和社会主义的非洲道路》（1961）和《行动的诗》（1980）。

利奥波德·塞达尔·桑戈尔 1906 年 10 月 9 日生于塞内加尔的若阿勒（当时是法属西非的一部分）。他早年先是就读于罗马天主教会学校和神学校,后又转学到达喀尔高级中学（高级中学里的大学预科）。1928 年获得奖学金去巴黎学习,就读于路易斯勒·格兰德高级中学和巴黎大学索本神学院。后来在学校教书,1939 年第二次世界大战爆发后应征加入法国军队服役。1940 年,被德国人俘掳,在战俘集中营关押两年。获释后,参加法国的抵抗运动。

战后,桑戈尔当选为塞内加尔派往法国国民议会代表。1956 年任塞内加尔捷斯市市长,并再度当选派往法国国民议会代表。他创建了"塞内加尔进步联盟"（1976 年后,改名为社会党）。1960 年 8 月,塞内加尔独立后,桑戈尔当选为总统（1980 年退休）。1984 年,成为第一位被吸收为法兰西学院（一享有盛誉的文学社团）院士的黑人。

勃列日涅夫　BREZHNEV, Leonid（1906—1982）

列昂尼德·勃列日涅夫死后不到 6 年,他当政的 18 年被正式谴责为停滞的时代。在公开性和改革的自由气氛中,他受到诋毁,说他把苏联经济搞得严重衰退,任人惟亲盛行,致使共产党机构臃肿。在 1988 年中期党的代表大会上,共产党总书记米哈伊尔·戈尔巴乔夫（他是前最高苏维埃主席勃列日涅夫的第三位继承人）批评了对勃列日涅夫的个人崇拜。勃列日涅夫曾被誉为伟大的和平斗士、伟大的列宁主义者、伟大的理论家、苏维埃文化英雄。

应市民的要求,名誉扫地的勃列日涅夫的名字从城市、街道、广场和公共建筑物上撤除。然后于 1989 年收回了曾授予他的胜利勋章,据说他不应该得到此项军事荣誉。与此同时,勃列日涅夫独揽大权时被压制的非斯大林化运动得以复兴（见:**斯大林**）。

在勃列日涅夫的领导下,苏联于 1968 年入侵捷克斯洛伐克,1979 年入侵阿富汗。这些入侵在所谓勃列日涅夫主义看来都是正当的。勃列日涅夫主义主张:如果华沙条约的某一合作伙伴执行有损于其他伙伴共同利益的政策,共产主义国家就有权干涉其事务（见:**华沙条约**）。这一观念扩展到了东欧以外的那些马克思主义模式的国家。每年向阿富汗、古巴、尼加拉瓜和越南提供的几十亿美元的紧急财政援助,成了新苏联领导谴责的勃列日涅夫遗产的一部分。新的苏联领导还对勃列日涅夫作为与西方国家实行缓和或关系正常化政策的代言人的地位提出了质疑。

列昂尼德·伊里奇·勃列日涅夫 1906 年 12 月 19 日

生于乌克兰的卡缅斯克耶(现在的第聂伯罗捷尔任斯克)。1923 年加入共产主义青年团。1931 年加入共产党,从此开始了他的政治生涯。1935 年,毕业于第聂伯罗捷尔任斯克冶金学院,历任工程师和技术学校校长。他还在地方担任过一些党的职务。1939 年,任第聂伯罗彼德罗夫斯克地区党委书记。

第二次世界大战期间,勃列日涅夫在苏联红军中当政治委员,并升任少将。第二次世界大战结束后,出任摩尔达维亚共产党中央委员会第一书记。1950 年选进苏联最高苏维埃,1952 年成为苏联共产党中央委员会委员。赫鲁晓夫执政期间,勃列日涅夫成了他的下属,积极执行"处女地"计划,把哈萨克斯坦发展成一个农业中心。1960 年任最高苏维埃主席团团主席,成了苏维埃国家的名誉首脑。

1964 年 7 月,勃列日涅夫任中央委员会第二书记,成了赫鲁晓夫的副手。可是,此后不久,他参加了迫使赫鲁晓夫于 1964 年 10 月 15 日下台的联盟,并取代了赫鲁晓夫,出任党的中央委员会首脑。经过了一段时期与总理阿列克塞·柯西金和主席团主席尼古拉·波德戈尔内的集体领导之后,勃列日涅夫于 1966 年成为苏联共产党总书记。

1976 年 5 月,勃列日涅夫成为苏联元帅。除了斯大林外,他是惟一的一位还拥有这个最高的苏维埃军衔的共产党主席。一年后,他任最高苏维埃主席,成了第一位同时领导主席团和共产党的领袖。1979 年,勃列日涅夫获得列宁文学奖(后被取消)。1982 年 11 月 10 日,他在莫斯科去世。

费萨尔 FAISAL(1906?—1975)

阿拉伯世界一位有影响的人物。1964 年到 1975 年,费萨尔为沙特阿拉伯国王。他不仅反对以色列,而且反对苏联在中东的影响。

费萨尔·伊本·阿布德·阿齐兹·伊本·阿布德·阿尔-拉赫曼·沙特 1905 年秋出生于现在的沙特阿拉伯首都利雅得。他的父亲是国王伊本·沙特。1926 年在他父亲攻克西部希贾兹省后,费萨尔成为外交大臣和希贾兹省总督。1921 年到 1924 年期间,他在沙特南部领导了几次军事征服行动。费萨尔曾于 1945 年代表沙特阿拉伯出席联合国成立大会,并出任沙特阿拉伯驻联合国大使。1953 年,当费萨尔的同父异母的哥哥沙特成为国王时,费萨尔为王储和外交大臣。1958 年经济危机期间,沙特授予他全部行政权力。1964 年由于国王沙特健康不佳,作为王储的他承担起全部的权力。当一批宗教领袖、具有统治地位的家族成员以及大臣会议废黜沙特国王后,1964 年 11 月费萨尔成为国王。

费萨尔的改革包括废除奴隶制、重新组织中央政府以及维持财政稳定。他继续推行积极的外交政策,在 1967 年阿以战争期间站在阿拉伯国家一边。1975 年 3 月 25 日费萨尔在利雅得遭到他侄子枪击而身亡。

杜瓦利埃 DUVALIER, François (1907—1971)

海地总统(1957—1971)。弗朗索瓦·杜瓦利埃由于以前当过医生,故常常被人们称之为"爸爸医生"。他在世界上最贫穷之一的国度里执政 14 年中,用暴力和恐怖打击一切反对他的人。

杜瓦利埃 1907 年 4 月 14 日生于海地太子港。1934 年毕业于海地医科大学,后在医院当医生到 1943 年。1946 年,海地总统迪马赛·埃斯蒂梅任命他为全国公共卫生事业总理事。1950 年,埃斯蒂梅被军事政变推翻,杜瓦利埃参加美洲卫生委员会的工作。同时,他试图鼓动人们反对新总统保罗·E.马格卢瓦尔。

1956 年,马格卢瓦尔被推翻,接下来是一连串软弱的政府,最后于 1957 年,杜瓦利埃当选为总统。为了实行恐怖统治和消灭那些对其政权构成威胁的敌人,他组织了一个名叫"恶魔"的秘密警察组织。1964 年,他亲自宣布任终身总统。他的独裁统治使海地处于孤立境地。杜瓦利埃于 1971 年 4 月 21 日去世,在此之前,他就指定其 20 岁的儿子、被人称之为"娃娃医生"的琼-克劳德·杜瓦利埃接替他当总统。

阿尤布·汗 AYUB KHAN, Mohammad(1907—1974)

穆罕默德·阿尤布·汗 1958 至 1969 年任巴基斯坦总统,对巴基斯坦的现代发展起了关键作用。

阿尤布·汗 1907 年 5 月 14 日生于印度哈扎拉(现属巴基斯坦),就学于印度北方邦的阿里格尔穆斯林大学和英国桑德哈斯特不列颠皇家军事学院。1928 年任印度陆军军官。1947 年印巴分治后,晋升为陆军总司令。

在巴基斯坦陷于政治动乱若干年之后,1958 年总统伊斯坎德尔·米尔扎废除宪法,任命阿尤布为军事管制法首席执行官。几个月后,阿尤布自己宣布担任总统,并流放米尔扎。

阿尤布着手改组政府,振兴经济。他实行土地改革,并试图利用外资刺激工业。1960 年实行"基本民主"体制,这种体制有一种地方自治体网,将政府与人民联系起来。1965 年再度当选总统。

1965 年,巴基斯坦与印度关于查谟与克什米尔两邦的争端导致了战争。后来,达成边界协议,但是,由于巴基斯坦未能获得克什米尔而导致了严重的政治动乱,以致阿尤布宣布不再参加竞选。他于 1969 年 3 月辞职。1974 年 4 月 19 日在巴基斯坦伊斯兰堡附近去世。

贝坦科尔特 BETANCOURT, Rómulo(1908—1981)

贝坦科尔特在对自己的祖国委内瑞拉八年的有力领导期间,推行土地改革、工业发展和更广泛地民众参政等政策。他的两届任期分别为 1945 至 1948 年和 1959 至 1964 年。他在担任总统之前和之后有许多年是在流亡中度过的。由于他的反共左翼信仰,他受到亲古巴共产主义者以及该国保守的政治和军事领导人的两面夹击。

罗慕洛·贝坦科尔特 1908 年 2 月 22 日生于委内瑞拉的瓜蒂雷。1928 年还是加拉加斯大学的学生时,就因反对胡安·维森特·戈麦斯总统的独裁统治而被囚禁。获释后,他继续鼓动反对戈麦斯,被驱逐出境。在哥斯达黎加流亡期间一度参加了哥斯达黎加共产党。1941年获准回国后,帮助创建了民主行动党,这是个反共的自由主义政党。1945年在一次推翻让·伊萨亚斯·梅迪纳·安加里塔政府的政变后,他被任命为委内瑞拉临时总统。

1948年,贝坦科尔特辞职,以便能选出一位继任者。数月后,又一次政变使他再次被流放,并使马科斯·佩雷斯·希梅内斯执掌委内瑞拉政权。他在美国、古巴、波多黎各和哥斯达黎加漂泊了十年,领导被取缔的民主行动党的残余分子进行活动。

1958年希梅内斯政权被推翻,贝坦科尔特回到委内瑞拉,再次当选为总统。1964年辞去总统职务,并自愿去瑞士,在那里居住了八年。1972年回到委内瑞拉,再次参加总统竞选,然而未能获胜。1981年9月28日在纽约市去世。

麦卡锡 MCCARTHY, Joseph R.
(1908—1957) 麦卡锡主义这个词也许会作为"政治迫害"的同义词,作为骇人听闻地无端指控政府官员的同义词,而在美国的政治生活中长期存在下去。约瑟夫·R.麦卡锡从1947年1月到1957年5月2日去世一直任美国参议员(来自威斯康星州)。1950年2月9日之前,他的参议员生涯一直相当平静而不惹人注意。他那天在西弗吉尼亚州的惠灵对"共和党妇女俱乐部"的演说中声称:他有一份受雇于国务院的57名"知名共产党员"的名单。两天后,他又撤回那个指控,而2月20日又重新宣称,所涉人员增加到205名。麦卡锡的指控不仅导致了公众和政府的极大恐慌,而且导致了参众两院对各种颠覆性破坏活动进行调查。

约瑟夫·雷蒙德·麦卡锡1908年11月14日生于威斯康星州阿普尔顿附近的大瀑布城。曾在马克特大学学习法律,1935年被批准为律师,1939年作为共和党候选人当选为巡回法官,此职任到1942年。第二次世界大战期间,在海军陆战队服役。1946年在初选中意外地战胜了对手小罗伯特·M.拉福莱特,并在大选中继续获胜,当选为参议员。1952年连选连任,尽管在候选人名单上排在威斯康星州其余共和党人后面。

麦卡锡在其第二届任期初期,任参议院常设调查小组委员会主席。这就为他提供了一个舞台,他要对所谓共产党在政府中的影响进行广泛的调查。他指控在富兰克林·D.罗斯福和哈理·S.杜鲁门统治时期,国家蒙受"叛国之害长达20年之久"。在他煽起的整个这场运动中,他从未能拿出任何证据,证明他诋毁的人从事过颠覆活动。然而,通过精心地罗织罪名和大肆宣传,麦卡锡致使许多人丢掉了工作,使另一些人受到舆论的谴责,毁坏了无数人的声誉。到后来,他被指责为蛊惑人心的政客,其卑劣手法危害了民主事业。

麦卡锡的垮台开始于1954年,这一年他主持了长达36天的调查军队的全国电视听证会。全美国的公众第一次得以看到他的所作所为。在此之前他已与共和党的许多成员断绝往来。(他把怀特·D.艾森豪威尔也列在他的"卖国贼"名单上。)1954年,在中期选举后,他的小组委员会主席的职务被免除。12月2日参议院以67对22票正式通过了谴责麦卡锡的决议。他的名声一落千丈,1957年5月2日他死于马里兰州的贝塞斯达海军医院。

维森塔尔 WIESENTHAL, Simon
(1908—) 第二次世界大战以后,许多纳粹战犯逃离德国,到其他国家隐蔽起来,以逃避逮捕和审讯。在侦缉纳粹并把他们送上审判台的"纳粹搜寻者"中,西蒙·维森塔尔因其坚持不懈的精神和调查的彻底性而最为有名。

维森塔尔1908年12月31日生于奥匈帝国的布克扎斯。毕业于布拉格工业大学,定居于波兰利沃夫(现乌克兰苏维埃社会主义共和国境内)。该市在1939年被苏联占领后,他任苏联秘密警察政委,因而免遭流放到西伯利亚集中营。1941年德国入侵苏联后,他被送去强迫劳动,在战争的最后9个月中被关在集中营中。只是由于德国在东线急速崩溃,他才免于一死。在大规模消灭犹太人期间,他和他妻子的家族中有89人被杀害。

战后,维森塔尔和一批志愿人员在奥地利的林茨开办了"犹太人命运及其迫害者咨询中心"。他们收集纳粹暴行的证据,以供在美军占领区审讯战争罪行之用。在该中心于1945年关闭之后,维森塔尔以自由职业身份继续工作,1960年在阿根廷抓获臭名昭著的阿道夫·艾希曼,达到其事业的顶峰。

维森塔尔1961年在维也纳开设了"犹太人咨询中心"。他和他的同事们同西德、以色列及其他政府合作,侦缉前纳粹分子,追捕到1000多名战争罪犯。他在1967年出版的《杀人犯就在我们身边》中,讲述了他的经历。

恩克鲁玛 NKRUMAH, Kwame
(1909—1972) 20世纪50年代非洲反殖民主义斗争的杰出领导人之一,加纳独立后的第一任总统,后来建立了一党专政。

恩克鲁玛1909年9月生于加纳黄金海岸的恩克鲁富尔。1930年毕业于阿奇莫塔学院,后在罗马天主教学校和神学院任教。1934年前后,由于受到非洲民族主义政治的影响,他的宗教兴趣减弱。1935年去美国,在宾夕法尼亚的林肯大学学习。1939年大学毕业后,获得林肯大学和宾夕法尼亚大学的硕士学位。政治上,恩克鲁玛是马克思主义者和社会主义者。在伦敦经济学院学习后,恩克鲁玛于1947年回国,成为为争取自治而奋斗的"黄金海岸统一大会党"的发言人。1950年他发动了一场反对英国统治的"非暴力不合作运动"。

1951年,恩克鲁玛入选国会,1952年任政府总理。1957年,黄金海岸和英属多哥兰独立,改国名为加纳。他领导的政党控制了立法机关。他1960年当选为总统,1964年成为终生总统。他实行的是独裁统治,经济政策遭到了完全的失败。1966年2月24日,一场军事政变推翻了他,于是他流亡几内亚,1972年4月27日死于罗马尼亚布加勒斯特。

葛罗米柯 GROMYKO, Andrei (1909—1989)

在跨越了近半个世纪的杰出的外交生涯中,不管谁来领导共产党,苏联外交部长安德烈·葛罗米柯都能顺应其政策。他历经了约瑟夫·斯大林和他的继承人——其中包括赫鲁晓夫和勃列日涅夫——直到契尔年科去世的几届政权。1985 年爱德华·谢瓦尔德纳泽接替了他的外交部长职务。1988 年他从苏联最高苏维埃主席的位置上退了下来,并离开了政治局。1989 年退出中央委员会。

安德烈·安德烈耶维奇·葛罗米柯 1909 年 7 月 5 日生于明斯克附近。1931 年师范学院毕业后,就读于莫斯科农学院,1936 年在该学院获得硕士学位。后来的三年任大学讲师和科学院的研究员。

他的外交生涯始于 1939 年,那年他任外交人民委员部美国司司长,后又被派往苏联驻美国使馆工作。1943 年接替马克西姆·利特维诺夫任驻美国大使。1946 年被任命为外交部副部长和驻联合国代表。1953 年回到莫斯科,1956 年成为共产党中央委员会委员。

1957 年尼基塔·赫鲁晓夫掌权时,葛罗米柯开始任外交部长。在列昂尼德·勃列日涅夫当政时,他成为缓和的设计师,缓和了与美国的紧张关系。作为一个政治局委员,他在相对来说较为软弱的领导尤里·安德罗波夫和康斯坦丁·契尔年科统治时期帮助执政。米哈依·戈尔巴乔夫上台后,1985 年 7 月葛罗米柯被免去了外交部长职务,当选为苏联最高苏维埃主席,他任此职到 1988 年 9 月。(参见:**戈尔巴乔夫**)

蓬皮杜 POMPIDOU, Georges (1911—1974)

乔治·蓬皮杜是查尔斯·戴高乐的政治同僚和亲信,在戴高乐执政时期担任过 6 年总理,后接替戴高乐任法国总统。

乔治-让-雷蒙德·蓬皮杜这位教师的儿子,1911 年 7 月 5 日生于法国蒙布迪夫。在经过了一段辉煌的学院生涯之后,蓬皮杜先是在马赛,后来在巴黎的中等学校教授文学。第二次世界大战期间在军中服役,后来于 1944 年加入戴高乐的参谋部。1946 至 1957 年蓬皮杜在法国国务委员会供职,1946 至 1949 年在旅游部供职。

1955 年,蓬皮杜加入罗思柴尔德银行,1959 年被任命为总裁。他与戴高乐密切合作,起草第五共和国宪法。1959 年,戴高乐任总统,他任命蓬皮杜为宪法委员会委员,并于 1961 年派蓬皮杜作为秘密特使与阿尔及利亚民族主义者就停火问题进行谈判。1962 年总理辞职,戴高乐请蓬皮杜组建政府,从而使蓬皮杜成为第一位没有议员经历的法国总理。可是,就在同一年,蓬皮杜在一次不信任投票之后,辞去总理职务。当戴高乐再度当选总统时,蓬皮杜恢复官职,出任总理,直到 1968 年。1969 年他当选总统。他担任该职务直到 1974 年 4 月 2 日在巴黎去世。

契尔年科 CHERNENKO, Konstantin (1911—1985)

在不到两年半的时间里,苏联最高领导的位子曾三易其主。1982 年,列昂尼德·勃列日涅夫去世,由尤里·安德罗波夫接替。安德罗波夫其实是一位过渡人物。随后,72 岁的康斯坦丁·契尔年科接替了安德罗波夫。由于年高体弱,契尔年科也被人们认为是过渡人物,是老一辈力图保持住权力所作的最后一次尝试,此后便把政权交给了年轻一代。下面一点证实了这一观点,那就是:如果没有其老朋友勃列日涅夫的支持,契尔年科就不会获得苏联最高领导的地位。是勃列日涅夫把他从不起眼的岗位提拔到莫斯科的领导地位。(参见:**安德罗波夫**;**勃列日涅夫**)

契尔年科 1911 年 9 月 24 日生于西伯利亚的一个农民家庭。由于生长在俄国革命和随之而来的内战时期,他的早年生活细节不详。1926 年,他自然而然地对新建立的列宁主义-斯大林主义政权产生好感,加入了共青团。四年后加入"保边队",与沿西伯利亚—中国边境的反共游击队作战了几年。1931 年成为一名正式的共产党员。到了 1941 年,任克拉斯诺亚尔斯克边疆区党委书记。与大多数现代苏联领导人不同,在第二次世界大战中,契尔年科没有在武装部队服役。

1948 至 1956 年,契尔年科在摩尔达维亚共和国做党务工作,就在那时结识了勃列日涅夫。两人成了密友,借勃列日涅夫的力量,契尔年科于 1956 年调往莫斯科。1960 年任主席团主要谋议人员,1965 年任中央委员会主席。70 年代后期的经济停滞和腐败,使契尔年科接勃列日涅夫的班任党总书记的可能性变得很小。但是,安德罗波夫由于患肾病而早早去世。以契尔年科为首的老一辈革命者重新掌权。契尔年科于 1985 年 3 月 10 日去世,他的职位由年轻得多的米哈依·戈尔巴乔夫继任(见:**戈尔巴乔夫**)。

卡拉汉 CALLAGHAN, James (1912—)

詹姆斯·卡拉汉从 1976 年 4 月至 1979 年 5 月任英国首相。1979 年 3 月 28 日,议会的一次不信任投票(这是自 1924 年以来第一次这样的投票)结束了他短暂的任期。他的工党在议会中从来没有获得过强有力的多数议席,只是依靠一些小党的支持而执政。1979 年 3 月,关于苏格兰和威尔士实行有限的地方自治的全民表决失败,这时,卡拉汉的支持者便纷纷离去。在两个月后的大选中,保守党获胜,卡拉汉辞去首相职务。

伦纳德·詹姆斯·卡拉汉 1912 年 3 月 27 日生于朴次茅斯。由于没有钱上大学,他 17 岁就获得了一份税务官的文职工作。1936 年成为专职工会官员。第二次世界大战期间在皇家海军服役,1945 年当选为议会议员。1964 年哈罗德·威尔逊任首相,卡拉汉被任命为财政大臣。1967 年辞去财政大臣职务,后任内政大臣至 1970 年。在威尔逊的第二届首相任期中,卡拉汉任外交大臣,直到 1976 年 3 月威尔逊辞职。后被任命为工党领袖,1976 年 5 月任首相。

除地方自治问题外,卡拉汉执政期间还为经济困难和工潮所困扰。1977和1978年的经济复苏未能提高他的声望。1979年5月,撒切尔夫人的保守党在选举中获胜。

金日成　KIM IL SUNG（1912—　）

自从1948年单独成立北朝鲜政府以来,金日成就成了执政的朝鲜劳动党(共产党)首脑。这位北朝鲜的第一任首相任此职五年,后根据1972年12月颁布的新宪法改任主席。

　　金成柱1912年4月15日生于朝鲜平壤附近。1931年加入朝鲜共产党。30年代他领导反对日本占领朝鲜的武装斗争,并为记念一位早期的抗日游击战士而改名为金日成。第二次世界大战期间,他领导了整编在苏联军队中的朝鲜部队。回国后,在苏联的支持下,于1945年在北朝鲜建立了共产党政府。1950年金日成试图将他的统治扩展到南朝鲜,未能获得成功。随后在中国的支援下,他击退了联合国军队对北朝鲜的入侵。金日成坚持认为他是全体朝鲜人民的代表,但他同时又致力于建设北部的社会主义国家。作为主席,他一再主张两个朝鲜重新统一。他于1980年提出的建议条款包括:美国撤走驻扎在南朝鲜的军队。

勃兰特　BRANDT, Willy（1913—1992）

在第二次世界大战结束以后,维利·勃兰特把实现永久和平定为他的主要目标。他成为西德总理后不久,由于为缓和国际紧张局势作出了不懈的努力而荣获1971年诺贝尔和平奖。

　　1913年12月18日维利·勃兰特生于德国吕贝克,取名赫伯特·厄恩斯特·卡尔·弗拉姆。母亲是店员;他从不知道父亲是谁,外祖父把他抚养成为一个忠诚的社会党人。14岁他就为当地的社会党报纸撰稿,1930年他和其他一些年轻的社会民主党党员曾与希特勒青年团发生冲突。

　　正如他后来所写的那样,当他的国家成了"敌占区"后,1933年他乘渔船逃走,化名勃兰特。第二次世界大战期间,他在挪威和瑞典从事新闻工作,期间,支持反纳粹的抵抗力量。他获得了挪威国籍。1947年任挪威驻柏林军事使团新闻专员。由于想要再次在德国政界发挥作用,他申请并被获准入德国籍。

　　1949至1957年勃兰特在西德联邦议会(下院)任职。1957至1958年任联邦议院(上院)议长。1957年任西柏林市市长后,坚决反对修建柏林墙并顶住了苏联挑起的其他种种危机。20世纪60年代两次竞选总理失败。在1966年成立的联合政府中,勃兰特任外交部长和副总理。1969年当选总理。他着手与战时的东欧敌人商订友好条约。1972年再度当选总理。1974年,他的私人助手因是东德间谍而被捕,勃兰特因此辞职。不过,他在1987年以前仍然一直保留着党的主席的职位。1989年柏林墙推倒后,勃兰特在东德和西德被当作英雄受到人们的欢迎。勃兰特活着看到了德国的重新统一。1992年10月8日他在波恩郊外温克尔他自己的家中去世。

贝京　BEGIN, Menachem（1913—1992）

梅纳赫姆·贝京是以色列国第六任总理。在位期间,坚定不移地支持保留1967年阿以战争中以色列所占领的土地。他还反对巴勒斯坦解放组织(简称"巴解组织")提出的在以色列境内或毗邻地区建立巴勒斯坦家园的计划。

　　梅纳赫姆·沃尔福威奇·贝京1913年8月16日生于俄罗斯的布列斯特-立陶夫斯克。30年代,贝京是犹太复国主义积极分子,1938年,成为贝塔青年运动的领袖,该运动谋求在巴勒斯坦建立犹太人国家。他的父母和哥哥在第二次世界大战期间死于德国集中营。1943至1948年,贝京在巴勒斯坦任武装组织"伊尔贡·兹瓦伊·卢米"司令。1948至1967年,他领导以色列议会中的反对党,1970年任利库德集团(统一)联盟主席。

　　1977年5月17日,利库德集团在全国选举中获胜,贝京组建内阁,并于6月21日就任总理。贝京政府的主要成就是与埃及签订"戴维营协定",这是一项于1979年3月26日由贝京和埃及总统萨达特共同签订的和平协议。1978年,贝京和萨达特共同获得诺贝尔和平奖。1982年,以色列军队为了清除巴解组织的据点而入侵黎巴嫩。在这场战争中,平民的伤亡使贝京的对内对外关系变得紧张。1983年9月,他突然辞职,据说是因为健康状况不佳和1982年丧妻后的精神抑郁。1992年3月9日,贝京在耶路撒冷去世。

安德罗波夫　ANDROPOV, Yuri（1914—1984）

在列昂尼德·勃列日涅夫主席去世后两天,即1982年11月12日,尤里·弗拉基米罗维奇·安德罗波夫当选为新的苏联领导。人们对安德罗波夫的了解,要远远少于人们对他以前的五位苏联领导人的了解。他从1967年5月至1982年5月一直是克格勃(苏联情报机构)的首脑。这个有影响的职位已为他的一些前任所证明,政治上没有多大发展前景。

　　1914年6月15日,安德罗波夫生于斯塔夫罗波尔地区的纳古茨卡亚村。其早年的就学情况不详。仅知16岁加入苏联共青团,开始与共产党建立了联系。他曾一度在伏尔加河上当船夫。1936年毕业于雷宾斯克内河水运学院。3年后,即25岁时加入了共产党,1940年被任命为卡累利阿-芬兰自治共和国共青团第一书记。四年后被任命为波德罗扎沃茨克党中央委员会第二书记。

　　安德罗波夫一生的转折点是1951年前后调往莫斯科进入党中央委员会工作。1953年任驻匈牙利大使,他帮助平息了1956年的匈牙利叛乱。1957年被召回莫斯科,任党的书记,负责处理与东欧国家的关系。任职期间,他支持匈牙利领导人的改革计划。1973年成为中央政治局委员。安德罗波夫在任克格勃首脑期间残酷地镇压国内持不同政见者,与他的这种声誉形成鲜明对照的是:人们往往觉得他是一位易于接受新观念的领导者。1983年6月16日,总书记安德罗波夫当选为最高苏维埃主席。他还没有在公众中露过面,几个月后,即1984年2月9日就在莫斯科去世。

达扬　DAYAN，Moshe（1915—1981）

作为军人和政治家，摩西·达扬是以色列三次战争中的军事政策的制订者。这些战争就是1956、1967（六天战争）和1973年（赎罪日战争）与毗邻阿拉伯国家的战争。

达扬1915年5月20日生于巴勒斯坦（今以色列）代加尼亚。青年时期，向英军上尉奥德·温盖特——一位为阿拉伯反叛分子作战的特别夜间巡警领导人——学习游击战术。这些巡警形成了后来以色列军队的核心。他因组创"哈加纳"——英国占领的巴勒斯坦地区的一支非法军事力量——而遭逮捕，并自1939至1941年受监禁。获释后，第二次世界大战期间在英军中服役。在叙利亚的一场战斗中，他失去了左眼。从此，黑眼罩就成了他的标志。

达扬留任"哈加纳"到1948年。那年，正值独立战争期间，他是耶路撒冷地区的指挥官，1949年，他参加了与约旦的停战谈判。1953至1958年任武装部队总参谋长，在与埃及冲突期间，他曾策划并领导了对西奈半岛的入侵。

1958年，达扬退出军界，加入以色列工党。次年选入议会，并任戴维·本-古里安内阁中的农业部长。1964年辞职，但1965年与本-古里安一起创建了以色列工人联盟党，并再度当选为议会议员。

1967年战争期间，达扬出任国防部长，并任内阁成员直到1973年战争。他因批评以色列准备不充分而辞职。四年后，作为梅纳赫姆·贝京总理的外交部长，他帮助起草了戴维营协定（一个与埃及的和平协定）。由于被贝京在西岸地区（仍是约旦的合法部分）建立以色列定居点的政策所激怒，于1979年辞职。1981年，他组建了一个新党。这个党主张单方面从1967年战争中占领的土地撤军，但是，此后不久，他便于1981年10月16日在特拉维夫去世。

沃斯特　VORSTER，John（1915—1983）

作为1966至1978年的南非共和国总理，约翰·沃斯特削弱了种族隔离制度——严格的种族歧视制度——中一些最恶劣的部分，促进了与毗邻的黑非洲国家领导人的合作。虽然他试图说服罗得西亚（现在的津巴布韦）白人领导与黑人共同掌权，但他完全不愿南非也这样做。

沃斯特1915年12月13日生于开普省詹姆斯敦，取名巴尔撒泽·约翰尼斯·沃斯特。在上斯泰伦博希大学时，他就作为保守的国民党学生领袖而参与政治活动。

由于他在第二次世界大战期间支持德国，他被关押了14个月。他在1948年的议会选举中失败，但在1953年的议会选举中获胜。在亨德里克·弗伦什·维沃尔德总理的内阁任教育部副部长，在1960年的种族骚乱后，他任司法、警察和监狱部长。

1966年维沃尔德被刺，沃斯特成为国民党的领袖并任总理。1978年因健康原因辞职，后出任总统（一个礼仪性职务）。1979年6月4日，他因国民党与金融丑闻有牵连而被迫辞职。1983年9月10日沃斯特在开普敦去世。

班达拉奈克夫人　BANDARANAIKE，Sirimavo（1916—　）

锡兰（现在的斯里兰卡）的西丽玛沃·拉特瓦特·班达拉奈克是世界第一位女总理。1916年4月17日她生于锡兰的康提附近，受教于女隐修会学校。1940年，西丽玛沃与S.W.R.D.班达拉奈克（此人是锡兰的内阁成员和1956至1959年的总理）结婚。他们生有三个孩子。

在1959年其丈夫遇刺身亡之前，班达拉奈克夫人在政治上不是很活跃。丈夫遇刺后，她领导奉行民族主义的斯里兰卡自由党赢得了1960年7月议会选举的胜利，她被任命为总理，接替其丈夫。

为了削弱外国对锡兰的影响（1948年以前，锡兰一直为英国所统治），班达拉奈克夫人用作为国家官方语言的僧伽罗语取代英语，将基督教的传教学校和西方拥有的石油公司收归国有。她还采取措施将反对派报纸置于政府的控制之下，并试图调解1962年的印中边界争端。

经济衰退和社会动荡导致了她的政党在1965年3月的选举中失败。她本人辞去了总理职务。可是，1970年5月选举的胜利使她恢复官职，任联合政府首脑。班达拉奈克夫人解决普遍失业和其他经济问题政策的失败，导致了她在1977年的选举中失败。1980年，她被判犯有滥用权力罪，被逐出议会。在1988年的选举中，这位前总理又一次遭到失败。

威尔逊　WILSON，Harold（1916—　）

在8岁那年，哈罗德·威尔逊就在英国伦敦唐宁街10号首相官邸前摆好姿势，让他父亲给拍摄下了一张快照。40年后，威尔逊作为英国的第45任首相，迁入这个官邸。他是20世纪拥有这个职位的最年轻的人。

詹姆斯·哈罗德·威尔逊1916年3月11日生于约克郡哈德斯菲尔德，其父是一位工业化学家。少年时代，由于他获得奖学金，从而使他有资格在仅仅允许很有培养前途的学生入学的语法学校，并靠奖学金在牛津大学读书。

21岁时，威尔逊在牛津新学院任经济学讲师。1938年，在大学学院当研究生，老师是威廉姆·H.贝弗里奇。威尔逊帮助起草了"贝弗里奇报告"，这份报告为英国成为福利国家奠定了基础。1940年，威尔逊与格拉迪斯·玛丽·鲍德温结婚，他们生有两个儿子。

第二次世界大战爆发时，威尔逊志愿参军，但临时要他去帮忙干经济学者这种文职工作。1943年至1944年，在燃料动力部当司长。1945年，为了参加议员竞选，辞去文职工作，结果选入下议院，任工程部政务次官。

1947年3月，威尔逊调贸易部，9月任贸易部大臣。31岁时，他成为150年内英国最年轻的内阁成员。1950年，再度选入议会。

作为1961年至1962年工党全国执行委员会主席，威尔逊在工党政策和组织的形成过程中发挥了很大的作用。1963年，工党领袖休·盖茨克尔去世，威尔逊接替其位。1964年10月，工党以多得4个席位的优势赢得选举的胜利。威尔逊任首相。1966年，工党多得97个席位。1970

年6月,保守党在选举中取胜,威尔逊辞去首相职务。1974年3月,他再次任工党政府首相,两年后辞职。1976年6月,他被封为爵士。

希思　HEATH, Edward (1916—　)

爱德华·希思首相的主要成就是赢得法国同意,接纳英国加入欧洲经济共同体(或曰共同市场)。希思只是从1970年至1974年任首相。1974年,工党获胜,他被其前任哈罗德·威尔逊所取代(见:威尔逊)。

1916年7月9日希思生于英国肯特郡布罗德斯泰斯。就读于牛津大学,成为该大学保守党协会成员,并因而与保守党有了联系。作为大学保守党协会联盟主席,他反对政府在30年代后期对阿道夫·希特勒的"绥靖"政策。第二次世界大战期间,他在陆军中服役。此后,1946至1947年在民航部工作。进入银行之前,他做了将近两年《教会时报》的编辑。

1950年2月,希思作为保守党议员,被选入议会。他先后在安东尼·伊登、哈罗德·麦克米伦、道格拉斯·霍姆等首相领导下的诸岗位上任职。就在反对党领袖道格拉斯·霍姆辞职的同时,希思于1965年7月当选为反对党领袖,接替道格拉斯·霍姆。1966年3月,他的反对党遭受了决定性的失败,但在1970年6月的选举中获胜。希思当政期间,受到了北爱尔兰暴力和经济困难的骚扰。在1974年2月28日的选举中,保守党失败,由工党领袖哈罗德·威尔逊取代他任首相。1975年,撒切尔夫人取代他任保守党领袖(见:撒切尔夫人)。

密特朗　MITTERRAND, François (1916—　)

法国第一位民选社会党总统,为了自己的国家,他在西线、暗地里同抵抗运动一起,以及在政治舞台上,打了许多仗。第二次世界大战期间,他曾三次从德国战俘营逃跑,最后才逃脱。他曾三次竞选总统,最后才成功。

弗朗索瓦-莫里斯-马里·密特朗1916年10月26日生于法国雅尔纳克。1939年战争爆发,他参加了步兵,但1940年6月受伤被俘。在被选入国民议会后一年,从1947年开始,他在第四共和国的11个倒霉的政府中担任过许多内阁职务。

密特朗认为财富分配不公,20世纪60年代他开始主张温和的左翼应与法国共产党结盟。作为参议院议员,他直言不讳地反对查尔斯·戴高乐总统的政策。1965年在总统竞选中败给了戴高乐,由于双方得票很接近,故又进行一次决选。在他担任社会党第一书记后第三年,即1974年,他再次竞选失败。1981年5月10日,他的"左翼联盟"结束了23年的戴高乐主义统治。密特朗的最强有力的支持者,是年龄在21岁以下的大学生,他们是第一次参加投票。

任总统期间,密特朗逐步实行社会主义改革,将许多企业和银行国有化。1986年,反对党赢得了议会的多数,他不得不与右翼总理雅克·希拉克实行"共治"。希拉克在1988年的选举中反对他,但密特朗再次当选。作为欧洲政治统一运动的一位领袖,密特朗改善了法国与重新统一后的德国的关系。他派军队参加波斯湾战争。苏联解体后,密特朗于1992年2月与俄罗斯总统鲍里斯·叶利钦签署了一项史无前例的条约,宣布在俄罗斯和法国之间将进行政治、经济和军事合作。

朴正熙　PARK CHUNG HEE (1917—1979)

1963至1979年间的韩国总统。他留下的遗训是:通过严格限制政治自由,在一定程度上可使经济获得发展。

朴正熙1917年9月30日(或11月14日)生于大邱附近一个贫苦的农民家庭。大邱师范学校毕业后教小学,后进入日本军事学院。第二次世界大战期间,在日本军队中服役。韩国从日本统治下解放后,他转而在韩国军队中服役。朝鲜战争后晋升为将军。

1961年,朴正熙领导了一场不流血的政变,推翻了文官政府。两年后辞去执政军人集团首脑的职务,当选为总统。他吸引外资,把韩国转变成了工业国家。以同共产主义作斗争为名,他镇压反对党,控制司法体系、新闻出版和大学。当1964年朴正熙与日本建立外交关系时,发生了暴乱。

1967年再次当选总统后,他提出了一项宪法修正案,使他可从1971年开始第三次连任总统。1972年10月17日朴正熙宣布实施军事管制。1979年,当朴正熙将一名反对党领袖开除出国民议会时,引起了抗议。在两次遇刺未中后,1979年10月26日朴正熙被韩国中央情报部部长枪杀。

甘地夫人　GANDHI, Indira (1917—1984)

英迪拉·甘地是一位为了印度独立而战的英勇斗士,印度第一位女总理,印度独立后的第一任总理贾瓦哈拉尔·尼赫鲁的独生女(见:尼赫鲁)。

1917年11月19日英迪拉·尼赫鲁生于印度阿拉哈巴德。幼年和少年时,她的家庭就积极参加了由马哈特马·甘地领导的反对英国对印度殖民统治的非暴力抵抗运动。12岁那年,她参加了一场运动,组织几千印度孩子跑腿打杂,帮助那些正在为独立而工作的大人们。

英迪拉所受的教育是断断续续的。她短期上过印度和瑞士的中学,但更多的时候是在家中自学。1934年在桑蒂尼克坦大学学习艺术和舞蹈。后来就读于英国牛津大学。

1942年3月,英迪拉·尼赫鲁与在英国求学时的朋友费罗兹·甘地结婚。几个月后,他们因英迪拉无视英国禁令在公众集会上演讲而遭拘捕。英迪拉被囚禁13个月。1947年印度获得独立后,甘地夫人巡视难民营,以帮助印度-穆斯林宗教战争的受害者。父亲执政期间,她陪同他出访世界各地,选举期间帮助他开展竞选活动。

从1959年开始,甘地夫人担任了一年印度国民大会党(多数党)主席。1964年5月尼赫鲁去世,她出任继尼赫鲁任总理的拉尔·巴哈杜尔·夏斯特里内阁的新闻和广播部长。

1966年1月夏斯特里去世,甘地夫人被国大党选为总理。在1967年和1971年的大选中连任。她的政府面临着种种问题,如农业歉收、粮食暴动、贫困、学生闹事以及许多讲不同语言的民族反对把印地语当作国家的官方语言。1971年,甘地夫人成功地领导了一场导致巴基斯坦东西分裂并建立孟加拉国的战争。

1975年,甘地夫人被判在1971年的竞选中犯有两次舞弊罪。在对判决提出上诉的时候,她宣布紧急状态,关押其政敌,独揽紧急状态时期的大权。她靠政令进行统治,实行全面的新闻检查,大规模推行避孕政策以控制生育。当长期被推迟的全国选举于1977年举行时,甘地及其国大党被彻底击败。

1978年,她又重新被选入议会,不久被逐出,并遭短期囚禁。尽管渎职罪指控悬而未决,甘地夫人却积极参加竞选,宣称将抑制通货膨胀和制止犯罪。1980年,压倒优势的胜利使她再度出任总理。面对锡克教极端主义分子在旁遮普用暴力坚持建立自治邦的要求,甘地夫人于1984年6月6日命令印度军队猛烈袭击锡克教徒最神圣的神殿阿姆利则金庙,因为它已变成了一座军械库。数百名锡克教徒在这次袭击中丧生。10月31日,当甘地夫人步行到办公室去的时候,被她的锡克人卫兵暗杀。她尚活着的惟一儿子拉吉夫继承其位出任总理。他任此职到1989年。1991年5月21日为再度当选开展竞选活动时,也被人暗杀。

马科斯　MARCOS, Ferdinand E. (1917—1989)

费迪南德·马科斯任菲律宾总统时的年薪是5700美元。在当了20年的总统之后,人们估计他所积聚的个人财富有5亿美元之多。当他和妻子伊梅尔达于1986年被迫逃离祖国时,菲律宾经济处在崩溃的边缘,国库被挖空,外援资金被马科斯及其支持者们大量侵吞。

费迪南德·埃德拉林·马科斯1917年9月11日生于菲律宾萨拉特。曾在马尼拉上中学,在菲律宾大学学习法律。父亲是政治家。1933年曾因父亲的政敌遭暗杀被审讯,1940年宣判无罪,后当起了辩护律师。第二次世界大战期间在菲律宾武装部队当军官。被日军俘虏后,在著名的巴丹"死亡行军"中幸免于死,逃脱后,据他自己及其追随者说,成了菲律宾抵抗运动的一名领导者。

抗日战争结束后,马科斯任曼努埃尔·罗哈斯总统的技术助理,直到1949年。后来任众议员和参议员。在总统竞选中,马科斯击败了迪奥斯达多·马卡帕加尔总统,并于1965年12月30日就职。马科斯在首届总统任期中,力图提高农业、工业和教育的质量,但是,20世纪60年代后期,受到了学生骚动和城市游击活动的干扰。

1969年马科斯再度当选,成了第一位连任两届的菲律宾总统。1972年9月21日他宣布实行军事管制,囚禁包括小贝尼尼奥·阿基诺在内的反对党政治家。尽管1981年1月取消了军事管制,但马科斯继续实行独裁统治。许多派别反对他,指责其政府贪污腐败,同时经济在慢慢崩溃。

1983年8月21日,贝尼尼奥·阿基诺从美国流放回国,可是他走下飞机便被枪杀,于是掀起了新的抗议浪潮。马科斯宣布1986年2月7日举行选举。阿基诺的遗孀科拉松成为反对党的总统候选人(见:**阿基诺**)。支持马科斯的力量解体。在有争议的选举之后,马科斯于1986年2月25日在美国政府的帮助下逃离菲律宾。

被流放的马科斯在夏威夷避难,后一再试图返回菲律宾,均未成功。1989年1月15日马科斯在檀香山因肺炎住院治疗。法院宣称他病得太重,不能同妻子一起接受有关盗用菲律宾2.7亿美元的审讯。1989年9月28日,马科斯在住院期间死于心脏病发作。阿基诺总统禁止马科斯的遗体运回菲律宾。1990年7月2日,美国法院宣布伊梅尔达·马科斯在所控的敲诈勒索、欺诈和妨碍审判等罪行方面是无辜的。她于1991年11月回到菲律宾。虽然在菲律宾法院面对着一百多条犯罪指控,所涉范围从货币偷运到盗窃,但是,她还是参加了1992年5月的总统竞选(未获成功)。政府批准了她将其丈夫的遗体运回国内安葬的请求。

恩科莫　NKOMO, Joshua (1917—　)

罗伯特·穆加贝和乔舒亚·恩科莫是黑人反对罗得西亚白人统治起义中的两位最著名的革命家。这场革命于1979至1980年成功地推翻了政府,罗得西亚成了津巴布韦。于是恩科莫和穆加贝成了对手,各自都力求控制这个新生的政权。

乔舒亚·姆卡布科·尼翁戈洛·恩科莫1917年6月19日生于罗得西亚马塔贝莱兰的塞莫克维保留地。在上完纳塔尔的亚当斯学院和约翰内斯堡的简·霍夫迈尔社会福利工作学院之后,于1945年回到罗得西亚,在罗得西亚铁路公司工作,后成为非洲铁路工人工会的领导人。1951年获得南非大学的学位。

恩科莫的活动日益成为政治活动。到了1957年,他已是非洲国民大会(简称"非国大")主席。1959年非国大被取缔,他逃往英国。1960年返回罗得西亚,创建民族民主党(简称"民民党")。后来,民民党被取缔,又创建了津巴布韦非洲人民联盟(简称"津非人联")。1962至1964年,他被数次拘留。从1964年4月至1974年12月,他被监禁于遥远的地方。

在穆加贝于1980年出任总理后,恩科莫在新政府中几乎毫无权力和影响。为了创立一党制的国家,他的"津非人联"于1987年12月与穆加贝的"津巴布韦非洲民族联盟—爱国阵线"合并。

纳赛尔　NASSER, Gamal Abdel (1918—1970)

贾迈勒·阿卜杜勒·纳赛尔早在16岁那年就在埃及开罗领导了一场学生政治示威运动。这些学生抗议英国对埃及工商企业和政府的影响。就这样,他开始了一种动荡不安的生涯,这种生涯到他52岁去世才告结束。虽然他最后也未能实现其统一阿拉伯世界的愿望,但他却成功地赢得了整个中东地区阿拉伯人民的支持。

纳赛尔1918年1月15日生于埃及亚历山大。1938年毕业于埃及皇家军事学院。先是在驻亚历山大和苏丹的埃及军队中任少尉,后于1942年任陆军参谋学院教员。在该学院期间,纳赛尔组织了一个名叫"自由军官运动"的秘密团体。在1948年的巴勒斯坦运动中,他指挥埃及军队与以色列作战,并为该秘密团体制订了从国王法鲁克一世手中夺取埃及政权的计划。

1952年7月23日,纳赛尔领导他的军官团体发动政变,推翻了国王法鲁克一世。陆军少将穆罕默德·纳吉布被推选为政府首脑。纳赛尔被任命为副总理兼内务部长。

1954年纳赛尔迫使纳吉布让位,自己担任总理。他没收富裕地主的土地分给穷苦农民。1956年颁布了新宪法,纳赛尔当选埃及总统。他原指望美国和英国提供援助,动工兴建尼罗河水力发电和洪水控制工程——阿斯旺高坝,但提供援助的诺言未能兑现。为了寻求其他资金来源,他将苏伊士运河国有化。由此引发了政治危机:英法入侵运河地区,埃及败于以色列。

1958年2月纳赛尔当选为由埃及和叙利亚两国组成的阿拉伯联合共和国总统(简称"阿联共")。可是,1961年叙利亚退出。1962年,也门发生反君主制叛乱,纳赛尔派兵增援反叛者。1965年在无竞争对手的选举中,再度当选总统。

1967年,在经过了数月的阿(拉伯)以(色列)争端之后,纳赛尔关闭了以色列的海运通道亚喀巴湾,将阿联共军队集结于以色列边境。埃及在随后的战争中失败后,纳赛尔承担了这场灾难的责任,宣布辞职。由于公众和国民议会拥戴他的呼声很高,他同意继续任总统,兼任总理和阿联共惟一的政党阿拉伯社会主义联盟的主席。苏联和阿拉伯的援助使纳赛尔避免了经济崩溃。他的政策在1968年的全国公民投票中赢得绝大多数人的赞成。同一年,阿斯旺高坝在苏联的帮助下竣工并开始发电。1970年9月28日纳赛尔在开罗附近他的别墅中去世。

萨达特 SADAT, Anwar el-(1918—1981)

萨达特是埃及的军事家和政治家,自1970年到他去世为止,一直任埃及总统。萨达特参加了具有历史意义的埃以谈判,谈判的结果是双方签订了和平条约。萨达特因此而获得诺贝尔和平奖。

穆罕默德·安瓦尔·萨达特1918年12月25日生于埃及米塔布科(尼罗河三角洲的一个村庄)。就读于穆斯林学校,1938年毕业于开罗军事学院。第二次世界大战期间,萨达特为了实现其将英国人赶出埃及的目标,曾与德国人合作。1942年,因间谍罪被捕,而后逃脱,1945年因参与暗杀未遂案再次被捕。1949年获释,恢复了他的军事指挥职务。翌年,萨达特参加了自由军官运动(这是一个由贾迈勒·阿卜杜勒·纳赛尔领导的发誓推翻埃及君主制的组织)。1952年,纳赛尔领导了一次推翻国王法鲁克一世的不流血的政变。

萨达特在新政府中拥有各种高级职位,其中包括国民代表大会主席(1960—1968)、副总统(1964—1966、1967—1970)。1970年,纳赛尔去世,萨达特赢得了全国公民表决中百分之九十以上的选票,当选为总统。

萨达特以苏联提供的军事援助不充足为理由,于1972年将15000名苏联顾问赶走。他发动了1973年10月的阿以战争,跨过苏伊士运河袭击以色列。虽然以色列予以反击,并在运河西岸部署了军队,但萨达特却在国内和在阿拉伯世界赢得了赞誉。

1977年11月,应以色列总理梅纳赫姆·贝京的邀请,萨达特访问了耶路撒冷,并向以色列议会发表演说。萨达特在演说中,承认了以色列的生存权,但要求归还被占领的土地,承认巴勒斯坦人的权利。由于这次访问和随后所进行的谈判,萨达特和贝京在1978年共同获得诺贝尔和平奖。尽管遭到其他阿拉伯国家领导人的攻击,他仍继续与以色列谈判,并于1979年3月26日签订了和平条约。

萨达特面临着因反对和平条约而造成的日益不安定的国内局势和经济衰退。1981年10月6日,在庆祝跨过苏伊士运河8周年的阅兵典礼上,被穆斯林原教旨主义信徒暗杀。

本贝拉 BEN BELLA, Ahmed (1918—)

艾哈迈德·本贝拉的政治生涯跨越阿尔及利亚为摆脱法国统治而斗争的时期和这个新国家的早期阶段(1954—1965)。本贝拉是阿尔及利亚解放运动即民族解放阵线(简称"民解阵")的创建者和领导人之一,由于反对法国殖民主义而于1956至1962年被囚禁。1962年,阿尔及利亚获得独立,他亦获释,成为这个新国家的首任总理,并于1963年当选为阿尔及利亚共和国总统,任此职至1965年。1965年,由民族解放军首领胡阿里·布迈丁领导的政变迫使本贝拉下台。然后他被囚禁和软禁15年。1980年10月获释,以后10年流亡欧洲。1990年回到阿尔及利亚。

本贝拉1918年12月15日生于阿尔及利亚马格尼耶(马尼亚),在法国学校完成了早期学业。1937年加入法国军队。参加了第二次世界大战。他获得了包括战争十字勋章和军事勋章在内的高级军事奖章。战后加入了阿尔及利亚民族主义地下组织。1950年,因抢劫奥兰邮局而被捕,被判处8年徒刑,但两年后越狱潜逃。1954年,他与其他革命者一起在瑞士成立民族解放阵线。

本贝拉帮助组织购买外国军火运到阿尔及利亚。1956年,他两次(一次在埃及开罗,另一次在利比亚的黎波里)逃脱杀害他的阴谋。1956至1962年的囚禁使他未能参加独立战争的最紧张阶段。获释后,任倾向于社会主义的"政治局"首脑,试图统治阿尔及利亚。

由于得到了布迈丁的支持,本贝拉在没有反对的情况下当选为阿尔及利亚总统。他重视国民教育,实行土地改革,发展同法国的文化和经济关系。同时,他发展与古巴共产主义独裁者菲德尔·卡斯特罗的友谊,而加剧了与美国的紧张关系。(参见:布迈丁)

施密特 SCHMIDT, Helmut (1918—)

作为1974至1982年的西德总理,赫尔穆特·施密特领导了一个联合政府。这个联合政府包括他自己的社会民主党和自由民主党。

赫尔穆特·施密特1918年12月23日生于德国汉堡。在第二次世界大战服兵役期间,获得铁十字勋章。1949年汉堡大学毕业,获经济学学位。后在汉堡市政府任经济常务顾问,1953年当选为联邦议院议员,1961年回汉堡工作,1965年再度当选为联邦议员。1969至1972年,施密特在威利·勃兰特政府中任国防部长,1972至1974年任财政部长。

勃兰特1974年辞职后,施密特当选为总理。施密特奉行双管齐下的外交政策,一方面坚定地支持北大西洋公约组织,同时又与超级大国保持关系,促进缓和。施密特成功地领导西德渡过了两次石油危机和恐怖活动猖獗的时期,被誉为"实干家"。在其当政的大部分时期,西德经济都空前繁荣。不过,当他领导的政府面临百分之八的失业率和预算造成的不和时,联合政府便垮台了。在联邦议会通过一项不信任案后,施密特于1982年10月1日辞职。

曼德拉　MANDELA, Nelson (1918—　)

南非黑人的民族英雄,领导武装斗争反对本国的种族隔离主义政策。非暴力抵抗的表面失败,曾使曼德拉感到沮丧,于是从事了一年半的非法活动。由于曼德拉的伪装经常使当局受骗上当,故人们称他为"黑色的海绵"。后来,当他免除终生监禁获释出狱时,他成了全世界反种族隔离制度胜利的象征。

纳尔逊·曼德拉1918年7月19日生于特兰斯凯的乌姆塔塔附近。为了从事政治职业,他放弃了继承其父当滕布部落酋长的权利。他通过函授学习法律。1944年参加非洲人国民大会(简称"非国大"),并帮助建立了颇有影响的非洲人国民大会青年联盟。他的第一次监禁判决(缓期)是因为参加了非国大在1952年开展的蔑视不正当法律运动。

在1960年对数千名手无寸铁的反对通行证法的黑人进行大屠杀后,曼德拉便出逃。1962年,治安警察抓住他时,他装扮的是汽车司机。1964年他领导已被取缔的非国大地下组织,被判犯有阴谋破坏罪。随着有关曼德拉的传说越来越盛,20世纪80年代要求释放他的运动也日趋高涨。1990年2月11日曼德拉获释。

冲伯　TSHOMBE, Moise (1919—1969)

1960年非洲刚果地区摆脱比利时统治而独立时,加丹加省(现在的扎伊尔沙巴地区)宣布脱离刚果,试图成为独立的国家。莫伊斯·冲伯领导了这次努力,却未能获得外交上的承认。1962年和1963年联合国出兵干涉,冲伯的努力宣告失败。冲伯逃往西班牙。

莫伊斯-卡彭达·冲伯1919年11月10日生于比属刚果穆松巴的一个富裕家庭。他继承了其父的一个大企业,但是,当这个企业渐渐衰败的时候,他便宣布破产,而转入政界。1951至1953年为加丹加省议会议员。1959年在隆达部族集团和控制着铜矿业的比利时矿业垄断公司的支持下,任加丹加部族联盟党主席。独立临近时,冲伯及其追随者希望刚果成为一个由各个省组成的松散的联邦。这个提议被否决,决定按照帕特里斯·卢蒙巴的倡议建立强有力的中央集权政府。1960年的选举,使冲伯领导的政党获得了对加丹加的控制。不久,冲伯宣布加丹加独立。在两年多的时间内,整个地区陷于一片混乱。

1964年,在西班牙流放的冲伯被召回国,任总理,帮助约瑟夫·卡萨武布平定了一场叛乱,但于1965年被解职,表面上的原因是因为他使用了白人雇佣兵。他又重新回到西班牙。1967年,谣传冲伯打算回刚果,于是被绑架到阿尔及利亚,软禁在阿尔及尔附近,1969年6月29日因心脏病发作去世。

特鲁多　TRUDEAU, Pierre Elliott (1919—　)

首次担任公职不到三年,特鲁多就成了加拿大政府的首脑。1968年4月,这位精通两国语言的自由党领袖出任加拿大第15任总理。

约瑟夫·菲利普·皮埃尔·艾夫斯·埃利奥特·特鲁多1919年10月18日生于魁北克省的蒙特利尔,他在三个孩子中排行第二。毕业于让-德-布雷伯夫学院和蒙特利尔大学法学院。曾在哈佛大学、巴黎大学和伦敦经济学院研究政治经济学。他还四处游历。

1950年,特鲁多创办了社会改革评论月刊《自由城》,反对魁北克的民族联盟政权。他写有多部著作,其中包括:《红色中国的两个无罪之人》(1961)、《联邦制和法裔加拿大人》(1968)。

1952年,特鲁多在蒙特利尔开办劳工法律业务。1960年入蒙特利尔大学法律系。五年后,他作为自由党"新波浪派"而当选为众议员。1966年任莱斯顿·B.皮尔逊总理的议会秘书,1967年被任命为司法部长和总检察长。在任司法部长期间,成功地使更严格地管理枪支法、改革反堕胎法和反同性恋法得以通过。

特鲁多反对魁北克的分离主义,发誓建立一个"联合的加拿大"和"自由公正的社会",因此而成为自由党领袖。1968年4月皮尔逊退休后,特鲁多成为第三位法裔加拿大人总理(见:**皮尔逊**)。

特鲁多在1968年6月的大选中赢得了议会的多数,表明他颇得人心,尤其是在青年投票者当中。他提出精简政府的法案,并努力使双语制法案得以通过。在1972年10月的加拿大历史上竞选最激烈的一次大选之后,他的政府仍然当权。虽然自由党在1974年5月因通货膨胀日益严重而垮台,但特鲁多在7月的大选中仍再次牢牢地控制了议会。不过,在整个70年代,他因日益增多的经济和内政问题而受到批评。1979年5月自由党失败,进步保守党领袖乔·克拉克组成新政府。

在1980年2月的选举中,特鲁多令人瞠目地卷土重来,第四次出任总理。他实现了修改加拿大宪法的夙愿,在他的领导下,加拿大于1982年成为一个充分拥有主权的国家。特鲁多在其执政的后来两年,致力于使加拿大获得经济上的更大独立,寻求更多的国际裁军谈判,改善与其他国家,尤其是第三世界各国的贸易关系。1984 年初,特鲁多宣布了他的退休决定,并于 6 月 30 日新政党领袖选出之后,正式辞职。

特鲁多因经常从事诸如赛车比赛、潜游运动、攀山和柔道这样一些业余爱好而为人们所关注。1971 年,他与玛格丽特·辛克莱结婚。这对夫妇于 1977 年分居。他们生有三个儿子。

扬,惠特尼 YOUNG, Whitney M., Jr. (1921—1971)

惠特尼·扬认为自己在争取民权的斗争中与其说是一位示威者,倒不如说是一位战略家。作为全国城市联盟主席,他谋求黑人进步,促进平等。

小惠特尼·穆尔·扬 1921 年 7 月 13 日生于肯塔基州的林肯岭。其父是一所黑人寄宿学校的校长,14 岁那年,扬毕业于这所学校。他曾就读于肯塔基国立大学,1941 年获得医科大学预科学位。后来,扬参了军,并在马萨诸塞理工学院学习工程。由于认识到黑人的潜在能力在军队中未能发挥出来,因而他开始研究种族关系。

扬就读于明尼苏达大学,1947 年获得社会福利工作硕士学位。在后来的 7 年中,他在致力于结束种族歧视的社会福利工作机构——城市联盟的圣保罗和奥马哈分会担任各种职务。后来扬移居佐治亚州的亚特兰大,任亚特兰大大学社会福利工作学院院长。1961 年被任命为全国城市联盟执行主席。

扬以高超的领导才能和善于与企业界领袖、政治家和争取民权的同事合作闻名。他在七个总统委员会中任过职,并曾与林登·约翰逊总统密切合作。他的包括"国内马歇尔计划"在内的一些提案为黑人挽回了多年的损失。扬是《为了实现平等》和《超越种族主义》两本书的作者。1971 年 3 月 12 日,扬在尼日利亚拉格斯去世。

苏哈托 SUHARTO (1921—)

1965 年,印度尼西亚将军苏哈托平定了一次共产党的政变。随后不久,他和其他将领组成了一个军政府。1966 年 3 月 12 日,苏哈托全面接管政府,虽然苏加诺又当了一年名义上的总统(见:**苏加诺**)。

苏哈托 1921 年 6 月 8 日生于荷属东印度群岛爪哇的克穆苏阿加穆尔加。(印度尼西亚人只有一个名字很常见。)中学毕业后,在银行当职员,后参加荷兰殖民军。上过昂望军事学院。1942 年日本占领爪哇后,他加入日本人扶植的保卫团,并接受军官的训练。

第二次世界大战后,苏哈托参加东印度民族主义运动,这是一支试图使爪哇摆脱荷兰殖民统治的游击队。1949 年印度尼西亚成为独立的共和国,苏哈托获得中校军衔。1957 年被任命为军事学院教官,三年后成为陆军准将。1961 年成为陆军和空军总司令。

1967 年 3 月印度尼西亚协商会议任命苏哈托为代理总统。一年后当选为总统,任期五年。以后又连续几次当选。

苏哈托实行较为合作的外交政策,鼓励经济发展和外来投资。

马尔登 MULDOON, Robert (1921—1992)

作为 1975 至 1984 年的新西兰总理,罗伯特·戴维·马尔登是个财政上的保守主义者,他试图通过限制工资和价格增长、取消政府对工会的资助、削减税收和要求工业化国家降低对新西兰产品的进口壁垒来摆脱经济困境。

马尔登 1921 年 9 月 25 日生于奥克兰。第二次世界大战期间在军队服役。驻扎在意大利期间,开始学习成本会计。1949 年回国后在成本会计行做事,不久,介入政界。他参加了保守的国民党,经过两次努力,1960 年选入议会。

马尔登是一位持有强硬观点的政治家,他的观点往往触犯反对派,但却赢得了才能卓著的经济学家的声誉。他在其党内迅速崛起,1964 至 1968 年任财政部副部长,1967 年任旅游部部长,1967 至 1972 年任财政部长。作为国际货币基金组织的新西兰总管,马尔登是小国贸易政策的代言人。1975 年 11 月 29 日,国民党在选举中获胜,马尔登出任总理。1984 年 7 月 14 日该党在选举中失败,马尔登被工党领袖戴维·兰格所取代。1992 年 8 月 5 日马尔登在奥克兰去世。

杜尔 TOURÉ, Sékou (1922—1984)

几内亚于 1958 年 10 月 2 日成为第一个独立的讲法语的非洲国家,该国的第一任总统就是艾哈迈德·塞古·杜尔。直到 1984 年 3 月 26 日在俄亥俄州克利夫兰一家医院的心脏外科手术中去世,他一直是该国总统。一个星期后,由兰萨纳·孔泰上校领导的军事政变推翻了杜尔建立起来的独裁统治。

杜尔 1922 年 1 月 9 日生于几内亚的法拉纳。早在 1936 年,杜尔就已是一个反叛者,那年,由于在科纳克里领导了一场粮食暴动而被学校开除。1941 年到邮局工作,开始对劳工运动发生了强烈的兴趣,并成功地组织了法属西非的第一次劳工罢工。

1946 年,杜尔积极从事政治活动。1951 年当选为法国国民议会议员,但未被允许出席,1954 年再次当选,又被禁止出席。1956 年才被允许出席国民议会。1957 年,他成为几内亚执行委员会副主席。在这个职位上,他成功地领导了摆脱法国的独立运动。

法国人离开后,几内亚面临着经济崩溃的威胁。杜尔接受了苏联集团国家和西方的援助。外交上实行温和政策,内政上实行严厉政策,严格地限制国内的反对势力。他在以后的历次大选中,未遭任何反对而一再当选。

尼雷尔 NYERERE, Julius (1922—)

朱利叶斯·尼雷尔是坦噶尼喀独立后的第一任总理,1963 年领导创建了非洲统一组织。一年后,坦噶尼喀与桑给巴尔岛合并,尼雷尔任坦桑尼亚这个新国家的总统。

朱利叶斯·坎巴拉格·尼雷尔 1922 年 3 月生于坦噶尼喀的布蒂亚马。他受教于乌干达学校。在几所罗马天主教学校任教,后来去苏格兰,1952 年获得爱丁堡大学学位。尼雷尔进入政界时,坦噶尼喀在联合国的管辖之下等待独立。自 1954 至 1960 年,尼雷尔任坦噶尼喀非洲民族联盟领导人,他与英国当局交涉,准备独立。这个国家终于在 1960 年 9 月获得自治。1961 年 12 月,尼雷尔成为第一任总理。一年后,当选为总统,1964 年,桑给巴尔与坦噶尼喀实现联合。考虑到一个为发展其经济而奋斗的新国家不能受到政治分裂和频繁选举的威胁,尼雷尔实行一党制统治。1985 年,他辞去总统职务,但直到 1990 年,一直保留着党的主席职务。

作为非洲统一组织形成过程中的一个有很大影响的人,尼雷尔是 70 年代非洲事务中的关键人物。他强烈主张推翻南非和罗德西亚(现在的津巴布韦)的白人至上主义政权。他的军队在 1979 年帮助推翻了乌干达独裁者伊迪·阿明。这次干预帮助米尔顿·奥博特重掌政权(见:**奥博特**)。

尽管尼雷尔赞成坦桑尼亚拥有一个强大的中央政府,但他仍然反对民族主义,并把非洲统一视为经济发展的手段,他帮助拟订的《卢萨卡宣言》要求诸民族共同合作开发非洲大陆。

索韦　SAUVÉ,Jeanne (1922—1993)

珍妮·索韦是第一位加拿大女总督,法裔加拿大人。在干了很长一段时间的新闻工作之后,她作为议员进入政界。珍妮-马蒂尔达·贝诺瓦 1922 年 4 月 26 日生于萨斯卡的普鲁德姆。曾就读于渥太华大学,后移居魁北克省的蒙特利尔。不久便加入了几个改革团体。1942 至 1947 年任青年天主教学生会主席,这是一个她在渥太华加入的改革团体。

在蒙特利尔城,她遇见了莫里斯·索韦,两人于 1948 年结婚。他俩先是作为工会组织者而一起工作,后来珍妮就开始了她的新闻播音员、采访记者和时事评论员的生涯。1972 年,作为自由党的候选人竞选公职,并顺利地被选入众议院。皮埃尔·埃利奥特·特鲁多总理任命她为内阁成员。1980 年被任命为众议院的第一个女发言人。在该职位不平静的任期届满后,1984 年被任命为总督,任期五年,至 1990 年 1 月期满退任。1993 年 1 月 26 日在蒙特利尔去世。

基辛格,亨利　KISSINGER,Henry (1923—)

理查德·尼克松和杰拉尔德·福特总统执政期间美国最有影响的外交人物,穿梭外交的最著名代表,经常为了解决复杂的国际问题出国访问。

亨利·艾尔弗雷德·基辛格 1923 年 5 月 27 日生于德国菲尔特。为了逃避纳粹对犹太人的迫害,于 1938 年随同父母移居美国。1954 年获哈佛大学博士学位后,留校任教,1962 年升任政治学教授。他在国家安全和战略计划方面的渊博学识致使尼克松总统在 1969 年任命他为国家安全事务顾问。1973 至 1977 年任国务卿。

他的外交政策的主要成就是 1969 年发起举行限制战略武器谈判、实行缓和美苏关系的政策、与中华人民共和国建立正式的外交关系、恢复与埃及的外交关系,以及通过谈判使美国军队撤出越南。由于越南和谈成功,他与北越黎德寿共同获得 1973 年诺贝尔和平奖。1977 年获得总统自由奖章。

1982 年他创办了一家商业咨询公司。罗纳德·里根任命他为中美洲全国委员会主席。1987 年被派往莫斯科,讨论武器控制以及其他问题。他的著作有:《核武器和对外政策》(1957)、《白宫岁月》(1979)、《为了记录》(1981)。

卡翁达　KAUNDA,Kenneth (1924—)

肯尼思·卡翁达 1964 年当选为赞比亚首任总统时,承诺建立一个"没有种族差异的社会"。但是,邻国罗德西亚(现在的津巴布韦)的种族紧张状态波及了赞比亚,致使承诺难于兑现。

肯尼思·戴维·卡翁达 1924 年生于北罗得西亚(现在的赞比亚)的钦萨利。受教于其父母执教、由苏格兰教会主办的教会学校。他被培养成了一名教师,但是他在白人殖民者中所受到的种族歧视,使他积极投身政治活动,于 1949 年参加了非洲人国民大会。十年后,策略上的冲突使国民大会分裂,卡翁达创建了赞比亚非洲人国民大会。他鼓动人民反对英国的殖民政策,由此而成为赞比亚独立运动的领袖。

1960 年,被囚禁了一段时期的卡翁达当选为新的"联合民族独立党"主席。同年,英国宣布赞比亚的非殖民化过程即将开始。来自大约 77000 名欧洲白人殖民者和 11000 名亚裔居民的压力也未能延误非殖民化,1964 年赞比亚成为独立国家。

作为总统,卡翁达面临一些严重的国内问题:部落间的争斗、邻国安哥拉和罗德西亚的内战,以及接近崩溃的本国经济。1972 年他实行一党制统治,1976 年宣布国家处于紧急状态。1978 年,他在南部非洲冲突中起了调停作用,但是,未能实现经济目标,导致了赞比亚国内持续动荡不安。1988 年,他再次当选为总统,任期六年,但在 1990 年底被迫批准了允许反对党参加 1991 年选举的法律。1991 年 10 月,弗雷德里克·奇卢巴取得压倒优势的胜利,卡翁达被赶下台。

奥博特　OBOTE,Milton (1924—)

乌干达共和国首任总统。在他领导下,乌干达于 1962 年独立。

阿波罗·米尔顿·奥博特 1924 年 12 月 28 日生于乌干达兰戈的阿科罗科村。在 1950 年去肯尼亚之前,曾就读于姆韦里的布索加学院和坎帕拉的马克雷勒学院。在肯尼亚期间,他介入了当地的独立运动。1957 年回国后,参加了乌干达国民大会党。该党分裂时,他帮助组建了乌干达人民代表大会。

独立临近时,布干达(一个在乌干达境内由国王穆特萨二世统治的国家）的地位成了一个主要问题。1966年，奥博特派军队进驻布干达，迫使穆特萨出逃。1967年，他颁布新宪法。当他的政策变得更为开明时，引起了军官们的担忧。1971年，他们在伊迪·阿明的领导下与布干达的效忠者一起推翻了奥博特。1979年阿明被推翻。1980年5月奥博特结束流亡生活回国，同年12月重获总统职位。1985年7月27日奥博特被另一场军事政变再次推翻。

穆加贝　MUGABE, Robert（1924— ）

罗伯特·穆加贝1964年在他的南罗得西亚家乡（当时是英国的殖民地）说："非洲人统治的时代已经到来。"16年后，罗得西亚获得了独立，改名为津巴布韦，穆加贝当选为该国第一任总理。

罗伯特·加布里埃尔·穆加贝1924年2月21日生于南罗得西亚库塔玛。青年时期，上过南非大学和南非的黑尔堡大学。50年代末以前在南罗得西亚当教师，此后迁居加纳任教。在那里，深受夸梅·恩克鲁玛总统的激进政治的影响。1960年，穆加贝回到南罗得西亚，并在本国的民族主义运动中与乔舒亚·恩科莫合作。可是，1963年他与恩科莫的津巴布韦非洲人民联盟（简称"津非人联"）断绝来往，帮助建立了津巴布韦非洲民族联盟（简称"津非民联"）。他的组织主张通过武力来推翻罗得西亚的白人优越论政府。1964年，他因发表反政府演说而被逮捕，并被囚禁10年。在这10年中，他通过函授获得了数个法学学位。他最后获得了诸如经济、法律和教育这样一些学科的6个大学的学位。他还在狱中领导了一次政变。

1975年，穆加贝获释。他和恩科莫一起，帮助组织爱国阵线（简称"爱阵"）黑人游击队，反对罗得西亚的白人统治。1979年，白人同意了一个允许黑人统治的新宪法，这时，战争结束。1980年，穆加贝任总理。他构想了一种马克思主义-社会主义的政府。穆加贝与恩科莫之间的冲突连续不断，然而，在1987年12月"津非人联"与穆加贝的政党合并，在此之前，该党已重新命名为"津非民联-爱阵"。穆加贝任一党制国家的总统，1990年实行多党选举，穆加贝继续任总统。1991年，"津非民联-爱阵"中央委员会从宪法中删除了所有涉及马克思主义-列宁主义的内容。（参见：恩科莫）

奇泽姆　CHISHOLM, Shirley（1924— ）

第一位选入美国国会的黑人妇女。雪莉·奇泽姆从1969年至1982年作为她出生地的纽约布鲁克林区代表在众议院供职。1972年，她竞选民主党总统候选人提名，未获成功。

奇泽姆1924年11月30日生于布鲁克林，取名为雪莉·安尼塔·圣希尔，然而，她的大部分童年时期是在她祖母的位于巴巴多斯的农场度过的。11岁那年，她回到了布鲁克林。在那里的女子中学毕业后，她在布鲁克林学院主修社会学，获得哥伦比亚大学初等教育硕士学位。1949年与康拉德·奇泽姆结婚，1977年离婚，然后与小阿瑟·哈德威克结婚。

奇泽姆从1953至1959年任布鲁克林友人托儿所所长，她成了一名早期教育和保育事业的公认权威。1959至1964年在纽约保育事业局托儿科任教育顾问。她还参加一些社区和社会福利活动。1964年参加了纽约州议会的竞选。作为来自布鲁克林的在议会中供职的第一位黑人妇女，1965年和1966年她两次再度当选。1968年参加国会竞选。

奇泽姆的竞选口号是："不被雇用，不被差遣"。这个口号成了她在1970年出版的一本书的标题。不久，她就被公认为黑人和西班牙裔民自由事业的坦诚斗士。

1973年，她出版了第二本书：《漂亮的战斗》。在当了几届国会议员之后，1982年奇泽姆退休，不再当议员，在马萨诸塞州南哈德利的芒特霍利约克学院当教授。

卢蒙巴　LUMUMBA, Patrice（1925—1961）

刚果（现在的扎伊尔）民主共和国首任总理帕特里斯·卢蒙巴，任总理不到三个月，被赶下台后四个月就遭政敌杀害。人们把他尊为民族英雄，与其说是因为他的成就，倒不如说是因为他的勇气和抱负。

帕特里斯·卢蒙巴1925年7月2日生于比属刚果奥那努瓦。他没有完成学业，就移居利奥波德维尔（现在的金沙萨）当邮局职员。在那里，他积极参加工会运动和比利时自由党。1956年以利用邮局工作之便进行贪污的罪名被判处12个月的监禁，获释后，当推销员，并投身于正在非洲兴起的民族主义运动。1958年创建刚果民族运动党。1960年6月30日比利时承认刚果独立后，他的党在立法机关中获得了最多的席位，他在政治对手约瑟夫·卡萨武布总统领导下当总理。

独立第一年，这个新生的国家就动乱不已。军队叛乱，加丹加省宣布脱离刚果。卢蒙巴力图解决这些危机未能成功，1960年9月5日卡萨武布解除了他的总理职务，卢蒙巴拒绝接受，几个月中，两人都声称自己是合法政府的首脑。12月，他被卡萨武布军队捕获。一个月后，被押送给业已独立的加丹加政权，被秘密杀害。

撒切尔夫人　THATCHER, Margaret（1925— ）

英国第一位女首相，也是欧洲历史上第一位担任此职务的妇女。撒切尔夫人是从19世纪20年代以来第一位连续三次在选举中获胜的首相，她担任此职务的时间较之20世纪英国其他任何一位领导人都要长。

玛格丽特·希尔达·罗伯茨1925年10月13日生于林肯郡格兰瑟姆。在1935年的大选中，她为保守党跑腿打杂，并以牛津大学保守党协会会员的身份与该党保持联系。从牛津以理科学士毕业后，从事化学研究工作。

1950年和1951年，她最初参加的两次议员竞选，先后均告失败。1951年，她与商人丹尼斯·撒切尔结婚。考虑到政治上的需要，她着手研究法律，重点研究税收和专利政策。1959年，撒切尔夫人再次参加竞选，从伦敦北部一个稳可获得议席的保守党选区选入下院。1961至1964年任年金和国民保险部的议会秘书。1970至1974年任爱德华·希思内阁的教育和科学大臣。1974年保守党在两次大选中失败后,她继希思任该党领袖。1979年保守党在选举中获胜,撒切尔夫人出任首相。

撒切尔夫人属于保守党中最保守的一翼,主张削减税收,结束政府干预,压缩公共开支。她的早期政策导致了广泛失业和许多企业破产。然而在1982年福克兰群岛冲突中所取得的胜利,却使她大得人心,导致了在1983年的选举中以压倒优势获胜。1987年3月,她访问了苏联,这时,撒切尔夫人作为世界性领袖的形象日益明显。此后不到三个月,她又赢得了另一次非凡的胜利。

撒切尔夫人公开宣布的目标是"消灭社会主义"。她的"未完成的革命"被称为撒切尔主义,主要是通过私有化来改造英国的政治、经济和社会生活。由于其领导坚强有力,她被称为"铁娘子"。她支持北大西洋公约组织和欧洲共同体,但她反对"欧洲1992年"实行一体化,这损害了她的声誉,致使她于1990年11月辞职。

伊丽莎白二世　ELIZABETH II

(1926—   )　像英国黄金时代的伊丽莎白一世一样,伊丽莎白二世在她25岁那年登上王位。温斯顿·丘吉尔说:"一位美丽年轻的人物,公主、妻子和母亲,我们一切传统和光荣的继承人。"这位年轻的女王以她的魅力和丰富的思想、她的谦逊和端庄,早已赢得了英国人民的爱戴。

伊丽莎白的父亲是乔治五世的次子约克公爵艾伯特。她的母亲是伊丽莎白·鲍斯-莱昂夫人,苏格兰贵族中的一员。伊丽莎白公主1926年4月21日生于伦敦外祖父外祖母——斯特拉思莫尔勋爵和斯特拉思莫尔夫人——家中。五周后,她在白金汉宫接受洗礼,并按照英国三个女王的名字命名为伊丽莎白·亚历山德拉·玛丽。伊丽莎白四岁时,她的妹妹玛格丽特·罗斯出生(1930年8月21日)。尽管她们在年龄上有差别,但两个公主仍成为亲密的同伴。玛格丽特·罗斯活泼又调皮,伊丽莎白则相当庄重沉静。

这个家族在伦敦的住宅是皮卡迪利大街145号的一座维多利亚式的大宅子。通常在苏格兰度暑假,在伦敦以西25英里温莎大公园的公爵庄园(即皇家宅邸)度周末。在那里,孩子们有一个由威尔士人民捐赠的儿童游戏房。这个游戏房被叫作"小茅屋"。其中小家具、亚麻布制品、电灯、自来水和能开能关的窗户一应俱全。由于只有孩子们能在里面站直身子,所以全由公主们自己把它收拾干净,并使它保持整洁。

小公主们不上学,而是由家庭女教师,一个年轻的苏格兰女子马里恩·克劳福德小姐教导她们。她们的日常活动日复一日,很少有变化。伊丽莎白5岁时,就早上6点钟起床,而后跟着侍从官出去学习骑马。早餐后,她和妹妹去父母的房间。上午的其余时间,她们跟着家庭女教师度过。午餐后,她们上法语、嗓音、钢琴课。下午,她们通常是由女教师带着,在花园里玩游戏。她们玩起捉迷藏来非常投入,以至很少注意到聚集在花园篱墙外观看她们的人。她们很少有其他的孩子同伴,然而,她们有许多宠物,尤其是马和犬。偶尔,她们的女教师也给她们一种特殊待遇,带她们乘坐地铁或公共汽车。她们衣着很简单,在家穿棉装,出去时,穿花呢短大衣,戴贝雷帽。她们看望父母后,便早早就寝。

十岁的王位继承人

1936年,伊丽莎白结束了无忧无虑的日子。那年初,她的祖父乔治五世去世。那年未结束,她的伯父戴维(爱德华八世)退位。于是,伊丽莎白的父亲即位当国王,即乔治六世,伊丽莎白成了预定的王位女继承人。全家人搬进了白金汉宫,这个皇家官邸与其说是一座住宅,倒不如说更像一座博物馆。公主们的房间在前面,步行五分钟便到后面的花园。

从这时起,伊丽莎白开始为将来的职责受训。她向她的父母和祖母玛丽王后学习宫廷礼仪和外交业务,学习英联邦各国和美国的地理和历史,并被送到伊顿公学单独上宪法课。她不喜欢算术,玛丽王后认为,算术对她没有多大用处。

第二次世界大战爆发时(1939),伊丽莎白13岁。第二年,伦敦开始遭到轰炸。为了安全起见,公主们被送到森严壁垒的温莎城堡。1940年10月13日,伊丽莎白回到伦敦,在白金汉宫的一个房间里发表了她的首次广播演说。她以清纯而充满信心的嗓音对各地的孩子说:英国的孩子"充满了欢乐和勇气"。第二次世界大战期间,她参加了妇女辅助部队,接受摩托车驾驶和维修训练。

伊丽莎白拥有与她所爱的男人结婚的特权,而这种特权是王室的其他成员所没有的。第二次世界大战期间,她与菲利普亲王(一位白肤金发碧眼的俊美的皇家海军军官)相遇。菲利普1921年6月10日生于希腊科孚岛。作为希腊安德鲁亲王的儿子,他可继承希腊王位,但他没有希腊血统。菲利普亲王的母亲是艾丽丝公主,像伊丽莎白一样,他是英国维多利亚女王的后裔。他曾在其伯父和监护人蒙巴顿伯爵的照看下,受教于苏格兰。

第二次世界大战一结束,菲利普就成了白金汉宫的常客,他一来,伊丽莎白公主就说:"真像吹来一阵使人凉爽的海风"。在国王宣布这对年轻人订婚之前,菲利普放弃了亲王称号,成为英国公民,并采用其母亲的姓——蒙巴顿。于是,国王封他为爱丁堡公爵。1947年11月20日,这对新人在威斯敏斯特大教堂举行婚礼。儿子查尔斯·菲利普·阿瑟·乔治王子生于1948年11月14日,女儿安妮·伊丽莎白·艾丽丝·路易丝公主生于1950年8月15日。1960年1月19日,女王生了第三个孩子安德鲁·艾伯特·克里斯琴·爱德华王子。女王的第四个孩子爱德华·安东尼·理查德·路易丝王子生于1964年3月10日。

伊丽莎白被宣布为女王

甚至在成为女王之前,伊丽莎白就作为一名富有经验的特使为政府工作了。1948年,她出访巴黎,受到法国人民的欢迎。1951年,她和丈夫对加拿大各省进行了为期六个星期的访问,而后飞抵美国首都华盛顿,在布莱尔大厦简短拜会了哈里·S.杜鲁门总统和夫人。

1952年2月6日乔治六世去世,此时这对王室夫妇正在肯尼亚,这是他们历时五个月的澳大利亚、新西兰之行的第一站。伊丽莎白自动继位,成为女王。她和丈夫立即飞回伦敦。2月8日,这位女王在枢密院前作就职宣誓。

1953年6月2日举行加冕典礼,立伊丽莎白为英国、北爱尔兰、加拿大、澳大利亚、新西兰、南非、巴基斯坦和另外约五十个地区的女王。

1957年,女王授予她丈夫以英国亲王称号。1958年,她指定她的长子查尔斯王子为威尔士亲王,1969年,查尔斯正式成为威尔士亲王。1981年7月29日,他与黛安娜·斯潘塞小姐结婚。

1960年2月8日,女王宣布伊丽莎白家族的第三代将使用一个新的姓氏——蒙巴顿-温莎。王位拥有者和法定继承人仍然用温莎姓氏。

吉斯卡尔·德斯坦 GISCARD D'ESTAING, Valéry（1926— ）

瓦莱里·吉斯卡尔·德斯坦1974年成为法兰西第五共和国的第三任总统时,是自150多年前的拿破仑以来统治这个国家的最年轻的人。他在整个欧洲被公认是杰出的经济学家,整个成年时期一直在政府内供职,运用保守的政策,振兴了经济,削减了政府预算。

吉斯卡尔(人们常这么称呼他)1926年2月2日出生在德国的科布伦茨。第一次世界大战后,其父埃德蒙曾任法国驻德高级专员公署的金融专员。在巴黎完成中学学业后,吉斯卡尔进入综合工科学校。第二次世界大战中断了其学业,战时在法国军队中服役。战后获得了学位,继续在国立行政学院求学。

1952年吉斯卡尔进入政府部门,任财政和经济事务部助理。1956年被选入国民议会。曾担任两年驻联合国大会的代表。1959年被任命为戴高乐总统的财政国务秘书。1962年任财政部长。在他的经济政策指导下,法国几十年来首次取得了预算平衡。由于与戴高乐和总理蓬皮杜意见不合,1966年被迫辞职。翌年被再次选入国民议会,但这次是作为新成立的独立共和党的候选人当选的。

1969年戴高乐辞职后,吉斯卡尔重返内阁,在蓬皮杜手下任财政部长。他奉行的政策再次刺激了经济增长,降低了通货膨胀率,改善了贸易状况。其政策效果明显,直到1973年石油价格大幅上涨导致了通货膨胀率螺旋上升和经济衰退为止。1974年4月蓬皮杜去世,随即举行大选,吉斯卡尔在一场决定性的竞选中击败密特朗,5月27日就任总统。作为总统,他支持美国的与苏联缓和紧张局势的政策。1981年5月,经济问题和政治丑闻致使他被社会党人密特朗击败。

卡斯特罗 CASTRO, Fidel（1926— ）

许多年来,菲德尔·卡斯特罗那蓄着胡须、身着绿色军服的形象一直是西半球政治革命的象征。这位古巴的总理——后来的古巴总统——卡斯特罗于1959年领导了推翻独裁者富尔亨西奥·巴蒂斯塔的反叛。卡斯特罗以共产主义最后的直言不讳的鼓吹者之一而闻名。20世纪90年代初期东欧各国相继实行了民主政治体制,而卡斯特罗的政策依然坚定地以共产主义理论为基础。

菲德尔·卡斯特罗1926年8月13日生于奥连特省马亚里的一个甘蔗园主家庭。少年时期,他就劳作于蔗田。曾就读于教会学校和哈瓦那贝伦学院。

1945年卡斯特罗进入哈瓦那大学。1947年参与试图推翻多米尼加共和国特鲁希略的独裁统治的活动。后逃脱追捕,返回大学继续学习法律,并于1950年获得学位。1948年与米尔塔·迪亚斯·巴拉特结婚,生有一子。1955年妻子与他离婚。

作为哈瓦那的一名律师,卡斯特罗为穷人、受压迫者和陷入政治困境的人作辩护。1952年,他成为古巴议会的候选人,但是,巴蒂斯塔取消了选举。

卡斯特罗和其弟劳尔深信推翻巴蒂斯塔政权的时机已经到来,于是用自己的钱为150名追随者购置了枪械。1953年7月26日,他们对古巴圣地亚哥的蒙卡达兵营进行了一次徒劳无功的袭击。卡斯特罗兄弟被捕入狱。卡斯特罗的"7·26运动"组织的名称就来自这次反叛。一本根据卡斯特罗受审时的辩护词整理而成的书,成了他在20世纪50年代的宣言书。该书以其结束语"历史将判我无罪"而出名,要求更大的政治和公民自由。

1955年卡斯特罗兄弟获释。在流亡纽约和墨西哥期间,他们又组织起武装力量。1956年与大约80名反叛者一起在奥连特省登陆。登陆后即受到攻击,大多数人被打死。包括卡斯特罗兄弟在内的残存者逃进山里。以后的两年,他们开展游击战。巴蒂斯塔于1959年1月逃离古巴,卡斯特罗和他的军队进驻哈瓦那。

作为总理,卡斯特罗宣布:古巴将永远不再受独裁者的统治。但是,不久就很清楚,他的政府就是一种共产主义的独裁。他处决自己的敌人,将那些不忠于他的人投入监狱,接管美国侨民拥有的财产。1961年6月3日,美国与古巴断绝外交关系。1961年4月,美国政府支持的反卡斯特罗的古巴流亡者入侵古巴,试图推翻这个政权。卡斯特罗领导武装部队在猪湾击败了入侵者。

1962年秋,由于苏联在古巴部署远程导弹和轰炸机而引发了一场国际危机。在美国总统约翰·F.肯尼迪和苏联部长会议主席尼基塔·赫鲁晓夫谈判期间,卡斯特罗被搁在了一边。赫鲁晓夫同意撤走导弹和轰炸机后,卡斯特罗拒绝让检查团进入古巴。12月,卡斯特罗释放了在猪湾俘获的1113名战俘以换取美国的食品和药品。60年代中期和70年代初,卡斯特罗允许数千名古巴人移居美国。在其他活动方面,卡斯特罗派兵支援安哥拉的独立战争,80年代支持萨尔瓦多游击队和尼加拉瓜的桑地诺主义者政权。

布迈丁 BOUMEDIENNE, Houari（1927—1978）

自1965至1978年任阿尔及利亚国家首脑的13年中,布迈丁以世界上发展中国家的代言人著称。他与西方国家谈判、订立重要的工业合同,又与苏联集团保持密切的联系。在阿尔及利亚国内,他实施了旨在改善经济和社会状况的各项政策。

穆罕墨德·本·卜拉欣·布哈鲁巴 1927 年生于阿尔及利亚盖勒马。50 年代,他参加了为摆脱法国统治而战的阿尔及利亚起义军,改名胡阿里·布迈丁。1962 年阿尔及利亚获得独立,布迈丁在艾哈迈德·本贝拉的政府中担任副总统和国防部长(见:**本贝拉**)。1965 年 6 月,他领导了一次反对本贝拉的军事政变,出任总统。他缺乏民众的广泛支持,最初实行集体领导。1967 年 12 月反对他的军事政变失败后,他维护了自己的权威,成为无可争辩的政府首脑。

布迈丁政府常采取过激行动。1971 年,他将石油工业国有化,因此疏远了在阿尔及利亚拥有石油公司的法国和其他西方国家。1975 年,冒着与摩洛哥发生战争的危险,试图获得穿过原西属撒哈拉通向大西洋的通路。他还联合其他阿拉伯国家反对以色列。1978 年 12 月 27 日,布迈丁在阿尔及尔去世,尽管他力图实现工业化,但许多阿尔及利亚人仍然未能摆脱失业和贫困。

格瓦拉　GUEVARA, Che (1928—1967)

在 20 世纪 50 年代末的古巴革命中,欧内斯托·"切"·格瓦拉扮演了主要的军事角色。在菲德尔·卡斯特罗政府成立之初,格瓦拉为建立新的经济秩序作出了重大贡献。可是,这些成就与格瓦拉热心于通过游击战(见:**游击战**)献身世界革命相比,则是次要的。

格瓦拉 1928 年 6 月 14 日生于阿根廷罗萨里奥。在学校,他是个出色的学者和出色的运动员。早年时期,他就开始从阅读中吸取社会主义思想。为了逃避在阿根廷独裁者胡安·庇隆统治下的军队中当兵,他在 1953 年获得布宜诺斯艾利斯大学的医学学位后不久,就离开了这个国家。他游历了整个拉丁美洲,亲眼目睹了这个地区的经济问题和贫困状况。1954 年,他在危地马拉时,一场由美国中央情报局支持的政变推翻了选举产生的政府。后来,他离开地马拉去墨西哥。在那里,他结识了菲德尔·卡斯特罗和他的弟弟劳尔。在后来的几年里,他参加了那场于 1959 年成功地推翻了古巴独裁者富尔亨西奥·巴蒂斯塔的革命。

以后的五年,格瓦拉在古巴新政府中拥有多种职位。他于 1965 年 4 月突然销声匿迹,大约有两年的时间,人们不知他的去向。他大概去了北越、拉丁美洲和刚果,在刚果,他帮助组织游击队,参加那里的内战。1966 年底,他在玻利维亚露面,创建了一支游击队。1967 年 10 月 8 日,他的游击队被玻利维亚军队包围,他被俘后遭杀害。他立刻成了各地革命者的英雄、烈士和传奇人物。他 1961 年出版的《游击战争》一书被誉为革命战略的教科书。

穆巴拉克　MUBARAK, Hosni (1928—　)

作为埃及的副总统,霍斯尼·穆巴拉克是安瓦尔·萨达特的最亲密的顾问。1981 年萨达特遇刺后,穆巴拉克因广泛参与有关中东政策的大多数国际讨论,而成为卓有成效的国家领导人。

穆罕默德·霍斯尼·赛义德·穆巴拉克 1928 年 5 月 4 日生于埃及的米努夫省。1950 年毕业于比勒拜斯的埃及空军学院。在担任过多种不同的军事职务之后,1972 年被任命为埃及空军司令。1973 年 10 月,与以色列首战告捷。1975 年 4 月,萨达特任命穆巴拉克为副总统,负责控制埃及的情报机构,并参与制订中东和阿拉伯政策。他是摩洛哥、毛里塔尼亚和阿尔及利亚三国西撒哈拉归属之争的主要调停者。

1981 年 10 月 6 日,萨达特在阿(拉伯)以(色列)战争的周年纪念会上被穆斯林原教旨主义者杀害,穆巴拉克被挑选为萨达特的继承人。在 1987 年 4 月的选举中,尽管穆斯林持续不断地反对政府对以色列采取的政策,但他的爱国民主党仍然保持了对埃及立法机关的绝对控制。在 10 月的公民投票表决中,穆巴拉克获得了百分之九十七的选票,此后便开始了他的第二届总统任期。

在穆巴拉克执政时期,埃及恢复了与其他阿拉伯国家的外交关系,埃及重新获得了先前的地位。1989 年,埃及重新被阿拉伯联盟所接纳。接着,穆巴拉克当选为非洲统一组织主席。1990 年伊拉克入侵科威特后,埃及军队加入了保卫沙特阿拉伯的多国部队。他的强硬态度赢得了国际上的赞誉,他的政党于 11 月赢得了议会选举的彻底胜利。

阿拉法特　ARAFAT, Yasir (1929—　)

亚西尔·阿拉法特对于正在争取建立国家的巴勒斯坦人民来说,是一位有争议的领导人。1969 年他成为巴勒斯坦解放组织(简称"巴解组织")主席,这是一个由许多巴勒斯坦组织构成的联盟,作为一个流亡政府而存在于中东地区阿拉伯世界。

1929 年 2 月 17 日阿拉法特生于耶路撒冷。曾就读于埃及的开罗大学,并任该大学的巴勒斯坦学生联合会主席。1948 年成立以色列国时,大约有 726000 名巴勒斯坦人被迫移居。于是阿拉法特献身于让巴勒斯坦人民获得永久的家园。他研究游击战术,加入埃及军队。1959 年帮助组织了规模最大的巴勒斯坦游击队——法塔赫。这个团体于 1969 年获得了对巴解组织的控制。在阿拉法特的领导下,巴解组织得到了许多国家的官方承认。1974 年他在联合国大会上发表演说。

1967 年阿以战争后,阿拉法特将巴解组织迁往约旦。1970 年,约旦军队在流血内战中驱逐了巴解组织。从黎巴嫩,巴解组织继续袭击以色列的目标,一直到 1982 年,该年以色列的入侵迫使巴解组织分散到各阿拉伯国家。1988 年 11 月 15 日阿拉法特领导下的巴解组织宣布巴勒斯坦为独立国家。1988 年 12 月 14 日,阿拉法特宣布承认:"所有与中东冲突有关的各方(其中包括巴勒斯坦国、以色列及其周边邻国)都有和平与安全生存的权利。"在经过了几个月的秘密谈判之后,1993 年 9 月,阿拉法特签署了巴解组织和以色列相互承认条约。几天后,阿拉法特的代表与以色列签署了和平协议。(参见:**巴勒斯坦解放组织**)

霍克　HAWKE, Bob（1929— ）

1983年，澳大利亚工党击败自由党-国民党联盟，鲍勃·霍克实现了当澳大利亚总理的毕生抱负。这位派头十足的工党领袖在1984年底他要求提前举行的选举中再度当选。而后，1987年赢得了史无前例的第三届任期。他一度似乎是孤傲冷漠而不可战胜的，可是在澳大利亚1990年举行的空前激烈的竞举中差点没能赢得议会的多数。尽管霍克在当政的最初之年，其经济改革计划遭到失败，但他还是成了澳大利亚执政时间最长的总理。

罗伯特·詹姆斯·李·霍克1929年12月9日生于南澳大利亚的博德敦。1950年获得西澳大利亚大学法学学位，后作为罗兹奖学金获得者在英国牛津大学度过了两年（1953—1955）。回国后，他成了堪培拉澳大利亚国立大学的一名学术研究者。

霍克在1958年参加了澳大利亚工会理事会之后，很快就赢得了"工资协议的有效谈判者"的美称。1970至1980年任澳大利亚工会理事会主席。他在大学时代就已经是澳大利亚工党党员，1973至1978年任澳大利亚工党全国主席。1980年当选为议会议员。1983年在马尔科姆·弗雷泽宣布举行新的选举之后，霍克出人意料地被推选为工党领袖与弗雷泽竞争。霍克领导工党，以压倒优势战胜了自由党。

在1990年的竞选运动中，霍克未像以前那样强调经济问题。霍克在其第四届任期中，由于经济严重衰退，失去了选民的支持，于1991年11月，被其以前的财政部长和副总理保罗·基廷赶下了台。霍克是第一位被自己政党的候选人赶下台的澳大利亚总理。

博杜安一世　BAUDOUIN I（1930—1993）

1950年8月11日，博杜安一世就任比利时国家元首。那时，他还不到20岁。一年后，其父利奥波德三世由于统治不稳而退位。博杜安一世便肩负起了恢复对君主政体的信任这一重任（见：利奥波德国王）。

博杜安1930年9月7日生于比利时首都布鲁塞尔附近的斯托伊芬堡城堡。母亲阿斯特里德王后死于1935年。第二次世界大战期间，年轻的博杜安被德国拘禁。战后，他与其家人流亡瑞士5年。那时，他的伯父查尔斯是比利时的摄政王。1950年3月，比利时人民投票赞成利奥波德回国，于是，博杜安与其家人一起回到他的祖国。利奥波德的不得人心终于使其退位。1951年7月17日，博杜安登基成为比利时第五代国王。

作为国王，博杜安在动荡时期取得统治权。讲佛兰德语和讲法语的两部分居民之间的长期对抗变得更加激烈。政府屡屡更迭。70和80年代，通货膨胀和失业使经济陷于崩溃。

1959年，在比属刚果这块非洲殖民地发生内乱后，博杜安采取了一个极为引人注目的行动，宣称刚果应该独立。1959年12月到非洲巡视，1960年6月30日在利奥波德维尔（现为扎伊尔的金沙萨）宣布比属刚果独立。1993年7月31日博杜安一世在西班牙的莫特里尔度假时去世。

蒙博托　MOBUTU SESE SEKO（1930— ）

1960年，在刚果受过最良好教育的公民中，有个名叫蒙博托的新闻记者。在刚果独立后的政府中，他是个著名人物，1965年成了刚果民主共和国的总统。

约瑟夫-德西雷·蒙博托1930年10月14日生于比属刚果利萨拉。他先是在比利时接受正规教育，参加刚果军队，然后当新闻记者。当时刚果受比利时统治，蒙博托参加了由主张独立的帕特里斯·卢蒙巴领导的政党。1960年6月，刚果获准独立。卢蒙巴和约瑟夫·卡萨武布组成新政府，蒙博托任军队参谋长。同年9月，卢蒙巴与卡萨武布之争削弱了政府的力量，蒙博托攫取了政府的控制权，局势稳定后他将政府移交给了卡萨武布。

1965年，蒙博托又推翻了卡萨武布，自任总统。任总统期间，蒙博托力图重振刚果的经济，试图通过鼓励城市和公民采用非洲名而不用欧洲名来灌输民族自尊心。1972年，他将自己的名字改为蒙博托·塞西·塞科。一年以后，刚果更名为"扎伊尔共和国"。1986年蒙博托使扎伊尔违反与国际货币基金组织签订的协定，而受到了广泛的注意。由于蒙博托独裁统治日益加剧和经济不断衰退，他于1990年被迫辞去领导职务。但1991年恢复原职，随即便被民主改革的要求所包围。

科尔　KOHL, Helmut（1930— ）

赫尔穆特·科尔身材高大，事业也干得很大，是促成1990年德国统一的主要人物。他1982年起便担任西德总理，后来成为统一后的德国的首脑。

1930年4月3日，赫尔穆特·迈克尔·科尔出生在莱茵河畔的路德维希港，该港口位于后来成为莱茵兰-普法尔茨州的地方。父亲汉斯·科尔是个公务员，第二次世界大战后他在当地创建了基督教民主联盟。战时科尔还太年轻，未能参战，但他曾帮助在被炸毁的建筑物中寻找受害者。

1950至1958年，科尔在法兰克福大学和海德堡大学攻读法律、政治学和历史，1958年在海德堡大学获得历史博士学位。1960至1967年在路德维希市议会中任基督教民主联盟议员领袖。1959至1969年任莱茵兰-普法尔茨州议会议员，1969至1976年任该州总理，1973年起任基督教民主联盟全国主席，1982年起任西德总理，他是有史以来担任这些职务最年轻的人。

科尔曾竞选德意志联邦共和国总理，败给德国社会民主党的赫尔穆特·施密特，成为联邦议院即德国下议院反对党领袖。1982年，自由民主党退出社会民主党的执政联盟，而与基督教民主联盟和基督教社会联盟结盟，从而为科尔在议会选举中赢得总理职位奠定了基础。

科尔体格魁伟，个子高得吓人，达1.9米以上，在1983年和1987年竞选胜利后，领导了两届联合政府。后来声望下降，但在他争取德国统一的过程中，声望又有提高。1990年年中，他与米哈依·戈尔巴乔夫举行谈判，保证新的德国不加入北大西洋公约组织。1990年10月1日，他主持召开了一次会议，把东德和西德的社会民主联盟合并在了一起，并在 10 月 3 日两德统一后就任总理。12 月 2 日,他在新成立的德意志联邦共和国举行的首次大选中轻而易举地取得了胜利。

弗雷泽,马尔科姆　FRASER, Malcolm（1930—　）

澳大利亚议会自由乡村联盟党(简称"自联党")的领袖。于 1975 年末出任澳大利亚总理,是在总督免去了高夫·惠特兰总理职务并解散了议会之后就职的。

约翰·马尔科姆·弗雷泽 1930 年 5 月 21 日生于澳大利亚维多利亚州纳林。曾就读于牛津大学马格德琳学院。1955 年作为万农区自由党选民的代表进入澳大利亚议会,作为自由乡村联盟党政府的成员,他于 1966 至 1968 年任陆军部长,1968 至 1969 年和 1971 至 1972 年任教育和科学部长,1969 至 1971 年任国防部长。

任国防部长期间,他猛烈攻击约翰·G.戈顿总理,后辞职。1975 年任自由乡村联盟党领袖,1975 年 12 月当选总理,在此之前,他领导了惠特兰被免职后的看守政府。

任总理期间,弗雷泽在抑制澳大利亚的通货膨胀和减轻外债方面获得了成功,但未能解决国家的高失业率难题。尽管如此,他的政府在 1980 年再度掌权。1982 年,反对党工党在弗雷泽的家乡维多利亚州南部赢得了选举的胜利,弗雷泽的自由乡村联盟党因此遭受挫折。

叶利钦　YELTSIN, Boris（1931—　）

鲍里斯·叶利钦是俄国一千年历史上第一个通过自由选举产生的领导人。叶利钦——被压迫者的英勇斗士,几乎一夜之间成了一个国际性人物。在 1991 年 6 月具有历史意义的击败共产党的胜利中,他成了 15 个苏维埃共和国中最大和最富庶的俄罗斯联邦的总统。

叶利钦 1931 年 2 月 1 日生于斯维尔德洛夫斯克。1961 年加入共产党,那时,他是一个建筑工程师。1976 年成为他所在州的党组织的第一书记。在米哈依·戈尔巴乔夫的庇护下,他于 1985 年迅速上升到莫斯科党的领导岗位。到了 1987 年,叶利钦那暴躁的性格和对党员权限的攻击,使他甚至更为戏剧性地丢掉了权力。也正是上述性格使叶利钦在 1989 年的苏联议会选举中得以大获全胜,重新崛起。第二年,他脱离了共产党。他主张分权,表明是一位与戈尔巴乔夫互不相容的民粹主义者。

叶利钦经常与苏联总统发生分歧。1991 年 8 月,戈尔巴乔夫在一次震惊世界的政变中被罢黜,这时,这位俄罗斯领导成了他最强有力的盟友。党的持强硬路线的八人阴谋集团将戈尔巴乔夫关禁在克里米亚半岛三天,叶利钦英勇地与之对抗。他得到一些部队的支持,鼓励民众暴动,反对八人集团削弱改革运动的篡权阴谋。

随着 1991 年 12 月苏联的解体,戈尔巴乔夫辞职,叶利钦成为俄罗斯最有实力的人物。在议会中,叶利钦和强硬派之间的冲突妨碍了富有意义的改革。1993 年 9 月 21 日,他解散议会。许多议员参加了武装叛乱。10 月 4 日,凭借着军队的支持,叶利钦击败了持强硬路线者,控制了政府。

戈尔巴乔夫　GORBACHEV, Mikhail（1931—　）

米哈依·戈尔巴乔夫 54 岁成为 20 世纪 20 年代约瑟夫·斯大林执政以来苏联政府最年轻的首脑。同时也是第一位没有在第二次世界大战期间的武装部队中服过役的共产党总书记。

米哈依·谢尔盖耶维奇·戈尔巴乔夫 1931 年 3 月 2 日出生于苏联斯塔夫罗波尔地区的普里沃利塔夫耶村。曾在莫斯科国立大学学习法律五年。1952 年加入苏联共产党。大学毕业后,加入了共产主义青年团,并在斯塔夫罗波尔及其周围地区的党组织中稳步上升。

1971 年,戈尔巴乔夫入选党中央委员会,并于 1978 年被任命为主管农业的中央书记。1980 年当选为统治苏联的机构——政治局的正式委员。他是政治局中最年轻的成员。1985 年 3 月接替自 1984 年以来任苏联领导的康斯坦丁·契尔年科。1988 年当选苏联最高苏维埃主席团主席。

戈尔巴乔夫 1985 年执政后不久,就实施了一系列旨在对苏联社会实行全面改革的政策。当他试图解决 70 年来经济停滞和政治压迫问题时,开放(*glasnost*)和改革(*perestroika*)这两个词便流行了开来。通过修改宪法和公开选举,戈尔巴乔夫给苏联的政治生活带来了某种程度的民主气息。没过几年,人们便看得很清楚,戈尔巴乔夫的目标是既进行改革,又保留经过修改的共产主义制度。然而,随着民主运动的发展,反对派们坚持认为,共产主义已经被证明是根本行不通的。他们要求实行自由市场经济,而这一步是戈尔巴乔夫所不愿意采取的。(参见:**开放与改革**)

尽管国内的复兴进程往往是缓慢和不稳定的,但戈尔巴乔夫却在外交政策方面取得了一些惊人的成就。1989 年初,他将所有的苏联军队撤出了阿富汗。他还着手削减驻东欧的军队。在 1985、1986 和 1987 年的最高级会议之后,1987 年 12 月 8 日,戈尔巴乔夫与罗纳德·里根在美国首都华盛顿签订了"中导协定"。1988 年,这两位领导人两次会晤,一次在莫斯科,一次在纽约,戈尔巴乔夫在纽约对联合国发表了讲话。戈尔巴乔夫和乔治·布什总统分别于 1989 年和 1990 年举行最高级会谈。

戈尔巴乔夫在外交政策上的大胆行动,加之他对苏联民主运动的鼓励,带来了一个完全未预料到的结果:1989 年共产主义在东欧崩溃了。于是戈尔巴乔夫被提名为 1990 年诺贝尔和平奖获得者。他是获此殊荣的第一位共产党国家首脑,受到这一表彰,是因为他促进了东欧的政治变革,结束了冷战。

尽管戈尔巴乔夫在苏联之外很受欢迎,但到 1990 年,由于经济形势不断恶化,他面临着严重的国内问题。作为一个改革家,他显得有点力不从心,并且受到了由俄罗斯共和国总统鲍里斯·叶利钦领导的民主运动的挑战(见:**叶利钦**)。同时,守旧的共产主义者也反对改革。1991 年 8 月 19 日,他们发动了一场剥夺戈尔巴乔夫权力的政变。可是,叶利钦团结民众,挽回局势,政变在 72 小时内就失败了。随后,形势急剧变化。叶利钦成了这个国家的领导力量。共产党被取缔。波罗的海各国于 9 月获得了独立。到了 12 月,苏联解体。其余的原 11 个共和国组成了独立国

家联合体。戈尔巴乔夫因没有任何国家可统治,故于12月25日辞职并退隐。(参见:独联体)

扬,安德鲁　YOUNG, Andrew (1932—)

在神学院当学生期间,安德鲁·扬研究了莫汉达斯·甘地的学说。确信变革社会可以不用暴力,还确信可以通过政治斗争来充分获得公民权。

小安德鲁·杰克逊·扬1932年3月12日生于路易斯安那州新奥尔良。1951年获得霍华德大学医学预科学位。不久便决定当牧师,1955年毕业于哈特福德神学院。扬在亚拉巴马和佐治亚一些教堂当牧师,后与南方基督教领袖大会(简称"南基领大")领导人小马丁·路德·金博士合作。1968年升任南方基督教领袖大会执行副主席。

1972年,他成为一百年来第一位来自佐治亚州的黑人国会议员。1974年和1976年两次再度当选,1977年吉米·卡特总统任命扬为美国驻联合国大使。他任此职到1979年。那年,他在秘密会见巴勒斯坦解放组织的代表之后被迫辞职。1982至1989年扬任佐治亚州亚特兰大市市长。1990年参加州长竞选,但在民主党初选中便败下阵来。

卢泰愚　ROH TAE WOO (1932—)

在1987年底举行的韩国第一次总统民主选举中,卢泰愚成了这个被分裂的国家的领导人。不过,他仅赢得了35.9%的选票,而他的两个竞选对手合在一起则赢得了半数以上的选票。

卢泰愚1932年12月4日生于大邱附近的一个中产阶级家庭。曾受教于韩国军事学院,60年代在越南服役,1981年作为四星上将而退役,成为一名内阁大臣。还曾担任过1988年夏季奥林匹克委员会主席。1985年被任命为执政的民主正义党主席。

1986年,他支持准许直接总统选举的宪法改革。1987年是动荡不安的一年,该年4月13日,全斗焕总统宣布将政治改革推迟到1988年汉城奥运会之后,由此引发了政治动乱。曾经帮助全斗焕于1979年获得政权的卢泰愚,被任命为全斗焕的接班人。实行戒严,对民众的示威游行进行镇压,似乎是不可避免的了。6月29日,卢泰愚出人意料地答应了反对党的大部分要求。12月16日,举行了公开选举。

卢泰愚作出了许多承诺,其中包括1993年民主正义党的总统候选人要在公开的政党提名大会上产生而不是由行将离任的总统来选定。卢泰愚的主要任务是使韩国民主化,并且在使国家经济保持快速发展的同时实现政治上的和洽。

阿基诺　AQUINO, Corazon (1933—)

1983年8月21日,贝尼尼奥·阿基诺(一位反对费迪南·马科斯总统的菲律宾政治家)在马尼拉走下飞机时被刺。1986年2月25日,他的遗孀科拉松·阿基诺成为第一位菲律宾女总统,由此结束了马科斯20年的腐败统治(见:马科斯)。

科拉松·科朱格科1933年1月25日生于马尼拉。她的家庭很富有,并热心于政治:其父兄均为国会议员。她曾在马尼拉以及美国的费城和纽约就读。1953年毕业于纽约芒特圣文森特学院。回马尼拉后,结识了贝尼尼奥·阿基诺。

结婚后,她帮助丈夫从政。在1973年的选举中,贝尼尼奥希望成为总统候选人,但是,马科斯于1972年利用军事管制法将阿基诺和其他许多持不同政见者关押起来。八年后,阿基诺获释,并与科拉松以及他们的五个孩子一起自愿流亡美国。

在贝尼尼奥·阿基诺遇刺后,科拉松·阿基诺政治上更加活跃。马科斯宣布1986年2月举行选举后,她宣布竞选总统。虽然这次选举的结果有争议,但马科斯于1986年2月25日被迫离开菲律宾,科拉松·阿基诺就任总统。她立即释放政治犯,并向共产主义革命者提出讲和建议。在1992年的总统选举中,科拉松·阿基诺支持业已引退的菲德尔·拉莫斯将军,此人是她的国防部长,曾帮助她度过七次未遂政变。拉莫斯赢得了总统职位。

明仁　AKIHITO (1933—)

1989年1月日本裕仁天皇病逝,他的儿子即太子明仁自动继位。"平成"(即获得和平)的新时期开始了。这位太子在国外广泛游历期间就已经是日本有影响的代言人。在国内,他与其说是有皇家作派,倒不如说是更有民主倾向。(参见:裕仁)

明仁生于1933年12月23日。3岁那年,他离开东京的皇宫,由宫廷的管家来教养。第二次世界大战期间,明仁在东京北部一个名叫日光的小镇度过。他的学业中有几年是跟一个叫伊丽莎白·格雷·维宁的美国贵格会教徒学习英语。他是第一位早年与平民一起上学的未来皇帝。明仁在1952年立为皇太子后上了大学,并像他父亲一样从事海洋生物学研究。由于出版了一本有关刺鳍鱼(一种日本鱼)的书,获得了在这个学科领域的声望。

25岁那年,他又一次突破惯例,与在网球双打时结识的平民正田美智子结婚。他还一反皇家传统,决定由他们自己来抚养孩子。他们的两个儿子后来都送到英国牛津大学学习。他们的女儿上了东京的一所大学。明仁于1990年11月12日正式登基。

费拉罗　FERRARO, Geraldine (1935—)

美国众议院议员,由美国主要政党提名竞选副总统的第一名妇女。1984年,她被民主党总统候选人沃尔特·蒙代尔提名为竞选伙伴。他们对国家政策有许多相同的想法。例如,两人都反对削减社会福利方面的联邦开支,两人都支持通过立法来消除男女之间经济上的许多不平等。

杰拉尔丁·安妮·费拉罗1935年8月26日生于纽约州的纽堡,1956年毕业于纽约玛丽蒙特学院,1960年毕业于福达姆大学法学院。毕业后,她与房地产开发商约翰·扎卡罗结婚。他们生有3个孩子。1974年费拉罗被任命为纽约州昆斯县副地方检查官。1978 年入选美国国会,后又两次再度当选。

侯赛因　HUSSEIN（1935—　）

1953 年 5 月 2 日,年仅 17 岁的侯赛因·伊本·塔拉勒被立为约旦国王。他接替了因精神病而于 1952 年被废黜的父王塔拉勒。继位后,侯赛因在中东火药味十足的政治活动中起了非常重要的作用。与较激进的阿拉伯领袖不同,他与美国保持密切的联系,并力图调停给中东地区带来灾难的阿以冲突。

侯赛因 1935 年 11 月 14 日生于约旦安曼,他是塔拉勒国王和扎因王妃所生的四个孩子中的长子。侯赛因曾就读于安曼的穆斯林学院和埃及亚历山大的维多利亚学院。1952 年被宣布为王储后,被送到英国哈罗深造。他还在桑赫斯特皇家军事学院专门修一些课程。

侯赛因促进了约旦经济缓慢而稳定的发展,但是,在这样做的过程中,他依靠西方,尤其是美国的财政援助。由于许多约旦人对其统治不满,侯赛因不得不加强军队建设。面对 1957 年的国内骚乱,他宣布实行军事管制。

以色列在 1967 年阿以战争中的胜利,使侯赛因损失了包括部分耶路撒冷在内的约旦河西岸的国土。这次失败也致使许多巴勒斯坦人进入约旦。他们以此为基地,袭击以色列,暗中削弱侯赛因的统治。1970 年,巴勒斯坦人与约旦军队全面开战。最后,巴勒斯坦人被逐出约旦,侯赛因重振其权威。尽管有来自叙利亚、伊拉克和伊朗的压力,侯赛因仍然主政约旦。由于埃及在 1978 年的戴维营协定中与以色列签订了和约,故约旦与埃及断交,但 1984 年重新建立了关系。

在 1990 至 1991 年的波斯湾危机中,侯赛因试图保持中立,但他至少在公开场合不得不表示支持伊拉克的萨达姆·侯赛因。他自己的国民以及成千上万的巴勒斯坦侨民以压倒多数支持伊拉克。这次战争之后,侯赛因再次与美国建立了良好的关系。

德克勒克　DE KLERK, F. W.（1936—　）

1989 年 9 月,德克勒克当选南非总统时,开始了寻求结束国家种族隔离和占人口绝大多数的黑人参政的改革时代。1990 年,他解除了对非洲人国民大会、南非共产党以及泛非大会的禁令,1991 年最后一项种族隔离法被废除。（参见:**种族隔离政策**）

1936 年 3 月 18 日,F. W. 德克勒克生于约翰内斯堡。1958 年获波切夫斯特罗姆大学法律学位,并在威尔尼津开业做律师。1972 年,德克勒克在议会当选为南非国民党候选人。在议会工作期间他担任过包括社会福利、国家教育、能源事务、内务以及矿产的许多职务。任德兰士瓦省国民党主席期间,他为获得广泛拥护打下基础。

1989 年 8 月南非总统 P. W. 博塔生病并辞职,德克勒克成为临时总统。同年 9 月 6 日他在大选中获胜就职。允诺通过普选产生制宪会议制定民主新宪法,表示他争取用 5 年时间消除种族隔离,以便为代表各阶层的新宪法出台作准备。当选之后,他第一次使自 1976 年以来的群众抗议游行集会合法化,并且释放了许多政治犯,其中包括自 1962 年以来一直关押在监狱的纳尔逊·曼德拉（见:**曼德拉**）。许多国家作出反应,解除了危害南非经济的贸易制裁。同时,南非与其他非洲国家的外交关系也得到了改善。

萨达姆·侯赛因　HUSSEIN, Saddam（1937—　）

1979 年,萨达姆·侯赛因当选伊拉克总统之后,成为 20 世纪后期一位最残酷、好战的政治人物。1980 年他发动了与邻国伊朗为期 8 年不分胜负的战争。1991 年他的军队侵入并且吞并了小国科威特。这次入侵导致了大规模的联合国多国部队在 1991 年 1 月攻击萨达姆·侯赛因的军队,并在 6 个星期内将伊拉克军队彻底击败。萨达姆·侯赛因也用他的武装力量对付本国人民,特别是对付北部的库尔德族。

1937 年 4 月 28 日,萨达姆·侯赛因生于伊拉克的梯克里特村的一个农民家庭。幼年成孤儿,一度被叔父收养。青年时期他成为狂热的民族主义者,决心消除外国对伊拉克的影响。1955 年他移居巴格达后不久就加入了阿拉伯复兴社会党。1958 年他参与了推翻君主制的政变并使阿布杜尔·卡阿姆·卡赛姆成为总理。后因试图刺杀卡赛姆未成,萨达姆·侯赛因离开伊拉克逃往叙利亚,而后去了埃及。在埃及他学习法学,当时他受到埃及总统纳赛尔很大的影响（见:**纳赛尔**）。1963 年当卡赛姆被推翻后,他返回巴格达并加入了只维持了几个月的复兴党新政府。他被监禁两年。1966 年他被释放并且成为复兴党领袖。

1968 年萨达姆·侯赛因策划复兴党重新掌权。当时的伊拉克新总统是艾哈迈德·哈桑·贝克尔。萨达姆·侯赛因很快成为政府中颇有权势的人物,他出任革命指挥委员会主席,并不断无情地排除政敌,还把他的朋友和家人安插在政府的重要部门。他的首要目标是复兴经济,以便建立军事专政。到 1979 年,他完全控制了政权,并取代贝克尔成为总统。他的下一个目标是使伊拉克成为阿拉伯世界的领袖。

伊拉克和伊朗代价惨重的战争导致萨达姆·侯赛因进攻科威特,以便控制那里的石油及税收。当美国与其盟军攻击并打败伊拉克时,他输掉了这场赌博。然而,海湾战争结束时,萨达姆·侯赛因依然掌权,仍打算重建他的军队以应付未来。

胡安·卡洛斯一世　JUAN CARLOS I（1938—　）

1975 年,弗朗西斯科·佛朗哥去世,西班牙再度成为君主国,波旁皇族的胡安·卡洛斯一世继承王位（见:**佛朗哥**）。权力的移交始于 1975 年 10 月,那时,未来的国王在佛朗哥最后的患病期间接替了国家首脑的职务。

胡安·卡洛斯 1938 年 1 月 5 日生于罗马,当时,他的父母——唐·胡安（巴塞罗那伯爵）和唐娜·玛丽亚·德拉斯梅塞德斯——正在流放中。一家人后来迁居到瑞士洛桑,接着又迁到葡萄牙埃什托利尔。

1947年,佛朗哥宣布西班牙为王国,他决定让胡安·卡洛斯有朝一日成为国王(卡洛斯是国王阿方索八世之孙,此人于1931年被流放)。胡安·卡洛斯对他未来的工作作了仔细的准备,对军事教育予以特别的关注。他上过马德里圣伊西德罗学院、海军孤儿学院和萨拉戈萨综合陆军军官学院,1959年他被任命为海军中尉。1957年和1958年上海军学院,1959年上航空学院。在马德里大学,他接受完军事训练后又学习了普通课程。

1962年5月,胡安·卡洛斯与希腊国王保罗和希腊王后弗雷德里卡的女儿索菲亚公主结婚。他们生有两个女儿和一个儿子。儿子费利佩是王位继承人。

1969年7月,西班牙议会宣布胡安·卡洛斯为"西班牙王子",并且他以未来国王的名义宣誓。从那时起,他就代表佛朗哥操持政务。在佛朗哥死后两天,1975年11月22日,胡安·卡洛斯宣誓就任国王。与大多数立宪君主相比,他行使更大的权力。他是武装部队总司令,并在决定国家的政治方向问题上拥有某种发言权。在就职演说中他说,他致力于把西班牙改造成为一个具有广泛基础的民主社会。

贝娅特丽克丝 BEATRIX (1938—)

1980年荷兰女王朱莉安娜退位,于是,她的女儿贝娅特丽克丝继位。她主政的这个国家,同西欧其他国家一样,面临着许多国内问题。通货膨胀和失业率都很高。还有,关于北大西洋公约组织决定将美国的核导弹部署在荷兰国土上这一问题,政府与民众之间也存在着巨大分歧。

贝娅特丽克丝·威廉明娜·阿姆加德1938年1月31日生于荷兰苏斯特迪克宫。第二次世界大战期间德军侵占荷兰后,她与其家人一起流亡国外,在英国和加拿大度过了战争岁月。1948年,她的母亲加冕。贝娅特丽克丝曾就读于莱顿国立大学,1961年获法学博士学位。

1965年她与德国外交家克劳斯·冯阿姆斯贝格订婚。他们于1966年结婚,生有三个儿子:威廉-亚历山大(1967—)、约翰-弗里斯科(1968—)、康斯坦丁(1969—)。威廉-亚历山大是第一位在20世纪出生的荷兰王位的男继承人。

马尔罗尼 MULRONEY, Brian (1939—)

1984年,马丁·布赖恩·马尔罗尼就任加拿大总理。1983年马尔罗尼当选为进步保守党领袖,接替前任总理乔·克拉克,在此之前,他从未担任过公职。

1939年3月20日,马尔罗尼出生在魁北克省的贝科莫镇。毕业于新斯科舍省安提戈尼什市的圣弗朗西斯·泽维尔大学,获得魁北克省拉瓦尔大学法律学位。法学院毕业后,加入了蒙特利尔的一家法律事务所,在那里一直干到1976年。在当律师的那些年里,逐渐成为一名杰出的劳资谈判专家,愈来愈多地涉足于进步保守党的政治活动。1974年参加一委员会调查解决魁北克省的劳资纠纷,赢得了全国性声誉。

1976年马尔罗尼未能当上进步保守党领袖后,即被任命为加拿大铁矿公司的执行副董事长。一年后成为该公司董事长。在他担任董事长的七年时间里,该公司经营状况良好,未发生劳资纠纷,尽管1983年由于钢的需求下降,他不得不削减了该公司的产量。

1983年马尔罗尼成为进步保守党领袖,被选入议会。在1984年9月4日的大选中,他的党在加拿大历史上赢得了最多的席位。当政八年后——在此期间,他一直被持续的经济衰退所困扰,也未能缓和讲法语居民和讲英语居民之间的紧张关系——马尔罗尼于1993年初宣布辞职,同年6月离开了政府。

克拉克 CLARK, Joe (1939—)

乔·克拉克领导保守党在1979年5月22日的大选中获胜,成为加拿大最年轻的总理。可是,不到一年,人们还没有来得及搞清楚乔是何许人,这场推翻了皮埃尔·特鲁多自由党11年统治的胜利就告结束了。(参见:**特鲁多**)

查尔斯·约瑟夫·克拉克1939年6月5日生于阿尔伯塔省的海里弗。1960年毕业于埃德蒙顿的阿尔伯塔大学,1965至1967年在该校教授政治学。1957年就介入了政治。1962至1965年任进步保守党学生联盟全国主席。克拉克成功地指导了1967年阿尔伯塔省总理的竞选。从那以后到1970年,他在自治领众议院中任反对党保守党领袖的行政助手。1972年作为阿尔伯塔省落基山区代表选入议会。四年后当选为保守党领袖。

1979年12月,克拉克领导的保守党政府的第一项预算案被否决,该政府也就宣告垮台。在1980年的大选中,自由党重新掌权,特鲁多再度任总理。克拉克继续领导反对党,直到1983年布赖恩·马尔罗尼(1976年以来他的主要竞争对手)取代他任进步保守党领袖。(参见:**马尔罗尼**)

杰克逊 JACKSON, Jesse (1941—)

虽然杰西·杰克逊在1988年没有赢得民主党总统候选人提名,但他却赢得了比任何一位竞争者(该党的被提名者迈克尔·杜卡基斯除外)更多的民主党初选选票。这是杰西·杰克逊的第二次全国竞选(他的第一次竞选是在1984年)。这次竞选使他成为最著名的活着的美国黑人领袖。

杰克逊1941年10月8日生于南卡罗来纳州格林维尔。在北卡罗来纳农技学院时,他积极参加民权运动。1964年毕业后,杰克逊上了芝加哥神学院。毕业之前参加了由小马丁·路德·金领导的南方基督教领袖大会。金任命杰克逊为南方基督教领袖大会芝加哥面包篮行动首领。这次行动的目标是为美国黑人争取工作和就业。为了将这项工作继续开展下去,1971年,杰克逊在芝加哥创建了拯救人类人民同盟。

70年代,杰克逊走遍了整个美国,为发展教育,为反对滥用麻醉品和反对犯罪团伙奔走游说。1979年他访问南非时直言不讳地反对种族隔离,出访以色列时鼓吹建立巴勒斯坦国。为了美国黑人、妇女和同性恋者争取平等权利,

1980年杰克逊创建了全国彩虹联盟。

在杰克逊1989年将他的官邸从芝加哥迁到华盛顿之后,许多人推测他将参加华盛顿市市长的竞选。1990年,杰克逊当选为"州地位议员",这是由华盛顿市议会创立的一个从事院外活动的职位,负责促使国会通过一项议案,使哥伦比亚特区享有州的地位,在国会中享有充分的代表权。

卡扎菲　QADDAFI, Muammar al- (1942—)

1969年9月1日,利比亚国王伊德里斯一世在一次不流血的军事政变中被推翻。这次政变的领导人就是27岁的陆军上尉穆阿马·阿勒-卡扎菲。(将他的阿拉伯文姓名音译为英文,有多种拼法,他自己喜欢的是Gadhafi,另一种拼法是Khadafy。)他帮助组建了一个革命团体来控制国家,他自任国家主席和首脑。

卡扎菲生于1942年。由于他的父母是沙漠贝都因人,他的出生地难以确定。他在苏尔特接受早期教育。在中学期间,就已经密谋推翻政府。他心目中的英雄和楷模是埃及革命领袖贾迈勒·阿卜杜勒·纳赛尔。卡扎菲于1963年毕业于利比亚大学,1965年毕业于班加西军事学院。到1969年获得上尉军衔时,他和同道军官已制订了一项控制利比亚的计划。

他将伊斯兰清教徒教义、排外的民族主义和社会主义混合在一起而实行统治。石油出口收入用来建造工厂、公路、医院和水利工程。他将外国银行收归国有,没收居住在利比亚的意大利人和犹太人的财产。

1970年纳赛尔去世后,卡扎菲自认为是阿拉伯世界的领袖。他干涉别国事务,尤其是试图控制乍得。他为反以色列的恐怖主义者提供训练营。他之所以强烈反对美国,是因为美国支持以色列。由于他的冒险主义,其他阿拉伯领导人对其持有疑义。1989年,他有所收敛。伊拉克1990年对科威特的入侵,迫使阿拉伯世界袒护科威特,卡扎菲由于采取袖手旁观的态度而陷于更加孤立的境地。

1986年4月,为了对利比亚在欧洲进行的恐怖活动作出反应,美国发出警告并对的黎波里和班加西以及它们的周围地区的军事和情报目标进行了一次夜间空袭。卡扎菲的住所和指挥中心被毁。1989年1月,在一次地中海上空的军事冲突中,美国战斗机击落两架利比亚飞机,美国指控利比亚一直在生产化学武器。

梅杰　MAJOR, John (1943—)

出身寒微的约翰·梅杰,于1990年出任联合王国的首相。他是自1894年以来担任这一职务的最年轻的人。

约翰·罗伊·梅杰1943年3月29日生于伦敦。他成长于多民族混居的布里克斯郊区,并在当地的公学读书。他父亲是个空中飞人演员,家中生活窘迫。他16岁辍学,最后到一家商业银行去工作。他参加了历来是出身于上层阶级的人参加的保守党。

1979年,梅杰当选为伦敦北面的亨廷登市议员。以后任政府组织秘书(1984—1985);1987年,参加玛格丽特·撒切尔首相内阁,担任财政部首席大臣;1989年,他被提名为财政大臣,赢得了财政保守主义和谈判能手的名声。撒切尔夫人在1990年辞职时,支持梅杰为她的接班人,梅杰被选为保守党领袖和首相。1992年4月,他首次面临大选,并赢得了这次大选。这次大选,是对他试图振兴英国不景气的经济,和对与欧洲共同体经济联盟进行谨慎抵制的一次考验。(参见:**欧洲共同体;撒切尔夫人**)

瓦文萨　WAŁĘSA, Lech (1943—)

1980年,莱赫·瓦文萨创建了在共产党制度下的波兰第一个独立工会——团结工会。作为数百万波兰工人的领袖,瓦文萨很快赢得了全世界的承认。政府企图扼杀这个工会,于1981年12月13日宣布实行军事管制,结果反而提高了瓦文萨的声望。1983年他荣获诺贝尔和平奖,但却是他的妻子到奥斯陆去领奖,以免瓦文萨被非自愿地流放。

瓦文萨1943年9月29日生于波兰波波沃。父亲是木匠,年轻的瓦文萨仅受过小学教育和职业培训。1967年参加工作,在格但斯克列宁造船厂当电工。1970年发生了反对粮食涨价的工人暴动。许多示威者倒在政府军队的枪口下。

在反对政府的抗议活动越来越多的情况下,1980年8月14日瓦文萨号召工人罢工。当其他工厂的罢工者要求他继续罢工声援他们时,他答应了。于是,成立了工厂罢工委员会,宣布总罢工。8月31日政府同意成立独立工会。罢工委员会改组成团结工会。1981年政府宣布实行军事管制后,团结工会成了非法组织,大多数工会领导人被逮捕。瓦文萨被关押了近一年。

1989年4月政府重新宣布团结工会为合法组织,同意局部举行自由议会选举,由此似乎打开了激进改革之门,影响了苏联集团中其他那些力图向共产主义制度挑战的国家。在6月份的选举中,团结工会的候选人出人意外地大获全胜,8月一位著名的会员当选为总理——这就开了非共产党人当选为东欧共产党国家首脑的先河。

11月瓦文萨访问美国,向国会联席会议发表演说。瓦文萨对政府的批评引起了团结工会内部的分裂。1990年12月,他当选为波兰总统,接替沃伊切赫·雅鲁泽尔斯基将军。

基廷　KEATING, Paul (1944—)

1991年12月20日,47岁的保罗·基廷成为澳大利亚历史上最年轻的总理。一天前,他击败了鲍勃·霍克总理,成为澳大利亚工党领袖。基廷曾在霍克内阁任职8年财政部长。

1944年1月18日,保罗·约翰·基廷生于新南威尔士州的悉尼。他在班克斯敦上学,但14岁就辍学工作了。他15岁加入工党,1966年22岁成为该党青年会的主席。1969年,他从悉尼郊区的布来克斯兰选入众议院,成为澳大利亚最年轻的议员。基廷1975—1976年任北澳大利亚部长。1976到1983年工党下野。霍克1983年被选为总理后,基廷被任命为财政部长和副总理。霍克下台与基廷当选是由于严重的经济衰退引起的。

克林顿 CLINTON, BILL (1946—)

阿肯色州州长比尔·克林顿强调改革以及公民与政府之间的"新契约关系",1992年当选为美国第42任总统。他是当选美国这一最高公职中最年轻的人之一,并且是自1976年大选以来的第一位民主党总统。

克林顿和他的副总统竞选伙伴(来自田纳西州的参议员小阿尔伯特·戈尔)共收到43%的普选票和370张选举团票,战胜了共和党候选人、在任总统乔治·布什和副总统丹·奎尔。克林顿是自1968年理查德·M.尼克松当选以来以最低的普选票率当选总统的。独立候选人罗斯·佩罗特的参选并没有改变克林顿在投票中的领先地位。(参见:**选举团**)

克林顿就职为总统时才46岁,他是第一位在生育高峰期出生的总统。他有着棕色的头发和蓝色的眼睛,身高6英尺2英寸,体重230磅。

家庭和教育

1946年8月19日,克林顿生于阿肯色州的霍普,一个距离得克萨斯州与俄克拉何马州交界处不远的小镇,他的原名是威廉·杰弗逊·布莱思。他的父亲是一个汽车零件推销员,在比尔出生前三个月死于一场车祸。比尔两岁的时候,他的母亲弗吉尼亚·卡西迪去了路易斯安那州新奥尔良的一家护士学校。她将比尔送到他外祖母家居住,外祖父母埃尔德里奇和伊迪丝·卡西迪在霍普开一家杂货铺。

比尔4岁时母亲回到霍普。3年后她嫁给了罗杰·克林顿,一个汽车商,然后全家迁往阿肯色州的温泉城。克林顿与他的同母异父兄弟小罗杰斯到公立学校上学。他们全家加入了浸礼会。比尔的母亲每天从医院工作回到家后,总是鼓励比尔讨论政治并激发他的雄心。

成长是艰难的。比尔的继父是个酒鬼,而且经常殴打比尔的母亲。一天傍晚,家里发生了一次暴力冲突,还是少年的比尔把母亲和兄弟拉到一边,威胁他继父:"从此你再也不能打他们了,否则先得过我这一关。"尽管他的继父依旧酗酒,但家庭暴力却从此结束了。比尔15岁那年,弗吉尼亚和罗杰离婚,但不久又复婚。为增加家庭凝聚力,比尔将他的姓改为克林顿。

在温泉城上高中时,比尔参加了包括学生政府在内的许多活动。他在中学、地区和州里的许多乐队演奏过萨克斯管。1963年夏天是他生活中最闪亮的一段时光之一,当时他被选送参加在阿肯色州小石城召开的美国少年国家军团会议(一种政府和领导会议)。他当选为少年参议员并参加在华盛顿召开的少年国家会议。在白宫,他与肯尼迪总统握手。回到阿肯色州后,政治成为他矢志不渝的追求。

为进入乔治敦大学,他放弃了路易斯安那州立大学的音乐奖学金。在攻读文科学位的同时,他为阿肯色州民主党参议员威廉·富布赖特工作。威廉·富布赖特是参议院对外关系委员会主席,他强烈反对越战。克林顿在参加听证会和剪辑报纸的同时,产生了对越战的反感。

1968年4月,克林顿大学毕业前不久,马丁·路德·金被刺杀,随后在华盛顿爆发了暴乱。在暴乱期间,克林顿在他的汽车上涂上红十字标记,为因暴乱而瘫痪的街区里的教堂地下室送杂货。

克林顿上大学期间,他的继父在杜克大学医院因患癌症濒临死亡。周末,克林顿驱车400公里往返于华盛顿和北卡罗来纳州的达勒姆,看望继父。在罗杰·克林顿去世前,他们逐渐和解了。

同他的良师富布赖特一样,克林顿也获得了牛津大学罗德斯奖学金。在牛津学习的两年中,克林顿对越战的反感逐渐与其政治志向发生冲突。1969年当他收到征兵单时,他到阿肯色州立大学法律学院陆军预备役军官训练队报了名。尽管他已作好应征入伍的准备,但他在那年抽签中被筛下。在当年写给训练队官员的一封信中,他感谢预备役训练队官员"将他从征兵中解脱出来"。此信在他后来竞选总统的时候被公开出来。随后他脱离预备役训练计划。批评者认为这是他写信的目的,免得作为预备役训练学员应征入伍。

大约6岁时,克林顿住在阿肯色州霍普(左图)。1963年,少年克林顿作为代表参加了在首都华盛顿召开的少年国家会议(右图),见到了约翰·F.肯尼迪总统。

就读法学院和早期生涯

1970年秋，克林顿进入耶鲁大学法学院。但他对政治比对法律更感兴趣，很快参加了乔·达菲竞选参议员的工作。克林顿被派往第三众议员选区，这是纽黑文市的一个蓝领工人街区。达菲在三人参选的竞争中败于洛厄尔·韦克，但他在克林顿工作的选区却赢得了胜利。

克林顿在耶鲁结识了来自芝加哥郊区的韦尔斯利学院毕业生希拉里·罗德姆。1972年夏天和秋天，他们在得克萨斯一起参加了乔治·麦戈文竞选总统的工作。克林顿担任州协调员。转年，他们从耶鲁法学院毕业。克林顿先是作为众议院法律委员会文书在华盛顿短暂工作一段时间，然后回到阿肯色州。他在费耶特维尔市阿肯色大学法学院教授法律，同时开业做律师。

费耶特维尔市共和党众议员约翰·保罗·哈默施米特在水门事件中坚定地支持尼克松总统。克林顿认为，哈默施米特会因此在1974年改选中遭受损失，所以克林顿决定向他挑战竞选众议员。克林顿最后以令人吃惊的接近比分败北，而哈默施米特只赢得了52%的选票。罗德姆当时在为众议院弹劾尼克松总统而工作。她也来到费耶特维尔市为克林顿助选。尼克松总统辞职后，她来到克林顿所在的法律系教授法律，同时开设了一个法律咨询所。两人于1975年结婚。

克林顿竞选众议员的与其他候选人不相上下的得票数引起了全州广泛的注意。1976年，他当选阿肯色州检察长。任职期间，他反对将电话费提高到25美分，请求控制公共事业收费的增长。他还解除了对酒类和眼镜广告的禁令。

自1938年以来最年轻的州长

1978年，克林顿决定竞选阿肯色州州长。在民主党初选中，他赢得60%的支持，击败其他4位候选人。选举中，他以63%的选票战胜共和党州主席林恩·洛，洛只获得37%的选票。自1938年哈罗德·史塔生31岁时当选明尼苏达州州长以后，32岁的克林顿是当选州长时最年轻的人。

克林顿当选之初，阿肯色州教育系统的质量在全国排名第49位。他认为阿肯色州居民不满足于社会和经济福利等主要指标均排名全国末位，于是将经济增长和促进教育作为任内主要目标。他在增加就业和促进出口方面成效斐然。他免除了老年公民的药品销售税，并减免征收老年人宅基财产税。

克林顿倡议发起了一个全国最早的工作福利计划，要求所有申请食品票的人参加工作登记。随后几年中，数千名不符合条件的人从发放食品票名单上除去。他在促进教育上所做的努力也受到全国的注意。这包括教育支出显著增长，增加天才儿童受教育的机会，发展职业教育和提高教师工资等。

他还引人注目地聘任妇女和少数民族进入州政府工作。另外，他在收回州长的行政权方面亦卓有成效，而这一权力在过去的几十年里一直被议会控制着。1979年，《时代》将他列为美国最突出的年轻领导人和未来50位"引人注意的人物"。

无疑，在他两年任期内（当时州宪法只允许一次任期两年），克林顿在一些问题上惹怒了不少选民，如他吸引不少年轻"外来客"作顾问和官员，他为解决本州问题而采取的一些仓促的措施，以及他妻子决定保留自己的姓。一些选民反对克林顿为修建和保养道路而提高汽车登记和执照费。

最后，1980年，他在处理古巴难民问题上的举措影响了他的再次当选。成千上万的古巴难民滞留在阿肯色州查菲堡，而克林顿没能促使白宫让其他州共同分担这一问题及费用。当年10月，共和党人弗兰克·怀特（商人和政界新人），以52%的得票率将克林顿击败。同年，克林顿的女儿切尔西出世。

重组和重新当选

克林顿在1980年的失利，使他成为20世纪阿肯色州第二位没有得以连任的州长。他加盟到赖特、林赛和詹宁斯的小石城法律公司。但是许多观察家认为，他的政治生涯远未结束。

1982年州长竞选中，他的第一个对手是前任众议员、民主党人吉姆·盖伊·塔克；然后是前任副州长乔·珀塞尔。克林顿在击败了珀塞尔后与怀特第二次相逢。克林顿在竞选中用大部分时间为他任期内所犯失误道歉，并向选民保证他近期无意问鼎全国政坛。他妻子改姓克林顿以取悦保守的州民。选举的一个重要因素是在怀特任内公共事业费增至2.77亿美元。选民向克林顿投赞成票的相当多，克林顿以55%的得票率重返州长职位。

降低失业率成为克林顿任内的主要目标。在他所实施的一项福利改革计划中，对身体健康却不参加训练和学习的社会福利接受者实施处罚。1984年，克林顿州长面临一次困难的抉择。当时州警察了解到他的同母异父兄弟罗杰贩卖毒品。克林顿忍痛批准逮捕罗杰，使他因贩毒受到控告。罗杰当时十分恼怒，但还是参加了戒毒治疗并与家人逐渐沟通。最终，兄弟间的关系得以恢复。

1984年，克林顿以悬殊的票数之差击败共和党挑战者艾尔伍德·弗里曼。1986年，他在民主党初选中受到前州长奥瓦尔·弗勃斯和W. 迪安·戈尔斯比的强有力挑战。但在11月的普选中，他轻松战胜老对手弗兰克·怀特。当年上半年，州议会将州长任期从两年改为四年，这使克林顿成为阿肯色州20世纪第一位任4年一届的州长。

州宪法规定，除销售税外，要提高其他任何税率必须得到75%的赞同票，而这几乎是不可能的。因此，州长不能通过提高财产税或所得税来增加税收。批评者称这对穷人不公平。克林顿还因没能制止一些破坏生态的产业（如木材业、养鸡业）而受到指责。

克林顿继续通过制定各项计划来促进教育，包括全国第一个教师能力测试计划。另外，不参加家长会的父母将每次处以50美元的罚款。逃学的学生可能会被吊销驾驶执照。他的努力产生明显效果。从 1982 年到 1992 年,阿肯色州高中生的大学入学率从 39% 上升至 52%。1986 年,他兼任全国教育委员会主席。

1980 年代后期,他实施经济发展计划,提高本州在吸引更多更好就业机会方面的竞争力。1988 年他与密西西比州和路易斯安那州州长签署协议,改善沿密西西比河各县的经济状况。那里是美国最贫穷的地区之一。协议包括吸引外资,修建高速公路,发展卫生保健和教育。

克林顿从 1986 年到 1987 年担任全国州长协会主席,这使他逐渐为全国所了解。三年后,他与人共同创立和主持了民主党领导委员会,这是一个温和保守派的领导人联盟;委员会决定将民主党从左派转向中间派,以争取一些所谓"里根民主党人"的选民。这些选民几年来因民主党的自由倾向而不投民主党的票。

1990 年,克林顿成为阿肯色州第二位五次当选州长的人。1991 年,在全国州长的民意测验中,他被称为最有效率的州长。

通向白宫

1991 年 10 月 3 日,克林顿宣布竞选总统。他的竞选几乎失败。小报上刊登他对婚姻不忠诚的指责,以及越战期间,通过合法手段避免服兵役。批评者经常使用一个阿肯色州撰稿人给他起的绰号"滑头威利"。在新罕布什尔州初选中,他落后于前马萨诸塞州参议员保罗·聪格斯,领先于前加州州长杰里·布朗,处于第二位。克林顿慢慢地从纽约州艰难曲折的初选中获得支持。伊利诺伊初选中的大胜似乎确保他获得提名。最后,6 月 2 日,在 6 个州的初选胜利使他有足够票数参加提名大会。7 月政党代表大会前不久,克林顿选择田纳西州参议员小阿尔伯特·戈尔作为副总统竞选伙伴。

民主党全国代表大会于 7 月中旬在纽约市召开。得克萨斯州的罗斯·佩罗特退出竞选,克林顿的地位由此更为巩固。大会一结束,克林顿和戈尔就离开纽约,向西开始一系列汽车旅行竞选,使人回想起几十年前的火车沿站旅行竞选。自我标榜为美国中产阶级以及强调工作和卫生保健的战略成效显著。尽管佩罗特十月重新参选,他已不能影响克林顿的领先地位。11 月 3 日,星期二,克林顿当选美国总统。1993 年 1 月 20 日就职。

克林顿带着一套广泛的工作计划就任总统。他立即任命他的妻子领导一个工作小组,着手卫生保健改革。他决定废除关于同性恋者不得入伍的禁令,但因公众反对而推迟该计划的执行。由于各方面原因,他的一些任命遇到困难,得不到国会的批准。他任命前上诉法庭法官鲁思·巴德·金斯伯格为最高法院法官。外交政策上,他对波黑内战采取的行动没有得到欧洲的一致同意,但同俄罗斯叶利钦总统举行了成功的会谈。8 月份,国会以微弱多数通过了他旨在削减 5000 亿美元赤字的税收提案。

查尔斯 CHARLES(1948—)

作为英国女王伊丽莎白二世和她的丈夫菲利普亲王(爱丁堡公爵)的长子,查尔斯是英国王位继承人。作为威尔士亲王,查尔斯因喜爱马球和其他体育运动而闻名,成了国际名人。在国内,他经常就城市改造、贫困、环境和其他社会问题坦率地发表自己的看法而受到人们的称赞。

1948 年 11 月 14 日,查尔斯·菲利普·阿瑟·乔治生于伦敦白金汉宫。他早年受教于宫中的私人教师。从 1956 年开始,他先后就读于伦敦的希尔学校、黑德利的奇姆学校和苏格兰的戈登顿学校。在澳大利亚做了几个月的交换留学生后,他于 1967 年进入剑桥大学三一学院。四年后,作为王位继承人,他史无前例地第一个获得了学士学位。后来,为了给他 1969 年 7 月 1 日正式就任威尔士亲王作准备,在剑桥大学威尔士学院学习威尔士语。在上了英国皇家空军学院和皇家海军学院后,查尔斯在皇家海军服役,一直到 1976 年。

1981 年 7 月 29 日,查尔斯在圣保罗大教堂与黛安娜·斯潘塞小姐结婚,这次婚礼被电视广泛转播。他们的第一个儿子、王位继承人威廉王子生于 1982 年 6 月 21 日;第二个儿子亨利(亦称哈里)生于 1984 年 9 月 15 日。

布托 BHUTTO, Benazir(1953—)

第一位获得现代穆斯林国家政治领袖地位的妇女。1988 年底接替穆罕默德·齐亚·哈克将军(此人曾从她的父亲那里篡夺总理职位,而后又下令将其父亲处死)出任巴基斯坦总理。不到一年零八个月,她因滥用职权而被罢黜。

贝娜齐尔·布托 1953 年 6 月 21 日生于卡拉奇。在美国读大学的时候,其父佐勒菲卡尔·阿里·布托当了总理。1973 年哈佛大学毕业后,又在英国牛津大学学习了三年。由于要陪同父亲旅行,其教育经常中断。例如 1971 年,她出席了结束印度和巴基斯坦战争的和平条约的签字仪式。1977 年 7 月 5 日,就在她刚回国后不久,其父的政府在一次齐亚将军领导的叛乱中被推翻。在齐亚的军事管制政权统治下,佐勒菲卡尔·阿里·布托先是被监禁,然后于 1979 年 4 月 4 日被处以绞刑。

以后的五年,贝娜齐尔·布托不是坐牢就是被软禁。1984 年,齐亚将她流放英国。在齐亚取消军事管制后,1986 年她回到国内,受到了凯旋般的欢迎。可是,齐亚一直牢牢地控制着政府,直到 1988 年 8 月 17 日他在神秘的飞机坠毁事件中死去。

1988 年 11 月宣布举行自由选举。布托领导其父的巴基斯坦人民党赢得了胜利。由于政治上缺乏经验,她好容易才经受住了不信任投票,她的反毒品斗争招致了死亡的恐吓。政敌们认为她傲慢自大,且极具报复心。布托政府于 1990 年 8 月 6 日在一片指控其贪污腐败的谴责声中解散。她的政党在接下来 1990 年 10 月 24 日的选举中被完全击败。

国际关系、外交

国际关系　INTERNATIONAL RELATIONS

20世纪末的世界是一个国际大家庭,所有国家的政治和经济在某种程度上都相互依存。借助于快捷的通讯系统,如收音机、电视机及电子计算机,几乎在地球上任何地点发生的事情均可迅速传递到全世界。现代航空运输的高速度,使人们用几个小时,而不是用几天或几星期,就可以环绕地球一周。

通讯与交通并不是促成现代国际大家庭的惟一因素。当今的全球形势是前所未有的,其原因是多方面的,其中包括第二次世界大战期间的剧烈冲突、战后各殖民帝国的崩溃、前苏联与美国之间的长期对立、所有国家(不论大小)之间迅速增多的经济关系等等。

国际大家庭的起源

自从出现了有组织的政治实体即国家以来,它们之间就一直存在着以经济(贸易)和政治(战争、领土扩张和殖民化)为基础的诸多关系。今天,国际关系涉及170多个民族国家和区域集团的错综复杂的外交政策。

在欧洲,民族国家不是人为设计出来的,而是产生于想要解决延续了几个世纪之久的政治冲突的愿望。中世纪末期出现了几个具有当今政治特征的国家,即法国、英国和西班牙。此外,神圣罗马帝国正逐渐走向灭亡,该帝国大部分时间都由哈布斯堡王室统治。在东方,俄国政治力量日趋强大;17世纪,在没落的神圣罗马帝国内部,普鲁士从日耳曼诸公国中脱颖而出,开始成为统治力量。

上述这些国家都是君主制国家,它们中任何一个只要有机会,都会试图控制其他国家。实际上,法国在拿破仑战争期间就充分体现出极大的野心。拿破仑最后战败后,维也纳的战后决议才使欧洲获得了持续近一个世纪的政治稳定。

19世纪末期,德国和意大利都实现了统一。当时欧洲大陆仅存的几个帝国中,有古老的奥斯曼帝国、俄罗斯帝国和奥匈帝国。它们统治着现今东欧的大部分地区。奥斯曼帝国和奥匈帝国因其岁月沧桑而摇摇欲坠,而受其统治的人民则热切期望获得独立。

民族国家的思想在欧洲取得了胜利。其发展的必然结果是,每一个国家拥有确定的领土、自己的政府、自己的经济及其文化。这种思想的楷模当属美国和法国,两者都是在短期内经历了史无前例的革命。

激励美国人民进行独立战争的政治理想起源于欧洲,自治原则在欧洲受到广泛的赞扬,并很快传到美国,人民对这一理想的追求,是不分国界的。

法国是欧洲第一个推翻君主制的国家,因而不久就招致了所有其他欧洲国家的武装镇压。法国人民建立了自己的政权,领悟到人民政府与国家是一个统一体,这在世界历史上还是第一次。法国不再是君王及其统治下的法国了。只有人民自己才能捍卫自己的革命。在当时,革命和国家是等同的。法国人民对他们自己国家作出了全身心的奉献;由此产生了爱国主义。这是一种全新的忠诚,不久就演变成为国家理想的准则。

但帝国并没有就此退出历史舞台。一旦强化了政治权力,欧洲列强们就又走上了征服的老路。它们不仅在欧洲肆意侵略,而且把战火蔓延到其他各大洲。西班牙、葡萄牙、法国、英国、俄国、瑞典以及荷兰已经对新世界实行了殖民统治。

在约300年的时间里,欧洲强国在全球范围内建立起了殖民地。除了埃塞俄比亚和利比亚外,整个非洲已在殖民统治之下。印度次大陆的绝大部分归属英国。印度支那的大半部分被法国征服。荷兰统治了东印度。俄国向东占有了西伯利亚及其以远的地区。中国则处于被瓜分的状况,成为列强征服的对象。在所有非西方国家中,惟有日本可以与欧洲强国的扩张相抗衡,它之所以能够做到这一点,凭借的是采用了西方列国的组织方式和技术。20世纪初,日本在远东力图实现自己霸主野心。正是欧洲列强的这种建立帝国的企图,使世界许多国家的政治独立延缓了许久(见:殖民主义和帝国主义)。

帝国的末日

欧洲列强并非出于本意地奠定了国际大家庭的基础。殖民扩张产生了一些国际性单元,它们是:大英帝国、比利时帝国、法兰西帝国、西班牙帝国等,其权力中心分别设于伦敦、布鲁塞尔、巴黎或马德里。就殖民地本身而言,权力集中的结果促使殖民地人民团结起来,寻求政治和民族的统一。一旦帝国主义的统治权有所削弱,地方自治的要求就将会实现。

20世纪的两次世界大战,结束了帝国的历史,第一次世界大战后,凡尔赛条约结束了奥匈帝国。几年内,摇摇欲坠的奥斯曼帝国土崩瓦解,新的土耳其诞生了。作为第一次世界大战的战败国,德国失去了它的殖民地,而这次大战的战胜国——法国和英国在海外的殖民地却保留了下来。比利时、葡萄牙和荷兰仍继续各自的殖民统治;战后意大利实行扩张政策,控制了利比亚,并入侵埃塞俄比亚。俄国在1917年革命后,扩张其统治建立了苏联。日本也开始在远东炫耀武力,1931年占领满洲,并于1937年入侵华北。20世纪30年代末期,日本企图用"大东亚共荣圈"统治整个远东。

一段时期内,世界上的各帝国似乎是在重新划分势力范围。这种看法是错误的;到第二次世界大战结束,除苏联以外,世界上所有帝国统治都不复存在了。几年内,大英帝国让位,建立了英联邦。法国曾坚定不移地力图保持其对印度支那和非洲的统治,但不久就败下阵来(见:**英联邦**)。

非洲的殖民地一个接一个地成为独立国家。东欧和中东的一些古老君主制国家爆发革命,成了共和制国家。中国革命导致 1949 年建立起了世界上最大的共产党国家。印度摆脱英国的统治,成为世界上人口最多的民主制国家。日本则又退回到多岛的本土。

到 20 世纪 90 年代,世界已拥有 170 多个独立国家。有些国家很大,如苏联、中国、加拿大和美国,而有些则很小,如地中海沿岸的摩纳哥。但国家之间互相依存,成为一个大家庭,这是史无前例的。

古老的帝国已成为历史,但争夺霸权和势力范围,却会使其死灰复燃。大部分欧洲国家在机体和经济上饱受了第二次世界大战的创伤。甚至作为战胜国的英国,也处于经济崩溃的边缘。日本也满目疮痍。旧的殖民地世界还没有摆脱帝国主义霸权的桎梏。只剩下两个超级大国,即苏联和美国,能对世界经济的重建作出贡献。

1945—1990 年国际大家庭

对国际大家庭来说,令人遗憾的是,两个超级大国自战后以来一直处于互不信任和敌对的状态。它们小心谨慎,惟恐落入对方的圈套。美国担心的是,苏联会将其势力扩张到东欧,把东欧纳入它的政治体系中。这一担心最终成了事实。苏联军队驻扎在波兰、匈牙利、捷克斯洛伐克、罗马尼亚、东德和保加利亚,致使这些国家沦为苏联的卫星国,隶属于苏联的势力范围。

然而,苏联身陷于战争的废墟中,也担心那时惟一拥有核武器的美国会摧毁苏联集团。

超级大国的这种互相敌对,演变成为冷战,每个超级大国都企图通过建立同盟,提供外援,大量出售军火,颠覆弱小国家,扩大自己的势力范围。冷战未演变成两个超级大国之间的真正战争,惟一的原因可能是核武器威慑住了双方。(参见:**冷战**)

共产主义革命在中国的胜利,大大加剧了美国对苏联势力的担心。毛泽东和他的支持者于 1949 年掌握政权以后,美国的对立面增大,许多人担心,国际共产主义力量将会无法遏制。

或许,冷战是 20 世纪国际关系的主要特征,但它并不是惟一的重要特征。纵观全球,以前的殖民地相继独立。新的世界格局正在形成,原因在于这些新兴国家积极要求在国际政治中发挥作用,并逐渐与不断增长的国际经济融为一体。亚洲、非洲、中东地区及拉丁美洲都爆发了革命,有些革命是土生土长的,有些则是从外部引进的。也许最令人不安的是,美国失去了对核武器的垄断。苏联、英国、法国、中国、印度,可能还有其他国家,都加入了国际"原子俱乐部"。

到 20 世纪 50 年代,世界应该予以重新描述。具体地说,国际大家庭可分为截然不同的四个集团或"世界"。第一个集团是美国及其盟国,主要是西欧和日本。第二个集团则是苏联及其卫星国。第三个集团,准确地说应该是"第三世界",它由摆脱了殖民统治的亚洲和非洲国家以及一些不发达的拉美国家构成。更具体地说,这一概念总体上代表着非工业化或发展中国家。最后是第四个集团,由极为贫困的缺乏经济活力的不发达国家组成。这一集团有代表性的国家是海地、索马里以及莫桑比克。

第三世界 50 年代有许多极度贫困的不发达国家。其中,为数不少的国家刚摆脱殖民主义。其余的则存在着持续多年的政权不稳的问题。60 年代,经济极度贫困的国家有所减少。非洲大部分国家仍是发展中国家。拉美国家则随着独裁统治的垮台、民主制度的兴起而有了长足的进步。墨西哥在 80 年代末期创造了经济奇迹。巴西、智利和阿根廷在经历了多年的暴政后,从 1985 年以来,开始取得了显著的成就。截至 90 年代初期,远东的韩国、新加坡、泰国、印度尼西亚、马来西亚在经济发展上显示了强劲的势头。还有中国,这个长期以来被看作第三世界最大的国家,在其南方地区也实现了令人瞩目的经济增长。中东地区的阿拉伯国家因具备石油资源而日渐繁荣。世界人口第二大国的印度,还在为摆脱后殖民主义期间所遗留下来的专制统治、传统势力、极端管制而斗争。

在冷战初期的几十年里,第三世界的领袖们认识到,如果各行其是,他们在国际关系中就不会有什么影响。为了弥补这一点,他们开始组织起来。1955 年 4 月在印度尼西亚的万隆,29 个国家派代表参加了由印度尼西亚、印度、缅甸、巴基斯坦、锡兰(现在的斯里兰卡)所发起的国际会议。虽然这些国家不是亲西方的,且倾向于与苏联和中国保持一致,但它们所建立的同盟并不与任何一个超级大国结盟。

这种不结盟或中立政策由南斯拉夫总统铁托予以了强化和完善。1961 年 9 月,他以东道主的身份出席了在贝尔格莱德举行的不结盟会议。这届大会由印度的尼赫鲁、埃及的纳赛尔和铁托召集,会议谴责了殖民主义,呼吁结束以武力统治殖民地人民,支持阿尔及利亚为摆脱法国殖民统治进行的独立战争,呼吁在大国之间采取永久中立政策。进入 20 世纪 80 年代,随着冷战紧张局面的缓和,不结盟运动逐渐消失。许多成员国发生了经济巨变,希望加强与美国、日本、西欧等工业国家和地区之间的联系。(参见:**第三世界**)

工业化的北半球 除了澳大利亚和新西兰外,全球的富裕地区都在北半球。工业化的领先者是美国、西欧和日本。

第二次世界大战结束时,美国在工业实力方面独占鳌头。整个欧洲和日本都遭受了战争的重创。苏联的经济也是千疮百孔。为了重建欧洲和日本的经济,美国实施了庞大的援外计划,由于该计划是由乔治·C. 马歇尔 1947 年提出的,因此被命名为马歇尔计划。在四年计划期内,西欧得到了 170 多亿美元的援助,来重建其经济。日本的经济重建过程也得到支援。

这些援助给工业化国家带来了空前繁荣的新时期。然而,在饱受战火摧残的国家重新站立起来以后,这些援助也造就了经济竞争的时代。在经济持续繁荣的时期,竞争几乎不为人所注意。但中东石油生产国在70年代大幅度提高石油价格后,经济状况便黯淡了下来。伴随着持续的通货膨胀,全球性的经济衰退开始了。

到20世纪80年代初期,由于每个西方国家都尽力在经济不景气中维持其经济稳定,因而削弱了西方工业化国家之间的团结。对苏联的不信任是使它们仍保持团结的基础。苏联领导的东欧集团,也面临着战后的重建任务。因为东欧集团不愿成为马歇尔计划的受援国,它们的重建过程历时较长。与西欧国家相比,东欧国家一直较为贫穷,工业化程度也较低。

动荡的世界 第二次世界大战的结束终止了德国、意大利和日本争霸世界的野心,但却埋下了较小冲突的种子。日本撤出东南亚时,胡志明领导下的越南就在准备永远摆脱法国殖民统治。越南的努力引发了一场漫长的战争,直到1975年越南共产党取得胜利,战争才告结束。然而战后,胜利者没有开始重建国家,却开始了连绵不断的内战,致使越南、柬埔寨和老挝备受战争蹂躏。

越南战争只是因冷战而爆发的冲突之一。苏联和美国在许多地区,特别是在欧洲和朝鲜,都发生了对抗。第二次世界大战结束后的处理方案,不仅把欧洲分成两个对立的阵营,也使德国分裂成两个国家,甚至把柏林分为两个城市。这就为以后的对抗埋下了伏笔。1948年,苏联对西柏林实行封锁,在地理上它处于苏联所占领土的心腹地带。西柏林则依靠空运物品和劳务,戏剧性地得到解救。1949年年底,这种徒劳无益的封锁终被放弃。然而,双方对抗的格局却持续到1989年。

在其他许多地区,冷战危机四伏,不断影响着世界和平。最为引人瞩目的是古巴,50年代末期,卡斯特罗领导下的武装部队取得了革命的胜利,不久,古巴便依附了苏联,并企图通过革命吞噬整个拉丁美洲。80年代初期,中美洲的大部分国家因爆发冲突而四分五裂,冲突的一方是由苏联和古巴装备的游击队,另一方是美国武装和训练的政府士兵。

美国曾一度直接受到古巴的威胁。1962年,苏联在古巴安置了导弹,瞄准的目标是美国。由此引发了一场危机,直到苏联领导人赫鲁晓夫下令撤除这些导弹,危机才得到解决。

并不是所有的危机热点都源于冷战,但大多数都受到了冷战的影响。自以色列1949年建国以来,冲突最持久的地区当属中东。阿拉伯国家与以色列之间有着不可调和的敌对情绪,并爆发过几次战争。以色列人赢得了所有这些战争的胜利,这就加深了阿拉伯人对以色列人及其主要盟国——美国的敌视。冷战随之渗入中东地区,苏联开始向一些阿拉伯国家提供武器,如叙利亚和伊拉克,其他穆斯林国家,如沙特阿拉伯和约旦,则力争在冷战中保持中立。但在某些情况下,它们却公开表示愿意得到美国和西欧提供的援助。

世界新秩序

1990年,冷战迅速结束,这是谁也没有料到的。1989年11月柏林墙的开放和随后的拆毁是冷战结束的最显著标志。共产主义先后在东欧和苏联灭亡,使冷战结束成为可能。

这一世人瞩目的事件震惊了世界,然而其过程是缓慢的。这一过程开始于1953年3月6日,这一天约瑟夫·斯大林去世了。他统治了苏联近30年,而后,这个集权国家突然落入他人之手,这些人不喜欢斯大林的残酷手段,并因他的去世而如释重负。另外,50年代末期苏联与中国的关系明显恶化。60年代初两国真的断绝了关系。苏联一方面维持对东欧的绝对控制,同时试图与西方特别是美国改善关系。两个超级大国都认识到,在核战争的边缘玩"火"对双方都无益处。

一些共产党国家国内经济状况越来越糟,消费品,甚至食品的持续短缺,使这些国家的人民丧失了信心。20世纪80年代初,苏联领导人清醒地认识到,要使国家生存下去,就必须进行真正的改革。随后,1985年,一位新型的领导人——米哈依·戈尔巴乔夫成为苏联总统。他意识到了经济形势的严峻性,想要进行经济改革,同时力图保持共产党的统治。他的计划未能成功。一旦允许言论自由,实行所谓开放的政策,戈尔巴乔夫立即看到整个社会并不喜欢苏联共产党,而要求建立民主制度。(参见:**开放与改革;戈尔巴乔夫**)

戈尔巴乔夫还向东欧共产党国家领导人明确表示,苏联军队将不再用于维持他们的政权。这一政策致使共产党政权在整个东欧迅速垮台。最初,这种变化发生在波兰,然后波及到匈牙利和捷克斯洛伐克以及东德。柏林墙拆毁后,形势便无法逆转。其他东欧国家也在几个月内放弃了共产主义。1990年10月德国重新获得统一。

冷战迅速结束后,华沙条约宣告无效。1991年底,苏联不复存在,分解为各个独立的共和国。美国则成为全球仅存的超级大国。

冷战的结束和共产主义的灭亡,并不标志着国际争端的结束。历史遗留的老问题依然存在,但不再打上东西方对抗的烙印。例如在中东,由于1989年以后苏联势力的减弱,像伊拉克和叙利亚这样好战的国家便不再能指望得到苏联的军事援助。因此,伊拉克1990年8月入侵小国科威特以后,发现自己陷入了联合国多国部队(甚至包括叙利亚的军队)的反击之中。冷战的结束使联合国获得了新生。几十年来,联合国能第一次采取协调一致的行动对付共同的敌人,并且赢得了胜利。

抗击伊拉克入侵行动的成功,重新调整了中东的力量对比。美国获得了新的盟友,减少了对立面。这种声望使美国总统乔治·布什和他的国务卿詹姆斯·贝克得以劝说以色列与阿拉伯国家回到谈判桌上来,寻求和平相处的途径。和平谈判于1991年9月开始进行。

在南欧,共产主义的垮台引起了南斯拉夫的内战。这个南欧小国在1943—1980年一直为铁托所统治。他的去世削弱了南斯拉夫对其六个省的控制。原有的种族仇视重新抬头。1990年年中斯洛文尼亚和克罗地亚分别宣告独立,此后,主要由塞尔维亚人组成的南斯拉夫军队举兵镇压,把该国推向内战。1991年,波斯尼亚-黑塞哥维那也宣布退出南斯拉夫联邦,促使了内战升级。虽然这些共和国的独立为欧共体和美国所承认,但战斗仍在继续。

至1993年,中国的南方已成为全球经济增长最快、最兴旺发达的地区之一。局外人,尤其是美国的局外人,指责中国侵犯人权,但并不愿因此而中止双边关系,也不愿制裁这一世界上人口最多的国家。

国际关系的处理

每个国家的外交政策都有三个目标:1. 有形的安全——阻止外部攻击和内部革命。2. 政治的安全——摆脱外来干预,独立自主地处理自己事务。3. 经济的稳定和发展——在国际市场上进行自由贸易,以满足本国人民对商品和服务的需求。

从前各国习惯于在国与国的基础上或通过战略联盟来处理相互之间的事务,以实现上述目标。然而,在当今错综复杂的全球大家庭舞台上,更为常见的做法是通过国际机构协调相互之间的关系。为了满足国际合作的需要,大量各种形式的组织机构应运而生。

国际组织 最大的国际组织成立于1945年,即联合国及其许多附属机构。地区性组织有美洲国家组织(1948)、非洲统一组织(1963)、阿拉伯国家联盟(1945)、东南亚国家联盟(1967)。所有这些组织的目的在于协调解决区域性政治和经济问题。

冷战产生了许多地区性共同防御联盟。最著名的有北大西洋公约组织(1949)和华沙条约组织(1955)。北大西洋公约组织是一个军事联盟,目的是维护西欧安全,抵御苏联的可能进攻;华沙条约组织则是与之抗衡的军事联盟组织。奥新美条约是澳大利亚、新西兰和美国三国之间的安全条约,签订于1951年。东南亚条约组织1954年成立,1977年解散。

许多国际和地区性组织逐渐发展成可以处理国际大家庭金融事务的机构。这样的机构太多了,无法一一列举,但主要的有:国际货币基金组织、欧洲共同体、加勒比共同体、石油输出国组织、世界银行、国际金融公司、非洲开发银行、泛美开发银行以及亚洲开发银行。

外交政策 一国在处理国与国之间相互关系时所采用的复杂的对策和建议,构成了该国的外交政策。外交政策的制定,是政府特定机构(如美国国务院、英国外交部)的职责。

在美国,指导制定外交政策是总统的责任,虽然在许多问题上他必须得到参议院的批准。其他一些部门也参与制定外交政策,如国家安全委员会、国防部、中央情报局。20世纪末,外交政策变得非常复杂,一些国际机构也可以为制定外交政策提供信息。比如,世界银行和国际货币基金组织非常了解大多数国家的经济情况,在提供外援方面起了重要作用。

每个国家的政府都是通过其世界各地的大使馆和领事馆从事外交活动的。大使馆是一国在另一国设置的最高级官方机构。正常的外交事务一般由大使及使馆人员处理。领事馆主要处理商务问题,保护该国侨民的经济利益。领事并不是外交官,因而如果未经东道国的允许,则无权过问外交事务。一个国家在另一个国家内只能设一个大使馆,但可以有几个领事馆。(参见:**外交**)

联合国 UNITED NATIONS

联合国是一些独立民族国家的联盟,由第二次世界大战的战胜国创立,旨在维护它们的努力所赢得的和平,最终达到消除战争的目的。

人们对大国共同努力来维持世界和平寄以希望。然而,苏联与西方的不和,导致了国际间的紧张局势,即冷战(见:**冷战**)。苏联的目标是在全球建立共产主义制度,由美国领导的西方国家则联合在一起,共同阻止共产主义势力的扩张。双方都拥有各自的军事力量,其中包括核武器。不过,联合国在推动全球合作方面已取得了很大成绩,并已适应了联合国发起国所不曾设想到的多变的国际环境。

联合国旗帜上的联合国会徽,是一幅从北极俯瞰地球的世界地图,其周围环绕着象征和平的橄榄枝。这一图案于1947年被正式采用。

联合国的诞生

1941年,美国总统罗斯福和英国首相丘吉尔在纽芬兰沿海北大西洋军舰上秘密会晤,会谈结束时发表了《大西洋宪章》。这一宪章希望"放弃使用武力"和建立并维护"普遍安全的永久性系统"。

1942年,26个国家代表自称为"联合国",在华盛顿签署声明,决心打败轴心国,维护大西洋宪章的原则。1944年,"四大国"(中国、英国、苏联和美国)的代表在华盛顿的敦巴顿橡树园(一私人宅第)草拟成立一个国际组织的计划。

1945年2月在雅尔塔,"三大国"(英国、苏联和美国)商定了投票表决程序(安全理事会的五个常任理事国拥有否决权),并要求召开一次会议制定出章程。1945年4月25日,在美国旧金山召开了"联合国国际组织会议"。50个国家的代表讨论并修改了敦巴顿橡树园提案初稿。联合国宪章6月26日通过并签字。1945年7月28日美国国会以89票赞成2票反对批准了这一宪章。

到1945年10月24日,已有所需数目的国家批准了宪章,于是联合国正式宣告成立。因此,10月24日就成了联合国日。1948年以来,这一天一直为人们所庆祝。有些国家还留出七天作为联合国纪念周,开展教育和社会活动。

联合国宪章序言

我们联合国人民
同兹决心

避免人类再受战争创伤,过去的两次世界大战给人类带来了无尽的灾难,

尊重人的基本权利、尊严和价值,人类不分男女,国家不分大小,一律平等,

在公平和互相尊重的基础上,履行各项条约和国际法规定的义务,

促进社会进步,提高人类生活水平,享受更大的自由,

并达到以上目的

睦邻友好,和平共处,

加强团结,维护世界和平和安全,

接受宪章原则和规定的方式,保证不使用武力解决互相之间的争端,

利用国际机构促进各国人民的经济和社会进步,

同心协力,共成大业。

各国代表共聚旧金山市,在友好和公平的气氛中,充分表达自己的意愿。各国政府一致同意遵循现行联合国宪章,并特此成立联合国这一国际组织。

联合国宪章

联合国宪章序言明确了联合国组织的宗旨。宪章本身则阐述了联合国的基本原则和目标,规定了成员国的地位,设置了六大部门,也称为六大机构。

联合国创始国有 51 个。宪章规定,"所有其他热爱和平的国家"经联合国大会以 2/3 票数通过后,并在安理会的推荐下,均可成为新成员。而在安理会的提议下,联合国大会也可将一再违反宪章的成员国开除出去。

有关联合国宪章的修正案,须经大会所有成员国 2/3 票数的通过,然后还须经过包括五大安理会常任理事国在内的 2/3 成员国的批准,方能生效。

每个成员国须负担联合国的预算,并且还要分担所属机构的经费支出。分担数额主要取决于各国的支付能力,由大会确定。有些国家负担不到预算开支的 0.5%。美国承担 25%,俄罗斯支付 10.2%,英国负担 4.86%。

六大机构

大会是联合国最大的部门,是联合国的最高审议机构。它是联系其他机构的纽带,并负责推选这些机构的成员。除了正在由安理会解决的那些争端外,大会可以讨论宪章范围内的任何问题。大会投票表决后,可将其建议转交给其他机构或成员国政府。

各成员国都有出席大会的代表,每一国可以有 5 位代表,但投票时只有一票。(宪章内所列的)重大问题的决议须经 2/3 多数票通过。其他问题以过半数票决定。

大会每年召开一届例会,并可在必要时召开特别会议。每届会议选出会议主席。

安全理事会的主要职责是维护世界和平和安全。联合国每一成员国都立誓接受和执行安理会的决议。

安理会有 15 个理事国。其中英国、中国、法国、俄罗斯和美国五国享有永久性席位(苏联于 1991 年解体后其席位由俄罗斯接替),其余 10 个席位中,每年由大会选出 5 个,任期两年;每年更换 5 个。每一理事国都有一票表决权。常规性(程序性)决议需 9 张赞成票通过。其他事项则需包括全体常任理事国在内的 9 张赞成票通过。因而,五大常任理

联合国六大机构

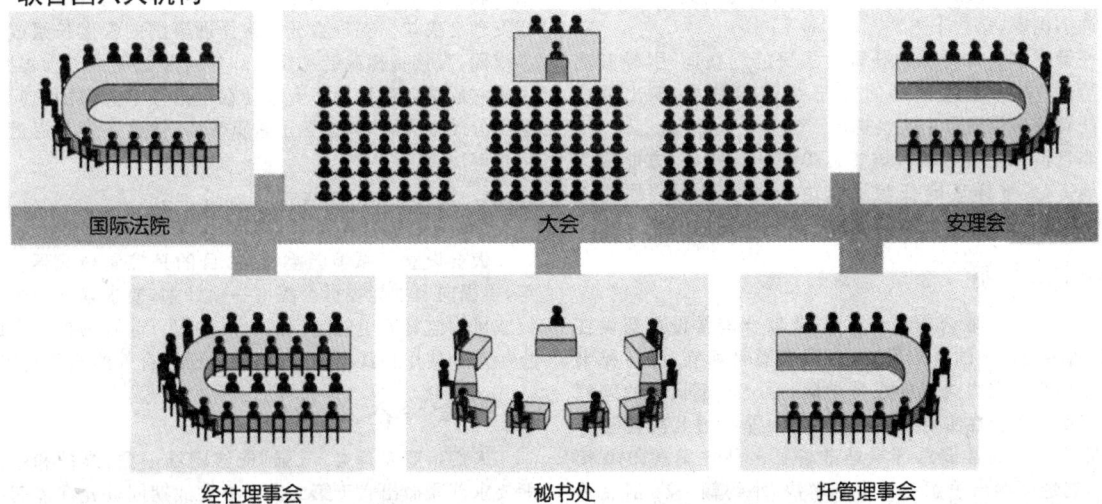

国际法院 | 大会 | 安理会

经社理事会 | 秘书处 | 托管理事会

国际法院即世界法院。大会即"世界议会"。安理会的职责是维持和平。经社理事会旨在增进人类的福利。秘书处负责行政事务。托管理事会对某些非自治领土具有监督权。

事国的每一国都拥有否决权。任一常任理事国甚至能够阻止讨论它不赞成的决议。但任何理事国为争端的当事国时,不得参加投票。

任何一个国家,甚至非联合国成员国,均可将其争端提交安理会。安理会若发现和平确实受到威胁,或确实有侵略行为,可号召联合国的成员国断绝与肇事国的往来或贸易关系(即实行经济制裁)。宪章指出,如果这些方法不起作用,安理会可以动用联合国的海陆空力量对肇事国采取军事行动。

联合国各成员国必须遵循联合国宪章第43条,应安理会要求提供必要的武装力量。5个常任理事国选派高级军事人员(或代表)组成军事参谋团,直接领导这些武器力量。

国际法院(亦称世界法院)是联合国的"最高法院"。其常设机构位于荷兰的海牙。国际法院由大会和安理会投票选出的15名法官组成(一个国家最多只能有一名法官)。法官的任期9年(每3年有5位离任),可连选连任。9名法官构成开庭的法定人数,一切问题由多数票决定。

任何国家(甚至非联合国成员国)均可将争端提交国际法院裁决。双方必须首先同意国际法院对案件进行审理。如果一方拒不接受国际法院的判决,另一方可请求安理会强制执行。国际法院还可充当联合国大会、安理会和联合国其他机构的法律顾问。

经社理事会致力于建设性的和平工作,即提高生活水平,改善健康和教育状况,推动全世界尊重人权和自由。经社理事会在大会领导下开展工作,并制定有关草案,提交大会。该理事会由27个成员组成,每年由联合国大会改选其中的9个,任期3年。

经社理事会在它自己的各委员会和独立的专门机构协助下开展工作(见后面的一览表)。

秘书处处理联合国的日常事务并协助联合国的所有其他机构开展工作。其最高领导为秘书长,即联合国最高行政长官,由大会根据安理会的推荐任命。秘书处工作人员,来自许多国家,达数千人。

托管理事会力求保护托管地居民的利益,并引导其实行自治。它接受管理当局的报告,审查申请书,派出视察团。托管理事会成员由大会选出。

非自治领土须与联合国签订单独托管协议,方能成为托管地。"太平洋岛屿托管地"(由美国管理)为"战略地区",由安理会管辖。所有其他的托管领土则由大会管辖。

联合国总部

1946年2月联合国大会决定,将联合国常设总部设在美国,而不是瑞士的日内瓦(国际联盟总部所在地)。秘书处最初临时设在纽约市的亨特学院,后又迁至长岛的莱克萨克塞斯。大会在纽约州的弗拉兴草地举行过几次会议。

联合国为其常设总部地址准备了多种方案。1946年12月,选址问题出乎意料地得到解决,小约翰·D.洛克菲勒向联合国捐赠了一片位于纽约市中心、价值为850万美元、有6个街区的土地。纽约市又配套提供了一块紧靠伊斯特河的土地以及河岸通行权。这块18英亩的地址从伊斯特河延伸到第一大道,位于东42街和东48街之间。

工程建设得到了美国6500万美元的无息贷款,1949年10月24日奠基。秘书处大厦于1951年完工,大会厅和会议楼于1952年竣工。

这些建筑用玻璃、大理石、钢材、铝材筑成。其设计是由以美国的华莱士·K.哈里森为首的国际级建筑设计师完成的。它们功能齐全,设施完备,其形状与体积相映成趣。

联合国大会厅低而狭长,四边向里凹,顶部为倾斜的圆顶。北面的公共入口直通大厅,南面是巨大的玻璃窗,可看到室外的代表公园和圆形喷泉。在圆形天花板下,宏伟的大厅装饰着法国画家费尔南·莱热的壁画。

会议楼坐落在伊斯特河畔,用金属和玻璃建成,内设安理会会议厅、经社理事会会议厅和托管理事会会议厅。这座建筑连接着大会厅与39层的秘书处大厦。

新图书馆于1961年落成,以联合国秘书长达格·哈马舍尔德的名字命名,他是在该年早些时候的一次飞机失事中遇难的。

国际飞地

联合国所在地经美国政府同意而成为国际领土,由身着灰色军服、来自世界各国的联合国卫兵守卫。

联合国设有自己的邮政局,并发行自制的邮票。邮票图案的设计得有助于人们了解联合国的工作。

几乎所有会议都对公众开放,来访者可通过电话预先联系,或写信到联合国(纽约市10017),即可得到入场券。

联合国在行动

联合国大会于1946年1月10日在伦敦召开第一次会议。挪威外交部长特吕格弗·赖伊当选为第一任秘书长。

联合国宪章要求拥有武装部队,由各成员国提供,以执行安理会决议。安理会五个常任理事国的参谋长组成军事参谋团,直接指挥武装部队。1946年安理会组建参谋团,并要求它起草各项计划。安理会在讨论军事参谋团的问题上意见分歧很大,苏联设置了重重障碍,使这一问题迟迟不能得到解决。

裁军与核控制方面的努力

大会设立了原子能委员会,目的是控制核武器。1946年,美国向原子能委员会提出一项计划,要求建立一个国际权威机构监督原子能生产的每一过程。苏联则提议全面禁止生产和使用核武器,并拒绝接受任何有效的监督或控制。

安理会陷入僵局

人们指望安理会"五强"能够团结一致,维护和平。伊朗要求苏联撤出它于第二次世界大战期间驻扎在伊朗的军队,而苏联代表却离开了安理会会场,不过,苏联军队在那一年的年末还是撤离了伊朗。

联合国经济及社会理事会

经社理事会（ECOSOC）是在下列专门机构、委员会及其他机构的协助下行使其职能的。

专门机构

专门机构是为联合国工作的独立的、自治的国际性组织，经社理事会负责协调它们的活动。

国际劳工组织（ILO） 成立于1919年，1946年与联合国发生关系。该组织召集政府、劳方和资方解决各种问题，提出关于工资、工作条件、工会、安全、女工和童工以及社会保障等各方面的建议，并派遣专家团协助各国政府发展经济。总部设在瑞士日内瓦。

联合国粮食及农业组织（PAO） 成立于1946年，1946年与联合国发生关系。致力于提高农业、林业和渔业的产量，改善销售状况。并向各国政府提供技术援助，帮助改善营养状况。总部设在意大利罗马。

联合国教科文组织（UNESCO） 成立于1946年，1946年与联合国发生关系。宗旨是扩大全球的教育基础，使世界各国都受益于科学，并鼓励文化交流。各国成立专门的委员会负责联合国教科文组织与各国的教科文机构之间的联络。总部设在法国巴黎。

国际民用航空组织（ICAO） 1945年8月作为临时性机构开始工作，1947年4月改为常设机构。1947年与联合国发生关系。该组织致力于安检技术应用、统一操作规程、简化过境手续等工作。并促进新技术和设备的使用，参与联合国技术援助计划。总部设在加拿大蒙特利尔。

国际复兴开发银行（IBRO）或世界银行 1945年成立，1946年开始工作，1947年与联合国发生关系。该银行通过提供生产项目贷款和技术咨询，促进成员国的经济发展。并鼓励外国私人投资和世界贸易。总部设在美国首都华盛顿。

国际金融公司（IFC） 成立于1956年，与世界银行联系紧密。旨在为不发达国家的私人企业担保并对其投资，在协助工业开发银行方面起着主要作用。总部设在美国首都华盛顿。

国际开发协会（IDA） 1960年成立，是世界银行的附属机构。相对于世界银行来说，它以较灵活的条件提供贷款，但在考虑是否提供贷款时，其计划和执行标准与世界银行一样高。总部设在美国首都华盛顿。

国际货币基金组织（IMF） 1945年成立，1946年开始工作，1947年与联合国发生关系。致力于促进国际货币合作和稳定币值。它还出售货币以方便成员国进行国际贸易，并帮助解决金融问题。总部设在美国首都华盛顿。

世界卫生组织（WHO） 过渡委员会于1946年成立，为该组织的正式成立做准备。正式组织于1948年与联合国发生关系，是世界医药学信息处理中心；负责制定药物、防疫的国际标准；依据国际卫生条例对水陆空交通进行卫生监督；根据政府的要求，协助任何国家与疾病作斗争。总部设在瑞士日内瓦。

万国邮政联盟（UPU） 1874年成立，1948年与联合国发生关系。旨在把成员国联合成一个单一的邮政区域，并确定国际邮资。每一成员国须承诺用最有效的方式运送其他成员国的邮件。国际局是国际邮政账户的结算中心。总部设在瑞士伯尔尼。

国际电信联盟（ITU） 1932年由国际电报联盟（1865年）和国际无线电报联盟（1906年）合并而成。1947年与联合国发生关系。旨在推动国际电信合作，分配无线电频率，力求确定尽可能低的费率。总部设在瑞士日内瓦。

世界气象组织（WMO） 其前身国际气象组织成立于1878年。世界气象组织成立于1951年，同年与联合国发生关系。目的在于推动国际气象合作，建立全球气象站网，迅速交换气象资料。总部设在瑞士日内瓦。

政府间海事协商组织（IMCO） 1959年正式成立，该年21个国家批准了1948年起草的成立该组织的公约。该组织鼓励采取安全措施，力求取消对海运的各种限制。总部设在英国伦敦。

委员会

各委员会负责研究经社理事会交办的事项并提出详细的报告和建议。经济类委员会致力于提高生活水平，社会类委员会旨在提高文化和教育水平，改善卫生条件，以及推动对正义和人权的尊重。

区域性委员会 区域经济委员会成立于1947年，一个是欧洲经济委员会（ECE），另一个是亚洲及远东经济委员会（ECAFE）。1948年拉丁美洲经济委员会（ECLA），1958年非洲经济委员会（ECA），分别宣告成立。1974年亚洲和远东经济委员会改组为亚太经济社会委员会（ESCAP）和西亚经济社会委员会（ECWA）。这些委员会所关注的问题是粮食生产、工业发展和贸易。

职司委员会 计有妇女地位委员会；麻醉品委员会；统计委员会；社会发展委员会；人口委员会；人权委员会及其防止种族歧视和保护少数民族小组委员会。

其他机构

国际原子能机构（IAEA） 1957年作为一个自治机构而成立。旨在促进和平利用原子能。总部设在奥地利维也纳。

联合国儿童基金会（DNICEF） 1946年创立，旨在救济遭受战祸的欧洲国家的儿童。现在则关注发展中国家的儿童福利问题。总部设在纽约市。

国际贸易组织（ITO） 该组织成立较晚，但许多国家已成为关税及贸易总协定（GATT）的成员。

还有其他一些专门机构：联合国世界粮食理事会，1974年成立；联合国难民事务高级专员办事处（UNHCR），1950年成立；联合国贸易和发展会议（UNCTAD），1964年成立；联合国紧急行动委员会，1974年成立；联合国社会发展研究所，1964年成立；联合国训练研究所（UNITAR），1965年成立；联合国人口活动基金（UNFPA），1967年成立，1972年后归联合国开发计划署（UNDP）领导；联合国环境规划署（UNEP），1973年成立。

联合国成员国

阿富汗(1946)	哥伦比亚*	印度*	莫桑比克(1975)	斯洛文尼亚(1992)
阿尔巴尼亚(1955)	科摩罗群岛(1975)	印度尼西亚(1950)	缅甸(1948)	所罗门群岛(1978)
阿尔及利亚(1962)	刚果(1960)	伊朗*	纳米比亚(1990)	索马里(1960)
安道尔(1963)	哥斯达黎加*	伊拉克*	尼泊尔(1955)	南非*
安哥拉(1976)	科特迪瓦(1960)	爱尔兰(1955)	荷兰*	韩国(1991)
安提瓜和巴布达(1981)	克罗地亚(1992)	以色列(1949)	新西兰*	西班牙(1955)
阿根廷*	古巴*	意大利(1955)	尼加拉瓜*	斯里兰卡(1955)
亚美尼亚(1992)	塞浦路斯(1960)	牙买加(1962)	尼日尔(1960)	苏丹(1956)
澳大利亚*	捷克共和国(1993)	日本(1956)	尼日利亚(1960)	苏里南(1975)
奥地利(1955)	丹麦*	约旦(1955)	朝鲜(1991)	斯威士兰(1968)
阿塞拜疆(1992)	吉布提(1977)	哈萨克斯坦(1992)	挪威*	瑞典(1946)
巴哈马(1973)	多米尼加(1979)	肯尼亚(1963)	阿曼(1971)	叙利亚*‡
巴林(1971)	多米尼加共和国*	科威特(1963)	巴基斯坦(1947)	塔吉克斯坦(1992)
孟加拉国(1974)	厄瓜多尔*	吉尔吉斯斯坦(1992)	巴拿马*	坦桑尼亚(1961)‖
巴巴多斯(1966)	埃及*‡	老挝(1955)	巴布亚新几内亚(1975)	泰国(1946)
白俄罗斯*	萨尔瓦多*	拉脱维亚(1991)	巴拉圭*	多哥(1960)
比利时*	赤道几内亚(1968)	黎巴嫩*	秘鲁*	特立尼达和多巴哥(1962)
伯利兹(1981)	厄立特里亚(1993)	莱索托(1966)	菲律宾*	突尼斯(1956)
贝宁(1960)	爱沙尼亚(1991)	利比里亚*	波兰*	土耳其*
不丹(1971)	埃塞俄比亚*	利比亚(1955)	葡萄牙(1955)	土库曼斯坦(1992)
玻利维亚*	斐济(1970)	列支敦士登(1990)	卡塔尔(1971)	乌干达(1962)
波斯尼亚-黑塞哥维那(1992)	芬兰(1955)	立陶宛(1991)	罗马尼亚(1953)	乌克兰*
	法国*	卢森堡*	俄罗斯(苏联)*◇	阿拉伯联合酋长国(1971)
博茨瓦纳(1966)	加蓬(1960)	马达加斯加(1960)	卢旺达(1962)	
巴西*	冈比亚(1965)	马拉维(1964)	圣基茨和尼维斯(1983)	英国*
文莱(1984)	格鲁吉亚	马来西亚(1957)	圣卢西亚(1979)	美国*
保加利亚(1955)	德国§	马尔代夫(1965)	圣文森特和格林纳丁斯(1980)	乌拉圭*
布基纳法索(1960)	加纳(1957)	马里(1960)		乌兹别克斯坦(1992)
布隆迪(1962)	希腊*	马耳他(1964)	圣马力诺(1992)	瓦努阿图(1981)
柬埔寨(1955)	格林纳达(1974)	马绍尔群岛(1991)	圣多美和普林西比(1975)	委内瑞拉*
喀麦隆(1960)	危地马拉*	毛里塔尼亚(1961)	沙特阿拉伯*	越南(1977)
加拿大*	几内亚(1958)	毛里求斯(1968)	塞内加尔(1960)	西萨摩亚(1976)
佛得角(1975)	几内亚比绍(1974)	墨西哥*		
中非共和国(1960)	圭亚那(1966)(1974)	密克罗尼西亚(1991)	塞舌尔(1976)	也门#
	海地*	摩尔多瓦(1992)		南斯拉夫*
乍得(1960)	洪都拉斯*	摩纳哥(1993)	塞拉利昂(1961)	扎伊尔(1960)
智利*	匈牙利(1955)	蒙古(1961)	新加坡(1965)‖	赞比亚(1964)
中国*†	冰岛(1946)	摩洛哥(1956)	斯洛伐克(1993)	津巴布韦(1980)

*宪章成员。†最初席位为中华民国(台湾),1971年为中华人民共和国代替。‡1958—1961年埃及和叙利亚作为阿拉伯联合共和国共同占据一席。§东德(1973年加入联合国)和西德(1973年加入联合国)于1990年合并为德国。◇由原苏联占居的席位1991年由俄罗斯顶替。‖部分马来西亚,1963—1965年。‖坦噶尼喀(1961年加入联合国)和桑给巴尔(1963年加入联合国)1964年合并为坦桑尼亚。#阿拉伯也门共和国(1947年加入联合国)和也门民主人民共和国(1967年加入联合国)1990年合并为也门。

1946年10月，希腊提出申诉，抗议共产党国家支持游击队，使之陷入内战的境地。苏联再一次行使否决权，使安理会在这一问题上无能为力。

大会地位的提高

为了克服苏联的阻力，各国开始把提案提交到没有否决权的联合国大会。联合国宪章规定，大会的职能仅为讨论和审议各项提案，而不能采取行动。然而，与安理会不同，它可代表所有的联合国会员国，作出的决议可以影响世界舆论。

大会最先审议的政治争端是朝鲜问题。1947年，它宣布在这个分裂的国家进行选举，并派遣一个委员会进行监督。当时苏联统治的北朝鲜拒不让该委员会入境。南朝鲜举行了选举，建立了国民政府。

大会也派遣了一个调查委员会赴希腊，在这之前，苏联否决了安理会组建调查委员会的提案。

社会福利与人权

联合国社会福利计划内容广泛。联合国各机构和委员会提供了大量援助，救济一些国家的难民和贫困儿童。它们还关心教育、卫生、强迫劳动和奴役、妇女平等权利、少数民族保护等。

为促进和鼓励尊重"人权和基本自由"，大会发布了《国际人权宣言》(1948年12月10日)，并在1950年宣布，每年12月10日为国际人权日。

阻止和严惩种族灭绝条约于1948年提交给了各成员国政府，请它们批准。种族灭绝被定义为企图消灭"一国的种族、民族或宗教团体"。

发展援助与"和平利用核能"

对发展中国家的技术、经济、社会援助由联合国开发计划署提供。12个国际组织共同承担此项工作。所提供的典型援助是帮助调查一国的资源以及就农业方法、工业计划、工程项目和资本提出咨询意见。

讲坛上设有联大会议主席和秘书长席位，代表席共十排。通过耳机，代表们可以听到译成英、法、西、俄、汉等语言的发言。

1953年艾森豪威尔总统建议大会成立一个促进和平利用核能的机构。1956年包括苏联在内的81个国家的代表，通过了国际原子能机构章程。这一机构的目的是交换科学信息和集中利用核原料。

巴勒斯坦的分裂战争

第一次世界大战后地处阿拉伯领土上的巴勒斯坦，受英国统治。英国允许犹太人在巴勒斯坦建立"民族家园"。第二次世界大战以后，大批欧洲难民涌入巴勒斯坦。然而，阿拉伯人和犹太人之间不能和睦相处。1947年英国将这一问题提交联合国大会。大会提议对巴勒斯坦实行分治，成立独立的阿拉伯国家和犹太国。

1948年5月14日，犹太人宣告成立以色列国。阿拉伯国家立即作出反应：向以色列宣战，阻止这种分裂行为。随后，联合国调停人福尔克·贝纳多特伯爵在耶鲁撒冷被暗杀。拉尔夫·本奇继任代理调停人，在他的斡旋下，双方于1949年签署了停战协议，但并没有实现真正的停火。阿拉伯国家拒绝承认以色列国，战争仍在持续。(参见：**本奇**)

第二次世界大战后不久，荷属东印度群岛爆发了战争。安理会要求荷兰人与印度尼西亚人停止敌对，但战争仍然持续到1949年。在联合国的帮助下，双方达成协议，印度尼西亚成为独立共和国。

1949年在联合国的斡旋下，印度和巴基斯坦之间在克什米尔实现停火。印度不同意通过全民投票来决定克什米尔是加入印度还是加入巴基斯坦。

宪章指定中华民国为安理会五个常任理事国之一。1949年，中国共产党结束了中华民国对中国大部分领土的统治，国民党中国政府撤到台湾。苏联提议立即驱逐国民党代表，由新建立的中华人民共和国代表取代这一席位。美国表示反对。苏联为表示抗议，退出了联合国有国民党代表参加的所有机构。

联合国秘书长特吕格弗·赖伊1952年卸职。瑞典国务部长达格·哈马舍尔德当选接任赖伊。1957年他再次当选连任。

大会权力扩大

1950年，朝鲜战争期间，大会通过了"团结争取和平决议"。每当安理会因为否决权而不能有效地制止侵略时，多数会员国便要求大会召开紧急会议。大会可提议采取"集体措施"，包括使用武力。

1956年埃及对苏伊士运河实行国有化后，联合国在中东便运用了这种权力。大会建立了联合国紧急部队(UNEF)。其首要任务是监督以色列、法国和英国从埃及撤军。

苏联和其他一些国家拒绝承担联合国紧急部队的活动开支。它们宣称，大会没有经过合法授权，所以不能强行分摊维和部队的开支。

1956年10月，匈牙利发生了反政府的骚乱，随后苏联出兵镇压。苏联对安理会关于要求苏联撤军的提案投了否决票。于是大会要求派遣联合国观察员去匈牙利，这一要求也遭到拒绝。

其他维和团体

1960年为平息内乱,应刚果共和国(现在的扎伊尔)请求,安理会授权维和部队出兵刚果。随后,联大向各成员国收取联合国刚果维和行动(ONUC)费用。苏联在这个问题上的态度,与处理埃及紧急行动如出一辙,它宣称,这笔费用不合法,并拒绝承担。这次法国改变了态度,成为几个支持苏联的国家之一。

1961年底,联合国作出种种努力,试图筹集资金,包括批准发行2亿美元的债券。次年,国际法院发表参考性意见,认为联大有权在各成员国之间分配维和经费。然而,不愿承担费用的国家仍坚持原有立场。

在实施刚果维和行动的最初阶段,苏联便指责哈马舍尔德支持亲西方的刚果人。它要求免去哈马舍尔德联合国秘书长的职务,并要求废除一人主政的管理方式,代之以一个代表西方、苏联和中立国三方的领导小组。

哈马舍尔德不幸于1961年9月死于飞机失事。甚至在这之后,苏联仍一直在组成三方领导机构的问题上施加压力。但同年11月,还是由缅甸的吴丹开始代理行使联合国秘书长的权力。由于他在调解美国和苏联之间的古巴导弹危机问题上提高了威望,1962年11月他当选为秘书长。(参见:**吴丹**)

20世纪60年代初,联合国成员国数量大增。非洲、亚洲的大批新兴国家加入联合国,产生了新的投票集团组合,也使得6个安理会非常任理事国席位和18个经社理事会席位的竞争异常激烈。

1963年底,联大通过了联合国宪章的修正案提议。修正案提出,安理会增为15个席位,经社理事会增为27个席位。由此开始了批准该修正案的缓慢过程。1965年,安理会所有常任理事国和2/3联合国成员国终于批准了这项修正案。

与此期间,作为临时措施,联大开始允许两个国家共享两年的任期。举例来说,捷克斯洛伐克于1964年开始任理事国,次年将该席位让给马来西亚。

这一时期,联合国的其他活动还有1961年在也门采取维和行动、马来西亚建国前在北婆罗州(沙巴)和沙捞越进行民意测验等。

在西新几内亚(荷属),联合国结束了托管期,这一领土被重新命名为西伊里安省(即现在的伊里安查亚省),并归给印度尼西亚。1963年10月,美国、苏联、英国与联合国签署部分禁止核试验条约。

1964年3月,安理会授权维和部队及调停人进驻塞浦路斯以平息希腊与土耳其族塞浦路斯人之间的战争。由于塞浦路斯和提供维和部队的国家同意支付部分费用,从而避免了先前联合国埃及维和行动和联合国刚果维和行动所造成的经费问题。其余费用则以自愿捐助方式解决。

在经费问题上求得妥协

1964年6月30日,最后一批联合国维和部队撤离刚果。联合国刚果维和部队的支出高达38150多万美元。埃及维和部队的支出每年也达到大约1800万美元。这些维和行动所欠的费用,使联合国濒于破产。

美国对苏联、法国及另外11个拒不支付费用的国家不断施加压力,威胁要对它们实施联合国宪章第19条。该条规定,一国若拖欠2年应支付的费用,将在联合国大会上"失去表决权"。

第19次联大会议在两次延期后,于1964年12月开幕。为了避免美苏在经费问题上摊牌,联合国没有进行正式的投票表决。为防止出现宪章第19条所说的情况,大会一致通过了一些决议。

1965年以后的联合国

联合国20周年纪念因为第一起退出事件而蒙上阴影,即印度尼西亚为抗议马来西亚获得安理会席位,于1965年1月退出联合国(印度尼西亚于1966年又重新加入联合国)。

同年,大会通过了由维持和平委员会提出的一个方案,结束了有关宪章第19条的争论。该方案规定,不能对拖欠会费的成员国实施宪章第19条,应采用自愿捐助方式解决紧急维和部队的经费问题。

11月,联大20次会议面临一场危机,罗得西亚(现在的津巴布韦)脱离英国宣布独立,但却不给予占人口大多数的黑人更多的投票权。1966年安理会对罗得西亚强制实行经济制裁,这在联合国历史上还是第一次。联大20次会议面临的另一场危机是,印度和巴基斯坦之间爆发了冲突。1966年,联合国观察员监督双方军队撤回到1949年的停火线。

联大21次会议期间,联合国秘书长吴丹经劝说后,接受了第二届任期。达成了禁止在外层空间试验核武器的条约。

1968年,大会投票表决,将西南非洲的名称改为纳米比亚,并谴责南非继续违反联合国关于终止南非对这一地区托管的决议。它号召成员国断绝与南非的关系。

1968年6月,大会通过了防止核武器扩散条约。稍后,苏联和匈牙利对安理会谴责苏联1968年8月入侵捷克斯洛伐克的决议投了否决票。

1971年,大会在同一决议中,承认中华人民共和国在联合国的合法席位,并驱逐中华民国(台湾岛)的代表。同年,吴丹宣布退休。奥地利的库特·瓦尔德海姆1972年接任联合国秘书长一职(见:**瓦尔德海姆**)。

1973年10月,中东重新爆发战争,联合国发出停火呼吁。一支由7000名军人组成的联合国紧急部队被派驻苏伊士运河地区。1974年年中实现停火以后,联合国脱离接触观察员部队进驻格兰高地缓冲区,监督双方军队撤离。1975年11月,大会通过了一项有争议的决议(1991年撤销了该决议),谴责犹太复国主义是一种"种族主义与种族歧视"。1980年3月,联合国支持关于谴责以色列在阿拉伯领土定居的决议,又引起了一场新的争论。

1981年,联合国难民事务高级专员办事处,获得诺贝尔和平奖,这是它第二次获得此项殊荣。自1976年以来一直任联合国秘书长的瓦尔德海姆,没能赢得第三次的连任。秘鲁的佩雷斯·德奎利亚尔成为他的继任者,任期从1982到1991年。后来埃及的布特罗斯·加利取代佩雷斯·德奎利亚尔成为新的秘书长。他们两个分别成为担当此职的第一位非洲人和拉美人。

1988年的诺贝尔和平奖被授予联合国维和部队。1989年，联合国安理会通过关于在中美洲派遣维持和平部队的提案，以确保在洪都拉斯的尼加拉瓜反政府武装孤立无援。此举是联合国第一次在西半球所采取的较为重要的行动。1989年10月18日，联大投票选举古巴为安理会非常任理事国，这是它自1956年以来第一次占据这一席位。1990年，获得独立后的纳米比亚成为联合国第160个会员国。随着苏联1991年的解体，它以前的许多加盟共和国都相继被接纳为联合国成员。

1990年伊拉克入侵科威特后，安理会通过了12项针对伊拉克的决议。以美国为首的多国部队被部署在海湾地区。1991年初，经过41天的战争，伊拉克军队被赶出了科威特。联合国调查小组被派往伊拉克，寻找并销毁其武器生产设施。

外交　DIPLOMACY

国家之间的谈判行为称作外交。正如林顿·约翰逊总统在谈论政治时所说的那样，外交是无限可能的艺术。当然，从事外交活动的人被称作外交官员。他们的任务是在条件许可的情况下为其所效力的国家尽力谋求和平与谐调。

外交机构和外交人员

每个独立国家均有处理外交事务的政府机构。在美国，大使必须由总统任命，并获得参议院批准。大使不一定要在外交部门接受训练。尤其是在美国，的确有许多大使是因为他们在政治上的忠诚或支持而被任命为大使的，他们可以是未经任何外交训练的。

现代外交官员通常是受过语言、历史、法律、经济学以及外交事务教育的大学毕业生。外交官员们会经常发现对世界的某一特定区域作专门研究，即对某个国家的政治、经济和文化作必要的深入研究，是非常有用的。

英国　现代的英国外交部始建于1965年，其中并入了一些其他机构。它为伦敦的外交和英联邦事务部以及驻外使馆配备工作人员。外交部由管理、决策、办公室、通讯、秘书和保安等部门组成。

美国　美国大使级以下的外交官员是由行政机构管理的。1924年，根据议会的一项法案，外交部建立在专门的职业制度的基础之上。根据1946年的法案和后来的修订案以及行政命令，使得外交部门得到了更加深入的发展。除了正规的外交官员之外，还有在特定时间内提供服务的由专家组成的外交储备人员、一个提供技术和文书服务的外交人员小组，以及一个培养外交人员在其职业生涯中不断进取的外交学院。

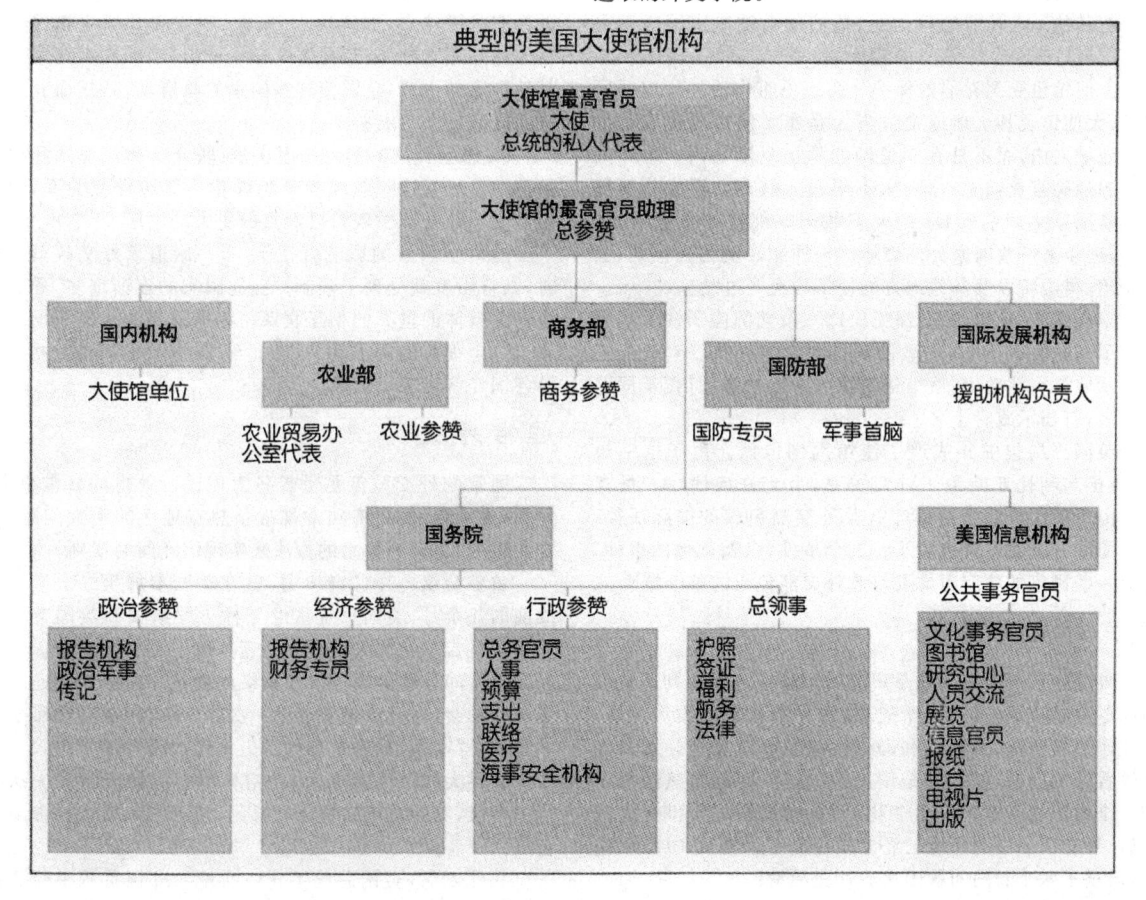

典型的美国大使馆机构

- **大使馆最高官员 大使**（总统的私人代表）
  - **大使馆的最高官员助理 总参赞**
    - **国内机构**：大使馆单位
    - **农业部**：农业贸易办公室代表、农业参赞
    - **商务部**：商务参赞
    - **国防部**：国防专员、军事首脑
    - **国际发展机构**：援助机构负责人
    - **国务院**
      - 政治参赞：报告机构、政治军事、传记
      - 经济参赞：报告机构、财务专员
      - 行政参赞：总务官员、人事、预算、支出、联络、医疗、海事安全机构
      - 总领事：护照、签证、福利、航务、法律
    - **美国信息机构**：公共事务官员、文化事务官员、图书馆、研究中心、人员交流、展览、信息官员、报纸、电台、电视片、出版

大使馆和领事馆

在外国首都建立的长期外交使团的总部称作大使馆。大使馆包括一个或多个建筑物,外交工作人员在那里处理他们的工作,大使也在那里拥有自己的办公室。长期的大使馆也可以设在政府间机构附近。例如,在纽约就有许多大使馆设在联合国总部附近(见:**联合国**)。

领事并非是外交官员,而是政府授权的政务官员,他负责在外国建立机构来保护本国侨民的利益。这也包括在外国经商的本国居民。对某个特定的国家来说,只能在其首都设立一个大使馆,但是可以有若干个领事馆遍布其国内主要城市。使馆负责处理日常事务,诸如延续护照等。如果领事馆所在国的居民想去这个使馆所代表的国家旅行,使馆可以向他们提供签证。例如,想去日本旅行的美国居民可以在最近的日本领事馆获得签证,从而使他们获准去日本旅行。

外交豁免权

根据1961年有关外交关系的维也纳公约,外交人员在其所居住国家享有外交豁免权。这意味着他们和他们的家庭成员不受东道国的刑法约束——除了部分国家例外——他们也不受民法的约束。当他们从一处到另一处去旅行时,他们的行李是不受检查的。然而,如果他们公然触犯法律或有其他不合礼节的行为时,他们就会被东道国驱逐出境。

大使馆也受到类似的保护。在一项叫作治外法权的原则下,大使馆及其土地通常被视为是在大使馆所代表的国家的地域之内,而不是在东道国的领土范围之内。未经大使馆的最高官员同意,任何人不得进入其内。因为外交豁免权是国家之间的安排,绝大多数国家都得尊重这一点。然而,近年来一些国家公然破坏这一原则。美国在伊朗、巴基斯坦、科威特以及其他地方的使馆均遭受过劫掠。

早在1984年初,外交豁免权这一概念的脆弱性就表现出来了。4月17日,在伦敦的利比亚使馆外抗议利比亚王国的示威游行活动中,使馆建筑物内射出枪弹,打死英国警察一名,打伤示威者十名。

英国当局包围并戒严了使馆周围地区。由于这一事件,英国与利比亚断绝了外交关系,但允许该使馆人员离境。由于英国政府坚持遵守有关外交豁免权的国际法律,使得那些开枪射击者逃脱了。这个事件,以及其他的事件,使得一些国家的政府考虑要修改外交豁免权的整个概念。

现代外交的世界

外交家们所谈论问题是广泛的。国家之间谈判所波及的问题也是广泛的,从关于战争、和平和裁军的重大问题,到关于边境争端、捕鱼权利、外援、移民额以及国际贸易等比较普通的问题,都在其范围之内。这些问题虽然经历了若干个世纪也基本未发生变化,但是自从第二次世界大战以后,外交所面临的环境已经大相径庭了。自从1945年以来,出现了六个新的问题困扰着外交活动:

1. 通讯和交通的巨大进步有效地缩小了世界的范围。世界上某一地区发生的事件能够迅速地被绝大多数其他地区所知道,从而反应时间也就比以前缩短了许多。大使可以毫无耽搁地将消息传给国内政府,并接受国内政府的政策指导。

2. 冷战使得整个国际社会变为从属于苏联和美国的两极。每个地区的外交都在两极化的阴影下进行着。直至20世纪80年代末期和90年代初期,这种紧张才有所缓和,并且苏联解体,其余忠诚于超级大国的国家之间出现了某种程度的分裂。(参见:**冷战**)

3. 当今世界上的国家要比1945年时多得多。殖民帝国消失之后,亚洲和非洲出现了许多新兴的民族国家。每个国家都想在国际论坛上使自己的声音引起其他国家的注意。这些国家相互竞争,它们经常成功地利用某个强国来对付其他国家。这些国家中的大多数成员还很贫穷,欠发达,它们构成了第三世界。它们的问题给工业化国家的外交带来了负担;这些国家中有许多成员拥有丰富的资源,但是许多国家的政府并不稳定。(参见:**第三世界**)

4. 在冷战期间,美国和苏联拥有庞大的核武器军火库,从而使得地区间能够保持平衡,并且创造了世界大战不可能爆发的格局。那么,从理论上来讲,每个国家对争取世界和平都起着重要的作用。

5. 尽管核战争是毫无可能的,常规战争却经常爆发。自从1945年以来,世界上爆发了40多次常规战争。当今世界充满了热点,如中美洲、南非、中亚和非洲之角等。除了上述热点之外,还存在着这样一种趋势,即许多国家干涉其他国家的内政,企图使这些国家的政府动荡,从而获得经济上或政治上的利益。

6. 影响外交的第六个因素是:联合国和其他国际组织的存在。尽管这些组织尚未能够替代双边外交关系,但它们创立了让各国发表自己观点的更大的论坛。

这六个因素的影响就在于:当一国追求外交政策目标时,其自由度就受到了限制。独立国家的逐渐增多,导致作为一个整体的世界的相互联系。特别重要的是经济上的联系。一个很好的例子就是:20世纪70年代的石油价格猛涨给各国经济带来了影响。

非常外交

通常的外交政策是世界各大使馆所处理的日常事务。但是,关于裁军、经济和常规战争热点地区的重大问题,需要大胆的、富有想像力的方法来实现国际间的谈判。

首脑会议 1941年8月,就在美国参加第二次世界大战前的几个月,美国总统富兰克林·罗斯福和英国首相温斯顿·丘吉尔在北大西洋的一艘军舰上举行了会谈。这是现代政府间首脑的第一次最高级的会议。战争期间还举行了其他的会议,其中最著名的一次是1945年在苏联雅尔塔举行的,罗斯福、丘吉尔和约瑟夫·斯大林参加了会议。第二次世界大战结束前不久,在柏林附近的波茨坦又一次举行了会议,美国总统哈里·杜鲁门、丘吉尔和斯大林参加了会议。

从此以后,美国总统不止一次地与外国首脑举行高级会谈。艾森豪威尔、肯尼迪、约翰逊、尼克松、福特、卡特、里根和布什等总统都和苏联最高领导人举行过会晤。尼克松、福特、卡特、里根和布什等总统也均会见过中国领导人。

战后时代最著名、最成功的首脑会议之一是1977年埃及总统安瓦尔·萨达特来到以色列，与以色列总理梅纳赫姆·贝京为了谋求和解举行的会晤。这次以色列之旅的结果是，1978年由美国总统杰米·卡特安排和作东的戴维营会谈。这次会谈达成了戴维营协议，该协议给出了中东和平的框架性原则。

20世纪80年代后期，美国和苏联之间关系的改善使得两国领导人有可能举行更具有建设性意义的首脑会晤。1990年11月，美国总统布什和苏联总统米哈伊尔·戈尔巴乔夫在芬兰首都赫尔辛基举行会谈，他们讨论了由于伊拉克入侵科威特所引起的波斯湾危机。他们以一种前所未有的一致，发表了共同宣言，声明要采取解决危机的行动。

穿梭外交 约翰·福斯特·杜勒斯，作为艾森豪威尔时期的国务卿，出访频繁。但是，使得穿梭外交成为一种基本外交手段的人还是亨利·基辛格。他在尼克松总统和福特总统执政期间，行程达数十万英里，足迹遍及全球各个地区（见：**基辛格**）。

有时为了穿梭外交，美国会派出特使。1982年，里根总统派遣菲利普·哈比卜以及其他谈判者前往中东地区，试图解决由于1982年以色列入侵黎巴嫩所引起的黎巴嫩危机。哈比卜在大马士革、耶路撒冷和开罗到处奔走，但事实表明他试图解决争端的努力是徒劳无功的。

20世纪末期，外交成为一种富于挑战性的、又常常令人沮丧的尝试，它力图使得存在于各独立民族之间、各种文化之间似乎不相容的矛盾得以和解。（参见：**外援**；**国际关系**）

护照　PASSPORT

旅行于绝大多数主权国家之间的人必须持有护照。护照是由政府所签发的文件，它可以证明持有人的居民身份，并且要求其他国家政府给予持证人以法律帮助和保护。护照包括对持证人的描述，以及符合特定要求的身份照片。

美国居民的护照是由国务院签发的。居民离开或重新进入一个国家时需要护照。美国的驻外大使馆和领事馆可以为遗失或者护照被盗的居民签发护照。在美国有13个护照办理机构。另外，大多数州或县政府以及一些邮局都受理护照申请。护照申请表格列出了获得护照所必须的要求。每个国家各自有其不同的要求。有些国家为非居民签发护照，但美国政府并不这样。

美国的护照自其签发之时起，在10年以内有效。如果申请人仅有18岁或者年龄更小，那么其有效期限即为5年。护照不可以延展期限，一旦过期就必须重新办理新护照来代替。护照并非是惟一的用以旅行的文件。许多国家需要入境签证。通常签证必须在旅行者出国之前获得。签证允许旅行者在具体规定的时间之内在外国居留。

在以前的好几个世纪里，人们使用与护照相似的文件。通常这些文件是一些证件，这些证件允许某个人按一定的路线旅行，并且保证受到一国统治者的保护。许多通行证是为在国内外旅行而制作和签发的。在英国法律中，护照一词最早见于1548年的法案中，但它指的是军事撤离。17世纪，英国政府为本国商船签发护照，以证明其国籍。

在北美洲殖民地，护照是由州长签发的，用以在殖民地之间旅行。在现行的联邦政府体制下，护照的签发权授予了国务院。然而，护照通常是由州长、市长或地方官员签发的。通过1856年的法案，议会最终将护照的签发权限定于国务院。自从19世纪以来，护照的外观发生了变化。早期的美国护照是30×46厘米大小的单张纸片。如今，护照是一本可以装入口袋的小册子。

国际联盟　LEAGUE OF NATIONS

为维护世界和平而设立的第一个国际组织是国际联盟。它建立于1920年，是结束第一次世界大战的那个和解的一部分。由于美国拒绝加入，国际联盟自其创始以来就受到了削弱。事实证明，国际联盟在消除导致1939年爆发的第二次世界大战的战争因素方面是无能为力的。第二次世界大战以后，国际联盟为联合国所替代（见：**联合国**）。

建立国际联盟的提案最早是由美国总统伍德罗·威尔逊于1918年1月8日作为停战谈判的基础的十四点意见中提出的。和谈以后，一个在威尔逊领导下的委员会继续开展这项工作。这项工作计划，即《国际联盟盟约》，成了《凡尔赛和约》的第一部分。这项和约签署以后，国际联盟就于1920年1月10日正式诞生了。首届大会于1920年11月15日在日内瓦举行，共有41个国家的代表出席了会议。随后又有二十多个国家加入了国际联盟，但也有一些国家退出。

国际联盟的二十六项条款阐明了国际联盟的组织结构、权力和目的。其具体目标是：促进解决国际争端的仲裁工作；造成军备的削减；研究并消除战争的肇因；促使世人关注人类劳动的一切领域。该组织由秘书长领导下的秘书处、理事会和大会组成。理事会通常由14个成员国的代表组成，其中5个为常任代表，其他9个为非常任代表。早期，理事会曾在荷兰设立国际常设法院，亦称国际法院。

所有成员国都一致同意服从于处理国际争端的程序，以避免任何可能发生的武装冲突。如果理事会一致通过某项报告（冲突国家的票数不予计算），成员国则必须遵照理事会的报告，不得对冲突国家宣战。成员国赞同对任何挑起战争的成员国采取"制裁"（经济封锁），而毋须将争端提交国际联盟处理。理事会并不拥有可执行决议的多国部队，但是它能够建议对挑衅的国家采用武力。

第一次世界大战以后，国际联盟在稳定金融、救济战争受害者等方面作出了有益的贡献。它的援助范围还包括：镇压奴隶制和非法毒品交易；改善工作条件；建立疾病研究机构；为政治和宗教受迫害者提供避难场所。国际联盟曾经成功地裁决过大量的国际争端，直到它因为遭受一系列的挫折而解体的最后几年。后来一些国家无视国际联盟：日本侵入中国；德国吞并奥地利和捷克斯洛伐克；意大利占领埃塞俄比亚和阿尔巴尼亚。

北大西洋公约组织 NORTH ATLANTIC TREATY ORGANIZATION (NATO)

把西欧和美国联系在一起,形成一个共同的防御联盟以对抗苏联及其东欧联盟的组织,称为北大西洋公约组织,或称北约。

由来 英国、苏联和美国在第二次世界大战期间作为盟国共同作战。但战争刚一结束,这个联盟也随即解体了。当欧洲其他国家的政治、经济遭到破坏时,苏联就已成为欧洲惟一的最强大的国家。尽管苏联在战争中也遭受了损失,它还是抓紧时机与东欧的弱小国家结合成一个卫星体系。

与此同时,美国、英国和法国在战后大幅度地削减了它们在欧洲的军事力量。1948年,美国制定了欧洲复兴计划,或称马歇尔计划。该计划的内容是,向欧洲倾注数十亿美元的援助款,帮助振兴被战争破坏的经济。在苏联的坚持下,东欧各国没有被允许参加该计划。

一个名为布鲁塞尔条约的、为期50年的共同防御联盟,于1948年3月17日(在捷克斯洛伐克发生政变一个月后)由比利时、法国、卢森堡、荷兰和英国签订。然而,人们认为,如果没有美国的帮助,该条约是不足以与苏联的军事力量抗衡的。条约签订后不到一个月,签署国就扩大共同防御问题与美国和加拿大进行了磋商。1949年4月4日,在华盛顿签订了北大西洋公约,最初的12个签约国是比利时、加拿大、丹麦、法国、冰岛、意大利、卢森堡、荷兰、挪威、葡萄牙、英国和美国。希腊和土耳其是1952年加入的,西德1955年加入,西班牙1982年加入。法国于1966年退出了北大西洋公约组织一体化的军事指挥系统,但仍保留为该组织成员。

组织和结构 北大西洋公约组织的管理机构是北大西洋理事会(NAC),由来自16个成员国的代表组成。大约从1966年开始,北大西洋理事会逐渐具有了防务计划委员会的性质。联盟的非军事化组织结构,由执行各种不同职能的委员会组成。

北大西洋公约组织最高军事机构是军事委员会,由除法国和冰岛以外的其他成员国武装部队的代表组成。委员会的总部设在布鲁塞尔。

北大西洋公约组织有3个区域性军事司令部:欧洲司令部,由欧洲盟军最高司令(SACEUR)领导;大西洋司令部,由大西洋盟军最高司令(SACLANT)领导;海峡司令部,由海峡盟军总司令(CINCHAN)领导。大西洋盟军最高司令的职务,一直由一位美国海军上将担任。而海峡盟军总司令的职务一直由一位英国海军上将担任。另外还有一个加拿大—美国地区计划委员会。

发展 北大西洋公约组织的发展主要分为五个阶段。第一阶段是组织成立初期,从1949年到1955年。在此期间,美国提供了大量的经济和军事援助。在这个阶段结束时,西欧人口最多的国家西德,被认为有实力与苏联扩张主义的威胁相抗衡,因而被接纳为该组织的成员。

从1955年到1967年是第二阶段。这一时期的重点放在建设北大西洋公约组织的军事力量和在欧洲重建均势。在以核武器作为防御体系的基础上,对军事力量进行了改组。

从1967年到1979年是第三阶段(以苏联入侵阿富汗为终点),包括关系缓和时期。这是与苏联扩大贸易,加强合作,签订限制战略武器条约及总体上紧张局势缓和的时期(见:**裁军**)。

第四阶段是一个国际局势紧张的时期。苏联入侵阿富汗说明其扩张主义没有停止。重新下定决心,提高美国的防御能力和在西欧部署新的核导弹,终止了缓和的局势,美国和苏联互相谴责对方为战争贩子。在20世纪80年代,北大西洋公约组织依旧是一个强大的防御组织,但被政治问题所困扰的许多欧洲的成员国,不愿意在它们的国土上部署新的核武器,美国亦不愿意继续在联盟内扮演主要角色。

1990年进入第五阶段。北大西洋公约组织和华沙条约组织的未来都不明朗。华沙条约6个国家的共产党政府下台或改组和柏林墙的拆除,改变了东西欧之间政治和军事的均衡。匈牙利正在就保持中立地位进行谈判;东德和西德重新统一并被接纳为北大西洋公约组织成员;波兰、捷克斯洛伐克、保加利亚和罗马尼亚在要求独立。1990年7月,在欧洲安全与合作会议上,北大西洋公约组织和华沙条约组织领导人签订了大范围的控制军备条约,并签署了一项"不再对峙"的声明。在苏联解体之后,美国开始削减其在欧洲的军事设施,并计划到1995年把1989年30万的军队人数减少一半。(参见:**华沙条约**)

NATO 见:北大西洋公约组织

英联邦 THE COMMONWEALTH

世界历史上最大、最富裕和最强盛的帝国是大不列颠帝国。在其顶峰时期,大不列颠统治了各大洋中的陆地和岛屿的广泛地域。有句俗语说:在不列颠的领土内,太阳永远不落。(见插页6)随着一块又一块的领土成为独立的国家,它们联合起来组成英联邦(1931—1949),其范围遍及全球。英联邦的成员国领土差不多占世界陆地面积的四分之一,人口也几乎占世界人口的四分之一。它是由各种人种和宗教信仰的民族组成的,其中有些民族具有最古老的文明,有些民族具有最年轻的文明。

英联邦是独立主权国家的自由、自愿的联盟,同时也包括某些国家对其负有责任的一些附属国。在联盟中,这些具有独立主权的国家与大不列颠是自由平等的伙伴。一旦附属国获得了完全主权,它可以决定是否成为英联邦的成员国。成员国可以选择离开英联邦,但只有少数国家脱离英联邦。

第一个不列颠帝国的起源

在16世纪,英格兰是一个没有海外领土的小岛国。西班牙和葡萄牙率先开辟了新世界和通往印度的航线。它们宣布它们对那些新地域拥有贸易垄断权。通过约翰·卡伯特在英国旗帜下所进行的那次航行,英国于1497年提出了对北美的领土要求。

在伊丽莎白一世统治期间,英国海盗和私掠船袭击西班牙殖民地,劫掠西班牙运送金银财宝的船只。这些袭击行动导致两国之间爆发了战争。1588年,英国舰队打败了西班牙的无敌舰队,确立了英国船只和航海技术的优势。

此时,英国已积极准备加入海外贸易和殖民竞争。一方面通过战争和征服,另一方面通过发现和殖民,建立起了帝国。1600年,伊丽莎白一世批准了建立英国东印度公司的特许状。这个公司为英国统治印度奠定了基础。后来,詹姆斯一世制定了在北美洲建立殖民地的计划。第一块永久性的殖民地是弗吉尼亚的詹姆斯敦,它建于1607年。到1700年,英属殖民地沿太平洋海岸线不断扩展。这一时期,英国还吞并了西印度群岛的众多岛屿,在非洲建立了商业邮政,在缅甸建立了殖民地,并在印度半岛建立了据点。

与荷兰和法国的竞争

荷兰和法国也加入了争夺海外领地的行列。17世纪,英国通过对荷兰的战争抢占了许多荷兰的领地,其中包括新尼德兰(纽约)。

通过乌德勒支条约(1713年),英国从法国手中夺得新斯科舍、纽芬兰和哈得逊湾等地域。1763年签订的巴黎条约,终止了七年战争,将加拿大的剩余地区划归英国。法国在印度的影响力下降了,英国却在那里建立起了霸权。库克船长的探险(1768、1772、1776)和悉尼(1788)、惠灵顿(1840)的殖民使得英国获得了澳大利亚、新西兰以及太平洋其他一些重要领地的主权。

这最早的不列颠帝国有十分之九在美洲。最富裕、最发达的是13个美洲殖民地。由于许多殖民地的自由、财富和力量与日俱增,许多殖民者开始不太看重他们与英国之间的纽带关系。最终,他们拒绝服从英国对其内政和商务的干预。经过一场激烈的战争,他们终于在1781年赢得了独立。

不列颠第二帝国的建立

同时,另一种具有划时代意义的革命也在英国内部爆发了。那就是产业革命。蒸汽动力和新式机器彻底改变了工业制造的过程,尤其是纺织业。从而,英国成为了世界工场。制造商们需要销售他们产品的市场和供应他们工厂的原料。英国航运业发展十分迅猛。英国海军承担了为大量船舶护航以及保护英国的海外投资和市场的任务。

在失去美洲殖民地之后的25年里,建立第二个更广泛的不列颠帝国的工作正在扎实进行之中。锡兰(现在的斯里兰卡)加入了进来,澳大利亚也开始沦为殖民地。英国占领了主要商业航线上的岛屿和港湾,作为海军基地、供应站和商务港口。英国向殖民地迁移的人口增加了。移民们主要选择了温带地区——加拿大、南非、澳大利亚和新西兰。

在19世纪和20世纪初,帝国的范围和力量得到了稳步的增长。英国和荷兰之间在1824年达成的协议使英国控制了马来亚的许多地盘。在17世纪和18世纪,英国已经开始在西海岸(塞拉利昂、黄金海岸、几内亚和其他地区)建立其领地。当荷兰参加拿破仑的对英战争时,英国于1806年从荷兰手中夺取了开普殖民地。荷属纳塔尔共和国也于1843年并入英帝国。1893年,很大程度上由于战胜了凶悍的马塔贝勒部落,不列颠帝国控制了罗得西亚。德兰士瓦和奥兰治自由邦在布尔战争(1899—1902)中战败。它们于1910年与开普殖民地、纳塔尔联合,组成南非联邦。

1895年,被称为新帝国主义的时期开始了。欧洲国家卷入了对未被占领的落后地区进行的疯狂争夺。在英国,这种殖民行动通常与本杰明·迪斯累里的名字连在一起,他曾经在维多利亚女王时代两次担任首相。他通过购买苏伊士运河的股票来保证对通往印度和远东地区的航线的控制,并且让维多利亚女王当上了印度女王。

第一次世界大战和国际联盟托管地

德意志帝国企图通过征服来扩大领土,导致欧洲于1914年爆发了第一次世界大战。虽然英国在大战中人员和财产均遭受惨重损失,但战后取得了对比以往更为广大的地域的控制。德国和土耳其的殖民地被作为国际联盟的托管地分配给各战胜国。

英国取得了喀麦隆和多哥兰的一部分以及几乎全部德属东部非洲,使得南非和英属东非、苏丹、埃及连为一体。自从1882年以来,埃及就被英国占领,但直到第一次世界大战英国宣布对其实行保护之前,它名义上仍属于土耳其。南非联邦接受了德属西南非洲作为其托管地。国际联盟还将诸如亚洲西南部的巴勒斯坦、外约旦、伊拉克等托管地区交付给英国。赤道南部的全部前德属岛屿均分配给澳大利亚和新西兰两国。

帝国的解体

美国独立战争以后,英国放松了对其殖民地管理的控制。讲英语地区的那些殖民地很快建立起了议会制的政府。

1867年,成立了加拿大自治领。澳大利亚和新西兰分别于1901年和1907年取得了自治地位。南非联邦和爱尔兰自由邦(南爱尔兰)分别于1910年和1922年成为自治领。

第一次世界大战爆发以后,在各地的非独立民族中兴起了民族化的思潮。英国于1930年同意结束其对伊拉克的托管。1935年,英国批准了一部印度新宪法,还许诺要从埃及撤军,并且对爱尔兰自由邦于1937年宣布其成立爱尔兰国家的行为并未作出任何反对。

英联邦的诞生

第一次世界大战爆发时,不列颠联合王国在未征求各领意见的情况下,代表不列颠帝国宣战。战后,1919年各领在和平条约上签字,并被国际联盟接纳为正式成员。1926年的帝国会议规定大不列颠和其他各领作为"自主的团体……,在地位上平等,在内外事务方面,尽管它们共同效忠于王国政府,并且作为英联邦国家自由交往,但是任何一方不得强迫另一方听从自己的意见"。这项原则体现在《威斯敏斯特条例》之中,该条例是在1930年的帝国会议上起草,并于1931年批准生效的。

英联邦成员国及其附属国

欧洲
大不列颠及北爱尔兰联合王国(及其附属岛泽西岛、格恩西岛和马恩岛) ··· 主权国家
直布罗陀 ·· 自治殖民地
马耳他 ··· 主权国家

非洲
博茨瓦纳 ··· 主权国家
英属印度洋地区 ······································· 殖民地
冈比亚 ··· 主权国家
加纳 ··· 主权国家
肯尼亚 ··· 主权国家
莱索托 ··· 主权国家
马拉维 ··· 主权国家
毛里求斯 ··· 主权国家
纳米比亚 ··· 主权国家
尼日利亚 ··· 主权国家
圣赫勒拿(以及阿森松岛和特里斯坦达库尼亚群岛)
··· 殖民地
塞舌尔 ··· 主权国家
塞拉利昂 ··· 主权国家
斯威士兰 ··· 主权国家
坦桑尼亚 ··· 主权国家
乌干达 ··· 主权国家
赞比亚 ··· 主权国家
津巴布维(罗得西亚) ································· 主权国家

美洲
伯利兹 ··· 主权国家
百慕大 ··· 殖民地
加拿大 ··· 主权国家
福克兰群岛 ··· 殖民地
圭亚那 ··· 主权国家
西印度群岛：
　安圭拉 ··· 非自治附属国
　安提瓜和巴布达 ··································· 主权国家
　巴哈马 ··· 主权国家
　巴巴多斯 ··· 主权国家
　开曼群岛 ··· 殖民地
　多米尼加 ··· 主权国家
　格林那达 ··· 主权国家
　牙买加 ··· 主权国家
　蒙塞拉特 ··· 殖民地
　圣基茨和尼维斯 ··································· 主权国家
　圣卢西亚 ··· 主权国家
　圣文森特和格林纳丁斯 ····························· 主权国家
　特立尼达和多巴哥 ································· 主权国家
　特克斯和凯科斯群岛 ······························· 殖民地
　维尔京群岛(英属) ································· 殖民地

亚洲
孟加拉国 ··· 主权国家
文莱 ··· 苏丹王国
塞浦路斯 ··· 主权国家
中国香港 ··· 殖民地
印度 ··· 主权国家
马来西亚(马来亚联合邦、沙巴、沙捞越) ··············· 主权国家
马尔代夫 ··· 主权国家
巴基斯坦 ··· 主权国家
新加坡 ··· 主权国家
斯里兰卡 ··· 主权国家

澳洲和南极洲
澳大利亚 ··· 主权国家
　澳大利亚南极洲领地(要求拥有主权) ················· 领地
　圣诞岛 ··· 领地
　科科斯(基林)群岛 ································· 领地
　珊瑚海群岛 ······································· 领地
　赫德岛和麦克唐纳群岛 ····························· 领地
　诺福克岛 ··· 领地
基里巴斯 ··· 主权国家
瑙鲁 ··· 主权国家
新西兰 ··· 主权国家
　库克群岛 ············· 与新西兰有自由联系的自治区域
　纽埃 ··············· 与新西兰有自由联系的自治区域
　罗斯附属国(要求拥有主权) ························· 领地
　托克劳 ··· 领地
巴布亚新几内亚 ····································· 主权国家
皮特凯恩岛 ··· 殖民地
所罗门群岛 ··· 主权国家
汤加 ··· 王国
图瓦卢 ··· 主权国家
瓦努阿图 ··· 主权国家
西萨摩亚 ··· 主权国家

第二次世界大战爆发时,除了爱尔兰保持中立以外,其他各成员国均站在英国的立场上宣战。英联邦遭受了严重的创伤。英国国内所受的压力很大,以至于其海军无法保护它边远的附属国。一些远在远东和太平洋地区的附属国被占领了。战争结束以后,英国已耗尽了全部力量,其在中东和亚洲的权益受到了削弱。

由于不能平息阿拉伯人和犹太人在巴勒斯坦的战争,英国于 1948 年放弃了托管权。1946 年,英国批准约旦独立。1947 年,英国取消了对印度的控制,将南亚次大陆划分为印度和巴基斯坦。1948 年,英国准许缅甸独立,并给予锡兰(现在的斯里兰卡)以自治领地位。1949 年,爱尔兰从英联邦中分离出来,成立爱尔兰共和国。

1949 年,印度正式通过了新宪法,宣布印度为共和国。印度希望留在英联邦里(如果英联邦不冠之以"大不列颠");但作为共和国,它不能承认英王作为其最高君主。一次英联邦首相会议达成了一致意见,即作为共和国,印度可

以将英王仅仅视为英联邦成员国的"自由联盟的象征"。于是,"不列颠"一词在英联邦组织的名称中就被去掉了。

引导附属国走向独立

那些附属国为英国、澳大利亚和新西兰所治。早期的附属国大多数是殖民地。直到1983年,有些国家仍然与英国保持着联系,这些国家只管理其内政。还存在着一些保护领地和保护国,它们是由本国王子或部落首领管理着的。

英国采取了引导附属国走向自治和训练附属国人民使其具有管理国家的责任心的政策。通常的方式是在殖民地建立起区域自治制度。其中包括:立法机构(通常称作立法院);行政机构(通常称作行政院),总督是其最高行政长官;以及独立的司法机构。起初政府官员是任命的,但由于宪法的修正,越来越多的选举因素被引入,最终使得选举出来的官员能够负起全部责任。当殖民地取得内部自治权以后,其立法机构就可以向英国议会申请完全独立。它可以决定是否留在英联邦内部。

无法律约束的自由联盟

英联邦与其他国际实体不同。它没有正规的宪法,没有内部章程,也没有中央权力机构。成员国之间不负有法律的或正式的责任;它们是因为有着共同的传统、制度和经历,以及有着自身的经济利益而联合在一起的。英联邦曾经起到了维护世界和平和沟通发达国家与欠发达国家、不同种族之间的桥梁的作用。

英联邦的行动是基于成员国之间的协商——通过书信或召开会议进行讨论。英国的协商中心是外交和联邦事务部,该机构由作为内阁成员的、掌管外交和英联邦事务的国务大臣负责。每个成员国派遣一名被称为高级专员的使者到其他成员国的首都。英联邦会议包括政府首脑会议和教育会议。英联邦还设有特别委员会,包括航空研究咨询委员会和科学委员会。

成员国之间教育方面的合作采取了多种形式。大约有三分之二英国大学里的外国留学生来自于英联邦国家,其中许多学生可以获得奖学金。每年有数以百计的教师到外国去从事教育工作。英国和其他老牌成员国在教育和技术方面给予了发展中国家大量的帮助。

在英联邦国家内部,英国拥有巨额的海外投资,其中既包括政府投资,也包括私人投资。英国还给予各个英联邦成员国以关税优惠,并给予附属国的发展以帮助。大量的英联邦国家的出口产品销往英国。

英联邦的发展

随着以前的附属国逐渐获得独立主权,英联邦成员国不断增多。加纳和马来亚于1957年加入英联邦;尼日利亚于1960年加入;塞浦路斯、塞拉利昂和坦噶尼喀于1961年加入。南非由于其他国家谴责其种族隔离政策,于1961年退出英联邦。牙买加、特立尼达和多巴哥、乌干达于1962年加入英联邦。1963年,马来西亚联邦(包括马来亚、新加坡、沙捞越和沙巴)、肯尼亚和桑给巴尔加入了英联邦,同年罗得西亚和尼亚萨兰联邦结束。马拉维(尼亚萨兰)、赞比亚(北罗得西亚)和马尔他于1964年加入英联邦。新加坡于1965年成为独立国家。同样在1965年,冈比亚成为英联邦中的独立成员国。1966年,圭亚那、莱索托、博茨瓦纳和巴巴多斯成为独立国家。1967年,西印度群岛的殖民地安提瓜、多米尼加、格林纳达、圣基茨-尼维斯-安圭拉和圣卢西亚成为与英联邦有联系的国家。1968年,毛里求斯、斯威士兰和太平洋的瑙鲁岛独立。

由于安圭拉反对加强与圣基茨和尼维斯的联系,该国经公决,决定断绝与英国的一切联系。英国军队于1969年占领该岛,从而安圭拉被置于直接的殖民地管理之下。1976年,安圭拉获准成为独立附属国,并于1980年正式成为独立附属国。

1970年,西萨摩亚加入英联邦,斐济和汤加成为英联邦的独立成员国。1972年,当其他国家承认孟加拉国(东巴基斯坦)独立时,巴基斯坦从孟加拉国撤出。后来,孟加拉国加入了英联邦。巴哈马于1973年赢得独立,格林纳达于1974年独立;巴布亚新几内亚于1975年独立;塞舌尔于1976年独立;所罗门群岛、图瓦卢(埃利斯群岛)和多米尼加于1978年独立;圣卢西亚、基里巴斯(吉尔伯特群岛)和圣文森特和格林纳丁斯于1979年独立;瓦努阿图(新赫布里底群岛)于1980年独立。尽管罗得西亚于1965年单方面宣称其独立,并于1970年宣布其为共和国,但是英国拒绝承认其少数白人所组成的政府。津巴布韦于1980年正式获得独立后,加入了英联邦。

今日英联邦

1981年,伯利兹和安提瓜(作为安提瓜和巴布达,包括无人居住的雷东达岛)两殖民地获得独立。马尔代夫于1982年成为英联邦的一个特别成员国。圣基茨和尼维斯,作为最后一个与英国有联系的国家,于1983年获得完全独立。1984年,受保护的文莱苏丹王国也获得独立。紧接着斐济爆发军事政变之后,斐济成为共和国,于1987年丧失了在英联邦中的成员国地位。1989年,巴基斯坦重新加入英联邦。

1990年,纳米比亚获得独立,并加入英联邦。1984年9月,英国政府和中国政府起草了一个关于于1997年归还香港殖民地由中国管理的法案。

非洲统一组织 ORGANIZATION OF AFRICAN UNITY (OAU)

第二次世界大战结束以来,非洲在很大程度上已成为一个由新国家或经过革命的老国家组成的大陆。那些在19世纪由欧洲国家建立的殖民帝国被一批新独立的国家所取代。这些国家大部分仍旧经济不发达,处于贫穷的困境,政治上也不稳定。许多新国家的首脑意识到它们都是弱国,于1963年5月25日成立了一个政府间的非洲统一组织。除南非以外,所有非洲国家都先后加入了非洲统一组织。纳米比亚作为该组织的第51个成员国,在1990年才参加。(摩洛哥由于一个与它进行战争的西撒哈拉独立阵线反叛组织出席一次会议,而于 1984 年退出。)

非洲统一组织在其宪章中阐述其组织的目的为:促进非洲的团结;根除一切形式的殖民主义;努力提高生活水平;增进国际合作;捍卫非洲各国的独立和主权。非洲统一组织的主要机构是国家和政府首脑会议,会议每年举行一次。两次最高级会议之间,非洲统一组织的工作由各成员国外交部长组成的部长理事会负责处理。部长理事会每年举行两次。非洲统一组织在联合国设有一个"非洲集团"办事处,负责联系国际合作事宜。

美洲国家组织 ORGANIZATION OF AMERICAN STATES (OAS)

21 个西半球国家于 1948 年 4 月 30 日在哥伦比亚的波哥大成立了美洲国家组织。在该组织宪章中明确规定了其宗旨,即:在美洲大陆上建立和平正义的秩序,促进团结,加强合作,维护主权、领土完整和独立。除了开展自己的活动外,它还是联合国的一个机构。

美洲国家组织通过以下机构开展工作:(1)大会;(2)外长协商会议;(3)三个地位相同的理事会:常设理事会、美洲经济和社会理事会,以及美洲教科文理事会;(4)美洲司法委员会;(5)美洲人权委员会;(6)总秘书处;(7)专门性会议;(8)专门性组织。

大会是美洲国家组织的最高权力机构,它每年定期召开会议,制定全面的政策,处理成员之间的关系,协调各个机构的工作。每一国家可派出一个代表团,但投票时只有一票。

外长协商会议负责处理紧急事件。1962 年,外长们投票把古巴开除出美洲国家组织,因为坚持马克思主义的古巴被认为"不符合美洲体系的原则和目标"。1965 年,美洲国家组织向多米尼加共和国派出了停战小组,并派驻了多国维和部队,以恢复该国的正常秩序。

常设理事会直接接受大会领导,并监督总秘书处工作。它作为大会的筹备委员会,为每一届会议准备各项议程。总秘书处的总部设在华盛顿(哥伦比亚特区),它是美洲国家组织及其成员国政府的服务性机构。美洲国家组织的前身是成立于 1890 年的泛美联盟。

美洲国家组织的专门性组织实施与儿童福利、妇女地位、人权、国防、农业、卫生、印第安人、地理和历史有关的各项计划。美洲国家组织谴责美国 1989 年底对巴拿马的入侵。1991 年海地发生政变,推翻其总统,不久,美洲国家组织投票通过对海地实行经济制裁。1991 年 1 月伯利兹和圭亚那被批准为第 34 和第 35 个美洲国家组织成员国。

OAS 见:美洲国家组织

欧洲共同体 EUROPEAN COMMUNITIES

第二次世界大战几乎摧毁了欧洲社会。对不得不在废墟上重建自己国家的政治家来说,至关重要的是确立新的经济和政治合作形式,以振兴经济和维护和平。起初,长期竞争对手在贸易关系方面相互支持的想法,似乎是痴人说梦。然而,产生于这一理想的欧洲共同体却取得了令人羡慕的成就。

20 世纪 50 年代,比利时、法国、西德、意大利、卢森堡和荷兰(称作六国集团),为了保护其基本利益,设立了一些互相协调的机构。1967 年 7 月 1 日,六国协调政策又迈出了新的一步,三个原有的经济协调机构合并为一个新的机构,即欧洲共同体。后来,其他一些国家陆续加入了该组织。丹麦、英国、爱尔兰 1973 年成为新成员国,希腊于 1981 年加盟,西班牙和葡萄牙于 1986 年加入该组织。1987 年土耳其提出入盟申请,但因侵犯人权而在 1989 年底被拒绝。奥地利 1989 年申请加入该组织。

1990 年 4 月,该经济集团宣布将在 1992 年 12 月 31 日前实现"政治统一",包括共同的外交和防务政策。预定也在 1992 年实现的货币统一,即采用单一的欧洲货币,却引起很大争论。1991 年欧洲共同体和七国欧洲自由贸易协会经谈判后达成了建立欧洲经济区的协议。世界上最大的自由贸易区(从贸易额来看)于 1993 年 1 月 1 日正式建立。

虽然这一自由贸易区按时建立了起来,但统一欧洲的设想却遇到了严峻的考验。12 个成员国的代表于 1991 年 12 月在荷兰马斯特里赫特会晤,批准了一项条约,要求成立一家中央银行,采用共同的货币,采取削弱国家主权的其他政策。丹麦在 6 月举行的全民投票中拒绝接受这一条约;法国公众则勉强通过了该条约。除此之外,德国的高利率迫使英国和意大利将其货币从欧洲浮动汇率中脱离出来。在关于农产品补贴、国际关税和贸易等问题上,以及在与前共产党国家的关系等方面,欧洲共同体成员国之间也存在着分歧。

欧洲煤钢联营 该组织是由比利时的保罗-亨利·斯巴克、法国的罗伯尔·舒曼和让·莫内等一批政治领导人帮助建立起来的,它是后来成为欧洲共同体的三个机构中最早成立的一个(见:斯巴克)。成立欧洲煤钢联营的设想最初是舒曼在 1950 年提出的,他认为欧洲国家应成立一个独立机构,委托它全权领导煤炭和钢铁工业。六国集团讨论了由莫内起草的舒曼计划,根据巴黎条约(1951),欧洲煤钢联营于 1952 年 7 月 25 日成立。

欧洲经济共同体 欧洲煤钢联营的成功,促使六国集团迈向更大的政治统一,根据罗马条约(1957)建立了另外两个共同体。欧洲经济共同体(通常称为共同市场)于 1958 年 1 月 1 日成立,目的是消除成员国之间的贸易壁垒。1959 年首次削减了 10% 的内部关税。1968 年中期成立了关税同盟,取消了所有内部关税。随着整个经济的统一,欧洲经济共同体的过渡阶段于 1969 年 12 月 31 日结束。

欧洲原子能联营 该组织于 1958 年 1 月 1 日成立,其宗旨是形成共同市场,以便为和平目的开发核能。

欧洲共同体诸机构 欧洲煤钢联营、欧洲经济共同体和欧洲原子能联营在 1967 年合并之前,都拥有自己独立的委员会和理事会。目前,欧洲共同体惟一的委员会由 17 名成员组成,任期 4 年,由各国政府委派,但并不对本国政府负责。它向部长理事会提出行动方案,还可以向欧洲法院控告其他机构(或国家)。部长理事会由每一成员国选派一名代表组成,它是欧洲共同体真正的决策权力机构。它决定如何执行条约,如何协调成员国之间的经济政策。

最高决策由欧洲理事会作出,它由成员国国家或政府首脑组成,自 1974 年以来定期召开会议。欧洲共同体的其他机构有欧洲法院、审计院、经济和社会委员会以及欧洲投资银行。欧洲法院成立于 1958 年,负责检查委员会和部长理事会的法案的合法性,也听取成员国之间争端的诉讼。审计院取代审计局,成立于 1977 年,负责对欧洲共同体的支出与收入作外部审计。

自 1958 年以来,经济和社会委员会一直向欧洲共同体委员会和部长理事会提出一般经济政策方面的意见。这个咨询机构由 189 名成员组成,代表着雇主、管理人员、工会、专业人员、农民、消费者和小企业。欧洲投资银行成立于 1958 年,是个独立的公共金融机构,提供长期信贷。在这个银行领导下,欧洲货币体系于 1979 年 3 月开始运转,目的在于调节货币汇率。

欧洲议会始创于 1958 年,由欧洲共同体成员国的立法机构指派的代表组成。1979 年成为一个拥有 434 名议员的立法机构,议员来自各成员国,由公民直接选举产生,大都有政党关系。1986 年欧洲议会扩大,议员数达 518 名。欧洲议会主要是个公共论坛,讨论对欧洲共同体有重大关系的各种问题。

独联体 INDEPENDENT STATES, COMMONWEALTH OF

1991 年下半年,苏联——世界上最大的国家和高度军事化的超级大国——分解为若干个有宪法制定权的共和国。这是前所未有的经济和政治的大分裂,这在几个月前是令人不可想像的。12 月 25 日,苏联为 10 个原共和国构成的松散的独立国家联合体所取代。波罗的海国家爱沙尼亚、拉脱维亚、立陶宛已于 9 月份独立,因此没有加入新的独联体。(阿塞拜疆是几个条约签署国之一,但到 1992 年只保留了观察员的身分。)格鲁吉亚因当时正处于内战,所以没有加入,也是观察员。

苏联在第一次苏维埃代表大会批准组成后,于 1922 年 12 月 30 日宣告正式成立。苏联来源于 1917 年俄国革命——特别是共产党中的布尔什维克政党接管的政权。布尔什维克领导人列宁成为新国家的领袖,但 1924 年列宁逝世,约瑟夫·斯大林被推到显赫的位置并掌握了政权。(参见:列宁;斯大林)

1953 年斯大林逝世之前,他一直统治着苏联。苏联成为一个完全极权主义的国家;一切由中央政府控制(见:极权主义)。第二次世界大战后,斯大林把东欧国家置于他的控制之下,在苏联和西欧之间形成了一个保护屏障。

斯大林之后的领导人分别为马林科夫、赫鲁晓夫、柯西金、勃列日涅夫、安德罗波夫、契尔年科和戈尔巴乔夫。从斯大林逝世到 1985 年戈尔巴乔夫上台的这 32 年间,苏联同美国一样是世界两个核超级大国之一。被称为"冷战"的这个时代的特征是两个超级大国之间的竞争和紧张关系。(参见:冷战;北大西洋公约组织;华沙条约)

尽管苏联的军事力量强大,但它的政治体制和经济运转不灵,只是靠武力来维持。到 80 年代苏联陷入极度困境,已不能够在试图满足不断增长的消费欲望的同时与美国军备的强劲增长保持一致。在内外交困的状况下,戈尔巴乔夫上台。

戈尔巴乔夫时代

戈尔巴乔夫是第一位第二次世界大战后出生的苏联领导人。他比所有的前任受教育程度都高,并且比较诚实。他很快认识到苏联的经济处于混乱状态,并且每年都落后于其他发达国家。他强烈呼吁调整经济。他提倡言论自由。自由导致了对民主的需求。(参见:**开放与改革;戈尔巴乔夫**)

然而,戈尔巴乔夫有一个严重的问题。他的目标是使社会主义成为可行。他从未打算抛弃这整个制度。但问题逐渐出现了。苏联的领导层分为两派:一派要保留并改造共产主义,另一派要放弃共产主义,实行西方式的市场经济。当戈尔巴乔夫明确地表示,将不再运用苏联军事力量支持东欧共产主义国家时,1989 年这些国家开始像用纸牌搭成的房子一样倾覆。从北部的波兰到南部的巴尔干,这些国家都废除了共产党政府的统治。1989 年 11 月柏林墙被推倒,1990 年德国重新统一。

1991 年的危机

由于戈尔巴乔夫没有把握住自己的政策,他的政府失去了方向。与此同时,他的一位支持民主的对手叶利钦当选俄联邦总统(见:叶利钦)。这样中央政府内又产生了一个新的权力中心。1991 年 8 月 19 日,苏联政府长期的忠实拥护者发动政变,迫使戈尔巴乔夫下台。叶利钦集结人民反对政变,72 小时之内政变失败。随后事态迅速发展。共产党被迫交出权力。波罗的海国家宣布独立,叶利钦对此认可。其他加盟共和国也表示了他们脱离联盟的意向。戈尔巴乔夫反对这些动向,然而此时他已没有权力阻止了。

12 月 8 日,俄罗斯、乌克兰和白俄罗斯的领导人在一起签署独立国家联合体协议。这 3 个共和国占苏联领土的 80%,人口的 73%。仅乌克兰可能就是除俄罗斯之外欧洲最大的国家,其国土面积是意大利的两倍,人口位于欧洲第五位。协议允许每个共和国行使独立国家的职能,制定各自的外交政策。卢布仍将是 3 个共和国的统一货币。每个国家都将遵守苏联制定的国际承诺。白俄罗斯的明斯克指定为"独联体"的首都。但对苏联军队的控制和新共和国境内的核武器问题未能立即解决。戈尔巴乔夫公开指责这个新的格局,却无力制止。建立"独联体"的协议于 12 月 12 日由 3 个共和国的议会批准。

几天之后,又有 5 个共和国同意加入独联体;它们分别是哈萨克斯坦、吉尔吉斯斯坦、塔吉克斯坦、土库曼斯坦和乌兹别克斯坦。这些中亚国家的人大多数为穆斯林。其后又有 3 个共和国同意加入,它们是亚美尼亚、阿塞拜疆和摩尔达维亚。12 月 21 日,包括上述所有共和国的一个修改协

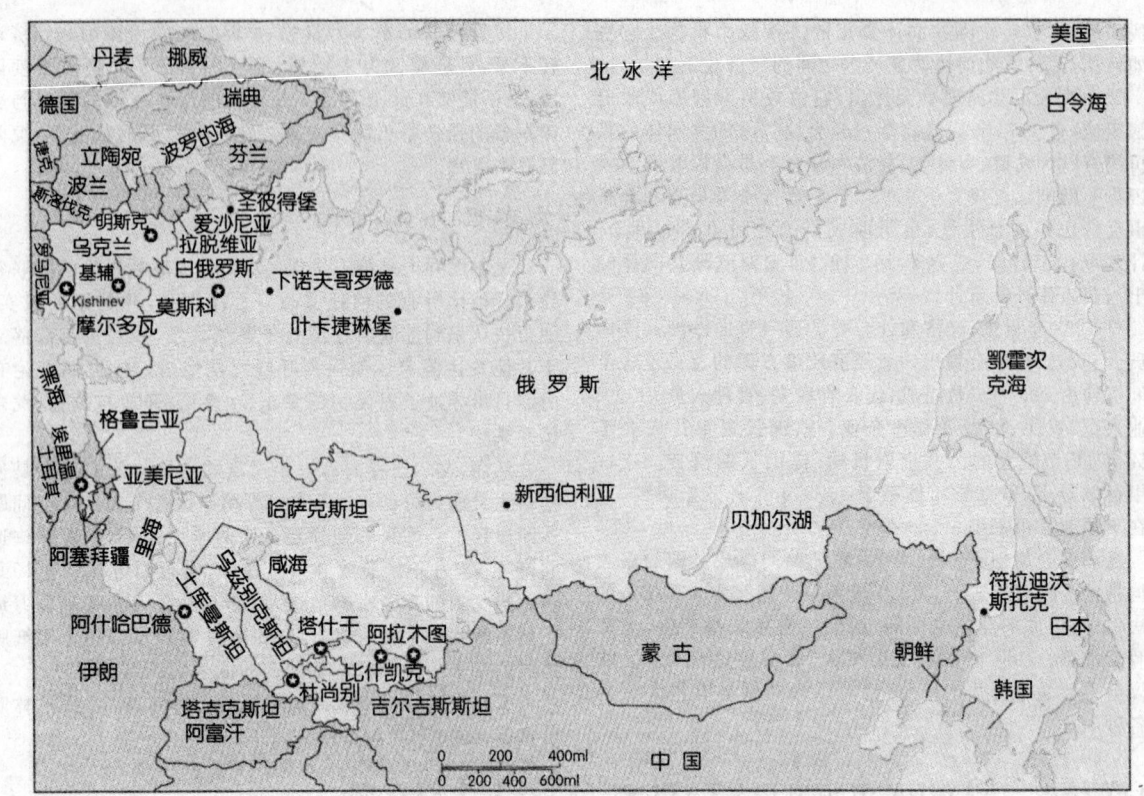

议在哈萨克斯坦的阿拉木图签署。阿塞拜疆议会没有批准这个协议,这样它和波罗的海国家及格鲁吉亚,留在独联体之外。1993年8月,摩尔达维亚也脱离独联体。

与此同时,戈尔巴乔夫和叶利钦于12月17日会晤,使结束苏联的协议生效。25日戈尔巴乔夫辞职,之后不到一小时,人们所熟悉的红色带有锤子镰刀图案的苏联国旗从克里姆林宫降下。独联体的成功将取决于解决严重的经济问题——特别是74年的管理不善、独裁所造成的物资缺乏和高物价。西方国家给予很大帮助来满足紧急需要,特别是食品。同时需要大量的外国投资,以开始彻底的经济改革。

独联体的问题

前苏联占地面积为22400000平方公里。新的独联体的面积也将近这么大:22100000平方公里。同时与前苏联一样,独联体也由许多民族、种族拼凑而成。

独联体既不是一个国家,也不是一个联邦。它是一个非常松散的政治联合体。彼此之间最紧密的联系是国家首脑会议。像1992年以前一样,没有共同的公民资格,也没有人民选举的政府机构。

每个共和国都有自己非常困难的经济和社会问题需要解决,都有许多希望看到改革失败的老共产党人。独联体成立后,各共和国的领导人都注重维护各自的权力,并试图进行经济改革,尽管已证明这是非常困难的任务。然而,独联体的命运却很少受到关注。

独联体成立的第一年,共和国之间的许多问题都与军队有关。1992年1月,7个共和国同意实行统一军事指挥。1992年5月5日,其中6个共和国签署了双边安全协定。核武器的处理一直是个问题,因为拥有核武器的共和国都想成为一个核国家。1992年8月,黑海舰队被俄罗斯和乌克兰瓜分。令原冷战对手,如美国担心的问题,是向中国、伊朗和其他国家出售先进军事技术。出售核武器是为了带来急需的资金。独联体的所有共和国都被内部的混乱困扰着。在这种情况下,经济改革表面上的失败也导致了政府内部的不满和调整。另外,各种族之间也相互进行战争。在最大的共和国俄罗斯内部,一些较小的一级行政区划开始要求独立。亚美尼亚共和国几乎一直同阿塞拜疆处于交战状态。

条约 TREATY

在国际法中,约束两国或多国的条例,称为条约。根据现代外交惯例,条约一词仅限于具有特定意义的国际条例。比条约低一层次的称惯例、条例、草案、法规、简约。虽然名称不同,它们与条约的含义及实质是一致的。

条约只能由国家制定,比如:美国的各州不能制定外交政策,不能缔结条约。条约既可是双边的,也可以是多边的(三个国家或更多国家之间的)。有些条约则有很多缔约国和签字国。

根据不同的目的,条约可分为几类。政治类条约包括结盟、和平协议、裁军协议、领土协议。商业类条约涉及关税、捕鱼权、航运、领事馆及旅游局的设立。有些条约是宪法性和行政性的,联合国宪章就属这一类。这种条约建立国际组织和专门化机构,并为它们制订规章。还有一些条约涉及犯罪裁决,目的是制止诸如恐怖主义的国际犯罪,提供引渡,也就是把罪犯从一国押送到另一国。民法类条约是关于保护人权和执行商标及版权法的条约。国际法的汇纂也属于条约范畴。这些条约包括处理战争和解决争端的准则。一个单一的条约往往含有几个这样的要素。

有些条约包含合约或和解协议的秘密草案或记录。包含秘密草案的那些比较著名的条约之一是1939年8月23日签署的德苏互不侵犯条约。这一条约的条款规定了两国相互之间的势力范围。几星期后又增加了补充条约,进一步明确了德苏之间瓜分东欧,尤其是波兰和巴尔干国家的方案。这两个条约于1941年德国入侵苏联后失效。

有效性 像民法契约一样,条约在签约国之间是有效的。当然这并不意味着签约各方都是平等的。一个由征服国强行与被征服国签订的条约,在国际法中也算是有效的。第一次世界大战后,凡尔赛条约就是这样的情况。

在现代实践中,条约可由全权代理机构签订,但它必须要等到有关各方同意或正式批准,并交换文本或将文本存放在中立区以后,才能生效。在美国,总统可以缔结条约,但它必须经参议院批准后,才具有法律效力。1979年6月18日,美国总统吉米·卡特与苏联列昂尼德·勃列日涅夫在维也纳签署了第二个限制战略武器条约。6个月后,由于苏联入侵阿富汗,这一条约未得到参议院的批准而被撤销。(参见:裁军)

联合国宪章第102条规定,如果一个国家为某一条约的缔约国,而该条约又未在联合国注册登记,那么该国就不可在联合国任何组织面前提出该条约,以寻求对它的支持。第103条规定,联合国各成员国对联合国宪章所承担的义务比它对其他任何国际条约所承担的义务更重要。

拒绝遵守条约,可能会导致战争,除非签约国一致同意撤销或废除该条约。若一方拒绝履行条约的某一条款,其他各方则可以不承担履行条约的义务。有时,条约文本会明确规定该条约的有效期。

复杂性 许多现代条约最明显的特点是其具有不寻常的复杂性,尤其是在经济和科学的领域中。有些条约文本,例如欧洲经济共同体的巴黎和罗马条约,就像许多国家的法律一样复杂。1944年,由国际货币基金组织和国际复兴开发银行(世界银行)所签订布雷顿森林协议,需要有高水平的法律和经济学知识,才能加以理解。协调国家政策与内容广泛的关贸总协定(GATT)也需要有高深的专业知识。因而,有许多这样的协定常常需要建立阐释条约和监督其执行情况的机构。例如,关贸总协定组织在瑞士的日内瓦设有代理机构。

1940年以来主要的条约 除了下列条约外,还有许多1940年以后签订的重要的条约。其中有:大西洋宪章(1941)、布雷顿森林协议(1944)、雅尔塔宣言(1945)、北大西洋公约(1949)、澳新美安全条约(1951)、东南亚共同防御条约(1954)、华沙条约(1955)、建立欧洲经济共同体的罗马条约(1957)、巴格达条约(1955)、建立欧洲自由贸易协会的斯德哥尔摩条约(1960)、进步联盟章程(1961)、印苏友好条约(1971)、限制战略武器条约(1972和1979)、巴拿马运河条约(1977)、埃以和平条约(1979)、海洋法公约(1982)、中程核武器条约(1987)。加拿大和美国之间平等贸易条约在力排加拿大许多官方部门强烈反对后,于1989年1月1日起生效。1988年4月,苏联、阿富汗、巴基斯坦和美国签署了一系列协议,试图结束长达10年的阿富汗战争。美国国务院出版了一本名为《美国诸条约及其他国际协议》的书,该书收录了很多条约文本。

重要的条约和联盟

亚当斯-奥尼斯条约 (1819—1821)西班牙与美国于1819年签署,并于1821年正式生效。条约规定西班牙割让东佛罗里达给美国,并承认美国分别于1810年和1813年提出的对西佛罗里达的领土要求。美国放弃了对得克萨斯的领土要求;西班牙也放弃了对西北太平洋地区的领土要求。

阿德里安堡条约(1829) 结束1828—1829年的俄国与土耳其之间的战争;承认希腊独立。

艾克斯拉沙佩勒条约 (1668) 结束法国与西班牙之间争夺西属尼德兰地区的主权的战争(主权移交之战)。

艾克斯拉沙佩勒条约 (1748) 结束奥地利继承权的战争(乔治国王的美洲之战);确定普鲁士在西里西亚和格拉茨地区的主权。

阿拉斯加边界仲裁条约 (1903) 确定加拿大和阿拉斯加之间的边界。

阿拉斯加购买条约 (1867) 美国花费720万美元从俄国购得阿拉斯加。

美中条约 (1844) 美国与中国之间的第一个条约。

亚眠条约 (1802) 英国与法国签署,条约规定在法国大革命期间免于战争。

英日同盟 (1902) 英国与日本之间互相提供防卫援助,以保护英国在中国的利益,以及日本在中国和朝鲜的利益。

北部武装中立同盟 (1780) 美国独立战争期间由俄国、瑞典和丹麦组成的集团,以维护其在公海上对英国的中立权。

奥格斯堡宗教和约 (1555) 查理五世默认了德国路德派诸侯和城邦的权利。

白令海仲裁条约 (1819) 裁定美国对白令海海豹捕捉场的控制权。

柏林会议 (1878) 对圣斯特凡诺条约作了有利于土耳其的修改。

柏林法案 (1884—1885) 确定在非洲的势力范围。

布列斯特-立陶夫斯克合约 (1918) 德国与俄国签署,结束第一次世界大战期间的敌意。

布雷蒂尼条约 (1360) 法国与英国签署;结束百年战争的第一阶段。

布加勒斯特条约 (1913) 结束第二次巴尔干战争。

蒲安臣条约 (1868) 美国与中国签署,规定两国之间可自由移民。

康布雷联盟　（1508）　当威尼斯正在同土耳其的先遣部队交战时，教皇、神圣罗马帝国、法国和西班牙为反对威尼斯而结成联盟。

康布雷和约　（1529）　查理五世强迫法国放弃其在意大利、佛兰德斯和阿图瓦的权利。

坎波福尔米奥条约　（1797）　在拿破仑的第一次意大利战役后，法国与奥地利签署。

克莱顿-布尔沃条约　（1850）　英国与美国签署，条约规定双方均不得单独享受对中美洲所建运河的控制权。

沃尔姆斯协定　（1122）　解决了罗马教皇加里斯都二世与亨利五世之间的关于授职的争端。

康斯坦茨和约　（1183）　腓特烈一世（红胡子）承认了伦巴第各城邦的自治权。

1818年公约　（1818）　英国与美国签署，确定以从伍兹湖至落基山脉顶峰的北纬49度线为美国和英属北美的边境线。

德国关税同盟　（1830）　于1819年始普鲁士在小范围内发起，至1830年已扩展到除奥地利以外的德意志各邦。

法兰克福条约　（1871）　结束普鲁士与法国之间的战争。

加兹登购地　（1853）　美国以1000万美元从墨西哥购得西南部地区的狭长地域，现成为亚利桑那州和新墨西哥州的一部分。

根特条约　（1814）　结束英国与美国之间的1812年战争。

瓜达卢佩伊达尔戈和约　（1848）　结束美国与墨西哥之间的战争；墨西哥放弃了在得克萨斯的所有权利，并将新墨西哥和加利福尼亚割让给美国。

哈瓦那法案　（1940）　美洲二十一国外长集会通过。该法案禁止任何将欧洲国家在西半球的殖民地或领地交给或试图交给另一个非美洲国家的行为。

海约翰-庞斯福特条约　（1901）　英国与美国签署废除克莱顿-布尔沃条约。

神圣同盟　（1815）　最早由俄、奥、普三国君主签署。宣扬基督教手足之情，后来除了英国、教皇和土耳其以外，所有欧洲列强都加入了该同盟，但从未发挥实际作用。

胡贝图斯堡条约　（1763）　结束欧洲地区的七年战争。奥地利明确将西里西亚割让给普鲁士。

杰伊条约　（1794）　美英之间的"睦好、商业和航运条约"。

卡尔马联盟　（1397）　丹麦、瑞典和挪威共由一位君主统治。

凯洛格-白里安公约　（1928）　一致同意：将摈弃战争作为推行国策的手段；通过和平方式解决一切争端。

凯纳甲湖条约　（1774）　俄国与土耳其签订，确立俄国在黑海的强大地位。

拉特兰条约　（1929）　罗马教廷与意大利王国签署，目的在于解决长达59年之久的有关教皇领地的争端。

洛桑条约　（1912）　土耳其与意大利签署，结束土意战争。

洛桑条约　（1923）　希腊与土耳其重新恢复和平，对塞夫尔条约进行了十分有利于土耳其方面的修改。

利马宣言　（1938）　有21个美洲共和国参加的第八次泛美会议上通过。强调美洲大陆要团结一致，对付任何外来的干涉或进攻。

利默里克条约　（1691）　大起义后英王威廉三世保证给予爱尔兰应有的权利。

小协约国　（1920）　起初由捷克斯洛伐克和南斯拉夫结盟，后罗马尼亚加入。

洛迦诺公约　（1925）　七个和平与仲裁协定，其中包括：英意关于德法和德比边界的互相保证条约；德波仲裁协定；德捷仲裁协定；德比仲裁协定和德法仲裁协定等。

伦敦条约　（1913）　由巴尔干诸国与土耳其签署。

伦敦秘密条约　（1915）　法国、英国、俄国、意大利秘密签署，由于该条约，意大利站在协约国一方参加第一次世界大战。

伦敦海军条约　（1930）　美国、英国、日本三国签署，旨在限制海军军备。

伦敦海军条约　（1936）　英国、法国、美国三国签署，对1922年华盛顿条约和1930年伦敦海军会议的内容加以补充。

路易斯安那购地　（1803）　美国以1500万美元从法国购得路易斯安那。

卢布林条约　（1569）　波兰与立陶宛联合。

吕内维尔条约　（1801）　法国与奥地利签署。进一步确认坎波福尔米奥条约的有效性。

梅休因条约　（1703）　英国与葡萄牙签署。

南京条约　（1842）　英国与中国签署。结束鸦片战争。将香港割让给英国。

纳伊条约　（1919）　第一次世界大战后由协约国集团与保加利亚签署。

尼加拉瓜运河条约　（1884）　尼加拉瓜授权美国在其境内开凿运河。

奈梅亨和约　（1678—1679）　结束法国与荷兰之间敌对状态的一系列条约。

尼斯塔得条约　（1721）　俄国与瑞典签署。

俄勒冈边界条约　（1846）　美国与英国签署，规定加拿大边界由落基山脉向西延伸。

巴拿马宣言　（1939）　美洲21个共和国外长集会通过，宣布自加拿大以南美洲沿海100—300英里宽的水域内为美洲中立地带，禁止在此区域进行战争活动。

巴拿马运河条约　（1903）　美国从巴拿马共和国租借一条10英里宽的狭长地带开凿运河，美国保证巴拿马共和国的独立地位。

巴黎条约　（1763）　结束七年战争（在美洲法国与印第安人的战争）。

巴黎条约　（1778）　法国保证在美国独立战争期间援助美国。美国承诺保护法属西印度群岛。

巴黎条约　（1783）　结束美国独立战争。

第二个巴黎和约　（1815）　结束拿破仑战争。由法国与欧洲反法同盟签署。

巴黎条约　（1856）　结束以俄国为一方，以土、法、英和撒丁为另一方的克里米亚战争。

巴黎条约　（1898）　结束西美战争。古巴解放；波多黎各、关岛和菲律宾割让给美国。

瓜分波兰 （1772、1793、1795） 俄、奥、普之间签订的瓜分波兰的3个条约。

佩里条约 （1854） 日本同意向美国开放某些港口；结束日本的孤立状况。

平克尼条约 （1795） 美国与西班牙签署，西班牙承认1783年巴黎条约中美国所提出的边界要求。

朴次茅斯和约 （1905） 结束日俄战争。

布拉格条约 （1866） 普奥签署。

普雷斯堡条约 （1805） 法奥签署。

比勒陀利亚条约 （1902） 结束布尔战争；德兰士瓦和奥兰治自由邦丧失独立，成为英国殖民地。

比利牛斯和约 （1659） 法西签署；法王路易十四娶西班牙公主玛丽·泰蕾莎为妻。

拉帕洛条约 （1920） 解决意大利与南斯拉夫关于阜姆之争，赋予它主权邦的地位。

拉施塔特条约 （1714） 法奥签署。对乌得勒支条约的补充。

里加条约 （1921） 俄波签署；波兰得到44 000平方英里领地。

罗马条约 （1957） 比、法、意、卢、荷和西德建立欧洲经济共同体(共同市场)。

拉什-巴戈特协定 （1817） 美国与英国达成协议，削减两国在五大湖地区的海军力量，提出美加和平政策。

赖斯韦克和约 （1697） 法、英、西、荷与神圣罗马帝国签署；法国得到阿尔萨斯(结束在美洲殖民地的威廉王之战)。

圣日耳曼条约 （1919） 第一次世界大战后奥地利与协约国签署；古老的奥匈帝国瓦解，奥地利的疆域急剧缩小；承认南、捷、波、匈独立。

圣斯特凡诺条约 （1878） 结束俄土战争；割让土耳其的大片领土。

塞夫尔条约 （1920） 第一次世界大战后土耳其与协约国签署；使土耳其丧失一半以上的人口和三分之二的土地。

马关条约 （1895） 中国与日本签署；中国承认朝鲜独立，将台湾割让给日本，并支付巨额战争赔款。

瑞士州际联盟 （1291） 乌里、施维茨和下瓦尔登联合起来反对哈布斯堡，并建立一个共和国。1309年，神圣罗马帝国皇帝下诏承认它们独立。

塔克纳-阿里卡条约 （1929） 解决秘鲁和智利关于塔克纳和阿里卡省的争议。将塔克纳省及其所有公共设施划归秘鲁，并补偿600万美元；将阿里卡省划给智利。

禁止核试验条约 （1963） 由美国、英国和苏联谈判商定，并由102国签署。禁止在大气层、外层空间及水下进行核爆炸试验。

第二个托伦和约 （1466） 波兰与条顿骑士团签署；普鲁士的条顿骑士团臣服于波兰，将西普鲁士割让给波兰，东普鲁士成为波兰的附庸国。

蒂尔西特条约 （1807） 分别由俄国与法国、普鲁士与法国签署；普鲁士被割去大片领土；俄国和法国分别成为东欧和西欧的主宰。建立华沙大公国。

特里阿农条约 （1920） 第一次世界大战后匈牙利与协约国签署；匈牙利的疆界被重新确定，其大片领土被割让给周边国家。

三国同盟 （1882） 德国与奥匈帝国于1879年结盟，1882年意大利加盟。

三国协约 （1907） 1891年法俄结盟，1907年英国加入，形成三国协约，在外交上互相联合，与三国同盟进行抗衡。

特鲁瓦条约 （1420） 中断英法百年战争；英王亨利五世娶法国公主卡特琳为妻。查理六世死后，他继承法国王位。

都灵条约 （1860） 撒丁国王萨伏依的维克托·伊曼纽尔（后来成为意大利国王）将尼斯和萨伏依的一部分割让给法国的拿破仑三世，以回报其在1859年抗击奥地利时给予的援助。

乌得勒支条约 （1713） 结束西班牙王位继承战争(安妮女王战争)；法国王位与西班牙王位分离；英国得到直布罗陀、新斯科舍和纽芬兰。

乌得勒支同盟 （1579） 尼德兰北部省份宣布从西班牙独立出去。

凡尔登条约 （843） 将查理曼帝国分给查理曼的三个孙子；西部那三分之一发展成法兰西，东部那三分之一发展成德意志。

凡尔赛和约 （1919） 第一次世界大战结束后，德国与协约国在凡尔赛宫镜殿签署的和约；德国丧失48 000平方英里的欧洲土地和100多万平方英里的殖民地。

韦尔万条约 （1598） 西班牙国王腓力二世承认亨利四世为法国的统治者。

维也纳条约 （1738） 法奥签署；结束波兰王位继承战争，法国得到洛林。

维也纳会议 （1815） 拿破仑被推翻后，对欧洲进行瓜分；俄国得到波兰大部；奥地利得到意大利北部；荷兰得到奥属尼德兰；普鲁士得到萨克森的一部分。

维也纳条约 （1864） 结束由普奥联合发动的进攻丹麦的战争。丹麦割让石勒苏益格和荷尔斯泰因。在普奥七周战争(1866)中，普鲁士独占石勒苏益格和荷尔斯泰因。

自由镇和约 （1859） 结束法国和撒丁王国进行的反对奥地利的意大利战争的初步协议。意大利领土被划给法国和撒丁王国。由此导致加里波第解放与统一意大利的战争。1859年，该条约的条款最终在苏黎世签订。

华盛顿条约 （1871） 英国与美国签署，将"亚拉巴马"号索赔案及其他争端诉诸仲裁。

华盛顿条约 （1922） 1921—1922年九大列强在华盛顿会议上签署的一系列条约。其中包括：1.《五国海军条约》，规定削减海军军备；2.《五国条约》，限制使用潜艇，禁止使用毒气；3.《四国条约》，由英国、美国、法国和日本签署，以维持上述四国海军力量在太平洋上的现状，1936年到期；4.《九国条约》，有关中国的门户开放政策。

韦伯斯特-阿什伯顿条约 （1842） 英国与美国签署，解决缅因和加拿大之间的边界争端。

威斯特伐利亚和约　（1648）　结束三十年战争,西欧所有国家都或多或少地卷入了这场最近的带有宗教色彩的大争夺;确认并扩充了《奥格斯堡和约》;天主教在奥地利、波西米亚和巴伐利亚恢复昔日地位;瑞典获得帝国的大片领地;法国得到阿尔萨斯。

华沙条约　WARSAW PACT

北大西洋公约组织是西方民主国家的联盟,华沙条约则是苏联和东欧国家的联盟。其全称是华沙友好、合作及共同援助条约。该条约由苏联、阿尔巴尼亚、保加利亚、捷克斯洛伐克、东德、匈牙利、波兰和罗马尼亚于 1955 年 5 月 14 日共同签署(阿尔巴尼亚于 1968 年退出,东德于 1990 年退出)。华沙条约于 1975 年续订了 10 年,1985 年又续订了 20 年。1991 年 7 月 1 日该组织解散。

1955 年苏联希望建立一个强大的防御联盟,以对抗来自西方的潜在军事或经济威胁,尤其是对付已成为北大西洋公约组织成员国并已重新武装起来的西德。另一个目的就是加强苏联对东欧卫星国的控制,以防它们密切同西方国家的关系。维护这种控制的新手段,就是在东欧部署苏联军队和武器。

苏联军队驻扎在一些国家,导致了民族主义的复活和敌视苏联情绪的蔓延,特别是在匈牙利、波兰和捷克斯洛伐克等国。1956 年匈牙利发生暴动,苏联迅速将其镇压下去,1968 年捷克政府开始取消对个人自由的限制,华沙条约国军队进入捷克斯洛伐克。只有波兰 1981 年宣布实行军事管制,才免于遭受华沙条约国的武装入侵。

米哈依·戈尔巴乔夫的苏联改革政策,致使其他华沙条约国于 1989 年彻底脱离了共产主义。苏联在 1990 年初承诺将撤出其驻扎在捷克斯洛伐克、波兰和匈牙利的军队。1990 年 11 月,华沙条约组织与北大西洋公约组织的领导人宣布,它们不再是敌对双方,从而结束了冷战。华沙条约国的军事机构于 1991 年 3 月 31 日解散,布拉格会晤后,其行政部门于三个月后解散。(参见:共产主义;开放与改革;北大西洋公约组织)

东南亚条约组织　SOUTHEAST ASIA TREATY ORGANIZATION (SEATO)

东南亚集体防务条约于 1954 年 9 月 8 日在菲律宾的马尼拉签署,由此创立了一个叫作东南亚条约组织的区域防御体系。签字国有澳大利亚、法国、新西兰、英国、巴基斯坦、菲律宾、泰国和美国。

该条约是几个涉及美国的区域性条约中的一个,这几个区域性条约都是在第二次世界大战后的十年内签订的。建立北大西洋公约组织是为了加强欧洲的防卫。在德怀特·D.艾森豪威尔成为美国总统后,其国务卿约翰·福斯特·杜勒斯迫不及待地要用其他条约加强北大西洋公约组织和 1951 年的澳新美条约,以遏制共产主义的影响。(参见:澳新美条约)

在战后最初几年里,苏联及其盟国打算尽可能地把其影响渗透到其他非伙伴国家,尤其是第三世界。朝鲜战争于 1950—1953 年进行。正当马尼拉条约签字之时,爆发了后来导致越南战争的印度支那冲突。在马来西亚和印度尼西亚都发生了支持共产党的暴动。印度支那战争使该地区未能纳入该条约。

紧随朝鲜战争之后,东南亚条约组织协定热切地为所有签字国所接受。朝鲜战争是联合国采取的行动,但大部分西方军队都来自于美国。越南战争改变了许多国家对东南亚条约组织的态度。这场战争越来越被视为美国进行的战争。巴基斯坦 1968 年退出东南亚条约组织,法国 1975 年停止了财政援助。此时,印度尼西亚和马来西亚的共产党暴动已被镇压下去,且越南战争也结束了。东南亚条约组织于 1977 年 6 月 30 日正式解散。

澳新美条约　ANZUS TREATY

第二次世界大战以后,为了对付在太平洋地区潜在的共同威胁,澳大利亚、新西兰和美国建立了一个共同防御联盟。1951 年 9 月 1 日它们签署了三边安全条约,该条约的名称以三国国名的首字母构成,称澳新美条约。

该条约的主要目的是和平解决国际争端,维持足够的防御能力。三国政府承诺,如果任何一个成员国的安全或领土完整受到威胁,它们将互相支持。

1984 年,新西兰工党赢得了大选,并发动了一场抵制运动,不许携带核武器的美国海军舰只进港。该党领袖要求退出澳新美条约,并于 1985 年提出了反核法案。1986 年美国正式中止了对新西兰履行条约的义务。不过,美国与澳大利亚的结盟关系以及澳大利亚与新西兰之间军事关系还依然存在。

巴格达条约　BAGHDAD PACT

共同安全条约,由英国、土耳其、伊朗、伊拉克和巴基斯坦于 1955 年签订。其主要目的是阻止苏联可能对中东地区的扩张。美国极力促成这一条约,并于 1959 年成为该条约的非正式成员国。

成员国一致同意协调各国的防务政策,允诺不干涉别国的内部事务。它们成立了中东条约国组织(METO),总部设在伊拉克的巴格达。中东的其他阿拉伯国家反对这一条约,指责它违背了阿拉伯联盟的协议。阿拉伯联盟成立于 1945 年,主要目的是促进阿拉伯国家之间在共同安全方面的协调与合作(见:阿拉伯人)。

1958 年成立了一些与之对立的阿拉伯同盟,这就进一步阻碍了该防务联盟的合作。伊拉克 1959 年退出中东条约国组织以后,其总部迁至土耳其的安卡拉,并更名为中央条约组织(CENTO)。该组织于 1979 年随着伊朗和巴基斯坦的退出而解散。

华盛顿条约　WASHINGTON, TREATIES OF

指在华盛顿签署的几个主要

国际协定。1842年8月9日韦伯斯特-阿什伯顿条约解决了美国东北部边界争端,规定英美海军加强合作以禁止奴隶贸易。1871年5月8日签署的华盛顿条约解决了美国和英国之间关于"亚拉巴马"号索赔案的争端,美国和加拿大之间的贸易互惠问题,大西洋东北部的捕鱼权问题,以及一些其他问题。利用仲裁和平解决争端,这对于国际法来说意义深远。北大西洋公约组织于1949年4月4日在华盛顿成立(见:**北大西洋公约组织**)。

1921—1922年的华盛顿会谈签署了7个条约。主要有四国条约、五国海军限制条约以及九国条约。所有这些条约均在第二次世界大战中失效。

四国条约于1921年12月13日由英国、美国、日本和法国签署,旨在解决太平洋岛屿主权归属及领土问题。前三个国家对太平洋岛屿有利害关系,这些关系有可能发生冲突——第二次世界大战期间确实发生了冲突。

海军限制条约由上述四国加上意大利于1922年2月6日签署。该条约限定了五国主力舰和航空母舰的总吨位,要求拆毁超过总吨位的军舰。

九国条约签署于1922年2月6日,签字的国家除上述五国外,还有中国、荷兰、比利时和葡萄牙。签约国同意尊重中国的独立,为稳定中国政局提供援助,对中国采取平等的贸易和工业政策,避免利用中国的内部弱点获得特权。

和平队 PEACE CORPS

该概念由约翰·F.肯尼迪在1960年总统竞选中提出,目的是找出新的方法来制止共产主义在不发达国家的蔓延。

1961年的和平队法案建立了一个政府资助的机构,它隶属美国国务院。1971年成立了一个称作"行动"的独立机构,它把各种不同的志愿者计划合并在一起,和平队也在其中。1982年和平队成为一个独立机构。

1961年和平队有在16个国家服务的900名志愿者,到1966年,已发展到在52个国家服务的15000名志愿者。但20世纪80年代初,一些国家要求撤走和平队,志愿者总人数降至5000人,服务于60多个国家。

和平队公开宣布的目的是通过输出教育、农业、卫生、贸易、技术、职业、社区开发等领域有专门技能的人才,来促进其他国家的进步。和平队志愿者按能力、学历及经历,分配特定的服务岗位,经过9—14个月的培训后,去海外服务两年。在培训期内,他们要熟悉当地语言,了解所分配工作的技术要求,掌握一定的文化交流技巧,以帮助他们适应不同的社会。1990年6月一些和平队成员到匈牙利讲授英语,这是共产主义垮台后,匈牙利迫切需要的语言。1991年后,他们还去了前苏联解体后的各共和国。

外援 FOREIGN AID

一国提供资金、物品及服务,使另一国及其人民受益,即为外援。其主要形式有资本转让和技术援助。资本转让可以是现金形式上的低息贷款或无偿援助,也可以是物资援助,例如提供武器的军事援助。技术援助可能包括机械装备及其技术培训,这类援助通常是无偿的。

一国从另一国得到外援有两种途径:即双边协定和多边计划。双边援助是一国政府直接提供给另一国的援助。比如说,一国可以在其年度预算中为援助计划拨出资金。自第一次世界大战以来,这类双边援助一直是向另一国提供财政和技术援助的常见方式。

多边援助是一些国家通过国际或区域机构提供的援助。主要的国际机构是国际复兴开发银行(即世界银行)。区域机构包括美洲开发银行、非洲开发银行、亚洲开发银行、欧洲开发基金会、欧洲投资银行以及联合国的一些机构(见:**联合国**)。

多边援助是一种比双边援助更新的援助方式,并已拓展到许多有双边援助项目的国家中。就其诸多优点来说,恐怕主要在于通过机构提供的援助在使用上可以比双边援助进行更仔细的监督。

历 史

20世纪以来的外援始于第一次世界大战,当时,美国为其盟国提供了大量贷款。除了芬兰外,这些贷款都未偿还。美国在第二次世界大战期间以租借方式提供援助,总额达470亿美元,作为资金和物资援助的回报,受援方要向美国驻扎海外的军队提供装备和给养。

所有援助计划中最为著名的是欧洲复兴计划,即通常所称的马歇尔计划,1947年由美国提出,以帮助饱受战争创伤的欧洲诸国重建战后的经济。美国国会1948年批准了该项计划,随后成立了其计划机构,即欧洲经济合作组织,总部设在巴黎。在实施该计划的4年中,西欧从美国得到的援助超过170亿美元。东欧则在苏联干预下没能得到此项援助。

20世纪50年代初以来,大多数主要工业国家为发展中国家提供了援助。美国一直是最大的援助国,截至1980年,其援助海外的总额超过了1800亿美元。其他一些主要援助国是法国、西德、加拿大、英国和日本。澳大利亚、挪威、瑞典和新西兰也提供援助,而且常常是无偿援助。

苏联、中国和东欧诸国在80年代也提供了大量的援助,其中大部分提供给了不发达的社会主义国家。提供给非共产党国家的援助大都集中在具有战略意义的地区(如中东地区)。1947至1980年,共产党国家提供的援助总额超过210亿美元。

经济援助的另一个主要来源,是70年代因石油生产而财富剧增的中东国家,特别是沙特阿拉伯、阿尔及利亚、科威特、伊拉克、卡塔尔和阿拉伯联合酋长国等。从1974至1980年,这些国家用石油收入提供了350多亿美元的外援。大部分援助款项用于援助其他阿拉伯国家,但有些也提供给了非洲和亚洲的发展中国家。

石油输出国组织 ORGANIZATION OF PETROLEUM EXPORTING COUNTRIES(OPEC)

1973年以前,工业化国家几乎很少有人知道石油输出国组织,然而当它对美国强制实行石油禁运,并将原油价格提高70%后,这一石油垄断组织的名称一下子变得家喻户晓了。

20世纪60年代石油输出国组织成立以前,石油生产和分配一直是由欧洲和美国一些大的石油公司所操纵的。这些公司通过保持石油及其副产品的价格低廉而获利颇丰,其结果也使工业化国家依赖于廉价石油。因此,石油成为第二次世界大战后的北美、西欧及日本走向繁荣的主要因素。

除了北美的墨西哥,大部分世界石油储地位于中东一些贫穷的阿拉伯国家、阿尔及利亚、利比亚、尼日利亚以及委内瑞拉。虽然墨西哥也不富裕,但它却掌握着自己国家的石油生产,而上述其他地区,却依靠石油公司来开发石油,并将其卖往国际市场。

20世纪50年代,石油储量很大的贫穷国家采取了更为民族主义的态度。它们不愿意再拿这种宝贵而又不能再生的资源继续换取很小的收益。为了对石油公司的价格实行反控制,1960年9月,由伊朗、伊拉克、科威特、沙特阿拉伯和委内瑞拉等国在巴格达成立了石油输出国组织。从这以后,卡塔尔、印度尼西亚、利比亚、阿拉伯联合酋长国、阿尔及利亚、尼日利亚、厄瓜多尔、加蓬也加入了这一组织。

在后来的将近10年中,石油输出国组织形同虚设,简直像一个石油信息中心,对石油公司的政策几乎没有产生影响。1969年石油的价格在产地跌至1.40美元1桶。从这时起石油输出国组织逐渐开始显示出它的权威性,既作为一个组织,又通过各国政府,接管了对石油的控制。1973年底,它采取了第一次行动,大幅度提高了石油的价格,其涨幅高达130%。

这导致了70年代工业化国家陷入严重经济混乱,包括通货膨胀,经济萧条,高失业率等。但是,这些国家逐渐地重新调整它们对石油的依赖政策。80年代初,出现了石油过剩,石油价格大幅度下跌。

1990年初,当石油输出国加快石油生产时,石油价格降到了14美元1桶。5月,石油输出国组织成员国同意削减石油日产量,以阻止世界石油价格下降。7月,伊拉克就科威特和阿拉伯联合酋长国以最快速度过量生产石油,发出恐吓,并以武力相威胁。同年8月上旬,伊拉克在与两国的谈判破裂后,攻占了科威特。结果,因为人们担心这一区域性战争会影响到石油供给,因而石油价格飞涨。为了弥补因联合国制裁伊拉克和科威特石油出口而引起的石油供应减少,石油输出国组织其他成员国在8月下旬达成协议,提高各自的石油产量。海湾战争以后,石油输出国组织大体上控制了石油产量,石油价格波动趋于平缓。

OPEC　见:石油输出国组织

第三世界　THIRD WORLD　第三世界一词最初是于1952年用法语(tiers monde)创造的一个词语,它是指不愿参与美苏(即第一世界和第二世界)之间冷战对抗的一个国家集团。这些国家中有南斯拉夫、埃及、印度、加纳及印度尼西亚。(参见:冷战;国际关系)

20世纪50年代中期以来,这一术语的含义更加宽泛了,已成为一个包含所有不发达国家的集合词。第三世界因而从地理术语变成了经济学术语。不发达国家包括整个拉丁美洲、除南非以外的整个非洲,以及除日本、新加坡和以色列以外的所有亚洲国家。

有些地区和国家,如非洲准撒哈拉地区、海地、孟加拉国,依然处于极度贫穷落后之中。它们被列为第四世界,以区别于经济有一定程度增长的地区和国家。

经济　总的来说,大多数第三世界国家和所有第四世界国家有一些共同的特点,它们(如海地)自然资源贫乏,它们的经济既无发展又无增长。或者它们的经济虽然有所发展,但却无增长。

经济发展与经济增长存在明显的区别。发展是外部注入的,而增长则是内部引致的。例如,自第二次世界大战以来,中东一些石油储藏量丰富的国家,经济发展显著。从美国和其他西方国家引入的技术、资金和知识使这些国家凭借石油出口获取了数十亿美元的收入。但是,它们的经济增长却几乎是零,本国的制造业和农业才是财富的源泉。一旦石油资源消耗殆尽,这些国家就有可能再次陷入贫穷之中。

没有国内的经济增长,第三世界和第四世界国家只能是工业化国家的原料供应国。这些不发达国家出口的是自然资源,但是如果这些资源的市场崩溃瓦解,它们就无可依靠了。

政治　第三世界的许多国家受腐败无能的残暴政权统治。除少数国家外,这种政权不能引导其国家走向富强。(韩国是个值得注意的例外)。它们借口发展,引进外资,但这些外资绝大部分都存入了政府官员的私人银行账户。

残暴的政权很少是稳定的。它们被反叛和游击战争所困扰,如伊朗、菲律宾以及中美洲和南美洲的许多国家。甚至一些经历了革命的第三世界国家,通常也逃脱不了这样的厄运,新政府与所取代的旧政府一样残暴和无能。

人口与债务　不发达国家面临两个最严峻的问题,即人口增长与债务负担。世界上出生率最高的国家都在第三世界和第四世界。预计世界人口在下一个20年将增加20亿。90%的人口增长将发生在不发达国家。

人口激增,使得粮食供应、失业、公共设施等本来就已很严重的问题变得更加严重。为了寻找工作或寻求幸福,人们从农村涌入城市,因而城市人口也迅猛增加。

20世纪60年代初以来,数十亿美元的贷款援助,源源不断地提供给最不发达的国家。大部分贷款是工业国家经济繁荣且利率较低时贷出的。现在许多第三世界和第四世界国家已被巨额债务压得喘不过气,无力偿债。这些国家的债务总额已超过8000亿美元。最大的债务国是巴西、墨西哥、阿根廷、委内瑞拉、尼日利亚、秘鲁、智利和波兰。为使这些国家有能力还债,债权国被迫再提供贷款,否则就得面对拖欠债务或本息无还的危险。这样巨额的债务拖欠会摧毁国际金融体系。然而注入不发达国家的大量资金,并没有对这些国家经济上的自给自足起多少作用。

跨国公司　许多总部设在西欧、北美及日本的大公司,都在不发达国家建立了制造和其他业务设施。有时还设有整座工厂,比如,德国大众汽车制造公司就在巴西有一个汽车生产厂。生产过程的细分,使跨国公司得以把一些工序转移到工资较低的国家,而最终组装则在国内总厂进行。

跨国公司的业务活动使全球在经济上相互依存。但其一个结果是,由于把就业机会转移到海外而加重了工业化国家的失业。另一个结果是增加了对不发达国家经济的控制,却没有明显提高不发达国家人民的生活水平。

巴勒斯坦解放组织　PALESTINE LIBERATION ORGANIZATION (PLO)

1948年以色列国成立后,邻近的阿拉伯国家立即对这一新成立的国家发动了战争。一些阿拉伯人原来居住在以色列占领区及其附近地区,因而产生了严重的巴勒斯坦难民问题。450多万巴勒斯坦人中的许多人被迫远走他乡,涌入中东的几个阿拉伯国家,而其余的则被迫住进了以色列境内的难民营。难民们要求建立巴勒斯坦国的强烈愿望未能实现。失望之余,巴勒斯坦人于1958年成立了一个名为"法塔赫"的秘密组织,旨在颠覆以色列。其领袖为亚西尔·阿拉法特。(参见:**阿拉法特**)

1964年,巴勒斯坦解放组织宣告成立,这是个巴勒斯坦各派别的联合组织,第一任主席是阿哈迈德·舒凯里。1969年阿拉法特当选为主席。

巴勒斯坦解放组织的机构庞大而复杂,有许多附属机构。其领导机构是执行委员会,它对巴勒斯坦全国委员会负责。从全世界各地区的支持者那里,巴勒斯坦解放组织获得了大量财富。这些资助者一般为公司或制造商。巴勒斯坦解放组织在许多国家派有正式代表。除了没有国土外,它具有国家的基本职能。在世界各地的巴勒斯坦工人每年为巴勒斯坦解放组织交纳税金。

20世纪70年代,其下属抵抗组织从事的一些活动,使巴勒斯坦解放组织被某些人认为是"恐怖主义组织"。这些抵抗组织中有法塔赫、解放巴勒斯坦人民阵线、巴勒斯坦民族解放运动、解放巴勒斯坦民主人民阵线以及巴勒斯坦人民斗争阵线。巴勒斯坦解放组织的另一个下属组织——"黑九月",与1972年慕尼黑夏季奥运会以色列运动员的被杀案有牵连。

一些与以色列接壤的阿拉伯国家被用来当作袭击以色列的基地,但是,巴勒斯坦解放组织于1970年和1982年分别被约旦和黎巴嫩驱逐出境。巴勒斯坦解放组织的总部设在突尼斯。1988年巴勒斯坦全国委员会宣布巴勒斯坦国成立,并承认以色列的存在。以色列则拒绝与巴解组织接触,并成功地镇压了巴勒斯坦解放组织支持者的暴力示威。在1991年海湾战争期间,巴解组织与伊拉克站在一边,因而失去了许多阿拉伯国家的支持。面对以色列强大的军事优势,巴勒斯坦解放组织发现自己日益孤立,财力不足,1993年同意与以色列谈判。同年,在挪威外交大臣约翰·乔根·霍尔斯特斡旋下,双方在奥斯陆进行秘密会谈。会谈持续了整整一年。会谈结束后,于1993年9月13日在华盛顿签署了巴勒斯坦协定。以色列第一次承认巴解组织,并准许加沙地带和杰里科的巴勒斯坦人实行自治。这一协议是迈向1995年永久性协议的第一步。

冷战　COLD WAR

1946年温斯顿·丘吉尔爵士在密苏里州富尔顿的威斯敏斯特学院就外交形势做了一次演讲。在这次演讲中他说了一句不祥的话:"从波罗的海的斯得丁到亚得里亚海的的里雅斯特,铁幕已横垂在欧洲大陆上了。"这句话标志着冷战的开始。冷战一词是美国金融家伯纳德·巴鲁克1947年在国会辩论中首次使用的,并把它定义为苏联与美国之间近似于实际交战的一种竞争、紧张、对抗的状态。而苏联及东欧1989年惊人而迅速的政治变化,则标志着冷战结束。(参见:**开放与改革**)

丘吉尔的话,点明了当时的形势。在1945—1948年期间,苏联加强了它对波兰、匈牙利、罗马尼亚、保加利亚、捷克斯洛伐克和东德的控制。但冷战的标志还有两个超级大国的政策造成的其他结果,即:拥有核武器;试图建立势力范围而与他国结盟;把欧洲分为两个军事阵营,即:北大西洋公约组织和华沙条约组织;企图推动或阻止小国进行革命;两大强国的局部对抗,例如1948到1949年的柏林封锁事件及1962年古巴导弹危机。铁幕和冷战最有力和最直观的标记就是柏林墙,1961年设置这道屏障是为了阻止东德人向西德逃跑。(参见:**北大西洋组织;华沙条约**)

自1946年以来,美国对苏联称霸世界的威胁所作出的反应在不断变化。起初,美国的政策是一种"遏制政策",外交官乔治·F. 凯南1947年在《外交》季刊上发表了题为《苏联国策探因》一文,第一次阐述了这一政策。在约翰·F. 肯尼迪总统任期内,美国的政策转向谈判,以实现军备控制和裁减核武器储备(见:**裁军**)。在罗纳德·里根执政期间,美国的军费开支增加了很多,致使苏联处于劣势。因苏联的经济陷入困境,它在国防开支上赶超美国已是不可能的了。

苏联总统米哈依·戈尔巴乔夫从1985年起转变了冷战政策。他与里根总统合作,达成了裁军协议,随后双方承诺实行撤军。同时,苏联也结束了在阿富汗的长达十年的战争。苏联的民主化也强烈地影响到了其他东欧国家。1989年底,前东欧集团中的共产党统治有的宣告结束,有的陷入危机。1989年11月19日,东德政府同意开放柏林墙。不久后,柏林墙被拆毁,这标志着冷战的结束。华沙条约组织于1991年7月1日投票表决后宣布解散。

禁运　EMBARGO

禁运一词源出自西班牙语embargar,意为"阻止",就是扣留一国境内的船只或其他财物,阻止它们前往某一外国地区。一次众所周知的禁运是1990年8月伊拉克入侵科威特后,联合国通过一项由美国提出的决议,对伊拉克和被占领的科威特实行全球性武器和经济禁运。

为了达到禁运的目的,不仅要禁止海运,还要禁止空运和陆运。为了摆脱禁运,船主常将货物运到第三国,并经此运往目的地。

禁运可以是国内的,也可以是对敌方的。国内的禁运是在本国港口扣留本国的船只,使其免遭他国劫掠或不允许货物运往某个特定国家。对敌方的禁运是扣留另一国的运输工具或财物。

19 世纪

禁运可以是对某种行为的报复,也可用于政治目的。1807 至 1808 年美国就实行了一次报复性禁运。当时英国和法国在进行拿破仑战争,英国禁止中立国船只驶往法国港口,而拿破仑也下令扣押一切服从英国命令的船只。结果,作为中立国,美国的海上运输遭受了严重损失。

美国国会希望冲突的一方或双方能够考虑中立国的权利,于 1806 年通过了一项阻止进口的法案,禁止英国货物上岸。事实证明这一法案未能奏效。于是根据美国总统托马斯·杰斐逊的建议,1807 年 12 月 22 日通过了禁运法案,禁止美国船只出海。

禁运对英国和法国没有产生什么影响,却几乎毁灭了美国的商业。禁运使新英格兰损失惨重,以致它差一点退出合众国。虽然后来取消了禁运,但其影响却延续了多年。

20 世纪

1940 年美国对日本实行了政治性禁运,以阻止石油和战略物资运抵这个发动战争的国家。自第二次世界大战以来,禁运主要用于阻止军事物资和高技术设备的出口。20 世纪 40 年代末期,自由世界的国家均禁止与共产党国家进行武器和战略物资的贸易。1951 年朝鲜战争期间,联大通过了美国的提案,即联合国成员国对中国和朝鲜实施武器和其他战略物资的禁运。从 60 年代初开始,美国一直对古巴实行全面贸易禁运,不允许美国产品进入古巴。

1963 年,联合国安全理事会因南非实行种族隔离政策投票通过对南非实行武器禁运。1966 年,因同样原因,也对罗得西亚(即现在的津巴布韦)实行了武器禁运。美国在 1979 至 1981 年对苏联实行粮食禁运,结果使美国农民受到的损失不亚于甚至超过苏联。

1990 年,联合国对伊拉克实行全面禁运,以保护被伊拉克占领的科威特的财产和平民。在海湾战争结束及伊拉克从科威特撤军后的很长时期内,这一禁运仍然有效,其原因是伊拉克拒绝开放武器生产地,拒绝摧毁制造大规模杀伤性武器的设施。也是在 90 年代,随着苏联的解体,它减少了对古巴的支持,而美国对古巴的禁运,更加剧了古巴孤立无援、食品短缺的困境。

本奇 BUNCHE, Ralph Johnson (1904—1971)

一位获得了解放的奴隶之孙在第二次世界大战后为和平作出了一项伟大的贡献。他就是拉尔夫·本奇博士,一位从前的教师。

拉尔夫·约翰逊·本奇 1904 年 8 月 7 日生于密执安州的底特律,其父是理发师。1916 年双亲去世。这位少年与其洛杉矶的祖母生活在一起。在念高中的时候,他就已是一位富有领导力的辩论手,并且是所在班毕业时致告别词的代表。他参加足球队、棒球队和篮球队,并做许多临时性的工作,以帮助支付自己的学费。1922 年他靠奖学金进入洛杉矶加利福尼亚大学。他参加篮球队,获得荣誉联谊会钥匙,并且继续勤工俭学。1927 年毕业后再次靠奖学金进入哈佛大学,并于 1928 年获艺术硕士学位。

在霍华德大学执教一年后,本奇靠奖学金转入哈佛大学。第二年又回到霍华德。1934 年获得博士学位,并重新执教。第二次世界大战期间,本奇为美国战略情报局工作。筹建联合国时,他是美国国务院派驻联合国的代表。1947 年进联合国工作,1955 年升任副秘书长。

本奇是联合国在以色列和阿拉伯联盟战争中的代理调停人。1949 年他力劝阿拉伯人和犹太人签署停战协定。他因此而获得 1950 年诺贝尔和平奖。1948 年,他的上司福克·伯纳多特伯爵被刺,本奇升任调停人。他的任务是力促以色列和参战的阿拉伯各国实行休战。好不容易宣布了停战,和谈的破裂会重新导致战争。本奇又分别做双方的工作,然后把双方拉到一起共同协商。他告诫道:如果哪一方拒绝协商,那它将被全体联合国成员视为侵略国。凭借着机智和极端的耐心,本奇提出和解方案,经过数月的谈判之后,和平终于在这块圣地上得以宣告。

1930 年本奇与其以前的学生鲁思·哈里斯结婚。他们生有三个孩子。1963 年他被授予总统自由勋章。他于 1971 年 12 月 9 日在纽约市去世。

吴丹 THANT, U (1909—1974)

驻联合国的一位代表是这样谈论缅甸外交家和联合国秘书长吴丹的:"在一个往往把虚张声势、张牙舞爪视为有力量的年代,吴丹显示出了沉静威严的力量。"

吴丹(这个名字含有清纯之意)1909 年 1 月 22 日生于缅甸班达诺,吴(U)是一个类似于先生的尊称词。他受教于仰光大学。1947 年缅甸宣布脱离英国而独立时,他被任命为新闻局长。1949 年成为新闻部长。

1952 年,吴丹作为缅甸代表开始了他的联合国生涯。1957 年任缅甸驻联合国常驻代表。1959 年出任联合国大会副主席。1961 年联合国秘书长达格·哈马舍尔德去世,美国和苏联未能就联合国未来领导人选达成一致意见。吴丹作为一个折衷人物,因其公正无私和要求和平而受人尊敬,当选为代理秘书长,1962 年当选为常任秘书长,1966 年再度当选。

吴丹把不偏不倚和专心的佛教原则运用到他的工作中。他镇定自若地引导许多国家克服了冷战时期的分歧和争执。1971 年吴丹退休,1974 年 11 月 25 日在纽约市去世。他的著作有:1964 年出版的《走向世界和平》。

瓦伦贝里 WALLENBERG, Raoul (1912—1947?)

瑞典的商人和外交家拉乌尔·瓦伦贝里,是第二次世界大战中的平民英雄之一。他利用他中立国瑞典公民的身份,营救了大约 100000 名匈牙利犹太人,使他们逃脱被送往纳粹死亡营的命运。由于他无私的工作,他被授予荣誉美国公民称号——他是除温斯顿·丘吉尔外,惟一获得此荣誉的外国人。

瓦伦贝里于 1912 年 8 月 5 日出生在瑞典斯德哥尔摩一个富有的银行家和外交家的家庭中。1935 年,他被聘为一家欧洲贸易公司的驻外代表,这家公司的总裁是位匈牙利犹太人。在美国和瑞典的犹太人和难民组织的协助下，瓦伦贝里在1944年获得了去被德国占领的布达佩斯执行外交任务的机会。在那一年的晚些时候，当纳粹把流动的死亡小分队派进匈牙利时，瓦伦贝里使用假护照和证明文件，无畏地将准备送往纳粹集中营去的被囚禁的犹太人拯救出来。成千上万的犹太人被庇护在安全的住所里，在中立国的旗帜下被保护起来。

1945年1月17日，苏联军队进入布达佩斯之后，瓦伦贝里因捏造的间谍罪名被逮捕，并被送进苏联的战俘集中营。从此杳无消息。苏联人后来承认，逮捕瓦伦贝里是个错误，但坚持说瓦伦贝里在1947年因心脏病死于莫斯科的监狱中。但从未提出过任何证明。直到1990年还有报道坚持认为他仍活着。

瓦尔德海姆　WALDHEIM Kurt
（1918—　）　奥地利职业外交官库尔特·瓦尔德海姆从1972年1月1日至1981年12月31日担任过两届五年一期的联合国秘书长。他是任此职的第四人。在1986年6月的大选中当选奥地利总统。

1918年12月21日，瓦尔德海姆生于奥地利圣安德烈-沃尔登。1936年，他参加奥地利军队，后被抽调入德国军队。在服完兵役后，他获得维也纳大学博士学位，并进入外交部门。1956至1960年先是任驻加拿大公使，后任大使。当选为联合国秘书长以前，曾任奥地利驻联合国大使（1964—1968、1970—1971）。

作为人民党的候选人，瓦尔德海姆在其参加1986年春季的第二次总统选举中获胜(他曾在1971年参加过总统竞选，未获成功)。在此次竞选期间，他于1943至1944年在德国军队中当过中尉一事被揭露出来。他在对此事的解释中声称：他在苏联前线负伤后，于1942年就退伍了。据说：在希腊犹太人被集体送往德国死亡集中营的时候，在对南斯拉夫抵抗战士实施暴行时，瓦尔德海姆正驻守在巴尔干。这些指控损害了他的国际名声。美国把他作为不受欢迎的外国人而列入受监视的名单上。

尽管瓦尔德海姆成了第二次世界大战以来奥地利的第一位非社会党总统，但是他的政党开始失去支持。90年代，瓦尔德海姆进一步使自己脱离国际社会，他为了使在黎巴嫩的奥地利人质获得释放，而与伊拉克和伊朗建立联系。

战争与军队

战争　WARFARE

历史学家爱德华·吉本作过这样的评论:"无论一个时代的科学知识多么贫乏,无论一个时代的道德水平多么低下,每一个时代总是充满着众多的流血事件,满载着显赫的军人荣耀。"20世纪,第二次世界大战中一位伟大的将军伯纳德·劳·蒙哥马利爵士对此表示赞同:"人类越是文明,战争就越频繁。"的确,和平能够促进人类文明的进程,而战争展现的尽是人性中固有的暴力。但是战争与和平总是形影不离的,因而当社会随着技术而进步的时候,战争也变得更加复杂。

普鲁士将军卡尔·冯·克劳塞维茨在1832年出版的《战争论》中把战争定义为政治的延伸。他的意思是说,可以把战争理解为国家政策的产物。蒙哥马利对战争的定义与此一致:"战争是相互对立的政治团体之间长期的武装冲突。"战争也是经济决策的产物,因为大多数战争都有经济方面的考虑。例如,20世纪阿道夫·希特勒把德国引入了一场入侵苏联和其他东欧国家的战争,因为他认为德国的命运在于向东扩张。希特勒的这一决策既是政治决策也是经济决策。说它是政治决策,是因为希特勒的国家政策决定了这场战争的必然性——不通过打仗,他所要侵略的国家绝不可能心甘情愿地交出他们的领土。说它是经济决策,是因为希特勒认为德国未来的成长和繁荣取决于增加新的领土以及新增领土上的资源。

预览

战争词条分为以下几个部分:

战争的类型

战争的原因

战争历史中的几个阶段

将军的艺术:兵法

战争法

战争文学

战争的类型

即使任何战争确实都有政治上和经济上的考虑,其类型也未必相同。战争的类型主要有两种:国际战争(国家之间的战争)和国内战争(某一国家内部的战争)。

重要的战争与战役

重要的战争

阿富汗国内战争(1979—1989)　由苏联建立的阿富汗傀儡政府引起了反共产主义穆斯林游击队的军事反抗。1979年苏联军队入侵阿富汗。战争于1989年以僵局结束,苏联军队撤出阿富汗。

美国独立战争(1775—1783)　英属美洲13个殖民地成功地反抗了英国的统治;邦克山战役、萨拉托加战役和约克敦战役;英国承认了这13个殖民地的独立。

奥地利王位继承战争(1740—1748)　大陆国家一致行动以从玛丽亚·特蕾西亚手中挪用哈布斯堡家族的一些优良的土地,当时特蕾西亚的事业是由英国支持的;战争是在奥地利及其盟国为一方与法国及其盟国为另一方之间进行的;最终战争以相互归还除西里西亚以外的征服地而结束,西里西亚当时为普鲁士人所占领。在北美洲这场战争称乔治王之战,其间英国打败了法国。

普奥战争或七周战争(1866)　起因于石勒苏益格—荷尔斯因泰问题的争端;奥地利在萨多瓦被彻底击败并随之被排斥在德意志联邦之外。

巴尔干战争(1912—1913)　巴尔干联盟企图把土耳其逐出欧洲;惊人的成功由于联盟国之间随后关于新赢得领土的争执而减小,使土耳其得以保持对君士坦丁堡及其周围领土的控制。

布尔战争(1899—1902)　南非的布尔移居者对英国要求的扩大进行了英勇但无效的反抗;德兰士瓦和奥兰治自由邦沦为英国的殖民地。

中-日战争或称"甲午战争"(1894—1895)　为争夺对朝鲜的权利要求而引起的战争;日本现代化的军用器械彻底战胜了中国的旧式军队;日本迫于欧洲强国的压力归还了除台湾以外的全部征服地。

英国国内战争(1642—1649)　王室与清教徒议会之间关于教会管辖权与民事管辖权分配问题的争斗;马斯顿荒原战役和奈斯比战役;查理一世被处死,英联邦得以建立。

美国南北战争(1861—1865)　联邦政府与南部邦联之间就后者企图退出联邦而进行的战争;维克斯堡战役,葛底斯堡战役;联邦得以保存。

克里米亚战争(1854—1856)　在其他国家的援助下,英国为保卫土耳其不受俄国的侵略而进行的战争;对塞瓦斯托波尔要塞的围困;土耳其未受损害。

十字军远征(1096—1291)　西方君主和高级教士为从穆斯

林手里收复圣墓而进行的传奇性的军事远征;安条克公国、耶路撒冷和阿卡被占领;后来十字军转向其他目标,圣地落入穆斯林之手。

荷兰独立战争(1568—1648) 由奥兰治的威廉领导的战争;荷兰人摆脱了西班牙人暴虐的统治,并建立了独立的政府;对莱顿的围困。

第一次阿以战争(1948—1949) 联合国宣布以色列国成立后不久,1948年5月14日,埃及、伊拉克、叙利亚、约旦和黎巴嫩的联军发动了战争。以色列成功地击退了阿拉伯人的多次进攻。战争以签订停战协定和给以色列划定临时边界线而结束。

普法战争(1870—1871) 普鲁士的权力野心与拿破仑三世的嫉妒之间的冲突,法国被彻底打败,第二帝国垮台,德意志帝国宣告成立;色当战役、对巴黎的围困。

法国大革命和拿破仑战争(1789—1815) 在英法之间争夺殖民地霸权和海上霸权的长期战争中的最后阶段的斗争(这场斗争乃是两种政治制度之间的一种冲突)中,英国率领由普鲁士、奥地利以及其他国家组成的反法联盟;瓦尔米会战、意大利战役;远征埃及。结盟的欧洲列强对拿破仑侵略的坚决抵抗以拿破仑垮台而结束;奥斯特利茨战役、莱比锡战役、特拉法尔加战役、滑铁卢战役。

希腊独立战争(1821—1829) 希腊摆脱了土耳其人的统治,恢复了国家的独立。

百年战争(1337—1453) 法英统治者之间因法国王位与领地的争执而进行的战争;克雷西战役、普瓦捷战役、阿让库尔战役、奥尔良战役;英格兰失去了除加来以外所有在法国的领地;法国君主政体得以牢固的建立。

两伊战争(1980—1988) 以1980年9月22日伊拉克对伊朗的进攻开始,伊拉克旨在强占伊朗的石油富地胡齐斯坦省,并获得对阿拉伯河航道的控制权。为伊拉克提供作战经费的是惧怕伊朗穆斯林基要主义的沙特阿拉伯及其富有的国家。战争最终结束时伤亡惨重。战争是于1988年经联合国调解而停火的。

朝鲜战争(1950—1953) 朝鲜和中国共产党军队与联合国部队之间的冲突;起因于朝鲜军队越过三八线进入南韩;停战协定签订于1953年。

墨西哥战争(1846—1848) 起因于美国吞并原墨西哥的领土得克萨斯以及随后发生的边界争端;美国取得了彻底胜利,划定以格兰德河为界,并把北面的加利福尼亚和新墨西哥也割让给了美国。

北方战争(1700—1721) 俄国在丹麦和波兰的援助下发动的战争,旨在用瑞典的钱保卫彼罗的港;对纳尔瓦的围困、波尔塔瓦战役;俄国得到了芬兰海湾周围的一些省份,而瑞典沦为二流国家。

伯罗奔尼撒战争(公元前431—前404) 雅典与斯巴达之间为争得对希腊的经济和政治控制权而进行的战争;雅典人远征叙拉古、伊哥斯波塔米战役;雅典霸权结束。

波斯湾战争(1991) 危机始于1990年8月2日伊拉克对其邻国科威特的侵略与吞并。由于联合国通过12条决议以及组成强大的武装联盟也未能使伊拉克撤出科威特,美国领导的盟国军队于1991年1月6日发动了毁灭性的空袭。伊拉克对此的部分反应是开始时不时地对以色列进行导弹袭击。

波斯战争(公元前499—前479) 波斯对希腊的征伐,旨在惩罚雅典对小亚细亚波斯殖民地的叛乱的支援,和扩大帝国的势力;马拉松战役、温泉关战役、萨拉米斯战役、布拉底战役;希腊保持了独立并控制了爱琴海。

布匿战争(公元前264—前241、前218—前202、前149—前146)罗马与迦太基之间为称霸地中海地区而进行的殊死争斗;汉尼拔率军入侵意大利、坎尼战役、扎马战役、梅陶鲁斯河战役;迦太基城被攻克,并被夷为平地。

俄国革命(1917—1918) 俄国军队和人民于3月对尼古拉二世进行了反叛;君主政体解体;建立临时立宪政府;苏维埃夺取了全国政权;布尔什维克于10月(旧历)夺了政权;布尔什维克(共产主义者)于1918年赢得了内战的胜利。

日俄战争(1904—1905) 日本对俄国在远东的侵略行径进行打击;对旅顺口的围困、日本海之战;日本对朝鲜的兴趣被认为是主要原因,日本后来成为一流强国。

俄土战争(1877—1878) 间接起因于巴尔干的复杂局势,直接起因于穆斯林对巴尔干基督教徒的叛变;普列文城沦陷;土耳其在欧洲的势力终于被摧毁,柏林会议后才得到恢复。

第二次阿以战争 (1956) 发生于埃及与英法联盟之间争夺苏伊士运河控制权的危机时期。以色列入侵西奈半岛,并摧毁阿拉伯人基地。

七年战争(1756—1763) 奥地利、俄国、法国和其他国家为反对不断扩张的普鲁士而结成联盟的结果;英国与普鲁士结成联盟;罗斯巴赫战役、洛伊滕战役、魁北克战役;普鲁士成了强国,奠定了大英帝国的基础。法国被英国逐出北美洲。在美洲,这一战争也称作法印战争。

六日战争(1967) 第三次阿以战争。战争从1967年6月5日持续到10日。战争以叙利亚的进攻为开端,埃及很快也加入进来。以色列摧毁埃及空军并赢得战争的胜利。以色列夺取了耶路撒冷古城、西奈半岛、加沙地带、戈兰高地以及约旦河西岸。以色列于1979年正式把西奈半岛归还给埃及,其他地区一直是阿以之间有争议的地方。

西美战争(1898) 美国同情古巴革命者的结果;宣告古巴独立,实际上已使西班牙的殖民帝国不复存在,西班牙的其余殖民地都割让给了美国;马尼拉湾战役、圣地亚哥战役。

西班牙国内战争(1936—1939) 在意大利和德国的支持下,西班牙法西斯主义者对西班牙共和国政府的反叛取得了成功;这次反叛是由于"人民阵线"各党派在1936年大选中的胜利而激起的。

西班牙王位继承战争 (1701—1713) 英国、奥地利及其盟国企图阻止法国王子继承西班牙王位;布伦海姆战役;波旁家族在西班牙建立了统治地位,但奥地利、英国却夺得了很多法国和西班牙的领地。在北美洲这场战争也称安妮女王之战。

太平天国起义 (1850—1865) 中国准基督教运动领袖洪秀全及其追随者发起了一场反抗满清政府、进行土地改革和社会改革的运动,但未能成功;土地和城镇遭到了极大的破坏。

三十年战争 (1618—1648) 德意志天主教联盟与新教同盟之间的一场战争,其间瑞典的古斯塔夫·阿道夫发挥了显赫的作用;莱比锡战役、吕岑战役;对宗教和领土争端的平息是以对德意志的极大破坏为代价的。

特洛伊战争 (公元前约 1200) 希腊人抗击特洛伊国王普里阿摩斯的战争,是对帕里斯诱拐斯巴达国王墨涅拉俄斯的妻子海伦的报复;特洛伊城受到围困,后失陷。

越南战争 (1955—1975) 法国人失败并于 1954 年撤军,越南随之被分成了南北两部分,只留下美国一个国家支持反共产主义的南越抗击前共产主义者越盟和越共。战争进展得较慢,美国人是作为军事顾问而被卷入的。这场战争在很大程度上是游击战。战争于 1975 年 4 月以共产主义者的胜利而结束。

1812 年战争 (1812—1814) 美国和英国之间的一场战争,起因于英国声称有权搜查公海上的美国船只并有权强征水手;边界调整条约等才是战争主要的但却未被提及的原因。

亚历山大大帝的战争 (公元前 334—前 323) 经过格拉尼卡斯河战役、伊苏斯战役和阿贝拉战役,波斯帝国被彻底推翻;对叙利亚、巴勒斯坦和埃及的征服;入侵米太。

玫瑰战争 (1455—1485) 兰开斯特家族和约克家族之间进行的旨在争夺英国王位的战争,直到皇室联姻后两个家族才和好;博思沃思原野战役。

第一次世界大战 (1914—1918) 同盟国与协约国之间的斗争,间接起因于两大对立的商业帝国主义集团之间的冲突,直接起因于奥地利大公被一名塞尔维亚人刺杀之后的外交摩擦;同盟国失败;德意志帝国和奥匈帝国垮台。

第二次世界大战 (1939—1945) 同盟国(主要有美国、英国、苏联、法国和中国)与轴心国(德国、意大利和日本)之间的冲突,同盟国——在欧洲大陆、非洲大陆、亚洲大陆和太平洋上经过六年的战斗——遏止了轴心国的侵略并最终打败了轴心国。

赎罪日战争 (1973) 第四次阿以冲突,因为这场打击以色列的战争开始于犹太人的宗教节日——赎罪日,即 1973 年 10 月 6 日,所以也称赎罪日战争。以色列受到埃及和叙利亚的进攻。以色列虽然伤亡惨重,但其军队在两条战线上都取得了胜利。

重要的战役

亚克兴角战役 (公元前 31) 屋大维军队与马克·安东尼军队之间进行的海战。屋大维获胜并成为第一位罗马皇帝和罗马帝国的创始人。

阿德里安堡战役 (公元 378) 西哥特人打败了瓦林斯的古罗马军团,并定居在东罗马帝国境内。他们削弱了罗马帝国的优势并激发其他哥特国家进行侵袭,这些侵袭

导致西罗马帝国垮台。

伊哥斯波塔米战役 (公元前 405) 斯巴达人俘获了雅典舰队;此役导致雅典帝国垮台。

阿让库尔战役 (1415) 英国的亨利五世决定性地打败了法国,最终证明英国长弓部队比法国戴盔甲的骑士更具战斗优势。

阿贝拉战役 (公元前 331) 亚历山大大帝最终打败了波斯的大流士三世而成为亚洲的统治者。

西班牙无敌舰队之战 (1588) 英国机动灵活的小舰队在英吉利海峡打败了强大的西班牙舰队;有海上霸王之称的西班牙舰队受到了致命的打击。

阿提密喜安战役 (公元前 480) 希腊军队在一次海战中打败了薛西斯率领的波斯军队。

奥斯特利茨战役 (1805) 也称"三皇之战";拿破仑军队打败了亚历山大一世与弗兰茨二世率领下的俄奥联军。

班诺克本战役 (1314) 苏格兰的罗伯特·布鲁斯在一次决定性的战役中打败了英国军队,布鲁斯登上了王位,并使苏格兰重获独立。

巴丹战役 (1942) 麦克阿瑟将军和温赖特将军率领美国军队在马尼拉附近进行了三个月的巴丹半岛保卫战,但最终被迫向有兵力优势的日本军队投降。

布伦海姆战役 (1704) 在西班牙王位继承战争中,马尔伯勒和欧根率领英国和奥地利联军打败了塔拉尔率领的法国和巴伐利亚联军;路易十四征服世界的美梦破灭。

博思沃思原野战役 (1485) 玫瑰战争的最后一战。里士满伯爵亨利打败了理查三世。亨利成为亨利七世并建立起了都铎王朝。

布汶战役 (1214) 腓力·奥古斯都率领法国军队打败了英格兰、德意志、佛兰芒和洛林联军。进一步弘扬了法兰西民族精神。

博因河战役 (1690) 奥兰治的威廉率军打败了詹姆斯二世率领的斯图亚特军队。斯图亚特王室可能存在的复辟希望成了泡影。

不列颠战役 (1940) 德国轰炸机对英国进行了持续 58 天的轰炸,企图从空中毁灭英国。英国皇家空军的英勇保卫使纳粹放弃了代价很高的日间空袭。

楔入战役 (1944) 冯·伦德施泰特率领德军对盟军进行反击,并楔入在法国与卢森堡的盟军防线。美国军队把这个"楔子"逼了回去并接着直驱德国。

邦克山战役 (1775) 美洲殖民地军队尽管被迫撤退但最终战胜了英国军队;美国独立战争中第一次实际的战斗。

坎尼战役 (公元前 216) 汉尼拔在这场恶战中彻底消灭了强大的罗马军队;罗马的存在受到威胁。

喀罗尼亚战役 (公元前 338) 马其顿的腓力夺得对整个希腊的控制权。

沙隆战役 (451) 埃提乌斯和狄奥多里克率领罗马和西哥特联军阻击了阿提拉对法国的进攻,使西欧免受匈奴人的侵犯。

基奥贾战役 (1380) 威尼斯人与热那亚人之间进行的多次海战。威尼斯人俘获了热那亚舰队并夺得海上优势。

珊瑚海战役 （1942） 5月，美国航空母舰上出动的飞机袭击并摧毁了许多显然是进攻澳大利亚的日本战舰。这次海空战是第二次世界大战中盟国打击日本的第一次巨大成功。

克雷西战役 （1346） 爱德华三世和英国长弓部队战胜了法国的骑兵部队；大大巩固了英国在法国的地位。

卡洛登荒原战役 （1746） 坎伯兰的公爵打败了年轻的王位觊觎者查理·爱德华。这是斯图亚特王室重新夺取英王宝座的最后一次企图。

奠边府战役 （1954.3.13—1954.5.7） 越南共产党军队包围并打败了高山据点中的法国守军，从而结束了越南战争或越南战争中的法国阶段。

阿拉曼战役 （1942） 蒙哥马利将军率领英国第八军团在北非反击、追杀名声远扬的德国"非洲兵团"，从而使埃及免于被德国人征服。

葛底斯堡战役 （1863） 米德率领联邦军机警地打败了李军，迫使李军从北方的土地上撤出；这是美国南北战争中的一次决定性战役。

瓜达尔卡纳尔战役 （1942—1943） 美国海军陆战队经过六个月的苦战，终于从日军手中夺得了所罗门群岛中的瓜达尔纳尔岛。第二次世界大战中，美军从此对日军发起了进攻。

黑斯廷斯战役 （1066） 诺曼公爵威廉打败英格兰军队，英王哈罗德在此期间下台；确立了诺曼底人对英格兰的统治。

硫黄岛战役 （1945） 尼米兹上将率领美国海军陆战队入侵硫黄岛。经过26天的恶战，美军赢得了这个日本的战略要岛。

日德兰半岛之战 （1916） 第一次世界大战中北海上的一次非常重要的海战；杰利科和贝蒂率领英国舰队迫使德国舰队撤退。

伊利湖战役 （1813） 发生在俄亥俄州普特因贝的一次海战。佩里准将率领美国战舰打败英国舰队。这次战役为美国夺得了西北部。

莱比锡战役 （1631） 在三十年战争中，古斯塔夫·阿道夫率领瑞典军队和撒克逊军队战胜了天主教帝国军队，保卫了新教徒的事业。

莱比锡战役 （1813） 也称"多国之战"；盟军压倒性的胜利使拿破仑深受打击；这次战役标志着法国对德国的统治的结束。

勒班陀战役 （1571） 奥地利的唐·胡安率领威尼斯和西班牙联合舰队在科林斯湾决定性地打败了土耳其舰队，结束了土耳其的海上优势。

吕岑战役 （1632） 瑞典国王古斯塔夫·阿道夫率军在与华伦斯坦率领的帝国军队的战斗中取得了辉煌的胜利，但瑞典军队也元气大伤。

马尼拉湾战役 （1898） 美国海军上将杜威摧毁了停泊在海港的西班牙舰队，并占领要塞和城市而无兵力损失。

曼齐刻尔特战役 （1701） 塞尔柱突厥人打败了东罗马帝国皇帝罗曼努斯·第欧根尼。小亚细亚大都成为土耳其的征服地。

马拉松战役 （公元前490） 米太亚德率领雅典和普拉蒂亚的一支弱小军队击溃了强大的波斯军队，使希腊免于被亚洲人征服。

第一次马恩河会战 （1914） 法国和英国联军阻击了德国军队的侵略，并把德国军队赶回到埃纳河岸；埃纳河战线几乎保持稳定不变达三年之久。

第二次马恩河会战 （1918） 福煦率领法国和美国军队发起的反攻；德国军队处于防御状态。

马斯顿荒原之战 （1644） 克伦威尔的铁甲骑兵打败了保王军，从而为国会夺得了英格兰北部。

美吉多城战役 （公元前1479） 埃及的图特摩斯三世打败了叙利亚和美索不达米亚同盟的国王们。这次战役标志着埃及征服行动的最高峰。

梅陶罗河战役 （公元前207） 执政官尼禄率领罗马军队打败了哈斯德鲁巴及其迦太基军队，从而拯救了意大利。

默兹-阿尔贡战役 （1918） 战斗持续了47天，潘兴率领美国军队打过了阿尔贡森林、突破德国军队的防线并渡过默兹河。这是第一次世界大战中德国军队战败的一个决定性的因素。

中途岛战役 （1942） 6月，美日之间海军航空力量的较量持续了两天，美国飞机使敌人遭到了损失惨重的打击。

米尔维恩桥战役 （公元312） 君士坦丁大帝打败马克森提乌斯，并成为西罗马帝国的惟一统治者。

莫哈奇战役 （1526） 土耳其苏丹苏莱曼率军打败了匈牙利军队，并率军直捣维也纳。

奉天战役 （1905） 日本军队打败了库罗帕特金率领的俄国军队。

尼罗河战役 （1798） 纳尔逊率军打败了法国舰队，切断了拿破仑的法国援军通道。

诺曼底战役 （1944） 6月6日，美国将军艾森豪威尔率领盟军横渡英吉利海峡，攻占了法国的诺曼底海滩。从滩头阵地开始，盟军通过了法国并直驱德国。

奥尔良战役 （1429） 圣女贞德率军迫使英国军队撤围；这次战役是百年战争的转折点。

法萨卢斯战役 （公元前48） 凯撒决定性地战胜了庞培。凯撒成为罗马的惟一统治者。

普拉西战役 （1757） 克莱武率领英国军队打败孟加拉大君西拉吉-乌德-多拉的军队；确立了英国对印度的统治。

普拉蒂亚战役 （公元前479） 希腊军队打败波斯军队，终止了波斯军队侵略希腊的企图。

普列文战役 （1877） 俄国军队迫使土耳其军队放弃普列文这一战略要地，最终结束俄土战争。

普瓦捷战役 （1356） 黑王子战胜了法国国王约翰；结束了百年战争的第一阶段。

波尔塔瓦战役 （1709） 俄国彼得大帝彻底打败了瑞典查理十二世，并歼灭其军队；北方大战的结果是俄国接替瑞典而成为北方的头号强国。

魁北克战役 （1759） 沃尔夫率英国军队攻占魁北克，证了英国在北美洲的统治。

萨多瓦战役 （1866） 毛奇给奥地利以沉重的打击；奥地利被挤出德意志联邦；这次战役也称克尼格雷茨战役。

萨拉曼卡战役 （1812） 威灵顿率领英国军队彻底打败了法国军队。结束了拿破仑半岛战役。

萨拉米斯之战 （公元前480） 地米斯托克利创建的雅典舰队几乎彻底摧毁了波斯舰队；薛西斯被迫撤出希腊。

萨莱诺湾战役 （1943） 英国军队从靴子的脚趾部分进入意大利。美军在萨莱诺登陆。两国盟军联合解放了意大利南部并占领了那不勒斯。

圣地亚哥战役 （1898） 桑普森指挥美国舰队摧毁了塞韦拉指挥的西班牙大西洋舰队,迫使西班牙军队投降。

萨拉托加战役 （1777） 伯戈因及其英国军队向美国将军盖茨投降；这是美国独立战争的转折点。

日本海战役 （1905） 日本打败了俄国海军并成为世界强国；这次战役也称对马岛战役。

色当战役 （1870） 毛奇率领普鲁士军队打败了麦克马洪并迫使拿破仑三世及其10万军队投降；法兰西帝国垮台,第三共和国宣告成立。

森伯赫战役 （1386） 瑞士军队打败了利奥波德公爵率领的奥地利军队。奥地利对瑞士联邦的统治被推翻。

斯勒伊斯战役 （1340） 英格兰的爱德华三世率领英国舰队和佛兰芒舰队打败了法国舰队,并赢得了对英吉利海峡的控制权。

索尔费里诺战役 （1859） 拿破仑三世率领法国和撒丁-皮埃蒙特军队打败了奥地利军队；这场恶战迫使拿破仑讲和。

索姆河战役 （1916） 英法联合进攻5个月之久；联军用极大的代价夺得的领地较少,但却减轻了凡尔登的压力,并援助俄国赢得东部的胜利。

斯大林格勒战役 （1942—1943） 德国军队向苏联纵深推进。但在伏尔加河岸的斯大林格勒（今伏尔加格勒）,苏联军队先阻止了德国军队的推进,然后进行反击。

叙拉古战役 （公元前413） 叙拉古军队在斯巴达军队的援助下摧毁了雅典舰队,给予雅典海上霸权以致命的打击,并加速了雅典军队在伯罗奔尼撒战争中的失败。

坦嫩贝格战役 （1914） 兴登堡阻止了俄国军队对东普鲁士的入侵。

塔拉瓦岛战役 （1943） 海军上将尼米兹指挥美国海军陆战队对吉尔伯特群岛中的塔拉瓦岛发起进攻。经过76小时孤注一掷的战斗,海军陆战队赢得了该岛,但死伤约3000人。这是美国海军陆战队历史上流血最多的战役之一。

条顿堡林山战役 （公元9） 阿米尼乌斯（赫尔曼）率领日尔曼部落军队彻底消灭了昆提利乌斯·瓦鲁斯指挥的罗马军队；莱茵河与多瑙河被定为北罗马的边界。

温泉关战役 （公元前480） 莱奥尼达斯率领一支弱小的斯巴达军队英勇奋战,以阻止薛西斯率领的强大的波斯军队进军雅典；雅典军队战败。

图尔战役 （732） 查理·马特率领法兰克军队迫使萨拉森军队撤退,使西欧免于穆斯林的入侵。

特拉法尔加战役 （1805） 纳尔逊率军打败了法国与西班牙的联合舰队,牢牢地保住了英国的海上优势,这一优势是法国征服行动的主要威胁。

突尼斯战役 （1943） 美国、英国和自由法国军队成功地通过了突尼斯,并迫使德国和意大利军队投降。北非取得了摆脱轴心国的胜利。

瓦尔米战役 （1792） 迪穆里埃指挥法国军队打败了不伦瑞克率领的"第一联军",从而使革命政府没有毁在侵略者手中。

凡尔登战役 （1916） 尽管德军尽了最大的努力,贝当将军还是保住了要塞,从而堵住德军通往巴黎的道路,并增强了盟军的信心。

瓦格拉姆战役 （1809） 拿破仑率军压倒性地打败了奥地利军队。

滑铁卢战役 （1815） 威灵顿和布吕歇尔率领英国、普鲁士军队等盟军最终打败了拿破仑。

约克敦战役 （1781） 华盛顿率领美国和法国军队迫使康华里爵士及其7000人的军队投降,实际上结束了美国独立战争。

第一次伊普尔战役 （1914） 英军阻止德军到达加来和占领海峡港口。

重要的围困

名称	日期	持续时间	
对阿德里安堡的围困	1912—1913	155 天	土耳其军队受到保加利亚军队的围困。失守。
对托莱多要塞的围困	1936	71 天	法西斯党徒受到保王军的围困。撤围。
对安条克的围困	1097—1098	9 个月	穆斯林军队受到十字军的围困。失守。接着穆斯林军队对十字军进行反围困。撤围。
对安特卫普的围困	1584—1585	14 个月	比利时军队受到帕尔马王子率领的西班牙土著军队的围困。失守。
	1830—1832	15 个月	荷兰守军受到老百姓的围困。投降。
对阿尔果德的围困	1751	50 天	克莱夫率领的 120 名英国军人和 200 名受雇印度军人受到 150 名法国军人和 1 万名受雇印度军人的围困。撤围。
对雅典的围困	公元前 431—前 421	10 年	受到斯巴达军队的围困。在收割季节围困有间断。撤围。
对干地亚的围困	1648—1669	20 多年	威尼斯军队受到土耳其军队的围困。失守。
对迦太基的围困	公元前 148—前 146	2 年	迦太基军队受到罗马军队的围困。失守。
对君士坦丁堡的围困	673—677	5 年	拜占庭军队受到萨拉森军队的围困。撤围。
	717—718	1 年	同上。
	1453	54 天	拜占庭军队受到土耳其军队的围困。失守。
对德里的围困	1857	131 天	印度反抗者受到英国军队的围困。失守。
对直布罗陀的围困	1779—1783	3 年 7 个月 12 天	英国守军受到西班牙土著和法国军队的围困。撤围。
对哈勒姆的围困	1572—1573	206 天	荷兰军队受到唐·弗雷德里克率领的西班牙土著的围困。投降。
对耶路撒冷的围困	公元 70	5 个月	犹太军队受到泰特斯率领的罗马军团的围困。失守。
	637	4 个月	奥马尔率领的穆斯林军队围困拜占庭军队。失守。
	1099	2(?)个月	穆斯林军队受到十字军的围困。失守。
	1917	1 天	土耳其军队受到艾伦比率领的英国军队的围困。失守。
对莱迪史密斯的围困	1899—1900	118 天	布尔军队围困英国军队。解围。
对拉罗谢尔的围困	1627	1 年	黎塞留围困法国胡格诺派教徒。失守。
对莱顿的围困	1574	4 个月	西班牙军队围困荷兰军队。荷兰军队掘开河堤后西班牙军队撤围。
对列宁格勒的围困	1941—1944	2 年 5 个月	德国军队围困苏联军队。完全封锁了 17 个月,经过一年多的战斗,城市保住了。解围。
对勒克瑙的围困	1857	149 天	起先由劳伦斯率领、后来由哈夫洛克率领的英国军队受到印度反叛者的围困。解围。
对马德里的围困	1936—1939	29 个月	保王军受到法西斯党徒的围困。投降。
对马弗京的围困	1899—1900	217 天	布尔军队围困贝当-鲍韦尔率领的英国军队。解围。
对曼图亚的围困	1796—1797	8 个月	拿破仑军队围困奥地利军队。失守。
对奥尔良的围困	1428—1429	10 个月	法国军队受到英国军队的围困。贞德解了此围。
对奥斯坦德的围困	1601—1604	3 年	佛兰芒军队受到西班牙军队的围困。投降。
对巴黎的围困	1870—1871	135 天	受到德国军队的围困。投降。
对彼得斯堡的围困	1864—1865	290 天	南部邦联军受到联邦军的围困。撤围。
对普列文的围困	1877	144 天	土耳其军队受到俄国军队和罗马尼亚军队的围困。投降。
对旅顺口的围困	1905	241 天	俄国守军向日本军队投降。
对普热梅希尔的围困	1914—1915	185 天	俄国军队围困库斯马内克率领的奥地利军队。投降。
对萨迪斯的围困	公元前 558	14 天	吕底亚军队受到居鲁士大帝率领的波斯军队的围困。失守。
对塞瓦斯托波尔的围困	1854—1855	335 天	俄国军队受到盟军的围困。失守。

对斯大林格勒的围困	1942—1943	162 天	俄国军队受到德国军队的围困。解围。
对叙拉古的围困	公元前 214—前 212	2 年	受到马塞卢斯率领的罗马军队的围困。失守。
对托里什韦德拉什的围困	1810—1811	7 个月	威灵顿率领英国军队阻止马塞纳率领的拿破仑军队的前进。撤围。
对特洛伊的围困	公元前 12 或 13 世纪	10 年	希腊军队围困特洛伊军队。失守。
对提尔的围困	公元前 585—前 572	13 年	受到尼布甲尼撒二世的围困。撤围。
	公元前 332	7 个月	受到亚历山大大帝的围困。失守。
对维克斯堡的围困	1863	47 天	南部邦联军受到格兰特率领的联邦军的围困。失守。
对维也纳的围困	1683	58 天	受到土耳其军队的围困。约翰·索别斯基解了此围。撤围。

国际战争

国际战争是在两个以上国家之间进行的。最简单的情形是两个国家之间的冲突。20 世纪 80 年代的两伊战争就是一个例子。两次世界大战也是国际战争,但它们却复杂得多:它们是多国联盟之间的相互战斗。

帝国主义战争的目的在于建立殖民地。这样的战争也是国际战争,但它们往往在很大程度上是单方面的战争。欧洲一些国家在 19 世纪建立殖民地时的火力比被征服人民的要强得多。16、17 世纪,英国、西班牙、葡萄牙和法国在北美洲建立殖民地时的情形也是如此。

干涉性的战争也是国际战争。20 世纪有两个这样的例子:一个是越南战争,一个是阿富汗战争。越南战争本来是一个国家的两个半边之间的国内战争,美国却进行了干涉,支持南越政府。第二个例子是,1979 年苏联入侵阿富汗,插手建立了一个缺乏大众支持的傀儡政府。

20 世纪,总体战争这个术语一直适用于十分严重的一些国际冲突。总体战争这个概念于 19 世纪初期就由克劳塞维茨清楚地阐述过。他说:总体战争是敌人的领土、平民和财产在战争中全部受到侵袭的战争。从这个意义上讲,只有第二次世界大战才可以称作总体战争,因为在第二次世界大战中德国、苏联和日本都遭到了对方的巨大毁坏。

总体战争也意味着把一个社会及其公民和工业完全动员起来,提供军用物资以从事战争。从这个意义上讲,第二次世界大战又是一个极好的例子,因为那时所有平民——以及许多国家的武装部队——几乎都全力投身于武器及所有其他必需品的生产和使用。

国内战争

国内战争是一个社会的两个以上派别之间的武装冲突,或者是同一政权下的不同集团之间的武装冲突。从 1861 年到 1865 年的美国南北战争可能是最为著名的例子。当时,南方各州退出联邦并组成了美国南部邦联。它们把自己看作一个单独的国家。然而,从北方的观点看,联邦从来就未解体。西班牙国内战争(1936—1939)有些不同,它是在两个政治派别之间进行的,其中的每一派都想掌握政权。

人们常常用革命一词来描述国内战争。革命是一个国家内部的政治和军事力量推翻并取代政府的一种企图。近代史上,具有深远影响的、最为激烈的革命之一在 1793 年发生于法国。它推翻了君主制度、建立了立宪政府。这场国内冲突不久就由于整个欧洲联合起来压制法国的革命热情而导致了一系列的国际战争。一直持续到 1815 年的多次拿破仑战争就是法国大革命的直接产物。

20 世纪里有几次成功的国内革命战争。就结果而言,最有影响的是 1917 年的俄国革命。在此七年以前,墨西哥已经发生了一场持续了十年之久的革命。它是以推翻波菲利奥·迪亚斯总统开始的,接着是几个政治派别之间的冲突。大约在同一时期中国也开始了一场革命,最后以共产党军队于 1949 年取得胜利而告终。不过中国的这场革命曾为两次世界大战所中断,而且在革命开始时并没有共产党人参与。

战争资料检索表

战争的主题很广。读者可在下列相关词条中获得进一步的信息。具体的战争与战役在各个词条里分别还有涉及。

航空航天工业	外籍军团
空军	堡垒与防御工事
弹药	游击战
仲裁	导弹
盔甲	直升机
装甲板	情报机构
陆军	机枪
炮	海军陆战队
弹道学	勋章与奖章
封锁	军事教育
炸弹	海军
化学战和生物战	核武器
密码和代码	和平运动
海岸警卫队	雷达
殖民主义和帝国主义	发信号
征兵	潜艇
外交	坦克
裁军	鱼雷、水雷和地雷
禁运	条约
间谍活动	制服和徽章
炸药	武器
火器	

1959年,菲德尔·卡斯特罗及其追随者推翻了以富尔亨西奥·巴蒂斯塔为首的古巴政体,建立了共产党政府。

然而,革命与国内战争之间还是有一些差别的。美国独立战争(American Revolution,字面意思为"美国革命")通常不称作国内战争。不过就本质而言,美国独立战争和美国南北战争属于同一类的政治行动:一个政治共同体中的一部分已宣告独立于其余部分之外,并用武力来确保这种独立性。假如当初13个殖民州的人民失败了,那么这场革命就会被看成是一场不成功的国内战争。而正因为美国人胜利了,美国独立战争才被称为革命。

1810年以后,许多拉美国家通过国内战争,脱离西班牙获得独立。从1821年开始,希腊经过七年的斗争终于脱离奥托曼帝国获得独立。20世纪下半叶的越南战争或印度支那战争,开始时是反抗法国的一场革命,结束时是抗击美国的一场斗争。

20世纪里的殖民地独立战争——通常称作民族解放战争——与美国独立战争类似,并不纯粹是国内战争。它们可能一直是在一个社会的不同地理区域内进行的,但是战争所反抗的政治当局却位于别的地方。比如,阿尔及利亚独立战争是在阿尔及利亚地域内进行的,但阿尔及利亚人所反抗的政治统治机构却位于巴黎。

战争的原因

人们已提出好几种理论来解释战争。每一种理论虽然都有一定的正确性,但却没有一种能给出比较全面的解释。最为普遍的理论之一认为战争的原因在于人性——在于人的攻击倾向和支配倾向。这些倾向是许多种动物所共有的。在攻击倾向和支配倾向的背后可能是恐惧、敌视、发怒和贪婪的感情。

然而,对人的这样一些品质的强调是不充分的。个人间的合作与分歧都是自然的。但是,个人单独发动不了战争。发动战争要靠整个社会。因此把攻击倾向归结为整个社会也许更为准确。这一点似乎可用这样的事实来证实:许多社会团体,甚至是原始的社会团体,总是把自己武装起来,即使不是为了攻击别人,也是为了保卫自己。

因为战争是一种社会行为,所以战争的动机就必须在社会的本性中来寻找。无论是部落还是国家,任何一种社会都是由团结在一个权力中心周围的一些人群所组成的。这样一些权力中心,通常称作政府,旨在使社会形成一个统一体,尽管其内部还存在着分歧。正如个人总会产生需求、总会遇到问题一样,社会的统一体也是如此。他们需要通过获得充足的食物、衣物和住地而繁荣。衣、食、住任何一样短缺都会造成社会团体的不安,都会促使社会团体寻求减轻短缺的各种途径。例如,人口拥挤可能会迫使社会团体寻求更多的领土。这就可能导致社会团体在无人居住的土地上开拓殖民地,或以冲突的方式夺取别人的住地。饥荒可能导致抢劫团伙从邻居那里寻找食物来源。

克劳塞维茨把战争定义为政治的延伸,意思是说战争运用权力来制服另一个社会团体或另一个政治团体。有些战争主要是为了坚决要求承认自己的权力。亚历山大大帝的征服战争以及造就古罗马帝国的冲突就是如此。俄罗斯帝国的成长大概也是如此。由于宗教原因而进行的战争很可能仅仅是基于对权力的欲望。

由于人们往往把一些特殊的战争追溯为政治决策的结果,因而很容易忽视更为重要的根本原因。这些根本原因实际上更多的是经济方面的。人口拥挤和饥荒就是战争的经济原因。在美国的历史中,天定命运论或"赢得西部"就是以经济扩张的决定为基础的。经济状况在引发美国南北战争方面以及决定这场战争的结局方面都起着重要的作用。美国南部由于人口较少而且基本上是农业人口,因而无法胜过工业发达的美国北部。

西美战争和第二次世界大战的部分根源在于美国希望在西太平洋地区发挥巨大的经济作用。相反,日本在第二次世界大战中宣称它的目标是建立一个大东亚共荣圈。建立殖民帝国的一条很重要的原因一直在于寻求自然资源,并兼有为其制造的商品开拓新市场的需要。以往的革命与近代的民族解放战争的根源在于经济上的不平等:1789年的法国大革命和20世纪在俄国、中国、古巴、尼加拉瓜的一些革命就是例子。

战争历史中的几个阶段

按照传统的观点,战争是基于陆地的活动。领土要么被获得,要么被保卫。因此,很多战斗一直依靠的是战士——军队中的步兵或者骑兵。

虽然战马已被机动车辆特别是被坦克取代了,但是陆战原理在最近几千年里仅仅经历了一次决定性的变革。这一变革的标志是14世纪火药的发明以及它在战争中的应用。

战斗的距离

火药对战斗造成的差别可以用距离一词给予很好的概括。在火药问世之前,陆战大都是肉搏战。运用枪炮以前的时代可以称作冷兵器战争时代;所使用的兵器有弓箭、剑、刀、标枪和钉头锤(一种棍棒)。无论是步兵、骑兵还是车兵,使用的兵器基本相同。战斗是短兵相接的——战斗双方就如同两个用人做成的攻城槌一样都拼命地去击退对方。确切地说,战斗持续的时间一般比较短,因为如此耗费力气的战斗使人马很快就疲乏了。

火药永久地改变了战争的性质。就距离来讲,战斗不必是肉搏战。子弹飞越的距离甚至比射箭还要远。火药使战士们能够杀死几百英尺以外的敌人。火药的自然产物是炸弹,从飞机上扔下来的炸弹能够毁坏财物,大量杀死从未见过的人。当然从战争的角度来讲,核武器比火药具有更明显的优势,能够摧毁整个国家,而投放核武器的人还未见到过这个国家。

火药除了使战士们能与看不见的敌人作战以外,还会使战争中的伤亡人数剧增。平民比以前更有可能受害。古代的战争主要是在军队之间进行的。对平民及其财产的损害只是战斗的副产品。冷兵器战争时代,战斗中的伤亡人数与参加战斗的人数之比是相当低的。战斗过后的杀掠以及伤员中发生的疾病常常会夺去更多的生命。炸药的使用可能会造成更多的人员伤亡,甚至伤及平民。正因为如此,第二次世界大战中杀死的人占欧洲国家人口的比例,比以前的战争要大得多。

从古代战争到近代战争

五千多年以前,在中东各文明社会之间的战争中,步兵是主要的战斗力量。今天的情形仍然如此,只是近代步兵装备有飞机、大炮、坦克以及近代通讯系统之类的一切复杂设备。

从古代到近代,作战方式经历了许多变化,步兵的地位屡次退居第二。第一个显著变化的出现是由于公元前约两千年人们驯化了马。早期的马不够强壮,驮不起戴盔甲的战士,只能拉战车。随着战车的出现,三百年的时间里步兵在军队的级别中一直处于后援地位。

因为驾车作战就必须拥有马,这类昂贵的事情只限于少数富有的人。到了公元前一千年,步兵又一次成了战斗的主力,但不久又让马给超过了——这一次马是被用来骑乘的。作为中世纪骑士的先驱,骑马的战士大约出现在公元前九百年。骑马的战士,即骑兵,在火器用于战争之前一直支配着战争的行为。骑兵这一优势的明显中断只发生于古罗马帝国扩张时期,这一时期古罗马军团——武装步兵——是主要的战斗力量。在古罗马衰落时期,帝国正是被非常善于骑马的蛮族人推翻的。这些蛮族人最终大都成了东罗马帝国或拜占庭帝国的保卫者;在几个世纪里,他们曾帮助东罗马帝国阻止伊斯兰世界对东罗马帝国的全面接管。

中世纪里骑兵是战斗的主力,不过他们一般都有随从——作为步兵而参战的人。骑士是中世纪的统治者,并且由于他们在财产与权力方面的地位而出现了一种称作封建主义的社会制度。这一时期几乎所有强大的军队都是由骑兵支配的——不仅欧洲基督教军队如此,而且伊斯兰教军队以及 13 世纪以后来自远东的蒙古军队也是如此。

步兵活力的恢复是由于火药的采用。骑兵之所以持续了许多世纪,多半是中世纪浪漫主义的产物,部分地也在于这样的事实:富有阶层——能供得起马的人——也是制定军事政策的人。第一次世界大战之前,骑兵还没有最终被取缔,不过其弊端在克里米亚战争("轻装旅进攻")和美国南北战争(彼克特率军进攻葛底斯堡)中已暴露出来。

近代战争是产业革命的产物。那时火药虽然已经问世了好几个世纪,但正是由于采用了大规模生产的工厂制度以及应用了许多新型的交通和通讯技术,才大大地发挥了欧洲、北美洲以及——不久以后——日本的军事潜力。就像塞缪尔·科耳特表明的,正是由于采用了可以互换的零部件才可能使步枪和手枪的性能保持稳定。步枪在长距离射击时命中率更高。连发武器的性能得到了提高,机枪也发明出来,并及时用在了美国南北战争之中。

由于螺旋桨的发明,以及它与蒸汽机的结合,制造出了一种新型的军舰,结束了帆船时代。移动式野战炮开始使用,直到 20 世纪出现了机械化装甲兵,才宣告了骑兵部队的末日。通讯运输系统也发生了巨大变化:19 世纪初期出现的电报机和铁路只是其中的两例。20 世纪一直是适用于战争的许多发明的繁殖期,根本不可能在此把它们全部列出:飞机和火箭弹可能是其中最具决定性意义的。

近代的另一个特征是工业化国家的人口激增。这种情况由于提供了各个年龄段的寻找工作的人而大大地促进了工厂制度功能的发挥。它也显示了通过征兵——通常指的是通过选拔征兵——建立庞大军队的可能性。普鲁士是欧洲第一个广泛采用征兵制度的国家,其他欧洲国家——除英国外——不久也采用了征兵制度。英国则继续依靠海军保持着军事优势,而且继续维持着其遍及世界的帝权。

第二次世界大战以后,苏美之间的和平多半是靠冷战策略维持的,因为它们彼此都得到了如果谁发动战争就给予他毁灭性打击的警告:使用核武器的侵略者会被彻底击溃(见:**冷战**)。因此超级大国之间的战争以及一些主要军事强国——德国、法国、英国或日本——之间的战争可能会降级到过去的形式。不过,国内战争和地区冲突在冷战期间还持续发生。1991 年随着苏联的解体和东欧共产主义的灭亡,冷战突然结束了。取而代之的是新的地区之间和种族之间的冲突——比较著名的一些冲突发生在南斯拉夫和原苏联的一些共和国。超级大国紧张局势的结束便把调解小小争端的责任推给了美国。

将军的艺术:兵法

法国政治家塔列朗说过一句为人们所熟知的话:"战争是加在军人头上的一件极其严重的事情。"这句话常常用来证明:关于是和还是战的决策,那是政治家们的事情,而不是将军们的事情。但是一旦战争即将爆发,文官政府采取行动则全靠将军们。

战略一词的基本意思是"将军的艺术"。这个术语在 18 世纪出现时只有严格的军事意义,因为当时的战争还比较简单,并且由于将军是战争方面的专家,因而既能够承担指挥战役的任务,又能够承担指挥战斗的任务。在制订军事计划的过程中,与战略紧密相关的还有另外两个方面——战术和后勤。

战略

橄榄球比赛中,目标是通过比对方多得分而取胜。达到这个目标的比赛计划是战略;四分位跑动可能是整个战略中的一个战术。作战战略是在某一战场打仗之前对各个战役所制订的总体计划。战术涉及的则是一些实际策略,是用来打赢某一战役的一些具体的行动方案。比如在第二次世界大战中,盟军认为打败德军的惟一途径是要有大量的战士在欧洲大陆上登陆,直接与敌人对抗。为了实现这个目标,盟军设计了一个战略,其中确定了对德国占领的法国采取大规模进攻的开始日——1944 年 6 月 6 日。这个总体战略中还包括许多分战略:在什么地方登陆,采取什么样的牵制策略,在德军防线后的什么地方投降伞兵。夺取诺曼底的战役一旦打响,就几乎全靠战场上的指挥官临场采用战术去争取胜利。当然,德军也设计了反战略,企图躲开盟军的进攻,使其一开始就遭失败。

纵观许多世纪的战争历史,军事家们都设计了他们自己的战略,并坚持认为自己的最好。公元前 4 世纪,中国军事家孙子撰写过一部《兵法》,这是最早关于战略的编撰物之一。他对战争的政治方面的强调对后来的军事家们有较大的影响。孙子总共提出了13条治理军务的原则。很久以后,拿破仑的结论是:至少需要用115条准则来指导将军们。然而在美国南北战争中,内森·贝德福德·福雷斯特将军当时依据的准则只有一条:用最多的兵力抢先到达特定的地点。他的这一观点与普鲁士的克劳塞维茨的观点完全一致,对克劳塞维茨来说,打败战场上的敌人武装部队是战略的核心。

尽管军事家们长期以来各持己见,但大部分战略原则都包括:明确战役目标;服从统一指挥;集中大量兵力;力求出其不意;军队适当运动,防止敌人偷袭、蓄意破坏和颠覆;作战行动简明。

英国军事理论家约翰·F.C.富勒在其《战争学基础》(1926)中说:近代战争出现之前,冲突常常是由杀死或者俘虏敌对双方任何一方的将军来解决的。用富勒的原话说,这是因为"将军就是作战计划"。例如,亚历山大大帝曾经既制订战役计划,然后又率领他的军队进行战斗,以确保他所制订的战略得到正确的执行。甚至是后来的美国南北战争中,将军们也经常深入作战前线。斯通沃尔·杰克逊就是因为在钱瑟勒斯维尔战场上负伤而死的。作为最杰出的作战战略家之一,拿破仑也曾经常与他的顾问一起从附近的山顶上纵览战斗现场。

近代战争已永久地改变了战略的性质。一位将军再也无法单独计划战争、战役或战斗。作战战略的制订是由专门的参谋机构负责的,这些专门的参谋机构中最早而且最好的一个是普鲁士总参谋部。许多计划职责必须委托给它们。如今的作战战略生成机构很像一个大公司的企划部。

近代战争——由于有陆战、空战和海战——已极大地拓宽了战斗的区域,而不再只有惟一的战场。如今的高级指挥官是在离作战地点很远的地方进行决策,制订计划。甚至在20世纪后期的一些小战争中,战役计划的制订与执行也很像第一次世界大战的情形。当时,超级大国及其盟国不得不把战略计划分成不同的组成部分,按地理区域分别制订,然后再通过复杂的通信网络把它们连接起来。

近代战争规模大,范围广,因而在战略的制订中必然要吸收许多非军事方面的政府官员。被称作宏观战略的那种策略几乎已经变成与治国方略和外交策略一样的东西。许多非政府机构和企业也被吸收进来筹划战争。比如,冷战期间美国和苏联都有一个庞大的军事-工业联合公司设计战略和提供武器。随着冷战的结束,这两个国家都削减了各自的军费预算。

战术

战略可以限定为特定数量的原则或常识性目标,而战术却是一个广阔的充满军事活力的领域。战术,有时称作"军事行动的策略",涉及的是通过各种可行的、在战场上很快设计出的一些手段,促使战略得以实现。

战术涉及战役的方方面面。它包括在战场上布置兵力、选择战斗地形、在恰当的时间使用恰当的武器、保守秘密、刺探敌情、侦察火力、审问俘虏、保障安全。从历史的角度看,战术包括三个组成部分:队列、攻击、进攻和防御。下面所述的所有战术在近代火器和游击战条目中还分别有所涉及。

队列战术 传统战争中,胜利通常属于这样的将军:他能以最快的速度调动军队,并且能组合各个部队,使他们相互给予强有力的支援而给敌人以最沉重的打击。为了提高速度,部队行军时一般要排成四路纵队。打仗时则要排成横队。要把纵队变成横队,司令官只需给一个"向右转"的口令,四路纵队就变成了四排横队。纵队对行军很有帮助,因为它可以提高前进的速度。不过,纵队在战斗中是不利的,因为其正面较窄——很容易使两侧遭到包围。相反,横队前进的速度不快,但其正面较宽而更适合于在战场作战。

除横队和纵队外,以往也运用过封闭式队列——或者是一个空心正方形,或者是一个空心圆圈。借助这些队列,战士们便可以面向各方,防止袭击。不过这样的队列难以调遣,而且也容易被敌人的优势兵力所包围。

攻击战术 直接正面攻击是最简单的一种战斗方式。它可能也是最危险的。在第二次布匿战争中,迦太基军和罗马军队于公元前216年在意大利的坎尼相遇。罗马军队采取了横队列。迦太基军汉尼拔则令其步兵的中部呈弓形队列凸向罗马军队。当罗马军队攻击时,汉尼拔又令这部分步兵把弓形队列反了过来。当罗马军队跑进这个由反弓形队列形成的区域里的时候,迦太基军队在迅速地把队列由弓形变成圆圈的过程中围攻罗马军队的侧翼,最后包围了罗马军队。公元前490年在波斯战争期间的马拉松战役中,希腊指挥官米太亚得在对付波斯地面部队时所采用的战术几乎与此相同。

曾经运用最为成功的战术之一是翼侧攻击——从两侧攻击敌人。如果翼侧攻击有效,往往就能取得像汉尼拔在坎尼战役中取得的那种效果——全部包围。但是,如果敌方将军选择的地点能使其军队的翼侧得到了保护,这样的攻击战术是绝对不能采取的。

每一位将军一定懂得,军队中的战斗士气可以克服本来无法克服的战术困难。许多战例中具有兵力优势的军队不是被敌人的军事力量打败的,而是自己丧失了斗志。他们之所以失败,是因为他们深信自己的事业已毫无希望。

进攻和防御战术 是进攻还是防御,既可能是战略问题也可能是战术问题。就总体计划而言,比如在传说中的特洛伊战争中,为保卫特洛伊城而采取的防御是战略。但在第二次波斯战争期间,防御却成为战术,并且在公元前480年的温泉关战役中几乎收到了预期的效果。温泉关是一个狭窄的7公里长的山间关口,位于雅典以北137公里处。斯巴达指挥官莱奥尼达斯为对付兵力比自己多得多的波斯军队而防守此关口达4天之久,因为他知道他的军队的两侧不可能遭到翼侧进攻。他也知道他的军队无力在开阔地发动进攻。当然莱奥尼达斯和他的军队在这次战役中失败了,因为他们被一个希腊叛徒出卖了,这个叛徒带领波斯军队从另一个关口绕了出来。

发动战争的国家一般立即采取的就是进攻战术,像日本在第二次世界大战中袭击珍珠港就是这样。在欧洲,希特勒1939年进攻波兰、1940年对西欧发动闪电战、1941年对苏联采取"巴尔巴罗萨(红胡子)行动",采取的都是进攻战术。无论如何,战略性进攻要求有相应的战术来配合。

随着第二次世界大战的继续,同盟国从战术性防御转为战略性进攻,德国、意大利和日本的情况却反了过来。当战略失败时就必须用权宜性的战术来替代。

20世纪中,在战术设计上犯有灾难性错误的有两例。第一次世界大战期间,双方的将军都坚信新型进攻性火力会很快得到应用,几个月内就可结束战争。实际情况是,这种火力使战争在法国的马恩河附近僵持了4年。直到战争后期,坦克开进战场后僵局才被打破,这场毫无结果的冲突终于结束了。在第二次世界大战爆发时,欧洲的同盟国将军们确信:他们的防御能力很强,敌人——指德国军队——根本不可能突破。然而,希特勒调用其坦克师、陆军和空军于5月10日就攻进了比利时,6月14日德军就占领了巴黎。

以上两个战例中,将军们的错误之处在于他们没有吸取以往战争的经验教训。美国南北战争是近代堑壕战的开端,但1914年的欧洲人却没有认真学习美国人的经验;第二次世界大战中,将军们又过分地迷恋于追思第一次世界大战的情形,没有考虑到两次世界大战之间已经发生的技术进步。

后勤:军备

1944年夏天,美国第三军团在乔治·巴顿将军的指挥下正在全速通过法国的时候突然陷入了困境。问题不是出自德国军队的阻击,而是因为美国第三军团的车辆缺乏燃料。当时,第三军团已远远地走在了其补给部队的前面,结果却不得不停下来等待加油。军事科学中,负责补给、维修及其他服务的部分称作后勤。

在研究战争的过程中,对战斗的强调很容易忽视这样一个事实,即必须管理战争:必须对战争进行组织,以使武装部队的每一需求都得到满足。要是没有这样的管理,整个战争努力就可能失败,管理起来就要花费更多的金钱。因此,无须对罗马政治家西塞罗的名言感到惊讶:"军备就是无限的金钱。"与此相同的另外一个非常著名的观点是:"军队是靠它的胃行进的。"

军人有与平民相同的需要——而且还更多。除了军服和武器以外,军人还需要食物和掩体。军人需要运输,而那些运输方式又需要燃料——或者是牲畜所需的饲料,或者是卡车、坦克、军舰和飞机所需的汽油。伤员还需要医疗及其他服务。

后勤任务就是筹备并提供陆军、海军、海军陆战队和空军在战争与和平时期所需的一切给养。后勤的四个基本要素是补给、交通运输、设施和人员服务。

补给 补给是负责为武装部队提供所需的一切物资。后勤补给包括军需物资供应中的所有阶段:设计与开发、制造、采购与调拨、储存、分配、维护、修理、废物利用和废品处理。对这些补给活动提供支持的其他服务有:试验、检验、打包封装、存放、签约、定价、确定需求、原材料配给、存货控制、质量管理和征购。换句话说,武装部队对其所需物资的采购与分配有自己的一整套市场营销系统。

补给职能的完成可以分为四个阶段。第一个阶段是管理阶段,其中的任务有确定需求和制订生产、采购、分配计划。第二个阶段是特殊物资的设计、开发和生产。第三个阶段是从生产代理商或公司那里购买成品。最后一个阶段是物资的实际分配以及对使用中的物资提供一些服务。有些物资——如食物、衣物和燃料——并不需要服务或维护;对它们只是使用和更换。

补给所涉及的物资的类目有:食物、衣物、水、掩体和医药这样一些生活必需品;车辆和燃料;通讯设备以及战斗物资,包括武器、弹药和防御装备。在许多世纪的传统战争中,食物和饲料在补给品中占很大比重,其中饲料又占绝大部分,因为动物(骡、马)需要的食物比人多。近代战争中,饲料已被燃料取代了。但对食物和水的需求依然如故,不过近代武装部队消费食物的数量和质量比以前的要多得多,也好得多。

交通运输 直到19世纪初期,部队行军时还要么是步行,要么是坐船。铁路的开通加快了行军的速度。早在1859年,法国在法奥战争期间就通过铁路运送了60万人和13万匹马。美国南北战争中,北方铁路的绝对优势是比南方更具地区经济实力的一个方面。20世纪里还出现了机械化运输工具和飞机。

正是有了飞机才使军事运输比较自由,小部队和少量货物的运送不再受到地形崎岖与距离遥远的限制。第二次世界大战中,空中运输对同盟国打击日本来说至关重要。当时的陆上通道和海上通道都被日本控制了。许多地方,如缅甸,几乎都是无法通过的地带。空中运输的另一个重要运用是1948—1949年的柏林空中补给,当时苏联封锁了通往柏林市的陆上运输(见:**封锁**)。在短距离范围内,直升飞机如今被用来把小部队运入战场,把伤员运出战场。越南战争中直升飞机的运用尤为突出。

交通运输也包括提供燃料、修路、架桥以及修建简易跑道。古罗马帝国对欧洲最永久的贡献之一,是它当时为军团行军而修建的平坦的道路。美国州际高速公路网的修建当时就出于对军事运输的考虑,20世纪30年代德国修建高速公路时的考虑也是如此。

设施 随着产业革命对战争性质的改变,它也拓宽了后勤范围,涉及了为部队提供住地和工作场所。像古罗马军团那样,军队经常远离家乡,因而需要建设设防营地。英国是个例外,它在北美洲开拓殖民地的过程中军队经常住在私人家里,这种情况使户主十分烦恼,并成为导致美国独立战争的不满情绪之一。

近代军队的设施在数量上和种类上都大大增加了。如今的军队按建立的机构而言已步入世界头号财主之列。陆军、海军、空军都拥有并且经营着工厂、军火库、实验室、铁路、造船厂、飞机场、仓库、超级市场、办公楼、旅馆、医院、老人院、中小学、大学,以及20世纪社会里的许多其他类型的机构。除此之外,还有带有所有营房和其他必要设施的传统营地或要塞。

人员服务 武装部队提供的最重要的服务之一是护理伤员。伤员必须尽快运出战场,送往战地医院。对伤员的特殊护理须在远离战场且医护人员充实的医院里进行。

人员服务是帮助武装部队充分履行职责的一些活动。这些服务的提供经常需要更多不属于战斗部队的人员:医生、护士、牧师、教师等。

这方面的后勤包括这样一些行政勤务活动：征兵、入伍、定级、分配、档案保管、职业管理、退伍。为服役期间的军人提供的服务有：医疗、宗教、信息、咨询、教育、娱乐和金融。

海军后勤

陆军中的基本作战单位是单个战士。海军中，行进、打仗和需要补给的是作为一个单位的战舰。单个舰员根本不能单独发挥作用。近代大型战舰本身就是一个自我后勤供给的基本组成部分。它们能够携带大量的食物、燃料、军火和其他物品，并且在舰上给舰员们提供人员服务方面的便利。此外蒸汽机战舰还需要有补充燃煤的加煤站。内燃机战舰也有类似的问题。核动力战舰没有补充燃料的问题，不过与所有类型的战舰一样都还需进港补充其他给养，除非其他舰艇在海上对它们进行补给。当然，所有类型的战舰均需进港维修和保养。

除战舰以外，近代海军还拥有大量的辅助舰艇。其中有些完成的是补给职能，使舰队能无限期地待在海上。不过，舰队可以一直待在海上而人员却是轮换着服役。

战争法

战争是对国际国内秩序的破坏。它所固有的暴力是极端的不法行为。然而，人们经过许多世纪的努力，已经制定出一系列用以调节战争行为的惯例、公约和法律（并不总具强制性）。这些法律既调节着交战国之间的关系，也调节着交战国与中立国之间的关系。

第二次世界大战以来，地区冲突（如多次阿以战争）和内部侵犯（如朝鲜战争）比以前更有必要加以调节，以防止它们造成更为严重的后果和使用核武器。然而1945年以来进行的一些战争，就其行为来说可能比早期的战争更加违法。这种情况特别发生在越南战争和苏联介入阿富汗这样的内部冲突之中，以及两伊之间的长期冲突之中。事实已经证明：革命期间或革命之后几乎是不可能强制实施战争法的。

编纂法典

中世纪末期，由于独立国家共同体的出现才使国际法第一次真正具有了产生的可能性。也正是这个共同体的存在才为到那时为止出版的最为著名的国际法提供了展现的舞台：1625年出版了胡戈·格劳秀斯的《战争与和平法》。他对战争法的论述至今仍不断地影响着国际法的研究与发展（见：**格劳秀斯**）。

19世纪中期以来，战争法已被编纂在许多公约中。其中著名的有瑞士的日内瓦公约与荷兰的海牙公约。第一个日内瓦公约签订于1864年，它是关于保护战争中伤员的。1899年和1907年的海牙公约编纂了许多现行的战争法和中立法。1909年的《伦敦宣言》编纂了关于海战的许多方面的法规。1929年又增添了关于战俘待遇的日内瓦公约。从1868年开始的一系列公约禁止在战时使用特定的一些武器。其中最为著名的是1925年的《关于毒气战的日内瓦议定书》。它禁止使用窒息性的、有毒的或其他的气体和细菌学的作战方法。但是这一法律在越南战争、阿富汗战争以及两伊战争中并未起到防止使用这类武器的作用。

1948年，继第二次世界大战中德军大规模屠杀平民之后，联合国大会通过了《禁止和惩处灭绝种族罪公约》（见：**种族灭绝；纳粹大屠杀**）。1954年在海牙签订了一项关于战时保护文化财产的特别公约。这一公约旨在防止发生类似第二次世界大战中交战国对艺术品的破坏或没收行为。

核能与空间技术时代出现了新的突出的军事问题。为此，1963年签订了关于禁止在大气层、外层空间和水下进行核武器试验的条约。1967年的条约禁止在外层空间安置核武器。它也禁止把月球作为军事目的。1971年的一个类似的条约禁止在洋底安置核武器。

发动战争

古代文明中，发动战争的国家都会举行一定的仪式。在希腊和罗马，正义战争是指这样一种战争：发动战争的一方有充分的理由和动机。从18世纪到第一次世界大战，正义战争的概念只是理论上的而实际上已被抛弃，在战争这件事情上，国家成了自己所作所为的评判者。宣战的概念也基本上被抛弃了。尽管1909年海牙公约要求进行正式的宣战，但第二次世界大战中德国、意大利和日本却无视这一要求。1941年美国宣战时只是举行了一个法定的仪式，因为美国当时已经受到了袭击。

战争行为

关于战争行为的法规给予交战方的权力要远远多于和平时期所允许的。这些法规包括下列这样一些权力：入侵和占领敌人的领土，消灭敌人的武装力量和进行战争的潜力，征用或没收某几类财产，在海上搜查和虏获某些中立国的船只。

交战各方在对待战俘以及处理与中立国的关系方面，都要坚持某些标准。它们既不可随意没收平民的财产，也不可虐待平民。某些化学武器或细菌武器的使用也是禁止的。不过20世纪初以来，所有这些战争行为的法规都被违反了。

结束战争

战争中的战斗是靠休战协定结束的，但是战争本身的结束则需通过条约。比如，第一次世界大战的正式战斗于1918年11月11日宣布休战协定而结束。但和平本身直到1919年6月28日签订了《凡赛尔条约》才建立，而该条约直到1920年1月10日才开始实施。（参见：**条约**）

还有许多不用条约结束战争的情形。当一个国家征服和吞并了另一个国家以后，根本不需要用条约建立和平。革命也没有必要以和平条约结束，不过美国独立战争是以条约结束的。内部革命涉及的是政府的更替。签订条约没有必要，因为前政府已不存在或已逃亡。

按照19世纪的国际法，战斗结束后要恢复和平环境，释放战俘，归还财产，并要修订战斗开始以前实施过的条约。关于战后领土的分界线是按军事占领权划定还是恢复到战前状态的问题，还存在着观点上的分歧。海牙公约支持后一种观点，不过一般都是强权占上风。无论如何，和平条约通常确定了边界线。

战争文学

战争也许是最令人好奇的人类活动。确切地说,自从有了书面语言以来,战争就一直吸引着作者们去运用他们的才智,发挥他们的想像力。许多世界名著都是以战争为题材的。事实上,有些战争文学是以故事和传说为蓝本的,而这些故事和传说在书面文字出现以前就在民间广为流传。总之,关于战争的文学作品远到《伊利亚特》对特洛伊战争的叙述,近至当代小说对越南战争的描写。

战争文学并非全是虚构的小说。许多名著是由历史学家撰写的。其中最早而且还是最好的一部是公元前5世纪修昔底德所著的《伯罗奔尼撒战争史》。布鲁斯·卡顿的三部曲《林肯先生的军队》、《光荣的道路》和《阿波马托克斯的沉寂》是对美国南北战争最璀璨、最动人的记述之一。

战争文学作品太多太多,若把它们的书名全列出来,就会是一本标准篇幅的书。对喜欢小说的读者来说,有这样一本很有助益的书:1980年稻草人出版公司出版的迈伦·史密斯的《战争故事:战争小说著作目录及注解》。对喜欢诗歌的读者来说,由乔恩·斯托沃西编辑的《牛津战争诗歌全集》(1984)是很能令人满意的一部编纂物。下面提到的一些非小说作品只是一般性书籍的一部分。有关主要战争的文章有专门的著作目录可查。

小说

利奥·托尔斯泰的那部以拿破仑1812年侵略俄国这一历史事件为背景的、史诗式的宏篇巨著《战争与和平》(1865—1869),是一部优秀的战争小说,和世界上最杰出的长篇小说之一。它不仅是一部有好多人物、使人着迷的长篇小说,也是对那段历史过程的充满洞察力的阐释。在远见卓识方面后来的战争小说没有一部能与它相比,就连赫尔曼·沃克以第二次世界大战为背景的两卷本小说《战争风云》(1971)和《战争与回忆》(1978)也只是在全景式故事范围方面和人物、事件虚实交织方面与其比较相近。

20世纪以前,关于某一具体战争的小说通常到战争结束许多年以后才出现。例如,斯蒂芬·克莱恩的《红色英雄勋章》到1895年即美国南北战争结束30年之后才出版。第一次世界大战改变了这种情况。对欧洲人来说,第一次世界大战是一段痛苦而难忘的经历,因而当战斗还在继续的时候,有关它的书籍就开始与读者见面了。西格蒙德·弗洛伊德的非小说短文《对于战争与死亡时期的思考》于1915年就出现了。小说在短短的几年里也出现了。20世纪20年代福特·马多克斯·福特写出了四部曲《游行的结尾》。1929年埃里希·玛利亚·雷马克出版了《西线无战事》,它可能是关于第一次世界大战最著名的小说。同年欧内斯特·海明威出版了《永别了,武器》,而他的《丧钟为谁而鸣》(1940)几乎是在西班牙国内战争的枪声刚刚停下来的时候出版的。

关于第二次世界大战的小说在1945年后不久就开始出现,而且一直就没有停止过。20世纪50年代伊夫林·沃出版了《御剑》三部曲,它描写的是英国参加第二次世界大战的事情。描写美国参加第二次世界大战的小说也有许多。1948年出版了诺曼·梅勒的《裸者与死者》,1951年出版了詹姆斯·琼斯的《从这里到永恒》。关于第二次世界大战的其他小说还有:詹姆斯·米切纳的《南太平洋故事集》(1947)、赫尔曼·沃克的《凯恩兵变》(1951)、约瑟夫·海勒的《第二十二条军规》(1961),以及库尔特·冯内古特的《第五号屠场》(1969)。

关于越南战争的小说有:菲利普·卡普托的《德尔科索艺术馆》(1983)、查尔斯·麦卡里的《秋天的泪》(1983)、杰恩·A.菲利普斯的《机器梦》(1985)。约翰·纽曼还编过一部越南战争小说著作目录《越南战争文学》(1982)。

非小说作品

有两本可读性强、综合性强的一般性战争书籍:一本是怀康特·蒙哥马利的《战争史》(1983),其中附有部分很有帮助的著作目录,另一本是约翰·基根和理查德·霍姆斯的《战士:男人的战斗史》(1986)。基根早些时候的一本书《战斗记实》(1976),是参加过战斗的人们对亲眼看到的战斗所作的生动叙述。

两位20世纪的英国军事理论家约翰·F.C.富勒和巴兹尔·H.利德尔·哈利,每人都在充分调查研究的基础上写过几部书。富勒出版了三卷本《西方世界的决定性战役》(1954—1956)。利德尔·哈利所写的书有《重整近代陆军》(1928)和《战争中的革命》(1947)。温斯顿·丘吉尔写了关于两次世界大战的历史性书籍《1911—1918年的世界危机》(1931)和《第二次世界大战》(共六卷,1948—1953)。

封锁 BLOCKADE

战时封锁过去常常指的是为了完全切断敌人的海上交通而对敌人的海港所进行的海上巡逻。如今,战时封锁则指的是对进出一个国家的运输工具、生活必需品或消息的通道所设置的任何一种形式的障碍。

过去进行的海上封锁是以1856年的《巴黎宣言》和1909年的《伦敦宣言》达成的一系列国际法为依据的。这些国际法要求进行封锁前应当正式宣告,并且要求封锁区域不应当超出敌方的海岸。"纸上"封锁是被禁止的。这就是说封锁必须强行实施,而不能只是宣告。这些国际法为在战争中需要向任何国家运送非禁运商品的中立国提供了保护。

20世纪令人难忘的封锁之一不是在水上进行的,而是在陆地上进行的。1948年6月到1949年5月,柏林市受到了苏联的封锁,并被分成东区和西区。通往西区的铁路、公路和水路运输全部被切断。是英国和美国进行的空中补给挫败了苏联的封锁,从而拯救了柏林市。

潜水艇和飞机的出现已经使战时海上封锁很难持续有效。1982年在英国和阿根廷之间的福克兰群岛战争中,英国海军在对该岛进行封锁期间由于潜水艇和飞机而损失了好几艘战舰。

游击战 GUERRILLA WARFARE

按照传统的观点,游击战是作为一种暴力手段反抗政府的各种战术的组合。这种战争虽然形式并不新,但是用"游击"一词对它进行表述还只是 19 世纪初期以来的事情,当时威灵顿公爵与在西班牙的法国人打仗时用的是葡萄牙的非正规部队。游击一词的本义是"小战争"。

远古时代和中世纪的历史上,游击战斗的例子数不胜数。然而,现代游击战是在美国独立战争期间开始的。那时殖民地战士许多都是与印第安人战斗过的老兵,在与英国正规军作战中他们编成的步兵队组织比较松散,所采用的战术也被认为很奇怪。殖民地战士有的躲在树林中,有的藏在灌木丛里,身着土褐色衣服,很容易就使身着鲜艳制服、以队列方式在明处行进的英国士兵成为他们的猎物。

1812 年拿破仑军队从莫斯科撤离的过程中遭受了惨重的损失,因为他们受到了俄国游击队——配合哥萨克骑兵战斗的一伙俄国农民——的阻击。游击战术发挥了重要作用的其他战争有:1850 年到 1864 年中国的太平天国起义、美国南北战争(1861—1865)、中国的义和团起义(1899—1900)、南非战争或称布尔战争(1899—1902)、第一次世界大战期间阿拉伯人抵抗土耳其人的壮举、1916 年爱尔兰的复活节叛乱、1917 年俄国革命后的俄国内战,以及在欧洲发生的对德国占领的抵抗运动(1940—1945)。

1945 年以来游击战进入了鼎盛时期。1949 年结束的中国革命是游击队首次取得的最大胜利。1975 年结束的越南战争是游击战的又一典范。还有其他国家的一些所谓的"人民战争"或"民族解放战争"。20 世纪 80 年代中叶,萨尔瓦多、菲律宾、阿富汗、秘鲁、波利维亚及其他国家也进行过游击战。

游击战成功的基本战略是持续地袭击敌人的战略,并伴随着灵活的战术和快速的行动——所有这些都是用来拖垮敌人。除了军事因素以外,游击战略还包括政治的、心理的、社会的和经济的因素。

20 世纪两位杰出的游击战理论家和实践家是毛泽东和切·格瓦拉。毛泽东是 1949 年取得成功的中国革命的领袖。他提倡用游击队控制农村,孤立城市。格瓦拉出名的原因,一在于他是 20 世纪 50 年代菲德尔·卡斯特罗古巴革命中的一位领导者,二在于他是彻底反抗他所谓的帝国主义的一位倡导者。格瓦拉于 1967 年死于玻利维亚,此前他曾在此训练游击队,他的死使他成为不发达国家和呈上升趋势的城市恐怖分子崇拜的对象(见:**格瓦拉**)。

细菌战　GERM WARFARE　见:化学战和生物战

化学战和生物战　CHEMICAL AND BIOLOGICAL WARFARE
在战争中有意识地使用化学品、细菌、病毒、毒素或毒药使士兵或平民受到伤残、严重损害或死亡的,叫作化学战与生物战。化学和生物武器是把这些毒剂输送到目标的工具。从前,化学装置还包括烟幕弹、照明弹、燃烧弹或火焰炸弹、喷火器、凝固汽油弹和军队使用的其他化学装置。现在,化学战争一词仅限于在战场上使用毒剂。生物和化学武器与原子武器一样,当毒剂飘离战场时,也会造成平民伤亡和产生其他继发性恶果,因此,对于它们的控制和管理已在国际上引起关注。

化学战争

毒气会伤害神经、血液或如皮肤和肺这样的组织,炮弹、导弹、炸弹、喷射装置和其他发送器都可以输送毒剂。有毒气体氯和碳酰氯是真正的气体,而大多数化学剂是悬浮在气体中的浮质、固体微粒或液体小滴珠。当人们摄入溶血性毒剂和起泡毒剂时会被杀死,而且后者还会通过皮肤严重起泡造成伤亡。但人们穿戴防护面具和防护服可抵御这两种毒剂。通过皮肤吸收的神经性毒素会损害中枢神经系统,它更加致命。这种毒素像其他任何毒剂一样,也能在一个地区活跃几天,使当地的土壤和水受到污染。

控制骚乱所使用的化学剂(如催泪瓦斯)不是致命的,它使人暂时丧失活动能力。灭草剂和与此有关的化学剂由私人企业研制,主要用于控制植物生长,但也用于军事目的。

历史

第一次世界大战期间,德国于 1915 年 4 月 22 日在伊普尔战役中首次进行化学战,向英国和法国防线施放了氯气。这次最初的攻击使成千上万人受伤。在这次战役后的战争日子里,双方很快研制和使用各种各样毒气。1917 年,德国人使用了更厉害的糜烂性毒气——芥子气。

第二次世界大战期间,纳粹德国和其他几个国家研制和贮存了化学武器,包括大量致命的神经性毒气,但是交战国家从未彼此使用化学剂,因为害怕报复。可是,德国人在集中营里使用有毒的化学剂,杀害了数以百万计的男女平民和儿童。

在 20 世纪 50 年代和 60 年代,警察和军队越来越多地使用非致命的平暴化学剂,以控制国内骚乱。早在 1965 年,美国和越南军队在东南亚战场上就使用这种化学剂。在越南战争中,美国也使用了大量的除草剂(如橙剂),它毁坏游击队用作基地的大片森林地带,并且清除路旁和美国军事基地附近的树叶,以消除潜在的伏击点。

国际控制

1899 年的《海牙公约》和 1925 年的《日内瓦议定书》试图对战争中使用化学剂施加法律限制。《日内瓦议定书》禁止首先使用窒息的、有毒的或其他有害的气体,以及所有类似的液体、物质或装置。但是,这个协议没有禁止研制或贮存这类武器。虽然如此,美国政府于 1969 年停止生产化学剂,1975 年最终在《日内瓦议定书》上签字,从而正式肯定美国反对使用毒气的长期政策。

自 20 世纪 60 年代初以来,联合国裁军委员会会议定期在日内瓦举行,讨论各类裁军问题。20 世纪 80 年代,委员会越来越关心达成一项国际禁止化学武器的协议。可是,1987 年美国恢复化学武器的生产,同年,苏联宣布它已停止生产这种武器。1988 年,联合国的一份报告证实,伊拉克在与伊朗的战争中使用了化学武器。这是第一次世界大战后第一次在战时使用这种武器。因此，人们试图在禁止使用、研制和生产化学武器方面达成一项全球性的协议。

美国和苏联经过几个月的谈判，在1990年6月1日签订一项协定，声明双方立即停止生产化学武器，并将于1992年开始削减化学武器的贮存。可是，有的国家继续主张使用这种武器。例如，1990年8月，伊拉克对以色列组成右翼政府感到非常不安，威胁以化学武器攻击以色列。

生物武器

生物战有时称作细菌战。在现代战场上虽然从未使用过生物战，但是用于军事目的的致病病毒和细菌的日益增多的研究和试验，引起了全世界的惊恐。因此，1972年由美国、英国、苏联等67个国家签订的《生物武器公约》禁止细菌和细菌毒素研制、生产和贮存。

这个公约也规定在国际上转让这种武器是非法的，它还规定在公约生效后9个月内，各签约国要销毁它们军火库中全部有关的传染媒介、毒素、武器和装备。公约于1975年3月26日生效，从那时以来，有100多个国家在公约上签字。美国在1975年完成了销毁生物战争武器的工作，目前，它在这一项领域里的研究仅限于防御和保护措施。

撰文：Jeffrey Clark

战争犯罪　WAR CRIMES

事实上，战争犯罪是由胜利者指控失败者的一些罪行。第二次世界大战期间，同盟国宣布了违反各国法律的三种罪行。

这些罪行是：(1)危害和平罪，它包括违反某些条约、协定或其他保证而计划、准备、发动一种侵略战争；(2)违反战争惯例罪，如谋杀、虐待或放逐平民；虐待战俘；杀害人质；掠夺公私财产；肆意毁灭城镇；以及任何非正当的军事破坏；(3)违反人道罪——包括谋杀、奴役或放逐——以及战前或战时的种族迫害、政治迫害和宗教迫害。这些定义是以一系列国际宣言和法案为依据，这些宣言和法案收集于《巴黎公约》(1929)之中，并且是由德国和其他国家批准的。

第一次世界大战以后，引渡、审判中心国一些官员的努力总体上没有什么效果。因为当最终在德国莱比锡进行审判时，大多数被告都被宣告无罪。

到了第二次世界大战，同盟国——特别是英国、美国和苏联——作出决定：逮捕、引渡、审判德国和日本的战争责任者。战争初期同盟国发表了几个关于想要惩处那些犯有战争罪行的人的声明。这些声明有：《圣詹姆斯宣言》(1942年1月13日)、《莫斯科宣言》(1943年11月1日)和《波茨坦宣言》(1945年7月5日)。1943年10月联合国处理战争犯罪委员会在伦敦成立。1945年8月8日美国、英国、苏联和法国的代表们签订了《伦敦协定》，其中有一章是关于国际军事法庭对德国和日本主要战犯的审判问题。

对纳粹领导人的审判于1945年10月18日在柏林开始，但不久就移到纽伦堡，并在那里持续进行了10个多月。对日本领导人的审判于1946年5月3日在东京开始，1948年11月12日结束。其中有2000多次的小型审判是在美国、英国和法国的德国占领区里进行的。其他无数次审判是在苏联占领区里进行的。结果，大多数被告都被宣告有罪，许多被告被处以死刑。

战俘　PRISONER OF WAR (POW)

战争期间被俘虏和拘禁起来的武装部队人员称作战俘。这个定义也可以被拓宽而包括游击队员、叛乱人员、抵抗运动中的战斗人员、持枪平民，以及跟随武装部队的非军事人员——如民用补给品承包商、战地记者和建筑单位的成员。但是这个定义不包括平民非战斗人员。

正如国际法中为战争本身的行为制定有指导方针一样(见：战争)，国际法中也制定有对待战俘的指导方针。然而，实际对待战俘的情况却随着环境的不同和战争本身的严重程度不同而不同。正像战争法一直没有得到严格遵守一样，人道地对待战俘也总是没有成为法规。

早期的战争历史中，对待战俘和对待平民根本没有一定的标准。死亡和奴役是战俘们的普遍命运，不过还是有一些战俘赎金和战俘交换的实例记载。中世纪期间奴役敌方军人的现象有所减少，但为获得赎金而拘禁他们的现象却更为常见。到了16、17世纪，研究国际法的学者们提出了一些战俘保障法规。比如，胡戈·格劳秀斯在《战争与和平法》(1625)中提倡用战俘交换或战俘赎金取代战俘奴役。《威斯特伐利亚和约》(1648)宣告了三十年战争的结束，该和约被认为是对待战俘问题上的一个转折点，因为它允许进行战俘交换而不索取赎金。

1785年美国与普鲁士签订了一个友好条约，这是美国有史以来第一次签订条约，其中列有对待战俘的条例。美国还分别在1805年与的黎波里、1813年与英国、1848年与墨西哥签订过类似的协定。

到了19世纪中叶，对待战俘的原则不断为国际上所接受。美国南北战争期间，北方为联邦军队制定了许多这样的军规。1899年和1907年的荷兰国际和平会议制定的行为法规，不久就在国际法中取得了应有的地位。

第一次世界大战期间由于没有遵守这些法规而受到了指控。为此战后召开了一系列会议。1929年的日内瓦公约是由法国、德国、英国、美国以及除日本和苏联以外的其他国家批准的。第二次世界大战期间对待战俘的情况有好有坏。日本和苏联是违法者中最差的，德国也是违法者。

1949年对日内瓦公约进行了修改和加强，但结果仍不理想。在朝鲜战争和越南战争中出现了新问题，当时北朝鲜和北越把战俘用作宣传工具——除经常虐待战俘以外。如何对待战俘主要还是取决于当时的狂热程度，而不是取决于国际法的保护作用。

POW　见：战俘

陆军　ARMY

陆军是一种有组织的、基于陆地战斗的军事单位。从古代到近代，陆军的组织与构成都发生了相当大的变化。

早期的陆军由三部分构成：一是车兵，即乘坐马力战车的武装战士；二是步兵，即步行的武装战士；三是骑兵，即马背上的武装战士。这些部队往往还伴随有操作攻城武器的工兵，以及为作战人马供应粮草和武器装备的补给队伍。

15 世纪，随着火炮的采用，陆军的战斗部队又增加了炮兵部队。19、20 世纪，由于技术的巨大进步，陆军里还增加了另外一些部队：通信部队、筑架桥梁与挖掘战壕的工兵部队、卫生部队、行政勤务部队、取代了骑兵的机械化部队、通讯运输部队，以及爆破专家和军火专家。这些支援或支持部队的数量已有增加的趋势，因为战争已变得更加复杂。

军队征募新兵采取不同的方式。战士可能是志愿兵、应征兵，或者雇佣兵。志愿兵通常心甘情愿地为一种事业或为国家而战。应征兵是由其国家征召而在武装部队里服役（见：**征兵**）。雇佣兵服役是为了得到报酬。他们不一定是为之战斗的国家的公民。

军队的指挥结构在许多世纪的进程中已经历了相当大的变化。早期的军队只有一个指挥官，要么是部落首领，要么是国王。随着国家的壮大，军队也变得庞大起来，因而军队的指挥权就有必要由许多军官分别掌握，军官中将官是最高的军衔。那时的军官，有些是职业军人，一般都来自社会中的最富有阶层。他们独自就有钱雇佣战士、购买武器、提供战马。

20 世纪时随着民主政体类型和社会主义政体类型的发展，以财富或世袭为基础的终身军官阶层趋于消失。除了一些军事独裁的国家外，军队都被置于选举出来的文职官员的控制之下。军官则是从士兵里逐级晋升的或者是在军事院校里培养出来的（见：**军事教育**）。

近代军队的指挥结构有些变化。这里讨论的军衔体系是以第二次世界大战以来发展而成的美国陆军的军衔体系为基础的。

所有的军人都是按等级排列的，从最低等级（士兵）到最高等级（将军）。士兵之上有三个军官等级：无委任状的军官、准尉和有委任状的军官。无委任状的军官和有委任状的军官之间的区别，一个在于受训方面，一个在于授权方面。从受训方面来说，有委任状的军官都是军事院校或军官培训学校的毕业生。

无委任状的军官包括下士和士官。士官中的军衔包括中士、上士和军士长。这些军官的职责相当不同，具体取决于军队构成的复杂程度。有些军官处于战斗指挥地位，其他军官负责诸如维修、运输或通讯这样一些支援部队。无委任状的军官是从士兵里晋升的。

准尉既不是无委任状的军官也不是有委任状的军官，根据军阶他们介于这两者之间。近代军队中准尉是一些受过很好教育的技术专家，他们在整个军事生涯中通常只从事一个专业领域里的活动。例如，很多直升飞机驾驶员就是准尉。他们也可能从事顾问或行政工作，但他们并不指挥部队。尽管他们一直是准尉，但他们的薪水却可以升到某些有委任状的军官的水平。

有委任状的军官分为下列三个等级：

1. 尉官，也称连级军官或初级军官，包括少尉、中尉和上尉。尉官中军衔最高的上尉通常指挥一个连，在美国陆军中是一个 160 名战士的单位。中尉指挥一个排，是一个 38 名战士的单位。中尉是由少尉辅佐的。

2. 校官，也称高级军官，包括少校、中校和上校。上校指挥一个旅，一个 3800 名战士的单位。中校指挥一个营，一个 817 名战士的单位。中校由少校来辅佐。

3. 将官是军队中获得最高军衔的军官。他们是准将、少将、中将和上将。一些欧洲陆军里最高的军衔是陆军元帅。它相当于美国的五星上将。美国把五星上将这个独特的军衔授予了少数几个取得辉煌成就的将军：约翰·J. 潘兴、乔治·C. 马歇尔、德怀特·D. 艾森豪威尔、道格拉斯·麦克阿瑟、奥马尔·布雷德利与亨利·H. 阿诺德。依军衔，少将指挥一个师（18700 名战士）；中将指挥一个军（两个多师）；上将指挥一个野战军（10 万多名战士）。这里所述的军队编制同样是以近代美国陆军的编制为基础的，与世界上其他各主要陆军的编制不完全一致。

很多近代军队中，指挥官与参谋官有明显的区别。指挥官只负责军队里的战斗部队。参谋官则是辅佐武装部队总司令的一些将官。例如，美国有一个陆军部对作为总司令的总统负责。参谋官们负责对战争与和平时期的军队活动进行计划与协调。

第一个这样的军官参谋机构是格哈德·冯·沙恩霍斯特将军 1806 年在普鲁士建立的总参谋部。1871 年随着德国的统一，该总参谋部成为德军总参谋部，成了为所有其他指挥系统所仿效的一个高效率的楷模。到第一次世界大战爆发时，世界各主要军队都有指挥参谋机构。

自第二次世界大战以来，各军种——陆、海、空军——的参谋部已经合成了一个联合参谋机构。美国有这样一种参谋长联席会议对国防部长和总统负责。其他主要军事强国如英国、法国、以色列等也有类似的军事指挥机构。

陆军的历史

古代陆军

军队组织最初的历史证据出自中东巴比伦尼亚的苏美尔帝国。公元前 4000 年到前 3000 年之间的一些小雕像展现了头戴铜盔、身着重甲、手持短矛的步兵。苏美尔人当时还使用了木制战车；但是，特别是由于依靠四个实心的木轱辘，这些战车对于奔赴战场打仗来说大概是太慢了。

巴比伦王国（公元前 2000—前 1000）的军队中既有出自最高社会阶层的终身军人，也有出自商人阶层的平民。终身军人通过服役而获得土地。要是他们的儿孙后来也成为军人，他们又可把这些土地传给儿孙。从商人阶层征兵入伍的人得到的报酬是获得特别贸易权或特别渔业权。

新王国时期（公元前 1560—前 1085）的埃及人在建立军队时采用了两种方式：一是征召本国公民，二是征募外籍部队。外籍部队中的有些战士是来自被征服土地上的奴隶。埃及就是这样把补给战斗人员的重担转嫁给了它的属国。其他外籍战士是得到土地或战利品报酬的雇佣兵。结果，在埃及的努比亚、利比亚和希腊的雇佣兵们所授予的财产非常之多，就连后来的一些埃及法老（即埃及国王）也很难统治他们。大约从公元前 945 年到前 730 年间,埃及被利比亚侨民的后裔统治了。

埃及新王国时期的军队分为步兵部队与车兵部队。每一辆轻便两轮战车配有一名驾车手和一名弓箭手。步兵打仗用的武器有铜或青铜斧、短剑、短弯刀和弓箭。公元前 1320 年埃及常备军由两个 2 千人的师构成。每个师有 8 个连,各有 250 名弓箭手和长矛手。每个连有 5 个排,各有 50 人。这些战士都戴有头盔,身上穿的或者是镶有金属鳞片的皮制护胸甲,或者是遮有鳄鱼皮的短袖布外袍。

埃及法老拉美西斯二世(其统治时期为公元前 1304—前 1237)十分好战,他统率的埃及军队那时大概也是最强大的,他指挥 4 个埃及步兵师、多路努比亚弓箭手,以及许多别的国家的雇佣兵——总计 2 万人。

四个世纪以后,亚述国王撒曼以色二世夸口说他能召募一支 12 万人的军队。亚述军队的核心是国王侍卫队,是一群受过很好训练的职业军人。此外,每一位亚述地主也可能被征召服役。许多亚述雕塑作品也反映了这种情形:国王出征的战车周围簇拥着皇家侍卫队。当时,最富的人能够拥有战车、战马和侍从。战车大概率先进攻。当战车飞奔起来的时候,战士们必须发射箭矢。

根据已知的历史,亚述人最先使用骑兵,这是一种由骑在马背上的人组成的部队。这些人身着铁鳞上衣和皮制马裤。他们杀敌用的武器或是九尺长矛或是弓箭。大多数亚述战士是步兵。步兵又分为重装步兵和轻装步兵,重装步兵头戴尖顶头盔,身着铠甲(环连的金属盔甲),手持金属或柳条盾牌;轻装步兵则头上戴盔,手持柳条盾牌。投石手用投石器抛石击敌。其他部队使用的武器有六尺长矛、青铜剑或铁剑。亚述人最喜欢使用的武器似乎一直是弓箭。在这些部队后面还跟随着驮运行装和供部队食用的牲口。

当亚述是一个统一帝国的时候,希腊则是一些自治城邦,每个城邦都有自己的军队。这些军队起初都比较小,由自由人组成。那时候奴隶们不被用作士兵,因为保卫城邦被认为是一种荣誉。所有 18 岁到 20 岁的自由人都在边疆卫队里服役。在此期间,他们学习如何使用盾牌、矛和剑,并学习如何以称作方阵的队列来打仗。

一个方阵由八行以上的步兵构成,一个跟一个地排列在战场的一边。这些人肩并肩地排在一起,连续着的每一行紧跟着前一行。方阵中各行同时前进,从而使进攻达到重创敌人的目的。前一排人倒下了,后一排就补上来继续战斗。以这种方式作战不需要对战士进行很多训练,不过雅典和大多数城邦的希腊战士都不会在军队里待很长时间。20 岁以后,他们仅当被征召时才来战斗。此外,每一位战士所需的各项费用都是自费的,自己购买武器和生活必需品。对军队的指挥既不属于国王也不属于哪位强将。相反,通常由一组人共同指挥。例如,在公元前 490 年的马拉松战役中,雅典军队有 11 位将军制定战略。每天负责作战的是这 11 位将军中不同的一位。

在军国主义思想最为严重的希腊城邦斯巴达,所有男性自由公民都是专职军人。他们 7 岁时就开始接受训练。20 岁时,每人加入一个 15 人的连队。连队中每个成员必须互相帮助购买食物。连队里的人吃饭、训练、战斗都在一起。即使有了家,他们也要在军营里与连队一起生活,一直到 30 岁。由于战士们根本不做其他工作,城邦就给他们每人一些土地和奴隶以养活他们自己和他们的家庭。斯巴达有两位国王,其中的一位专门领兵打仗。

希腊城邦要扩张,就必须修改自己作战的方式。因为方阵不很灵活。方阵一旦开始行进,要改变它的方向就很难。对方用骑兵或轻装部队就可包抄方阵的侧翼,袭击方阵的两侧。为了保护他们方阵的侧翼,希腊人就雇用了一些职业散兵。职业散兵使用的兵器有小圆盾牌、剑和标枪。他们不以队列作战而是随着战斗的人流前后移动。渐渐地,希腊军队就成了有偿的职业军队。

马其顿的腓力二世对军队作了重要的改组,创造了历史上最有效的一种基于陆地战斗的单位。他改变了以往方阵的结构,把方阵由原来的 8 行增加到 16 行。单单重装步兵方阵就达 4096 人——共 16 行,每行 256 个战士。先于重装步兵投入战斗的是 4 行、每行 256 名的轻装步兵。重装步兵方阵后面是 8 行、每行 256 名的职业散兵,他们也是轻装步兵。骑兵守护着方阵的两个侧翼。这样,包括骑兵在内,整个方阵就有 8192 人。伴随军队的还有卫生部队和工兵部队。后来,腓力的儿子亚历山大大帝继承了这支军队并用它征服了绝大部分地中海地区。

在离希腊和其顿军队活动区稍远的地中海西部,还出现了另外两个军事强国:迦太基和罗马。两者起初都是城邦国家,并且后来都把自己扩张成了帝国。迦太基地处北部非洲,而罗马则位于意大利半岛,两国离得很近,经常为了争夺地中海和邻近地带的控制权而发生冲突。公元前 264 年至公元前 146 年间,两国进行了三次战争,最后罗马取得了胜利。

迦太基军队的作战队列是以早期的希腊方阵为基础而且军队是由雇佣兵组成的,然而它在公元前 218 年到公元前 201 年的第二次布匿战争中却因几乎全歼了罗马军队而卓越出众。伟大的迦太基将军汉尼拔,像 2 千年以后的拿破仑一样,是一位杰出的战略家,能为他的军队选择最有利

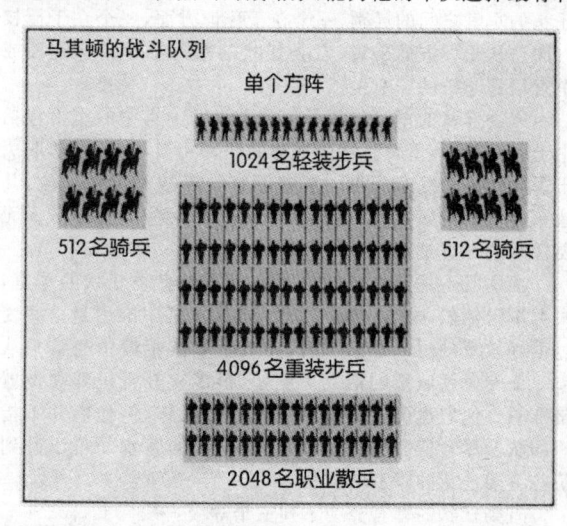

马其顿国王腓力二世及其儿子亚历山大大帝所设计的战斗队列改进了方阵。

古罗马军团的队列

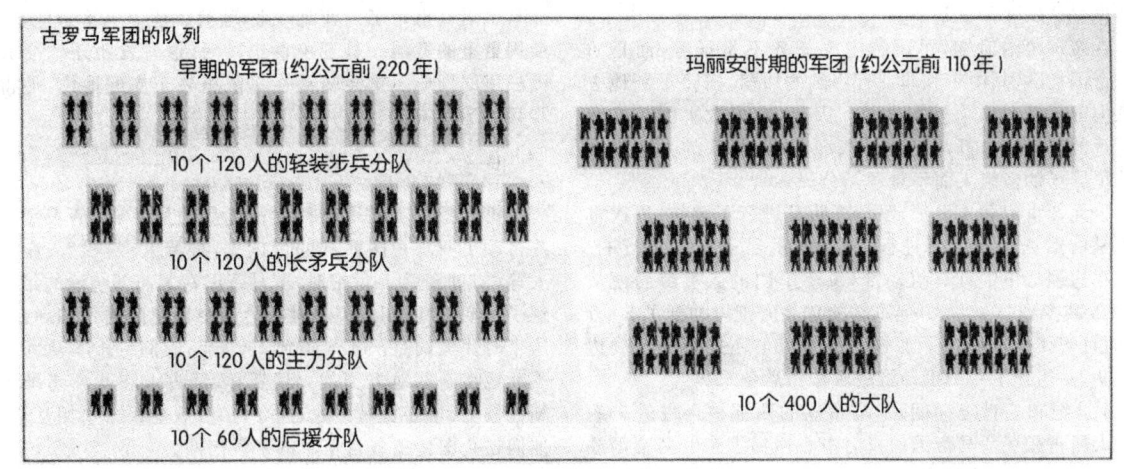

早期的军团（约公元前220年）

- 10个120人的轻装步兵分队
- 10个120人的长矛兵分队
- 10个120人的主力分队
- 10个60人的后援分队

玛丽安时期的军团（约公元前110年）

- 10个400人的大队

罗马的小战斗单位在战斗中比希腊的方阵更加灵活。

的战斗地形。在公元前216年的坎尼战役中，他成功的战术是先令其轻装步兵在罗马军队进攻时败退。接着，他让骑兵出击罗马军队的侧翼，最终包围具有兵力优势的罗马军队。

这次胜利未能保持下来，其中的原因有：一是汉尼拔缺乏海上支援，二是军队的补给线太长，三是征兵政策不适当，得不到更多的雇佣兵。迦太基与罗马的战争最后以罗马的胜利而告终。在公元前149年到公元前146年间的第三次布匿战争中，罗马军队攻克了迦太基城邦并把该地区霸占为罗马的一个省。

从根本上讲，古罗马的历史就是其军队高度成功的历史。在公元前2世纪和公元1世纪之间，罗马从一个城邦国家扩张成了一个帝国，控制了整个地中海地区。这一成就是其军团的功劳。

罗马军队早期的队列是方阵，就是希腊、马其顿和迦太基军队采用的那种队列。对罗马人来说，方阵是一种不容易操作的作战单位，它既不适合于山地作战，也不适合于坑洼地作战，因而他们不久就开始从根本上改变战斗队列的性质。改革的结果是组成了军团。军团不同于方阵，不是一种固定的形式；事实上，经过了许多世纪，军团的形式改变了很多。

军团这个术语原本并非特指一种军事队列。它的本义大概是在每年的公民公开集会上被选作服兵役的一些人。随着发展，军团变成了由骑兵和轻装步兵给予支持的、由4000到6000名重装步兵组成的一个单位。步兵这一术语指的就是步行战斗的战士；轻装和重装这两个术语是依战士们携带武器的种类和重量来区分的。

与方阵相比，军团的优点在于具有灵活性与机动性。军团无需像方阵那样一大帮战士整块移动。军团被分成一些分队——120人的一种单位，这种分队可以采用不受限制的多种作战队式；行军时，他们可以排成各种队形而不是固定的队列。

行军过程中，战士们要携带武器、盔甲、炊具以及其他一些器具。军队每天都会停下来并需要建造营地，营地周围有圆木墙和深沟给予保护。与军队同行的队伍里有驮运行装的牲口、修理兵器及盔甲的人员、补给人员、工兵，以及文秘人员。

从共和国初期直到公元前2世纪结束，罗马军队都是由每年征召服役的公民组成的。每一位年龄在17岁到46岁之间的男性公民都有义务服役。在非常时期，所有男性公民都可能被征召服役，甚至包括年小的和年老的。同年征召入伍的公民须组成一定数量的百人连队。这种单位被称作百夫队，由称作百夫长的军官们指挥。甚至在百夫队这个单位被抛弃以后，百夫长这个术语还作为一种军官头衔而保留了下来。

公元前2世纪结束前不久，罗马的军事体制发生了许多变革，这些变革要改变的正是罗马本身的性质。依赖每年征召公民服兵役意味着罗马永远不会有一支永久性的军队。结果他们就抛弃了这种做法。公民军队由常备军取而代之，这种常备军由无土地的城市居民和来自边远省份的新生市民组成。这些新军团效忠的是他们的指挥官而不是罗马国，指挥官会以罗马国提供的金钱和土地付给战士们报酬。

领导这场罗马军事体制改革的是盖尤斯·马略将军。他改革了原来的军团，用称作大队的一种600人的单位取代了原来的分队。战士们都要向他发誓，以此保证他们服役够一个10年期。这场从临时性的公民军队到职业军队的改革使得能够对军队进行更好的训练。这场改革也意味着每一位罗马指挥官都拥有自己的私人军队，因为军团的战士们在服役期间效忠的只是他们的指挥官。

这种新的军事体制为罗马共和国的解体和罗马帝国的建立铺平了道路。军队的指挥官们不仅出征国外以获得新的征服地并与蛮族人作战，而且还为争夺共和国的政权而相互争斗。公元前1世纪，罗马军团之间经常相互战斗，领导各军团的是这样几位将军：庞培、朱利乌斯·凯撒、马克·安东尼、屋大维。

最终，是后来称作奥古斯都·凯撒的屋大维打败了所有的对手并在罗马确立了帝国统治。他一掌握政权就对罗马的军事体制进行了改革，把军团的数量由60个削减到28

个，要求战士服役20年，并且为了酬劳在伍人员和退伍人员还设立了一项军事基金。

在帝国统治时期，军团的主要任务不是征服，而是防御。帝国在欧洲、中东和非洲有广阔的边境，需要不断地去平息内部叛乱和防止外部入侵。因此，大多数军团都在帝国遥远的殖民地区开展活动。久而久之，军队的人力就来自被征服了的蛮族人而不是罗马公民。

公元3世纪和4世纪，罗马军队又进行了重组，这次重组先是由戴克里先皇帝进行的，后是由君士坦丁进行的。为了在边疆战争中具有机动性，每个军团的人员编制便从4500人减少到2000人。但军队的总兵力则增加到了50万人，而且纪律性也得到了加强。君士坦丁还把军团改成边疆卫队，并组建了一个机动野战军作为后备军。

5世纪和6世纪期间，罗马帝国的西部被入侵进来的蛮族人所占领。罗马帝国的权力中心移到了东罗马帝国或称拜占庭帝国，其国都在君士坦丁堡。拜占庭帝国有一支弱小的职业军队而能够自我防御，这支军队是由蛮族雇佣兵和无土地的农民志愿者终身军人组成的。

7世纪时，拜占庭帝国改革了它的军队，征召公民服役。这些人被赐予土地以养活他们的家庭。过了许多年，军人子女便成了帝国的生力军。帝国还把军队置于政府控制之下：帝国分为许多区，每个区的总督既是该区政府的首脑又是该区军队的首领。

皇帝拥有封赐任何军职的绝对权力。而在此以前，每一位将军都能以晋升、金钱和战利品奖赏自己的部下。

拜占庭的军队里步兵和骑兵是结合在一起的。其中称之为全身甲骑兵的重装骑兵，头上戴有铁盔，身上穿着称作锁子甲的一种镶有金属鳞片的上衣，脚上穿着铁鞋。他们使用的主要兵器是弓箭，不过也有用长矛和大刀打仗的。但是他们不拿盾牌，因为两只手要用来射箭。拜占庭军队还拥有当时最好的卫生部队。担架夫会把伤员抬出战场，送到后方让医生治疗。

那时并没有被注意到，对军队构成重大影响的是罗马共和国时期在波斯地区及其他东方世界里已经出现了的一些发明。马镫、马鞍和马掌发明出来了。一种高大的新种战马也培育出来了。如此以来，骑兵就能穿上重重的盔甲，使用更重的武器。直到中世纪以后，这些发明还改变着欧洲战争的性质。重装骑兵在军队里处于支配地位，使得对步兵的运用常常显得并不重要。

中世纪

第一批广泛利用新种战马优势的战斗者，是入侵并最终占领了罗马帝国西部的蛮族人：哥特人、匈奴人、汪达尔人等。4世纪和5世纪时，罗马帝国在其西部统治的结束开创了为期1000年的一个被称之为中世纪的时代的新纪元。这个时代大约是从476年到1500年，其间许多军队几乎还不断地在一些地方征战。穆斯林、蒙古人和欧洲诸国为了霸占领土、争夺贸易路线、掠夺财富、争夺权力而相互战斗。他们还企图传播各自信奉的宗教信仰。

中世纪里最强的两支骑兵军队要数穆斯林军队和蒙古军队。穆斯林是伊斯兰教的狂热追随者，于7世纪和8世纪启程为了自己的信仰而远征世界。他们发起圣战，向所有异教徒开战。所有身强力壮的人都被迫在其军队里服役。

穆斯林军队的主力是骑兵。这些人头上戴盔，身上披甲，作战用的兵器有剑、标枪、弓箭、匕首和偃月刀。偃月刀是一种用硬钢制造的弯刃剑。他们使用的另一种致命的兵器是六尺长的尖矛。

只是当和欧洲的一些军队相遇以后，穆斯林才认识到像方阵或军团那样强大的步兵在战争中也是很有用的。为了组建步兵，他们雇了许多雇佣兵，但仍保持了穆斯林在骑兵成员中的优势。

在其创始人穆罕默德于632年死后的100年里，穆斯林军队已征服了整个中东、全部北非，以及西班牙。但他们对欧洲造成的威胁终于在732年法国的图尔战役中被打消了。他们在图尔战役中是被查理·马特及其率领的法兰克军队打败的。

蒙古军队曾经是世界上受过最好的训练、纪律最严的

列队行进的古罗马骑兵是罗马安东尼·庇护纪念柱上的浮雕的一部分。

军队之一,它于 13 世纪横扫亚洲并打入欧洲。这支军队是由成吉思汗率领的并且实际上全是骑兵,他们的骑马水平是其他任何军队都无法相比的。

一支蒙古军队通常为 3 万人,他们分为三个万人纵队。每个纵队分为十个千人团;每个团分成十个百人中队;每个中队分为十个十人连队。在像成吉思汗及其苏不台将军这样一些领导的指挥下,全部纵队都能分别长途跋涉并能准时到达同一战场作战。

蒙古军队成功的部分原因在于各个连队的顽强拼搏精神。他们根本无需补给队伍。这些人仅靠吃干奶团、喝马血(取自各人额外带的马)就能跋涉十天之久。蒙古军队打仗时的队列是五排横队。前两排战士头上戴盔,身上穿着皮制护胸甲,手上拿着小盾牌,用长矛或马刀进攻。他们还使用一种铁钩,用以把敌兵钩下马。后面三排战士向敌人投标枪和射箭;他们不戴盔甲。蒙古军队的指挥官用黑色信号旗和白色信号旗指挥军队。他们就这样用武力建立了一个庞大的帝国,其疆域从中国起,包括俄国一直延伸到中东和匈牙利。

在同一时期的西欧,打仗是戴盔甲跨战马的骑士们的事情。因为欧洲在中世纪的大部分时间里根本就没有常备军。军队与拥有土地联系在一起。只有大地主才能为自己及其称作重装骑兵的支持者提供得起战马、盔甲和武器。小地主则成为势力更大的人的家臣(仆人或佃户)。家臣是为了获得保护而发誓替自己的主人战斗和工作的人。最富的人吸引了众多的家臣,从而势力变得越来越大。即使最富的领主是国王的家臣,但国王要统治这些势力强大的人还是比较难的(见:**封建主义**)。

全副武装的中世纪骑士头上戴着圆筒状头盔,身着一副铠甲。他们持有盾牌并用剑和长矛战斗。他们所骑的马块头要大,要能驮得起盔甲的重量,并要能经受得住他们用长矛刺杀敌人时的冲击力。许多年轻的贵族从青少年时代起就练习骑马技术和使用兵器。

步兵在中世纪里根本没有发挥什么重要作用。原因之一是,他们不穿骑士所穿的那样重重的盔甲,因而面对骑士们的进攻几乎没有什么获胜的希望。此外,也很少花时间进行步兵与骑兵共同作战的操练。战斗中,步兵往往被自己一方的骑兵踩死。

家臣们发誓每年替他们的主人战斗 40 天。如果一个战役持续的时间比较长,许多家臣就会率直地回家。因此,中世纪的军队除了笨重以外组织还比较松散。家臣们各以效忠自己的主人为天职,很难听从统一的指挥。

随着行事果断的国王们的陆续上台以及发明了一些新型的武器,如长弓(长 1.5 到 1.8 米的木制弓),中世纪军队逐渐地被纪律更严明的军队所取代。国王们让其家臣捐钱而不要他们提供人力。然后他们就可以用钱雇佣兵。在有些国家里,参加战斗的根本就没有本国人。

中世纪即将结束的 14、15 世纪,步兵的优势开始重新树立起自己的权威。这种结果部分地在于武器的改进,使步兵能够打败骑兵。

在英国,步兵当时用的武器是长弓,箭矢长约 1 米,他们用这种长弓能够准确地射中 180 多米处的目标。受训过的英国射手们一分钟可以射出六支能穿透骑士盔甲的箭。1346 年在法国的克雷西战役中,一支 11000 人的英国军队正是用长弓打败了一支 60000 人的法国军队。英国的长弓部队先把射箭速度较慢的法国十字弓部队逼了回去,然后又把法国骑士们所乘的马射倒。一旦马倒了,英国军队刺杀或棒打笨拙的身穿盔甲的法国骑士就是一件很容易的事情。一旦敌人的防线崩溃,英国骑兵便出击追杀。

对于步兵作战的复兴,重新运用改进型希腊方阵甚至比运用长弓更为重要。是瑞士人重新发现了希腊方阵的作用。由于瑞士军队是一种公民军队,为部队提供不起战马和盔甲,他们通过不断的操练和良好的纪律,想尽办法终于学会了如何才能调遣和协调一群步兵去打败骑兵的战术。使该战术可行的武器是方阵前四排士兵所用的丈八长矛(19 英尺,约 5.8 米)。长矛兵戳刺冲过来的骑士的马,长矛兵后面的部队冲向前袭击落马的骑士。

瑞士人用的方阵有三个,一个跟着一个。这样既可以防止敌人从翼侧包抄前面的方阵,又可以让前面的方阵退后并入其后面的一个,以增加战斗强度。要是受到包围,瑞士方阵就成刺猬状,即一种长矛兵的长矛指向各个方向的空心方阵。

中世纪后期,武器上的一些发明永久地改变了战争的性质。火器出现于 14 世纪末期,火炮在 15 世纪得到采用。这些武器逐渐地使长矛、十字弓、长弓、剑成为过去。它们也使步兵的地位居于骑兵之上而作为战斗部队。因为马比人能更好地达到战斗的目的,而骑兵一旦下马,比起步兵来就根本没有什么优势了。

1300 年至 1648 年间,欧洲的封建制度衰落了。发生的许多社会改革明显地改变了军队的性质(见:**封建主义**)。主仆关系的破裂迫使国王、贵族和城邦主另求征集军队的途径。英国转向了公民军队的观念,而欧洲大陆则把对雇佣兵的运用变成了标准方法。

在英国,1215 年的大宪章废除了雇用外籍雇佣兵的常规。这个旨在限制君主政体权力的公文是英国贵族强迫约翰国王接受的。征召家臣服役的封建体制很难令人满意,因为在这种体制下造就的军队常常是没有教养、纪律性差的乌合之众,他们一心想的是赶快结束这烦人的兵役,回家工作。结果,有偿兵役便成了所有英国人的权利和义务。战时为了扩军,每个郡都要征召一定数量的人去服役。

在欧洲大陆上,封建制度的衰落使国王和贵族转而雇起佣兵来。甚至许多城邦也发现,雇用军队为他们打仗是一种更有效的方法。雇佣兵比家臣部队的优点突出:雇佣兵是把整个生命献身于战斗的职业军人。就国王和君主而言,这就使得战争成为一种更加职业化、更需计划的事情。

因此,许多职业雇佣兵团体以称作"自由连队"的方式结合在一起,自我为单位地对外出租。其中有两种非常杰出的自由连队:意大利的雇佣兵队长(签约人)和瑞士雇佣军。意大利的雇佣兵队长是这样一些人:他们为各雇佣兵单位签订服役合同,然后把各雇佣兵单位雇给一些君主们去打仗。从 13 世纪到 15 世纪,意大利的雇佣兵队长及其雇佣兵连队垄断了意大利半岛上的战争。他们的主要优点是具有职业特征;他们的主要缺点是缺乏对事业的忠诚。

由于他们是为钱而战，他们时常为了得到更高的报酬而愿意投向对方营垒。

瑞士雇佣军提供的雇佣兵连队是欧洲最好的。他们对方阵和长矛兵的运用使他们成为欧洲大陆上的一流战士。欧洲的每一位统治者在其军队里都需要瑞士雇佣兵。也被称作瑞士禁卫队的这些瑞士雇佣兵，在15世纪到19世纪的许多战争中都参加过战斗。20世纪，瑞士禁卫队惟一留下来的痕迹是梵蒂冈教皇的私人保镖。自1505年以来这个梵蒂冈瑞士禁卫队一直还存在着。

在德国，称作雇佣兵的一些人模仿瑞士方阵。一段时间以后，他们也成了善战者。

西班牙是欧洲惟一没有使用自由连队战士的国家。西班牙军队是近代初期最强大的军队之一，其构成绝大部分是来自德国、荷兰和意大利的雇佣兵。这些雇佣兵是由一些训练有素的西班牙军官领导的，他们向雇佣兵灌输的是效忠西班牙及其君主的精神。

常备军的发展

从一般角度上讲，中世纪大约是在1500年结束的，但从军事角度上讲，中世纪直到三十年战争时（从1618年打到了1648年）才结束。到这时，欧洲已出现了几个强大的民族国家，其中有法国、瑞典、西班牙以及由德意志诸公国、奥地利和北部意大利组成的神圣罗马帝国。这些君主国家既有建立强大军队的人力，又有支持强大军队的财力。由公民军人组成的国民常备军的出现逐渐地减弱了大量使用雇佣兵和自由连队的势头，尽管进入20世纪雇佣兵传统还保留着一小部分。

瑞典国王古斯塔夫二世·阿道弗斯（1594—1632）一直被誉为近代战争的鼻祖。他首先建立起国民常备军，这是成为一种楷模而为其他国家仿效了150年之久的军队。当时在瑞典，所有15岁以上的男性公民都被征召服役。古斯塔夫通过征兵召集的公民军借助雇佣兵而得到了扩大。

古斯塔夫把这支军队组成了许多150人的连队。一个营里有四个连，一个旅里有三个营。打仗时，他把步兵组成一些团，每团包括十个连，并且把骑兵置于前面。骑兵打头阵，步兵跟随其后前进并时停下来射击和装子弹。步兵射击时，前面一排采取跪式而随后的两排采取立式。开始战斗之前，炮兵还要对敌人先行轰击。这种炮兵、骑兵与步兵协同作战的战术是古斯塔夫的一个创新，不久就为欧洲其他军队所采用。

为了增强军队的机动性，古斯塔夫曾对武器做了一些改进。战士们使用的轻便滑膛枪比以前装弹药更快。早期的滑膛枪需要两个人装弹药和射击。新型滑膛枪比以前的更短、更轻。每射击一次的火药都事先量好并与弹丸包在一起装入纸弹药筒里。战士们只需咬掉弹药筒端末，把弹药顺枪口容下即可。古斯塔夫还对火炮做了类似的改进。原来笨重的火炮被更为轻便、一匹马就可以拉动的火炮所取代。火炮的弹药也事先量好。此外，火药、火炮弹药、滑膛枪弹药存放于全国各地的军需库里，军队不必带过量的弹药。

在三十年战争期间，古斯塔夫向其征服地区课税，让当地人为其军队提供军服、武器、食物和住房。他的敌人，即神圣罗马帝国的军队，却不得不在所经之处自己寻找食物和掩体；结果，由于他们靠掠夺生活，因而使自己成了当地人的敌人。

仿效古斯塔夫这些做法的第一位军事领导人是奥利弗·克伦威尔，时间是17世纪中叶的英国国内战争期间。他的军队是以瑞典军队为模式而建立的，他惟一的主要创新是对其军队进行了基本的训练。

仿效古斯塔夫的又一位欧洲杰出的军事天才是普鲁士国王腓特烈大帝。他于1740年登上王位，统治了46年。在执政的前23年里，他把普鲁士建成了一个军事强国并发动了两次大的战争：一次是1740年到1745年的奥地利王位继承战争，一次是1756年到1763年的七年战争。这两次战争都是和奥地利打的。腓特烈的目标在于吞并西里西亚，它是16世纪处于奥地利控制之下的波兰的一个省。腓特烈强大的军事力量在于他厉行了严明的纪律并设计了一系列战术。腓特烈的父亲，弗雷德里克·威廉一世，当时已经把这支普鲁士军队的兵力召集到了8万人。腓特烈继位后，先把这支军队的兵力增加到14万人，接着又增加到了18万人。所有低阶层的年轻人都可能被征召服役。中间阶层的年轻人不必服兵役。军官则来自称作容克阶级的贵族阶层和富裕的地主阶层。

普鲁士军队由步兵、骑兵和炮兵组成。步兵用的是带刺刀的滑膛枪。通过不断的训练，他们能在一分钟内用滑膛枪装弹药、射击五次，而其他军队的战士一分钟仅两次。这就给战士们没有多少瞄准的时间，不过仔细的瞄准也无济于事，因为当时的滑膛枪在约46米以外就打不准了。再说射击的目标不是一个个敌人，而是敌横队的一群士兵。

普鲁士军队编成的队列是三排横队。横队前进到离敌人约90米处就停下来。战士们对准敌人一齐连续射击，然后前进并在其间装弹药。当他们接近敌横队时便用刺刀杀敌。

步兵的侧翼是以密集队列行进的重装骑兵。骑兵的职责是注意与步兵前进的协调，以利用敌横队的任何弱点。

在操练队列方面，腓特烈是从变换其横队方向的战术入手的，这样就保证了其横队能够对付来自各方的进攻。他还采用过将其横队排成梯队的战术。这个队列指的是横队前进时不是齐头并进的，而是从每一行的第二个战士开始每个战士比旁边的一个至少要退后一步。就是说它在战场上前进时的形状是斜队。梯队的优点是它只弃置了军队的一个侧翼。

腓特烈大帝在普鲁士制定的这些战术得到了许多欧洲军队和美国军队的采用。直到第一次世界大战结束时，他操练的队列和设计的战术还为很多军队所采用。只是到了近代，运用飞机、坦克、导弹的机械化战争才使他的战术很少有用武之地。

法国大革命与拿破仑

从1789年的法国大革命至1815年拿破仑在滑铁卢的战败，这其间在法国发生的事件的政治意义远远大于军事意义。1789年，法国大革命是作为一场阶级战争开始的。

在短短的几年里,法国君主政体已经解体,阶级差别已经消失。每一个人都成了重建国家的公民。

在法国发生的事情的意义并没有影响到欧洲其他君主政体。它们把这种社会巨变看作是对它们自身存在的威胁。法国人觉得对此有几分责任,因为他们想把自己的革命扩展到欧洲的其余国家。作为答复,普鲁士人与奥地利人结成挫败法国革命、恢复法国君主政体的联盟。

君主政体垮台以后,法国人的第一个反应便是认为保卫革命就是保卫国家。于是,全体忠诚志士般的人民史无前例地把自己与国家的命运紧紧地联系在一起。由此便产生了一种近代爱国主义精神:一个国家必须用武力保卫自己。国家与军队之间也形成了一种新型的关系,也就是19世纪和20世纪中在很多国家里一直发挥着极其重要作用的那种关系。

1793年,法国武装起来的人达到了100多万,如此规模的军队在近代史上还是头一次。当时,法国革命政府下令:每一位公民——无论男女老少——都要为战胜奥普联盟而战斗,或者制造军火,或者提供、运送军需,或者护理伤员。因此,战争不再只是职业军人的事情;全民皆兵的时代已经到来。为征募军队,法国人采用征兵的方法,这是一种不久就传播到欧洲其他国家的做法(见:**征兵**)。

拿破仑是这样一位将军,他把法国军队锤炼成在1795年到1815年的20年里打败了欧洲所有其他军队的一支战斗队伍。拿破仑军队中的师里包括步兵、炮兵和骑兵。他还把两个或三个师合成一个军以形成更大的战斗单位。

拿破仑有两个主要的战略:一是为其军队寻找很有利的作战地形,二是用炮兵并集中大量的步兵突破敌人的最弱处,粉碎敌人的战斗计划。他所采用的战术一般都很直接、很简单:用快速部队突破敌人的防线,然后以战略取胜并侧面包抄敌人。但是拿破仑最终战败于比利时的滑铁卢,因为普鲁士军队和英国军队已经学会了运用他的某些战术并用这些战术来打击他。

19世纪

在陆军的历史中,19世纪涵盖了从1815年6月拿破仑战败于滑铁卢到1914年第一次世界大战爆发这个时期。这期间有两个显著的特点:一是技术发明有了巨大进步,二是陆军的组织发生了重大变化。

18世纪和19世纪的产业革命,诸如生产装配线和可互换的零部件,带来了制造技术的进步。这意味着武器制造的速度会更快,而且它们的品质会更加标准化。用钢代替了生铁或青铜则意味着步枪、左轮手枪和火炮的品质会更好而且更加经久耐用。

除武器以外,许多其他发明和新方法也对军队的作战方式产生了巨大的影响。食物的罐装技术和冷冻技术使得为部队提供食品更加容易。汽船、铁路、电报机、电话机、白炽灯、汽车、飞机以及坦克的发明,由于改善了运输条件和通信条件,提高了战斗效率,明显地改变了1815年到第一次世界大战结束期间战争的性质。

就组织而言,在19世纪前半叶欧洲陆军中有些许变化而美国陆军中根本没有。然而,奥托·冯·俾斯麦于19世纪60年代对德国的统一使军事形势发生了彻底的变化。在紧接着的几十年里,欧洲成了一个武装军营。大大小小的国家都在征兵,大幅度增加各自军队的兵力。此外还都建立了庞大的后备军。比如,在第一次世界大战即将爆发之前的一段时间里,德国军队的兵力就由40万增加到了85万,并且还保有400多万人的后备军。法国、奥地利和俄国也有类似的情况。惟有英国例外,它基本上是个海军强国,直到第一次世界大战时才进行了必要的征兵。

正当欧洲各国武装自己并重组其陆军的时候,19世纪最大的一次战争在大西洋对岸打了起来。这次战争就是美国南北战争。从1861年打到1865年的美国南北战争(又称与南方诸州联盟的战争)已被称作第一次近代战争。这是一次大规模的战争,战争中共有617000人死亡,至少375000人负伤。战场从东到西宽约2414公里,从南到北长约1287公里。这是第一次运用了铁路、电报机、装甲舰、鱼雷和后膛枪的战争。这次战争也显示了具有工业优势的一方,如美国北部,能够拖垮并打败具有农业优势的一方,如美国南部。

这次战争中参加战斗的人数是巨大的。整个战争期间北方联邦军队中大约有2375000人、南方邦联军队中大约有900000人。这些人大都是志愿兵,只有几千名正规军中的职业军人。双方的指挥官都是从西点陆军军官学校培养出来的军官。步兵团的兵力为1000人,骑兵部队的兵力也大约如此。战争开始时炮兵连的规模比较小——通常大约有6门炮——但到战争结束时这些炮兵连已组建成了许多由5个炮兵连组成的炮兵旅,在很多战役中,它们在开阔的前线上袭击一些关键地方时增强了火力的密度。

美国南北战争中有两个方面比较显著,因为它们后来成为第一次世界大战的标准程序:战壕和推进战术。战争历史中,在战斗前修筑临时野战防御工事和挖战壕首次成为惯例。战斗开始时,双方都采用骑兵和步兵同时冲锋的战术。

当美国南北战争正在缓慢进行着的时候,步兵采取了突然推进的战术:一半人停下来向敌人射击,而另一半人向前冲。然后,冲在前面的那一半人再停下来射击而原来在后面射击的那一半人再接着向前冲。此外,北方的骑兵通常还下马作战,而南方的骑兵则一直在马背上战斗。

美国南北战争规模大、情况复杂,北方联邦军和南部邦联军都对其参谋机构的规模作了必要的扩大。但双方都没有一个像欧洲国家的总参谋部那样的参谋部。不过,这次战争中由于架桥梁、修工事和挖战壕的需要,在军事工程学方面有一些进展。

1815年到1914年间还进行了其他一些战争:克里米亚战争(1854—1856)、普法战争(1870)、布尔战争(1899—1902)、日俄战争(1904—1905)和巴尔干战争(1912—1913)。但是,它们哪一个也没有美国南北战争那么重要。然而,欧洲人和日本人在建立军事机构的过程中就没有打算从美国人那里学习多少东西。欧洲人和日本人都把美国南北战争看作是一场业余军队之间的冲突,因而有忽视其战术的倾向。

20世纪的世界大战

欧洲人由于没有从美国南北战争中吸取经验教训,结果在第一次世界大战这样的战争中仍旧采用他们以往的老打法。欧洲军队打了四年仗,最后美国军队参加了战斗,战争还是以僵局结束。除损失了大量的生命以外什么事情也没有解决。

第一次世界大战中运用的有些战术与美国南北战争中的很相似,主要是:步兵向敌人发起进攻之前先修工事、挖战壕,如果战斗中一无所获便退回到战壕里。

第一次世界大战中各参战军队投入到战场的兵力到那时为止都是最强的。德国两天之内就动员了200万人,五天之内就有约100万士兵向法国进军。奥地利动员了50万人,法国有160万人出征;俄国征召了一支140万人的军队;英国,由于它是欧洲惟一的全志愿兵军队,在战争开始时只有12万人。

到了1917年,英国陆军增加了10倍;法国陆军已扩大到260万人;1918年在法国参战的美国陆军达120万人。而正是增加了这部分美国军队,打败约250万人的德国军队才有了可能。

各交战国的陆军组织在第一次世界大战中还保持着整个19世纪的形式。它们都拥有类似的步兵师、骑兵师、炮兵旅、工兵连、供给部队和卫生部队。

自美国南北战争以来取得的技术进步还不足以使任何一方打破第一次世界大战的平衡。双方都运用了飞机、坦克、无线电、机枪,以及发明的其他一些东西。这些技术是新的,这意味着必须对它们进行反复试验,以便以其适合于战时应用。许多发明原来都基于商业用途,比如飞机、无线电以及内燃机都是如此,只是后来才逐渐运用于战争。在第二次世界大战以前,机械化战争技术的优势还没有得到充分发挥。

1918年到1939年的战争间隔时期有这样一个特征:大部分交战国对所有的战争都产生了厌战情绪。同盟国——法国、英国和美国——的军队都大幅度地缩小规模。惟有德国在这些问题上相反。德国人认为在第一次世界大战中他们的国家是被他们的政客们出卖了,故而继续秘密地准备着另一场战争。曾与法国联合对付过德国的俄国,由于1917年的俄国革命被迫退出了战争。

1919年到1939年间,前同盟国所犯的最为严重的错误是军事上未能赶上工业的发展与新技术的进步。惟一的变化是有几支军队中增加了空军辅助部队(见**空军**)。

正当德国秘密地变更其工业的方向而迅速地将其工业改变为战时生产的时候,其他国家却坚信不会再有战争发生。而当战争于1939年真的来临之时,同盟国才不得不很迅速地改变其工业生产的方向,以迎接德国的挑战。此外它们还被迫采用征兵的方法。

1936年到1939年的西班牙国内战争为第二次世界大战提供了一个小规模彩排的舞台。来自其他国家的志愿军到西班牙打仗。经批准离开德国和意大利的军人来到西班牙打仗,他们站在弗朗西斯科·佛朗哥一方(见**佛朗哥**)。美国、加拿大、英国和其他国家的军人来到西班牙,他们为西班牙共和国而战。意大利和德国都是独裁国家,而且都在备战,它们终于有了试验它们的新型飞机、坦克及其他武器的机会。它们把坦克用于正面进攻,把飞机用于轰击步兵和执行投放炸弹的任务。

20世纪初期的几十年里,在远东出现了一个军事强国——日本。在几十年的时间里,日本为了增强武装部队的实力而一直动员着其整个工业资源和人力资源。到1941年日本参加第二次世界大战时,它已经建立起约55个步兵师和35个坦克团。其陆军航空兵也拥有约1600架战斗机。

从1939年打到1945年的第二次世界大战,有这样几个不同于第一次世界大战的特点:各军种——陆、空、海军——通力协作;运用了两栖作战(陆海联合作战)的方式;坦克与飞机协同发动进攻(德国人称作"闪电战"的一种战术);各战区间在空中与地面运用了无线电通信设备。此外这是第一次全面的机械化战争。骑兵,一百年来一直是军队的一部分,终于成为过去。不过,骑兵这个术语还继续用来形容机械化部队。

第二次世界大战动员的战斗人员比以前任何时期都要多。主要交战国各军种的战斗人员总数是:澳大利亚,100万;加拿大,104.108万;中国,1725.0521万;德国,2000万;英国,589.6万;意大利,310万;日本,970万;苏联(仅陆军)1200万;美国1100万;南斯拉夫,374.1万。

从第二次世界大战之前的那个时期开始,陆军的组织几乎没有什么变化。步兵师的人数从11000到15000不等,具体取决于各国的政策。空降师的人数从6000到10000。陆军组织的主要变化表现在支援和支持部队的数量方面,比如有了工兵部队、通信部队、补给部队、机械专家、通信专家和医务人员。相当多的妇女有史以来第一次身着军装在军队里服役。她们做的是一些行政勤务工作和通讯工作,并执行许多其他的支援任务。

陆军的指挥机构保持着战前的形式,但在指挥范围上有两处革新。有史以来首次采用了联合司令部和联军司令部。联合司令部指的是把某一个国家的所有武装部队——陆、海、空军——在一战区里置于惟一的一个司令部的统辖之下。联军司令部涉及两个以上的国家。例如,美国的德怀特·D.艾森豪威尔将军就是欧洲战场上所有同盟国军队的最高司令官。

核时代的陆军

第二次世界大战是通过1945年夏天对两个日本城市投放原子弹而结束的。随着原子时代或核时代的开始,军人、平民等等起初都认为战争的性质已永远地改变了。但事实并非如此。世界上各主要国家都还保持着常备军,并且仍旧使用着常规武器——虽然更复杂了一些。1945年以来的许多战争还或多或少地是常规战争,如越南战争、朝鲜战争和中东战争。

第二次世界大战以来许多军队一直不得不对付的一种战争因素是游击战。游击战这一术语指的是"小战争";这种战争的特征是战斗行动的次数有限,战斗的地形通常使正规军队很难拥有优势。游击队采用打了就跑的战术,进行破坏和恐怖活动,使用宣传攻势。它们高度机动,采用非正统的战术,从各种途径获得武器,但它们一般靠农村提供给养而没有正规的补给线。1945年以来的许多战争和革命都包含游击战:特别著名的有1959年的古巴革命、越南战争(1965—1975)和阿富汗战争(1979—1989)。

苏联陆军

　　20世纪80年代后期,苏联陆军已有508.1万人,这个规模仅次于中国而居于第二位。这支庞大的军队分别战斗在苏联本土上所有主要的地区,以及苏联在东欧的一些卫星国家里。

　　苏联陆军的前身是苏联红军,建于俄国革命之后不久的1918年1月。由于采用了征兵的方法,到1936年苏联红军的兵力已达150多万。1936年至1939年期间,成千上万的红军军官在斯大林的政治肃裁运动中被处死。这次灾难之后,苏联红军由K.E.伏罗希洛夫元帅进行了重组,并通过在第二次世界大战中打败德军而证明了自己是一个有价值的工具。

　　第二次世界大战之后苏联红军又经历了一次重组,苏联红军这个名称为苏维埃陆军所取代。陆军的指挥权被授予由文职官员为领导的苏联国防部。苏联国防部对苏联的行政部门——最高苏维埃常务委员会负责。不过武装部队各军种都有它自己的总司令。1991年随着苏联的解体,新成立的独联体和各共和国之间开始谈判,以决定由谁来掌握武装部队。

美国陆军

　　作为武装部队的总司令,美国总统保持着文职官员对陆军的控制。美国陆军部是内阁级美国国防部的一个分支机构,美国国防部是由总统任命的一位文职部长领导的。美国陆军部长也是总统任命的一位文职官员,对国防部长和总统负责。

　　美国国会通过审查陆军的规划与拨款也保持着文职官员对陆军的控制。此外,国会的每个议院还设有武装部队委员会。

　　美国陆军的最高军官是陆军参谋长,是总统任命的一位四星上将或五星上将。陆军参谋长与空军、海军首脑一起是参谋长联席会议的成员,是国防部长和总统的主要军事顾问。协助陆军参谋长的有一位监察长、一位审计长以及一个陆军后备队政策委员会。

　　美国陆军总参谋部由一位审计长以及这样一些官员组成:作战与计划处长;人事处长;后勤处长;研究、发展与调查处处长;情报处长;自动化与通讯处处长。特业参谋人员包括这样一些官员:副官部署长、工程兵主任、军医局局长、随军牧师主任和军法署署长。陆军后备队队长和国民警卫队事务局局长也是特业参谋人员。

组织机构

　　美国现役陆军由军官和现役男女士兵构成,是全部陆军的三分之一。陆军中的另外两部分是陆军后备队和陆军国民警卫队。

　　陆军后备队由平民组成,他们中的许多人还有专职工作。陆军后备队分为三种:第一类预备役,是用于直接动员的部队;第二类预备役,是用于国家紧急时期的部队;和第三类预备役。

　　陆军后备队虽然拥有数个指定的战斗部队,但其部队大都是在国家紧急时期对现役陆军提供战斗支援。陆军后备队在国家危机时期还要承担一些重要的训练任务。

　　陆军国民警卫队是美国最古老的军队。其雏形可以追溯到1636年在马萨诸塞湾殖民地受过训练的军乐队。陆军国民警卫队的部队遍布美国50个州、哥伦比亚特区、波多黎各岛,以及美属维尔京群岛。陆军国民警卫队的军人大都被派到战斗部队。

　　陆军国民警卫队既是联邦的军队,又是各州的军队。各州长在和平时期分别指挥陆军国民警卫队各部队。它们经常援助州政府官员或地方政府官员消除自然灾害、平息内部骚乱。陆军国民警卫队还听命于总统,可以被召来履行联邦的义务而构成美国现役陆军的一部分。

　　美国陆军的任务由下列15个主要司令部来分担:

　　美国陆军部队司令部负责管理美国大陆上的现役陆军和陆军后备部队。美国陆军部队司令部的总部设在佐治亚州的麦克弗森堡,它把美国大陆划分为四个陆军军区。这些军区是:第一陆军,总部设在马里兰州的乔治·米德堡;第二陆军,总部设在佐治亚州的吉莱姆堡;第五陆军,总部设在得克萨斯州的萨姆·休斯敦堡;第六陆军,总部设在加利福尼亚州的旧金山。陆军部队司令部也负责对陆军国民警卫部队进行训练。其他任务包括制定动员规划。

　　美国陆军训练条令司令部负责为现役陆军和陆军后备队制定战斗训练规划。总部设在弗吉尼亚州的罗门堡。

　　美国陆军器材司令部负责陆军所用的装备。其任务包括研制、采购、储存、运送和保养。总部设在弗吉尼亚州的亚历山德里亚。

　　美国陆军信息系统司令部负责美国陆军的世界范围的通讯系统,包括空中交通控制设备。总部设在亚利桑那州的瓦丘卡堡。

　　美国陆军医务司令部为陆军人员提供保健服务,并负责医务训练和教育。总部设在得克萨斯州的萨姆·休斯敦堡。

　　美国陆军情报与保密司令部履行军级以上的情报与保密职责。总部设在弗吉尼亚州的阿灵顿霍尔站。

　　美国军事交通管理司令部负责货物、个人财产的运输以及国防部来往客人的接送。另一个任务是对国防高速公路的管理。总部设在华盛顿。

　　美国陆军华盛顿军区对陆军和国防部的一些活动给予支持,主要的职责是保卫国家的首都。其他职责包括安排国葬和负责外国要员迎送仪式中的军事仪式。总部设在华盛顿。

　　美国陆军刑事调查司令部负责全面调查美国陆军所犯的罪行,包括对美国在海外的陆军所犯罪行的全面调查。它的作用相当于刑事情报部门。总部设在弗吉尼亚州的福尔斯彻奇。

　　美国陆军工程兵负责军事工程项目和民用建筑规划。总部设在华盛顿。

　　除设在美国的这些司令部以外,在海外还有五个包含陆军成分的联合司令部。美国驻欧陆军隶属于**美国欧洲总部**。美国第八陆军隶属于**驻韩美军司令部**。美国驻日陆军隶属于**驻日美军司令部**。美国陆军西部司令部隶属于**美军太平洋总部**。此外还有一个**美国陆军特别行动司令部**。

兵种与师

美国陆军的兵种分为三大类：战斗兵种、战斗支援兵种和战斗后勤支援兵种。这些兵种的联合是作为一些团队而发挥作用的。

战斗兵种是直接参加战斗的兵种。它们包括步兵、装甲兵、防空炮兵、野战炮兵和航空兵。

步兵通过运用火力和策略攻击敌人。步兵虽然可以用任何工具来运送，但一般是步行打仗。步兵虽然是基本的战斗部队，却是作为包括其他兵种的团队中的一部分而发挥作用的。

装甲兵从事陆地快速机动战争，或从事通过空中运输的快速机动战争。大多数装甲部队是以坦克为核心来组织的。

防空炮兵用以摧毁敌人的飞机和导弹。它也能够用火炮、导弹和一些自动化武器袭击一些地面目标。

野战炮兵也旨在摧毁敌人的一些目标，但主要是对步兵和装甲兵予以支援。它所使用的武器包括火炮或导弹。

航空兵主要与野战部队一起战斗。分配给野战部队的一些飞机由该部队的指挥官来控制。

战斗支援兵种属于陆军兵种，包括工程兵、通信兵、宪兵、化学兵和情报兵。

——工程兵拥有负责修建和拆除某些建筑物的战斗部队。

——通信兵负责安装、操作和维修保养一些通讯和电子设备。

——宪兵负责看管战俘、防止犯罪、保证安全。

——化学兵主要是通过一些化学检查和化学消毒来协助战斗部队。

——情报兵负责提供敌方的当前信息以及当前的天气和地形信息。他们还监听敌人的通讯网络并审问战俘。

战斗勤务支援兵种属于陆军兵种，完成后勤与行政勤务职能以支援战斗兵种。战斗勤务支援兵种有 17 个兵种：陆军部副官署部队；工程兵；化学兵；财务兵；军械兵；军需兵；宪兵；通信兵；军法署部队；运输兵；随军牧师；以及陆军卫生部的六个兵种——陆军医疗专家部队、陆军护士部队、牙医部队、医务部队、医疗勤务部队，以及兽医部队。

师

师是包括陆军所有战斗兵种与支援兵种的最小的军队。一个师的标准组成部分有一个师指挥部与直属连；一个航空兵营；一个防空炮兵营；一个工兵营；一个电子作战与情报营；一个装甲骑兵中队；一个通信营；一个化学兵连；一个宪兵连；一个师属野战炮兵指挥部及其所属的一些野战炮兵营；一个提供医疗、运输、补给、野战维修和后勤服务的支援部队；以及三个以上的战斗旅。

数个师组成一个军。两个以上的军组成一个野战军。两个以上的野战军组成一个集团军。美国陆军现在有 24 个师，其中包括 16 个现役陆军师和 8 个陆军国民警卫师。

步兵师以步兵作为基本的构成部分。这是最古老的一种师，并且仍是美国陆军的核心。

装甲师以坦克作为主要的武器。这种师是第一次世界大战后发展起来的。

空降师运用空军或陆军的飞机在敌人后方或一些偏远地方伞降部队。伞降部队着陆后就作为步兵参加战斗。

机械化步兵师依靠的是数种战斗车辆。这种师是 20 世纪 60 年代中期首次组建起来的。

空运机动师利用直升飞机进行运输和火力支援。这种师也是 20 世纪 60 年代中期发展起来的。

特种部队

美国陆军训练的特种部队是为了深入到敌人后方进行游击战。由于这种战斗比较危险，所以美国特种部队全部是由志愿兵组成的。特种部队候选人先要完成基本训练和高级训练，以及基本的空降课程。然后他们就被派往位于北卡罗来纳州布拉格堡的特种部队培训团接受培训。培训期满后，他们就成为 12 人分遣队中的一员，这种分遣队是特种部队的基本单位。

一个特种部队分遣队由两名军官和 10 名无委任状的军官组成。这些无委任状的军官中每人都精通特种部队五种基本技能中的一种。两人精通于使用各种武器。另外两人是通信专家。第三对受过医学方面的训练，会做有限的外科手术，并会治疗某个地区常见的一些疾病。第四对是爆破专家。第五对是在作战与刺探情报方面训练有素的无委任状的高级军官。

特种部队分遣队的所有成员在其专长之外的领域里也接受过训练。许多人都精通一门外语或者在分配后接受外语培训。

快速反应部队

美国的联合特遣快速反应部队由陆军、海军、海军陆战队和空军组成。它是作为一支战略性部队而发展起来的，这支部队能够迅速地出现在世界各地。

美国快速反应部队里的陆军部分有 11 万人，这些人经过特殊训练，能在任何气候下、任何地形上进行常规战争或核战争。这部分陆军的主要组成部分是：一个空降师、一个空中突击师、一个机械化师和一个骑兵旅。

美国陆军史

美国独立战争之后，大陆会议宣布了自己的信条，认为常备军有违民主原则，结果解散了老兵部队。然而，不久却发现需要有正规部队保卫边疆的要塞和土地，以防印第安人和殖民者的其他敌人的进犯。在根据宪法组建政府的时候，有了一支约 1000 名官兵的军队。

美国仅以 7000 名受过训练的战士参加了 1812 年战争。这次战争之后，国会授权建立一支 1 万人的正规军。但 1846 年与墨西哥的战争爆发时美国正规陆军只有约 8000 人。这支弱小的军队，后来由于志愿兵而得以扩大，打赢了墨西哥战争。此后国会又一次授权把陆军的兵力加强到 18000 人。这支军队后来成为美国南北战争中北方军队的主要支柱。

美国南北战争以后,美国国会把正规陆军的规模确定为 45000 人,但后来又将其减少到 25000 人。这些人大都在西部的印第安人战争中打过仗(见:**美洲印第安人**)。当 1898 年与西班牙的战争爆发时,美国陆军主要还是与印第安人打仗部队,只不过由于西班牙军队的脆弱和美国海军的成功才很快地结束了这场冲突。这次战争之后,美国由于必须保卫海外的领地,陆军的兵力才增加到 10 万人。

1916 年的国防法案为参加第一次世界大战的美国陆军建立了一个框架。这一法案授权把正规陆军的兵力增加到 287846 人,并授权筹建一个官兵后备军。该法案还授权美国总统把各州的国民警卫部队并入联邦军队之中。不过,参加第一次世界大战的美国军队大多是通过 1917 年的选征兵役法案而征募的。第一次世界大战结束时的 370 万武装人员中,280 万人是选征入伍的。

在此后的和平年代里,由于缺乏国会的拨款,美国陆军的兵力被削减到 12000 名军官和 118000 名士兵。1939 年富兰克林·D.罗斯福总统下达了一道"有限紧急令",其中有一条命令是关于增加正规陆军和陆军国民警卫队的人数。1940 年第一批陆军国民警卫队和陆军后备队被并入联邦军队之中。

美国陆军的迅速膨胀起因于 1940 年的选征兵役法案。美国参加第二次世界大战的军队有 160 万人。到了 1945 年美国陆军已有 830 万人。这其中有三分之二的人是通过选征兵役法案选征入伍的。用这支军队,美国陆军组织了 89 个战斗师。其中包括 66 个步兵师、16 个装甲师、5 个空降师、1 个机动步兵师和 1 个山地师。

1945 年 8 月战胜日本之后,美国陆军迅速遣散。到 1947 年现役军人已下降到和平时期授权兵力 67 万人以下。不过,陆军国民警卫队和组织起来的陆军后备队的士兵数量却比以前更多。1948 年的选征兵役法案建立了一支和平时期分遣队。1947 年美国陆军航空队从美国陆军中分离出来。它成为美国空军,与美国陆军和美国海军平级。此外,各军种的一些作战指挥权被收回,归参谋长联席会议掌握。

从 1950 年朝鲜战争爆发时起,美国的选征兵役工作一直延续到 1959 年。(征兵工作还延续了数个四年期,1959 年、1963 年和 1967 年,到 1971 年还延续了一个两年期。)朝鲜战争期间,美国陆军扩充到了 20 多个战斗师。

1955 年的后备军法案开创了义务后备军的训练。该法案要求 17 到 18 岁半的男性加入第一类预备役或第二类预备役。1963 年,按照陆军师改编计划完成了对陆军国民警卫队和组织起来的陆军后备队的重组。预备役人员的服役期从 8 年减到 6 年。1965 年还下令对陆军国民警卫队和陆军后备队作进一步的重组。

从 20 世纪 50 年代中期开始,美国陆军人员在南越充当军事顾问。1965 年美国基地受到越共袭击之后,美国陆军便积极参与越南战争。到了 1968 年,7 个美国陆军师,外加其他部队,战斗在越南。此时美国陆军的总兵力约有 147 万人。越南战争之后的兵力约为 83 万人。

20 世纪 60 年代,许多人批评选征兵役法案。有些批评者反对美国军事介入越南。然而,许多人却坚持认为美国的军事体制本身不公平,因为,通过其免服兵役规定,它让某一些人——比如大学生——逃避了兵役。为了纠正这种不公平的现象,美国国会于 1969 年推出了抽签征兵法。

1973 年 1 月,即选征兵役法案终止前六个月,选征兵役的工作就结束了,美国陆军开始建立全志愿兵部队。陆军,以及其他军种,吸引了超出预期数量的黑人和贫穷、无教养的志愿者。此外,低薪制使再次入伍的比率下降。为此 1980 年恢复了没有强制征兵成分的登记制度。20 世纪 90 年代初,美国陆军的兵力为 731700 人,陆军国民警卫队和陆军后备队合起来的后备军人基本上与此相当。美国陆军部队分别活动在美国大陆、阿拉斯加、夏威夷、欧洲、亚洲和拉丁美洲。

1991 年初的波斯湾战争期间,打击伊拉克的盟国联军的兵力达 70 多万人,其中美国军人有 539000 人。大规模联合空战持续了几周之后,盟军派了大量的地面部队摧毁伊拉克的许多防御工事、军火库和坦克。4 天之内,盟军就摧毁了伊拉克共和国卫队的大部分精锐部队,随之布什总统宣布停火。这次战争之后,国会提议此后 5 年武装部队的总兵力要削减约 22%。

海军 NAVY

1982 年 4 月 2 日,阿根廷军队占领了福克兰群岛——一个位于南大西洋的英国领地。三天之后,一支庞大的英国皇家海军特遣舰队肩负着收复该群岛的使命,从英格兰的朴次茅斯扬帆出征。到 4 月底之前,这支特遣舰队行程 13000 公里,从英格兰到达福克兰群岛。军事行动于 4 月 25 日正式开始。不到 11 周,战争便告结束,英国实现了目标。英国夺取并控制了制海权,顶住了阿根廷空中和海上的攻击,并且让战斗部队登陆作战,取得了最终的胜利。

伯纳德·劳·蒙哥马利子爵曾说:"从历史上看,拥有制海权的国家最终必然赢得胜利。"这个论断再次证实了美国海军军官阿尔弗雷德·T.马汉于 1890 年提出的一个观点。他的名为《海上力量对 1660—1783 年历史的影响》一书是对英国海军力量的概括研究。在这本书中他提出:一个国家为了获得军事霸权和拓展其国际贸易,需要有雄厚的工业基础和一支强大的海军。这本书是最具有影响力的军事专著之一,并且对第一次世界大战之前欧洲的海军建设具有非常重大的影响。

将近四个世纪的时间,英国皇家海军控制了全世界的海上航道。在那个时期内,英国仅在一次较大的战争中败北:美国的独立战争。这次失败的原因在很大程度上可以归咎于其海军力量的不足,而其面对的却是由年轻的美国和法国及西班牙组成的联盟。

公元前 5 世纪希腊人击败波斯人,公元前 3 世纪罗马人击败迦太基人,拿破仑战争中英国击败法国,以及在第二次世界大战中同盟国战胜德国、意大利和日本,拥有制海权是取胜的重要因素。

> **预览**
>
> "海军"这个条目分成以下几个部分：
>
> 引言
> 指挥结构
> 战船：从桨帆船到航空母舰
> 现代海军舰只
> 皇家海军几百年
> 美国海军
> 历史上著名的战役

海军是一个国家的军事力量中在海上作战的兵种。在陆军中，单个士兵即是一个战斗单位。然而在海军中，却是单艘战船组成了一个作战单位。舰只上的所有人员，从驾驶台上的舰长到轮机技师，为了使舰只成为高效的战斗武器而在一起工作。

指挥结构

现代海军的指挥结构经过了几个世纪的缓慢演进。早期的海军，诸如希腊和罗马的海军，指挥非常简单。船只由一个有经验的水手指挥，并由成排的划桨手提供动力。通常船上还备有一支水兵小分队，以便在攻上敌船后贴身肉搏。随着海战的愈加复杂化，船上的职责便在各种级别的军官和水兵中间进行了分配。20世纪战争中使用的庞大而技术复杂的海军产生了许多高度专业化的职能。这里涉及的是美国海军的指挥结构，世界上其他主要国家的海军也是如此，尽管军官的称号在不同的国家有所区别。

海军的全体人员可分成两类：士兵和军官。士兵有九个军阶。军阶最低的是三等兵，其上是二等兵和一等兵。一等兵的军阶相当于陆军中的一等兵或海军陆战队中的准下士。在一等兵等级之上是六个等级的非委任军官——全都用军士这个称呼。其中最低的一等是下士，接下来是中士、上士、三级军士长、二级军士长和一级军士长。海军的下士相当于陆军的下士，高一些的等级分别相当于陆军军士中的不同军阶，一级军士长和陆军的二级准尉同级。

对三等兵的基本训练是在海军训练中心进行的。这些训练中心分别设在佛罗里达州的奥兰多、伊利诺斯州的大湖区和加利福尼亚州的圣迭戈。基本训练结束后，三等兵便进入一些专业领域，在其服役期间，他们将在这些专业领域内工作。这些职业领域分别是船舶工程、船只维护、武器控制、数据系统、建造、卫生保健、后勤、密码学、通讯、情报及航空传感器的操作。此外，在这些领域中又有许多专业，其中包括空中交通管制员、锅炉技工、电气技师助理、炮手助理、军医助理、水雷士兵、导弹技工、无线电技师、信号兵及声纳技师。

准尉是军士长可以申请的专门的和被委任的职位。准尉分为二个级别：二级准尉和一级准尉。二级准尉在其服役期间一直保持其级别，但其薪水根据服役时间提高。陆军、海军陆战队和空军也都有二级准尉这个级别。

其他委任的军官的级别从少尉直到五星上将。海军的少尉相当于陆军的少尉。接下来的等级是中尉、上尉、少校、中校、上校、准将、少将、中将、上将和五星上将。海军从准将到上将的级别相当于陆军中的准将、少将、中将和上将。海军的五星上将与陆军的五星上将同一级别。

海军上将的名称源于阿拉伯语的"amir-al bahr"，其意思是"海上的指挥者"。对上将、中将、少将级别的划分源于17世纪，当时英国舰队被分成中队。领头的中队由上将指挥，第二个中队由中将指挥，最后一个中队由少将指挥。上将的船只上装备有独特的旗帜，因而上将就以"旗舰军官"而闻名。

在当今的海军军官中，有权指挥船只的被称作指挥官。其他的是非指挥军官，他们是诸如医药、牙科、牧师职责和补给等领域里的专家。这些专门职业列于后勤分类中（见：**战争**）。

战船：从桨帆船到航空母舰

从公元前3000年到现在，海上战争经历了技术变革的历史。这些变化包括船只的制造方法、提供动力的方式以及火力的使用。由于技术发生了变化，所以海军用以取得战斗胜利的战术也随之发生了变化。海军悠久的历史可以分为三个阶段：桨帆船时代、帆船时代和蒸汽驱动的钢甲舰时代（包括核动力）。

桨帆船时代

海军历史上最长的阶段是桨帆船时代。它大约从公元前3000年到公元1571年的勒班陀战役，持续了4500多年。那时的战船是桨帆船，一种靠桨推进的长形远洋船只。为了巡航，这种战舰也带有帆，但划桨手也是必需的，他们给船只提供动力，使得船只在战斗中具有速度和快速改变方向的能力。古时候的商船称作圆形船：它们比桨帆船更宽一些，以便尽可能多地装载货物。早期的埃及桨帆船为了弓箭手和投矛手把甲板从船头到船尾作了抬高。最后沿着舷缘——船舷上沿——安装了厚板，以便保护划桨手。有时在桅杆的顶部安装一个小平台，这样弓箭手们可以站在上面射箭。

希腊桨帆船 最初的桨帆船每侧有一排桨，这种桨帆船叫作单排桨帆船。双排桨帆船可能是由腓尼基人设计而由希腊人在公元前8世纪采用的，它每侧有两排桨。上下两排桨前后交错，因而上排桨可穿过下排桨。希腊双排桨帆船大约有24米长。过了不到一个世纪，三排桨帆船就成了受人喜爱的桨帆船。它有一个挂帆用的单桅杆。到了公元5世纪，当希腊三排桨帆船投入对付波斯人的战斗时，它们大约有38米长，载有大约200名划桨手、军官以及一小邦全副武装的水手。

想增加更多排的划桨手而不把船造得令人难以想像的大，已变得几乎不可能了。这个问题是通过对已经在位的桨增加划桨手或同时增加桨和划桨手的数目而解决的。马其顿造过一艘18排桨的桨帆船。这艘船需要1800名划桨手，但这并不意味着18排桨一排一排地堆迭在一起，排的数目只代表划桨手的人数，即"人力"，就像现在用马力给汽车定功率一样。

希腊海军的战术不很复杂。敌对的两排军舰面对面一字摆开。每一方都试图用撞击和强行登上敌船的方法制服对方。桨帆船船首部的吃水线或吃水线以下的位置上装有金属撞角。在甲板层建有从船头到船尾的过道。当敌船被撞上以后,水手们就用跳板冲上敌船进行肉搏战。弓箭手们提供近距离射击。到了公元前5世纪,希腊指挥者们已开始冲过敌舰的队列,从敌人后方进行攻击。

早在公元前3世纪,马其顿国王德米特里一世就在船上安装了投掷石块的机器和迅猛投射矛的弩炮。这些装置后来被罗马人采用。此些武器使得桨帆船尚未撞击和强行登上敌船之前可在较远距离开始战斗。

罗马海军力量 到了3世纪初,迦太基已成为地中海上的主要海上力量。同时罗马正开始成为最主要的陆上力量。在它们冲突,即罗马和迦太基之间的三次布匿战争中,罗马也不得不成为一支海上力量。为了达到这一目的,罗马人利用抓钩和跳板,将其地面战术应用于海上。罗马的船长们用船撞击对方船只,然后放下跳板,让其士兵登上敌船。

公元前201年布匿战争结束以后,罗马在几百年的时间里一直是地中海地区最强大的海军力量。到公元5世纪西罗马帝国结束时,主要的战船是一种叫作利布尔尼安海盗船的小型桨帆船。它最初大概是由海盗制造的、能够快速行进的单排桨帆船,罗马人给它增加了第二排桨。

利布尔尼安海盗船成为东罗马帝国,即拜占庭帝国的标准战船。最后,利布尔尼安这个词代表任何战船,不管它多大。重型的利布尔尼安海盗船在战斗中首当其冲,而轻型的单排桨帆船则被用作侦察舰和巡洋舰——快速战舰。在拜占庭帝国的1000年时间里,桨帆船的变化极小。然而火力方面却有所改进。发射抛掷物的武器体积增大了。其中有些能把重达450公斤的抛掷物射出686米远。

拜占庭帝国使用的最让人迷惑的武器是海战中用的希腊燃烧剂。这是一种由沥青、油、木炭、硫磺、磷和硝石混合制成的易燃物质,和现代的凝固汽油弹有着相同的作用。它从安装在船首的管中喷出,在触及目标后很难被扑灭。水只会帮助火势蔓延。从公元7世纪起,希腊燃烧剂被成功地用于对付穆斯林舰队。其致命的杀伤力是拜占庭帝国得以延续那么长时间的一个原因。制造希腊燃烧剂的配方受到严密保护,以致其确切的组成成分至今无人知晓。

北欧海盗 由于拜占庭帝国正在衰落而欧洲其余地区没有一个真正的力量中心,斯堪的纳维亚人就成为北部强大的海上力量。北欧海盗的桨帆船是用铁钉钉在一起的交搭的厚板制成的(一种叫作"重迭搭造"的造船方法),并且用涂了柏油的绳子捻缝以防水。船的两头是一样的。到公元1000年,根据划桨手的数量,已有三种北欧海盗桨帆船。最小的一种有40名划桨手,而最大的一种有60名以上的划桨手。中等大小的那种,有60名划桨手,是战斗中最常使用的。这些船也载有帆用索具。北欧海盗用这些船劫掠北欧沿海,征服了许多不列颠岛,向西航行到格陵兰岛和北美。早期的英国战船类似于北欧海盗船。

大约13世纪,随着欧洲商业的复兴,桨帆船舰队被组建起来,以保护地中海上的贸易。据估计仅威尼斯就有3000艘商船,并有足够的桨帆船保护它们不受掠夺者的侵害——这些掠夺者或是海盗,或是穆斯林海军中队。这个时期,基督教徒和伊斯兰教徒正在争夺地中海地区的控制权。到15世纪末,双方的海军力量开始了最后的决战。到那时,桨帆船时代已基本结束了。

帆船时代 三个重大变化导致了桨帆船的衰落和由风和帆驱动的战船的出现。第一个变化发生在13世纪。荷兰航海者设计了尾舵。这使得船只不仅可以顺风航行,而且可以逆风航行。第二个变化是增加了更多的桅杆。到15世纪末,大的船只装有4个桅杆,能装8个或更多的帆。第三个重大的变化是增添了火力。在14世纪,黑色火药已在欧洲开始使用,用于陆战后不久即被用于海上。

帆船上安装大炮对战斗队形有着显著的影响。由于大炮在船侧被排成一排或多排,所以再像桨帆船通常所做的那样让船只并排进入战斗已没有什么意义。为了获取对付敌人的有效火力,船只往往排成叫作舰队纵列的一列。舰队纵列战斗,也叫作"大战舰"战斗,是在17世纪由英国海军发明的。舰队纵列战斗的有效性通过舷炮齐射(沿着船舷排列的大炮同时开火)得以加强。

在这种队形中,纵队中的船只间隔约91米一艘接一艘地一字排开,能延伸19公里。在战斗中通过保持纵队,舰队可以在舰队司令的指挥下像一个整体一样行动。

这种排列整齐的战斗纵队被英国人坚持到了18世纪,尽管反对者还捍卫那种船只和敌人正面交锋的传统的混战型战斗。到18世纪末,混战的优越性已被认识到这样一种程度,即舰队司令允许为了全面追击敌人而打乱纵队。

从桨帆船到大战舰的演变 英国的亨利七世创建了第一支真正的舰队。他的战船上载有很多门炮,但是大部分炮都很小,并且放在甲板上面。亨利八世采用了在整个船的甲板下设置炮眼的设计,这使得真正的重炮舰成为可能。他的最著名的"亨利王冠"号战舰,载有186门大炮。

大军舰的出现并没有立即取代桨帆船,有些类型的桨帆船到19世纪还继续服役。在18世纪,瑞典和俄国都使用桨帆船,包括由桨驱动的炮舰。美国在1812年战争和墨西哥战争中都曾使用由桨驱动的炮舰。

桨帆船和大战舰之间的过渡船型是轻快帆船、西班牙大帆船和改进式西班牙大帆船。轻快帆船最初是由葡萄牙人设计的,是一种有1至4根桅杆的帆船,铺甲板或不铺甲板,用1个舵操纵。克里斯托弗·哥伦布和他的船员驾驶的向美洲航行的三条船——尼纳号、平塔号和圣玛利亚号,都是轻快帆船。

西班牙大帆船是一种既有前艏楼又有后艏楼的较大的圆体船。它是在商船的基础上建造的,但是设计者给它增加了更坚固的木椴、更大面积的帆和舷侧的炮。亨利七世和亨利八世的战船都是西班牙大帆船,是改进式西班牙大帆船的前身。

改进式西班牙大帆船是原来西班牙大帆船的改良,是由英国人设计的,它更长更窄,长与宽的比例是4比1或5比1,前艏楼被省掉或改进,使船只更容易迎风航行,3至4根桅杆撑着横帆和纵帆,一排或两排炮置于船侧。改进式西班牙大帆船体积较大,可在船上装载更多的大炮,这些大炮装在下甲板上。英国人用它们进行远距离轰击,使敌船遭到最大的破坏。在同西班牙无敌舰队的对抗中,改进式西班牙大帆船是英国的主要战船。随着改进式西班牙大帆船的设计的改良,船变得更长,航行时吃水较浅,而且舷侧能容纳更多大炮,有些能容纳多达三排大炮,这样的火力使英国能采用摧毁敌船的战术,而不再是桨帆船时期传统的撞击和登船战术。

一线大型战舰 一线大型战舰是逐渐出现的,它主要体现了海军战术的变化,而不是船只设计的变化。由于舰队规模的扩大,指挥官意识到被称作混战的远洋海战已经无效,取而代之的是,舰队按中队编组,舰只也根据火力进行了分级。英国海军设立了六个等级。第一等级是指载有100门或更多门炮的舰只,第六等级载有18门或更多的炮。前三个等级的舰只被认为足够强大,可以用在战斗前线,这在17世纪英荷战争中成为固定模式,第四等级的舰只被用作巡洋舰,而最后两个等级的舰只被用作护卫舰。

护卫舰是快速的有3根桅杆的战舰,载有20多门炮。随着其体积的增大,它们可载多达50门的炮。护卫舰把其主要的炮组安装在单独的炮位甲板上,而其余的炮装在前甲板或后甲板上。护卫舰的一个典型例子是美国海军的宪法号,它被保存在马萨诸塞州的波士顿。

第一等级的一线大型战舰是一种载有约850名船员的2000吨级的船,这种船由橡木造成,舷侧至少有56厘米厚,最大型的战舰有3个载有大炮的甲板,所载大炮能发射19公斤重的炮弹。

从18世纪后期到19世纪初期,被证明最有用的一线大型战舰是装有74门炮的第三等级的军舰,它比第一等级和第二等级的军舰具有更充足的火力、更快的速度和更强的机动能力。这样的军舰约有53米长,有两个炮位甲板,最重型的大炮在下甲板上,上甲板上的大炮能发射11公斤重的炮弹。

蒸汽和钢甲舰时代

产业革命和由此而产生的技术永久地改变了海战。蒸汽推进在18世纪末期迅速出现。随后是铁然后是钢在船只制造中的应用。船的设计发生了改变。火力,包括水雷和鱼雷的使用有了很大的改进,新型的远洋船只——包括潜艇——出现了。内装大炮的旋转式炮塔被引入。一线大型战舰转变成了战列舰。在20世纪初期,飞机的发明改变了船只的战斗队形。到第二次世界大战时,战列舰已让位于作为舰队的核心的航空母舰,海上作战的队形也完全改变了。

最早的轮船是明轮船。然而,明轮极易受火力攻击,而且,如果把它们置于船侧,便占据了原本可用作炮眼的空间。由约翰·埃里克森和弗朗西斯·佩蒂特·史密斯在英国各自独立发明的螺旋桨废除了对明轮的需要。但这项发明在英国未被接受。埃里克森到了美国,在罗伯特·斯托克顿上校的极力主张下,制造了一艘装有螺旋桨的轮船。这就是普林斯顿号,即把所有机器都置于吃水线下以免受传统火力攻击的第一艘战船。英国和法国随即很快也出现了类似的船只。

采用现代火炮代替那种发射圆球形炮弹的大炮,导致了装在船壳上的铁板的使用,它可以保护船体免受炮弹爆炸带来的较具损坏性的冲击。法国的"光荣号"是第一艘整个船体都有附在木板上的锻铁保护的军舰。英国很快就用"勇士号"还击,这是一艘更大的船。这些船在19世纪50年代,刚好是美国南北战争前夕下海。在那场战争中,两艘装甲舰即南部邦联的"梅里马克号"和北方的"莫尼特号"之间的著名战斗,证明了装甲舰这种军舰在战斗中的必要性。南部邦联还研制出最早的水下武器——即能由碰触或电力引爆的水雷。最早的水雷叫作鱼雷。后来,当水下推进式导弹研制出来后,人们就用鱼雷这个名字来指称它们,水雷便专指置于水下的静止爆炸物。

真正的鱼雷是在美国南北战争后在苏格兰研制出来的。由于它变得更准确并且成为战争中的一个真正威胁,鱼雷快艇便成了一个较大的危险物。为了对付它们,1893年英国人研制出了鱼雷快艇驱逐舰,它载有鱼雷和速射炮,为舰队护航。

中心装有炮塔的装甲舰直接导致了战列舰的出现。对美西战争和日俄战争中海战的研究显示,较大的远程大炮的火力比较小武器的近程火力更有效。改善的瞄准器、新的定位技术以及测距仪使得远程重炮能在实际中使用。第一艘真正的战列舰是1906年下水的英国"无畏号"战舰,它有10门口径30厘米的大炮,能达到21节的航速(1节即1海里/小时)。

战列舰在第一次世界大战中发挥了关键作用。没有它,协约国可能丧失制海权,因此可能失去对战争的控制。这被1916年5月的日德兰半岛战役制止了,这是那场战争中惟一的一次大规模的战列舰交锋。英国海军把德国海军围困在波罗的海和北海,迫使德国依赖无限制的潜艇战。到那场战争后期,协约国已经有了充分的应付手段。但是德国的潜艇还是击沉了协约国的5234艘商船、10艘战列舰、18艘巡洋舰、20艘驱逐舰以及9艘潜艇。

现在,对海域的控制是靠飞机及军舰和潜艇协力实现的。1910年11月,美国"伯明翰"号,一艘侦察巡洋舰,使一架从船上起飞的飞机上了天。两个月后,一架飞机降落在美国"宾夕法尼亚"号的一个临时建成的飞行甲板上,这是一艘在旧金山湾游弋的装甲巡洋舰。到第一次世界大战开始时,英国海军部已改装了一些轮船,使其能装载水上飞机。第一艘真正的航空母舰(至少在外形上如此)是经改装的英国客轮"百眼巨人"号,它有一个能起降飞机的从船首一直延伸到船尾的飞行甲板。到1915年,皇家海军有了能发射鱼雷攻击敌船的水上飞机。

为了防御空中袭击,必须改进船上的火力。转塔炮组提供能从船的各侧瞄准的火力。为了击落飞机,就需要能快速射击的高射炮。美国战列舰不久就采用高射炮和机枪来射击侵袭的飞机。

第一次世界大战一结束,好几个国家开始建造航空母舰。英国皇家海军的"赫尔墨斯"号,始造于1918年,是第一艘专门设计成航空母舰的船只。它虽然铺了宽而平的甲板,但增加了一个用于指挥和领航的叫作舰桥的上层建筑。第一次世界大战后,由英国、法国、日本和美国制造的航空母舰大多数都参加了第二次世界大战。

在第二次世界大战中,特别是在太平洋的中途岛、珊瑚海和莱特湾战役中,航空母舰发挥了决定性作用。结果是海上的战斗队形改变了,出现了特遣舰队,其中心是由三四艘航空母舰组成,周围是六七艘战列舰和巡洋舰以及十三四艘驱逐舰。驱逐舰提供反潜保护,并且提供外围防空袭火力。战列舰和巡洋舰警戒水面敌舰并提供离航空母舰较近的防空袭保护。雷达火力控制和近炸引信的采用使得敌机实际上不可能靠近航空母舰。

现代海军舰只

在20世纪80年代末期,世界上最大的两支海军是苏联海军和美国海军。尽管彼此拥有的舰只和其他水上飞机的数目不相同,但舰只和辅助船的种类是类似的。这里所说的舰只和其他船只,除特别注明外,是指美国海军的舰只和其他船只。

战舰

有7种舰只用于作战。它们是航空母舰、巡洋舰、驱逐舰、护卫舰、潜艇、巡逻艇和扫雷艇。航空母舰的优越性结束了战列舰的统治地位,它们的制造也在1945年随着第二次世界大战的结束而终止了。1968至1969年美国的"新泽西"号老战列舰被用于轰炸越南海岸,在装备了导弹、导航及雷达电子系统后,1982年又重新服役。美国的"衣阿华"号战列舰也装备了导弹,并仍在服役。

航空母舰 在20世纪80年代中期,美国海军拥有14艘航空母舰,其中,有4艘是核动力舰。其中91400吨级的3艘是世界上最大的船只,其余10艘是常规的用油提供动力的船只。美国的"尼米兹"号航空母舰是最大的一艘核动力舰。它有333米长,最宽处有77米。核反应堆提供相当于280000马力的功率。这艘航空母舰能容纳570名军官、5720名士兵、100架飞机和3个导弹防御系统。福雷斯特尔常规级航空母舰长317米,宽77米,能载5000名船员和90架飞机。

军用直升飞机得到大幅度改进之后,美国海军把一些第二次世界大战时期的航空母舰改造为直升飞机母舰,供两栖攻击之用。海军陆战队的队员不再是简单地登陆并向内陆进攻,而是可以利用直升飞机到达敌方海岸防线的后方。这种航空母舰的胜利导致了美国"硫黄岛"号航空母舰于1961年服役,这是第一艘被设计成直升飞机母舰的船只。这艘船及类似的船只,每艘能载一个海军陆战队营,他们配有枪炮、车辆、装备及能载他们登陆的一支直升飞机中队。

巡洋舰 巡洋舰的主要任务是为特遣舰队提供防空和反导弹保护,虽然有些巡洋舰也载有反潜艇武器。海军的有些巡洋舰是核动力推进的,而另外的则由常规的燃油驱动。最大的巡洋舰有182米长,最宽处有19米,它除载有武器系统、导弹发射装置和鱼雷发射管外,还载有大约450名船员。

驱逐舰 驱逐舰是特遣舰队周围的防御屏障,用以发现敌人的潜艇、飞机、导弹和水面舰只。1985年服役的68艘驱逐舰中,最大和最新的是斯普鲁恩斯级驱逐舰。它们长172米,宽17米,载有250名船员,装备有速射炮以及反潜艇鱼雷和火箭。

护卫舰基本上是驱逐舰的缩影。它们载有防潜艇武器和其他导弹,船员的数目约为230人。美国海军拥有的近100艘护卫舰用于保护两栖作战、供给船和商船队。

潜艇 这种水下舰只执行各种各样的任务。少数是弹道导弹发射器。这些潜艇整年在大海上巡逻,船上的船员则轮流替换。它们只有在发生动用核武器的大规模国际冲突时才会投入战斗。三叉戟级核潜艇是潜艇中最大的。三叉戟级潜艇重18000吨,长171米。

美国海军中的大部分潜艇是攻击类型的。它们的主要任务是攻击敌人的海上运输和其他潜艇,它们载有鱼雷和深水炸弹,有的载有导弹以对付水面攻击。其他潜艇用于监视、侦察、支援登陆部队、布设水雷和承担营救任务。几乎所有潜艇都是核动力的。

巡逻艇是发射导弹的小型舰只。其排水量约为250吨,由柴油机和燃气轮机提供动力,速度能达40节以上。美国海军至少还有两艘60吨级的水翼炮舰和两艘更大的航速约在40至50节的护卫舰,这些可能是未来快速护卫舰的先驱。

扫雷艇 海上布雷和扫雷都包括在水雷战中。自第二次世界大战以来,水雷在技术上变得更加先进,感音的、磁性的和压力触发的水雷更难扫除。苏联拥有最强大的水雷布设力量,包括有4条发射轨道和仓容量为400枚水雷的快速水面布雷艇。从1953年开始,美国一直保持着强大的进行水雷战的能力,研制出了木壳无磁性扫雷船,用以扫除装有先进触发装置的水雷。直升机扫雷器是指这样一种飞机,它们可盘旋在危险距离之外,同时拉动扫雷装置以引爆磁性水雷或声波水雷。

两栖战舰

两栖战舰主要是强击舰,尤其用在海军以及海军陆战队联合登陆的地方。强击舰有7种类型,大部分用于运载作战部队和装备在敌战区登陆。

美国在第二次世界大战中率先开发了两栖战舰。它们在1944年6月的诺曼底反攻日登陆和针对日本占领的岛屿的整个太平洋战争中都得到了使用。最有名的是LST,即坦克登陆舰。美国最初建造了1041艘这种坦克登陆舰。

当今的新港级坦克登陆舰排水量超过8000吨,能载坦克和其他战斗设备,以及大约500人。旧的坦克登陆舰仅仅是冲到岸边,放下一个艄舌门以供登陆,而新的坦克登陆舰有一个可伸展的艄舌门,它由船首两侧伸展的摇臂吊杆支撑,舰只靠岸时利用液压装置将艄舌门抛出34米远。

其他的水陆两用船只有:船坞登陆舰(LSDs)、两栖货船(LKAs)、两栖运输船坞(LPDs)、两栖强击舰(LPHs)、两栖指挥舰(LCCs)和多用途强击舰(LHAs)。船坞登陆舰载有水上飞机、400名船员和340人的海军陆战队小分队。它有一个井甲板,可以从船的后部灌入海水浮起水上飞机。两栖货船用于运载军用物资而不是士兵。它们有桅杆和吊杆,以便从船侧把要卸的货物装进登陆艇。两栖运输船坞是由船坞登陆舰发展而来的,它综合了运输、货船、船坞登陆、坦克登陆的功能,可把一支超过900人的攻击部队送上岸。两栖强击舰是"硫黄岛"级直升机母舰。它们可运载一支2000人的部队连同装备登陆。两栖指挥舰是军官及其参谋们的指挥和控制舰。多用途强击舰是最大的水陆两用船只,能同时协助部队进行直升飞机登陆和海滩登陆。

后勤船只

后勤主要是执行供给和修理任务。美国海军有各种各样的专门从事这种工作的船只。由于舰队一次要在海上待几个月,所以必须给它们补充燃料、食物、弹药和其他物资。另外,船只、武器和其他复杂的船上系统也需要修理。

担负供给和修理任务的许多船只包括油船、快速战斗支援舰(载有燃料、弹药和其他储备物资)、弹药船、驱逐舰补给船和潜艇补给船(主要载有配件和技工)、修理船、救援船、远洋拖轮(用于救援、拖拉其他船只及消防活动)、潜艇救生船、浮动干坞(能修像航空母舰那么大的船)、港口拖轮以及其他很多种船。一些后勤船只——像汽油、石油及水驳船——停泊于海军基地或者港口。有一些是自己推动的,另外一些必须靠拖轮拖曳。

飞机

除了大量的各种各样的船只外,美国海军还拥有5000多架飞机。其中包括战斗机、巡逻机、反潜艇飞机、运输机、空中加油机、侦察机、教练机、预警机以及直升飞机。

皇家海军几百年

"英国统治了大海。"这种说法在将近400年的时间里都是正确的。英国是一个岛屿的一部分。正因为如此,其主要的军事力量是海军而不是地面作战部队。依靠其海军,英国能够保卫其本岛,在战时可封锁港口,并建立了一个遍及全球的庞大帝国,这个帝国一直延续到第二次世界大战以后。

早在9世纪,阿尔弗雷德大帝就能够防御丹麦人对英伦诸岛的进攻,并与他们争夺北海的控制权。11世纪在征服者威廉治下,某些城市被赋予商业特权,以便在战时让这些城市提供战船和人员。14世纪,爱德华三世领导英国与法国进行了百年战争。他为自己组建了皇家海军,部分用于向欧洲大陆运送作战部队。

今天的皇家海军是由亨利八世于16世纪组建的。他是第一位创建一支主要用于作战的舰队的君主。他还创建了海军的管理系统,该系统历经改进,一直延续至今。

在伊丽莎白一世统治时期,皇家海军成为英国防御和开拓殖民地的主要工具。她授命约翰·霍金斯主管海军,正是霍金斯设计出了第一艘改进式西班牙大帆船——这种船最终演变为大战舰。他设计的战船打败了西班牙人的无敌舰队。

17世纪末期,在奥利弗·克伦威尔统治时期,皇家海军进行了重组,并制订了年度预算。在这个时期的英荷战争中,大战舰群体分成了分舰队,确立了舰队纵列式编队。这种战斗队形战术在1666年6月第一次使用,此后成了正式的战术。

第一次世界大战之前对皇家海军的最严峻的挑战发生在1793年和1815年间——法国大革命后与法国交战的年代和拿破仑统治时期。法国在18世纪90年代便已组建了一支更为庞大和强大的海军。然而,到1809年,英国已经用约有1100艘船的舰队,包括152艘大战舰和140000多人的兵员,重又确立了海上统治权。

拿破仑战争之后,英国海军的规模逐渐缩小,但仍保留了充足的力量来维系帝国的安全。英国再没有面临重大的威胁,直到20世纪初德国人开始建立一支庞大的海军。那个时期,欧洲的主要大国连同美国一起,开始增扩其海军——深受美国人阿尔弗雷德·T.马汉思想的影响。

在第一次世界大战期间,在并非决定性的1916年的日德兰战役以后,英国设法把德国海军围困在海湾里。后来注意力转向了对付德国人肆无忌惮的潜艇战。通过创立一个护航系统解决了这个问题,这样,单艘的运输船只或其他船只,由于有了驱逐舰的保护,就不再一艘一艘地被击中。在这场战争中,皇家海军航空兵诞生了。到1937年,海军航空兵部队拥有了所有海上飞机的控制权。

第二次世界大战以后,在规模和力量上,皇家海军名列第二,仅次于美国海军,但后来又被苏联海军超过了。皇家海军参加过朝鲜战争,以及英联邦的所有海上行动。它成功参与的一次最近的重大冲突是1982年的福克兰群岛战争。今天,皇家海军已部分地与北大西洋公约组织的联合力量一体化。它肩负核威慑的职责,并拥有一支核潜艇舰队。

美国海军

今天的美国海军是国防部的一部分。国防部作为最大的美国政府机构,其预算比大多数国家相应的预算都大。它的雇员超过400万人,其中许多是文职人员。

行政管理

1947年以前,海军一直是政府的一个独立部门。1947年的国家安全法设立了国防部,由一个文职内阁官员即国防部长领导。

在国防部领导下,海军部负有三大责任:它在华盛顿的行政机关;其海上力量;其陆上设施。该部由文职的海军部长领导。自1947年的重组法案之后,这已不再是一个内阁职位。海军部长由一个副部长和三个助理部长协助,三个助理部长每个人都有明确的职责。一个负责财务管理;另一个负责兵力、预备役人员及后勤;第三个负责研究、工程及系统管理。

美国海军的最高军事长官是海军作战部长,他通常是一位上将。其职责是实施由文职的海军部长们制定的政策。作为参谋长联席会议的一个成员,他是总统在海军事务上的主要顾问,其级别高于任何其他海军军官,除非另一个海军军官当了参谋长联席会议的主席。他直接控制海军作战力量,并有若干位作战部副部长予以协助,这些副部长分管兵力、训练、潜艇战、水面战、后勤、空战、计划和作战等工作。

受海军部管理的还有美国海军陆战队,这是美国主要

美国海军的破冰船正在南极洲的小亚美利加附近破冰。

的两栖作战力量(见:**海军陆战队**)。像海军作战部长一样,海军陆战队的指挥官也向海军部长汇报。部里的其他指挥官员是:海军物资局局长;医药管理局局长;海军教育和训练局局长;还有负责海军军事人员、海军航空系统、电子系统、海军工程设施、海军海上系统以及海军供给系统的指挥官。

海上力量

在20世纪80年代,美国海军力量分布在全球范围的四个舰队里。第6舰队主要活动在地中海一带海域。第2舰队的舰只在大西洋活动并在印度洋游弋。

第1舰队守卫美国西海岸,第7舰队活动在东南亚周围的西太平洋和印度洋东部海域。在战时或在国家处于紧急状态时,会从预备役中抽调一些船只,并且海岸警卫队也会交由海军指挥。平时,海岸警卫队隶属于运输部(见:**海岸警卫队**)。

一个舰队的舰只通常指派给特遣舰队,每个特遣舰队去完成一件特定的使命。特遣舰队又可细分为特遣组和更小的特遣编组。最强大的和多功能的特遣舰队是航空母舰突击舰队。它由诸如"尼米兹"号和"企业"号那样的快速的攻击性的大型航空母舰组成,且有巡洋舰、驱逐舰和潜艇护航。

其他的特遣舰队的组成或许是为了对付敌方的潜艇。一支反潜艇的特遣舰队可能包括一艘拥有特殊装备的飞机及直升机的航空母舰、一些驱逐舰以及己方的一些潜艇。

组建一支两栖突击部队是为了夺取敌方占领的岛屿或海岸。一支巧妙组成的舰队,能把海军陆战队或陆军部队连同其装备运过大洋,并在一片开阔的海滩登陆;或用直升飞机把他们运送到敌后。其他的船只和飞机用炮火、炸弹及导弹支援登陆。

后勤保障部队使得特遣舰队能够远离基地在海上滞留很长时间。其各种各样的船只运载燃料、军火、食品及其他补给品,并且能在行进中把其货物转移到战舰上。

岸上机构及活动

为了支援其海上部队,美国海军拥有1350多个海岸及陆上设施。这包括海军分区指挥部、航空设施及机场、预备役训练机构、军火仓库、通讯站、舰队情报中心、燃料仓库、医院、实验室、医疗中心、征兵站、造船厂、学校以及供给中心。其中许多设施沿海岸设置,在那里它们能最直接地为海上部队服务。

为了便于管理,美国及其海外领土分成了7个海军分区。每个分区由一个司令官领导,他负责监督和协调分区内的海军活动。

海军预备役

在战时或在国家处于紧急状态时,海军预备役会被征召服役。海军预备役人员都有非军事工作,但参加每周的训练,并且每年服两周现役。大量的舰只也处于预备役中。

从1942年起,妇女开始在美国海军中服役。那时,她们被接纳为紧急志愿勤务妇女预备队的成员。今天,她们则是海军正规部队的成员。她们在美国或海外服役,也可能被分配到某艘军舰上,并且,她们可以驾驶一些军舰上的作战飞机。

海军修建大队

在第二次世界大战期间,最有名的海军后勤部队是海军修建大队(又译:海军工程营),这个名字通常缩写为CBs或Seabees。这是些在作战区域既能作战又能做工程工作的人。海军修建大队修建道路、机场、机械加工车间、营房、发电厂、防御工事、通讯系统以及供应仓库。在第二次世界大战前,这些人大部分是民间建筑工人。

在海军修建大队内,还有两栖作战和反游击战争的特别分队。水下爆破队员,即蛙人,负责清除海滩附近的水下障碍,以供海滩登陆。还有由蛙人组成的特别分队,它们被称为海、空、陆三栖小分队,即SEALS。这些人受过水下爆破训练,还能从潜艇里出来行动,或者空降在敌方海岸地区进行陆上行动。

海军勘探

因为大海即是战场,所以海军对海洋勘探有着浓厚的兴趣。海军海洋学家绘制出以前从未勘测过的广阔海底的海图。还有其他人在研究水下声音的传送。这两种努力对于潜艇战都是至关重要的。

海军科学家在寻求从海洋中获取食物和矿物的方法,并在作其他的科学研究,力图改进天气预报及海水淡化的经济方法。他们也在研究海豚、鲨鱼和其他的海洋生物,试图揭示它们中的大多数为何能达到甚至比最新式的核潜艇都要快得多的单位功率速度。

美国海军有很多用于勘探和研究的船只和水下设备。最不寻常的大概是浮动观测平台,即FLIP。拖至预定位置后撤去动力,它便浮在水面上。然后让其尾部进满水,它就直立在大海中,只有顶部的几英尺露出水面。这艘长108米的船用于研究海浪、海洋生物及水下声音。

美国海军长期以来对勘探北极地区和南极地区抱有兴趣。海军上将理查德·E.伯德是第一个飞越两极的人。在南极，美国海军拥有许多用于天气研究和其他科学研究的长年观测站。在地球的另一端，核潜艇已在极点冰层下穿越大西洋到达太平洋。为了研究北极海洋，海军和大学里的科学家在一些浮动的冰岛——一些长约3到5公里，厚约15米的大冰块——上度过了几个冬天。

1961年服役的"企业"号，是美国海军最早的核动力航空母舰之一。

美国海军也活跃在太空探险方面。船只提供卫星和导弹跟踪设施，还找回那些完成轨道飞行后降落在海上的宇航员。1961年5月，海军中校阿伦·B.谢泼德成了进入太空的第一个美国人，第一个登上月球的人是尼尔·阿姆斯特朗，他曾是朝鲜战争中的一名海军飞行员。太空实验室的第一批全体成员，都是海军飞行员。1964年，一个由4颗卫星组成的导航系统投入使用，此后，还发射了其他的海军卫星。

历史

独立战争翻开了美国海军的历史。1775年10月13日，大陆会议指派赛拉斯·迪恩、约翰·亚当斯和约翰·兰登装备两艘军舰。最终，十几艘船只编入新海军现役。它们在诸如约翰·保罗·琼斯、约翰·巴里和伊塞克·霍普金斯这样的指挥官的指挥下作战。1775年12月22日，霍普金斯被授衔为海军准将。1776年2月17日，他率领第一支美国舰队驶入大海。这支舰队击沉或浮获了200艘英国战舰和800艘其他船只。1781年9月5日，法国在切萨皮克湾外战胜了英国舰队，这场战斗的胜利加快了战争的结束，并确保了乔治·华盛顿在约克敦的胜利。这场战争后，大陆海军解散了。此后美国海军力量不复存在，直到1794年3月27日，国会授权建造了6艘驱逐领舰："美国"号、"宪法"号、"总统"号、"切萨皮克"号、"星座"号和"国会"号。1798年4月30日，海军部成立，本杰明·斯托德特成为第一任部长。

"宪法"号战舰因在1812年战争中战胜了英国的"战士"号护卫舰而被称作"老铁甲舰"，它在1830年后被改造并继续服役了48年多。这次改造是由一次公众的抗议促成的，而抗议是由奥利弗·温德尔·霍姆斯的名为《老铁甲舰》的诗引发的，他听说政府下令毁掉这艘著名的战舰便做了这首诗。今天，在波士顿海军造船厂可看到这艘战舰。

这些新的美国战舰在1799—1800年"美法未宣之战"中表现出色。在1803—1804年间，它们打败了北非伊斯兰教各国海盗的海上及陆上力量。在1812年战争中，美国只有17艘战舰，却面对英国至少有600艘船只的舰队。但美国的驱逐领舰表现得极其出色。由乔舒亚·汉弗莱斯设计的驱逐领舰，船舷较厚并有重型炮火，而且在速度和机动性方面也居于领先地位。到1812年12月，皇家海军得到了这样的指示：少于一个中队的力量时，不要和这些驱逐领舰较量。

除了镇压北非海盗和参与墨西哥战争外，在南北战争以前美国海军并没有经历过重大的冲突。然而，也有一些意义重大的里程碑。1821年，"国会"号成了第一艘访问中国的美国军舰。"温森斯"号是周游世界的第一艘海军船只(1826—1830)。美国海军天文台于1830年建立。查尔斯·威尔克斯率领的一支海军远征队在1838—1842年间周游世界，考察了南极和太平洋。1843年，第一艘铁壳船"密执安"号服役。1845年，在马里兰州的安纳波利斯成立了海军学院。1846年，"哥伦布"号访问日本，8年之后，海军准将马休·佩里与日本签署了一项条约，打开了美国对日贸易的大门。

南北战争中最著名的海上事件是1862年3月在"莫尼特"号与"梅里马克"号战舰之间展开的非决定性的战斗。其他的海军行动包括封锁南部邦联的港口以及沿密西西比河和其他西部河流的炮艇行动，还包括在公海上与南部邦联劫掠商船的武装快船的战斗。

这场战争后，海军沉寂了近20年的时间。1883年，国会授权组建一支现代海军，1884年海军战争学院成立。西美战争期间，新的舰队以在菲律宾和古巴所取得的胜利显示了自己的实力。

战后，开始组建一支更强大的战斗舰队——很大程度上是由于西奥多·罗斯福的坚持，他1901年成为总统。正是在罗斯福任职期间，爆发了第一次大型的现代海战——日俄战争中的对马岛之战(1905年5月)。为了向世人展示美国的海军力量，罗斯福派出一支舰队在1907年到1908年周游世界。他的部分目的是让日本人确信，美国在西太平洋有极其重要的利益。

第一次世界大战促进了海军的进一步建设，而第二次世界大战的爆发提供了更巨大的刺激。到第二次世界大战结束时，美国海军是世界上规模最大且最强大的海军。随着冷战的开始，苏联海军力量在很多方面超过了美国。1991年苏联解体之后，前苏联海军被置于独联体成员的联合控制之下。这种安排遭到了乌克兰的反对，它宣称海军的一部分，特别是战略性的黑海舰队应归其所有。

美国海军的一些舰只

比例尺 =1:1800

航空母舰 (尼米兹级);核动力推进

航空母舰 (福雷斯特尔级)

驱逐舰 (斯普鲁恩斯级)

导弹巡洋舰 (弗吉尼亚级);核动力推进

导弹巡洋舰 (提康德罗加级)

护卫舰 (诺克斯级)

导弹护卫舰 (奥利弗·哈泽德·佩里级)

导弹驱逐舰 (查尔斯·F.亚当斯级)

两栖强击舰

驱逐舰供给船

船坞登陆舰

油轮

潜艇供给船

扫雷艇

导弹巡逻艇 (水翼艇)

历史上著名的战役

这里所说的战役在对其后事件的影响上,从很多方面来看,远比其他战役更具有决定性。西班牙无敌舰队的战役在一个独立的条目中论及。(关于其他战斗,参见:战争)

迈利战役(公元前260年),在西西里岛东北部沿海进行,是罗马人击败迦太基海上力量的三次海战中的第一次。罗马由此而成为控制地中海地区的海上力量。罗马舰队由盖厄斯·杜留斯将军统率。罗马人追近敌船,放下一条钉有长钉的战船钉住敌船,以使自己的士兵登上敌船。

勒班陀战役(1571年10月7日)是最后一次桨帆船之间的大战役。然而,更有意义的是,它结束了奥斯曼帝国海上力量在地中海地区的霸权。由威尼斯、西班牙、热那亚以及意大利教皇辖地组成的同盟,组建了一支海军,由奥地利籍的西班牙将军约翰指挥。土耳其舰队由阿里·帕萨指挥。交锋发生在希腊沿海。

特拉法尔加战役(1805年10月21日)是海军上将霍雷肖·纳尔逊指挥的一支英国舰队在西班牙加的斯沿海击败海军上将皮埃尔·德·维尔纳夫指挥的一支法国舰队的战役。英国人获胜并建立了此后近100年的海上霸权。这场战斗还造就了大不列颠最伟大的海军英雄之一——纳尔逊勋爵。

日德兰半岛战役(1916年5月31日至6月1日)是第一次世界大战期间英德两国舰队之间惟一的一次大交锋。虽然双方都宣称获胜,但在其后的时间里,英国成功地把德国公海舰队围困在北海。

中途岛战役(1942年6月3日至6日)发生在檀香山西北部约2100公里的中途岛附近,几乎全靠飞机作战。美国军队摧毁了日本第一线的航空母舰力量及其大部分优秀飞行员。这场战斗距日本人进攻珍珠港不到7个月,使得局势对日本不利,并为三年后美国在太平洋战争中的胜利开辟了道路。

莱特湾战役(1944年10月23日至26日)发生在菲律宾,是第二次世界大战期间太平洋战争中具有决定性意义的空战和海战。这也是历史上发生过的最大的一次海战。共有244艘舰只参战。这场战役极大地削弱了日本的战斗力,使得美国武装力量得以侵入菲律宾。

空军 AIR FORCE

当今是空中力量的时代,一个国家军事力量的强弱在很大程度上取决于其空军的战斗力。空中力量也延伸到了外层空间,在那里,人造卫星控制着现代武器和通讯系统。

现代空军依靠计算机和雷达技术控制战斗机、轰炸机、运输机和侦察(间谍)机等机群。现代飞机可以装有机枪,也可以装载导弹和炸弹。空中加油机能够在空中给战斗机和轰炸机加油,以延长其飞行时间。

编制和训练

世界上大多数国家的空军以类似的方式组织其力量。空军或者是陆军、海军或统一的防御体系的附属单位,或者是一个独立的军种。

空军人员拥有和其他军种类似的军衔。军官的最高军衔通常是将军,比如在法国,或是元帅,比如在英国。接下来是准将、上校、中校、少校、上尉、中尉及少尉的某种组合。男女士兵一般包括准尉、中士、下士、列兵及新兵。

在许多国家,飞机和人员的最小单位称作空军飞行小队。这种小队按惯例由3至4架飞机组成。更大些的编制单位包括空军中队、空军联队、空军师及空军兵团。例如美国空军的主要作战司令部至少包括2个飞行师。每个飞行师又由拥有28至75架飞机的飞行联队组成。飞行联队又进一步分成飞行中队,飞行中队又由若干飞行小队组成。

空军部队通常执行五种军事职能之一。它们是:战略、战术、防空、后勤和训练。为适应国内和国际新的需求以及武器的革新,部队的职能也会随之改变。

战略部队的任务包括攻击和轰炸。它们使用重型轰炸机和战略导弹系统。这些系统包括洲际弹道导弹,此种导弹装有核弹头,从地下发射井中发射;还包括空对地攻击导弹,此种导弹从飞机上向敌方防御工事发射。在一些国家,比如美国和日本,战略空军部队还使用人造卫星进行诸如监视和侦察等活动。

战术部队负责攻击敌方飞机和为地面部队提供空中支援。这种部队依靠战斗机和战术轰炸机作战。战术飞机可装备火炮、火箭、核弹和导弹。

防空部队负责保卫国家的领空并提供侦察系统,以监视敌人的进攻。防空设施从单架的侦察机一直到监视卫星以及复杂的机载预警和控制系统(AWACS)。机载预警和控制系统飞机,在1968年由苏联和美国进行了第一次飞行。这是一种高速喷气机,装备有雷达监视器、计算机和天线,以便监视大范围的作战区域。一些大国还采用由计算机和雷达设备组成的半自动地面环境系统来扫描敌方的雷达信号和可能的导弹攻击。

后勤部队负责部队的运输和供给。它们主要使用大型运输机和直升飞机来完成任务。它们还负责购置和维修设备。训练部队负责征召男女士兵,并使用专门的教练机和武器系统进行训练,使空军人员为实际战斗作好准备。

空军人员可接受各种军事职业训练,这包括飞行员、机械师、专门人员及教练员等的职业。新兵在经过基本训练后方可进入专业领域学习。未来的军官应学习一些学院或大学专门课程,如美国的空军预备役军官训练团课程,或者到国家的军事院校学习。在法国,军官受训人员在普罗旺斯地区萨隆的空军学校学习。在英国,空军候补军官在克伦威尔的皇家空军学院受训。美国空军军校学员在科罗拉多州科罗拉多斯普林斯的美国空军学院学习。

空军人员接受训练是为实战作准备。飞行员在专门的教练机上学习其职业技能,这种专门的教练机能模拟真实的战斗飞行状态。此种训练军事飞行员的方法是由英国皇家飞行队的罗伯特·史密斯-巴里少校最先设计的。在第一次世界大战中,当大多数空军受训人员驾驶老式飞机学飞行时,史密斯-巴里采用了教练、学员双向控制的阿佛罗504J型飞机进行训练。这种方法为飞行员在实战前获得更多的经验开辟了道路。

在第一次世界大战中，飞行员进行20个小时左右的飞行训练后就投入战斗。到了20世纪90年代，他们需要经过400多个小时和18个月的训练，这反映出飞机的操纵和维修日趋复杂。

空中力量的历史

空中力量用于军事目的始于18世纪末。尽管在两千多年以前，中国人或许已用大型风筝将人载入空中进行军事侦察，但最早的实用性飞行器却是法国人蒙戈尔费埃兄弟在1783年发明的热气球。它可以升高1800米并装有载客的篮子。这只以及其他的气球是通过加热空气、释放氢气或减轻压舱物的重量来控制的。1793年，法国政府组建了可以说是世界上最早的空军，这是一支将气球紧拴在一起进行空中军事观察的飞行部队。

1849年，人们首次将气球用作进攻性武器，当时奥地利人曾企图用带有定时引信的炸弹轰炸威尼斯。事实证明热气球是一种十分有效的用作侦察的飞行器。美国南北战争(1861—1865)的交战双方、布尔战争(1899—1902)中英军在非洲以及日俄战争(1904—1905)中俄军在日本都使用了它，这更证实了上述观点。

1852年，随着可操纵的气球飞艇的首次试飞成功，航空力量又呈现出新的发展趋向。第一架由法国人亨利·吉法尔设计的飞艇是软式圆筒状的，由一个长44米的气囊构成并由蒸汽发动机驱动，它比由风驱动的气球更具航行的可控性。

随着适航的飞艇及飞机的完善，真正的军事飞行开始了。1897年，奥地利人达维德·施瓦茨设计出了世界上第一架硬式飞艇。它有一个铝制框架，外壳包上铝片。虽然这架飞艇在一次试飞中失事了，但这种硬式飞艇后来为德国的费迪南德·冯·策佩林伯爵所改进。1900年，策佩林制造了一艘巨大的雪茄状金属框架飞艇，其外壳覆以光滑的棉布。策佩林把它命名为LZ-1号。它长128米，用两台16马力的发动机驱动，是后来德国人在一战中使用并取得了一定成功的更具威力的策佩林式飞机的前身。

1903年，美国人莱特兄弟在一架比空气重但却可控制并能持续航行的飞机上进行了首次飞行。这架飞机能以每小时48公里的速度飞行。其他国家很快也都忙于试制飞行。早期的飞机类型可由机翼的数目来识别。单翼飞机有一组机翼，双翼飞机有两组机翼，三翼飞机则有三组机翼。

其他的早期飞机设计师先驱还有法国人路易·布莱里奥。1907年他设计出了一架飞机，并飞行了400多米，1909年，他又展示了他的XI型飞机，并首次飞越了大约40公里宽的英吉利海峡。

莱特兄弟预见到飞机将成为最有用的军事侦察工具。这个预言在1911年10月23日最先应验了，在意土战争中，一位意大利飞行员驾驶布莱里奥XI型单翼飞机在北非上空进行了1个小时的侦察。9天后，意大利人从飞机上向利比亚扔下大量手榴弹，证实了飞机更具杀伤力的另一用途。1912年，意大利人从飞机上向利比亚撒传单，首次显示出飞机在心理战中的用途。

后来，轰炸技术得到改进。1910年美国人格伦·柯蒂斯用练习弹投向海上目标，因而轰炸机和轰炸瞄准器很快就研制成功。第一架轰炸机载有一个小架子，置于观察者的座舱后，架子里边的小炸弹由一个金属销子别住，在目标上空时只要一拉线，销子就会移开。

不久，飞机又装备了其他武器。到了1910年，飞机上开始配备机关枪。1913年美国人艾萨克·牛顿·刘易斯上校在比利时生产出了他的刘易斯式机枪，这种枪后坐力较小，第一次世界大战的参战战斗机上广泛使用了这种机枪。

到1911年，不断恶化的国际关系使得许多国家都逐步加强其军事力量，包括航空机群。在这个时期内，最早的空军成立了。它们是作为原有军队的从属部门而组建的。

第一次世界大战

第一次世界大战爆发时，德国空军领先于世界各国，拥有260架飞机和一个由14架策佩林式飞机组成的机群。德国的其他盟国，包括意大利，也都新建了空军。此时，英国大约有100架飞机；法国由其世界领先的航空工业作后盾，拥有156架飞机。大约有10万架飞机参战，主要用于支援地面和海上部队。

战争期间，空中力量的战略和技术都取得了飞速进展。在1914年，战争中使用的飞机是容易损坏的、由功率不定的发动机驱动的风筝式结构飞机。在最佳状态下，它们可爬高600至900米，并能以每小时95到110公里的速度飞行。而最糟糕时仅仅能飞离地面。但仅仅4年之后，装有150到200马力的发动机的单座战斗机已配备了机关枪，并能在4600米的高空作战。

第一次世界大战期间研制出的飞机主要有三种类型，并各有其专门用途。它们是：侦察机、战斗机和轰炸机。

飞机用于侦察大概是空中力量对这次战争作出的最重要贡献。在战争的最初几个星期里，法国飞机侦察到了德国第一军的调动情况，这引发了马恩河会战。反过来，德国人成功地用策佩林式飞机监视对手——协约国——船只的调动情况。到1917年，这种飞机一次升空便可以滞空95个多小时。

由于英国人设计出了软式飞艇，他们重又对软式飞艇发生了兴趣。战时制造了数百架软式飞艇，用以担负反潜艇护航和海岸巡逻的任务。

在第一次世界大战中，侦察技术有了巨大的改进。1914年，英国人在视觉观察之外增添了摄影技术，在第一次埃纳河战役中拍摄到了德军的方位。在这个时期，无线电也作为侦察机和地面人员传递信息的一种手段而投入使用。

战争刚开始时，除飞行员所带的步枪和手枪外，侦察机通常不配备武器。当人们意识到这种飞机易受攻击的处境时，很快便普遍采用战斗机——一种用于攻击敌方侦察机和轰炸机的飞机。

英国人最先研制战斗机，早在1913年就研制出了一架名为"毁灭者"的双翼战斗机，机上装有维克斯式机枪。1915年，法国人在莫拉纳-索尼耶单翼飞机上采用了"断续器"，这种机枪同步装置能使机枪子弹从转动的螺旋桨叶片中穿过。

1915年,德国人击落了一架法国战斗机,荷兰设计师安东尼·福克尔便以这架俘获的法国飞机为模型设计出了福克尔·艾恩戴克式飞机。这种单座战斗机使德国空军在西线有了短暂的空中优势。从1915年10月到1916年5月,福克尔·艾恩戴克式战斗机从空中猛烈打击了法国人和英国人,1916年"协约国"改进了它们的战斗机后,德军的空中优势才宣告结束。那年英国人制造出了 D.H.2 型和 F.E.2b 型"推进式"战斗机。这些飞机的机首安装了一挺或更多向前射击的机枪,这样,飞行员就可以将飞机作为射击武器来瞄准了。

这种飞机使得空战成为可能,从而使得飞行员们一对一地用机枪向敌机开火,展开了空中格斗。这场战争造就了数百个王牌飞行员,他们每人因击落了至少5架或更多架敌机而备受称赞。其中最著名的有美国的爱德华("埃迪")·里肯巴克上尉、德国的曼弗雷德·冯·里希特霍芬男爵、法国的勒内·丰克和英国的爱德华·曼诺克。这些飞行员还创造了"环形"飞行编队战略,即大机群。这种飞行编队引发了同时有100多架飞机参战的大规模空战。

与此相关的是建造出了航空母舰。战斗机可以从建在战舰炮塔上方的平台上起飞。有些航空母舰只不过是拖在高速驱逐舰后面的驳船。

在战争中研制出的第三种类型的飞机是轰炸机。1915年后,交战双方都使用轰炸机攻击敌方诸如火车站和军火库之类的目标。这些目标在敌人大后方,远非常规地面部队能力所及。

在战争中德国人用他们的策佩林式飞机作为战略轰炸机,袭击了伦敦和其他欧洲城市。但策佩林式飞机被证明太容易受攻击,所以德国人直到1916年还在研制轰炸机。

1916年问世的德国哥达式双翼飞机翼展近27米,并配有两台均为260马力的发动机。哥达式飞机载弹量为900公斤,并能连续飞行480公里而无需补充燃料。西门子-舒克特 R-Ⅷ型轰炸机甚至更大,其翼展超过45米,由六台300马力的发动机驱动。

俄国人、英国人和法国人也都研制出了轰炸机。1915年俄国人伊格尔·西科尔斯基首次成功地设计出了有四台发动机的飞机。英国人则研制出了双发动机的汉德利·佩奇飞机,它是英军和美军最早使用的重型轰炸机。法国的瓦赞轰炸机也在第一次世界大战中服役。这种因支柱和线路过多而被戏称为"鸡笼"的 L 型瓦赞飞机有一台80马力的发动机,能载炸弹58千克,飞行员要用手把炸弹投下去。

尽管第一次世界大战中使用了大量飞机,但它们几乎未对战争的结局造成直接影响。空中力量在这场战争中的重要性,倒是体现在研制日趋先进的飞机类型和采用新的战略战术上,这对20世纪后来发生的战争中飞机的军事用途产生了深远影响。

两次世界大战之间的岁月

在第一次世界大战和第二次世界大战之间的岁月里,各个国家纷纷组建了空军。飞机的技术和战略也有许多巨大的改进。

第一次世界大战刚结束时,这个进程较为缓慢。这是因为飞机在和平时期是过剩的,各国政府也不愿花钱研制新式军用飞机。另外,凡尔赛条约禁止德国拥有军备,因而曾名列世界前茅的强大的德国空军被解散了。在这个时期,形成了两种重要的战略思想。第一种是战略轰炸理论。意大利准将朱利奥·杜黑在其富有影响的、1921年首次发表的《制空权》一文中指出:要赢得未来的战争,必须使用庞大的轰炸机编队,深入敌后轰炸其工业目标和人口聚居中心。杜黑认为这将破坏其生产和摧毁其国民士气。要拥有这样的空中力量,就要求国家集中其军事资源建设独立的强大空军,它能在没有地面和海上支援的情况下战胜敌人。

空军独立的主张是两次世界大战之间的年代里发展起来的第二种重要的空中力量观点。其支持者包括英国的休·蒙塔古·特伦查德将军和美国的威廉(比利)·米切尔将军。米切尔宣称,飞机是最重要的战争武器,而美国军事领导人不重视空军的扩大无异于"过失犯罪"。1925年,米切尔因这种坦率的观点而被送上了军事法庭。但他的关于未来空中力量的观点却被证明是正确的。

1923年英国政府开始实施空中防御计划时,皇家空军已作为一支独立的力量被牢固地建立起来了。1923年意大利人也组建了他们的空军部。法国人随后也于1928年成立了航空部,并很快组建了空军。1935年,解除了对德国重整军备的限制,阿道夫·希特勒组建了作为一个独立军种的德国空军。在美国、苏联和日本,空军继续由先成立起来的军事部门指挥。

喷气式推动技术的问世,大概是这个时代最重要的技术进步。英国人弗兰克·惠特尔1930年取得了第一台喷气式发动机的专利。1939年8月27日,德国的亨克尔 He-178 飞机进行了喷气式飞机的第一次飞行。

在两次世界大战之间的年代里,也开始了火箭的研究。德国和苏联在1930年之前都在试制火箭推动的飞机,美国的罗伯特·戈达德也在新墨西哥州研制液体燃料推动的火箭。

对军用飞机的彻底改造发生在两次世界大战之间的这段时期。木制结构被金属结构取代。典型的新式战斗机是英国的超级海上喷火式战斗机,它于1936年进行了首次飞行。其金属结构和安装在机翼上的新式机枪使得以取消了笨重的断续器装置,从而成为那个时代的先进飞机。

1931年,美国波音飞机制造公司生产出了 B-9 轰炸机,它也是全金属设计,较之以往的所有轰炸机都有了巨大改进。1932年,马丁 B-10 轰炸机又增加了封闭的座舱和内部的武器舱,从而结构得到了进一步的改进。

1935年,波音 B-17 进行了试飞。它是"飞行堡垒"的原型,后者在第二次世界大战中是轰炸的主力。在20世纪30年代末期,轰炸机和战斗机都装备了防弹座舱盖、装甲、炮塔和雷达装置。

当飞机技术在这些方面发展时,飞艇却遭受了一次灭顶之灾,此后便再也没能恢复过来。1937年5月,德国的"兴登堡"号载人飞艇在美国新泽西州的莱克赫斯特海军飞行基地爆炸,致使35人丧生。随着它的毁灭,可操纵大型气球的时代便一去不返了。

在20世纪30年代,空中力量成为世界各地战争中日趋重要的因素。英国在伊拉克、亚丁、印度等地的殖民冲突中使用了空军;1935年意大利人也对埃塞俄比亚动用了战术空军。在西班牙内战(1936—1939)中,弗朗西斯科·佛朗哥将军得到了意大利和德国空军的支持,它们轰炸了巴塞罗那、马德里、格尔尼卡等西班牙城市。1931年,日本与中国就满洲的控制权问题发生争端,日本人也进行了空中攻击。1938年和1939年,德国在入侵捷克斯洛伐克和波兰时也使用了空军,这表明空中力量的时代已经到来。

第二次世界大战

空中力量是第二次世界大战胜负结局的决定性因素。同盟国在雷达技术和战略武器两个方面取得的进展抵消了德国从前的空中力量优势。

1939年9月战争刚开始时,德国空军是世界上装备最为精良的空中力量,大约有500000名空军人员和5000架飞机。相比之下,英国皇家空军(RAF)仅由约100000人和约2000架飞机组成。

战略轰炸成为这场战争初期的一个组成部分。德国人成功地使用密集轰炸来袭击挪威、荷兰、比利时和法国。德国空军轰炸机摧毁了同盟国的城市、运输系统,并支援挺进中的德国地面部队。

在1940年夏天的不列颠战役中,英国皇家空军拥有大约600架飞机,且大部分是霍克"飓风"式飞机和超级海上"喷火"式飞机,面对的却是拥有2700多架飞机、且包括威力强大的容克JU-87型俯冲式轰炸机的德国空军。但是,英国在雷达方面的开创性发展克服了这种不平衡,皇家空军通过利用一种预警系统,使其飞机更具效能。因此,皇家空军为阻止德国入侵英国起了主要作用。

德国1940年和1941年对伦敦的空袭进一步证明了战略轰炸的潜力。1940年秋季的一个多月,德国轰炸机在这个城市投下了近12700吨高爆炸弹和12000多颗燃烧弹。这些攻击因受德国在其他战线,尤其是苏联战线上的牵制而停息。

与此同时,盟军也在开发经过改进的飞机,以便能与德国空军的飞机相抗衡。美国生产出了波音B-17"飞行堡垒"昼间轰炸机和四引擎的B-24"解放者"轰炸机。到1942年英国又制造出了布里斯托尔"英俊战士"远程战斗机和四引擎阿芙·兰开斯特重型轰炸机。

到了1943年,盟军已对德国实行昼夜不停的进攻性轰炸,将空中优势从德国空军那里夺了过来。美国在白天轰炸德国城市,英国皇家空军则在夜晚进行轰炸。到了1945年,这种轰炸战略已造成大约600000人伤亡,并使许多德国城市遭到严重毁害,包括德累斯顿、汉堡、埃森、柏林等城市。1945年3月11日,美军第8航空师出动1079架次飞机,在埃森投下了4298吨炸弹。这是在欧洲针对单一目标进行的炸弹总重量最大的轰炸。

在太平洋战线,日本人展示了令人畏惧的飞行技术,在1941年12月7日对夏威夷珍珠港内的美国舰队进行了突然袭击,摧毁了8艘战列舰、10艘军舰以及349架飞机,并造成3581人伤亡。到1944年,盟军对日本实施了系统轰炸,使用波音B-29超级保垒远程轰炸机进行轰炸,从位于中国的基地起飞,后来又从太平洋中部的岛屿起飞。

1945年,美军第20轰炸机群司令柯蒂斯·E.李梅少将命令其超级堡垒对日本的工业中心投掷燃烧弹。共出动飞机6960架次进行了17次攻击,投下了37700吨燃烧弹,使东京、名古屋、神户、大阪以及横滨等264平方公里的地区成为一片火海。

1944年至1945年,日本人尝试了一种新战术。信仰战死光荣的武士道精神的神风敢死队员们,驾驶满载炸药的三菱A6M飞机,对美军的海上目标进行自杀性俯冲,这种神风敢死队式的攻击,炸沉美军34艘军舰,炸坏了288艘。

在其他战线,空中力量也起了决定性作用。在地中海地区,英国空军支援了伯纳德·蒙哥马利将军向黎波里进军。1943年德军在北非的溃败也有盟军空军的功劳。

在苏联,装备和训练上的劣势,使德国在东线战场的空中优势一直保持到1944年。此后,苏联空军才在与德国空军的交战中取得优势。1945年春天,苏联空军出动7500多架轰炸机对柏林进行毁灭性轰炸。

当轰炸机在第二次世界大战中大显身手时,其他类型的飞机也大派用场。1944年6月6日盟军在诺曼底登陆时,空军进行了战术支援,美国空军出动了8000多架次支援这次行动。那时,盟军已在欧洲的大部分地区占有了空中优势。

第二次世界大战期间,用来对付敌方战斗机和轰炸机的战斗机,速度得到了提高。最早的小型高速强击机是苏联的重装甲叶柳辛伊尔-2施特穆维克飞机。1943年至1944年,美国备有副油箱的P-47和P-51型战斗机可以长距离飞行,为重型轰炸机护航。这种飞机为夺回同盟国在欧洲的空中优势起了重大的作用。1944年投入使用的喷气式和火箭驱动的战斗机,将战斗机的速度从每小时565千米提高到每小时965千米。第一架喷气式战斗机是英国的流星式战斗机,于1944年在皇家空军中投入使用。德国人紧随其后,使用了梅瑟施密特ME-262型双引擎喷气式战斗机。

1944年,德国人使用V-1飞弹、后来是装载有高爆炸药的V-2火箭威胁英国城市。这种飞弹在短时期内造成了相当大的破坏,但它研制得太晚,已来不及在战争中发挥重大作用。盟军轰炸了设在北欧的发射基地,1944年盟军开辟欧洲战场后不久,又彻底摧毁了它们。这些早期火箭就是战后年代的制导弹的原型。

侦察方面的发展包括使用流线型的高速战斗机低空掠过敌方目标并拍照,然后以最高速度逃回己方。高空飞机利用电影胶片拍照,然后加工成大尺寸的镶嵌地图(将许多航空照片衔接所构成的某一地区的连续空中照相地图。——译注),这预示了后来航空制图技术的发展。

第二次世界大战期间,航空运输也得到了发展,这包括在战斗地区空降伞兵部队。德国空军首先于1941年5月在克里特岛战役中运用这一方法,使用了容克JU-52运输机和运送部队的滑翔机。

第二次世界大战于1945年结束。随着德军向同盟国投降,欧洲战场的战争便于5月结束了。向日本的两个城市投下原子弹后,太平洋战场的战争也于8月6日结束。8月6日,一架名为伊诺拉·盖伊的B-29轰炸机向广岛投下了一颗原子弹,三天后另一架B-29轰炸机又向长崎投下了一颗原子弹。第二天,日本人向美军投降。

朝鲜战争

争夺朝鲜控制权的战争,从1950年打到1953年,冲突是在由苏联和中国支持的朝鲜民主主义人民共和国(北朝鲜)和由美国支配的联合国(UN)军支持的韩国(南朝鲜)之间展开的。双方都禁止使用全部投入空中力量的战略,努力避免一场世界大战。

朝鲜战争中,空军仅被用来对付有限冲突地区内的明确目标。轰炸机用以攻击桥梁、道路和工业中心,而像B-26这样的飞机用来支援地面部队。联合国军队通过摧毁北朝鲜的那些接近完工的空军基地来限制其空中力量的能力。

当共和国飞机制造公司生产的F-84雷电喷气式战斗机、洛克希德公司的P-80C流星式战斗机以及北美公司的F-86佩刀式战斗机在朝鲜上空遭遇到米高扬公司的米格-15's战斗机时,这场战争中喷气式战斗机的第一次交战便开始了。第一架重型喷气式轰炸机是波音B-47"同温层堡垒"轰炸机,它于1951年投入使用。

在朝鲜的另一重要进展是在战争中使用了直升飞机。直升飞机被用来向使用其他办法无法到达的地区运送人员、给养和军械。它还用以发射火箭和导弹。它能快速撤走伤亡人员,从而把死亡率降到了现代战争史上的最低点。

印度支那战争

美国军事力量卷入印度支那是从1961年开始的。当时,在南越政府与共产党叛乱分子的冲突中,美国军队作为顾问人员进入越南。到了1965年,美国军事力量已深深陷入对越共和北越目标的攻击。

正如在朝鲜战争中一样,这场战争中空军力量的使用也主要用于战术支援。空军飞行员驾驶战斗机和轰炸机摧毁敌方供给、支援地面部队以及运送给养和人员。美国飞行员还在乡村喷洒落叶剂——这是一种能毁灭植物的化学物质。他们希望借此来消除游击队依凭的丛林屏障。无人驾驶飞机用来高速穿过轰炸过的地区,为已进行的轰炸拍照。

喷气式飞机的高昂成本和复杂的操作要求,使得使用威力小一些的飞机更为适宜。在越南,最高时速为1102千米的A-4天鹰飞机被证明在战术支援中最为有效。

在这场冲突中也使用了波音B-52喷气式轰炸机。第一次使用B-52是在1955年,B-52是一种体积庞大的喷气式飞机,最大航程超过19300千米,翼展达56米,最高时速达1015千米。在它携带的高科技武器中,有精确制导武器(PGMs),包括"灵巧炸弹"——一种用激光束来导向目标的炸弹。

短距起落(STOL)飞机和反暴动飞机(COIN)的研制成功是空中力量的大进展,前者降低了对长距离混凝土跑道的要求,后者设计得能从崎岖地形上起飞。直升飞机用于空中巡逻系统中,该系统也使用运输机。这种空中巡逻系统可以向偏远地区输送人员、枪械、军火和给养,从而给地面部队带来了机动性。1965年10月,就是用直升飞机载去了整整一个师去援救一个前哨阵地。

战略性轰炸主要是在1971年12月和1972年4月进行的。美国空军(USAF)战略空军司令部的飞行员们对北越的河内和海防进行了地毯式轰炸,使用B-52作密集的轮番轰炸。如同在朝鲜一样,印度支那战争的教训是,仅靠常规轰炸和战斗机战略是无法赢得一场游击战争的。

中东战争

空中力量的使用决定了以色列和它的阿拉伯邻国之间几次中东冲突的结果。当英国、法国和以色列军队利用战斗机和轰炸机作为战术支援力量控制了埃及领空、掩护挺进中的地面部队时,1956年的苏伊士危机便开始了。两天之内,埃及的空军便被摧毁了。

在1967年埃及与以色列之间的"六日战争"中,以色列利用高超的空中战略而获胜。埃及和以色列的空军势均力敌,不过埃及能争取到其他阿拉伯国家的军事援助。然而,1967年6月5日,用了不到3个小时,以色列空军便完成了对埃及机场的一次先发制人的打击。这次攻击,连同对叙利亚、约旦以及伊拉克等国机场的袭击,使以色列获得了最终的胜利。

在1973年10月的赎罪日战争开始时,阿拉伯军队的一次出其不意攻击打死了2500多名以色列人,而且摧毁了五分之一的以色列空中力量。而以色列也以伞兵、地面坦克部队和常规空中力量还以颜色,从而结束了这场战争,但埃及人使用导弹削弱了以色列空军的威力。

导弹时代的空中力量

超音速飞行是第二次世界大战后取得的最重要的成就之一。1947年10月14日,美国空军少校查尔斯·耶格尔成为第一个飞行速度超过音速的人。他驾驶一架火箭驱动的贝尔公司生产的X-1飞机进行了这次历史性飞行。同年,苏联人也驾驶米格-15战斗机超过了音速。到朝鲜战争时期,战斗机能以2马赫的速度超音速飞行,这相当于音速的2倍。到1959年,像幻影Ⅲ型和洛克希德公司的F-104这样的飞机,时速可达2655千米。最快的超音速战斗机大概是北美公司的X-15型火箭飞机,其速度可达6.72马赫(即每小时7546千米)。国家航空和航天局(NASA)正在研制的国家航天飞机/X-30型飞机,飞行速度将达到25马赫(即每小时28074千米)。

虽然导弹在某种程度上使得重型轰炸机有点过时,但美国和另一些国家仍然保留了装备有自动导航和电子干扰(ECM)系统的远程超音速轰炸机。由于超音速飞行使得人工导航和飞机的驾驶变得极其困难,所以出现了这些自动化系统。随着航空电子技术的发展和航空电子辅助设备的采用,飞机的控制变得更加容易。

航空电子控制系统依赖于使用微型电子元件、计算机和雷达技术来自动导航和自动控制武器系统。例如,装备有航空电子控制系统的喷气式飞机可在预定航线上飞行，同时其雷达可搜寻并"锁定"敌方的飞行器。在最佳时机射击后，这种装有航空电子控制系统的战斗机能立即撤出战斗，返回基地。这种用于搜索、追踪和摧毁敌方飞行器的装置也被用作电子干扰设备，它可以使敌方的电子干扰系统失效，使雷达发生故障。

随着飞行速度的提高，飞机的外型设计也在改变。后掠形机翼和三角板形机翼取代了第二次世界大战时的笔直的或锥形机翼。到20世纪90年代初，人们已开发出了可变的几何形组合机翼——使机翼可灵活变动。

随着空中加油技术的发展，战后飞机的远航能力得到了进一步提高。1949年，波音B-50型的"幸运娘子Ⅱ号"飞机作了一次中途不着陆的94小时环球飞行，验证了远距离飞行时空中加油的可行性。1950年，在另一次空中加油飞行表演中，两架共和国飞机公司生产的F-84-E"雷电"喷气式战斗机仅用了10个多小时便飞越大西洋，完成了喷气式飞机的第一次中途不着陆的越洋飞行。

20世纪50年代初期，当苏联和美国研制出其它最早的导弹时，导弹技术的开发便呈热火朝天之势。数十年来，这两个国家通过对比和平衡各种类型的进攻性及防御性导弹力量，不断寻求两国军事力量的均衡。

在防空方面，导弹具有不可替代的作用，战斗截击机也功不可没。由于滞空时间长，战斗截击机能在敌方的飞机和导弹远离目标时便截击它们。在战略战争中，轰炸机和导弹相辅相成，互相补充。

人工驾驶的轰炸机灵活性很强。它可以随时撤回或飞向既定目标。其机组人员可以拍摄被炸地区的雷达照片，并利用它来制订后续任务。喷气式轰炸机能比早期的各种型号的轰炸机携带更重以及种类更多的爆炸物。在人的因素起决定性作用的场合，诸如搜寻、救援、运输、撤离受伤人员、反潜艇巡逻及其他行动，人工驾驶的飞机起着至关重要的作用。

20世纪70年代，苏联和美国都研制出了高性能的、复杂的人工驾驶飞机。苏联的米格-25狐蝠式歼击机，在短短的瞬间，其飞行速度可高达3马赫，还能发射空对空辛辣式导弹。美国麦克唐纳-道格拉斯公司研制的F-15鹰式飞机，是一种高效的远程飞机，携带有麻雀式和响尾蛇式导弹。

在战后年代设计出的其他特种人工驾驶飞机中，有短距起落（STOL）飞机和垂直起落（VTOL）飞机。朝鲜和越南战争的实践表明，需要有这样一些飞机：它们能在遥远的丛林、森林地带和舰只上起降。短距起落和垂直起落飞机可以不大依赖于很长的常备跑道。瑞典萨布公司的SF-37雷电式飞机和英国霍克·西德利公司的海鹞式飞机是这类飞机的典型。

由于这些特种飞机的制造成本昂贵，许多小国便越来越多地使用多功能作战飞机（MRCA）。多功能作战飞机是一种集多种功能于一身的飞机——既可用作轰炸机，也可用作战斗机，还可用作侦察机。例如由英国、西德和意大利委托生产的欧制帕纳维亚旋风式飞机，1976年投入使用，可携带8200千克重的炸弹、导弹以及一个由激光、雷达和电子辅助器件组成的复合装置。

一些国家力求军费开支花得经济合算，它们越来越广泛地使用多功能作战飞机和其他造价较低的作战飞机。这些飞机是借鉴色斯纳飞机公司的A-37这样的教练机而开发出来的，相对而言，其成本低，体积小并且机动性强。

外层空间中的空军

自从20世纪40年代后期喷气及火箭推进的技术问世以来，世界各国已经可以触及外层空间。1956年，美国空军发射了贝尔公司生产的由火箭推动的X-2研究探测器，飞行高度近39千米。1957年10月4日，苏联用一枚洲际弹道导弹将一颗83千克重的人造卫星送入轨道，由此便揭开了太空时代的序幕。

到20世纪80年代初期，苏联和美国都在研究如何在人造卫星上使用激光束和粒子束摧毁地面目标及宇宙飞船。轨道轰炸武器也在研究之中。苏联人研制的装有核弹头的"悬崖"SS-9人造卫星，可以停留在预定轨道上，直至需要时为止。

太空飞行器收集情报的能力正在增强。一些侦察卫星可在重返大气层舱将拍摄到的地面军事设施的详细图片通过电视或胶片传回地面。另一些卫星则能窃听电子通讯。携带红外传感器的侦察卫星还能探测到导弹的发射或发热的飞行器。然而，到20世纪90年代初期，作为意义深远的裁军协定的一部分，美国和其他一些国家在减少这类军事设备的研制。

1969年，苏联发射了第一颗军事观测卫星——宇宙112号，它可以监测挪威、阿拉斯加和格陵兰。船帆星座号人造卫星可在距地球大约113000千米的轨道上运行，用以监视宇宙空间的核爆炸。人工操纵的宇宙飞船在执行侦察任务方面最终会更为有效。

20世纪的空军

第一次世界大战以前，几乎没有哪个国家拥有空军。到1990年，已有120多个国家组建了空军。大到美国、英国、中国的强大的空军——各自都有数十万人员及数千架飞机——小到贝宁人民共和国的微型空军，它只有100人和5架飞机。

空军人员的征募有两种途径。在有些国家，像美国、加拿大和日本，空军依靠那些服役一定年限的志愿者。在另一些国家，诸如德国和以色列，征召年轻人服兵役。就规模、实力、技术先进程度和战备状况而言，20世纪末期最为强大的两支空军是苏联空军和美国空军。

苏联

苏维埃军事航空力量可追溯到1917年底，当时布尔什维克组建了一支工农飞行队，这就是后来的红军空军，再以后，它成了苏联空军（VVS）。它于1924年重组。苏维埃空军由一参谋部统一指挥，主要由三部分组成——苏联空军（VVS）、战略火箭部队（RSVN）和防空部队（PVO）。苏联空军的三个作战部分是：前线航空兵，它提供战术支持；远程航空兵，它是战略轰炸机部队；军事运输航空兵。第四部

英国的"猎迷"式飞机是皇家空军攻击司令部的一种多用的侦察机。它携带各种武器，而且能用于白天或夜间拍摄。

分是海军航空兵，它并不直接对参谋部负责。每个司令部由若干个师组成，每个师由3个或更多的团组成，而每个团又包括3个由12架飞机组成的中队。

据估计，苏联空军有475000人，再加上950000人的预备役人员和大约550000人的国防空军。苏联至少有500个空军基地，包括分布在北极地区和近北极地区的100个基地。其空军部署在苏联和德国东部（前德意志民主共和国）、匈牙利、波兰以及捷克斯洛伐克。

苏联飞机包括米格战斗机和截击机、图普列夫图-26轰炸机、野牛加油机以及苏克霍伊苏-7b装配匠-A地面强击机。另外还拥有庞大的导弹系统，包括12000多枚地对空导弹和1500枚洲际弹道导弹。

1991年苏联解体后，俄罗斯和另外七个前加盟共和国一致同意集中控制它们的武装力量。乌克兰、阿塞拜疆以及摩尔多瓦打算组建独立的武装力量。

美国空军

只是从1947年起，空军方成为美国武装力量中的一个独立军种。在此之前，它是陆军的一部分。最早的飞行部队组建于1907年，当时是属于陆军通讯兵的一个航空师。第一个飞行中队组建于1914年。它曾于1916年服役于墨西哥边界远征军。

美国国防部由三部分组成：空军部、陆军部和海军部。空军部由一个美国总统任命的文职部长领导。全体空军军事人员的首脑是参谋长，他也由总统任命。他和陆军参谋长、海军参谋长一样，是参谋长联席会议的一员，是总统和国防部长的主要军事顾问。

主要的司令部

有12个主要的司令部负责完成空军在各特定领域的使命。

战略空军司令部（SAC）是隶属于参谋长联席会议的一个特殊司令部，有一支由远程歼击机和洲际弹道导弹组成的空中打击力量。它组建于第二次世界大战期间并于1992

年6月1日解散。其轰炸机和导弹移交给了新成立的美国战略司令部。在40多年里，战略空军司令部一直是美国核威慑力量的一部分。在美国或其盟国遭到攻击时，战略空军司令部的飞机和导弹可以给敌方以重创。1979年，战略空军司令部又开始承担太空侦察和导弹进攻预警的职责，而这一职责过去是属于防空司令部（ADCOM）的。作为该职责的一部分，战略空军司令部还负责控制远程预警（DEW）线和弹道导弹预警系统（BMEWS）。这些雷达网分布在北美的最北部地区，能侦察到不明国籍的飞机和导弹。

战术空军司令部（TAC）是一支机动打击力量。其主要职责包括支援地面部队，打击敌人，瓦解敌方运输、通讯和供给网。另外，战术空军司令部还听命于两个联合军事司令部——大西洋司令部（设在弗吉尼亚州的诺福克）和战备司令部（设在麦克迪尔空军基地，靠近佛罗里达州的坦帕）。

自1979年起，战术空军司令部开始承担前防空司令部（ADCOM）的一些职责，包括管理截击机机群、地面雷达以及空中交通管制中心。北美太空防御司令部的空军力量，是一个由美国和加拿大联合拥有的网络，也暂时交由战术空军司令部控制。

战术空军司令部的指挥中心设在弗吉尼亚州诺福克的兰利空军基地。战术空军司令部由二支编号的空军组成——第9部队，它驻扎在靠近南卡罗来纳州萨姆特的肖空军基地；和第12部队，它驻扎在靠近得克萨斯州奥斯汀的伯格斯特龙空军基地。这两支部队的分队分布在15个以上的空军基地。

其他的司令部和机构

还有另外10个主要司令部。3个海外司令部是：

美国驻欧空军（USAFE） 指挥部设在德国的拉姆斯坦空军基地。职责是执行欧洲联合司令部的空军行动。其力量包括战略空军司令部的第七航空师。

太平洋空军（PACAF） 在夏威夷瓦胡岛的希卡姆空军基地。职责是执行太平洋联合司令部的空军行动。其力量包括战略空军司令部的第三航空师，该师驻扎在靠近关岛阿加尼亚的安德森空军基地。

阿拉斯加空军司令部（AAC） 在阿拉斯加安克雷奇的埃尔门多夫空军基地。由于地处战略要地，该司令部是电子防御系统的一个重要部分，建立这个系统是为了警报空中进攻。

后勤保障和训练司令部是：

空军通讯司令部 设在伊利诺伊州贝尔维尔附近的斯科特空军基地。它为空军和其他政府和民间机构提供通讯、飞行设施以及空中交通管制服务，包括有些外国的政府和民间机构。1979年，它开始承担前防空司令部通讯方面的职责。

空军后勤司令部 设在俄亥俄州代顿附近的赖特-帕特森空军基地。负责为空军采购、贮存和分发各类物资以及提供维修保养服务。

空军太空司令部 设在科罗拉多州科罗拉多斯普林斯的彼得森空军基地。它管理航space资源，负责太空力量的加强、控制和保障，以及战略太空防御。

空军系统司令部 设在华盛顿附近的马里兰州安德鲁斯空军基地。负责开发尖端航空航天技术并为空军研制新式武器系统。

军事空运司令部 设在伊利诺伊州贝尔维尔附近的斯科特空军基地。也是参谋长联席会议的一个特殊的司令部，它向美国武装力量的所有部门提供人员和货物运输服务。它也为空军提供气象、救援和视听服务。

电子安全司令部 设在得克萨斯州圣安东尼奥附近的凯利空军基地。它监控空军的通讯设施，并且为政府从事情报工作和电子战分析。

空军训练司令部 设在得克萨斯州圣安东尼奥附近的兰道夫空军基地。负责征召和训练飞行员和军官。其教学单位包括航空大学，本部设在阿拉斯加州蒙哥马利附近的人。

独立运作的机构包括会计和财务中心、空军预备役人员中心、审计处、给养处、工程及服务中心、审查与安全中心、情报处、法律服务中心、管理工程处、军事人员中心、医疗保障处、秘密警察处、特种调查处、维修信息与消息中心，以及测试与操作评估中心。

在南卡罗来纳州帕里斯岛的一个海军陆战队基地，一个班长正带着新兵进行训练。

海军陆战队 MARINES

海军中的陆军士兵大概是描述海军陆战队队员的最恰当词语。征募、训练和组建这支部队是为了进行与海上战役有关的陆、海、空作战行动。海军陆战队最辉煌的战绩可能是在第二次世界大战中取得的。在整个太平洋战场，美国海军陆战队的战士在许多岛屿登陆，其任务是收复一个又一个被日本占领的岛屿。一般说来，他们是这场战争中用来建立滩头阵地和投入某些恶战的最早的突击部队。

在海上运用这种主要为陆战而训练的部队，是许多世纪以来海战进行方式的自然结果。在漫长的桨帆船战年代，战船寻求直接交战。它们运用两个基本战术——撞击和攻占敌船。如果敌船未被撞沉，通常由经过专门海战训练的士兵攻占它（见：海军）。

然而，直到17世纪，不同于普通步兵的专门的海上部队才开始成立。17世纪60年代，荷兰和英国分别建立了早期的现代海军陆战队。正是在这个时候，才第一次用海军陆战队来称呼这些军人。

随着火力逐渐占据支配地位，船上真正的步兵式战斗越来越少。今天，这种战斗已基本绝迹。现在的海军陆战队队员主要是陆军和空军战士，尽管他们隶属于海军并且需要军舰支援其海岸突击和供给。

指挥结构

尽管海军陆战队仍然隶属于海军部，但其级别和军衔却更接近于陆军。这里所列的是美国海军陆战队的军衔。和其他兵种一样，海军陆战队成员也分为士兵和军官。士兵中有多种非委任军官的军衔。每个新兵都是作为二等兵入伍的，这相当于海军的三等兵。提升的第一个军阶是一等兵，相等于海军的二等兵，再往上的军阶是准下士，相当于陆军的一等兵。接下来依次是下士、中士、上士、枪炮军士、三级军士长、二级军士长、一级军士长和军士长。

军官军衔从二级准尉直到四星上将。像在其他兵种中一样，二级准尉是从经过专门训练的非委任军官中提拔的。对于大多数拥有这一军衔的军人来说，这一军衔将伴随其整个军旅生涯。拥有这一军衔的军人是像直升飞机飞行员那样经过良好训练的专门人才。其薪水根据服役年限逐年提高。这个军衔又依照服役年限分为四个等级。

其他军官的军衔与陆军相仿，即：少尉、中尉、上尉、少校、中校、上校、准将、少将、中将和上将。与陆军和空军不同的是，海军陆战队中没有五星上将这一军衔。

皇家海军陆战队

英国与荷兰的海军陆战队历史最悠久，并且至今仍在行动。在英荷战争中，荷兰于1665年12月10日成立了荷兰皇家海军陆战队。英国也在此时建立了第一支海上作战部队。

历史 英国皇家海军陆战队组建于1664年10月26日，当时是一个有1200名"海上行动的陆上战士"的团。直到1802年拿破仑战争时，这支部队才被冠以"皇家"二字。从1664年至1775年，各种海上军团经历了数次改组和解散,其指挥权也在海军部与陆军之间多次变动。这一时期最著名的事件是 1704 年至 1705 年间占领并控制西班牙南端的直布罗陀。

1775 年,海军陆战队被改组成 50 个连,编成全部隶属于海军部的 3 个师。这 3 个师分别驻防在查塔姆群岛、朴次茅斯和普利茅斯。虽然有过某些变动,但这种建制一直保持到 1947 年。1805 年,增加了第 4 师,驻防在伍利奇,并且每个师新增了 1 个炮兵连。1869 年,驻防在伍利奇的那个师被解散。1855 年,这支部队分成步兵连和炮兵连,各自都有自己的番号。这种分离的局面直到 1923 年才结束,这支部队又重新组建为皇家海军陆战队。

皇家海军陆战队在"七年战争"(1756—1763)、美国独立战争、拿破仑战争以及克里米亚战争中都有光辉建树。第一次世界大战期间,在几乎每一个陆上、海上战场都可见到他们的身影。在规模最大的日德兰半岛海战中,有 6000 名陆战队员参战。他们还参加了在法国那场僵持了四年之久的堑壕战中一些最激烈的战斗。第二次世界大战期间,海军陆战队达到了其兵员的顶峰,拥有 78000 人。他们活动在从欧洲到远东的世界各地。他们参加了新加坡抗日的那场失利的战斗,在那场战斗中,陆战队员生还无几。1950 年,一支陆战队的突击队被派往朝鲜与美国海军陆战队第一师并肩作战。6 年后,在英国与埃及的冲突中,海军陆战队员参加了对苏伊士运河的突击行动。

编制 皇家海军陆战队主要有 5 个职责。即:为皇家海军军舰提供战斗部队;在海上和岸上为海军提供人员;为小型登陆艇配备人员;提供突击队或两栖作战小组;在登陆行动中承任陆军与海军的联络任务。20 世纪 80 年代,皇家海军陆战队有 7000 余人,大约是皇家海军人员的百分之十。

海军陆战队分成两部分,一部分驻扎在朴次茅斯,另一部分驻扎在普利茅斯。朴次茅斯那部分负责部队的海上训练,普利茅斯那部分负责陆上协同作战的训练。普利茅斯部队在比克利开设了一个突击员学校并在林普斯通开设了一个步兵训练中心。新兵在肯特郡的迪尔接受训练,军官则到设在林普斯通的皇家海军陆战队军官学校学习。在海军陆战队中服役的女战士来自皇家海军妇女勤务队(WRENS)。

一名皇室成员担任海军陆战队的最高指挥官。自伊丽莎白二世登基以来,这个职位一直由爱丁堡公爵菲利普亲王担任。最高现役军官为总司令,其司令部设在伦敦的皇家海事局。

自第二次世界大战以来,海军陆战队的主要作战部队是突击旅。突击队员接受严格训练以便对敌方地区实施"打了就跑"的袭击。突击旅分别在香港、巴勒斯坦、马来半岛和塞浦路斯执行过任务。在 1956 年的苏伊士危机中,它曾作为两栖攻击的尖刀而一显身手。它经常是从突击运输舰上下来投入行动,这种突击运输舰是美国海军直升机强击舰的翻版。

美国海军陆战队

因为在墨西哥战争和抗击北非伊斯兰海盗的战斗中建立了功勋,美国海军陆战队的赞歌中有这样的歌词,即他们已经"从墨西哥的蒙提祖马皇宫打到了的黎波里海岸"。在其 200 多年的历史中,美国海军陆战队参加过世界各地的战斗。在美国与其他国家进行的每一次战争中,海军陆战队员总是站在危险的前沿。

编制 海军陆战队是海军部所属的一支独立作战部队。20 世纪后期,它拥有的兵力占海军的百分之二十(20 世纪 80 年代中期约有 198000 人)。海军陆战队由两个舰队陆战队组成:一个驻扎在大西洋,另一个驻扎在太平洋。大西洋舰队陆战队基地设在诺克克,太平洋舰队陆战队的司令部设在夏威夷的珍珠港。

除了支援舰队之外,海上分遣队还在大型军舰上服役。和平时期,海军陆战队提供警戒,保护海军军港及其他岸上设施。美国还有一支海军陆战队乐队,为许多总统访事演奏,并举办公众音乐会。在海外,陆战队员驻扎在大使馆和公使馆中,在危险时刻保护美国人的利益及生命安全。(1979 年美国驻德黑兰大使馆被占领时,有数名陆战队员被伊朗扣为人质。)

海军陆战队由一位四星上将任司令,他对海军部长负责,是美国参谋长联席会议成员。他虽然不是海军部长作战指挥班子里的一员,但与之有着密切的合作。

陆战队员入伍年龄在 17 岁到 28 岁之间(妇女为 18 岁到 28 岁),服役年限一般为 2 年到 4 年。从密西西比河以东地区入伍的新兵被送到南卡罗来纳州的帕里斯岛接受训练;从密西西比河以西地区入伍的则到加利福尼亚州的圣迭戈受训。基本训练结束后,还要到北卡罗来纳州的勒琼营或加利福尼亚州的彭德尔顿营,接受有关小组战术和武器知识方面的短期高级教育。

预备役部队是海军陆战队的一个组成部分,它组建于第一次世界大战期间。今天,这支部队的在编人员约 44000 人,它包括海军陆战队第 4 师和海军陆战队第 4 飞行联队。

由于使用大型的坦克登陆舰,使得美国海军陆战队和车辆的两栖登陆成为可能。

Courtesy of United States Marine Corps

分配到海军第3舰队的美国海军陆战队员在阿留申群岛接受严寒训练,此处距俄罗斯大陆仅400英里。

预备役军人每月训练两天,每年夏季集训两周。如果动员预备役人员,海军陆战队可以在几周内使其兵力增加近四分之一。

美国海军陆战队妇女预备役队组建于1942年,其队员在美国本土及夏威夷执行许多职责,以腾出男队员参战。自1948年国会通过了妇女服役平等法案起,妇女就成为海军陆战队正规军的一部分。新女兵在帕里斯岛训练,而那些想成为军官的妇女,要到设在弗吉尼亚州匡蒂科的学校学习。

和其他兵种不同,海军陆战队设有专门的军事院校。大多数想在海军陆战队中出人头地的人,需进入设在马里兰州安纳波利斯的海军军官学院学习,也可到设在纽约州的西点军校或科罗拉多州科罗拉多斯普林斯的空军军官学院学习。军官要到设在匡蒂科的学校中接受进一步的训练。

海军陆战队的座右铭是:永远忠诚。皮领子这一俚称来源于队员们过去穿的制服上的黑色皮领子,这个皮领子当时可能是用来保护队员的脖子不受刀、剑等伤害。海军陆战队的军徽是一个由地球、鹰与锚组成的图案。

匡蒂科的海军陆战队博物馆中收藏有许多有关这支部队历史的文物和纪念品。其中最值得骄傲的收藏品之一是一面美国国旗,它是第二次世界大战时队员们插上硫黄岛折钵山顶的那面国旗。一尊纪念这次战役的青铜雕塑矗立在阿灵顿国家公墓。

历史 今天的海军陆战队是1798年7月11日根据国会的一项法案建立的。但它却把1775年11月10日作为建军纪念日。这个日子正是大陆会议批准组建两个海军陆战营的日期。海军陆战队的第一个军官塞缪尔·尼古拉斯上尉在费城附近的历史名城图恩泰温为这支新建部队征募了许多士兵。1776年,这支新组建的海军陆战队与伊赛克·霍普金斯率领的新美洲舰队一起出航,猛烈袭击英军设在巴哈马的新普罗维登斯岛的要塞,夺得了殖民地军队所需的600桶炸药。

1776年圣诞之夜,这支海军陆战队又支援乔治·华盛顿,当时他渡过特拉华河去袭击新泽西州的英国雇佣军。在美国独立战争的多次海战中,他们战斗在约翰·保罗·琼斯的"漫游者"号和其他一些舰只上。从那时起,海军陆战队就参加了美国所有的战争,在海外实施了300余次海岸登陆。

经历了独立战争后的大陆海军陆战队与海军都处于死气沉沉的状态。国际局势的恶化,尤其是英法战争的爆发,很快促使其恢复了生机。海军陆战队与海军立即被派遣参加对法国的未宣海战(1798—1801)。接下来的一个世纪,海军陆战队参加了的黎波里战争(1801—1805)、1812年战争、克里克和塞米诺尔战争(1836—1842)、墨西哥战争(1846—1848)和美国的南北战争。南北战争期间,南部邦联于1861年3月16日建立了自己的海军陆战队。联邦海军陆战队在布尔河、密西西比河等地作战,参加了所有沿南部邦联海岸的海军两栖登陆作战。

在的黎波里战争中,海军陆战队员们徒步或骑骆驼穿越非洲撒哈拉沙漠的东北部,在的黎波里攻击并打败了北非巴巴里海盗。在德尔纳,陆战队员们升起了星条旗,这是美国国旗首次在东半球的要塞上空飘扬。1821年,他们又消灭了加勒比海的海盗。

在19世纪的各场战争中,海军陆战队分别在南太平洋、中国、日本、朝鲜、巴拿马、乌拉圭、巴拉圭、埃及、墨西哥、古巴、北极、中国台湾、阿根廷、智利、格陵兰、海地、尼加拉瓜以及萨摩亚群岛等地登陆。这还不是他们全部的战史。1854年,他们在海军准将马修·佩里的率领下,打开了对日贸易的大门。

1898年西美战争后,海军陆战队还在以下事件及地区担负过使命:菲律宾起义(1899—1902)、中国的义和团运动(1900)、古巴(1906—1909)、尼加拉瓜(1912)、墨西哥的韦拉克鲁斯(1914)、海地(1915—1934)和多米尼加共和国(1916—1924)。第一次世界大战期间,第4海军陆战旅分别在法国的贝洛伍德、苏瓦松、圣米耶勒、勃朗峰、默兹-阿戈讷等地作战。海军陆战队第一飞行队执行过轰炸、空战和空中战术支援任务。

早在1921年，美国就准备在太平洋与日本开战。海军陆战队开始提高其两栖作战能力。这支部队与海军密切配合，尽力将两栖攻击战术运用到第二次世界大战中。在瓜达尔卡纳尔岛（第二次世界大战中美国的首次进攻目标）、布干维尔、塔拉瓦、日瓦-那慕尔、埃内韦塔克环礁、新不列颠岛、提尼安岛、关岛、佩莱利乌岛、硫黄岛和冲绳岛等地的战斗中，这种新的战术得到了充分的展示。硫黄岛之战，海军陆战队伤亡20000余人，是其战史上伤亡最多的一次。1945年第二次世界大战结束时，海军陆战队拥有6个师、4个飞行联队和若干支支援部队。第二次世界大战时期，其兵员曾高达485113人，其中百分之九十以上的人员投入战斗。

第二次世界大战后不久，海军陆战队创造了两栖"垂直包围"的新战术，这一新战术用攻击型直升飞机作为登陆工具以及用航空母舰作为运输工具。其目的是要在行动的灵活性、布兵范围、快速登陆等方面比以前有较大改进。在朝鲜战争和越南战争中就使用了这种战术，后来，陆军也采用了它。

第二次世界大战结束后，海军陆战队的兵员降至100000人以下。1950年朝鲜战争爆发后，这支部队又扩至250000人左右。海军陆战队是美国向驻朝鲜的陆军派出的第一支增援部队。从1951年到1953年，在沿着划分南、北朝鲜的"三·八"线展开的那些虽非决定性但却激烈的战斗中，海军陆战队的地面和空中部队起了重要作用。

1965年3月，海军陆战队第3师在越南岘港登陆，成为美国在越南部署的第一支地面部队。两年之内，有3个海军陆战队师和空中支援部队投入重大战斗和绥靖行动。为支援这些部队，海军陆战队增至275000人。

在朝鲜战争和越南战争之间的那段时间，海军陆战队先后在大陈岛、中国台湾、泰国和黎巴嫩登陆，以抵御冷战时期的共产主义威胁。在1962年古巴导弹危机期间，海军陆战队增援在关塔那摩湾的海军基地，并和海上派遣队一起封锁古巴。因为苏联同意将导弹撤回，这些部队并未投入战斗。1965年，为了防止叛乱分子接管多米尼加共和国，海军陆战队在圣多明各登陆。

正是在黎巴嫩，海军陆战队遭受了其越战以来的最大损失。1982年9月，罗纳德·里根总统批准将海军陆战队派往贝鲁特，参加由法国、意大利等国军人组成的维和部队。当时，许多敌对的阿拉伯派系正互相开战。这些派系中有些为叙利亚所支持，另一些则为伊朗所支持。分裂的巴勒斯坦解放组织残余势力也卷入了战斗。不幸的是，海军陆战队被认为偏向阿拉伯基督教民兵而与穆斯林组织为敌。

1983年3月，海军陆战队的一支巡逻队遭到手榴弹袭击。10月23日是星期天，一辆装满炸药的卡车冲入驻扎在贝鲁特机场的陆战队军营，当场炸死239名海军陆战队员和58名法国军人。不久之后，维和部队撤出，让黎巴嫩继续它的似乎无休止的内战。

海岸警卫队　COAST GUARD 几乎

所有拥有海岸线的国家都有某种形式的海岸警卫队。其中最著名的是美国海岸警卫队、英国海岸警卫队、加拿大海岸警卫队以及日本海事服务厅。它们都在各自政府的监督之下。在一些欧洲国家，海岸警卫职责由志愿者团体承担。

国家拥有海岸警卫队乃是出于各种各样的原因：执行海商法；防止走私；救援失事或遇难船只；紧急救助水手和自然灾害中的遇难者；维护灯塔、浮标和其他航行用的辅助设施；收集和发布有关风暴与洪水的气象数据。加拿大拥有一支庞大的破冰船队，以供在北极航道使用；美国海岸警卫队的国际冰区巡逻队监视着北大西洋海运航线上的冰山。战争时期，海岸警卫队可成为海军的一部分，执行军事任务。

美国海岸警卫队

1790年8月4日，美国国会批准成立一支拥有10艘小型武装船只的队伍，用来保卫美国海岸，打击走私以及执行海关法律。它最早称作海上税警队；后来叫作海上辑私队，当它也执行救生任务后，便于1915年1月28日被命名为美国海岸警卫队。1939年，海岸警卫队又增加了维护灯塔的任务，1942年海事检查和航行局由商务部转到了海岸警卫队。1967年4月，海岸警卫队从财政部转到运输部。

1915年有关海岸警卫队编制的法律条文声称它"是一支军队，并且永远是美国武装力量的一个分支"。一旦宣战或是接受总统的指示，海岸警卫队便成为海军的一部分。在和平时期，其编制、条例和训练都与海军相似。薪金和津贴根据海军的相应军衔、级别和军阶而定。其军服除了海岸警卫队的盾形徽章外也和海军一样。

军官们在位于康涅狄格州新伦敦的海岸警卫队军官学院受训。每年进入该学院学习的人数根据部队的需要而定。毕业学员被授予少尉军衔。从1974年起，妇女也开始被接纳参加正规海岸警卫队的训练和服役。第二次世界大战期间，一支叫作"斯巴"（Spars，它是 *semper paratus* 这一拉丁语短语的缩写，意为"时刻准备着"）的女子后备队曾在海岸警卫队服过役。它曾于1946年解散，于1949年底重新组建，并在朝鲜战争中执行过任务。

和平时期，海岸警卫队约有45000名军人。1945年6月其兵员达到了顶峰——当时有171000余人。那时，它有800余艘船只，还为351艘海军舰只和288艘陆军船只配备了人员。越南战争期间，海岸警卫队还进行海岸侦察、运送危险货物，以及帮助组织大量的海运来支援美军作战。

和平时期，海岸警卫队照管约46000个航行设施，包括约26000个灯浮标和无灯浮标、167座完全人工操作的灯塔、近12000盏无人信号灯，以及大量的雾信号。其他设备包括：雷达应答器，即雷达航标，它用于短距离导航；和定位仪，即长距离导航设备，它用于远程导航。由于五大湖内有大量的运输船只以及游艇和渔船，因而，海岸警卫队也在这里设有哨站。

海岸警卫队实施与海关和走私有关的联邦法律，并且与其他联邦机构合作执行有关移民、加入国籍以及检疫等方面的法律。它负责维持港口治安，执行有关航行、海运、原油污染及机动船只安全方面的法律。它还负责执行有关保护自然资源的法律，这些法律对捕鱼和捕捞海狗、鲸鱼和海绵作出了具体的规定。20 世纪 70 年代和 80 年代,它还特别积极地防范向佛罗里达及其他沿海地区走私毒品。

海岸警卫队还有一个常备组织,管理近岸和远岸的救援船只、飞机、救生艇站、无线电站以及救援人员。它给予美国船只上的船员医疗救助,运送失事船员和进行洪灾救援工作。它还在北大西洋和北太平洋设有基地,向穿越该地区的船只和飞机提供搜寻、救援、通讯和空中导航设施。

英国海岸警卫队

成立于 19 世纪初期的一个组织后来成了英国的海岸警卫队。1841 年,其职责遵照下面这条政府指示作了改动:"海岸警卫哨所的官兵的职责是尽最大可能救助遇难船只,当船只失事时,要尽最大努力救助船上人员的生命,以及保全和防止劫掠、侵吞和偷盗船上的索具、帆具、贮藏品和货物。"从那时起,海岸警卫队主要是一支海上救生部队。

常备警卫力量约 550 人,它以拥有 7000 人的海岸警卫辅助部队为后援,这些辅助力量分布在不列颠诸岛的海岸周围。这支联合力量与皇家海军和皇家空军直升机基地密切配合工作,专门在危险的航行区域设置了约 300 个瞭望站。

1856 年,海岸警卫队被置于海军部的领导之下。海军部是一个管理海军事务的政府部门。1923 年它又转到贸易委员会,该委员会现在叫作贸易部。而现在,海岸警卫队是在运输部的领导之下。海岸警卫队由 10 个分队组成,所辖区域分为 31 个管区,每个分队由一个监查员负责,而每个管区又由管区主任领导。管区主任的总站叫作海岸救援指挥所,还有很多中间站,每个中间站都由其站长领导。

可以采用多种方式搜寻和救援遇难船只。可能在几百英里之外有一艘货轮着火了,一艘油轮搁浅了,一只小帆船翻了船,一艘游艇被风暴折断了桅杆,或者——近年来——运载有毒物品或核废料的船只出了事。遇难信息可能是来自岸边邮局的无线电台,也可能是来自值勤的海岸警卫队员观察到的红色遇难信号,或是来自侦听到的无线电求救信号。许多事故是由公众用紧急电话报告的。

其他国家

多岛的日本拥有一支庞大的海岸警卫部队,即海事服务厅。它有 41 艘大型巡逻舰、47 艘中等的船只和 76 艘小巡逻艇,还拥有直升飞机。瑞典海岸警卫队分成 15 个管区,每个管区有 2 个站。它大约有 550 名雇员,负责各个哨站,它有两艘渔业保护船、45 艘快艇和 65 艘环境保护船。加拿大海岸警卫队除了 18 艘破冰船外,还拥有 13 艘巡逻艇、35 架直升飞机和 3 艘气垫船。

情报机构　INTELLIGENCE AGENCIES

谍报与阴谋、间谍与反间谍——这是情报机构这个字眼让人联想到的情景。有关情报工作的通俗书刊和电影极力渲染其惊险、隐秘和密谋的成分,但国家情报机构的任务却相当平淡无奇。其主要任务是搜集、评估各种资料,包括其他国家的对内对外政策、作战能力和工农业产量等。

除此之外,情报机构还致力于以下三项活动:反情报、秘密政治活动和治安工作。反情报工作是对其他国家谍报活动的侦察与斗争。秘密政治活动包涵甚广,其目的可能在于搞垮一个不友好的政府,或是支持某个友好政府对付公众的不满。在战时,秘密政治活动可能涉及破坏行为;在和平时期,情报机构会利用微妙的手段来影响其他国家的内外政策。有些国家运用其情报组织从事国内治安工作,发现并镇压政治异己。在苏联,这种治安职责是由克格勃,即国家安全委员会来执行的。在美国,联邦调查局(FBI)将其重点放在侦破与打击犯罪这个更为普通的治安工作上。

情报收集

情报机构收集的绝大部分情报来自那些依法向世人公开的资料。主要的情报来源是外国的大众传媒——报纸、杂志、电台、电视等。政府的各种报告也是情报来源之一。

第二次世界大战以来科技的巨大进步,使情报收集工作受益匪浅。诸如间谍卫星、远距离照相机、高空侦察机、灵敏仪表及电脑,极大地提高了情报机构搜集有关他国现状情报的能力。

情报机构的问题不在于收集到众多资料,而在于对大量的资料进行整理分析,使之更加有用。为解决这个问题,情报机构不仅运用了新的索引与编码技术,而且推出了适用于电子分析、存贮、资料检索的各种仪器。

鼹鼠问题

情报机构最严重的威胁大概是双重间谍,通常称之为反间谍,即鼹鼠。一个鼹鼠为他(她)自己国家的情报机构工作,但同时又秘密地为某一个不友好国家的情报机构服务。

每一个较大的情报机构都有自己的鼹鼠,他们中的一些人给其伪装效忠的国家带来严重的损害。现代历史上最臭名昭著的鼹鼠可能要数哈罗德·A.R."金"·菲尔比,他——和他的同事盖伊·伯吉斯、唐纳德·麦克莱恩以及安东尼·布伦特——在为英国情报机构 MI-6(军情六处)工作期间,同苏联情报组织秘密合作数年。由于担心暴露,菲尔比在 1963 年叛逃到苏联,在此之前几年,伯吉斯和麦克莱恩也已逃到那里。

较大的情报机构

几乎每个国家都有一支从事国内安全即治安工作的力量,它作为情报机构处理国内问题。第二次世界大战以后,情报搜集工作也转向了国际事务。1989 年共产主义崩溃前,东欧的情报机构仿效苏联的情报机构,西方则效仿美、英、法三国的情报机构。

苏联　国家安全委员会,即克格勃(KGB),兼具收集外国情报、反谍报和维护国内安全等职能。克格勃成立于 1954 年,但它的历史可以追溯到 1917 年建立的秘密警察组织——契卡。它先后被称为国家政治保安总局(OGPU)、内务人民委员部(NKVD)和国家安全部(MGB)。建立契卡

一名中央情报局的工作人员正在操纵一台复杂的设备,用它来分析广播信号。

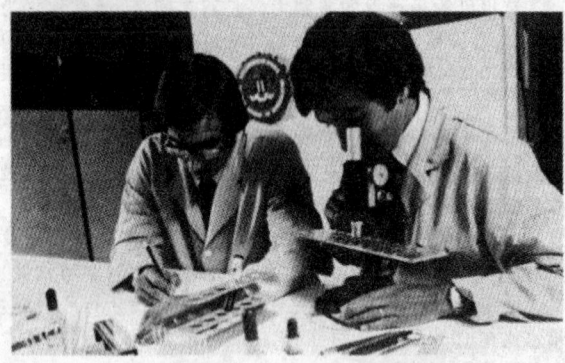

联邦调查局实验室的一位化学家正在调试一台电子显微扫描仪,以观察衣物上微小的金属涂片(上图),而其他调查人员正在用显微镜检查血样,以确定血型(下图)。

以及其后这些机构,目的是对付反革命和颠覆活动、肃清异己势力和防止政治骚乱。随着冷战的开始,克格勃涉及的领域有所扩大,包括世界范围内的情报收集和策反活动(见:冷战)。1991年苏联解体后,克格勃正式解散,取而代之的是联邦安全局。

苏联军事情报组织 GRU(苏军情报总局),虽然知名度不高,但其规模较大、经费充裕。其主要任务是窃取其他国家的工业、技术和科学机密。它拥有一支训练有素的精干部队,用来对付破坏活动和恐怖主义。

美国 最著名的机构是联邦调查局(FBI)和中央情报局(CIA)。此外,美国还拥有其他一些从事情报收集与评价的机构,其中包括国家安全局、国防情报局、国务院情报和研究司、各军种的情报机构以及国家安全委员会。

尽管联邦调查局偶尔在境外从事秘密活动,它仍被认为是上述机构中惟一一个活动范围限于国内者。它负责处理有关叛国、破坏、谍报以及其他一些危及国家安全的活动。它也调查重大的违反联邦法律的案件,如抢劫银行、绑架、毒品交易和劫机等。

联邦调查局组建于1908年,是司法部的一个职能部门,当时称作调查局,1935年改名。它目前是世界上最有力的打击犯罪的机构,这主要应归功于 J.埃德加·胡佛的努力。他自1924年起就担任联邦调查局的局长,直至1972年去世为止。联邦调查局的总部设在华盛顿,拥有10个部门,其中包括一个犯罪实验室。

中央情报局是依照国家安全法案于1947年成立的。自成立之日起,它便承担三项基本任务:国内外情报搜集与评价、海外反谍报行动、境外秘密政治活动和心理战。中央情报局由一个总统任命的局长领导。它有情报、计划、科学技术及行政管理这四个主要部门。情报部门规模最大,主要由研究分析专家组成。计划部门负责境外秘密活动。科学技术部门为收集信息提供新的技术以及处理其他国家可能危及美国安全的科技发展方面的问题。行政管理部门承担人员录用与训练、信息存贮与检索以及其他应尽职责。

尽管国家安全局知名度不高,但它却是美国最大的情报机构。其主要职责是设计和破译各种密码。

国防情报局(DIA)由国防部于1961年设立,它所从事的军事情报工作与中央情报局为政府行政部门所做的工作很相似。除了国防情报局外,各军种还有其各自的情报机构。

凌架于美国所有情报机构之上的是国家安全委员会。这个委员会是依据1947年的国家安全法案而成立的,它本身并不是一个调查机构。它作为总统行政部门的一部分,负责审查、协调有关国家安全的对内对外政策以及军事政策。其成员有总统、副总统、国务卿、国防部长和一名特别任命的国家安全顾问。

英国 秘密情报局和军事情报保密局是英国两个主要的情报机构。由于它在战争时期被指派从事军事情报方面的工作,秘密情报局通常被叫作 MI-6(军情六处),而军事情报保密局被叫作 MI-5(军情五处)。MI-6是一个非军组织,其运作方式与美国的中央情报局十分相似。军事情报保密局与美国的联邦调查局相近,但它却在其他国家从事反谍报工作。

英国也有一个叫作国防情报参谋部的军事情报部门,其作用与美国的国防情报局相似,负责协调各军事部门的信息收集工作。电子监控由通讯情报部门承担。英国所有的情报机构工作都由英国议会监督下的联合情报委员会负责协调。

法国 国外情报工作由国外情报和反间谍局(SDECE)和国防参谋部第二局来分担,后者是一个军事组织。国外情报和反间谍局的工作与美国中央情报局差不多,而国防参谋部第二局也采用和美国国防情报局相似的工作方式来协调处理各军种情报机构的工作。国内安全事务由本土安全局(DST)承担,其工作与美国联邦调查局的工作相似。

间谍活动　ESPIONAGE

任何一个路过华盛顿外国使馆的人,大概很少注意那些屋顶上的电视天线、卫星抛物面天线和其他小电子装置。然而,这些不起眼的东西却表明这些大使馆是活动于美国的庞大的间谍网的指挥中心,它们将情报汇集于此并用技术手段送回各自的国家。

在冷战年代,间谍活动是许多国家的一项重要工作,冷战大约从 1946 年持续到 1990 年。因为这个世界分成了由美苏两个超级大国控制的两个敌对阵营,冷战使得间谍活动成了保护国家安全和防止大战的一项极重要活动(见:**冷战**)。美国的大使馆和领事馆也被用作搜集其他国家,尤其是苏联及其盟国的军事及工业情报的指挥部。随着 1989 年东欧共产主义的崩溃和 1991 年苏联的解体,冷战时期间谍活动的泛滥便告结束。但进行间谍活动的情报收集机构并未停止活动。世界上仍有许多发生纠纷的地方需要注意。

间谍工作

间谍活动就是从对手那里秘密地收集情报,但也时常收集友好国家或中立国的情报。还有一种搜集情报的活动叫作工业间谍活动,这就是一家公司从另一家公司窃取商业秘密而从中获利。

并不是所有的间谍活动都是秘密的、鬼鬼祟祟的,也不像"詹姆斯·邦德"小说中描绘的那么浪漫和惊心动魄。

很多情报工作是由诸如美国的中央情报局(CIA)或前苏联的克格勃(见:**情报机构**)的那种国家情报机构的雇员所进行的节奏很慢、需要耐心、沉闷乏味的工作。这些机构收到大量的关于某一国家的情报,这些情报是从公共渠道获取的,如出版物、科学和商务会议、公众集会、工业展览等。

收集不易得到的情报是职业间谍的工作,他们用各种手段窃取国家和工业秘密,非法购买尖端技术。有些间谍本身就是他们偷窃情报的那个国家的公民。

计算机被用来筛选和评价情报。间谍卫星和高空飞机通过电子信号和先进的航空摄影术将数据传递回地面。地震仪能够记录地下核试验。窃听装置能够监听私人电话。袖珍照相机能够拍下大量的数据。

开放社会与封闭社会

冷战时期,苏联及其盟国的间谍在美国、西欧和日本活动比较容易,而美国和西欧的间谍在苏联、中国和其他东方国家搜集情报就较为困难。苏联是一个封闭的社会。公众生活的每一领域都在政府控制之下,个人私生活也受到政府的监视。所有的出版物都要审查,很难收集到政府不愿公诸于众的信息。无论哪个国家都几乎不可能在苏联境内建立起复杂的间谍网(见:**极权主义**)。

美国、加拿大、西欧诸国、日本、澳大利亚和新西兰过去是而且现在仍是开放的社会。它们几乎所有的政治、社会和经济活动都在公众监督和新闻媒体报道下进行。除了那些出于安全原因有必要保密的事情,在一个开放社会很少有秘密可言。

在这种条件下,敌对国的间谍机构在这里建立间谍网就比较容易。外国间谍还在大使馆、领事馆、商务中心和联合国之外活动。间谍们在一个开放社会里活动,很容易接触到所有的政府和私人出版物。他们可以参加工业品展览会、商业会议和科研团体的会议。他们甚至可以为政府部门工作或在与国防部有联系的高度机密的企业中找到工作。许多企业在安全、内部管理上很差,这使得间谍或他们的同谋能够窃取到蓝图、设计方案甚至设备零件。

窃取技术并把它交给最后的使用者往往是一项需要合作完成的任务。那些可用于军事方面的先进技术是间谍们首要的目标。把计算机和其他尖端机械运到目的国的手段之一是通过中立国把它们送往真正的目的地。出面采购和安排装运往往需要中介人的帮助。这个中介人可以是生产这种技术的公司的一个职员,也可以是一个与许多公司打交道的经纪人。

20 世纪 70 年代后期,在加利福尼亚州的南部,一个名叫克里斯托弗·约翰·博伊斯的美国人,从 TRW 公司窃取了卫星技术,并把它卖给苏联。他只是在苏联得到了这个情报后才被捕入狱。(一部名叫《猎鹰与雪人》的故事片讲述了博伊斯的传奇故事。)另一个通敌分子,威廉姆·H.比尔,在 1981 年从加利福尼亚的休斯飞机制造公司窃取了战斗机雷达的设计图,把它们交给了一个来自波兰的情报官员,而这个波兰人又把它们交给了克格勃。

估计出为外国政府工作的通敌分子的数目是不可能的。仅 1985 年,在美国就有一大批这样的人被捕。特别有趣的是由来自同一个家庭的三个成员组成的间谍集团:小约翰·沃克,一名退役的海军准尉;他的儿子迈克尔,海军文书军士;以及他的哥哥阿瑟·沃克,一名退役的海军少校。另一些被捕的间谍包括沙伦·斯克拉内奇,中央情报局(CIA)在加纳的一名职员;爱德华·霍华德,前中央情报局官员;乔纳森·杰伊·波拉德,海军情报局的一名雇员,他被指控为以色列从事间谍活动;还有拉里·陈吴太,一位退休的中央情报局分析人员,被指控替中国干了 30 年的间谍工作。

工业间谍活动

1982 年 6 月 22 日,美国司法部指控 18 名日本经理人员密谋策划从国际商用机器公司(IBM)盗窃计算机秘密。这些经理是日立公司和三菱公司的雇员,他们的行为被联邦调查局(FBI)通过设置圈套而发现。联邦调查局的一名雇员伪装成出售情报的人。这些经理们正要购买这些情报时,被当场抓住。一年之后,这件事被私了解决了,犯罪方主动赔礼道歉并付给 IBM 公司一笔巨额赔偿金,据估计高达 3 亿美元。

当今的技术使得每年可能有多达 50 万种的新产品进入国际市场。每当一项新产品在一家公司问世,其竞争对手们就立即处于劣势,因而想要销售相似的产品。竞争者们乐于采用正当的手段——有时也采用不正当的手段——获取商业秘密和冒侵犯他人专利的风险。这种工业间谍活动并非只限于新技术。竞争激烈的时装行业、玩具公司以及制药公司，也经常参与工业间谍活动。

同国际间谍活动一样，工业间谍活动的情报来源往往也很平常：贸易杂志、商业会议、从专利局得到的数据资料，或是商贸展销会。对竞争对手的产品进行分析则是得到有关信息的另一途径。

竞争对手还可以通过不太体面的方式获得商业秘密。一个对公司不满的职员可能会出卖公司的秘密，或者从某公司挖走雇员以便得到他们知晓的秘密。有时候，一些雇员会离开原来的公司，利用从原来的雇主那里学到的技术而创建一家新公司。这种事情在技术更新很快的计算机行业屡见不鲜。

一条表面上合法的窃取公司秘密的途径是利用1966年美国国会通过的信息自由法案，这个法案旨在帮助人们及新闻界获取公益性的信息。但它常被一些公司用来谋取私利。像食品及药品管理局和联邦贸易委员会这样的政府机构的成千上万的文件已被发现大有用场。这使某些公司正在研制中的产品的隐秘权受到侵害。1982年，蒙桑托化学公司的一个竞争对手得到了该公司一种新除莠剂的资料，该对手若采用这个配方，会使蒙桑托公司蒙受数百万元的损失。后来，蒙桑托公司提出诉讼，追回了有关资料。

工业间谍活动之所以越来越猖獗，关键在于制裁此种活动的法律执行不力。若一家公司触犯了有关法律，通常只是支付一笔很小的罚金。与窃取的设计或配方所带来的利润相比，付出的罚金微不足道。

为了对付盗窃商业秘密的行为，公司采取了反间谍措施。美国和欧洲的一些组织专门从事这项工作。一些公司雇用反间谍来预防商业秘密的泄漏。在前西德，有一个名叫"经济与工业安全学校"的机构，它是一个私人组织，专门培训工业反间谍。它成立于1979年，因为当时西德有大量的东德间谍在活动。

历史上的间谍

间谍活动是一个古老的行当。据《圣经》的《约书亚记》记载，当以色列人将要攻占巴勒斯坦时，他们的首领约书亚就派出两个间谍，完成"对这个国家进行侦察的秘密使命"。这发生在公元前1200年以前。

在中世纪和文艺复兴时期，外交活动与间谍活动紧密相联，以致大使被公认为间谍。在英国，到了伊丽莎白一世时期，间谍活动已成为保障国家安全的一种必要活动。伊丽莎白统治时期，弗朗西斯·沃尔辛厄姆爵士组建了一个严密的间谍网，以便从西班牙这个大英帝国的头号敌人那里获取情报。

军事间谍活动在所有重大的现代战争中都发挥了重要作用：如美国独立战争、拿破仑战争、美国南北战争以及普法战争。军事间谍活动在第一次世界大战期间取得了巨大的进展，当时诸如瑞士和比利时等中立国为其提供了优越的条件。英国情报机构在战时被证明是卓有成效的，以致英国的军事情报五处颇富传奇色彩。第一次世界大战中最著名的间谍是玛塔·哈里、弗朗茨·冯·林特伦和威廉·卡纳里斯。卡纳里斯后来成了为阿道夫·希特勒服务的军事情报机构的头子。

到了第二次世界大战，搜集情报已成为政府的一项重要工作，许多国家为此建立了专门的组织。随着技术的发展，从事间谍活动的工具和手段也大大改进。1941年，美国在日本偷袭珍珠港前破译了日本人的密码，英国人也破译了德国人的密码。正因为如此，英国人才能知晓发生在德国或德国占领国的大部分事情。苏联情报部门——通过其在日本的主要间谍理查德·佐尔格——对德国从1933到1943年的军事行动了如指掌。

第二次世界大战后，很大一部分世界地图被重新绘制：东欧诸国变成了苏联的卫星国，亚洲和非洲的许多前殖民地国家获得了独立。数以百万计的人流离失所。这种情形使间谍的渗入相对容易。比如，东德人可以进入西德，并在政府部门或在私营企业的敏感部门找到工作。

世界分为共产主义和非共产主义两大阵营，于是产生了新的颠覆性因素。在20世纪30年代和40年代期间，西方一些受过教育且掌握实权的男男女女，纷纷加入共产党——大多由于理想主义的原因——并效忠苏联。这种忠诚又被第二次世界大战期间西方与苏联的结盟所强化。在冷战初期，许多这样的人为苏联起劲地工作。相反，也有许多人从共产党国家叛逃到了西方国家。

冷战时期变成了双重间谍即鼹鼠的时代。英国的秘密情报部门更是深受其害：其高级间谍又秘密地为苏联克格勃工作。最臭名昭著的是金·菲尔比，他于1963年逃往莫斯科。还有乔治·布莱克和安东尼·布伦特。西方的间谍渗入苏联却困难得多。

一些著名的间谍

某些重要人物未在下面列出，因为他们已在本条目的正文或在《康普顿百科全书》的其他条目中被论及。

埃布尔，鲁道夫(1902—1972) 20世纪50年代在美国的苏联间谍网头目。从30年代起为苏联情报部门工作。1948年用伪造的护照经加拿大进入美国。1957年被捕并判刑。1962年，与被俘的美国U-2间谍飞机驾驶员弗朗西斯·加里·鲍尔斯交换。

布伦特，安东尼(1907—1983) 英国美术史学家，为苏联服务的双重间谍。20世纪30年代在剑桥大学加入共产党。是盖伊·伯吉斯、金·菲尔比和唐纳德·麦克莱恩的助手。第二次世界大战初期加入英国情报机构（MI-5）。1951年帮助伯吉斯和麦克莱恩逃往莫斯科。1964年招供，1979年公之于众。

博伊斯，克里斯托弗·约翰(1953—) 与苏联人勾结从

TRW 公司窃取军事机密。他和朋友多尔顿·李对美国卷入越战不满,从 1975 年起成为苏联间谍。两人均于 1977 年被捕、判刑并监禁。以他们的故事拍成的影片《猎鹰与雪人》1985 年发行。

库珀集团 美国独立战争期间为乔治·华盛顿服务的一个间谍集团,包括本杰明·托尔梅奇、亚伯拉罕·伍德哈尔和罗伯特·汤森。整个战争期间,主要在纽约—新英格兰地区活动。英国人从来不知道有这么一个间谍网,而且美国人也很少知道它。

富歇,约瑟夫(1759—1820) 法国大革命早期反对国王的激进分子。因而成为拿破仑的支持者,拿破仑任命他为警务大臣。他一直管理和操纵着卓有成效的间谍和反间谍网,直到 1815 年拿破仑倒台。路易十八时代他又短暂地担任过警务大臣。

戈林,莱因哈德(1902—1979) 纳粹德国在苏联的间谍。他收集了大量的文件,战后,交给了美国人。他一直为美国服务直到 1955—1968 年成为西德情报机构的头目为止。他搜集了大量的有关东德和苏联在欧洲活动的情报。

格林豪,罗斯·奥尼尔(1817—1864) 生活在华盛顿特区,美国南北战争期间为南方服务。在战争早期,他派信使给南部邦联政府送去有关北方军队的调遣和作战计划情报。1862 年被捕并被遣送回南方。

玛塔·哈里(1876—1917) 间谍中最知名的人物之一,真名为玛格丽塔·策勒。1895—1902 年间随丈夫生活在荷属东印度群岛。后离开丈夫,回到欧洲,成了具有异国情调的"印度"舞女玛塔·哈里。第一次世界大战期间,在法国为德国人从事间谍活动。最终于 1917 年被法国人逮捕并处死。

菲尔比,金(1912—1988) 真名哈罗德·阿德里安·拉塞尔·菲尔比。为苏联服务的最著名的双重间谍。出生于印度,在英国剑桥大学接受教育,在那里结识了盖伊·伯吉斯、唐纳德·麦克莱恩和安东尼·布伦特,加入共产党。1940 年由伯吉斯发展为为英国军事情报六处(MI6)工作的间谍。虽被怀疑为苏联间谍,但他一直在 MI6 工作到 1963 年,同年叛逃到莫斯科。

佐尔格,理查德(1895—1944) 德国人,在中国和日本为苏联当间谍。出生于俄国的巴库,在德国接受教育,第一次世界大战期间服过役。1918 年加入德国共产党,1930 年起为苏联情报机关服务。先在中国,1933 年后到日本从事间谍活动。向莫斯科汇报日本和德国的战争准备情况。曾预言 1941 年日本将进攻美国。1943 年被日本人逮捕,1944 年被处死。

沃尔辛厄姆,弗朗西斯(1532?—1590) 伊丽莎白一世时期英国律师和外交官。1573—1590 年间任国务大臣。1577 年被封为爵士。负责揭露天主教反对女王的阴谋活动。在欧洲建立起了广泛的间谍网,在西班牙、法国和意大利的显要部门都安插了间谍。通过间谍,掌握了西班牙无敌舰队出征前的所有资料,因此,英国人能在与之相遇时作好准备。

韦伯斯特,蒂莫西(1821—1862) 美国南北战争初期,在南部邦联为北方服务的间谍。出生于英格兰,在新泽西长大。为阿伦·平克顿侦探所工作。作为一个同情南方的北方人而来到南方,1862 年被南部邦联逮捕并处死。

惠特沃思,杰里 A.(1939—) 小约翰·A. 沃克为首的美国海军间谍集团的成员,这个间谍集团还包括沃克的儿子迈克尔和他的哥哥阿瑟。从 20 世纪 70 年代初期到 80 年代中期,向苏联出售有关美国海军密码、密码机和卫星通讯方面的情报。1962 年加入海军。1983 年退役。1985 年 6 月 3 日被捕。1986 年 7 月 24 日以间谍罪和偷税罪被判处 365 年徒刑,并处以 410000 美元的罚款。

间谍 SPY   见:间谍活动

征兵 CONSCRIPTION
若没有足够的人力资源,一个国家便不可能组建其强大的军队。获得所需人力的一个方法就是征兵。征兵就是有序地选择民众(通常是男子)以补充军队所需。在因受到战争威胁或爆发战争,一支规模较小的常备军必须扩大时,通常便实行征兵。

从史前时代起,男子从年轻时就接受训练,以保护他们的群体不受攻击。古亚述是最早实行征兵的国家之一。其大规模的步兵部队即由征集的兵员构成。在古希腊城邦,所有健康的自由男性公民都要求从军。就像亚述人一样,希腊人在战争中也依赖密集的步兵战术,也大规模地征用兵员。当雅典成为海上强国后,它便使用征来的兵员划动其海军的桨帆船。公元前 3 世纪,罗马军团庞大的步兵队是由征召来的平民组成的,它被认为是战无不胜的。罗马败落之后,统治者一般雇用职业军人来组成战斗部队。中世纪,骑马的武士在战场上占据主导地位,就不再需要大量的征集来的步兵了。

靠地方征集的民兵在不同时期存在过。因为民兵组织要武装那些在紧急状态下召集来的人,因而只有那些对自己全体人民的可靠性有自信心的国家才会组建民兵。在一些社会中,如古希腊城邦和古罗马帝国,民兵发挥了重要的军事作用。

甚至在今天,瑞士各州的民兵也形成了一个全国性的组织,使其不必保持大规模的常备军就能满足其防御的需要。但不管怎样,民兵一般只限于执行较次要的职责。17 世纪发展起来的英国民兵,也只是用来作短期的地方防御。

现代征兵

现代全国范围内的征兵开始于法国大革命后期的 1793 年。所有 18 到 25 岁的男子都要进行兵役登记。1815 年拿破仑战争结束时,征兵也结束了,但几年后又恢复了。

在同一时期,从 1807 年到 1813 年,普鲁士开创了一种征兵制度,这成为欧洲其他国家争相仿效的典范。普鲁士人避开了拿破仑对其部队规模的限制,只征集分配给它的数额——42000 名男子,对这 42000 人进行几个月的严格训练,然后遣返其中的绝大多数,再征召一批新的。这样,普鲁士就建立了一支规模庞大的受过训练的后备力量,很像瑞士今天所做的一样,而没有公开激怒那个法国皇帝。拿破仑被击败后,普鲁士仍继续沿用这种征兵制度。到了1870年和1871年的普法战争时,普鲁士拥有庞大的征召的兵力,且有可观的后备力量作后盾。这种组织与法国18世纪风格的小规模职业军队形成了鲜明的对照。

1871年战败后,法国重新实行了较为严厉的全民强制兵役制。但是,像德国和其他国家一样,兵役法的执行很不平等:有钱和有社会地位的人设法逃避服役,或加入预备役。其结果是欧洲的军队主要是由来自社会下层的人组成。

在普法战争和1914年爆发的第一次世界大战之间的数十年里,欧洲成了一个兵营。只有在英国和美国,征兵没有成为和平时期的法律。

最为严厉的征兵制大概是俄国实行的。有一个时期,其兵役制要求服役25年。一旦被征入伍,很多人就再也见不到他们的家人了。到了1860年服役期减至15年。1917年俄国革命后,苏维埃军队主要由志愿者组成,他们要服役3个月。由于军队减到仅有306000人,又开始实行征兵,到1920年,苏维埃武装力量达到了5500000人的高峰。

在世界的另一半球,日本于1873年采用了征兵制。它实行的是选征兵役制而非全国范围内的普遍征兵制。每年有大约150000名新兵参加训练。

第二次世界大战后,几乎所有国家都实行了某种形式的征兵制。1948年建国的以色列,男女都要求服兵役,中华人民共和国从1949年后也如此要求。第二次世界大战战败后,西德被实行非军事化,它于1956恢复征兵制以便与其在北大西洋公约组织(NATO)中的作用相称。大多数东欧国家也都实行征兵制,直到1991年7月,它们的军事力量一直归入由苏联支配的华沙条约防御体系之内。

美国的征兵

美国的殖民地军队主要由地方民兵组成。这些殖民地颁布了适用于各自军事力量的征兵法。在独立战争开始时,大陆军由各殖民地的民兵拼凑而成。

南北战争时期,南北双方都采用征兵制来扩大其兵力。兵员征集中存在弊端。一个北方的征兵对象花300美元就可免服兵役。1863年7月在纽约市爆发的由骚乱演化成的反征兵流血暴乱,部分原因是出于对征兵法该条款的不满。

在其大部分的早期历史上,美国仅拥有一支小规模的志愿兵部队。然而,在第一次世界大战期间,美国通过征兵大规模扩充军队。战争结束时有4735000人在军中服役,约2800000人是征召的。

第一次世界大战后,军队又缩编为小规模的常备武装。然而,到了20世纪30年代末期,美国好像又有可能卷入大战。所以,1940年实行了美国历史上第一个和平时期的征兵法。第二次世界大战中,10022000人被征召加入美国军队。第二次世界大战后,除了一个较短时期内1940年的征兵法被另一个法律替代外,美国一直靠征兵来维持其武装力量。征兵是由选征兵役局管理实行的,这个机构是一个总部设在华盛顿的非军方组织。合格条件基于诸如家庭地位、健康状况及智力水平等因素。

一个年轻人年满18岁时就要到当地兵役局登记。能否被征集,取决于他19岁这一年的征兵抽签。应征入伍者必须服现役24个月。

兵役当局在1973年6月30日停止工作。与此同时,符合征兵条件者在其20岁的这一年里可以随时被选中。选征兵役局自1973年1月1日起就没有再征召过一个人,1975年又暂停了18岁年轻人的兵役登记。

1976年1月,作为建立完全志愿兵制的全国性努力的一部分,取消了抽签,登记制也正式结束了。最后一批征兵部门于2月份关闭后,选征兵役制开始试运行。它使越战时逃避兵役者及军队中的逃兵可以有选择地服役。1980年7月又恢复了和平时期的19到20岁年轻人的兵役登记。

对征兵的反应

在19世纪的欧洲,征兵常常给应征者及其家庭带来相当大的苦难。对于俄国家庭尤其如此,应征者要长期离开家庭。在普鲁士,应征者要忍受严酷的训练,一点小小的违纪就会受到残忍的惩罚,许多德国青年宁愿逃离祖国也不愿参军。

在美国,在两次世界大战期间,几乎没有发生过对征兵的正式抗议。在从1950年到1953年的朝鲜战争期间,也没有发生过什么重大的对征兵的抵制。但兵役法却被制定得容许各种形式的推迟服役,或者是符合条件者也能想法逃避服役。所以许多青年选择上大学或是找一个可以免服兵役的工作以逃避战时服役。

在美国,总是有一股愤怒的暗流反对和平时期的征兵。这种情绪一直存在于1946年以后的冷战早期的岁月里。在20世纪60年代末和70年代初,这种抵触和对越南战争的强烈的消极态度相融合,变成了公开的反抗。许多年轻人通过逃往加拿大来反抗服兵役;一些军人开小差跑到瑞典或其他国家。一些年轻人在公众集会上烧毁其征兵证以表示抗议。这种钱包大小的证件证明一个人的兵役状况,法律要求随身携带。这种抗议指向两个方面:一是反对战争;二是声讨兵役法中的不公正,因为许多人可以用轻而易举的拖延来逃避服役。(参见:和平运动)

1973年废止征兵后,抗议也平息了。但是,当1980年国会要求进行兵役登记时,重新出现了较小规模的抗议。一些拒绝登记的人在联邦法庭受审并被定罪,但拒绝登记的总人数如此之多,不可能对他们全部起诉。作为替代,政府宣布那些不登记者将得不到学生贷款。1982年的选征兵役法案的修正案便有这一条款。

军事教育　MILITARY EDUCATION

武装部队各军种——陆军、海军、空军,以及海军陆战队——的全体官兵既要接受一般训练,也要接受专业培训。一般训练是对全体官兵所进行的、旨在适应军队生活的以下那些素质的培养:身体强壮、心理健康、自信、忠诚、服从命令。专业培训与全体官兵在服役期间所要从事的职业方向有关。

士兵与军官

为了清楚起见,这里以美国陆军对官兵的培训模式为例。这个教育模式一般也适用于美国的其他军种,并且也适用于其他许多国家。

在任何军种里士兵都占有很大的比例。美国陆军中,有些士兵只在军中生活几年,其他的会成为无委任状的军官而以美国陆军为职业。士兵先要接受8周的战斗训练。战斗训练之后,他们要接受专业培训,专业方向是由美国陆军提供的400多种专业方向中的一种。专业教育的时间根据所选专业的不同而需要5至44周不等,地点是美国25所陆军学校中的一所,所有这些学校军官、无委任状军官和士兵都可以就读。这些学校中有装甲兵学校、炮兵与导弹兵学校、航空兵学校、随军牧师学校、化学兵学校、工程兵学校、步兵学校、情报兵学校、后勤兵学校、宪兵学校、军械兵学校、通信兵学校(有两所)和运输兵学校。

比起士兵来,军官接受培训的方式更多,而且时间一般也更长。美国陆军军官大都出自后备军官培训团。少数军官是美国陆军军官学校的毕业生,更少数的军官是从士兵里晋升的。像医生、牙医、随军牧师这样一些从事专门职业的军官,则直接从日常生活里没有接受过军事训练的专门人员中委任。

后备军官培训团是许多大专院校的一门附课。毕业时,决定去部队的被授予少尉军衔,并去一所美国陆军学校参加专业培训。完成了培训计划并且在美国陆军服役期满以后的毕业生,可以选择在美国陆军后备队里服役若干年;或者,完成了培训计划而没有去美国陆军里服役的毕业生,也可以选择在美国陆军后备队里服役若干年。

在美国陆军的历史中,许多军官都在军事院校里接受过教育,这些军事院校中最著名的是纽约的美国西点陆军军官学校。近代战争的复杂性使军官在获得军职之前有义务接受相当于大学水平的教育。要晋升将军军阶的军官,通常还必须从事一些研究生的工作。军事院校的四年制课程基本上与一般大学的四年制课程相同,只是包括了一些军事科目的专业培训。至于一般的军事训练,大都推迟到暑期进行。

军事院校毕业的军官只是完成了军事教育的第一个阶段,他们在其大部分军事生涯里还要接受其他几个阶段的教育。若要获得进一步晋升的资格,他们还需继续接受教育。军事院校的毕业生被授予少尉军衔,并要继续进入一所美国陆军学校接受为期16周的专业培训。然后,他们就被派去担任8年的团职工作。此后,他们在现役之前都还要去一所美国陆军学校接受培训。

根据服役期限和职业计划,每一位男、女军官在其军官生涯中还可决定在美国陆军设有的其他学校里学习。这些学校有:位于堪萨斯州利文沃思堡的指挥与参谋学院;位于弗吉尼亚州诺福克的武装部队参谋学院;位于宾夕法尼亚州卡莱尔军营的陆军大学;位于华盛顿麦克奈尔堡的国家军事学院和武装部队工业学院。这些学校中有些也对美国武装部队其他军种的军官开放。

苏联的军事教育

1974年以来,美国的武装部队一直靠的是志愿兵。然而,苏联则一直依靠征兵来为其武装部队补充士兵(见:**征兵**)。此外,苏联还把征兵前的义务训练作为年轻人教育规划的一部分。

苏联军人先接受8周的基本训练,然后他们就被分配到战斗部队或支援部队里。现役期满以后,他们就成为后备军成员,一直到50岁。

苏联军官是军事学校或军事专业学校的毕业生。前一种学校的培训计划是3年,后一种是4年到5年。和美国一样,苏联军官在其军官生涯中还需要继续接受专门的指挥培训或技术培训。与美国军事教育体制主要的不同之一是,苏联军官每年还要参加50小时正式的政治灌输。

苏联也有一个类似于美国培训团的规划。大学生们可以在学校的军事系里接受培训,毕业时就成为后备军官。

军事院校

军事院校是为武装部队培养军官的教育机构。第一批这样的学校是于18世纪后期和19世纪初期在英国和其他欧洲国家建立的,当时常备陆海军已经建立起来了。

直到20世纪,军事院校的课程还几乎全是军事科目:工程技术、武器操作、人员管理、操练、战术、战略和军事礼仪。海军军校的学员则接受的是航海、驾船和海战方面的训练。如今,军事院校在几个研究领域里可以授予大学同等学位。在西点军校,学员们在80%以上的课堂时间里学习的课程相当于正规大学开设的课程。

美国

美国西点陆军军官学校是作为一所培养军事工程人员的学校而于1802年3月16日建立的。1812年4月29日国会通过了一项重组西点军校的法案,授权增加职员、设置知识面广的四年制课程。国会的这一意愿直到1817年西尔韦纳斯·塞耶上校任该校学监时才得以实现。塞耶,以西点军校的鼻祖而闻名,在西点军校里一直工作到1833年,对作为一所军事工程师和军官学校的西点军校的发展有持久的影响。

西点军校的学员大都是由美国参议院或众议院的议员选派去的。加拿大、拉美国家和其他某些国家的公民,如果取得了资格,也可以进入西点军校学习。

美国海军军官学校位于马里兰州的安纳波利斯。它也是一所大学水平的教育机构,其毕业生在美国海军或海军陆战队里接受军职。该学校是于1845年由美国海军部长乔治·班克罗夫特建立的,当时它是一所五年制学校,1851改成了四年制。

该学校的学生称作海军军官学校见习生,是根据国会议员、总统或副总统建议的候选人并且依据入学考试而选拔的。也有一些学员是由正规海军、海军陆战队或海军后备队选派的。

美国空军军官学校于1954年得到国会的特许并于1955年7月11日招收了第一批学员,对学员的培训当时是在科罗拉多州丹佛附近的劳里空军基地进行的。1958年,学校在科罗拉多斯普林斯附近建立了校园。

该校是一所四年制学校,设有一般大学课程和四年制飞行员课程。毕业生被授予空军少尉军衔,并被授予航空驾驶员职称。

英国

位于英格兰的桑德赫斯特皇家军事学院是世界上最著名、最有声望的军官培训学校之一。它在1802年建于大马洛。1812年该校迁到桑德赫斯特。为了对所有正规军军官进行公共课程的教育,1741年在伍利奇建立的皇家军事学院于1947年并入桑德赫斯特皇家军事学院。

通过了军队的入学考试并经过一段时期的基本训练以后,学员才能进入该学院学习。该学院的课程类似于四年制大学的课程,不过机械专业的有些学员可以在剑桥大学或什里弗纳姆皇家军事科学院里学习相应的课程。毕业生在武装部队里分配的军职是根据当时的空缺而定的。毕业以后,军官接受的专业培训类似于美国陆军学校里提供的那些培训。

英国海军军官学员是在位于达特茅斯的不列颠皇家海军学院,或在位于格林尼治皇家海军学院接受培训的。达特茅斯学院是对所有皇家海军军官进行一般培训的机构,而格林尼治学院是一所工程学院。达特茅斯学院里的四年制课程包括第一年在校学习,第二年作为海军军官学校见习生随舰队执行任务。然后学员回校从事学术性更强的研究,包括一些专家的课程,到第四年他们又随舰队出海一年。

克兰韦尔皇家空军学院于1920年建校。大部分学员接受的是飞行培训,只有少数学习的是地勤技术。该学院的三年制课程包括理论研究和学习飞行。希望集中精力学习飞行训练技术方面知识的一些学员,则在亨洛皇家空军学院里学习。

法国

法国第一所军官培训学校是工科学校,地处巴黎,1794年建校。自拿破仑将其改成一所军事学校以来,它一直是法国军官的主要源泉。如今,该校的毕业生就像去部队的情况一样,也很可能去政府的文职机关或去商界。

另外一所法国军官培训学校,专门军事学校,是拿破仑于1802年在巴黎南边的枫丹白露建立的。该学校于1808年迁到凡尔赛附近的圣西尔,并自此以圣西尔军校盛名远扬,尽管它于1947年又迁到布列塔尼的科埃吉丹。1947年以后,为步兵、骑兵和炮兵培养军官以及为军队培养工程技术人员的其他一些学校也并入圣西尔军校。

圣西尔军校的学员是通过竞争性的考试和对正规军中无委任状军官的委任录取的。学员们在该校学习两年的课程,然后毕业被授予少尉军衔并在第三年里参加专业培训。

法国海军军官是在布雷斯特海军学校接受培训的。学员必须是大学毕业生并且要通过该校的入学考试。学员在该校学习两年的课程,然后毕业接受海军军职并参加专业培训。

培养空军军官的空军学校于1935年在凡尔赛招生,1937年迁到普罗旺斯地区的萨隆。学员在该校学习的课程从1年半到3年不等,具体取决于学员们选择的专业方向。

法国武装部队还设有6所寄宿学校,它们对军人子女在入学政策方面给予优待。而且并不要求该校的毕业生去部队服役,不过很多的毕业生还是选择了部队。

对军事参谋人员的高级培训在高级军事学校和高级军事研究中心里进行。前者接收的是少校级军官,后者接受的是上校级军官。

德国

第一个制定了综合性、高效率军事教育规划的国家是普鲁士(后来的德意志帝国)。普鲁士的这个规划对上流社会学员设有8所学校,对一般学员设有10所学校。这个系统的宝塔尖是军事学院,于1810年在柏林建立。柏林军事学院特有的教育质量决定性地使德国在欧洲陆战中的支配地位一直保持到了20世纪中期。

德国强有力的军事系统随着它在第二次世界大战中的战败而瓦解,而美苏之间的战斗又使德国分成了东德和西德。在德意志联邦共和国或西德,设有三所军官培训学校,分别建立在汉诺威、科布伦茨和慕尼黑。

进入任何一所这样的学校学习之前,每一位军官候选人都必须是中学毕业生并且是已经在部队里待过了6个月到1年的新兵。学习一年后,学员们便回到自己的团里待很短的一段时间,然后再回来接受9个月的专业培训。专业培训之后,他们就回到自己的团里接受晋升军官的全面素质测验。如果通过了测验,他就被授予中尉军衔。这个培训规划与19世纪普鲁士体制下所用的规划基本上相同。

加拿大

1968年,加拿大陆、海、空各军种联合成一支战斗队,即加拿大武装部队。加拿大武装部队训练司令部对所有男女军人进行的是基本训练。基本训练之后的专业教育是由另外的司令部负责在军营里进行的。

标准化训练是联合武装部队的优点之一。所有新兵在公共训练中心一同学习基本的军事知识,一道进行标准的军事操练。此外,智力测验还被用于为每个新兵确定最适合的军种。不过只要有可能,个人对陆军、海军或空军的偏好也给予满足。

其他如管理、补给、运输、内务、会计、烹饪方面的培训也是标准化的,并不考虑将来服务的军种。基本训练之后,新兵便进入专业培训阶段。

加拿大武装部队征募和培养军官的方式有好几种。比如,年龄在17到23岁的受过高中教育的候选人,可以报名直接参加正规军军官选拔训练。没有通过选拔训练的允许离开部队。按照精心制定的后备军官培养规划,有限数量的二年级大学生可以作为军官学员加入后备部队并在暑期接受训练。成为军官的另一种方式是进入军事院校学习,或者在某些情况下，进入非军事大学学习。

加拿大武装部队设有三所军事学院——加拿大皇家军事学院，地处安大略省的金斯顿；皇家锚地军事学院（前海军学院），地处不列颠哥伦比亚省的维多利亚；以及圣让皇家军事学院，地处魁北克省的圣让。加拿大皇家军事学院的学员需学习四年的课程。皇家锚地军事学院的学员头两年在本校学习，接着转到加拿大皇家军事学院进行最后两年的学习。圣让皇家军事学院是一所双语学校，学员们在这所学校里学习两年或三年（如果需要以英语教学的话），然后去加拿大皇家军事学院接受两年的教育。如同在军事学院里学习的学员一样，有些军官学员在相同的学期里是在加拿大其他一些非军事大学里学习的。

女军官必须有大学学位，而且必须是未婚者。不过，护士、牙医军官有时允许是已婚的。

澳大利亚

以"邓特龙"（Duntroon）而闻名的皇家军事学院在1911年建于堪培拉，它培训来自澳大利亚和新西兰的学员。他们与新南威尔士大学的学生一起学习四年课程。四年里还有11个月的非学术课程在地处维多利亚州波特西岛的军官见习生学校进行。

高级培训在各兵种的一些专科学校和地处昆士兰州卡农格拉的丛林训练中心里进行。这些专科学校主要有：装甲中心，地处维多利亚州的帕卡蓬亚尔；陆军航空兵学校，地处昆士兰州的奥基。

埃及

19世纪后期一直到第二次世界大战，埃及处于英国的控制之下。埃及军队由英国训练并由英国军官来指挥。在英国军官手下供职的埃及军官通常来自上流社会并受训于开罗的埃及军事学院。1936年该学院的民主化使其向所有阶层的学生开放。埃及军事学院的三年制课程包括理论学习和军事训练。毕业生被授予少尉军衔并继续接受专业培训。

埃及还有另外两所军官培训学校：地处廷角的海军学院和地处比勒拜斯的空军学院。决定进入这两所三年制学校中任一所学习的所有学员，必须先在埃及军事学院里接受一年的培训。

希望获得专业技术职称的军官要进入开罗的武装部队技术学院里学习。海军军官还必须进入海军技术学院学习。对军官的高级培训在参谋学院和纳赛尔研究院进行。埃及武装部队的许多军官也在美国、法国和英国的一些军事学校里学习。

拉丁美洲

拉丁美洲的主要军事强国除古巴以外就数巴西和阿根廷。巴西对多数军官进行培训的教育体制是世界上最彻底的一种。20世纪下半叶，90%以上的巴西军官在12岁时就开始在军队资助的军事学校里接受培训。

学员们高中毕业后就进入地处里约热内卢的高等黑针军事学院学习，这所学校起初（1699）是一所筑城工事学校。学员的教学计划是四年，其中后两年学员在某一军种里接受专业培训。海军军官在海军学院学习。

军官被授衔后还必须进入军官进修学校学习，也可以去一些军种学校学习。素质好的军官可以去总参谋学院学习，该学院的教学计划为三年。

该系统的宝塔尖是高等军事学院，来自各军种的军官与巴西工业界和政界的高级文职官员一起在那里研究国家安全政策。所以，这所学校也被认为是巴西最重要的政治研究机构。

阿根廷军队也被深深地卷入了国家的政治事务之中。作为一种近代机构，阿根廷军队的起源可以追溯到1869年为培养军官学员而建立的一所高等学府——国家军事学院。

一所由德国人帮助建立的参谋学院——高等军事学院于1900年招生。创建于1943年的高级研究中心，对军官们进行最高级的军事培训。自第二次世界大战以来，德国的影响已为美国所取代，特别是在教授反游击技术和反恐怖技术方面。许多拉美国家的军官们都去美国的许多军事专业培训学校接受培训。

苏联

沙皇彼得一世于1698年在俄罗斯建立了一所军事学院，但是苏联的第一批近代军官培训学校直到19世纪才建立。1917年俄国革命以后，第一所苏维埃军事学院在莫斯科建立。这所学校是以其校长米哈伊尔·V.伏龙芝的名字命名的。苏联在1991年解体之前还建立了海军、空军、工程兵和军政学院。这些学校只接收现役军官，并且是已经在一所专业培训学校里接受过培训的现役军官。

军人和共产党官员的子女可以进入初级军校学习。决定去陆军的人要进入一些苏沃洛夫学校学习，这些学校是以18世纪的一位俄罗斯指挥官亚历山大·V.苏沃洛夫将军的名字命名的。决定去海军的学员要进入一些纳希莫夫学校学习，它们是以19世纪俄罗斯的一位海军英雄亚当·保罗·S.纳希莫夫的名字命名的。

在初级军校毕业后，学员还要继续在一所军事学校或一所军事专业学校接受军官培训。军事学校的课程是三年；而侧重于技术的军事专业学校，其课程为四到五年。

服役数年的军官通常要送回学校接受专业技术培训或指挥培训。拟晋升最高军衔的军官要进入总参谋学院学习。

其他国家

比利时 布鲁塞尔皇家军事学校是为各军种和国家警察部队培养军官。该学院里一般军官课程是三年；工科专业的课程是五年。两年后学员们就被授予军衔并一直作为军官在学校里继续后一段时间的学习。职业军官，在现役几年以后可以进入军事学院学习，以获得指挥军职或参谋军职。

意大利 军官接受培训的学校是位于摩德纳的军事学院。他们在此学习两年的课程，然后去都灵的一些军事学校或切基尼奥拉的军事运输学校接受两年的专业培训。对军官的高级培训是在奇维塔韦基亚参谋学院、罗马联合参谋学院,或罗马高级军事研究中心里进行的。

荷兰 军官要进入皇家军事学院学习,该校 1828 年建于布雷达。学校为学员开设有三年的课程,为各军种培养军官。对军官的高级培训在地处海牙的参谋学院里进行。

威廉斯奥德皇家海军学院建于 1854 年,旨在培养海军军官。该学院的课程计划与皇家军事学院的课程计划类似。

以色列 以色列国根本没有军事学院或者高级参谋学院。所有公民都有全民应征的义务,而且大多数要接受军事训练。以色列设有一个统一的国防司令部,统帅着三军——陆、海、空军。军官是从士兵里晋升的。

士兵现役一段时间以后可以进入一所培训学校接受无委任状军官的培训。有委任状的军官是接着在无委任状的军官中选拔的,他们要进入军官见习生学校接受短期培训。为了鼓励将来的应征并考虑到选拔军官,部队还在两所国立高中制定了军官学员教学规划。男孩子在假期服现役,高中毕业时就授予他们下士军衔。

裁军 DISARMAMENT

第二次世界大战以后,世界各国面临的最为重要的问题便是防止核战争。在冷战的数十年里,这个问题是美国和苏联外交活动的焦点,也是联合国议事日程上的头等大事。随着东欧共产主义的崩溃和苏联的解体,冷战宣布结束,但这个问题仍未失去其紧迫性。大量的核武器在俄罗斯及前苏联的其他加盟共和国中保存下来。其他许多国家也拥有或是被怀疑拥有核武器,这些国家是英国、法国、印度、中国、巴基斯坦、以色列、南非、伊朗、伊拉克和北朝鲜。

当代的国际裁军尝试始于 1899 年和 1907 年的海牙和平会议。1914 年爆发的第一次世界大战宣告了海牙和平会议的失败。在这次战争和第二次世界大战之间,有过几次限制军备和全面裁军的尝试。最著名的两次是 1930 年的伦敦海军会议和 1932 年由国际联盟发起的裁军会谈。伦敦海军会议取得了一些成效,但仅是暂时的。英国、美国、法国、意大利和日本达成了一项 5 年暂停建造战列舰的协议,并同意控制潜艇战和限制每个国家拥有的航空母舰的数目。然而,不到 2 年,日本和德国就开始建立庞大的海军。

核武器的发明和扩散使裁军变得更加紧迫。1945 年联合国成立后,立即成立了一个国际原子能委员会,制订计划来控制所有主要的大规模杀伤性武器。美国和苏联之间的冷战阻止了任何协议的达成(见:**冷战**)。20 世纪 60 年代,只达成了两项具有深远意义的协议。第一项是 1963 年的禁止核试验条约,在这个条约中,美苏两个超级大国及英国承诺不在空中、水下或外层空间进行核试验。第二项是 1968 年的防止核武器扩散条约,此条约于 1970 年生效。

美国和苏联两国之间的紧张局势表明:除非这两个超级大国达成一致意见,否则核裁军是不可能的。在理查德·M.尼克松担任总统期间,向这个目标迈进了一步。1969 年 11 月,第一轮限制战略武器会谈(SALT)在芬兰的赫尔辛基召开。第一个限制战略武器会谈条约由尼克松和苏联领导人勃列日涅夫在莫斯科签署。这个条约限定了全面反弹道导弹系统的部署区域并限制洲际弹道导弹的制造。第二轮限制战略武器会谈于 1972 年在日内瓦开始,并于 1979 年 6 月达成了由美苏两国签署的协定。然而,这个协定却没有被美国参议院批准。

1987 年 12 月,罗纳德·里根和米哈伊尔·戈尔巴乔夫签署了中程核力量(INF)协定,这个协定要求销毁,而不仅仅是限制该级别的核武器运载系统。削减战略武器会谈(START)开始于 1982 年,最终在 1989 年 7 月由戈尔巴乔夫和乔治·布什总统签署了一项协定。1990 年 11 月他们签署了一项削减欧洲常规武装力量的协定。

退伍军人事务 VETERANS' AFFAIRS

大萧条时期的 1932 年,大约 15 000 名失业的第一次世界大战退伍军人云集在华盛顿,要求政府一次性付给他们那笔早已承诺过的战时津贴。尽管政府拒绝了他们求助请愿,仍有大约一半被人们称作"索要津贴远征军"的人留在了国会大厦附近。他们在赤贫的状况下露宿街头,直到美国正规军使用坦克和催泪瓦斯驱散他们。

这支索要津贴的队伍是美国严重的经济危机的产物。他们索要的这笔钱,国会早在 1924 年就已投票通过,但支付日期却定在了 1945 年。绝望的退伍兵们最终还是散去了,但他们的存在表明了这样一个事实:政府总是以金钱或土地的形式,为那些在战争中服过役的人们提供专门的生活保障。今天,关于退伍军人事宜,政府已有确定的政策。在美国,相关事宜由退伍军人事务局负责,在加拿大,则由加拿大退役军人事务所处理。

历史背景

很多世纪以来,参加过战争的退伍军人都在其效过力的社会中享有特殊地位。他们的长官或政府试图奖赏这种服现役的行为。典型的解决办法是向被遣散的士兵提供一块块土地。政府答应赠予土地也是对新入伍的士兵的一种鼓励,促使退伍军人在边远地区拓居,从而避免退伍军人骚乱。

在 19 世纪的美国,有大片荒无人烟的土地。到 1850 年,国会向每一个退伍军人提供了 65 公顷土地,只要这个退伍军人在 1776 年以后的任何一次战役中服役过至少 14 天以上。在这种政策下,大约分配了 1900 万公顷土地。而其中的大部分又被退伍军人卖给了土地投机商。

两次大战以后,其他国家的政府也采取了类似的土地政策。在加拿大,1918 年的士兵安置法案和 1942 年的退伍军人土地法案规定:退伍军人购买土地可获得低息贷款。1918 年后,英国、法国和德国也努力促使退伍军人务农。它们还开办了农业培训学校。到第二次世界大战结束时,土地安置政策已行不通了,因为大多数退伍军人要求从事务农以外的职业,而且也不再有大量的适于耕种的土地。

美国早期历史上实行过抚恤金这种类型的退伍军人福利。1626 年普利茅斯殖民地通过了一项法律,为那些从战场上归来的伤残士兵提供终生赡养。其他殖民地也通过了类似的法律。大陆会议颁布过一项法律,向参加过独立战争的士兵终生支付半薪,但这笔资金却从未到位。第一部国家抚恤金法于1789年9月29日通过。颁布这项法律后相继又有其他法规出台,最终于1966年通过了现役军人和退伍军人遗属福利法案。早期的抚恤金福利也包括因战争而造成的寡妇和孤儿,那些与服役有关的伤残退伍军人也享受这种抚恤金福利。直到20世纪20年代,欧洲才普遍实行类似的计划。

第二次世界大战结束前,各参战国制定法规,以解决参战归来人员的再就业和再调整问题。新的计划远比以前任何一个退伍军人立法要全面得多,它包括解决就业、教育需求、住房计划、贷款等方面的计划。医疗保健早就成了退伍军人事务的一项公认的重要内容。

美国通过的有关退伍军人的立法中,最具深远意义的是1944的现役军人再调整法案。一般把该法案称作"美国兵(GI)权利议案"。

该议案规定了发放失业救济、支付学费,以及为购买住宅、农场和小型企业提供低息贷款。其他国家——包括英联邦国家——出台了类似的方案。由于伤残退伍军人大批归来,住院治疗的人数大大增加,康复计划的规模也迅速扩大。

美国1940年的选择训练和服役法案规定:退伍回来的军人有权复职干他们原来的工作。1944年出台的退伍军人优先法案,为那些想到政府部门工作的退伍军人提供了便利。

1966年国会通过了一项立法,它被看成是一个永久的和平时期的"美国兵权利议案"。它使早先的"美国兵权利议案"的条款适用于冷战时期的士兵,这些士兵是庞大的和平时期军事机构的成员——不管他们是否在战区服役。

退伍军人事务

1930年7月21日,赫伯特·胡佛总统依照国会在7月3日通过的立法,签署了第5398号总统令,成立退伍军人管理局(VA),它是一个独立的联邦机构。这个法案把先前处理退伍军人事务的一些机构合成一体。

自1833年以来,一直由抚恤金局负责抚恤金事宜。1849年,这个机构成了内政部的一部分。1865年,国会开办了"全国志愿兵之家",它由分散在全国各地的许多疗养所组成,用来安置那些需要特殊照顾的、南北战争中的伤残退伍军人。1921年,负责处理残废补偿金、政府人寿保险、复职、家庭补贴以及医疗和住院治疗等事宜的各种机构合并成退伍军人局。抚恤金局、全国志愿兵之家以及退伍军人局又合并为退伍军人管理局(VA)。退伍军人就业和培训处仍留在劳工部。

1988年10月25日,罗纳德·里根总统签署了一项法案,把退伍军人管理局升格为美国的第14个内阁。1989年3月15日,退伍军人事务部开始运行。它分成很多机构,处理有关抚恤金、死亡及伤残赔偿金、丧葬、教育、复职、住宅贷款担保以及综合医疗照顾方案等事宜。

退伍军人健康服务和研究管理局在美国、波多黎哥和菲律宾开设了医疗中心、士兵之家、诊所和疗养看护中心。退伍军人还可以在非退伍军人管理局医院中接受照顾,并且根据退伍军人管理局的公众健康和医疗计划中的条款,退伍军人的一些家属也可以在非退伍军人管理局医院接受医疗照顾。

退伍军人福利管理局处理有关退伍军人的赔偿金和抚恤金计划、职业教育和复职、贷款担保方案、保险规划以及退伍军人的救济等事务。贷款担保方案是一种信用支持,旨在保证退伍军人获得比商业贷款更优惠的贷款条件。这个部门监督执行范围广泛的保险计划,包括团体人身保险和退伍军人抵押人身保险。

国家公墓系统管理国家公墓。它还为那些在私人和国家墓地中占用墓地者提供墓碑和墓志铭。

加拿大退役军人事务所

加拿大退役军人事务所,即加拿大退役军人事务部,成立于1944年,负责管理退役人员抚恤金、健康保健以及其他福利方面的事宜。它由一个负责退役军人事务的部长领导。在第二次世界大战期间,加拿大议会通过了退役军人土地法案(1942)、再就业法案(1942)、退役军人休整法案(1944)、退役军人保险法案(1944)以及战时服役赠予法案(1944)。这一系列法规共同形成了加拿大退役军人事务所据以行使职责的依据。

退役军人事务委员会包括陆军慈善基金、抚恤金律师局、加拿大抚恤金委员会、英联邦阵亡将士墓地管理委员会,以及退役军人上诉委员会(1987年,该委员会取代了抚恤金审查委员会和战时退役军人津贴委员会)。上述部门中有些早于退役军人事务部。例如,阵亡将士墓地管理委员会,成立于1917年,负责维护英联邦阵亡将士墓地,为那些不知葬于何处的牺牲者修建纪念碑以及记录有关情况。这个委员会的工作由英联邦的其他国家分担一部分。它在世界范围内履行其职责,因为世界大战中的许许多多牺牲者被葬在了海外墓地。

1942年的退役军人土地法案代替了1918年的士兵安置法案。这个新的法案起初是向退伍军人提供低息贷款以购买农场、农具和牲畜。1950年它又有所扩展,包括为建造新住宅提供贷款。该计划于1977年终止。

退伍军人组织 VETERANS' ORGANIZATIONS

在美国众多的爱国团体中,规模庞大且最具影响力的是退伍军人组织。其中最著名的有:美国军团;美国退伍军人委员会;美国第二次世界大战、朝鲜战争、越南战争退伍军人协会;美国残废退伍军人协会;美国海外战争退伍军人协会。在英国,英国皇家军团是英国退伍军人组织。很多其他卷入过20世纪战争的国家也都有类似的组织。

还有一些退伍军人组织的国际联盟。英联邦前服役人员联盟拥有1.7千万成员,他们分布在47个国家和地区。该组织成立于1921年,当时叫作英帝国军人联盟。总部设在巴黎的世界退伍军人联合会,成立于1950年。它代表着大约 150 个全国性组织,共有成员 2000 千万名。欧洲战争退伍军人联盟于 1961 年在巴黎成立,在 10 个国家设有全国性的分支机构。

在美国,退伍军人成立的第一个组织是辛辛那提协会。它是在 1783 年由一些参加过美国独立战争的美国军官建立的。参加过这场战争的法国军官在法国也组建了该组织的一个分会。它以罗马政治家和军事领导人辛辛纳图斯的名字命名。由于对公元前 5 世纪的罗马共和国的无私奉献,卢西乌斯·昆克提乌斯·辛辛纳图斯赢得了历史性的声望。这个组织的目标是增进友谊、永远保有他们奋斗得来的权利以及在需要时帮助其成员及他们的家庭。现在,该组织是一个世袭的社团,它由那些参加过独立战争的人们的男性后裔组成。

参加过 1812 年战争的人们,直到 1854 年才聚会并创立了一个组织。他们当时是在一次各个军衔的退伍军人大型集会上相聚的。在这之前的几年,即 1847 年,墨西哥战争的退伍军人已组建了阿兹特克俱乐部。美国南北战争之后,又宣告成立了几个退伍军人协会。1865 年成立了一个主要面向军官的忠于联邦政府者军团(主要由美国南北战争时期南方各州忠于北方的人所组成)。有几个团体是由那些来自这场战争中的几支特定部队的退役军官组成:如田纳西协会(1865)、坎伯兰军人协会(1868)以及波托马克协会(1869)。对于士兵来说,较大的组织是成立于 1866 年的共和国大军(GAR)。第一次世界大战结束之前,它一直是最大的退伍军人组织。在 1880 年后的 10 年里,它成为一个争取退伍军人福利的强有力的政治团体。该组织还有两个妇女分支机构——妇女救援队(1883)以及女子共和国大军(1886)。1889 年,在南方成立了南部邦联退伍军人协会。

西美战争后又成立了几个团体。西班牙战争退伍军人联合会 1906 年吞并了西班牙战争退伍军人联盟,1908 年吞并了菲律宾退伍军人协会。大多数现在仍在活动的退伍军人组织都是饱受战争创伤的 20 世纪的产物。

美国军团 1919 年 3 月成立于法国巴黎。其奠基成员来自小西奥多·罗斯福中校所征召的远征军。1919 年 9 月 16 日,美国国会授予该组织全国特许状。这个特许状几经修改,包括了那些参加过第二次世界大战、朝鲜战争和越南战争的退伍军人。这个军团在为退伍军人争取福利(其中包括第二次世界大战后通过的"美国兵权利议案")方面极具影响。该军团活跃在美国各地约 14500 个社区中。

英国军团成立于 1921 年,代替以前的 4 个退伍军人组织——一战同盟会、退伍水手和士兵全国协会、退伍及复员水手和士兵全国联合会以及军官协会。1925 年,该军团获得了皇家特许状。20 世纪 80 年代,该军团大约有 3500 个分支机构,其中有一些在海外。这个军团还组织每年一度的募捐,为那些需要救济的成员筹资。这相当于美国每年 5 月临近阵亡将士纪念日之时举办的伤兵救济日(为伤兵募捐并向捐赠者赠送大红纸花的日子)活动。另外,该军团还办有老年退伍军人公寓和疗养院。

美国第二次世界大战、朝鲜战争、越南战争退伍军人协会成立于 1944 年。这个组织的成员是第二次世界大战、朝鲜战争和越南战争的退伍军人。它在美国大约 1100 个社区中设有分支机构。

美国海外战争退伍军人协会(VFW)是仅次于美国军团的第二大退伍军人组织。它成立于 1899 年,是为那些参加过西美战争的海外退伍军人而组建的,但其成员已扩大到包括所有战争的退伍军人。该组织大约有 10000 家地方分支机构。

美国残废退伍军人协会(DAV)成立于 1921 年,旨在安置那些因服役而伤残的退伍军人。1922 年又成立了该组织的一个辅助机构。这两个组织都通过以下各种形式积极向退伍军人提供援助:免费法律咨询、审核要求赔偿的表格、向残废军人子女提供大学奖学金以及其他服务。残废退伍军人协会在美国所有 50 个州中都很活跃。它大约有 2500 家地方分支机构。

在美国,还有众多的其他退伍军人组织。其中有美国犹太退伍军人组织(1896)、参加过世界大战的妇女退役军人会(1919)、退役军官协会(1929)、美国紫心军功章(授予作战时受伤的军人)协会(1932)、美国退伍军人委员会(1944)、美国瘫痪退伍军人协会(1946)以及美国海军修建大队退伍军人协会等。这些组织很多都设有附属的妇女机构。(参见:爱国社团)

艾伦比　ALLENBY, Edmund (1861—1936)

1917 年 6 月,第一次世界大战期间,爱德蒙·艾伦比将军受命指挥英国的巴勒斯坦战役。中东是英国至其主要殖民地印度的生命线的一部分。艾伦比的任务是击败控制这一地区的奥斯曼土耳其人,确保英国在这里的统治。

爱德蒙·亨利·海曼·艾伦比于 1861 年 4 月 23 日生于英国布拉肯赫斯特。他曾在俗称"桑德赫斯特"的皇家军事学院学习。1882 年,他作为一名年轻的军官,加入恩尼斯基林龙骑兵部队。他参加的最初的战役都在非洲。1884—1885 年他参加了塞西尔·罗得斯发起、旨在兼并贝专纳兰(今博茨瓦纳)的远征军。1888 年,他在祖鲁兰作战;1899—1902 年,他在布尔战争中与南非作战。战争结束时,艾伦比已升至名誉上校。

1902 年之后的和平期间,他指挥第 5 轻骑兵部队。从 1910 年至 1914 年,他任骑兵总监。1914 年 8 月第一次世界大战爆发后,他立即被派往法国指挥一个骑兵师。1915 年 10 月,他任第三军军长。1917 年 4 月,他在阿拉斯指挥了他最负盛名的战役。两个月后,艾伦比成为埃及远征军统帅。他接手了一支士气低落的军队,却于 1917 年 11 月沿着加沙-比尔谢巴路线大败土耳其人。到 1917 年 12 月 9 日,他的军队已进入耶路撒冷。近一年后的 1918 年 9 月 19 日,他在美吉多击败土耳其人,随后占领了叙利亚的大马士革和阿勒颇。艾伦比因其功绩而被提升为陆军元帅。

战后,艾伦比留任驻埃及高级专员至 1925 年。1919 年 10 月,他被封为美吉多和费利克斯托的艾伦比子爵。他 1925 年退休,担任爱丁堡大学校长。1936 年 4 月 14 日死于英国伦敦,葬于威斯敏斯特教堂。

法　　律

法律　LAW　众所周知,所有要求或禁止某些行为的规则即是法律。从最普通的意义上讲,有两种法律——自然法和成文法。自然法是从古代社会起就被确认的、对全人类来讲共同的一套关于正确行为和公平正义的规则。这种观念产生于遵守自然法则的效力及其不变性。而成文法是由一个国家或社会的领导人制定的规则条例组成。在许多情况下,自然法已被政府写入成文法。例如,禁止杀人几乎是全人类共有的法规,多数国家都制定了禁止杀人的法律。本文主要涉及西方社会中成文法的许多方面。

成文法的发展

在人类最初开始群居时,几乎没有规则或法律,但很快他们意识到,每个人必须注意周围人的需要和安全,从而使生活不仅仅是过得去,而且让大多数人愉快。例如,每个人都必须承认其他人的生存权和财产所有权。没有这种互相承认,社会就不能和平地运转。

书面语言的出现使法律以书面形式表现出来成为可能。最著名的早期以文字表现的法典是《汉穆拉比法典》。汉穆拉比是巴比伦王国国王,生活在公元前约1800年。或许最著名的古代法典是《圣经》首五卷,即摩西律法。此法典核心是摩西向以色列人提出的十诫。这些戒律是所有道德法规的基本总结,用以约束个体间的行为。

古代世界的所有社会也制定了一系列法律。在公元前7世纪,一个名叫德拉古的立法者制定了一部极其严酷的法典,对无论多轻的罪行均处以死刑。数年以后,另一希腊立法者梭伦废止了惩处谋杀以外的法律(见:**梭伦**)。古希腊城邦有一个传奇式的法典制定者,名叫利库尔戈斯。他在给斯巴达人制定了一套法典后离开斯巴达,并留下指示不得更改此法律直至其返回。他一直未返回斯巴达(见:**利库尔戈斯**)。

古代社会最完整最复杂的法律制度是由古罗马人制定的。它是从古罗马共和国早期至古罗马帝国末期许多世纪文明的产物。在公元6世纪,国王查士丁尼一世收集了正在使用的法律,并使其条理化,成为《罗马民法典》。古罗马法律对西欧各国法律的普遍特征产生了极大影响,但英国除外。

西罗马帝国于公元476年灭亡后,基督教会作为社会中最强有力的社会公共机构,成为主要的立法和执法机构。所谓教会法规,是一套由基督教会制定的规则,用来约束人的行为,最初主要是针对宗教事务。但它逐渐也用于人们在社会、经济和政治方面的行为。

为了对与基督教会有分歧的人强制执行其法规,中世纪的基督教会成立了异端裁判所(见:**异端裁判所**)。一些国家的教会法庭审讯那些被怀疑违反教会法规的人。许多人被证明无罪,但同时也有许多人被判有罪并受到惩罚,经常是死刑。其中,最有名的审讯是对科学家伽利略的审讯,他被迫同意放弃他的"行星环绕太阳轨道运行"的见解而赞同基督教会的太阳围绕地球转的教义。

中世纪社会等级森严,国王、王子和贵族在上层,普通人——多数为开垦土地的农民,在底层。在每个王国里,统治者颁布法律,他的臣民要遵照其法律生活,此类法律不能与教会法律相抵触。

在英国,每一地区基于习俗和传统都有自己的法律。在1066年诺曼征服之后,由国王任命的法官从一个地区到另一个地区,执行这些地方性法律。随着时间的推移,地方性法律让位于法官对被一个以上地区所接受的更广泛的法律体系的解释。最后,法官的裁决,不断地被以后的裁决所修正,这就是被人们接受为英国普通法的主要部分。

在法国,在拿破仑的指导下,一部民事法典于1804年被制定出来。经修订,它仍然继续有效,并对大多数欧洲国家和拉丁美洲的法律制度产生重大影响。在法国和欧洲其他地区,中世纪和近代初期发展形成的法律的差异和混乱使拿破仑法典的产生成为必要。这部法典的前提是这样一种观念:应制定一部完全建立在(由实际生活经验得来的)判断力基础之上的法律,摆脱所有过去的偏见和不公正,这在历史上是第一次。在法典之下,所有公民都被确认为是平等的,所有阶级特权都被废除。此法典于1804年传入法国控制的地区:比利时、卢森堡、意大利西北部和德国的部分地区。被拿破仑征服后,法典在被征服的意大利、荷兰和德国的大部分地区推行。19世纪,此法典被其他一些地方

关于法律的参考条目

法律这个论题是个内容广泛的论题。读者可以从下列有关的条目中得到更多的信息。

行政法	食品和药物法
仲裁	国际法
蓝色法规	陪审团制
教会法规	少年法院
宪法性法律	劳动和工业法
合同	议会法
版权	警察
法院	监狱和惩罚
刑法	财产
遗产和继承法	最高法院
家庭法	遗嘱

(参见:**关于政府、政治学的参考条目**)

主动采纳,这些国家包括:海地、多米尼加共和国、智利、玻利维亚、厄瓜多尔、哥伦比亚、阿根廷。在美国,只在路易斯安那州有一部民法典与《拿破仑法典》有密切联系。

20世纪初,由于1900年《德国民法典》和1912年《瑞士民法典》的推行,《拿破仑法典》的影响有些被削弱。日本采纳了德国法典,土耳其采纳了瑞士法典。

习惯法和成文法

如前所述,英国法律几个世纪以来通过与法官的判决相结合而发展起来,这些判决是建立在已被确认的法规基础上的。它通常叫作习惯法,收录了源于中世纪早期的判例。习惯法在英国被广为接受,这主要是由于皇家法庭的统治地位,尤其是建立在威斯敏斯特(现为伦敦一部分)的国王法庭。钦定的法官们去地方市镇解释民事和刑事诉讼。这样,习惯法开始在英国每个地方推广使用。法庭制度的这种早期的集权制,排除了向英国引入任何外国法律体系——例如罗马法——的可能。

成文法不同于习惯法在于,成文法是由立法机构——例如议会、国会和立法机关——制定的法规或法典。例如,在英国,成文法由议会通过。在美国,法律由设在华盛顿的国会通过。美国每个州都有自己的制定成文法的立法机关,也有许多地方性的立法机构,例如市政会、镇政会。成文法之所以发展起来,是因为出现了习惯法已不适用的情况。

习惯法和成文法的主要区别在于,习惯法建立在已发生的事件上,建立在判例的基础上,而成文法的通过是为了应付目前环境事态及今后可能发生的事件。在每个工业化国家中,现代社会的复杂性促使大量的成文法产生,这些成文法影响到每个人的私生活和公共生活——有关义务教育、税制、商业规则、环境保护及许多其他的法律。

近些年,在习惯法系统下的政府越来越多地采纳成文的法律和规章。在这种情况下,习惯法和成文法的区别已远不像以前那么明显了。

美国的法律制度

美国的法律已成为习惯法和成文法相互交融的复杂体系。当17世纪第一批英国的殖民者来到美国,他们带来了英国的习俗,但几乎没有法律方面的专门知识。殖民地宪章或与英国的协定给予殖民者英国人的传统的权利,这些权利发展为习惯法的组成部分。例如,由与某人地位相等的陪审团审讯的权利。但没有几个受过法律方面训练的人,没有几个法官,也没有法律学校。地方司法机构通过自己的成文法来应付具体情况。

到18世纪早期,已有人在殖民地做律师。他们用英国的法律书籍,仿效英国的程序和判例。1701年,殖民地罗得岛经地方立法完全采纳了英国法律。卡罗来纳殖民地很快照着做。最后,大多数殖民地都有其英国习惯法与自己地方成文法的混合体系。美国独立战争前,法律上争论的是习惯法的原则。独立战争后,许多美国人想要摆脱英国的法律程序,但其他欧洲国家的法律制度差异太大,而且是用生疏的语言写成的。1771年,威廉·布莱克斯通的《英国法释义》在各殖民地出版发行并广为应用。这样,尽管有许多居民反对,英国习惯法依旧是美国法律制度的核心(见:**布莱克斯通**)。

布莱克斯通的著作被美国的法官进一步补充。作为最高法院首席法官,约翰·马歇尔通过他的法律判决对形成宪法性法律的发展产生强有力的影响(见:**马歇尔**)。在19世纪30年代,两位有名望的法官,纽约的詹姆斯·肯特和马萨诸塞州的约瑟夫·斯托里,写出关于习惯法的重要评论,强调需要法律的确定性(见:**肯特**)。

随着习惯法传统在美国的发展,联邦、州和地方各级机构也出现了庞大的成文法。这套法律依靠美国的司法机构已经与习惯法的传统协调地运作。1803年,在宪法性法律领域里最著名的判例之一——马伯雷诉麦迪逊一案——中,首席法官约翰·马歇尔裁定联邦法庭是判定一切法律与联邦宪法是否一致的最终机构。此外,联邦宪法第六条使此宪法成为美国最高法律,"不论是否与任何州的宪法或法律相抵触"。后来,1868年第十四条修正案保证了每个美国公民得到法律平等的保护。(参见:**权利法案**)

成文法的主要分支

在近代法律体系中有两种最基本的法律分支,刑法和民法。刑法规定各种犯法行为,这些犯法行为对社会的危害如此之大,以至于违法要受到罚款、监禁,甚至死刑的惩罚。这类犯法行为包括凶杀、武装抢劫、盗窃、强奸、绑架、伤害和贪污。在20世纪许多国家,把劫持飞机和恐怖行为都写进法规,因为这两种都是对人民的暴力行为。也有轻微犯罪,如驱车穿越停车信号或者在公众场合行为不端,这些都可能受到罚款。但是,如果由这些行为而引起伤害或者死亡,即便是所谓的轻微犯罪,也可能演变成严重犯罪。

民法规定了个人相互之间和个人对社会的权利和义务。例如,民法诉讼可能使一个人从另一个人那儿得到钱。例如,一个人雇另一个人做工,而且签了合同,这个人就必须要为别人做工,否则就被认为是毁约。毁约的人就可能被法院起诉。民事诉讼最普通的一种类型就是离婚审理,这种婚约需要裁决。

在刑事诉讼中,政府部门请求法院审判犯罪嫌疑人。正常情况是由大陪审团指出某人犯有罪行(见:**陪审团制**)。在美国,政府部门可能是联邦的、州的或地方的司法机构,这取决于被起诉的犯罪嫌疑人所犯的法律。凶杀、抢劫、强奸都是国事罪。违反交通法通常由镇、市当局或者国家来审理,尽管它们是临时拥有国家司法权。抢劫联邦储蓄保险公司(即联邦政府的分支机构)所保险的银行,就是违反联邦法。在任何情况下,直到裁决被告无疑是有罪的时候,被告才算有罪。在刑事审判中,原告(即提出诉讼的一方)就是政府部门的代理人。联邦政府的起诉机构是司法部和地方联邦检查官。在地方提出诉讼的是州检查官,或者是州的首席检查官。

在民事案件方面,原告一般都请求法院确定被告是否在某一方面侵犯原告权益,以及因此被告是否应在某些方面作出赔偿。通常原告请求法院命令被告支付所欠款额,这或者是因为以合同的形式所作出的承诺,或者是因为被告致使原告遭受伤害而作为损害的赔偿金。如果法院同意,它就会下达强制令,即命令某人采取行动(如交出合同中已允诺的物品),或是制止某种行为(如大声听收音机,以致打扰邻居)。但是如果违反强制令,就会使民事案件变成刑事案件,因为不履行法院的强制令即构成刑事犯罪,也就是说这是一种反对国家罪。要是个人违反强制令,那就要受到监禁或罚款。大部分民事案件,如果经过庭审解决或裁决,则无需强制令、罚款或处罚。有时也有被称作庭外解决的现象。例如,要是一个人在车祸中受伤,他指控另一个人,并想要让他赔自己一大笔钱,那么,双方有可能就少于索要数额的赔偿金而达成双方都能接受的庭外和解。即使在审讯过程中,这种解决方式也有可能出现。

欧洲民法

欧洲大陆法律制度的大部分法律按传统分类则属于民法。这个术语不能与上面论及的与刑法有关的民法相混淆。确切地说,这个词起源于古罗马,意在区别适用于罗马城的古法或专门法与适用于罗马帝国民众的律令。

在中世纪时期,西欧的《罗马法》已弃而不用,而代之以《教会法》和蹂躏罗马帝国的日耳曼诸民族的习惯法。但是在11世纪后期,意大利北部尤其是博洛尼亚大学的学者们又重新发现和研究《罗马法》。随着对受过法律和管理教育的专家的需求的增长,大学生们从欧洲成群结队地来到博洛尼亚。很快,《罗马法》传播到别的学术中心。因此,《罗马法》逐渐影响欧洲新出现的国家的法律制度的发展。由此产生的法律制度各地都称为民法。

欧洲各国于中世纪末形成的民法中的相似之处又由于宗教改革运动和许多国家强烈的民族主义的兴起而分离。个别国家把它们特殊的法律条文系统化并整理记录下来。1683年丹麦就是这样做的。四年以后挪威也这样做了。1734年,瑞典-芬兰把法律编纂成典;1791年,普鲁士也编纂了法典;1804年,法国的拿破仑法典也诞生了。由于编纂日期不同,各国法学的风格不同,欧洲大陆的民法划分为法国和德国两个分支。除去保留欧洲传统的习惯法以外,这两个分支的民法体系仍然在欧洲法律体系中占有支配地位,并为世界广大地区所接受。

苏联的法律制度

在20世纪90年代初期,作为米哈依·戈尔巴乔夫总统在苏维埃生活中所发动的引人注目的改革的一个成果,苏联的法律发生了相当大的变化。认为法律是国家用来追求共产主义意识形态的目标的工具的传统观点已被抛弃,并且最终苏联本身也不复存在。下面论述的是从俄国革命到戈尔巴乔夫时代的苏联法律制度。

由于马克思和他的朋友恩格斯没有留下任何关于法律制度的方案,所以,列宁和1917年革命的其他领导人就缺乏这种制度的精确范型。因此,革命党人颁布了一些旨在建立新社会的框架的法令。这些法令废除土地、银行、保险公司、航运船队和大型工业的私人所有制;限制雇用劳工;将结婚和离婚移出教会活动的领域。

最后,在1922年和1923年,法院所使用的法令和法律程序,被写入涉及刑事、民事、家庭、土地和劳工等问题的诸法典。原则上,立法机关应当是法律的惟一来源,但事实上,行政机关(尤其是在斯大林统治时期)常常制定法律(见:斯大林)。更为经常地造成法律的日常变化的则是从立法机关全体成员中选举出来的一个小机构——主席团。根据苏联宪法,整个立法机关的批准被认为是必要的,但事实上,改变主席团的行为是不可能的。因此,主席团就成了法律最重要的来源。

根据法律,共产党的命令和决议并不是法律的来源。但事实上,党为大量的立法行动提供主动性,尤其是在经济规划方面。大家都遵循党的意旨,因为党的书记通常是国家的真正统治者。比如,斯大林在其统治苏联的整个时代都是党的书记。

苏联法律反映出国家在人民生活中的强大势力。实际上法律准则适用于国家及其公民所从事的每项活动。关于财产所有权和对财产的管理,有一些内容广泛的规章。这些规章的核心是规定:国家拥有并管理一切生产资料。只有小块土地和一些非生产性财产留在个人手中。国家掌管或控制经济计划、社会保险、艺术创作以及家庭关系。国家的这些权力在戈尔巴乔夫改革期间都被削弱了。

在刑法领域内,斯大林时期形成的关于犯罪的新定义反映了社会主义的特征。除了在其他法律制度中处理的那些传统的犯罪——侵犯人身罪和侵占财产罪——以外,苏联又增加了一些"经济犯罪"和从事反革命活动罪。私人为生产目的而雇用劳工则属于经济犯罪。反革命活动,现在叫作国事罪,主要是指被认为是从事颠覆国家政权的活动。对国家或对社会主义方针路线的批判,经常会受到严重的惩罚。在1990年以前,进行宗教活动也属于违反刑法的范畴。

苏联法院体系是根据1922年10月苏联颁布的司法条例建立的。在地方设置人民法院,法院有一位专职审判员和两名陪审员,他们是从本地公民陪审团中经过几天时间的选举产生的。对人民法院的审判不服,可以向省法院上诉,省法院对一些安全、刑事和民事案件也有第一审管辖权。法院的最高机构是苏联最高法院。它审理对省法院的审判不服而提起上诉的案件。但是,它还负责培训下级法院、公布判决以解释法律条款和审理国家重大案件。

苏联不像美国,没有权力的分离,因而,法院从属于立法机构。美国最高法院可以宣布国会的违宪行为。在苏联,这是绝对不可能的。

律师

由于法律是复杂的,而且大多数人很少参与法律诉讼,所以需要专业人员研究法律,为他人处理法律事务。律师根据个人和团体的要求为其提供法律服务,起草法律文件,在法庭上为案件辩护。

律师的另一个名称叫代理人。严格说来,代理人是受他人委托,代人行事。有时,被委托的代理人并不是律师,这要有所区别。

为了在所有的一般法律事务方面帮助公众,有些律师一直搞一般的法律诉讼。但是,由于法律领域的复杂,律师已逐渐成为这些领域的专家,如税法、行政法、家庭法、劳动法、公司法、刑法、合同法以及其他法律分支。

许多律师都组成合营公司或法律事务所,因为,法律通常不允许他们组织股份有限公司,其原因是,股份有限公司的股东对公司的行为负有有限责任,或法律责任,但是律师应对他们的行为完全负责。他们如果不能适当地代表当事人,就有可能被吊销律师营业执照。现在,在有些州,律师可以利用联邦所得税的各种规定,成立专门的股份有限公司,但是在这些股份有限公司里,律师股东,就像在合营公司里一样,负有无限的责任。

由于美国的许多公共和个人生活都绕着法律和法院体系转,因而,美国每个人的律师要比其他国家多得多:1900年,总数大约为756000千人,据信这个数字要比其他国家律师的总数还要多。虽然没有确凿的证据可加以证明,但美国律师的经济地位和社会地位似乎比其他国家的律师都要高——这可能是由于他们有较多的机遇。在共产党国家,律师数量极少,而法院,至少一部分,是由外行来领导的。在中国,民事案件通常由街道来裁决。

法律职业

法律教育各国都不相同。在英国,青年人可以在大学里学习法律,通常学制四年,毕业后授予学士学位。但是,毕业生要通过实际训练才能成为有经验的开业律师。大学毕业生起码要订约给一个或几个高级律师当一年学徒,才能获准开业当初级律师。初级律师在法庭上不能代表当事人,只有专门律师才能代表当事人。专门律师协会有权决定出席法庭为诉讼作辩护的律师候选人。法律界把律师分为初级律师和专门律师。其他一些欧洲国家也有此种分法。例如在法国,只有一部分特殊的律师——即"辩护人"——允许在法庭上进行辩护。

在美国,要求律师是大学毕业生,并再进入法学院学习三年。法学院毕业以后,学生可获得法学博士学位。此外,法学院的毕业生必须通过考试,才能获得律师资格。

在英国,做律师是由专门律师协会决定的,而在美国却是由法院来决定。美国的律师协会可以培训律师或者建议取消某人的律师资格,但在事情的处理上,法院有最终决定权。

法律的范围十分广阔,所以,律师除私人开业或加盟律师事务所以外,还可以其他方式就业。一些人专门为公司工作。另一些人在政府各级部门工作。每个政府部门通常都有专职法律顾问。法律知识在其他行业中也是很有用的。大公司中高级职员约有10%是律师。大部分政治家,许多银行家、证券经济人和企业家都受过法律教育。

法律术语

宣告无罪 由陪审团提出诉讼,审讯时确认被告无罪,并作出相应的裁决。

遗产管理人 由遗嘱检验法庭指定、对未留下遗嘱的死亡者的遗产进行管理和分配的人,他不同于遗嘱执行人。

宣誓陈述书 在有权主持宣誓的官员面前进行宣誓的一种书面陈述书。

别名 因对被告的真实姓名的添加而产生的一种对他的描述。

不在犯罪现场 被告所提供的在案发时不在现场而在别的地方的证据。

外侨 指出生在外国且又未加入本国国籍的居民。

提审 要囚犯在法官(坐在他的审判室里)面前对起诉书中的指控作出答辩而对该囚犯的传唤。

纵火罪 根据习惯法,是指蓄意烧毁属于别人房屋的犯罪;根据成文法,被烧毁的房屋不必是别人所拥有的房屋。

袭击 指在个人施暴的情况下对别人非法使用的武力。

让与 指根据合同,通常以书面形式将财产权或财产所有权转让给某个特定的人。

扣押 指为了今后强制执行未决讼案中有可能达成的判决而依法对财产所作的暂时的扣押。

寄托 为了某一目的,根据合同将一个人有形的个人财产的拥有权,而不是所有权,转让给另一个人,达到目的后再将其归还本人。

破产 指当债务到期却无清偿能力的状况。

法官令 法官颁布的扣押财产或逮捕人犯的命令。

遗赠 一般指按遗嘱赠与的动产。遗赠亦称动产遗赠。

蓝色法规 最早起源于新英格兰各州的一些法规,这些法规极其严格。

辩护摘要 由律师向法庭提供的、手写或印刷的辩论书,它陈述正在审理的这个案件的有关事实及它所适用的法律。

全权委托 一个人授予另一个人制定条件的无限权力,这些权力对授予这种权力的人将具有约束力。

动产 指比完全保有的地产小的、可以移动或不能移动的个人财产;例如书、衣服、铅笔、种植的农作物和租契。

遗嘱附件 增补或修改遗嘱的书面文件。

习惯法 指既包括英国的不成文法,又包括美国殖民地开拓时期以前通过的法令的那部分法律。

没收 指为公共用途无偿地占用私有财产。

藐视法庭罪 指任何故意不服从或藐视法庭命令的行为,或在法庭内的任何不当行为;可处以罚款、监禁,或既罚款又监禁。

合同 两个或两个以上有法定资格的人为某种利益而签订的从事或不从事某种合法行为的协议。

版权 印刷、出版和销售著作或画作的专有权。

离婚诉讼中的通奸者 有时被用于指称"第三者"的一个术语,要求与被告离婚的一方指控"第三者"与被告一起犯有不法行为。

公司 虚拟的法人。它有独立于真实的人的权利和义务之外的权利和义务;在法律上,它被允许以它自己的名义,通过正式委任的代理人行动。

判决 指衡平法法院的判决,相当于普通法院的判决。

契约 由一个人转让给另一个人土地或其他不动产所立的字据。产权转让契约只转让授予者所有的那种权利。担保契据转让共同构成无瑕疵的所有权的那些明确记叙的权利。

事实上 用来表示事实上已做但没有严格的法律依据的事的、与"法律上"形成对照的一个术语,"法律上"表示依法所做的事。

法律上 关于议论,见**事实上**。

遗孀产 法律规定的供养遗孀的财产:遗孀用她与丈夫婚姻存续期间的不动产所产生的收入维持生活。供养遗孀的这一规定通常优先于她亡夫的债权人要求偿还债务的权利。

地役权 一块土地的所有人所享有的,由于这种所有权,为特定目的使用他人土地的权利。

背书 通过叫临时所有人在票据背面签上自己的名字来转让书面流通票据所有权的行为。

衡平法 为提供损害赔偿而设置的一套法律体系,根据英国普通法,这种损害并未在法律上得到承认,或者说,对于这种损害,普通法并未提供适当的赔偿。

第三者保存的契据 双方所签订的一种书面合同,它规定在合同的条件实现之前由第三者暂为保存钱或财产。

遗产 这个术语一般用于指一个人在特殊时刻,通常是临终时刻,所拥有的全部财产。

证据 法律上,指为了证明或证伪一个调查中的问题而提供的一切事实、证明和文件。

遗嘱执行人 在法律上,指立遗嘱人在其遗嘱中指定执行其遗嘱中诸条款的人。

依据职权的 这个术语被用来表示公务员借助或因为其所担任的职务而行使的权力。

单方面的 这个术语被用来表示,通常在下达通知以后,在对方当事人缺席的情况下由一方当事人提出的诉讼。

追溯既往的 这个术语被用来表示为改变一组情况的影响而提出的诉讼。这种诉讼使对当时存在的同一组情况的新的影响追溯到以前的时间和地点。

引渡 一国把一个被指控犯罪的人解交到另一国。这种解交是应另一国的关于将被告押回国接受指控的请求而作出的。

重罪 指一种严重的罪行,如谋杀、盗窃或抢劫,处以死刑或在州、联邦监狱监禁。

罚金 指宣判某人有罪或有轻罪,要求他缴纳一定数量的钱款;这种罚金作为一种刑罚由法院强制执行。

固定附着物 指某种物件。这种物件一度是动产,但现在成为不动产的一部分,因为这种物件是永久性地附着于土地,或附着于附着于土地的某物的。

取消抵押品赎回权 抵押人赎回抵押财产的公平或法定权利被终止的法律程序。

伪造 以欺诈或欺骗为目的,编造或变更书写文件的行为。例如,冒他人之名在支票上签字。

地产的完全保有 一种土地保有权。它允许所有者终生保有不动产且不受他人干涉。

扣押令 债权人从第三者即第三债务人处扣押属于债务人财产的程序。

大陪审团 在习惯法中,指由12至24人组成的一组人,他们听取证词,并决定是否通过返回诉状,指控被告有罪。大陪审团的成员数量在不同国家有所变化。

担保 法律中的一项契约。根据这种契约,一个人在另一个人应当支付债务或履行义务却无力完成时同意支付债务或履行义务。

人身保护令 由法官签署的命令,他命令县治安官或其他官员将被他们拘禁的人交送法院,以裁定他们是否应当得到释放。

传闻证据 指不完全是证人亲知但部分是另一个人亲知的那种证言。

继承人 在习惯法中,该术语只是指称能继承祖先土地的那些合法出生的子女;根据成文法,它包括所有有权继承死者遗产的人。

酬金 为感谢提供的服务而给予的钱财或其他有价财物。例如,付给主持婚礼的牧师的谢礼。

赔偿 一方同意为另一方预计会遭受的损失或伤害提供补偿的协议。

起诉书 由大陪审团呈送给它在其中宣过誓的那个法庭的对某人的正式书面指控。

禁令 指一种法庭命令,它制止衡平法诉讼的一方做或容许他控制下的其他人员做任何对另一诉讼方不公平的行为。

根据事实本身 根据事实本身,或根据案件特有的性质。

共同所有 指一个人与其他人共同拥有合法的财产所有权的一种方法,当某一所有权人死亡后,他的那部分所有权按法律规定自动转给其生存的共同所有人。

判决 法庭就所审案件当事人的权利与义务所作的宣告。

盗窃 以侵占他人财产为目的,非法占有并剥夺他人财产。

租借 以支付租金为代价将不动产的占有权在一定时期内转让给他人的文书。

文字诽谤 在法律上有别于侮辱的,由作品、印刷品或图画表示出来的损害他人名声或名誉,或使他人受到公众嘲笑的行为。

扣押权 在法律上,保留对另一个人财产的合法占有权直至其履行对控制财产人的法定义务的权利。例如,扣押财产以要求支付合法的劳务费。

过失杀人 没有预谋或预先计划的非法杀人;有别于有预谋的谋杀。

轻罪 比重罪轻的罪,通常处以罚金,或监禁于市或县监狱,而不监禁于州或联邦监狱。

谋杀 关于议论,见**过失杀人**。

公证人 由州授权进行验证法律文件或证明法律文件的真实性的职员。

购买权 指一种契约,根据这种契约,一个人按照他的选择,购得在一定时期内按规定的价格购买财产的权利。

特许权 政府授予一个人或若干人行使某种特权的权利,而在他们被授权行使那种特权期间,其他人则无此权利。

伪证罪 某人虽然宣誓要讲真话却又故意提供假证言的违法行为。

本身 独自地或本质上。例如,"诽谤本身"即指明显破坏他人的名誉而且受伤害方无须证明对他人格损害的固有

代位继承 这个术语被用于指称一种继承制度。按照这种继承制度,子女继承已故父母(如果他们比死者活得长的话)在世时应继承的一份财产。因此子女被说成是要求代表其父母继承其应有的财产。

授权书 在以下这种意义上,一个人授予另一个人代理权的文件:授予这种权力的人在法律上所受的约束,如同他亲自从事这些行为一样。

判例 指司法裁决的本文,其中系统地阐述了出现于任何一个案件中的法律点。

初步证据 足以提出事实的推定或除非被驳倒否则足以证实有争议的事实的证据。

遗嘱检验 在法律上,指向遗嘱检验法院证明一个遗嘱按法律要求正当有效的程序。

按比例 这个术语被用来指在同一个受益人阶级的所有成员中按相等的比例分配一个等级的财产的那种制度。

追回原物的诉讼 一方要求归还其被非法剥夺的私人财产的诉讼。

煽动叛乱 指使他人反对政府,并有暴动企图但不能归为谋反的行为。谋反行为包括对国家发动战争或追随敌人,为其提供帮助和方便。

口头诽谤 在法律中,指有别于文字诽谤的损害他人人格或名誉的行为(包括语言、手势和姿势)。

传票 命令某人在指定日期到法庭,以在诉讼程序中作证的书面文件。

传唤 法庭开始诉讼的程序,它包括事先通知被告,要求他对指控作出答辩。

立遗嘱人 立有遗嘱的人。

所有权 法律上承认的、对财产的拥有和占有的权利的总称。

侵权行为 在法律上,指一种不是由违约产生的,而且对此人们有权要求损害赔偿的不法行为或伤害行为;例如:欺诈、口头诽谤或文字诽谤。

侵害 在法律上,指对另一个人的财产或人身故意的非法侵犯。

审判地点 据说发生犯罪行为并且将进行审判的那个县。

裁决 在对一个案件的审理的过程中,根据依法提交给陪审团和法庭的材料,由陪审团作出并向法庭报告的一致决定。

国际法 INTERNATIONAL LAW

指导主权国家处理其相互关系的那套规则和惯例,叫作国际法。它仅以主权国家的相互认可为基础。它之所以有效,或因世界各国都认识到赞同它对它们最为有益,或因强国能将它们的观点强加于弱国。

在古代和中世纪,国际关系通常是由统治者之间的特定条约来调整的。在古希腊的城邦之间有少量诸如保护大使之类的国际程序规则,但没有形成公认的法律实体。

中世纪的意大利城邦是最早制定出可与现代国际法相媲美的法典的国家。这些城邦相互毗邻,血缘关系密切,但商贸竞争激烈。一些聪明的统治者建立了一种通行证制度,以便在战争期间区分军人和平民。他们还制定了交战规则。

格劳秀斯的伟大著作

北欧当时的国际关系仍以随心所欲的强权政策为基础。与之相反,荷兰法学家 H. 格劳秀斯撰写了《战争与和平法》(于 1625 年出版)。这部著作是国际法的奠基石之一。格劳秀斯制定了如下规则,后来的法学家和哲学家进行了少量补充:(1)进行战争只为正义和自卫。(2)除非必须,不得过多伤害被征服者。(3)武力不应作为调整民族关系的惟一手段,因为,国家间和个人间都存在正义。(4)遵守条约是主权国家最明智的做法和最伟大的力量。后来的国际法专家有德国的 S. 冯·普芬多夫和 Ch. 冯·沃尔夫、英格兰的理查德·朱什和瑞士的 E. 冯·瓦泰勒。

国际法的规则和原则被认为是必须遵守的,但实际上它们是常常无法实施的行为标准。不完全的实施和偶然的违反并不被看作是破坏其法律地位或法律义务。一个国家指出它自己的法律或宪法允许被其他国家认为是违反国际法的行为,那不是辩护。

国际法是如何制定的

国际法是由国家之间的相互承诺而形成的,这种承诺或是按照国际惯例或是根据条约协定(见:**条约**)作出的。这种惯例或协定可能只涉及两个国家(双边协定),也可能涉及许多国家(多边协定)。

每个国家都可以决定它将如何行动,以便根据国际法保证对其权利的尊重。例如,一个国家认为另一个国家的渔民入侵了其渔场,首先可通过外交代表协商解决。如果协商不成,可将争议提交仲裁委员会仲裁(见:**仲裁**)。

一个国家为弥补遭受的侵害而采取武力时,其行动应限制在与原先的过错相称的范围内。这种行动叫作报复。对直接侵害的威胁,如强盗穿过边境线进行抢劫,可直接地通过为消除危险而有限度地使用武力,或间接地通过对这个令人不快的国家施加压力来加以对付。这种对另一个主权国家内部事务的压力或干涉从前被视为非法,但现在通常被认为是必要的,特别是当一个相邻弱国的骚乱危及强国利益时更是如此。

一个国家,要被其他国家承认为这样的国家,就必须不受外国控制,必须愿意按照国际法处理国际事务。对一个国家的正式承认,或依法承认,是不可更改的。尽管领土、人口,以及社会或政治组织有变化,这种承认继续有效,除非这些变化破坏了国家的同一性。例如,第一次世界大战后,土耳其大部分领土的丧失并没有破坏它的同一性;但奥匈帝国作为一个国家已不复存在。交战团体和事实上的政府——即实际上掌权但却没有完全合法的权力的政府——可以被承认为这样的团体或政府,直至它们有稳定和真心诚意地愿意遵守国际法的迹象。

国家管辖权的含义

一个国家对其疆域内所有的领土、事物和人员拥有至高无上的权力或主权（所谓的管辖权）。它也可以对外国管辖区域里的，受在国际法或国际条约中所说的其他国家管辖的它自己的财产、它的国民以及他们的财产行使管辖权。（参见：**公民身份；入籍**）

有时，强国在发展中国家或政权不太稳定的国家保留域外管辖权。通过被称之为投降书的诸条约而获得的这些权利，使一个国家的公民免于受同意这些投降条件的国家的地方法院的管辖；他们的法律争端，甚至常常是刑事指控，则由他们自己国家的代表，如大使、公使或领事来解决。

免于任何一个国家的地方管辖的有：外国本身、它们的官员、国家首脑、外交和领事代表、军事人员以及他们的财产。不可以在一个国家的法庭起诉另一个国家，也不可以对另一个国家的官员或财产提出诉讼。

任何国家都可对实际从事海盗活动的人行使管辖权（见：**海盗和海盗行径**）。但是在和平时期，任何一个国家都无权命令外国船只停下来接受检查或临检，除非有充足的根据怀疑其从事海盗活动。对位于一个国家边缘带以外的外国船只不能进行扣押，行使地方管辖权，除非它们与海岸进行联系，有意危害那个国家或违反该国法律。

国家如何获得领土

一个国家可以通过发现、购买、长期占领或从另一国家割让获得领土。通过自然的过程增加的领土，譬如说由于流沙而形成的新的土地，则属于该国。如果国家间的分界线通过诸如河流或海峡的水域，它们通常都是沿着根据低潮标测定的主航道中心线或水流中心线。当一个国家的领土转让给另一个国家时，私人财产权则不受影响。

关于主权的各项具体权利可通过条约予以放弃。如果一个国家放弃进行战争的权利，它就成为中立国；如果它放弃排斥外国人的权利，它就被国际化。

沿岸国家，即拥有岸线的国家，对完全为其领土所包围的所有湖泊、河流和运河，对进入海洋的口子的宽度不超过6英里的海湾，以及对沿着开阔海岸的该国边缘带，行使管辖权。这种边缘带的宽度是从岸边的低潮标到向海3海里线。有时，有些国家要求拥有更宽的边缘带，或曰"领水"，但总的规则没有变。一个国家不可以对所有外国船只关闭其港口或阻止没有危害意图的船只在其边缘带上"无害航行"。这种谦恭的惯例构成了国际礼让。

主权的保留

一个国家对领土、邻接水域和天空的使用和排他权，在保留其最终主权的条件下可通过租借或地役权形式转让给另一个国家。一个国家通过武力占领另一个国家的领土可获得使用和排他权，但不拥有全部主权。

一个国家只有在一般法或条约协议的基础上，才能要求另一个国家放弃其领土、财产或人员。只有在条约的基础上，它才可以要求引渡，或放弃对逃亡者的审判。政治犯通常不予引渡。每一个国家都可以为其国民要求在另一个国家的领土上旅游和贸易的权利。

战争的规则

在没有对敌宣战和通知中立者的情况下，不可以发动战争，可是只有在战争状态下才允许采取的行动，比如封锁，即使没有宣战也会引发战争。在战争中，军队必须处于国家官员的有效控制之下，而且军队必须由制服、旗帜或其他特殊标志来标示。不可以使用毒物、爆炸性弹丸或会造成不必要的苦难的任何武器。交战国可切断通往敌方港口的海上通道（见：**封锁**）。敌方宗教的、慈善的、教育的、艺术的、科学的财产，以及与战斗部队有关系的医疗机构，可免于扣押或损害。同样地，不可攻击或抓捕打有白旗、停战旗，或给出其他表示休战意思的适当标志的使团。只可征用陆上私人财产，也就是说，正式要求使用可以得到补偿的陆上私人财产。

当在国家领土或敌国领土上遭遇敌方战斗人员时，可以使用武力抓捕，或使其丧失继续战斗的能力。但对其他非战斗人员，不得进行干扰，除非他们使用武力公开地反抗国家军队而成为战斗员，或秘密进行狙击。战争爆发时，可将敌方侨民驱逐出境、限制其行动，或剥夺其公民权。交战国可派间谍秘密地或化装进入敌方战区。对怀疑为敌方间谍的被俘人员必须进行军事审判，确认有罪的可判处死刑。

对战俘的处理

对战俘的身体以及他们的私人财产必须加以保护。除安全或纪律方面的需要外，不得对战俘进行监禁，不能强迫其服兵役，但可以强迫战俘（军官除外）从事其他服务性的工作，以当地通行的工资率支付给他们报酬。战俘经其本国同意，可以予以释放。各交战国对其战区内的伤病员负有给予适当医疗救治的责任。对死亡人员验明身份后，必须予以埋葬或火化。必须向敌方提交被俘人员和死亡人员的名单。

各交战国可以继续采取敌对行动，直至它们为协定，即为停战协定、休战协定或和平条约，所终止。但是，一个交战国持续的停战可被视为结束战争，并为此向军事占领者割让领土，但不是放弃其全部主权。

中立国的义务

在两国交战期间，所有其他国家可以保持中立，与双方和平相处。交战国不得使用中立国的领土。交战国在中立国领土上的军队和物资，包括超过法律允许的停留期限的军舰和俘获品，应予以扣留。中立国有义务对交战双方强调自己的权利，避免援助一方或双方。但是中立国的个体国民可以与任何交战国政府做生意，比如贷款、出售军火或其他用品。

交战国的战舰和俘获品在中立水域或港口只能停留24小时，除非它们不适于航行，或因为恶劣天气、缺乏补给等原因。它们可以得到维修或补给，以使其能返回本国港口。一个交战国在中立国同一港口最多只能停泊3艘舰船。如果敌对的交战国双方的战舰到达同一港口，它们必须每隔24小时按到达的先后次序离开。海上敌国私产可以被捕获,除非其航行时挂有中立国旗帜,但是它们只有在临检并确定其责任后才可被捕获。反抗容易引起舰船的毁坏。捕获的财产必须送至港口交与捕获法庭处置,除非迫不得已,比如在用潜艇捕获时,必须毁坏捕获物。在那种情况下,首先得将被捕获的船只上的所有人和船上的文件安置在安全的地方。

航海自由,即中立国在战争期间航行不受干涉的权利,是国际法的一项重要原则。交战国港口的中立国船只可能被征用,从事有偿运输服务。对海上的船只可进行临检,以确定是否可因破坏封锁、运送被称为禁运品的战争物资,或参与敌对行动、非中立役务而捕获它们。如果禁运物资用船运至中立国后又穿过边界到达交战国,或穿过封锁线,这种方法被称为连续航行。对中立国的俘获品,可按与适用于交战国俘获品相同的规则予以毁坏。

发展时期

19世纪中期以后,国际法在范围和影响上都有很大的发展。各国也系统地制定现行法律,即编纂法典。这项工作在20世纪30年代被国际同盟所推进,并于1945年移交给联合国。《联合国宪章》说,该组织的主要目的之一是解决国际争端。它成立了国际法院。

为了履行宪章中的人权条款,联合国大会成立一个委员会起草国际人权盟约。1948年,联合国大会通过《禁止和惩处灭绝种族罪公约》,它将毁灭一个民族定为国际犯罪。(盟约与公约在成员国通过前不具有约束力。)对德国战犯和日本战犯的审判,将国际法的适用范围延伸至个人。

1947年,联合国大会创立了国际法委员会,它是一个从属但却又自主的机构。委员会由25名具有国际法方面公认能力的成员组成。委员会于1949年开始编纂国际法。可与联合国委员会相匹敌,许多其他国际机构从事特定领域的工作,如政府间海事协商组织、国际劳工组织和海牙国际私法会议。

海洋法条约

1973年12月,在联合国主持下,来自150多个国家的约2000名代表相聚纽约,开始起草一项最为复杂而且老是谈判的条约。经过8年多的时间,第三次联合国海洋会议成功地拟订了非正式的条约草案,条约共有320条和包括另外120条的9个附件。这次会议涉及的主要问题有:海洋环境保护、科学研究规则和海底资源开发。除这些紧迫的问题外,会议还授权成立一个新机构——即国际海底管理局,以监督矿藏开发。此外,该局想要有它自己的、被称之为"企业"的法人部门,以从事深海采矿。发达国家的私人企业会被允许在平等的基础上在海洋采矿。

正是这一关于矿物开采权的问题,在达成最终的《海洋法公约》的过程中,引发了某些最棘手的问题,就像条约的核心被称作的那样。发展中国家担心工业化国家将会利用它们的先进技术在海洋采矿中占有较大优势,因为在"企业"成立并运行前,它们早已开始从事海洋采矿。另一方面,发达国家关心的是保护投资,以及条约并不剥夺它们已有的勘探权。

美国在罗纳德·里根总统执政期间对条约的这一方面尤其关心,因为它相信某些矿物——特别是镍、铜和锰——的世界供应会落入第三世界(不发达)国家控制之中。这种情况之所以有可能发生,是因为,在条约被批准后,国际海底管理局可能会对矿藏的开采和生产予以限制。它可能还会要求获得购买美国先进技术的权利。为此,里根政府早在1981年就下令,在美国考虑签字之前对条约进行全面的复审。

1982年1月,里根总统宣布,他的政府准备再次参加条约谈判。他说,他决心使条约不阻止矿产资源的开发,并保障各国平等使用这些资源的权利。应当避免"企业"对资源的垄断。

联合国海洋会议的缔约会于1982年12月在牙买加的蒙特哥贝举行,会上对条约最终草案进行公开签字。12月10日,共有149个代表在最终草案上签字,但美国和其他几个工业化国家由于感到关于矿产开采的问题没有全部成功地解决而拒绝在海洋法公约上签字。

人权法典

1948年12月,联合国人权委员会通过《世界人权宣言》。宣言中含有民主国家中公认的那些基本的公民权利和政治权利的定义,但其中还列入很多经济、社会和文化的权利。在这些新条款中,有诸如工作的权利、社会保障的权利、受教育的权利,以及参加某一社群文化生活的权利等内容。这一宣言并不是对世界上所有的国家都有约束力(见:**权利法案**)。

宪法性法律　CONSTITUTIONAL LAW

一部宪法包含治理国家所依据的那些基本的规则和原则(见:**宪法**)。宪法性法律是对宪法被应用于实施法律、建立制度以及处理国家内部产生的种种问题的所有方面的综合记录。实质上,宪法性法律力图回答的问题是:就一项具体的法律或政府的一项具体的行动而言,怎样做才是对宪法的正确阐释?

宣布一项法律或政府的一项行动是符合宪法的,因而是许可的;或者是违反宪法的,因而是被禁止的,各国处理这类事情的方式是不同的。在英国和美国可以看到作出这些决定的两种最值得注意的方式,它们之间的差异是很大的。

英国体制

人们常说,在美国,联邦最高法院说宪法是什么样子宪法就是什么样子。然而,在英国却是议会说宪法是什么样子宪法就是什么样子。英国宪法不像美国宪法那样是一部单一的法律文件。恰恰相反,它由一系列议会通过的法案组成,其中包括1689年成为法律的权利法案、王位继承法(1700—1701)、议会法案(1911)、各项扩大选举权的人民代表法、有关法院组织结构的法律、各种地方政府法,以及其他许多法律。由于英国宪法实际上是议会的产物,议会借助一项普通的法律就可以废除出版自由和由陪审团审判的权利,这在理论上讲是可能的——虽然实际上很难做到。假如议会真的这样做了,没有任何权力机构——包括法院——有权宣布这些行为是违反宪法的。就宪法性法律而言,议会是终审法院。

美国体制

美国宪法产生于1787年夏季在费城召开的制宪会议。是否应该让拟建的联邦最高法院去处理法律是否符合宪法的问题?这个问题当时被提出来。人们对此普遍持反对态度,最后成文的宪法没有包括任何判定法律或政府行为的合宪性的具体措施。人们显然认为,联邦政府权力的分立将足以防止它的任何一个部门——行政、立法和司法——滥用权力。

应该由谁来解释宪法? 这个问题的答案是由美国最高法院首席法官约翰·马歇尔于1803年确定的,但是对此的争议持续了数十年(见下文:"**司法审查**")。甚至早在宪法被批准前,亚历山大·汉密尔顿就在《联邦党人文集》中写道:"把法院设计成人民和立法机构之间的中介体,除了别的原因之外,是为了使后者在指定的范围内行使权力。"因此,他主张,如果立法机构通过了一项违反宪法的法律,联邦最高法院的法官有责任不理会该项法律而遵从宪法。汉密尔顿的这一最终变成司法审查的原则的观点,在宪法本身中并没有得到任何明确的支持。几年后托马斯·杰斐逊正确地指出:"宪法中只字未提授予他们[联邦最高法院]比行政或立法部门更多的那份权力[司法审查权]。"

杰斐逊认为,每个部门判定自己的行为是否符合宪法,这是它们的特权和责任。他预见到"可能出现相互对立的裁决",但是"政府官员的审慎,以及舆论的影响力,通常能使矛盾得到调和"。杰斐逊承认,当时大多数美国人的看法是:只有立法机构才能裁定合宪性问题。他反对把这种权力仅仅授予联邦最高法院。

司法审查 汉密尔顿的观点赢得了这场争论。而通过一系列杰出的司法裁决把它确定下来的人是马歇尔。正是他使联邦最高法院得到了宣布联邦的或州的法律无效的终审权——当最高法院判决它们违宪时。美国法院裁决法律的合宪性,以及拒绝执行被它们裁决为违宪的法律的程序,现在通常被称作司法审查。这一用语不仅适用于联邦最高法院所做的这方面的工作,而且适用于联邦法院系统的其余部门以及各州的最高法院。(参见:**马歇尔**)

司法审查本身是1803年对一桩诉讼案的裁决的产物,该案已被视为美国宪法史上的一个转折点,它就是马伯里诉麦迪逊案。此案始于一场政治斗争。约翰·亚当斯和他的联邦党在1800年大选中失败,托马斯·杰斐逊当选总统。亚当斯在离任前匆忙签署了一大批法官和治安法官的任命书。这些新的被任命者和他一样是联邦党成员。实际上亚当斯想要达到的目的是,在联邦的司法系统中尽可能多地安插联邦党人,以致当杰斐逊及其民主共和党人执政时至少还有一个政府部门掌握在联邦党人手中。在匆忙分发这批任命文件的最后时刻,联邦党人没把它们送到某些治安法官手中。

其中有一个没有收到任命文件的被任命者——威廉·马伯里,为了得到它们,对国务卿詹姆斯·麦迪逊提起诉讼。他希望联邦最高法院颁布一项强制送达任命文件的命令(即所谓的训令状)。当时的首席法官是约翰·马歇尔,他曾在亚当斯手下任国务卿,因此是首先对这些任命文件的送达负有责任的人。马歇尔是联邦党人,与杰斐逊毫无友谊可言。这位首席法官陷入一种进退维谷的境地。如果他签署一纸令状,麦迪逊几乎不可能服从它——当时最高法院尚未获得它今天所拥有的巨大威望。另一方面,如果马歇尔不颁发令状,他就是向杰斐逊作出让步,而且等于承认最高法院是软弱无力的。

宪法性法律的里程碑

这里引述的案例只是美国最高法院已受理的许多意义重大的案例中的几个。(关于对其他一些最高法院重要裁决的概述,见:**最高法院**)

贝克诉卡尔案(1962) 这就是那个著名的"一人一票"案。在本州范围内各州的立法机构在重新划定那些对州众议院和联邦众议院的议员选举有重大影响的界限方面有很大的自由。在农业州,通过划分选区而使城区和郊区不能享有充分的代表权已并非罕见之事。由小威廉·J.布伦南法官作出的裁决认为,这种做法否认了根据宪法第十四条修正案中的同等保护条款城区和郊区居民所享有的法律上的同等保护。他的裁决表明,联邦法院可以就各州是否不公正地剥夺选民的代表权作出裁决。

吉本斯诉奥格登案(1824) 纽约的地方议会曾授予罗伯特·利文斯顿和罗伯特·富尔顿在纽约的航道上经营汽船业的专营权。后来这些权利中的一部分被让与了艾伦·奥格登。奥格登的一个前合伙人托马斯·吉本斯无视专营权也来经营汽船业,从而引发了一场官司。约翰·马歇尔首席法官在审理这一上诉案时根据宪法中的商业条款裁定,废除所有类似的专营法,并把制定有关所有必然涉及州际贸易的内陆航运的法规的权力交给国会。这一裁决使美国商业永远摆脱了可能阻碍经济扩展的狭隘的州法。

普莱西诉弗格森案(1896) 霍默·A.普莱西是一个南方黑人,他乘坐了有明显的"白人专用"标志的火车车厢。他被逮捕并被判违法。他向联邦最高法院提出上诉,亨利·B.布朗法官裁定,"隔离而平等的座位"是符合宪法的。这项判决在1954年著名的布朗诉塔萨斯州托皮卡市教育局案中被推翻。由厄尔·沃伦首席法官作出的布朗案判决宣布:隔离而平等的教育设施是违宪的。

达特默思学院董事会诉伍德沃德案(1819) 1816年夏季新罕布什尔州议会曾吊销了达特默思学院的执照并发给它一个新执照。联邦最高法院所面对的问题是:公司执照是不是一项契约。约翰·马歇尔首席法官的裁决对此给予肯定回答并宣称:根据宪法,任何州都不得损害契约所规定的义务。这项判决使公司一劳永逸地摆脱了政府对它们的执照的干预,从而使投资者们更乐于在这类企业上投资。因此它直接促进了美国的公司资本主义的发展。

马歇尔非常高明地解决了这个难题。一方面,他宣布麦迪逊拒绝送达那些文件是违法的;另一方面,他作出这样的裁决:那项准许法院颁布训令状的法律是违宪的。该法是1789年的审判法,特别是它的第十三款,它规定最高法院可以向在美国行政管理机构中任职的人发布命令。马歇尔的论据是,最高法院在这样的案件中没有初审权或管辖权——只有受理上诉或复审的权力。

在马歇尔的论据背后的是他在以后的所有裁决中始终坚持的一种信仰:由于宪法是国家的最高法律,由于联邦最高法院的职责是维护法律尊严,以下两种情况是确定无疑的。首先,当一项法律与宪法相悖时,必须遵从宪法。其次,如果没有司法审查,一部成文的宪法不可能成为限制政府滥用权力的工具。

司法审查是自马伯里诉麦迪逊以来联邦法院已经使用但使用得不多的一项权力。截至20世纪80年代中期,仅有大约100项联邦法律被宣布为违宪,而且是在马伯里案50多年之后才再次作出这样一项裁决的(见:**德雷德·斯科特裁决**)。

法院只是在裁决讼案和争议有必要时才使用这一权力。它们并不在法律通过之前或之后向总统或国会提供参考性意见。此外,联邦最高法院在审案之初是假定立法机构在通过某项法律时并不想违背宪法的。因此,证据总是要靠对该项法律的有效性提出异议的那一方提出。

联邦最高法院在什么人可以向它提出有关宪法的问题上持一种严谨的观点。诉讼的一方必须有直接的和实际的利害关系。不然,任何一个不喜欢某项法律的人都会为取消它而打官司。

联邦最高法院凭借司法审查已经成为宪法的主要解释者。它运用这项权力促进了联邦政府权力的稳定增长并使宪法成为最高的法律。

宪法 CONSTITUTION

每个政府都有规定其官员的特殊职责的组织结构。有些官员制定法律,其他官员则保证法律的实施。必须有人征税并支配税款。必须维持国内社会治安并保证国家安全。说明政府应该如何运作并规定其权限的那些基本的成文的文件就是宪法。

现今,一个政府按照宪法运作并不能使它成为通常意义上的立宪政体。立宪政体是指该政府是共和政体或民主政体。因此,立宪政体是获得被治者准许的政府。

近代宪法的基础是由像夏尔·德·孟德斯鸠、托马斯·霍布斯、约翰·洛克和让-雅克·卢梭这样的作家在17和18世纪奠定的。他们代表所有反抗君主和教权的传统统治的人。他们的思想和著作极大地影响了18世纪末叶美国和法国的宪法起草者。其中涉及的最重要的问题是如何使政府满足人民的愿望和需要,以及如何防止政府干涉公民的权利和自由。

立宪政体的方方面面

当今世界上几乎每一个国家都有一部宪法。在大多数情况下,这些宪法像1787年的美国宪法和1958年的法国宪法那样是成文的文件。英国宪法通常被称作不成文宪法。英国没有一部单一的基本法文件。确切地说,它有的是立法性法律、司法裁决和有关权利的声明的长达若干世纪的累积发展。

大多数20世纪独裁国家也有宪法。但是,如果说真正的宪政意味着民主与自由,那么,为了有一个立宪政体,所要做的就绝不仅仅是拥有并公布一部宪法。必须具备下列条件,一个真正的立宪政体才能存在:

主权 国家的真正权力应该掌握在人民手里。这意味着,那些担任公职的人要对人民负责。遗憾的是,大多数现代民主国家规模如此之大,以至很难完全达到这种负责状态。因此通常有许多官员——行政机构的成员和许多法官——并不容易做到对他们的行为负责。

分权 专制君主政体和独裁政体通常把所有的权力都集中到一个人或至多几个人手里。例如,一个君主,他制定法律,实施法律并解释法律。他的臣民除了向他提出申诉外求告无门。

民主政体对权力在政府的三个部门——立法、行政和司法——之间作了划分,这样就严格限定了各个部门的权力范围。在许多国家立法部门本身又分为独立的两院。法律要在两院都批准后才能生效。

代表性 在一个共和国里,官员被看作选举他们的那些人的代表。官员们应该为他们各自选区的全体选民——即选举他们的那部分选民——工作,因此在通过法律时应该考虑公众的愿望。

稳定性 宪法规定了政府运作的基本程序。美国最高法院早期的一位首席法官约翰·马歇尔曾说:"宪法是为未来若干代人制定的。"这句话意味着不论发生什么样的历史性的变革、磨难和动乱,宪法都将仍然是这个国家的法律。它将保证权力有秩序地、和平地由一批官员手中转移到另一批官员手中。

有些国家宪法中的一些条款为在紧急状态下中止宪法留下余地。这种情况发生在实行军事管制的时候:在文职统治者被认为不能应付局面时由军事当局临时治理。一部宪法中包括这样的条款是很危险的。因为它经常使官员们以某种借口控制政府并建立军事独裁政府。在一些非洲国家、希腊、土耳其、波兰、巴基斯坦、一些拉丁美洲国家,以及菲律宾已经发生过这种事情。在偶然的情况下会恢复自由政府,但在大多数情况下不会恢复自由政府。

公开性 政府秘密对自由社会是一种威胁。保守秘密只有在保护国家安全的情况下才是可以被接受的。在其他情况下,一个政府的所作所为应该让所有的人知道,以便它的公民可以根据了解到的情况作出决定。然而许多现代国家的政府如此庞大,其行动如此复杂,其法律如此繁多,以至不可能把正在做的所有事情令人满意地告知每一个公民。

政府机构往往订有过多的规章制度,以至威胁到必须与它们打交道的公民。为了有助于处理这方面的问题,斯堪的纳维亚国家设立了巡视官(可以理解为"代理人"或"法律代表")办公室。巡视官是法律特派员,他负责调查公民对政府弊病或秘密的控告。这个机构在新西兰、英国、西德、以色列,以及在澳大利亚、美国和加拿大的一些州以各种形式被仿造。

改变宪法

修改或改变宪法的程序通常是由宪法本身规定的。美国宪法自1789年生效以来只修改过26次,其中10条修正案由1791年增加的权利法案构成。由于这种修改过程是旷日持久和麻烦的,国家的基本法律不易受到特殊利益集团、党派,甚至人口中的大多数在某一特定时刻一时冲动的影响。

一部宪法越简明扼要,就越不可能被改变。大多数成功的宪法都把自己主要限制在规定治理国家的程序的范围内。相反,那些包含冗长的相当于制定法的内容的宪法经常容易被修改。例如,假如一部宪法包括保证充分就业、提供住房或大学教育这样的条款,如果政府无力实现这些承诺,这部宪法可能就是失败的。

正是这种情况导致了美国宪法中那次失败的实验。1919年通过了第十八条(或禁酒)宪法修正案。这是一项禁止制造和销售含酒精饮料的法律。该法代表了当时美国人口中确实存在的一派人的愿望。但是,由于有太多的人厌恶并拒绝服从它,该法结果是无法实施,惨遭失败。它于1933年被第二十一条宪法修正案废止或撤销。

英国的宪政

英国是近代立宪政体的发源地。它的逐渐得到完善的宪法已经经过了几个世纪的精雕细刻。英国最初是君主制国家,然而国王召集的会议逐渐演变成议会机构,今天英国被称为君主立宪制国家。

与美国不同的是:美国有一个联邦政府体系(各种相互交织的权力)并实行三权分立,英国则有一个统一的政府。这意味着不实行三权分立:议会是最高权力机构,由于实行内阁制(见:**内阁制政府**),行政部门成为立法部门的分支机构。法院既不能审查也不能推翻议会的法案,但议会却可以审查并推翻法院的判决。

说英国宪法是不成文的,那只是在没有任何单一的作为基本法的文件这个意义上说的。实际上它被写入许许多多议会法案和司法判决中。其中的一些——例如大宪章、英国权利法案,以及许多改革法案——在限制政府权力和维护公民的权利与自由方面发挥了重要作用。

欧洲的宪政

与英国和美国不同,欧洲大陆国家没有长期的连续的宪政传统。直到1789年法国大革命时为止,大多数欧洲国家是君主制国家或公国。法国大革命引入近代宪政原则,但是甚至在法国19世纪也曾几次恢复君主制。

自1789年起法国建立过五个共和国,每个共和国都有它自己的宪法。持续时间最长的宪法是第三共和国宪法——从1870年到1940年德国入侵并占领时为止。现在的第五共和国宪法于1958年生效。

德国直到1871年才统一。在第一次世界大战结束以前它一直是君主国,直到1919年它才有了第一部宪法,即魏玛共和国宪法。魏玛共和国于1934年被阿道夫·希特勒彻底摧毁。第二次世界大战后德国被分割为两部分。被称作基本法的西德宪法于1949年由一个议会委员会通过。当1990年德国重新统一时,基本法的适用范围扩展到全国。

其他大多数欧洲国家已经变成了立宪共和国:芬兰、希腊、意大利、奥地利和葡萄牙。当胡安·卡洛斯一世在西班牙的长期独裁者弗朗西斯科·佛朗哥死后于1975年继承王位时,这个国家变成了君主立宪制国家。挪威、丹麦、瑞典、荷兰和比利时仍然是君主立宪制国家。(参见:**佛朗哥;胡安·卡洛斯一世**)

(关于其他国家的宪法发展情况,读者可查阅本书许多国家条目中的"政府"部分。参见:**权利法案;公民身份;民权;美国宪法**)

邦联条例 ARTICLES OF CONFEDERATION

美国的第一部宪法,称为邦联条例。这部宪法,是在脱离英国宣布独立之后,美国独立战争正在进行期间,于1776—1777年间拟订的。作为一部宪法,该条例的有效期是短暂的。这个文件,直到1781年3月1日才被各州全部批准,而有效期只延续到1789年3月4日——现行宪法开始生效的日子。邦联条例规定,国会是政府的惟一机关。

1776年7月美国宣布独立的时候,代表中央政府的机构只有大陆会议。当时各州是根据旧殖民地宪章行事的。在过去,英国议会一直是殖民地同一个国家政府联系最为密切的机构。因此,在联合起来的殖民地为确保独立而奋斗的同时,也面临着从速建立一个永久性国家政府和制定各州宪法的需要。

各州最初的宪法

为完成这一工作,各州在1777年和1780年通过了成文宪法,或称基本法。最初的宪法,是由各州的立法机关拟订的,但是,很多人认为,不能用和制定一般法律相同的方法制定宪法。在马萨诸塞州,因为宪法是由立法机关制定的,它被驳回了。随后,由州召开了一次特别大会,其惟一目的就是制定宪法。这就使得基本法有别于立法机关的法令。其他各州也予以效法,随即便形成了典型的美国方法。

1776年,美国人倾向于不信任任何政府。他们和英国之间的麻烦使他们认为,掌握大权的官员们会变得不公正。为了避免发生这一情况,有7个州把人们称之为权利法案(见:**权利法案**)的条款,写进了新宪法。权利法案列举了许多不许政府做的事,其中有:政府不能无偿地取用公民的财产,如果没有正当理由不能把公民关进监狱,也不能拒绝给予一个公民陪审团审判的权利。

通过把政府的权力分散给立法机关、行政机构和法院(这样,它们可以相互制约),政府受到进一步的限制。如果,由一个部门单独掌握一切权力,它就可能不明智地或不公平地使用这些权力。

爱国的领袖们还记得,从英国派来的州长们是如何普遍地违反人民的意愿行事。大部分州的新宪法都规定,州长不能否决法律,或解散立法机关。宪法还把州长的权力限定在任命地方官员上。

最初的各州宪法,虽然在原则上是民主的,但并没有赋予所有公民平等的政治权利。由于对投票和任职都规定有相当高的财产条件,有时还有宗教条件,因此,在大部分州里,只有不到一半的男人有选举权。妇女没有选举权,奴隶没有任何权利。沿海居民在国家立法机关中获得的代表名额,比内地较贫困居民为多。但与上一届各州政府比较,新政府民主多了。当时,州长由立法机关或投票人选举。有更多的人有选举权。各州还取消了长嗣继承权——通过继承把所有土地的庄园只传给长子,不给其他子女。

各州的新宪法制定得很好,在许多情况下一直沿用了40多年。这些宪法,把英国臣民为之奋斗几个世纪的权利用文字规定下来。这些宪法还保留了美国人越来越适应的一些制度:人民代表、两院立法、市镇和县政府,以及法院向所有人开放。

需要一个联邦政府

与此同时,第二次大陆会议的成员们正在拟订国家政府的计划。1776年6月7日(在《独立宣言》签字前近一个月的时候),弗吉尼亚州代表理查德·亨利·李建议,由会议任命一个委员会,拟订全国政府计划。该委员会由每州出一名代表组成。委员会在7月12日将由宾夕法尼亚州约翰·迪金森综合起来的联合计划,提交会议审批。

13个州在各种问题上的严重意见分歧,使对这个文件的辩论持续了一年多之后,才算将新宪法,或称邦联条例,提交各州批准。另外,会议由于战争关系,不得不在1777年将总部从宾夕法尼亚州的费城迁往约克,也使辩论拖延了时间。

条例的首要目的,是授予会议为打赢战争而需要的权力。但是各州的民众知道,他们在和平时期还要继续合作,他们必须保卫他们的疆界,保护他们的贸易船只。他们需要有共同的邮政和驻外使节。因此,邦联条例首创了一个永久性联盟——不只是战时的联合,并且宣布,国家的名称应该叫美利坚合众国。

赋予大陆会议的权力

在起草邦联条例的过程中,遇到的主要问题是如何划分各州与会议之间的政府权力。在过去,海军、邮政和外交机构,都是由英国向美国提供的。英国也负责各殖民地参加的战争。爱国者们觉察到成立一个单一政府做这些事情的益处。为此,邦联条例授予会议以下权力:建立并保持一支陆军和一支海军;宣战和媾和;缔结条约;规定铸币和度量衡的标准;并建立邮政系统。

在另一方面,自此以后,爱国领袖们拒绝了英国提出的以下要求:议会可以向殖民地征税;管理各州的贸易;禁止殖民地发行纸币;干预地方事务;和负责处理与印第安人的关系。因此,邦联条例不允许会议对各州内部事务进行任何控制,也不能征税,只能要求各州提供款项。会议可以在其行为与州的法律不发生矛盾的情况下,签订商业条约和监督印第安事务。

在国会中,虽然每个州可以派出2至7名代表,但13州的每个州只有一票表决权,而且,13票中必须有9票赞成,国会才能采取行动。一切法律的执行和司法管理都归各州。只有在邦联一致通过的条件下,才能修改邦联条例。凡是没有特别授予会议的权力,都属于各州。

联盟的作用和弱点

邦联条例于1777年11月15日由会议通过,并提交各州批准。几个小州,特别是马里兰州,反对弗吉尼亚、马萨诸塞、南卡罗来纳、北卡罗来纳、佐治亚、纽约和康涅狄格几个州对阿巴拉契亚山脉以西土地的要求。马里兰州觉得,如果这几个州把它们要求的西部土地都拿了去,它们将会变得无比强大。只有对西部土地提出要求的几个州同意把这部分土地交给会议,由所有各州使用,马里兰州才会批准邦联条例。该州最后在1781年3月1日批准了邦联条例。

这样,邦联条例原在1777年就提交各州,并且是为了有助于打赢战争,但是,直到战争结束前几个月才生效。新的大陆会议,在战争胜利之前,只能把军队留在战场上。条例规定,由4个行政机构监督外事、财政、战事和海事。由于有才干的财务总监罗伯特·莫里斯的努力,从荷兰和法国借到了钱,并从各州筹集了更多的款项。会议还就和平条约进行了谈判,获得了独立,并将密西西比河以西的土地给予了这个新国家。

会议就各州让出的西部土地制定了重要的政策。1785年的一条法令规定,将这块土地划分成每块36平方英里的一些市镇,并将640英亩的一些地块,以每英亩1美元的价格出售。许多定居者都可以购置自己的农场。1787年法令,也叫西北法令,将西北部土地向定居者开放,并规定出代议制政府的纲领,为以后全大陆领土所沿用。该法令还许诺,这一地区最终将划分成几个新州,以与原来13州的同等地位加入联盟。

战后,各州拒绝缴纳大陆会议提出的纳税要求,因此,联盟政府无法偿还公共债务,连利息也偿还不了。海军不足以保护外贸。此时,各州既已脱离了英帝国,就不允许和英国及英国的西印度殖民地自由地进行贸易了。西部的定居者需要为他们的产品沿密西西比河找外运口岸,但是,西班牙占据着河口,不准他们将产品从新奥尔良外运。会议发现,不能从英国和西班牙获得商业上的好处。由于各州在商业规定上有最后决定权,由会议签订的条约,不发生什么效力,欧洲国家都愿意和各州单独打交道。

南北战争之后,进入了一个艰难的阶段。农产品价格很低,农民要赊购工业品,但又很难还债。于是不久,他们要求立法机关发行债主必须接受的纸币。马萨诸塞州的欠债农民和他们的债主之间,发生了一场被称为谢斯起义的武装斗争。但是,会议不能不让各州发行廉价的纸币,也不能采取行动镇压内战。

第一次联盟准许人们可以在全国自由地迁徙。但是,会议却无法执行法律和收税。它无权控制外贸,也无法制止各州之间的贸易战。既没有一个行政部门实施会议的法令,也没有一个联合法庭解释和执行法律。联盟遵循条例

的规定,将合众国带出了关键的阶段,并为宪法的"更完善的联合"铺平了道路。(参见:美国宪法)

美国宪法　UNITED STATES CONSTITUTION

许多人认为美国是一个年轻的国家。然而它却拥有世界主要国家中最古老的成文宪法。不仅如此,这部宪法还在历史上第一次明确限定了联邦政府对其公民能够行使的权力。

居住在美国的300万人民在独立战争中获胜后不久,他们中间的许多团体就开始不满意邦联条例(见:邦联条例)。而邦联政府似乎过于软弱,以致它既不能控制国内人民,也不能使这个新生的共和国在国外受到尊重。

有一项困难是,国会没有充分的权力去征集钱款:它只能求助于各州。这样它就总是贫困的,而一些富足的州——例如纽约州和宾夕法尼亚州——则抱怨它们付出的超出了它们分享的。国会还无权管理商业。有些州把关税和其他重负加于其邻州的运输业上,从而造成了严重的损失。

所有州都应该遵守邦联条例;然而有些州却违犯它。它们与印第安人签订条约,并相互签约。它们无视国会签订的对外条约,自行规定货币的价值。

需要建立一个更强大的政府

到1785年,在许多爱国的美国公民看来,邦联是个失败。华盛顿、汉密尔顿、杰伊、麦迪逊和其他一些领导人一再宣称:应该加强政府的力量。纽约州议会和马萨诸塞州议会分别于1782年和1785年投票赞同召开一次制宪会议。

某些美国人有特殊的理由要求建立一个强大的政府。其中一个团体是由美国西部人构成的。他们是在美国独立战争后移居肯塔基州、田纳西州,以及新建立的西北准州的。他们希望有一个强有力的联邦政府,以保护他们不受印第安人、西班牙人和英国人的侵害。

还有一些做西部土地投机买卖的人认为,一个强大的政府会使那些土地更值钱。构成另一个团体的是遭受各州之间的关税大战和不公正的英国法律之害的商人、交易人和船东。另一些人,他们在战争期间或刚刚停战时,曾经把钱借给政府。他们感到,一个较强大的政府会更有可能偿还他们。

也许最重要的团体是由那些拥有抵押契据和各种票据的有钱人构成的。他们担心,由贫穷的债务人控制的那些州议会会发行大量不值钱的纸币,或者保护那些拒绝还债的债务人。他们希望有一个强大的全国性的政府,以便完全控制货币,并阻止任何州法损害契约所规定的义务。1786年货币问题在佛蒙特州和新罕布什尔州演变成暴乱,在马萨诸塞州引发了谢斯起义。

会前的活动

这个宪法起草会议的准备过程经历了若干小的阶段。第一阶段是弗吉尼亚州和马里兰州的代表于1785年召开的一次会议,这次会议被称为亚历山德里亚会议,目的在于解决波托马克河航行问题上的争端。华盛顿和麦迪逊在召集这次会议中起了主要作用。会议开得如此成功,以至马里兰州又往前迈了一步,它建议宾夕法尼亚、特拉华、马里兰和弗吉尼亚各州委派代表会谈并采纳一个统一的商业制度。目光敏锐的麦迪逊看到这是一个可以有更大作为的好机会。他建议召开一次不是4个州而是所有州的会议,以讨论当时的商业形势并对邦联条例提出一个修正案。会议预定于1786年在安纳波利斯召开。

到时只有5个州派代表参加了在安纳波利斯召开的会议,他们的意见也大相径庭。但是麦迪逊和汉密尔顿两人都出席了会议并期望作出进一步的努力。他们在休会前说服代表发出一个会议通知:1787年5月的第二个星期一在费城召开一次由所有州参加的全体会议。这就是后来的那次制宪会议。但是,由于许多人对这类行动心存疑虑,这个通知必须以谨慎的方式提出。它提议这次集会应该"考虑合众国的形势",并提出改进政府的意见。国会在多少有些踌躇之后最终赞同了这项计划,宣布各州应为此派遣专门的代表并表达修改邦联条例的意图。

召开这次会议的计划得到华盛顿、富兰克林和其他著名人士的热情支持。弗吉尼亚是第一个选出代表的州,而且由于选派华盛顿出席会议而对这项事业的成功作出了重大贡献。在会期最后确定之前,有11个州已经任命了它们的代表。新罕布什尔州直到工作完全开始后才派出它的代表。而罗得岛州则干脆拒绝派遣代表。各州的代表都是由立法机关而不是由人民选出的。

一次著名的集会

这次会议的规模不大,因为自始至终参加会议的只有55人。但这是一批智力超群的人。任何美国人,如果在1787年那个夏天恰巧在有着宽阔的林荫道和红砖房的费城,他就会看到这些当时在其他国家几乎无人能相比的政治家聚集在一起。他就会看到华盛顿昂首阔步走在弗吉尼亚代表团的前面——这个团的成员有詹姆斯·麦迪逊、埃德蒙·伦道夫、乔治·梅森、乔治·威思、约翰·布莱尔和詹姆斯·麦克勒格。他就会注意到本杰明·富兰克林在同宾夕法尼亚州其他代表中的三位交谈,他们是美国最有才华的律师之一詹姆斯·威尔逊、美国独立战争的财政领导人罗伯特·莫里斯,以及古弗尼尔·莫里斯。

纽约州派出杰出的亚历山大·汉密尔顿,和他一同去的还有两位主张"州权"的代表,不过他们很快就退出会议了。来自南卡罗来纳州的是约翰·拉特利奇、查尔斯·平克尼和C.C.平克尼。马萨诸塞州派来埃尔布里奇·格里和鲁弗斯·金;康涅狄格州派来罗杰·谢尔曼和奥利弗·埃尔斯沃思。这是一群完全适于制订一份伟大文件的人。许多人是律师。在他们中间,大多数人具有政府工作经验。几乎所有的人或者本人拥有巨额财产,或者与拥有巨额财产的人关系密切。

通过保密规则

会议延至5月25日在费城那幢红砖结构的州议会大

厦召开,以前曾在这里签署过独立宣言。华盛顿被全体代表一致推举为会议主持人,这一事实使他不能积极参与争论。会议通过了三项最重要的规则:必须由州来投票表决,每州只有一票;7个州构成法定人数;严格保密。与会代表希望不会受到外界的批评或压力。保存下来的正式会议记录只是最起码的关于提议和表决结果的记录,而且直到1819年才发表。

通过这些规则后,代表们转向解决一个没有达成普遍协议的问题。这个压倒一切的问题是:他们究竟是应该仅仅修改邦联条例,还是应该制定一部新的宪法。大多数代表是基于这样一种认识被推举来的,即他们所要做的仅仅是修正现行的体制,有些代表带来了有关这一宗旨的具体意见。但是华盛顿提出了反对"随波逐流的权宜之计"的建议。在一周之内,会议以全体委员会的名义作出决议:"应该建立一个由最高立法机关、行政机关和司法机关组成的全国性政府";像麦迪逊和汉密尔顿这样的领导人都以平静的态度臆断,这意味着一部全新的宪法。

在作出这项决议之后,会议面临着凌驾于其他一切问题之上的两个问题。如果建立一个强大的联邦政府,如何赋予它权威?是否允许它去强制那些持异议的州?如果允许,又该如何去做?其次,如何在宾夕法尼亚这样的大州和特拉华这样的小州之间分配权力?随着工作的进展,其他一些问题也提出来并不得不以互相让步的方式予以解决。最后形成的宪法就是一系列的妥协,而最大的妥协是大州和小州之间的妥协。

两项重要的方案很快被提交会议讨论。一项是所谓的弗吉尼亚方案。它主要是麦迪逊的杰作,由埃德蒙·伦道夫向会议提出。另一项是新泽西方案,它包括相互联系的七项决定,由新泽西州的威廉·帕特森提出。弗吉尼亚方案代表大州的观点并意味着要起草一部全新的宪法;新泽西方案则代表小州的观点,它仅限于对原有的邦联条例作一系列修订。

根据弗吉尼亚方案,将设一个全国性的立法机构,或者说设一个两院制的国会,各州在国会中的代表应与它们所贡献的金钱,或者与它们的自由人人口成比例。其众议院的成员由人民选举,而参议院的成员则从各州议会提出的名单中挑选。最高行政长官将由全国性的国会选出,只有一个任期。此外,还将设立一个最高法院和一个由较低级的法院组成的司法体系。

新泽西方案则规定设立一个一院制的全国性的国会,每州只有一票。最高行政长官将由国会选举,此外有一个由若干联邦法院组成的司法体系。

还有一个方案是由查尔斯·平克尼提出的;但是这个方案的草案丢失了,所以历史学家不承认平克尼曾对宪法产生过影响。汉密尔顿也提出了一些建议,他的"提议"意味着要建立一个强有力的中央政府,有一个最高行政长官和一个经选举产生的终身制的参议院,而各州则被降低到一个非常软弱的地位。然而,在所有提出的方案中,弗吉尼亚方案是最重要的。

伟大的妥协

关于弗吉尼亚和新泽西两方案的争论反映了大州和小州之间那种危险的钩心斗角,大州要求根据人口多寡分配代表,而小州则坚持平等的代表权。双方的代表都一再威胁说要中止会议,打道回府。大州具有较强的力量,因此通过了一项反对在国会的众议院中实行平等代表权的决议。

康涅狄格州的代表随即提出一项成功的妥协方案。他们建议,各州在参议院实行平等代表权,而在众议院则根据人口多寡选派代表。在大大发泄了一通怨言和不满情绪之后,大州接受了这个方案。

随之而来的是一系列较次要的妥协。在为确定众议院的代表人数而计算各州的人口时,奴隶是否应该计算在内?南方各州自然要求将他们计算在内,而北方各州则希望他们因仅仅是财产而被排除在外。幸亏大陆会议已经为解决这个争端准备了一个办法。它于1783年曾对邦联条例提出一项修正案,根据这项修正案,将根据人口多寡向各州征收钱款,五分之三的奴隶被计入人口。这项修正案已被11个州接受。现在则作出决定:在确定众议院的代表人数时,每五个奴隶应算作三个自由人。

另一项妥协涉及联邦对商业的管理。遭受商业混乱无章之害的北方各州希望授予国会充分的权力去管理商业活动。然而在南方各州,农场主们却担心国会也许会对他们生产的棉花和烟草征收出口税。结果是国会被赋予管理航运、对外贸易和州际贸易,以及征收海关税的广泛权力,但是它被特别禁止征收出口税。

在从非洲输入黑奴的问题上也不得不作出妥协。虽然奴隶制还不是个局部问题,一些北方人却将会高兴地看到这种残暴的奴隶买卖被废除。此外,弗吉尼亚州和马里兰州也在用当地长大的奴隶供应市场,希望以此阻止非洲的竞争。在佐治亚州、北卡罗来纳州和南卡罗来纳州反对的情况下,一项妥协方案规定:国会可能会在1808年制止输入黑奴,但不是很快就会这样做。

随着夏日时光的流逝,一个强大的中央政府被一点一点地在制宪会议的锻铁炉中锻造出来。现在人们所熟悉的那些特征——由选举产生的众议员任期两年,参议员任期六年;总统的任期为四年,可以连选连任;由任命产生的联邦法官终身任职——得到了一致赞同。新宪法的一个显著特征是赋予国会处理经济和财政事务的重大权力。国会不仅被授权管理商业,而且有权通过税收征集货币,以国家的信用借款,以及铸造货币并厘定其价格。新宪法加入了一些严格的条款,禁止各州发行纸币或通过损害契约义务的法律。这些条款折射出某些州不久前的那段不幸的历史。在邦联时代形成的债务被承认具有法律效力。在这些特征上所表现出的观点一致引人注目。在会议期间,债权人集团与债务人集团之间,穷人的代表与富人的代表之间,没有发生任何斗争。

至于如何赋予联邦政府适当权力的大问题,最后以出人意外的轻松方式解决了。解决的方式是规定新政府不应对各州而应直接对人民行使权力。它的指令的执行不是通过对半独立的州政府系统发布命令和提出要求,而是通过任期最多两届或最多不超过10年。1961年增加的第二十三条修正案授予华盛顿市的居民在总统选举中投票的权利。1964年增加的第二十四条修正案或反人头税修正案规定：在总统选举或国会选举中公民的投票权不能因未缴纳人头税而被拒绝给予。1967年增加的第二十五条修正案为在副总统职位出现空缺时任命一位副总统，以及在总统表现为不能履行其职责时由副总统任代总统而确定了有关程序。1971年第二十六条修正案把选举年龄降至18岁。

第二十七条修正案最终于1992年（即詹姆斯·麦迪逊最早提出它之后的第203年）被正式批准。它通过禁止国会为它自己在任期中增加工资而控制国会的薪金。

在美国，除了修正案，还有两种调整宪法以适应新形势的方法。一种方法是惯例。例如，正是惯例，确定了一种不同于宪法规定做法的选举总统的办法。

联邦最高法院和宪法

另一种调整方法是通过联邦最高法院对宪法的解释。自第四任首席法官约翰·马歇尔的那个时代起，联邦最高法院一直在帮助宪法满足全国性的舆论发展和变化所产生的种种新的要求。

宪法是一份成文的文件，其文字不能改动，除非按照第五条所规定的有关修正案的程序。但是，对立政党的成员或参与诉讼的人对宪法文字意义的解释并不总是一样的。因此总得有人负责去解释它。这个职责就交给了联邦最高法院。它规定：宪法及在实施宪法时制定的那些法律"均为国家的最高法律"。

因此联邦最高法院有两种职责：一种是裁决有关法律的案件；另一种是裁决宪法的确切含义。那些对联邦最高法院的裁决不满的人曾经提出，确定宪法含义的权力应该由国会行使；但是由于一项与宪法不符的法律不会是一项令人信服的法律，它肯定无法实行。只有联邦最高法院，当这种法律的实施问题提交它处理时，它会很容易作出裁决。联邦最高法院在其早期曾被迫面对这种情况。在马伯里诉麦迪逊案(1803)中，该法院宣布国会的一项法案无效，因为它与宪法不一致。这项权力并不经常使用，但是它表明：有着一个不变的基本法的美国政体不同于像英国政体那样的立宪政体，在英国，任何时候，宪法都由当时已通过的所有法律组成。

宪法之所以有过两次修正，是因为人民不满意联邦最高法院对它所作的解释。在奇泽姆诉乔治亚案(1793)的裁决中，联邦最高法院裁定：一个州可以被另一个州的某一平民控告。在这一裁决作出之后，第十一条修正案迅速通过，它禁止这种控告。政府不允许它们自身像普普通通的个人那样受到控告。另一次是，由于1894年的所得税在波洛克诉农家贷款和信托公司案(1895)中被宣布为违宪，第十六条修正案被提出来为这种所得税提供了根据。

还有一次，如果不是联邦最高法院对宪法的含义作出宽泛的解释，那么也许就有必要修正宪法了。杰斐逊曾认为，路易斯安那购地是违宪的，因为在宪法中没有列入获取领土的权利。然而，在美国保险公司诉坎特案(1828)中，联邦最高法院裁决，获取领土的权利可以溯源于宣战的权力或缔结条约的权力。后来，当菲律宾的并入提出对其有无治理权的问题时，那些海岛案(1901)的裁决认可了政府的这项权力。

约翰·马歇尔在任联邦最高法院首席法官期间，作出了许多最重要的宪法性裁决，因为当时提交该院审理的都是新问题（见：**马歇尔**）。其中一项涉及国会创建国家银行的权力。在麦卡洛克诉马里兰州案(1819)中，他的裁决包含了也许是对宪法含义的最重要的解释："如果这个目的是合法的，如果它在宪法的范围之内，那么所有手段，只要它是适当的、明显适合于这一目的、未被法律禁止而与宪法的字面意义和精神相一致的，就是符合宪法的。"这被称为"暗含的权力"学说。

某些具有重大历史意义的法院裁决

根据这一精神，联邦法院在解释那条赋予国会"管理合众国与外国、各州之间的贸易"的权力的条款时，作出了一些具有重大历史意义的裁决。这些裁决的一个后果是，国会对商业加以广泛的控制。吉本斯诉奥格登案(1824)的裁决禁止各州干预对河流和港口的自由使用。以法律规定铁路运费率的权利是在孟恩诉伊利诺伊州案(1877)的裁决作出后才得到承认的。在沃巴什、圣路易斯和帕西菲克·R.R.诉伊利诺伊州案(1886)中，联邦最高法院裁决：如果一个州只是偶然为一桩州际交易规定运费率，那么这样的规定是不能被认可的。在北方证案(1904)中，一个庞大的铁路联合企业集团被解散了，因为它的组织与国会为管理州际贸易而通过的那些法案不相符。

有时联邦最高法院的裁决是在当事人情绪激昂的情况下作出的。在德雷德·斯科特诉桑福德案(1857)中，黑人作为公民而享有的起诉权被取消了。在此案中法官们发表的见解对案件本身不是至关重要的（它们被称为"法官意见"），却使得德雷德·斯科特裁决成为在南北战争前刺激舆论的一个工具（见：**德雷德·斯科特裁决**）。该院曾因在合法货币案(1871)中确认国会有权在南北战争期间发行"绿背纸币"而受到抨击。在弗莱彻诉佩克案(1810)中它坚持契约义务，即使是一个州也不允许其拒履行这种义务，它因此而受到一些人的批评。正是这个原因，为使法官们能独立自主，而不必担心不受欢迎的裁决会导致他们的被撤职，宪法规定，联邦法官终身任职。他们只有在受到"叛国罪、贿赂罪或其他重罪轻罪"的弹劾并被判定有罪后方可被免职。

宪法与新政

司法审查历史上的一次危机发生于1937年，当时富兰克林·D.罗斯福总统威胁说要通过增加新成员的办法"充实"联邦最高法院，因为该院的"九老"曾宣判新政的立法无效。他的提案未获通过；但是原有成员的死亡和辞职使他能够任命与他的政治哲学相一致的新成员。

此后联邦最高法院往往确认那些有利于社会福利和劳工的法案有效。1954年它裁定在公立学校实行种族隔离违犯了第十四条宪法修正案。1960年它确认让工人限期加入工会的企业是符合宪法的。（参见：**最高法院**）

美利坚合众国宪法原文 *

我们美国人民,为了建立一个更完美的联邦,树立正义,保证国内安定,筹设公共防务,增进全民福利,并谋求我们自己和子孙后代永享自由的幸福起见,特为美利坚合众国规定和制定这部宪法。

第一条

第一项 本宪法所授予的各项立法权,均属于由参议院和众议院组成的合众国国会。

第二项 众议院由各州人民每两年所选举的议员组成,每一州的选举人应具备该州立法机关人数最多的一院的选举人所需的资格。

凡年龄未满二十五岁、作为合众国公民未满七年以及当选时非其选出州之居民者,不得为众议院议员。

众议院议员人数和直接税税额均应按合众国所辖各州人口的多寡分配于各州,此项人口数目应由自由人的总数和所有其他人等数目的五分之三构成,其中自由人总数包括必须服兵役数年的人,但不包括未被课税的印第安人。实际的人口统计应于合众国国会第一次会议后三年内及此后每十年内依照法律所规定的方式编制。众议员人数以每三万人中选出一人为限,但每州至少应有众议员一人。在实行上述人口统计前,新罕布什尔州有权选举三人,马萨诸塞州八人,罗得岛和普罗维登斯种植园区一人,康涅狄格州五人,纽约州六人,新泽西州四人,宾夕法尼亚州八人,特拉华州一人,马里兰州六人,弗吉尼亚州十人,北卡罗来纳州五人,南卡罗来纳州五人,佐治亚州三人。

任何一州所选众议员中遇有缺额时,该州的行政长官应颁布选举令以补足该项缺额。

众议院应选定该院议长和其他官员,并享有独自弹劾权。

第三项 合众国参议院由每一州立法机关选出的两个参议员组成。参议员任期六年。每个参议员都有一票表决权。

参议员根据第一次选举结果集会时,应立即平均分为三组。第一组参议员应于第二年之终,第二组参议员应于第四年之终,第三组参议员应于第六年之终空出其席位,以便使参议员总数的三分之一每两年改选一次。在任何一州的立法机关休会期间,如因辞职或其他缘由遇有参议员缺额,该州行政长官得于州立法机关召开下次会议填补该项缺额前任命临时参议员。

年龄未满三十岁、作为合众国公民未满九年以及当选时非其选出州之居民者,不得为参议员。

合众国副总统为参议院主席,但除非赞成票和反对票相等,否则他没有表决权。

参议院应选举该院的其他官员,并且,遇副总统缺席或行使合众国总统职权时,应选举临时主席。

---

* 转引自国务院颁布的未删改本。

参议院有审理一切弹劾案的全权。当为此目的而开会时,全体参议员均应宣誓或作出代誓的保证。合众国总统受审时,最高法院首席法官应为主席。无论何人,非经出席参议员三分之二人数的同意,不得被判有罪。

弹劾案的判决,以免职和剥夺其担任合众国任何荣誉职位、负责职位或付酬职位的资格为限。但被定罪者仍应依法接受控告、审讯、判决和惩罚。

第四项 举行参议员和众议员选举的时间、地点和方式,应在每一州内由该州立法机关规定;但国会可以在任何时间通过法律制定或修改这样的规定,惟有关选举参议员的地点的规定不在此限。

国会每年至少应开会一次。除以法律另行指定日期外,这样的会议应于 12 月第一个星期一举行。

第五项 参众两院各自审查该院议员的选举、选举结果和议员的资格。每院议员出席过半数即构成办理一切事宜的法定人数;但不满法定人数时得延期开会,并有权依照该院所规定的方式和罚则强迫缺席的议员出席。

参众两院可规定各该院的议事规则,处罚其违犯法纪的议员,并可经全体三分之二的同意开除议员。

参众两院应各记录其会议议事录,并时常刊布,惟各该院认为应守秘密的部分除外。各院议员对于任何问题的赞成和反对,应依出席议员五分之一的请求登记于议事录上。

在国会开会期间,任何一院未经另一院的同意不得延会三日以上,亦不得将两院开会地点移至其他场所。

第六项 参议员和众议员应得的服务报酬,由法律规定并从合众国国库中支付。两院议员,除犯有叛国罪、重罪和妨害治安罪外,在各该院开会期间和往返于各该院的途中,不受逮捕。各该院议员不得因其在院内所发表的演说或争辩,于院外任何地方受到审问。

任何参议员或众议员,在其当选的任期内,均不得受任已设立或在此期间其薪俸已增加的合众国政府下的任何文官职位。凡在合众国政府下供职的人员,在其继续任职期间不得成为国会任何一院的议员。

第七项 一切征税法案应由众议院提出,但如同对其他法案一样,参议院可对这类法案提出或赞同修正案。

凡众议院和参议院所通过的法案,应在其成为法律之前送交合众国总统。总统如批准该项法律,即应签署;否则退还,但退还时应附异议书,送交提出该项法案的议院。该院应将该异议书详载于该院议事录,然后进行复议。如复议后该院三分之二议员同意通过该项法案,即应将该案连同异议书送交另一院,该院亦应加以复议,如经该院三分之二议员认可,该项法案即成为法律。但遇上述情形时,两院的表决应由赞同票和反对票的票数决定,投赞成票或反对票的议员的姓名应分别登记于各该院的议事录上。如法案于送交总统后十天内（星期日除外）总统未退还法案，即视为该项法案业经总统签署，可以定为法律。惟国会因休会使该项法案不能退还时，不在此限，在此情况下，该项法案不得成为法律。

凡必须经参议院和众议院同意的命令、决议或表决（惟关于休会的问题除外），应送交合众国总统。该项命令、决议或表决于发生效力前应经总统批准，如总统不予批准，应依照所订关于法案的规则和限制，由参议院和众议院议员三分之二多数重新加以通过。

第八项 国会有下列权力：设置和征收直接税、间接税、进口税和消费税，偿付国债，并筹设合众国的公共防务和公共福利。但所征各种税收、输入税和消费税应全国划一；

以合众国的信用借款；

管理合众国与外国、各州之间以及与印第安部落之间的贸易；

制定全国统一的入籍法规和破产法；

铸造货币，厘定国币和外币的价值，并规定度量衡的标准；

制定关于伪造合众国证券和通货的罚则；

设立邮政局并开辟邮路；

保障著作家和发明家对其著作和发明物在限定期间内的专有权，以推动科学和实用技艺的进步；

设立低于最高法院的各级法院；

确定并惩罚在公海上所犯的海盗罪、重罪以及违犯国际公法罪；

宣战，颁发拘押敌船许可状，并制定关于陆上和海上俘获的规则；

招募陆军并供给军需，但充作该项用途的款项的支拨期限不得超过两年；

装备海军并供给军需；

制定关于统辖陆海军的法规；

规定召集民兵以执行合众国法律、镇压内乱和抵御外侮的措施；

规定民兵的组织、装备和训练工作，并指挥其中应召供合众国兵役之用的民兵，各州得保留其任命军官和按照国会所订军纪训练民兵的权力；

对于某些州让与合众国而经国会同意充作合众国政府所在地的地区（其面积不得超过10平方英里），行使任何事项的专有立法权。对于州立法机关许可购置的一切用于建筑要塞、军火库、兵工厂、船厂和其他必要建筑物的地方，行使同样的权力；——以及

制定为行使以上各项权力和依据本宪法授予合众国政府或政府中任何机关或官员的一切其他权力所必需的和适当的法律。

第九项 在现有任何一州认为应予接纳的人迁徙或入境时，国会在1808年前不得加以禁止。但对于这样的入境，得征收每人不超过10美元的税金。

根据人身保护令享有的特权不得中止，惟遇内乱或外患，公共治安需要停止这项特权时，不在此限。

褫夺公权的法案或追溯既往的法律一律不得通过。

人头税或其他直接税，除与本宪法所规定进行的人口调查或统计结果成比例者外，不得征收。

对于各州输出的货物，不得征税。

任何通商条例或税则不得给予某一州港口优于另一州港口的特惠。也不得强迫开往或来自某一州的船舶在另一州入港、出港或缴纳关税。

除根据法律实行的拨款外，不得从国库支拨款项。一切公款的收支定期报告书和账目应随时公布。

合众国不得授予贵族头衔。凡担任合众国政府付酬职位或负责职位的人，未经国会许可不得接受任何国王、君主或外国所赠与的任何礼物、酬金、官职或头衔。

第十项 无论何州，不得行使下列权力：缔结条约、同盟或联盟；颁发拘押敌船许可状；铸造货币；发行信用券；使用金银币以外的物品作为偿还债务的法定货币；通过褫夺公权的法案、追溯既往的法律或损害契约义务的法律；授予贵族头衔。

无论何州，未经国会同意，不得对进出口货物征收进出口税，但为执行该州的检查法令所绝对必要者除外。任何一州，对进出口货物所征收的一切进出口税的净所得额，应充作合众国国库之用。国会可以修正和监督上述法律。

未经国会同意，任何州不得征收船舶吨税，不得在和平时期设置军队或战舰，不得与他州或外国缔结协定或契约，亦不得进行战争，惟实际上已被入侵或遇迫不容缓的危急时不在此限。

第二条

第一项 行政权属于美利坚合众国总统。总统的任期为四年，副总统的任期与总统的任期相同，他们应按照下列手续选举产生。

各州应依照各该州立法机关规定的方式，选派选举人若干名，其人数应与各该州有权选派至国会的参议员和众议员的总数相等。但参议员、众议员或担任合众国政府付酬职位或负责职位的人不得被派为选举人。

选举人应分别在本州开会，投票选出两人，其中至少应有一人不是与选举人同住一州的居民。选举人应将被选人及每人所得票数列一表，并在该表上签名加以证明，封印后即送至合众国政府所在地，径送参议院主席。参议院主席应在参议院和众议院全体议员面前开拆所有证明书，然后计算票数。获得选票最多者即当选为总统，但该数须超过所派选举人总数的一半。如有一人以上获得这种多数票，并且所得票数相同，那么众议院应立即投票选举其中一人为总统。如所有被选人所获得的票数都不到半数，该院应以同样方式从名单上得票最多的五名候选人中选出一人为总统。但选举总统时，应由各州投票，每州的代表团各有一票表决权。选举总统的法定人数由三分之二的州所选出的众议员构成，且须以所有州的过半数为当选。凡在总统选出后获得选举人所投选票最多数者即当选为副总统。但如有两人或两人以上获得相等的票数，参议院应投票选举其中一人为副总统。

国会得决定选派选举人的时间以及选举人投票的日期。该日期须全国统一。

无论何人，除生为合众国公民或在本宪法正式通过时

即为合众国公民者外,不得当选为总统。年龄未满三十五岁以及居住于合众国境内未满十四年者,亦不得当选为总统。

如总统因免职、亡故、辞职或没有能力行使总统职权和履行总统义务,总统职务应移交副总统。国会也可以通过法律为总统免职、亡故、辞职或没有能力行使总统职务和履行总统义务这种情况预作准备,总统和副总统两人共同宣布将来出现这种情况时代行总统职权的官员。届时该官员即为代理总统,至总统的能力恢复或新总统选出时为止。

总统在任期内应获得劳务酬金,其金额在任期内不得增加或减少。总统在任期内不得收受合众国或无论何州的任何其他酬金。

总统在履行职责前应作下列宣誓或代誓的保证:"我谨庄严宣誓(或保证),我决心忠诚地履行合众国总统的职责,并尽最大努力维护、遵守和保卫合众国宪法。"

第二项 总统为合众国陆海军总司令,并在各州民兵被征至合众国实际服役时统率各州民兵。总统可以要求各行政部门主管长官以书面发表有关其职责的任何事项的意见。总统有权对于触犯合众国的罪行颁赐缓刑和赦免,惟弹劾案不在此限。

经参议院建议和同意,并得该院出席议员三分之二赞同,总统有缔结条约之权。总统应提出人选,经参议院建议和同意而任命大使、公使、领事、最高法院法官,以及其任命手续未经本宪法另行规定而须以法律加以规定的其他一切合众国官员。但国会如认为适当,可以通过法律将下级官员的任命权授予总统一人、法院或各部长官。

总统有权任命人员以补参议院休会期间所发生的政府人员缺额,惟该项任命应在参议院下次会议结束时满期。

第三项 总统应随时向国会报告合众国的国情,并以本人认为必要而妥当的议案条陈于国会,以备审议。总统可以在非常时刻召集两院或任何一院举行会议。遇两院对休会时间意见不一致时,总统可以命令休会至他认为适当的时间。总统应接见大使和其他公使,应注意一切法律是否切实施行,并应任命合众国的一切官员。

第四项 总统、副总统和合众国的一切文职官员,凡受叛国罪、贿赂罪或其他重罪轻罪的弹劾并被判定有罪时,应被免职。

第三条

第一项 合众国的司法权,属于最高法院以及国会随时规定和设立的低级法院。最高法院和低级法院的法官如忠于职守,应终身任职,在其任职期间应领受酬金,其金额在连续任职期间不得减少。

第二项 司法权所及的范围如下:有关普通法和衡平法的案件,根据本宪法和合众国各种法律以及根据合众国权力所缔结和将缔结的条约而受理的案件;一切影响大使、公使和领事的案件;一切有关海事法和海上管辖权的案件;以合众国为一方的争讼;州与州间的争讼;一州与另一州公民间的争讼;不同州公民间的争讼;同州公民间要求占有其他州让与的土地的争讼;一州或其公民与外国或外国公民或属民间的争讼。

关于大使、公使、领事以及以一州为当事人的案件,最高法院有初审权。在前述其他一切案件中,最高法院有关于法律和事实的上诉裁判权,但须遵照国会所规定的例外情况和规章。

一切罪案,除弹劾案外,应由陪审团审判。这样的审判应于发生各该罪案的州举行。但罪案非发生于任何一州时,审判应在国会以法律指定的地点举行。

第三项 只有对合众国作战,或者依附合众国的敌人,给他们以帮助和支持的,才构成叛国罪。无论何人,除非有两名证人对上述明显的行为提供证词,或者其本人在公开法庭上供认,不得被判犯有叛国罪。

国会有宣告惩罚叛国罪的权力,但褫夺叛国罪犯的公权时,除非在该罪犯的生命被褫夺的情况下,不具有血统玷污、继承权褫夺的效力,亦不得没收其财产。

第四条

第一项 每一州对于其他任何一州的公共法令、记录和司法程序,应有充分的诚意和信任。国会可以通过一般法律规定各该项法令、记录和司法程序的证明方式及其施行。

第二项 每一州的公民可享受各州公民的一切特权和豁免权。

凡在任何一州被控犯有叛国罪、重罪或其他罪案者,在其逃脱法律制裁而在其他任何一州被发现时,该州应根据该人所由逃出之州的行政当局的请求,将其交出,以便移解至有权审判该罪案的州。

凡根据一州的法律应在该州服兵役或劳役者逃入他州时,不得因他州的任何法律或条例解除其该项兵役或劳役,而应根据服役州的要求将该人交出。

第三项 国会可以准许新州加入合众国。但新州不得组成或建立在其他任何州的管辖区之内。未经国会和有关各州的立法机关的同意,不得合并两个或两个以上的州或几州的一部分以建立新州。

国会有权整理并制定关于合众国所属土地或其他财产的必要法规和条例。本宪法的任何条文都不可被解释得有损合众国或某一州的任何权利。

第四项 合众国应保证全国各州实行共和政体,保护各州不受外侮,并根据各州立法机关或行政机关(当州立法机关不能召集开会时)的请求平定内乱。

第五条

国会,在两院议员的三分之二认为必要时,应提出本宪法的修正案,或应各州三分之二的州立法机关的请求,应召集会议以提出修正案。在以上两种情形下提出的修正案,经各州四分之三的州立法机关或经各州四分之三的制宪会议批准,即成为本宪法的一部分而发生效力,其批准的方式得由国会提出。惟在1808年以前所制定的修正案,无论如何不得影响本宪法第一条第九项第一和第四款。无论何州,如未经其同意,不得剥夺其在参议院中的平等参政权。

第六条

本宪法正式通过前所负的债务和所作的保证,依照本宪法对合众国仍属有效,其效力与邦联时代相等。

本宪法和在实施本宪法时所制定的合众国法律,以及以合众国的权力所缔结或将缔结的条约,均为国家的最高法律;即使其条文与任何州的宪法或法律有抵触,各州法官仍应遵守。

前述的参议员和众议员、各州立法机关成员,以及合众国和各州所有行政官员和司法官员,都必须宣誓或作代誓的保证,以拥护本宪法。但不得要求以宗教宣誓作为受任合众国政府下任何官职或公职的必要条件。

第七条

经九个州的州制宪会议批准,本宪法即足以在批准本宪法的各州间确立。

本宪法于耶稣纪元1787年,即美利坚合众国独立后第十二年的9月17日,经与会各州在制宪会议上一致同意后制定。现签名于后,以兹证明。

证明人威廉·杰克逊秘书　　G.华盛顿——会议主席和弗吉尼亚州代表

新罕布什尔州 …………… { 约翰·兰登
尼古拉斯·吉尔曼 }

马萨诸塞州 …………… { 纳撒尼尔·戈勒姆
鲁弗斯·金 }

康涅狄格州 …………… { W.S.约翰逊
罗杰·谢尔曼 }

纽约州 …………… 亚历山大·汉密尔顿

新泽西州 …………… { W.利文斯顿
戴维·布里尔利
W.佩特森
J.戴顿 }

宾夕法尼亚州 …………… { B.富兰克林
托马斯·米夫林
R.莫里斯
G.克莱默
T.菲茨西蒙斯
贾雷德·英格索尔
詹姆斯·威尔逊
古夫·莫里斯 }

特拉华州 …………… { G.里德
小冈宁·贝德福德
约翰·迪金森
理查德·巴西特
J.布鲁姆 }

马里兰州 …………… { 詹姆斯·麦克亨利
圣托马斯·珍妮弗的丹
D.卡罗尔 }

弗吉尼亚州 …………… { 约翰·布莱尔
小詹姆斯·麦迪逊 }

北卡罗来纳州 …………… { W.布朗特
R.多布斯·斯佩特
胡·威廉森 }

南卡罗来纳州 …………… { J.拉特利奇
查尔斯·科茨沃思·平克尼
查尔斯·平克尼
皮尔斯·巴特勒 }

佐治亚州 …………… { 威廉·费尤
阿布尔·鲍德温 }

宪法修正案

美利坚合众国宪法增补的条文和修正案,依照原宪法第五条的规定,由国会提出,并经各州立法机关批准。

最初的修正案

最早的十条宪法修正案于1789年9月25日由国会提出,1791年12月15日批准生效。它们被统称为人权法案,虽然只有前8条修正案是保障个人具体的权利和自由的。

第一条修正案

国会不得制定关于下列事项的法律:建立国教或禁止信教自由;剥夺人民的言论自由或出版自由;剥夺人民和平集会以及向政府申冤请愿的权利。

第二条修正案

严加管理的民兵,为保障自由州的治安所必需,故人民备带武器的权利不得受到侵犯。

第三条修正案

未经户主同意,军队不得在和平时期驻扎民房。除按法律规定的方式外,战时也不得在民房驻扎军队。

第四条修正案

人民有保障其人身、住所、文件和财物不受无理搜查和扣押的不可侵犯的权利。除有以宣誓或正式证词为依据的可能的理由,并详细说明搜查的地点、拘捕的人或扣押的物品外,不得颁发搜查证、拘捕证或扣押证。

第五条修正案

除非大陪审团提出呈文或起诉,否则不得宣判任何人受死罪或其他被褫夺公权罪的惩罚,惟发生于陆海军或发生于战时或国难时服现役的民兵中的案件不在此限。不得使任何人因同一罪行两次被置于生命或肢体的危险处境。在任何刑事案件中不得强迫任何人自证其罪,未经正当法律手续亦不得剥夺任何人的生命、自由或财产。凡私有财产,若无恰当的补偿,不得挪为公用。

第六条修正案

在一切刑事诉讼中,被告可享受下列权利:由发生罪案之州或地方的公正陪审团迅即予以公开审判,该地方应事先根据法律查清案情;被告知指控的性质和理由;与对方的证人对质;按规定手续获得对本人有利的证据,并受辩护律师的协助。

第七条修正案

普通法方面的诉讼,其争讼的价额超过二十美元者,有受陪审团审判的权利。凡经陪审团审理的事实,除非依照普通法的规定,不得在合众国的任何法院再加审理。

第八条修正案

在一切案件中,不得课以过多的保释金、过重的罚金,或施加残酷和异乎寻常的刑罚。

第九条修正案

不得因本宪法只列举某些权利,而认为人民所保留的其他权利可以被取消或贬低。

第十条修正案

凡本宪法所未授予合众国也未禁止各州行使的权力,由各州或人民保留之。

以后的修正案

一项宪法修正案在获得四分之三的州的批准后即可生效。下列修正案所附日期为正式通过的证明书(以前称之为公告)发布之日。

第十一条修正案(1798年1月8日)

合众国司法权不得解释为可扩大受理任何另一州的公民或者任何外国公民或属民据普通法或衡平法对合众国之一州的控告。

第十二条修正案(1804年9月25日)

选举人应在他们各自的州开会,投票选举总统和副总统,该二人中至少有一人不得与选举人同为一州内的居民。选举人应在选票上书明选为总统的人的姓名,并在另一选票上书明选为副总统的人的姓名。选举人应将所有被选为总统的人及每人所得票数列一表,将所有被选为副总统的人及每人所得票数另列一表,并在这些表上签名加以证明,封印后即送至合众国政府所在地,径送参议院主席。(参议院主席应在参议院和众议院全体议员面前,当众验明签证启封,然后计算票数。)获得总统选票最多者,即当选为总统。惟其所得票数须超过被选派的选举人总数的半数,倘无人获得此项多数票,则众议院应从被选为总统的名单上得票最多的不超过三人之内,立即投票选举其中一人为总统。但在依此选举总统时,应由各州投票,每州代表只有一票。选举总统的法定人数,由三分之二的州所选出的众议员组成,而候选人所得票数须超过所有州的半数方能当选。每当选举总统的权利转移到众议院时,如次年3月4日以前尚未选出总统,则副总统应参照总统逝世或宪法所规定的其他总统丧失能力的情况,代行总统职务。——凡得副总统选票最多者,即当选为副总统。惟其所得票须超过被选派的选举人总数的半数,倘无人获得此项多数票,则参议院应从名单上得票最多的二人中选举一人为副总统。选举副总统的法定人数为全体参议员的三分之二,候选人所得票数须超过全体参议员的半数方能当选。但宪法规定没有资格当选为合众国总统者,亦不得选为合众国副总统。

第十三条修正案(1865年12月18日)

第一项 合众国境内或受合众国管辖的任何地区内,不准有奴役或强迫劳役的情况存在,惟用以惩罚业经定罪的罪犯者不在此限。

第二项 国会有权为实施本条而制定适当的法律。

第十四条修正案(1868年7月28日)

第一项 凡在合众国出生或加入合众国国籍而受其管辖的人,均为合众国及其居住州的公民。各州皆不得制定或施行任何剥夺合众国公民的特权或豁免权的法律。各州也不得未经正当的法律手续,即行剥夺任何人的生命、自由或财产。并不得在其辖境内拒绝给予任何人法律上的同等保护。

第二项 各州众议员名额应按其人数的多寡分配,计算各州总人数时不包括不纳税的印第安人。但各州年满二十一岁的男性居民并为合众国公民者,除因参加叛乱或其他罪行不计外,其选举合众国总统和副总统选举人、国会议员、州行政官和司法官,或该州立法机关成员的权利被拒绝给予或被剥夺时,该州代表名额应按照这些男性公民与该州年满二十一岁男性公民总数的比例予以核减。

第三项 凡作为国会议员、合众国官员、州立法机关成员、州行政官员或司法官员而已宣誓拥护合众国宪法者,其后如曾对合众国谋反作乱,援助或支持合众国的敌人,即不得为国会的参议员或众议员,或总统和副总统选举人,或在合众国政府或任何一州政府下担任文武官职。但该资格可由国会两院各以三分之二票数表决恢复。

第四项 凡经法律批准的合众国公债,包括为支付有功于平定内乱或叛乱者的养老金和奖励金所负的债务在内,其效力不得怀疑。但合众国或任何一州皆不得承担或偿付因资助对合众国作战或谋反而负的债务或义务,或因任何奴隶的丧失或解放而要求的赔偿;所有这类债务、义务和要求皆应视为非法与无效。

第五项 国会有权为实施本条各项规定而制定适当的法律。

第十五条修正案(1870年3月30日)

第一项 合众国或其任何一州不得因种族、肤色或曾为奴隶而拒绝给予或剥夺合众国公民的投票权。

第二项 国会有权为实施本条而制定适当的法律。

第十六条修正案(1913年2月25日)

国会有权设置和征收所得税,而不问其所得之来源,其收入不必分配于各州,也不必根据人口调查或统计以定其税额。

第十七条修正案（1913年5月31日）

合众国参议院由每州人民选举参议员二人组成。参议员任期六年，各有一票表决权。各州选举人应具有各州立法机关中人数最多一院的选举人所需具备的资格。

任何一州所选派的参议院议员有缺额时，该州行政当局应颁发选举令，以补足此缺额；其前提条件是，任何一州的立法机关在人民依照立法机关颁发的命令举行选举以补缺额之前，得授权行政长官任命临时参议员。

本修正案不应被解释为，可对在其作为宪法的一部分而生效前所选出的参议员的选举或任期发生影响。

第十八条修正案（1919年1月29日通过；1933年12月5日废止）

第一项 本条经批准一年后，凡在合众国及其管辖的一切领地境内制造、销售或转运足以致醉的酒类饮料，均应禁止，并不准输入或输出。

第二项 国会和各州均有权为实施本条而制定适当的法律。

第三项 本条在国会送达各州之日起七年内，倘未经各州立法机关依宪法规定批准为宪法修正案，则不得生效。

第十九条修正案（1920年8月26日）

合众国或任何一州不得因性别关系而拒绝给予或剥夺合众国公民的投票权。

国会有权为实施本条而制定适当的法律。

第二十条修正案（1933年2月6日）

第一项 总统和副总统的任期，应于任期届满之年的1月20日正午终止。参议员和众议员的任期，应于任期届满之年的1月3日正午终止。其继任人的任期即于是时开始。

第二项 国会每年至少应开会一次，开会日期除以法律另订日期外，应于1月3日正午开始举行。

第三项 当选的总统倘在规定接任的日期前逝世，则由当选的副总统升任为总统。倘规定总统接任的日期已到，而总统尚未选出，或当选的总统不合资格，则应由当选的副总统代行总统职务，直到有一位总统获得就任资格时为止。国会也可以通过法律为当选的总统和副总统皆不合资格这种情况预作准备，宣布届时代理总统职权的人选，或选举代行总统职权者的方法。届时该人即行使代理之权，至一位总统或副总统获得就任资格时为止。

第四项 当选举总统的权利转移到众议院时，如可以选为总统的人中有人亡故，以及当选举副总统的权利转移到参议院时，如可以选为副总统的人中有人亡故，国会得依法对此作出规定。

第五项 第一项和第二项须待本条批准后于10月15日生效。

第六项 本条在送达各州立法机关之日起七年内，倘未经四分之三州的立法机关批准为宪法修正案，则不得生效。

第二十一条修正案（1933年12月5日）

第一项 兹将合众国宪法修正案第十八条予以废止。

第二项 凡在合众国各州、各领地或属地境内为交付或使用致醉的酒类饮料而进行的转运或输入，如违反有关的法律，应予禁止。

第三项 本条在国会送达各州之日起七年内，倘未经各州制宪会议依宪法规定批准为宪法修正案，则不得生效。

第二十二条修正案（1951年3月1日）

第一项 任何人不得被选任总统两届以上；在另一人选为总统期间接任或代行总统职务两年以上者，不得再任总统之职一届以上。本条不适用于国会提出本条时担任总统的人员；亦不妨碍在本条从提出到生效期间接任或代行总统职务者在该届任期期满前继续任职。

第二项 本条在国会送达各州之日起七年内，倘未经四分之三州的立法机关批准为宪法修正案，则不得生效。

第二十三条修正案（1961年4月3日）

第一项 合众国政府所在地哥伦比亚特区，应按国会所指定的方式任命：

与其在国会的参议员和众议员的总人数相等的总统和副总统选举人，在这方面，该特区享有一个州所享有的同等权利，但不得超过人口最少的州的选举人人数；他们是各州任命的选举人之外的选举人，但他们应被看作由一个州为了选举总统和副总统而任命的选举人；他们应在哥伦比亚特区开会，履行宪法修正案第十二条所赋予的职责。

第二项 国会有权为实施本条而制定适当的法律。

第二十四条修正案（1964年2月4日）

第一项 在选举总统或副总统、选举总统或副总统选举人，以及选举国会参众两院议员的任何初选或其他选举中，合众国公民的投票权不得以未缴人头税或其他税款为由而被合众国或任何州拒绝给予或剥夺。

第二项 国会有权为实施本条而制定适当的法律。

第二十五条修正案（1967年2月10日）

第一项 在总统被免职、亡故或辞职的情况下，副总统应成为总统。

第二项 遇有副总统职位出缺，总统应提名一位副总统，经国会两院多数票批准后就职。

第三项 当总统向参议院临时主席和众议院议长递交书面声明，称他丧失履行其职权和责任的能力时，其职权和责任应由副总统作为代总统履行，直至他向他们递交一份相反的声明时为止。

第四项 当副总统和政府各部或国会依法规定的其他部门的主要官员的多数，向参议院临时主席和众议院议长递交书面声明，称总统丧失履行其职权和责任的能力时，副总统应立即作为代总统而担任总统的职权和责任。

此后，当总统向参议院临时主席和众议院议长递交书面声明，称他并非丧失工作能力时，他应恢复其职权和责任,除非副总统和政府各部或国会依法规定的其他部门主要官员的多数在四天内向参议院临时主席和众议院议长递交书面声明,称总统丧失履行其职权和责任的能力。在这种情况下,应由国会作出裁决,如在休会期间,国会应为此在四十八小时内召集会议。如国会在接到后一声明之后二十一天内,或在休会期间为此需要而集会后的二十一天内,以两院的三分之二多数确定总统已丧失履行其职权和责任的能力,副总统应继续代行总统职务;否则,总统应恢复其职权和责任。

第二十六条修正案(1971年6月30日)

第一项 对于十八岁和十八岁以上的合众国公民的选举权,合众国或任何州不得因年龄而拒绝给予或剥夺。

第二项 国会有权为实施本条而制定适当的法律。

第二十七条修正案(1992年5月7日)

任何改变参议员和众议员的服务报酬的法律,须在经过一次众议院选举之后方可生效。

权利法案　BILL OF RIGHTS

具体阐述公民权利和对政府的限制的文件通常被称作"权利法案"。权利一词基本上在两种意义上被使用:天赋人权和公民权利。天赋人权是任何人由于他或她的人性而具有的那些权利;生存权是其中最基本的权利。公民权利是由政府授予公民的那些权利。选举权就是一项公民权利:在美国年满18岁的人可以参加选举;而不满18岁的公民则不能参加选举。

就人类历史的大多数时间而言,在公民权利和天赋人权之间没有任何明确的区分。原因是,在古代和中世纪大多数社会都认为国家应该凌驾于公民之上。这倒不是说公民没有权利,而是说他们确实具有的那些权利是按照政府的命令行使的,而且随时都可能被取消或改变。

中世纪末期人们对人权问题的看法开始改变。那时各国君主在损害社会其他阶级利益的情况下不断扩大自己的权力。为了削弱君主的权力,英格兰的封建贵族于1215年向国王约翰发难,要求他签署一项保证他们的某些权利的声明——除了通过合法程序他不得侵犯这些权利。约翰王签署的这个文件被称作大宪章。这是在人权领域内一个具有里程碑意义的文件,因为它以书面形式记录了这样一个事实:至少有一部分国王的臣民获得了一些权利以限制政府施加于他们的权力。

约翰王签署大宪章的事实将他置于法律之下,而不是法律之上。因此大宪章第一次肯定了这一命题:国家是为公民而存在的,而不是相反。

在随后几个世纪里人权的概念与许多国家争取代议政体的斗争紧密联系在一起。一些哲学家和法学家,例如约翰·洛克、胡戈·格劳秀斯和孟德斯鸠,阐明了天赋人权和公民权利的区别。他们坚持认为——正如美国独立宣言所阐述的——所有的人都"被他们的造物主赋予了某些不可剥夺的权利"。不可剥夺在这里的意思是,政府在没有正当理由的情况下不得专横地剥夺任何人的权利。

随着民主政治运动在英国、美国、法国,以及后来在其他一些国家的发展,一些具有重大历史意义的权利法案相继颁布。其中有:英国权利法案(1689)、弗吉尼亚人权宣言(1776)、法国人权宣言(1789)和美国人权法案(1791)。这些文件,虽然当初都只打算在一个国家内实施,但在19和20世纪对其他国家产生了深远影响。

英国权利法案

英王詹姆斯二世(1685至1688年在位)关于在英格兰恢复罗马天主教会的决定导致了他的垮台。由于失去议会和臣民的支持,他被迫退位。议会把王位授予奥伦治王室的威廉三世和玛丽二世。

1689年议会通过了"宣布臣民权利和自由与确定王位继承法案"。该法案对王位继承问题作出规定:王位应该传给玛丽的后嗣,继承王位的人必须是新教徒。这样君主制就被置于一个受议会支配的有条件的基础之上。该法案进一步阐明了议会的权利,它宣布:未经议会准许,国王不得筹款;议员的选举应是自由的;议会内各项行动的自由,不能在议会之外的任何法院或任何地方受到指控或审讯;未经议会同意,在平时维持一支常备军是非法的。

英国的权利法案没有赋予个人新的权利,但它重申了英国人已经享有的权利:臣民向国王请愿的权利;(新教徒)臣民为自卫而携带武器的权利;禁止过多的保释金或罚款,禁止残酷异常的刑罚;重大案件由陪审团审判的权利,以及要求雪洗冤屈和要求修改法律的权利。因此,英国权利法案的根本作用是进一步明确了现行的法律,并以书面形式系统地阐述了被英国公民视为他们的权利的那种摆脱为所欲为的专制统治的做法。

弗吉尼亚人权宣言

1776年春,美洲13个殖民地正在讨论脱离英国宣告独立的问题。5月在弗吉尼亚召开的该州的一个代表会议一致通过了一项赞同独立的决议。会议要求与会的乔治·梅森起草一项权利宣言和一部新宪法。

梅森——美洲殖民地最杰出的政治学家之一——起草了那份以后被称为"弗吉尼亚人权宣言"的文件,该文件可以说是那个时代最有影响的文件之一。它过去通常被看作托马斯·杰斐逊起草独立宣言时借鉴的一个来源。它还被其他殖民地在制定新宪法时所仿效,以后又成为美国宪法于1791年增补的人权法案的基础。1789年以后的法国革命政府在拟定它自己的人权宣言时也利用过它。

弗吉尼亚人权宣言于1776年6月12日由弗吉尼亚制宪会议通过,它包含16款。该宣言阐述了被认为来源于人民的政府进行治理的基本原则,阐明了个人权利,明确限定了政府权力。

人权宣言的第1款宣布:"所有的人都是生而平等、自由和独立的,他们具有某些天赋的权利,当他们进入社会状态时,他们不能根据任何契约剥夺或迫使他们的后代放弃这些权利;这些权利就是:通过获得并拥有财产,追求并得到幸福和安全,享有生活的乐趣和自由。"

第 2 至第 6 款是关于基本原则、权力和政体的。例如第 5 款规定权力分立——即国家的立法权和行政权应该与司法权分开。第 6 款规定公民有投票和自由选举的权利。

第 7 款宣布:"所有中止或实施法律的权力——不论来自哪个权力机构——如果没有得到人民代表的同意,就有损于人民的权利,因而是不应该行使的。"

第 8 至第 16 款列举了政府没有正当理由不得侵犯的个人权利。这些权利有:由陪审团审判的权利;禁止过多的罚款或保释金,禁止残酷异常的刑罚的规定;作为"自由的最大保障之一"的出版自由;需要建立一支管理得很好的民兵组织,反对在平时保留常备军;由文职人员控制军事机构,以及实行政教分离。

只要读一读独立宣言——宣言列举了英国政府滥用权力的种种情况——就会明白,为什么美洲殖民地的居民们认为把权利法案写入他们的宪法是完全必要的。例如在马萨诸塞州,1778 年的新宪法被废除就是因为它没有包含任何权利法案。1780 年起草的第二部宪法被接受则因为它包含了明确规定人民与政府关系的权利法案。

人权宣言

法国大革命开始于 1789 年 7 月 14 日对巴士底狱的猛烈进攻。虽然君主制并没有立刻被推翻,但是在一个月内国民议会就起草并通过了一个权利宣言——它于 1791 年成为一部新的法国宪法的序言。它被看作关于人的自由的一部重要宪章,它包含了引起这次革命的所有原则。

作为一个文件,法国的这个宣言充分利用了在过去二十年间出现的美国人有关权利的论述,特别是弗吉尼亚人权宣言。此外,它依靠像洛克、孟德斯鸠、让-雅克·卢梭和伏尔泰这样的政治理论家的大量论述得非常详细的著作。制订这个宣言的目的是要概括和规定作为人民与政府关系的基础的那些原则,并把生活在一个主权国家的个人应该得到的保护用独立的条款规定下来。

虽然人权宣言的主要目的是为了抨击革命前的君主政体,然而它包含了许多流行于 18 世纪的重要的政治思想。该文件在前两条中宣布:人人生来是而且始终是自由的,有平等的权利;政治结合或政府的目的,就是保护人的天赋的不可剥夺的权利——自由、私有财产、人身不可侵犯,以及反抗压迫的权利。

有几项条款规定了自由和法律在社会中的作用,然后具体阐述了个人权利:除非已掌握合法确定的罪行,否则不得控告、逮捕或拘禁任何人;除非经过适当的审判程序,否则不得处罚任何人;对任何人,都不应当因为他所持的见解而处罚他,即使是宗教的见解;言论自由和出版自由的权利;拥有私人财产的权利;通过按时选举产生的代表批准宗教教团成员的权利;要求实行公平的税收政策的权利;要求每一名政府官员报告其工作的权利。这些权利现在仍然是所有自由国家的主要信条。

人权宣言的影响,如果联系法国大革命的背景来看,几乎是怎么估计也不为过的。在一段为期两年的时间里,建立过一个极端的民主政体,一切特权都被彻底废除了。在随后的几十年里,基于革命所取得的成就,政治理论开始暗示政体方面更富戏剧性的变化——这些在 20 世纪被称作社会主义、共产主义和无政府主义的变化。可以毫不夸张地说,以后在欧洲发生的革命,尤其是 1917 年的俄国革命,无不借鉴了产生于法国大革命的思想和实践经验。

美国人权法案

1787 年在费城起草的美国宪法没有包含一项权利法案。这一情况令当时的许多美国人忧虑,因为他们担心,没有这样一项法案,新建立的中央政府也许会通过作出种种专横的决定,侵犯他们刚刚赢得的自由。托马斯·杰斐逊就是一位对新政府的设计者持批评意见的人。1787 年 12 月他写信给他的朋友、宪法的主要起草人詹姆斯·麦迪逊,信中说:"权利法案就是人民有哪些与世界上任何政府相对抗的权利……有哪些任何合法政府按理不应拒绝给予或中止的权利。"随着正式批准宪法的各项程序的进展,各州普遍认识到:在新政府正式就任后,应该立即将一项权利法案增补到宪法里去。1791 年人权法案——它包含由麦迪逊起草的 12 条中的 10 条——被各州批准并正式生效。(人权法案的原文,见:**美国宪法**)

基于先前一些著名的权利声明,例如大宪章、英国权利法案和弗吉尼亚人权宣言,美国人权法案包含以下规定:(1)宗教信仰、言论、出版和公共集会的自由;(2)携带武器的权利;(3)平时不得强行将军队驻扎于民房;(4)不受无理搜查和扣押;(5)只在大陪审团起诉后才接受审判;(6)不得使被告两次处于被判罪或受处罚的险境;(7)不得强迫任何人自证其罪;(8)未经适当法律程序不得实施任何处罚;(9)没有合理补偿,不得征用财产;(10)在罪案发生的州迅速进行公开审判;(11)价额超过 20 美元的民事诉讼由陪审团审理,陪审团对事实的裁决是最终裁决;(12)不得课以过多的保释金和处以残酷异常的刑罚;(13)列举上述权利并不贬低或否认人民所保留的其他权利;(14)凡未授予联邦政府,也未禁止各州政府行使的权力,由各州政府或人民保留之。

直到美国南北战争于 1865 年结束时为止,宪法专家中始终有人对联邦法院实施人权法案的规定以反对一些州法和州法院判决的权威性持怀疑态度。1868 年宪法第十四条修正案解决了这个问题。它规定:"各州皆不得制定或施行任何剥夺合众国公民的特权或豁免权的法律。"各州和地方制定的法律开始服从联邦的司法审查。

第十四条修正案的其他两项规定对人权法案的司法解释产生了重大影响:正当程序条款和同等保护条款。该修正案宣布:"各州也不得未经正当的法律手续,即行剥夺任何人的生命、自由或财产。并不得在其辖境内拒绝给予任何人法律上的同等保护。"这些规定使得联邦法院能在防止政府行为侵犯言论、宗教信仰、出版和结社自由方面提供保证;并有权对刑事诉讼程序提出意见。运用同等保护条款的一个重大事例发生在 1954 年。当时美国联邦最高法院在布朗诉托皮卡市教育局案中裁定:一些州在公共教育中实行的种族隔离是违反宪法的。

这些载入宪法的权利绝不能看作是绝对的;也就是说,不能不受任何限制地行使这些权利。例如,言论和出版自由不能用于进行诋毁、诽谤,或煽动暴乱。宗教信仰自由不能用来保护一夫多妻或一妻多夫制婚姻,或者保护逃税行为。家长们也不得以宗教信仰为由置有关雇用童工或保证儿童受教育的法规于不顾。

其他有关人权的声明

条约 用国际条约规定人权的做法至少可以追溯到17世纪。当时,即三十年战争于1648年结束之际,威斯特伐利亚和约阐明了德国的罗马天主教徒和新教徒享有同等权利的原则。

19世纪在西方世界起草过一些旨在废除奴隶制和奴隶买卖的条约。最后,在1926年,国际联盟通过了那项世界性的禁奴国际公约。这项公约的所有签字国一致同意,禁止奴隶买卖,并为彻底废除奴隶制而努力奋斗。

战争法也已经以条约的形式制定出来。在红十字国际委员会的努力下,改善战地武装部队伤病员境遇国际公约于1864年在瑞士日内瓦签订。

第一次世界大战后在中欧和东欧拟定过一系列所谓的少数民族条约,以保护种族群体的权利。这些地区的各国被要求确保它们的国民受到法律的同等保护,并且不分种族、语言或宗教信仰享有同样的政治权利和公民权利。

世界人权宣言 世界各国已经依据传统把人权问题看作它们各自管辖范围之内的事情。然而,1948年联合国人权委员会发表了世界人权宣言,为各国提供了一个标准。它由一篇导言和30项条款组成,实质上概括了来源于过去一些宪法和法律体系的全部公民权利和政治权利。

除了重申美国人权法案的那些规定以外,它还涉及这样一些问题:婚姻权;离开和返回自己国家的自由;免受迫害的避难权;参政权;社会保障权;工作权;同工同酬权;休息和闲暇权;达到适当生活水平的权利;儿童享有的权利;受教育权;参与社会文化生活的权利;要求保持社会秩序和国际秩序的权利。

世界人权宣言不是一项条约,因此它在任何社会里都不具有法律效力。它已被一些政府和国际组织用来评价在世界各地观察到的人权状况。

赫尔辛基协议 该协议的正式名称是欧洲安全与合作会议最后文件,它是为1975年在芬兰赫尔辛基召开的一个有35个成员国参加的最高级会议起草的。它与世界人权宣言一样,对签字国没有法律约束力,但是它试图阐明为保障和平和确认第二次世界大战以后欧洲各国边界而进行合作的原则。

该协议再一次重申了言论、思想和宗教信仰自由等基本人权,以及少数民族的权利。它还要求国与国之间自由交换观点和信息,并提出跨国旅行的权利和不同国家的国民之间通婚的权利。

投票 VOTING 见:选举;选举权

创制权、复决权和罢免权 INITIATIVE, REFERENDUM, AND RECALL

这三项权利总称为直接行动的政治。创制权、复决权和罢免权是人民可以直接以自己的意愿影响立法程序和政府机制的三种手段。多数立宪民主国家,如澳大利亚、加拿大、意大利和美国,通过代议政体进行管理。如果人民对政府的决定不满意并想改变它,或政府想得到公众对某项政策的赞同,可利用这三项权利。

创制权是由人民首先提出的一项立法议案。罢免权是用来撤销官员职务的手段,也是由人民首先提出的。而复决权则是政府为征得人民的同意而提交给人民的一项措施。三者相同之处是,在某个时候由人民投票表决;多数情况下表决结果是决定性的。

创制权 任何法律提案只要有足够多的支持者,就可以投票表决。为此,申请书要由一定比例的选民签名。如果申请获得批准,而且签名有效,提案就可以投票表决。一旦提案通过即成法律。有时提案先提交立法机构。如果在那儿通过,则无需公民投票就成为法律。如果未通过,可直接交公民投票表决,这有可能推翻立法机构的决定。

复决权 有两种复决权:强制性的和选择性的。在许多地区,某些议案必须以投票方式征得公众的同意。例如,如果一所学校要为建楼房发行债券,那就要运用强制性复决权,叫公众投票表决。在美国,州宪法修正案同样要由公民投票表决。康涅狄格州于1818年首次采用这种做法,到20世纪它才成为修正州宪法的通行方法。

根据选择性复决权,一定数量的公民可以申请书的形式要求对立法机构通过的法律进行全民投票表决(一种与创制权类似的程序)。通过这一手段,立法机构通过的法规可由一种全民否决所推翻。

还有另一种复决权,叫作公民投票(该词出自拉丁语,意思是"人民的裁决"),它把问题或争议交给人民投票表决。其结果可以是有约束力的,也可以仅仅是建议性的,这要以公民投票的具体性质而定。

罢免权 这一程序主要在美国的州和地方使用,公民可以通过这程序罢免任期未满的公务员。它基于这样的原则:即官员是公众意愿的代表,因此要经常处于公众的控制之下。

历史和运用 创制权和复决权都源于19世纪上半叶的瑞典。1831年,圣加尔州采用了被称作任意的,即选择性的复决权。强制性的复决权1863年首先在农业的巴塞尔州采用。1845年沃州开始使用创制权。

在一些敌视政党核心政治或认定政府一般对大众意愿漠不关心的群体的领导下,复决权和创制权都被美国采用。然而这二者像罢免权一样,只在一些州和市合法,并不在全国都合法。

从20世纪70年代初以来,创制权变得大受欢迎。随着对一些特殊问题——如民权、堕胎、极刑、核能、税收政策、枪支管理和环境等问题——感兴趣的群体的出现,创制权的使用越来越多。

也许近年来通过的最著名的创制就是加利福尼亚州的第十三条提案。这是一项关于在该州减少57%财产税的提案,极受欢迎。尽管该议案受到州长、州立法院和政府机构的强烈反对,它还是在 1978 年获得通过,并在几个州引起了对税收过重的反抗。

从 20 世纪 70 年代末以来,公民投票表决已引起国际上的注意,因为表决的问题都是较大群体关注的问题。1981 年 5 月 18 日,意大利人彻底挫败了一项议案,这项议案要求废止 1978 年通过的有争议的堕胎法,尽管天主教会极力主张废止该法。1980 年 5 月,加拿大人挫败了一项议案,这项议案如通过,将强制国民政府同讲法语的魁北克省谈判主权问题。1982 年美国国会选举时,在几个州和市通过了不具有约束力的关于冻结核武器的议案。

罢免权,与创制权、复决权一样,源于瑞典,它不仅适用于个别官员,而且适用于整个立法。1903 年,罢免权作为洛杉矶市章程的一部分首次被美国采用。许多城市和大约四分之一的州都把罢免权包括在它们的章程或宪法之中。1921 年,北达科他州的选民罢免了州长、检察长和农业部长。底特律和洛杉矶的市长也分别于 1929 年和 1938 年被罢免。1983 年 4 月,罢免圣弗朗西斯科市长的投票惨遭失败。

弹劾　IMPEACHMENT

美国宪法第二条第四项规定:"总统、副总统和合众国的一切文职官员,凡受叛国罪、贿赂罪或其他重罪轻罪的弹劾并被判定有罪时,应被免职。"弹劾是用以起诉、指控有犯罪嫌疑的公务员的法律程序。它与由大陪审团公诉的刑事诉讼相似(见:**陪审团制**),不过不经过普通的陪审审判,而是由一立法机构,如众议院,进行听证来斟酌指控被告的证据。

如果该立法机构认为此案成立,则进行弹劾立案表决。弹劾立案并不意味着被告有罪;不过,这确实意味着必须进行审判。在美国,众议院通过弹劾立案后,在联邦政府这一级由参议院进行审判。因此参议院扮演的是小陪审团的角色,它以事实为依据,投票表决被告无罪或有罪。一旦某公务员被判有罪,根据美国宪法第二条第四项,总统无权对其进行赦免。

弹劾于 14 世纪起源于英国。由于当时公众强烈反对一些英国官员,弹劾作为一项法律手段应运而生,它是制订对官员起诉的刑事诉讼程序。1376 年的"善良议会"产生了首批正式认可的、对某些与国王爱德华三世政府有联系的官员弹劾案。

15 世纪中叶以后,弹劾弃置不用,直至 17 世纪,议会才又恢复了弹劾,将它用作罢免一些不得人心的大臣的方便手段,这些大臣大都是国王的宠臣。此后,由于人们普遍认为议会常常滥用权力,弹劾的使用渐衰。自 1806 年以来,英国尚无弹劾案例。

美国极少使用弹劾,但有两个著名案例涉及弹劾。安德鲁·约翰逊是惟一受到弹劾的总统。在参议院的审理中,约翰逊以一票之差被判无罪。另一个案例涉及理查德·M.尼克松总统。1974 年 7 月,由于水门丑闻,众议院司法委员会投票通过了对尼克松弹劾议案的三个条款,不过没有等全体会议上弹劾程序开始他就辞去了总统的职务。一些州长也曾受到过弹劾。1988 年,亚利桑那州的埃文·米查姆成为差不多 60 年来第一个受弹劾的州长。

大多数国家的宪法中都有弹劾的条款,但弹劾程序不同。与美国和英国不同的是,大多数国家由法院而不是立法机构起诉和审理弹劾案。

议会法　PARLIAMENTARY LAW

社团、俱乐部或立法机构开会,如不按一定章程就会处于混乱状态。这些章程叫作议会法。这一名词来自英国议会,其首创的会议基本规章虽有修改,但至今仍被普遍采用。

一个群体如果想组织俱乐部,首先选举一名临时主席和一名秘书。临时主席或全体大会任命一个特别委员会起草作为组织准则的章程,以及包括开展活动详细规定的细则。有些俱乐部在全体会议上制订细则。

章程和细则

章程的条款一般规定:俱乐部的名称和宗旨;入会条件;选举领导人的方式和时间;领导人的责任;开会时间;会员费额数;法定人数;章程的修改;修改章程所需票数等。细则可规定会议及常务委员的责任以及会议议事程序。议程可能如下:点名,宣读上次会议记录、常务及特殊委员会报告、未完成的和新的事项、俱乐部的日常工作,最后是休会动议。秘书逐条宣读章程及细则的初稿,每读一条,会员就投票表决是通过还是修改。

负责人及委员会

章程及细则通过之后就选举常务负责人。负责人一般指主席、副主席、秘书、司库,也许还有警卫。秘书和司库常由一人兼任。许多组织有执行委员会,由全体负责人及两三名其他成员组成,对重大问题作出决策。负责人职位的候选人从全体与会成员中产生或由委员会提名。全部候选人提名后,由一人提议结束提名。然后会员对被提名或未被提名的人进行投票选举,一般为无记名投票。获多数票者当选。

常务委员会,即常设委员会(其选举通常在章程中加以说明),和由主席、俱乐部或委员会主席任命的特别或临时委员会在专门工作中起重要作用。

如果一个人当选为主席,他每次应这样宣布开会:"全体请安静,现在开会。"然后他应按常规主持会议。会员想提出计划或建议应该起立,向主席请示。经同意方可提建议——在议会法中叫作动议。主席面向他表示允许说:"请这位先生(或女士)发言",或者仅仅叫他(她)的名字。主席应该一直用第三人称称呼自己。如果两个或两个以上成员同时要求发言,主席让提动议者就动议发言。如果无人提动议,主席就让尚未发言者发言。主席还应给极少发言者以优先权。

一成员提出动议后,主席重述该动议并问是否有人支持。动议受到支持后主席问:"还有意见吗?"如果没有,他就以类似下面的话要求表决:"有人提议 6 月 1 日俱乐部在哈罗维尔小院野餐,赞成的说'同意',不赞成的说'不同意'。"表决后主席宣布:"动议通过(或未通过)。"

作记录

秘书记录每次会议的内容并负责点名。他记录下会议类型（例会还是特殊会议）、日期和地点、主持人和记录人、记录的宣读、讨论的事务和休会时间。会议记录由会员通过，必要时进行修改。会议主持人缺席时，秘书宣读所有文件并召集会议。他总是站立宣读文件。主席缺席由副主席主持会议。司库掌管俱乐部的资金。警卫维持秩序。没有会员的同意不能通过任何动议。想发言的人总是站起来，称主持人为主席先生或主席女士。例如，他想提动议就会说："我提议6月1日在哈罗维尔小院野餐。"另一成员可以说："我赞成。"不用起立。只有法定人数出席才能投票表决。法定人数是指章程规定俱乐部大会或某个委员会处理事务所需最少人数。

议会动议 * 分类

优先动议
1. 开会的时间和地点
2. 休会
3. 休息
4. 是否优先问题
5. 要求执行议程

附带动议
1. 议程问题
2. 上诉
3. 反对（需三分之二多数）
4. 宣读文件
5. 分割动议
6. 撤回动议
7. 暂时取消规章（需三分之二多数）

次要动议
1. 搁置
2. 要求讨论前面的问题（需三分之二多数）
3. 推迟一定的时间
4. 提交委员会
5. 无限期推迟
6. 修正修正案 ⎫ 这三项动议地位平等
7. 修正 ⎭

主要动议
所有提出新事项的动议。

* 标有着重号的动议都是可以辩论的。其余都不可以辩论。

动议的"等级划分"

动议及建议要进行分类，以避免几个问题同时向会议提出，引起混乱。优先动议优先考虑；其次是附带动议；次要动议居第三位；最后是主要动议。优先动议是有关会员权力的。确定下次开会时间地点的动议优先于其他任何动议。其他动议优先顺序如下：休会动议；会议中间休息动议；提出某问题是否给予优先的动议（例如屋子太冷，应使俱乐部舒服些的建议）；或是转入正题，即当时间已剩不多时提出讨论预定的事务。除是给予某问题优先的动议，所有优先动议都不可以辩论，由主席付诸表决。

确定"议程"

由其他动议引起的附带动议，其优先顺序是：议程问题（会员优先就会议程错误提醒主席，主席决定提醒的对与错）；上诉（如果会员认为主席就议程问题作出的决定错误，他可以向大会上诉）；反对（会员可反对太小的主要动议）；宣读文件；分割或撤回动议；暂时取消规章（只有会议规章和俱乐部特殊规章可暂时取消，章程和细则绝不能取消）。上诉是惟一可以辩论的动议。

次要动议正确顺序为：搁置（推迟讨论）或讨论一项动议；要求讨论前面的问题（以便停止辩论，就动议投票表决）；推迟一定的时间；提交委员会。无限期推迟动议、修正动议和修正修正案是具有同等地位的三项次要动议。所有次要动议，除搁置和要求讨论前面的问题外，都可进行辩论。

主要动议以提出新的事项为主，它们都可进行辩论。俱乐部正在考虑任何动议时，提出主要动议就不合程序。一名会员可能会提出这样的动议："我提议为南大厅买一幅画。"俱乐部正在讨论这一动议时，另一会员可能会建议："我建议俱乐部给简·西摩送鲜花。"第二项动议被主席裁定"不合程序"，因为俱乐部正在讨论前一项动议。不过，正在讨论买画动议时，一名会员可以说："我建议此事提交委员会。"由于这是次要动议，它优先于任何主要动议，俱乐部应立即投票表决同意还是否决它。

一般动议付诸表决前应受到支持。被否决的动议可以以后"重新考虑"。只有改变规定或管理的动议需要三分之二的多数通过。其他动议仅需简单多数。主席向俱乐部提交的动议则成为一个问题。问题通过后，如果是强制性的，它便成为命令；否则就是决议。表决方式有投票、起立表决、齐声喊"同意"或"不同意"，或举手。

阻挠议事 FILIBUSTER

美国参议院不愿意限制讨论自由。有时参议员利用这一特权。他们无休止地发言专为消磨时间，以阻挠立法行动。这种做法叫作阻挠议事。一次不间断的发言最高纪录为24个多小时。几个人轮流发言可占用一周甚至更长的时间。阻挠议事的议员并不局限于一个话题，他可以拿起一本书，朗读一首诗、一篇文章、统计资料或其他任何东西。如果成功的话，阻挠议事甚至可使参议院不能考虑一件事情，尽管这件事情可能得到大多数议员的支持。

1917年第一次世界大战期间，参议院首次尝试限制辩论。伍德罗·威尔逊总统要求通过法律允许商船武装起来。11名参议员用阻挠议事枪毙了这项议案。几天之后，参议院通过了第22条规定，这是参议院的第一个终止辩论规定。

第22条规定又分别于1949年、1959年、1975年、1979年和1986年作了修改。大部分的修改都是涉及需要多少参议员投票才能通过终止辩论投票表决的决定的问题。后来的修改限制了终止辩论投票表决之后议会程序的时间和发言的时间。1986年的修改缩短了终止辩论投票表决后辩论的时间,因为当时参议院的议程首次电视转播,参议员们关心他们的形象。

实际上现在阻挠议事很少使用,因为通常威胁使用阻挠议事足以阻挠立法行动。维护使用阻挠议事的人认为,有必要维护少数人的利益。1964年参议院通过民权法之前,集体阻挠议事长达74天,创造了历史上最高纪录。

"阻挠议事"(Filibuster)一词源于荷兰语 *vrijbuiter*,意思是"海盗"。16世纪,西班牙人吸收了这个词,并将之拼写为 *filibustero*。大约在1850年,拉丁美洲人重新用 *filibustero* 这个词来形容那种组织赴拉丁美洲国家的私人远征队的美国冒险者。最著名的 *filibustero* 是威廉·沃克,他是加利福尼亚年轻的律师和编辑。1855年他攻占了尼加拉瓜,并统治该国达两年之久。19世纪80年代,人们用 filibuster 一词来形容美国参议院的拖延策略。

人身保护状　HABEAS CORPUS

个人自由的一项基本保障是人身保护状。这一术语来自古拉丁语的一个法律惯用语的头两个词,这一法律惯用语是,"你必须把被告人"在某时带到法庭。某人被囚禁时,法官可根据合理要求发布命令,强制狱卒或其他看守把他带至法庭并解释囚禁的原因。如无合法理由,必须释放被囚禁者。

人身保护状确切起源不明。英国"大宪章"(1215)奠定了英语国家现在那种形式的人身保护状的基础。英王约翰被迫许诺:"除非经与他地位相等的人的合法审判并且依据本国法,否则不得逮捕或囚禁任何自由人。"根据1679年的"人身保护法",英国议会对拒绝实施人身保护状的法官和官吏予以严惩,以强化这项法律。

美国宪法第一条第九项规定:"根据人身保护令享有的特权不得中止,惟遇内乱或外患,公共治安需要停止这项特权时,不在此限。"亚伯拉罕·林肯总统在南北战争爆发时中止了这一特权。后来最高法院裁决,中止权应由国会授予。

虽然欧洲、非洲和南美洲的一些国家采用了一些类似于人身保护状的程序,但一般说来,在大陆法系国家没有人身保护状这一补救措施。但是我们知道,在社会和政治动乱期间,人身保护状曾被取消。(参见:**公民身份**)

蓝色法规　BLUE LAWS

在美国历史上的殖民地时期,康涅狄格州纽黑文镇通过了一系列规范公共和私人行为的社会法规。这些法规最初印在蓝色纸上,故称蓝色法规。

第一批蓝色法规颁布于1650年。其他殖民地很快效法。到美国独立战争时(1775—1783),此类法规在殖民地已很普遍。

千百年前欧洲就有类似法规。例如古希腊和古罗马就有节约法——限制穿衣和佩戴珠宝过于奢华或禁止暴食暴饮的法规。英国新教改革运动的领袖们授意制定了一系列法律,规范私人行为和周日经商方式。

康涅狄格州最初的蓝色法规涉及多种公共和私人事务:法院的运作、刑事处罚的性质、婚嫁、父母对子女的责任、赌博、撒谎和公共教育等。

自殖民地时期以来,美国一直有蓝色法规,或类似法规。20世纪最著名的例子是宪法第十八条修正案,又称禁酒修正案。该修正案于1919年正式批准,它禁止酿造销售酒类。实施禁酒令彻底失败,1933年该修正案废除。

与蓝色法规相似的法规的其他例子还有:星期日停业法;禁止电视香烟广告法;书籍、戏剧、电影检查制度等。

大赦　AMNESTY

这一法律术语与健忘症——失去记忆——一词有关。大赦指忘却过去的行为,使其湮灭,以后不再成为问题。

大赦经常用作消除由战争引起的敌对与分裂情绪的手段。美国南北战争之后,安德鲁·约翰逊总统大赦了大多数参战反对联邦政府的人。他于1865年颁布的大赦令大赦了许多南部邦联的支持者;他于1868年颁布的普赦令赦免了除300名以外的所有南部邦联支持者。

大赦与另一法律术语赦免密切相关;事实上两词常常混用。不过两词不尽相同。通常赦免用于被判有罪的个人。国家或州的执行长官,如总统或州长,可以赦免罪犯或使案犯免受起诉。美国历史上最著名的例子发生在1974年9月8日,当时杰拉尔德·R.福特赦免了前总统理查德·M.尼克松任职期间"所犯或可能犯或参与的一切罪行"。总统和国会都有权颁布大赦令,但只有总统有权发布赦免令。

千百年来,战争或内乱之后都实行大赦。英国内战(1642—1648)之后12年,查理二世复位后颁布了大赦令,只有参与处决其父查理一世的人不在赦免之列。在现代史上,1977年总统吉米·卡特把大赦扩大到拒绝应征入伍的人——那些宁肯离开美国或入狱也不肯赴越南作战的人。卡特总统希望消除越南战争引起的分裂和恶感,因为许多阶层的民众厌恶这场战争。

1986年美国立法机构签署了一项里程碑式的移民法。1986年的移民改革与管理法,禁止雇用非法移民,同时大赦当时在美国居住的非法移民(并给予合法居住权)。此外,还大赦非法农业工人,给他们临时居住权,几年后给予永久居住权。

政治大赦

为使政治犯问题引起全世界的注意,英国律师彼得·贝南森于1961年创建了名为国际大赦的组织。其宗旨是争取释放因政治、宗教观点不同而入狱的人,寻求对此类犯人公正、公开的审判,帮助被迫逃离本国的难民找到避难处和工作,寻找保证言论和选择自由的有效国际途径。1977年国际大赦组织获诺贝尔和平奖,截至1990年在47个国家有70万名会员。会员负责与犯人个人保持联系并就其案件向有关政府抗辩。

1989年和1990年少数极权政权限制的松动导致新的大赦热潮。1989年苏联修改了"反对国家罪刑事责任法",这项法规常常用来惩处那些进行"反苏维埃煽动和宣传"的持不同政见者。修改后的该法降低了政治犯的刑期和罚款的上限。同年,波兰当局赦免了犯某些政治罪而服刑的人。1990年1月1日,捷克斯洛伐克总统瓦茨拉夫·哈韦尔大赦了两万名政治犯。根据这一大赦令,该国近75%的犯人完全赦免或减刑。这是当时世界上40年来最大规模的大赦。

1989年南非总统F. W. 德克勒克释放了非洲人国民大会(ANC)前秘书长瓦尔特·西苏卢和其他政治犯。黑人民族主义者和最著名的非洲人国民大会成员纳尔逊·曼德拉也于1990年的大赦中获释。1989年10月,阿根廷总统卡洛斯·萨乌尔·梅内姆赦免了277名军人和平民。被赦免的许多人被控在20世纪70年代那场"肮脏的战争"中违反人权。战争期间在阿根廷武装部队与城市左派游击队的冲突中9千多人丧生或失踪。

否决权 VETO

否决权一词来源于拉丁语,意思是"我不许可"。否决权是执行官不许可或不同意立法机构通过的法规的权利。

在欧洲的一些古代国家,君主拥有绝对否决权——即,如果统治者拒绝同意,立法机构通过的法规就不能生效。现在一些君主立宪国家仍然有君主否决权,不过几乎在所有其他国家中最高行政长官的否决权已受到限制或已废止。联合国安全理事会五个常任理事国中的任何一国都有绝对否决权。(参见:**联合国**)

英国君主(国王或女王)仍然有名义上的否决权。不过自1707年以来还没有哪位英国君主否决过议会的法规。可是,否决权早已不在英国使用后,国王仍然运用它否决美洲殖民地的立法。殖民地领袖们对此极为不满。在《独立宣言》中,他们抗议的头一条就是否决权,其中这样提到国王:"他拒不批准维护公众利益所需要的、最健康的法律。"

美国宪法制定会议的与会者担心国会可能会被"急于民主和不稳定"引入歧途,会擅越执行部门的权力,于是赋予总统以有限的否决权。虽然宪法中没有出现否决权一词,但第一条第七项中明确规定了总统的权力。国会通过的一切议案都须呈交总统。"总统如批准……,即应签署,否则退还,但退还时应附异议书,送交提出该项法案的议院。……"如果议案又在国会的上下两院以三分之二的多数通过,它就推翻总统的否决而成为法律。(参见:**美国宪法**)

宪法只准总统否决整个议案,不准否决议案的一部分。国会有时在拨款议案中加入有争议的法规作为附加议案或附加条款,然后通过,这样就很难使得不受欢迎的议案被否决。由于拨款议案为继续开展政府工作所必需,因此总统几乎是被迫同意他本想否决的法规。

从1789年到1829年只有10项议案被否决。安德鲁·杰克逊是第一位大胆使用否决权的总统。直到约翰·泰勒总统任职期间,总统的否决才被国会所推翻。安德鲁·约翰逊是受挫最多的总统。重建时期敌对的国会推翻了他21项否决的15项。富兰克林·D. 罗斯福否决议案的次数最多——635次。德怀特·D. 艾森豪威尔181次否决议案,只有两次被推翻。杰拉尔德·R. 福特任职仅两年就66次使用否决权。罗纳德·里根否决了78项议案,仅有9次被推翻。

总统还有另一对策——搁置否决。如果总统反对的议案在国会休会前10天之内才收到,总统可用"搁置"手段使其无效,即在休会前不把它送回国会。这就有效地否决了议案。为躲过10天的期限,里根于1983年11月在休会期间使用搁置方式否决了两项有争议的关于萨尔瓦多的议案。后来美国上诉法院裁定这两次使用否决权违法。

虽然总统不能否决议案的一部分,可是到1990年已有43个州的州长被赋予这种权力。这一权力常常被称作分项否决。这一权力的使用州与州不尽相同,但一般是指州长可以否决不同意的那部分,接受其余部分。不过州长的分项否决可能被推翻。州政府使用分项否决权成功的原因之一是,几乎所有的州政府都需要预算收支平衡,而联邦政府则不然。

此外,州立法机构一般还在拨款议案中把各项支出项目分开,以便州长行使分项否决权。相反,国会议案常常只有笼统的一笔支付款项,并不说明资金如何支出。

尤利塞斯·S. 格兰特是众多要求分项否决权总统的头一位。从那时起,曾有成百上千项这样的议案提交到国会。里根在1984年的国情咨文演说中说,他希望有一条使他能否决拨款议案中个别项目的宪法修正案。赞同这种修正案的人认为,它可以挫败由特殊利益界外活动集团鼓吹的附加议案。反对者认为,这会使国会陷入无休止的分项否决而不能自拔。两年后,里根又重提此要求,但仍未成功。

行政法 ADMINISTRATIVE LAW

为维护社会的利益,从地方到中央的执行部门被授予执法权。为此,成立了一些机关、部、局和委员会作为下属执行部门。立法机关建立这些行政机构是为了代表政府为公众履行各种各样的职责,包括监督教育、交通管理、收税、保卫、公路及桥梁建设、商品质量管理、清除贫民窟、公共交通等。

立法机构授权执行机构履行职责。有两种授权方式:特定的法令规定某机构具体应如何运作,或允许某机构有权自行制定自己的法规。

很多情况下二者兼而有之。行政法一词现已指制约某机构或部门内部运作的规章,也指履行职责的程序。

执行机构的权力被称为授予权;这些权力不像立法机构、法院及下属执行机构的权力在一国立宪中已有规定。由于这些权力是授予的,即给予的,所以须接受上一级权力机构的检查,以防这些机构滥用职权,损害公众利益。法院检查和管理这些机构活动的程序叫作司法审查。

司法审查调查公共机构的执法能力、它们的规章的合法性,以及它们的程序的公正性与完备性。例如,如果某政府部门决定新建一条穿越某城市的公路,公民就可以状告政府,要求所有环境问题未予以考虑之前不能开工。法院或特殊法庭的任务就是确定工程的合法性。

美国的法院体系实施司法审查权,并在这方面具有广泛的权威性。到20世纪,许多争议由特殊法庭,即在很大程度上独立于行政部门的联邦机构进行仲裁。其中有证券交易委员会、州际商务委员会、全国劳工关系局和民用航空局。

其他国家有不同的司法审查体系。英国是由特殊法庭保证公共机构贯彻议会的意图。法国不允许法院监督公共机构;监督工作由国家的一个政务委员会负责。法国的体制被其他一些国家采用,其中包括比利时、意大利、葡萄牙、西班牙、希腊、埃及和土耳其。德国有行政法院体系和联邦行政法院,它们起上诉法院的作用。

前苏联和其他共产主义国家对公共机构的权限无明确规定。每个机构有处理事务的无限权力,只受上级政府机构的领导。前苏联有一个叫作检察机关的、监督所有行政部门的机构,但它没有法院的权力,也不能作出有约束力的判决。检察官受最高苏维埃的绝对领导。

劳动和工业法　LABOR AND INDUSTRIAL LAW

所有规定雇员在何种条件下为雇主工作的法律,统称为劳动和工业法。由劳动和工业法管辖的问题,有以下几种:劳动时间、童工、最低工资、工人赔偿、失业保险、工人安全和健康、工伤赔偿、工会集体谈判的权利和社会保障制度(见:**社会保障**)。

虽然政府已经觉察到应该在上述这些方面以及其他方面制定法律,但许多法律只不过是一些一般原则,具体规定经常是留给具体的公司或工厂的劳资双方去安排。例如,政府可以通过每周工作40小时的法律,但是,这并不是说一个公司不能把这40小时分散到6天中去;也不妨碍一个工厂可以超时工作,如果能付给双方协议的工资的话。

历史

政府对工作进行管理已经有许多世纪了。从古代直到19世纪,奴隶制一直受到法律和习俗的严格管制。在有些国家中,如印度,某些种姓或阶级的人,不能从事某些种类的工作。在欧洲,从中世纪开始,社会对商人和学徒行会进行严格的管理。

现代的劳动法,起源于产业革命。产业革命18世纪在英国和欧洲开始,后来扩展到美国和其他国家。旧时的工作法与近代的劳动法规之间,有着一个关键性的差别:早年的工作法是政府通过的,目的是维护国家、雇主和奴隶主的利益。而现代的劳动法规,大部分起源于19世纪,主要是为了维护工人和全社会的利益制定的。

这一差别的来由是,在产业革命方兴未艾之时,在西欧和北美出现了各种不同的政治和经济理论——其中有无政府主义、共产主义、自由主义和社会主义。这些理论,虽然在很多问题上观点各异,但都出自为民众争取更多政治和经济民主的愿望。

与此同时,一种称为启蒙运动的哲学运动,传播了许多关于人权与国家的关系的新思想。(美国独立宣言是关于启蒙思想的最好的陈述。)美国独立战争和法国大革命,以及它们关于权利的宣言,在传播个人拥有政府必须予以尊重的某些权利这一思想,起了很大作用。(参见:**无政府主义**;**权利法案**;**共产主义**;**自由主义**;**社会主义**)

在这新的、更为民主的政治背景下,许多人越来越清楚地看到,政府与富豪们联合在一起,如果不向他们施加压力,他们是不会照顾工人的利益的。因此,出现了把工人组织起来成立工会的最初尝试,以对政治家和雇主们施加这种压力。在一个多世纪中,政府把成立工会的企图视为犯罪的密谋行为(见:**劳工运动**)。由于开明的政治家和对于自身利益想得比较开通的那些雇主们的协助,工会逐渐开始被承认。工人们改善劳动条件、缩短工时和社会福利的要求,开始得到满足。

第一项重要的劳工法,是1802年英国通过的"学徒健康和道德法"。在以后的几十年中,欧洲其他国家也通过了类似的立法。第一次以法律形式对成年人工作时间的限制,是瑞士在1848年通过的。德国在19世纪80年代奥托·冯·俾斯麦任宰相时,首先建立了健康保险、工人补偿及养老金。新西兰在19世纪90年代建立了劳动纠纷的强制性仲裁。印度在1881年对童工的劳动时间作了限制,但对成年人劳动时间的立法,直到20年后才得以通过。

这些法律中大部分是为了适应各个地方的具体情况而制定的。关于普遍适用的、包罗劳资问题各个方面的劳动法的思想,直到第一次世界大战后才出现。

在美国,在20世纪30年代大萧条的最困难时期过去以前,除了对工作时间作了限制以外,几乎没有通过任何重要的劳动立法。而在法国,在1910年至1927年期间就颁布了第一部全面的劳动法规。墨西哥的1917年宪法和德国1919年的魏玛宪法中,都有范围广泛的关于劳动条件的规定。加拿大在1900年、法国在1906年、美国在1913年、英国在1916年、德国在1918年分别成立了劳动部,以管理劳动立法。其后,最发达的工业化国家都成立了劳动部。20世纪40年代和50年代,非洲和亚洲的新独立国家也都建立了劳动部。

劳动法的要点

在政府社会保险计划(见:**社会保障**)所包括的相当复杂的内容之外,劳动和工业法解决下述几类问题:就业、雇主-雇员关系、工资和薪金、工作条件、职业保健和安全规定,及劳资关系。由于在一个先进的社会中,工人种类千差万别,所以还有为数极多的有关具体职业的法律,如矿工、农业工人、流动工人、交通运输工人和政府雇员等的法律。某些种类的人,如经理和兼职工人,除了极为概括的规定外,一般不包括在劳动法之内。武装部队人员也是如此。

就业　富兰克林·D.罗斯福总统在1944年1月11日向国会提出的咨文中阐述了后来被人们称之为"经济方面的权利法案"的议案。他提出了一些主张,其中包括应保证所有的人"享有在本国的企业、商店、农场或矿山中从事有益和有报酬工作的权利"。这次演说,标志着美国和其他工业化国家自大萧条开始以来公共政策的转变。在产业革命的初期,雇主们考虑的是如何找到足够的工人。后来,在经济混乱和萧条时期,变成了如何解决大批工人失业的问题了。这个新办法表明了政府和工商界一起合作,创造就业机会,预报劳动力需求,建立招工中心,并进行职业和学徒工培训。所有这一切举措,统称为充分就业政策。

雇工-雇主关系 这是个笼统的词语,它是根据产业革命以前就存在的老的主-仆合同而来的。今天,它的内容包括雇工政策、晋升、转职及终止雇佣等。防止在雇佣中发生种族、性别或宗教歧视的公平雇佣法,是现代这个领域中立法的一些例子。

工资、薪金及其他报酬 劳动法在这一方面涉及如何对工人的劳动给予报酬的所有问题,其中包括最低工资法、小额优惠、增加生活补贴,以及保护工人不许强行降低工资法。很多这类问题都是在工会与公司之间的集体商谈中解决的。这种集体商谈根据法律规定的总的原则进行。

在现代高度工业化国家,小额优惠变得越来越重要,可以赶上基本工资了。在20世纪末期,工人们可以享受带薪休假、退休金待遇、生命和健康保险、不扣钱的因私请假,和报销与工作有关的培训的学费。随着劳动大军中女工人数的增多,有些公司已开始建立儿童日托中心。

工作条件 劳动法的这一方面来源于限制劳动时间、禁止童工和保护妇女劳动力的法律。在当前的工业社会中,这些法律的内容已经非常广泛,而且重点也有了变化。现在人们更加关心的是职业培训、专业指导和工作安排。这是因为经济已经由工业基地转移到尖端技术和有关服务的企业的缘故。

过去把重点放在保护妇女的立法上,现在这已经过时了。在工种、工时方面对妇女的限制,已被看作是一种歧视。新近的法律把重点放在同工同酬、就业机会均等和充分的产期保护上。

工作条件也以法律规定的形式有了改善,每周应至少有一天休息。这一原则在立法上又有扩展,每年可享受带薪休假。

保健和安全规定 这是劳动法的一个重要方面,是最近的新进展。起初是为矿工和其他非常危险的工种规定了基本的安全条例,其后扩展到范围广泛的工业过程和其他行业。各种规章不仅涉及防止意外事故和建筑安全,而且还与接触放射性物质、毒物、铅、石棉,和具有潜在有害影响的化学药品的工人有关。在美国,这些法律是由联邦职业安全和健康署执行的。许多州也有这类执行机构。

劳资关系 最早的某些劳动法是规定工会法律地位的。这些法律的内容也大大扩大了,把保证公司和工会之间进行集体商谈、工人参加管理、工作制度,以及防止与解决劳动纠纷——特别是在发生罢工和封闭工厂的时候——也包括进去了。在美国,在劳动法的劳资关系这一方面,有许多法律和司法决议,主要的劳动法有两个:一个是1935年的全国劳工关系法(瓦格纳法),另一个是1947年的劳资关系法(塔夫脱-哈特莱法)。

国际劳工组织(ILO) 国际劳工组织成立于1919年,是国际联盟的一个附属机构。今天,它是联合国的一个专门机构。国际劳工组织的目的是制订国际标准,以改善工作和生活条件。

这些标准都提交给各会员国批准,被通过之后,就被认为这些标准对批准的国家具有约束力。国际劳工组织还公布劳工统计,研究劳资关系、失业和不充分就业、工作条件、技术改变(包括自动化)、经济发展和国际经济竞争。

从第二次世界大战和老殖民帝国瓦解以来,国际劳工组织的会员以所谓的第三世界的发展中国家为主。因此,国际劳工组织的重点也转移到了人权、技术援助和经济发展方面。在20世纪80年代初期,国际劳工组织有145个会员国。国际劳工组织每年一度的国际劳工大会,由会员国派出政府代表和被提名的商业界和劳工组织人士参加。

食品和药物法 FOOD AND DRUG LAWS

法律最重要的领域之一,是关于食品、饮料和药物的质量和加工这一部分。这部分法津所涉及的是以下这类问题:如加工的质量检查、添加剂和防腐剂的使用、清除杂质和有毒物质、防止腐败、添加营养成分,和肉类蔬菜的分级等。

虽然早在古希腊和罗马时代就有过禁止在酒中掺假和添加不纯成分的法律,但大部分管理食品和药物制造的立法,都是在20世纪通过的。在19世纪,英国首开保护民众之先河,1875年的食品与药物销售法,禁止在食品和药物中添加有害的成分,如有毒的化学药品和颜料。该法还准许医务官员检查食品。1955年的食品和药物法,考虑到了食品和药物的现代加工方法,而1990年的食品安全法全面调整了英国的食品立法。

美国有效的联邦立法比英国1875年的法律,晚了差不多一代人的时间。19世纪国会通过了一些软弱无力的法律。1906年厄普顿·辛克莱描写芝加哥屠宰场的悲惨而真实的小说《屠场》的出版,引起了轰动和通过切实可行的立法的强烈要求。其结果是通过了1906年的纯净的食品和药物法,由农业部化学局负责执行此项法律,直到1928年国会批准成立食品药物和杀虫剂管理署(1931年改名为食品和药物管理署[FDA]),而改由该署负责执行。不幸的是,1906年的法案从来就没有很好地执行过,主要是由于警力不足和罚款太少。

为了改变这一情况,国会在1938年通过了联邦食品药物和化妆品法。这个法有效地制止了生产和销售危害健康的食品和饮料,和使用不卫生的或被污染的容器。食品和药物管理署通过它的检查站实施该法。

1958年通过的食品添加剂修正案,是对1938年法律的补充。该修正案特别规定,添加于食品的化学物质,在用于食品和饮料之前,必须经过试验证明无害。1960年通过的颜料添加剂修正案,要求所有的食品和药物颜料都要由食品和药物管理署批准。在1958年通过的法律中,还有一个条款规定,禁止使用在实验动物中已证实能够致癌的任何物质。1969年,被称为环己基氨基磺酸盐类的人工增甜剂被暂时禁用,就是基于这个原因。1987年,食品和药物管理署实施了新药研究规定(IND),准许艾滋病及其他危及生命疾病的患者,在临床药物试验完成之前,服用有希望的实验药品。

在20世纪90年代,联邦的管理人员严密注意标签在三个主要方面的滥用,即欺骗性的定义、虚假的保健功能和不正确的用量。他们还提出了诸如高纤维、低脂肪之类词语的标准含义。食品和药物管理署对在广告和标签中滥用新鲜这个词的食品生产者采取了措施。例如,他们没收了在标签上显著地标示着新鲜字样,而实际上是用浓缩物制造的2000箱果汁。食品和药物管理署还下令将一种牌号的玉米油和一种牌号的卡诺拉油上的无胆固醇字样去掉,因为这两种产品都是植物油,本来就是不含胆固醇的。营养成分标志与教育法,要求在所有的食品,包括新鲜水果和蔬菜上,贴上新的、准确的标签。

加拿大的立法,一般是效仿英国和美国已经确立的样板。西欧各国也有管理食品加工的严格法律。在国际食品质量管理方面,食品规则委员会在联合国的赞助下,已拟订出一套旨在保护健康又保证公平贸易的标准。

家庭法　FAMILY LAW

由政府制定的,和家庭的组织、行为、权利和义务有关的一整套正式法律,称为家庭法。在大多数传统社会中,如印度、中国、日本和美洲、澳大利亚、非洲的一些部落中,以及太平洋的一些岛屿上,家庭也要服从于习惯法——风俗、社会习俗和惯常做法,它们是社会结构的一部分。在20世纪后期,特别是在美国,某些类似家庭的或非家庭的关系也被置于家庭法的管辖范围内——如同居的未婚者、同性恋者或单亲家庭等。家庭法的这些新方面正处于发展的过程中;因此,本文仅考察在传统上被认为是属于家庭法方面的问题。

家庭法所涉及的问题是:婚姻伴侣的权利和义务;财产的所有权和处置权;经济资助义务;孩子的抚养;以及离婚。在某些国家,由这些问题产生的法律上的争议,由家庭法院或社会法院解决。另一些国家则设有专门审理有关儿童和年轻人案件的法庭。有些法庭主要审理离婚案。

婚姻

从古代起,婚姻就由习惯法和宗教习俗严格规定。至今仍在某些地方流行的古代的婚姻概念是,婚姻是两个家庭之间的一桩合法交易。基本问题是妇女的经济依赖性和财产的所有权。结婚意味着妇女由受母家控制和在经济上依赖于母家,变为受丈夫支配。同时女方的财产即所谓嫁妆也由其父亲转移给丈夫。无论这种婚姻是双方自愿的,还是未征求女方的同意的,都要进行财产的这种转移。

按照习惯法和正式的法律,女人一结婚,就不再是具有法律地位的独立个人了,她的丈夫对其财产开始享有广泛的所有权和支配权,除非成为寡妇,否则她不能恢复这些权利。19世纪前,大多数西方社会和远东地区都是这样。俄罗斯帝国是个例外,俄国妇女可以处置其财产,而不顾其丈夫的意愿;中东穆斯林社会的妇女,传统上也可以拥有和管理自己的财产。

19世纪肇始于西方社会并于20世纪后期扩展到世界其他地方的妇女解放运动,对已婚者的权利及对财产的处置产生了重要的影响。20世纪20年代,斯堪的纳维亚国家改革了其婚姻法,允许配偶保留对其财产的独立控制。20世纪50年代,西德紧随其后,把法律上的性别平等引入其宪法之中。在随后的年代里,其他西方国家也都对家庭法进行了类似的修改。

共产主义国家也进行了类似的改革。1950年,中国颁布了婚姻法,给予配偶在控制夫妻财产方面以平等的权利。苏联、捷克斯洛伐克、波兰、东德和罗马尼亚也都颁布了这种夫妻共享财产的法律。在印度,印度继承法大大扩大了印度妇女在控制夫妻财产方面的权利。20世纪70年代,其他许多国家,包括英国、加拿大和以色列,都在考虑改革夫妻财产法。在美国,这种法律在州的管辖权限之内,而不在联邦政府的权限之内,因此,各州之间存在着很大差异。

到20世纪后期,共有财产和可单独支配的财产问题仍有待加以解决。如果丈夫和妻子分别保持财产权,他们的状况就如同两个未婚的成年人。财产的分离可使每一方保持独立,但却无法保证合理的共同使用,除非在共有权中作出具体规定。共有财产权在幸福美满的婚姻中是可行的,可是一旦离婚,却可能带来难于解决的问题。很难公平分割财产,而且,第三方——如商业合伙人或债权人——会发现财产将长期受法律约束,不得变卖。财产问题的公平解决必须考虑到配偶双方的相对责任:是配偶双方都工作,还是一方挣钱而另一方照顾家和养孩子?大多数国家的趋势是,允许独立的财产权,同时为离婚时的财产分割制定规则。

大多数国家的法律要求丈夫养活妻子和孩子。寡妇和孩子享有某些继承权。20世纪,许多国家颁布法律,规定在父亲无力或不愿抚养孩子时,使用公共基金来保证孩子的最低生活费。随着在家庭外工作的妇女的人数不断增加,落在妻子身上的供养她自身及孩子的责任,已几乎和落在她丈夫身上的责任一样重。

孩子

和孩子有关的家庭法集中处理合法性、收养、照管、教育,以及对儿童福利的管理等问题。

孩子的合法性,或其父母是否结婚,许多世纪以来一直是极为重要的问题。这是因为,它和继承权以及抚养和抚养费有关。现在,合法性已不那么重要了,因为大多数社会将抚养义务建立在实际的父母而不是婚姻的基础之上。未婚妇女所生子女也被允许享有继承权。收养和合法化等法律手段也缩小了私生子和合法婚姻所生孩子之间法律地位上的差别。大多数国家承认私生子是社会的一员,如果他(她)不被接纳为家庭的一员的话;而且,如果没有可能得到父母的抚养,国家还通过法律规定对私生子进行抚养。

长期以来,收养和照管一直由法律规定并由法院加以实施。在古代社会,人们为传宗接代和继承的目的而收养孩子。例如,尤利乌斯·凯撒没有儿子;因此,他收养了他的侄孙屋大维,后者在罗马继承了他叔祖的权力,后来取名为奥古斯都·凯撒,但在现代社会中,由于普遍收养未婚母亲的子女,收养已同私生有关。

照管儿童的问题,通常由法院根据儿童的"最大利益"原则确定。照管问题在离婚手续中最为频繁地出现,但在虐待儿童的案件中,以及在法院认为最好不由亲生父母抚养孩子的裁定中,也日益常见。在许多情况下,如果法院如此裁定,或其亲生父母同意,也允许照管人收养孩子。

19世纪和20世纪,随着现代义务教育的出现,对孩子的培养已主要不再是家长的职责,而被置于国家的管辖范围之内。大多数国家规定孩子在十八九岁之前必须接受教育,而当前的趋势是,通过各种大学或职业培训制度,把教育过程延长到20多岁。

离婚

解除婚姻的做法和婚姻本身一样古老。离婚一直由习惯法和成文法严格规定。由于某种原因而被认为是难以维持的婚姻可以被取消,即可以通过法律程序宣布不再存在婚姻关系。

在由习惯法和宗教法律支配的传统社会里,婚姻可以通过一种被称为解除关系的手续取消。一方或双方可以宣布脱离或解除婚姻关系,于是,妇女及其财产又转回到其家族的控制之下。在早期基督教时代,逐渐形成了一种观点:婚姻是一件圣事,是不能被取消的宗教契约。在西方,这种观点取消了解除婚姻关系的做法,但在中东和非洲,根据穆斯林法律,仍可宣布解除婚姻关系。

现代法律制度设计出了各种各样的离婚方案:过失离婚(如通奸、酗酒或监禁)、协议离婚、因合不来而离婚、因婚约已不复存在而离婚(如配偶失踪)。(参见:婚姻)

收养 ADOPTION

确认某人为一个人的父亲(或母亲),而那个人在事实上或在法律上并不是这位"父亲(或母亲)"的孩子的行为,称为收养。通过国家的法律制度,这种手续可以是正式的,或者当孩子亲生父母的一位亲戚永久接管对孩子的照管责任时,这种手续也可以是非正式的。但从严格意义上讲,收养应通过向法院或政府部门提出永久照管一个孩子或一位老人(这种情况极为少见)的申请来完成。照管一经批准,被收养的孩子在法律上就成为养父母的子女。如今申请收养孩子的单身者,也并不少见。

虽然收养手续着重于法律方面,但在这种家庭变化中也包含了许多感情力量。不过,尽管大多数收养人承认,通过法律程序和解决侵权行为都十分困难,但获得法律提供的保护还是值得的。收养获得了广泛的承认,以致可以认为是一种几乎世界性的制度。大多数国家都有促进儿童福利的法律和惯例,侧重于被收养儿童的最大利益。这恰与早期文明形成了对照,在早期文明中,收养人的利益是至高无上的,通常与男性家族的延续有关。美国各个州制定了法律和法规,但它们通常受美国国会1980年通过的"收养帮助儿童福利法"的指导。

程序

希望收养一个孩子可以有多种理由。最为常见的理由是,夫妇由于不能生育而不能有自己的孩子。如果知道夫妇一方,或夫妇双方不能怀孕,而又想要孩子,夫妇就可以去政府部门或私人机构提出收养孩子的要求。这通常是一个很长的程序。有许多问题必须回答,包括询问夫妇的健康状况、供养及教育孩子的能力、婚姻的牢固状况,以及现有的居住面积。为组成一个家庭单位,在计划最佳的儿童-成人组合中还有一些重要因素是,父母的身体特征,如身高和体重,以及种族、民族和宗教背景。一旦养父母的要求得到批准,其姓名便被列入名单,等待一个和他们所希望的特征最为接近的孩子。

新生婴儿还是大一点的孩子?

大多数人都想要一个出生刚刚几周的新生婴儿。这被认为是一种理想的收养,可像在一个有血缘关系的家庭中那样在孩子和父母间建立起早期的亲密关系。但要找到一个合适的婴儿,通常要等很长时间,经常是好几年。不愿意等候的夫妇可以收养一个大一点的孩子。由于要求收养大一点孩子的人较少,许多儿童便一边住在寄养家庭和国家机构里,一边等待收养。青少年母亲,许多是未婚的,开始决定要孩子;不过,照顾和抚养一个婴儿,需要大量的时间和花销,几年之后,许多年轻的母亲感到难以适当地照料她们的孩子。于是,她们可能求助于收养,以使孩子得到更好的抚养。这就提供了大量2—4岁之间可供人收养的孩子。收养这么大的孩子,孩子和父母作为一个家庭,相互和睦相处常常十分困难;不过,经过最初几个月的相互了解和照顾之后,通常还是会形成一种亲密关系的。

在20世纪后半叶的美国,所谓"性革命"改变了社会的许多基本组成部分,收养就是其中之一。20世纪60年代避孕器具得到普遍供应,非计划妊娠急剧减少。堕胎的合法化也降低了出生的数量。这两个因素大大减少了需要父母的婴儿的数量。

另一方面,却有许多大一点的出身于少数民族的孩子或混血儿,以及在身体上或精神上有残疾的孩子,需要被收养。许多孩子永远不会被收养,而由国家抚养,直到他们达到能够自立的年龄为止。收养大一点的孩子遇到的问题是,他们知道或记得其亲生父母,并有过一些经历、情感和过去的一些问题,这常常令一些夫妇不愿收养这样的孩子。

亲戚和养父母

在美国,大都是家族成员收养一个亲戚的孩子。由于亲生父母死亡或不能照顾孩子,姑母(姨母、舅母、伯母)、堂(表)兄弟(姐妹)、(外)祖父母或其他亲戚便承担起照顾孩子的责任。

这样做通常没有正式的法律手续。许多孩子由其养父母收养和照料,直到他们成家为止。各州都向收养人支付少量扶养费,但大多数养父母是出于对需要照顾的孩子的关心和爱护来做这一工作的。

一些特殊问题

在收养中,还存在着一些特殊问题。一般认为,最好是告诉被收养的孩子,他或她有另外的双亲——亲生的或生物学意义上的双亲。这就提出了被收养孩子的身份问题,被收养的孩子自然想知道自己的"真正"父母是谁。当孩子进入青春期——想弄明白"我是谁"的时候,常常就会显示出这种情况。寻求对这一问题的答案,可能对被收养人来说具有更为广泛的意义。

美国各州都有大体相同的法律,大多数州都保护亲生父母的身份。对被收养人来说,20世纪末发生的变化使他们有可能了解其亲生父母的情况——他们的年龄、种族及健康史,但其父母的真实姓名和地址,仅有几个州规定可以透露。

已成立了被收养者的一些成年人团体,讨论和收养有关的法律问题,有时也讨论感情问题。这些团体以及某些个人认为,被收养者应享有"知情权",要求政府和有关部门让他们知道他们的历史。

撰文:Ann Giudici Fettner

虐待儿童　CHILD ABUSE

针对儿童的暴力行为和残酷行为——特别是出自成年人之手——是一种不能予以正当辩护的犯罪行为,因为受害人极易受到伤害,而且没有能力保护自己。这种犯罪活动经常得不到惩罚,因为儿童担心揭露施虐者只会带来更多的痛苦。虐待孩子的父母和看管人会为自己虐待儿童的行为辩护,说这是一种惩罚"坏"孩子的方法,是使"坏"孩子成为"好"孩子的方法。有时,虐待孩子的那些人是在重复自己小时候见到的虐待孩子的模式。

父母的残暴可表现为日常打骂、令孩子患上"儿童颤抖综合征",以及痛打、烫、扎或其他伤残四肢的行为。有时,从营养不良的身体、未得到治疗的疾病,以及原因不明的青肿和骨折中,也可以察觉出对儿童的虐待。其他虐待儿童的方式则较为隐蔽,虽然同样残忍。当人们骂孩子是笨蛋、丑八怪、疯子或没人要的孩子时,孩子在心灵上会受到伤害。甚至在出生之前,胎儿就有可能吸毒上瘾或大脑受到损害,因为他们的母亲在怀孕期滥用酒精饮料或其他毒品。

在性虐待方面——它常常涉及父母、兄弟姐妹或禁止发生肉体关系的其他家庭成员——儿童接触到一些他们还没有完全成熟到能加以理解的感觉和行为。性虐待的类型从抚弄到强奸,而且,被绑架的受害者在被杀死前,常常被猥亵。另一些儿童可能是恋童癖者(喜欢儿童作为性伴侣的人)的目标。试图逃跑的受到性虐待的儿童,可能会被引诱到街头犯罪活动中去,或被儿童卖淫和色情团伙利用。

19世纪英国对儿童的残酷对待,主要在查尔斯·狄更斯的小说中得到揭露。12岁那年,狄更斯被迫辍学到工厂干活。今天虐待儿童的报道似乎更加骇人听闻,但由于公众已意识到这种犯罪活动,它们传播得更加广泛。过去曾被掩盖甚或被怀疑的一些事情,现在则从儿童照管中心和露营地等表面上看起来安全的地方被报道出来。

虐待儿童和与此有关的法律

几乎所有的社会过去都把儿童看作是其父母的财产,可按长辈认为合适的任何方式对待(或虐待)他们。直至19世纪,人们仍认为儿童不享有任何与其父母的愿望相冲突的人权或公民权。由于儿童是受扶养者,在国家看来,其权利往往是有限的。

旨在制止儿童在家中遭受虐待的首批国家法律之一于1884年通过,该年成立了英国防止残暴对待儿童全国协会。较早的法规宣布遗弃婴儿和不为受扶养者提供食物、住所、衣服和医疗为非法。童工法为未成年的工厂工人规定了工作条件,并试图改善年轻学徒的状况,这些年轻学徒在向店主和手艺人学习技术时,几乎像奴隶一样生活。(参见:童工)

纽约州1876年的儿童保护法成为其他州效法的榜样,它们现都已制定了法律,使虐待儿童成为一种犯法行为,不过,政府能对家长和孩子的关系干预到什么程度,仍是一个有争议的问题。州和联邦法律一般都要求保持家庭完整。甚至当虐待的迹象明确无误时,法院仍往往把年轻的受害者送回其生命继续受到威胁的家里。1989年,在有关虐待儿童案的一项判决中,美国最高法院宣布,州和地方官员没有义务保护个人不受"私人暴力"的袭击。

1990年,最高法院基于三项理由支持被虐待者的权利,当时,它拒绝了根据宪法第一条、第五条和第六条修正案所规定的权利提出的要求。最高法院转而支持各州所作的各种努力,保护儿童不被色情、长期损害身体的活动所利用,以及在学校不遭受性骚扰。最高法院第一次裁定,受害人可在闭路电视上作证,以避免面对施虐者造成心理创伤。

财产　PROPERTY

"property"一词源自拉丁语"*proprius*",意思是"自己的东西",指一个人、一个机构或国家所拥有的任何东西。它也指由政府确立的、规定所有权的法律关系,因为财产权是建立在习俗或法律基础上的权利。

财产的种类

从历史的观点看,可以从两个不同的角度来看待全部财产。从一种观点看,财产可分为有形财产和无形财产;从另一种观点看,财产可分为不动产和动产。

有形财产和无形财产　"有形的"一词意为"可触摸的"。因此,有形财产包括所有可见的物质财产,如房屋、小汽车、书籍和衣服。无形财产主要指的是某些所有权。例如,普通股份代表对一个公司的所有权。股票本身是有形的,但它不是所有权——它仅仅表示所有权。

无形所有权的其他形式是版权、专利权和商标。获得一部小说版权的作者就确立了对一部作品的所有权。那部小说不能被其他人合法复制和出版。专利权代表对一项发明的所有权,商标是由一家公司拥有并用于其产品之上的品牌名称或某种其他的识别标志(见:版权;专利)。

采矿权、水利权以及过境权是无形财产的其他形式。授予他人为某一目的使用自己部分土地的权利,这被称为地役权。如果某人拥有土地,对其土地之下的矿物的开采权也可以出售给他人。若发现并开采出了石油或其他矿物,可为此要求得到一定比例的利润。但矿物的所有权属于购买了采矿权的人。

土地所有人对其土地上面的地表水和地下水以及流动的溪流,也拥有某些权利。作为土地界线的湖泊也被包括在内。使用这种水域的权利可出售或转让给他人。

有时,长期和连续使用另一人的财产,也可产生地役权。例如,如果一个农场主许多年允许一条道路通过自己的一块土地,那他就——有意无意地——授予了地役权。土地所有人不履行法律手续,便不得妨碍过境权。

有关无形财产的一种新观点,是由美国第4任总统詹姆斯·麦迪逊在1792年发表的一篇文章中提出的。他声称:"既然说人们对其财产拥有权利,那么同样可以说人们依仗其权利拥有财产。"他把思想自由、言论自由和宗教信仰自由列入这些权利之内。他还进一步说,"良心是所有财产中最为神圣的财产",并说,保护这些权利是政府的目的。

不动产和动产 从另一种观点看,财产也有两种。在某些法律制度中,使用不动产和动产这样的术语。不动产主要由土地和建筑物构成;动产包括除不动产之外个人所拥有的一切东西——如家具、器具、衣物、珠宝首饰、汽车、书籍、股票和专利权。

私有财产 从其最一般的意义上讲,私有财产就是个人或机构拥有的财产。它与公有财产——国家拥有的财产——截然不同。一个家庭的住宅和宅基地是私有财产。该家庭之外的任何人都无权占有或使用它们。

19世纪,私有财产获得了特定的经济学上的定义。它开始指也被称为生产性财产的东西——生产资料。农业用地和制造设备是主要的生产资料。当社会主义者谈论把私有财产交给工人或国家时,他们指的是生产资料。因此,今天在社会主义国家,大多数生产资料的所有权及对大多数生产资料的控制,都属于国家。例如,这些国家中所有的土地为国家所有(见:**社会主义**)。

所有权

财产可以为个人、家庭、集体或合作组织、公司、国家和国有企业所有。还有一种为他人的利益而管理财产的所有权形式。

所有权和占有不一定是一回事。某一公寓大楼或办公大楼可能有许多承租人,但他们没有一人拥有该公寓大楼或办公大楼,每一个承租人可以占用和使用,并为此每月支付租金,所有权属于他人。这种无所有权的占有被称为租赁权。承租人签订一份被称为租约的文件,租约在规定时间内有效,通常为一年或一年以上。

财产的个人所有权存在于一切社会之中——甚至存在于远古时期。在人类开始从事农业前的氏族社会初期,某些形式的财产为整个氏族所有。驯养的动物、猎场、渔船以及某些建筑物,就是这种财产。但个人拥有武器、衣物、装饰品以及各种工具,是常见的。

当发展到农业社会时,出现了明确规定的对土地的权利。有时,土地所有权属于一个家庭、家族或团体。但当城邦出现时,土地的个人所有权就很常见了。在古希腊和古罗马,占支配地位的是土地的个人专有权。

罗马帝国末期,个人对土地的所有权逐渐让位给通常被称为封建主义的制度。这是一种社会的全体成员相互依赖和相互承担责任的制度(见:**封建主义**)。地主——国王、贵族和教士——保留所有权,但土地大多为佃户和工匠所租用。最终,佃户获得了一代保有土地的权利,但他们仍然不拥有土地。封建制度灭亡时,永久保有土地(一个家庭保有土地)的制度也就不复存在了。但这种制度还在法国延续,直到1789年法国大革命时为止。

共同所有权是个人所有权的一种形式,在这种形式下,财产为两个或更多的人所有。在大陆法系中——例如,在欧洲大陆——共同所有权给予每个人一份相应的财产使用权。没有有关的其他人的同意,个人的那份财产一般不能出售,但可通过继承转让。

在采用普通法的国家,共同所有权可能以两种形式存在:共有权和联带权。这两种形式的差别在于共同所有权人死亡时财产转让的方法。在共有权这种形式下,共同所有权人的那份财产可转让给继承人。合伙企业是共有权的一种形式。在联带权——也称联带不动产权——这种形式下,某一共同所有权人死后,他的那份财产是转让给活着的所有人,而不是他们中某一人的继承人。

家庭所有权今天在印度比在其他任何地方更为常见。家庭这个词指的是大家庭——父母、子女、祖父母、叔、婶和堂(表)兄弟。财产,通常是房地产,为整个家庭所有。因此,当年纪最长的家庭成员过世时,不存在任何继承问题。家长充当经理而不是所有者。有关财产的决定可被家庭的其他成员否决。家庭所有权的目的是要保证所有的家庭成员都有谋生手段:每个人都有住的地方,都有食物和衣服;孩子受到教育;女儿出嫁时得到一套嫁妆。

家庭所有权并不排除个人所有权。衣物以及诸如此类的小物品属于个人。某些家庭成员通过劳动所得可获得较多的动产。

集体企业和合作社主要由农业企业或小型制造企业构成。例如,在1991年之前的苏联,合作社的主要形式是"集体农庄"。集体农庄的工人享有永久占有和使用土地的权利,但全部生产活动是为国家进行的。

以色列的著名集体企业称为基布兹,第一个基布兹成立于1910年。基布兹既可以拥有,也可以租借,并由基布兹成员管理。在基布兹成员获得了基本的必需品以及医疗和社会服务后,所有的利润用于再投资。

19世纪,美国成立了许多合作社。其中许多是由宗教组织成立的——如衣阿华州的阿马纳殖民地(Amana Colony)。其余的是一些社会主义企业。某些合作社,如伊利诺伊州的毕晓普希尔,由一些种族团体构成,毕晓普希尔就是由瑞典移民组成的。20世纪的美国,为了在农村地区生产电力,或在城市建造公寓住宅区,成立了合作社。为了销售农产品,现在仍有许多农民的合作社。(参见:**公社生活**;**社会主义**)

公司被定义为法人,因而可以拥有财产。根据古罗马法,所有权只能授予所谓的法人。这个词包括人、从法律上被确认的由自然人组成的社团、靠基金建立或维持的机构以及——现代的——公司。

无法人地位的团体,如地方园艺俱乐部或计算机学习小组,根据法律可能享有也可能不享有法律地位,有了法律地位才能以自己的名字拥有财产。如果它不享有法律地位,则其财产属于作为个人的所有成员,不过这些财产可共同使用。但这并不意味着团体是非法的,而只是表明法律和财产之间的重要关系。如果一个无法人地位的团体解散了,其成员只要决定哪些财产归谁就行了。

另一方面,公司则在法律上被看成是为经济和社会目的而存在的法人。这就意味着,实际上不能把公司本身作为财产拥有。股东拥有的公司股票只代表对公司财产的很小控制权。在任何情况下,股东个人的财产同公司的财产都是完全分开的。因此,如果公司破产了,股东的投资要遭受损失;但债权人不能拿股东个人的财产去清偿公司的债务。

公司可以拥有和个人一样的财产,这些财产包括土地、建筑物、机器、车辆、家具、专利、版权、其他公司的股票以及银行账户。

国家可以用两种方式拥有财产——直接拥有财产或通过各种机构拥有财产。美国联邦政府在许多州,特别是在远西地区拥有大片的土地,还控制着天然水道、国家公园和历史遗迹。联邦政府通过国防部拥有造船厂、军事训练营地、学校、军事基地、仓库和其他不动产。退伍军人管理局管理着许多医院,这些医院遍及全国。田纳西河流域管理局建了许多水坝和发电厂。邮政管理局作为一个独立公司,在全国各地有数千个邮局。在社会主义国家,土地、工业资本以及许多服务性事业由国家拥有和管理。(参见:**退伍军人事务**)

对所有权的限制

南极洲是仅存的没有政府、从而国家不拥有土地的大陆。在其他所有大陆上,所有土地,不管其合法所有权归谁,从根本上说都属于国家,因而如果需要,国家可以在任何时候征用土地。但在民主社会中,财产的个人所有权同国家的权利很容易共存。对于可以拥有什么以及财产的使用,存在着更为重要的限制。

在现代所有的法律制度下,除了少数孤立情况外,已废除了对人的所有权。人应对其身体拥有所有权。一般承认死者亲属对死尸的私有权,但各种规定通常要求通过土葬、水葬或火葬处置尸体。除了人之外,也不能对自然界的一些组成部分拥有所有权,这包括阳光、空气、流水和公海。

大多数法律制度都对财产的使用作了限制,在有人居住的地区,分区法规定了可以建造的建筑物的类型。例如,城市的某些地区划作住宅区;另一些地区划作小型企业用地。分区法可以对建筑物提出高度限制,或减少某些种类的标志的使用。有关环境保护的法规可以对噪音、烟尘的排放以及工业部门产生的气味进行限制。

限制契约也控制财产的使用。这种契约是两方或三方之间对不动产的使用和销售进行限制而达成的书面协议。美国的许多地区用限制契约把某些种族或民族的成员排斥在不动产所有权之外。1945年和1953年,最高法院宣布这种做法违反宪法。

除了享有土地的所有权之外,国家通常还享有大陆架以及内陆通航水域的所有权。国家也控制着在其土地下的矿产资源和在其土地上生长着的森林。但所有这类财产可以向私人或公司出租。联邦政府经常出售或出租矿产权和

放牧权。被确定为濒危物种的动物被认为属国家所有。

政府有征用权。这意味着,政府在未得到所有者同意的情况下,为了公共利益可以征用私人财产。当在美国修建州际公路系统时,政府势必要征用和侵占大量的农田和城市地区,以便为修建公路腾出地方。

通常要对所征用的不动产给予补偿,但不是所有的国家都这样做。法国和德国的法律规定,在财产被征用之前,要支付补偿金。

财产的获得和转让

各种法律制度都区分了财产的原始获得和所有权的转让。后者也称为派生所有权。

原始获得可创造新的财产权。如果某人在散步时捡到了钱,这钱便属于捡到它的人。这笔钱以前的所有权中止了,新的所有权开始了。占有无主或无人认领的财产,长期以来一直被认为是合法的。有时,无人认领的财产,如年代久远的和无人动用的银行存款,如无人前来认领,则归属国家。

在开拓殖民地的最初年代,北美的大片土地是凭借占有权获得的。土地被看作不属于任何人,虽然在某些情况下,向印第安人购买土地。但印第安人并没有把自己看作是现代意义上的财产所有者。今天,占有权已大大缩小了,因为世界上大部分土地已被某人宣布占有——如果没有任何其他人的话,则被政府宣布占有。因此,闲置土地的原始获得需经国家的许可、批准或出售。

自然增益权也被认为是一种获得财产的手段。如果某人购买了1000英亩的土地,则他凭借自然增益权便获得了土地上生长的所有东西。如果别人不知道这块土地已被占有,在其上建造了一座建筑物,则这座建筑物通过自然增益权就成为土地所有者的财产。

如果某人占有一件财产并经过了一段时间,而且没有人认领这件财产,那么,法律也承认所有权生效。例如,一个家庭购买了一所新房子。在搬进房子之后,他们发现阁楼中有一箱子有价证券。于是,他们向当局报告这一发现,但没有任何人前来认领,在规定的时间之后,箱子连同箱子里的东西便合法地归这个家庭所有。

财产的原始获得也可以通过政府行为发生。商标、专利和版权的授予是一个例子。同意一家无线电广播公司使用波道,也意味着财产的原始获得,虽然波道被认为属于公众。

财产的转让可以用几种方式进行。最简单的方式是出售,大多数人就是由此获得其财产。这涉及转让财产的所有权而获得一定量的货币。这种交易可以像在食品杂货店购买糖块那样简单,也可以像购买房地产那样复杂。所有这样的转让被称为交换。在某些情况下,这只不过是用货币换取某一产品。在另一些情况下——如购买一辆汽车或一幢房子——则涉及较为复杂的法律手续。

糖块不需要所有权的证明。但汽车和房屋的所有者必须用所谓产权证证明其所有权。转让财产时,产权证连同财产一起转让。在新的所有人以分期付款方式购买财产期间,所有权可由一家金融机构持有。

转让财产的另一种方式是赠送。财产既可以在赠与人和接受人都活着的时候赠送,也可以通过遗嘱作为遗产的一部分赠送。为了避免缴税,人们还经常向大学之类的非营利机构赠送钱或其他财产。

人们也可以通过法院判决的拍卖来获得财产。在财产的原所有人无力保有财产时,法院便会判决将其拍卖。例如,如果不支付房产税,建筑物就可被政府没收和出售,以追回所欠的钱。有时,必须出售继承的财产以缴付遗产税。出售的方式通常是拍卖。

得到死者的部分遗产,也是获得财产的一种常见方式。遗产常常通过被称为遗嘱的法律文件转让(见:**遗嘱**)。遗嘱的条款表明死者想要在死后如何处置其财产的愿望。如果不存在任何法律上的障碍,遗嘱的条款将被执行——但要缴纳继承税(见:**遗产和继承法**)。

可能出现法律上的障碍,使遗嘱的条款无效。例如,如果一个男子订立了剥夺其妻子继承权的遗嘱,州继承法将使遗嘱无效。在美国,遗孀至少可以得到一部分遗产,而不管遗嘱如何订立。

如果遗嘱把保险单的收益赠给一个人,那个人必须被指定为保险单的受益人。如果未指定,则遗嘱条款无效,收益归指定的受益人。保险单是合法的契约,其义务不能受到遗嘱或第三方的损害。

共有不动产权提出了有关遗嘱合法性的另一个问题。如果丈夫和妻子以共有权的形式拥有其住宅,并且他们中的一方去世,那么,这所住宅就成为活着的配偶的财产。如果一项遗嘱把一个配偶的这份财产留给孩子,共有不动产权的合法权利将使这一条款无效。如果拥有的财产是代管物,遗嘱的条款也可被宣布无效。信托证书的条款可废止遗嘱中与其相对立的条款。

不动产的转让是最为复杂的交换财产的方式之一。这种转让的核心是被称为抵押契据的文件。一旦销售完成,卖主就不再是交易的一方。如果一家金融机构——如银行或储蓄贷款协会——认为买主是个风险小的放款对象,就会给予买主长期贷款。此时,卖主便退出了交易。卖主得到付款后,抵押契据就成为金融机构(叫债权人,因为它提供信贷)和买主(叫债务人,因为欠钱)之间的一种安排。产权证留在债权人手里,直到全部债务——买价加利息和其他支出——付清。不过,买主(抵押人)不仅被视为房屋的占有者,而且还被视为所有者。如果抵押人无力偿还贷款,债权人可通过取消抵押品回赎权而拥有房屋。

使用抵押借款,尽管涉及复杂的手续,但却大大简化了不动产的转让。一旦贷款被批准,原来的所有人便可脱离转让过程。贷款期间的任何时候,买主都可以出售。但在出售过程中,售价必须足以抵付剩余的债务。

在涉及不动产的所有权时,使用资产净值一词。它指的是相对于所欠的债务而言所有人所拥有的财产的货币价值。最初偿付抵押贷款的钱几乎全部用于支付利息。买主逐渐开始偿还更多的本金——实际的买价。偿还的本金的数额愈大,所有者的资产净值也就愈大。

对不动产的所有者而言,资产净值十分重要。它是可以用作其他贷款担保品的全部价值。处置不动产时,也要考虑到资产净值。如果不动产的所有人去世了,财产没有资产净值,遗产则不能传给继承人。必须出售遗产,以抵偿未付债务。

有关所有权的争论

尽管财产所有权历史悠久,但对这种权利却一直存在着许多争论。争论的实质在于,社会主义者和资本主义制度的拥护者对于经济运行的方式有分歧。一个极端是法国的社会主义者皮埃尔-约瑟夫·蒲鲁东,他说:"财产即盗窃。"另一个极端是詹姆斯·麦迪逊的断言:"个人获取财产的权利……是一种天赋权利。"

争论的焦点是经济学中被定义为生产能力的私有财产——即农业和工业财产的所有权。争论的问题则是:生产性财产是应由社会中的个人和集团控制呢,还是应属于整个社会?

在这个问题的背后,潜伏着另一个不那么经常提到的问题:个人是否享有被允许追求的正当私利,或国家所代表的集体利益是否是唯一重要的?拥有财产的方式决定着这些问题的答案。私有制允许追求私利。国有制把私利的追求减少到最低限度,或甚至要消灭私利。(参见:**资本主义**)

遗产和继承法 ESTATE AND INHERITANCE LAW

在大多数社会中,财产权并不随着财产所有人的死亡而结束。因此,已找到一些方法把财产传给遗属——特别是传给丈夫或妻子、后代或祖先(父母、祖父母),如果没有其他遗属的话。在许多地方,甚至允许远亲继承死者的财产。

英、美的法律通常把不动产(土地和建筑物)和动产如住宅里的东西、汽车、股票和债券、存款账户以及其他有形物品区分开来。工商企业也可能是遗产的一部分,如果它们为私人所有或是合伙企业的一部分的话。公营公司不适用继承法,但股东人数有限的(私营)公司适用于继承法。

在共产党国家,动产如消费品或存款账户,也可以通过继承转让。称为生产资料的财产形式——农田、工厂或商店不能通过继承转让,因为它们是国家财产。但在一些共产党社会,由于允许在经济部门特别是在农田方面存在某些私有制形式,这一规定也有例外。

许多人在去世之前决定谁将继承他们的财产,并决定这些财产将如何划分。他们为此而订立遗嘱——一种法律文件,其条款必须得到执行。这被称为按遗嘱继承。死时没有留下遗嘱的人被称为未留遗嘱的死亡者。(参见:**遗嘱**)

遗嘱继承 在允许继承的社会里,出现了两个与同财富分配有关的重要问题:财产所有人在多大范围内有权按自己的意愿决定继承人,以及是否允许或者甚至要求遗产全部转让给一个单独的继承人。几个世纪以来,按遗嘱处置身后财产的自由发展缓慢,而且任何地方都不存在没有限制的按遗嘱处置身后财产的自由。在多大范围内允许财产所有人剥夺家庭成员的继承权,或财产所有人在多大范围内有权规定在其死后财产不得转让,这些问题一直在以各种方式讨论着。

在美国,不管遗嘱条款如何订立,每一个州都保护活着的配偶不被剥夺继承权。但所有的地方都不以下述方式保护活着的配偶(丈夫或妻子),即禁止另一个配偶在死前赠送财产。在有共有财产法的州,活着的配偶保证可以得到一定份额的家庭财产,即有权得到共有财产的一半。一般认为这是婚姻期间所获得的财产。在美国,除路易斯安那州之外,不保护后代不被剥夺继承权。

有关分割财产的法律在美国一直不是一个重要的问题,但在欧洲和其他地方,这种法律在分配财富方面一直发挥着重要作用。在英国和欧洲大陆,土地不加分割地留传给一个继承人,在很长一段时间是法律原则。长嗣继承权——长子继承——被用来阻止不动产被分割或被转让。在欧洲,这种制度在法国大革命时期崩溃了,后来再也没有确立起来。在后代中间平分遗产成为19世纪的一般法律原则。一些国家就农场继承问题制定了特别的法律,以免土地被分割得太小,不能养活一家人,不能使人民留在土地上。

无遗嘱继承 世界上的法律制度有许许多多种关于无遗嘱继承的法律,但这些法律有一个共同的特征:就是接受遗产的人必须是和死者有亲属关系的人。古代和中世纪的法律主要关心把遗产保持在死者的家族——即有血统关系的人——之内。这个问题在现代法律中的重要性已大大降低了。现在普遍存在着这样一种倾向,把权利给予活着的配偶和死者的有血缘关系的亲属,甚至优先给予活着的配偶。在许多地方,共有财产法保障了这种权利。现在,私生子的继承权比过去更为可靠。更具有实际意义的是养老金权、社会保险福利权和其他一些权利,现在,活着的配偶都可以得到这些权利。

遗嘱 WILL

指财产所有人转让其死后资产的合法处理方式,亦指遗嘱文件本身。遗嘱通常必须是书面的,但由于急促死亡等紧急情况,某些地方也接受口头遗嘱。

在现代法律制度中,遗嘱采取三种形式:见证遗嘱、亲笔遗嘱和公证遗嘱。见证遗嘱制流行于英联邦采用习惯法的地区和美国,此种制度规定:遗嘱要由遗嘱人(财产所有者)以及两个——有时三个——证人签字。亲笔遗嘱是一份手写的文件,并由遗嘱人签名,但不需要证人。美国的一些地区以及大陆法系国家——欧洲、亚洲、非洲和拉丁美洲的大部分国家——接受亲笔遗嘱。大多数大陆法系国家也接受公证遗嘱,此种遗嘱既可由遗嘱人书写,也可由公证人书写。公证人是证明合同、证书和其他文件真实可信的公务员。在大陆法系国家,公证人属于律师职业。

遗嘱人死后,遗嘱才可生效,在此之前,可以改动遗嘱,或撤销遗嘱。在某些州,如果遗嘱人在订立遗嘱后结婚,则遗嘱自动失效。订立遗嘱时,若遗嘱人在精神上无行为能力,被迫行事,或试图进行欺骗,则遗嘱可视为无效。但要使这样订立的遗嘱失效,通常又很困难。如果一份亲笔遗嘱内有印刷的信笺抬头、印刷符号或其他人书写的字,则该遗嘱可视为无效。如果证人在遗嘱人的视线之外签名,或由于其他一些次要原因,见证遗嘱也可视为无效。

特别是在美国,由于各州关于继承的法律各不相同,并涉及各种不同的纳税问题,起草遗嘱可能是件很复杂的事情。在某些州,如果遗嘱人试图剥夺其妻子的继承权,则可宣布遗嘱无效。由于牵涉复杂的法律,遗嘱人最好是在专家的法律帮助下起草遗嘱,并指定遗嘱执行人——确保遗嘱的条款被正确执行的人。遗嘱执行人通常是在世的亲属。(参见:**遗产和继承法**)

入籍 NATURALIZATION

成为一个国家的公民主要有两种方法:一是出生在该国,一是加入该国国籍。入籍是一种正式的法律程序,通过此程序,出生于某一国的人可成为另一国的公民。并不是世界上的每一个国家都允许外来人获得公民资格,原因通常是人口过剩或经济不发达(见:**公民身份**)。

入籍由特别的立法规定。例如在美国,入籍程序由1952年的移民和国籍法(即麦卡伦-沃尔特法)及其后来的修正案所规定。加拿大有1976年的移民法和1977年的公民资格法。在这两个国家,除了少数例外,入籍公民都享有和本地出生的公民一样的地位和基本权利。在美国,只有本地出生的公民才能当选为总统,但入籍公民可以担任任何其他选任职位或任命职位。

入籍的条件相当规范。在加拿大,申请公民资格的移民,必须年满18岁,已获得永久居留权,提出申请前已在加拿大住满了四年中的三年,通晓法语或英语,进行了公民资格宣誓。除这些要求外,当然还要有良好的道德品质和没有犯罪记录。

在美国,一个外国侨民必须首先提供合法的、允许进入美国的书面证明。申请人如果已年满18岁,便可在入籍法院的书记员面前表示想成为公民的意愿。这个程序通常被叫作"出示第一份证件"。在美国连续居住5年以后,并且实际居住的时间至少是那个时间的一半,申请人才可以向他最后6个月所居住的州提出要求获得公民资格的申请。两位是公民的证人,必须对申请人的良好品德和居住日期发誓所言俱实。移民和入籍处的主考人考查申请人的英语知识(一些年龄较大的申请人可免考)和关于美国政府的知识。主考人还要弄清楚申请人是否理解并接受美国宪法的基本原则。在公开法庭最后的听取会上,申请人可能受到进一步的询问。如果移民被授予公民资格,他要宣誓放弃对其他任何国家的忠诚,保证支持美国宪法和法律,承诺保卫美国,反对一切国内外敌人。1990年的移民法案采用了一种前所未有的做法,连续3年每年用抽签方法向40000名移民颁发永久居住在美国的签证。

在美国,不会因种族、性别和婚姻状况而造成任何入籍障碍,但不准多配偶者、无政府主义者、潜在的颠覆分子以及已定罪的犯罪分子入籍。入籍公民可自愿放弃其公民权,但不可剥夺入籍公民的公民权,除非法律规定这样做。伪造申请文件或非法进入美国的入籍公民可被驱逐出境。

合同 CONTRACT

最简单地说,合同是一

种由法律强制实施的许诺。由于合同是强制实施的,在英国、欧洲大陆、美国和其他许多地区便出现了整套复杂的合同法来阐述合同的性质以及同执行合同有关的各种问题。一项提议被提出而被接受时,就可以说产生了合同。所有合同必须由双方自愿和自由订立,而且提议一旦被接受,一般而言就不能再拒绝。

在少数几个电影制片厂——如米高梅影片公司、派拉蒙影片公司和华纳兄弟影片公司——统治电影业的年代,电影厂拥有许多"签约"男、女演员。这就意味着,这些演出人员只能为他们各自的电影厂拍电影,除非他们明确摆脱了这种责任并被允为其他人工作。今天,整个娱乐业是在短期合同的基础上运行的。专业演员按照合同规定完成服务,协议订立人为此而向演员支付报酬。职业体育业——棒球、足球、篮球、曲棍球和其他项目——也按照合同制运行,在这种制度下,运动员——例如,枢纽前卫——完成一项服务,球队的所有人就付酬给他。

合同的种类

大多数合同涉及商业交易活动。实际上,现代合同的使用源自中世纪末商人之间的商业活动。一种最常见的合同是贷款协议。人们借钱时,签订一份在若干月或若干年后随利息归还贷款的合同。通常,借款人要提供某种为贷款作保的担保品。担保品是和所借数额等值或比所借数额价值更大的某种东西。例如,如果贷款是为购买一辆新车,那么若贷款不能如期归还,销售商可以收回汽车。购买住宅时,住宅本身就成为长期贷款的担保品或抵押。在数额上和担保品的全部价值相等的贷款是罕见的。

销售合同也很常见。购买汽车的人,除了签贷款协议(这是一种合同)之外,还从销售商那儿得到一份担保书(这也是一种合同)。担保书保证,如果发生由制造缺陷所导致的机械故障,销售商将免费为购买人修车。担保书上规定有保修期限。

一些大件电器,如电冰箱、空调器和电视机的销售商常提供延期担保书。这是一种购买人每年需交一笔费用的可重订合同。作为回报,如果电器出了毛病,销售商负责修理,不再收取任何费用。有些这类合同可以无限期地续订。另一种常见的合同是由工会和公司之间的谈判达成的协议。这种合同中包含了工会和雇主间所有的分歧点:工资、津贴、生活费的调整、加班规定、年资政策、工作条件等。劳动合同的期限一般较短,如一年、二年或三年。到期后必须在被称为集体谈判的过程中重新谈判签订合同。(参见:**劳动和工业法**;**劳工运动**)

或许所有合同中最常见的合同是婚姻制度。虽然婚姻所包含的一切义务在结婚仪式上并没有特别说明,但这些义务却是每一个国家法律的一部分。因此,当婚姻被解除时,离婚实质上是终止合同(见:**家庭法**)。

标准

从理论上讲,合同中提到名字的每一个人都被看作是平等的,而且每一个人都被认为完全理解所承担的义务。但实际上,合同的双方在对合同内容的理解方面,以及在履行他们所承担的义务的能力方面,确实常常是不平等的。许多人签了他们后来感到后悔的销售合同,或者他们发现自己难以支付所欠的钱。

因此,大多数合同法都力图保证合同要为签订合同的人所理解并真正同意。有助于实现这一目标的条款包括这样的规定,即在压力下签订的合同或对一方特别有利的合同是无效的。在许多地方,还有允许在签订合同后有一个"冷却"期的法律,以便双方有时间考虑是否要改变主意。这特别适用于销售合同。未成年人和无行为能力者受到保护,免于履行合同,而且在许多地方不允许他们签订合同。

某些种类的书面协议是非法的。例如在美国,两个或两个以上公司签订的、旨在确定价格或限制贸易的合同是违法的。另一些合同,例如力图实施民事侵权行为的协议,法院也可以判作是违反公众利益的。

根据法律规定,合同权是一种财产。因而它们可以被出售或以其他方式由一个人或机构转让给另一个人或机构。例如,销售商可以把一份销售合同转让给银行或贷款银行。然后,购买者向金融机构而不是销售商支付包括利息在内的款项。服务合同也可以转让,除非订有禁止把合同转让给他人的条款。

在某些地方,即使一个人不是合同的一方,但若合同是为他订立的,他也享有合同规定的权利。例如,如果一个男人向一个女人保证,如果她嫁给他,他就将订立遗嘱为她的孩子留些钱——但他没有订立遗嘱就死了——则这些孩子就可作为合法受益人从他的遗产中得到财产。

专利 PATENT 国王把特权或特殊地位授予个人时,常颁发被称为专利特许证的证明文件。特许证是寄给公众的,并予以缄封,但很容易拆开和阅读。

今天,专利连同版权和商标都是无形资产的形式。无形的东西不能被看到或摸到。专利是一种所有权,通常是一项发明的所有权。专利并不拥有发明本身,而是拥有使用、制造和销售权。在某些国家,除发明外,专利还可以保护独创的设计、计算机软件,或一种新型的植物杂交种子。(参见:**版权**)

专利权由政府颁发,而且只授予一个有限的时期。在加拿大和美国,专利权的期限是授予专利后17年,不过,美国的设计专利只有7年。英国、澳大利亚和新西兰专利权的期限是申请专利之日后16年。有效期过后,其他任何人都可以制造和销售这种产品或使用这种设计。

作为资产,专利属于发明者。若一项发明是由一家公司里的几个人发明的,专利可授予作为法人的公司。专利所有人也可以向其他人转授利用其专利的许可,收取专利使用费。

专利权通常授予全新的发明,不过,也有一些发明是对原有的发明加以改进。对由于国家安全的原因需要保密的发明,授予秘密专利权。中国和另一些共产党国家也授予普通的专利权。但更为常见的情况是向发明者颁发证书。这种证书不赋予发明人独占性权利,而只是承认发明者对社会的贡献,并允许因使用发明而收取一定的报酬。

授予专利前,政府机构,如美国专利和商标局,必须对过去的发明和技术做大量的研究工作,以确定专利申请属于真正的新发明。这是一项花费大量时间的工作。在美国,每年有远远超过100000项的专利申请,被授予专利的也达50000项以上。除了要进行核查以了解一项专利是否已被授予外,美国审查人员还必须查阅各种书籍和其他出版物,以弄清一种发明的设想是否以前被描述过。

查阅以前的专利记录经常要涉及别国的专利。国际协议已经简化了这一工作,不过,此项工作仍然很复杂。在某些情况下,成立于1949年的国际专利学会帮助做这种查询工作。西德在1968年采用了一种延期调查制度,以缓解这种查询的压力,即先授予临时性的专利,然后再开始进行调查。

享有专利权的产品本身常常必须加上标记,包括授予专利的日期和编号。如果任何人制造或销售享有专利权的产品而侵犯了发明人的权利,可通过民事诉讼迫使侵权者停止生产并赔偿损失。

历史

首项已知的专利是1421年在意大利的佛罗伦萨被授予的。1474年,专利法在威尼斯获得通过。授予专利的思想很快传播到欧洲的其他地方,但专利的授予大都没有得到法律的支持。君主们根据自己的意愿授予独占性权利和特权,授予了许多商业垄断独占权,但这些独占权在英国已被1623年的垄断法令取缔了。

在北美殖民地时代和美国宪法被批准以前,许多州和殖民地授予自己的专利。北美首项已知的专利是马萨诸塞州议会为一种加工盐的新方法于1641年授予塞缪尔·温斯洛的。约瑟夫·詹肯斯由于设计了一个制造长柄大镰刀的工厂于1646后被授予首项机械专利。

综合性的专利法直到18世纪末才问世。第一部综合性的专利法1790年4月10日由美国国会通过,并由乔治·华盛顿总统签署。1791年革命时期的法国国民议会通过了一项类似的法律。法国的法律宣称,对发明进行专有控制是发明人的天赋权利。

美国宪法第一条第八项指出:"国会有下列权力:……保障著作家和发明家对其著作和发明物在限定期间内的专有权,以推动科学和实用技艺的进步。"根据这项条款,通过了1790年4月的法律。佛蒙特州的塞缪尔·霍普金斯由于发明了一种新的制皂方法,而于1790年7月31日根据这一法律被授予了首项专利。从那以后,对最初的专利法进行了多次修订。

为确保专利权持有人在世界范围内得到保护,1883年在巴黎签署了保护工业产权国际公约——它于1884年7月7日开始生效。此后这个条约几经修改。大多数国家都已参加这个公约,它在瑞士的日内瓦设立了自己的总部。

仲裁 ARBITRATION

仲裁是解决个人之间、群体之间和国家之间争议的一种方式。争议双方只是推举某个或某些公正而且称职的人来评判争议,并事先都同意接受决定。这种决定叫作裁决,以区别于法院的判决。

美国自殖民地时期起就实行仲裁。它与习惯法一起作为英国的惯例之一被殖民者带到美洲。乔治·华盛顿在遗嘱中指示,遇有争议,应由三名"公正而睿智的人"裁定,"由争议双方各推举一名,第三名由双方推举出的仲裁人举荐"。

现今仲裁主要用于解决商贸公司之间的争议。如果争议技术性强,可选一名比陪审员或法官更称职的仲裁人作出决定。仲裁还可以避免诉讼的拖延和开销。大多数贸易协会和商会的会员申请表上都有"未来争议"条款。这样,会员就事先同意,以后如发生争议,就以仲裁方式解决。

殖民地时期靠诚信和舆论使仲裁生效。纽约州是颁布法令(1920)使商事仲裁可由法院强制执行的第一州。现在,事实上不仅联邦政府,而且所有的州都有类似的法律。

为促进商业仲裁,1926年成立了美国仲裁协会。1937年工会获得入会资格。这是一个非营利性组织,经费由它的会员提供。它的仲裁人名单中,除商业和劳工代表外,还有成百上千的律师、会计师、银行家,以及其他专家。

通常雇主和工会都不愿意让外人来确定工资和工作条件。因此,很少以仲裁方式确定工会新签的或修改的合同的条款。不过,在合同有效期间,如何解释合同常常引起争议。这些争议通常以仲裁方式解决。有些企业和大公司有常任仲裁人。另一些企业和公司在出现争议后任命一名仲裁人。选举仲裁人和仲裁委员会的方式一般都在工会的合同上说明。

虽然劳资双方愿意决定自己的合同条款,但它们常常以协调或调解的方式接收外部帮助。与仲裁不同的是协调人或调解人无权作出裁决。

实际工作中,协调和调解没有多大区别。严格地说,协调人是个中间人。如果谈判破裂,协调人单独与双方谈,并传递双方的意见。如果他能使双方重新谈判,他就可以充当调解人。调解人担任主席,并可以提出建议。

美国调解服务局作为劳工部下属局建于1931年。后于1947年被联邦协调调解服务处取代。这是根据劳资关系法(塔夫托-哈特莱法)成立的一个独立机构。1934年修正的1926年铁路劳工法规定,铁路方面的争议由全国调解委员会帮助解决。自1936年以来它还调解航空方面的争议。

国际仲裁

中世纪的国王、王子常常请教皇充当调解人。后来民族国家兴起,仲裁被废置了几百年。

随着杰伊条约(1794)的签署,美国和英国恢复了国际仲裁。条约规定,两国之间的几项争议应由仲裁委员会裁决。1872年美国和英国还以仲裁方式解决了著名的"亚拉巴马"号索赔案。1893年白令海争议和1903年阿拉斯加边界争议都以仲裁方式解决。拉丁美洲国家经常将边界争议提交仲裁。

1899年常设仲裁法院——海牙法院——在荷兰海牙成立。该法院只提供合格法官的名单和办公室,而无常设法官。每个成员国推举列入名单者,不得超过4人。争议双方各从名单中选出2名仲裁人。这4人再选出一名首席仲裁人。

国际常设法院于1920年由国际联盟创立。第二次世界大战后为联合国国际法院(世界法院)所取代。像国际联盟的国际常设法院一样,世界法院是司法法院而不是仲裁法院。(参见:**联合国;和平运动**)

只有争议双方都对争议并不特别在意,国际仲裁才有可能成功。因为很难找到真正公正的仲裁人;如果一国认为仲裁不公,它可以拒绝接收,甚至发动战争,强迫对方接受有利于它的决定。

版权 COPYRIGHT

大多数形式的财产是有形的;也就是说,它们是可以看见和触知的。这种财产包括土地、建筑物、汽车、器械,或一个人可能拥有的任何其他物品。版权是一种无形的财产。它所拥有的——正如版权这个词所表明的——是一种权利。这种权利包括两个方面——复制的权利和控制复制的权利。

版权是给予那些制造出创造性作品的人的一种法律保护。版权起初仅限于图书,现在已扩展到杂志、报纸、地图、剧本、影片、电视节目、计算机程序软件、绘画作品、照片、雕刻作品、音乐作品、编排的舞蹈,以及类似的作品。实质上,版权保护的是智力的或艺术的财产。

这种类型的财产是独特的,因为它通常是准备为公众所使用或享用的。如果一个人买了一本受版权保护的图书,这本书作为一件实物归他所有。但是,为了出售或馈赠而复制它则是非法的。这个权利属于出版者、作者或任何拥有该书版权的人。如果有人想复制一本书的全部或部分内容,则必须向版权所有者提出申请,以获得准许,版权所有者也许会要求对方付费。

有些已获得版权的作品保护起来更困难一些。例如音乐作品出版后可以被任何人演奏或演唱。但是,如果是为了赢利而演奏或演唱该作品,演出者必须向版权所有者支付一笔称为版税的费用。一项类似的原则适用于戏剧的演出。作为一部文字作品,一部戏剧和一本图书一样受到保护;任何想演出它的人都必须支付版税。

公用领域

并非一切具有艺术或智力性质的事物都可以得到版权保护。思想、名称和标题就被排除在外。思想不是财产,除非它们被置于诸如一本书、一幅绘画或一部音乐作品这样可触知的形式中。名称一般不会受到保护,除非它们属于文艺作品中的特殊人物:虚构的"孤独的骑警"就是一个例子。商标作为特殊的标记会受到保护。标题可以多次使用。可以有10位作者写"越南战争史",虽然每本书的内容都可以得到版权保护,但标题不受保护。

20世纪以前创造的艺术的或智力的作品几乎全不受版权保护,因此它们为公众所有。这既包括绘画作品、雕刻作品和音乐杰作,也包括过去那些世纪中写作的全部图书。因此任何人都可以演出埃斯库罗斯或莎士比亚的戏剧,或者演奏巴赫、贝多芬和莫扎特的乐曲。他们的作品产生时还没有版权法。

盗版

侵犯版权的方式通常有两种:剽窃和非法仿制。剽窃一词来源于拉丁语 *plagiarius* 一词,意思是"绑架者"。它意味着把别人创造的资料拿过来,冒充为自己的。它通常是一种个人行为,诸如某位作者使用他人已发表的资料并作为自己的东西发表。

非法仿制可能是一个人的行为,但它更可能是一种协同的努力——一种未经所有者准许为赢利而复制已获得版权保护的资料的商业行为。在某些第三世界国家,非法仿制已成为一项规模宏大、有利可图的生意。技术进步已使非法仿制变得比较容易。几乎任何人在家里都可以复制计算机程序、录像磁带、唱片或电视节目。被非法仿制的资料的大量生产只需使用更多的设备和建立一个销售网。

版权法

目前大多数国家都制定了版权法以保护作家和其他艺术家。第一部版权法于1710年在英国通过。丹麦于1741年批准了一部版权法规,而法国于1793年通过的一部法规已成为其他欧洲国家的样板。

在美国,版权立法必须依据宪法第一条第八项的规定。1790年制定的第一部版权法,于1831、1870、1909和1976年进行了全面修订。在第四次修订以前,由于办理版权展期的间隔时间定为28年,版权的有效期也为28年。根据1976年的法律,版权按照国际标准,其有效期延长至创作者死后50年。对于那些在该法生效日——1978年1月1日以前已获得版权保护的作品,办理版权展期的时限延长47年。在1978年以前已办理过版权展期的作品,其版权有效期自动延至75年。为了获得版权保护,一部作品必须把两个复制件送交设在华盛顿(哥伦比亚特区)的版权办公室,并交纳一笔固定的费用。通常采用的通告形式是用"版权"(copyright)这个词,或用©这个标志,并附上出版日期和版权所有者的名称。

目前有三个国际版权公约:1886年的伯尔尼公约;1910年的布宜诺斯艾利斯公约或泛美公约;1952年的世界版权公约或日内瓦版权公约。这些国际公约实质上是参与国之间达成的协定:互相承认对方的版权法以使在一国受到保护的作品在其他国家也受到保护。

尽管有版权法,防止侵权却变得越来越困难。复印机使教师复制图书供学生使用变得很容易,盒式磁带录像机几乎可以被每个人用来复制影片或其他电视节目。由于有了这些以及其他一些装置,防止盗版实际上已变得不可能——尤其当涉及视觉资料时。

1976年环球电影制片厂和沃尔特·迪斯尼制片公司就使用家庭录像机录制文艺节目问题控告索尼公司。1984年1月美国联邦最高法院裁定:使用这样的录像机没有损害娱乐业,因此不应予以禁止。

刑法 CRIMINAL LAW

在所有先进的

法律体系里,叛国、杀人、行凶、偷窃、抢劫、夜盗、纵火和强奸被视为重大刑事犯罪。刑法不仅规定什么是犯罪行为,而且规定拘捕、起诉和审判嫌疑犯的方式;对判罪的犯人实施惩罚;规定判罪的人可对判决质疑及试图推翻判决的方式。刑法是西方社会称为实在法的两个主要分支之一;另一个分支是民法(见:**法律**)。(参见:**犯罪**)

犯罪行为

犯罪之所以是犯罪是由法律规定的。这个合法性的第一原则是刑法的基石。这一原则规定,界定什么是犯罪的法律应该清楚,并应有严格的解释。它禁止追溯性地运用法律,即犯罪之时法律必须已经生效。美国宪法第一条第九项禁止所谓"追溯既往"的法律——也就是使行为发生时并不违法的行为成犯罪的法律,或者对先前的犯罪加重处罚的法律。

依照惯例,法律制度不允许双重审理,即不允许为同一罪行不只一次起诉某人。有时一个人可能会为基本上同一行为在不同的两个辖区或司法领域受审。在美国,某人可能在州法院因杀人而受审,然后因侵犯了受害者的公民权在联邦法院受审。

所有法律体系都有诉讼时效法规,即限制对某人起诉的时间的法律。制定这样的法律是为了避免超过时效的诉讼。这时证据已丢失,记忆已模糊,或者证人已死亡或去向不明。时效限制依犯罪的严重程度而定。例如,根据德国法律,时效时间从轻微犯罪的3个月到可判处终生监禁罪行的30年。包括美国在内的许多国家,一些重罪,如杀人,没有诉讼时效法规。

法律制度还规定何种犯罪在何种法院起诉。在美国,杀人、纵火、强奸、夜盗、抢劫和扒窃商店财物在州或地方法院起诉。在联邦法院审理的犯罪必须是违反联邦法律的,或者必须是因对另一法院的判决不服上诉到联邦法院的。大多数政府都要求对其本国公民的行为有管辖权,甚至当这些行为发生在国外时,它们也要求有这种管辖权。因此,大多数国家都不把管辖自己公民的权力交给别国。这叫作拒绝引渡。即使在美国国内,一州可以拒绝把被告引渡到另一州进行审判。

犯罪的因素

一般说来,人们都认为,犯罪的基本因素有自愿的行动,或没能行动,和某种心态。没能行动包括一个人没有做法律要求其做的某件事情,如提交所得税表或在驾驶车辆之前取得驾驶执照。

犯罪的精神因素是指某人犯罪通常是蓄意、明知故犯、不负责任或粗心大意的。不过也有例外。例如男女双方都认为他们可以自由结婚,而其中一方实际上还没有得到离婚判决,这就可能无意中犯重婚罪。

人们长期以来就认为,不懂法不能作为借口,刑法体系一般承认这一原则。一个人说他不知道自己的行为违法并不是辩解的理由。这项原则基于这样的假定:任何有理智的成年人都能认识到犯罪行为是有害的、不道德的。相比之下,大多数国家承认,当一个人不知道他行动的事实而采取行动时,他可以不负刑事责任。因此,当某人认为东西是自己的而拿走时,他没有犯盗窃罪,因为他没有偷窃的动机。他给另一人带来的不便可以根据民法来解决。

人们普遍认为,有精神缺陷的人对他们的行为可以不负责任。在如何正确检测以判定这类案件的责任上有很多争议。用精神错乱进行辩护已受到法律界的严密注视,尤其自1981年3月暗杀罗纳德·里根未遂之后。企图暗杀里根的案犯因患有精神错乱,被判无罪,关进精神病院。自那以后,有些州修改了精神错乱辩护法,允许判定"有罪,但精神错乱",而不是判定"因患精神错乱而无罪"。

在大多数国家,醉酒不被看作大脑不受支配。俄罗斯法律对酒后犯罪尤其严厉。相比之下,其他国家对此类犯罪判得较轻。

法律承认,在有些情况下,即使使用致命的武力也是合法的。这些特殊情况包括自卫案件,包括以武力保护他人、执法者使用武力或为了保护财产。

刑事诉讼法

一旦有犯罪行为,刑法规定诉讼程序的各个阶段,从侦察到审判,到如果判定有罪惩罚的类型及时间。在侦察阶段,警察在预审中起重要作用。他们负责逮捕嫌疑犯,搜查和侦察嫌疑犯和受害者的住所以获取证据,询问证人,进行搜查和扣押(见:**警察**)。令状赋予警方逮捕嫌疑犯,或搜查住宅和扣押财产以获取证据的权力。

一旦嫌疑犯被拘留,就由检察官或大陪审团对他进行起诉(见:**陪审团制**)。通常由一名法官对嫌疑犯进行预审,此时宣读对他的指控。预审时法官决定是否有足够的证据对嫌疑犯正式起诉。

所有被告自被逮捕之时起就有法定代理权。辩护律师参加所有程序——从预审到定罪之后。

公民个人有权起诉一个他认为犯罪的人。这种起诉最常见的方式是报警。有些罪行如果受害者不同意起诉则不进行公诉。

刑事审判的被告有权要求陪审团审判,但也可选择只由一名法官审判。有些国家没有陪审团制;几乎整个欧洲都放弃了这种制度。只有奥地利、比利时、挪威以及瑞士的一部分还有陪审团制。如果被告在法庭服罪,就没有必要再由陪审团审判。

根据英美法律,原告和被告都要提供证据。法官的作用是实施有关证据的规定并提出问题以澄清事实。在欧洲的诉讼程序中,法官的主要任务之一是通过询问证人和专家以获取证据。被告不像英国和美国的审判中那样有权在证人席上为自己作证,而是由首席法官盘问。不过他们可以保持沉默。

刑法的一个基本原则是,必须不再有合理的疑问才能作出有罪的判决。提供证据的责任由起诉方承担。这是人们常常听到的"一个人在证明有罪之前是无罪的"这一原则的基础。一般说来,美国法律要求在作出判决之前,陪审团中的所有陪审员都得就有罪或无罪达成一致意见。可是根据欧洲法律,三分之二的多数就可作出判决。一旦被告被判定有罪,判决由一名法官在特殊审判中宣布。对于可判死刑的罪行,可以请陪审团来判决,或至少提出建议性意见。

判定有罪之后,辩护律师可以证据不足、法庭根据供认的事实作出的判决是错误的,或者又发现了新证据为由要求重新审判。还可向高一级法院以上诉的形式对判决的合法性表示反对。

在美国,案件可在低级上诉法院审理之后一直上诉到最高法院。英国也有上诉制度,从治安法院一直上诉到英国的最高法院——上议院。上诉后,可能维持原判,也可能将原判置于一旁而命令重新审判,也有可能推翻原判,释放被告。

犯罪学　CRIMINOLOGY

犯罪学是一门社会科学,而不是法律的一个分支,研究的是犯罪行为的原因、惩治和预防。犯罪学虽然是一门专业,但不是一门单独的学科,需要统计学家、精神病专家、社会学家、律师、警官、缓刑监视官以及——最近——生物学家的通力合作。过去,警察学校对犯罪的研究称为犯罪学,但最近,这种研究则称为刑事侦察学,特别是在大学中(关于犯罪的侦察,见:**警察**)。

传统上法律对待犯罪的方法偏重于犯罪的行为以及对社会的保护,而犯罪学则把其注意力集中于罪犯这个人,其行为以及是什么导致他走上犯罪道路,试图弄清罪犯的遗传性格以便了解是否存在着一种遗传的犯罪倾向,还考虑个人的社会经济背景、家庭教育、教育机会以及童年的交往等问题。

惩治

犯罪学家的一个主要兴趣是惩治:一旦罪犯被抓住、被审讯并被证明有罪,应如何处置罪犯。直到19世纪后期,处罚仍主要是公开羞辱、殴打或拷打、流放或放逐、处死、罚款,或者没收财产。16世纪以后,监禁成为一种常见的处罚手段,但它仅适用于较轻的违法行为。

直到19世纪末叶,监禁才成为对大多数犯罪的一种最常见处罚。这在很大程度上是犯罪学家努力的结果,他们说服社会放弃其他无效的惩罚手段。监禁的目的也逐渐开始发生了变化,从单纯的关押向犯人被释放后能脱离犯罪生活转变。关押年轻违法者的监狱被称为管教所,第一所这样的监狱1876年建于纽约的埃尔迈拉。对于被收容者,管教所更多地强调的是教育。(参见:**监狱和惩罚**)

缓刑和假释

19世纪末叶惩治方面最重要的进展也许是缓刑和假释。缓刑是指某一被宣判为有罪的罪犯的判决被缓期执行,条件是罪犯答应表现良好,接受对其生活的某些监督,并满足某些特殊要求。假释是指在服过部分刑期以后,被有条件地解除关押。羁押犯只有在似乎已变成了诚实而值得信任的人时,才能被假释。

20世纪下半叶实施了白昼离狱假计划并建立了过渡教习所。按照白昼离狱假计划,犯人每天有一部分时间被释放出狱,以便去狱外工作或上学。过渡教习所是帮助从前的犯人在刑期结束后重新适应外面世界的机构。

犯罪学家一直在对使用监禁、缓刑、假释、过渡教习所以及白昼离狱假计划进行仔细的研究,以便了解哪种方法在使罪犯改过自新和引导他们过自食其力的生活方面更为有效。犯罪学家通过他们的工作唤起人们对于犯罪的预防的注意,因此他们担心惩治计划会并非故意地促使罪犯进一步犯罪。

预防犯罪也是各类专家致力于研究的一个课题,他们试图在年轻人开始犯罪生涯之前,就对他们做工作。精神病学家和心理学家做情绪不稳定的儿童的工作。社会学家和贫民窟的住户通力合作建立起教育、娱乐和就业中心,来影响和争取附近地区的青年。

犯罪　CRIME

违反刑法,便是犯罪。制定法律准则的是通过政府而行事的社会,它们宣布什么行为是违法行为。因此,战争不是犯罪。虽然战争是最富于暴力的人类活动,但战争并没有被政府或其机构宣布为非法。小偷小摸行为——偷一个面包——却是犯罪,因为大多数州和大多数国家的法律都认为这是犯罪。

给犯罪下定义

本文按照法律上的定义将违法行为视为犯罪。在不同的时间、不同的地点,什么行为可以被认定是犯罪行为,差异很大。但在现代世界中,某些行为,如叛国、谋杀、抢劫、侵犯人身和强奸被最普遍地认定是犯罪行为。叛国,或是对其团体的不忠行为,特别是在战争时期,或许是被视为损害团体利益的罪过的最常见、最早的行为之一。

在所有的现代文明社会中,谋杀都被认为是一种犯罪。但在古代文明中和当前依然存在的某些原始社会中,杀人却是一件由家族或更大的有亲属关系的组织处理的私事。蓄意杀害——如杀婴、吃人肉、割取敌人首级作为战利品或杀害老人——在现代社会被归入谋杀罪,但这种做法被古代文明,甚至被20世纪世界上某些偏远地区的部落看作是一种习俗,是可以接受的行为。

新的法律,或对现有法律的新的解释,可使曾是合法的活动成为非法活动,或曾是犯罪的行为成为合法行为。例如,1919年1月29日通过的美国宪法第十八条修正案禁止制造或销售含酒精的饮料,并禁止向国内进口含酒精的饮料。从1920年到1933年这一修正案被废止,这种在美国大多数地方一直是合法的事情成了一种犯罪行为。在美国长期以来是一种犯罪行为的堕胎,在1971年被宣布为合法行为。两年以后,在罗诉韦德案中,最高法院通过判决重申:受宪法保护的隐私权包括妇女中止妊娠的权利。许多不同意对罗判决的团体,试图要求撤销这一判决。

道德与犯罪　每一种犯罪从法律上讲都是一种过失,但并不是每一种过失都被确定为犯罪行为。在每一个现代社会中,都有为数不少的人对什么样的行为是正确的,什么样的行为是错误的,持有道德上的或宗教上的观点。例如,某些宗教团体认为,星期天是专门用于拜神的歇工休息时间。因而他们推论,不应允许商店在星期天营业。如果这种观点在社会上获得足够的支持,有一天就会通过法律,禁止商店和企业在星期天营业。开始只是宗教上的过失,后来就成了法律上的过失或犯罪行为。禁酒是道德过失变为犯罪的例子。一种行为,不论可能多么不道德,多么有害,只要没有法律禁止和处罚它,就不是犯罪。(参见:**蓝色法规**)

私人错误行为 私人错误行为的法律术语是侵权行为。侵权行为就是其他人通过非法的或危险的活动对一个人造成伤害的一种民事或私人过失。刑法的目的是惩治违法者,保护作为一个整体的公共利益,而侵权行为法的目的则是通过对个人可能已遭受的损失进行赔偿来保护个人的利益。

例如,如果某人在一家餐馆就餐时吃了腐败变质的食物并因此而生病,他就可以向餐馆老板提出起诉,要求他承担医疗费。他也可就惩罚性损害赔偿或额外损失提出起诉。诸如交通事故、口头诽谤、文字诽谤、个人伤害、医疗事故和非法侵入之类的事情,都由侵权行为法处理。

有时同一过失既可以是犯罪,即损害团体利益的罪过,也可以是一种侵权行为,即私人错误行为。偷窃一件珠宝的小偷犯了盗窃罪和转移他人财物的侵权行为。转移他人财物可以被解释为未经所有人同意和许可而拥有他人财产。如果一种行为既是犯罪行为,又是侵权行为,则它便既可在刑事法庭被起诉,也可在民事法庭被起诉。

重罪和轻罪 并不是所有的犯罪都被法律和公众认为同样严重。同盗窃行为相比,忘记把钱塞入汽车停放计时器显然是一种轻得多的犯法行为。法律已认识到这些差别,并把各种犯罪分为重罪类型和轻罪类型。

直到最近,英国的不成文法还把各种犯法行为分为轻叛逆罪、重罪和轻罪(关于对不成文法的解释,见:**法律**)。不成文法所认定的重罪有杀人、放火、强奸、抢劫、盗窃和夜盗行为。在现代,法律已大大扩大了重罪的数量,把诸如绑架、逃税和毒品交易之类的犯法行为也包括了进去。

轻罪这个词在英美法律中用以指那些既不属于轻叛逆罪又不属于重罪的犯法行为。在美国,有一种轻罪叫作轻微犯法行为。较为常见的轻微犯法行为有妨碍治安行为、在公共场所酒后胡闹以及一些汽车驾驶的违章行为。性方面的某些违法行为属于轻罪,而另一些则被归入重罪。

某些轻罪像重罪一样属于可提起公诉的罪行,或要由大陪审团提出诉讼。某些形式的侵犯人身行为、伪证罪、较轻微的性违法行为、向未成年人出售酒以及开办非法的赌博场所,都属于这种较为常见的轻罪类型。这些轻罪主要在受惩罚方面不同于重罪。在美国,轻罪是那些要受到罚款处罚或要被关押在地方监狱的违法行为,而重罪则要在州或联邦监狱服刑。

英国于1967年废除了重罪和轻罪之间的区别,代之以可无证逮捕的违法行为和不可无证逮捕的违法行为之间的区别。

反对国家的犯罪 从广义来讲,所有的犯罪都是反对国家或政府的,因为犯罪扰乱了社会秩序和社会的稳定。不过,有三种犯罪活动是直接针对国家本身的生存的;它们是叛国罪、煽动叛乱罪和叛乱。叛国罪是通过采取被认为危害国家安全的行动而背叛国家的犯罪。向外国出卖军事机密是叛国罪;战时帮助敌人也是叛国罪。煽动叛乱罪一般指组织或鼓励反动政府,特别是以言论或文字形式反对政府的违法活动,这种违法活动尚不构成叛国罪。在战争期间,煽动叛乱的行为通常可归入叛国罪。叛乱就是有意推翻政府的行为;如果成功,就是政变或革命。

人民和财产 在民主政体下,人民被认为享有人身和财产权。因此,可以认为犯罪是对人身或财产的攻击。

针对人身的犯罪包括杀人、攻击和殴打、故意伤害人身、强奸和绑架。杀人是杀死一个人的一般说法。杀人也可指不是犯罪的杀人,例如自卫杀人,或为阻止严重犯罪而杀人。

犯罪性杀人可根据犯罪的性质来分类。谋杀是最严重的违法行为。过失杀人包括由于莽撞或剧烈的感情爆发而导致的杀人。由于疏忽或粗心而导致的死亡,通常被称为疏忽杀人。

不同的法律制度对杀人的处理各不相同。例如,根据欧洲的法律,对由身体伤害而造成的死亡和由疏忽而导致的死亡的处罚要比英美的法律制度严厉得多。另一方面,欧洲的法律一般不对帮助实施安乐死的个人进行处罚,而英美的法律则要进行处罚。而且,在某些国家,由于情绪激动而导致的犯罪所受到的处罚要比其他国家轻得多。

攻击和殴打这两个词经常混用,好像它们是一种犯法行为。殴打是对他人非法使用体力,攻击是实施殴打的企图。不必使用很大的体力就可以构成殴打:仅仅是触碰就足够了。投毒,使他人服用毒品或传播疾病,也构成一种殴打。除非怀有伤害的意图,或造成严重的刑事疏忽,否则一般说来不构成殴打。攻击,作为伤害的意图,必须带有或多或少有直接危险的威胁,或具有要进行殴打的某种明显行为。

故意伤害人身和殴打相似,但它是一种更为严重的犯罪行为,因为它使受害者失去身体的一部分——手、手臂、眼——使他保护自己的能力下降。在一些国家,使人致残或毁容都属故意伤害人身。某些国家根本不区分殴打和故意伤害人身。例如,日本对所有的殴打都一样看待。印度的法律把对身体的伤害划分为"伤害"和"严重伤害"两类。

强奸是最严重的性犯罪行为,在一些国家,强奸犯要被处以死刑。现在,在大多数国家,强奸通常被处以监禁。法定强奸罪一词指同儿童发生性关系,即使是得到了儿童的同意。在法国,法定强奸罪也指诱奸受支配的人如雇员和被监护人。

绑架是用暴力或非法扣押和拘禁的手段非法掳走一个人(见:**绑架**)。

针对财产的犯罪活动有偷窃和盗窃、侵占公款、伪造、收受被盗财物、抢劫、夜盗以及非法侵占。这些犯罪活动大多以一种或另一种形式同偷窃有关,但要对这些犯罪活动加以区分,以表明其违法行为的严重性。偷窃是同盗窃、抢劫和夜盗有关的一个常用词汇。盗窃是未经所有人同意拿走私人财物。抢劫是对受害人使用暴力或威胁使用暴力的盗窃。夜盗是指怀有偷盗或某个其他重罪意图,损坏并进入一幢建筑物。被称为行凶抢劫的一般街道犯罪活动把抢劫同攻击和殴打结合在一起。

侵占公款是受委托管理物品的人为自己使用物品——通常是钱——而非法占有。例如,银行雇员挪用银行资金被认为是有罪的。

收受被盗财物是一种犯罪行为,因为有此种行为的人成了所谓"事后从犯"。这是由于同意这种犯罪活动并同罪犯合作,而在某种程度上参与了犯罪活动。收受被盗财物的目的是出售。销售人被称为买卖赃物的人(fence,此词也有"栅栏"之意),因为他起了罪犯和销售被盗财物之间栅栏的作用。

纵火罪是非法并故意烧毁财物。如果纵火致人死亡,纵火犯将被认为犯有谋杀罪,即使他没有杀人的意图。被烧毁的财物不一定是他人的财物。许多人为领取保险金被判犯有烧毁他们自己财产罪。

非法侵占指未经容许而侵占他人土地。无论是否了解自己在做什么,或是否出于恶意,都可构成非法侵占罪。一旦证明犯了非法侵占罪,非法侵占者通常就要为这种行为所导致的任何损害承担责任(关于侵占财产的其他犯罪,见:**伪造与仿冒**)。

不侵害他人的犯罪

许多社会根据宗教或道德理由把一些行为宣布为非法。例如,节约法令是限制浪费服装、食物、饮料和家庭设施的法规。某些行为,如通奸和同性恋,常被认为是犯罪行为。赌博在许多地方也被宣布为非法。甚至嗜用麻醉毒品——使用被明令禁止的或受控制的物质——有时也被称为不侵害他人的犯罪,因为这种行为与赌博一样,既不涉及对他人人身的攻击,也不涉及对他人财产的攻击。

但不侵害他人的犯罪一词有点不准确。赌博和嗜用麻醉毒品,与酗酒一样,现在被认为是瘾。成瘾者的不加克制的习惯不仅会使自己身受其害,还会牵连家人和朋友。克服这些瘾往往需要某种形式的治疗。

白领犯罪

白领犯罪一词指的是利用工作之便从事非法活动的人的违法行为。挪用公款是一种典型的白领犯罪。此种违法行为通常包括诈骗、欺诈、骗税以及金融交易中的其他欺骗行为。

发达国家中白领犯罪的数量急剧增加,已成为使社会付出最高昂代价的犯罪活动之一。每年有数十亿美元被人们采用各种诈骗手法所侵吞——要比盗窃、夜盗、伪造罪、汽车盗窃和抢劫等较为传统的犯罪活动造成的损失大得多。

有组织的犯罪

在先进的工业社会中,有组织的犯罪是最大的商务企业之一。尽管长期以来美国被认为是有组织犯罪活动的中心,这类活动也在加拿大、日本、法国、英国和其他经济繁荣的地方盛行。赌博、毒品交易、赛马赌注登记、放高利贷、卖淫、提供保护、劳工诈骗以及彩票赌博骗局等有利可图的活动,长期以来被各种有组织的犯罪集团所控制。这些犯罪活动在范围上多是地方性的或全国性的,但自从 1965 年以来越来越多地使用毒品,已导致建立了国际性的犯罪网,以把毒品从一国运往另一国,加工这些毒品和分配从销售这些毒品获得的数十亿美元的利润。

种族因素 除了过去在美国西部由亡命之徒组成的犯罪组织外,有组织的犯罪活动主要是一种城市现象。出版于 1927 年并于 1970 年重印的赫伯特·阿斯伯里的《纽约的犯罪组织》一书,对早期的美国犯罪组织作了最出色的描述。他所描述的那些犯罪组织多半是由年轻的移民或移民子女组成的,而且他们大都是爱尔兰人。19 世纪中叶,爱尔兰人在美国是最受歧视的群体之一。于是,他们往往集中住在自己的地区。就业方面所受的歧视使许多年轻的爱尔兰人铤而走险,寻求一种犯罪生活,因为他们几乎没有其他的谋生之路。

随着岁月的流逝,其他的移民群体也加入到生活在大城市贫民窟中的拥挤人群中去。不久,犹太人犯罪组织、希腊人犯罪组织以及意大利人犯罪组织开始取代了爱尔兰人。当然,所发生的事情是爱尔兰人——他们在美国生活的时间更长些——为美国社会接受了。更晚的到来者处在了经济阶梯的最低层。

到 20 世纪初,一个相当大的滋生犯罪的底层社会已在一些主要城市,特别是纽约、芝加哥和旧金山发展起来。不过,这已不再简单地是一个导致犯罪的经济上的贫困问题。具有各种不同种族背景的有胆量的人发现,通过犯罪可以最快地达到发财致富的目的。美国社会日益富裕,各犯罪组织也继续做着它们认定是最好的事情——非法团伙活动。不久,联邦政府就向有组织的犯罪活动提供了一个扩大其活动,把其利润提高到前所未有水平的极好机会。

美国宪法第十八条修正案,或曰禁酒修正案,于 1920 年生效,因此,生产和销售各种酒精饮料在美国被宣布为非法。有组织的犯罪抓住机会向全国供应烈性酒。事实证明,禁酒是促使现代有组织的罪犯辛迪加积聚财富和扩大权力的因素。

纽约市的有组织犯罪活动主要被几个犹太人犯罪组织所控制。其中最著名的人物是阿诺德·罗思坦。他作为犯罪活动的魁首,在禁酒早期为一些更为臭名昭著的犯罪组织提供资金。罗思坦想出了一个主意,用非法制造和销售酒精饮料所获得的钱,把所有有组织的犯罪活动组成一个全国性的大企业。

他的梦想实现之前,他被暗杀了。他死后,原有的各犹太人犯罪组织开始走下坡路,不久,西西里人和其他意大利人在大多数重要城市中逐渐占据了主要地位。这就是纽约市的"幸运儿"卢西亚诺和芝加哥市更为著名的阿尔·卡彭的时代(见:**卡彭**)。

在有组织的犯罪活动中存在着种族因素,这是可以理解的:美国是一个由前来寻求机会的移民组成的国家。实际财富掌握在少数人手里。移民们觉得他们得在没有机会的地方制造机会。在每一个种族群体中,不论有什么样的合法机会,某些人还是更喜欢采用犯罪的手段。

必须指出的是,同任何一个种族群体的总人数相比,犯罪者的人数总是很小的。但这些为数很少的人却常常给其他千百万不求助于犯罪而融入新祖国的同胞带来极为严重的损害。受到罪犯之害最严重的群体,通常正是产生罪犯的那个种族群体。

犯罪活动中的种族接替一直在继续着。20世纪后半叶,美国有黑人犯罪组织、西班牙犯罪组织、中国犯罪组织、日本犯罪组织、越南犯罪组织和其他犯罪组织。这些犯罪组织往往已在市中心取代了各意大利犯罪组织,与此同时,较老的有组织的罪犯辛迪加也维持了较大的犯罪网,常雇用较晚成立的犯罪组织的成员。随着来自拉丁美洲、中东和东南亚的毒品交易的大量增加,各犯罪组织之间的相互联系已变得格外重要。

美国黑人卷入犯罪活动的情况有点不同于其他种族群体。首先,黑人不是从欧洲和亚洲来到美国的大移民群的一部分。他们是被带到这儿做奴隶的,直到南北战争之后还遭受奴役(北方相当多的自由黑人除外)。黑人向北方城市移居比大多数其他种族群体要晚。到达城市时,他们发现自己处于双重不利地位。他们不仅像大多数移民一样贫穷,而且因为是黑人,还受到美国社会中普遍存在的种族偏见的歧视。于是,在得到并保持工作方面,他们要比其他少数民族群体处于更加困难的境地。

黑手党问题 对大多数美国人而言,有组织的犯罪活动和黑手党这两个词是一个意思。之所以出现这个不幸的错误,是因为许多在20世纪20年代及其以后声名显赫的罪犯来自意大利,特别是来自意大利的西西里岛。几个世纪以来,黑手党就一直是个臭名昭著的西西里组织。一些同黑手党有关系的西西里人来到美国,但作为一个组织的黑手党从未迁移到美国,也不存在什么黑手党组织的美国分部。尽管表面上有许许多多意大利人在20世纪20年代到70年代卷入了美国的有组织犯罪活动,但大多数的有组织犯罪活动是非西西里人干的。而且,虽然意大利人参与了犯罪,但许多其他种族群体也始终同样卷入了犯罪活动。

有关黑手党的传说之所以挥之不去,是因为有组织的犯罪活动和电影业几乎是在同一时期出现的。盗匪片,从20世纪30年代的《小凯撒》到70年代的《教父》,对观众有着极大的吸引力,但却扭曲了罪犯社会的概念。今天,有组织的犯罪活动已较少同种族有关,而更多地与在国际范围内利用每一条可能的非法和合法获利途径有关。

计算机犯罪

计算机犯罪是一种犯罪方式,而不是一种犯罪类型。到20世纪80年代中期,计算机已在各类商业、金融和工业企业中应用。从把信息保存成容易读取的文件的意义上讲,计算机作为保存记录的设备是无与伦比的。信用卡公司、银行、储蓄和贷款协会、保险公司、信用调查所以及许多其他机构,都保存有已输入到计算机中的客户文件。这些信息是供客户和机构非公开地和秘密使用的。

计算机专家可接近这种秘密信息,进入由各政府机构使用的更为复杂的计算机系统,而他们中的一些人怀有骗取或盗用意图。在银行或其他金融机构工作的人员可以很容易地进入公司的计算机,并把资金调到他自己的或他朋友的账户上,或调到其他的银行。

个人家用计算机的所有者也可以设法闯入公司的计算机系统。要做到这一点,计算机操作人员需要一个调制解调器,这个装置通过电话把其计算机与另一个计算机系统连接在一起。他还需要知道如何通过密码进入另一个计算机系统。对一般人而言,这很难;但对某些精通计算机原理的人来讲,却是相当容易的。根据美国律师协会1984年的报告,通过计算机偷窃,每年要损失几十亿美元。

犯罪的真实性和传奇性

社会明白并承认需要保护自己免于陷入无法纪的状态。可犯罪也有某种神秘性,令人着迷的是犯罪活动和罪犯既令人厌恶,又非常吸引人。罪犯以其胆大妄为充分显露出他的冒险性;而且,一旦罪犯得手,人们心中常常会对罪犯的成功产生羡慕。残忍的罪犯,特别是犯罪集团成员,在公众面前展现出一种有势力的、敢作敢为的形象。

然而,公众要看到罪犯被捉住,受到惩罚。罪犯的诱惑力和强暴必须被正义战胜。对公众而言,罪犯是一个反英雄。他不是英雄,因为他的行为并不高尚。但他的胆量、控制能力和自信却在芸芸众生之上。

犯罪活动的神秘性在电影中表现得最富戏剧性。某些好莱坞反英雄的名字是妇孺皆知的:詹姆斯·卡格奈、爱德华·G.罗宾逊、乔治·拉夫特、汉弗莱·鲍嘉、约翰·加菲尔德、悉尼·格林斯特里特、彼得·劳雷,以及最近的查尔斯·布朗森和克林特·伊斯特伍德。他们有时是"坏蛋",有时是"好人"。几十部描写、有时是美化犯罪行为的影片包括:《阿尔·卡彭》、《疤脸大盗》、《情人节大屠杀》、《喧闹的20年代》、《人民公敌》、《海伊·塞拉》、《最后一个匪徒》、《谋杀公司》、《大洋十一》、《石林》、《邦尼和克莱德》、《逃犯乔西·威尔士》、《执法杀手》、三部名字都是《教父》的影片、《好伙伴》以及《巴格西》。

几乎每天电视里都在描述具有真实后果的真实犯罪活动。公众已经意识到,犯罪活动存在于每一个城镇和几乎每一个地段。对犯罪活动的担心已经取代了对观看犯罪活动的兴趣,因为每一个人都是一个潜在的受害者。现在,反英雄已不再是罪犯了,而是孤独的寻求正义的人,他公然蔑视复杂的刑法制度而立即惩处犯法者。现今电影中的反英雄很可能是由伊斯特伍德主演的"肮脏的哈里"。

审订:Charles F. Wellford

伪造与仿冒 COUNTERFEITING AND FORGERY

1983年4月22日,西德《明星》杂志宣布发现了62本阿道夫·希特勒的日记,它们写于1932年至1945年。据报道,这些日记是1945年4月在德累斯顿附近的飞机失事中抢救出来的。第二次世界大战结束前不久,这架飞机从柏林起飞,载着希特勒的一些工作人员和物品。《明星》发表了日记片段,并愿意将发表权转让给包括伦敦《泰晤士报》在内的其他出版商。没过几周这些日记就被确定无疑地证明是伪造品。对封皮、胶、纸和墨的化学分析,以及对笔迹的分析,揭穿了伪造。应对这一罪行负责的那些人最终受到了起诉。

仿冒与伪造可以定义为旨在欺骗而进行的复制。它们是,通常为了获利,制造逼真的仿制品用来冒充真货。从法律上讲伪造与仿冒稍有区别。伪造一般指制造假币、证券、有时是冒牌商品。仿冒一般指仿造假证件,如支票、护照、驾驶执照、信用卡、出生证、社会保险卡、遗嘱、戏票或身份证。在本条目中,也像在日常用语中一样,这两个词可互换使用。

问题的严重程度

利和名是仿冒的两个主要诱因。当仿冒者试图获得作家、画家或雕塑家等虚名时,其动机是名。20 世纪,利成了最大的动力,因为通过仿造逼真的名画、标名产品和许多日用商品获利甚丰。

商品仿造是一个巨大的行业。据美国海关估计,每年有价值 190 亿美元的假冒商品在美国生产或销售。许多冒牌商品是在别国生产的。

假冒商品的种类依市场的需求而五花八门:洗发剂、汽车的发动机和小零件、标名牛仔裤、药品、太阳镜,以及手表。

公私两方面都采取了反假冒行动。以旧金山为基地的国际反伪造联盟是几个公司的联合会,监督检查各种商品的真伪。1984 年美国国会通过了商标防伪法。这使得商业仿冒成为刑事犯罪,并为海关防止假货进入美国提供了保障。

艺术赝品

艺术界充斥着赝品。据估计,所谓伦勃朗的 600 幅作品中,只有大约一半是真的。古往今来,几乎没有哪位大画家的作品或风格幸免于被仿冒。有些赝品极富欺骗性,只有专家才能识别。人们也许永远也不会知道,世界上的博物馆里究竟悬挂着多少赝品,因为这些博物馆担心,如果人们知道它们收藏假冒的"珍品",那将有损于它们的名誉。现在许多博物馆长只有在对一幅画的真伪进行极为仔细的分析和检测之后才会购进它。

仿冒绘画和雕塑自古以来就有。有时人们有意购买艺术仿制品。例如罗马的富豪曾需要并收购希腊著名雕像的复制品。而在 20 世纪,以假充真的艺术市场变得极为有利可图,因为现在艺术品是作为私人收藏品投资购买的。

假钞

自古代货币流通以来就有伪造。早期货币形式为硬币,内含一定比例的金、银或其他金属。制造假硬币较容易。同样重量的一种金属外面镀上金或银就可冒充真币。

20 世纪大面额的货币都是纸做的。用于商业流通的硬币极少是用金、银、铜等贵重金属制造的。因此大多数现代硬币除经济价值外别无他用。也就是说,尽管它们可以用来购物,但其商业价值极低,几乎不值得伪造。南非的克鲁格金币和加拿大的枫叶金币等不是用于商业交换的。它们实际上不是货币,而是作为黄金投资购买的。

伪造纸币技术性很强,需要有才能的制图员、摄影师、制版机和印刷机。为使假币逼真,还需用碎布制成的优质纸和合适的墨。

随着高速摄影机、雕版印刷机和高度敏感的平版印刷机等科技发明的出现,仿制假币的时间缩短了,质量也大大提高了。作为对策,美国政府通过使用特优纸使假币更容易识别。这种纸含棉花和亚麻,还有蓝红两色的丝纤维,真正都含什么成分是保密的。甚至连绿颜料和墨都是专为雕版局制作的。其他一些国家也用特殊的纸和墨。许多外币对着光亮可以看到明显的水印。

在美国,另一件经常伪造的东西是常常贴在酒瓶上的国内印花税票。州香烟印花税票也常常被伪造。

伪造几乎在任何国家都是刑事犯罪。1929 年在瑞士日内瓦由许多国家签订的一项公约规定,打击伪造的国际警察行动应当集中力量和合作。

海盗和海盗行径　PIRATES AND PIRACY

海上强盗,或在海上袭击并抢劫船只的人,叫作海盗。许多关于海盗的传奇故事都是虚构想象的作品。不过真正的海盗冒险常常改变历史进程。

大多数人想到海盗和海盗行径时,总是想到装载比索(1 比索等于 8 里亚尔)和新大陆的财富的西班牙大帆船。他们会想到诸如亨利·摩根、基德船长和布莱克比尔德之类的名字。他们想象埋藏珍宝的场面和加勒比海上海盗的冒险精神。与这些海盗和场面相联系的所谓海盗的黄金时代,从 16 世纪伊丽莎白一世统治时期一直延续到 19 世纪初,那时欧洲和美国的海军结束了海盗活动。

不过,海盗和海盗行径早在这一时期以前就已出现了。而且,在世界的偏远地区今天仍然存在。

最早的海盗

古代希腊和罗马的早期海盗常常骚扰爱琴海和地中海。他们后来变得非常强大,以至于在奇里乞亚(现属土耳其)建立了海盗国。直到庞培大帝派出由 270 艘船组成的舰队,才把海盗赶出地中海。

在后来的一千年里,贼寇经常驾船从非洲港口驶出,骚扰过往船只。这些人被称作柏柏里海盗。到 16 世纪,这些海盗在北非各国建立了一个海盗帝国——柏柏里诸国。这些海盗政府靠卖基督教徒为奴和接受别国高额贡金作为保护费来维持。

以"雄起"著称的国王统领柏柏里海盗的大型快船,并且统治非洲各国。人们最恨的"雄起"叫作叛教者。他们是已成为土耳其穆斯林领袖的白人。"叛徒"(renegade,变节者)和"失信"(renege,食言)两词就来自"叛教者"(renegado)一词。

最有名的柏柏里海盗是巴尔巴罗萨(红胡子)兄弟。他们将劫掠的五分之一交给突尼斯的苏丹,以换取将突尼斯市当作海盗总部的特许。柏柏里海盗继续骚扰海上贸易,一直到 1830 年阿尔及利亚被法国人占领。

另一个海盗活动的区域在东方,从日本到印度。东方海盗的早期历史不得而知,不过在 17 世纪以前他们一直都把台湾岛当作隐藏地。

罗伯特·路易斯·史蒂文森的小说《金银岛》,讲述的是朗·约翰·西尔弗及其叛乱同伙乘坐伊斯班袅拉号船冒险的故事。这是美国画家 N.C.韦恩为该书所作的插图。

克里斯托弗·康坦特船长的海盗旗

乔利·罗杰最初的海盗旗

法国人乔利·罗杰的海盗旗

巴塞洛缪·罗伯特船长的海盗旗

海盗的黄金时代

16世纪初伊丽莎白一世任命最优秀的水手为私掠船船长,其中包括约翰·霍金斯爵士、沃尔特·罗利和弗朗西斯·德雷克爵士。这就意味着,尽管没有战争,他们可以袭击其他国家的船只,尤其是西班牙的船只。另一位著名的私掠船船长是威廉·基德。

17世纪中叶,一种叫作巴肯涅(buccaneer)的特殊海盗开始在西印度群岛使水手们感到恐怖。那儿的许多岛屿和港湾都是绝好的隐匿地。

这种海盗原本是法国、荷兰和英国的水手,其中许多人是为了躲避法律的制裁而逃出本土的。他们在夏威夷定居,过着吉卜赛人般的生活。他们从当地印第安人那儿学会一种叫作巴肯宁(buccaning)的方法晒干肉,故被称作巴肯涅。当时控制加勒比海地区的西班牙人把他们赶走,其中许多人又重返海上。对西班牙人的同仇敌忾把他们团结在一起。他们组成了一个叫作"海岸弟兄会"的松散组织,既劫掠海上船只,也袭击岸上居民。

也许最成功的巴肯涅海盗是亨利·摩根爵士。他是一个威尔士人,年轻时来到西印度群岛。海盗们在摩根的率领下,劫掠了普林西比港、贝卢港和马拉开波。他最大的功绩是1671年洗劫巴拿马城。

几乎没有一个海盗可以被称为"绅士"。斯特德·邦尼特少校是个例外。他是巴巴多斯富有的地主,仅仅为了冒险而成为海盗。他装备了一艘有10门炮的"复仇号"单桅帆船,1717年开始袭击弗吉尼亚海岸附近的船只。1718年11月他因海盗罪被处以绞刑。

邦尼特是历史上最残忍的海盗之一爱德华·蒂奇(又名萨奇)的朋友。蒂奇被称为"黑胡子"。他把他又长又黑的胡子编成辫子。"黑胡子"在卡罗来纳总督查尔斯·伊登的保护下,做海盗时间长且红火。可是1718年弗吉尼亚州州长亚历山大·斯波茨伍德上尉装备了两艘单桅帆船,命令船员消灭"黑胡子"。他们与这名海盗遭遇,罗伯特·梅纳德中校在战斗中击毙了他。

约翰·拉克姆船长叫作花布杰克,因为他穿花条裤子。他当海盗船长两年——1718年至1720年。在短短的两年里他劫掠了许多船只。他和他的同伙被一艘政府船的水手擒获,并带到牙买加的圣贾戈德拉维加受审。拉克姆的船员中有两名妇女——安妮·邦尼和玛丽·里德。她们是有案可稽的仅有的两名女海盗。拉克姆于1720年11月17日在罗亚尔港被绞死。1701年西班牙王位继承战争爆发后,旧式的海盗活动突然停止。当时,海盗成了法国与英国的海军军人。

新型的海盗行径

西班牙王位继承战争结束后,海军被解散了,世界上的港口充斥着失业的水手。这些人需要某种谋生的手段。引诱他们去海上抢劫的是西班牙的铁甲船队。这个小舰队从西班牙运来给养,运回从西班牙殖民地获取的珍宝。

威尔士人亨利·詹宁斯是头一个从铁甲船队获利的人。西班牙王位继承战争期间,他从牙买加出发进行私掠巡航。1714年,风暴中铁甲船队在佛罗里达顶端失事。西班牙人抢救出大部分珠宝并把船拖上岸。詹宁斯闻讯驶向出事地点。海盗们攻占并掠夺了西班牙人的驻地,运走了珍宝。这一战绩使詹宁斯以"偷窃铁甲船队的人"而闻名。

詹宁斯及其同伙扩大劫掠范围,袭击各国船只。他们在巴哈马的新普罗维登斯岛建立了基地。海盗的威胁极大,商人们不得不把船队武装起来。

英国商人开始要求铲除海盗。国王乔治一世颁布了大赦令。他许诺,任何海盗只要投降,并同意放弃海盗行径就能得到赦免,而且允许保留劫掠的钱财。一些海盗接受了大赦。1717年,英国政府派伍兹·罗杰斯船长去镇压仍然留在巴哈马的海盗。他到达新普罗维登斯岛时,那儿大约住着1000名海盗。

罗杰斯用两艘舰船封锁港口,以防海盗逃跑。随后进行了激战。海盗们甚至点燃自己的船只,将它驶向英国船只。因此,英国船只只好退回大海。不过,罗杰斯最终还是占领了该岛。

美国为保护自己在地中海的贸易,被迫于1801年至1815年间两度在柏柏里向北非的海盗诸国开战。第二次较量终于使美国船只能在地中海自由往来。

琼·拉菲特(大约死于1826年)是海盗史上最后一个引人注目的人物。他不仅是海盗、私掠船船长和走私犯,而且是爱国者。拉菲特虽然获得巨大的成功,可是最终也丢掉了陆上基地,势力逐渐缩小。

海盗行径延续到19世纪头十年初期之后,但它由于缺乏劫掠基地而衰落。海盗的黄金时代从此告终。

如何管理海盗船

每个海盗船船长都由选举产生,不过只有作战时才有绝对权威。平时他只是船员中的一员。如无掠获则被罢免。

在海盗航行中,军需官权力大于船长。军需官也是选举产生,如不称职即被罢免。分发战利品是军需官的职责。在全体船员决定如何处置战俘之前,俘虏由他关押。军需官有权惩处任何犯错误的海盗。

海盗出航时都明白这样一条规律:"掠不到,分不到"。由于海盗感兴趣的是战利品,对战俘不太有兴趣,所以他们常常在洗劫之后将船只连同许多船员一起放了。海盗很少杀人。有时扣押俘虏是为了换取赎金或在岸上释放(放逐到孤岛上)。

大多数海盗船都制定了必须严格遵守的章程。不许把妇女带上船。不许骚扰被俘妇女。分发战利品要达成一致意见。逃跑或偷窃别人的财物,则处死。在处罚嫌疑犯之前要对他进行一次审讯。

判处死刑的海盗常常被放逐到一个荒岛上,他在那儿会渴死。允许他携带一把刀或一支带有一颗子弹的手枪,这样,如果他愿意的话可以自杀。

虽然许多海盗船悬挂画有骷髅和交叉大腿骨的黑旗,但没有统一的海盗旗帜。许多海盗设计自己的旗帜。和人们普遍的看法相反,海盗活动并不是浪漫的生活方式,而是严肃的职业。为保证各国自然发展,必须摧毁这一职业。把海盗行径铲除殆尽是争取法治的斗争中的里程碑。

少年犯罪 JUVENILE DELINQUENCY

童年对大多数人来说是快乐和天真无邪的时期;而对另一些人来说,生活变成暴力,人也变得残暴。年轻人犯罪统称为少年犯罪。在一些国家,少年犯罪包括反社会的、危险的或对社会目标有害的行为。总的趋势是,使这个词只是用来指这样一些活动:如果是成年人所为,那就是犯法的行为。可是自19世纪80年代以来,美国把少年犯罪者称为"少年犯"。各国成为法定成年人的年龄不尽相同。一般是15岁至18岁。显然,少年犯罪激增;例如,1990年,加利福尼亚因盗窃、偷窃、偷车、纵火和抢劫而被捕的青少年的比率高于成年人。

社会学研究确定的预测少年犯罪的依据为：家庭环境、居民区质量和在校表现。不过还从未令人信服地证明过少年犯罪可以预测或预防。很可能少年犯罪是社会的组成部分。而且可能是一些儿童成熟的必由之路。

因果关系

对大多数少年犯来说，犯罪似乎是走向成年的必经阶段。少年犯罪始于十一二岁，尽管近年来年龄更小的儿童犯罪有相当大的增长。更加严重的犯罪高峰在十四五岁，随后几年回落。这种概括也有例外。有一些年龄再大些的少年参与盗车、抢劫、盗窃，甚至杀人。他们很可能成为成年罪犯。青年人20岁以后有可能全日工作并结婚，大部分原来的少年犯会逐渐减少犯罪并有可能完全停止犯罪。不过少年犯罪开始得越早，这一模式延续的时间就有可能越长，实际情况似乎的确如此——那些被判定有罪并处以少年管教的人尤其如此。

天性与教养 是遗传因素还是教养和环境导致某些人犯罪，对于这个问题，20世纪后期心理学家和社会学家说法不一。两种观点都有依据。

一些人认为罪犯的基因可能易于导致犯罪，他们已注意到罪犯和非罪犯身体和性格方面的差异。罪犯比非罪犯身体强壮，更具有攻击性。在性格上，罪犯外向、自恋、冲动、不易节制欲望。一些心理学家认为，罪犯基因结构中的遗传缺陷导致对社会准则的排斥。另一些心理学家指出，许多暴力囚犯体内的男性睾丸激素比常人多。

与此相反的意见往往认为，罪犯与非罪犯没有根本的区别。比如说，并不是所有强壮的人都成为罪犯，许多这样的人以运动为职业或在其他许多行业就职。英国的研究表明，罪犯多出自关系紧张、不和睦的家庭。人们还发现家庭破裂也是重要因素。美国司法统计局的报告说，20世纪80年代末期，州教养院里70％的少年犯都是在单亲（母亲常常是户主）或无父母的家庭长大的。

许多少年罪犯的父母酗酒、吸毒，或者他们本身就是罪犯。这类研究说明，贫穷、体罚、辱骂、父母缺乏自尊以及怪异的管教方式，都是造成犯罪的因素。父母或别人的殴打可导致大脑损伤，而这又常常导致神经性疾病：偏执狂、幻觉或暴力行为。（参见：**虐待儿童**）

社会因素 虽然自20世纪80年代初以来女少年犯激增，但在美国、欧洲和日本，大部分少年犯都是男性。美国大多数少年犯来自社会中等偏下和最低的阶层。原因之一是教育在这些群体中没有地位。上学似乎乏味，不具挑战性。少年犯以逃学或捣乱的方式进行反抗，最终可能退学——如20世纪90年代初就有四分之一以上的少年退学。这些人相互为伴，他们觉得，排斥他们本该坚持的社会价值是对自己学业上失败的补偿。要弥补这种失败，就业机会又有限，于是就以危险的方式生活来表示对权威的蔑视。

许多父母、教育工作者和其他人把这归咎于许多电影和电视节目、快板乐、重金属摇滚乐，以及连环漫画中的暴力。此外还有物欲与社会本身的目标。穷人和劳动人民的孩子所见到的他们周围富裕的标志——金钱、权力、五花八门的消费品——使他们渴望得到其中某些东西，尽管他们可能知道自己根本没有能力得到。

对中产阶级少年犯罪还没有进行过充分的研究，其诱因尤其不清楚。一种理论认为，对有些男孩来说，这是对许多中产阶级家庭中专横母亲形象的男性抗议方式。如果父亲大部分时间在外工作，空闲时与孩子接触极少，情形很可能如此。在滥用毒品变得越来越普遍的地方，犯罪往往也随之增加。

少年犯罪的类型 传统上，少年犯罪指逃学、打人、行窃、纵火或破坏。近几十年，更多使用暴力的犯罪更为常见，特别是那些贩毒或吸毒，并以犯罪为经济来源获取毒品的人，更是如此。各种族的少年中都可发现偏执狂患者；被称作"光头"的白人至上主义帮伙的出现就是一个例证。美国联邦调查局的报告说，从1985年至1989年，18岁以下杀人被捕的人数增加了67％，而18岁和18岁以上者仅增加了18％。性犯罪也急剧增加。约会强奸是青春期最常见的性犯罪现象之一。更加令人不安的是，在这个时期美国少年的人数减少了。

帮伙与团伙犯罪 "物以类聚，人以群分"这个用滥了的谚语恰如其分地描绘出少年犯的社会处境。他们脱离社会，容易成帮结伙。虽然不犯罪的少年也结伙，但少年犯结伙的可能性要大得多。他们需要有所归属，帮伙提供的安全感诱使他们入伙。帮伙的成员休戚与共，这是一个孤独的人在社会上得不到的。帮伙的亚文化群有它自己的标准、义务和权利。甚至可能有它自己穿戴的规定。（参见：**帮伙**）

不过并不是所有少年犯都结帮行动。1989年在一个广为报道的事件中，一群14至16岁的少年强奸并几乎杀死一名在纽约中央公园慢跑的年轻妇女；他们说他们在"撒野"，在公园里游荡，专门捣乱、伤人。许多学校并不比大街上安全；据估计，到1990年，每年有3百多万例大街上才有的（暴力、强奸、抢劫或偷窃）犯罪未遂案，发生在学校或是针对学校财产的。由于更多学生携带武器，更多的学校实施了严格的保安措施。

社会的反应

社会试图以各种各样的方式对付少年犯罪。最常用的非官方手段是学校咨询及与社会学家、心理学家定期会面商讨。处理家庭问题的社会工作者也试图解决潜在的少年犯问题。

司法体制 严重犯罪由警察和法院正式处理。有些少年犯罪的性质导致对某些罪行，尤其是杀人，像审判成年人一样审判少年的趋势。少年法院力图使少年脱离犯罪生活，虽然一般较重罪行处以少管所管教或少年监狱拘禁。不过只要有可能，法院总是尝试较宽大的方式，如缓刑、释放监督或领养。

缓刑就是法院缓期处刑予以释放，条件是表现良好，遵守某些规定，并接受法院的监督。初犯者常常给予缓刑。

有时为避免案件由法庭审判，常常在缓刑官员的监督下实施非正式缓刑。事实证明缓刑是处理少年犯最成功的方法。

少年犯释放监督相当于成年人的假释;未成年人从监禁机构释放后由青少年咨询顾问监督。释放后监督的目的是帮助少年犯适应社会。

领养是把少年放到稳定的家庭环境中,希望他能适应正面的社会价值。这常常是避免监禁的努力的一部分。(参见:**少年法庭**)

电影剧本 许多电影描述了单个少年犯或帮伙成员的生活和问题。经典之作《男孩城》(1938)讲述的是神父爱德华·弗兰纳根在内不拉斯加奥马哈附近创建的真实的少年犯之家的故事。其后是《男孩城里的男人们》(1941)和《少女城》(1959)。比较大胆的影片有《脏脸天使》(1938)、《坏孩子》(1949),以及《黑板丛林》(1955)。影片《福来特布什的老爷们》(1974)集中描写了20世纪50年代末布鲁克林区的一个帮伙。S.E.欣顿的小说常常描写青年人被疏远和由此引起的犯罪;搬上银幕的有1983年的《吵闹的鱼》、1985年的《彼一时,此一时》。《小于零》(1987)的主题是一群富裕家庭的少年如何开始犯罪和吸毒。

教养院 REFORMATORY

被宣判犯有严重罪行的成年人被送进监狱。少年罪犯通常被送进教养院。正如名字所显示的,教养院是试图用教育、劳动计划和其他方式改变人的行为和动机并且使他们作为守法公民重返社会的改正错误的机构。(参见:**少年犯罪**)

在18世纪的英国,青年罪犯、无人照顾的儿童和被宣判有罪的儿童,第一次从成年罪犯中分离出来,主要是作为预防将来犯罪的一种方法。早在19世纪,就通过了一项法律,允许赦免自愿进入慈善机构的青年人。根据这个法律,在沃威克郡斯特里顿建立了叫作"农场移民团"的第一个真正的教养院。

对于教养运动作出重大贡献的第一个美国机构,是纽约埃尔迈拉教养院。它代表公众可以接受的一种主张:达到一定年龄的每一名罪犯,可以看作一名能够从事生产的公民。该教养院根据灵活原则进行处理:释放取决于按照训练计划取得的进步而不是按照固定的期限。

埃尔迈拉教养院是1902年英国采用的博思塔尔系统的楷模。这个教养院建在肯特郡博思塔尔,是为16—21岁的青少年设计的。每所教养院由若干个容纳不超过50名青少年犯的宿舍组成,每个宿舍都有一名男舍监或女舍监,和若干名监护他们的工作人员。训练以劳动、职业课程和其他课程为基础。训练期大约持续15个月。

除了博思塔尔系统,英国还有一种特许的学校系统和拘留中心。特许学校接受长期的年轻违法者。拘留中心被启用是因为不满意博思塔尔教养院和特许学校进行长期训练的费用开支。拘留中心很小,它接受进行3—6个月的严格的工作和体育计划的少年。

整个20世纪上半叶,教养院在改造罪犯方面并未获得显著的成功。公众的冷漠、对少年违法者的敌视、糟糕的管理和缺乏专业领导等因素的综合,把大多数教养院降低为同成人罪犯监狱没有多少差别的拘留所。

第二次世界大战之后,增长的职业兴趣导致教养院系统的改进。它的显著方面是犯人有了正常的智力配置,但是他们在受教育方面多少有些不足。为了将来工作安置的职业培训取代了偶然工作的需要。精神病医生把反社会行为诊断为一种容易治疗的潜在的心理失调症。

在许多教养院里,用个人心理疗法、集体治疗会议和重新适应社会生活等方法作为监禁和培训的补充。这最后一个词("重新适应社会生活")的意思是期待犯人作为一个小社区的公民从事活动,并且对自己的行为负责。从20世纪60年代起,除了释放和假释以外增加了使罪犯重返社会的训练所(见:**过渡训练所**)。这些措施的意义在于减少从教养院到家庭和工作的过渡。

英国的特许学校模式已经广泛搬到斯堪的纳维亚国家。在荷兰,少年违法者已经被安置在也有非违法少年就读的职业培训学校。

恐怖主义 TERRORISM

据估计,世界上有550个恐怖组织。他们运用的策略有杀人、绑架索要赎金、纵火、爆炸、抢劫火车、袭击大使馆、劫持和炸毁飞机。20世纪80年代中后期恐怖主义逐步升级,在那一段时期恐怖主义分子袭击了一艘游船和几个机场。新型炸药的研制成功,加上在毫无戒备的受害者行李中安放炸弹,使查获更加困难。

恐怖主义是使用暴力达到政治目的。它长期以来是政府进行镇压的工具,也是革命者试图推翻政府的手段。

政治谋杀像政治本身一样久远。可是要了解现代恐怖主义,有必要了解20世纪60年代的政治和社会气候。当时,新的一代已成长起来,他们不再记得第二次世界大战。美国、西欧、日本的这一代的许多人正上大学。在美国,民权运动常常促成社会的抗议。大学年龄的青年意识到许多社会和经济上的不公正。1965年后,由于美国深深陷入越南战争,他们又发现了新的抗议理由。西欧和日本的大学生也加入到抗议和校园静坐示威中来,反对越南战争,要求高等院校改革。

现代世界的另一面也引起了青年的注意:第三世界——即不发达国家——的存在,在那里,成千上万的人生活在无穷无尽难以忍受的贫困之中。把这归咎于工业化国家好像是合乎逻辑的,因为第三世界的那么多国家或地区曾是欧洲的殖民地。年青一代想要一蹴而就改变现状,这种渴望最终导致许多小团伙的形成,他们致力于以武力达到目的。(参见:**殖民主义和帝国主义**;**第三世界**)

1968年常常被看作是起点——当时民主国家的抗议活动促进了国际恐怖网的形成。有几个组织几乎同时在许多国家出现。在过去的年月里,这些组织认识到合作的价值。其成员自由穿越国界(常常持伪造或偷窃的护照),经常在古巴、利比亚、东欧和中东一起训练。

最著名的组织有:德国的巴德尔-迈因霍夫帮(现称红军派)、意大利的红色旅、日本的赤军、美国的三K党、波多黎各的民族解放武装力量(FALN)和秘鲁的光辉道路派等。(参见:**三K党**)

这些组织的目标各不相同。有些组织是纯民族主义的。西欧、美国和日本的恐怖组织的目标较为笼统,即实现世界革命,破坏民主社会。这些组织不是认为自己是无政府主义者就是认为自己是共产主义者,尽管欧洲的共产党并不支持他们。

早期的恐怖主义分子以抢劫银行、绑架人质索要赎金来获得经费。虽然恐怖主义分子现在仍然使用这些手段,但恐怖组织还可从外部获得大量资金。一些国家曾给他们资助。

绑架　KIDNAPPING

1932 年 3 月,查尔斯·A.林白两岁的儿子从新泽西州的霍普韦尔附近的家中被拐走后杀害了。这桩命案在 20 世纪臭名远扬,主要因为林白的名气太大。但这不是孤立的,也不是不寻常的犯罪。

千百年来,不仅儿童,而且成年人也因各种各样的原因遭到绑架。战争时期绑架男人、妇女和儿童做奴隶曾是很常见的。战胜方的军队常常掳走男人,强迫他们当兵。水手在港口被劫持或诱拐,强迫他们在别的船上工作。从非洲运到美洲的奴隶就是从部落里劫持后卖给船长的。

现代大多数绑架都是出于讹诈或政治极端主义,或二者兼而有之。非政治绑架的受害者在付了赎金后一般被释放,尽管也有不少绑架者杀害受害人,以防以后被认出。

自 20 世纪 60 年代初期以来,一些政治恐怖集团,如西德的巴德尔-迈因霍夫帮和意大利的红色旅就用绑架获取赎金,并破坏政府的稳定。有时绑架是为坚持一些具体的要求。例如,1972 年,法国一名汽车公司的经理被绑架,以强迫该公司重新雇用因反对雇主进行示威而被解雇的激进雇员。

恐怖分子绑架个人索要赎金,常常是为他们的组织筹款。1971 年 8 月,丹麦哥本哈根图博格酿酒厂的总经理维戈·拉斯穆森被绑架,在向一个自称代表巴勒斯坦解放组织主战派的人付了 24 万美元后被释放了,绑架者不久被捕。同年,德国富商特奥·阿尔布雷希特被绑架后付了 210 万美元后被释放了,这是有史以来最大的赎金金额之一。

如果恐怖分子不是为钱,受害者很少被释放。1978 年意大利前总理阿尔多·莫罗被红色旅绑架并于 5 月 9 日在罗马附近被杀害。1977 年巴德尔-迈因霍夫帮的成员绑架并杀害了德国实业家汉斯-马丁·施莱尔。美国的詹姆斯·L.多齐尔准将要幸运些。他于 1981 年 12 月在意大利被红色旅绑架,42 天后,意大利精锐突击队袭击了帕多瓦的一套公寓,把他解救了出来。

绑架在各国都是严重刑事犯罪,可判长期监禁或死刑。在美国,由于林白绑架案,通过了一项法律,该法律规定:把受害者绑架出州可判死刑。

匪徒　OUTLAWS

盗马贼、窃牛贼、银行抢劫犯、火车和公共马车抢劫犯、拦路抢劫犯、杀人犯——这些仅仅是 19 世纪美国边疆地区肆虐横行的罪犯的一部分。匪徒译自意大利语 bandito 一词,指"因犯法而遭放逐的人"。英国传奇中的罗宾汉可以被看作是土匪,但旧时西部的匪徒要凶暴得多——男男女女的匪徒杀人越货肆无忌惮。

许多匪徒的经历被虚构的作品美化了。他们的业绩成为许多电影脚本的素材。最著名的歹徒有杰西·詹姆斯和弗兰克·詹姆斯、贝尔·斯塔尔、扬格兄弟、布奇·卡西迪和太阳舞少年(罗伯特·勒鲁瓦·帕克和哈里·隆加鲍)、少年比利(威廉·邦尼;原名可能是亨利·麦卡蒂)、萨姆·巴斯、华金·缪里塔,以及多尔顿帮。同样出名的还有力图铲除西部罪犯的执法官——怀尔德·比尔·希科克、怀伊特·厄普、巴特·马斯特森和臭名昭著的法官罗伊·比恩。

美国的匪徒时代持续了一百年——大约从 1800 年至 1900 年。殖民地时期就有目无法纪的情况。边疆地区一直吸引着一些与社会格格不入的人、失败者以及希望摆脱政府的管辖而免受制裁的叛徒。就在独立战争之前,南卡罗来纳州边远乡村的盗马团伙被组织起来的名叫改革者协会的农民组织打败。

由于独立战争之后边疆定居区迅速扩大,为罪犯提供了新的契机。拦路抢劫犯和河上抢劫犯是常见的两类土匪。

拦路抢劫犯抢劫步行和骑马的人,而河上抢劫犯劫掠俄亥俄河、密西西比河或其他河流上的船只。有些土匪既拦路抢劫又河上抢劫。

早期臭名昭著的匪徒是哈普兄弟——迈凯亚和威利。1795 年至 1800 年,他们从田纳西州到伊利诺伊州掀起了杀人越货的狂潮。哈普兄弟和其他臭名昭著的匪徒的窝点是伊利诺伊州哈丁县的凯夫因罗克。此处长期以来就是抢劫顺沃巴什河而下的平底船的匪徒的聚集地。

美国西部的犯罪随着加利福尼亚、爱达荷、蒙大拿、内华达,以及其他州的淘金热而猖獗起来。运载黄金和货币的马车和火车成了匪徒团伙洗劫的主要目标。当 1849 年加利福尼亚的淘金热之后,边疆的城镇繁荣起来,抢劫银行也猖獗起来。1851 年记录下第一桩马车抢劫案。第一桩火车抢劫案发生在 1866 年。

南北战争之后,得克萨斯及其邻近的几个州发展起牧牛业。偷牛窃马变成了大规模行动。牧场之间的争斗引发了频繁的暴力行动。牧牛场主之间为土地和水源的使用权而争斗,而他们又怀着深仇大恨同牧羊场主斗争。在得克萨斯州,牧场之间为用带刺的铁丝网来圈牧地而厮杀。

到 19 世纪末,边疆时代过去了。主要的犯罪转移到城市。当时种族团伙已在贫民窟存在了几十年,抢劫的对象主要是像他们自己一样的移民。20 世纪 20 年代禁酒令的出台,促成了与现在一样的有组织的犯罪。(参见:犯罪)

扬格兄弟　YOUNGER BROTHERS

扬格兄弟是美国南北战争后中西部的亡命徒,虽然他们不如杰西·詹姆斯出名,但常常与詹姆斯兄弟合作。扬格兄弟 4 人:托马斯·科尔曼("科尔",1844—1916);约翰(1846—1874);詹姆斯(1850—1902);罗伯特(1853—1889)。

扬格兄弟成长于密苏里的利斯萨米特。美国南北战争期间,科尔加入了由威廉·C.匡特里尔领导的由游击队和暴徒组成的帮伙。该帮伙在战争期间袭击堪萨斯和密苏里亲联邦政府的城镇。科尔在与匡特里尔合伙时,结识了富兰克·詹姆斯。战后,他和詹姆斯兄弟还有其他亡命徒一起在密苏里及周围的州抢劫银行和火车。

到1872年,扬格兄弟都加入了该团伙。1874年约翰在与平克顿侦探的枪战中被击毙。1876年9月,其余三兄弟结束了抢劫生涯,当时他们与詹姆斯兄弟一起在明尼苏达的诺斯菲尔德抢劫银行。这次抢劫惨败,扬格兄弟被当地民众追捕归案。他们因抢劫和杀人被判处终生监禁。罗伯特因肺结核死于狱中。1901年科尔和詹姆斯获大赦。詹姆斯1902年自杀。科尔撰写了自传并参加了几次西大荒演出,后引退故里。他于1916年3月21日死于密苏里州的杰克逊县。

肢解者杰克　JACK THE RIPPER

自1888年8月7日至11月10日,一个神秘的凶手在英国伦敦东区至少杀死了7名妇女,她们全是妓女。这些凶杀是现代最有名的一桩无头刑事案件。警察当局收到一封封讥讽的短简,署名肢解者杰克。它们很可能是凶手寄出的。

看来凶杀系一人所为。每个受害者的喉管都被割断,尸体被肢解,尸体肢解的方式表明凶犯谙熟解剖学。这些凶杀激起极大的公愤,警方竭尽全力缉拿凶手未果,这是导致伦敦警察署长辞职的原因之一。

关于肢解者杰克,渐渐积累了大量资料,不仅有对杀人犯身份的认真研究,也有据此演义成的长篇小说,流行达数十年之久。最成功的小说之一是1913年发表的《房客》,作者为贝洛克·朗兹夫人。该书已被改编成三部电影。关于该案的资料,请参阅凯利·亚历山大所著《肢解者杰克:书目与评论》(1979)。

卡彭　CAPONE, AL (1899—1947)

"疤癞脸"卡彭或许是有史以来最著名的歹徒,也是他那个时代最有势力的犯罪集团首领。1925至1931年,他控制了芝加哥地区有组织的犯罪活动,1931年因偷漏联邦所得税而被监禁。

阿方斯·卡彭1899年1月17日出生在纽约市布鲁克林区的贫民窟。读完小学六年级后辍学。绰号"疤癞脸"的来历是:一女孩曾受其侮辱后,其哥哥用刀子与卡彭殴斗,在其脸上留下了三道疤痕。卡彭曾加入詹姆斯街的流氓团伙,该团伙的头子是托里斯。1920年托里斯邀卡彭去芝加哥为其叔叔大吉姆·科洛西莫卖力,此人系该市最大的卖淫和赌博团伙的首领。该年晚些时候颁布了禁酒法令,托里斯预见到贩卖私酒将能赚大钱。但他叔叔不想涉足这种可能有很大危险的事情。

科洛西莫被人暗杀后,托里斯和卡彭接管了他的帝国,在其诸多犯罪活动中又加上了贩卖私酒一项。后来托里斯在与另一犯罪团伙的枪战中被打伤,险些丧命,不得不退出黑社会。

26岁的卡彭便管理着1000多名雇员,每星期开出30多万美元的工资,要求他们绝对忠实于他。他策划的最著名的一次流血事件发生在1929年,力图干掉最后一个竞争对手"臭虫"莫兰,这次事件后来被称作圣瓦伦丁节惨案。卡彭帮的五名歹徒身着警察制服,走进莫兰贩卖私酒的总部,命令莫兰手下的七个人站成一行,随即开枪打死了他们。

政府最终得以指控他偷漏联邦所得税,判处他11年监禁,先是关在亚特兰大联邦监狱,1934年又转至旧金山的艾尔卡特拉兹监狱。1939年获假释。他由于患梅毒,精神开始失常,无法管理芝加哥的犯罪组织。卡彭在他迈阿密海滩的寓所中度过余生,死于1947年1月25日。

20世纪30年代,好莱坞的一系列血腥的暴力影片描绘了有组织的犯罪活动。尽管影片中的歹徒一个个冷酷无情,但他们在银屏上的形象仍是无数年轻影迷心目中的英雄。

迪林杰　DILLINGER, John (1902—1934)

20世纪美国最出名的银行劫匪是约翰·迪林杰。尽管他打劫为期只有一年多点——从1933年6月到1934年7月——他作为全国头号通缉犯则可谓臭名昭著。

迪林杰1902年6月28日生于印第安纳州的印第安纳波利斯。他在那里和附近的穆尔斯维尔长大。1923年,他加入美国海军,但几个月后就开小差了。1924年9月6日又在穆尔斯维尔出现,正在抢劫一家商店时被抓获。他在印第安纳州监狱服刑至1933年,是个凶残的罪犯。

1933年5月被保释后,迪林杰组织了一个匪帮,开始抢银行。4个月后他被抓获,但又被同伙救出。在几个州打劫后,他在亚利桑那州被捕并被送回印第安纳州囚禁起来。1934年3月3日,他神奇地越狱成功,并继续抢银行。他是联邦调查局大力追捕的对象。据传说,1934年7月22日,他被神秘的所谓红衣女郎安娜·塞奇引诱到芝加哥的拜奥格拉夫剧院。在那里,联邦探员将其击毙。

失职　MALPRACTICE

在法律上,失职是指专业人员,如医生、律师或会计的失误或玩忽职守。这种失职包括技术和学问达不到持照专业人员的水平。由于业务上的无能,失职给事主或病人造成的后果必然是伤害、毁坏或某种损失。

如有失职的证据,事主可以民事起诉,要求以金钱的形式赔偿。这样的诉讼在美国尤为常见。最有可能被起诉的是外科医生,因为外科手术的失职比较容易证明。例如,如果医生在缝合的伤口里留下异物,显然医生要为其疏忽负责。整容医生最容易被起诉,因为他们做手术是为了使受术者的容貌变得更加美观。受术者如果不满意就可以起诉。

自20世纪70年代以来,美国法院几乎流行失职诉讼。因失职被起诉的其他专业人员有:牧师、教师、证券经纪人、建筑师、牙科医生和保险代理人。

由于失职赔偿的金额极大,常常超过一百万美元,这些行业的从业人员都进行失职保险。失职保险金激增,一年高达数千美元。一些州立法机构已采取措施限制失职诉讼的数目和赔偿金的数额。

搭线窃听　WIRETAPPING

电子窃听是偷听私人谈话的行为,至少谈话者之一不知道或不同意。最常见的电子窃听的方式是搭线窃听,以监视电话或电报通讯。随着高科技电子的出现,已有可能不用室内或室外电话搭线就能窃听到谈话。一种新方法就是用无线电或激光束来接收几百英尺以外的谈话。

最经济又最有效的窃听电话的方式就是使用微型集成电路做成的整装无线电话筒。这种"窃听器"可装在电话里边。另一种窃听方式是在电话附近搭接电线。通过接在室外电线上的电话即可窃听到谈话内容。

很难防止电话窃听。不过已经找到预防电话窃听的办法。方法之一是通过书面传真传递信息。信息传递时转换成不可辨认的信号,接收一方用标绘器译解。这一安全措施不适用于使用调制解调器的计算机间的数据传递,因为第三者可以用另外的调制解调器和计算机成功地截获数据并打印出来。另一种防止窃听的方式是使用声音扰频器。

搭线窃听可以追溯到电报通讯之初。早在1862年美国就有州立法通过法律,禁止非法截获信息。窃听电话始于19世纪90年代。1928年最高法院在审理奥姆斯特德状告美国案中批准警察窃听。可是1934年通过的联邦通讯法,严格限制使用窃听内容作为案件审理的证据。

1968年通过的街道安全和犯罪控制法允许在怀疑犯罪或颠覆案侦察中窃听,不过必须经过首席检察官的特许。1972年最高法院裁定政府在未经授权的情况下,对颠覆嫌疑犯的窃听是违反宪法的,1968年那项法律并没有授权这样做。

许多州都制定了窃听法。一些州完全禁止窃听,而另一些州则在法院授权的情况下允许窃听。可是20世纪70年代末以后,执法机构使用窃听多了起来,主要原因是有组织犯罪的蔓延、贩毒的增加和恐怖行动的威胁。

在英国只有严重犯罪并可能判定有罪的情况下才允许窃听。大多数西方国家只有在特殊情况下应司法、警方或检察官员的要求才允许窃听。

法院　COURTS OF JUSTICE

根据美国宪法,政府的主要职能之一是保障国内稳定。而帮助履行那种维持国内治安和秩序的许诺也是各国法院体系的主要职能。法院是政府的分支,它应该就民事和刑事案件依法作出公正而权威的判决。不然就可能使某些人滥用私刑,造成暴力和无政府的社会风气。(参见:**刑法**;**法律**)

法院一词原意指院子里圈起来的场地,国王或其他统治者坐在那里解决争端,作出惩处罪犯的判决。现在法院一词有几种含义。它可指进行审判的房间,也可指法官、听证的数名法官,或法院的法官和其他官员。

有许多不同类型的法院和几种分类的方法。首先应该区分审判法院和上诉法院,这是最基本的分法。审判法院亦称"初审法院",受理争端双方的诉讼,听取证词,接受证据,调查事实,作出判决即裁决。上诉法院审查初审法院的工作,如有差错予以纠正。

法院亦可根据审理案件的类型——民事案件或刑事案件——进行分类。有些国家有一般管辖法院,它们既审理民事案件也审理刑事案件。还有一种专门法院,亦称有限管辖法院,它们审理特殊类型案件,如离婚或劳资争端。军队有自己的司法系统和法庭。

刑事法院

刑事法院审理被控犯罪的个人,常由陪审团审理,目的是判定被告是否有罪,如果有罪,如何量刑。(参见:**犯罪**;**陪审团制**)

刑事审判的诉讼是由一名公职人员(他常常是精通法律的人,如区检察官或州检察官)代表公众提出的。这是因为所有犯罪都是对政府的犯罪,因为罪犯违犯了旨在保障国内稳定的法律。虽然法院是政府的分支,但在刑事审判中,在公诉方与被告之间保持中立:目的是根据法律和证据对原告与被告作出判决。

有些国家,尤其是欧洲国家,是大陆法系国家。这些国家不同于英国、加拿大、澳大利亚和美国这些英美法系国家,法官有更加积极的作用,律师起较次要的作用。英美法系国家的法院使用的程序相反:双方律师都有责任提出证据,主要由他们质询证人。在大陆法系国家里主要由法官质询证人,并负责调查案件的事实。

民事法院

民事法院不审理对政府的犯罪。它们处理个人或法人团体之间的争端,如交通事故的责任或合同条款的争议。法院体系的大量案件是正在激增的民事诉讼。常见的民事案件有医疗事故或诽谤赔偿,还有灾难受害者亲属提出的诉讼。

公众一般不参与民事诉讼程序,因为他们所感兴趣的只是提供判决的原则和公正的审判。因此,民事诉讼不像刑事案件那样由政府提起公诉。民事诉讼中的双方各雇一名律师,由他提供证据,质询证人。

在民事诉讼中判定被告败诉的目的不是惩罚或改造,而是试图恢复到没有违法前的状况。这类案件最常见的判决是让被告向受害方赔款。民事案件的其他裁决方式有颁布强制令限制被告的某项行为,或判定财产返还给合法的所有人。

在某些案件中,民事行为和刑事行为可能相互交错。比如在交通肇事逃逸案中,如果有人在事故中死亡,并且司机被认为对此负有责任,那么他可能因过失杀人在刑事法院中受审。他还有可能因损害赔偿在民事法院中被起诉。在美国,对这样的案件进行两次单独的审判。在法国和其他一些国家,两种责任——民事的和刑事的——可根据一种叫作附加的概念在一个程序中进行裁决。这就是说,允许受害者在刑事诉讼中提出民事方面的要求,只要他同意执行判决的结果。英美法系国家没有这一程序。

一般管辖法院

有些法院只审理民事案件,而另一些法院则只受理刑事案件。更常见的模式是一个法院审理两种案件。英国的高等法院及美国的许多法院都是如此。这些法院被称作一般管辖法院,因为除特殊法院审理的案件之外,它们审理一切争端。这种法院的好处是法官可以从一类工作转到另一类工作。

一些大的法院体系,如一些人口较多的地区的法院体系,有一般管辖法院,可是为了方便易行,可下设审理刑事、民事、交通和少年案件的特殊分院。

有限管辖法院

各国都有审理特殊类型案件的法院,如遗嘱检验法院只审理有关死者遗产的案件。有审理商人争议的商业法院、审理劳资争端的劳资争议法院、少年法院、离婚法院和交通法院。(参见:少年法院)

初级法院

在许多管辖区内有所谓初级法院。这些法院常由兼职法官办案,审理小型民事和刑事案件。此外,这些法院还可审理重大案件预备阶段的事务,如确定保释金数额、就被告的权力提供咨询、为被告指定法律顾问、进行听证以确定是否有足够的证据在更高一级的法院即高级法院进行审判。

上诉法院

上面所述法院都是审判法院,即初审法院,复查它们工作的上级是上诉法院。

上诉法院的责任一般是全面的。这些法院审理那些其他法院判决的公正性受到质疑的案件,即上诉案件。上诉法院由几名而不是像初审法院那样由一名法官主持审理。

判决作出之后,上诉并不是自动提出的。它必须由认为判决不合理的一方提出。上诉做法的一个例外是,凶杀案中宣布被告无罪。凶杀案中已被认定无罪的人不可再次受审,州政府也不可把这种已宣布被告无罪的案件向高级法院上诉。

有三类基本的上诉复查。第一类是重新审理。在英美法系国家,只有对低级法院进行初审的案件才运用这种复查方式。

第二类复查主要基于初审法院的判决与事实的记录。这类复查在欧洲大陆的大陆法系国家是上诉复查的第一步,运用得相当普遍,即使在高级法院由职业法官审理的案件也是如此。上诉期间法院可以听同样的证人作证,也可以搜集新证据。

第三类复查完全基于初审法院审理程序的副本。上诉法院不直接接受证据,而是着重审查初审中有无误判,误判程度是否严重到需要重新审理或推翻原判。因此,上诉法院一边试图确保初审法院作出的判决的正确性,同时尽量弄清该案的法律程序。上诉法院常常用这种方法修正和阐释法律。(参见:宪法性法律)

军事法庭

军法对军人有管辖权。不过有时也与平民有关,如应征人没去应征入伍、后备役军人犯法、退役军人在退役后的规定时间内犯法等。

军事法庭在开庭前总是进行正规的调查。调查常常由军队治安官进行,由相当于民事审判中起诉人的那种代诉人启动。调查时应假设被告无罪,并给予准备辩护的时间和方便。

军事法庭由3、5或7名法官组成,依案件的类型而定。通常法官为军官,尽管在美国根据被告士兵的要求,至少要有三分之一的法官是士兵。在大多数国家,军事法庭还包括训练有素的律师。在法国,一名平民法官与6名军官一起审理案件。在荷兰,君主任命一位终身平民院长。前苏联军事法庭的庭长、副庭长和法官从25岁以上(含25岁)的公民中产生。

法院职员

法院是政府的机构,其工作依靠许多人。由于法官在法院的突出地位,他好像是中心人物。因此,法官是法院最显眼的职员。其他职员还有律师、书记员、法警、监护官、警官和行政人员。

法院的书记员负责案件的记录和公文的起草。法警负责维持秩序。在法国、意大利和拉丁美洲国家,公证员也是法院官员。他们有权起草遗嘱和合同,他们还可以起草出庭时提交的诉状。监护官监督被释放犯人的表现并向法院汇报。

国家法院体系

国家法院体系有两大类型:中央集权制的国家法院体系和联邦制的国家法院体系。在中央集权制的国家法院体系中——如英国、法国和日本——所有的法院都被构建在一个以国家最高法院为首的全国性法院网络之中。

在联邦制的国家法院体系中,国家、州(或省)和地方当局分享政府的权力。美国、加拿大和澳大利亚的州都有自己的法院体系,只是形式略有不同。

加拿大的每个省和澳大利亚的每个州都有它自己的法院体系,这些法院不仅处理有关省或州法律的一切争端,而且还处理有关联邦法律的一切争端。中央政府只有一个最高法院,解决省和中央政府之间或地方政府之间的问题。

也许美国具有世界上最复杂而全面的法院体系。几乎各级政府都有法院体系:联邦、州、县和市都有。国家最高司法机构是最高法院(见:**最高法院**)。下一级是巡回上诉法院,审理从地区上诉的案件。地区法院对涉及联邦法律和涉及不同州居民的案件进行原判。

地区法院、巡回法院和最高法院叫作"宪法法院",因为这些法院是根据宪法第三条组建的。国会创建了几个联邦立法法院。其中有:

索赔法院,它裁决某些种类向国家要求索赔的合法性。
国际贸易法院,它复查海关检查员的评估和决定。
联邦巡回上诉法院,它复查索赔法院、国际贸易法院和专利商标局的上诉案件。
属地法院,它在各属地中起联邦地区法院和州法院的作用。
军事上诉法庭,它复查军事法庭审理的某些案件。
税务法院,它复查缴纳各种税款的争议。

州法院一般以联邦体制为基础,每个州有一个最高法院、若干个上诉法院和低级法院。那些最低级法院由治安法官主持,主要审理农村和小城镇的轻微民事和刑事案件。治安法院,或警察法庭,在村庄或城市审理同类案件。

多数大城市建立了市法院。这些法院帮助减轻上一级法院,即一般管辖法院的负担。后者对众多的民事和刑事案件有广泛的管辖权。上一级法院一般称作巡回法院、县法院、区法院、民事诉讼法院和高级法院。

在前苏联,地方人民法院审理轻微刑事案件和各种民事案件。地方人民法院的上一级是省法院,它受理地方法院的上诉并对重大民事和刑事案件进行初审。

苏维埃联盟体制的最高层是最高法院,它对涉及政府存亡的案件有初审权。它还审理省法院和军事法庭判决的上诉。此外,它还有权对下级法院发布命令,其指示所有法院必须执行。

最高法院　SUPREME COURT

大多数国家的司法体制中都有一个高级法院,它作出终审判决,此后便不能再上诉。美国的这一机构是最高法院。英国的最高法院是上议院。德国有两个最高法院——一个审理民事和刑事案件,另一个对宪法性法律问题作出判决。加拿大的最高法院建于1875年,不过1949年才成为终审法院。

美国的最高法院

美国的最高法院组建于1790年2月2日。其权威性来自宪法的第三条第一项。该项规定,"合众国的司法权,属于最高法院以及国会随时规定和设立的低级法院。"最高法院曾长期被安置在美国国会的一间带有两个接待室的小房间里,直到1935年才在国会山它自己的大楼里办公。法院门口刻着格言:"法律面前人人平等。"

历史背景　1789年9月24日国会通过的"审判条例"规定法院由1名首席法官和5名陪审法官组成。1807年法官人数增加到7名,1837年增至9名,1863年增至10名。3年后减至7名,可是1869年又增至9名,并保持至今。最高法院的法官如表现好,其职务是终身的,只有根据宪法第二条第四项的规定,法官被弹劾并判定有罪才可解职。只有法官赛缪尔·蔡斯一人曾受到弹劾,但被判无罪(1805)。1969年法官阿贝·福塔斯被指控以权谋私,成为第一个迫于公众舆论而辞职的法官。

总统在征求参议院的意见并征得其同意后,任命最高法院和所有联邦法院的法官。只有13名法官候选人曾被参议院否决。最近一次发生在1987年。当时有2名候选人被否决。

19世纪末以前,法院的法官必须到华盛顿以外巡回审案。这项任务,再加上日益增多的案件要审理,使得法院忙于应付。1891年国会通过了巡回上诉法院条例,建立了11个中级巡回法院。这些法院对联邦地区法院上诉的案件有终审权,除非这些案件对公众具有特殊的重要性。

1925年的审判条例又一次减轻了最高法院的审案负担——是在首席法官威廉·霍华德·塔夫脱的鼓动下通过的——它使得大部分案件都可调取案卷复审。这些案件都可迅速以案卷形式处理,不需要全部案件摘要或口头辩论。

法院的工作　最高法院对有关法律的案件有初审权并通过上诉裁判权审理其他案件。初审权指不经下级法院直接由最高法院审理案件。宪法赋予最高法院对州与州、州与另一州公民、州与联邦政府之间法律方面争端的初审权。最高法院还受理不常发生的涉及外国外交人员的案件和海事管辖权的案件。

大部分案件都是根据上诉管辖权——复审低级法院判决的权力——提交到最高法院的。这些案件以上诉或调取案卷的方式提交到最高法院。上诉案件是指那些对州或联邦法与美国宪法的一致性提出异议的案件。如果在下级法院审理的案件中败诉的一方认为是根据不符合宪法的法规作出了否定的判决,他就可以向最高法院上诉。最高法院必须进行预审。如果有一名法官认为有道理,就进行正式审理。如果最高法院认为涉及的问题是非实质性的,可驳回上诉。

调取案卷的案件是指最高法院随意对低级法院的判决进行复查。最高法院每年都收到成千上万要求对一些不符合上诉条件的案件的判决进行复查的申请。它可任意选择复查的案件。只有特殊或重要案件才运用调取案卷复查的程序——例如涉及对宪法的解释、一些低级法院对法律所作的互相矛盾的解释,或州法院根据联邦法的条款作出的判决。如果有4名法官认为有必要复查,即可调取案卷复查。

最高法院对国会和州立法机构制定的法规是否符合宪法进行裁定的权力叫作司法复审。这一权力宪法中没有规定。首席法官约翰·马歇尔1803年审理马伯里诉麦迪逊一案中确定了最高法院的复审权,尽管在州法院判决中有过先例。亚历山大·汉密尔顿在宪法批准前第78号"联邦文件"中也曾鼓吹过这种权力。马歇尔裁定,如果一项法规与宪法相抵触,最高法院应依据高级法律——宪法进行判决。这一决定确保了作为国家最高法律的宪法的至高无上的地位。司法复审在"宪法性法律"条目中有叙述。(参见:马歇尔)

要求最高法院对判决复审的人必须首先使用过州最高法院或联邦上诉法院所有的复审程序。如果案件符合上诉条件,最高法院必须复审。如不符合上诉条件,则向最高法院提交要求调取案卷复审的申请。如果申请得到准允,则向该案件争辩各方指派合格的专门律师。各方提交诉讼要点之后,允许口头陈述观点1小时。如愿意,个人可自己进行辩护。如果涉及联邦政府的利益,可由司法部副部长或另一名政府律师代表。辩论时至少需有6名法官在场。

最高法院在连续听审几桩案件之后就休庭进行研究和思考。判决在秘密会议上作出。审理案件时,必须多数法官意见一致才能作出判决。如果没有作出判决,可要求重新听审。

如果首席法官同意多数法官作出的判决,他就指派一名法官写下法庭的意见;如果首席法官不同意,就由资深陪审法官指派此任务。说明判决理由的意见在其后开庭时宣读。如果大多数法官通过不同的推理而取得相同的看法,那么他们可写下同意的意见并说明自己的观点。不同意多数意见的法官可写下不同意的意见。最高法院的一些最重要的意见是由像小奥利弗·温德尔·霍姆斯和路易斯·D.布兰代斯这样的法官所写的反对意见。其中许多反对意见在后来审理类似案件时成为多数法官的意见。

为尽量减少错判或对国会制定法规的特权的侵犯，最高法院对自身作出判决的种类加以限制。它不作与具体案件无关的判决，也不作建议性判决。如果能以其他依据审理案件，最高法院则不对宪法问题作出判决。

最高法院有关宪法解释的判决可被修正案否决——例如，批准联邦所得税的第十六条修正案否决了 1895 年不利于征收所得税的判决。20 世纪 90 年代，有人要求制定一条宣布亵渎国旗为非法的宪法修正案。此前，最高法院在得克萨斯州诉约翰逊一案 (1989) 中裁定亵渎国旗受第一条修正案保护。复审时，最高法院可推翻过去的判决，在布朗诉托皮卡教育局的取消学校种族隔离一案 (1954) 中就是如此。1954 年最高法院的裁决推翻了普莱西诉弗格森一案 (1896) 的判决。那次判决宣布黑人与白人隔离但居住条件相同是合法的。在 1989 年有争议的复审中，最高法院没有否决它的 1973 年罗诉韦德一案的裁决（该裁决批准妇女堕胎的权利），但给予州当局控制堕胎程序的权力。

成功地确立宪法和联邦法的至高无上的地位，这主要应归功于宪法中的贸易条款和法定诉讼程序条款。贸易条款是在宪法第一条第八项中："国会有以下权力：……管理合众国与外国、各州之间以及与印第安部落之间的贸易"。法定诉讼程序条款是在第十四条修正案中："各州也不得未经正当的法律手续，即行剥夺任何人的生命、自由或财产。"自从约翰·马歇尔时代废除了歧视州际贸易或不合理地加重州际贸易负担的州税务法或规章后，贸易条款就实施了。最高法院对贸易条款的解释一直是国家对经济的管辖权的主要法律依据。直到 1960 年以后，在要求平等地向一切种族开放所有公共设施——旅馆和饭店——的民权案件中，这一解释才成功地得到运用。

第十四条修正案制定于美国南北战争之后，目的是为了保护获得自由的黑人奴隶和其他黑人的权利。可是不久，这条修正案就成了一些公司和其他强大的利益集团的工具。它们以此为依据利用法院废止了一些社会的和经济的立法，例如关于官员最低工资、工会的权利、最低价格和童工的州法规。到 20 世纪 20 年代，法定诉讼程序条款开始为了其初的目的——保证和加强公民的自由——而被使用。最高法院在使用贸易条款时对联邦政府的经济权限采取越来越宽容的态度，而限制实施"权利法案"时，对州和联邦当局的权力则采取相当保守的态度。（参见：**权利法案；法院；美国宪法；美国政府**）

其他最高法院

德国，像美国一样，采取一种联邦政体。州（Länder）有很大的权力——比美国州的权力大。所有初审法院和上诉法院都是州法院。终审法院是联邦法院。联邦法院保证各州法院执法的同一尺度。联邦一级有 5 个法院体系：4 个是进行特殊裁决的专门法院，1 个是审理民事、刑事案件的普通法院。普通法院体系的最高法院是联邦法院。此外还有联邦宪法法院。所有法院都有权审理立法的合宪性，不过只有联邦宪法法院才能真正宣布一项法律不合宪。

联邦宪法法院建于 1949 年，有 16 名法官。国家立法的两院各任命 8 位。法官任期 12 年。该法院的司法复审权大于美国的最高法院。它可以在法规生效之前就其合宪性作出裁决——美国法院不这样做，因为它不发表劝告性的意见。案件可以由州政府、德国总统、立法机构或公民个人提交法院。

加拿大的最高法院由 9 名法官组成。他们由总督任命，但实际上由总理遴选。退休年龄为 75 岁。通常设法保证法院的法官在地域上具有广泛代表性，以防一个地区有过大的影响。最高法院对民事和刑事案件有终审权，并且有司法复审权。它还发表劝告性的意见。

澳大利亚的高级法院在几个方面效法美国的最高法院。它是民事和刑事案件的终审法院，也有司法复审权。高级法院于 1901 年，即联邦政府成立的那年，由议会组建。议会特别关注的是维护宪法。如同美国的情况一样，高级法院的裁决具有增进联邦政府的作用、削弱各州的权力的效果。法院有 7 名法官——1 名首席法官和 6 名陪审法官。他们由总理内阁任命，不需要议会批准。法定退休年龄为 70 岁。

1947 年的**日本**宪法使法院体系成为政府的 3 个同等分支之一。日本的整个司法系统由最高法院管理。该法院有司法复审权，可对政府的任何法规的合宪性进行裁决。法院有 15 名法官。其中 14 名由总理内阁任命。首席法官由内阁提名，天皇任命。与其他国家最高法院不同的是，这些法官每 10 年必须通过公民投票才能留任。

瑞士的最高法院叫作联邦法院，有 30 名法官，由国民议会选出，任期 6 年，可连任。联邦法院对国家政策几乎没有司法复审权。联邦体制为重大问题提供了公民投票机会，这样就尽量减少了司法复审的需要。不过联邦法院可审理各州有关宪法的问题。

英国的最高法院事实上是个法院体系。它有一个处理刑事案件的刑事法院和一个处理民事案件的高等法院。这两个法院的上级是上诉法院，受理这两个法院的上诉案件。具有重大后果的案件可以上诉到上议院。英国没有有权审理有关宪法问题的法院。议会是其自身所有立法问题的终身法院。

苏联的最高法院由 35 名法官组成。法官由最高苏维埃选出，任期 5 年。像政府所有机构一样，法院受共产党的领导。随着 1991 年苏联的解体，各共和国独立，各共和国有必要制定更加符合现代西方人权观念和司法程序的它自己的法院系统和新规则。

一些里程碑式的法院判决

下面列举的仅仅是美国最高法院审理的许多重要案件的一部分。(关于其他一些里程碑式的法院裁决一览表，参见：**宪法性法律**)

阿什万德案裁决（1936） 在阿什万德诉田纳西流域管理局案中以一致意见作出判决，法官路易斯·D. 布兰代斯宣布这一案件根本无需法院审理，并列举了某些类型的案件没有必要进行是否合宪裁决的理由。

奥古斯塔银行诉厄尔案（1939） 允许一州的特许公司到另一州做生意。

鲍尔斯诉哈德威克案（1986） 裁定不能用维护隐私权来为被社会谴责为不道德的性行为提供宪法上的依据。

爱德华兹诉阿吉拉德案（1987） 推翻了一项路易斯安那州的法律，这项法律要求在公立学校教授"创始科学"以对抗教授进化论。法院裁定这项法律禁止将公款用于宗教的目的。

恩格尔诉瓦伊塔尔案（1962） 禁止公立学校祈祷和为祈祷而朗诵圣经。

米利根案（1866） 规定如果民事法院在行使职权，特别军事法庭在军事作战区以外审判平民是非法的。

杰纳西酋长案（1851） 把联邦管辖范围扩大到可航行的内陆湖泊与河流。

吉迪恩诉温赖特案（1963） 规定贫民面临重罪审判时有权得到免费法律咨询。

麦卡洛克诉马里兰案（1819） 裁定联邦政府在其行动范围内有至高无上的权力，不受州的干预。

马普诉俄亥俄州案（1961） 要求刑事审判中排除非法获取的证据。最高法院从那以后修改了其对此问题的看法。

马丁诉亨特的承租人案（1816） 规定国会有权强制最高法院复审州法院对于联邦问题的裁决。

米兰达诉亚利桑那案（1966） 裁定应该告诉嫌疑犯他有权保持缄默，有权在受审时要求律师出庭，并应该提醒他，他的任何话都可能成为出庭时于他不利的证据。

全国劳工关系局诉琼斯和劳克林钢铁公司案（1937）确认，如果停工会影响州际贸易，集体谈判就得服从联邦当局。

罗诉韦德案（1973） 否决了州对怀孕头3个月自愿堕胎的限制。

斯科特诉桑福德案（德雷德·斯科特裁决）（1857） 裁定密苏里妥协案是违宪的，国会无权禁止准州的奴隶制。

屠宰场案（1873） 否决1857年德雷德·斯科特裁决，并根据宪法第十四条修正案界定了公民身份。它还对合众国的公民身份与一个州的公民身份作了区分。

美国钢铁工人联合会诉韦伯案（1979） 支持一项由一家私营公司主动制订的、包括分配额的使用的、优先雇用少数民族的计划。

加利福尼亚大学诉巴基案（1978） 裁定，如果拒绝给予白人申请者以竞争医科学校中的那些职位的权利，那么就不可以按反歧视行动计划把医科学校中固定的分配额留给少数民族学生。

沃特金斯诉美国案（1957） 裁定国会没有调查个人生活的普遍权力，除非具有重大的立法意义。

扬斯敦板管公司诉索耶案（1952） 法院决定充当仲裁人，对另外两个政府分支权力的要求进行仲裁。

少年法院　JUVENILE COURTS

少年法院的目的是为违犯社区法律的年轻人制订管理和改造计划，并监督执行情况。大多数少年法院还负责处理涉及受抚养和缺乏照顾的儿童的法律问题。

绝大部分少年法院案件都涉及少年犯罪。少年法院照惯例把少年犯（一般到17岁）看成是由于不能驾驭某些局面而惹麻烦的人。尽管他们违法，但还是制订计划以便把这些少年犯改造成社会守法的公民。经验证明，在处理这样的少年时，如果法院不在审判的气氛中审理案件效果最佳。

最初起诉并逮捕之后，一名法官和法官的工作班子就接管过来。工作班子常常包括心理学家、精神病专家、社会工作者和其他经过专门培训的人员，他们调查当时的情况和违法人。法官和工作班子根据调查结果制订并实施改造计划。这样的计划可能包括在教养院教养一段时间、医学治疗、家庭寄养、察看（继续由法院监督），或者其他似乎合乎需要的改造计划。

到20世纪80年代后期，判处方式有社区服务、赔偿受害人、半军纪式惩处（在州监狱特殊牢房短期禁闭）。另一个趋势是父母对子女参加帮伙、逃学、吸毒或私藏枪支等违纪违法承担越来越大的责任。对父母的惩处包括罚款、逐出公共住房，甚至监禁。

随着父母责任的增加，以成人方式审判重罪少年犯也呈增长趋势。1989年美国最高法院裁定宪法没有禁止对16岁或17岁的杀人犯判处死刑。

1869年波士顿城开始对少年犯另行审判。然而第一个专门审理儿童案件的法院是由法官查理·塔特希尔于1899年在芝加哥建立的。在法官弗雷德里克·P.卡伯特主持下该院成了美国最好的法院之一。第二年，丹佛少年法院启用，由法官本·B.林赛主持。在让所有涉及儿童的案件由特殊法院审判的运动中，他充当了先驱的角色。林赛出任法官27年，得到全国的认可。他是最先让女陪审法官审理女少年犯的法官之一。

第一位少年法院的女法官是玛丽·M.巴特尔梅，她是于1927年在芝加哥选出的。现在美国的大多数州，以及欧洲、拉丁美洲、以色列、伊拉克、日本和其他国家都有少年法院，尽管机构和程序有所不同。（参见：**帮伙**；**少年犯罪**）

陪审团制　JURY SYSTEM

凡是担任选美、音乐比赛、画展或其他比赛的裁判的小组都可叫作jury（裁判委员会）。不过jury一词主要是个法律术语，指宣誓后试图对法庭审判作出判决的陪审团。有些国家采用陪审团制——利用陪审团作出法庭判决。（参见：**法院**）jury一词源于法文jurer，意思是"发誓"。

历史

现存的陪审团制完全是英美法系的产物。19世纪，把陪审团制引入其他国家法律体系的努力略有成效。然而大约自1850年始，陪审团制在整个欧洲或逐渐废除，或极少使用。20世纪，随着欧洲和其他地方法西斯主义、纳粹主义的兴起，陪审团制全然废止。1943年第二次世界大战期间的日本也不再使用。20世纪后半叶，90％以上的陪审团审判发生在美国，其余发生在英国和其他英联邦国家，尤其是澳大利亚和加拿大。

古代世界 虽然现代陪审团制源于中世纪的英国,但陪审团制是古代雅典公共生活的最突出的特点之一,也许是希腊城邦时期最民主的方面。根据亚里士多德的《雅典的宪法》一文,组成陪审团的程序与现代极为相似。主要的区别是雅典审判的所有事务都由非职业人员处理。没有在法律各个方面都训练有素的法官指导陪审员进行审议。每次审判的陪审员像主持法庭的执法官一样由抽签决定。

此外没有别的审判律师。审理期间,任何公民都可起诉,被告必须为自己辩护。那的确是人民的法院。每年根据人口调查提出一个几千人的陪审员名单。审理普通案件的陪审员由 200 至 500 人组成,比现在标准的 12 人多得多。公元前 399 年,在著名的对哲学家苏格拉底审判中有 501 名陪审员(见:**苏格拉底**)。

在此类审判中,提供证据和原告、被告陈述之后,没有现代审判中的审议。审判开始前,发给每位陪审员两个金属标记。一个表明有罪,另一个表明无罪。审判结束后,每个陪审员把代表自己决定的标记放在铜罐里,另一个扔到木盒里。然后数铜罐里的标记,判决根据多数票作出。例如,苏格拉底就是根据赞成有罪的多 60 票而被判有罪。如果两边票数相等则作出无罪判决。审判后,所有陪审员都因自己提供了服务而得到报酬。

虽然这种体制是直接民主的先进形式,但也有不足:没有法律专家陈述司法先例。陪审团太大,其规模近似立法机构。所有的判决很容易根据当时公众的奇想和情感作出,而不是实施固定的法律。实际上苏格拉底的判决就是这样作出的。

英国 罗马共和国用陪审团进行审判的方式与希腊基本相同。但是在皇帝统治下,陪审团审判被废止,直到 1066 年诺尔曼人征服之后才又成为西方法律程序的一部分。英国的陪审团制源于 9 世纪早期法国皇帝查理曼创建的一种诉讼程序。他派出一些小组到全国各地巡视法院,以保证君主政体对贵族的权力。这种做法传入法国西北海岸的诺曼底,从那里随征服者威廉传到英国,威廉基本上延续了原来的做法。

1154—1189 年,亨利二世在位时,开始让普通公民就民事争端作出判决,财产纠纷尤其如此。陪审团审判刑事案件——凶杀、行凶、叛国等——来得晚些。1166 年,亨利创立了一种司法程序,即所有县法院开庭审理时,必须由 12 个人向法庭提交嫌疑人名单。这是大陪审团的起始——它控告或起诉嫌疑人,但不审理(见:本条后面的"**大陪审团**")。

大、小陪审团区分开来始于 1194 年,小陪审团真正审理案件。1219 年,亨利三世命令以邻居审判代替过去审理嫌疑人的方式。(先前的审理方式包括,被告需在审判中以格斗或忍受痛苦,甚至威胁生命的考验证明自己无罪。)到 14 世纪中叶,小陪审团与大陪审团完全分离。

在早期实行陪审团制的几个世纪里,陪审员根据他们自己对被告和案情的了解作出判决。据信,被告的邻居和熟人最能作出公正的判决。可是如果他们不友好或心存怨恨,判决有可能不公正。到 17 世纪末,确立了陪审团必须根据证据作出判决的原则。这一做法至今仍然采用。

1367 年小陪审团,即审判陪审团的人数确定为 12 人。

14 世纪以后,英国法律规定必须一致同意(所有陪审员意见一致)才能作出判决,此规定一直延续到 1967 年"刑事审判法"的出台,后者规定,可根据多数陪审员的意见进行判决。当今美国,州法院的判决不一定要一致同意。然而在联邦法院则必须一致同意才能作出判决。

直到 17 世纪早期,除大陪审团、小陪审团之外,还有监察陪审团。监察陪审团由 24 人组成,其任务是裁决小陪审团作出的决定是否正确。如果监察陪审团否定了判决,小陪审团成员有可能受到没收土地和财产的处罚。后来监察陪审团逐渐被弃置不用,法官有权宣布重新审理,被告有权对判决提出上诉。

美国 北美所有英国的殖民地,包括法国印第安人战争之后的加拿大,民事和刑事审判都使用陪审团。殖民地移民高度尊重陪审团审判,因为它可作为避免实施不受欢迎的英国法律的手段。1776 年之后,早期的州宪法保证,无论是刑事还是民事案件的当事人都有要求由陪审团审判的权利,然而 1789 年的联邦宪法只保障刑事案件中要求陪审团审理的权利。不过这由 1791 年通过的人权法案补救过来。第七条修正案保障了在一切民事案件中要求陪审团审理的权利,只要审理的金额超过 20 美元。第六条修正案保障所有刑事案件中当事人要求陪审团审理的权利。英国习惯法陪审团审判的基本成分被带入美国法律:陪审团应由 12 名陪审员组成;审判由一名能在法律问题和证据方面给陪审员进行指导的法官监督;所有的判决必须一致同意。州宪法一般遵循这些原则,尽管如上面提到的,一些州允许在不完全一致同意的情况下作出判决。例如,俄勒冈州允许以 10 比 2 的多数作出判决;1968 年英国开始效法俄勒冈州的先例。在那些只许一致同意作出判决的州,如果陪审团意见发生分歧,法官就宣布为无效审判,并命令重新审理,除非原告撤回诉讼。意见分歧的陪审团一般称作"悬而不决"的陪审团。一些州不给法官就证据发表意见的权利;他们只不过是诉讼程序中的裁决者。无论在民事还是在刑事诉讼中,被告可放弃由陪审团审理的权利,由法官判决似乎更公正的时候尤其如此。

大陪审团

大陪审团之所以称为"大",是因为其陪审员多,由 12 至 23 名陪审员组成,而不是因为其功能。大陪审团的宗旨是调查是否有犯罪行为。大陪审团不作出是否判定有罪的判决;它仅仅听取证言,调查各种来源的证据,决定是否起诉某人。

虽然大陪审团是法院系统的组成部分,但它们不由法官主持。首席陪审员是来自联邦、州或地方(依所调查的犯罪性质而定)的公诉人。在诉讼程序中,大陪审团比小陪审团的余地大得多。实际上他们的询问有可能成为讯问,因为不给被询问者以正常的保护措施(如律师在场的权利)。拒绝回答问题有可能因藐视法庭判处监禁。

大陪审团的诉讼程序是非正式的、秘密的,不过如果法院认为将秘密曝光可伸张正义,它就可以这样做。任何未经授权而泄露大陪审团诉讼程序的做法,在有些地区就是可以提起公诉的罪行。

如果大陪审团根据证言和证据认定有犯罪行为,它就提交公诉书。司法程序中的下一步就是在刑事法庭进行审判。

尽管大陪审团继续作为法院系统的一部分行使权力,尤其在美国联邦一级,但已受到批评。由于大陪审团听证时证人不具有法庭审判时享有的权利,这些听证对许多人来说剥夺了宪法赋予他们的保护权利。公诉人有时利用大陪审团达到政治目的,操纵大陪审团达到个人目的,或为某个政党服务。有时大陪审团的听证细节被"泄漏"给媒体,结果导致对某人的广泛(常常是不利的)报道,甚至在还没有决定起诉的情况下就对之作广泛的报道。美国的有些地区,允许选举或任命的公诉人直接提起公诉,从而完全绕过大陪审团。

小陪审团

挑选 在实行陪审团审判体制的头几个世纪里,担任陪审员有最低要求,比如要拥有一定数额的财产和清晰的思维。妇女不能担任陪审员。20 世纪情形有所改变。在美国、英国、加拿大和澳大利亚,从合格的选民中随机选取已很普遍。加拿大的一些省份对财产仍然有要求,魁北克仍然不允许妇女担任陪审员。大多数地区从事某些职业的人——律师、医生、牧师、警察——不许当陪审员。

一个人应被履行陪审团职责并不一定意味着他真的就能当陪审员。审判开始前,陪审员候选人要回答法官和原、被告律师的提问。法律允许律师提出理由要求陪审员回避,例如在审理中可能出现偏见。还允许有限次数地要求绝对回避;这些要求不必陈述理由。这一挑选过程叫作预先审核,原意是"说真话"。这一程序可能会非常复杂,需要花费大量时间,尤其是已广泛报道的案件。

职能 无论是审理民事还是刑事案件,陪审团都在法官的监督下进行。陪审团要听取何种证据,全由法官根据复杂的提取证据的成规决定。如果提供的证据无事实根据,他可以宣告无罪。这就有效地结束了诉讼程序。民事审理中,法官可以自己决定被告还是原告有理。可是在刑事审判中他不能作出有罪的判决;这是陪审团的责任。多数情况下法官还要解释法律关于证据的方方面面以及陪审团的职责。如果陪审团的判决与证据全然不符,法官可将判决搁置。刑事审判中宣判无罪是个例外:无罪判决是终审判决,不得为同一罪名再次审判被告。这叫作一事不再理原则。

在许多辖区,如果陪审团判定有罪,陪审团还必须在宣判时到场听证,并且有可能被要求就应当作何判决作出决断。民事审判中要求陪审团确定向原告赔偿的数额。在有些辖区,确定赔偿数额或判决,是原审的一部分。而在另一些辖区,确定赔偿数额实际上成为第二次审理的主题。在实行死刑并有可能判处死刑的地方,至少要征求陪审团的意见是否动用死刑。

优点和缺点 陪审团审判体制和政治结构的其他部分一样,其能力和表现受到越来越多的批评。有人说,陪审员选取的范围太大,使他们不具有处理复杂的法律问题的智力和丰富的经验。反对这种说法的人认为,由非专家组成的陪审团给审判带来很多常识和透明度。这能够使案件根据法治精神而不是根据僵硬的条条框框进行审判。陪审团还可以对涉案法官和律师的偏见(如果有的话)起到抵消作用。虽然陪审团在确认事实方面严格地受法律限制,但他们的出庭不管对被告还是原告来说,常常给审判程序注入公平性。

小陪审团之外的其他方式 一些国家采取所谓混合法庭来审理案件。这些法庭包括训练有素的法官和非专业的,即未受专业训练的法官组成。这种混合法庭在东欧国家、一些斯堪的纳维亚国家、奥地利、法国和德国广泛地被采用。另一种方式是由另一种非专业法官,即治安法官审理,这种方式正在美国迅速消失。

验尸陪审团

还有一种陪审团正在迅速弃置不用,即从某一地区选来的一些人对死因进行调查。它由 6 至 20 人组成,只斟酌证据,确定有无犯罪而不参与审理,在这一点上很像大陪审团。当然它所认定的证据可能在刑事审判中使用。如果确认犯了罪,它可以指出嫌疑人。

验尸官常常是法律或医学专家,有权逮捕嫌疑犯,等待大陪审团听证。验尸陪审团的发现只被看作死亡的证据。其他一切证据应在陪审团审判时提交。验尸陪审团作为一项制度,正在被验尸官取代。验尸官不是选举产生的,他具有丰富的专业知识,能查清在神秘可疑的情况下死亡的原因。

监狱和惩罚　PRISON AND PUNISHMENT

1831 年至 1832 年,两名法国人,亚历克西·德托克维尔和古斯塔夫·德博蒙,周游了美国之后,每人写了一本书。德博蒙的那本是关于奴隶制的。德托克维尔的那本就是经典之作——《美国的民主》。这两本书的出版掩盖了他们此行的初衷。两人是由法国政府派出考察美国监狱体制的代表。许多欧洲人是抱着同样的目的出访美国的,他们只不过是其中的两位,因为对已定罪的犯人实行囚禁的监狱体制是由美国人于 18 世纪 90 年代发明的。

监狱并不是创新。伦敦有伦敦塔监狱,巴黎有巴士底监狱。不过这些监狱是用来囚禁政治犯的,不是用来囚禁普通意义上的罪犯的。普通监狱至少自 1166 年英格兰国王亨利二世命令建立监狱后就存在了。那时的监狱和现在一样,主要关押候审犯人,不过也关押游民、乞丐、债案犯等轻罪犯。美国监狱体制的创新之处在于它的目的不同。它是用来改造而不是惩罚罪犯的一种手段。

惩罚

历史上使用惩罚要比使用监狱即囚禁早得多。监禁当然也是一种惩罚,因为它把人与社会隔开,与其他犯人一起囚禁在监狱里。不过监禁比千百年来其他惩罚方式要轻。

惩罚的种类

对犯罪进行惩罚的方式有,从最严厉的处罚——极刑,即死刑——到现代相对说来无痛苦的罚款。

极刑是对犯罪最严厉的惩罚。罪犯因各种各样的罪行被处死。处决方式有溺死、乱石击死、绞刑和砍头等。现代处决的方式通常是电刑、毒气室，或注射致命毒药。绞刑同枪毙一样在有些地方仍在使用。

有些处决方式极为残忍。在罗马帝国、波斯，以及中世纪的日本，各类犯人常常被钉死在十字架上。这要把罪犯绑在或钉在地面立桩的横梁上。最后由于疲竭、窒息、流血或心力衰竭而死亡。

中世纪的欧洲，地位卑下的犯人处以绞刑，上层社会罪犯处以砍头。女巫和异教徒在火刑柱上烧死。最残酷的处决方式之一是英国曾使用过的剖腹解肢。受刑者先被勒得半死，趁还没断气时取出内脏——把内脏掏出焚烧——尸体被剁成四块。

在过去的千百年里，足以判处死刑的罪行变化很大。公元前7世纪的希腊立法者德拉古颁布了一部法典，对几乎所有犯罪都处以死刑。"德拉古式"一词至今被用来形容极为严厉的法律惩罚。在现代文明社会，极刑的使用明显减少；只有对那些最严重的罪行，如杀人或叛国，才判处死刑。西欧大部分国家都已废除了死刑。在那些死刑仍然合法的地方也很少使用。

肉刑是指使肉体遭受痛苦。（"肉的"一词源于拉丁语 *corpus*，意思是"肉体"。）肉刑和死刑一样已经运用了千百年，除专制政权外今天已不常用。使肉体遭受痛苦的方式包括剁去小偷的双手、鞭笞、烙印、割耳、舌、鼻、剜眼、断绝饮食、小屋囚禁，用石块击打而不使毙命。有时犯人戴枷示众并受乱石袭击，或以其他方式侮辱。现代的种种肉刑通常被视为刑讯。使用刑讯的政府不愿意承认自己使用刑讯。刑讯的对象常常是一些尚未判定有罪的人。

报复千百年来曾是许多文明社会的法律的基本成分。法律术语是 *lex talionis*，意思是"报复的法律"。它常常被描述成起源于古巴比伦法的"以眼还眼"的原则，从那儿传遍整个中东。早期圣经中经常提到它。这一原则使肉刑合理化，直至18世纪，尽管早在公元前5世纪的罗马就以罚款取代之。但在许多刑事和民事案件中，这一原则仍然是评估罚款或损失的依据。

流放自古以来就是常见的惩罚方式。流放被看作与死刑等同，因为流放者会永远与家乡、家庭割断联系。不过事实上许多流放都是暂时的。古希腊城邦常常根据陶片流放法惩罚政治犯——如打败仗的将军。该词来自当时投票用的碎陶片——*ostraka*，以表决同意还是反对流放。

至少自19世纪以后，俄罗斯和苏联就使用国内国外流放。国内流放一般指将持不同政见者放逐到西伯利亚，列宁在革命活动初期就受过这样的惩罚。20世纪80年代苏联物理学家萨哈罗夫被临时流放到现在的下诺夫哥罗德城。苏联还将少量人放逐出本国。诺贝尔奖金获得者、作家亚历山大·索尔仁尼琴1974年被放逐出国。

直到17世纪，把普通的罪犯运到国界以外才成为惯例。也就是在那时，英国开始把罪犯运到北美的殖民地。18世纪又发现了澳大利亚这一新的罪犯倾倒场。法国在非洲、新喀里多尼亚和法属圭亚那都建立了海外流放地。最臭名远扬的是南美沿海的德弗尔斯岛。俄罗斯的流放地是西伯利亚。

罚款已成为肉刑和报复的替代形式。罚款一词来源于拉丁语 *finis*，意思是"结束"或"终结"，就像付完最后一笔款一样。罚款一般用于轻度的违法，如交通违章。不过罚款也用于涉及金钱的较严重的犯罪——如贪污和股票市场舞弊。在有些案子中，白领阶级犯罪也处以监禁。

在早期英国，人们把罚款叫作血腥钱，因为它们与一个人生命的价值有关——强制凶手付的那笔钱。伤害和偷窃也处以罚款。由于犯罪渐渐被看作是对国家而不是对个人的犯罪，罚款常常成为惩罚的一种替代方式，也是一项可靠的收入。在瑞典，罚款依个人收入而定，还可以分期偿付。在美国，由于每一个州都制定它自己的政策，所以没有标准的程序。例如，威斯康星州允许犯人在刑罚机构外工作以抵偿罚款。

惩罚的理由

打击犯罪和实施惩罚的根本目的是防止社会解体。换句话说，《美国宪法》序言中用"保证国内安定"这一短语来形容这一目的。然而历史上人们曾以其他理由为惩罚辩护。

报复是人们要求实施惩罚最自然的动机。理由很简单：给人伤害者应该还他以伤害。现在报复仍然是惩罚常见的动机，尤其是作为对那些极端残忍而又愚蠢的犯罪作出的反应。可是报复的动机常常排除在法律程序之外。

抵罪，或对犯罪进行补偿，是古代惩罚罪犯的又一动机。一般来说，抵罪源于宗教。不过，抵罪的结果与报复紧密相关，因为它要求罪犯遭受与受害者相同的痛苦。

威慑是关于对惩罚的畏惧会防止犯罪的观念。这种观念认为，人们根据自己的利益理性地行动，因此会力图避开惩罚带来的痛苦。18世纪，威慑的概念在意大利作家切萨雷·贝卡里亚的《罪与罚》（1764）一书中得到发展。作为单独一本书对现代这一问题的影响，恐怕没有别的作品可与之相比（见：**贝卡里亚**）。他认为惩罚应根据罪过的大小而定（罚当罪）。要想使惩罚有益，惩罚就该迅速果断——不能依赖法官一时的奇思怪想。要是惩罚不能威慑罪犯，那么它们就应当废止。

贝卡里亚的作品对如何处置犯罪，包括大量减少死刑和减少用监狱改造罪犯，都有深远的影响。威慑不仅针对那些有犯罪倾向的人，也针对守法的人。能够证明威慑对减少社会中的犯罪有用的证据很少。不过它能制止某些罪犯再犯罪。

矫正与改造是现代惩罚的目的。而现代监狱体制正是为此而创建的。有人认为惩罚的目的是使罪犯通过改造改变态度而不想犯法，从而成为社会有益的一员。没有什么证据说明在多少罪犯身上达到了上述目的。惯犯与初犯混合关押，使许多监狱成了犯罪教唆学校。资金与管理人员不足常常使监狱几乎被犯人把持。部分的责任应归咎于社会，因为许多人不愿意让大量税收花费在罪犯身上。而另一些人则担心对罪犯宽大只会鼓励犯罪。

监狱体制

监狱应与地牢和集中营等囚禁处所区别开来。中世纪时期许多城堡都有土牢,一般为地下室,用来有期或无期地关押政治犯或国王、贵族的仇敌。有时须付赎金才可释放。集中营是19世纪的发明,用来关押大批人,其中大多数人都不是罪犯。战时战俘常常被关进集中营(见:**集中营**)。

美国的监狱系统分成四大部分:地方监狱、县监狱、州监狱和联邦监狱。几乎每个社区都有一座监狱或拘留所,几乎各州的每个县都有监狱。地方和县监狱主要拘禁那些被捕等待审判的人。每个州都有自己囚禁重罪犯的监狱和教养院。中央政府拥有监禁违反联邦法律的重罪犯的监狱。监狱分各种档次,从关押非常危险的犯人的实行最大程度防备措施的监狱,到关押诸如白领犯人之类个体——这些人一般为经济罪犯,比如贪污犯、诈骗犯和受贿的政客等——的实行最低程度防备措施的监狱。现今的监狱依性别和年龄分别关押,这种做法始于19世纪。

由于监狱人满为患和管理费用昂贵,20世纪80年代初找到了一种监狱以外囚禁轻犯的方法。基本上是家庭软禁。犯人住在家里,并允许出去工作,不过要戴一个电子脚环,每35秒就向一小盒发射信号。小盒连在电话上并把信号传到缓刑监督办公室。如果犯人弄掉脚环,信号便消失,说明犯人企图逃跑。

从判刑到释放

由一名法官,常常是征询陪审团的意见后,对被判定有罪的人作出判决。判决——除死刑外——是指重罪犯监禁的时间。轻罪犯处以罚款或送教养院短期劳动。教养院一般是地方的、实行最低程度防备措施的拘留所。

管理有方的监狱首先把新入狱的犯人分类。这就是说,训练有素的工作人员确定某个犯人适于哪种工作或学习计划。参加分类的人员可以有精神病专家、心理学家、社会工作者、咨询顾问和牧师。

犯人最大的问题之一是无聊。如果犯人没有有意义的工作做,他们就会不安分,不合作。为解决这一问题,于1934年成立了联邦监狱工业股份公司,为联邦犯人提供了培训和工作。州监狱系统也有类似的措施。许多监狱还提供受教育的机会。小学和中学的课程使辍学的犯人能够获得毕业文凭,出狱后有资格找工作。

现在大多数监狱都提供各种各样的消遣机会,包括体育和娱乐。犯人也可以组织自己的活动。监狱一般都有图书馆,而且犯人也可以收听广播和看电视。

刑期常常并不是不变的。虽然宣布了固定的刑期,但犯人表现好常常可以提前释放。犯人常常有固定的假释的时间。由于监狱人满为患,犯人还远远未满刑就提前释放是常有的事。

如果假释裁决委员会同意假释犯人,犯人必须同意遵守几项规定:必须不出本州,定期向假释官员汇报,不同已知的罪犯联系。定期有条件的释放适用于因表现好而准予的假释。

有时可减刑,即州长的复审委员会缩短法官所判的刑期。州长或总统还可赦免罪犯。赦免即免去法院对重罪犯的判刑。大赦是由一国首脑对一批犯人的赦免。除对因为道德或宗教上的原因而拒服兵役者和政治犯之外,美国极少使用大赦。

历史背景

监禁处所已经使用了千百年。过去在被监禁的人中几乎不区分判刑犯、待审嫌疑犯、普通的流民或负债人。那时国家并不关心犯人的改造。英国最初使用监狱是用来囚禁游民和其他闲人的。后来监禁轻罪犯和负债人(重罪犯被处死)。监狱曾主要是把人关起来然后把他们忘记的地方。因而监狱无人过问,管理不善,结果人满为患,充满污秽和疾病。查尔斯·狄更斯在他1857年发表的小说《小杜丽》中,生动地描绘了伦敦著名的马夏尔西监狱关押的负债人的生活画面。伦敦的新门监狱和弗利特监狱因犯人拥挤、污秽和暴力,甚至更加出名。

在英国,改革监狱运动是由贝德福德郡委派郡长约翰·霍华德(见:**霍华德**)于1773年发起的。他汇报监狱的状况,尤其是《监狱的现状》(1777)一文激起了全面的改革运动。这也影响到了美国。他的报告出台之时,正赶上英国的监狱超员太多,部分的原因是当时减少了向海外殖民地放逐犯人。一些监狱犯人过多,许多犯人只好囚禁在泰晤士河上腐朽的船内。1791年的监狱法是向建立全国监狱体系改善监狱恶劣条件迈出的第一步。1821年第一座国家教养所落成。

此时,美国正在以更大的努力改变刑罚体制,这不仅使监狱更舒适一些,而且是为了调整改造与矫正犯人的目的。宾夕法尼亚的贵格会——公谊会的成员——读到霍华德的报告之后断言,美国的囚禁体制必须由惩罚变成人格的改造。他们帮助坐落在费城独立大厅后面的老沃尔纳特大街监狱建立了第一个真正的教养所。

在沃尔纳特大街创建的惩罚体制很快被称作宾夕法尼亚体制,即隔离制。在这类监狱里每个犯人都住单间牢房,并在毗邻牢房的小院子里锻炼。与人仅有的联系是狱吏和少数探望者。这种严密隔绝状态常常引起精神错乱或其他精神疾病。

沃尔纳特大街的实验一成为现实,人们对改革的兴趣也就减退了,因为公众以为监狱问题已经解决。没过几年,该教养所变成了一个冷酷无情、人满为患、管理不善、经费不足的囚禁所。尽管如此,它有好几十年仍然是美国大部分新建监狱的楷模。

邻近的纽约建立了不同的监狱体制。模仿沃尔纳特大街监狱失败之后,纽约的官员放弃了隔离关押的方式,建立了一所集体关押的监狱。这被称作集体制,或沉默制。犯人虽然住在一起,但不许出声。只有那些最凶暴的犯人才单独关押。1825年在纽约的奥本建造了第一座采用这种新方法的监狱。犯人一起干活,一起用餐,这样就减轻了囚禁最难耐的一些方面。纽约奥西宁的新新州立监狱(现称奥西宁教养院)也采用了这一方式。

宾夕法尼亚体制和奥本体制有很多相似之处。它们都强调隔离、苦役、严格的纪律和尽量简单的生活条件。奥本体制被认为好些,因为它允许犯人之间的接触而不是全然隔离。这一体制逐渐在美国被认为是优越的体制,虽然沃尔纳特大街的实验给欧洲来访者以更加深刻的印象,他们更想照此模式建立新监狱。1913 年,宾夕法尼亚自己废止了沃尔纳特大街的体制。

当 19 世纪改革的热情减退之后,美国监狱的状况常常十分恶劣。一些监狱使用严刑拷打、鞭笞。对有些犯人进行名副其实的拷问。监狱里虐待犯人之风盛行导致 1870 年全国监狱协会的成立。它的原则宣言要求根据罪行的严重程度对犯人进行分类、不确定判决、对监狱管理人员进行职业教育、对犯人进行劳动技能的培训、建立奖励良好表现的制度,以及重新设计监狱建筑。

1876 年,纽约的埃尔迈拉启用了一种新型监狱来监禁年轻犯人,这在一定程度上是对全国监狱协会的要求作出的反响。这种监狱管理的原则是改造重罪犯比惩罚更有用,因此它被称作感化院。犯人接受培训,学一门手艺。年龄较大的成年人教养所不是这样。以往让犯人劳动是作为一种惩罚,或为了私利。(参见:**教养院**)

20 世纪有专门为不同类型的罪犯——如吸毒者、酗酒者、性犯罪者和精神病患者——制订治疗计划的趋势。一些监狱体制还试图打破犯人与外部社会的隔离。一些欧洲国家允许某些犯人有时探家和在监狱外就职。苏联允许某些犯人同家人一起移居到多数人都是重罪犯的工业区。美国的惯例是请人进监狱帮助治疗,或增加犯人适应社会的机会。

从 20 世纪 70 年代起美国监狱出现了一些严重的问题。也许最严重的是人满为患。而这又引起其他问题,包括种族关系紧张和帮伙活动。监狱暴乱成为常事。最严重的当属 1971 年纽约阿提卡教养院的暴乱。建立新监狱的费用同管理这些监狱的费用一起逐步上升,然而暴力犯罪的增加继续超过关押重罪犯的牢房的增加。

德雷德·斯科特裁决　DRED SCOTT DECISION

德雷德·斯科特是美军军官的一名黑人奴隶。主人把他从蓄奴的密苏里州带到自由的伊利诺伊州,后又到威斯康星准州(1820 年密苏里妥协案已宣布它为自由准州)。

他的主人奉军令回密苏里时,斯科特又随他回去。主人死后,斯科特起诉,称自己不再是奴隶,因为他曾在自由的土地上生活过。此案上诉到美国最高法院。1857 年,法院以多数票(9 票中的 7 票)通过首席法官罗杰·B.托尼的意见,宣布斯科特仍然是奴隶,不是公民,所以根据宪法,他无权在联邦法院起诉。裁决还认为国会无权禁止准州奴隶制,因此密苏里妥协案是违宪的。

詹姆斯·布坎南总统竭力劝全体人民接受这一裁决为终审裁决。可是北方反奴隶制的领袖们继续反奴隶制宣传。由于德雷德·斯科特裁决使许多北方人相信南方蓄奴者决心统治美国,该裁决加大了南北方的裂痕,促进了南北战争的爆发。

凯利　KELLY, Ned(1855—1880)

凯利是澳大利亚的那些被称作丛林土匪的亡命徒中最为臭名昭著的一个。他是匪首,以偷马窃牛开始其犯罪生涯。这些丛林匪徒居住在澳大利亚内地或丛林里,骑马骚扰移民、矿工和村镇及散居的土著人。

内德·凯利 1855 年 6 月出生在维多利亚的沃伦,父亲是 1842 年从爱尔兰的贝尔法斯特(现属北爱尔兰)流放到澳大利亚的罪犯。1877 年内德因偷马在维多利亚被通缉,逃到新南威尔士,投奔了也是逃犯的哥哥丹。他们同另外两名丛林土匪乔·伯恩和史蒂夫·哈特一起,组成了被称作凯利帮的团伙。

和其他丛林土匪一样,他们的动力是贪财和对警察的刻骨仇恨。1878 年 10 月,凯利帮杀死了巡逻队的三名警察。尽管高额悬赏捉拿,但他们仍然出没于新南威尔士和维多利亚一带达两年之久,抢劫银行和小镇。1880 年 6 月,他们占领了格伦罗恩镇。警察包围了他们,除内德·凯利之外,其余土匪都被警察击毙。内德·凯利被俘,押至墨尔本受审,1880 年 11 月 11 日被处死。

斯科茨伯勒案　SCOTTSBORO CASE

斯科茨伯勒案的背景是 20 世纪 30 年代的美国南方农村。当时白人极为害怕种族间的友好,就像黑人害怕强迫实施种族隔离的暴民一样。本案的被告叫作"斯科茨伯勒的男孩们"——这一称号说明他们都很年轻,可是在彼时彼地它还意味着种族的低劣。由于这些偏见,没能对他们进行公正的起诉,最终导致最高法院的两项判决,促进了民权运动。

大萧条时期,穷人өften乘运货列车从一个城镇漂泊到另一城镇。1931 年 3 月 25 日流民在棚车内发生了争斗。一群黑人靠人多势众把白人青年赶下火车。这些白人报了案,于是通知了地方保安人员拦住火车,逮捕了肇事者。保安人员发现的 9 名黑人青年和 2 名白人妇女被关进斯科茨伯勒的县监狱。当这两名妇女被强奸的消息传开后,武装的暴徒开始聚集。(有些报刊报道说,白人游民为报复,首先捏造了强奸的罪名,另一些报刊报道说,两名白人妇女诬告黑人,因为她们感觉到了威胁。)医学报告否认了白人妇女的说法。可是这些斯科茨伯勒男孩——1 名仅 12 岁,1 名残疾,1 名几乎失明,全部是文盲——却面临着法庭的无情判决。逮捕不足两周就开始审判,用时仅三天。所有被告被判有罪,8 名判处死刑。

斯科茨伯勒事件成为全国的争论焦点。隶属于共产党的国际劳工抗辩组织也参与论争,它把此案上诉到美国最高法院。1932 年 10 月在一个里程碑式的判决中(鲍威尔诉亚拉巴马案)原判被推翻,因为在死刑案件中原告没有充分的律师辩护。(1 名义务效力的律师为 9 人辩护。)

1933 年,刑事诉讼律师赛缪尔·莱博维茨为其中的一人辩护。此时,其中一名妇女已否认被强奸,但是清一色白人组成的陪审团仍然要判死刑。由于缺乏证据,法官宣布他们的有罪判决无效。另一次审判结果相同。1935 年 4 月,最高法院又一次撤销了有罪的判决。这次理由是审案(诺里斯诉亚拉巴马案)的那个县有计划地把非洲裔美国人排除在陪审团之外。

审判、定罪、上诉,这样又循环往复了两年。到 1937

年,原告律师和被告律师达成了妥协:释放最年轻的 4 名被告,其余一年之内假释。可是斯科茨伯勒事件的 9 人中,有的直到立案 19 年后才被释放。3 人最终于 1943 年获释,其中一人 1950 年因跨越亚拉巴马州界而重新入狱。另一名 1946 年获释。两年后已经 35 岁的海伍德·帕特森越狱成功。他于 1950 年发表了《斯科茨伯勒的男孩》一文,这是对黑人在亚拉巴马州遭受的不公正待遇的最早的描述。(没过一年他又入狱,并死在狱中。)

利库尔戈斯 LYCURGUS

传说中古希腊斯巴达城邦的立法者。除了一些有关他的传说外,其余一无所知。据传说,他生活于公元前 9 世纪,然而,也有许多学者怀疑是否确有其人。斯巴达人说:利库尔戈斯使他们有了自己的法律和制度。人们认为,他把斯巴达建成了一个军事国家,全民皆为士兵,同吃同住在一起。利库尔戈斯创建了元老会议,使斯巴达人有了自己的教育制度,并用铁币制取代金币制。不管利库尔戈斯的法律起源如何,它们最终使斯巴达成为古希腊主要的军事力量之一。

利库尔戈斯在离开斯巴达去国外旅行之前,斯巴达的公民们保证他们将遵守他的法令,不改变它们,直到他回来。他从神谕那里得悉,只要斯巴达人信守自己的诺言,他们将繁荣昌盛。为了确保斯巴达人好运,他决定永远不回这个城邦。有关利库尔戈斯的传说,普卢塔克在其《比较列传》中讲得很详细。

格劳秀斯 GROTIUS, Hugo (1583—1645)

胡戈·格劳秀斯在近代初期的一部最重要的著作——《战争与和平法》(1625)——中,奠定了 20 世纪国际法发展的基础。格劳秀斯被誉为"博学之人"。他是法律专家、政治家、外交家、诗人、历史学家、神学家和剧作家。他少年时就才华横溢,11 岁便进入荷兰莱顿大学。

格劳秀斯 1583 年 4 月 10 日生于荷兰代尔夫特。父亲在代尔夫特担任高级行政职务,并任莱顿大学学监。少年格劳秀斯完成初期的大学教育之后,15 岁那年编辑了一部百科全书。他在法国奥尔良获得法学博士学位,并在海牙开业当律师。1601 年被任命为荷兰诸邦史官,1607 年成为荷兰省的首席检查官。

在三十年战争爆发之前的那些年里,格劳秀斯最大的愿望就是帮助实现基督教教会的统一。他未做到这一点,所做的种种尝试致使他在 1619 年被囚禁。两年后,他藏在书箱中越狱逃跑,在法国、德国和瑞典流亡中度过余生。

1634 至 1644 年他任瑞典驻法大使,住在汉堡,瑞典和法国在汉堡都有自己的大使馆。1645 年 8 月 28 日回荷兰的途中死于罗斯托克。

1640 年,应荷兰东印度公司之约请,格劳秀斯写了一本书,题为《论捕获和战利品法》,讨论了捕获商船、干扰贸易是否合法的问题。在这部书中,他主张:任何国家或个人都不得攻击别的国家或个人;不得拿取别的国家或个人的东西;不得违背条约;不得犯任何罪行。流亡期间,他发挥这四条准则,写出了有关战争与和平法的名著,此书于 1625 年出版。

布莱克斯通 BLACKSTONE, William (1723—1780)

威廉·布莱克斯通爵士的四卷本《英国法释义》使他成为英美最有名的法律著述家。在他死后多年,这部释义在英国和美国仍被当作讲授法律的课本。许多国家的律师引证这部释义,作为某些判决的根据。这部释义的全部四卷问世于 18 世纪 60 年代,但至今仍然是最好的英国法律通史之一。

威廉·布莱克斯通 1723 年 7 月 10 日生于伦敦,其父在他出生之前就已过世。在他快满 12 岁那年,母亲又去世。他由一个哥哥抚养。15 岁那年离开了卡尔特豪斯公立学校进入牛津,18 岁开始学习法律,写了诗歌:《律师告别缪斯》,自那以后,这诗经常被重印。1746 年从事律师工作。

布莱克斯通的业务不很兴旺,多半是因为他没有什么有影响的朋友。于是他又回到牛津学习法律。1750 年,他的第一部法学著作问世。那时,牛津大学尚未开设法律课程。1758 年创设普通法课程,布莱克斯通受命讲授此课程。他开的课引起了广泛的关注,这时他又重操法律旧业。

1761 年,布莱克斯通结婚,同年,当选为议会议员。1763 年被任命为女王的副检察长。1766 年辞去牛津的教授职务。

与此同时,1765 年《英国法释义》第一卷问世。1769 年该书最后一卷出版。《英国法释义》立即受到了人们的欢迎。这部书在作者生前的 11 年中印刷过 8 版。18 世纪 70 年代,布莱克斯通被任命为法官,并被授予爵士称号。布莱克斯通生有 9 个孩子。他于 1780 年 2 月 14 日去世,安葬于沃灵福德。

霍华德 HOWARD, John (1726—1790)

美国的约翰·霍华德协会使人们永远不会忘记这位 18 世纪英国监狱改革者的名字和业绩。霍华德是个大富豪,他把许多时间和金钱都投放在高尚事业上。除了监狱改革,他还寻求预防传染病蔓延的方法来促进公共卫生的改善。颇具嘲讽意味的是,1790 年 1 月 20 日,他在俄国的赫尔松染上露营病(可能是斑疹伤寒)去世。

约翰·霍华德 1726 年 9 月 2 日大概生于英国哈克尼。1742 年,他继承了父亲的财产,并在欧洲各地旅行。1773 年任贝德福郡名誉郡长。在那里,他亲眼目睹了监狱的恶劣条件。1774 年以及 1779 年,他劝说议会颁布法令改善犯人生活,促进监狱改革。1774 年的法令废除了犯人在获释时必须缴的释放费,还要求法官关注狱中犯人的健康。1779 年的法令下令建立改造犯人的感化院。

霍华德晚年致力于研究预防鼠疫的方法。他死于访问俄国军队医院的旅途中。

贝卡里亚 BECCARIA, Cesare (1738—1794)

1764 年出版的有关刑法的批判性

研究著作使贝卡里亚 26 岁就享誉世界。他的书被译成 6 种文字。

1738 年 3 月 15 日,塞萨列·贝卡里亚生于意大利米兰。儿童时代,在帕尔马的教会学校接受教育,1758 年获得帕维亚大学法学学位。他的有名论著《犯罪与刑罚》用意大利文出版四年之后,开始在米兰的帕拉坦学院讲授公共经济和商业。贝卡里亚后来享有经济分析先驱的声誉,主要就依赖于他的课堂讲稿。这些讲稿后来在他死后以《公共经济要素》为题出版。1771 年贝卡里亚被任命为米兰最高经济委员会成员。后来他一直担任政府官职。

贝卡里亚的《犯罪与刑罚》一书不仅对刑事处罚指导原则作了第一次系统的论述,而且,就此书所倡导的那些思想观念而言,它也多少走在时代的前头。贝卡里亚要求废除死刑,要求改革刑事审判制度,从而使量刑得当。他反对诸如拷打和秘密审判这样一些 18 世纪的做法。贝卡里亚的刑事审判理论是基于这样一个原则,即政府应该为最大多数人谋求最大的福利。《犯罪与刑罚》一书对西方世界的刑法改革产生了重大的影响。1794 年 11 月 28 日,贝卡里亚在米兰去世。

马歇尔　MARSHALL,John (1755—1835)

美国联邦最高法院第四任首席大法官。他担任这个职务的时间比他的任何一位后继者都要长。他是美国历史上最有影响的法官之一,是一位强烈的民族主义者。他其对宪法的解释扩大了最高法院的作用。

约翰·马歇尔 1755 年 9 月 24 日生于弗吉尼亚州杰曼敦(现在的米德兰)附近的一座小木屋中,是 15 个孩子中的老大。他没有受过什么正规的教育。20 岁那年放弃了学习法律而参加大陆军队,在军队中,他晋升到上尉军衔。独立战争后重新开始学习法律。

马歇尔曾两次当选为弗吉尼亚州议会议员。在 1788 年的弗吉尼亚州代表大会上,他和詹姆斯·麦迪逊击败了对手帕特里克·亨利和理查德·亨利·李,赢得了批准联邦宪法这场斗争的胜利。华盛顿总统先是提议让马歇尔出任司法部长,后来又提议让他担任驻法国公使,但均被马歇尔谢绝。他接受约翰·亚当斯总统的任命,成为 1797 至 1798 年派往法国的三名高级代表之一。紧接着当了一届国会议员,又在亚当斯内阁中当了一年国务卿。1801 年 1 月 31 日,马歇尔被任命为最高法院首席大法官。

他的第一个伟大案件——"马伯里诉麦迪逊案"——是在 1803 年处理的。在对这个案件的裁决中,他宣称:最高法院的责任就是不理会任何在它看来有悖于联邦宪法的国会法令——因而也包括州立法机关的法令。如今由最高法院行使的主要权力即司法审查权,就是依据这个根本性判决。(见:**宪法性法律**)。

最高法院对"麦卡洛克诉马里兰州案"的判决(1819)同样具有深远意义。这一判决充分确认了汉密尔顿提出的政府享有默许权力的思想。最高法院的判决确认了这样一个事实:即美国是一个拥有与国家地位相称的各种权力的国家,而不仅仅是一个软弱的邦联。

虽然最高法院在马歇尔任首席大法官的 34 年中所作出的一些判决在当时受到了以托马斯·杰斐逊为首的民主共和党的批评,但今天马歇尔的推论和他对法律的解释几乎为人们所普遍接受。1835 年 7 月 6 日,马歇尔在宾夕法尼亚州的费城去世。

肯特　KENT,James (1763—1847)

肯特的那部题为《美国法律评论》的书对 19 世纪美国法律的形成产生过重要的影响。此书于 1826—1830 年间出版,共四卷。

肯特 1763 年 7 月 31 日生于纽约州的弗雷德里克斯堡。1781 年毕业于耶鲁大学,此后他又学习法律,并于 1785 年获准成为律师。最初是在波基普西当律师,1793 年移居纽约市,被任命为哥伦比亚大学第一位法律教授。五年后被任命为纽约州最高法院法官。他在该法院留任到 1814 年(最后 10 年任首席法官)。1814 年被任命为该州衡平法法院的首席法官,从而使他成了纽约州最高级的司法官员。在做法官时,肯特的判决都被记录了下来,并作为《纽约案件判例汇编》出版,在其他州广泛传播。

1823 年肯特回哥伦比亚大学教授法律。他将其讲稿修订并扩充成《美国法律评论》一书。这部书论及了联邦制内的美国宪法、国际法、各州的法律、个人的权利和财产法。此书首次全面系统地论述了英美法律。在肯特的一生中,此书后来又出过五次修订版,其中有些部分被译成各种文字。1847 年 12 月 12 日肯特在纽约市去世。

坦尼　TANEY,Roger B. (1777—1864)

罗杰·B. 坦尼是美国第五任首席大法官,约翰·马歇尔的继承人。他在解释宪法和确立最高法院对全国和州法律合法性的最后裁决权方面,继续了马歇尔的工作。

罗杰·布鲁克·坦尼 1777 年 3 月 17 日生于马里兰州卡尔弗特县。父亲是地主。坦尼毕业于宾夕法尼亚州卡莱尔迪金森学院,并在安纳波利斯市学习法律。1806 年,他和安妮·基结婚。1816 至 1821 年,坦尼在马里兰州参议院任职。1831 年,安德鲁·杰克逊总统任命他为美国司法部长。在此之前,他是马里兰州的总检察长。杰克逊想把资金由美国政府银行转到州银行,并任命坦尼为财政部长,但参议院拒绝批准。1836 年,坦尼被任命为美国最高法院首席大法官。

在许多案件中,坦尼维护了联邦政府的权力。他的最著名的判决是"德雷德·斯科特案"(见:**德雷德·斯科特裁决**)。坦尼于 1864 年 10 月 12 日在华盛顿去世。

斯托里　STORY,Joseph (1779—1845)

约瑟夫·斯托里任美国最高法院大法官长达 34 年之久,同时兼任哈佛大学法学院教授。与纽约州的詹姆斯·肯特一道,斯托里被视为美国衡平法理学的创始人。

斯托里 1779 年 9 月 18 日生于马萨诸塞州马布尔黑德，1798 年毕业于哈佛大学，1801 至 1811 年在马萨诸塞州塞勒姆开业当律师。他是杰斐逊共和党（后来叫"民主党"）的积极分子，并于 1805 年被选入该州立法机关。后短期在美国众议院任职，接着返回马萨诸塞州众议院任职，后被选为马萨诸塞州众议院议长。

1811 年，年仅 32 岁且无司法经验的斯托里被詹姆斯·麦迪逊总统任命为美国最高法院大法官。他与首席大法官约翰·马歇尔一起对宪法作了广义的解释。例如，他于 1816 年在"马丁诉亨特的承租人"一案中所写的意见，确立了最高法院在涉及联邦宪法、法令和条约的民事案件中享有高于各州法院的权力。

1835 年马歇尔去世后，斯托里主持最高法院工作，直到罗杰·B.坦尼任首席法官。在哈佛大学讲授法律时，斯托里把讲稿精心编辑成一部九卷集的法律注释书，书中论述了宪法、衡平法理学以及其他法律问题，该书产生了广泛的影响。斯托里于 1845 年 9 月 10 日在马萨诸塞州的坎布里奇去世。

艾博特　ABBOTT, John（1821—1893）

约翰·艾博特爵士曾经这样写道："除了尽我所能做好社会工作，我不喜欢政治，我不喜欢扬名、公众集会……和每一件表面上看来似乎是必要的政治事件。" 1891 年，艾博特漫长的加拿大公职生涯达到了顶峰，这一年他作为保守党领袖，接替约翰·A.麦克唐纳爵士任加拿大总理（见：**麦克唐纳**）。

约翰·约瑟夫·考德威尔·艾博特 1821 年 3 月 12 日生于下加拿大（现在的魁北克）阿尔让特伊郡的圣安德鲁斯。他是约瑟夫·艾博特牧师和哈里特·布雷德福·艾博特的长子。在圣安德鲁斯和蒙特利尔接受早期教育，后进入麦吉尔大学。1847 年获得法学学位。1849 年与玛丽·贝休恩结婚。他们共有六个孩子。

1862 年艾博特被任命为王室法律顾问。1880 至 1887 年任加拿大太平洋铁路公司律师，1887 年成为董事。曾担任麦吉尔大学法律系主任若干年。1887 至 1889 年任蒙特利尔市市长。

艾博特的第一次政治活动是 1849 年在一项合并声明上签名，主张加拿大与美国合并。这场由经济萧条引发的合并运动持续时间不长。1859 年艾博特被选入加拿大立法议会。

作为休·阿伦（加拿大太平洋铁路公司的创建人之一）的法律顾问，艾博特牵连进了 1873 年的"太平洋丑闻"。他的一位心腹职员提供的证据，致使麦克唐纳政府在那年垮台和艾博特在 1874 年选举中失败。1881 年艾博特回到下议院。1887 年被任命为参议员。1891 年麦克唐纳去世后，艾博特作为折衷人选，出任总理。

艾博特就任总理时 70 岁，健康状况日益下降。他在短暂的总理任期内完成了对陪审团法的重大修订。他起草了一项法案，该法案成了加拿大当今破产法的基础。

1892 年 12 月 5 日，艾博特因病辞去总理职务。同年封为爵士。1893 年 10 月 30 日在蒙特利尔去世。

梅恩　MAINE, Henry（1822—1888）

亨利·梅恩于 1861 年出版的第一部著作《古代法》确立了他在比较法领域作为一个学者和先驱的声望。为了探索和界定法律的基本概念，这部著作研究了罗马、东欧和西欧、印度以及原始社会的各种法律制度。

亨利·詹姆斯·萨姆纳·梅恩 1822 年 8 月 15 日生于苏格兰罗克斯巴勒郡的凯洛斯。受教于剑桥大学，主修古典文学。1847 至 1854 年任剑桥大学民法教授，同时在伦敦的法律中心（英国伦敦培养律师的四个学院）讲授罗马法。他的上述著作就是由这些讲稿整理而成的。

1863 至 1869 年，梅恩作为印度总督委员会的一个成员，主要负责编纂印度法律的工作。1869 年成为牛津大学比较法学教授。1871 年被封为爵士，1887 年（即去世前一年）任剑桥大学国际法教授。1888 年 2 月 3 日去世。他的其他著作有：《早期制度史》(1875)、《论早期的法律和习俗》(1883) 和《人民政府》(1885)。

霍姆斯　HOLMES, Oliver Wendell, Jr.（1841—1935）

美国最高法院最著名的法官之一，以"伟大的异议者"而闻名。人们之所以对他如此称谓，是因为当最高法院宣布判决时，霍姆斯常常附上少数人的意见或异议。

霍姆斯 1841 年 3 月 8 日生于波士顿。其父是奥利弗·温德尔·霍姆斯。母亲是马萨诸塞州最高法院法官的女儿。霍姆斯早年受教于私立小学和中学以及哈佛学院。

霍姆斯在哈佛学院念书的最后一年，内战爆发，他应征作为士兵加入支持联邦政府的军队。大学毕业后应召服现役，任少尉，战争期间三次负伤。战后回到哈佛继续他的法律研究，1867 年取得律师资格。随后加入了一个律师事务所，同时在哈佛教授法律。1872 年与他的古典文科中学校长的女儿范妮·鲍迪奇·迪克斯韦尔结婚。

1881 年霍姆斯写出了《普通法》一书，此书被视为经典法律教科书。1882 年他被任命为马萨诸塞州最高法院法官。1902 年，西奥多·罗斯福总统任命他为美国最高法院大法官。自那以后，他一直在该法院任职，直到快 91 岁时才退休。

霍姆斯法官认为，法律应该随着社会状况的变化而变化。他谴责雇用童工是一种野蛮现象，主张罢工者有权设置整齐的纠察线。霍姆斯认为，即使是其信仰可能被认为是危险的人，也有权受到法律的保护，这是宪法赋予的权利。不过，他在政治上不是一个激进分子。

退休期间，霍姆斯决计不写一部书，认为自己在担任大法官期间发表的许多意见和异议已充分反映了自己的观点。他把时间用于读书和享受大自然。霍姆斯于 1935 年 3 月 6 日在华盛顿去世。他被以军葬礼安葬于阿林顿国家公墓。安葬那天，正是他 94 岁的生日。

布兰代斯　BRANDEIS, Louis D.（1856—1941）

卓越的才智和对个人权利的持久关心乃是路易斯·布兰代斯法律生涯的特点。任命布兰代斯为美国最高法院大法官的伍德罗·威尔逊总统说："与布兰代斯交谈总是使人的心胸豁然开朗。"

路易斯·登比茨·布兰代斯1856年11月13日生于肯塔基州的路易斯维尔。他的父母阿道夫和弗雷德里卡·登比茨·布兰代斯原籍布拉格（今在捷克共和国境内），他们于1849年在印第安纳州的麦迪逊结婚。路易斯是四个孩子（两男两女）中年纪最小的。他在路易斯维尔的公立学校和德国德累斯顿的安内中学学业优异。在没有高中文凭的情况下被准许入哈佛大学法学院，不到21岁，他就以优异的成绩毕业。

在密苏里州的圣路易斯短期开业后，布兰代斯成长为波士顿律师界最著名的律师。他花时间和运用自己的才能，无偿地为公众利益服务，被称之为"人民律师"。他促成了许多社会和经济改革，并促成了储蓄银行保险法的颁布，这是一项旨在保护劳动者经济利益的法令。他的《别人的钱——银行怎样利用它》（1914）一书，帮助加强了联邦政府的反托拉斯法令。

1891年，布兰代斯与纽约的艾丽斯·戈德马克结婚。他们有两个女儿。

布兰代斯从1916至1939年任美国最高法院大法官。1939年2月13日退休。1941年10月5日在华盛顿去世。

达罗　DARROW, Clarence（1857—1938）

20世纪美国最有名的律师，大概就要数在许多重大的刑事审判中担任被告辩护人的克拉伦斯·达罗。达罗的名声并未随着岁月的流逝而减弱，20世纪70年代他的生平被亨利·方达在一出独角戏中搬上了舞台。

达罗1857年4月18日生于俄亥俄州金斯曼附近。曾就读于阿勒格尼大学和密执安大学，1878年被批准为俄亥俄州的律师。1887年移居芝加哥，不久被任命为城市法律顾问，后被任命为芝加哥和西北铁路公司首席辩护律师。1895年辞去首席辩护律师职务，为美国铁路工会主席尤金·V.德布兹和其他工会领导人辩护，这些人因在1894年的普尔门罢工事件中藐视法庭而受到联邦政府的指控并被逮捕。通过这次审判，达罗作为一名劳工律师和刑事律师而闻名全国。

克拉伦斯·达罗

1902年西奥多·罗斯福总统任命他为宾夕法尼亚州无烟煤矿罢工仲裁人。1907年，他使被指控暗杀了前爱达荷州州长弗兰克·斯托伦堡的劳工领袖威廉·D.海伍德（"大个子比尔"）被判无罪。第一次世界大战后，他为那些被指控违反州煽动暴乱法的反战人士进行了辩护。

他参加的两次最著名的审判案都发生于20世纪。其中第一次审判是众所周知的1924年利奥波德-洛布谋杀案。内森·利奥波德和理查德·洛布谋杀了14岁的罗伯特·弗兰克，达罗使他们免于被处死——但未能使他们免于坐牢。1925年，高中教师约翰·T.斯科普因讲授进化论而被指控触犯了田纳西州法律，达罗为这位教师进行辩护。这次著名的"猴子审判"的检察官是威廉姆·詹宁斯·布赖恩。

达罗通过他的文章和讲演，鼓吹言论自由，鼓吹只雇用工会会员的制度。他反对死刑和禁酒。1938年3月13日达罗在芝加哥去世。

休斯　HUGHES, Charles Evans（1862—1948）

查尔斯·埃文斯·休斯是美国第十一任最高法院首席法官，还任过国务卿、纽约州州长和国际法庭法官。很少有美国人担任过这么多重要职务。

休斯1862年4月11日生于纽约州格伦斯福尔斯。19岁那年在布朗大学获文学学士学位，三年后又在哥伦比亚大学获得法学学位，同年成为律师，很快就以精通律师业务而蜚声纽约市。1891至1893年在康奈尔大学讲授法律。

休斯因在1905年成功地调查了纽约州公用事业公司收费状况而引起了人们的注意。随后他调查了该州舞弊盛行的保险业。他的大多数建议后来都被制定成法律。作为1907至1910年纽约州的共和党州长，休斯通过州立法机关推进改革（其中包括加强对政府公用事业的管理、出台反赛马赌博法和选民直接投票预选法等）。1910年，休斯辞去州长职务，接受威廉·霍华德·塔夫脱总统任命，担任最高法院法官。1916年接受共和党总统提名，辞去最高法院职务，在与伍德罗·威尔逊的总统竞选中以微弱的少数失利。

第一次世界大战期间，休斯担任纽约征兵上诉委员会主席。1918年，威尔逊请他调查在陆军和海军飞机制造方面舞弊行为的指控。在这个时期，休斯常常以辩护律师的身份在他以前的最高法院同行们面前出庭辩护。1921至1925年，他先后在沃伦·G.哈定和卡尔文·柯立芝两位总统执政期间任国务卿。1926年受命任职于海牙常设国际仲裁法院，1928年成为国际法院法官。

1930年，赫伯特·胡佛总统再次任命休斯为最高法院法官，这次任命他为首席法官。在解释富兰克林·D.罗斯福总统的新政措施时，他通常站在法院的自由党一边。休斯于1941年退休，1948年8月27日在马萨诸塞州奥斯特维尔去世。

卡多佐　CARDOZO, Benjamin（1870—1938）

1916年在裁决"麦克弗森诉别克汽车公司"一案时，纽约州上诉法院法官本杰明·卡多佐宣布了一项隐含的质量担保原则,即:某人买了一件产品,发现有缺陷,就有权直接要求生产厂家赔偿,即使零售商如一家商店在将产品售出之前拥有该产品(这是常有的事)。这个裁决后来为美国各地所普遍采用,它只是卡多佐作出的许多富有想象力的、具有深远意义的裁决当中的一个。卡多佐是20世纪最具独创性的和最卓越的法官之一。

本杰明·内森·卡多佐1870年5月24日生于纽约市,是艾伯特·卡多佐之子。艾伯特·卡多佐是纽约州最高法院的法官,政治名声不太好。不过,儿子却从来没有因其父亲的过错而受到影响。1889年卡多佐毕业于哥伦比亚大学,1890年获得硕士学位,之后在哥伦比亚法学院短暂学习了一段时间。1891年开始当律师。在州上诉法院的广泛实践和所写的法律文章使他在律师同行中赢得了好名声。1913年当选为纽约州最高法院法官。此职仅任几个星期,便被任命为上诉法院(州的最高法院)法官。1926—1932年任州上诉法院首席法官。1932年,赫伯特·胡佛总统任命他为美国最高法院大法官。

卡多佐在担任最高法院大法官期间,通常与自由主义思想倾向较强的法官(如路易斯·布兰代斯和哈伦·F.斯通)站在一起,主张面对20世纪30年代社会和经济危机时扩大联邦政府的作用。卡多佐写有几部法律专著,其中包括1921年出版的《司法程序的性质》,此书被认为是经典之作。卡多佐于1938年7月9日在纽约州切斯特港去世。1947年他的论文集出版。

道格拉斯 DOUGLAS, William O. (1898—1980)

威廉·O.道格拉斯任美国最高法院大法官达36年之久,这是有史以来最长的任期。他是著名的公民自由和少数民族权利的维护者,也是一位自然保护主义者,写有关森林保护以及历史、政治和外交关系方面的书。

威廉·奥维尔·道格拉斯1898年10月16日生于明尼苏达州缅因,成长于加利福尼亚和华盛顿。小时候得过脊髓灰质炎,但他没有落下残疾,自觉实施的锻炼计划使他终生热爱户外运动。

1925年,道格拉斯获纽约市哥伦比亚大学法学学位,不久加入华尔街的一家律师事务所,1927年成为哥伦比亚法学院的助教,次年任教于耶鲁大学法学院。此后一直在耶鲁,直到1939年被任命为最高法院法官。

在耶鲁期间,道格拉斯就因与商业部一起研究破产问题而出名。1934年,他受证券交易委员会之托指导了一项有关破产问题的研究,1936年,被任命为证券交易委员会委员,翌年任该委员会主席。

道格拉斯接替路易斯·布兰代斯担任最高法院大法官职务时,人们曾以为他会偏袒企业界,然而不久他就以对《人权法案》中自由的保证作绝对主义的解释而闻名。他反对任何一种形式的检查制度,因此而成为政治保守主义者和宗教原教旨主义者经常攻击的目标。

在厄尔·沃伦任首席大法官而最高法院变得较为开明之前的那些岁月中,道格拉斯常与其他大法官发生意见分歧。20世纪50年代初,道格拉斯批准已被宣判为犯有向苏联传送原子机密罪的朱利叶斯和埃塞尔·罗森堡的死刑缓期执行,因而面临被弹劾或被控犯有渎职罪的危险。20世纪60年代末和70年代初,他批评美国在东南亚的所作所为并第四次结婚,娶了一个比他小45岁的女子,这使反对他的情绪达到高潮,再次面临被弹劾的危险。

道格拉斯于1974年底中风,翌年末告退。1980年1月19日在美国首都华盛顿去世。

奥康纳 O'CONNOR, Sandra Day (1930—)

被任命为美国最高法院大法官的第一位妇女,原为亚利桑那州的律师和法官。桑德拉·戴1930年3月26日生于得克萨斯州埃尔帕索。1952年从斯坦福大学法学院毕业后,与同班同学约翰·杰伊·奥康纳三世结婚,并在亚利桑那州马里维尔开业当律师。1965年,她在政治上迅速崛起,被任命为该州的助理总检察长。1969至1974年任亚利桑那州参议院共和党议员,并成为议会中的多数党领袖——这是美国第一位妇女担任此项职务。

1974年,奥康纳当选为高等法院法官,担任这一职务直到1979年被任命为设在菲尼克斯的亚利桑那州上诉法院法官。当最高法院大法官波特·斯图尔特宣布退休时,人们预期罗纳德·里根总统会让一位妇女来接替他,1981年7月7日,奥康纳的任命正式宣布,她于9月25日宣誓就职。

纳德 NADER, Ralph (1934—)

也许不能将发起20世纪后期维护消费者利益运动的美誉给予拉尔夫·纳德,但是,这场运动从20世纪60年代后期起在世界范围内所聚集的能量在相当程度上与他有关。他的《任何速度都不安全——美国汽车的固有危险》一书(1965年出版)使他一举成名,并导致了汽车安全法的通过。

纳德1934年2月27日生于康涅狄格州温斯特德。1955年毕业于普林斯顿大学,1958年获哈佛大学法学学位。之后,在康涅狄格州哈特福德开业当律师,在那里,他用很多时间研究汽车事故案件,撰写有关汽车安全问题方面的文章。

纳德确信在地方上工作是无法与汽车制造商抗衡的,于是他成了美国劳工部的一名顾问。在劳工部,他致力于研究联邦政府对汽车安全负有的责任。他于1965年出版的那部书使他声названия鹊起。这部书的出版和书中揭露通用汽车公司在监视和骚扰他,导致国会于1966年通过了全国交通和机动车安全法。1969年,通用汽车公司制造的柯瓦尔牌汽车(纳德的主要批评对象)停止生产。

还有一些有关食物包装、放射性危险、DDT杀虫剂的使用、煤矿安全以及其他涉及消费者利益问题的法令的通过,也应归功于纳德的发起。他创立了几个非营利的研究机构,其中包括公民有限公司和法律咨询研究中心。他的其他著作还有:《原子能的威胁》(1979)和《谁在毒害美国?》(1981)。

人类学、民族、民族领袖

人类学 ANTHROPOLOGY

研究人类文化的科学称作人类学。它是一门研究人类社会的起源、发展以及各社会间的差异的学科。"人类学"一词来源于两个希腊文词：anthropos 意为"人"或"人类"；Logos 意为"思想"或"理性"。人类学家的目的就是通过对人类的全部发展过程和全部行为的研究，对文化、社会现象进行全面的描述。

人类学的范围

人类学分为两门主要学科，即体质人类学和文化人类学。虽然其中一个领域的专家们会经常与另一领域的学者切磋、合作，但从根本上讲，它们是各自独立的两门学科。体质人类学通常被归入自然科学中，而文化人类学则被看成是一门社会科学。

体质人类学研究人类的生物特性。为了弄清种族差异、人类起源以及进化过程，体质人类学家们研究化石，观察其他灵长目动物的行为。灵长目是指包括人、猿、猴的一类哺乳动物。

文化人类学主要研究世界上人类社会的发展。它的研究对象是群体行为、宗教起源、风俗与社会习惯、技术的发展和家庭关系。它的一个重要分支是语言学。对人类学家来说，语言学是一个很有价值的工具，因为，通过它人类学家便可以研究一个群体的交流体系，并从中得知他们看待世界的观念。它还能使人类学家收集到他所研究的群体中口头相传的历史。一个社会的诗歌、歌曲、神话、谚语和民间传说共同组成它的口头历史。

另外两门学科，考古学和应用人类学，把体质人类学和文化人类学联系到了一起。在考古挖掘中，考古学家发现了古建筑的遗迹、工具、陶器和其他人工制品。通过这些发现，人们有可能确定古文化存在的时期，并对其加以描述。

应用人类学对体质人类学和文化人类学的研究加以利用，以帮助政府和其他机构制定并实施有关特殊人类群体的政策。例如，它可以帮助不发达国家的政府指导落后民族如何去适应 20 世纪文明中的复杂事物。对于聚集在各自区域内的少数民族群体，政府在制定对他们的社会、教育和经济政策时，也可能用到应用人类学。通常，是由经济学、社会学、历史学和心理学等领域的专家将应用人类学付诸实践。

正是因为人类学的范围如此广大，对人类社会的研究面面俱到，所以，它必须借助其他学科的研究，从而得出自己的结论。这些学科是历史学、地理学、地质学、生物学、解剖学、遗传学、经济学、心理学、社会学，以及前面提到过的语言学和考古学中一些非常专业的研究。

术语问题

在美国和欧洲，用于人类学研究的术语是不一样的。在美国，"人类学"这个名词用来指这整个学科，在欧洲则用"人种学"这个词。（人种学被定义为研究人类的各个种族——他们的起源、特征、差异和分布——的科学。）在美国，被称作"文化人类学"的学科，在欧洲国家也被称作"人种学"。"体质人类学"这个名词则被共同使用着。

在美国，文化人类学分为三个分支：历史人类学（或称人种学）、史前学（或称史前考古学）和语言学（或称语言人类学）。在欧洲则分为以下分支：人种学（在诸如对各种族的历史描述和对各种族的比较这种最严格的意义上）、史前学（史前考古学）和语言学（语言人类学）。

体质人类学

很大程度上，体质人类学的研究着重于探究人类在自然界中的地位；把人类与其他低等灵长目动物相比较；解释种族间的生理差异。因此，体质人类学的研究中使用了比较解剖学、进化论和遗传学。

早期研究

19 世纪前期，学术界对研究人类起源、种族间的生理联系和人作为一种动物的可变性产生了极大的兴趣，现代体质人类学就是在这一时期开始形成的。人类学家们在创建其理论时，构想了一个称作"生物链"的框架。这是一种自然的存在模式，即将所有物种从最低级到最高级按金字塔形排列在一起。这个构想的目的是探明是否低级生物形式可以缓慢发展到低级灵长目动物（猿类和猴类），而最终进化为人。因为早期未能发现最终进化到人这一持续的发展过程，科学家们设想，在低级灵长目动物和人类之间必然有一个"丢失的环节"。

为了对猿类、猴类和人类种族进行区别和分类，人类学家使用了比较解剖学。他们测量大脑体积、颅腔容积、四肢的长度和身高。他们也注意到了肤色和个性特征，并把这些作为给动物和种族正确定位的线索。

19 世纪大多数人类学家的工作受阻是因为许多领域中的无知，包括后来已被地质学、天文学、考古学和生物科学所消除的那一种无知。当时地球的年龄还是未知的。许多人根据当时的宗教教义认为，地球的年龄约为 6 000 年。宗教教义还认为，所有物种都是同时被创造出来的，从而排除了任何从低级形式到高级形式的进化。直到 19 世纪中期，才有了对人类最初起源的最早的考古发现。而那时许多人类学家却忽视了这些发现,或对此持有异议。当1859年查尔斯·达尔文发表其《物种起源》的时候,人类学家在自然科学领域里第一次取得了重大的突破。

进化是由达尔文最早描述的、对试图弄清人类起源的人类学家来说至关重要的一个概念。在人类进化论中起最核心作用的就是自然选择这一论点。这一论点在提出后的很多年都未被理解和接受。达尔文解释说,自然总是选择那些能够更好地适应一个特定地理区域和生存方式的生命形式。而"适应"这一概念即暗示,机体在上百万年里缓慢地演进。它还使对"丢失的环节"的寻找失去了意义,虽然这个理论直到20世纪都还有人认同。这种理论并未把"丢失的环节"看作是进化过程的产物,而是看作一种在自然界中介于类人猿和人类之间的动物。

现代体质人类学

20世纪初,随着遗传规律和ABO血型的发现,人们对体质人类学的看法有了重大转变。实际上是重新发现了遗传学。早在1865年,奥地利的一位僧侣格雷戈尔.J.门德尔就已经系统地提出了遗传的基本法则,并为遗传学的创立打下了基础。但在当时,他的发现几乎无人理会。1900年,又有三位欧洲植物学家得出了同样的结论。在研究这一学科的文献时,他们发现了门德尔在35年前发表的著作。

遗传基因是存在于精子、卵子等生殖细胞内的,从上一代向下一代传递具体遗传特征的单元。在人类学家试图弄清人的种类和种族间的差异时,对遗传特征的研究就极为重要。遗传学也多少对具有进步意义的进化论有所修正,因为,现实表明了遗传返祖现象的可能性——也就是说,返回到在遗传过程中已经消失的特点和性格。

20世纪早期,另一位奥地利的医学家卡尔·兰德施泰纳发现了血型,就是现在所说的O型、A型、B型和AB型。这一发现致使人类学家们去研究种族之间血液的差别。研究中他们注意到,在一些种族及其分支中,某种血型占特殊的比例。因为血型也是遗传决定的,所以,科学家们就能依此来给种族分类,并以此追溯早期的移民格局。

年代测定,对人类学家来说,就像对地质学家和考古学家一样重要。只有用这一方法,他们才能判断事物的年龄——不管是一个岩层、一块像人类的化石,还是一堆陶器。

年代测定有两种:相对的和绝对的。相对年代测定只能推断出事物发生的先后顺序,而无法确定它们发生的确切时间。绝对年代测定的方法则以较高精确度推测事物的年龄。这两种年代测定法中,最早人们使用的是相对年代测定法,绝对年代测定所依赖的高科技是在20世纪才有的。

长期以来,地质学家和考古学家都用相对年代测定法判定地球、化石和人工制品的近似年龄。地质学家研究地壳的不同层次,以确定一层岩石的形成与另一层岩石的形成之间的时间间隔。考古学家同样也利用地层形成的原理来考证人类文化的先后顺序。

另外一种相对年代测定法是含氟量测定法。它利用的是骨化石在土里会吸收土壤中的氟元素的原理,埋的时间越长,化石中的氟元素就越多。但确定氟含量往往不是一个确定相对年代的实用办法,因为它要求从附近地区取得很多样本。

绝对年代测定法试图精确地确定某个岩石、化石或其他物体达到其目前状况所经历的时间。它的基本方法叫作辐射测定法——测定放射性元素的衰变。虽然任何方法都必须有很多助证性测试才能得到确实可靠的结果,但这一方法的准确度的确是很高的。

还有一种被体质人类学家所使用的绝对年代测定法,是氩钾年代测定。通过它可以测知岩石形成的时间,并由此得知在其中发现的化石的年龄。它是通过测量钾元素的放射性同位素钾$_{40}$在稀有气体氩元素中的衰变量来测定岩石年龄的。钾$_{40}$的半衰期是1 265 000 000年,在这段时间里,一半的钾$_{40}$将衰变为钾。氩钾年代测定法可以用来测定很多物体的年龄,上至4 500 000 000年前的陨石,下至只有20 000年年龄的火山岩。像这样的测定技术被用于研究古人类的生存环境和遗留物,已多次将以前估计的人类历史向更早推进。20世纪80年代初期,人们认为人类至少有三百万年历史。这一论断就是对在埃塞俄比亚、肯尼亚、坦桑尼亚东非大裂谷发现的化石进行测定得出的。

文化人类学

文化人类学家关注的是复杂、多样的人类社会的起源及发展。文化人类学试图建立一种能够解释人类文化各个方面的起源的理论。每一种文化都有其独特的面貌,但同时又与其他文化有许多相似之处。

自19世纪以来,文化人类学界就产生了一些不同的思想派别,有些派别之间存在着尖锐的矛盾,其中有进化论、历史单一论、传播论、功能主义、结构主义和新进化论。

进化论

生物进化理论是1859年查尔斯·达尔文在《物种起源》中第一次正式提出的。这个理论认为,人是一种动物,有许多其他社会性动物也具有的本能和需求。达尔文提出,在他所称作"自然选择"的过程中,只有适者才能生存;所以,成功的物种是那些适应变化的环境及条件的物种。

19世纪的人类学家把这些理论运用到文化研究当中。他们相信,所有人类社会的发展都遵循着一种普遍存在的前后顺序,所有的人都有同样的思维过程和基本大脑结构。例如在1855年,社会学家赫伯特·斯宾塞宣称,所有人类社会的发展都是从简单到复杂。根据美国人刘易斯·H.摩根的理论,所有的社会都必经三个发展阶段,即原始时代、野蛮时代和文明时代。他相信,这其中每一个阶段都有其特定的技术发展为特征。

19世纪还有一种将进化论运用于社会发展的研究方法,这种方法主要研究宗教思想的发展阶段。英国人类学家爱德华·泰勒爵士认为,宗教思想的发展经过以下阶段:泛灵论阶段,即对灵魂或精神的信仰;多神论阶段,即相信多神的存在;然后是一神论阶段,即相信只有一个上帝。泰勒还认为,在文化发展过程中有些群体可以通过学习其他文化而跨越某些发展阶段。

卡尔·马克思和弗里德里希·恩格斯提出了另一种文化进化论。这种理论依据生产和提供服务的方式来界定一个社会,并提出了包括不可避免的社会矛盾在内的社会发展顺序(见:**马克思**)。

文化进化论者对现代文化中那些似乎是从以前延续下来的方面进行分析。他们发展了一系列对人类学研究很有价值的论点,包括文化本身的概念、不同文化的比较方法,以及社会组织研究的概念。

人类学领域的两部重要著作是詹姆斯·弗雷泽的《金枝》(1890)和欧内斯特·克劳利的《神秘的玫瑰》(1902)。这两本书中有对原始社会和传统社会所作的大量考察研究,以论证和支持进化论者的理论。两本书都堪称是风俗习惯、宗教礼仪、魔法巫术和许多新奇材料的百科全书式的汇集。进化论者们由此发现了似乎是每一个人类社会发展的必经过程:从巫术到宗教再到科学的思想发展。

历史单一论

20世纪初,英国、德国和美国的人类学家对所有社会的发展规律基本相同这一理论提出了质疑。他们指出,每种文化都是独特的,因为它们各自有不同的地理环境、历史、创造力,与邻近社会接触的程度也不同。

最早否定进化论的人中有一位是生在德国的美国人类学家弗朗兹·博厄斯。他强调田野工作和观察的重要性。田野工作就是通过收集数据、事实材料来获得关于某个群体行为的信息,并记录这个群体在自然环境中的值得注意的行为。

博厄斯认为,一种文化的各个方面都应记录下来;研究一种土著文化的人类学家不仅要学会他们的语言,而且应该努力像他们那样去思考。他还强调搜集那种描绘处在一种特定文化中的个人以及他们之间相互关系的信息的重要性。收集这类信息的方法是,记录个人经历和民间传说,然后把这些细节与考古材料和历史材料相联系。博厄斯还相信,不同文化间的相似点是由于相似的外部影响的结果,而不是思维过程的相似性或者社会发展的普遍规律所导致的。他强调对文化的分析要在其具体的历史背景中进行。

博厄斯是人类学中文化历史学派的创始人。这个学派的观点在20世纪的大部分时间里一直统治着美国的文化人类学研究。追随博厄斯理论的人类学家有鲁斯·本尼迪克特、艾尔弗来德·L.克罗伯、玛格丽特·米德以及爱德华·萨丕尔。(参见:**博厄斯**;**米德**)

传播论

一些奥地利和德国的人类学家在弗里茨·格雷布纳和威廉·施密特的领导下,否定了19世纪的进化论,转而相信少数几种核心文化影响了所有后来出现的社会。他们相信这种"扩散"或者"传播"就是人类发展的基本推动力。传播论者相信,可以通过分析一个社会的文化活动和各方面特性来判断其文明来源于何种核心文化。因为传播论者将最早的古文明称作"文化群",所以他们也被称作人类学中的"文化群学派"。

以格拉夫顿·埃里奥特·史密斯和威廉·J.佩里为首的一些英国传播论者则认为,只有一个文明决定了所有文化的发展。他们认为这个符合他们理论的文化就是古埃及文化,而灌溉术、君主统治和航海术等观念则被寻找珍宝的航海者从尼罗河边的古文明之地传播出去,传遍了世界。这一理论叫作"曼彻斯特学派"或"日心学派"。用太阳作比喻,则表示所有文化都是从一个源头辐射出来的。

虽然在20世纪早期的欧洲,用传播论的方法研究人类学曾成为主流,但后来的学者们认为,传播论是一种不正确的观点。他们说,传播论完全忽视了文化中重要的地理差异和心理差异。

功能主义

第一次世界大战后出现了一个在文化研究中否定历史研究法的学派。这个理论的带头人是出生于波兰的英国人类学家布罗尼斯瓦夫·马利诺夫斯基。他认为,要理解一种文化,必须先理解它的完整性、它的各个部分之间的相互联系,就好像文化是一架机器,而个人则是使这架机器运作的齿轮和齿牙。文化要从时间上的某一点去阐释。组成文化的各要素的新老无关紧要,重要的是在任何一个特定时期里各种文化特征运行的功能。在对家庭、亲属关系、迁移仪式和政治组织的分析上,功能主义对人类学领域作出了有价值的贡献。

与功能主义紧密相关的另一理论是由美国人类学家鲁斯·本尼迪克特在20世纪30年代提出的(见:**本尼迪克特**)。她认为,经过长期发展,每种文化都赋予其成员一种独特的对待现实的态度,而这种态度就决定了成员们如何看待和处理来自环境的信息。她还认为,研究这类精神的或心理的定势也是必要的,我们由此可以认识到它在一个特定的社会中是如何起作用的。

结构主义

20世纪另一个具有影响力的学派是结构主义。它在很多方面与功能主义相似。它早期的主要支持者有英国人类学家A.R.拉德克利夫-布朗和生于比利时的法国人类学家克洛德·列维-斯特劳斯。他们宣称,在对一个社会的所有方面进行过思考后,就可以对它的结构进行清晰的描述,或者说得到一种模式——社会成员本身对这种模式并未完全意识到。

拉德克利夫-布朗宣称,一个社会的所有方面都按照一定的秩序存在着,以此维持社会的结构。列维-斯特劳斯则相信,文化就像语言一样有其结构,也一样能被分析。如果人类学家所构筑的模式能够解释某个社会所能观察到的一切事实,那么,这一模式就是正确的。而结构主义研究中的难题之一就是,它将社会结构视作一种静止的状态,很难将历史性的变化考虑在内。

新进化论

第二次世界大战以后,学术界对进化论有了新的兴趣。美国人类学家朱利安·斯图尔德认为,不同文化的发展历史中有着明显相似的发展阶段。他的理论称作"多线进化"或"具体进化";这一理论认为,这些相似点是在相当独立的情况下发展起来的。把一组文化的变化顺序加以比较,就能得出它们共同的变化模式。

另一位美国人莱斯利·怀特（1900—1975），则把文化看作是一个不可避免的自然过程，它产生于人类不断提高的控制能量和有效地使用能量的能力。所以，一种文化的社会和心理状况都取决于社会的技术水平。从斯图尔德和怀特的研究中产生了"文化生态学"这个词。这一学派认为，由于文化总是要反映对环境的有效利用的，所以，相似的环境不可避免地要产生出相似的文化。

历史

至少是从希腊早期开始，对人类的研究就成为知识探索的一个领域，一个调查和思辨的课题。像柏拉图和亚里士多德这样的哲学家们都思考过人类存在的意义以及人类在自然和宇宙中的位置。另一方面，希罗多德则是一个调查研究者。在西方社会，他被认为是第一个历史学家和第一个民族学家。

公元前5世纪，他周游了当时世界上已知的大部分地区。他去过利比亚、埃及、叙利亚、美索不达米亚、小亚细亚、色雷斯、马其顿、西徐亚，还向东到达现在的乌克兰和俄罗斯。行程中他所作的观察都写进了他的《历史》一书。在对波斯战争和与希腊城邦国家有关的事件的描述中，他还记述了他在旅途中所访问的那些民族的风俗、社会习惯、宗教和政治体制。

还有其他人类学的先驱。公元前1世纪，罗马哲学家卢克莱修在《物性论》中探讨了宗教、艺术、语言、劳动分工的起源以及两性的差异。公元98年，罗马历史学家塔西佗写了《日耳曼人》，这是一本研究罗马帝国北部的日耳曼部落的人类学著作。

中世纪，欧洲人的意识形态中基督教教义占统治地位。人们认为，人类并不是独立存在的，而是上帝的创造物；上帝的完美行为反映宗教的价值观。文艺复兴时期，人们的思想发生了变化。诗人、画家和学者们对希腊和罗马的古典作品重新产生了兴趣，他们再次发现了以人本主义的态度研究人类的观念。

"人类学"这个名词是在16世纪被德国大学里的哲学教师创造出来并开始使用的。人类学被看作是对人这一肉体和精神的存在所进行的系统研究。从16世纪到19世纪初，人类学研究一直局限在哲学范畴内。这一时期出现了许多思考人类本质的作者，其中有：法国米歇尔·德·蒙田、让·博丹、勒内·笛卡尔和布莱兹·帕斯卡；荷兰哲学家巴吕赫·斯宾诺莎；英国哲学家约翰·洛克和大卫·休谟；德国哲学家康德。（参见：博丹；笛卡尔；休谟；康德；洛克；斯宾诺莎）

随着法国博物学家乔治·布丰的作品问世，人类学研究开始从哲学中分离出来。他的《自然史》于1749年到1804年间发表，全书共有44卷，他用两卷的篇幅来描述人这一物种。从那时起，人类学的研究方法继续朝着多样化的方向发展。学者们还一直从其他科学的研究成果中获取有用的资料。

在德国学者约翰·F.布卢门巴赫的影响下，体质人类学发展成为一门独立的学科。他是第一个把人类按种族划分的学者。到19世纪中叶，地质学家和考古学家们对地球的年龄以及人类社会的研究已经取得了很大进展，人类学家第一次看到了追溯远古的人类起源的可能性。

一些著名的人类学家

某些重要人物未在下面列出，因为他们已在本条目的正文或在《康普顿百科全书》的其他条目中被论及。

布卢门巴赫，约翰·弗里德里希（1752—1840） 体质人类学创始人。1752年5月11日生于德国哥达。格丁根大学医学教授。第一位在人类历史研究中使用比较解剖学方法的学者。他将人类分为五个种族。于1840年1月22日去世。

约翰逊，唐纳德·C.（1943— ） 美国著名人类学家。1943年6月24日出生于芝加哥。任克利夫兰自然历史博物馆的体质人类学主管。20世纪70年代在埃塞俄比亚发现了表明人类开始用双足行走的最古老化石。

克罗伯，艾尔弗雷德·路易斯（1876—1960） 20世纪前50年美国主要人类学家之一。1876年6月11日生于新泽西州的霍博肯，在哥伦比亚大学师从于弗朗兹·博厄斯，并于1901年获博士学位。第一批人类学通俗课本之一（1923）的作者。他的研究主要以加利福尼亚的印第安人为对象。1960年10月5日在巴黎去世。

莫斯，马塞尔（1872—1950） 法国人类学家、社会学家。1872年5月10日生于埃皮纳勒。社会学先驱埃米尔·涂尔干的侄子和学生。巴黎高等实验学校原始宗教教授。对人种史研究领域有重大影响。1950年2月10日在巴黎去世。

摩根，刘易斯·亨利（1818—1881） 美国人类学家，血缘系统研究领域先驱。1818年11月21日出生于纽约奥洛拉附近。他的主要著作《人类家庭的血缘和姻亲系统》（1871）开创了对血缘关系的科学研究。1881年12月17日在纽约切斯特去世。

拉德克利夫-布朗，阿尔弗雷德·雷金纳德（1881—1955） 英国社会人类学家。1881年1月17日生于伯明翰。就读于剑桥大学三一学院。曾到安达曼群岛和西澳大利亚进行实地考察，并曾在悉尼大学、芝加哥大学和牛津大学任教。他的主要贡献是将简单社会的社会结构系统化。1955年10月24日在伦敦去世。

萨丕尔，爱德华（1884—1939） 美国语言学家和人类学家。1884年1月26日出生于波美拉尼亚（现位于波兰境内）的劳恩堡。就读于哥伦比亚大学，师从于弗朗兹·博厄斯并获博士学位。曾在芝加哥大学和耶鲁大学任教。他最重要的贡献是在对美国印第安语言的研究方面。1939年2月4日在康涅狄格州的纽黑文去世。

泰勒，爱德华·伯内特（1832—1917） 因开创了文化科学研究而负有盛名的英国人类学家。1832年10月2日生于伦敦。他从对原始社会的研究中，得出了史前文化与有史以来技术先进的文化存在进化发展关系的理论。他的主要著作是《原始文化》（1871）。1917年1月2日在萨默塞特郡的惠灵顿去世。

民族学　ETHNOLOGY　见:人类学

土著　ABORIGINE

从史前时期到现在,曾发生过很多次人类大迁移。然而,在少数几个较隔绝的地方,某些部落和种族群体生活了几千几万年却没有迁移过。这样的人就是土著。"土著"一词来源于拉丁文短语"aborigine",意为"从最早开始"。土著居民生活在远离其他文化的地区,只是在外来者闯入他们的领地时,他们的存在才为世人所知。

20世纪的一些人类学家提出了这样的疑问:是否土著就一直生活在现在我们发现他们的地方?有可能一些土著确实迁移过,只是那些迁移离现在已经非常遥远而无从考证罢了。例如,美洲的印第安人,人们通常认为他们的祖先是在几千年前通过西伯利亚和阿拉斯加之间的白令海峡来到西半球的(见:**美洲印第安人**)。

到20世纪,世界上土著文化还未被外人蚕食的地区已经很少了。在南美洲和新几内亚岛上,还存在石器时代文化。生活在马来西亚和菲宾宾的类似俾格米人的黑人,居住在多山的内地,还保存着他们未受过许多干扰的原始生活方式。

在日本北部大岛北海道,生活着一支叫作阿伊努的人类。他们的生理特征与周围的蒙古人种截然不同。几百年来,经过文化的同化和通婚,几乎失掉了他们显著的特征。现在,他们在外表上类似日本人,也使用日语。

因为称谓的缘故,澳大利亚土著或许是土著人群中最广为人知的。约二百年前第一批欧洲人移民到此的时候,土著占据着全部澳大利亚本土和塔斯马尼亚岛。估计,18世纪时他们至少共有30万人,其中包括500多个部落。到20世纪80年代,大约还有23万土著。

多数人类学家和考古学家认为,这些土著是在约4万年前移民到澳大利亚和塔斯马尼亚的。他们也许是来自亚洲大陆的东南部,通过现已浸没的连接大陆与新几内亚的大陆架来到澳大利亚的。自从欧洲移民来到澳大利亚,土著的传统生活方式受到不利的影响。

种与族　RACE AND ETHNICITY

人类学,亦即对人类的研究,有两个基本的分支。体质人类学用涉及测量和观察的各种方法——例如,通过考古工作,或通过考察人类体质特征的差异——来研究人类的进化和变异。文化人类学则关心人类生活的诸社会方面,比如语言、行为和信仰。两个领域都试图对人类进行分类,以便进一步了解人类。体质人类学根据种对人类进行分类,而文化人类学家则根据族把人类分成更小的群体。"族"一词来源于希腊文词"*ethnos*",意为"民族"。一般来说,每个种群中都有若干个族群。

无论是种的区分还是族的区分,都涉及人类内部相对说来较小的差异。从生物学角度来看,所有的人都属于同一物种(人类)。很有可能在远古时期,人类起源于一个狭小的地区。经过漫长的岁月,最早的人类利用陆桥、气候变化和其他地质事件,迁移到地球各个地方;随着陆地的飘移和气候的变化,世界各地的人们逐渐被隔绝开来。自然选择的过程逐渐促使每个群体产生了与其特殊的地理位置相适应的特征。人类学就是利用各种方法来研究种的起源和阐明发生变异的进化过程。(参见:**人类学**)

种

人类学家已能将人类从历史和地理的角度分为9个种,这些种正好与大陆块和大列岛相对应。这些地理区划是:美洲印第安人、波利尼西亚人、密克罗尼西亚人、美拉尼西亚人、澳大利亚人(土著居民)、亚洲人、印度人(南亚)、欧洲人和非洲人。这些区划的每一个都标志着一个人口群体,他们在与其他种相对隔绝的环境中生存和发展。

人类学家认为,第一个人种是在更新世(约40000—11000年前)晚期在欧亚大陆和非洲大陆开始进化的。那时,欧亚大陆的大部分地区天气寒冷,不适合人类居住。但在适于居住的地方产生了5个不同的种群:刚果人种、开普人种、高加索人种、蒙古人种和澳大利亚人种。

刚果人种群占据了在非洲撒哈拉以南地区。开普人种生活在非洲南部。高加索人种则很繁盛,从欧洲大西洋海岸到北非,再向东到印度次大陆,都有分布。蒙古人种群占据了现在中国和东南亚的大部分地区。澳大利亚人种则居住在他们南边靠近海岸的大岛屿上。

在大约30000到10000年前的威斯康星冰川时期,冰盖所吸收的地球之水足以使大洋洋面比现在低了90米。陆桥出现了,人们可以通过陆桥从亚洲来到北美,还可以到达现在的澳大利亚和其他一些岛屿。后来,这5个种群分成被称之为"小种"的更小群体。而9个大种的区分则是这些人口迁移的结果。

一些遗传特征也被用以区分种群,其中包括牙齿的大小和形状、血型、骨骼密度、头骨和脸的形状和大小、体毛的分布和类型、男子秃顶类型的倾向、汗腺的差异、皮肤色素沉着、眼睑的形状、指纹和掌纹的不同和对一些疾病的敏感性。种群之间的这些区别并不是绝对的,因此,划分种群比较困难。很多关于遗传特性的可靠信息来自于对血型特征的研究和对尿液的生化分析。在确定不同群体间的关系时,遗传学是很有用的。

从地域上可以划分为7个种群:欧洲、北美和西亚的高加索人种;非洲的刚果人和开普人种;澳大利亚人种;大洋洲各人种(美拉尼西亚人,密克罗尼西亚人和波利尼西亚人);东亚的蒙古人种;印度次大陆的居民;西半球的印第安人。这一分类并未把公元1500年后包括美国殖民运动在内的多次人类大迁移算在内。

明显的种的特征大量存在于与其他民族隔绝时间很久的人类群体中。这一点在欧亚大陆并不明显,但在西半球、澳大利亚和大洋洲则是千真万确的。

高加索人种内部也有很大的差别。这一群体中包括所有欧洲人和包括土耳其人、库尔德人、亚美尼亚人、阿拉伯人、伊朗人和其他人种在内的西亚人。高加索人种从欧洲和中东进入非洲。他们还包括柏柏尔人、贝督因人和一些游牧阿拉伯人。

美国的黑奴制度

尽管是不情愿的而且一般说来是没有得到回报的,黑奴对打下美国的经济基础——尤其是南方——起到了主要作用。同时黑人也在南方的语言、民间传说、音乐、舞蹈、食品的发展中起到了主导作用。他们将非洲家园的文化特色与欧洲文化融合在一起。17、18世纪,黑人主要在南方沿海种植园里生产烟草、稻米和靛青。最后,奴隶制在南方规模宏大的棉花与蔗糖种植园中扎下了根。尽管北方商人在奴隶贸易上大发其财,并在南方种植园投资,但奴隶制在北方并不盛行。

克里斯珀斯·阿塔克斯是为美国独立而献身的第一位烈士。他曾是一名奴隶,死于1770年波士顿大屠杀。在独立战争期间,大约5000名黑人士兵和水手为美国而战。独立战争后,一些黑奴,特别是黑人士兵被解放了,北方也废除了奴隶制。但是随着1788年美国宪法的被批准,奴隶制在南方比以往更牢固了。宪法规定:在税收和议会代表中,一个黑人只相当于一个普通人的3/5;非洲的奴隶贸易延长20年;逃亡奴隶应归还其主人。

非洲的奴隶买卖于1808年正式结束,这促进了美国国内奴隶贸易的发展,尤其是向南方内地新垦棉区提供劳动力。奴隶的数量开始越来越多地得到奴隶的繁衍这种做法的补充;人们往往说服黑人妇女从13岁就开始怀孕,并尽可能多生孩子。

被视为"奴隶法典"的美国有关法律规定:奴隶主对奴隶有绝对控制权,奴隶对奴隶主则要绝对屈服。奴隶是一项动产——一件财产和一种可以像牲畜一样买卖的劳动力。奴隶不允许有固定的家庭生活和丝毫隐私。在法律上,他们被剥夺了学习读书和写字的权利。驯服的奴隶可以从主人那里得到喜爱的表示,反抗的奴隶则会受到严厉的惩罚。种植园中的等级制度也有助于将他们区别开来。最上层的是家仆,其次是有技能的工匠,最下层的是大量的田间劳工,他们承担着艰苦的种植园生活的主要压力。

由于这种严密的控制,奴隶们的叛乱很难成功。他们的密谋经常被泄露。1739年,由斯托诺的凯托(S.C.)领导的叛乱杀死了30个白人。1741年纽约的奴隶叛乱导致了重大的财产损失。有些奴隶叛乱,如1800年里士满的加布里埃尔·普罗泽叛乱、1822年查尔斯顿的登马克·维齐叛乱等,都经过精心的策划。也许最令白人奴隶主惊恐的是由纳特·特纳领导的叛乱(1831年,在弗吉尼亚州的南安普敦)。在特纳及其同伙被抓获之前,他们已杀死了大约60名白人。

奴隶的个人反抗还采取如下的形式:母亲杀死刚出生的孩子,以防止他们成为奴隶;给奴隶主下毒;破坏工具和作物;纵火;装病和逃跑。黑人和白人废奴主义者建立了一个被称作"地下铁道"的、由秘密路线和躲藏处组成的网络,他们引领成千上万逃亡的奴隶到达美国北部或加拿大而使其获得自由。从事地下铁道工作的最伟大的一位英雄是哈丽雅特·塔布曼。她曾是一名奴隶,多次深入南方,帮助数百名奴隶逃离南方而奔向自由。

自由黑人和废奴主义

奴隶制期间,自由黑人约占全部黑人的十分之一。1860年大约有50万自由黑人,其中一半在北方,一半在南方。自由黑人最初来自于契约奴及其子孙。后来又加入一些从印度群岛移民来的黑人和被某些奴隶主释放的黑人。

但是,自由黑人只是在名义上是自由的。在南方——他们对奴隶制形成一种威胁——他们在法律上和习俗上受到许多对奴隶实行的限制。在北方,尽管自由黑人有了一些受教育的机会,并且有权结社,他们在选举、财产所有权和自由行动等方面仍然受到歧视。自由黑人还面临遭绑架和受奴役的危险。

最早的美国黑人领袖出自北方的自由黑人,尤其是宾夕法尼亚州的费城、马萨诸塞州的波士顿和纽约的自由黑人。北方的自由黑人建立了他们自己的机构——教会、学校和互助会。由费城的理查德·艾伦主教领导的非洲卫理圣公教会(A.M.E)是这些早期组织之一,其他杰出的自由黑人还有天文学家和数学家本杰明·班纳克。

最早的废奴主义者中就有自由黑人。其中有1827年创办美国第一份黑人报纸《自由日报》的约翰·B.拉斯沃姆和塞缪尔·E.科尼什。在黑人帮助下,由白人废奴主义者威廉·劳埃德·加里森创办于1831年的《解放者》得以发刊并生存下去。最著名的黑人报刊或许要数弗雷德里克·道格拉斯创办于1847年的《北极星》,道格拉斯曾是一名奴隶,他认为反对奴隶制运动必须由黑人来领导。

从1830年开始,黑人领袖们定期召开全国和全州性的会议。但是,他们在反对奴隶制和反歧视斗争的战略上存在分歧。一些人,像戴维·沃克和亨利·海兰·加尼特,呼吁奴隶们起来反抗,推翻奴隶主;而另一些人,像拉斯沃姆和保罗·卡夫,则建议在非洲建立一个大型的现代黑人国家。在白人美洲殖民社团的支持下,1822年美国黑人在西非建立了利比里亚。这些想法预示了半个世纪后由非洲卫理圣公教会亨利·M.特纳主教领导的泛非国家主义的发展。然而,当时以及以后的大多数黑人领袖都把自己看作是美国人,并认为他们的种族问题可以通过在国内的不断斗争来解决。

南北战争时期

自1787年西北法令禁止奴隶制进入今天的中西部地区以来,是否将奴隶制扩展到新领土上已成为全国政治辩论的主题。1820年密苏里妥协案开始了同时接收相同数量的蓄奴州和自由州进入联邦的政策。但是,1850年妥协案、1854年堪萨斯-内布拉斯加法案和1857年最高法院对德雷德·斯科特一案的判决,使奴隶制发展到美国所有的准州。

至19世纪50年代末期,北方担心国家为蓄奴利益集团所完全控制,而南方白人则认为北方执意要破坏他们的生活方式。北方对1850年联邦逃亡奴隶法的抵制曾经激怒了南方白人。而1859年由白人废奴主义者约翰·布朗领导的在弗吉尼亚州华盛顿袭击哈珀斯·费里的行为则更使南方震惊。自1860年亚伯拉罕·林肯以新共和党的反对奴隶制的纲领当选总统后，南部诸州退出联邦，组成"南部邦联"。

最终解放了全国奴隶的南北战争开始于 1861 年。但林肯总统最初的目的是维护联邦，而不是废除奴隶制。林肯赞成逐步解放的措施，由联邦政府向奴隶主补偿其"财产"损失。但是，1862 年 9 月他发布了《解放宣言》，宣称所有叛乱州的奴隶自 1863 年 1 月 1 日起获得自由。这样，南北战争事实上成了结束奴隶制的战争。

诸如作家威廉·韦尔斯·布朗，医生马丁·R. 德拉尼和道格拉斯等黑人领袖积极鼓励黑人加入联邦军。道格拉斯在《北极星》上宣称："要想自由，就要去战斗。"到南北战争末期，在联邦军服役的黑人逾 18.6 万。尽管在报酬、给养、装备、任务上受到歧视，并且还要面对邦联军的无情敌视，他们始终英勇地履行职责。黑奴作为劳力为南方邦联服务，但成千上万的奴隶扔下工具，逃到联邦这边来。

重建时期及以后

由于南北战争中联邦的胜利及宪法第十三条修正案(1865)的被批准，将近 400 万黑奴获得解放。第十四条修正案(1868)将黑人视为公民，第十五条修正案(1870)给予了他们选举权。然而，重建时期是个令黑人失望灰心的时期，这些宪法新条款经常被忽视，尤其是在南方。

南北战争后，这些自由黑人主要依靠贫乏的自身资源。没有土地，没有家园，他们四处奔波寻找工作。他们普遍缺乏必要的食物、衣服和住所。南方诸州制定了类似奴隶制时代的法律。这些法律限制这群从前的奴隶的行动，以极低的工资迫使他们成为种植园劳力，而且往往是为他们以前的主人工作。

1865 年，由议会设立的联邦自由民事务局通过提供食品、工作和住所来帮助这些先前的奴隶。事务局创办一些医院、学校，其中包括菲斯克大学、汉普顿学院等高等学府。北方的慈善机构，如美国传教士协会，也帮助过这些获得释放的奴隶。

在重建时期，黑人第一次在南方行使政治权力。他们的领袖大多是在北方或国外受过教育的教士、律师和教师，其中最有能力的当推南卡罗来纳州的罗伯特·B. 埃利奥特和密西西比州的约翰·R. 林奇。两人都是所在州的众议院议长、美国国会议员。平克尼·B. S. 平奇巴克当选为路易斯安那州副州长，并短暂地担任过代理州长。乔纳森·吉布斯担任过佛罗里达州州府秘书和教育主管。从 1869 年至 1901 年，有 20 名黑人众议员，2 名黑人参议员，即密西西比州的海勒姆·R. 雷维尔斯和布兰奇·K. 布鲁斯，进入美国国会。

但是，黑人的政治权力是短命的。北方政治家逐渐与南方白人和解。到 1872 年，事实上所有邦联官员都被赦免，并且拥有选举权和担任公职。由于经济压力和暴力反对黑人团体的恐怖行为(如三 K 党)，大多数黑人被排除在选举活动以外。1877 年最后一批联邦军队撤离南方，南方白人又控制了一切。黑人的权利被新的州宪法条款(密西西比州实施于 1890 年，南卡罗来纳州和路易斯安那州实施于 1895 年)所剥夺。只有少数南方黑人当选官员被保留。从 1901 年北卡罗来纳州乔治·H. 怀特去任以后三十年中，美国国会没有一个黑人任职。

伴随着"白人优越"在南方的重新确立，强制性的种族隔离亦在不断增长。1870 年从田纳西州开始，所有南部诸州都重新颁布法令，禁止种族间通婚。他们还通过吉姆·克劳法，正式将黑人在所有的公共场合同白人隔离开。到 1885 年，大部分南方州都已正式隔离它们的公立学校。

在重建后的年代里，黑人在南方城市日益增长的工业就业机会中只获得很小的一部分，而南方乡村中拥有自己农场的黑人则更少，大多数仍处于穷困的佃农地位，负债累累。大量北方城市的黑人状况并未改善。他们所寻求的职业被给予了白种欧洲移民，为求得改善，许多黑人向西移民。

在重建时期及以后，城市里的黑人组织了历史、文学和音乐社团。黑人文学成就包括 T. 托马斯·福琼和乔治·华盛顿·威廉斯的历史著作。《弗雷德里克·道格拉斯的生平与时代》(1881)成为自传体作品的经典。由于诸如菲斯克·朱比利演唱团的流行，黑人对美国大众文化也开始产生重大的影响。

布克·T. 华盛顿时代

布克·T. 华盛顿曾是一名奴隶，从 1895 年至 1915 年逝世，他是全国最重要的黑人领袖。他将亚拉巴马州的塔斯基吉学院建成对黑人青年进行工业培训的主要中心。1895 年，在亚特兰大的一次讲演中，华盛顿呼吁白人与黑人相互接触、了解。他敦促白人雇用广大的黑人劳力。他呼吁黑人不要热衷于争取政治与社会权力，而应努力改善自己的经济状况。华盛顿认为，黑人过分强调了文科教育；要谋生，就要接受手工艺和经营方面的培训。为促进黑人商业的发展，华盛顿于 1900 年组织了全国黑人商业联合会。但是，由于黑人商人缺乏资金，再加上白人强有力的竞争，他们的处境十分艰难。

华盛顿很成功地获得了有影响力的白人的支持。他成为美国历史上最有权威的黑人。但是，他的职业培训计划并未适应工业不断变化的需要，此外，现实中严酷的歧视也使得塔斯基吉学院的大多数毕业生都不能运用自己的技能。事实证明，华盛顿领导的时期是美国黑人屡遭挫折的时期。更多的黑人丧失了选举权。隔离制度更加巩固，反黑人暴力事件大大增加。从 1900 年到 1914 年，私刑不下 1000 起。反黑人暴乱在南北方猖獗一时，最骇人听闻的暴乱发生在得克萨斯州的布朗斯维尔(1906)、亚特兰大(1906)和伊利诺伊州的斯普林菲尔德(1908)。

与此同时，出现了反对华盛顿的黑人领袖。历史和社会学家 W. E. B. 杜波伊斯在《黑人的灵魂》(1903)中批评华盛顿的迁就主义哲学。其他还有威廉·门罗·特罗特，《波士顿卫报》的激进派编缉；反私刑斗士艾达·韦尔斯-巴尼特，新闻工作者。他们坚持认为，黑人应争取到全部的公民权，而文科教育对黑人领袖的成长是十分必要的。1905 年，在安大略省尼亚加拉瀑布城召开的一次会议上，杜波伊斯同其他观点与他一致的黑人领袖创立了尼亚加拉运动。尼亚加拉运动成员与自由激进的白人联合，于 1909 年组成全国有色人种促进协会（NAACP）。由杜波伊斯主编的进协会期刊《危机》成为宣传黑人权利的有效工具。1915年,该会打赢了一场重要官司,美国最高法院废除了南方的一项剥夺黑人公民权的宪法条款——"祖父条款"。

黑人在学术和文学上的贡献在继续增长。美国黑人学院促进了历史学术发展,其中的带头人有杜波伊斯和神学家亚历山大·克拉梅尔和弗朗西斯·格里姆凯。查尔斯·W.切斯纳特的短篇小说受到广泛赞誉。保罗·劳伦斯·邓巴以抒情诗闻名。华盛顿的自传《出身奴隶》(1901)获得国际声誉。

黑人向北移民;第一次世界大战

当1865年废除奴隶制时,黑人绝大多数都是农村人口。在此后的年代里,主要是在南方,黑人缓慢但持续地向城市移民。向北方移民的数量相对较少,到1900年,将近800万黑人(这个数字占美国黑人总数90%左右)仍旧生活在南方。但是,1910年到1920年间,水灾和虫害(主要是棉铃象甲),导致了作物减产,这更加重了南方农业严峻的经济萧条。为了向当时正卷入第一次世界大战的欧洲提供工业产品,北方出现了成千上万个新的就业机会,1915年至1916年间有大批贫困的黑人涌向北方。从1910年到1920年,估计有50万黑人离开南方。

美国非裔美国人人口（以千为单位）

年	自由黑人	奴隶	总数	在全国人口中的比例
1790	60	697	757	19.3%
1800	108	894	1002	18.9
1810	186	1192	1378	19.0
1820	234	1538	1772	18.4
1830	320	2009	2329	18.1
1840	386	2488	2874	16.8
1850	434	3205	3639	15.7
1860	488	3954	4442	14.1
1870			5392	13.5
1880			6581	13.1
1890			7489	11.0
1900			8834	11.6
1910			9827	10.7
1920			10463	9.9
1930			11891	9.7
1940			12865	9.7
1950			15042	9.9
1960			18871	10.5
1970			22580	11.1
1980			26488	11.7
1990			29986	12.1

资料来源:美国商务部统计局

逃离南方的黑人不久就发现,他们并没有逃脱被隔离和被歧视的处境。他们主要居住在拥挤、破败的住房里,大都从事低报酬和卑下的工作。那里也有反黑人暴乱,例如

1917年在伊利诺伊州东圣路易斯发生的一起暴乱。然而在北方城市里,提供给黑人在经济和受教育方面的机会要比他们在南方农村多得多。另外,他们还得到各类组织的援助,例如创立于1910年的全国城市联盟的援助。

一些黑人反对卷入第一次世界大战。黑人社会党人A.菲利普·伦道夫和钱德勒·欧文认为,在国内为民主而战应优先于在国外为民主而战。但是,美国于1917年4月参加第一次世界大战时大多数黑人表示支持。战争期间,现役黑人军官约有1400名。大约有20万名黑人(尽管大多数被限制在劳务营和后勤团服役)在海外服役。

贾维运动;哈勒姆文艺复兴

第一次世界大战结束后,黑人的理想破灭了。他们在战争期间得到的工作在战后的经济衰退中几乎都成了泡影,在这次经济衰退中黑人首当其冲,受打击最重。战争期间重新兴起的三K党又掀起了新的反黑人恐怖活动。日益加剧的职业与住房竞争常常导致种族性的流血事件,如在1919年"红色夏季"波及全国的暴乱。

面对这些困难,20世纪20年代一个"新的黑人"产生了——这个美国城市的值得夸耀和创造性的产物。黑人的种族自豪感受马库斯·贾维民族主义理论的激发而逐渐发展起来。贾维出生于牙买加,1914年创立了全球黑人促进协会,1917年来到美国,在纽约哈勒姆区建立起协会支部。到1919年,该协会成为美国历史上最大的黑人群众运动,成员达几十万。

贾维运动的特征是华丽的展示和呼吁重现非洲黑人的传统,其目标是通过美国黑人革命先锋队的返回来建立一个独立的非洲。黑人中产阶级不满于贾维的浮夸及他对黑人中产阶级领导地位的轻蔑,因此,贾维对黑人中产阶级的吸引力远不及他对贫穷黑人的吸引力。杜波伊斯是贾维最尖刻的批评者之一。他赞同贾维的基本目标,并在20世纪20年代组织了一系列小型但大多无用的泛非会议。1925年,贾维因信件诈骗入狱。1927年他被逐回牙买加,贾维运动从此衰落。

20世纪20年代,美国黑人在文学、音乐和艺术方面的创造性才能,在纽约空前繁盛,这就是众所周知的"哈勒姆文艺复兴"。同贾维运动一样,它也是建立在黑人种族意识上升的基础上的。哈勒姆文艺复兴的主要人物不仅有文坛老将杜波伊斯和诗人J.W.约翰逊,还有像克劳德·麦凯这样的年轻作者,克劳德的激诗《如果我们必须去死》可能是当时最经常被引用的黑人文学作品。其他哈勒姆文艺复兴的著名作家有小说家吉恩·图默,诗人康提·卡伦和兰斯顿·休斯。20世纪20年代画家亨利·奥萨瓦·坦纳和阿伦·道格拉斯,表演艺术家保罗·罗伯逊、弗洛伦斯·米尔斯、埃塞尔·沃特斯和罗兰·海斯也十分著名。20世纪20年代黑人文化运动的发展在很大程度上受到载有著名作家短文的黑人期刊的激励,这些期刊包括全国有色人种促进协会的《危机》和全国城市联盟的《机遇》。这场运动通过黑人哲学家阿兰·洛克和黑人历史学家卡特·G.伍德森的努力而得到普及;洛克在1925年出版了《新黑人》一书,伍德森是黑人生活历史研究会的创始人,《黑人历史杂志》的编辑。

大萧条和新政时期的黑人

20世纪30年代的大萧条使美国黑人本已惨淡的经济状况更加恶化。他们又一次最先丢掉工作,他们承受的失业率是白人的2到3倍。在早期的公民救助计划中,黑人得到的救助远比白人少,某些慈善机构甚至将黑人排斥在施粥所之外。

不断恶化的经济困境引发了声势浩大的黑人政治运动。圣路易斯城市联盟从1929年开始发起一场全国性"为黑人找工作"运动,他们抵制那些只雇用白人而顾客多为黑人的连锁店。统一黑人组织及黑人青年团体的努力导致了后来成立的全国黑人大会(1936)和南方黑人青年大会(1937)。

由于20世纪20年代受到共和党政府的忽视,黑人选民(特别是在北方城市)转而投票支持民主党。在1928年的总统选举中,黑人第一次大量投民主党的票。1930年,共和党总统赫伯特·胡佛提名持反黑人观点的约翰·J.帕克进入最高法院。全国有色人种促进协会成功地反对了这一提名。在1932年的总统选举中,绝大多数黑人支持获胜的民主党候选人富兰克林·D.罗斯福。

罗斯福政府愿意听取黑人领袖的意见的态度和新政的改革举措,加强了黑人对民主党的支持。许多黑人领袖都是罗斯福的顾问,都是所谓的"黑人内阁"的成员,其中有教育工作者玛丽·麦克劳德·贝休恩,她曾任全国青少年局黑人事务处处长;威廉·H.黑斯蒂,他于1937年成为第一位黑人联邦法官;尤金·K.琼斯,全国城市联盟执行秘书;罗伯特·范,《匹兹堡信使报》编辑;还有经济学家罗伯特·W.韦弗。

尽管地方官员的歧视很普遍,黑人从新政中仍获益很大。黑人家庭可以得到低价公共住房。全国青少年局和公共资源保护队使黑人青少年能够继续受教育。公共事业规划署曾为许多黑人提供就业机会,它的联邦作家计划还资助过许多黑人作家,其中有Z.N.赫斯顿、A.邦当、沃特斯·特平和梅尔文·B.托尔森。

成立于20世纪30年代中期的产业工会联合会首次将大批大批的黑人工人组成工会。到1940年,有20多万黑人成为产业工会联合会的会员,其中许多人还是工会地方分会的领导。

第二次世界大战

随着1939年第二次世界大战在欧洲的爆发,工业开始繁荣,并由此结束了大萧条。然而,一般总是失业的白人先找到工作。这种雇用上对黑人的歧视迫使A.菲利普·伦道夫(列车卧车服务生兄弟会的领导)威胁说要在华盛顿举行群众示威游行。为制止游行,罗斯福总统于1941年6月25日签署8802号行政令,禁止"在军工和政府部门的雇用上实行歧视",并成立公平就业委员会,对雇佣歧视进行调查。尽管歧视依旧广泛存在,但在战争期间,黑人比以前在更大范围内获得了更多的工作和报酬。

与第一次世界大战时期相似,第二次世界大战期间有大量黑人从南部农村迁出。20世纪40年代,大约有150万黑人离开南方,大部分来到北方工业城市。于是,严重的住房短缺与工作竞争再次导致种族关系紧张,种族暴乱再度发生,最严重的是1943年6月发生在底特律的一起暴乱。

1941年12月美国参战,战争期间大量在海外的美国黑人士兵服务于后勤部队,战斗部队依旧对他们隔离。随着战争的进展,美陆军实行平等的军官培训制度,本杰明·O.戴维斯成为第一位黑人准将。1949年,即第二次世界大战结束后的第四年,军队终于采取平等政策。在20世纪50年代早期的朝鲜战争中,黑人首次在完全取消种族隔离的部队里与白人并肩战斗。

民权运动

第二次世界大战结束后,美国黑人准备为结束种族主义作长期努力。他们不愿放弃在战争中所取得的成绩,尽管微不足道。

争取黑人权利的运动在20世纪40年代和50年代持续审慎地进行着。在法庭上,全国有色人种促进协会成功地反对了在住房方面的种族限制条款、州际旅行隔离以及在公共娱乐场所的歧视。1954年,最高法院作出一项最具历史意义的裁决,在布朗诉(堪萨斯州)托皮卡教育局案中,最高法院推翻1896年的"平等隔离"法令,并禁止在全国学校中进行种族隔离。南方白人公民社团想通过法律上的策略、经济压力甚至暴力来打击黑人。1957年,由于阿肯色州的小石城中心中学招收了9名黑人学生,有些白人暴徒便寻衅闹事,致使该校只好临时关闭。

在1955—1956年由小马丁·路德·金牧师领导的对亚拉巴马州蒙哥马利市公共汽车的抵制中,黑人采取的直接非暴力行动第一次取得了重要成果。这次抗议最初源于一个黑人妇女——罗莎·帕克斯平静但顽强的行动。1955年12月1日,她在汽车上拒绝把座位让给一位白人乘客。1956年11月,最高法院裁定公共交通设施实行种族隔离为违宪,取消了白人对黑人要求反隔离的抵制。为进一步配合民权运动,1957年在金的领导下成立了南方基督教领袖会议。

自1944年最高法院禁止只让白人参加初选以来的15年内,在南方登记的黑人选民增加了5倍,1958年达到125万人。1957年民权法案,是自1875年以来通过的第一部联邦民权法规。该法规授权联邦政府采取合法措施,防止公民选举权受到侵犯。

开始于1960年2月北卡罗来纳州格林斯伯勒的学生静坐迫使遍布南方的餐馆及各种店铺的种族隔离被废除。1960年4月,静坐运动领导人组织了学生非暴力协调委员会(SNCC)。1961年春季,为反对亚拉巴马州与密西西比州的州际汽车上的种族隔离,詹姆斯·法默领导下的种族平等大会(CORE)组织了"自由之行"活动。

全国有色人种促进协会、南方基督教领袖会议、学生非暴力协调委员会和种族平等大会在一系列问题上进行协作,如1961年密西西比州的黑人选民登记运动。1964年4月,它们帮助成立了密西西比自由民主党,同年,这个党还竞争密西西比州参加亚特兰大民主党全国大会的席位。

1963年,黑人以"现实自由"作为他们的口号来纪念解放宣言100周年。1963年春季,全国的注意力都集中到亚拉巴马州伯明翰,金在那里领导了一场民权运动。伯明翰当局使用警犬和高压水龙带驱散民权示威群众,并拘捕了许多人。1963年9月,一枚炸弹扔进了伯明翰的一所教堂,4名黑人女孩被炸死。

在1963年,由伦道夫和民权运动活动家贝亚德·拉斯廷组织的向华盛顿进军中,民权活动达到了顶峰。金向25万名游行群众发表讲话。这一活动推进了1964年民权法案的通过,此法案禁止在选举、公共设施和就业上的歧视,并允许司法部长拒绝向有歧视行为的地方机构拨款。1964年批准的宪法第二十四条修正案废除了人头税,对增加黑人选票也起到了积极作用。

在南方,黑人选民登记十分困难,这在1965年亚拉巴马州塞尔马尤为明显。在那里,警察用催泪瓦斯、皮鞭、大棒来对付民权示威者。成千上万的示威者被逮捕。然而,结果,他们的正义事业就赢得了全国的同情和支持。在金和学生非暴力协调委员会的约翰·刘易斯领导下,大约4万名来自全国的抗议者从塞尔马向亚拉巴马州首府蒙哥马利进军。国会随后通过了1965年选举权法案,该法案废除对选举人的一切歧视性资格审查,并委派联邦登记员。

黑人反抗

20世纪60年代,全国有黑人居住的各内地城市充斥着暴力事件。这一状况的根本原因是长期的积怨——警察冷酷无情、缺乏教育和娱乐设施、高失业率、住房破旧和高物价。暴力事件大多不是蓄意的。同几十年前的种族暴乱不同,20世纪60年代的暴乱伴随着抢劫和焚烧黑人聚居区的白人财产。冲突主要发生在黑人青年与警察之间。数百人丧生,价值几千万美元的财产被破坏。最严重的骚乱爆发于加利福尼亚州洛杉矶市沃茨区(1965年7月)和纽瓦克与底特律(1967年7月)。

20世纪60年代产生了积极行动的黑人民族主义组织和马克思主义黑人组织,其中有革命行动运动、防卫执事、黑豹党。在斯托克利·卡迈克尔和H. R. 布朗等人的领导下,学生非暴力协调委员会采取了更激进的政策。一些积极行动的黑人领袖被逮捕,另一些则逃到国外,严重地削弱了他们的组织的力量。

20世纪60年代后期,"黑人权力"的口号逐渐盛行。这是卡迈克尔于1966年6月在密西西比州一次民权游行中首先使用的。黑人权力的概念的产生比这个口号要早。实质上,它涉及美国黑人为扩大他们政治经济权利而作的所有尝试。

马尔科姆·艾克斯是黑人权力杰出的现代鼓吹者之一。他在60年代早期作为伊斯兰国家或黑人穆斯林运动的教长在全国崭露头角。马尔科姆与黑人穆斯林领导人E.穆罕默德决裂,创办了美国非洲人联合体,后于1965年2月被刺(见:**马尔科姆·艾克斯**)。

美国黑人对他们非洲传统不断增长的自豪感激励着黑人权力运动。这种自豪感最明显地体现在他们的非洲发型和许多年轻黑人穿的非洲服饰上。黑人的自豪还体现在学生要求有黑人学习计划、黑人教师、单独的设施以及高涨的黑人文化和创造力等方面。源自哈勒姆文艺复兴诗人L.休斯的新口号是"黑色是美丽的"。

大量黑人参加越战,使得黑人领袖出现了分歧,并使白人自由主义者脱离了民权运动。一些全国有色人种促进协会和全国城市联盟的领导人缩小战争对国内黑人的影响,而包括金在内的许多黑人领袖则赞同一种更激进的观点,即美国的卷入是对一个非白种人国家事务的种族入侵。在1968年4月金于孟菲斯被刺之前,他在华盛顿组织了一场名为"穷人运动"的示威游行。随着他被一名白人流浪者刺杀而带来的愤怒和失望引起了许多贫民区的骚乱(詹姆斯·厄尔·雷受到审讯,并被判处谋杀罪)。

1970年以后民权运动的重点出现巨大的转变。立法的目标大都已经达到。而比某些民权法案更重要的是L.约翰逊总统的"伟大社会"纲领。为了向贫穷开战,它大大拓展了福利计划的范围。"伟大社会"的目的之一就是帮助实现某些民权法规。这些只能通过向黑人提供教育、住房、就业机会来实现。于是出现了新的重点:反歧视行动计划试图通过确保当前机会来弥补以往的失误。有时甚至有必要在学校招收率和就业雇用率等方面实行定额,这被一些非黑人斥为是对非黑色人种的歧视。然而,由于这些计划并未得到重视,至90年代早期,许多黑人仍生活在城市贫民区。但无论怎样,许多黑人家庭已经进入中等或中上阶层。(美国黑人与白人就职状况见插页8)

罗德尼·金暴乱

1991年3月3日,一名叫罗德尼·金的黑人摩托车手与另外两位乘客在洛杉矶以北的高速公路上被警察追赶。当汽车被迫停下时,这两位乘客屈服了,但金拒捕。为使他屈服,四名白人警察将他暴打一顿,主要使用警棍。这一事件被一位目击者当场录下,并多次在电视上向全国播放。

白人警察于1992年3月受到审判。4月29日,陪审团宣判他们未犯有攻击罪。当晚在洛杉矶中南部爆发了大规模暴乱,在两天多时间内那里充斥着抢劫、纵火、攻击和谋杀,被毁建筑物超过5270座,火灾4100起,49人丧生,约1400人受伤。整个街区被毁,成千上万人失去工作。暴乱和各种暴力事件在其他城市也有发生,比如在西雅图、旧金山和亚特兰大,但最大的一起是在洛杉矶。这是20世纪最严重的城市骚乱,生命财产都损失惨重。

政治进步

20世纪60年代高涨起来的选民登记运动在20世纪60年代末终于见到成效。1960年,南方只有大约28%的黑人选民参加登记,约有100名黑人当选为官员。到1969年,选民登记人数增加一倍以上,1 185名黑人当选为州和地方官员。然而,在国家一级政权中,20世纪70年代之前没有一个南方黑人当选国会议员。20世纪第一位黑人参议员是马萨诸塞州的爱德华·W.布鲁克(1967—1979)。许多美国黑人当选为众议院议员。

选举方面的某些进展是惊人的。第一个大城市的黑人执政官员是于 1967 年被任命为华盛顿专员的 W.E. 华盛顿。其他一些黑人当选为市长,他们是:卡尔·斯托克斯任克利夫兰市长(1967);理查德·哈彻任加里市长(1967);K.吉布森任纽瓦克市长(1969);汤姆·布拉德利任洛杉矶市长(1973);科尔曼·A.扬任底特律市长(1973);梅纳德·杰克逊任亚特兰大市长(1973);E.N.莫里亚尔任新奥尔良市长(1977);理查德·阿林顿任伯明翰市长(1979);威尔逊·古德任费城市长(1983);哈罗德·华盛顿任芝加哥市长(1983);库尔特·L.施莫克任巴尔的摩市长(1987)。也是在 1987 年,康涅狄格州哈特福德市的 C.S.佩里成为第一位当选女市长的黑人。其他黑人市长还有:克利夫兰的迈克尔·R.怀特、丹佛的韦林顿·韦布、西雅图的诺曼·B.莱斯、堪萨斯城的 E.克利弗、纽黑文市的约翰·丹尼尔斯、罗厄诺克的 N.C.泰勒和奥克兰的 E.M.哈里斯。

戴维·N.丁金斯于 1989 年击败纽约市在任市长,从而使黑人成为美国最大城市的市长。1982 年,汤姆·布雷德利试图成为第一位黑人州长,但未获成功;7 年后,弗吉尼亚的 L.道格拉斯·怀尔德则达到了这一新的里程碑。在伊利诺伊州,R.W.伯里斯当选州检察长。密歇根选民选举理查德·H.奥斯汀执掌财政大权,康涅狄格州的弗朗西斯科·博格斯也被选为州司库。同靠民权运动起家的第一代黑人政治家不同,80 年代的胜利者都是些经验丰富的官员。

民族认同 第一个进入最高法院的美国黑人是 T.马歇尔(1967)。当马歇尔 1991 年退休时,另一名黑人陪审法官克拉伦斯·托马斯接替了他。1991 年 10 月电视转播的参议院提名托马斯听证会在国际上反应不良,一名叫安妮塔·希尔的前同事指控他有性骚扰。这一事件引起争论,将公众注意力引向办公室的骚扰现象。托马斯以微弱优势通过提名,但听证会对 1992 年全国选举产生了影响。在伊利诺伊州,库克县职员 C.莫斯利·布朗在 3 月份初选中击败参议员艾伦·迪克逊,成为第一位提名竞选参议员的黑人妇女。

第一位总统内阁成员是住房和城市发展部长罗伯特·W.韦弗(1961);第二位是交通部长威廉·T.科尔曼(1975)。另一位住房和城市发展部长,帕特里夏·罗伯茨·哈里斯,是第一位黑人女阁员(1977)。安德鲁·扬被任命为驻联合国大使(1977)。克利福德·L.亚历山大成为陆军部长(1977)。1989 年,佐治亚州路易斯·W.沙利文被任命为卫生和公众医疗部长。

1989 年的 6 个月里,对有色人种的 4 个主要壁垒被打破了。第一个担任主要职业运动组织领导人的美国黑人是比尔·怀特,他任全国棒球联合会主席。罗纳德·H.布朗在 1988 年曾为失败的 J.杰克逊总统竞选效力,他被任命为民主党主席。宾夕法尼亚州众议员威廉·H.格雷当选众议院民主党秘密会议主席。陆军四星上将科林·L.鲍威尔被选举担任参谋长联席会议主席,他是担任这一最高军职的人中最年轻的一位。

对美国生活的其他贡献

拉尔夫·W.埃利森表现民族疏离与抑郁的小说《隐身人》获得 1953 年全国图书奖。同许多不知名作家一样,40 年代许多黑人试图在这一白人统治的文化圈内占据一席之地。他们的考虑被忽视,他们的成就得不到承认——表演艺术家除外。他们被排除在餐馆、剧院、饭店和俱乐部之外。

为抗议这种侵犯人权的行为,在金的领导下,黑人权力运动使美国黑人的地位大大提高。在《隐身人》时代,左翼事业将他们当作压迫的无名象征,但是,新闻媒介却使 60 年代的黑人活动家成了著名人物——例如 1968 年黑豹党支持者 A.戴维斯和学生非暴力协调委员会的 J.邦德,仅 28 岁就被推作民主党副总统候选人。走在民权运动前列的还有作家詹姆斯·鲍德温、福音传道师马哈利亚·杰克逊、民歌手哈里·贝拉方特和奥德塔、喜剧演员迪克·格雷戈里。

在持续几十年的托普赛娃娃和杰米马婶婶之后,出现了一种外形不是白人的"芭比娃娃"(由克里斯蒂设计,1968);《时尚》封面上也刊登了黑人模特(贝弗利·约翰逊,1974)的照片。广告商不久认识到在商品销售中对黑人偶像的需求正在增长。有不少黑人成为全国食品、设备和服务促销明星,其中有幽默演员比尔·科斯比、篮球明星迈克尔·乔丹、橄榄球明星 O.J.辛普森和歌手雷·查尔斯。

纳特·金·科尔是在电视网系列节目(1956—1957)中露面的第一位黑人歌手。尽管这位歌手很有天才,但他的演出却没能吸引广告赞助商。1992 年他的女儿纳塔莉获格兰密唱片奖,获奖歌曲是她与已故父亲的混声二重唱《忘不了》(这是她父亲在 50 年代所唱的、轰动一时的歌曲)。科尔去世 20 余年后,许多情景喜剧都有大量黑人演员,大型系列剧招收演员也面向所有种族。R.福克斯和 D.威尔逊就是在通俗系列剧《桑福德和儿子》(1972—1977)中成名的。《科斯比演出》(1984—1992)是每周都要上演的最受欢迎的节目之一。它的后续节目《一个不同的世界》一直排在黄金时间节目的前十名。讽刺喜剧明星 K.I.韦安斯因《生动的颜色》中的表演获 1990 年埃米奖。

1977 年首播的 8 集电视连续剧《根》是收视率最高的电视连续剧之一。1979 年推出了它的续集,7 集电视连续剧《根的后代》。这部电视连续剧根据亚历克斯·黑利寻找其非洲祖先的真实故事创作而成,它使其他美国黑人更加意识到他们的文化遗产之丰富。

自 1981 年以来,埃德·布拉德利是新闻联播部的 60 分钟采访记者之一。B.冈贝尔 1982 年成为"今日节目"的联合主持人。C.亨丁-高尔特经常出现在"麦克尔-莱勒新闻时间"。詹尼弗·劳森是公共广播社副总裁。地方新闻部的前主持人奥普拉·温弗里 80 年代后期曾是实业界最有影响力的女人。当她成为受欢迎的白天谈话节目主持人后,她成立了自己的节目制作公司。到 90 年代,人们谈论深夜谈心节目时,谈论的中心是那位富有创新精神的阿塞尼奥·霍尔。霍尔和温弗里也演电影。

像《超级苍蝇》这样的"迎合黑人口味"片在 70 年代吸引了大量观众,但它们并未涉及黑人的真实经历。从 50 年代起,奥斯卡金像奖得主悉尼·普瓦蒂耶就扮演各种真实的戏剧角色。到 80 年代,其他演员也演那些并没有被描写成有明确的种族界线的角色——例如,小路易斯·戈塞特参与《军官与绅士》的演出(1983 年奥斯卡金像奖)。当曾轰动一时的音乐剧《歌剧魅影》的原男主角在 1990 年离开剧组时,罗伯特·纪尧姆接替了他。"男性伙伴电影"由黑人演员与白人演员合演,像埃迪·墨菲、丹尼·格洛弗、理查德·普赖尔和格雷戈里·海因斯这样的影星都演过这种类型的电影。海因斯还是一名令人眼花缭乱的踢踏舞演员。兼导演、编剧和演于一身并且完全具有创造性的天才斯派克·李对自己的作品拥有完全的支配权,他的作品凸现了当代美国黑人的生活。90 年代其他著名的黑人导演还有约翰·辛格尔顿(《街区男孩》,1991)和马蒂·里奇(《撤出布鲁克林》,1990)。

普利策奖 诗人格温德琳·布鲁克斯因《安妮·艾伦》获 1950 年普利策奖,她是第一位获此奖的黑人。艾丽斯·沃克的畅销小说《紫色》获 1983 年普利策奖。托妮·莫里森的小说《心爱的人》获 1988 年普利策奖。查尔斯·富勒因《一个士兵的故事》获 1982 年普利策戏剧奖。剧作家奥古斯特·威尔逊是两次普利策奖得主(《篱笆》,1987;《钢琴课》,1990)。

音乐 几乎所有的美国流行音乐——爵士乐、布鲁斯舞曲、雷格泰姆(散拍乐)、摇滚乐、黑人爵士灵歌和说唱歌——都来源于黑人文化。托马斯·A.多尔西是福音音乐之父。哈里·T.伯利改编黑人灵歌,使之适宜于音乐会上演唱。M.安德森是在大都市歌剧院演唱的第一位黑人(1955)。其他歌剧明星还有 L.普赖斯、拉朱莉娅·雷亚、G.邦布里、S.韦雷特、J.诺曼、芭芭拉·亨德里克斯、L.米切尔、H.布莱克韦尔、W.费尔南德斯、M.马丁、C.戴尔、I.琼斯、C.巴尔思罗普、C.克拉里和 K.巴特尔。A.米切尔和 A.艾莉领导了一个出色的舞蹈团。W.马萨利斯脱颖而出,成了 20 世纪下半叶最伟大的小号演奏家之一,他的爵士乐和古曲作品曾获得格兰密唱片奖。他的兄弟布兰福德,于 1992 年 5 月成为电视通俗节目《今宵》的音乐指导。90 年代畅销唱片艺术家包括迈克尔·杰克逊、珍妮特·杰克逊、卢瑟·范德罗斯、普林斯、安妮塔·贝克、惠特尼·豪斯顿和特雷西·查普曼。最流行的说唱歌手是哈默和 LL 库尔 J。

运动 棒球联合总会中白人一统天下的壁垒于 1947 年被 J.鲁宾逊所打破。今天,美国黑人运动员几乎统治着所有的职业集体运动项目。在篮球这个项目上,一些纪录保持者有 K.阿布达尔-杰巴尔、W.张伯伦、魔术师约翰逊和迈克尔·乔丹。在橄榄球这个项目上,沃尔特·佩顿、吉姆·布朗、杰里·赖斯、埃里克·迪克森和吉姆·马歇尔曾创造过纪录。R.亨德森在 1991 年棒球比赛中创造了 939 分的偷垒纪录。从 30 年代乔·路易斯到 90 年代 E.霍利菲尔德,美国黑人几乎一直垄断着重量级拳坛。阿瑟·阿希和奥尔西娅·吉布森一直在网球比赛排名中名列前茅。自 J.欧文斯 1936 年获 4 枚奥林匹克金牌以来,美国黑人在田径比赛中一直表现突出。F.G.乔伊纳和 J.乔伊纳-克西在 1988 年奥运会上获金牌。C.刘易斯、B.雷诺兹、R.金德姆、E.摩西、B.比曼和 W.班克斯也曾创造过径赛纪录。

除了有很大影响的职业和人物之外,民权运动最积极的成果是为所有美国黑人提供的各种工作和工作场所。更多的黑人家庭能融入主流社会,过上中产阶级或上等阶级的生活。不过,还有 45% 的黑人儿童仍生活在贫困之中。被隔离的住宅以及白人迁出贫民区这种事情,一直在不断地加剧学校的种族隔离。到 90 年代,反歧视行动的裁决偏向于其他少数群体,民权立法的重点也转向残疾人。

名称与绰号 每当非裔美国人在争取平等的斗争中达到新的平稳状态时,他们便会重新评价自己的身份。Black(黑人)和 negro(西班牙语中的黑人一词)的这种带有奴隶主色彩的绰号是攻击性的,所以当他们获得了自由后,他们便选择 colored(有色人种的人)这一委婉词。在黑人为进工厂做工而向北方迁徙时期,词首字母大写的 Negro 还是可以接受的。为了强调对古老家园的自豪,民权活动家们采用 Afro-American(非洲-美国人,即美国黑人)一词,但结果 black(黑色,黑人)——力量和革命的象征——词则更流行。所有这些词语至今仍反映在许多组织的名称上。80 年代后期为重建"文化完整",杰西·杰克逊建议使用不太有贬义的 African American(非裔美国人)一词,它——不像某些"无根基的"肤色绰号——表明与一个历史性地域根基的亲缘关系。

一些著名的美国黑人

某些重要人物未在下面列出,因为他们已在本条目的正文或在《康普顿百科全书》的其他条目中被论及。

贝克,约瑟芬 (1906—1975) 舞蹈家。1906 年 6 月 3 日生于密苏里州圣路易斯。16 岁时加入一个舞蹈团并出演包括《巧克力纨裤子》在内的一系列音乐喜剧。1925 年作为爵士时代的象征在巴黎一夜成名。(以香蕉装束丛林舞出名。)1937 年成为法国公民。第二次世界大战期间参加抵抗组织。1959 年,为帮助 12 名世界各国的孤儿与一个动物保护区,她在退休后又重新工作。60 年代返回美国参加民权运动。1975 年 12 月 12 日在巴黎逝世,之前一直活跃在演艺界。

布雷德利,汤姆 (1917—) 政治家。1917 年 12 月 29 日生于得克萨斯州卡尔弗特的一个棉花种植园的佃农家庭。曾任律师和警官(1940—1962)。他是第一位当选洛杉矶市政委员会的黑人(1963—1973)。1973 年,他以压倒优势击败长期任职的前市长,成为第一位白人占多数的城市的黑人市长。他被称之为"特氟隆市长",1989 年史无前例地连任第五任。1984 年获斯平加恩奖章。

查尔斯,雷 (1932—) 歌手。1932 年 9 月 23 日生于佐治亚州阿尔巴尼,名叫雷·查尔斯·罗宾逊。6 岁时完全失明。在佛罗里达州圣奥古斯丁盲人学校,他学习怎样弹钢琴,怎样吹单簧管,以及怎样熟记音乐。他自学改编和创作歌曲,由其他人记录下来。16 岁时双亲去世,他便与一些小乐队在南方巡回演出。他录制的嘶哑且饱含激情的歌曲成为 50 年代成功的唱片。他的演唱风格就是将节奏、布鲁斯、福音音乐与爵士乐、流行乐、乡村乐综合在一起。

科斯比,比尔 (1937—) 幽默家。1937 年 7 月 12 日生

于费城。60 年代早期在咖啡屋和夜总会发展了其单人滑稽节目的轶事风格。与罗伯特·卡尔普联袂主演通俗连续剧《间谍》，因此剧三次获埃米奖（1966—1968）。他主演的电视连续剧《胖子阿尔伯特》和 1972 年开播的星期六早晨卡通节目《科斯比儿童》历久不衰。为表彰他的演艺生涯，马萨诸塞州大学 1977 年授予他教育学博士学位。在演出许多连续剧特别节目和电影后，他于 1984 年开始演有关上层中产阶级的情景剧"科斯比节目"。他的著作《父道》（1986）、《爱情与婚姻》（1989）和《童年》（1991）都很畅销。1985 年获斯平加恩奖章。

邓巴，保罗·劳伦斯 （1872—1906） 作家。1872 年 6 月 27 日生于俄亥俄州代顿。他被称为民族诗人，经常用南方方言写作（如《我的娇妻大眼睛棕皮肤》），但又渴望用标准英语写的作品得到承认。诗集《老老少少》（1895）受到豪威尔斯的赏识，这奠定了他在全国的地位。其他诗集有《平凡生活抒情诗》（1896）、《爱情与欢笑抒情诗》（1903）、《阳光与阴影抒情诗》（1905）。他的一些短篇小说以及 4 部长篇小说稍逊色。1906 年 2 月 9 日死于代顿。

埃利森，拉尔夫·沃尔多 （1914— ） 作家。1914 年 3 月 1 日生于俄克拉何马州俄克拉何马城。他父亲（爱默生的崇拜者）以这位 19 世纪随笔作家的名字为他命名，这使他有些尴尬，也由此而受到激励。与诗人兰斯顿·休斯和小说家理查德·赖特的邂逅也影响他想要当作家的决定。对爵士乐的喜爱影响他的先锋派文风。研究过古典音乐、作曲、小号和雕刻。早期的一些小说，例如试验性的《赌王》（1944），讲的是为自由而进行的斗争。他惟一完成的长篇小说《隐身人》（1952）花了七年时间才写完。1969 年被授予总统自由奖章。曾在几所学院和大学中任教。

菲茨杰拉德，埃拉 （1918— ） 歌手。1918 年 4 月 25 日生于弗吉尼亚州纽波特纽斯。1934 年在哈勒姆业余歌手比赛中被乐队领队奇克·韦布发现。她 1938 年灌录的唱片《阿蒂斯凯特，阿塔斯凯特》使她一举成名。也以拟声唱法（没有意义的音节，即用声音模仿爵士乐器）闻名。宽广的音域为她赢得"第一歌女"的称号。从 1956 年到 1967 年，为录制使美国最受欢迎的作曲家流芳百世的"歌曲集"，灌录了近 250 首歌曲。

富兰克林，约翰·霍普 （1915— ） 历史学家。1915 年 1 月 2 日生于俄克拉何马州伦蒂斯维尔。1969 年成为芝加哥大学历史系主任。后来成为杜克大学詹姆斯·B.杜克历史教授（1982—1985）。自 1985 年起担任杜克大学法学院的法制史教授。他最著名的著作是《从奴役到自由》（1947）。

弗雷泽，爱德华·富兰克林 （1894—1962） 社会学家。1894 年 9 月 24 日生于马里兰州巴尔的摩。获克拉克大学社会学学位，获芝加哥大学博士学位。在亚特兰大的一所学院任教，并指导这座城市的社会工作学校，直到后来他的文章《种族偏见的病理》引起反响迫使他离任。1959 年文章从霍华德大学退休。主要著作有《美国黑人家庭》（1939）和《黑人中产阶级》（1951）。1962 年 5 月 17 日在华盛顿（哥伦比亚特区）去世。

格雷戈里，迪克 （1932— ） 喜剧演员，政治活动家和减肥领袖。1932 年 10 月 12 日生于费城。在陆军服役期间创造了适于特别服务演出的固定喜剧节目。50 年代后期开始夜总会主持人的职业生涯。最早讥讽种族差异的喜剧演员之一。1966 年竞选芝加哥市市长，1968 年作为和平自由党候选人竞选美国总统。畅销文选包括《迪克·格雷戈里：光明面—阴暗面》。著作包括《来自车后》（1964）和《出身黑鬼》（1976）。经常进行绝食抗议。自 1984 年起担任销售减肥粉的公司的总裁。

汉斯贝里，洛兰 （1930—1965） 剧作家。1930 年 5 月 19 日生于芝加哥。父亲是一个房地产经纪人，为消除住房歧视而斗争多年。在赢得最高法院判决胜利之前，全家迁入白人居住区。后来因对黑人平等前景的失望而迁往墨西哥。1950 年迁往纽约市之前，汉斯贝里在芝加哥和墨西哥学习绘画。1959 年，由黑人创作、导演、表演的戏剧《阳光下的葡萄干》（这是由黑人妇女创作的第一部在百老汇上演的剧本）改编为《葡萄干》后，1974 年获托妮最佳音乐奖。第二个在百老汇上演的剧本是《西德尼·布鲁斯坦窗口的标记》。1965 年 1 月 12 日她在纽约去世。她死后，根据她的作品改编的《做年轻、有天赋的黑人》在外百老汇上演。

哈里斯，巴巴拉 （1930?— ） 活跃的主教派主教。生于费城。1948 年中学毕业后被一家公司聘为公关经理。60 年代后期加入辩护律师教会。在英国设菲尔德学习城市神学后，1979 年被任命为主教派教士。在宾夕法尼亚州诺里斯敦，她在布道坛上洪亮庄严的声音远近闻名。她还担任监狱牧师，并支持女权运动和同性恋者权利运动。她是主教派教会出版公司董事。尽管她曾离异，并缺乏正规神学训练，但她冲破两千年的传统樊篱，成为女主教。1989 年被任命为波士顿主教管区第二主教。

亨森，马修 （1866—1955） 北极探险家。1866 年 8 月 8 日生于马里兰州查尔斯县。早年丧亲，12 岁时在船上当侍者。在华盛顿一家商店里工作时遇到罗伯特·E.皮里，1887—1888 年随皮里到尼加拉瓜探测运河线路。此后，从 1891 年开始陪伴皮里多次到北极探险。亨森与因努伊特人建立的亲密关系以及使用仪器的娴熟技巧，使他成为皮里极地探险不可缺少的帮手。1909 年，亨森、皮里和四名因努伊特人成为最先到达北极的人。亨森将美国国旗插在北极点上。1955 年 3 月 9 日在纽约去世。

霍恩，莉娜 （1917— ） 歌手。1917 年 6 月 30 日生于纽约布鲁克林区。16 岁时加入哈勒姆棉花俱乐部合唱团。作为歌手，她经常随白人乐团旅行。在电影《巴拿马·海蒂》（1942）首次演出后，成为第一位获得长期演出合同的黑人艺人。1943 年在音乐片《天上茅舍》和《暴风雨天气》中担任主演。1957—1958 年在百老汇音乐剧《牙买加》中担任主角。1981—1982 年她的通俗单人剧《莉娜·霍恩和她的音乐》在百老汇上演，此后在美国和英国巡回演出。这部剧后来被拍成电视。1983 年获斯平加恩奖章。

约翰逊，詹姆斯·韦尔登 （1871—1938）作家。1871 年 6

月17日生于佛罗里达州杰克逊维尔。第一个通过佛罗里达州律师法律笔试的黑人。纽约《年代》杂志编辑。他的诗歌《放声歌唱》(1900),由他的兄弟谱上曲,成为40年代黑人的"国歌"。1906—1914年任驻委内瑞拉和尼加拉瓜领事。1916—1930年为全国有色人种促进协会(NAACP)工作。其著作有小说《一个曾被叫作有色人的自传》(1912)、《美国黑人诗歌集》(1922)、《美国黑人圣歌集》(1925—1926)、《黑色的曼哈顿》(1930)、自传《沿着这条道路》(1933)、哲学著作《美国黑人现状》(1934)。《上帝的长号》(1927),在学校中经常被朗诵,是一组方言布道诗。1938年6月26日在缅因州威斯卡西特去世。

乔丹,巴巴拉(1936—) 教育家和政治家。1936年2月21日生于得克萨斯州休斯敦。选入州参议院后,成为第一个来自南方腹地的黑人女议员。她是出色的演说家,在1976年民主党全国代表大会上发表主旨性演说。离开众议院后,到得克萨斯大学讲授政治伦理学和政府关系课程。

朱利安,珀西·L.(1899—1975) 化学家。1899年4月11日生于亚拉巴马州蒙哥马利。迪波夫大学优秀毕业生(1920),获哈佛大学硕士学位(1923)、维也纳大学博士学位(1931)。在霍华德大学和迪波夫大学教授化学。1935年合成治疗青光眼的药物毒扁豆碱。曾在一家涂料公司工作,1953年组建朱利安实验室,研究大豆衍生物,包括在第二次世界大战期间使用的消防泡沫和治疗关节炎的类固醇。1975年4月19日在伊利诺伊州沃基根去世。

赖白里(1885?—1949) 民歌歌手和作曲家。约1885年1月21日生于路易斯安那州什里夫波特附近,原名哈迪·威廉·莱德贝特。成为一名演唱布鲁斯音乐的流浪歌手。因谋杀罪入狱6年(1918年赦免)。1930年在路易斯安那州监狱农场,约翰·洛马克斯和阿兰·洛马克斯在为国会图书馆收集民歌时发现了他。《在"冒烟家伙"上》和主题曲《晚安!伊林娜》在他1949年12月6日于纽约去世后走红。

李,斯派克(1957—) 导演、作家、制片人和演员。1957年3月20日生于佐治亚州亚特兰大,原名谢尔顿·杰克逊·李。"乔的床─斯图依理发店:我们剃头"(在纽约大学电影学院的毕业论文)获学生学院奖,第一次展示了他远离主流的关注点。第一部商业片是低成本的黑白片(其后是一个彩色舞蹈片)《如愿以偿》(1986),其他影片有《人间正道》(1989)、《密苏里布鲁斯》(1990)、《丛林热》(1991)和《马尔科姆·X》(1992)。电影配乐是他父亲爵士乐师、作曲家比尔·李。影片制作公司叫作"四十亩地一头骡",体现了自由民未完成的重建梦想。

马歇尔,瑟古德(1908—1993) 法官。1908年7月2日生于马里兰州巴尔的摩。曾就读于林肯大学,获霍华德大学法学学位。1938年成为全国有色人种促进协会特别顾问。向最高法院提交多起论辩有力的民权案件,包括历史性的"布朗诉托皮卡教育委员会案"。1965年被任命为美国司法部副部长。从1967—1991年到最高法院任职,是进入最高法院的第一个黑人。1993年1月24日在华盛顿市去世。

鲍威尔,科林·L. 军人。1937年4月5日生于纽约市哈勒姆区。1958年毕业于纽约市立学院。1971年获乔治·华盛顿大学硕士学位。1976年从国家军事学院毕业。从1958年起在美国陆军做职业军官。1962—1963年、1968—1969年在越南战争中服役。1973—1974年驻防韩国。1975—1981年在五角大楼任参谋。1981—1983年任第4步兵师副师长。1983—1986年任国防部长助理。1986—1988成为国家安全委员会成员。1989年任参谋长联席会议主席。1990—1991年帮助制订海湾战争战略。1991年获斯平加恩奖章。

普赖斯,列昂蒂尼(1927—) 歌剧演员。1927年2月10日生于密西西比州劳雷尔。得到纽约市朱利亚德音乐学院的奖学金,在《三幕剧中的四圣》中首次登台。在歌剧《波吉与贝丝》的重演中担任主角。在电视上首演的大型歌剧剧目是《托斯卡》(1955)。曾在维也纳歌剧院和米兰拉斯卡拉歌剧院演出。在大都会歌剧院首次上演的剧目是《伊尔·特罗瓦拖雷》(1961)。告别演出的剧目是《艾达》(1985年1月3日)。她是最早于1985年被授予国家艺术奖章的艺术家之一。

罗伯逊,保罗(1898—1976) 演员、歌唱家和社会活动家。1898年4月9日生于新泽西州普林斯顿。他的父亲在15岁时逃离奴隶制,并改掉具有奴隶特征的姓氏。获得拉特格斯大学四年奖学金,是这所学校里惟一的黑人学生。1921年,他的第一次戏剧演出给尤金·奥尼尔留下印象,奥尼尔为他创造了两个角色——《琼斯皇帝》中的琼斯和《上帝的儿女都有翅膀》中的吉姆。在百老汇表演莎士比亚戏剧《奥赛罗》创下演出时间最长的纪录。1928年在伦敦第一次演唱具有他个人特色的音乐剧《演艺船》中的《老人河》。他在各地举行旅行音乐会,后来因支持左翼事业而被吊销护照(1950—1958)。1952年被授予斯大林和平奖。1976年1月23日在费城去世。

小鲁宾逊,罗斯科(1928—) 陆军上将。1928年10月11日生于密苏里州圣路易斯。西点军校和匹兹堡大学毕业。获西点军校军事工程学学位。在朝鲜战争和越南战争中被授予勋章。里根总统指派他为美国驻北约(NATO)军事委员会代表(1982—1985)。他是第一个成为陆军四星上将的黑人。第七集团军军长(1978—1980)和美国驻日第九军军长(1980—1982)。

索厄尔,托马斯(1930—) 经济学家。1930年7月30日生于北卡罗来纳州加斯托尼亚。在家乡及纽约哈勒姆长大。中学被迫辍学,参加工作。服役后进入霍华德大学和哈佛大学,1958年毕业。1959年在哥伦比亚大学获经济学硕士学位。1968年,在乔治·施蒂格勒教授和米尔顿·弗里德曼教授指导下获芝加哥大学博士学位。在几所学院、大学任教,其中包括拉特格斯大学、康奈尔大学、布兰代斯大学和洛杉矶的加利福尼亚大学。后来加盟斯坦福大学胡佛研究所。他是著名的保守主义者,他经常在文章中指责民权运动和积极行动政策。著作有《黑人教育:神话和悲剧》(1972)、《种族与经济》(1975)、《种族

《的美国》(1983)和《优先政策：国际视角》(1990)。他还是《福布斯》杂志专栏作家。

沃克，艾丽斯（1944— ）作家。1944年2月9日生于佐治亚州伊滕顿。在一次事故中因枪伤造成一只眼失明，获得斯佩尔曼残疾人奖学金。因参加民权游行被开除，但不久在进步的萨拉·劳伦斯学院获得奖学金。她的早期诗集为一位老师、诗人缪里尔·鲁凯泽所欣赏，终于在1968年以《曾经》为名发表。短篇小说集有《爱情与困扰：黑人妇女的故事》(1973)，诗集有《革命的矮牵牛花及其他诗作》(1973)，论说文集有《寻找母亲花园：妇女主义散文》(1983)。(她杜撰了"妇女主义"这个词，其意思是黑人男女平等主义。)小说有《紫色》(1982)和《我熟悉的寺庙》(1989)。

沃特斯，埃塞尔（1896—1977）歌唱家、演员。1896年10月31日生于宾夕法尼亚州切斯特。出身于赤贫家庭。12岁时结婚，当时她在修女学校读书并且在一家旅馆里当客房侍女和清洁工。13岁时开始歌唱生涯，高亢、凄婉的嗓音使她在17岁时开始从事职业性演唱。1927年在百老汇首次演出音乐剧《阿非利加那》。1930年在《黑鸟》中担任主角。在欧文·伯林的音乐剧《万众欢呼之时》的演出中取得巨大成功，演出多次被热烈掌声所打断。此后转向戏剧演出，《空中楼阁》1940年在舞台上演出，1943年拍成电影，此剧的演出使她以在《暴风雨天气》中担任主角，并获得声誉。在电影《尖尾船》(1949)和《参加婚礼的人》(1950年在舞台上演出，1953年拍成电影)中担任主角。自传《上帝的眼睛看着小歌雀》(1951)。1977年9月1日在加利福尼亚州查茨沃思去世。

沃特尔通，费伊（1943— ）计划生育倡导者。1943年7月8日生于密苏里州圣路易斯，原名艾丽斯·费伊·沃特尔通。16岁时进入俄亥俄州大学，获得护理学位。1966年获得哥伦比亚大学母婴健康保障计划奖学金，在哈勒姆医院亲眼看到当事人不希望发生的怀孕的悲惨后果。1970年被聘为俄亥俄州代顿计划生育执行主任。从1978年到1992年成为美国联邦计划生育主席，这一职位过去一直由白人担任，她改变了这一职位的保守色彩。经常出现在电视上，为生殖权辩护。

威尔金斯，罗伊（1901—1981）民权领袖。1901年8月30日生于密苏里州圣路易斯。明尼苏达大学毕业(1923)。作为《堪萨斯城呼声报》编辑，他敦促黑人为选举权同种族主义作斗争。1931年加入全国有色人种促进协会(NAACP)。对于1954年最高法院推翻有关学校的"隔离但平等"的条款起了重要作用。1965年担任全国有色人种促进协会执行主席。由于他反对黑人分离主义，激进分子试图迫使他辞职。1977年退休(本杰明·胡克斯继任)。1981年9月8日在纽约去世。

威廉斯，伯特（1876？—1922）喜剧演员。大约1876年出生于巴哈马群岛新普罗维登斯岛。1895年与乔治·沃克组成轻歌舞剧团。1903年，全部由黑人扮演的音乐剧《在达荷美》在百老汇和伦敦演出。1909—1919年在《齐格菲尔德活报剧》中扮演主角。作为黑人与白人混血儿，他必须化妆成黑人，伪装自己的声音，来扮演为黑人剧团普遍接受的走路拖着脚、说话慢吞吞的黑人形象。他自己作曲，作品有《伐木人，饶过那棵树》和富于幽默感的《小人物》。1922年3月4日在纽约去世。

威尔逊，奥古斯特（1945— ）剧作家。生于宾夕法尼亚州匹兹堡。由于学校的种族歧视，15岁时辍学。与人共同在希尔创办戏剧公司——"黑色地平线"，在那里创作了他的早期戏剧。获奖作品《雷尼妈妈的黑屁股》1984年在百老汇演出(描写布鲁斯之母及20世纪20年代的跳舞狂热)。他计划用10部戏剧来反映20世纪黑人问题，每十年一部，到1990年他已完成一半。

美国黑人历史的里程碑

非裔美籍人生活和历史研究协会 设于美国首都华盛顿。促进黑人历史研究。

亚特兰大大学中心 设于佐治亚州亚特兰大，包括亚特兰大大学、莫里斯·布朗学院、克拉克学院、莫尔豪斯学院和斯佩尔曼学院，以及各教派神学中心。

本杰明·班纳克纪念碑 建于马里兰州巴尔的摩县，纪念黑人数学家、天文学家本杰明·班纳克。

布克·T. 华盛顿国家纪念馆 在弗吉尼亚州落基山城附近的华盛顿出生地。

布克·T. 华盛顿半身像 在纽约市名人纪念馆。

克里斯珀斯·阿塔克斯纪念碑 建于马萨诸塞州波士顿。纪念死于波士顿大屠杀中的黑人。

杜萨布尔美国黑人历史博物馆 设于伊利诺伊州芝加哥。藏有关于黑人历史陈列品和文献。

弗雷德里克·道格拉斯故居 在美国首都华盛顿。前黑人废奴主义者道格拉斯的住所。

弗雷德里克·道格拉斯纪念碑和墓地 在纽约州罗切斯特。

乔治·华盛顿·卡弗国家纪念馆 建于密苏里州戴蒙德附近。包括这位黑人科学家的出生地。

哈珀斯·费里国家历史公园 位于西弗吉尼亚州哈珀斯费里，1859年约翰·布朗遭袭击的原址。

哈丽雅特·塔布曼故居和坟墓 在纽约州奥本。纪念这位黑人废奴主义者和"地下铁道"的"列车员"。

霍华德大学 建于美国首都华盛顿。1867年创办。

詹姆斯·韦尔登·约翰逊收藏馆 设于康涅狄格州纽黑文市寺庙街教堂。收藏黑人作家的著作和文章。

简·厄恩斯特·马泽利格雕像 设于马萨诸塞州林恩。纪念这位黑人发明家(发明楦鞋机)。

约翰·兰金·豪斯博物馆 位于俄亥俄州里普利。设在地铁车站。

约翰·斯温墓 位于亚利桑那州汤姆斯通。此处埋葬着这位黑人先行者和牛仔。

马丁·路德·金国家历史故址 位于佐治亚州亚特兰大。包括这位黑人牧师和民权领袖的出生地、教堂、墓地、图书馆和档案馆。

马修·亨森牌匾 设于马里兰州安纳波利斯的州议会大厦。纪念这位黑人极地探险家。

马瑟·贝瑟尔非裔美以美会教堂 位于宾夕法尼亚州费城。最早的非裔美以美会教堂,1794 年由理查德·艾伦创建。

黑人士兵纪念碑 位于宾夕法尼亚州费城。纪念美国战争中的黑人士兵。

保罗·劳伦斯·邓巴故居 位于俄亥俄州代顿。纪念这位黑人诗人。

绍姆贝格收藏馆 在纽约市纽约公共图书馆。收藏有关黑人历史的文献、艺术作品和录音录像资料。

萧纪念碑 位于马萨诸塞州波士顿。纪念美国南北战争时期第 54 马萨诸塞志愿者黑人团。

索杰纳·特鲁思墓 在密歇根州巴特尔克里克。此处埋葬着这位黑人废奴主义者和民权、妇权辩护者。

塔斯基吉大学 在亚拉巴马州塔斯基吉。1881 年由黑人教育家 B.T. 华盛顿创建。

W.C. 汉迪高地住宅区和博物馆 位于亚拉巴马州弗洛伦斯。包括这位黑人布鲁斯作曲家出生的小屋(经过复修)。

W.E.B. 杜波伊斯纪念碑 在马萨诸塞州大巴灵顿这位黑人的出生地。他是全国有色人种促进协会的创始人。

撰文:Hollis R. Lynch

美洲印第安人(或美洲土著) AMERICAN INDIANS, or NATIVE AMERICANS

预览

本条目分为以下各段:

导言	445
东部荒原的丛林印第安人	448
大平原的猎手	449
西南部的农牧部落	451
加利福尼亚和大盆地的采种人	452
西北部的渔民	453
印第安人的部落和语言	454
印第安人的宗教、行政管理和社会习俗	459
其他时代和地区的印第安人	460
印第安人与白人之间许多世纪以来的争斗	463
现代美洲的印第安人生活	465

美洲大陆最早的居民是印第安人。他们的村落曾经遍布西半球,许多居住点都是现代城市崛起的地方。他们捕猎鹿、野牛和其他猎物;耕种土地,到今天许多作物仍旧在此播种。当时猎人、战士和商人走的小路,现在已经变成公路和铁路。美国地图上到处都点缀着印第安人词汇。27 个州,还有大量的城市、乡镇、河流、湖泊的名称,都取自这些美国最早居民的语言。

美洲土著农民是世界上最早培育土豆、西红柿和其他许多作物的人,而这些作物至今仍养育着现代人。美洲土著最早饲养火鸡。他们还发现许多像橡胶、烟草、糖槭、金鸡纳树(可制奎宁)等美洲本地植物的用途。

当欧洲探险者第一次踏上美洲大陆时,美洲土著居民已经在那里生活了几千年。当 C. 哥伦布踏上新大陆的时候,他认为他到达的是印度,因此将当地土著居民称作印第安人。

从 1500 年起,由于欧洲人在北美洲和南美洲建立了殖民地,美洲土著居民数量大幅度减少,大量人口被迫迁徙。在中南美洲,有相当大的一部分人口是印第安人与欧洲人的混血儿;而在加勒比海和南美洲的部分地区,一部分人是美洲印第安人与非洲人的混血儿。

美洲土著属于美洲印第安地理种族。这一种族的特征包括:皮肤色素沉着中等程度;发直而粗,色黑;体毛稀疏;男子秃顶出现率很低;没有 B 型和 Rh 阴性血型的人。印第安人的这些血型特征,与蒙古人种显然不同,但过去他们曾被划为一个人种。(参见:种与族)

印第安人从何而来?

同白人殖民者一样,最早的印第安人也是移民。人类学家宣称,他们来自亚洲东北部。他们同那个地区的早期蒙古人种相似。没有人知道他们什么时候、如何来到美洲。他们很可能是在冰层覆盖北美洲北部大部分地区时来到美洲的,那是在大约 20000—30000 年以前。

同那个时候大多数部落一样,他们来到美洲大陆可能是因为他们是游牧民族。他们穿过白令海峡,来到阿拉斯加,寻找新的狩猎场。那时陆地桥还在,通行十分容易。在阿拉斯加可能有不冻地和猎物,而落基山脉以东有开阔地,可以直接到达北美洲腹地。很可能印第安人为寻找新的狩猎场沿着这一地区前进。慢慢地,冰融化了,印第安人分散到北美洲和南美洲的大部分地区。在如此广大的地区,印第安人人数并不多。据估计,当白人第一次来到美洲大陆时,墨西哥以北的地方大约只有 1025000 人。

生活方式的差异

居住在不同地区的印第安人,生活方式也不同。当一伙狩猎的印第安人发现一个适于狩猎并且有许多植物种子的地方时,他们就居住下来。慢慢地,他们学会利用这一地区的树木、作物、兽类、鱼、鸟类,以及那里的石块和土壤。

广大的美洲大陆有许多种不同的土地和气候。在每一地区,大自然都提供了特殊的植物、动物和原材料。于是,不同地区的印第安人拥有不同的食品、衣物和庇护所,他们的生活方式也各不相同。

印第安人靠天吃饭,因此,他们研究自然界的运行方式。他们了解动物的习性。他们找出哪种植物有营养,哪种植物有毒。他们懂得季节转换和天气变化的征兆。

他们不懂得用科学来解释自然现象,他们相信,太阳、雨以及其他自然力量是由神灵控制的。在宗教上,他们崇拜动物、植物、太阳、雨和风。在仪式和祈祷中,他们力求得到这些神灵的欢心。

北美的文化地域

学者们将文化定义为人们的生活方式,包括他们的艺术和工艺。在研究墨西哥以北的印第安文化时，学者们在这一区域发现了七大文化地域。这在上一页（见插见9）的地图上标明了。每一地域的印第安人都有相似的自然环境，因此也就有十分相近的文化。生活在两个文化地域交界处的人们，往往反映出两种生活方式。

本文的许多图片展示了一些地域的生活方式。它们显示在每一地域，印第安人都以其独特的方式来获取衣物、食品、住房和器皿。

他们的一个共同之处是使用石器工具。各式各样的斧头、刮刀、刀子、箭头和矛头，都是用石头制成的。这是因为他们受缺乏锋利的金属工具的制约。

东部林区的印第安人

生活在北美东部地区的印第安人受益于丰沛的降雨。森林覆盖着高山和谷地。那里有许多湖泊和溪流。这些丛林部落谋生主要依靠树木，以及生活在丛林里的动物，河海中的鱼类、贝类。他们用树皮和树枝构筑房屋，制作武器和器皿，树木还用来制造渡水用的独木舟。他们用动物毛皮制作衣服。

他们不必到处寻找野生食物。因为，他们懂得如何栽种庄稼，他们可以生活在村庄里。妇女们种植玉米、南瓜、倭瓜、豆类、烟草和葫芦。庄稼在温暖、潮湿的夏季里生长茂盛。

平原漫游者

平原印第安人在辽阔起伏的平原上生活。这里的雨水足以供草生长，却不足以供许多树木生长，林木只在河边生长。大批食草动物在那里生长，其中最重要的是野牛或骏犎。的确，野牛被称作"印第安人的会跑的百货商店"。这种动物几乎提供了印第安人生活所需的所有东西。野牛的肉作为食品；皮可以做成圆锥形帐篷，还可以制成小船、器皿、包和一些衣服。这些印第安人为追逐这种动物而在平原上到处流动。他们还捕猎其他平原动物，其中主要有驼鹿、鹿和羚羊。

自从西班牙殖民者到达北美西南部以来，马随之而被引入，平原印第安人开始以捕猎能手而闻名。他们能够骑在快马上捕杀野牛，杀死任何所需的动物。捕猎通常是部落的集体行动，他们将大群的野牛从峭壁上赶下来，或赶进一个包围圈里。

西南部的普韦布洛印第安人

西南部印第安人生活的地方海拔高，气候干燥，多高山峡谷。那里雨水很少，但大多集中在夏季，便于供给植物生长。山上冬天下雪，融化后形成溪流、泉水和水湾。普韦布洛印第安人知道灌溉土地，以及找湿润的土地种植耐旱作物。好的收成为他们提供足够的食物。他们用石块和土坯

查尔斯·M.拉塞尔所作的这幅画，反映的是印第安人从欧洲探险者那里获得马匹后的几年中，在大平原上捕猎野牛的场景。

建造类似公寓的大房子。整个村子或社群,居住在这样的一个大房子里。当16世纪西班牙探险者见到他们时,这些西班牙探险者用"村落"来称这种大房子。

漫游的袭击者和牧人

这一地区也有漫游印第安人,他们并不建造村庄。在西班牙人带来绵羊和山羊之前,纳瓦霍人是定居村庄的袭击者和劫掠者。后来,他们慢慢地将牧养羊群作为生活来源。

他们带着羊群越过干旱、多石的地区,寻找草原。他们居住在用石块、圆木和泥土建成的叫作"泥盖木屋"的房子里。

沙漠中的采种人

以采集为生的印第安人居住的地方更加干旱。他们住在加利福尼亚州的干旱地区,以及落基山脉和内华达山脉之间的干旱盆地和高原上。这里猎物非常稀少,男人们很难捕杀到足够的食物。因此,全家人要在沙漠中到处游荡,妇女们采集浆果、坚果、植物的种子和根部。他们将种子磨成面煮粥。

他们的住所只是一遮风处,或是覆盖着草的薄棚屋。他们最拿手的技能就是编篮子。他们编的篮子非常密,可以盛非常小的种子,甚至可以盛水。妇女就用这种篮子煮粥。

西北部的渔民

西北部的渔民沿着北部太平洋海岸分布,那里雨量充沛。河海中的鱼类十分丰富。森林又高又密。巨大的红雪松提供了纹理笔直的木头,甚至用天然工具也能劈开。于是,灵巧的印第安人将大块的雪松板拼接起来,建成大木板房。他们不仅用雪松板来制造过河的独木舟,也用它来制造海上捕鲸船。

男人在捕鱼之外还进行狩猎,妇女采集球茎、浆果和种子。他们穿的衣服很少——毛边的裙子,和用雪松的内皮制成的雨衣。男人擅长木刻。有些体现他们工艺水平的样品保存了下来,小到木娃娃,大到彩色的图腾柱。

北方猎手

在那些地区以北,有生活在马更些-育空山谷的北美驯鹿猎手和因纽伊特人。那里的猎手主要依靠北美驯鹿和其他北方猎物为生,如同平原印第安人依靠野牛一样。他们用北美驯鹿或其他鹿皮制作帐篷和衣服。在冬季,他们穿着雪鞋追逐猎物。外出的时候,由狗来驮行李或拉雪橇。

因纽伊特人至今仍生活在大陆的最北端。因纽伊特人遍布整个北极地区,从阿拉斯加到拉布拉多,从格陵兰到西伯利亚。他们主要捕食海豹、鲸鱼、海象、北美驯鹿、北极熊、北极鸟类以及其他北极动物。他们将动物皮毛制成暖和的衣服——将绒毛翻到里面以保持体温。(参见:**因纽伊特人**)

游戏、运动和仪式

印第安人并非将所有时间都用来劳动谋生。他们有许多种游戏和运动。部落成员聚到一起庆祝节日达一周甚至更长时间。通常,宗教仪式是主要目的,但同时也举行游戏、拜访、讲故事、联欢歌舞等活动。

孩子们所玩的游戏同我们今天的孩子所玩的游戏一样多。女孩子玩穿着部落服装的娃娃;男孩子拿着玩具弓箭进行练习,扮演猎手或战士爬过丛林。那里有抽陀螺、踩高跷、打弹弓等各种游戏。狗和其他小动物是他们的宠物。到了傍晚,男女老少围坐在火堆旁玩一种类似找纽扣的猜谜游戏。他们用纤维搓成的绳子做挑绷子游戏。

同现在一样,孩子们从游戏中学到技能。射箭、打靶和竞走教会了他们作为猎手的技能。普韦布洛儿童从卡奇纳木偶中学到卡奇纳神的知识。卡奇纳神是普韦布洛印第安人的神秘祖先。他们相信,卡奇纳生活在地下的湖中。部落中的人跳卡奇纳舞,庆祝神灵的来访。跳舞者将卡奇纳木偶送给儿童,希望他们能够像卡奇纳祖先一样。

部落间聚会和妇女的游戏

年轻人在竞技运动中竞争。当时盛行东部地区的"球戏"已发展成为现代的长曲棍球运动。参加部族间比赛的运动员都经过严格的训练。比赛前的节日庆典可以与现代足球比赛的开幕式媲美。普韦布洛印第安人举行竞走比赛,而赛马则在捕捉野牛的平原部族中盛行。

投杆比赛在许多地区流行。选手们将木杆或标枪投过石圈,或是扎在圆圈网上。投雪蛇运动在北方部落中流行。选手们猛掷一根长木棍,木棍通常绘成蛇状,看谁能在冰上或冻土上掷得最远。

简化曲棍球是妇女的游戏。平原妇女使用一种野牛毛填制的鹿皮球。西南部的妇女玩一种足球。她们沿着一段很长的环状线路踢一个小球。最初,这种游戏被认为具有神奇的魔力,可以防止沙暴。

靠运气的游戏

所有部落的印第安人都喜欢玩各种靠运气的游戏。最常见的那种叫"手戏"。一方手里拿着两块骨头或木圆柱,一块没标记,一块有标记。另一方猜哪一只手拿的是无标记的一块。一个营地可以与另一个营地对垒。支持者站在比赛者两旁呐喊或唱歌,分散对手的注意力。一个人在带彩的此类游戏中,可能会失去他的马匹、野牛皮衣服,或他所拥有的一切。

许多此类游戏都用类似于骰子的标示物。北方部族通常是玩"碗戏"。游戏者向碗里掷标有图案的桃核或李核。

舞蹈和仪式

印第安人的舞蹈和仪式大都是由于宗教或迷信原因而举行的。通过祭祀神灵,印第安人希望得到他们的帮助和保佑。巫医或宗教领袖,跳舞祈求为病人治病。猎手跳鹿舞或野牛舞,以吸引大量的猎物。农耕部落举行仪式,祈求降雨或玉米丰收。有些舞蹈戏剧化地表现部落的历史或神话故事。少年男女达到成丁年龄,或接纳他们参加本部落秘密的宗教组织,都要举行仪式。

尽管舞蹈的目的是严肃的,不过,印第安人还是经常把它作为娱乐和社交的场合。在许多部族中,歌舞选手中都有小丑。在傍晚或节日结束时,往往要举行社交舞会。纳瓦霍的女人舞就是男女都参加的社交舞会。当初，这种舞是在用来欢迎战争归来的勇士的复杂仪式结束时跳的。

歌曲和乐器

在公共仪式以及个人生活中的重大场合，都伴有歌声。这些歌曲的曲调和韵律在白人听来都有些怪。宗教歌曲作为仪式的重要部分代代相传。妇女们在进行纺线、碾米等劳作时要唱歌，以此来消除疲劳；在送勇士出征时，也要唱歌鼓励他们。当然，每一位母亲都唱摇篮曲。在民间传说中，鸟兽也会唱歌，讲故事的人便经常模仿它们美妙的歌声。在西北部海岸，部落间有激动人心的唱歌比赛。某些歌曲还是部族或宗族的专有财产。部族中的个人可以把自己的歌出售或是送给别人。

有各种乐器为歌舞伴奏。其中包括鼓、拨浪鼓、哨、笛子、牛鸣器，还有一种有刻槽的木棒，在兽骨上摩擦发声。印第安人利用手边的材料制作这些乐器。平原部落的鼓用上过彩的马皮蒙面。西北部族使用木盆，他们的拨浪鼓像是用木头或天然铜制的面具。普韦布洛人和其他农耕部族用葫芦制作拨浪鼓。易洛魁人用龟甲和水罐或水鼓做乐器。

老人的故事

每一个部族都有关于本部族历史的传说，许多传说比真实的历史更加奇特。白天干完活以后，老人们开始讲故事。有许多是动物的故事，还有一些故事讲的是精灵可以变成人的模样，但仍保持原来的一些特性。孩子们为这些故事所吸引。印第安人的故事和神话以口述的形式一代代流传下来，它们被称为口述传说。

东部荒原的丛林印第安人

东部森林的印第安人是美洲殖民者最先遇到的部族。开始，欧洲殖民者将印第安人看成愚昧的原始人，后来发现，他们可以从印第安人那里学到许多东西。他们学会了种植玉米，在每个山头埋鱼做肥料。他们采用印第安人迅捷美观的独木舟渡水。他们学会了如何狩猎，如何以印第安人的方式开战。

印第安人的生活方式是非常有价值的，因为这些方式适应于森林、河流和湖泊的荒野环境。印第安人必须将身边的东西制成食品、衣服、住所、武器、工具和器皿。因为，荒野里没有商店出售一个家庭自己不能得到或制造的东西。

从一开始在东部丛林安居，美国人就使用印第安人的生活方式和工具。毛皮商人模仿印第安人的生活方式，他们驾独木舟，蹬雪鞋旅行，穿鹿皮鞋和鹿皮制的衣服，吃印第安食品。后来，早期的殖民者也经常穿鹿皮衣，而家庭主妇则按照许多印第安食谱做饭。

东部地区的各种房屋

所有东部丛林印第安人的生活方式大体相同。但是，不同的地方，气候和可以获取的动植物不同，各部族在住房和衣服式样、饮食习惯、交通工具上，也不尽相同。

这部分的图片显示了东部丛林不同地区的住房。使用最广的可能是用树皮覆盖的棚屋。它的形状有时是锥形，有时更像一个圆盖。印第安人用小而容易弯曲的树干或树苗来搭建棚屋的架子，他们将小树牢牢地插在地上，围成一圈，然后将它们弯成拱形，头部用结实的树皮或兽皮系住。下一步，用柔软的细枝弯成圆圈固定住。一片片的树皮被绑在架子上，构成屋顶和墙。最后，留出门和通烟口的位置，里面搭起床、椅子和搁物架。

易洛魁人和另外一些纽约部落建造更大的长房子。它的形状同第二次世界大战时建造的拱形金属半圆形活动房屋相似。在长房子里可能有5到12家人住在一起。

在温暖的东南部，某些部落比东北部族种植农作物的规模更大，其文明程度也更高。他们冬天的房子在立柱和树枝编成的框架上涂上泥皮，屋顶是圆拱形或锥形。佛罗里达州的塞米诺尔人用矮棕榈叶做屋顶，房子四周没有墙。这个部族的人现在仍旧生活在这类房子里。

用现代人的眼光来看，印第安人所有的房屋都住得过于拥挤，但他们并不介意。每个家庭大部分时间都在户外度过。在天气晴朗时，妇女们在户外做饭，并坐在外面做大量的家务。

丛林村庄的生活

东部印第安人居住的村庄建在湖泊溪流旁。他们将尖木条插在地上，做成围绕村庄的栅栏，防止遭到攻击。妇女在栅栏边开有小块菜地。土壤经过数年耕种失去肥力，附近猎物逐渐稀少或者柴草用光，此时，村民就抛下旧营地，搬到一个新地方。

村庄是一个忙碌的场所。男女各有分工，但是，男人的工作比妇女的更有趣。他们捕杀森林里的动物，动物的肉做食物，皮毛做衣服的材料。他们还张网捕鱼。捕猎之余，他们还有时间参加战争集会，举行宗教的、治病的或社交的各种仪式，出席部落会议。

男人帮助建造棚屋和为开垦菜园烧荒。他们伐树的方法是，先剥去一圈树皮，然后，在树根处点起一堆火，把木质烧焦；这样，他们就可以用石斧把树砍倒了。为了防止火势蔓延到树干上，还要在砍伐部位的上面糊一圈湿泥。部落中有技术的男人还制作弓箭、打仗用的木棍和石刀。

绑在摇篮板上然后又被背在背上的孩子

妇女们整天忙于各种家务。她们用苔藓和皮毛将孩子包起来，绑在木制的摇篮板上。她们在丛林中采集食物时，将摇篮板背在身上；在村子里，摇篮板靠在屋边；在园圃里，摇篮就挂在树枝上。

做饭和缝衣

妇女们在园圃里种植玉米、豆类、南瓜、倭瓜、烟草和葫芦。她们收获作物，并给男人做饭。在灶坑里用热石头烤青玉米，或是将肉、鱼架在火上烧烤，并非难事。但做饭的绝大部分工作比这要难多了。例如用玉米做饭，她们要先捣碎玉米粒。用一个挖空的圆木做臼，用小圆木做杵。为做玉米片，她们先将玉米放到木灰水里浸泡，脱去外面的硬壳。她们为出征的战士烤玉米。她们将玉米、南瓜、浆果、肉和鱼晒干,以备寒冷的季节食用。她们用玉米和蚕豆煮成粥,并用玉米跟肉或鱼在陶罐中煮汤。

在某些地区还有一些特殊食品。在东北部森林中,印第安人在槭树上开孔收取汁液,然后熬煮汁液制糖。北部大湖区的奥吉布瓦人及其他部落用大量野稻做食物,无需种植农作物。而海岸和河流则提供水生贝类动物,在许多古老营地的遗址还有大堆的废弃贝壳。

要制作印第安人穿的鹿皮衣,需要许多天的劳动。鞣制鹿皮要经过许多道工序——刮去肉和毛,洗净,晒干展平,再涂上一层鹿脑的混合物;有时,为了防水还要用烟熏。

裁剪衣服意味着用贝壳或硬刀割开皮子,然后用动物的筋缝接起来。钻子和针是用骨头和角制成的。印第安妇女还用漂亮的、经过染色的豪猪刺作装饰,她们将图案设计成在丛林中见到的鲜花、绿叶以及蔓藤形状。她们把节日盛装装点得异常绚丽多彩。

劳动的时候,妇女穿裙子,男人缠腰布。男人通常剃光头顶,只留下一绺头发。他们的头饰是染了色的鹿毛和一些羽毛(森林对于戴着战帽的平原印第安人很不方便,树枝容易挂掉上面的羽毛)。他们冬天穿毛皮长袍,露出一个肩膀。

篮子、陶器和船

许多东部部落的妇女知道如何用树皮条、木条和其他纤维来编织席子、篮子和腰带。这一地区的大多数部落制作用来做饭和储存食物的陶罐。盒子和盘子用树皮和木头制成。

东部丛林印第安人在水上行进的速度最快。北方部落制作的树皮独木舟可以迅捷无声地在湖上或河上穿行。东南部部落也制作一种独木舟。他们先烧烤圆木的内部,然后掏空中间的烧焦部分。印第安人用独木舟狩猎捕鱼。他们可以在独木舟上从容地猎杀正在涉水或游泳的鹿群或驼鹿。

在陆地上,印第安人将行李背在坚实的脊背上行走,他们没有驮运物品的役用动物,只有羊肠小道。狗是他们惟一驯养的动物。在冬季,北方部落的猎手们能够穿着雪鞋迅捷地追捕猎物。

塞思·伊斯曼的画描绘了中西部的北方地区奥吉布瓦印第安人在沼泽地收获菰米的情景。至今他们仍从事此项工作,其中许多菰米被打包出售。

大平原的猎手

今天,"印第安人"这个词在人们心目中通常是勇敢的平原印第安人的形象——威武的外表,面部轮廓分明,举止高贵,身上穿的色彩绚丽的鹿皮衣用珠子做装饰,边缘缀着流苏。他是优秀的骑手、猎人和抵御白人殖民者入侵他们狩猎地盘的战斗英雄。战争中,当他们在平原上骑马飞奔时,他们的长尾战帽上的鹰毛迎风招展。

有丰富猎物的土地

平原上的猎物十分丰富。野牛和羚羊在草地上吃草。在丘陵和高山附近生活着鹿、驼鹿、灰熊、高山绵羊和高山山羊。野牛是最有价值的野生动物。由于成群的野牛到处流动,寻找牧草,因此,印第安人步行捕捉野牛十分费劲。自从欧洲人把马匹带到北美洲后,平原部落就成了马背上的猎手,一生都在追赶猎物。西班牙殖民者最初把马匹引入西南部,1650年至1750年间,逐渐传播到整个平原。

在马匹引入之前,这块良好的狩猎场上只有很少的印第安部落。大多数印第安人生活在可以种植玉米的河谷地带。他们的住处是土棚组成的村庄。

在猎杀野牛的时代,整个部落紧随在进食的野牛群后。他们发明了一种可携带的住房——圆锥形帐篷。他们制造了一种叫作"无轮滑橇"的A形橇,用狗来拉这种橇上所装的用野牛皮做成的帐篷和其他用具。由于狗无法拖动沉重的货物,因而帐篷很小。

徒步猎杀野牛

在印第安人得到马匹之前的几个世纪里,猎手们只能使用机巧的手段捕杀野牛来获取肉和皮。如果牛群是四散的,猎手们便悄悄地来到动物身边,捕猎几头而不惊动其他野牛。在下雪天,趁野牛在暴风雪中走失之前,印第安人会围住它们,杀死许多。

另外一个有效的办法是将牛群驱向悬崖。由一个人披着野牛袍,在前面将牛群引向悬崖。而其他印第安人在后面跳跃、呐喊和挥动长袍。野牛先是小跑,然后惊恐地狂奔,后面的野牛推着前面的跑。在野牛最前面的引诱者最后一刻会藏到一处安全的地方,而发狂的牛群则会跳下悬崖。许多野牛被摔死,其他受伤的则被猎手们用标枪、棍棒杀死。

捕猎结束后,妇女的工作开始了。她们将野牛尸体剥皮割肉。肉可以吊在火上烧烤,或放在饭罐里,用灼热的石头来煮熟。罐也取自野牛。她们把野牛胃或一张牛皮铺置在一个地坑里做饭罐。

大部分肉切成细条风干。风干就是把肉放在架子上由风吹干。干肉保存时间可以长一些。有时将肉捣碎,拌上炼好的动物脂肪和干浆果,然后储存在皮囊里。这叫作牛肉糜压缩饼,是战士或猎手的一种极好的干粮。

平原印第安人的住处和"渡船"

在追捕野牛群获得足够的肉和皮后,猎手们回到定居的村庄。在早期的平原部落中,住在土棚屋的有曼丹人、希达察人、波尼人、阿里卡拉人、奥马哈人和奥萨格人。平原东部边缘的其他部落将平原生活方式与丛林生活方式融为一体。住在用树皮或席子覆盖的棚屋中的印第安人有坎萨人、密苏里人、艾奥瓦人、夸保人和一些奥萨格人。其他部族,像卡多人、威奇托人和韦科人,使用草房。这些部族种植玉米和其他作物,并用陶具做煮饭容器。

密苏里河沿岸的村庄部落使用一种碗状渡船。这是用一张野牛皮绷在木制框架上制成的。这种船在水上航行十分笨拙,但可以用作渡船。

拥有马匹的部落如何迁徙

许多平原部落在得到马匹后放弃了长期居住的村庄,其中有苏人(或达科他人)、黑脚人、克劳人、夏延人、阿拉帕霍人、科曼切人和基奥瓦人。每个部落都知道不同月份野牛的去处,并且迁移到适于捕猎的地方。

印第安人愿意用他们最珍贵的货物来换取马匹。为得到马匹,他们还会袭击其他部落的营地或白人商客,套捕他们所发现的任何野马。一次大的狩猎活动,部落中的许多人要聚成一个大营地。由于马匹能拉动滑橇上的沉重货物,印第安人的帐篷比以前大多了。

追杀野牛是一件疯狂而激动人心的事。首先由哨探来确定野牛群的方位,然后一排猎手纵马飞奔向前。有时,衣着华丽的巫医跑在前面,来回转动着拨浪鼓,口中念念有词。一声令下,猎手们冲进野牛群。猎手用膝盖的压力来控制他所骑的马,这马是经过专门训练用来捕杀野牛的。猎手追到猎物身边,从箭袋内抽出箭,射向猎物。他左手握住两支箭,拿着弓,嘴里衔着另外一支。其余的箭放在肩上的箭袋里。一位勇敢、有经验且幸运的猎手可以在一次猎杀活动中杀死4到5头猎物。印第安人从商人那里得到枪支后,猎杀的数量还要多。

对勇士的庆贺和因勇敢所获的荣誉

与捕猎活动同样令人兴奋的,是捕获后的节日盛筵。整个部落成员都要参加,宴会上摆满上好的鲜肉,印第安人兴高采烈,又唱又跳,背诵战争赞美诗。在这种场合下,自我吹嘘不会被看作没有教养。在出猎、出征之前,或返回营地时,一位勇士就会站出来讲述他是多么强壮勇敢。

没有其他印第安人像平原猎手那样崇尚勇敢、大胆、耐力等战斗品质。他们举行大型的宗教仪式来激发热情,求得神灵保佑。每个部族都有其秘密组织,年轻人在这些组织中一步步获取荣誉。他们离开营地去斋戒、洁身,以求得保护神给予他们神力。他们将神灵的形象画在盾牌和帐篷上。

部落对勇敢的战士予以奖励。一名印第安人如果有一次勇敢行为,就可以在头饰上插一到几支羽毛,大都是插鹰的羽毛。著名的战帽就是这样形成的。

每位勇士用计算成功的次数来记录他的英雄业绩。这些成功包括杀死一个敌人或剥下一个敌人的头皮,击伤敌人或损坏敌人的一顶帐篷,从敌人那里偷来一匹马等等。

男人的工作与女人的工作的对比

每个部落都有男女分工。男人的工作刺激,有魅力;而女人的工作则单调、辛苦。然而,让女人们搬运营地是顺理成章的事情。一有警报,男人就要武装起来,准备战斗。敌方偷袭者随时可能出现,抢走宝贵的马匹。一些男人守卫营地,而另一些男人则在前方侦察,见到猎物或敌人的时候发出信号。信号包括以特殊姿势骑马、挥舞野牛皮长袍,或白天用浓烟、夜晚用篝火报警。

女人干活十分熟练,她们能在几分钟之内支起或收起帐篷。她们将全部用具打包捆在无轮滑橇上。母亲通常骑马,背上背着绑在摇篮板上的孩子。

在营地上,妇女花费大量时间将野牛皮的肉和毛刮下。她们用这些牛皮制成各式各样的物品——长袍、被褥、生皮用具和皮箱。牛角刻成勺子和长柄勺,蹄子熬成胶水。

在需要制作一个新帐篷时,一妇女便邀请朋友帮她将白色牛皮缝在一起,制成篷顶。她们用野牛筋做线。然后由男人在帐篷上绘制图案。

男人的主要技能在于制作武器。他们用桑橙木或其他坚韧的木头削制弓,并且把它们弯成双曲线形状。他们用尖锐的石片制成箭,在箭的末梢绑上羽毛,使它能笔直飞行。每个猎手都有他自己捆绑羽毛的方式,以此来显示在一场大的狩猎中他杀死了哪个猎物。

衣服和工艺

大多数的衣服是妇女用比较柔软、比较好的鹿皮和羚羊皮来制作的。她们用经过染色的豪猪刺装饰节日服装,并涂饰皮箱和帐篷里衬。她们根据图样,绘出三角形、菱形和其他几何图形。商人将小珠子带到美洲大陆后,她们就用小珠子来装饰衣服。

把两块皮子从上面缝在一起,在脖子处留个开口,就制成了一件妇女的衣服或男人的衬衫。妇女经常在礼服的抵肩和腰带上用小珠子做装饰。男人们的整齐穿戴不仅体现在上衣上,还体现在围腰布和绑腿上。绑腿的接缝在侧面(丛林印第安人的绑腿的接缝在前面)。

男人的装饰和战争图饰

平原战士喜爱装饰,他们用战利品和猎物来装扮自己。他们的节日服装的接缝上缀饰着敌人的头皮和柔软的白鼬尾巴。灰熊爪和野牛牙缀在水獭皮上作项链。箭筒、烟袋和巫术包是用豹、水獭和河狸皮制作的。鹰毛用作头饰和装饰盾牌、舞会上的裙撑、长管烟斗和长矛。在幼野牛皮制作的长袍上,经常绘制着这位战士经历的战斗场景的素描。

勇士们在跳舞和参战时要在身上绘制图案。他们相信这些图案具有特殊"巫术"或魔力,可以保佑他们的性命或是使他们看来更加勇猛。他们绘制图案使用红白黏土、黑炭、从野牛果和苔藓提取的黄色颜料。他们先在身上涂上野牛油或鹿油,然后再上颜料。

用动物脂肪或鱼油涂在皮肤上来清洁和软化皮肤,这种做法在印第安人中十分普遍。但这种做法所带来的气味对白人来说十分难闻。整个大陆的印第安人使用的洗澡方式是所谓的"汗浴"。印第安人为此修建一座密封的棚屋。他们将热石头放入棚屋内,在热石上淋水,使屋内种子打下来,用磨磨成粉。妇女们用这些粉末来做粥。做饭时,他们将热石头放到盛粥的篮子中,这样烧出的稠粥可以用手抓着吃。

他们挖出卡马夏的球茎,包上一层泥,在热石头上烤一整夜。浆果、种子和坚果通常晒干留作冬天食用。

采种人吃的某些东西对其他人来讲可能不太习惯,其中有蟋蟀、蚱蜢、虱虫、蚂蚁粉、蜥蜴和蛇。在大的猎物稀少时,猎手们挖出一窝林鼠,或是捕捉到地松鼠和老鼠,就十分高兴。

生活在加利福尼亚北部和丘陵地带的部落能找到鹿、羚羊或驼鹿。其他地方的部落以兔子为主要肉食。男人用纤维网来捕捉兔子。他们将网拉在兔子吃草的地方,再将兔子赶进去。动物进到网里后,就可以轻而易举地将它们杀死。在猎杀兔子、鹌鹑和鸭子的时候,一种用来投掷的曲棍比弓箭更有效。

生活在湖泊、有鲑鱼的河流或海边的部落,能用网、带石尖或骨钩的矛捕鱼。有时,他们将有毒的植物投入水中,使鱼麻木。

一伙人如何旅行和宿营

一伙亲属结队旅行。每伙都有自己的领地,并同入侵者作斗争。秋天,好几伙印第安人可能在矮松林碰面,一起宿营,直到他们将这里的坚果采光吃净。整个部落在秋季狩猎时聚集起来。巫医运用魔法吸引羚羊到来,如果狩猎成功,就有供庆祝仪式的食物了。老人要在仪式上讲话。傍晚,仪式开始,人们载歌载舞,这些歌舞都是根据部落的传说创作的。

那里一年中的大部分时间气候干燥炎热,因此,不必建造坚固的住所。有时,住在大盆地的宿营者会用北美艾灌丛做成防风篱。有时,一家人会用大树枝搭个简陋的架子,上面盖上嫩枝和灌丛。盆地和山谷里的各处沼泽生长着香蒲属植物和灯芯草(也叫作藨草)。那里的人们有时用它们的茎制成的草席盖屋顶;有的用一簇簇结实的高草做屋瓦。通常,建造者在房屋下面挖一个大约两英尺深的地坑。这样既可以使墙用不着垒得那么高,又可以使穿堂风不至于从地面上吹过。用嫩枝编的储粮用的篮子放到平台上,防止种子被动物吃掉。

冬季宿营时,加利福尼亚南部的印第安人在棚屋上压上泥土保温。加利福尼亚北部部落能够搞到红杉木,用驼鹿的楔形角或鹿角将它劈开。他们将这些木板绑在屋架上,他们建造的房屋比迁往东部和南部的部落好。

在干旱炎热的气候下,几乎没有穿衣服的必要。孩子们一丝不挂。男人通常也不穿衣服,如果有鹿皮或兔皮,他们会做成腰布围在身上。妇女用艾灌丛树皮、马利筋或加拿大麻的纤维做成带毛边的双层围裙。

男人和女人都文身。在下巴上文线在妇女们中间十分流行。给姑娘的下巴文上图案,这是为庆贺姑娘达到成人的仪式的一部分。项链和耳环用骨头、鹿蹄、浆果和海贝壳制成。

旅行用的厚草鞋是用丝兰纤维制成的。能够搞到兽皮的人穿鹿皮靴。有鹿皮的部落学习制作同平原印第安人相似的衣服。在冬天,一个男人如果有兽皮披在肩上,或是有用皮条连在一起的几块兽皮,就是十分幸运的了。在某些部落,老人们抽空用兔皮条编织毛毯。

采种人在经常的迁移中,发现篮子是十分理想的容器。篮子分量轻,而且不像陶器那样易碎。采种部落的妇女将篮子编得非常紧密,不仅可以盛很小的植物种子,甚至可以盛水。篮子可以用作各种用途——从用网兜吊在前额的大采种篮,到涂上松油以防止漏水的壶状水罐。

摇篮板是用柳条制成的。在某些部落,妇女戴篮筐帽。这种帽子很漂亮,造型优美,还有彩色图案。

西北部的渔民

雨水充足的北部太平洋海岸林木高耸,这与采种部落干旱、褐色丘陵和多石荒原地带的环境形成鲜明的对比。两个地区的印第安人的生活方式也截然不同。采种人终日为吃饱肚子而奔波;西北部的渔民则能从海洋、河流、森林中得到大量的食物。他们有大量的原材料建造房屋、船和工具。当他们的私有财产增加时,他们开始崇尚财富和家庭威望。显赫的家庭竖起一根图腾杆,以引起人们对其成就的注意。他们把战争中的俘虏和其他人当作奴隶。最大的炫耀行为要属一个人在显示财富的宴会上分送他的财产。这种分送财产的仪式经常持续数天。

由于四处流浪的采种人很少遇见其他人,所以,他们中间没有什么明确的政治组织。在西北部落中,势力强大的世袭酋长或首领控制和分配捕猎和捕鱼权。海达人社会组织中有三个阶层——贵族、平民和奴隶。

海洋赐予西北部部落的礼物

生活在沿加利福尼亚北部到阿拉斯加南部海岸的各部落不存在食品短缺问题。他们可以从河海中得到大量的鱼、贝类,甚至鲸鱼、海豹和海豚,他们成了捕鱼能手。他们修建鱼梁和存水湾,捕捉大量溯河产卵的大麻哈鱼和腊烛鱼。

妇女用烟熏制够吃一年的大麻哈鱼,从腊烛鱼中榨压出油脂。印第安人大量食用这种油,吃饭时把干粮浸在油里。他们在海滩挖蛤,然后熏烤。某些贝类漂亮的外壳用作装饰;某些部落用一串串贝壳作货币,这同东部丛林印第安人用贝壳串作钱币相似。

捕鲸带来的财富

捕鲸既困难又危险。捕猎首领往往要举行繁复的仪式,求得神灵的保佑。在大型的航海独木舟上,每个人都有自己的分工。捕获的成功将带来财富、荣誉和盛宴。鲸鱼的肉和皮可以食用,脂肪用来炼油,肠用作装油的容器,肌腱可以做成结实的绳子。

男人到山里去捕猎鹿、驼鹿、山羊和熊,获取毛皮和肉。妇女采集,晾晒浆果和海藻。他们靠挖卡马夏球茎和根来调换鱼类食品的口味。冬天,他们有大量的储备食品。他们可以花大部分时间庆祝节日,举行仪式,参与年轻人加入秘密组织的入会式,进行木雕以及其他活动。

用楔子劈开圆木

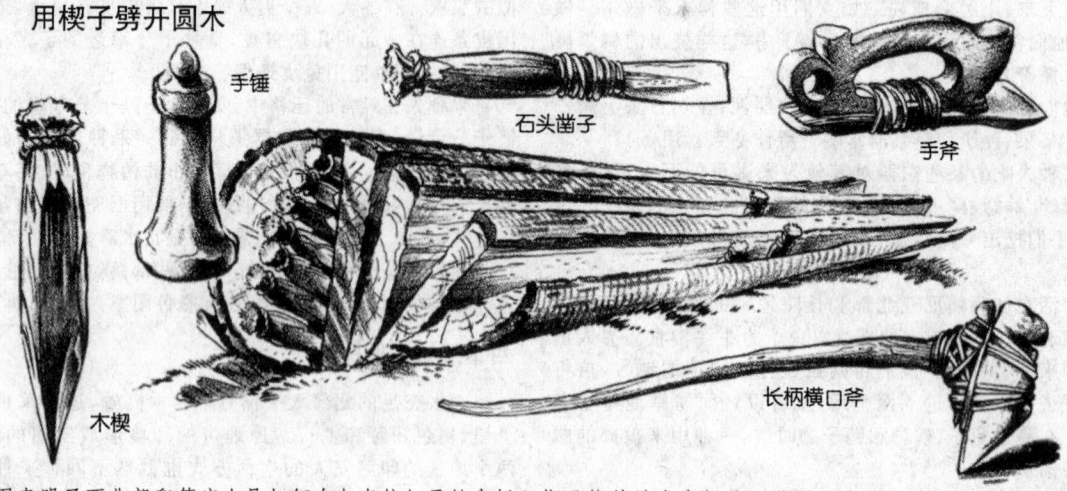

手锤

石头凿子

手斧

木楔

长柄横口斧

这些图表明了西北部印第安人是如何在与直纹红雪松中插入楔子将其劈成木板的。他们将木板固定在立柱上做成房子。这种木板很值钱,所以当一个家庭搬迁时,他们要将这些木板拆下来带走。图中还有石凿和手斧,印第安人用它们来打光和修饰大量的软木制品。这些印第安人以木雕闻名。

大森林的礼物

西北部部落比东部丛林部落更为广泛地使用树木,他们的常绿木材要比东部的硬木更容易利用。他们懂得如何将直纹红雪松劈成木板,如何用它们造房子。他们先用火烧去一圈树皮,在伐倒之前让它风干几年。

造船的人用火将圆木烧空,然后做成在河流中行驶的独木舟或海上作业的捕鲸船。其他木工将木板蒸煮后做成木箱,用云杉根把边角粘合起来。这些木箱用来存放大量的冬粮,甚至在用作热石煮饭时可以做饭锅。

雪松皮做成的衣服

雪松的内皮可以用作做衣服的原料,还可以编织精美的篮子。妇女们将树皮捣成碎条,为自己编织有流苏的围裙或短斗篷,为男人们做雨衣。她们用雪松纤维编织男人戴的用来遮风挡雨的有檐帽。

捕鲸者的图案

小孩和男人在夏天不穿衣服。这些印第安人不穿鹿皮鞋,这可能是因为他们大部分时间用独木舟旅行。冬装中包括一件海獭皮长袍或一条毛毯。妇女用雪松皮纤维、山羊毛、狗毛和羽毛做毛毯。她们粗糙的织布机只有一个横档。她们主要用手指编织出各种颜色的复杂图案。这种美丽的毛毯是由奇尔卡特人(特林吉特人的一个分支)织成的。

同其他地区的部族一样,这些印第安人在白人商客来到这一地区后也接受了工厂制造的毛毯;但是,这种毛毯看起来色彩单调,他们用几排珍珠纽扣做装饰。

以头颅变形为美

西北部印第安人以在皮肤上刺花纹和使头颅变形为美。因孩子的摇篮板的顶端被绑起来而将一块雪松皮压在孩子的前额上,从而使他的头长成尖状。这种变形的头颅是自由民的标志。奴隶不得压扁他们孩子的头。

通常涂上颜色的木雕是西北部印第安人的杰出艺术品。艺术家们在箱子、房子正面、房柱、船和墓柱上雕刻鸟兽以及人物的奇形怪状的面部图案。他们用木头制作头盔和参加仪式舞蹈及戏剧演出用的面具。

阿拉斯加、不列颠哥伦比亚的图腾柱

最壮观的艺术作品是图腾柱。在不列颠哥伦比亚和阿拉斯加的某些部落中,这些高大、雕刻图案的柱子是由大人物所立的。柱子上雕刻、绘制的脸谱代表了主人的鸟兽图腾。这些动物就是他的神话式的祖先,可以给他在战争、捕猎或捕鲸中带来力量。雕刻的图案只象征性地显示人和动物的面部,并不十分准确。因此,每一图案都有某种象征意义。动物的耳朵与人不同,是竖起来的。逆戟鲸有突出的背鳍,鹰有钩形嘴。(参见:**家庭**)

西北部的手工艺者也用铜来制造用具。他们用铜来做箭头,和作为战争武器的铜刀。他们在铜牌上刻上图案,用以充作有价值的钞票。有一块著名的铜牌,价值7 500条毛毯。

印第安人的部落和语言

早期探险者和殖民者认为,印第安人是一个单一的民族;但是印第安人自己却不这样认为。一个印第安人会认为自己是特拉华人、苏人或纳瓦霍人。许多部落的名称,用他们部落的语言来讲,意思是"人民"。其他部落被当作异族——甚至敌人。

印第安人的语言差异

印第安各部落又划分为小的分支,这些分支由于语言的差异而相互区别。北美洲印第安人用不同的语言讲着大约600种方言——比欧洲的语言多好几倍。印第安人的语言差异非常之大,以至于离家不远就会碰到语言障碍。这些差异使白人探险者难以获取信息。1805年,当刘易斯和克拉克遇到扁头印第安人时,他们的问题需要经过6种语言的转译,才能被扁头印第安人理解。

印第安人和白人商客通过用印第安人语言和欧洲语言混杂起来的贸易行话来解决交流中的困难,其中有西北部的奇努克行话和东南部的莫比尔语。

大平原的印第安人创造了一种手势语,以此来相互交流。他们可以用手势表达许多信息。某些手势非常形象,即使不懂这种手势语的人也很容易理解这些手势的意思。

一个印第安人首先对他的村庄或狩猎团体保持忠诚。这种团体可能不超过50个成人。邻近的一些村庄团体如果讲同一种语言,而且他们的猎场足以维持所有人的生活的话,他们就可能在战争中协同作战,相互帮助。这种大的团体可以是一个部落。

下面的地图上标明了讲英语的探险者第一次碰到的各地较大、较重要的部落。一个大的部落中包括一大批人口不足2 000人的小部族。地图上所标的大约只是所有部落的10%,但他们的人口却占印第安人人口的2/3左右。(见插页10)

丰富的词汇和确切的意思

北美印第安人的语言词汇丰富,结构复杂。他们的词汇与对表达意思上重大差别的词的需要相左。例如,生活在北极的爱斯基摩人有各种词来区分许多种雪:有的指"落在地上的雪",有的指"正在落的雪"等等。同样,平原部落的骑手们用许多词来描绘马。

印第安人善于创造新词,来给从白人商客那里获得的商品命名。黑脚人把猪肉叫作"喊叫的肉",把糖果叫作"高大白人的浆果"。殖民者也从印第安人那里吸收许多词,这些词至今仍在英语中使用。

印第安语有一些英语中没有的发音,但却没有一些英语中常用的发音。许多印第安语中一个词的意思需要用英语一句话来表达。印第安语的语法结构也与英语不同。

语言关系和语系

学者们研究各种印第安语,探寻它们之间的关系。1891年,美国人种局的J. W. 大鲍威尔将墨西哥以北各部落的语言划分为56个分支,或称语系。他将那些词汇明显相近的部落划为一个语系。他用一张图来显示各语系的地理分布。他一般只讲那种语言的印第安人中的主要团体名加上后缀-an来给每个语系命名。因此,卡多语出自卡多落,易洛魁语出自易洛魁人。

两种语言或方言被置于同一语系并不意味着讲一种方言的人能够理解另一种方言。在有的情况下,讲不同方言的人之间理解对方的语言甚至比德国人和意大利人之间理解对方的语言更难。例如,大平原中部的许多部落讲苏语的各种方言,但是,一个部落成员很少能理解他们邻近部落的语言。

后来的研究表明,在大鲍威尔认为不同的各语系之间存在着广泛的联系。某些语言学家建议将北美印第安语归纳为6大语系。它们是:

1. 远北的**爱斯基摩语和阿留申语**。

2. 东部丛林的许多部落、平原的黑脚人和夏延人,以及远西的萨利什人和邻近部落所讲的**阿尔冈昆语及相关诸语言**。

3. 马更些-育空盆地的所有部落、纳瓦霍人,以及西海岸某些部落所使用的**阿萨巴斯卡语及相关诸语言**。

4. 大盆地和落基山地区的肖肖尼部落、平原的基奥瓦人、大部分普韦布洛人,以及墨西哥的阿兹特克人的**犹他-阿兹特克语及相关诸语言**。

5. 远西一些分散的部落,特别是现在俄勒冈和华盛顿的一些部落所讲的**奇努克语及相关诸语言**。

6. 苏语及相关诸语言,包括像东北部的易洛魁人、东南部的克里克人及其邻近部落、平原的苏人和卡多人、克雷桑普韦布洛人,以及加利福尼亚北部的波莫人那样相离很远地散居的部落的语言。

寻找语言的发源地

同一个大语系的各种语言在历史上很可能相互有联系,它们甚至可能是由一种共同语言演化而来。但是,学者们还不能详细地探究出演化路线,或标出古老语言的发源地。

格兰德河以北的印第安人没有书面语。然而,他们通过一代一代口头相传,将许多重要事件和美丽的传说流传下来,设法保持各种有活力的传统。某些口头文学传说由一个部落传到另一个部落,翻译成许多种语言。

画图记录有助于记忆和交流思想。在平原,一种叫作冬计的日历就是由画在野牛皮上的一组图像来表示的。

在大陆各地的岩壁、山洞的墙壁,或巨大的漂砾上,都有图形记录画在上面,而在当时这些岩石上的图形文字无疑传递着某种信息。

印第安人的外貌的差异

几乎所有的纯种印第安人都有某些共同的种族特点,因为所有的部落都是许多个世纪前由远东的原始部落发展而来的。他们都有硬直的黑发。他们的皮肤颜色从黄棕色到红棕色,他们的颧骨比黑人和白人的颧骨突出。这些特征与亚洲的蒙古人种更为相近。

印第安人的相貌在其他方面也存在着广泛的差异。例如,在头的形状(长、宽、高的相对比例)、下颚的突出、鼻子的大小和形状以及总体身高等方面,也存在着很大的差异。

平原印第安人的头类似5分硬币背面上的印第安人头像。他们的相貌轮廓清晰,有着倾斜的前额、粗鼻、薄唇以及厚实的下颚。

北极的爱斯基摩人一般是黄皮肤,平实多肉的脸,短而延展的鼻子,体型短粗。普韦布洛印第安人总体上比平原印第安人矮,而且相貌更纤细一些。

人类学家试图通过研究这些相异之处来寻找他们共同的祖先。由于头形、身材和相貌的各种组合往往出现在某些地区,所以,很可能美洲印第安人来源于不同的民族,他们相貌各异,且到达美洲后分布在广阔的区域内。人们已经知道爱斯基摩人相对来得较晚。某些学者宣称:由于环境的影响,诸如饮食和气候,造成了地域的差异。

美国和加拿大内的主要部族

部落	文化集团	语言	早期人口	最早知道的处所	现今处所
阿布纳基人	东部丛林	阿尔冈昆语	3800	缅因	缅因
阿留申人	爱斯基摩	阿留申语	16000	非阿拉斯加阿留申群岛	非阿拉斯加阿留申群岛
阿尔冈昆人和渥太华人	东部丛林	阿尔冈昆语	7000	魁北克	魁北克·安大略
阿帕切人	西南平原（混合）	阿萨巴斯卡语	7000	科罗拉多,堪萨斯,新墨西哥,18世纪被科曼切人赶到南方	亚利桑那,新墨西哥,俄克拉何马
阿拉帕霍人	平原	阿尔冈昆语	3000	科罗拉多,怀俄明	怀俄明,俄克拉何马
阿西尼本人	平原	苏语	10000	马尼托巴,明尼苏达	蒙大拿,艾伯塔,萨斯喀彻温
比弗尔人	马更些-育空盆地	阿萨巴斯卡语	1200	艾伯塔	艾伯塔
贝奥图克人	东部丛林	贝奥图克语	500	纽芬兰	（已灭绝）
黑脚人	平原	阿尔冈昆语	15000	艾伯塔,萨斯喀彻温,18到19世纪向南迁移	蒙大拿,艾伯塔
卡多人	东部丛林平原（混合）	卡多语	8000	路易斯安那,阿肯色,得克萨斯,俄克拉何马	俄克拉何马
卡卢萨人	东部丛林	马斯科吉语(?)	3000	佛罗里达	（已灭绝）
卡托巴人	东部丛林	苏语	5000	北卡罗来纳和南卡罗来纳	南卡罗来纳
切罗基人	东部丛林	易洛魁语	22000	田纳西,北卡罗来纳和南卡罗来纳	俄克拉何马,北卡罗来纳
夏延人	平原	阿尔冈昆语	3500	北达科他和南达科他	蒙大拿,俄克拉何马
奇克索人	东部丛林	马斯科吉语	5000	密西西比	俄克拉何马
奇努克人	西北部渔民	奇努克语	22000	华盛顿,俄勒冈	俄勒冈
奇佩维安人	马更些-育空盆地	阿萨巴斯卡语	2250	马尼托巴,萨斯喀彻温,西北领土	西北领土,艾伯塔
奇珀瓦人（见奥吉布瓦人）					
乔克托人	东部丛林	马斯科吉语	15000	密西西比,亚拉巴马	俄克拉何马,密西西比
丘马什人	加利福尼亚和山间采种人	丘马什语	10000	加利福尼亚	加利福尼亚（接近灭绝）
科曼切人	平原	犹他-阿兹特克语	7000	得克萨斯,俄克拉何马	俄克拉何马
克里人					
平原	平原	阿尔冈昆语	3000	马尼托巴,萨斯喀彻温	马尼托巴,萨斯喀彻温,艾伯塔,蒙大拿
丛林	东部丛林	阿尔冈昆语	17000	马尼托马,安大略,魁北克	马尼托马,安大略,魁北克
克里克人	东部丛林	马斯科吉语	12000	佐治亚,亚拉巴马	俄克拉何马
克劳人	平原	苏语	4000	蒙大拿,怀俄明	蒙大拿
达科他人（一般称为"苏人"）:					
特顿人	平原	苏语	10000	明尼苏达,18世纪向西迁移	北达科他和南达科他
东部桑蒂人 扬克顿人 扬克托奈人	东部丛林-平原（混合）	苏语	15000	明尼苏达,威斯康星	北达科他,蒙大拿,内布斯加,南达科他
特拉华人	东部丛林	阿尔冈昆语	8000	新泽西,宾夕法尼亚,特拉华,1751年后陆续迁往俄亥俄,印第安纳,密苏里,得克萨斯,堪萨斯,俄克拉何马	俄克拉何马,威斯康星,安大略
多格里布人	马更些-育空盆地	阿萨巴斯卡语	1250	西北领土	西北领土

伊利人	东部丛林	易洛魁语	4000	宾夕法尼亚,俄亥俄,纽约	俄克拉何马(被塞内卡人同化)
爱斯基摩人	爱斯基摩	爱斯基摩语	89000	阿拉斯加,加拿大,格陵兰	阿拉斯加,加拿大,格陵兰
海达人	西北部渔民	海达语	9800	不列颠哥伦比亚	不列颠哥伦比亚,阿拉斯加
休伦人	东部丛林	易洛魁语	20000	安大略	魁北克
伊利诺伊人	东部丛林	阿尔冈昆语	9500	伊利诺伊,威斯康星,艾奥瓦,密苏里	俄克拉何马(以皮奥里亚的名义)
易洛魁人:	东部丛林	易洛魁语	10000		
卡尤加人				纽约	安大略,纽约
莫霍克人				纽约,魁北克	安大略,魁北克
奥内达人				纽约	纽约,安大略,威斯康星
奥农达加人				纽约	纽约,安大略
塞内卡人				纽约	纽约,宾夕法尼亚,俄克拉何马
图斯卡罗拉人	东部丛林	易洛魁语	5000	北卡罗来纳,1713年后在纽约与易洛魁人会合	纽约,安大略
卡兰卡瓦人	东部丛林-平原(混合)	卡兰卡瓦语	2800	得克萨斯	(已灭绝)
霍塔那人	马更些-育空盆地	阿萨巴斯卡语	4500	阿拉斯加	阿拉斯加
基奥瓦人	平原	基奥瓦语	2000	南达科他	俄克拉何马
库钦人	马更些-育空盆地	阿萨巴斯卡语	4600	育空领土,阿拉斯加	育空领土,阿拉斯加
夸扣特尔人	西北部渔民	瓦卡斯语	4600	不列颠哥伦比亚	不列颠哥伦比亚
曼丹人	平原	苏语	4600	北达科他	北达科他
马萨诸塞人	东部丛林	阿尔冈昆语	13600	马萨诸塞	(已灭绝)
梅诺米尼人	东部丛林	阿尔冈昆语	3000	威斯康星	威斯康星
迈阿密人	东部丛林	阿尔冈昆语	4500	威斯康星,密歇根,伊利诺伊,印第安纳,俄亥俄	印第安纳,俄克拉何马
米克马克人	东部丛林	阿尔冈昆语	3500	新斯科舍,新不伦瑞克	新斯科舍,新不伦瑞克,魁北克
米沃克人	加利福尼亚和山间采种人	米沃克语	12000	加利福尼亚	加利福尼亚
莫哈维人	加利福尼亚和山间采种人	尤马语	3000	亚利桑那,加利福尼亚	亚利桑那
蒙塔格奈人	东部丛林	阿尔冈昆语	5500	魁北克	魁北克
纳斯卡皮人					
纳切斯人	东部丛林	马斯科吉语	4000	密西西比	(已灭绝)
纳瓦霍人	西南部牧民	阿萨巴斯卡语	8000	新墨西哥	亚利桑那,新墨西哥,犹他
内兹佩尔塞人	平原(混合)	萨哈普廷语	4000	爱达荷,华盛顿,俄勒冈	爱达荷
努特卡人	西北部渔民	瓦卡斯语	6000	不列颠哥伦比亚	不列颠哥伦比亚
奥吉布瓦人	东部丛林	阿尔冈昆语	35000	威斯康星,明尼苏达,安大略	明尼苏达,威斯康星,密歇根,北达科他,蒙大拿,安大略
奥萨格人	平原	苏语	6000	密苏里,堪萨斯	俄克拉何马
派尤特人:					
南部	加利福尼亚和山间采种人	犹他-阿兹特克语	2500	内华达,犹他	内华达,犹他
北部	加利福尼亚和山间采种人	犹他-阿兹特克语	2500	内华达,加利福尼亚,俄勒冈	内华达
帕帕戈人	西南部渔民	犹他-阿兹特克语	6600	亚利桑那	亚利桑那
波尼人	平原	卡多语	10000	内布拉斯加,堪萨斯	俄克拉何马
佩科特人	东部丛林	阿尔冈昆语	2000	康涅狄格	康涅狄格

皮马人	西南部农民	犹他-阿兹特克语	4000	亚利桑那	亚利桑那
波莫人	加利福尼亚和山间采种人	波莫语	8000	加利福尼亚	加利福尼亚
波塔瓦托米人	东部丛林	阿尔冈昆语	4000	密歇根,1700年前南迁至伊利诺伊;1836年后西迁	堪萨斯,俄克拉何马,威斯康星
波瓦坦人	东部丛林	阿尔冈昆语	9000	弗吉尼亚	弗吉尼亚(没有组织的残存部分)
普韦布洛人:					
霍皮人	西南部农民	犹他-阿兹特克语	2800	亚利桑那	亚利桑那
祖尼人	西南部农民	祖尼语	2500	新墨西哥	新墨西哥
格兰德河普韦布洛人	西南部农民	克雷桑语塔诺语	28500	新墨西哥	新墨西哥
索克人和福克斯人	东部丛林	阿尔冈昆语	6500	威斯康星	俄克拉何马,艾奥瓦
塞卡尼人	马更些-育空盆地	阿萨巴斯卡语	3200	不列颠哥伦比亚,艾伯塔	不列颠哥伦比亚
塞米诺尔(历史上克里克人的一个分支)					俄克拉何马,佛罗里达
沙斯塔人	加利福尼亚和山间采种人	沙斯塔语	3000	加利福尼亚	加利福尼亚
肖尼人	东部丛林	阿尔冈昆语	2000	肯塔基,1681年前部分人移到佐治亚;其他人18世纪迁移到宾夕法尼亚,俄亥俄,印第安纳;后来到堪萨斯,俄克拉何马	俄克拉何马
肖肖尼人:					
温德河	平原(混合)	犹他-阿兹特克语	2500	怀俄明	怀俄明
北部	平原(混合)	犹他-阿兹特克语	3000	蒙大拿,爱达荷	爱达荷
西部	加利福尼亚和山间采种人		2500	内华达,犹他	内华达
莎斯瓦普人	西北部渔民	萨利什语	5300	不列颠哥伦比亚	不列颠哥伦比亚
苏人(见达科他人)					
斯拉维人	马更些-育空盆地	阿萨巴斯卡语	1200	西北领土,不列颠哥伦比亚,艾伯塔	西北领土,艾伯塔
蒂穆夸人	东部丛林	马斯科吉语	10000	佛罗里达	(已灭绝)
特林吉特人	西北渔民	特林吉特语	10000	阿拉斯加	阿拉斯加
钦西安人	西北渔民	钦西安语	3500	不列颠哥伦比亚	不列颠哥伦比亚,阿拉斯加
犹他人	平原(混合)	犹他-阿兹特克语	4500	犹他,科罗拉多,新墨西哥	犹他,科罗拉多
威奇托人	平原	卡多语	3200	堪萨斯,俄克拉何马	俄克拉何马
温内巴戈人	东部丛林	苏语	3800	威斯康星,19世纪中叶一部分迁移到艾奥瓦州,明尼苏达和内布拉斯加	威斯康星,内布拉斯加
雅基马人	西北部渔民(混合)	萨哈普廷语	3000	华盛顿,俄勒冈	华盛顿
约库特人	加利福尼亚和山间采种人	约库特语	18000	加利福尼亚	加利福尼亚

印第安人的宗教、行政管理和社会习俗

像过接近自然的生活其他民族一样,印第安人主要考虑与他们生存相关的日常问题。他们主要感兴趣的是,他们能否得到足够的食物,部落能否避免疾病,他们能否赢得战争。他们很少考虑死后的奖励或惩罚,而这在其他宗教里则十分普遍。

印第安人信仰充满自然界的超自然力量。对于阿尔冈昆人来讲,这种力量就是自然神。易洛魁人称之为"奥伦达"(精神力量),达科他人称之为"瓦康达"。印第安人相信动物、植物、岩石、太阳、风和其他自然物也同人一样,具有精神或灵魂。印第安人认为,这些神灵(精神)能帮助他们喜欢的人,惩罚冒犯他们的人。

当印第安人面临严峻的问题或决择时,他们寻求神灵的帮助。为表示虔诚,他要洁身、斋戒、祈祷,有时要经历痛苦的折磨。他寻求一种幻象,希望一个友好的神灵出现,许诺帮助他。在许多部落里,这种保护神成为印第安人神圣的图腾动物。平原印第安人可能在圆锥形帐篷上画上神灵的图像;而西北部落的雕刻家则将神圣的动物刻在图腾柱上。

祈求神灵保佑的仪式

村庄和部落用舞蹈或其他仪式来祈求神灵保佑。这些活动一般来讲由男人来完成。通常,他们有一间用于秘密会社活动的房间,里面摆放圣物,并在那里将仪式教授给年轻人。

重要的仪式要持续许多天,而且事先要有一段时间的斋戒和祈祷。通常,他们是为庄稼祈求下雨,为猎手祈求猎物,或祈求在战争中取胜。最著名的平原仪式有太阳舞,其中包括某些战士的自残。

所有的种植部落都举行玉米舞,这至今仍是普韦布洛印第安人的生活特点。最复杂的玉米舞仪式之一是由克里克人举行的斋戒节仪式。在品尝新玉米、跳舞、饮"黑饮料酒",以及延续数日的仪式之后,部落成员用毁坏旧工具,取出新工具来开始新的一年。他们熄灭旧火,然后用仪式火焰点燃新火。他们忘记旧的仇恨,饶恕干了坏事的人。

治疗和巫医

印第安人认为,疾病是由于邪恶神灵作怪,因此他们用咒语和巫术来祛病。这一法事通常由那些被认为有能力控制神灵的人来实施。印第安人称他们为"神秘人"、"歌手"或"神人"等。白人称他们为巫医。那些巫师同时也在仪式中扮演类似教士的角色,并负责保存圣物。

不同部落的咒语和仪式各不相同。纳瓦霍人作沙画。

阿帕切画家阿伦·豪泽所画的这幅画,画的是为期四天的阿帕切姑娘成人仪式中的一个步骤。姑娘和他们的教母在常青的圣棚里。外面是鼓师和唱圣歌的巫医。前景是跳冠舞或魔鬼舞的人和小丑在表演。

易洛魁人的假面具团体成员戴着用活树木料刻成的面具。在春季和秋季,他们挨家挨户晃动龟瑁壳制成的拨浪鼓,唱歌以驱除病魔。

某些治病方法包括把草本植物和植物的根茎当作药。除巫师外,一般的男人和妇女也能配制药物,看护患者。

部落组织和妇女的作用

由于大多数印第安人生活在一个很小的社群中,所以,他们的管理乃至社会组织建立在对家族和部落的忠诚之上。在大多数的部落中,家族之间是通过第三种群体的方式,即母系或父系来联系的。在母系氏族中,家族的继承与相互联系是通过母亲一方来计算的;而在父系氏族中,则通过父亲一方来计算。母系氏族的家族大多是生活在一起的。在这种家族里,孩子们把表兄弟姐妹当作自己的兄弟姐妹,把姨舅当作父母。青年男女只能与氏族以外的人通婚。

妇女的影响力在像易洛魁人这类部落中非常大,血统关系通过母亲确定。各部落的婚姻习俗不同。一般来说,婚姻是由男女双方的同意缔结的。通常,新郎要送给新娘家里一定数量的礼物,以补偿新娘离开所带来的损失。

如果夫妻双方不和,离婚通常很容易,但孩子并不会因家庭破裂受到影响。他们可以继续生活在氏族群体中,可以得到姨舅的照料。

印第安人对孩子都很好。他们的纪律是严格的,但绝不会鞭打孩子或实施其他体罚。大人希望孩子分担一些家务。男孩第一次将自己射死的猎物带回家时,父亲会骄傲地为他举行宴会。当孩子们长到十三四岁时,要举行仪式,这时,他们就被当作男人和女人看待了。

印第安人如何埋葬死者

各个部落埋葬死者的方法各不相同。土葬是最常见的做法。在某些史前的印第安人部落中,墓地通常要筑坟。在西南部,尸体有时存放在洞穴里,在干燥的空气里风干或制成木乃伊。在北部平原,常见的做法是将尸体放到树林中,或放在支架上。在西北海岸,他们可能将尸体放在独木舟里,然后高高地架到柱子上。

从太平洋海岸到佛罗里达,有许多部落实行火葬。他们通常把骨灰用陶罐埋起来。家庭用具、食物、装饰品、工具以及死者的其他个人用品,都与骨灰一同葬埋,各印第安人部落大都如此。

领导和行政管理

印第安人部落中的行政管理非常简单民主。酋长并不是独裁统治者;他通常是根据能力和智慧挑选出来的,尽管有些部落的酋长是世袭的。他向氏族成员提出建议,力图解决他们的纷争。战争首领是选举出来的,负责率领成员进攻或出征。

部落或村落理事会讨论表决重大事宜。理事会可能由村庄里的成年男人或氏族首领组成。在易洛魁部落中,已婚妇女参加理事会大会。

易洛魁联盟

易洛魁联盟是北美印第安人最高政治组织形式。大约在1570年,莫霍克人、塞内卡人、奥农达加人、奥内达人和卡尤加人(所有这些部落都属于易洛魁语系)创建了这个联盟,以促进他们之间的和平。白人称之为"五国联盟",后来,1722年图斯卡罗拉人加入,成为六国。易洛魁人称之为"长屋人",这一机构在1850年左右用文字记录下来。

创立者建立了一整套法律体系构架,虽然没有成文,但具有正式的法律效力。在奥农达加召开的联盟大会是它的管理机构。各部落代表一年会晤一次,制定政策并采取行动。20世纪后期,有一种观点称,美国宪法受到易洛魁宪法的影响。这种说法很不可靠,因为,美国的创立者们受欧洲影响很深。

其他时代和地区的印第安人

五个主要文化群体的印第安人是美国和加拿大人主要关注的对象。他们帮助建立了两个国家的历史。那是美洲文学和民间传说的一部分。他们在制衣,建屋,制造工具、用具和武器方面的成就看来更有意义,因为他们使用的材料就是身边熟悉的石块、树木和动物。

当美洲大陆被发现的时候,格兰德河以北的印第安人数可能还不到美洲大陆印第安总人数的十分之一。中部美洲(墨西哥和中美洲)的印第安人口至少是美洲北部人口的四倍。南美洲的印第安人口比中美洲和北美洲的总人口还要多。

中美洲和南美洲的印第安人在许多方面比北美洲的要先进得多。这些地区的农业种植者已经培植出了美洲出产的大多数作物。在从农业获得足够的食物供应之后,生活在从墨西哥到智利的高原地区的人们已经大步走向文明社会。领先者是秘鲁的印加人和其他安第斯人,危地马拉和尤卡坦半岛的马雅人,墨西哥的托尔特克人、阿兹特克人、萨波特克人和米斯特克人。

拉丁美洲的印第安人口一直很多。20世纪80年代前期,约有4 500万印第安人,大约还有三倍的印第安人与白种人的混血儿生活在那里。与这个数字相比,据报道,当时生活在美国和加拿大的印第安人和爱斯基摩人约有170万。(参见下面的"现代美洲的印第安人生活")

定居美洲

游牧部落被认为是从亚洲迁移而来并最终占据整个美洲大陆的。并非一个人,而是一群接一群的印第安人开始了这场从阿拉斯加南下大陆的长途旅行;在许多世纪里,这一迁移一直持续着。

考古学家已经发掘出他们的宿营地。他们发现了印第安人点火留下的灰堆、骨头和贝壳,以及原始工具和武器。这些发现显示,最早的美洲印第安人以狩猎为生,加上捕鱼以及采集种子和其他野生食物。他们使用带有石头的长矛和梭镖。他们可能用一种叫作"投射器"的装置来投掷梭镖。弓箭很可能是后来发明的,或是从外面引进美洲的。

这些早期印第安人懂得如何制造粗糙的石器。他们懂得如何取火,而且可能驯养了一种家畜,即狗。他们不懂得如何耕种、制造陶器或金属制品。

考古学家的工作

关于早期印第安人的信息是由考古学家收集整理的,他们运用科学的方法来确定他们所发现的文物的年代。根据地质学知识,他们知道土层沉积的年代。他们比较树木中的年轮,检验树木、烧焦的骨头和其他有机物质中碳-14的含量。

在内华达州图利泉,他们用放射性碳检验方法检验了那里古老营地的焦炭。同时被检验的还有不同动物的骨骼和人造工具。结果显示出这些焦炭的年代在23800年以上。

1959年,在墨西哥普埃布拉附近,人们发现了年代更早一些的人类遗迹。那是一块猛犸骨,上面刻有一些诸如骏犴、獏、乳齿象等史前动物的图案。地质学研究以及其他检验显示,这些猎手兼艺术家可能生活在大约3万年前的间冰期时代。

美洲在更新世,也就是在冰川期冰川融化的时候就有人类,这一发现的最早证物是1926年在新墨西哥州福尔瑟姆发现的。当时发现了一种有凹槽的尖头狩猎工具和已灭绝野牛的骨头。碳-14测试和地质学研究显示,在福尔瑟姆发现的那种尖头工具大约是在9千至1万年前制造的。

福尔瑟姆考古发现之后,为寻找人类生活在更新世的其他证据开展了广泛的探寻,在大陆的其他地方也发现了一些尖头工具及其他人造物品。

更新世地层的人类骨骼

在古老的地层同时发现了动物骨骼和少量人类骨骼。用地质学手段检验骨骼的年代是十分困难的,因为人可能埋在比他们出生的年代早得多的地层里。

1931年,在明尼苏达州佩利肯拉皮兹附近发现的骨骼被称为明尼苏达人。这副骨骼出土于属于更新世的地层中。这是一个15岁左右女孩的骨骸,据推测是大约1—2万年前被埋入冰川湖泊中的。头颅相对较长且狭窄,具有蒙古人种特征。突出的下颚中有较大的乳牙。在得克萨斯州米德兰一口自喷油井发现了米德兰女人骨骸。她大约生活在11000年前。

另一个重大发现是1947年在墨西哥谷地特派克斯潘村附近。在一个存有化石象残骸的古代湖底发现了一个男人骨骸。经检验其年代大约在11000—12000年前,头颅相对较圆。

在南美洲厄瓜多尔和巴西高原,也发现了头颅化石;在同一地层,还发掘出了一些更新世动物骨头。这些拉科阿桑塔人头颅较长,其他特征是脸部微突,低前额,高颧骨。

东部和西部的生活方式

根据对所发现的人工制品的科学研究,考古学家相信,落基山脉以东的古印第安人的生活方式与落基山脉以西的古印第安人的生活方式不同。东部印第安人主要依靠狩猎,显然很少从事持续的农业生产。尽管在他们的住所也有刮削和切割的工具,梭镖显然是他们最广泛使用的工具。落基山脉以西的古印第安人主要采集种子、野谷、坚果、根以及植物的其他部位。在他们的营地发现了许多磨石,但是也发现了尖头工具、砍刀和刮削工具。根据发掘出来的物品的类型可以判断人类行为的不同之处,由此引导考古学家对各地区的文化进行系统的阐述。

猎象人或称平原文化人,猎杀一种已灭绝的类似大象的适应草原生活的动物——猛犸。与猛犸的骨骸同时发现的还有一种比福尔瑟姆尖头工具更大的有凹槽的尖头工具。它叫作克洛维斯有凹槽尖头工具,是根据在新墨西哥州克洛维斯首先发现而命名的。再往东,类似的尖头工具被用来猎杀乳齿象,即一种生活在林区的大象。这一文化时期是在9000到12000年前。

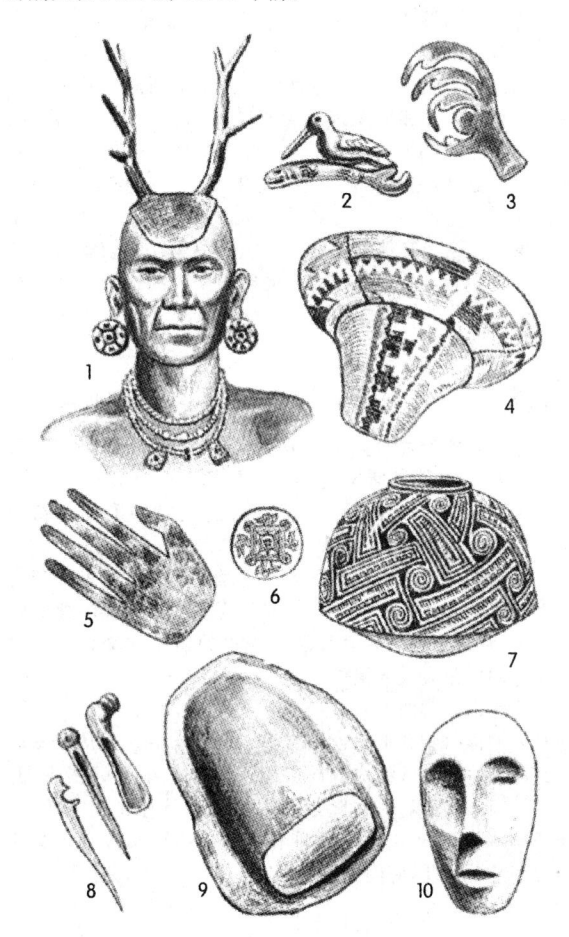

这些物品是由史前印第安工匠制作的。1.霍普韦尔人的铜头饰、珍珠项链和铜耳饰。2.出土于俄亥俄州的霍普韦尔人的石刻烟斗,图案为一只鸭子趴在鱼背上。3.用云母刻成的鸟爪。4.大约于公元500年编成的阿纳萨齐人的篮筐。5.用云母刻成的手。6.出土于田纳西州的贝壳饰物。7.公元1000年左右的霍霍坎人的坛子。8.阿纳萨齐人的骨刮刀。9.阿纳萨齐人用来磨玉米的磨石。10.肯塔基州发现的石制面具。

桑迪亚文化取名于新墨西哥的桑迪亚山脉，在那里最早发现了一种带有一个槽口的或有肩的粗糙尖头工具。这些尖头工具是在藏有福尔瑟姆遗留物的土层下发现的。它们是与一些已灭绝的动物的骨骸一同出土的。桑迪亚文化比福尔瑟姆文化和平原文化要早，可以上溯2万年。

在大平原上，属于猎牛文化的人们用福尔瑟姆尖头工具和各式各样叶状尖头工具捕杀一种现已灭绝的大野牛。这一文化时期大约是在6500—10500年前。

古代西部传统的荒漠文化

"险洞文化"是以在犹他州文多弗附近的一个大洞穴里发现的遗留物为根据的。在不同的地层发现了大约2500件片状石器、1600块磨石，以及网具、篮具。这些古印第安人以采集食物为生，并在一个早已干涸的大湖上打猎。尽管这些动物遗骸属于现存物种，放射性碳检验显示，这一文明可上溯11000年。

"石膏洞文化"是以内华达州拉斯韦加斯附近的考古发现为根据的。在那里发现了尖头工具和其他人造工具，同一地层中还有已灭绝的地树懒、骆驼和马的遗骸。对地树懒粪便的碳-14检验推测，这一文化大约是在8600—10500年前。

这个洞穴及其他洞穴的上层土层中保存有较晚人类的遗骸——包括有历史记载以来的印第安人的遗骸。考古学家已经在追溯这些古印第安人文化与较晚期的文化的联系上取得进展。

从科奇斯文化到有史以来的各种文化

考古学家经过发掘和研究后认为，亚利桑那州和新墨西哥州发现的科奇斯文化，经历了大约从公元前6000—2000年的几个发展阶段。当时，人们主要靠采集食物为生。经过若干世纪，他们改良了磨石，制造了杵和臼。

在后期的遗址中发现了硬土地面和地窖，这表明当时已经有了某种形式的房屋。在那里还发现了陶器。建筑学家认为，科奇斯人是后来发展了先进的霍霍坎文化和莫戈永文化的印第安人的祖先。

北美洲东部的太古文化大约是在3000到7000年前。当时人们以狩猎和采集食物为生。他们有一些用从大湖区北部得到的纯铜锤制的铜制工具。他们使用斧头、凿子、开垦用的扁斧和磨石。在随后出现的早期丛林文化时期，出现了某些农业，也出现了坟堆和陶器。包括霍普韦尔文化的中期丛林文化，时间大约是从公元前400年到公元700—800年。

漫游者定居于村庄

只有当古印第安人学会种植，收获玉米、豆子、南瓜时，他们才可能放弃漫游，进步到定居生活。他们可能从中美洲印第安人那里得到玉米，而中美洲的印第安人则早在公元前2000年即开始从事农业。

在干旱的西南部发现了关于这种生活方式的转变的大量证据。通过挖掘古老村庄的遗址，考古学家逐渐了解到印第安人缓慢的发展过程，他们如何学会种植庄稼，编织篮子和衣服，制作陶器和建造房屋。

科学家们沿着这样的轨迹研究阿纳萨齐文化：从公元100年的编筐定居者，通过建筑巨大的悬崖住所的大普韦布洛时期到今天的普韦布洛人。本文中有关西南部农夫的那一节描述了他们的生活方式。这些印第安人生活在科罗拉多州、新墨西哥州、亚利桑那州和犹他州交界处的高原。

霍霍坎文化的荒漠印第安人，生活在亚利桑那州南部索尔特河和希拉河的流域盆地。他们的文化可以从公元前300年追溯到有史时代。他们是科奇斯人的后裔，而当代皮马人和帕帕戈人则是他们的后裔。他们住在窑屋里，用牛皮制成坛罐，上面饰有红色图案，穿编制的凉鞋，后来又穿上布衣服。他们在很大的场地上玩一类似马雅人玩的球戏，他们还以灌溉渠系统而闻名。

莫戈永-明布雷斯文化开始于公元前100年。这些人是科奇斯人的东部分支。他们的村庄位于亚利桑那州东部和新墨西哥州西南部的山区。他们住在窑屋里，将死者连同陪葬品埋葬在房间的地下。他们用石烟斗或陶烟斗抽烟，并且使用石制工具和武器。

早期东部印第安人

大约从公元前1000年到公元前400年，密西西比河以东漫游的猎手开始定居生活，他们种植玉米、豆子和南瓜。在新开始的定居生活中，许多部落制作陶器，并将死者埋葬在坟里。其他土堆用作寺院平台。一些大型土方工程修建成动物和鸟的形状。

俄亥俄州南部的霍普韦尔文化是最先进的文化之一。霍普韦尔的具有专门知识的艺术家和工匠能制作石雕烟斗，各类陶器，用燧石和黑曜岩制成的矛头，锋利的刀、斧、扁斧，以及其他工具。妇女身穿裙子，男人围腰布。

密西西比河流域南部的部落在公元700年达到鼎盛时期。大约于1700年，白人殖民者到来时，发现他们巨大的平顶金字塔，上面建有寺庙，可以举行复杂的宗教仪式。印第安人有一种能够调动大批工人的政府或社会机构，因为这些土堆（平顶金字塔）是用一筐一筐的土堆出来的，一些土堆至今仍在。

南美洲文化

本书插页11中的印第安人文化地图表明，南美洲同北美洲一样，印第安人的生活方式同样可分为三类。一类主要依靠狩猎，另一类依靠种植、狩猎和捕鱼，而最后一类则依靠精耕细作的种植。

南部平原的猎手们用流星锤、棍子、弓箭来猎杀栗色羊驼和鸵鸟，妇女采集含淀粉的植物根和草籽。他们对栗色羊驼的依靠，如同平原印第安人对野牛的依靠。他们用栗色羊驼皮蒙棚屋，做容器、斗篷、皮鞋和其他衣服。自从西班牙人引进马匹以后，他们的狩猎能力提高了。

西南海岸的印第安人被称为独木舟印第安人，他们巨大的航海独木舟是用山毛榉树皮制成的。他们捕猎海豹和海獭，打捞贝类和采集野生植物。

在北部热带丛林密布的低地，男人狩猎、捕鱼、作战，妇女用刀耕火种的方法耕种。用木薯做的面包是他们的主要食品,尽管挤去块根的毒素和磨木薯粉的工作是乏味的。带毒箭的喷箭筒、长弓箭以及棍棒,是他们的主要武器,用来捕杀这一地区的鹿、貘、西猯、猴、鸟和啮齿动物。房屋框架是用圆木搭的,上面盖上茅草。他们造船用来在河上航行。这一地区的印第安人学会了编织,能够制作实用的和举行仪式用的陶器。

印加文明

在集约农业提供充足食物的地方,文明得到充分的发展。安第斯山脉中部的肥沃土壤使人们刚刚驯化的庄稼生长旺盛,促进了那里的文明发展。

村庄建在沿海的谷地,那里有可用于灌溉的充足水源。在较高的安第斯平原上,散布着一些人口中心。那里的农夫种植玉米、豆子、南瓜、土豆、昆诺阿藜、甘薯、木薯、花生、棉花、胡椒、烟草、古柯和其他植物。他们驯养美洲驼和羊驼来驮运货物,提供驼毛。安第斯人在编织、制陶、金属加工和石头构筑等方面取得了令人惊异的进展。

高原印加人在被西班牙人征服以前,曾是最强盛的一族,他们统治着从厄瓜多尔北部到智利的广大地区。他们组织了一个帝国政府,这个政府的统治非常严密,甚至可以控制最下层的农夫的生活。

马雅人和阿兹特克人的成就

中美洲的马雅人曾创造过两个伟大的中心。他们最早的一些城市是在危地马拉和洪都拉斯,那里矗立着石庙和巨大的石碑,或称石柱,上面雕刻着神和所崇拜动物的图像,还有用他们的计数系统记载的日期。那些兼天文学家和祭司于一身的人发明了历法,并用象形文字撰写宗教和科学著作。这一时期被考古学家称为古典时期,大约从公元320年持续到公元900年。

后古典时期(大约从975年到被西班牙人征服),在尤卡坦半岛建了一些大城市。从墨西哥来的托尔特克人占领并统治了这些城市,这些城市精美的建筑显示出托尔特克人的影响。由于在内战中受到削弱,马雅人于1527年到1546年被西班牙人征服。

史前,墨西哥曾出现过几个显赫的印第安民族,其中包括托尔特克人、萨波特克人,以及最后冷酷的阿兹特克人。"阿兹特克人"这个条目中描述了他们的征服、艺术和工艺、传说中的城市、特诺奇蒂特兰城,以及他们使用人祭的残酷宗教。

学者们对印第安文明的成就感到惊异。他们惊叹于印第安人能不借用畜力和锋利金属工具修造他们浩大的工程。印第安人没有轮子来帮助他们搬运、制作陶器。只有马雅人用书面文字来传播知识。

印第安人与白人之间许多世纪以来的争斗

没有一种美洲印第安文化产生过土地私有制。同来自欧洲的殖民者不同,殖民者的祖国是实行土地私有制的,而印第安人则实行公共土地所有制。在每个部落的领土范围内,土地为本部落的所有成员共同使用。个人没有拥有土地的权利;任何人,甚至是部落首领,也不能随意处置变卖土地。当欧洲殖民者从印第安人那里购得土地的永久权利时,他们是购得了根据印第安人的习俗连酋长也无权变卖的东西。对于土地所有权的不同态度,是印第安人和欧洲人之间冲突的主要原因。种族、语言、宗教和生活方式的差异,只是激化或是有时模糊了这一主要矛盾。

冲突的另一个原因是,欧洲人不认为他们隶属于早已在此定居的印第安部落。相反,他们以其祖国的名字为新土地命名。欧洲殖民者凭借先进的武器,后来凭着绝对的人数优势,划定殖民地边界,占有那里的土地。

印第安人最初遇到欧洲人时非常好奇和友好。但是,友谊难得回报。当西班牙征服者在南美洲、中美洲和墨西哥寻找金、银和宝石时,他们抢劫印第安村庄,奴役、杀害当地居民。西班牙殖民者后来迫使印第安人在矿场做苦力,或在大庄园里生产出口到西班牙的商品。早期的法国殖民者主要与圣劳伦斯谷和大湖区附近的印第安人做皮毛贸易。希冀垄断毛皮贸易的企图,使得各部落之间相互争斗。印第安人同法国人的通婚十分普遍。

生活在北美东海岸的印第安人曾帮助早期的英国殖民者建立殖民地,种植玉米,适应野外生活。弗吉尼亚的一个讲阿尔冈昆语的部落联盟的领袖波瓦坦、新英格兰的万帕诺亚格印第安人酋长马萨索伊特,都与英国人建立了和平贸易关系。

总的说来,印第安人同欧洲人的交往是痛苦的。贸易商贩经常将印第安人灌醉,乘机赚取便宜;欧洲人的疾病,像天花和肺结核等,还造成许多部落的灭亡。许多印第安人的技能和一些印第安部落特征,在逐步采纳欧洲生活方式的过程中消失了,并且越来越依赖欧洲人的商品。

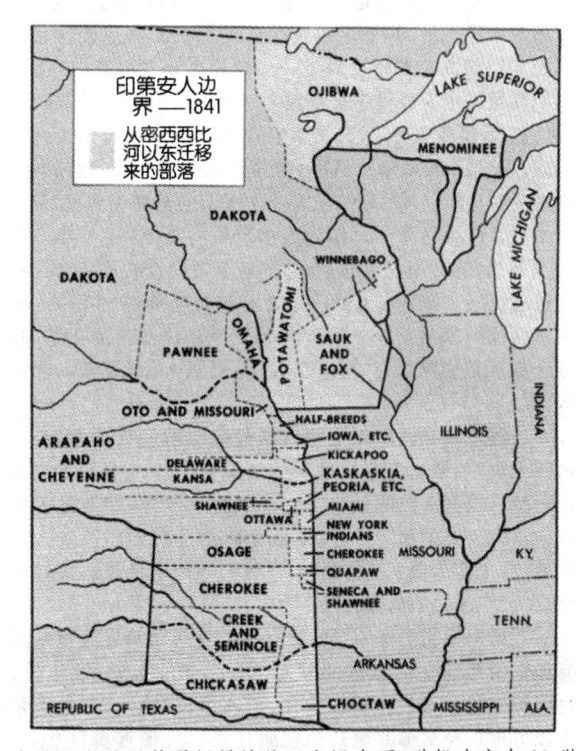

在殖民者渴望获得新耕地的巨大压力下,联邦政府在19世纪30—40年代将成千上万的印第安人迁到大平原。

英国殖民地上的印第安人战争

1936年,康涅狄格州的印第安人与白人爆发了最早的暴力冲突。殖民者攻击佩科特人的主要村庄,大约600名印第安人被杀害,佩科特部落几乎被夷灭。1675年,新英格兰的几个印第安部落联合起来反抗白人殖民。这是由马萨索伊特的儿子米塔科米特领导的战争,殖民者称之为菲利普王战争。但经过大约一年时间,米塔科米特的部队被击败。

到17世纪最初的十年末,印第安人保卫领土的斗争与英法两国争夺北美领导权的一系列战争交织在一起。某些印第安部落帮助英国人,而另外一些则帮助法国人。1763年,即法国印第安人战争的最后一年,法国盟友、一名奥塔瓦族酋长庞蒂亚克在大湖区向英国据点发起进攻。法国人当年与英国人签署和平协议时,庞蒂亚克也与英国人签署了和平协议。

美国独立战争时期,英国人打着保护印第安人土地的旗号反对殖民者,这使得许多印第安部落在像莫霍克族酋长约瑟夫·布兰特那样的领导人的统率下站在英国人一方作战。尽管印第安人的援助对英国人的作用令人怀疑,这却导致约翰·沙利文将军领导的大陆军对纽约州易洛魁人的报复性攻击。

美国的印第安人战争:东部地区

美国独立战争以后,新的美国政府希望与边界上的印第安人维持和平。但是,大量移民向西拓展移民点,抢占了印第安人的土地,并要求得到军队的保护。肖尼族酋长特库姆塞组织几个部落反对进一步割让土地。但是,1811年他们在蒂珀卡努战役中被威廉·亨利·哈里森将军击败。

1812年战争期间,许多印第安人继续站在英国人一方作战。美国取得战争的胜利,为使边境得到安全,联邦政府将密西西比河以西的印第安人迁往所谓的美洲大荒漠,那里恐怕没有白人愿意住。作为这项政策的补充,1830年5月28日签署了《印第安人移居法》。这项法规授权安德鲁·杰克逊总统——印第安人的一个富有献身精神的对手——用密西西比河以西土地交换东南部五个开化部落的土地,这五个部落是切罗基人、克里克人、乔克托人、奇克索人和塞米诺尔人。

迁移政策导致杰克逊与美国最高法院发生冲突,最高法院判决,切罗基人有权留在佐治亚州的土地上。杰克逊拒绝执行最高法院的裁决,1838年至1839年,切罗基人同其他早先迁移的部落一样,被强令向西迁移到印第安人保留地(后来称为俄克拉何马州)。他们在严冬的艰苦跋涉被称之为"泪水浸透的征程"。

威斯康星州黑鹰领导的索克和福克斯印第安人拒绝放弃他们密西西比河以东的领土,但是,于1832年被击败。(见:**黑鹰**)19世纪30—40年代,奥西奥拉领导的塞米诺尔人徒劳地拒绝从佛罗里达州家园迁出(见:**奥西奥拉**)。到40年代末,除少量部落逃往荒野以外,东部地区的"印第安人问题"已经结束。

美国的印第安人战争:西部地区

同东部部落一样,北部和西南部部落也从他们的家园被驱赶到密西西比河和落基山脉之间的地区。到19世纪40年代,美国军队与那个地区的各个印第安人部落一直处于战争状态。随着白人移民不断蚕食印第安人土地,战争被不断挑起,最后结果不是印第安人被击败然后迁往别处,就是印第安人割让部分土地来换取和平。有时,美国政府许诺向印第安人提供食品、财政援助和为他们建学校,但这些诺言很少兑现。

1846年从英国人手中获得俄勒冈领土后,成千上万的白人移民涌入俄勒冈。他们与西北部印第安人部落发生大量冲突。19世纪50年代,几个小部落被欺骗签署了一些条款,根据这些条款,他们要放弃大部分土地,于是,战争在皮吉特湾周围爆发。但是,印第安人很快被击败,并被驱往保留地。

在西北部的其他地区,战争持续到19世纪70年代后期。1877年,内兹佩尔塞部落的印第安人在酋长约瑟夫率领下,拒绝签署割让协议,根据这个协议,他们要把太平洋海岸西北部几乎所有的土地割让给美国。丧失土地、缺少食物以及疾病侵袭,促使班诺克印第安人于1878年在爱达荷举行起义,后亦失败。

墨西哥战争结束后,西南部也纳入美国管辖之内。1847年,普韦布洛印第安人在陶斯(后来并入新墨西哥)举行起义,反抗殖民者,但这一行动失败了。移民与普韦布洛人,皮马人和帕帕戈人的关系通常是和睦的。当移民攫取纳瓦霍人和阿帕切人的土地,杀死他们的牲畜和毁坏他们的园子时,他们通常采取报复手段。纳瓦霍人在19世纪60年代被镇压,被迫迁往保留地。但是,阿帕切人继续战斗。甚至在他们被限制在保留地之后,仍有少量人马对白人进行袭击。1886年,阿帕切酋长杰罗尼莫最终投降,印第安人在西南部的反抗也结束了。

1850年前后,大平原诸部落开始袭击运载西进移民的车队。他们对移民的恶劣态度十分恼怒,而且移民赶走了他们赖以为生的野牛群。军队和政府希望保持和平,这导致了1851年《拉勒米堡条约》。平原部落保证只在限定区域内狩猎,而政府则同意让移民迁出,但是,当1865年政府违反协定,开始兴建堡垒和通向蒙大拿准州矿区的通道,红云领导的奥格拉拉苏人袭击并摧毁了几个堡垒。到1868年签署新的和平协议时,政府停止修建通道,废弃堡垒,再次保证印第安人的保留地不被入侵。

1871年,国会决定,印第安人部落不再被承认拥有主权,因而无须与之签署协议。尽管现存协议仍旧被认为有效,暴力仍不断发生。1868年协议将达科他准州的布莱克山划为苏人保留区的一部分。1874年此处发现金矿,从而引来大批淘金者的入侵。1875年,政府命令苏人迁往其他保留地。苏人拒绝向政府出卖土地。军队,包括乔治·A.卡斯特中尉率领的部队被派去执行这一命令。苏人酋长坐牛(塔坦卡·约塔克)和疯马(塔申克·维特科)率领的印第安人主体人马于1876年6月25日全歼卡斯特中尉所率部队。

1868年，奥格拉拉苏人酋长红云迫使联邦政府放弃要塞，从而赢得了与美国战争的胜利，这在西部印第安领袖中是独一无二的。但红云随后放下武器，在保留地度过余生。

但这是印第安人最后一次大的军事胜利。他们逐渐被圈向保留地，并被限制在其中。最后，坐牛和其他苏人加入一种新的徒劳无益的迷信活动，这项活动叫灵舞，预言如果有足够的印第安人加入，白人将被全歼，印第安人生活方式便会保留下来。但是，随着坐牛的被捕和被杀，以及军队在南达科他州翁迪德尼河畔杀害数百名印第安人以后，灵舞运动于1890年被镇压。

历史上同政府的关系

第一个监督政府对印第安人协议履行诺言的联邦机构成立于1789年，由国会战争秘书领导。1824年成立的印第安人事务局归国防部管辖，1849年转到内政部。

印第安人事务局实施对印第安人土地的限制，防止它们的非法流失。在法律准许时，事务局帮助印第安人合法出售或出租土地。当土地所有者死后，事务局保持与土地继承人的联系。存入美国财政部的付给印第安人部落的土地费由印第安人事务局负责管理。

由于被强迫限制在保留区内，而那里的土地十分贫瘠，印第安人开始依赖政府提供生活必需品。许多白人认为，拥有土地是成功的基础，希望印第安人拥有土地后能自力更生。而另外一些渴望获得土地的白人则认为，已经为印第安人保留了太多的土地。

这两派白人都敦促政府通过《1887年印第安人土地分配法案》。这一法案要将印第安人部落所有的公共土地分配给印第安人个人。"剩余"的土地——即超过分配给印第安人个人的数额的土地——最终卖给了白人。这一法案授予获得土地的印第安人以及其他放弃部落生活、转向"开化"生活方式的印第安人公民权。

《印第安人土地分配法案》导致印第安人丧失上千万英亩的土地。许多印第安人不适应个人拥有土地，也不懂得金钱的价值。他们以惊人的低价将分配给他们的土地卖掉，花完钱后沦为赤贫。有的土地虽然保存下来，但随着后代一次次分产，每个印第安人拥有的土地越来越少。尽管印第安人部落的团结受到挑战，但是，传统的部落价值观和习俗仍旧保持着。

最终，政府官员认识到，迫使印第安人采纳异族生活方式的计划彻底失败了。1934年，国会通过《印第安人重新组织法》（《惠勒-霍华德法》），停止执行土地分配政策。新法最重要的条款是重新将部落视为政治实体，部分恢复它们的内部主权。印第安人的文化和宗教开始复原。

根据新法，许多部落按照美国模式建立了政府。部落制定了宪法和地方法，建立了行政、立法和司法机关，并通过无记名投票选举部落官员。新法拨款供印第安人买回一些已脱手的"剩余"土地。另外还拨款为印第安人提供较好的教育和医疗设施，以及为总体的经济发展提供资金。

印第安人运用1934年授予的权利使白人离开他们的土地，保护他们对天然资源的合法权利。但是，《印第安人重新组织法》不断遭到批评，1953年国会终于宣布，联邦政府与印第安人部落的一切关系应尽快终止。国会同时允许州政府可以在印第安人保留地实施民事和刑事司法权，而无需经过印第安人部落的同意。印第安人部落运用法庭诉讼和公众呼吁全力反对终止关系法令。到20世纪60年代，在全国性的印第安人政策上，终止关系的观点慢慢失去影响。但是同时，联邦对相当一部分部落的援助停止了，其中有俄勒冈州的克拉马特人和威斯康星州的梅诺米尼人。许多部落争取从州政府夺回他们保留地的司法权。一些部落又坚持他们对在19世纪或更早时期被夺走的土地的所有权。

尽管有了《印第安人重新组织法》，印第安人仍不能自由支配联邦给予保留地的拨款。但是，印第安人利用了由《1964年经济机会法案》引起的政府向贫民提供援助的计划。根据这一法案制订的"印第安人计划"的成功，促使包括印第安人事务局在内的其他援助印第安人机构，允许部落对联邦给予的拨款有了更大的支配权。印第安人也利用民权运动来促进他们的事业。

现代美洲的印第安人生活

1980年，美国境内印第安人大约有140万人。人口数量增长很快，从1950年的34.3万人，1960年的52.4万人到1970年的80万人。加利福尼亚、俄克拉何马和亚利桑那州是印第安人人口最多的三个州，1980年每个州的印第安人口都超过15万人。其他有大量印第安人口的州有新墨西哥、北卡罗来纳、阿拉斯加、华盛顿和南达科他等州。

政府对印第安人事务的控制

美国国会对印第安人事务拥有绝对的权力。国会可以根据《1887年印第安人土地分配法案》或20世纪50年代终止关系法令拆散印第安人部落，或是根据《1934年印第安人重新组织法》允许他们重新组织。国会可以推翻法院关于印第安人部落的裁决。

国会通过众参两院内部与岛屿事务委员会印第安人事务小组来行使它对印第安人事务的权力。国会还通过拨款来控制印第安人事务。对印第安人部落机构的财政支持、支付社会服务和教育费用，以及提供发展资金，都需要通过众参两院内部事务及相关机构拨款小组。

1924年，美国的所有印第安人都取得了公民权。他们现在像所在州内其他公民一样，拥有相同的公民权。不过，那些或是已获得联邦承认的部落成员，或是个人拥有保留地、托管地的印第安人，还享有特殊的社会地位。他们的部落是政治实体，它们一般不归他们所在的州管辖，他们的条约权利仍旧有效。

大多数部落是根据《1934年印第安人重新组织法》组成的。他们有权自己管理税收，制定部分法律，颁发许可证，处理结婚和离婚等事务。他们的权力为联邦和州政府所承认。这些部落不归民事和刑事司法权限所辖，他们在自己的保留地内拥有完全的民事和刑事司法权，除了某些严重罪行（像谋杀、纵火和偷窃等）归联邦司法权管辖外。

部落的土地以及印第安人个人拥有的土地，由美国政府代为托管。这些土地以及在其范围内的活动都是免税的。生活在部落保留地或限制地的印第安人可以享受内政部印第安人事务局以及健康、教育和福利部印第安人健康服务计划的待遇。印第安人事务局还向生活在城市里的印第安人提供服务。

在《1934年印第安人重新组织法》实施以前，印第安人的部落政府组织没有恢复，内政部通过印第安人事务局对印第安人保留地实施全面管理。至今内政部仍在负责印第安人生活中许多方面的法律事务，像部落签署法律文件或出让土地等，都需经内政部批准。另外，交由政府托管的土地，不论是部落的还是私人的，要想出让给别人的话，必须征得内政部长的同意。

内政部也负责维护印第安人权益。但是，内政部经常对这一责任漠不关心，或是将自己的意见强加于印第安人，或是热衷于与印第安人的意图作对。这方面典型的例子是《1887年印第安人土地分配法案》和20世纪50年代终止关系法令。

内政部在履行其保护印第安人权益的责任时，其困难也源于内部的利益冲突。印第安人事务局归负责公共土地管理的副部长领导，而垦荒局也归内政部领导，当两者发生利益冲突时，局势显然很难处理。在大多数情况下，印第安人没有足够的政治影响力在冲突中占上风。

与司法部也会发生冲突。内政部必须通过司法部为印第安人的利益提起诉讼。但是，司法部的这些诉讼难以成功，尤其是当起诉美国政府时。

印第安人赔偿委员会

国会1946年通过立法，成立印第安人赔偿委员会。印第安人部落可以在求偿法院上控告美国给他们带来的土地和钱财的损失；在此之前，印第安人部落必须从国会那里得到裁判权法令。

根据《印第安人赔偿委员会法案》，印第安人必须在5年之内提出他们的赔偿请求。到1951年，大约有600起赔偿诉讼备案。然而直到1970年，大约一半的赔偿诉讼悬而未决，四分之一被驳回。另外四分之一赔偿总数大约在3.3亿美元。

这一赔偿数额是根据当时从印第安人手中取走土地时的价值判定的。这意味着主要是依据19世纪的土地价格。在当时的一些土地交易中，印第安人每英亩土地只卖到50美分的价钱，而后来每英亩涨到30美元。而且联邦政府过去一切支出与补偿也一并从中减除。由于赔偿资金由政府托管，因此是免税的。资金通常按人均分配，或用于部落发展计划。

印第安人赔偿委员会同求偿法院一样，只允许作金钱赔偿裁决。有时，印第安人并不想要金钱而想要美国政府归还土地。例如，新墨西哥州陶斯镇的普韦布洛印第安人拒绝接受印第安人赔偿委员会所作出的赔偿金钱的判决。1970年，这个部落促使国会通过法案，将新墨西哥州布卢湖地区的土地归还给他们。

1971年，国会通过建立最大的一个印第安人定居点，将价值大约10亿美元，4400万英亩（1780万公顷）的土地给予印第安人、阿留申人和阿拉斯加的爱斯基摩人，以补偿修建从普拉多湾到瓦尔迪兹输油管道给他们带来的损失。20世纪80年代，有许多部落从美国政府手中争取到超过几十万英亩土地的定居点。大多数引起法律纠纷的案例是由于个人或公司在不清楚印第安人赔偿要求下购买土地造成的。

政府的其他介入

到20世纪50年代中期，印第安人的医疗服务脱离印第安人事务局，转由卫生、教育和福利部公共医疗服务部门负责。印第安人事务局只负责联邦所承认的部落的服务条款。20世纪30年代，印第安人参与了一些联邦新政计划。他们也接收诸如社会保险局的养老金计划之类的津贴。印第安人事务局除负责一些与托管相关的服务外，还在教育、福利和经济发展方面提供服务。

20世纪60年代，印第安人在联邦政府为贫民实施的一批计划中享有与非印第安人相等的权利。国务院、财政部和国防部也制定了大规模的帮助印第安人计划。其他为印第安人带来利益的独立机构有环境保护机构、民权委员会和小型企业管理局。1968年，印第安人就业机会全国理事会成立，以协调各项联邦计划，但这一机构在1974年被撤除。

健康和人类服务部下属的美洲土著局负责所有美洲土著的社会和经济发展。这个局协调立法提议，制定社会和经济政策，并代表美洲土著管理一项授予计划。1989年11月，美国总统乔治·布什签署一项立法，在首都华盛顿建造一座新的美洲印第安人国家博物馆，作为史密森学会的一部分。

这项立法包括史密森学会许诺将其收藏的数千件美洲土著人骸骨归还给现代印第安人部落。这座新博物馆的许多艺术品由纽约市海伊基金会的美洲印第安人博物馆提供。

现代印第安人保留地

印第安人保留地非常像周围的农村。它像一个小镇,有时在它周围发展出一个小镇。除非一个驾车旅行的人驶离干线公路,从一个小型的印第安人社区旁边驶过,或者看到一个普韦布洛人或一幢泥盖木屋,否则只有写有保留地名称的牌子才能表明他所驾驶的这辆车是在印第安人地区。印第安人机构,或各联邦机关设在保留地的地方总部,可能位于农业地区、牧场或林区。那里还有部落机关、学校、商店和教堂。

直到20世纪60年代,大多数部落仍靠他们保留地的天然资源为生。种植、畜牧、伐木和打渔是他们的主要职业。其他印第安人收取很少的开采权使用费;靠在果园当季节工和在铁路、公路或农场做临时工勉强维持生活;或是为联邦地方机构、商人做工。在某些地区,印第安人靠制作和出售手工制品为生。

专门的印第安人教育

许多协议都有建立学校的规定。在那些没有其他教育设施的地区,国会也为印第安儿童提供学校。1979年,印第安人事务局为印第安儿童建造了200余所学校,并为上公立学校的儿童修建了15处宿舍。同年,大约有4400名印第安学生在印第安人事务局开办的寄宿或全日制学校上学,大约有6400名印第安学生在私立、教会或部落开办的学校上学。由于越来越少的印第安家庭生活在保留地内,越来越多的学生到当地公立学校上学。

国会给印第安人事务局的教育拨款只用于占部落人口1/4以上的印第安儿童和阿拉斯加土著儿童的教育。但切罗基人管理局是个例外,那里占部落人口不到1/4的印第安儿童也可以上联邦学校。印第安人事务局不足一半的预算用于教育,另外还有其他机构提供的一些补充资金。

1969年成立于亚利桑那州的纳瓦霍社区学院是最早批准成立的部落社区学院。现在有超过一打的部落社区学院。还有许多高于中学水平的职业技术学校。

经济发展

20世纪60年代以前,对于那些难以在保留地内找到工作的印第安人而言,惟一的选择就是接受福利援助或移居城市。当联邦印第安人政策由解散部落转向部落自治时,大量政府资金投入到保留地内。1967年,经济发展局启动了一项援助生活在托管地的印第安人的计划。这项计划的方向主要是,在规划和技术援助方面,为社区建设和商业项目提供资金。少数民族企业办公室也协助促进印第安人企业发展。

创建的企业中有:内华达州、北达科他州和新墨西哥州保留地内的电子元件装配厂;北达科他州和蒙大拿州保留地内的活动房屋制造厂;犹他州和新墨西哥州保留地内的家具厂;和新墨西哥州希普罗克纳瓦霍人保留地内的一座半导体厂。

印第安人部落也在发展旅游业。在亚利桑那州和南达科他州,建起了新的属于印第安人所有的露营园。南达科他州夏延河的苏人在保留地内拥有电话系统。纳瓦霍人在保留地内开办了公用事业公司。这些发展的一项长远利益是,这种安排使部落能向其全体成员征税,并为他们的部落政府的运作开辟通往经济上自给自足的道路。

印第安人的行动主义

最早的现代印第安人政治组织是1944年成立的美洲印第安人全国大会(NCAI)。美洲印第安人全国大会旨在全国范围内代表印第安人部落。其成员包括从各部落及印第安人个人选出的代表。美洲印第安人全国代表大会积极活动,以求影响议会立法。

许多部落在州或地方一级组织政治团体。南达科他州苏人曾组织起来,试图阻止州政府将司法权扩大到印第安

许多美洲土著在印第安人保留地私人企业主开办的制造厂工作。

人保留地。苏人征集到足够的签名，提出一项关于司法权自主的立法请求，提交议会投票人，但这一议案最终没有获得通过。

20世纪60年代，华盛顿州的印第安人开始努力争取保留他们在河中自由捕鱼的传统权利，而不受州法令的限制。在那些上百年前条约的款项中，印第安人放弃了沿河的大多数土地，但是保留了继续在沿河他们"熟悉的地方"捕鱼的权力。1964年，新成立的美洲印第安人幸运者协会开始以印第安人捕鱼权问题举行示威游行，或进行"捕鱼示威"，使这一问题激化。1970年，当一伙武装印第安人在皮阿拉普河举行捕鱼示威时发生枪战，有54名印第安人因违反州捕鱼规定而被捕。印第安人也在法庭上进行斗争，但是，法庭作出的各项裁决含混不清，自相矛盾。

1966年，一个更激进的组织，美洲印第安人运动（AIM）成立了。美洲印第安人运动要求重组印第安人事务局，以使它对于美洲土著的要求更负责任。它也支持印第安人部落收回土地的要求。1973年，大约200名武装的美洲印第安人运动支持者，在拉塞尔·米恩斯和大卫·班克斯率领下，占领了一个南达科他州保留地并坚守77天，这被称为第二次翁迪德尼战役。他们自称为独立的奥格拉拉苏人国。这一地区是1890年美国政府军屠杀印第安人的遗址。在坚守期间，政府扣留了人质，隔断了各项供给。

城市印第安人

第二次世界大战期间，许多印第安人离开保留地，来到大城市里的军工厂找工作。伴随着印第安人向城市移民，政府也在努力使印第安人离开保留地，并削减向印第安人的拨款。

20世纪50年代早期，印第安人事务局实施一项重新安置计划，以加速向城市的移民。那些在经济衰退的保留地内找不到工作的印第安人希望能利用这项计划改变状况。但是，十年过去了，参与重新安置计划的人中有许多人受教育的程度很低，因此无法适应城市环境。但是，城市拒绝给予这些新来的人发放社会福利，因为他们是印第安人事务局管辖下的印第安人。同时，由于他们已经不再生活在保留地或保留地附近，印第安人事务局也拒绝向他们提供福利。印第安人事务局的重新安置计划最终失败，印第安人或是返回保留地，或是留在城市，但并不适应城市生活。

1969年，卫生、教育和福利部印第安人事务办公室资助一个叫作"调查种族上孤立的城市印第安人工作队"的、全部由印第安人组成的研究小组。它是要调查研究城市印第安人问题，并制订致使该问题得到解决的计划。研究小组发现：城市印第安人共同的需要是：(1)更有效的社会福利发放系统；(2)扩大关于印第安年轻人的各项计划；(3)给印第安人聚居区修建更好的体育设施；(4)在这些印第安人聚居区增加工作人员；(5)对这些印第安人聚居区的管理人员和工作人员进行培训；(6)提高城市印第安人的技能，以增加就业机会。工作小组还建议，建立印第安人示范区。1971年建立了一些印第安人示范区。1973年实施全面就业和训练法，用来帮助城市印第安人参加各项培训计划，包括对失业、不充分就业和生活条件低下的印第安人进行职业培训。

阿拉斯加土著

在阿拉斯加有85000多名因努伊特人（爱斯基摩人）、印第安人和阿留申人。大部分人生活在城镇和村庄。因努伊特人生活在靠近白令海峡和北冰洋的西部和北部海岸。印第安人生活在阿拉斯加的东南部、中部和中南部。阿留申人生活在阿拉斯加半岛的西南部和阿留申群岛。

1924年以前，阿拉斯加土著的司法权属于内政部托管领土局管理。1924年，他们根据《印第安人公民法案》取得公民权后，司法权转交给印第安人事务局。印第安人事务局向他们提供与其他州相同的服务。

当美国于1867年获得阿拉斯加时，土著居民的土地问题留待国会解决。但是国会一直没有采取行动，直到1959年阿拉斯加成为一个州时，这一问题仍未解决。阿拉斯加土著无法忍耐长时间的等待，特别是发现那里大量的石油储备时，于1966年组织了阿拉斯加土著联盟（AFN）。阿拉斯加土著联盟要求在解决他们的土地所有权时，他们应得到正当赔偿。1971年，国会通过《阿拉斯加土著赔偿法案》，赔偿阿拉斯加土著将近10亿美元和4000万英亩（1600万公顷）土地。为执行这一决定，成立了好几个地方公司。
（参见：**因努伊特人**）

加拿大印第安人

今天，大约有40万名印第安人和因努伊特人住在加拿大。大约3/4的人生活在定居点和保留地，或者可以进入定居点和保留地，这些定居点和保留地的面积有690万英亩（279万公顷）。从1950年开始，印第安人由公民和移民部印第安人事务分局管理。1966年，印第安人事务分局与北方事务和国家资源部的部分分局合并为印第安人事务和北方发展部。印第安人的医疗保健由全国医疗和福利部医疗服务分局负责。

印第安人事务和北方发展部负责促进加拿大因努伊特人和印第安人的发展。这包括提供幼儿园、职业培训和成人教育。政府鼓励印第安人部落理事会实行地方自治，必要时提供财政支持。印第安人保留地内的住房、道路和公共卫生系统都得到了改善。印第安人的经济，除传统的农业、毛皮业、渔业和林业外，现在还包括手工艺品销售和旅游业。

1960年，所有加拿大印第安人被授予选举权。印第安人代表与地方和全国印第安人顾问委员会的政府官员进行磋商。

1991年，在解决土著要求建立自治政府的问题上取得进展。8月，安大略省总理与12名印第安人酋长签署了第一个地方协议，承认加拿大土著的自治权。12月，联邦政府与因努伊特人签署了一项有历史意义的协议，将西北部领土分为两部分，由因努伊特人控制东半部，叫作努那瓦特。因努伊特人的这个新机构管理着魁北克省北纬55度以北的所有因努伊特和非因努伊特居民。这一协议使因努伊特人在教育、司法、中等以上的教育和培训，以及地方政府的活动上拥有更广泛的权力。

本条目最后几段的撰文：Vine Deloria

黄刀印第安人 YELLOWKNIFE, N.W.T.

阿萨巴斯卡印第安人的一个小部落,因其喜用黄铜制作小刀和其他工具而得名。耶洛奈夫(黄刀)是西北地区的首府。它位于史密斯堡行政区南部,艾伯塔省北部,北极圈以南450公里处。这个矿业城市坐落在大奴湖的北岸,耶洛奈夫河口以南8公里处,耶洛奈夫河即在此处流入耶洛奈夫湾。

耶洛奈夫是加拿大最大行政区西北地区的主要行政、商业和教育中心。这个城市有两个大金矿——吉安特耶洛奈夫和科明科。电力由耶洛奈夫河上格雷林瀑布的水电站提供。马更些公路从南部一直延伸到大奴湖西岸,把耶洛奈夫和地区内其他城市及艾伯塔连接了起来。

1935年,即这一地区发现金矿后的第二年,设立了耶洛奈夫城。随着1945年第二个大金矿的发现,这一社区开始繁荣和扩大。拥有人口11753人(1986年统计数字)。

西班牙裔美国人 HISPANIC AMERICANS

在美国,在有新英格兰之前就有新西班牙;在有马萨诸塞州的波士顿之前就有新墨西哥州的圣菲。美国史的教学一般都把重点放在北美英属殖民地的建立和发展、1776年形成的独立国家,以及美国自东向西的扩展上。这种处理很容易忽略一个史实;事实上,自16世纪以来,在目前的美国西南部就存在着相当大的西班牙殖民地。许多年来,从得克萨斯到加利福尼亚的整个西南部地区都讲西班牙语,并有其独特的传统、文化和风俗,而美国史一直讲到墨西哥战争,才提到这一点。

由于墨西哥战争而被并入美国版图的这些讲西班牙语的美国公民,被称为墨西哥裔美国人。由于移民的结果,他们的人数一直在增长。其他讲西班牙语的美国公民来自古巴和波多黎各,还有一小部分是来自中美洲、南美洲以及多米尼加共和国的移民。这些人统称西班牙裔美国人,或称拉丁美洲人。

对种族差异的描述

如今,西班牙裔美国人是美国人口增长最快的少数民族。1992年,他们的人数约为2240万,属第二大少数民族。非裔美国人是最大的少数民族。约60%的西班牙裔美国人来自墨西哥。尽管西班牙裔美国人没有像非裔美国人那样公然受到歧视(得克萨斯州和新墨西哥州除外),这一群体中某些人的经济水平和教育水平低于其他美国人。

"西班牙裔美国人"这个词并不是对种族的描述,而是就语言和文化背景而言的。在被称为"西班牙裔美国人"的这一群人中,包括许多不同的种族。其中既有美国黑人和美洲印第安人,也有已在美国定居了几代的具有纯粹欧洲血统的白人。由于种族通婚,还有些人是几个血统混合的后裔。西班牙裔美国人未必自视为一个单一的群体,因为他们都非常看重自己特定的民族血统。就许多墨西哥裔美国人来说,如果他们的祖先在墨西哥战争之前就住在西南部,他们的原籍就在美国。

波多黎各人享有与其他西班牙裔美国人不同的地位,因为他们生来就是美国公民,不论他们生在家乡还是生在美国。1917年,他们被赋予了美国公民权(美西战争使波多黎各归美国所有)。因而,他们不需要护照和签证即可在这个岛国和美国大陆之间往返。墨西哥和古巴等其他国家的人则必须以外国移民的身份进入美国,并像其他移民一样申请国籍。

尽管美国各地都有西班牙裔美国人,不过,他们在某些地区尤为集中。86%的墨西哥裔美国人在位于西南部的5个州里安家落户:得克萨斯州、加利福尼亚州、新墨西哥州、亚利桑那州和科罗拉多州。

半数以上的西班牙裔美国人住在得克萨斯州和加利福尼亚州。约2/3在美定居的波多黎各人住在纽约市地区,包括附近的新泽西州。约60%的古巴西班牙裔美国人定居佛罗里达州,在戴德县(迈阿密)最集中;另有20%在纽约州—新泽西州一带,尤其是新泽西州的尤宁市。伊利诺伊州也有大量墨西哥、波多黎各和古巴西班牙裔美国人,其中大部分在芝加哥。

拉丁美洲人移民美国有两个主要原因:经济机遇和逃避政治迫害。一大批墨西哥人和波多黎各人来美国是为了摆脱贫困,设法谋生。20世纪的古巴移民始于1959年菲德尔·卡斯特罗当政,它主要是出于政治原因。

据美国商业部收集的数据表明,西班牙裔美国人相对于美国其他人口来说,年龄较轻,比较贫穷,教育程度也较低。他们平均年龄约为23岁,1992年63%不到30岁,40%为18或18岁以下。中等家庭收入为23400美元。这比黑人的中等收入高。但低于其他美国人的平均收入——35200美元。在墨西哥裔美国人,波多黎各人和古巴人这三个群体中,波多黎各人收入最低,古巴人最高。20世纪90年代初,23.4%以上的西班牙裔美国人生活在贫困线以下。

墨西哥裔美国人

今天的墨西哥裔美国人是始于四个多世纪前的历史发展的产物。当时西班牙征服了墨西哥,并将其作为殖民地。在此之前,这一地区只有印第安人居住。因而,墨西哥裔美国人是美国社会的历史第二悠久的组成部分。

历史背景 墨西哥裔美国人的历史可大致分为五个界限清晰的时期。第一个时期是从1520年至1809年,从西班牙征服至反抗西班牙斗争的开始。正是在这近300年中,西班牙与印第安文化发生了融合。在这一时期的早期,目前的美国西南部被划给墨西哥。(西班牙当局于1610年建立了北美最古老的城市之一——新墨西哥州的圣菲。)最后一块被征服的殖民地是加利福尼亚。

第二个时期是从1810年至1848年。在这一时期,西南部是独立的墨西哥的一部分。它发展缓慢,主要是由于距离首都墨西哥城十分遥远。随后1846—1848年的墨西哥战争为美国赢得了西南部。这场战争以《瓜达卢佩-伊达尔戈条约》告终,条约中美国承诺保护刚刚赢得的地区中墨西哥裔美国人的权利。不幸的是,条约中的大部分条款美国并没有兑现。大片属于墨西哥人的土地被通过极其可疑的合法手段而侵占,或被明目张胆地夺走。他们受到暴力伤害和严重的经济剥削。这段悲惨的被剥削的历史从1849年持续到1910年。这一时期也是英裔美国人同化新领土的过程。东部新来的英裔美国人逐渐在人数上超过了西南部的墨西哥裔美国人。（"英裔"这个词西班牙裔美国人用来指所有的非西班牙裔白种美国人。）

大约从1910年，随着来自墨西哥本土的大批移民的涌入，又一个时期开始了。这种合法与非法的移民一直持续至今。然而，早期几十年间，墨西哥人的到来不过是包括欧洲与远东在内的更大规模的移民潮中的一部分。在20世纪30年代的大萧条以前，墨西哥移民从未间断，一直在进行。后来由于美国经济崩溃，许多移民返回墨西哥，还有许多人被美国政府遣返。从1910年至1939年这一时期，多数墨西哥裔美国人仍然未被同化，他们贫穷、讲西班牙语，并从事农业劳动。在经济萧条和第二次世界大战的危机中，他们大部分是被遗忘的美国人。

当前这个时期大约始于1940年。1940年之后，尤其从1960年之后的几十年中，墨西哥裔美国人已成为一个特点鲜明、引人注目的社会团体。部分是因为60年代的民权运动，他们显示了自身的力量，试图在美国生活中占有他们应有的地位。墨西哥移民的不断涌入推动了他们的自我意识的加强。

在这一时期，墨西哥裔美国人从基本上是农业的生活方式转向了主要是城市的生活方式。作为生活在城市的少数群体，他们也遇到了其他城市贫民所面临的问题：缺少工作、次等住房，以及受教育困难。

到20世纪90年代初，90%以上的墨西哥裔美国人，还有其他西班牙裔美国人，生活在城市或其附近。洛杉矶—长滩一带所居住的墨西哥人仅少于墨西哥城，比西半球其他任何城市居住的墨西哥人都要多。在丹佛、堪萨斯城、芝加哥、底特律和纽约市也有规模可观的墨西哥裔美国人社区。在这些城市以及其他一些地区，墨西哥裔美国人已开始组织起来，登记选举，以争取政治与经济权力。1985年，有2100多名墨西哥裔美国人被选为官员。

流动劳工 随着收获季节各处迁移的农业工人，被称为流动劳工（见：**流动劳工**）。美国南北战争后，墨西哥人开始进入得克萨斯州，参加收获棉花的工作。到第一次世界大战结束时，他们又到加利福尼亚州中央谷地的大农场干活。当他们听说还有其他庄稼需要收获时，就开始慢慢往更北的州区迁徙。许多季节工在收获季结束后就回到墨西哥，但也有人留下来等待下一个季节，或是去找报酬更高的工作。

第二次世界大战期间，美国大量人力都投入了军队和国防工作，从而致使农业工人短缺。1942年7月，美国政府和墨西哥政府达成一项叫作"墨西哥农业工人供应计划"的协议，非正式名称为墨西哥临时工计划。这项计划一直持续到1964年，即战争结束后近20年。这主要是由于从中获益的雇主们的要求。在此期间，这一计划把越来越多的墨西哥人带到了远至明尼苏达州和威斯康星州等地。

墨西哥政府希望这个计划继续下去，因为，这些流动工人给家里寄回许多钱，从而有助于墨西哥经济。流动工人们也喜欢这个计划，因为这给他们提供了故乡没有的机遇。然而，这个计划逐渐缺乏支持，遂于1964年12月为美国所终止。

临时工计划的一大优点是其合法性。美国政府对流动工人实行登记制。这个计划结束后，许多没有记录在案的工人不断涌入美国，导致了大量的非法侨民问题。

非法移民 1540—1542年，西班牙探险家弗朗西斯科·巴斯克斯·德·科罗纳多自墨西哥向北，周游了美国西南部。他在寻找传说中（实际上并不存在）的七座黄金城。从19世纪末以来，数百万墨西哥人又循着他的足迹前来寻宝。他们获得了更大的成功。

墨西哥与美国的边境长达3140公里，东起得克萨斯州的布朗斯维尔，西至加利福尼亚州的圣迭戈和墨西哥的蒂华纳。这是世界上最长的边境线，它隔开了悲惨的贫困和无与伦比的财富与机遇。由于墨西哥无力为它的全体公民发展出足够繁荣的经济，因而，北方的诱惑始终是强大的。

20世纪80年代中期，几乎半数的墨西哥工人或失业，或没有充分就业。这种状况给去北方邻国提供了更大的动力。据估计，1990年美国有200万非法侨民，其中约55%来自墨西哥。

这种非法移民对美国是福是祸，现在还难以确定。雇主——无论是工厂主，还是农场主——欢迎移民。他们坚持认为，这些移民并没有从美国人手中夺去工作。他们认为，非法移民所做的只是美国人无论如何都不愿做的低收入工作，保持低报酬对公司利润和消费价格都有好处。

20世纪60年代，塞萨尔·查维斯领导的西南部流动工人工会使农业对流动工人的需要大大减少。许多种植园主采用机械化收割，免得在最需要工人的时候受到罢工的困扰。

移民（无论合法的还是非法的）对西南部有显著影响。它产生了被某位作家称为"第三国"的地方，在那里，美国和墨西哥的文化特色发生融合。西班牙语的使用更为广泛，同时，墨西哥文化在这一地区也得到了复兴。

非法侨民的存在给各州在公共服务方面增加了财政困难。1982年，美国最高法院裁定，各州和地方必须承担非法侨民子女的教育费用。许多其他由州和当地政府承担的社会服务也向他们开放。执法机关也增加了负担，尤其随着边境毒品走私的大量增加，情况更是如此。不过，大多数非法毒品是从佛罗里达州入境的。

为减少非法移民，1986年国会通过法案，规定对明知故犯地雇用非法侨民的雇主处以罚款及其他刑罚。这个法案还包括赦免1982年1月1日以前入境的非法侨民，和对以前依赖非法侨民收获庄稼的农场主给予一定帮助的条款。

波多黎各人

波多黎各的居民并不是单一的种族集团。像其他西班牙裔美国人一样，他们的传统融合了多种文化。至少从19世纪30年代起，波多黎各人就住在美国大陆。当时，该岛与纽约市之间的贸易规模相当可观，但移民并不多。到19世纪末，全美国也只有约1500名波多黎各人。

美西战争使这个岛屿成为美国领土，从而改变了它的地位。1917年,《琼斯法案》授予波多黎各人美国公民权,尽管他们对此从未要求。在随后的23年中,数千居民搬到大陆居住。到1940年,美国大陆有近7万波多黎各人,其中多数在纽约及其附近居住。

大量移民始于第二次世界大战后,其原因是经济方面的。像墨西哥一样,波多黎各未能为其居民发展出不断增长的经济。圣胡安和纽约市之间的机票很便宜,这使波多黎各移民社区的规模到1950年就增长了两倍多。到1992年,美国大陆约有275万波多黎各人。

最初的移民定居在曼哈顿的东哈勒姆区,他们称之为"厄尔·巴里奥",意为"街坊"。他们迅速地搬迁到纽约市的其他4个区以及偏远地区。1970年,定居大陆的波多黎各人中有64%住在纽约。到1980年,这个数字降至50%。波多黎各聚居区已在其他大城市中出现,尤其是康涅狄格州的哈特福德、费城、克利夫兰、芝加哥、洛杉矶和迈阿密。

移民情况随美国大陆和波多黎各岛上的经济状况而起伏波动。20世纪50年代,平均每年有4.6万岛国人搬到大陆来。由于岛上的经济状况的改善,在60年代,搬迁的人数降到1.4万。70年代,由于美国经济状况恶化,回岛的波多黎各人要比来大陆的多。这并不奇怪,因为移民始终是双向的——尤其是那些出生在岛上的人。许多波多黎各人宁愿住在岛上也不去大陆,即使留在本国更贫穷些。

波多黎各人也在东海岸和中西部做流动工人。岛上的甘蔗收获季节在冬天,而大陆的收获期是夏末和秋天。因此,有时流动工人参加两个地方的收获。

80年代开始了一场新的移民大陆浪潮。这一次与以往明显不同。波多黎各进入了严重的经济滑坡状态,其部分原因是由于美国本土的衰退带来的。连续几年波多黎各的平均失业率高于20%,就业人员的平均收入也低于美国任何一州。

许多80年代的失业者是受过高等教育的专业人才和政府工作人员(岛上1/3的职员是政府雇员)。他们开始大批离岛,导致了被许多人称为"人才外流"的损失,即失去了岛上一些教育程度最高的居民。有工程、法律、医学等专业学位的人才离岛去大陆工作,美国各公司也积极在岛上招募工作人员。

像墨西哥裔美国人一样,到大陆的波多黎各人一般很年轻,平均年龄约22岁。他们的家庭一般也人口较多。与非西班牙裔家庭相比,有5个或更多孩子的波多黎各家庭要多得多。

在西班牙裔美国人中,波多黎各人经济上不如墨西哥人和古巴人。不过,最近的移民也许会改变波多黎各人的成功率和收入水平。在90年代初,40%以上的波多黎各人生活在贫困线以下。这种状况部分地应归咎于教育水平偏低,以及英语水平欠佳。双语教育还未能使拉丁美人成为操英语者;相反,它往往起到了保留文化传统的作用——使西班牙语留传下来。

古巴人

1959年1月,菲德尔·卡斯特罗推翻了古巴独裁者富尔亨西奥·巴蒂斯塔;不久,古美关系即开始恶化。卡斯特罗没收了属于美国公司的财产,宣称他要在整个拉丁美洲掀起革命,并与苏联建立了密切联系。1961年1月,德怀特·D.艾森豪威尔总统与古巴断交。4个月后,即约翰·F.肯尼迪总统上任的头几个月中,约1500名反对卡斯特罗的古巴人入侵了古巴西南海岸一个叫"猪湾"的地方。这次入侵由美国中央情报局策划,并得到一些企图轻而易举地推翻卡斯特罗统治的古巴人的帮助。

入侵猪湾彻底失败了。但这并没有使留居美国的古巴人失去信心。他们仍希望卡斯特罗的统治气数不长,希望他们能够很快返回故国,回国的希望仍激励着许多古巴人为推翻卡斯特罗而努力,他们于1959年开始到美国寻求避难,这场放逐至今仍未结束。

历史背景 到1850年,古巴已为其雪茄建立了兴旺的世界市场。雪茄烟业产生了一个小规模的中产阶级。这个阶级的成长带来了企图脱离西班牙的独立的欲望。然而,一次叫作"十年战争"(1868—1878)的反叛失败了,西班牙人的统治变得更加暴虐。成千上万的古巴人开始离开这个岛国,其中大多数人来到佛罗里达州的基韦斯特。随着基韦斯特的繁荣,北部的工会来这里组织工人。罢工几乎毁灭了经济,于是,雪茄生产商们又去寻找一个更适合的地方建厂。

他们选择了佛罗里达州的坦帕。维森特·马丁内斯·伊博和合伙人在坦帕附近买地做起了雪茄生意。1887年,伊博市已成为坦帕的一部分(就如现在大家所知道的),至今仍保留着丰富多彩的古巴遗风。

几十年后,世界雪茄业在大萧条中遭到沉重打击。许多工人去了美国其他地区,尽管古巴裔美国人主要仍留在伊博市及其附近。

如今,伊博市的地位已被佛罗里达州迈阿密的小哈瓦那取而代之。由于更晚近的移民潮,迈阿密成了最古老而且也是最大的古巴人聚居区。佛罗里达州是古巴人移民的天然目的地——离他们的故国只有145公里之遥,气候又相仿。古巴人之所以定居佛罗里达州而不去更工业化的北部,除了上述这两个原因外,还因为他们到来时,佛罗里达州为他们提供了更方便的居住和工作条件。

现代古巴移民始于1959年,当时卡斯特罗的胜利已迫在眉睫。来美国的古巴人不是社会最穷的部分,这与墨西哥和波多黎各移民的情形有所不同。他们是富裕的中产阶级成员——惧怕卡斯特罗掌权后所带来后果的商店老板、商人和专业人员。最初抵达的古巴人是逃离者。后来的大部分则是经古巴政府同意离境的。

从1961年到1970年,共有256769名古巴移民获准入境。这期间移民人数最多的一年是1968年,共有99312人。其后十年中又增添了27万人。

玛丽尔港入境者 1980年4月4日,卡斯特罗允许哈瓦那的秘鲁使馆向希望离境的古巴人开放。几天之中想离开的人超过1万。

4月20日,卡斯特罗决定向希望去美国的人开放古巴北部海岸上的玛丽尔港。随后5个月中约有123000名古巴新难民在佛罗里达登陆。其中约有5000名死硬的犯罪分子,还有许多政治犯。

1980年的《难民法案》急剧减少了获准入境的古巴人数。吉米·卡特总统因此将这些从玛丽尔港入境者列为身份未定的入境者。这些新来的不像以往的古巴移民,他们多数是未婚年轻男性,其中只有一小部分能讲点英语,受教育程度一般也低于先来的人们。

他们抵达时正赶上美国经济衰退,找担保人和工作都很困难。为了接待这批新侨民,卡特总统开放了佛罗里达州埃格林空军基地以及阿肯色、宾夕法尼亚和威斯康星等州军事基地的检查中心。

直到1984年10月17日,国会重新颁布《1966年古巴难民法案》,玛丽尔港入境者的未定身份才告以结束。这一法案恢复了1980年之前古巴难民所享有的有利身份,并允许他们在6周内办理申请手续。截止1985年底,他们当中的多数已得到在美永久居留权,5年后即可申请国籍。

古巴裔美国人 至20世纪90年代初,在美国的古巴裔美国人已远不止100万。他们中大多数是难民,这与其他较大的西班牙裔美国人群体不同。由于他们的难民身份,他们得到了其他人所没有的联邦政府的帮助。《古巴难民安置计划》使他们得到财政支持和住房照顾。

古巴裔美国人定居在美国许多主要的大城市里。最大的定居点在佛罗里达州南部,其次在新泽西州尤宁城一带。其他西班牙裔美国人大多在美国各地分散居住。相比之下,古巴人则继续在佛罗里达南部聚居。到1992年,已有60%的古巴裔美国人在那里定居。

同住在市区的墨西哥裔美国人和波多黎各人相比,古巴裔美国人并不在贫民窟聚居。他们比较富裕,可以搬到市郊。佛罗里达州戴德县的各个区都有古巴人,尽管最大的聚居区仍在迈阿密的小哈瓦那。

作为在市区和郊区两地居住的居民,古巴人在经济上比其他西班牙裔美国人更成功。这种情况可以归因于他们在古巴就是中产阶级(玛丽尔港入境者除外),以及他们已在美国各行各业立住了脚。20世纪80年代中期,古巴人平均家庭收入远远高于其他西班牙裔美国人,而生活在贫困线以下的古巴人远远少于其他西班牙裔美国人。

在政治上,古巴裔美国人一般比墨西哥裔美国人或波多黎各人更积极,尽管到20世纪80年代这种趋势明显改变了。多数西班牙裔美国人往往在投票中支持民主党,而古巴裔美国人则多数倾向于共和党。这种党派倾向的部分原因是他们较富裕,另一个原因是他们强烈反对共产主义。他们执意想要目睹卡斯特罗政府被推翻,而且他们在共和党内找到了更多的同盟者。例如,在1984年大选中,据估计有93%的古巴裔选民支持罗纳德·里根总统,反对民主党竞选人沃尔特·蒙代尔。

小哈瓦那 就像墨西哥移民改变了墨美边境地区一样,古巴人成功地改变了佛罗里达州南部。戴德县约有40%以上的人口是古巴裔。这些人集中住在迈阿密市内。小哈瓦那是迈阿密市区内约10平方公里的一个街区,位于机场东南,海厄利亚的正西边。它显然是个城中古巴城。住在那里的人们可以完全生活在他们从故乡带来的文化中。商店、餐馆、学校、教堂、剧院——全部都是为满足主要讲西班牙语的选民而设的。

随着古巴裔人口的增长以及向小哈瓦那之外地区的扩散,文化影响也随之传播。那里有西班牙语电台和电视台,《迈阿密先驱者报》每天发行一份西班牙文版。

随着许多古巴人富裕后离开了小哈瓦那,那里的城区也发生了变化。其他西班牙裔美国人来到那里取代了搬走的古巴人,他们是来自尼加拉瓜、哥伦比亚、萨尔瓦多和其他拉丁美洲国家的移民。在迈阿密,1990年有20多万西班牙裔美国人,包括相当数量的波多黎各侨民。

美国化

每个来到美国的移民群体都必须和第二代移民打交道——这些孩子在新的国家出生,从小到大对父母的祖国一无所知。如果这些父母们要学英语,他们就必须下苦功;而他们的后代从小就讲英语。

在制定双语教育计划前,没有其他选择。尽管每个移民群体一般都聚居在一起,学习新语言的需要还是被参与经济生活的迫切需求加强了:必须寻找工作,养家糊口。

第二代移民不仅英语讲得流利,他们还汲取了那些对其父母来说常常是很陌生的思想和价值观。这些第二代移民的祖国是美国,而不是墨西哥、波多黎各或古巴。即使当第一代移民试图保持传统文化时,第二代人已将一种新文化,一整套常常与父母的价值观相冲突的新传统带回家中。

就西班牙裔美国人群体而言,美国化过程并不均衡。("美国化"这个词很难定义。它主要指加入到经济生活中来,以及能够抓住每个人都可能得到的机会。)这种不均衡状况有多方面的原因。美国的墨西哥社区因墨西哥移民而不断地扩大。这往往加强传统文化的范型,尤其是西班牙语的运用。波多黎各人由于生来就是美国公民,因而,与故乡保持联系很容易。这也加强了本土文化的稳定性。而古巴人则没有经常回国的便利,因此,保持传统文化的能力相对较弱。

同化的最主要障碍并非来自文化方面,而来自经济方面。先是随着第二代,然后是第三代移民的成长,以及他们在经济阶梯上登得更高,原先的移民社会被大片大片地美国化了。因此,就其人数的比例而言,古巴裔美国人比墨西哥裔美国人和波多黎各人的步伐迈得更大些。但随着后两个群体的永久定居以及参与政治活动,他们的状况也改善了。

政治方面 伊利安娜·罗斯-莱蒂嫩于1989年成为第一个被选入美国国会的古巴裔美国人。1981年,亨利·西斯内罗斯成为第一个墨西哥裔大城市(得克萨斯州圣安东尼奥市)市长。劳尔·卡斯特罗成为第一个当选亚利桑那州州长的墨西哥裔美国人(1975)。1985年,泽维尔·苏亚雷斯成为第一个古巴裔迈阿密市市长。鲍勃·马丁内斯是第一个西班牙裔佛罗里达州长,他于1991年3月在布什政府内担任禁毒运动的领导职务。墨西哥裔美国人劳罗·卡瓦佐斯于1988年被里根总统任命为教育部长,成为第一个进入内阁的西班牙裔美国人。1989年,布什总统任命出生于波多黎各的安东尼娅·诺韦洛出任美国卫生局局长。

娱乐方面 无数西班牙裔美国人在影视业中一举成名。这些艺人包括丽塔·莫雷诺、安东尼·奎因、琳达·龙施塔特、爱德华·詹姆斯·奥尔莫斯、奇塔·里韦拉、何塞·费雷尔以及弗雷迪·普林斯。

体育方面 西班牙裔美国人在体育运动方面也出类拔萃。主要运动员有高尔夫球手李·特雷维尼奥、网球选手潘乔·冈萨雷斯、拳击手胡利奥·塞萨尔·查维斯、橄榄球运动员吉姆·普伦基特,以及棒球手基思·埃尔南德斯。

亚裔美国人 ASIAN AMERICANS

"20世纪80年代的发迹史"是传媒的时髦用语,用来描述某些亚裔美国人,尤其是那些来自中国、日本、朝鲜的移民生在美国的孩子。尽管传媒的焦点通常集中在这些亚裔美国人在学业或商业上的杰出成就上,那些以英语为第二语言的年轻亚裔移民所取得的成就足以与之相抗衡。他们之所以能发迹,部分是由于他们父母们的传统伦理观,他们父母们离开亚洲的家园时通常一无所有,只能靠拼命工作实现目标。

尽管他们都是在异国他乡为成功而奋斗,但各个亚裔美籍族群并不应被不加区别地混为一谈。他们的文化迥异,各族群来到美国时的处境也千差万别。

亚裔美国人千差万别,正如挪威人不同于西班牙人,或英国人不同于法国人或意大利人,他们虽同属欧洲人,但仍有很大差别。"亚裔美国人"这个词所指称的对象很广泛,足以包括前苏联中亚(包括乌拉尔山脉以东的俄罗斯、哈萨克斯坦、吉尔吉斯斯坦、塔吉克斯坦、土库曼斯坦和乌兹别克斯坦)所有地区的人,以及印度次大陆(包括印度、阿富汗、巴基斯坦和孟加拉国)、泰国、中国、日本、朝鲜、印度支那和一些太平洋岛屿(主要是夏威夷群岛、萨摩亚群岛和关岛)的公民。

亚裔美国人真实的发迹史体现在他们总体上的上进心。亚裔美国人的平均家庭收入超出全美平均家庭收入数千美元。(一个例外是来自东南亚的移民,即越南战争的难民,他们于1975年战争结束后才开始移居美国。)

亚裔美国人的孩子在高中年龄段学习能力倾向测验(SAT)中,一般得分高于其他学生,而且他们的总成绩也比较优秀。他们在最负盛名的高等学府的学生中所占人数之多,与其人口不成比例。然而,由于高中毕业生中有很多人都想要进入名校,有人抱怨分给这些学生的名额有歧视性。

今天,日裔美籍大学生都是出生在美国的第二代和第三代人。现在的华裔美籍在校大学生则既有已在美定居五代的美籍华人的子女,也有新来的受过教育的中国城里人的子女。这些人从出生、观点、培训到处世态度,都是美国式的,祖先的传统对他们只有表面的影响。但是刚到美国的移民子女却不完全如此。许多人受到他们父母古老传统的强烈影响,他们的传统看重家庭团结、自制、勤劳以及读书。

刚到不久的移民们的最显著特点,也许要算他们对勤奋工作的一种传统的看重,以及不惜从最底层干起的劲头。常常是家里所有的成年人都工作,而孩子们则去上学。亚裔美国移民进入经济生活通常是从小买卖做起,诸如:报亭、杂货店、汽车旅馆以及饭店等。比如,在纽约市,有一半以上小型家庭经营的杂货店都是朝鲜裔美国人开的。

有些亚裔美国人的祖辈已在美国定居了几代,他们对被挑选出来当作超级少数群体的组成部分感到不满。他们感到,自己的成就只能与其他移民群体过去的成就相媲美。他们还意识到自己必须付出更多努力,以克服种族歧视和种族主义的障碍。甚至已经在美国定居了六代之后,有亚洲血统的美国公民仍被视为亚裔美国人,他们认为自己仍未被完全接纳为美国人。(一般一代以后欧洲血统的美国人就被称为美国人,而有非洲背景的美国人直到最近才愿意被称为非裔美国人。)

历史背景

1990年,美国有700多万亚裔美国人。这表明从1960年的89.1万亚裔美国人之后有了一个迅猛的增长。1980年统计局发表的数据显示,包括太平洋岛屿在内,共有372.644万亚裔人,占总人口的1.6%。

欧洲移民始于17世纪,而亚洲移民则始于19世纪。远东移民总数始终低于欧洲移民人数,只有一个例外。夏威夷直到1959年才成为美国的一个州,但去夏威夷的移民人数却相当多,主要是在甘蔗和菠萝种植园工作。夏威夷由此成为许多亚洲人去美国大陆的跳板。今天,夏威夷是惟一的人口基本属于亚洲血统的州。除此之外,亚裔移民总数从未接近过欧洲移民人数,在1820至1929年间,欧洲移民约近3300万。亚裔人如此之少的原因之一,是美国国会和几个州通过的歧视性立法。

根据1790年的《入籍法案》,只有自由的白人移民才能通过入籍手续取得国籍。尽管1870年这项法律的条款被宣布无效,以照顾从前是奴隶的非裔美国人及其子孙,但亚裔人仍被排除在外。几个西部州也通过对华人、日本人及其他亚裔移民的歧视性立法,严格限定他们的权利。"无入籍资格外侨"这个词在所谓"反外侨土地法"中被用来拒绝给予亚裔人拥有自己财产的权利。20世纪早期通过的这些法律使亚裔移民终生只能做农场工人、收益分成的佃农或佃户。

《1924年移民法案》(通常被称为《排斥亚裔法案》或《原籍法案》),禁止所有原籍在所谓"亚太三角区"的人进入美国永久居留。这些国家包括中国、日本、菲律宾、老挝、暹罗(泰国)、柬埔寨、新加坡(当时为英国殖民地)、朝鲜、越南、印度尼西亚、缅甸、印度、锡兰(斯里兰卡)及马来西亚。这个法案中止了所有亚洲人的移民,并在受到影响的那些国家中引起极大反感,因为法案中称这些国家的人民由于种族的原因而不受人欢迎。第二次世界大战中,美国经过一阵尴尬后修改了1924年法律,给中国和菲律宾一定的移民额,因为这两个国家与美国并肩同日本作战。

在日裔美籍公民协会的积极游说下,国会通过《1952年移民与国籍法案》(也称为麦克卡伦-沃尔特法案),在移民与国籍方面不再考虑种族。这是一个意义重大的法规,因为它承认了除中国人与菲律宾人以外的亚裔人也值得移民美国,尽管只给了他们最小的配额。

《1965年移民法案》允许亚太三角区的居民作为配额移民进入美国,这导致朝鲜、台湾、香港和印度支那大批移民涌入。1975年越南战争结束后,从东南亚来了约13万名难民,五年后人数增至56万多。

战后的法规建立的移民体系帮助家庭团聚,并优先考虑受过良好教育的移民。《1980年难民法案》给接纳来自东南亚战乱地区移民的工作带来了秩序。

到20世纪80年代末,半数以上的亚裔美国人居住在西海岸。有35%住在加利福尼亚,那里亚裔人口最多。

1990年美国亚裔人口

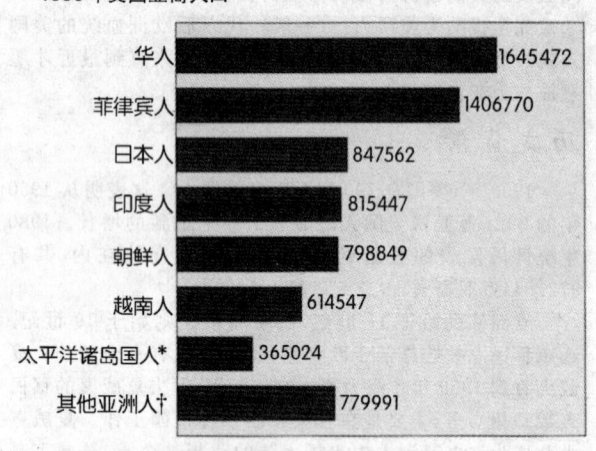

族群	人口
华人	1645472
菲律宾人	1406770
日本人	847562
印度人	815447
朝鲜人	798849
越南人	614547
太平洋诸岛国人*	365024
其他亚洲人†	779991

* 包括夏威夷人211014;萨摩亚人62964;关岛人49345;其他人41701。

† 包括老挝人149014;柬埔寨人147411;泰国人91275;赫蒙人90082;巴基斯坦人81371;印度尼西亚人29252。亚裔总人口(据1990年普查)为7273662。

来源:美国商业部统计局

美籍华人

据美国政府记录,第一个华裔移民1820年入境。随后27年中迁移来的人不到1千人。1848年,加利福尼亚发现金矿,引来了第一批数量较多的中国人。他们来后为越来越多的淘金者做粗活。到1852年,加利福尼亚约有2.5万名中国人。到1880年,总人数升至105465,其中大多数人住在远西地区。还有数千华人来美几年后又返回故乡。

几乎所有早期的中国移民都是来自广东省的没受过多少教育的年轻男性。他们来自战乱频仍民不聊生的国度,许多人打算攒点钱就回国。

华人刚到加利福尼亚时,补充了原本很小的劳工队伍,因而受到欢迎。后来在反华情绪高涨时他们受到迫害,那也是出于经济原因。华人做各种卑贱的工作。他们在金矿、伐木场、渔场和罐头食品厂工作,还当农业季节工人。他们中一些人开了洗衣店,随后几十年间,美国许多城市都有了华人洗衣店。洗衣业有需求,又无须起动资本和技术。然而,早期华人移民在修建横贯大陆的铁路时的光辉业绩是值得纪念的。中太平洋铁路公司大约雇用了1.5万名中国人。

1869年横贯大陆的铁路竣工时,远西地区,尤其是加利福尼亚的人口已急剧增长。绝大多数是白人的劳工队伍主要由第一代欧洲移民组成,他们不久就发现需要与成千上万的失业华人铁路工人竞争。仅一年前(1868年7月28日),国会就批准了《伯林格姆协议》——这个文件允许华人自由、无限制地移民,但不许入籍。然而,在协议变成法律之前,西部地区反华情绪就已抬头了。美国公民认为移民对就业造成严重的竞争。

还有两个原因助长了反华情绪的高涨。首先是1869年之后华人移民的增多,其次是1873年开始的萧条。此外,美国各地使用华工来破坏罢工及在南方种植园中以华工代替被解放的黑奴,这更是火上浇油。整个西部都出现了旨在制止远东移民的组织。某些城市出现了反华暴乱。在旧金山,一个名叫丹尼斯·卡尼的爱尔兰移民发起了一场对抗"远东威胁"的运动。

停止华人移民的要求成为西海岸政坛的一个重要议题。最终,国会通过《1882年排华法案》。它有效地结束了华工移民。后来由于许多移民返回故土或去了更适宜的地方,在美华人数量逐渐减少。很少有中国妇女来到美国同男人团聚。由于法律禁止亚洲人与白人通婚,他们也很少有机会建立家庭,这样也就没几个孩子可以取代上了年纪的华人。《1892年吉尔里法案》延续了1882年的排华政策。1924年《原籍法案》严格限制了整个亚洲向美国的移民。到这时,在美华人总数已降至不足6.2万人。

第二次世界大战期间,对亚裔人的歧视接近尾声。由于中国是与日本作战的盟国,《1882年排华法案》成了令人头痛的问题。1943年,国会废除该法,授予出生在别国的华人入籍权。

中国城 像多数其他移民群体一样,中国人一般比邻而居。他们建立起小规模的中国城,在里面开自己的商店、餐馆,修庙,建立社团。这些早期社团中作用最大的是华人六合会,即帮助移民安家的家族组织。这些组织也管理华人社区内部的事务,尤其是在旧金山的大中国城里。华人六合会也作为职业介绍所为美国雇主雇用工人。

"帮会"的名气似乎比中国城还大。帮会起初是慈善保护性组织,很像华人六合会,但它们起源于亚洲的中国人秘密组织。在加利福尼亚,这些帮会发展成了犯罪组织,各有其划定的地盘。帮派间的仇杀一般被外界观察者称为"黑吃黑",这种仇杀从19世纪50年代开始,一直持续到20世纪20年代。20世纪80年代,某些中国城又重新发生了城市帮派问题。这种情况的发生是由于失业的年轻移民因经济机遇的缺乏产生了幻灭感,而与帮会并无多大联系。

日裔美国人

1868年,第一批日本劳工来到夏威夷。一年后,建立了第一个美国大陆的日本人定居点:加利福尼亚州金山的若松茶叶丝绸聚居区。两年内,这个企业性质的聚居区失败了。此后持续不断地有少量日本男性移民来美国,其中多数是学生。直到1890年即《排华法案》生效8年后,才有相当数量的日本工人入境。据统计当时在美国只有2039名日本人。随后10年中又来了约2.2万人;从1901—1910这10年中,又来了5.8万名新移民(与此相比,同期欧洲移民近900万)。

像华人一样,日本人刚到时作为劳工很受欢迎。他们住在自己的聚居区内,旧金山地震后在旧金山和洛杉矶尤为集中。日本人也做与中国人一样的工作——在伐木场、铁路、渔场、小工厂做工——还当农业季节工人或是农民。一些人开始做小生意。与中国人不同的是,许多日本人尽管没有入籍权,但仍打算在美国住下去。

为建立家庭,许多日本人娶来"照片新娘",即通过交换照片而选择的妻子。照片婚姻可以由男方父母、亲戚或朋友做媒缔结,新郎并不一定出席仪式。一般移民希望有一天回到日本,但当建立家庭,落地生根后,回日本就困难了。

日本人刚在西海岸站稳脚跟,反日运动就开始了。和反华运动一样,这场运动是由加利福尼亚劳工领袖、报纸和政客们领导的。1905年,排亚联合会在旧金山成立。一年后,该市日本学童被地方教育董事会与白人学生隔离。与加利福尼亚州的压力相反,日本的抗议使西奥多·罗斯福总统于1907年与日本签订了一个"君子协议"。根据该协议的条款,日本政府停止给劳工发护照。双方共同执行这个协议,有效地减缓了日本移民速度;在截止至1920年的10年中,约7万名日本人返回故土。

1924年停止移民并未终止加利福尼亚和其他西部州中的歧视现象。为遏止勤劳的日本人发财,加利福尼亚州立法机关于1913年通过了一系列外侨土地法中的第一个。这个法律并未指明日本人,但规定无入籍权的外侨不得拥有土地,并将租期限定为三年。其他各州如法炮制,不久加利福尼亚州又堵塞了法律漏洞。1922年,美国最高法院批准了对日本移民入籍的禁令。

多数美国人的敌视迫使日本人孤立起来。他们成立自己的组织,建立自己的教会和寺庙,他们还建立自我保卫组织,比如自警会,这个组织成立于1906年旧金山地震后,其目的是救助灾民。至1939年,约半数的日裔人口都出生在美国,第二代建立了日裔美国公民协会,其宗旨是反对种族主义,增进美国主义。

珍珠港 "昨天,1941年12月7日——一个耻辱的日子——美利坚合众国被日本帝国海军、空军蓄意偷袭了。"弗兰克林·D.罗斯福总统以这句话为开场白,发表了对日宣战的演讲。珍珠港的被袭击对日裔美国人来说是一个灾难性的事件。本已平息的反日情绪迅速抬头,被政治机会主义者和传媒大肆渲染。它在整个美国蔓延,而以西海岸尤剧,那里的人们担心日本海军会发动进攻。日裔美国居民全被视为潜在的叛徒。

依据法律,在外国出生的日本人和华人一样没有美国籍,但他们在美国出生的子女却是美国公民。这两部分日裔美国人在军事术语中被分为外侨和非外侨,但都被作为敌侨对待。1942年2月19日,罗斯福总统签署第9066号行政命令,在西海岸指定了战略军事区。3月18日发布了一个命令,将战略区所有日裔居民迁走。日本人自然失去了工作,以及宪法和法律规定的权利。

多达12万名日裔美国人被送进10个叫作安置中心的集中营。只有2千名日本人自愿搬到了别处。普遍的敌视态度使日裔美国人不敢冒险去不熟悉的地方。莫名其妙的是,夏威夷岛上的大量日本人(约15万)却未被拘留,尽管从理论上说,这里对美国的战争威胁更大。迁居给西海岸的非日裔人提供了机会,使他们可以剥夺被迁走者的土地、房产和生意。

第二次世界大战后,美国又遇到了一个新的敌人——苏联。日本战后又成了美国的同盟。1945年8月,对广岛和长崎的原子弹袭击造成的毁灭性后果也有助于使公众舆论转向日裔美国人一方。这种情绪被第二次世界大战中日裔美籍部队的出色战绩进一步增强了。其中表现最突出的是著名的第442团。(第442团由第二代日裔美国人组成,成为美国历史上相同规模和在役期的部队中受勋最多的部队。)在战争中服役的日裔美国人总共大约有3.3万人,其中包括6千名通晓两国语言的人,负责翻译缴获的文件和截获的情报,审讯战俘以及提供其他有价值的情报。

尽管被拘留的日裔美国人获准以个人身份离开集中营,这耻辱的一幕直到1989年才在法律意义上结束。1988年国会通过法案,对那次拘留表示歉意,并提出给每个仍在世的受害者(当时大约有6万人)赔偿2万美元无须上税的现金。这个法案承认,"在既无充分安全因素,又无任何间谍或破坏行为的情况下"做了不公正的事。其提案人是4个日裔美国人:加利福尼亚州众议员诺尔曼·Y.峰田和罗伯曼·T.松井,夏威夷的参议员丹尼尔·K.井上和斯巴克·M.松永。由于国会未能提供所需资金,1989年又通过一个法案以确保赔偿落实。

朝鲜裔美国人

1900年至1946年,朝鲜移民的焦点是夏威夷。第一批100名朝鲜人于1903年来到该岛,并在甘蔗种植园里干活。不久夏威夷甘蔗种植园主协会即着手招募朝鲜工人。

朝鲜移民的动因是内部的而不是外部影响。从1894—1895年的中日甲午战争起,这个国家便陷入动乱之中。紧接着是日俄战争,几年后日本占领了朝鲜。到1905年日本制止移民前,约8千名朝鲜人去了夏威夷。日本人采取这一措施的目的在于防止朝鲜人同美国西海岸及岛上的日本移民竞争。

1905年之后,只有少数朝鲜人来到美国,其中大多是学生,有一些是政治避难者,还有朝鲜男人的"照片新娘"。政治避难者们建立组织,推动朝鲜独立运动。其中领袖人物之一是李承晚,他于1948年任韩国总统(见:**李承晚**)。

朝鲜人比日本人更执着地希望在新居住地待下去——尤其是因为他们不愿回到被日本人占领的故乡去。早期朝鲜移民多半是农民。后来者中,有许多知识分子。其中有相当多的基督教徒,他们的教会成为主要的社区组织。

由于第二次世界大战前在美的朝鲜人很少,所以,针对他们的反感情绪也少一些。但他们和日本人一样要受1906年旧金山学校隔离规则约束,也不得入籍。《1924年移民法案》通过后,朝鲜移民便停止了。

第二次世界大战后,朝鲜被一分为二。北朝鲜成了苏联共产主义的同盟,而南朝鲜(即韩国)则与美国结盟。在1952年之前除个别人外,韩国基本上没有移民。而北朝鲜则没有一个移民,则是因为北朝鲜在半岛上降下了铁幕。朝鲜战争(1950—1953)后,北朝鲜成了一个封闭社会。

《1965年移民法案》通过前,移民美国的韩国人主要有三种类型:美国军人的新娘、大学生,以及韩国妇女和美国军人生的子女。这些美亚混血儿中许多是被带到美国收养的孤儿。

到1970年,美国有7万多一点朝鲜人。随着《1965年移民法案》的条款开始生效,移民人数在急剧上涨。到1990年有79.8万名朝鲜人。新移民中有大批城市专业人员,其中包括医生。一般说来,后来的移民来源比早期朝鲜人更广泛。

印度裔美国人

1990年美国约有81.5万印度裔人。从1961至1986这25年中,有35.4万多名印度移民入境,其中许多人受过良好的教育,不少人是专业人才。因此,他们一般住在城市,在大都市中心形成居住和商业区。1965年法案通过后,印度次大陆的大批移民才成为可能。在此之前,印度人和其他亚洲人一样被《1924年移民法案》排斥。1960年之前,在美的少量印度人,除了早期印度移民的后裔之外,基本上都是大学生。

人数较多的印度移民最初发生在1901—1910年间。多数人或是直接从印度,或是从加拿大的不列颠哥伦比亚省出发,来到西海岸。入境人数不多:1906年入境271人,1907年1072人,1908年1710人。1909年,联邦政府开始执行限制入境政策,主要是由于西海岸居民施加的政治和社会压力。许多印度人由于健康问题被拒绝入境,还有些人未获准入境是由于担心他们将被迫依赖公共福利生活。

印度人后来大批入境,是由于想持续拥有廉价劳动力的西海岸工厂主的积极招募。许多印度人在伐木场或铁路上干卑贱的活儿。许多人后来在加利福尼亚的圣华金河谷和因皮里尔河谷当农业季节工。

菲律宾裔美国人

在1898年的美西战争中,美国从西班牙人手中得到菲律宾,并建立了美国殖民地。直到1946年,这个群岛才得以独立。这期间有些菲律宾移民去了美国,但人数始终不多。多数菲律宾移民去了夏威夷。他们是夏威夷甘蔗种植园主协会的代理人们竞相招募的对象。从1909年至1931年,约11.3万名菲律宾人去了夏威夷。当那里的农业发生困难时,许多菲律宾人返回家乡,还有近2万人去了西海岸。其中有些菲律宾人平时在加利福尼亚州的农场工作,夏季则去阿拉斯加州的大马哈鱼罐头厂工作。

1943年国会通过《泰丁斯-麦克达菲法案》,这为菲律宾的最终独立准备了条件。这项法规将该群岛移民人数限制在每年仅50人。1946年,该配额增加到100人,并允许移民申请国籍。自从《1965年移民法案》通过后,菲律宾已成为美国移民的一个主要来源。

印度支那战争难民

自从1975年越南战争结束后,约15万名越南难民开始在美国生活。他们住在加利福尼亚州的威斯敏斯特,这个社区在洛杉矶以南的奥兰治县。这个地区成了越南移民的"美国首都"。那里有小西贡,有一个越南商会,还有约2千个越南人经营的小生意。

同样,老挝人和柬埔寨人的聚居区也出现在得克萨斯、路易斯安那、伊利诺伊、华盛顿、俄勒冈、弗吉尼亚、明尼苏达、佛罗里达、宾夕法尼亚等州。加利福尼亚州有由所有印度支那人群体组成的最大聚居地,只有印度支那的赫蒙人是例外,这个民族以前住在越南和老挝的山区,他们最大的社区在明尼苏达州。每个印度支那民族都有其独特的语言与文化,并且不愿与其他民族混居。

一些有成就的亚裔美国人

某些重要人物未在下面列出,因为他们已在本条目的正文或在《康普顿百科全书》的其他条目中被论及。

昌德拉塞卡(1910—) 印度裔物理学家,生于拉合尔(现属巴基斯坦)。1936年赴美任教于芝加哥大学。"现代天文学中的纯理论家",1983年获诺贝尔奖。

宗毓华(1946—) 华裔美国电视记者,生于华盛顿,原名康斯坦斯·宗毓华。20世纪70年代在哥伦比亚广播公司播新闻,80年代在全国广播公司做节目主持人。1989年"与宗毓华共度周末"(哥伦比亚广播公司系列节目)开播。

郑大炫(1934—) 朝鲜裔美国地理学家,生于井邑。1956年赴美。自1974年起在劳伦斯·利弗摩尔国家实验室工作。

黄宗霑(1899—1976) 华裔美国电影摄影师,生于广东。以技巧创新和真实效果著称,16次被提名奥斯卡金像奖(两次获奖)。

科拉纳(1922—) 印度裔美国化学家、教育家,生于赖布尔。自1958年起在洛克菲勒中心工作,1970年起在麻省理工学院工作。获诺贝尔奖后(1968),合成第一个人工基因。

李小龙(1940—1973) 华裔美国偶像明星,生于加利福尼亚州的旧金山。在香港做儿童演员。在华语(在香港摄制)和英语功夫片中亮相。

正冈(1915—) 日裔美国公民协会中的日裔美国民权活动家。他在说服美国国会授予亚裔人平等的移民权和入籍权时居功甚伟。

梅塔(1936—) 印度裔美国指挥家,生于孟买。1961年赴美。任蒙特利尔交响乐团和洛杉矶、以色列及纽约爱乐乐团的音乐指挥。

鬼冢(1946—1986) 日裔美国航天工程师,生于夏威夷的凯阿拉凯夸。1978年成为宇航员人选。分配在"挑战者号"上以手动相机拍摄哈雷彗星,遇难。

小野洋子(1933—) 日裔美国艺术家,生于东京。1951年赴美。她在第三任丈夫甲壳虫乐队的约翰·伦农被杀后,继承了增进世界和平的使命。

坦登(1941—) 印度裔美国计算机工程师。1960—1962年赴美在霍华德大学求学。坦登公司总裁。

王安(1920—1990) 华裔美国计算机存储磁心发明者,生于上海。1945年赴美。1951年建立王氏实验室,办公电脑的先驱者。

自从20世纪60年代中期对北越实行大规模轰炸之后,东南亚难民问题就不断加剧。冲突结束时,成千上万的人无家可归,更多的人为逃避大获全胜的共产党人而寻求庇护。许多越南人(其中有大量华人)被美国军队疏散出

来。由于共产党人掌权后就开始严厉镇压和大屠杀,又有更多的难民逃难离去。其中有大批"船民",即使用任何可以航海的船只逃离印度支那的人。许多人抵达美国之前,最初住在遍及东南亚的难民营中。

这些移民依据各种难民法获准进入美国,政府便寻求志愿者组织的协助,为他们寻找美国资助人并安排工作与住房。随后移民就被送往不同地方开始新的生活。政府实行这项计划的目的是将他们分散开,以免形成像威斯敏斯特那样的聚居区。该计划很快失败了。难民家庭在原安置地住下不久,就被孤独感驱使着开始搬到聚居区去。因此,目前的印度支那难民聚居区是从第二次迁移发展起来的。

这些定居的移民难以谋生。大部分早期印度支那难民是受过良好教育的城市居民,而后来者则来自农村,没有或很少受过教育。(比如,赫蒙人是没有书面语的、生产的粮食只够自己食用的农民。)他们不会讲英语,所掌握的有限技能在工业化城市社会里又毫无用处。许多人在逃离印度支那前受到肉体和精神上的创伤。少数人由于手头拮据,又对自身的艰难处境感到耻辱,便从事犯罪活动,但大多数人勤奋工作,以减轻对公众支援的依赖。大家庭的成员一般互相支援生活费和教育费用。

撰文:Bill Hosokawa

非裔美国人 AFRICAN AMERICANS 见:美国黑人

杨基 YANKEE

在所有的民族绰号中,杨基可能是知名度最高的了。然而,美国人的这个声名远扬的称号是怎样来的,还是个不解之谜。学者们曾一度认为,杨基是从 Yengees 变来的,因为美国印第安人把英文(English)这个字就是读成 Yengees 的;或者是从法语的英文这个字昂格莱(Anglais)变来的。另一种说法是来源于荷兰语的 Yankey 这个绰号,因为早在 1683 年荷兰水手们就使用过它。Yankey 可能是从荷兰语中 Jan(约翰)这个名字的爱称 Janke 转变来的。

在殖民地时期的美国,其他地区的殖民地居民,有些轻蔑地称新英格兰人为杨基。但英国人则不分地区地把所有殖民地的居民都叫作杨基。在美国南北战争期间,南方人称北方人为杨基。在两次世界大战中,英国人称美国士兵为杨克。从此,这个名称就传播开来,成了所有美国人的绰号了。

"杨基歌"的来由,也不清楚。这首轻快而粗犷的曲子,1770 年以前在殖民地中甚为流行。在美国独立战争初期,英国人唱这首歌来取笑美国人,但是,取得胜利的美国人,把这首歌接过来作为自己的进行曲。这首极为著名的歌曲的歌词如下:

杨基进城去,
矮马当座骑,
帽上插羽毛,
号称大阔少。

英国人称阔少为 macaroni。另外,还有一首题为《杨基从营地归来》的 15 行歌词。

阿拉伯人 ARABS

阿拉伯人这个名词的由来和含意都不清楚。它的原意可能是"口齿清楚的人"。因此,在一般情况下,它是指以阿拉伯语为母语的人。这个词直到 7 世纪时,阿拉伯半岛的所有居民由伊斯兰教(见:**伊斯兰教**)统一起来之后,才被广泛使用。信奉伊斯兰教的各族人民,在过去的若干世纪中,一直分散地过着部落生活。后来他们第一次发现,他们有着共同的宗教、法律和语言。从那以后,他们一直保持着这种统一性。

现在,阿拉伯人这个词,不只是指阿拉伯半岛的人,也包括中东和北非居民中的一大部分居民,以及非洲东海岸、美洲、乍得、伊朗和其他地方的少数民族。实际上,世界上一亿多阿拉伯人,大部分居住在沙特阿拉伯、约旦、卡塔尔、阿曼、阿拉伯联合酋长国、巴哈林、也门、伊拉克、埃及、叙利亚、以色列、黎巴嫩、利比亚、阿尔及利亚、摩洛哥、苏丹、突尼斯和土耳其。

所有的阿拉伯人都认为阿拉伯半岛是他们祖先的老家。那里是他们语言的发源地;麦加市是他们最神圣的宗教圣殿大清真寺的所在地。

远在伊斯兰教诞生之前,阿拉伯半岛上就有部落民居住,其中有些是定居的居民,有些则是游牧或半游牧的。这些部落认为他们的祖先可以追溯到许多世纪之前的两支阿拉伯人中的一支。一支被称为真正阿拉伯人,是古代一个名为卡坦(Qahtan)的始祖的后裔。

另一支阿拉伯人,被认为是希伯来始祖亚伯拉罕的儿子的后代。这一支被称为阿拉伯化的阿拉伯人,因为人们认为他们来自亚伯拉罕在美索不达米亚,即现在的伊拉克(见:**亚伯拉罕**)的故乡。

阿拉伯社会

家庭是阿拉伯社会的基本单位。阿拉伯人往往以他们所属的家族为外人所知。在所有的阿拉伯社会中,家庭生活是由男人统治的。女人被看作是她们的父亲或丈夫的财产。大部分婚姻是单配偶制——即一夫一妻——但在沙特阿拉伯以及某些非洲国家,一个男人有多达四个的合法妻子。孩子们的婚姻,通常都是由父母安排的。

在家庭以外,阿拉伯人在他们自己人圈内,根据家庭出身、所属部落和社会地位,显示自己的身份。部落由一些家族组成,由一名酋长领导。酋长有责任保护部落中的弱者和穷人。在部落内部或部落之间发生争执的时候,就把问题提交给熟悉部落习俗的一位仲裁人去解决。

漂流不定的部落成员叫作游牧民,或称贝都因人(见:**流动民**)。在中东和北非,游牧部落在阿拉伯居民中约占五分之一。他们居住在荒凉的草原和沙漠上,在世界的那一部分,大部分都是这样的地方。他们用骆驼运输东西,他们放牧骆驼、绵羊和山羊。

大部分阿拉伯人,虽然是游牧部落的后代,但已是农民和城市居民了。居住在城镇里的阿拉伯人,从事各种实业或商业。许多人从事石油工业方面的工作。石油工业在经济中占有很重要的地位。

在阿拉伯世界中,伊斯兰教具有最强大的威力。伊斯兰教影响整个社会观念、习俗和司法制度的运作。伊斯兰教是守旧的、重视传统的宗教,它根据对它的经书——《古兰经》的严格的解释行事。近几十年来,也许是由于石油带来的繁荣,而对衣着、食品和法律方面的传统习俗,有了某些非正式的放宽,这主要发生在大城市中。

在较小的城镇和沙漠地区,仍保留着传统的社会观念。女人们穿的是深色长袍,用面纱或披肩盖着脸。男人们穿的是长袍(jallabiyah),戴着毡帽,上面再覆盖上一项用布将头缠起来,然后用一条细绳扎住的"布帽"。有些男人穿着肥大的裤子,一件衬衫罩在外面,长可过膝。

阿拉伯世界的法律,是以神给予伊斯兰教的创始人穆罕默德的启示为依据的。因为神的启示,随着穆罕默德在632年的逝世已经终结,所以法律被认为在实质上是不能改变的。对于虔诚的穆斯林来说,生活中的任何事物都是与宗教相联系的。因此,人类的一切行动,都包罗在法律的范围之内。在阿拉伯世界中,生活要严格地循规蹈矩,因此,对西方人来说,法律似乎是没有任何灵活性的。严酷的惩罚,在《古兰经》认可它们以前的许多世纪,就在中东存在了。

过去和现在

从伊斯兰教创立以来,阿拉伯人的历史可以分为两个主要阶段,即从632年至1924年的哈里发时代和1924年以后的现代阿拉伯民族主义时代。哈里发这个词,是从一个阿拉伯文词演变来的,原意是"继承人"。哈里发们都是穆罕默德的继承人。原来的设想是,穆斯林们将永远在一位麦地那市的穆斯林的统治下生活。但是,这个原则未能持续下来。

从632年到732年,阿拉伯部落联合起来,征服了中东、北非和西班牙。在哈里发时期,虽然曾不时地发生过权力斗争,形成分裂局面,但是这个时期一直延续到16世纪初奥斯曼土耳其人征服了除西班牙以外所有阿拉伯人统治的领土的时候。奥斯曼帝国在第一次世界大战后被分割,哈里发在1924年被新土耳其政府废黜。

阿拉伯民族主义在20世纪初开始萌发,主要是因为受到来自欧洲的民族意识的鼓舞。阿拉伯民族主义的主要内容是在1938年确定的,那就是,"所有其语言、文化属于阿拉伯,并忠诚于阿拉伯的人都是阿拉伯人"。由于阿拉伯人都信仰伊斯兰教,所以这种民族主义思想会很容易地跨越国界。但是,阿拉伯国家之间还是经常发生争执的。

为了巩固阿拉伯团结,于1945年成立了阿拉伯联盟,成员有:阿尔及利亚、巴林、吉布提、伊拉克、约旦、科威特、黎巴嫩、利比亚、毛里塔尼亚、摩洛哥、阿曼、卡塔尔、沙特阿拉伯、索马里、苏丹、叙利亚、突尼斯、阿拉伯联合酋长国、也门和巴勒斯坦解放组织。埃及是发起国之一,但由于在1979年和以色列签订了一个条约,而被停止了成员资格,但在1989年又正式重新入盟。阿盟的目的是加强和协调政治、军事、经济、文化和社会方面的计划。从1948年以后,阿盟的团结是建立在反对以色列的基础之上的。有各种势力想拆散这种团结,使得阿盟变得软弱无力。由于1990年伊拉克入侵科威特,以及后来发生的国际冲突,阿盟成员在战争中立场各异,因而造成严重分裂。

为了促进北非各国之间的贸易,允许边界地带的自由往来,阿尔及利亚、利比亚、毛里塔尼亚、摩洛哥和突尼斯在1989年2月17日,成立了一个名为阿拉伯马格里布联盟的共同市场。埃及、伊拉克、约旦和北也门,也在1989年成立了一个区域性共同市场:阿拉伯合作理事会。

库尔德人　KURDS

大部分库尔德人居住在叫作库尔德斯坦的伊朗高原山区。这个地区是土耳其、伊朗、叙利亚和伊拉克交界的地方。高加索地区也有库尔德人居住。估计库尔德人总数在一千万左右。虽然库尔德人讲伊朗语,但是,这个民族的起源还是不清楚的。大部分库尔德人都在7世纪皈依伊斯兰教,大都属逊尼派(见:**伊斯兰教**)。在漫长的历史中,库尔德人从来没有自己的国家。

从前,库尔德人祖祖辈辈都是在从史前时期以来就占据的那些山区里,放牧绵羊和山羊。今天,许多库尔德人,仍是在夏天把他们的牲畜赶到山上牧场去,到冬天再回到山谷的村庄中。但大部分库尔德人已经定居下来,成了农民。游牧民则仍在酋长的领导之下,沿袭着传统的部落组织。有些库尔德人已经城市化,而且已为各个国家所同化。

库尔德人曾一再谋求独立。他们曾和苏美尔人、亚述人、波斯人、蒙古人、欧洲十字军和土耳其人打过仗。萨拉丁是他们的一位伟大领袖。自第一次世界大战以来,土耳其、伊朗和伊拉克镇压过许多次较大的库尔德人起义。1961年,伊拉克北部的库尔德人起来造反;1970年签订的协议终于对他们作了几项让步,其中包括建立当地自治政府。1974年,由穆斯塔法·巴尔扎尼领导的一些库尔德人,反对这个协议的最后付诸实施,战事又起。虽然这次起义不到一年便失败了,但是后来有时还发生冲突。在1979年伊朗革命之后,在政府军和要求政治和文化自治的库尔德人之间发生了激烈的战斗。伊拉克政府1988年野蛮的重新定居计划,把150万库尔德人赶出了家园。1991年短暂的波斯湾战争,似乎给库尔德人带来了希望,然而,虽然伊拉克被打败,但是,其统治者仍在台上。他们镇压了一次库尔德人起义,迫使一百多万库尔德人逃到北边的土耳其和东边的伊朗境内。土耳其境内的难民,前途未卜。

巴斯克人　BASQUES

定居在比斯开湾沿岸,从西班牙的毕尔巴鄂到法国的巴约纳之间的巴斯克人,是西欧现存的最古老的少数民族。现在有250多万巴斯克人居住在这个地区——在西班牙的四个省中,他们占多数。巴斯克民族最突出的特点是,他们的语言尤斯卡拉语与其他所有的欧洲语言都没有联系。虽然在西班牙的巴斯克乡下的学校中还允许使用他们自己的语言,但大多数巴斯克人都讲西班牙语或法语。

巴斯克诸省,在西班牙语中叫瓦斯科尼亚,是西班牙的主要制造业地区。除木材和家具业外，在毕尔巴鄂还有炼钢厂，西班牙的钢铁大部分是这里生产的。

许多居住在沿海的巴斯克人都是造船和航海的好手。早在14、15世纪，他们就远涉重洋，到格陵兰和纽芬兰去捕鲸和打鱼。在20世纪，他们要求管理自己事务的愿望，在西班牙导致了一场严重的冲突。在1936年的西班牙内战期间，曾宣布成立了一个独立的巴斯克共和国。但是，在盖尔尼卡镇被西班牙叛军轰炸之后，这个政府不得不流亡国外。许多巴斯克人迁往美洲，他们的民族政府则流亡巴黎。

在西班牙的独裁者弗朗西斯科·佛朗哥于1975年死后，分离主义运动更为高涨了。根据西班牙1978年通过的宪法，西班牙的巴斯克人可以享受有限的独立，包括他们可以有自己的议会、警察和税收制度。但是，这个秘密的、恐怖主义的解放组织ETA（这是巴斯克语祖国和自由的缩写），要对500名死者和许多被绑架的人负责。到20世纪80年代中期，法国不再为巴斯克流亡者提供庇护，当地对游击队的支持也趋减少。20世纪80年代末期，东欧独立的浪潮给巴斯克争取完全自治的民族运动注入了新的活力。

犹太人　JEWS　见：犹太教

克尔特人　CELTS

在古老的欧洲民族中，克尔特人是好战的。他们身体强壮，红头发，到处流浪，大概来自遥远的、里海以东的大平原。到公元前500年，他们就已经生活在法国的东北部、德国的西南部和波希米亚。克尔特人（当时也叫高卢人）后来继续向四面八方迁徙。

在大约公元前400年，克尔特部落越过了瑞士的阿尔卑斯山，进入意大利北部。他们在夺得了肥沃的波河河谷地区之后，包围了罗马。与此同时，其他的克尔特人推进到法国和西班牙境内，并向东进入小亚细亚，向西到达英国各岛屿。今天法国的古名高卢，就是他们给起的。

在小亚细亚，他们建立了加拉提亚王国。圣经新约中圣保罗致加拉提亚人书，就是写给这些克尔特人的后裔的。在英国，克尔特的勇士们扫荡并征服了各岛屿。

克尔特人的生活和宗教

克尔特人生活在组织松散的部落中，每个部落有一名首领，有贵族、自由民和奴隶。部落一般生活在设防的村庄中，通常坐落在山顶上，村庄外面是田地和牧场。部落间常常发生战斗。如果一个部落征服了几个别的部落，这个部落的首领便可称王。

克尔特人给被征服者带去了许多新的技艺。他们会化铁，并把铁打成有用的工具。他们用艺术的金属制品和珐琅装饰头盔、盾牌和武器。克尔特人还会制火腿，养蜂和做木桶。

克尔特人的教士叫德鲁伊特（Druid），他们的宗教叫德鲁伊教。由于他们的宗教仪式没有任何记载，所以对教士们不大了解。很显然，他们信仰的神和其他早期的人们所信的神是相似的。高卢人的教士既是法官，又是教士，他们把囚犯作为祭神的牺牲。不列颠的德鲁伊特们主要是宗教教师。

只有出身好的男人才能做教士。教士们受到高度的重视，他们不必去打仗，也不缴税。教士们教导人们说，灵魂是永存的，一个人死后，灵魂又传给另一个人。他们把槲寄生，特别是寄生在橡树上的槲寄生，视为神圣之物。橡树也被看成是神圣的，教士们常在橡树林里举行宗教仪式。教士们对植物、动物和星宿知之甚多，所以他们也是魔术师和占星家。人们曾一度认为，许多石头古迹都是这些教士们建造的，但现在科学家考证，这些古迹在克尔特人之前的时代就存在了。

克尔特的衰落

克尔特人对西欧的统治只延续了几个世纪。罗马人终于把意大利、高卢和不列颠的很大一部分变成了罗马的行省。迦太基人在西班牙制服了克尔特人，德国人的部落把克尔特人赶出了莱茵河流域。在英国被罗马人征服之后，盎格鲁-撒克逊人的入侵，将克尔特文化的大部分踪迹都清除掉了。只是在欧洲的边缘上，克尔特人勉强保留了他们与众不同的特点和语言——如布列塔尼、马恩岛、威尔士、爱尔兰和苏格兰高地。克尔特文化的踪迹，仍存活在布列塔尼克尔特语、马恩语、威尔士语、爱尔兰克尔特语、盖尔语和民间传说中。

19世纪末开始对克尔特语言、文学和历史表现出来的兴趣，称为克尔特文艺复兴。这种复兴，在爱尔兰表现尤为突出，甚至出现用爱尔兰-克尔特题材撰写的戏剧。爱尔兰盖尔语现在是爱尔兰的官方语言。

因努伊特人　INUIT

这个北方民族通常被称为爱斯基摩人，但他们自称因努伊特人，意为"人"。显然是加拿大的克里印第安人给因努伊特人起了"爱斯基摩人"这个名字，意为"吃生肉者"。倘若果真如此，这个名字便起错了，因为和别人一样，因努伊特人不吃未加工过的肉类。

然而，通俗的称呼已成惯例，这些遥远的北方人很可能会永远被称为爱斯基摩人。约有10万因努伊特人生活在北冰洋地区——这是个带状区域，东起格陵兰岛，穿过加拿大北部和阿拉斯加，西至西伯利亚东部。

因努伊特人长期以来一直居住在某些北方印第安部落附近，但他们似乎与印第安人不相干。他们的相貌更具有蒙古人种的特征。因努伊特人中B型血比例很高，而他们的印第安邻居却完全没有这个特点。因努伊特人的起源难以确定。他们大概来自远东，但已在北冰洋生活了2千多年。

他们的语言被称为因努伊特语，这是世界上最复杂的语言之一。由于因努伊特人居住的地域辽阔，因努伊特语有很多方言。

19世纪末以来，他们与北美和欧洲人的接触导致了一种特殊的有限行话的产生，这种语言也称为混合语，约300至600个词汇。多数词从因纽特语变化而来，但也有一些来自英语、夏威夷语或其他语言。有些到北冰洋观光的人把这种行话误认为因努伊特语。

传统生活与风俗

因努伊特人多少世纪来与外界几乎没有联系，他们自己形成了一种与环境相适应的相当稳定的生活方式。但随着现在越来越多的因努伊特人融进所在国的经济与政治结构中去，传统生活方式正日益衰弱。只有具有伟大的聪明才智和坚韧耐力的民族才能在一个每年6至9个月完全被冰雪覆盖的地区生存下来，这个地区几乎没有蔬菜类食品，只有边缘地带才有树木。

因努伊特人的食物主要是鱼类、海洋动物，以及为数不多的北冰洋陆地动物。冬季，十几个家庭集中在一起，每天早上男人们外出在仅有的几个不冻水域中用鱼叉叉捕浮上水面换气的海豹。但春天，这些小团体就分散开了。一些家庭用动物皮绷在木架上制成类似独木舟的单人划子（称为爱斯基摩划子），他们乘着这种划子在未结冰的水面上捕捉海豹。还有的家庭则捕猎鲸鱼或钓鱼。夏季，大多数家庭都猎取北美驯鹿及其他陆生动物。随后，当冬季来临时，那些家庭又聚居在一起，一年四季的循环就完成了。这个循环并非一成不变，也随各地区的具体情况有所不同。

因努伊特人用弓箭猎取陆生动物——后来被来福枪取代。用来猎取海生动物的武器是鱼叉。一些因努伊特人用生皮制的网猎捕海豹，但从不用这种网捕鱼。

捕猎较小的海洋动物时，由爱斯基摩小划子来提供水上交通；但捕鲸时，因努伊特人用一种被称为爱斯基摩皮筏的大船。这种船也用动物皮绷住，与传统欧洲捕鲸船类似。陆地运输依靠狗拉雪橇，这种雪橇可能由西伯利亚驯鹿拉雪橇改进而来。

在这种恶劣的气候中，只有皮毛衣服才足以御寒。在捕到的动物皮中，因努伊特人偏爱北美驯鹿皮，尽管有时也用其他动物皮毛——如海豹、北极熊、山羊及野兔。他们的服装由外衣、长裤、长袜、鞋或靴组成。在极其严寒的天气里，他们穿两套衣服，里层的毛面贴身，外层的毛面朝外。靴子一般用海豹皮制成，因为海豹皮特别不易损坏，又抗潮。因努伊特人的一种带风帽的大衣被称为派克大衣，已被滑雪者及其他在寒冷地带生活的人们采用。

住处 广为人知的"冰雪小屋"一词，其实意指任何一种住处。常被描述为典型因努伊特房屋的雪砌房屋，主要流行于从拉布拉多西至加拿大北中部的这一地区。在阿拉斯加从未有过这种房屋，在格陵兰岛也很少见。建这种房屋，需要一把用骨头、象牙或金属制成的长刀将拍实的雪切成块。一般一个男人一小时就能建一座这样的小屋。在小屋内，因努伊特人睡在盖着细树枝和驯鹿皮的低矮雪台上。每个小屋有一个用冰制成的天窗。夏天来临时，雪屋融化了，一家人便不得不搬进用动物皮制成的帐篷里。

在北冰洋西部和格陵兰岛，因努伊特人住在用漂流木制成、外表用草皮隔热的小木屋里。天窗用半透明的动物内脏制成。这种木屋由一个通向地板上的活板门的半地下通道进出。夏季来临，通道为水所淹时，就必须搬进用海豹皮或驯鹿皮制成的帐篷里。

用陶或石制成的浅碟状灯中燃烧动物脂肪，既可以提供热量，也可以在这种灯上烤鱼和肉。

在这种严酷的条件下，人们几乎身无长物。那里没有货币经济。因努伊特家庭的财产有狗、住处，还有自己制作的几样东西：工具、雪橇、武器和小划子。偶尔也有一些民间艺术品，比如鲸骨雕刻，但是其他的不多。甚至房子一旦离弃，也就不再属于某个家庭。或许别人会将其据为己有。

土地公有，食物共享。打鱼和打猎都极为艰难，收获毫无保障，因此，没有人敢让别人挨饿，因为也许下次挨饿的会是他自己。

家庭与工作 男女分工相当明确。男人打猎，建房；女人做饭，处理皮毛，做衣服。因此男女互相依存，以致因努伊特人没有独身者。有时有些因努伊特男人娶两个甚至三个妻子，尤其是第一个妻子没有孩子时。有时有些女人有两个丈夫。因努伊特人喜欢孩子，孤儿一般都能在亲戚家受到良好照顾。在这片既没有蔬菜食品又没有道路的土地上，一个母亲照料自己的孩子，她走到哪里就将他们背到哪里，直至他们三岁左右。

宗教 因努伊特传统宗教近似于泛灵论，这种信仰常常存在于土著中。因努伊特人认为每种自然现象都有其精神力量：鱼鸟走兽；风雪，木石，等等。每种现象都被认为有人的性格。这些精神力量既不友好也无敌意，但若不受尊重，它们就会变得危险。（参见：泛灵论）

因努伊特死者的灵魂加入了这个精灵的世界，可能对他们在世的亲戚或其他因努伊特人产生敌意。尤其不能冒犯猎物精灵，因为它们会带来疾病或饥荒。因此产生了一系列复杂的制作食物的规则，其目的都是为了保持因努伊特人与环境间的和谐。

今日因努伊特人

摩托雪橇正在取代狗拉雪橇。这只是一个小例子，表明因努伊特人的生活正在适应几个世纪来与之联系的各种文化。

长期以来，文化变革一直在缓慢地进行。11至14世纪，北欧海盗在格陵兰岛定居，并与因努伊特人进行贸易。17世纪，丹麦将格陵兰岛变成其殖民地，将因努伊特人纳入丹麦的政治宗教轨道。阿拉斯加的因努伊特人也在相当早的时期与白人有接触，主要是穿越阿留申群岛迁移到大陆的俄罗斯人。1867年美国买下阿拉斯加后，交往更多了。

与南美和北美的印第安人一样，交往并不总是带来好处。成千上万的因努伊特人死于他们过去没有得过的疾病：天花、感冒、麻疹、肺炎以及流感。

早期建立的贸易中心，以及后来的工业化和采矿，影响了北冰洋土著居民的生活。在阿拉斯加和加拿大北部发现的石油带来了许多新工作，不只在油田，还有在输油管线上。在格陵兰岛，许多因努伊特人已学会在短暂的夏季种植蔬菜作物。许多人在冰晶石矿工作，还有些人成为商人和店主。

这些经济上的变化使许多因努伊特人离开北冰洋的住处，搬进城市。钱已成为必备之物，枪支、弹药、捕鲸弹、舷外马达、做服装的布匹以及许多其他工业产品，也已不可或缺。他们的饮食习惯也受到这些变化的影响，因为许多种类的食物来自比较温暖的地区。

到20世纪中期,许多因努伊特人成为基督教徒,尽管传统宗教显然并未被遗忘。在加拿大和美国管辖的地区,因努伊特孩子必须接受教育。接受基础教育后,他们一般必须离家去上中学或中等职业学校。在加拿大,初级教育正越来越多地用因努伊特语进行。此外还成立了成人教育中心,以帮助年龄较大的因努伊特人在企业和政府中获得更好职位。

1977年,第一届国际因努伊特人组织大会的召开表明,因努伊特人不再孤立于其他民族和政府之外。美国、加拿大和格陵兰的因努伊特人代表举行会议,制定并执行经济、社会与文化合作计划。通过这次会议,因努伊特人试图参与他们所在各国的政策的制定。

有人提议,在加拿大西北地区的东半部建立一个因努伊特国家——"努那瓦特",意为"我们的土地"。按此计划,西北地区将被一分为二,到20世纪末,约199万平方公里的土地将归因努伊特人所有。

爱斯基摩人　ESKIMO　见：美洲印第安人；因努伊特人

吉卜赛人　GYPSY

在欧洲和美洲,一个鲜为人知的民族,仍保留着古老独特的生活方式。这个民族便是吉卜赛人。在近一千年来,他们一直到处流浪。在天气暖和的月份,他们一伙一伙地总在流动。在美国和加拿大,他们乘汽车云游,晚上睡在帐篷或拖车里。在欧洲,他们中许多人都以结队的马车为交通工具和住所,这是一种装在货车车轮上的房子。在冬季,吉卜赛人住在房子、公寓房间,甚至不用的商店里,但是到了春天,他们就又开始云游了。在近代,有些吉卜赛人已经永久定居下来,但他们常常是不与非吉卜赛人为邻。

吉卜赛人一般都身材矮小,削瘦,皮肤黝黑。女人们衣着色彩华丽,戴着红绿两色的围巾,扎着彩带,还戴着沉重而且闪闪发光的首饰。男人们也喜欢鲜艳的颜色和珠宝。孩子们大都衣衫褴褛,穿着人家扔掉的衣服,整个夏天都打赤脚。吉卜赛人的卫生和饮食水平是很原始的,但是,只要他们待在户外,身体总是很健康的。

吉卜赛人在流动的路上,靠沿街叫卖、修锅补盆,特别是修理铜器生活,他们也在小集市和庆祝会上给人算命。他们还去树林中采集草药出售。很多吉卜赛人都会音乐,他们通过自学,小提琴拉得很好。

吉卜赛人自豪,抱成一团,忠诚于传统,他们反对把他们变成和其他民族一样。他们的孩子们只是为了服从当地的法律才上学,因为怕正式教育会使他们的孩子忘记吉卜赛的生活方式。很多上了年纪的吉卜赛人都是文盲,他们对自己和他们的过去的了解,大都是口头传下来的。

吉卜赛人的过去

在欧洲大陆,吉卜赛人被称为茨冈人(tziganes,拼写各国不同)。吉卜赛这个词是埃及人"Egyptian"的讹误,吉卜赛人也倾向于认为,他们的故国是埃及。实际上,他们起源于印度的西北部。他们过去是那个地区的游牧部落之一,有好几个世纪都没离开过那个地区。大约在公元1000年前后,他们开始向西迁移,经过波斯(伊朗)和亚美尼亚,进入拜占庭帝国。到14世纪,他们在巴尔干各国和匈牙利站住了脚。

在那里,吉卜赛人有些定居下来,在贵族和教士的田地上做农奴。另外一些人得到准许,可以流动。这些流动的吉卜赛人就成了修锅补盆的工匠、木雕工和吟游艺人。男人们用淘盘到河里去淘金,女人们去给人算命。大约在公元1500年左右,小股的吉卜赛人到达了英国的岛屿。在那里,他们又增添了一些新的职业:买卖马匹、钉马掌和护理病畜。他们以机灵、狡猾和常常喜欢小偷小摸闻名。但是,他们修锅补盆和护理病畜的技术却为人们所欢迎。外界的人们也喜欢他们演奏小提琴,和用塔罗算命纸牌算出的神秘而准确的预言。

吉卜赛人的语言、政府和宗教

rom的意思是人,吉卜赛语的名称Romany(罗姆语)就是从这个词衍生出来的。吉卜赛语有许多方言,但它们的基础都是印度的古老语言梵文。吉卜赛人不管住在什么地方,都要把当地的许多词汇纳入吉卜赛语。吉卜赛语中甚至有Pal(朋友)这样的土语。

吉卜赛人总是要遵守一个国家和一个地方的法律,此外,他们还要遵守他们自己的风俗习惯。每一帮人都有一名他们自己的首领。所谓的"王",只不过是一大帮人的首领。首领是惩罚违犯吉卜赛法律者的审判团的头目,他也负责和与他们这帮人有事务往来的外边人打交道。

吉卜赛人有信伊斯兰教、罗马天主教、东正教和新教的。他们选择什么宗教,主要是根据所在国家的主要信仰而定。但是,他们有自己的洗礼、结婚和殡葬的礼仪。

哥萨克人　COSSACKS

亦武亦农——这就是哥萨克人。他们是俄国最为自豪的民族之一,是农民、开拓者和犯人的后代。

15世纪,许多俄国人摆脱了农奴地位,逃亡到顿河、第聂伯河和乌拉尔河中部的岛屿和边界地区。他们取了"哥萨克"这个名字。这个名字来自土耳其语的kazak,意思是"冒险者",或"自由人"。他们组成了三个"群体",或称半独立的省,每个省由一个选举出来的委员会和一名头人管理。他们酷爱自由和冒险,曾打退沙皇的军队,并掠夺了车队。俄国的统治者,因为无法控制他们,决定给他们土地、军火和一些物资,条件是作为特编骑兵部队服兵役。

哥萨克人住在农村里,共同耕种土地。在沙皇俄国,他们是能享有某种形式民主政体的少数人。他们只缴纳很少的赋税,逐渐发展成一个特权阶级。

哥萨克人作为沙皇的特种精锐骑兵,留下了凶残的记录。只要受压迫的民众聚在一起,呼吁改善生活条件,哥萨克人就骑着马,疯狂地冲上街头,用鞭子和马刀,向他们乱打乱砍。

在第一次世界大战期间,俄国发生了革命,哥萨克人失去了特权。在苏维埃统治下,哥萨克居住区不再是行政单位。他们改去种田,开发他们肥沃的粮田和牧场。但是,他们仍旧保持着他们根深蒂固的传统,操练骑马打仗。在第二次世界大战中,他们为击退德国军队出了一把力。虽然许多哥萨克部队都机械化了,但大部分仍然是骑兵。

赫梯人　HITTITES

四千年以前,小亚细亚尚武的赫梯人上升到了世界强国的地位。他们统治现在的土耳其和叙利亚的大部分地区,达一千余年。他们的帝国,在面积和实力方面,可以和当时的另外两个世界强国埃及和美索不达米亚的亚述-巴比伦帝国相匹敌。

大约在公元前1000年,他们的帝国灭亡了,他们的文化也被人们所遗忘。由于在《旧约》中常常提到他们,所以只有他们的名字存留下来,留在人们的记忆中。

关于赫梯人的情况,几乎现在所了解的一切,都是在一个人一生的时间内发现的。大部分是从第一次世界大战以后缀合在一起的。主要的信息来源,是1906年及其后发现的、有一万片泥板的皇家图书馆。那是在安卡拉以东约145公里、土耳其的博阿兹柯伊附近、古赫梯国首都哈图萨的废墟中发现的。

这些泥板是用楔形文字书写的,虽然其中大部分是用巴比伦文拼写的,但它们是赫梯文。这是德国考古学家胡戈·温克勒发现的。他和其他一些学者钻研了多年,想找到破译这种天书的线索,但无结果。有一天,一位奥地利教授弗里德里希·赫罗兹尼,在一个有巴比伦文面包这个词的句子里,琢磨出了赫梯语的wadar的词意。他想,这个词可能和我们的"水"(water)是同一个词。其他的词,似乎也有和拉丁文中"水"(aqua)和我们的"吃"(eat)同样的词根。从这一点一滴的线索开始研究,到1915年,他宣布他已经解开了这个谜,并说赫梯语属印欧语系,是和我们的语言有联系的。但是,将这些泥板翻译出来,又花了十年的时间。

从这些泥板和其他一些文献,以及他们雄伟的设防城市的遗迹中,我们现在了解到,赫梯人是未开化的部落民,在公元前3000年后不久,他们骑着马,乘着战车,手持青铜短剑,从北方扫荡下来。他们发现,小亚细亚的农民和牧民是很容易征服的。这些人只熟悉和平的艺术,而且在运输方面,也没有比驴更为快捷和更为有效的工具。在将近公元前2000年的时候,赫梯人的各个领地才由一个名为拉巴尔纳的国王统一为一个帝国。后来,一位国王又把赫梯人的势力扩展到叙利亚和美索不达米亚。赫梯帝国延续到公元前1650年。公元前1450年,一个更为强大的帝国兴起。

如果说,老帝国是靠马建国的话,新帝国则是以铁建国。赫梯人似乎是最早用铁的。他们的黑海铁矿曾一度相当于世界铁矿的提供量。

后来,赫梯帝国分裂成为一些城市王国(公元前1050—前850)。这些王国最后败在亚该亚人手下。亚该亚人是在一股新的印欧人入侵的浪潮中来到的,正如赫梯帝国的崛起一样。但是,赫梯人仍是声名显赫的士兵。赫梯人乌利亚就是大卫王军队中的一员首领。

古赫梯人在他们崎岖不平的国土的肥沃的边缘土地上,种植大麦、小麦、葡萄和橄榄。养蜂就是他们的制糖业。他们还养马、牛、绵羊和山羊。他们别出心裁,制造出一种过雪山时用的、像滑雪板一样向上翘起的鞋。从发现的大量织布机坠砣和锭盘来看,他们会织布。精美的杯子、坛子和水罐,表明他们喜爱优美、新颖的造型和实用的设计。赫梯人还是有名的金属工匠。他们做生意的方法是巴比伦式的。他们在做买卖时也使用不同重量的银块,希腊人就是受此启发开始制造硬币。市镇之间都有路相通,可行商队。大猎物极多,国王和平民都以狩猎为娱乐。

赫梯国是一个军事组织,日常生活受到法律的严格管制。耕地、葡萄园、牛和牛皮的价格是固定不变的。自由民和奴隶的工资也是固定的。违反法律的惩罚是轻微的,但是,谋杀和盗窃一类的罪行被处以极高额的罚金,使人们不敢触犯。

赫梯人对西方文明的贡献是充当中间人,把东方的古老文化介绍过来。他们把影响希腊艺术、宗教和经商的思想传给了希腊人。赫梯人的铁矿向地中海各民族提供了铁,使他们手中有了新的铁制工具,从而结束了青铜时代。最重要的是,在西方文化还处在早期的阶段,赫梯人坚决守住亚洲和欧洲之间的桥梁,从而作出了贡献。如果不是赫梯人在那一千年中占有上风的话,欧洲文明可能在它的摇篮时代就被亚洲的专制君主们扼杀了。

流动民　NOMADS

流动民到处流动。流动民这个词来自希腊文nomados,意思是"到处流动,寻找牧场"。现在,这个词泛指在一年中作周期性或季节性流动的所有流动的人。传统上有三种类型:猎人和采集者;畜牧者,或称放牧人;手工艺者、打零工的及商人。此外,还可以加上现代的流动农业工人(见:**流动劳工**)。

猎人和采集者　不生产食物的部落或部落群,必须靠大自然提供的动植物维持生活。这些人一般不能永远在一个地方住下去。当他们把食物吃完时,便要搬到另一个地方去。在欧洲人来到之前,北美的许多印第安人部落就是这样生活的。南非的某些布须曼人也是猎人和采集者。

在营地附近步行所及的地方的野兽被打光或吓跑了,能吃的植物也吃完了,部落就继续转移。他们在一个地方有时只住几天,有时住几个星期。但是,这些游牧民并不是漫无目的地游荡。他们非常了解他们游动范围的情况:什么地方有水,有什么植物,以及可狩猎的兽类的种类和习性。在一段时间以后,这个部落便在一块土地上确立了权利。

可以说,猎人和采集者们还是可以活命的,他们可以获得足够的必需食品存活下来,但一点富余也没有。因为他们不生产任何东西,养活不了增长的人口,所以,部落的人口在很长的一段时间内,一直是相当稳定的。

游牧民生产食物。因此,他们部落的人口或民族的人口也就不时增加。土耳其人、蒙古人和许多的中世纪欧洲入侵者,都是游牧民,正如7、8世纪,阿拉伯军队高举伊斯兰大旗,踏遍大部分地中海地区一样。

虽然各种流动民都在减少,但在世界上的几个地区,游牧形式仍然存在。一般被误称为拉普人的萨米人,是拉普兰地区的半游牧民,他们在夏季把驯鹿群赶上山,到了冬天又赶回低地的林地。除拉普兰的萨米人以外,在中亚、西伯利亚、阿拉伯半岛和北非,也有游牧民。这些人中,有些靠狩猎和放牧生活。例如,在西伯利亚阿尔泰地区的尤利安盖人,他们畜养驯鹿,但也靠狩猎获取食物。在草原边缘地区,失去部分牲畜的家庭,有时也从事农业,但一般都是到了没有办法时才这样做。在亚洲西南部和非洲的北部和东部,游牧业和固定的农业一向是相互依存的。阿拉伯的卢瓦拉贝都因人,畜养骆驼,不种田。但是他们靠用骆驼和他们的毗邻地区交换粮食和其他产品。非洲的马萨伊人的生活,也大致如此。

游牧民的迁徙路线,依当地的气候和土地性质而定。亚洲中部和东部的某些哈萨克人部族,从南部的冬季住地到北部的夏季牧场,要跋涉数百英里。他们携带着可移动的、称为毡房的圆顶帐篷,同时赶着马、绵羊、牛、山羊和骆驼。另外一些哈萨克人,从山脚下冬天的住地,到较高地方的夏季牧场,只需走几英里就到了。

阿拉伯半岛的贝都因人,在炎热的夏季几个月里,在城镇或绿洲附近安营扎寨,在雨季过后,便转移到沙漠中去。他们和哈萨克人不同,迁徙没有固定的路线,但是,每一部族都有他们固定的地区。像萨米这类的半游牧民,都有固定的住所,他们在住地种上作物后,再带着他们的牲畜转移到夏季牧场去。在东非的索马里兰南部,人们住在固定的村庄里,他们一年两次将牲畜和人一起迁出去——雨季迁到高原的草原上去,旱季迁到河边去。

手工艺者、打零工的及商人 在阿拉伯半岛、亚洲和其他地方,有些流动民最终被文明——永久固定下来的农业社会和城市——所包围。流动民固守他们的生活方式,但是,他们在很大程度上要依靠与他们打交道的定居的社会。例如,在印度和巴基斯坦,有些流动民编制和出售篮筐及其他简易的产品,也有的去打零工。这一类的流动民中最有名的大概要算吉卜赛人了。一般认为,他们来自亚洲,以后移居到了欧洲和南、北美洲的一些地区(见:**吉卜赛人**)。

俾格米人　PYGMY

在非洲的热带雨林深处,居住着一个名为俾格米人的矮小民族。这个名字来自希腊文 pygme 一词,意思是"拳头",它用来表示 34.3 厘米这个长度的长度单位。俾格米这个词,可以用来指任何男性平均身高不足 150 厘米——约合 4½ 希腊"拳头"——的人群中的任何一名成员。身高稍微超过这一高度的人群中的人,称为类俾格米人。俾格米人为什么比世界上其他民族的人矮小的原因还不清楚。虽然就他们身体的比例来说,很多俾格米人的头确实是大了一些,而且躯干很长,腿又细又短,但并不是因为发育不全或畸形。

最有名的、也是人们经常所说的俾格米人,是非洲热带地区的俾格米族。在非洲的其他地方,卡拉哈里沙漠地区的某些桑人(亦称布须曼人)的身高,也和俾格米人一样。亚洲的俾格米人叫尼格利陀(Negrito),是属名。尼格利陀和俾格米两民族,从生物学上来说,起源是不同的。

所有的俾格米人,都是食物采集者。他们既不种地,也不养畜。几个家族集合在一起,用大部分时间采集食物和制造工具。他们用的武器是弓箭、吹矢枪和刀。他们的衣服很简单——一般是用树皮、草或树叶制作的腰布或短裙。

几乎所有的俾格米人,都和他们地区内的其他民族保持紧密的联系。因此,有很多俾格米人已经不会说他们本民族的语言,而说他们近邻的语言了。但扎伊尔伊图里森林中著名的俾格米族,却是一个例外。由于与他们邻近的民族互相影响,他们的文化,相对来说,仍保持未变。这个民族统称为姆布提人(Mbuti),他们可能是该地区最早的居民。

赤道非洲另一个知名的民族,是特瓦人(Twa),或叫巴特瓦人(Batwa)。他们居住在基伍湖的周围扎伊尔、卢旺达和布隆迪的高山中和平原上,和其他部落有着密切的联系。许多特瓦人专门制售陶器。在西边,在刚果河南边的沼泽地带,居住着人数众多的茨瓦人(Tswa),或叫巴茨瓦人(Batswa),这些人,和特瓦人一样,在文化和语言方面,也在很大程度上接受了邻近部落的影响。在刚果北面,乌班吉河以西的丛林中,居住着一个名叫巴宾加(Babinga)的类俾格米人民族。再往西,在喀麦隆和加蓬,还有其他一些分散的民族。

虽然一般都认为俾格米人是黑人,但是,人类学家对俾格米人的起源,见解各异。有些人类学家认为,俾格米人和他们身材较高的非洲邻居有联系;另一些人类学家则认为,俾格米人属另一个人种。(参见:**土著**;**种与族**)

食人俗　CANNIBALISM

关于唐纳等一批人的经历,是美国边境史中比较悲惨的事件之一。1846 年 10 月,由乔治·唐纳率领的一批约 90 名移民,被困在加利福尼亚内华达山脉高山上,暴风雪使人睁不开眼睛。活下来的人,在 1847 年初设法逃了出来。他们没有办法,不得不吃他们死去的同伴的肉以求活命。这种人吃人肉的事,叫作"食人"。

这个词来自阿拉瓦克语,是西印度群岛加勒比印第安人的名称。(阿拉瓦克语曾是主要的南美印第安语群。)众所周知,加勒比人有吃人肉的习俗。这个词也在动物学的意义上被使用,意思是任何种类的动物被同种类的其他动物所吃掉。例如,狼在饿急了的时候便会彼此相食。

在史前时期和原始社会中,食人现象很普遍。人们认为,在新几内亚岛的偏僻地区,这一现象仍然存在。直到最近以前,在西非和中非的部分地区、苏门答腊、美拉尼西亚和波利尼西亚,在北美和南美的各印第安部落中,以及在澳大利亚的土著和新西兰的毛利人中,还存在着这一现象。

食人的原因各异。有时就只是由于食物太少。有些民族喜欢人肉的味道。但在多数情况下,多与报复和惩罚犯罪、典礼和仪式,或魔术有关。有些部族,打了胜仗以后,就把被他们打死的敌人吃掉。也有的在举行仪式后,由亲属们把尸体吃掉,这叫族内相食(endocannibalism)。在原始的祭祀仪式上,用人做祭品时,常是把尸体的一部分吃掉。例如,猎取敌人头颅作为战利品的人,常常把死尸的某一部分吃掉,以从死人身上获取力量。

弗雷泽,詹姆斯　FRAZER,James (1854—1941)

1890年,《金枝——关于巫术和宗教的研究》一书(初版是两卷本,后来改编为13分册)的出版,确立了詹姆斯·乔治·弗雷泽爵士作为他那个时代最重要的人类学家之一的声望。这部书认为,人类社会发展经历了几个思想方式阶段。这些阶段就是:信巫术、信宗教,最后是信科学。弗雷泽在叙述他的理论过程中,受到了19世纪英国人类学家E.B.泰勒的著作,尤其是其《原始文化》一书的影响(见:**人类学**)。虽然弗雷泽的社会发展阶段理论现在并不为绝大多数的人类学家所接受,但《金枝》一书仍然被看作是了解原始社会宗教和巫术实践的知识宝库。

詹姆斯·乔治·弗雷泽1854年1月1日生于苏格兰格拉斯哥。就读于格拉斯哥大学和英国剑桥大学三一学院。除了1907年有段时间在利物浦大学任社会人类学教授外,其余时间都在剑桥任教。弗雷泽的其他著作还有:《图腾崇拜和族外婚》(1910)、《旧约中的民间传说》(1918)。

弗雷泽对他所处的那个时代的欧洲学者和著作家有巨大的影响,这主要是通过将包罗甚广的原始文化第一次叙述得明白易懂。他于1941年5月7日在剑桥去世。

博厄斯　BOAS,Franz(1858—1942)

作为教师、研究工作者和理论家,弗朗兹·博厄斯在发展现代文化人类学方面起了关键性的作用。这个思想流派认为,所有的人种都有发展文化模式的同等能力。不同民族之间存在着种种差异,这些差异都来源于文化,而不是来源于人种或遗传。

博厄斯积累了大量的资料来证实他的理论。他成了研究美洲印第安文化和语言的专家。他的工作促进了语言学和人体测量学(一种通过测量来推测身体模式的人体研究)这两门学科的发展。他还帮助推翻了种族主义理论所依赖的许多论辩,种族主义理论是在19世纪发展起来的。

博厄斯1858年7月9日生于德国明登,他把童年时代的许多时间都用于看书。五岁时,他就对自然科学产生了浓厚的兴趣。1881年获基尔大学哲学博士学位,1983至1984年,参加了历时一年的巴劳岛科学探险。1887年定居美国,任《科学》杂志编辑,与玛丽·A.E.克拉科维泽尔结婚,1889年在马萨诸塞州伍斯特的克拉克大学开始他的教学生涯。在1893年的芝加哥哥伦布博览会上,他帮助筹备人类学展览。1896年开始在纽约哥伦比亚大学任教。后来,他就终生留在那里。

博厄斯曾创办《国际美洲语言学杂志》,是美国人类学协会的创始人。作为一个教师,他鼓励妇女加入人类学领域。他的最著名的学生之一是鲁思·本尼迪克特——一位20世纪杰出的美国人类学家(见:**本尼迪克特**)。

博厄斯写有许多著作,其中包括:《原始人的心灵》(1911)、《人类学与现代生活》(1928)、《种族、语言和文化》(1940)。直到1942年12月21日在纽约市去世,他始终在其专业领域内积极工作。

马林诺夫斯基　MALINOWSKI,Bronistaw(1884—1942)

出生于波兰的学者,社会人类学的创始人。他还由于对大洋洲人,尤其是对澳大利亚和新几内亚人的研究而赢得了声誉。

马林诺夫斯基1884年4月7日生于波兰克拉科夫,其父是克拉科夫亚盖隆大学教授。1908年,他获得了亚盖隆大学博士学位。由于阅读了詹姆斯·弗雷泽的《金枝》一书,他对人类学发生了兴趣(见:**弗雷泽**)。后来去英国伦敦经济学院学习。在以后的25年中,他的事业便扎根在了伦敦,尽管田野调查常常使马林诺夫斯基远离伦敦。1916年获得伦敦大学科学博士学位。1924年任伦敦大学的人类学高级讲师,1927年升任教授。1938年休假去美国讲学。1939年第二次世界大战爆发,他应聘任教于耶鲁大学,直到1942年5月16日去世。(参见:**人类学**)

马林诺夫斯基的主要著作有:《澳大利亚土著家族》(1913)、《梅鲁族土著》(1915)、《原始心理学神话》(1926)、《野蛮社会的犯罪和习俗》(1926)、《信仰和道德的基础》(1936)。在他死后出版的书有:《科学的文化理论》(1944)、《文化变革的动力》(1945)。

洛克,阿兰　JOCKE,Alain(1886—1954)

作为一个作家和教师,阿兰·洛克促使人们承认其他黑人对美国音乐、艺术和文学的贡献。他在鼓励美国黑人发掘他们的传统和扩大他们的文化成就方面,同样也很有影响。

阿兰·勒罗伊·洛克1886年9月13日生于宾夕法尼亚州费城。他的父母都是教师。他们希望儿子能从事一项需要专门知识(大概是医学)的职业,以便在某种程度上摆脱对其种族的那些限制。但是,孱弱多病的身体使其从事医生职业成了泡影,于是父母就帮助小洛克为使自己成为教师而进行准备。

1904年,洛克从费城师范学校毕业后,进入哈佛大学。在那里,他师从像巴雷特·温德尔和查尔斯·T.科普兰那样的伟大导师。洛克的主要研究课程——哲学,也使他受乔赛亚·罗伊斯、威廉·詹姆斯和乔治·桑塔亚那的影响。

1907年从哈佛大学毕业后,洛克获得罗兹奖学金。此后三年,他在英国牛津大学学习。后来又在柏林大学学习一年后,于1912年回国。他在华盛顿的霍华德大学任教近40年。20世纪20年代,他是哈勒姆文艺复兴的领袖。1954年6月9日,在纽约市去世。

洛克的著作强调黑人文化,但他总是试图表明这种文化是如何适应于整个美国生活的。他的第一部著作是《新黑人》(1925)。其余的许多著作,他既是著者又是编者。其中有《美国的黑人》(1933)、《黑人及其音乐》(1936)和《艺术界的黑人》(1941)。他与伯恩哈德·J.斯特恩合编:《当民族交汇时:关于种族交往和文化交流的研究》(1942)。

本尼迪克特　BENEDICT, Ruth (1887—1948)

有关北美和南太平洋土著社会的研究,为美国人类学家鲁思·本尼迪克特最著名的著作《文化模式》(1934)的撰写提供了材料。她在研究新墨西哥州的祖尼族印第安人、新几内亚的多布安人和不列颠哥伦比亚的夸立特尔人期间,为写作该书收集了资料。这部被译成14种语言的著作告诉人们,人类社会仅仅表现了可能产生的人类行为的一小部分。本尼迪克特的这部书反映了文化相对论,即任何人类行为或活动都必须根据产生这种行为或活动的社会标准来评判。

鲁思·富尔顿1887年6月5日生于纽约市。在瓦瑟大学学习英国文学,1909年毕业。1914年,她与S.R.本尼迪克特结婚。20年代进入人类学领域之后,以安妮·辛格尔顿的笔名写诗。在纽约的哥伦比亚大学获得博士学位,她在那里的研究受到富有革新精神的人类学家弗朗兹·博厄斯的指导,并于1923年完成了学位论文《论北美印第安人中监护精灵的概念》(见:**博厄斯**)。1930年在哥伦比亚大学当助理教授,1948年升任教授。1948年9月17日在纽约市去世。

本尼迪克特认为,人类(humankind)构成一个单一的单位——人类(human race),而不是人种的集合。然而,她又指出,各种文化可以和那些使其形成特征的模式一起独立地发展。她通过对民俗学和宗教的研究,写下了二卷本的《祖尼族印第安人的神话》(1935)。她的其他著作还有:《种族:科学与政治》(1940,这是一部研究人类平等问题的书)、《菊与刀》(1946,这是一部用人类学的方法研究日本文化的书)。直到逝世前,她还在指导一项研究当代欧洲和亚洲文化的计划。

米德　MEAD, Margaret (1901—1978)

随着1928年其第一部著作《萨摩亚人的成年》的出版,玛格丽特·米德开始确立她的声望,成为20世纪最著名的人类学家之一。她还是一位很受欢迎但也引起颇多争议的演说家,她就诸如女权、育婴、麻醉药滥用、人口控制、世界性饥饿这样一些当代社会问题发表自己的观点。作为一个人类学家,米德出版了大量研究南太平洋各民族的著作。

米德1901年12月16日生于宾夕法尼亚州费城。1924年获巴纳德大学心理学硕士学位,并在人类学家弗朗兹·博厄斯的指导下获哥伦比亚大学博士学位。在哥伦比亚大学期间,她于1925至1926年首次去南太平洋旅行。1926年任纽约美国自然历史博物馆人种学馆助理馆长,在该博物馆一直工作到1969年,其中最后的五年任馆长。自1954年至退休这段时期,她在哥伦比亚大学讲授人类学。1968至1971年任福德姆大学社会科学系主任。1978年11月15日在纽约市去世。去世后的第二年,被追授总统自由勋章。

《萨摩亚人的成年》自出版后一直畅销不衰。米德的其他著作还有:《新几内亚人的成长》(1930)、《三个原始社会中的性生活和气质》(1935)。她于1942年发表的《时刻准备着》分析了美国的文化标准。

米德后期出版的最重要的著作是《男性和女性》(1949)。她的自传《黑莓的冬天》出版于1972年。

列维-斯特劳斯　LEVI-STRAUSS, Claude (1908—　)

克洛德·列维-斯特劳斯是社会人类学领域中结构主义的主要倡导者。他的分析人类文化的方法,是假定所有人类社会都是以类似的方式发展和建立秩序的。所有文化共有的因素已经找到,并进行了研究。这些结构上的相似之处,是通过对各种不同社会中的神话、典仪、亲属关系和语言等因素的分析找出来的。

克洛德·列维-斯特劳斯,1908年11月28日生于比利时布鲁塞尔。他1927年至1932年在巴黎大学攻读法律和哲学,以后在一个中学教书。20世纪30年代末期,他在巴西圣保罗大学担任社会学教授。他在圣保罗期间,对巴西的印第安人进行了田野调查。1941年到1945年,他是纽约市社会研究新学院的客座教授。第二次世界大战后,他回到法国,担任人类学博物馆副馆长。1950年任巴黎大学高等研究院研究部主任。1959年他应聘为法兰西学院社会人类学教授。

列维-斯特劳斯的第一部重要著作是《亲属关系的基本结构》(1949),但是他的第一部成名之作是他的思想性自传《悲伤的热带》(1955),书中描述了他的结构主义观点是如何产生的。

他的其他著作还有:《结构人类学》(1958)、《野性的思维》(1962)、《今日图腾》,和他于1964年开始1971年完成的四卷本巨著《神话学》。在这部巨著中,列维-斯特劳斯试图通过对新大陆印第安人文化的分析,来证实他们社会中的结构要素。

海华沙　HIAWATHA

海华沙长期以来是美国民间传说中最受人喜爱的人物之一,是美洲印第安人。亨利·沃兹沃思·朗费罗于1855年发表的《海华沙之歌》以他为主人公,由此闻名遐迩。在朗费罗的诗中,海华沙是奥吉布瓦部落的一员。

海华沙由祖母诺刻米斯抚养长大,能够与森林中的动物交谈,并在男子汉的各项技能中远远超出同族其他男孩。他长大后成为本民族的领袖,娶了印第安少女明尼哈哈,并在交战部落间为和平斡旋。

《海华沙之歌》主要是受学习印第安民谣的学生亨利·罗·斯库克拉夫特讲述的印第安传说启发写下的。像斯库克拉夫特一样,朗费罗也将海华沙与奥吉布瓦族的马纳博兹霍混为一谈。因此,这首诗的主人公是部落传说的综合产物。

真实的海华沙是生活在16世纪末的莫霍克族印第安人的酋长。他是易洛魁联盟的创建者之一。传说,他把玉米和鱼油介绍给族人,并率先使用象形文字、新航海术以及医药。

黑鹰 BLACK HAWK（1767—1838）

美国印第安索克部落的领袖。黑鹰是对在西北地区定居的白人的最后一次战争的领导者。他有一支约有1千名追随者的队伍,其中有很多是妇女、老人和儿童。

黑鹰生于伊利诺伊州罗克河河口附近的一个索克族村庄。在1812年的战争中,他被征募到英国军队里,同美国政府作战。战争结束后,由于拓疆者们不断地夺走印第安人的土地和家园,印第安人的仇恨变得更深了。

1804年时,索克和福克斯部族的几个成员在一份协议上签字,要把密西西比河以东的土地割让给美国。在首领基奥卡克的带领下,一些印第安人过河迁往艾奥瓦州。但黑鹰宣称,这个协定无效。1831年,他被迫搬迁。于是,他带着他的兵士和亲属于第二年春天回到了伊利诺伊。美国军队在伊利诺伊民兵的帮助下开始追逐他们,战争很快爆发。其他部落对黑鹰的队伍的帮助未能见效,8月,反抗被镇压下去了。

黑鹰在狱中度过了一段时间,然后被送到东部并与安德鲁·杰克逊总统见面。后来他被允许返回艾奥瓦。他口诉的自传由政府一名翻译人员记录下来,成为美国的经典作品。1838年,他在艾奥瓦州去世。

奥西奥拉 OSCEOLA（1804?—1838）

奥西奥拉是塞米诺尔印第安人第二次反美战争的领导人。他于1804年左右出生于佐治亚州的塔拉普萨河流域。在他4岁的时候,他家搬到佛罗里达州。他小的时候,可能参加过反对安德鲁·杰克逊的第一次塞米诺尔战争。

1832年,一些塞米诺尔酋长签订了一个条约,号召塞米诺尔人迁移到现在的俄克拉何马州印第安准州去。奥西奥拉及其他一些年轻的塞米诺尔人反对迁移。1835年,印第安人的代理人威利·汤普森在吉布森堡召开会议。有些酋长同意迁移。奥西奥拉站起来,把匕首刺进新条约说:"我只能和白人签订这样的条约!"于是,他被关进监狱。后来,他伪称同意迁移而被释放。

到12月份,开始发生冲突。奥西奥拉知道,在公开的战斗中,印第安人不是白人士兵的对手,于是他把印第安人带到大沼泽地的深处去,从那里带领塞米诺尔战士,猛烈地袭击白人士兵和定居者。美国民众批评对战争的领导不力。最后,给T. S.杰瑟普将军派去8千人结束了这场战争。

有些塞米诺尔酋长交出了许多印第安战士,作为迁移到印第安准州去的人质。1837年6月,奥西奥拉带领200名勇士解放了他们和其他被美国军队扣留的印第安人。10月,奥西奥拉打着停战的旗帜,来和杰瑟普进行谈判,杰瑟普下令把他拘捕。奥西奥拉最初被监禁在圣奥古斯丁,后来被转移到南卡罗来纳州的查尔斯顿市莫尔特里堡。他死于1838年1月20日,以正式军礼埋葬。这场战争一直拖到1842年大部分塞米诺尔部落投降并迁移到西部去才结束。

戈宾诺 GOBINEAU, Joseph-Arthur de（1816—1882）

如果阿道夫·希特勒和其他现代的种族主义鼓吹者需要有在思想上对他们的主张的支持的话,他们可以在法国作家和外交家约瑟夫-阿瑟·德·戈宾诺的著作中找到。他的理论是,文化命运取决于种族的素质;雅利安人,即白种人,比其他种族都优越;如果白种人经过混血而淡化,就会失去生命力并陷入腐败。

戈宾诺出身于贵族家庭。他于1816年7月14日出生于巴黎附近的阿夫雷市。他先受家庭教师教育,后到瑞士一所学院读书。他在巴黎定居下来,在政府中做小职员,这时他与当时一些有名的作家相识。从1849年以后,他开始外交生涯,在欧洲几个城市和德黑兰及里约热内卢任职。他1877年退休,定居意大利,1882年10月13日死于意大利的都灵。

戈宾诺一面从事外交工作,一面大量写作。他写了几本小说、一本波斯史和一本关于中亚宗教和哲学的书。但是,对后代最有影响的著作,是他在1853年至1855年出版的四卷本《人种不平等论》。

他的理论,虽然是多年来历史学和人类学研究的产物,但已完全被人们摈弃。但是,这些理论后来被用来维护种族主义的政治纲领。

红云 RED CLOUD（1822—1909）

马皮瓦·卢塔的别名红云比他的正式名字更广为人知。在19世纪60年代,他是奥格拉拉苏族印第安人的酋长。他领导他的战士阻止美国军队开辟博兹曼通往蒙大拿采金地道路的斗争达10年之久。

红云1822年生于内布拉斯加准州奥格拉拉苏族印第安人的巴德费斯营居群。到1860年时,他已经是奥格拉拉部落的首领。在随后的几年中,他阻止军队利用保德河路跟踪追击。这场战争一直延续到1868年,其中1866年12月21日在菲尔基尔内堡附近曾发生引起人们注意的费特曼大屠杀。

他反对建造堡垒是有成效的。1868年草拟了《拉勒米堡条约》。在驻军撤走、堡垒烧掉之后,红云在1869年4月29日签署了这个条约。然后,他放下武器,到内布拉斯加"红云乡"定居。

红云从1870年起倡导和平,常常去首都华盛顿会见政治领袖,和向白人听众讲话。他没有参与后来的苏人冲突。那些冲突导致了乔治·A.卡斯特在小比格霍恩的失败。印第安人的领导权落入了更为好斗的苏人,如"疯马"和"卧牛"等人手中。1878年,红云迁居南达科他州的"青松岭乡"。大约在1881年他被解除奥格拉拉酋长的职务。他晚年健康不佳,于1909年12月10日死于"青松岭"。

杰罗尼莫 GERONIMO（1829—1909）

杰罗尼莫和美国西部其他印第安人领袖的不同之处在于,他活到很大的年纪,并且是自然死亡。否则,他和他所领导的奇里卡瓦阿帕切族,也会遭到在白人定居过程中大多数印第安人同样的命运。

　　杰罗尼莫 1829 年 6 月生于亚利桑那州。他的阿帕切名字叫戈雅瑟雷，意思是"打哈欠的人"。作为阿帕切人的领袖，他继承了反对祖祖辈辈西班牙人和北美人殖民的传统。1874 年，大约有 4 千名阿帕切人被强迫迁移到亚利桑那州一处名叫圣卡洛斯保留地的不毛之地。这些印第安人接受杰罗尼莫的领导，展开了一个时期的动乱和流血斗争，断断续续一直延续到 1886 年 9 月，他最后投降。他投降之后，并没有像原先答应他的那样，他一直未能再次看到亚利桑那州。他和其他的印第安人被送到佛罗里达州去做苦工。他最后在 1894 年定居在俄克拉何马州的锡尔堡，于 1909 年 2 月 17 日在那里去世。他口述的自传《杰罗尼莫的一生》于 1906 年出版。

约瑟夫酋长　　JOSEPH, Chief
（1840？—1904）

当约瑟夫在 1871 年做了美国西北部内兹佩尔塞印第安部落的酋长时，他领导他的部落进行了抵抗白人定居者拿走他们土地的斗争，但是没有成功。这片土地位于俄勒冈准州的瓦洛厄山谷，他大约于 1840 年生于该地。在谈判失败之后，该部落在 1877 年被命令迁居爱达荷州拉普韦保留地。约瑟夫勉强地同意了。但是，当他部落里的三个人杀了几名白人定居者后，他想带领他的追随者逃往加拿大。

　　他们经过俄勒冈、华盛顿、爱达荷和蒙大拿，跋涉了 2500 公里。他们在几次战争中击退了美国军队的追兵，但最后印第安人在 1877 年 10 月 5 日投降。美国陆军部下令把他们送到印第安准州，即现在的俄克拉何马州。很多人病死在那里。1885 年，约瑟夫和他部落中存活下来的人，获准回到华盛顿和爱达荷准州。约瑟夫最后移居到华盛顿准州的科尔维尔保留地，始终没有获准返回瓦洛厄山谷。他于 1904 年 9 月 21 日死于科尔维尔。

约瑟夫酋长照片。1878 年查尔斯·M. 贝尔摄

社会学和心理学

社会学 SOCIOLOGY

对社会群体中的人类行为的研究被称为社会学。这门社会科学力图描述关于一个社会或社会亚群体的、赋予它区别于其他群体的独特特征的一切事物。动物的行为主要基于本能。相比之下,人类的行为似乎是由于个人与群体之间的相互作用而形成和决定的。因此社会学包括对习俗、传统、历史发展模式,以及已经在具体的社会中出现的制度的研究。一种社会制度是一种群体组织或习俗,诸如婚姻、家庭、占有财产的方式、教育制度、政府或法律制度。

社会学不仅研究整个社会,例如美国的人口,而且注重研究较小的单位。人口中最小的社会单位是家庭。因此有可能形成一门关于在特定社会中的家庭的社会学。社会学还有一些分支是专门研究贫困、宗教、工人阶级、妇女、移民、种族群体、青少年、罪犯以及其他单位的。不论是什么单位,研究的目的都是要根据该群体内人们特有的习俗和相互作用描述并说明他们的行为。

社会学关注不同的人类群体是怎样相似和怎样相异的。例如,自20世纪70年代起,出现过一些对美国和日本的产业工人的比较研究——力图说明他们不同的生产率水平、不同的工作态度,以及不同的与工作场所的关系。其他一些研究则调查移民中的家庭结构在哪些方面不同于移民原籍国家的典型的家庭结构。

目的与方法

自从19世纪末社会学作为一门科学的学科出现以来,关于它的目的的争论就没有停止过。有些学者坚持认为,它的目的只是要认识社会群体的本质和行为。其他学者则主张,研究的目的是为了引起社会变革——使社会学成为改进人类环境的工具。问题变成:社会学仅仅是描述性的,抑或它也应该具有规范性——为衡量变革提供标准?

社会学分析所使用的方法与其他科学所使用的有些方法是相同的。其中包括观察、统计学评估、收集资料、实验和人类生态检测。所有方法遇到的主要问题都是如何控制变量的问题。研究动植物比研究人类要容易,因为植物和动物的行为可以控制和监测——因而它们是可预测的。人类行为,不论是个人的还是群体的,却是不可预测的——也不是容易控制的。在社会学研究中要比在化学或生物学实验室中发现更多的变量。

观察,或实地研究,是收集信息的一种基本方法。它意味着使自己置身于一个社会群体内部以便观看它是如何运转的,它的制度是怎样的,以及它所信奉的价值观念。赫伯特·甘斯于1962年发表了这样的一份研究报告。这份题为《城市村民》的研究报告是对波士顿西区意大利裔美国人的一次认真仔细的调查。

统计学方法很早就从其他学科引进社会学并在社会学作为一门科学而确立的过程中发挥了作用。统计资料的收集在评估一个社会的发展趋向、变革、态度以及其他特征时被证明十分有用。运用统计资料分析社会的做法始于17世纪。埃德蒙·哈雷和其他人一起运用所谓的政治算术创制了寿命表。一些分析者为了确定伦敦的人口将以怎样快的速度摆脱1665年大瘟疫的影响,恢复原状,而利用出生率和死亡率。在法国,国务大臣让-巴蒂斯特·柯尔贝尔下令保存堂区记录和每年有关婚姻、出生和死亡的资料。

为开展社会学研究而**收集资料**的方法是多种多样的,但所有的方法多少都不可靠,因此必须为偏差留出余地。两种常见的收集资料的方法是访谈和问卷调查。采用这两种方法调查时,提出的问题必须使被调查人口中文化程度

埃米尔·涂尔干(1858—1917)是法国社会学家,他创立了社会学,使其成为一个独立的研究领域。

最低的那些人能够理解。问题必须针对出身背景不同的个人；要避免提那些可能引起抵触情绪或敌意的问题；措辞要明确，以免出现五花八门的答案。

社会相互作用的**实验**通常在人造的环境——常常是实验室或教室——中进行。小群体研究——诸如社会心理学家库尔特·勒温首创的群体动力学集会——产生一些推测性的结果，因为参与者通常事先就知道他们是实验的组成部分。在可变因素被减少到最小程度的简单环境中，实验取得的成功往往最大。

社会研究的**生态学方法**是在城市研究中发展起来的。城市研究是对与种族特点、工商业以及某些行为方式（例如家庭破裂、精神错乱、犯罪与违法、道德败坏）有关的人口分布状况的描述的组成部分。所有这些内容都被看作一个总的城市生态的组成部分，而且现在已有可能通过生态学的描述，确定一个地理学区域内的社会学特征。

相关领域

由于社会学关注人类社会的所有特征，它已经在很大程度上与其他一些学科相重叠。在社会科学中四个与它关系最密切的领域是人类学、犯罪学、人口学和社会心理学。

人类学一词来源于希腊语，意思是"对人类的研究"。它通常被再划分为文化人类学和体质人类学。文化人类学涉及人类社会的发展——群体行为、宗教的起源、社会习俗和行为准则、技术发展，以及家庭关系。体质人类学研究的是人的生物学方面——种族差异、人类起源，以及进化。人类学家要达到的目标和社会学家一样多，但是他们采用的方法不同。人类学在研究现代文化时采用对人——他们的活动和他们的产品——直接观察的方法。对过去的社会的研究则依赖于考古学家的工作，因为它需要人工制品——陶器、武器、织物，以及其他实物，正如它需要人的遗骸作为研究结果的证据一样。有些人类学家研究那些残留的文字出现以前的社会。（参见：**人类学**）

犯罪学是对犯罪原因以及怎样预防犯罪问题的科学研究。它基本上是社会学的分支，但是它已经发展得如此庞大，以至通常被视为高等教育中的一门独立课程。它起源于18世纪，当时那些想利用监狱和刑罚作为改造和威慑工具的人和那些坚持惩罚应该包括来世报应的人之间发生了争论（见：**监狱和惩罚**）。19世纪，犯罪学的一个学派坚持认为，罪犯是由环境造成的，因此应该给他们改过自新的机会。一个对立的学派则否定这种观点，他们主张罪犯的权利应根据社会的权利来权衡。（参见：**犯罪学**）

人口学根据年龄、性别、婚姻状况和其他特征研究人口的分布情况。它也关注人口的变化——异地流动、人口出生率的发展趋向，以及出生率和死亡率。它的一个着重点是把人口规模与经济增长的潜力联系起来。例如，"人口爆炸"这个词就表明某个特定的社会有可能变得因人口过多而无法靠它自己的资源满足人们衣、食、住的需要。人口学还调查城市超负荷问题、非法移民问题，以及与就业潜力有关的劳动力的数量。

尽管"人口学"这个词直到1880年前后才开始使用，这门科学却在17世纪后半叶随着约翰·格朗特在伦敦的工作而诞生了。他研究了那个世纪每周的出生和死亡记录，创制了第一个寿命表。而在下一个世纪，一个名叫约翰·聚斯米尔希的德国人利用类似的统计资料为整个普鲁士设计了一份寿命表。（寿命表概括了某个特定人口中个人的寿命。它们被保险公司用作统计学工具，以便根据预期寿命计算保险金。）今天的人口学研究主要建立在人口调查和人口动态统计登记（出生与死亡）的基础上。

社会心理学是对处于社会环境和文化环境中的个人行为的科学研究。它关心的是社会对个人的个性、行动方式和态度的影响。社会心理学家力图回答这样一些问题：当父母都工作时孩子们会受到怎样的影响？装配线对产业工人的思想和感情的形成有什么影响？大众传播媒介对政治态度和社会态度会产生什么影响？

历史背景

"社会学"一词是由法国哲学家奥古斯特·孔德于1837年创造的（见：**孔德**）。直到那时为止，社会学研究的问题一直属于哲学范畴。古代文献中包含着许多关于群体生活、社会组织和人际关系的真知灼见。

关于社会的有系统的思想始于希腊哲学家，尤其是柏拉图和亚里士多德。但是他们及其在许多世纪内的追随者们坚持认为社会等同于政治秩序。这是一个容易犯的错误，因为那些真正至关重要的人物——当时人们就是这样认为的——是统治者、军人、祭司，这些人构成社会的指挥机构。直到18世纪末哲学家们才开始把社会和它的政治形式明确区分开来。这一重点转移的早期主要代表人物是法国作家让-雅克·卢梭，他撰有《社会契约论》和《论人类不平等的起源和基础》等著作（见：**卢梭**）。

由于孔德创造了"社会学"一词，他被称为社会学之父。他把它设想为一门总的科学，这门科学——像哲学一样——把所有有关于人类的知识汇集在一起。把社会学作为一个不同于其他社会科学的领域加以规定的任务留给了后来的一些作家。在这方面影响最大的四位作家是埃米尔·涂尔干、马克斯·韦伯、查尔斯·霍顿·库利和阿尔比恩·斯莫尔。

如果说除孔德以外还有人可以被看作社会学的奠基者，那他也许就是涂尔干。他声称，社会学应该是一门只注重研究"社会事实"的学科。这些事实包括行为方式、思想和感情，而且要把它们作为社会的共同特征而不是作为个人的表现加以研究（见：**涂尔干**）。

韦伯把社会学看作一门为了预测将来的行为而对社会行为加以认识和说明的科学。他承认统计学的效用。他对行政系统和社会分层的调查对这些课题的深入持续的调查研究作出了重大贡献（见：**韦伯**）。

库利的主要贡献在于使人文生态学成为社会学的一个研究领域。他对首属群体、镜中自我、传播以及社会与个人的关系所下的定义，对以后的社会学家构建他们的概念体系贡献甚大。

斯莫尔，作为芝加哥大学的一名教授，促使社会学成为一门独立的大学课程和一项职业。他把欧洲的社会学思想介绍到美国。他与乔治·E.文森特合著的《社会研究导论》（1894）是美国的第一部社会学教科书。

从19世纪最后25年开始，社会学很快在美国的大专院校站住了脚。社会学的内容经常与其他课程——通常是历史学或政治学——搀杂在一起,授课教师仍然主要是社会哲学家。确实被称为社会学的第一堂课是1876年在耶鲁大学由威廉·格雷厄姆·萨姆纳讲授的。到1892年时社会学已在18所大专院校讲授。那一年,斯莫尔抵达当时新建的芝加哥大学并受命负责建立一个社会学系——世界上第一个这样的系。其他一些社会学系也很快在哥伦比亚大学、堪萨斯州和密歇根州的几所大学,以及耶鲁大学和布朗大学建立起来。到19世纪结束时,几乎所有的大专院校都建立了社会学系,或者至少开设了社会学课程。

《美国社会学杂志》于1895年在芝加哥大学创刊。此后该校在很长的一段时期内一直是社会学的主要中心之一。在此期间该领域的杰出人才有:乔治·H.米德、威廉·I.托马斯和埃尔斯沃思·法里斯。创建于1905年的美国社会学学会是许多地区的、全国的、国际的以及专门化的社会学组织的前身。国际社会学协会于1949年成立。

(参见:社会科学课程)

一些社会学先驱

某些重要人物未在下面列出,因为他们已在本条目的正文或在《康普顿百科全书》的其他条目中被论及。

勒温,库尔特(1890—1947) 生于普鲁士的莫吉尔诺。是一位以其人类行为的场理论而著名的社会心理学家,该理论表明,行为是社会环境的一项功能。1914年获柏林大学博士学位。1919—1933年在柏林精神分析研究所任职。移居美国,先在斯坦福大学和康奈尔大学任教,后去艾奥瓦州立大学的儿童福利研究站工作。后来在麻省理工学院建立群体动力学研究中心。

帕雷托,维尔弗雷多(1848—1923) 生于巴黎。是一位以其关于群众与精英相互作用的理论而著名的社会学家和经济学家。运用数学进行经济学和社会学分析。在意大利长大,毕业于都灵大学。1893年就任于瑞士洛桑大学的政治经济学系。其主要著作是《精神与社会》(1916)。

帕森斯,塔尔科特(1902—1979) 生于科罗拉多州的科罗拉多斯普林斯。建立了社会学的社会分析学说。以其关于社会分层的思想而著名,他认为,个人地位反映社会价值观念。1927年获海德堡大学博士学位。在哈佛大学任教,直到1973年退休。著有:《社会行动的结构》(1937)、《社会学论文集》(1949)和《政治与社会结构》(1969)。

西梅尔,格奥尔格(1858—1918) 生于柏林。以其关于社会冲突的效用的著作而著名。写下了关于社会学方法的论著,从而有助于使社会学作为一门基本的社会科学在德国建立起来。1885—1914年在柏林大学讲授哲学。1914年转至德国斯特拉斯堡大学。

索罗金,皮季里姆(1889—1968) 生于俄国的图里亚。他的名字与社会变迁的循环论相联系,该理论可与奥斯瓦尔德·施本格勒和阿诺德·汤因比的文化哲学相媲美。他是《社会动态与文化动态》(4卷本,1937—1941)的作者。进入圣彼得堡大学并成为该校第一位社会学教授(1919—1922)。因批判共产主义而被逐出苏联。移居美国并在明尼苏达大学任教。1930年在哈佛大学创办社会学系。自1949年起领导"创造性利他主义哈佛研究中心"。

萨姆纳,威廉·格雷厄姆(1840—1910) 生于新泽西州的帕特森。他是社会达尔文主义在美国的主要鼓吹者——相信个人自由、人生而不平等,以及最适者生存。1863年毕业于耶鲁大学。在欧洲学习三年。1866—1869年在耶鲁大学任助教。1869年被委任为新教圣公会牧师。在莫里斯敦生活,直至1872年去耶鲁大学任职。在耶鲁工作到1909年退休。最有名的著作是《民俗论》(1907)。

社会科学课程　SOCIAL STUDIES

根本没有一门独一无二的研究社会或研究人类的科学。相反,关于人类群体的起源与活动的知识是由多门学科组成的。这种群体的规模大小不等,从家庭、部落和国家直到国家间的关系。这些学科被称作社会科学,它们包括人类学、经济学、政治学、社会学、社会心理学、社会地理学、国际关系学和比较法学。历史有时也被列入社会科学。

自20世纪初叶起,在美国的中小学校里,人们把一些社会科学学科的内容结合在一起,开设了一门叫作社会科学课程的课。这门课程的目的是使学生对各个历史时期和世界各地的人类生活的全貌有一个综合的概括的了解。

1916年全国教育协会的一个委员会发表了一份关于中学社会科学教学状况的报告。报告竭力主张,创设一门跨学科的课程——它将把来自几个社会科学学科的材料结合在一起,而不是分别讲授这些课程。这门被称作社会科学课程的课,其主要目的是培养好公民。这样一门课程的开设是由约翰·杜威和其他人促成的循序渐进教育运动的组成部分。

把课程重点放在公民身份问题上,其原因与当时国内的和世界的情况有直接关系。首先,1916年美国人口的一个相当大的部分是来自欧洲的移民。教育工作者被赋予这样一项任务:提供一种学校教育,以便能够向为数众多的爱尔兰人、意大利人、德国人、波兰人、捷克人,以及其他民族的人讲授英语和公民的权利与义务。当时人们普遍认为,美国正在变成一个种族的"熔锅"。其次,欧洲的种族对立情绪在第一代和第二代移民对其各自民族的忠诚上表现出来。社会科学课程被看作在新的出生于外国的公民和即将成为公民的人中间培养爱国主义精神的一种手段。

在今天的中小学里,这种跨学科的社会科学课程仍然开设,但它们已不是讲授社会科学知识的唯一课程。学校还开设了历史、经济学、社会学、政治学和其他社会科学学科的课程。这些只涉及一门学科的课程的深度是一般性的社会科学课程无法达到的。但是,社会科学课程由于把这些课程相互联系在一起而保持了自己的特殊功能。例如,在美国历史课上讲授的内容就既为美国文学,也为联邦政府的运作提供了一个背景材料。

社会科学

对于根据什么标准把一些学科归入社会科学范畴,人们没有形成一致意见。例如,历史学家通常认为,他们研究的学科与文学、语言、哲学、艺术一样同属人文科学。也许最好把历史学看作位于人文科学和社会科学之间的一门学科。

自 1950 年起"行为科学"一词在学院和大学内已变得引人注目。它适用于诸如心理学、社会学、社会心理学和社会或文化人类学这样一些学科。把这些学科统置于行为科学这个总名称之下,是为了促使它们更接近于自然科学。有时人们把行为科学等同于社会科学,但是许多学者坚持把它们区分开。

从属于哲学的社会科学

远在社会科学本身被命名之前,它所涉及的问题就已被仔细研究了。社会科学的名称直到 19 世纪才出现。在这之前,今天人们所研究的一些学科——像政治学、法学、伦理学、心理学或经济学——全部属于哲学范畴。古希腊哲学家——尤其是苏格拉底、柏拉图和亚里士多德——认为人们能够体验或思考的任何事物都是值得探讨的。

亚里士多德断言,所有的人天生有求知的欲望。人们想要知道的事情有:人们为什么会以他们目前的这种方式行动?人类的种种制度来源于何处?这些制度是如何起作用的?没有这些希腊人对所有问题的锲而不舍的理性思考,就不会有今天的社会科学。但是,由于这些早期学者是哲学家,他们所讲授的内容在若干世纪内一直是哲学的组成部分。

正如古代世界的思想被哲学所支配,中世纪的思想则被基督教神学所渗透。虽然自然科学在中世纪晚期开始从哲学领域中分离出来,社会科学的研究内容却仍未越出哲学和神学的樊篱。其主要原因是,社会科学的研究内容——人类行为——与神学的实质内容相联系,因此要接受教会的管辖。

中世纪终结时出现的文艺复兴运动最值得称道的莫过于社会科学的独立发展。文艺复兴时期的学者们致力于研究古希腊文和拉丁文著作,尤其是柏拉图和亚里士多德的著作。因此大量文艺复兴时期的著作,其内容几乎没有超出古代作家的评论,而且在 17 世纪以前几乎没有提出新的论据。然而,甚至在那时,哲学的支配地位,由于一些著名人物——例如法国的勒内·笛卡尔;英国的弗朗西斯·培根、托马斯·霍布斯和约翰·洛克;德国的伊曼纽尔·康德及其后继者——的巨大影响而得以巩固。关于人性和人类制度(政府、艺术、宗教和经济)的讨论大多由哲学家唱主角。

鉴于哲学家过去往往垄断了关于本质问题的理论讨论,今天社会科学无论在哪方面都没有贬低这些人作出的巨大贡献。霍布斯、洛克、孟德斯鸠、让-雅克·卢梭和其他人写下了关于政府功能(政治学)和社会性质(社会学)的杰出著作。洛克、休谟、乔治·贝克莱和康德试图说明精神是怎样活动的(心理学)。亚当·斯密,这位"道德哲学家",写下了第一部经济学巨著——《国富论》。

这些人及其同伴发挥作用的时期被称为启蒙运动时期。这一历史时期的主题可以从诗人亚历山大·蒲柏的一行诗中得知:"人类的适宜的研究对象是人"。这个时期的一个主要目标是摆脱中世纪的枷锁及其僵死的宗教要求,并试图发现是什么造就了人类及人类社会功能。在没有国王和教皇权威的情况下,人们将怎样组织社会,他们将拥有什么样的政府,他们将创建什么样的宗教,他们将开办什么样的学校?17 世纪至 19 世纪的哲学家们全神贯注地思考的就是这些及其他一些问题。

随着哲学家们不断发表论著,世界在发生变化。自 18 世纪末叶起,变革之风以雷霆万钧之力席卷西方文明世界:美国独立战争、法国大革命和产业革命只是改变社会运行方式的那些生气勃勃的变革中的三个实例。欧洲陈旧的君主政体开始崩溃,虽然它们的彻底瓦解一直拖延到 20 世纪。民主政体开始在北美和南美出现。法国,在经历了一个错误的开端后,变得越来越民主。英国也缓慢地发生着同样的变化。

一个庞大的劳工阶级第一次在新的工业中心出现。世界人口在显著增长,19 世纪初首次超过 10 亿。城市的发展改变了欧洲的面貌并影响到美国。伴随产业革命而来的是工艺的迅速改进和工厂制度的出现。主要以乡村生活为背景维系了若干世纪的社会联系突然被分割得支离破碎。一个新生的城市贫民阶层、破裂的家庭、童工、个体的异化——这些在 20 世纪司空见惯的生活特征——第一次大规模地显现。

社会科学的独立

1776 年以后社会变革的推动力起到把社会科学从哲学家的怀抱中解放出来的作用。然而,尽管社会变革有如此重大的意义,单靠它们也许仍不能使社会科学走向独立。一个同样强大的推动力来自另一个方向:自然科学的独立发展及其对当时全部观念的巨大影响。

到 19 世纪时自然科学与哲学的显著区别已变得确定无疑。如果说对自然界可以进行精确的科学的调查和测量,那么人类社会为什么就不能成为同样有根有据的科学研究的对象呢?法国哲学家奥古斯特·孔德回答了这个问题。在《实证哲学教程》(1830—1842)一书中他声称需要建立一门"关于人类的科学",他还创造了"社会学"这个词去称呼它(见:**孔德**)。

孔德的意思是,要有一门关于社会的科学与各种自然科学学科并立。这个观点也为其他 19 世纪论述社会问题的作家所赞同,他们是杰里米·边沁、赫伯特·斯宾塞、卡尔·马克思、约翰·斯图亚特·穆勒。他们确信,正如社会是一个事物,对它的研究也必定是一门学科。他们的目的没有达到。到 19 世纪结束时,关于社会的研究已分裂为几个不同的专业,这与自然科学的情况是完全相同的。

这种专业化也许是不可避免的。首先,研究的内容十分庞大,涉及人类行为和组织的各个方面。其次,从事社会科学研究的人主要是大学教授。专业化过程开始于德国的大学,选修制的引进和分门别类进行研究的愿望促进了专业化。这种研究方式很快传到美国,因为德国对那里的大学有很强的影响力。到20世纪初,今天的社会科学已经变成了一些各自独立的领域,而且在某些情况下就是大学和学院里的一些系。

经济学是把自己与其余学科分开的第一门社会科学。虽然"经济学"一词在18世纪90年代就已使用,但这门学科直到19世纪末才被普遍称作政治经济学。第一位重要的作家是亚当·斯密,古典经济学的创始人。在《国富论》(1776)中他假定,财富的创造和分配,如果让它们独立运行的话,则受它们各自的内在机制的操纵。古典经济学家包括大卫·李嘉图(《政治经济学及赋税原理》,1817)、约翰·斯图亚特·穆勒(《政治经济学原理》,1848)和艾尔弗雷德·马歇尔(《经济学原理》,1890)。维也纳的卡尔·门格尔以他的《经济学原理》(1871)创立了新古典主义的奥地利学派。在非古典学派作家中,卡尔·马克思是最著名和影响最大的。

政治学的根基至少可以追溯到公元前4世纪的柏拉图(《理想国》)和亚里士多德(《政治学》)。罗马元老院议员西塞罗经常撰文评论政治事务。文艺复兴时期的出版著作最著名的莫过于尼科洛·马基雅维里的《君主论》(1513)。胡戈·格劳秀斯于1625年发表了《战争与和平法》。在整个启蒙运动时期许多作家探讨国家的性质和政府的功能。他们中间有弗朗西斯·培根、霍布斯、洛克、孟德斯鸠和卢梭。

直到美国独立战争和法国大革命开始改变西方社会时,政治学才取得作为独立学科的地位。法国的孔德和亨利·德·圣西门赋予政治学自己的特性。另一位法国人阿列克西·德·托克维尔于1835年至1840年发表了《论美国的民主》,这是一部迄今为止最有远见的政治著作。在美国,那些制定宪法的人写下了意义深远的著作。最著名的是被称作《联邦党人文集》的那一系列论文(见:**联邦党人文集**)。1871年巴黎大学创建了现在的政治研究所。1880年纽约的哥伦比亚大学开办了一所政治学专科学校。

文化人类学可以毫不夸张地被看作欧洲人发现新大陆的产物。偶然被发现并在匆忙中被错误地叫作印第安人的那些新的民族激起欧洲学者的求知欲。这种求知欲的对象在19世纪扩展到非洲、大洋洲和亚洲的一些土著民族。人类学——其字面的意思就是"关于人类的科学"——关心的首先是原始社会或文字出现以前的社会。其研究领域很快就分为两部分:体质人类学和文化人类学。

文化人类学涉及人类社会的比较研究。它尤其对创造各种文化的非生物性的后天行为感兴趣。19世纪最重要的文化人类学者或描述性文化研究作家有:E. B. 泰勒(《原始文化》,1871)、约翰·卢伯克(《文明起源与人的原始状态》,1870)、刘易斯·亨利·摩根(《古代社会》,1877)和阿道夫·巴斯蒂安(《东亚民族》,1866—1871)。詹姆斯·弗雷泽(《金枝》,1907—1915)虽然是20世纪的学者,但也是这个领域的先驱者之一。

社会学,当这个词被孔德创造出来时,对他来说,是指一门关于人类的包罗万象的科学。他与持相同观点的作家一起把全部人类文明作为研究对象。而19世纪的其他社会学家则更关心他们所目睹的在他们身边日益增多的现实社会问题——贫困、道德败坏、破裂的家庭、童工以及其他工厂制度的副产品。这些社会学家看到的问题正是社会主义者和共产主义者谴责的那些问题,但他们是从不同的角度寻求解决问题的方法的。社会学家并不一定就是像《1844年英国工人阶级状况》(1845)的作者弗里德里希·恩格斯那样的革命者。

在法国,一个名叫弗雷德里克·勒普拉的采矿工程师于1855年发表了《欧洲工人》一书,又于1864年发表了《法国的社会改革》一书。他还发明了被证明对以后的社会学家十分有用的一种统计学抽样调查的方法。在《论美国的民主》(1840)中,阿列克西·德·托克维尔对美国人的生活方式、习俗和社会制度作了广泛的描述。促进社会学学科形成的其他学者有:埃米尔·涂尔干(《社会学方法的规则》,1895)、费迪南德·滕尼斯(《社区与社会》,1887)、格奥尔格·西梅尔(《社会学》,1908)、马克斯·韦伯(《新教伦理与资本主义精神》,1904—1905)、维尔弗雷多·帕雷托(《精神与社会》,1916)、赫伯特·斯宾塞(《社会学原理》,1876—1896)、莱斯特·F. 沃德(《应用社会学》,1906)和威廉·格雷厄姆·萨姆纳(《社会的科学》,1927—1928,死后出版)。社会学有一些分支学科,其中包括犯罪学和人口学(见:**犯罪学**)。

社会心理学研究的是在群体状态下的个人思想与动机。它试图发现个性的社会基础,弄清判断和态度是如何形成的,以及心理与社会相互作用过程的具体情况。这个学科直到1908年前后还没有名字,但是在整个19世纪它始终是学者们关注的对象。

从18世纪末19世纪初的杰里米·边沁那时起,到20世纪20年代为止,这个学科的著者们一直在力图构筑一套单一的理论以解释人类的行为。例如,边沁曾提出,所有的人类动机都可以简化为一种趋乐避苦的欲望。居斯塔夫·勒邦在《民族心理学》(1898)中详尽地阐述了这样一种思想:在社会进化中,起支配作用的力量是情绪而不是智力。詹姆斯·马克·鲍德温认为,早期社会化过程起因于模仿和暗示,而不是理性地作出决定。

出生于英国的美国心理学家威廉·麦独孤于1908年发表《社会心理学导论》,最终为这个领域起了名字,并引起人们对它的新的兴趣。基于达尔文的进化论,麦独孤在书中力图解释人们是怎样变成有道德、乐于合作的社会成员而不再处于争斗状态的。他假定,人受"各种冲动的支配,而这些冲动的性质是在长期的进化过程中形成的"。

到20世纪20年代时,那种寻求一套解释人类行为的单一理论的企图被摈弃了。在1925至1945年期间,由于采用新的研究手段和实验方法,当代的社会心理学开始形成。这些新的手段和方法包括社会测量、观众反应测量、使用作为社会刺激的角色扮演者,以及态度评估。

随着这门学科的发展,它所关心的一个主要问题演变成群体动力学——像军队这样的大的组织是怎样运转的。社会心理学也研究一些较小的群体,包括家庭、委员会,以及工厂工人或办公室工作人员。这个领域在社会工作、劳资关系、工人培训计划和消费者态度等方面找到了一些有效的用途。

社会科学课程实例

年级	传统的	大克利夫兰市社会科学课程计划	明尼苏达大学社会科学课程教学方案
幼儿园		获知世界;其他国家的儿童	作为人类家园的地球——一个由许多民族组成的世界;我们的地球及其多种多样的资源;人们改变地球
1	家乡;家庭;学校	我们的国家;探险者和发现者	世界各地的家庭;霍皮族人;奥吉布瓦人;克丘亚人;日本人
2	社区的帮助者——警察、消防队员、邮递员	国内外的各种社区(本地的、澳大利亚土著居民、爱斯基摩人);美国(历史的、军事的、林区、农场)	世界各地的家庭;殖民地时期的波士顿;豪萨人;以色列人
3	城镇——临时收容所;公共交通;各种类型的社区	英语美洲的形成;大城市的社区	世界各地的社区;美国的城市社区与农村社区;美国的边远地区;阿德默勒尔蒂群岛;巴黎
4	世界各地的民族;美国的社区与地区	关于农业的故事;关于工业的故事;地区研究——南亚次大陆	世界各地的社区——经济制度:我们的社区;印度的一个村庄
5	北美洲——美国及其邻国	人类的冒险经历:古代的中国、印度、以色列、希腊和罗马;中世纪文明;地区研究——中东	地区研究:美国的中西部、东北部、南部、西部;加拿大;拉丁美洲
6	拉丁美洲或东半球	人类的冒险经历:近代;新大陆与欧亚文化;民族国家;革命;世界文明;地区研究——拉丁美洲	美国——从社区到社会:印第安人的北美洲;殖民地移民;革命;国家的扩展;南北战争与南部重建时期;扩展完成
7	美国历史或东半球	我们这个时代的挑战;州的地理与历史;地区研究——非洲	人与社会:物质基础;社会化;家庭;群体与人群的行为;群体间的相互关系
8	公民学;地理;州史或美国史	6代美国人——美国史(1735—1910);地区研究——北美和加勒比海	我们的政治制度:政党与选举;行政、立法、司法程序;地方性裁决;中东
9	公民学;公民身份;世界地理或世界文化	自由的价值——政治学和经济学的要素	我们的经济制度及问题:我们的经济制度怎样运作;农场问题;汽车工业;贫困;选举
10	世界史或世界行政区划	文明与思想史研究;地区研究——亚洲及远东	美国文明的形成——1630年至19世纪70年代;现代美国——19世纪70年代至今
11	美国史	美国史专题讲座;美国的区域地理	地区研究:西欧;东欧;中国;印度
12	民主问题;政府;经济学	近代和当代世界史;国家、民族和世界资源	价值冲突与决策

社会地理学也叫人类地理学。如果说,自然地理学是一门关于自然场所的地球科学,那么社会地理学涉及的就是生活在这些场所的人。该学科力求回答两个问题:各个地方怎样以及为什么会形成不同的社会特点?人们是怎样适应某种环境的?

联系环境研究人类行为的工作历史悠久。公元前5世纪的希腊历史学家希罗多德生动地描述了波斯帝国的各个民族。几个世纪以后斯特拉博撰写了《地理学》一书,这是一部涉及公元1世纪古希腊和罗马境内各个民族和国家的著作。14世纪时穆斯林作家伊本·巴图塔创作的《游记》一书,讲述了他那120600多公里的旅行中的见闻。他描述了中东、中亚、中国、印度次大陆、非洲、西班牙以及许多海岛的居民生活情况。而那些由马可波罗从中国带回意大利的故事则使欧洲人在13世纪末对中国有了令他们着迷的深入了解。

社会地理学的启蒙先驱是意大利哲学家詹巴蒂斯塔·维科。在《新科学》(1725)一书中,他描述了经历了成长和衰落几个阶段的人类社会。他认为,所有的社会都要经历同样的阶段,只是时间有先后而已。地域地理学对发展中的差异负有一部分研究的责任。

19世纪两位杰出的社会地理学家是德国的弗里德里希·拉采尔和法国的保罗·韦达·白兰士。他们两人都否认人类的发展完全受环境的控制。拉采尔创造了"生存空间"这个词(德文是Lebensraum),他借助这个词,把人类群体与他们生息繁衍的场所联系起来。他的社会地理学的主要著作是《人文地理学》(两卷本,1882,1891)和《政治地理学》(1897)。韦达·白兰士认为,人们为了获得发展能够在某种程度上改变环境。他强调指出环境与人口的相互关系,以及它们是怎样改变对方的。他的《法国地理概观》于1903年问世。在美国,乔治·珀金斯·马什在《人与自然,或人类活动改变了的自然地理》(1864)一书中提出了类似的论点。

国际关系是一门20世纪的学科,虽然在国家间执行外交政策已有成百上千年的历史。由于第一次世界大战中国际秩序遭到破坏,对它的需要变得显而易见。20世纪20年代一些学院和大学开始开设国际关系课程。这些课程涉及外交史、外交政策、国际法与战争问题、和平运动,以及在国际联盟下建立世界政府的可能性。第二次世界大战更有力地推动了这个领域的研究,部分原因是以此作为培训外交人员的一条途径。战后最杰出的理论家是汉斯·摩根索,即《国际政治》(1948)一书的作者。

比较法在古代世界并非无人研究。亚里士多德为了设计出一套可以作为典范的法律,曾收集并比较了158个城邦的法律。拜占廷帝国的《查士丁尼法典》利用了来自罗马帝国各个地区和各个时期的法律资料,尽管罗马人自己在比较法典方面几乎毫无兴趣。但是这个学科作为法学的一个分支是在19世纪被承认的,那时欧洲国家普遍完成了编纂法典的工作。法典(诸如欧洲的《拿破仑法典》和英国的普通法)成为法律教育的基础。学者们开始把不同国家的法律体系相互比较。法律期刊在德国(1829)和法国(1834)的相继创办促进了对外国法律的研究。

1831年,法兰西学院开设了比较法课程。1846年,巴黎大学也有了类似的课程。1869年,比较立法学会在巴黎建立,随之,1898年一个类似的组织在伦敦出现。1900年,在巴黎召开了第一届国际比较法大会。第一次世界大战后,欧洲学术界开始把注意力转向研究美国的法律制度以及当时苏联的情况。

涂尔干　DURKHEIM, Émile (1858—1917)

一位早期社会学者。他将社会学建成一门独立的学科或是研究领域。他是第一个对日常生活的特定现象进行严密的社会学研究并形成一套独特的科学检验手段的学者。

涂尔干1858年4月15日生于法国埃皮纳勒镇。他在声誉卓著的巴黎高等师范学校学习哲学。1882年毕业后,他在几所中学任教,直到1887年被聘为波尔多大学讲师,这个职位是专门为他设置的。这是法国大学第一次正式开设社会科学课程。

涂尔干的第一本著作《社会分工论》,发表于1893年,集中阐述了新技术和机械化的弊病。根据他的观点,劳动分工使得工人们由于工种的不同而相互隔膜,相互依赖,工人们不再能单独制造完整的产品。涂尔干在《社会学方法论》中阐述了以这种新理论研究社会的方法。

在他的经典著作《论自杀》中,他研究了个体与其生活于其中的社会的联系,以及这种联系的破裂。在个体与其所归属的生活不相融合的地方,例如现代工业社会,自杀情况较为常见。他区分了三种类型的自杀:利己型自杀,源于个人与其周围人群隔绝开来;颓废型自杀,认为世界已经崩溃;而利他型自杀则源于对某一事业或目标的忠诚。

1902年,涂尔干应聘任教于巴黎大学,1906年升为正教授。他在那里教学,直到1917年11月15日逝世为止。

韦伯　WEBER, Max (1864—1920)

马克斯·韦伯写的最有争议、也是最激动人心的书《基督教新教伦理和资本主义精神》,出版于1904—1905年。他在这本书中宣称,加尔文主义苛酷的教义,在信仰者中孕育了对人们世俗职业所承担的严酷责任,而不能有些许的乐趣。其结果是,在信仰新教的国家中,资本快速积累,从而建造起现代经济生活的庞大机构。

韦伯1864年4月21日生于德国的爱尔福特。父亲是个权力主义者,母亲则是个坚定的加尔文主义者。韦伯在海德堡、柏林和格丁根受过大学教育,并服过短暂的兵役。1895年,他在弗赖堡任政治经济学教授,翌年他去了海德堡,担任同样的职务。他主张用德国向海外扩张的办法提高德国人的政治觉悟。

韦伯在1898年患神经衰退后,定期到医疗机构住院,直到1903年。他的最重要的研究工作,就是在这段时期之后进行的。在那个时期,他对社会学理论产生了影响,还提出了纯客观的方法论,以寻求社会学作为一门学科应受到的尊重。他还对德国的第一次世界大战的目的,提出了强烈的反对意见。战后,他参加了魏玛共和国宪法的起草工作,并建立了德国民主党。他于1920年6月14日在慕尼黑去世。

杜波伊斯　DU BOIS, W. E. B. (1868—1963)

黑人编辑、历史学家、社会学家杜波伊斯,领导美国民权运动50余年。他参与了全国有色人种促进协会(NAACP)的建立,在该组织成立后的前几十年中,他是出色的发言人。

威廉·爱德华·伯格哈特·杜波伊斯,1868年2月23日生于马萨诸塞州的大巴灵顿。他的父母,艾尔弗雷德·伯格哈特·杜波伊斯和玛丽·伯格哈特·杜波伊斯,祖籍是非洲和欧洲。在他小的时候,因为他是黑人,城里的白人常常不理他。他长大以后,通常只愿意和黑人们在一起。

杜波伊斯是个优等生,于1888年毕业于菲斯克大学,1890年毕业于哈佛大学。他又去欧洲,到柏林大学读书。1895年,获哈佛大学哲学博士学位。他的论文《制止非洲奴隶贸易》,作为《哈佛历史研究》的第一卷,于1896年出版。

杜波伊斯从1894到1896年,在威尔伯福斯大学教授希腊文和拉丁文。此后,他对费城的贫民窟进行了研究。《费城黑人社会的研究》于1899年出版,这是一本最早的社会学论著。他在书中表示,希望能排除白人对黑人的不了解,他认为,由于不了解,才产生了种族偏见。杜波伊斯从1897年到1910年在亚特兰大大学任教,从1897年到1914年指导该校每年对黑人生活的研究。

杜波伊斯在《黑人的灵魂》(1903)中宣称:"20世纪的问题,是种族界线的问题。"他对著名的黑人教育家布克·T.华盛顿提出批评,因为华盛顿同意种族歧视,并贬低黑人的大学教育。杜波伊斯认为,黑人需要受高等教育,以便充任领导人。他在题为《第十个有才能的人》的文章中说:"黑色人种,也和其他种族一样,要由它的杰出人物来拯救。"

华盛顿和杜波伊斯两派的分裂,反映出黑人领袖之间严重的意见分歧。1905年,在加拿大的尼亚加拉瀑布城,杜波伊斯和更富有战斗性的领袖们要求给予黑人同等的选举权与受教育的机会,并要求禁止种族歧视。但是,尼亚加拉运动不出几年便低落下去了。此后,他又参与组建另一个组织,这就是1910年成立的全国有色人种促进协会。他主编了该会的刊物《危机》,并经常在这个刊物上发表文章,主张黑人应该发展农业、工业和商业,脱离白人经济。该会的领导人则希望能与白人融合,批评了他的观点,他于是在1934年辞去了主编的职务。他回到了亚特兰大大学,并在1939年创办了一个论述黑人生活的新刊物《家谱》。

杜波伊斯很关心非洲的黑人,他主持了几次泛非大会。他在1920年获得斯平加恩奖章,以表彰他促进黑人种族团结所做的工作。虽然他和"回到非洲去"运动的领导人马库斯·贾维观点相左,并抨击贾维成立非洲帝国的设想,但他还是赞赏贾维的种族自豪感。

到了晚年,杜波伊斯认识到,美国解决不了它的种族问题,世界大国中唯一反对种族歧视的国家,只有苏联。1952年,他获得共产党主办的国际和平奖,并在1958年获得苏维埃列宁和平奖。杜波伊斯1961年加入美国共产党,并移居加纳,于1963年成为加纳公民。他于1963年8月27日在加纳去世。他结过两次婚,一次和尼娜·戈默,一次和雪莉·格雷厄姆。他有两个孩子。

杜波伊斯聪明、孤傲。他有一次写道:"我的领导是思想的领导。至于我本人,过去和将来都是不受人喜欢的。"杜波伊斯一直在他的两个互相冲突的愿望,即与白人融合和黑人民族主义之间进行斗争。他的泛非和共产主义两个观点,使他脱离了美国民族运动的主流。但是,他从来没有动摇着教育黑人争取人类权利的斗争,和维护他们传统的自豪感。《黑人建设》(1935)和《黎明前的黑暗》(1940),是他著作中的两本。

心理学 PSYCHOLOGY

对人们的思维和行为方式的研究被称为心理学。心理学领域有一些专门研究人类思维和行为的不同层次和关联的分支学科。例如,社会心理学研究的是社会关联中的人类思维和行为,而生理心理学关心的是神经病学层次上的思维和行为。心理学的另一个分支——比较心理学——则对人类思维和行为与其他物种的思维和行为进行比较。变态心理学研究反常的思维和行为。

心理学是一门与多种学科有关联的科学。例如,社会心理学既与社会学相关,也与人类学相关。变态心理学与精神病学有许多共同之处,而生理心理学则是建立在神经病理学和生理学的技术和方法之上的。

方法

由于心理学与如此之多的其他学科部分重叠,它的方法也就随着它试图探究的问题的变化而变化。一般地说,有从简单的观察到精确的实验等各种方法。观察适用于探究的早期阶段,这时对研究内容的基本问题和参数还知之甚少。实验常用在探究的最后阶段,这时对有关的变量已有了相当的了解,并足以允许量化和测量。

自然主义的方法常被用于儿童心理学。例如,要确定男孩和女孩在幼儿园期间参与进攻性游戏的几率,可以运用两种不同的观察方法。一种方法称为时间性取样,那就是:有规律地每隔一定的时间对孩子们进行观察。另一种方法,亦即情节取样:在孩子们从事某一特定活动——如积木游戏——时对他们进行观察。

调查表常常被用于心理学。它们询问被试的信念、态度、童年体验以及食物和衣着的取向。为了得到准确的结果,问题必须提得很明确。它们也必须是变化的,以便使被试不致失去兴趣,并且在没有试图理解和回答每一问题的情况下也会开始例行应答。因为被试倾向于根据他们所相信的那种社会上可接受的准则作出回答,而不是讲出他们实际上所相信或做的事情,所以调查表也必须加以调整,以补偿这一倾向。

测验或许是心理学中最广泛地使用的方法。个体或群体的测验被用来评估智力、能力倾向、成就、兴趣和人格。智力测验由已对不同年龄层次的庞大的被试群体作过预先测试的那些项目所构成,这种庞大的被试群体被称为标准群体。标准群体的回答被用来根据难度按级安排测验项目。例如,一个项目为7岁标准组的75%人所通过,那么该项目可被确定为7岁的水平。

一旦测验项目被标度,测验就可用来评估个体或群体的智力。某些智力测验项目以年龄为标度,而且对每一项的正确回答可以在分数上加两个月。斯坦福-比奈智力量表就是这类测验的一个例子。一个儿童的智商(IQ)来自这个儿童测验得分的年龄和月龄,又称为心理年龄(MA),也来自这个儿童的实际岁月年龄(CA)。决定 IQ 的公式是:MA/CA×100=IQ。在其他测验,如韦氏智力量表中,是以点数计分,而不是按月龄。受试的平均能力为100分。

比智力测验范围更窄的测验有成就、能力倾向、兴趣和人格等测验。成就测验是为了测量被试在特定学科中的成就。兴趣一览表评估受试兴趣的广度和深度。人格测验通常是为了给被试的主要人格特质和方向一个图像。它们可分为投射的人格测验和客观的人格测验。在客观的测验中，被试可控制他们所选择的展露他们自己的东西，相反地，在投射的测验中，被试不能控制被展露的东西。对投射测验的回答必须得到解释，以达到完全的理解，而进行这种解释的能力来自训练和经验。

科学研究的理想方法是实验。在实验中，探究者控制一种或几种自变量，并设计确定自变量对从变量的影响的研究。对实验而言，关键的是另一组叫作控制变量的因素。使这些因素保持不变，这样它们就不会左右自变量对从变量的影响。

统计学也是大多数心理学方法的一个组成部分。通过运用统计学，实验者可以测验实验结果可能偶然发生的程度。统计学既提供了设计实验的方法，也提供了确证定量结果在统计学上是有意义——即不是在100或1000例之中连一例偶然发生的可能性都没有——的手段。

特殊的领域

生理心理学涉及人类思维和行动背后的神经的和生理的变化。某些生理心理学家关注对大脑各部分功能的图解。其他人则既研究大脑的电信息传递，也研究推进或抑制这类传递的神经传递素。生理心理学家研究药物对人类行为的影响。

条件作用和学习涉及经验如何修正思维和行为的问题。这个领域最初致力于对所有物种的学习原理的探索，它现在包括不同物种的各种特殊类型的学习。这一领域中的其他重要方面有：不适应性学习，如习得无助性，和在传统环境中的学习，如在教室中或在工作岗位上的学习。

认知心理学适用于对思维、概念形成和问题解决的研究。这个领域里的工作得到了计算机的巨大影响和帮助。计算机被用来向被试提出问题和任务，并把思维和问题解决的过程模式化。计算机对认知心理学的影响，在用来描述人类思维的各种理论中也很明显。例如，像短期记忆和长期记忆这种术语，就与计算机中通用的两类记忆相似。

社会心理学探究人类社会相互作用的所有方面。在社会心理学家研究的那些问题中，有诸如友谊的发展、浪漫依恋的本质、合作与竞争对成就相对的影响等内容。最近几年，社会心理学还包括归因研究。归因理论认识到，对事件的心理知觉并不总是与客观现实相符合。

变态心理学是对不适应性行为的研究。这种行为可能是简单的习惯性紊乱（吮拇指、咬指甲），也可能是癖嗜行为（酗酒、赌博等等），甚至还可能是最严重的心理障碍——精神变态。变态心理学探究心理和行为紊乱的原因和动力，检验各种治疗的效果。有许多不同的变态和治疗理论。这些探索包括精神分析学、新弗洛伊德主义、格式塔理论、认知行为治疗、人本主义心理学和相互作用分析。

职业心理学是研究特殊的人格特质如何有助于不同职业的成功。有一种方法，是研究已从事某种特殊职业的人们的特征。如果出现一种人格模式，那么就可以编制各种测验来测量这个领域里人们的特质和兴趣。其他表现出同样特质和兴趣的人可以接受别人的建议，把这个领域看作是一种可能的职业选择。职业心理学家也寻找有助于职业成功的那些特质和能力倾向。

工业心理学关注工作场所的身体和心理条件以及这些因素如何有益于高效率的工作环境。工业心理学家也关心产品的设计。例如，某些工业心理学家就参与诸如用于飞机和汽车上的仪表板这类产品的设计。他们的目的是，把关于人的能力和局限的知识运用到人所使用的设备的设计中去。

商业心理学是心理学的一个相对新兴的分支。它研究工作场所人际关系的效应。某些商业心理学家开办训练班，以改进总经理的管理技巧。他们还对预期的求职者和准备要提升的人进行评估。他们使用一整套心理测验和交谈法，还常常为特殊类型的评估设计器械。

实验心理学涵括许多不同的运用实验方法的心理学领域。传统上，它被视为对基本感觉机制——视、听、味、触和嗅——的研究。实验心理学的经典问题是确定反应次数与反应阈限（需要产生任何给定意义上的反应的刺激量），和制定被称为心理物理学的物理刺激的心理量表。例如，热和冷是温度刺激的心理量表，对于这种温度刺激，像华氏度数这种物理量数只是提供物理单位。现今实验心理学与生理心理学有非常密切的联系。

动物心理学包括几个不同的学科。其中之一是比较心理学，它在与人类行为的比较中探讨动物行为。例如，比较心理学可能带着比较的任务描述不同的物种，以发现它们的表现如何不同。动物心理学家也通过对动物的研究，达到对人类行为的洞察。例如，观察毒品和烟草在动物身上所产生的效果，可以确定这些物质在人身上所产生的效果。

发展心理学关注个体的成长和发展。这一领域曾经主要关注儿童的成长和发展，现在它已扩展到包括个体一生的成长和发展。发展心理学家探讨与心理、社会和情绪的发展相联系的变化。他们也注意友谊和父母与子女关系的演化。儿童在学校内外如何学习，是发展研究的另一个焦点。

临床心理学近些年来经历了迅速的发展，现在是心理学内部最大的分支学科。临床心理学家工作于医院、诊所中，或个人开业。他们主要关注对学习和情绪问题的诊断和治疗。许多临床心理学家在从事心理学研究的同时，还把自己的研究成果应用于工作。

历史发展

自古以来，哲学家就推究人类思维和行为的起源。一边是那些论证人类思维和行动是内在的和先天构成的哲学家。柏拉图论证说，理念是与生俱来的，因为它们体现完满，因而不太可能来自个人不完满的经验。在另一边，像洛克这样的哲学家论证说，思想或行动无不起源于经验。

伊曼纽尔·康德提供了有关这一本性与教养的争论的现代解答。他论证说，思想和行动的形式是天赋的，反之内容则是由经验提供的。例如，学习和使用语言的能力是内在的，但特殊的语言话语则依赖于语言是其组成部分的文化。

在德国生理学家约翰内斯·彼得·弥勒的《手册》(1833—1840)中人们可以清楚地看到，心理学起源于神经病学和生理学。弥勒描述的许多问题，后来成为心理学研究的课题。这些论题包括反射动作、神经冲动的电性质，以及神经冲动的速度和传导。

有助于作为一门科学的心理学的诞生的那些最有意义的科学发现，也许是由德国科学家赫尔曼·冯·亥姆霍兹（1821—1894）作出的。通过对英国物理学家托马斯·杨提出的颜色知觉理论的研究，亥姆霍兹发展了杨-亥姆霍兹颜色视觉理论，这种理论认为，不同的颜色特性是由三种不同类型的神经纤维形成的——它们分别形成蓝、绿和红。亥姆霍兹还致力于关于听觉的共鸣理论，提出神经纤维以与感觉声音相同的频率传递电脉冲。

正式创立 虽然在18和19世纪有大量的科学工作易于被称为心理学，但心理学的正式创立应归功于德国生理学家和心理学家威廉·冯特。1879年，冯特在莱比锡大学建立了第一个心理实验室。冯特本人与其说是科学家，不如说是一位系统化者和集大成者。他的手册《生理心理学基础》成为后来心理学综合性手册的典范。

虽然作为科学的心理学起源于欧洲生理学和神经病理学，但它很快被移植到新大陆。威廉·詹姆斯，美国小说家亨利·詹姆斯的兄弟，就像冯特一样，既是哲学家，又是心理学家。他在冯特建立心理实验室后不久，在哈佛大学也建立了心理实验室（某些人认为詹姆斯更早）。但是，詹姆斯最负盛名的是他的《心理学原理》（1890），这本书迄今仍不失为经典。在这本著作中，詹姆斯指出了欧洲实验主义者的贡献，但也批评了他们对心理学的狭隘的原子主义的探讨。詹姆斯提出了一种带有美国标记的心理学——功能主义。根据詹姆斯的看法，心理学最好应理解为对作为功能的人类思维和行动的研究。人类思维和行动首先是适应。它们的功能在于保证个体和物种的生存。根据这种观点，心理学是对适应性思维和行动的研究。

第一次世界大战后，欧洲的影响减弱，詹姆斯的心理学在美国得到更广泛的传播。约翰·B.沃森介绍了一种新的、与众不同的美国心理学，它被叫作行为主义。沃森论证说，心理学是对行为的研究，思维是一个非科学的观念，它在科学的心理学中无立足之处。沃森还论证，所有的行为都是学来的。

行为主义成为20世纪前半叶主要的为人们认可的美国心理学，这时，诸如耶鲁大学的克拉克·L.赫尔和哈佛大学的B.F.斯金纳这样的心理学家，都论证：人类思维是对行为的推断，所有的心理学可以或应该只关注行为。直到1960年左右，美国心理学家才回到心理学既是对行为也是对人类思维的研究这一定义上来。

使美国心理学转向行为主义的主要影响来自俄罗斯心理学家伊万·巴甫洛夫的工作。巴甫洛夫发现了他称之为条件反射的那种反应。巴甫洛夫观察到，当他把蜂音器这样的中性的（有条件）刺激和食物这样的自然的（无条件）刺激组合在一起时，对食物的反射反应——饥饿——最终可以来自蜂音器的诱发。巴甫洛夫称这种对有条件刺激的反应为条件反射。

巴甫洛夫对条件反射的研究成为美国心理学大量研究的模式，这些研究把学习和条件作用看作是主要的关注对象。这种模式扩展到了心理学的所有分支学科。例如，早期的儿童心理学研究遵循动物学习的模式，使儿童学习令人吃惊地与那些运用动物研究的东西毫无区别。现在虽然心理学家仍然关注学习，但学习已不再占据它在心理学中曾占据过的中心地位。

另一贡献来自欧洲的一个团体，它反对冯特及其学派的原子主义的研究方法。这个心理学家团体——包括库尔特·科夫卡、沃尔夫冈·克勒和马克斯·韦特海默在内——坚决主张，原子主义的研究方法根本不能达到对主要心理现象的理解。他们论证说，一支交响曲不只是它的单个音符的总和。任何事物的形式（Gestalt）具有的性质，不同于，也不能归结为它的部分的总和。

为了支持他们的论点，格式塔心理学家把关注的焦点放在知觉上。他们论证，知觉被组织成整体主义而不是原子主义的成分。知觉被组织成图形和背景，前者像演奏协奏曲的独奏家，后者则像管弦乐队的伴奏。在视觉上，观察者的知觉也集中于独奏者、指挥（他们是图形）和管弦乐队（它是背景）。无论是在欧洲还是在美国，相对于过分原子主义的心理学，格式塔心理学提供了健康的平衡。

对心理学的另一种欧洲影响，来自维也纳医生西格蒙德·弗洛伊德的工作。弗洛伊德，虽然他最初是神经病理学家，但后来对那些没有明显的神经和心理基础的疾病产生了兴趣。这些疾病，叫做癔病，它们没有物理基础，其症状有视觉缺失、麻痹和记忆缺失等。弗洛伊德和他的同事约瑟夫·布罗伊尔得出结论说，这些疾病是心理冲突的症状，而这些冲突本质上是性的。

这一思想在维多利亚时代还不太容易为人们所接受，布罗伊尔断绝了和弗洛伊德的关系。但是，弗洛伊德继续研究人类思维和行为。他从理论上说明人类思维和行为在很大程度上是由无意识的欲望和动机决定的。他在其最有影响的著作《释梦》中说，通过适当的解释，梦反映了欲望的实现，而这欲望对有意识的心理来说是不能接受的。

弗洛伊德的其他贡献还有婴幼儿的性概念和关于复杂的自我防卫机制的描述，人们用这种机制来防御这样一些感情和欲望，即：他们发现它们是令人苦恼的或与他们所接受的关于自己的形象相冲突的。虽然弗洛伊德开始工作时比较孤立，但他很快就有了一批追随者，他的工作的影响也扩展到了全世界。

今天，精神分析被视为一种关于人类行为的理论、一种研究的方法和一种治疗情绪紊乱的方式。虽然对精神分析治疗的价值人们常常表示异议，而且精神分析作为合法的科学学科的地位仍是一个有争议的问题，但是对弗洛伊德工作的意义从未有人表示异议。他的贡献——连同卡尔·马克思、查尔斯·达尔文和阿尔伯特·爱因斯坦的贡献——形成了人们在现代社会看待自己的方式。

虽然心理学的许多主要方面多年来一直保持不变，但近来还是有所发展。这些发展中最突出的也许是认知科学的出现。这一领域的迅速发展标志这样一个事实：现在人们普遍认为，心理学既是行为科学也是思维科学。认知科学中有意思的部分是跨学科的部分。例如，这一领域的某些工作人员与计算机科学的研究者一起探讨人工智能（AI）

问题。

另一个有很大拓展的领域是精神药理学。自20世纪60年代以来，这个跨学科的研究领域不仅对有关心理疾病和毒瘾的知识发挥了作用，而且为治疗像忧郁和焦虑这样的严重心理障碍提供了新的药物。多亏精神药理学，许多人今天能过上正常的、能从事生产劳动的生活，在过去他们可能不得不在医院里打发他们的成年时光。

最近的趋势和研究

心理学开始是一门实验性学科，最后才被承认为一门科学学科。自20世纪50年代以来，心理学的兴趣日益转向应用。应用心理学趋势也扩展到了其他分支学科。例如，应用儿童发展心理学把儿童发展理论和研究实际运用于儿童的抚养和教育。应用儿童发展心理学方面的某些心理学家关注像非家庭抚养对婴儿和幼童发展的影响这类社会问题。其他发展心理学关注不同环境对儿童健康和发展的影响。

心理学的另一个发展是计算机的使用。许多测验现在由计算机处理。被试通过键盘对计算机屏幕上显示的问题作出回答。这种方法考虑到直接的计分和处理。运用计算机，还能够把一个被试的反应模式与许多其他人的模式加以比较。因此，直接而又准确的诊断很容易得到。计算机也使得心理学研究更有成效。在计算机程序的帮助下，刺激的表象比过去更具可控性。计算机程序也使处理越来越复杂的变量成为可能，而过去统计分析只能由计算器来做，变量也没有那么复杂。

计算机，与电视相结合，开辟了一个研究和训练的全新领域，该领域叫作互作用电视。例如，通过用计算机终端播放电视节目，就能对全体员工进行精心策划的培训。

由于心理学是一门跨学科的科学，它受其他学科发展趋向的影响。生物学、生物化学、社会学和人类学的发展直接影响心理学的研究。

撰文：David Elkind

人格 PERSONALITY

一个人在日常社会环境中的行为、态度和感情所显示出来的持久的特征，即构成人格。影响到一个人的人格的因素有许多，其中包括文化、基因构造以及早期的家庭生活等。经研究表明，具有某种人格特征的人更适合于从事某些特定的职业或特殊的活动。人格研究还能揭示出，某些特殊类型的人格与发生疾病、离婚以及和应激有关的各种问题之间的联系。（参见：**心理学；社会学**）

关于人格的本质与形成，以及导致人格改变的各种因素，有许多不同的学说。古希腊医师希波克拉底认为，人们的行为各不相同，这是由于在人们体内某一种类型的体液占据优势。根据这种理论，具有平静或被动人格的人是某种体液占统治地位，而易冲动和易兴奋的人则是另一种体液占统治地位。20世纪，人们又提出其他的分类体系。德国的精神病学家恩斯特·克雷奇默认为，人格是由人的身体类型——如丰腴、瘦瘠或强健等——决定的。他指出，身材矮小的人更倾向于喜好交际、友善和活跃。以上两种理论至今仍未得到证实。

当代的人格理论肇始于西格蒙德·弗洛伊德的研究，他提出了精神分析（见：**弗洛伊德**）。作为一种人格理论，精神分析强调影响行为的无意识过程。据弗洛伊德所说，人格是人们孩提时代心理冲动的表达和满足的结果。弗洛伊德提出，一个人的人格是在人生的最初几年心理发展的关键时期形成的。他描绘了人格的三个结构：伊德，它包藏人的本能，并为一切心理过程提供心理能的源泉（力必多）；自我，它在实现本能的欲望过程中与现实的要求相互作用；超我，它代表社会与父母的标准的内在化，以及行为的理想。弗洛伊德说，这三个方面处于经常的矛盾冲突之中，而它们之间的相互作用影响人的行为。精神分析理论描述了这三个方面的不同影响是如何在孩提时代形成，并在成年人的行为中变得明了的。

美国心理学家戈登·奥尔波特提出一种人格特质理论。特质就是一个人所具有的在不同时间不同环境皆采取某种前后一致的行为方式的倾向。在他的特质理论中，奥尔波特验证了生活于某种特定文化环境中的所有人身上的某些共同的特质。他还指出，特质产生于个人的经历，并且为个人所独有。奥尔波特的特质学说极大地影响了后来的各种人格理论，而其中许多理论将人格看作是一组特质。当一个人的行为方式在各种各样的环境中仿佛是一致的时候，心理学家就给他贴上特质的标签。

还有一种人格理论叫作情境主义。这种理论强调人们所处的境遇的特征，而非人本身所具备的特质。根据情境主义理论，人的行为是由每一情境中的各种影响所决定的。例如，在某一情境中一个人的诚实程度可能会由于受下列因素的影响而有所不同：他知道不诚实是会被发现的；不诚实有高额回报；其他人的行为是诚实的，或不诚实的。情境主义指出，人们的行为乃是对情境变化的反应。不过，在一个特定的情境中，各种因素对不同的人的影响也有所不同。

在通常被称作"互相作用论"的那种人格理论中，特质与情境对于决定行为的重要作用都得到承认。互相作用论既考虑到一个人对某种反映的先天倾向，也考虑到情境的可变性。这种理论认为，这两方面因素都会影响行为。

在人格的成因问题上，本性与教养两大论点的争论一直在持续。在这一争论中，本性指一个人的生物学或遗传学的构造，而教养则指一个人的环境与家庭的影响。这场争论中的那些极端分子或者将本能或者将教养看作是影响行为的主要因素。例如，美国的行为主义心理学家约翰·B.沃森将人的行为看作是环境影响——尤其是学习方面的经验——的结果。他宣称，孩子的抚养方式决定他们的人格。

有证据表明，遗传与环境都影响人格，但这些影响并不完全被人们所了解。研究表明，获得某些人格特征——包括气质、活动水平、外倾、内倾、焦虑、侵犯和独立性等——的倾向可能来自遗传。尽管遗传学的构造不能决定行为，但它却以独特的方式为行为提供一种强烈的先天倾向。

人格也受环境影响。因而，倘若一个孩子对于某种人格特征具有生物学上的先天倾向，而他的家庭环境又强化了这一特征，那么，这个孩子就更有可能显示出这种人格特征。例如，严厉责罚一个在遗传方面具有侵犯的先天倾向的孩子，就会进一步助长这个孩子身上的侵犯性。

行为遗传学在这一方面有了很大进展，这一学科探讨有关遗传与环境因素对于一个人的行为的相对影响。它所进行的一项工作是，研究自出生即被隔离开来的同卵孪生子的人格；这样的孪生子在遗传学的构造上是相同的，但抚养他们的环境则不同。与此相关的另一种研究方法是，将那些自出生即被他人收养的人的人格与他们的养父母和生身父母的人格进行比较。这些人在遗传物质上与他们的养父母不同。对比他们的行为与他们生身父母、同胞兄弟姐妹以及养父母的行为之间的相似与差别，会有助于揭示遗传与环境的影响的相对重要性。

如果某些人格特质在日常生活中总会招致重大的伤害，或导致苦恼与不安，这样的人格特质则是适应不良的。在这种情况下，人们称这样的人格特征为人格障碍。这些人格障碍是伴随终生的行为模式，它们将导致调节不良和无法应付一般情境。例如，有反社会性人格障碍的人无视社会准则，侵犯他人的权利。这些人常常偷窃、殴斗、在生理或精神上凌辱他人、对抗权威。他们的行为通常妨碍日常功能。他们往往很难保有一份工作，维持人际关系或不触犯法律。在有反社会性人格障碍的人中，男性大大多于女性。有人格障碍的患者要在精神病医生、心理学家、社会工作者以及其他许多心理健康医生的指导下接受各种心理疗法——有时还要使用药物。

测量人格特质有许多标准技术。人格理论通过对行为的直接观察和对人格特征——如智力、促动或区分个体的思维能力——的测量而得到评价。这类测试能够预示出人们在以后许多场合中将会做得有多好。

人格量表与人格调查表是两种应用最广的测量人格的方法。在运用人格调查表时，主持人向被调查者出示若干条文，通常是若干问题，要求被调查者写出他们的答案。下面即是一例："我害羞：____ 正确；____ 错误；____ 不能回答。"被调查者选择其中一项答案。如果这项条文用于测量一个人的内倾，即不与人交往的倾向，仅这一项答案并不足以得出结论。必须要有若干答案形成指向同一特质的格局，我们才能说，此人具有这种特质。这种调查结果可以用来测量某种单一的人格特征，也可用来测量许多不同的人格特征。使用人格量表，要以某地的全体居民——包括精神病患者、在监狱服刑的人，以及有人格障碍的人——的响应为基础。"明尼苏达多项人格调查表"是运用最广的人格调查表之一。

为了揭示人格特质和调查一个人的需要，心理健康工作者还运用投射技术。它们包括各种各样的测验，在这些测验中主持人通常向被试提供一些模糊而暧昧的刺激情境，或测验材料。被试的任务就是解释这些刺激情境。这些测验之所以被称之为"投射的"，是因为被试要按要求将他（她）自己的意图投射到测验材料中去。图画、故事、墨迹（罗夏测验）和未完成的句子等，是投射技术中所采用的典型材料。

撰文：Alan E. Kazdin

记忆　MEMORY

所谓记忆，就是人脑对信息的储存和回忆。它对于智力行为来说是必不可少的。没有记忆，就不可能有学习。对于记忆如何精确地运作，我们至今还不完全了解，但是我们已经知道，记忆储存需要大脑中的许多神经细胞（大脑大约有1万亿个神经细胞）发生某种化学变化。

记忆有截然不同的两种类型：运动技能记忆与事实记忆。记住运动技能的能力，譬如走路、骑自行车等等，使人们无须进行大量有意识的思考就能履行许多日常职责。事实记忆使人们能够记住各种各样错综复杂的事物。电话号码、一本书中的故事情节、一位远方亲戚的面孔、某个夏日的下午，全都通过事实记忆保留在我们的大脑中。

学习

记忆有三个层次。瞬时记忆，是大脑保留信息的时间长度足以使人们完成任务和保持思维连贯性的能力。短时记忆，是大脑在好几分钟内保留并回忆材料的能力，它的功能颇像新的信息与长时记忆之间的一个小站。长时记忆使我们能够将某些信息保存数月之久乃至终生。

为什么有些事物比另一些事物更容易记，而且记得更清楚？许多研究者认为，当新的信息与现存的记忆发生联系时，记忆就会最有效地发挥作用。倘若材料是无意义或不相干的，那么它们就很容易被遗忘。

被称为"长期加强"的脑电现象，似乎与长时记忆有关。高频电刺激的自动迸发使大脑中的神经细胞变得更加敏感，因而它可以解释常常与认真的学习经验相伴随的兴奋和好奇的情感。

因为大脑的边缘系统既与记忆的处理有关，又与情绪有关，所以，情绪能影响记忆就不足为奇了。当情绪或肌体受到压力时，身体中就会产生一种能增强机警性的类固醇激素；因而，像恐惧、悲伤这类强烈的情绪会使一种经验在记忆中留下难以磨灭的印记。然而，长期的压力则会产生相反的效果——它会干扰记忆的储存。

练习或重复是获得大多数新信息的方法。持续不断的练习"强化"了记忆，所以这样获得的信息不会很快忘掉。一般说来，经过较长一段时间的学习所获得的信息记得比较牢。因而，"临时死记硬背"很少有能做到长期不忘的。

记得与遗忘

储存在记忆中的信息可以有几种提取方式。记忆的回忆或检索是检索或再生学得的材料的能力。再认是只是辨认出以前遇到过的材料的能力，这种功能可以通过多方选择测验来检测。有关完好的再认和有缺陷的回忆的一个例子是：我们有时虽然能辨认出一个人的面容，但却想不起他的名字。人们发现，某些曾经学习过的材料表面上看来是忘却了，然而，人们重新学习这些材料却比当初快。这似乎表明人们的头脑中留下了某些记忆，但这种记忆可能不受意识的控制。

还有其他一些形式的回忆不起信息，但这种信息并没有真正被遗忘。例如，当一个人努力回忆一个单词时，他常常可能记得这个词的第一个字母,以及这个词有几个音节,但就是回忆不起这个词本身。还有这样的事例,即对于某种信息,人们只有在与学习这个信息相类似的条件下才能记起来。我们对这类记忆失误还未完全了解,不过,它们却说明了记忆的储存与回忆的复杂情况。

虽然遗忘可能看起来好像是令人不快的,但它实际上却起着一些重要的作用。它使人们忘掉那些长期不用的材料,以便使自己适应目前的情况。一般说来,当一个记忆在一段时间内闲置不用或未被激活时,就会出现遗忘。

"干扰理论"认为,有两种不同形式的遗忘,它们分别受倒摄抑制和前摄抑制的影响。在倒摄抑制的作用下,新的学习会干扰旧记忆的保留;而在前摄抑制的作用下,旧记忆又会干扰新信息的保留。

在正常情况下,一旦练习停止,遗忘就开始了。然而,记忆恢复现象是个例外。它是我们目前还不十分了解的一种回忆形式,但它通常具有某种情绪内容。

对信息进行编码或将新的信息与以往储存的记忆联系起来的原则,已被用于提高言语学习的效率。被称作"记忆术"的那些增强记忆的技术,一般都依靠表象或韵律来记住新的信息。用韵律来帮助人们记住每个月天数的一个例子是:"Thirty days hath September, April, June, and November."(意即"有30天的月份是9月、4月、6月和11月"。英文押韵。)

失调

头部损伤可能会引起记忆丧失或健忘。有一种叫作"外伤性自动症"的病症,得这种病的人行动正常,但事后什么也记不得。这种病有时是由损伤引起的。更为严重的损伤会引起一种叫作"顺行性遗忘"的记忆混乱状态,处于这种状态中的病人无法储存新的记忆。损伤还可能导致"逆行性遗忘",这种病的症状是:创伤以前的记忆全部丧失。由电痉挛或休克疗法引起的健忘,酷似头部损伤导致的健忘。

由器官疾病导致的健忘通常情况更为严重。有一种叫作"柯萨柯夫氏综合征"的病症,其遗忘速度之快足以达到转瞬即逝的程度,病人脑子里保留新的信息的时间长度绝不会超过瞬时记忆。脑炎也可引起一种类似的健忘。脑外科手术引起的记忆缺损是常见的。在这种情况下,记忆往往恢复得很慢,有时要经过数年之久才能恢复。

人们曾认为,记忆力衰退是衰老的正常过程,但是,人们对老年人的研究表明,这是由于某种病变所引起的。老年人严重受损的记忆一般或者被归类为老年性痴呆(衰老),或者被归类为阿尔采姆氏病。

非创伤或疾病引起的记忆丧失叫作"心因性遗忘"。这种遗忘可以在催眠时被诱出,以便将催眠状态中出现的事情遗忘掉。癔症性健忘或分离是这样一种状态:在这种状态下,特定的记忆只有在催眠时或梦中才能回忆起来。这往往是一种痛苦或恐惧的记忆被压抑其中的神经质性反应。(参见:**心理学**)

"记忆错误"一词用来描述记忆上的谬误。当人们将梦境、幻想或幻觉当作真实的事件来回忆时,纯粹的记忆欺骗就发生了。认为某个新的事件从前曾经发生过的那种感觉,叫作"déjà vu",这是个法语词组,意即"似曾相识"。人们认为,"似曾相识"源于某种部分遗忘的记忆。

虚谈症是因脑器质性疾病引起的对虚假记忆的回忆。虚谈症患者常常会详细叙述某些从未发生过的事情,而他本人显然并没有意识到这些记忆是虚假的。

超强的记忆力叫作"hypermnesia"(记忆增强)。具有照相般记忆的人储存的信息非常形象、详细、持久和清晰。显然,真正的照相般记忆是很罕见的。

撰文:Daphna Gregg

情绪　EMOTION

人在心理上是非常复杂的。人具有心灵,因此能够推理、记忆、学习、形成概念或观念。人的心灵能够根据特定的目标指导行动。换言之,人能够为理性和智力所促动。但人也有激情、欲望和其他各种感受,它们也能强烈地促动人——常常使人背离理性的指导而走向不同的方向。这些感受叫作情绪。"情绪"一词源于拉丁文动词 movere, 意思是"感动"。由于情绪能感动人去做事情,有些心理学家曾把它比作钟表的主发条(或电池)。正如钟表的指针没有主发条或电池就不会走一样,人若没有情绪来促动,就会没有精神,无所成就。

这并不意味着,情绪是动力的惟一源泉。所有人都不得不满足自己对食物、栖身之地和衣服的基本需求。这些必需品是生存所需要的。因此,寻求这些需求的满足是合乎理性的。不过,一个人也可能过分地寻求各种需求的满足。例如,某些人本能地超越理性去积聚远胜过自己需要的东西。

哲学家亚里士多德指出,为了有一个美好的人生,个人必须能够分清,对自己来说什么是真正美好的东西,什么只是表面上美好的东西。要作出这种区分,就得进行判断,进行清楚而合乎理性的思考,以便能够成功地掂量各种选择。正是在这一点上,情绪会起作用,使一个人偏离合乎理性的决定,变成一个非理性的欠考虑的人。

这并不是说,所有各种情绪都是否定性的,或者是与合乎理性的思考相对立的。从理想的角度说,情绪应当弥补理性的不足之处。一个具有特定才能的人,如果并不喜欢努力运用才能,便很可能无所成就。喜欢和强烈的欲望是正当的情绪,它们可以协助并支持人的能力,为走向辉煌提供动力。

情绪的定义 没有一个人,包括最有才能的科学家在内,已充分地理解了大脑的运作、心灵的本质或情绪的根源。大脑至少可看作一个特殊的身体器官。心灵是一个表示大脑功能的术语,而情绪则是某些反射和表达出来的感受的名称。情绪究竟在何种程度上是由大脑产生的,至今没有人知道。此外,情绪很可能与身体内部的化学平衡或失衡有很大关系。情绪还与称之为意志力的那种人类特征有关。一般来说,意志力可以定义为自由选择,其基础是为了自己而合乎理性地行动的强有力的决心和把欲望的满足予以推迟的能力。

与情绪联系在一起的传统术语有:爱、恨、恐惧、幸福、吃惊、愤怒、决心、厌恶和轻蔑。描述情绪的另一种方式是指出:某些事物令人愉快,而另一些事物则令人不快;某些事物吸引人,而另一些事物则为人拒斥。

根据什么理由来判定这个事物令人愉快或不快,那个事物吸引人或使人厌恶,这很难说准。例如,为什么有些人很害怕蛇和蜘蛛而其他一些人则根本不害怕?答案之一便是,这样的恐惧是由早期生活经验造成的一种条件反射。但人们也会在毫无经验的情况下对未知的东西表现出恐惧。例如,一个人在突然遭遇一个以前从未遇到过的动物时会立即对它感到害怕。

情绪的成熟 情绪的成熟并不像身体的发育那样具有固定不变的标准。也没有简单易行的规则可以遵循,从而获得情绪的成熟。个人的行为来自理性与情绪的结合,有各种不同的根源。它也许部分地源于人的遗传密码,部分地源于后天教育,部分地源于身体的化学构造,部分地源于所在社会的价值取向。因此,对任何人来说,要弄清楚造成各种特定行为模式的所有各种促动因素,都是一件很困难的事情。而且,个人还往往不顾别人的看法而认为自己在情绪上已经成熟。

也许古希腊人所使用的一般指导原则是有助益的:任何事情都不要过度。这意味着事事都要避免过分,因为过分的执著往往会导致失控,而凡事节制却能导致平稳的生活。关于情绪的成熟有一个无可争辩的事实:情绪的成熟必定伴随着时间的推移并且是建立在经验和对过去的反思之上的。对自己周围的事物采取一种积极的态度有益于情绪的逐步成熟。假如一个人能够与别人融洽相处,能够沉浸于令人感兴趣的工作或业余爱好,或能专心于值得从事的事业,那么这个人就能培养出积极的情绪而消除消极的情绪。

传心术 TELEPATHY 见:超感知觉

冯特 WUNDT,Wilhelm(1832—1920)

德国哲学家、生理学家和心理学家威廉·冯特是实验心理学的创立者。他认为科学心理学的问题在于描述意识的内容。

冯特1832年8月16日出生在德国曼海姆附近的内卡劳。1856年他在海德堡大学获得医学博士学位。1858年他发表了自己的第一本著作《肌肉运动研究》以及《对感官知觉理论的贡献》一书的第一部分。从1858年到1864年,他在赫尔曼·冯·亥姆霍兹指导下负责一门生理学实验课程。正是在这一时期,他讲授了有史以来首次为科学心理学开设的课程。在这一课程的基础上,他于1863年出版了《关于人和动物的心灵的演讲》。

冯特在未能继任亥姆霍兹退休留下的职位之后,写了《生理心理学的基本原理》(1873—1874)一书,它是心理学史上具有开创性的著作之一。这本书使他得到了苏黎世大学的教职。一年之后他去莱比锡大学任哲学教授,在那里一直工作到1917年退休。在莱比锡大学他建立了第一个心理学实验室,并创办了第一本专业心理学杂志《哲学研究》。

他的后期著作有《心理学大纲》(1896)、《民族心理学》(1900—1920,十卷本)和《心理学导论》(1911)。1920年8月31日他在莱比锡附近去世。

艾宾豪斯 EBBINGHAUS,Hermann(1850—1909)

机械性的学习是一个依靠重复来进行记忆的过程,许多儿童就是这样学习字母表或乘法表的。德国心理学家赫尔曼·艾宾豪斯首次向人们展示了科学方法能够用来研究和测量机械性学习的心理过程。他的工作否定了人们长期以来所持有的信念——这些心理过程是无法做实验的,从而证实了心理学的一个主要进展,这一进展有助于心理学从哲学中分离出来。

艾宾豪斯1850年1月24日出生在德国的巴门。他在家乡完成了初等教育后,继续到波恩大学、柏林大学和哈雷大学求学。普法战争时他从军服役,1871年春天离开军队。战后他回到学校继续研读,1873年获得博士学位。

为了研究学习过程,艾宾豪斯独立地进行研究并把自己用作观察测试的对象。他设计了2 300个由三个字母构成的无意义音节来测量心理联想的形成。这一发明加上严格的实验控制和小心的材料运用,使得他确信记忆是一个有序的过程。他还得出结论说,存在着遗忘与时间推移相关的遗忘曲线。这些发现发表于1885年出版的《记忆》一书中。1897年艾宾豪斯创造了一种用于智力测验的填字测验法。他相继在柏林大学、布雷斯劳大学和哈雷大学执教。1909年2月26日他在哈雷逝世。

比奈 BINET,Alfred(1857—1911)

作为一个心理学家,阿尔弗雷德·比奈在法国的实验心理学发展中发挥了决定性的作用。他对智力的测量作出了极其重要的贡献。

阿尔弗雷德·比奈1857年7月8日出生在法国的尼斯。1878年,由于被研究催眠术的法国神经病学家让·夏尔科的工作深深地吸引,比奈抛弃了原来的法律生涯而来到夏尔科所在的巴黎萨尔佩特里埃尔医院,转而献身于医学和科学研究。1891年,比奈与巴黎大学的一所研究性实验室建立了联系。1895年至1911年,他在那所实验室担任主任。他力图搞出一些实验技术来对推理能力和其他心理过程进行测量。比奈在自己的技术中使用了纸、铅笔、图片和其他一些轻便物品。1895年,他创办了法国第一本心理学杂志,与此同时他还在巴黎创办了一个实验室,进行儿童研究和实验性的教学活动。

英国心理学家弗朗西斯·高尔顿爵士试图借助于标准化的测验来记录个体差异的尝试给比奈留下了深刻的印象。比奈修改了高尔顿的方法,用它来研究著名的作家、艺术家、数学家和棋手。他还对人的体型、笔迹及其他特征进行观察,以此来补充正式的测验。他最著名的工作之一是在考察他的两个女儿的心理特征的基础上对于两种不同人格类型的研究。他对图片、墨渍和其他一些直观器具的熟练运用为投射测验奠定了基础。

1905年至1911年间,比奈与另一个法国心理学家泰奥多尔·西蒙合作,制作了用来测量儿童的智力和学习成果的量表。这些量表在很大程度上是由他对常态个体与低常个体的心理差异的兴趣所激发而成的,它们得到了广泛的运用。1911年10月18日比奈在巴黎修订这些量表时突然去世。

弗洛伊德　FREUD, Sigmund（1856—1939）

著名的维也纳内科医师西格蒙德·弗洛伊德是开创精神病有效治疗的医师之一。虽然对他的理论最初尚有争议,但他的研究工作后来成了用精神分析法治疗精神病的基础。近来,他的理论再次受到挑战。

西格蒙德·弗洛伊德1856年5月6日生于摩拉维亚(现称普日保尔,在捷克共和国境内)弗赖贝格。父亲是羊毛商。弗洛伊德4岁时举家迁居到奥地利维也纳。此后的78年里,弗洛伊德一直居住在维也纳。

青少年时代,弗洛伊德就对科学和人的性格有着浓厚的兴趣。因而他于1873年考入维也纳大学医学院,1881年获医学学位。担任实习医生和住院医生期间,他对神经系统作了进一步的研究。1885年弗洛伊德获研究员基金去巴黎学习了一年,在癔病研究权威J.-M.夏尔科指导下工作。

1886年回维也纳行医,专治神经系统疾病。患者的病史为弗洛伊德进行卓越的研究提供了材料。他开始认为性因素对各种神经官能症的形成起着极其重要的作用。后来他提出了被称为俄狄浦斯情结的学说,集中阐述了父母与子女之间的情感纠葛与有关的性合并症。1899年出版的弗洛伊德主要著作之一《释梦》对此作了详尽的论述。

1902年弗洛伊德邀请四位同事（包括他日后的对手阿尔弗雷德·阿德勒）共同组建维也纳精神分析协会。不少名人,包括卡尔·荣格在内,都参加了这个协会。但到1911年,协会成员间分歧日益严重,协会开始解体。

1938年时的弗洛伊德,次年逝世。

弗洛伊德是犹太人。1938年纳粹入侵奥地利,他的著作被焚毁,他的学说遭查禁。在朋友的帮助下,他从奥地利逃到英国。1939年9月23日弗洛伊德因腭颌骨癌在伦敦去世。

阿德勒　ADLER, Alfred（1870—1937）

奥地利心理学家,个体心理学的创始人。他研究出了一种灵活的支持性心理治疗方法,以指导有自卑感情绪障碍的患者达到成熟,成为对社会有用的人。他的理论影响了教育工作者,以及其他许多心理学家和精神病学家。

阿尔弗雷德·阿德勒1870年2月7日生于维也纳郊区。他终生关心社会问题,并以此作为其工作的主要动力。当他还是一个青年医生时(1895年获维也纳大学医学院医学博士学位),他就强调应联系整个环境来考虑患者的问题。1902年与精神分析学创始人西格蒙德·弗洛伊德密切合作,但不久两人之间便出现了不可调和的分歧。阿德勒认为,人的动机主要是社会的,而不是性的。1911年与弗洛伊德分道扬镳,创立他自己的学派和刊物。

1921年阿德勒在维也纳建立了第一个儿童指导所,不久在他的指导下,又开办了30多所。1926年赴美国,1927年任纽约哥伦比亚大学客座教授。五年后,即1932年,入长岛医学院。

在阿德勒看来,为至善或成功而奋斗可以变成为过于自尊而奋斗,从而给自卑以超额的补偿。人对自己和对世界的看法,影响其全部心理过程。应该将个体放在社会背景中来加以考虑。人对社会的兴趣是一种必然会显现出来的先天倾向。个体是有其独特性的,个体的人格结构(其中包括独特的目标和为之而奋斗的方式)构成了个体的生活方式。虽然这种生活方式或多或少不为个体所觉察,但一切具体的驱力或情绪都服从于生活方式。

阿德勒相信,生活方式形成于幼儿期,重要的因素是出生排行、身体素质低劣、忽视或溺爱。心理健康的特征是对社会感兴趣、富于理性和具有自我超越感。而心理障碍的特征则表现为自卑感、惴惴不安、过于自尊或想支配他人。

阿德勒认为,在心理治疗过程中,精神病医生和病人应平等讨论问题,鼓励建立健康的人际关系和增强对社会的兴趣。通过解释早期的记忆和梦,可洞悉病人生活方式中的毛病。

阿德勒的早期著作大多是理论性的。不过,他的后期著作,如《理解人性》(1927)、《生活对你应意味着什么》(1931)都是面向一般读者的。阐述其观点的两部著作是《阿尔弗雷德·阿德勒的个体心理学》(1956)和《自尊感与社会兴趣》(1964)。

阿德勒于1937年5月28日在苏格兰阿伯丁作巡回讲演时去世。

荣格　JUNG, Carl（1875—1961）

瑞士心理学家和精神病专家卡尔·荣格在其早期生涯中是精神分析的创立者西格蒙德·弗洛伊德的朋友和追随者。然而,荣格最终与弗洛伊德意见不合而另建一个学派,他称之为分析心理学。除弗洛伊德之外,可能没有一个人比荣格对近代心理学和精神病学产生了更大的影响。

卡尔·古斯塔夫·荣格于1875年7月26日出生在瑞士的凯斯维尔。荣格曾在巴塞尔大学学习医学,后又在巴黎学习心理学。从1900年到1909年,任苏黎世大学精神病诊所的医师;从1905年到1913年,任精神病学讲师。

1907年荣格与弗洛伊德相遇后,便热衷于弗洛伊德精神分析理论,加入了由弗洛伊德控制的精神分析学会,成为弗洛伊德的追随者。1912年荣格退出精神分析学会,在苏黎世创立了他自己的心理学学派。从1933年到1941年,荣格在苏黎世联邦综合技术大学任心理学教授,1943年之后在巴塞尔大学任心理学教授。1961年6月6日他在瑞士的屈斯纳赫特逝世。

弗洛伊德相信,婴儿时期的性经验是造成成人的神经质性行为的主要原因。荣格摈弃了这种看法。他认为,弗洛伊德过分强调了性内驱力的作用。荣格提出了另外一种力必多理论。他争辩说,生存意志比性内驱力更加强有力。在探讨成人的问题时,他还强调对当前问题的分析,而不强调儿童时期的冲突。

荣格的两种人格类型说——内倾型和外倾型——已广为人知。他提出了一种无意识心灵的理论,认为既存在着个人或个体的因素,也存在着遗传的或集体的因素。荣格写了许多著作,1933年出版的《探究灵魂的现代人》已成为探讨20世纪人生问题的一部经典著作。半自传性的作品《回忆、梦、思考》在他逝世后不久出版。

皮亚杰　PIAGET, Jean（1896—1980）

瑞士心理学家让·皮亚杰是第一个对儿童的学习方式进行系统研究的科学家。他还是20世纪发展心理学的先驱之一。他的学习阶段说使得学者们有必要对先前有关儿童和学习过程的认识重新进行评价。

根据他的研究,应当把教师视为引导儿童去发现自我和世界的领路人,而不应把教师仅仅视为学问的传递者。他写了许多著作,其中有1923年出版的《儿童的语言和思维》、《儿童的判断和推理》(1924)和《儿童智能的起源》(1948)。

皮亚杰1896年8月9日出生在瑞士的纳沙泰尔。他是一个格外聪明的儿童。10岁时他已发表了一篇动物文章,这是他的首次科学兴趣。15岁时他的论文已使他在欧洲动物学界获得好评。他在纳沙泰尔大学学习动物学和哲学,1918年获得博士学位。在哲学方面,他学过认识论,即知识理论。他决定把这个领域与他的生物学背景结合起来,进而研究心理学。因此他去了苏黎世,在卡尔·荣格和欧根·布洛伊勒指导下作研究。随后他于1919年初又去巴黎大学做了两年的研究工作。

在巴黎时,皮亚杰设计并指导了对小学生的阅读测验。他对小学生在测验中所犯的错误发生了兴趣。这使他去探索他们的推理过程。1921年时他开始发表自己的发现。同年他回到瑞士,就任日内瓦的让-雅克·卢梭研究所所长。从1926年到1929年,他在纳沙泰尔大学任哲学教授。1929年之后他成为日内瓦大学的心理学教授,直至1980年9月17日在那里逝世。1955年,皮亚杰在日内瓦创立了国际发生认识论中心,并担任该中心主任。

皮亚杰认为,儿童一直在不断地建立和再建立他们自己的世界。他们吸纳了自己在较早阶段学会的简单概念并将它们整合进更加高级的概念,从而在心理上成长起来。

皮亚杰描述了所有人都要经历的四个发展阶段。在感觉运动阶段,儿童开始意识到自己是世界上独立的个体。他们试图控制自己的反射,不断地进行实验。从2岁到7岁是前运算阶段,以语言学习为标志。在此阶段,儿童能够在心理上掌握语词,就像他们在前一阶段掌握物体那样。从7岁到12岁是具体运算阶段,儿童在此阶段开始根据物体的相似或差异对物体进行分类。这是逻辑的开始。最后一个阶段是形式运算时期,这个时期与成人期接轨。在这个时期,儿童有可能作出假设,掌握抽象观念。个人能把自己的思想与别人的思想联系起来。

弗罗姆　FROMM, Erich（1900—1980）

精神分析学家和社会哲学家埃里希·弗罗姆研究了在自由社会中常见的情感问题。他把社会经济因素对人类行为所产生的影响纳入了他的弗洛伊德精神分析概念之中。弗罗姆相信,社会和历史的力量影响着人的问题,弗洛伊德学派却强调了无意识的内驱力而忽视了社会经济因素的作用。

弗罗姆1900年3月23日出生在德国美因河畔的法兰克福。1922年他在海德堡大学获得心理学博士学位,此外他还在慕尼黑大学和柏林精神分析研究所学习过。1925年弗罗姆作为西格蒙德·弗洛伊德的追随者开始当精神分析医师。但不久他对弗洛伊德学派专注于无意识的内驱力而忽视社会经济因素对人的心灵的影响提出了异议。（参见:**弗洛伊德**）

1934年弗罗姆移居美国,但由于自己的非正统观点而受到弗洛伊德支持者的排斥。他执教于哥伦比亚大学、佛蒙特州的本宁顿学院、墨西哥国立自治大学,以及耶鲁大学、密歇根州立大学和纽约大学。他还在世界各地作讲演。弗罗姆对精神分析的主要贡献之一是他的面对面的精神分析实践,在这种精神分析中,他在面对面的情景下积极主动地探求病人对于他们自己的状况的理解。这种技术与弗洛伊德认为分析者的作用应当是被动的不表明自己见解的看法是相冲突的。

弗罗姆写了20本书,探讨了政治哲学、人的本性、伦理学和爱这样一些论题。他的著作包括出版于1941年的《逃避自由》、《自为的人》(1947)、《健全的社会》(1955)、《爱的艺术》(1956)和《精神分析的危机》(1970)。1980年3月18日弗罗姆在瑞士的穆拉尔托去世。

贝特尔海姆　BETTELHEIM, Bruno（1903—1990）

心理学家布鲁诺·贝特尔海姆由于在治疗和教育患有情感障碍的儿童这个方面所做的先驱性工作而闻名。当纳粹分子打断了他早期对患有孤独症的儿童进行的实验时,他开始观察恐怖主义行为对于集中营中和他关在一起的同胞所产生的影响。

布鲁诺·贝特尔海姆1903年8月28日出生在奥地利的维也纳。1938年他在维也纳大学获得博士学位。同年纳粹分子接管奥地利后,他被关入达豪和布痕瓦尔德集中营。

1939年他被释放后随即移居美国,在颇有名望的芝加哥大学当研究助理。

1943年10月,贝特尔海姆写了《极端情境中个人和群众的行为》一文,文章发表后立即赢得了广泛的认可。这一先驱性研究根据他本人的集中营生活经历,考察了人在巨大压力下的适应能力。

1944年,贝特尔海姆被任命为芝加哥大学的心理学助理教授和芝加哥大学附属索尼亚·尚克曼儿童精神病康复学校校长。后者是一所专为6岁至14岁患有严重的情感障碍的儿童开设的寄宿性实验学校。正是在这所学校里,贝特尔海姆开始研究患有孤独症的儿童——这些儿童患有一种精神障碍,因此对外在的刺激缺乏反应,乃至逃避现实。贝特尔海姆于1947年升任副教授,1952年升任正教授,在此期间他致力于研究社会问题与儿童抚养之间的关系。由于对自己的健康和家庭生活感到极度沮丧,贝特尔海姆于1990年3月13日在马里兰州的银泉自杀。他死后,曾在他的学校就读过的一些学生指控他脾气暴躁,还凌辱过他们,由此便引起一场争议。

贝特尔海姆的不少著作都起源于他的儿童问题研究,其中包括《仅有爱是不够的》(1950)、《逃避生活的人》(1955)、《空堡垒》(1967)、《梦中的儿童》(1969)、《魔法的种种用场》(1976)、《弗洛伊德和人的灵魂》(1982)和《够格的父母》(1987)。

斯金纳　SKINNER,B. F.（1904—1990）

心理学家 B. F. 斯金纳由于在20世纪40年代发明了空调小屋,从而成为一个有争议的著名人物。他对其他心理学家也有很大的影响。

伯赫斯·弗雷德里克·斯金纳于1904年3月20日出生在宾夕法尼亚州的萨斯奎汉纳。他在哈佛大学学习时开始对心理学感兴趣,并且为伯特兰·罗素论述行为主义的文章所鼓舞。1931年他在哈佛大学获得博士学位。此后一直到1936年,他一直在哈佛做研究工作。在此期间他发明了斯金纳箱,这是一个受控的环境,用于研究有机体的行为。

1936年斯金纳去明尼阿波利斯的明尼苏达大学任教,1938年在那里撰写了《有机体的行为》一书。从1945年到1948年他在布卢明顿的印第安纳大学任心理学教授。正是在这一期间,斯金纳撰写了一篇讨论空调小屋——这是为了给初生两年的婴儿提供一个最佳生活环境而设计出来的一种隔音、无菌、带有空调的大箱子——的文章。1948年他回到哈佛大学任教,直至1974年退休。1990年8月18日他在马萨诸塞州的剑桥去世。

斯金纳在其整个一生中都是行为主义强有力的支持者。他主张使用受控的科学方法,通过一个人对环境作出的反应来研究人的行为。他的《华尔腾第二》(1948)是一本小说,描写了一个根据他的社会工程原则建立起来的乌托邦社会的生活。其他的著名著作有《科学和人类行为》(1953)和《超越自由和尊严》(1971)。

哲　学

哲学　PHILOSOPHY

今日的学校教育所开设的许多课程，以前曾经全都属于一个叫作哲学的广阔领域。无论是物理学、化学、生物学、天文学、社会学、政治学、心理学，还是数学、逻辑学、伦理学、音乐等等，都曾被认为是哲学家的研究领域。迟至19世纪早期，科学研究人员仍被称为自然哲学家，伦理学专家仍被称为道德哲学家。一直到19世纪50年代，本生灯和其他各种实验室器具通常还叫作哲学仪器。

哲学一词源出自古希腊文，原义为"爱智慧"。其实它意指对人类能够予以考察的一些最基本的问题的认真严肃的思考——如宇宙的真正本性是什么？人的本性究竟如何？一个人的道德责任又是什么？物质是由什么构成的？真、善、美具有哪些性质？

哲学的组成部分

的确，许多曾经属于哲学的研究领域——如物理学、化学和心理学——已从哲学中脱离出来而成了独立的学科。不过，这并不意味着它们没有给哲学留下任何可供研究的材料。有些基本问题一开始就属于哲学问题，现在也仍然是哲学关注的主要问题。它们包括宇宙的本性、认识的可能性、理性的正确运用、正义的标准，以及美的性质。这些基本问题分别构成了哲学的五个分支——形而上学、认识论、逻辑学、伦理学和美学——的题材。

形而上学是一个近乎偶然构造出来的术语。亚里士多德在完成其《物理学》之后又写了一本书，而且这本书在亚里士多德的全部著作中按次序直接放在《物理学》之后，于是取名为"物理学之后"或"形而上学"。《物理学》探讨可观察的世界及其法则，《形而上学》则关注构成了整个可观察世界的基础的原则、结构和意义。形而上学借助于纯思辨对存在的本性——对万事万物的原因、实体和目的——进行考察研究。它讨论这样的问题：时间和空间究竟是什么？什么是事物？它不同于观念的地方在哪里？人能自由地决定自己的命运吗？有没有一个创造了万物并使它们运动起来的第一因或上帝？

这样的问题是无法通过观察、经验或实验来作出解答的，所以它们的答案必定是心灵的推论。事实上这类问题与宗教有着密切的关系。在亚洲，这些问题的答案通常被纳入一个纯宗教性的框架之中。在20世纪的西方哲学中，形而上学常常被拒斥为永远达不到确实结果的无意义的思辨。不过形而上学也有许多捍卫者，他们仍然在探索柏拉图和亚里士多德提出的各种想法。

认识论的意思是"知识理论"。这个术语源出自古希腊文episteme和logos，前者的意思是"知识"，后者则有多种含义，其中的一个含义便是"理论"。如果说形而上学关注的是实在世界的根本性质，那么认识论则探讨人类认识的可能性和限度。从根本上说，认识论试图对知识本身达到一种认知。认识论也是一个思辨性的哲学分支，它试图回答这样的问题：人们所看到的世界是基本的实在呢还是掩盖了基本实在的纯粹表象（或现象）？理性以及知识与源出自形而上学而被某些思想家称之为假象的东西的界限又在哪里？认识的基础是什么？是观察？是经验？是直觉？还是灵感？此外还有没有别的什么基础？

可以认为，认识由两个部分组成。首先是由人们的视觉、听觉、触觉、味觉和嗅觉得到的各种知觉。其次是人们的心灵组织这些知觉的方式以及由此形成的观念或概念。认识论问题的基础在于哲学家们如何理解心灵与其余的实在之间的关系。

对于普通人来说，常识告诉他们存在着一个由可感知的对象构成的真实世界。这些对象能够高度精确地予以分析和理解。但哲学家却不能让事情停留在那儿。柏拉图教导说，真实的世界是由普遍的观念构成的。这些观念把形式赋予了人们看到的现实世界，这样现实世界就不如观念世界那么真实，因为人们看到的世界在永远不断地变化，而普遍的观念是永恒不变的。

反对柏拉图的人则主张，普遍的观念只不过是人们为自己看到的对象所取的名称。单个对象的名称和对象的类的名称都仅仅是将知觉组织成认识的方式。例如人们看到了一个动物，就决定称之为"猫"。所有类似的动物由此都被称之为"猫"，于是整个种类的动物都得到了名称，这与永恒的观念或形式毫无关系。

18世纪的一些英国哲学家，即英国经验论者，严格区分了心灵和非心灵的东西。这些导师中的最激进者大卫·休谟推出了这种区分的逻辑结论。他宣称，真实世界的存在是不可证明的。他说，我们所知道的一切都依赖于感知，但感知却永远无法超出自身之外去获得证据来证实任何东西。在他看来，要获得真实的知识是完全不可能的。

对休谟提出来的挑战，伊曼纽尔·康德回答说，真实的世界的确存在。我们无法得知真实世界的根本性质——而只能得知万物的表象（他称之为现象）。人们总是以某种方式来组织他们对于真实世界的思考，从而把一种实在的形式强加给了真实的世界。所以，人们通过心灵所创造的范畴把一种秩序强加给了他们所面对的世界。

以上所述是从柏拉图到康德之后的哲学家对于复杂的认识论问题所作的一些探讨。如果考虑到20世纪核物理学家的各种结论——尤其是考虑到他们对于各种微粒的研究——那么物质世界的实在性问题以及我们对它究竟能知道多少的问题还面临着各种新的挑战和疑问。

逻辑学在某些方面与认识论密切相关。它是思维科学。它提出了推理是否正确的检验方法，还提出了论证结论是否有效的验证标准。逻辑学与科学假说及数学研究有密切的关系。

伦理学是哲学的一个分支。它关注人类行为、道德、人们对社会应负的责任以及他们彼此之间应负的责任。由于伦理学与人们的生活方式关系密切，它一直是一个具有巨大魅力的主题，不论我们是否使用伦理学这个词。有些思想家断言，人的行为有确定的可知的标准。这些标准在任何时候任何地方都应遵循。另一些思想家则否认这种看法。他们说，如何行事主要应当根据自己的具体情况。他们是一些相对主义者——伦理上的决定与特定的环境相关。

哲学的这一分支与宗教的关系非常密切。例如，圣经的很大一部分是由智慧书构成的，而这部分东西主要是以宗教为基础的实践哲学。在伦理学的基础上，亚里士多德发展出了自己的《政治学》。他首先说明了个人如何才能过一种好的生活，进而说明了应当如何建立一个好的社会。

美学是探讨艺术、趣味（或鉴赏力）和美的本性的哲学分支。这个术语所源出的古希腊文原意为"感官知觉"。美学的基本问题是：人是怎样判断美的事物的？这种判断是一种理性的评判呢，还是只是一种情感的偏好？

此外，美学判断是否与道德判断和科学判断有关？总之，美学或者试图为艺术批评奠定基础，或者试图表明不可能有这样的基础。

其他的视角　以上把哲学划分为五个领域，但对哲学还可以采用其他不同的视角。我们可以把哲学分为两种类型：思辨哲学与实践哲学。"思辨"一词源出自一个拉丁文动词，意思为"看"。思辨的基本含义是，思考一个主题并得出结论。

形而上学、认识论和美学属于思辨性的哲学研究。它们的结论永远无法证实。逻辑学是对思维进行指导的一种尝试，所以是思辨哲学的一种工具。不过伦理学常常被称作实践哲学。它试图根据什么是对于个人或社会的最佳结果来得出一些行为准则。它努力对人们的行为和相互义务提出一种切实可行的看法。它还努力回答这样的问题：什么是幸福？什么是美好的生活？

假如伦理学属于实践哲学，那么就可以合理地假定，政治学和经济学也属于这个范畴。不论是政治学还是经济学，都可以构筑理想化的理论，但由于它们与人的行为密不可分，它们的实践性质便总是处于突出的地位。实际发生的情况总是比理想中的情况更为重要。

此外还可以从另一个视角去看哲学家的工作。有些哲学家是体系建设者。他们努力去分析每一样东西并把自己的所有观念都纳入一个无所不包的理解世界的方式之中。他们想要回答一切问题。这类思想家有托马斯·阿奎那和格奥尔格·威廉·弗里德里希·黑格尔。他们创建了实质上是封闭的思想体系。

关于哲学的参考条目

哲学这个论题是个内容广泛的论题。读者可以从下列有关的条目中得到更多的信息。（其中有些条目参见其他各卷）

艺术	耆那教
生物伦理学	犹太教
佛教	自由主义
基督教	逻辑
保守主义	唯物主义
文艺批评	实在论
控制论	宗教
启蒙运动	文艺复兴
伊壁鸠鲁主义	浪漫主义
伦理学和道德	科学
存在主义	语义学
上帝	社会主义
印度教	斯多葛哲学
人文主义	乌托邦文学

参见下列哲学家的传记：

阿伯拉尔	洛克，约翰
莫蒂默·J.阿德勒	马可·奥勒留
安塞姆（坎特伯雷的）	马克思，卡尔
托马斯·阿奎那	门德尔松，摩西
亚里士多德	穆勒
奥古斯丁（希波的）	尼采
阿威罗伊	奥康姆
阿维森纳	皮尔斯
培根，弗朗西斯	斐洛
培根，罗杰	柏拉图
边沁	波普尔
贝克莱，乔治	毕达哥拉斯
博丹	让-雅克·卢梭
布贝尔	罗素，伯特兰
孔德	萨阿迪亚·本·约瑟
克罗齐	桑格夫人
笛卡尔	桑塔亚那
杜威，约翰	萨特
爱比克泰德	谢林
黑格尔	叔本华
海德格尔	苏格拉底
海森伯	斯宾塞
霍布斯	施本格勒
休谟	斯宾诺莎
詹姆斯，约翰	汤因比
康德	维科
克尔恺郭尔	怀特海
莱布尼茨	维特根斯坦

其他一些哲学家则采用了相反的研究方式，他们分析

每一个独立的证据,并试图根据它本身的情况来说明它。取这种方向的哲学家有亚里士多德、大卫·休谟和伯特兰·罗素。

历史

西方哲学有古代、中世纪和近代三个阶段。古代哲学包括古希腊罗马思想家的工作,其中有些思想家受到了更早在埃及、美索不达米亚发展起来的观念的影响。在古代哲学中,希腊哲学最富有创见。罗马人的大部分思想都来自希腊哲学,他们在此基础上进行建设,但没有增添多少东西。希腊哲学可分为三个时期:前苏格拉底哲学;苏格拉底、柏拉图和亚里士多德的哲学;以及这三个巨人之后的各哲学学派。

中世纪哲学虽然大量地利用了柏拉图和亚里士多德的思想,但主要是在基督教的影响下形成的。它始于公元4世纪的圣奥古斯丁,终于15世纪。

近代哲学在大多数方面都表现出与基督教所统治的思想的决裂。这一事实与科学研究的飞速发展相结合,便促成了哲学分裂为许多不同的学科并成为今天学校教育中的各种课程。文艺复兴、人文主义的兴起,以及启蒙运动,为1500年以来的哲学发展道路奠定了基础。

古代

在公元前6世纪那个时期,既没有望远镜和显微镜(连一块放大镜也没有),也没有任何实验室设备。尽管没有这些近代的有利条件,小亚细亚和其他地区的一些希腊人已试图说明宇宙的性质和地球上的生命。这些人基本上都是些形而上学家,他们寻找的是所有表象后面的实在。

希腊哲学始于米利都人泰勒斯,他是一个精明而有智慧的数学家,生活在公元前7世纪末6世纪初。他试图不依靠诸神或神话而仅仅依靠自然的原因对世界作出一个说明。他最后认为,万物都起源于水。其根据是,在远离地中海的内陆发现了海生物化石。因此,水是基本的物质建筑材料。

泰勒斯的继承人是公元前6世纪的米利都人阿那克西曼德和阿那克西米尼。阿那克西曼德以为,世界起源于诸如热与冷、湿与干这样的对立面的冲突。冷干到一定程度,便产生地球和水。热又使得一些水变成雾和气,其余的部分则升至天上形成了燃烧的火圈。火圈上的洞便是太阳、月亮和星辰。

阿那克西米尼宣称,气是一切物质的根源。不过他的主要贡献是这样一个陈述:无中不能生有。物质、力和能量是不可毁灭的。这些观念后来重新出现在物理学的物质守恒和能量守恒的定律之中。

同样生活在公元前6世纪的毕达哥拉斯认为,数才是实在的基础,因为事物的形式和关系都能用数字来说明。赫拉克利特(公元前6世纪晚期)则主张,宇宙的基本特征是变化。不变仅仅是一种表象。但巴门尼德(公元前5世纪)却说,不变是真实的,而变化仅仅是假象。

上面提到的所有早期哲学家都力图用一种基本的性质来说明一切。根据意思是"一"的那个古希腊词,他们便被叫作一元论者。后来的哲学家则寻求多元的解释。恩培多克勒(公元前5世纪中期)相信,有四种基本的要素:土、气、火和水。阿那克萨哥拉(公元前5世纪)教导说,万物都由无穷小的微粒构成。德谟克利特和留基伯进一步发展了这个观念,他们教导说,所有的物质都由原子构成——并不是今天的物理学家所说的原子,而是些同样微小的不可分割的单位。德谟克利特和留基伯的观念对后来的物理学发展具有关键的意义,尽管这些观念在当时遭到了普遍的摈弃。罗马哲学家卢克莱修的《物性论》则是以这些观念为基础的研究成果。

公元前5世纪晚期出现了一批叫作智者的教师。他们收费教授实践的智慧。第一个这样的教师是普罗塔哥拉(死于公元前410年)。他的名言"人是万物的尺度"表明了智者的观点:真实的世界是人们看到的并生活在其中的世界。他说,形而上学家们以前所说的"真实世界"其实都是些无意义的思辨。智者是最初的怀疑论者。他们对思辨的价值进行了质疑,按他们的说法,学会在真实的世界中如何生活并取得成功才是哲学的意义所在。

希腊哲学的经典时期大约是在公元前430年到公元前320年之间。第一个伟大的哲学家是苏格拉底。他对智者发起了挑战,提出学到绝对的美德并达到真理是可能的。他通过探索语词的清楚、平常的含义来寻求普遍的原则,并提出了知识和伦理的一些基本问题。他的方法是问答性的谈话,现在称之为苏格拉底方法。苏格拉底的教导建立在两个基本的假定之上。其一是:一个人永远不应当作恶,无论是直接的作恶还是间接的作恶;其二是:任何人若知道正确的东西就不会在行动上做相反的事情来。

柏拉图是苏格拉底最杰出的学生,也是苏格拉底许多谈话最杰出的记录者。他的《对话录》,即便是译本,也是西方文学中最令人感兴趣的读物之一。他发展出了一种多方面的哲学,其中包括知识理论、人类行为理论、国家理论和宇宙理论。他说,存在着一个永远在变化的感觉经验的世界,还存在着一个不变的观念世界,只有这个观念世界才是真实的实在。他的观念世界类似于一种蓝图,而物理世界中的对象是按照这个蓝图塑造出来的。柏拉图对于人类思想的影响是如此深远,以至于20世纪的哲学家阿尔弗雷德·诺思·怀特海说,所有的哲学都"不过是对柏拉图的脚注"。

亚里士多德是柏拉图最有名的学生,尽管他在许多方面背离了他老师的教导。他论述自然的著作使他成为世界上第一个真正的科学家,尽管他的结论早就被后起的理论所取代。他的贡献是如此之大,以至于他的地位与柏拉图不相上下而成为古代世界中最伟大的思想家之一。与柏拉图相反,他认为,物质世界是真实的,而并不是由永恒的形式创造出来的。他教导说,个体以各种方式把形式与物质结合在一起,这些方式便决定了个体的成长和变化。亚里士多德还是形式逻辑的创立者。

从亚里士多德以后一直到大约公元100年这一段时期的哲学主要关注伦理学。伊壁鸠鲁把实在视为原子的随机组合。他断定,快乐是生活的首要目标。以芝诺为领袖的斯多葛派则相信,宇宙是有秩序的,合乎理性的。芝诺的思想原则是,要合乎自然地生活。他将自己的观念建立在苏格拉底的教导之上。他说,人必须训诫自己,接受自己在世界中的位置。斯多葛派的立场中存在着大量的宿命论。罗马皇帝马可·奥勒留是一个主要的斯多葛派学者,他在其《沉思录》中清楚地解释了这种哲学。另一个著名的斯多葛派学者是爱比克泰德。他没有留下任何著作,但其教导在他的学生阿利安的《语录》一书中被记录留传了下来。

公元前4世纪末3世纪初出现的另一个有名的思想学派是怀疑论学派。这个学派为爱利斯的皮浪所创立。它断言,人无法确实地知道任何东西。没有任何人能确信,感官所感知到的东西是真实的还是纯粹的假象。怀疑论的观点在当时并没有取得多大进展,但它延续了下来,并在18世纪大卫·休谟的研究中达到了新的高度。它是认识论中最激进的立场之一。

罗马政治家西塞罗把希腊哲学引进了罗马帝国,但他的著作除了政治学论著之外,没有表现出什么新的东西。公元529年,罗马皇帝查士丁尼下令关闭了雅典的学校,以雅典为基地的所谓异教哲学由此而终结。尽管学校的教师流散到其他地方幸存了一段时期,但影响越来越小。

在基督教时代的早期,出现了一些叫作新柏拉图主义者的哲学家,因为他们的基本思想来自柏拉图。此外,他们的观点也含有一些来自亚里士多德和斯多葛学派的观念。最著名的新柏拉图主义者是用自己的教导来与基督教作斗争的普罗提诺。普罗提诺没有发表任何东西,但他的学生波尔菲利出版了他的笔记,名为《九章集》。他教导说,最高的实在是善(或上帝),最低层次的实在是物质世界。到了他那个时代,亚里士多德的影响几乎已经消失,在以后的好多个世纪里一直没有复苏。柏拉图的思想占据了统治地位,甚至在基督教作家中也是如此。

中世纪

公元4世纪初,基督教已成为罗马帝国中占统治地位的宗教。在此后的一千年中,基督教统治了哲学而且不能容忍反对意见。主要的哲学家都是教会人士,尤其是神学家。基督教的导师吸收利用了柏拉图的思想和新柏拉图主义的某些东西,把它们与圣经的教义融合在一起。早期基督教哲学始于希波的奥古斯丁,主要的人物还有波伊提乌、教父们、坎特伯雷的安塞姆、明谷的伯尔纳,以及彼得·阿伯拉尔。12世纪时,主要是通过穆斯林哲学家的著作,亚里士多德被重新发现,由此其影响一度在西欧取得统治地位,并在托马斯·阿奎那的教导中达到了顶点。

奥古斯丁把柏拉图的永恒观念等同于来自上帝的真理。只要人们的心灵面向上帝的启示,就会遇到这一神圣的真理世界。奥古斯丁教导说,既然人类灵魂能掌握永恒的真理,这就能证明人类灵魂的不朽。

波伊提乌是把柏拉图主义哲学引入中世纪的一个主要哲学家。在《哲学的安慰》一书中他教导说,永恒的观念是人们从先前就已存在的灵魂那里回忆到的天赋观念。

从奥古斯丁到阿奎那之间的关键哲学人物是安塞姆。他使用了信仰和理性这两者来达到真理。他最著名的贡献是他那源出自新柏拉图主义哲学的对于上帝存在的证明。

明谷的伯尔纳对信仰能够建立在哲学概念之上表示怀疑。他提出了一种将神秘的爱作为达到真理的途径的学说。阿伯拉尔则在其著作《是与否》中构造了一种问答法来教授神学。他的主要兴趣是在逻辑学上面。他教授说,物质世界是真实的,普遍的观念与柏拉图所说的相反,只不过是名称或心理概念。这种立场叫作唯名论,它在使柏拉图主义从哲学中的统治地位降到次要地位的过程中产生过巨大的影响。

12世纪时发生了一场完全改变了西方哲学进程的革命。教会人士第一次研读了被译成拉丁文的亚里士多德著作。这使他们接触到了亚里士多德的科学研究和逻辑论证方法。在这些拉丁文译本中,有许多是根据早先像阿维森纳、阿威罗伊这样的穆斯林作家的阿拉伯译本和注释译过来的。其中亚里士多德的《形而上学》尤其产生了巨大的影响,使哲学家们背离柏拉图。而他的科学著作则促使像罗杰·培根这样的人对自然界进行研究。

于是有些中世纪神学家力图把基督教教义与亚里士多德对世界所作的合乎理性的说明调和起来。由于他们是大学教师,因此被称作学院派或经院哲学家。他们的哲学叫作经院哲学。把亚里士多德与教义融合在一起的努力,最终在哲学史上伟大的体系建设者之一托马斯·阿奎那的著作中达到了顶点。阿奎那的主要著作是《神学大全》,它采用了一种无与伦比的问答式论述方式。他提出问题,陈述各种反对意见,然后对每一种反对意见作出答复。阿奎那试图表明,理性应当探讨自然事实,而超自然的启示真理则必须为信仰所接受,这样便能解决信仰和理性的冲突。他说,有些真理,诸如上帝的存在,既是启示的真理,也能为理性所证明。对他的这些教导,约翰·邓斯·司各脱、奥康姆和其他一些人提出了反对意见。

反对阿奎那的见解遭到了罗马天主教会的谴责,但并没有被扼杀。到了14世纪,迈斯特·爱克哈特和库萨的尼古拉等著作家复兴了柏拉图主义和新柏拉图主义。此时亚里士多德哲学虽然丧失了活力,但其影响已经形成。当神学仍然坚持着柏拉图主义的观念时,各门自然科学及其他研究却在亚里士多德开辟的道路上继续前进。不久之后在这条道路上甚至迎来了一个发明和发现的时期,把中世纪哲学和其他各种研究撇到了一边。

近代哲学

自1500年以来,哲学经历了多次拐弯曲折,因而单从某一个角度是无法将它说清楚的。哲学家们仍然不得不探讨柏拉图、亚里士多德和其他一些人的观念,但大都是因为这些观念与现实的思考有关。形而上学仍然不乏鼓吹者,就如同今天一样,但许多思想学派拒绝了它的有效性。1500年之后,哲学所处的外部世界发生了巨大的变化:城市在发展壮大,新的发明层出不穷,人们拒绝用上帝或超自然的东西来说明实在,印刷术的发明传播了各种思想,一个叫作资本主义的新的经济体系出现了,远洋航行发现了新大陆,宗教改革分裂了西方基督教世界,人们对自然界以及开发利用它和理解它的人类能力深深地着了迷。

在文艺复兴时期,学者们开始专心于数学和自然科学,这种专注持续了整整二百年。到了17、18世纪的启蒙运动时代，学者们的注意力又转向人类心灵的本性以及人类心灵掌握自然界的能力。唯理论和经验论是当时两种主要的哲学观点。随后，在启蒙运动的末期出现了伊曼纽尔·康德的工作。他试图填补唯理论与经验论之间的裂缝。康德的成果标志着启蒙运动的结束和19世纪的到来。

19世纪为许多不同的思想潮流所统治。浪漫主义精神的训诫使人们发现了非理性的东西是矫正纯粹理性的一贴解毒剂。世界各地的政治思想中都出现了新的观念：自由主义要求政治过程民主化，而社会主义则要求经济上的公正。

在近代的早期，弗朗西斯·培根是新学问的一个热情的鼓吹者。他坚持认为，知识不能基于公认的权威而应始于经验并通过归纳进到一般原理。他帮助奠定了近代哲学的主要学派之一英国经验论的基础。

近代唯理论源于法国人勒内·笛卡尔的工作。他从"我思故我在"这一陈述出发通过演绎建立了一个体系，其中上帝和心灵属于实在的一个种类，而自然则属于实在的另一个种类。他把自然看作一个能用数学予以说明的机械装置，而上帝则是纯粹的精神。如何把这两种实在调和在一个新的形而上学之中，便成为其他许多哲学家所致力的工作，他们中有尼古拉·德·马勒伯朗士、巴鲁赫·斯宾诺莎和格特弗里德·威廉·莱布尼茨。

当唯理论在欧洲大陆占据着主导地位时，经验论却在不列颠群岛上经历了新的进展。主要的经验论者有托马斯·霍布斯、约翰·洛克、乔治·贝克莱和大卫·休谟——他们都对认识论作出了杰出的贡献。他们主要关心的是，心灵是怎样获得知识的。

例如，洛克指出，感觉是观念的最终源泉。因此，所有各种心理活动都在于把知觉结合为概念。休谟在其彻底的怀疑论中推出了经验论的最终结论。他坚决主张，没有理由假定物质世界或精神世界是实在的。知觉之外的实在是永远无法证明的。

正是休谟的坚定不移的怀疑在德国唤醒了伊曼纽尔·康德的"哲学迷梦"，使他在《纯粹理性批判》中对这一迷梦发动了一场辉煌的、但从长远来看却是不成功的攻击。在这本书中他探讨了理性及其潜力和局限性。在《实践理性批判》中康德考察了伦理学，而在《判断力批判》中他探索了心灵在美学中的作用。康德是西方思想史中的另一个巨人，他的思想影响了一批德国唯心论者——约翰·戈特利布·费希特、弗里德里希·谢林和格奥尔格·威廉·弗里德里希·黑格尔。

黑格尔是19世纪的思想巨人，也是自托马斯·阿奎那以来的第一个伟大的体系构造者。他的观念以及其他人对这些观念的强有力的批判至今仍然在哲学界中极有影响。他系统地提出了一种逻辑，自认为这种逻辑能说明自然、历史和人类思想的演进。在黑格尔之后，著名的德国哲学家还有约翰·弗里德里希·赫伯特、阿图尔·叔本华、路德维希·费尔巴哈、卡尔·马克思和弗里德里希·尼采。

不久之后在北欧出现了对黑格尔的攻击，这种攻击注定要对哲学产生全面的影响。丹麦的索伦·克尔恺郭尔认为，理性不可能充分地把握实在，因为活着的人总是陷于各种根据理性的观点来看是荒谬的选择。在他看来每一个人都是一个独一无二的人，任何人都要对自己的发展负责，都能自由地选择自己的生活道路。

这意味着，是人的存在创造了人的本质而不是人的本质创造了人的存在——这样就把形而上学的整个历史颠倒了过来。人将成为自己愿意成为的那种人；虽然人的出生是无法选择的，但这却并不能决定人的一生。克尔恺郭尔所激发的这种思想运动叫作存在主义。他的思想在20世纪被马丁·海德格尔、卡尔·雅斯贝斯、让-保罗·萨特和加布里埃尔·马塞尔所发展。

与此同时，法国的奥古斯特·孔德建立了名为实证主义的哲学。实证主义把纯粹的思辨视为一种自我沉迷而予以拒斥。它认为，任何断定都必须要经受检验。孔德试图运用自然科学的方法发现社会规律。英国哲学家约翰·斯图尔特·穆勒和赫伯特·斯宾塞受到了实证主义的影响，尽管斯宾塞在很大程度上依赖于查尔斯·达尔文对于进化的洞见。斯宾塞相信，"适者生存"的概念既适用于生物世界，也适用于社会。

19世纪晚期，一些英国哲学家吸收了德国唯心论思想（这一名词用来指康德及其后继者的研究成果）而成为经验论的批判者。在托马斯·希尔·格林和弗朗西斯·赫伯特·布拉德雷的著作中，黑格尔的影响尤为强烈。在美国，乔塞亚·罗伊斯提出了类似的见解。早期美国思想家往往追随同时代的英国思想家，例如乔纳森·爱德华兹受到洛克的经验论观点的强烈影响，而拉尔夫·沃尔多·爱默生则衷心地赞赏托马斯·卡莱尔。同时，约翰·斯图尔特·穆勒继续发展了英国的经验论传统。

19世纪美国哲学的主要贡献是最初由查尔斯·桑德斯·皮尔斯所阐述的实用主义。威廉·詹姆斯把实用主义扩展到了真理理论：一个命题如果达到了目的，那么它就是真的。20世纪实用主义的主要倡导者是约翰·杜威。

黑格尔之后的德国哲学分别走向了不同的方向。其中的一个方向是沿着黑格尔的道路继续向前，形成了新黑格尔主义学派，其影响甚至在美国也能感受到。其他一些德国思想家则信奉非理性主义。它的两个主要的倡导者是阿图尔·叔本华和弗里德里希·尼采。他们用人类意志和它的黑暗面，用它追求权力不择手段的自然倾向取代了理性。这些著作家与克尔恺郭尔站在一起，对人类本性提供了一种非理性的说明，这种说明在20世纪的政治学中成了最引人注目的东西。

哲学在20世纪逐渐被束缚在大学里。几乎没有教授撰写大众哲学读物。两个主要的例外是法国的让-保罗·萨特和西班牙的乔治·桑塔亚那。哲学的这种职业化加剧了学派之间的差异，并使得哲学更加难以定义。事实上，在什么是哲学的性质和目的这个问题上，哲学家们现在根本没有一致的意见。20世纪的主要哲学学派有：逻辑经验主义、日常语言分析、存在主义和现象学。在社会主义世界中，马克思主义仍然占据着统治地位。

在阐述这些哲学学派之前，有必要提及三个不易加以归类的哲学家：亨利·柏格森、阿尔弗雷德·诺思·怀特海和约翰·杜威。这三位哲学家基本上都是形而上学家,但各有自己的特点。柏格森在其伟大的论著《创造的进化》中说,心灵有两种不同类型的认知能力。第一种是分析法,它是科学中使用的方法。另一种是直觉,人们根据直觉才能认知自己的最深层的自我和关于实在的深刻真理。

怀特海既是一个哲学家也是一个数学家。但他的主要兴趣是形而上学。他说,哲学的任务是"构造一个一致的、合乎逻辑的、必然的一般观念的体系,根据这一体系我们经验中的每一个要素都能够得到解释"。

杜威的著作论述了伦理学、形而上学、教育和科学方法。作为一个实用主义者,他认为哲学应当适应人的需要。他希望在各种科学陈述中为伦理学和政治学找到共同的确实基础。

逻辑经验主义的思想先驱是大卫·休谟,它于1900年之后为伯特兰·罗素(在怀特海的帮助下)、德国的鲁道夫·卡尔纳普和奥地利的路德维希·维特根斯坦所开创。这些哲学家都坚持认为,哲学必须具有科学性。维特根斯坦在《逻辑哲学论》(1921)中陈述了这一目的:"哲学的目的是对思想作出逻辑的澄清。哲学不是一种理论而是一种活动……。哲学的结果是使命题变得清晰。"因此所有的形而上学都是无意义的。任何陈述只有当它们能被证实时才具有意义。至于不能被证实的东西(例如宗教),维特根斯坦在其著作中得出结论说:"在不能言说的地方,必须保持沉默。"

维特根斯坦后来对数学和科学的逻辑基础产生了怀疑。他在《哲学研究》一书中转而对日常语言进行批判性的考察。

在维特根斯坦的影响下产生的学派叫作日常语言分析。这个学派相信,语言本身就是哲学研究的对象。只要语言去除了含糊和混淆,传统的哲学问题便能得到解决。这个学派中的其他哲学家有吉尔伯特·赖尔、约翰·兰肖·奥斯汀、苏珊娜·K.兰格和威拉德·范·奥曼·奎因。

在欧洲大陆,埃德蒙德·胡塞尔开创了叫作现象学的哲学分支。他的思想前提是,人们能够在对于世界的原因和根本结构没有任何预先想法的情况下考察世界。只要仔细地探索有意识的经验中的所有各种材料,就有可能对所有现象的本质结构得出一种说明。(现象是感官所感知到的各种实在物。这个词本身的意思是"表象",它意味着在其背后还有一种未感知到的实在。)换言之,现象学是构造形而上学的一种新途径。

到了20世纪晚期,各个哲学学派的分歧已变得如此之大,看来已不大可能存在任何统一的目的。不过,今天仍有一些人很尊重先前的思想家,因为当他们试图说明人们生活在其中的世界及其意义时,他们为世界指明了方向。在美国便有这样一个名叫莫蒂默·J.阿德勒的教师,他在1965年出版了《哲学的状况》一书,捍卫传统的哲学功能。

其余的近代哲学思想主要是探讨语言的性质、交往理论和符号系统,具有高度的技术性,变得非常复杂。那些认为哲学应当具有科学性的哲学家和那些献身于形而上学思辨的哲学家各行其道。认知是如何可能的这个认识论问题

一些哲学术语

原子论 宇宙由叫作原子的微小而不可分割的单位所构成。

决定论 一切事件都是已有条件的不可避免的结果。自由意志只是一种幻觉。

二元论 宇宙基本上由两种要素即物质和心灵构成。

经验论 一切知识都出于由感官知觉而来的经验。

伊壁鸠鲁主义 这个哲学学派教导说,人生中的至善是幸福或快乐。

存在主义 在索伦·克尔恺郭尔的著作的基础上,这一哲学派别教导说,人通过选择和行动创造自己的存在。

享乐主义 生活的主要目标是追求并享受快乐。

唯心主义 实在在本质上是心理的或精神的东西。物质世界是一种较次要的实在。

直觉主义 关于实在的知识是通过直接领悟自明的真理而获得的。

唯物主义 实在在本质上是由物理实体构成的。

机械论 自然过程——不论是有生命的还是无生命的——如同机器一样;生物有机体的作用和行为是机械性的。

一元论 宇宙只是由一种实体构成,不论是物质还是心灵。

自然主义 由于自然中的对象是有规则的而不是无秩序的,所以它们都能得到科学的说明。

本体论 几乎与形而上学同义,这个术语指一种演绎性的理解方式。

现象学 世界的现象可以在没有对实在形成预先的说明之前得到研究和理解。人们能够通过探究各种实例而得出关于世界的根本结构的结论。

多元论 宇宙无法根据一种实体来得到说明。它由两种以上的实体——如物质和心灵——构成。

实证主义 应当运用科学的原则和方法来指导个人的行为和解决社会的问题。

实用主义 一个观念的意义和真要用实际的结果来检验。

唯理论 真和知识是由理性而不是由经验或知觉得到的。

实在论 (这个名称用于两种不同的学说。)1.一般观念不仅仅是词项,它们指称实在的事物。2.物质对象独立于对它们的认识或感知而存在。

经院哲学 这个名称是指由大学教授或学院派人士所教授的中世纪晚期哲学。

怀疑论 由于不可能证明我们能有关于世界的任何真实的知识,一切哲学假定都可能受到挑战。

智者 这个术语的意思是"哲人",但它特别用于教授智慧的收费教师。

斯多葛哲学 借助于理性便能认为世界是合乎理性的。在调节一个人的生活时,个人要学会以平静的心态来接受所发生的事情。在任何情况下,都要履行对社会的责任。

超验主义 人能直觉地意识到,超出感性现象之外有一种实在。

功利主义 社会的行动如果能促进最大多数人的最大幸福,那么就是正当的。因此结果比动机更为重要。

仍然没有得到解决,但这一问题已日益引起科学家们的兴趣和探讨。生理学家正在分析大脑的功能。计算机领域中的专家提出了创造出人工智能的可能性问题。他们继承了英国的艾伦·图林的先驱性研究,试图创造出可以与人的高等智能——诸如推理、发现事物的意义、总结经验教训等能力——相匹敌的装置。假如这一努力成功了,那么人工智能将对以前的所有各种认识论观点和哲学本身的性质提出严重的挑战。

唯物主义　MATERIALISM

最彻底的唯物主义是这样一种信念:全部实在都仅仅由物质构成。它否认精神、灵魂和神灵的存在,并坚持认为,所有各种心理活动和情感表现都是基于物理性质之上的。某些唯物主义学派虽然容许神灵、灵魂和精神的存在,但却坚持认为,这些东西从根本上说也是由物质构成的。唯物主义在其漫长的历史中,始终没有离开过对各门自然科学所作的考察,并得到了这种考察的支持。而这些自然科学,长期以来一直仅仅是建立在对物质、物体及其性质的研究之上的。由于唯物主义只强调物质,因此它常常被认为是反宗教的。

唯物主义始于公元前 6 世纪的希腊哲学,但其最优秀的阐述者是公元前 5 世纪的留基伯和德谟克利特。这些哲学家坚持认为,宇宙是由物质和虚空两者构成的,而所有的物质都是由数量无穷的原子构成的。在他们看来,各种对象所表现出来的差异乃是由于原子的大小和形状的不同以及它们结合方式的不同。

德谟克利特和留基伯的原子理论遭到了希腊的主要哲学家苏格拉底、柏拉图和亚里士多德的全盘否定。不过它也曾一度为罗马哲学家卢克莱修(公元前 1 世纪)所复兴,卢克莱修在其著作《物性论》中说明了世界的原子结构。

随着基督教在欧洲占据了统治地位,唯物主义在好几百年之内一直受到排挤而处境艰难。否认精神是基本实在的学说遭到了教会的谴责。不过,17 世纪时科学家皮埃尔·伽桑狄和政治哲学家托马斯·霍布斯使唯物主义得到了复兴。在这两人之中,霍布斯是更为彻底的唯物主义者。在他看来,甚至空间也是由叫作以太的物质所构成的,尽管以太看不见摸不着。

18 世纪的唯物主义着重于人性。它坚持认为,心灵和灵魂的作用完完全全依赖于物质的物理性质。当时最重要的唯物主义著作家是法国哲学家保罗·H. D. 霍尔巴赫。他的《自然的体系》一书断言,全部实在都依赖于物质的运动和分布状态。

从 18 世纪晚期到 20 世纪前半期,唯物主义由于化学、物理学和力学方面的进展而获得了支持。分子的发现导致了原子理论的复兴。查尔斯·达尔文的进化论研究成果的发表展示了这样一种可能性:生物可以在物质的基础上得到说明而不需要涉及创世说和超自然的目的。20 世纪后期发明的计算机又使得唯物主义者认为,心灵本身能够仅仅借助于物质和脑组织中的电联结关系得到说明。不过,原子粒子的研究和物质可转化为能量的理论也可能会破坏唯物主义哲学的基础。

斯多葛哲学　STOICISM

宇宙是完全合乎理性的,受命运的支配,尽管表面上看起来不是那样。个人能够努力使自己适应神圣的理性,从而在宇宙中找到自己的恰当位置,学会坚强而平静地接受所发生的一切,并尽到自己对社会的义务。这些信念便是公元前 3 世纪发源于雅典的斯多葛哲学的核心。

斯多葛哲学大约于公元前 300 年由塞浦路斯季蒂昂的芝诺在雅典创立。芝诺当时在雅典中心市场的北面 Stoa Poikile(瑰丽的柱廊)的旁边发表自己的公开演讲。这个哲学学派由此而叫作斯多葛哲学。

斯多葛哲学的发展可分为三个时期:早期(公元前 300—129)、中期(公元前 129—30)和晚期(公元前 30—公元 200)。芝诺奠定了这个学派的基础,他的希腊和罗马的追随者则修正发展了这个学派的思想。塞涅卡、爱比克泰德和马可·奥勒留皇帝是较为著名的罗马斯多葛派哲学家,他们都曾撰写过有价值的斯多葛哲学著作。马可·奥勒留的《沉思录》尤为重要,它是在征战期间写下来的私人随想。

斯多葛哲学相当复杂,它包括一个完整的宇宙论(宇宙观)、物理学、伦理学、心理学和政治理论。伦理学,即指导人们的社会行为的原则,在这一哲学中最引人注目。到了公元前 1 世纪西塞罗的时代,斯多葛哲学已成为罗马帝国中传播最广的理智运动。在以后的数世纪内,它也一直是一种强有力的道德学说,影响了许多早期基督教著作家。在巴鲁赫·斯宾诺莎、勒内·笛卡尔和伊曼纽尔·康德的哲学中,也能找到斯多葛学派的教导。

在斯多葛派的宇宙论中,上帝是宇宙中无所不在的绝对理性,它把能量和形式赋予物质。这种观点类似于泛神论,因为在泛神论看来,上帝体现在自然界的所有各个方面(见:**上帝**)。所有特定的物体,不论是动物、矿物还是植物,都是带有神性的物质构成的。人的心灵也是上帝的碎片,只不过它位于个人体内。如果生活合乎自然,心灵就能指引一个人进入一种为正确的理性所控制的生活。世界上发生的一切都是命运的安排。正如人人都有责任过理性的生活,人人也应当学会勇敢而平静地接受世界上发生的一切情况。

按芝诺的看法,将健康、财富、成功或其他任何暂时的状况视为幸福的原因,都是错误的。惟有美德才是善,而不道德便是恶。追求美德的人能成为明智的人。美德被定义为勇敢、正直和节制。这些品质是有道德的生活的组成要素,也唯有它们能提供真正的幸福。芝诺相信,不道德的人是不幸福的,无论世界带给了他什么好运。金钱、财富和成功虽然能够造成一种暂时的所谓幸福的心理状态,却无法造就真正的幸福——它被描述为有道德的生活。

伊壁鸠鲁主义　EPICUREANISM

幸福生活的目标是解除身体的痛苦和心灵的烦恼。这是生活于公元前 341 年至公元前 270 年的希腊哲学家伊壁鸠鲁的教导。对许多人来说,伊壁鸠鲁主义常常意味着只专注于快乐、舒适和奢侈的生活而极少考虑其后果。其实伊壁鸠鲁的观念比这要复杂得多。在他的一生中,以及在此后的数世纪内,他一直被认为是一个道德改革家。

伊壁鸠鲁关于一个人应当怎样生活的观念是建立在他对自然界的理解以及他对人的身心关系的看法之上的。像他的前辈德谟克利特一样,伊壁鸠鲁相信宇宙是由物体和空间或虚空构成的。物体由叫作原子的单个要素构成。宇宙是无限的,因此原子的数目也是无穷的。原子有不同的形状,而且每种形状的原子的数目也是无穷的。

人的身体和心灵都由原子构成。构成灵魂的原子很稀薄,遍布于身体各处。正是灵魂才使人有了各种感官知觉。感觉是知识的唯一源泉,因为所有的感官知觉都是真的,不论是视觉、听觉、触觉、嗅觉还是味觉。不过,假如心灵对感官知觉形成了错误的见解,就会产生错误。只要灵魂受到身体的保护,它就能把感觉传达给身体。当灵魂离开身体后,它就会消散、丧失,于是身体再也感受不到任何东西了。

如果说感觉是知识的基础,那么知识的目的却是要避免那些会引起痛苦的感觉并寻求那些会给身体和心灵带来快乐的感觉。尽管任何快乐就其本身而言都是善的,但并非任何快乐都值得追求,因为某些快乐会导致超过快乐本身的痛苦或烦恼。这意味着,个人必须学会区分真正善的快乐和仅仅显得是善的快乐。

生活得好需要运用实践的智慧——节制、正直和勇敢——以便使快乐与痛苦保持平衡,并在必要时接受那些会导致更大快乐的痛苦。所以伊壁鸠鲁主义不只是一种利己的态度。例如,为了达到和平这一更大的目标,参加战斗也许是必要的。必须公平待人,因为受到不公平的对待是痛苦的。伊壁鸠鲁劝告说,友谊的培养既是有用的也是值得向往的。他还主张,心灵的快乐比身体的快乐更为持久。

人文主义 HUMANISM

希腊哲学家普罗塔哥拉在公元前5世纪说过,"人是万物的尺度"。这句话可用来澄清人文主义的两个基本定义。首先,人文主义是14世纪时在意大利兴起的一个运动。人文主义兴盛的时期被称之为文艺复兴时期,而文艺复兴这个词的原意是"再生"。

事实上,人文主义是文艺复兴的本质所在。在人文主义运动中,人们重新去研究古希腊罗马的作者,目的是为了了解他们的真相,把他们放到原有的历史背景中去看他们。它包含着一种努力,试图去领会这些古代作家的本意,尤其要不受基督教的解释的影响。

其次,人文主义已成为一种观点,这种观点肯定了人的尊严和价值,并一直流传至今。如同17世纪的启蒙运动一样,人文主义表达了一种自信——甚至也许是一种过分的自信——相信人类能够根据自己的需要和愿望来控制自然或塑造社会。

大约自1980年以来,世俗的人文主义这个术语已变得非常有名,尤其是在美国。一些宗教领袖用它来斥责一种态度,因为这种态度在专门致力于提升人类的目标和价值的同时却拒斥宗教。不过,在某种意义上所有的人文主义都是世俗的,因为它区分了尘世的或暂时的东西与精神的或永恒的东西。无论如何,人文主义蕴涵着拒绝让宗教来控制人类事务。

新知识 人文主义一词源于拉丁文 humanitas。这个拉丁文词显然意指"人类",但若涉及人文主义,它的意思便不仅仅是指"人类"了。对于罗马政治家西塞罗来说,humanitas 意指心灵的培养,亦即人们为了在社会上充分发挥作用而需要的某种广泛教育。在今天,人文学科一词便意指这种类型的教育。古希腊人也有一个术语 paideia,用来指这种教育。设计这样一种教育,其目的是让人们去探索知识的整个领域,包括各种科学和数学,以便充分发掘他们的潜力。

对于意大利文艺复兴时期的人文主义者来说,人文学科主要在于对古代的、前基督教时期的作者进行研究。除此之外人文学科还意味着,运用古代作者所获得的知识来帮助开发人的能力,来为人类开创新的可能性。其中的一个新方向便是对自然界的科学探索。古代的科学论述激发了文艺复兴时期的学者,使得他们去重新思考世界和宇宙,摈弃基督教会的官方学说,并使用新的方法探索新的方向。正因为如此,通过伽利略、哥白尼和莱奥纳尔多这样一些人的研究工作,诞生了近代科学和数学。

历史的回顾 人文主义是在意大利北部的一些城市——佛罗伦萨、威尼斯、比萨、米兰、罗马等等——兴起的,当时这些城市的经济也正日益强盛。这些城市既然在经济上已强大起来,就想获得自治,摆脱在中世纪时发展起来的政权和教权的控制。对于这些城市来说,传统的体制阻碍了经济的发展,也阻碍了新观念的出现以及对新观念的检验。商品生产创造了新的财富,财富又给人带来了力量。新的富足使得这些城市和市民比以往任何时候都能更自由地发表自己的见解,最后他们终于高举起自由这一观念本身。

人文主义者既不拒斥宗教也不拒斥上帝。他们的目标乃是不再让宗教成为他们生活中的一种基本的支配力量和阻碍因素,而将其确立为社会中并存的几种公共机构之一。宗教被认为具有一种有效的世俗功能:它不再把注意力只放在天国并将其作为人类的终极目标;它可以赞扬工作、创造性和政治参与,从而使地球上的幸福繁荣成为可能。

对宗教采取这种态度有助于在人文主义者之间形成一种宽容的精神。因为他们相信全部真理的统一性,他们把不同的宗教观点视为唯一真理的各种表述。不过,教会并不赞赏这种宽容的精神。经过了数个世纪的冲突和努力,最终通过启蒙运动,普遍的宗教宽容才广泛地为人们所接受。(参见:**教会与国家**)

北欧的人文主义者 文艺复兴和人文主义都没有局限在意大利。到15世纪时,人文主义已传播到阿尔卑斯山脉的北面。最初,那些想受人文主义教育的人不得不去意大利的大学,但到了15世纪末,安特卫普、伦敦、巴黎和奥格斯堡这样的城市都已成为人文主义的中心。印刷术的发明以及随之而来的书籍的激增和扩散促进了这一变化。

常常有人错误地陈述说,意大利以北的人文主义属于一种特定的基督教类型。的确,在鹿特丹的伊拉斯谟的领导下,人文主义者曾经非常着重于对圣经的本文以及新约全书的要旨进行研究(见:**伊拉斯谟**)。但同样确实的是,在15世纪晚期之前,人们还缺乏特定的工具来研究希腊文本和希伯来文本的圣经。这一基础工作主要是由意大利人文主义者奠定的。当圣经的本文得到了更为充分的理解时，它们就被用来推进遍及全欧洲的教会改革和对基督徒生活的一种新的约束。不过，关于北欧的文艺复兴，可以这样说：一旦基督教人文主义在那里扎下了根，它所具有的影响就比它在意大利的影响要大。对圣经的兴趣的复兴不久就与一些复杂的政治社会问题结合在一起，发动了16世纪的宗教改革运动（见：**宗教改革运动**）。

存在主义　EXISTENTIALISM

花的一生是可以预测的——种子播下之后，它便生长、盛开、枯死。鱼儿、猫儿或狗儿，大致也可以这么说。这些动物的一生在很大程度上依赖于它们所处的环境，它们的所作所为都出自本能，可以说是为它们的本性所事先决定的。人的情况却不同。人能进行选择，能对自己的生活进行思考，然后决定自己要向哪个方向走。人认识到，自己生活在一个并不总是讲得通而且往往是不确定的世界里——在这个世界里，基于精心拟订出来的个人或社会计划所采取的行动常常会有预料之外的结果。

对人生和世界持这种观点的那些哲学态度的集合叫作存在主义。存在主义不是一个哲学学派；说得准确一些，它是一种哲学倾向，含有一些重要的论题。各种各样的作者以各种相互冲突而且常常是相互矛盾的方式在探讨这些论题。由于这些论题始终如一地以一种重要的方式被提出来予以讨论，就有可能在存在主义这个一般的术语之下包容种种不同的思想。

达内·索伦·克尔恺郭尔是论述存在主义论题的最早最重要的作者之一，他是从一种基督教的视角来探讨问题的（见：**克尔恺郭尔**）。其他的存在主义者有无神论者阿尔贝·加缪和让-保罗·萨特（见：**萨特**），还有提出了一种非常复杂的哲学说明的德国哲学家马丁·海德格尔。受存在主义影响的20世纪神学家有卡尔·巴特、保罗·蒂利希和鲁道夫·布尔特曼。心理学家卡尔·雅斯贝斯也运用了存在主义的观念来说明自我和自由选择。

存在　当然，存在主义的主要论题是存在本身。花、动物、石头都存在着。但人却以一种不同的方式存在着。个人是独一无二的——能够对自我并对生活在其中的世界进行思考，能进行选择。人能够选择是因为他们是自由的，而他们作出的选择则确立了自己所设想的未来。

界限　存在主义的另一个论题是界限。个人只是在一段非常短暂的时间内被抛入了存在。他们陷入了存在主义神学家卡尔·巴特所谓的"边界境地"。他们在一个特定的时间进入了世界，又在另一个特定的时间离开了世界。就此而言是没有任何选择余地的。由于人生的这段时间是有界限的，就必须作出各种紧迫的选择。在人们能够获得的事实的基础上，他们可以自由地作出选择。但事实本身也是一件选择的事情。个人选择人生的标准，并根据所选择的标准决定自己的人生道路或特殊的事业。

世界　存在主义的另一个主要论题是世界本身——特别是关于世界人们能够知道什么。前存在主义作者、小说家陀思妥耶夫斯基曾说，宇宙本无意义。不存在大家都能感知到的根本模式，根据这些模式每个人都同意："世界就是这么回事"。生活和世界本身，常常是不可预料、变幻莫测的。

想要发现世界的秩序或把秩序强加于世界之上的种种尝试都注定要失败，因为任何一个人的心灵都不能——所有人的心灵加在一起也不能——充分地感知到所有可能的事实，把它们说清楚，并将它们纳入一个有秩序的规划之中。假如真有那么一个秩序或规划，那么这将意味着一切都是被决定的，如同花和鱼儿那样。人就不会有自由选择，而只会度过他们命定的一生，不论那是什么样的生活。

人们不仅不能把握世界，而且也不能完全理解其他人，甚至不能完全理解自己。当人们试图弄懂他们自己和他们生活在其中的大小世界时，他们绝不能完全弄清楚自己的心理过程、情感和动机的意义。假如在他们之外确实存在着真理的标准，他们必定会选择它并委身于它，尽管他们无法证明这样一种真理是确实无疑的。

实在论　REALISM

实在论这个词常常既用于哲学也用于人文学科，不过它在不同的领域意义大不相同。在哲学中，实在论在古代和近代也有不同的含义。

哲学　在古代哲学家中，主要的实在论者是柏拉图。他相信，实在是由永恒的观念或形式而不是由可观察的世界构成的。世界上每一个独立的物体都仅仅表达了形式所内含的各种可能性。例如，世界上有许多椅子，但实在的东西是椅子的永恒形式或观念，它规定了所有椅子的本性。这些形式也叫作共相。反对实在论的人则认为，共相仅仅是心灵中的概念，或者只不过是人们用来划分对象的名称。

在近代哲学中，实在论是指这样一种信念：物理对象世界的存在不依赖于人的观察，科学家的任务便是去研究实在的本性。某些批评者断言，实在是根本感受不到的：人所看到的东西仅仅是感官所知觉到的表象。

超验主义　TRANSCENDENTALISM

17、18世纪的启蒙运动强调科学和理性。18世纪晚期，出现了一场范围很广的对于这一理性时代的反叛。这场反叛叫作浪漫主义，它反对科学、权威、秩序和纪律。在那个浪漫主义时期，新英格兰曾经短暂地兴起了一股以超验主义为名的浪漫主义思潮。

这种超验主义发源于马萨诸塞州的康科德地区。它从来不是一个经过充分组织的运动或纲领。相反，它是一些个人主义色彩很浓的人物——如拉尔夫·沃尔多·爱默生、亨利·大卫·梭罗、玛格丽特·富勒、奥雷斯蒂斯·奥古斯塔斯·布朗森、伊丽莎白·帕尔默、皮博迪、布朗森·奥尔科特和乔治·里普利等人——所信奉的一些松散地组合在一起的原则。所有这些人都具有如下的信念：创造在本质上是统一的，人性本善，直觉优于逻辑和理性。他们还一致拒绝承认权威，无论是宗教的、科学的还是政治的权威。爱默生曾经说过："除了你自己心灵的正直之外，没有最终神圣的东西。"

新英格兰的这种超验主义在1830年至1855年之间最为活跃，它在这段时期内发展到了拒绝整个已确立的秩序的地步。就此而论，它与年轻的美国的开拓精神是相一致的，这种精神坚持认为，人们能够凭借决心和直觉为自己创造一个不为过去的种种限制所束缚的新社会。

这一运动产生了由爱默生和富勒创立的杂志《日规》，它发表了这一时期一些最好的文章。这一运动还产生了1841年至1847年在公社生活方面所进行的布鲁克农场实验。最重要的是，超验主义通过其信奉者的文章表现了美国艺术创造才能的第一次成熟繁荣。

逻辑　LOGIC

逻辑是与哲学领域相关的较复杂的学科之一。逻辑这一术语来自希腊文 Logos，Logos 有种种不同的含义，所以很难对逻辑下一个精确的定义。Logos 的含义有"理性"、"规则"、"言谈"、"句子"、"词"、"比率"、"理由"、"合理的原则"和"定义"。由于可给出不同的解释，逻辑的题材便有各种不同的定义，如"思想的法则"、"正确推理的规则"、"有效论证的原则"和"只根据真陈述包含的项对真理（真陈述）进行的研究"。

最后那种定义很可能是最不为人们所知的定义。它包含着这样一个奇怪想法，即逻辑的"事实"无须与日常生活中的实际情况相一致。假如一个陈述或命题仅仅就其本身予以分析，那么即便这个陈述与感觉、经验或知识相矛盾，它也可以在逻辑上为真。或者，即便它所表述的事实是可疑的或不确实的，它也可以在逻辑上为真。情况就是如此，因为逻辑首先依赖于根据前提推出结论的能力。哲学家亚里士多德曾以下述命题为例来说明一个简单的逻辑真理："如果视觉是知觉，那么视觉的对象就是知觉的对象。"人们能把握这个陈述的真理性，而不论他对视觉与知觉的关系持何种看法。这是一个非常简单的"如果—那么"命题。如果仅仅就其自己的项而言"如果"陈述是真的，那么"那么"陈述也是真的。上述命题并不打算让人们去探究视觉或知觉的本性，而是打算展示正确推理的过程。所以，即便是一个看起来可笑的陈述，如"假如所有的动物是紫色的，那么母牛是紫色的"，就推理而言却是正确的。

这样来使用所谓的真陈述而不顾日常的实际情况，似乎是不严肃的，没有意思的。事实上，这样的逻辑，即以严格的合乎逻辑的顺序从一个前提得出另一个前提，在计算机科学和数学的领域中是非常有用的。只要就计算机的能力而言陈述是按规定的次序排列的，并且是正确地用符号表述出来的，那么计算机就会执行一个程序。这些陈述本身可以完全不符合事实，也可以是完全真实的。此外，这能使人们用计算机来回答"如果—会怎样"类型的问题。在数学中，实质上一切论证都是按逻辑展开的。数学命题的真理性与其他种类的真理或知识没有必然的关系。关键是要以严格的前后顺序正确地从一个前提得出下一个前提。只有这样才能表明抽象的数学陈述的真理性。现在，数理逻辑技术已被其他科学所利用，特别是物理学、化学和天文学。

逻辑的种类

许多世纪之前，逻辑这一学科开始为人使用时只是哲学的一个分支。自那时以来逻辑学得到了很大的发展，至今已形成了好几个独立的逻辑学科。

逻辑的原则已在自然科学、物理科学、统计学、语言研究、心理学、法律和教育学等等学科中得到了应用。在社会科学中，运用的逻辑则借自于概率论、博弈论、效用理论和运筹学这样一些高度复杂的研究领域。

无论在东方还是西方，逻辑学最初都发源于人们对语法的兴趣以及对各个重要领域——不论是法律、宗教、哲学还是科学——中的讨论论证方法的兴趣。公元前4世纪时，亚里士多德划分了两种不同类型的逻辑——演绎推理和归纳推理，两者各有特定的应用范围。

演绎推理　当一个人使用一个一般的原理或一组特定的资料来得出一个特定的结论时，他便在运用演绎推理。演绎论证常常以三段论的形式陈述出来。一个三段论由三个部分构成：大前提、小前提和结论。下述例子表明了这三个部分的次序：

所有的人都会死；

苏格拉底是一个人；

因此苏格拉底会死。

用这种方式来陈述论证，检验论证中的失误或错误就要容易得多，相对而言，用日常会话的形式来陈述论证，就不容易检验论证中的失误或错误。假如前提是真的——就其自己的项而言是真的，就世界的真相而言不一定是真的——那么结论必然有效。

归纳推理　当一个人使用一些已确立的事实来得出一个一般结论时，他便在运用归纳推理。这种逻辑通常在科学中使用。例如，科学家可以从观察和实验中尽其所能收集有关某种疾病的事实。然后得出归纳性的结论：也许是某种微生物引起了那种疾病。不过，归纳论证永远不能一锤定音：它总有可能被否证。比方说，几百年以来对天鹅的观察使人们得出了这样的结论：所有的天鹅都是白的。如果发现了一只黑天鹅，那就会否证上述理论，但大部分天鹅是白的这种说法仍然是真的。如果发现了新的事实，归纳推理总得修正。正是借助于这种归纳和否证的过程，科学才取得进步。

伦理学和道德　ETHICS AND MORALITY

如何对待自己和别人乃是一种选择：友好还是不友好；讲真话还是说谎话；慷慨还是贪婪；为了通过考试去学习，还是把宝贵的学习时间用来看电视，然后用作弊的办法来通过考试。这些问题，以及所有其他有关如何对待自己和别人的问题，都属于一个叫作伦理学的研究领域。伦理学的另一个名称是道德。伦理学一词源于希腊文 ethos，意思是"品性"，道德一词则源于拉丁文 mores，意思是"习惯"。

伦理学和道德这两个词都含有行为习惯的意思，因此多少会引起一点误解。希腊哲学家亚里士多德用了一个更为恰当的术语——实践的智慧。之所以称之为实践的，是因为这个研究领域关注行动，包括个人的行动和社会的行动。它要研究什么是应当做的，什么是不应当做的。亚里士多德把实践的智慧分成两个部分：道德哲学和政治哲学。

他把这两者放在一起,将其定义为"就善恶之事而言的行为能力的一种真实而有理性的状态"。

道德哲学的分支

伦理学领域本身还有几个分支。描述伦理学如其名称所示,其任务是考察和评价各个不同的民族或社会群体的伦理行为。规范伦理学的任务是去考察和应用什么是道德上正确的东西、什么是道德上错误的东西、什么是善、什么是恶这样的道德判断。它考察这样的问题:伦理行为是否有标准,假如有的话,这些标准又是什么。比较伦理学的任务则是研究各种不同的伦理体系,以便了解它们的相似之处和不同之处。

在近代发达的社会中,法律和公开审判的体系与伦理学有着密切的关系,因为这些体系确定并保证了各种明确的权利和责任。它们还努力压制和惩罚违背这些标准的行为。大多数社会都制订了各种标准,不论是借助于习俗还是借助于法律,使得人们能在社会中共同生活而避免不适当的分裂。

法律可能在道德争论中保持中立,它也能够用来强制推行道德。美国宪法的序言说,政府的目的之一就是要保证国内安定。这一陈述在道德上是中立的。不过,为了保障民权而通过的这类法律,不仅促进了法律义务的承担,也促进了道德义务的承担。

行为的基础

人的许多行动都仅仅出自习惯,做出这样的行动几乎是不加思考的。在西方社会,一个人早晨起床后通常要穿上衣服和鞋才会出门。在这样做的时候人们一般不会去想:"我这样做是正当而必要的。"不过也有大量的行为,人们在做的时候知道为什么要那样做。此时他们就需要作选择。如果要问选择的基础是什么,那么就会遇到下述两个问题:"我追求什么样的善?"和"在这种情况下我的义务是什么?"

伦理学的主要任务是要确定,对个人和社会来说,什么是善。它还试图去确立人们对自己以及对别人所承担的义务和责任的根本性质。

几千年来哲学家们一直在说,人们不会做有害自己的事情,但也许会做有害别人的事情,只要这样做看起来对自己是善的。但是确定什么是善以及一个人应当怎样行动去获得它,始终是一件困难的事情。某些导师曾说,快乐是最大的善(见:**伊壁鸠鲁主义**)。其他一些导师则认为,最大的善是知识、个人的美德,或为同胞的服务。某些个人或整个社会都曾对人作出过令人发指的犯罪行为,他们以某些更大的"善"为根据,找出了各种办法来为这样的行为辩护。

要判定什么是善和义务的确很难,这使得道德哲学家分成了两个阵营。一个阵营认为,并不存在适用于每个人的确定的客观标准。人们必须在各种新的情况下判定自己的责任是什么。另一些人则认为,适用于每个人的标准是存在的,什么是善大体上也能知道。假如知道了善是什么,追求善的义务也就清楚了。坚持认为存在着伦理标准的立场叫作伦理学绝对主义,而坚持认为不存在这样的标准的立场则叫作伦理学相对主义。

亚里士多德的解决办法 伦理学绝对主义的最清楚最有用的陈述之一来自亚里士多德的《尼各马可伦理学》。他认识到,人们都把自己所欲求的东西看作是善的。但这样说只不过意味着,凡所欲求的东西都是善的,不论它们彼此之间会发生多大冲突。因而根本就不存在任何标准。

亚里士多德解决这个问题的办法是把两种不同类型的欲望区分开来——自然的欲望和获得的欲望。自然的欲望就是人人都有的需要,如食物和住所。除此之外,人们还欲求健康、知识和某种程度的发达。这些欲望或需要都是自然的,因此对每个人来说都是善的。既然不可能存在错误的基本需要,也就不可能对这些需要有错误的欲望。

但还存在着其他一些欲望。它们不是需要而是缺乏。正是在缺乏的层次上善的性质变得不那么清楚了。个人也许缺乏某种他们欲求为善的东西,但这种东西对他们来说也许是有害的。判断力健全的人应当能够判定什么对自己是善的,什么仅仅在表面上是善的。这种健全的判断与经验不可分离。儿童缺乏经验,不知道什么对自己是善的,什么对自己是有害的,所以必须要得到父母和其他成年人的指导。不过,成熟的成年人应当能够判定什么对自己是善的,尽管历史表明情况并非总是如此。

人们还必须判定什么东西对自己和他人都是善的。这就是说,他们预期,对自己是好的东西同样适用于他人。亚里士多德说,为了能够像对待自己那样来对待别人,必须拥有属于实践智慧的三种美德:节制、勇敢和正直。

相对主义的解决办法 相对主义者不相信存在着适用于每个人的自明的道德原则。他们宣称,人们的道德判断是由他们生活于其中的社会的习俗和传统所决定的。这些习俗和传统也许已流传了好多个世纪,但流传时间长并不意味着它们就是真实的标准。它们只是某一个社会为自己发展起来的准则。正确的东西就是被社会认为是正确的东西,无论什么东西,只要被认为对社会是善的,那就必然是正确的。

叫作实用主义的哲学学派采纳了另一种相对主义的视角。实用主义的主要人物之一约翰·杜威主张,道德问题来源于各种冲动或欲望的冲突,道德思考的目标是要找到一条行动路线,把这种冲突转变为和谐。我们必须借助于解决一个问题所必要的行动,以及对这些行动所带来的后果的理解,去看待每一个个别问题。如果一个选择导致了某一冲突的解决,那么它就是正确的,但并不存在绝对的正确或善,因为每一次成功的解决又会带来必须根据其自身的条件来予以评价的新问题。道德规则仅仅是假设,或暂时的假定,人们发现它们在某些环境下起作用。

存在主义学派也赞成道德相对主义。它宣称,每个人都有其自己的生活境遇。没有完全相同的两个人,因为其他所有的人都是据以作决定的环境的一个部分。任何选择都有风险。不存在适用于任何时间任何人的原则或标准。新的状况需要新的途径。曾经有效的东西现在也许就不合适了。在变化急剧、战争连绵不断、道德动荡的20世纪的世界中,存在主义的观念在世上许多人看来是正确的。(参见:**存在主义**)

某些存在主义者把自己的立场基于宗教之上。他们宣称,即便在尘世间作决定时也不可能求助于道德法则或原则。必须根据信仰来作选择,这常常与传统的道德指导路线相冲突。个人往往相信自己正在做的事情是正确的,但这可能全然错了。他们委身于未知的东西,因而作决定常常可能是一个令人极度痛苦的问题。

共同的道德因素

比较伦理学研究者发现,古往今来大多数社会的伦理准则具有一些共同的特征。有些伦理准则仅仅存在于一个社会中,而其他一些伦理准则则得到了更为普遍的应用。

大多数社会都有一些习俗或法律禁止谋杀、伤害他人身体及侵害他人名誉。在世界上绝大多数地区,也存在着某种形式的习俗或法律来保护产权。

社会依赖于各种规则,这些规则规定了一些有道德地生活和促进群体福利的基本责任。在家庭中,母亲照看孩子,男人则供养和保护家属。另一方面,孩子长大后应当照顾年老的双亲。在某些地方,在一定的亲属关系范围内帮助远亲也被视为一种责任。

在世界各大宗教——犹太教、基督教、伊斯兰教和佛教——盛行的社会中,已经牢固地确立了帮助穷人和不幸者的责任。这些义务已超出家庭范围而涉及熟人甚至陌生人。讲真话和信守承诺也被广泛地视为责任,尽管有时候不用对陌生人负有这些责任。

在最近的二百年中,各个近代国家已演化出了一种普遍的伦理学,这种伦理学源于启蒙时代所发展起来的生命、自由和财产三大人权的观念。无论在实际上是否受到尊重,人们至少接受了这样一种观念:人类生活应当通过消除疾病、贫穷和无知而得到改善。

瑜伽 YOGA

瑜伽一词出自梵语,意思是"统一"。作为传统印度哲学的体系之一,瑜伽意在借助于锻炼、呼吸、姿势、节食和沉思来追求个人与神的统一。最流行的一种瑜伽叫作诃陀瑜伽。实践诃陀瑜伽的人通过一系列呼吸锻炼来学会身体的控制,练习某些特定的姿势和全神贯注,由此来增进身体的健康和良好的感觉。

古典瑜伽叫作拉贾瑜伽,意思是"皇家瑜伽",起源于一本可追溯到公元前2世纪的经书。这本书名叫《瑜伽经》,署名波怛阇利,是由一个或更可能是由几个人在很长一段时间内写成的。拉贾瑜伽关注物质与自我的本质区别,试图通过8个依次递进的阶段来把自我从物质世界和生命轮回之中解放出来。

诃陀瑜伽是从拉贾瑜伽发展而来的,它可追溯至公元1000年左右一位印度瑜伽大师乔罗迦陀的教导。一些特定的呼吸锻炼和姿势,诸如为人熟悉的莲花坐姿,两腿交叉,两脚各自盘在另一条腿上,都是诃陀瑜伽的组成部分。

在西方,大多数学习并实践瑜伽的人往往强调瑜伽作为一种锻炼和放松的形式对于健康的益处,而不强调瑜伽的宗教和哲学含义。许多生理过程——包括血压、呼吸,甚至体温和心率——都可以通过实践瑜伽而得到控制,这似乎是没有什么疑问的事。

神智学 THEOSOPHY

神智学一词来自希腊词 theos(意为"神")和 sophia(意为"智慧")。如果将这个词粗略地翻译过来,它的意思是"神的智慧"。神智学是带有强烈神秘主义色彩的宗教哲学。神秘主义相信:在可以看到的物质世界之外还有一个精神实在——这个精神实在可以被称为上帝——人们可以通过冥思、启示、直觉或其他某种使个人超乎正常知觉的状态,感受到这个实在。

这种宗教哲学至少从古希腊哲学家毕达哥拉斯和柏拉图起就开始存在了。公元3世纪哲学家柏罗丁在其著作《九章集》中对它作了全面描述。近代,神智学基本上被认同为神智学会的工作,神智学会于1875年由移民美国的俄国人海伦娜·勃拉瓦茨基创立。

神智学会由勃拉瓦茨基和对唯灵论很感兴趣的律师亨利·斯蒂尔·奥尔科特在纽约市发起创办。1878年,他们迁居印度,并在阿迪亚尔建立了活动基地。神智学会的国际总部现在仍然在那里。

在1888年出版的《秘道》和其他书中,勃拉瓦茨基解释了神智学会的基本原则。第一,提出存在着永恒不变的本源,没有关于这个本源的知识,也就没有任何可能的关于它的推测。第二,宇宙永恒,在其中各种小宇宙此兴彼灭。所有灵魂或生命最终被等同于超灵,超灵本身是未知本原的一个方面。每一灵魂都要经历一系列转世轮回。当躯体死亡时,灵魂在另一躯体内复活,并继续它对精神成长的探求。神智学会的目的是要形成一个四海之内皆兄弟的信念的核心;研究比较宗教、哲学和科学;调查研究神秘的自然法则和人类的未知能力。

勃拉瓦茨基和奥尔科特逝世后,神智学会由安妮·贝赞特领导,直至1933年。她是一位很有影响力的领导和作家,她的著作是对神智学的最好的阐述。尽管神智学会会员不多,但它对佛教和印度教在亚洲的复兴和东方思想在西方的传播都有影响。

唯灵论 SPIRITUALISM

魔法大师哈里·霍迪尼于1926年临死前与妻子签订了一个协议,他们要进行一项意在使唯灵论名誉扫地的实验。他们商定,他们两人谁先死了,如果可能的话,就从坟墓内与另一个活着的取得联系。每年万圣节前夕,也即霍迪尼逝世周年纪念日,他的崇拜者们都聚在美国伊利诺伊州的芝加哥和威斯康星州的阿普尔顿,等待他的消息。但是,他们从来也没有接收到过他传来的信息。

唯灵论是一种肯定非物质——或称精神——世界的实在性的理论。它也是一种信仰和实践的方法,它的实践者们试图用这种方法与死人的灵魂交流。唯灵论者认为,灵魂是一个人的精华,躯体死后灵魂依然存活。他们企图通过被称作"灵媒"(巫师)的人来与灵魂取得联系。他们试图在降神会上进行这种交往——"séance"(降神会)字面含义为"就座",它源于拉丁文动词"sedere",意思是"坐"。

在降神会上,为了与灵界取得联系,灵媒会进入一种鬼魂附体状态。他可能会弄出各种声响,比如敲桌子、弹奏乐器,以表示灵魂的存在。灵媒甚至还可能开口说话,声称自己就是那个灵魂。不过,降神会的主要目的是要使灵魂以物质的形式出现。信奉者解释说,这种物质叫作"外质",是一种据说是从灵媒体内流出来的、有点像液体一样的东西。当降神会结束时,这种外质就消失了。这些说法是没有科学根据的。

人类希冀与死者交往的尝试已经有数千年的历史了。例如在《圣经·撒母耳记上》中就有这样的记载:以色列王扫罗于夜间拜访隐多耳的一位能与鬼交往的女巫,请她招来故去的先知撒母耳的亡灵。在西方世界,唯灵论已经消失许多世纪了——这可能是由于基督教的影响。

现代唯灵论始于1848年纽约州的北部地区。在一个小镇上,某家的宅邸有一个死者的鬼魂经常出没的迹象,而这个死者就是在此处被害的。有人声称,他们曾与这个鬼魂取得了联系,于是,举行降神会的风俗从那时起便迅速传播开来。

唯灵论从那些愿意确信人类不死的人和那些希望与死去的亲属、朋友取得联系的人中间获得了一批拥护者。有些人只是想知道死后的生活。为了促进这一运动的发展,人们还建立了一些组织。在这类组织中年代最久并且如今依然存在的是全国教会唯灵论者协会,它创立于1893年。此外,还有创立于1913年的美利坚全国唯灵论者联盟,和创立于1936年的国际唯灵论者代表大会。某些唯灵论组织还吸收了一些基督教教义。它们将耶稣基督视为灵媒,并相信死者的复活。

泛灵论　ANIMISM

认为世上万物都有一个强有力的、能够帮助或损害人类需求的灵魂的宗教信仰,被称作泛灵论。这种相信普遍具有生命力的信仰与早期人们的崇拜方式有关。这种信仰在许多原始社会中保留了下来,尤其是在非洲撒哈拉大沙漠边缘各部落、澳大利亚土著、南太平洋一些岛民和北美印第安人中。

泛灵论一词源出自拉丁文词 anima,意思是"生命的气息"或"灵魂"。泛灵论者相信,所有的物体——动物、树木、岩石、河流、植物、人——都有灵魂。根据他们的宗教传统,所有这些都应该和谐地生活在一起,都应受到同样的尊重。

在泛灵论者的世界里,与每一精灵的交流是极其重要的。他们向它们祈祷,给它们祭品,以确保精灵们的友善。比如,生活在爱沙尼亚、芬兰和俄国的芬兰乌戈尔人把小袋的礼物系在树干上,以取悦树的精灵,使树能长得繁茂。

当一个加纳中部的阿散蒂人在选择树木做面具或鼓时,他不仅仅是把它砍倒而已。他会对树的精灵解释他要用树干做什么,并请树同意作出牺牲。当树木被制成了鼓以后,阿散蒂的乐师开始演奏前还会对这乐器的精灵说话。泛灵论者还相信,浪费一个作出了牺牲的灵魂的任何部分都是有罪的。例如,北美的印第安人会把他们所杀死的野牛的任何部分都利用起来——做食物、燃料、衣物和住房。

英国人类学家爱德华·泰勒爵士在他的《原始文化》(1871)一书中创造了泛灵论这个词。他把它定义为"对精

美国土著为了向他们所捕获的动物的灵魂表示敬意,精心制订了一套仪式。左图是乔治·卡特林的一幅油画——《曼丹印第安人的公牛舞》。非洲有6个班巴拉父系社会,每个社会都有各自的泛灵面具。右边的舞蹈头饰成羚羊形,代表曾引入农业的神话人物提瓦拉的灵魂。最初举行纪念提瓦拉的仪式,旨在确保庄稼丰收。在仪式中,农夫们戴着这种面具,模仿羚羊跳跃的动作。

神存在的信仰"。大部分现代学者都对泰勒下面的理论提出质疑,即认为原始人类不能区别事物是死的还是活的。以泛灵论信仰为根据的复杂仪式、象征和神话不再被看成是孩子气的、未开化的或野蛮的习俗。

泰勒曾从理论上说明:泛灵论在宗教中是低级的,宗教进而发展为多神论(对诸神的信仰),然后发展为一神论(对一神的信仰)。然而,在泛灵论和后来的宗教形式之间,却未能显示出其间的进化关系。事实上,泛灵论有可能和另一宗教(比如基督教或伊斯兰教)共存,甚至融合。例如,一个从非洲某村落启程旅行的人可能会在当地的基督教堂前停下来,祈祷一路平安。另外,他还可能会杀死一只鸡,放在路边的某个地方,以祭祀路神,保证旅途平安。

作为自然崇拜的一种形式,泛灵论产生了各种各样美丽的艺术品。在非洲和南太平洋的宗教典礼中,部落成员戴起面具,穿上复杂精美的服装,以便让某个特定的神灵附身。人们相信,在仪式中神灵进入了人的身体,并通过这个人的嘴来提出劝告。

从20世纪60年代起,一场所谓"新异教"的宗教运动便开始发展起来。这一泛灵论的复苏的根源在于对生态日益增长的关注。

心灵学 PARAPSYCHOLOGY 见:超感知觉

超感知觉 EXTRASENSORY PERCEPTION (ESP)

有些人声称自己体验到的一种独立于并超出他们通常感觉能力的意识,叫作超感知觉。视觉、听觉、嗅觉、触觉和味觉是众所周知的普通的感觉过程。相信超感知觉的人声称,它是诸多无法明确解释的心理现象之一。那种被称作"心灵学"的研究领域包括对超感知觉和心灵致动——一种类似于超感知觉的现象——的研究。心灵致动的一个例子是,在掷骰子时倘若受到某人注意力的影响,骰子就会以特定的方式降落。

人们一般所说的超感知觉主要有三种类型。它们是千里眼、传心术和先知。"clairvoyance"(千里眼)是个法语词,意思是"看得很清楚";它被说成是一种对事件、物体或人的超常意识,这种超常意识无须借助已知的感官即可获得,而且不一定为其他任何人所知。传心术被说成是一个人与另一个人之间思想和心理状态的直接传递,这种传递也不必借助于通常的感官渠道。先知被说成是对某种未来事件的感知。

自19世纪末叶以来,科学家们对于是否真的存在超感知觉的问题一直在争论。大多数提供确实证据的实验都使用猜卡片的方法。但是,为检验超感知觉的实验作好准备,并非易事。美国的心理学家约瑟夫·班克斯·莱因是这类现象最有名的研究者之一。他在一次实验中使用了齐纳卡片。卡片每套25张,分5种不同符号:十字、五角星、圆圈、曲线和长方形。受试者要猜出扣在桌上的卡片的符号。这个实验以及其他各种实验的结果证明是不能令人信服的。大多数科学家对超感知觉的存在深表怀疑。

ESP 见:超感知觉

测不准原理 UNCERTAINTY PRINCIPLE

德国物理学家沃纳·海森堡,由于在1927年提出亚原子粒子的位置和速度即使在理论上也不能同时精确测定而出名。他把这一现象称之为测不准或测不清原理。海森堡在这一原理和其他方面论述的工作,对原子和核物理学的发展,产生了深远的影响。

平常的经验不能提供这一原理的线索。例如,说一辆汽车的位置和速度容易测出,是因为对于通常客体,这一原理所指的测不准性太小而观察不到。只有对极小的亚原子粒子来说,测不准性的乘积才变得不可忽略。任何一种试图精确测定亚原子粒子速度的方法,都会使亚原子粒子受到不可预测的撞击,从而使同时测定其位置成为不可能。

每个亚原子粒子都有一个与之缔合的波。粒子最可能在波起伏最大的地方找到。实验表明,缔合波越稠密,粒子的速度就越难确定。另一方面,一个有着精确速度的粒子,几乎可以处在波的任何位置上。对一个可观察到的特性的精确测量,会带来测量另一个量时相当大的测不准性。

毕达哥拉斯 PYTHAGORAS(公元前580?—前500?)

毕达哥拉斯是古希腊哲学家和数学家。他阐述的原理对柏拉图和亚里士多德有决定性的影响。他创建了由他的一群追随者组成的毕达哥拉斯兄弟会组织。他们的信仰和观念在文艺复兴时期被重新发现,并对数学和西方理性哲学的发展作出了贡献。

约公元前580年,毕达哥拉斯出生于爱琴海萨摩斯岛。据说,他早年为寻求智慧而周游四方。约公元前530年,他定居在意大利南部的希腊殖民地克罗顿。那里的兄弟会教徒们很快就团结在他周围,以他提倡的教义激励大家。这个宗教性质很强的组织还致力于政治、道德和社会生活的改革,在当地颇有影响,但终因卷入政治,兄弟会受到压制。毕达哥拉斯被迫引退,并离开这一地区。他来到意大利南部的希腊城市梅塔蓬图姆。约公元前500年在那里逝世。

毕达哥拉斯的著作没能保存下来,所以很难把他的学说与他的门徒的学说区分开来。毕达哥拉斯的基本原则中包括如下信条:实在从本质上说完全是数学的;哲学可以用来净化心灵;灵魂可以升华,同神结合在一起;某些符号含有神秘的意义。关于数字在客观世界和音乐中的功能意义的理论,一般说来,应归功于毕达哥拉斯。毕达哥拉斯几何学定理的发展,以及把数字关系应用于音乐理论、声学和天文学,应归功于他的门徒。

苏格拉底 SOCRATES(公元前

470?—前399） 苏格拉底既对金钱不屑一顾，也对名誉和权力不感兴趣。他经常漫步在公元前5世纪雅典的街道上。一年四季他只穿着一件粗制的羊毛长袍，走路光着脚，任何人只要愿意听他讲话，苏格拉底就与他交谈。他提出各种问题，对种种答案反复诘问，戳穿种种有错误的论点。他谈话的风格被命名为"苏格拉底对话"。

苏格拉底是他那个时代最有智慧的哲学家。他是古希腊三个伟大导师中的第一位，其他两位是柏拉图和亚里士多德。他被列为世界上最伟大的道德导师之一。他的自制力和忍耐力是无与伦比的。苏格拉底又矮又胖，长着一个扁鼻子和一张大嘴。尽管苏格拉底的外表不整洁，但在他生活的那个时代的希腊人都喜欢与他交谈，并被他要说的话题所吸引。年轻的贵族军事天才亚西比德评论他说："他的内在本性是这样的美，这样的真纯、圣洁和杰出，以至他所指示的每一件事都像神的声音那样完全应当服从。"

苏格拉底于公元前约470年出生在雅典郊区。他学习雕塑，这也是他父亲从事的职业。但不久他便放弃这项工作，转而用他自己的方式去"追求真理"。他的生活习惯如此俭朴，他的体格如此强壮，以至他只需要最低限度的生活必需品。尽管苏格拉底从不参与雅典的政治，但一旦被召唤，他就会履行公民的职责。他是一个无畏的战士。伯罗奔尼撒战争期间，他几次作为步兵参战。在波提狄亚，他救过亚西比德的命。

苏格拉底的妻子桑娣帕在雅典因其说话刻薄和性情暴躁而声名狼藉。这位哲人曾经开玩笑地说："一旦我使自己习惯于忍受桑娣帕的性情，那么，当我打算和各种各样的人交朋友时，我想他们做的任何事情都不会给我带来麻烦。"苏格拉底避开肤浅的为真理而真理的概念。他为追求道德真理而求助于自己的良心，并且喜欢提出一些简单的问题来引起混淆。他试图揭示善的本性，找到一种生活的准则。他最喜欢攻击的对象是诡辩者，他们讲学要收费。"认识你自己"是苏格拉底的一句格言，人们认为该格言他得自于德尔斐神殿的神谕。与只认识表面现象截然不同，他通过认识自己发现了认识真正的善的可能性。

苏格拉底没有写过任何著作和文章。有关他生平和学说的详细叙述保存在历史学家色诺芬的《回忆苏格拉底》中和哲学家柏拉图的对话体作品中。主要是通过柏拉图和柏拉图才智出众的学生亚里士多德，苏格拉底的学说才得以流传下来，惠及后世一代代哲学家。（参见：**亚里士多德**；**柏拉图**；**哲学**）

然而，苏格拉底没有得到雅典民众和他们自私的领导人的赏识。他在揭穿花言巧语的欺骗行为方面的天才使他招来许多敌人。终于，他的三个政敌起诉他犯了"藐视神"和"腐蚀青年"罪。这些指控子虚乌有，但在政治上是适合当时情况需要的。他被判处饮鸩而死。他对法官临终的评论是简单的，正如在柏拉图的《申辩篇》中记载的那样："离别的时刻来临了，我们走各自的路——我去死，你们活着。哪条路更好，只有神才知道。"

柏拉图　PLATO（公元前428?—前348?）

"欧洲哲学传统的最有把握的一般特点，即它是由一系列对柏拉图的脚注组成的。"由20世纪哲学家、数学家A.N.怀特海作出的这个评价稍稍有点夸张。犹太教和基督教的宗教传统奠定了西方文明的一块基石，而希腊哲学家苏格拉底、柏拉图和亚里士多德则提供了这一文明的另一块基石（见：**哲学**）。

柏拉图的影响是持久的，不间断的。约公元前387年，他在雅典开办的学园，是今天各种学院和大学的最早的先驱。这是一所致力于哲学、法律和科学（主要是数学）研究的学校。它作为一个教育机构一直延续到公元529年，那一年这所学校和其他非基督教学校均被查士丁尼一世关闭。

柏拉图的影响远远超出了他所创办的学园。终其一生，他是他那个时代最受称赞的导师。去世后，他的思想被无数其他思想家所继承。亚历山大的斐洛用柏拉图的思想给犹太教建构了一个哲学框架。早期基督教作家热衷于接受柏拉图的思想，把它作为解释和保卫圣经教义和宗教传统的最有效的工具。在基督教柏拉图主义者当中，希波的圣奥古斯丁是最著名和最有影响的一位。柏拉图的影响通过哲学家阿维森纳和阿威罗伊的著作也传到伊斯兰教。

柏拉图约于公元前428年出生在雅典，在雅典同斯巴达和其他城邦发生战争的那个年代里长大。他的父母阿里斯通和裴莉克提昂当时是雅典城里一对最杰出和最高贵的夫妇。有关柏拉图早年生活的详细情况几乎无人知晓。由于他家庭的地位，柏拉图从儿童时代起就熟悉苏格拉底，这是有可能的。柏拉图原想从政，但是，苏格拉底撞在雅典政治家手里的这一命运悲剧改变了他的想法（见：**苏格拉底**）。

苏格拉底于公元前399年被迫自杀，柏拉图和其他追随者暂时到麦加拉避难。一些早期的传记作家说，此后他周游了地中海国家，访问其他希腊城邦、埃及、意大利和西西里岛。不过，除了去西西里岛作过一次旅行外，没有任何资料能够证实他去过上述其他地方。在西西里岛，柏拉图遇见了叙拉古的统治者狄奥尼西奥斯一世的内弟狄翁，两人结为朋友。在苏格拉底死后的某个时候，柏拉图决定献身于哲学和教学。他开办了学园，并留在那里当老师，除其间两次短暂的中断，直到大约公元前348年去世。

柏拉图教学活动的中断与叙拉古政府有关。公元前367年，狄奥尼西奥斯一世去世，狄奥尼西奥斯二世继位，此人是一个未受过教育的青年。狄翁请求柏拉图来叙拉古教育这个新的统治者。柏拉图应允了，但结果证明此人是不可教的。他返回了雅典。在公元前361—前360年，他又一次去叙拉古旅行。

柏拉图的著作完整地流传到今天。尽管有许多伪作与他本人的著作一起被保留了下来，但没有一部真正的著作被遗失。如果把《信札》也看作一篇的话，共有36篇著作。除了书信，所有著作都被称为对话，因为它们大部分是用两个或更多的人讨论问题的那种对话体写的。《理想国》是世界文学名著之一。它像柏拉图最后一篇著述《法律篇》一样，是一部长篇，而许多其他著作都要短得多。

最早的对话体作品是苏格拉底在谈话中占主导地位的

那些著作。较短的著作通常论述一个问题。例如,《李思篇》考察友谊的本质,而《曼诺篇》是一次关于道德的讨论。《申辩篇》是苏格拉底因不敬神而受审时发表的演说,这是有关他生活和工作的最后陈述。

《理想国》讨论正义的本质和各种社会制度。从某种意义上说,这部著作带有乌托邦色彩,书中描述了柏拉图的理想社会。但这本书还涉及人类知识的整个领域、教育的目的和内容,以及科学的本质。本书大体上是一部综合的伦理学著作,其中区分了三种生活类型:哲学家一生致力于获得智慧,享乐主义者只追求肉体的享乐和自我满足,而行动的人则希望自己的实际能力得到公认。

第欧根尼　DIOGENES(公元前412—前323)

许多故事里讲到古希腊行为怪诞的哲学家第欧根尼。有这样一则传说:第欧根尼白天提着灯笼走在雅典的大街上,人们问他为什么要如此,他回答说:"我在寻找诚实的人。"

第欧根尼是从黑海之滨希腊的殖民地锡诺普来到雅典的。他接受了犬儒主义哲学,此派学说认为,为获得智慧和德行,人们必须放弃世间的一切享乐,这些享乐妨碍了人们的自制力。于是,第欧根尼除了留下一件外套、一只提包和一个木碗外,放弃了自己的全部财产。当他看到一个孩子用手捧水喝时,他甚至认为那个木碗也是多余的,因而就把它扔了。他住在一只木桶里。

一次乘船旅行,他被一伙海盗俘获。他们把他当作奴隶在克里特出卖。当海盗问他会什么时,他答道:他除了会管理人之外,其他什么也不会,他们可以将他卖给一个需要主人的买主。他被卖给了一个富人,那个富人将他带到科林斯,让他当他的孩子们的家庭教师。他在那里出了名。第欧根尼死于科林斯,人们在他的墓前立了一根石柱,以志怀念。

亚里士多德　ARISTOTLE(公元前384—前322)

亚里士多德是历史上所有时代最伟大的思想家之一,一位古希腊哲学家。实际上,他在自然科学和社会科学两方面的工作极大地影响了现代思想的每一个领域。

公元前384年,亚里士多德出生于爱琴海西北岸的斯塔伊拉。他的父亲是马其顿国王的朋友和医生,他在宫廷里度过了童年时代的大部分时光。17岁时,他去雅典求学。他进入了哲学家柏拉图指导的那所著名的学园(见:柏拉图)。

亚里士多德全身心地投入到柏拉图的对真理和善的探索之中。不久,柏拉图便称他为"学园灵魂"。亚里士多德在学园呆了20年,只是在他敬爱的老师于公元前347年去世时他才离开。后来,他摒弃了柏拉图的某些理论,并在知识的广度上远远超过了老师。

亚里士多德在小亚细亚海滨的一所学校里当了一名老师,在莱斯沃斯岛花了两年时间研究海洋生物学。公元前342年,腓力二世邀请亚里士多德回到马其顿王宫,教他13岁的儿子亚历山大。这个孩子后来成了世界的征服者。没有人知道这位哲学家对这个任性的年轻人产生了多大的影响。亚历山大20岁当了国王后,他给老师一大笔钱在雅典建了一所学校。

逍遥学派

在雅典,亚里士多德在他的学园以其卓越的才智从事教学。他收集许多书籍,创办了第一个大型图书馆,并建立了一座博物馆。每天早上,他在学园里散步,和他那些优秀的学生们讨论各种问题。

由于他一边散步一边教学,雅典人称他的学派为逍遥(意思是"漫步")学派。他引导学生研究每一个现存的知识领域。他们解剖动物,研究昆虫的习性。这种观察的科学对于希腊人来说是崭新的。由于缺乏仪器,他们的结论并非总是正确的。

亚里士多德最重要的贡献之一,是给知识的各种分支下定义,并作出归类。他把这些知识分为物理学、形而上学、心理学、修辞学、诗学和逻辑学,从而奠定了现代大多数学科的基础。

公元前323年,雅典爆发了反马其顿的情绪。雅典人指控亚里士多德不敬神。他决定逃跑,使雅典人不至有"两次反哲学的罪孽"(就像他们杀害苏格拉底那样杀死他)。他逃到了埃维亚岛上的哈尔基斯,次年在那里去世。

亚里士多德的著作

亚里士多德去世后,他的著作散佚。中世纪早期,在西欧,人们只知道他的有关逻辑学的著作。这些著作成了中世纪三学科——逻辑、语法和修辞——之一逻辑学的基础。早在13世纪,其他著作传到西方。有些来自君士坦丁堡;其他的由阿拉伯人带到了西班牙。中世纪的学者把它们译成拉丁文。

亚里士多德的被保存下来的最著名的著作是《工具篇》(逻辑学著作)、《修辞学》、《诗学》、《动物志》、《形而上学》、《论灵魂》(关于心理学)、《尼各马可伦理学》、《政治学》和《雅典政制》。

斐洛　PHILO(公元前15?—公元50?)

在公元1世纪的最初几十年里,斐洛的作品在犹太教和希腊哲学之间架起了一座桥梁。他的部分作品反映出了《塔木德》成书以前大量关于犹太律法的注释(见:塔木德)。他认真研究过柏拉图和亚里士多德的哲学、犬儒主义、斯多葛哲学以及其他希腊哲学思想。他将柏拉图的思想和圣经的观念融合起来,这对早期的基督教作家产生了深远的影响。

斐洛是个犹太人,生活在埃及的亚历山大。亚历山大是当时罗马帝国的一个重要的学术和文化中心。斐洛的生平是鲜为人知的。他大约出生于公元前15到10年之间,死于公元45到50年之间。他可能学习过算术、哲学、几何、天文学、和声学、语法、修辞和逻辑学。对于他是否接受过特殊的犹太教育,他很少在他的作品中涉及。但他对古以色列的宗教传统非常熟悉,对希伯来《圣经》(基督教称《旧约全书》)了如指掌。在他一生中唯一引人注目的一件事,是在公元39年时在一次大迫害之后为了保护亚历山大的犹太人去罗马晋见罗马皇帝卡利古拉。

斐洛的作品可以分为三类:一类是在《圣经》首五卷的基础上写成的宗教论文;第二类是有关一般宗教、哲学的文章;第三类是关于一些当时历史事件的评论。这些作品有:《法律的讽喻》、《论言词的永久性》以及批驳反犹太主义的《假想》。柏拉图认为,只有永恒的观念才是真实的。物质世界因其不断变换和暂时性,只是永恒观念的产物。斐洛也认为,观念首先存在于神的头脑之中。因为他认为神是完全与人隔绝的,是不可知的,于是他提出还有第二个神,即神与万物生灵之间的中介,他将这一中介称之为"逻各斯"。这是一个希腊词,斐洛将它解释为永恒观念和创造世界的创造力的总和。后来基督教将逻各斯与耶稣统一起来,不再认为他是一位第二神,而是神的自我显现。斐洛相信人有自由意志。他还认为身体是灵魂的禁锢,这一观点对后来产生的诺斯替教有一定影响(见:**诺斯替教**)。他认为民主政体是政府的一种最好的组织形式,在法律面前应人人平等。在幸福观上,他不同意柏拉图的观点。柏拉图认为幸福是追求美德的结果,而斐洛认为幸福是神赐的礼物。

塞内加(小) SENECA THE YOUNGER(公元前4?—公元65)

有近十年时间,卢修斯·安内乌斯·塞内加是罗马帝国最有权势的人之一。塞内加是尼禄皇帝的顾问,还撰写哲学著作和戏剧。

塞内加生于西班牙的科尔杜瓦(今科尔多瓦)。其父被称为老塞内加,也叫卢修斯·安内乌斯·塞内加,是个著名政治家兼著者。小塞内加在罗马受教育,学习修辞学、哲学和法律。他青年时代就进入政界。

政敌梅萨利纳诱使克劳狄一世皇帝于公元41年将塞内加流放至科西嘉岛。塞内加在这个岛上住了8年,其间写下许多令他成名的著作。他在克劳狄一世之妻阿格丽品娜的请求下被召回罗马。塞内加任她儿子多米提乌斯,即未来的尼禄皇帝的教师。当尼禄于公元54年登基后,即选择塞内加为两大主要顾问之一。另一个是名将塞克斯都·阿弗拉尼乌斯·布鲁斯。

布鲁斯于公元62年死去后,塞内加的影响日渐式微。在一次与尼禄会面后,塞内加离开罗马,隐退到别墅。公元65年,当塞内加被控参与叛国阴谋时,尼禄令其自杀。塞内加立即从命,平静地死在家中。

塞内加的哲学著作大多数都是以修正的斯多葛主义为根据的、关于实践伦理学的论说文(见:**斯多葛哲学**)。他还写了几部有关天文学和气象学的书。他的戏剧毫无独创性,基本上是枯燥乏味地抄袭模仿古希腊悲剧。

爱比克泰德 EPICTETUS

古希腊斯多葛派哲学家爱比克泰德年轻时曾是一名奴隶。他的真名无人知晓。"爱比克泰德"意即"获得"。他约于公元60年生在弗里吉亚,幼年时成为一个罗马人(获得)的私有财产。在罗马,这个奴隶设法去听哲学课。获得自由后,他成了一名教师。

公元90年前后,罗马皇帝图密善将所有的哲学家逐出意大利。爱比克泰德到了埃皮鲁斯的尼科波利斯,在那里传授斯多葛派学说。他的教诲是以意志自由、相信天命和服从良知为基础的。他的哲学保存在他的学生阿利安所著的《谈话录》和《手册》中。

萨阿迪亚·本·约瑟 SAᶜADIA BEN JOSEPH(882—942)

犹太哲学中理性主义运动的第一个伟大的倡导者是犹太学者萨阿迪亚·本·约瑟。他于882年出生在埃及法尤姆地区的迪拉兹。关于他青少年时期的情况,人们所知甚少。

萨阿迪亚的大部分著作是用阿拉伯文写的——阿拉伯文在当时是东方犹太人的共同语言。21岁时,他完成了第一部大作:一本希伯来文-阿拉伯文词典。23岁时,萨阿迪亚离开了埃及,在巴勒斯坦度过了很短的一段时间后,定居于巴比伦尼亚。他写了一本书攻击卡拉教派的追随者,因为这一教派否认《塔木德》的宗教权威。921年,巴比伦尼亚与巴勒斯坦的犹太权威在宗教节日的日期问题上爆发了一场争论。萨阿迪亚在这场争论中捍卫了巴比伦尼亚犹太人的立场,奠定了他作为一流学者的地位。928年他在巴格达就任苏拉神学院院长。

在萨阿迪亚·本·约瑟的许多著作中,对犹太教最有影响的书是完成于935年的《信仰和评价》。这本书首次试图系统地表述犹太教的哲学基础,肯定了理性有能力发现宇宙的本性和上帝的意义。萨阿迪亚被认为是犹太宗教哲学的创立者。他把犹太圣经译成阿拉伯文,但这个译本的一部分(其中包括大量注释)已经失传。942年9月萨阿迪亚在苏拉去世。

安塞姆(坎特伯雷的) ANSELM OF CANTERBURY(1033?—1109)

中世纪后期,有一种试图用哲学来解释基督教教义的派别,叫经院哲学。其创始人是圣安塞姆。他是一位哲学家、神学家、修道士和大主教。

安塞姆大约于1033年生于意大利的奥斯塔。青年时代,他拒绝了家里要他进入政界的要求,而接受了传统教育。1057年,他进入法国西北部贝克(Bec)本笃会隐修院,1078年成了贝克大隐修院院长。当安塞姆的能力和广博的学识得到公认后,贝克就成了传授哲学和神学的一流经院。

在对英国各隐修院的视察旅行中,安塞姆受到国王威廉一世的友好相待。1093年,威廉一世的儿子和继承者威廉二世任命安塞姆为坎特伯雷大主教。但在任职期间,并不顺利。因为任命后,他立即卷入当时的主要冲突之

——授职仪式的争执——中去了。斗争集中于国王有没有权力向主教授衣钵。在这件事上,安塞姆反对威廉二世和他的继承人亨利一世。由于1107年签订了《威斯敏斯特协议》,此事最终以安塞姆一方的意见获胜而得到解决。此后,他仅活了两年,于1109年4月21日去世。

安塞姆之所以为人们所记住,主要是因为他是罗马天主教历史上最重要的神学家之一。他的主要著作《独白篇》、《证道篇》、《上帝为何降世为人?》,是用理智来解释信仰的了不起尝试。1163年他被追封为圣徒。1720年,他被宣布为教会博士。

阿伯拉尔　ABELARD, Peter (1079—1142)

在巴黎大学前身的那所天主教学校,彼得·阿伯拉尔受所有老师的钟爱。他是布列塔尼的一个小地主的长子,但他抛弃了贵族生活,成了一位学者。他在巴黎求学,不久就超过了他的老师。22岁时,就当上了老师兼院长。

他通晓神学,在逻辑方面尤为出众。学生们聚集在他身边听他讲学。各地有学问的人都看他写的《是与否》的手抄本。这本书的书名源于教堂神父的教义中对一些问题"是"与"否"的回答。例如:上帝是唯一的吗?基督的血和肉是否就真真切切地尽现于圣坛的圣餐中?

后来他和一位学生——聪慧的埃罗伊兹相爱了。她是一位教士的甥女。由于婚姻会妨碍他的职业,他们的结婚是秘密进行的。这个秘密被发现后,他们还是被迫分离了。

阿伯拉尔向来有向他的同事们挑战的习惯,这种习惯惹恼了他们。他们攻击他的学说,尤其是他的论点:关于在没有证明前,什么都不应承认。他们认为宗教信仰应当是第一位的。明谷的伯尔纳(即后来的圣伯尔纳)是和他针锋相对的对手。伯尔纳最终说服了教会谴责他的一些教义。此后,阿伯拉尔隐退到克吕尼的本笃会修道院。而埃罗伊兹则做了近四十年的修女。在她给阿伯拉尔的信中,可以看出她的高贵品格。阿伯拉尔死于1142年。当1164年埃罗伊兹去世后,她被葬在阿伯拉尔的身边。

阿威罗伊　AVERROËS (1126—1198)

作为中世纪一位著名的伊斯兰学者,阿威罗伊对古希腊哲学家柏拉图和亚里士多德的著作进行了注释。这些著作对后来几个世纪犹太教和基督教思想的发展产生了重要影响。

1126年,阿威罗伊生于西班牙的科尔多瓦,在穆斯林科学、医学、哲学和法律等领域受过全面教育。他做过科尔多瓦大法官,和该城统治者的私人医生。

1169—1195年间,阿威罗伊对亚里士多德的大部分著作及柏拉图的《理想国》做了注释。他的敏锐的洞察力使他能够将这两位哲学家的思想准确地表述出来,并大量加入自己的理解。(参见:亚里士多德;柏拉图)

阿威罗伊写过几部有独到见解的著作。他的第一部著作《医学通则》于1162—1169年写成。他的三篇写于1179—1180年的有关宗教与哲学的论文流传至今,但他的绝大多数法律著作和全部神学著作均已失传。1198年,他死于北非的马拉喀什。

培根,罗杰　BACON, Roger (1214?—1294?)

英国方济各会修士罗杰·培根是最有远见的且最早的一批科学家之一。他强调观察和实验是科学的真正基础。

培根曾就读于牛津大学和巴黎大学。此后,他成了一名方济各会修士,并在牛津任教。他相信,通过对实物进行实验而不是死读亚里士多德的书,知识肯定能有更大进步。他熟识火药和磁针,并曾教人制造望远镜。他相信,地球是圆的,一直向西行能够到达亚洲。他还曾暗示过下述这些现代发明的可能性:"船不用划手,只要一个人就能驾驶它航行。车子不用马就能以难以置信的速度飞奔。可以造出有一个人坐在其中的飞行器,巧妙设计的翅膀击打空气,就像鸟儿飞翔时那样。机械可以举起相当大的重物。设计巧妙的桥可以跨过河流而不用任何支撑。"

对于中世纪的人来说,培根的学识似乎是用魔法得到的。一次又一次,他的上司令他停止著书和教学。但是教皇克雷芒四世是他的朋友,让他把他的思想写成书。尽管有方济各会教友们和上司的嫉妒,又缺乏资金、仪器、写作材料和抄写员,培根还是在十八个月内写出了三本巨作:《大著作》、《小著作》和《第三部著作》。

由于他对当时的学者和已有知识的抨击,在克雷芒死后,培根又一次陷入了困境。奉方济各会的头目之命,他被送往巴黎,在一家修道院关了数年。在那里,他撰写了《神学纲要》(1292)。只是在本世纪,他才作为世界上最有创见的思想家之一受到人们的景仰。

奥康姆　OCKHAM, William of (1285?—1349?)

在哲学和神学上,奥康姆的地位从没有他13世纪的前辈托马斯·阿奎那那么高。因为,他在一生中总处于天主教思想的主流之外。他大约于1285年出生在英国的萨里郡。年轻时,他就加入了方济各会,终身都是方济各会的修士。他最喜爱的是逻辑,对此他潜心钻研。"奥康姆剃刀"的哲学原则就是因他而得名。这个原则告诫人们:在任何情况下,不要超出必要而多加解释。

奥康姆在牛津大学研究神学,但当他的神学家同行们指责他的理论观点时,他被迫离开了牛津。而后他逃往法国的阿维尼翁。在那儿,他卷入教皇与方济各会修士之间有关贫困的矛盾冲突之中。他逃到阿维尼翁也是因为罗马天主教会对他的敌视。后来,他定居于巴伐利亚的慕尼黑。在慕尼黑,他继续从事有关逻辑的写作。而且,大约在1349年他患淋巴腺鼠疫去世前,一直在撰文反对教会聚敛巨额财富。

培根,弗朗西斯　BACON, Francis

(1561—1626) 历史学家们发现弗朗西斯·培根是一个令人称奇的人物。他曾是有名的议会发言人和某些著名案件审判中的律师。他还曾出任英王詹姆斯一世执政期间的大法官一职。另外，作为一名哲学家和作家，他还试图解释获得知识的基本原理。然而由于他公务繁忙，而又试图在担任公职的同时进行写作，他的很多作品都未能完成。但是，那些被保存下来的作品还是为他赢得了富有创新精神的思想家这样一个头衔。

培根一共写了30多部哲学著作，还有许多法律的、通俗的、科学的、历史的和其他的书籍和随笔。他的通俗作品因其中一些随笔的老于世故而备受瞩目。他制定了一个计划，准备在他的《新工具》(1620)一书中，也就是在他雄心勃勃要写完的六卷丛书的第二卷中，把知识重新组合分类。但他未能完成《新工具》一书，也未能完成整套丛书，尽管他还是完成了四卷，其中《学术的进步》(1605)和《新工具》一起被认为是培根的主要哲学著作。

弗朗西斯·培根1561年1月22日出生于伦敦。他是掌玺大臣尼古拉斯·培根爵士的次子，因此从小对宫廷非常熟悉。他的母亲安·库克也因其学识而闻名于世。12岁时，培根赴剑桥的三一学院学习。从1576年到1579年父亲去世，他一直居住在法国巴黎。

1579年培根回到伦敦后，立刻开始接受法律教育。1582年，他有资格进入律师界，成为一名专门律师。后来他又在格雷律师学院——伦敦的一个法律教育机构——里做法学讲师。但是，法律并不能满足他追求政治和智力生涯的欲望。

当他在众议院占有一席之地时，他所具有的作为一名演说家的技巧给了他很大帮助。然而尽管他有个官位不低的"姨父"，即伯利勋爵——他是伊丽莎白一世女王的首相——培根还是发现要在政治上有所影响是很难的。他在1584年或1585年曾写过一封"谏议书"给伊丽莎白女王，介绍了一些处理罗马天主教问题的方法。另外，他还写过《为英格兰教会论争进一言》(1589年)，攻击了他所认为的宗教陋习。

培根的名气越来越大，但他仍向往着更高的位置。随着詹姆斯一世在1603年登基，培根的官运也开始亨通。他担任过一系列的职务，包括副检察长和总检察长。在詹姆斯国王和议会之间愈演愈烈的争论中，培根为专制的权力辩护。1603年，他被封为爵士，并出任大法官一职。1618年他被封为费鲁拉姆男爵。1621年他又被加封为圣奥尔本斯子爵。

他的政敌造成了他的垮台。他们控告他收受贿赂及犯有其他罪行。他被判罚金，同时被短期监禁在伦敦塔里。从此他与公职无缘，隐退到他在戈勒姆伯里的领地。培根于1626年4月9日在海格特去世。

培根不仅是一位杰出的作家，他还对17世纪的科学革命作出了贡献。他忽视了数学在科学中的作用，但是他建议研究自然的学生要遵循这样一个规则，即"对所有头脑中非常确信地捕捉到的或经过深思熟虑而得到的东西，都应该抱怀疑态度"。他深刻地认识到，科学是技术进步的关键。

培根在文学和哲学上都占有突出的地位。但是，由于他的作品的不完整性，很难对他的成就与地位进行评价。他试图去做的往往比他实际能完成的要多。除了他未完成的《新工具》，他还计划写六卷关于自然历史方面的书，但只完成了两卷。1610年，他出版了《新大西岛》一书，这是一部关于理想国度的幻想小说。但是他的伟大尝试，即被命名为"伟大的复兴"的知识复兴计划，也同样未能完成。

霍布斯　HOBBES, Thomas (1588—1679)

英国政治理论家托马斯·霍布斯有好几十年是生活在这样的社会环境中：当时欧洲的君主专制主义正在走向消亡，而大众民主意识正在形成。他在《利维坦》(1651)一书中，提出了理想国方案，在这种国度中，所有公民都会受社会契约条款的约束而生活在一起。但是，为了使每个人不过分地行使自由，需要有一位专制的君主。

霍布斯1588年4月5日生于英格兰威尔特郡韦斯特波特。1604年毕业于牛津大学，后给威廉·卡文迪什当私人教师。从此就开始了与卡文迪什一家的长期交往。在这段时间里，他经常去欧洲大陆旅行。霍布斯在对政治学研究产生兴趣之前，是一位古典学者和数学家。他的第一部作品是修昔底德的《伯罗奔尼撒战争史》的英译本(1629)。他40岁那年，读了欧几里得的《几何原本》后，开始迷恋数学。

他对几何学和物理学的研究使他计划写作一部论述物理世界、人体、公民的权利和义务的三卷本著作。1637年，他回到英格兰，当时时局正朝着内战演进，他开始撰写第三卷，该卷标题为《自然法和政治法的基础》。由于英格兰政治危机，他逃亡巴黎，在那里一直呆到1651年。

英王查理二世登基后，霍布斯受王室恩宠而免遭自1660年所树之敌的暗害。霍布斯早先教过查理数学，他曾一度受到异端的指控的威胁，但英王保护他。他继续著述和发表作品，几乎一直到他临终那一天。1675年和1676年，他分别出版了荷马的《奥德赛》和《伊利亚特》的英译本。1679年12月4日，霍布斯在德比郡去世。

笛卡尔　DESCARTES, René (1596—1650)

近代哲学和近代数学二者都发端于笛卡尔的工作。他的思想分析方法把注意力集中于我们如何认知的问题上，这一问题自那时起一直为哲学家们所关注。他的坐标几何的发明为数学的发展开辟了道路。笛卡尔提出了一种解说太阳系起源的最早的现代理论。

笛卡尔1596年3月31日生于法国图赖讷的拉艾。在著名的拉弗莱什耶稣会公学，他学习了哲学、人文科学、自然科学和数学。1616年在普瓦捷大学获得法律学位后，他作为志愿人员到荷兰和巴伐利亚军队服役，增长了阅历。公务之余，他继续进行数学和自然科学的学习。由于他对当时科学上采用的杂乱的方法不满，开始怀疑数学知识之外的一切。

1619年,笛卡尔得出结论:宇宙具有一种数理逻辑结构,一种简单的推理方法可以应用于所有自然科学,从而提供一个知识的统一体。他相信他发现了这样一种方法,把一个问题分成若干部分,仅仅相信那些清楚、明确的概念为真实,它们是无可怀疑的,并能系统地从一个结论推演出另一个结论。

笛卡尔很快放弃了军队生活。靠个人收入为生,花了几年时间旅行,将他的分析系统用于数学和自然科学。他发现科学依据的是一些有争议的哲学概念。他决定找出一个可以在其上建立知识体系的、不会被怀疑的第一原理。1629年他退役隐居荷兰,有系统地怀疑关于宇宙和人类的所有公认的传统观念及其证据。他能够不怀疑的论题是"我思,故我在"。由此,他建立了第一原理。

笛卡尔关于方法论和哲学的主要著作是《谈谈方法》(1637)和《沉思录》(1641)。在《几何学》(1637)一书中,他用代数方法解决几何问题。他还发表了一些关于自然科学研究的著作。

笛卡尔的工作带给他的既有声誉,也有争议。1649年他应邀去为瑞典女王讲授哲学。他不适应那里的气候,生了病。1650年2月11日在斯德哥尔摩逝世。

拉罗什富科　LA ROCHEFOUCAULD, François de (1613—1680)

拉罗什富科在文学上的声誉是靠他1665年出版的一本叫作《箴言录》的书。这本有关道德上的思索和箴言的集子里是一些愤世疾俗的警句或有关人性的简短格言。作者认为这种人性为私利所控制。能反映他的观点的典型格言如下:"我们很少发现同我们观点一致的那种聪明人。""美德消失于私利之中,就像河流消失于大海之中。""最受蒙骗的人是那些自以为比其他人聪明的人。""我们总是喜欢那些钦佩我们的人,而不喜欢我们钦佩的那些人。"

弗朗索瓦·德·拉罗什富科1613年9月15日出生在法国巴黎的贵族家庭。他有关人的错误和缺点的见解产生于他那个时代充满了政治危机的生活。皇室对贵族的态度时而赞扬,时而威胁,这使他这样的贵族之家的社交生活受到限制。1629—1646年间,拉罗什富科定期在军队服役,并在1648—1653年间的内战中成为了一名杰出的领导人。1649年和1652年,他两次负伤。最后,他带着脸和喉咙上的重伤,从战场上退了下来。他的健康也因此而受损。

康复后,他定居巴黎并加入到一个由才华横溢和有修养的人组成的圈子中。他们讨论各种智力方面的问题。作为一种练习,他们试着用最简洁的语言来表达他们的思想。结果是他们大量运用警句或箴言,并通过夸张和似非而是的手法产生了一种令人意想不到的效果。拉罗什富科很快就掌握了这种技巧。他的《箴言录》的第一版实际上除警句之外还包括一些长些的格言。在他一生中,经他同意这本书共出了五版,最后一版是1678年面市的。两年后即1680年的3月17日,他在巴黎去世。

斯宾诺莎　SPINOZA, Baruch (1632—1677)

当有人问斯宾诺莎他一生的工作有多大价值时,他回答说:"我不敢说我发现了最好的哲学,但我知道,我理解了什么是真正的哲学。"尽管这个荷兰籍的犹太哲学家曾受到同时代的许多学者激烈的反对,但他仍不失为17世纪的唯理论的奠基人之一。他曾受到唯理论的创立者勒内·笛卡尔的很大影响;晚年时,他又和另一位伟大的唯理论者莱布尼茨结为好友。

斯宾诺莎1632年11月24日生于荷兰阿姆斯特丹,父母是被西班牙宗教法庭强迫信仰基督教的葡萄牙籍犹太人,但他们都是秘密的犹太教信徒。在阿姆斯特丹,他们参加了犹太人社团。斯宾诺莎小时候可能上过为犹太孩子开办的地方学校。他在课余时间还学习拉丁文、几种欧洲语言和其他一些世俗学科。

他开始和同学们谈论一些他对宗教教条不信任的看法,比如关于谁是《旧约全书》前五卷的原作者,上帝是否存在等问题。这个市的犹太人宗教领袖很担心他的异教思想会给犹太社团带来危害,因为当时犹太人还没有获得公民权。1656年6月,由于斯宾诺莎不肯收回他得罪教会的话,他被开除了犹太教籍,并在一段时间里被逐离阿姆斯特丹。

巴鲁赫·斯宾诺莎把自己的教名改为相应的拉丁文,即本尼狄克特·斯宾诺莎,并以磨制眼镜镜片和显微镜镜片赚钱谋生。1660年他搬到莱茵河边的一个名叫莱茵斯堡的小村庄,边工作边读书。3年后他又搬到海牙附近伏尔堡,并在那里完成了《神学政治论》一书。从1670年5月起到他逝世,他一直住在海牙。他不懈地研究、写作,坚持要以理性的方法来看待宗教。他也相信有一个上帝,并认为万物的存在皆依赖于上帝,但他的神灵观与哲学相去如此之远,以至有些哲学家把他看作是无神论者。

柯尔律治、歌德和莱辛等作家很欣赏斯宾诺莎,并使得他的哲学受到众人的尊敬。他的著作还包括未完成的《政治论》(1677)和《伦理学》(1677)以及另一本未完成的希伯来语语法书。1677年2月21日,斯宾诺莎去世。

洛克,约翰　LOCKE John (1632—1704)

英国哲学家约翰·洛克是现代思想的倡导者之一。他在政治、政府和心理学研究方面都作出了巨大的贡献。

1632年8月29日,洛克出生在萨默塞特郡的林格通。他的父亲是一位富有的清教徒律师,也叫约翰·洛克。他是一个虔诚、性情温和的人,曾在内战中为克伦威尔效力。

年少时洛克就读于威斯敏斯特学校,后来上了牛津大学,并成为牛津大学的一名导师。他的朋友们都力劝他加入英国圣公会,但他认为自己并不适合这个职业。他一直感兴趣的是气象学和实验科学,尤其是化学。结果他从事于医学,并成为当时最高明的开业医师之一。

1667年,洛克成为安东尼·阿什利·库珀(即后来的沙夫茨伯里一世伯爵)的机要秘书和私人医生。洛克与沙夫茨伯里的交往使他得以遇到许多英国的名人,但也给他带来了极大的麻烦。沙夫茨伯里后来被控有叛国罪。洛克虽被宣布无罪,但是被怀疑不忠。1683年,他离开英国隐居荷兰,直到 1688 年光荣革命后才回到英国。

洛克主要是作为政治哲学家而为今人所记住。他宣扬,人生来就具有一定的重要权利,主要是生命权、自由权和财产权。他说,统治者的权力来源于人民的许可。他认为政府就像是统治者与其子民之间的契约:人民放弃自己的一部分权利,以换取公正的管理;统治者只有在公正地行使其职权时才拥有这些权力。这些观点对后来的政治思想有很大的影响。美国《独立宣言》清晰地体现了洛克的学说。

约翰·洛克

洛克一直对心理学很感兴趣。大概在 1670 年,朋友们敦促他就人类判断的局限性写一篇文章。他开始写了几段,但直到 20 年后才完成。这便是其伟大而著名的《人类理智论》。在这部著作中他强调,人的心灵最初是一块"白板",一块准备好用于写字的蜡板。心灵中不存在当时许多人认为的天赋观念,只是在一生中通过表面上的印象(即感觉经验)形成自己的观念。

就教育而言,洛克竭力主张,性格的形成远远比掌握知识更重要,学习应当是令人愉快的事。在他生命的后期,洛克越来越侧重于宗教方面的写作。

洛克的主要著作有:书信集《论宽容》(1689,1690,1692)、《人类理智论》(1690)、《政府论》(1690)、《教育漫谈》(1693)和《基督教的合理性》(1695)。1704 年 10 月 28 日,洛克在埃塞克斯的奥茨去世。

莱布尼茨 LEIBNIZ, Gottfried Wilhelm(1646—1716)

他虽不是一个画家,但在许多方面可与达·芬奇相提并论。他被公认为是那个时代的全能天才,既是个哲学家,又是在数学、地质学、神学、机械、历史、法学和语言学等多方面颇有建树的科学家。

格特弗里德·威廉·莱布尼茨 1646 年 7 月 1 日生于德国莱比锡。他曾求学于莱比锡大学,后又在纽伦堡大学获法学博士学位。迫于生计,他一生中的黄金时光都用在了为贵族和皇室,尤其是为德国的不伦瑞克-吕内堡公爵的宫廷的服务上。他的最后一个雇主是汉诺威的乔治·路易斯公爵,此人后来成为英格兰国王乔治一世。他的这份差事使得他有机会游览了欧洲的许多地方,并结识了不少学术界的领袖人物。繁多的职责并没有影响他在学术上的广泛探索。

莱布尼茨一生中做了许多事情:他改进了由布莱兹·帕斯卡尔发明的计算机;他为微积分奠定了理论基础;他创立了动力学——力学的一个分支;他研究过钟表、液压机、灯、潜水艇和风车等;他还完善了今天计算机应用的二进制计数法,创立了关于所有推理都可以被简化为按一定顺序排列起来的数字、词语、声音、颜色等元素的集合这一理论(成为今天的计算机理论基础之一);他创立了拓扑学——数学的一个分支;他努力阐明统一各教派的基本原则;他试图写一部宇宙史。此外,他还通过研究一切存在的普遍原因这一概念,继续完善他的形而上学体系。

莱布尼茨在几部著作中阐发他的哲学思想。他的《关于知识、真理和观念的沉思》一书阐释了他的知识理论。在《论事物的最后根据》一书中,他企图证明只有上帝才是万物之源。他生前出版的唯一巨著《神正论》,阐明了他的关于神之公正的思想。《单子论》写成于他去世前两年,该书阐明了他的单子理论。他认为,单子是一种简单的、无广延的精神实体,它们构成一切复合形式的实在的基础。他的单子理论——"单子"一词源出自希腊文,意为"单一的东西"或"单一"——在《单子论》和《以理性为基础的自然和神恩的原则》两本书中得到了详尽的阐述。这种理论试图描绘出一个由无数的单子构成的和谐宇宙,而这些单子又都是产生于最高单子(即上帝)并按一定的等级序列排列起来的。单子论起源于古希腊哲学,后又为康德、胡塞尔、怀特海等著名的思想家所接受。莱布尼茨认为,单子论的等级体系是"所有可能的世界中最好的世界"。1716 年 11 月 14 日,莱布尼茨在汉诺威去世。

维科 VICO, Giambattista (1668—1744)

欧洲思想史上一位重要人物。他对歌德、孔德和马克思等著名思想家都产生过一定影响。在《新科学》(1725)一书中,他创立了著名的历史哲学。

维科认为,人类社会经历几个可预见的发展、衰亡阶段。首先是从"野蛮的"阶段开始,在那个阶段人们受迷信的左右;然后,他们安定下来,逐渐分化成各个阶级。随后是通过阶级斗争,下层阶级逐步争取到平等权利。这将导致社会在某种程度上的堕落、瓦解甚至返回到非理性状态,而这一切都是伴随着人们把金钱和安全当作生活的最高追求的过程中发生的。

维科 1668 年 6 月 23 日生于意大利那不勒斯市的一个贫穷的家庭中。他上过几年学,但主要是通过自学成才的。从 1699 年起他在那不勒斯大学任修辞学教授,直到 1744 年 1 月 23 日去世。维科一生都努力使别人了解和重视他的思想,但未获成功。直到他死后数十年,人们才开始对他产生兴趣。歌德因《新科学》的"建立在对生命和未来冷静思索的基础上的……有预见性的深刻见解"而对该书大加称赞。马克思从经济角度对人类历史发展的解释,也在一定程度上受到维科的影响。基于维科对人类本性这一问题的深刻认识,许多学者认为,他是一个早期研究人类学和民族学的思想家。

贝克莱 BERKELEY, George (1685—1753)

英国血统的爱尔兰哲学家、主教和科学家乔治·贝克莱认为,人类所知的一切物质,皆以心灵知觉的形态存在。他还进一步阐发说,除去精神,任何事物只是在人们感知到它的时候它才存在。贝克莱用这种经验论哲学向那些认为只有物质才是唯一实在的哲学家发出挑战。他的理论在20世纪之前曾被人误解。

贝克莱1685年3月12日生于爱尔兰的基尔肯尼。后求学于都柏林的三一学院。1704年,获文科学士学位。在等待做学院研究员过程中,他对时间、视觉以及关于物质实体不存在的假说作了批判性研究。他的著作于1707年第一次出版,共有两本,《算术》和《数学杂录》,可能都是为申请当研究员而写的论文。1707年被选为三一学院研究员后,他又写了《视觉新论》(1709),提出视觉和其他感觉结合才使人产生思想。贝克莱用7年时间周游了法国和意大利。从1729年到1731年,他用了3年时间在北美援助殖民地的高等教育。回英国后,他出任了爱尔兰克罗因地区主教,并就爱尔兰的社会问题、哲学、科学等方面潜心著书。

贝克莱对后世哲学家如康德和托马斯·里德等都很有影响。从他的著作中,我们可以看到他作为一个哲学家的发展过程。例如在《人类知识原理》(1710)一书中,他把人通过感官所感受到的一切都归结为人脑本身的意识活动。《希勒斯和斐洛斯的三篇对话》(1713)进一步发展了他在《原理》中的论点。《论运动》(1721)抨击了牛顿的关于绝对空间、绝对时间和运动的理论。《阿尔希佛朗,或渺小的哲学家》(1732)是贝克莱在北美时写的。该书维护有神论,维护对上帝的信仰。贝克莱的晚期著作涉及政治、经济、科学等很多领域。1753年1月14日,贝克莱在英国牛津去世。1866年,美国加利福尼亚州的一座城市以他的名字命名。

斯维登堡 SWEDENBORG, Emanuel (1688—1772)

在他的故乡瑞典和整个欧洲,埃马努埃尔·斯维登堡因其突出的科学贡献而为人们所铭记。他的这些成就可以和达·芬奇相媲美。他的追随者以他的著作为基础创建了新耶路撒冷教派后,斯维登堡也因其对基督教不同寻常的重新解释而著称。

他1688年1月29日出生在斯德哥尔摩,取名为埃马努埃尔·斯韦德贝里。1719年,他家被封为贵族后,他也就改姓为斯维登堡。他的父亲是一位有名的牧师和神学教授,后来又成为了一名主教。斯韦德贝里在乌普萨拉长大,并于1709年毕业于当地的大学。他是一位少见的优秀学者:他能流利地讲几种语言,熟知古典著作;他是一位有造诣的工匠;他还学过数学、天文学、矿物学、化学、水力学、植物学等学科。他设计过潜艇、飞行器、灭火器和机关枪。他于1715年创办了瑞典的第一份科学杂志,并发表了不少科学专著。他还当了30多年皇家矿藏估价员。

大约在1744—1745年,斯维登堡经历了一次宗教危机。此后,他一直致力于解释《圣经》。尽管他的信条拒斥一些基本的基督教教义,他还是想像到了经过改造的基督教将会被世人普遍所接受。1772年3月29日,斯维登堡在伦敦去世。不久,他的追随者就开始举行定期集会。他对19世纪的作家有很大的影响,但他的名声在20世纪就渐渐衰弱了。

孟德斯鸠 MONTESQUIEU (1689—1755)

推动美国政府体系形成的是一个在美国独立战争之前就已去世的法国人,他就是孟德斯鸠,一名政治思想家,他主张将政府权力三分为行政权、立法权和司法权。

夏尔-路易·德塞孔达于1689年1月18日出生在法国的波尔多附近。他在朱伊公学受过教育,后来又在波尔多大学学习法律。1716年他的叔叔去世后,查理-路易斯继承了他的爵位成为孟德斯鸠男爵。他非常渴望进一步学习科学和政治,而他的爵位为他的追求提供了资本。

1721年,孟德斯鸠出版了他的第一本书——《波斯人信札》,书中以两个虚构的波斯旅客的经历,对法国政府和社会阶级进行了讽刺。第二年他去巴黎,进入了法律圈,并在1728年进入法兰西学院。为了增长学识,孟德斯鸠曾经周游欧洲各国。

回国后,他重点研究法律和政治,比较各国政府。经过多年的研究工作,他的《论法的精神》于1748年出版。孟德斯鸠认为,滥用权力、施行奴隶制和专制是罪恶的。他在书中阐述了他的思想,认为政府要避免这些罪恶,就要把权力分为行政权、立法权和司法权,用褒奖而不是惩罚来统治人民,还要维护人的尊严。尽管他的书有争议,孟德斯鸠最后还是被看作是比较政治学的创始人;他的书促进了法国的《人权宣言》和美国宪法的产生。1750年,孟德斯鸠发表《为〈论法的精神〉辩护》。在他生命的最后几年里,他还参与了《百科全书》的写作。1755年2月10日,孟德斯鸠在巴黎去世。

休谟 HUME, David (1711—1776)

苏格兰哲学家、历史学家。他是怀疑论或不可知论这个哲学流派的创始人之一,曾对欧洲思想界产生深远的影响。

大卫·休谟1711年4月26日(旧历)生于苏格兰的爱丁堡。他的父亲约瑟夫·休谟和母亲凯瑟琳·福尔克纳是前夫和前妻所生的兄妹,他们从小一起在贝里克郡的奈恩威尔斯长大,在那里他们家有一些地产。根据长子继承权体制,休谟的哥哥继承了那里的地产。

根据家长的愿望,休谟本该从事传统的法律职业,但当他从1724年到1726年在爱丁堡大学学习后,他觉得法律没有什么意思,于是在18岁时,开始全力钻研文学和哲学。休谟后来提及此事时讲:"学习成为我生命中最热衷的事情,而且是我乐趣的最大源泉。"

1734—1737年,休谟旅居法国,并写了他的第一部著作《人性论》。这本书受到许多人的敌视,这使他大为失望,并宣称这本书没有确切地反映他的观点,很不成熟。尽管如此,还是有很多人读了他的关于知性的一章。但他很快就出了一部较成功的书《道德和政治论说文集》。这是他回到奈恩威尔斯后于1741—1742年出版的。

休谟当了一段时间的家庭教师。18世纪40年代末,他给詹姆斯·圣克莱尔将军当秘书,在布列塔尼、维也纳和都灵执行军务。1752年,《政论集》一书的出版为他赢得了国际声誉。

1751年,休谟被委任为爱丁堡律师公会图书馆的管理人。他利用那里的历史书籍进行深入的研究,写成了一部极其成功的《英国史》,这部书从1754年到1761年间分四卷出版。这部书(或它的缩写本)曾在数十年中被定为英国学校的标准教材。

休谟在英国驻法使馆当了几年秘书后,又出任代办一职。1766年,他回到伦敦,后担任了一段时间的副国务大臣。1769年,他卸任后与他的姐姐住在一起。1775年他不幸患上无法治愈的肠癌,得知病情后,他写道:"我现在正考虑一种快速死亡的办法,对我这样一个六十五岁的老人来说,只有死才能免除病痛的折磨。"1776年8月25日,休谟在爱丁堡去世。

休谟的哲学著作怀疑教会赞成的一些教义的真实性。由于他被人指责为宗教异端,苏格兰各大学始终不敢聘任他为教授。他不仅否认"神迹"和其他的一些宗教教义,而且他的知识理论似乎也贬损了世界本身的实在性。他坚持认为,知识来源于观察和经验。然而,这些东西都纯粹是属于个人的。一个人对事物的知觉仅仅是那种东西——知觉。基层的实在是永远无法证明的,因为每个人的知觉都只是他一个人的知觉——虽然一个人可能会赞同另外某个人的知觉。"另外某个人"也只是感官的一种知觉。

在他的政治著作中,休谟认为,政府机构,虽然从根本上说是邪恶的,但为了确保人类的幸福,还是必要的。在经济理论上,休谟论证说,财富的基础不是货币而是商品。他认为,世界各地都有自己的特产或服务可提供,因此,他是一位增进世界各国之间贸易的早期鼓吹者。尽管他曾引起知识界的论战,但休谟仍有许多敬佩和爱戴他的朋友,其中还包括一些牧师。他终生未婚,但却满足于保证他的侄儿们的教育。

卢梭　ROUSSEAU, Jean-Jacques (1712—1778)

法国著名哲学家让-雅克·卢梭所提出的劝告可能比其他任何伟人都有道理,但对于这些劝告他所遵循的也许比其他任何伟人都少。尽管他把大自然描写得颇令人神往,但他却长期住在拥挤的巴黎。他赞美婚后生活并明智地论述儿童教育,但他却同他的女仆同居,23年后才娶她为妻,并遗弃他们的孩子。他教导说要讲卫生,然而他自己却住在闷热的阁楼里。他宣传美德,但他却远不是有德性的。卢梭自己不能指导他的行为遵循他的信仰。然而,他的关于政治、文学和教育的著述却对于近代思想有深刻的影响。

卢梭系法国胡格诺派教徒的后裔,1712年6月28日生于瑞士的日内瓦。他父亲是钟表匠。年轻的卢梭在缺乏调教的情况下长大,大约在16岁那年成了流浪汉。他在法国的尚贝里遇见德·瓦朗夫人,并与她同居,她曾影响他的智力发展。不久他便周游瑞士、意大利和法国。做过秘书、家庭教师和音乐教师。当他于1741年来到巴黎时,给他的印象是,社会在其组织方面是人为的和不公正的。卢梭所看到的那个社会靠贵族制定的规则存活,它几乎不关心普通人的福利。

这个不知名的流浪汉推翻了那个完全是精心制造出来的社会。经过几年的思索,卢梭写出了一本关于政府起源的书:《社会契约论》。该书指出,任何法律,若没有得到人民的认可,都是没有约束力的。这一观念深深地影响了法国人的思想,而且大约在30年后,它成了引发法国大革命的主要力量之一。

卢梭帮助引发了另一场教育方面的革命。在他的小说《爱弥儿》里,他抨击父母和老师培养和教育儿童的方法。卢梭极力主张给予青年人享受阳光、运动和游玩的自由。他认识到人的童年生活有几个确定的发展时期,所以他主张,应当根据这些时期的特点来安排儿童的学习。儿童若能按这种方式成长的话,就会得到尽可能好的发展。教育应当在家庭里开始。父母不应当对他们的子女说教,而应当树立一个好的榜样。卢梭确信儿童会作出他们自己的决定。

在文学上,卢梭也促成了一次深刻的变革。他设法使作家们认识到自然美在文学中有合法的地位。德国、法国和英国的浪漫主义运动在很大程度上得归因于卢梭的影响和榜样。他敢写自己最隐秘的情感。他的自传《忏悔录》被认为是一部自我揭示的杰作。

卢梭因其革新思想而受迫害,1762年逃离法国。有一个时期他住在瑞士,后同历史学家大卫·休谟一起住在英国。他后来回到法国。他于1778年7月2日在巴黎附近的埃默农维尔去世。

阅读卢梭著作的细心读者发现在他的逻辑中,尤其是在他最伟大的《社会契约论》一书中,有许多缺点。卢梭的心胸非常开阔,他明白他的关于政府的论述并不是不可更改的。卢梭的主要著作有:《新爱洛漪丝》(1761)、《社会契约论》(1762)和《爱弥儿》(1762)。他的出版于1755年的《论人类不平等的起源》几乎像《社会契约论》一样有影响。他晚年所写的《忏悔录》出版于1782年。

狄德罗　DIDEROT, Denis (1713—1784)

论说文作者和哲学家德尼·狄德罗是启蒙时代的开创者和解释者之一。18世纪的这场运动是建立在这样一个信念的基础之上的:相信正确的理性或理性主义能找到真正的知识,并能使人类进步和幸福。他是启蒙运动最重要的"遗嘱"——《百科全书》的主编。

狄德罗1713年10月5日生于法国朗格勒。从1729年到1732年,当他在巴黎求学时,表现出对语言、戏剧、法律、文学、哲学和数学等学科广泛的兴趣。刚刚成年时他就抛弃了基督教,开始信仰理性主义。

1745年,狄德罗受雇于出版商安德烈·勒布雷东,翻译一部英文百科全书。当他和他的合编者、数学家让·达朗贝接下这个任务时,他们实际上是在编写一部新的《百科全书》。从1751年到1772年,这部文学与哲学巨著陆续出了28卷,产生了深远的社会和学术影响。但这部书的出版也引起了教会和政府的不满,遭到了它们的刁难。

这部书中一些显然具有无神论和唯物主义思想的条目激怒了许多读者。狄德罗的一些著作预示了后世达尔文的进化论的产生。他还是第一个提出物质的细胞结构这一现代观点的人。

除《百科全书》外,狄德罗还写了一些长短篇小说、戏剧等,在这些作品中他经常批判社会,为政治革命进行辩护。1784年7月30日,仅在法国大革命爆发的前5年,他在巴黎去世。

康德　KANT, Immanuel (1724—1804)

能与古代的亚里士多德和柏拉图并列的18世纪头十年的哲学家是伊曼纽尔·康德。他曾提出一系列极有争议的思想,从他那个时代起,人们一直都在思考他的那些思想。他在唯心主义者(他们认为,一切实在皆在心灵之中)与唯物主义者(他们认为,只有实在贮存在物质世界的事物之中)之间建立一种联系。康德的关于心物关系的思想,为理解20世纪许多哲学家的著作提供了一把钥匙。

1724年4月22日,康德出生在德国的柯尼斯堡(现为俄罗斯的加里宁格勒)。他的父亲是个马鞍匠。康德曾就读于腓特烈公学,学习宗教和拉丁文。16岁时,进柯尼斯堡大学学习,主修神学,但不久就对物理和数学产生了更浓厚的兴趣。

康德大学毕业后给一些富有的人家做了9年家庭教师。1755年,他得到博士学位,开始在大学里任讲师,靠学生们交的学费为生。他几次拒绝其他大学的聘请,只留在柯尼斯堡大学教书。后来他担任了该校的逻辑学和形而上学教授。

康德终生未婚,也从未离开柯尼斯堡超过80公里。他把自己的时间全都用在讲课和写作上,而且每天坚持散步。他虽然瘦小,孱弱,但他的思想却是强有力的。

康德最著名的著作是《纯粹理性批判》(1781年用德文出版)。在这本书中,他试图揭示外部世界的事物与心灵活动之间的区别。他说,世界上存在的事物是真实的,但需要人心给予它们秩序和形式并发现它们之间的联系。只有心灵才能用空间和时间包围它们。数学原理就是心灵向真实事物提供的时空思想的一部分。

比如说,我们每一次只看到一所房子的一两堵墙。心灵把这些个别的墙的感觉集合起来,在心里建起一所完整的房子。因此,整所房子是在心灵中创造的,而我们的眼睛看到的只是整所房子的一部分。

康德说,思想必须建立在真实事物的基础上。与外部世界无关的纯粹理性是不可能存在的。我们所知道的只是我们最初用感官集合起来的东西。但生活在现实世界中并不意味着应当抛弃理想。在《实践理性批判》(1788年)中,他极力推崇严格的道德规范。他的基本思想蕴涵在"绝对命令"的形式中。这就意味着人们应该做得如此之好,以至他们的行为能够导致一种普遍的法律。1804年2月12日,康德在柯尼斯堡去世。他说的最后一句话是:"这很好。"

门德尔松　MENDELSSOHN, Moses (1729—1786)

18世纪最伟大的犹太哲学家摩西·门德尔松不仅影响了犹太哲学的进程,而且也影响了伊曼纽尔·康德及一代德国哲学家。他的著作集共7卷,出版于1843—1845年。

门德尔松1729年9月26日出生在安哈尔特的德绍(现德国东部)。父亲是一个贫寒的律法学者。门德尔松学过德语和拉丁语,他的老师达维德·弗伦克尔向他介绍了迈蒙尼德的哲学思想。他跟随弗伦克尔到柏林,在那里他认识了戈特霍尔德·埃弗拉伊姆·莱辛,莱辛的戏剧《聪明的内森》中的中心人物就是以门德尔松为原型的。

1763年,门德尔松在普鲁士艺术学院的一次文学竞赛中获奖。因此,普鲁士腓特烈大帝授予他"特赦犹太人"的荣誉称号,免除了他通常压在犹太人身上的重负。

1767年,门德尔松写出了著名的《斐多,或灵魂不死》。1780年,他着手翻译《旧约全书》首5卷。这部译著用德文书写,用希伯来字母排印,因而被看作是向德语和犹太人区以外的生活过渡的踏脚石。写于1785年的《晨更》,支持德国哲学家莱布尼茨的有神论,另一方面也为莱辛辩护。门德尔松力图为犹太人找到一条出路,使他们既能适应德国社会的文化习俗,又能保持他们的犹太价值观。门德尔松于1786年1月4日在柏林去世。他的孙子是作曲家费利克斯·门德尔松。

边沁　BENTHAM, Jeremy (1748—1832)

边沁在说明他对有用的东西和善的东西的想法的过程中,成了第一个"功利主义者"。他的哲学叫作功利主义,主张所有的人类行动都必须按照它们是否有益于促进最大多数人的最大幸福来加以判断。边沁的写作范围还包括经济学、政治学、司法和立法制度以及其他一些课题。批评边沁的人认为,尽管边沁写的东西不少是有道理的,但他的有些想法必须予以质疑或弃之不顾,尤其是他设计的一种测量个人幸福的方法——幸福演算法。

边沁的许多后期思想在其《政府片论》(1776)一书中就已有了萌芽。这本书是对1765年至1769年间出版的威廉·布莱克斯通爵士的《英国法释义》的某些部分所作的批判性分析。边沁写道,布莱克斯通的主要错误是他反对改革(见:**布莱克斯通**)。《片论》一书写得清楚简洁,被认为是论述主权的一篇杰作。它主张,法律应当对社会有用,同时也应当注意在奖赏与惩罚之间保持平衡。

杰里米·边沁1748年2月15日生于伦敦。他曾在牛津大学女王学院学习。1763年他开始在伦敦学习法律,后来又进入了英国高等法院。在那里他受到了一个著名的法官威廉·曼斯菲尔德勋爵的影响。但边沁不久又对学习法律失去了兴趣。

此后他转而致力于化学实验,并开始对法律的滥用进行思考。边沁的《刑罚与补偿理论》(1811)一书在出英文版时分成了两个部分：《奖励原理》(1825)和《惩罚原理》(1830)。在对俄国作了一次访问后，边沁出了一本经济学论著《为高利贷辩》(1787)，鼓吹自由企业经济学。他的功利主义理论则在《道德和立法原则导论》(1789)一书中有详细的论述。1832年6月6日边沁在伦敦去世。

黑格尔　HEGEL, Georg Wilhelm Friedrich(1770—1831)

19世纪德国最有影响的哲学家之一格奥尔格·威廉·弗里德里希·黑格尔也写过一些关于心理学、法律、历史、艺术和宗教的著作。卡尔·马克思把他的历史哲学建立在黑格尔的思想法则(也叫作辩证法)的基础上。在这种辩证法中，一个概念，或正题，其本身内部就包含着一个相反的概念(也叫作反题)。从这两个相反的概念之间不可避免的冲突中产生第三个全新的思相(即合题)。马克思主义者把黑格尔的概念应用于历史，用它们来系统地阐述阶级斗争的概念。从生产资料所有权方面的冲突中，会产生一个全新的无阶级社会——合题。索伦·克尔恺郭尔对黑格尔主义的拒斥影响了存在主义的发展。(参见：**存在主义；克尔恺郭尔；马克思**)

黑格尔1770年8月27日生于德国斯图加特。他的父亲是一位政府官员。1788年，黑格尔在图宾根学习哲学和神学。毕业后，他以做家庭教师谋生，直到1801年在耶拿大学执教。但他的教师生涯随着1806年拿破仑攻占耶拿而中断。他被迫去了纽伦堡，做了一所高级中学的校长。在那里，他与玛丽·冯·图赫尔结婚。后来他们的长子卡尔成了一名著名的历史学家。

黑格尔在纽伦堡写作《逻辑学》，该书于1812年到1816年出版。这本书的成功使三所大学争相聘他做教授。他先去了海德堡大学，1818年又执教于柏林大学。欧洲各地都有学生前来投在他的门下。1830年他任柏林大学校长，1831年11月14日，黑格尔不幸死于霍乱。

黑格尔的概念的意义在某种程度上基于这样一个事实：它们不仅能被应用于抽象的思想，而且还能被应用于心理学、宗教和历史。他的体系的一个基本要素是他的这样一个信念：他认为，实在只有把它作为一个整体加以考察时才能被把握，任何想通过考察实在的一个方面来发现真相的尝试注定要失败。

谢林　SCHELLING, Friedrich (1775—1854)

在德国哲学中，除了约翰·戈特利布·费希特和格奥尔格·威廉·弗里德里希·黑格尔之外，弗里德里希·谢林也是伊曼纽尔·康德的主要继承者之一。他试图解决有洞察力的心灵与实在的其余部分的关系这个古老的问题。谢林发展了自然哲学，强调客观世界的自存。他认为，自然是一个被赋予了灵魂的机体。和柏拉图一样，谢林也教导说，所有观念都源自于上帝的永恒精神，上帝不能通过思索，而只能通过经验被知晓。谢林认为，人类最高的成就不是道德，而是艺术创造。

弗里德里希·威廉·约瑟夫·冯·谢林1775年1月27日出生在德国的莱昂贝格。他在贝本豪森上学，1795年毕业于蒂宾根神学院。在去耶拿大学当哲学教授之前，他做了两年家庭教师。1803年，谢林离开耶拿，任维尔茨堡大学教授。在1806—1820年间，他又到慕尼黑任教，然后到埃朗根任教，直至1827年。后来他回到慕尼黑，在那里一直待到1841年。后来他应普鲁士的弗里德里克·威廉四世的邀请，到柏林教书，直至1845年。1854年8月20日，他在瑞士的巴德拉卡茨去世。

叔本华　SCHOPENHAUER, Arthur(1788—1860)

除了弗里德里希·尼采之外，阿图尔·叔本华也是19世纪德国哲学中伟大的悲观主义者之一。他的确有许多可悲的事情。在他一生的大部分时间里，他遭到"一个迟钝的世界的抵抗"，它对他的工作采取冷淡的方式。他哲学上的敌人黑格尔一直使他黯然失色(见：**黑格尔**)。直到逝世前不久，叔本华才获得国际上的赞誉。他最终对现代存在主义、心理学、历史哲学和文学产生了深远的影响。

叔本华1788年2月22日出生在普鲁士的但泽(今波兰的格但斯克)。曾就读于格丁根大学和柏林大学，后于1813年在耶拿大学获得博士学位。他在魏玛待了一年，参与诗人歌德有关颜色理论的研究。后定居于德累斯顿，完成他的代表作《作为意志和表象的世界》，此书出版于1819年。1820年，他开始在柏林大学授课，但是，由于他安排的课程与黑格尔的讲座是在同一时间，来听课的学生寥寥无几。由于他的著作受到冷遇，他感到很失望，于是移居美因河畔法兰克福，在那里度过了比较闭塞的余生。

叔本华继续写作。他发表了《论自然界中的意志》(1836)、《论意志的自由》(1841)、《论道德的基础》(1841)及其代表作《作为意志和表象的世界》的第二版。后由于1851年题名为《附录和补充》的两卷本论文集的发表，他开始引起国际上的注意。这部抨击黑格尔哲学的著作在英国的出版，导致了人们对叔本华著作的研究热。他的著作被翻译成各种文字，他享誉全欧洲。在当时流行的那个浪漫主义思潮中，他强调生机论、直觉、创造力和非理性的东西，赢得人们的热烈欢迎。他将余年用于修订其著作。1860年9月21日，他在法兰克福猝然去世。

孔德　COMTE, Auguste (1798—1857)

法国哲学家奥古斯特·孔德被认为是社会学之父。孔德提倡一种社会的科学，他称之为"社会学"。他主张研究社会生活要运用自然科学的方法。他还创立了一种哲学学说——实证主义，同他在社会学上的观点紧密结合(见：**社会学**)。

奥古斯特·孔德1798年1月19日出生在法国的蒙彼利埃。他的父亲路易斯是一名税务官。1814年至1816年，奥古斯特在巴黎综合工科学校学习。1818年，他成为社会学先驱圣西门伯爵的秘书。从1826年起，孔德开始给一些当时法国最主要的学者和科学家开私人讲座。这些讲座为他最著名的著作《实证哲学教程》打下了基础。这部书在1830—1842年分6卷出版。1827年,在他与卡罗琳·马森结婚两年后,他的精神崩溃了。康复后,他于1832—1842年在巴黎综合技术学校任教。1851—1854年,孔德出版了4卷本的《实证政治体系》。在这部书里,孔德系统地阐述了所谓"人性的宗教"的概念。

孔德的"三阶段规律"最为著名。根据这个"规律",人们对自然与社会进程的解释要经历三个阶段——神学阶段、形而上学阶段和实证阶段。在第一阶段,人们把这些进程看作是超自然力的作用。在第二阶段,人们用诸如"原因"和"力"这样的抽象的概念来解释这些进程。

在第三阶段,人们积累事实资料,而后确定所观察的事物间的联系。孔德认为天文学、物理学、化学和生物学都经历了这三个阶段。他还试图用"实证"的方法来组织社会学。1857年9月5日,孔德在巴黎去世。

穆勒 MILL, John Stuart (1806—1873)

约翰·斯图尔特·穆勒是英国的一位作家、哲学家、经济学家和改革家,他的写作论题,范围很广,从妇女的选举权到政治伦理学,无所不及。人们认为,他的著作虽颇有影响,但仅表达了作者思想的某些方面。批评家们说,穆勒的绝对的公正尤其可贵。他不仅欢迎反对意见,而且如果被说服,他还会接受这些意见。他是一位政治理论家,喜欢日常事务和政府的挑战。

约翰·斯图尔特·穆勒1806年5月20日出生在伦敦。幼时接受他父亲詹姆斯·穆勒单独的教育,父亲教他拉丁文、希腊文、地理、代数和历史。8岁那年,小约翰已能阅读《伊索寓言》等希腊文原著。1820—1821年,到法国学习化学、植物学和数学,一年后在不列颠东印度公司总部获得一个职位,他的父亲就那里工作。此后三年,他饱尝了精神崩溃之苦,康复之后开始钻研美术。

1828年,他成为东印度公司的助理检查员;1836年他父亲死后,他负责处理公司与印度各邦的关系,直至1856年。他与哈丽雅特·哈迪·泰勒夫人保持了长久的友谊,其夫去世后,他们于1851年结为夫妻。受杰里米·边沁的影响,穆勒接受了"最大多数人的最大幸福"的原则,成为一名功利主义者(见:边沁)。他出版的著作有:《逻辑体系》(1843);《政治经济学原理》(1848);《论自由》(1859),在妻子的帮助下,他对此书进行了修订;《论妇女的从属地位》(1869);此外还有许多其他著作。1858年,他定居于法国阿维尼翁,不久其妻即在那里去世。1865年,他回到英国,被选为英国议会下议院议员,直至1868年离任。后他又返回阿维尼翁,于1873年5月8日去世。

克尔恺郭尔 KIERKEGAARD, Søren(1813—1855)

丹麦宗教哲学家克尔恺郭尔在生前不受重视,或被讥笑为一个危险的狂热分子,但到了20世纪,他已被视为最有影响最深刻的近代思想家之一。他是19世纪最杰出的基督教新教的解释者。现在人们一般认为,他是存在主义的创始人,这种哲学若用最简单的话说,是要说明一个人的自由在其一生中的意义。

索伦·奥比·克尔恺郭尔1813年5月5日出生在哥本哈根。他的富有的父亲死于1838年,死后给两个儿子留下了一笔使他们不必为生活奔波的遗产。索伦因此能够将一生的大部分时间用于研究和写作。他在哥本哈根大学学习哲学和神学。

克尔恺郭尔是个多产的作家。他的写作题材围绕着以下三个基本领域:对个人人生的职责所作的思考;对统治19世纪欧洲思想的黑格尔哲学所进行的激烈抨击;对与丹麦国家教会的现世主义相对立的基督教作出的清楚描述。

他论述人的困境的主要著作有:1843年出版的《非此即彼》、《恐惧与战栗》(1843)、《畏惧的概念》(1844)和《人生道路的各个阶段》(1845)。他的两本主要的宗教哲学著作是《哲学片断》(1844)和《哲学片断的结论性的非科学附言》(1846),这两部著作都含有对黑格尔的攻击。他的基督教论著有《启发性布道的种种精神》(1847)、《爱的作品》(1847)、《致命的痼疾》(1849)和《基督教的培训》(1850)。他的最后一本主要著作《对"基督教徒"的攻击》(1855)是对丹麦的路德派国家教会的一个强有力的讽刺性攻击。

克尔恺郭尔的著作虽然在19世纪晚期已在丹麦和德国为人所知,但一直到第二次世界大战之后,它们的影响才遍及欧洲和美国。克尔恺郭尔整个一生都过着一种双重的生活。对他的朋友来说,他的谈吐机智、迷人、出色。但他一个人独处时却是一个异常忧郁的人,出于不得已而去探索人类本性的问题、哲学问题和宗教言论的问题。克尔恺郭尔于1855年11月11日在哥本哈根去世。

斯宾塞 SPENCER, Herbert(1820—1903)

创造"适者生存"这一词语的不是达尔文,而是英国哲学家赫伯特·斯宾塞。尽管早在达尔文发表《物种起源》之前,斯宾塞就提出了一种进化理论,但他现在还只是被看成19世纪社会达尔文主义的先驱者之一。他的理论以达尔文的进化论为基础,提出人和社会同自然界中的动植物一样,也遵循同样的自然选择的法则。

斯宾塞因写了《社会静力学》(1851)一书而受到当今人们的瞩目。在这本书里斯宾塞提出,政府的职能是支持和保护天赋人权。除此之外,政府完全不应该干涉社会经济的运作。他认为自己主要的工作是发展一种哲学,把各个知识领域的原则联系起来,形成一种广泛的综合科学,代替中世纪的神学体系。从1862年至1896年,他以分册形式出版了《综合哲学》一书。

斯宾塞1820年4月27日出生在英国的德比。他的父亲是那里一所公学的教师。斯宾塞拒绝接受去剑桥大学读书的邀请,他所受的高等教育大部分来自阅读。他教过几个月的书,在1837—1841年间还当过铁路工程师。1842年,他以书信的形式向《非国教信徒》杂志投稿,后来这组书信以《政府的正确地位》为题出版。他在新闻界干过多种工作,直到1848年,那一年他做了《经济学家》杂志社的一名编辑,他在1855年出版了《心理学原理》一书。除了收录在他的《综合哲学》里的书之外,他还出版了《社会学研究》(1872)、《人与国家》(1884)和遗作《自传》(1904)。

斯宾塞是当时英国最固执己见、最爱争论的思想家之一。他有许多作家朋友,如乔治·艾略特(玛丽·安·埃文斯)、托马斯·亨利·赫胥黎、约翰·斯图尔特·穆勒和比阿特丽斯·韦布。韦布在她的著作《我的学徒生涯》(1926)中记录了斯宾塞一生中最后几年的情况。斯宾塞于1903年12月8日在布赖顿去世。

皮尔斯　PEIRCE, Charles Sanders (1839—1914)

作为一个逻辑学家、数学家和哲学家,查尔斯·桑德斯·皮尔斯是北美最有独创性的多才多艺的思想家之一。但他的成就远不如其他人那样为人所知。皮尔斯是叫作实用主义的那种哲学的创始人,符号学的创立者之一,电子转换电路计算机的设计者,逻辑代数的发明者之一,第一个美国近代心理学家,伊丽莎白时代英语的语音权威。

皮尔斯1839年9月10日出生在马萨诸塞州的剑桥。他1859年毕业于哈佛大学,1863年获得哈佛大学劳伦斯理学院的学位。1891年之前,他一直为美国海岸和大地测量部工作。由于在引力测定方面的贡献,皮尔斯在国际上享有声誉,被选为美国艺术和科学院院士、美国全国科学院院士和伦敦数学学会会员。他一生最后26年住在宾夕法尼亚州米尔福德附近的一所孤零零的房子中,从事研究和写作。不过,他生前没有发表多少工作成果。

皮尔斯除了为海岸和大地测量部工作之外,主要的兴趣其实是在逻辑学上。他30多岁时已经发表了一系列逻辑学论文,并希望当一个逻辑学教师。尽管当时大学中还没有适合于他的逻辑学系,从1879年至1884年他还是在约翰斯·霍普金斯大学教了一段时间逻辑。在1871年和1872年,他以"对科学逻辑的阐明"为题在《通俗科学月刊》上发表了一系列文章,第一次讨论了美国特有的实用主义哲学。由于对他的方法和过于细心的工作发生异议——有些人称之为拖延——使得他于1891年辞职离开了海岸和大地测量部。从那时起直至逝世他没有任何固定的收入,他的晚年是在贫病交加、处境非常艰难的景况下度过的。1914年8月19日,皮尔斯在宾夕法尼亚州米尔福德附近的农场去世。死后出版的《皮尔斯文集》共有8卷(1931—1958)。

詹姆斯　JAMES, William (1842—1910)

美国哲学家、心理学家威廉·詹姆斯具有广泛的才能。他尤其以实用主义运动的领导人著称于世,这个运动强调:任何观念和策略的价值完全是建立在其有用性和可操作性基础上的。

詹姆斯1842年1月11日生于纽约。早年所受的教育与其弟亨利一样丰富多彩。尽管詹姆斯最初有志于成为一名艺术家,但是,他却于1864年进入了哈佛医学院。他于1869年获医学博士学位,但此时他已决定不开业行医。他学过化学、比较解剖学和心理学。1865年,他曾与路易斯·阿加西斯结伴去巴西进行地质探险。他还广泛阅读了文学、历史和哲学等方面的著作。他写过文学评论,并开始对心理学产生兴趣。

詹姆斯外表上是一个友善、热情和乐观的人,但他内心却常常极度消沉,这部分地是由于持续的体弱多病,部分地是由于他未能找到合适的职业或哲学。然而,1870年,他有了一种给他以方向感的经验。他阅读了夏尔·勒努维耶的文章,获得了一种对作为一种道德力的自由意志力的新的洞见。

1872年,詹姆斯被任命为哈佛大学的生理学讲师。他后来讲授心理学和哲学,成为那个时代一位知名的大学教师。

1884年,"詹姆斯-朗格理论"发表。这个理论表述了詹姆斯的信念,他相信:情绪是由身体表达方式所激起的机体觉——因为我们哭了,所以我们感到悲伤;因为我们打了,所以我们感到愤怒。威廉·詹姆斯最重要的著作《心理学原理》出版于1890年。在该书中,詹姆斯拥护承认与科学和哲学有一种亲属关系的新心理学。该书立刻受到一般读者和心理学家的广泛欢迎。

詹姆斯声誉日隆,许多大学都邀请他去讲学。他的其他著作还有《宗教经验种种》(1902)、《实用主义》(1907)。在后一部书中,他扩展了自己的理论,认为只有在看到了一个观念的效果时,人们才会认识到这个观念的真正意义。1907年,詹姆斯在哈佛授他的最后一学期课。他于1910年8月26日在新罕布什尔州彻科鲁瓦去世。

尼采　NIETZSCHE, Friedrich (1844—1900)

他生活在19世纪,却对20世纪的思想产生了巨大的影响。在后来的几十年中非常有意义的与其说是弗里德里希·尼采所相信的东西,还不如说是他所看到的在欧洲文明中所发生的东西。他看到一种文明对它控制科学、技术、政治和经济非常自信,因为对于它来说,"上帝死了……基督教的上帝已不足为信"。他看到由接受民主主义、社会主义或共产主义意识形态的那些人引起的紧张局势和激情。他预言:"将有史无前例的战争爆发"。1900年8月25日,尼采在德国的魏玛去世,因而未能看到他所预见的结果。

在尼采死后若干年,他的名字被错误地与阿道夫·希特勒及法西斯主义联系在一起。他的妹妹伊丽莎白对他的著作加以改造,以反映她自己反犹太的民族主义思想。批评家们被她伪造的这些著作所误导,将尼采与纳粹联系在一起。

弗里德里希·尼采1844年10月15日出生在普鲁士萨克森勒肯。曾就读于波恩大学和莱比锡大学,学习古典文学和语言。他的聪明才智使他成为瑞士巴塞尔大学的教授。1869—1879年这十年间,除了普法战争期间曾服短时间兵役外,他一直在巴塞尔大学执教。《悲剧的诞生》(1872)是他的第一部重要著作,随后又出版了一本散文集

《不合时宜的思想》(1873—1876)和一本格言警句集《人性的,太人性的》(1878)。

借口健康原因,他离开了巴塞尔大学,开始了一生中最伟大的创作时期,这一时期一直延续到1889年患精神病。他后期的作品有:《查拉图斯特拉如是说》(用了好几年才出版完)、《善恶的彼岸》(1886)、《道德的谱系》(1887)、《偶像的黄昏》(1889)和《反基督教》(1895)。

杜威 DEWEY, John (1859—1952)

约翰·杜威是20世纪最负盛名的美国哲学家之一,并且是探索教育理论与方法的先驱。他的教育思想引发了一场循序渐进教育运动,直至1950年左右,这一运动在学校中始终非常有影响。在哲学方面,他与威廉·詹姆斯和查尔斯·桑德斯·皮尔斯共同享有名为实用主义的运动的创立者的荣誉。

杜威1859年10月20日出生在佛蒙特州的伯灵顿。他的大学生活是在佛蒙特大学和约翰斯·霍普金斯大学度过的。1884年他去密歇根大学任哲学和心理学教师。1894年至1904年他在芝加哥大学任哲学、心理学和教育学系的系主任。1904年杜威去纽约市的哥伦比亚大学任哲学教授。此后他一直在哥伦比亚大学执教。

杜威和他的妻子艾丽斯·奇普曼在芝加哥大学开办了一所实验学校来检验他的教育理论。他的方法的核心是在实践中学习。孩子们可以自由地根据自己的需要和经验来选择学什么。教员们可以研究儿童的行为,儿童行为研究在当时还是一个新的研究领域。

杜威把学校视为一个社团——亦即社会的一部分。他把教育看成是一种生活过程而不看成是为以后的生活所作的准备。这些教育思想体现在一系列著作中,其中有出版于1899年颇有影响的《学校与社会》,和《经验与教育》(1938)。在哲学方面,杜威的实用主义理论坚持认为,检验观念的途径是把它们与其结果相对照而不是声称它们与假定的自明真理相一致。他的哲学适合美国人的生活,其特征是它对科学技术的尊重、它的多元性和实践性。杜威宣称,当一个人面临一个问题时,必须从逻辑上考察自己可以采取的各种选择,以便找到基于事实的最佳解决办法。这种探究和检验的方法不仅应当用于科学技术问题,也应当用于道德社会问题。他在一系列著作中提出了自己的理论,其中有《哲学的改造》(1920)、《经验与自然》(1925)、《作为经验的艺术》(1934)、《自由与文化》(1939)。杜威于1930年退休不再执教,1952年6月1日在纽约市去世。

桑塔亚那 SANTAYANA, George (1863—1952)

出生于西班牙的哲学家乔治·桑塔亚那对文学批评、现代思辨哲学和美学(关于美的研究)作出过重要贡献。他的最负盛名的著作《理性生活》初版于1905年,1906年又分5卷出版,他在此书中主张,理性是冲动与观念的结合。他最早的一部美学力作是《美感》(1896)。

乔治·奥古斯丁·尼古拉斯·鲁伊斯·德·桑塔亚那1863年12月16日出生在西班牙的马德里。1872年被带到美国马萨诸塞州波士顿,与母亲生活在一起。在美国生活达40年之久。曾就读于波士顿拉丁学校,后进入哈佛大学,1886年大学毕业。在德国柏林读过两年书后,回到哈佛大学,在威廉·詹姆斯的指导下获哲学博士学位,后留校任教。到1907年,升为正教授。然而,1912年他返回欧洲,向哈佛大学提交了辞呈。他在欧洲度过余生,1952年9月26日在罗马去世。

第一次世界大战期间,桑塔亚那在英国牛津大学任教,撰写了《德国哲学中的自高自大》(1916),以此来表示他对协约国一方的忠诚。1924年,他永久定居罗马。在那里发表了小说《最后的清教徒》(1935),简明地表述了他的思想。其他哲学著作有《理论的趋势》(1913)、《怀疑主义和非理性信仰》(1923)、4卷本的《存在的领域》(1927—1940)和《统治和权力》(1951)。他的自传《人物和地点》共3卷,于1944年至1955年出版。

乌纳穆诺 UNAMUNO, Miguel de (1864—1936)

西班牙作家米盖尔·乌纳穆诺的著作,无不洋溢着两个主题——对永生的渴求和个人生命的价值。他提出的这两个主题,后来被称为存在主义。存在主义是一种哲学思想,它强调个人以自己作出的决定来确定自己生活的权利——为自己的生存创造条件(见:**存在主义**)。

乌纳穆诺1864年9月29日出生在毕尔巴鄂。父母都是巴斯克人。他于1884年获得马德里大学哲学博士学位。1891年,他在萨拉曼卡大学任希腊语言文学教授。除了有几段时期因为他的反独裁主义的观点与政府发生麻烦外,乌纳穆诺的大部分时间都是在大学中度过的。1901年,他被任命为萨拉曼卡大学校长。1914年,由于他在第一次世界大战中同情协约国而被解职。1924年,因为他反对独裁者普里莫·德里维拉而流亡国外。1931年,再次被选为该校校长,一直任职到1936年。同年,他被弗朗西斯科·佛朗哥的军队软禁。乌纳穆诺于1936年12月31日,西班牙内战初期,在萨拉曼卡家中去世。

乌纳穆诺最著名的著作是《人生的悲惨感》(1913),这是他哲学思想的总结。他写的小说有:《雾》(1914)、《阿韦尔·桑切斯》(1917)、《爱情和学识》(1920)和《殉教者曼努埃尔·布埃诺》(1933)。他还写了一本《堂吉诃德和桑乔的一生》(1905),该书对塞万提斯的巨著作了详尽的剖析。

克罗齐 CROCE, Benedetto (1866—1952)

贝内代托·克罗齐是20世纪早期意大利最为雄辩的历史学家、哲学家、人本主义者和爱国主义者。1866年2月25日出生在佩斯卡塞罗利,但他一生的大部分时间是在那不勒斯度过的。他觉得大学生活平淡乏味,于是中途退学,成为一个完全靠自学成功的学者。

他对应当如何构造出一个自由民主的社会提出了一些明确的想法。1903年他创办了一个社会文化批评的杂志——《批评》。在此后的41年中,他不仅在这个杂志上发表自己的作品,而且还对欧洲各地重要的文学、哲学和历史作品发表评论。通过这本杂志他成为一个有影响的舆论塑造者。

克罗齐反对贝尼托·墨索里尼的法西斯政制,这一点加强了他作为意大利的道德导师的地位。他的影响非常之大,以至墨索里尼从来不敢不让他发表自己的作品。墨索里尼垮台后,克罗齐重建了被查禁的自由党,并为按他的理想重建意大利而努力工作。他的权威和精神大大地鼓舞了战后的民主意大利。1947年他退出政府工作,着手创办那不勒斯的意大利历史研究所。此后他仍然孜孜不倦于著述,直至1952年11月20日去世。他的最重要最有影响的著作是1941年出版的《作为自由的故事的历史》。

罗素 RUSSELL, Bertrand (1872—1970)

在伯特兰·罗素将近98年的生命历程中,他几乎在每个领域——哲学、逻辑、数学、科学、社会学、教育、历史、宗教和政治——都是个学者。他是一位和平主义者、社会正义的鼓吹者和核裁军的倡导者。然而,他在1950年获得的诺贝尔奖的奖项却是文学。他撰写了数十部著作,其中有许多是为普通读者写的。

伯特兰·阿瑟·威廉·罗素1872年5月18日出生在英格兰蒙茅斯郡特雷莱克。他是安伯利子爵的次子。在他哥哥弗兰克去世后,他于1931年继承了子爵头衔。在他年幼时,父母去世。因此,他由祖母养大。在进入剑桥三一学院之前,他早年曾受教于家庭教师。1893年,他获数学考试优等奖。1894年毕业。罗素在美国讲学两年后,回国任伦敦经济学院讲师。

他的目标之一是证明数学可从不证自明的原理中推出。在1903年出版的《数学的原理》一书中,他作了最初的尝试。10年后,他与艾尔弗雷德·诺思·怀特海合著了《数学原理》(1910—1913),推进了这项工作。1910年,罗素接受三一学院委任的教学职位,但因主张和平主义于1916年失去该职位。1918年,他还被监禁6个月。在狱中,他写成《数理哲学导论》(1919)。1920年,罗素访问苏联,随后撰写了《布尔什维主义的实践与理论》(1920)一书,书中对苏联进行了严厉的批评。在随后的12年中,他出版了许多其他通俗读物,其中包括:《我相信什么》(1925年),《为什么我不是一个基督徒》(1927)和《婚姻与道德》(1929)。他就知识的本质所作的哲学的沉思,发表时冠名为《人类的知识:它的范围和界限》(1948)。

第二次世界大战后,罗素转而关注国际政治。他提倡用非暴力反抗和静坐示威来反对核武器。20世纪60年代,他反对美国卷入越南战争。1963年,他创立伯特兰·罗素和平基金会。他将自己一生的最后三年用来撰写自传。1970年2月2日,他在威尔士梅里奥尼斯去世。

科日布斯基 KORZYBSKI, Alfred (1879—1950)

波兰出生的科学家和哲学家阿尔弗雷德·科日布斯基认为,语言的结构内在地影响着人们的思维方式,基于这样的信念他开创了普通语义学这门学科。他的理论核心是:人之所以是独一无二的生物,乃在于人能够把思想和信息一代一代地传下去。科日布斯基把这种能力称作"连接时间的能力",并试图通过研究和改进语言的使用和反应方式来增强这种能力。

阿尔弗雷德·哈布丹克·斯卡尔贝克·科日布斯基1879年7月3日出生在波兰的华沙。他受教育于华沙工学院。第一次世界大战期间他在俄军总参谋部的情报部门服务。1915年他肩负一个军事使命被派往美国和加拿大。后来他成为美国公民。

他最著名的著作是1933年出版的《科学和健全精神:非亚里士多德体系和普通语义学入门》。他打算让此书成为一本培训手册,用来训练人们如何对各种情景作出语义的反应。科日布斯基认为,以健全的语言用法进行再训练,对于把思想和信息传递给"连接时间者"的后代的过程是极其有益的。多年来他一直在康涅狄格州莱克维尔的普通语义学学院讲授他的体系。1950年3月1日科日布斯基在康涅狄格州的沙伦去世。

施本格勒 SPENGLER, Oswald (1880—1936)

第一次世界大战结束时诞生了一部悲观失望的书,此书给西方各国带来极大的震动。这就是德国哲学家施本格勒的巨著《西方的没落》。在这部书中,施本格勒表达了一种历史哲学的观点,主张文明的兴衰自有其固定的周期。他认为西方文明的衰落期已经开始,并确信它将被年轻而富有朝气的亚洲文明所取代。

奥斯瓦尔德·施本格勒1880年5月29日出生在德国布兰肯堡。就读于慕尼黑大学、柏林大学和哈雷大学,1904年获博士学位。后来当中学教师,直至1911年移居慕尼黑。第一次世界大战期间,他将全部精力投入到《西方的没落》一书的写作上。此书的第一卷出版于1918年;修订版出版于1923年,并被译成多种文字。此书使他一举成名;不过,他后来的任何一部著作都没有像《西方的没落》那样成功和有影响。

起初,施本格勒支持纳粹分子,他的理论影响了纳粹的官方哲学,然而,他并不赞成反犹太主义。结果,在1933年阿道夫·希特勒上台以后,施本格勒过着孤独的生活,1936年5月8日在慕尼黑去世。

维特根斯坦 WITTGENSTEIN, Ludwig (1889—1951)

路德维希·维特根斯坦在一生中曾两次试图解决所有的哲学问题。他的第二次尝试标志着对于第一次尝试的批判和否定,最后他认识到两次都失败了。维特根斯坦是一个多才多艺的人,而且永远不会对自己和周围的世界感到满足,他是数学家、工程师、建筑师和音乐家。他热忱地探究哲学问题,但却认为没有比当一个哲学教师更荒谬的事情了。

路德维希·约瑟夫·约翰·维特根斯坦 1889 年 4 月 26 日出生在奥地利的维也纳,是一个富有的钢铁炼制商的最小的孩子。他 14 岁之前在家里接受教育。此后他学习了数学、自然科学和工程学。1908 年他去英格兰从事航空学研究。1911 年他进入剑桥大学,师从英国哲学家和数学家伯特兰·罗素。第一次世界大战期间,维特根斯坦在奥地利军队中服役。战争结束时他已完成了自己的第一本主要著作《逻辑哲学论》。这是一本 20 世纪的经典,出版于 1921 年。

1919 年维特根斯坦把他父亲留给他的遗产赠送给了别人,从那时起一直到 1925 年,他在奥地利的小村庄里当一个小学教师。整整 10 年他没有再搞哲学。但 1929 年他又回到剑桥担任讲师。他在那里的工作成果便是《哲学研究》,这本书一直到他死后两年才出版。维特根斯坦于 1951 年 4 月 19 日在剑桥去世。

《逻辑哲学论》一书的篇幅只有 75 页。它由一系列按十进记数法加以整理编号的议论构成。它的中心论题是语言:凡说出某种东西的语句必定是"一幅实在的图像"。不能绘图的东西便不能说,因为述说它们没有意义。语言的无穷多样性掩盖了真理的根本统一性。在《哲学研究》一书中他否定了上述概念。他转而强调语言是描述而不是实在的图像。语言可用来消解混淆,而不能用来发现本质性的真理。

海德格尔 HEIDEGGER, Martin (1889—1976)

由于种种原因,要掌握马丁·海德格尔的哲学是异常困难的。他的主要著作《存在与时间》出版于 1927 年,写得极其复杂,几乎无法读懂。他主要是一个提问者而不是一个解答者。根据他的主要问题"存在究竟是什么?",他属于 19 世纪存在主义的传统。他把自己归入现象学学派。但是至今仍然不清楚,他提出的问题究竟是哲学性质的,还是由于他早期教育的影响全然是宗教性质的。

海德格尔 1889 年 9 月 26 日出生在德国的梅斯基希。中学毕业后他曾加入耶稣会而成为一个见习修士。此后他在弗赖堡大学学习哲学和神学,并于 1915 年开始在弗赖堡大学执教。

除了在马堡大学待了 5 年(1923—1928)之外,他在弗赖堡大学一直待到 1945 年。1933 年纳粹分子取得政权后,他曾短暂地支持过阿道夫·希特勒。战后同盟国对他作过调查,但没有发现他犯有严重的罪行。于是他继续在大学执教,直到 1959 年退休。他于 1976 年 5 月 26 日在梅斯基希去世。

波普尔 POPPER, Karl (1902—1994)

卡尔·波普尔是可证伪性理论的开创者,以拒斥经验科学中使用的归纳推理方法著称于世。在归纳逻辑中,假如一个假定的事实——一个假说——得到了许多次重复的观察的支持,那么对它的陈述便被证明是真的。波普尔反对这一观点,他坚持认为,假说必须是可以检验的,而检验一个科学假说的正确方法是去寻找某种能使它不成立的情况。假如找不到这样的情况,那么这个假说才是真的。

卡尔·赖蒙德·波普尔 1902 年 7 月 28 日出生在奥地利的维也纳。曾在维也纳大学学习,1928 年获得博士学位。在维也纳当了一段时间的中学教师之后,他于 1937 年移居新西兰,在坎特伯雷大学学院讲授哲学,直到 1945 年。从 1945 年开始,他在英国伦敦经济学院的哲学、逻辑和科学方法系任系主任,直到 1969 年退休。此外他还在英美两国的许多地方作讲演。

波普尔的著述包括许多期刊论文和几本书。在 1934 年出版的第一本书《科学发现的逻辑》中,他对可证伪性和归纳逻辑发表了自己的看法,并概述了他区分科学与伪科学的方法。理论构造如果不能通过波普尔的可证伪性检验,波普尔便斥之为伪科学,例如占星术、弗洛伊德的精神分析、形而上学和马克思主义等等。

波普尔的后期著作有《开放社会及其敌人》(1945) 和《历史主义的贫困》(1957)。他在这两本书中反对柏拉图、黑格尔和马克思所坚持的历史决定论,因为历史决定论认为历史是按照不可抗拒的自然规律发展的。他的 3 卷本著作《科学发现的逻辑续编》(1981—1982) 对他在第一本著作中提出的思想作了进一步的论述。1965 年波普尔被封为爵士。

萨特 SARTRE, Jean-Paul (1905—1980)

让-保罗·萨特是存在主义的主要阐述者之一,并且还是一个著名的作家。他不仅以自己的著述,而且以自己的生活方式表达了他对于自己的哲学的献身。

让-保罗·萨特 1905 年 6 月 21 日出生在法国巴黎。1929 年他毕业于巴黎高等师范学校,他的终身伴侣、作家西蒙娜·德·波伏瓦便是他在校期间结识的。从 1931 年至 1945 年,他在法国的好几所中学里当过教师。30 年代他开始发展自己的存在主义哲学,这种哲学强调个人自由并指出,个人仅仅是相关于他人而存在的。1938 年他出版了第一本主要著作,即小说《恶心》,这部小说体现了他的上述思想。

1939 年萨特应征参加第二次世界大战。1940 年他被俘后被关入战俘营,但第二年他逃了出来回到了巴黎,在巴黎积极参与抵抗运动。战后萨特成了一个名人。他的著述转而强调行动或做的必要性而不再强调纯粹的存在。这使得他日益卷入政治。1945 年萨特与德·波伏瓦共同创办了一个评论政治、哲学和艺术的月刊,名为《现代》。1952 年萨特与法国共产党结成联盟,尽管他实际上从未加入法共。

萨特支持 1968 年 5 月的学生造反,并且在 60 年代抗议美国入侵越南。1964 年萨特出版了自传,名为《话语》。同年他被授予 1964 年的诺贝尔文学奖,但他却拒绝接受。萨特的一些最重要的著作包括哲学论著《存在与虚无》(1943)、剧本《禁闭》(1945) 和短篇小说《墙》(1939)。1980 年 4 月 15 日萨特在巴黎去世。

宗 教

宗教　RELIGION

有人说过,对于死亡的思考必然会导致宗教的发展。如果世界上没有人死亡,也没有人生病,那就很难想像人们还会需要宗教。凡宗教都试图解答这样一些基本的问题:世界从哪里来?人生的意义是什么?人为什么会死?死后又会怎样?世界上为什么会有邪恶?人应当怎样做人?在古代,人们是用神话来回答这些问题的。大量的文学作品涉及了这些问题。现代科学也在努力研究这些问题。

作为一个词,宗教很难定义,但作为一种人生体验,宗教却是人人都能感受到的东西。20世纪美籍德裔神学家保罗·蒂利希给宗教这个词下了一个简单而基本的定义:"宗教就是终极关怀"。这就是说,宗教关注的是人们最为投入的东西,或者说是人们期望从中得到人生最根本的满足的东西。所以,宗教对上述那些基本问题提供了适当的答案。

四个世纪之前,德国宗教改革者马丁·路德也有过类似的关于上帝的说法。他说,拥有一个神也就是"在心中完完全全地信赖某种东西",不论这样的神是一个超自然的存在还是诸如财富、权力、事业或快乐这样的世俗事物。把蒂利希和路德两人所给的定义结合在一起,就可以看到,宗教不一定非得要有神龛、寺庙、基督教堂或犹太教堂。它不需要复杂的教义,也不需要神职人员。宗教可以是任何东西,只要人们能全身心地投入其中并由此给自己的生活带来意义。

在西方文明中,宗教在传统上一直被定义为对一个上帝的信仰和崇拜。就犹太教、基督教和伊斯兰教而言,情况确实如此,但蒂利希和路德的说法却表明,这样的定义也许太狭窄了。原初的印度佛教和中国儒教并不承认一个至高无上的存在。这两种哲学基本上关注的是人类行为模式。

无论怎样定义,所有的宗教(按人们通常对于这个词的用法)都具有一些共同的要素。它们包括通用的仪式、供诵读的祈祷文、常出常入的圣地和应当回避的场所、宗教节日、预测未来的方法、一整套供研读的文献、要予以断定的真理、有超凡魅力的领袖以及必须遵循的律令。许多宗教还有专用于礼拜的建筑,信徒在其中进行各种活动,诸如祈祷、献祭、默祷,甚至进行巫术活动。

与这些要素密切相联的是个人的行为。人们虽然可以把仪式性的礼仪与合乎道德的行为分割开来,但崇拜通常都蕴涵着一种人神关系,这种关系要求信徒们遵循某些行为模式。历史上的一个有名的例外是古罗马的国家官方宗教,它与个人所担负的义务和道德是分离的。

宗教与信仰

宗教之所以存在,从根本上说是出于人类的无知。人们并不真正了解世界的起源、死亡的原因以及其他一些基本问题的答案。因此,对这些问题的解释必定是在完全缺乏证据的基础上设想出来的。最初的解释在古希腊罗马及其他的古代文明中产生了迷人的神话。不过在西方文明中,由于犹太教和基督教的影响,神话为建立在历史事件基础上的各种宗教所取代。然而,对于宗教的接受却是基于信仰,而不是基于证据的分量和合理的结论之上的。

这就意味着,关于上帝和神的所有陈述都是对信仰的陈述。甚至无神论的断言——不存在上帝——也是对信仰的陈述(见:**上帝**)。就基于历史事件的各种宗教而言,信徒们相信宗教对于那些事件的解释是真实的。不信者则对那些事件有完全不同的解释。

假如信仰是宗教的关键所在,那么它也是主要的问题。假如宗教是一种知识,那么其教导必定也要为人人都能予以考察的可见证据所支持。这样,人们就会普遍地把宗教作为知识来加以接受,就像人们普遍地把数学和自然科学当作知识一样。但是按科学对于证据一词的理解,没有任何证据能够表明上帝创造了世界。也没有任何证据能够表明,人死后还有另一种生命。诸如此类的信仰是不可证实的;它们只是信仰而已。只要你相信它们是真实的,那么它们就似乎对那些根本的问题提供了有效的解释。

宗教与科学

现代科学起源于中世纪晚期,尤其是叫作文艺复兴的那段时期。它的许多发现使得它与中世纪教会所持有的传统信仰发生冲突。伽利略等人断言,地球不是宇宙的中心,这激怒了许多教会首领,结果伽利略由于讲授了不可接受的学说而受到审判。

宗教与科学的冲突并没有随着文艺复兴的结束而停止。今天仍有许多宗教信徒谴责有关进化论的一切教导。他们断言,《圣经》中的创世说的确是真实的,因此,进化论对于他们来说是不可接受的。

宗教与科学的对立起因于一个错误的想法,即宗教能够将其学说作为无可争辩的永恒真理提出来。中世纪的教会曾经在其信仰体系中吸纳了某些古代科学关于地球和宇宙的主张。当这些主张渐渐被证明是错误的时候,教会便作出反击,因为它曾运用古代科学来支持自己的教义。换句话说,教会曾试图运用假定的科学事实来支持信仰,因此它害怕,如果这类事实被推翻,信仰就会崩溃。结果,宗教对于科学的抗拒使得许多受过良好教育的人疏远了宗教。

教会没有认识到,真正的信仰是无法为科学的证据所支持的。科学的证据也无法毁掉信仰。科学所探讨的只是能够被人们看到、检查和实验的东西。至于神是否存在,科

关于宗教的参考条目	
基督复临派	耶和华见证会
祖先崇拜	犹太教
天使和魔鬼	《古兰经》
安立甘宗	路德主义
泛灵论	门诺派
占星术	循道宗
巴哈教派	修士与修行
浸礼宗	摩拉维亚弟兄会
《圣经》	摩门教
蓝色法规	神话学
佛教	教皇制
教会法规	逾越节
枢机团	五旬节派
主教座堂	长老宗
基督教	先知
基督教科学派	新教
圣诞节	贵格会
教会与国家	宗教改革运动
教会公会议	归正会
反宗教改革	宗教教育
十字军	奋兴运动
死海古卷	罗马天主教
死亡	震颤派
基督会	神道教
复活节	锡克教
东正教会	耶稣会
东仪教会	唯灵论
普世主义	街面教堂
伦理学和道德	迷信
教父	符号
洪水传说	《塔木德》
诺斯替教	道教
上帝	感恩节
国际黑天觉悟会	神智学
地狱和冥府	托拉
印度教	图腾崇拜与禁忌
圣洁运动	超验主义
圣杯	统一教团
人文主义	一位普救会协进会
异端裁判所	梵蒂冈公会议
伊斯兰教	巫术
伊斯兰文学	琐罗亚斯德教
耆那教	

学是无法作出任何有效陈述的,因为在作这类陈述的时候根本得不到任何证据。另一方面,宗教也无法因为害怕信仰会受到挑战而使科学的发现无效。假如信仰的对象是真实的而科学发现的对象也是真实的,那么这些对象就是同样真实的而不可能彼此矛盾。

教会与国家　CHURCH AND STATE

1960年,约翰·F.肯尼迪成为第一个当选为美国总统的罗马天主教徒。在竞选运动中,他的宗教信仰成了一个问题,因为有些人害怕,一旦他当选,他对于罗马天主教会的忠诚也许会决定他采取何种公共政策。大选之前两个月,肯尼迪在一次公开演说中谈到这种担忧时说:"我信奉这样一个美国,在这里国家与教会是完全分离的——在这里,没有一个天主教士会指示总统应当如何行动,即便总统是一个天主教徒,也没有一个新教牧师会指示其教区居民应该投谁的票。"

肯尼迪当时面对的是这样一个问题,这个问题2 000多年来始终是冲突的根源,甚至是暴力的根源。不过,这个问题的名称——教会与国家——却会引起误解:教会意味着基督教的许多教派中的一个或多个派别。其实这个问题是宗教与政治之间的问题。在宗教和政治之中,哪一个应当成为一个国家中的统治力量?非基督教宗教在许多国家中始终与政治权威或者冲突或者合作。例如,伊斯兰教的力量是中东地区政治事务中的一个主要因素。在印度,印度教长期以来一直是影响政府和国家经济的强大力量。(1984年,印度总理英迪拉·甘地被反政府的锡克教徒暗杀。)

在20世纪,宗教与政府的关系是多种多样的。在某些情况下,人们拒绝承认与宗教分离的政府是合法的。伊朗自1979年革命以来情况就是如此。在伊朗,叫作毛拉的宗教领袖控制着国家,他们自称他们的统治是代表着安拉或上帝、按照安拉或上帝在圣书《古兰经》中所说的话进行的。(参见:霍梅尼)

美国的情况完全相反,美国宪法为了教会与国家各自的相互利益规定了教会与国家的分离。

在西欧某些国家,尤其是英格兰、苏格兰、瑞典、挪威和丹麦,存在着"固定的"教会或国教。这意味着有一个教派或宗教组织得到了国家的支持,并在某种程度上为国家所控制。其他的教派也允许存在,但让它们自立自给。

德国没有国教,罗马天主教和宗教改革后形成的各个主要的路德派新教教会都得到了国家的支持。此外还有其他一些教派,都允许存在,但得不到政府的财政支持。在法国,罗马天主教会是国内最大的教派,但它完全是自立自给的。政府允许它使用在法律上属于国家财产的教会建筑物,但神职人员的俸薪来自宗教捐赠。

解放神学:一种新的冲突

罗马天主教在拉丁美洲占有绝对优势。在这个地区,普通大众很穷,极少数人很富,还有一个人数不多的中产阶级。贫富的悬殊孕育着社会的动荡和革命。

自从20世纪60年代初以来,许多天主教神职人员——既有教区神父也有主教——都参与了人民大众反抗剥削和压迫的斗争。与此同时他们逐渐形成了一种所谓的解放神学，作为其行动的理论基础。这种神学摒弃了传统上在宗教与政治之间所作的区分，它借用卡尔·马克思的哲学把历史分析为最终导致一个无阶级社会的一系列阶级斗争（见：**马克思**）。由此可见，解放神学是把基督教信仰与信奉社会变革结合起来的一种尝试。

教皇约翰·保罗二世否认解放神学是社会复兴的一种途径。1979年教皇宣称，灵魂的拯救与经济和政治的解放并不是重合的。1984年9月梵蒂冈发表了一份叫作"关于解放神学若干方面的训示"的文件，其中重复了教皇的主张并警告要提防"借自于种种马克思主义思想潮流的概念"。

冲突与和解的历史

在西方文明中，宗教与国家的分离始于古以色列的犹太人。古以色列国于公元前586年被征服，其大多数人民被放逐到巴比伦。此后，除了有一段很短的时期之外，犹太人一直在中东各地和地中海地区到处流浪，在异族统治下生活。他们不得不把自己的宗教犹太教和自己的国籍看成两件不同的事情，两者所要求的忠诚也各不相同。

早期基督教起初只是犹太教中的一个派别，其处境与犹太教相同。它自称从上帝那里得到了独一无二的启示，于是不能参与非基督教社会的礼拜。结果它把自己看成是一种宗教性的兄弟会，在税收这样的政治事务中服从政府，但在其他方面基督徒却往往作为一个社团生活在社会之中。在宗教问题上持这种态度，便造成了基督徒与周围其他公民之间的隔阂，从而成为摩擦的根源，并最终导致罗马帝国对基督徒的迫害。

基督教《圣经》在宗教社团与政府的关系这个问题上说法不一。圣保罗在写给罗马基督徒的信中说："人人都应该服从最高当局，因为他们的权威都是神所准许的。执政当局都是神所任命的。"但形成鲜明对照的是，《圣经》中的其他一些段落却说世界上的统治者都要受到上帝的严厉判决。《启示录》强调了这一点，尤其强调了这种判决适用于基督徒的主要迫害者罗马帝国。这两种彼此冲突的观点，其中一种表达适应而另一种表达对抗，两者都在教会-国家关系的历史中起着重要的作用。

公元313年，在罗马皇帝君士坦丁的统治下，基督教得到了一个宽容的敕令，到了公元4世纪末，狄奥多西一世进而让基督教变成了罗马帝国的官方宗教。此时罗马帝国已分为两个部分，一个首都在罗马，另一个首都在君士坦丁堡，罗马皇帝们都在首都居住。随着时间的推移，基督教也分成了两个部分，罗马帝国的东部成为东正教的辖区，而以罗马为基地的西部则成为罗马天主教的辖地。

公元7世纪初，北非、中东和整个东罗马帝国即拜占庭帝国都被伊斯兰教军队征服。西罗马帝国已经分崩离析，但其原先的公民的后裔逐渐都成了罗马天主教徒。事实上，当时欧洲这些地区的所有人民都是各个王国或公国的公民，同时也都是同一个宗教的信徒。

从8世纪到11世纪，欧洲的许多统治者都把自己领地内的教会看作自己的教会予以统治，他们随心所欲地任命主教和修道院院长。11世纪时，由于教会要求从各种政治力量中独立出来，这种倾向开始逆转。这种独立最后发展成为一种理论：教会高于一切世俗统治者，因为精神的力量按其本性高于所有世俗的权威。

到14世纪时，教会由于内部的斗争和分裂而大为衰弱，无法再坚持这种优越论。相反，教会不得不与涌现出来的单一民族国家的统治者订立叫作"宗教事务契约"的协定，允许他们对自己领地内的教会行使相当大的权力。16世纪时，教会由于宗教改革运动而永久地分裂了（见：**宗教改革运动**）。宗教身份和国籍的一致性消失了。

16世纪和17世纪的宗教战争导致使1555年的奥格斯堡和约和1648年的威斯特伐利亚和约采纳了这样的原则：各地诸侯有权决定在自己的领地内保留何种宗教。到宗教战争结束的时候，单一民族国家已成为影响公民生活的首要力量。任何一个教会都已没有足够的权威来向这一事实挑战，尽管罗马天主教会在拥有大批信徒的那些国家——西班牙、意大利、拉丁美洲各国和东欧各国——中仍然具有强大的影响。宗教已成为国家的事务：教会与民族被认为是不可分割的，但力量均势的基础所在却是毫无疑问的。

然而，不论统治者多么希望在其国家内保持宗教的一致，个人良心的要求却是无法忽视的。教派和宗派的多种多样最终使得统治者们相信，维护宗教的一致的努力是得不偿失的。更重要的事情是，通过某种程度的宗教宽容来维护国家的统一。

图腾崇拜与禁忌　TOTEMISM AND TABOO

西格蒙德·弗洛伊德在他1913年发表的《图腾与禁忌》一书中，把"图腾崇拜"和"禁忌"这两个名词联系起来。这本书是关于宗教起源问题的。这两个词虽然有联系，但有着截然不同的含义。图腾崇拜一词源自于美洲印第安人的一支——奥吉布瓦人，它是指某种与血亲家族或部落相联系的动物或植物，这种动物或植物便是图腾。由此可见，图腾崇拜是一个用来明确关系的词。禁忌则表示禁止或应避免的事。这个词出自波利尼西亚人。1771年，詹姆斯·库克在南太平洋探险时发现汤加群岛上的居民在使用这个词，于是他最先记录下这个词。

这两个词在现代语汇中能找到其对应词。人们经常会谈论到他们的星座并说他们的星座各是什么，比如狮子座、双鱼座或白羊座。这种与不同群体联系在一起的动物就很类似于图腾崇拜。今天我们最常见的禁忌就是公共场所的"禁止吸烟"标志。

虽然图腾一词来自美洲印第安人的一个部落，但这种习俗却遍布全世界。这一现象广泛存在于澳大利亚土著、美拉尼西亚人、印度尼西亚、一些非洲部落以及南、北美洲的印第安人中。

如果一个部落是分成固定数量的分支，而每一分支又与一个特定的植物或动物图腾相关，那么这个部落就可以说是存在图腾崇拜的部落。分支内的成员不能改变这种关系，并且，他们只允许和本分支外的成员结婚。图腾可以是一种可怕的动物、一种可食的植物或任何普通的食物。

这一概念在北美最为著名的例证就是图腾柱。美国西北海岸和加拿大的印第安人都用到它,这是一种雕刻华美、上面有动物或精灵图案的柱子。它们是用来标明家族血统的,就像英国的族徽。有些图腾柱展示了整个家族传奇。

和图腾崇拜一样,禁忌这一概念也在世界很多地方存在。在有些地方,与图腾的接触是不允许的,在这个意义上,禁忌与图腾便被联系到了一起。在有些情况下,被图腾所象征化的动物是不允许被吃掉的,或者只在一定的仪式中才能吃。另一个较常见的禁忌就是不允许在接触过尸体后触摸食物。大部分人类社会中都有一个主要的禁忌,就是禁止乱伦,或在较近的血亲之间的性关系。

通常来说,禁忌的存在都包含了这样一个意思:所禁止的物体或行为有着仪式上或宗教上的意义。比如,在一些社会中不允许触摸首领或祭司的身体。触犯了禁忌的人被认为会遭到厄运。

禁忌常起到很有效的社会作用。对一些食物的禁忌能起到保持健康的作用。对乱伦的禁忌也保证了家族繁衍的质量。

塔布 TABOO 见:图腾崇拜与禁忌

祖先崇拜 ANCESTOR WORSHIP

在许多文化和社会中对死者的尊敬和怀念被称为祖先崇拜。它是人类历史上最古老和最基本的宗教信仰之一。人们相信:家庭成员死后,他们将进入精神世界,比仍活着的人更接近上帝或众神。不再被肉体拖累的灵魂被认为十分强大——拥有帮助或伤害现实世界中的人的能力。他们甚至强大到可以转世投胎。具有这些信仰的活着的人因此对祖先怀着兼有恐惧、害怕和尊敬的复杂感情。他们相信,他们的成功和生存依赖于祖先们的善意。在这种信念的支配下,家人之间关系的维系并没有随着个人肉体的死亡而消失。

那些实行祖先崇拜制度的人相信,死者也同他们活着时一样,有多种需要。因而,活着的人必须给死者以尊敬、关怀、爱意、食物和饮品,以及音乐和娱乐。这种对祖先的尊敬行为可能由单个人实施,也可能由整个社会执行。社会整体崇拜通常集中在一些伟大领袖或英雄人物身上,就如同古罗马人对皇帝的狂热崇拜一样。一年之中有几天专门用来进行这样的纪念活动。

在一些国家里,对祖先及其需要的供奉仍然是人们日常生活中的一部分。例如在中国,祖先崇拜长期以来是一个十分重要的宗教信念和习俗。在一直遵守中国传统宗教典礼的香港,人们依旧给祖先的灵魂供奉食物、饮品,进行焚香和祈祷。人们请求祖先保佑家事,因为他们仍被当作家庭成员。这种对生命力量持续性的信仰在中国的一句谚语中得到了体现,这就是:"出生不是开始,死亡也不是结束。"

祖先崇拜在非洲、东亚和太平洋地区十分普遍,甚至在那些皈依了伊斯兰教和基督教的人当中也不例外。这些信徒们认为,尊敬他们家庭中的圣人与他们自己的信仰并不矛盾。在印度和印度支那也存在着这种崇拜。

"祖先崇拜"这个词最早是在1885年由英国人类学家赫伯特·斯宾塞创造出来的。但现在认为这是一个容易使人误解的词。"祖先尊敬"可能更加精确。这个提法相当大地,但却又不是不合逻辑地扩大了这个概念。犹太人在家庭亲密成员的祭日里,点起蜡烛,念一些专门的祷词。基督徒庆祝万灵节。在死去的家庭成员的坟头上放上礼物和鲜花,可能是最古老的人类普遍的宗教表示,并且仍然被当作是尊敬祖先的体现。

这些习俗被现代社会的成员,同时也被那些执行古代文化传统的人们所遵守。这显示了人们相信人死后在一定程度上仍然存在。这就是祖先崇拜和祖先尊敬之间的联系。

巴力 BAAL

"巴力"是一个闪语词,原意是所有者或主人,在古代宗教中也用来表示上帝或神,现在仍然被定义为迦南人或腓尼基人所崇拜的一个神。在闪米特人最崇拜的大神中,巴力和阿斯塔特是其中的两个——两者都是丰饶的象征。巴力是太阳神,被认为能使庄稼生长,使畜群增加。阿斯塔特是月亮女神,标志着热烈的爱情。

腓尼基航海者把巴力教传播到地中海各地。巴力崇拜便在小亚细亚、埃及、希腊、罗马、迦太基和西班牙盛行开来。在巴比伦和亚述,巴力和阿斯塔特也以各种不同的名称受到人们的崇拜。祭司们教导说,干旱、瘟疫和其他各种灾难是巴力造成的,于是进行各种献祭活动来抚慰发怒的巴力神。他们把小公牛、山羊、绵羊,有时候甚至是人活活地烧死。在《圣经》中,巴力也叫作别西卜(Baalzebub),是撒旦属下的堕落天使之一。

埃赫那吞 IKHNATON

公元前14世纪,埃及国王阿孟霍特普四世进行了一次宗教改革,用太阳神阿顿取代传统众神。为对太阳神表示敬意,国王把他的名字改为埃赫那吞,意思是"阿顿一切都好"。埃赫那吞(亦作Akhenaton),公元前1379—前1362年在位。他的王后是娜弗雷苔蒂,是埃及历史上最有名的女人之一。国王死后,由他的幼儿图坦卡蒙继位。图坦卡蒙的墓于1922年被发现,在考古界引起轰动。

埃赫那吞的改革是最早的推行一神教,即只信仰一个神的尝试。所有其他神的偶像和铭文都被撤掉。为了进一步贯彻他的思想,埃赫那吞把埃及的首都从底比斯迁到了北边300公里一个叫阿克塔顿(今泰勒阿马尔奈)的地方。

埃赫那吞的改革,和随之而来的艺术和文学的复兴,并没有持续多久。由于他把大部分时间用在了宗教上,强大的埃及帝国开始瓦解。这一情况,加之被取消的诸神的祭司们的反对,逐渐削弱了新教的基础。埃赫那吞死后,首都又迁回底比斯,以前的众神也都复位。

基督教 CHRISTIANITY

大约在公元30年的一个黄昏,有两个人正从耶路撒冷赶往附近的以马忤斯村。他们边走边谈着前一个星期所发生的一些远近闻名的事情。途中他们遇到了一个陌生的同路人，似乎对这些事一无所知。惊讶之余他们便问："你在耶路撒冷作客，难道不知道这几天在那里出的事吗？"于是向他解释了一个名叫耶稣的拿撒勒人的事情，"他曾经是一位在神和群众面前，说话行事都充满能力的先知。可是，祭司长和我们的领袖却把他捉去〔交给了罗马当局〕处死，〔他们〕把他的手脚钉在十字架上。唉！我们一直以为，来拯救以色列的就是他。"接着这两个人又说，更令人惊奇的是，去过他坟墓的一些妇女竟回来说他又活了，死而复生了。

这个陌生人突然插话说："愚蠢的人哪！你们为什么迟迟不肯相信先知的话呢？先知不是清楚地预言救世主进入他的荣耀之前，必须这样受害吗？"接着他把希伯来圣典中凡涉及他自己的段落——作了说明。原来这个陌生人正是那两人刚才提到的拿撒勒人耶稣。

基于耶稣这个人——也叫作基督——的生活、死亡和死而复生，发展出了世界上最大的宗教——基督教。它自称在世界各地拥有 10 亿以上的信徒。在 20 世纪晚期，基督教已分裂为数百个群体或教派，其中最大的教派是罗马天主教会、东正教各大教会，以及数不清的新教教会。（关于基督教内部这些分支的说明，见下面的"简史"。参见：**耶稣基督**）

期望与现实

赶往以马忤斯的那两个人并非不带个人偏见的旁观者。他们是耶稣的追随者（或称门徒或学生），认识耶稣至少已有 3 年了。在这个期间，他们倾听了耶稣的全部讲话，目睹了耶稣的各种令人惊奇的举动，诸如治愈病人、使盲人重见光明、使聋人恢复听觉，甚至使人复活。他们早已确信，耶稣是"注定要拯救以色列的那个人"。

以色列想要并期望复国。这个位于罗马帝国东部的犹太小国，几个世纪以来一直盼着有那么一个时候，他们的上帝会通过一些决定性的举动，把它从外族的统治下解救出来，建成世界上的一流国家。上帝的做法之一可能是派出一个弥赛亚（希腊文为 Christos），他会把他们从敌人那里解救出来并成为他们的国王。弥赛亚一词的意思是"救世主"，即上帝将留下来执行一项特定任务的人。（参见：**犹太教**）

基督徒相信，来自加利利地区的拿撒勒人耶稣就是那个弥赛亚。他们还相信，他所做的事情远远超过了以色列的期望。犹太人寻求一个弥赛亚纯粹是为了他们自己，尽管弥赛亚的力量之大会使其他民族去信仰犹太人的上帝。基督徒却相信，耶稣作为上帝的代理人所做的事情旨在直接使整个世界获益，而不是只为了某一个民族的命运。应当认为，他的工作涉及任何时间任何地方的每一个人。

耶稣与启示

由于基督教许多教派的信仰千差万别，不可能列举出适用于所有基督徒的教义。理由很简单，耶稣及其生活和工作是基督徒的信仰对象；但不同的人是以不同的方式来看待信仰对象的，而且，不同的人在不同的历史时期，对于信仰对象的看法也不尽相同。至今没有一个人能成功地提炼出一个"基督教的本质"。不过耶稣的早期追随者的断言"耶稣是主"最接近于问题的实质。他们的意思似乎是说，他不仅仅是人。在某种无法理解的意义上，他还是上帝。而由于他的奉献、他的死亡和复活，他完成了一种所有信仰他的人都能得到的普遍拯救。

我们可以在《新约全书》的前四篇中点点滴滴地见到耶稣的言行（见：《圣经》）。这些篇章——《马太福音》、《马可福音》、《路加福音》、《约翰福音》——并不是传记；它们叫作《福音书》，意思是"喜讯"，因为它们是耶稣的追随者写下来的有关他的全部生活情况的证言。

福音书描绘了一个浑身上下浸透了自亚伯拉罕时代以来以色列人全部宗教传统的人。（参见：**亚伯拉罕**；**犹太教**）

根据耶稣的言行，其追随者终于相信，上帝或许正在以一种非常特殊的方式通过耶稣采取行动。很可能耶稣就是人们长期以来翘首企盼的、将开创地球上的上帝之国的那个人。他们这样想是合理的，因为他们也是古以色列人；而且他们在耶稣的言行中看到了预示着一个新时代即将来临的东西。使他们的希望破灭的是他的不体面的死亡，因为钉死在十字架上是对罪犯的一种惩罚。但结果却使他们大吃一惊：耶稣死而复生，40 天后重新出现在他们面前。这一惊人事件要求对耶稣究竟是怎样一个人作出全新的估价。

正是这一重新估价构成了《新约》的写作基础。如《福音书》本身是这一重新估价的一部分，《新约》的其余 23 篇则更加显著地表达了这一重新估价，所有这些篇章都是耶稣的追随者在耶稣离开他们之后的数十年中写出来的。

耶稣既已离开了他们，于是关于他是怎样离开的、离开之后又去了哪儿这些不得不回答的问题，只能解释成他回到派他出来的上帝那儿去了。但是他并非永远离开了他们：他许诺终有一天他将回来，并且交给了他们一项使命——把有关他的生平和工作的启示传播到全世界。

信徒的聚会：教会

首先谈一谈术语的问题。耶稣离开之后，当时聚集在耶路撒冷的一小群追随者并没有用任何名称来称呼自己。"基督徒"一词是多年之后才使用的，而且最初是外界人士用于他们的一个贬义词。在写作《新约》时，用来称呼信徒的词只有"聚会"一词。其希腊原文是 ecclesia，指人们的任何聚会，尽管它常常具有政治的内涵。较晚一些时候，很可能是在 3 世纪或 4 世纪，人们开始用"教会"一词来指称信徒们的特种聚会。"教会"一词也源出自希腊文，原文是 Kuriakon，意思是"属于主"。现在它已成为表示世界上的全体基督徒或各种基督徒群体的最常用的一个术语。"教会"一词还常常用于各种教派，这种用法现在已经非常普遍而不可避免了。不过，教派是基于特殊观点和传统做法的组织机构。它们是长期的历史发展、学说的差异和地理分隔的结果。

教会在产生之后的最初数十年间，有四个重要的成就：信徒的聚会脱离了以色列人的宗教；信徒们对耶稣的生活、死亡和复活的意义作了广泛的评估；信徒们在罗马帝国各地建立了新的教会；信徒们临时准备了将会产生持久影响的组织机构和崇拜形式。

与以色列人分离 早期基督徒都是犹太人。他们留在耶路撒冷,一起在圣殿中参加宗教仪式。他们不同于其他犹太人的地方只在于他们相信弥赛亚已经降临人世。要是他们闭口不谈自己的信念,就很可能始终是犹太教中的一个派别。然而,他们坚持向一切愿意倾听的人宣讲:犹太当局所迫害的耶稣就是以色列人长期以来翘首以盼的那个耶稣。这种宣讲引起了犹太教领袖的仇视,于是早期基督徒遭到了迫害。

但这些基督徒还没有想到要走出以色列人的圈子去宣讲他们得到的启示。只是在出了一个名叫塔尔苏斯的扫罗的人之后,信徒们的聚会才将其范围扩大到整个已知的世界。扫罗是一个严厉的犹太人,曾经迫害过教会。然而他皈依了基督教并改名为保罗,尔后开始了所谓的向非犹太人传教的活动。("非犹太人"一词只是一个普遍适用的术语,表示所有的非犹太民族。)正是这个人,比其他任何人作出了更多的贡献,把教会从圣殿和犹太教堂中拉了出来,使之分离而成为一个独立的组织机构。(参阅:**保罗**)

但对于保罗来说,这种分离不仅仅是组织行为上的分离。它还是学说上的分离。他断言,基督徒不一定非得变成犹太人。他们不必受制于以色列人的宗教的所有礼仪、仪式和律法。这一点也许比其他任何因素更多地引起了犹太人的强烈敌意,导致了两个阵营的最后分离。

评估 《新约》各个篇章,特别是保罗的作品,含有早期教会对于耶稣的身份和他的一生的含义的陈述。必须予以解决的第一个问题是,耶稣是否仅仅为了以色列人。如上所述,答案是否定的。在某种意义上,耶稣无疑是为以色列人的,因为以色列的圣典(基督徒叫作《旧约》)把他描述为实现了每一个预言和承诺的人。《希伯来书》的第一节说道:"早先,上帝是以各种形式断断续续地通过先知们对我们的祖先说话的。但在这最后的时代,他却是通过他的儿子对我们说话的,因为他已让他的儿子继承了整个宇宙,并通过他的儿子创造了世界的一切秩序。"在这一节中,以及在其他许多地方,《新约》都说得很清楚,耶稣对于所有的人来说都是上帝的充分而最后的显示。

这表现了一种新的思考上帝的方式。出于某种理由,这个耶稣与创世者是同一的。这种想法是与犹太教和伊斯兰教相反的,因为犹太教和伊斯兰教都是严格的一神教宗教,对于它们来说上帝是一位,不能分裂。但基督徒不得不处理这个问题,而根据他们对耶稣的信仰,他们无法得出任何其他的结论。他们声称这一点是真实的,尽管他们无法理解或说明这一点。他们只是相信这一点,并通过他们的早期声明(他们声明:耶稣是主)表达了这一点。

耶稣是怎么能够取得这样的地位的呢?《新约》的作者回答说:那是由于他的死亡和复活。但是这些事件事实上发生在罗马帝国的一个边远的地方,又怎么能够具有普遍的重要性呢?保罗本人承认,这个想法是令人惊骇的;对于以色列人来说,它令人不快,因为犹太人绝不能设想他们的弥赛亚会被处死;而对于对以色列人的信仰一无所知的非犹太人来说,这又像是十足的胡说。可是所有早期基督徒都说这是真实的。他们相信,许多人不信仰不服从

上帝,耶稣以自己的死亡为这一切赎了罪,偿付了上帝的惩罚。他们进而断言,耶稣的复活是上帝正在重新创世的第一个举动。用一些近代基督徒的话来说,创世就是按照上帝的原初意图"重新出生"、重新组成、重新制造。这就是最早的基督徒首先带到以色列,后来又带到世界其他地区的启示。

向非犹太人传教的活动 保罗和他的伙伴把这个启示带到了地中海各地的大部分中心城市。到公元1世纪末,在亚历山大、以弗所、安条克、科林斯、塞萨洛尼卡,甚至在罗马帝国的首都罗马,都出现了强大的教会。而耶路撒冷的母教会,则由于公元70年耶路撒冷城在一次犹太人的起义时被古罗马军团摧毁而遭到解散。

组织与崇拜 早期基督徒不太可能想要设计出将会延续数世纪的组织结构。但任何制度要成功地运行,就必须组织起来。教会中首要的人物乃是使徒,即那些曾经与耶稣在一起生活过的人。在这些人的名单中,保罗是后来才添上去的。他们是在所有的信仰问题上都能作出裁决的活着的权威(见:**使徒**)。为了帮助他们,教会任命了执事或随从来协助布道和教会的日常事务。后来,又发展出了叫作长老(希腊语为 presbyteroi,近代的长老会教派便由此而得名)的其他领导和叫作 episkopoi(原意为"监督"——由此派生出"主教的"一词——通常译作主教)的领导。

早期教会没有神职人员,它有各式各样的人分别行使不同的职责:主持礼拜、布道、收集捐赠,以及为穷苦的教徒提供食物和衣服。但数百年之后,逐渐形成了一种等级制度,规定了主教、长老(司铎)和助祭各自的职责。主教成为一个城市或地区的监督。他还是教义方面的权威人士。最后,这些官员通过一个叫作授圣职礼的过程与其他教徒分离开来——这个过程意味着他们是教会内部的一个特殊阶层。困扰着近代一些教派的问题之一是这些被授以圣职的官员与叫作平信徒的教派普通成员之间的关系。某些教派试图抹杀这种区分,而另一些教派则严格地坚持传统的形式。

在礼拜活动方面,基督教从犹太人的形式中借用了大量的东西。基督徒使用祈祷文,唱赞美诗,颂读圣典(《旧约》)和保罗的一些信件,聆听某人对当天选用的几段圣典的阐述。礼拜活动日为星期日,以纪念耶稣的复活,它发生在一个星期的第一天。

此外,基督徒还使用了曾由耶稣本人主持过的两种礼仪。这两种常常叫作圣事的礼仪就是洗礼和圣餐(或圣体,意思是"感谢祭")。洗礼是入教仪式,它将人在水中浸一下以表示洗去罪恶。圣餐最初是一种团体聚餐,参加者要领受面包和酒。这种聚餐是为了纪念耶稣死前与其门徒共进的最后一餐。今天,许多教派对这些礼仪下了种种不同的定义,已不可能对它们作单一的解释。

上帝在教会中的存在

耶稣在离开其门徒之前曾承诺,他们在世界上不会孤立无助。他说,他走之后会给他们派一个助手、一个导师、一个安慰者来支持他们,帮助他们完成教会的使命。他把这个助手叫作"圣灵"。圣灵的目的是"引导他们走向一切真理",使他们记住耶稣的一切言行。《新约》生动地表述了

这样一个信念：圣灵的的确确存在于最初的基督徒身上并发挥着作用。基督徒不能免除痛苦和迫害，也不能免除死亡，但他们确信，上帝的灵魂支持着他们的一切努力。

由于相信圣灵在他们之中起着作用，这再一次驱使早期基督徒去拓宽他们对于上帝的理解。他们的结论是，上帝已经显示了自己是万物的创造者，接着显示了自己是救世主耶稣，最后显示了自己是支持和保护教会的灵魂。为了说明这个难以理解的神秘启示，早期基督教思想家设计了三位一体说。这个教义绝不是对上帝的一种说明。它所能做的只是提出这么一个坚定的信念：对于基督徒来说，上帝反正既是一体又是三位。

门徒的生活

耶稣对他的门徒称道的生活实质上是他所过的那种生活：无私地服从上帝的意志。他称自己是一个仆人，并且说自己的门徒也应当是仆人。他的门徒应当无所畏惧，甚至不怕死。关于他们应当具有的基本态度，他总结说："你们要爱上帝甚于一切，要爱邻如己。"应当对一切人行善，应当把关于他的启示传播到各地。尤其是，他的门徒不应当只是相信某些教义的人。服从上帝应当体现为积极地参与尘世的生活。

保罗总结了基督徒的个人特征："穿上与上帝的选民相称的衣服……同情、仁慈、谦恭、和善、耐心。彼此忍耐、宽仁。"至于基督徒个人对上帝的服从及其生活质量在实质上究竟如何，这一般要在上述特征的范围之内由个人私下去判断。数百年来基督徒找到了种种不同的方式来表达他们个人对于信仰的忠诚。

简史

基督教的历史充满了冲突、争论和分裂。但它在崇拜、建筑、绘画、雕塑、音乐和文学等方面也有无数卓越的创造。此外，教会在各个时期都设法完成耶稣交托给它们的使命。对这段历史，本文只能给出一个非常简要的概述。

早期至公元380年　在公元1世纪到2世纪的两百年间，基督教已在中东地区并且几乎在罗马帝国全境扎下了根。随着它不断地成长和扩展，它成了罗马帝国当局的迫害对象。最严酷的几次迫害发生在以下几任罗马皇帝的统治时期：图密善（公元96年）、马可·奥勒留（161—180）、德西乌斯（249—251）和瓦莱里安（253—260）。打击最大的一次是罗马皇帝戴克里先（284—305）试图彻底根除基督教。但到了公元313年，君士坦丁大帝却颁发了一道宽容所有宗教的敕令。公元380年，狄奥多西一世则使基督教成了罗马帝国的官方宗教。

中世纪　基督教教会遍及罗马帝国全境。但有两个城市在指导宗教事务方面比其他城市更有影响：罗马和君士坦丁堡（现在的伊斯坦布尔）。在君士坦丁大帝之后的许多个世纪中，发生了许多次神学争论，这些争论通常由教会公会议裁决（见：**教会公会议**）。以罗马主教即教皇为首的罗马教会与以君士坦丁堡牧首为首的君士坦丁堡教会逐渐在信仰和实践上发生了分歧。罗马教会控制了西欧的基督教，而君士坦丁堡教会则控制了东方的基督教。1054年这两个教会彼此断绝了关系。（参见：**教皇制**）

近代　16世纪早期，罗马教会发生了分裂。自那时以来，西方的教会主要划分为罗马天主教与新教两派。"新教"这个词几乎是指不附属于罗马天主教和东正教的分支的任何教派。历史比较长的新教宗派有路德宗、安立甘宗、长老宗、归正宗、循道宗和浸礼宗。（参见：**马丁·路德**；**路德主义**；**宗教改革运动**）

在20世纪，出现了一些试图恢复教会的活力和重新统一教会的努力。1948年成立的"世界基督教协进会"是一个由罗马天主教之外的大多数教派构成的组织。20世纪60年代，罗马教会在其"第二次梵蒂冈公会议"上力求精神的更新和现代化。因此，在许多个世纪之后，构成全世界基督教徒的那些教派中大多数彼此之间又建立了联系。许多教派参与了合作项目，其他一些教派则已着手进行实际上的合并谈判。1965年罗马教会与东正教会恢复了接触。

《圣经》　BIBLE

很多宗教都有其经典，作为信仰和信徒活动的基础。犹太教和基督教的经典就是《圣经》。"Bible"一词源出自希腊文，意思是"书"。《圣经》不是一本书，而是由一些不知名的作者所写的许多书的合集。

犹太教的《圣经》与基督教的《圣经》的组成并不相同。基督教的《圣经》分《旧约》与《新约》两部分。犹太教的《圣经》即基督教的《旧约》，包括律法书、先知书和圣录三部分。有些基督教派，例如天主教与东正教的《圣经》，还包括一些不被犹太教和新教承认其权威的作品。这些作品被犹太教徒与新教徒称为"外典"，它们通常收录在罗马天主教和东正教版本的《圣经》中，而新教版的《圣经》不作收录或仅作为附录。

犹太教的《圣经》

后来成为犹太教《圣经》的那些宗教经典最初用希伯来文和阿拉米文写成，它们的编制源于古以色列国的宗教经验。希伯来《圣经》分为三部分，共24卷。除了外典，基督教的《旧约》包括了同样的内容，但因计数与次序不同，而分为39卷。

律法书

希伯来《圣经》的前五卷合称为"律法书"、"托拉"或"摩西五经"。最初的希伯来《圣经》不是像今天的书的形式，而是写在长卷轴上的。这5卷的卷名是：《创世记》、《出埃及记》、《利未记》、《民数记》和《申命记》。这5卷讲述了关于以色列如何创建，以及以色列人民如何被上帝选为其他民族的楷模的故事。这5卷合起来叫作"托拉"，意为"训诲"，因为其中很多内容是用来详细叙述和解释上帝的律法的。（参见：**摩西**；**托拉**）

先知书

"先知"（prophet）一词源出于一个希腊词，意为"代言"。先知就是那些代表上帝向全体国民说话的古代以色列人。换言之，他们就是传道士。他们的目的并不是通常所认为的预言未来。先知根据上帝的律法解释以色列的行为，并且经常找理由谴责那种行为。先知们还宣布：以色列如果违反上帝的律法,就会受到惩罚。后来一系列的国家灾难似乎证明了这些预言性警告的正确性:在700年内,以色列先后被亚述、巴比伦、波斯、希腊和罗马征服。

希伯来《圣经》把先知书分为早期先知书和晚期先知书两部分。早期先知书包括《约书亚记》、《士师记》、《撒母耳记》和《列王记》。基督教的《旧约》把早期先知书当作历史叙述而不当作先知作品。晚期先知书有《以赛亚书》、《耶利米书》、《以西结书》,以及被称作"十二先知书"的一系列短篇。基督教的《旧约》称这些短篇为"小先知书",它们是《何西阿书》、《约珥书》、《阿摩司书》、《俄巴底亚书》、《约拿书》、《弥迦书》、《那鸿书》、《哈巴谷书》、《西番雅书》、《哈该书》、《撒迦利亚书》和《玛拉基书》。(参见:先知)

圣录

希伯来《圣经》的第三部分包括历史、赞歌、诗歌、故事和智慧文学。与律法书和先知书不同,圣录并不组成一个整体。但是它们的多样性使犹太教和基督教都能将它们用作礼拜的辅助物,都能为了训诲的目的而利用它们。

圣录中最著名的,而且很可能也是最常用的部分是《诗篇》。它收集了以色列不同历史时期的赞美诗与歌谣。编这个集子的目的是为了在礼拜仪式上使用方便。这一卷也常被称为"大卫诗篇";大卫是公元前1000年的以色列王(见:大卫)。当今的《圣经》学者一般认为,其中可能有大卫的作品,但大部分是佚名作品。属于圣录部分的其他作品有:《箴言》、《约伯记》、《雅歌》、《路得记》、《耶利米哀歌》、《传道书》、《以斯帖记》、《但以理书》、《以斯拉-尼西米记》(基督教的《旧约》为2卷)及《历代志》(《旧约》为2卷)。

《约伯记》、《箴言》和《传道书》为"智慧文学"。"智慧文学"是古代近东地区兴盛的一种文学形式。智慧文学主要有两种类型:实用型和思辨型。以《箴言》为代表的实用型智慧文学包括俗语、格言、寓言和警句。其目的是为了教育年轻人,使他们行为理智。以《约伯记》和《传道书》为代表的思辨型智慧文学探讨善与恶、义与邪,以及为什么清白的人受折磨,而邪恶的人却常常兴旺发达等问题。

《路得记》和《以斯帖记》基本上是由关于以色列不同历史时期的短篇故事组成。《但以理书》前6章为故事,后6章为异象。

《雅歌》(又名《所罗门之歌》)和《耶利米哀歌》是两部诗集。《雅歌》为情诗集,通常被归为以色列国王、大卫之子所罗门所作。《耶利米哀歌》包括5首诗,表达对公元前587年耶路撒冷失陷的哀痛。当时耶路撒冷及附近乡村受到巴比伦帝国军队的蹂躏。

《以斯拉-尼西米记》和《历代志》为历史书。两部作品都是对以色列历史的诠释。《历代志》所记述的历史早于《以斯拉-尼西米记》中的内容,在希伯来《圣经》中,它们次序相反。这很可能是因为《以斯拉-尼西米记》中的内容在其他部分找不到,《列王记》的内容逻辑上是《以斯拉-尼西米记》中内容的后续。另一方面,《历代志》基本上是其他部分的一些内容的重复。而在基督教的《圣经》中,上述2卷为4卷,其印制顺序为《历代志上》、《历代志下》、《以斯拉记》、《尼西米记》。

在现代希伯来《圣经》中,《雅歌》、《路得记》、《耶利米哀歌》、《传道书》和《以斯帖记》,按此顺序归为一部分,用于一年中一系列节日,最初称为"节日卷轴"。除了用于礼拜仪式外,它们几乎无相同之处。

《新约》

对于基督徒来说,《圣经》分两部分:《旧约》和《新约》。《旧约》(或希伯来《圣经》)的主要教义为:上帝从与以色列建立者亚伯拉罕的协议开始,跟以色列王国也就有了协议(见:亚伯拉罕)。根据这个协议,以色列人是上帝的选民,上帝承诺使他们的国家强大,给予他们律法(《出埃及记》、《利未记》、《民数记》和《申命记》中所记录的十诫及其他神圣法),并要他们服从。协议的目的是使以色列成为指引其他民族成为上帝之民的灯塔。上帝的承诺以以色列的绝对忠诚为前提。

犹太教与基督教的主要分歧在于:上帝的诺言是否已经实现。犹太教坚持认为,以色列及犹太人仍是上帝选中的国家和人民,服从他的律法,等待着他的诺言实现。基督教则认为,上帝的诺言已经通过耶稣基督的降临和布道完全实现了,《旧约》的条款也由于耶稣的降临而完全改变了,因此,一个新的约定又缔结了(见:耶稣基督)。因此,他们认为,没有《新约》,《旧约》是不完整的。基督徒们全面接受《旧约》,但他们用《新约》中的内容去解释《旧约》。

来源和内容

《旧约》由很多作者写成,编写时间经历了很多个世纪。《新约》的作者要少得多,编写时间也短得多,可能在公元50年至150年之间。

耶稣在人间的使命结束后,他的追随者们聚在一起,组成一个叫作"教堂"的组织。"教堂"一词源出于希腊文"kuriakon",意为"主的房子"。教堂把传有关耶稣的信息于文明社会当作使命。若干年后,一些教堂成员开始写下这些信息。这是为了:保证正确保存信息,教育信徒,规劝信徒在困难时保持信仰,以及为下一代作记录。

《新约》的作者们写了4种不同类型的作品:《福音书》、记述教会历史的《使徒行传》、使徒书信及先知戏剧性作品《启示录》。它们最初均用希腊文写成。

《福音书》

《新约》中有4卷《福音书》:《马太福音》、《马可福音》、《路加福音》和《约翰福音》。据推测,这4卷《福音书》都由耶稣最亲近的追随者写成。《福音书》首先是简明的耶稣传,在包含大量有关耶稣生活的信息的同时,也是有关他的信仰的见证。《福音书》记录他的所说所为,也解释了他在人间完成使命的过程。《福音书》用传记形式宣布好消息。

《马可福音》虽然位于《新约》的第二卷,却是最早写成的,也是最短的。《圣经》学者们认为,马太与路加在写《福音书》时参考了《马可福音》及其他一些资料。这3卷《福音书》合称"对观福音书",意为"一起参考"。我们可以并列印出这三卷《福音书》,对比其内容,找出其相同与相异之处。

《约翰福音》在几个方面与"对观福音书"不同。它包括很多"对观福音书"没有的内容,对耶稣完成使命的叙述有不同的时序。《约翰福音》的作者很可能吸收了其他一些《福音书》作者所不知的有关耶稣的传说。

《使徒行传》

使徒是被派去宣布福音的信使。《使徒行传》讲述的是教会建立的事和使徒早期的活动。它和《路加福音》出于同一作者之手,很可能是作为一部两卷作品的第二卷写的。内容的时间跨度为 35 年,可分为两部分:第 1 章至第 12 章为"彼得的传教生涯";第 13 章至第 28 章为"保罗的传教生涯"。彼得是耶稣最早的门徒之一,后来成为第一位使徒(见:彼得)。保罗是到罗马帝国非犹太人地区传教的传教士(见:保罗)。两人都在大约公元 64 年时被罗马官方杀害。教会的早期传教活动的结束以两人的死为标志。

使徒书信

《新约》的 27 卷中有 21 卷为使徒书信。其中很多出于圣保罗之手。他的作品有:《罗马人书》、《哥林多前书》、《哥林多后书》、《加拉太书》、《以弗所书》、《腓立比书》、《歌罗西书》、《帖撒罗尼迦前书》、《帖撒罗尼迦后书》、《提摩太前书》、《提摩太后书》、《提多书》和《腓利门书》(以《新约》的编排为序)。2 卷《提摩太书》、《提多书》和《腓利门》是他写给个人的,其他是写给不同城市的教堂的。这些书信后来被抄写下来,在罗马帝国的教会中流传。作者的意思是让这些书信在教堂中大声朗读。信的内容包括对《福音书》的广泛的诠释、地方教堂的问题的解决方法,以及关于基督徒如何生活的忠告。在公元 1 世纪结束之前的某个时候,保罗的书信大部分被收集、流传,被所有的教堂广泛使用。

《希伯来书》过去被认为是保罗所写,一般认为为公元 1 世纪的佚名基督徒所写。与其说这是一封书信,不如说是布道词。它是《新约》中最好的、结构最严谨的作品之一。它最初是写给没有犹太背景的基督徒的,其中引用了大量《旧约》的资料,证明耶稣基督的使命是实现《旧约》。

其他 7 卷使徒书信为:《雅各书》、《彼得前书》、《彼得后书》、《约翰一书》、《约翰二书》、《约翰三书》和《犹大书》。这 7 卷合称"公信",意为它们不是写给具体个人或教会的,而是为了在所有教会中流传。专家们对其中大多数书信的来源意见不一。但《约翰一书》似乎与第 4 卷《福音书》出自同一作者之手。由于这些书信中有关于教会屡遭罗马当局迫害的暗示,所以它们很可能全都创作于公元 1 世纪末或 2 世纪初,因为教会遭罗马当局迫害就发生在那个时候。他作这些书信的目的是为了给日常生活以指导,驳斥错误的理论,以及鼓励不顾反对和迫害,坚持不懈,锲而不舍。

《启示录》

《启示录》,也叫《圣约翰启示录》,是《新约》中最精彩、最具有想像力的作品,也是最难解释的作品。启示文学是一种与世界末日以及末日到来时可能发生的事件有关的宗教文学。《启示录》作者可能是一个叫约翰的人,他是小亚细亚以弗得教堂的教主,后被放逐到距海岸很近的帕特莫斯岛。《启示录》这个名称来自该作品的第一节。

《启示录》分两大部分:1 至 3 章为前言和给 7 个教堂的信;4 至 22 章中作者描绘了历史结束后上帝之国的景象。它可能写于罗马皇帝图密善统治时期(公元 81 至 96 年),他曾执行了罗马帝国对教会的第一次大迫害。它的主题是历史过后上帝入主,意在鼓励基督徒忍受最残酷的迫害,因为上帝之国即将来临。

其他经书

《旧约》不是以色列的惟一经典,《新约》也不是早期基督教的惟一经典。其他很多以宗教为主题的书曾流传于古代犹太教和早期基督教会。这些经书中有一些被称作伪经,意为"伪造的著作"。犹太教中的伪经有:《阿里斯提亚斯书》、《马加比三书》、《马加比四书》、《以赛亚升天记》、《约伯遗言》、《亚当夏娃传》、《所罗门诗篇》及《摩西升天记》。基督教的伪经包括各种福音书、行传、书信及启示录。

还有一批经书包括在罗马天主教与东正教的《旧约》中,但不包括在希伯来《圣经》中。这些经书流传于古代犹太教内,很多曾相当流行。但由于某种原因,却没有被犹太教认可,这可能是因为它们没有包括在希伯来文版的《圣经》里的缘故。犹太人将这部经书集称为"次经",这是一个希腊词,意为"隐藏之物"。关于这些著作,它有"非公用之书"的含义。

虽然次经没有包括在希伯来《圣经》版本中,却包括在希腊文译本中。该译本从希伯来文本译出,翻译从公元前 3 世纪初在埃及亚历山大城进行。据传,它是由大约 70 位学者所译,所以通常叫"七十子译本"。在《新约》编写之前,它是早期基督教的《圣经》。公元 400 年,圣哲罗姆在译希伯来《圣经》的拉丁文译本时,也包括了次经(某种程度上他并不情愿),这是因为,次经包括在早期基督徒所用的"七十子希腊文本"中。拉丁(罗马)与希腊教堂也接受了这些次经。这些次经散见于这些教堂所用的《旧约》中,它们被当作正典看待,而不是像犹太教那样当作次经。某些现代版《圣经》把这些次经当作一个独立的部分加以收录。

这部经书集中的次经有:《以斯拉上》、《以斯拉下》、《多比传》、《犹滴传》、《以斯帖补篇》、《所罗门智训》、《便西拉智训》(或《便西拉之子耶稣智训》)、《巴录书》、《耶利米书信》、《三童歌》(或《阿扎利亚的祷词及三个年轻人之歌》)、《苏撒拿传》、《彼勒与大龙》、《玛拿西祷词》、《马加比上》、《马加比传下》。这 15 卷经书中,有三卷罗马天主教不视为正典:《以斯拉上》、《以斯拉下》和《玛拿西祷词》。这个次经编目是以书名为《次经》的一些经书汇编为根据的。

这些经书的主要价值是,帮助了解基督教出现以前两三个世纪中的犹太教。这些经书包含智慧文学、诗歌、历史、故事和启示。

20 世纪的发现

20 世纪关于古籍的两大发现大大增进了我们对希伯来《圣经》和基督教《圣经》发展的了解。这两部古籍是《死海古卷》和《哈马迪杂编》。《死海古卷》于 1947 年初在巴勒斯坦沙漠中被发现。《死海古卷》几乎包括了《旧约全书》中的全部卷本、残卷,以及一些从未发现的书籍和残篇。

《哈马迪杂编》于1945年被两位农民在埃及的哈马迪村发现。它是一部诺斯替教各教派作品的杂集。其中一些是由基督徒所写。这些作品代表了古代的各种哲学思想，大部分没有受到《新约》的影响。毫无疑问，这些资料对了解基督教早期人们的思想与情感是有价值的。这本文集被基督徒译成科普特文（当时的埃及语），大约公元400年被埋于哈马迪村。那时，诺斯替派基督教的教义被其他基督徒视为谬论和邪说。

《圣经》的权威

在古代以色列和早期教会流行的大量经典中，只有一小部分包括在了《圣经》中。这些最终组成《圣经》的经典被称为《新约》和《旧约》的正经。这意味着犹太教与基督教在经典书目这一点上意见一致。

正经的形成并不是一个自然而然的过程。正经作品都经过了长时间的考验和争论。正经的形成与大量不同的典籍的起源是两回事。

《旧约》的正经　《旧约》的正经的形成经历了若干阶段。几乎可以肯定，早在公元前6世纪末或5世纪初，构成律法书（或称《摩西五经》）的那些经书已被犹太人当作经典。由于律法书成了犹太教的基础，所以，被认为正经的其他经书都必须与它的教义一致。

从公元前5世纪起，先知的声望越来越高，这引起了人们记录和保存他们的教义的兴趣。《旧约》对各种先知书的收录可能完成于公元前4世纪末。

圣录中大部分作品（至少以其目前的形式）的出现要比律法书和先知书晚得多。次经《便西拉智训》前言的作者大约于公元前132年写道："律法、先知与《圣录》的作者"。由此看来，圣录作品大概流传于公元前2世纪初。律法书与先知书的收集工作在公元前3世纪已经结束，而圣录的选录工作则完成于公元1世纪。巴勒斯坦的拉比很可能在大约公元100年的某个时候在犹太教的一个主要学术中心贾姆尼亚确定了《旧约》的正经篇目。

《新约》的正经　《新约》的27卷作品只是公元1世纪和2世纪基督教书卷的一小部分。后经过200年的筛选，最后才形成了正经。

确定《新约》的正经篇目主要出自两个原因：当教会从1世纪进入2世纪时，关于耶稣和使徒行为的口头传说显然因为最初目击者的去世而结束；出现了一些教派和异端（学说派别），它们都认为自己对《福音书》的解释是正确的。这两个因素使得收集最准确地描述教会的使命的那些作品成了教会的当务之急。选择正经有三个标准：它们必须具有使徒教义的权威性；它们必须表述真正的教义；它们必须是广泛流传的作品。

《新约》中最先获得普遍认可的是1世纪结束之前流传的保罗书信集。4部《福音书》在2世纪末得到普遍认可。《新约》中的其他篇目也被慢慢接受。到公元325年，历史学家优西比乌斯（凯撒里亚的）的经典汇编中包括了当今正经的大部分篇目，但还有一部分在争论中。367年，埃及亚里山大主教亚大纳西制定了当今被人们接受的《新约》正经篇目。在接着的数十年中，宗教会议确定他的篇目为终稿。但有关《启示录》和一些通函书信的争论仍然持续了2个世纪。

今日《圣经》

最初的《圣经》原稿都已不复存在。它们在几个世纪之前就已散失。现在《圣经》中的经卷是以各种译本的形式经过许多代人的传抄而传下来的"抄本的抄本"。《旧约》最著名的译本是公元前3世纪初由大约70位犹太学者在亚里山大城翻译的"七十子希腊文本"。此外一个著名的古代译本是圣哲罗姆大约在公元400年翻译的"通俗拉丁文译本"，它包括《旧约》和《新约》。在整个中世纪，翻译复制都用手抄，容易出错。直到15世纪，印刷技术出现之后，经卷固定不变的《圣经》才有可能出版。

目前的《旧约》是以15世纪拉比的版本为蓝本的。它由雅各布·本·哈义姆·伊本·阿多奈贾编辑，于1524年在威尼斯出版。1551年，巴黎印刷商斯特凡努斯把《新约》分节。他于1555年印刷的拉丁文《圣经》是第一个以现在的章节形式包含《旧约》和《新约》的版本。

20世纪，《圣经》常为了去除过时的译文和反映当代惯用法而被修订。1901年，美国标准版本出版，随后《新约》与《旧约》分别在1946年与1952年被修订。在这之后有20多种译本出现，其中包括新标准译本的修订本（1990）。

修订版英文《圣经》（1989）也对旧译本中带有性别歧视的言辞作了改动。修订版英文《圣经》是英国学者的结晶。具体的对上帝的性别指代没有改变，只是不再将"他"字大写。

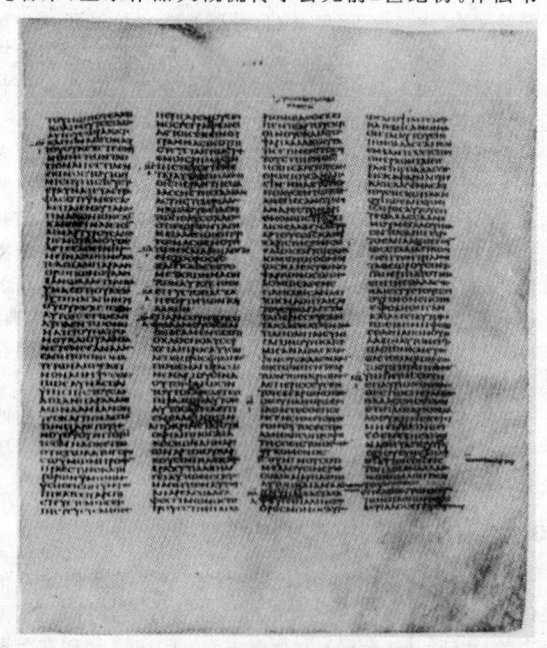

4世纪抄于羊皮纸上的希腊文抄本《西奈古卷》中的一页，现藏于英国不列颠博物馆。此为《约翰福音》中的若干小节。

罗马天主教　ROMAN CATHOLICISM
罗马天主教会是基督教中最大的教派。作为

一个机构,它自从公元1世纪以来便一直存在,尽管它的形式、势力范围和教义千百年来经历了重大的变化。教会的总部是位于意大利罗马的梵蒂冈城。教会的首脑是教皇,对于所有天主教徒来说,教皇在信仰和实践两方面都是最高权威。(参见:**教皇制**)

教会的名称既出自它的基地罗马,又出自一个意思是"普遍"的希腊词。Catholic 一词是指教会的整体性,许多世纪以来,罗马教会一直自称是惟一真正的基督教教会。

罗马教会也曾叫作拉丁礼仪教会,因为它过去使用的语言是拉丁文,它以前的主要势力范围在西欧。不过,罗马教会内部也有一些分支采取东方礼仪。它们保持着自己的古代礼拜仪式、礼仪用语及其他传统(见:**东仪教会**)。

要讨论罗马教会,必须考虑到两个要素。首先,20世纪60年代初召开的第二届梵蒂冈公会议所产生的变化在实质上改变了一些宗教实践和教义。第二,它的教义和实践必须与发源于16世纪宗教改革运动的传统新教教派的教义和实践相对照。事实上,天主教的许多立场已经在某种程度上比较接近于新教所持的立场,但许多长期以来一直坚持的教义仍然未变。例如,罗马教会不再自称是天启教义的惟一监护人和惟一真正的教会;它已在各种教义问题上与许多团体进行了讨论。然而,像圣母马利亚升天、教皇永无谬误这样一些教条对所有天主教信徒来说依然是必须信奉的教义。

信仰与崇拜

与基督教的其他教派一样,罗马教会的存在也应归功于公元1世纪时耶稣基督的生活和耶稣的追随者在罗马帝国各地创立起来的教会(见:**基督教;耶稣基督**)。当时基督徒在整个地中海地区——在中东、小亚细亚、希腊、北非和意大利——建立了教会。根据传统说法,罗马教会长期以来一直认为圣彼得是它的第一个主教。由于圣彼得是众使徒(耶稣的直接追随者)之首,一般认为,他担任罗马的主教一职便使得他位于其他教会和主教之上而占有首席地位(见:**彼得**)。

在以往的许多世纪里,罗马教会对信仰的基本看法显著不同于今日的新教对信仰的基本看法。在罗马教会看来,信仰主要是对于天启教义的一种理智上的赞同。这些教义首先得自耶稣和他的追随者,而且在《圣经》的《新约》中表述了出来。它们还包括《旧约》(即希伯来《圣经》)和其他一些新教《圣经》中所没有的被称作伪经的早期作品(见:**《圣经》**)。自第二届梵蒂冈公会议以来,罗马教会更加强调,对信仰的基本看法包括个人和社团对于基督这个人及其使命的信奉。

除《圣经》之外,罗马教会认为,始于公元后前几个世纪并在中世纪得到巩固的长期传统也是正确的。这种所谓的"信仰的积淀"包括主教会议和教会公会议所留传下来的各种训导(见:**教会公会议**)。它们包括在《圣经》中找不到明确依据的某些教条,如教皇永无谬误、圣母马利亚升天等等。

罗马教会声称自己在教义上具有一种其他教派所没有的权威,尽管有些主要主义团体也试图对其成员行使一种类似的权威。这种教义上的权威意味着,教会有权把一些教义强加给所有的信徒,因为它们是一些道德义务,对拯救是必要的。如此要求的根据是,主教是使徒的继承者,而使徒在早期教会中行使着类似的权威。教义上的权威主要是授予教皇,他是整个教会的惟一发言人。主教则在自己的管区内行使教义上的权威,但不能与教皇的言论相矛盾。

根据《圣经》,教会教导说,人生活在罪孽的状态中,无法充分地认识上帝,除非是靠启示。耶稣基督乃是充分而且最后的启示,正是从他那儿,教会接受了把关于他的信息传播到世界各地的使命。一切生命都要走向最终的审判和死后的复活。对于来世的描述必然是概略性的。教徒们相信存在着天国、地狱以及一个叫作炼狱的中间状态,它是为那些不至于受下地狱的惩罚、但也没有完全涤清自己的罪孽因而不能上天国的人准备的。(参见:**地狱和冥府**)

传统的新教教派接受两件圣事:洗礼和圣餐。它们叫作感受神宠的手段,因为信徒们认为,它们与布道一样,都是上帝与信徒们沟通的渠道。罗马教会则接受七件圣事。除了洗礼和圣餐(也叫作圣体和圣餐礼)之外,还有坚振、告解、婚配、神品和终傅。圣事的数目在16世纪才最后确定下来。

洗礼用水作为物质标记,表示过去那个自我的死亡和在上帝的王国中的重生。它是加入教会的仪式。圣体(这个术语的原意是"表示感恩")用面包和酒来象征基督的身体和血。不过,对于天主教徒来说,祝圣过的面包和酒不仅仅是象征。在变体说中,圣体的要素在保持着面包和酒的外表的同时奇妙地变成了基督的身体和血。它被认为是基督徒借以支撑自己的信仰的圣事。坚振是一种以涂油作为物质标记、加上主教所行的按手礼的礼仪。这种礼仪通常施予开始进入青春期的儿童,让他们重申自己在婴儿时接受的洗礼。

告解这种礼仪最初是为那些犯有严重过失因而不能领受圣餐的人保留的。今天它几乎完全表示对神父的私下忏悔和神父的宽恕赦罪之举。婚配是在神父主持下新郎和新娘彼此表示应允的礼仪。它作为一种圣事表示教会对其成员的婚姻生活有完全的管辖权的要求,并含蓄地拒绝了国家在婚姻事务上的权威。按立圣职或神品是授予神父以主持圣事的权力的礼仪。病人涂油礼是用油来行施的。它也叫作终傅,施予时要把油涂擦在病人的眼睛、耳朵、嘴唇、鼻子和手上。

教会中首要的礼拜活动叫作弥撒。弥撒这个词源于拉丁文动词 mittere,意思是"**遣送**"。这种礼拜活动通常以这样一句话告终:"走吧,结束了"(拉丁文是 Ite, missa est)。弥撒被认为是一种纪念仪式,在仪式中要使用面包和酒重演耶稣的死亡和复活。领受圣餐的人通常只接受面包,而且通过面包教徒们象征着在教会中的团结一致和对上帝的依赖。

根据最早的基督徒团体留传下来的传统,弥撒由两个部分组成:颂经礼拜仪式和圣体礼拜仪式。颂经礼拜仪式也叫作新入教者或初学者的弥撒,内容有颂经、祷告和布道。它最初之所以叫作初学者的弥撒,是因为那些还未受洗入教的人在圣体礼拜仪式开始之前已被遣散。圣体礼拜仪式的内容包括捐赠、圣餐祷告和圣餐礼本身。

许多世纪以来弥撒完全是用拉丁文做的。第二届梵蒂冈公会议之后这一点发生了很大的变化。教徒们开始使用本地话(民族语言)做弥撒,信徒参与弥撒的活动更多了,其形式也有些改变。圣公会、路德宗和其他一些新教派别采用类似的崇拜活动,虽然就圣体而言教义上的分歧依然存在。

除弥撒之外,许多世纪以来在教会中还出现了其他一些礼拜活动。其中的一些在今天已与布道活动结合在一起。有一种礼拜活动出现在中世纪,其崇拜对象是代表基督身体的面包这一圣体要素。它被展示在叫作圣体发光的一种容器中供信徒崇拜。还有一种礼拜活动叫祝福,伴有唱诗和祈祷。

圣心崇拜最初是在17世纪时提出的,1856年教皇庇护九世把它列入教会的年历中。耶稣圣心之所以成为崇拜的对象是因为它象征着耶稣对人类的爱。在代表圣心的像中,圣心被一个荆棘冠盘绕着并放着光芒。

公元1世纪过后不久,在教会中出现了对圣徒的崇拜。这种做法被16世纪的宗教改革家所摈弃,但在罗马教会、东正教会和某些圣公会教会中至今仍然盛行。神学家们区分了对上帝的崇拜和对圣徒的崇拜。圣徒代忠实信徒进行祈祷,被认为是接近上帝的一条有效途径。在所有的圣徒中,耶稣之母马利亚已成为最受崇拜的人。(参见:**圣母马利亚**;**圣徒**)

组织

罗马教会的基本结构在于神职人员(主教、司铎和助祭)与平信徒(不任圣职的一般教徒)之间的划分。神职人员中存在着教阶等级制。教皇为首要祭司,教徒们相信,教皇作为圣彼得的继承者和信仰的解释者所具有的权威直接来自上帝。在教皇之下,神职人员的权威依赖于他们担任的职位。被授予主教一职据说就是被授予全部教权——即主教在自己的辖区内拥有完全的权威。但主教的权威仍然依赖于教皇的权威。主教由教皇任命,他们所执行的任务也由教皇决定。教皇能随意撤换主教。主教职位以下的神职人员拥有职位所授予的权力,但他们在自己的职责方面完全处于主教的控制之下。司铎在教会内没有决策权。只有未婚者才允许成为司铎。这个传统叫作独身制,12世纪时召开的第一届和第二届拉特兰公会议使它成为神职人员的一种义务。

教会中一切真正的权力都属于梵蒂冈——具体地说属于教皇。1870年召开的第一届梵蒂冈公会议对教皇职位作了规定,使教皇在教会内的一切信仰和实践事务上都拥有完全的权威。由于梵蒂冈城也是一个世俗国家,它与其他国家互换大使和外交使节。梵蒂冈的大使叫教廷大使(源于拉丁文的"信使"一词)。

与教廷平行的是主教团。教皇作为圣彼得的继承者是首领,其余的主教则是其他使徒的继承者;教皇与主教团合在一起便对天主教会拥有最高的权威。

主教团行使职责的形式之一是公会议,如上面提到的那些公会议(见:**教会公会议**)。尽管教皇在没有得到世界各地的主教的判断之前不会在重大事务上采取行动,但没有教皇无权决定而专留给公会议决定的事务。

另一种形式的高层机构是1965年由教皇保罗六世设立的"主教会议"。它虽然是一种常设机构,但只是当教皇召集一次"全体的"、"特别的"或"专门的"会议时,它才召开会议。"主教会议"的成员主要由各国主教团的代表来决定。

一个国家的主教们可以定期召开全体会议。这样的会议要得到教皇的许可,然后教皇派出一个使节代表他召集会议。全体会议是立法机构,其决定对国内的所有教区都有效。主教们还召开例会,但这种例会不是立法性质的——而只是咨询性质的。在美国,全国主教团每年召开一次会议。

教会的日常事务由罗马教廷主持。它由一些枢机和他们的助手共同组成。教皇与这些枢机构成了圣座。"座"这个词源于拉丁字sedes,意思是"椅子"或"座位"。最初的枢机包括罗马各主要教会的司铎、罗马城七个地区的助祭以及罗马市郊各个教区的主教。这些枢机司铎、枢机助祭和枢机主教被召集在一起,为教皇提供咨询。从11世纪开始,其他国家的著名人士也被召到罗马,就任枢机。从12世纪开始,被任命为枢机的人允许留在自己的国家。到了这个时候,枢机团已成为教皇的参议院并有权选举教皇。(参见:**枢机团**)

虽然大多数枢机是世界各地大主教区的大主教,但也有些枢机作为罗马教会各常务部门的首脑居住在罗马,这些常务部门叫作部。有时候,根据教会的具体情况,可以召集所有的枢机在一起开会,为教皇提供咨询,这种会议叫作全体枢机主教会议。

1588年教皇西克斯图斯五世第一次系统地组织了罗马教廷。他建立了15个常设部。自那时以来,常设部的数目和运作已作了一些修改。1967年教皇保罗六世搞出了一个新的体制。它保留了常设部的基本结构,但增设了国务秘书处。国务秘书处的职能是在教会的管理方面协助教皇与常设部进行磋商。常设部本身负责一些具体的事务,诸如外交使团、财政、教义、教区管理、神职人员的生活和工作、东仪天主教会和教育等等。此外教廷还另设了一些秘书处,分别负责促进基督徒团结、非基督徒、非宗教信仰者,以及研究和平与公正问题的工作。同一年还设立了"平信徒工作委员会"。

在主教区内(一个主教区由一个地理区域内的所有独立的堂区构成),主教负责宣传教育和行政管理(在一个特别大的主教区或大主教区,则由大主教负责)。主教在行使职责时由一个叫作教务委员会的工作班子予以协助,它由主教代理、律法官和教区法庭的首脑组成。大的教区通常还设有助理主教。

在某些主教区,目前已形成了神职人员的组织,主要目的是为了推进由第二届梵蒂冈公会议所采纳的改革。这些议事组织没有正式的地位,或者说没有经过官方的批准,因而若没有得到主教的同意,它们就没有权力实施改革。

历史概况

公元1世纪后半期,罗马帝国的主要城市都已建立起了教会。"母教会"在耶路撒冷,但公元70年罗马军队摧毁了这座城市,从而结束了它的作用。设在罗马的教会由于位于帝国的首都,便获得了某种程度的显要地位,但在公元313年之前,教会不是受到帝国当权者的迫害,就是不被帝国当权者所理睬。313年罗马皇帝君士坦丁发布了"米兰敕令",给了基督教合法的地位。到公元4世纪末,基督教成了国教。与罗马帝国当局结盟使得教会有了很大的权威,从那一天起它为了保持并加强自己的地位便严酷无情地迫害它的敌人。

当时罗马帝国有两个首都——老的首都在罗马,新的首都在君士坦丁堡(现在土耳其的伊斯坦布尔)。但实际上罗马皇帝都住在君士坦丁堡主持政务。以意大利为中心的西罗马帝国由于遭到蛮族的侵扰而溃瓦解了。帝国当权者不在罗马造成了一个权力真空,于是教皇便进入了这一权力真空。假如要维持国内秩序,他们也别无其他选择。

早在公元3世纪,教皇就声称自己在教义方面的权威高于其他教会。到公元5世纪时,这种要求已转化为对各个教会的法定管辖权。由于这种要求遭到了其他主教的强烈抵制,因而未能在东方实施。为首的反对者是君士坦丁堡的牧首。这两个高级主教的纠纷一直很激烈,直至1054年他们完全断绝了关系(见:**东正教会**)。

中世纪早期,教皇是在一个已分崩离析的帝国中统治教会的。教皇们在没有遇到任何有力竞争的情况下获得了很高的政治地位。对于蛮族来说,他们是高贵的罗马的化身。因此,他们在履行宗教职责的同时,还不得不成为世俗统治者。这意味着不仅统治教会还要支配土地和人民。教皇们竭力贯彻使蛮族皈依基督教的政策,最终把整个西欧纳入了罗马教会。公元7世纪,穆斯林征服了中东,实际上去除了来自那些地区的主教的竞争,这大大提高了罗马教皇的宗教声望。

到公元10世纪,叫作"西方基督教世界"的宗教文化社会已经形成。同时欧洲也正在形成新的政治格局。国王和贵族正在划分领土,行使权威。由于教会不仅已成为一种宗教力量,而且还成为尘世的力量,因此教皇和世俗统治者之间不可避免地会发生冲突。后来所谓的国王的神圣权利与教廷的神圣权利发生了激烈的冲突。尽管有格列高利七世和英诺森三世这样强有力的教皇,教廷在这场权力斗争中最终还是失败了。中世纪晚期出现的单一民族国家给教廷试图行使宗教权力之外的其他权力的要求没有留下什么余地。

到14世纪,罗马教廷已被政治权力控制。从1309年至1377年,在所谓"巴比伦囚房"的事件中,法国人强迫教皇从罗马迁往阿维尼翁。随后又发生"西方教会大分裂"(1378—1418),在此期间出现了几个彼此对立、争夺统治权的教皇。这一局面最后由于康斯坦茨公会议废黜了对立的教皇并任命马丁五世(1417—1431在位)为新教皇而告终。

教皇的命运不佳,教会又极度腐败,这两者严重地削弱了教会的力量,此时它又面临英格兰的约翰·威克里夫和波希米亚的扬·胡斯这样一些人提出的宗教改革要求。教会拒绝改革并且惩罚了改革者。日益民族化的各国教会便开始拒绝罗马的要求而倾向于支持自己的君主国。这种拒绝在很大程度上是由于罗马无休止地索要钱财以及教皇宫廷骄奢淫逸的生活方式所造成的。(参见:**胡斯**;**威克里夫**)

罗马教皇的行为并不能贬损西方教会所取得的其他进展。修道生活在中世纪早期就出现了,并继续在保持教会的精神生活、维护罗马帝国的文化和帮助教育基督徒领袖等方面发挥着关键的作用(见:**修士与修行**)。格列高利一世的后继者继续进行他所开创的广泛的传教事业,直至整个欧洲都被纳入了教会。教会内部出现了为圣方济各和圣多米尼克这样的杰出领导人所激励鼓舞的精神上的改革。修士还在主要城市创办大学,他们努力研究神学、艺术、哲学、逻辑和各门科学,使大学的创办在13世纪达到了高潮。1095年,教皇乌尔班二世发动了收复圣地的十字军东征。文艺复兴时期,学者们重新找到了古希腊和古罗马时代经典作品的原文,开始了古典文学艺术研究的复兴。在北欧,像德西德里·伊拉斯谟这样的学者强调圣经的研究和圣经的翻译。(参见:**伊拉斯谟**;**人文主义**)

罗马教皇曾在法国阿维尼翁的一个现在叫作教皇宫的地方统治天主教会。这一建筑现在已成为博物馆。它实际上是一个由8个塔楼构成的城堡,19世纪时曾被用作兵营。

马丁·路德于1517年发动的宗教改革运动永久性地分裂了西方基督教世界。宗教改革运动虽然遭到了罗马及其政治盟友的激烈反对,但到16世纪中期时已成为一个既成事实。不过,它所引起的仇恨却通过三十年战争而使这场冲突永远令人难忘(见:**宗教改革运动**)。面对宗教改革运动,罗马教会在反宗教改革运动的过程中自身也经历了转变。同时,它为了对抗宗教改革运动提出的教义而加强了自己的神学立场(见:**反宗教改革**)。

15世纪时,罗马教会还在吸收信徒方面有很大的收获。西班牙和葡萄牙对拉丁美洲和菲律宾的殖民开拓,以及法国对加拿大的殖民开拓,使得罗马教会通过其坚持不懈的传教活动把自己的影响扩展到了上述广大地区和数不清的美洲印第安人部落。

三十年战争结束之后,罗马教会在它无能为力的地区被迫接受了新教存在的现实(见:**异端裁判所**)。此外,罗马教会不得不放弃大片领地,缩小自己的世俗作用。到1870年,它丧失了所有的教皇国,只剩下梵蒂冈城作为教皇的世俗领土。

罗马教会还在西欧和北美遇到了新的科学研究、新的政治哲学和新兴的民主政治并加以反对。它在1870年颁布了教皇永无谬误的教义,试图加强其精神的控制。19世纪,教皇庇护九世和利奥十三世带头反对一切形式的现代思想。庇护九世的《现代错误学说汇编》(1864)谴责了泛神论、社会主义、世俗教育和世俗婚姻,使罗马教会站在反动的立场上,反对一切自由民主的倾向。

在约翰二十三世(1958—1963在位)当选教皇之前,罗马教会的这些态度在本质上没有什么变化。约翰二十三世召开了第二届梵蒂冈公会议,直率地提出了现代世界的各种问题(见:**约翰二十三世**;**梵蒂冈公会议**)。自第二届梵蒂冈公会议以来,罗马教会进行了礼拜仪式的革新,着手与其他宗派对话,努力修复与东正教的不和,并向现代社会运动打开了大门。这种开放还存在着某些保留。许多教徒觉得变化还不够大。尤其在美国,许多天主教徒要求结束神职人员独身制,要求妇女能在教会中发挥更大的作用,还要求放松在婚姻方面的政策。与此相反,保守分子反对变化,希望回到第二届梵蒂冈公会议之前的教会,不与其他宗派来往。(参见:**约翰·保罗教皇**)

上帝 God

"上帝"这个名称被用来指称至上的存在,不同的宗教对这种至上的存在有不同的理解。即使在一种宗教内部,由于多少世纪以来关于上帝的性质的构想一直在演变,也常常存在对上帝的不同看法。

根据这些不同的认识,可以得出这样一个结论:没有建立在知觉——视觉、听觉以及其他感觉——基础上的关于上帝的直接知识。关于上帝的知识建立在直觉、演绎和归纳的基础上。这种知识是感知构成世界本身的方法的结果。

关于上帝的知识

几百年来,哲学家、神学家和宗教首领一直宣称:虽然人类没有见过上帝,但可以认识他。其他的人则说,虽然没有关于上帝的直接知识,但各种证据可以证明他的存在。

在中世纪,对上帝的存在进行了两次著名的论证。11世纪,坎特伯雷的安塞姆用本体论证明上帝的存在(本体论是一种关于存在的深奥哲学)。安塞姆把上帝定义成可设想的最完美的存在。没有任何可设想的存在比这种存在更伟大,且这种存在必须存在。(参见:**安塞姆(坎特伯雷)**)

13世纪,圣托马斯·阿奎那的论证在某种程度上好懂些。它叫宇宙论的论证。托马斯认为,世界不是不释自明的。它需要一个存在的理由或原因。托马斯·阿奎那追随哲学家亚里士多德,他强调,世界上有变化、因果关系、依赖关系、优秀程度和各种各样的目的。所有这些,以及世界本身,都需要第一原因。(参见:**托马斯·阿奎那**)

与宇宙论的论证相似的是目的论的论证。因为世界显示出一种明显的目的和特定的活动范型,所以它肯定是一个聪明的设计者的作品。

宇宙论和目的论的论证受到哲学家大卫·休谟和其他许多思想家的批判。他们说,如果有一个设计者的话,那么,他把创造的优点归功于自己的同时,也必须对创造的缺陷负责。休谟不知道诸如邪恶和浪费这样的缺陷是否暗示设计者本身就有缺陷,或者至少暗示他的能力是有限的。如果能力有限,那么这个设计者就不可能是全能的。

18世纪,哲学家康德反对以前对上帝的论证。他认为,人类的道德本性需要有一种更高的道德力量,这种力量必须是上帝。(参见:**康德**)

印度的吠檀多印度教派颠倒了整个论证问题。这个教派坚持认为,上帝是惟一的实在,世界只是表象。需要论证的不是上帝,而是知觉的世界。希腊哲学家柏拉图也有类似的思想。

启示与信仰

关于上帝存在的一切证明都以逻辑推理,主要是演绎推理为基础。在犹太教、基督教和伊斯兰教中,这种基本信念不是以知识为根据,而是以启示为根据。希伯来《圣经》(基督教《旧约》)、《新约》与穆斯林《古兰经》都是以相信有上帝存在并且以各种不同的方式显现为前提的。(参见:**《圣经》**;**《古兰经》**)

"启示"这一概念排除了所有直接认知上帝的可能。它要求的是一种叫作"信仰"的回应,因为这些宗教认为,上帝从不直接显现于感官,而是通过行动和个人来显现的。犹太人认为,上帝显现于以色列摆脱埃及的束缚和给予律法这两件事情中(见:**犹太教**)。基督徒认为,上帝显现于耶稣基督的生平事迹中(见:**基督教**;**耶稣基督**)。穆斯林认为,上帝直接对先知穆罕默德说话(见:**伊斯兰教**)。

上帝的性质

基督徒、犹太人和穆斯林都认为只有一个上帝。这种观点叫作一神论。古埃及人、古希腊人、古罗马人以及其他一些民族的人认为,有多位神灵。这种观点叫作多神论。佛教在最初创立时就宣称,根本没有上帝。否认上帝或诸神的存在,叫作无神论。还有一种类似的论点叫作不可知论,它认为可能有上帝,但无论是通过推理还是启示都无法确知。

关于上帝,还有被称作泛神论和自然神论的观点。泛神论认为,上帝即是世界。而自然神论则认为,上帝完全是在世界之外。上帝创造了世界,建立了律法,然后就让它自己运行不再干涉。自然律法使世界在自然界里自给自足,道德律法满足人类生活所需。人类通过思考推理,发现并应用这些律法。

耶稣基督　JESUS CHRIST

基督教创始者。已知的关于耶稣基督生平的全部资料,几乎全部包括在《新约》的 4 部福音,特别是《马可福音》、《马太福音》和《路加福音》之中。这些描述是基督出生后 60 至 100 年,或更晚些,由不同性格的人写成。他们的描述除了在一些细节上不尽相同之外,基本一致。耶稣本人没有著作。关于这位对人类的生活和思想有深刻影响的人,除了两位罗马历史学家在他死后一个世纪之内写的著作中有所提及之外,那个时代其他世俗的历史学家均无记述。

当今大多数国家都是从这位基督教的创始者的出生年开始纪年的,但是,这个出生年有误。虽然我们没有耶稣出生日期的确切记录,但我们知道,若干个世纪后确定的作为公元纪年开始的这一年比实际至少要晚 4 年;也就是说,根据我们的推测,耶稣实际上出生在公元前 4 年或者更早。

据传说,耶稣(也叫加利利的耶稣或拿撒勒的耶稣)出生于离耶路撒冷大约 9.7 公里之外的犹太伯利恒。约瑟是耶稣法律意义上的父亲,但根据《圣经》记载,一位天使现身于处女马利亚面前,告诉她,她将怀上上帝的儿子。在耶稣出生之前,马利亚和她丈夫,一个来自北部加利利省的拿撒勒的贫穷木匠,被迫迁移到伯利恒,以便向罗马统治者纳税。因为任何旅馆中都没有可供他们住的房间,他们只好住在山坡上用作马厩的山洞里。但耶稣被假定为《旧约》中所记载的以色列大帝大卫的子孙;《新约》认为,他的出生由征兆和奇迹所预示。根据天使的旨意,牧羊人来到山洞,跪在身裹襁褓卧于马槽中的圣子前。

不久,被称作东方三博士的智者们从东方来,说:"那生下来做犹太人之王的人在哪里?我们在东方看见了他的星,特来拜他。"耶路撒冷的国王希律的祭司们说:圣子可以在伯利恒找到。东方三博士跟随着那颗亮星——现在根据传说,叫作"伯利恒之星"——继续前行,最后,那颗星停在圣子出生地的上空。

希律害怕那孩子长大后会危及他的王位,就下令杀掉所有两岁以下的孩童,以除后患。而约瑟在梦中接到天使的警告,便与马利亚和孩子逃到埃及。希律死后,他们又回到拿撒勒。耶稣在那里度过了他的童年。《圣经》中只记录了这些年中的一件事。在耶稣 12 岁的时候,他与父母一起到耶路撒冷庆祝逾越节。他父母在走了一段路之后才突然发现小耶稣不见了。他们急忙赶回圣殿,发现他在那些博士当中。博士们对他的智慧甚感惊讶。

接替希律的是他的三个儿子。他们的统治和罗马地方财政官的压迫,给巴勒斯坦人民造成了极大的困苦。在耶稣将近 30 岁的时候,一个先知出现了,他宣布期待已久的救世主或基督即将来临。他因为在约旦河给他的追随者施洗礼而被称为施洗者约翰。耶稣来受他的洗。约翰认出了耶稣就是他所预言的那个即将来临的救世主。"基督"一词以前是一个宗教头衔,意为"救世主",不过不久就被用作指称耶稣本人的专名。

为了准备做牧师,耶稣去了旷野。他禁食祷告了 40 昼夜,并与各种诱惑作斗争。他回来后,他周围聚集了一群把他当作救世主的信徒。他从中选出 12 个门徒传他的道。耶稣规劝他们断绝与家庭和工作的一切联系,以便使自己成为"得人的渔夫"(《马可福音》1∶17;《路加福音》5∶10)(见:**使徒**)。

耶稣及其追随者巡行加利利和附近村庄,宣讲宗教改革和神圣的爱。他能医病,能用寓言有效地说教,并宣讲所有人都能获救,因此普通人欢迎他。人们把许多奇迹都归因于他。除了治病,他还曾在迦拿的一个婚礼上把水变为美酒,还曾用 5 个饼、两条鱼让 5000 人吃饱。不管到哪儿,他都与卑贱者、穷人和残疾人为伍。

因为他与穷人接近,而且批判犹太社会内部的虚伪,他的行为受到法利赛人(一个由文士和祭司组成的犹太团体)的强烈反对。耶稣看到很多法利赛人只是墨守教义而不讲灵魂,就批评他们;他们同时也把他当成反叛者,指责他不守安息日,在那天给人治病,并指责他自称为上帝的儿子是亵渎神明的行为。他的影响越来越大,他的教义引起了罗马当局的注意。虽然他的追随者把他当成期待已久的救世主,但犹太和罗马当局怀疑他有推翻他们统治的目的。

耶稣在加利利进行短暂的传教之后,与他的门徒一起到耶路撒冷过逾越节。在那里,他在圣殿讲道,并赶走了那里的货币兑换商;于是就惹恼了祭司。在逾越节的前一天晚上,他与他的 12 个门徒吃了最后的晚餐,回到客西马尼的花园做祷告。在那里他被他的 12 个门徒中的加略人犹大出卖。罗马士兵逮捕了耶稣,把他带到公会(由祭司和长老组成的司法机构)受审。匆忙审讯之后,他们认定他亵渎了神明,犯了死罪。但他们因为没有判死刑的权力,就把他交给罗马地方长官彼拉多。彼拉多屈服于众人的意见,在洗完手表示犯人的血与他无关之后,宣布将他钉在十字架上。按罗马法律,耶稣犯了政治叛乱的罪。因为他自称为犹太人的王,士兵们就给他戴上用荆棘编的冠冕,穿上紫袍戏弄他;然后把他带到行刑的地方各各他。

《新约》上记载,耶稣死后尸体被人从十字架上取下,由亚利马太的约瑟安放在坟墓里。三日之后,当几个妇女带着香膏去膏耶稣的尸体时,发现坟墓已空。看守坟墓的天使告诉她们,基督已经复活了。据说基督先向抹大拉的马利亚显现,然后他再向与他亲近的其他人显现。耶稣曾从抹大拉的马利亚身上赶出七个鬼,她便成了一个基督的追随者。复活后,他在世上待了 40 天,然后被接到天上。基督教是一个围绕他的教义而发展起来的宗教,相信耶稣死而复活是该宗教的核心。在将近两千年的时间里,信仰基督的人们一直把耶稣基督当成上帝的化身。(参见:《圣经》)

圣母马利亚 MARY

在罗马天主教、东正教以及其他教会中,耶稣之母马利亚在许多世纪里取得了仅次于耶稣的地位。在西方,她一直是许多争论的中心和最伟大的艺术品的描写对象。许多最好的中世纪教堂都是为她而建,其中包括法国沙特尔的哥特式建筑的杰作。

在基督教的一些教派中,她被尊敬和崇拜;但在另一些教派中,她几乎完全被忽视了。在基督教历史中,人们认为,她曾经向信徒显现。最著名的一次,很可能是1917年葡萄牙法蒂玛的三个孩子所见到的一次显圣。教义差别和对《新约》的不同解释,造成了对马利亚不同的看法。她在西方的宗教、文化和社会生活中一直扮演重要角色。常常被忽视的是,她对妇女地位的影响。

生平 关于她的经历,惟一可信的文字记录是《新约》前5卷,即《福音书》与《使徒行传》中所记载的。然而《圣经》中并没有记载她的家世、背景、童年和晚年。《路加福音》中只是说,她是一位住在耶路撒冷正北方的小镇拿撒勒的少女,与当地的木匠约瑟订婚。她与天使相遇,天使告诉她:她被选中怀上将来成为以色列的拯救者的婴儿。《路加福音》与《马太福音》中都详细记载了耶稣的降生(见:**耶稣基督**)。

《马可福音》与《约翰福音》中并无这些故事的记载。4部《福音书》的中心是耶稣本人。马利亚也出现过几次,偶尔由被认为是耶稣的弟兄的人陪伴着。在此期间,耶稣与他的追随者没有给她特殊的荣誉。耶稣在耶路撒冷被钉在十字架上时,她在场。《使徒行传》中提及她是早期耶路撒冷教会的一员。但是,她只是在耶稣降生与死亡时扮演了主要角色。她对耶稣及其使命的了解,很可能并不比耶稣的那些追随者更多。

在圣保罗的书信中,他在描述耶稣时用了"女人所生"一语,模糊地提及了马利亚。而且,他只是为了反驳一些人的耶稣并不是完全的人的说法,用此语来说明耶稣是完全的人。我们对马利亚的晚年一无所知。可能从2世纪起,出现了一种传说:她去了小亚细亚的以弗所。据说在那里出现了一群崇拜她的信徒。这个故事可能是为了贬低罗马女神狄安娜或希腊女神阿耳忒弥斯而编造的;那时,以弗所有狄安娜与阿耳忒弥斯的高大的庙宇。

教义的见解 随着马利亚在教会的宗教生活中扮演重要角色,出现了一些关于她的教义,其中包括处女生子、永久童贞、上帝之母的头衔、无罪成胎和圣母升天。

耶稣为处女所生这一条教义是不严格地依照了《路加福音》和《马太福音》。但两部福音都没有说到"处女生子"。从2世纪的《圣雅各原福音》起,它才开始成为一条教义,并慢慢地被所有教会接受。

她被上帝选中为耶稣之母,由此她被推断为一个纯洁无罪的人。她又被进一步认为一生保持童贞,再未生子。这种说法显然与《新约》的说法相矛盾。坚持这一教义的人说,耶稣的兄长实际上是由约瑟与前妻所生,或者也可能是耶稣的表兄弟。

作为一个没有缺点错误的人,马利亚也没有原罪。神学家托马斯·阿奎那说,在她出生之前,所有原罪都被消除。神学家邓斯·斯各脱宣称,她从在其母腹中成胎时起就没有原罪。于是就有了无罪成胎说,它在1854年成为罗马天主教会的一条教义。

马利亚崇高的地位也使她赢得"上帝之母"和"为人类赎罪的女性"的称谓。这意味着她在儿子对人类的救赎中扮演了积极的角色。因为耶稣既是完全的上帝,也是人,所以早期教会对马利亚使用了"上帝之母"的称谓。认为耶稣既是完全的上帝又是人的这种见解,在4世纪时成为了一条教义。在东派教会中,这条教义起一种比较重要的祈祷作用,并且成为圣像画家们喜欢画的题材。在宗教改革时期,这条教义被天主教和新教学者们所接受,但是从那时以来,马利亚在新教神学中的作用则明显衰微了。

"圣母升天"是最近颁布的关于马利亚的教理。此前大多数罗马天主教徒已经开始相信,马利亚的肉体被带到天堂。到19世纪60年代,很多人建议把它当作必须相信的教理。但是,因为在《新约》与早期教会的历史中都没有"圣母升天"的证据,教会起初对此建议表示反对。1950年,教

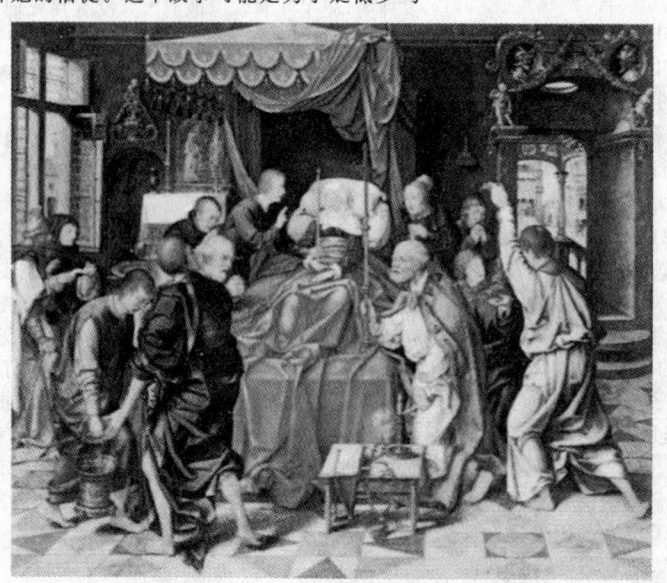

《处女之死》,乔斯·范·科里夫作于16世纪,为三幅联画之中的中间一幅。

皇庇护十二世最终宣布将这项信仰作为教理,但并没有确定她是不是死后才升入天堂。

亚伯拉罕　ABRAHAM

亚伯拉罕是宗教史上的一个重要人物。人们把他看作是犹太教、基督教和伊斯兰教的信仰之父。人们还用从希腊文中表示"父亲"和"开始"意思的词派生出来的一个词语,即族长,来称呼他。这个词用在亚伯拉罕身上,是说人们认为他是以色列国之父。在以色列传统中,还有另外两位族长,即亚伯拉罕的儿子和孙子以撒和雅各。

人们只能从《圣经》的第一卷《创世记》里了解到关于亚伯拉罕和其他两位族长的一些情况。一些圣经学者认为,亚伯拉罕肯定生活在公元前二千年至公元前一千年之间的某个时期。根据《创世记》叙述的地名、部族名称、国名、法律习俗和社交习俗,人们可以知道亚伯拉罕生平的一些情况,还可以把它们和考古发现了解到的他所生活的地区和时间的情况互相参照。

《创世记》说,亚伯拉罕是美索不达米亚南部乌尔地区人。他大概是一个大的半游牧部族的首领。由于某种原因,这个部族向北迁移,并在哈兰附近住下。就是在哈兰这个地方,亚伯拉罕得到上帝的呼唤,告诉他要离开他的祖国,到一个新的地方去,上帝将向他指明去处。

除了下令要他迁移之外,上帝还向他许诺:"我一定让你的国成为大国。"如果亚伯拉罕服从上帝的命令,那么上帝就遵守他的诺言。上帝与亚伯拉罕之间的这个约定,被称作约。这就是第一个约,也是上帝和以色列国所订的一个庄重的协定。正是由于这个约的制定,以色列才开始成为一个国家。

亚伯拉罕实践了他的诺言。他和他的部族离开哈兰,穿过叙利亚到了迦南,这个地方就是现在的以色列。这个地方便成为上帝赐予以色列的永久的应许地。

亚伯拉罕和他的部族刚刚在迦南定居下来,上帝再次与亚伯拉罕立约,保证他将赐予亚伯拉罕以子孙。因为亚伯拉罕和他的妻子撒拉已经年纪老迈。他们不相信自己还会生孩子。于是,亚伯拉罕就同撒拉的使女夏甲生了一个男孩,叫以实玛利。以实玛利出生以后,撒拉也生了个男孩,叫以撒。根据《创世记》中所说,这个儿子就是继承人,上帝与以色列的约定将通过他继续下去。

撒拉去世后,亚伯拉罕晚年又与一个名叫基土拉的女人结婚,并同她生了好几个孩子。这些孩子长大后都得到了一些财产,后来就被打发到迦南以外的地方去了。惟有以撒继承了应许地。以撒死后,这片土地传给了他的儿子雅各。上帝后来给雅各改名为以色列。亚伯拉罕175岁去世,死后葬在撒拉旁边。

上帝同以撒和雅各再次肯定了他与亚伯拉罕的约定。由于有了这个约定,以色列民族认为它与上帝有一种特殊的关系,即以色列人是亚伯拉罕、以撒和雅各的上帝的子民。

在《新约》里,亚伯拉罕也受到高度的尊敬。但是他的意义却有所不同,他被看作是所有信仰上帝的人的先父,不管他们是不是以色列人。基督徒认为,上帝对亚伯拉罕所许的诺言已在耶稣身上实现了,所以耶稣的追随者被叫作新以色列。

伊斯兰教传统指出,亚伯拉罕在他的儿子以实玛利的帮助下建立了克尔白,即沙特阿拉伯麦加禁寺中心的朝拜殿堂(见:**伊斯兰教**)。对于伊斯兰教徒来说,克尔白是世上最神圣的地方。

摩西　MOSES

摩西享有以色列古代历史上最伟大的先知的称号。他不仅是以色列国的创建者,而且也是以色列律法的制定者、祭司、与上帝交谈的中介人。他最值得纪念的事迹可能是:他在公元前13世纪神奇地率领以色列人摆脱了埃及的奴役。

正是由于摩西,世上才有了十诫,人类行为的基本法则都来源于它。虽然《圣经》的《利未记》、《民数记》和《申命记》也都多次提到摩西,但他的故事基本上都记载在《出埃及记》里。今天的犹太教,几乎完全是以《圣经》的前5卷为基础的。这五卷书一般被称为《摩西五经》,也就是律法书《托拉》(见:**犹太教**;**托拉**)。

几十年来,学者们对摩西的生平、他在以色列历史上的作用和《摩西五经》是否出自他之手,开展了热烈的辩论,但人们恐怕永远无法知道真相。那些完全根据字面意义理解《圣经》的人们,坚信《圣经》里关于摩西的字字句句都是绝对的历史真理。但从事文学和历史批评研究的学者却认为,其中许多内容是后来加进去的、想像的、传奇式的东西。他们还坚持认为,摩西不可能写出以自己名字命名的经卷。而且,学者们有许多支持自己观点的重要证据,说明《圣经》的前5卷是由几种不同的文本拼凑到一起构成的(见:《圣经》)。

从考古文物和其他历史记载来看,摩西大概生于公元前14世纪末埃及东北部三角洲的某个地方。他属于一个叫作希伯来的部族。那时它还不是一个民族名称。希伯来人属于那种受雇做仆人工作的人。大概他们在埃及生活了几百年之后,埃及法老开始奴役他们。他们也可能是以色列12个部族的后代,而以色列的祖先是亚伯拉罕、以撒和雅各(见:**亚伯拉罕**)。

为了减缓希伯来人口的增长,埃及下令杀死所有希伯来男婴。摩西一出生,他母亲就赶紧把他放在一个篮子里,然后让篮子朝尼罗河下游漂流。他的哥哥亚伦和姐姐米利暗留在家里。法老的一个女儿救了摩西,并在王宫里将他抚养成人。摩西后来才知道自己是希伯来人。一次,他在巡视希伯来人时,杀了一名埃及奴隶赶车夫,于是被迫逃离埃及至阿拉伯半岛的米甸。

在那里,摩西遇见了名为雅赫威的神。雅赫威的意思是"创造者"。神命令他返回埃及,带领希伯来人摆脱奴役生活。当时埃及正处在拉美西斯二世的统治之下,他在位共67年。拉美西斯不愿意失去奴隶劳动力,因为可以用他们为自己建造许多庞大的建筑物。

经过一系列的交锋,其中有几次是用奇迹战胜瘟疫的较量之后,希伯来人才获许离开埃及。神释放出的破坏性力量越过希伯来人,使他们幸免于难。犹太教的重要节日逾越节就是从这一事件发展来的。希伯来人后来穿过里兹海(而不是红海,人们经常搞错),在西奈半岛和约旦河东岸过了40年。

在西奈时,摩西把十诫和其他更为详细的律法传授给以色列。他这样做,就在上帝和以色列人之间建立了一个意在永恒的约定。律法的目的是要在上帝和他的子民之间以及和子民中的每个人之间确立正确的关系。

摩西付出艰难的努力,但以色列人对他几乎毫不感激。他们还经常抱怨捣乱。西奈沙漠的艰苦生活唤起他们重返埃及的愿望。他们离经叛道,滑得很远,甚至还去祭拜一头公牛犊。公牛可能是用石灰石刻的,而不是像《出埃及记》所说的是金质的。犯下这样的罪行,上帝想要抛弃他们,但是摩西代他们请求神的宽恕。

最后摩西又把以色列人带到约旦河东岸,即他们的应许地的对面。他最后的一次正式行动,是为历经40年旷野旅行的幸存者们恢复西奈约定。当时,他登上毗斯迦山顶,上帝仅让他从那里俯瞰赐予他们的应许地,但不许他到那里去。他在山上停止了呼吸。希伯来人再也没有看见过他,他葬在哪里至今仍是个谜。在离开希伯来人之前,他指定约书亚为继承人。

使徒　APOSTLE

基督教的创立者耶稣基督,在他早期的传道活动中,聚集了许多追随者,这些人被叫作他的门徒或学生。在耶稣的许多门徒中,有12人成为他最亲密的追随者。由于出卖耶稣的犹大自杀身亡,所以耶稣死而复活后,活着的门徒只剩下11名(见:**耶稣基督**)。

其他门徒后来挑选一个叫马太的男子代替了犹大。他和另外的11人,受耶稣派遣作为"使徒"四处传道。使徒这个词,来源于希腊语,意为"受派遣的人"。其余的使徒是西门(人称彼得)、西门的弟弟安德烈、大雅各(西庇太之子)、大雅各的弟弟约翰、腓力、巴多罗买、马太(也叫利末)、多马、小雅各、犹大(小雅各的兄弟,也叫达太)和奋锐党人西门。

除了《新约》中的些许叙述之外,早期基督教会的文献特别残缺不全,所以根本没有关于使徒生平全部或部分的记载。由于使徒们通过传道和殉道行为,建立了基督教,于是便出现了大量的关于他们的传说。《使徒信经》就是典型的事例。由三个小段构成的《使徒信经》是信仰的表述,它被认为由使徒所作,3世纪时在罗马天主教会里已开始使用。

很明显,彼得是使徒之首,耶稣曾称他为"得人的渔夫"。彼得目睹了《新约》中记载的耶稣一生中发生的多数事件,他和大雅各、约翰一起成为12使徒的核心。

这些受到耶稣恩宠的使徒们亲眼见过许多奇迹,比如耶稣使睚鲁的女儿复活和基督显现容貌等等。广为流传的一个说法认为,彼得去过罗马,并于公元64年在那里被钉死在十字架上(见:**彼得**)。据说,安德烈是在希腊的帕特雷被钉在一个"X"形的十字架上死去的("圣安德烈的十字架"这一词语就是由此产生的)。据信,他的十字架的一部分,现在封存于支撑罗马圣彼得大教堂堂顶的四个大方柱之一的中间。在《福音书》中,"亲爱的门徒"约翰被描述成易怒但又令人喜欢的人。耶稣受难以后,他联络其他使徒一起在耶路撒冷传教。除彼得之外,他是见证耶稣复活的人们当中最知名的人物。大雅各是早期教会的一位坚定的传道者,据说,他把福音向西一直传至西班牙。他是使徒中的第一位殉道者,约于公元44年被犹太国王希律·亚基帕一世下令处死(《使徒行传》第12章第1—2节)。

多马,原为"多疑的多马",之所以这样称呼多马,是因为他在看见并摸到耶稣之前,一直不相信耶稣已经复活的事实(《约翰福音》第20章第24—29节)。传说,他到印度传教去了。今天,印度南部古老的教会成员,仍然自称是"圣多马的基督徒"。

关于其他7位使徒的情况,《新约》几乎没有任何描述。不过,有一个传说提到,巴多罗买在去印度传教的旅途中,遭到劫持,被处死了。据说,小雅各是因为坚持在犹太人中宣讲福音而被乱石打死的。

后来,"使徒"一词也用来指保罗,因为他在职务的重要性和传教的热情方面与12使徒不相上下(见:**保罗**)。使徒的助手,如保罗旅行的伴侣巴拿巴和"亲爱的医生"路加,也享有这一美称。据传说,路加还是《第三福音书》和《使徒行传》的作者。4部《福音书》中只有两部同真正的使徒的名字相连。人们相信,《第一福音书》为马太所作,《第四福音书》由约翰写成。撰写《第二福音书》的是马可,他曾协助保罗和巴拿巴在小亚细亚创立早期教会。

先知　PROPHET

先知的文字定义是代表另一个人讲话的人。俚语的意思是代言人,通常涉及律师,因为他们要代表委托人讲话。但是,"预言"是宗教术语,由个人代表神的意志。最著名的先知是在希伯来《圣经》(或称《旧约》)中提到的那几位——以利亚、以赛亚、耶利米、以西结、阿摩司、何西阿等。不过,"预言"不只是限于古以色列。在所有的宗教里都有"预言"的痕迹,其中包括基督教、伊斯兰教、印度教和泛灵论。

人们经常错误地认为,先知主要是预见未来。尽管先知确实常常预言未来之事,但他们的预言是基于对他们所见的在其周围所发生的事情的分析。主要关心作预言的那些人被称为占卜者。像占星术就属于这样的人,他们研究行星和恒星,以预言未来之事;或者他们是解释先兆的人,譬如说,他们把鸟的飞翔当作预言的根据。先知与占卜者之间有类似之处,即他们都相信自己是得到了神的启示。例如,《耶利米书》第一章就有这样一节,在这节中上帝说道:"我已将当说的话传给你。"

先知所要说的东西可能来自异象或异梦,也可能通过学习而获得。但是,甚至学习过程也与获得一种能够得到启示的精神状态有很大关系。正在接受先知培训的那些人被编组成一些由先知师傅领导的团体。

先知因其感觉到直接受到神的召唤而有别于其他神职人员。祭司主持仪式,导师讲解教义;而先知则传递信息,而且这种信息常常与传统的仪式或教义相抵触。由于这种召唤,先知常常批评他们的社会,而且,在这方面他们很成功,他们是改革者。先知的布道通常与正义和道德有关,他们要求听众在受到神罚之前就改正错误。

古代中东大部分社会都有先知。他们常常只是国王的顾问。有时他们被请来进行预卜，特别是关于军事战役的结果。有时他们被接纳为神庙成员，并被要求发表预言，这是宗教节日的一项固定的活动。

最著名的先知是在希伯来《圣经》中对其工作有过描述的那些先知。作为单独召唤的预言在以色列发展缓慢，早期的例子可能来自邻近的迦南诸族。在最早时期——大约公元前1100年——祭司、占卜者和先知之间没有什么区别。早期的先知与像伯特利和杰里科这样一些地方的圣所，后来又与耶路撒冷的神殿有联系。

公元前8世纪，在以色列出现了体现在阿摩司和何西阿身上的、被称为经典的预言的那种东西。它们之所以被称为经典的，有两个原因。一般认为，被收入在《圣经》中的《阿摩司书》和《阿西阿书》是他们自己的著述，而不是关于他们的传说。他们的预言所强调的东西是不同的；他们对其他宗教的先知和神表现出一种敌视的态度，他们崇尚关于以色列与其神之联系的民族主义思想。某些先知谴责是针对过分强调仪式和献祭。先知们坚持认为，上帝喜欢正直和合乎道德的行为，而不喜欢对繁缛的崇拜仪式奴隶般的尊重。

因为先知们相信以色列人是上帝的选民，所以他们竭力反对以色列人所做的一切有损于这种联系的事情。这包括对其他神的崇拜和同其他民族结成联盟。先知谴责还包括滥用权力——强者压迫弱者——和不执行审判。（参见：《圣经》）

在基督教中，耶稣基督被公认为既是最后的先知，又是以前一切预言的执行者。对伊斯兰教来说，穆罕默德是最后一位先知和神的使者，因为在《古兰经》中他传达了神的最终旨意。在日本佛教中，日莲是13世纪的先知，他认为日本人是选民。19世纪中叶，在中国自称是先知的洪秀全发动了太平天国起义。在共产党国家，卡尔·马克思被给予近代先知的地位。（参见：《古兰经》；马克思；穆罕默德；日莲）

圣徒 SAINT

在基督教大约二千年的历史中，圣徒这个词的涵义发生了很大的变化。在希伯来《圣经》（《旧约》）里，它指任何一个以色列人，即上帝挑选的民族中的任何一员。在《新约》里，它的含义也差不多，指任何一个基督徒。正如使徒保罗在《罗马人书》中所写的，这个词基本上是指被挑选出来专门侍奉上帝而与众不同的任何人。

到公元2世纪，它的涵义转变为现代的意思：为维护信仰，几乎享有英雄地位的人，或有过非凡善举的人。对圣徒的敬拜，是从敬拜那些因受迫害而死的人们开始的。这些人被叫作殉道者，尽管殉道一词最初只表示见证人而已（见：**殉道者**）。最初敬拜殉道者的活动只在殉道事件发生的地区举行。只有主教有权允许举行敬拜活动。有的圣徒并不是殉道者，比如耶稣的母亲马利亚，大约直到4世纪才开始有敬拜圣徒的活动。

在罗马天主教会里，只有教皇才有权宣布一个人为圣徒。成为圣徒的第一步，是先要拥有真福荣誉称号，意思是说人们可以对他们进行有限的敬拜。册封圣徒之举，叫作列入圣品，因为其程序是按照教会法规进行的（见：**教会法规**）。按照教会法规将一个人列入圣品，便要求整个教会对其表示敬拜，人们可以请他代为祷告。这就是说，人们相信，圣徒能够代表祈祷的人向上帝求情。

新教大多数宗派教导人们说，可以把圣徒尊崇为优秀楷模，但是人们不应该，或者不需要向他们祈祷。在路德宗

波士顿公共图书馆存放的约翰·辛格·萨金特的一幅油画《先知的带状装饰》，描述了《旧约》中的先知（从左到右排列）阿摩司、内厄姆、以西结、丹尼尔。

里,人们仍然接受的是《新约》里"圣徒"一词的含义。在安立甘宗里,其教导则不同。

彼得　PETER

"来,跟我走,我要叫你们得人如得鱼一样。"这就是耶稣在加利利海边对两个渔民说的话。这两人就是被称作彼得的西门和他的兄弟安得烈。他们立刻丢弃渔网,跟从了他。彼得是12位门徒中最著名的一位。他和雅各、约翰一起组成一个亲密的小集体,紧随耶稣左右,而且他还目睹了耶稣一生中发生的一些主要事件。

根据《马太福音》的记载,彼得是最先相信耶稣具有神性的。他说过,"你是基督,是永生上帝的儿子。"彼得为人慷慨大方,容易感情冲动。当士兵来抓耶稣时,尽管彼得一人面对一大群人,他毅然举刀朝最近的一个人砍去,削掉了那人的一只耳朵。不过,刚过了几个小时,当耶稣被带到大祭司的房里后,彼得却不承认他以前认识耶稣。他对此感到极为后悔。基督复活后,在12位门徒中最先向他显现形象,下令悔罪的彼得去"养好我的羊羔,管好我的羊群"。

彼得由此肯定耶稣仍然信任他。后来他成为早期教会的一位重要导师,为宣道走遍了整个巴勒斯坦。许多学者相信,他在罗马也待过一段时间。罗马天主教徒认为,他是罗马的第一任主教、他们的第一位教皇。他拥有教会首领地位的说法,来源于《马太福音》里耶稣对彼得说的话:"你是彼得,我将在这块石头上建起我的教会。"(希腊语 *petros* 意即"石头")(参见:教皇制)

按照传统的说法,在尼禄当政时期,罗马人大约于公元64年将彼得钉死在十字架上。彼得宣布,自己不配与耶稣的死法一样,请求执行死刑的人将他头朝下挂在十字架上处死。

在罗马的圣彼得大教堂里,有一座彼得的铜塑像。教皇的祭台立在安葬彼得的地方,人们相信他被埋在那里。《新约》中的《彼得前书》——如果它是由彼得所写的话——有很多同他的宣道活动中已知的事件极为相似的内容。但《彼得后书》的证据则没有这样明显。人们相信,《马可福音》是根据彼得对耶稣生平的叙述而完成的。

圣彼得右手拿着天国的象征性钥匙,它是圣彼得的职务的标志。此画是14世纪末的蛋彩画作品,由纳尔多·迪·乔内创作于木板上。经耶鲁大学美术馆詹姆士·杰克逊·贾夫斯藏品室允许翻印。

保罗　PAUL　(公元10?—67?)

当大数的扫罗前往大马士革搜捕基督徒时,他还是迫害耶稣早期追随者的铁杆分子。根据《圣经·使徒行传》第九章所记叙的故事的记载,突然,一道强光照射在他身上,他听到一个声音说:"扫罗,扫罗,你为什么逼迫我?"扫罗惊颤着问:"主啊,你是谁?"那个声音回答说:"我就是你所逼迫的耶稣。"扫罗因看见强光而发抖,而且还感到眩目。不过他还是继续赶赴大马士革,抵达那里时他已经完全像变了个人似的。从那天起,他开始使用保罗这个名字,并"立刻在犹太教会堂里宣讲基督,宣讲基督是上帝之子"。

保罗约于公元10年出生在地中海一个叫大数的海滨城镇,它现在土耳其境内。他的父母是犹太贵族,保罗也从他们那里继承了罗马公民的身份。保罗是在法利赛人严格信仰的环境中长大的。

人们认为,保罗从未见过耶稣本人。他改信基督教时大约32岁,他一个人独自默想了数月,接着找到了使徒长彼得了解了耶稣的生平。他后来成了基督教最伟大的传教士之一。他共作过三次传教旅行,穿过小亚细亚和希腊,使许多人皈依了基督教,并建立起许多基督教会。

他传教的方式始终如一。他首先在犹太教会堂讲话,如果犹太人不接受他的说教,那么他就离开那个犹太教会堂,另外组织一个由外邦人基督徒组成的教会。由于保罗努力的结果,基督教很快成为一个世界性的宗教。保罗对早期基督教会的神学的形成,贡献也很大。

当保罗返回耶路撒冷后,他被抓了起来,投进监狱。在监狱里待了两年后,他运用自己罗马公民的权利向国王希罗德·阿格里帕二世提出上诉。他被带到罗马,成为真正的囚徒,又被囚禁了两年。尽管人们对他最后的确切情况不甚了解,但是传统的说法认为,大约在公元62年至68年之间,尼禄皇帝下令砍了他的脑袋。

《新约》中保罗所写的那些使徒书,是保罗写给他的朋友和一些教会的、教导和鼓励的书信。《使徒行传》讲述了许多有关保罗的生平事迹。

教父　FATHERS OF THE CHURCH

在基督教最初的几个世纪里,一些主教和导师提出许多基本信条,它们后来经历了几乎所有的教义争端的考验。提出这些基本信条的人们,后来被统称为教父。

伟大的教父时代,大约从公元100年延续到600年。然而,也有一些教父是晚至12世纪的著述家。

尼西亚以前的时期

尼西亚以前的作品,指公元325年君士坦丁大帝为解决宗教教义之争而召集的尼西亚公会议以前写成的著作。最早的著作是由1世纪和2世纪初使徒时代的教父完成的。使徒时代的教父有:罗马的圣克雷芒、安提阿的圣依纳爵、士每拿的圣波利卡普、小亚细亚的帕皮亚斯、赫马斯以及几位不知名的作者。他们的著作都是用希腊文撰写的,论述的是教会面临的伦理和教义问题。

2世纪后期,涌现出另外一些作者,他们是维护基督教,反对其迫害者和其他宗教信仰的护教教父。他们当中有殉道者圣查士丁、圣伊里奈乌斯、亚历山大的圣克雷芒、米努西乌斯·菲利克斯和塔提安。君士坦丁使基督教合法化之后,迫害基督教的时期随之结束。

尼西亚以后的时期

325年以后,教父的著作,逐渐开始反映出罗马帝国分裂为以君士坦丁堡为中心的东方帝国和以罗马为中心的西方帝国以后所发生的变化。东西方在教义上的冲突,最终导致1054年的教会大分裂。

东正教会或希腊教会的教父有:圣亚大纳西、圣约翰·克里索斯托、圣大巴西勒、尼萨的圣格列高利和纳西昂的圣格列高利等人。罗马天主教会或拉丁教会的教父有:圣奥古斯丁、圣安布罗斯、圣哲罗姆、圣利奥一世(大利奥)和圣格列高利一世(大格列高利)等人。后期教父中,有圣比德(尊敬的)和明谷的圣贝尔纳。

圣奥古斯丁、圣哲罗姆、圣安布罗斯和圣格列高利,被认为是罗马天主教会中最重要的教父。圣奥古斯丁对基督教神学的影响之大,是其他任何教父都无法与之相比的(见:**奥古斯丁(希波的)**)。

圣哲罗姆是教父中最有学问的人。他的最大贡献是把《圣经》从最初的语言(主要是希伯来文和希腊文)翻译成拉丁文,即通俗拉丁文本《圣经》。圣安布罗斯撰写过关于《旧约》和《新约》的评注。而圣格列高利的《论道德》则对天主教伦理神学产生了很大影响。

教皇制 PAPACY

罗马天主教会的管理就像一个王国一样。不过,它的领袖没有国王的头衔,而是称作教皇,拉丁文为 papa,意即"父亲"。教皇统治教会的制度,称作教皇制。作为漫长的历史发展的结果,20世纪的教皇声称自己对普世教会拥有管辖权。这意思是说,他一身兼有立法、行政和司法三项职权。然而,所有其他基督教宗派都拒绝承认他享有这一权力。(参见:**罗马天主教**)

职衔

在罗马天主教会内,教皇有权制定或废止教会法规,创立教区(由一位主教统辖的地区),任命主教,管理传教事务,并就信仰和道德问题向全球教会发布声明。他的这类声明被认为是不存在谬误的,即是正确无误的,因为第一届梵蒂冈公会议于1870年曾通过了教皇永无谬误的信条(见:**梵蒂冈公会议**)。

教皇的头衔甚多。首先是罗马城主教。作为一名主教,他的主教座椅并不在圣彼得大教堂,而是在圣约翰·拉特兰教堂。教皇也被描述为基督在世上的代表、首席使徒(彼得)的继承人、西方教会的宗主教、普世教会的最高祭司、意大利总主教、罗马教省的大主教兼都主教、梵蒂冈城国的君主和天主的众仆之仆。这些头衔都是在不同时期的历史发展过程中形成的。

教皇不仅是最大的基督教宗派的精神领袖,也是位于意大利罗马境内的一个小国即梵蒂冈城国的统治者。尽管这个国家地理面积很小,但它也向许多国家派遣外交官员,而且反过来也接受别国的外交使节。教皇国曾经覆盖意大利中部的大部分地区,梵蒂冈是它保留下来的全部国土。16世纪时,教皇国的疆域最广,计有4.4万平方公里。1870年意大利王国建立时,剥夺了教皇国的大部分领土。

教会传统勾画出一条从1世纪的圣彼得到目前教皇位置的占有者的、不间断的教皇世系。在将近二千年的历史中,曾有过30多位伪教皇,14世纪末至15世纪初是伪教皇最多的时期,这些人只是声称拥有这一职位而已。历史上的所有真教皇几乎都是教会的实际统治者。1978年就任的约翰·保罗二世,是第264任真教皇。

绝大多数教皇为意大利人。在那些教皇中有15位是法国人,一位英国人(阿德里安四世),一位荷兰人(阿德里安六世),一位波兰人(约翰·保罗二世)。

从理论上说,任何一位男性罗马天主教徒,无论他是神职人员还是普通信徒,都可以当选教皇。但实际上,自1378年以来当选教皇的都是枢机。枢机是教会里的重要神职人员,教皇就是由枢机团开会选举产生的。选举教皇的秘密会议,必须在一位教皇去世后18天之内举行,只有80岁以下的枢机才有投票权。在选举教皇的会议期间,参加选举的枢机们被锁在梵蒂冈宫的某个地方,不得与外界接触。投票是在西斯廷教堂秘密进行的。每一次投票后,选票都要放在炉子里烧掉,等候在外面的人群,可以从燃烧冒出的烟雾中看出投票进展的情况。黑色烟雾表示尚未做出最终决定。白色烟雾表示新教皇已经选出。候选人必须获得三分之二以上的选票,才能当选教皇。

行政

教皇在枢机团的协助下管理教会(见:**枢机团**)。实际行政工作由委员会、法庭和办公处完成,它们统称为罗马教廷。许多枢机就是主教,在世界各地主持着自己教区的工作。委员会共有九个,它们被称作圣部,每个圣部都由一名枢机或教皇本人领导。

最著名的圣部之一是信理部,其职责是确定和维护教会学说。它以前叫宗座法庭,是异端裁判所的直接后续机构(见:**异端裁判所**)。传福音部负责指导传教活动,主教部主管全世界数以百计的教区事务。主教们应经常向梵蒂冈递交书面报告,而且每隔四年要亲自前往该部述职。宗教团体和在俗团体部总理各隐修院修会(见:修士与修行)。

法庭共有三个:宗座赦罪法庭负责对个人良心案件的裁判;罗马圣轮法庭审理个人之间的纠纷案件;宗座钦准最高法庭,是负责裁决罗马圣轮法庭审理后又上诉的案件的最高法庭。

国务秘书处负责分发经教皇签署颁布的正式文件。这些文件称作诏书(bulls),诏书一词源于拉丁文"金质徽章"(bulla),或"铅制御玺"。财政大臣掌管梵蒂冈的收入和财产。国务秘书处还负责处理梵蒂冈的政治和外交事务,此外,它也发布宗座正式声明和被称作宗座简函的公开信函,其正式程度略低于诏书。教皇委派的外交代表叫作教廷大使、教廷公使和宗座代表。教廷大使和教廷公使等同于别国派出的大使和公使。宗座代表是派到地方教会负责督导教务工作的。

教皇本人和梵蒂冈的大门、小门由瑞士卫兵守护。教皇于1505年开始雇佣卫队,当时在位的是尤利乌斯二世,那时瑞士的马特豪斯·希内尔枢机和苏黎世、卢塞恩两州达成协议,由他们为教皇提供卫队。现在,卫士可以是来自瑞士任何一州的公民。今天,梵蒂冈卫队成员依然穿戴着由米开朗琪罗设计的传统制服和头盔。

历史

今天的教皇制是漫长的、艰难的并且经常充满冲突的历史发展的结果。教皇职位是以《新约》中的一些段落,特别是《马太福音》第16章的某些重要句子为依据的。在这些句子中,耶稣对彼得说:"你是彼得,我要把我的教会建造在这磐石上。"理解这句话的关键是,彼得的名字和希腊文石头(petro)一词之间暗含着一个文字游戏。耶稣接着说:"我要把天国的钥匙交给你。"这段经文,被用来支持彼得是在整个罗马帝国建立教会的门徒和后来的使徒之首的说法。

另一个说法是圣传:彼得是罗马教会的第一位主教或监督。除了一些古代作品外,这一说法没有任何历史证据。但是,那些支持彼得在罗马待过这种说法的作品又难以被驳斥。

不管怎么说,教皇制是后来发展起来的,而且一旦存在,它便用圣经经文和历史依据来维护自己。4世纪时,罗马帝国的首都迁至君士坦丁堡(今伊斯坦布尔),结果在罗马留下一个权力的真空,这次迁移也使帝国形成一分为二的局面。皇帝迁走后,留在罗马城的惟一权威人物是作为国教领袖的主教。为了保护他们的地位不受蛮族部落和冲突的政治势力的侵害,教皇们逐渐掌握了大量的政治权力。

而东部教会则处于以君士坦丁堡为统治核心的拜占庭帝国的控制之下。几个世纪以后,西部教会逐步处于罗马的管辖之下。欧洲的政治混乱,使教皇自然成为权力的中心。一些教皇曾经带领教会成功地度过了艰难时期,利奥一世、大格列高利一世、利奥三世、利奥九世、格列高利七世以及英诺森三世,就是其中的几位。

尽管教会有过这些杰出的领袖,但是罗马教皇也经常陷入混乱,并屈从于国王和皇帝们的荒诞想法。14世纪时,教皇们不是在罗马而是在法国南部的阿维尼翁统领教会。这个所谓的巴比伦囚房时期,从1309年一直持续到1377年。随后又发生了西部教会大分裂(1378—1417),期间,有几人互相对峙,都声称拥有教皇职权。后来,教会经过很长的时间,才从这些危机中恢复过来。然而,它刚一恢复,便面临着新的单一民族国家的兴起和16世纪宗教改革运动。

强大的单一民族国家的出现,最终消除了教皇们的政治抱负。16世纪的宗教改革运动结束了教会对欧洲大部分地区的控制。为反对宗教改革运动,罗马天主教会在特兰托公会议上进行了自我改革,但那时它已相当脆弱(见:**反宗教改革**)。

直至19世纪,教皇的声望和权威才从这些打击中真正恢复过来。拿破仑战争以后,维也纳会议恢复了教皇国。欧洲其他王国开始把教皇视为抵制高涨的民主制、社会主义和其他现代思潮的稳定性力量。对于教会管理的中央集权集中于教皇的制度,长期以来一直有人持反对态度,但是,通过第一届梵蒂冈公会议,教皇于1870年在斗争中占了上风。有兴趣进一步了解教皇制的读者,可阅读尼古拉斯·奇塔姆的著作《掌管钥匙的人——从圣彼得到约翰·保罗二世的教皇史》。

教皇　POPE　见:**教皇制**

枢机团　CARDINALS, SACRED COLLEGE OF

协助教皇管理罗马天主教会的顾问和助手,叫枢机。从1059年起,他们组成了一个叫枢机团的机构。

枢机这一名称意为"主要的"或"重要的"(源于拉丁文 *cardo*,意思是"枢,门的转轴")。枢机必须是教士,由教皇任命,是终身职务。枢机最多为120人。除了80岁以上的枢机外,其余的枢机又反过来直接选出教皇。1378年以来,所有教皇都担任过枢机。

教会的大部分行政管理工作,是由枢机组成的委员会,即"部"完成的。教皇偶尔主持的枢机正式会议,叫全体枢机会议。

最初,枢机由罗马教会的重要教士以及临近7个主教区的一些助祭和主教组成。今天,根据职务的安排,他们分别为枢机主教、枢机神父和枢机助祭。不过要分清楚,枢机主教既不同于枢机也不同于主教。

这一职位的正式标志是红色的丝质四角帽,帽子为方形,顶端有三个鼓起的圆脊。当一位枢机接受任命后,教皇在第一次公开的全体枢机会议上将它赐予新枢机。从此,只有在教堂里举行礼仪穿缎带服时才可以戴四角帽。教皇还授予新枢机一枚形似十字架的金戒指。通常,枢机身穿黑色长袍,头戴红色丝质无边帽。

1586年,教皇西克斯图斯五世将枢机团人数定为70人。教皇约翰二十三世任期内,枢机团人数有所增加。1960年,他还任命了第一位黑人枢机、第一位日本枢机和第一位菲律宾枢机。1969年,教皇保罗六世将枢机团人数扩大到 134 人，1973 年又增至 145 人。1970 年他又对 80 岁以上的枢机的作用作出限制。（参见：**教皇制**）

教会法规　CANON LAW

东正教会、罗马天主教会和安立甘宗教会内，有关宗教生活的法规和条例集成叫教会法规。（希腊文 kanon 意即法规。）在将近两千年的教会史上，教会法规经历了长期的发展过程，而且为适应社会、宗教、政治、经济和文化的变化不断作过修改。上述每一个教会各自都有自己的法规汇编。

东派教会　在基督教最初的 3 个世纪里，主教们和教会的其他领导人为神职人员和平信徒颁布过许多法规和条例。4 世纪初，基督教成为罗马帝国的主要宗教后，基督教的普世公会议开始就教会实践和教义问题颁布法规（见：**教会公会议**）。

在几个世纪中，教会积累了多种庞杂的、经常是互相冲突的法规，这些法规分别是在罗马帝国的许多地方制定的。6 世纪时有人开始试图使教会的法规逐渐规范化。公元 883 年，《14 项法规集》编纂完成，到公元 920 年它已成为整个东派教会遵循的法规。

5、6 世纪时，许多地方教会脱离了东正教，首先这样做的是叙利亚、亚美尼亚、埃及和亚述（今伊拉克）的教会，它们各自广泛制定了许多反映本民族特点和习俗的教会法规。

罗马天主教会　公元 476 年西罗马帝国崩溃瓦解以后，几个世纪里，欧洲在政治上一直处于支离破碎的局面。结果，教会法规形式多样，五花八门。最后，约在 1140 年一位叫约翰·格拉蒂安的修士，编辑完成《教会矛盾法规的调和》，又名《格拉蒂安教令集》。1500 年巴黎出版的《教会法大全》就是在它的基础上完成的。

1545 年至 1563 年举行了改革教会的特兰托公会议，会议赋予教皇解释和实施教会法规的权力，使教会法规向新的方向发展（见：**反宗教改革**）。不过，直至 1917 年新的教会法规《天主教法典》才缓缓诞生。这一法典的编制工作始于 1904 年教皇庇护十世当政时期，1917 年 5 月教皇本尼狄克十五世在位时颁行。

天主教最新的教会法规集于 1983 年完成，是由教皇约翰·保罗二世签署的，它体现了 1962 年至 1965 年举行的第二届梵蒂冈公会议的改革精神。

安立甘宗　大多数新教教会都有自己的教规，但是安立甘宗保留了教会法规的原意，因为它的教会法规，基本上是由从早期教会和中世纪的一些教皇和公会议制定的法规和条例继承而来的内容构成的。不过，英国国教会的所有新政策必须由国会批准（见：**安立甘宗**）。

教会公会议　CHURCH COUNCILS

从基督徒产生的第一个世纪起，他们就聚集在一起讨论教义、伦理、崇拜、传教事业和教会制度的问题。这些聚会一般被称作公会议或会议。（会议 synod 一词出自希腊文，意思是"旅途上的同行者"。）现在，它可以表示一次会议，如美国罗马天主教会的主教年会；它也可以指一个组织，如路德会——密苏里会议，它是位于圣路易斯的一个美国宗派。（参见：**基督教**）

早期的公会议　人们所知道的教会的第一次会议，是耶路撒冷会议。据信，它大约是在公元 52 年举行的。随着教会在整个罗马帝国的扩展，在一个地区或一个省，定期召开会议逐渐成为一个习惯。有时，为解决某个教义问题或选举主教，也召集会议。后来这类会议逐渐变成专由主教及其助手参加的会议，因为主教们已成为信仰和教规的主要权威。

普世大公会议　从公元 313 年君士坦丁皇帝颁布了宽容所有宗教的法令之后，基督教逐渐成为罗马帝国最大的和最盛行的宗教运动。很多皇帝也成为基督徒，并竭力将自己同教会在社会上的影响联系起来。那些可能破坏教会统一的不同意见，也被认为威胁着帝国的统一。

皇帝们为克服这些分歧而召集会议，这些会议后来逐渐成为普世公会议。（ecumenical〔"普世的"〕一词，来源于希腊文 oikoumenos，意为"上帝的居所"。）它们是由来自罗马帝国各地的教会代表参加的会议。大多数公会议讨论的核心问题是基督的本性问题。他是否既是神又是人，还是仅仅是一个人？他是否纯粹是神，但却以人的形象出现？第一次普世公会议（也是最著名的一次）是公元 325 年由君士坦丁在尼西亚召集的。这次会议谴责了一个叫阿里乌的人的观点，因为他宣称耶稣基督只是一个被创造的人，而不是自始就存在的，所以他不能等同于神。

在以后的 4 个世纪里，另外 6 个会议讨论的问题也与此相似。现在，这些会议被罗马天主教会和东正教会承认为普世公会议，它们是：第一次君士坦丁会议（381）、以弗所会议（431）、查尔西顿会议（451）、第二次君士坦丁会议（553）、第三次君士坦丁会议（680—681）和第二次尼西亚会议（787）。

后来的公会议　在中世纪早期，罗马主教（教皇）领导的教会和受君士坦丁牧首影响的教会，渐渐开始分道扬镳。他们最终在 1054 年彻底分裂。在西方，罗马天主教会承认其他 14 次会议为普世公会议，即由教皇召集的那些会议。早期的公会议都是由皇帝召集的，他的影响使会议的决定具有法律的力量。

罗马天主教会承认的公会议是：第四次君士坦丁会议（869—870）、1123 年至 1517 年之间召开的 5 次拉特兰会议，2 次里昂会议（1245 和 1274）、维也纳会议（1311—1312）、康斯坦茨会议（1414—1418）、弗拉拉-佛罗伦萨会议（1438—1445）、特兰托会议（1545—1563）和两次梵蒂冈公会议（1869—1870 和 1962—1965）。

在西方中世纪，在地区或主教区（主教区是一个主教的管辖区）范围内定期举行会议也成为一种习惯。在查理曼统治时期（768—814），在雷根斯堡和法兰克福举行过 2 次国际会议（792 和 794）。查理曼死后，由于欧洲社会分崩离析，许久未召集过大型会议，直到 11、12 世纪教皇掌握大权之后，公会议才有可能举行。

罗马天主教内部最重要的 2 次公会议，是特兰托公会议和第二届梵蒂冈公会议。特兰托公会议，是一次反对宗教改革的会议，它企图改革教会，反对新教的宗教改革运动。而教皇约翰二十三世召集的第二届梵蒂冈公会议,则使罗马天主教内部开始出现戏剧性的变化。(参见:**反宗教改革;宗教改革运动**)

在现代,几乎所有的宗派一两年都要召开一次年会。公会议一词,除用于描述比较大的组织(如美国全国基督教协进会和世界基督教协进会)之外,一般很少再使用。在新教徒中间,曾举行过2次引人注目的大会。第一次是于1643年举行的威斯敏斯特大会,其目的是要改革英格兰教会。第二次是于1934年在德国举行的巴门大会。德国的新教徒在会上宣布,他们反对阿道夫·希特勒和纳粹主义,并阐述了忠实于其传统信条的运动纲领。

一些大的宗派,其成员遍布全世界,也经常召集国际会议。比如,世界路德宗联合会,每六七年召开一次大会;安立甘宗兰柏特会议,每十年在伦敦坎特伯雷大主教的住所兰柏特宫举行一次。

梵蒂冈公会议　VATICAN COUNCILS

全球基督教会的领导人参加的会议叫普世公会议(见:**教会公会议**)。罗马天主教会只承认21次这类的会议,其中第一次会议叫尼西亚公会议,于公元325年召开。这类会议的第20次和第21次,称作第一届和第二届梵蒂冈公会议,之所以这样称呼,是因为它们是在梵蒂冈城的圣彼得大教堂举行的。

第一届梵蒂冈公会议由教皇庇护九世召集,它是对现代世界——即人民民主的兴起、产业革命引起的物质主义以及19世纪正在酝酿中的所有新思想——的反动。第二届梵蒂冈公会议由教皇约翰二十三世召集。在20世纪的世界,宗教信仰已不再在社会中占有主导地位,发展中国家正在革命中苦苦挣扎,教会自身似乎已脱离了信徒的生活,这届大会就是认真地对待这一世界的一次尝试。

庇护九世的目的是以最为强烈的言辞重申教会的权威,建立抵抗外部世界的防护力量。他召集的梵蒂冈公会议,是在意大利争取国家统一的斗争年代举行的,梵蒂冈城正面临着生死存亡的大问题。当时约有1050位主教和其他领导人有资格与会,但是只有大约700人出席了1869年12月8日举行的开幕式。总共有774人参加了会议的审议。截止到1870年7月18日共举行了4次工作会议。1870年10月20日,教皇宣布无限期休会,因为罗马已被军队占领,他们打算把罗马变成统一的意大利的首都。

1870年4月24日,第一届梵蒂冈公会议通过了一项关于信仰与理性的敕令。然而,这届大会的关键事宜是教皇在教会中的权威问题。尽管有一些人反对,教皇永无谬误的信条还是写进了于7月18日通过的题为"永恒牧者"的敕令里。它宣布教皇对整个教会拥有最高的权威,当他发表关于信仰和道德的声明时,他是不会出错的。

第二届梵蒂冈公会议,从1962年至1965年连续开了4个秋天。1962年10月11日召开第一次会议,1965年12月8日闭会。有资格参加会议的教会人士为2908人,2540人出席了第一次会议。此外,还有来自所有主要的新教教会和东正教会的无表决权的观察家,也列席了会议。这届大会总共通过16个文件。其中最有意义的是关于教会和启示的本质、修改礼仪、教牧工作、平信徒的作用及教会在当代世界中的作用的文件。这次会议之后立刻产生结果的是礼仪的修改,它包括把崇拜用语从拉丁语变成各地的民族语言。另一个突出的后果是增强了向其他宗教和宗派的开放,并与它们进行合作。

主教座堂　CATHEDRAL

欧洲中世纪初期,西欧的宗教和政治生活中使用的语言为拉丁语,当时拥有主教正式"座椅"或"宝座"(拉丁文为 *cathedra*)的教堂,叫"主教宝座教堂"(拉丁语为 *ecclesia cathedralis*)。随着时间的推移,"主教宝座教堂"简称为"主教座堂"。

在中世纪,西欧全都信仰罗马天主教,所以人们联合起来建造了众多的教堂,这样做不仅是为了荣耀自己信仰的宗教,而且也是为了给自己居住的城市增光。通常,主教的教堂是主教区里装饰得最富丽堂皇、造型最优美、最宏大的教堂建筑。不过也有例外的情况。比如,意大利罗马的圣彼得大堂是基督教世界里最辉煌的教堂,但是作为罗马城主教的教皇的宝座,却是在比圣彼得大堂更古老、但不如它壮观的圣约翰大教堂里。

由于中世纪人民的努力,今天的西欧各地,到处都有由灰色的大石头建成的主教座堂,它们的顶端和钟楼俯瞰着整个地区。在富丽堂皇的哥特式主教座堂里,高耸尖拱的窗户的彩色玻璃上画满了绘画作品,其丰富斑斓的色彩使教堂内部显得更加辉煌壮丽,这些教堂大多是在12至15世纪建成的。艺术家和雕塑家们竞相把人类历史和基督教历史绘制、雕塑在教堂内外。以人物、动物和植物为题材的艺术品散见各地。圣经故事、圣徒画像和表达善恶的故事,成为"令人瞩目通俗易懂的平信徒的圣经简本"。

法国巴黎的圣母大堂、意大利威尼斯的圣马可大堂、英国的坎特伯雷大堂、德国西部的科隆大堂等类似的主教座堂,是人们经年累月劳动和智慧的结晶。其他一些主教座堂,如法国的亚眠大堂和瑞姆斯大堂、比利时的安特卫普大堂、英国伦敦的圣保罗大堂,都在现代战争中遭到严重的破坏,不过修复这些珍贵的建筑丰碑的技术,已有很大提高。虽然欧洲中世纪伟大的哥特式主教座堂是举世无与伦比的,但现代建造的许多主教座堂的造型也十分优美。

美洲著名的大型主教座堂有:纽约城罗马天主教的圣帕特里克大堂、魁北克的蒙特利尔圣母堂以及墨西哥的墨西哥城主教座堂。位于纽约的圣约翰大堂和华盛顿特区的圣彼得圣保罗大堂,是新教主教制教会的教堂。

教堂　CHURCH
见:**主教座堂;基督教**

威斯敏斯特教堂　WESTMINSTER ABBEY

位于伦敦的威斯敏斯特教堂,原为罗马天主教本尼狄克派的一座隐修院,自1560年以后正式成为威斯敏斯特的圣彼得共管教堂。相传撒克逊人统治时期,威斯敏斯特教堂是泰晤士河上一个叫索恩斯的小岛上的一座小教堂,它的献堂仪式是由圣彼得主持的,那个小岛后来改叫西敏斯特或隐修院。可以肯定的是,大约在公元785年有一伙修士在岛上生活过,约于公元960年圣邓斯坦对隐修院进行了扩建。忏悔者圣爱德华在原址修建了一座新教堂,并于1065年举行了该堂的献堂仪式。1245年亨利三世下令拆除了爱德华建造的教堂,只保留了中殿,并按当时的哥特式建筑风格开始建造保留至今的教堂建筑。

威斯敏斯特教堂的第一位建筑师是亨利·德·雷恩斯,他的设计体现了法国当时教堂建筑的特点。1376年,在建筑师亨利·耶维勒的指导下,开始重建中殿,历时百年终于竣工。不过,它仍然保留了亨利三世时代英国的早期哥特式建筑风格,所以这座教堂总体上看起来好像是一次建成的。

南端的八角形修士聚会室,建于1253年。内部环墙的石凳可供80位修士就坐,隐修院的日常事务都是在这里进行的。从1272年爱德华一世开始执政起,直至1547年亨利八世的统治结束为止,它也是下院的聚会处。原先铺设在路面上的花砖以及一些15世纪初的壁饰,在19世纪的修复过程中被揭掉了。

亨利七世小教堂始建于1503年,取代了以前供女士用的小教堂。其风格为垂直哥特式,它以精致的锥状扇形拱顶而著称于世。它曾经是巴兹骑士团的正式教堂,他们的旗帜悬挂在原先刻好的位子的上方。紧靠上层窗户的下边,是95位圣徒的塑像(原有107位),它是英国中世纪后期最大、最精美的人物雕像群。

西边的两个钟楼,是最后增加的建筑,它们主要是尼古拉斯·霍克斯穆尔的杰作。钟楼于1745年竣工。1831年又重新设计了唱诗班席的石制围屏,唱诗班的席位是1834年安放的。1867年乔治·吉尔伯特·斯科特爵士又重新修建了高祭台及其背后雕饰精美的壁龛。

除爱德华五世和爱德华八世外(因为他们二人未举行过加冕礼),征服者威廉以后的每一位英国君主的加冕仪式,都是在威斯敏斯特教堂举行的。加冕宝座是1301年根据爱德华一世的命令制成的,宝座下面为加冕宝石,是爱德华一世1296年从苏格兰人手中夺来的。许多国王和王后葬于高祭台后面圣爱德华的圣墓旁边,或葬于亨利七世小教堂附近。

威斯敏斯特教堂挤满了约2500个英国名人的坟墓和纪念物,其中许多人是不配葬于此地的。1400年杰弗里·乔叟葬于教堂的南端,此后这里成为著名的诗人角。乔治·弗里德里希·韩德尔也静静地躺在诗人和作家们中间。教堂北端的政治家通道上耸立着威廉·皮特纪念碑。靠近西门的中殿中心是无名将士墓,里面埋葬着1920年从佛兰德运回的第一次世界大战阵亡将士的骨灰。

街面教堂　　STOREFRONT CHURCHES

在美国城市最贫穷的街区里,有数以千计的小型礼拜堂。因为许多小型礼拜堂设在曾经做过生意的楼里面,所以它们被叫作街面教堂。经常占据衰落地区被遗弃的空楼的小群基督徒,一般都是浸礼宗、圣洁会或五旬节派的信徒。

在大多数街面教堂里,会众都是黑人,但来自南美的信徒正在逐渐增加。这些教堂成员的构成,说明许多贫穷的美国人(包括新来的移民)的宗教经历和老教派的宗教经历之间的关系存在某种东西。当传统教会——罗马天主教会和新教教会——发展壮大后,穷人在其中感到极不自在,黑人的这种感觉尤为真切,因为在以白人为主的教堂里常常使他们感到自己是不受欢迎的人。19世纪后期,当南方的黑人开始来到北方的城市后,他们组成自己的礼拜会。当他们迁到过去完全是白人居住的街区后,他们发现曾为移民服务过的老的礼拜会的经济能力正在下滑。当这些教堂无力容纳新来的人们时,美国的非洲后裔们继而创建了自己的小教堂。

当墨西哥人和波多黎各人开始移民来到美国后,他们中的许多人自然参加了罗马天主教会。但是,众多的美国南美人并没有找到自己渴望的社团感觉,因而他们转向在附近设有街面教堂、比较情绪化的五旬节派教会或圣洁会。

街面教堂有一些共同点。他们为经济状况相近的人们提供了一个宗教之家,从而也为这些人创造了一种社团感、互相间的义务感和分享感。它是人们自我表现的一种手段,通过热烈的崇拜形式,为人们提供强烈的情感释放机会。在充斥着犯罪和毒品的街区,这些街面教堂有助于维持家庭生活。尽管这些教堂通常有一名男子或女子负责,但是在教堂活动和崇拜仪式中,他们也强调所有成员的作用,这样就为黑人和美国的南美人提供了领导的角色,否则他们绝不可能获得这样的职位。

街面教堂的礼拜活动有声有色,经常充满了喧闹声和音乐声。礼拜仪式的时间可能比主流派教会要长。缺乏经费资助也未妨碍人们把教堂打扮得色彩斑斓。人们还经常使用蜡烛和香炉强化礼拜活动。在有些教堂里,所有的成员穿戴统一,这样便看不出他们有任何差别。有些街面教堂采取男女分坐的形式。街面教堂的神职人员一般都没有接受过神学教育。许多神职人员必须做全日制工作,因为教堂的会众无力支付他们的工资。

宗教改革运动　　REFORMATION

通称为宗教改革运动的16世纪宗教叛乱,是所有革命中最伟大的革命之一。这场急风暴雨般的、经常是野蛮残酷的冲突,把西欧的基督徒分裂为新教徒和天主教徒两大派。由于这场分裂的意义非常深远,所以宗教改革运动被称为历史的转折点。宗教改革运动也是近代历史的开端,因为人民的宗教统一性一旦遭到破坏,他们便开始按照自己的宗教利益进行思考。从这些利益的多样性中产生了新的政治的、社会的和经济的问题和信仰。

叛乱的背景

16世纪初,西欧只有一种宗教,即罗马天主教(见:**罗马天主教**)。罗马天主教会富有且很有权力,并保护过欧洲的古典文化。然而,尽管多次召开过实施改革的大型会议,但是教会内部的争端、纪律松懈和行为放纵的现象持续增长。

教会人士批评教会的管理工作,而且开始对教会的一些教义,比如教会坚持的惟有它有权为信徒解释《圣经》的教义提出质疑。不过,早在14世纪,英国神父、牛津大学教师约翰·威克里夫就已宣称,信徒有权阅读《圣经》,有权为自己解释《圣经》。虽然教会对此提出抗议,但威克里夫的追随者们仍于1382年把《圣经》从拉丁文译成英文,并把英文《圣经》传遍英国。威克里夫的思想还传到波希米亚,扬·胡斯在那里通过有力的讲道把威克里夫的思想传到各个地方。威克里夫和胡斯的工作对一位叫马丁·路德的萨克森僧侣产生了巨大的影响。(参见:《圣经》;胡斯;马丁·路德;威克里夫)

马丁·路德在德国激起叛乱

马丁·路德是德国宗教改革运动的领袖。多年来,他一直抗议一些神职人员出售赎罪券(暂时原谅罪恶行为的证明),但不向信徒讲明他们必须真诚地为那些罪恶的行为悔罪的做法。他特别对约翰·台彻尔僧侣欺骗信徒的做法予以抨击。1517年,愤怒的马丁·路德起草了反对销售赎罪券的《九十五条论纲》,并把它张贴在维滕贝格教堂的门上。

马丁·路德提出的新思想是与教会背道而驰的。他否认教皇的权威,而且像他以前的威克里夫和胡斯一样,也提出《圣经》是基督教真理的惟一源泉。他拒绝承认神职人员比平信徒拥有更多的权力。他还公然宣布,僧侣和修女所发的誓愿不具有约束力,应当废除修道院。他还反对僧侣独身制度。在七件圣事中,他只认为两件,即洗礼和圣餐,是需要保留的。

宗教改革运动的传播

当教皇利奥十世在一份诏书中对马丁·路德的学说进行谴责后,马丁·路德一把火烧毁了教皇诏书和一本教会法规集。1521年,神圣罗马帝国皇帝查理五世命令他正式收回自己的观点。马丁·路德宣布,只有用"《圣经》的证据使他信服",他才会那样做。

其他学者也促进了宗教改革运动的传播。马丁·路德在维滕贝格大学的同事菲利普·梅兰希顿成为德国宗教改革运动的主要神学家。海德堡的约翰尼斯·罗伊希林通过推进希伯来文和希腊文研究,扩大了思想领域。掌握了这些古代语言,人们便能够阅读希伯来文和希腊文《圣经》(《圣经》是用这些语言写成的)。斯特拉斯堡的约翰尼斯·陶勒提出了"心灵宗教"的神秘思想,使马丁·路德受到启示,发展出了"因信称义"的学说。

其他地方的改革者也充满了热情。马丁·路德伟大的荷兰先驱——鹿特丹的伊拉斯谟,出版了希腊文《新约》和研究教父的著作,推动了早期教会的研究(见:**伊拉斯谟**)。法国的勒费弗尔·戴塔普尔和瑞士的乌尔里希·茨温利的观点,也与马丁·路德的观点相似(见:**茨温利**)。在英国,约翰·科利特也为教会内部的改革而努力。让·加尔文则使日内瓦成为长老宗和归正宗教会的世界中心(见:**加尔文**)。

宗教改革运动的其他原因

从某种意义上说,宗教改革运动是文艺复兴的自然结果。欧洲骚动不安的政治状况也有利于宗教叛乱的流传,因为许多地方的统治者都想摆脱皇帝查理五世而独立。最后,许多商人和农民正在从统治者和地主手中争取更多的权利,对教会十分不满,因为他们相信教会是偏袒剥削者的。骚乱在整个西欧此起彼伏。

马丁·路德对旧的宗教信条和传统的挑战,成为这些不满力量的聚合点,而且为打破已确立的关系提供了原动力。从诸侯到农民,这些迥然不同的集团一致把他看作是自己的特殊领袖,并向他欢呼致敬。然而,渐渐地,他们都发现马丁·路德并不为任何一个特别的集团而出力,于是到1530年,马丁·路德的许多追随者已弃他而去。不过,那时宗教改革运动甚至已超出了马丁·路德的控制。

宗教改革运动中值得纪念的事件

虽然宗教改革运动传遍整个欧洲,但是这场宗教叛乱最富有戏剧性的事件是在德国发生的。正是在萨克森的维滕贝格,马丁·路德于1517年贴出自己的《九十五条论纲》,并于1520年焚烧了教皇的谕令。一年以后,他遭到沃尔姆斯会议的谴责。1525年,在马丁·路德的鼓励下,德国贵族镇压了农民起义。

宗教改革运动中的另一件大事发生在1529年,当时第一次正式使用了"抗议者"一词。在德国,斯拜尔会议下令禁止改变宗教信仰,恢复罗马天主教会的权威。但是,处于少数派地位的马丁·路德信徒在会上签署了一份抗议书,反对这一命令。现在使用的表示由各个教派组成的抗议宗一词,就是由此产生的(见:**新教**)。

对战争的愤怒和战争带来的痛苦,加剧了宗教改革运动的混乱,它一直持续到1648年三十年战争的结束。查理五世一再努力支持神圣罗马帝国和罗马天主教会,反对法国和德意志诸侯的要求。但是,当他同挺进到德国门口的穆斯林激战时,他又需要他们的援助。接着,他又发动了施马尔卡尔登战争(1546—1547)。虽然他击败了新教诸侯,但他却无力扭转宗教改革运动的方向。

不管怎么说,宗教战争之后制订了和平条约。其中最重要的是1555年达成的《奥格斯堡和约》。这一和约最终迫使查理五世同意给予每一个德意志诸侯国的统治者选择信仰天主教或路德教的权力。每一个诸侯国的宗教信仰,仍由本国统治者强制施行。不过,这一和约还是给德国带来暂时的宗教和平。(参见:**路德主义**)

路德宗信仰主要在德国北部和斯堪的纳维亚传播。瑞士人最初受到茨温利的影响,但是像法国人和荷兰人一样,瑞士人也从大约30年后由约翰·加尔文领导的一场运动中提取他们的新教(见:**加尔文;茨温利**)。由此还出现了约翰·诺克斯的狂热奋斗,诺克斯把长老制带到了苏格兰(见:**诺克斯**)。1533年亨利八世与教皇发生决裂,因为教皇拒绝废除他与阿拉贡的凯瑟琳的婚姻,从此开始了英国的宗教改革运动。但是,直到1549年爱德华六世在位时,新教的学说才被介绍到英国教会。

罗马天主教的反宗教改革

教会的权威们最初低估了宗教改革的广度,以为它只不过是一次平常的纠纷或分裂而已。但是,他们很快看到宗教改革运动迅速从一个国家传到另一个国家(见:**反宗教改革**)。

教会立刻采取行动。从1545年至1563年,特兰托公会议发布多项命令纠正教会内部的不规行为,重申古代教义和传统。最有力的方案是由耶稣会提出的。这个修会是1534年由依纳爵·罗耀拉创立的,他原来是一位西班牙贵族,当过兵,后来成为一名僧侣(见:**圣依纳爵·罗耀拉**)。1540年耶稣会得到教皇批准。

16世纪下半叶,一些有才干的教皇继续执行反宗教改革期间提出的政策。他们谨慎地履行管理教会的职责,消除了许多可能激起叛乱的因素。

到16世纪末,在那些原属罗马天主教会但后来已为新教所占的地区,天主教会的信徒仍占人口的半数。那时欧洲的基督教已分裂成两派,几乎和今天的局面一样。(参见:**基督教;新教;罗马天主教**)

胡格诺派 HUGUENOTS

胡格诺派是宗教改革时期给予法国新教徒的名称,从16世纪初至1789年的大部分时间里,它一直是法国受迫害的一个少数派。这个词可能来源于德文 *Eidgenossen*,意思是"同盟者",它曾用来表示瑞士的新教徒。

胡格诺派在争取信仰自由的斗争中,被迫变成一个政党,甚至成为一些法国大贵族领导的"国中之国"。16世纪中叶,胡格诺派的人数和影响引起了天主教势力和强大的吉斯家族的忧虑。

随后发生了8次宗教战争。吉斯公爵带人袭击了正在一个谷仓聚会做礼拜的胡格诺派教徒,从而引起了第一次战争。短暂的和平之后,1572年,圣巴托罗缪节发生了当时国内宗教战争时期众多暴行中最恐怖的大屠杀,导致了第三次战争的爆发(见:**科利尼**)。

1598年,曾经是胡格诺派教徒但已同意同罗马天主教会妥协的亨利四世颁布《南特敕令》,胡格诺战争结束。这一敕令赋予法国新教徒政治权利、信仰自由的权利,并让他们保留一些武装城镇。1628年拉罗谢尔港沦陷后,他们的堡垒也失守了。虽然《南特敕令》的其他内容再次得到肯定,但是胡格诺派仍然经常遭到骚扰和迫害。

1685年路易十四废除了《南特敕令》,结果胡格诺派的所有保护被一笔勾销。虽然不许他们离开法国,但是成千上万的胡格诺派教徒还是逃离了法国。他们把法国的艺术品、手工制品和文化带到了英国、德国、荷兰以及北美的英国殖民地。

由贾科莫·梅耶贝尔创作的著名歌剧《胡格诺派教徒》的情节,就取自胡格诺派教徒多次受迫害的悲剧时代。剧中的男女主人公就是在圣巴托罗缪惨案中被杀害的。

反宗教改革 COUNTER-REFORMATION

在中世纪,罗马天主教会把欧洲所有基督徒都看作是自己的信徒。16世纪新教的宗教改革打破了这种统一性和整体性。罗马天主教会对宗教改革的反应是,着重进行自我改革,以便抵制新教的改革运动,夺回丧失的领土,并在全世界范围内扩大自己的传教活动。这一改革通常称为反宗教改革。然而,这一术语容易使人产生误解,因为它暗示整个改革活动只是对新教的一种反动。事实上,它的内容要丰富得多。(参见:**马丁·路德;宗教改革运动**)

几个世纪以来,人们为活跃教会生活,铲除教会内部纪律松弛、行为放纵及腐败的现象,做过许多努力。许多神职人员和平信徒对教会广敛财富、教皇和神职人员行为放荡、堂区神父可怜无知、滥用教义、信徒生活水平低下、出卖救赎权力以换取金钱的丑恶现象作过严厉的谴责。

一些改革者因提倡改革而被烧死在火刑柱上,扬·胡斯和吉罗拉莫·萨伏那洛拉就是其中的两位。其他人,如西班牙的吉麦内兹·德·西斯内罗斯枢机,在改革隐修院和复兴教育方面取得了很大的成功。一些新的改良主义的隐修院修会也应运而生,其中有意大利的圣爱奥拉托利会、塞廷会和嘉布遣会及西班牙的耶稣会。耶稣会于1539年由圣依纳爵·罗耀拉创立,1540年得到教皇保罗三世的批准,它通过推动教育、开展传教活动和试图从新教教会中夺回信徒,成了天主教的热忱捍卫者。(参见:**胡斯;圣依纳爵·罗耀拉;萨伏那洛拉**)

罗马的宗教法庭是教会在自己的区域内用来抵制新教影响的另一个工具。1542年教皇保罗三世创立了这一机构,它的工作与先前成立的中世纪异端裁判所和西班牙的异端裁判所相差无几。它的目的是镇压异端,消除谬误和阻止伪教义的传播。(参见:**异端裁判所**)

教皇与改革 早在教皇们决心致力于改革之前,教会内的改革波涛已持续了几十年。他们不愿进行改革是可以理解的,因为他们毕竟是教会的传统、教义和教规的护卫者。普遍的改革自然会威胁到他们的权威和地位,因为同所有地位相等的其他主教相比,教皇则首当其冲。而且他们还面临着正在兴起的民族主义和想要控制自己领土上的教会的国王们的威胁。大概,最重要的是教皇都驻在罗马,他们被众多地位稳固的高级官僚和教会积累起来的财富所包围。他们愿意宽容象征性的改革和变动,但起初却不肯进行大规模的重振活动。

特兰托公会议 教皇保罗三世在位期间(1534—1549),要求改革的呼声已经很高,新教对教会的威胁很大,以至教会必须马上进行自我清理。长期以来,呼吁召开公会议解决教会所有问题的要求一直没有停息过。然而,教皇们从未用赞许的眼光看待过公会议,因为,在决定和执行教义和教规的问题上,公会议的权力是否高于教皇的权力,在教会内部一直存在着本质的分歧。

保罗三世相信,惟有举行公会议才能应付面临的危机。因此,他在意大利北部召开了特兰托公会议,此次会议于1545年12月13日正式开幕。尽管会上的观点多种多样,保罗三世和他的继任者们仍然成功地控制了会议。结果保证了教皇在教会里的最高权力。

从1545年至1563年,特兰托公会议共开过三次会议。会上成功地重新确定了教会的教义,并审查了教会的组织结构。(参见:**教会公会议**)

在新教的宗教改革以前,许多教义上的大的意见分歧一直是可以宽容的。只要教会的首要地位和权威不受威胁,教会是能够这样做的。但现在面对路德派和归正派的运动,教义的定义便变得极为狭窄僵硬。新教的所有信条被谴责为异端,马丁·路德的"因信称义"的学说被列为谬误(见:**路德主义**)。会议宣布,救赎必需的圣事为七件,而不是马丁·路德和约翰·加尔文所坚持的两件,传统和《圣经》同为信仰的源泉。会议对这些信条和其他每一项与宗教改革相关的神学教条,都作了详细说明。它还宣布,《圣经》是由《旧约》(包括《次经》各卷)和《新约》组成的(见:**《圣经》**)。

在教会管理方面,特兰托公会议规定,一位主教只能有一个教区,他必须住在自己领导的教区里;它警告神父们不得离开自己的堂区。由于坚持每个教区必须建立一所神学院,所以神职人员的教育得到很大改善。会议还授予主教完全控制教区的权力,并敦促他们定期访问所有的堂区。

为改善平信徒参与教会的状况,还下令编写新的教理问答课本,用信徒使用的语言讲道,并修改《弥撒书》。特兰托公会议还授权出版新版《圣经》,修改《日课经》(即司铎的礼仪用书,它含有一年中每一天崇拜活动需念诵的赞美诗和祷文)。

到16世纪末,引发宗教改革的许多纪律松弛、行为放纵的现象已经消除,罗马天主教会在欧洲又赢得了许多信徒。但是宗教冲突仍在继续,下一世纪的三十年战争给欧洲带来大量的浪费。

异端裁判所 INQUISITION

13世纪时,反对罗马天主教会的浪潮席卷了整个欧洲。天主教会成立了名为裁判所的法庭,审判那些被指控为异端分子、反对宗教权威的人。

当异端裁判所的判官们到达一个地方之后,在当地主教和政府当局的帮助下,他们首先宣布给所有异端分子30天的宽限时间,让他们主动前去坦白认罪。一旦限期结束,对被告和拒不认罪者审判的帷幕就拉开了。证人的名字总是秘而不宣,但允许被告提交一份仇人名单,名单上的人都不可以起诉被告。

在一个被叫作全体训道大会或宣布执行异端分子的大型仪式上,罪犯的名字被公之于众,并对他们处以罚款、革除教籍或终身囚禁的处罚,对那些顽固的异端分子则在火刑柱上将他们烧死。由于教会法禁止神职人员参与屠杀事件,所以严酷的刑罚都是由政府执行的。

在斐迪南国王和伊莎贝拉王后统治西班牙的岁月里,异端裁判所的肆虐达到顶峰。王室几乎完全操纵了异端裁判所,并把它推向极端,结果经常和罗马当局发生冲突。

异端裁判所有时被利用,成为进行政治报复和私人报复的幌子。真诚的裁判员往往会受到狂热情绪的误导,施行极为残酷的暴行。总的来说,它是那个时代的必然产物。当时教会和国家结成了最紧密的同盟,异端被看作是反对它们的罪行,只有叛国罪和无视政府罪才可与它相提并论。

异端裁判所主要活跃于南欧和拉丁美洲的部分地区。在西班牙,其形式后来变得要缓和一些,但直至1820年才寿终正寝。罗马的宗教法庭是于1542年由教皇保罗三世建立的,目的是复查各地异端裁判所的审判,检察对异端的指控,在第二届梵蒂冈公会议期间(1962—1965),由信理部取而代之。

殉道者 MARTYR

殉道者源于希腊语意为"见证"或"作见证的人"一词。英文的这个词用于描述那些宁愿死也不肯放弃宗教信仰的人。这两个含义是互相关联的。因信仰而死的早期基督徒是最早为自己的信仰作见证的人。他们用自己的言行当众为信仰作了见证。因为在近300年里有那么多的基督徒被罗马帝国当局处死,一般就把这些为信仰作见证的人说成是殉道者。

基督教的殉道史很久以前就已开始,最早始于一个叫司提反的人被乱石打死的事件。这一历史也没有因罗马帝国的灭亡而画上句号。它贯穿于整个中世纪,由于见解不同,一些基督徒经常被另外一些基督徒迫害致死(见:**异端裁判所**)。而且,殉道的故事一直延续到今天。在第二次世界大战中牺牲的最著名的基督徒之一,叫朋谭斐尔,1945年他在纳粹的一所集中营被枪杀。最近几十年,在南非,许多基督徒为反对种族隔离政策而挺身殉道。

殉道并不仅仅局限于基督教。犹太民族殉道的历史更悠久。公元前2世纪,犹太人就遭到叙利亚统治者安条克四世的迫害。从那时起,犹太人经常不断地受到迫害,其中最有名的暴行发生在欧洲,第二次世界大战期间,600万犹太族男人、妇女和儿童惨遭屠杀(见:**纳粹大屠杀**)。

新教 PROTESTANTISM

新教(亦译"抗议宗"、"抗罗宗")一词现指不属于罗马天主教会和东正教会的基督教大多数宗派和教派。新教包括安立甘宗、基督复临派、浸礼宗、友爱会、神的教会、基督会、公谊会(或称贵格会)、路德宗、循道宗、门诺宗、摩拉维亚弟兄会、五旬节派、长老宗、归正宗教会、震颤会、联合基督教会、所有的基督教基要派以及众多的其他教派。由于它涵盖了400多个独立的组织和许多极端的教义学说,其内容非常庞杂,所以这个词几乎没有任何教义上的含义。

新教起源于16世纪的宗教改革。它开始于1517年马丁·路德与罗马天主教会的决裂事件。在瑞士的乌尔里希·茨温利和约翰·加尔文以及苏格兰的约翰·诺克斯的努力推动下,它逐渐传遍整个欧洲。后来,许多零星的团体从他们创立的教派中分离出来,而且教派分离现在仍在继续。(参见:**加尔文;诺克斯;马丁·路德;宗教改革运动;茨温利**)

"抗议者"一词源于1529年在德国举行的第二次斯拜尔会议。会议投票结果改变了第一次斯拜尔会议(1526)上作出的允许哈布斯堡帝国德意志的诸侯们决定自己领地的宗教信仰的决定。1529年4月19日,与会的少数派提出正式"抗议",称"在有关对上帝的敬拜、救赎和人的灵魂永生的问题上,每个人必须站立着面对上帝,为自己作出陈述"。

上段引文的关键词是"站立"。"抗议"一词的本意,是指为某件事愤而站立,并赞成它,与现在的普通用法一样。从"抗议"之日起,马丁·路德宗教改革学说的支持者们,就开始被称作抗议宗信徒(即新教徒)。在德国,马丁·路德的学说的支持者们偏爱用"传福音的人"来称呼自己。在法国,人们则称其为胡格诺派。一般而言,在讲英语的地区,"抗议宗信徒"已成为人们比较喜欢使用的词语,而且今天已被人们广泛接受。

16世纪,抗议宗信徒主要指宗教改革运动中最早出现的两个派别,路德派和归正派。当时,它具有一定的教义含义。抗议宗信徒,专指那些承认早期基督教的基本信经,承认《圣经》是信仰和实践的最高权威,相信惟有信仰才能得救,承认两件圣事而不是像罗马天主教徒那样承认七件圣事的基督教徒。

在英国,17世纪一些安立甘宗信徒也把自己说成是抗议宗信徒,以便有别于被视为非正统的浸礼派和其他派别的信徒。那时,罗马天主教徒也试图像抗议宗信徒一样将所有反对抗议宗的基督徒联合起来。1689年,英国颁布《宽容法令》,即《免除不从国教臣民的义务法》。但是,这一法令只宽容那些已被认可的不从国教者,而不是所有的不从国教的派别。同年,英国国王的加冕典礼仪式首次将"依法保护抗议归正的宗教"包含在誓词里。

启蒙运动,或理性时代,对英国和欧洲大陆的新教形成巨大的威胁。人们对是否需要神的启示、神迹、基督生平、《圣经》的权威和基督教的其他传统教义,甚至对它们存在的可能性都产生了怀疑。自然神论者们相信自然宗教,否认超自然的启示。为了保住信仰,许多新教神学家促使新教向神学自由主义的方向发展。

德国的弗里德里希·施莱尔马赫(卒于1834年)是一位重要的自由派神学家。在《论宗教:对歧视它的有学之士的演讲》一书中,他提出宗教的基础是感情,而不是理性。他把宗教定义为"人类的感情和直觉"。19世纪,施莱尔马赫继续对欧洲新教具有强烈的影响。同期,研究《圣经》的新学科——文本和文字考证学,也发展起来。不过,对《圣经》的语言和写作历史背景的研究,那时被看作是对人们长久以来坚信的许多信仰,如对《圣经》的作者和《圣经》所描述的事件的信仰的威胁。

在19世纪的大部分时间里,人们对进步、科学和技术,以及人类潜能的信仰,继续危及传统新教。后来,潮流开始慢慢转变。达尔文的进化论的发表,在许多基督教派中引起恐慌。一些神学家当即表示拒绝接受进化论,并用基督教的圣经信仰对他进行抨击。1902年,一些捍卫《圣经》的人们在美国创立了美国圣经协会,并出版了12本系列小册子,总称为《基本要道》。这些小册子对自由派基督教及其他与现代思想的妥协发起攻击。从此,斗争便局限在新教的保守派和自由派之间。

同基要派相比,第一次世界大战对自由派新教的破坏要大得多。它极大地瓦解了人们对进步和人性的乐观主义

信仰,而这一信仰在19世纪则是生机勃勃的,占据绝对的主导地位。在《评罗马人书》里,瑞士神学家卡尔·巴特对自由派新教发起攻击,该书传遍了欧洲和北美(见:**巴特**)。巴特的著作激起人们对19世纪丹麦哲学家克尔恺郭尔的兴趣,因为克尔恺郭尔曾经对同时期的新教教会进行猛烈抨击(见:**克尔恺郭尔**)。在新教的许多宗派里,很快明显地出现了一种被叫作新正统神学的强烈的保守主义思想。

保守的传统的新教从未真正消失过。它在一些地方一直存在着,在启蒙运动期间及其以后,它曾经复兴一时。德国路德宗教会的敬虔派和英国拒绝接受安立甘宗烦琐礼节的清教徒,都明显地属于这种类型。约翰·卫斯理创立的循道宗也是这种保守的新教力量的体现。在英国的北美殖民地,大觉醒运动(约1720—1750)促使新教保留下来,很快发端于18世纪90年代的第二次大觉醒运动又接踵而至。

在北欧,挪威的汉斯·尼尔森·豪盖和瑞典的卡尔·奥拉夫·罗斯尼乌斯的工作,促进了保守的新教的发展。普鲁士和萨克森的神学家们,也使保守的新教在德国北部确立下来。他们的信徒和从其他新教国家迁往美国和加拿大的移民们,在新大陆坚持已确立的保守的宗教改革教义。

保守的新教在北美的发展,是有助于它强大的一个主要因素。从16世纪大约至1850年,新教的宗教和政治力量的两个中心是德国和英国。然而,从19世纪中叶起,很明显,美国已在保持和扩展新教的宗派影响方面处于领先地位。移民们在此建立的教会往往比欧洲同一宗派的教会更保守。

20世纪的普世运动是新教的产物,其宗旨是促进各个教会之间的合作(见:**普世主义**)。到20世纪后期,新教已不再按自由派和保守派划线。一般说来,当时它分为两派:一派是国教中的保守派或传统派,另一派是基要派。保守派坚持的主要是宗教改革时期由马丁·路德和加尔文提出的教义。而基要派信徒往往不承认历史上的信经和崇拜方式。他们强调从字面意义上对《圣经》作独立的、个人的解释,拒绝接受许多现代的科学发现,并企图实施严厉的法律道德体系。

路德主义 LUTHERANISM

现在,在全世界拥有6800多万信徒的路德会是在始于1517年德国的新教改革运动中产生的最大宗派。(参见:**马丁·路德;宗教改革运动**)绝大多数路德宗信徒(5千多万)生活在欧洲,有900多万生活在北美。通过差会,拉丁美洲、亚洲、非洲和澳大利亚也出现了大的路德宗教会。

信仰和教规

马丁·路德在人类如何得救的关键问题上与天主教决裂。他的回答表达在"因信称义"的教义中。这意味着上帝通过耶稣基督的生死和复活,为人类完成了人类无法独自完成的事情。作为上帝恭顺的和完全正义的仆人,耶稣受到不公正的宣判,并被处以极刑。按照上帝律法严格的条款,这一不该受的极刑用以替代人类应受的惩罚。根据这一条律令,上帝就能宽恕不顺从他的人类免受惩罚,并称

人类以为人。马丁·路德认为，这是个福音（"喜讯"）：已被称义的世人没有必要再生活在对于神罚的恐惧之中；相反，世人能因为接受（因信）而相信上帝已完成的事情，并且能在自由而且负责可靠的上帝面前生活，世人出于爱和信赖而设法服从上帝的意志。

这个至关重要的教义随着路德主义的发展，影响着信仰和教规的其他一切方面。因为这个教义起源于上帝的自由行动，并且只是在《圣经》中得到证实，所以，《圣经》是信仰和行动的惟一源泉和准则。与这个教义不一致的圣传都被摈弃。但还是保留了对解释和崇拜有用的圣传。马丁·路德的意图并不是完全要同过去决裂，而是要通过使教会能如实地反映《圣经》的启示来改组教会。

路德宗信徒们拒斥这样一种观念：一个宗派，即罗马天主教，是与上帝的启示相通的惟一渠道。他们还拒斥教皇对尘世间教会的统治。所有基督徒在上帝面前都被看作是平等的，"信徒皆可为祭司"。这意味着祭司或教士没有特殊的地位，除非是由于根据能力和所受的训练而被召来履行各种特定的神职人员的职责。

在中世纪教会的七件圣事（或传输恩宠的媒介）中，路德会只承认两件：浸礼和圣餐（或圣体）。它们把宣布《圣经》中所表达的上帝之道的"布道启示"放在首位。

路德会举行崇拜仪式的基本程序，类似于在中世纪兴起的做弥撒。仪式分两部分。第一部分由安排得非常有条理的赞美诗和祈祷组成，然后慢慢转到诵读一天的《圣经》经文。第二部分就是圣餐仪式。在有些教会（例如瑞典国教会）中，崇拜可以通过使用绚丽的祭服而被高度仪式化。在另外一些教会（例如路德宗自由派教会）中，崇拜虽然保留同样的形式，但却简朴得多，而且强调讲道。

除了那两件圣事以外，路德会还使用许多礼仪：坚振礼、婚礼、授圣职礼和葬礼。鉴于圣事是耶稣在其担任教职期间明确订立的，礼仪则是传统，其中有一些（婚礼和葬礼）不需要教会来施行。成年信徒受了坚振礼就有可能更坚定地信仰他（或她）受洗礼时所加入的那种宗教。授圣职礼拨出神职人员来专门履行布道、说教和主持圣事的职责。近年来，平信徒们甚至在这些教职功能方面也在发挥很大的作用。在 20 世纪后期，许多路德宗团体都授予妇女圣职，尽管这在有些地方仍然是个有争议的问题。

路德会的正式教义包含在 1580 年首次以完整的形式出版的《协和书》中。该书包括三部古老的基督教信经——《使徒信经》、《亚大纳西信经》、《尼西亚信经》——以及在宗教改革运动时期制订的一些文献。这些文献包括马丁·路德的《教理问答》（大小两本）、《奥格斯堡信纲》、《协和信条》以及马丁·路德的朋友之一菲利普·梅兰希顿的《论教皇的权力和职责》。

各国的路德会组织都不尽相同。初期，教会与国家有着密切联系，在欧洲仍然保留着许多国教会（挪威、瑞典、丹麦和芬兰）。这些教会受政府基金的支助，像德国的福音教会，但是在德国没有国教会——天主教会也接受政府支助。

在美国和加拿大，路德教会众是自治的民间团体。但是，地方会众一般都在地区机构和国家机构中同当选的官员联合。在这些国家中，负责宗教事务的官员可称为主教。这是 20 世纪后期重新被使用的教规，虽然在欧洲几个世纪以来这都是很普遍的。

作为一个国际合作组织，世界路德宗同盟成立于 1947 年。它是一个教会的自由联盟，大部分路德宗团体都隶属于它。其宗旨是协调各教会在世界传教、重新安置难民、反饥饿计划和社会传教等方面的活动。

历史

路德主义的历史可以划分成几个各不相同但却又部分重叠的阶段：德国宗教改革运动和后宗教改革运动时期；路德主义在其他欧洲国家，尤其是在斯堪的纳维亚诸国的传播；开始于殖民地时期的北美教会的发展；开始于 19 世纪传教活动的教会在全世界的普及。

德国宗教改革运动时期一般是和马丁·路德的成年生活阶段——从 1517 年到 1546 年——相一致的。早期路德宗信徒认为，当时已到了反对天主教会，表明自己的信仰的时候了。这是在含有敌意和冲突的气氛中做出的，因为西方基督教世界的分裂被认为是一件对于广大教徒和政治领袖来说都是很严重的事情。一次在德国奥格斯堡召开的秘密会议上，路德宗信徒（当时称为新教徒）当着神圣罗马帝国皇帝查理五世的面，陈述了他们的《奥格斯堡信纲》（1530 年由梅兰希顿起草）中的观点。查理五世和天主教诸侯的拒斥，导致了一个敌对时期，这一时期曾因 1555 年的《奥格斯堡宗教和约》而一度得到调停。直到 1648 年签订《威斯特伐利亚和约》，两大教会之间才最终达成和解。《威斯特伐利亚和约》结束了三十年战争。

德国后宗教改革运动时期是一个巩固和神学阐述的时期。从 16 世纪后期到 17 世纪末，主要强调的是正统性——坚持正确的教义。从 1670 年到 1760 年，正统性让位于虔敬主义（注重个人基督生活的运动）以及社会和海外的传教。正统性与虔敬主义之间的冲突一直持续到现在，并且是路德宗信徒之间发生分歧的一个常见的原因。

路德主义同殖民主义者和移民一起从欧洲来到北美。虽然正统性与虔敬主义的冲突也影响美国教会发展的方向，但挪威人、瑞典人、丹麦人、芬兰人和德国人主要是根据其本国语言来组建教会团体。英语逐渐成为美国大多数路德宗信徒使用的语言，而且在 20 世纪，一些教会团体发现，它们之间的共同点多于它们之间的不同点。

虽然没有忘记种族的传统，但还是有许多次合并。1987 年成立了美国福音路德会——一个拥有 350 万成员（约占美国路德宗信徒的三分之二）的新宗派。它是由美国路德会、美利坚路德会和几年前从路德会密苏里大会分裂出来的非常小的福音路德会协会合并而成的。

在 20 世纪下半叶，路德会卷入了普世教会运动，即——尤其是通过世界基督教协进会——使基督教各派和睦相处、重新合一的一个尝试。在地方一级，还鼓励各教派之间在崇拜仪式和社会传教活动等方面进行合作。

浸礼宗　BAPTISTS

浸礼宗是基督教新教最大的宗派之一，在全世界拥有 3500 多万信徒，尤其主要集中在美国。在五个主要的浸礼宗团体或联会中,最大的是南方浸礼联会,有1400多万信徒。按规模大小排列,其他四个联会的顺序为:合众国全国浸礼联会,其信徒超过500万;美国全国浸礼联会,其信徒超过250万;美利坚合众国浸礼会,拥有信徒约150万;国际浸礼圣经团契,拥有信徒约140万。

除了这些团体以外,至少还有十多个较小的团体,其中包括美国浸礼协进会、浸礼会总协议会、美国浸礼宣教协进会、美国保守浸礼协进会、自由意志浸礼宗、纯正浸礼会总联会、全国初始浸礼联会、北美浸礼协议会、联合自由意志浸礼宗、古老德国浸礼弟兄会等组织。除了所有这些组织以外,还有许多虽然没有以"浸礼"命名但一般说来却坚持该宗派的信仰和教规的教会。在这类教会中为数最多的是那种自称为基要主义教会或圣经教会的组织。

虽然全世界许多浸礼宗团体之间存在着差异,但一般说来它们在以下几方面有共同点:

1. 在所有信仰和教规问题上,《圣经》是最高权威。
2. 洗礼只适用于信道之人。这意味着一个人在洗礼前,必须知道自己的信仰。个人在12岁之前通常不受洗。该礼所采取的形式是浸礼,不是注水或洒水。
3. 教会只是由信道之人组成。因此,不可能有由生活在某一地区内的所有人组成的国教会或地方教会。信徒必须明确表白自己的信仰。
4. 教会与国家必须保持分离。
5. 所有基督教徒在教会生活中是平等的。虽然可能授予一些教徒特殊职务,但这绝不影响"信徒皆可为祭司"。
6. 各地方会众都是独立的,但这些会众通过参加联会表明它们的团结。

通过传教活动,浸礼宗在许多国家建立或设立了教会。1792年,英国教牧人员威廉·凯里帮助建立了英国浸礼会国外传教会。第二年他作为传教士前往印度。1813年,现代杰出的传教士之一阿多奈拉姆·贾德森在美国国外传教理事会的支持下前往缅甸。其他传教士遍及亚洲、拉丁美洲、非洲和欧洲。最成功的机构之一是在俄罗斯,到1927年浸礼宗在俄罗斯的信徒已发展到50多万。在那儿,浸礼宗虽然受到斯大林主义政权的残酷迫害,但还是幸存下来了。

崇拜和教规

大多数浸礼宗信徒非常坚决地认为,他们的教会应该是一个没有天主教残余的"纯洁"教会。由于抱有这种看法,他们把浸礼宗的起源追溯到英国的清教徒运动(见:清教徒)。17世纪的这场改革运动旨在清除英国国教会中天主教崇拜形式的所有痕迹。

浸礼宗信徒崇尚一种非常简朴的教堂和崇拜仪式风格。他们觉得,一个人之所以能接近上帝,其原因并不是因为有香烛、华丽的祭布和盛饰的圣衣。实际上,这些外在的标志会毁损个人的关于上帝的直接经验。由于抱有这种信念,浸礼宗信徒希望自己在创造一种接近于早期基督教那种类型的教堂环境。

与其崇拜的简朴相一致,浸礼宗信徒也贬低信经、教理和圣事。他们关心信仰和教规甚于关心理智的阐述。事实上,19世纪美国最著名的浸礼宗信徒沃尔特·饶申布什曾写道:他当牧师以后很久,还没有读过浸礼宗的主要信纲。当他确实读过以后,这些信纲又不能引起他的兴趣。他更感兴趣的是做一个浸礼宗信徒的经验。

饶申布什所提到的信纲是1665年的《查尔斯顿信纲》和1742年的《费城信纲》。这两部作品最初是作为解释浸礼宗信仰的小册子出版的。这两本小册子里有许多为每一信条提供证据的圣经引文。作为一个团体,浸礼宗一般不出版重要的教义论著,因为它认为没有这个必要。它谈到自己的信徒时说,浸礼宗信徒是一群表明一种有生命力的信仰的人。

两个主要信条是密切相关的:教会和国家完全分离;宗教表达的自由。在美国的早期,浸礼宗作为一个团体,积极投入争取宗教信仰自由的斗争。它曾促使第一条宪法修正案在1791年得到通过,保证了每个人的宗教信仰自由。

愿意为原则而进入政界的这种精神仍然是美国浸礼宗的特征。黑人浸会在民权运动中起了相当大的作用。教会建筑常常是自由运动的会场,浸会牧师是团体的领导人。例如,为获得公民权利而组织并领导非暴力抗议进军和静坐示威的马丁·路德·金,就是一位浸会牧师。

并不是所有的浸会对诸如自由运动之类的问题都同样感兴趣。五个主要的联会在会员资格和社会态度方面有很大的差异。但是,它们共同关注的那些基本问题使它们以浸礼宗的身份团结一致。据说,美国国训似乎也适合于美国浸礼宗:合众为一。

浸礼宗的历史

在16世纪欧洲宗教改革运动时期,新教再洗礼派(或基督教弟兄会)运动在德国、奥地利、荷兰以及其他国家蓬勃发展。再洗礼派的基本信条是:唯成年受洗方为有效。但他们也支持教会与国家的分离和自愿教会成员身份(voluntary church membership)。虽然英国浸会的成长不是直接从再洗礼派发展而来的,但英国浸会在信仰和态度方面很可能受大陆弟兄会的影响。

浸会,虽然它们今天仍然存在,但当初则产生于清教徒对英国国教会的反抗。从一开始浸礼宗就有两大派:认为基督是为少数选民赎罪而死的浸礼宗特选派和认为基督是为所有人赎罪而死的浸礼宗普救派。这两派都认为,浸礼宗应尽可能多地以早期新约基督教徒为榜样。对他们来说这意味着,浸会应该是由受过浸礼的信道之人组成的自治组织。浸礼宗对教会与国家的分离的浓厚兴趣可以追溯到这一最早的浸礼宗原则。

宗教迫害使得一批与英国国教会意见不合的人于1608年迁往荷兰。1609年,约翰·史密斯和其他36个人在那里建立了第一个正式的浸会组织。在英国本土,从1604年至1660年间,浸礼宗信徒的人数迅速增加。1660年以后,在斯图亚特王朝时期由于宗教迫害,迫使浸礼宗转入地下。有些浸礼宗信徒迁移到美洲殖民地。

1639年,因宗教观点被驱逐出马萨诸塞州的罗杰·威廉斯在罗得岛的普罗维登斯创建了第一个美洲浸会。浸礼宗普救派在殖民地从未真正为大家所接受,而浸礼宗特选派却发展迅速,尤其是在纽约州、新泽西州、宾夕法尼亚州和特拉华州。18世纪,在美国,一次被通称为大觉醒运动的宗教奋兴热潮,使很多教徒皈依浸礼宗。有人估计:在美国独立战争之前,殖民地只有494个浸礼宗会众。20年后,浸礼宗会众便增长到了1152个。

一些著名的浸礼宗信徒

某些重要人物未在下面列出,因为他们已在本条目的正文或在《康普顿百科全书》的其他条目中被论及。

巴克斯,艾萨克 (1724—1806) 殖民地时期美洲浸礼宗领导人和宗教自由的辩护人。1724年1月9日生于康涅狄格州诺威奇。1741年在大觉醒运动期间皈依基督教。1751年他成为一名浸礼宗信徒。1756年,他在马萨诸塞州米德尔伯勒创建了一个浸礼宗会众。去世前他一直担任该会众牧师。他赞成教会与国家的分离,并在1788年的马萨诸塞州批准会议上就这一问题投票批准美国宪法。1806年11月20日在米德尔伯勒去世。

凯里,威廉 (1761—1834) 近代传教运动的先驱和著名的印度语学者。1761年8月17日生于英国保勒斯普里。1783年参加浸会,在莫尔顿和莱斯特担任牧师。他帮助创建了浸礼会国外传教会。1793年去印度做传教士。他把《圣经》译成几种印度语,又把印度史诗《罗摩衍那》译成英语。1834年6月9日在印度塞兰布尔去世。

翁肯,约翰·格哈德 (1800—1884) 欧洲传播浸礼宗运动的领导人。1800年1月26日出生于德国。在英格兰和苏格兰长大。1823年回到德国,并在汉堡创建了主日学校协会。1834年他成为浸礼宗信徒。在"美国浸礼宗传教士"的支持下,在德国和丹麦建立会众。由于他的努力,在奥地利、匈牙利、罗马尼亚、保加利亚、瑞士、比利时、荷兰、波兰和俄罗斯建立了差会。1884年1月2日在瑞士苏黎世去世。

赖斯,卢瑟 (1783—1836) 驻印度的传教士和美国第一家浸礼周报《哥伦比亚之星》的创办者。1783年3月25日生于马萨诸塞州的诺斯伯勒。长大成了一个公理主义者。他曾帮助创建美国国外传教理事会。1812年,他同阿多奈拉姆·贾德森一起去印度,在那儿成为一名浸礼宗信徒。1813年返回美国。1836年9月25日在南卡罗来纳州埃奇菲尔德去世。

史密斯,约翰 (—1612) 英国有组织的浸会的创始人。出生的日期和地点不详。1594—1598年,就读牛津大学的基督学院。1606年以前,一直担任英国国教会牧师。1606年脱离英国国教会而成为分离派。1608年,由于分离派教会受迫害而移居荷兰。此后成了一位浸礼宗信徒。1611—1612年,他的一些同事返回伦敦并创建了一个浸会。1612年8月在阿姆斯特丹去世。

从1820年到1861年美国南北战争爆发,美国的所有教会团体都在蓄奴问题上发生分歧。有时候,这些分歧导致组织上的分裂。1845年,南方浸礼宗成立了南方浸礼联

会。徒然希望最终能重新统一的北方浸礼宗,直到1907年,才成立它们自己的北方浸礼联会。该组织自1950年以后被通称为美国浸礼联会。

在20世纪,甚至产生了更多的浸礼宗团体。第二次世界大战后,南方浸礼宗的扩展超出了南方地区,因为它们的信徒向北方和西部的大城市移居。现在,美国几乎每个地区都有南方浸会。虽然在大的浸礼宗团体内部存在许多派系,但也有通过世界浸礼会联盟进行联合的举措。

为了把世界各地浸会的代表聚集在一起,1905年在伦敦成立了该联盟。传教运动很成功,该联盟的宗旨是:增进相互支持和鼓励,统筹世界范围内的活动,以及提供交流信息的工具。

安立甘宗 ANGLICAN COMMUNION

亦称圣公会,1534年英国的基督教会脱离了罗马教皇的管辖,国会任命英王亨利八世为"英格兰圣公会惟一的最高首脑"。这一变化带来了一个新的教派的诞生,它后来逐渐成为世界其他许多地区和国家的教会团体的母会。这些教会团体合在一起,便构成所谓的安立甘宗。

虽然英国君主是英格兰圣公会的首脑,但圣公会的精神领袖和行政领导却是坎特伯雷大主教。安立甘宗的其他教会团体,是独立自治的教会,有自己的主教和教会机构。所以,安立甘宗是一个教会大家庭,其成员教会出自相同的历史背景,并且靠互相的忠诚和相近的信仰和教规联结在一起。

安立甘宗教会实行主教制。教会的基本地域单位叫主教区,每个主教区由一名主教统辖。全世界大约有400个主教区。

主教区隶属于叫作教省的单位,其地域范围更大。主教区和教省的大小可以有相当大的差别。英格兰圣公会有两个教省,而澳大利亚和加拿大的圣公会各有四个教省。美国圣公会有九个教省。有些教省可能包括整个国家,比如日本和坦桑尼亚就是这样。但一个国家或地区也可能只有一个主教区,例如赞比亚和波利尼西亚。

除英格兰圣公会外,安立甘宗的成员教会还有:澳大利亚圣公会;巴西圣公会;缅甸教省圣公会;布隆迪、卢旺达和扎伊尔教省圣公会;加拿大圣公会;中非教省圣公会;中华圣公会;印度洋教省圣公会;爱尔兰圣公会;日本圣公会;耶路撒冷和中东圣公会;肯尼亚教省圣公会;马来西亚教省圣公会;新西兰教省圣公会;尼日利亚教省圣公会;巴布亚新几内亚圣公会;苏格兰圣公会;南非教省圣公会;南美洲圣公会联合会;苏丹教省圣公会;坦桑尼亚教省圣公会;乌干达教省圣公会;美国圣公会;威尔士圣公会;西非教省圣公会;西印度群岛教省圣公会。此外,在百慕大、福克兰群岛、朝鲜半岛、香港和新加坡等地方,也有一些小的安立甘宗教会和主教区。20世纪90年代初,全世界的圣公会信徒近7000万人。

信仰和教规

1534年英国国教会脱离罗马天主教会时,只想摆脱教

皇的控制，而不打算过多地放弃其信仰和教规。然而，分裂刚刚发生，这个新宗派立刻感到自己的成员正把它推向不同的方向。有些人想要使英国国教会和罗马天主教会重新联合起来，若达不到这一目的，那么他们就想在各个方面都模仿天主教。其他人则为仅在几年前爆发的德国宗教改革运动所吸引（见：宗教改革运动）。他们要把英国国教会建成近似马丁·路德在德国建立的那种教会。这就意味着完全抛弃那些《圣经》无法予以具体证实的天主教的传统和教规。另外还有一些人则想要使英国国教会进行更多的改革，放弃所有与罗马天主教会相似的东西。他们愿意把英国国教会建成比较接近基督教最初几个世纪的那种形式，即只有简朴的信仰和教规的教会，他们所支持的运动，后来被叫作清教徒运动（见：清教徒）。

安立甘宗教会一直没有试图确切指明自己的信徒应该信仰什么。但是，有一些基本信仰和教规是安立甘宗信徒所共同接受的。它们是：作为基督教信息的基础的《圣经》；古代教会的三个信经，即《使徒信经》、《尼西亚信经》和《亚大纳西信经》；早期教会的四个公会议，即尼西亚公会议、以弗所公会议、君士坦丁堡公会议和查尔西顿公会议提出的关于信仰的说明；《三十九条信纲》和《公祷书》。

《三十九条信纲》和《公祷书》是英国国教会于16世纪制定的。虽然安立甘宗的各个教会都使用这两本书，但是它们只对英国国教会有约束力。它们是英国国教会的信仰声明，一方面使之有别于罗马天主教会的主张，另一方面也有别于激进的新教徒的观点。

《公祷书》是安立甘宗信徒的礼拜用书。它最初于1549年由大主教托马斯·克兰麦编写完成，1662年成为英国国教会礼拜的惟一用书。在20世纪，人们多次对它作出修订，目前全世界安立甘宗教会使用各种不同版本的《公祷书》。该书允许在举行礼拜仪式时采取一定程度的灵活性。

在1888年举行的全球安立甘宗主教会议——兰柏特会议上，所有主教一致同意发表一项题为《芝加哥-兰柏特四点主张》的声明。这一声明阐明了在安立甘宗信徒看来所有基督徒都信仰的四个基本要点，即：《圣经》在教会里处于头等地位；接受洗礼和圣餐两件圣事；承认历史上的三个信经；以及承认历史上教会圣职的连续性。会议的本意是想把它当作与其他基督教宗派和解的基础。

对安立甘宗信徒来说，教会连续的思想是至关重要的。他们特别反对亨利八世是英国国教会的创立者的说法。他们坚持认为，国教会在英国已有许多世纪，它是由最早的基督教会扩展而成的。主教职位就是教会圣职历史继承性的明证。主教制从耶稣的使徒时代起，代代相传至今。

安立甘宗教会的圣职分为会吏、会长（也称牧师）和主教三级。神职人员可以结婚。20世纪70年代，妇女开始担任会吏和会长。1989年，芭芭拉·C.哈里斯成为第一位担任圣公会主教这一圣职的妇女。翌年，圣公会主教院重申允许妇女任圣职的决定，但它承认，反对授予妇女圣职仍是教会内公认的神学立场。20世纪90年代初，在安立甘宗教会里，授予妇女圣职的神职人员微乎其微。

历史

由于内部分歧，英国国教会在最初的几十年里一直处于混乱状态，其根本问题在于：教会在本质上是要保持天主教的特点，还是成为新教。除忠于教皇之外，亨利八世决心在其他各个方面都使英国国教会保持天主教的特点。他去世以后，他的儿子爱德华六世（1547—1553年在位）曾允许新教的观点在英国流传。而玛丽女王（1553—1558年在位）则竭力使英国国教会重新回到教皇的管辖下。

玛丽去世后，她的继承人伊丽莎白一世决心使英国国教会与罗马保持分离。但是她遇到很大的阻力。1570年，教皇庇护五世下令，解除英国人民忠于伊丽莎白的义务。这一行动促使英国国教会滑向新教，并且使英国的天主教徒一时看起来好像是国王的叛徒似的。

17世纪，英国国教会里倾向天主教和倾向归正宗的两派的争论，更加激烈。清教徒运动，或称归正派一伙，在英国内战（1642—1648）中暂时取得胜利，《公祷书》遭到禁止，主教制也被废除。1660年君主制恢复后，主教制又重新确立，《公祷书》也按照倾向天主教一派的意愿进行了修订。

1685年，信仰天主教的詹姆斯二世继承王位，他企图使英国国教会与罗马联合起来。仅仅过了三年，一场不流血的革命就把詹姆斯从王位上推了下来，并把信仰新教的威廉三世推上王位的宝座。1689年英国通过了《权利法案》，要求英国君主必须是一位新教徒。1701年，英国又通过了《王位继承法》，进一步规定君主必须是英国国教会的成员。这些法令一直有效，保证了英国国教会一直属于新教教会。

从17世纪至19世纪，英国的探险家们在南北美洲、非洲、印度和远东地区建立了许多殖民地。英国国教会紧随殖民者的足迹来到了殖民地。在英国国教会的众多传教组织的努力下，传教士们在英国所有的殖民地上建立了教会。许多独立的教会团体从传教活动中发展起来，它们逐步形成了安立甘宗。

因为安立甘宗是由许多独立的教会组成的，所以它的国际性机构只能是极为松散的。第一次国际会议是于1867年举行的兰柏特会议（根据坎特伯雷大主教在伦敦的驻地兰柏特宫命名）。兰柏特会议每十年举行一次，但它们对成员教会没有约束力。这些会议是由各地安立甘宗教会代表参加的非正式会议。除这些会议外，还有一个兰柏特协商会议，每两年举行一次，内容是评价兰柏特会议，给教会的工作增加一些凝聚力。1948年传教战略咨议会成立，目的是协助教会的传教活动，它对各个教会不具有督导权威，也不具有约束力。

1968年另一个国际组织安立甘宗协商联合会成立。它是由全球安立甘宗教会各方面的代表组成的，并代表了他们的利益，这个联合会每两年举行一次会议。它的成员共有50余人，包括主教、会长和平信徒。联合会的权力不高于兰柏特会议，但它体现了安立甘宗的流行趋势，并对它们加以引导。

1989年，坎特伯雷大主教和教皇约翰·保罗二世举行会晤，讨论安立甘宗教会和罗马天主教会重新联合的问题。妨碍双方联合的障碍包括：授予妇女圣职的问题和教皇永无谬误的信条。

> **圣公会**
>
> **澳大利亚圣公会** 18世纪末,澳大利亚仍是英国的一个囚犯隔离区,最早被派去为基督徒囚犯担任牧师的,是英国国教会的一位神职人员。澳大利亚的第一位主教威廉·格兰特·布劳顿,于1836年升任主教。澳大利亚圣公会,过去叫作澳大利亚的英国国教会,1890年以前一直是那里的国教会。此后,国家不再给它提供公费资助。1962年澳大利亚圣公会脱离英国国教会而独立。
>
> **加拿大圣公会** 1710年,英国国教会的礼拜仪式,首先在加拿大新斯科舍的皇家港举行。1758年,英国国教会成为当地的合法国教会。美国独立战争时期,保皇派从美国迁到加拿大,教会成员的数量很快增加。1787年查理·英格利斯升任加拿大第一位主教。1893年,加拿大圣公会脱离英国国教会,并选举产生了自己的首席主教。
>
> **美国圣公会** 英国国教会是北美英属殖民地的第一个新教宗派。早在1607年在詹姆斯敦殖民地就有一位随军牧师。美国独立战争以后,当地圣公会摆脱了英国国教会的统治而独立,美国圣公会的第一位首席主教是塞缪尔·西伯里。1785年,美国圣公会召开第一届大会。美国内战时期,圣公会暂时分裂为南北两部分,但1865年双方又联合起来。美国圣公会全体会议由主教院和代议院组成,每三年举行一次会议。代议院由各个主教区的神职人员代表和平信徒代表组成。

循道宗 METHODISM

约翰·卫斯理和查理·卫斯理兄弟是一位英国国教会牧师的儿子(见:**卫斯理**)。1728年,约翰成为教士,翌年他和查理进入牛津大学。他们成了一个虔诚学生俱乐部的成员,这些学生立誓要定期诵读《圣经》、参加圣餐和访问当地监狱中的囚犯。他们刻板有序的生活模式,使他们从同学那里得到了"循规蹈矩者"这个嘲弄之名。他们的团体也不无幽默地被称为圣社、圣经盲从者和其他贬抑的名称。

循道宗产生于约翰·卫斯理为自己的基督教研究在英国国教会里争得一席之地的努力之中。今天,各种循道宗组织遍及世界,它们号称拥有1800万成员。循道宗的绝大多数成员在北美洲,在那里大约有1300万信徒。

在美国的分支中,联合卫公会最大,拥有1100万成员。其他团体有:非洲人美以美会、非洲人美以美锡安会、基督徒美以美会、公理派循道会和北美洲自由循道会。

在英国的两个主要分支是圣道公会和循道公会。在加拿大,一些较小的团体于1874年联合创立了加拿大卫理公会。与其他宗派的讨论导致了1925年加拿大联合教会的成立。

循道公会的教义是牢固地建立在卫斯理的布道以及他对《圣经》的注释基础上的。作为一个新教宗派,它承认《圣经》是信仰和教规方面的权威。它也接受旧教会的传统信条以及洗礼和圣餐的圣事。卫斯理在他的《二十五条信纲》中对这些教义作了说明,这《二十五条信纲》是对安立甘宗《三十九条信纲》的省略。为了礼拜,他修改了安立甘宗的《公祷书》。循道宗总是与其他宗派保持开放的关系,因此在20世纪普世教会运动中起了领导作用。

在英国的历史

约翰·卫斯理从未打算建立一个新宗派。尽管到他临终时他的追随者和安立甘宗之间关系非常紧张,但他一生始终都留在安立甘宗之中。1735年,他和查理到北美的英国殖民地传教。他们在佐治亚的工作并不成功,两年后他们返回英格兰,对他们所承担的义务实际上究竟有多大感到疑惑。在伦敦,约翰接触到一群摩拉维亚弟兄会教徒,他们正准备去北美。1738年5月24日,在一次摩拉维亚弟兄会的仪式上,听了马丁·路德对圣保罗的《罗马人书》的评注的一部分内容后,他有了一种皈依的体验。几个月后,他应他的朋友、奋兴家乔治·怀特菲尔德的邀请,为布里斯托尔附近的煤矿工人讲道,这些人感到自己被英国国教会所忽视。这次布道是循道宗奋兴的开始(见:**怀特菲尔德**)。这一运动继续在社会下层中获得地盘,循道宗在英国国教会中形成了一个社团。(参见:**安立甘宗;摩拉维亚弟兄会**)

正统的圣公会与循道宗之间的敌视不断加剧。1784年,当时北美缺少神职人员,但伦敦主教却拒绝委任循道宗信徒为牧师。于是,卫斯理就亲自授予三位到美国工作的人以圣职。同年,他为自己死后循道会的管理作了安排。卫斯理死于1791年。

四年之后,该会与英国国教会决裂,并组成了卫斯理派循道公会。这个新宗派由年度大会管辖。国家分为教区,教区又分为巡回区,后者是地方会众组织。巡回区由会督领导。那时美国不像现在那样有主教。

从1797年开始,英国循道公会分裂成若干个较小的团体,其中有循道宗新关系会、始初循道会、圣经基督徒会和循道宗自由教会联合会。20世纪初,这些较小的团体联合成两个组织。而且在20世纪60年代以前就已经开始与圣公会商讨重新联合的问题。

美国的循道宗

在约翰·卫斯理不知道的情况下,两个爱尔兰移民在北美建立了循道会。罗伯特·斯特劳布里奇大约在1760年定居马里兰,而菲利普·恩伯里大约也在同一时期到了纽约。1766年,英国士兵和世俗传教士托马斯·韦布开始在新泽西和费城组织会社。卫斯理听说这些活动后,便派四名传教士去殖民地。

他们之中一位名叫弗朗西斯·阿斯伯里的人成了美国这一运动最重要的领袖和美国循道宗真正的奠基者。他于1771年到达,并作为巡回牧师到过广大地区。他每年骑马旅行平均达8000公里。

在美国独立战争期间,卫斯理因站在英国一边而葬送了他在北美的事业。不过,阿斯伯里通过与新的美洲共和国结成联盟,挽救了局势。一旦获得了独立,成立一个美国卫理公会团体就成为必要的了。卫斯理派圣公会传教士托

> **四位早期循道宗领袖**
>
> **阿斯伯里,弗朗西斯**（1745—1816） 第一位在美国按立的美以美会主教。1745年8月20日出生在英国哈姆斯特德布里奇。21岁获得布道师资格,并被批准加入卫斯理派联合会。1771年来到北美。作为巡回牧师,他每年行程数千英里。在1784年12月美以美会成立大会上,他被任命为会督。1785年,他就任主教。他任命了4000多名循道宗牧师。美国循道宗早期的发展壮大,很大程度上是他奋发努力的结果。1816年3月31日在弗吉尼亚州斯波齐尔弗尼亚去世。
>
> **科克,托马斯**（1747—1814） 卫理公会的第一任主教,该会世界范围传教工作的奠基者。1747年9月9日出生在威尔士布雷克诺克郡的布雷肯。1772年被任命为圣公会牧师。在会见卫斯理以及于1776年主持了露天聚会之后,被逐出他的教区。1777年加入卫理会。1782年被任命为北美传教活动的会督。9次访问北美,并于1787年在那里被任命为主教。企图要求英国循道会使用这一称号,但未获成功。1814年5月3日死在开往印度锡兰去的船上。
>
> **道,洛伦佐**（1777—1834） 云游福音传教士和巡回牧师,他主持的营地聚会遍及美国整个东半部人烟稀少的地区。1777年10月16日生于康涅狄格州考文垂。在家乡受教育。1794年开始布道。1796年被逐出循道公会。1798年恢复教籍后,他去爱尔兰布道,直到1801年。不知疲倦地游历整个美国,特别是南方。晚年,他变得好争论,随意著述攻击所有他所反对的组织,包括他自己的教会。1834年2月2日在马里兰州乔治敦去世。
>
> **休斯,休·普赖斯**（1847—1902） 牧师和《循道宗时报》（1885）的创始人。1847年2月8日生于威尔士的卡马森。就学于伦敦的大学学院和里士满的卫斯理神学院。1887年成为西伦敦传教团的会督。作为政治上的自由主义者,他敦促循道宗适应当代迅速变化的社会环境。1896年,他成为全国自由教会联合会的第一任会长。他对英帝国主义和南非布尔战争的支持,使他在自由主义者之中的影响丧失殆尽。他于1902年10月17日在伦敦去世。

马斯·科克到美国做新组织的会督。该组织于1784年12月24日在马里兰州的巴尔的摩召开的基督教大会上宣告成立。

美以美会由作为联合会督的阿斯伯里和科克负责组建。使卫斯理恼火的是,这两个人不久便允许别人称他们为主教。(因此在"美以美会"的英文名称中就使用episcopal一词,该词源于希腊词"主教"或"督察"。)1792年成立了总联合会,它是为教会立法的团体。到1796年,把全国分为若干独立的联合会会区成了不可避免的事情。

在19世纪和20世纪期间,美以美会发生过几次分裂。最严重的一次分裂起因于关于蓄奴问题的争论。1784年的宗教会议宣布了在教会中蓄奴为非法。不过,当奴隶制在南方已经确立时,更改这一立场成了不可避免的事情。到19世纪40年代,当美国本身因奴隶制而发生严重分裂时,基督教各宗派也随之分裂。监理公会于1845年5月成立。

在北方,许多黑人建立了他们自己的循道宗组织。由理查德·艾伦领导的非洲人美以美会于1816年建立(见:**艾伦**)。非洲人美以美锡安会于1821年在纽约成立。产生这两个组织的原因是因为,加入同一教会的白人与黑人之间经常发生摩擦。第三个黑人组织是南北战争后建立的。它是由从监理公会分离出来的成员组成的。现在它被称为基督徒美以美会。

把主要的循道宗组织重新联合起来的尝试进展缓慢。到1905年为止,北方和南方的分支一直是使用普通的赞美诗集和礼拜仪式。20世纪30年代,为把主教派循道会和美普会合并在一起,制订了一个联合计划。后一团体(即美普会)曾于1830年因是否用主教管理教会这个问题上意见不同而退出主教派循道会。最后,1939年5月,北方分支、南方分支和美普会实行联合,成立了卫理公会。1968年与福音联合弟兄会合并,创立了联合卫理公会。

长老宗 PRESBYTERIANISM

在乌尔里希·茨温利、约翰·加尔文和其他人的努力下,归正会在瑞士和德国南部诞生(见:**归正会**)。在不列颠群岛,17世纪的归正宗运动起名为长老宗运动。此后,长老会发展成了一些具有改革传统的新教主要宗派。

宗派的名称同会众所采用的那种自治形式有关。希腊文词presteros的意思是"长老"。基督教最早的一些教会,是由会众选出的长老组成的理事会管理的。宗教改革时期,英国的一些改革者决心彻底放弃英国国教会的主教制,采用《新约》所讲的长老管理教会的做法。(《新约》也提到了主教,可能"主教"和"长老"是可互换的术语。)加尔文曾经在日内瓦实行过长老制,并且被大多数归正会所采纳。

英国

长老宗在英国的确立,经历了漫长的、往往是流血的斗争。1688年发生"光荣革命"后,通过了宽容所有新教徒的法令,长老宗取得了一些成功。然而,直至19世纪,教会的生存才有了保障。

1534年亨利八世和罗马天主教会决裂之后,宗教改革才正式传到英国。亨利八世的意图只是要废除信徒忠于教皇的信条,其余内容则保持不变。但是,改革的影响如狂飙一般,这一意图根本无法继续实现。爱德华六世在位时,新教取得了成功,但是玛丽·都铎在位时,复活了罗马天主教,改革遭到禁止。伊丽莎白一世登基后,新教徒取得了持久的胜利。

这一过程本身并不是改革,但它已具备改革的雏形,这正是问题的关键。英国教会的许多人,希望保持主教管理教会的形式。要求放弃主教制的人,主要有三派;赞成实行长老管理教会制度的改革者,处于一个极端;而那些除个人良心之外,对一些权威都予以谴责的人,处于另一个极端;

这两个极端之间是中间派,他们赞成地方会众独立自治,但在其他方面,同意长老派的观点。

反抗查理一世的斗争初期,给长老派带来了成功的良机。在国会要求下,1643年至1652年举行了威斯敏斯特会议,制订了信纲、教理问答、教会政体和公共礼拜手册。《威斯敏斯特信纲》最终成为英格兰、苏格兰和北美长老教会标准的信仰声明。

但是,反抗查理一世的斗争开始不久,奥利弗·克伦威尔和他的新模范军就统治了英国,他们执行的是反长老派的纲领。查理二世复辟以后,建立了实行主教制的英国国教会。

苏格兰

苏格兰是长老宗根基最深的地方,也是现代长老派的摇篮。苏格兰的改革领袖是约翰·诺克斯。1553年玛丽·都铎成为王后后,他是最后逃离英国的新教代言人之一。他流亡欧洲大陆,在那里见到了许多改革家,加尔文就是其中的一位(见:诺克斯)。

1559年诺克斯返回苏格兰后,改革派制订了《苏格兰信纲》,并得到苏格兰议会的认可。改革派还编写了《规章一书》,内容包括教会纲领草案和一本叫《公共礼仪书》的礼拜手册。苏格兰人广泛接受了这些东西,而且在此后几十年遭受迫害的过程中,它们也有助于信徒忠实于自己的信仰。

在詹姆斯一世、查理一世和查理二世执政期间,苏格兰教会被迫采纳了主教制。只是因为"光荣革命",苏格兰教会才最终实行了长老制。

长老制的胜利并未消除所有问题。在18、19世纪,苏格兰国教会内部的冲突导致一些对立的团体的形成。最终分歧得到解决,1929年多数组织联合组成了苏格兰国教会。但是,仍有一些小的长老会单独活动。

爱尔兰和威尔士

1610年长老宗传到爱尔兰。但长老宗信徒在那儿处境艰难,于是许多人移民到北美洲。虽然教会内部出现过几次分裂,但19世纪多数团体联合组成了爱尔兰长老会。爱尔兰现有两个组织,即爱尔兰长老会和归正长老会。威尔士的长老会,是18世纪奋兴运动的产物(见:奋兴运动)。长老会在那儿既叫作加尔文循道会,也叫作威尔士长老会。会众是由约翰·卫斯理建立的各种团体的基督徒组成的,但他们也信仰加尔文派清教主义的教义学说(见:循道宗)。在南、北威尔士各有一个协会,1864年这两个协会联合组成威尔士大会。

加拿大

1763年,英国征服了加拿大,长老宗很快在那儿扎下根来。1817年新斯科舍大会成立。1831年"与苏格兰国教会有联系的加拿大长老会大会"接着诞生(它的名称反映出这一团体的起源),1835年新布伦瑞克大会也接踵出现。未参加上述组织的团体,已于1826年组成加拿大联合长老会。苏格兰国教会的分裂,很快影响到加拿大,到1845年加拿大已有7个互不从属的教会团体。到1875年,所有的团体重新联合组成加拿大长老会。1925年,加拿大最大的两个新教团体长老会和循道会以及少数公理会信徒,联合组成加拿大联合教会。

美国

从17世纪末起,来自北爱尔兰的苏格兰-爱尔兰血统的移民,开始把长老宗带到英国的北美英属殖民地。除实行长老制的清教徒会众以外,长老会首先在宾夕法尼亚州、马里兰州和特拉华州建立。

在殖民地时期,大觉醒运动于1741年将长老会信徒分为两派,即赞成复兴运动的新英格兰派与反对复兴运动的苏格兰-爱尔兰后裔派。新英格兰派在以后的几年里迅速壮大。1758年这两派又实行联合,但当时苏格兰-爱尔兰血统的移民的数量正迅速增加,而且他们的人数很快超过了新英格兰派。

1785年至1788年,全国性的执行机构——总会成立。到18世纪末,南方的长老宗信徒主要是苏格兰和爱尔兰后裔,他们赞成奴隶制。北方的长老宗信徒,要么赞成奴隶制,要么持中立态度,但新英格兰地区的长老宗信徒则坚决反对奴隶制。

1861年,南方的长老会退出了联合体。南北战争后,南北方和解无望,各自自行发展了几十年。这段时间,北方的长老会因基要主义之争而麻烦百出,冲突再次导致分裂,1936年成立了正统长老会。

目前,美国至少有9个长老会团体。最大的是全美长老会,该团体成立于1983年6月10日,是由南方长老会和北方长老会合并而成的,目的是为了弥合蓄奴问题引起的分裂。

其他长老会团体有:归正宗长老会联合会、圣经长老会、昆布兰长老会、美国长老会、福音归正宗长老会、北美归正宗长老会、美国第二昆布兰长老会(前身是昆布兰有色人种长老会)。

教义和组织

同其他宗教改革时期诞生的教会一样,长老宗信徒承认《圣经》是信仰和教规的惟一权威。他们也接受早期信经,即《使徒信经》和《尼西亚信经》。

按照《新约》,长老会和其他归正教会认为,耶稣基督的生死、复活是救赎的全部依据。在此信仰基础上,加尔文提出,个人通过信仰与基督结合,因此在一定程度上能够按照基督的准则生活。

与其他许多新教徒一样,长老宗信徒也接受2件圣事:洗礼和圣餐。他们并不认为这2件圣事本身有任何力量,采纳它们是因为《新约》里有这样的命令。讲道和圣事是无法分开的,因为只有通过上帝的话,圣事才有效。洗礼使信徒成为教会的成员。教会这个概念是有特殊含义的。它暗示做一名基督徒并不是个人的事,而是意味着成为一个团体的一部分。圣餐是基督之死的可见的象征。面包和酒本身没有任何意义,这一点与罗马天主教会形成鲜明的对照。在举行礼拜仪式过程中,面包和酒不发生任何改变,而且只有在会众举行公共崇拜活动时,才举行圣餐仪式,洗礼仪式也是如此。

同罗马天主教会、路德教会和安立甘宗教会相比,长老会的崇拜形式在宗教改革期间已大为简化。信徒已不再是崇拜仪式的观众,而是变成了参与者。教堂里不再过多地使用圣像、圣衣、彩色玻璃窗、蜡烛和香炉一类具有象征意义的东西。音乐的使用也受到严格的限制。不过,随着时间的推移,长老会和归正会早期严厉的崇拜仪式,变得温和多了。

长老会的组织和管理是以对《新约》所说的教会的理解为根据的。教会被认为是由信徒组成的团体,在基督的统领下,所有的信徒都是平等的。因此,神职是赋予所有基督徒的,任何人只有凭借美德或通过选举,才可以在会众里担任职务。教会应当由经过选举担任职务的人——牧师和长老——来管理,因为选举才使他们的任职有效。

会众由会议、执事和董事共同管理。会议由长老组成,由牧师担任主席,会议负责所有具体的教务活动。执事负责照顾穷人,并承担会议分配的其他工作。董事负责照管财物,如土地、房产及属于会众的其他财产。

比会众更高一级的教会管理机构叫教务评议会,它由一个地区所有的神职人员和会众选出的长老组成,它有权任命、安排、调遣和开除会众的神职人员。

由几个教务评议会组成的机构是区会,区会一般每年举行一次会议,其职能是协调几个教务评议会的活动。

全国性的决策机构叫大会,即教务评议会选出的代表出席的年会,出席年会的代表人数是与其教会成员的总数成比例的。大会负责教会团体关心的所有事务,如传教活动、新堂区的设立、学院和学校的工作、教义分歧、社会政策、慈善活动和出版工作。

门诺派　MENNONITES

16 世纪欧洲宗教改革运动时期,产生了一些激进的改革派团体,再洗礼派便是其中的一个。再洗礼派基督徒认为,《圣经》是他们信仰和生活的惟一规章。但是,他们不承认婴儿洗礼的效力。一些再洗礼派是革命者,而其他一些人,如门诺·西门斯(1496—1561),则比较温和。由于再洗礼派坚持激进的信仰,所以他们不仅遭到罗马天主教徒的迫害,也遭到其他新教徒的迫害。

西门斯是一位荷兰牧师,1536 年他把北欧四散的再洗礼派组织起来,建成会众。这些人很快被人称作门诺的信徒。到 16 世纪末,门诺派已在荷兰得到政治上的宽容。同时,一些人迁到波兰和乌克兰。后来发生的迫害事件,迫使许多人迁到德国南部、法国东部,特别是迁往北美。现在加拿大和美国的门诺派信徒最多。第二次世界大战以后,乌克兰的门诺派村庄被解散。与门诺派相似的其他团体有阿曼派和胡特尔派,他们都在北美有聚居地。

早期的门诺派相信,他们能完全独立于周围的世界而生存,因而他们往往建立起自己的社团。今天的胡特尔派仍旧如此。然而,他们十分热衷于传教活动和慈善活动。随着时间的推移,门诺派不再与世隔绝。今天,他们通过自己的各种组织,如老门诺会、门诺派教会大会和门诺派弟兄会,继续开展传教和慈善工作。自 1925 年以来,世界门诺派会议每 5 年举行一次。欧洲和北美的门诺派传教士还在拉丁美洲、非洲、印度和大洋洲设立会众。门诺派也支持兴办普通学院和神学院。

归正会　REFORMED CHURCHES

在基督教新教的众多宗派中,那些取名为归正宗、长老宗和公理宗的宗派,都是 16 世纪受约翰·加尔文、乌尔里希·茨温利以及其他主要在瑞士活动的改革家的影响而产生的。在英国,反对英国国教会的清教徒,也属于归正宗。在苏格兰,长老会的创立者是约翰·诺克斯。(参见:**加尔文**;**诺克斯**;**长老宗**;**清教徒**;**茨温利**)

在美国,联合基督教会、各种各样的长老宗组织、北美基督教归正会和美国归正会,都是信徒人数较多的团体。联合基督教会成立于 1961 年,由福音归正会和基督教公理会总会合并而成。在欧洲,荷兰、德国、法国和瑞士的归正会团体,都是 16 世纪宗教改革运动时期的归正会的直系后代(见:**宗教改革运动**)。从 16 世纪至 18 世纪末,法国的归正宗基督徒一直被叫作胡格诺派(见:**胡格诺派**)。

历史背景

1517 年马丁·路德掀起的对罗马天主教教义的反叛,很快就鼓励其他人为他们的基督教寻求一种新的方向感。受鹿特丹的伊拉斯谟影响的一些基督教人文主义者,也加入了这一行列,他们是茨温利、马丁·布塞尔、约翰·奥科兰帕迪乌斯、纪尧姆·法雷尔、海因里希·布林格、沃尔夫冈·卡皮托、弗朗茨·兰贝尔和泰奥多尔·贝札。但是,加尔文的名字和他们的工作频繁地联系在一起。在归正会的历史上,加尔文的影响一直举世无双,直到 20 世纪卡尔·巴特出现后才改变了这种状况(见:**巴特**)。

归正运动起源于瑞士。主要在茨温利的布道的影响下,1522 年苏黎世同罗马天主教断绝关系。在以后的三年里,苏黎世议会完全接受了新教的改革。在奥科兰帕迪乌斯、法雷尔和卡皮托的努力下,巴塞尔教会也在 1525 年采取了同样的行动。1528 年,瑞士诸州之首伯尔尼也与罗马天主教决裂,于是别的州就竞相仿效。1529 年路德和茨温利举行会晤,由于双方在圣餐性质的问题上意见不合,致使路德派和归正派之间的合作中断。此后,个别领袖主导宗教改革运动的时代宣告结束。

在归正会和罗马天主教会之间一系列的短期战斗(1529—1531)中,茨温利遭到枪杀,归正会的工作暂时停止。归正运动的领导力量转移到伯尔尼,海因里希·布林格也在苏黎世取代了茨温利的地位。不久,罗马天主教和新教双方同意彼此宽容对方。

1532 年,法雷尔来到了日内瓦,但一直毫无建树,直到把法国年轻的避难律师约翰·加尔文请来协助工作,局面才大为改观。加尔文在日内瓦的工作,使得归正会真正得到了发展与巩固。他是归正会早期最杰出的神学家。他制定的教会制度比别的改革家所制定的教会制度要广泛得多。不过,他并不是一开始就取得了成功。他因坚持教会要摆脱市政当局的控制而于1538年被免职。于是,他去了斯特拉斯堡,并在那里成为牧师,直到1541年才返回日内瓦。在他第二次任职期间,他建立了归正会,并创立了日内瓦市实际上的教会行政机构。1555年,市政当局才算彻底放弃了管理教会事务的奢望。加尔文成功地为实现政教分离奠定了基础。他死于1564年,泰奥多尔·贝札接替了他的工作。

改革的另一个重要中心是德国的斯特拉斯堡。茨温利的门徒马修·泽尔从1521年开始就在那里宣讲新教的教义。不久,卡皮托开始和泽尔一起进行宣传,1524年布塞尔加入了他们的行列。斯特拉斯堡的改革运动只持续到1548年,因为这一年该市再次信奉罗马天主教。然而,斯特拉斯堡对归正会产生了持久的影响,并成为德国归正宗神学教义的中心,它的影响不仅传到德国的莱茵河流域地区,而且还传到其他国家。如果没有斯特拉斯堡的影响,归正会恐怕只能仅仅局限在瑞士。

在巴拉丁(在德意志)选侯腓特烈三世的努力下,海德堡成为归正宗思想的中心。1563年那里制订了《海德堡教理问答》,它很快成为所有归正会传授教义的基本教材。巴拉丁教会的卡斯帕·奥莱维亚努斯是该书的主要作者。

荷兰对宗教改革的兴趣先于德国马丁·路德的工作。它是在伊拉斯谟的著作和共同生活弟兄会的激励下产生的。共同生活弟兄会,是14世纪成立的一个宗教团体。虽然它是罗马天主教会的一个修会,但是它在教规上却与同时代的天主教修会大不相同,更接近公元1世纪基督徒的宗教生活习惯。16世纪20年代,当荷兰反对西班牙统治的斗争高涨之际,宗教改革的思想从德国流传到低地国家。当这一斗争行将结束时,加尔文派和法国的胡格诺派的影响,逐渐在荷兰占据上风。1561年完成的《比利时信纲》,成为荷兰教会的信仰声明。

公理制产生于16世纪末和17世纪初英格兰的清教运动。它强调,每个会众的信徒都有权管理自己的事务,无须任何更高一级的权威人士的指导。公理宗信徒在北美的力量最强,也最成功,那里的公理会最早是由普利茅斯殖民地的移民和马萨诸塞湾殖民地的清教徒建立的。

在北美,归正会最早于17世纪初在荷兰殖民地新尼德兰成立。但英国后来夺取了这个殖民地,并易名为纽约。英国保证允许荷兰归正会享有信仰自由的权利。这个宗派继续发展,19世纪大批荷兰移民的到来,加强了它的力量。1867年,这个教会改叫美国归正会。

1934年,(德国背景的)美国归正会和路德派团体北美福音大会合并,成立了福音归正会。其他一些小的归正会团体包括:1822年建立的真正归正宗荷兰人教会和1857年组建的真正荷兰归正会。这两个教会和其他几个团体,于1890合并成基督教归正会。

信仰和教规

同长老会一样,归正会的会众事务,也是由长老和牧师共同组成的理事会主持的。会众都实行自治,不过它们又受地区协会的领导。地区协会以上设有区会议和全国大会。世界归正会联盟成立于1877年。1970年,它和国际公理宗联合会合并,组成世界归正会联盟(包括长老宗和公理宗)。

归正会承认《圣经》是信仰和教规的准则。他们认为古代信经是对信仰的正确解释,同路德宗一样,他们也坚持因

一些早期的归正会领袖

某些重要人物未在下面列出,因为他们已在本条目的正文或在《康普顿百科全书》的其他条目中被论及。

贝札,泰奥多尔(1519—1605) 教育家、神学家,曾经在日内瓦的宗教改革运动中协助并继承了加尔文的工作。生于法国韦泽莱。1535年至1539年在奥尔良学习法律。1548年成为基督徒后前往日内瓦。1549年在洛桑担任希腊文教授。1558年以前,为捍卫新教事业一直旅行。1559年创办日内瓦学院。加尔文死后,他成为日内瓦的首席牧师,直至去世。他坚决捍卫人民享有反对暴政的权力的主张。他也是一位圣经学者,翻译过《新约》。

布塞尔,马丁(1491—1551) 16世纪的重要改革家,曾企图协调路德宗和加尔文宗之间的关系。生于阿尔萨斯(今属法国)的施莱兹塔特。1506年加入多明我会。在海德堡学习期间获知伊拉斯谟和路德。1521年脱离多明我会,后定居斯特拉斯堡。几乎参加了1524年至1548年的每一次宗教问题讨论会。1536年参加编写《第一部瑞士信纲》。1541年出席与罗马天主教会弥合裂痕的雷根斯堡会议。曾去英国协助坎特伯雷大主教托马斯·克兰麦进行改革英格兰教会的工作。

布林格,海因里希(1504—1575) 继茨温利之后担任苏黎世归正会牧师。生于瑞士的布雷姆加滕。在科隆大学读书期间,同情宗教改革运动。1523年至1529年在瑞士卡佩尔的天主教西多会学校里任教。1523年结识茨温利。1529年成为布雷姆加滕归正会牧师,1531年茨温利去世后到了苏黎世。1536年协助起草《第一部瑞士信纲》,1566年完成《第二部瑞士信纲》。曾努力消除归正派和路德派在圣餐问题上的分歧,但终无结果。

卡皮托,沃尔夫冈(1478—1541) 斯特拉斯堡的主要改革家。生于阿尔萨斯的海基瑙,就读于因戈尔施塔特大学和弗赖堡大学。1515年被任命为巴塞尔大教堂布道师,1519年成为美因茨大教堂布道师。1523年参加宗教改革运动,并在斯特拉斯堡定居,和布塞尔一道从事改革教会的工作。

卡特赖特,托马斯(1535?—1603) 伊丽莎白一世执政时期英国清教徒领袖。曾就读于剑桥大学,1569年被任命为该校的教授,1570年因批评英国国教会不符合圣经教导而被解职。后在沃里克担任医院监督。1590年至1592年被囚禁。后在海峡群岛帮助建立长老宗教会。

法雷尔,纪尧姆(1489—1565) 杰出的布道家,曾把宗教改革运动引入瑞士法语区,并在日内瓦协助加尔文进行改革教会的工作。生于法国加普。曾任教于巴黎勒穆

> 瓦纳枢机学院。1521年参加新教运动。1523年为躲避迫害逃往瑞士。1536年说服加尔文定居瑞士协助工作。1538年被驱逐出日内瓦,最后迁到纳沙泰尔,并在那里度过余生。
>
> **兰贝尔,弗朗茨**(1486—1530) 德国早期改革家。生于法国阿维尼翁。15岁加入方济各会。受路德著作的影响于1522年脱离该会。曾在黑森协助促进归正会民主化的工作。1527年被任命为马尔堡大学神学系主任。
>
> **奥科兰帕迪乌斯,约翰**(1482—1531) 人道主义者、教父学学者。曾在巴塞尔协助茨温利从事改革教会的工作。生于德国魏恩斯贝格。曾求学于海德堡。1515年协助伊拉斯谟编订希腊文版《新约》。1518年至1520年担任奥格斯堡大教堂的布道师。1522年脱离罗马天主教会。后回到巴塞尔,1523年成为大学教授和圣马丁教堂的布道师。1529年,在圣餐问题上,为捍卫茨温利的观点对路德予以驳斥。

信称义的信仰(见:**路德主义**),接受洗礼和圣餐两件圣事。虽然政教分离目前尚未在全欧洲实现,但是这两个宗派都认为,政教应当分离。教会本身被认为有两个方面,即有形教会和无形教会。有形教会由所有声称属于它的人们组成,而无形教会惟有上帝知晓。

预定学说长期和加尔文联系在一起,虽然路德也接受一种预定学说。加尔文的"双重"预定的意思是说,哪些人得到拯救,哪些人得不到拯救,将由上帝决定。这一教导之严厉,在归正会团体中引起分歧。对这一教导提出最严肃的挑战的神学家,是荷兰的雅各布·阿明尼乌,他说上帝不会拒绝接受任何人。1618年至1619年,他的观点遭到荷兰归正会的谴责,但是循道宗的创立者约翰·卫斯理采纳了他的观点。

与路德教会、圣公会和罗马天主教会一样,归正会也采用固定的崇拜仪式。他们注重讲道和圣事,不过许多会众最多一星期举行一次圣餐礼。歌唱《诗篇》是早期崇拜仪式的特点,但现在许多会众依然不接受任何其他的赞美诗,仅使用《诗篇》。

贵格会 QUAKERS

1652年,乔治·福克斯站在英格兰高高的彭德尔山上,看到一个异象(见:**福克斯**)。这就是公谊会的起因。该会成员一般称作贵格会信徒。1650年,当福克斯因自己的信仰接受审判时,德比的一位长官首先使用了这一称呼。福克斯的追随者因信仰而激动万分,颤抖不已,福克斯于是命令法官:"听到上帝的话,就发抖。"

同清教徒一样,乔治·福克斯坚信,英国国教会的正式教规是违犯基督教精神的。他教导说,无需神职人员的帮助,人们就可以直接崇拜上帝。他的追随者不仅拒绝参加英国国教会的礼拜活动,而且还拒绝交纳维持教会的什一税。只要要求人们所发的誓词含有双重真理标准,他们就拒绝发誓。此外,他们生活节俭,衣着和言谈也极为简朴。

有关当局曾用罚款、没收财产和囚禁等手段迫害他们。但是这一教派却蓬勃发展。1689年《宽容法令》颁布后,迫害活动才结束。同时,贵格会信徒可以自由地在1681年授予本会信徒彭威廉的大片美洲土地上定居。1827年希克西特派脱离正统的贵格会,以后该会还发生过几次分裂。

贵格会信徒现在仍然遵循福克斯的教导。他们不赞成参加战争,因为他们感到战争通过仇恨会给人们带来精神上的伤害。因而大多数贵格会信徒拒服兵役,但是个人可以根据自己的信仰作出抉择。

公谊会不设宗教仪式,没有圣事,也没有神职人员。他们在每次崇拜集会时任命为大家服务的长老和监督。得到上帝恩赐的"礼物"的男子和妇女叫执事。崇拜集会的内容主要是"静默"。但是,当"内心之光"感动信徒之后,他们便出声祈祷,讲出自己的见证故事。崇拜集会通常持续一个小时,然后信徒们互相握手,集会结束。各地会众一般每月举行一次会议,处理日常事务。

19世纪,美国的贵格会信徒建起一些学院和大学,这些学校都十分重视自然科学。因为贵格会信徒具有良好的声望,值得人们的信赖,所以他们在银行业和保险业十分活跃。贵格会信徒也积极从事福利事业和改良社会的工作。第一次世界大战期间成立的美国公谊服务委员会,不仅在美国而且也在全世界开展救济和服务项目。

基督会 DISCIPLES OF CHRIST

19世纪初,美国边疆地区的人们过着不拘礼节、坦率奔放的生活。那里的许多基督徒,力图把这种野性生活独立和现实的特点与同样简朴的圣经信仰结合起来。他们求助于《新约》,从中寻找基督徒应该信仰什么、应该怎样做礼拜、怎样生活的答案。

最早提出这一号召的基督徒,是苏格兰长老会的托马斯·坎伯尔,他是1807年移民来到美国的。1809年他发表了《宣言和演讲》,正像他所说的那样,"惟一的目的,是为了提倡简朴的、福音的基督教,摆脱人的观点和人所发明的大杂烩"。

坎伯尔之子亚历山大继承了父亲的事业,成为宗教改革的领袖和人民民主的倡导者。19世纪20年代,他开始和一位名叫巴顿·斯通的志同道合的改革者交往。1832年他们领导的组织合并成"基督门徒会"(the Christian Church)。

今天,这一宗派常常被称作基督会。自从它成立以来,这个宗派就因为教义分歧而变得四分五裂。在20世纪,从最早成立的教会里发展出三个主要的团体:基督门徒会(基督会)、基督会(the Churches of Christ)、一个叫作"基督门徒会与基督会"的团体。

这一宗派的分裂始于19世纪末,起因是对《新约》的权威性看法不同。保守派认为,惟有《新约》具体明确许可的,才是可以实行的。而其他人则坚持,凡是《新约》不禁止的,都是允许的。另一个主要问题是组织的问题。坎伯尔和他的追随者主张建立普通的教会组织。他们所建立的组织,最终变成了现在的基督会。

但他们的反对派却坚信,凡是有别于会众的普通宗教组织,都是《新约》所不允许的。基督会(the Churches of Christ)、"基督门徒会与基督会"这两个团体,就是持这种观点。到1906年,所发生的分裂造成了目前这种三个团体鼎立的局面。

基督门徒会(基督会)是一个宗派组织,有专职牧师、全国总部和地区性机构。会众完全是独立的,但会众派出代表参加全国和国际大会,体现了会众之间的合作与团结。20世纪90年代初,美国的基督会成员大约有105.2万。

基督会(the Churches of Christ)严格实行公理制,没有全国性组织。20世纪90年代初,其成员为162.6万人。同"基督门徒会与基督会"保持松散联系的会众,大约有110万人,他们过去属于基督会,但是1968年该派改组时,他们脱离了基督门徒会(基督会)。

耶稣会 SOCIETY OF JESUS

罗马天主教会最大的男性修会组织,通常更多地被叫作 Jesuits。它是圣依纳爵·罗耀拉于1534年8月15日在法国巴黎创立的,当时他和6名大学生发誓保证要坚守贞洁、清贫、顺从的誓言,并保证要前往耶路撒冷朝觐。其中的一名学生是方济各·沙勿略,他后来成为传教士,在印度和日本从事传教活动。

因为那时无法进入耶路撒冷,这些人便去了罗马,听任教皇的支配。罗耀拉为他提议建立的组织制定了特殊的结构,并于1540年得到教皇保罗三世的批准。(参见:**圣依纳爵·罗耀拉;方济各·沙勿略**)

罗耀拉曾经参过军,所以他为耶稣会制定的结构,几乎完全是军事化的。修会的首脑,叫最高将军(总会长),是终身制。执行机构叫总会议,它负责主管该会的事务,而且当最高将军去世后,总会议要开会选出继承人。最高将军有一些助手协助工作,他们每人负责一个地区的工作,这些地区叫协办区,它们划分为若干省,每个省由省会长领导。

耶稣会的成员有三类:教士、学习会士和在俗助手即修士。学习会士大约用9年的时间在指导下学习神学、哲学、艺术和科学,以及教学方法。升任教士后,要用一年时间专事灵性的提高。然后,他得到自己的最后成绩,或者做会内的精神助手,或者发誓成为正式会士。发誓是庄严的行为,教士一般发四愿,然后他便可以在会里担任任何职务,并参加总会议的工作。

耶稣会很快成为教会里的一支有潜力的教育和传教力量。它证明,自己是阻止欧洲新教浪潮的反宗教改革的有效工具(见:**反宗教改革**)。耶稣会在欧洲建立了许多学院,并派传教士到世界各地从事传教活动。到1556年依纳爵去世时,在欧洲和亚洲工作的耶稣会会士已多达1000人。两个世纪以后,耶稣会会士的总数达到22589人。

耶稣会会士的热情和工作效力,使天主教会内外对他们产生了忧虑和敌意。葡萄牙于1759年至1761年最先禁止了耶稣会会士的活动。西班牙与法国很快和葡萄牙一起请求教皇解散耶稣会。1773年教皇克雷芒十四世解散了耶稣会。耶稣会的小股残余在俄国延续下来,因为教皇的敕令无法在那里实施。其他国家的耶稣会会士则热忱地履行普通神父的义务,并进行学习。

由于人们多次请求教皇允许耶稣会恢复教育和传教工作,最终,庇护七世于1814年同意耶稣会恢复活动。目前,在耶稣会会士中间,从事各级教育工作的人数最多。耶稣会在美国主办的大学有多所,其中有纽约市的福德姆大学、威斯康星州密尔沃基市的马凯特大学、华盛顿市的乔治敦大学。

五旬节派 PENTECOSTALS

复活节后第50天为基督教的五旬节(又译圣灵降临节、圣神降临瞻礼)。庆祝五旬节源于《新约·使徒行传》中有关五旬节的记载,圣灵以火舌的形式向耶稣的使徒们显现出来。圣灵这次显现赋予他们某些才能和力量,使之能够建立最早的教会组织(见:**基督教**)。

19世纪末20世纪初,美国的许多基督徒开始坚信,为了使教会忠实于上帝对他们的呼唤,有必要再现早期使徒们的经历。因此,基督徒应当努力追求信教后的体验,即圣灵的洗礼,它将赋予他们讲方言和治病的能力。除上述特点之外,今天的五旬节派与恪守基要主义的宗派及圣洁派团体相差无几(见:**圣洁运动**)。

五旬节派从未联合成为一个宗派。与任何一个宗派不同,五旬节派最初出现的是许多不同的团体,他们相互之间在信仰、组织和崇拜形式方面均有差异。较老的派别中的许多五旬节派信徒,一般用"灵恩派"一词把自己同其他的五旬节派信徒区别开来。较大的、完全由五旬节派信徒组成的团体有:神召会、真神会、主内真神会、国际四方福音会、美国五旬节真神会、五旬节成圣会和五旬节联合会等等。较大的团体均为五旬节派世界会议的成员。

五旬节运动起源于美国南北战争后的那个时期。美国社会的穷人感到,传统的基督教会的信徒已不再欢迎他们。他们觉得,那些教会已经成为富裕的中产阶级的机构。在工业扩展和市区居民被孤立的时代,五旬节派信徒的聚会使贫穷无知的人们有可能在街面教堂、帐篷和小型聚会所一起举行有意义的崇拜活动。

一个具有深远影响的早期五旬节派协会,约于1900年在查尔斯·福克斯·帕勒姆的鼓动下,起源于堪萨斯州托皮卡的贝塞尔圣经学院。该协会的努力主要在美国的中南部取得成功。1906年,五旬节运动从洛杉矶阿祖萨街使徒信仰福音传播会开始向全美扩展。它的领导人是威廉·西摩,他原是圣洁派的讲道员,后成为帕勒姆的追随者。

较早的五旬节派信徒大多希望继续留在原来的教会里,并促进这些教会的改变。但是,传统的基督教各派拒绝承认五旬节派,于是,他们被迫成立自己的协会。五旬节派后期的著名领袖有:艾梅·森普尔·麦克弗森、奥雷尔·罗伯茨、吉米·斯瓦戈特和帕特·罗伯逊等。从20世纪60年代起,卡里斯马运动吸引了不少传统的基督教各派内的信徒。

普世主义 ECUMENISM

希腊语 oikos 的原意是"住所",与它密切相关的 oikoumene 的原意是"人们居住的世界"。普世主义是一个比较现代的词语,是从 oikoumene 派生而来的,基督教的许多宗派用它表示整个"上帝的住所"。

基督教会在最初的几个世纪里,一直是一个统一体,但是数百年后,教会内部多次发生分裂,这主要是因为信仰的严重分歧造成的。历史上的主要分裂事件有:1054 年东派教会与西派教会的分裂和 1517 年爆发的宗教改革运动。此外,在数百年里,还有过许多小的分离事件,即使是在各个宗派内部,分离事件也在所难免。20 世纪的普世主义,也叫普世教会运动,它不仅承认教会目前处于四分五裂的状态,而且还竭力想寻求和表现基督教曾经有过的一体性。(参见:**基督教**;**宗教改革运动**)

20 世纪以前,人们很少尝试着去弥合各个宗派之间的裂隙。但东正教会,特别是君士坦丁堡教会持续发出的与其他宗派共创大业的呼吁,却是一个突出的例外。直至 20 世纪,这些尝试才开花结果。

1900 年以来,特别是 1950 年以来,基督教活动家们经过几次努力,成功地密切了多数基督教宗派之间的关系。这些努力表现在几个不同层次上,例如,同一宗派内不同教会进行合并、不同宗派实行联合或进行协商、成立全国性的不同宗派的联合机构和国际组织。

现代普世教会运动的主要动力,来自 1910 年在苏格兰的爱丁堡举行的国际宣教会议。接着,1921 年成立了国际宣教协会,1925 年成立了生活与工作会议,1927 年成立了信德与修会会议。这些运动后合并为成立于 1948 年的世界基督教协进会。

今天的世界基督教协进会,是基督教开展国际合作的主要机构。对这一合作产生过激励作用的人士有:美国的约翰·R.莫特、瑞典大主教内森·塞德布洛姆、英格兰的坎特伯雷大主教威廉·坦普尔和奇切斯特主教 G. K. A. 贝尔、锡亚提拉的主教戈曼诺斯(希腊正教会)及荷兰的 W. A. 威瑟·霍福特。

尽管罗马天主教会派遣观察员出席世界基督教协进会的会议,但是它并不是该协进会的成员。不过,罗马天主教会通过教皇约翰二十三世召集的 1962 年至 1965 年举行的第二届梵蒂冈公会议的工作,已为推动普世主义作出卓越的贡献。他的继承人保罗六世和约翰·保罗二世,继续支持这一联合运动。罗马天主教会推动教会间合作的机构,是德国的奥古斯丁·贝亚枢机组织的基督教合一秘书处。该秘书处接受异中有同的思想,努力开展对话活动,以便使各个教会更紧密地团结在一起。

奋兴运动 REVIVALISM

"revivalism"一词通常跟宗教运动联系在一起。它的意思是"复兴"——即向因坚持形式主义和传统而变得死气沉沉的组织注入新的生命。奋兴运动反抗的就是这种自然的保守主义。

基督教

20 世纪的奋兴运动通常是和基督教新教,尤其是其基要派的和五旬节派的分支联系在一起。比利·格雷厄姆以其在世界各地复兴教会的工作而知名国际,尽管比利·森戴和德怀特·L.穆迪是在他之前(见:**格雷厄姆**;**穆迪**)。但奋兴运动是许多世纪以来基督教世界中反复出现的事件。当教皇乌尔班二世在 1095 年号召发动第一次十字军的时候,他实际上是在中世纪教会中发起一种奋兴。反抗中世纪教会的许多分裂派运动,就是试图奋兴的尝试。15 世纪的扬·胡斯和 16 世纪的马丁·路德,也是这样。(参见:**胡斯**;**马丁·路德**;**宗教改革运动**)

宗教改革运动后出现的许多宗派,都试图通过返回到《新约》中所描述的那种 1 世纪的外界状况来复兴教会。再洗礼派、浸礼宗、贵格会、循道宗、摩拉维亚弟兄会和其他宗教团体的目标,就是如此。清教徒运动,作为恢复新约教规的工具,出现于英国国教会内部(见:**清教徒**)。20 世纪的五旬节派也采用了同样的方法。

在反对路德宗中宗教条主义的约翰·阿恩特、菲利普·雅各布·斯彭内尔和奥古斯特·赫尔曼·弗兰克的鼓动下,虔敬主义出现在 17 世纪的德国。它强调个人的责任,而不是对正确教义的信任。它还强调教育和传教的必要性。挪威的汉斯·尼尔森·豪格、瑞典的卡尔·奥拉夫·罗塞纽斯和丹麦的瑟伦·克尔恺郭尔,试图朝着同样的方向引导路德宗。

在北美,曾有过两次涉及地域很广的奋兴运动。第一次是大觉醒运动,大约 50 年后随之又兴起了第二次大觉醒运动。

大觉醒运动始于 18 世纪 20 年代,大约持续了 20 年。它的主要人物有乔纳森·爱德华兹和乔治·怀特菲尔德(见:**爱德华兹**;**怀特菲尔德**)。它是始于欧洲、后扩展到英属殖民地的那股宗教热潮的一部分。奋兴运动主要兴起于荷兰归正会、浸礼宗、长老宗和公理宗。

主要的重点是敬畏——即无信仰的人对永远罚入地狱的恐惧。当时最著名的布道辞之一是爱德华兹所说的"罪人在愤怒的上帝的手中"。英国牧师怀特菲尔德曾好几次访问美洲殖民地,并在露天给民众讲道,因为没有足够大的建筑物能容纳下他的听众。

大觉醒运动有几个结果。它使一些宗派发生永久性分裂,因为一些信徒支持奋兴运动,而另一些信徒则谴责它感情用事。它削弱了堂区体制,因为许多人都忠于周游四方的布道家,而不是忠于自己家乡的会众。它促进在印第安人中的传教工作,并鼓励办学。普林斯顿、达特茅斯、布朗、拉特格斯等院校,就是奋兴运动的直接结果。另一个重大的影响是民主化和权力机构的每况愈下,它们助长了后来发展成为美国独立战争的叛乱。

第二次大觉醒运动始于 18 世纪 90 年代的新英格兰,后来很快扩展到美国的其他地方。它一直持续到 19 世纪 30 年代。虽然总的说来,这一次没有第一次大觉醒运动那么激烈,但它还是促进了重新开始的传教和教育方面的工作。在这数十年间,创办了许多新教学院。在奋兴运动期间,由于巡回牧师试图骑马走遍现在为中西部地区的所有新拓居民区,产生了叫作野外奋兴会的边境地区独特的聚会。循道宗主教弗朗西斯·阿斯伯里曾是精力最旺盛的巡回牧师之一(见:**循道宗**)。

当时最重要的奋兴家是查尔斯·格兰迪森·芬尼。他被称为职业奋兴运动的创始人,因为从他以后,奋兴运动便倾向于成为一些牧师的专职工作。芬尼把边境地区的奋兴运动方式带到东海岸的城市和英格兰。他后来任俄亥俄州奥伯林学院院长。第二次大觉醒运动使得教徒人数大量增加,并导致对诸如戒酒、废奴和女权那样的社会改革的要求。主日学校运动和差会也从第二次大觉醒运动中得益。

其他宗教

除了基督教以外,其他宗教也深受奋兴运动的影响。在犹太教中,被称为哈西德主义的虔修派运动开始于18世纪的波兰,后扩展到俄罗斯、立陶宛、匈牙利和巴勒斯坦。这个运动拒斥有学问的拉比对宗教团体的控制,却诉诸感情主义和反理智主义。据信,哈西德派领导人具有超过普通拉比的能力的特殊天赋。

在19世纪,印度教通过重新强调奉献和社会改革(其中有许多借自新教),反抗英国对印度的控制(见:**印度教**)。佛教在其漫长的历史中,经历过多次奋兴。日莲在日本创办的佛学院,实质上也是奋兴的结果(见:**日莲**)。

宗教史上最强有力的一次奋兴,发生在20世纪末叶的伊斯兰教。伊斯兰教什叶派的原教旨主义者在1979年控制了伊朗,他们的影响波及整个中东。什叶派的目标之一,是要恢复昔日的伊斯兰教及其法律原则,这主要是为了对抗作为西方技术的结果而发生在中东的现代化。在巴基斯坦和利比亚也建立了伊斯兰国家。(参见:**伊斯兰教**)

圣洁运动　HOLINESS MOVEMENT

循道宗的创立者约翰·卫斯理相信,一个人可以在有生之年达到人性的完美。所谓完美,又叫圣洁,但达到圣洁并不是人努力的成果,而是上帝恩赐的礼物。卫斯理坚信,如果上帝原谅人的罪过的话,那么他也能使个人变为圣人,过完美无瑕的生活(见:**卫斯理**)。

追求个人完美的观念,早在基督教历史之初就已产生。它的依据是《新约》里的一些零散说法。例如,《马太福音》有这样一句话:"正如天上的父是完美的,因此你们也是完美的。"从罗马帝国到殖民地时代的美国,许多不同的小教派都持有这一信仰。然而,现代圣洁运动的起源要归功于卫斯理及其循道宗内的追随者。早期圣洁运动,主要是在英属北美殖民地发展起来的。

在循道宗内部,并不是所有的人都接受关于圣洁的教义,在美国独立战争之后的几十年里,只有少数信徒强调这种教义。19世纪30年代,《基督徒完美指南》月刊的出版,再次激发起人们对这一教义的兴趣。某些循道宗信徒开始确信,强调个人圣洁是他们宗派的主要教义。

1843年,约有20余名神职人员和6000名信徒脱离了美以美会,组成卫斯理循道宗教会。1968年,这个团体又与天路圣洁会合并,建立卫斯理会。1860年,正值循道宗内部就圣洁问题的纷争延续之际,一些循道宗信徒另立门户,成立北美自由派循道宗教会。

新教其他宗派里赞同圣洁教义的信徒,往往愿意继续留在自己原来的教会里。他们一般争取在奋兴会上同观点一致的基督徒进行交流,1867年还成立了诸如全国促进圣洁野外奋兴会协会那类组织。

但是,圣洁教会不久就出现了分离主义活动。1880年至1916年间,一些不同的组织先后诞生。总部设在印第安纳州安德森市的上帝会,就是最早的分离团体之一。其他协会也采用上帝会的名称,而且他们大多属于圣洁团体。1881年,长老会的一位牧师在纽约市创立了宣道会。另一个从循道宗分离出来的团体,是拿撒勒会,1907年由两个圣洁团体合并而成,它是目前最大的圣洁协会之一。圣洁运动并不只局限于美国。在循道宗的老家英国,1916年成立了以马内利圣洁会。它是英国几个圣洁会中的一个。

兄弟会　FRATERNAL SOCIETIES

由具有相似的民族、宗教、社会、经济背景的人自愿组成的协会,叫兄弟会,fraternal 与 fraternities 一样都来源于拉丁文的兄弟一词(见:**大学生联谊会和大学女生联谊会**)。兄弟会是为了社会、经济和慈善活动的目的而成立的,共有三种类型:秘密会社,如共济会分会;互助团体,其中许多主要是保险公司;和服务性俱乐部。

秘密会社

在三种类型的兄弟会中,迄今为止,秘密会社是最古老的,比如耶路撒冷圣约翰医院团,也叫马尔他骑士团,起源于1070年,最初是十字军的一个团体。1717年在伦敦成立的共济会第一总部,可能是最著名的秘密会社。

共济会分会和其他秘密会社,最初都是由男子组成的。妇女是不可以加入共济会、怪小伙子会或慈坛会的。但是,也有一些妇女团体与个别的共济会分会有关系,大概其中最知名的是成立于1876年的东星会,它的仪式是由共济会设定的,而且这个组织也是由共济会成员领导的。男子也可以加入东星会。

秘密会社的成员聚会时,举行仪式一般要用去大量的时间,其目的是为了接纳成员,增进团体内的联谊,加强宗教道德观念。一个人不可能简单地加入像共济会这样的团体,而是必须经过挑选才能成为它的一员。一旦开始加入这一组织,任何成员都要在会内经过一系列叫作等级的阶段。共济会的一个仪式就有32级。现在有些分会的规章已有所放宽。

共济会的许多分会都是慈善团体。慈坛会在美国和加拿大开办的儿童医院,共有20余所,只有达到32级的共济会成员才能加入这一组织。穆斯忠贞会在伊利诺伊州的穆斯哈特有一所孤儿院。鹰会在内布拉斯加州的博伊斯敦、北达科他州和得克萨斯州建造了许多宿舍楼。

某些秘密会社的起源同宗教有关。罗马天主教会长期以来一直反对信徒加入秘密会社。因此,1882年成立的哥伦布骑士团,是教会对共济会作出的反应。罗马天主教会的另一个慈善组织,是1904年成立的阿尔汉布拉国际修会,建立这一组织是为了配合慈坛会的工作。

第三等级共济会成员的标志　东星会会徽　国际吉瓦尼斯俱乐部的徽记　穆斯忠贞会会徽

互助团体

互助团体的起源,往往同民族或宗教相关,它们的首要目的是为其成员提供保险。许多互助团体在19世纪产生时,只是互助互惠的团体,其活动范围扩大后才最终变为保险和慈善组织。例如,"挪威之子"在1895年是作为一个互助团体成立的,目的是为患病和失去亲友的成员提供帮助。与其他秘密会社一样,加入"挪威之子"是有规定的,而且还要举行秘密仪式。但是,与共济会分会不同,它只为本会成员提供保险项目。现在,它还提供抵押基金、养老金计划、医疗待遇和其他形式的保险服务。1899年,日耳曼人在威斯康星州的阿普尔顿建立了类似的组织,即路德宗信徒互助会,它现在是全美互助大会内最大的互助会。它平时既不举行秘密仪式,也不举行入会仪式,它主要是一个保险公司。它还为人们提供教育贷款和福利服务。

类似的互助组织还有很多,例如天主教骑士保险协会、美国捷克人协会(美国最老的由同一民族的人组成的互助会)、美国希腊天主教徒工会、门诺教徒互助协会、长老会慈善同盟、波兰人联盟和美国乌克兰人互助协会。

服务性俱乐部

在三种类型的兄弟会中,服务性俱乐部出现得最晚。1905年,芝加哥检察官保罗·P.哈里斯为一个组织制订了一项计划,内容是:促使服务的思想成为企业的根基;在商业和职业活动中,鼓励开展高水平的道德服务,促进商人和专业人员之间的联谊。他的计划还包括一项"分类原则",对本地每一行业在每个地方俱乐部的成员的数额进行限制。因为聚会轮流在每位成员的办公室举行,所以这种组织的名称被定为"扶轮社"。它的发展非常迅速。随着扶轮社在加拿大、爱尔兰、英格兰的出现,1912年成立了"国际扶轮协会"。1922年它又易名为"扶轮国际"。

扶轮社成立10年后,底特律成立了国际吉瓦尼斯俱乐部,其宗旨与扶轮社相差无几。吉瓦尼斯地方俱乐部可以从本地每一行业中挑选两名成员。该组织还资助中学生国际钥匙俱乐部和大学生国际钥匙俱乐部(不公开的夜总会,因会员各有一把开门的钥匙而得名)。

国际名人俱乐部1917年在达拉斯成立。因为它不采用分类原则,对成员的规定比较宽松,所以名人俱乐部急速扩展,很快成为所有服务性俱乐部中最大的俱乐部。它的目的是促进国际合作,培养良好的公民意识和管理能力,培养踊跃参与公民服务活动的兴趣。它的服务项目之一,是经营训犬学校,训练为盲人引路的爱犬。

其他大型服务性俱乐部还有:塞托玛(意思是为人类服务)俱乐部、吉艾罗俱乐部、乐观者俱乐部、希维坦俱乐部和卢里坦俱乐部。妇女服务性俱乐部有:阿特鲁莎俱乐部、夸塔俱乐部、佐恩塔俱乐部和职业妇女福利互助会。

服务性俱乐部每年要完成数以千计的地方性服务项目,从筹集资金到装备医院,范围十分广泛,而且多数组织都把支持青年的活动作为自己的工作重点。

哥伦布骑士团　KNIGHTS OF COLUMBUS　见:兄弟会

共济会　FREEMASONS　见:兄弟会

耶和华见证会　JEHOVAH'S WITNESSES

耶和华见证会是一个宗教组织,最初根据其创立者查尔斯·泰兹·拉塞尔的名字取名拉塞尔派,从1931年起改称今名(见:拉塞尔)。它的另一个名字叫国际圣经弟子会。这一派的主要信条是:当人们从字面意义上解释《圣经》时,可以利用《圣经》准确地预言上帝的救赎计划。耶和华见证会相信,世界的末日并不遥远,在上帝的力量和撒旦的力量之间,将会发生一场"哈米吉多顿大战"(即善与恶的决战),在这场决战中,上帝必将得胜,并为所有信仰者建立一座地上乐园。

拉塞尔是美国匹兹堡人。他否认基督教所有各派的学说,因为他认为,在永远的处罚和仁慈的上帝之间存在着严重的冲突,所以他无法接受。1872年他开办了圣经学习班,1879年他开始出版一本名叫《锡安山守望塔和基督临在使者》的杂志,现在该杂志已改名为《守望塔》。1916年拉塞尔去世后,约瑟夫·富兰克林·拉瑟福德继任该组织的领袖。拉瑟福德抛弃了拉塞尔的一些思想,出版了许多书籍和小册子。他从设在纽约布鲁克林的总部,指挥着这个组织的所有活动,使之逐步变成一个高度中央集权化的团体。1931年,在该组织举行的年会上,拉瑟福德宣布将拉塞尔派改名为耶和华见证会。拉瑟福德的继承人叫内森·H.诺尔,他从1947年至1977年一直是该组织的领袖。1977年,各分会会长联合选举弗雷德里克·W.弗朗茨担任第四任总会长,但那时该会的实际领导权已转移到一个名叫"执行机构"的议会手里。

耶和华见证会的活动由三个合作机构进行指导,即宾夕法尼亚守望塔圣经与宗教书刊协会、纽约守望塔圣经与宗教书刊联合会和国际圣经弟子会。耶和华见证会的地方会众叫天国会堂，会员应当每周去会堂参加几小时的聚会，并学习《圣经》，尽可能多地挨门挨户传教，散发守望塔书刊。每个会堂都有由长老组成的堂务小组，他们负责选举一名牧师主持会堂的工作，牧师的任期为一年。只有男子有资格担任耶和华见证会内的教员或管理职务。

守望塔协会还在世界各地拥有圣殿，其中最大的是布鲁克林圣殿。布鲁克林圣殿的工作人员负责完成该会的事务性工作，包括编写图书、出版杂志和管理印刷厂。一些工作人员在守望塔农场为该会种植农作物。

耶和华见证会的信仰与传统的基督教各派的信仰截然不同。他们相信，上帝就是耶和华，他派遣耶稣基督来到世上，目的在于使人类获得永生。他们否认耶稣具有神性，认为他同圣灵的存在一样，只是三位一体的一个分离的人而已。

耶和华见证会主要强调的是：上帝国在世上的开端是不可见的；哈米吉多顿冲突最终必将发生；末日审判将要到来；上帝只是为信仰者在世上重建乐园。该会强调，上帝国是一个基本的现实，这一信仰使该会信徒远离国家的所有团体。他们拒绝投票、拒任公职、拒服兵役，也不参加一切爱国活动。这种立场使他们在许多国家频繁地与政府发生冲突。在第二次世界大战期间，数以千计的耶和华见证会信徒被关押在纳粹集中营里。如今在一些东欧国家，他们仍然受到迫害。在美国，耶和华见证会还在许多场合遇到法律上的麻烦，他们曾就许多案例上诉到美国最高法院，并在信仰自由和言论自由方面多次大获全胜。

至20世纪80年代末，全世界的耶和华见证会会员已达370万人，分布在200多个国家和地区。该会在那几年中已发行40多亿册用210种语言编写的《守望塔》杂志。到20世纪90年代初，它已发行它自己翻译的现代英文《圣经》4300多万本。

统一教团 UNIFICATION CHURCH

统一教团的成员经常被称作"文氏子弟"，因为这一组织是由韩国的福音传教士文鲜明创立的。尽管该教团认为"文氏子弟"这一名称是对他们的嘲笑和侮辱，但人们仍然用它来称呼他们，因为许多人认为统一教团的成员是一群狂热的崇拜者。该组织的正式名称是世界基督教统一圣灵协会。

统一教团于1954年在韩国创立，1971年其总部迁往纽约州的塔里顿市。文鲜明曾经是朝鲜基督教长老会信徒。第二次世界大战以后，他开始宣传与长老宗教义相对立的教义，结果于1948年被逐出教会，也就是说被剥夺了教会成员的资格。他声称，他大约在1936年见过耶稣，而且得到一项使命，要拯救世界，摆脱魔道（他认为是共产主义）的统治。文鲜明在朝鲜遭到囚禁，但于1950年越狱，逃到了韩国。1952年他的《神的原则》一书在韩国出版，它后来成为统一教团的神圣经典。

统一教团声明，它的目的是要在世上建立上帝的统治。文鲜明宣称，实现这一目标的工作是由耶稣开创的，但是，耶稣被钉死在十字架上，使这一工作无法完成（见：**耶稣基督**）。文鲜明认为，完成这一使命的任务已交给了他及其妻子韩鹤子，他们两人一起被称为复临之主和复临圣母。

统一教团是一个纪律极为严格的组织，它拥有的传教机构、文化事业和商业企业结成一个广泛的网络。它的成员大多是充满烦恼的青年，被召来（批评者说是经过洗脑）从事社会工作，负有筹集经费的任务。1981年，该教团在美国请求享有免税资格，遭到拒绝，因为上诉法院裁定，它本质上主要是一个政治组织，而不是宗教组织。1982年，文鲜明被判有逃税罪，被关押18个月，罚款2.5万美元。

修士与修行 MONKS AND MONASTICISM

大多数基督教、印度教、伊斯兰教的教徒，以及许多其他宗教的成员，都是普通公民。他们赡养家人、工作、玩乐并参加其他方面的社会活动。但在大多数主要的宗教中，还有大量的专职人员，他们完全献身于对灵魂拯救的探求——不过，我们应该给这些人取个适当的术语。用来指称这些宗教成员的术语就是"修士"，他们的生活方式被称作"修行"。这两个术语都是从一个希腊语词演化而来，意为"独身生活"。用这个解释去理解早期基督教的隐士曾经是相当准确的，但在今天则是一种误解，因为，当今的许多修士、修女是在社会中生活的。他们中间的许多人积极参与到身边的社会生活中去，担任教师、福利救济工作者、传教士、护士或其他职务。

我们必须把"修士"与"教士"区别开来。神父、牧师和拉比都是经过训练的在社会上工作的专职人员，他们都拥有宗教职务。不过，他们的工作方式与修士们所奉行的高度个人化的生活方式有很大差异。

在基督教中，修士与教士之间的差别并不十分明显，许多修士同时也是教士。例如，罗马天主教中有两类教士——属于修道会的教士和在俗教士。属于修道会的教士要奉行教规（拉丁文中称"regula"），他们属于修道会的成员。在俗教士则不属于任何一个修道会。许多修道会都有一些叫作兄弟的成员，他们并非教士，也不履行诸如主持弥撒之类教士的职责。他们与修道会里其他获得圣职的修士一起生活，遵守戒律，从事教学、种田等工作。

在印度教中，修士与教士的差别就比较明显。只有出身于婆罗门种姓的男子才有权主持祭祀活动，这一特权只属于出生于最高种姓的男孩们。与此不同，修士则不履行祭祀的职能。因而，如果一位婆罗门出身的成员做了修士，那么，他就放弃了作为祭司的权力。

修行的性质

由于在世界各宗教中修行的方式多种多样，因而，要下一个准确的定义也就十分困难。大致说来，修行是指个人努力修习宗教德行，这些德行是较为严格的，超出了教义所要求的程度。这类德行是一般信徒所做不到的，要么是没有时间，要么是不愿这样做。

对于早期基督教徒的修行来说，我们可以更确切地称之为"苦行"（asceticism），这种修行方式今天在东正教徒中还在实行。这个词本义为"自我否定",它源于对世俗世界采取否定态度的观念。在基督教的苦行者看来,世俗世界便是诱惑与罪恶之源。修士们希望通过将自己与世俗隔绝开来,躲避与世人的有害的交往,一心追求灵魂的拯救。

修行在犹太教中绝不是始终就有的。从公元2世纪起,犹太教中出现了一些反对在耶路撒冷神殿做礼拜的团体。他们也坚决反对犹太民族的领导人与罗马当局实行妥协。这些团体是分离主义的、不遵照准则的和反叛的团体。然而,希伯来文《圣经》中却找不到苦行的依据。希伯来文《圣经》所描绘的世界基本是好的,因为,它是上帝的创造物。基督教的经文对世俗世界也采取了同样的态度,因而对苦行生活也没有明显的支持。

对于修行的功过是非,在基督教世界中历来论争十分激烈。一些新教(抗罗宗)团体对此持完全否定的态度。然而,许多世纪以来,罗马天主教与东正教各宗派一直保持着强劲的修行传统。安立甘宗也有许多修会。

某些东方宗教,尤其是佛教和耆那教,主要是奉行隐修。所有信徒都要遵守的戒律是从隐修规章中衍生出来的,但修士们发的誓愿比世俗成员须要发的誓愿多得多,而且更加苛细。

个人目标 有些修士尽可能使自己与世界及世俗事务隔绝开来。他们可能加入隐修团体,也可能在某个地方隐居起来,或者像托钵僧(乞丐)那样云游四方。不管属于哪一种情况,他们都追求高度个人化的目标。他们寻求摆脱一切不完美的东西,达到一种精神上的至善。他们感到,与世俗世界以及各种诱惑相隔绝,有助于他们的这种追求。在各种东方宗教中,无论是世界还是个人自我,都必须服从对真实自我的追求。具有难以抵御诱惑的弱点的肉体,和为无知所累的心灵,也是追求真实自我的障碍。用来规避世界和自我的方法就是默念。佛教、耆那教或印度教的修士企图冲破生、死和再生(或称"转世")的轮回,完全逃到另一种存在。

除了默念,许多修士还用禁欲作为达到完善的工具。"mortification"(禁欲、苦行)字面上意为"弄死"。对于修行来说,它是指某些贬损物质的东西、强调精神的东西的练习,其中包括禁食和以各种痛苦的方式惩罚躯体。有时,默念还伴随着身体运动。诸如此类的练习在中亚和东亚一直十分盛行,但在基督教中,自中世纪结束以后便逐渐消亡。

社会目的 并非所有的修士都是通过与世隔绝的方式求得灵魂拯救的。有些修士,如方济各会会士,将救助穷人与他们的个人默念和研究结合起来。20世纪,德肋撒创立了一个为印度上百万贫苦无助的百姓服务的修会(见:**德肋撒**)。

耶路撒冷圣约翰医院骑士团创立于11世纪,以僧侣骑士团著称于世。它可能是第一个建立真正的医疗机构的修会。创立于1189年的条顿骑士团的成员也在医疗机构接受过训练。在中国的西藏,康巴族人组织了一支警察部队,来保卫高级僧侣。

修行在文化的创造、保留和传播方面一直起着重要作用,中世纪基督教修会尤其如此。通常,只是那些有文化的社会成员才能做修士。正是他们,一代又一代地抄写和传播《圣经》以及其他古代著作。他们创建了一些最早的图书馆。他们常常进行对周围民众有利的、科学和其他方面的研究。他们还是农耕方面的能手,而且能将自己的专业技能传授给大庄园里的农民。

修行的类型

修行的两大类型是隐居式(独居的生活方式)和住院式(群居的生活方式)。两大类型又各有许多变种,大多数主要的宗教中都有这样的变种。

隐居式 隐士是一些宗教遁世者。在基督教的最初几个世纪里,埃及的沙漠中就居住着许多隐士,他们想躲避尘世上的一切邪恶。人们称他们为"eremites",这是个希腊文词,意为"沙漠中的居住者"。其他宗教中——如著名的耆那教与印度教——也有隐居式的修士。对于真正的隐士来说,他们共同的特点是持之以恒地过独居的生活,严格遵守默念和禁欲的戒律。

到了3至4世纪,随着埃及隐士数量的增加,他们开始结成小型的非正规的团体。这些团体还不是严格意义上的社会群体,因为,每个隐士都遵守他自己的戒律。他们不在一起用餐、默念或修习德行。佛教中的和尚和尼姑在建立固定性的社团之前,也是生活在类似的松散联盟中。

住院式 真正的隐修社团拥有一整套戒律。隐修院中有所有的成员都必须遵守的各种各样教规——包括祈祷、礼拜、研习、工作、服务等等。世界上第一个群体生活、遵守统一规则的修士团体,是由基督教苦行者帕科米乌创建于埃及。它340年成立于尼罗河上的塔本纳岛。相传,帕科米乌为修士建立了9所隐修院,为修女建立了2所。

这些隐修院可能就是公元4世纪希腊神学家大巴西勒主教建立的那些隐修院的原型。正是他制订出第一个隐修院的规则,这个规则后来成了东正教所有隐修机构的基础。巴西勒定下这样一条戒律:修士不应当只为自己活着,他必须为自己的同胞做善事。为了使修士们将这条戒律付诸实践,他在隐修院附近建立了一些医院、救济院和孤儿院。他还建立学校,向孩子们提供教育,不管他们将来是否做修士。巴西勒教导说,善行比禁欲和惩罚更有价值。继承巴西勒传统的、最负盛名的隐修院是希腊圣山的隐修院。

在中世纪,圣本尼狄克制订的隐修规则对罗马天主教的影响,有如巴西勒的隐修规则对东正教会的影响(见:**本尼狄克(努尔西亚的)**)。本尼狄克(努尔西亚的)制订的隐修规则提倡守贫、贞洁、顺从和坚定。他在隐修规则中还指出,修士个人不应拥有财产,财产应该由修会所有,并由指定的受托管理人进行管理。本尼狄克高度评价善行时指出,它是个人康乐所必需的。他认为,宗教生活基本上是社会的,而不是个人的。

有些修会是半退隐型的。基督教中的方济各会与多明我会就是这些修会中的两个著名的修会,它们都创立于13世纪。这些修会的成员在将隐修院当作大本营的同时,又走出去,到社会上去做教师和传教士。这些成员叫作"friar",意为"兄弟",他们的衣食所需靠社会上人们的捐赠。

许多印度教修会也有托钵僧,他们过一段时间的集体生活后,便到社会上去做教师或传教士,做了一段时间的教师或传教士后,又回来过集体生活,两种生活方式交替进行。印度教修会的组织形式比基督教和佛教松散得多。

妇女的地位

在所有的隐修传统中——一般说来就像在大多数宗教中一样——妇女的地位总是低于男子。罗马天主教一贯拒不给予修女与修士平等的地位,妇女不能获得神父职位。佛陀原先不愿让妇女加入他的僧团。当他的有些门徒成功地建立了一些尼姑庵之后,他最终还是发了慈悲,允许她们加入。

在早期基督教中,那些发愿将自己的一生献给上帝的妇女是在家修行的。后来,她们到叫作"Parthenon"的庙宇里过集体生活,这是个希腊文词,意为"贞女"。当然,该词意味着这种妇女是绝不能结婚的。"nun"(修女)一词也是从上面这个希腊文词的法语形式"nonne"演变而来的。在中世纪,欧洲各地有许多修女团体。除了少数例外,这种修女团体的组织形式与修士类似。

东方宗教

基督教中的修行大约起源于4世纪的埃及以及中东地区。修行在印度更为古老的宗教中的出现要早得多,后来又从印度传播到东南亚、中国、中国的西藏以及日本。

印度教 印度的修行起源于佛教。虽然作为一种宗教,佛教未能在印度流传至今,但它却保留下了僧团(或称僧伽)的传统,这个传统很快就被印度教吸收了。

印度教修行制度最有影响的创建人是商羯罗,8世纪的一位哲学家与神学家。现代印度的主要思潮都是从他的教义演化出来的。他创立的修会——十名遁世派——为全印度的印度教徒树立了修道标准。这个修会是所有修会中最严格的一个,只吸收印度社会中最高一级种姓婆罗门为其成员。这一教派的修士有一个主要的职责——默念。其他一切任务,诸如集体念诵咒语的礼拜仪式、讲经、参加修行集会等,与默念相比都是第二位的。修士没有社会义务,尽管他有时也向其他人传授默念的秘诀。

现在印度教大约有90个修会。并非所有这些修会的成员标准或会规都像十名遁世派那样是不可更改的。11世纪的神学家罗摩奴阇的信徒都是一些高种姓的印度教徒,但不一定出身于婆罗门。他们强调对有位格的神的仪式崇拜,修士也可以结婚。其他修会则没有种姓方面的区别。

耆那教 耆那教的创始人只对修士或想做修士的人传道。这一宗教创立于公元前6世纪,于公元6世纪分裂为白衣派与天衣派两个教派。白衣派的修士和修女们穿着简朴的白衣,嘴上挡一块白布,意在防止偶尔吸入微生物或昆虫。当他们外出去公共场所时,他们就带一把扫帚,边走边将面前的路面扫净,以防在走路时踩伤或踩死昆虫等生灵。

上面这两个不同寻常的做法皆源于耆那教中不害(或崇敬生命)的教义。相传天衣派教徒曾赤身裸体到处走,直至15世纪,穆斯林法律才迫使他们穿上白衣。天衣派不允许妇女加入他们的僧团。这两个教派的僧侣都是托钵僧,他们强调守贫和出离。

佛教 在若干世纪中,佛教分裂成了几个学派和教派。因而,在整个远东地区,佛教徒的修行方式也五花八门。虽然守身一直是对僧侣(他们全都是修士)的一个正常要求,但在20世纪前,锡兰(今斯里兰卡)和日本的许多僧侣都结婚了。虽然默念对于所有佛教徒来说是必不可少的,但许多佛教徒也像教师一样,非常关注社会上的事情。有些佛教徒在政治上还十分活跃。在印度支那战争期间,南越的许多佛教徒曾反对政府的政策。

锡克教 锡克教中效法印度教修行标准的教团叫作乌达斯派,这个教团起源于室利·昌德——锡克教创始人之子——的追随者。乌达斯派要求其成员苦修和守身。锡克教的另一个教团卡尔萨,则是非严格意义上的修会。卡尔萨是创建于17世纪末的军事兄弟会,当时锡克教徒正遭受穆斯林的迫害。现在,这个在锡克教中占主导地位的团体男女都可加入。新入会者同意蓄发(男子还要蓄胡须),穿短裤,佩带梳子、钢镯和双刃短剑。他们还不吸烟、不喝酒。

西方宗教

在世界三大宗教中,只有基督教形成了强劲而持久的修行传统。现代犹太教没有修会,虽然某些正统派拉比献身宗教的努力与某些修士的艰苦生活有着明显的相似之处。大约在公元前1世纪,古代犹太教也曾出现过半隐修团体,但当时在耶路撒冷占主导地位的是圣殿崇拜,这些团体始终处于次要的地位。最后,这些团体就消失了。

伊斯兰教 无论是伊斯兰教的创始人穆罕默德,还是这一宗教的经典《古兰经》,都未曾提倡过隐修理想。然而,在非阿拉伯的伊斯兰教中还是出现了叫作"苏非派"的神秘主义社团。例如,14世纪在突厥斯坦成立了纳合西班迪教团。如今,在印度、中国、中亚各共和国和马来西亚,还可以找到这个兄弟会。这个教团总是不遵守教规,但它在18、19世纪对伊斯兰教的宗教生活产生过影响。这个教团由于吸食印度大麻等毒品,加上它持反律法主义的观点,所以对于一般民众具有某种吸引力。

伊斯兰教的另一个神秘主义团体赛努西教团创立于1837年。在现代史上,自1951年至1969年,这个教团的领导人是利比亚国王,1969年这个国家成了社会主义国家。赛努西教团一直是个改革派兄弟会,他们试图恢复伊斯兰教最初几个世纪朴素的信仰和生活。这个教团的成员还到北非的贝都因人中间去做传教士。

基督教 中世纪,圣本尼狄克制订的规章对西欧或罗马天主教的隐修生活起了决定性影响。在野蛮人的皈依、农业的发展、学问的修养,以及手艺的传授方面,本笃会修行的影响十分明显。当时修士们会的手艺有油漆、木刻、金属制造、木工、纺织、酿酒、缝纫、鞣革和钟表制造等。英国本笃会修士曾经是14世纪最伟大的钟表制造师。

中世纪几乎所有大的修会都是根据本尼狄克规划创立的。其中最著名的修会是加尔都西会(The Carthusians),此名源于法国格勒诺布尔附近大沙特勒斯山(the Grande Chartreuse)隐修院。这个修会是1084年由圣布鲁诺创建的。西多会,或称白衣隐修院,由莫莱斯姆的圣罗贝尔创建于1098年。普雷蒙特雷修会,或称白衣修士会,由圣诺贝特创建于1120年。这个修会因法国普雷蒙特雷而得名。

由这些修会建立的隐修院都是些独立自足的团体,它们又分为大隐修院和小隐修院,隐修院教堂是其主要特征。教堂周围还有其他一些建筑物,它们形成一个隐修院落。隐修院回廊是一个封闭的空间,它四面有围墙,中间是一个叫作"garth"的长方形庭院。回廊的四面围墙都盖有顶子。在修道院回廊内,修士们从事诸如抄写经文等指定的工作。

修道院的另一个建筑物——饭堂,是在离教堂远一些的地方。伙房就在饭堂旁边。宿舍通常建在回廊附近。宿舍附近有一个医务室,用于照护病人和老人。在附近的花园(或称药圃)中,种植着用于制药的各种草药。除了这些建筑物之外,还有一些供各种工作之用的房舍。隐修院通常还有木工房、图书装订所、锻铁车间、磨坊、面包坊和谷仓。客舍也是每个机构的一个必不可少的部分,通常大门附近总是有一个给游客躲风避雨的处所。

隐修院的所有成员都受隐修院长(abbott,源出自古阿拉姆语"abba"一词,意为"父老")的管辖。协助他的是一名副院长和一名副院长助理。此外还有一些叫作"执事"的行政人员:一名领唱,一名图书馆馆长,一名财务主管,若干主管厨房、面包坊、医务室以及其他设施的负责人。见习修士(或修女)老师负责指导见习修士或修女的研习。

东正教的修行方法与此不同。它基本保留了一种专注于默念与祈祷的做法。东正教中没有形成各种追求特定的传教或教育目的的修会。不过,这些工作常常是由修士个人来完成的。俄罗斯以及拜占庭帝国以北的其他斯拉夫国家,曾为充当文明先驱和传教士的那些修士所殖民地化和基督教化。

清教徒 PURITANS

"我要让他们顺服,否则就把他们赶出英国。"这是英国国王詹姆斯一世对清教徒发出的威胁,因为他们请求他"净化"英国国教会,清除他们所厌恶的来源于罗马天主教会的某些仪式和习惯做法。这些清教徒并不是危险的革命者,而是英国朴实的公民——农民、商人、专业人员和学者,特别是出自剑桥大学的学者。他们逐渐被认为是一批忧郁的狂热者,有一段幽默的话说,"他们反对享受钓鱼的快乐,这并不是因为它给钓鱼人带来了痛苦,而是因为它给旁观者带来了快乐。"但是,詹姆斯一世时代的清教徒并不躲避纯真的快乐。他们中的许多人喜欢音乐,乡村里的清教徒绅士还喜欢打猎,著名的清教徒之一约翰·弥尔顿的作品,流传下来已成为宝贵的文学遗产。

在宗教改革的岁月里,清教徒是英国新教徒中的先锋派。在玛丽女王统治时期,罗马天主教会加害于新教徒,英国的一些新教徒流亡避难于欧洲大陆,分裂迹象最先出现在他们之间。后来诺克斯派和考克斯派(约翰·诺克斯的追随者和理查德·考克斯博士的追随者)因神职人员是否要穿圣衣而争执不休,结果在德国的美因河畔法兰克福,他们之间的分裂成了事实。一般而言,清教徒倾向于追随完全否定罗马天主教教规的诺克斯、加尔文和瑞士的改革者,因为那些教规在《圣经》中找不到肯定的依据。因此,他们简化自己教会的崇拜仪式,使之像使徒时代的教会仪式那样简单。他们群起反对书面祈祷辞,反对在教堂里悬挂宗教画像,反对在礼拜仪式中使用乐器伴奏及其他类似的东西。

一些清教徒不仅要净化教会的礼拜仪式,而且还要改革教会的管理体制。例如,长老会信徒就要求结束主教对教会的管制,但要保留国教会。其他被叫作分离派或独立派的人们,则要求教会和国家完全分离,每个会众自己管理自己的事务,这些人后来被称作公理会信徒。更为激进的改革者是再洗礼派,他们认为应该只对成年人实施浸礼。在教会和国家的问题上,他们的观点也很有新意。

有一伙分离派首先于1608年到了荷兰,接着又于1620年抵达美洲,他们在那里建立了普利茅斯殖民地。詹姆斯一世和查理一世对清教徒进行威胁,将他们赶出英国。成千上万的清教徒逃往美洲,特别是在1630年至1640年的大移民潮期间,出逃的人数最多。当英国内战使清教徒控制政府时,移民运动暂时停止。

1660年发生王政复辟,清教徒失去对英国的控制,但是他们播下的公民自由的种子和比较严肃的人生观的种子,后来结出硕果。美国人从这些清教徒身上继承了许多东西,其中不仅包括宗教自由的思想,也有参政自由的思想。

1689年通过《宽容法令》后,英国不信奉国教者的团体获得合法地位。今天,英国公民在就业和担任公职方面,实际上已没有任何宗教限制,但是英国君主必须是圣公会信徒。

救世军 SALVATION ARMY

救世军是半军事化的基督教社会服务性组织,由英国布道师威廉·布斯(1829—1912)创立。这位英国奋兴运动时期的布道师决定为那些不去教堂、大概在教堂里也不受欢迎的人们服务。他通过在伦敦东区的贫民区举行室外聚会的方式,把教堂带到他们中间。他的妻子凯瑟琳也参加了他的工作,不久其他布道师也加入了他在1865年组建的基督徒布道圈。1878年,布斯模仿军队建制将这一团体改组为救世军。他自任"将军",一直领导着救世军,直至去世。

1880年,布斯将军派遣乔治·斯科特·雷尔顿上尉和七名女军官去向美国"开火"。他还派遣其他先驱者去别的国家开辟工作。这一运动迅速蔓延开来。今天,救世军在90个国家和地区拥有1.8万多个宗教工作中心。

救世军成员自认为是"基督教会的战斗力量",他们身着蓝色军装,所有男女军官都是神职人员,由救世军培养和任命。平信徒成员被叫作战士,并要求他们在"军队法规"上签字。将军从设在伦敦的国际总部领导救世军,各国的地区上尉负责具体工作。

救世军每年仍然举行无数次室外聚会。它也举行室内礼拜活动,包括星期日上午和傍晚的崇拜活动、祈祷聚会和主日学校。它几乎已经成为基督教的一个与众不同的派别。

它的社会服务项目包括:提供家庭福利救济和短期救

济，以及探访医院和监狱。他们专为酗酒者提供"港口灯"服务项目，为无家可归的男女提供庇护所，为劳动妇女提供低成本的住所，还为未婚母亲和儿童建立家庭和医院。一旦发生灾害，救世军工作人员总会立刻作出反应。从美西战争以后，救世军参加了美国所有的战时服务工作。

救世军的经费来源于成员和公众的自愿捐款。在美国和加拿大，它一般也能从社团经费和联合经费中得到一些资助。它的机关刊物《战争的呐喊》为周刊，用45种语言在全世界发行。《救世军战士》是为青年读者出版的月刊。

福音传道 EVANGELISM

多数宗教为了赢得信徒，都从事传教工作。惟有基督教提倡福音传道。它来源于希腊语表示"好消息"的一个词。所以，福音传道的意思，就是把好消息传出去，或者用更为口语化的语言来说，就是传话。这话就是有关耶稣基督的生平和教牧工作的讯息。在《新约》的第一部福音书《马太福音》的最后，耶稣命令他的门徒说："去，要使万民成为我的门徒。"gospel一词来源于古英语，也表示"好消息"。（参见：**基督教；耶稣基督**）

在19世纪的新教徒中间，传教一般是指到海外福音传道，比如德国的传教士到非洲传教。传教活动，是伴随着欧洲国家开始对非洲、亚洲和太平洋群岛广泛地实行殖民化统治而发生的。那时，福音传道表示在国内传教，即在自己的国家宣传好消息。到20世纪末，这两个词之间的区别已再次变得模糊不清。全球传教已变成所有教会的侧重点。

基督教的传教事业，可以明确地划分为四个不同阶段：第一阶段为4世纪以前，是在地中海地区；第二阶段为中世纪到16世纪；第三阶段为近现代，直至1950年；最后阶段为20世纪后期。在第一阶段，福音传道是由耶稣的贴身门徒——即被通称为使徒的那些人——开始的（见：**使徒**）。从1世纪末起，使徒的接班人逐步把基督教传遍整个罗马帝国，而且还传到波斯，也可能传到印度。

基督教在罗马帝国获得官方的认可之后，传教士被派到了更远的地方。在几个世纪内，全欧洲、中东和俄国已实现了基督教化。到1500年，欧洲大部分地方已处在现在的罗马天主教的统治之下，而东正教则流行于希腊、巴尔干半岛的一些地区及俄国。从7世纪起，伊斯兰教的兴起极大地限制了基督教在北非和中东的传教活动（见：**伊斯兰教**）。

南北美洲、非洲和亚洲的殖民化，开辟了许多新的传教区。传教士们甚至也进入未殖民化的国家（如中国、日本和泰国）从事活动。到1950年，生活在亚洲、非洲和拉丁美洲的基督徒比欧洲和北美洲的基督徒还多。1950年以后，这些地区的殖民地获得独立，教会也变成独立教会。这些教会培养了本地的领导力量，开始自己从事福音传道工作。

19世纪末以来，群众性的福音传道总是同一些具有非凡鼓动力的布道师，特别是德怀特·穆迪、比利·森戴、艾梅·森普尔·麦克弗森和比利·格雷厄姆（又译葛培理）联系在一起的。1954年，奥拉尔·罗伯茨的第一次电视布道导致了"电子教堂"的发展。1960年，帕特·罗伯逊建立了基督教广播网，继他之后，吉姆和塔米·费伊·巴克、杰里·福尔韦尔、吉米·斯瓦格特等人也相继成为电台、电视布道家。（参见：**格雷厄姆；穆迪；奋兴运动**）

基督教科学派 CHRISTIAN SCIENCE

《基督教科学箴言报》是美国出版的最受人尊重的报纸之一。然而，它的许多读者，很可能对出版这份报纸的教派的信仰和历史毫无认识。基督教科学派于1879年由玛丽·贝克·艾娣创立，人们可以从她的著作《科学与健康，以及理解〈圣经〉的钥匙》中，了解到该派的全部信仰学说。这本书于1875年首次出版，在以后的35年中多次修订再版。（参见：**艾娣**）

母会 基督教科学派目前的组织形式是由艾娣夫人确立的。1892年，她在波士顿建立母会，即基督教科学第一教会。1895年出版她的组织手册，即《母会手册》。这个教会由董事会管理，但是它设在全球的分部，都是在艾娣在手册中制订的框架内实行自治的。目前约有3000个分部，分散在57个国家，但它们多数在美国。

基督教科学派接受基督教的许多基本信仰，包括信仰只有一个神，信仰《圣经》的权威和耶稣基督的生平与传教工作（见：**基督教**）。但它又不同于传统的基督教，认为耶稣首先是存在于全人类的上帝圣子身份的一个例子。

它还否认物质世界是由上帝创造的。物质被他们看作是一种感觉。实在——生命、意志和心智——是精神性的。因此疾病和肉体的痛苦，仅仅是同生命的物质方面相关的问题。基督教的赎罪，就是脱离肉体而进入精神状态，即从物质状态进入实在状态的再生。这是一个终生的过程：艾娣写道："我们心须经历考验，放弃一切享受，以及一切快乐和胜利，直至所有的错误都被毁灭。"

精神治疗 基督教科学派有全日制的医师从事精神治疗工作。用祈祷治疗疾病，被认为是救赎的必要因素。然而，教会并不强迫信徒使用精神疗法，不过多数信徒大概都采用这种方法。许多人也找牙科、眼科、骨科医生治病，为接生孩子也要求助于妇科医生。

基督教科学派会众，设有学习《圣经》和《科学与健康》的读书室。讲授这两本书的课程内容，也是崇拜仪式的基础。该派成员可以在星期三晚上的聚会上，共同分享治疗的体验。

基督复临派 ADVENTISTS

《旧约》和《新约》都预言一位救世主或弥赛亚将要来临，当他作为上帝的代理人出现时，邪恶的人将要遭受惩罚，一个新的天地将要建立。对弥赛亚即将来临、世界将要完结的盼望，被叫作基督复临主义。从某种意义上说，所有的犹太教徒和基督徒都是基督复临派。但是，究竟耶稣基督是不是《旧约》中预言的弥赛亚，他们在这个问题上的看法不同。

基督徒盼望看到耶稣在将来的某个时候再次回到这个世上。许多基督教宗派对这一盼望的确切性质的看法也不一致。某些人几乎对它毫不重视，而另一些人则把它看作是主要教义之一，并构想出世界末日的详细情节。在世界历史上的困苦时期，基督徒曾频繁地盼望基督突然复临，宣布他的王国已经来临。除了基督复临派以外,其他赋予基督复临的教义以特别意义的教会,还有基要派、五旬节派和耶和华见证会。

明确取名为基督复临派的教会,产生于19世纪40年代的美国。这一派别的创始人威廉·米勒预言,1844年3月21日基督将要复临。但基督并没有来临,于是预定的日期推迟到1844年10月22日。尽管这一预言没有实现,通称为米勒派的那些米勒的追随者们却坚持认为,一经选定一个日期,就开始了把世界准备好等待基督再来的漫长过程。1863年,米勒派正式成立基督复临安息日会。

作为基督复临派的最大团体,它在全世界有会员150多万人。他们采用基督复临安息日会这一名称,是因为这一团体的会员在星期六庆祝安息日——休息和崇拜上帝的日子。他们星期六庆祝安息日的这种做法,是以对《旧约·创世记》第二章第三节的字面意义的理解为根据的:"上帝赐福给第七日(星期六),将它定为圣日,因为这一日上帝歇了他所有创造的工作,安息了。"

基督复临安息日会相信,人的身体是圣灵的殿堂,应当保持纯净。因此他们严格遵守素食的规定,不吃肉食,拒绝使用尼古丁、咖啡和茶水等刺激物品。

该教会的成员一般要将收入的十分之一捐献出来,支持它在全世界范围内的传教活动、医疗、教育和出版事业。设在美国首都华盛顿的执行机构——总联合会,还派遣传教士进行挨门挨户的传教活动,并发放宗教读物。

基督复临安息日会的成员,曾因自己的信仰和行为而遭到他人的嘲笑和歧视。例如,在多数雇主规定休息星期天的情况下,坚持把星期六当作圣日是不容易的。许多年来,他们因遵守素食规定也遭到别人的蔑视,但是健康意识的增强,已促使其他许多人开始重新审视自己的素食观念。

威廉·米勒的工作成果也促成其他基督复临派团体的建立,但它们比基督复临安息日会要小得多。这些团体包括:福音基督复临派(1845)、基督复临基督教会(1860)、生命与基督复临联盟(1862)、神的教会(1866)和神的教会总联合会(1888)。1964年,生命与基督复临联盟和基督教会实行合并。这些教会之间互不相同,它们和基督复临安息日会在一些问题上的观点也不相同,其中对星期六还是星期天,哪一天是礼拜的合适日子的看法也不一致。但是相信基督复临是所有这些教会的中心教义。

第七日复临派 SEVENTH-DAY ADVENTISTS

见:基督复临派

震颤派 SHAKERS

基督教震颤派的正式名称是,信仰基督第二次显现的基督徒联合会。用震颤一词称呼这一派别,是因为该派在举行崇拜仪式时,信徒通常要颤抖、跳舞、旋转,并用方言唱歌。18世纪,震颤会在英国脱离贵格会而另立门户。他们的教义是由一位文盲纺织女工安·李制订的。她声称,自己得到的一系列启示说,她是耶稣基督的化身。她曾经把守贞定为一条主要的教义,后来人们称她为李母。她和八个追随者于1774年来到北美。她去世10年后,该会由约瑟夫·米查姆和露西·赖特领导。他们在纽约州的新黎巴嫩建立了一个震颤派社团。到1826年,这类社团已发展到18个。19世纪40年代,这一派的发展达到顶峰,约有6000名信徒。此后,它持续衰落,今天几乎已经完全消失了。

同阿曼门诺派信徒一样,震颤派信徒经营的农场效益很好,他们的社团繁荣昌盛,因而赢得别人的敬佩。他们还发明了螺旋桨、晒衣服的夹子、涡轮式水车和脱粒机等有用的工具,为自己赢得美誉。在出售包装种子方面,他们也走在前列。他们曾一度是美国最大的草药生产者。人们对震颤派信徒印象最深的大概是,他们制作的家具美观,质优,设计新颖。

摩拉维亚弟兄会 MORAVIANS

令人感到非常好奇的是,被叫作摩拉维亚弟兄会的基督教新教团体,竟然在新教产生之前就已出现。它的起源可以追溯到受改革家扬·胡斯的影响而组成的15世纪的波希米亚弟兄会(见:**胡斯**)。它的名称取自地名摩拉维亚省,该省现在是捷克共和国的一部分。

波希米亚弟兄会历经16、17世纪罗马天主教会反宗教改革的镇压,幸存了下来。该会许多成员逃往德国,并在那里与路德宗信徒中的虔敬主义运动发生联系。虔敬主义强调要用生命去信仰,与只重视正确的教义信仰形成鲜明的对照。摩拉维亚弟兄会认为,《圣经》是信仰和教规的惟一权威,他们也承认基督教传统的信经。

摩拉维亚弟兄会得到了尼科拉斯·路德维希·亲芩道夫伯爵的同情,1722年该会会员在亲芩道夫的萨克森领地上定居下来,并在那里建立了亨赫特村。亲芩道夫的意图是想让这些摩拉维亚弟兄会会员留在路德宗国教会中。当他知道摩拉维亚弟兄会属于比路德宗还要早的一个团体后,他开始帮助他们振兴,并帮助他们保留自己的传统。

18世纪,摩拉维亚弟兄会开始广泛从事传教活动,他们按传教计划到达了西印度群岛、拉丁美洲和非洲。1734年,他们开始在英格兰活动,但并未在那里建起群众性的组织。1735年,摩拉维亚弟兄会的传教士抵达北美洲,他们在佐治亚州毫无成就,便辗转到了宾夕法尼亚州,在德国殖民者中间建立社团。亲芩道夫本人在殖民地生活了14个月。

为了便于管理,北美洲的摩拉维亚弟兄会分为南北两省,两省现在共有一个国外传教理事会、一所神学院,并自由交换神职人员。摩拉维亚弟兄会在全世界有17个省,每十年召开一次的大会将它们联系在一起。

一位普救会协进会 UNITARIAN UNIVERSALIST ASSOCIATION

美国一位普救会协进会是1961年由两个宗教团体合并而成的组织。其中一位会出现得较早,其根源可追溯到欧洲16世纪的宗教改革运动。普救会最早建立于1779年,创立者为约翰·默里,他以前是英国循道宗信徒。

一位论和普救论都是以早期基督教历史上产生的思想为基础的。正像一位论的名称所显示的那样,一位论派的主要教义是:上帝是一体一位的或惟一的。公元 4 世纪,埃及亚历山大城的一位司铎阿里乌教导说,耶稣基督是由上帝选定的一个人,他本身根本就不是神。当时很多神学家把这一主张谴责为异端邪说,但它却延续下来,并在 16 世纪再次出现。

宗教改革家马丁·路德和约翰·加尔文的一些自由派追随者,教导人们上帝是一体一位的。他们不仅遭到宗教改革的主要教会也受到罗马天主教会的迫害,其中一些人逃往波兰避难。1565 年,信奉上帝一位论的一个团体在那里成立了小归正会。1579 年以后,这一派由意大利流亡者福斯图斯·索齐尼领导,他为该派编写了基本信仰纲领。16 世纪,波兰的一位论派遭到天主教反改革运动的迫害,并被驱逐流放。

一位论 16 世纪末在匈牙利、17 世纪初在英国开始为人们所接受。在美国,它的出现是对 18 世纪中期大觉醒运动感情用事的反动(见:**奋兴运动**)。查尔斯·昌西是美国一位论派有影响的创立者之一,他是马萨诸塞州波士顿第一教堂的牧师,在任 60 年。其他影响较大的人物还有威廉·埃勒里·钱宁和拉尔夫·沃尔多·爱默生。

普救论的根源,可以追溯到公元 3 世纪曾在亚历山大城讲学的基督教神学家奥利金的学说。奥利金否认非基督徒将永遭惩罚的教义,而是认为在末世到来时,整个宇宙将重新完好地归于上帝。尽管这一学说遭到基督教主要派别的谴责,但它还是作为基督教的一个次要学说流传了下来。然而,直到乔治·德·本尼维利、埃尔赫南、温切斯特和约翰·默里首先在北美宣讲普救论之后,它才在北美产生了影响。同查尔斯·昌西的讲道一样,他们的讲道也是对 18 世纪的奋兴运动,以及这一运动所宣讲的非基督徒将永遭惩罚的反动。普救教义的形成应归功于霍齐亚·巴卢,他以前是浸礼宗信徒,普救论详见于他的《论受难》(1805)、《来世报应论考》(1834)及其他作品。

一位普救会协进会并没有正式的信仰纲领。虽然每个会众都是该协会的成员,但它们都是独立的。一些会众保持以《圣经》为依据的信仰和礼仪,而另一些会众则强调人类社会的改善和科学的进步。所有的成员都崇奉个人的自由、理性和宽容。

基督教青年会　YOUNG MEN'S CHRISTIAN ASSOCIATION(YMCA)

1844 年 6 月的一个晚上,12 名男青年为"改善布业和其他行业青年的精神状况",在英国伦敦组织了一个俱乐部。从一开始,它就叫基督教青年会。它的首领是一位农场工人的儿子,22 岁的乔治·威廉斯。

不久,其他的基督教青年会也在英国出现。1850 年这一运动传到澳大利亚。1851 年,北美最早的基督教青年会在马萨诸塞州的波士顿和魁北克的蒙特利尔成立。今天,大约 100 个国家都有基督教青年会。基督教青年会的基本目的仍然是鼓励青年过基督徒生活。但是,现在信仰各种宗教的人都可以加入基督教青年会。

这一运动在北美发展得最迅猛。美国现有 2000 多个地方分会,成员约为 1400 万人。基督教青年会内部有许多为特殊的群体而设的俱乐部。父亲和儿子可参加"印第安向导部落"。13 至 19 岁的青少年可以参加"领袖俱乐部"、"政府中的青年"、"青少年俱乐部"或其他项目的活动。基督教青年会的成员,将近半数是妇女和少女。(参见:**基督教女青年会**)

许多青年会的大楼里辟有生活区。许多青年会还经营体育馆、游泳馆和野营地,因为从一开始健身就一直是青年会的目的之一。篮球和排球两项运动,都是青年会的体育教员发明的。

基督教青年会还实行广泛的教育和职业培训计划,不仅向听众提供讲座和论坛,而且还开设中学和大学课程,这些大学课程是获得学位的预备课程。青年会的其他活动还有戏剧和音乐节目、社会活动、竞技运动、模拟政府活动及宗教会议。至 1990 年,基督教青年会已有全国最大的儿童照看计划,它包括全日制照看和放学后看护两种类型。

在第一和第二次世界大战期间,基督教青年会为军人开办了服务性俱乐部。在第二次世界大战期间,它还承担了为战俘营提供教育和娱乐设施的工作。1945 年以来,该组织一直为难民营提供同样的服务。

每个社区都组织自己的基督教青年会,并且自己制订活动计划。当地的志愿者和接受过职业培训的领导,负责指导它们的活动。各国都有全国性的协会,它把地方协会团结在一起,并为它们提供各种服务。美国和加拿大的全国协会联合提出一项全球服务计划,为地方青年会提供海外服务的机会。基督教青年会世界联盟,于 1855 年在巴黎创立,其总部现设在瑞士的日内瓦。它把所有国家的全国协会团结在一起。另外还有一个基督教青年会俱乐部国际协会,由 56 个国家的地方俱乐部联合组成,其目的是支持基督教青年会的活动。1990 年,在经历了 70 年的空缺之后,基督教青年会分会在俄罗斯重新建立。

基督教女青年会　YOUNG WOMEN'S CHRISTIAN ASSOCIATION(YWCA)

第一个基督教女青年会于 1855 年在英国创立,当时成立的只是两个帮助妇女的小组,其中之一是叫作祈祷协会的聚会,另一个是为从克里米亚战争返回的护士们建造家园的协会。这两个小组在 1877 年合并。1858 年,纽约市的一些妇女也成立了"女基督徒协会"组织,为"自食其力的女青年提供物质的、道德的和宗教方面的帮助"。1866 年,马萨诸塞州波士顿的一些妇女聚集到一起,制定了基督教女青年会章程。

至 1900 年,美国已有数以百计的基督教女青年会组织。1906 年建立了全国性组织。1894 年世界基督教女青年会创立于伦敦,其总部现设在瑞士的日内瓦。1991 年,这个国际组织已在 86 个国家有分会。它为难民和移民提供恢复身心健康的服务。近几十年来，它一直从事在一个变化着的世界中的妇女问题的研究工作。

在美国的50个州，基督教女青年会有400多个地方分会和学生分会，100多个住所和40个左右的野营地。男子也可以参加基督教女青年会的活动，正如妇女和少女可以参加基督教青年会一样（见：**基督教青年会**）。美国全国基督教女青年会，每三年举行一次全国大会。它还为国际产业妇女表彰会提供奖品。

早期基督教女青年会受到产业革命对妇女生活的作用的影响。成千上万的女青年离开农场和小镇，到城市的各种工厂，包括血汗工厂工作。基督教女青年会力求减缓这一转变过程。多年来，基督教女青年会一直按照自己的目标，即"增进女青年在体育、群育、智育、德育和灵育等方面的成长"，为改善她们的条件而努力。1988年，女青年会更换了新的臂章，它的图案为日出，象征着希望、渴望、延伸和新的开端。

长期以来，改善妇女与少女的贫困状况，帮助她们进入主流社会，一直是基督教女青年会的一个目标。它还为那些远离家庭在他乡开始职业生涯、寻求安全廉价住所的妇女提供住处。

基督教女青年会的教育课目内容很广。除了像打字这样的传统课程外，女青年会还提供健康教育和娱乐方面的多种课程，以及就业、教育、自修和身心健康方面的咨询和帮助。

基督教女青年会内还有由特殊团体组成的俱乐部。青少年可以通过女青年会的青少年俱乐部开展本社区的服务计划。基督教女青年会主办的青少年夏令营还经常组织少女们去体验不同种族和不同经济地位的人们的生活。为了让母亲们能够享受一天的愉快生活，其他俱乐部承担了照管小孩的工作。另外，许多大学也成立了基督教女青年会学生分会。

设在美国密歇根州的新布法罗自然风景区的基督教女青年会森林海滩营地和会议中心，举办多种形式的夏季活动。

东正教会　EASTERN ORTHODOX CHURCHES

1054年基督教内发生了一次重大的分裂。罗马教皇治下的西欧教会与君士坦丁堡牧首（即主教）治下的东罗马（或拜占廷）帝国的教会相分离。东罗马帝国的教会后来被通称为东正教。orthodoxy一词是指"正确的教导"或"正确的信仰"。它正式的名称实际上是正统的公教会，以区别于罗马公教会。（参见：**东仪教会**）

组织

东正教是由自主或独立自治的教会组成的团契，每个教会都由一位主教领导。君士坦丁堡（现称伊斯坦布尔）牧首被认为是所有地位平等的主教中的首席主教，但是他却没有罗马教皇所拥有的权威。

在不同的历史时期，东正教自治教会的数量也有所不同。现有教会为君士坦丁堡教会、亚历山大城教会（埃及）、安提阿教会（总部在叙利亚的大马士革）、耶路撒冷教会、俄罗斯正教会、格鲁吉亚教会、塞尔维亚教会、罗马尼亚教会、保加利亚教会、塞浦路斯教会、希腊教会、阿尔巴尼亚教会、波兰正教会、乌克兰正教会、捷克共和国教会和斯洛伐克教会。芬兰、克里特和日本也有一些小型的自治教会，美国有许多自治教会。过去，许多教会是在敌意的环境中生存的。俄罗斯正教会就曾经历经磨难。为了继续发挥作用，它被迫与苏联当局合作，直到1990年共产主义重新调整，教会才获许进行公开礼拜。阿尔巴尼亚教会，过去完全处于非法地位。土耳其、埃及和中东的教会成员是宗教上的少数派，生活在穆斯林多数派中间。美国的东正教几乎是由上述各个民族的东正教团体组成的。

东正教对于教会的理解所依据的原则是：每一个聚集在其主教周围并举行庆祝圣餐圣体礼仪的地方基督徒团体，都是整个教会在世上的一个地方性的实现。这种整体性的观念称为普世性。这似乎是一个抽象的观念，但它的基本含义是说，任何一个地方教会中，都可以找到构成教会的要素。普世性思想可以被比作是一条面包，其中的每一个单片面包都不是完整的一条面包，但是每一片面包都包含了构成这条面包所必要的成分。因此，哪里有主教和信徒聚会，哪里就有教会。

主教的任命仪式必须有其他几位主教参加，这一事实表明了教会的延续性。它证明整个教会至今的延续性，证明教会从使徒时代以来的不间断的传统。

除主教外，东正教会还有两种神职人员，即司祭和辅祭。这些人可以结婚，但主教总是从未婚或丧偶的神职人员中选出。

东正教也有强劲的隐修传统，它可追溯到公元3、4世纪。它基本上是一个沉思默想性的运动，参加者通过祈祷生活努力去体验上帝的存在。但东正教没有发展出像西方基督教那样以传教或教育为目标的宗教团体（见：**修士与修行**）。

信仰和礼拜

东正教认为，自己继承了从最早的基督徒那里传下来的基督教信仰和礼拜传统，并且是这一不间断的、活的传统的承担者。其信仰的基础是，与《圣经》和古代公会议（公元325年至787年召开的七次普世教会公会议）上所说的传统保持一致。教会也接受表达同样信仰内容的后来的一些公会议通过的法令。（参见：**基督教**；**教会公会议**）

教会接受7件圣事或7项神圣行动：洗礼、敷圣油（类似于坚振）、圣体、神品、告解、终傅（在西方叫作临终涂油礼）和婚配。早期教会从未对圣事的数量作过规定，只是作为对16世纪新教改革者的回应，才决定把圣事的数量定为7件，新教仅接受2件。

敷圣油是东方教会独有的圣事。在举行敷圣油礼时，刚刚接受过洗礼的婴儿被敷以圣油，便立刻可以领受圣体。在西方教会里，孩子们必须长大后才可以领受圣体。东正教会允许婴儿领受圣体，是因为他们坚持洗礼是新生活的开始，而新生活必须由圣体来滋哺。在发送圣体时，面包要蘸上酒，这一程序叫面包蘸酒，然后送往或放到接受者的舌部。

圣体仪式　崇拜形式叫作仪式。东正教会的两种主要的圣体仪式是由圣约翰·克里索斯托和圣大巴西勒制定的。早在9世纪时，这两种圣体仪式的形式就与现在相同。另外还有一种圣体仪式，叫圣雅歌仪式，经常在耶路撒冷教会使用。所有这些仪式都非常典雅，都是在欢庆节日时举行的。

圣体仪式分为三部分。第一部分是预备礼仪，其间，司祭将象征着活着的和死去的圣徒聚集在活着的基督周围的面包碎屑放在一个盘子里。第二部分是望教礼仪，即为准备入教的人举行的仪式，包括读经和讲道。最后是为信徒，即已接受过洗礼的基督徒，举行的仪式，包括背诵信经和发放圣体。

东正教会遵循传统的教会历法，教会年历的每一年从基督降临节（即圣诞节）前的四个星期开始。复活节是最重要的节日。它的复活节日期一般和西方的庆祝日不同，因为东方教会仍然使用儒略历计算日期。

东正教会有为赞美诗和圣体经文谱曲的传统。由于东正教禁止使用乐器或伴奏乐（美国的一些东正教教堂除外），所以所有的演唱都没有音乐伴奏。

建筑　世界上一些最漂亮、装饰非常精美的教堂建筑，都是由东正教会的基督徒建造的。东正教的第一个大礼拜堂位于君士坦丁堡，建于6世纪查士丁尼一世皇帝统治时期，它现在仍是世界上最伟大的建筑物之一。这个教堂就是圣索菲亚大堂，或称神圣智慧大堂。它有一个大型的圆穹隆，下面是一古典式的长方形建筑。今天，多数东正教堂都有一个或数个穹隆。圣索菲亚大堂曾被奥斯曼土耳其人变为一座清真寺，后来又成了一个博物馆。

东正教堂的内部与其他教堂略有不同。在多数西方教会的教堂里，从入口处一眼就能望到祭坛。但是东正教堂却有一个屏风或一道墙，它叫作圣像屏风，上面开有一个或数个小门，基本上把祭坛区隐蔽在崇拜者的后面。之所以称它为圣像屏风，是因为它上面装饰着许多形态各异的基督和圣徒的圣像。东正教教堂没有雕塑和三维偶像。圣像屏风的目的是提醒人们，上帝基督作为人的可见偶像与他在圣体中更为完善的不可见的存在之间形成一个鲜明的对照。

正是因为东正教强调信徒聚集在一起联合崇拜，所以尽管经常处在不友好的环境中，它也能幸存下来。基于这一原因，把东正教会生活中礼拜仪式的意义估计得再高也不为过。

东仪教会　EASTERN RITE CHURCHES

东仪教会只有几个，其成员大多居住在中东、北非和东欧。它们又被称为东仪天主教会，因为它们也是教皇治下的罗马天主教会的一部分。这些教会起源于古代不同民族的基督徒团体，其中一些团体的历史可以追溯到公元1世纪。事实上，一些团体也声称它们是由耶稣基督的一位或几位使徒创立的（见：**使徒**）。

东仪教会与罗马教会的关系，在历史上起源于1439年的斐拉拉-佛罗伦萨会议，这次会议未能使东西方基督徒联合起来。东方教会的基督徒主要是东正教徒，今天依然如此。然而，东仪教会则选择与罗马保持关系，而且若干世纪以来他们一直独立地坚持这种做法。

东仪教会分为五个不同的东方礼仪传统，即拜占廷礼仪派、亚历山大里亚礼仪派、安提阿礼仪派、迦勒底礼仪派和亚美尼亚礼仪派。礼仪一词的含义在此要比崇拜形式广泛得多；它也表示一种特定的宗教规和生活方式。东仪教会的一些传统与西方天主教会大不相同。东仪教会允许神职人员结婚，与西方传统形成显著的对比。他们还允许刚接受过洗礼的婴儿领受圣体。这些以及其他的一些做法与东正教会的传统比较接近（见：**东正教会**）。

东仪教会中影响最大的是拜占廷礼仪派。它不仅比其他派别影响的人数多，而且传播的范围也广。从最初的拜占廷礼仪派还派生出一些从属性的派别，如阿尔巴尼亚派、白俄罗斯派、保加利亚派、克罗地亚派、希腊派、匈牙利派、意大利-阿尔巴尼亚派、梅尔基特派（叙利亚背景）、罗马尼亚派、俄罗斯派、罗塞尼亚派、塞尔维亚派、斯洛伐克派、乌克兰派及南斯拉夫派。其中许多派别过去一直在本国受到

东正教教堂内的圣像屏风把内殿或祭坛与会众分开。

政府当局的迫害和镇压。一些受到镇压的派别在其他国家，特别是在美国，也有自己的成员。除黎巴嫩的马龙派之外，所有其他东仪教会的基督徒在自己国家的基督徒中间都是少数派。

亚历山大里亚礼仪派，主要由两个派别，即埃及天主教徒和埃塞俄比亚天主教徒组成。埃及天主教徒是与罗马保持一致的科普特基督徒，在其他科普特人中间，他们是少数派。它们的信徒都是埃及公民中最贫穷、最没有权力的人。

安提阿礼仪派包括马龙派、叙利亚天主教徒和马兰卡派。马龙派主要生活在黎巴嫩，叙利亚天主教徒集中居住在叙利亚西部，马兰卡派分布在印度西南部马兰卡或马拉巴尔海岸。迦勒底礼仪派是位于叙利亚东部的一个团体，但它也包括马兰卡海岸的一些叙利亚天主教徒。亚美尼亚礼仪派也叫亚美尼亚天主教会，其成员分布在土耳其、叙利亚、伊拉克、黎巴嫩、埃及、罗马尼亚、希腊和法国。该教会的总部设在贝鲁特。

圣诞节　CHRISTMAS

12月25日举行的这个宗教仪式，是为了纪念耶稣基督的诞生。虽然耶稣被认为是出生在耶路撒冷以南几英里处的伯利恒小镇上，但对于他的出生日期，甚至年份，都没有确切的记录（见：**耶稣基督**）。造成这种不确切情况的部分原因是，记载耶稣诞生故事的《马太福音》和《路加福音》是在事件发生了几十年后写的，而记载这些故事的人没有对耶稣的诞生给予确切的日期。

在好几个世纪里，基督教会自己并不太注意庆祝耶稣的诞生。基督教的主要节日是复活节，即耶稣被钉死后复活的日子。只是随着教会创造历法纪念耶稣生平大事的过程中，才开始慢慢地庆祝耶稣诞生。

因为没有耶稣诞生的确切日期，因此必须人为选定一天。东正教和天主教东仪教派将这一天选在1月6日，称之为主显节，意思是基督显灵的日子。而以罗马天主教为发端的西方教会则选在12月25日。根据古罗马年鉴，早在公元336年就开始庆祝圣诞节。

公元4世纪下半叶，东部教会和西部教会相互承认对方的节日，因此形成了现代的基督教从圣诞节到主显节共12天的庆祝。在某些地方，这12天叫作三王节，因为在耶稣诞生这一天，有三位贤人拜访了耶稣，并带给他礼物。

如今，圣诞节不仅仅是1天或是12天的节日，通常是一个较长假期的一部分，这一假期至少包含12月一整月。在美国，假期从感恩节一直到1月1日。

这一假期得以延长的原因是圣诞节不再仅是宗教节日。在大多数基督教国家，圣诞节也是最受欢迎的假期。甚至在日本，基督教并不是主要宗教，圣诞节仍然是互送礼物、相互庆贺的节日。

风俗习惯

生活在北美洲和欧洲寒冷冬季的人们期待着"白色圣诞节"，因为，白雪渲染着节日的气氛。但是，在南美洲、澳大利亚和新西兰，圣诞节正好在夏天，这些地方正好是每年一度的温暖季节，人们也同样欢庆圣诞节。各个地区都以独特的方式、特殊的传统来庆祝这一节日。

许多世纪以来，形成了大量的风俗习惯，这使得圣诞节期间成为一年中最丰富多彩的时刻。最普遍的习俗可能就是圣诞老人发放礼品。其他习俗有：用常青树、灯、花环和冬青来装饰；送卡片；品尝美食；唱颂歌。

赠送礼物是圣诞节活动中最古老的习俗，这一习俗大概比圣诞节本身还要悠久。圣诞节选在12月，至少部分原因是要同这个时节的异教节日相抗衡。例如，罗马人在12月17日庆祝农神节。在这个冬季的节日里，大家纵情欢乐，交换礼物。两个星期以后，是罗马新年1月1日，房屋用绿叶和彩灯装饰，给孩子们和穷人发放礼品。当欧洲的日耳曼部落接受基督教、开始庆祝圣诞节时，他们也赠送礼物。

在某些国家，像意大利和西班牙，传统上不是在12月25日，而是在1月5日主显节前夜给孩子们发放礼品。在几个北欧国家，发放礼品的日子在12月6日圣尼古拉节，这是儿童守护神的节日（见：**圣诞老人**）。

交换礼物成为节日期间最主要的特点，全世界都是如此。这种情况如此普遍，以至于大多数商人都极其重视每年11月底到12月24日之间的销售。如果圣诞节销售期的销售状况不好，那么，一年的利润也要大打折扣。

圣诞树和装饰物　在基督教以前的古代冬季的节日里，人们用常青树、灯、火来象征寒冷、黑暗之中的生命和温暖。这些习俗，像发放礼物一样，都延续下来了。现代圣诞节最重要的装饰是装有彩灯的常青树。

用常青树和花环来象征生命，是埃及人、中国人和希伯来人的古老传统。在北欧的条顿人和斯堪的纳维亚人接受基督教以前，他们也崇拜树。新年时，他们用常青树装饰房屋和谷仓，这样可以辟邪，而且在冬季他们常常为鸟立起树。对于这些北欧人来说，这是一年中最快乐的日子，因为这意味着一年中白天最短的日子（大约12月21日）过去了。这个节日所在的月份叫作"乔偶"，它是从"尤偶"一词转化来的。在某些国家，"尤偶"的意思是圣诞节。

现代意义上的圣诞树源自中世纪的德国。中世纪有关亚当和夏娃题材的戏剧中，最主要的道具是一棵挂有苹果的冷杉树。它被称作"天堂树"，代表伊甸园。德国人在12月24日，即亚当和夏娃节，在他们的家中立起天堂树。它上面挂着圣饼，象征教堂的圣餐典礼上发放的面包。因为随后马上就是圣诞节，代表作为世界之光的基督的蜡烛常常也被挂到树上。最后，用甜饼和其他糖果代替圣饼挂在树上。

日耳曼人在装饰着圣诞树的房间里还摆放圣诞金字塔状木制架，上面放有小雕像。金字塔架也用常青树、蜡烛和星装饰。16世纪出现的金字塔架和天堂树，形成了今天流行的圣诞树。

早在19世纪，圣诞树被引入英国，由维多利亚女王的丈夫、德国人阿尔伯特亲王推广开来。圣诞树上用带子系着蜡烛、糖果、纸花、蛋糕加以装饰。

17世纪，德国殖民者将圣诞树习俗带到美洲殖民地。到19世纪，圣诞树已十分流行。在澳大利亚、瑞士、波兰和荷兰,圣诞树也很流行。19世纪和20世纪,基督教传教士将圣诞树引入中国和日本。在那里,人们用复杂的纸花加以装饰。

在北欧,人们习惯用常绿植物做花环和其他装饰物。而意大利、西班牙和其他一些国家,则用花来装饰。带有针叶和红浆果的冬青被用于节日装饰,是因为它可以使人们联想到耶稣受刑——浆果象征着滴血。

圣诞卡 第一张圣诞卡据称是1843年英国一名叫约翰·C.霍斯利的艺术家为他的朋友亨利·科尔爵士设计的。图案是一个家庭聚会,下面写着一行字:"祝你圣诞快乐,新年幸福。"这很快便在所有英语国家中流行开来,特别是在美国。

音乐 圣诞音乐不论是宗教乐或是非宗教乐,曲目都十分广泛。从乔治·弗雷德里克·韩德尔谱写的宗教乐《弥赛亚》,到轻音乐《圣诞老人来了》。最流行的非宗教乐大概是欧文·伯林为1942年发行的电影《假日饭店》谱写的《白色圣诞》。

最传统的圣诞歌曲是颂歌。圣诞颂歌的歌词与舞蹈和露天演唱有关。它后来仅指欢乐的宗教音乐。现代最有名的圣诞颂歌是《寂静的夜,神圣的夜》,由奥地利人弗朗兹·格鲁伯于19世纪创作。其他流行的圣诞颂歌有《第一颂歌》、《听,天使在歌唱》、《随马槽离去》、《小镇伯利恒》。

马槽场景 源自南欧的一种风俗是马槽场景,这一习俗是制作一个耶稣诞生的马棚的小模型,其中有马利亚、约瑟夫、婴儿、牧人、家畜、三位博士和他们的礼物的模型。

这一习俗据称是由天主教方济各会的创始人方济各开始的。1224年圣诞夜,他在家乡教堂一角用真人和动物来再现耶稣诞生的场景。

圣地的圣诞节

圣诞节除去那些给全世界的人们带来喜庆、欢乐的因素之外,这一天本身及其宗教含义也是注意的焦点。这一天,小村子伯利恒——在今天的以色列境内——举行的庆典是世界上最庄严而丰富多彩的庆典之一。

圣诞夜,一长队人们穿行在狭窄的街道。队首是教会高级官员、教士和随从,都穿着华丽的长袍。他们抬着一只镀金的柳条筐,里面有圣婴耶稣的蜡像。在古老的城堡形的圣诞教堂里,每个朝圣者都弯腰进入圣殿的矮门。人们聚集在罗马天主教圣凯瑟琳教堂内,参加午夜弥撒的庆典。参加的朝圣者来自世界各地。仪式直到耶路撒冷主教将圣婴耶稣像送至教堂下诞生洞穴内华美的玻璃和大理石马槽里为止。

艺术和文学中的圣诞节

很少有主题像圣诞故事和庆祝圣诞的方式那样,给如此多伟大的画作、诗作和小说以灵感。马槽场景是像弗拉·安杰利科、乔托和山德罗·波提切利那样的绘画大师最喜欢画的主题。

宗教主题给约翰·弥尔顿以灵感,使他写出诗作《圣诞清晨歌》。圣诞老人的故事由美国人克莱门特·穆尔于1822年写成歌谣《圣尼古拉来访》。歌谣的第一句十分有

名:"这是圣诞节的前夜。"

美国短篇小说家欧·亨利(威廉·S.波特的笔名)写出一个关于一对年轻夫妇的感人的圣诞节故事《麦琪的礼物》。儿童读物作家索伊斯博士(西奥多·索伊斯·盖泽尔的笔名)以比较幽默的笔调写出了《格林奇是怎么偷走圣诞节的》。这篇小说被改编成卡通片,经常在节日期间在电视中播放。

还有19世纪德国作家E.T.A.霍夫曼写的小说《坚果钳和老鼠国王》,它后来被改编成芭蕾舞剧《胡桃夹子》,由彼得·伊利奇·柴可夫斯基谱曲。该剧经常在圣诞节期间上演。

在所有关于圣诞节的故事中,最有名的当数查尔斯·狄更斯的《圣诞颂歌》。这本书在100年间被数百万人反复阅读,哺育了一代又一代的心灵,还被改编成剧本在舞台、电台、电视台演出。主人公的姓——埃比尼泽·斯克鲁格——成为自私、吝啬、冷酷的代名词。故事的结尾——斯克鲁格改过自新之后——显示出圣诞节的宗教性质与非宗教性质的一种有意义的结合。

复活节　EASTER

基督教会最重要的纪念耶稣基督复活的节日。节日的日子是变动的;也就是说,复活节并不总固定在一个日子。公元325年,尼西亚公会议规定,每年3月21日第一个月圆后或3月21日春分后的第一个星期日庆祝复活节。复活节最早可能是3月22日,最晚可能是4月25日。

在复活节前,许多教会要先过大斋节(又译四旬节、封斋节),内容包括祈祷、禁酒和斋戒。守此节是为纪念基督在旷野守斋40天的行动。东正教规定大斋节为50天。西方基督教会守大斋节为6星期又4天。

大斋节的第一天为圣灰星期三。它因主要在罗马天主教会内流行的把棕枝烧成的灰擦在信徒前额上的习惯做法而得名,目的是提醒信徒"人只是灰土"而已。复活节前一周的棕枝主日,是庆祝耶稣进入耶路撒冷。圣周从这一天开始。圣星期四,也叫濯足节,是纪念基督和他的使徒们一起分享最后晚餐的日子。星期五耶稣受难节是纪念耶稣被钉死在十字架上受难的节日。

复活节的许多习俗是从欧洲传来的。白百合象征着耶稣复活,是复活节的专用花。使用兔子和彩蛋的传统,来源于古代异教徒的风俗,二者均为新生的象征。复活节星期一吃鸡蛋卷的习俗,是从欧洲传来的,在这一天吃鸡蛋卷已经成为华盛顿市白宫草坪上的传统。

有些人在大斋节前也过狂欢节。*carnival*一词大概源于拉丁文 *carne vale*,意即"肉食,再见吧"。这一节日往往是在圣灰星期三前的星期二(即大斋节开始的前一天)以精心准备华丽壮观的游行结束。人们也用它的法文名称 *Mardi Gras*(意思是丰盛的星期二)来称呼这一天。

复活节的名称来源于盎格鲁-撒克逊的一个女神 *Eostre*,原意为黎明女神。在无宗教信仰的时代,每年春节都要纪念她。复活节的一些习俗来源于这一传统和基督教产生以前春节的其他庆祝习俗。其他习俗来自犹太民族纪

年份	圣灰星期三	复活节	年份	圣灰星期三	复活节
1987年	3月4日	4月19日	1992年	3月4日	4月19日
1988年	2月17日	4月3日	1993年	2月24日	4月11日
1989年	2月8日	3月26日	1994年	2月16日	4月3日
1990年	2月28日	4月15日	1995年	3月1日	4月16日
1991年	2月13日	3月31日	1996年	2月21日	4月7日

念自己摆脱埃及奴役的逾越节（见：逾越节）。

英语的 paschal 一词源于拉丁文，意思是"逾越节的或复活节的"。过去复活节和逾越节的关系非常密切。耶稣的复活就是在逾越节期间发生的。东方教会的基督徒最初是将这两个节日一起庆祝的。但是逾越节可能是一周里的任何一天，而西方教会的基督徒则愿意在星期天庆祝复活节——耶稣复活日。

万圣节前夕　HALLOWEEN

每年10月31日是基督教万圣节（也译诸圣日、诸圣瞻礼）的前夕，那天的庆祝活动含有漫长岁月沉积下来的各种习俗和迷信。不过，它起源于早先时代秋天的节日。

古代德鲁伊德人在11月初要举行3天的庆祝活动。他们相信，死者的灵魂会在10月份的最后一夜出来四处漫游，所以他们点燃篝火和火把将它们赶跑。纪念古罗马果园女神波摩娜的节日大约也是在每年的这个时候。它是一个欢庆丰收的节日；在这个节日里，人们在大堆篝火前烤熟各种坚果和苹果，它们象征着冬天储存的果实。但是这些农牧民的庆祝活动也有不祥的含义，他们认为鬼怪和精灵这时正在四处徘徊游荡。

即使在11月1日已经成为基督教纪念所有圣人的节日以后，许多人仍墨守长久积累起来的关于万圣节前夕的异教旧信仰和旧风俗。那天晚上，有些人试图通过施行诸如跃过燃烧的蜡烛那种仪式，预见未来。在不列颠群岛，凯尔特人过夏末节时，点燃的篝火堆很大。一群群欢笑的假面人（戴着丑怪面具的青年）把芜菁雕刻成灯笼，并举着它们浩浩荡荡地穿过村庄。

在美国，过去孩子们是将人的面孔刻在掏空的南瓜表面，再把点燃的蜡烛放在里面做成一个个人面南瓜灯。现在，万圣节前夕的庆祝活动仍然体现了许多早期的习俗。家庭和商店都要摆上橙色和黑色的鬼怪、蝙蝠、黑猫及南瓜。人们穿戴上各种奇奇怪怪的装束去参加化装晚会，一些过时的如抓获水桶里上下漂浮的苹果的游戏也可能是庆祝活动的一部分。孩子们穿戴上形形色色的服装和面具，挨门挨户地询问"是要恶作剧还是赏点小食品"。小食品一般都是糖果，孩子们总能得到，所以他们很少对人玩恶作剧。有的家长觉得这是个危险的习俗。以往在糖棒和苹果里发现过锋利的东西或毒药，这样的事例很多。为了替代向陌生人索要糖果的习俗，许多社区在万圣节前夕组织特别的、专人督导的晚会和活动。联合国也利用万圣节前夕的活动募集儿童基金。

朝圣　PILGRIMAGE

杰弗里·乔叟写道，当冬天的积雪已经融化，四月的雨水浇灌开春天的花朵的时候，"那正是人们渴望踏上朝圣的旅途，到各个国家遥远著名的圣地朝圣的时候。"《坎特伯雷故事集》开头的几行说明，信徒一生中至少去某个神圣的地方朝圣一次，是所有主要的世界宗教的古老习俗。例如，许多基督徒都要去罗马或耶路撒冷朝圣，穆斯林有义务去麦加朝圣，印度教徒要去甘孜河岸朝圣。

朝圣者一词，最初是指在异国游历的外国人。在中世纪欧洲，随着人们开始拜访那些与基督教历史上的人物和事件相关的地方的活动的流行，这一词语才有了宗教含义。然而，朝圣作为一项宗教活动比基督教要古老得多。

现在，朝圣者不一定是外国人，而是只为了一个特定的目的——通常是宗教目的——旅行的人。此外，有的朝圣活动并没有宗教意义。棒球球迷们会长途旅行前往纽约州的库珀斯敦参观棒球名人堂。数以万计的摇滚乐迷们每年要去田纳西州孟菲斯拜访埃尔维斯·普雷斯利的故居和墓地。

犹太教　在古代以色列每年有三个节日，在这三个节日里犹太人应当去耶路撒冷朝圣。这三个节日是逾越节、五旬节和住棚节。逾越节在春天，是庆祝希伯来人摆脱在埃及所遭受的奴役的节日（见：犹太教；摩西）。在食用节日食品，即未发酵的面包的时候，家长会向孩子们讲述逃离埃及的故事。除家庭的节日活动外，圣殿里还要举行礼拜和献祭活动。

五旬节最初是一个庆祝麦收的节日。这个节日在逾越节过后的7个星期以后，人称五旬节，意即"第50天"。今天人们把这一节日作为纪念上帝在西奈山上把《托拉》（即希伯来《圣经》的前五卷）赐予摩西的节日。（参见：托拉）

住棚节是秋收时的一个节日，为期8天。在今天的犹太教里，这一节日的第8天称为"欢庆托拉日"，每年循环举行的在犹太教会堂里阅读《托拉》的活动就是从这一天开始的。

基督教　对最早的基督徒而言，耶路撒冷是主要的朝圣地，因为该城与耶稣基督的生平事迹相关。据记载，早在公元212年卡帕多西亚的主教亚历山大就曾经访问过耶路撒冷。1096年发动十字军东征的主要理由之一，就是要把耶路撒冷和圣地的其他地方从穆斯林的控制中夺回来，以便基督徒可以重新前去朝圣。

当基督教传遍罗马帝国，而且向北传到欧洲以后，更多的地方成为朝圣地。罗马较早地成为吸引朝圣者的地方，因为，据信圣彼得和圣保罗死在那里。

与别的圣人有联系的城镇也成为朝圣者的云集之地。除罗马和耶路撒冷以外，西班牙的圣地亚哥-德孔波斯特拉也是主要的朝圣地。据信，那里有耶稣最早的12使徒之一圣徒大雅各的遗物。比利时的布鲁日因为有一瓶耶稣的血而闻名。意大利的阿西西在当地人圣方济各死后吸引了众多的来访者。坎特伯雷是英格兰最知名的地方，因为那里有托马斯·阿·贝克特的墓地。

自中世纪以来，其他一些地方也吸引了不少朝圣者。意大利都灵的主教座堂里有一块被认为印有耶稣遗体印记的裹尸布。法国的卢尔德有一个地下泉水，人们断言它有神奇的治病特效。该城市每年吸引数以万计的患者和残疾人前来寻求治疗。葡萄牙的法蒂玛也很有名，因为据说在1917年那里有三个孩子看见过童贞马利亚的异象。

朝圣的原因多种多样。有些人的朝圣活动仅仅是虔诚之举。其他人可能因为曾得到帮助而向圣人作出过许诺，朝圣是为了履行诺言。有的人是为了治病，而另外一些人可能因伤害过别人而希望得到宽恕。在有些情况下，教会要求把朝圣当作是一种悔过的行为。许多基督徒试图通过朝圣获得特别的美德。

伊斯兰教 每个穆斯林都有五项义务，其中第五项就是一生至少要去圣城麦加朝圣一次。一旦进入麦加，朝圣者就要穿上特别的长袍。朝圣活动的仪式相当复杂，而且要持续7天。主要的一项任务是围绕克尔白步行7圈，它位于麦加圣寺的中央。传说这个方形石殿是亚伯拉罕建造的，穆斯林认为它是世界上最神圣的地方。朝圣者边围绕克尔白行走，边停下来亲吻嵌在一角的黑石头。人们认为这块石头是阿丹被赶出乐园时由安拉赐予的。

印度教 印度有许多印度教徒可以朝拜的圣地。其中最主要的是印度的7条大河——特别是甘孜河。在这些河中的任何一条河里沐浴，象征着洗去罪孽。此外，人们也可以去7个圣城朝圣。例如，瓦拉纳西（贝拿勒斯）是湿婆崇拜的中心。奥德是罗摩神的诞生地，杜瓦尔卡是黑天为王的地方。其他的城市是马图拉、甘吉布勒姆、赫尔德瓦尔和乌贾因。人们相信，印度教的神住在印度的四个角落，即伯德里纳特、杜瓦尔卡、拉梅斯沃勒姆和布里。这些地方每年吸引数以万计的朝圣者。

圣杯　HOLY GRAIL

有关亚瑟王的传说中最重要和最有意思的内容之一即是圣杯。"grail"（圣杯）似乎从"graal"一词演化而来，后一词至今仍在法语中使用，指一种大口杯。在这一传奇的最主要的构思中，圣杯被认为是耶稣在最后的晚餐中用过的那一个。

在这类传说中，圣杯是人们寻找的对象，发现圣杯象征着与上帝的神秘的结合。这种传说起源于何时，如何产生，如今已无人知晓。中世纪后期——从12世纪至15世纪——它出现在几个文学片断中。其中最早的一部讲述这一圣物的书是法国12世纪诗人克雷蒂安·德·特罗亚所著的《圣杯故事》（又称《帕尔齐法尔的故事》）。在这部书中，克雷蒂安将宗教性的对圣杯的找寻与一些骑士冒险故事结合在一起。

在这个故事中，帕尔齐法尔是个像孩子一样天真无邪的骑士。他的冒险故事是由拜访受伤的渔人王的城堡这一情节构成的，他在城堡中见到了一只神秘的盘子——圣杯。由于他从前曾因提出的问题太多而受到斥责，于是，他就忍住，对于圣杯不发表任何意见。而此次他没有提出问题，使得渔人王的伤未能痊愈。后来，帕尔齐法尔出发去寻找圣杯，并知道了骑士气概（或称骑士精神）的真正含义，以及它与基督教的联系。

在该书后来各种版本中，帕尔齐法尔被高文爵士所代替，他在故事中是寻找基督被钉死在十字架上时刺穿基督胁部的长矛。在13世纪沃尔夫拉姆·冯·埃申巴赫对这一传说的处理中，圣杯变成了从天堂落到人间的一颗宝石。沃尔夫拉姆的故事后来成了理查德·瓦格纳的最后一部歌剧《帕西法尔》（1882）的主要情节。

大约于12世纪末，圣杯的故事在罗贝尔·德·博隆的作品中被赋予了明确的基督教的解释。在《亚利马太的约瑟》中，他以《新约》中描述的一位曾经目睹耶稣被钉死在十字架上这一场面的人物为基础，创作了一个早期的圣杯故事。博隆写道，圣杯即是最后的晚餐中用过的那一个。圣杯最后被带到西欧，与亚瑟王之父尤瑟·彭德拉根寻找圆桌的故事联系在一起。

对中世纪晚期的传记文学最具影响力的圣杯故事是由托马斯·马洛礼爵士（　—1470?）创作的，书名是《亚瑟之死》。在这个故事中，亚瑟王获悉，圆桌旁的一个位子总有一天会被某个寻找并发现圣杯的骑士占有。骑士们发现了一块嵌有宝剑的石头，但没有一位骑士能够将宝剑取出来，直至朗斯洛爵士之子加拉哈爵士被领到圆桌旁。只有他一个人能够将宝剑取出来。于是，亚瑟王与他的骑士们一道出发去寻找圣杯。

圣杯在此并不意味着寻求灵魂的拯救，而是象征着上帝的显灵——作为对某种贞洁生活的奖赏。朗斯洛因为与圭尼维尔王后同奸，他只是在梦中见到圣杯。帕尔齐法尔只犯了一次罪，因而，他被准许在幻觉中见到圣杯。只有加拉哈被准许看到圣杯实物，并见到圣杯内其他人所无法想像的奇妙景象。当幻象消失后，加拉哈就死了，其他骑士回到了卡默洛特。由于没有请求神的帮助，骑士们寻找圣杯的行动最终完全失败了。

天使长　ARCHANGEL

见：天使和魔鬼

天使和魔鬼　ANGEL AND DEMON

西方的宗教，犹太教、基督教和伊斯兰教都坚信，在上帝和人之间有一个中介，即天使。天使一词来自希腊文 *angelos*，意为"信使"。天使被认为是无形的神灵或精灵，它们为上帝或代表上帝为人们做各种各样的事情。

天使是好精灵。与它们对应的是魔鬼，即恶精灵。魔鬼一词来自希腊文 *daimon*，主要是指任何超自然的存在或精灵。对各种各样的精灵的信仰在古代世界相当普遍。但是当基督教在大约两千年以前出现以后，它对信仰这类的精灵予以谴责，并把它们叫作魔鬼。从此魔鬼就被看作是邪恶的精灵。

对天使和魔鬼的信仰可追溯到古代波斯宗教琐罗亚斯德教。琐罗亚斯德先知的追随者们相信，最高的存在有两个，一个是善，另一个是恶。天使为善的存在阿胡拉·马兹达服务;魔鬼帮凶为恶的存在阿赫里曼效劳。琐罗亚斯德教的信徒称魔鬼为 daevas,英文的 devil 一词即由此而来。对善恶精灵的信仰也渗透到犹太教里,后来又进入基督教和伊斯兰教。

《圣经》中经常提到天使,它们多数是向人类传递上帝讯息的信使。它们好像是以人的形象出现在世间的。在《旧约》的《约伯记》、《以西结书》和《但以理书》,以及《圣经外典》的《多比传》里,天使的作用都很大。《约伯记》对领头的魔鬼撒旦也有介绍。但是直到《新约》里才以路济弗尔(意即明亮之星)之名把撒旦描绘成为第一位堕落的天使——反叛上帝的天使。

在《新约》里,天使出现在耶稣一生(即从其降生到复活)的所有重要事件中。在非常富有戏剧性的《启示录》一卷中,天使被描绘成上帝的代理人,对世界进行审判。《新约》的其他作者也谈到过天使。圣保罗对它们特别重视,给它们划分了等级。他把天使分为七级:天使、大天使、权天使、掌权天使、道德天使、统治天使和座天使。《旧约》中只提到两级天使:有翼天使和六翼天使。

早期基督教承认所有九级天使,随着时间的推移,关于天使和魔鬼的教义得到广泛的发展。魔鬼被想像为是撒旦的军团,受派遣来到世间引诱人类放弃对上帝的信仰。在伊斯兰教里,天使和魔鬼也发挥类似的作用,它的圣典《古兰经》经常提到它们。

对超自然的神灵的信仰并不只限于主要的西方宗教。在非洲、大洋洲、亚洲和美洲尚无文字的社会里,神灵曾被认为存在于整个自然世界(见:泛灵论)。这些神灵既可以

《露希福坠入地狱》图诠释天使和魔鬼的概念。

起好作用也可以起坏作用,所以它们之间没有像天使和魔鬼之间的那种明确的界限。这些神灵的威力叫神力,它既可以对人有益,也可以对人有害。

由于人们迷恋天使和魔鬼,所以文学艺术作品中对它们的描绘频繁出现。特别是中世纪和文艺复兴时期的绘画、彩色玻璃、镶嵌画和雕塑作品中充满了天使和魔鬼的形象。

在约翰·弥尔顿的长诗《失乐园》(1667)里,撒旦本身就是主要人物;天使拉斐尔、加百列和米迦勒都发挥了突出的作用。在但丁的《神曲》(1321?)里,天使既是信使也是卫士,而撒旦则被生动地描绘成冻结在一个大冰块里。

斋戒 FASTING

通常因为宗教或道德的缘故而有意地自我禁用食物和饮料的行为叫斋戒。斋戒一词大概出自条顿语或德语中表示"严格"或"遵守"意思的一个词语。除斋戒以外,许多宗教还有一些饮食限制,即有些食品某一宗教的信徒不可以食用。比如,犹太教和伊斯兰教都规定禁止食用某些肉食,而且伊斯兰教还禁止饮用含酒精的饮料。

最常见的斋戒动机是宗教的动机。宗教性的斋戒行为有三个基本目的:对身体及其食欲进行自我控制、集中思考上帝或祈祷、为所犯的过失向上帝(或诸神)献上祭品。西方的犹太教、基督教和伊斯兰教,从诞生起,就规定一年中的某些时间是定期的斋戒时间。

虽然几个世纪以来,所有宗教中斋戒的次数趋于减少,但犹太教的多数派别仍然在秋季赎罪日(受难日)守斋。早期基督教对一些斋戒的时期作了规定,如为纪念耶稣基督的牺牲在星期五不可吃肉。

后来又规定复活节前的40天(即四旬节)为斋戒期,以便基督徒沉思默想基督的痛苦。到20世纪,罗马天主教会把斋戒的天数戏剧性地减为两天,圣灰星期三和耶稣受难日,即四旬节的第一天和最后一天。天主教会以前要求在大多数星期五和其他一些日子里禁食肉类,但是并不限制食用的食物量。基督教新教一般都让信徒自己决定是否斋戒。在伊斯兰教斋月的每一天,所有穆斯林从黎明到日落都不可饮用食物和水。

在原始宗教和信仰万物有灵论的信徒中间,斋戒往往有以下几种目的:作为祈求神灵的一种手段;由于担心有些食物是危险的或神圣的;由部落祭司来唤起幻觉。

政治动机也可以激发斋戒行为。20世纪人们经常把它称作绝食,为了达到特定的目的,人们一直用它来反对政府。在前苏联,绝食是政治上和宗教上持不同观点的人们常用的手段,以便得到签证离开苏联。在20世纪60年代的美国,绝食是民权运动的支持者和越南战争的反对者采取的手段之一。

斋戒也和增进健康有关,无论是实际的还是想像的。20世纪初,美国的体育爱好者、出版商伯纳·麦克法登在提倡其他活动的同时,主张为了身体更健康要斋戒节食一些时期。斋戒节食有时也是人们为减轻体重而采取的大众化的、风行的特种饮食的一个组成部分。神经性厌食症也

和斋戒或节食相关。这种病症在13—19岁的少女中间尤为普遍。

宗教教育 RELIGIOUS EDUCATION

接受宗教教育和由宗教组织办教育的含义是不同的,但它们均称作宗教教育。接受宗教教育,是指教授宗教科目,就像孩子们在美国的主日学校里有人给他们讲述圣经故事和其他课程一样。与此相对的是,由宗教团体拥有的教育机构提供的教育。威斯康星州密尔沃基的马凯特大学和明尼苏达州诺斯菲尔德的圣奥拉夫学院都是教会学校。但是它们讲授的科目远比宗教科目要丰富得多。它们的课程包括:语言和文学、自然科学、历史、社会科学、哲学、电脑培训等等。本文介绍的是教授宗教的情况。

进行宗教信仰、经典、仪式和道德义务方面的教育,是每个人类社会的一个组成部分。在那些宗教和民族文化紧密结合的地方,如在印度教和伊斯兰教中,宗教教育对维系社会及其传统一直是至关重要的。但是,在那些某一宗教只是社会现有的许多宗教中的一员地方,如美国,传授这一宗教的信仰和教规的目的,是为了保存这一宗教,使人们意识到自己的传统。

在与外界隔绝的环境中,宗教学校一直是保存和传递某一社会整个文化传统的基本手段。在欧洲中世纪早期的基督教修道院和主教座堂开办的学校里,情况的确如此。在东南亚地区,佛教学校在过去的许多世纪里一直是仅有的教育机构。

犹太教

希伯来《圣经》充满了要牢记、学习和默想的箴言,它们都和上帝在古代以色列的行动相关。书中反复提到需要对青年进行训导。大约在公元前5世纪,涌现出一批叫律法学家的学者,他们具有讲授和解释《托拉》(即《摩西律法》)的特别资格(见:托拉)。

从公元1世纪起,以色列的传统和经典一直由称作拉比的学者和教师传承下来,今天人们仍然用它来称呼犹太教的领袖(见:犹太教)。拉比们在巴勒斯坦和巴比伦编纂了两部用于解释和评注《密西拿》的《塔木德》,《密西拿》是继希伯来《圣经》之后最古老的、权威的犹太教口传律法集。《塔木德》研究及其他相关的著作的研究,已经成为犹太教教育的基础,今天仍然如此(见:《塔木德》)。

家庭曾负有教育孩子的特别责任。家庭和拉比的教育任务是一致的,并在犹太教会堂——举行崇拜活动和进行宗教教育的场所——融合到一起。(在意第绪语里,犹太教会堂简单地用shul一词表示,意思是"学校"。)按照传统,孩子们从五旬节(即纪念上帝授予《摩西律法》的节日)起开始学习律法。因为孩子们在学校还有其他功课要学,所以他们不用全天的时间学习律法。律法学习班每周至少学习一次。当孩子13岁时,要举行仪式,对学习《托拉》成绩满意的孩子予以公开承认,授予男孩"受戒命之子"的称号,授予女孩"受戒命之女"的称号。除犹太教会堂的训导外,还有名叫叶希瓦的拉比神学院,它是从事《塔木德》研究的高等学校。

基督教

最早的基督徒完全生活在犹太教的环境里,他们很快就被同化,对教育同样也有很大的热情。叫作弥撒的传统崇拜仪式,从某种意义上说本身就是一种教育工具。它分为两部分,第一部分叫望教礼拜,是每周讲解教义的时间,专为那些尚未经过洗礼入教的人们安排。当望教礼拜结束后,望教者要离开,而那些接受过洗礼的信徒要继续留下来参加为他们举行的弥撒。

很久以前,教会就逐步确立了系统的训导方法,即教理问答法。这是一种口授教育手段,要求学生熟记《圣经》段落和教义的基本要点,并能够背诵它们。到2世纪时,教理学校已非常盛行。现在人们仍然使用这种方法。学习用书叫《教理问答》,是宗教教义概要,常常采用问答形式。罗马天主教会和某些新教宗派都对儿童进行教理问答教育,为他们接受坚振礼(类似于犹太教的受戒礼)作准备。

在中世纪,随着大众文化水平的衰退,教理问答学校趋于衰落。对百姓的教理训导采取了视觉方式和故事形式。随着教堂建筑的发展与进步及彩色玻璃窗的使用,窗户上的画像成为教育的工具。戏剧和油画作品也成为农民有限的教育资料。只有比较富有的社会成员进过学校,会读书写字。系统的宗教教育是由主教座堂和修道院开办的学校提供的。后来,9世纪在查理曼统治时,宫廷学校开始兴起。这些学校开设的课程超出基督教教义的范围,包括语法、修辞、数学、几何、天文、哲学和音乐。

16世纪的宗教改革运动,碰巧与普及教育的复兴同时发生,后者得益于几十年前印刷术的发明。路德宗信徒和加尔文宗信徒制定了自己的教理问答课本。马丁·路德撰写了两本教理手册,即供儿童使用的《小教理问答》和供成人使用的《大教理问答》。1542年,约翰·加尔文出版了一本教理问答。德国西部的归正会于1563年制订了《海德堡教理问答》。该书是得到最广泛承认的论述加尔文派教义的教材。1647年,英国的长老宗授权使用《大教理问答》和《小教理问答》,后者供儿童使用。英国国教会的教理问答包含在《公祷书》里。罗马天主教会在其长期的历史进程中,使用过各种不同版本的教理问答。

从宗教改革运动起,各种层次的宗教教育在新教的各个宗派中具有首要意义。耶稣会是在罗马天主教徒中发展现代教育的先锋。特别是在北美,基督教的各个宗派创建了数以百计的学院和大学。

全日制的宗教教育主要局限于神学院。这些学校主要是培养神职人员的。它们对教会普通成员的训导在规模上很有限,而且经常依赖于地方会众开设的培训班。

新教为儿童和青年开办的最成功的项目之一,是主日学校运动。它是从罗伯特·雷克斯在英国格洛斯特的工作发展而来的。18世纪末,许许多多的儿童每天都在做工,只有星期天才有时间读书。1780年雷克斯开办了第一所学校,向儿童进行基本的宗教教育。他的目的是要阻止他们走犯罪的道路。他的做法很快在英国各地被效仿。到1811年雷克斯去世时,在主日学校注册的儿童约有50万人。这一运动很快传到北美。它在欧洲大陆不很成功，因为那里的普通学校一般都提供宗教教育。在北美，每一个宗派都制定了自己的主日学校体系和课程。罗马天主教会也在自己的学校里，开展宗教教育工作，有些路德宗教会、主教制教会和基督教归正宗教会也是如此。

伊斯兰教

穆斯林男孩的初级学校叫卡台卜（kattab，阿拉伯语，意即学校）。另一个同义词是买克台卜（maktab）。最早的这类学校使用的阅读课文，是简单的阿拉伯诗歌和谚语。当伊斯兰教的圣典《古兰经》成书以后，它便成为主要课文。一旦背熟以后，知识可达到相当的水平，这种教育可持续到15岁。其他教材，包括穆罕默德的语录，即《圣训》，是用于指导人们言行的。在20世纪的伊斯兰国家，政府资助的那种进行普通教育的小学趋向于取代卡台卜。高级教育包括进一步学习《古兰经》、《圣训》和伊斯兰教法。

每一个清真寺也都是一所学校。教长（也称伊玛目）通过讨论和讲道的方式训导信徒。一些早期的清真寺设有大型图书馆，这些图书馆促进了当地公共教育事业的发展。正式的清真寺学校是以公认的教师为基础发展起来的。

建于1066年至1067年的巴格达穆斯林大学，是第一所真正的高等教育机构。这所大学以及后来的其他大学的目的，主要是讲授正统教义。今天，穆斯林著名的高等教育机构，是位于埃及开罗的爱资哈尔大学。它始建于公元970年，伊斯兰教什叶派的成员把它建成一所清真寺兼大学，13世纪时它才完全成为大学。1961年，这所大学经过扩建变成一所现代化学校，它是整个伊斯兰世界的学生向往的地方。

比较专业化的学校叫马德拉沙（madrasah），它们长期以来一直在起学习神学和法律的神学院的作用。其中有些学校还讲授语法、文学、数学和自然科学。收集和翻译古希腊的文化知识，后来又把它们传播到欧洲，是马德拉沙在中世纪后期取得的伟大成就。

庇护教皇　PIUS, Popes

名叫庇护的教皇共有12位。

庇护一世（140—154？在位）在基督教成为被宽容的宗教以前担任教皇。

庇护二世（1458—1464在位）是一位著名的人文主义学者和文艺复兴时期的作者，原名艾内阿斯·西尔维奥·皮科洛米尼。生于锡耶纳。在巴塞尔公会议（1431—1449）未能实现教会的统一后，他成功地使得德国归顺罗马，因而戴上了枢机小红帽。

作为教皇，他继承了教皇尼古拉五世（1447—1455在位）开创的保护学术和艺术的传统。他的主要兴趣在于，激发欧洲人去攻打1453年占领君士坦丁堡的土耳其人。他一直期盼着舰队和军队会响应他的号召而重整旗鼓，结果他在无望的等待中死于意大利的安科纳。他的书信和其他文字作品是研究那个时代的重要史料。

庇护三世（1503在位）任期不足一年。他是庇护二世的外甥。

庇护四世（1559—1565在位）和**庇护五世**（1566—1572在位）二人都积极地推动了特兰托公会议的工作，并遏制新教的传播。

庇护六世（1775—1799在位）和**庇护七世**（1800—1823在位）都处于由法国革命和波拿巴·拿破仑引起的动乱时代。

庇护八世（1829—1830在位）当选教皇后不久即去世，难以有所作为。

教皇永无谬误论

庇护九世（1846—1878在位）因在任职期间发生的许多事件中所起的作用而值得纪念。在1849年朱塞佩·马志尼力图使罗马成为共和国以前，他在政治上一直持自由主义观点。1854年庇护九世发布教皇诏书，把圣母马利亚无原罪始胎确立为教会的教义。由他主持的1869—1870年的第一届梵蒂冈公会议进一步宣布，当教皇正式论及信仰和道德问题时，他是不会出错的。

1870年罗马被迫成为意大利的首都。庇护九世以拒绝承认意大利国王，来反抗历史世俗权利的这种丧失。他还制定了教皇把自己禁锢在梵蒂冈宫及其附近的策略。

庇护十世（1903—1914在位）出生于一个经济拮据的家庭。他的父亲是邮递员，在威尼斯附近工作。庇护十世23岁开始任神父，后来升任曼图亚主教，1893年被任命为枢机，接着很快又成为威尼斯大主教。他开办的学校以及他所做的积极推进传教和修会的工作，使他成为意大利的知名人物。他任职期间的重要标志，是他取消了奥地利、法国和西班牙对教皇选举的否决权。他提倡格列高利圣咏，反对在教堂里采用世俗音乐。在他任职期间，法国通过了政教完全分离的法律。在第一次世界大战期间，庇护十世于1914年8月19日发出无望实现的停战请求。他死于次日。1951年，他被列入真福品，1954年被封为圣人。

庇护十一世（1922—1939在位）因重新获得教皇的世俗权利而为教会赢得一大胜利。这一权利象征着教会的独立。1870年意大利占领教皇国时，教皇丧失了世俗权利（见：**教皇制**）。在任职初期，庇护十一世就为解决"罗马问题"开辟道路。由于他坚信教会不是搞政治的，所以他解散了意大利的天主教政党，后来他又解散了墨西哥和法国的天主教政党。这就使得贝尼托·墨索里尼首相于1929年2月11日签订了《拉特兰条约》。这一条约规定，梵蒂冈城国是独立的国家，教皇是拥有其主权的最高统治者。

这个面积为108.7英亩（44公顷）的国家成为世界上最小的自由国家。意大利付给梵蒂冈175万里拉，作为1870年占领的土地的赔偿。

辉煌的早期生涯

庇护十一世1857年5月31日生于米兰附近的德西奥。他的原名叫安布罗焦·达米亚诺·阿基利·拉底。童年时期，他的父亲尽最大可能让他多读书。刚刚10岁，他便开始修道。1879年升任神父。

他做过几年修道院的教员。他喜欢爬山，为此还出了名。他后来担任了米兰安布罗斯图书馆的馆长。1918年，他被派往波兰，以便全力保护教会，使它免遭布尔什维克的迫害。由于他在执行这一艰巨任务的过程中，表现出杰出的行政才能，为此他在1921年被提升为枢机。7个多月后，他当选为教皇，成为本尼狄克十五世的继任者。

在以后的岁月里，庇护十一世成为了世界知名的和平倡导者。他坚持认为，世界的和平有赖于基督教的理想。因此，他坚决反对任何压迫宗教的政府。这一政策促使他在世界事务中发挥了积极的作用，因为第一次世界大战以后，宗教在许多国家成了一个政治问题，在墨西哥、苏联、德国和西班牙更是如此。他通过电台广播和发布通谕，对不宽容宗教的国家予以指责。他还谴责迫害犹太人和其他少数民族的行动，呼吁所有的统治者尊重"人的自然权利"。由于他不懈地呼吁宽容和国际间的善意，因而获得"和平教皇"的称号。

同时，他也投入相当多的精力对付社会问题。他宣称，世界范围内的失业问题说明，企业家们需要承认工人的权利。他敦促说，反过来工人也要消除妒嫉情绪，与企业家们合作。其他通谕，对青年需要基督教教育和对自我进行约束的主张，表示支持。他发表的关于电影的通谕，促使美国的天主教徒成立了"正派军团"，拒看那些他们认为不道德的电影。

在庇护十一世任教皇期间，尽管世界上许多地方都压制宗教，但罗马天主教会的发展仍然是显著的。在重新组织因战争而散伙的传教团的过程中，他扩大了传教的范围。罗马天主教徒在几年之内从大约2.8亿人增长到3.3亿人（估计数）。

庇护十二世（1939—1958在位）1939年3月2日当选教皇，那天正是他63岁生日。这位新教皇此前一直是教皇国的国务卿。出于对庇护十一世的尊敬和爱戴，他也取名庇护。他的加冕仪式在3月12日举行。

庇护十二世的当选，在许多方面都是不同寻常的。他是近现代继任教皇的第一位教皇国务卿。他的选举也是历史上最快捷的一次，因为他是在选举教皇的秘密会议开会的第一天经过三轮投票后选出的。他还是200多年来当选教皇的第一位罗马人，而且是第一位担任教皇之前到过美国的人。

欧金尼奥·帕切利1876年3月2日生于罗马。他的贵族家族拥有阿夸彭登特的贵族和瓦多的圣安罗的头衔。他的家族为教皇服务的历史已有两个世纪。欧金尼奥·帕切利的父亲是梵蒂冈的律师。他希望儿子也成为律师，但欧金尼奥却决定做神父。

从罗马的格列高利大学毕业后，他于1899年升任神父。1901年教皇利奥十三世派他到梵蒂冈国务院工作。他在那里为四任教皇工作过。这一经历使他能够洞察欧洲事务，有助于他成为一个杰出的政治家。

1917年他被授予撒丁名义大主教衔。教皇本尼狄克十五世试图停止第一次世界大战，曾派他去德国担任教皇代表。帕切利大主教一直留在德国，在那里度过了战后骚乱的魏玛共和国时代。

1929年教皇庇护十一世授予他枢机小红帽。一年以后，帕切利枢机被任命为教廷国务卿。他担任国务卿期间，谈判签署了几个重要的协议，其中1933年与阿道夫·希特勒的新的国家社会主义政府签订的协议是引人瞩目的。随着社会和政治动乱的扩展，帕切利枢机公开反对专制政府压制教会的行动，并因此而知名。1935年，他声称，教会应永远反对"因种族或血统迷信而疯狂的敌人"。

1939年他担任教皇后的第一篇讲话，就是为呼吁世界和平而发表的。1939年10月，在第一次世界大战爆发后，他发表了第一个通谕，谴责种族优越论和专制政府的学说。在同年11月发表的第二个通谕里，他对唯物主义的发展深表痛悔，请求给予工人们可以"生活的工资"，并为他们的组织权利而辩护。

庇护十二世反复宣称，作为所有罗马天主教徒的精神领袖，他不能偏袒任何国家。他说他必须竭尽其所有的道德力量，公开谴责那些侵略他们邻国的国家。在致力于和平的过程中，他曾在梵蒂冈和富兰克林·罗斯福的私人代表进行协商，他还和许多国家的外交官员进行过磋商。

1939年，庇护十二世提出一项和平方案，强调所有国家均有独立的权利。该方案还提出，国际间要坚持正义与仁爱。1943年，他再一次敦促建立以个人和家庭的权利、劳工的权利和建立在基督教原则之上的国家政策为基础的世界和平。1944年，他呼吁建立一个国际组织，以避免未来侵略战争的发生。

1940年意大利参战以后，作为中立国家的梵蒂冈关上了自己的大门，但庇护十二世仍与世界各国的领导人保持着联系。他曾指导救助全世界的战争受害者和战俘的工作。1943年至1944年的空袭给梵蒂冈城国地区造成伤亡和破坏后，庇护十二世对轰炸中立国家表示抗议。1943年德国军队占领罗马后，他说服纳粹和同盟国不要毁灭罗马。战后，他强烈反对共产主义。1948年他宣布，凡是投共产党票的意大利天主教徒，将被开除教籍。

1950年，他宣布圣母马利亚肉体升天为信条。1957年，他抗议反对进一步进行氢弹试验。他于1958年10月9日死于教皇的夏宫甘多尔福堡，死前仅发病几个小时。

乌尔班教皇 URBAN, Popes

罗马天主教会迄今共有8个名叫乌尔班的教皇。

乌尔班一世（ —230，222—230在位）是罗马贵族之子。他生活在罗马帝国宽容基督教之前。他于公元230年殉难。

乌尔班二世（1035？— ，1088—1099在位）主要是因为他是1095年发动第一次十字军东征的教皇而被人们牢记。他出生于查理大帝统治下法国的一个贵族家庭。结束学业后，从1055年至1067年在兰斯担任助祭长。后来在克吕尼修道院（欧洲主要的改革派修道院）当修道士。1079年被派往罗马执行一项使命时，教皇格列高利七世任命他为枢机。1088年当选教皇。乌尔班在法国克莱蒙的动人心弦的讲道，煽起了十字军东征的热情。

乌尔班三世（ —1187，1185—1187在位）和皇帝腓特烈一世就教会与国家之间的权力分配发生过激烈的冲突。

乌尔班四世（1200— ，1261—1264 在位）是法国一位鞋匠的儿子。他担任教皇时开始庆祝基督圣体节。

乌尔班五世（1310— ，1362—1370 在位）是"巴比伦之囚"时期的法国教皇。1367 年，他决定把教皇的宝座（当时在法国的阿维尼翁）迁回罗马。结果他发现教皇 60 年未在罗马，那里已经残破不堪，于是他又回到阿维尼翁。

乌尔班六世（1318— ，1378—1389 在位）继格列高利十一世之后担任教皇。格列高利十一世曾把教皇宝座迁回罗马，并死在那里。当枢机们开会选举新教皇时，一群罗马暴徒威胁说，如果他们不挑选罗马人或意大利人担任教皇，枢机们将会遭受皮肉之苦。尽管他们拣选了乌尔班六世，但是仍有一些枢机后来宣布选举无效。这些人选出一位敌对教皇克雷芒七世。克雷芒七世在阿维尼翁建立了自己的宫廷。这是教会大分裂（1378—1417）的开始，在这场大分裂中，西欧被一分为二，一半忠于乌尔班六世和他在罗马的继承人，另一半忠于克雷芒七世及其在阿维尼翁的继承人。（参见：**胡斯**）

乌尔班七世（1521— ，1590 在位）当选 12 天后去世，未举行加冕仪式。

乌尔班八世（1568— ，1623—1644 在位）是一位具有公民意识的教皇，曾经赞助过罗马的公益活动。

乌尔斐拉斯　ULFILAS（311？—382）

有关早年基督教主教乌尔斐拉斯的情况，人们所知甚少。他所以有名，是因为他创造了哥特文字母表，并将《圣经》译为哥特文。哥特人是 2 世纪从中亚迁出来的野蛮部落，他们侵入罗马帝国的边缘地带。哥特人最后分裂为两支——一支叫西哥特人，一支叫东哥特人——并且征服了罗马帝国的广袤地区。在 3 世纪的某个时候，大批的哥特人皈依基督教。例如，我们知道，一位哥特主教在 325 年从克里米亚（在今乌克兰境内）去参加尼西亚公会议。人们认为，乌尔斐拉斯是定居在东欧多瑙河以北的哥特人的后裔。

乌尔斐拉斯 30 岁时，被派到君士坦丁堡去拜见皇帝。他在那里由君士坦丁堡主教优西比乌斯任命，担任哥特基督徒主教的职务。优西比乌斯是基督教的一个派别阿里乌派的信徒。这个教派以后被宣布为非法。乌尔斐拉斯也皈依了阿里乌派，并向哥特人宣讲这个基督教派的教义，使这个教派在哥特人中占了优势。对阿里乌派教义的不同意见，导致了罗马帝国和哥特人的分裂。信奉阿里乌派教义在哥特人中形成了一股日益强烈的民族自觉意识，以后才慢慢地被消除。

乌尔斐拉斯作为一位主教，他的主要任务是做教师和传教士。他在他的同胞中传播基督教。传教需要用文字来教他们。他用当时的拉丁文和希腊文字母表创造了一套哥特文字母表。（不要把他创造的这套字母表与哥特体字相混淆，后者是拉丁字母表的一种不同写法。）他的字母表共有 27 个字母，其中大约 20 个取自希腊文大写字母，5、6 个是作了一些改变的拉丁字母，还有两个是他创造或从古代北欧字母手写体中借用的。他用他的字母把《圣经》，或是至少《圣经》的一部分，译成哥特文。他的译文原件已经失传，但是后人写的文章中复制了其中的一部分。存留下来的文章，其价值是把已经失传的哥特文保留了下来。

据说，乌尔斐拉斯在多瑙河以北的哥特人中间工作了 7 年。以后由于受到迫害，他和他的追随者被赶到多瑙河南面的莫西亚（在现在的南斯拉夫和保加利亚境内）。381 年，他被召到君士坦丁堡，和正统基督教的坚强支持者狄奥多亚一世皇帝进行商谈。382 年，他在首都去世。

奥古斯丁（希波的）　AUGUSTINE OF HIPPO（354—430）

圣奥古斯丁生活在罗马文明处于衰落时期的非洲大陆，他在罗马帝国统治的非洲的希波做过 35 年主教。他促进了基督教神学的形成，被认为是西方教会最伟大的教父（见：**教父**）。

公元 354 年 11 月 13 日奥古斯丁出生在罗马帝国努米底亚省（今阿尔及利亚的苏格艾赫拉斯）的塔加斯特。虽然他的母亲圣莫尼卡是一位虔诚的信徒，但他出生后并未受洗。他的父亲巴特里修斯（一位富有的地主）是一位异教徒。

在他的著作《忏悔录》里，奥古斯丁用几章的篇幅描写了他早年生活的一件事——偷邻居树上的梨。这一罪过烦恼了他一辈子。他还忏悔了自己在迦太基大学的不道德行为。他是 16 岁进入那所学校的。

奥古斯丁留在迦太基过了一段时间的修辞学，直到 29 岁离开。他接着和他的情妇及儿子阿德奥达图斯一起去了罗马。那时他信仰摩尼教——一种基督教和琐罗亚斯德教混合的宗教。

公元 386 年，他在米兰任教，他的母亲和他同在那里。他开始受到米兰伟大的主教圣安布罗斯的影响，次年的复活节安布罗斯为他和他的儿子阿德奥达图斯洗礼。

从此，奥古斯丁过起了一种禁欲主义的生活。他返回非洲，在他家庄园和朋友一起生活了三年。他后来升任神父，5 年后，即公元 396 年，被提升为主教。他在希波（今阿尔及利亚的安纳巴）和他的教士一起度过余生，对宗教团体的形成发挥了促进作用。汪达尔人包围希波时，奥古斯丁正在生病，他死于公元 430 年 8 月 28 日，当时希波城尚未被占领。

奥古斯丁的《忏悔录》拥有非常广泛的读者，它生动地描述了作者的早年生活和宗教的演变。《上帝之城》是在公元 410 年罗马落入蛮族之手以后完成的。该书的目的是要恢复人们对基督教会的信心，奥古斯丁认为，基督教会将取代世俗的罗马城。中世纪时期，该书是教权高于政权理论的有力支柱。奥古斯丁的关于宗教团体生活的论述被汇集成《圣奥古斯丁会规》，它成为许多修会会规的基础。

利奥教皇　LEO, Popes

在罗马天主教会的历史上，迄今共有 13 位教皇取名利奥。其中被列入圣品的 5 位教皇是利奥一世、利奥二世、利奥三世、利奥四世和利奥九世。但是在取名利奥的教皇中，对他们所处的时代影响最大的是利奥一世、利奥三世、利奥九世、利奥十世和利奥十三世。

利奥一世（—461）迄今只有三位教皇，即尼古拉一世、格列高利一世和利奥一世，被授予"伟大的"称号。艺术家、作家和史学家们经常描绘利奥一世在同阿提拉及匈奴人难忘的交锋中表现出的伟大才能，他说服了那些蛮族人不再攻打罗马。不过，他的主要成就远不止这些。

人们对利奥一世的早年生活，包括他的原名，几乎一无所知，传说他生长在意大利的托斯卡纳地区。可以确知的是，他的教皇加冕仪式是在公元440年9月29日举行的，他那时被认为是受过良好教育、有良知、有才能的教会人士。不幸的是，他处在西罗马帝国正迅速瓦解，蛮族全面扫荡欧洲的时代。事实上，当盖塞里克率领汪达尔人于455年抵达意大利时，他成功地说服匈奴人的一幕却没有重演，汪达尔人在罗马掠夺了两个星期。

作为正统教义的坚定倡导者和教皇制理论家，利奥为教会作出了最大的贡献。在基督一性论即主张基督只有神性的教义之争中，利奥大获全胜，查尔西顿公会议（451）接受了他对基督神人二性的表述，并对异端予以谴责。

在教皇制问题上，利奥试图证实：作为罗马主教和第一任教皇的圣彼得的各种能力自动传给了他的继承人。若事实果真如此的话，任何外在的权威都不得对教皇的行动予以裁决，即教皇是永无谬误的。尽管许多世纪以后才正式宣布教皇永无谬误为信条，但是利奥为它付出许多开拓性的努力。

在汪达尔人攻打罗马之后，利奥试图弥补他们造成的损失，他在督察教会的慈善工作中度过自己的余生。他死于公元461年11月10日。

利奥三世（—816）利奥三世既不是一位杰出的教会人士，也不是一位机智的政治家，他之所以值得纪念主要是因为这样一件事：公元800年的圣诞节，他在罗马原来的圣彼得教堂，给法兰克国王查理（即今称查理曼大帝）举行了加冕礼，从此开始了神圣罗马帝国一千年的历史，这个政治实体一直持续到19世纪才寿终正寝。

因为利奥三世生来就不是一个高贵的人，所以他在一些圈子里声名狼藉，大概是个不道德之徒，除此之外，人们对他早年的生活几乎一无所知。不管怎么说，公元795年12月26日，他还是老练地当选为教皇。4年以后，在参加列队行进的时候，他遭到其前任阿德里安一世的追随者的袭击。他摆脱了他们，逃离罗马，前往德意志寻求查理曼大帝的保护。究竟有过什么谈判不为人知，但是，翌年查理曼大帝获得了王冠。利奥为查理曼加冕，确立了教皇有权为皇帝加冕的原则。这一行动引起与东部（拜占廷）帝国的不和，使教皇和西部的统治者联合在一起。当查理曼大帝接管自己王国内的教会改革工作后，便确立了皇帝和国王干预教会事务的先例。利奥在罗马度过了自己的任期，为建设和美化罗马出力。他死于公元816年6月12日。

利奥九世（1002—1054）利奥九世的任期令人难忘有两个理由：他在教会内部实施了广泛的改革；有力地支持教皇至上论，结果导致1054年与东正教会的正式决裂。

利奥九世原名埃吉施海姆的布鲁诺，1002年6月21日生于法国的阿尔萨斯地区，他的修道生涯是在法国图勒度过的。他25岁升任主教，不久便因他的改革政策而获得良好的声望。46岁时，皇帝亨利三世指定他为教皇，但是，为了获得罗马人民和神职人员的赞同，他推迟就任教皇职位。1049年2月12日他才走马上任。

他继续致力于教会的改革，邀请教会的一些有识之士到罗马制订和实施改革政策。其中被邀请的一位领导人叫希尔德布兰德，是一位僧侣，他后来成为伟大的教皇格列高利七世。利奥及其助手成功地使教会成为欧洲宗教生活的中心，并且把罗马的圣座变成一个国际政治力量。利奥九世同他20世纪的后继者约翰·保罗二世一样，也是一位经常旅行的教皇。他曾在意大利、法国、德国和西西里出席并主持过会议。

11世纪一份手稿的插图，利奥九世（左）正在为梅斯的隐修院院长瓦雷奴斯祝福。

利奥九世和西西里的诺曼人统治者的冲突，使他滑向自己任期的低点。他和亨利三世结盟一起攻打西西里，但他们的同盟关系迅速破裂，利奥在率领教皇军队的过程中，被诺曼人于1053年抓获。他被关押了9个月。

翌年，利奥与东正教会决裂。分裂本来由来已久，但是利奥九世顽固地坚持教皇的权威高于所有主教（包括东正教会的领袖）之上，结果导致双方最终决裂。在君士坦丁堡举行的一次秘密会议上，教皇的代表和东正教会的大主教互相革除对方的教籍，结果造成了延续至今的大分裂。与此同时，利奥九世本人也于1054年4月19日在罗马突然死去。

利奥十世（1475—1521）他是文艺复兴时期最富有特色的教皇之一。他出生于佛罗伦萨的梅迪奇大家族，把自己弄到的所有的钱都用于罗马城的建设。他所犯的不幸的错误，是把德国僧侣马丁·路德视为一个讨厌的小人物，由此促成宗教改革运动的爆发。

利奥十世1475年12月11日出生在意大利的佛罗伦萨，原名乔瓦尼·迪·梅迪奇，他是该市的统治者伟大的洛伦佐的次子。他从小就是为教会培养的，13岁时被任命为枢机辅祭，1489年至1491年就读于比萨大学。由于他对教皇亚历山大缺乏善意，1492年至1503年他被迫离开罗马，在以后10年的大部分时间里，他统治着自己的家乡佛罗伦萨市。当勇武的教皇尤里乌斯二世1513年去世后，乔瓦尼当选为他的继承人(见:尤里乌斯二世)。

对利奥十世的统治起主导作用的有四件事:第五次拉特兰公会议改革教会失败;他建设罗马的计划;主宰意大利的政治野心;马丁·路德的宗教改革运动。拉特兰公会议的失败并没使他感到烦恼,因为他不喜欢大的改革,而且也不存在改革的迫切性。1517年3月16日会议休会,7个半月后,马丁·路德把他的《九十五条论纲》张贴在德国维滕贝格的教堂门上(见:马丁·路德)。

利奥十世决心要做意大利最高的政治统治者,这使他和法国、西班牙及两国的国王弗兰西斯一世和查理一世(神圣罗马帝国的查理五世)发生冲突。利奥十世输给了对方。

1515年他被弗兰西斯一世击败,被迫签订了一项协议,给予法国国王控制本国教会的实际权利。利奥反对提名西班牙的查理一世为神圣罗马帝国的皇帝,支持萨克森的智者腓特烈。结果查理获胜,在查理同法国的战争中,利奥被迫成为查理的支持者。

利奥十世担任教皇期间惟一积极的贡献,是其建设罗马的奢华项目。不幸的是,教会筹款的方法之一是出售赎罪券——用一定数额的钱来换取对罪的宽恕。正是这种做法,使得马丁·路德和教会冲突起来。利奥坚信,同其他主张改革的人们一样,马丁·路德也会很快失去大众的支持,成为无关紧要的人。他谴责马丁·路德为异端,最终在1521年1月革除了他的教籍。利奥十世死于1521年12月1日,当时整个欧洲正处于一片宗教混乱状态,直至17世纪它才从这种混乱中恢复过来。

利奥十三世(1810—1903)当1878年2月20日利奥十三世在67岁高龄当选教皇的时候,人们预料他的任期可能是短暂的、过渡性的。事实上,他掌管教会长达25年之久。作为教皇,利奥觉得自己是一个高度中央集权化的组织的首领。而当时正是科学与技术进步的伟大时代,也是社会、政治和经济大变动的时代。西方社会正在变得越来越民主。越来越多的人获得选举权,工业化的结果,导致规模相当庞大的工人阶级队伍的出现,他们为自己争取更多的权利。当时还出现了社会主义、共产主义和无政府主义的激进理论。利奥十三世明智地适应这些新生的社会力量,为教会对现代世界的态度的许多改变奠定了基础,这的确是他莫大的光荣。

利奥十三世1810年3月2日出生在意大利的卡皮内托罗马诺,原名温琴佐·焦阿基诺·佩奇。在维泰博和罗马结束学业后,他于1837年被提升为神父。在以后的几年中,他一直在教皇国的外交部门工作。1846年,他被任命为佩鲁贾主教,担任这一职务长达32年。1853年庇护九世任命他为枢机。1878年庇护九世去世后,枢机团选他担任教皇。

同他的前任一样,利奥十三世生来就反对当时许多自由的、世俗化的趋向。但是,他感到需要表明,教会对科学和政治的进步是开放的。他希望教会能够和现代民主国家和平共处。在他发表的重要通谕《新事》里,他认识到了工人阶级的问题。他还试图恢复和其他教会,特别是安立甘宗及东正教的联系。利奥十三世死于1903年7月20日,

享年93岁。

本尼狄克(努尔西亚的) BENEDICT OF NURSIA(480?—547?)

又译本笃。1964年,教皇保罗六世宣布本尼狄克为全欧洲的主保圣人。虽然本尼狄克被尊崇为"西方隐修制度之父",但是他并未创立任何隐修会(见:修士与修行)。不过,他制订的管理隐修生活的规则在7世纪以后逐渐被更多的隐修院所采纳。他的规则类似于一种章程,能够为隐修院的精神和物质生活的管理提供全面的指导。这一规则促进了宗教团体内节制与合作的理想,它要求自愿过隐修生活的人们保持清贫、服从、贞洁和忠诚。

教皇格列高利一世的《对话录》,有对本尼狄克生平最早的权威性的记叙,格列高利一世从公元590年至604年担任教皇。《对话录》是在本尼狄克去世40多年后写成的。格列高利一世的《对话录》的大部分材料来源于本尼狄克的4位门徒。有证据表明,本尼狄克约于公元480年出生于意大利的努尔西亚;他曾在罗马求学,并在那里受到拜占廷帝国隐修会的影响;他转向隐修生活,是因为他认为这是远离罗马邪恶的一种方式。

他隐退到罗马以东40英里(65公里)的苏比亚科,在那里的一个洞穴里生活了几年。当他的圣人声誉四处传开后,门徒们纷至沓来,恳求他创立一所隐修院。然而,他的改革努力受到抵制,而且有人企图要毒死他。他返回了洞穴,但门徒们继续蜂拥而至。

他在苏比亚科附近建立了12所隐修院,几年后在罗马以南的卡西诺山上建立了大隐修院。本尼狄克的姐姐斯诺拉斯迪嘎是一所女修道院院长,住在卡西诺山附近。本尼狄克死后被安葬在大隐修院的施洗者圣约翰小教堂里。

据僧侣们记载,本尼狄克死于3月21日,于是它便成为纪念本尼狄克逝世的传统日期。欧洲的罗马天主教会规定,7月11日是纪念本尼狄克的节日。

巴特里克 PATRICK(5世纪)

关于圣巴特里克的悠久传奇故事说,他曾经用三叶苜蓿(爱尔兰的国花)来解释三位一体,他还把所有的毒蛇从爱尔兰驱走。不过,关于巴特里克的真实故事,并不留存于他的神话中,而是留存于他的工作中。他使爱尔兰人民都皈依了基督教。

巴特里克大概于5世纪上半叶出生在英国的一个罗马化家庭。16岁时,他被海盗带到爱尔兰卖为奴隶。这位年轻人当了6年牧民,他的信仰支撑着他熬过那段艰苦的岁月。当巴特里克逃回英国后,他在梦中仿佛看到爱尔兰人正在恳求他回爱尔兰去传播他的信仰。巴特里克在他的宗教信仰自传《忏悔录》中,对这一使命的呼唤作了记载,《忏悔录》是留存下来的他的两部短作之一。

巴特里克在欧洲大陆的隐修院学习结束后,以传教士的身份重返爱尔兰。尽管他的生命一直受到威胁,但巴特里克依然四处旅行,给人们洗礼、坚振、讲道,建教堂、学校和修道院。巴特里克几乎使所有爱尔兰人都皈依了基督

教。他的《书信》,是为落入英国征服者之手的爱尔兰基督徒的案子辩护而作的。人们欣赏他的作品,是因为它们简洁、谦逊。圣巴特里克是爱尔兰的主保圣人。3月17日是他的纪念日。

格列高利教皇　GREGORY, Popes

迄今为止,罗马天主教会共有16个教皇取名格列高利。其中,对他们所处的时代和服务的教会发挥了最大影响的有三位,即圣格列高利一世、圣格列高利七世和格列高利九世。

格列高利一世(540? — ,590—604在位)出生于罗马的一个贵族家庭。他曾一度在该市担任公职,但后来决定做一名僧侣。他的学识和才干引起了教皇贝拉基二世的注意,公元579年他被派往君士坦丁堡宫廷担任密使。公元584年,他返回罗马,接着在圣安德烈修道院做了几年院长。公元590年教皇贝拉基二世去世后,人们一致推举他担任教皇。

格列高利一世可以称作是中世纪教会的创始人。他成功地保护罗马免遭伦巴第人的侵略,保证了意大利的和平与稳定,使教会广袤的土地上的财富实现了统一管理。由于他派遣传教士奥古斯丁到英格兰传教,因而他对该岛人民皈依基督教有间接的功劳(见:**奥古斯丁(坎特伯雷的)**)。格列高利一世还积极地进行礼仪改革,就加强主教和神父的纪律做过大量工作。他的卷帙浩繁的著作,在以后的几个世纪里对教会产生了巨大影响。他死于公元604年3月12日,死后立刻被册封为圣人。

格列高利七世(1020? — ,1073—1085在位),原名希尔得布兰德,是中世纪伟大的教皇之一。他通过自己的领导才能,努力保护教会免受当时许多有势力的政治统治者的不正当影响。要做到这一点,只有消除他们在挑选主教和修道院院长的工作中的政治影响。他坚持己见,首先引发了所谓主教叙任权之争,即关于国王和皇帝任命神职的权力问题的争论。

希尔得布兰德出生于托斯卡纳,就读于罗马的一所修道院。他的才干使他成为5任教皇宝座背后的实力派人物。他是在1073年4月22日当选教皇的。他和神圣罗马帝国皇帝亨利四世之间的冲突,是最著名的一场冲突,亨利四世曾经被迫于1077年在教皇面前低头求饶。然而,亨利很快占据上风,格列高利七世被迫流亡于那不勒斯。1085年5月25日他在萨莱诺去世。

格列高利九世(1169? — ,1227—1241在位)原名乌戈·迪塞尼,1170年以前出生于阿纳尼。1227年3月19日当选教皇,此前在罗马附近的奥斯蒂亚担任主教。教会和霍亨斯陶芬帝国皇帝腓特烈二世之间最后的冲突,就是在他的教皇任期爆发的。冲突的原因,是因为教皇意识到,如果腓特烈成功地使整个意大利都归于他统治的话,教皇国就会面临危险。到1241年8月22日格列高利去世时,双方的斗争已陷入僵局。但是正如命运安排的那样,腓特烈正是霍亨斯陶芬家族最后的一位皇帝。

格列高利九世还因1234年出版教会法规而享有盛名(见:**教会法规**)。1231年,他通过使巴黎大学成为一个独立的法人,进一步促进了教育的发展。成立异端裁判所查处教会内的异端,并没有给他带来什么荣誉(见:**异端裁判所**)。在政治威胁面前热忱地保存教会,是格列高利九世所有行动的动机。

圣诞老人　SANTA CLAUS

欢欢喜喜的圣诞老人圣尼克的传奇故事,起源于一位真人圣尼古拉的故事,他生活在许多世纪以前。虽然他是基督徒尊崇的最著名的圣人之一,但是关于他的情况人们却几乎一无所知。他于4世纪生活在小亚细亚西南海岸的吕西亚省。传说,他出生于帕塔拉港口,年轻时旅行到过埃及和巴勒斯坦。最后,他担任了米拉的主教。在戴克里先皇帝迫害基督徒时期,他遭到囚禁,但后来又被戴克里先的继承人君士坦丁大帝释放。

到6世纪时,他的圣陵在米拉已经很出名。1087年他的骨灰被迁往意大利的巴里,那里成为崇拜他的拥挤的朝圣中心。对他的虔敬传遍了基督教世界,他被推举为俄国和希腊的主保圣人。欧洲成千上万的教堂是用他的名字命名的。他的纪念日规定在12月6日。人们还赋予他许多奇迹。其中一个故事说,他在梦中向君士坦丁请求,挽救了3名官员的性命。另一个传奇说,作为给他3个女儿的嫁妆,他给了一个穷人好几袋金子。

把圣尼古拉变为圣诞老人或圣诞之父,最早是从德国的新教教会中开始的。在那里,他被叫作克里斯克林勾,该名称源出于 *Christkindle*, 意思是"基督小孩",而且他最终和圣诞节及奉送礼物永远联系到了一起。他的传奇从德国传到法国,在法国他被称为诺埃尔爸爸。在荷兰殖民地新阿姆斯特丹(今纽约市)他被称为辛特克莱斯,它很容易地就变为桑塔克劳斯(圣诞老人)。

随着庆祝圣诞节的地方越来越多,圣诞老人的传说逐步发展。在1823年克莱门特·C.穆尔撰写的《圣尼古拉来访》中,圣诞老人被描绘成坐在"8只小鹿"拉的雪橇上,这和他在斯堪的纳维亚的旅行方式相同。和今天的圣诞老人比较接近的桑塔克劳斯的形象,是由托马斯·纳斯特绘制的一张卡通,它于1866年刊登在《哈珀斯周刊》上。(参见:**圣诞节**)

奥古斯丁(坎特伯雷的)　AUGUSTINE OF CANTERBURY (—604?)

英格兰基督教会的创建者、坎特伯雷的第一任大主教,是一位名叫奥古斯丁的僧侣。人们称他为英国的使徒,因为他使千千万万的英国人接受了基督教。

人们对他的早年生活一无所知。当教皇格列高利一世选他带领一个由40名僧侣组成的传教团赴英格兰的时候,他已是罗马本笃会圣安德烈修道院的副院长。他们一行于597年春天抵达英格兰,受到国王埃塞尔伯特一世的热情款待,王后当时早已是一名基督徒。埃塞尔伯特不久便接受了洗礼,在他的带动下他的许多臣民也纷纷皈依基督教。有报告说,公元597年圣诞节那天,受洗者多达成千上万。

奥古斯丁向教皇报告了他取得的显著成绩,于是格列高利一世派去更多的传教士协助他工作。

公元 597 年秋天,奥古斯丁升任英国教会主教,国王提供的位于坎特伯雷的一座教堂成为他的总部。他创建的基督教堂成为他的主教座堂,他还创立了圣彼得和圣保罗修道院(后易名为圣奥古斯丁修道院)。坎特伯雷成了英格兰教会主教的首席之地,或者说是权威中心,至今它仍享有这一地位(见:**安立甘宗**)。

奥古斯丁任命了 12 位主教,并派他们到其他地方传教。在后来的 90 年里,他的门徒们使英格兰的大多数人都接受了基督教。威尔士是他惟一失败的地方,早在他抵达之前基督教已传到那里。那里的教会拒绝接受罗马教皇的权威,也不愿意在与奥古斯丁建立的教会联合的问题上同他合作。

奥古斯丁约于 604 年去世,去世前几年被任命为大主教。在英格兰,5 月 26 日是他的纪念日。

卜尼法斯　BONIFACE（675—755）

卜尼法斯是罗马天主教会的传教神父、最勇敢的圣人之一。圣卜尼法斯不仅是一位虔诚的信仰者,也是一位伟大的组织者。在他的努力下,德国教会实现了统一。

公元 675 年,圣卜尼法斯出生于英格兰的德文郡。他的原名叫温弗里德。他担任主教后改名卜尼法斯。这位未来的圣人最初在离家不远的一个隐修院读书。他后来加入了位于纳斯林的本笃会,并于 705 年在那里升任神父。卜尼法斯总喜欢到传教区工作,约于 718 年,启程前往弗里西亚(今荷兰的弗里斯兰省)。由于那里形势混乱,他传教未能成功。但三年后,他再次去弗里西亚传教。他还得到教皇格列高利二世的授权在德国的图林根州和黑森州工作过。由于他成功地赢得众多的皈依者,因而 722 年被提升为地区主教,并且得名卜尼法斯。

他返回德国的第一个行动,就是毁坏异教徒的主神——神圣的橡树托尔。这一勇敢的行动使卜尼法斯赢得一些人的尊敬,许多人皈依了基督教。从那时起,他就能发展教会的成员,并在坚实的基础上开展创建教会的工作。

卜尼法斯建立了许多主教区,在德国建了一些教堂。748 年,他成为美因茨的大主教。几年后,他辞去了大主教职务,继续在弗里西亚做传教工作。755 年,他在那里被一伙异教徒杀死。现在,人们称他是"德国的主保圣人(或使徒)"。

凯德蒙　CAEDMON（7 世纪）

英国最早的基督教诗人凯德蒙的大半生是个目不识丁的牛倌。关于他怎样成了一位诗人,在比德所著的《英格兰人教会史》中有所描述。

有一次,凯德蒙因为不会作诗唱歌,便退出宴席,在一间牛棚里睡着了。一位天使出现在他的梦中,对他说:"凯德蒙,给我唱个歌吧。"他回答说:"我什么歌也不会唱,正是由于这个缘故,我才离开了宴会来到这儿,我不知道该怎么唱。""但是,你会给我唱的,"这位天使说。"我唱什么呢?""给我唱个万物之始的歌吧。"于是,他就创作了一首歌颂上帝的赞美诗,共 9 节。

后来,惠特比的女隐修院长听说了这件事,认为他是受到了神的启示。在她的帮助下,他成了修道院的一位寄居者。他在修道院中度过了余生,以圣经故事为题材创作赞美诗和其他体裁的诗歌。学者们曾一度将大多数盎格鲁-撒克逊人或古英国人的宗教诗都归在凯德蒙的名下。但是,只有上面说到的那首著名的赞美诗能够确切地认定是他的作品。

若安　JOAN

传说罗马天主教会曾有过一位名叫约翰八世的女教皇。这一传说是从两位 13 世纪多明我会神父的著述演变而来的。最后直到 14 世纪,人们才采用若安这个名字(这个名字大概源于约翰尼斯或约翰)来称呼这位传说中的教皇。

法国多明我会会士波旁的斯特凡说,这位无名的女教皇大约是在 1100 年当选的,她那时已经怀孕。据说,她在列队前去参加拉特兰会议(罗马天主教的公会议)的行进中突然分娩,于是遂即被拖出罗马,并被乱石打死。

根据波兰多明我会会士特罗波的马丁所传播的该故事后来另一种说法,她是在 855 年当选教皇的。他给她取名约翰尼斯·安杰利卡斯,并且说她是英国人。她可能爱上了英国的一名多明我会僧侣,并女扮男装,陪他到了雅典。她在那里学有所成后移居罗马,在那里成了枢机,后来又做了 25 个月的教皇。

17 世纪以前,人们认为确有若安其人,而且人们一直没有忘记这个神话。后来,主要是通过加尔文宗信徒大卫·布隆代尔 1647 年的著作才证明,教皇利奥四世(847—855 在位)和本尼狄克三世(855—858 在位)任期之间,不存在任何传说中的若安能统治的间隔时期。

英诺森三世教皇　INNOCENT III, Pope（1160?—1216）

英诺森三世担任教皇时期,中世纪教会在西欧达到了其权威的顶峰。如果他成功地对教会实行了全面的改革,那么 16 世纪的宗教改革运动就有可能避免,或者至少可以预防。

他出生于 1160 年或 1161 年,原名塞尼的洛泰尔,曾经在罗马、巴黎和博洛尼亚求学。1190 年,虽然洛泰尔尚未担任神父,但是教皇克雷芒三世仍然任命他为教会的枢机辅祭。1198 年 1 月 8 日教皇切莱斯廷三世去世后,洛泰尔立刻被选为教皇,取名英诺森三世。

中世纪的教皇们对欧洲事务一直具有相当大的政治影响力,英诺森三世决心运用这一影响力。在这方面,他并不总是成功的。他的确设法夺回了控制罗马城的权力,巩固了意大利中部教皇国的教会力量。但他却未能从政治上控制神圣罗马帝国。在他任期的最后几年,他废黜了神圣罗马帝国的统治者,帮助他的被保护人腓特烈二世获得了王位,因为他曾许诺绝不威胁教皇权力——英诺森去世后,腓特烈便食言其言。英诺森也未能化解法兰西国王腓力二世和英格兰国王约翰之间的争斗。

在教会内部,英诺森力图在神职人员中逐步灌输清贫和爱的德性,他还推动了多明我会和方济各会这两个托钵僧会的创立。1215年,第四次拉特兰公会议宣布变体论(即在圣餐仪式中,面包和酒已转变为基督的身体和血)为信条,要求罗马天主教徒每年至少忏悔一次。公会议还提出,要在神职人员和平信徒中实行其他改革。此外,英诺森还发动了第四次十字军东征,结果这次东征违背了他的愿望,征服了君士坦丁堡,建立了一个拉丁帝国。他的铲除法国阿尔比派异端的决定,结果为后来的异端裁判所开辟了道路(见:**异端裁判所**)。

正当英诺森三世准备发动十字军征服圣地的时候,他突发高烧。1216年7月16日,他在佩鲁贾市去世,大概死于疟疾。

多明我 DOMINIC (1170? —1221)

多明戈·德·古斯曼是布道兄弟会(也称多明我会)的创始人。现在,人们一般称他为圣多明我。多明我会的成员过去都是托钵布道人,也叫旅行布道人。他们并不固定在某个隐修院里,而是以欧洲各城市中位于战略要地的那些会馆为基地四处传道。

多明我约于1170年出生在西班牙卡斯蒂利亚的卡莱鲁埃加。1203年,他作为修会的一名成员,去法国南部就一个叫阿尔比的异端派别对罗马天主教会的威胁进行调查。他提出用建立一个漫游布道人组成的修会来铲除这一威胁。这项工作始于1206年,经过1208年到1213年的内战,最终所有的阿尔比派信徒全部被杀。1216年12月22日,教皇洪诺留三世在罗马正式批准成立多明我会。该会的两个主要会馆建在法国巴黎大学附近和意大利博洛尼亚大学附近,当时讲定的条件是要在那里建立神学院。

多明我后来住在罗马,但也经常去修会的各个会馆访问。1221年8月6日他死于博洛尼亚。

方济各(阿西西的) FRANCIS OF ASSISI (1182—1226)

方济各会的创始人圣方济各于1182年出生在意大利中部的阿西西。他接受洗礼时取名为乔瓦尼。他的父亲彼得罗·贝尔纳多内是一位富有的呢绒商人。

方济各几乎没上过学。他年轻时大部分时间是和朋友聚集在一起,寻欢作乐。1202年,方济各在做了一年战俘和大病初愈后,开始厌倦世俗享乐。他变卖了财产,把钱捐给了教会。

年轻的方济各开始关心穷人、病人,甚至是麻风病人。他的父亲取消了他的财产继承权以后,他靠维修阿西西各处的教堂来维持生活。最后,他连鞋子也不穿,完全过一种赤贫的生活。

不久,他身边便聚集了一些追随者。这些"乞丐兄弟们",身披破烂的灰长袍,打着赤脚,身无分文,两人一组,开始传播奉献与清贫的福音。

兄弟会的成员们被派往法国、德国、匈牙利、西班牙和英格兰从事布道活动。当一位叫作克拉雷的18岁姑娘离开家庭照方济各的教导去布道后,他为妇女们另外成立了一个修会,即现在的方济各女修会,也称克拉雷安贫会。

"小兄弟方济各"(他就是这样称呼自己的),在他有生之年继续做宗教工作。他多次长途跋涉,到过世界许多地方。

他把所有的生物都称作是自己的兄弟姐妹。据说,方济各对动物非常和善,结果连野兔子都跑到他身边寻求保护。有一个著名的故事是讲述他如何向鸟群讲道的,他告诉它们要感激它们的创造者——上帝。方济各也是一位诗人,写了许多简朴美妙的诗歌。

1224年,在山上守斋40天期间,方济各看见了异象,他自己的身上有了圣伤痕迹——形似耶稣被钉死时留下的伤痕。1226年10月3日,方济各死于阿西西。两年以后,教皇格列高利九世册封他为圣人。

圣方济各死后20年,他创立的修会获得很大发展,已建立了9000个会馆。方济各小兄弟一度多达10万余人。后因会规分歧导致分裂。今天的方济各会在传教、关心穷人、教育和其他慈善工作领域仍然很活跃。

托马斯·阿奎那 AQUINAS, Thomas (1225? —1274)

罗马天主教会认为圣托马斯·阿奎那是教会最伟大的神学家和哲学家。1323年,教皇约翰二十二世追谥他为圣人;1567年,教皇庇护五世册封他为教会的博士。1880年,利奥十三世命名他为罗马天主教教会学校的主保圣人。

托马斯·阿奎那,也称阿奎诺的托马斯,约于1225年出生于那不勒斯附近的罗卡塞卡城堡。其父为阿奎诺伯爵。进入那不勒斯大学之前,少年托马斯就读于卡西诺山的大隐修院。在大学期间,托马斯受到多明我会(即一种托钵布道兄弟会)的影响。尽管遭到家庭的反对,他还是加入了多明我会。他的兄弟们把他强行带回,并把他囚禁在罗卡塞卡。两年以后,他才逃离那里。

接着,多明我会把托马斯派往科隆,从师当时最博学的学者大阿尔伯特。1252年托马斯在巴黎撰写《彼得(伦巴第的)著〈名言集〉注释》。他后来获得神学硕士学位,并进入巴黎大学学习。

1259年教皇将托马斯召回罗马。他后来一直为自己的修会服务,主要在意大利的城市和巴黎讲学布道。1274年3月7日,他在前往里昂参加教会公会议的途中去世。

11世纪末,西欧学术开始复兴。到13世纪已建起许多大学。它们都和教会有关,所授主要科目是神学和文科七艺。教师被称为经院派学者或经院学者。托马斯活着的时候被公认为最伟大的经院学者。他享有"天使博士"的称号。

经院派学者认为,基督教教义是无可争议的,不过他们也研究古希腊哲学家。直到13世纪时,他们仍依赖于由希波的奥古斯丁解释的柏拉图。亚里士多德的逻辑学著作也被学校接纳,但是他的其他著作(当时这些著作已被译成阿拉伯文而为人们所知)却遭到禁止,因为它们具有多神论的倾向。大阿尔伯特把亚里士多德的著作介绍给托马斯,当时有人正在从希腊文翻译那些著作。托马斯把使亚里士多德的学说和基督教教义相协调视为自己的任务。(参见:**亚里士多德**)

托马斯认为知识有两个来源:启示(神学)和理性(哲学)。他认为,启示是知识的神圣源泉,即使当启示真理尚未被完全理解时,人们也必须相信。托马斯著作颇丰。他经常向几个抄录员口授不同题目的内容。他的主要著作有《反异教大全》和《神学大全》,它们是系统地阐述罗马天主教神学的经典。

卜尼法斯八世　BONIFACE VIII（1235？—1303）

卜尼法斯八世的教皇任期(1294—1303)正值一个不幸的时期,当时欧洲的单一民族国家,特别是法国和英国,正在崛起成为强大的政治势力。该教皇相信,教会不仅应该是欧洲宗教的也应该是政治的最高权力机构。在坚决贯彻自己的政策过程中,卜尼法斯和法国国王腓力四世发生了冲突,腓力坚持把他的疆域内的教会当作他的王国的一部分,不是当作教皇的王国的一部分。

1302年卜尼法斯对腓力作出反应,发布教皇通谕——《一种神圣的东西》,重申教会权力高于世俗权力。他还声称,神圣罗马帝国的统治者阿尔贝一世是法国的真正最高君主。腓力对此进行报复,派人绑架了卜尼法斯,并折磨他。教皇回到罗马后已是心力交瘁,几天后辞世而去。

卜尼法斯生于意大利的阿纳尼,原名贝内代托·卡埃塔尼。他攻读过法学,后来在教廷担任过许多职务。他个性坚强,担任枢机时就鼓动教皇切莱斯廷五世逊位。卜尼法斯当了教皇,便把年迈的切莱斯廷关在富莫内城堡,切莱斯廷不久就死在那里。卜尼法斯八世在教皇任期内曾取得一些成就,如出版了一部分教会法、规定1300年为大赦年——即第一个大赦年。

威克里夫　WYCLIFFE, John（1330？—1384）

中世纪后期的英国神父、宗教改革家约翰·威克里夫是"宗教改革的晨星"。他的学说对扬·胡斯产生了巨大的影响,并通过胡斯对马丁·路德产生了很大的影响。

威克里夫约于1330年生在英格兰约克郡。他曾经在牛津大学学习,后在那里任教。1374年,他担任了莱斯特郡拉特沃思牧区长。威克里夫反对教皇的征税权,反对教皇不同国王协商就任命教会职务的做法。1377年,他被带去接受坎特伯雷大主教和伦敦主教的传讯,但一群他的伦敦的支持者解救了他。

教皇多次发表敕令对他予以谴责,他的学说也在牛津遭到驳斥。但他继续勇敢无畏地宣传自己的主张,他写下许多拉丁文论说文,支持自己对教会的做法和信条的抨击。为了帮助那些能阅读的人理解《圣经》,威克里夫的追随者们把它全部译成了英文。

只要威克里夫谴责富有的教会人士,他就能得到贵族的支持,但是他开始宣讲:贵族身份和财产,只有靠上帝的恩典才能保持;如果拥有者犯下不可饶恕的大罪,贵族身份和财产便会丧失。这些学说推动了1381年农民起义的爆发,威克里夫也失去了贵族的支持。1384年威克里夫在自己的牧区拉特沃思去世。(参见:**宗教改革运动**)

胡斯　HUS, Jan（1369？—1415）

波希米亚的扬·胡斯是宗教改革的先驱,他宁愿被烧死在火刑柱上,也不愿放弃自己的宗教观点和对神职人员的批评。胡斯还是摩拉维亚教会的创始人。

扬·胡斯约于1369年出生在波希米亚的胡西内茨村。为了当神父,他曾在布拉格大学学习。毕业后,他在那里讲授哲学,一度还担任过该大学校长。胡斯及其同仁和全欧洲的所有学者一样,都用拉丁文写作,但胡斯也用其本地的波希米亚语(即捷克语)写作,以助于促成波希米亚语成为一种文字语言。他还用波希米亚语讲道,获得人们的信任,还赢得一批虔诚的信徒。

作为一个年轻的神父,胡斯为英国神父和改革家约翰·威克里夫的著作所吸引,威克里夫曾经对神职人员中产生的邪恶行为予以谴责。胡斯继续对威克里夫谴责过的行为表示抗议,结果许多人都与他为敌。不过他对威克里夫所主张的一些信仰内容也持有异议。例如,他并不拒绝接受教会的变体论教义。然而,当他反对焚烧威克里夫的书籍时,他被指控犯有异端罪,被禁止讲道和教课。(参见:**威克里夫**)

这就是由于诸多敌对教皇都声称自己拥有教皇职位而引起的教会大分裂时期(1378—1417)。敌对教皇之一约翰二十三世宣布要发动一场圣战,并向志愿者许诺,他们的罪罚会得到赦免。胡斯对此予以抨击。他的追随者们放火焚烧了教皇的敕令。教会开除了胡斯的教籍,并且禁止任何地方收留胡斯。朋友们违背这一禁令,把胡斯藏在乡村。这段时间,胡斯致力于写作。

1415年,为了结束天主教会大分裂,讨论改革,召开了康斯坦茨公会议。公会议传唤胡斯到场,德意志皇帝西吉斯蒙德保证他的行动安全。但是,当胡斯抵达康斯坦茨后,西吉斯蒙德拒绝承认他作过的许诺。胡斯遭到逮捕,并且被投入监狱,他受到公会议的审问,被指控持有他从未坚持过的种种信仰。他拒绝收回他从未说过的那些话,于1415年7月6日被处死。他是一位民族英雄,是波希米亚的圣人。

吉麦内兹·德·西斯内罗斯　XIMENES, 或 JIMÉNEZ, DE CISNEROS, Francisco（1436—1517）

1492年,卡斯蒂利亚的伊莎贝帮助克里斯托弗·哥伦布进行他那划时代的航行,同年,这位女王任命弗朗西斯科·吉麦内兹担任她的王室的告解神父。他那时是方济各会的一个无名僧侣。这一任命开始了他在政治和执政领域的新生活。

1436年吉麦内兹出生于卡斯蒂利亚马德里省的托雷拉古纳。他曾在萨拉曼卡大学学习教会法和民事法,后来升任神父。1459年至1466年,他在罗马的宗教法庭实习。

后来他返回西班牙,接受教皇保罗二世许诺过的任命,但是托莱多的大主教们多萨顽固地拒绝承认教皇的任命。但吉麦内兹坚持接受教皇的任命,于是大主教将他投进监狱。过了6年获释后,他在教会担任职务,但1484年他辞去了该职务,成为方济各会的一名修道僧。

1495年托莱多的那位大主教去世。伊莎贝拉女王说服教皇任命吉麦内兹担任大主教职。作为大主教,他积极在修会中推行改革,并重视劝化穆斯林改信基督教的活动。1504年伊莎贝拉去世后,吉麦内兹开始在卡斯蒂利亚政府中活跃起来。1516年伊莎贝拉的丈夫阿拉贡的费迪南德去世后,吉麦内兹成为年轻的西班牙国王查理的摄政王。他在主要的城镇里建立起由民兵组成的常备军,而且还加强了西班牙的海上力量。1508年,吉麦内兹创办了埃纳雷斯堡大学。他之所以留在人们的记忆里,是因为他出资在该大学编辑和印刷的那部《康普鲁顿合参本圣经》。这部多卷本《圣经》乃是各种古代语言的对照读物。1517年11月8日,吉麦内兹在西班牙的罗阿去世。

尤里乌斯二世　JULIUS II（1443—1513）

尤里乌斯二世是文艺复兴时期最伟大的教皇。他是最著名的艺术保护者,是完全致力于建立教会世俗领地的强有力的统治者。

他1443年12月5日出生在意大利的阿尔比索拉,原名朱里亚诺·德拉罗韦雷,是教皇西克斯图斯四世的侄子。1468年他参加了方济各会,三年后教皇西克斯图斯任命他为枢机。1492年罗德里戈·博尔吉亚成为教皇亚历山大六世。当他策划谋杀朱里亚诺时,朱里亚诺于1494年逃往法国。他在那里流亡了将近10年。1503年亚历山大六世去世,朱里亚诺返回意大利。经过教皇庇护三世短暂的任期之后,朱里亚诺于1503年当选教皇。

今天,人们在罗马仍然能够看到尤里乌斯二世的不朽贡献。正是他于1503年下令建造了圣彼得大教堂。1508年,他授权米开朗琪罗在西斯廷教堂顶部创作油画。1508年,他还委托拉斐尔在梵蒂冈宫的房间里创作壁画。这些巨作同多纳托·布拉曼特和安德烈亚·桑索维诺的作品一样,都是尤里乌斯二世对教会的永恒贡献。1513年2月21日,他在罗马去世。

萨伏那洛拉　SAVONAROLA, Girolamo（1452—1498）

文艺复兴时期,吉罗拉莫·萨伏那洛拉激昂的讲道和预言,使他成为意大利佛罗伦萨有名的传道者。萨伏那洛拉是一位宗教和政治改革者,他的影响力非常大,以至成了该市的实际统治者。然而,萨伏那洛拉的政敌和腐败的神职人员在该市制造了不安的气氛,最终使得人民和领导人都转而反对他。

1452年9月21日,萨伏那洛拉出生在意大利费拉拉的一个贵族家庭。年轻时,他是个认真的学生,熟读托马斯·阿奎那的著作。22岁时,他在博洛尼亚加入了多明我会。他希望成为一个大布道家,可他最初的努力并不成功。但是,他及时恢复了信心,很快他作为布道家和预言家的名声传遍了意大利。1490年,他的会长命令他去佛罗伦萨,他在那里的讲道中,大胆地谴责教会及其领导和洛伦佐·德·美第奇政府滥用职权的行为。

萨伏那洛拉在讲道中谴责平民的罪恶,预言它们必将受到严厉的惩罚。他的演讲掀起了宗教大复兴。1492年洛伦佐去世和1494年美第奇家族垮台以后,萨伏那洛拉成了该市的实际统治者,他保证要铲除政府和教会里的腐败现象。他实行民主管理,开始对官僚机构进行改革。

萨伏那洛拉的劲敌坚决反对他。一个叫阿拉比亚迪的团伙阴谋要使美第奇家族重新掌权。神圣同盟也施加压力要求萨伏那洛拉保持沉默,于是教皇亚历山大六世命令他停止讲道。但萨伏那洛拉并未停止,结果教皇开除了他的教籍。由于萨伏那洛拉未能实现他向佛罗伦萨人民许下的诺言奇迹,因此佛罗伦萨人民开始反对他,而且他还被抓了起来。尽管他的说教和教会的说教基本相同,但是萨伏那洛拉还是遭到谴责,被判为异端分子,1498年5月23日被吊死后,又遭焚烧。

伊拉斯谟　ERASMUS, Desiderius（1466—1536）

人们经常简略地称他鹿特丹的伊拉斯谟。他是文艺复兴时期欧洲北部的重要学者。北欧的文艺复兴,热衷于通过在《新约》和教会教父们的著作中追溯基督教的根源的本源,改革和复兴基督教,而意大利的文艺复兴主要关注的是古希腊和古罗马的经典的复兴。

德西德里·伊拉斯谟1466年10月27日出生在荷兰的鹿特丹或豪达。他主要接受的是宗教教育,后来成为奥斯定会的神父。但是他对自己的工作并不感到满意。1494年他摆脱了工作,而且从那时起他就成为一名旅行学者。他去过英国几次,在比利时、法国和意大利的许多城市里生活过,最后定居于瑞士的巴塞尔,1521年至1535年他一直在那里生活。接着,他又到了弗赖堡,在那里待到1535年,后又返回巴塞尔。1536年7月12日他在那里去世。

他的最大影响是由于他的著作和其他学术方面的努力而产生的。他写过神学、宗教问题、教育和哲学方面的论著。他出版包括哲罗姆、希波的奥古斯丁、西普里安、伊里奈乌斯和奥利金在内的教会神父的各种版本的著作。他出版的希腊文《新约》是当时的里程碑式的成就,使得学者们能够更准确地研究经文,这是以往许多世纪所做不到的。他自己撰写的著作中,最受欢迎、影响最持久的是《基督的战士手册》(1503)和《愚蠢颂》(1509),前者是关于基督教的,后者是他的最著名的作品。

伊拉斯谟在一个方面与他那个时代的精神不合。他希望基督教实行改革,但反对教会分裂。因而,虽然他赞同宗教改革的许多目标，但他却反对宗教改革。

拉斯·卡萨斯　LAS CASAS, Bartolomé de（1474—1566）

16世纪的传教士、神学家巴托洛梅·德·拉斯·卡萨斯，是第一个反对西班牙殖民主义者在美洲奴役和压迫印第安人的人。西班牙人在西印度群岛刚刚定居，就强迫印第安人在矿山和种植园做苦役。繁重的劳动、残酷的虐待和疾病造成数以万计的印第安人死亡。

1474年8月，拉斯·卡萨斯大概出生在西班牙的塞维利亚。他的父亲曾经参加过哥伦布的第二次航行。1502年他已是一名律师，他的父亲把他派往伊斯帕尼奥拉（今多米尼加共和国），让他经营刚刚获得的一片土地。不久，他开始向人们传授基督教。1512年他升任神父——他大概是第一个在美洲接受神职的人。1515年，他返回西班牙，向国王查理一世递交了一项改造印第安人的计划。拉斯·卡萨斯被委任为"印第安人的保护者"。在他热情地帮助印第安人的同时，他却又提倡使用从非洲来的黑奴——后来他对此决定深感悔恨。

雕刻：拉斯·卡萨斯。作者不详。

1521年拉斯·卡萨斯回到伊斯帕尼奥拉。他对改革的可能性感到失望，于是加入了多明我会，开始撰写他的巨著《印第安人的历史》，该书在他去世以后才出版。他在生命的最后10年里，再次努力改善印第安人的待遇，但遭到殖民者的反对。1547年他回到西班牙安度晚年，1566年7月17日在马德里去世。

博尔吉亚家族　BORGIA FAMILY

在意大利文艺复兴时期的王侯家族中，博尔吉亚家族的势力最大。该家族成员中有两人做过教皇，一人成为著名的军事领袖，另一人是文学和艺术的著名保护者。但是人们记得博尔吉亚的名字，主要是因为许多与这个名字相关的阴谋和邪恶的故事。

博尔吉亚家族的祖先就是贵族。他们家族的名字是博尔哈，他们的祖先居住在西班牙巴伦西亚的附近。该家族第一个具有历史重要性的成员是阿方索·博尔吉亚（1378？—1458）。他于1455年当选为罗马天主教会的教皇，取名加里斯都三世。

加里斯都把他的侄子罗德里戈（1431—1503）带到罗马。不久，罗德里戈被他的叔叔提升为大主教。他雄心勃勃，聪明能干，刚刚25岁就担任了枢机。就在那时，罗德里戈对家族的姓作了小小的改动。

1492年，罗德里戈·博尔吉亚本人当选为教皇，取名亚历山大六世。他立刻利用自己显贵的职位为他的三个孩子谋取财富和地位。他的长子甘迪亚公爵乔瓦尼（1476—1497）是教皇军队的司令官。次子切萨雷（1476—1507）是父亲最喜欢的儿子。1497年当乔瓦尼被暗杀后，亚历山大让切萨雷继续搞军事阴谋。切萨雷那时已是大主教，1493年又成为枢机。后来，为了领导教皇军队，他辞去自己的教会职务。

在法国盟军的协助下，切萨雷对拒绝承认教皇至上的意大利城市和城镇发起军事攻击。在切萨雷的努力下，教皇国由许多分散的教区转变成一个单一的公国。

1503年，亚历山大六世神秘地去世。于是，博尔吉亚家族的敌人联合起来一起反对切萨雷。他的军队被击败，他本人被俘获。他逃脱后于1507年3月12日在西班牙的一场战役中被杀。

亚历山大六世的女儿卢克雷齐娅·博尔吉亚（1480—1519）被她的父亲用来增强他在意大利的势力。她的三次婚姻都是由她父亲安排的，目的是为了和意大利的其他势力结盟。1497年，她和佩萨罗的乔瓦尼·斯福尔扎的婚姻被宣告无效，因为斯福尔扎家族已和教皇的敌人结为盟友。她的第二任丈夫是阿拉贡的阿方索，1500年她的兄长切萨雷的部下暗杀了阿方索，这次婚姻由此告终。亚历山大六世去世后，卢克雷齐娅不再是教皇国政策的工具。1501年她与阿方索·德斯特结婚，1505年他成为费拉拉公爵。他们共有7个孩子。她的余生是在费拉拉宫度过的，那里成了意大利文艺复兴时期的诗人、画家及其他学者聚会的中心。她专心于孩子的教育、艺术和慈善工作。她死于1519年6月24日。

沃尔西　WOLSEY, Cardinal （1475？—1530）

在亨利八世在位之初，沃尔西红衣主教制定了英国外交政策，他在国内宗教界与政界都是举足轻重的人物。沃尔西掌权十余年，历史学家们称之为"天下最傲慢的教士"。

托马斯·沃尔西大约生于1475年。他被送到牛津大学读书，15岁取得学位。成为牧师后，他被任命为皇家牧师。亨利八世于1509年即位后，像他父亲一样继续宠信沃尔西。到1511年，沃尔西已成为一个举足轻重的枢密顾问官。他还成为约克大主教、红衣主教，最终成为教皇在英国的代表。

很快,权力集中在他手中。英国太狭小,不足以施展他的远大抱负。他渴望成为整个欧洲的主宰。他利用英国的影响,帮助神圣罗马帝国皇帝查理五世与法国的弗朗西斯一世争雄。他希望借此得到皇帝帮助,实现自己当教皇的抱负。

他富丽堂皇的宫殿、金盘银碟和丰厚的新年礼物,使国王们相形见绌。他的仆人们跪着侍候他。主教们给他系鞋带。他洗手时,公爵们捧着水盆。大使们把获许吻他的手视为莫大荣光;在与他磋商之前,他们不会与国王谈论任何问题。

沃尔西才能卓越,勤勉不倦,实行铁腕统治。他当机立断,铁石心肠。他无情地清除了封建法权。他率先实行了摧毁修道院的政策。这个政策被亨利八世执行到底。他将一些没收的财产用于建造牛津教会学院。但沃尔西的贪婪、傲慢和对权力永无餍足的欲望盖过了他的许多伟大品质,他的显赫地位是建在沙土上的。他富甲王侯的奢华不仅靠他许多职务的年薪,而且也靠外国政府给他的巨额津贴、英国申请法律保护者的贿赂,还有被压制的宗教机构的被吞并的年收入。他的政策和倨傲自负使教士和俗人疏远了他。

英国在欧洲的影响非但没有增强,反而减弱了。查理五世认为,绝不能让沃尔西当上教皇。他的权力最稳固的基础就是亨利的宠幸。然而,国王最终决定剥夺他的枢机主教的权力,因为他的权势使自己黯然失色。

沃尔西勉为其难地负起向罗马教廷申请允许亨利国王与阿拉贡的凯瑟琳离婚的责任。遭教皇拒绝后,国王怒不可遏。沃尔西被从权力顶峰打落尘埃。他已将汉普顿宫送给国王;这时,他请求国王接管他的全部财产,他则退隐到约克大主教的职位上。在被解往伦敦答辩叛逆罪指控的途中,沃尔西于 1530 年 11 月 29 日死于莱斯特。

在莎士比亚的戏剧《亨利八世》中,多数情节集中在沃尔西的垮台上。在该剧中,这位枢机主教说道:

如果我把为国王效劳的热诚,
用一半来侍奉我的上帝,
他也不会在我垂老之年把我赤条条地丢给我的敌人。

枢机主教沃尔西是桑普森·斯特朗 1526 年创作的一幅油画的主题。此画藏于牛津基督教堂。

老鲁卡斯·克兰那克 1526 年创作的油画:马丁·路德。

马丁·路德 LUTHER, Martin
(1483—1546)

德国的宗教改革运动是由马丁·路德于 1517 年发起的。这次运动旨在对中世纪罗马天主教会进行改革,但教会对此坚决抵制,导致基督教组织的永久分裂。(参见:宗教改革运动)

1483 年 11 月 10 日,马丁·路德出生在萨克森地区的艾斯莱本,父亲叫汉斯·路德,母亲叫玛格丽特·齐格勒·路德。他出生后不久,全家就搬到了曼斯费尔德,汉斯在那儿当矿工。小路德曾先后在马格德堡和爱森纳赫上过学,后又就读于爱尔福特大学。1505 年,在父亲的督促下,他开始学习法律;但就在那年里,他决定放弃法律,成了一名信奉奥古斯丁教义的修道士,从此开始了宗教生活。后来他把这次仓促的决定归咎于一次暴风雨中被闪电掀翻在地的结果。他心怀恐惧,宣布退出尘世,于 1505 年 7 月步入了爱尔福特的奥古斯丁修道院。路德成了一名杰出的神学家和《圣经》学者。1512 年被授予神学博士学位,后任维滕贝格大学的《圣经》文学教授。

马丁·路德对宗教事务的专心使他陷入了严重的个人危机:他反复思索,怎样才能使上帝的律法的要求与人类在遵守该律法方面的无能协调起来。后来,他在《新约·罗马人书》中找到了答案:上帝在耶稣的顺从中已使人性同他自身和解了。因此,现实中要求人们所做的并不是严格遵守律法或履行宗教义务,而是对信仰的反应,接受上帝所做的一切。这种信仰会导致顺从,而这种顺从是出于爱,而非出于畏惧。

马丁·路德的这种信仰使他于 1517 年与天主教会发生了首次较大的冲突。为了募集资金修建罗马圣彼得大教堂,教皇利奥十世向人们出售赎罪券。这就为那些因罪受罚的人提供了捐钱以买得部分宽恕的机会,马丁·路德对此极力反对。

1517 年 10 月 31 日,马丁·路德在维滕贝格教堂的大门上张贴了《九十五条论纲》。除了抨击教会的其他一些弊端陋习外,《论纲》还否定了教皇拥有出售赎罪券的权利。这一《论纲》在德国广泛流传,并引起了极大的争议。

教皇命令马丁·路德去见奥格斯堡枢机主教卡耶坦。枢机主教要求他收回他的《论纲》,而他则坚持:除非他们能用《圣经》证实他错了,否则决不收回。

1521年初,教皇发布判处马丁·路德绝罚的谕令,并命令皇帝查理五世予以执行。而皇帝只在沃尔姆斯召集了一次"帝国议会",把马丁·路德召来进行审问。这次议会要求马丁·路德公开放弃自己的主张,但却遭到他的严辞拒绝,最终马丁·路德被宣布为不法分子。

在他的朋友萨克森选帝侯的帮助下,马丁·路德藏匿于爱森纳赫附近的瓦尔特堡的一座城堡里。这段时间里,他一直隐姓埋名,并着手将《新约》译成德文。

后来由于皇帝忙于与法国交战,马丁·路德终于得以返回维滕贝格,继续工作。马丁·路德藏匿期间,他的一些追随者继续进行改革,其发展已超出他的主观意愿。他回来后,企图调整改革运动的方向,却未获成功。1524年,德国的许多农民把他的学说作为起义的理论依据之一。

1525年,马丁·路德与先前当过修女的凯瑟琳娜·冯·博拉结婚。这更公开强调了他反对寺院制度,反对教士独身制的主张。马丁·路德把他的余生都用在写作、布道和组织萨克森地区改革派教会上。他用德语代替拉丁语做弥撒,还写了许多至今仍在使用的赞美诗,其中最引人注目的是那首有名的《我们的上帝是一座坚强的堡垒》。马丁·路德于1546年2月18日在他的出生地艾斯莱本去世。

茨温利 ZWINGLI, Huldrych (1484—1531)

马丁·路德于1517年在德国发动新教宗教改革运动。乌尔里希·茨温利把宗教改革运动引入瑞士。虽然茨温利的影响没有马丁·路德大,但他为新教教义作出了重大的贡献。(参见:宗教改革运动)

茨温利1484年1月1日出生在瑞士的维尔德豪斯。年少时曾在瑞士的几所学校和维也纳大学受到良好的教育。1506年,他担任格拉鲁斯教堂神父。在那儿,他深受荷兰神学家伊拉斯谟著作的影响。茨温利认为,人们应当自己诠释《圣经》。他还严厉抨击罗马天主教会的种种弊端和陋习。

1518年,他被任命为苏黎世格罗斯敏斯特大教堂神父。当他着手对教会进行改革时,市政会举行了一场关于他的活动的公开辩论会。会上,茨温利为自己进行了精彩的辩护,以致全州人民都决定跟随他。最终,他彻底脱离教会,其他的许多州也都受其影响,纷纷脱离了罗马教会。

茨温利相信《圣经》的最高权威,但他的许多观点又与马丁·路德不同(尤其是在圣餐礼的性质这一问题上)。作为一名政治和宗教改革家,茨温利非常支持农民起义,马丁·路德则对此极力反对。1531年10月11日,瑞士境内信奉天主教的州与信奉新教的州之间爆发第二次卡佩尔战争,茨温利不幸死于战场。

拉蒂默 LATIMER, Hugh (1485?—1555)

在16世纪的英国,休·拉蒂默牧师是新教改革的主要倡导者之一。他一生经历了改革肇始的亨利八世时代、新教获得稳固地位的爱德华六世时代,和天主教在英国重新夺得统治地位的玛丽·都铎女王时代。在玛丽王朝,拉蒂默由于宣讲反天主教的教义而被处以火刑。

休·拉蒂默约于1485年出生在瑟卡斯登。他是一位富裕的农场主的儿子,就读于剑桥大学,约于1510年被委任为牧师。他大约在剑桥待了20年,在那里获得了优秀传道士的名声。16世纪20年代中期,由于接触到一群受马丁·路德的德国神学革命的影响的大学教士,改信新教。由于他支持亨利八世为解除其婚约所作的种种努力,而引起国王及其他要人对他的注意。1535年,他被任命为伍斯特主教;但由于一度出现拥护天主教教义的逆流,他于1539年被迫辞职。他曾一度因其观点而被关进伦敦塔。

1547年,爱德华六世即位,拉蒂默获释,他的讲道再次受到人们的欢迎。1553年,玛丽·都铎成了女王,天主教重新获得国教的地位,拉蒂默遭到逮捕。1555年10月16日,拉蒂默在牛津被烧死在火刑柱上。(参见:**安立甘宗**)

克兰麦 CRANMER, Thomas (1489—1556)

新教派英国国教会的第一任坎特伯雷大主教。当时英王亨利八世一心想休弃阿拉贡的凯瑟琳,但是教皇却不同意,克兰麦为亨利八世想出了一个不违犯教会法的办法。作为大主教,他在教区内推广使用英文版的《圣经》,并主持编写了《公祷书》。

托马斯·克兰麦1489年7月2日出生于英国的阿斯克顿,曾就读于剑桥大学,毕业后成了一名出色的宗教学者。他比较赞同由于马丁·路德反抗罗马教会而产生的"新的思维方式"。虽然他只是偶尔对宗教法作了一次有利于亨利的解释,但国王立即让他继续这样做下去。1533年,他被任命为坎特伯雷大主教,负责在亨利和他的继任者爱德华六世的领导下对教会进行改革。亨利不喜欢变革。爱德华六世即位时还只是个孩子,他的监护者们决意要把教会改造成一个新教教会。

克兰麦所犯的致命错误就是在爱德华死后同意让格雷郡主即位。格雷郡主称王九天后即被废黜斩首,王位落到了信奉天主教的玛丽一世(玛丽·都铎)手中。玛丽女王指责克兰麦宣扬新教。后他被认定犯有叛国罪和信奉异教罪,于1556年3月21日被捆在木桩上烧死。

圣依纳爵(罗耀拉的) LOYOLA, IGNATIUS OF (1491?—1556)

圣依纳爵是耶稣会的创始人,他早年过着世俗生活。约1491年,他出生在西班牙北部吉普斯夸省的罗耀拉城堡,原名伊尼戈·德沃那兹-罗耀拉。

出身于富裕的贵族家庭的依纳爵对游戏与军事很感兴趣,后来成了一名骑士。1521年,在围攻潘普洛纳的战斗中依纳爵断了一条腿,因此结束了军人生涯。养伤期间,除了关于耶稣基督的生平与圣徒的生活的书之外没有别的读物,这些书深深地打动了他,使他的心里充满了侍奉上帝的愿望。1522年,他去了蒙塞拉特山的圣母隐修院,回来后在曼雷萨附近的一个山洞里祈祷苦修。他将自己的世俗服装布施给穷人,自己穿上了朝圣者的麻布衣和麻鞋。

1523年,依纳爵长途跋涉去了耶路撒冷,但当局不准他停留。回到西班牙后,他在32岁上又做了学生。但他涉嫌信奉异教,后又因没有学完规定课程就开始教学而被宗教法庭关押。

此时,他的计划已逐渐成形。他要创建一个耶稣会——精神上像军队一样训练有素,服从指挥——同异教徒作斗争,并在非基督教国家传教。其成员将立誓过简朴的生活,永远贫穷,忠贞,服从命令。他们将不穿显示区别的服装,也不受修道院繁琐规定和特殊纪律的束缚。

1534年,依纳爵和6个同伴在巴黎创建了这个组织。1537年,其成员被授以牧师职位,1540年得到教皇批准。依纳爵成为该组织第一个"将军"。

他的余生都用在给下属们制订章规。他认为,建立世界范围的传教组织和教育年轻人都是很重要的。他的祈祷方式被记录在《神操》中。他于1556年7月31日在罗马去世。1622年,他被封为圣徒。

方济各·沙勿略 XAVIER, Francis (1506—1552)

西班牙传教士、耶稣会牧师方济各·沙勿略在印度和日本传教布道11年。他被称为东印度的使徒,最终由罗马天主教会授以圣徒称号。

方济各·沙勿略1506年4月7日生于西班牙的纳瓦拉王国。他是贵族家庭中最小的儿子。他的父亲是政府高级官员,西班牙征服纳瓦拉后失去了职位。他幼时由父亲的牧师教育,长大后进了巴黎大学。1530年,他得到"教师"头衔——相当于现代的哲学博士学位。

大约这个时期,沙勿略遇到了圣依纳爵·罗耀拉。依纳爵常对他引述耶稣的话说:"如果一个人得到了整个世界,却失去了自己的灵魂,他又得到了什么呢?"这句话给了沙勿略很大启示。1534年,他与依纳爵和其他人一起建立了1540年被教皇保罗三世批准为耶稣会的小团体(见:**宗教改革运动**)。

方济各·沙勿略于1537年成为牧师。他学医,在医院照料病人,只要有人愿意听,他就随时随地布道。1541年,他开始传教生涯。

他以教皇使节的身份被派往印度传教。他在次大陆西海岸的果阿登陆,在那里布道了几个月。随后,他就开始了一系列旅行,走遍了整个印度、海岸线上的岛屿、马六甲,以及最东端的摩鹿加群岛(亦称香料群岛)。后来他去了日本,并在那里待了两年多。

后来,沙勿略制定了去中国的计划,但他中途发热病倒了。他在广东附近的山川岛去世,时年46岁。1622年,教皇格列高利十五世封他为圣方济各·沙勿略,并将12月3日定为他的节日。

加尔文 CALVIN, John (1509—1564)

当约翰·加尔文在法国还是个孩子时,马丁·路德就在德国发起了宗教改革运动(见:**马丁·路德**)。20年后,加尔文成为16世纪的第二个伟大改革家。他的工作与教诲对基督教发展产生了深远的影响。

1509年7月10日,约翰·加尔文出生在法国努瓦永。其父热拉尔是努瓦永地区地方检察官兼教区秘书。

青年时代,加尔文在巴黎学习做牧师。随着马丁·路德的思想在法国的传播,加尔文的宗教信仰产生了波动,转而学习法律。约22岁时,他经历了一次"转变";他感到上天召唤他离开罗马天主教会,建立一种形式更简单的基督教教义体系。他的《基督教原理》(1536)成为整个欧洲新教徒的共同原则。

不久,加尔文被迫逃离法国。1536年,他住在瑞士日内瓦。凭借加尔文钢铁意志,日内瓦成了一座"上帝之城"。在社会生活中,加尔文推行纯洁、单纯和虔诚的宗教信仰等理想。在所有宗教和世俗事务上,人们都向他请教。加尔文使日内瓦成为欧洲最具影响力的城市之一。加尔文后期的著作有《信仰指导》(1537)、《〈罗马人书〉注释》(1539)、《灵魂睡眠说》(1542)和《简论最后的晚餐》(1545)。他于1564年5月27日在日内瓦去世。

加尔文的教义是长老会和归正会的基础。这些教义在法国胡格诺教徒、荷兰和苏格兰新教徒与英国清教徒中传播。英国加尔文派由于在国内不能信奉自己的宗教,遂于17世纪来到新大陆。他们为美国加尔文主义奠定了基础。

约翰·加尔文

诺克斯 KNOX, John (1514—1572)

约翰·诺克斯是苏格兰新教改革运动的领袖。多年来他一直过着流放的生活,即使是回到家乡也被当作逃犯通辑。但他毫不畏惧,一心忠于自己的信念,最后终于使长老宗成为苏格兰的国教会。

关于诺克斯的早期生活,人们知道的并不多。他可能出生在哈丁顿的吉福德盖特。他也许上过格拉斯哥大学,但没有毕业。他读书是为能成为罗马天主教会的一名神父,但后来他转而成了家庭教师。

当诺克斯参与1546年教会改革时,他是一位家庭教师。那时的苏格兰是一个天主教国家,但许多人对教会的诸多弊病感到不满。诺克斯是乔治·威沙特的追随者,而此人是一名路德宗改革者。当枢机主教比顿把威沙特当作异教徒烧死时,一伙暴民杀死了这个枢机主教,并占领了他的城堡。诺克斯加入了守卫城堡的队伍,并开始宣讲他的教义。不久,诺克斯成了革命者们的传道士。

1547年7月,天主教会在法国的帮助下重新夺回了这座城堡。这些守城者做了给法国人划船的奴隶。1549年2月,诺克斯被释放。他曾一度在英国和德国传道。后来他是瑞士日内瓦的一个英国人会众的牧师。在那儿他成了新教领导人约翰·加尔文的学生。

到1559年,苏格兰已经可以接受这种新的教义。于是,诺克斯重返故乡。他的讲道很快唤起民众去拆毁教堂和修道院。1560年,苏格兰议宗把长老宗定为苏格兰的国教。此后,诺克斯全身心地致力于加强这个新的教会。他的一个主要攻击对象是苏格兰天主教统治者玛丽·斯图亚特。1567年她被废黜。诺克斯知道,他的教会安全了。

诺克斯大约在48岁时才结婚,婚后生有两个儿子。他的第一位妻子去世后,他于59岁时再次结婚,并生有三个女儿。1572年11月24日,诺克斯在苏格兰爱丁堡去世。

科利尼 COLIGNY, Gaspard de (1519—1572)

在作为16世纪下半叶法国宗教战争之特征的政治阴谋中,法国海军上将加斯帕尔·德·科利尼这个人物非常引人注目。当交战的双方——天主教徒和胡格诺派教徒——的许多领导人都在利用宗教论战激烈的情绪为自己谋私利时,法国新教运动首领、海军上将科利尼却因对他所认为的确实对其祖国有利的事情的无私奉献而赢得双方的尊敬。

1519年2月16日,亦即马丁·路德在德国开始宗教改革后两年,科利尼生于法国卢瓦尔河畔沙蒂永的一个贵族家庭。科利尼有着显赫的军事经历。1552年,他获得海军上将头衔。由于受他的兄弟弗朗西斯·当德洛的影响,他成了一名胡格诺派教徒(法国新教徒)。

1559年国王亨利二世在一次比武中不幸受伤而死后,科利尼便同孔代亲王一起主动充当胡格诺派的领袖,并要求政府实行宗教宽容。尽管他为宗教纷争的和平解决作了不少努力,内战还是爆发了。1569年孔代亲王在雅纳克战斗中阵亡后,科利尼就成为新教军队的领袖。在取得了阿尔奈勒迪克战役的胜利后,他招致了休战,并回到宫廷,取得了年轻国王查理九世的恩宠。

太后卡特琳·德·美第奇将科利尼与她儿子的友谊看作是对她的抱负的威胁。她想要牢牢地抓住自亨利死后她一直在行使的权力,而科利尼则以他有力的劝谏妨碍了她。

1572年8月22日,科利尼被卡特琳和吉斯家族成员(宫廷阴谋的领导者)雇用的刺客刺伤。查理起初发誓要为科利尼报仇。但是第二天,查理在卡特琳及其心腹的欺骗蛊惑下,对科利尼产生恐惧和偏见,并同意处死科利尼。

卡特琳立刻着手计划大规模屠杀。法国胡格诺派大多数领导人都在巴黎准备参加他们的领袖、纳瓦尔的亨利(后来的法国亨利四世)与国王妹妹的婚礼。

8月24日是圣巴托罗缪节。那天凌晨,信号发出后,对胡格诺派的屠杀开始了。科利尼是第一批被屠杀的。受伤的科利尼在自己家中遭吉斯公爵亨利带领的一帮人袭击。一名德国雇佣兵将剑刺入他胸膛,将他扔出窗外。另一个人割下了他的头颅。

屠杀波及到法国其他地区,并持续到9月份。尽管有关死难者的统计数字有出入,但一般认为被害人数超过20000人。

科利尼曾三次将胡格诺派送往新大陆建立殖民地,但均未成功——第一次是1552年送往巴西;第二次是1562年去南卡罗来纳,他们定居在罗亚尔港;第三次是1564年去佛罗里达,在那里,很有前途的卡罗来纳堡建在圣约翰河边。1565年卡罗来纳堡的定居者全都被西班牙远征军杀害。

利玛窦 RICCI, Matteo (1552—1610)

16世纪,耶稣会传教士利玛窦将天主教传入中国。他取得相当大的进展,因为他是个学过中国语言与文化的学者。他在中国居住了近30年,帮助建起了中国与西方相互了解的桥梁。

1552年10月6日,利玛窦生于意大利的马切拉塔。受过早期教育后,他去罗马学习法律。1571年加入耶稣会。学习自然科学与数学时,他也愿去远东传教。他于1578年3月从葡萄牙的里斯本启航,9月到达葡萄牙的印度殖民地果阿。他在那里学习做神职人员。1580年,他在科钦被受以圣职。1582年8月,他来到中国沿海的一个半岛澳门学习中文。第二年,他获准定居广东省。他出版了第一部中文基督教《教理问答》,并为中国学者画了一幅世界地图。

他通过向他学习西方科学的学者们,与敬重他的学识的人们建立了联系。1601年1月,他终于获准进入中国首都北京。虽然他从未被皇帝接见过,他余生一直住在北京,教授科学并宣讲基督教。他的一些皈依者建立了中国罗马天主教会。1610年5月11日,利玛窦在中国去世。

哈钦森 HUTCHINSON, Anne (1591—1643)

安妮·哈钦森是新英格兰移民中最早就宗教事务向清教领袖的权威提出挑战的人之一。她主张遵循自己的良知,而不是盲目服从。她的主张对建立宗教自由原则起到了一定作用。

安妮·马伯里1591年7月20日出生在英国的奥尔福德。她于出生那一天接受洗礼。她父亲是个英国牧师,曾因布道反对已确立的英国国教会而两次被捕入狱。尽管马伯里未受过正规教育,但她听父亲与朋友们讨论宗教与政府时学到了很多知识。

马伯里14岁时,父亲被派到伦敦的圣马丁教堂任职。她21岁嫁给青梅竹马的恋人威廉·哈钦森,双双回到奥尔福德。他们共生了 14 个孩子。尽管家务繁忙,哈钦森仍积极参与宗教事务。她常常长途跋涉 39 公里去英国波士顿听约翰·科顿布道。1633 年,科顿由于同情清教而被迫离开英国。他与哈钦森的长子爱德华一起逃到新英格兰。第二年,哈钦森夫妇与其他子女一起也去了新英格兰,定居在马萨诸塞州的波士顿。

不久,她便为殖民地妇女举办每周祈祷会。她常在会上批评牧师的布道。哈钦森认为,上帝就在每个人内心。她确信,只要有信仰,就会被拯救。这与清教领袖们的教导背道而驰。到 1636 年,她已造就了许多皈依者,其中包括她的内兄约翰·惠尔赖特牧师和年轻的总督亨利·文。起初约翰·科顿支持她,但后来他却公开宣布她的教义与他无关。

由于文总督改变信仰,其他领导人担心出现内乱,试图重新控制局势。当 1636 年文返回英国后,他们为约翰·温思罗普争得总督职位。他立即将惠尔赖特流放至新罕布什尔,并将哈钦森送法院审理。她于 1637 年被流放,但由于健康不佳,获准在附近的罗克斯伯里过冬。

那年冬天,科顿和其他牧师试图让哈钦森放弃自己的信仰。她拒绝了,于是她被逐出教会。她与家人及朋友们于 1638 年搬到罗得岛的阿奎德内克岛,并创建了一个新殖民地。她的丈夫于 1642 年去世,其后哈钦森带着小孩迁居纽约州的佩勒姆湾。1643 年,她与大多数家人被印第安人所杀。

马瑟家族 MATHER FAMILY

在殖民时代的马萨诸塞州最杰出、最有影响的清教徒神职人员中,有三位出自马瑟家族:理查德(1596—1669)及其儿子英克里斯(1639—1723)、孙子科顿(1663—1728)。他们在殖民地的政治和宗教生活中发挥了重要的作用。科顿大概是所有的美国清教徒中最有名的人物,他对科学也十分感兴趣。他们惟一的不幸,就在于生活在教会和殖民地都在变化的时代。随着殖民者越来越富有,他们对于自己的宗教态度也越来越得意。在这三人当中,只有理查德明白旧的秩序正在消逝。英克里斯和科顿则力图保存刻板的清教传统。

理查德·马瑟 1596 年出生于英格兰的劳顿。他在牛津大学布雷塞诺斯学院学习三年之后,离开那里到托克斯特思做了教区牧师。他在那里工作了 15 年后,被英格兰教会当局暂令停职,因为他是持不同意见者——一名清教徒。于是,1635 年他和家人迁往马萨诸塞,他成为多切斯特教区的牧师。他一直住在那里直至 1669 年 4 月 22 日去世。他最有意义的工作是 1648 年坎布里奇会议上通过的一整套信条。它们被认为是对清教公理宗最清楚明白的说明。他还是 1640 年出版的《海湾圣诗》的翻译者之一,该书是在北美殖民地出版的第一部书。

理查德的 6 个儿子中有 4 位(包括英克里斯)做了牧师。其中两位牧师,塞缪尔和纳撒尼尔,定居英国。埃利埃泽在北安普敦做牧师。理查德的第一个妻子凯瑟林死于 1655 年。一年后,他娶了杰出的清教牧师约翰·科顿的遗孀。

英克里斯·马瑟 1639 年 6 月 21 日生于马萨诸塞州的多切斯特。他 17 岁在哈佛大学获得学士学位,接着去爱尔兰都柏林的三一学院深造。他曾在英格兰的许多教堂讲道,1661 年返回波士顿,成为该市北教堂的牧师。他一直担任这一职务直至去世,不过在此期间他曾经旅行到过英格兰。

1686 年国王查理二世撤销了殖民地特许状。两年后,殖民者派遣英克里斯去拜见新国王詹姆士二世,感谢他颁布的宗教自由特许令。1689 年英克里斯成功地把可恨的总督埃德蒙·安德罗斯赶下台。1691 年英国下一任君主威廉和玛丽颁布了新的殖民地特许状。马瑟从 1685 年至 1701 年担任哈佛大学校长。1692 年,在了结塞勒姆的巫术审判中,英克里斯及其儿子科顿也发挥了影响。虽然他们二人都相信女巫,但他们深信审判的证据缺乏可靠性。英克里斯死于 1723 年 8 月 23 日。

科顿·马瑟 1663 年出生在波士顿,他在这个城市生活了一辈子。18 岁时,他获得哈佛大学的学士学位。他对科学的兴趣使他成为一名医生,同时家庭传统又将他推向教会。他虽然选择了教会,但他的一生都和科学联系在一起。1680 年他在父亲的教堂里第一次讲道。1685 年他升任牧师,在北教堂做了他父亲的同事。他一直在这个教堂工作,直至 1728 年 2 月 13 日去世。

19 世纪根据理查德·马瑟活着的时候画的一幅肖像绘制的理查德的油画。

科顿·马瑟的肖像,彼得·佩勒姆作于 1727 年,它大概是美国的第一幅铜版雕刻画。

虽然科顿是一个专职牧师,但他也是一位多产的著作家。他一生共撰写出版了400多部作品。他对科学的挚爱使他提倡接种天花疫苗,但此事引起人们普遍的反对。(他给自己的儿子接种疫苗后,有人就从他的窗户外面扔进一颗炸弹。)他和著名的科学家们保持着广泛的通信联系,他的《美洲志异》(1712—1724)使他成为伦敦皇家协会的会员。他的《基督教哲学家》(1721)基本上是一部哲学与科学著作。他的最有名的代表作是《美洲基督教全书》(1702),该书叙述了截至到他那个时代的美洲宗教史。

马萨林　MAZARIN,Jules(1602—1661)

朱尔斯·马萨林虽然身为罗马天主教会枢机主教,却从未履行过宗教职责。从1642年直至去世为止,他始终是法国杰出的外交家,欧洲最有权势的人之一。他继枢机主教黎塞留之后任首相,在路易十四漫长的统治期内的相当长时间里在任。

马萨林1602年7月14日出生在意大利的佩希纳,原名朱利奥·马萨里尼。他在罗马接受耶稣会教育,在西班牙的埃纳雷斯堡学习法律。1624年,他成为教皇的外交官,并任此职至1639年。出使法国时,他受到路易十三治下的首相、枢机主教黎塞留的注意。黎塞留对他的才干印象深刻,临去世前推荐马萨林做继任者。路易十三第二年驾崩,年幼的路易十四即位。摄政王是奥地利的安妮,她立即任命马萨林为首相。

马萨林在任期间,法国曾面临三大危机。第一个问题是以有利的方式结束三十年战争。这由1648年的《威斯特伐利亚和约》完成了。接着出现的问题更为严重——投石党人发动了一系列叛乱,企图推翻国王。1653年,马萨林成功地结束了内战。最后,他还得结束与西班牙的连年战争。1659年,他又做成了这件事。当马萨林于1661年3月9日去世时,路易十四的权力已得到巩固。

福克斯　Fox,George(1624—1691)

公谊会(或称贵格会)创始人是个名叫乔治·福克斯的英国人。他是个按照自己的原则生活的人,尽管遭受了严重的迫害,但没有人能阻止他布道。他蔑视英国国教会,认为英国国教会是违反宗教原则的。当他被从监狱里释放时,他竟拒绝离开,因为他认为,对他的监禁是不公正的,他要求在释放的同时免除他的罪名。

乔治·福克斯1624年7月出生在莱斯特郡的德雷顿。父母都是清教徒。童年时代,乔治就极其信仰宗教。19岁时,他对许多基督徒的邪恶行径产生了厌恶感,于是他就独自离家出走。他研读了《圣经》,在深思熟虑之后他得出结论:只有在每个人的心灵中才能发现上帝。

福克斯在23岁时开始以牧师的身份进行布道。他挨村宣讲自己对"心灵之光"的信仰,很快就赢得了许多信徒。然而当时的英国正为内战所困,当权者并不喜欢这种宣扬普遍平等、拒绝拿起武器或发誓效忠的教派。成百上千的人被囚禁。在狱中,他以写《日记》和小册子的方式,支撑自己的信仰。

奥列弗·克伦威尔在英国掌权以后,福克斯在费尔法官家中找到了栖身之处。费尔法官是克伦威尔在兰开斯特公爵领地的副主教,负责管区内的法律事务。他于1691年1月13日死于伦敦。(参见:贵格会)

亨内平　HENNEPIN,Louis(1626—1701?)

天主教方济各会传教士。他是第一个到密西西比河上游地区进行探险的人,同时也是最早发表有关这一地区情况的文章的人。

路易斯·亨内平1626年5月12日出生在比利时的阿特。青年时代加入了方济各会。有一段时间在低地国家传教。后来在1675年同拉萨尔同船来到加拿大。亨内平成了一名印第安人的传教士。

1679年,亨内平神父同拉萨尔一起到西部地区探险。1680年,拉萨尔从现在的伊利诺伊州皮奥里亚返回去取补给,而亨内平和他的同伴本来要去密西西比河上游探险,却被印第安苏族人所俘。在同印第安人一起行进的途中,他发现了一处瀑布,位于现在的明尼阿波利斯。他把它命名为圣安东尼瀑布,以纪念自己的守护神。他在1681年为迪吕所救后回到法国。他对自己旅程的记录《路易斯安那概况》(1683)使他一举成名。但不幸的是,拉萨尔死后,亨内平出版了一本书,书中声称他那具有历史意义的美洲之行还包括他在拉萨尔之前对密西西比河下游的探险。这个谎言使人们开始对他先前的记录生疑,而他拒绝重返美洲又招致了方济各会当权机构的反感。他在默默无闻中死于罗马,时间大概是在1701年。

班扬　BUNYAN,John(1628—1688)

继约翰·弥尔顿之后,英国清教徒运动产生的最伟大的文学天才是约翰·班扬。他的《天路历程》是西方文学作品中拥有最广泛的读者、被译介得最多的一本书。(参见:清教徒)

班扬1628年11月出生在英格兰的埃尔斯托。他生活的时代是宗教狂热与国内战争的时代。议会与国王查理一世的军队之间进行的国内战争以国王战败被处死和在奥利弗·克伦威尔领导下建立清教联邦政府而告终。班扬在清教环境中长大,于1644—1647年在议会军中服役。

班扬离开军队后结了婚。他的妻子姓名不详,但她带给他两本关于基督教的小书,唤醒了他对宗教的兴趣。从1650年至1655年,他逐渐改变了宗教信仰。

同时,他开始读《圣经》,并参加了不信奉国教的新教徒的一个小团体。不久,他便在贝德福德周围的村庄里布道,他的布道带着如此巨大的狂热,侃侃而谈,十分受欢迎。1660年查理二世复辟,英国国教重新上台,班扬因违反禁止举行不信奉国教的集会的禁令而被捕,投入贝德福德监狱。

他被监禁12年,除去有短暂的放风。一旦他作出放弃布道的许诺,就可以重获自由,但他说:"你们今天放我出去,我明天就去布道。"最难以承受的是家人的受苦。他的第一个妻子已经去世,被捕前刚刚再婚。他的后妻照看他的四个年幼孩子,其中一个盲女是班扬特别钟爱的。在狱中,班扬靠做鞋带来养活自己和全家。其余时间用来阅读《圣经》和约翰·福克斯的《殉教者书》、向其他难友布道,以及撰写宗教书籍和论文。

最终,1672年,国王中止了针对不信国教者的法律,班扬得以获释。三年后,他又因非法布道被拘禁几个月。很可能在第二次入狱期间,他写了《天路历程》的第一部分。

晚年,班扬作为布道者和作家赢得越来越大的名望。尽管他经常到附近的城镇,甚至到伦敦布道,但他从未被人说服而放弃他所热爱的贝德福德会众;在贝德福德,他觉得,对他的人民行使牧师职责是他最大的乐趣。

在一次去伦敦的路上,他淋雨受寒。结果高烧不退,于1688年8月31日在伦敦去世。

《天路历程》

在撰写《天路历程》时,班扬并未想到他正在创作文学巨作,因为,他除了《圣经》以外对文学概不知情。他只是想向人们传递一个信息。他的作品,如同他的布道一样,使用大众通俗易懂的简单直接的语言。

《天路历程》描述了一个惊险故事,同时讽喻了人类灵魂的斗争、诱惑、磨难和最终解救。这个故事讲述的是一个基督徒,不堪沉重的原罪负担,逃离毁灭城,开始了艰险的天路历程。先是经历沮丧一关,然后他沿着狭窄小路直奔困难山峰。他进入屈辱谷,在那里与魔鬼斗争,然后进入死荫之谷。他经历过充满世俗间各种诱惑的名利场后,又在疑问城堡陷入巨大绝望。最后通过无桥的死亡河,到达了天国之城。基督徒路上遭遇的人物代表着人类的优点和缺点、德行和罪恶——固执、圆通、希望、忠诚、聪明先生、善谈先生,还有许多其他的人物——其中大多像班扬所熟知的现实中的男男女女一样做事和说话。他们使用常人一样简单、生动、幽默的语言。

非常有趣的是,班扬所受的教育很少,他只精通一本书——英文版《圣经》。在他出生前17年出版的詹姆斯王钦定本《圣经》是一本很好的英语散文。班扬"沉浸在《圣经》里,直到《圣经》的语言变成他自己的语言"。书中的心灵斗争与幻象是他的真实经历。他自己曾经历过相似的斗争。他也曾出现过这些幻觉。他之所以写这本书是因为他自己曾耳闻目睹。由于他能够用简单的语言描绘生动的形象;由于他理解人,而且能够创造现实中存在的人物形象;由于他能用戏剧化和感人的方式讲述故事,因而班扬创造了一种新的文学形式——小说。一些评论家将他称为英国小说之父。

班扬出版的60部作品中,最著名的有《罪人受恩记》(1666)、《天路历程》(第一部分,1678;第二部分,1684)、《恶人先生的生平与死亡》(1680)、《圣战》(1682)。罗伯特·H.科茨写的《班扬传》于1977年出版。

基诺 KINO, Eusebio (1645—1711)

美国西南部的早期开拓者之一,耶稣会士,传教士。他在1701年前后的探险活动中,证明了南加利福尼亚是个半岛(称为巴哈半岛),而非像以前认为的那样是个岛屿。

欧塞比奥·基诺1645年8月10日出生在蒂罗尔的一个山谷地区(今在意大利)。曾在德国学习数学和天文学,曾在因戈尔施塔特大学教过一段时间的数学。1665年,加入耶稣会。1678年起,被派往西班牙在墨西哥的殖民地,开始做传教士。

基诺于1681年春到达墨西哥城。他余生的大部分时间在一个叫作皮梅里亚阿尔塔的地区度过。这一地区包括今天的亚利桑那州南部和墨西哥索诺拉州的北部。

1687年,他在索诺拉的印第安人当中建立了第一个传教机构,这个机构成了他的探险活动以及其他传教机构的总部。这些传教机构中最著名的是成立于1700年的桑-艾克撒维耶-戴-培克(San Xavier del Bac),位于今天亚利桑那州的图森。基诺于1711年3月15日死于索诺拉的马格达莱纳传教区。

爱德华兹 EDWARDS, Jonathan (1703—1758)

乔纳森·爱德华兹是新英格兰清教徒中最能干也最有口才的代言人,也是美洲的保守基督教派最善辩的辩护人。至今,人们仍认为他是北美洲最具智慧的神学家。同时,他的兴趣范围也很广。他对自然科学感兴趣,在这方面他可称是个专注的观察家和著者。他之所以没有进行这方面的专门研究,只是因为宗教职责占用了他太多的时间。

爱德华兹1703年10月5日出生在康涅狄格州的东温莎,是11个孩子中惟一的男孩。1720年,他从耶鲁大学毕业后又在那儿待了两年,学习神学。后来他在纽约一所教堂做过短暂的本堂牧师。此后他又回到耶鲁任助教。再后来他在北安普敦接受了做他外祖父所罗门·斯托达德的助理牧师的职位。外祖父于1729年死后,他继续住在那儿直到1750年。从1751年到1757年,他在马萨诸塞州斯托克布里奇的一个基督教会供职。后来他出任新泽西学院(今普林斯顿大学)院长。他刚刚赴任就染上了天花,死于1758年3月22日。

在爱德华兹生活的时代里,清教徒教义变得十分中庸,强调道德的自我满足、良好的生活以及自由意志,倾向于忽视人性的阴暗面。对此,爱德华兹给予了强烈抨击,强调上帝的仁慈和对上帝的忠心是获得解脱的惟一方法。在他最著名的著作《意志自由》(1754)中,他写道:人有根据自己喜好去做事的自由,因此,在道德上他有责任对自己的行为负责。他的《真善的本质》(1765)是一本有关道德的重要专著。他的布道与著述是被称作"大觉醒运动"的宗教奋兴运动(大约从18世纪20年代到40年代)后期的主要内容。这些布道和著述为19世纪早期更具深远意义的奋兴运动铺平了道路。

卫斯理 WESLEY, John (1703—1791)

在18世纪早期的英国剑桥,在年轻牧师约

翰·卫斯理和他在基督教堂做学生的弟弟查理周围聚集了一批年轻人,后人称他们为"神圣会"。而当时的其他学生因他们循规蹈矩的生活方式而嘲弄地称他们为"循道派"。卫斯理创建的这一宗派就由此得名。

约翰·卫斯理出生在林肯郡的埃普沃思。他的父亲是英国国教会在那儿的教区长。他在牛津接受了大学教育,于 1725 年成为父亲手下的副主祭,两年后就在父亲手下做副牧师,也就是助手。1735 年,他作为赴佐治亚州的传教士,与弟弟查理一同去美洲。在乘船去美洲的途中,他遇到同船的一群来自奥地利的摩拉维亚弟兄会会员。他们在暴风雨中表现出的平静的信念深深打动了他。他研究了他们的学说。回到英国后,他在伦敦参加一次摩拉维亚弟兄会的集会时,由于相信基督的救世能力,觉得自己的心"被莫名其妙地温暖了"。于是他开始传播这种新的信念。但当他发现附近的教堂反对他时,他就同乔治·怀特菲尔德(著名的福音派传教士)一同举办露天传道集会。

卫斯理有着惊人的充沛精力。他每年旅行约 8000 公里,每周约作 15 次布道。尽管他遭到反对甚至迫害,还是有成千上万的人听他的布道,这场运动迅速发展起来。卫斯理把他的信徒编成祈祷团和教区联合会,指定负责人做非神职牧师,甚至任命或委任传道士。这些都表明他已与英国国教会决裂,尽管他本人并不承认这一点。卫斯理于 1791 年 3 月 2 日在伦敦去世。

查理·卫斯理(1707—1788)与其兄约翰共同从事宗教工作,以写作赞美诗著称。他发表了 4500 多首赞美诗,并留下大约 3000 首赞美诗手稿。

穆伦贝尔格家族　MUHLENBERG FAMILY

亨利·梅尔基奥尔·穆伦贝尔格(1711—1787)是一位牧师和学者,出生在德国,他被认为是美国路德宗的创立者。他的三个牧师儿子在其他领域里也声名显赫。约翰·彼得·加布里埃尔(1746—1807)在美国独立战争期间担任过将军,后来入选国会。弗雷德里克·奥古斯塔斯·康拉德(1750—1801)是大陆会议的一名代表,后来成为众议院的第一位发言人。戈特希尔福·亨利·欧内斯特(1753—1815)一生都是牧师,但是他作为一名杰出的植物学家和多部科学著作的作者也享有盛名。

亨利·梅尔基奥尔·穆伦贝尔格 1711 年 9 月 6 日出生在德国的艾恩贝克。他就读于格丁根大学,1739 年授牧师职以前做过几年教师。他原打算到东印度去做传教士,但 1741 年经说服来到美国宾夕法尼亚州费城及其周围的三个路德宗教区联合会众任职。他的首要任务是弥合德国摩拉维亚弟兄会的冯·亲芩道夫伯爵在信徒中间造成的分裂(见:摩拉维亚弟兄会)。

穆伦贝尔格早年先以巡回牧师的身份在中部殖民地旅行,探访德国的路德宗信徒。1748 年,他在美国组建起第一个路德宗行政管理区宾夕法尼亚州执行部。除 1761 年至 1776 年住在费城以外,他家一直住在宾夕法尼亚州的特拉普(今新普罗维登斯)。他一直在自己的教区工作,直至 1779 年。1781 年,他最后一次出现在执行部。1787 年 10 月 7 日他在家中去世。

约翰·彼得·加布里埃尔·穆伦贝尔格 1746 年 10 月 1 日出生在宾夕法尼亚州的特拉普。他于 1772 年成为牧师,之前在德国的哈雷大学学习两年左右。正当殖民地准备发动革命的时候,他来到佛蒙特州的伍德斯托克,负责一个教区的工作。战争爆发后,他离开自己的会众,成为一名战士。到 1777 年,他已被任命为陆军准将。他参加过许多战役,其中包括布兰迪万河战役、日耳曼敦战役、蒙茅斯郡府战役和约克敦围城战役。

他的战斗履历为他转向政治生涯奠定了基础。1781 年,他被选入宾夕法尼亚州的执行委员会,1785 年至 1788 年任该州的副州长。当按照宪法召开第一次国会时,他被选入众议院。他任期三届,并于 1801 年被选入参议院。后来他辞去参议员职务到费城定居,成为葡萄酒收藏家。他于 1807 年 10 月 1 日去世。

弗雷德里克·奥古斯塔斯·康拉德·穆伦贝尔格 1750 年 1 月 1 日出生在宾夕法尼亚州的特拉普。他就读于哈雷大学,1770 年在费城授牧师职。他在纽约市的一个教区工作,但在美国独立战争期间,他离开教区从事政治生涯。1787 年被选入宾夕法尼亚州会议审批新宪法以前,他一直没有担任过重要职务。接着,他被选入第一届国会(1789—1791),并受命成为发言人。他一直在国会任职,任职期间曾两次竞选宾夕法尼亚州州长失败。1796 年,他投票赞成不受人们欢迎的《杰伊条约》,导致其政治生涯终结。1800 年,宾夕法尼亚州州长让他到该州土地办公室任职。1801 年 6 月 4 日他在宾夕法尼亚州的兰开斯特去世。

戈特希尔福·亨利·欧内斯特·穆伦贝尔格 1753 年 11 月 17 日出生在宾夕法尼亚州的特拉普。和他的兄长一样,他也被送到德国的哈雷大学读书。他于 1770 年返回费城,同年 10 月 25 日在雷丁授牧师职。他在特拉普给他父亲做了 4 年助手。在美国独立战争所引起的分裂之后,他成为宾夕法尼亚州兰开斯特圣三一教区的牧师,直至 1815 年 5 月 23 日去世。

美国独立战争时期,戈特希尔福·穆伦贝尔格开始研究植物学。后来他和欧洲的学者开始通信,互相写信交换植物标本。他还与他人合作编纂了完整的北美植物目录。欧洲和美国的杂志都刊登过他的文章。

塞拉　SERRA, Junípero (1713—1784)

18 世纪后期,西班牙人在军人波尔塔拉和方济各会修道士胡尼佩罗·塞拉的领导下在现在的加利福尼亚州建立了殖民地。1769 年,塞拉在加利福尼亚建立了第一个传教点圣迭戈-德-阿尔卡拉。他建立的其他传教点有:圣安东尼奥-德-帕杜亚(1771)、圣加夫列尔-阿尔坎赫尔(1771)、圣路易斯-奥比斯波-德-托洛萨(1772)、圣弗朗西斯科-德-阿西斯(1776)、圣胡安-卡皮斯特拉诺(1776)、圣克拉拉(1777)和圣布埃纳文图拉(1782)。

塞拉 1713 年 11 月 24 日出生在马霍尔卡的佩特拉。就读于帕尔马的教会学校,并于 1730 年加入方济各会。1737 年任司铎,1743 年获得神学博士学位,后在帕尔马的卢利安大学任教。1749 年他决定做一位传教士。1750 年 1 月 1 日,塞拉抵达墨西哥城,在那里向印第安人传教达 17 年之久。1767 年所有的耶稣会传教士都被赶出西班牙的殖民地,方济各会的传教士们取代了他们的位置。塞拉被派往下加利福尼亚地区。

西班牙决定将加利福尼亚变为殖民地,以使这一地区摆脱俄国和英国的影响。波尔塔拉和塞拉于 1769 年 7 月 1 日抵达现在的圣迭戈所在地。1770 年 4 月,他们继续向北推进,并在蒙特雷湾建立了殖民地。他们在那儿建立了圣卡洛斯-博罗梅奥传教点(1771 年,这一传教点迁到了卡梅尔地区)。方济各会最终共建立了 21 个传教点。1784 年 8 月 28 日,塞拉在卡梅尔去世。1934 年,人们发起要将塞拉列为圣者的运动。1988 年,塞拉被宣告已升天并列入"真福品位"。但同时也有另一股势力拒绝将塞拉列为圣者,因为他在奴役美国土著的过程中扮演了一个并不光彩的角色。

怀特菲尔德 WHITEFIELD, George(1714—1770)

从 1734 年至 1744 年的大觉醒运动开始,北美英属殖民地经历了 40 多年的宗教奋兴期,乔治·怀特菲尔德是一个与这次奋兴运动紧密相关的传教士。从 1738 年到 1770 年,他先后 7 次在北美做巡回布道。

怀特菲尔德 1714 年 12 月 16 日出生在英国的格洛斯特。他曾就读于牛津大学彭布罗克学院。在那儿他深受循道宗创始人约翰·卫斯理和查理·卫斯理的影响(见:循道宗;卫斯理)。1736 年,他被授予学位,成为圣公会会吏(1739 年升为牧师)。1738 年,他应约翰·卫斯理之邀去佐治亚州传教。他在佐治亚州东部港口萨凡纳停留了三个月后回国。

由于他和卫斯理兄弟的关系,圣公会神职人员不欢迎他到他们的布道台上传教,所以他举办了一系列的露天奋兴会,这些露天奋兴会吸引了成千上万热心的听众。后来,他一直往来于不列颠群岛和北美殖民地之间传教布道。

1753 年,他编辑了一本赞美诗集。1756 年,他在伦敦托腾海姆法院路开了一座以他的名字命名的公理会小教堂。据说,他在北美的活动为包括普林斯顿大学和宾夕法尼亚大学等在内的美国 50 所大学的创立奠定了基础。1769 年,他回到美洲。1770 年 9 月 30 日,他在马萨诸塞州的纽伯里波特去世。

卡罗尔 CARROLL, John(1735—1815)

约翰·卡罗尔是美国第一任罗马天主教主教。他是马里兰州声名显赫的卡罗尔家族的一员,也是查理·卡罗尔的外甥。查理是《独立宣言》的签字人之一。1735 年 1 月 8 日,约翰·卡罗尔出生在马里兰州的上马尔伯勒。他在法国受过教育并成为耶稣会成员。1769 年,他被任命为神父。在比利时的几所学校做了几年教师之后,他于 1774 年回到美国。美国独立战争后,教皇庇护六世任命他为美国传教团总团长。1789 年,他升为主教——1881 年,升为大主教——主管巴尔的摩教区。在这期间,他创立了一所学校,即现在的乔治敦大学,并为圣母升天大教堂埋下奠基石,这是当时美国第一座天主教大教堂。卡罗尔死于 1815 年 12 月 3 日。

艾伦 ALLEN, Richard(1760—1831)

理查德·艾伦是黑人废奴主义的先锋和非洲人美以美会的创始人。他于 1760 年 2 月 14 日出生在费城的一个奴隶家庭。幼年时,随全家被卖给特拉华州多佛附近的一个农场主。他在那里长大成人,并成为一个循道宗信徒。他成功地说服了他的主人改宗,并允许他出去当雇工。艾伦靠在一家砖厂做工和砍伐树木赚来的钱赎回了自由。

美国独立战争后,艾伦走遍了东部地区,同时向那里的黑人和白人传教。1784 年,他被授以循道宗牧师职位。1786 年,他被召至费城在圣乔治教堂向那里种族混杂的教民布道。随着黑人信教者人数的增多,黑人教民最终不满于按惯例划给他们的区域做礼拜。一天,他们在走廊内听道。当艾伦和其他几位教徒在走廊前跪下祈祷时,几个白人强迫他们移到后面去。为了不再忍受更大的屈辱,他们走出了教堂。

按艾伦在前些时候所提的建议,他和他的追随者们筹集资金建立他们自己的教堂。1794 年,这座名为"伯特利"("上帝的居所")的教堂正式落成。1816 年,东部的其他几个黑人会众也加入这一教会,组成了非洲人美以美会。艾伦被选为该会主教。从此,艾伦终身致力于使该会成为美国黑人中的统一力量。

1792 年至 1793 年间,艾伦同黑人牧师阿布萨隆·琼斯一同组织费城的黑人去照料黄热病人,掩埋病死者。1830 年,艾伦主持第一次全国黑人大会,谴责当局试图将美国黑人迁回非洲。艾伦于 1831 年 3 月 26 日去世。

塞顿 SETON, Mother(1774—1821)

伊丽莎白·安·塞顿是第一位被罗马天主教宣布为圣徒的土生土长的美国人。她是在 1975 年被封为圣徒的。她是天主教在美国的第一个修会——圣约瑟仁爱姊妹会的创始人。

伊丽莎白·安·贝利 1774 年 8 月 28 日出生在纽约市。20 岁时她与威廉·马吉·塞顿结婚,生了 5 个孩子。在年轻时她就热心于为穷人服务。1797 年,她创建了扶助贫穷孤儿寡母社团,这是纽约市最早的此类机构。由于她丈夫身体欠佳,他们于 1803 年旅居意大利。同年,丈夫在意大利去世,她就回到美国。她于 1805 年加入罗马天主教。她依旧愿意帮助贫困的人们,于是 1809 年在马里兰州的巴尔的摩开设了一所小学。这虽然不是第一所教区学校,但却是美国教会学校系统的真正开端。

1810 年,塞顿同和她一起工作的妇女们宣誓献身宗教,并在 1812 年移居马里兰州的埃米茨堡。第二年便在那里建立了仁爱姊妹会。她们还在埃米兹堡建立了圣约瑟学院。塞顿被任命为这个修会的第一任会长,并且被允许看护自己的孩子。现在人们称她为塞顿会长。直到1821年1月4日去世前,她一直在这个修会工作、传教。到她去世时,这个修会在美国已有20个分会。塞顿厅学院(现在是一所大学)是1856年以她的名字命名的。1963年,教会为她举行了宣福礼,从而走完了她成为圣徒的最后一步。

比彻家族 BEECHER FAMILY

比彻家族被描述为美国最杰出的家族之一。有几个成员成为著名的布道士、教育家或作家。其中有长老会牧师莱曼、他的孩子教育家凯瑟琳·比彻;作家哈里特·比彻·斯托;公理会布道士亨利·沃德·比彻;牧师与教育家爱德华·比彻。

比彻家族是一位于1638年在康涅狄格州纽黑文定居的英国人的后代,他们在学术和严格的宗教信仰氛围中长大。他们因对19世纪的美国思想界的贡献而知名。

莱曼·比彻(1775—1863)一个与莱曼·比彻同时代的人称他为"美国最有头脑者之父"。他结过三次婚,生了13个孩子。他是长老会宗教领袖和社会改革家。他主持奋兴会,并在会上竭力反对酗酒、罗马天主教以及宗教宽容政策。

比彻1775年10月12日出生在纽黑文。1797年毕业于耶鲁大学。随后入耶鲁大学神学院,于1799年结束学业并获牧师资格。在纽约、康涅狄格和波士顿等地任教职后,于1832年成为辛辛那提市莱恩神学院院长。他的信仰对于俄亥俄州的长老宗信徒来说似乎过于温和,因此被控为异端。教会宣判他无罪。1850年他辞去神职,去纽约州的布鲁克林与儿子亨利一起生活。莱曼于1863年1月10日在布鲁克林去世。

凯瑟琳·埃丝特·比彻(1800—1878)凯瑟琳是莱曼·比彻的长女。因其为妇女接受高等教育所作的努力而知名。但她反对允许妇女参与选举的运动。

凯瑟琳·比彻1800年9月6日出生在纽约州的东汉普顿。她于1824年创建(康涅狄格州)哈特福德女子学院,并任该学院院长。这是个为年轻女子所设的高等学校,是第一个在课程中包括健身操和体育课的学校。凯瑟琳于1832年在辛辛那提开设西部女子学院,但因财政困难于1836年关闭。她于1878年5月12日在纽约州埃尔迈拉去世。

哈丽雅特·比彻·斯托(1811—1896)哈丽雅特·比彻·斯托在转而写小说之前曾是个教师,她无疑是比彻家族中获得盛名最长久的一个。她的著作《汤姆叔叔的小屋》(1852)为反对奴隶制的情绪推波助澜,以致被列为美国南北战争的起因之一。它至少被译成23种语言。根据小说改编的戏剧连续上演数年之久,且场场爆满。斯托接着又写了第二本书《汤姆叔叔的小屋背景材料》(1853),以证明前一部小说言之有据。

她于1811年6月14日出生在康涅狄格州的利奇菲尔德。她在姐姐凯瑟琳在哈特福德办的学校学习,后来在那儿开始任教。她还曾在凯瑟琳在辛辛那提办的学校教书。1836年,她嫁给神学教授卡尔文·E.斯托,并于1850年随夫迁居缅因州的不伦瑞克。丈夫鼓励她从事文学创作。她写下小说《德雷德:阴暗的大沼地的故事》(1856)、《牧师的求婚》(1859),及其他作品。她还写了许多纪实性作品,包括发表在杂志上的文章《拜伦勋爵一生中的真实故事》(1869)。她于1896年7月1日在哈特福德去世。

亨利·沃德·比彻(1813—1887)公理会开明派牧师亨利·沃德·比彻,是他所处时代最具影响力的新教徒发言人之一。他的口才和对社会的关注使他成为一个极受欢迎的演说家。1844年他的《对青年人的七次演说》出版后,他的声望与日俱增。这本书收录了他对边疆地区可能碰到的道德危机的生动描述。

亨利·沃德·比彻1813年6月24日出生在里利菲尔德。还在阿默斯特大学学习时,他就在假期布道。他在莱恩神学院完成学业。他在印第安纳州的两个教职发展了他的布道技巧。美国南北战争期间,他在英国讲演,为联邦政府赢得了许多听众的支持。

他支持妇女选举运动、生物进化论以及对《圣经》进行的科学批评。他在布鲁克林的普利茅斯公理会工作近40年。60年代初,他主编公理宗刊物《独立报》,还主编过于1870年创刊的非宗派报纸《基督教联合报》(后更名为《瞭望报》)。他于1887年3月8日在布鲁克林去世。

爱德华·比彻(1803—1895)爱德华在莱曼·比彻的子女中排行第三。他于1822年毕业于耶鲁大学,教了4年书后成为波士顿帕克街教堂的牧师。1830年,他到伊利诺伊州担任位于杰克逊维尔的伊利诺伊学院的院长。

他参与废奴运动,与报纸编辑伊莱贾·洛夫乔伊有联系。洛夫乔伊在奥尔顿的一场暴乱中被杀后,比彻写了一本名叫《奥尔顿暴乱叙事》的小册子,这是当时最著名的废奴著作之一。1844年,他返任波士顿的教职,并曾在一家叫作《公理众》的杂志任过几年编辑。从1855年到1871年,他在伊利诺伊州盖尔斯堡的一座教堂任牧师。后来他回到布鲁克林,在一座公理宗教堂任职,直至1895年7月28日去世。

贾德森 JUDSON, Adoniram (1788—1850)

现代最杰出的基督教传教士之一阿多奈拉姆·贾德森,是一名颇有成就的语言学家。他把《圣经》译成了缅甸语。他所编撰的缅甸语字典至今仍是一部标准的工具书。

阿多奈拉姆·贾德森1788年8月9日出生于马萨诸塞州的莫尔登。1807年,他毕业于罗得岛的布朗大学,后返回马萨诸塞州就读于安多弗神学院,并决心成为一名传教士。1812年他被任命为传教士后,响应公理会的倡议和妻子安·哈塞尔坦·贾德森乘船前往印度的加尔各答。

在船上,贾德森和妻子研究了基督教浸礼宗教义,遂决定皈依浸礼宗(见:浸礼宗)。由于他们在印度遭到支持英国国教会的东印度公司的反对,贾德森夫妇只好于1813年迁往缅甸的仰光。他花了几年时间学习并掌握了缅甸语和佛教用语巴利语,于1819年开办了一个传教所。通过他不懈的努力,浸礼宗在缅甸拥有了超过50万的信徒。虽然在第一次英缅战争中,他曾被囚,备受酷刑,但他却顽强地活了下来,继续从事他的工作,直到1850年4月12日去世。

特鲁思 TRUTH, Sojourner (1797?—1883)

"孩子们,我对上帝说,上帝也对我说。"这句话是废奴主义者、民权运动先驱及代言人特鲁思经常使用的开场白。她的真名叫伊莎贝拉·范·瓦格纳,于1797年前后生于纽约州的阿尔斯特县,生下来就是个奴隶。

关于她如何获得解放的说法不太确定,但是,她的姓据说是依据主人艾萨克·范·瓦格纳的姓来的,艾萨克是她最后一个主人,1827年艾萨克给了伊莎贝拉自由。伊莎贝拉移居到纽约市,成了一名家庭用人。在那儿,她结识了一位名叫伊莱贾·皮尔逊的基督教巡回传教士,并与其交往甚密。1843年,她离开纽约,改名为索琼纳·特鲁思,开始了周游北部各州的传教生涯。她的声誉与个人魅力与日俱增,无论出现在哪里,都会吸引大批的民众。她靠出售《索琼纳·特鲁思自述》一书维持生计,这本书是由她口述,她的一位朋友执笔记录的。

她强烈反对奴隶制,19世纪50年代,又投身于女权运动。南北战争期间,她在华盛顿市担任解放了的奴隶的顾问。她把她的余生全都奉献给了帮助奴隶获取自由的事业,在北方奔走游说。1883年11月26日,她在密歇根州巴特尔克里克她自己的家中去世。

索琼纳·特鲁思

扬 YOUNG, Brigham (1801—1877)

犹他州的创建者,美国摩门教领袖。1801年6月1日出生在佛蒙特州的怀廷厄姆。长大后成了一名漆匠和玻璃装配工。23岁时,他觉得自己能支撑一个家了,便娶了米丽娅姆·安杰莱因·沃克斯为妻。

当时,纽约市西区被称为"燃烧的地区",因为,许多如火如荼的宗教奋兴会席卷该地区。从青少年时代起,扬就被宗教信仰问题深深困扰着,急切地渴望找到一种真正的信仰。1830年,他得到了一本《摩门经》。当时约瑟夫·史密斯刚刚出版了此书,并在纽约州的费耶特创建了后期圣徒教会组织(见:摩门教;史密斯)。扬学习了两年《摩门经》,由约瑟夫·史密斯的一位兄弟于1832年为他施行了洗礼。

扬很快就成了一位能干的摩门教传教士。1833年,他带领一群摩门教徒迁往俄亥俄州的柯特兰。两年后,他被任命为教士团十二使徒之一。他成了史密斯最信任的助手。1838年摩门教徒被迫离开密苏里州西部。扬带领他们迁至伊利诺伊州,并帮助他们在诺伍建立了定居点。1844年,史密斯遭暗杀后,布里格姆·扬控制了整个教会。1847年,他成了摩门教首领,并一直独揽教会大权直到去世。

到了1846年,摩门教徒与他们所称的"异教徒"(非摩门教徒)已到了不能再和平相处的地步,扬于是率领第一批摩门教徒远迁西部地区。凭着他的胆识和预见,他选择了令人望而生畏的大盐湖流域作为摩门教的新家园。在灌渠使肥沃的土地变为良田之前,他禁止任何人开采这一地区丰富的矿产资源。1849年,德瑟雷特临时州成立,扬把盐湖城建成了后期圣徒教会的"新耶路撒冷"。

当犹他州划入美国的版图后,扬从1850年到1857年一直担任犹他州的州长。作为一位精明的生意人,他从建设联合太平洋铁路部分路段的合同中取得很大的收益。他修筑并经营了四通八达的公路,还在该地区建立了电报网络系统。商业上,他取得的最大成就就是创建了锡安联合商业公司。铁路修到犹他州后,异教徒们也纷至沓来,他们的贸易也如雨后春笋般在该地区兴起。扬成立这一公司也正是为了与那些异教徒展开竞争。

1877年8月29日,扬在一次短时间生病后在盐湖城去世。他给他的17位遗孀及他们的孩子留下了200多万美元的财产。扬一生总共结了27次婚。第一位妻子死后,他娶了玛丽·安·安杰尔,他的追随者们称他的这位妻子为

布里格姆·扬

"扬妈妈"。1868 年他最后一次结婚。他共有 56 个孩子,其中包括那些妻子带来的前夫的孩子。

纽曼　NEWMAN, John Henry (1801—1890)

约翰·享利·纽曼是英国 19 世纪的宗教领袖之一。他试图按照早期的天主教,即它成立后的前五个世纪那样来改革英国国教会。这个努力失败之后,他最终加入了罗马天主教,并渐渐晋升为红衣主教。纽曼还是一个教育家、诗人和散文家。他的《大学宣道集》和《为自己的一生辩护》是有关宗教和教育的条理分明、很有说服力的论说文。

纽曼 1801 年 2 月 21 日出生在英国伦敦,他是六个孩子中的长子。他的父亲是一个银行家。纽曼在伊灵学院读书时学习轻松,并把大量时间花费在编辑校刊上。16 岁的时候他进入了牛津大学三一学院。1822 年,纽曼获得了牛津大学奥里尔学院研究员职位。1824 年,他被任命为英国国教会牧师。

纽曼在奥里尔学院任职时,在牛津教区任助理牧师。他是"牛津运动"的领导人。"牛津运动"寻求天主教的更新,寻求英国圣公会内的思想和惯例的更新。他对中世纪宗教权力和辉煌的追求,使他于 1845 年加入了罗马天主教。他认为,英国国教会中的新教因素绝不会接受他的传统观点。

1847 年,纽曼在罗马当上了天主教神父。他加入了奥拉托利会,并在伯明翰和伦敦附近建立会众。尽管他的生活常常充满艰辛,他仍然坚持写作和传教,他的观点逐渐被人们接受。1879 年,他被提升为红衣主教。纽曼于 1890 年 8 月 11 日在伯明翰附近去世。

史密斯　SMITH Joseph (1805—1844)

后期圣徒教会(更普遍的名称是"摩门教会")的创始人和首任领导者。他的著作和《圣经》是该组织的教义的基础。

史密斯 1805 年 12 月 23 日出生在佛蒙特州的沙伦。11 岁时举家迁至纽约州西部的帕尔迈拉。他从 14 岁开始就常见到幻象。据他宣称,上帝经常给他一个启示,告诉他基督教的真正本质。根据他自己的叙述,1827 年的某一天一位天使把他领到纽约州曼彻斯特附近的一座小山。在那儿他挖出了一些写有美洲印第安人历史的金页片。他把这些金页片上的铭文译成英文,成为《摩门经》,于 1830 年出版。非摩门教派的学者认为,这本书只不过是一部记录了一些印第安奇故事、史密斯本人的某些经历,以及当时宗教和政治的论争的集子。

1830 年 4 月 6 日,史密斯在纽约州的费耶特创建了自己的摩门教会,想以此来恢复基督教最初的信仰。第二年,他和他的信徒们搬到俄亥俄州的柯特兰。1838 年他们又去了密苏里州西部,之后于 1839 年在伊利诺伊州的诺伍定居下来。在那里他们同非摩门教派发生了许多争论,尤其是在一夫多妻制问题上。史密斯本人就有多达 50 个妻子

尽管如此,摩门教会还是发展成为该地区有一定影响的教会。当时,有 2 万名摩门教徒的诺伍是伊利诺伊州最大的城镇。史密斯任该市市长,掌管当地的民兵。1844 年,史密斯宣布他竞选美国总统。对摩门教派持异议的人就在他们的报纸上对史密斯进行攻击,而他就下令捣毁他们的印刷厂。于是他和他的弟弟海勒姆被一起关进了伊利诺伊州迦太基市监狱。同年 6 月 27 日,一股暴民袭击那座监狱,将兄弟二人杀害。史密斯后来被摩门教徒称为"殉教者"。布里格姆·扬继承了他的事业。他的儿子约瑟夫则成了摩门教中持不同意见者团体的首领。(参见:**摩门教**;**扬**)

利文斯敦　LIVINGSTONE, David (1813—1873)

戴维·利文斯敦在非洲做传教士兼医生达 30 多年之久。他广泛游历了非洲大陆,足迹遍及南到开普敦,北到赤道,东到印度洋,西到大西洋的广大地域。作为一名探险者,他由此成为世界知名人物,对后世认识非洲产生了很大影响。他唤起了外部世界对这个尚不为人知的大陆的兴趣,为 19 世纪后期欧洲在这里的殖民统治铺平了道路。另外,他坚信非洲的发展会使之跻身于现代世界的行列。他的这一信念鼓舞了非洲民族主义的发展。

戴维·利文斯敦 1813 年 3 月 19 日出生在苏格兰的布兰太尔。他家庭出身贫寒,兄弟姐妹有 7 个,因此 10 岁时他就在一家纱厂工作了。他的父母是虔诚的加尔文教徒,崇尚努力工作和教养学识,决心要让儿子接受教育,戴维自己也十分努力。尽管如此,他接受的教育仍少得可怜。

1834 年,他听说英国和美国教会招收去中国的医疗传教士,于是就决定以此为业。之后两年里,他一边打零工,一边研习了神学和医学。1838 年,他被伦敦传教会所接纳,

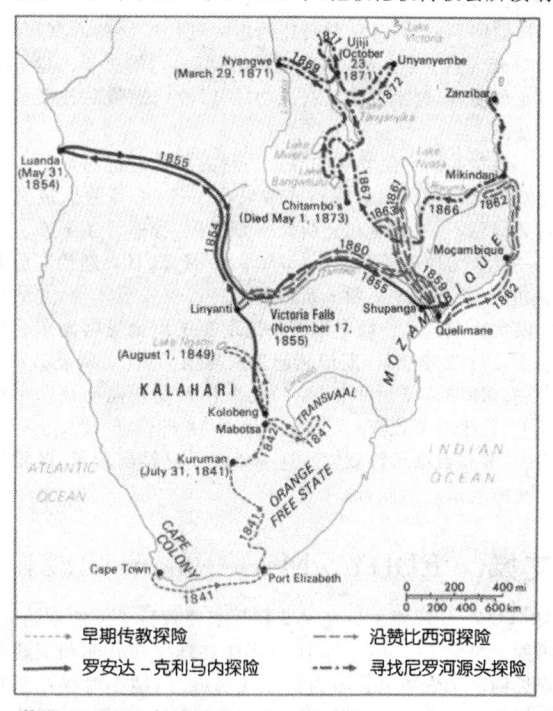

戴维·利文斯敦探险活动

但由于鸦片战争,他未能去成中国。后来他遇见了著名的南非传教士罗伯特·莫法特。这次会见使他决定去非洲工作。

他于1841年3月14日抵达开普敦。从到达那一天起他就下定决心要为基督教和西方文明打开非洲大陆之门。他的经历可划分为四个明显的阶段:1841—1849年的早期传教探险,这一时期他到达德兰士瓦,并深入到卡拉哈里地区;1850—1856年的探险,这一时期他到达西海岸的罗安达和东海岸的克利马内;1858—1864年沿赞比西河的探险;1866—1873年寻找尼罗河源头的探险,这次探险他虽下了很大的决心,但却没有成功。

到1842年年中,他就已向北深入到卡拉哈里领地,这在欧洲人的探险活动中是前所未有的。1844年,他在玛勃撒建立了一个传教点。他同莫法特的女儿玛丽结了婚。玛丽陪他游历直到1852年。在那一年,玛丽和他们的四个孩子回到英国,因为她的身体不好,而孩子们需要安全保障,还要接受教育。

在非洲的最初十年里,他赖以获得名声的第一件事就是1849年8月1日他协助发现了恩加米湖。为此他得到了英国皇家地理协会颁发的一枚金质奖章及奖金。

1853年,他全家都安顿在苏格兰。于是,他就于11月份开始了他的第二次重要旅行。1854年5月31日,他到达大西洋海岸的罗安达。四个月之后开始返回,沿途又勘察了赞比西河。1856年5月20日,他抵达东海岸莫桑比克境内的克利马内。他此行最令人瞩目的成就,是1855年11月17日发现并命名了赞比西河上的维多利亚瀑布。

由于这一成就,他在1856年12月回国时被当作民族英雄接待。1857年,他出版了《南非考察和传教旅行》一书,并在英伦三岛作巡回讲演。他在剑桥的几次讲演被收录在《利文斯敦博士剑桥演讲集》一书中,于1858年出版。1858年初他回到非洲,开始对赞比西地区进行广泛的勘察探险。1862年4月,当他正在进行探险活动时,他的妻子去世。从商业角度看,这次探险没有成功,所以他的探险队被英国政府召回。

寻找并确定尼罗河的源头是利文斯敦进行的最后一次探险活动。这次行动遇到许多艰难困苦,而探险队成员之间又意见不一,这使利文斯敦心力交瘁,身体垮了下来。人们一度认为他就要死了。1871年10月23日,《纽约先驱者报》的记者亨利·莫顿·斯坦利在乌吉吉发现了他,并给他提供食物及药品。后来他们一道勘察了坦噶尼喀湖东北部地区。1872年3月,斯坦利起程回英国,但利文斯敦却不愿回去。1873年5月1日,他的几个仆人发现他死在一个村子里(位于今赞比亚)。1874年4月18日,他的遗体被运回英国,葬在威斯敏特教堂。这一年晚些时候出版了《戴维·利文斯敦最后的旅行》一书。

艾娣　EDDY, Mary Baker (1821—1910)

玛丽·贝克·艾娣是基督教科学派的创始人。

玛丽·贝克1821年7月16日出生在新罕布什尔州康科德附近的一个农场里。因为长年疾病缠身,她小时候几乎没有接受过什么正规教育。1843年,她嫁给了乔治·W.格洛弗。但他6个月后便去世了。于是她回到娘家,10年后她又嫁给了一个叫丹尼尔·帕特森的牙医。这次婚姻于1873年以离婚告终。

由于多年疾病缠身,她便在《圣经》中寻求安慰。60年代初期,她遇上了菲尼斯·P.昆比。昆比无需药物便能治好疾病,他治愈了她的疾病。1866年,昆比死后,她摔了一跤造成重伤。在她受伤后的第三天,她在躺着等死时,要来《圣经》并读了《马太福音》第九章中有关耶稣怎样治愈偏瘫病人的那一部分。她又奇迹般地复原了。通过这次经历,她发现了基督教科学派原理。通过随后几年的思考和对《圣经》的研究之后,她1875年写了一本名叫《科学与健康》的书,这本书成了基督教科学派的教科书。

1877年,她嫁给她的一位追随者阿萨·吉尔伯特·艾迪。1879年,艾娣夫人在波士顿创立了一个教会,后来被称为"母会"、"基督教科学派第一教会"。后来,它的分会遍及全美,并传到海外。艾娣夫人于1910年12月3日去世,在这之前她一直是这个运动活跃的领袖。

穆迪　MOODY, Dwight L. (1837—1899)

德怀特·莱曼·穆迪1837年2月5日出生在马萨诸塞州的诺斯菲尔德。他是19世纪末最著名的旅行福音布道士。作为家中九个孩子中的一个,他13岁便开始工作,19岁时穆迪在芝加哥当推销员。他用大量时间在贫民中布道。1860年,他成为了一个没有神职的牧师。作为一个福音布道士,他到过很多地方。他在芝加哥创立了穆迪圣经学院、两所学校、一个宗教出版公司。1862年,他和爱玛·C.瑞维尔结婚。他们有两个儿子和一个女儿。穆迪于1899年12月22日在诺斯菲尔德去世。

卡布里尼　CABRINI, Mother (1850—1917)

卡布里尼院长是移民的守护神,她自己也是一位移民。她生在意大利,并在那儿创建了天主教圣心传教女修会。后来她来到美国,并最终成为第一位被追谥为"圣徒"的美国公民。

弗朗西丝·哈维尔·卡布里尼1850年7月15日出生在意大利的伦巴第。她做过教师,后来做孤儿院的院长。1877年,她宣誓做了修女。1880年,孤儿院关闭,她就创建了天主教圣心传教女修会。她原想到中国传教,但当时的教皇利奥十三世正为在美国的意大利移民问题而担心。他让她"到西方去,而不是去东方"。于是,她在1889年开始了遍及欧洲和南北美洲的旅程。最后,她在美国建立了基地,并于1909年加入美国籍,成为美国公民。

尽管她身体不好,但她还是建立起67个宗教机构,包括芝加哥和纽约市的医院。她于1917年12月22日在芝加哥去世,她去世的这一天后来成了纪念她的宗教节日。1946年教皇庇护十二世追谥她为"圣徒"。

拉塞尔　RUSSELL, Charles Taze (1852—1916)

现名耶和华见证会的国际圣经学

者协进会是由拉塞尔于1872年创立的。该组织的出版机构名为守望塔圣经和书刊会，由他于1884年创立。（参见：**耶和华见证会**）

1852年2月16日，拉塞尔出生在宾夕法尼亚州的匹兹堡。他自幼在公理宗教会长大，但长大后开始反对其教义。他研究过《圣经》后，于1872年发表了《基督再世的目的与方式》，宣称耶稣于1874年第二次秘密复临。他预言40年后，世界将陷入混乱，随后基督将开始统治世界。1879年，拉塞尔创建了一个后称为《守望塔报》的圣经报。他最有影响的书是《基督徒的精神食粮》（1881），警告信徒们不要参与社会和政治，后收入六卷本文集《千福年的曙光》（1886—1904）。他周游世界，宣讲他的福音。在一次旅途中，他于1916年10月31日在得克萨斯州的潘帕去世。

沃伏卡　WOVOKA（1858?—1932）

灵舞仪式于19世纪末叶在平原印第安人的许多部落中盛行起来。19世纪70年代，它最初产生于派尤特人中间。80年代后期，它遍及许多保留地，在苏人居住区尤为盛行。沃伏卡促使了第二次运动的兴起。

沃伏卡是派尤特人，大约于1858年出生在犹他准州。他早年为一家大农场工作。1888年他回到族人中成为一个巫医。1889年，他开始传言说被白人杀死的耶稣基督将要回到人间，并要将一切都恢复如初，和白人来到美洲大陆之前一样。为了迎接这件大事的来临，他建议印第安人跳灵舞。他们相信，这种仪式能够使他们死去的祖先复活，并能使消失的野牛归来。白人将永远消失。

这个仪式在苏人中迅速传播，它的疯狂吓坏了北达科他州和南达科他州的白人。沃伏卡被崇拜为新的先知。美国政府认为"坐牛"将要发动起义，美军于1890年12月29日在南达科他州的伤膝地区屠杀了200多个印第安人。这个事件之后，灵舞运动迅速地消失了。沃伏卡于1932年10月在内华达州沃克河印第安人保留地去世。

穆德　MOTT，John R.（1865—1955）

卫理公会福音派信徒约翰·R.穆德，因对国际教会运动和传教运动有突出贡献，与人共获1946年诺贝尔和平奖。他不倦地工作，为1948年世界教会联合会的建立铺平了道路，被任命为这个新组织的名誉主席。

约翰·罗利·穆德1865年5月25日出生在纽约州的利文斯顿马诺，在艾奥瓦州长大。在艾奥瓦州芒特弗农的康奈尔学院学习时，他积极参与基督教青年会（YMCA）的活动。后来他一生的大部分时间都在这个组织工作。1926年至1937年，他任世界基督教青年会联盟主席。

但他更大的贡献是对世界范围基督教大联合运动所作出的贡献——努力使各基督教宗派合作（见：**普世主义**）。19世纪80年代，他参与了国外传教学生志愿者运动。1893年，他组织了北美国外传教大会，两年后创建世界学生基督教联合会。

这些努力促使第一届世界传教大会于1910年在苏格兰的爱丁堡举行。这次会议产生了国际传教联合会，穆德从1921年至1942年任该联合会主席。这个联合会于1948年与其他组织合并，组成世界教会联合会。穆德于1955年1月31日在佛罗里达州的奥兰多去世。

瑟德布洛姆　SÖDERBLOM，Nathan（1866—1931）

因其不知疲倦地为推进基督教宗派间合作而努力，瑞典的纳坦·瑟德布洛姆大主教获1930年度诺贝尔和平奖。作为20世纪世界最著名的宗教界人士之一，瑟德布洛姆是世界范围基督教大联合运动的一个主要设计师（见：**普世主义**）。作为大主教，他致力于复兴本国（路德宗）教会的崇拜生活，并使之与劳动人民的生活发生更加密切的关系。他也在一些著作中为神学作出重大贡献，如《启示宗教》（1930）、《基督教团契》（1923）和《活着的上帝》（1933）。

拉尔斯·奥洛夫·乔纳森·瑟德布洛姆1866年1月15日出生在瑞典特勒讷。曾获乌普萨拉大学古典近东语言学位。1893年，获牧师资格；从1894年至1901年在法国巴黎的瑞典堂区任牧师。从1901年至1914年他在乌普萨拉大学任神学教授，也曾在德国的莱比锡大学教宗教史（1912—1914）。1914年，他被任命为乌普萨拉大主教和瑞典教会首席主教。

对瑟德布洛姆来说，第一次世界大战后严峻的世界局势呼唤着重新努力，促成教会间合作。应他邀请，第一届有关生活与工作的宗派间基督教会议于1925年在斯德哥尔摩举行。这次会议的成功促使1948年世界教会联合会成立。瑟德布洛姆于1931年7月12日在乌普萨拉去世。

贝克　BAECK，Leo（1873—1956）

莱奥·贝克在其《犹太教的本质》（1905）中写道："犹太教在其几千年的历史中，学到和经历了许多东西。"该书强调宗教的能动性，因而使贝克被公认为是最重要的犹太教自由派神学家。他的最后一部著作《这个以色列民族：犹太人之生存意义》（1955），是他于第二次世界大战期间在纳粹集中营中写成的。

1873年5月23日，莱奥·贝克出生在波兰的利萨（今莱什诺）。为获得犹太法学博士身份，先后在布雷斯劳和柏林读书。1897年成为拉比，供职于西里西亚（1897—1907）和杜塞尔多夫（1907—1912）两地犹太人社区。后迁至柏林，在那里居住了30年。第一次世界大战期间，他作为军中的神职人员，成了一名和平主义者。尽管他是一位非犹太复国主义者，他仍被选为巴勒斯坦地基金会会长。第二次世界大战期间，他曾就在德国已有1000年历史的犹太人社区的命运与纳粹官员谈判。

贝克在第二次世界大战中5次被捕，最后被关进泰雷津施塔特（泰雷津）集中营。在集中营里，他为难友们讲授哲学课。1945年5月8日，贝克即将被处死的前一天，苏军解放了泰雷津施塔特。他后来到英国和美国讲学。他于1956年11月2日在伦敦去世。

施韦策　SCHWEITZER, Albert (1875—1965)

阿尔贝特·施韦策 30 岁时即以教牧人员和音乐家知名。他是一所神学院的院长、一座大教堂的牧师，以及对约翰·塞巴斯蒂安·巴赫管风琴音乐作品最权威的阐释者。施韦策强烈的宗教天性使他将这些成就置之度外。他 30 岁时进入医学专科学校。作为传教医生，他在法属赤道非洲（现在的加蓬共和国）的兰巴雷内建了一所小医院。

虽然施韦策在丛林里安了家，他并未被遗忘。他撰写了神学与哲学著作。在 1923 年出版的《文明的哲学》及其他著作中，施韦策阐明了自己的信仰，他认为，对生命的敬畏是理解宇宙和人类心灵及精神的钥匙。对他来说，对生命的敬畏不但包括人的生命，也包括一切其他有生命的东西。

施韦策 1875 年 1 月 14 日出生在上阿尔萨斯（当时属于德国）的凯泽贝尔。他父母都是法国人。施韦策自幼就对别人的感情很敏感。他坚持要和最穷的同学吃穿一样。他先在村里上学，后进入米尔豪森的高级中学。他在家已开始学习音乐，在高级中学里继续学习管风琴。毕业后他一度在巴黎师从法国著名管风琴家夏尔-马里·维多尔。但施韦策不愿当职业音乐家，遂于 1893 年进入斯特拉斯堡大学。然而他对管风琴界有两大贡献：1906 年他出版了小册子《德国与法国管风琴制造者与演奏者的艺术》，这本书现在被认为是古典管风琴复兴的原动力；他与维多尔合作编辑出版了被广泛采用的表演版《巴赫管风琴曲作品集》(1912—1914)。

1899 年，施韦策获哲学博士学位，一年后又获神学博士学位。他被任命为斯特拉斯堡圣尼古拉教堂的牧师，后来又成为圣托马斯神学院院长。1905 年，施韦策决心学医。1912 年，他与埃莱娜·布莱斯劳结婚，婚后妻子学习护理，以协助丈夫。1913 年，施韦策获医学学位。第二年春天，这对夫妇乘船去了非洲。

第一次世界大战中，尽管施韦策与妻子都是法国人，他们也被当作德国公民遭到拘留。他因病直至 1924 年才回到非洲。此间，他通过演讲和独奏会为非洲医院募捐。他于 1949 年访问美国，于歌德诞辰二百周年纪念日在科罗拉多州阿斯彭发表演讲。他为增进国家间友好关系作出努力，因此荣获 1952 年诺贝尔和平奖。施韦策于 1965 年 9 月 4 日在兰巴雷内去世。

布贝尔　BUBER, Martin (1878—1965)

布贝尔是一位犹太神学家、《圣经》翻译家和著述家，他认为，人是一个连续不断地同其他存在相遇或进行对话的存在。按照这种观点，一个人同其他人是有联系的，而且他与上帝的关系是一种终极关系。1923 年出版的《我与您》是对布贝尔的信仰最详尽的解释。他认为，上帝——伟大的您——使得人和其他存在之间富有人情味的我-您关系成为可能。人和其他存在的关系可能是不完美的，但有时也可能有近乎完美的关系，例如至深的友谊中可能存在这样的关系。但是，如果人拒绝趋向于与上帝的我-您关系，那么人所犯下的罪，就是所有罪恶中最大的罪。他的观点对一些基督教新教神学家的著作产生了影响。

布贝尔 1878 年 2 月 8 日出生在奥地利的维也纳，早年就接触了哈西德主义——东欧犹太人的敬虔运动。他在俄国由祖父抚养长大，后来到维也纳、柏林、莱比锡和苏黎世等地大学攻读哲学和艺术。1916 年他创立了有影响的月刊《犹太人》，1924 年以前一直担任该刊的主编。他是一名犹太复国主义者，号召犹太人建立犹太人自己的祖国。

布贝尔在其哲学著作中坚持认为，人和上帝是不同的存在。在人与上帝连续的相遇中，个人每天面对的伦理问题是：他们必须行最大的善，作最小的恶，如果作恶是必然的话。他的独立思考精神赋予他的犹太教信仰一个独特的特点。他的各种思想，加上他的这样一种信念，即认为对阿拉伯人需要一种温和的政策，使他脱离了自己的许多犹太民众。他在《受遮蔽的上帝》(1952)一书中讨论了各种社会问题，在《善与恶》(1953)中讨论了宗教冷漠的邪恶。由于他反对纳粹的理论，德国政府在 30 年代禁止他公开演讲。1938 年他离开德国前往巴勒斯坦。他于 1965 年 6 月 13 日在以色列的耶路撒冷去世。

约翰二十三世　JOHN XXIII (1881—1963)

又译若望二十三世。1958 年 10 月 28 日，安杰罗·朱塞佩·隆卡利枢机当选为罗马天主教会的教皇。他是继 1958 年 10 月 9 日逝世的庇护十二世之后担任教皇的。这位新教皇为自己选择了他父亲的名字乔瓦尼（即约翰）。

他是自 1334 年教皇约翰二十二世去世后第一个叫约翰的教皇。15 世纪初，巴尔达萨雷·科萨给自己取名教皇约翰二十三世。但梵蒂冈认为，他是一名敌对教皇（见：**教皇制**）。

在 1961 年《教皇年鉴》中的教皇正式名单里，教会官员取消了以前曾经列入的 8 世纪教皇司提反二世的名字，因为他从未正式就职。他的继任者被称为司提反二世。这样，约翰二十三世就成为第 261 任教皇。

约翰二十三世原名安杰罗·朱塞佩·隆卡利，1881 年 11 月 25 日降生在意大利北部贝加莫附近一个名叫小石头村中的一所石头盖的农舍里。他家有 13 个孩子，他是长子，排行第三。其父是一名佃户，他攒钱买了一块土地。他希望儿子将来能帮自己做农活，但安杰罗 11 岁时却对父亲说，他想做神父。

1892 年至 1900 年，安杰罗在贝加莫的修道院里读书。他学习超群，于是他的老师便向罗马的教会官员举荐他。他 25 岁从罗马的阿波利纳雷修道院毕业，被任命为神父。

1905 年至 1914 年，隆卡利神父一直是贝加莫主教的私人秘书。这段时间，他勤奋地研究历史，撰写了好几本书。他的一部分研究工作是在米兰的安布罗斯图书馆完成的，该图书馆的馆长就是后来的教皇庇护十一世。

第一次世界大战期间，隆卡利神父在意大利军队服役，先是做医疗队的外科医生，后来担任少尉级随军神父。战后,他在意大利为贫穷青年创立了第一个学生之家,帮助他们完成学业。

他在教育工作和公教进行会运动中的杰出成就,引起了教皇本尼狄克十五世的关注。隆卡利神父被召到罗马,担任了教皇的家庭高级教士,并且被授予阁下头衔。

1925年,教皇庇护十一世任命他为教廷驻保加利亚巡阅使、阿雷奥波利斯的名义大主教。1935年,隆卡利大主教被提升为教廷驻土耳其的宗座代牧、宗座代表及驻希腊的宗座代表。1944年12月,他被任命为驻法国的教廷大使。它被认为是梵蒂冈历史上最难担任的外交职务之一。

隆卡利大主教听到自己的任命之后,以为一定是搞错了。他对一位教廷官员说:"你知道你们这是在干什么吗?""那个工作我胜任不了。"

新大使的任务是理顺法国和梵蒂冈之间的关系。夏尔·戴高乐首相的政府对梵蒂冈曾经和亨利·贝当将军的战时政府有过外交关系非常不满。隆卡利大使向他们清楚地表明,梵蒂冈和贝当有过关系的惟一原因,是因为贝当政府是当时公认的法国政府。

除了缓和巴黎与罗马的外交关系外,隆卡利大主教还和法国所有的高级官员结为朋友。他以自己的才智、幽默和机智在巴黎赢得人们真诚的爱戴。

当庇护十二世于1953年1月12日任命他为枢机时,法国总统樊尚·奥里奥尔亲自把小红帽戴在这位大主教的头上。隆卡利枢机离开巴黎以后,奥里奥尔和他继续保持着长久的友谊。1953年,隆卡利枢机还被任命为威尼斯的宗主教。1958年当选教皇以前,他一直担任这一职务。

1960年,约翰二十三世和英国国教会的首席主教——杰弗里·F.费舍尔大主教会面。这是罗马主教和坎特伯雷大主教400多年来的第一次会面,是一个重大的历史事件。

约翰二十三世把枢机的数量扩大到87人,创下了新的记录,他还任命了第一位非洲枢机、第一位日本枢机和第一位菲律宾枢机。他发表的敕令受到普遍的欢迎。他的重大行动是召开了第21届普世公会议。这是1869年以来在梵蒂冈首次召开的公会议,人称梵二会议。它的开幕式是在1962年举行的。教皇约翰二十三世的最后一个通谕《世上和平》是在1963年4月10日发布的。他于1963年6月3日在梵蒂冈去世。

蒂利希 TILLICH, Paul (1886—1965)

他是20世纪最有影响和最有创造性的基督教新教神学家之一。他原籍是德国,后加入美国籍。他在当时的知识界是个中心人物。

他认为自己的任务是重新阐述一个时代的基督教信仰,因为,传统的基督教文化正迅速地被许多近代的、经常是反宗教的意识形态所取代。为了达到这个目标,他试图将文化和宗教联结在一起,使二者彼此阐述得更清楚。他深信宗教是文化的财富,文化是宗教的形态。

保罗·约翰内斯·蒂利希1886年8月20日出生在德国勃兰登堡州。早年,他随父居住在申弗利斯,父亲在那儿是路德会牧师。后来他在柏林大学学习,1911年他在布雷斯劳大学获博士学位,1912年在哈雷大学获神学硕士学位,同年担任路德会牧师。

第一次世界大战期间,蒂利希任随军牧师。从1919年至1933年,他先后在柏林、马尔堡、德累斯顿、莱比锡和法兰克福等大学任教。1933年,由于他反对德国纳粹,他被迫失去了工作,前往美国,在纽约市协和神学院任宗教哲学教授,一直延续到1955年。他后来担任哈佛大学教授。从1962年至1965年10月22日去世前,在芝加哥大学的神学院任教。

蒂利希思想的光辉和复杂性体现在他的讲座、布道和著作中。他的著作中最艰深难懂的是他1925年开始着手撰写的《系统神学》。该书共三卷,于1951年至1963年出版。他的始于《基础的动摇》(1948)的布道著作,比较清晰地向广大读者展示了他的思想。他的其他著作还有《新教时代》(1948)、《存在的勇气》(1952)、《信仰的动力》(1957)和《永恒的现在》(1963)等。

巴特 BARTH, Karl (1886—1968)

巴特是20世纪重要的基督教新教神学家。他的特殊贡献是神学方向的根本改变,即背离19世纪的前进方向,由乐观的自由主义神学变为不得不应付20世纪,尤其是两次世界大战的严峻现实的正统神学。

卡尔·巴特1886年5月10日出生在瑞士巴塞尔。他是弗里茨·萨托里乌斯·巴特和安娜·萨托里乌斯·巴特的儿子。其父是教会史教授。巴特在瑞士伯尔尼大学和几所德国大学学习后,先在日内瓦,后从1911年到1921年在瑞士的萨芬维尔任牧师。第一次世界大战期间,巴特与其密友爱德华·图尔奈森为解释人类历史上这段黑暗的历史,开始研究自由主义神学家无法解释的起因的问题。

研究的结果,即是于1919年出版《〈罗马人书〉注释》一书。该书开辟了以《圣经》为根据的新正统神学复兴之路。它也使巴特为全世界神学家们所瞩目。尽管巴特从未获得博士学位,但他相继被格丁根、明斯特和波恩等大学聘为神学教授。

1933年,阿道夫·希特勒上台后,巴特与其他反纳粹宗教界人士共同发起巴门会议。为此,他被波恩大学开除,并返回巴塞尔。

在波恩期间,他开始撰写著名的神学著作《教会教义学》,生前没能完成此书。该书共4卷,13部分,9000余页。

1948年,巴特积极致力于创建世界基督教协进会,并在欧洲和美国广泛讲学。他在教书、写作的同时,常到巴塞尔监狱传教。巴特于1968年12月10日在巴塞尔去世。

保罗六世 PAUL VI (1897—1978)

米兰大主教、枢机主教乔瓦尼·巴蒂斯塔·蒙蒂尼1963年6月21日当选罗马天主教教皇时称保罗六世。作为教皇约翰二十三世的继承人,他是第262代教皇(见:**约翰二十三世;教皇制**)。

乔瓦尼·巴蒂斯塔·蒙蒂尼1897年9月26日出生在

意大利布雷西亚附近的小村庄康赛西奥。他是一个小康之家三子中的次子。他的父亲乔治是律师和编辑，是意大利法西斯政权之前议会中天主教民众党议员。年轻时的蒙蒂尼身体状况不佳。尽管他的学业优良，但他在布雷西亚所接受的耶稣会神父的教育常因支气管病而中断。

早年他立志做神父。1918年进布雷西亚神学院。1920年5月29日升神父。此后不久，被送到罗马，在罗马大学和格列高利大学进修，接受教廷的外交宗教礼仪训练，并加入了教会的外交学会。结业时取得了民法与宗教法、神学和哲学大学学位。

漫长的外交生涯

1922年，蒙蒂尼神父被派到教廷驻波兰华沙的罗马教皇使团（或称使馆）工作。那里严寒的冬季使他的身体吃不消，不过，1923年他又被派回罗马。之后的10年他一直是意大利公教进行会中的大学生的精神领袖。30年代初，他的工作开始为教廷国务卿尤金尼奥·帕切利红衣主教(即后来的教皇庇护十二世)所注意。

1933年，蒙蒂尼被派到梵蒂冈的教廷国务院工作。他的充沛的精力和外交手腕使他在1936年成为助理秘书，1952年任负责处理普通(内部)事务的副国务卿。在那几年中，作为一名梵蒂冈高级外交官和庇护十二世于1939年当选后的一名代理国务卿，他被公认为是中央教会政府中的一位有影响的人物。他被授予阁下的头衔，但在庇护十二世时期未被任命为枢机主教。1953年1月的教会议会会议以后曾透露要立他为枢机主教，但他没有接受。

任命大主教和枢机主教

1954年11月3日任米兰大主教后，他的事业有了新方向。12月12日在圣彼得教堂就圣职。1955年1月，大主教蒙蒂尼在勃兴的工业城市和共产主义的堡垒米兰就职。他经常深入工厂、炼钢厂和工人生活区，很快成为家喻户晓的人物。他任米兰大主教期间，建成或修复了200多座教堂和礼拜堂。

他的对工人和工厂主的许多布道和演说被广为散发。有两篇曾引起人们明显的关注。

1956年，当共产主义的焦虑不安特别严重时，他写道："让聚集在马克思主义后面的那些不谨慎、不愉快的人知道，仍然有人深深地、非常地、极度地爱着他们。"

后来，在谈到"自私的财富在道德方面和社会方面的危险"时，他说："假如私营企业不损害人的尊严和参与生产过程的那些人的合法抱负，教会"从不否认私营企业的作用"。1958年，教皇庇护十二世去世，蒙蒂尼大主教虽已是享有盛名的教皇职位候选人，但当选教皇的是枢机主教安杰罗·隆卡利，他取名约翰二十三世。

1958年12月15日，在约翰二十三世的第一次教会议会会议上蒙蒂尼被任命为枢机主教。这标志着他与教皇约翰二十三世密切交往和梵蒂冈活动(包括第二届梵蒂冈公会议，亦称梵二会议)重新突起的开始。他还被委以外交重任。

1960年，亦即他第一次访问美国后9年，蒙蒂尼再次赴美，接受圣母大学颁发给他的名誉学位。他是访问美国的第二位正在走向教皇职位的枢机主教。（第一位是枢机主教帕切利，他也曾获得圣母大学的名誉学位。）

当选教皇

1963年6月3日，教皇约翰二十三世去世，教皇继承人的选举成为世界关注的焦点。最主要的问题是枢机主教团选择传统主义者还是有进步思想的人处理教会事务。人们认为传统主义者有可能放弃前任教皇的未竟事业，特别是基督教合一运动和始于梵二会议的对教会法规的修订。

1963年6月19日，枢机主教团选举时，枢机主教蒙蒂尼被普遍认为是最受欢迎的教皇职位人选。他的进步思想被认为有利于延续教皇约翰二十三世时期肇始或制定的主要政策。

枢机主教蒙蒂尼于6月21日当选为教皇的那次秘密选举会议，是直到那时为止规模最大且最有代表性的一次选举会议。来自29个国家的80位枢机主教参加了这次会议。这次会议持续41个小时，它是400年中第六个时间最短的秘密选举会议。

保罗六世在位时期

新教皇取名保罗六世。上溯公元1世纪，保罗为著名的基督教传教士(见：**保罗**)。最后称保罗的教皇已于1621年去世。1545年，教皇保罗三世曾召开特兰托公会议，接着便是梵二会议之前的最后一次公会议。

6月22日，教皇保罗六世在他当选后的首次重要演讲中，强调他将继续推行教皇约翰二十三世的多项公益计划，强调和平解决社会问题和对不发达国家的援助。在1963年6月30日的加冕仪式讲话中，教皇再次重申对和平事业的关注。他说，所有基督教会的合一将是他任职期内的首要目标。

1963年秋，保罗六世召开第二届梵蒂冈公会议第二次会议；1964年召开第三次会议；1965年召开第四次会议和最后一次会议。教皇批准了这次公会议的若干决定，其中有关于礼拜仪式的更改和有关普世主义的法令。

保罗六世被人们称作"飞行教皇"，因为他是第一位乘飞机频繁出行的教皇，行程达7万英里。他于1964年出访圣地，他是150多年来第一位离开意大利的教皇。在圣地他会见了东正教牧首阿特那戈拉斯一世。1965年，两位领袖废除了教会相互开除教籍的法令。

教皇保罗六世曾参加过在印度孟买和哥伦比亚波哥大召开的第38和39届国际感恩祭大会，并在纽约联合国发表演说。1970年，他在亚太地亚进行了为期10天的访问。

1965年，教皇保罗加封27位新枢机主教，使枢机主教的人数增至103位。1969年，他再次加封一批枢机主教，枢机主教总数多达134人。1973年，他又将枢机主教团扩大到145人的空前规模。他还规定了退休年龄——驻堂主教75岁，枢机主教80岁。

教皇保罗六世的其他事迹还有：放宽斋戒的规定；规定高级教士应当穿比较朴素的衣服；发布通谕，重申教会反对人工避孕。他于1978年8月6日在甘多尔福堡去世。

格雷厄姆　GRAHAM, Billy
（1918—　）　20世纪下半叶，格雷厄姆因其福音传道令人愉悦的风格而闻名于世。从1944年起，这位基督教福音布道家就开始在北美、远东、欧洲和非洲从事奋兴十字军行动（或称布道运动）。80年代，他还被允许在当时并不支持宗教自由的苏联和东欧各国讲道。

威廉·富兰克林·格雷厄姆1918年11月7日出生在美国北卡罗来纳州的夏洛特附近。早年他想做个棒球运动员，可16岁时在他参加了一次奋兴会后就决定开始布道生涯。在受神职为浸礼宗牧师之前，他在琼斯学院和佛罗里达圣经学院就读。受神职之后进入伊利诺伊州的惠顿学院。（今天该学院是格雷厄姆中心[一个研究宗教的机构]的总部。）格雷厄姆还曾在伊利诺伊州的西斯普林斯当过一个会众的牧师。

1949年，格雷厄姆任国际基督教青年会副会长，这是第二次世界大战之后成立的福音传道组织。同年，他在洛杉矶主持了为期8周的一系列帐篷会议。

50年代和60年代期间，他频繁的布道活动遍及美国。他制作的广播节目《决断时刻》，在世界范围内拥有几百万听众。1945年与1955年，他首次离开美国到英国和欧洲大陆传教。

他运用现代的通讯手段，如电视，来提出他那种保守的基督教。布道的成功，使他得以在明尼苏达州的明尼阿波利斯建立格雷厄姆福音协进会。从1949年到1951年，他还是西北学派（一个设在明尼阿波利斯的基要主义教会机构）的领导人。

除了布道之外，格雷厄姆还为报刊专栏撰稿，拍电影，出版一些图书。从1949年开始，他是杜鲁门以及他之后的几届美国总统的知友。

80年代和90年代格雷厄姆利用卫星技术向许多国家的民众布道。尽管许多福音布道家，例如吉姆·费伊·巴克和塔米·费伊·巴克，在80年代都为丑闻所困，但格雷厄姆的名誉一直没有受到玷污。

约翰·保罗教皇　JOHN PAUL, Popes
两位名叫约翰·保罗的教皇，都出生在20世纪。

约翰·保罗一世（1978年登基）在当选后34天突然离世。虽然他在罗马天主教历史上在位时间最短，但他谦逊和友善的态度，深得人们爱戴。他于1912年10月17日出生在意大利东北部的一个小镇，父亲贫穷，他原名为阿尔比诺·卢恰尼。10岁时开始宗教方面的学习。

作为意大利北部的一位司铎，他对穷人的仁慈和对家庭生活的执著保护广为人知。他1969年出任威尼斯大主教，1973年成为枢机主教。

1978年8月26日，他当选第263任教皇时，为纪念他的前任约翰二十三世和保罗六世，他选择了约翰·保罗这个名字。他是首位选择复姓的教皇，也是一千年中首位用新姓名的教皇。约翰·保罗一世，由于他拒绝施行许多有关教皇职位的盛大仪式和礼节，创立了其他一些先例。他拒戴作为他尘世间权力象征的（天主教教皇的）三重冕。教皇可以在御座上由人抬着，可约翰·保罗一世更喜欢走路。在公开的觐见时，他经常使用"我"这个人称。约翰·保罗一世把自己看作是一个精神上的指导者，而不是一个统治者。

约翰·保罗二世（1978年登基）是首位登上教皇职位的波兰籍高级教士，也是450多年来第一位非意大利籍教皇。他于1920年5月18日出生在瓦多维采，父母是工人，他原名卡罗尔·沃伊蒂瓦。9岁时母亲去世，父亲死于第二次世界大战中。

卡罗尔于1938年进入克拉科夫的亚盖沃大学学习文学和语文学。他写诗并在一个剧组中演戏。当学校被纳粹关闭后，他做了工人，并开始在一所非法神学院中为当司铎而学习。卡罗尔曾是一个演反纳粹剧的地下剧组的成员，他还帮助波兰犹太人逃避迫害。第二次世界大战后，卡罗尔在克拉科夫的一个神学院中学习，1946年被授予神职。

1948年在罗马安杰利克大学获得哲学博士学位后，沃伊蒂瓦神父回到波兰，成为一个堂区司铎和学生牧师。他继续研究伦理学，并在卢布林公教大学教授伦理学和神学。1958年被任命为克拉科夫助理主教时，他成为最年轻的波兰主教。1964年出任大主教。1967年成为枢机主教后，他在比利时和法国研修哲学。

作为教会领袖期间，沃伊蒂瓦继续对体育运动和写作感兴趣，他熟练掌握六门语言并写诗。他的著作包括《爱和责任》，这是一部关于性道德的著作。作为波兰众多罗马天主教教徒的代言人，他为教会和崇拜自由的权利辩护。

他1978年10月16日当选教皇时，年仅58岁。约翰·保罗二世继承了他前任的姓名和风格。为避免与一场足球赛时间的冲突，他把加冕典礼安排在中午。他是首位在法衣下穿长裤的教皇。他为平民举行罕见的婚礼。然而在他的正式申明中，约翰·保罗二世支持传统的教会教义。有一例外：由于参与国际政治论战，他开始放弃习惯上梵蒂冈的中立政策。

1979年1月，约翰·保罗二世出席在墨西哥举行的拉丁美洲主教会议。6月访问了他的祖国波兰，成为首位访问共产党国家的教皇。他还是首位在白宫会见美国总统的教皇。10月在他的美国六城市之行中，曾在联合国大会作正式讲话。到1990年，他已访问过44个国家。被称为"朝圣者教皇"。

1981年5月13日，教皇在圣彼得堡广场遭一个土耳其持不同政见者的暗杀，但幸免遇难。1982年5月12日当他去葡萄牙的圣母法蒂玛神殿为枪伤的恢复做感恩祷告时，又有人企图对他行刺。一名携带刺刀的西班牙反叛司铎被安全保卫人员制服。

1983年1月25日，这位教皇批准自1917年汇编成典以来首次修订的罗马天主教会法规。然而，新法规没有对颇有争议的教会禁律作任何更改。约翰·保罗在任期间，对神学问题一般表现得比他的前三任保守得多。例如，他从不考虑变更关于司铎的独身不婚和授予妇女圣职的问题。虽然独身的规定没变，但某些已婚的（主要是从其他宗派皈依过来的）司铎也被吸收进了天主教会。不同意教会教义的主教和神学教师受到惩处,有些被免职。他还始终坚持反对堕胎。

1989年12月,苏联领导人米哈伊尔·戈尔巴乔夫拜访了这位教皇。在访问期间,戈尔巴乔夫保证所有苏联公民(包括穆斯林和犹太人)都将享有更大的宗教自由,并邀请教皇访问苏联。1990年,罗马天主教会与苏联在绝交了67年后又重新建立了外交关系。

摩门教 MORMONS, or LATTER-DAY SAINTS

后期圣徒教会通常被称作摩门教,它是由约瑟夫·史密斯于1830年创立的(见:**史密斯**)。在构建这一宗教的过程中,史密斯把犹太教、基督教的一些要素和他自己发明的一些特点合为一体。但是,根据史密斯的学说产生的组织,却和传统的基督教大相径庭。史密斯撰写的《摩门经》,是摩门教的基本经典。《摩门经》被看作是对基督教《圣经》的补充,而不是要取代《圣经》。摩门教的其他经典是《无价珍珠》、《亚伯拉罕书》和《摩西书》。

《摩门经》最早于1830年在纽约州的帕尔迈拉出版。摩门教徒认为,它是神启示给史密斯并由他翻译而成的著作。它讲述的是一群大约于公元前600年离开耶路撒冷来到北美的希伯来人的故事。他们最后分裂为拉曼尼特和内菲特两派。拉曼尼特派忘记了自己古代的犹太教,成了美洲印第安人的祖先。内菲特派则忠实于自己的祖先,建立了伟大的文明。但是,大约在公元400年,他们被拉曼尼特派灭亡。

在此之前,耶稣基督已出现在世,并把他的学说传给内菲特派。一位叫摩门的先知在金页片上把这些事情记录下来。其子摩罗尼又把这些金页片埋藏起来。它们被埋了1400年,直到摩罗尼以天使的形象归来,把金页片交给约瑟夫·史密斯。史密斯把它们译完之后,又还给摩罗尼,从此再没人见过那些金页片。

摩门教教义认为上帝最初是从人类进化而来的。因此,现在的人有可能变成神。与基督教相反,摩门教信仰宣称,上帝的三个位格(三位一体)是三个分别独立的存在。耶稣基督显现于世是为了拯救人类,但是每个人的得救在于他自己生活的品质。摩门教实行浸礼,它还有一种以死者的名义举行的洗礼。这是因为摩门教徒相信,死去的祖先有可能参与救赎的工作,他们对家谱学,对寻找自己的祖先有很大的兴趣。

史密斯最初相信,人死后有天堂和地狱。然而,1833年他又得到一次启示:世界末日后,所有的人将去三个王国。永久的惩罚之处是不存在的。

摩门教徒自称是基督教徒,赞同基督教文化的许多内容,不过他们认为其他基督教会都是错误的。他们称那些基督教会的成员为外邦人,简单地说就是"非摩门教徒"。

摩门教相信它恢复了古代的神职制度。它这样做的同时,取消了教会里神职人员和平信徒之间的差别。然而,摩门教里男女的角色有重大的差异。男子12岁就可以成为助祭。两年以后,他们就可以成为教师,16岁可以接受神职。18岁可以接受更高一级的神职,受命去做18个月的传教士。任命神职的仪式是在犹他州盐湖城的圣殿内举行的,非摩门教徒不得进入那个殿堂。

摩门教已派遣数以千计的自费传教士向全世界传播摩门教教义。虽然从19世纪以来他们的足迹遍及所有有人居住的大洲,但是绝大多数摩门教徒生活在美国。

摩门教教义清晰明白,教会管理井然有序。尽可能多的信徒通过自己的组织承担实际责任。地方分部叫分区,由一名主教和两名咨议员主持。若干分区组成主教区。每个主教区由一名会长和两名咨议员管辖。这两级组织对每个摩门教徒的生活进行严格管理。

总体上说,管理教会的权威是会长和两名咨议员、12使徒组成的同级教士团、由70名长老选出的7名会长、执行教长和执行主教。所有教牧工作都是义务的。教会的总部即主要的殿堂和著名的教堂设在盐湖城。每隔半年举行一次全体大会,所有教徒均可参加。教会的经费通过义务性的纳税制度获得,每位信徒要把自己的一部分收入作为自己一年的奉献交给教会。

历史 19世纪摩门教的历史是动荡不安的。20世纪,摩门教的制度才确立下来,并为人们所接受。

约瑟夫·史密斯和六位同事于1830年4月6日在纽约州的费耶特创立了后期圣徒教会。史密斯和他的追随者很快就迁至俄亥俄州的柯特兰,他在那里建立了一个总部。另外在密苏里州也建起一个中心,许多摩门教徒迁到那里。无论摩门教徒住在哪里,他们都遭到非摩门教徒的迫害。1839年,多次小规模的武装冲突迫使几千名摩门教徒离开密苏里州,在伊利诺伊州的诺伍居住下来。由于和非摩门教徒发生多次冲突,摩门教的领袖们被投入伊利诺伊州迦太基市监狱。1844年6月27日,一伙暴徒袭击监狱,杀死约瑟夫·史密斯和他的弟弟海勒姆。

就在这时,摩门教徒决定离开伊利诺伊州,迁往西部。领导权此时已传给布里格姆·扬(见:**扬**)。1846—1847年,扬率领他的信徒们朝着现今犹他州境内的大盐湖跋涉了一千英里。他们于1847年7月抵达那里。第一批到达的共有143个男人、3个妇女和2个儿童。在以后的几年中,成千上万的人来到那里。在扬的领导下,摩门教徒建起了盐湖城,创立了德瑟雷特州。

1851年扬成为该州的州长,1852年他开始推行一夫多妻制。这一习俗虽然得到史密斯的授权,但却遭到其他美国人的严厉批评。在美国政府的强烈反对下,它持续了40年。1890年,教会会长命令摩门教成员不得签订任何为国家法律所禁止的婚约。犹他州此时已经成为美国的一部分。摩门教会对犹他州直接的政治控制以军事冲突而告终。现在,一夫多妻制在西部个别偏僻的地方仍然存在,但是保持这一习俗的人们和盐湖城的摩门教徒毫不相干。

后期圣徒改组教会是和主要的摩门教会决裂的几个团体中最大的一个团体。它是由拒绝接受布里格姆·扬领导的摩门教成员在威斯康星建立的。创立者之子约瑟夫·史密斯从1860年至1914年一直担任会长。其子弗雷德里克继承了他的职位。他们的总部设在密苏里州的独立城。

改组教会否认史密斯曾经提倡过多妻制。他们承认

《摩门经》，但拒绝接受上帝是从人进化而来，或人可以变成神的主张。他们也不赞成以死者的名义洗礼，反对征收强制性什一税。他们的殿堂里也不举行在盐湖城的殿堂里所举行的秘密仪式。

后期圣徒教会　LATTER-DAY SAINTS　见：摩门教

犹太教　JUDAISM

犹太教，与基督教和伊斯兰教一道，是世界三大一神教之一。它与基督教和伊斯兰教一样，相信只有一个上帝是宇宙的创造者和统治者，是人类历史的主宰。三者之中，犹太教最为古老，它源于以色列的历史，以色列这个民族或国家的起源至少可以上溯3000年至亚伯拉罕——这位祖先被认为是犹太信仰之父（见：**亚伯拉罕**）。古以色列人曾居住在中东的巴勒斯坦境内，1948年现代以色列国的建立标志着一个民族返回被外族统治了20多个世纪的故乡。

随着许多世纪的流逝，任何一个大的宗教内部都会产生出许多派别和观点：伊斯兰教分裂成几个互相对抗的派别，基督教由许多宗派所组成。所以，现代时期的犹太教也不是划一的（见：下文"**现代犹太教**"）。本条目主要讲述犹太教的那些出现于古代世界并以相当传统的方式持续了近两千年的基本信仰与制度。

起源

以色列过去发生的事件在《圣经》中，或更确切地说，在基督教会称为《旧约》的希伯来《圣经》中有记述（见：**《圣经》**）。《圣经》中讲述的时期相当长——从大约公元前2000年至公元前6世纪末，还穿插一些更晚时期发生的事件。

在这段时期内，以色列国的故事展开了，其开端为亚伯拉罕创建这个民族。亚伯拉罕时代之后很久，一场农业危机致使以色列人迁居埃及，在那里他们开始受到欢迎，后来却变成了奴隶。

400多年后，他们在摩西带领下摆脱了埃及人的奴役，回到了当时叫作迦南的巴勒斯坦（见：**摩西**）。这次逃离埃及被认为大约发生在公元前13世纪。随后几个世纪中，以色列成为中东相当强大的国家，尤其是在最初三位国王统治下。这三位国王是扫罗、大卫和所罗门。

所罗门死后，王国被一分为二。以色列北部于公元前8世纪末被亚述帝国占领，南部（通称为犹大国）于6世纪初被巴比伦人征服。南部王国覆灭，大多数幸存的以色列人被送到巴比伦后，这个国家作为政治和军事强国的日子实际上就结束了。

"巴比伦囚房"时期开始了大流散。从那时起至今，犹太人散布到世界各地，尤其是中东和地中海地区。

从公元前6世纪起，一些犹太人获准返回故乡。但从那时起，除2世纪有一段短暂的独立期外，这一地区始终被一个又一个外族人统治。公元前1世纪，这个地区被罗马帝国吞并，称为巴勒斯坦。公元1世纪和2世纪，犹太人反抗罗马人统治的叛乱徒劳无功，从那时直至现代以色列国建立，犹太人始终没有祖国。

以色列的整个历史可以被看成是一个小国在当时诸强国间斗争的夹缝中生存的历史。但犹太人却不这么认为，正是他们对以色列的过去的看法，使他们显得与别国不同，并"锻造"了犹太教的本质。以色列坚信，惟一的上帝，即宇宙的创造者，在其历史的每一阶段都在起作用：上帝召唤亚伯拉罕，让他去迦南做国父。上帝将以色列人解救出埃及，并带领他们回迦南，因为他在所有民族中选择了以色列，通过它让全世界知道他的存在。

上帝与以色列之间的这个约定被称为约（庄严约定）。上帝保证使以色列成为强国，而作为回报，以色列人要永远服从他。

虽然从古以色列到现代犹太教有一条直接的历史连续之线，但这两者并不完全相同。在希伯来《圣经》中找不到"犹太教"这个词，也找不到"宗教"这个词。今天讨论人类与上帝之间关系时不可能不提到"宗教"这个词，但在古以色列，生活并没有被划分为社会、政治、经济、宗教等几个方面。以色列人相信，人类的所有行为——个人行为与团体行动——都在上帝的指引之下。宗教的概念会令他们无法理解。

现代犹太教发源于公元前6世纪巴比伦囚房返回巴勒斯坦之后的时期。此时，以色列的政治强权已不复存在。以色列人开始根据他们从亚伯拉罕至大流散的整个历史，思考自己存在的意义。这个民族该何去何从仍无法确定，因为，上帝没有发出新的指示。如果没有新指示，以色列人就不得不依靠他们已知的东西——即现已汇编成希伯来《圣经》的许多卷书中所讲述的他们的历史。以色列应该再次成为一个政治强权，还是应该等待上帝采取明确行动恢复它的运气？各种观点众说纷纭，至罗马帝国初期，已形成了许多派别。

其中一派聚集在耶路撒冷圣殿的祭司小集团周围。圣殿是崇拜和供奉牺牲的中心。另一主要派别由拉比们组成，他们是老师和上帝的律法的解释者。一些小派别退出公共生活，等待上帝的王国的来临。还有些人组织起来，准备反叛罗马人。当公元70年罗马人摧毁圣殿，并于60年后结束犹太人的反抗之后，耶路撒冷就不再作为宗教中心而存在了。叛乱派被击溃了，而退隐沙漠等待上帝行动的那些人毫无效用。剩下来填补空缺并为犹太人提供指导的一个团体是拉比派。拉比们的计划是用学习上帝的律法、祈祷和慈善行为来取代圣殿拜神和到耶路撒冷朝圣。新的拜神地是当地犹太教会堂；在那里，犹太人可以集中在一起听人诵读和讲解《圣经》，唱赞美诗，和进行祈祷。

拉比们试图为散居各地的犹太人建立统一的教规，并且对上帝的律法进行详细的解释。这部被称为《密西拿》的拉比律法集成了所有拉比学校的主要参考资料，并成为后来编纂《塔木德》——对《密西拿》的详尽注释——的核心。拉比们还设法使现被称作希伯来《圣经》的集子大约在公元1世纪末仔细地编纂在一起。

信仰

犹太教的信仰以希伯来《圣经》为根据。托拉具有尤为重要的意义,这个词源自希伯来语,意为"指路"。托拉是《圣经》的前5卷,一般称为"摩西五经",它包括以色列的早期历史和上帝的律法。犹太人关于上帝、人类、以色列人的本性、服从和世界末日的教义,都源自托拉及其他著作。

上帝 以色列人的信仰的整个过程的根据是,确信那个惟一的上帝,即其本身是绝对不可知的宇宙创造者,向亚伯拉罕及其后代显现(启示)。启示是一个不易理解的概念:按这个词的通常意思,被显现出来的就不再是隐藏的,但上帝在"启示"时仍始终不露面。他并不把自己示众,却在事件过程中行动。他的行动只有他赋予理解力的人的信仰能够觉察。这意味着他的一切行为可以从一个完全世俗的角度来考察:没有感官能得到的证据能够指出某个事件是上帝所为。

以色列人相信,这个上帝是仅此一个的上帝,所有别的神不过是偶像和想像的虚构。正如源出自《申命记》(6:4-9)的犹太教基本教义中所说:"以色列啊!你要听,耶和华是我们的神,耶和华是独一的主。"这个上帝创造了世界和人类,他由于不可理解的原因,选择了以色列作为其他国家的指路灯。他之所以这样做,是因为现存的世界不了解他;以色列的任务是将所有的人召回来,了解他,服从他的戒律。上帝的律法维持并支配着天地万物。违背自然规律或道德律,都会产生许多邪恶。

约 上帝与以色列所订立的约定称为约。大约公元前2000年,上帝在美索不达米亚第一次对亚伯拉罕说:"耶和华对亚伯拉罕说:'离开本地、本族、本家,往我所要指示你的地方去。我必叫你成为大国'。"亚伯拉罕的服从取决于上帝履行这个诺言。在以色列的历史上,上帝曾一再重订这个约,其条件始终是这个国家服从他的命令。逃离埃及后,上帝又重新立约(《申命记》(7:6-11)):

"因为你们是归耶和华你的神的民,耶和华你的神从地上的万民中拣选你,特作他自己的子民……所以你要知道只有耶和华你的神是神,是信实的神,向爱他、守他诚命的人,守约施爱,直到千代;向恨他的人,当面报应他们,将他们灭绝。凡恨他的人,必报应他们,决不迟延。所以你要谨守遵行我今日所吩咐你的诫命、律例、典章。"

托拉 "这些诫命、律例、典章"在托拉中得到充分阐释。摩西带领以色列人逃出埃及后,他们建立了一个自己的国家,他成为法典制订者。据《出埃及记》记载,摩西在西奈山上从上帝那里直接得到了基本道德律——"十诫"。

这些律法为一部详尽的法典所扩充,这部法典给个人与集体生活的各个方面提供了规则与律例,其中包括礼拜与献祭的方式。全部律法收录在希伯来《圣经》的《利未记》中。

但托拉不止是律法。在最广泛的意义上,它是犹太教的全部内容:它的《圣经》、它的口头传说、它的神学断言、它的道德义务、它的历史记载、它的礼节仪式,以及它对权威文本的阐释。确切地说,托拉是"摩西五经",希伯来《圣经》的前5卷:《创世记》、《出埃及记》、《利未记》、《民数记》、《申命记》。以此为核心,发展出拉比的教义和阐释,形成了现代犹太教的基础,拉比们在教授《密西拿》和阐释《塔木德》时对此充分发挥。拉比们认为,创作权威性的《圣经》之后的口传律法集《密西拿》是必要的,因为,这样可以使散居中东和罗马帝国各地的犹太人在举行宗教仪式时有一个标准。公元3世纪《密西拿》最终定形。

所有犹太人只有一部《密西拿》,却有两部《塔木德》,一部在巴勒斯坦编纂,一部在巴比伦编纂。当时两地都是拉比学术的高级中心;两部《塔木德》都是在基督纪元初的几个世纪内编成的。随着时光流逝,巴比伦《塔木德》成为整个犹太教的标准著作。这部分是由于巴比伦远比巴勒斯坦稳定,但很大程度上也是由于巴比伦派坚决要将巴勒斯坦竞争者扫地出门。

人的本质 希腊哲学的玄想试图完全理解人类本质,而与之不同的是,希伯来《圣经》中的人主要被视为上帝的创造物,被放在尘世得到自由并向上帝负责。希腊人和其他人所构想的关于人是物质性的躯体与精神性的(或不死的)灵魂的复合物的观念由来已久,但以色列人却一无所知。

《创世记》将人类描述成是按上帝的形象创造的。这个词的意思是不确定的,因而许多世纪以来都是争论的话题。它的意思大概是:人作为上帝的创造物,能够对造物主产生反应,但他可以自由地作出他自己的道德选择。他甚至可以自由地选择违背上帝的意志。

关于人的死亡问题,在以色列从未得到过明确的解释。毫无疑问,躯体死亡,不死的灵魂就会自行离去,因为个人被认为是一个整体,而不是躯体、思想与灵魂的复合体。整个人死了;但以色列人认为死亡并不意味着消失。死者继续在冥府生存,在那里,他们没有任何经验。这个概念,尽管不很明晰,却为日后相信躯体死而复活打下了基础。

道德行为 如果说以色列人关于人的本质的思想没有得到明确的解释的话,那么,以色列人关于人对于上帝以及自己的同类所负的责任的思想,则得到了非常详细的阐述。人类自己无可选择地为上帝所创造,并服从他的神圣意志。这个意志被表达在律法——"十诫"的道德律以及数百条用以调节个人与社群的日常生活的律例——之中。在这里必须指出,个人与社群永远在一起。在社群之外没有个人生活:上帝召唤全体人民,而不是单个个人,尊崇他(上帝)自己。一个公正的社会需要公正的个人,而公正的个人在公正的社群中最能发挥作用。整个律法可归结为对上帝的绝对忠诚与对邻居的友爱。收录在《利未记》中的律例明确指出执行这两个诫谕的多种方式;各种规定极其详尽,它们支配着社会生活中最细小的方面,同时也支配着社会交往的大舞台。

在拉比犹太教中,个人与社群最高尚的美德就是学习托拉,因为只有仔细研究上帝的律法,才能学到真正的服从。托拉不仅是正确态度指南,而且也是应逐一遵从的具体指示细目。

上帝王国的降临 上帝在《约书》中所作的承诺很具体。《约书》允诺使以色列成为一个有自己的领土的大国。《约书》还指出,有朝一日,以色列在一位理想的国王统治下,会把其他所有的国家联合起来,成为上帝律法指引下的和平与正义的世界性社群。流放巴比伦后,以色列人显然未能成为圣洁的人和各国的见证,人们开始推测上帝将如何真正履行其诺言。不同的推测导致了许多思想派别的产生。

一种观点认为,以色列将逐步收回上帝承诺的巴勒斯坦的土地。在那里,一位上天选择的统治者将展示他对上帝的虔顺,并唤起人们的虔顺。这个在其中经济的、社会的和政治的正义起支配作用的神圣社群,将是吸引所有国家模仿以色列的那种鼓舞人心的事物。

另一种观点则不太相信历史的渐进过程。更确切地说,它期待上帝采取果断的行动,以重申他对世间万物的神圣主权。这种期望常常期待出现一个救世主式的人物,即一位由上帝所选的、替其统治人间的人。这位救世主(原意为"被敷油者",源自国王祝圣时举行的敷油仪式),将成为以色列最伟大的国王大卫式的明君(见:**大卫**)。

对上帝的王国的期盼中也掺进了别的动机。一些人希望以色列所有的死者都能起死回生,在新社群中享生活。但即使重建的王国也不被看作是永恒的。将来有一天,上帝会亲自审判恶人,将正直的人带入一个新世界——一个改造过的创造物——在那里上帝直接统治,直至永远。还有一些人认为,现世结束前会有一场善与恶的大搏斗。正义战胜后,末日就会降临。

还有些犹太人放弃了在历史进程中获得救赎的希望。他们转而强调个人通过虔信和对律法的一丝不苟地遵循得到拯救。

制度与教规

同古以色列一样,拉比犹太教也认为个人与社群生活是密不可分的。犹太教的制度与教规都反映了这个观点。有家庭中举行的仪式,有适合于个人的仪式,还有犹太教会堂——虔诚徒众的社群——中举行的那种类型的仪式。许多仪式与宗教年的轮回,与它的节日和纪念日有密切关系。

拉比 拉比这个词本义为"我的老师",是流放后的那个时期内人们对巴勒斯坦学院毕业生的尊称。这些学过托拉的毕业生一般被任命为当地法官和督察。他们不是祭司:所有神职事务都在耶路撒冷的圣殿中进行,由其成员受到严格限制的祭司阶层管辖。拉比也不是现代意义上的牧师:他们没有被授圣职。他们被任命为学者。犹太教会堂实际上可以召唤它需要的拉比来为他们服务。

现代拉比已近似于基督教牧师。他们是在学院中受过相应教育的毕业生。学院毕业后,他们与罗马天主教神父和新教牧师在其会众供职一样,任会众拉比。

犹太教会堂 这种举行礼拜并作为社区中心的地方性房屋的起源已无法考据。它大概最初出现在犹太人散居中东时的巴比伦囚房时期,以及后来犹太人散布于整个罗马帝国时期。以色列宗教生活的中心当然在耶路撒冷圣殿,所有的犹太人每年至少应去耶路撒冷朝圣一次。但为保持宗教生活的质量与连续性,远离耶路撒冷的人必须有学习《圣经》并聆听其讲解的地方。公元70年圣殿被毁后,犹太教会堂就成为宗教生活的中心。

犹太教会堂宗教活动的核心是共同读《圣经》,即将"摩西五经"各章节分摊开来,每次仪式阅读一段,一年读完。这些经(即托拉)写在一个大卷子本上。礼拜仪式顺序为:作为开始的祈祷,朗诵《诗篇》、"以色列啊!你要听"(《申命记》(6:4)),叫拜神,请求性祈祷,读《圣经》,作为结束的祈祷。

礼拜仪式在周五晚上(安息日开始)、周六上午、节日与圣日,周一与周三上午和安息日下午举行。安息日源自《创世记》中的故事,书中说上帝创造了六天之后就休息了。后来以色列颁布律法时,命令人们将第七天作为休息日,后来也叫作礼拜日。

至少比较正统的犹太人用希伯来语作宗教语言。这种古以色列语言一度曾被近似的阿拉姆语和其他地方语言所取代。在现代,希伯来语已发展成为文学语言,而且在做礼拜和读《圣经》时又开始使用希伯来语。

节日与圣日 犹太教一年有两轮节日。一轮从春季开始,纪念有历史或农业意义的日子。例如,逾越节纪念逃离埃及的奴役。五旬节纪念收获结束和摩西立法。住棚节是秋季收割节。这轮节日中的最后一个节日是庆法节,庆祝一年读"摩西五经"的结束和新的一年读"摩西五经"的开始。

另一轮节日始于秋季的犹太教历新年岁首节,以及至赎罪日为止的十天悔过。初冬,修殿节纪念公元前2世纪一场独立战争的胜利。冬季晚些时候的普林节纪念《以斯帖记》中讲述的犹太人在波斯免遭灭族之灾。夏季的一个斋戒日纪念公元70年圣殿被罗马人摧毁。所有节日与圣日都将犹太教会堂礼拜与家庭仪式结合起来。

个人与家庭仪式 犹太教认为,所有生命都是神圣的,即应奉献给上帝。因此,个人日常生活中的每一时刻,都是应记住并感谢上帝的时候。每种行为,不论看起来多么微不足道,都提醒每个人:世界和他的生活都存在于上帝面前。

家庭也是个崇拜和祈祷的场所。几乎每个在犹太教会堂举行的社群礼拜活动,在家庭仪式中都有其相应的活动。其中最著名的一个例子是逾越节家宴,它象征和描述围绕着《出埃及记》的一些事件。许多庆典都包括仔细而又高度仪式化的食品制作。

个人与家庭的生活的特点是举行一系列生命礼仪,即在社群里挑选出值得注意的人生大事的那些仪式。婴儿被献给上帝并命名。当成年时,年轻人在一个叫作"受诫礼"(如果是女孩的话,则在一个叫作"女受诫礼")的仪式中接受遵守诫律的责任。该仪式在女孩12岁生日、男孩13岁生日后举行;在该仪式中,叫年轻人诵读托拉的选段。订婚、结婚和亡故,也在当地犹太教会堂的社群中举行仪式。

现代犹太教

像所有大宗教一样,犹太教内部一直有许多运动、观点和地方特色。但这些在历史上并未形成宗派,因为拉比的权威直至18世纪仍完好无损。到那时,犹太人已定居于西方世界的每个角落。在中东和北非,伊斯兰教以其悠久的文化和哲学传统影响了他们。在欧洲,犹太人接触到了一个正在迈向现代化的社会、哲学与宗教的新思想、科学发现、欧洲生活方式,以及工业革命。

这些发展不能不影响到现代犹太教的成长。欧洲启蒙运动向传统的哲学和宗教观点提出了挑战,并宣传关于人性、社会和宗教的新思想。这种宣传的一个结果便是要求犹太教——尤其是欧洲的犹太教——进行改革。

19世纪40年代,在德国形成了犹太教改革派。它认为,既然犹太人已不再是一个国家,而是他们所居住的国家的公民,他们就不再受所有宗教律法的束缚。只有道德律是必需遵守的。

犹太教改革派在欧洲没有多大作为,但19世纪80年代末,数百万犹太人移民北美时把这种观点带去了。至1880年,美国大多数犹太教会堂都成了改革派,并都加入成立于1873年的美国希伯来会众协进会。

犹太教保守派出现于19世纪40年代。虽然它并不完全坚持正统标准,但它更贴近历史上犹太教的传统,尽管对改革的精神作出了某些让步。

犹太教复兴运动于20世纪20年代在美国创始,它主张犹太教是一种宗教文明,其宗教因素是一种独特文化的表现。这个运动拒绝接受一个全知的上帝与其选民立约的说法,也不承认《圣经》是在上帝的启示下写成的。

最传统的拉比犹太教信徒通常被称为正统派,他们坚持他们认为是不变的以色列信仰。但没有一个现代犹太教的主要分支可以被视为内部是完全一致的。

20世纪两大现象对现代犹太教产生了深远影响:犹太复国主义和大屠杀。在西奥多·赫茨尔领导下,犹太复国主义(重申犹太的国家地位,目标是要重建以色列国)出现于19世纪末的欧洲。虽然犹太复国主义并未赢得全体犹太人的支持,但它自1900年之后开始稳步发展。若没有第二次世界大战中纳粹德国发生的悲惨事件,很难说是否会成立一个犹太国家。纳粹有计划、有步骤地屠杀了约600万犹太人。这场大屠杀是世界史上最具灾难性的事件之一,它促使犹太国的支持者们去达到他们的目标。战争结束三年后,以色列国在巴勒斯坦成立。在近2000年中,犹太人第一次又有了自己的国家。(参见:赫茨尔;纳粹大屠杀;犹太复国主义)

会幕 TABERNACLE

根据《圣经》的传说,会幕是以色列人在荒野流浪期间用来拜神的一种可移动的圣所。在希伯来语中,会幕被称作"密什堪",意即"寓所",因为,以色列人的上帝耶和华就生活在他的子民中间;或者被称作"奥和尔默德",意即"会晤的帐篷",因为,耶和华曾在那里接见摩西(见:摩西)。

会幕是由以色列人赠送的礼品——金、银、青铜、黄铜、金合欢木、亚麻布、羊皮、紫色和猩红色帐幔等——制成的。它包括至圣所和圣所两个部分,是一个长30腕尺、宽10腕尺、高10腕尺像售货棚一样的建筑物。(1腕尺约等于46厘米。)

约柜——其中藏有刻有"十诫"的石板——是至圣所中仅有的器物,只有摩西和高级祭司在赎罪日才能进入至圣所。耶和华的魂灵被猜想就住在那里。圣所一般祭司均可进入。它内设献饼台、圣烛台(或称七连灯台)和奉香台。会幕周围的庭院有焚烧祭品用的四角祭坛和一只祭司用于洗礼的铜盆。普通礼拜者不能越过庭院进入会幕。在现代的习惯用法中,"会幕"一词可以用来指某些教堂内放在祭坛上面的贮藏柜,里面存放面包、酒等圣餐所用的必需品。它通常用金属制成,有时镶有金边,并为幕布所遮盖。

大卫 DAVID

大卫是古代历史上最伟大的英雄之一,他是一个贫穷的牧羊人的孩子,杀死了巨人歌利亚。《旧约》详细叙述了大卫的生平事迹,根据圣经故事的说法,大卫大约出生于3000年以前。

大卫是伯利恒人耶西的幼子。他是一个放羊倌,学会了弹奏竖琴,能用投石器把石头投出去,准确地击中目标,保护羊群。

以色列当时的国王是扫罗,为了让他那烦躁的灵魂平静下来,他下令让人们演奏音乐。大卫容貌俊美,演奏的音乐十分动听,所以扫罗让他专职给自己管甲胄、弹竖琴。

后来,大卫遇到了非利士人歌利亚。他已经向扫罗挑战40天了,要求派人和他交战。但是却无人回应,因为歌利亚高达9英尺多。他挥动的长矛的铁矛头,重达20磅,矛杆"粗如织布的机轴"。大卫没穿甲胄,只拿着投石器,藏在手里,腰里系着牧羊人的袋子,里面放着5块平滑的石头。

当歌利亚走近的时候,大卫将手伸进袋子,把一块石头放在投石器里,并且尽全力扔出去。石头穿透了歌利亚的前额,他倒下就没气了。接着大卫割下了这个巨人的头颅,把它作为礼物献给了扫罗。非利士人在惊吓中仓皇而逃。大卫的勇敢行为引起了扫罗的妒忌。

那时,大卫已成为国王之子约拿单的好友。约拿单把他高贵漂亮的衣服、宝剑和弓送给了这个低微的放羊倌。大卫此时成了受过全面训练的战士,勇敢地同非利士人战斗,《圣经》上说一位以色列妇女竟然夸赞道:"扫罗杀死数千人,大卫杀死数万人。"

扫罗害怕人们拥戴大卫为王,于是试图谋害他。他甚至企图杀死自己的儿子约拿单,因为他也保护大卫。然而,约拿单却帮助大卫逃脱了。扫罗的军队紧追不舍,大卫不得不躲藏起来。大卫有两次本来能够杀死扫罗,但他不愿意靠谋杀夺得王位。

扫罗和约拿单父子双双死于基利波战役。扫罗死后,大卫在希伯伦成为犹大国王,统治将近8年。当以色列国王遭暗杀后,以色列人约于公元前1000年拥立大卫为王。

大卫把犹大和以色列统一起来,统治达33年,直至他去世。他从希伯伦迁至耶路撒冷,该地是他的外甥约押为他夺回的。约押还征服了以色列的一些邻国,那时以色列的势力已深入到叙利亚境内。

大卫统治时期总是流血征战,饥荒不断。他的爱子押沙龙的背叛和死亡使国王悲痛至极。大卫最无耻的罪行是为了娶乌利亚的妻子拔示巴为妻,竟背叛了他忠实的队长乌利亚。

《塔木德》 TALMUD

犹太教的首要典籍是希伯来《圣经》,《圣经》最重要的部分即是前5卷。由于这5卷经文包含摩西律法,人们通常将这5卷称为"托拉"或"律法书"(见:《圣经》;犹太教;摩西;托拉)。然而,古代的以色列人中间流传着许多其他未载入托拉的律法、习俗和传说。这些未成文的律法中有许多与成文的律法一样古老,也许甚至比成文的律法还要古老。

与成文律法不同——成文律法许多世纪以来未曾变动——这些未成文的或口头的律法可能会根据历史环境的需要而有所修改。在经过数百年的演进之后,以色列人积累了一大批口头流传的律法和传说。公元1—2世纪,拉比们——犹太教的领导人和导师——深感有必要将这批数量庞大的口头传说用文字记录下来。这一努力的结果就是《塔木德》,而这项工作的完成则耗费了几个世纪的时间。

作为对成文律法的诠释与补充,口头传说给成文律法增加了能动的特性,使之随着犹太人遍布于文明世界而有可能成为适用于不同时代、不同地区的律法。由于《塔木德》体现了犹太人古老传统的实质,因而,它也成为一种跨越地域疆界与语言差异的统一的力量。

"塔木德"一词意思是"学习"或"研究"。从广义上讲,《塔木德》不是指一本书,而是指一套书。其主要部分是《密西拿》——意即"推敲"——这是一部支配犹太人社会的宗教法和民法典籍。由于《密西拿》各部分的编纂持续了很长时间,它在语言和内容两方面都存在着前后不一致的情况。到了成书之后,《密西拿》所载明的律法条文就被看作是绝对的权威。

《密西拿》最后的编写,可能是在公元3世纪初在拉比犹大·哈-纳西——巴勒斯坦犹太人族长——管辖之下完成的。犹大大约花了50年时间,对所有的口头律法进行筛选,然后将它们编成涉及日常生活各个方面的6个部分。这6个部分包括:民法、仪式的纯正、节日、婚姻、教堂礼拜和农事。在工作中,犹大小心谨慎地确定哪些律法会得到拉比权威的支持;然而,他也保留了少数派的意见,以备万一将来某个时代律法有所变更,需要一些可资采纳的事例来支持律法。一经编纂完成,《密西拿》即在正统派犹太教中取得了仅次于托拉的地位。

《密西拿》不久就成了巴勒斯坦和巴比伦两个犹太教领导中心的学者们注释的对象。这些注释被称为《革马拉》,意为"补全"。两地的《革马拉》,连同《密西拿》,就构成了两个不同版本的巴勒斯坦《塔木德》和巴比伦《塔木德》。以犹大·哈-纳西的学生们在公元3世纪的研究为其开端,这两种《革马拉》到6世纪初才告完成。撰写《革马拉》的工作是由巴勒斯坦和巴比伦两地的各种被称作"叶希瓦"的犹太教经学院中的学者来完成的。如今,讲授《托拉》、《塔木德》以及其他拉比知识的学校仍叫叶希瓦。

到4世纪末,巴勒斯坦成了基督教徒的主要聚居地,这些犹太教经学院也就随之而消失了。因而,巴勒斯坦《塔木德》的编纂工作便告结束。然而,巴比伦学者们的工作还在继续,正是这部巴比伦《塔木德》成了犹太人律法与宗教的标准文本。正统犹太教信徒们认为,这部《塔木德》来自神的启示,在今天的犹太教经学院内,它仍是学者们研究的主要对象。

《塔木德》的题材可分为两大类:律法(哈拉卡)和叙述(哈哥达)。律法部分论述宗教仪式、法律及托拉教义等问题,它告诉信徒如何将律法运用到日常生活中最平凡的事情上。叙述部分包括希伯来《圣经》中非律法的内容,它解说圣经故事,探求其中的意蕴。哈哥达还有一部分内容讲述故事、传说以及包含道德寓意的谚语。由于撰写《塔木德》的学者都是许多领域内学问渊博的人,因而,此书的题材所涉及的科目也多种多样,包括建筑、天文、占星术、伦理、自然科学、数学、地理、历史、魔法、医学以及神学。

托拉　TORAH

在犹太教中,"托拉"一词在狭义上是指希伯来文《圣经》的前5卷,或称"五经"。据传,这5卷经文是摩西留下来的,它们是:《创世记》、《出埃及记》、《利未记》、《民数记》和《申命记》(见:《圣经》;犹太教;摩西)。所有的犹太教会堂中都珍藏着用羊皮纸书写的托拉。诵读托拉中的章节,是许多犹太教会堂的礼拜式的重要部分。全部托拉经文要用一年的时间在犹太教的巴比伦仪式(即现在大多数正统派犹太教会堂所采用的标准仪式)上诵读完毕。旧一轮诵读的完成与新一轮的开始都是在住棚节(亦称秋收节)结束的那一天。

在希伯来语中,"Torah"一词意即"指路"或"教导"。在整部希伯来文《圣经》中,"托拉"一词都是在这个意义上使用的,它可以指来自上帝的教导、来自百姓的训诫,或者指《摩西五经》中某一具体的律法。由于这个词有以上几种不同的含义,因而,托拉有时指整部希伯来《圣经》,有时用来指犹太教的全部教义,包括成文的律法和口头的律法。在广义上,"托拉"一词既可以指编纂成《塔木德》的口头律法,又可以指摩西留下来的律法(见:《塔木德》)。

逾越节　PASSOVER

犹太教的主要节日之一。它是一个欢乐的节日,届时全世界的犹太人回忆他们摆脱在埃及所受的奴役的过程。"逾越"一词源于这样一种观念:上帝越过以色列人的家,他在他们的门柱上都做了记号,以表示他们是上帝的子民。这样,在迁出埃及的前夜,当上帝击杀埃及监工们的长子时,犹太人的长子就未遭伤害。

逾越节在每年春天,始于希伯来历的尼撒月15日,一共要庆祝8天。逾越节开始时,家家户户要聚集在一起吃逾越节家宴。家宴开始前先要诵念哈加达中的祷文,唱哈加达中的歌曲,哈加达是关于出埃及事件的口传文学故事。家宴的所有食物都是象征性的:苦草是为回忆被奴役的痛苦;烤过的羊胫骨,是为记起以色列人向上帝奉献的祭品;整个星期都要吃用一种未发酵的面做的面包馍特索,不吃发酵过的面做的面包,因为以色列人在匆忙逃离埃及时,甚至连等面发酵的工夫都没有;各种果仁、苹果、蜂蜜和葡萄酒混合而成的一种鲜美好吃的食品,象征着强迫犹太奴隶用以建造埃及庙宇的灰浆。

在吃家宴时,家里最小的孩子要提四个关于逾越节的独特性的问题,由家族的首领来回答这些问题,这已经成为传统。大人还鼓励孩子们参与和思考他们的历史,就好像他们自己被从奴役中解救出来一样。大人还用哈加达教育

孩子们,因为以色列人在埃及是异乡人,犹太人必须牢记要欢迎他们中间的异乡人。(参见:**犹太教**)

耶利米　JEREMIAH（公元前650?—前570?）

公元前六世纪前叶,先知耶利米试图协助他的祖国犹大国适应当时的超级大国——亚述、巴比伦和埃及——之间的政治冲突。他有时被称为"个人宗教之父",宣扬宗教个人主义的理想。

耶利米约于公元前650年生于耶路撒冷附近的阿那索斯村。据记载他约于公元前626年开始在国王约西亚统治下开始先知生涯。约西亚使犹大国从亚述独立出来,并于公元前621年进行了广泛的宗教改革。公元前609年约西亚死后,犹大国很快陷入不断增强的巴比伦国的阴影之下,因而约西亚的许多改革都被忽略了。

耶利米给犹大国民的最初告诫是谴责他们信仰邪教和社会不公正,并命令他们悔过。他宣扬反对约西亚的继任者的政策,并常因此受到惩罚。他提出的犹大国应与巴比伦合作,以免被征服和放逐的警告被置之不理。犹大国成为巴比伦的一个省后,持续不断的叛乱使巴比伦于公元前586年将它洗劫一空。

一些犹太人带着耶利米流亡埃及。约公元前570年,他死在埃及。根据传说,耶利米被一些曾被他的斥骂激怒的流亡者用石块砸死。

耶利米的教义广为人知。作为先知,他宣告了上帝对他的时代的人民的邪恶所作的判决。

他尤为关注错误和不真诚的信仰以及在国家事务上不信任上帝。他认为罪恶的根源就在他常说的罪恶之心的顽固。他强调说,有些外国人对他们的异教、邪教的忠诚,胜过犹大国对真正的上帝耶和华的忠诚。他常将大自然对法则的遵循与人对上帝的不尊相对比。

阿吉巴·本·约瑟夫　AKIBA BEN JOSEPH（40?—135）

公元70年,罗马人捣毁了耶路撒冷,古代犹太教中大多数互相对立的教派、组织也随之消亡。作为崇拜之焦点的耶路撒冷圣殿被毁,使得犹太教的领导权从耶路撒冷的祭司们手中转移到了巴勒斯坦其他地区的拉比(或称学者)手中。诞生于反抗罗马帝国的灾难性战争的拉比犹太教,其势力之强足以向分散于帝国各地的犹太人提供指导与凝聚力。学者阿吉巴·本·约瑟夫就是拉比犹太教的创始人之一,他的学说在几个世纪中曾对犹太人宗教思想的发展起过重要作用。

有关阿吉巴的生平事迹,史籍所载十分简略。当他于公元135年被罗马人判处死刑之后,社会上曾出现了许多关于他的传闻。据传说,他在公元40年前后生于巴勒斯坦,40岁以前未受过教育,是一位农夫或牧人。在此后的12年中,由于受到妻子坚结的强有力的支持,他在贾卜奈学院学习摩西律法(或称托拉),其中包括《旧约》开头的5卷书。

学成归来,阿吉巴就在故乡贝奈贝拉克(在今特拉维夫-雅法附近)开设了自己的学院。这所学院培养出许多2世纪伟大的犹太教教师。

阿吉巴认为,《旧约》中的每一个字词都有其特殊的意义。在这种忠实于字义的基础上,他制定出差不多涉及个人生活一切方面的律法解释原则。据说,他是第一个将前辈学者有关法律、伦理的全部准则汇集、整理成一个完整体系的拉比。这部汇编而成的典籍叫作《密西拿》,这是《圣经》之外的犹太律法第一次标准化。尽管他十分强调律法,不过,人们一直将阿吉巴视为一位杰出的人道主义者,他比较感兴趣的是正义而不是惩罚。(参见:《**塔木德**》)

阿吉巴晚年可能卷入了一场反抗罗马皇帝哈得良的叛乱。罗马人于公元132年将他囚禁在凯撒里亚,并于135年将其处死。

拉希　RASHI（1040—1105）

中世纪法国圣经注释家拉希完全改变了学者和学生研究《圣经》的方法。拉希生于查理曼帝国首都特鲁瓦。他的名字是由Rabbi Shlomo Yitzhaqi三个字的首字母组成的。他在沃尔姆斯和美因茨结束学业后,回到特鲁瓦从事圣经注释、赞美诗撰写和律法问题的研究。

拉希虽然几乎对《圣经》的每一卷书都作过注释,但主要还是集中在《摩西五经》,即希伯来《圣经》的前5卷。他还撰写过关于其他律法书的论著,和巴比伦《塔木德》的注释(大概这是他取得的最高成就,因为它对塔木德时代提出新的见解)。拉希是全欧洲著名的犹太律法(即哈拉卡)的权威,他总是力图使自己的著述清楚明白。

除了使用比较常见的米德拉西诠释法之外,拉希是第一个从字面意义解释经文的注释家。米德拉西诠释法是寓意的、非字面意义的解释法,一般要求预先具备圣经知识。拉希的著作语言简明,而且他经常依赖经文的"明白的意思"。如果一段经文的意思让他感到困惑不解,他也会毫不犹豫地写明:"我不理解它的含义"。

拉希有时也使用当时的法语写作,这些法语段落成为后世语言学者研究中世纪法语的好工具。拉希去世后约300年,他的《〈摩西五经〉注释》成为第一部用希伯来文印刷的著作。他的注释今天仍有许多读者,许多世纪以后他们惊讶地发现他的著作对他们仍然有益。基督教学者也研究他的著作,他对他们分析和理解《圣经》产生了深刻的影响。

迈蒙尼德　MAIMONIDES（1135—1204）

中世纪犹太教最杰出的智者迈蒙尼德是个高产作家,他的关于哲学、宗教和医学的思想产生了巨大的影响。他因下列三部著作而享有盛名:《〈密西拿〉评注》、《犹太教法典》和《迷途指津》。

摩西·迈蒙尼德也称兰姆巴姆,1135年3月30日生于西班牙科尔多瓦的一个有教养的上流社会家庭,原名摩西·本·迈蒙。1159年,由于科尔多瓦犹太人受到一个狂热的伊斯兰教派别的迫害,全家离开西班牙,搬到摩洛哥的非斯。迈蒙尼德在非斯开始学医,但他家又一次为逃避迫害而搬到了巴勒斯坦。12世纪60年代,他们终于来到埃及开罗附近的弗斯塔特。在这里,他们可以自由信奉犹太教,但他们抵达后不久,迈蒙尼德的父亲和兄弟都死了,他便开始行医以养家活口。他的医术声誉鹊起,不久就成为埃及撒拉丁苏丹的御医。他还在当地医院讲课,开设私人门诊,并成为犹太人的领袖。

迈蒙尼德的著作多种多样。他认为,只有当《圣经》里的绝对教义不受损害的情况下,理性才能指导一切。他23岁开始写《〈密西拿〉评注》。《密西拿》是一部包括所有犹太法裁决的权威性口传律法汇编,其编辑年代从最早时期至公元3世纪初。迈蒙尼德澄清了一些术语和词句,并写了几篇介绍性文章。其中《信仰十三条》总结了犹太教教义。

完成这项工作后,他开始撰写其名作之一《密西拿律法书》,这是用希伯来文写的犹太法典。用阿拉伯语写成的《迷途指津》花了他15年时间。在这本书中,他极力主张探究犹太教的理性哲学。这本书激励了后来的几代哲学家和宗教学者。他的许多不太重要的著作——包括几部关于医学、天文学和物理学的著作——现在仍有人在阅读研究。迈蒙尼德死于1204年12月13日,安葬在加利利海附近的太巴列。

伊斯兰教　ISLAM

从大西洋穿过北非、中东、中亚和南亚到太平洋,世界上穆斯林占支配地位的国家形成一条漫长的连绵不断的地带。(穆斯林即那些信仰伊斯兰教的人。)这个地区的穆斯林国家有:摩洛哥、阿尔及利亚、突尼斯、利比亚、埃及、苏丹、土耳其、叙利亚、伊拉克、沙特阿拉伯、伊朗、海湾国家、阿曼、也门、阿富汗、巴基斯坦、阿塞拜疆、哈萨克斯坦、塔吉克斯坦、土库曼斯坦、乌兹别克斯坦、孟加拉国、马来西亚和印度尼西亚。人口最多的穆斯林少数民族则在印度和尼日利亚。全世界穆斯林人口虽没有精确的统计,总共大约有7亿5千万。有些人估计有10亿之多。

"伊斯兰"意为"顺从"或"顺服",指顺服惟一的神安拉的旨意。穆斯林是顺从者。伊斯兰教的基本教义为:除安拉之外,别无神灵,穆罕默德是安拉的使者。

610年的一个夜晚,通过天使吉布利里,穆罕默德首次得到神的启示,穆罕默德收到的这些启示告诉他,像大多数阿拉伯人信仰的一样,只有惟一的神,没有多神。这惟一神创造宇宙万物,主宰末日审判。这并不是新奇的启示:犹太教和基督教都信奉惟一的神。因此,穆罕默德认识到自己的使命并没有什么新的内容,只是延续和终结。他是宣布神(或安拉)的惟一性的一连串先知——从亚当、亚伯拉罕、摩西、以利亚到耶稣——中的最后一位先知(见:**穆罕默德**)。

但伊斯兰教既没有被并入犹太教,也没有被并入基督教。它成了一种新的宗教,而且很快成了一个新的帝国和新的文明。穆罕默德所得到的那些启示被集录成一本新书——《古兰经》,它告诉他的信徒应当相信什么,应当如何生活(见:**《古兰经》**)。

由于穆斯林相信,穆罕默德的所有言行都是照安拉的启示所为,因此关于他的言行的许多传说都收集起来。起初,这些传说只是被心记口传。后来,人们用文字把它们记录下来,同《古兰经》一道,作为信徒的附加指南。

基本信仰

伊斯兰教教导人们:只有一个神,他是宇宙的创造者和维持者。这个神就是安拉,他是富于同情心的、公正的。因为他是富于同情心的,所以他要求所有的人都相信他,崇拜他。因为他也是公正的,所以在世界末日,他将根据每个人的行为对其进行审判。在世界末日,所有死者都将复活,他们或者受到奖赏,升入天堂,或者受到惩罚,打入地狱。

人类被看作是创造的顶峰,他们受神的委托,控制整个已被创造出来的秩序。不过,人性也被认为是软弱的,易于怀疑神和不顺从神的旨意。人性的弱点是自大:它没有认识到自己能力有限,自以为是自给自足的。

为了补偿这一弱点,神派先知传达他的旨意。这些先知(全都是凡人)被选为神通过天使或以启示的方式向其发话的信使。对于人类来说,不幸的是,大多数先知为人们所忽视。人们受撒旦或魔鬼的欺骗,仍然不信任安拉。尽管这样,神还是一直准备饶恕个人,并使其重新回复到他开始生活时的那种无罪状态。

每个穆斯林都总是生活在虔诚徒众的社群中:所有穆斯林都被宣布为"彼此都是"负有"促善止恶"使命的"兄弟"。在社群中,人们期待穆斯林建立社会和经济公正。人们还指望他们把他们的使命落实到世界上的其余地区。

在早期伊斯兰教社群中,这意味着以"吉哈德"或圣战的方式使用武力。目的并不是为了强迫任何人改变信仰;这在《古兰经》中是不允许的。圣战的目的是为了在政治上控制社会,并根据伊斯兰教的原则管理社会。

在穆罕默德死后的数十年间,人们从他的教义中选出一些基本原则作为伊斯兰教社群的固定点。这些原则已被称为"伊斯兰教五项基本功课"。有些早期比较狂热的信徒又加上圣战作为第六项基本功课,但未被整个伊斯兰教社群所接受。

基本教义 第一项功课是信仰表白。"除安拉外,再无神灵,穆罕默德是安拉的使者。"这是社群成员所确信的核心断言。

祈祷 伊斯兰教认可两种形式的祈祷。一种是个人自发的、虔诚的祈祷,它不受任何仪式或程式的约束。另一种是仪式的,而且常常是会众的祈祷,它有特定的话语和姿势,一天要做5次:黎明、正午、下午3点左右、傍晚、晚睡前。祈祷之前必须先沐浴,洗手、足、脸。一个宣礼员站在清真寺院(集体礼拜的房屋)的高台上或光塔上召唤信徒们来祈祷和唱圣歌。会众的祈祷从领导祈祷的人伊玛目开始,他站在清真寺的前面,面向伊斯兰教的圣城麦加。会众在他后面排成数行。(清真寺内没有座位)每次祈祷都由几个单元组成,在祈祷的时候个人或是站着、跪着,或是匍伏在地。每次变换姿势,都要口诵"真主至大"。

星期五是集体礼拜的重要日子。信徒们聚集在清真寺祈祷,倾听对《古兰经》的讲解和根据经文的讲道。讲道可以有关于道德的、社会的或政治的内容。应当指出,伊斯兰教并不像基督教会那样委任神职人员,但有些人在宗教、传统和法律方面受过专门训练。从理论上讲,任何一个被认为有才能的人,都可应邀在星期五讲道。

朝圣 "朝圣"是每年一度的穆斯林礼仪,伊斯兰教要求每个信徒在其一生中至少朝圣一次。在希吉拉历十二月,亦即伊斯兰教历最后一个月的第七至第十天,成千上万的穆斯林,聚集到沙特阿拉伯的麦加城,朝觐大清真寺的天房神殿"克尔白"。传说,这神殿是亚伯拉罕建造的,他被伊斯兰教、犹太教和基督教视为正统宗教的先知和创始人(见:**亚伯拉罕**)。朝圣是为了再次展现逃亡,即穆罕默德于622年从麦加到麦地那的逃亡。因此,大部分朝圣者除施行许多宗教仪式外,都要朝圣这两个城市。按伊斯兰教历,朝圣的高潮是在伊斯兰教的两大节日之一宰牲节。

几个世纪以来,朝圣使来自许多国家成千上万的穆斯林聚集在一起,并且提供了伊斯兰教各中心之间宝贵的联系。它还给予信徒一种关于隶属于庞大的世界社群的意识。在20世纪,所有穆斯林国家都派遣官方代表团参加朝圣,准备面对阿拉伯各国人民就所有社会政治问题交换意见(见:**阿拉伯人**)。

斋戒 《古兰经》第二章中有这样一句话:"斋戒已成为你们的定制,犹如它曾为前人的定制一样。"因为在莱麦丹月首次向穆罕默德降示《古兰经》,所以整个莱麦丹月被留出作为斋戒期。每天从破晓到日落,不食不饮不吸烟。根据《古兰经》,生病或旅行的人,可延缓斋戒,"日后用同样的天数补足。"伊斯兰教历年的第二个重要节日在斋戒结束后开始并延续数日。

天课 最后一项功课是被称为天课的强制性赋税,亦即穆斯林对国家或社群所作的贡献。在现代,天课已成为具有慈善性质的自愿捐款。一些中东国家仍然收税,但是在自愿的基础上进行,而不是征税。

分裂与思想派系

《古兰经》第二章说:"对于宗教,绝无强迫;因为正邪确已分明了。谁不信恶魔而信安拉,谁确已把握住坚实的、绝不断折的把柄……不信道的人的保佑者是恶魔。"

伊斯兰教一直是以带有统一性的多样性为特点的。正如上述经文所暗示的,一旦信道的人效忠作为惟一之神的安拉,他即为穆斯林,并且相信指导他的信念和行为的神。伊斯兰社群的舆论会使他不致在迷途上走得太远,以至滑到错误的习俗中去。伊斯兰教不大有可能出现像基督教中那样的信仰和习俗上的分歧。用穆罕默德自己的话来说,就是:"我的伊斯兰社群内的意见分歧,乃是神的宽大的显示。"

这并不是说,在漫长的伊斯兰教的历史中,从来不存在因为信仰和习俗上的分歧而进行的迫害;每种宗教中都有一些人认为他们自己是真理的仲裁者和实施者。但是,这类迫害比其他大多数主要的宗教要少得多。

伊斯兰教历史上重大的分裂,起因于穆斯林社群的领导权问题,亦即所谓的哈里发职位问题,而不是由于教义的争论而引起的。只是其后教义和习俗方面也有了分歧,出现了各种教派。然而,所有的教派都继续在忠诚于安拉的基础上彼此承认同是穆斯林。

分裂的种子早已播下。穆罕默德的突然死亡,遗留下没被大家公认的领导者——即哈里发——的伊斯兰社群("哈里发"的原意既是"继承者",又是"代理人")。领导权的危机已为下述事实所加剧:穆罕默德死在一个动荡的时代,当时穆斯林军队为在世界上建立一个庞大的新帝国,已开始征服别的国家。

前三任的哈里发,即艾布·伯克尔(穆罕默德的岳父)、欧默尔和奥斯曼·伊本·阿凡,都是先知最亲密的同伴。奥斯曼是麦加主要的和富裕的倭马亚家族的成员,又是穆罕默德的女婿,他于656年被谋杀。他的地位被先知的另一个女婿阿里·阿比·塔里布所取代。奥斯曼被谋杀导致了穆斯林宗派之间的内战。阿里于661年被谋杀,于是就再一次开始争论究竟谁有权利成为哈里发的问题。这也是伊斯兰教首次而且也是仅有的一次重大分裂——逊尼派和十叶派即后来阿里的追随者之间的分裂——的原因。

逊奈 这个术语意为"常被踩踏的小径"。逊尼派亦即大多数穆斯林所属的这个伊斯兰教分支,在数十次最初的分裂中显露出来。关于领导权、信仰和习俗的冲突,使逊尼派能够在《古兰经》和先知的圣训的基础上,为对抗他们认为是宗派观点的东西,而发展他们相信是正确的宗教态度的东西。逊奈自认为是正统的伊斯兰教,代表伊斯兰社群反对反复无常的态度的舆论。

逊尼派虽然谴责分裂和教派,但根据穆罕默德的关于多样性好处的圣言,也发展形成对照的宽容倾向,以便在最大的范围内包容可以被认为是正统的各种观点。这种宽容使各种不同的教派和思想派系在伊斯兰教这个较大的社群内共存成为可能。没有一个团体会被排斥在外,除非它明确宣布与安拉和穆罕默德断绝关系。这种宽容是逊奈对那些试图根据《古兰经》或圣训选段的用途把伊斯兰教概念变得狭隘的人的回答。

十叶派 阿里被谋杀后,被称为十叶派教徒的他的追随者们要求恢复阿里家族对伊斯兰社群的统治。由于阿里娶了穆罕默德的女儿法蒂玛,所以阿里是先知的亲属;因此,十叶派教徒声称拥有穆罕默德家族的神授的统治权。

十叶派在其历史进程中,形成一些有特色的教义和许多教派。也许是出于对阿里的崇敬,十叶派开始把伊斯兰社群首领伊玛目看作是只有他一个人知道《古兰经》启示的隐秘的真正含义的、绝不会犯任何错误的人。正统的十叶派教徒承认他们历史上的12位伊玛目(都叫穆罕默德),其中末代伊玛目在9世纪隐遁。在他世界末日前的返世将开创一个真理和公正的时代。在他返世之前,一切法律和教义都由被称为穆智台希德的学者来解释,人们认为他们是在末代伊玛目的指引下进行解释的。

因为神授的知识是通过伊玛目绝无谬误的教导传播的,所以十叶派教徒相信(与逊尼派教徒形成对照),出自难免有错的、人类的源头的一切知识都是无用的。那不是伊斯兰社群所思考的事情,而是伊玛目宣布其为值得考虑的事情。这就缩小了宽容各种不同观点的范围。

与逊尼派另一个重要的区别是,在十叶派的追随者之中出现一部在许多方面能与关于耶稣生平的耶稣受难复活剧相比的"受难史"。680年,阿里的儿子侯赛因惨死,为此,每年十叶派都要举行隆重的哀悼仪式,教徒们上街游行,发表演说,演受难剧。这些哀悼活动影响了阿富汗和印度的逊尼派教徒,他们参与类似的受难剧演出。在所有穆斯林对阿里及其家族的崇敬和对其后裔的尊重中,人们也感觉到十叶派的影响。

除了十叶派最大的支派十二伊玛目派以外,还有一些相当极端主义的、已分离出来的支派。其中最大的支派是伊斯玛仪派。分歧产生于第七代伊玛目的身份。十叶派的最大支派接受穆萨,而伊斯玛仪派则承认他的哥哥伊斯玛仪。自从伊斯玛仪隐世以来,他们期待他的返世,因此,他们通常被称为"七伊玛目派",而不是"十二伊玛目派"。"十二伊玛目派"这个名称被用来指称正统的十叶派。从某种意义上说,伊斯玛仪派承认的七位伊玛目比先知更优秀,因为他们得到神的真传。伊斯玛仪派主要分布在东非、也门、印度、巴基斯坦和孟加拉国。

伊斯玛仪派分为两派:尼查里派和穆斯塔尔里派。尼查里派首领是阿迦·汗,他被认为是阿里的直系后裔。穆斯塔尔里派大部分生活在印度的孟买,他们有自己的精神领袖。

十叶派运动产生了一些其他支派:努赛里派、亚齐德派和德鲁兹派。唯有德鲁兹派有相当多的追随者,他们大部分生活在黎巴嫩和叙利亚。

还有一种产生于19世纪伊朗十叶派教义的、世界性的非穆斯林宗教。巴哈教受到一个名叫阿里·穆罕默德的十叶派穆斯林的鼓励;它后来为其追随者巴哈·安拉所创立(见:**巴哈教**)。

整个十叶派运动所波及的地域,也许还不到伊斯兰世界的10%。最大的集居区是在伊朗,在那里,十叶派一直是国教,十叶派教徒占人口的90%。就是在伊朗,20世纪末,十叶派教徒与逊尼派教徒之间爆发冲突。自1979年伊朗政府被伊斯兰原教旨主义者领袖阿亚图拉·鲁霍拉·霍梅尼及其追随者接管以来,中东地区的其他穆斯林国家很担心他们的政府会被十叶派原教旨主义颠覆。(参见:**霍梅尼**)

苏非主义,神秘主义的道路 在伊斯兰教历史上的初期,曾出现一些不满足于公开的宗教仪式和礼仪的团体。它们想要一种内心体验的宗教,一种弃绝尘世的奢侈享受、全然专心于对神的顺从的禁欲主义。到8世纪,这些团体被通称为苏非派,这很可能是由于他们身着粗羊毛衣衫(阿拉伯文 *suf*,意为"羊毛")的缘故。这些苦行者团体类似于基督教历史上的初期出现的修士(见:**修士与修行**)。

苏非主义的发展经历了三个阶段:禁欲主义,弃绝世俗念;入迷,企求与神交流;认知的方法,信徒用这一方法探求比授予普通穆斯林的更高深的知识。因为苏非主义主要是在伊斯兰教的逊尼派内部发展,所以它帮助也尊重这种特殊的神圣知识的十叶派运动平衡发展。

苏非主义在逊奈内部保持平行发展直至11世纪,当时神学家安萨里正式尝试将神秘主义学说与正统的社群舆论即逊奈融合在一起。他对其他神学家说:除非他们为所有信徒创造一门"心的科学",否则伊斯兰教教义只不过是没有任何精神生活或毫无意义的公开仪式。

美国穆斯林教团

20世纪初,美国出现了一种特殊形式的伊斯兰教。它被称作美国穆斯林教团、黑人穆斯林运动或伊斯兰民族组织。它原先是作为美国黑人宗教和民族主义运动出现的。它最初的主要观点是:所有非白种人种族应当理想地组成一个国家。

伊斯兰民族组织源于德鲁·阿里开创的宗教传统,他于1913年在新泽西州的纽瓦克创立"摩尔人科学神庙"。1929年他去世后,该运动由W. D. 法尔德(又称瓦莱士·法尔德·穆罕默德)接管。当时该组织的总部设在底特律。他的追随者们把他看作是安拉或神的化身。当1934年他神秘地隐世后,伊莱贾·穆罕默德(原名伊莱贾·普尔)接替了他。伊莱贾·穆罕默德把该组织迁到芝加哥。

该运动虽然发展缓慢,但它通过向美国黑人提供一种富有战斗性的信条,利用了他们被压抑的挫折。伊莱贾·穆罕默德恳愿黑人放弃基督教,他说基督教是白人用来压迫黑人的工具。该运动给它的拥护者们提供了一个具有共同的宗教利益、文化利益和经济利益的社区。伊莱贾·穆罕默德的教导强调黑人民族主义和经济上的自给自足。他鼓励地方清真寺和作为个体的教徒经商。该组织本身拥有农田和商行,而且它还为儿童和成人斥资办学。该组织成员不可以参与国家事务或服兵役。伊莱贾·穆罕默德一直牢牢地控制这个组织,但在1975年他去世后,该组织的领导层分裂。

20世纪60年代,C. 埃里克·林肯出版了一本书,书名为《美国黑人穆斯林运动》(1961)。于是,教团得到个非正式的名称——"黑人穆斯林运动"。在民权运动的这十年间,伊斯兰民族组织通过其最雄辩的发言人之一——马尔科姆·艾克斯,获得了民族声望。马尔科姆·艾克斯吸引了他自己的一批有影响的追随者,不久便与伊斯兰民族组织的领导人断绝了关系。1965年2月,他被黑人穆斯林运动的人暗杀,此事使得该组织名誉扫地(见:**马尔科姆·艾克斯**)。

20世纪70年代末,在伊莱贾·穆罕默德的儿子沃里思·迪恩的领导下,该运动采用"伊斯兰民族组织"的名称。在这一时期,肤色意识、种族主义、对法尔德的神化,均遭拒斥。后来迪恩于1985年宣布解散美国穆斯林教团,以便使其成员能够成为全世界伊斯兰社群的一部分。

该组织的一个分支仍保有"伊斯兰民族组织"的名称。它由路易斯·法拉坎领导。在20世纪80年代末,他是该运动最杰出的领袖。60年代,他曾是马尔科姆·艾克斯的同事。马尔科姆·艾克斯被暗杀后,他开始疏远这个主要组织。法拉坎曾是黑人经济授权的著名发言人,他鼓励他的追随者们与在许多黑人社区里盛行的滥用毒品作斗争。

《古兰经》 KORAN

"我确已以此为阿拉伯文的《古兰经》,以便你们了解。在我那里的天经原本中,它确是高尚的,确是睿智的。"说上面这段话的是安拉(真主),而获得这一启示的则是安拉在阿拉伯各民族中挑选出来的先知穆罕默德。这条启示被收录在穆斯林的圣经《古兰经》中。"古兰"一词本义为"诵读";伊斯兰教信徒穆斯林认为,《古兰经》里的经文都是真主通过天使吉布利里向穆罕默德启示的,以便这位先知能够将它向阿拉伯人诵读出来(见:**伊斯兰教**)。

《古兰经》是真主用阿拉伯语向穆罕默德启示的,因而,穆罕默德能够向阿拉伯人提供一部可与犹太教和基督教的《圣经》相媲美的圣典(见:《圣经》)。对于穆斯林来说,《古兰经》是真主启示的一部经典,是不朽的和完美无缺的。在有关宗教、社会和法律的一切问题上,《古兰经》具有最高的权威性。它又被视为古典阿拉伯语散文中最完美的典范。

除了在零星的段落中先知穆罕默德和天使吉布利里站出来说话外,《古兰经》通篇的叙述人都是安拉。全书的启示十分明确:世界上没有上帝,只有安拉;安拉已将他的启示降谕给穆罕默德,令穆罕默德向阿拉伯人转述一种警告和一种希望。警告是针对一切拒不信仰惟一真主的人,希望则是对那些信仰安拉、奉行他的意愿的人永恒的报偿:"我这样启示你(穆罕默德)一本阿拉伯文的《古兰经》,以便你警告首邑及其四周的居民,以便你预告毫无疑义的集合日。一部分人将在乐园中;一部分人将在烈火中。"

该书的形式 《古兰经》在长度上可与基督教的《新约全书》相比,全书共分为114章,各章长短不一。全书除第1章为短小的祈祷文之外,其余113章主要经文大致依照文字长短来安排前后顺序,以第2章文字最长,而全书最后几章文字最短。全书各章无年代先后顺序。

每一章都从经文中选取某个有意义的词作标题,如"月亮"、"信士"、"古来氏"等。这些标题不一定预示全章内容,有些标题文字在经文中可能仅仅是顺便提及。标题之后,各章的惯用语是:"奉至仁至慈的真主之名。"在标准的阿拉伯文版本中,每一章还有一段说明文字,指出此章经文是真主在麦加还是在麦地那向穆罕默德启示的,全章共计多少节。

整部经文都是用韵文写成的。这种倾向在全书的开头几章尤为明显,其特征是采用韵脚分明的短句。此后各章则有许多较长的韵句和散句,人们常常很难确定一个韵脚是否被用来表示一句韵文的结束。

渊源与内容 显然,《古兰经》在很大程度上继承了犹太教与基督教的传统。穆罕默德认为,犹太教与基督教已经背离了上帝在他们的《圣经》中昭示给他们的启示。上帝向人类派遣了许多位先知,其中包括被视为伊斯兰教信仰的奠基人的亚伯拉罕——正像他也被视为犹太教与基督教的信仰的奠基人一样(见:**亚伯拉罕**)。《古兰经》吸收了《圣经》以及《圣经后典》的传说,叙述了亚伯拉罕、约瑟、摩西、亚伦、大卫、所罗门、耶稣以及其他一些人物的故事,宣称所有这些传说人物都是真实可信的先知,只是他们传达的启示大都被人们忽略了:"我确已把经典赏赐穆萨(摩西),并在他之后继续派遣许多使者,我把许多明证赏赐给麦尔彦(马利亚)之子尔撒(耶稣),并以玄灵扶助他。"这些先知的传道均未能成功,当穆罕默德在向麦加城的阿拉伯人宣讲真主的单一性的时候,他从自己的经验中感悟到了这一点。这意味着他是众先知中最后的一位,是神圣真理的最后一位启示者。

据伊斯兰教传说,从610年开始,穆罕默德从真主那里陆续获得一系列的启示,这一过程前后延续了20年。最初,穆罕默德看到天使吉布利里显灵,对他说道:"你是真主的使者。"这些启示为穆罕默德及其门徒所记住,有时它们也被记录下来。

穆罕默德于公元623年去世。随着当初曾聆听过启示的门徒的相继谢世,这些启示的内容便面临着失传的威胁。于是,人们决定通过各种途径,将所有的启示汇集起来,编辑成册。甚至在早期,《古兰经》在新伊斯兰帝国的不同地区也已存在着很大的差异。因而,人们需要一个权威的版本,哈里发奥斯曼(哈里发是穆罕默德的继任者的称谓)诏令先知穆罕默德的门徒宰德等人对所有的启示进行搜集、整理,并将这些材料与他们的记忆相互印证。他们用这种方法编定了一个权威的版本。

他们将文字较长的启示放在前面,把文字较短的启示放在后面,这种排列方式打破了穆罕默德获得这些启示的先后年代顺序。不过,人们在掌握了穆罕默德的生平事迹的基础上,仍然可以对这些启示进行准确的编年工作;穆罕默德在麦加开始他的传道,然后到麦地那度过了一段很长的时期,最后又返回麦加。另外,许多章里也标明了穆罕默德获得启示的地点。

该书主要强调安拉的单一性,这与阿拉伯人所崇拜的神灵的多样性形成鲜明的对照。这些神灵被斥为无能的偶像,在末日审判到来之时,他们不能帮助那些不信者。其他的一些为以色列王国的后期历史和早期基督教所共有的教义,也糅合到了《古兰经》里。《古兰经》强调死者的复活、天使与魔鬼、天堂与地狱等信仰。

《古兰经》认为,所有的人都受安拉的意志和权力的支配。正是他,创造了人类,并有朝一日将审判人类。《古兰经》号召信徒信奉安拉,听从他的先知穆罕默德。

德鲁兹派　DRUZES

德鲁兹派是分布于黎巴嫩、叙利亚、以色列、约旦等国各村镇中的一个较小的宗教派别,大概有教徒30万人左右。其中大约有一半人居住在叙利亚,有1/3以上的人居住于黎巴嫩。

由于德鲁兹派信奉安拉为惟一的神,因而,人们一般将其视为伊斯兰教的一个宗派。然而,他们的教义有着鲜明的特色,足以使他们与中东地区的穆斯林主流派区别开来(见:**伊斯兰教**)。

根据教义,伊斯兰教的真主曾向他的先知穆罕默德显圣,而穆罕默德的著作被后人编纂成《古兰经》。德鲁兹派认为,这一教派的创始人哈基姆·比-阿姆里·安拉(意即"上帝派遣的统治者")实际上是真主的一个化身——几个这样的化身或显示出的精神力量中最后和最重要的一个。

哈基姆是埃及法蒂玛王朝的第六代哈里发,于996—1021年在位。在他的任期内,他曾是犹太教徒、基督教徒和穆斯林的迫害者。然而,由于某种原因,他于1017年开始提倡对各宗教采取宽容态度。在这一年,哈基姆被他的追随者尊奉为安拉的化身。1021年,他失踪了。他可能是被人谋杀了;但是,他的追随者却认为,他隐遁了起来,在一千年以后会返世。

德鲁兹派给他们的宗教蒙上了一层神秘的色彩。并非所有的信徒都有权学习那些神秘的教义。信徒被分成两部分:了解教义(或称"哈基姆亚")的圣人和无知者。圣人又划分为不同的等级,最高一级圣人是"阿加维德",意即"宽宏的人",只有他们才知道"哈基姆亚"的奥秘。

德鲁兹派认为,信徒的人数是恒定的。因而,他们信仰灵魂的转世轮回:当一个信徒死去时,他的灵魂就进入了一个新生儿的体内。所有"德鲁兹人"都有信奉哈基姆、拒绝接受其他的宗教信仰、避免与不信宗教者来往、在内部保持团结和各成员之间相互帮助的义务。

巴哈教　BAHAI FAITH

19世纪中叶在波斯(现在的伊朗)出现了一种新的宗教——巴哈教。它源于伊斯兰教(见:**伊斯兰教**)。正统的伊斯兰教十叶派成员认为,第十二代亦即最后一位伊玛目,或穆罕默德的继承人,于878年隐遁;有朝一日他将重返人间拯救世界。在他隐遁后的一段不长的时间内,有几个人相继采用"巴布"(意为"门")的名称,充当伊玛目的代言人。1844年波斯设拉子人米尔扎·阿里·穆罕默德又复兴了这个传统,自称"巴布"。

巴布预言,一个新的先知,或称真主(安拉)的使者,将很快出现。这个消息很快传遍了波斯,并引起占统治地位的伊斯兰教当局的反对。巴布遭到逮捕,于1850年被处死。后来,他的2万多名皈依者也被迫害致死。

巴布的追随者米尔扎·侯赛因·阿里·努尔因巴哈教被囚禁并遭流放,但仍坚持信仰。1863年,他宣布自己就是期待已久的先知。他通常被叫作巴哈安拉或巴哈乌拉,是巴哈教奠基人。巴布的大多数追随者都承认他的主张。巴哈安拉在其临终前亲眼看到他的宗教从波斯传到埃及、苏丹、土耳其斯坦、印度和缅甸。

巴哈安拉指定他的儿子阿布杜·巴哈为他的继承人和他的教义的阐释人。在阿布杜·巴哈主持教务期间,巴哈社团在北非、远东、澳大利亚和美国纷纷建立。

巴哈教派最主要的信条是:真主是绝对不可知的,但他通过委派的使者显现自己。在这些先知中有亚伯拉罕、摩西、佛陀、琐罗亚斯德、耶稣、穆罕默德和最近出现的巴哈安拉。因为每位使者都从特定的时间和历史处境的角度说话,所以人们相信,所有的宗教真理都是相对的。然而,启示却随着每位新的使者的出现而发展,因此,真主希望人类知道的真理恐怕也会增加。

根据巴哈教教义,人生的目的就是崇拜真主和促进文明。最终的目标是使所有的人全都信仰一个宗教,这样就会增进和谐、知识、公正、进步与和平。宗教的实践旨在促进家庭团结,促使所有的人享有平等的权利和机会,以及促使消除贫富的悬殊。

仪式和管理

巴哈教没有教士、圣礼或过于繁复的仪式。有关于祈祷和斋戒、一夫一妻制以及不得喝酒和吸烟的义务。还要求信徒参加巴哈教历每月第一天的叫作"十九天节"的活动。按照巴哈教历,一年分为19个月,每月19天,一年余出4天。如果是闰年,余出5天。新年从3月21日立春开始,那一天被认为是圣日。还有几个其他圣日,它们都用来纪念一件巴布或巴哈安拉生前的大事。

在巴哈教的清真寺里,仪式极为简单。没有传教活动。仪式由诵读各教经籍所构成。巴哈教的圣典文献由巴哈安拉的著作和后人对这些著作的注释所组成。

在地方一级,巴哈教团由选举产生的灵体会进行管理,灵体会对地方教团内的所有事务都具有管辖权。地方教团每年都选举代表出席全国大会。

巴哈教的最高管理机构是国际上的世界正义院。它在全世界作为巴哈教团体的行政、立法和司法机构行使职能。世界正义院的总部设在以色列的海法,邻近巴哈安拉的陵墓。

黑人穆斯林　BLACK MUSLIMS

见:**伊斯兰教**

穆罕默德　MUHAMMAD

(570?—632)　"除安拉之外再无神灵,穆罕默德是安拉的使者。"这是伊斯兰教对于信仰的基本表述,它表明穆罕默德是世界主要宗教之一的创始人。他还曾通过统一阿拉伯半岛,建立了一个国家。在他死后的数十年间,他的追随者们派军队征服了整个中东、北非和西班牙。这个广袤的地区至少暂时统一成伊斯兰帝国。最后,拜占廷帝国(东罗马帝国)也被伊斯兰教所推翻。穆罕默德所创立的宗教成为世界上最有影响的文化力量之一。20世纪,它在中东、非洲和中亚的政治事务中起着决定性的作用。(参见:**伊斯兰教**)

麦加(今沙特阿拉伯境内)是伊斯兰教最神圣的城市。穆罕默德约570年出生于麦加。当时阿拉伯半岛的大部分人,都是各部落中氏族的成员。穆罕默德属古来氏部落哈希姆氏族。穆罕默德出生时,父亲已去世,六年后母亲也相继离世。他可能由氏族首领、富商阿布·塔里布照料。

595年,他与比他大15岁的富孀赫蒂彻相识并结婚,她生了六个孩子。两个儿子童年时代夭折。四个女儿中,最有名的是法蒂玛。她和穆罕默德的堂弟阿里结婚。后来阿里成为伊斯兰教十叶派的创始人和穆罕默德合法的继承人。赫蒂彻给穆罕默德带来财富和社会声望。她在世时,穆罕默德只有这一位妻子。她过世后,他又娶了几位妻子。他的作为伊斯兰教领导者的早期继承人,均出自这个被扩大的亲属圈。

人们不能确定穆罕默德在其早年是否特别信教。他经常在麦加附近的一个山洞里过夜,思索该城市的社会弊病。大约在610年,他看到一个幻象,后来认定是天使加百列,他向他郑重宣布,他是安拉的使者。他后来继续接到安拉直接传来的信息。其中许多被记录了下来,还有一些则保留在记忆中。最后,这些信息被收集在一本叫作《古兰经》的书中,现在该书是伊斯兰教的圣典(见:《古兰经》)。穆罕默德认为,这些信息与古以色列先知和基督教创始人所得到的启示总的来说是同一的。

不久他有了追随者,他们承认他是安拉的先知。613年,他开始在麦加公开讲道。他强调崇拜一神,这与阿拉伯人崇拜多神的习俗形成对照。这种新兴宗教不久便被称为伊斯兰教,意即"顺从真主",其信徒被称为穆斯林,意即"顺从者"。

在麦加,这种新兴宗教很快就引起有些人的反对。那些信奉多神的人怕他们的神庙被拆毁;穆罕默德对贪得无厌的大商人的斥责,并没有为他在商人中赢得朋友。619年,赫蒂彻和穆罕默德的叔父相继去世,一位不友好的叔父继任哈希姆氏族的首领。这位叔父撤销了对穆罕默德的氏族保护,使他处于受其敌人随意攻击的境地。

在麦加引起的敌意促使他的追随者移居麦地那城。他也离开麦加,于622年9月24日抵达麦地那。这次迁徙在阿拉伯语中叫作"希吉拉",英译为"Hegira"。它提供了伊斯兰教历史的起始日期。

从那一天起直至630年1月穆罕默德能够回到麦加,他和他的追随者们与麦加的商人阶级和市民不断发生冲突。他和他的那帮人数日益增多的追随者多次袭击麦加的商队。麦加人试图打垮穆罕默德的努力失败了。与此同时,穆罕默德对敌城的态度变得比较和好了。他决心将阿拉伯人统一起来,使他们的军事威力转向外部。当一些担任领导职务的市民移居麦地那皈依伊斯兰教时,麦加就开始衰落了。

630年,穆罕默德率领一万名士兵进入麦加,全城居民归顺于他。在两年之内,伊斯兰教统一了整个阿拉伯半岛。穆罕默德于632年6月8日去世。他的岳父阿布·伯克尔继他之后成为领袖(哈里发,意为"继承者")。

加扎利　GHAZALI, AL- (1058—1111)

法学家、神学家和神秘主义者加扎利是伊斯兰教历史上最著名的人物之一。他对思想的比较重大的贡献之一是,将希腊哲学的概念和方法引入伊斯兰教的主流。

阿布·哈米德·穆罕默德·加扎利1058年出生于伊朗东部的图斯。他在图斯、卓章和内沙布尔受过教育。1085年,他应邀前往巴格达的塞尔柱王朝苏丹的宫廷,在那里他被任命为尼扎米亚学院的首席教授。1095年,加扎利放弃他的职务,卖掉他的财产,开始了神秘主义者追求真理的贫穷生活。他在图斯定居,在那儿和他的追随者们一起过集体修行生活。1106年,他又返回尼扎米亚学院讲学。他要人们相信,他就是注定要在世纪之初出现的伊斯兰教"复兴者"。(1106年是穆斯林历500年。)他在1110年返回图斯前一直住在那里。加扎利于1111年12月18日在图斯去世。

有400多部著作被归在加扎利的名下,但其中他自己的著作可能不到50部。最重要的是《宗教科学的复兴》。在40章中,他说明了伊斯兰教的教义和实践为什么能够成为虔诚生活的基础,导向神秘主义的更高阶段。在《摆脱谬误》一书中,他为自己放弃教书生涯而选择神秘的生活作了辩解。

他的哲学研究在《哲学家的矛盾》中达到了顶点,书中他捍卫伊斯兰教,反对像阿维森纳这样的思想家,他们的许多观点与为公众所接受的伊斯兰教教义相反。他早期的著作《哲学家的目的》被译为拉丁文,并在欧洲广为流传。他还写过关于法律原则,基督教和暗杀派的著作。

马赫迪　MAHDI, al- (1844—1885)

1881年6月29日,伊斯兰教神秘主义者穆罕默德·阿赫默德使用"马赫迪"的称号,意为"被引上正道的人"。随后,他率军队出征,使中非的苏丹地区摆脱埃及和英国的统治,并且使他的国家变成了一个伊斯兰国家。他的业绩虽然短暂,然而与20世纪80年代伊朗霍梅尼的成就很相似,但远不像他那么野蛮。在4年中,他把敌人赶出苏丹,并且占领了喀土穆市。在这样做的过程中,军队应对曾侵略过中国的英国将军戈登的死负责。

穆罕默德·阿赫默德生于1844年8月12日,是努比亚栋古拉地区造船工之子。童年时,他即对宗教有浓厚的兴趣。他没有遵循传统的教义,而成为一名相信自己负有净化伊斯兰教的使命的神秘主义者。不久,他聚集了一批追随者。

当时,苏丹被埃及统治,而埃及本身又是即将灭亡的奥斯曼帝国的一部分。英国在这一地区也有政治和经济利益要保护。然而,大多数人则被征重税,并受其他方面的压迫。当马赫迪决定动员不满分子时,政治动乱正在酝酿中。1885年1月,马赫迪实现了其建立独立的伊斯兰国家的目标。然后,他建都恩图曼。马赫迪于1885年1月22日去

天使加百列要跪着的穆罕默德相信,真主并没有遗弃他。

世。他的统治虽很短暂,但他所做的一切改变了中非历史的进程。

佛教　BUDDHISM

佛教是世界上大约八分之一人口的宗教。佛教这个名称指的是围绕着一位不同寻常的人物的教导而发展起来的各种信仰的复杂系统。佛陀名悉达多·乔答摩,生活在 2500 年前的印度。现在还有数十个不同的佛教哲学派别分布在亚洲。这些宗派或教派有着不同的经典和语言,生长在不同的文化中。没有单一的佛教"圣经",不过有一些共同的信仰为所有佛教徒所共有。

佛教是一个西方的词汇。在东方,这个宗教以佛法或佛陀的言教而为人所知。这些言教根据佛陀证道或开悟的个人体验,形成佛教的基础。对于每一个佛教徒来说,这种宗教既是一种教义,也是一套信仰。这也就是说,对于世界的本性以及如何在其中行动,佛教徒们具有共同的信仰。

在印度梵语中,佛(Budh)的意思是"觉醒,了知"。佛陀(Buddha)的意思就是"觉悟了的或得道的人"。所有佛教的学说都是要让人们分享佛陀的直证真如的体验。

在过了一段年轻人的放纵生活之后,悉达多·乔答摩决心去走一条严酷的自我否定的道路。不过他发觉,这并不比他曾经过过的那种优裕生活使他更接近他所寻求的真谛。有一天他觉得就要得到真谛了,就坐在一棵现在以菩提树(Bodhi,"正觉")著称的树下。就在这里,他获得了他一直在寻求的极乐和知识。据传说,尽管有恶魔们的诱惑,他仍在树下静坐了 49 天。这个地方就以坚住不动处而闻名。

一旦悉达多·乔答摩证得人生真谛,他也就成了佛陀,倾其一生于度化他人。开始他只向五个随从传道,不久就创立了僧伽。他或公开宣讲,或为弟子私授,前后 45 年。他大约于公元前 480 年去世,时年 80 岁。(参见:**佛陀**)

四圣谛和八正道

尽管佛陀本可以决定长久地安坐树下,他仍立意用他对人生本性的感悟来度脱他人。他把他的体验总结成一种叫作四圣谛的教义,它们是一切佛教派别的基础。

第一谛是,人生就是受苦、苦痛和灾难,或 dukkha。第二谛是,苦有原因——tanha,自私的渴求和个人的欲望。第三谛是,私欲可以灭除。第四谛是,灭苦的途径须经由八正道。

佛教徒全都信奉"无我"的观念。当人们过于执著地与自己任何一生中的个人存在认同时,他们是犯了一个错误。对于佛陀的信徒而言,人生是通过许许多多的化身或再生不断进行的。再生的轮转就叫作轮回(samsara),把个人置于求生的苦境。按照佛陀的说法,人生的最终目的就是摆脱这种再生的循环,不再转生为具有自私情欲的受苦个体。这种解脱就叫涅槃,最高的快乐,自我的终结。佛陀在菩提树下所感受到的就是这种极乐。

中国洛阳附近龙门石窟中的一尊 6 世纪初的佛陀石雕

获得涅槃的途径是履行八正道。佛陀把他走的路叫作中道,因为它介于奢糜和不必要的贫苦生活之间。并非每一个人都能达到最后涅槃,不过每一个修行的佛教徒至少是在通向证悟的道路上。

一个根本的措施——太根本了,以至没有列为八正道之一——是广结善缘(right association)。若无良伴,断难有成。佛教徒应当以爱心跟其他求道的人结为同好。

1. 正见就是参透人生。四圣谛的知识对于佛教徒的任何长进都具有根本重要性。
2. 正思惟指潜心行证悟之道。
3. 正语包括说话诚实(要心口如一)和言谈恳切,不怀恶意。
4. 正业包括反省自己的行为及其理由,也包括佛教徒行为的五条根本戒律:不杀生、不偷盗、不说谎、不饮酒和不犯奸淫罪。
5. 正命包括选择使个人不离正道的职业,这是一种增进寿命和健康、而非聚敛钱财的道路。
6. 正精进指磨炼意志,克制情欲,也指把自己纳入证悟之道。
7. 正念含有自我考察和觉知的意思。佛教的一部根本经典《法句经》一开头就这样说:"我们现在的一切都是我们所思维的结果。"
8. 正定是最终目标——趣入涅槃态。

佛教徒们相信,八正道头两步任何人皆可行,三四五步适合新出家僧人,最后三步才说明真向目标前进。像如此众多的东方传统一样,佛教与其说立足于实现目标,还不如说更重途径。

"如是我闻"

佛陀证道后住世和传道几乎有50年,然而关于他的教义他没有写下一个字。在他一生中也没有人记下他说过的任何东西。他独创的教义是通过口头一代一代传下来的。直到他去世以后三个世纪,这种连续不断的口头传说才形诸文字。当时佛教已经分成许多宗派。每一派都按自己的理解写下这些教义。

佛陀认定他的学说不是专为学者而是为所有人的,所以他讲话用的是印度很多人都能理解的语言巴利语。(古印度文献用梵文,很少人能读懂。)这跟罗马天主教用方言做弥撒而不用拉丁语一样,是一场革命。在一个社会上存在着种姓隔离制度的国家里,佛陀的这些民主观念是一种新奇的东西,这为他赢得众多信徒。

由于没有人准确地记下佛陀所说的话,所有佛陀的言教就都以"如是我闻"这样一个短语开头,而后他们再接着叙述佛陀所教和所信奉的东西。最古老的佛教典籍巴利文圣典又以三藏著称。三藏之一的"毗奈耶"(即"戒律")详细解释佛教僧侣的行为规则。这些僧侣,即以僧伽闻名的共同体,构成了世界所有大宗教中最为悠久的宗教团体。

小乘和大乘

佛陀去世以后,他的追随者分裂为许多派别,他们对导师的学说各有自己的解释。200年内,形成两大派系。这种格局持续至今。就是在两大派系内部还有许多更小的派别。

较古老的一系以长老方式著称,也被称为小乘。它的徒众对佛陀教义作较为保守的解释。小乘这个名称是更具自由倾向的一派加给他们的,那一派称自己为大乘。对长老方式的一个更为尊敬的称呼是上座部佛教。它在斯里兰卡、缅甸、泰国、老挝、柬埔寨这些国家里至今仍是主要传统。

乘这个字提示佛教是从现世痛苦到来世幸福的旅行工具。每一派系都相信它是走他们那条道路的佛教徒的最好乘运工具。大乘是流行于蒙古、中国、日本、朝鲜、越南和尼泊尔的佛教形态。禅宗是从大乘佛教派生的宗派,它较之上座部佛教有多得多的徒众。

大乘佛教能够传布并得到更多的皈依者,是因为它对佛陀的教义采取了较上座部更为自由的解释。例如,"毗奈耶"规定僧人只能穿棉外套,这在印度应该算是很讲究的。然而当僧侣们要到更冷的北方传道时,他们就为他们的轻装所阻。为了把佛教传到蒙古,传进中国,大乘僧人决定穿羊毛毡外套。他们比上座部更灵活。

不过两派的根本区别还在他们如何看待佛陀的生平与言教。上座部佛教徒把他看作一个人,一位圣者,他为了证得涅槃而放弃一切财富和舒适。相反,大乘佛教徒则强调佛陀是救世主,一生致力于救度和教化他人。他无意停歇下来,只满足于自己的证悟。

这种解释上的分歧导致两派的根本分裂。上座部佛教徒专注于通过自身的努力得到个人解脱,而大乘则强调行

西藏唐卡卷轴画上的这个生命之轮图解了佛教轮转教义

善获救。

由于佛陀的所有教导都是在他去世后很久被记下的,所以每一派都怀疑别派所记不真。上座部批评大乘著作不可信,大乘则说佛陀是按各人自己的理解水平施教的,对上座部只讲了最基本的观念。据大乘僧人说,佛陀的最深刻的洞见是留给大乘的。

三宝

在佛教所有不同的形态里,有三块基石始终如一。这就是:佛,导师;法,学说或准则;僧伽,信徒共同体。僧人们和虔诚的善男信女们相信,他们宗教的这三个根基在世界上护佑着他们。这表现在佛教徒的祈祷中:"我皈依佛陀,我皈依达磨,我皈依僧伽。"

对于那些决定过佛教僧侣那种生活(一种男女皆可做的功课)的人来说,三宝就成了他们日常生活的中心。祈祷、坐禅以及其他仪轨,使他们不离八正道。上座部传统的僧人在寺院静室里过独居生活,大乘僧人则把为大一点的僧团尽力包括在他们的八正道里。

亚洲所有佛教国家,其节日庆典都是为纪念佛陀的生平活动和言教。上座部传统每月有四天作为布萨日来庆祝。它们是新月、满月,和新月、满月后的第八日。布道、祈祷和献祭是布萨日庆典的标志。

上座部佛教徒保持着安居习惯,在雨季即7月至10月隐居3个月。佛陀本人就曾过过这种隐居生活。许多在家信徒许愿出家为僧3个月,僧人们则以参加安居的次数来计算他们出家的年数。

佛陀生平有三件大事为一切佛教国家所共庆——他的

诞生、成道和去世或最后涅槃。在上座部国家里,这三件事放在同一天庆祝。这就是太阴历3月的满月,通常是在4月份。在日本和其他大乘国度里,佛陀诞生纪念是在4月8日,成道纪念在12月8日,逝世纪念在2月15日。

在中国和日本,由于有着悠久的祖先崇拜的传统,佛教徒为死者举办亡灵节。这个节日有两个目的:悼念死者和祷祝游魂安息。

任何人皆可步入八正道通达证悟之境。千百万在家信徒都在一定程度上奉行佛教的教义与仪轨。那些献身于八正道的人也被称为菩萨或证菩提。

佛教的传布

佛灭后的最初200年里,佛教在印度还是一个地方宗教。公元前3世纪,阿育王皈依佛教,他用手段推广佛教,南达锡兰(今斯里兰卡),北至克什米尔。从那时起,佛教就一直在转移、扩展和变化。

大约从公元150年开始,印度、中国和罗马帝国之间的贸易使印度人和印度思想进入中国。因为有大乘僧侣随商旅同行,佛教就由陆路从印度传到中国。3世纪时,论述佛陀教义的重要著作大乘佛经已被译成汉文。4、5世纪,佛教已成为中国占支配地位的信仰,至7世纪达于顶峰。

佛教传入朝鲜在4世纪,先是为宫廷所接纳,慢慢又在朝鲜民间传开。最后,中国佛教中叫作禅宗的一派成了朝鲜佛教思想中占支配地位的派别。

6世纪550年至600年间,佛教从朝鲜首次传入日本。朝鲜皇室遣使到日本宫廷,让日本人确信,佛教将赐福予他们国家。7世纪,虔信佛教的摄政,圣德太子,把佛教用于治理国家。8世纪以前,佛教僧侣曾作为公务人员在边远地区为帝国政府效力。8世纪后,各种各样的宗派繁衍起来。拥有徒众最多的以天台宗和真言宗最著。真言宗声言有徒众不下1500万。今天日本最大的宗派就是以净土真宗知名。

11至13世纪兴盛于中国的中国禅宗是最后一个在中国获得发展的大佛教宗派。它在9世纪被介绍到日本成为日本禅宗,不过真正流行是在1200年前后。日本内战期间(1300年至1600年),禅宗寺庙成了仅有的平安治学的中心。佛教传到西藏在7世纪。西藏佛教是大乘和出自北印度的金刚乘成分的结合。

不迟于公元1200年,穆斯林王朝已经统治了印度,佛教便从它的发源地上逐渐消失。不过在印度的印度教里还留有佛教的许多成分。

佛教艺术和文学

视觉艺术曾是把佛教传到许多民族中去的一个有用的工具。在整个亚洲,佛教绘画和雕刻均曾被用于传道和敬佛。

佛教艺术并不只是装饰。佛像向人们显示获得涅槃、极乐是什么样子。他显得宁静、慈祥,常带微笑和容光焕发。有些画面表现佛陀在他一生中关键时刻的样子,如端坐菩提树下。其他的则图解他的教诲。有一个故事说佛陀献出他的身体给一只饥饿的母虎及其虎仔作食物,因为他觉得所有的生命都是神圣的。这种画面在中国和日本的寺窟里是一个经常可以见到的主题。

其他佛教绘画用来图解经典,就像许多基督教会造出彩色玻璃窗来解释《圣经》一样。由于佛教徒们相信人人皆可步入证悟之道,佛陀所走道路的这些看得见的形象就成了人们研读经典的一个有益的补充。它们使经典更加亲切动人。

佛像对于亚洲宗教艺术和庙宇建筑的发展曾起过重要作用。正是通过艺术形象和寺庙遗迹,学者们才能够探寻佛教的演变和传布。例如艺术风格就是随着佛教在亚洲的传布而从一种文化传到另一种文化的。中国和日本的许多佛像就起源于好多世纪以前的印度。

佛教的宗教著作曾影响接受佛教为宗教的那些国家的文学。佛教最古老的典籍是巴利文圣典,老的和更保守的一派即上座部使它们保持为最接近佛陀原意的著作。这些典籍集中论述了上座部关于个人成佛的理想。大乘佛教就是用了几个世纪在这个基础上建立起来的。不过他们的著作更带有自己的救度众生的哲学色彩。

跟宗教本身及其视觉形象一样,佛教的宗教文学也是发端于印度又通过翻译传到整个亚洲的。每一个国家都把这种文学当成自己的,因而在文化发展的其他领域也必然受到了佛陀教义的影响。

现代东方佛教

佛教一直易于而且能够在具有不同文化和习俗的新环境下发展而仍保持对佛教教义的忠实。所以佛教继续兴盛于东方就没有什么好奇怪的了。

在欧洲列强殖民扩张遍及整个亚洲期间,只有日本和泰国没有被殖民地化。在所有其他佛教国家里,佛教徒采取了民族主义的和反帝的政治立场。例如,缅甸国王为了保护他的臣民,宣告自己是佛教僧众的保护者。

在日本这个远东最工业化的国家,佛教仍然是一股强大的势力。新的教派正在发展。其中之一的创价学会是建立在13世纪日莲的教义基础上的。今天创价学会拥有1000多万信徒,是日本政治中一小股势力。这个派别正积极地在日本和西方拉新成员。

佛教在西方

西方思想家从德国哲学家叔本华时代起对佛教发生兴趣已将近200年了。早在19世纪,欧洲的艺术家、学者和哲学家们就在欧洲创立了佛教研究团体。

佛教随着19世纪的移民传到了美国。许多从亚洲来的佛教徒建起了僧团和庙宇,继续他们的宗教实践。开始,最大的僧团建在西海岸移民们到达的地方。现在,美国到处都有佛教团体。各种不同的佛教宗派都有出现,发展得最快的两个是禅宗和藏传佛教。

许多西方人对佛教的兴趣变得如此浓厚,以至自己成了佛教的导师。在美国,这个数世纪之久的宗教又在经历另一个大的转变。尽管它以前已经适应了如此之多的文化,它现在又在被改变以适应20世纪美国的思想和文化。

佛陀本人看来知道,只要佛教保持这种新的发展模式,它就永远不会消亡。当有人问他一滴水如何才能不变干时,他回答说:"把它扔进海里。"

佛教的一些历史人物

某些重要人物未在下面列出,因为他们已在本条目的正文或在《康普顿百科全书》的其他条目中被论及。

法显 (鼎盛年 399—414) 以到印度朝诣佛教圣地并将重要佛典携回中国而著名。他的旅行记《佛国记》包含了穆斯林入侵前公元初几个世纪印度佛教的珍贵资料。414 年回到中国,携回若干经典,将其译出,流传于佛寺僧众间。

玄奘 (602—664) 中国佛教唯识宗奠基人,将众多佛典从梵文译成汉文的翻译家。602 年生于开封。629 年出游印度,探求佛教究竟。645 年返国,携回佛典 520 箱,在他 664 年去世前将其中许多译出。

西田几多郎 (1870—1945) 20 世纪日本居领导地位的佛教学者。1870 年 4 月 19 日生于日本金泽附近。就学于东京大学。1913—1928 年为京都大学教授。其著作力图将西方哲学融进佛教神学。著有《哲学论集》、《善的研究》和《从作用者到见者》。1945 年 6 月 7 日在镰仓去世。

亲鸾圣人 (1173—1262) 创立当今日本佛教最大宗派净土真宗的哲学家和改革家。在睿山学佛 20 年,后成净土宗创立人法然上人信徒。1212—1236 年住日本东部的关东,撰《教行信证文类》。教导一种曾被与马丁·路德思想相比的以信见证的信佛。1262 年在京都去世。

沃茨,阿兰 (1915—1973) 20 世纪把禅宗介绍给西方的最有影响的阐释者。1915 年 1 月 6 日生于英格兰奇斯尔赫斯特。他的第一部著作《禅的精神》出版于 1936 年。1939 年至美。曾入西伯里西方神学研讨班,并在埃文斯科帕尔教堂做牧师,直至 1950 年。曾任教于几所高等学术机构,从事禅学写作和讲演。他的最有影响的著作是《禅之道》(1957)。1973 年 11 月 16 日在加利福尼亚的米尔瓦利去世。

元晓大师 (617—686) 朝鲜第一位佛学系统化者,被列入古高丽十圣。生于新罗(今北朝鲜境内)。强调需要在理想与现实之间调和人的生活。他的著作对中国、日本以及朝鲜的佛教均有深刻影响。

禅宗 ZEN

英国出身的美国哲学家阿兰·沃茨通过其通俗著作《禅之道》让美国人认识到在中国和日本有着漫长发展历程的佛教禅宗。ZEN(中文为"禅")是一个日本词,意指"禅定"。禅宗是日本佛教的主要宗派,它自称传的是佛教真义或佛教创始人佛陀所证得的那种彻悟(见:**佛陀**;**佛教**)。

禅宗立足于这样一个信念,即世界及其组成部分并不是众多事物,毋宁说,它们就是一个实在。这个实在是许多人称之为神的更大整体的一部分。由于分析世界的多样性,理性把这种整一性给弄模糊了。它可以通过心灵的非理性部分——直觉来领悟。对实在本性的证悟不是得自理性的考察,而是通过禅定。

禅定从一开始就是构成佛教的一个不可分割的部分。尽管如此,在印度还是产生了一个禅定的派别,并于公元 520 年被菩提达磨传入中国。在禅定派到达中国的时候,它已经有了一个据以立足的牢固的基础,即中国古代宗教——道教。道教建立在这样一个观念之上,即有一个叫作道的惟一根本实在。像禅定派的信徒一样,道教徒也把直觉推崇到理性之上。道教的这种传统很容易为中国的禅定派即禅宗所吸收。

在两个世纪内,禅宗分成了两支:北方禅宗和南方禅宗。北宗为时短暂,它坚持渐悟的教义。占据支配地位的南宗则主张顿悟教义。

南宗演变受到慧能(638—713)的有力影响。慧能被尊为禅宗的第六代祖师和新解释的倡始人。在编为《六祖坛经》的一次讲道中,他宣称人人皆有佛性和人的本性(生前和在世)本来清净。为了得到解脱,人们应该去发现自己的本性,而不是去承受各种宗教义务。传统的解决办法即打坐是无用的。人们一旦觉知自己本性,立刻就会得道。

南禅信徒的最终目的是要从其沉眠处即从人的无意识深处去获取超验的无上智慧。禅宗想不靠普通宗教仪规——研习、诵经、仪式或善行——去获得证悟。最高智慧的达到是突破日常逻辑思维的结果。它力劝信徒们对于内心提出的任何问题要从他们自己内心去寻求答案,因为据信答案只应在问题发生的地方找到。为获致此种证悟的禅修方法训练在师徒间传续不绝。

禅宗兴盛于中国唐代和宋代(960—1279),其影响在文学和绘画中均可强烈感到。禅宗的衰落是在明代,当时禅宗大师们忙于把禅修和研习传统经籍调和起来。

在此期间,禅宗各派被移植到了日本。临济宗于 1191 年由荣西禅师(1141—1215)传入,曹洞宗于 1227 年到来,由日本禅宗最受尊敬的人物道元(1200—1253)传进。这些宗派都起源于 9 世纪的中国,当时禅宗分为五派,相互间只有细微差别。

临济宗由临济(卒于 866 年)的工作演化而来,他是顿悟理论的阐扬者。曹洞宗为良价(卒于 869 年)和本寂(卒于 901 年)所创。曹洞强调静坐习禅以等待证悟。第三派为黄檗宗,它创建于 1654 年,除强调唤佛名号外,与临济宗相近。

禅宗得到武士阶层的热烈响应,在 14 和 15 世纪实际上成为国教。16 世纪时,禅师们出任使节和官员,他们也提高了文化生活的层次。在他们的影响下,文学、艺术、茶道和能剧发展了起来。

禅宗的活动中心在寺院,师徒们在里面共相切磋,寻求证悟。新到某一寺院的人,身上都带有表明他曾受过某一禅师正规训练的证件。开始他被拒绝入内。在终于被接受后,他得度过几天被考察期,接受师父盘问。一旦被接纳,他就正式开始过寺院生活:礼佛、劳作、服事、祝祷和习禅。

佛陀 BUDDHA(公元前 563?—前 483?)

基督诞生前 500 多年——约在孔子教导中国人怎样做人的同一时代——一个名叫悉达多·乔答摩的王子因其圣洁和怜爱众生而闻名印度。他被称为佛陀,意即"大彻大悟者"。他在世时就有很多人信从他的教导。在他死后,人们为纪念他而建起了许多庙宇。他的宗教遍布亚洲大部分地区。现今约有2亿5千5百万人声称信仰佛教。

佛陀生于北印度地方统治阶层的一个显贵家族,在今尼泊尔边境南边不远,看得见巍峨的喜马拉雅山。他可敬的父亲为防他受邪见之扰,对他进行了精心培育。他结婚很早,很年轻的时候就有了一个儿子。据传说,有一天他乘车出宫,在路边见到一位老人、一个病人和一具躺在担架上的尸体。这位王子第一次体验到衰老、疾病和死亡而深为震惊,失去了对生活的一切乐趣。

一天夜里,他离别熟睡的妻子和幼子,骑马到了森林里。他弃绝了尘世生活,为求得人生真义,历经磨难,几至饿死。当他在荜钵罗树(佛教徒称智慧树)下独自入定的时候,他才体验到了一种精神上的觉醒,这就是著名的"证道"。他把余下的许多年,直至80岁去世为止,全用来周游印度,教化人民。

佛陀没有自称根基神圣,也没以天启自居。他习过禅定,但没向上天祈祷。在佛教里,无所谓始,无所谓终,没有创世,也没有天国。佛陀接受了他当时的宗教即印度教的许多信佛(见:**印度教**)。

在贝拿勒斯的一次讲道中(佛教徒对这次讲道就像基督徒对山上布道一样地推崇),佛陀阐述了他的信仰。在恣情纵欲与禁欲苦行这两端之间存在着一种生活上的中道。要行中道,就须认清四圣谛。四圣谛可简述如下:人生是苦;人之苦起因于贪爱不能使精神满足的东西;苦可以断除,只要弃绝这些植根于无明的贪爱,人就得到解脱。而奉行八正道——正见、正思惟、正语、正业、正命、正精进、正念、正定——就可使人摆脱贪爱。

在日常生活中,八正道要求不要伤害任何生灵,明令禁止偷盗、妄语、邪淫、醉酒和杀生。这些律法不禁使基督徒们想起十诫。佛陀把做人的准则作为行为规则来宣讲。他相信:"我们现在的一切都是我们所曾思维的结果。"

弘法大师(或空海) KOBO DAISHI, or KUKAI(774—835)

日本佛教中最著名最受欢迎的一位人物是弘法大师,亦名空海。他是佛教真言宗创始人、哲学家、诗人、教育改革家、画家和书法家。

弘法大师于774年7月27日生于屏风浦一个富有的家庭里,曾受过儒家经典的良好教育。17岁时,在他的第一部主要著作《三教指归》中宣称佛教优于儒教和道教这另外两种主要信仰。804—806年,弘法大师入唐在高僧惠果门下研习佛教。此后,回到日本,弘扬自宗教义。

真言宗教法属密乘,称佛陀无上智慧的真谛即在众生之中,勤习仪轨可得亲证。此宗以实现佛与凡夫圆融无碍为终的。835年4月22日,弘法大师去世于高野山寺中,该寺系他于816年所建。(参见:**佛教**)

日莲 NICHIREN(1222—1282)

日本佛教史上最有争议最麻烦的人物是日莲上人。他毕生致力于探求佛法真义。在有所发现之后,他便执著地要求排除佛教其他一切宗派,承认他的宗派为国教。

日莲1222年3月30日生于日本小凑。11岁时,入清澄山寺。为求正法,他曾历数年走访各寺院,遍读一切佛典。至1253年,他确认作为佛教古籍之一的《法华经》对佛陀的教导提供了正确的解释。这个决定一宣布,他就受到了他的僧伴和政府两方面的追究。最后几年,他致力于研经和传教。1282年11月14日圆寂于本门寺。对于现今佛教各宗,他都有过显著影响。

耆那教 JAINISM

与印度教和佛教并行,耆那教也是孕育于印度古代文明的主要宗教之一。这个宗教的名称来自Jina这个词,意谓"胜利者"或"征服者"。耆那教的最终目标就是对这个词的说明。它是个人通过一系列阶段的精神进步,直至能够克服和舍弃对世界和自我的依赖,从而免除来自物质世界的一切污染。

耆那教徒众相信,世界、空间和时间都是永恒的、非创造的。有一个包容着灵魂界的中心,一切有生命的东西——人、动物、天神,以及魔怪——都在这个灵魂界中。在此界的下面是一系列的地狱——进行惩罚和折磨的地方;在此界的上面则是层层天堂和极乐世界。灵魂一旦摆脱肉体,就在这里生活。宇宙中的一切实在分为两部分:叫作灵魂的有生命的实体和无生命的实体或非灵魂。灵魂原本具有不受限制的知觉、知识、快乐和力量。然而一旦陷进物质(如人的身体),这些能力就为空间位置所限,为感官所污染,并受因果、生死锁链制约。

使灵魂得以解脱的手段是瑜伽,这是一种自控和静虑

供在印度阿布山第尔瓦罗庙中的一尊祖师像。

的训练。它由正信、正智和正行所构成。它通过对实在的认识、对称为祖师的宗教领袖的言教的信仰和不做恶事来达到这些目标。

在耆那教中,指导行为的首要观念是不杀生或尊重生命,是对一切有生命的东西的非暴力和不伤害原则。这个原则导致众生平等的信念和与任何人交往的自由。正是由于不杀生,盛行于古印度种姓制度中的那种社会隔阂在耆那教中从来都没立住脚(见:**印度教**)。

信众有两类:僧人和在家徒众。僧人较在家徒众过着远为严格的生活,他们一生都致力于精神完善过程。僧人必须恪守不杀生原则,不做耆那教规定不能做的事,如说谎、偷盗、性交、夜餐(怕不小心弄死小虫或其他小生命)。有些僧人一无所有,甚至没有衣着;另一些则略有存物——长袍、布施钵、路上驱虫的拂尘和防虫入口的布片。

在家信徒被要求禁食某些食物,限制自己的财产,对配偶满意,避免暴力、撒谎和偷盗。他们还被要求避免不必要的旅游和享受,节制饮食,照顾教友,特别是僧侣和穷人。最重要的是,他们被要求通过各种宗教仪式和修炼来献身于精神进步过程。

庙祭在耆那教中起主要作用。它有一个庞大的由男女众神、魔怪和其他神圣的东西组成的万神殿。

然而祭拜的主要对象是叫作众神之主的祖师和其他已获解脱的灵魂。等而下之则是僧侣首领、圣典教师和其余僧人。

历史

耆那教于公元前6世纪为佛陀悉达多·乔答摩(见:**佛陀**)同时代人筏驮摩那·大雄所创立。大雄据信是世界第一纪24代祖师中的最后一位。下一纪将有另外24位出世。大雄跟他的前辈、早他250年去世的巴湿伐一样,是个历史人物。在他在世时耆那教就已发生分裂。没过几个世纪,又发生了更多的分裂。

大约公元80年,出现了两大派别:"白衣派"和"天衣派"或"裸行派"。16世纪,两个反对偶像崇拜的支派形成:隶属于白衣派的斯坦卡瓦西派和隶属于天衣派的多罗那班达派。印度有不下于200万耆那教信徒,国外很少。

耆那教有大批经典。白衣派承认45种阿笈摩,即据说是以大雄谈话为基础由他的亲传弟子整理出来的集子。天衣派承认两部著作:《业论》和《裂裳论》,两者皆以现已佚失的公元1世纪的一部著作作为基础。

大雄 MAHAVIRA(公元前599?—前527)

耆那教第24代也即最后一个祖师是大雄,其名意为"全知导师"。他生于公元前约599年古印度吠舍离一个王族的家庭(属刹帝利种姓),名为筏驮摩那。他的生年带有传说性质。许多学者相信他跟佛陀(见:**佛陀**)生活在同一时代。尽管他出身富有,却拒绝富人成为僧侣。他立下五大誓愿:不杀生、不欺诳、不贪婪、不奸淫、无所得。他对不杀生或"尊重生命"的提倡逐渐导致印度献祭风俗的废止。不杀生以化生转世为前提,即相信一切动物和人类的生命都经历生、死、再生的循环。(参见:**耆那教**)

大雄一生大部分时间四处云游,不着衣衫,野菜充饥,经常断食。经12年苦修,据说证得无上圣智。他改革了耆那教,把早先的教义系统化,为僧俗徒众确立了指导原则。他的改革影响印度社会直至今日。按照传说,大雄于公元前527年在比哈尔邦的白婆去世。

诺斯替教 GNOSTICISM

在基督教早期的几个世纪里,对这个新宗教的发展的最大威胁之一是一种叫作诺斯替教的哲学和宗教运动。这个名称来源于希腊词"诺斯替"(gnostikos),意为"知者",其词根"诺斯"(gnosis)则意为"知识"。诺斯替教派认为,有各种不同类型的知识。他们声称自己拥有的知识不是出自普通的源头;它是一种只是来自神的启示的特殊知识。只有一些选民才能得到神的启示,而耶稣基督则是启示的主要来源。

诺斯替教是2、3世纪在整个地中海世界非常流行的一套内容杂乱的观念和教义。尽管许多派别之间有一些重大的分歧,但核心信仰是:在人的躯体中有一种神的火花,这种神的火花能通过启示的方法被其神的对应物所唤醒。2世纪,最著名的诺斯替教教师之一瓦伦廷教导说,有三种类型的人:属灵的人、属魂的人和属肉体的人。诺斯替教教徒就是属灵的人,他们易于接受神的启示,并且能够得到传达得救之道的特殊知识。属魂的人拥有灵魂,所以能运用自由的意志。他们可能上升或为属灵的人;如果是这样的话,他们就是基督徒。他们也可能堕落为属肉体的人,或属物的人,这种人无望得到真知或得救。按照瓦伦廷的教导,从耶稣基督的言论集和记录于《新约》中的圣保罗的书信中,可以找到他的三类人的证据。

诺斯替教的信仰的基础是,深信被创造出来的物质世界是邪恶的。它不是由真正的、仁慈的上帝所创,而是由一个较低级的存在物所造。只有从物质世界中解脱出来进入精神世界,才能得救。诺斯替教派相信,只有这样的解释才能说明世界上邪恶的存在,因为真正的、仁慈的上帝不可能创造任何不够完美的东西。

因为属物的躯体是低级的、邪恶的,所以个人的精神居住在一个截然不同的环境中。这个信仰使诺斯替教派把耶稣看作是一个在世时(可能是在洗礼时)曾得到基督的成分(或部分)的人。因此,他在十字架上并没有死,而是升天,回到上帝那里去了。

人们迄今都没有追溯出诺斯替教的具体起源。它很可能出自中东和希腊的各种宗教和哲学潮流。它的某些观念肯定起始于古希腊哲学家柏拉图。这个运动产生了大批的著作,其中许多因基督徒的反对而被毁。1945年,在埃及纳杰哈马迪附近的一处墓地,有两个人从地里挖出一个坛子,发现里面有许多卷诺斯替教经籍抄本。这一引人注目的发现物被译成英文,并于1977年作为《纳杰哈马迪文库》出版。

印度教 HINDUISM

印度次大陆的主要宗教是印度教。这个词出自一个古梵文词汇,意为"住在印度河畔的人",跟现今巴基斯坦境内印度最早为人所知的文明的位置有关联。印度教是除万物有灵论(印度教有一部分可能来自它)之外的世界上最古老的宗教(见:**泛灵论**)。它的年代可追溯到3000年前,尽管它现在的形态有着更晚近的起源。今天世界上90%以上的印度教徒生活在印度。在巴基斯坦和斯里兰卡也有相当数量的一小部分,少量居住在缅甸、南非、特立尼达、欧洲和美国。

印度教跟任何其他宗教不同,很难准确定义。它没有创始人。它的起源隐没在非常遥远的过去。它的圣典不是只有一部,而是有许多。它没有单独的教义,但有五花八门的信仰和实践。在所有其他宗教里,多种教义会互相抵触。印度教则常倾向于包容,而不是排斥。它有许多分支、教派、神学理论和哲学门派,它们都在印度教中谋求安身之地,而并不互相倾轧或目为异端。它是多神的宗教,不过还是坚持认为只有一个最高神,那就是梵。所有其他神祇都是这一绝对的不可知的梵的诸多样相。

印度教的另一显著特点是信仰灵魂转世或化身。与此相关的就是确信一切有生命的东西都是同一本质的部分。个体经历着生死流转。这意味着个体灵魂会反复往返地以人、动物甚至植物的形态出现。人在现世所为要影响他的来世。这就是业报理论,即因果律。人的目的就是要摆脱这种循环或生死轮回,让个体灵魂即阿特曼逐渐成为绝对灵魂即梵的一部分。

印度种姓制度是印度教的又一历史特征。远古时代,印度社会分为四个阶层:僧侣(或婆罗门)、武士、商人和奴隶。这些阶层或种姓又分成上千个亚种姓,从顶尖上的婆罗门到底层的不可接触的贱民。这些群体已经世代相传,成为世袭,只在他们自己内部通婚。

起源

印度教的确切起源至今仍使学者们和其他研究者们感到困惑。确定知道的是,约从公元前2300年到前1500年,印度河流域及其周边地区曾存在过一种高度发展的文明。这种文明有自己的宗教。在其所涵盖的广大地区内情况或许并不完全一样。公元前1500年前后,印度河流域遭到叫作雅利安人的印欧人的入侵。他们几乎完全改变了印度文明。在这样做的时候,他们便注入了新的宗教形式。

要理解印度教的发展,问题在于把雅利安人入侵之前或许已有的宗教跟公元前1500年以后所添加的宗教区别开来。很可能印度河流域的宗教在很大程度上离开了雅利安的人口中心而残存于乡野。也许它已逐渐跟雅利安人的信仰和实践交织在一起从而产生了历史上著名的印度教。

雅利安人的宗教在许多方面类似于其他印欧人群的宗教。这是一种持家务实、尊崇祖先和信奉世界精神(梵)的宗教。雅利安人有众多的神灵,他们几乎全是男的。不过他们没像后来的印度教那样把他们的神造成偶像。

雅利安人的祭拜以家居火祭为中心,后来印度教的祭拜则在庙中进行。雅利安人复杂的仪礼少不了供奉动物祭品,喝醉人的饮料。诵歌就是为这些仪礼而编的。人们正是从这些诵歌集以及咒文和献祭程式中,了解早期宗教的性质。这些诵歌集叫吠陀。早期的印度教就是在它们的影响下发展起来的。

吠陀时代

公元前1500年至前1200年间某个时期,即雅利安人征服和巩固时期,《梨俱吠陀》编成。它是世界上最古老的宗教经典。《梨俱吠陀》是1028首颂神诗歌的总集。其他三集——《娑摩吠陀》、《夜柔吠陀》和《阿闼婆吠陀》——为后来所加。这些集子的编成全都耗时数百年。编成现在这样的形式则在公元前第一个一千年的某个时期。

公元前800年至前600年之间,一批叫作梵书的散文作品附加到吠陀上。这些作品含有对吠陀仪礼的解释。甚至更后的《森林书》和《奥义书》(它们大概成书于公元前600年至前300年之间)也加到了这批文献上。所有这些典籍,连同某些更晚的著作,随着印度教在公元前1千纪后半期的形成,就都成了它的圣典。其中《梨俱吠陀》最受尊崇,尽管今天大多数印度教徒对它的内容知之不多。

从公元前700年到公元800年

吠陀颂歌的作者们似乎已经相信有天堂和地狱,人们死后依据其尘世生活的情况而去到那里。无论如何,在公元前600年以后的某个时期,灵魂转世的信仰已经出现。尽管一开始仅限于少数苦行者,它很快就扩及全印度。首先以书面形式阐释这种理论的是在一批叫作《奥义书》的文献中,这个名称意思是"坐在老师脚下"。这些著作的目的是要获得一种神秘知识,以使个体摆脱轮回再生。《奥义书》代表印度哲学的开端。它们是吠陀解释的最后阶段。《奥义书》发展了梵这一最高存在物的观念,并探究了全部实在的本性。

到公元前6世纪佛教出现时,灵魂转世的信仰已经牢固确立。从那时起,印度教的主要关注已是从生死轮回获得解脱,而不是供奉祭品抚慰神灵。因为不愿杀灭有生命的东西,祭牲已不常见。这种称为不杀生的尊重生命的理论成了耆那教的主要教义(见:**耆那教**)。

在同一时期,吠陀原来较老的神灵——叫作梵天(不要跟婆罗门相混)、因陀罗、阿耆尼和瓦鲁那的——慢慢为更新的神——主要是毗湿奴、湿婆和萨克蒂——所取代。这些新神至今仍有无数信徒。很多较早的神灵都被吸收在三位神里面。古印度关于圣灵化身的学说(如神变人)使得较老的神有可能作为化身被接纳到新神之中。这一时期的宗教发展反映在《摩诃婆罗多》和《罗摩衍那》这两部伟大文学著作中。

《摩诃婆罗多》,或称关于婆罗多王朝的伟大史诗,是世界上最长的诗篇。它是有关两个家族权力争斗的传奇素材的汇集。它也是一部指导那些寻求摆脱生死轮回的人的范围广泛的行为仪轨。世界上最著名的文学著作之一——《薄伽梵歌》(或《世尊歌》)就包含在这个故事里。这本书是以阿周那王子跟他的驭车人黑天——毗湿奴的化身——对话的形式写的。《罗摩衍那》也是一部史诗,长达24000联对句。它的主题是讲王子罗摩的生活和他的冒险故事。

几个世纪以后(也许迟至10世纪),另一个文学汇编《往世书》开始出现。它们用简单诗体写成,明显是为普通

斋浦尔的一幅19世纪绘画（左图）表现毗湿奴和他的十个化身：鱼、龟、野猪、人狮、侏儒、持斧罗摩、罗摩王、黑天、佛陀、迦尔基。一幅18世纪冈格拉绘画（右图）描绘湿婆和伽尼萨（左）正在把髑髅串连在一起，帕尔瓦蒂（右）在一旁观看。他们的儿子伽尼萨是在祭拜任何新活动一开始首先受到祈祷的神。树后的公牛难底是湿婆的主要侍从之一。

在这一时期的前期，印度教徒敬神一般不用神像或其他偶像。然而到了公元300—650年，祭拜石庙偶像已牢固确立。女神崇拜也已变得平常。通常称作萨克蒂的圣母，受到不同形式不同名义的崇拜。她是另一类引作怛特罗的

读者而作。它们成了普通人的经典。尽管《往世书》包含丰富的传说素材，它的主要目的仍是赞美毗湿奴、湿婆和梵天这几位神。在保存下来的18部主要的《往世书》中，最脍炙人口的要算是讲述黑天早年生活的《薄伽梵往世书》。

文学作品的主题。用某些动物和人作祭品在这一时期末尾又被复活,如寡妇殉夫的习俗,把寡妇烧死在葬其亡夫的柴堆上。

在公元前550年以后不久的一段时期里,佛教和耆那教出现,宗教集中在寺院生活上(见:**修士与修行**)。这些宗教着重强调苦行生活对印度教产生深刻影响。吠陀宗教不知苦行,婆罗门祭司阶层瞧不起它。然而越来越多的年轻人成了苦行者,他们放弃世俗生活去做游方隐士,乞讨为生。苦行主义迅速成长起来,它至今还是印度教的一个显著特点。

从公元800年到1800年

这一千年以印度教分为许多哲学门派、敬神赞歌的写作和伊斯兰教在印度的影响而著名。在这一时期,印度教的创造活力转移到了南印度,它是统称为巴克蒂的几个虔信运动的发源地。

六派哲学出现于这一时期。最重要的两派是以商羯罗和罗摩奴阇的学说为基础的。商羯罗是吠檀多哲学的主要阐释者,现代印度教的主要流派大都宗奉这派哲学。多数吠檀多派别都信仰灵魂转世、吠陀权威、大梵创世以及个人对自己行为的责任。

商羯罗传布一种一元论的教义,意即一切事物——天神、世界和人的灵魂——本质上是一个东西,不论其外表如何。罗摩奴阇是虔信派印度教的最有影响的思想家,也属于吠檀多派,然而他的学说跟商羯罗不同。他相信,神、灵魂和物质是三种不同的实在。灵魂的目标是献身于神,就像肉体想为灵魂效力一样。神定的目标就是观想神。

12世纪跛娑代创立了一个不同寻常的派别。它拒绝承认一切形式的偶像崇拜、吠陀和种姓区分。跛娑代的学说可能受了伊斯兰教的影响。

15世纪伽比尔传布类似的教义。他否认偶像崇拜、种姓、苦行、圣典和朝圣,但承认化身学说。他的最高神叫罗摩,尽管他认为印度教较小诸神尚具有某种实在性而予以承认。他还是赞美诗歌的作者。

比受伊斯兰影响的印度教各派更值得注意的是锡克教的出现。它为伽比尔的弟子那纳克所创。锡克教的神学基本上就是印度教的,但又吸收了许多伊斯兰教和基督教的成分。他也反对使用偶像,并有某种形式的洗礼和圣餐。就长时期的角度看,比之穆斯林对印度教的影响,印度教对印度穆斯林生活的影响可能要强有力得多。

印度教虔信派赞美毗湿奴和湿婆的文学和诗歌最初是用泰米尔文写的。早在7世纪就有集本出现。用北方语言写作类似颂歌,是几个世纪后才开始出现的。到17世纪末,颂歌写作就停止了。在随后的一个世纪里,印度教思想再无任何进展。欧洲人大批到达印度的时候,他们看到的是一个沉浸在传统中的保守的宗教。它的主要目的就是用一套复杂的仪礼和规矩来保持僵化的社会秩序。

现代印度教

19世纪初对印度教发生主要影响的是英国殖民主义和传教士的到来。由于这两者,印度教经历了一个复兴过程。到20世纪,它跟独立运动交织在一起,以致印度教和印度民族主义实际上成了同义词。

印度教在抵制基督教教义的同时,也受到它的社会思想的强烈影响。一批有影响的人发动了改革运动,采取了在西方人看来是有益的但又不损及印度教基础的做法。拉姆·摩罕·罗易效法英国提倡教育,呼吁禁止焚烧寡妇。达耶难陀·娑罗室伐底反对偶像崇拜和种姓制度,敦促印度采用西方技术。挪伦特拉那特·达德用"辨喜"这个名字创立了罗摩克里希那传教会,派教徒从事慈善活动,推进学术。他还把印度教的教义传到全世界。在20世纪,印度民族主义的主要人物是圣雄·甘地,他为结束英国殖民主义进行了成功的斗争(见:**甘地**)。

现代印度教诸神

尽管很多神灵可能受到崇拜,现代印度教徒一般分为毗湿奴、湿婆和萨克蒂的信徒。几乎所有印度教徒都把这里面的一个视为主宰宇宙命运的最高存在的表现。

每一派信徒都对吠陀极为推崇,每派又各有自己的经典。例如,在《薄伽梵歌》里,毗湿奴通过他的化身黑天受到赞美;他的另一个化身罗摩则是《罗摩衍那》中的英雄。毗湿奴是世界的守护神,他除了黑天和罗摩外还以各种面貌为许多教派所崇拜。对这位神的崇拜被称为毗湿奴教。这一教派约发端于公元前7世纪。(参见:**国际黑天觉悟会**)

湿婆,梵文意为"吉祥之神",较之毗湿奴更为古老。对他的崇拜叫作湿婆教。湿婆是一位比毗湿奴更难理解的神。他被认为既是毁灭者,又是复兴者。关于湿婆的教义可能已经合并了一度指派给各种较早神灵的角色。

湿婆有一个女性配偶,她有好几个名字。他有时跟萨克蒂即圣母配对。他们跟他们的儿子室建陀和伽尼萨住在喜马拉雅的吉罗婆山峰上。他被描绘成有许多面貌——如流浪乞丐、半男半女或一个跳舞的人。

萨克蒂是圣母女神。像湿婆一样,她或慈祥或凶恶,就看她的外貌。作为帕尔瓦蒂女神,她被描绘成一位美丽的中年女性。作为迦利女神,她则是一个有着黑皮肤、血红舌头和又长又大的牙齿的女性巨人。

迦利身佩诸般武器,颈围髑髅花环,以此代表从生到死的自然的一切方面。

除三位主神之外,还有其他几个神仍然受到崇拜。人们在做所有事情之前先向伽尼萨(湿婆和萨克蒂的象头儿子)祈祷。拉克希米(毗湿奴的妻子)是女财神。萨拉斯瓦蒂是学问和技艺的女神。哈努曼是跟罗摩冒险故事有关的猴神。他像是天神的力量在地上的人格化。有些地方的农民崇拜玛纳莎(女蛇神)。

许多动物和植物也被认作圣物。最值得注意的是牛。所有的牛都受保护,甚至在并非素食的种姓里,牛肉也是不吃的。猴子、松鼠和某些蛇也被认为是神圣的。列在圣树里的有榕树和零陵香。所有的江河都被认为有某种程度的神圣,印度北方的恒河被认为是最神圣的,因为据说它是从湿婆头上流出来的。它是成千上万人朝圣的目的地。

人也按其在生活中的地位而成为神圣的。因此,双亲对于子女是神圣的,老师对于学生是神圣的。

节日和朝圣

任何一座重要的寺庙每年至少有一次节庆活动。这些节日把宗教仪式、举神游行、音乐舞蹈以及其他各种形式的庆祝结合在一起。大多数节日跟自然界的周期更迭有关。过新年时交换礼品,点礼灯,赌博(为获得来年好运而设计的一种仪式)、放烟火驱赶亡灵。

到圣地朝圣从吠陀时代以来就一直很普遍。某个地方由于某个特殊的历史事件,跟某个传说人物有关、某个神显现或位于某圣河边,就被认为是神圣的。

朝拜圣地据说能赐福于朝圣者——通常是治愈某种绝症。濒于死亡而长途跋涉到瓦拉纳西(贝拿勒斯)的人,希望死在恒河边以脱离生死轮回。许多圣地每年都组织收容,这种收容部分是宗教性的,部分是地方义举。

庙祭

庙宇在规模上从只有粗糙神像的乡村小庙到几乎就是小城镇的巨大建筑群——有围着庭院的围墙和大门、净身沐浴的水池、学校、医院和僧房。礼拜仪式不像西方宗教那样定时举行。

祭神本身是祈神降临、把神当贵客款待的一种活动。第一个节目是开庙门。对于祭毗湿奴的人而言,这象征开天门。对于祭湿婆的人而言,则是保佑居室平安。寺庙的来客可以参加唱颂歌或聆听说教。神像被供以礼花、水果或香。香客们则得到一小份供神食品。

除庙祭外还有日常居家仪式,包括给神上供食品,通常是水果或鲜花;背诵吠陀。家祭集中于人生转折期,如从童年到成年责任的过渡、结婚、生孩子。婚礼是主要的居家仪式,它们也十分繁复,通常持续三天。传统的殡葬方法是火葬,部分葬礼是向婆罗门(祭司阶层)赠送食品,为死者求福。

超觉静坐 TRANSCENDENTAL MEDITATION

大约在1958年,印度一个修道者开始教一种新式的世界上大多数人都能很容易做到的静坐法。它的创立者马哈利希·马赫什瑜伽师把它叫作超觉静坐(TM),它用一些简短的词或短语,当使用者反复默诵时,就能帮他止息杂念,达到意识的深层次。据称,习练这种方法的人能够获得高度放松、内心宁静、旺盛的活力和创造力。1959年马哈利希把他的学说传到西方。

超觉静坐的根本思想就是形成现代印度教(见:**印度教**)大多数派别的基础的吠檀多哲学体系。要习练超觉静坐,学者必须得到上师指引。这得聚在一起接受正式训练。入门以后有一个仪式,由学者向上师交纳钱财贡物,接受咒语。按照印度教和佛教所传,一个咒语就是一个据信能让使用者获得特殊能量的神圣的词或短语。咒语是根据学者的气质和职业来选择的。超觉静坐于20世纪60年代流行于美国。大多数习练者都赞扬它对身心的有益作用。

国际黑天觉悟会 HARE KRISHNA

在印度教里,黑天是受到最广泛崇敬、最得人望的神灵之一(见:**印度教**)。它成了很多虔诚派崇拜的主要对象。其中一派受到孟加拉神秘主义者恰塔尼耶(1485—1533)的激励,他用使人神迷的歌舞祭拜黑天。久而久之,恰塔尼耶就被认为是黑天的一个化身。

1965年,印度另一个神秘主义者斯瓦密·普罗布帕达(A.C.巴克蒂吠檀多,1896—1977)到了美国,创立了一个原来叫作国际黑天觉悟会的组织。这个组织因其成员所用歌曲而更经常地以 HARE KRISHNA(我主黑天)而知名。它声称是恰塔尼耶的信仰和仪式的嫡传。到普罗布帕达去世时,他已出版了不下50种书,在全世界建立了大约100个中心。

北美和欧洲的公众是在见到身着桔黄色长袍并在街角或公共建筑物中唱歌、跳舞或唱圣歌的信徒们才得知国际黑天觉悟会这个组织的。他们在火车站和机场为其组织募集基金时,尤其引人注目。大部分成员是年轻人,许多是20世纪60年代嬉皮士文化中露过头角的失意青年。他们全都加入了一个特别推重狂热宗教献身精神的高度集权的教派。热诚的信徒们承认四种姓制,只是其地位由能力而不是像印度种姓制度那样由出身来决定。

国际黑天觉悟会相信,人类存在物无非就是由黑天的能量构成的灵魂和由最低级物质构成的肉体。为得到安宁和幸福,信徒们力图回归到一种叫作黑天觉悟的与神的原初的关系。这是通过一种叫虔信瑜伽的瑜伽来实现的,它要求承认黑天为神和不计报酬地工作。全部财物都交给组织。

成员们住在公社里,未婚男女分开单身住,已婚者则有自己的住地。禁止赌博、饮酒和食肉。每个公社或寺院都有自己的主管,都是靠推销本组织的出版物来维持自身。

罗摩奴阇 RAMANUJA(1017?—1137)

印度神学家罗摩奴阇是虔诚派印度教历史上最有影响的人物。他认为至上神、世界和个体灵魂是三种分立的实在。侍奉至上神是灵魂的义务——他崇拜的至上神是毗湿奴(见:**印度教**)。这种观点跟他的前辈商羯罗恰成鲜明对照,后者宣称,一切实在——至上神、世界和灵魂——是一个东西。

罗摩奴阇生平主要根据传说得来。他生于南印度今泰米尔纳德邦境内,据说是在1017年,而他是在1137年在室利兰伽姆去世的,这样他约活120岁。他在商羯罗的一个弟子的指导下学神学,不过很快就放弃所学。在见到毗湿奴异相后,他开始每日拜神。他做了20年游方僧,周游印度宣讲他的哲学。而后回到室利兰伽姆这个他曾在那里发展了他的学说的城镇。他的学说,根据叫作《奥义书》的古代著作,认为对人格神的崇拜是印度教的主要方面。在室利兰伽姆,罗摩奴阇还举办过庙祭,据传他创立了74个传布他的学说的中心。

一尊12世纪的罗摩奴阇铜像安放在印度坦焦尔地区的一座毗湿奴庙里。

罗摩奴阇对印度教的主要贡献是为叫作巴克蒂的民间信仰提供了一个思想基础。从他以后,巴克蒂就一直是印度教各派别中的主要派别。受到他鼓舞的这种信仰很快在北印度获得成功,在那里产生了极大的影响。

罗易　RAY, Rammohan（1772—1833）

常被称为现代印度之父的兰姆摩汉·罗易,是一位借鉴基督教以改造印度教的社会改革家。在政治上他大胆地借用了法国革命和美国独立战争的一些观念。通过他的努力,印度教对社会弊病才有了觉悟。像寡妇殉夫(也就是把寡妇放在她们丈夫的火葬堆上祭烧)这类陋习,如果不是马上禁绝,至少也受到了怀疑。

罗易于1772年5月22日生于孟加拉省。他的早年生活我们所知甚少,不过看来他在幼年就已形成了不平常的宗教观念。疏离自己家庭以后,他就靠各种商业风险为生。他从受雇英国东印度公司到被解雇前后约有十年之久。1815年,他对教派分裂提出谴责,主张崇拜惟一最高神。他对古代印度的经典作了翻译和注释。1820年,他发表了耶稣的伦理学说,尽管他极力否认基督教的惟一性。

他的政治活动始于1823年,当时他组织了一次反对英国书刊检查制度的抗议活动。这标志他从专注于宗教而转向政治改革的一个转折点。他力主教育要仿效英国模式。他反对火焚寡妇,这把他置于争论的中心。

1828年他创立了梵社。这是一个带有新教因素的宗教组织,在19世纪的改革中起了主要作用。1830年他为印度的改革赴英游说。他于1833年9月27日在英国布里斯托尔去世。

锡克教　SIKHISM

1984年的两起暴力事件使全世界的注意力都转向印度及其锡克教社团。6月5日,印度军队向锡克教徒的圣地阿姆利则金庙发动了进攻,锡克教的极端分子曾在这里搜集武器,准备武装暴乱。10月31日,印度首相英吉拉·甘地被她的安全警卫中的两名锡克分子开枪打死。

15世纪,锡克教产生于印度北部的旁遮普地区,如今它已经成为一种在军事上、政治上都十分发达的宗教,教徒们要求在旁遮普成立他们自己的国家,那里聚集着全国锡克教徒90％的人口。

"锡克"一词意为门徒。锡克教的信仰者把自己视为这一宗教的创始人古鲁·那纳克(1469—1539)及其9位继任者("古鲁"意即"祖师")的门徒。那纳克发起的这一运动源于印度教对毗湿奴的崇拜以及穆斯林泛神论神秘主义者的教义。那纳克宣扬,宇宙间只有一位创造世界的神。这位神对于一般人来说是完全不可知的,只有本教信徒才能在他的创造中领悟到他的存在。这种感知能力只有那些摒弃世俗以及世俗的各种价值观念的人才能获得。那纳克向信徒们指出,获得拯救的途径便是献身于虔诚的冥想,其目的在于摆脱生与死的循环。这种循环观念涉及那纳克的所谓灵魂再生的教义;人的灵魂要在世界上再生许多次,然后才能获得解脱,与神合而为一。

那纳克之后有9位作为古鲁的继任者,按任职的先后顺序,他们是:安格德(1539—1552)、阿马尔·达斯(1552—1574)、罗摩·达斯·索迪(1574—1581)、阿尔琼·马勒(1581—1606)、哈尔·戈宾德(1606—1644)、哈尔·拉依(1644—1661)、哈尔·克里欣(1661—1664,他死时年仅8岁)、德格·巴哈杜尔(1664—1675)、戈宾德·拉伊(或称戈宾德·辛格,1675—1708,他生前失去了所有的儿子,他宣布,古鲁一职的承袭至此结束)。

印度的莫卧儿王朝(属穆斯林)当局对锡克教徒的迫害,促使他们拿起武器。戈宾德·拉伊于1699年4月13日建立了一个叫作"卡尔萨"(意即"纯粹")的兄弟会,从而组织起武装力量。凡欲加入卡尔萨的锡克教徒都要履行一种浸礼仪式。届时,所有入会的男子都取名"辛格",意即"雄狮";而所有的女子都取名"考尔",意即"雌狮"。他们立誓不喝酒,不吸烟,不吸毒,并献身于祈望的事物。每一位锡克教男性信徒都有5种标志:不理发,不剃须(因而他们须佩戴头巾);头上插有一把固定头发用的梳子;一柄短剑;一只钢镯;以及一条长不过膝的短裤。如今,卡尔萨成员都是锡克教中的尚武分子。

现在,锡克教已经在那纳克早期简单的教义的基础上增加了礼拜教堂、圣典、过宗教节日、朝圣等内容。锡克教的圣典是《阿迪·格兰特》(意即"第一书"),由第5位古鲁编纂而成,其中收入了前5位古鲁创作的6000首赞美诗,此外还有一些早期印度教和穆斯林的赞美诗。锡克教的第一座礼拜堂由那纳克建于格尔达布尔。阿姆利则,即金庙的所在地和锡克教的活动中心,则由罗摩·达斯·索迪于1577年所兴建。

琐罗亚斯德教　ZOROASTRIAN-ISM AND PARSIISM

公元前7—前6世纪,一位名叫琐罗亚斯德(或称查拉斯图特拉)的传说中人物对古代伊朗(或称波斯)的宗教进行了改革。琐罗亚斯德教虽然受到过伊斯兰教的疯狂镇压,但它从公元7世纪一直存活到20世纪。这一教派的大多数信徒生活在印度,被人称作"帕西",意为"波斯人"。该教派有一少部分信徒仍居住在伊朗,直至不久以前,人们一直称他们为"伽巴尔"。"伽巴尔"一词源于阿拉伯语,意为"异教徒"。到了20世纪初,由于伊朗国内采取了宽容的宗教政策,这一称呼才不再使用。

我们对琐罗亚斯德的生平所知甚少。据说,他活了77岁。至于他的生卒年份,则有以下几种说法:公元前630—前553、前628—前551、前618—前541。在他生活的那个时代,伊朗人信奉多神教。他摒弃了诸神,只尊奉其中的一位——阿胡拉·马兹达(或称奥马兹德)。还有一位代表邪恶势力的神,他叫作阿赫里曼。这两个神之间的斗争便创造了世界,整个世界也由于他们之间的斗争而始终存在着善与恶,光明与黑暗。

后期琐罗亚斯德教将世界历史设想为一场大戏,这场戏分为4个阶段,每个阶段有3000年。在第一个3000年末期,发生了物质世界的创造;在第二个3000年末期,阿赫里曼来到世界上,破坏这种创造。到了第三个阶段,他大获全胜,但却发现自己也陷入了创造之中,并注定要导致自我毁灭。到第四个阶段开始时,由于琐罗亚斯德的诞生,世界上出现了宗教。

此后,每隔几千年,就要出现一位先知或救世主,作为琐罗亚斯德的继承者。最后一位先知将主持末日审判,赐予永生,并开创一个新的世界。

根据琐罗亚斯德所说,人类是有死的,并为阿赫里曼所败坏。因此,生命就成了一场人们为拥抱光明、躲避邪恶的黑暗而进行的斗争。人死后,灵魂要跨过一座桥,或升天堂,或下地狱。在后期琐罗亚斯德教中,世界末日被认为是在遥远的将来。后期琐罗亚斯德教徒还相信,下了地狱的灵魂会涤除其罪过,所以他们也能参与对世界最终的整修。

琐罗亚斯德去世之后 这一教派逐渐扩展至阿富汗全境,并向西传入米堤亚人和波斯人的领土。公元224年,随着萨珊王朝的建立,琐罗亚斯德教成了伊朗的官方宗教。这一教派的僧侣大权在握,其他宗教遭到迫害。这一教派的经典《阿维斯塔》正是在这个时期编纂成的。此书至今仍是琐罗亚斯德教派的祈祷书和圣典。

635年,伊斯兰教军队彻底打败萨珊王朝的最后一位国王。琐罗亚斯德教得到一定程度的宽容,这一状况大约持续了3个世纪。公元9世纪,这个教派遭到迫害。《阿维斯塔》中较晚形成的以波斯中部巴列维方言记录的经文大多写于此时。信徒们将这些经文编辑起来,以防宗教传统的消亡。公元8—10世纪,大多数琐罗亚斯德教徒都离开伊朗,移居到印度的孟买附近。

这些帕西人在印度属于最早接受欧洲文化影响的社会群体。英国人来到印度后,帕西人即与这些殖民者合作,并通过经商变得十分富有。至19世纪后期,帕西人就以他们的财富、教育和哲学而闻名于世。

组织 琐罗亚斯德教的祭司职位是世袭的。大祭司——相当于基督教中的主教——掌管各大教堂。所有的孩子都在7岁或10岁时入教。在入教仪式上他们领取终身穿戴的衬衣和腰带。信徒们得参加各种净化仪式。为了表明不再犯罪的决心,他们还要进行忏悔。

这个教派的主要宗教仪式称"亚什那",其基本内容是将一种叫作"哈奥玛"的圣酒敬献到圣火前,同时吟诵《阿维斯塔》中的部分经文;此外,还要供奉一些面包和牛奶。圣火长燃不息,每天至少要添加5次燃料。教徒们每年有6个节日,一年的最后5天为缅怀死者的日子。他们过节的最主要特征即是吃掉所有的祭品。帕西人将每年的元月称作"法尔瓦尔丁",这也是根据死者命名的,并用这个月来祭奠死者。

在伦理方面,琐罗亚斯德教注重通过生育和谋生手段保持生命的延续。另外,与邪恶作斗争和行善,也是这一教派的基本道德观念。一个人来世的境遇如何,决定于他此生行善与作恶的多寡。不过,该教派对于人性的弱点还是较为宽容的。人的所有缺点不一定会增加作恶的筹码;这些缺点可以通过忏悔,或借助圣人的功力来消除。

伏都教 VOODOO

海地大多数人都信奉伏都教。这一宗教起源于非洲,尤其是贝宁(即前达荷美)。"Voodoo"一词源于非洲丰族语中的"Vodun",意为"神"或"精灵"。非洲奴隶的信仰逐渐与海地法裔白种人种植园主的罗马天主教融合在一起。

伏都教既信奉一神,同时又信奉各种精灵。伏都教的宗旨就是侍奉这些精灵,铭记他们的好意。伏都教中的一神"邦迪"(源于法语词"bon dieu")大致相当于基督教的上帝。伏都教认为,邦迪与人类相距甚远,不可企及。教徒们将他们实际的忠心奉献于精灵(在非洲的约鲁巴族语中称作"洛阿")。这些精灵并不邪恶。他们在人类与邦迪中间充当媒介。

伏都教徒们相信,每个人都有几个灵魂。人死之后,这些灵魂就变成了可以附到另一个人身上的精灵。一个信徒一旦精灵附体,他就会跳宗教仪式舞,为附在体内的精灵接受他人敬奉的动物祭品,以及为他人提供一些有用的劝诫等。另外,这个附体的精灵还兼有守护天使和守护神的功能。

伏都教中的男巫叫作"洪甘",女巫叫作"曼波"。他们在很小的教区内充当顾问、医师,并主持伏都教狂热纵欲的仪式。伏都教每年有一些祭祀各主要精灵的宗教节日。

有些关于伏都教民间魔法和巫术的传说——特别是关于起死回生的故事——被外界人士吹得神乎其神。这类故事大概是说,通过巫术可以使死者复活成为奴隶。很可能这些人实际上并没有死,只是用药物使其失去了知觉,药力过后,他们自然也就苏醒了。

神道教 SHINTO

像佛教和基督教这样的宗教都是传进日本来的,而神道教(简称"神道")则看来跟日本的民族和国家一样古老。神道是大多数日本人有关他们自身、他们的家庭和宗教以及他们的统治权力所持有的各种信仰和态度的一个松散的体系。这个词的本义就是"神之道",在英语里没有准确对应的词;神指的是神道教信徒们所崇奉的至高无上的力量,自然的或神圣的。神既不能被认知,也不能被解释,不过被相信是人类生活和生存的源头。神将本真昭示于人,指导他们按照本真生活。

神道跟国家的价值体系和人民的行为有密切的关系。从19世纪末直到1945年第二次世界大战结束,由政府支持的国家神道曾被用来鼓动民族主义、爱国热情和战争的平等动员。

目前它有三大类型:神社神道、教派神道和民俗神道。神社神道保持了延续至今的最老的传统。它包括现在已经废止的国家神道,跟日本皇室关系密切。教派神道是产生于19世纪的一个新的运动,由13个重要派别组成,每派都由一个创始人自立教门。民俗神道没有正式的教义上和组织上的结构,只关注祀奉或崇拜宗教雕塑之类的路边神像和统治家族的农事祭礼。民俗神道是整个神道教信仰的基础。教派神道的信徒常常同时属于神社神道的某一神社。

神道并没有每周的礼拜仪式。虔信者可以在他们所需的任何时候参拜神社——有人每天都去。一年之内有几个节日为了各种各样的目的把信徒们聚在一起。有的节日是庆祝某一个人从生到老一生中的重要事件。有的仪式则跟日常生活中的活动有关。

大的庆典有春祭、秋祭(一种感恩活动)和伴有神幸式即抬神游行的年祭(新年庆典)。每个大的祭典都有必须遵循的礼仪程序。

神道没有什么有名望的创始人,也没有可与《圣经》或《古兰经》相比的经典。它的两部主要典籍是《古事记》和《日本书纪》,分别成书于712年和720年。它们是有关神道的古代口头传说的纂编,不过也涉及其他历史话题。神话的核心集中于太阳女神,即天照大神,她的子孙把日本统一于第一代天皇——神武天皇的治理之下。

巫术　WITCHCRAFT

在弗兰克·鲍姆的小说《奥芝国的魔术师》(又译《绿野仙踪》)里,当多萝西的小木屋落地时,东方的恶女巫就被砸死了。在多萝西遇到好女巫甘林达之前,她一直认为所有的女巫都是邪恶的。世界上许多地区都流行着信奉巫术的风俗,而女巫大都被认为是邪恶的。

人们认为,女巫能够通过魔术来利用超自然的力量,从而达到其邪恶的目的。由于这种与魔术的联系,在讲英语的国家中,"sorcery"(魔术,妖术)一词很久以来一直是巫术的同义语。女巫一般被认为是有恶神附体,或者是受着某种暗中势力的操纵;而魔术师则被认为是一些普通人,他们由于心怀忌恨或不良企图,运用蓄意的手段危害他人。

有关巫术信仰方面的记载可以追述到史前时代。不过,我们没法对女巫提供一种可以适用于一切人类社会的描述。虽说有关资料表明,世界上也有一些年轻美丽的女巫和男巫的形象,但是,人们大都将巫师想像成既老又丑的女人。男巫通常被称为魔术师。

在欧洲,巫婆的形象一般是干瘦枯槁的,很像《奥芝国的魔术师》里的西方恶女巫,身穿黑色长袍,头戴圆锥帽。在中非,人们将巫婆想像成吃人肉的胖老太婆。在万圣节前夕,女巫骑着扫帚柄满天飞,这一形象在欧洲可谓深入人心;但在中非,女巫则是坐在茶盘形状的篮子里旅行的。在干坏事时,她们还往往雇用一些动物来作帮手。奥芝国的那位女巫雇用的是飞猴;在欧洲,她们雇用猫、狗或黄鼠狼;在日本,她们雇用鼹狗或猫头鹰;在非洲,她们则雇用狒狒。有些女巫甚至会变成动物的形状。

在古代近东及欧洲,对魔术及巫术的信仰十分普遍。《旧约》中有几处经文涉及巫师,他们往往被人告发,那些犯法行为可处死罪。

在古希腊,荷马史诗中曾提及巫术。在古希腊和古罗马,只有那些蓄意为害的巫术才遭到谴责和处罚。在日耳曼各民族中,对于巫婆的信仰和恐惧十分普遍。

在基督教的文化背景下,近几个世纪以来人们对巫术的态度各不相同。有些人认为,巫术只是一种愚蠢的迷信;可是,另一些教会领导人则把它视为祸害,必须加以镇压。在欧洲"巫术热"时期(从15世纪中期至18世纪中期),女巫被指控与魔鬼有特殊的联系。罗马天主教徒和新教徒都继续开展反巫术运动。当时有成千上万的人被判处犯有巫术罪,许多人被处死。在这种狂热的最后若干次爆发之一,即1692年马萨诸塞州塞勒姆的那次著名的审判中,有19人被判处绞刑。

迷信　SUPERSTITION

害怕13日星期五;为求得好运而身上带着一只兔后足;不从梯子下面走过;在人行道上避免沿着砖缝走——凡此种种都被称为迷信。给"迷信"这个词下个定义比较困难。我们可以将它定义为荒谬的信仰和习俗。可不幸的是,"宗教"一词也可以如此定义。有人说,对一个人是宗教的东西,对另一个人可能就是迷信。

某些非洲土著认为,自然界中的客观事物都有灵性,因为其中居住着精灵。基督教、犹太教、伊斯兰教的信徒对这种信仰加以嘲笑(见:泛灵论)。从中世纪晚期至17世纪,对巫术的信仰曾经风靡欧洲以及北美一些地区。如今,除极少数人外,大多数人都将巫术视为一种迷信(见:巫术)。许多没有宗教信仰的人也将一切宗教斥为迷信,因为,他们找不到可以支持这些信仰的根据。

与宗教及其信仰相联系的各种魔法也被视为迷信。护身符通常被人们用来抵御恶魔,与此类似的还有在身上挂一只祈求好运的小饰物。兔后足几个世纪以来一直被人们看作护身符,这大约是由于兔子的后腿格外有力的缘故。

某些迷信观念产生于文化或个人的因素,并非来源于宗教。一对新婚夫妇走进新房,传统的做法是新郎将新娘抱过门槛。这个习俗起源于一种担心,倘若新娘在进门时绊了一跤,人们就会把它看作是婚姻的不祥之兆。在新婚的礼车上挂上一些锡罐,这一习俗可能起源于锣鼓等响器可以驱魔的观念。人们在除夕之夜敲锣打鼓,放鞭炮,可以说也是出于这种观念。

对于数字13的恐惧是流传已久的一种迷信。这种迷信源于宗教。耶稣和门徒在吃最后的晚餐时,席间一共有13人,其中之一便是叛徒犹大。如今,许多高层建筑中都略去第13层,第12层上面就是第14层。人们对黑猫的厌恶也起源于宗教。在中世纪,人们相信,巫婆可以把自己变成一只猫；因而，当人们遇到一只黑猫时，就以为它是巫婆的化身。

打破一面镜子据说会招来7年厄运。由于镜子反映自我，所以形象的扭曲是倒霉的信号。古罗马人若打破一面镜子，他们就要用7年时间来使自己身体复原。

人们还认为，弄撒了盐会带来坏运气。盐曾经是一种很贵的日用品，浪费盐自然是一大损失。盐曾经是人们保存和腌制食品的主要手段。

盐曾经被用来支付工人的工资——"salary"（薪水）一词原始的意思就是"盐钱"。有迷信观念的人倘若把盐撒到了餐桌上，他会捏起一撮撒在右肩上——也就是扔到魔鬼的脸上，据说魔鬼就待在那儿。（参见：**宗教**）

命运　FATES

根据许多古老民族的神话，诸神编织人的命运之网。希腊神话中有三位叫作"摩伊赖"的命运女神。希腊诗人赫西奥德在他的《神谱》中写道，她们是宙斯和忒弥斯的女儿。而在另一个段落中他又称她们是黑夜之女。

她们的名字是：克罗托（纺线者），她纺出生命之线；拉刻西斯（命运的安排者），她决定生命线的长度；阿特洛波斯（坚强不屈者），她剪断生命之线。她们没有自己的意志，只是执行宙斯的命令；因而，"fate"（命运）一词来自拉丁语"fatum"，意思是"吩咐的事"。

在现代希腊民间传说中，命运三女神摩伊赖在婴儿出生后的第三个夜晚露面，引导婴儿一生的历程。与希腊神话中的命运三女神摩伊赖相对应，罗马神话中的命运之神是"Parcae"（帕耳开，生育女神"Parca"的复数形式），或生育之神。她们的名字是诺娜、德库玛和莫尔塔。法国的命运之神叫作"帕尔克"，它源出于拉丁语。

在日耳曼和斯堪的纳维亚的神话中，命运三女神诺恩编织生命之网，她们的名字是乌尔提（或称马尔德，代表过去）、韦尔珊迪（或称韦尔丹迪，代表现在）、斯库拉德（代表将来）。埃及人用"沙伊"神来代表命运。这一名称源出于动词，意为"决定"。汉语中有个"命"字，其意思是说出或注定的某件事情。在西方，对许多人来说，命运之神已被主宰万事万物的上帝的观念所代替。

地狱和冥府　HELL AND HADES

"不要再希望看到天堂；我来把你们领到对岸；领到永恒的黑暗；领到烈火和寒冰。"这段文字引自但丁的《神曲·地狱篇》，在文学中，这部书或许是对地狱——对作恶者永恒惩罚之处——最为生动的描述。在大多数民族中，死者的居所构成了他们的信仰的一部分。产生这一信仰的原因之一，便是人们不愿接受人在大地上的生存有一个永恒的终结——即人作为个体的存在的消亡——这一事实。

"地狱"与"冥府"这两个名称一般被理解为对死者的惩罚的处所——不论是永恒的，还是暂时的。不过，人们关于死者的居所的观念并非从来就伴随着痛苦。在十分古老的原始宗教中——在美洲的印第安人中间也是如此——人们设想死者是与他们的祖先一起生活去了，或到天上的某个处所与其他的幽灵在一起。古代以色列人曾设想过一种称作"西奥"的冥府，这肯定是个既黑暗又阴晦的处所，但这一观念中并没有惩罚的意味。

古希腊人的"冥府"（这一名称源于统治此处的神哈得斯）也没有惩罚的意味。这是一个地下王国，或一处遥远的海岛，死去的人在赫耳墨斯的引领下来到这里。不过，通往冥府的道路为斯堤克斯河所阻挡。死者由船夫卡戎运送过河。此后，希腊人又在冥府之下加了一个叫作"塌塌如斯"的地方，作为对那些作恶者的惩罚之处。后来，塌塌如斯渐渐失去了惩罚的色彩，于是，它就成了冥府的别称。

"地狱"一词源于盎格鲁-撒克逊语，意为"隐藏的"，指隐藏在地心的炎热地带的某个地方。在古代斯堪的纳维亚神话中，地狱既是死人的居住地，又是死亡女神的居住地。这是专为作恶者所设的去处；与此不同，战场上的阵亡者则进入"瓦尔哈拉"（意为"圣地"）。古希腊神话中的天堂（或称"福地"）与瓦尔哈拉意义相近。那里是英雄们死后的住所，天神可使他们获得永生。后来，这一称谓变成了一切有福之人死后的居所，与冥府相对。

作为惩罚的处所的地狱的概念植根于正义的观念。地狱概念的提出意在回答这样一个问题：如果作恶者一生享尽荣华富贵，从不受到惩罚，那么，他们什么时候受惩罚呢？对这个问题的回答必然如此：在他们死后。

现代西方人对于地狱的理解，是从古代以色列王国晚期的观念中衍生出来的；而这一观念又在早期基督教中得到了充分的发展。在希伯来《圣经》（或称《旧约》）中，对于这类处所的描述见于《但以理书》的有关章节。对恶人死后实施惩罚的处所，犹太人称之为"欣嫩子谷"，早期的文献中将其描述为一种暂时性的处罚之所，略同于罗马天主教的炼狱。到基督教创立的时候，它便成了一个永久的住所。恶人在此受到的痛苦，不过是人们根据现实世界所具有的最酷烈的刑罚进行想像的结果。虽然永久的寒冷的观念也为人们所接受，不过，永恒之火是这类刑罚中最常见的。

《新约》尽管也常常提到地狱，但还未形成系统的学说。只是在晚期基督教发展的过程中，有关地狱的学说才得到详尽的阐发而成为官方教会的教义。今天，对于《新约》有关这方面的叙述以及后人的种种解说，有些基督徒全盘接受，有些则把此类内容视为寓言故事或神话，还有一些基督徒则持完全否定的态度。

伊斯兰教对于地狱没有一个前后一致的见解。在《古兰经》的某些章节中，地狱被视为永久性的处罚之地；而在另外一些章节中，则又将其视为暂时性的处罚之地。印度教中也有地狱的观念，但它只是作为灵魂永久生涯中的一个阶段，并不具有永恒的意义。对于佛教的大多数教派来说也是如此，地狱只是暂时性的涤除罪恶的阶段。

冥府　HADES　见：**地狱和冥府**

素食主义　VEGETARIANISM

素食主义的实践包括食用植物产品，和因为伦理、宗教或营养的理由而从饮食中排除鱼、肉，在许多情况下还排除蛋和乳制品。有些素食主义者把这个词追溯到拉丁文 *vegetus*，意为"活跃的，精力旺盛的"。传统上把素食主义跟主张与自然规律协调一致，过一种更为宁静的生活的哲学联系在一起。素食主义饮食的有些方面目前被认为是许多西方国家所享用的现代饮食（高动物脂肪，低植物纤维）的一种有益健康的替代物。

大体上，素食主义的饮食由蔬菜、水果、谷物、果仁和种子构成。严格的素食主义者忌食一切来自动物界的食品，包括蛋和乳制品。食用牛奶和乳制品的不那么严格的素食主义者叫作奶食素食主义者，而那些饮食中有蛋的就叫作卵食素食主义者。有些只是在他们的饮食中排除烹调前为红色的肉的人也自认为是素食主义者。素食主义者倾向于选用处于最天然状态的食物，反对在生产和收获食物时使用化学的东西，忌食加工过的或罐装的食品。

素食主义最初大概实行于宗教净化仪式方面。正规使用无肉饮食的想法大约于公元前一千纪起于印度和东地中海国家。从柏拉图开始，很多希腊、罗马哲学家和作家都曾主张把素食主义作为合乎伦理的生活方式的一部分。印度教和佛教各派也认为所有动物的生命都是神圣的，教导人类避免伤害动物。

有些犹太教和基督教团体遵循素食主义原则，认为食肉就是贪婪、残忍和挥霍浪费。在罗马天主教会里，特拉伯苦修会僧侣从1666年起就已实行素食主义。在新教里，基督复临安息日会遵守严格的素食纲领。尽管穆斯林一般不主张无肉饮食，仍有些苏非派神秘主义者（他们赞同穆斯林精神生活的主要指导原则）向精神上的追求者推荐素食主义饮食。在19世纪，圣经基督教派成员会在英国和美国创立了第一个素食主义团体。1847年，素食协会成立。1908年，国际素食联合会召开了它的第一次正式会议。

从营养的角度看，素食主义饮食对于降低心脏病、某些类型的癌症以及其他跟饮食有关的疾病的发病危险，已被公认为具有一定的价值。单纯植物产品一般说来缺乏见于动物产品中的主要氨基酸。不过通过食物搭配，素食主义饮食中也能有这些氨基酸。如豆类和大米搭配，就提供了可作补充的氨基酸。在严格的素食主义饮食中必须注意保证有足够的维生素 B_{12}。奉行素食主义的人们还认为，要养活全部人口，发展谷物种植比增加动物要少花费得多。他们坚持认为，返牧还耕可使世界获得更多的食物。

其 他

奥林波斯山　OLYMPUS, MOUNT

在希腊神话中,奥林波斯山是诸神的住所和主神宙斯宝座的所在地。奥林波斯山是希腊的最高峰,海拔2917米。它是爱琴海塞尔迈湾附近更加广袤的奥林波斯山脉的一部分。奥林波斯山位于马其顿和色萨利的边界上,与希腊的北部和南部都相毗连。奥林波斯山有时被称为上奥林波斯,以与南面与它相连的、高1588米的下奥林波斯相区别。

奥林波斯山山顶积雪,并且常被云雾笼罩。但是,根据荷马的《奥德赛》史诗,奥林波斯山峰上从来没有过暴风雪,总是沐浴在无云的高山晴空中。后来的作家对荷马的这样的描述解释说,这可能是由于下面有一条较低的云带环绕,顶峰常能被人们看到的缘故。

1938年,奥林波斯地区被宣布为国家公园,这是希腊第一个国家公园。公园面积为40平方公里。奥林波斯国家公园有1700种植物,其中有山毛榉、松树和阔叶常青树。森林中和较高的岩石山顶上有狼、狐狸、鹿、野猪、豹、野猫和一些小动物。

诺贝尔奖　NOBEL PRIZES

瑞典化学家、达纳炸药发明人艾尔弗雷德·诺贝尔,把他财产中的900万美元留下来,设立诺贝尔奖。根据他在1895年签署的遗嘱,这笔钱的收入,每年分成相等的5份,奖给对人类最有贡献的人。在5个领域中各发一份奖金,这5个领域是:物理、化学、生理(或医学)、文学及和平。物理和化学奖,由瑞典皇家科学院颁发;生理或医学奖,由斯德哥尔摩加罗林研究所颁发;文学奖,由瑞典学院颁发;和平奖,由挪威议会选出的5人委员会颁发。1968年又设了经济学奖。瑞典皇家科学院被指定颁发此奖。诺贝尔基金会是奖金的法定所有人和管理者,但不参与奖金的颁发。

这些年来,依据诺贝尔死后拟订的章程,体现和执行了他的遗嘱。章程对他的遗嘱作了一些改动,规定奖金可以在任何一年取消。取消次数最多的是和平奖。

候选人的提名,须在每年2月1日以前提交给颁奖机构。候选人由符合主管颁奖机构规定的条件的个人或单位提名。任何人不得直接申请。除奖金外,诺贝尔奖还有一枚金质奖章和一张写有赞美词的奖状。

诺贝尔奖有时被拒绝接受——一般是由于政治压力。阿道夫·希特勒在1937年下令,不许德国人接受诺贝尔奖,因为1935年的和平奖授予了他的政敌之一的德国和平主义者卡尔·冯·奥西埃茨基。但是,拒绝接受诺贝尔奖的人还是要列入获奖者的名单中的。不愿意或不能够接受诺贝尔奖的人可以申请在以后接受奖章和奖状。亚力山大·索尔仁尼琴1974年就是这样做的。

第一届诺贝尔奖是在1901年12月10日诺贝尔逝世5周年时颁发的。自那时以后,只要可能,都是在12月10日颁发——和平奖在奥斯陆颁发,其他5项在斯德哥尔摩颁发。1940—1942年,没有颁发诺贝尔奖。每项奖金在1901年为4万美元,1991年达到100万美元。奖金常常是由两个或更多的获奖人均分。根据诺贝尔的遗嘱,任何国家的人都可以获奖。

汉语拼音索引

A

阿伯拉尔	522
阿德勒	502
阿登纳	226
阿基诺	266
阿吉巴·本·约瑟夫	628
阿奎纳多	221
阿拉伯人	477
阿拉法特	263
阿威罗伊	522
阿尤布·汗	249
埃赫那吞	538
艾宾豪斯	501
艾博特	425
艾登	243
艾娣	616
艾哈德	243
艾伦	612
艾伦比	358
艾希科尔	242
爱比克泰德	521
爱德华兹	610
爱国社团	111
爱国主义	146
爱斯基摩人	481
安德罗波夫	252
安东尼	213
安乐死	113
安立甘宗	566
安全	37
安塞姆(坎特伯雷的)	521
暗杀	150
奥博特	259
奥古斯丁(坎特伯雷的)	598
奥古斯丁(希波的)	595
奥康姆	522
奥康纳	427
奥拉夫五世	247
奥林波斯山	650
奥西奥拉	486
澳新美条约	296

B

巴蒂斯塔	245
巴顿	122
巴格达条约	296
巴哈教	633
巴勒斯坦解放组织	299
巴力	538
巴斯克人	478
巴特	619
巴特里克	597
罢工	36
白宫	174
柏拉图	519
班达拉奈克夫人	253
班扬	609
版权	400
邦联条例	369
帮伙	117
绑架	411
保健机构	114
保罗	554
保罗六世	619
保守主义	143
报纸	96
鲍德温	221
北大西洋公约组织	286
贝尔福	217
贝京	252
贝卡里亚	423
贝克	617
贝克莱	526
贝坦科尔特	249
贝特尔海姆	503
贝娅特丽克丝	268
本贝拉	256
本-古里安	233
本尼狄克(努尔西亚的)	597
本尼迪克特	485
本奇	300
比彻家族	613
比奈	501
彼得	554
俾格米人	483
毕达哥拉斯	518
毕苏斯基	220
庇护教皇	593
庇隆	242
边沁	528
辩论	83
波普尔	534
勃兰特	252
勃列日涅夫	248
博丹	212
博登	217
博杜安一世	264
博厄斯	484
博尔吉亚家族	603
卜尼法斯	599
卜尼法斯八世	601
不公正划分选区	170
布贝尔	618
布尔吉巴	247
布尔什维主义	143
布拉萨	221
布莱克斯通	423
布赖恩	219
布赖斯	215
布兰代斯	426
布迈丁	262
布托	272

C

财产	393
裁军	356
测不准原理	518
查尔斯	272
禅宗	638
产业革命	9
长老宗	569
超感知觉	518
超觉静坐	644
超验主义	513
朝圣	589
冲伯	257
初选	169
传播	88
传心术	501

创制权、复决权和罢免权	384
茨温利	605
存在主义	513

D

搭线窃听	413
达罗	426
达扬	253
大赦	387
大卫	626
大雄	640
大学生联谊会和大学女生联谊会	110
戴高乐	237
戴利	246
戴维斯夫人	214
道格拉斯	427
道格拉斯-霍姆	247
德布兹	218
德克勒克	267
德雷德·斯科特裁决	422
德肋撒	125
德鲁兹派	632
德·瓦勒拉	230
狄德罗	527
迪芬贝克	241
迪克斯	121
迪林杰	412
迪亚斯	214
笛卡尔	523
地下运动	153
地狱和冥府	648
第欧根尼	520
第七日复临派	583
第三世界	298
蒂利希	619
东南亚条约组织	296
东仪教会	586
东正教会	585
独联体	291
杜波伊斯	494
杜尔	258
杜瓦利埃	249
杜威	532
多尔	216
多明我	600

E

恩科莫	255
恩克鲁玛	250
儿童保育	49

F

法律	359
法律	359
法西斯主义	146
法院	413
反宗教改革	561
犯罪	402
犯罪学	402
泛灵论	517
梵蒂冈公会议	558
方济各(阿西西的)	600
方济各·沙勿略	606
非暴力反抗	153
非裔美国人	477
非洲统一组织	289
匪徒	411
斐洛	520
费边社	165
费拉罗	266
费萨尔	249
奋兴运动	575
封建主义	5
封锁	314
冯特	501
佛教	635
佛朗哥	239
佛陀	638
否决权	388
弗赖	120
弗雷泽,彼得	232
弗雷泽,马尔科姆	265
弗雷泽,詹姆斯	484
弗罗姆	503
弗洛伊德	502
伏都教	646
福克斯	609
福利国家	208
福音传道	582
妇女选举人联盟	77
妇女组织	76
复活节	588

G

盖洛普	125
甘地	222
甘地夫人	254
感恩节	119
戈宾诺	486
戈尔巴乔夫	265
哥伦布骑士团	577
哥穆尔卡	248
哥萨克人	481
革命	152
格劳秀斯	423
格雷厄姆	621
格里姆凯姐妹	121
格列高利教皇	598
格瓦拉	263
葛罗米柯	251
隔离政策	129
公共关系	79
公民身份	154
公民学	17
公社生活	59
公务员	207
公用事业	58
龚帕斯	123
共产主义	15
共济会	577
《古兰经》	631
归正会	571
贵格会	572
国歌	131
国际法	364
国际关系	273
国际关系、外交	273
国际黑天觉悟会	644
国际联盟	285
国际雄狮协会	109
国家公墓	115
国家与民族主义	129
国旗	134
过渡训练所	28

H

哈钦森	607
海岸警卫队	346
海盗和海盗行径	406
海德格尔	534
海尔·塞拉西	238
海华沙	485
海军	327
海军陆战队	343
合同	397
和平队	297
和平运动	209
赫茨尔	219
赫尔岑	122
赫鲁晓夫	240
赫梯人	482
黑格尔	529

汉语拼音索引

黑人穆斯林	633
黑鹰	486
亨内平	609
弘法大师(或空海)	639
红十字会	112
红云	486
侯赛因	267
后期圣徒教会	623
胡安·卡洛斯一世	267
胡佛	241
胡格诺派	561
胡斯	601
胡志明	236
护照	285
华沙条约	296
华盛顿条约	296
化学战和生物战	315
怀特菲尔德	612
黄刀印第安人	469
会幕	626
婚姻	69
霍布斯	523
霍华德	423
霍克	264
霍梅尼	246
霍姆斯	425

J

饥饿与饥荒	55
基督复临派	582
基督会	573
基督教	538
基督教科学派	582
基督教女青年会	584
基督教青年会	584
基金会和慈善事业	102
基诺	610
基廷	269
基辛格,亨利	259
基辛格,库尔特·乔治	248
吉卜赛人	481
吉科宁	245
吉麦内兹·德·西斯内罗斯	601
吉斯卡尔·德斯坦	262
吉田茂	227
极权主义	146
集中营	147
记忆	499
加尔文	606
加扎利	634
家庭	62

家庭法	391
家政学	66
贾德森	613
贾维	233
间谍	351
间谍活动	349
监狱和惩罚	419
交流技巧	81
交谈	81
教父	554
教皇	556
教皇制	555
教会法规	557
教会公会议	557
教会与国家	536
教堂	558
教养院	410
街面教堂	559
杰克逊	268
杰罗尼莫	486
戒酒运动	116
金	224
金日成	252
浸礼宗	564
禁运	299
警察	194
救世军	581
就业	18
军事教育	352

K

卡布里尼	616
卡多佐	426
卡拉汉	251
卡兰萨	219
卡罗尔	612
卡彭	412
卡斯特罗	262
卡特	123
卡翁达	259
卡扎菲	269
开放与改革	153
凯德蒙	599
凯利	422
康德	528
考克西	217
柯西金	247
科尔	264
科利尼	607
科日布斯基	533
克尔恺郭尔	530

克尔特人	479
克拉克	268
克兰麦	605
克列孟梭	215
克林顿	270
克留格尔	214
克鲁泡特金	215
克罗齐	532
肯尼迪家族	234
肯特	424
肯雅塔	241
空军	336
孔德	529
恐怖主义	410
库尔德人	478
奎松	227

L

拉蒂默	605
拉福莱特	217
拉加第亚	230
拉罗什富科	524
拉塞尔	616
拉斯·卡萨斯	603
拉斯普廷	223
拉希	628
莱布尼茨	525
赖伐尔	231
兰金	229
蓝色法规	387
朗	239
劳动和工业法	389
劳工运动	31
劳合·乔治	220
冷战	299
离婚	70
礼节	83
李承晚	226
利奥波德国王	245
利奥教皇	595
利库尔戈斯	423
利玛窦	607
利文斯敦	615
《联邦党人文集》	191
联合国	276
列宁	222
列维-斯特劳斯	485
临终关怀院	109
刘易斯	124
流动劳工	36
流动民	482

卢蒙巴	260
卢森堡	223
卢梭	527
卢泰愚	266
卢图利	244
陆军	316
路德主义	563
伦敦警察厅(苏格兰场)	199
伦理学和道德	514
罗马天主教	544
罗摩奴阇	644
罗斯夫人	227
罗斯福夫人	232
罗素	533
罗易	645
逻辑	514
洛克,阿兰	484
洛克,约翰	524
洛里埃	215

M

马丁·路德	604
马丁·路德·金	126
马尔登	258
马尔科姆·艾克斯	125
马尔罗尼	268
马赫迪	634
马科斯	255
马克思	212
马林诺夫斯基	484
马萨里克	217
马萨林	609
马瑟家族	608
马歇尔	424
迈蒙尼德	628
麦卡锡	250
麦克米伦	241
麦克唐纳	220
卖淫	116
曼德拉	257
梅厄	244
梅恩	425
梅杰	269
梅西,威廉·弗格森	218
梅西,文森特	233
美国的旗帜	135
美国格兰其	109
美国黑人(或非裔美国人)	434
美国宪法	371
美国政府	183
美国众议院非美活动调查委员会	167
美国总统	174
美洲国家组织	290
美洲印第安人(或美洲土著)	445
门德尔松	528
门诺派	571
蒙巴顿	245
蒙博托	264
孟德斯鸠	526
孟席斯	240
迷信	647
米德	485
米恩	224
密特朗	254
民权	160
民意测验	17
民主	158
民族学	432
明仁	266
冥府	648
命运	648
摩拉维亚弟兄会	583
摩门教	622
摩西	551
莫利社	36
莫洛托夫	238
莫特	121
墨索里尼	231
穆巴拉克	263
穆德	617
穆迪	616
穆罕默德	633
穆加贝	260
穆勒	530
穆伦贝尔格家族	611
穆尼奥斯·里维拉	218
穆尼奥斯·马林	243

N

内阁制政府	191
纳粹大屠杀	148
纳德	427
纳赛尔	255
纳辛夫人	123
难民	57
尼采	531
尼赫鲁	236
尼雷尔	258
纽曼	615
女权	70
女权运动	76
虐待儿童	393
诺贝尔奖	650
诺克斯	606
诺斯替教	640

O

欧文父子	120
欧洲共同体	290

P

陪审团制	417
培根,弗朗西斯	522
培根,罗杰	522
蓬皮杜	251
皮尔斯	531
皮尔逊	242
皮亚杰	503
贫困	56
蒲鲁东	121
朴正熙	254
普恩加来	219
普世主义	574

Q

其他	650
奇泽姆	260
耆那教	639
旗帜	140
契尔年科	251
青年招待所	109
青年组织	77
清教徒	581
情报机构	347
情绪	500
庆典和游行	118
琼斯夫人	122
丘吉尔	225
权利法案	382

R

饶勒斯	218
人格	498
人口	49
人口普查	52
人类学	428
人类学、民族、民族领袖	428
人权	166
人身保护状	387
人文主义	512
日莲	639
荣格	502
入籍	397

若安 ………………………………… 599

S

撒切尔夫人 …………………………… 260
萨阿迪亚·本·约瑟 …………………… 521
萨达姆·侯赛因 ……………………… 267
萨达特 ………………………………… 256
萨伏那洛拉 …………………………… 602
萨拉查 ………………………………… 236
萨帕塔 ………………………………… 227
萨特 …………………………………… 534
塞登 …………………………………… 216
塞顿 …………………………………… 612
塞拉 …………………………………… 611
塞内加（小） ………………………… 521
三K党 ………………………………… 149
桑戈尔 ………………………………… 248
桑格夫人 ……………………………… 124
桑塔亚那 ……………………………… 532
瑟德布洛姆 …………………………… 617
上帝 …………………………………… 548
少年法院 ……………………………… 417
少年犯罪 ……………………………… 408
少数群体 ……………………………… 60
社会保障 ……………………………… 36
社会服务所 …………………………… 108
社会工作 ……………………………… 108
社会阶级 ……………………………… 1
社会科学课程 ………………………… 490
社会学 ………………………………… 488
社会学和心理学 ……………………… 488
社会与社会活动家 …………………… 1
社会主义 ……………………………… 13
神道教 ………………………………… 646
神智学 ………………………………… 516
圣杯 …………………………………… 590
圣诞节 ………………………………… 587
圣诞老人 ……………………………… 598
圣洁运动 ……………………………… 576
《圣经》 ……………………………… 541
圣劳伦特 ……………………………… 230
圣母马利亚 …………………………… 550
圣徒 …………………………………… 553
圣瓦伦廷节 …………………………… 119
圣西门 ………………………………… 120
圣依纳爵（罗耀拉的） ……………… 605
失业 …………………………………… 19
失职 …………………………………… 412
施本格勒 ……………………………… 533
施密特 ………………………………… 256
施韦策 ………………………………… 618

石油输出国组织 ……………………… 297
实在论 ………………………………… 513
食品和药物法 ………………………… 390
食人俗 ………………………………… 483
史密斯 ………………………………… 615
使徒 …………………………………… 552
氏族 …………………………………… 3
市政府 ………………………………… 205
收养 …………………………………… 392
书刊检查制度 ………………………… 162
叔本华 ………………………………… 529
枢机团 ………………………………… 556
斯巴克 ………………………………… 244
斯宾诺莎 ……………………………… 524
斯宾塞 ………………………………… 530
斯大林 ………………………………… 228
斯多葛哲学 …………………………… 511
斯金纳 ………………………………… 504
斯科茨伯勒案 ………………………… 422
斯穆茨 ………………………………… 223
斯坦顿夫人 …………………………… 122
斯托里 ………………………………… 424
斯维登堡 ……………………………… 526
斯维尔德洛夫 ………………………… 233
苏格拉底 ……………………………… 518
苏哈托 ………………………………… 258
苏加诺 ………………………………… 246
素食主义 ……………………………… 648
梭伦 …………………………………… 212
索布扎二世 …………………………… 244
索尔兹伯里侯爵 ……………………… 214
索韦 …………………………………… 259
琐罗亚斯德教 ………………………… 645

T

塔布 …………………………………… 538
塔夫脱 ………………………………… 236
《塔木德》 …………………………… 626
塔珀 …………………………………… 213
弹劾 …………………………………… 385
坦尼 …………………………………… 424
汤普森 ………………………………… 216
特鲁多 ………………………………… 257
特鲁思 ………………………………… 614
特鲁希略 ……………………………… 238
天使长 ………………………………… 590
天使和魔鬼 …………………………… 590
条约 …………………………………… 292
铁托 …………………………………… 239
童工 …………………………………… 31
统一教团 ……………………………… 578

投票 …………………………………… 169
投票 …………………………………… 384
图腾崇拜与禁忌 ……………………… 537
涂尔干 ………………………………… 494
土著 …………………………………… 432
退伍军人事务 ………………………… 356
退伍军人组织 ………………………… 357
退休 …………………………………… 29
退休金 ………………………………… 29
托拉 …………………………………… 627
托洛茨基 ……………………………… 227
托马斯 ………………………………… 232
托马斯·阿奎那 ……………………… 600

W

瓦尔德海姆 …………………………… 301
瓦加斯 ………………………………… 231
瓦伦贝里 ……………………………… 300
瓦文萨 ………………………………… 269
外交 …………………………………… 283
外援 …………………………………… 297
万圣节前夕 …………………………… 589
威尔逊 ………………………………… 253
威克里夫 ……………………………… 601
威斯敏斯特教堂 ……………………… 558
韦伯 …………………………………… 494
韦布夫妇 ……………………………… 123
唯灵论 ………………………………… 516
唯物主义 ……………………………… 511
维科 …………………………………… 525
维森塔尔 ……………………………… 250
维特根斯坦 …………………………… 533
伪造与仿冒 …………………………… 405
卫斯理 ………………………………… 610
魏茨曼 ………………………………… 224
文明 …………………………………… 3
文身 …………………………………… 120
沃尔西 ………………………………… 603
沃伏卡 ………………………………… 617
沃斯特 ………………………………… 253
乌布利希 ……………………………… 239
乌尔班教皇 …………………………… 594
乌尔斐拉斯 …………………………… 595
乌纳穆诺 ……………………………… 532
巫术 …………………………………… 647
无家可归 ……………………………… 54
无政府主义 …………………………… 144
吴丹 …………………………………… 300
五旬节派 ……………………………… 574

X

西班牙裔美国人 ……………………… 469

词条	页码	词条	页码	词条	页码
希思	254	耶稣基督	549	哲学	505
希特勒	234	叶利钦	265	哲学	505
锡克教	645	一位普救会协进会	583	真纳	226
系谱学	2	伊本·沙特	229	震颤派	583
细菌战	315	伊壁鸠鲁主义	511	征兵	351
先知	552	伊拉斯谟	602	政党	163
宪法	368	伊丽莎白二世	261	政府	182
宪法性法律	366	伊斯兰教	629	政府机构	193
消防	42	遗产和继承法	396	政治学	128
谢林	529	遗嘱	397	政治与政治家	128
心理学	495	议会	170	肢解者杰克	412
心灵学	518	议会法	385	职业	21
新教	562	异端裁判所	562	职业介绍所	28
刑法	400	因努伊特人	479	职业培训	28
行政法	388	印度教	640	殖民主义和帝国主义	142
行政系统	143	英联邦	286	志愿活动局	113
兄弟会	576	英诺森三世教皇	599	种与族	432
休谟	526	优生学	55	种族隔离政策	130
休斯	426	尤里乌斯二世	602	种族灭绝	149
修士与修行	578	犹太复国主义	145	仲裁	399
宣传	161	犹太教	623	州权	204
选举	167	犹太人	479	州政府	200
选举权	169	游击战	314	主教座堂	558
选举团	170	游说	173	专利	398
勋章与奖章	140	逾越节	627	资本主义	7
循道宗	568	瑜伽	516	自杀	113
殉道者	562	裕仁	246	自由主义	144
		元旦	118	宗教	535

Y

词条	页码	词条	页码	词条	页码
亚伯拉罕	551	约翰·保罗教皇	621	宗教	535
亚当斯	124	约翰二十三世	618	宗教改革运动	559
亚里士多德	520	约瑟夫酋长	487	宗教教育	592
亚裔美国人	473			阻挠议事	386

Z

词条	页码	词条	页码
扬	614	斋戒	591
扬,安德鲁	266	詹姆斯	531
扬格兄弟	411	战俘	316
扬,惠特尼	258	战争	302
杨基	477	战争犯罪	316
养父母	66	战争与军队	302
耶和华见证会	577	张伯伦,内维尔	221
耶利米	628	张伯伦,约瑟夫	214
耶稣会	574		

祖先崇拜 538
最高法院 415

其他

ESP	518
NATO	286
OAS	290
OPEC	298
POW	316

汉语笔画索引

一 画

一位普救会协进会 …………… 583

二 画

卜尼法斯 …………………… 599
卜尼法斯八世 ……………… 601
人口 ………………………… 49
人口普查 …………………… 52
人文主义 …………………… 512
人权 ………………………… 166
人身保护状 ………………… 387
人类学 ……………………… 428
人类学、民族、民族领袖 …… 428
人格 ………………………… 498
入籍 ………………………… 397
儿童保育 …………………… 49

三 画

三K党 ……………………… 149
土著 ………………………… 432
大卫 ………………………… 626
大学生联谊会和大学女生联谊会
 ………………………… 110
大赦 ………………………… 387
大雄 ………………………… 640
万圣节前夕 ………………… 589
上帝 ………………………… 548
门诺派 ……………………… 571
门德尔松 …………………… 528
卫斯理 ……………………… 610
女权 ………………………… 70
女权运动 …………………… 76
马丁·路德 ………………… 604
马丁·路德·金 …………… 126
马尔罗尼 …………………… 268
马尔科姆·艾克斯 ………… 125
马尔登 ……………………… 258
马克思 ……………………… 212
马林诺夫斯基 ……………… 484
马科斯 ……………………… 255
马萨里克 …………………… 217
马萨林 ……………………… 609
马瑟家族 …………………… 608
马歇尔 ……………………… 424
马赫迪 ……………………… 634

四 画

开放与改革 ………………… 153
天使长 ……………………… 590
天使和魔鬼 ………………… 590
元旦 ………………………… 118
无政府主义 ………………… 144
无家可归 …………………… 54
韦布夫妇 …………………… 123
韦伯 ………………………… 494
专利 ………………………… 398
五旬节派 …………………… 574
不公正划分选区 …………… 170
尤里乌斯二世 ……………… 602
戈尔巴乔夫 ………………… 265
戈宾诺 ……………………… 486
比彻家族 …………………… 613
比奈 ………………………… 501
瓦文萨 ……………………… 269
瓦尔德海姆 ………………… 301
瓦加斯 ……………………… 231
瓦伦贝里 …………………… 300
少年犯罪 …………………… 408
少年法院 …………………… 417
少数群体 …………………… 60
日莲 ………………………… 639
贝卡里亚 …………………… 423
贝尔福 ……………………… 217
贝克 ………………………… 617
贝克莱 ……………………… 526
贝坦科尔特 ………………… 249
贝京 ………………………… 252
贝娅特丽克丝 ……………… 268
贝特尔海姆 ………………… 503
内阁制政府 ………………… 191
长老宗 ……………………… 569
化学战和生物战 …………… 315
反宗教改革 ………………… 561

公用事业 …………………… 58
公务员 ……………………… 207
公民身份 …………………… 154
公民学 ……………………… 17
公共关系 …………………… 79
公社生活 …………………… 59
氏族 ………………………… 3
乌布利希 …………………… 239
乌尔班教皇 ………………… 594
乌尔斐拉斯 ………………… 595
乌纳穆诺 …………………… 532
文身 ………………………… 120
文明 ………………………… 3
方济各·沙勿略 …………… 606
方济各（阿西西的） ………… 600
心灵学 ……………………… 518
心理学 ……………………… 495
巴力 ………………………… 538
巴哈教 ……………………… 633
巴格达条约 ………………… 296
巴顿 ………………………… 122
巴特 ………………………… 619
巴特里克 …………………… 597
巴勒斯坦解放组织 ………… 299
巴斯克人 …………………… 478
巴蒂斯塔 …………………… 245
孔德 ………………………… 529
书刊检查制度 ……………… 162

五 画

甘地 ………………………… 222
甘地夫人 …………………… 254
艾伦 ………………………… 612
艾伦比 ……………………… 358
艾希科尔 …………………… 242
艾哈德 ……………………… 243
艾宾豪斯 …………………… 501
艾娣 ………………………… 616
艾博特 ……………………… 425
艾登 ………………………… 243
《古兰经》 …………………… 631
本贝拉 ……………………… 256
本-古里安 ………………… 233

本尼狄克(努尔西亚的)	597	礼节	83	地狱和冥府	648
本尼迪克特	485	议会	170	扬	614
本奇	300	议会法	385	扬,安德鲁	266
石油输出国组织	297	记忆	499	扬格兄弟	411
布贝尔	618	尼采	531	扬,惠特尼	258
布尔什维主义	143	尼雷尔	258	共产主义	15
布尔吉巴	247	尼赫鲁	236	共济会	577
布兰代斯	426	民主	158	亚当斯	124
布托	272	民权	160	亚里士多德	520
布迈丁	262	民族学	432	亚伯拉罕	551
布拉萨	221	民意测验	17	亚裔美国人	473
布莱克斯通	423	弗罗姆	503	朴正熙	254
布赖恩	219	弗洛伊德	502	权利法案	382
布赖斯	215	弗赖	120	过渡训练所	28
东正教会	585	弗雷泽,马尔科姆	265	西班牙裔美国人	469
东仪教会	586	弗雷泽,彼得	232	存在主义	513
东南亚条约组织	296	弗雷泽,詹姆斯	484	达扬	253
卡扎菲	269	弘法大师(或空海)	639	达罗	426
卡布里尼	616	加扎利	634	列宁	222
卡兰萨	219	加尔文	606	列维-斯特劳斯	485
卡多佐	426	皮尔逊	242	迈蒙尼德	628
卡拉汉	251	皮尔斯	531	毕达哥拉斯	518
卡罗尔	612	皮亚杰	503	毕苏斯基	220
卡特	123	边沁	528	因努伊特人	479
卡翁达	259	圣瓦伦廷节	119	先知	552
卡彭	412	圣母马利亚	550	传心术	501
卡斯特罗	262	圣西门	120	传播	88
北大西洋公约组织	286	圣劳伦特	230	休斯	426
卢图利	244	圣杯	590	休谟	526
卢泰愚	266	圣依纳爵(罗耀拉的)	605	伏都教	646
卢梭	527	圣诞节	587	优生学	55
卢森堡	223	圣诞老人	598	仲裁	399
卢蒙巴	260	《圣经》	541	伦理学和道德	514
归正会	571	圣洁运动	576	伦敦警察厅(苏格兰场)	199
叶利钦	265	圣徒	553	华沙条约	296
史密斯	615			华盛顿条约	296
兄弟会	576	**六　画**		伪造与仿冒	405
失业	19			自由主义	144
失职	412	邦联条例	369	自杀	113
丘吉尔	225	刑法	400	伊本·沙特	229
白宫	174	吉卜赛人	481	伊丽莎白二世	261
印度教	640	吉田茂	227	伊拉斯谟	602
犯罪	402	吉麦内兹·德·西斯内罗斯	601	伊斯兰教	629
犯罪学	402	吉科宁	245	伊壁鸠鲁主义	511
外交	283	吉斯卡尔·德斯坦	262	后期圣徒教会	623
外援	297	考克西	217	行政系统	143
饥饿与饥荒	55	托马斯	232	行政法	388
主教座堂	558	托马斯·阿奎那	600	会幕	626
市政府	205	托拉	627	合同	397
冯特	501	托洛茨基	227	创制权、复决权和罢免权	384
兰金	229	地下运动	153	多尔	216

汉语笔画索引

多明我	600	克鲁泡特金	215	社会科学课程	490
冲伯	257	苏加诺	246	社会保障	36
庆典和游行	118	苏哈托	258	张伯伦,内维尔	221
刘易斯	124	苏格拉底	518	张伯伦,约瑟夫	214
交流技巧	81	杜瓦利埃	249	陆军	316
交谈	81	杜尔	258	阿尤布·汗	249
产业革命	9	杜波伊斯	494	阿吉巴·本·约瑟夫	628
米恩	224	杜威	532	阿伯拉尔	522
米德	485	巫术	647	阿拉伯人	477
州权	204	极权主义	146	阿拉法特	263
州政府	200	李承晚	226	阿威罗伊	522
汤普森	216	杨基	477	阿奎纳多	221
安东尼	213	否决权	388	阿基诺	266
安乐死	113	吴丹	300	阿登纳	226
安立甘宗	566	财产	393	阿德勒	502
安全	37	利文斯敦	615	阻挠议事	386
安塞姆(坎特伯雷的)	521	利玛窦	607	纳辛夫人	123
安德罗波夫	252	利库尔戈斯	423	纳粹大屠杀	148
军事教育	352	利奥波德国王	245	纳赛尔	255
异端裁判所	562	利奥教皇	595	纳德	427
收养	392	佛陀	638	纽曼	615
妇女组织	76	佛朗哥	239		
妇女选举人联盟	77	佛教	635	**八　画**	
红十字会	112	希思	254		
红云	486	希特勒	234	青年招待所	109
约瑟夫酋长	487	犹太人	479	青年组织	77
约翰二十三世	618	犹太复国主义	145	坦尼	424
约翰·保罗教皇	621	犹太教	623	拉加第亚	230
		狄德罗	527	拉希	628
七　画		条约	292	拉罗什富科	524
		系谱学	2	拉斯·卡萨斯	603
麦卡锡	250	亨内平	609	拉斯普廷	223
麦克米伦	241	库尔德人	478	拉蒂默	605
麦克唐纳	220	庇护教皇	593	拉塞尔	616
戒酒运动	116	庇隆	242	拉福莱特	217
投票	169	冷战	299	其他	650
投票	384	间谍	351	耶利米	628
护照	285	间谍活动	349	耶和华见证会	577
志愿活动局	113	沃尔西	603	耶稣会	574
报纸	96	沃伏卡	617	耶稣基督	549
劳工运动	31	沃斯特	253	若安	599
劳动和工业法	389	泛灵论	517	英诺森三世教皇	599
劳合·乔治	220	怀特菲尔德	612	英联邦	286
克尔恺郭尔	530	初选	169	枢机团	556
克尔特人	479	社会工作	108	杰克逊	268
克兰麦	605	社会与社会活动家	1	杰罗尼莫	486
克列孟梭	215	社会主义	13	卖淫	116
克拉克	268	社会阶级	1	奇泽姆	260
克林顿	270	社会服务所	108	奋兴运动	575
克罗齐	532	社会学	488	欧文父子	120
克留格尔	214	社会学和心理学	488	欧洲共同体	290

非洲统一组织	289	空军	336	科利尼	607
非裔美国人	477	实在论	513	复活节	588
非暴力反抗	153	孟席斯	240	修士与修行	578
叔本华	529	孟德斯鸠	526	保守主义	143
肯尼迪家族	234	细菌战	315	保罗	554
肯特	424			保罗六世	619
肯雅塔	241	**九画**		保健机构	114
国际关系	273			侯赛因	267
国际关系、外交	273	契尔年科	251	食人俗	483
国际法	364	帮伙	117	食品和药物法	390
国际联盟	285	封建主义	5	独联体	291
国际雄狮协会	109	封锁	314	饶勒斯	218
国际黑天觉悟会	644	政府	182	施韦策	618
国家与民族主义	129	政府机构	193	施本格勒	533
国家公墓	115	政治与政治家	128	施密特	256
国歌	131	政治学	128	养父母	66
国旗	134	政党	163	美国众议院非美活动调查委员会	
明仁	266	革命	152		167
迪亚斯	214	茨温利	605	美国的旗帜	135
迪芬贝克	241	荣格	502	美国政府	183
迪克斯	121	胡安·卡洛斯一世	267	美国总统	174
迪林杰	412	胡志明	236	美国宪法	371
罗马天主教	544	胡佛	241	美国格兰其	109
罗易	645	胡格诺派	561	美国黑人(或非裔美国人)	434
罗素	533	胡斯	601	美洲印第安人(或美洲土著)	445
罗斯夫人	227	柯西金	247	美洲国家组织	290
罗斯福夫人	232	查尔斯	272	迷信	647
罗摩奴阇	644	柏拉图	519	测不准原理	518
凯利	422	勃兰特	252	洛克,约翰	524
凯德蒙	599	勃列日涅夫	248	洛克,阿兰	484
图腾崇拜与禁忌	537	威尔逊	253	洛里埃	215
和平队	297	威克里夫	601	宣传	161
和平运动	209	威斯敏斯特教堂	558	宪法	368
使徒	552	奎松	227	宪法性法律	366
版权	400	战争	302	祖先崇拜	538
征兵	351	战争与军队	302	神智学	516
彼得	554	战争犯罪	316	神道教	646
金	224	战俘	316	退休	29
金日成	252	虐待儿童	393	退休金	29
命运	648	临终关怀院	109	退伍军人事务	356
贫困	56	贵格会	572	退伍军人组织	357
肢解者杰克	412	勋章与奖章	140	费边社	165
法西斯主义	146	哈钦森	607	费拉罗	266
法律	359	选举	167	费萨尔	249
法律	359	选举权	169	绑架	411
法院	413	选举团	170	统一教团	578
波普尔	534	种与族	432		
宗教	535	种族灭绝	149	**十 画**	
宗教	535	种族隔离政策	130		
宗教改革运动	559	科日布斯基	533	班扬	609
宗教教育	592	科尔	264	班达拉奈克夫人	253

素食主义	648	涂尔干	494	萨帕塔	227
匪徒	411	流动民	482	萨特	534
哲学	505	流动劳工	36	梵蒂冈公会议	558
哲学	505	浸礼宗	564	梅厄	244
耆那教	639	家政学	66	梅西,文森特	233
恐怖主义	410	家庭	62	梅西,威廉·弗格森	218
埃赫那吞	538	家庭法	391	梅杰	269
莱布尼茨	525	朗	239	梅恩	425
莫利社	36	诺贝尔奖	650	梭伦	212
莫洛托夫	238	诺克斯	606	救世军	581
莫特	121	诺斯替教	640	龚帕斯	123
真纳	226	冥府	648	曼德拉	257
格瓦拉	263	陪审团制	417	唯灵论	516
格列高利教皇	598	难民	57	唯物主义	511
格劳秀斯	423	桑戈尔	248	逻辑	514
格里姆凯姐妹	121	桑格夫人	124	笛卡尔	523
格雷厄姆	621	桑塔亚那	532	第七日复临派	583
索韦	259			第三世界	298
索布扎二世	244	**十一画**		第欧根尼	520
索尔兹伯里侯爵	214			康德	528
哥伦布骑士团	577	琐罗亚斯德教	645	盖洛普	125
哥萨克人	481	教父	554	清教徒	581
哥穆尔卡	248	教会与国家	536	情报机构	347
贾维	233	教会公会议	557	情绪	500
贾德森	613	教会法规	557	密特朗	254
殉道者	562	教皇	556	弹劾	385
监狱和惩罚	419	教皇制	555	婚姻	69
恩克鲁玛	250	教养院	410	维科	525
恩科莫	255	教堂	558	维特根斯坦	533
罢工	36	培根,弗朗西斯	522	维森塔尔	250
铁托	239	培根,罗杰	522		
特鲁多	257	职业	21	**十二画**	
特鲁希略	238	职业介绍所	28		
特鲁思	614	职业培训	28	琼斯夫人	122
俾格米人	483	基廷	269	塔夫脱	236
爱比克泰德	521	基辛格,亨利	259	《塔木德》	626
爱国主义	146	基辛格,库尔特·乔治	248	塔布	538
爱国社团	111	基金会和慈善事业	102	塔珀	213
爱斯基摩人	481	基诺	610	搭线窃听	413
爱德华兹	610	基督会	573	超觉静坐	644
斋戒	591	基督复临派	582	超验主义	513
离婚	70	基督教	538	超感知觉	518
资本主义	7	基督教女青年会	584	博厄斯	484
消防	42	基督教青年会	584	博丹	212
海尔·塞拉西	238	基督教科学派	582	博尔吉亚家族	603
海华沙	485	黄刀印第安人	469	博杜安一世	264
海军	327	萨达姆·侯赛因	267	博登	217
海军陆战队	343	萨达特	256	裁军	356
海岸警卫队	346	萨伏那洛拉	602	斯大林	228
海盗和海盗行径	406	萨阿迪亚·本·约瑟	521	斯巴克	244
海德格尔	534	萨拉查	236	斯托里	424

汉语笔画索引

斯多葛哲学	511
斯坦顿夫人	122
斯金纳	504
斯科茨伯勒案	422
斯宾诺莎	524
斯宾塞	530
斯维尔德洛夫	233
斯维登堡	526
斯穆茨	223
《联邦党人文集》	191
联合国	276
葛罗米柯	251
蒂利希	619
朝圣	589
殖民主义和帝国主义	142
斐洛	520
最高法院	415
遗产和继承法	396
遗嘱	397
黑人穆斯林	633
黑格尔	529
黑鹰	486
集中营	147
奥古斯丁(坎特伯雷的)	598
奥古斯丁(希波的)	595
奥西奥拉	486
奥拉夫五世	247
奥林波斯山	650
奥康纳	427
奥康姆	522
奥博特	259
街面教堂	559
循道宗	568
逾越节	627
就业	18
童工	31
普世主义	574
普恩加来	219
道格拉斯	427
道格拉斯-霍姆	247
游击战	314
游说	173
裕仁	246
禅宗	638
谢林	529

隔离政策	129

十三画

瑟德布洛姆	617
瑜伽	516
蓝色法规	387
蓬皮杜	251
蒲鲁东	121
蒙巴顿	245
蒙博托	264
禁运	299
赖伐尔	231
感恩节	119
暗杀	150
路德主义	563
锡克教	645
詹姆斯	531
鲍德温	221
新教	562
塞内加(小)	521
塞拉	611
塞顿	612
塞登	216
福克斯	609
福利国家	208
福音传道	582

十四画

赫尔岑	122
赫茨尔	219
赫梯人	482
赫鲁晓夫	240
旗帜	140

十五画

撒切尔夫人	260
震颤派	583
墨索里尼	231
德·瓦勒拉	230
德布兹	218
德肋撒	125

德克勒克	267
德鲁兹派	632
德雷德·斯科特裁决	422
摩门教	622
摩西	551
摩拉维亚弟兄会	583
澳新美条约	296

十六画

霍布斯	523
霍华德	423
霍克	264
霍姆斯	425
霍梅尼	246
穆巴拉克	263
穆尼奥斯·马林	243
穆尼奥斯·里维拉	218
穆加贝	260
穆伦贝尔格家族	611
穆罕默德	633
穆迪	616
穆勒	530
穆德	617
辩论	83

十七画

戴利	246
戴高乐	237
戴维斯夫人	214
魏茨曼	224

十九画

警察	194

其 他

ESP	518
NATO	286
OAS	290
OPEC	298
POW	316

英 汉 词 目 对 照 表

ABBOTT, John 艾博特 ········ 425
ABELARD, Peter 阿伯拉尔 ····· 522
ABORIGINE 土著 ············ 432
ABRAHAM 亚伯拉罕 ·········· 551
ACTION 志愿活动局 ·········· 113
ADDAMS, Jane 亚当斯 ········ 124
ADENAUER, Konrad 阿登纳 ····
······················· 226
ADLER, Alfred 阿德勒 ········ 502
ADMINISTRATIVE LAW 行政法
······················· 388
ADOPTION 收养 ············· 392
ADVENTISTS 基督复临派 ····· 582
AFRICAN AMERICANS 非裔美国
人 ···················· 477
AGUINALDO, Emilio 阿奎纳多 ··
······················· 221
AIR FORCE 空军 ············ 336
AKIBA BEN JOSEPH 阿吉巴·本·约
瑟夫 ··················· 628
AKIHITO 明仁 ·············· 266
ALLEN, Richard 艾伦 ········ 612
ALLENBY, Edmund 艾伦比 ···· 358
AMERICAN INDIANS, or NATIVE
AMERICANS 美洲印第安人（或美
洲土著）················· 445
AMNESTY 大赦 ············· 387
ANARCHISM 无政府主义 ····· 144
ANCESTOR WORSHIP 祖先崇拜
······················· 538
ANDROPOV, Yuri 安德罗波夫 ··
······················· 252
ANGEL AND DEMON 天使和魔鬼
······················· 590
ANGLICAN COMMUNION 安立甘
宗 ···················· 566
ANIMISM 泛灵论 ············ 517
ANSELM OF CANTERBURY 安塞
姆（坎特伯雷的）··········· 521
ANTHONY, Susan B. 安东尼 ····
······················· 213
ANTHROPOLOGY 人类学 ····· 428
ANZUS TREATY 澳新美条约 ····
······················· 296

APARTHEID 种族隔离政策 ···· 130
APOSTLE 使徒 ·············· 552
AQUINAS, Thomas 托马斯·阿奎那
······················· 600
AQUINO, Corazon 阿基诺 ····· 266
ARABS 阿拉伯人 ············ 477
ARAFAT, Yasir 阿拉法特 ······ 263
ARBITRATION 仲裁 ·········· 399
ARCHANGEL 天使长 ········· 590
ARISTOTLE 亚里士多德 ······ 520
ARMY 陆军 ················ 316
ARTICLES OF CONFE-DERATION
邦联条例 ················ 369
ASIAN AMERICANS 亚裔美国人
······················· 473
ASSASSINATION 暗杀 ······· 150
AUGUSTINE OF CANTERBURY
奥古斯丁（坎特伯雷的）····· 598
AUGUSTINE OF HIPPO 奥古斯丁
（希波的）··············· 595
AVERROËS 阿威罗伊 ········ 522
AYUB KHAN, Mohammad 阿尤布·
汗 ···················· 249
BAAL 巴力 ················ 538
BACON, Francis 培根，弗朗西斯 ··
······················· 522
BACON, Roger 培根，罗杰 ···· 522
BAECK, Leo 贝克 ··········· 617
BAGHDAD PACT 巴格达条约 ····
······················· 296
BAHAI FAITH 巴哈教 ········ 633
BALDWIN, Stanley 鲍德温 ···· 221
BALFOUR, Arthur James 贝尔福 ··
······················· 217
BANDARANAIKE, Sirimavo 班达
拉奈克夫人 ·············· 253
BAPTISTS 浸礼宗 ··········· 564
BARTH, Karl 巴特 ··········· 619
BARTON, Clara 巴顿 ········· 122
BASQUES 巴斯克人 ········· 478
BATISTA, Fulgencio 巴蒂斯塔 ····
······················· 245
BAUDOUIN I 博杜安一世 ····· 264
BEATRIX 贝娅特丽克丝 ······ 268

BECCARIA, Cesare 贝卡里亚 ····
······················· 423
BEECHER FAMILY 比彻家族 ····
······················· 613
BEGIN, Menachem 贝京 ······ 252
BEN BELLA, Ahmed 本贝拉 ··· 256
BEN-GURION, David 本-古里安 ··
······················· 233
BENEDICT OF NURSIA 本尼狄克
（努尔西亚的）············ 597
BENEDICT, Ruth 本尼迪克特 ····
······················· 485
BENTHAM, Jeremy 边沁 ····· 528
BERKELEY, George 贝克莱 ··· 526
BETANCOURT, Rómulo 贝坦科尔
特 ···················· 249
BETTELHEIM, Bruno 贝特尔海姆
······················· 503
BHUTTO, Benazir 布托 ······· 272
BIBLE 《圣经》············· 541
BILL OF RIGHTS 权利法案 ··· 382
BINET, Alfred 比奈 ·········· 501
BLACK AMERICANS, or AFRICAN
AMERICANS 美国黑人（或非裔
美国人）················· 434
BLACK HAWK 黑鹰 ········· 486
BLACK MUSLIMS 黑人穆斯林 ····
······················· 633
BLACKSTONE, William 布莱克斯
通 ···················· 423
BLOCKADE 封锁 ············ 314
BLUE LAWS 蓝色法规 ······· 387
BOAS, Franz 博厄斯 ········· 484
BODIN, Jean 博丹 ··········· 212
BOLSHEVISM 布尔什维主义 ····
······················· 143
BONIFACE 卜尼法斯 ········ 599
BONIFACE VIII 卜尼法斯八世 ····
······················· 601
BORDEN, Robert Laird 博登 ·· 217
BORGIA FAMILY 博尔吉亚家族 ··
······················· 603
BOUMEDIENNE, Houari 布迈丁 ··
······················· 262

BOURASSA, Henri 布拉萨 … 221
BOURGUIBA, Habib 布尔吉巴 …
　　　　　　　　　　　　　 247
BRANDEIS, Louis D. 布兰代斯 …
　　　　　　　　　　　　　 426
BRANDT, Willy 勃兰特 ……… 252
BREZHNEV, Leonid 勃列日涅夫
　　　　　　　　　　　　　 248
BRYAN, William Jennings 布赖恩
　　　　　　　　　　　　　 219
BRYCE, James 布赖斯 ……… 215
BUBER, Martin 布贝尔 …… 618
BUDDHA 佛陀 ……………… 638
BUDDHISM 佛教 …………… 635
BUNCHE, Ralph Johnson 本奇 …
　　　　　　　　　　　　　 300
BUNYAN, John 班扬 ……… 609
BUREAUCRACY 行政系统 … 143
CABINET GOVERNMENT 内阁制
　政府 …………………… 191
CABRINI, Mother 卡布里尼 … 616
CAEDMON 凯德蒙 ………… 599
CALLAGHAN, James 卡拉汉 …
　　　　　　　　　　　　　 251
CALVIN, John 加尔文 …… 606
CANNIBALISM 食人俗 …… 483
CANON LAW 教会法规 …… 557
CAPITALISM 资本主义 ………… 7
CAPONE, AL 卡彭 ………… 412
CARDINALS, SACRED COLLEGE
　OF 枢机团 ……………… 556
CARDOZO, Benjamin 卡多佐 …
　　　　　　　　　　　　　 426
CARRANZA, Venustiano 卡兰萨 …
　　　　　　　　　　　　　 219
CARROLL, John 卡罗尔 …… 612
CASTRO, Fidel 卡斯特罗 … 262
CATHEDRAL 主教座堂 …… 558
CATT, Carrie Chapman 卡特 ……
　　　　　　　　　　　　　 123
CELTS 克尔特人 …………… 479
CENSORSHIP 书刊检查制度 …
　　　　　　　　　　　　　 162
CENSUS 人口普查 ………… 52
CHAMBERLAIN, Joseph 张伯伦, 约
　瑟夫 …………………… 214
CHAMBERLAIN, Neville 张伯伦, 内
　维尔 …………………… 221
CHARLES 查尔斯 ………… 272
CHEMICAL AND BIOLOGICAL
　WARFARE 化学战和生物战 …
　　　　　　　　　　　　　 315

CHERNENKO, Konstantin 契尔年
　科 ……………………… 251
CHILD ABUSE 虐待儿童 … 393
CHILD CARE 儿童保育 …… 49
CHILD LABOR 童工 ……… 31
CHISHOLM, Shirley 奇泽姆 … 260
CHRISTIAN SCIENCE 基督教科学
　派 ……………………… 582
CHRISTIANITY 基督教 …… 538
CHRISTMAS 圣诞节 ……… 587
CHURCH 教堂 ……………… 558
CHURCH AND STATE 教会与国家
　　　　　　　　　　　　　 536
CHURCH COUNCILS 教会公会议
　　　　　　　　　　　　　 557
CHURCHILL, Winston 丘吉尔 ……
　　　　　　　　　　　　　 225
CITIZENSHIP 公民身份 … 154
CIVICS 公民学 …………… 17
CIVIL DISOBEDIENCE 非暴力反抗
　　　　　　　　　　　　　 153
CIVIL RIGHTS 民权 …… 160
CIVIL SERVICE 公务员 … 207
CIVILIZATION 文明 ……… 3
CLAN 氏族 ………………… 3
CLARK, Joe 克拉克 ……… 268
CLEMENCEAU, Georges 克列孟梭
　　　　　　　　　　　　　 215
CLINTON, BILL 克林顿 …… 270
COAST GUARD 海岸警卫队 ……
　　　　　　　　　　　　　 346
COLD WAR 冷战 ………… 299
COLIGNY, Gaspard de 科利尼 ……
　　　　　　　　　　　　　 607
COLONIALISM AND IMPERIALISM
　殖民主义和帝国主义 … 142
COMMUNAL LIVING 公社生活 …
　　　　　　　　　　　　　 59
COMMUNICATION 传播 …… 88
COMMUNICATION SKILLS 交流
　技巧 …………………… 81
COMMUNISM 共产主义 … 15
COMTE, Auguste 孔德 …… 529
CONCENTRATION CAMP 集中营
　　　　　　　　　　　　　 147
CONSCRIPTION 征兵 …… 351
CONSERVATISM 保守主义 … 143
CONSTITUTION 宪法 …… 368
CONSTITUTIONAL LAW 宪法性
　法律 …………………… 366
CONTRACT 合同 ………… 397

CONVERSATION 交谈 …… 81
COPYRIGHT 版权 ………… 400
COSSACKS 哥萨克人 …… 481
COUNTER-REFORMATION 反宗
　教改革 ………………… 561
COUNTERFEITING AND FORGERY
　伪造与仿冒 …………… 405
COURTS OF JUSTICE 法院 … 413
COXEY, Jacob S. 考克西 … 217
CRANMER, Thomas 克兰麦 ……
　　　　　　　　　　　　　 605
CRIME 犯罪 ………………… 402
CRIMINAL LAW 刑法 …… 400
CRIMINOLOGY 犯罪学 …… 402
CROCE, Benedetto 克罗齐 … 532
DALEY, Richard J. 戴利 … 246
DARROW, Clarence 达罗 … 426
DAVID 大卫 ………………… 626
DAVIS, Varina 戴维斯夫人 … 214
DAYAN, Moshe 达扬 ……… 253
DE GAULLE, Charles 戴高乐 ……
　　　　　　　　　　　　　 237
DE KLERK, F.W. 德克勒克 … 267
DE VALERA, Eamon 德·瓦勒拉 …
　　　　　　　　　　　　　 230
DEBATES 辩论 …………… 83
DEBS, Eugene V. 德布兹 … 218
DEMOCRACY 民主 ……… 158
DESCARTES, René 笛卡尔 … 523
DEWEY, John 杜威 ……… 532
DIDEROT, Denis 狄德罗 … 527
DIEFENBAKER, John 迪芬贝克 …
　　　　　　　　　　　　　 241
DILLINGER, John 迪林杰 … 412
DIOGENES 第欧根尼 …… 520
DIPLOMACY 外交 ………… 283
DISARMAMENT 裁军 …… 356
DISCIPLES OF CHRIST 基督会 …
　　　　　　　　　　　　　 573
DIVORCE 离婚 …………… 70
DIX, Dorothea 迪克斯 …… 121
DOLE, Sanford Ballard 多尔 … 216
DOMINIC 多明我 ………… 600
DOUGLAS-HOME, Alec 道格拉斯-
　霍姆 …………………… 247
DOUGLAS, William O. 道格拉斯
　　　　　　　　　　　　　 427
DRED SCOTT DECISION 德雷德·
　斯科特裁决 …………… 422
DRUZES 德鲁兹派 ……… 632
DU BOIS, W.E.B. 杜波伊斯 ……
　　　　　　　　　　　　　 494

DURKHEIM, Émile 涂尔干 …… 494	FABIAN SOCIETY 费边社 …… 165	GENOCIDE 种族灭绝 ………… 149
DUVALIER, François 杜瓦利埃 … 249	FAISAL 费萨尔 …………… 249	GERM WARFARE 细菌战 …… 315
DÍAZ, Porfirio 迪亚斯 ……… 214	FAMILY 家庭 ………………… 62	GERONIMO 杰罗尼莫 ……… 486
EASTER 复活节 ……………… 588	FAMILY LAW 家庭法 ……… 391	GERRYMANDER 不公正划分选区 ………… 170
EASTERN ORTHODOX CHURCH-ES 东正教会 …………… 585	FASCISM 法西斯主义 ……… 146	GHAZALI, AL- 加扎利 ……… 634
EASTERN RITE CHURCHES 东仪教会 …………………… 586	FASTING 斋戒 ……………… 591	GISCARD D'ESTAING, Valery 吉斯卡尔·德斯坦 …………… 262
EBBINGHAUS, Hermann 艾宾豪斯 ………………………… 501	FATES 命运 ………………… 648	GLASNOST AND PERESTROIKA 开放与改革 ………………… 153
ECUMENISM 普世主义 ……… 574	FATHERS OF THE CHURCH 教父 ………………………… 554	GNOSTICISM 诺斯替教 …… 640
EDDY, Mary Baker 艾娣 …… 616	FEDERALIST PAPERS 《联邦党人文集》 ……………… 191	GOBINEAU, Joseph-Arthur de 戈宾诺 ………………………… 486
EDEN, Anthony 艾登 ……… 243	FEMINISM 女权运动 ………… 76	God 上帝 …………………… 548
EDWARDS, Jonathan 爱德华兹 … 610	FERRARO, Geraldine 费拉罗 …………………………… 266	GOMPERS, Samuel 龚帕斯 … 123
ELECTIONS 选举 …………… 167	FEUDALISM 封建主义 ………… 5	GOMUŁKA, Władysław 哥穆尔卡 ………………………… 248
ELECTORAL COLLEGE 选举团 … 170	FILIBUSTER 阻挠议事 ……… 386	GORBACHEV, Mikhail 戈尔巴乔夫 ………………………… 265
ELIZABETH II 伊丽莎白二世 …… 261	FIRE FIGHTING 消防 ………… 42	GOVERNMENT 政府 ……… 182
EMBARGO 禁运 …………… 299	FLAG 旗帜 ………………… 140	GOVERNMENT AGENCIES 政府机构 …………………………… 193
EMOTION 情绪 …………… 500	FLAGS OF THE UNITED STATES 美国的旗帜 ………………… 135	GRAHAM, Billy 格雷厄姆 …… 621
EMPLOYMENT 就业 ………… 18	FLAGS OF THE WORLD 国旗 … 134	GRANGE, NATIONAL 美国格兰其 ………………………… 109
EMPLOYMENT AGENCY 职业介绍所 ………………………… 28	FOOD AND DRUG LAWS 食品和药物法 ……………………… 390	GREGORY, Popes 格列高利教皇 … 598
EPICTETUS 爱比克泰德 …… 521	FOREIGN AID 外援 ………… 297	GRIMKÉ SISTERS 格里姆凯姐妹 … 121
EPICUREANISM 伊壁鸠鲁主义 … 511	FOSTER PARENTS 养父母 …… 66	GROMYKO, Andrei 葛罗米柯 …… 251
ERASMUS, Desiderius 伊拉斯谟 … 602	FOUNDATIONS AND CHARITIES 基金会和慈善事业 ………… 102	GROTIUS, Hugo 格劳秀斯 … 423
ERHARD, Ludwig 艾哈德 …… 243	Fox, George 福克斯 ……… 609	GUERRILLA WARFARE 游击战 … 314
ESHKOL, Levi 艾希科尔 …… 242	FRANCIS OF ASSISI 方济各（阿西西的）……………………… 600	GUEVARA, Che 格瓦拉 …… 263
ESKIMO 爱斯基摩人 ……… 481	FRANCO, Francisco 佛朗哥 … 239	GYPSY 吉卜赛人 …………… 481
ESP ………………………… 518	FRASER, Malcolm 弗雷泽, 马尔科姆 ………………………… 265	HABEAS CORPUS 人身保护状 … 387
ESPIONAGE 间谍活动 ……… 349	FRASER, Peter 弗雷泽, 彼得 … 232	HADES 冥府 ………………… 648
ESTATE AND INHERITANCE LAW 遗产和继承法 ……………… 396	FRATERNAL SOCIETIES 兄弟会 …………………………… 576	HAILE SELASSIE 海尔·塞拉西 … 238
ETHICS AND MORALITY 伦理学和道德 ……………………… 514	FRATERNITIES AND SORORITIES 大学生联谊会和大学女生联谊会 … 110	HALFWAY HOUSE 过渡训练所 … 28
ETHNOLOGY 民族学 ……… 432	FRAZER, James 弗雷泽 …… 484	HALLOWEEN 万圣节前夕 …… 589
ETIQUETTE 礼节 …………… 83	FREEMASONS 共济会 ……… 577	HARE KRISHNA 国际黑天觉悟会 … 644
EUGENICS 优生学 …………… 55	FREUD, Sigmund 弗洛伊德 … 502	HAWKE, Bob 霍克 ………… 264
EUROPEAN COMMUNITIES 欧洲共同体 …………………… 290	FROMM, Erich 弗罗姆 …… 503	HEALTH AGENCIES 保健机构 … 114
EUTHANASIA 安乐死 ……… 113	FRY, Elizabeth 弗赖 ……… 120	
EVANGELISM 福音传道 …… 582	GALLUP, George 盖洛普 …… 125	
EXISTENTIALISM 存在主义 … 513	GANDHI, Indira 甘地夫人 …… 254	HEATH, Edward 希思 ……… 254
EXTRASENSORY PERCEPTION (ESP) 超感知觉 …………… 518	GANDHI, Mahatma 甘地 …… 222	HEGEL, Georg Wilhelm Friedrich 黑
	GANGS 帮伙 ……………… 117	
	GARVEY, Marcus 贾维 …… 233	
	GENEALOGY 系谱学 ………… 2	

格尔 …… 529	革命 …… 9	KENNEDY FAMILY 肯尼迪家族 …… 234
HEIDEGGER, Martin 海德格尔 …… 534	INITIATIVE, REFERENDUM, AND RECALL 创制权、复决权和罢免权 …… 384	KENT, James 肯特 …… 424
HELL AND HADES 地狱和冥府 …… 648	INNOCENT III, Pope 英诺森三世教皇 …… 599	KENYATTA, Jomo 肯雅塔 …… 241
HENNEPIN, Louis 亨内平 …… 609	INQUISITION 异端裁判所 …… 562	KHOMEINI, Ayatollah Ruhollah 霍梅尼 …… 246
HERZEN, Aleksandr 赫尔岑 …… 122	INTELLIGENCE AGE-NCIES 情报机构 …… 347	KHRUSHCHEV, Nikita 赫鲁晓夫 …… 240
HERZL, Theodor 赫茨尔 …… 219	INTERNATIONAL LAW 国际法 …… 364	KIDNAPPING 绑架 …… 411
HIAWATHA 海华沙 …… 485	INTERNATIONAL RELATIONS 国际关系 …… 273	KIERKEGAARD, Søren 克尔恺郭尔 …… 530
HINDUISM 印度教 …… 640	INUIT 因努伊特人 …… 479	KIESINGER, Kurt Georg 基辛格,库尔特·乔治 …… 248
HIROHITO 裕仁 …… 246	ISLAM 伊斯兰教 …… 629	KIM IL SUNG 金日成 …… 252
HISPANIC AMERICANS 西班牙裔美国人 …… 469	JACK THE RIPPER 肢解者杰克 …… 412	KING, Mackenzie 金 …… 224
HITLER, Adolf 希特勒 …… 234	JACKSON, Jesse 杰克逊 …… 268	KING, Martin Luther, Jr. 马丁·路德·金 …… 126
HITTITES 赫梯人 …… 482	JAINISM 耆那教 …… 639	KINO, Eusebio 基诺 …… 610
HO CHI MINH 胡志明 …… 236	JAMES, William 詹姆斯 …… 531	KISSINGER, Henry 基辛格,亨利 …… 259
HOBBES, Thomas 霍布斯 …… 523	JAURÈS, Jean 饶勒斯 …… 218	KNIGHTS OF COLUMBUS 哥伦布骑士团 …… 577
HOLINESS MOVEMENT 圣洁运动 …… 576	JEHOVAH'S WITNESSES 耶和华见证会 …… 577	KNOX, John 诺克斯 …… 606
HOLMES, Oliver Wendell, Jr. 霍姆斯 …… 425	JEREMIAH 耶利米 …… 628	KOBO DAISHI, or KUKAI 弘法大师(或空海) …… 639
HOLOCAUST 纳粹大屠杀 …… 148	JESUS CHRIST 耶稣基督 …… 549	KOHL, Helmut 科尔 …… 264
HOLY GRAIL 圣杯 …… 590	JEWS 犹太人 …… 479	KORAN 《古兰经》 …… 631
HOME ECONOMICS 家政学 …… 66	JINNAH, Mohammed Ali 真纳 …… 226	KORZYBSKI, Alfred 科日布斯基 …… 533
HOMELESSNESS 无家可归 …… 54	JOAN 若安 …… 599	KOSYGIN, Aleksei 柯西金 …… 247
HOOVER, J. Edgar 胡佛 …… 241	JOCKE, Alain 洛克,阿兰 …… 484	KROPOTKIN, Peter 克鲁泡特金 …… 215
HOSPICE 临终关怀院 …… 109	JOHN PAUL, Popes 约翰·保罗教皇 …… 621	KRUGER, Paul 克留格尔 …… 214
HOSTEL 青年招待所 …… 109	JOHN XXIII 约翰二十三世 …… 618	KU KLUX KLAN 三K党 …… 149
HOWARD, John 霍华德 …… 423	JONES, Mother 琼斯夫人 …… 122	KURDS 库尔德人 …… 478
HUGHES, Charles Evans 休斯 …… 426	JOSEPH, Chief 约瑟夫酋长 …… 487	LA FOLLETTE, Robert M. 拉福莱特 …… 217
HUGUENOTS 胡格诺派 …… 561	JUAN CARLOS I 胡安·卡洛斯一世 …… 267	LA GUARDIA, Fiorello 拉加第亚 …… 230
HUMAN RIGHTS 人权 …… 166	JUDAISM 犹太教 …… 623	LA ROCHEFOUCAULD, François de 拉罗什富科 …… 524
HUMANISM 人文主义 …… 512	JUDSON, Adoniram 贾德森 …… 613	LABOR AND INDUSTRIAL LAW 劳动和工业法 …… 389
HUME, David 休谟 …… 526	JULIUS II 尤里乌斯二世 …… 602	LABOR MOVEMENTS 劳工运动 …… 31
HUNGER AND FAMINE 饥饿与饥荒 …… 55	JUNG, Carl 荣格 …… 502	LAS CASAS, Bartolomé de 拉斯·卡萨斯 …… 603
HUS, Jan 胡斯 …… 601	JURY SYSTEM 陪审团制 …… 417	LATIMER, Hugh 拉蒂默 …… 605
HUSSEIN 侯赛因 …… 267	JUVENILE COURTS 少年法院 …… 417	LATTER-DAY SAINTS 后期圣徒教会 …… 623
HUSSEIN, Sad-dam 萨达姆·侯赛因 …… 267	JUVENILE DELINQUENCY 少年犯罪 …… 408	LAURIER, Wilfrid 洛里埃 …… 215
HUTCHINSON, Anne 哈钦森 …… 607	KANT, Immanuel 康德 …… 528	
IBN SAUD 伊本·沙特 …… 229	KAUNDA, Kenneth 卡翁达 …… 259	
IKHNATON 埃赫那吞 …… 538	KEATING, Paul 基廷 …… 269	
IMPEACHMENT 弹劾 …… 385	KEKKONEN, Urho 吉科宁 …… 245	
INDEPENDENT STATES, COMMONWEALTH OF 独联体 …… 291	KELLY, Ned 凯利 …… 422	
INDUSTRIAL REVOLUTION 产业		

LAVAL, Pierre 赖伐尔 …… 231	MARINES 海军陆战队 …… 343	MOSES 摩西 …… 551
LAW 法律 …… 359	MARRIAGE 婚姻 …… 69	MOTT, John R. 穆德 …… 617
LEAGUE OF NATIONS 国际联盟 …… 285	MARSHALL, John 马歇尔 …… 424	MOTT, Lucretia 莫特 …… 121
LEAGUE OF WOMEN VOTERS 妇女选举人联盟 …… 77	MARTYR 殉道者 …… 562	MOUNTBATTEN, Louis 蒙巴顿 …… 245
LEIBNIZ, Gottfried Wilhelm 莱布尼茨 …… 525	MARX, Karl 马克思 …… 212	MUBARAK, Hosni 穆巴拉克 …… 263
LENIN 列宁 …… 222	MARY 圣母马利亚 …… 550	MUGABE, Robert 穆加贝 …… 260
LEOPOLD, Kings of Belgium 利奥波德国王 …… 245	MASARYK, Tomáš 马萨里克 …… 217	MUHAMMAD 穆罕默德 …… 633
LEO, Popes 利奥教皇 …… 595	MASSEY, Vincent 梅西,文森特 …… 233	MUHLENBERG FAMILY 穆伦贝尔格家族 …… 611
LEVI-STRAUSS, Claude 列维-斯特劳斯 …… 485	MASSEY, William Ferguson 梅西,威廉·弗格森 …… 218	MULDOON, Robert 马尔登 …… 258
LEWIS, John L. 刘易斯 …… 124	MATERIALISM 唯物主义 …… 511	MULRONEY, Brian 马尔罗尼 …… 268
LIBERALISM 自由主义 …… 144	MATHER FAMILY 马瑟家族 …… 608	MUNICIPAL GOVERNMENT 市政府 …… 205
LIONS INTERNATIONAL 国际雄狮协会 …… 109	MAZARIN, Jules 马萨林 …… 609	MUÑOZ MARÍN, Luis 穆尼奥斯·马林 …… 243
LIVINGSTONE, David 利文斯敦 …… 615	MCCARTHY, Joseph R. 麦卡锡 …… 250	MUÑOZ RIVERA, Luis 穆尼奥斯·里维拉 …… 218
LLOYD GEORGE, David 劳合·乔治 …… 220	MEAD, Margaret 米德 …… 485	MUSSOLINI, Benito 墨索里尼 …… 231
LOBBYING 游说 …… 173	MEDALS AND DECORATIONS 勋章与奖章 …… 140	NADER, Ralph 纳德 …… 427
LOCKE John 洛克,约翰 …… 524	MEIGHEN, Arthur 米恩 …… 224	NASSER, Gamal Abdel 纳赛尔 …… 255
LOGIC 逻辑 …… 514	MEIR, Golda 梅厄 …… 244	NATION AND NATIONALISM 国家与民族主义 …… 129
LONG, Huey 朗 …… 239	MEMORY 记忆 …… 499	NATION, Carry 纳辛夫人 …… 123
LOYOLA, IGNATIUS OF 圣依纳爵（罗耀拉的）…… 605	MENDELSSOHN, Moses 门德尔松 …… 528	NATIONAL CEMETERIES 国家公墓 …… 115
LUMUMBA, Patrice 卢蒙巴 …… 260	MENNONITES 门诺派 …… 571	NATIONAL SONGS 国歌 …… 131
LUTHERANISM 路德主义 …… 563	MENZIES, Robert G. 孟席斯 …… 240	NATO …… 286
LUTHER, Martin 马丁·路德 …… 604	METHODISM 循道宗 …… 568	NATURALIZATION 入籍 …… 397
LUTHULI, Albert 卢图利 …… 244	MIGRANT LABOR 流动劳工 …… 36	NAVY 海军 …… 327
LUXEMBURG, Rosa 卢森堡 …… 223	MILITARY EDUCATION 军事教育 …… 352	NEHRU, Jawaharlal 尼赫鲁 …… 236
LYCURGUS 利库尔戈斯 …… 423	MILL, John Stuart 穆勒 …… 530	NEW YEAR'S DAY 元旦 …… 118
MacDONALD, Ramsay 麦克唐纳 …… 220	MINORITY GROUPS 少数群体 …… 60	NEWMAN, John Henry 纽曼 …… 615
MACMILLAN, Harold 麦克米伦 …… 241	MITTERRAND, François 密特朗 …… 254	NEWSPAPER 报纸 …… 96
MAHAVIRA 大雄 …… 640	MOBUTU SESE SEKO 蒙博托 …… 264	NICHIREN 日莲 …… 639
MAHDI, al- 马赫迪 …… 634	MOLLY MAGUIRES 莫利社 …… 36	NIETZSCHE, Friedrich 尼采 …… 531
MAIMONIDES 迈蒙尼德 …… 628	MOLOTOV, Vyacheslav Mikhailovich 莫洛托夫 …… 238	NKOMO, Joshua 恩科莫 …… 255
MAINE, Henry 梅恩 …… 425	MONKS AND MONASTICISM 修士与修行 …… 578	NKRUMAH, Kwame 恩克鲁玛 …… 250
MAJOR, John 梅杰 …… 269	MONTESQUIEU 孟德斯鸠 …… 526	NOBEL PRIZES 诺贝尔奖 …… 650
MALCOLM X 马尔科姆·艾克斯 …… 125	MOODY, Dwight L. 穆迪 …… 616	NOMADS 流动民 …… 482
MALINOWSKI, Bronistaw 马林诺夫斯基 …… 484	MORAVIANS 摩拉维亚弟兄会 …… 583	NORTH ATLANTIC TREATY ORGANIZATION (NATO) 北大西洋公约组织 …… 286
MALPRACTICE 失职 …… 412	MORMONS, or LATTER-DAY SAINTS 摩门教 …… 622	NYERERE, Julius 尼雷尔 …… 258
MANDELA, Nelson 曼德拉 …… 257		OAS …… 290
MARCOS, Ferdinand E. 马科斯 …… 255		

英文词目	中文	页码
OBOTE, Milton	奥博特	259
OCKHAM, William of	奥康姆	522
O'CONNOR, Sandra Day	奥康纳	427
OLAV, 或 OLAF, V	奥拉夫五世	247
OLYMPUS, MOUNT	奥林波斯山	650
OPEC		298
ORGANIZATION OF AFRICAN UNITY (OAU)	非洲统一组织	289
ORGANIZATION OF AMERICAN STATES (OAS)	美洲国家组织	290
ORGANIZATION OF PETROLEUM EXPORTING COUNTRIES (OPEC)	石油输出国组织	297
OSCEOLA	奥西奥拉	486
OUTLAWS	匪徒	411
OWEN, Robert and OWEN Robert Dale	欧文父子	120
PAGEAT AND PARADE	庆典和游行	118
PALESTINE LIBERATION ORGANIZATION (PLO)	巴勒斯坦解放组织	299
PAPACY	教皇制	555
PARAPSYCHOLOGY	心灵学	518
PARK CHUNG HEE	朴正熙	254
PARLIAMENT	议会	170
PARLIAMENTARY LAW	议会法	385
PASSOVER	逾越节	627
PASSPORT	护照	285
PATENT	专利	398
PATRICK	巴特里克	597
PATRIOTIC SOCIETIES	爱国社团	111
PATRIOTISM	爱国主义	146
PAUL	保罗	554
PAUL VI	保罗六世	619
PEACE CORPS	和平队	297
PEACE MOVEMENTS	和平运动	209
PEARSON, Lester B.	皮尔逊	242
PEIRCE, Charles Sanders	皮尔斯	531
PENSION	退休金	29
PENTECOSTALS	五旬节派	574
PERSONALITY	人格	498
PERÓN, Juan	庇隆	242
PETER	彼得	554
PHILO	斐洛	520
PHILOSOPHY	哲学	505
PIAGET, Jean	皮亚杰	503
PIŁSUDSKI, Józef	毕苏斯基	220
PILGRIMAGE	朝圣	589
PIRATES AND PIRACY	海盗和海盗行径	406
PIUS, Popes	庇护教皇	593
PLATO	柏拉图	519
POINCARÉ, Raymond	普恩加来	219
POLICE	警察	194
POLITICAL PARTIES	政党	163
POLITICAL SCIENCE	政治学	128
POMPIDOU, Georges	蓬皮杜	251
POPE	教皇	556
POPPER, Karl	波普尔	534
POPULATION	人口	49
POVERTY	贫困	56
POW		316
PRESBYTERIANISM	长老宗	569
PRESIDENT	美国总统	174
PRIMARY ELECTION	初选	169
PRISON AND PUNISHMENT	监狱和惩罚	419
PRISONER OF WAR (POW)	战俘	316
PROPAGANDA	宣传	161
PROPERTY "property"	财产	393
PROPHET	先知	552
PROSTITUTION	卖淫	116
PROTESTANTISM	新教	562
PROUDHON, Pierre-Joseph	蒲鲁东	121
PSYCHOLOGY	心理学	495
PUBLIC OPINION POLL	民意测验	17
PUBLIC RELATIONS	公共关系	79
PUBLIC UTILITY	公用事业	58
PURITANS	清教徒	581
PYGMY	俾格米人	483
PYTHAGORAS	毕达哥拉斯	518
QADDAFI, Muammar al-	卡扎菲	269
QUAKERS	贵格会	572
QUEZON, Manuel	奎松	227
RACE AND ETHNICITY	种与族	432
RAMANUJA	罗摩奴阇	644
RANKIN, Jeannette	兰金	229
RASHI	拉希	628
RASPUTIN	拉斯普廷	223
RAY, Rammohan	罗易	645
REALISM	实在论	513
RED CLOUD	红云	486
RED CROSS	红十字会	112
REFORMATION	宗教改革运动	559
REFORMATORY	教养院	410
REFORMED CHURCHES	归正会	571
REFUGEES	难民	57
RELIGION	宗教	535
RELIGIOUS EDUCATION	宗教教育	592
RETIREMENT	退休	29
REVIVALISM	奋兴运动	575
REVOLUTION	革命	152
RHEE, Syngman	李承晚	226
RICCI, Matteo	利玛窦	607
ROH TAE WOO	卢泰愚	266
ROMAN CATHOLICISM	罗马天主教	544
ROOSEVELT, (Anna) Eleanor	罗斯福夫人	232
ROSS, Nellie Tayloe	罗斯夫人	227
ROUSSEAU, Jean-Jacques	卢梭	527
RUSSELL, Bertrand	罗素	533
RUSSELL, Charles Taze	拉塞尔	616
SADAT, Anwar el-	萨达特	256
SAFETY	安全	37
SAINT	圣徒	553
SAINT LAURENT, Louis	圣劳伦特	230
SAINT-SIMON, Henri de	圣西门	120
SAINT VALENTINE'S DAY	圣瓦伦廷节	119
SALAZAR, Antonio de Oliveira	萨拉查	236

SALISBURY, Marquess of 索尔兹伯里侯爵 …… 214	SOCIOLOGY 社会学 …… 488	THE COMMONWEALTH 英联邦 …… 286
SALVATION ARMY 救世军 …… 581	SOCRATES 苏格拉底 …… 518	THEOSOPHY 神智学 …… 516
SANGER, Margaret 桑格夫人 …… 124	SOLON 梭伦 …… 212	THIRD WORLD 第三世界 …… 298
SANTA CLAUS 圣诞老人 …… 598	SOUTHEAST ASIA TREATY ORGANIZATION（SEATO） 东南亚条约组织 …… 296	THOMAS, Norman 托马斯 …… 232
SANTAYANA, George 桑塔亚那 …… 532	SPAAK, Paul-Henri 斯巴克 …… 244	THOMPSON, John Sparrow David 汤普森 …… 216
SARTRE, Jean-Paul 萨特 …… 534	SPENCER, Herbert 斯宾塞 …… 530	TILLICH, Paul 蒂利希 …… 619
SAUVÉ, Jeanne 索韦 …… 259	SPENGLER, Oswald 施本格勒 …… 533	TITO 铁托 …… 239
SAVONAROLA, Girolamo 萨伏那洛拉 …… 602	SPINOZA, Baruch 斯宾诺莎 …… 524	TORAH 托拉 …… 627
SAᶜADIA BEN JOSEPH 萨阿迪亚·本·约瑟 …… 521	SPIRITUALISM 唯灵论 …… 516	TOTALITARIANISM 极权主义 …… 146
SCHELLING, Friedrich 谢林 …… 529	SPY 间谍 …… 351	TOTEMISM AND TABOO 图腾崇拜与禁忌 …… 537
SCHMIDT, Helmut 施密特 …… 256	STALIN, Joseph 斯大林 …… 228	TOURÉ, Sékou 杜尔 …… 258
SCHOPENHAUER, Arthur 叔本华 …… 529	STANTON, Elizabeth Cady 斯坦顿夫人 …… 122	TRANSCENDENTAL MEDITATION 超觉静坐 …… 644
SCHWEITZER, Albert 施韦策 …… 618	STATE GOVERNMENT 州政府 …… 200	TRANSCENDENTALISM 超验主义 …… 513
SCOTLAND YARD 伦敦警察厅（苏格兰场） …… 199	STATES' RIGHTS 州权 …… 204	TREATY 条约 …… 292
SCOTTSBORO CASE 斯科茨伯勒案 …… 422	STOICISM 斯多葛哲学 …… 511	TROTSKY, Leon 托洛茨基 …… 227
SEDDON, Richard John 塞登 …… 216	STOREFRONT CHURCHES 街面教堂 …… 559	TRUDEAU, Pierre Elliott 特鲁多 …… 257
SEGREGATION 隔离政策 …… 129	STORY, Joseph 斯托里 …… 424	TRUJILLO MOLINA, Rafael 特鲁希略 …… 238
SENECA THE YOUNGER 塞内加（小）…… 521	STRIKE 罢工 …… 36	TRUTH, Sojourner 特鲁思 …… 614
SENGHOR, Léopold 桑戈尔 …… 248	SUFFRAGE 选举权 …… 169	TSHOMBE, Moise 冲伯 …… 257
SERRA, Junípero 塞拉 …… 611	SUHARTO 苏哈托 …… 258	TUPPER, Charles 塔珀 …… 213
SETON, Mother 塞顿 …… 612	SUICIDE 自杀 …… 113	ULBRICHT, Walter 乌布利希 …… 239
SEVENTH-DAY ADVENTISTS 第七日复临派 …… 583	SUKARNO 苏加诺 …… 246	ULFILAS 乌尔斐拉斯 …… 595
SHAKERS 震颤派 …… 583	SUPERSTITION 迷信 …… 647	UN - AMERICAN ACTIVITIES, HOUSE COMMITTEE ON 美国众议院非美活动调查委员会 …… 167
SHINTO 神道教 …… 646	SUPREME COURT 最高法院 …… 415	UNAMUNO, Miguel de 乌纳穆诺 …… 532
SIKHISM 锡克教 …… 645	SVERDLOV, Yakov M. 斯维尔德洛夫 …… 233	UNCERTAINTY PRINCIPLE 测不准原理 …… 518
SKINNER, B. F. 斯金纳 …… 504	SWEDENBORG, Emanuel 斯维登堡 …… 526	UNDERGROUND MOVEMENTS 地下运动 …… 153
SMITH Joseph 史密斯 …… 615	SÖDERBLOM, Nathan 瑟德布洛姆 …… 617	UNEMPLOYMENT 失业 …… 19
SMUTS, Jan 斯穆茨 …… 223	TABERNACLE 会幕 …… 626	UNIFICATION CHURCH 统一教团 …… 578
SOBHUZA II 索布扎二世 …… 244	TABOO 塔布 …… 538	UNITARIAN UNIVERSALIST ASSOCIATION 一位普救会协进会 …… 583
SOCIAL CLASS 社会阶级 …… 1	TAFT, Robert A. 塔夫脱 …… 236	UNITED NATIONS 联合国 …… 276
SOCIAL SECURITY 社会保障 …… 36	TALMUD 《塔木德》 …… 626	UNITED STATES CONSTITUTION 美国宪法 …… 371
SOCIAL SETTLEMENTS 社会服务所 …… 108	TANEY, Roger B. 坦尼 …… 424	UNITED STATES GOVERNMENT 美国政府 …… 183
SOCIAL STUDIES 社会科学课程 …… 490	TATTOO 文身 …… 120	
SOCIAL WORK 社会工作 …… 108	TELEPATHY 传心术 …… 501	
SOCIALISM 社会主义 …… 13	TEMPERANCE MOVEMENT 戒酒运动 …… 116	
SOCIETY OF JESUS 耶稣会 …… 574	TERESA, Mother 德肋撒 …… 125	
	TERRORISM 恐怖主义 …… 410	
	THANKSGIVING 感恩节 …… 119	
	THANT, U 吴丹 …… 300	
	THATCHER, Margaret 撒切尔夫人 …… 260	

URBAN, Popes 乌尔班教皇 …… 594	WEBB, Sidney and Bearice 韦布夫妇 …… 123	XIMENES, 或 JIMÉNEZ, DE CISNEROS, Francisco 吉麦内兹·德·西斯内罗斯 …… 601
VARGAS, Getulio 瓦加斯 …… 231	WEBER, Max 韦伯 …… 494	YANKEE 杨基 …… 477
VATICAN COUNCILS 梵蒂冈公会议 …… 558	WEIZMANN, Chaim 魏茨曼 …… 224	YELLOWKNIFE, N. W. T. 黄刀印第安人 …… 469
VEGETARIANISM 素食主义 …… 648	WELFARE STATE 福利国家 …… 208	YELTSIN, Boris 叶利钦 …… 265
VETERANS' AFFAIRS 退伍军人事务 …… 356	WESLEY, John 卫斯理 …… 610	YOGA 瑜伽 …… 516
VETERANS' ORGANIZATIONS 退伍军人组织 …… 357	WESTMINSTER ABBEY 威斯敏斯特教堂 …… 558	YOSHIDA, Shigeru 吉田茂 …… 227
VETO 否决权 …… 388	WHITE HOUSE 白宫 …… 174	YOUNG MEN'S CHRISTIAN ASSOCIATION(YMCA) 基督教青年会 …… 584
VICO, Giambattista 维科 …… 525	WHITEFIELD, George 怀特菲尔德 …… 612	YOUNG WOMEN'S CHRISTIAN ASSOCIATION（YWCA） 基督教女青年会 …… 584
VOCATION 职业 …… 21	WIESENTHAL, Simon 维森塔尔 …… 250	YOUNG, Andrew 扬,安德鲁 …… 266
VOCATIONAL TRAINING 职业培训 …… 28	WILL 遗嘱 …… 397	YOUNG, Brigham 扬 …… 614
VOODOO 伏都教 …… 646	WILSON, Harold 威尔逊 …… 253	YOUNGER BROTHERS 扬格兄弟 …… 411
VORSTER, John 沃斯特 …… 253	WIRETAPPING 搭线窃听 …… 413	YOUNG, Whitney M., Jr. 扬,惠特尼 …… 258
VOTING 投票 …… 169	WITCHCRAFT 巫术 …… 647	YOUTH ORGANIZATIONS 青年组织 …… 77
VOTING 投票 …… 384	WITTGENSTEIN, Ludwig 维特根斯坦 …… 533	ZAPATA, Emiliano 萨帕塔 …… 227
WAŁESA, Lech 瓦文萨 …… 269	WOLSEY, Cardinal 沃尔西 …… 603	ZEN 禅宗 …… 638
WALDHEIM Kurt 瓦尔德海姆 …… 301	WOMEN'S ORGANAZA-TIONS 妇女组织 …… 76	ZIONISM 犹太复国主义 …… 145
WALLENBERG, Raoul 瓦伦贝里 …… 300	WOMEN'S RIGHTS 女权 …… 70	ZOROASTRIANISM AND PARSIISM 琐罗亚斯德教 …… 645
WAR CRIMES 战争犯罪 …… 316	WOVOKA 沃伏卡 …… 617	ZWINGLI, Huldrych 茨温利 …… 605
WARFARE 战争 …… 302	WUNDT, Wilhelm 冯特 …… 501	
WARSAW PACT 华沙条约 …… 296	WYCLIFFE, John 威克里夫 …… 601	
WASHINGTON, TREATIES OF 华盛顿条约 …… 296	XAVIER, Francis 方济各·沙勿略 …… 606	

图书在版编目(CIP)数据

康普顿百科全书. 社会与社会科学卷/(美)古德主编;徐奕春等译. —北京:商务印书馆,2006
ISBN 7 - 100 - 03436 - 1

I. 康… II. ①古…②徐… III. ①百科全书－美国－现代②社会科学－百科全书－美国－现代 IV. Z271.2

中国版本图书馆 CIP 数据核字(2002)第 004384 号

所有权利保留。
未经许可,不得以任何方式使用。

康普顿百科全书
社会与社会科学卷
〔美〕戴尔·古德 主编
徐奕春 等编译

商 务 印 书 馆 出 版
(北京王府井大街36号 邮政编码 100710)
商 务 印 书 馆 发 行
北京瑞古冠中印刷厂印刷
ISBN 7 - 100 - 03436 - 1/Z·37

2006 年 12 月第 1 版　　开本 787×1092　1/16
2006 年 12 月北京第 1 次印刷　印张 42¾　插页 24

定价:68.00 元